CHOISY-LE-ROY

G.
60.
7.

468

LE GRAND
DICTIONNAIRE
GEOGRAPHIQUE
ET
CRITIQUE,
Par M. BRUZEN LA MARTINIERE,

Géographe de Sa Majesté Catholique Philippe V. Roi des Espagnes et des Indes.

TOME SECOND.

SECONDE PARTIE.

C.

A la Haye, Chez P. GOSSE, & P. DE HONDT.
A Amsterdam, Chez HERM. UITWERF & FRANÇ. CHANGUION.
A Rotterdam, Chez JEAN DANIEL BEMAN.

MDCCXXX.

A SA MAJESTÉ
CATHOLIQUE,
ELIZABETH
Reine des Espagnes & des Indes.

ADAME,

 L'accueil favorable dont il a plu au Roi d'honorer le premier Volume de ce Dictionnaire Géographique, semble m'autoriser à mettre le second au pied du Thrône de VOTRE MAJESTÉ. J'ose même me flater qu'elle daignera recevoir

*

avec

EPITRE.

avec ces graces qui ne la quitent jamais le respectueux hommage d'un homme qui a le bonheur de lui appartenir à plus d'un titre.

Je laisse à part la vive admiration que j'ai toujours euë pour les vertus Royales & Domestiques qui brillent dans VOTRE MAJESTE'. J'aurois tort, ce me semble, de prétendre que l'on me comptât pour quelque chose des sentimens qui me sont communs avec tous les hommes de tous les Pays. J'ai des motifs d'attachement qui me sont propres & personnels.

Attaché par ma qualité de Géographe du ROI à la Couronne que Vous portez si glorieusement, j'ai encore l'avantage d'appartenir à VOTRE MAJESTE' en qualité d'ancien Serviteur de la Serenissime Maison de PARME. Le Feu Duc FRANÇOIS FARNESE de Glorieuse Mémoire, m'honora de sa confiance & me chargea de ses affaires auprès de Leurs Hautes Puissances les Etats Generaux des Provinces Unies.

Ce Prince aimoit les Sciences; il vit des premiers le Plan de l'Ouvrage que je prends la liberté d'offrir à VOTRE MAJESTE, &

loin

EPITRE.

loin de le méprifer, il m'accorda fon approbation, dans les termes les plus propres à m'infpirer le courage que demande une fi haute entreprife. Ce fut même en vûë de l'utilité publique qu'il envifageoit dans mon deffein, qu'il me ceda entierement à l'Efpagne & m'affranchit des diftractions attachées aux fonctions de l'Emploi dont il m'avoit revêtu. Cette faveur me rendit un loifir dont j'avois befoin pour repondre par de nouveaux efforts aux efperances que les Journaux donnoient alors de mes veilles & de mes recherches.

Cependant, MADAME, tandis qu'excité par des invitations fi flateufes, je me hâtois de fournir la carriere penible où m'avoit jetté l'envie d'être utile au public felon mon état, il a plû à la Providence de me retarder dans ma courfe par des afflictions accumulées dont le détail fatigueroit VOTRE MAJESTE, & me fuis vû reduit à la trifte neceffité de ne faire paroître qu'à préfent un Volume qui devroit être public il y a deux ans.

Ce qui m'a rendu le plus fenfible à ce delai, c'eft l'impatience que j'avois de préfenter mes hommages à VOTRE MAJESTE. Je ne voyois

*2 qu'a-

EPITRE.

qu'avec une extrême douleur s'éloigner de moi les momens marquez pour un tribut que mon cœur brûloit de rendre à une AUGUSTE REINE qui a sû, par sa Sagesse & par ses autres éminentes qualitez, attacher à sa personne Sacrée le bonheur du Roi & celui de toute la Monarchie.

Recevez donc, MADAME, ce temoignage de ma veneration avec autant de bonté que j'ai de plaisir à Vous le rendre. Honorez de Vos regards un Ouvrage formé dans le sein de Vôtre Serenissime Maison, & dont l'exécution a été favorisée par le Sage Prince qui a formé Vôtre Enfance & par l'Auguste Monarque dont Vous partagez le Thrône. Cet ouvrage n'est pas indigne de vos regards, puisqu'il contient la description du Monde, où Vous possedez tant de Sceptres.

L'Europe, l'Asie, l'Afrique, & l'Amerique, meritent bien d'attirer Vôtre attention. Vous avez dans toutes ces parties des Sujets zelez qui font des vœux au Ciel pour la conservation de Vos Majestez. Et si l'on a dit autrefois, comme il est vrai, qu'il n'y a point d'heures dans l'année où le Soleil n'éclaire quelque partie de la Monarchie Espagnole, il est doux à une Reine

qui

EPITRE.

qui a un grand fonds de Religion, de songer qu'à quelque heure que ce soit de l'après midi, ou de la nuit, quelques-uns des Etats de sa domination pour qui il est matin, ont des Prêtres à l'autel qui offrent pour elle & pour la Famille Royale le Sacrifice propitiatoire.

Ouvrez ce Volume, MADAME, feuilletez-le avec confiance; Vous aurez la satisfaction de n'y trouver aucun feuillet, où il ne soit parlé des Villes, ou des Peuples chez qui on connoît, on loue, on admire, les rares & precieux talens dont le Ciel vous a été si prodigue, & qui vous rendent l'ornement de l'Italie qui Vous a donnée & de l'Espagne qui a le bonheur de Vous posseder.

Lorsqu'il s'agit de Votre éloge, MADAME, les Nations qui ne s'entendent pas entre elles, s'accordent toutes à parler un même langage, & jusqu'aux extremitez des Mers Orientales, dans les nouvelles Philippines, on parle de Vôtre Majesté du même style qu'à Madrid.

S'il est glorieux à un Roi & à une Reine de faire regner avec eux la pieté, c'est un objet bien consolant pour quiconque jouït d'un si beau spectacle, que les recompenses dont Dieu aime à couron-

EPITRE.

ner leurs vertus. En est-il un plus delicieux pour les bons Serviteurs de Vôtre Majesté que de voir aujourd'hui l'Espagne s'acquiter de ses anciennes dettes envers la Sereniſsime Maiſon * de Parme. L'alliance nouvellement formée vient d'aſſurer à Votre Auguste Sang, la longue & paiſible poſſeſſion d'une Couronne ſur laquelle Vos Ancêtres avoient des droits que le temps ſembloit avoir effacez.

<small>* Voyez PUFEN-DORF, Intro-duction à l'Hiſ-toire, Tom. 2. pag. 397. Edit. d'Amſt. 1721.</small>

Vivez, GRANDE REINE, & jouïſſez long-temps des bénédictions éclatantes que Dieu repand ſur Vous à pleines mains. Puiſſiez-Vous faire long-temps les delices du Roi & de Vos Royaumes de l'ancien & du nouveau Monde; & que le Ciel retranche de nos jours, s'il le faut, pour prolonger une vie ſi precieuſe. Je ſuis avec un très-profond reſpect,

MADAME,

DE VOTRE MAJESTÉ,

Le très-humble & très-obéïſſant Serviteur,
BRUZEN LA MARTINIERE
Géographie du Roi.

AVERTISSEMENT
DE
L'AUTEUR.

APRES la Préface, qui eſt dans le premier Volume de ce Dictionnaire, je n'aurois rien à dire de ce Tome en particulier, s'il eût ſuivi de près les deux qui l'ont précédé : Mais des cauſes imprévuës en ayant retardé l'impreſſion ; & ce délai ayant été peu favorablement expliqué par des perſonnes malintentionnées qui ont abuſé de l'impatience du Public à mon préjudice, je dois aux Gens de Lettres & à moi-même une courte juſtification. Il ne faut pour cela qu'un petit nombre de faits qu'on ne ſauroit conteſter.

Lorſque je ſongeai à publier mon travail, je me voyois déja très-riche en comparaiſon de ceux qui ont couru la même carriere avant moi, & ſi je m'étois borné à mes premiéres vûës, l'impreſſion ſeroit à-peu-près achevée, & j'aurois évité bien des murmures : un certain Public ſeroit ſatisfait ; mais je doute s'il auroit vraiment lieu d'être content. A force d'enviſager mon plan, je l'ai perfectionné, & ſans me livrer à une complaiſance pareſſeuſe pour ce que j'avois d'abord recueilli, j'ai fait des corrections & des augmentations : en un mot, les recherches que je faiſois ſur une matiere, m'en ont fourni d'autres auxquelles je ne ſongeois pas. Tel Article que je croyois déja prêt pour l'impreſſion, s'eſt offert beaucoup mieux traité, dans des lectures poſtérieures. Voudroit-on que j'euſſe négligé ce que me donnoit un heureux hazard ? Ceux qui n'ont en vûë que le gain ſordide, l'auroient fait. Je n'ai pû m'y reſoudre : je reſpecte trop le Public, pour lui donner quelque choſe de mediocre, quand je puis le ſervir mieux : car enfin je n'enviſage que lui dans mon travail. Ainſi il eſt arrivé que quantité d'Articles ont été remaniez juſqu'à cinq fois avant l'impreſſion : c'eſt un fait connu de ceux qui ſavent ma maniere d'écrire.

Il s'enſuit de là, que mon Dictionnaire tel qu'on l'imprime, eſt très-different de celui que je deſtinois d'abord. Il n'y a pas de comparaiſon entre eux pour la bonté : mais cette différence eſt l'effet d'une application perpétuelle, & me coûte bien des veilles. Cependant le Volume qui paroît aujourd'hui, ſeroit achevé il y a long-tems, ſans les contretems inopinez qui ſont ſurvenus. Comme le premier Plan n'étoit que de quatre Volumes, nous avions crû que les lettres B & C pourroient entrer avec l'A. dans le premier ; & nous commençames en même tems l'impreſſion du ſecond, où ſe trouvoient le D, l'E & l'F. Ces trois lettres & l'A. étoient preſque achevées en 1726., lorſque je tombai frapé d'une ſubite & fâcheuſe maladie, qui me tint aſſez long-

tems

AVERTISSEMENT.

tems en un état incertain entre la vie & la mort : mes occupations suspenduës firent interrompre l'impression : des personnes injustes prirent ce tems pour publier que mon travail ne paroîtroit point, comme si satisfait d'avoir montré au Public l'idée d'un bon livre, je m'étois senti trop foible, ou trop paresseux pour l'exécuter. Il fut facile de dissiper ces bruits : dès que mes forces me permirent de rentrer dans mon cabinet, je mis ce qui restoit de l'A, & des trois lettres D, E, F, en état de paroître, & on se hâta de les donner, sans attendre le B & le C qui n'étoient pas encore fort avancez à l'Imprimerie, & dont la grosseur ne permettoit pas de les joindre au premier Volume.

Ma maladie avoit été longue & violente ; l'épuisement qui m'en restoit, se réparoit d'autant plus lentement, que j'avois repris mon premier travail avec toute l'application possible, lorsque vers la fin de 1727. je retombai malade. La fievre Quarte, qui m'a duré quatorze mois, les pertes, la nécessité de changer de lieu pour me rétablir, mille autres dérangemens, suites naturelles de deux ans & demi de maladie, ne me laissèrent ni le loisir, ni les forces nécessaires pour continuer une revision, dont je croyois que la mort seule pouvoit me dispenser.

Enfin le retour de ma santé, qui est meilleure que jamais, me fait espérer que l'impression va reprendre son cours avec toute la diligence possible, & que celle du IV. Volume ne languira point.

Une chose dont je crois pouvoir me flatter, c'est que ce second Volume ne se ressent aucunement des distractions que j'ai euës depuis 3. ans; & il me semble que c'est celui dont le Public a le plus de raison de n'être pas mécontent.

DIC-

LE GRAND
DICTIONNAIRE
GÉOGRAPHIQUE,
ET
CRITIQUE.

Les Lettres C. & K. ont un son si semblable que la diference ne consiste presque que dans leur figure devant les Voyelles A & O; de là vient que les peuples dont la langue est derivée ou mêlée de la Teutone, mettent souvent à la place du C. le K. pour lequel ils ont une espece de predilection. Le K. est presque étranger aux François, & ils ne l'admettent que rarement. Delà vient cette difference d'Orthographe, dans un même nom écrit par des Auteurs de diverses Nations. Ainsi on trouve dans les François qui les copient tantôt *Caminieck*, & tantôt *Kaminieck*; *Copenhague* & *Kopenhague*. J'ai donc cru devoir avertir le Lecteur de chercher sous la lettre K les noms qu'il ne trouvera point sous la lettre C.

CAA.

CAANA, Ville de la haute Egypte sur la Rive gauche du Nil, & presque vis-à-vis de la ville de Dandre, au dessous des Cataractes, & au dessus d'Akemin, & de Girgé. Le Sr. P. Lucas, qui dit avoir vu cette ville[a], assure qu'elle est fort jolie. Les maisons en sont, dit-il, toutes riantes, quoi qu'elles ne soient que de terre, blanchies par le bas, & le haut qui sert de Colombier, est rougi comme dans plusieurs autres villes de ce pays-là; ainsi chaque maison paroît un petit Château. Le même Auteur[b] semble dire que Caana est une ancienne ville, qui doit avoir été très-grande puisqu'il paroît aux ruines, qui y restent qu'elle a eu plusieurs lieues de circuit. On y voit quantité de colomnes, & quantité de grandes aiguilles toutes chargées de figures Hieroglyphiques. Mr. Corneille distingue ces ruines de la ville de Caana, & les met à quelque distance de ce lieu; mais le Sr. Lu-

[a] Voyage du Levant T. 1. p. 80.

[b] Ibid p. 86.

CAA. CAB.

cas qu'il cite ne paroît pas les distinguer. Le Sr. Lucas dans sa Carte du cours du Nil, depuis les Cataractes jusqu'au Caire, observe que c'est de Caana, que l'on transporte les bleds & les legumes à la Meque.

CAAS, montagne de la Syrie, dit Juigné[c], elle est, dit-il, renommée par la sepulture de Jesus fils de Navé. Ce lieu est nommée GAAS dans l'Ecriture. Voiez ce mot.

[c] Dict. Cosmogr.

CABADINA, c'est ainsi que l'ancien Interprete Latin de Ptolomée lit[d], au lieu de CABEDENA, que porte le Grec. Voiez CABEDENA.

[d] l. 6. c. 8.

CABAIGNAC, petite ville de France au haut Languedoc dans l'Auragais, vers la source du Girou entre Toulouse & Carcassonne à trois lieues de St. Papoul, du côté du Couchant. Mr. Baudrand[e] dit que le nom Latin est *Cabiomagum*, & que Ciceron en a parlé. Il nous eût fait plaisir de marquer dans quel Ouvrage. *Cabiomagum* ne se trouve point dans le Dictionnaire Latin de cet Auteur.

[e] Ed. 1705.

Tom. II.

CA-

CAB.

CABALACA, selon Pline[a] ou XABALA selon Ptolomée[b], ancienne ville de l'Albanie, qui est presentement la Georgie.

[a] l. 6. c. 39.
[b] l. 5. c. 12.

CABALAUNUM. Le P. Mabillon dans ses Analectes[c], raporte un Diplôme de l'Empereur Louïs le Debonnaire en faveur de l'Abbaye de Kempten, (*Campidonense*) daté du 1. Septembre la 26. année de son Empire. *Actum Cabalauno, Civitate, Palatio Regio.* Ce nom seroit-il pour CABILONUM[d], où il y avoit un Palais frequenté par les Rois de la seconde race? ou pour CATALAUNUM, où il y avoit aussi un Palais Royal d'où est daté le Diplôme pour l'érection du Monastere de St. Victor à Paris? Il est certain que cet Empereur étoit à Challon sur Saone, & qu'il y tint une Diéte[f], la même année que porte la date du Diplôme cité.

[c] T. 4. p. 469.
[d] De re Diplom. l. 4. p. 254. De re Diplom. l. 4. p. 270.
[f] Hist. de France du P. Daniel. T. 1. p. 591. Ed. d'Amsterdam.

CABALES, ancienne Nation d'Afrique selon Herodote[g]. Il dit qu'ils étoient vers le milieu de la contrée du peuple *Auschisa*, que cette Nation étoit peu nombreuse, Maritime, & aux environs de Tauchira petite ville du territoire de Barca; & qu'elle se gouvernoit selon les mêmes Loix que ceux, qui sont au dessus de Cyrene.

[g] l. 4. c. 171.

1. **CABALIA**, contrée de la Lycie, selon Pline[h]. Cet Auteur lui donne trois villes *Oenoanda*, *Balbura* & *Bubon*. Strabon[i] en parle aussi. Ptolomée nomme aussi ce petit Canton, & y place ces trois villes; mais quelques exemplaires portent BACCHIA, au lieu de *Cabalia*. Il ne faut pas la confondre avec celle de l'Article suivant.

[h] l. 5. c. 27.
[i] l. 13. p. 631.

2. **CABALIA**, contrée de la Pamphylie, selon Pline[k], qui dit que la Galatie s'étendoit jusques-là. Ptolomée[l] la nomme Carbalie, & y met les villes,

[k] l. 5. c. 32.
[l] l. 5. c. 5.

Cressopolis,	Pisinda;
Pogla,	Ariassus,
Menedemium,	Corbasa,
Uranopolis,	Milyas,
	& Termessus.

Mercator dans ses Cartes sur Ptolomée ne fait qu'un seul pays de ces deux contrées, & en met une partie dans la Lycie, & une autre partie dans la Pamphylie, & il separe ces deux parties par une chaine de montagnes qu'il nomme MASICYTUS. Peut-être les faudroit-il joindre effectivement pour trouver tout le pays qu'habitoient les CABALIENS d'Herodote[m], qui dit que Darius ayant établi des impôts mit dans le premier Departement (que nous apellerions en France *Generalité*,) les Eoliens, les Magnesiens d'Asie, les Eoliens, les Cariens, les Lyciens, les habitans de Melyas & les Pamphyliens. Nous avons vu que Melyas étoit une Ville de la Carbalie; cependant Herodote met dans le second Departement les Mysiens, les Lydiens, les Alisoniens, les Cabaliens & les Hygenniens. Il se peut faire qu'alors Melyas fût un District separé de la Cabalie. Mr. Corneille s'est bien trompé lorsqu'il a confondu *Cabalie* avec *Castabalia*. Le premier nom est celui d'une contrée ou même de deux, comme on vient de voir; le second est celui d'une ville de Cilicie auprès de la Syrie: en second lieu le nom est CAS-

[m] l. 3. c. 90.

TABALA. Voiez ce mot. Il dit que quelques-uns l'appellent SOLYME; Strabon[n] dit qu'en effet les Solymes étoient les mêmes que les Caballiens; mais Pline[o] parlant des Pisidiens (*Pisida*) dit que leur ancien nom étoit les Solymes: or la Pisidie étoit diferente de la Cabalie, quoi qu'elle y confinât au Midi.

[n] l. 13. p. 630.
[o] l. c.

CABALIG[p], Ville d'Asie dans le Turquestan. Elle est située à 103. d. de longitude, & à 44. de latitude Septentrionale. Tuschi-Can fils ainé de Genghiskan eut en partage, après la mort de son pere, toutes les Provinces, qui s'étendent depuis cette ville en tirant vers l'Occident jusqu'en Bulgarie.

[p] d'Herbelot Bibl. Orient.

CABALLA, nom du lieu où naquit Constantin Copronyme Empereur d'Orient, au raport de l'Historien Glycas, cité par Ortelius[q].

[q] Thesaur.

CABALLINUM, selon Ptolomée. C'est le CABILLONUM de Cesar. Voiez CHALLON sur Saone.

CABALLINUS FONS, c'est-à-dire *la Fontaine du Cheval*; Fontaine de la Grece. Les Poëtes supposent que le Cheval Pegase frapant la terre de son pied, fit sortir cette Fontaine. Perse dit[r]:

[r] Prolog.

Nec fonte labra prolui Caballino.

C'est-à-dire, je n'ai point mouillé mes levres à la Fontaine du Cheval. Comme cette expression seroit non seulement Prosaïque, mais même basse & rampante, nos Poëtes s'accomodent mieux de l'expression Grecque qui signifie la même chose, mais dont le son est plus beau & plus doux; ils apellent donc cette Fontaine HIPPOCRENE, des mots Ἵππος Cheval & Κρήνη Fontaine. Elle étoit dans la Beotie assez près du mont Helicon: ce que dit David Wedderburn dans son Commentaire sur Perse paroit bien vraisemblable, à savoir que ce qui donna lieu à cette Fable; c'est que Cadmus étant à cheval, & cherchant un terrain propre à bâtir la ville qui porta son nom, trouva le premier cette Fontaine, & que comme Cadmus fut l'inventeur des lettres, il arriva que cette Fontaine par un raport un peu éloigné à la verité, fut censée être consacrée aux Muses. Mr. Corneille dit *Caballicus Fons*, ce qui ne se trouve point dans les anciens; Ortelius[s] dit qu'on nommoit CABALLINUS FONS, la Fontaine nommée PIRENE dans l'Acrocorinthe, & c'est de cette derniere qu'il entend le vers de Perse que j'ai cité ci-dessus.

[s] Thesaur. in voce PIRENE.

CABALLICUS AGER, nom Latin du CHABLAIS. Voiez ce mot.

CABALLIO, Strabon[t] & la Table de Peutinger nomment ainsi CAVAILLON; Pline nomme ainsi CABELLIO.

[t] l. 4. p. 179.

1. **CABALLIS**, selon Strabon[v] ou CABALIS, selon Etienne le Géographe, ville voisine de Cybira sur le Méandre.

[v] l. 13. p. 630.

§. 2. **CABALLIS**, Strabon à l'endroit cité nomme ainsi le pays que Pline nomme CABALIA.

CABALLODUNUM, la Notice de l'Empire[x] nomme ainsi la ville de CHALLON sur Saone.

[x] Sect. 65.

CA-

CAB.

CABALSUM, Ville d'Egypte. Il en est fait mention dans l'Itineraire d'Antonin.

CABAMITEN ou CABA-MITAN, Campagne d'Asie dans la Tartarie au pays de Gété. Elle est remarquable par la victoire que Timur-Bec [a] remporta sur le Roi des Gétes.

[a] Hist. de Timur. l. 2. p. 229.

CABANA, les Interpretes de Ptolomée lisent ainsi le nom d'une ville de l'Arabie heureuse, qui est Cavana selon le Grec. Voyez CAVANA.

CABANDENE, contrée d'Asie dans la Susiane, selon Ptolomée [b], elle confinoit à la Perside, c'est-à-dire à la Perse proprement dite.

[b] l. 6. c. 3.

CABANODURUM. Voyez GAVANODURUM.

CABARES. Voyez CAVARES.

CABARETUM, la Chronique de Simon Comte de Montfort depuis l'an 1201. jusqu'à 1311. dont quelques-uns croient que Pierre Evêque de Lodeve est Auteur, fait mention de Pierre fils de Roger Comte de Gabaret place forte *in Carcassio*, dans le *Carcassonois*. Il en est aussi fait mention dans l'Histoire d'Albi, par un Auteur plus ancien nommé aussi Pierre. Ce lieu s'appelle CABAREDE, & la contrée où il est le CABARDET, d'où a pris son nom le MAS DE CABARDET. Ce lieu n'a rien de commun avec *Gabaret*, ni avec le *Gabardan*, en Gascogne dans le Condomois.

CABAR-HUD [c], Ville de l'Arabie heureuse dans la Province d'Hadhramuth.

[c] Baudrand Ed. 1705.

CABAROS, on a autrefois donné ce nom à l'Isle du Titan, la troisiéme des Isles d'Hieres sur la côte de Provence. Voyez HIERES.

CABASA, Ville d'Egypte dans le Delta. Ptolomée en fait mention [d]. Elle a été Siège Episcopal, & Theopemptus son Evêque assista au pretendu Concile, qui a été nommé le brigandage d'Ephese; Macaire autre Evêque de *Cabasa*, assista au Concile de Chalcedoine. C'est aujourd'hui THEBASSÉ si nous en croyons le P. Charles de St. Paul [e]. Hierocles dans sa Notice, & les Actes du Concile de Chalcedoine écrivent ce nom par une double S. CABASSA.

[d] l. 4. c. 5.
[e] Geogr. Sacr. p. 270.

CABASITES NOMOS [f], Province de la basse Egypte ainsi nommée à cause de Cabasa qui en étoit la capitale.

[f] Plin. l. 5. c. 9.

CABASSA. Voyez CABASA.

CABASSUS, ancienne ville de la petite Armenie dans la Cataonie selon Ptolomée [g]. Ses Interpretes lui donnent THEBASSE, pour nom moderne. Etienne le Géographe en fait une ville de Cappadoce, en quoi il s'accorde avec Strabon [h], qui donne à la Cappadoce la Prefecture de la Cataonie, où étoit cette ville, quoiqu'il dise que les Anciens les distinguoient. Il dit qu'Hecatée le Milesien, mettoit la ville de Cabassus au delà de l'Hæmus montagne de Thrace; mais que selon Hellanicus c'étoit une ville de la Lycie. Il aime mieux dire avec Appion que c'étoit un village entre Tarse & Mazaca; car, ajoute-t-il, Mazaca étoit appellée Césarée de Cappadoce.

[g] l. 5. c. 7.
[h] l. 12. p. 533.

CABATANUS, Ville de l'Arabie heureuse, selon Strabon [i]; elle étoit dans le territoire du peuple *Chatramotita*.

[i] l. 16. p. 768.

Tom. II.

CAB.

CABBON, ancienne ville de la Palestine dans la Tribu de Juda [k]. C'est la même que CHEBBON, ou CHABBON.

[k] Josué c. 15. V 40.

CABBULA [l], lieu dont parle Procope [m], qui le met à 120. Stades de la Colchide, c'est-à-dire à quinze mille pas.

[l] Persic. l. 1.
[m] Ortel. Thesaur.

CABE, petite Riviere d'Espagne dans la Galice [n]. Elle a sa source à Layosa, coule au Sud-Ouest à Rivas-Altas, à Pantan, auprès de Montfort-de-Lemos, puis se jette dans le Velezar, qui peu loin delà tombe dans le Minho au Nord-Est d'Orensée. [o] Son nom Latin est *Chalybs*, on dit que ses eaux sont très-bonnes pour tremper l'acier, & que c'est pour cela qu'on lui a donné le nom de Chalybs, qui signifie de l'acier.

§. Mr. Corneille dit très-mal qu'elle passe près de *Montfort & de Lemos*, & qu'elle se joint au *Melezar*.

[n] Jaillot Carte d'Espagne.
[o] Baudrand Ed. 1682. au mot CHALYBS.

CABEçA-EL-GRIEGO, Village d'Espagne dans la vieille Castille. Moralez, Mariana, & Zurita, laissent incertain, si c'est dans ce lieu, ou à *Iniesta* Bourg voisin, qu'il faut chercher l'ancienne SEGOBRIGA, que d'autres cherchent beaucoup mieux à Segorve.

CABEçA DE VIDE, autrefois petite ville [p], presentement Bourgade de Portugal dans la Province de l'Alentejo, sur le haut d'une colline à quatre lieues de Portalegre, & au Sud-Ouest de cette ville. Le Livre cité en marge dit qu'elle a de bonnes murailles & un fort Château, qu'il y a six cens habitans, une paroisse, & un Prieuré d'un grand revenu.

[p] Descript. sum. del Reino de Portugal.

CABEçAS, (las) Village d'Espagne dans l'Andalousie, entre la ville de Xerez de la Frontera au Midi Occidental, & la ville de Seville au Nord Oriental. On soupçonne que c'est l'ancienne UGIA des Turdetains [q].

[q] Baudrand 1682. in voce UGIA.

CABEçAS-RUBIAS, ce nom est mal écrit sur quelques Cartes CABEçAS CUVIAS; autre village d'Espagne dans l'Andalousie aux confins de l'Estremadure Portugaise; à l'Occident & peu loin de la Riviere de l'Odier; à seize lieues de Seville en allant vers Beja de Portugal, presque en ligne droite. C'est l'ancienne AD RUBRAS.

CABEçON [r], Village d'Espagne au Royaume de Leon sur le Puiserga à trois lieues de Valladolid, & à six de Palence. On croit que c'est l'ancienne CONGIUM des Vaccéens.

[r] Baudrand Ed. 1705.

CABEDENE, ancienne ville de la Carmanie, selon Ptolomée [s]. Ses Interpretes lisent CABADINA.

[s] l. 6. c. 8.

CABELE'ES, peuple de la Meonie; on les nommoit aussi Lasoniens selon Herodote [t].

[t] l. 7. c. 77.

CABELLIO. Voyez CABALLIO & CAVAILLON.

CABELLIORUM COLONIA, est la même chose.

CABERASA, Ville d'Asie dans la Mediè, selon Ptolomée [v].

[v] l. 6. c. 2.

CABERI, peuple d'Asie sous la domination des Turcs selon Cedrene, cité par Ortelius [x].

[x] Thesaur.

CABERON Riviere. Voyez CABIRUS 2.

1. CABES, peuple d'Asie; c'étoient des Anthropages, au raport de Cedrene cité par Ortelius.

A* 2

2. CABES, Ville de l'Afrique proprement dite. Voiez GABES au Royaume de Tunis.

CABESUS ou CABESSUS. Voiez CABASSUS.

CABESTAN[a], Bourg de France dans le Languedoc près de Nimes. C'est de ce lieu qu'a tiré son nom Guillaume de Cabestan Poete Provençal de la Maison de Cervieres, qui avoit passé sa première jeuneffe auprès des Seigneurs de Cabeftan. Il mourut vers l'an 1213. Petrarque parle de lui dans son Triomphe d'Amour, & Mr. de Fontenelle l'a choisi pour le personnage d'un de ses Dialogues des Morts.

[a] Corn. Dict.

CABESTERRE[b], on apelle ainsi dans les Isles Antilles la partie de l'Isle, qui regarde le Levant, & qui est toujours rafraîchie par les vents alifez, qui courent depuis le Nord jusqu'à l'Est-Sud-Est. LA BASSE TERRE est la partie opposée, dans celle-ci les vents alizez se font moins sentir. Elle est par consequent plus chaude; mais en même temps la mer y est plus unie, plus tranquile & plus propre pour le mouillage & pour le chargement des vaisseaux. Les côtes y sont aussi pour l'ordinaire plus basses, au contraire des Cabesterres, où les côtes sont hautes composées pour la plupart de falaises escarpées où la Mer roule sans cesse, & se brise avec une impetuosité merveilleuse parce qu'elle y est continuellement poussée par le vent.

[b] Voyages du P. Labat T. 1. p. 32.

CABILO, ou CABILLONIUM, ou CABILLONUM. Voiez CHALLON, & CHALONS.

CABIN, Riviere de France en Gascogne, dans l'Archiprêtré de Theursan; elle se rend dans la Riviere de Cuy près d'un grand bois, qui appartient à l'Abbaye de Pontaut. C'est ce qu'en dit Mr. Corneille; mais sans doute que par le Cuy, il entend une des deux Rivieres auxquelles Coulon donne également le nom de Luys, qu'il dit venir du Béarn, & tomber dans l'Adour. Au reste Cabin n'est point nommée sur la Carte de ce pays-là par Mr. de l'Isle.

CABIOSA. Voiez LAODICE'E.

CABIRA. Voiez DIOPOLIS.

CABIRI, Strabon dit qu'il y avoit des gens de son temps qui croioient que les CURETES, les CABIRES, les TELCHINS, les CORYBANTES & les DACTYLES, du mont Ida, étoient diferens noms qui signifioient les mêmes hommes. Voiez CURETES.

CABIRIA, Etienne le Géographe dit Καβειρία Cabeiria, ville de la basse Asie dont le territoire est habité par un peuple nommé Cabiriens. Sur quoi Berkelius fait les obsevations suivantes: les Géographes, dit-il, ne reconnoissent point de ville de ce nom dans la basse Asie; mais bien une montagne de Phrygie nommée τα Καβειρα, au pluriel, de laquelle Strabon fait mention[c]. Berkelius cite ensuite le passage de Strabon, où il n'est aucunement question d'une montagne de la Phrygie; mais de la ville de CABIRA, qui est la même que DIOPOLIS; ville fameuse & de laquelle il est souvent parlé dans les guerres de Mithridate & de Pompée. Berkelius dit ensuite que les

[c] l. 12.

CABIRES (*Cabiri*) habitoient cette montagne, avant que de passer à Samos, & cite l'Auteur du grand Etymologique, & le Scholiaste d'Apollonius. Voiez CABIRUS.

CABIROLE[d], montagne des Pirenées sur les confins des Comtez de Foix, & de Cerdaigne & de Conserans.

[d] Baudrand Ed. 1705.

1. CABIRUS, montagne de la Phrygie duquel les Cabires prenoient leur nom, selon le Scholiaste d'Apollonius cité par Ortelius.

2. CABIRUS, Riviere d'Asie au territoire des Suariens. Il y avoit bon mouillage à son embouchure. C'est tout ce qu'en dit Pline dont le passage étoit fort defiguré avant l'Edition du R. P. Hardouin, qui a retabli *Cabirus Suarorum*, au lieu de *Caberon Sorarum*, que l'on y lisoit auparavant.

CABLAN, Ville de l'Inde de delà le Gange sur le Menan, au dessous d'Ava selon les Cartes de Sanson. Elles ne la marquent que comme un village; mais Mr. Baudrand en fait la Capitale d'un Royaume de même nom. Il ajoute qu'elle est maintenant de peu de consideration; & qu'elle depend du Roi d'Ava, avec tout le Royaume qui dependoit autrefois du Roi de Pegu. Ce Royaume de Cablan, & sa capitale ne se trouvent point sur les Cartes de Mr. de l'Isle, ni sur celle du cours de la Riviere d'Ava depuis Ava jusqu'à Syriam; dressée par les P. P. Jesuites inserée dans les Observations de Physique, & de Mathematique du P. Gouye. Le P. Duchatz qui a été de Syriam, à Ava, a raison de dire que les Géographes ordinaires defigurent tellement ce pays qu'il n'en reconnoît point les siens dans leurs Cartes. Il n'y a qu'à comparer la sienne avec celles de Sanson, d'Allard, & de quantité d'autres; on y verra une différence qui fait peu d'honneur à ces derniers.

CABO, mot dont les Espagnols & les Portugais, se servent pour exprimer ce que nous apellons un CAP, ou PROMONTOIRE.

CABO, Royaume d'Afrique dans la Nigritie; on dit qu'il est plein de mines fort riches, sur le Rio-grande vers le Sud, selon Mr. Baudrand[e].

[e] Ed. 1705.

CABO-CEIRA[f]. Mr. de l'Isle écrit LA CABACEIRA, Presqu'Isle attachée au Continent de l'Afrique près de Mosambique, par une langue de terre que les flots dont elle est batuë de deux côtez inondent lorsque la mer est haute. Ils se retirent au reflux, & elle devient guéable. Cette Peninsule est vis-à-vis, & à un mille de l'Isle de St. George. C'est delà qu'on porte à celle de Mosambique qui en est proche, grand nombre de fruits que produit la terre ferme aussi bien que quelques raisins & figues d'Espagne; mais particulierement une grande quantité d'assez bonne eau, qui manque à la Mosambique, où il n'y en a point d'autre que celle de pluye que l'on conserve dans des citernes.

[f] Corn. Dict. D. Garcia de Sylva Figueroa Ambassade.

CABO-CORSO[g], Cap d'Afrique dans la Guinée sur la côte d'Or, à l'Orient de St. George de la Mine, & à l'Occident du Fort de Nassau. Il y a tout auprès un village nommé OEGWA, & plus souvent CABOCORSO, du nom du Cap. C'est-là tout auprès que l'on trouve la principale Forteresse des Anglois, qui après celle de St. George est la plus

[g] Bosman Voyage de Guinée, Lettre 4.

CAB.

plus grande, & la plus belle de toute la côte. Il y a dedans un grand nombre d'appartemens fort propres & bien construits. Ils ont aussi bâti une pointe de pierre afin d'y pouvoir cacher les habitans de leur village en cas qu'ils fussent attaquez par ceux d'entre les Negres, qui sont leurs ennemis. Ce Fort a quatre grandes bateries, & encore une autre qui est fort longue sur laquelle il y a treize pieces de canon, & comme elles tirent à fleur d'eau, ils peuvent empêcher qu'aucun vaisseau ne vienne ancrer à leur rade; outre qu'il y a devant leur Fort un grand rocher, qui le couvre en sorte qu'il est presque impossible de tirer de la mer sur leur Fort. Les Anglois ont aussi derriere le village de Cabocorso un bâtiment rond, fait en forme de tour sur lequel ils ont six pieces de Canon, & peut-être autant d'hommes pour le garder.¹ Cette petite Forteresse sert, à ce qu'ils disent, pour tenir les Négres dans leur devoir ou pour les defendre contre les Negres, qui pourroient venir du fond du pays pour les insulter.

§. Mr. Corneille a travaillé sur de mauvais memoires lorsqu'il dit : *Cabo Curso Cap d'Afrique qui a donné son nom à la place la plus considerable du Royaume de Fez. Cette place qui est tout proche du Cap n'est qu'à deux lieues du village de la Mine.* Peut-être aussi qu'il avoit mis le Royaume de *Fetu*, que des Imprimeurs ignorans ont changé en celui de *Fez*, dont le nom leur étoit plus connu.

CABO DE AQUER. Voiez Aguer & Sainte Croix.

CABO DE ENGANO. Voiez Engano 1. 2. 3.

CABO DE RUYPIZ, selon Mr. de l'Isle*a*; CABO DE RUY-PIREZ, selon Mr. Corneille*b*. Cap d'Afrique sur la côte Occidentale de la Cafrerie, au pays de Cimbebas, au Nord de Golfo-frio; par les 29. d. de longitude, & par les 18. d. de latitude Australe.

CABO DE SAN FRANCISCO. Voiez au mot Cap les Articles Cap St. François.

CABO DE TRES FURCAS. Voiez au mot Cap l'Article Cap des trois Fourches.

CABO DE TRES PUNTAS. Voiez au mot Cap l'Article Cap des trois Pointes.

CABO FALSO. Voiez Cap-Faux.

CABO FORMOSO ou FORMOSA. Voiez au mot Cap l'Article Cap Formose.

CABO MISERADO*c*, ou Mesurado ou Mesurata, Cap de l'Isle écrit C. Miserade. Ce Cap, qui est à l'Orient du petit Dieppe est à dixhuit lieues, ou environ de Cabo monte. C'est une montagne fort haute sur tout du côté du Nord. Ce Cap a reçu ce nom des Portugais, ou parce qu'il est environné de roches d'où les vaisseaux ne peuvent approcher sans danger plus près d'une demielieue, ou par le massacre de quelques François qui y furent miserablement assassinez. La petite Riviere qui se jette dans la mer auprès de ce Cap semble nommée Duro, par la même raison. Elle ne porte que des canots. Les Fran-

a Atlas.
b Dict.

c Villaud Relat. des côtes d'Afrique.

CAB. 5

çois ayant mouillé à demie lieue de terre en 1666. à l'embouchure de cette Riviere pour faire quelque trafic, ne remarquerent aucune habitation au bord de la mer; les moins éloignées étoient à demie lieue dans les bois : la montagne qui forme ce Cap paroît de couleur rougeâtre à ceux qui viennent du Nord*d*. Elle se courbe vers la mer du côté du Sud, & le Rivage d'alentour ressemble à une Isle, parce qu'on ne sauroit découvrir de loin la terre ferme tant le terrain est bas. Le pays est habité par les Gebes, qui sont sujets des Carroux, ou du Roi de Quoja.

CABO NEGRO. Voiez Cap Negre 1. & 2.
CABO PATRON. Voiez Cap Padron.
CABO RAZ. Voiez Cap Raz au mot Cap.
CABO ROXO. Voiez Cap Rouge.

d La Croix Relat. de l'Afrique T. 3.

CABOLITÆ, peuple d'Asie, au Paropaniste selon Ptolomée*e*. Ses Interpretes Latins lisent B-litæ, en retranchant la premiere syllabe.

e l. 6. c. 18.

CABORLE, dans le Frioul, selon Mr. Corneille. Voiez Caorle. L'Auteur qu'il cite écrit Cahorle.

CABOUCHAN*f*, Ville d'Asie dans la Corassane. Elle est des dependances de Nichabour.

f Hist. de Timur-Bec T. 1. p. 347.

CABOUL. Voiez Cabul.

CABOUR*g*, Bourg de France dans la Normandie, en Latin *Cadburgum*, il est situé sur la Riviere de la Dive, au Diocese de Bayeux, près de la côte de la mer, à quatre ou cinq lieues de Caen, & de l'autre côté de St. Sauveur sur Dive. Les moutons & les lapins de Cabour sont fort recherchez.

g Corn. Dict. sur des Memoires dressez sur les Lieux.

1. CABRA, Bourg & Château d'Espagne en Andalousie vers la Riviere de Salado, entre Cordoue & Loxa vers les frontieres du Royaume de Grenade. Voiez Agabra.

2. CABRA, Ville d'Afrique*h* au Royaume de Tombut dans la Nigritie, sur la Rive droite ou Septentrionale du Senegal; entre cette Riviere & la Capitale dont le Royaume porte le nom. Elle n'a ni murailles, ni Château, ses maisons ne sont que de bois, enduites de terre grasse & couvertes de paille. C'est à Cabra que descendent les vaisseaux, qui descendent le fleuve, chargez de marchandises pour les transporter à Melli, & dans la Guinée.

h De l'Isle Atlas. De la Croix Relat. de l'Afrique T. 2.

CABRELLA*k*, Village de Portugal, sur une petite Riviere de même nom à neuf lieues d'Evora, & à douze de Lisbonne; on croit que c'est l'ancienne ville Episcopale nommée Catraleucos, quoique Molet place celleci à *Guimaraens.*

§. Le nom de *Catraleucos* est inconnu dans les Notices Episcopales; mais Ptolomée en fait mention*l*. Voiez Catraleucos. On trouve dans le Concile d'Eliberi un Evêque *Contraleucensis*, & on doute si ce Siége n'est pas la même chose que *Catraleucos*.

k Baudrand Ed. 1705.

l l. 2. c. 5.

1. CABRERA*m*, en Latin *Capraria*, Isle d'Espagne dans la mediterranée proche de

m Baudrand Ed. 1705.

A* 3   l'Isle

l'Isle de Majorque dont elle n'est éloignée que de deux lieues au Midi, vers le Cap des Salines.

2. CABRERA[a], contrée d'Espagne, dans la partie Septentrionale du Royaume de Léon, dans les montagnes. Il n'y a aucun lieu de consideration.

CABRESTAN[b], petite ville d'Asie dans une grande plaine que les montagnes, qui regnent le long de la côte du Golphe Persique forment en s'éloignant les unes des autres de plus d'une lieuë. Par une disposition particuliere de la Terre, l'on y trouve des puits pleins d'eau ; mais plus qu'à demi salée, ce qui n'empêche pas que lorsqu'elle est tirée avec une pompe les habitans ne s'en servent pour arroser cette plaine où ils sément de l'orge & des legumes, avec quelques herbes potageres qu'ils vendent aux passans ; & dont ils vivent. La même eau y fait croître quantité d'arbrisseaux assez gros, & assez feuillus pour se pouvoir mettre à l'ombre dessous contre l'ardeur du Soleil. Les montagnes entre lesquelles est la plaine, sont très-hautes, toutes nues, sans aucune herbe & composées d'une terre blanche sans que par dehors il paroisse la moindre pierre.

CABRIERES, Bourg de France dans le Querci avec titre de Marquisat. C'est très-peu de chose presentement. Il est dans la Generalité de Montauban Election de Cahors.

CABSAS, Ville d'Espagne en Andalousie, selon Davity & Mr. Corneille. Voiez CABEÇAS.

CABSEEL, ou, selon l'Hebreu,

CABTZEEL, Ville de la Palestine dans la partie meridionale de la Tribu de Juda[c]. Mr. Reland[d] doute si ce ne seroit pas la même que Jecabtzeel dont il est parlé au second d'Esdras[e].

CABUBATHRA, montagne de l'Arabie heureuse, selon Ptolomée[f].

CABUDHANJACETH, Ville du Mawaralnahr dans la Province de Samarcande dans la Tartarie. C'est la patrie de plusieurs Savans, dit Abulfeda[g].

1. CABUL ou CHABUL. Voiez CHABALON.

2. CABUL[h], Ville de la Palestine. Elle fut détruite à cause des troubles, & des disputes auxquelles elle donnoit lieu.

3. CABUL, Ville de l'Inde en deçà du Gange, au Royaume de Cabul ou Cablestan; dont elle est la capitale. Les Géographes Arabes lui donnent 105. d. de longitude, & 34. d. 30'. de latitude, selon Mr. Petis de la Croix[i]. Voiez l'Article suivant.

LE CABULISTAN, CABOULISTAN ou PROVINCE DE CABUL, ou DE CABOUL, Province d'Asie, [k] dans l'Empire du Mogol. Ce pays a pour limites au Nord, la Tartarie, d'où il est separé par le mont Caucase, que les Orientaux nomment *Caf Dagui*. Cachemire est à son Orient : il a à son Occident le Zabulistan, & une partie du Candahar ; & à son Midi le païs de Multan. Il a été quelquefois sous la domination des Persans. Deux rivieres qui grossissent l'Indus ont leur source dans ses montagnes, d'où elles arrosent la Province, & ne la rendent pas pour cela plus abondante ; car comme le païs est très-froid, il est peu fertile, si ce n'est aux endroits qui sont couverts de montagnes : cependant il ne laisse pas d'être fort riche, parce qu'il s'y fait un très-grand trafic de la Tartarie, du païs des Uzbecs, de la Perse & des Indes. Les Uzbecs seuls y vendent tous les ans plus de soixante mille chevaux, & cette Province est si commodément située pour le trafic, que l'on apporte de toutes parts ce qui y manque, & les choses y sont à bon marché.

La Capitale de la Province s'appelle Caboul: c'est une fort grande ville qui a deux bons Châteaux ; & comme il y a eu deux Rois qui y ont tenu leur Cour, & que plusieurs Princes ensuite l'ont eu pour appanage, il y a beaucoup de Palais : elle est située au trente-troisiéme degré & demi de latitude. Les Mirabolans croissent dans ses montagnes, & c'est la cause que les Orientaux les appellent *Cabuly*. On y cueille encore plusieurs sortes de Drogues : mais outre cela elles sont remplies de bois aromatiques, dont les habitans ont un grand debit: & il y a même des Mines d'un fer qui est propre à tout usage. C'est particulierement cette Province dont on fait venir les cannes, dont on fait les Hallebardes & les lances, & beaucoup de ses terres en font portées. Le Caboulistan est rempli de petites Villes, de Bourgs & de villages, & la plûpart des habitans sont Gentils : c'est pourquoi il y a beaucoup de Pagodes. Ils comptent leurs mois par Lunes, & celebrent avec grande veneration leur Fête appellée *Houby*. Elle dure deux jours : leurs Temples sont alors remplis de peuples, qui y viennent prier & faire leurs offrandes. Le reste de la celebration consiste à danser par troupes dans les ruës, au son des trompettes. Ils ont tous à cette Fête des habits d'un rouge foncé. Plusieurs font des Mascarades, & visitent ainsi leurs amis. Ceux qui sont de même Tribu mangent ensemble ; & le soir on allume des feux par les ruës. Cette Fête se celebre tous les ans à la pleine Lune de Février, & elle finit par la destruction de la figure d'un Géant, contre lequel un petit enfant tire des Flêches pour representer ce qu'on fait croire au peuple ; à savoir que Dieu étant venu au monde sous le nom de *Cruchman*, il y parut sous la forme d'un enfant ; qu'un grand Géant qui craignoit d'en être détruit, le voulut perdre ; mais que cet enfant lui donna si adroitement un coup de Flêche, qu'il le renversa par terre & le tua. Il semble que ces peuples ayent autrefois été Chrétiens, mais s'ils en ont eu quelque teinture, elle est bien gâtée par les fables, & par les contes chimeriques qu'on leur a faits, auxquels ils conforment leur vie, & leur Religion. Leur plus considerable charité consiste à faire creuser beaucoup de puits, & à faire élever quantité de petits bâtimens d'espace en espace dans les grands chemins, pour la commodité des Voyageurs, & il y a toûjours à ces petits bâtimens, un lieu propre à faire reposer ceux qui sont las, & qui sont chargez ; ensorte qu'ils peuvent s'y décharger de leur fardeau, & se recharger sans l'aide de personne. Ce païs fournit au reste des Indes beaucoup

CAB. CAC.　　　　　CAC.

coup de Medecins, qui tous sont de la caste des Banians. Il y en a même de très-habiles qui ont de beaux secrets pour la Medecine; entr'autres remedes ils se servent souvent de l'ustion. Le Mogol ne tire de ce païs par année que quatre à cinq Millions.

[a] Le Cabulestan est plus abondant en pâturages que le Multan, & produit d'assez bons Chevaux, & des Chameaux à poil, dit le P. Catrou. Ce Pere met Cabul à 113. d. 50'. de longitude, & à 36. d. 10'. de latitude. Il observe [b] de plus que le Royaume de Cabul est toujours defendu par une armée nombreuse.

CABURA ou CHABURA, lieu de la Mesopotamie où il y a une fontaine unique en son espece; car ses eaux ont une odeur douce & agréable. Les Fables attribuent cette proprieté à ce que Junon s'y baigna. Mr. Corneille cite sur cet Article Juigné dans son Dictionnaire Cosmographique. Il valoit mieux citer Pline [c], qui raporte cette singularité d'original. L'Edition du R. P. Hardouin porte CHABURA; mais les anciennes & Ortelius n'aspirent point la premiere Syllabe.

CABYLE ou CALYBE, petite ville de Thrace: Demosthene la traite de Bicoque; elle a cependant un nom dans la Géographie & dans l'Histoire. Etienne le Géographe la pose près du pays des Astes peuple de Thrace, & cite le treiziéme livre de Polybe que nous n'avons plus. Ptolomée fait aussi mention de Cabile; mais, selon la remarque de Mr. de Toureil [d], Etienne de Byzance a tort de la distinguer d'avec CALYBE; c'est le même mot alteré par la transposition des lettres. Strabon [e] dit: au dessus de Byzance est la contrée des Astes, où est la ville de Calybe que Philippe fils d'Amyntas peupla des plus mechans hommes, & le même Strabon ne parle nullement de Cabyle. Au contraire Ptolomée place dans le même endroit Cabyle, & ne dit rien de Calybe. Cette diference de leçon de Cabyle ou Calybe se voit encore dans d'autres Auteurs. Sextus Rufus dans son abregé de que Lucullle prit Calybe, & Paul Diacre ou l'Auteur de l'Histoire mêlée nomme la même place Cabyle. Strabon dit que Philippe en fondant la Colonie de Calybe, la peupla des plus mechans hommes du monde. Cette ville est donc la PONEROPOLIS de Pline [f], c'est-à-dire *ville des Scelerats*, au pied du mont Rhodope, nommée ensuite PHILIPPOPOLIS, du nom de Philippe son fondateur, & du temps de Pline TRIMONTIUM, ou la *ville aux trois monts*, à cause de sa situation.

CACABUS, Isle de laquelle il est fait mention dans l'Histoire de la Translation de St. Nicolas Evêque de Myre. Ortelius juge qu'elle devoit être entre l'Isle de Crete, & la Cilicie.

CAÇAÇA [g], Ville d'Afrique dans la Province de Garet, Royaume de Fez. Elle est éloignée d'un peu moins d'une lieuë de la mer, à un jet de pierre de la riviere de Mulucan, à sept lieuës de Melille par mer, quoi qu'il n'y en ait que deux par terre. Cette ville a été bâtie par ceux du Pays sur un Cap qui porte son nom, & que Ptolomée met à treize degrez trente minutes de longitude, &

[a] Hist. gener. du Mogol p. 362.

[b] Ibid. p. 349.

[c] l. 31. c. 3.

[d] Oeuvres T. 4. p. 197.

[e] l. 7.

[f] l. 4. c. 11.

[g] Marmol Afrique T. 2. l. 4. c. 98.

à trente degrez cinquante-six minutes de latitude. Ce Cap s'appelle *Metagonium* en Latin. Les Galeres de Venise avoient accoutumé de venir au Port, qui est assez raisonnable, le trafic que leurs Marchands y faisoient, étoit cause que le Roi de Fez tiroit un fort grand profit de la Doüane; mais tandis qu'il étoit occupé contre un de ses parens, en une guerre de Tremecen, le Roi Catholique y envoya le Duc de Medina Sidonia, qui après avoir pris Melille, s'empara de Caçaça que les habitans abandonnerent, desesperant d'être secourus. Le Duc fortifia le Château, & y laissa garnison, qui demeura sous sa charge jusqu'en 1534. que Louïs de Chaves, qu'on y avoit mis Gouverneur, avec quarante soldats, fut tué en trahison. Trois Chrétiens à qui il avoit fait quelque déplaisir, traiterent avec le Gouverneur de Tezota, & ayant assasiné celui-ci de nuit dans son lit, ils livrerent la Forteresse aux Maures, sans que les autres Soldats en sussent rien. Ainsi ils furent tous tuez hors pris, à la reserve d'un seul, qui s'étant jetté en bas du mur, se mit à la nage, & alla en donner avis à ceux de Melille. Aussitôt le Gouverneur fit partir un Brigantin, & deux Caravelles avec des troupes. Les Maures les voyant venir prirent les habits, & les armes de ceux qu'ils avoient tuez, & allerent les trouver l'arquebuse sur l'épaule, desorte que ceux-ci s'imaginant que c'étoient des Soldats Chrétiens & que la Place n'étoit pas perduë, mirent pied à terre, & ceux qui échaperent ne purent éviter d'être prisonniers. Cette place est presentement rasée jusqu'aux fondemens, & il n'en reste que le Château qui est fort, & sur un roc qu'on ne peut miner. Quand les Maures de la contrée viennent labourer les terres voisines, ils y posent une garde, pour découvrir s'il n'y a point quelque embuscade de Chrétiens, parce qu'il en vient souvent de Melille, & de la côte d'Espagne y faire des prisonniers.

§. Les Espagnols ne possedent plus ni Caçaça, ni Melille qui sont rentrées sous la domination des Maures.

CAÇALLA ou CAZALLA [h], Bourg d'Espagne dans l'Andalousie vers le Royaume de Leon à douze lieuës de Seville, & à quatorze d'Ecija. On croit que c'est l'ancienne ville Episcopale nommée LACONIMURGI; cependant d'autres la mettent à Constantina, & d'autres à Colmenar.

CAÇAR, j'ai déja dit à l'Article *Alcaçar*, que ce mot ne signifie autre chose qu'un *Château*, un *Palais*; CAÇAR & ALCAÇAR, ne diferent qu'en ce que le premier est dépouillé de son Article; & le second a cet Article qui sert à augmenter l'idée que donne le nom de la chose.

CAÇAR-FARAON ou CHATEAU PHARAON [i], petite ville d'Afrique dans le Royaume de Fez, située sur l'une des cimes de la montagne de Zarhon ou Zarahunun, à trois lieuës de Tinlit. On tient qu'elle a été bâtie par les Goths. Les habitans en attribuent la fondation à Pharaon, Roi d'Egypte; dont ils disent qu'elle a pris son nom, se fondant sur l'autorité d'un Historien Arabe, appellé Calbi, qui fait quatre grands conquerans, dont

[h] Baudrand Ed. 1705.

[i] Marmol Afrique T. 2. l. 4. c. 30.

CAC,

dont Pharaon eſt un ; mais aucune Hiſtoire ne nous apprend que Pharaon ni les Egyptiens ayent jamais été maîtres de cette partie de l'Afrique , ce qui fait que les Hiſtoriens les plus celebres nomment cette ville le Palais de Zarahanum, & non pas de Pharaon. On voit encore aujourd'hui des inſcriptions en lettres Gothiques, ſur divers endroits des murailles. Elles font connoître que ce ſont les Goths qui l'ont bâtie. Près de la ville paſſent deux petites rivieres qui ſortent du haut de la montagne , & toutes les Collines & les vallées d'alentour ſont couvertes d'Oliviers , & de pluſieurs hameaux d'Azuaguez & de Bereberes. La ville de Caçar Faraon a été détruite dans le même temps que Tinlit : comme ces peuples aiment mieux demeurer épars dans les montagnes que de s'enfermer dans les villes, celle-ci n'a point été repeuplée. On tient tous les Mecredis un marché, ſur une éminence qui eſt tout proche. On l'appelle l'*Arban del Haibar*; l'on y accourt de Fez & de Mequinez , & de tout le pays des environs ; mais il eſt dangereux d'y paſſer la nuit ſans prendre de grandes précautions, à cauſe de la multitude des Lions , qui viennent attaquer les hommes & les troupeaux.

a Ibid T. 2. l. 6. c. 42. **CAçAR-HAMET**[a] , place forte d'Afrique , dont on ne voit plus preſentement que les veſtiges des murailles, & des bâtimens. Elle eſt ſur la côte à une lieuë de Tripoli vers l'Orient, & fut bâtie par un Arabe de ce nom, après la ruine de l'ancienne Tripoli. On dit qu'autrefois elle a été fort peuplée. Ce ſont les Arabes qui l'ont détruite. Depuis ce temps elle eſt demeurée deſerte , & le lieu où elle étoit ſe nomme aujourd'hui la CITERNE.

b Ibi l T. 2. l. 6. c. 47.
c l. 4. c. 3.
CAçAR-HASCEN[b] , Ville ruinée d'Afrique au Levant de Tripoli. Elle eſt ſur la même côte , & a été connuë de Ptolomée ſous le nom de BAVACIE (Ptolomée[c] écrit BARATHIA.) Il la met à quarante & un degrez quarante minutes de longitude , & à trente & trente deux trente huit minutes de latitude. Elle fut bâtie par l'armée d'Occuba, après la ruine de l'ancienne Tripoli. Les ſucceſſeurs de Mahomet s'étant emparez de ce Pays , firent pluſieurs Foreterreſſes le long de la côte , pour l'aſſurer contre les Goths, & contre les Romains qui leur diſputerent toûjours cette conquête. Cette Place fut ſaccagée à la venuë des ſeconds Arabes , & l'on voit encore quelque reſte des murailles , & quelques maiſons peuplées de pauvres gens, qui labourent les terres aux environs.

d Baudrand Ed. 1705.
CACARI[d] , Cap de l'Avogaſie Province de la Mengrelie ſur la Mer noire au Couchant de Savatopoli. Il prend ce nom d'un village , qui eſt en cet endroit. Les anciens ſe nommoient HERACLEUM PROMONTORIUM.

e Ibid.
CACCA[e] , (CAPO DELLA) Cap de l'Iſle de Sardaigne, au Couchant de la ville d'Alghieri ; on croit qu'il eſt le même que celui que les anciens appelloient HERMÆUM PROMONTORIUM.

f Ibid.
1. **CACERES**[f] , petite ville d'Eſpagne dans la Province d'Eſtremadure ſur la petite Riviere de Sarlot à huit lieuës de Trughilho, ſelon Rodrigue Sylva.

CAC.

2. **CACERES**[g] , Ville d'Aſie dans les Iſles Philippines , & dans la partie meridionale de l'Iſle de Luçon avec un Evêché ſufragant de l'Archevêché de Manille. Elle eſt ſur la côte où elle a un port dans la Province de Camarines , d'où vient qu'on l'appelle ſouvent CACERES DE CAMARINES ; mais elle eſt aſſez petite. Elle eſt aux Eſpagnols qui l'ont bâtie. *g* Ibid.

CACHALES, Riviere de la Phocide. Elle baignoit les murailles de Tithorée ; ſelon Pauſanias[h]. *h* l. 10. c. 32.

CACHAGE. Voiez CACHASSÆ.

CACHAN , Ville de Perſe dans la Province de Yerach , ou d'Iraque à vingt-deux lieuës ou environ d'Iſpâham en allant vers Com. Olearius écrit KASCHAN , d'autres Voyageurs écrivent CAXEM. [i]Cette ville eſt ſituée dans une grande Plaine , proche d'une haute montagne. Quelques Voyageurs lui donnent une lieuë de tour , ſur un quart de lieuë de large ; d'autres cependant ont dit que ſon circuit étoit de deux heures de chemin. Tous s'accordent à dire qu'elle eſt bâtie en demi-lune. Il n'y paſſe point de riviére ; mais on y a fait venir de l'eau par des canaux ; outre que l'on y trouve dans de profondes caves des ſources d'eau vive. [k]L'enceinte de la ville conſiſte dans une double muraille , en aſſez mauvais état ; mais ſes Edifices ſont plus entiers. [l]On voit dans cette ville une grande quantité de Moſquées , de toutes grandeurs , où ſont enterrez des deſcendans d'Aly , que les Perſans reverent beaucoup. On y trouve auſſi quantité de bains, d'écoles ou colleges, & des Bazars où l'on vend toute ſorte de marchandiſe , ſur tout des étofes de ſoye dont il s'y fait un très-grand commerce. Les brocards d'or & d'argent les plus eſtimez dans la Perſe ſe font en cette ville, dont on peut dire que les Manufactures ſont la principale richeſſe. [m]Ces belles ceintures de fleurs qu'on apporte à Iſpahan ſe travaillent à Cachan : il s'y fait auſſi une belle fayance , qui ſe transporte dans le reſte de la Perſe & dans les Indes. [n]Deux des Bazars meritent particulierement d'être vûs. Ils ſont pleins d'ouvriers & d'artiſans , entre leſquels pluſieurs ſont de toutes ſortes d'uſtancilles de cuivre. Hors de la porte par où l'on entre il y a un très-beau Karvanſeras ſur la droite , avec deux cours, dans une deſquelles eſt un grand reſervoir d'eau. C'eſt dans celle-là que les Marchands font porter leurs lits en Eté , pour dormir au frais. Les Karvanſeras de la ville ſont à deux étages & aſſez commodes : ils ne ſont pas fondez pour le repos des ames de ceux qui ſont morts, mais ils vont au profit des particuliers. L'on y paye quatre Abaſſis le mois, ou quatre Casbis pour la nuit. [o]Si les Edifices publics ont de la beauté , les maiſons des habitans y ſont bien vilaines ; & il n'y en a pas une à eſtimer, à la reſerve de celle du Roi où ſe voit [p]un jardin qu'arroſe un ruiſſeau qui le partage en deux. Il a de grandes allées de Pins, de Cyprès , & d'autres arbres de differentes eſpeces, avec des eaux en abondance. La ſymetrie y eſt très-bien obſervée ; ce qui fait voir combien les Perſans ſont au deſſus des Turcs pour le genie & pour le goût. Cette maiſon qui, comme

i Paul Lucas Voyage du Levant T. II. pag. 47.
k Gemelli Careri Voy. T. II. p. 78.
l Paul Lucas Voyage du Levant T. II. p. 47.
m Thevenot Voyage des Indes T. II. p. 335.
n Gemelli Careri Voy. T. II. p. 78.
o Thevenot Voyage des Indes T. II. p. 335.
p Gemelli Careri Voy. T. II. p. 78.

CAC.

me toutes les Maisons Royales, sert d'azyle aux criminels, a la façade ordinaire de briques peintes à la maniere du pays, & des appartemens commodes. Il y a entre autres pour la garde une Compagnie de Cavalerie fort plaisante à voir pour les divers habillemens de tête des soldats. Les uns ont de simples Turbans, d'autres de simples bonnets, à quelques-uns il y avoit des plumes, à d'autres des élévations de figure cylindrique qui sortent du milieu du bonnet, & de la même étofe. Quand quelqu'un passe devant ce Palais, il fait la reverence selon la maniere du Pays, c'est-à-dire, à genoux, en touchant du front le seuil de la porte, comme étant l'entrée d'un lieu sacré Royal. Il y a un Meidan, à Cachan, comme dans les autres villes. Quand on y entend le bruit des tambours, & le son des flutes ; c'est un signal pour fermer les portes des Bazars.

Paul Lucas Voyage du Levant T. II. pag. 47.

Il n'y a gueres de ville où l'on vive à meilleur marché qu'à Cachan. Les habitans y sont de plusieurs Nations, comme Turcs de la secte d'Aly, & de celle d'Omar. Il y a quantité de Chrétiens, plusieurs Juifs, des adorateurs du feu, & des Bananes qui sont Idolâtres, mais de plusieurs sortes. On dit que pendant l'été cette ville est remplie de scorpions, qui sont fort dangereux.

b Chardin Voyages T. 3. p. 81. & seq.

b La ville n'a point de fleuve, mais plusieurs canaux sous terre beaucoup de profondes sources & des citernes. Plusieurs Auteurs Européens tiennent Cachan pour la même ville que d'anciens Auteurs Grecs nomment AMBRODUX, ou celle qu'ils appellent CTESIPHONTE, du pays des Parthes. Les Historiens Persans disent qu'elle doit son origine à Zebdle-Caton femme de Haronrechid Calife de Bagdat. Ils remarquent que cette Princesse étoit fille lorsqu'elle entreprit de faire bâtir cette ville, & que ce fut pour cela qu'elle en fit poser la premiere pierre sous l'ascendant du Signe qu'on appelle la Vierge. Elle lui donna le nom de Casan son ayeul petit-fils de Haly, qui étoit enterré-là, & y étoit mort : le changement de Casan en Cachan n'est venu que d'une erreur de ponctuation. Elle est surnommée DARELMOUMENIN, c'est-à-dire *le sejour des fidelles*, à cause que les descendans de Haly, & ses premiers sectateurs s'y refugierent contre les persecutions des Califes, qui avoient preferé à sa doctrine les dogmes, qui y étoient contraires.

c Dampier Voyages autour du monde T. 3. p. 30. ᴵᵈd. d'Amsterdam 1714.

1. CACHAO ᶜ, Province d'Asie dans le centre du Royaume de Tunquin aux Indes Orientales. Elle est située entre celles de l'Est, de l'Ouest, du Nord & du Sud. C'est un fort beau & très-bon Pays. La terre est jaune ou grise, & est assez chargée de bois. La laque & la soye, sur quoi roule le negoce principal des habitans, s'y trouvent en abondance. Il y vient aussi quelque peu de ris.

d Ibid. p. 64.

2. CACHAO ᵈ, Ville d'Asie au Royaume du Tunquin, dont elle est la capitale aussi bien que de la Province à laquelle elle donne son nom. Cette ville n'a ni fossez ni murailles, ni remparts, & est environ à quatre-vingt milles de la mer, à l'Ouest de la riviere dans une petite plaine, quoique passablement élevée. Il peut y avoir vingt mille maisons. Elles

CAC.

sont generalement basses, avec des murailles faites de boüe, & le toit de paille. Quelques-unes néanmoins sont bâties de briques, & couvertes de tuiles. La plûpart ont une cour ou un derriere qui leur appartient. Il y a dans chaque cour un petit bâtiment voûté, assez semblable à un four. Il a près de six pieds de haut, la gueule en est à fleur de terre. Ce four est bâti de briques depuis le haut jusqu'au bas, & enduit de tous côtez de boüe & de plâtre. Quoi qu'une maison n'ait point de cour, elle ne laisse point d'avoir cette sorte de bâtiment, mais plus petit & plus élevé au milieu de la maison. Ils s'en servent pour y conserver tout ce qu'ils ont de meilleur, quand quelque incendie arrive ; car ces maisons couvertes de paille sont fort sujetes à prendre feu, principalement dans les temps secs. Les principales ruës de Cachao sont fort larges, & pavées pour la plûpart, ou plûtôt cimentées de petites pierres, mais mal. Dans la Saison humide elles sont extrêmement boüeuses, & lorsque le temps est sec, on trouve dans la ville aussi bien qu'aux environs, plusieurs reservoirs d'eau croupissante, & quelquefois pleins d'une boüe noire qui rend une très-mauvaise odeur. Malgré cette odeur l'air ne laisse pas d'y être assez sain. Les Rois de Tunquin ont trois Palais dans cette ville. Il y en a deux peu considerables, ils sont bâtis de bois, & ont plusieurs canons placez dans les maisons voisines. Il y a aussi les écuries du Roi pour ses éléphans & ses chevaux ; & un espace quarré assez large, où les soldats font montre devant le Roi. Le troisiéme Palais, appellé Palais Royal, est bâti avec beaucoup plus de magnificence que les deux autres, quoi qu'il ne soit aussi que de bois & tout ouvert. Les murailles qui l'entourent sont très-remarquables ; on dit qu'elles ont trois lieuës de tour. Cette muraille peut avoir cinq à six pieds de hauteur, & presque autant de largeur & d'épaisseur. Elle est revêtuë de brique des deux côtez. Il y a diverses petites portes pour entrer dans le Palais ou pour en sortir. La maîtresse porte regarde la ville, & ne s'ouvre jamais que pour l'Empereur. Il y en a deux moindres auprès de celle-là, une de chaque côté, & on les ouvre à ceux du pays qui ont des affaires au Palais ; mais non pas aux Etrangers qui peuvent monter sur la muraille par les degrez qui sont au pied de la porte, & se promener tout autour. Dans l'enceinte de ces murailles sont de grands viviers, où il y a des bateaux pour le divertissement de l'Empereur. La maison du Comptoir Anglois est dans une situation fort agréable, au Nord de la ville & regarde sur la riviere. Elle est basse, mais jolie. Au milieu est une belle chambre où l'on mange, avec des appartemens de chaque côté propres pour les Marchands, les Facteurs & les Domestiques, qui appartiennent à la Compagnie. A chaque bout de cette maison, qui est parallele à la riviere, il y en a d'autres plus petites, & destinées à d'autres usages, comme la Cuisine, des magasins, & autres commoditez. Ces maisons forment deux aîles avec une cour quarrée, qui est ouverte du côté de la riviere. Le Comptoir des Hollandois est joint à celui des Anglois du côté du Sud ; mais ils occupent bien moins de terrain. Du côté de la ville, lorsqu'on monte la riviere, on trouve un ouvrage digne d'être remarqué. C'est un amas prodigieux de bois de charpente, ajusté ensemble avec beaucoup d'artifice sur de gros pieux enfoncez dans la riviere assez près du bord. Ces pilotis sont fichez en terre les uns auprès des autres, & par dessus il y a de gros arbres qui se croisent, & qui sont clouëz aux pieux à chaque bout, d'une telle sorte, que la violence de l'eau renverseroit plûtôt toute la machine que d'en détacher une seule partie. D'ailleurs l'espace qui est entre les pilotis & le rivage, est comblé de pierres. Cet ouvrage est élevé de seize ou dix-sept pieds au dessus de l'eau dans le temps sec, mais dans la saison humide, les inondations montent jusqu'à deux ou trois pieds du sommet. Il a été fait pour resister à l'impetuosité de l'eau dans la saison pluvieuse; car alors le courant donne avec tant de force dans cet endroit-là, qu'avant qu'on eût planté ces pieux, il renversoit la digue, & la ville étoit en peril d'être inondée.

1. CACHE, Riviere des Pays bas : elle a sa source dans l'Artois, selon Mr. Corneille, qui trompé par une mauvaise Orthographe fait un Article de cette Riviere sous ce nom, sur l'autorité du Traducteur de Guichardin, & un autre Article au mot CANCHE, qui est le vrai nom de cette Riviere. Voiez CANCHE.

2. CACHE ou KYCHE, contrée d'Asie; Texeira la met avec le Royaume de Macran (*Mécran*) entre la Perse & le Send, entre le Royaume de Guadel & l'Indoustan. Voiez MECRAN.

CACHEAU. Voiez CACHEO.

1. CACHEMIRE, CACHMIRE, KISCHMIR, KACHEMIRE [a], Principauté dans les Indes, au milieu du quatrieme Climat qui commence selon Ptolomée à 34. degrez 37'. de latitude : son milieu à 36. degrez 22', & sa fin à 38. degrez 54'. La latitude de Cachemire est de 53. degrez, & sa longitude depuis les Isles fortunées est de 105. degrez. La forme de ce pays est presque ovale : il est entouré de hautes montagnes de tous côtez, a au Midi l'Indoustan ; Bedakchan & la Corassane au Nord ; les Hordes des Ouganis à l'Occident ; & Tobbot ou Thebet à l'Orient.

[b] Les Histoires des anciens Rois de Cachemire veulent que tout ce Pays n'ait été autrefois qu'un Lac, & que ce fut un certain *Pire* ou St. Vieillard nommé Kacheb, qui donna issuë aux eaux en coupant miraculeusement la montagne de Baramoulé. Il est vrai que cette terre a pû autrefois être couverte d'eaux, mais il est difficile de croire que cette ouverture soit l'ouvrage d'un homme, parce que la montagne est très-large & très-haute : il est plus vraisemblable que quelque grand tremblement de terre, comme ces lieux y sont assez sujets, a pu faire ouvrir quelque caverne souterraine, dans laquelle la montagne s'est enfoncée, de même que s'est faite l'ouverture de Bab-el-mandel, s'il est vrai ce que les Arabes du Pays en disent, & de même qu'il s'est vû des Villes & des Montagnes s'abîmer dans de grands Lacs. Quoiqu'il en soit, Cachemire n'est plus un Lac, c'est à present une très-belle campagne diversifiée de quantité de petites colines. Sa longueur est d'environ trente lieuës, & sa largeur de dix ou douze. Les premieres montagnes qui entourent ce pays, c'est-à-dire celles qui sont les plus près de la plaine, sont de mediocre hauteur, toutes vertes d'arbres & de pâturages, pleines de Bétail de toutes sortes, comme vaches, brebis, chevres, & chevaux, de gibier de plusieurs especes, comme perdrix, liévres, gazelles, & de quelques animaux qui portent le musc. Il y a aussi des abeilles en très-grande quantité ; & ce qui est très-rare dans les Indes, il ne s'y trouve ni Serpens, ni Tigres, ni Ours, ni Lions, si ce n'est très-rarement ; desorte que l'on peut dire que ce sont des montagnes innocentes découlant de lait & de miel ; comme étoient celles de la terre promise. Au delà de ces mediocres montagnes, il s'en éleve d'autres très-hautes dont le sommet est tout tems demeure couvert de neiges, & paroit au dessus des nuages & des brouillards ordinaires, toujours tranquile & lumineux, ainsi que le sommet de l'Olympe.

De toutes ces montagnes il sort une infinité de sources & de ruisseaux de tous côtez que les habitans savent amener à leurs campagnes de ris, & conduire même par de grandes levées de terre jusque sur leurs petites colines : ces eaux après avoir fait mille petits autres ruisseaux, & mille cascades de tous côtez, viennent enfin à se rassembler & à former une belle riviere qui porte bâteau, laquelle, après avoir tournoyé à l'entour du Royaume, & passé par le milieu de la ville capitale, s'en va trouver sa sortie à BARAMOULE' entre deux rochers escarpez, & se jetter delà au travers des précipices. Elle se charge aussi en passant de plusieurs petites rivieres qui descendent des montagnes, & va se rendre vers Atek dans le Fleuve Indus. Tous ces ruisseaux qui descendent des montagnes rendent la campagne & toutes ces colines si belles, & si fertiles, qu'on prendroit tout ce Royaume pour quelque jardin tout verd mêlé de villages & de bourgades, & diversifié de petites prairies, de pieces de ris, de froment, de plusieurs sortes de legumes, de chanvre, & de safran, tout cela entrecoupé de fossez pleins d'eau, de canaux, de quelques petits Lacs & de ruisseaux. Tout y est parfemé de nos plantes & de nos fleurs d'Europe, & couvert des mêmes arbres fruitiers que nos campagnes & nos jardins produisent. Il est vrai qu'il n'y en a pas de tant d'especes, & que les fruits n'en sont pas si excellens que les nôtres ; mais il est à croire que ce n'est pas la faute de la terre, & que s'ils avoient d'aussi bons Jardiniers que nous qui sussent cultiver & enter les arbres, choisir les endroits propres & faire venir des grefes d'ailleurs, ils en auroient d'aussi bons que les nôtres.

Ce pays est assez peuplé [c], car on compte dans la plaine seule dix mille villages florissants, & l'opinion commune est qu'ils en trouve jusqu'à cent mille, tant dans les plaines que dans les montagnes. [d] Le peuple passe pour y être tout à fait spirituel, & beaucoup plus fin & plus adroit que les Indiens, & propre à la

Poësie,

[a] *Petis de la Croix* Hist. de Timur-Bec Lib. IV. c. 31.

[b] *Bernier* Voyage de Cachemir. T. 2. Let. 9.

[c] *Petis de la Croix* Hist. de Timur-Bec Liv. IV. c. 31.

[d] *Bernier* l. c. p. 279. & suiv.

CAC.

Poësie, & aux Sciences autant que les Persans. Ils sont de plus très-laborieux & industrieux: ils font des Palekys, des bois de lits, des coffres, des écritoires, des cassetes, des cuilleres & plusieurs autres sortes de petits ouvrages, qui ont une beauté toute particuliere, & qui se distribuent par toutes les Indes. Ils savent y donner un vernis & contrefaire si adroitement les veines d'un certain bois qui en a de très-belles, en y appliquant des filets d'or, qu'il n'y a rien de plus beau. Mais ce qu'ils ont de particulier & de considerable, & qui attire le trafic & l'argent dans leur pays, est cette prodigieuse quantité de *Challes*, qu'ils y travaillent où ils occupent les petits enfans. Ces *Challes* sont certaines pièces d'étofe d'une aune & demie de long & d'une de large, qui sont bordées aux deux bouts d'une espece de broderie faite au mêtier d'un pied ou environ de large. Les Mogols Indiens, hommes & femmes, les portent en hyver sur leur tête, les repassant par dessus l'épaule gauche comme un manteau. Il s'en fait de deux sortes, les uns de laine du pays qui est plus fine & plus delicate que celle d'Espagne; les autres sont d'une laine ou plutôt d'un poil qu'on appelle *Touz*, qui se prend sur la poitrine d'une espéce de chevre sauvage du grand Tibet. Celles-ci sont bien plus cheres à proportion, aussi n'y a-t-il point de castor qui soit si mollet ni si délicat: le mal est que les vers s'y mettent facilement, à moins qu'on n'ait soin de les déplier & éventer souvent. On en voit de celles que font faire les *Omerahs* exprès, qui coutent jusqu'à 150. roupies.

Les *Cachemires* sont encore renommez pour le beau sang. Ils sont aussi bien faits que les Européens, ne tenant même rien du visage Tartare. Les femmes sur tout y sont très-belles; aussi est-ce là que s'en fournissent la plupart des étrangers nouveaux venus à la Cour du Mogol afin de pouvoir faire des enfans, qui soient plus blancs que les Indiens, & qui puissent ainsi passer pour vrais Mogols.

On remarque des choses assez particulieres sur les montagnes & autres endroits de ce pays, surtout sur la montagne de PIRE-PENJALE, à la fontaine de SEND-BRARI, à ACHIAVEL, & à BARAMOULAY. Voiez ces mots.

Il y a apparence que la plupart des habitans de Cachemire sont Juifs d'origine; mais il seroit difficile de dire precisement en quel tems ils y ont été transportez, car ils n'ont conservé ni la pureté de leur Loi, ni leurs Ecritures, & ils sont tous à présent ou Mahometans ou Gentils. Ce n'est qu'à traces de Judaïsme assez bien marquées à la verité que l'on juge qu'il y a eû des Juifs dans ce Pays. Une des principales, c'est qu'en entrant dans ce Royaume, après avoir passé la montagne du *Pire-penjale*, tous les habitans que l'on voit dans les premiers villages ressemblent aux Juifs en leur port & en leur air. La seconde, c'est que l'on remarque que ces peuples, quoique Mahometans, ont souvent à la bouche le nom de *Mousa*, qui veut dire Moïse. La troisieme, qu'ils tiennent comme par tradition que Salomon est venu dans leur pays, & que c'est lui qui a coupé la montagne de Baramoulay pour donner issuë aux eaux. La quatrième est la

CAC.

pensée qu'ils ont que Moïse est mort à Cachemire, & que son tombeau est à une lieuë de cette ville. Enfin la cinquieme est, qu'ils pretendent que cet ancien, & petit édifice qui paroit sur une haute montagne au Nord de la ville de Cachemire, a été bati par Salomon, & que c'est pour cela qu'on l'appelle encore aujourd'hui le THRÔNE DE SALOMON. Ainsi il est assez probable que des Juifs ont penetré dans ce Pays. Ces gens par la suite du tems peuvent avoir perdu la pureté de leur Loi, & s'être faits Idolâtres & ensuite Mahometans par la frequentation de ces Peuples.

Ce fut le Roi Ecbar (*Akebar*) qui assujetit ce Royaume, qui étoit alors possedé par un Roi nommé Justaf-Can. Comme il se voyoit par tout victorieux, il écrivit à ce Prince qu'il n'y avoit point d'apparence qu'il soutînt la guerre contre les forces de l'Empereur des Indes, à qui tous les autres Princes se soumettoient, & qu'il lui conseilloit de faire comme eux; lui promettant que s'il le vouloit reconnoître de son bon gré, & sans experimenter la fortune de la guerre qu'il le traiteroit encore mieux que tous les autres, & que sa puissance au lieu de diminuer en augmenteroit, puisqu'il ne lui refuseroit jamais rien de ce qu'il lui voudroit demander. Justaf-Can qui étoit un Prince paisible se contentant de laisser son fils dans son Royaume vint trouver le Grand Mogol sur sa parole à la ville de Lahor. Il lui rendit hommage & l'Empereur lui confirmant la promesse qu'il lui avoit faite dans ses Lettres, le traita avec toute sorte de civilité.

Thevenot Voyage des Indes Tom. II. p. 170.

Cependant le Prince Jacob fils de Justaf, n'en voulut pas demeurer-là: car étant excité par la plupart des peuples du Royaume, qui envisageoient la domination Mogole comme la chose du monde la plus terrible, il se fit declarer Roi, fit munir le Pays de toutes choses & fermer les entrées; ce qui ne lui fut pas difficile à faire, parce qu'on ne peut y entrer que par des détroits, qui peuvent être defendus par très-peu de gens. Cette conduite deplut au grand Mogol, qui crut d'abord qu'il y avoit de l'intelligence entre le pere & le fils; mais enfin il reconnut qu'il n'y en avoit point, & sans faire aucun mauvais traitement au pere il envoya une armée contre le fils dans laquelle il donna des emplois à plusieurs des grands Seigneurs & des Officiers de guerre, qui avoient suivi Justaf-Can. Il les avoit tellement gagnez par ses bons traitemens & ses promesses qu'ils lui furent plus affectionnez qu'à leur Prince même: & comme ils savoient parfaitement tous les detroits & les avenuës des montagnes, ils introduisirent les Mogols dans le Royaume, les uns par des lieux qui leur appartenoient, & les autres par des detours qu'il auroit été impossible de trouver, si l'on n'y avoit été conduit par des gens, qui eussent bien connu le Pays. Ils vinrent d'autant plus aisément à bout de leur dessein que le Roi Jacob ne songeoit qu'à garder les endroits les plus dangereux & principalement le passage de Bamber, qui est le plus facile pour entrer à Cachemire.

Les Mogols ayant laissé une partie de leur armée à Bamber pour amuser celle du Prince Ja-

Tom. II.

Jacob, allerent vers les plus hautes montagnes, où les Omras de Cachemire les conduisirent. Ils y trouverent de petits passages entre les Rochers dont on ne pensoit aucunement à se defier: ils enterent par ces endroits les uns après les autres, & à la fin s'étant assemblez au lieu où l'on avoit donné le rendez-vous ils eurent assez de monde pour composer un corps de troupes capables de se saisir, comme ils firent durant la nuit, de la capitale qui étoit sans murailles, où Jacob-Can lui même fut surpris. Neanmoins Ecbar lui pardonna & lui assigna, ainsi qu'à son pere une pension pour sa subsistance; mais il s'assura du Royaume qu'il reduisit en Province. Il l'annexa à l'Empire du Mogolistan & ses Successeurs en ont joüi jusqu'à présent, comme du pays le plus agréable qu'il y ait dans tout leur Empire. Il ne rapporte cependant au grand Mogol par chaque année que cinq à six cens mille livres.

[a] *Bernier Voyage de Cachemire Tom. 2. l. 9.*

2. CACHEMIRE[a], Ville capitale de la Province de même nom. Quelques-uns la nomment aussi SYRENAQUER. Elle est située au trente cinquième degré de latitude, & au cent troisième de longitude. Cette capitale peut avoir une demi-lieuë de large sur trois quarts de long. Elle n'a point de murailles: sa situation est dans une rase campagne, éloignée environ de deux lieuës des montagnes qui semblent faire comme un demi cercle. On l'a placée sur le bord d'un Lac d'eau douce de quatre ou cinq lieuës de tour, qui se forme des sources vives & des ruisseaux, venant des montagnes, & qui va se dégorger par un canal assez profond pour porter bâteaux dans la riviere, qui passe au milieu de la ville. On y trouve deux ponts de bois; pour la communication d'un côté à l'autre. Quoique la plus grande partie des maisons ne soit que de bois, elles ne laissent pas d'être bien bâties, & même à deux & à trois étages. Ce n'est pas que la pierre de taille y manque. Il y en a très-belle, & l'on voit encore des vieux Temples ruinez, & d'autres bâtimens qui en étoient faits; mais l'abondance de bois qui descend facilement des montagnes par de petites rivieres où on le jette, fait qu'on aime mieux bâtir de bois que de pierres. Les maisons qui sont sur la riviere ont presque toutes un petit jardin qui regarde sur l'eau, ce qui fait une perspective très-agréable, sur tout au printemps & en été, quand on se promene sur l'eau. Les autres maisons qui ne sont pas sur la riviere, ont presque toutes aussi un jardin, & il y en a même quantité qui ont un Canal répondant au Lac, avec un petit bâteau pour se promener dessus. Dans une extrémité de la ville paroit une montagne détachée de toutes les autres, qui fait aussi une belle perspective, parce que dans son penchant, on voit de belles maisons avec leurs jardins, & que sur le haut, il y a une Mosquée & un Hermitage bien bâtis avec un jardin, & grand nombre d'arbres verds qui lui font une Couronne. C'est pour cela qu'on l'appelle HARIPERBET, ce qui signifie en langue du pays, Montagne de verdure. A l'opposite de cette montagne, il en paroît une autre sur laquelle il y a aussi une petite Mosquée avec un jardin, & un bâtiment très-ancien, qu'on juge avoir été un Temple d'Idoles, quoi qu'on l'appelle TACT SOULIMAN, c'est-à-dire le *Trône de Salomon*, les Mahometans pretendant que Salomon soit venu à Kachemire, & qu'il l'y ait fait bâtir. Le Lac sur le bord duquel la ville est assise, a cela de particulier qu'il est plein d'Isles. Ce sont autant de jardins de plaisance qui paroissent tous verds au milieu de l'eau à cause des arbres fruitiers, & des allées de treilles qui y sont. Ces jardins sont d'ordinaire entourez de trembles à larges feuilles disposez de deux en deux pieds. On peut embrasser les plus gros; mais ils sont longs comme des mâts de navire, & ont seulement un bouquet de branches tout au haut comme un palmier. Au delà du Lac sur le penchant des montagnes, ce ne sont que des maisons avec leur jardins. Ce lieu s'étant trouvé admirable pour cela, à cause qu'il est en très-bel air, & qu'il donne la vuë du Lac, des Isles & de la ville, & qu'il est rempli de sources & de ruisseaux. Le jardin du Roi appellé CHAH-LIMAR, dans lequel on entre par un grand Canal bordé de gazons, surpasse tous les autres en beauté. Ce Canal qui est entre deux larges allées de Peupliers, a plus de cinq cens pas de long, & conduit à un grand cabinet qui est au milieu de ce jardin, où commence un autre Canal bien plus magnifique, qui va un peu en montant jusqu'à l'extrémité du jardin. Ce Canal est pavé de grandes pierres de taille. Son talut est des mêmes pierres que le pavé, & dans le milieu, on voit une longue file de jets d'eau de quinze en quinze pas. Il y a aussi d'espace en espace de grands ronds d'eau comme des reservoirs, d'où s'élevent quantité de jets d'eau de plusieurs sortes de figures, & il se termine à un autre grand cabinet qui est presque comme le premier. Ces deux cabinets qui sont à peu près faits en Dôme, situez au milieu du Canal & entourez d'eau, & par conséquent entre les deux grandes allées de Peupliers, ont une galerie qui regne à l'entour, & quatre portes à l'opposite les unes des autres. Deux de ces portes regardent les allées avec deux ponts pour y passer, l'une d'un côté & l'autre de l'autre. Les deux autres portes regardent sur les canaux opposez. Chaque cabinet est composé d'une grande chambre, au milieu de quatre autres moindres qui sont dans les quatre coins. Tout est peint & doré par le dedans, dans toutes les cinq, avec des sentences en gros caractères Persans. Les quatre Portes sont très-riches. Elles sont faites de grandes pierres avec deux colomnes qui ont été tirées des anciens Temples d'Idoles que *Chah-Jehan* fit ruiner. On ne sauroit dire de quel prix sont ces grandes pierres & des colomnes, parce qu'on n'en connoit pas la matiere; mais on voit bien qu'elles passent en beauté le porphyre & le marbre.

CACHEO, CASCHEU, CACHEU, CACHEAU, ou CACHO, Ville d'Afrique, dans la Nigritie, au bord meridional de la Riviere de St. Domingue, que Mr. Baudrand prend mal-à-propos pour une des Embouchures du Niger, environ à six lieues de son embouchure en remontant. [b] Elle est occupée par les Portugais qui y ont trois Forts, dont le principal

[b] *Relations à la suite du Voyage de le Maire p. 200.*

CAC.

pal peut bien avoir dix ou douze piéces de canon, & les deux autres deux ou trois, un Capitaine major en a le gouvernement, qui depend du Gouverneur des Isles du Cap verd. On lui envoye tous les ans trente ou quarante Portugais qui en sont ordinairement bannis, pour remplacer ceux qui meurent faute de bonne nourriture, par necessité, ou pour s'abandonner trop aux femmes, c'est pour eux une espece d'exil qui ne laisse pas de leur être quelquefois supportable. Il peut y avoir dans la ville deux ou trois cens habitans; la plupart sont Mulâtres, les autres ont leurs femmes ou des Concubines. Il y a dans la ville un Receveur des droits du Roi pour les bâtimens qui y viennent negocier, qui payent dix pour cent d'entrée & de sortie avec un Ecrivain, qui tient lieu de Notaire & de Greffier. C'est le Gouverneur qui rend justice. Il y a une Eglise paroissiale, un Curé, un *Visitador*, (qui est comme un Grand Vicaire en France,) qui sont toujours mis de la part de l'Evêque de St. Jacques. Il y a aussi un Couvent de Capucins, où ils ne sont jamais gueres que trois ou quatre Religieux. Les habitans de la ville ont de petits bâtimens, & des barques avec quoi ils negocient sur les Rivieres de Nouue (*Nougne*) Pougues, (*Pogne*) & Serre-lionne, & dans les Isles de Bezagots (*Bisagos*) où ils font grand commerce de Cire, d'Esclaves & quelque peu d'Yvoire.

CACHETUS, Riviere d'Asie dans le Royaume de Pont, auprès de la ville d'Heraclée. Les Atheniens croiant attaquer par-là cette ville perdirent treize Galeres par une tempête, qui survint au raport de Diodore cité par Ortelius. On sait d'ailleurs que la Riviere, qui passoit auprès de cette ville d'Heraclée est nommée LYCUS, par plusieurs Auteurs. Voiez ce mot.

CACHIEU. Voiez CACHEO.

CACHOMAS. Voiez CHACOMAS.

☞ CACHUPINS, c'est ainsi que l'on appelle dans l'Amerique Septentrionale les Espagnols nouvellement arrivez de leur pays dans la Nouvelle Espagne & dans les pays adjacents; comme l'observe Mr. Baudrand [a].

a Ed. 1705.

☞ CACIQUE [b], nom que l'on donne dans l'Amerique aux Chefs de diverses Nations, & qui en font comme les Rois, ou les Souverains.

b Ibid.

CACOBÆ, peuple de l'Inde en deçà du Gange, selon Ptolomée [c].

c l. 7. c. 1.

CACOBASILEA, édifice très-beau dans l'Isle de Cypre auprès de Paphos. Valere Maxime [d] en fait mention à l'occasion du Grand Pompée, qui demanda le nom de ce bâtiment, & l'entendant en tira un mauvais Augure que l'évenement ne justifia que trop.

d l. 1. c. 5.

1. CACOBERRO [e], Bourg d'Afrique en Barbarie au Royaume de Barca sur le Cap qui porte le même nom.

e Baudrand Ed. 1705.

2. CACOBERRO [f], Cap d'Afrique en Barbarie au Royaume de Barca entre *Ripalta* & *Torre de gli Barbari*.

f Ibid.

CACOENSII, peuple de la Dacie selon Ptolomée [g]. Le Grec porte ainsi écrite la premiere syllabe, quoique le Latin de Bertius porte CAUGOENSII.

g l. 3. c. 8.

CACONGO, Royaume d'Afrique; quelques-uns écrivent KAKONGO. Il est dans la

CAC. 13

basse Guinée, à l'Occident & presque à l'embouchure de la Riviere de Zaïre; depuis laquelle il s'étend jusqu'à la mer. Il a pour borne la Riviere de Lovango Louïse jusqu'à la Baye de Cabende, où commence le petit Royaume d'Angoi. La capitale se nomme Malemba; il a environ dix lieues marines ou d'une heure de chemin le long de la côte; mais vers l'Orient il s'élargit un peu. Sa plus grande longueur est d'environ trente de ces mêmes lieues. Dapper [h] apelle Riviere de Sonho la Riviere de Zaïre, parce qu'elle passe à une Bourgade nommée Sogno sur les Cartes de Mr. de l'Isle. Cela est necessaire à savoir pour bien entendre la description qu'il donne du Royaume de Cacongo. Le pays qui est entre la Capitale, & la Riviere de Sonho est plein de Forêts, & de montagnes & ne raporte pas extrêmement parce qu'il n'est pas cultivé par tout. Les habitans sont presque en aussi grand nombre que ceux de Lovango. Ce sont gens fourbes, traîtres, parjures, inquiets, querelleurs, & en même temps poltrons & laches. Ceux de Goy (Angoi) remportent presque toujours quelque avantage sur eux, & leur feroient un mechant parti si le Roi de Lovango ne s'en mêloit pas. Cet Auteur donne plus de côtes à ce Royaume que je n'en ai marqué au commencement de cet Article; mais on peut néanmoins concilier ce qu'il en dit avec ce que j'en dis, parce que je prends la côte en droite ligne au lieu qu'il en suit aparemment les detours. La côte de Cacongo s'étend, dit-il, du Sud au Nord pendant quinze ou vingt lieues jusqu'auprès de Lovango Louïse, qui est un endroit où le Rivage commence à s'élever, & à former une montagne. En deçà de cette montagne dans les terres de Cacongo est un lieu nommé LE GRAND CASCAIS. Le pays d'alentour est fort haut. A une lieue de ce village vers le Midi; on voit une petite Riviere, qui se jette dans la mer. Le fleuve de Cacongo arrose la plus grande partie de ce Royaume, & après avoir fait vingt-cinq à trente lieues de chemin; il se décharge dans l'Océan sous le 5. degré de latitude meridionale. Au Midi de cette Riviere à quatre lieues delà sur la côte est le village de Malemba (aparemment diferent de la capitale de même nom, qui est à trois ou quatre milles de la mer,) où la mer forme un Golphe, & une bonne rade pour les vaisseaux. Le terroir des environs qu'on apelle le petit Cascais est bas, & s'étend jusqu'à la baye de Cabende, située sous le 5. d. 24'. de latitude meridionale entre les Rivieres de Cacongo & de Zaïre, environ à mi-chemin de l'une à l'autre. La côte qui est entre ces deux fleuves, & le long de laquelle le Royaume de Goy est situé, est fort dangereuse par la quantité d'écueils qu'on a peine à éviter. Les habitans de Cacongo, outre la Pêche & l'Agriculture ont le commerce auquel ils s'adonnent fort. Leur trafic consiste en certaines petites piéces d'étofes que les Hollandois appellent *Kassenbladen*, en bonnets noirs faits à l'aiguille, en placques, pelles, haches, & autres instrumens de fer, en tabac, en poudre, en bois rouge, en toiles & en diverses marchandises étrangeres qu'ils vont revendre à

h Afrique p. 239. & suiv.

Con-

Congo, Sonho & ailleurs ou les échanger pour des Efclaves. Les Portugais & les Hollandois y font le même commerce qu'à Lovango ; mais on n'eſt pas obligé de faire tant de prefens pour en obtenir la permiſſion. C'eſt à Malemba que ſe fait le plus grand negoce. Les mœurs, le Gouvernement, la Religion ſont abſolument les mêmes qu'à Lovango. Il y a une choſe remarquable qui eſt que le Roi de Cacongo en vertu d'une certaine Loi n'oſe toucher aucunes marchandiſes Européennes. Ce Prince & le Roi de Lovango, tiennent des Gardes ſur les bords de la Riviere de Sonho chacun de ſon côté pour faire payer les droits aux paſſans, & pour veiller à la ſureté du Royaume. La Province de Serri dépend de Cacongo, & celle de Lemba eſt ſur les confins du Royaume de Goy.

CAÇORLA, ou CAZORLA[a], Ville d'Eſpagne en Andalouſie, ſur le Ruiſſeau de Vega, entre deux montagnes ; vers les frontieres du Royaume de Grenade. Elle eſt du Domaine de l'Archevêque de Tolede, à qui elle appartient avec le pays aux environs nommé l'Adelantamiento de Caçorla. Elle n'eſt qu'à deux lieues de la ſource du Quadalquivir, & à ſix de Baeça, ſelon Rodrigue de Silva.

[a] Baudrand Ed. 1705.

CACOS, Ville de Grece ſur une des Bayes du Golphe de Corinthe, à l'embouchure de la Riviere de Thermeſſus. Cette Baye eſt nommée Livadoſtro, ſur la Carte de la Grece par Wheler[b].

[b] Inſerée dans le 1. Tome de ſes Voyages.

CACOUCHAS[c], peuple de l'Amerique Septentrionale dans le Saguenai contrée de la Nouvelle France, & au Nord de la ville de Tadouſſac.

[c] Baudrand Ed. 1705.

CACUS, nom d'une montagne de l'Eſpagne Tarragonoiſe. Mr. Baudrand[d] dit qu'elle a pris ce nom de Cacus tué par Hercule, & cite Juvenal qui ne parle en aucune façon de cette montagne ; ni d'aucune autre qui ait eu le nom de Cacus. Voiez BOARIUM, CAUNUS & MONT CAIO.

[d] Ed. 1682.

CACUTHIS, Riviere de l'Inde, où elle ſe jette dans le Gange ſelon Arrien[e].

[e] in Indicis.

CACYPARIS, Riviere de Sicile ; les Saraſins lui ont donné le nom de YHASIBLI ; Mr. de l'Iſle la nomme Caſibili, nom qui ne s'en écarte pas beaucoup, & qu'elle ſemble prendre d'un Fort ſitué près de ſon embouchure, & que l'on nomme auſſi Caſibli ; mais le vrai nom eſt MANGHISI, que Mr. de l'Iſle écrit auſſi. Le P. Coronelli dans ſa Carte de Sicile apelle cette Riviere JASIBILI, & CACIPARIO ; c'eſt la premiere que l'on trouve en allant de Syracuſe vers le Midi.

CACYRINI &

CACYRON, Ville mediterranée de la Sicile ſelon Ptolomée[f]. C'eſt aujourd'hui CASSARO. Voiez ce mot. Pline la deſigne par le nom de ſes habitans CACYRINI.

[f] l. 3. c. 4.

CADAGUES, ſelon Mr. Corneille. Voiez CADEQUIE'.

CADAHALSO, terre que poſſedoit en Eſpagne dans la Nouvelle Caſtille auprès d'Eſcalona, le fameux Alvar de Lune favori de Jean II. Roi de Caſtille qui le fit mourir par la main du Bourreau pour avoir abuſé de l'autorité Roiale, qu'il avoit en main en qualité de premier Miniſtre. Ce lieu eſt remarquable en ce que ſon nom ſignifie *un échafaut*, & qu'un Mathematicien aiant, dit-on, predit à D. Alvar qu'il mourroit à Cadahalſo, il l'entendit de cette terre qui s'apelloit ainſi, & où il ne voulut pas aller après cet Horoſcope ; au lieu que le mot de Cadahalſo devoit ſe prendre dans le ſens d'un Echafaut. P. Dupuy dans ſon Hiſtoire des plus Illuſtres Favoris[g], raporte cette prediction.

[g] Ed. d'Elzevir in 4. Leyde 1659. pag. 172.

CADAILLAC[h], en Latin *Catelliacum*, ou plutôt *Catalacum*, lieu de France au Limouſin. On le prend pour le lieu de la naiſſance de St. Eloy, Evêque de Noyon. Alethius ſon frere fit bâtir un Monaſtere en ce lieu ſur le fonds de leur Patrimoine. Ce lieu eſt à deux lieues de Limoges.

[h] Baillet Topogr. des Saints p. 567.

CADALEN. Voiez CADELENS.

CADAMUM, nom Latin de CADAN.

CADAMUSA, c'eſt ainſi qu'écrit Holſtenius au lieu de GADAMUSA qu'on lit dans la Géographie du P. Charles de St. Paul[i]. La Notice d'Afrique nomme Montan Evêque de Cadamuſa, (*Cadamuſenſis*) dans la Mauritanie Sitifenſe. Ptolomée[k] nomme un peuple COEDAMUSII dans la Mauritanie, & c'eſt aparemment la même choſe.

[i] p. 110.
[k] l. 4. c. 2.

CADAN[l], petite ville de la Bohême propre au Cercle de Zatz, ſur la Riviere de l'Egre. Elle n'eſt preſque plus rien qu'un Bourg, & n'eſt remarquable que par le Traité, qui y fut fait du temps de l'Empereur Ferdinand I. pour la reſtitution du Duché de Wirtenberg au Duc Ulric. Elle n'eſt qu'à deux milles d'Allemagne de Zatz, & à huit de Leutmeritz, vers Egra.

[l] Baudrand Ed. 1705.

CADAQUEZ. Voiez CADEQUIE'.

1. CADARA, grande preſqu'Iſle de la mer rouge qui s'étendant forme une grande Baye, que Ptolomée (*Philadelphe*) traverſa à la rame en douze jours & douze nuits, n'ayant aucun vent, ſelon Pline[m]. Le R. P. Hardouin dit qu'elle eſt ſur la côte meridionale de l'Arabie.

[m] l. 9. c. 3.

2. CADARA, Ville de l'Arabie heureuſe ſur le Golphe Perſique, ſelon Ptolomée[n], qui la donne aux Ataéens. L'ancien Interprete Latin lit CARADA.

[n] l. 6. c. 7.

CADAROUSSE. Voiez CADEROUSSE.

CADASAND. Voiez CASSANDT.

CADATIA, Colonie Romaine ſelon Ortelius, qui cite Frontin, & doute s'il ne faut pas lire COLLATIA. L'Edition que j'ai porte CALATIA.

CADAUM CASTRA, place d'Afrique dans la Mauritanie Ceſarienſe. Antonin en fait mention ; ſur la route de Cala à Rufucurrum. L'Edition de Zurita porte GADAUM CASTRA.

CADAVUS, nom Latin du CAVADO Riviere d'Eſpagne.

LA CADDE'E[o], (Ligue de la) ou MAISON DE DIEU. C'eſt le nom que l'on donne à la ſeconde Ligue des Griſons, que l'on nomme en Allemand GOTTS HAUSS-BUNDT, parce qu'elle renferme l'Egliſe Epiſcopale de Coire, & que pluſieurs de ſes terres en dependoient autrefois, comme quelques unes en dependent encore. Elle remplit le côté Oriental de la partie meridionale des Griſons, & elle forme au Nord comme deux bras aux deux bouts,

[o] Delices de la Suiſſe pag. 605.

CAD.

bouts, s'étendant aux côtes de la Ligue des dix Jurisdictions. Cette Ligue est partagée en XI. grandes Communautez qui se subdivisent en XXI. petites, qu'on nomme Jurisdictions. Voici le rang qu'elles tiennent dans les Etats ou Diétes du Pays.

Coire,	Basse Engadine,
Pergell,	Fatz & Bergun,
Furstenau & Or-	Les quatre villages,
tenstein.	
Obersax,	Puschiavo,
Haute Engadine.	Stallen & Aversa,
	& Munsterthal.

Les voici dans un ordre plus Géographique, suivant le voisinage des lieux.

Coire,	Stallen & Aversa,
Les quatre villages,	Pregell ou Pergell,
Ottenstein & Furs-	Puschiavo,
tenau,	
Fatz ou Oberfatz &	Haute & Basse En-
Bergun,	gadine,
Obersax,	Munsterthal.

a Ibid. p. 634.

On trouve dans la Ligue de la Caddée *a* une diversité dans le langage. Dans le Pays de Pergell & de Puschiavo on parle une Langue qui approche beaucoup de l'Italienne: la ville de Coire, Motta dans la Communauté d'Oberfatz & Aversa parlent Allemand: tout le reste de la Ligue parle une Langue particuliere corrompuë du Latin & de l'Allemand, que l'on appelle *Ladin* dans l'Engadine.

b Ibid. p. 657.

Les habitans de la Ligue de la Caddée *b* firent quelque confederation entre eux l'an 1400. mais ensuite ayant affaire à un Evêque remuant, nommé *Jean Abundius Naso*, ils se liérent de nouveau l'an 1419. & confirmerent leur confederation, la reduisant à une forme fixe & constante. Six ans après la Ligue *Grise* ayant été établie, quelques Communautez de la Caddée se joignirent à elle; sçavoir Obersax, Fatz, Stallen, & Aversa, Bergun & Furstenau.

Ibid. p. 670.

L'an 1497. après diverses alliances particulieres que quelques Communautez avoient faites avec deux ou trois d'entre les Cantons Suisses, & la Ligue Grise ayant fait une Alliance perpetuelle avec les VII. anciens Cantons, l'année suivante la Ligue de la Caddée fit aussi la même Alliance avec les mêmes Cantons.

Ibid. p. 674.

Dans les Assemblées Generales autrement nommées Diétes, la Ligue de la Caddée qui tient le second rang, a vingt quatre-voix.

e Corn. Dict.

CADDOR *e*, Ville d'Asie dans le Royaume de Brampour à sept ou huit lieues de la ville de ce nom en tirant vers les Bulloites, elle obeït au Mogol.

§. Ce lieu n'est ni dans les routes de Tavernier, ni sur la Carte des côtes de Malabar & de Coromandel, par Mr. de l'Isle.

f Baudrand Ed. 1705.

CADELENS ou CADELAIN *f*, petite ville de France dans l'Albigeois, à quatre lieues de la ville d'Alby, en allant vers Toulouse. Davity suivi par Mr. Corneille écrit CADALEN, & dit que c'est une des douze villes

CAD.

maîtresses du Diocése d'Albi, & l'un des Sieges de Terrebasse.

CADEMOTH. Voiez CEDIMOTH.

CADENA *g*, Ville de Bithynie. Il en est fait mention au III. Concile de Constantinople, qui est le VI. Concile general. Voiez CADYNA.

g Ortel. Thesaur.

CADENAC, petite ville de France en Languedoc. Voiez CAP DE NAC.

CADENET *h*, petite ville de France en Provence, avec un vieux Château sur la côte près de la Durance, à cinq lieues d'Aix, en allant vers Carpentras.

h Baudrand Ed. 1705.

CADENI, nom Latin des habitans de la ville de CADI. Voiez ce mot.

1. CADEQUIE *i*, quelques-uns écrivent CADAQUEZ ou CAP DE QUERS, Port d'Espagne en Catalogne sur la mer Mediterranée entre la Baye de Rose, & le Cap de Creau. Les Hollandois n'en font point de mention, non plus que le Sr. Bouchar dans son Flambeau de la Mer. Il est aisé de juger par-là qu'ils n'avoient pas pratiqué le long de ses côtes: car si ce dernier eût vû Cadequié, il n'auroit pas dit que Palamos étoit le meilleur port de la Catalogne. Ce Port est aussi bon pour les Vaisseaux que pout les Galéres. On le reconnoît par une haute montagne qui est sur la gauche en entrant, & par une autre encore plus haute qui est dans le fond du Port, au pied de laquelle est le *village de* CADEQUIE, dans le milieu duquel il paroît une grande Eglise blanche, qui en donne une entiere connoissance. Ce Port a un bon mille d'enfoncement, & 3. à 400. toises de large en certains endroits. Au dehors & sur la droite en entrant il y a un gros rocher en forme de pain de sucre, & quelques petits aux environs: & tout proche du Port du côté du Nord-Est; il y a une petite Isle de moyenne hauteur aussi environnée de petits écueils: on ne peut passer à terre de cette Isle qu'avec des bâteaux. Presque à moitié chemin entre le gros rocher dont je viens de parler, & le village de Cadequié, il y a quelques petits rochers hors de l'eau, & à fleur d'eau qu'on laisse sur la droite en entrant; on les peut ranger assez près y ayant 5. à 6. brasses d'eau; mais du côté de terre il n'y en a que pour des bâteaux.

i Michelot Portulan de la mer Mediter. p. 50.

Les Galéres commandantes mouillent ordinairement devant le village, ayant un fer en mer vers le Sud-Ouest, & une amarre à terre vers l'Est; les autres Galéres mouillent partout aux environs ayant toutes une amarre à terre d'un côté & d'autre: celles qui veulent mouiller un peu plus dans le fond, mettent la poupe à terre vers le rivage & s'amarrent à quatre; & on y est par 3. à 4. brasses d'eau, fond d'herbe vaseux. Mais presque vers le milieu du Port, il y a 8. 10. 12. & 15. brasses d'eau, même fond: l'on remarque qu'il y a dans cet endroit une espéce de fossé où le fond augmente jusqu'au milieu; ensorte que lorsque les ancres ne sont pas dans cette fosse, elles sont sujettes à chasser, surtout lorsqu'elles sont au delà, à quoi il est necessaire de prendre garde. Lorsque l'on entre dans le Port de Cadequié, il ne faut pas trop ranger le grand écueil qui est sur la droite, à cause de quelques *Sequans* qui sont aux environs, princi-

pa-

palement lorsqu'on vient de nuit, auquel cas il faut chercher la pointe de la gauche, où il n'y a rien à craindre étant fort haute, & tout au moins découvrir tout-à-fait l'entrée du Port, & par conséquent le village qui est dans le fond, sur lequel il faut gouverner, faisant attention aux petits écueils qui sont sur la droite. Sur la gauche en entrant & vis-à-vis ces écueils, il y a une petite Calanque & un peu de plage à couvert du canon de Cadequié, où l'on peut mettre deux Galeres pourvû qu'elles soient amarrées à quatre, pour ne pas s'aborder, y ayant peu de place au dehors de cette Calanque. Allant dans le fond du Port il y a une pointe qui est presqu'Isle, à l'extrémité de laquelle il y a une petite pointe de roche, qui s'avance sous l'eau environ 30. toises qu'il faut éviter avec soin. Presque à moitié chemin de cette pointe au village, il y a un petit banc de roches sous l'eau qui gâte les cables à moins que d'y prendre bien garde. Il n'y a sur le haut que 5. à 6. pieds d'eau, c'est pourquoi il est à propos de porter les amarres du côté de l'Est autant qu'on le peut.

Le traversier est le vent de Sud-Est qui y donne à plein; mais il n'y donne pas de grosse mer, parce que l'entrée n'est pas large, & que tous ces écueils brisent la mer, qui ne peut venir jusqu'à l'endroit du bon mouillage. Les vents d'Ouest, Nord-Ouest & Nord-Est y sont quelquefois fort rudes, parce qu'ils passent par un vallon entre deux hautes montagnes, ainsi il est necessaire d'y faire attention, & de se précautionner. On fait de l'eau derriere le village à une fontaine, qui est dans les jardins. La latitude est de 42. degrez 14'. & la variation de 5. à 6. degrez vers le Nord-Ouest.

a Ibid.

2. CADEQUIE[a], Village de Catalogne au fond du Port de même nom. Il est situé sur une petite hauteur. Il étoit autrefois bien fortifié, mais le Roi en fit raser toutes les fortifications après qu'il l'eût reduit sous son obéissance. D'un côté & de l'autre de ce village sur le bord de la mer, il y a plusieurs maisons de pêcheurs. La profession de presque tous les habitans est la pêche du poisson, quelques-uns vont aussi pêcher du Corail.

CADEROUSSE, petite ville de France entre le Comtat Venaissin, au Midi, le Rhône au Couchant, & la Principauté d'Orange au Septentrion, & à l'Orient. C'est un Duché appartenant à la Maison d'Ancesune. Mr. Corneille le donne à la Principauté d'Orange dans laquelle ce Duché est enclavé; Mrs. d'Audifret[b] & de la Forêt de Bourgon[c], le donnent au Comtat Venaissin. Mr. Baudrand n'en parle point du tout.

b Géograph. T. 2. p. 412.
c T. 1. p. 202.

CADES[d], ou CADES-BARNE, autrement nommée la *fontaine de Jugement*[e], ville de l'Arabie Petrée. Elle est celebre, dit le savant D. Calmet, par divers évenemens. C'est à Cades que Marie Sœur de Moïse mourut[f]. C'est-là où Moïse & Aaron ayant temoigné de la defiance au pouvoir du Seigneur, lorsqu'ils fraperent le Rocher des eaux de Contradiction, furent condamnez à mourir, sans avoir la consolation d'entrer dans la Terre promise[g].

d D. Calmet Dict.
e Genef. c. 14. v. 7.
f Num. c. 20. v. 1.
g Num. c. 27. v. 14.

Le Roi de Cades fut un des Princes tué par Josué[h]. Cette ville fut donnée à la Tribu de Juda; [i]elle étoit environ à huit lieues d'Hebron vers le Midi. Il doute si ce n'est pas la même ville que CADYTIS. Voyez ce mot.

h Josué c. 12. v. 22.
i Ibid. c. 15. v. 24.

§. D. Calmet attribue à la ville ce qui ne convient qu'au desert. Mr. Reland[k] debrouille cette matiere; c'est de lui que j'emprunte ce qui suit.

k Palæst. p. 114. & seq.

CADESCH-BARNE, est le nom d'un Lieu éloigné du mont Choreb (*Horeb*) d'onze journées de chemin[l]. C'est delà que furent envoiez[m] à la decouverte de la Terre de Chanaan, les Espions que Moïse dépecha étant campé dans le desert de Paran (*Pharan*) [n]& il est dit qu'ils vinrent retrouver Moïse & Aaron au desert de Pharan vers Cades[o]. Il est aussi fait mention de ce lieu entre les frontieres meridionales de la Terre de Canaan[p]. On le retrouve dans la même position aux confins meridionaux de ce pays[q] lorsqu'il est dit que Josué battit les Cananéens depuis Cades-barné jusqu'à Gaza. On peut conclurre delà que Cades-barné s'étendoit depuis le desert de Pharan jusqu'à l'extrémité meridionale du pays de Canaan; & que c'est le nom d'une contrée ou d'un desert, & non pas d'une ville. Il n'y a aucun passage de l'Ecriture où ce nom soit donné à une ville, & Eusebe dit[r]: Cadesch-Barne est un desert qui s'étend jusqu'à Petra ville de Palestine. Procope de Gaza & St. Jerôme disent de même que c'est un lieu; & ne disent pas que ce soit une ville.

l Deuteron.
m Num. c. 13. v. 8. Josué c. 14. v. 7.
n Num. c. 13. v. 1.
o Ibid. v. 27.
p Ibid. c. 34. v. 4. & Josué c. 15. v. 3.
q Josué c. 10. v. 41.
r Onomast.

Une grande partie de ce desert étoit habitée par les Edoméens, & on le nommoit SEIR; ce que l'on prouve parce qu'il est dit[s], que les Israëlites étant venus jusqu'à Cades-barné, ils voulurent franchir les montagnes des Amorrhéens, qui habitoient dans la Terre de Canaan; mais que ceux-ci les mirent en fuite, & les poursuivirent jusqu'en Seïr, & qu'étant revenus (à Cades-barné sans doute, où auroient-ils été ailleurs qu'à l'endroit d'où ils étoient partis?) ils pleurerent & s'arrêterent à *Cades*, où ils sejournérent long-temps jusqu'à ce que partant delà, ils firent le tour des montagnes de Seïr, jusqu'au pays des Moabites. Cela nous apprend que le même lieu, qui est nommé *Cades-barné* en plusieurs endroits, est nommé simplement Cades en d'autres, car l'Hebreu ne dit que Cades, quoi que la Vulgate mette Cades-barné au dernier verset du I. Chapitre du Deuteronome, & effectivement il s'agit de Cades-barné en cet endroit; mais il ne s'enfuit pas que toutes les fois que l'Ecriture nomme Cades il faille l'entendre de Cades-barné.

s Deuteron. c. 1. v. 19. & 43.

Outre le Lieu, le Pays, ou le *Desert de Cades-barné*, il y avoit une *Ville* nommée CADES ou CADESCH; comme l'écrivent les Auteurs qui suivent l'Hebreu. Cette ville étoit aux confins de la terre d'Edom; ou de l'Idumée; les Israëlites y étant arrivez demanderent au Roi d'Edom la permission de passer dans son pays pour se rendre dans la Terre de Canaan[t]. Nous voici, disent-ils, à Cades ville située à l'extrémité de vos frontieres. Il est clair par ce passage, que l'Idumée étoit entre cette ville de Cades, & le pays de Canaan; que

t Num. c. 20. v. 16.

CAD.

que par conséquent cette Ville n'étoit pas à l'extrémité méridionale du pays de Canaan, comme quelques-uns l'ont cru; puis que les Israëlites qui se trouvoient à cette Ville n'auroient pas eu besoin de demander passage au Roi d'Edom pour se rendre dans le pays Canaan, car ils y auroient été déja. Quant à ce qui est dit que dans Cades, ou auprès de Cades, Dieu fit sortir une fontaine d'un rocher que Moïse frapa, rien n'empêche que ce ne soit la même Cades qui est nommée עֵין מִשְׁפָּט *la fontaine du Jugement*. La même est appellée Cades du desert de Tzin où le peuple demanda des eaux [b]: on lit ailleurs: [c] *dans le desert de Tzin, c'est-à-dire à Cades*. Ce dernier passage merite un peu plus d'examen; car il s'agit dans cet endroit de dénombrer tous les séjours, ou campemens des Israëlites dans le desert & il n'y est fait mention que d'une seule Cades, à savoir du desert de Tzin, ou Cades d'où ils retournerent à la Montagne de Hor où mourut Aaron. Il s'ensuivroit delà que Cades Ville frontiere de l'Idumée seroit la même chose que Cades-barné: car ils campe- [d] rent en Cades-barné, selon le Deuteronome [d]; ils camperent aussi à Cades, selon le livre des Nombres [e]: & puis que Cades-barné a été quelquefois nommée Cades [f] qui empêche, dira quelqu'un, que nous ne croyions que Cades aux frontieres de l'Idumée & Cadesbarné sont la même chose? Si elles étoient différentes ; pourquoi l'Historien sacré ne les distingue-t-il point comme deux campemens diferens. Voici les raisons qui portent à croire que c'étoient des lieux diferens. Premierement Cades-barné étoit dans le desert de Pharan & s'étendoit jusqu'à l'extrémité Meridionale de la terre de Canaan, & Cades au contraire étoit aux frontieres de l'Idumée, d'où il faloit traverser une partie du desert pour entrer en Canaan. Cela est prouvé ci-devant. En second lieu sur ce qu'on pourroit demander pourquoi, si ces lieux étoient diferens, ils ne sont pas exprimez d'une maniere distincte, on peut répondre que c'est, ou parce que le desert de Tzin étoit si grand qu'il s'étendoit jusqu'à la Ville de Cades frontiere d'Idumée & renfermoit le desert de Cades ; & si cela n'étoit on n'auroit fait aucune mention du Campement de Cades-barné, mais simplement de celui du desert de Tzin où étoit Cades Ville de l'Idumée; ou parce que le Peuple d'Israël ne fit pas long séjour auprès de la même Cades; car il s'en faut bien que le Catalogue dont il s'agit ici contienne generalement tous les lieux où furent les Israëlites, cela se prouve par ce qu'on lit dans les Nombres [g] où selon l'Hebreu le premier Campement depuis Asion-Gaber est marqué dans le *desert qui est Cades*. Il faut remarquer ici que les Septante semblent avoir suivi quelque exemplaire diferent de celui que nous avons ; au lieu de ces paroles, *& partant d'Etzjon-Geber ils camperent dans le desert de Zin QUI EST CADES*; les Septante traduisent *& partant d'Asion-Gaber, ils camperent dans le desert de Sin, & partant du desert de Sin ils camperent dans le desert de Pharan, celui-ci est Gades*. L'Auteur de la Vulgate lit comme il y a dans l'Hebreu : *Et partant delà (d'Asion-Gaber) ils vinrent au desert de Sin, celui est Cades*. Il faut remarquer encore que le texte Hebreu distingue deux deserts parcourus par les Israëlites dont l'un y est nommé סין Sin plus voisin de l'Egypte, & l'autre צן Tzin qui étoit voisin du pays de Canaan. Comparez les passages suivans Nombres C. 34. v. 3. C. 13. v. 22. C'est à ce desert de Tzin que commençoit la terre de Canaan. C'est dans ce même desert qu'étoit la Ville de Cades frontiere de l'Idumée [h], & d'où cette est nommé *Cades du desert de Tzin*[i]. Mais la Vulgate ne distingue point ces deux deserts de *Sin & Tzin*, & écrit *Sin* pour l'un & pour l'autre. Il semble que ce desert de Tzin étoit d'une grande étenduë & que le Pays de Cades-barné en faisoit partie. Sans cela il faudroit avouer que parmi les campemens des Israëlites au desert, raportez au livre des Nombres [k], il n'est fait nulle mention de Cades-barné; car il y est dit seulement qu'ils vinrent d'Asiongaber au desert de Tzin, celui-ci est Cades. A cela se raporte le passage des Nombres [l]: ils vinrent dans le desert de Tzin & le peuple séjourna à Cades & cette Cades est qualifiée peu après [m] *Ville aux confins d'Edom. Ils camperent outre cela à Cades-barné au desert de Pharan* [n]: Or ces lieux sont distinctement marquez. Il faut donc conclure qu'il n'est point parlé de cette Cades-barné dans le Catalogue du XXXIII. Chapitre des Nombres, si on ne veut pas avouer qu'elle y est comprise sous le nom du desert de Tzin. Il semble que ce desert de Cades prenoit son nom de la Ville de Cades frontiere de l'Idumée. Il ne faut pas concevoir ces deserts de Tzin & de Cades-barné comme diferens & voisins l'un de l'autre dans un si petit espace des frontieres meridionales : il vaut mieux dire que Cades-barné faisoit partie du desert de Tzin.

3. CADES, ou CEDES DE NEPHTALI, Ville de la Palestine dans la haute Galilée [o]. Josephe [p] la nomme un Bourg des Galiléens, il l'appelle aussi ἡ ἄνω Καιδέϛη. Le Livre de Tobie l'appelle Κύδις CUDIS. D'autres l'ont appelée Κύδισσα & Κύδισσος [q]. Elle étoit au-dessus de Naasson aïant à sa gauche ou à son Septentrion Sephet [r]. Elle fut donnée à la Tribu de Nephtali [s], & ensuite cedée aux Levites de la famille de Gerson pour leur demeure [t], & enfin déclarée Ville de Refuge [v]. Selon les Septante dans l'enumeration des Villes sacerdotales au livre de Josué on trouve deux Cades, l'une dans la Tribu de Nephtali [x] nommée bien expressément Cades de Galilée, & dans la Tribu de Zabulon Cades & son territoire ; mais ni l'Hebreu ni la Vulgate ne connoissent point cette seconde Cades. Eusebe & St. Jerôme écrivent Κεδές, CEDES, & la mettent à vingt milles de Tyr, près de Paneas ; & disent qu'on la nommoit CIDISSUS. Voyez l'Article CADYTIS.

CADESAND. Voyez CADSANDT.

CADESSIA [z], Ville d'Asie dans la Province d'Erac, c'est-à-dire, de l'Iraque Babylonienne, qui est la Chaldée des Anciens. Elle est à quinze parasanges de Cufa, & ne s'est pas renduë moins fameuse chez les Arabes par la défaite des Persans, que celle d'Arbele l'a été parmi les Grecs. La bataille de Cadesie ou Cadessia fut donnée l'an quinze de l'Hegire,

sous

Marginal notes:
Genes. c. 14. v. 7.
b Num. c. 27. v. 14.
c Num. c. 33. v. 36.
d c. 1. v. 2.
e c. 20. v. 16.
f Deut. c. 1. v. 46.
g c. 33. v. 36.
h Num. c. 27. v. 1. & 16.
i Num. 27. v. 14.
k c. 33.
l c. 20. v. 1.
m Ibid. v. 16.
n Num. c. 13. v. 3.
o Maccab. l. 1. c. 11. v. 63.
p Antiq. l. 5. c. 1.
q Reland. Palæst. p. 608.
r Tobie. c. 1. v. 1. & 2.
s Josué.
t c. 19. v. 36.
v Ibid. c. 21. v. 32.
v Ibid. c. 20. v. 7.
x c. 21. v. 32.
Ibid. v. 34.
z d'Herbelot Bibliot. Orient.

18 CAD.   CAD.

sous le Califat d'Omar, par Saad, fils d'Abu Vacaz, General des Arabes, contre Roftan, surnommé Ferokhzad, General de Jezdegerd, dernier Roi de Perse, de la Dynaftie des Khosroës ou Safanides. Après trois jours de combat la victoire se declara enfin pour les Arabes ou Musulmans, qui étoient beaucoup moins forts que leurs ennemis. La Monarchie de Perse en demeura abbatuë, Jezdegerd aiant pris la fuite jusqu'au fleuve de Gihon où il périt. La superbe Ville de Maidain fut prise & pillée avec tous ses tresors, & la puissance de Perse ne s'est rétablie depuis ce temps là que sous Ismaël, dont la posterité regne encore presentement.

CADETES, peuple de la Gaule selon Cesar. Je raporterai ici le sentiment de Nicolas Sanson dans ses [a] Remarques sur sa Carte de l'ancienne Gaule. *Cadetes* & *Caletes*, dit-il, sont deux noms qui se ressemblent tellement, qu'ils ont à quelque apparence, qu'ils doivent être une même chose & celui de *Caletes* étant mieux connu que *Cadetes*, *Cadetes* semble devoir être corrigé en *Caletes*, & je ne suis pas fort éloigné de cette conjecture. Néanmoins il y a dequoi juger qu'ils peuvent être des peuples diferens. [b] Cesar joint toujours les peuples *Caletes*, avec les *Velocasses*, & les arme avec les Belges comme étant au delà de la Seine à l'égard des Celtes, & comme dans le territoire & dans le Corps des Belges. Cadetes [c] sont entre les Citez Armoriques ou Maritimes, les plus avancées vers la Mer: savoir *Curiosolites*, *Osismii*, *Rhedones*, *Ambibarii*, *Unelli*, & ici les *Cadetes* conviendront mieux avec le Diocèse de Bayeux qu'avec le pays de Caux. Strabon semble confirmer cette opinion, quand il parle des Marchandises qui se transportent de l'Italie dans la grande Bretagne; il dit que de la Mer Mediterranée elles remontent par le Rhône & par la Saone d'où étant portées par terre jusqu'à la Seine elles descendent par cette Riviere *in Oceanum & Lexovios & Yadetos; unde in Britanniam diurno breuior est cursus*; c'est-à-dire dans l'Océan & dans les peuples de Lisieux & de Caen d'où le passage en la Grande Bretagne se fait en moins d'un jour. En suivant le fil de ce texte, après que la Seine est tombée dans l'Océan les peuples *Lexovii* & *Yadeti*, ou plutôt CADETI, comme veulent les Interpretes de Strabon, suivent la côte de la Gaule, ayant toujours la Grande Bretagne vers le Septentrion. Et comme *Lexovii* repondent au Diocèse de Lisieux, ainsi *Cadeti* ou *Cadetes* repondront au Diocèse de Bayeux; dans lequel Diocèse, Caen semble retenir quelque chose de l'ancien nom. Cesar a donc fait quelque distinction de *Caletes*, qu'il met entre les Belges, & de *Cadetes* qu'il place entre les Villes Maritimes les plus avancées vers la grande Mer; & Strabon a ainsi pris le sens de Cesar. De plus, tous les Diocèses de la Normandie repondent chacun à leur ancien peuple, hormis celui de Bayeux qui ne peut repondre à aucun ancien peuple dans Cesar, si ce n'est à celui de *Cadetes*. Il est vrai, continue l'Auteur cité, qu'en toutes ces raisons il y a dequoi disputer; mais il suffit d'avoir distingué les Cadetes d'avec les Caletes, & d'en avoir fait deux peuples diferens jus-

[a] p. 14.

[b] l. 2. & l. 8.

[c] l. 7.

qu'à un plus grand éclaircissement de cette dificulté.

CADEUMA, Ville ancienne de l'Ethiopie sous l'Egypte, selon Pline [d]. [d] L. 6. c. 29.

CADI, Ville de la Phrygie Epictete, c'est-à-dire ajoutée. Ptolomée [e] la met entre les Villes de la Méonie. La Notice de Hierocles met *Cadi* entre les Villes de la Phrygie & Pline [f] met dans la Lydie les Macedoniens *Cadueni*, ou *Cadieni*, qui sont les habitans de Cadi; & les mêmes Macedoniens dont il est parlé dans la Lettre d'Artaxerxe dans le dernier chapitre du Livre d'Esther; Strabon [g] dit que quelques-uns donnoient la Ville de Cadi à la Mysie. Une Medaille de Longina Domitia femme de l'Empereur Domitien raportée par Patin [h] fait mention des habitans de cette Ville ΚΑΔΟΗΝΩΝ, comme lit le R. P. Hardouin [i] au lieu de ΚΑΛΟΗΝΩΝ que lit Patin, qui par une double erreur en fait une Ville de *Caloe* Voisine de Sardes. Le même Pere corrige Κάδων pour Ακύδων que les Notices Episcopales mettent dans la Phrygie Pacatienne. Cellarius [k] conclut que cette Ville de *Cadi* étoit aux confins de la Phrygie, de la Lydie, & de la Méonie. Elle a été Episcopale, car Philippe son Evêque πόλεως Κάδων souscrivit au Concile nommé *Quinosextum*, ou *Trullanum*.

§. Ce nom *Cadi* est pluriel & se decline *Cadi, Cadorum*.

[e] L. 5. c. 2.
[f] L. 5. c. 29.
[g] L. 12. p. 576.
[h] p. 169.
[i] In Plin. l. c.
[k] Geog. ant. l. 3. c. 4.

CADIAR [l], Riviere d'Espagne au Royaume de Grenade. Elle a sa source près du Bourg de Cadicer, puis coule vers le Midi, où elle reçoit diverses autres petites Rivieres & se rend dans la Mer Mediterranée près de Motril à Salobrena. [l] Baudrand Ed. 1705.

CADICER, Bourg d'Espagne au Royaume de Grenade à la source de la Riviere de Cadiar.

CADIENI. Voyez CADI.

CADILLAC, petite Ville de France en Guienne près de la Garonne, à quatre lieues au-dessus de Bazas dont elle n'est pas plus éloignée. [m] C'est le Chef-lieu du Comté de Benauges, & elle est remarquable par le beau & magnifique Château que le Duc d'Epernon y fit bâtir: il y a une Eglise Collegiale & un Couvent de Capucins. [m] Piganiol de la Force Desc. de la France T. 4. p. 192.

CADIMA [n], ou CEDIMA, c'étoit anciennement une Ville nommée CERIMA ou CARINNA. Ce n'est à present qu'un Village de Portugal dans la Province de Beira à la source de la Riviere de Giraón, à quatre lieues de la Ville de Conimbre & à deux de la Mer. On dit qu'il y a dans ce lieu une Fontaine qui engloutit à l'instant tout ce qu'on y met, quelque resistance qu'on y apporte. [n] Baudrand Ed. 1705.

CADIS, Tribu de l'Attique selon Pollux [o]. [o] L. 8.

CADISTUS, Montagne de l'Isle de Crete [p]. Elle est haute & paroît si blanche que ceux qui la voient de loin, de dessus la mer, la prennent pour un nuage [q]. [p] Plin. l. 4. c. 12.
[q] Solin c. 11. p. 29. Edit. Salm.

CADIX, CADIS, CADIZ ou CALIS, en Latin GADES & GADIRA, Ville d'Espagne sur la côte Occidentale de l'Andalousie. [r] Cette Ville est renommée par la multitude de Navires qui y abordent de toutes les parties du Monde & par le grand commerce qui s'y fait. [r] Vayrac Etat de l'Espagne T. 1. p. 232.

La

CAD.

La Ville est située à la partie Occidentale d'une Isle que les Anciens appelloient GADES, laquelle a six lieuës de long du Sud-Est au Nord-Ouest, sur trois dans sa plus grande largeur. Sa figure est des plus irrégulieres, faisant à peu près un quarré long, avec une langue de terre au bout fort longue, qui se termine par deux Promontoires, dont le plus considerable qui est à l'Occident, s'apelle la *Pointe de Saint Sebastien*. Cette langue de terre embrasse une étenduë assez considerable de Mer, & par le moyen d'une pointe qu'elle forme au Nord, appellée *le Puntal*, & d'une autre pointe de terre qui avance du Continent dans l'Ocean, la Nature a formé une belle & grande Baye d'environ trois lieuës de long sur deux de large, dont l'entrée large d'une petite lieuë, est defenduë par deux Forts revêtus de bons bastions qui sont à chacune de ces deux pointes. Voyez après cet article ceux de cette Baye & de cette Isle par Mr. Baudrand.

Du côté de l'Orient l'Isle n'est separée de la terre que par un Canal assez étroit, sur lequel on a construit un pont appellé le pont de *Suaço*, ce qui a fait croire mal à propos à quelques Géographes que le terrein dans lequel Cadix est bâti n'étoit qu'une presqu'Isle.

La Ville est placée à l'endroit où cette langue de terre, dont je viens de parler, s'élargit un peu, & contient précisément autant de terrein qu'il en faut pour bâtir une Ville passablement grande. De cette maniere Cadix a la Mer de tous côtez, si l'on en excepte un coin à l'Occident où l'on a laissé une place vuide. Il est situé vis-à-vis du Port Sainte Marie. Il est à peu près de figure quarrée, bien fortifié par la nature & par l'art, aiant de bonnes murailles, des bastions reguliers, & plusieurs autres ouvrages. Du côté du Midi, il est inaccessible par Mer à cause de la hauteur du rivage qui est fort escarpé: du côté de la terre, il est défendu par deux gros bastions garnis de bon canon: au Nord on ne peut s'en approcher sans risque, à cause des bancs de sable & des écueils cachez sous l'eau. La pointe qui est à l'Occident, & que les Flamans appellent, *Het einde van de Werelt*, c'est-à-dire, *le bout du Monde*, est munie d'un Fort qui a été construit par les soins de M. Renaud, Lieutenant General des armées de sa Majesté Catholique, distingué par son esprit, par sa valeur & par une capacité extraordinaire dans tout ce qui regarde le Genie & les Mechaniques.

Le Port qui fait face à l'Orient est très-bon & très-sûr pour les vaisseaux, & l'on a eu soin de garnir la Ville de ce côté-là d'une bonne Forteresse, qu'on appelle le *Château de Saint Philippe*, construite à l'entrée du port pour le mettre hors d'atteinte.

Les maisons y sont bâties, fort propres & fort belles, tant au dedans qu'au dehors. Celle du Roi qui n'est pas des plus magnifiques, se voit à côté d'une belle & grande Place qui est ornée d'une belle fontaine.

Cadix est le Siége d'un Evêché dont il fut honoré en 1277. par le Roi Alfonse le sage, qui en dépouilla la Ville de Medina-Sidonia pour l'en revêtir.

L'Eglise Cathedrale est parfaitement belle, ornée d'un très-beau Tabernacle, qu'on dit avoir coûté 300000. Livres. Il y a aussi quelques autres Eglises qui meritent d'être vuës.

La bonté du Port & de la Baye de Cadix a fait que dans tous les siecles, cette Ville a été extremement peuplée & fort marchande. Pour ne pas remonter au tems des Phéniciens qui l'ont bâtie, & des Carthaginois qui l'ont possedée long-tems après eux, elle étoit si peuplée sous les Empereurs Romains, que dans un denombrement qui y fut fait du tems d'Auguste, on y trouva 500. Chevaliers Romains, & des Citoyens à proportion, ce qui ne se voyoit en nulle autre ville, si ce n'est dans Rome même & dans Padouë seulement. Les grandes richesses y avoient introduit un si grand luxe, que les filles de Cadix étoient recherchées dans les rejoüissances publiques, tant pour leur habileté à toucher divers instrumens de musique, que pour leur humeur qui avoit quelque chose de plus que de l'enjoüement.

A présent c'est une ville extremement marchande & tellement riche, qu'il n'y a peut-être aucun endroit dans toute l'Europe où l'argent soit plus commun, & où il roule davantage. Toutes sortes de Nations y abordent, & grand nombre de Marchands étrangers y sont établis. C'est de là que part la Flotte qui va aux Indes, & où elle arrive à son retour. Autrefois les dehors de la Ville étoient beaucoup plus étendus qu'ils ne sont à présent, à cause que la Mer s'étant avancée avec le temps, la terre s'est retrecie, ce qui fait que lorsque la marée est basse, on voit quelquefois sous l'eau les ruïnes de l'ancienne Ville de Cadix à l'extremité Occidentale de l'Isle. En ce même endroit on voit une Place où l'on joüit d'un agréable aspect.

A l'Orient on découvre un petit espace de terre occupé par quelques jardins assez fertiles. Il y a quelques siécles qu'on voyoit à l'entrée de l'Isle les mazures d'un Temple fort ancien dedié à Hercule, bâti par les premiers Phéniciens qui aborderent dans l'Isle. Ce Temple étoit fort fameux dans l'Antiquité, tant parce qu'on prétendoit que le Corps d'Hercule le Phénicien y fut enterré, que pour la maniere dont il y étoit adoré. La Divinité n'y étoit representée par aucune Image, ni par aucune figure: il n'étoit permis ni aux femmes, ni aux cochons d'y entrer; celui qui y sacrifioit devoit être pur & chaste, avoir la tête rasée, & les pieds nuds, & la robe detroussée. On y voyoit deux colomnes de bronze de huit coudées de haut, où étoit écrite en caractéres Phéniciens la depense qu'on avoit faite pour la construction du Temple. Quelques-uns croyent que c'étoit là les veritables Colomnes d'Hercule, dont les Poëtes ont fait tant de bruit. L'Histoire Romaine nous apprend que Jule-Cesar y trouva la statuë d'Alexandre le Grand.

Près de ce Temple on voyoit deux fontaines merveilleuses, dont l'eau étoit bonne à boire: mais ce qu'il y avoit de fort singulier, c'est que l'eau de l'une suivoit regulierement le flux & le reflux de la mer, & que celle de l'autre suivoit quelquefois le mouvement de la marée, & quelquefois en tenoit un tout opposé. Aujourd'hui ces fontaines ne se trouvent plus.

CAD.

On voyoit aussi dans l'Isle plusieurs Autels élevez à l'honneur de diverses Divinitez singullieres; comme de la Mort, de la Fiévre, de la Pauvreté, de la Vieillesse, du Mois, de l'Année & de quelques autres semblables.

Les anciens Geographes distinguoient deux Isles de Cadix, l'une grande & l'autre petite, & plaçoient la petite dans la Baye entre la grande & la terre ferme, n'étant separée de la Ville de Cadix que par un petit espace d'environ 120. pas. Cette petite Isle s'appelloit *Erythia* & *Aphrodisia*: plusieurs Bourgeois de Cadix y avoient bâti des maisons pour y aller passer quelque tems comme dans un lieu agréable. Mais si cela est vrai, il faut que cette petite Isle ait été engloutie dans la Mer par quelque inondation, ou par quelque tremblement de terre, d'autant qu'il n'en reste aucun vestige. Il est vrai qu'on voit encore aujourd'hui, mais fort loin de là, une Islette, ou plûtôt au l'Orient de l'Isle de Cadix, à l'entrée du Canal qui la sépare du Continent qu'on appelle l'Isle de Saint Pierre: mais sa situation fait assez voir qu'elle n'est nullement l'Erythie des Anciens.

Charles V. reconnoissoit si bien l'importance de Cadix, qu'en mourant il recommanda à Philippe II. de conserver trois Places qu'il regardoit comme les trois boulevarts de ses Etats: Flessingue dans le Païs-bas: le Fort de la Goulette en Afrique, & Cadix en Espagne. Mais les Hollandois lui enleverent Flessingue, les Mores s'empareérent de la Goulette, & en 1596. les Anglois prirent Cadix, qu'ils brûlerent après l'avoir pillé: cependant ils se rendirent quelque tems après à l'Espagne, & les Espagnols l'ont si bien fortifié depuis ce tems-là, qu'il resista en 1702. à toutes les forces maritimes d'Angleterre & d'Hollande.

J'ai déja dit à l'Article d'Arcos que les Rois d'Espagne avoient donné autrefois Cadix à titre de Marquisat, puis de Duché, à un Seigneur de cette famille, & comment ils la retirerent. Voyez Tartessus.

a Baudrand Ed. 1705. Baye de Cadix[a], en Latin *Gaditanus Sinus*, petit Golfe de l'Ocean, sur la Côte d'Andalouzie, entre l'Isle de Cadix au Midi, dont il prend le nom, & les embouchures des Rivieres de Guadalete & de Guadalquivir au Septentrion. Cette Baye peut avoir douze lieuës de circuit & trois de large; elle est defenduë par plusieurs Châteaux. Les principaux sont ceux de *Puntal* & de *Matagorda*, vis-à-vis l'un de l'autre, à l'endroit le plus étroit de la Baye. On voit autour de cette Baye le Port de Cadix, ceux de Ste. Marie & de Porto-Real & un grand nombre de Salines. Voyez l'article de Cadix.

b Ibid. L'Isle de Cadix[b], en Latin *Gades*, est une petite Isle d'Espagne, en Andalouzie, & dans l'Ocean. Elle étoit autrefois plus grande, mais presentement elle n'a que quatre lieues de long de l'Orient à l'Occident & n'est separée de la Terre-ferme de l'Andalouzie que par un fort petit Détroit, coupé par un fossé à fond de cuve, que l'on passe sur le Pont de *Suaço*; mais sa largeur est fort petite, surtout vers la Ville de Cadix qui lui donne le nom, & qui est dans une langue de terre au Couchant de l'Isle, dans laquelle il n'y a rien de considerable que deux vieilles Tours, que les habitans appellent les Tours ou les Colomnes d'Hercule; & c'est cette Isle que les Anglois nomment Calis Malis, & les Italiens Cadice.

Le Golfe de Cadix, en Latin *Oceanus Gaditanus*, ou *Atlanticus*, & *Sinus Gaditanus*. On entend par le Golfe de Cadix cette partie de l'Océan Atlantique qui est depuis le Détroit de Gibraltar jusqu'au Cap de Saint Vincent en Europe, & jusqu'au Cap de Cantin en Afrique. Il est renfermé entre les côtes de l'Algarbe & de l'Andalouzie au Nord, & celles du Royaume de Fez & de Maroc au Midi.

CADME, Strabon[c] dit que quelques-uns donnoient ce nom à Priene Ville d'Asie dans l'Ionie. *c L. 14. p. 636.*

1. CADMEA ou Cadmeia, on nomma ainsi l'ancienne Ville de Thebes en Béotie du nom de Cadmus son fondateur, mais la Ville s'étant accruë considerablement, la partie d'en bas fut nommée Thebes, & la partie d'en haut qui garda l'ancien nom de Cadmée fut regardée comme la Citadelle de la basse Ville. Ce sont les termes de Pausanias[d], à quoi se raportent ceux-ci de Cornelius Nepos[e]. Phoebidas le Lacedemonien passant par Thebes, se rendit maître de Cadmea qui est la Citadelle de la Ville. *d In Boeotic. c. 5. e In Pelopid. c. 1.*

2. CADMEA ou Cadmeia, Etienne le Geographe dit que c'étoit un des surnoms de la Beotie.

3. CADMEA ou Cadmeia, l'un des surnoms de Carthage, selon Eustathe.

CADMEIS, l'un des noms de l'Achaïe contrée de la Grece, selon Thucydide[f]. *f L. 2.*

CADMI-PES. Voyez Ismenus.
CADMON. Voyez Cadumim.
CADMONE'ENS. Voyez Cedmone'ens.

CADMUS, Montagne d'Asie, où elle s'étend entre le Mont Taurus, & le Tmolus, selon Pline[g] qui la met entre les plus considerables de ces Cantons. Strabon[h] dit qu'elle étoit auprès de la Ville de Laodicée, c'est-à-dire de la Laodicée sur le Lycus. Ptolomée en fait aussi mention[i]. *g L. 5. c. 29. h L. 12. p. 578.*

CADODACHES, Sauvages de l'Amerique Septentrionale dans la Louisiane. Mr. de l'Isle les nomme les Cadodaquios, & les met sur la Riviere Rouge qui coulant vers le Sud-est tombe dans le grand fleuve de Mississipi un peu au-dessus de son embouchure. Ils sont par les 280. ou 281. degrez de longitude & vers le 34. degré de latitude. *Mr. de la Sale étant allé visiter cette Nation en 1687. les principaux vinrent au devant de lui & le conduisirent entre deux rangs de la jeunesse armée jusques dans des Cabanes très-propres. Là des femmes basanées, mais fort bien faites & à demi-nues, commencerent à lui laver les pieds dans une auge de bois & firent la même chose à ceux qui l'accompagnoient, après quoi on leur servit differents mets fort bien apprêtez. Outre le cerf boucané & la bouillie, on leur presenta un grand plat de poulets d'Inde, d'oyes, de canards & de ramiers. Il y eut même des pigeons à la grillade. Les chaleurs sont excessives en ce pays-là. *i L. 5. c. 2. k Relat. du Mississipi par le Chev. de Tonti, inserée au 5. vol. des Voyages au Nord. p. 175.*

CAD. CAD. 21

CADOÏN, ou CADOUIN, en Latin *Cadui-num* ou *Cadunium*, Abbaye de France dans le haut Perigord à une lieue & demie de Limeuil, vers le Midi, [a] elle est de l'Ordre de Citeaux. Ce lieu est devenu celebre par le culte que l'on y rend à un Suaire qui passe pour un de ceux qui ont servi à couvrir la tête de J. C. dans le tombeau. Cette Abbaye fut bâtie vers l'an 1119. & la relique y fut apportée peu d'années après.

[a] Baillet Topogr. des Saints. p. 437. & 567.

CADOMI, Torrent. Voiez CADUMIM.
CADOMUS ou CADOMUM. Voyez Caen.

CADORE[b], ou PIEVE DI CADORE, en Latin *Castrum Plebis Cadorina*; petite Ville d'Italie dans l'Etat de Venise. Elle donne son nom à un pays que l'on nomme le Cadorin; & est situé à l'Orient de la Riviere Piave au Midi de l'Orsina, & au Nord de la Boite, deux Rivieres qui se jettent dans la Piave, & à environ dixhuit milles au-dessus de Belluno. C'est la patrie du Titien fameux Peintre né en 1477. & mort de la Peste à Venise l'an 1576. âgé de 99. ans.

[b] Magini Ital.

CADORIN[c] (le) Pays d'Italie dans la République de Venise. Le Tirol le borne partie à l'Occident & au Septentrion, le Frioul à l'Orient & le Bellunese au Midi. [d] Ce pays est petit & n'a de Ville que Pieve di Cadore & est exempt d'Impôts à cause de la fidelité & du zele que ses habitans témoignerent pour la Republique au commencement du XVI. siécle.

[c] Ibid.

[d] De la Forêt de Bourgon Geogr. Hist. T. 2. p. 462.

CADO SENE, Isle dont parle Berose, & que son Commentateur le Moine de Viterbe assure être l'Isle de Sardaigne. Ortelius qui les cite l'un & l'autre refuse de garantir cette observation. On est plus persuadé que jamais que le Berose d'Annius de Viterbe est un livre supposé.

CADOSIA[e], Ville Episcopale de laquelle il est fait mention dans la Vie de l'Abbé St. Theodore écrite par Metaphraste. Elle étoit quelque part vers l'Asie proprement dite.

[e] Ortel. Thes.

CADRA & DAVARA[f], deux Collines dont Tacite fait mention. Elles étoient dans l'Asie mineure vers le Mont Taurus.

[f] Ibid.

CADREMA, Ville d'Asie dans la Lycie selon Etienne le Géographe.

CADRIUS MONS[g]. L'ancien Auteur qui a écrit dans le IX. siécle la Vie de l'Abbé Convoyon & l'Histoire des Religieux de St. Sauveur de Redon Abbaye de Bretagne, fait mention d'une Montagne de ce nom qu'il place dans le territoire de Limoges. Voici ses propres termes: *Convoion perrexit ad Palatium Ludovici Imperatoris, qui tum exercitum ducebat in Provincia Aquitaniæ, in territorio Limodia qui tunc consistebat in Palatio in* CADRIO MONTE. On a cru long-temps que le Palais situé sur cette Montagne étoit la même chose que *Jocundiacum* vulgairement *Joac*, Maison Royale dans le territoire de Limoges, où le même Empereur Louïs a séjourné au raport de l'Astronome qui a écrit les Annales de Pepin, de Charlemagne, & de Louïs le Debonnaire; qui se trouvent dans la Collection de Reuber. Mais l'Auteur du quatriéme livre de la Diplomatique [i] qui avoit été d'abord de ce sentiment l'a abandonné &

[g] Sæcul. IV. Benedict part. 2. p. 200. De Re diplomat. l. 4. pag. 254.

[i] L. c.

a trouvé que ce qui est dit de cette Montagne & de ce Palais convient infiniment mieux à un fameux & ancien Château, nommé aujourd'hui LES-CARS que l'on voit à trois lieues de Limoges. Voiez JOCUNDIACUM.

CADRUSI, nom d'un peuple d'Asie chez les Paropanisades près du Caucase; où Alexandre bâtit une Ville. C'est ainsi qu'il faut entendre ces mots de Pline [k]: *Ad Caucasum Cadrusi: Oppidum ab Alexandro conditum*. Pline ne nomme ici que le peuple, & ne dit point le nom de la Ville qui fut nommée Alexandrie. Voiez *Alexandrie II*. Ortelius trompé par Solin a cru que Cadrusi étoit le nom de la Ville même.

[k] L. 6. c. 23.

CADSANDT, Quelques-uns écrivent CADESAND, d'autres CASSANDT. Mr. de Longuerue[l], qui écrit Cadesand, dit que les Antiquaires du pays veulent y trouver les Chattes; & il ajoute que cela est très-incertain. [m] Cette Isle est de la Flandre Teutone-Hollandoise entre la Ville de l'Ecluse & l'Isle de Walcheren en Zeelande. Elle a un Village de même nom. George Cassander connu par ses Ecrits en étoit originaire, & en portoit le nom.

[l] Desc. de la France 2. part. p. 64.

[m] Dict. Geogr. des Pays-bas.

§. François Halma, dans son Dictionnaire Historique, Genealogique, Geographique & Politique des Provinces-Unies écrit en Flamand, dit que ce nom s'écrit aussi CADZAND & CAZAND, mais il aime mieux CATSANDT ou même CATSSANDT, qu'il croit plus conforme à l'Etymologie qu'il derive des *Cattes* ou *Chattes*. Il prétend que le peuple d'où sont sortis les Hessois d'aujourd'hui, a été anciennement dans les Pays-bas, où beaucoup de lieux conservent encore à present des traces de son nom, comme *Catwyken*, *Cattendyk*, *Cattenbrock*, *Catz*, *Catswoude* &c. Cette Isle est sujette à des vents terribles, surtout le Nord-ouest y feroit d'affreux ravages si la force des digues & des éclus es ne retenoit pas l'effort de la Mer, qui feroit d'autant plus à craindre que la terre y est très-basse.

CADUENI. Voiez CADI.

CADUMIM (LE TORRENT DE): [n]Ce Torrent est marqué au livre des Juges [o]: plusieurs croient qu'il couloit d'Occident en Orient, du pied du Mont Thabor, dans la Mer de Tiberiade: mais nous n'avons aucune preuve de ce pretendu Torrent de Cadumim en cet endroit. D'autres croient que le Torrent de Cadumim & le Torrent de Cison sont synonymes. L'Ecriture n'est pas contraire à ce sentiment: *torrens Cison traxit Cadavera*; *torrens Cadumim, torrens Cison*. Nous connoissons dans ces quartiers la Ville de CADMON marquée dans Judith [p] qui pourroit bien avoir donné le nom au Torrent Cadumim, autrement Cison. Eusebe parle d'un gros lieu nommé KAMMON dans le grand Champ, à six milles de Legion vers le Nord. St. Jerôme dans sa Traduction de l'Onomasticon d'Eusebe dit CADOMI Torrent auprès duquel Debbora fit la guerre. Le P. Bonfrerius remarque très-bien que ce mot est corrompu; qu'il y a dans l'Hebreu [q] *Kedumim* קדומים, dans la Vulgate *Cadumim*, dans les Septante Καδημείν ou Καδημίμ, si ce n'est dans l'exemplaire de Rome où on lit Χειμάρρους ἀρχαίων le torrent

[n] D. Calmet Dict. de la Bible.

[o] c. 5. v. 21.

[p] c. 7. v. 3.

[q] Judic. c. 5. v. 21.

des

C * 3

des anciens. Ce Pere croit que c'est le même que le Torrent de Cison. Ortelius est du même sentiment & juge que *Cadumim* n'est qu'une Epithéte.

CADURCI, ancien peuple de la Gaule; il repond au QUERCI, ou plutôt au DIOCESE DE CAHORS en *Querci*; selon Nicolas Sanson dans ses Remarques sur la Carte de l'ancienne Gaule.

a Le P. Lubin Tables Geogr.

CADUSIENS[a], Peuple de l'Asie. Plutarque en fait mention dans la Vie d'Artaxerxe; Etienne de Byfance le met entre le Pont-Euxin & la Mer Caspienne; mais Strabon qu'il cite dit, que les Cadusiens, qu'il surnomme Montagnards, tenoient la partie Septentrionale de la Medie Atropaténe qu'il dit être [b] une contrée fort froide, pleine de Montagnes & de rochers, & ailleurs il témoigne [c] que ces peuples habitent sur la Mer d'Hircanie qui fait partie de la Mer Caspienne. Dans un autre endroit [d] il leur fait occuper la côte remplie de Montagnes dans l'étendue d'environ cinq milles stades. (Le Grec en met cinq mille, le Latin n'en met que six cens). Ptolomée s'accorde avec Strabon [e] & place les Cadusiens entre les Caspiens à l'Occident, la Mer Caspienne au Septentrion, les Geles à l'Orient, les Marundes & Carduques au Midi. Leur pays répond à celui que l'on apelle aujourd'hui le SCHIRVAN, & selon les nouveaux Géographes il se trouve, comme le dit Etienne de Byfance, entre le Pont-Euxin & la Mer Caspienne. Le Pays est fort raboteux & très-sujet aux brouillards, on n'y recueille aucun grain & la terre fournit seulement des pommes & des poires & autres semblables fruits dont ces Nations braves & belliqueuses se nourrissent. Voiez SCHIRVAN.

b L. 11. p. 523.
c L. 11. p. 510.
d L. 11. p. 508.
e L. 6. c. 2.

CADYNA ou CADENA, en Grec Κάδυνα, Ville de l'Asie mineure en Cappadoce & dans les Montagnes de Lycaonie selon Strabon[f]. C'étoit où Sisin tenoit sa Cour.

f L. 12. p. 537.

CADYSSUS. Voiez Cades de Nephtali.

CADYTIS, Ville de la Syrie, selon Etienne le Géographe. Il cite pour garant Herodote dont voici le passage entier[g], après avoir dit au Livre II. que Necos après une victoire remportée sur les Syriens se rendit maître de Cadytis grande Ville de Syrie, il en parle ainsi, au troissème livre[h] : Les Syriens nommez *Palestini* sont depuis la Phenicie jusqu'aux Montagnes de Cabytis, Ville de Syrie: depuis cette Ville qui, à ce que j'en puis juger, n'est gueres moins grande que Sardes, les lieux de Commerce depuis la Mer jusqu'à la Ville de Jenysus sont de l'Arabie; depuis la Ville de Jenysus recommence la Syrie jusqu'au Lac de Sirbon auprès duquel le Mont Casius s'étend jusqu'à la Mer. Suivons les passages des anciens avant que de raporter les opinions des modernes. Le même Etienne semble parler de nouveau de cette Ville sous un nom un peu changé: CANYTIS, dit-il, grande Ville des Syriens, comme le dit Hecatée dans son Traité de l'Asie. Hecatée lui-même dans sa Description de l'Asie fait mention d'une grande Ville qu'il nomme Καῤδυτος, *Cardytus*; il y a bien de l'apparence que c'est la même Ville dont le nom est diversement corrompu. Des Savans ont cru que c'étoit la Ville même de Jerusalem & ont derivé ce nom ou de CADYTA קְדוּתָא qui signifie *brûlée* ou de CADYSCHA קְדוּשָׁה qui veut dire *la sainte*. Mais premierement, comme D. Calmet[i] le remarque, on ne lit pas expressément dans l'Ecriture que Necos, ou Nechao, ait pris cette Ville ni avant ni après son expedition de Carchemise. Secondement Mr. Reland observe que brûlée ou la sainte sont des Epithetes & non pas des noms de Jerusalem, & qu'on ne les a jamais employez sans y joindre le mot de Ville; en troisième lieu Herodote suit la côte de la Mer, où Jerusalem n'avoit garde de s'offrir à sa description; en quatrième lieu il paroît qu'Herodote parle de Cadytis comme l'aiant vuë, or si c'étoit Jerusalem, est-il vrai-semblable qu'il n'eût fait aucune mention du Temple & de tant d'autres choses remarquables, lui qui pour de moindres Villes nous fait des descriptions complettes & détaillées. D. Calmet soupçonne que cette Cadytis est peut-être la même que Cades-barné. Mais j'ai fait voir que cette Cades étoit un desert & non pas une Ville. Cades située entre ce desert & la terre de Canaan n'étoit nullement sur la côte de la Mer où doit être Cadytis. Le même Pere, sans se trop fixer à cette premiere Cades, dit qu'il a cru autrefois[k] que CADYS dont parle Herodote est la même que Cades ou Cedes de Nephtali dans la haute Galilée, que Necao put prendre après avoir vaincu Josias au pied du Mont Carmel à Magedo. Son chemin en allant à Carchemise sur l'Euphrate étoit de passer aux environs de Cades de Nephtali. Mais Cades de Nephtali étoit à vingt milles de la côte & Cadytis étoit sur la Mer. C'est toujours la même dificulté. Ortelius a bien senti que la Cadytis d'Herodote ne devoit pas être à une trop grande distance de l'Egypte. Mr. Reland[l] propose son opinion qui me semble la plus vraie. Je croirois, dit-il, que c'est la Ville de GATH que l'on a nommée Καδυτις ou Καδυτις, *Cadtis* ou *Cadytis*; si l'on savoit bien sûrement quelles étoient ces MONTAGNES DE CADYTIS, dont parle Herodote. On dit bien que la Ville étoit située sur une colline assez haute, mais cela ne suffit pas pour repondre à l'idée que donnent les Montagnes de Cadytis. Il se peut faire, que comme la Ville de Gath étoit la principale, la plus connue des Villes des Philistins & où leurs Rois avoient eu autrefois leur Cour[m], & dont le Roi possedoit encore d'autres Villes entre autres Siceleg, (l'Hebreu la nomme Tziklag,) on nomme les Montagnes voisines vers l'Orient du nom de sa Capitale. Certainement si Gath étoit à cinq milles d'Eleutheropolis en allant vers Diospolis, comme l'écrit Eusébe, ou entre Antipatride & Lydde, comme il le dit encore, elle ne devoit pas être fort éloignée des Montagnes de la Judée, & c'étoit de toutes les Villes des Philistins celle qui étoit la plus éloignée de la mer, quoique pourtant elle en fût au moins de cinq milles plus voisine qu'aucune des deux Cades; ainsi elle aprochoit plus des Montagnes qu'aucune autre Ville des Philistins. C'est peut-être à cette Cadytis qu'il faut raporter l'Etymologie de la

g L. 2. c. 159.
h c. 5.

i Dict.

k Voyez son Commentaire sur le IV. L. des Rois. c. 23. v. 29.

l Palæst. p. 668.

m Reg. l. 1. c. 27. v. 5.

CAE.   CAE.   23

[marginal note: a De Causis plant. l. 11. c. 23. b L. 16. c. ult.]

la plante Cadytas qui croissoit en Syrie, selon Theophraste [a], copié par Pline [b]. Il faut remarquer que D. Calmet varie sur le nominatif de ce nom & doute s'il faut dire CADYS, au genitif *Cadyts*, ou CADYTYS, au genitif *Cadytis*. Mr. Reland dit *Cadytios* au genitif selon la formation Grecque.

CAEA. Voiez CEA.

CAEADA, Voiez CEADA.

[marginal: c L.4.c.12.]

CAECIA [c], Pline met deux Isles de ce nom près du Promontoire de Spirée. Ce ne sont que des écueils auprès de Capo Spireo.

CAECIAS, c'est ainsi que les Grecs nommoient un de leurs Rumbs de vent; mais tous ne conviennent pas du côté d'où il souffle. On le nommoit ainsi, selon Tatius [d], à cause du Caïque fleuve de l'Eolide dans l'Asie mineure. On le nommoit aussi Hellespontias. On croit communément qu'il faut le placer entre le vent d'Aquilon & le Subsolanus que l'on nommoit aussi Apeliotes : c'est-à-dire entre le Nord-est-quart-au Nord, & l'Est, & par conséquent ce seroit le vent d'Est-quart-à l'Est. Vitruve le place autrement; c'est selon lui le vent de Sud-est-quart-à l'Est : ce qui doit s'entendre à peu près, car au lieu de trente-deux vens que nous comptons, la division de Vitruve n'est que de vingt-quatre; ainsi les pointes des vents ne tombent pas fort juste, sur celles qui sont arrangées par une division de trente-deux. Ce vent, bien loin de dissiper les nuages, semble les attirer à soi.

[marginal: d Isagoge in Phaenom. Arat. c. 32.]

[marginal: e L.4.c.12. f L.2.c.5.]

CAECILIA CASTRA, Pline [e], & Ptolomée [f] font mention de ce lieu dans la Lusitanie. Antonin en fait aussi mention dans la route de Lisbone à Merida & le nomme simplement CAECILIANA.

[marginal: g Itiner.]

CAECILI-PORTUS, Port d'Afrique dans la Mauritanie Cesariense; Antonin [g] en fait mention.

CAECILIUS-VICUS, Village d'Espagne entre Merida & Oceloduris, selon le même.

CAECINA, Riviere d'Italie dans l'Etrurie. Voiez CECINNA.

[marginal: h Ital. Ant. p. 1300. & seq. i L. 3. c. 5. k L. 2. c. 4. n. 50. l L. 3. c. 5.]

CAECINUM & Caecinus, & CAECINA Ville, Riviere & Cap d'Italie dans la grande Grece. Cluvier [h] prend Cocintum de Pline [i] & d'Antonin, Καίκινον d'Etienne, & CARCINUS de Pomponius Mela [k] pour un même nom. Il pretend qu'il y avoit 1. un Promontoire nommé par Pline COCINTUM [l] qui est aujourd'hui CAPO DI STILLO; qu'Appien l'a nommé COCCYNUM pour *Cocintum*.

[marginal: m L. 6.]

2. Une Riviere nommée ALEX par Strabon [m], nom qu'elle conserve encore dans celui d'ALECE & que Pline l'a nommée CAECINOS : 3. Une Ville nommée CAECINUM ou COCINTUM, ou CARCINUM. A l'égard de Cocinthos, on sait par l'autorité de Pline qu'il étoit entre le Promontoire de *Leucopetra*, aujourd'hui Capo Spartivento, & celui de *Lacinium* aujourd'hui CAPO DELLE COLOMNE; & par consequent que c'est Capo di Stilo ou Stillo. Pour ce qui est de la Riviere, le R. P. Hardouin, sur la foi de sept Manuscrits, a rétabli son nom qui est CARCINES & rejetté le faux CAECINOS qu'Hermolaus Barbarus lui avoit mal-à-propos substitué. Le R. P. Hardouin fait voir [n] que ce qui a trompé ce Critique c'est qu'il avoit

[marginal: n Emendat. 60. in l. 3. Plin.]

lu dans Elien [o] & dans Pausanias [p] que la Riviere CAECINA separe les Locriens d'avec les Rhegiens; Strabon [q] dit la même chose du fleuve Alex. Cluvier, qui mettoit une *Aloce* la Riviere qui coule à Stilo, conclut delà que cette Riviere est la même que l'Alex de Strabon & la CAECINOS de Pline, & par une conséquence de cette opinion, il juge que *Stilo* doit être la même Ville que l'*Cocinthos*, la *Carcinum*, & la *Cacinum* des anciens. Mais outre que la pretendue Riviere *Caecinos* est une corruption de *Carcines*; Pline décrit en cet endroit un lieu assez éloigné des Locriens & des Rhegiens qui étoient au voisinage de la Sicile puis qu'il nomme tout de suite *Carcines*, *Crotalus* aujourd'hui Corace, *Semirus* aujourd'hui Simari, *Arocha* aujourd'hui Crecha, & *Targines* aujourd'hui Tacina, toutes Rivieres qui tombent dans le même ordre dans le Golphe de Squillacci. Ainsi ce ne sauroit être l'Alex des anciens qui separoit les Locriens d'avec les Rhegiens, puisque l'Alex avoit son embouchure à l'Orient du Promontoire *Leucopetra*, ou ce qui est la même chose de *Capo Spartivento*; au lieu que la pretendue *Cacinos* de Pline doit être bien loin de l'autre côté de ce Cap. Magin dans ses Cartes appelle CACINO la Riviere qui coule à Stillo; & non pas *Alece* comme Cluvier la nomme. Pour ce qui est de la Ville CARCINUS de Mela, elle étoit bien sur le même Golphe de Squillacci; mais avant que de decider que c'est la même Ville que COCINTHUM, il faudroit prouver qu'il y a eu une Ville de ce nom, & c'est ce que je ne trouve nulle part. Pline parle bien d'un Promontoire qu'il nomme tantôt *Cocinthos*, & tantôt *Cocinthum*, mais il ne fait aucune mention d'une Ville appellée ainsi. Il est vrai que Cellarius [r] aime mieux lire dans cet Auteur *Cocinthum*, que *Consilinum Castrum* qui y est : mais *Consilinum* est autorisé par les Manuscrits; & par Mela [s], outre que Cassiodore en parle assez au long, au lieu que la Ville de *Cocinthus* ou *Cocinthum*, n'est connue d'aucun ancien. Il y a bien de l'apparence que la Ville *Cecinum* & la Riviere *Caecinus* viennent du Καίκινος de Thucydide que l'on a déplacé, puis que c'est le même que l'Alex qui étoit assez loin delà, comme je viens de le faire voir.

[marginal: o Hist. anim. l. 5. p L. 6. p. 354. q L. 6.]

[marginal: r Geogr. ant. l. 2. c. 9. s T. 1. p. 922.]

§. Ortelius nomme *Cacinum* une contrée d'Italie & cite Etienne le Geographe & Philiste au 2. livre de son Histoire de Sicile; ensuite il nomme Cæcinus une Ville des Locres en Italie & cite Pomponius Mela & Etienne. Il ne devoit pas distinguer ces deux Articles. Etienne ne fait mention que de *Cæcinum* Καίκινον qu'il qualifie Canton ou petit espace de pays, χωρίον. C'est son interprete Latin qui en fait une petite Ville ou un Bourg (*Oppidum*.) Etienne cite Philiste au second livre de l'Histoire Sicilienne, ainsi il ne faloit pas le citer pour deux endroits diferens, puisque ce n'est qu'un seul lieu & un seul article dans cet Auteur. Quant à l'autorité de Mela [s] les meilleures Editions, savoir celles de Vossius & de Gronovius, portent *Carcinus*, malgré la remarque d'Hermolaus Barbarus qui n'a pu faire agréer ni dans cet Auteur, ni dans Pline, sa Ville de Cæcinus dont il est l'Auteur.

[marginal: s L. 2. c. 4.]

CÆ-

CÆCIUS, Montagne de la Pannonie. Voyez CETIUS. C'est ainsi qu'il faut écrire, selon Ptolomée[a], du Grec Κετιος. [a l.2.c.15]

CÆCORUM URBS, c'est-à-dire, la VILLE DES AVEUGLES. On a donné ce nom à la Ville de Chalcedoine dans un des Oracles qu'Apollon rendit aux Fondateurs de Byſance[b], qui le conſultoient ſur le lieu où ils devoient bâtir leur Ville. L'Oracle leur ordonna de s'établir vis-à-vis de la Ville des Aveugles; c'est-à-dire, vis-à-vis de Chalcedoine bâtie par les Megariens, qui étant arrivez les premiers dans ces quartiers-là ſe ſeroient établis au-lieu où eſt Byſance, & l'auroient preferé à celui où ils fonderent Chalcedoine s'ils avoient eu des yeux, & qu'ils euſſent un peu examiné combien le terrain qu'ils negligeoient étoit plus avantageux que celui qu'ils choiſirent. [b Tacit. Annal.l.12.c.63.]

CÆCUBUM, τὸ Καικουβον, ou CÆCUBUS AGER. Pline[c] parlant de certaines Iſles flottantes dit: comme dans le Champ de Cæcube, *ſicut in Agro Cæcubo*. Il ſemble qu'il ait voulu marquer parlà le Lac de Fondi, car Strabon[d] dit: le Golphe de Gaëte, Cæcube, Fondi, petite Ville de la Voye Appienne, ſont immediatement tout de ſuite. Il y a bien des marais dans cet endroit & toute la Campagne n'eſt qu'un marécage; mais il n'y a de grand Lac capable de porter des Iſles que celui de Fondi. Ce Champ de Cæcube s'étendoit entre Fondi & Amyclæ, & le Golphe de Gaëte. Martial[e] réünit tous ces lieux dans un Diſtique. [c l.2.c.95. d l.5. e l.13.Ep.115.]

Cæcuba Fundanis generoſa coquuntur Amyclis
Vitis & in media nata palude viret.

On voit que les Vignes de Cæcube n'en venoient pas moins bien pour être dans un marais. Pline[f] dit que l'on avoit vanté la force du vin de Cæcube qui venoit dans des marais plantez de peupliers, *in paluſtribus populetis*. Il s'agit donc ici d'un terrain plat. C'est au Pere Jouvency, & à Mr. Deſprez qui a commenté Horace à l'uſage du Dauphin de venir apprendre où ils ont pris la montagne Cæcubus, ou Cæcubum. Le premier dans ſon Commentaire ſur Martial[g], dit non ſeulement qu'il y avoit un champ & une montagne; mais il ajoute que cette montagne eſt preſentement MONTE DI GAJETA. Mr. Baudrand[h] dit auſſi que c'étoit un champ & une montagne, & cite Pline & Strabon qui ne parlent de la montagne en aucune maniere. Pline donne à connoître que le vin de Cæcube avoit perdu de ſon prix par la negligence de ceux qui cultivoient ce lieu-là. Il n'en étoit bon qu'après avoir été gardé long-temps; & Galien fait entendre que l'on appelloit vins de Cæcube tous les vins vieux, & qui étoient devenus d'un jaune rouſſâtre à force d'être vieux. [f l.14.c.6. g p.123. h Ed.1682.]

CÆDESA. Voyez CADES.

CÆDICI, Peuple d'entre les Æquicules. Pline[i] dit qu'il ne ſubſiſtoit plus de ſon temps. Les anciennes Editions portent ACEDICI. [i l.3.c.12.]

CÆFALA[k], Ville Epiſcopale d'Afrique, dans la Province Proconſulaire. Creſcis ſon Evêque eſt nommé dans la Lettre Synodale de cette Province. [k Carol. a S. Paulo Geogr. Sacr. p.90.]

CÆLESTINI, Peuple de l'Ombrie; ſelon Pline[l], qui en parle comme d'une Nation détruite. [l l.3.c.14.]

CÆLETÆ, Nation de Thrace. Pline[m] la diſtingue en *Cæletæ majores* qu'il met au pied du Mont Hæmus, & en *Cæletæ minores* qu'il place au Mont Rhodope. Il ajoute que l'Hebre couloit entre ces Peuples. [m l.4.c.11.]

1. **CÆLIA**, ancienne Ville Epiſcopale d'Afrique dans la Numidie. *Quod-vult-Deus* ſon Evêque eſt nommé dans la Notice d'Afrique.

2. **CÆLIA**, Ville d'Italie. Voyez CELIA.

CÆLIANUM, Lieu d'Italie. Antonin[n] le met entre Heraclée & Venuſe. Il croit que c'est la même choſe que Cælia de Strabon & de Ptolomée. Ces deux Auteurs écrivent Celia par un E ſimple. Ortelius croit que c'est preſentement CILIANO, que Mr. Baudrand écrit CIGLIANO ou CIRIGLIANO. [n Itiner.]

1. **CÆLINA**, nom Latin d'une Riviere d'Italie dans l'Etat de Veniſe. Elle conſerve l'ancien nom & s'appelle la CELINE.

2. **CÆLINA**, Ville ſituée autrefois ſur la Riviére de même nom. Elle étoit déja détruite du temps de Pline[o]. [o l.3.c.19.]

CÆLINUS AGER. Voyez CELIA.

1. **CÆLIUM**, Ville d'Italie, ſelon Pline. Voyez CELIA.

2. **CÆLIUM**, Ville de la Rhetie, ſelon Ortelius, qui cite les Notices de l'Empire. On y trouve effectivement[p] *Tribunus Cohortis tertiæ Heracleæ Pannoniorum Celio*. Mais ce mot dont je crois que le nominatif eſt *Cælius*, ne me paroît pas diferent du *Cælius Mons* d'Antonin. [p Sect. 59.]

3. **CÆLIUM**, Place ancienne d'Eſpagne, ſelon Mr. Baudrand, qui cite Antonin. Mais Cælium eſt inconnu à cet Auteur; & les Exemplaires portent conſtamment SELLIUM, comme Ptolomée l'écrit auſſi. Voyez SELLIUM.

1. **CÆLIUS-MONS**, ancien lieu dont parle Antonin qui le met entre Guntia & Campodunum, à XVI. mille pas de la premiere & à XIV. mille de la ſeconde. Simler croit que c'est preſentement le Bourg de Kelmuntz dans la Suabe ſur l'Iler.

2. **CÆLIUS-MONS**, le *Mont Cælius*, Montagne d'Italie & l'une des ſept ſur leſquelles la Ville de Rome étoit ſituée. C'eſt preſentement IL MONTE DI SANTO GIOVANNI. Il prend ce nom de la Baſilique de St. Jean de Latran qui y eſt bâtie.

CÆLUM: ce mot qui veut dire le CIEL, eſt le nom que l'on a donné au ſommet du Mont Olympe[q]. Delà vient que l'Olympe & le Ciel ſont employez par les Poëtes comme mots ſynonymes. [q Solin c. 19. p. 25. Edit. Salm.]

CÆLUM AUREUM, ou le CIEL D'OR, nom d'un Monaſtere bâti dans le Fauxbourg de Pavie par St. Luitprand, Roi de Lombardie, ſelon Paul Diacre[r]. On le nommoit auſſi le Monaſtere de St. Pierre. [r Longobard. l.6.]

CAEN, Ville de France dans la baſſe Normandie, au confluent de la Riviére d'Orne & de celle de l'Odon. Elle s'appelloit anciennement *Cathim*, *Catheim*, *Cathem* & *Cathum*, qui ſont differentes prononciations d'un même mot,

mot, qui est moitié Gaulois & moitié Saxon, & qui, selon M. Bochard, signifie *demeure de guerre*; & selon M. Huet, *demeure des* CADETES. *In Bajocensi Comitatu, Villa quæ dicitur* CATHIM *super fluvium Olna*, dit Richard III. Duc de Normandie, dans une Charte de l'an 1026. *Cathim* & *Cathem* étant la même chose, de *Cathem* on a formé *Cahem*, & de *Cahem* on a fait *Caën*, qui étoit autrefois un mot de deux syllabes. Voilà, ce me semble, ce qu'on peut dire de plus raisonnable, sur l'Etymologie du nom de cette Ville; car rien n'est plus mal fondé que d'avancer que Caën a pris son nom de *Cadmus*, qui en cherchant sa sœur jetta le fondement de cette Ville. Ceux qui disent que c'est de *Caii Domus*, parce que Jules-Cesar, ou un Maître d'Hôtel du Roi Artus nommé Caius, ont fondé cette Ville, ne meritent pas de trouver plus de croyance que ceux qui soutiennent que c'est *Cadmus*. Le Président Fauchet a cru aussi mal-à-propos que *Quentovicum* est Caën; car c'est une Ville d'Artois située sur la Quanche. Quant à l'*Otlingua Saxonia*, dont il est parlé dans les Capitulaires de Charles le Chauve, M. Huet a fort bien prouvé que ce n'est point Caën. Les Anciens Historiens ni les Géographes ne nous disent rien de Caën, ce qui prouve que ce n'étoit encore pas une Ville du tems que les Romains étoient Maîtres des Gaules. On peut même ajouter que Bayeux, dont il n'est parlé que dans les Auteurs du bas Empire, a été preferée pour le Siége de l'Evêché. Caën paroît avoir été Ville sous les premiers Normans; mais on ignore absolument le tems auquel elle a commencé de l'être.

Caën est située dans un Vallon entre deux grandes prairies. Deux Fauxbourgs regnent au-dessus de la Ville, sur les deux côteaux qui terminent les prairies. D'un côté la Maison des Jésuites, l'Abbaye de Saint Etienne, & plusieurs Tours & Clochers de diverses paroisses; de l'autre un long Faubourg & plusieurs Villages contigus, forment une perspective charmante; dont la vuë est terminée par une belle maison de campagne, & par quelques bois en éloignement. A l'entrée de cette prairie est un boulevart, sur lequel est bâti un gros pavillon très-propre en forme de Belveder. Ce boulevart est planté de quatre rangs d'arbres qui forment deux beaux berceaux. Un grand Canal est au-dessous du boulevart, & au bout de ce Canal sur le bord de la Riviere, regne un cours de quatre rangs d'arbres. Les prairies sont bordées d'un côté par la Riviere, & de l'autre par le Canal. Cette Ville, qui est la seconde de la Province; a douze paroisses, & renferme des Tribunaux de toutes les especes, Bailliage, Siége presidial, Election, Grenier à sel, Amirauté, Bureau de finances, jurisdiction des Monnoyes & des traites foraines, Université &c. Outre les Abbayes de Saint Etienne & de la Trinité, on compte dans Caën sept Monasteres de filles, & huit Couvens d'hommes, y compris les Jesuites & les Peres de l'Oratoire. Les Jesuites ont dix mille livres de rente, & les Chanoines reguliers de l'Hôtel-Dieu en ont douze mille. L'Hôpital general jouït de vingt mille livres de rente, dont douze mille sont pris sur les Octrois de

Tom. II.

la Ville de Caën, & le surplus provient du droit de vingt sols d'entrée sur châque tonneau de cidre. Les autres Monasteres ne sont pas à beaucoup près si bien rentez. Il y a de plus un Couvent de Capucins. Les bâtimens publics les plus remarquables sont le Château, le Palais Episcopal qui est dans la rue neuve, l'Hôtel nommé le grand Cheval, la Maison de l'Echiquier dans la ruë Saint Jean, le nouveau bâtiment de l'Université, la Maison de Ville qui est bâtie sur le pont St. Pierre, & a quatre grosses tours, & la place Royale qui est grande, reguliere, avec des maisons de trois côtez. La Ville fit ériger au milieu de cette place le 5. de Septembre de l'an 1685. une statue du Roi vétu à la Romaine élevée sur un piedestal, avec des Inscriptions sur des tables de marbre, le tout entouré d'une balustrade de fer. *Le Château de Caën si durement grand & plantureux*, comme le dit Froissard, fut bâti, selon toutes les apparences, par Guillaume le Batard. En effet Robert Abbé du Mont Saint Michel, & Continuateur de Sigebert, dit qu'Henri I. Roi d'Angleterre exhaussa les murs du Château de Caën, que son Pere, Guillaume le Conquerant, avoit fait faire, & qu'il y ajouta une haute tour. Cette tour est ce qu'on appelle le Donjon, qui étoit autrefois couvert de tuiles, & que François de Silly, Gouverneur & Bailli de Caën fit reduire en plate-forme; & y fit faire les embrasures qui y sont maintenant. La muraille qui environne le Donjon, & les quatre tours dont elle est flanquée, sont des Anglois. Le Château & le Donjon furent réparez sous le regne de Louïs XII. & mieux encore sous celui de François I. Le nombre des habitans de Caën monte à trente-cinq ou quarante mille personnes. On peut dire en general qu'ils ont beaucoup d'esprit & qu'ils sont fort laborieux. Il y en a eu dans tous les siécles qui par la beauté de leur esprit, ou par leur profond savoir, ou par leur valeur se sont distinguez, tant dans l'Eglise que dans l'épée & dans la robe. Les plus remarquables sont François Malherbe né en 1555. mort en 1628. on le peut regarder comme le Pere de la Poësie Françoise; Jean François Sarrasin mort en 1655. & un assez grand nombre d'autres Poëtes moins celebres & qui néanmoins ont eu de la reputation; Jaque Dalechamps connu par son Edition de Pline qui étoit recherchée avant celle du R. P. Hardouin. Le P. Fournier Jesuite qui s'étant signalé par ses ouvrages de Mathematique & surtout par son Hydrographie mourut à la Fléche le 13. Avril 1652. âgé de 57. ans. Jaques le Paumier Sieur de Grentemesnil mort le 1. d'Octobre 1670. âgé de 83. ans, il avoit raporté, dit Mr. Huet[a], toutes ses Etudes à son travail de la Geographie de l'ancienne Grece & néanmoins il n'étoit encore gueres avancé lors qu'il mourut; Taneguy le Fevre Pere de Madame Dacier mort le 12. Septembre 1672. âgé de 57. ans; Gilles André de la Roque savant Genéalogiste. Etienne le Moine, Professeur en Théologie à Leyde, mort le 3. Avril 1689. âgé de 64. & 6. mois, homme d'un rare savoir dans les Langues Orientales auxquelles il joignoit beaucoup d'érudition sur les antiquitez sacrées. Jean Renaud de Segrais qui a traduit Virgile très-heureuse-

[a] *Origines de Caen p. 571.*

CÆN.

reusement, mort d'Hydropisie le 25. Mars 1701. âgé de 77. ans. Il étoit de l'Académie Françoise & de celle de Caën ; Samuel Bochart Ministre de la Religion prétendue Reformée, homme d'une litterature très-profonde & à qui la Géographie sacrée doit beaucoup d'observations curieuses dont il l'a enrichie. Il mourut le 16. de Mai 1667. âgé de 69. ans. Daniel Huet ancien Evêque d'Avranche mort à Paris le 26. de Janvier 1721. & né à Caën le 8. de Février 1630. Son livre de la situation du Paradis terrestre & celui où il a traité des Navigations de Salomon, sont pleins de recherches peu communes, mais ce qui fait le plus d'honneur à la Ville de Caen c'est qu'il en a écrit les *Origines*, livre auquel je renvoye ceux qui veulent être instruits de tous les détails qui regardent cette Ville dont il a été un des ornemens.

CÆNÆ, grande Ville d'Asie auprès du Tigre, selon Xenophon[a].   *a* Exped. Cyri. l. 2.

CÆNÆUM, Etienne le Géographe dit que l'on donnoit ce nom à Dodone Ville de Thessalie.

1. CÆNE, & CÆNOPOLIS, Pausanias[b] appelle ainsi une Ville anciennement nommée TÆNARUM & que l'on trouvoit à XL. stades après que l'on avoit dépassé le Promontoire Tænare ; sur la côte de la Laconie dans le Peloponnese. Le nom de *Cæne* ou *Cænopolis*, revient au même sens que *Neapolis*, ou Ville neuve. Procope dit de même[c] ; étant partis de Malée ils abordèrent à Tænare que l'on appelle presentement Cænopolis. Ptolomée[d] nomme cette Ville CÆNE, mais il la distingue mal-à-propos de Tænarium. Niger dit que le nom moderne de ce lieu est CAMARES ; le P. Briet prefere COENOPOLI[e]. Il y avoit en cet endroit un Temple de Cerès & un autre dedié à Venus.   *b* L. 3. c. 25.   *c* De Bell. Vandal. l. 1. c. 13.   *d* L. 3. c. 16.   *e* Parall. 2. part. l. 3. p. 425.

§. Le nom de CÆNE étoit commun à plusieurs Villes. Outre celle dont il s'agit dans cet article il y avoit

2. CÆNE, Ville d'Egypte, selon Ptolomée[f]. Cet Auteur met dans le Nome Panopolite.   *f* L. 4. c. 5.

	longit.	latit.
Panopolis	62. d.	27. d. 20'.
Lepidoton Polis	62.	26. 50.
Chenoboscia	62.	26. 30.
Cæne, Καινὴ πόλις	62. 10.	26. 20.

Antonin fournit une Ville d'Egypte nommée CENE. Zurita a bien raison de ne vouloir pas assurer que ce soit la même. Car Antonin met la sienne sur la route de Memphis à Oxyrynchon XXIV. milles avant que d'arriver à cette dernière & par conséquent plus au Nord de vingt milles qu'Oxyrynchon, dont la latitude est selon Ptolomée 28. d. 50'. à quoi il faut ajouter les vingt Milles Romains dont 75. font un degré & qui par conséquent font 16. minutes

	28. d. 50'.
	16.

donc la latitude de Cæné d'Antonin	29. d. 6.
latitude de Cæné de Ptolomée	26. 20.

donc diference de leur latitude	2. d. 46.

3. CÆNE, petite Isle de la Mediterranée. Pline la nomme avec quelques autres qui sont entre la Sicile & l'Afrique. Elle n'a rien de commun avec la prétendue Isle CÆNYS d'Etienne qui a pris pour une Isle ce qui n'est qu'un Cap d'Italie. Voyez CÆNIS.

4. CÆNE, Promontoire d'Asie. Voiez CANÆ.

1. & 2. CÆNEPOLIS. Voiez CÆNE 1. & 2.

3. CÆNEPOLIS, Ville d'Afrique dans la Pentapole, selon Ptolomée.

4. CÆNEPOLIS, Etienne le Géographe dit que l'on a donné ce nom à Carthage.

§. Voiez CÆNOPOLIS.

CÆNEUM. Voiez CENÆUM.

CÆNI, ancien peuple de Thrace, selon Tite-Live[g] & Etienne le Géographe. Pline[h] les nomme CÆNICI. Il nomme leur pays CÆNICA *Regio*, & y met la Colonie *Flaviopolis*. Ptolomée parle aussi de la Cænique Καινικὴ Στρατηγία[i]. Selon le P. Briet cette Province étoit en deçà du Mont Rhodope. Il lui donne pour Villes,   *g* L. 38. c. 40.   *h* L. 4. c.   *i* L. 3. c. 11.

Bizia ou *Bisa*, aujourd'hui *Vize*,
Flaviopolis,
Anchialus, *Anchialo* selon Sophien, *Lenkis* selon Mercator, & *Achello* selon d'autres,
Sarpedon,
Salmidessus ou *Halmydessus*, ou *Almydessus*,
Plotinopolis, aujourd'hui *Ploudin*, selon Niger.
Apollonie, surnommée la *Grande* à cause de Pompée ; aujourd'hui *Sissopoli*, selon Niger.

Il lui donne pour Rivieres

Pamysus, aujourd'hui *Lanixa*, selon Niger.
Erginus, sur lequel Sarpedon étoit située.
Salmidessus, qui arrosoit la Ville de même nom.

CÆNINA, Ville d'Italie dans le Latium selon Pline[k]. Denys d'Halicarnasse[l] dit que Cænine fut une des premières Villes qui se déclarerent contre Romulus, moins pour vanger le rapt de leurs filles que par jalousie contre une nouvelle Republique. Romulus surprit les Ceniniens, entra avec les fuyars dans leur Ville qu'il prit d'emblée, tua leur Roi de sa propre main, desarma les Citoyens & les soumit à sa nouvelle Ville. Il mit dans Cenine des Citoyens Romains, à qui les habitans céderent la troisiéme partie de leurs terres. Ceux des Cæniniens qui voulurent s'établir à Rome y furent reçus à certaines conditions, & la Ville de Cænine fut censée Colonie Romaine. Elle avoit été bâtie par les Grecs. Les Aborigenes l'avoient enlevée aux Sicules qui faisoient partie des Oenotriens, & ceux-ci étoient sortis d'Arcadie. Antemnes qui avoit declaré la guerre à Romulus conjointement avec Cænine, eut le même sort. Le P. Le Jay dans sa Traduction de Denys d'Halicarnasse écrit *Cenine* & *Ceniniens*, parce que l'Æ est étranger à notre Langue comme je l'observe ailleurs.   *k* L. 3. c. 5.   *l* L. 2. c. 32. & seq.

CÆNYS, Promontoire d'Italie dans le pays

pays des Bruttiens vis-à-vis du Promontoire de Pelore qui est l'une des pointes de la Sicile. Ce nom doit s'écrire par un y. Strabon écrit Καινὸς: & Etienne le Géographe de même; mais ce dernier le confondant avec Cænen fait une Isle mal à propos. Polybe écrit *Senis Σηνὲς*. Fazel le nomme CODA DI VOLPE, c'est-à-dire la *queue du Renard*; mais cela ne sauroit être, car *Coda di Volpe*, est vis-à-vis de Messine, au lieu que le Cap Cænys doit être à l'oposite de Pelore[a], où est aujourd'hui le Fort de Faro. Léandre dit que c'est SEGLIO, mais ce Cap est trop au Nord; & d'ailleurs Seglio est le *Scylla Rupes* ou le *Scyllæum Promontorium* des Anciens. Il vaut mieux dire avec Holstenius que c'est CAPO DI CAVALLO. Il y a à l'extremité de ce Cap une tour si proche du Cap le plus Oriental de la Sicile que les sentinelles de l'un peuvent entendre les signaux qu'on leur fait de l'autre par le son d'une cloche. Ce Cap est de deux milles plus Meridional que celui de Seglio.

[a] Strabon l. 6. p. 257. & Plin. l. 3. c. 5.

CÆNITES, Port du Peloponnese au Royaume d'Argos. Voiez SCHOENITAS qui est le vrai nom de ce lieu.

CÆNON, Château de la petite Armenie où Pompée trouva quelques papiers secrets de Mithridate. Mr. Dacier[b] écrit CAINON, selon le Grec, qui exprime par *ai*, ce que les Latins écrivent par *ae*. Ce nom, qui signifie *neuf* ou *nouveau*, fait assez connoître que c'est un des LXXV. Châteaux que Mithridate[d] avoit fait bâtir entre la grande & la petite Armenie.

[b] Vies de Plutarque T. 5. p. 460 & 462.
[d] Strabon l. 12.

CÆNOPHRURIUM, en Grec Καινὸν Φρούριον, c'est-à-dire, le *Château-Neuf*. Ce mot est diversement corrompu par les Historiens. Ortelius[e] préfére *Zenophrurium*, Antonin[f] écrit *Cenophrurium*. La Chronologie de Nicephore publiée avec l'Histoire mêlée rend ce mot en Latin *Novum Castellum*, au lieu de conserver le nom original: c'est le lieu où fut tué l'Empereur Aurelien. Il étoit à moitié chemin de Constantinople à Heraclée, Ville de Thrace. Mr. de Tillemont[g] dit qu'Aurelien *étoit en marche vers un lieu nommé Cænophrurium, c'est-à-dire, Neufchâtel, à mi-chemin entre Byzance & Heraclée* lors qu'il fut assassiné.

[e] Thesaur.
[f] Itiner.
[g] Hist. des Emp. T. III. p. 529. Ed. de Paris.

☞ CÆNOPOLIS, ce mot est en effet le même que CÆNEPOLIS. Voyez ce mot. Josephe[h] dit qu'une partie de la Ville de Jerusalem portoit ce nom. Il est assez ordinaire que les Villes soient distinguées en Ville vieille qui est ordinairement la Cité & en Ville Neuve. Ce nom est propre à exprimer dans la Langue Greque les diverses Villes qui portent aujourd'hui celui de Civita Nova, Neapoli, Neubourg, Neuhausel, Neuville, Newcastel, & Villeneuve, puis que ces mots ont la même signification dans le fonds, quoi qu'ils ne donnent pas l'idée de la même Ville. Suidas met en Armenie une Ville nommée CÆNOPOLIS. Elle n'est peut-être pas diferente du Château CÆNON ou CAINON.

[h] de Bello. l. 2

CÆNOS GALLICANOS, ou CÆNON GALLICANON, lieu de la Bithynie sur la Route de Constantinople à Antioche, à XXIV. milles de Dablis & à XXI. de Dadastane selon l'Itineraire d'Antonin.

Tom. II.

CÆNURGIA, Ville de Thrace dans la Province de Rhodope, selon Procope[h].

[h] De Ædif. l. 4.

CÆNUS, Riviere de la Gaule Narbonoise. Pline n'en parle point, quoique Mr. Baudrand[i] le cite, mais Pintianus qui vouloit l'y trouver a fait une pretendue correction à laquelle les Manuscrits ne s'accordent pas. Ptolomée en fait mention & en met l'embouchure à 43. d. de latitude. Le nom moderne du Cænus c'est l'*Arc*. Voyez ARC 1.

[i] Ed. 1682.

CÆPORI. Voyez CAPORI.

☞ CAER Ce mot qui entre dans la composition de plusieurs noms de Villes d'Angleterre signifie VILLE. Delà vient qu'ils nomment CAER SALEM, CAER PARIS & CAER RUFFYNE, les Villes de Jerusalem, de Paris, & de Rome.

CÆRACATES. Voyez CARACATES.
CAERDIFF. Voyez CARDIFF.
CAERDIGAN. Voyez CARDIGAN.
CAERDIGANSHIRE. Voyez CARDIGANSHIRE.

1. CÆRE, ancienne Ville Maritime de Toscane: son ancien nom étoit AGYLLA. Voyez ce mot.

2. CÆRE, la Chronique Saxone d'Angleterre[k] porte qu'il se donna une bataille entre Beorthfrith & les Pictes; & que cette bataille se donna entre Cære & Hære. Mr. Gybson observe que dans la Province de Northumberland il y a deux endroits, à environ dix mille pas l'un de l'autre, nommez CAREHOUSE & HEEFELD. Je ne voudrois pas, dit-il, assurer que ces lieux aient été autrefois appellez *Cere* & *Here*, mais la ressemblance des anciens noms avec les noms modernes & la situation de ces lieux qui sont peu au delà du rempart des Pictes font pancher vers ce sentiment; car il y a apparence que la bataille se livra aux frontieres des Northymbres & des Pictes.

[k] Pag. 50.

CÆRESI, ancien peuple de la Germanie duquel parle Cesar[l]. Sanson dans ses Remarques sur la Carte de l'ancienne Gaule les place vers *Siré* près de Liége ou bien vers Bouillon où il y a la Riviere de *Chiers*. Mr. Baudrand cite aussi Sanson & dit que cet Auteur les met dans la partie Meridionale du Duché de Luxembourg entre la Meuse & la Moselle, quoique Hubert Leodius croie qu'ils étoient sous les Eburones, anciens habitans du Pays de Liége où l'on voit encore Cerey à trois lieues de Liége en tirant vers Namur. Vigenere croit qu'ils étoient à Namur.

[l] De Bell. Gall. l. 2. c. 4.

CÆRETANORUM *Emporium* ou *Navale*, c'étoit le port de Mer dont se servoient les Ceretains ou Habitans de la Ville de *Cere*. On croit que c'est presentement S. SEVERA Village Maritime d'Italie au Patrimoine de S. Pierre, quelques uns supposent que c'est la même chose que TURRES qu'Antonin met entre Rome & Civita-vecchia. Mais TURRIS n'étoit pas precisement au bord de la Mer, comme il faut que soit un port. Mr. de l'Isle est mieux fondé à mettre ce port à PYRGI.

CÆRETANUS *Amnis*[m], petite Riviere d'Italie, dans l'ancienne Toscane. Leandre[c] & Holstenius disent avec raison que c'est presentement l'Eri. Voyez ce mot.

[m] Pline l. 3.
[c] 5.

CÆRETIUM, Frontin nomme ainsi un Mu-

CÆRETUM voyez CERATÆ.

CÆRIANA, Ville de l'ancienne Espagne dans la Betique au Pays des Turdulains selon Ptolomée [a], & non pas des Turdules, comme le dit Ortelius.

[a] l. 2. c. 4.

CAERLEON,[b] Ville d'Angleterre en Monmouthshire. C'est l'*Isca Silurum* des Anciens. Elle est située sur l'Usk. Voyez ISCA. Du temps des Bretons elle avoit une espéce d'Université, & étoit le Siége d'un Archevêché qui a été ensuite transporté à St. David, & avec le temps elle a perdu sa qualité de Metropole ayant été soumise à Cantorberi. Elle est à quatre milles de la Baye de la Saverne & à quatorze de Monmouth. Girard dans son Itineraire cité par Mr. Corneille[c] dit qu'elle avoit été bâtie par les Romains avec de belles Murailles de Briques. On y trouve, dit cet Auteur, de grands vestiges de son ancienneté : de grands Palais lambrissez ; une haute Tour ; des bains superbes, des restes de Temples ; des Murs d'un fort bel Amphitheatre & tant au dedans qu'au dehors de l'enceinte de la Ville des Bâtimens souterrains ; des Aqueducs, des Conduits cachez ; & des Etuves par tout avec des soupiraux à côté qui donnoient de la chaleur sans qu'on apperçut d'où elle venoit. Il y a eu, poursuit Mr. Corneille, deux belles Eglises ; l'une de Julius Martyr embellie d'un Chœur de Religieuses ; l'autre fondée en l'honneur d'Aaron aussi Martyr, ornée d'un College de Chanoines.

[b] Etat pres. de la G. Bret. T. 1. p. 88.

[c] Dict.

CAERMARTHEN,[d] ou CARMARTHEN, (Mr. Baudrand écrit CARMARDEN) Ville d'Angleterre au Païs de Galles, capitale de Carmarthenshire, en Latin *Maridunum*, elle est sur la riviere de Towy, environ à 7. milles de la mer, agreablement située entre des bois & des prez, à 178. milles de Londres. Cette Ville étoit anciennement la residence des Princes du Païs meridional de Galles, jusqu'à ce qu'ils furent forcez enfin de se retirer au Château de Dynavour en cette Province, pour y être en sûreté, & ils y établirent leur Cour. Sous le regne de Guillaume le Conquerant, les Normands conquirent Carmarthen. Les Gallois à la verité la reprirent sur eux, mais ils la reperdirent encore. Henri Turbervil bâtit un Château, & Gilbert de Clere fit revêtir la Ville de Murailles.

[d] Etat pres. de la Gr. Bretagne T. 1. p. 141.

CAERMARTHENSHIRE, ou CARMARTENSHIRE, Province d'Angleterre dans le Diocèse de S. David, elle a 102. milles de tour, & contient environ 700000. Arpens & 5352. Maisons. C'est une des plus fertiles du Pays de Galles, & la moins montagneuse. Elle produit quantité de blé, d'herbe. Elle abonde en bétail, en saumon, en bois, & a des mines de Charbon, & du meilleur plomb. Il y a 87. Paroisses, & 8. Villes ou Bourgs à Marché.

CAERNARVAN,[e] Ville d'Angleterre au pays de Galles où elle est Capitale de Carnarvanshire, elle est située sur le Menay, qui la sepáre d'Anglesey. Cette Ville est petite & d'une figure ronde, défenduë par un Château où nâquit Edoüard II. fils d'Edoüard I. appellé pour cette raison, suivant la coutume de ce tems-là, Edoüard de Caernarvan.

[e] ibid. p. 136.

CAERNARVANSHIRE, en Latin *Arvonia*, Province d'Angleterre, au Pays de Galles dans le Diocèse de Bangor, à l'Orient & au Midi d'Anglesey, dont elle est separée par le Menay. Elle a 110. milles de tour, & contient 370000. Arpens, & 5352. Maisons. 68. Paroisses & 6. Villes, qui sont toutes des ports de Mer. Les principales sont Carnarvan, Bangor & Conway. Elle abonde en betail, en gibier, en poisson, & en bois. La partie mediterranée est si pleine de hautes montagnes, que Cambden du appelle *Alpes Britannica*, & dit qu'en tems de guerre elles étoient la plus sûre retraite des Gallois. Les parties Occidentales sont des pays assez plains & unis & produisent beaucoup d'orge.

CÆRON, Province d'Asie vers la Mesopotamie. Josephe[f] dit que Monobase Roi des Adiabeniens ayant eu de sa sœur Helene un fils nommé Isates, de qui cet Historien des Juifs raconte l'Histoire fort au long ; il appella son fils avant sa mort, & lui donna un pays nommé Cæron qui produit quantité de ces Arbrisseaux odoriferants, que les Grecs nomment Amomon. Dans ce pays, ajoute Josephe, on conserve des restes de l'Arche, dans laquelle Noé échapa du deluge, il assure que de son temps on les y montroit à tous ceux qui avoient la curiosité de les voir.

[f] Antiq. l. 20. c. 2.

CÆRULEUS, nom d'un des Ruisseaux que Claudius fit conduire à Rome par le bel aqueduc auquel on donna à cause de lui le nom de *Claudia Aqua*.

CAERWENT, Bourgade d'Angleterre, dans le Comté de Monmouth à trois lieues de Caerleon du côté du Couchant. Ce lieu n'est remarquable que par son Antiquité & par les ruïnes qu'on y voit encore de l'ancienne VENTA SILURUM, dont il conserve le nom ; celui qu'il porte aujourd'hui étant formé de CAER Ville & de *Venta*, signifie la *Ville de Venta*. Quelques uns l'ont nommé en Latin *Ventidunum*.

CÆSÆNA, voyez CAESENA.

CÆSANI, peuple de l'Arabie, selon Pline.[g]

[g] L. 6. c. 28.

CÆSAREA, voyez CÉSARÉE.

CÆSAREA AUGUSTA, voyez SARRAGOSSE.

COLONIA CÆSAREA AUGUSTA SALDUBA ; voyez SALDUBA.

CÆSARIANA, lieu d'Italie,[h] sur la voye Appienne. On le trouvoit selon Antonin en allant de Rome à Coscence ; & xxxvi. mille pas avant que d'arriver à Nerulum Ville de la Lucanie.

[h] Itiner.

CÆSARIANA MASSA, c'est à dire *le bien ou la Terre de Cesar*, lieu d'Italie aux confins du Territoire de Preneste. Symmaque en fait mention dans ses Lettres.[i]

[i] l. 10. Epistol. 14.

CÆSARIANA NORBENSIS, voyez NORBA.

CÆSARIENSES, ancien peuple de l'Ionie selon Pline.[k] Ce nom signifie les habitans de Hierocesarée.

[k] l. 5. c. 29.

CÆSARIENSIS, voyez MAURITANIE.

CÆSARIS DICTATORIS VILLA, Tacite fait mention dans ses Annales d'une Maison de Campagne de ce nom, qu'elle avoit pris de

CÆS.

de Jules Cefar, qui eut le titre de Dictateur, & non pas celui d'Empereur que prirent fes Succeffeurs. Quelques-uns croyent que c'eft préfentement *Bagno de Salviati*, fur la Côte du Golphe de Gaiete.

CÆSARIS INSULA: les Modernes ont ainfi tourné en Latin le nom de l'Ifle où eft fitué KEYSERSWERTH. Voyez ce mot.

CÆSARIS MONS. Voyez KEYSERSBERG.

CÆSAROBRICENSES, ancien Peuple d'Efpagne dans la Lufitanie, felon Pline[a]. Ce nom marque affez qu'ils habitoient une *Ville*, ou un *Bourg* nommé *Cæfarobrica*, ou *Cæfarobriga*; & qu'on y paffoit une Riviére fur un pont, car *Cæfarobrica* veut dire le *Pont de Cefar*; mais on ne peut gueres favoir où étoit ce pont, ni fur quelle Riviére: car les Peuples, dont parle Pline en cet endroit, font rangez felon l'ordre alphabétique.

[a] L.4.c.22.

CÆSARODUNUM, Ville de l'ancienne Gaule. Ptolomée[b] la donne aux *Turonii*, le long de la Loire. Comme *Turonii* font les *Tourangeaux*, & que Ptolomée ne nomme que cette Ville, cela feul a déterminé la plupart des Modernes à croire que c'eft Tours. Quelques Exemplaires portent TURUPII au lieu de TURONII.

[b] L.2.c.8.

CÆSARO-LUTRA, ou CÆSARIS-LUTRA; c'eft ainfi que l'on exprime en Latin le nom de KEYSERSLAUTERN, Ville d'Allemagne, que quelques François ont corrompu en celui de CASELOUTRE.

1. CÆSAROMAGUS, ancien nom que Ptolomée donne à la Capitale du Peuple nommé *Bellovaci*; ce qui mene à croire que c'eft préfentement Beauvais. Il eft arrivé à cette Ville comme à quantité d'autres de perdre fon nom particulier pour prendre celui du Peuple dont elle étoit le chef-lieu: ainfi Rheims, Paris, Tours, ont quité leur vrai nom, & ne portent plus que le nom de leurs anciens Habitans. *Rhemi, Parifii*, & *Turones* étoient des noms de Peuple chez les Anciens, & non pas des noms de Ville.

2. CÆSAROMAGUS. Antonin[c] décrivant une route de la Grande-Bretagne & qui menoit de Londres (*Londinio*) à Earleil (*Lugwallum*, met pour premiere ftation Cæfaromagus, à XXVIII. mille pas de Londres; & à XXIV. mille pas de Colonia que l'on croit être COLNE, ou plutôt WALDEN. Il s'agit de favoir où étoit le Cæfaromagus d'Antonin. Mr. Gale[d] examine ainfi cette queftion. Je fais, dit-il, que les uns le mettent à Chelmsford, d'autres à Burgfted; & le tout par conjecture. Ces lieux ne font point fur la route militaire, & les diftances ne conviennent pas, outre que ces lieux n'ont aucun veftige d'antiquité. La Table de Peutinger met bien Baromacus, & on appelle The Bar la Riviére qui paffe affez près du Bourg de Witham, fe perd dans la Riviére *The Blacwater*. Ce Bourg a encore un refte d'ancienne fortification, & fi les diftances ne conviennent pas entre ce Bourg, Londres, & *Durolitum*, qui eft Leighton-Stone, elles s'accordent mieux par raport à Colne & à Canonium, aujourd'hui Little-Canfield. Cela repand une obfcurité fur cet endroit. Quoique le Bourg de

[c] Itiner.

[d] In Anton. iter Britan. p.91.

CÆS. 29

WRITTLE n'ait aucun veftige d'antiquité, cependant comme les diftances s'accordent affez avec celles des lieux circonvoifins, & que le grand chemin de Londres y paffoit autrefois, quelques-uns ont jugé que l'on pouvoit y placer le *Cæfaromagus* d'Antonin. Camden[e] le met auprès de BRENTWOOD, que d'autres écrivent mal *Burnewold*. Mr. Corneille écrit encore plus mal BURTWOOD.

[e] Britann.

CÆSAROPOLIS, Ville Epifcopale de la Macedoine, fous l'Archevêque de Philippes, felon Curopalate cité par Mr. Baudrand[f].

[f] Ed.1682.

CÆSAROTIUM, ou CÆSORTIUM. Quelque Exemplaire manufcrit d'Antonin met ce lieu entre Rouen & *Petromantalum*; & quoiqu'il ne fe trouve dans aucun de ceux dont s'eft fervi Zurita, ni dans celui du Vatican, encore moins dans celui de Bertius, on ne laiffe pas de croire que c'eft GISORS, Ville de France. Voyez ce mot.

CÆSENA, ou *Cæfena*, ou *Cefena*, Ville d'Italie dans la Gaule Cifpadane, en un deça du Pô par raport aux Romains. Elle eft ancienne. Strabon[g] & Pline[h] en font mention. Mais il n'eft pas aifé de découvrir pourquoi l'Itinéraire d'Antonin & la Table de Peutinger lui donnent l'épithete de Courbée, *Curva Cæfena*. Peut-être y eut-il deux places voifines nommées Cæfene; que pour les diftinguer on donna à l'une des deux le furnom de Courbée, pris fans doute de la figure de fon terrain. Ce qui peut autorifer ma conjecture c'eft que l'Anonyme de Ravenne[i] dit *Cefina & defuper Sefena*, y avoit nommé auparavant *Forum Julii*, & *Forum Populi*, pour *Forum Livii* & *Forum Pompilii*, & il nomme après *Monte-Feletre, Oribino*, *Forofempronii*. On voit par ces noms combien la nomenclature des Villes étoit déja corrompue de fon temps, mais quoiqu'on ne puiffe pas douter qu'il n'ait voulu défigner l'ancienne Cæfene par l'un de ces noms *Cefina* & *Sefena*, on ne peut gueres décider par lequel des deux, à moins que de favoir fi l'anciênne Cæfene étoit en haut ou en bas, ce que les Auteurs citez ne marquent point. Voyez CESENE.

[g] l.5.p.217.
[h] l.3.c.15.
[i] l.4.c.33.

CÆSIA SYLVA. Pour bien comprendre où étoit cette Forêt il faut joindre enfemble plufieurs circonftances que raporte[k] Tacite en décrivant la marche que Germanicus fit faire à fes Troupes. Cefar (Germanicus) fe laiffe emporter à l'ardeur des Soldats, & ayant fait dreffer un pont (fur le Rhin) il fait paffer douze mille hommes d'entre les Legions, vingt-fix Cohortes des Alliez, & huit Efcadrons..... Mais le Romain hâtant fa marche, perce la Forêt *Cæfia* (Mr. d'Ablancourt dit *Cecia*) & les lignes commencées autrefois par Tibere...... Cecina a ordre de s'avancer avec les Cohortes fans bagage, & de faire une route dans la Forêt. Les Legions le fuivent de près; heureufement la nuit étoit claire, & on arriva aux Villages des Marfes, *ventumque ad Vicos Marforum*. Cette Forêt étoit donc entre le Rhin & les Marfes: ce qui fait voir que Cluvier[l] n'a pas eu tort de dire qu'elle étoit partie dans le Duché de Cleves & partie dans le Païs de Munfter, entre les Villes de Wefel & de Coesfeld.

[k] Annal. l.1.c.50.
[l] Germ.ant. l.3.c.9.p.35.

CÆSORTIUM. Voyez CÆSAROTIUM.

CÆTO-

CÆTOBRIX. Voyez CETOBRIGA.

CÆTULON, Καίτουλον, ancienne Ville d'Espagne & la principale des Oretains. Il y a bien de l'apparence que c'est une faute des Copistes de Strabon, & qu'il faut lire CASTULON. Ptolomée nomme Castulon entre les Villes de ce Peuple. Antonin la nomme aussi. Voyez CASTULO.

CAF[a], Montagne que les Mahometans ignorans dans la Géographie, tels que sont les Alcoranistes, gens attachez aux fables débitées par leur faux Prophete, croyent entourer tout le globe de la Terre, & borner de tous cotez son Hemisphere. Sur cette supposition ils disent que le Soleil à son lever paroît sur une des croupes de cette montagne, & qu'il se va coucher derriére l'autre qui lui est opposée, desorte que vous trouvez souvent dans leurs anciens Livres, comme dans le *Caherman Nameh* & autres, pour exprimer le lever du Soleil, cette façon de parler : *Aussi-tôt que cet Astre parut sur la cime du Mont Caf, le Monde fut éclairé de sa lumiere ;* de même que pour comprendre toute l'étendue de la Terre & de l'eau, ils disent : *Depuis Caf jusqu'à Caf,* c'est-à-dire, d'une de ses extrêmitez à l'autre. Cependant comme il est fait mention dans ces anciens Livres d'un Païs qu'ils appellent l'ISLE SECHE, qui est un Continent separé du nôtre, ce qu'ils ont emprunté du *Iabaschah* des Hebreux, que la Vulgate a traduit *Arida*, c'est-à-dire, seche, pour signifier le Continent de la Terre. Ils disent que cette Isle est située au-delà du Mont Caf : en quoi il paroît que cette ancienne tradition des Orientaux est prise de l'Isle Atlantide de Platon. Les mêmes Orientaux l'appellent *Agiaib almakh loucat*, c'est-à-dire, *les merveilles de la Nature*, & *Jeni Dunia*, qui signifie en Turc le *nouveau Monde*. Mais depuis que les Arabes & autres Orientaux ont étudié la Géographie, & ont même travaillé assez exactement pour la Déscription du Monde, & de ses Climats, ils ont reconnu que cette montagne fabuleuse n'étoit autre que les Monts de Tartarie à l'Orient, & le Mont Atlas à l'Occident, lesquels à cause de leur étendue & de leur hauteur ont donné lieu à ces fables. Ebn Alvardi dans son *Khiridat al agiaib*, suivant la piste des Mythologistes, ou Historiens fabuleux de l'Orient, écrit que cette montagne a pour fondement une pierre appellée *Sakhrat*, dont il est fait mention dans l'Alcoran au Chapitre intitulé *Locman* ; & que c'est de cette pierre dont le Philosophe Locman disoit, que quiconque en auroit le poids seulement d'un grain feroit des miracles : ce qui a beaucoup de rapport à ce que l'on fait dire à Archimede, que s'il avoit un point ferme hors de la Terre sur lequel il pût mettre le pied, il la feroit tourner aisément. Le même Auteur dit que cette pierre est le soûtien & le pivot de la Terre ; qu'elle est faite d'une seule émeraude, & que c'est de sa reflexion que le Ciel nous paroît de couleur azurée : enfin, dit-il, lorsque Dieu veut exciter le tremblement en quelque endroit de la Terre, il commande à cette pierre de donner le mouvement à quelqu'une de ses racines, qui lui tiennent lieu de nerfs, laquelle étant ébranlée fait remuer, trembler, & quelquefois entr'ouvrir le lieu auquel elle correspond. Voilà la plus subtile Philosophie des premiers Musulmans, fondée sur les principes de leur Alcoran. Le *Tarikh Tabari* en Langue Persienne, rapporte dans sa première partie, suivant les mêmes traditions fabuleuses, que Dieu tout-puissant après avoir créé la Terre, l'entoura & l'apuya d'une ceinture de montagnes que les Arabes appellent *Caf* : c'est ce qui a fait donner encore à cette montagne le nom de *Vatad*, dont le pluriel est *Autad*, qui signifie *pal* ou *pivot*, suivant qu'il est porté dans l'Alcoran, où Mahomet parlant de la Terre, dit : *Les montagnes sont ses pieux ou pivots.* La Terre se trouve donc au milieu de cette montagne, comme le doigt au milieu de l'anneau ; & sans cet appui elle feroit dans un perpetuel tremblement, & ne pourroit pas servir de demeure aux hommes. Cette montagne ou anneau de la Terre est de couleur d'émeraude, & toutes les autres montagnes n'en font que des branches : mais il faut passer un très-grand espace de Pays tenebreux, où la lumiere du Soleil ne donne point, pour y arriver de quelque endroit de la Terre que ce puisse être. C'est ce qui fait que nul homme ne peut y arriver, s'il n'est conduit par quelque Intelligence. C'est dans cette montagne que les *Dives* ou Géants ont été confinez, après avoir été défaits & subjuguez par les premiers Heros de la race des hommes, ou de la postérité d'Adam, & où les *Peri* ou les Fées font leur demeure ordinaire. Surkhrage le Géant a été Roi du Mont Caf, & avoit Rucail, un des enfans d'Adam, pour son principal Ministre. Argenk le Géant y regnoit aussi du tems de Tahamurath qui lui fit la guerre, & il avoit bâti le superbe Palais dans la Ville d'Aherman, avec une Galerie dans laquelle étoient peints les portraits de toutes les Créatures raisonnables qui avoient habité la Terre avant la création d'Adam.

§ Il y a en Asie dans la grande Tartarie une montagne qui porte véritablement le nom de Caf. [b] Elle est à l'Occident des terres d'Ablai, depuis le Mont Sortora jusqu'au Mont Ournac. Au pied Occidental de cette montagne sont les Bourgs de Sahadrug, & de Bouribachi. Ce dernier est par les cinquante degrez de latitude ; & est environ trente lieuës plus au Nord, vers le 91. d. de longitude.

CAFARTUTHA, Ville d'Asie dans la Mesopotamie. Le Géographe de Nubie compte xv. mille pas de Nisibe à Dara, xxi. m p. de Dara à Cafartutha, & delà xv. m. p. à Alchabur. Il dit que cette Ville a un beau territoire très-fertile, & que les lieux qui en dépendent sont charmans.

CAFAVES, Peuple d'Afrique dans la Mauritanie. Ammien Marcellin[c] en fait mention.

CAFERONIANA, nom Latin d'un petit Pays que les Italiens appellent LA GRAFIGNANA, dans l'Apennin, partie au Duché de Modene & partie à la Republique de Luques. Voyez au nom moderne.

CAFERONIANUM, nom d'une petite Place fortifiée dans l'Etrurie. Mr. Baudrand cite Antonin qui n'en parle nulle part. Il devoit citer Ortelius qui dit qu'on l'a nommée FERONIANUM, & qui cite Annius sur un Fragment d'Antonin, c'est-à-dire, l'homme du monde

---

[a] d'Herbelot Bibl. Orient.

[b] VI. Pars Clim. IV. p. 201.

[c] l 29. p. 432. Edit. Lindebrog.

CAF.

monde le plus décrié par les Piéces supposées que ce Moine de Viterbe a voulu faire passer pour d'anciens ouvrages. Mr. Baudrand ne laisse pas d'assurer que c'est CURFIGLIANO.

CAFFA, Ville de la petite Tartarie dans la Mer noire, sur la Côte Meridionale de la Crimée. [a] Cette Ville, qui est grande, est bâtie au bas d'une colline sur le Rivage de la Mer. Elle est plus longue que large. Sa longüeur s'étend à peu près du Midi au Septentrion. Elle est entourée de fortes murailles. Il y a deux Châteaux aux deux bouts, qui avancent un peu dans la Mer, ce qui fait que quand on regarde la Ville de dessus un Vaisseau, elle paroît bâtie en demi-lune. Le Château du côté du Midi est sur une éminence qui commande les environs. Il est fort grand, & le Bacha y demeure. L'autre est plus pétit, mais il est bien muni d'Artillerie. La Mer en baigne le côté qui la regarde. Ces Châteaux sont fortifiez d'un double mur & la Ville aussi. On compte quatre mille maisons dans Caffa, 3200. de Mahometans, Turcs & Tartares, 800. de Chrétiens, Grecs & Armeniens. Les Armeniens y sont en plus grand nombre que les Grecs. Ces maisons sont petites & toutes de terre. Les Bazars, (on appelle ainsi les lieux de marché) les places publiques, les Mosquées, & les Bains en sont aussi bâtis. On ne voit dans la Ville aucun édifice de pierre, si l'on n'en excepte huit anciennes Eglises un peu ruinées, qui ont été bâties par les Genois. Cette Ville de Caffa est très-ancienne, mais l'on n'en fait pas bien l'origine. Strabon [b] dit qu'elle a été renommée de toute antiquité, & qu'elle étoit puissante du temps de la Republique d'Athenes. Il en est parlé dans les Guerres des Romains contre Mithridate, Roi de Pont, de qui elle embrassa les intérêts; mais il faut que la Guerre, ou quelqu'autre calamité, l'eût tout-à-fait détruite; car on trouve que les Grecs la fonderent de nouveau dans le cinquiéme siécle, & la nommerent Theudosie, (voyez l'Article de THEUDOSIE) du nom de l'Empereur Theodose alors regnant, (L'Auteur se trompe, car elle se nommoit *Theodosie* ou *Theudosie* du temps de Strabon, qui vivoit sous Tibere, c'est-à-dire trois cens ans avant l'Empereur Theodose) & qu'ils la fortifierent, & en firent un des plus considerables remparts de l'Empire contre les Cosaques & contre les Tartares, que l'on appelloit Huns en ces temps-là. Mais les Tartares ne laisserent pas de s'en rendre à la fin les maîtres, & de toute la Presqu'Isle où elle est située. C'est alors que son nom lui fut changé, & qu'elle prit celui de Caffa, qui vient de *Caffer*, terme originairement Arabe, lequel signifie *infidele* dans toutes les Langues des Mahometans. (Voyez au mot CAFFRERIE) Les Tartares lui donnerent ce nom, pour signifier que c'étoit le boulevard des Chrétiens, qu'ils appellent communément *Caffers*, ou *Infideles*, comme nous autres Chrétiens les appellons par retaliation. Cela arriva dans le douziéme siécle, qui est le temps de la Guerre sainte, & de la grande foiblesse des Empereurs d'Orient. Les Genois, qui étoient alors puissans sur Mer, remarquant la décadence de l'Empire Grec, qui ne se pouvoit défendre, ni contre les Turcs, ni contre les Tartares, crurent qu'en secourant cet Empire contre les invasions, ils pourroient s'emparer d'une partie des conquêtes que ces Barbares avoient faites dans la Mer noire. Ils y réüssirent effectivement avec beaucoup de bonheur; car y ayant envoyé des Flotes fort puissantes pour ce tems-là, ils leur enleverent plusieurs Places sur le bord de cette Mer, tant du côté de l'Asie, que du côté de l'Europe, & particulierement cette Ville de Caffa qu'ils conquirent l'an 1266. sous le regne de Michel Paleologue. Ils en joüirent pendant deux siécles & plus; mais la puissance des Ottomans étant augmentée, durant ces siécles-là, dans toute l'Asie & dans l'Europe, sans qu'on pût en arrêter le cours, & Constantinople même ayant été reduite sous leur joug, les Genois furent contraints d'abandonner tout ce qui étoit dans la Mer noire. Caffa leur fut ôtée l'an 1474. sous l'Empire de Mahomet second du nom. Des Auteurs disent que ce fut seulement l'année suivante. Le terroir de Caffa est sec & sablonneux. Les eaux n'y sont pas bonnes, mais l'air y est très-sain. Il y a fort peu de jardins autour, & il n'y croît point de fruit. On en apporte en très-grande abondance des Villages voisins, mais il n'est pas bon. Il n'y a peut-être point de Ville au Monde, où les autres alimens soient meilleurs, & à plus bas prix qu'à Caffa. Le mouton y a un goût excellent. La livre n'en coute que quatre deniers. Les autres viandes, le pain, le fruit, la volaille, le beurre, se vendent à proportion encore moins. Le sel s'y donne, pour ainsi dire: en un mot tout ce qui est nécessaire à la vie n'y coute presque rien. Ainsi c'étoit à juste titre qu'on nommoit cette Ville autrefois le *Grenier de la Grece*, de même que l'on appelloit Messine, le Grenier de Rome, n'y ayant point de lieu propre à faire de grands magasins de provisions. Il faut pourtant remarquer que le poisson frais y est rare, & que l'on n'en pêche aux environs du Port que de petits, & encore en de certains tems seulement, comme en Automne & au Printems. Presque tous les Turcs & tous les Tartares qui sont là, portent de petits bonnets de drap doublez de peau de mouton. Mais comme le bonnet est dans toute l'Asie la plus ordinaire coëffure des Chrétiens, ceux de Caffa sont obligez d'attacher aux leurs une petite piéce de drap, comme en quelques lieux d'Allemagne les Juifs en ont à leur manteau. C'est pour les distinguer des Mahometans. La Rade de Caffa est à l'abri de tous les vents, excepté du Nord & du Sud-Ouest. Les Vaisseaux y sont à l'ancre assez proche du rivage, à dix ou douze brasses, sur un fond limonneux qui est bon & bien assuré. Il s'y fait un grand commerce, & plus qu'en aucun Port de la Mer noire. Pendant quelque quarante jours que l'Auteur cité fut là, il y en vit arriver & en vit partir plus de quatre cens voiles sans compter les petits Bâtimens qui vont & viennent le long de la Côte. Le commerce le plus considerable est celui du poisson salé, & du Caviar, qui vient du *Palus Méotide*, & qui se transporte dans toute l'Europe, & jusqu'aux Indes. La pêche de poisson, qui se fait dans ce marais, est incroyable pour son peu d'étenduë. La raison que les

gens

[a] Chardin Voyages T. 1. p. 103. & suiv.

[b] l. 7. pag. 309. & 311.

CAF.

gens du Païs rendent de la multitude presque infinie de poiſſons qu'on y prend, c'eſt que l'eau de ce Palus étant limonneuſe, graſſe, & peu ſalée, à cauſe du Tanaïs qui ſe jette dedans, elle attire, diſent-ils, le poiſſon non ſeulement du Tanaïs & de la Mer noire, mais encore de l'Helleſpont & de l'Archipel, & le nourrit & l'engraiſſe en peu de tems. On aſſure qu'il s'y prend ordinairement des poiſſons qui ſont longs de vingt-quatre à vingt ſix pieds, qui peſent huit & neuf cens livres chacun, & dont on fait trois à quatre quintaux de Caviar. Le Caviar eſt fait des œufs de ce poiſſon, & on l'eſtime beaucoup plus que le poiſſon même, à cauſe du grand trafic que l'on en fait. La pêche de ce poiſſon, qui eſt l'Eſturgeon, ſe fait depuis Octobre juſqu'en Avril, de cette maniere: on le chaſſe dans des eſpaces entourez de pieux, & on l'y tue à coups de dard. C'eſt peut-être le limon de cette eau Méotide, qui lui fait donner le nom de Marais; car d'ailleurs elle ſeroit mieux nommée Lac, puiſqu'elle porte des Vaiſſeaux, qu'elle ne hauſſe ni ne baiſſe, & qu'elle communique inceſſamment avec un grand Fleuve & avec la Mer. Outre le tranſport de Caviar & de poiſſon le plus important qui ſe faſſe à Caffa, eſt de bled, de beurre, & de ſel. Cette Ville en fournit Conſtantinople, & quantité d'autres lieux. Le beurre de Caffa eſt le plus excellent de Turquie. Les Venitiens ont ſouvent demandé permiſſion de venir negocier en cette Ville; on la leur a toûjours refuſée. L'an 1672. le Chevalier Quirini fit de grandes dépenſes pour l'obtenir, & il l'obtint en effet, mais le Doüanier de Conſtantinople la fit revoquer.

LE DETROIT DE CAFFA, DE KERCI, ou de VOSPORO, ou le BOSPHORE CIMMERIEN, bras de Mer qui fait la communication des Palus Meotides avec la Mer noire. Voyez BOSPHORE.

CAFFARDS. Voyez CAFFRERIE.

CAFFEN, Village maritime d'Afrique au Royaume d'Alger. Quelques-uns croyent y trouver la JOMNIUM de Ptolomée. Voyez JOMNIUM.

CAFFRERIE, vaſte Païs de l'Afrique dans ſa partie Meridionale. Ses bornes ſont, ſelon quelques-uns, toute la Côte depuis le Cap Negro au 16. d. de latitude Sud, juſqu'au Cap de bonne Eſperance, & depuis ce dernier Cap juſqu'à la Magnica ou Riviére du St. Eſprit par les 25. d. de latitude auſſi Meridionale. Delà en ſuivant la Riviére de Laurent Marquez qui borne le Royaume de Magnica juſqu'aux montagnes de Lupata, puis en coupant ces montagnes par une ligne imaginée qui ſe rend vers le Nord-Oueſt à la Riviére de Zambeze Empondo, ou Couama, on ſuit de nouveau cette Riviére qui enceint les Etats du Monomotapa à l'Oueſt & au Nord juſqu'à Sena. Le Zanguebar acheve de borner la Cafrerie à l'Orient juſqu'en deçà de l'Equateur. Les Galles qui ſont au Midi de l'Abiſſinie, les Etats du Roi de Gingir, le Royaume de Macoco ou d'Anzico, les Monſoles, les Jagas, le Royaume de Matamba, & la Riviére de Cuneni, ou la grande Riviére juſqu'à l'Orient, & à la hauteur du Cap Negro bornent ce vaſte Païs au Nord. A dire vrai, ſes véritables limites ſont

CAF.

aſſez arbitraires. Non ſeulement les Cartes de nos Géographes varient ſur le plus ou le moins de Pays qu'ils y mettent, mais même la Cafrerie dans une Carte particuliere du Congo & du Pays des Caffres publiée en 1708. par Mr. de l'Iſle n'eſt plus la même dans la Carte de l'Afrique du même Auteur en 1722. J'ajouterai ici une conjecture qui me paroit raiſonnable, ſavoir que le mot Caffrerie n'eſt le nom d'aucun Pays particulier, puiſqu'il n'y a aucun Peuple qui s'appelle CAFFRES. C'eſt un nom injurieux que les Arabes[a] donnent à ceux qui ne ſont pas Mahometans comme eux, du mot CAFIR, dont le pluriel eſt Caſiruna, c'eſt-à-dire infidelles ou incredules. Les Portugais l'ont pris des Arabes pour déſigner les Habitans naturels de l'Ethiopie meridionale, & ils l'ont pris ſans doute dans le ſens de BARBARES, car il eſt aſſez indiferent aux Chrétiens que ces Peuples ſuivent la Religion de Mahomet, ou qu'ils n'en ayent point du tout. L'un ne vaut pas mieux que l'autre pour le ſalut, & les Ethiopiens Mahometans ne ſont pas moins Cafres, c'eſt-à-dire, moins infideles & moins incredules au jugement des Chrétiens que ceux qui ſont encore dans leur ancien Paganiſme. Les Portugais ont donc pris ce mot dans une autre ſignification. Ils voyoient que les Arabes s'en ſervoient lorſqu'ils parloient d'un aſſez grand nombre de Peuples qui n'ont aucune connoiſſance du vrai Dieu, qui n'ont ni Roi, ni demeure fixe, allant çà & là dans des Campagnes de ſable & dans des Deſerts, ayant preſque autant de langages diferents qu'il y a de Nations; vivant d'une maniere ſauvage, ſans habits, avec un nez écraſé & de groſſes lévres, mangeant juſqu'aux Serpens, les autres reptiles & les inſectes; peu diferens enfin de ceux que Pline[b] & Solin[c] ne déſignent que par les noms des animaux dont ils ſe nourriſſoient. Les Portugais ont réüni toutes ces idées ſous le nom de Caffres, & appellé Caffrerie toute cette partie de l'Ethiopie dont les Habitans vivent à peu près de cette maniere. La pauvreté de ces Peuples n'eſt pas capable d'atirer les Negocians dans l'interieur de leur Païs. Leur ferocité en détourne les Miſſionnaires, deſorte qu'il n'y a gueres que les Côtes que l'on connoiſſe. Quelques Ecrivains, comme La Croix, Dapper & autres, ont recueilli un grand nombre de détails ſur les mœurs & les coutumes de ces Peuples. Je n'ai pas cru que les connoiſſant ſi peu, on puiſſe en rien dire de poſitif. D'ailleurs dans un ſi grand nombre de Nations, il y a rien des diferences que ces Auteurs ignorent. Ce que l'on dit de toutes ne convient ſouvent qu'à une ſeule. Il vaut mieux reſerver cela aux Articles particuliers. Voyez HOTTENTÔTS, COCHOQUAS, MONOEMUGI &c.

CAFSA, Ville d'Afrique,[d] dans la partie du Bileduljerid qui en porte particulierement le nom. Elle eſt ancienne, de la fondation des Romains, & ſituée à quarante degrez de longitude, & à vingt-ſept degrez & dix minutes de latitude. [e] Ils l'ont défenduë contre la puiſſance des Arabes juſqu'à la venuë d'Occuba qui l'aſſiegea, & qui s'en étant rendu maître par aſſaut, en fit démolir les murs. Ceux de la Forterſſe ſont encore debout; ils ſont conſtruits de grandes pierres de taille comme le
Coliſée

[a] Ludolph. Hiſt. Æthiop. l.1.c. 14. n. 54.

[b] l.6.c.30.
[c] c.30. Edit. Salmaſ.

[d] Corn. Dict.

[e] Marmol T. 3. l. 7. c. 55.

CAF. CAG.   CAG.

Colisée de Rome, & ont vingt-cinq brasses de haut sur cinq de large. Les Habitans ayant ensuite redressé les murs de la Ville, Jacob Almansor les fit abattre une seconde fois, après avoir tué le Seigneur & ses Fils dans un combat, & mis des Troupes & des Gouverneurs par toute la Province[a]. Cette Ville est aujourd'hui bien peuplée, & a un beau Temple & quelques Mosquées d'une superbe structure; mais les maisons sont fort peu de chose. Les ruës sont larges & pavées de pierres noires & raboteuses. Ceux qui habitent la Ville sont gens simples & fort pauvres, à cause des grandes contributions qu'exigent d'eux les Rois de Tunis. Au milieu de la place il y a quelques Fontaines avec un bassin aussi large que profond. Elles sont enfermées de murs avec un espace entre la Fontaine & la muraille. On s'y met pour se baigner, à cause que l'eau est chaude. On ne laisse pas pourtant d'en boire, après qu'on l'a laissée rafraîchir une heure ou deux. L'air y est mal sain, & les Habitans y ont toûjours quelque accès de fievre. Ils sont durs & sans tendresse pour les Etrangers, ce qui est cause qu'on les hait partout. On voit autour de Caffa de grands Clos de Citronniers, d'Orangers, de Palmiers, & d'Oliviers. Les Dates y sont très-bonnes, aussi bien que les Olives, dont on fait d'excellente huile qui a une bonne odeur. Les hommes & les femmes sont là fort bien vêtus à leur mode, mais ils portent de gros souliers mal faits, & qui sont de cuir de bêtes sauvages pour durer long-temps. Cela défigure tout le reste.

[a] C'est-à-dire du temps de Marmol.

CAGACO, Fontaine du Peloponese auprès de la Ville de Gythium, selon Pausanias[b]. Sylburge veut qu'on lise CNACO.

[b] l. 3. c. 24.

CAGAJON, ou la NOUVELLE SEGOVIE. Voyez CAGAYAN.

CAGASIAN[c], ou CAGACAIS, Fort d'Afrique sur la Côte de Malaguette, au Païs de Serre Lionne, à l'Occident & à l'embouchure de la Riviére nommée *Rio das Pedras*, & à l'Orient du Cap Verga. Dapper la met dans une Isle.

[c] Dapper Afrique p. 246.

1. CAGAYAN[d], Riviére d'Asie dans l'Isle de Luçon, l'une des Philippines. Elle a sa Source vers le milieu de l'Isle, & serpentant vers le Nord d'un cours presque parallele à une chaîne de montagnes, elle passe à la Ville nommée comme elle, & que l'on appelle aussi la nouvelle Segovie, & se perd dans la Mer, au milieu de la Côte Septentrionale de l'Isle, vis-à-vis des Isles Babuyanes, à distance presque égale du Cap Baxeador, & du Cap del Engaño.

[d] De l'Isle Atlas.

2. CAGAYAN[e], Province de l'Isle de Luçon, l'une des Philippines, dans sa partie Septentrionale. Elle commence au Cap Lampon. La Côte depuis ce Cap jusqu'au Cap del Engaño n'est habitée que par des Infidelles & des Barbares, & la chaîne de Montagnes qui partage l'Isle du Nord au Sud est peuplée des Irayas Indiens indociles, que les Espagnols n'ont pu reduire. Cette Province, dont les Paroisses sont desservies par les Dominicains, est la plus grande qui soit dans les Isles & s'étend quatre-vingt lieuës en longueur & quarante en largeur. L'Auteur cité en marge compte quinze lieuës de Côte entre le Cap de Boxca-

[e] Gemelli Careri Voyages T. 5. p. 78.

dor & celui de l'Engaño, & met les bornes de cette Province à vingt lieuës au Midi du premier Cap. Les Cagayans qui sont en paix & payent le tribut peuvent être au nombre de 9000. outre ceux qui ne sont pas subjuguez. Toute la Province est fertile; les Habitans sont robustes de corps & fort appliquez à l'Agriculture & à la Milice; les Femmes font divers ouvrages de coton. Les montagnes fournissent de la cire sans aucune peine, & les essaims de mouches y sont en si grande quantité non seulement dans la Province, mais encore dans toute l'Isle, que tous les pauvres se servent de bougie au lieu d'huile de lampe. Ils la moulent dans des bâtons creux qu'ils brisent pour la retirer. Le bois dont ils se servent pour cela est fort commun sur les montagnes aussi bien que le bois de Bresil, l'Ebene & autres bois recherchez. Les Forêts sont pleines de Sangliers qui ne sont pas si bons que ceux que l'on a en Europe, & de Cerfs que l'on tue pour la peau & les cornes dont on fait commerce avec les Chinois. La Ville n'est point nommée Cagayan, mais LA NOUVELLE SEVILLE. Voyez cet Article au mot SEVILLE.

§ Mr. Corneille fait deux Articles, l'un pris de Mr. Maty, ou de Mr. Baudrand, & y nomme cette Ville CAGAJON; l'autre emprunté de Davity, & fait de Caghaian une Isle de la Mer des Indes.

CAGIRTOU[f], Bourg d'Asie au Mogolistan, assez près de la Montagne Bilagir où la Riviére de Kerlon a sa source, & au Midi de la Montagne Nairin Keutel où est la source du Fleuve Amoer.

[f] Hist. de Timur-Bec T. 2. p. 53. Voyez aussi la Carte.

CAGLI[g], Ville d'Italie dans le Duché d'Urbin, au pied de l'Apennin & du Mont Petroso, dans une plaine, au-dessus de l'endroit où le Baoso, petite Riviere, tombe dans le Cantiano, au Nord Occidental & à cinq milles & demi de la Ville de Cantiano, à quinze milles de Fossombrone, entre Urbin & Eugubio, environ à seize milles de l'une & de l'autre. Elle a, quoique petite, un Evêché suffragant de l'Archevêché d'Urbin[h]. Cet Evêché est même assez ancien, car Grecianus Evêque de Cagli (*a Calle*) est nommé dans un Fragment de St. Hilaire, selon Holstenius, comme s'étant trouvé au Concile de Rimini; & Viticanus, autre Evêque de ce lieu, souscrivit au premier Concile Romain tenu sous Symmaque. Le P. Charles de St. Paul nomme ce lieu en Latin *Callium*. Antonin le nomme AD CALEM. Voyez au mot AD l'article AD CALEM. Il y a encore sur le Baoso un Pont que les anciens Romains y ont bâti, ce lieu étant sur la Voye Flaminiene.

[g] Magin Ital.

[h] Carol. à S. Paulo Geog. Sacr. p. 54.

CAGLIARI: Mr. Baudrand la nomme *Caglier* en François; mais il n'est pas suivi, & les bons Auteurs disent & écrivent *Cagliari* en prononçant les deux premieres syllabes comme s'il y avoit CAILLA, & comme on prononce le mot de *Caille*. Il assure que les Espagnols & les Habitans mêmes la nomment CALLER, ce qui reviendroit effectivement à la même prononciation que *Caigler* en mouillant le g & l'l, comme parlent les Grammairiens. Magin, Auteur Italien, écrit CALORI, dans sa Carte. Les Anciens ont dit en Latin CARALIS au singulier, & CARALES au pluriel. Florus[i] dit:

[i] L. 2. c. 6.

CAG.

dit : Gracchus prit la Sardaigne. On saccagea les Villes, & surtout Cagliari la Capitale : *Sevitum in Urbes, Urbemque Urbium Caralim.* Strabon[a] & Mela[b] disent *Caralis* au singulier. Ptolomée fait mention de la Ville & du Cap de Cagliari, Κάραλις πόλις καὶ ἄκρα; & Pline nomme aussi *Caralitanum Promontorium.* Pausanias[c] & Procope[d] y ajoutent une lettre inutile & écrivent Κάραλις, mais Tite-Live[e] & Hirtius[f] disent toujours CARALES au pluriel. Pausanias[g] dit que cette Ville étoit de fondation Phénicienne, & Pline[*] nous apprend qu'elle eut droit de Bourgeoisie Romaine. *Caralitani civium Romanorum.* Le R. P. Hardouin observe qu'il est indifférent de dire CARALIS ou CALARIS; & que l'un & l'autre est autorisé par des Manuscrits très-anciens. Cette Ville est Metropole de l'Isle depuis très-longtemps, & son Eglise en est la Metropolitaine depuis les premiers siécles du Christianisme. [h] Lucifer qui vivoit dans le IV. en fut Evêque. La vivacité de ce Prelat causa le Schisme qui arriva de son temps, & auquel on donna son nom. Theodoret fait Lucifer Auteur de quelques erreurs, & St. Ambroise le justifie. Le R. P. Feuillée, Minime & Mathematicien du Roi, dit qu'étant sur les lieux il s'informa de quelques Savans Ecclesiastiques ce qu'ils croyoient de ce Prelat: ils assurent tous que depuis sa mort on l'avoit toujours reveré comme un Saint & reconnû pour tel dans toute l'Isle. [i] La Ville de Cagliari est le séjour du Vice-Roi & de son Conseil. C'est aussi le Siége de l'Archevêque qui se qualifie Primat de Sardaigne & de Corse. [k] Comme elle est sur la pente d'une Colline elle est divisée en haute & en basse Ville. On voit dans la haute une Eglise toute incrustée de marbre avec trois Chapelles souterraines, où reposent les Reliques de plusieurs Martyrs que l'on y voit dans un grand nombre de petits tombeaux de marbre blancs rangez les uns sur les autres. Cette haute Ville est renfermée de murailles. La basse Ville est au pied sur le bord de la Mer. Elle est toujours fort sale, particulierement en Hyver, recevant tous les égouts qui tombent de la superieure, que les pluyes presque continuelles en cette saison, y entraînent; ce qui cause des fievres par les mauvaises exhalaisons qui s'élevent au commencement des chaleurs, & qui donnent la mort à beaucoup d'Habitans toutes les années. De-là vient aussi que cette Ville n'est pas aussi peuplée qu'elle devroit l'être: les gens du Païs appellent ces fievres *intemperies*. On compte dans Cagliari quatre Paroisses & vingt-deux Monasteres. Le Port qui est au Sud de la Ville est un grand Golphe où il peut mouiller un grand nombre de Navires depuis trois brasses jusqu'à quinze, sans s'incommoder les uns des autres. Un banc de sable commençant à la pointe du bas-bord en entrant, s'étend assez loin & ferme les deux tiers du passage. Pour passer sûrement, il faut ranger à une distance raisonnable le Cap St. Elie qui est à tribord, où il y a une petite Isle peu éloignée de la terre, qui laisse un petit passage pour les Galeres: au fond du Golphe à l'Ouest de la Ville, il y a des Etangs & des Salines voisines. Devant la basse Ville, où l'on descend ordinairement à terre, on voit un petit Môle où l'on pourroit

[a] l. 5. p. 224.
[b] l. 1. c. 7.
[c] l. 10. c. 17.
[d] De bell. Goth. l. 4. c. 24. & Vandal. l. 1. c. 24.
[e] l. 23. c. 50. & 51.
[f] De Bell. Afr. in fine.
[g] l. c.
[*] l. 3. c. 7.
[h] Observ. du P. Feuillée p. 35.
[i] Coronelli Isolar. p. 104.
[k] P. Feuillée ibid. p. 34.

CAG. CAH.

mettre jusqu'à quatre Galeres. Ce Môle est fermé du Sud du côté de la Mer par une muraille qui lui sert de rempart, élevée sur le plan de la Mer de trois pieds, sur laquelle il y a une batterie de onze piéces de canon. Le P. Feuillée la croit hors d'usage, les vents étant au Sud, & lorsque les eaux sont hautes, car alors la Mer passe par-dessus ces murailles. Sur le bord de la Mer est un Château qui a son Gouverneur particulier. [l] Ce Château est une Tour ronde entourée d'un Fossé de six ou sept pieds de profondeur & de trois toises de largeur; une planche qui le traverse lui sert de pont-levis à l'extrémité de laquelle il y a une petite porte de trois pieds de hauteur & de deux & demi de largeur qui lui sert d'entrée. Le dedans du Château est une grande salle ronde de trente pas de diametre dans l'œuvre qui a sur sa circonference sept embrasures sans canons, & à son centre une belle citerne sans eau. Le sommet de cette Tour est une plateforme, où l'on monte par un escalier dérobé dans l'épaisseur de la muraille de la Tour, & où sont quelques piéces de canon. Il y a auprès du Château trois ou quatre maisons. Le P. Feuillée écrit CALIARY.

CAPO-CAGLIARI[m] : on apelle ainsi la partie Meridionale de l'Isle de Sardaigne.

LE GOLPHE DE CAGLIARI[n], Golphe de la Mer Mediterranée, sur la Côte Orientale de l'Isle de Sardaigne, dans sa partie Meridionale. Il est resserré au Nord par Capo Ferrato, où de Carbonara, & au Midi par Capo-Polo.

CAGRINUM, Ville d'Asie, quelque part vers l'Assyrie ou la Medie, selon Laonic cité par Ortelius[o].

CAGUAI, dans la Jamaïque. Voyez PORT-ROYAL.

CAGULATÆ, Peuple de l'Arabie heureuse, selon Pline[p], qui les joint aux Elamises.

CAGURRIA, Bourgade d'Espagne dans le Royaume de Navarre, aux Frontieres de la Castille vieille, & dans une petite Isle que forme une Riviere qui tombe dans l'Ebre au-dessous de Logroño, & au-dessus de Calahorra. Mr. Baudrand[*] dit que quelques-uns y mettent l'ancienne GRACURRIS. Voyez ce mot.

CAHERAH, & AL-CAHERAH[*], Ville Capitale de l'Egypte, que nous appellons le Caire, & le grand Caire. L'origine de son nom vient de ce que Giavhar, General de l'Armée de Moëz Ledinillah premier Khalife de la race des Fathimites, qui avoit subjugué par la force de ses armes toute l'Egypte, voulut que l'on jettât les fondemens de la nouvelle Ville qu'il entreprit d'y bâtir sous l'horoscope ou ascendant de Mars, à qui les Astronomes Arabes donnent l'épithete de *Caher*, qui signifie *Vainqueur*, & *Conquerant*, de sorte que cette Ville fut nommée *Al-Caherah*, comme qui diroit la *Victorieuse*. Le Caire fut bâti auprès de l'ancienne Capitale d'Egypte que l'on nommoit pour lors *Mesr*, ou *Fosthath*: mais Saladin fit depuis enfermer ces deux Villes d'une seule muraille qui avoit 26. milles coudées de tour. Ce Prince ne put pas cependant achever entierement son ouvrage, quoiqu'il fit travailler sans discontinuation jusqu'à sa mort. Giavhar n'avoit

[l] ibid. p. 15.
[m] Coronelli Isolar.
[n] P. Feuillée l. c.
[o] Thesaur.
[p] l. 6. c. 28.
[*] Jaillot Atlas.
[*] Ed. 1682.
[*] d'Herbelot Bibl. Orient.

CAH. CAH. 35

n'avoit employé que cinq ans à bâtir sa nouvelle Ville; car les fondemens en furent jettez l'an 358. de l'Hégire, & de J. C. le 968. & le Khalife Moêz y fit son entrée l'an 362. de la même Hégire. Macrizi a fait une exacte description de cette Ville dans laquelle on peut voir tout ce qui y a été ajoûté depuis sa fondation. On appelle communément aujourd'hui l'ancienne Ville de *Fosthath*, le vieux Caire, & on a bâti même une autre Ville, nommée *Kebasch*, entre le vieil & le nouveau. Ce sont ces trois Villes prises ensemble, que l'on appelle aujourd'hui d'un seul mot le GRAND CAIRE. Le Khalife Hackem Beemrillah y fit mettre le feu par ses Soldats qui en brûlérent la quatriéme partie environ l'an 410. de l'Hegire, & de J. C. le 1019, pendant que le reste de la Ville étoit au pillage. L'on dit que le Caire étoit si peuplé pendant le regne des Sultans Mameluks, qu'en l'année de l'Hégire 749. & de J. C. 1343. la peste y faisoit mourir vingt mille hommes par jour, au rapport de Ben Dokmak son Historien. Saladin, outre l'enceinte qu'il fit faire au vieil & au nouveau Caire, y fit bâtir une Mosquée & un College au lieu où étoit la sepulture de l'Iman Schafei un des quatre Chefs des Sectes Orthodoxes du Musulmanisme. Cette Mosquée & le Collége qui y est joint, s'appellent d'un nom commun, la *Salehiah*, du nom de ce Prince dont le titre Royal étoit *Al Malek Al Saleh*, c'est-à-dire, le *bon Roi*. Il l'accompagna ensuite d'un grand Hôpital qu'il fit bâtir à ses depens, & assigna à un chacun de ces trois lieux de fort gros revenus, environ l'an 572. de l'Hégire qui est de J. C. 1176. selon le raport de Ben-Schohnah. Voyez CAIRE.

a Baugier Memoires Hist. de la Champagne T. 2. p. 55.

CAHE'RY[a], ou CHE'HE'RY, Abbaye de France en Champagne, au Diocése de Rheims, à cinq lieuës de Sainte Menehould sur la Riviere d'Aîne, proche la forêt d'Argonne. Elle est de l'Ordre de Citeaux & fut fondée en 1147. par les Freres de nôtre Damé de Rheims. On trouve dans un Manuscrit: *Dominus de Sancta Manehilde dedit Patri Bernardo de suo domanio fundum sufficientem ad aedificandum Monasterium prope Coinacium ou Cornacium*, & en la marge est écrit *Chéhéry*, qui marque que ce Seigneur de Sainte Menehould fut le principal bienfaiteur pour l'édifice de cette Abbaye & que ce Pere Bernard étoit S. Bernard. Elle fut dotée de grands biens, car on voit par une Lettre authentique en forme de Contract dattée du 18. Octobre de l'an 1320. un Accord fait entre l'Abbé & les Religieux de cette Abbaye, Henri Dubois, Chevalier, Sire de Luistre, Agnès de Termes sa femme, & Jean Fis au Comté de Sarrebruche, Damoiseau Ecuyer, & Alix de Joinville sa femme qui se disoient Seigneurs d'Apremont, par lequel ces Seigneurs & Dames renoncent aux Droits & prétentions qu'ils soûtenoient avoir en la Seigneurie dudit Apremont, au profit de ladite Abbaye, qui en étoit en possession de tems immémorial, ainsi que de prendre leur Chauffage dans la forêt d'Argonne & d'y établir des Forêtiers pour la garde des Bois, & promettent, pour le repos de leurs ames & de celles de leurs Prédécesseurs, de les en laisser

Tom. II.

joüir paisiblement. Les anciens Comtes de Grandpré, Seigneurs de Han, Cernay, Château & Termes, ont de tems en tems augmenté le revenu de cette Abbaye, où il y a trois Religieux. Les Benedictins prétendent que cette Abbaye fut fondée originairement pour les Religieux de leur Ordre, que le Chapitre de Rheims fondateur tira de la Chalade, & que peu de tems après ils se donnérent à l'Ordre de Citeaux. Quoiqu'il en soit, le Chapitre de Rheims est reconnu pour fondateur.

CAHIARS. Voyez CAYAR.
CAHIOR. Voyez CAYOR & DAMEL.
CAHORLE. Voyez CAORLE.

CAHORS, Ville de France dans le Querci dont elle est la Capitale, sur la Riviere du Lot qui l'environne presque de tous côtez. L'ancien[b] nom de la Ville de *Cahors* est DEVONA ou DIVONA marqué par Ptolomée. Ce nom est écrit dans la Carte de Peutinger, BIBONA; mais il est manifeste qu'il faut lire DIBONA. Le Grammairien Magno qui vivoit dans le neuviéme siécle du tems de Charles le Chauve, employe encore le nom *Divonna* au lieu de *Cadurci*, qui est le nom du peuple, & ce nom a ensuite prévalu. Le Géographe Samson a soûtenu avec beaucoup d'opiniâtreté que Cahors étoit la même place qu'UXELLODUNUM si celebre dans les Commentaires de Cesar continuez par Hirtius. Il est manifeste que ce Geographe s'est trompé; car *Uxellodunum* n'étoit point situé sur le Lot qui est une grosse Riviére, mais sur une autre fort petite qui y prenoit sa source, & qui environnoit ensuite la Montagne escarpée sur laquelle *Uxellodunum* avoit été bâtie. Enfin cette Place étoit, comme nous l'aprend le même Hirtius, *in finibus Cadurcorum*, sur les Confins du Quercy; au lieu que Cahors est dans le milieu du Pays: d'ailleurs *Uxellodunum*, qui étoit, comme dit le même Auteur, dans la Seigneurie, ou sous la dépendance de Leutharius, simple Citoyen de Cahors, *in clientela Leutharii Cadurci*, ne pouvoit être la Capitale de tout le peuple du Quercy, laquelle n'étoit point appellée par les Celtes en leur Langue, *Uxellodunum*, mais *Divona*; ainsi *Uxellodunum* doit être USSELDUN près de Martel en Quercy sur les Confins de ce pays & du Limosin. Ce lieu, qui est aujourd'hui ruïné, étoit sur une Montagne escarpée, qu'on appelle communément PUE'CHE D'USSELOU, comme plusieurs hommes fort habiles l'ont soûtenu, & particulierement le savant Adrien Valois, qui a solidement refuté Samson.

b Longuerue Desc. de la France 1. part. p. 179.

On voit encore aujourd'hui à Cahors les[c] restes d'un Amphitheâtre bâti de petites pierres quarrées. Cette ville est habitée par environ huit mille ames. Elle est pauvre; les ruës sont fort étroites & les maisons peu regulieres. Le Palais de l'Evêque est une assés belle maison nouvellement bâtie. Le rempart est une promenade assés agréable. Le Pape Jean XXII. étoit natif de cette Ville, ainsi que Clement Marot Poëte François dont près de deux siécles n'ont point diminué la reputation, surtout pour le stile naïf dont il est encore le modele.

c Piganiol Descript. de la France Tom. IV. pag. 198.

L'Evêché de Cahors est ancien, puis que

E * 2 St.

CAH.

St. Genulphe en fut le premier Evêque en 206. Il étoit autrefois Suffragant de l'Archevêché de Bourdeaux, mais il l'est à présent d'Alby. L'Evêque prend la qualité de Comte de Cahors ; & lors qu'il officie pontificalement, il a l'épée & les gantelets à côté de l'Autel, Privilége qui lui fut accordé, pour se defendre contre les Albigeois. Quand l'Evêque de Cahors prend possession de son Evêché, le Vicomte de Ceffac, son Vassal, est obligé de lui rendre un Hommage fort extraordinaire. Il doit l'aller attendre à la porte de la Ville de Cahors, nuë tête, sans manteau, la jambe nuë, le pied aussi nud dans une pantoufle, & en cet état prendre la bride de la mule, sur laquelle l'Evêque est monté, & le conduire au Palais Episcopal, où il le fert à Table, pendant son diner, toujours vêtu de même. Pour recompense de ce service, la Mule qui a porté l'Evêque, & son Buffet qui doit être de vermeil, appartient au Vicomte de Ceffac. Il y a eu souvent des contestations sur la valeur de ce Buffet, qui a été reglé par plusieurs Arrêts à trois mille livres. Cet Evêché vaut environ trente-six mille livres de Rente. Le Chapitre de la Cathedrale est composé de treize Canonicats, dont les quatre premiers ont des Dignités attachées. Outre le Chapitre de la Cathedrale, il y en a cinq autres dans ce Diocese, celui de Vigan, composé de XII. Chanoines; de Castelnau de Montratier, huit Chanoines, & un Doyen ; celui de Figeac, composé de quatre Dignités, & de huit Canonicats ; celui de Roquemadour composé d'un Doyen & de XIII. Chanoines, & celui de Castelnau de Bretenoux, qui a un Doyen & dix-huit Chanoines. Il y a un Seminaire à Cahors, qui est dirigé par les Prêtres de la Mission de St. Lazare, & un à Figeac, qui est gouverné par des Prêtres seculiers. Le Diocèse renferme huit cens Paroisses ou annexes.

Il y a à Cahors Université. Elle fut établie en 1332. La Faculté de Droit a eû quelques Professeurs distinguez par leur capacité : Tels ont eté Cujas qui y enseigna peu de tems, & alla à Bourges, où il mourut. François Roaldez, Dartis, Merille qui enseigna ensuite à Bourges, & Jean de la Coste connu en Latin sous le nom de Janus Acosta. Les Jesuites font du Corps de l'Université, & ont un bon College dans cette Ville.

Le Commerce des Vins est le plus grand de l'Election de Cahors. La recolte ordinaire est d'environ soixante mille Pipes. On les transporte à Bourdeaux par le Lot, & la Garonne, d'où ils sont portez en Hollande & en Angleterre. On en voiture aussi en Auvergne &c. Ce Pays fournit aussi des Prunes aux Anglois & Hollandois. Le Commerce des Porcs & des Huiles de noix se fait avec le Languedoc & même avec l'Espagne.

[a] La Ville de Cahors fut prise d'assaut en 1580. par Henri le Grand alors Roi de Navarre & pillée par son Armée. L'invention du Petard, pour rompre la porte d'une Ville, étoit encore toute nouvelle, & très-peu-connuë. Cette occasion est la premiere que l'on remarque dans l'histoire, où l'on s'en soit servi, pour surprendre une Place ; car un de nos Historiens [b] dit qu'on en avoit fait seulement l'essai un peu

[a] Le P. Daniel Hist. de France T. 6 pag. 80.

[b] d'Aubigné Liv. 4. c. 7.

CAH. CAI.

auparavant en un petit Château de Rouergue, qu'il ne nomme point. Ainsi Strada dans son Histoire des Pays-bas, s'est trompé, lors qu'il a écrit que le premier usage qu'on ait fait de cette machine, fut à la surprise de Bonne, par le fameux Martin Skenk en 1588. puisqu'on s'en servit au siege de Cahors dès l'an 1580.

CAHUSAC DE VERE, Ville de France dans l'Albigeois. Voyez CAIEUSAC.

CAI, Ville & Province du Japon, Mr. Baudrand dit que le Royaume de Cai, *Cajanum Regnum*, est une Province du Japon dans l'Isle de Niphon au Pays de Quanto entre le Royaume de Conzuco au Septentrion, & celui de Surunga au Midi, avec une petite Ville nommée CAJA. Mr. Reland dans sa Carte du Japon, met CAAY Province bornée à l'Ouest & au Nord par celle de Sinango : à l'Orient par celle de Moesafz, au Midi par celles de Sagami & de Soeroega. Les *Oe* se prononcent comme l'*Ou* des Francois.

CAIA, voyez l'article precedent.

CAIABO, [c] Province de l'Amerique Septentrionale dans l'Isle Espagnole où elle embrasse tout l'espace qui se trouve entre Cubao & la Riviere de Jacqua, & s'étend jusqu'aux monts de Cibao pleins de Mines d'Or, & où le fleuve de Neyba a sa source.

[c] Corn. Dict. Porcachio l. 3.

CAJAM, [d] selon Mr. Corneille, ou ce qui a la même prononciation CATAON, Ville de l'Isle de Java au Nord-ouest & à cinq lieues de Tubaon. Elle a son Roi particulier, & il ne s'y fait presque aucun Commerce par Mer.

[d] Voyages des Holl. T. 1. p. 336.

CAIAN-CASI, [e] Bourg d'Asie dans la Tartarie au pays de Geté vers le mont Ornac.

[e] Hist. de Timur-Bec T. 2. p. 38

CAJANE, voyez CAÏENNE & CAYANE.

CAIANEBOURG, [f] Bourg & Château de Suede en Bothnie dans la contrée nommée Cajanie ; au Nord oriental du Lac Ula, sur les Frontieres de la Laponie, assez loin de la Mer.

[f] Zeyler Succ. &c. desc. & de l'Isle Atlas.

CAIANIE, [g] partie de la Bothnie dans la Finlande ; c'est à proprement parler la partie Orientale de la Bothnie.

[g] Ibid.

CAIARC, [h] Bourg de France dans le Querci, sur le Lot quatre lieues au dessus de la Ville de Cahors.

[h] Baudrand Ed. 1705.

CAIAZZO, [i] en Latin *Calatia*, Ville d'Italie au Royaume de Naples, dans la Province de Labour, sur une Montagne près de la Riviere de Volturno, avec un Evêché suffragant de l'Archevêché de Capoue, vis-à-vis de Caserte, dont elle n'est qu'à quatre milles au Septentrion & à huit de Capoue au Levant vers Teleze. Mr. Baudrand a remarqué dès l'Edition de 1682. qu'elle tomboit peu à peu en décadence.

[i] Ibid.

CAIBARES, [k] Village Maritime de la Morée, dans la Zaconie près du Cap de Matapan. Voyez les Articles CENOPOLIS & TENARUM.

[k] Ibid.

CAIBER, place forte en Syrie, habitée par les Juifs, & conquise par le faux Prophéte Mahomet, selon l'Auteur François de l'Histoire de Timur-Bec[l]. Il se trompe. Cette Ville nommé CHAÏBAR par les Arabes, étoit dans l'Arabie heureuse. Voyez CHAIBAR.

[l] T. 3. p. 143.

CAICANDRUS, petite Isle deserte du Golphe Persique, sur la côte de la Perse propre selon Arrien [m].

[m] in Indic.

§ CAI-

CAI.   CAI. CAJ.

§ CAICHEU, Mr. Baudrand ayant écrit, CAYCHEU, *Caychum*, pour LAICHEU dans l'Article Latin CATTIGARA, Mrs. Mati & Corneille en ont fait une Ville imaginaire de la Chine, & l'Edition Françoise de Mr. Baudrand suit la même erreur, d'autant plus à remarquer qu'ils n'en parlent pas moins de Laicheu comme d'une Ville diferente. Voyez LAICHEU.

CAICI, Peuple de la Germanie. Voyez CAUCHI.

CAICINUS, Riviere de Gréce, dans la Locride. Thucydide [k] dit que les Atheniens venant de Sicile, entrerent dans la Locride auprès du fleuve Caïcinus, où ils combatirent & defirent les habitans.

CAICO DE PLATA; voyez CAICOS.

CAICOL, Montagne d'Asie dans la Turcomanie, l'Euphrate y prend sa source. C'est l'ABUS ou ABA des Anciens. Voyez l'Article ABA.

CAICOS, Isles de l'Amerique au Nord de l'Isle de St. Domingue; le P. Labat écrit CAIQUOS. Elles sont au nombre de six par les 21. d. 40″. de latitude entre le 305. d. 25′. & le 306. d. 25′. de longitude. Elles ont au Nord-Ouest l'Isle Manega ou Mayaguana, & à l'Orient Meridional celles d'Amana, entre Mayaguana & les Isles de Caicos. Le P. Labat en met trois autres, & semble ajouter ces quatre aux Caicos; desorte qu'il y en auroit dix. Mr. de l'Isle neglige les trois dernieres. [a] Elles sont comme entrecoupées en rond par divers Canaux & enceintes au côté de l'Est au long & au large d'une Mer, pleine de Basses. La plus grande de toutes ces Isles est nommée par excellence *Caïcos*. Les Hollandois qui ont mouillé en ces lieux-là, en estiment assez l'ancrage: la Mer y a dix ou douze brasses de profondeur fort près du Rivage, & elle est si creuse quand on en est un peu éloigné, qu'aucune ancre n'en peut atteindre le fond. Les Portugais avoient rapporté qu'il s'y trouvoit quantité de sel, ce qui a trompé les Anglois & les Hollandois, qui ayant cherché ce sel avec grand soin, tant dans la grande Isle que dans les petites, n'y en ont pas trouvé un grain, quoi qu'ils y ayent remarqué beaucoup d'étangs & plusieurs aires propres à le congeler. La plus Orientale de toutes, selon Mr. Corneille, est sur la hauteur de 21. degré & de 24. min. & la plus Occidentale 45. & je crois qu'il vaut mieux s'en tenir à celle que j'ai donné au commencement de cet Article. Au 21. degré de latitude au Nord du Golphe de Samana qui est à l'Orient de la côte Septentrionale de St. Domingue est une petite Isle nommée CAICO DE PLATA.

CAI'CUS, ancien nom d'une Riviere de [b] Géorgic. l'Asie mineure dans la Mysie. Virgile [b] dit [l. 4. v. 370.] pour marquer qu'elle couloit dans la Mysie,

Mysusque Caicus.

[c Metam. l. 2. v. 243.] Ovide [c] la surnomme *Teuthranteusque Caicus* de Teuthranie, petite Ville & contrée où [d l. 5. c. 30.] Pline [d] met la source de cette Riviere. Le [e Ibid.] même Auteur [e] écrit que le Caïque vient de [f l. 12. p. 571.] Mysie, & Strabon [f] ajoute qu'assez près de sa source il se grossit des eaux de Mysius ruisseau

qui tombe du mont Tamnus. Il semble qu'Ovide veuille dire que le Mysus changentent de lit & de nom prenne celui de Caïque. Son nom moderne, lors qu'il est question de l'ancienne Histoire, est le Caïque; mais dans le pays on le nomme GIRMASTI. Mr. Corneille dit qu'on le nomme aussi Carasou, & qu'il y a deux Caïques. Sa memoire l'a trompé. La Riviere nommée aujourd'hui Carasou est la Riviere à l'embouchure de laquelle Ephese est située, & c'est le Caïstre des anciens. Voyez CAYSTRE. & CHIAIS.

CAÏDU, Pays au Septentrion de la Tartarie selon Mr. Corneille qui à la fin de son Article cite Marc Pol l. 1. c. 43. Il devoit citer Davity duquel il a copié cet Article. Ce dernier cite aussi M. Polo qui ne dit rien de pareil, du moins à l'endroit indiqué par la citation.

CAJENNE, ou CAYENNE, Isle & Riviere de l'Amerique Meridionale dans la GAYANE; mot dont il est assez vraisemblable que le mot CAYENNE est venu par corruption.

CAJENNE, [g] ou LA CAYENNE, Ville, Riviere & Isle de l'Amerique Meridionale, appellée ainsi d'un fleuve du même nom; le courant de ce fleuve vient du côté du Sud ou du Midi fort avant dans la terre, & se sépare en deux branches, dont la principale qui est Cajenne, va se rendre dans la Mer du côté de l'Ouest, ayant environ un demi-quart de lieuë en son embouchure. L'autre coule du côté de l'Est, & on l'appelle riviere de MAHURY, à cause de la pointe de terre de ce nom, où elle vient se décharger dans la Mer, dont l'Isle est bordée, depuis Cajenne jusqu'à Mahury. Ainsi elle a la Mer du côté du Nord, & la Terre ferme du côté du Sud; la pointe de Mahury à l'Est, & Cajenne à l'Ouest. A l'embouchure de Cajenne, l'Isle forme une pointe de terre, & cette pointe, qui fait la Corne d'un Croissant de la longueur d'une lieuë, vient finir à la pointe de CEPEROU, qui fait l'autre Corne du Croissant. On a construit un Fort à cette pointe sur une petite colline, qui prenant sa racine dès la Mer, monte doucement deux ou trois cens pas jusqu'à sa cime, sur laquelle est bâti ce Fort assez commodément, si ce n'est qu'il n'y a point d'eau, & qu'on n'y en peut avoir que par le moyen de quelque Citerne. Le Mouillage est très-bon au pied du Fort, justement dans le Canal de la Riviere de Cajenne, qui passe au travers de cette grande Plage. On pourroit y tenir plus de cent Navires à l'ancre, en toute assûrance. Et des deux côtez de la pointe où est le Fort, les Barques & les Chaloupes peuvent aborder jusqu'à un pied de terre sans aucune crainte. C'est un petit Port qui est encore en maniere de Croissant, & dont un petit rocher forme la pointe. Au côté de ce rocher, le rivage de la Mer est un bon sable d'environ un quart de lieuë où va jusqu'à un ruisseau, ou degorgement d'eau parce qu'il tarit en de certains temps. De l'autre côté de ce ruisseau est une Colline, qui avance un peu dans la Mer, & une pointe, au pied de laquelle il y a une Fontaine sous une roche. La Colline s'appelle montagne de CONOBEBO. Elle est semblable à celle de Ceperou & de la même hauteur. Du côté de cette montagne qui regar-

[g Corn. Dict. Bict Voyage de la Terre Equinoctiale l. 1 c. 17. & l. 3. c. 5. 6. 13. & 14 Dè la Barre desc. de la Guiane.]

de l'Eſt, il y a un beau rivage qui dure un grand quart de lieuë. On appelle cet endroit *l'Ance de Conobebo*. Le terrain eſt plat, & il n'y a que quelques petites Collines. A l'extremité de cette ance eſt une autre petite Colline nommée le Montagne de ROMATA, qui s'avance en Mer de la même ſorte, & du côté qui regarde l'Eſt, on voit un autre rivage parfaitement beau, qu'on appelle la grande Ance, ou Ance de Romata. Au bout de cette grande Ance on trouve encore une pointe de terre qui avance en Mer, & enſuite eſt l'Ance de *Remire*, où la principale habitation a été faite. Tout ce Rivage eſt très-beau, & dure bien une demi-lieuë. Il y a dans l'Iſle pluſieurs prairies, que les Sauvages appellent Savanes, & où il croît de très-bonnes herbes. Ce que la France poſſede, autour de la Riviere de Cayenne, joint à l'Iſle de ce nom, eſt ce que quelques Deſcripteurs nomment FRANCE EQUINOXIALE.

Les Sauvages ont tous le corps très-bien proportionné, n'étant ni trop grands ni trop petits. Les hommes n'ont point de barbe, & il n'y a que les plus vieux qui la laiſſent croître fort claire. Ils ont grand ſoin de bien peigner leurs cheveux, qu'ils portent longs, & qu'ils frottent de quelque drogue, pour les rendre noirs, ils vont tous nuds tant hommes que femmes, n'ayant rien ſur eux qu'un morceau de linge, qu'ils appellent Camiſa. Celui des femmes eſt large de deux mains, & tiſſu de grains de verre, ils ont la peau douce & bazanée, parce qu'ils ſe peignent le corps de noir, à quoi ils ajoûtent du jus de pommes de Genipa. C'eſt un bleu Turquin qui diſparoît au neuviéme jour. Ils ſe rougiſſent en certains endroits avec le rocou, & ont la plûpart les oreilles percées, ainſi que les levres, dans leſquelles ils paſſent de petites pierres, & autres choſes pointues. Ils portent des Chaînes de verre ou raſſade, de dix-huit ou vingt rangs enſemble qu'ils nomment Caracolis; ils en mettent en divers endroits des bras & des jambes, & d'autres Chaînes d'anneaux, d'os, bien petites, qu'ils appellent des Ovarabis. Ceux qui les font, y employent beaucoup de temps, & cela ſe fait de la Coquille de quelques petits limaçons de Mér. Les Femmes, outre ces choſes, eſtiment fort les grains de Cryſtal & les dez à coudre, qu'elles percent pour les faire pendre à leurs cheveux. Les Hommes ſe font des chapeaux de plumes de differentes couleurs. Ils en font auſſi des ceintures, & portent avec cela les Armes dont ils ſe ſervent. Les Capitaines ont leur bouton ou maſſuë, les autres leurs arcs & leurs fléches, ceux qui ont des fuſils & des épées ne les oublient pas. Ils demeurent la plûpart ſur de petites Collines, découvrant de loin autour de leurs caſes, ou bien dans un Pays plat proche de quelque Fontaine, ou d'une petite Riviere. Ils ont une grande place bien défrichée, afin d'y avoir aſſez d'eſpace pour danſer, & faire d'autres exercices. Au milieu de cette place eſt un grand Carbet, long quelquefois de plus de cent cinquante pas. Ce Carbet eſt une eſpece de Halle, comme il y en a dans les places publiques des Villes. Ces lieux ſont à jour de tous côtez, n'y ayant que la couverture de palmiſtes, ſoûtenuë de fourches & de pieux.

C'eſt où ils paſſent la journée tous enſemble, à s'entretenir de leurs affaires. Ils ſont là aſſis ſur leurs lits, qu'ils nomment Amacs, & y font leurs petits ouvrages, comme les arcs, les fléches, & les boutons, quand ils ne ſont point occupés à la chaſſe, ni à la pêche. A vingt pas ou environ du Carbet, ſont leurs caſes, où ils vont ſe coucher pendant la nuit. Il y en a quelques-unes fortifiées d'un double rang de pierre, bien liez enſemble au travers deſquelles des flêches ne penetrent point. Il y a plus ou moins de Caſes ſelon que la famille eſt grande, & il ſe trouve des Habitations, où ſont trente ou quarante Hommes avec leurs Femmes, & leurs enfans. Les Femmes ſervent leurs Maris avec grand ſoin, & une heure avant le jour elles leur donnent à boire dans le lit, ſi-tôt qu'ils ſont éveillez. Ils ſe levent, font du feu & ſe chauffent quelque temps, à cauſe de la fraîcheur de la roſée du matin. Le jour paroiſſant, elles portent leurs lits ſous le grand Carbet, où s'étant de nouveau couchez, ils ſe brandillent comme les Enfans, après quoi elles leur apportent à déjeûner, mangeant toûjours en particulier, & non avec eux. Quand il fait beau temps ils vont abbattre du bois, en de certains lieux, pour y faire des jardins. C'eſt tout ce qu'ils font avec la Chaſſe & la Pêche. Le reſte eſt fait par les Femmes, qui portent tout le fardeau, & qui travaillent ſans ceſſe. Si-tôt qu'ils ſont retournez, s'ils ont tué quelques Animaux, ou pêché quelques Crabes ou autres Poiſſons, ils ſe jettent au milieu du Carbet, ſans dire mot, & ſe couchent ſur leur lit, & en même temps les Femmes leur portent à boire & ont ſoin d'acomoder ce qu'ils ont pris à leur chaſſe ou à leur pêche. Ils font d'ordinaire trois repas, & ſe retirent le ſoir dans leurs Caſes, où les Femmes rapportent leur lit. Ils ne ſe ſervent que de l'Arc, & de la Fléche pour la Chaſſe, ſoit pour les bêtes à quatre pieds, ſoit pour les Oiſeaux. Ils ſe ſervent auſſi de la fléche pour la pêche, & voyent ſi clair dans l'eau, qu'ils découvrent un poiſſon de loin. Si-tôt qu'ils l'ont vû, ils ſe tiennent ſûrs de l'avoir, tant ils ſont adroits à tirer de l'arc. Ils vont quelquefois pêcher bien loin, mais c'eſt quand ils veulent enyvrer le poiſſon d'une Riviere ou de quelque étang, d'eau de Mer. Ils vont au plus haut de la Riviere, juſqu'à la ſource s'ils peuvent, & toûjours deux ou trois canots de compagnie. Ils ont une eſpece de racine qu'ils écraſent, repandant dans la Riviere le jus qu'elle rend. Le poiſſon vient ſur l'eau comme enyvré, & ſe laiſſe prendre à la main. Ils le boucanent ſur le lieu. Le Boucan ſe fait avec quatre fourches hautes de deux pieds, qu'ils fichent en terre, & ſur leſquelles ils poſent des bâtons en forme de gril. Ils y mettent le poiſſon & font du feu deſſous, le tournant de temps en temps, juſqu'à ce qu'il ſoit cuit, & pour le pouvoir garder, ils lui font ſentir le feu tous les jours. Ils en uſent de même pour les cerfs, cochons, tatous, agouts, & autres, qu'ils font boucaner avec la peau. Ils vivent comme des bêtes, n'ayant aucune Religion, & comme ils ne reconnoiſſent point de Divinité, ils n'ont point de mot pour la nommer, de ſorte qu'on ne peut leur parler de Dieu, qu'en leur repreſentant

sentant un Vieillard qui est au Ciel, qui gouverne tout, qui connoît tout, & qui est infiniment bon, d'où ils concluent qu'étant bon, il ne le faut point prier. Pour le Diable, ils l'invoquent souvent, & le consultent pour savoir quel sera l'évenement des choses, qu'ils ont dessein d'entreprendre. Ils l'appellent l'Ironcan, & en sont souvent battus outrageusement. Pour s'en défendre, ils escriment en l'air avec une épée, tirent un fusil ou pistolet & disent que c'est pour le tuer. Ils font cette ceremonie quand ils ont bâti quelque Case neuve. Ces Peuples croyent l'immortalité des ames, par la seule lumiere naturelle, & on leur entend dire, qu'ils vont là haut, après qu'ils sont morts. Comme ils n'ont point de Religion, ils n'ont aussi aucune Loi politique. Ils ne laissent pas pourtant de garder quelques façons de vivre, qu'ils ont reçûes de Pere en Fils, & de s'y attacher inviolablement. Ils sont tous égaux entre eux, quoi qu'ils ayent des Capitaines, qui sont Chefs d'Habitations. Ces Chefs n'ont aucune marque de prééminence, que le bouton ou massuë, qu'ils mettent sur leur lit. C'est par là qu'on les reconnoît, quand on les voit dans leur Case. Il faut subir des épreuves extrêmement rigoureuses, pour être fait Capitaine. S'ils ont quelques Ennemis, dont ils veuillent se venger, ils en vont de nuit entourer la Case, & y mettent d'abord le feu. Quand il est bien allumé ils font un grand cri, qui les reveille en sursaut. Ceux-ci voyant que le feu gagne, sont contraints de sortir en desordre, sans tirer qu'un coup, de sorte qu'on en fait un grand massacre. Les vainqueurs étant de retour chez eux, ceux qui ont des prisonniers, laissent aller les Femmes & les Enfans, & leur font toute sorte de bons traitemens; pour les Hommes, ils les lient, & les nourrissent très-bien, leur faisant gouter tous les plaisirs qu'ils peuvent imaginer, jusqu'au jour de leur mort, qui est pour eux une grande fête, à laquelle ils invitent ceux des autres Habitations qui s'y trouvent avec leurs ornemens les plus exquis. On boit jusqu'à l'excès, après quoi ces Barbares usent de toute sorte d'inhumanité envers les Prisonniers, ce qui finit par un coup de bouton, que celui qui l'a pris lui vient donner par derriere sur la tête. Quand il est mort, ils l'éventrent, & en tirent les entrailles qu'ils jettent aux nez de leurs femmes. Ils l'embrochent dans des brochettes de bois, & le font rôtir, puis ils le coupent en pieces & mangent les jambes, les bras, & les cuisses. Cela dure deux jours, pendant lesquels ils sont presque toûjours yvres. Celui qui a tué ce malheureux, boucanne une partie de son corps, qu'il conserve du moins six mois, pour faire voir à ses amis cette marque de sa Victoire. Quand quelqu'un d'eux est malade, leurs Piayes ou Medecins vont à sa Case, où ils évoquent le Diable, dans un lieu où l'on ne voit goute, lui demandant pourquoi il lui a envoyé cette maladie, plûtôt qu'à quelqu'un de leurs Ennemis, & ce qu'il faut qu'ils fassent pour le guerir. Cette ceremonie achevée, ils se mettent autour du malade, faisant un tintamarre terrible avec leurs Callebasses & leurs autres instrumens. S'il a quelque grosse fievre, ils le soufflent de tous côtez, le pressant entre les mains, & l'élevant ensuite en l'air, comme s'ils tenoient quelque chose. Ils finissent en y soufflant, & disent que par ce soufle, ils chassent la maladie. S'il a seulement mal à quelque partie du corps, ils pressent cette partie avec violence, & soufflent en l'air. Pour les blessures, qu'ils reçoivent à la guerre, ce ne sont pas les Piayes qui les pansent, mais des femmes qui ont la connoissance de beaucoup de Simples, & qui font des cures admirables. Ces Sauvages n'épousent jamais leurs proches parentes. Celui qui a quelque inclination pour une fille, la demande au pere, & s'il la promet, il les fait mettre dos à dos, en sorte qu'ils se donnent à boire & à manger reciproquement. On les met tous deux dans un lit neuf, pendant que la jeunesse boit & danse. Si le marié se trouve bien de cette femme il la garde, sinon il la chasse d'auprès de lui sans en rendre d'autre raison, sinon qu'elle ne lui rend pas bon service, & ne lui donne pas bien à boire. Quand une femme connoît qu'elle est grosse, elle le declare à son mari, qui fait alors plusieurs choses superstitieuses, pour empêcher que l'enfant qu'elle porte ne perisse; il s'abstient de manger de plusieurs choses, & craint de toucher les gros poissons, comme le lamantin & la tortuë. Ils ne veulent point non plus s'approcher de ceux qui les pêchent, de peur que leurs enfans ne meurent, & que leurs ames n'entrent dans ces poissons. Sitôt que la femme est accouchée elle se leve, prenant son enfant entre ses bras le va laver dans la Riviere prochaine, & s'y lave en même temps. Le mari se va coucher dans son lit, qu'il pend au plus haut de la Case, fait l'accouchée pendant six semaines, & au lieu de faire servir sa femme qui ne garde point le lit, il en est gardé lui-même. Il jeûne étroitement durant ce temps, après quoi il est obligé d'aller tuer un certain oiseau pour la ceremonie de relever. La mere nourrit son enfant qu'elle lave tous les jours dans la Riviere. Elle le couche dans un petit lit de Coton sans l'emmailloter, & le laisse toûjours nud. Cependant c'est une merveille de voir comme ces enfans profitent. Quelques-uns à neuf ou dix mois marchent tout seuls. Quand quelqu'un est mort ils le laissent dans son lit le plus long temps qu'il leur est possible, orné de ses instrumens de chasse ou de guerre. Les femmes ayant les cheveux épars, se frapent & disent avec de grands hurlemens: c'étoit un si bon chasseur, il étoit si courageux en guerre, il a tant fait mourir d'ennemis. Lors qu'ils ont tous bien pleuré, & en dansant & en chantant quelque chose de lugubre, on lui prépare un bucher, où il est brulé avec toutes les ustenciles dont il s'est servi. Il y en a qui font une fosse où ils mettent le mort sur un Siége orné de tous ses Caracolis & de ses armes. Ils lui apportent à boire & à manger, jusqu'à ce qu'il n'ait plus de chair sur les os, & alors ils le mettent dans un lit de Coton fort blanc. Quatre jeunes filles tiennent chacune un coin de ce lit, & font danser ces os au son de quelque instrument. Toute l'assemblée danse aussi & boit encore mieux. Quand elles ont fait danser quelque temps ces os, on les fait brûler

ler dans un bucher avec tout ce qui leur a servi pendant leur vie. S'il y en a quelques-uns qui n'ayent pas été reduits en cendres, ils les battent, & les font passer par une sorte de tamis. Ils mettent ces cendres dans de l'eau, s'en frottent les jambes, & ensuite chacun boit & se retire. L'Isle de Cajene est directement située au quatriéme degré & deux tiers de latitude de la ligne équinoctiale, à cent lieuës ou environ du fleuve des Amazones. Les saisons n'y sont point distinguées. Il y a un été perpetuel, & le chaud y est presque toûjours égal toute l'année. Ainsi on y cueille du fruit en tout temps. On y en trouve toûjours de mûrs sur quelques arbres, tandis que les autres sont en fleur, & ces arbres conservent toujours leurs feuilles. La pluye est plus frequente en un temps qu'en l'autre, ce qui est comme l'Hiver en ce Pays-là. On a le Soleil à plomb sur la tête, pendant les équinoxes de Mars & de Septembre. Cela rend les nuits égales aux jours, & fait qu'il y a douze heures de Soleil & une demie heure de Crepuscule, tant le soir que le matin, de sorte que l'on peut dire que le jour y est toûjours de treize heures, & la nuit d'onze. Quand le Ciel n'est point brouillé & qu'il ne fait aucun vent, la rosée commençant à tomber vers les trois ou quatre heures du matin, cause une fraicheur qui oblige à se couvrir, quoi qu'on ait passé la nuit tout découvert; cette rosée est si forte qu'elle mange une barre de fer en fort peu de temps. La Cajenne a environ dix-sept lieuës de tour, dont elle en presente cinq à la mer. Elle est formée par la Riviére de Vuia, par celle de Varca & de Cajenne. Le Terroir en est relevé de plusieurs petites Montagnes, agréables à la vuë, & commodes pour y établir des habitations. Une Riviére d'eau salée qui coupe l'Isle & qui la traverse les deux tiers, donne une commodité fort grande pour la communication de toutes les habitations, & pour le transport des Marchandises. Plusieurs ruisseaux qui l'arrosent, non seulement lui fournissent de bonnes eaux, mais donnent aussi le moyen d'y construire des moulins à sucre à eau. Les François qui s'y établirent vers l'an 1635. y bâtirent premierement le Fort Louïs à l'embouchure de la Riviere de Cajenne, sur une pointe qui se jette à la mer, & sur laquelle est une petite Montagne, dont le Fort occupe le sommet. L'embouchure de cette Riviere forme sous ce Fort un Port admirable, où les vaisseaux sont à l'abri de tous vents, & où la décharge des marchandises est si facile, qu'on peut échouër les vaisseaux, & les amarer sans aucun risque. Il y a trois brasses & demie d'eau à son entrée demi flot, & dedans on y trouve cinq, six, sept & huit brasses, selon que l'on monte avant. Ses bords jusqu'à quatre ou cinq lieuës au-dessus de son embouchure, sont de terre basse & noyée; mais après cela il paroît beaucoup de belles Montagnes. Le Bourg qui est proche du Fort contient à peu près deux cens maisons, qui sont habitées par les Soldats de la Garnison, & par toute sorte d'ouvriers. Il y a plusieurs Magazins & un moulin à sucre à bœufs. Ce Bourg est habité d'environ trois cens cinquante François, & d'une cinquantaine de Negres. Il y en a encore un autre à ARMIRE, occupé en bas par les Juifs, au nombre de soixante Blancs & de quatre-vingt Negres; en haut où est la Chapelle & le Moulin à eau à sucre, par soixante François & vingt-cinq Negres. Amire est éloigné de quatre petites lieuës du Fort Louïs vers le Nord-Est, & à une lieuë & demie du même côté sont les habitations de Mahury, où sont environ quarante François & quarante Negres. A une lieuë & demie au Sud du Fort St. Louïs, sont les habitations de Matoury, où il y a bien cent François & quarante-cinq Negres. Vingt-cinq ou trente habitations de particuliers répanduës en divers endroits de l'Isle, composent encore le nombre de soixante François & de vingt Negres. Le desir de s'aggrandir & de commencer à peupler la terre ferme les a portez à occuper le poste de Courrou, où ils ont une rédoute avec trois piéces de canon pour défendre l'entrée de la Riviere. Il y a une Garnison de vingt Soldats; & en l'habitation qui est environ trois quarts de lieuë plus haut dans la Riviere, il y peut avoir trente-cinq habitans, tous hommes choisis. De Courrou à Conanama, le Pays est à couvert par le Fort Sinararry, où sont quatre-vingt François, contre les attaques que les habitans pourroient recevoir des Anglois qui sont à Suriname. C'est là le poste avancé des François, qui se retirerent de cette Isle en 1654. à cause que le secours leur manquoit. Les Anglois qui s'y habituerent peu de temps après, y demeurerent jusqu'en 1664. que le Sieur de la Barre envoyé par sa Majesté, y rétablit les François, que les Hollandois obligerent de sortir de l'Isle l'an 1676. y étant allez avec des forces qu'ils ne pûrent soutenir. L'armée du Roi commandée par M. d'Estrées, la reprit au commencement de 1677. & les Hollandois en furent chassez.

CAÏETA, ancienne Ville d'Italie dans le Latium, avec un Port de Mer. Virgile suppose qu'elle avoit été ainsi nommée de Cajéta qu'il suppose avoir été la nourrice d'Enée, qui y fut, dit-il[a], enterrée.

[a] Æneid. l. 7. init.

Tu quoque litoribus nostris Æneïa nutrix
Aeternam moriens famam Caieta dedisti.

Silius Italicus[b] dit *Regnata Lamo Cajeta de Lamus* Roi des Lestrigons qui ont autrefois habité aux environs de *Formia*. Ciceron parle du Port de Caïéte, comme d'un port trèscelebre, & très-plein de Vaisseaux. Voyez au nom moderne sous le titre de GAETE.

[b] L. 8. v. 530.

[c] Pro lege Manil. c. 12.

CAJETANUS SINUS, nom Latin du GOLPHE DE GAETE.

CAJEUSAC[d], petite Ville de France dans l'Albigeois environ à trois lieues d'Albi vers le Nord.

[d] Baudrand Ed. 1705.

CAÏFA, CAÏAFA, HAÏFA, HEPHA, CAÏAPHA, ou CAÏPHE, Ville de Syrie au pied du Mont Carmel, au Septentrion sur le Golphe de Ptolemaïde.[e] Son nom ancien étoit SYCAMINOS, ou PORPHYREÔN. Le nom de *Sycaminos*, ou *Sycaminôn* lui vient apparemment des Sycomores qui y étoient, & celui de *Porphyreôn* de la pêche des poissons qui servoient à teindre en couleur de Pourpre.

[e] D. Calmet Dict.

On

CAI.　　　　　CAI.

On pourroit croire que celui de *Cepha* ou *Caipha* lui a été donné à cause de ses rochers, appellez en Syriaque *Cepha*: mais les Hebreux l'appellent Hepha חפה & non pas Chepa ou Kepha. Cette Ville étoit separée de celle d'Acco ou Ptolemaïde par son port qui est beau & vaste. D'Acco à Caïfa par Mer & en droite ligne il n'y a qu'environ quinze milles, ou cinq lieues; mais par terre il y a le double de chemin.

CAIFUNG, Ville d'Asie dans la Chine, [a] & dans la Province de Honang dont elle est la Capitale. Elle étoit grande, riche, bien peuplée, & pleine de beaux édifices lors qu'elle fut presque entierement abîmée par les eaux l'an 1641. après avoir vigoureusement soutenu un Siége contre les rebelles de l'Empire Chinois. On a fait pourtant tout ce qu'on a pu pour le rétablir. Elle est située au Midi de la Riviere jaune à deux lieues de distance, dans un terrain bas que traverse la Riviere de *Pien* qui baigne la Ville au couchant, au Midi, & au Levant. Le PIEN est un bras de la Riviere jaune; mais le lit de cette derniere est si élevé que ses eaux sont en leur superficie plus élevées que la Ville qui en est défendue par des digues de grosses pierres de taille qui soutiennent les eaux du fleuve l'espace de plus de trente-sept mille cinq cens pas ou plus de 300. stades; & defendent la Ville contre l'inondation. Elles l'en auroient garantie si les Soldats voulant mettre les assiégeans sous l'eau n'eussent eux-mêmes rompu les Digues; mais la Ville fut aussi envelopée dans ce Deluge, aussi bien que l'Eglise & un Prêtre Jesuite qui la desservoit. Sous la premiere famille Imperiale cette Ville fut nommée HIAA-HIAO. L'Empereur Chungting de cette même famille y transporta sa Cour & quoique les Successeurs ayent choisi d'autres Villes de résidence, cette Ville n'a pas laissé pour cela d'avoir long temps un Roi, d'être habitée par quantité de Princes du sang Royal. Elle a été aussi quelque temps nommée TALEANG, puis PIENCHEU, ensuite LE'ANGCHEU, puis NANKING, c'est-à-dire, la Cour Meridionale, nom que porte encore une autre Ville, on l'a appellée aussi *Pienleang*, & enfin la famille de Taiminga lui a donné celui de CAIFUNG qu'elle porte à present. Elle a dans son territoire trente-quatre Citez, savoir

[a] Martini Atlas Sinic. p.59.

Caifung,	Sihoa,
Chinlieu,	Hiangchin,
Ki,	Xinkieu,
Tunghiu,	Hiú,
Taikang,	Lingú,
Gueixi,	Siangching,
Gueichuen,	Jenching,
Jenlin,	Changco,
Fukeu,	Ju,
Chungmeu,	Sinching,
Janguú,	Mie,
Juenuú,	Ching,
Fungkieú,	Jungyang,
Jencin,	Jungçe,
Laniang,	Hoyn,
Chin,	Súxúi,
Xangxui,	Ifung.

[g] Corn. Dict. Memoires dressez sur les lieux.

CAILLY [g], Bourg de France en Normandie au Pays de Caux proche de Claire à quatre lieues de Rouen. On y tient Marché & il

à titre de Baronie: cette Baronie comprend quatorze paroisses en Seigneurie & en patronage, savoir Saint Martin de Cailly, St. André, Colmar, Cristol, Edeville, la Prée, Roquemont, St. Germain, St. Jean sur Cailly, St. Nicolas-de Verbois, Toufreville, Rue-St. Pierre, Jeseuf, & Pierreval.

CAILSO, ou KELSO, petite Ville de l'Ecosse Meridionale au Comté de Merk aux confins de la Tiwedale selon Mr. Baudrand. Les Cartes de Mr. de l'Isle & celles d'Allart mettent beaucoup mieux CAILSOO au confluent de la Riviere Tiviot, avec la Twede; dans la Province de Tiviotdale que Mr. de l'Isle nomme Tifedail; aux confins de la Province de Marche ou Mers. L'Auteur de l'Etat present de la Grande Bretagne [h] met aussi sur la Twede dans la Vallée ou Province de Tiviotdale Kelso Ville assez marchande proche laquelle le Duc de Roxburgh a une belle maison qui porte le nom de Fleurs.

[h] T. 2. p. 234.

CAIMAN. Voyez CAYMAN.

CAINAS, Riviere d'Asie où elle se perd dans le Gange selon Pline [i], qui dit qu'elle est navigable. Arrien [k] en parle aussi.

[i] L. 6. c. 17.
[k] In Indic. p. 514.

§. CAINDU, Voici encore un Pays de Tartarie que Mr. Corneille met très-mal à propos sur le compte de Marc Pol, dont il cite l. 2. c. 38. On trouve effectivement une pareille citation dans le Livre de Davity à la marge de l'article que Mr. Corneille en a copié. Mais à l'endroit cité Marco Paolo ne parle ni de la Ville ni de la Province de Caindu. Il nomme ce pays CANICLU. Voyez ce mot.

CAINO, nom Latin de CHINON, Ville de France.

☞ CAINS, on apelle ainsi dans l'Isle de Candie des Grecs revoltez contre les Turcs, & retirez chez les Venitiens à la Sude, ou à Spina longa, & qui desolent la campagne en temps de guerre. Ces Caïns ou faux freres brûlent, saccagent, violent, & commettent toutes sortes de cruautez: ils s'attachent surtout à faire des prisonniers Turcs qu'ils rançonnent le plus qu'ils peuvent. Si un Caïn est pris, il n'y a point de quartier pour lui: on l'empale, ou on le met au Ganche. Ce suplice est une espece d'estrapade; on éleve par le moyen d'une poulie le criminel qui a les mains liées derriere le dos & le laissant tomber sur des crochets de fer où il demeure accroché ou par la poitrine ou par quelque autre partie du corps; on le laisse mourir en cet état.

[l] Tournefort Voyage du Levant T. 1. p. 36.

CAINUM, Ville de la Mesopotamie; il en est fait mention au livre des Notices de l'Empire [m]. François Junius croit que cette Ville est la même que CÆNÆ Kαιναί dont parle Xenophon [n]. Cette Ville n'a rien de commun avec la Ville que Caïn bâtit dans la terre de NOD. Voyez ce mot.

[m] Sect. 26.
[n] Exped. Cyr. l. 2.

CAJOANO, Davity écrit ainsi le nom de CAJAM ou CAJAON; & Mr. Corneille copie encore de cet Auteur un nouvel article, comme si c'étoit une Ville diferente.

CAIPHA, ou CAIPHAS. Voyez CAIFA; & PORPHYREON.

CAÏQUES. Voyez CAÏCOS.

☞ CAIRAVAN [o], ou KAIRAVAN, signifie proprement, & en general une troupe de Voyageurs, ou Marchands qui se joignent en-sem-

[o] D'Herbelot Bibliot. Orient.

F *

semble pour marcher avec plus de fûreté dans les Pays étrangers; c'eſt ce que l'on appelle ordinairement en notre Langue une CARAVANE, & en ce ſens le mot Arabe tire ſon origine du Perſien KERVAN. Ce nom a été donné auſſi en particulier à une Ville que les anciens ont appellée CYRENE, & à une Province qui portoit le nom de CYRENAIQUE. Les Arabes pretendent que cette Ville a été bâtie par Akebah Ben-Amer-Al-Sahabi, dans la Province qu'Afrikin-Ben-kis, ſurnommé Al-Hemiari, conquit ſur Girir Roi de ce Pays-là qui a porté le nom d'Afrikiah. Elle fut priſe par les Arabes Muſulmans l'an 46. de l'Hegire & de J. C. le 666. ſous le Khalifat de Moavie, qui la fit démolir pour en bâtir une autre aſſez proche, qui a porté le même nom; elle appartient à la Province d'Afrikiah, que les anciens appelloient l'Afrique proprement dite, & ne doit pas ſon origine à une Caravane qui s'y arrêta comme quelques Hiſtoriens l'ont écrit. Cette Ville devint par ſucceſſion de tems le Siége Royal, & la Capitale des Etats que les Fathimites conquirent en Afrique. Obeidallah Abulcaſſem ſurnommé Mahadi premier Kalife des Fathimites en Egypte y établit ſon ſéjour. Caiem ſon fils le quitta, & fixa ſa demeure à Mahadie que ſon pere avoit fait bâtir fort proche de Cairoan. Al Manſur & Al Moëz Succeſſeurs de Caiem demeurerent auſſi à Mahadie, & ne retournerent plus à Cairoan, juſqu'à ce que ce dernier ayant conquis l'Egypte, & fait bâtir le Caire, il y transfera le Siége de ſon Empire. Le Pays de Cairoan, ou la Cyrenaique reçut encore des Evêques du Patriarche d'Alexandrie l'an 223. de l'Hegire, qui eſt le 837. de J. C. ſous le regne de Motaſſem huitieme Khalife de la race des Abbaſſides. Depuis ce tems-là nous n'avons aucune connoiſſance du Chriſtianiſme de cette Province. L'an 956. de l'Hegire, & de J. C. le 1549. Cairoan avoit encore un Roi particulier Arabe de Nation, qui fut dépouillé d'une partie de ſes Etats par Dragut qui commandoit dans la Ville de Tripoli, pour Soliman II. du nom, Empereur des Turcs. Les Hiſtoriens de ce tems-là, nomment cette Ville CARVENNA, & CARVENNE. Sanhagi qui a écrit l'Hiſtoire de Cairoan ſous le titre d'Akhbâr Cairoan, remarque auſſi-bien que les Geographes Orientaux qu'il n'y a point d'autre eau en cette Ville que celle des puits & des Citernes. Les Tables Arabiques lui donnent 41. dégrez de longitude, & 31. degrez, 40'. de latitude Septentrionale. Il y a pluſieurs Auteurs nez dans ce lieu & qui portent le ſurnom de Cairoani, comme Ben-Raſchik, ſurnommé Al-Cairoani, Al Schaer, le Poëte de Cairoan, dont les ouvrages ont été commentez par Gézam. Ib-Tahim Ben-Ali Ben-Temin ſurnommé Al-Hoſri, Abdallah-Ben-Abizeid Auteur de Matan-al-Reſſalat portent auſſi tous deux le ſurnom de Cairoani. Cependant Mr. Le Maire qui a été long-temps en Afrique en qualité de Conſul de France, écrit dans un Memoire publié dans les Voyages du Sr. Lucas dans l'Aſie mineure, l'Afrique & autres lieux[b]; dit que les Arabes nomment GRENNE la Ville de Cyrene. . Voyez CYRENE & CAIROAN.

[b] T. 2. p. 85.

LE CAIRE, Ville Capitale de l'Egypte. Elle eſt ſituée ſelon Ulug Beig qui la nomme Meſr, à 63. d. 20'. de longitude & à 30. d. 20'. de latitude Septentrionale; ſelon les Obſervations de l'Academie Royale des Sciences, elle eſt de 29. d. 6'. 15'. plus Orientale que l'Obſervatoire & ſa latitude eſt 30. d. 2'. 30'. Le P. Feuillée la fait de 29. d. 35'. plus Orientale que le même Obſervatoire & retranche les 30'. de la latitude. On diſtingue le VIEUX CAIRE & le NOUVEAU.

LE VIEUX CAIRE[c], eſt aujourd'hui preſque deſert. C'eſt par erreur que les Francs le nomment le Vieux Caire; ſon veritable nom en Langue Arabique eſt Maſſr, de Maſſr, ou Mizraim comme les Hebreux l'appellent, fils de Cam & petit-fils de Noé qui le fit bâtir. C'eſt la plus ancienne Ville de l'Egypte, après Memphis, & c'eſt après la deſtruction de celle-ci, qu'elle devint la Capitale de l'Egypte. Elle eſt ſituée au bord Oriental du Nil, preſque à l'oppoſite du lieu où étoit Memphis & qui joint au nouveau Caire. Cette Ville étoit autrefois magnifique & très-grande, mais aujourd'hui elle eſt preſque entierement ruinée ou peu s'en faut. Ce fut la XVIII. année de l'Hegire, qu'Amru ibn il Aſſ, General d'Amru ibn Chottab, & qui étoit Succeſſeur de Mahomet, la prit. Jean Mecaukes, illuſtre Copte, en étoit pour lors Gouverneur pour Heracle, Empereur de Conſtantinople. Amru qui la prit, conclut la paix avec Mecaukes, à condition que châque Copte lui payeroit, & à tous ſes Succeſſeurs, deux deniers d'Egypte pour tribut; & qu'il donneroit le logement & la nourriture pendant trois jours à tous les Arabes qui paſſeroient par l'Egypte. On a pluſieurs fois agrandi cette Ville, ſelon que les Conquerans & les Maîtres du Pays ont trouvé à propos d'y choiſir un lieu pour s'y mieux accommoder. Les agrandiſſemens ont été LE FOSTAT; LE CASSR ISCE'MMA, LA CONTRE'E DU PATRIARCHE COPTE, LA BABYLONE, LE CATEIA, LA CARAFFE & autres endroits.

[c] Le P. Vanſleb, Relat. d'Egypte pag. 126. & ſuiv.

FOSTAT eſt un nom Grec qui ſignifie une tente faite de poil de chévre. C'eſt ainſi que les Arabes appellerent un quartier du Vieux Caire à cauſe qu'on y avoit dreſſé la tente d'Amru ibn il Aſſ, qui étoit d'une ſemblable étofe. Le même Amru fit entourer cette Ville de murailles, après qu'il eut pris la Ville d'Alexandrie; il la choiſit pour ſa demeure & pour celle de ſes Succeſſeurs: Ce fut pour lors qu'on abandonna Alexandrie, où le Siége des Grecs avoit été l'eſpace de plus de 900. ans, & que le Foſtat devint la Capitale de l'Egypte, & tint ce rang juſqu'à ce qu'Ahmed ibn Tonton, fit bâtir Cateia, tout auprès du Foſtat. Car alors les Princes de ſa lignée, qui furent ſes Succeſſeurs l'abandonnerent & établirent leur Siége dans le Cateia. Cette lignée ayant par la ſuite été éteinte, & la Ville du Caire ayant été bâtie par Giauher, comme on le verra plus bas, les Califes la choiſirent pour leur reſidence abandonnant le Cateïa, & faiſant brûler le Foſtat pour rendre le Caire plus fort & plus peuplé.

CASSR ISSCE'MMA, eſt un Château, ou Bourg, ceint de murailles auprès du Foſtat, qu'Artaxerxes Roi de Perſe & d'Egypte fit bâtir.

CAI.   CAI.   43

bâtir. Aujourd'hui il n'y a que des Chrétiens qui l'habitent. Il y a deux opinions differentes sur l'origine de son nom. Quelques-uns veulent qu'on l'écrive *Caßr Iggiama*, c'est-à-dire, le *Château de l'Assemblée*, disant qu'anciennement on y tenoit une Assemblée de Savans pour cultiver les Sciences; mais cette opinion n'est appuyée d'aucun fondement. Les autres l'écrivent *Caßr Ifscémma*, & cette denomination est la plus probable, parce que dans toutes les Histoires Arabes on le trouve ainsi écrit & jamais *Caßr Iggiama*. Les greniers du Grand Seigneur qu'on appelle en Arabe *il Scióne*, ne sont pas fort éloignez de ce Château. On y conserve la provision de bled, & de legumes necessaires pour l'entretien de la milice, non seulement de celle qui est en Egypte, mais encore de celle qui est hors du pays, & qui dépend de l'Egypte. Et afin que ce bled soit ponctuellement payé, il y a quatre Agas, ou Officiers appellez en Arabe *Agavat beta il ghelàl*, ou Agas de la provision, dans l'Egypte superieure; dont l'un reside à *Benesuef*, l'autre à *Minie*, le troisiéme à *Momfallot* (Manfallu) & le quatriéme à *Girgé*. Ils sont députés pour recevoir ce bled & pour le faire tenir à l'*Emin il Scióne*, ou l'Intendant des Greniers du grand Seigneur, qui le distribuë après à un certain jour du mois à ceux à qui il est assigné par le Divan. Mais parce que souvent la provision que le Divan a assignée ne suffit pas pour l'entretien de ceux qui le reçoivent, il est permis à chacun d'en acheter davantage, en payant au Surintendant des Greniers mille Meidins pour chaque *Ardeb*. Quand on a payé cette somme, on a sa vie durant ces mesures de bled qu'on a une fois achetées. [a] Les habitans du Pays assurent que ces Greniers sont les mêmes que ceux qui furent autrefois bâtis par les soins de Joseph, lors qu'il mit par sa prevoyance l'Egypte à couvert de la famine qui desola ce Pays & les environs; mais il est plus naturel de dire que si ces Greniers sont les mêmes ils ont pû être rebâtis, de tems en tems, des mêmes briques dont ce grand homme les avoit fait construire.

[a] III. Voyage du Sr. Lucas Tom. 1. Liv. 4. p. 313.

Dans le *Caßr Ifscémma*[b], on trouve une Eglise nommée *Maállaca*, elle est très-ancienne, magnifique, & très-claire, & la plus belle que les Coptes ayent dans toute l'Egypte, elle est Patriarchale & celle dans laquelle le Patriarche celebre sa Messe Pontificale. Les Coptes l'ont achetée d'*Amru ibn il Aßi*, comme on le peut voir par le contract écrit sur les murailles de cette Eglise de la main propre de ce Prince, maudissant tous les Mahometans qui la leur voudront ravir. Il y a cinq *Heikels*, ou Chapelles de rang, mais separées l'une de l'autre par de petits treillis de bois, de sorte qu'on y peut dire cinq Messes à la fois, sans que les Prêtres s'interrompent les uns les autres. A l'entrée de cette Eglise on voit sur une des Colomnes qui sont à la main droite, une petite image de la Sainte Vierge que les Coptes disent avoir parlé à *Ephrem* un de leurs Patriarches, le consolant lors qu'il étoit fort affligé de ce que *Meéz le din alla*, Calife de ce tems, lui avoit commandé de transporter la Montagne nommée *Gebel il Mocattam*, qui

[b] Vansleb, ibid. pag. 237. & suiv.

Tom. II.

est derriere le Château du Caire, d'un lieu à un autre, pour prouver la verité de sa Religion fondée sur les paroles du Sauveur; le menaçant s'il ne la transportoit pas, de détruire entierement sa Nation, comme des gens qui professoient une fausse Religion. Ils ajoutent que cette image assura le Patriarche qu'il transporteroit la Montagne en dépit des Juifs, qui avoient irrité ce Caliphe contre eux; & ils la tiennent en grande veneration.

Mat. xvii. 19.

Auprès de la *Maállaca*, on voit l'Eglise de Ste. *Barbe*, où la tradition du Pays est que repose le corps de cette Sainte, à main gauche de l'*Heikel*. Elle est grande & fort claire. Celle de St. *Serge* n'est pas loin, elle fut bâtie au rapport de *Said ibn Patrik* dans son Histoire, par un Copte Secretaire d'*Abd ilaziz ibn Mervan*, Caliphe d'Egypte. On voit sous cette Eglise une petite grotte, dans laquelle, suivant la tradition des Coptes, Nôtre Seigneur & sa Sainte Mere ont habité quelque tems. Elle est distinguée en trois ailes ou parties par de petites colomnes: Dans la premiere en entrant sont les fonts de batême des Coptes; au fond de celle du milieu, il y a une niche dans la muraille, & dans cette niche une pierre qui, à ce que les Coptes croyent, a été sanctifiée par les vestiges de Nôtre Seigneur, & dans la troisiéme on montre une pierre sur laquelle la Sainte Vierge lavoit les langes du Sauveur. Les Grecs, & les Armeniens ont permission de venir dire la Messe une fois l'an dans cette grotte. On peut penser ce que l'on voudra de ces traditions, mais il est constant qu'elles sont très-anciennes, & qu'elles pouvoient être très-connuës dans le commencement du IV. siécle où Sainte Heléne fit bâtir l'Eglise dont je viens de parler, qui est au-dessus de la grotte, pour honorer le lieu où la Sainte famille avoit demeuré pendant son séjour en Egypte. Le Sr. Lucas[c] rapporte cependant que cette Eglise est sous l'invocation de la Ste. Vierge, ce qu'il seroit plus naturel de croire, à moins qu'elle ne fût aussi en même tems sous celle de St. Serge; ce qui concilieroit ce qu'en ont dit les deux Voyageurs cités: quoique le P. Vansleb[d] place une Eglise de Nôtre Dame dans la ruë appellée *Darb ittaka*. A quelques pas de cette derniere Eglise, en passant par une petite allée qui est à main gauche, on trouve les restes d'un Temple des Perses nommé en Arabe *Kobbes il fors*, ou le Dôme des Perses; qu'*Artaxerxes Ochus* Roi de Perse fit bâtir à l'honneur du Feu. Et quoique ces restes soient aujourd'hui fort peu de chose, ils font néanmoins connoître que ce Temple étoit autrefois magnifique. On y voit au dedans, autour des murailles, plusieurs niches de la hauteur d'un homme dans lesquelles ils plaçoient apparemment leurs Idoles. On trouve encore dans le même quartier l'Eglise de St. Georges, le Monastere des filles Coptes & celui des filles Grecques; mais ces Edifices n'ont rien de remarquable.

[c] Lucas III. Voy. Tom. 1. Liv. 4. p. 310.

[d] Relat. d'Egypte. p. 241.

Dans le quartier du Patriarche nommé en Arabe HARET IL BÁTRAK, qui est un Bourg à part & au deçà du *Caßr Ifscémma*, est l'Eglise de *Mari Moncure*. Elle est grande, élevée, & bâtie de très-fortes murailles. C'est

F* 2   dans

dans cette Eglise qu'on élit & que l'on consacre aujourd'hui les Patriarches Coptes. Elle avoit été ruinée par les Mahometans & changée en un Magazin de cannes de sucre; & elle étoit demeurée en cet état jusqu'au tems du Patriarche *Ephrem*, qui du regne du Calife *Meez lè din alla*, ayant par un miracle transporté la Montagne *Gebel il mocattam*, qui est derriere le Château du Caire, pour prouver que la Religion Chrétienne étoit la veritable & que celles des Turcs & des Juifs étoient fausses, obtint de ce Calife un ordre à la Chambre du *Beit it mal*, ou *Trésor des biens des defunts*; que de ce tresor on rebâtiroit cette Eglise, avec tous ses bâtimens & toutes les autres petites Eglises qui sont au-dessus.

La BABYLONE étoit plus avant vers le Midi du vieux Caire. Il ne reste plus aujourd'hui que de grandes Montagnes de ses ruines, & trois Eglises Coptes dont l'une est dediée à la Sainte Vierge, l'autre à *St. Théodore*, & la troisiéme à *St. Jean Aba-Kir*. Celle de la Ste. Vierge est, selon la tradition des Coptes, la premiere qui fut bâtie au Caire après la venuë de J. C. Ils disent que St. Marc y a prêché & que c'est d'elle que parle St. Pierre à la fin de sa I. Epître, quand il dit: *l'Eglise choisie qui est en Babylone Masfr*, ou *Babylone auprès du Caire vous saluë aussi bien que mon fils Marcus*.

Le CATEÏA fut bâti auprès de *Fostat*, par *Ahmed ib Toulon*, Prince d'Egypte, comme on l'a vû ci-dessus.

La CARAFFE est un Cimetiere des Mahometans fort renommé à cause qu'il y a plusieurs parens de Mahomet, & de leurs Saints ensevelis. Il y avoit dans le tems que l'Egypte florissoit plus de 360 tombeaux & Mosquées d'Illustres personnages Mahometans, toutes rentées de très-bons revenus, pour nourrir les pauvres, & les Pelerins de cette Religion qui y venoient, de maniere qu'un Pelerin venant au Caire, pouvoit y subsister, un an entier sans depenser un aspre, en visitant seulement chaque jour une Mosquée, ou tombeau de ce Cimetiére, mais à la suite du tems les revenus ayant manqué par la tyrannie des Bachas, les tombeaux & les Mosquées sont presque toutes tombées en ruine.

[a] On voit, sur le bord Oriental du Nil, où est le vieux Caire un Château qui paroit avoir été bâti sur des fondemens très-anciens. Comme les Turcs y ont une Mosquée il est très-difficile d'y entrer. Quelques-uns veulent que ce soit des restes de l'ancien Palais de Pharaon, & que ce fut près delà que Moïse fut trouvé sur les eaux & sauvé par la fille de ce Prince. On voit encore dans ce Fort la Colomne qui marquoit exactement l'accroissement du Nil, & dont on attribuë l'invention à un nommé *Nicolas Gor*, Gouverneur d'Egypte sous l'Empire d'Heraclius. On y avoit aussi élevé deux Talismans; l'un pour empêcher que les Crocodiles qui venoient de la haute Egypte, ne passassent plus avant; ce Talisman subsiste encore; c'est un morceau de marbre quarré long, avec la figure d'un Crocodile environné des 12. Signes du Zodiaque & de plusieurs Hieroglyphes: on prétend que sa vertu subsiste encore, & que quand les Crocodiles font arrivés près de ce lieu, ils retournent en arriére, se renversant sur le dos. L'autre Talisman avoit été fait pour contenir le Nil dans de justes bornes, & l'arrêter dans le Canal qui passe du côté du vieux Caire. Un Bacha qui croyoit trouver sous cette masse des tresors cachez, la fit détruire & peu de tems après le Nil changea de lit & prit son cours du côté de Gize; ce qui a fait que le Château est resté sur le bord Oriental du Nil. Sa situation le met à couvert de l'inondation de ce fleuve, & il reste isolé pendant que tous les environs sont couverts d'eau.

On croit en Egypte que Gize est bâtie sur les ruines de l'ancienne Memphis, & cette opinion est fondée sur ce que cette superbe ville étoit sur le bord du Nil du côté des Pyramides, comme l'est aujourd'hui Gize. Cependant on n'y remarque aucun monument de l'antiquité, & ce lieu paroit une ville très-moderne. Pour bien comprendre la Topographie de ce lieu il faut savoir que le Nil forme deux bras en cet endroit, & quand il vient à s'enfler il fournit de l'eau à celui qu'on nomme Calis, qui passe au milieu du grand Caire, mais on ne coupe la chaussée qui en ferme l'entrée que quand le Nil est crû jusqu'à la hauteur de 16. piques, qui sont des mesures d'environ une demi-canne, & cette ouverture se fait alors avec beaucoup de solemnité: Tous les Grands du Pays sont obligés de s'y trouver, avec une affluence infinie de peuple, qui vient se réjouïr de ce que ce Fleuve qui est le Pere nourricier de l'Egypte, vient porter l'abondance dans le Pays. Comme l'on ignoroit autrefois les causes d'une inondation si merveilleuse, on ne manqua pas d'en inventer de surnaturelles & la superstition porta les peuples à vouloir en rendre graces aux Dieux par des sacrifices également cruels & impies. On avoit accoutumé d'immoler tous les ans dans ce même endroit une jeune fille, dont la mort étoit un tribut de reconnoissance qu'on payoit au Fleuve. Mais cet usage inhumain fut aboli par les Turcs lors qu'ils se rendirent maîtres du Royaume. Le peuple continuë d'ailleurs ses rejouïssances à l'ouverture de la chaussée du grand Caire. Les Magistrats marchent devant accompagnés de trompettes, de tambours & d'autres instrumens de Musique: une foule infinie de peuples suit en dansant & sautant avec de grandes demonstrations de joye. Tout le contraire arrive lorsque le Nil ne monte pas jusqu'à seize piques, on ne voit par tout que marques de deuil & de tristesse, présages funestes de la famine & de la peste qui ne manque presque jamais d'arriver dans ces circonstances. Ils vont alors tous ensemble sur la Montagne qui est du côté du Levant, & y passent un jour & une nuit en priéres. Si leurs vœux ne sont pas exaucés, ils font le lendemain de grands cris & des hurlemens affreux; mais avec tant de contorsions & de grimaces qu'ils écument quelquefois, surtout les Turcs, & ressemblent à de vrais possedez.

Quelque difficulté qu'il y ait à pouvoir obtenir de voir le *Mekias* qui est le lieu où l'on mesure exactement l'accroissement du Nil & qui est dans le Château du vieux Caire; à cause d'une Mosquée qui est dans cet endroit pour

[a] *Lucas III. Voy. Tom. 1. Liv. 4. p. 313.*

pour laquelle les Turcs ont une grande veneration, le Sr. Lucas n'a pas laissé de l'obtenir & d'en faire une description curieuse. On rencontre, dit-il *, d'abord une assés-belle Place qui est comme la premiere Cour du Château; on en trouve ensuite une seconde, où est la belle Mosquée, que Sultan Selim fit bâtir, ce qui la rend si respectable aux Turcs qu'ils ont un grand soin de n'en point laisser approcher les Chrétiens. On entre ensuite dans un Salon où demeure celui qui garde la clef du lieu, où est la Colomne qui sert à mesurer l'inondation du Nil. Delà on passe au *Mekias* qui est une espece de grand reservoir quarré autour duquel répond une assés belle gallerie soutenuë par huit piliers de marbre blanc, qui forment des Arcades, avec une balustrade, sur laquelle on s'appuye pour regarder. Au milieu de ce reservoir, où passe un Canal du Nil, est une colomne octogone de marbre blanc, qui est partagée en 22. parties égales. La premiere est divisée en 24. pouces; la seconde ne l'est point; mais les autres sont marquées, jusqu'au haut de la colomne; on est fort attentif pendant le tems de l'inondation d'en observer exactement les mesures, & on va le publier tous les jours dans les ruës du Caire, en disant, *le Nil est crû cette nuit de tant de pouces: il est aujourd'hui à telle hauteur.* L'eau entre dans ce bassin par une grande ouverture; qui est de niveau avec le pied de la colomne, & sort par l'autre côté, & cet ouvrage est fait avec tant d'exactitude & si bien nivelé que l'eau du reservoir n'est ni plus haute ni plus basse que celle du fleuve.

Comme le *Mekias*, & quelques autres endroits servoient aux Egyptiens pour mesurer l'inondation du Nil, les Sphinx repandus dans divers lieux en marquoient les commencemens. C'étoient de grands Colosses d'une seule pierre, qui representoient la tête d'une femme sur un corps de Lion; & cette figure dont les Thebains, descendans de Cadmus, se servirent dans la Grece pour décrire un monstre qui faisoit mourir ceux qui ne savoient pas expliquer les Enigmes qu'il proposoit, étoit parmi les Egyptiens, d'où ils en avoient pris l'idée, un Symbole Astronomique qui marquoit dans quel tems arrivoit l'inondation du Nil; & comme le Fleuve commençoit à croître au mois de Juillet & continuoit dans le mois d'Août lorsque le Soleil parcourt les Signes du Lion & de la Vierge, on en avoit représenté les deux figures dans un même corps. On trouve de ces Sphinx que le tems n'a pas encore détruits après tant de siécles.

Les fortifications du Château du Vieux Caire ne sont ni belles ni fort en état de resister au canon: on les laisse même détruire; car les Turcs sont fort négligens, & laissent tomber toutes ces sortes d'Edifices fautes de les réparer.

Le Nouveau CAIRE, est éloigné du vieux d'environ trois quarts de lieuë. Il est situé au pied du Château, dans une plaine de sable, & s'étend le long d'une grande Montagne; ainsi l'ancienne situation étoit infiniment plus belle & plus avantageuse. Le voisinage du fleuve, la fraîcheur de l'air, la vûë sont des agrémens qu'on n'a plus au Caire &

* L. c. p. 311.

qui sont néanmoins si necessaires dans un Pays où le Soleil est fort ardent & où il ne pleut presque jamais. Cette Ville fut bâtie vers l'an de Notre Seigneur 795. par les ordres du Caliphe de *Cairoan* en Afrique; après que l'Egypte lui fut soumise pour y établir le Siege de son Caliphat.

ᵃ Le P. Vansleb après les Historiens Arabes dit que la Ville du Caire prend son nom de la Planete de Mars appellée en Arabe *il Kaher*, lequel nom lui fut donné, à ce que dit le Serrur, Historien Arabe, parce qu'on jetta les fondemens de ses murailles, lorsque cette Planéte étoit en son ascendant, ce qui arriva, dit-il, de la sorte. *Giauher*, General de *Meez le din Alla*, un des Califes d'Egypte, ayant resolu de bâtir une nouvelle ville pour la residence de son Maître en l'an 362. de l'Hegire, donna ordre aux Astronomes d'observer un bon ascendant, pour en jetter les fondemens afin que la nouvelle Ville fût heureuse & d'une plus longue durée. Ces Astronomes firent environner avec une corde tout cet espace qui devoit être enceint de murailles, & attacher à cette même corde quantité de clochettes, pour avertir les massons d'en jetter les fondemens, quand ils leur donneroient le Signal, par le son de ces clochettes, lors qu'ils remarqueroient quelque bon ascendant. Le malheur voulut qu'un Corbeau vint se reposer sur cette corde, au moment que Mars étoit en son ascendant; & ayant fait branler la corde & sonner les clochettes, les massons croyans que ce fut le Signal, jetterent tous d'un commun accord les fondemens de cette Ville, avec grand empressement; ce que les Astronomes n'eûrent pas plûtôt appris qu'ils conjecturerent par le fâcheux ascendant de Mars, qui presidoit dans ce moment, que la ville seroit un jour prise par un Ravisseur qui viendroit de la Romanie, où Mars preside. Ce qui s'est trouvé veritable, lorsque par la suite des tems, cinq cens soixante ans après, Sultan *Selim* vint de Constantinople, Capitale de la Romanie, & prit non seulement la ville, mais encore tout le Pays, & éteignit la Race de leurs Rois, en faisant pendre le dernier. Quoiqu'ils crûssent que cet ascendant lui seroit funeste, ils ne laisserent pas de la bâtir & de l'appeller *Kahera*, ou *Caire*, comme nous la nommons, en Europe, & ce nom lui est demeuré jusqu'à ce jour.

ᵇ Il est vrai que le Caire est dans un Pays sablonneux, que l'air n'y est jamais rafraichi par les pluyes, que les maisons des particuliers sont fort exposées à l'ardeur du Soleil, qui s'y fait sentir d'autant plus vivement que les Montagnes voisines en renvoyent toute la reverberation; mais si l'on considere que dans les mois de Juin, de Juillet & d'Août, qui devroient être les plus chauds, il y régne un vent de Nord lequel rafraichit l'air, qui étant introduit dans les Salles des Grands du Pays, les rend fort delicieuses & fort fraîches; que pendant ce tems-là le debordement du Nil éléve des nuages qui couvrent le Soleil depuis le matin jusqu'au soir que le vent du Nord les dissipe; on reconnoîtra qu'on y peut aisément suporter les grandes chaleurs. Ajoutez à cela que l'Hyver n'y est nullement incommode,

ᵃ Relat. de l'Egypte pag. 117.

ᵇ Le Sr. Lucas III. Voy. t. 1. Liv. 4. p. 349.

mode, & pendant que tant d'autres Pays font couverts de glaces & de frimats, il ne gèle jamais en Egypte; il est même rare qu'il y pleuve une demi-heure en un an, & il se passe quelquefois plusieurs années sans qu'il y tombe une seule goute d'eau; en sorte que les maisons ni même les Magazins, où l'on conserve les étofes les plus precieuses, n'y sont pas couvertes contre la pluye. Enfin c'est un climat où l'on ne passe point, comme ailleurs, d'un tems seç à un tems humide; d'une excessive chaleur à un froid insuportable. Ici les jours sont tous semblables: il y fait aujourd'hui le même tems qu'il y fera demain. Les arbres & la Campagne y conservent toujours leur verdure, au mois de Novembre surtout, lorsque le Nil s'est retiré dans son lit, la Campagne n'est plus qu'une belle prairie, dont la vuë est enchantée; les fleurs & les fruits sont partout en abondance & l'on voit avec plaisir l'union du Printems & de l'Automne. Un petit Zephyr, qui regne pendant cette saison, tempère l'ardeur du Soleil & garantit les fruits de la terre, qui sans cela seroient brûlés, tant la Nature a pris plaisir à rendre agreable en ce Pays cette partie de l'année; & si l'on est un peu incommodé pendant l'Eté, où l'on a cependant plusieurs secours pour se garentir du chaud, on en est bien dedommagé pendant la saison qui lui est opposée. On peut ajouter à tous ces avantages que l'air du Caire est très-pur, qu'on y voit rarement des malades, & qu'on n'y connoît ni rhumatismes, ni pleuresies, ni gouttes, ni gravelles, & toutes ces autres incommodités des climats, où les saisons sont si differentes les unes des autres. Si l'on y est attaqué en été de la fiévre ou de la migraine, ce qui arrive quelquefois aux étrangers qui y demeurent dans cette saison, le pain & l'eau du Nil sont les seuls remedes qu'il faut employer pour rétablir ce petit derangement. Il est inutile de se faire saigner, ni purger pour cela, & surtout point de bouillons.

La Ville du Caire étoit autrefois le sejour des Soudans d'Egypte, qui l'avoient extremement ornée, ce qui l'avoit renduë très-peuplée, outre le grand commerce qu'elle faisoit des épiceries, qu'on transportoit des Indes dans la Mer Rouge & delà sur le Nil, jusqu'au Caire; mais à present que ce commerce a cessé, que l'Europe tire ses épiceries des Colonies qu'on a établies dans les Indes Orientales, cette Ville a perdu beaucoup de son ancienne splendeur. Cependant comme elle est le sejour du Bacha qui est le plus important de tout l'Empire Ottoman, elle ne laisse pas d'être encore fort peuplée & d'un assés grand commerce. Le Caire n'est environné qu'en partie de murailles; l'enceinte que Saladin avoit fait commencer, n'a point été finie, & la Ville se trouve ouverte en plusieurs endroits. Les maisons y sont basses & mal-bâties; les ruës sont étroites, on y compte un nombre infini de Mosquées & quelques Eglises de Chrétiens Coptes & Grecs. Il y a dans la Ville plus de 300000. habitans, Maures, Coptes, Grecs ou Turcs sans compter les milices du Grand Seigneur.

Le Caire dans sa longueur est traversé d'un Canal artificiel qu'on appelle le Kalis. Il est fort ancien. *Ibn abd il Hokm* Historien Arabe dit que *Tarsis ibn Malia*, qui étoit un des Rois Pharaons & comme le croit cet Auteur, celui qui prit la femme du Patriarche Abraham, lors qu'il entra en Egypte, l'a fait creuser. Il fut appellé depuis que les Arabes conquirent l'Egypte sur l'Empereur Heraclius, *Calitz Emir il Muminin*, ou le *Canal du Prince des Fideles*: à cause d'*Amru ibn Chottab* second Caliphe après Mahomet, & qui fut le premier appellé le Prince des fideles, parce qu'il ordonna à *Amru ibn ass* de le faire conduire jusqu'à Colzim Ville sur la Mer Rouge, pour porter les provisions du Caire jusqu'à cette Ville, & delà par la Mer Rouge jusqu'à la Mecque, où pour lors il y avoit une grande disette. Il resta ainsi jusqu'à l'année 150. de l'Hegire, quand *Giafer il Mansur*, Caliphe d'Egypte, de la lignée des Abbas le fit boucher du côté qui répondoit à la mer. Aujourd'hui il s'appelle *Calitz il Hakemi*, ou le *Calitz de Hakem*, à cause que *Hakembe amr ille*, qui étoit un autre Caliphe d'Egypte, a fait raccommoder ce que la negligence de ses prédécesseurs y avoit laissé gâter. On l'appelle encore *il Merachemi*, ou le *Calitz pavé de marbre*, parce qu'en quelques endroits il est pavé de marbre [a]. Il est de sept pieds de profondeur, mais il n'est rempli que dans le tems de l'inondation; le reste de l'année il est à sec & occupé de quantité de bouë que le fleuve y laisse en se retirant. On le nettoye avec soin avant qu'il reçoive l'eau nouvelle, & le matin du jour qu'elle y doit entrer il est frequenté d'une multitude de peuple, il y passe toute sorte de gens qui vendent des Marchandises, & ce Canal devient comme une ruë où l'on tiendroit une foire. Environ sur les dix heures du matin l'on fait entrer l'eau dans le Kalis & à midi il y en a assés pour porter des bâteaux qui vont & viennent tout couverts de feuillages avec des hommes qui jouent des instrumens & d'autres qui chantent. L'on a encore la coutume d'apporter au bord de ce Kalis les enfans qui sont nez depuis la derniere inondation; on les dépouille tout nuds des linges ou de la chemise qu'ils ont que l'on jette dans le courant qui les emporte & l'on y plonge ces enfans plusieurs fois de suite. Ce Canal après avoir passé par tout le Caire se termine de petites arches, & delà s'étend dans la campagne qui est un peu plus basse que l'assiette de la Ville, mais ces arches sont grillées de fer afin d'arrêter les corps qui seroient noyés & les autres choses qui pourroient s'être perduës dans l'eau.

Le Caire est tout divisé en contrées qui ne contiennent qu'une ou deux ruës au plus qui sont même souvent fort courtes; il n'y a pas une de ces contrées qui n'ait pour le moins une Mosquée & beaucoup en ont davantage, en sorte que le nombre de ces Temples est presque incroyable. Il est impossible de les compter, mais l'on assure qu'il n'y en a pas moins de vingt mille & l'on en voit de toute sorte d'Architecture, de quarrés, d'ovales, de ronds, d'exagones, & d'octogones, la plûpart à la verité sont petits & communs, mais il y en a plusieurs mille qui sont fort considerables,

[a] *Coppin* Voy. d'Egypte chap. x.

&

& qui paroiſſent beaucoup tant par leur élevation & leur blancheur que par les petites tours quarrées qui montent au-deſſus de leur couverture. Les plus remarquables en ont ordinairement quatre, car il y en a qui n'en ont que deux, & pluſieurs des anciennes qui n'en ont point du tout : chacune de ces tours a pluſieurs galeries avec des baluſtrades. l'une au-deſſus de l'autre ; celles des plus belles Moſquées ſont à quatre ou cinq étages, & les mediocres n'en ont que deux ou trois ſeulement. C'eſt dans ces galeries que leurs Imans ou Marabous, qui ſont comme leurs Prêtres, vont crier au tems de la priere pour avertir le peuple de venir aux Moſquées, ou de la faire dans leurs maiſons.

Si châque contrée a ſes Moſquées, elle a auſſi ſes portes qui ferment les ruës ; elles ſont toutes ſimples & leur deſtination n'eſt pas de ſervir de defenſe en tems de guerre, elles ſont ſeulement pour empêcher que les voleurs de nuit ne puiſſent paſſer pour entrer dans les maiſons, ou afin que s'il s'y en étoit introduit quelqu'un par fineſſe, il n'eût pas la facilité de ſe ſauver. Outre cela il y a encore en châque'une de ces contrées deux gardes qui veillent & avertiſſent les habitans en cas de vol. Ces gardes ſont pris de la lie du peuple ; ils doivent crier de tems en tems, & comme par l'inclination que ces ſortes de gens ont au larcin, il ſeroit dangereux qu'ils ne fiſſent eux-mêmes ce qu'on veut qu'ils empêchent, on a remedié à cet inconvenient par une invention qui n'eſt pas commune. On les attache la nuit l'un à l'autre avec une ſorte de carcan ou de colier de fer qui eſt double, dont les gens du Soubachi portent la clef ; de cette façon ces deux hommes ſont mieux reſponſables l'un de l'autre, ne ſe pouvant pas ſeparer & il ne leur eſt guéres poſſible étant ainſi joints d'entrer dans les maiſons pour y rien prendre. Ce qui a obligé à chercher tant de précautions, c'eſt qu'outre que les Arabes ſe ſervoient de la faveur des ténebres pour venir quelquefois piller juſque dans la Ville en paſſant par deſſus les murailles qui ſont les plus baſſes, il y a encore de plus quantité d'Egyptiens qui s'appliquent à derober, & qui le font avec beaucoup de ſubtilité.

Generalement toutes les maiſons qui compoſent la Ville ne paroiſſent pas agreables au de-hors, elles ont les fenêtres barrées, & l'aſpect auſſi triſte qu'il eſt peu regulier. Elles ſont ordinairement à deux étages : celles du commun ſont bâties de terre & celles des Sangiacs & des perſonnes de conſideration ſont bâties de pierres de taille fort polies. Ces dernieres contiennent quantité de belles chambres, & principalement une grande ſalle qui leur ſert de lieu d'audience, où l'or & l'azur qui plaiſent fort en ce Pays-là ne ſont pas épargnez. Tout eſt propre & bien tenu au dedans de ces Palais & quand on va rendre viſite à celui qui en eſt le maître l'on y voit une quantité de domeſtiques fort bien vêtus. Le Corps de châque maiſon a deux étages de chambre, mais la ſale qui eſt toujours au milieu du bâtiment n'en a qu'un ſeul, & occupe depuis le bas juſqu'au couvert où l'on a coutume de rapporter un pied de terre pour arrêter la violence des rayons du Soleil. C'eſt l'uſage de l'Egypte qu'il reſte à ce couvert une ouverture de cinq ou ſix pieds en quarré, qui donne directement au milieu de la ſalle, on la ferme d'un rideau pendant le jour, mais on l'ouvre pendant la nuit, afin que la fraicheur puiſſe entrer par ce paſſage. Cette ouverture aux maiſons des riches a un petit lambris ſoutenu de piliers avec une baluſtrade à l'entour, en d'autres il n'y a ſeulement que la baluſtrade ſans lambris, & les habitations des pauvres, ſans avoir ni l'un ni l'autre, ont ſeulement l'ouverture. Il ſe trouve beaucoup de jardins dans la ville, mais entre autres il y a de petits eſpaces de terre que l'on a approfondis tout exprès pour y faire entrer l'eau du Nil au tems du debordement , ceci eſt pour l'agrément & l'utilité des maiſons, parce que ces petits Lacs bordés la plûpart de palmiers, outre qu'ils ſont agréables à la vuë apportent beaucoup de fraicheur. On les appelle BIRQUES qui eſt un nom que l'on donne en commun à tous les lieux marécageux dont l'eau ne s'écoule pas, à la difference des jardins, où l'eau ne demeure que trois mois après leſquels on la fait ſortir pour y ſemer diverſes choſes.

[a] Le Château du Caire eſt la demeure ordinaire du Bacha & des principaux Officiers des troupes. C'eſt proprement une Citadelle extrêmement vaſte qui a plus d'une demi-lieuë de tour. Il y a dedans quatre Moſquées à Minarets parmi leſquelles il y en a une très-belle & très-riche, dans laquelle eſt le tombeau d'un des Compagnons de Mahomet : il eſt couvert d'étofes précieuſes, ſur leſquelles eſt un Turban verd, & environné d'une baluſtrade d'argent doré, avec un grand nombre de chandeliers de même metal, qui ſont neuf ou dix pieds de hauteur, & pluſieurs lampes d'or, qui éclairent nuit & jour. Cette Moſquée eſt bâtie d'un très-beau marbre, pavée auſſi de marbre blanc & noir par compartimens ; & il regne autour une Gallerie ſoutenuë par des colomnes de marbre. Le Château du Caire eſt rempli de maiſons où il n'habite que des Turcs, & tous ceux qui ont le privilége d'y demeurer reçoivent la paye du Grand Seigneur. Il eſt bâti ſur un rocher qui domine toute la Ville, environné de murailles, flanquées de groſſes tours, dans leſquelles il y a des appartemens aſſés commodes pour y loger des Officiers. On a pratiqué dans les murailles pluſieurs petits chemins couverts, d'où les Soldats peuvent tirer ſans danger par des trous qu'on y a menagez. L'Artillerie, qui eſt rangée au-deſſus, n'eſt pas fort conſiderable, les canons ne portant que trois ou quatre livres de balle. Si ce Château étoit bien fortifié & bien entretenu, il pourroit devenir une excellente Citadelle : mais les Turcs ſont trop negligens, & ne reparent preſque jamais ces ſortes d'Edifices. Tout y tombe en ruine. Le lieu où loge le Bacha eſt le mieux conſervé, & ſon Divan eſt précedé d'une aſſez belle place, longue de 300. pas & d'environ 100. pas de large. Il y a à une des extremitez du Château un retranchement occupé par une partie de la Garniſon. Ce ſont quatre ou cinq groſſes tours aſſez bien bâties, qui forment une enceinte de cinq ou ſix cens pas de circuit.

[a] Le Sr. LUCAS III. Voy. Tom. 1. Liv. 4. p. 361.

cuit. Ce lieu commande le logement du Bacha; lors que la Porte lui envoye l'ordre de quitter son Gouvernement, on braque quelques canons contre sa maison, qui la renverseroient en peu de tems, s'il vouloit faire la moindre résistance. On remarque en faisant le tour de ce Fort qu'il a été bati plusieurs fois sur des fondemens qui paroissent être du tems des Anciens Egyptiens ; ce qu'on connoit aisément par les grosses pierres sur lesquelles sont celles qu'on y a mises depuis, & qui sont bien differentes en couleur & en durée. On voit même sur quelques-unes plusieurs caractéres Hieroglyphiques qui sont de la premiere antiquité. Aussi y a-t-il des personnes qui sont persuadées que c'étoit autrefois le Palais des Pharaons à quoi ils sont d'autant plus portez par une tradition ancienne qui veut que ce Puits merveilleux que l'on y voit encore ait été bâti par le Patriarche Joseph. On ne peut disconvenir qu'il n'ait fallu un tems & des depenses infinies pour le construire. Sa profondeur est comme partagée en deux parties ; on descend du sommet jusqu'à la moitié par un Escalier qui regne autour du puits & qui est taillé dans le Roc ; c'est par là qu'on fait descendre les bœufs sur une plateforme, d'où ils élevent l'eau par le moyen d'une rouë & de longues cordes, où sont attachez des pots de terre qui se remplissent & se vuident à mesure que la rouë tourne : l'eau se tire en deux tems differens, par le moyen de deux rouës posées l'une sur l'autre ; la plus basse verse l'eau dans un premier reservoir d'où la seconde l'enleve & la porte jusqu'au haut du puits : la bouche du puits a 18. pieds de large sur 24. de long. & sa profondeur de 276. pieds.

a Le P. *Coppin* Voy. d'Egypte. chap. XVI.

A l'égard *a* du Gouvernement du grand Caire le Bacha tant qu'il est en charge a l'autorité suprême & gouverne non seulement la Ville, mais encore tout le Royaume d'une maniére despotique, c'est-à-dire que ses volontés tiennent lieu de Loi ; il peut emprisonner, prendre les biens & faire mourir sans autre forme de procès que l'ordre qu'il en donne. Aussi voit-on tous les jours de grandes vexations, & d'extrêmes injustices, mais d'ordinaire les Bachas n'en font pas beaucoup en un même tems, de crainte que la trop grande oppression n'oblige les Peuples à porter leurs plaintes à la Porte. Le courant de la Justice est administré par le Cady, & les Turcs n'usent guéres d'écritures dans leurs jugemens. Ils font venir d'abord les témoins, & si c'est pour des choses civiles comme de l'argent prêté on envoye des Chiaoux aux debiteurs qui les font payer, & se font donner de surplus trois pour cent pour leurs peines. Mais si la somme tarde trop à se trouver, on met le debiteur en prison jusqu'à ce qu'il s'acquitte & si l'argent qu'on lui demande est pour le Sultan il a la bastonnade aussi-tôt qu'il ne dit qu'il n'a pas de quoi satisfaire. Pour les crimes capitaux le supplice ordinaire aux gens du commun est d'être empalé & le supplice de la Noblesse & des personnes distinguées est d'être étranglées ou d'avoir la tête coupée. Au reste toutes les affaires qui ne regardent point l'Etat sont accommodables pour de l'argent, excepté le Larcin qui est toujours puni de mort sur le lieu où il a été commis.

b Il y a quatre Mouftis au Caire qui prennent leurs noms des quatre Sectes principales des Mahometans qui sont 1. celle de *Sciáfei*; 2. celle de *Máleki* ; 3. celle de *Hámbali* ; 4. celle de *Hánefi* ; ils sont tous égaux en dignité, parce que leurs Sectes sont égales. Ils ont l'autorité d'excommunier les Bachas mêmes lors qu'ils font quelque chose au préjudice de la Religion Mahometane, ou de leurs Mosquées. En effet ils excommunierent *Ibrahim* Bacha en l'an 1672. parce qu'il vouloit prendre une partie des legs & des rentes des Mosquées du Caire, & l'empêchérent par là d'exécuter son sacrilége : & en cas que leur excommunication n'ait pas son effet, ils ferment alors les Portes des Mosquées, ce qui fait soulever le Peuple qui ne s'appaise point que le Bacha ne soit assommé.

b Le P. *Vansleb*. Relat. d'Egypte, pag. 124.

On compte dans le Caire sept differens ordres de milice. Il faut pourtant remarquer que parmi ces sept ordres on ne compte pas les Canoniers, ni les Armuriers, mais seulement les *Metfarracas*, les trois Cornettes des Saphins qui sont *il Giumulli*, *il Tesáffchi*, & *il Cexcassi* ; les Janissaires, les Chiaoux, & les Azapes, qui sont ceux qui la composent. Enfin en tout on y compte environ seize mille hommes. Les Janissaires, les Saphins, les Azapes, & les Hegebis, ne sont payés que de trois en trois mois ; mais les Chiaoux, les Metfarracas, les Jetams ou Orphelins, les Hiavalis, les Kescies & les Metkáeds, reçoivent leur montre tous les mois sans retardement.

Les *c* Mahometans meprisent extrêmement les originaires du Pays qui sont obligez de prendre des femmes parmi leur tribu, pendant qu'ils en font venir pour eux de Moscovie, de Georgie & de l'Abyssinie où les femmes quoique bazannées, sont les mieux faites du monde, & de l'humeur la plus égale qu'on puisse souhaiter. Elles savent se mettre d'un air également majestueux & galant, leurs coëffures surtout ont quelque chose de singulier qui leur sied à merveille, & leur propreté ne trouve rien à quoi elle puisse être comparée. Le peu d'éducation qu'elles ont, n'étant la plûpart que des esclaves qui ont sû plaire à leurs maîtres, la vie oisive qu'elles menent, les discours qu'elles tiennent entre elles, où il ne regne ni pudeur ni retenuë, le peu d'attachement que leurs maris ont pour elles, les traittant comme leurs servantes, & ne mangeant jamais avec elles, le penchant qu'elles connoissent à leurs maris pour d'autres objets, la chaleur du climat, tout cela les rend extremement portées à la galanterie, & fort ingenieuses à réussir dans leurs intrigues. Si les femmes sont peu chastes au Caire, les filles y sont obligées à une grande retenuë. La moindre faute les exclut pour jamais du mariage, & la moindre preuve, souvent même équivoque, les met en danger de leur vie. Les femmes ont la permission au Caire de se rendre visite comme dans les Pays où elles seroient dans une entiere liberté, & leurs visites durent quelquefois des journées entieres. Elles se regalent & se divertissent de leur mieux : leur plus grand plaisir alors est de changer d'habit & de se travestir de differentes manieres : plus une femme, qui reçoit la visite d'une autre,

c Le Sr. *Lucas* III. Voy. Liv. 4.

a de considération pour elle, plus elle affecte de s'ajuster, & c'est la marque d'attention la plus grande qu'elle puisse lui donner. Lors qu'une femme de distinction va chez une de ses amies, plusieurs Janissaires marchent devant elle, ses filles la suivent, avec ses Esclaves & chacune a soin de se parer du mieux qu'il lui est possible. Lorsqu'elles ont pris le Café, le Sorbec, & le parfum, elles se mettent à fumer, & c'est alors qu'un petit air de debauche les rend tout à fait charmantes; elles se mettent quelquefois à la fenêtre avec leur pipe à la bouche & font paroître un air si galant qu'on prend un extrême plaisir à les regarder. Lorsqu'il y a dans la ville quelque réjouissance publique, comme on en fait à la naissance des fils du Grand Seigneur, ou pour le gain d'une bataille, elles ont la permission de sortir le jour & la nuit, & d'entrer où bon leur semble; toutes les maisons étant alors ouvertes. Elles sortent aussi tous les Vendredis, pour aller visiter les Sepulchres de leurs parens & prier Dieu pour les morts; & quand elles n'ont point de bains dans leurs maisons, il leur est permis d'aller dans ceux qui leur sont destinez. Tout cela paroît fort opposé à l'exacte cloture où les Turcs tiennent leurs femmes, mais outre que les mêmes hommes ont souvent des maximes fort contraires, il faut savoir que dans leurs visites ou leurs promenades, les femmes sont toujours suivies des Eunuques & d'autres personnes affidées qui ne les perdent point de vûë & qui sont aussi difficiles à tromper que les maris eux-mêmes. D'ailleurs le même privilége qui est attaché au *Harem*, ou appartement des femmes, est attaché à leurs personnes: on n'ose leur faire la moindre insulte & si cela arrive quelquefois, il leur est permis de punir l'insolence en donnant avec leur babouche sur le visage de celui qui perd le respect, & c'est le plus grand affront que l'on puisse recevoir. Voyez l'Article CAHERAH.

[a] *Baudrand.*

CAIRO [a], Bourg d'Italie dans le Montferrat près de la Riviere de Bormida, entre Final & Aqui environ à cinq lieues de l'une & de l'autre.

CAIROAN. Voyez KAIROAN & CYRENE.

[b] *D'Herbelot Bibl. Orient.*

CAIS [b], Isle du Golphe Persique. Les Persans lui donnent aussi le nom de KISCH. Elle a douze milles de tour & separe, pour ainsi dire, les deux Mers d'Oman & de Fars. Quoiqu'on y voye beaucoup de Jardins & de Palmiers on n'y trouve point d'autre eau que celle des Puits. C'est aux environs de cette Isle que se fait la plus grande pêche des perles Orientales. Voyez KISCH.

CAISTRE. Voyez CAYSTRE.

[c] *Hist. de Timurbec T. 2. p. 389.*

CAÏTAGH [c], Montagne d'Asie en Géorgie.

[d] *Etat prés. de la G. Bret. T. 2. p. 279.*

CAITHNESS [d], Province de l'Ecosse & l'une des plus Septentrionales de ce Royaume. Elle est environée de la Mer au Nord & à l'Est, & separée du Sutherland, & de Strath-Navern par des Montagnes. Elle est assez fertile en bled, en pâturages & en bétail; mais il y a peu de bois. Il y a plusieurs petites Villes, Villages, & Maisons de Noblesse. Weik en est la Capitale & a un bon port de Mer, Thurso en est un autre port. Entre les

Tom. II.

Châteaux de cette Province le plus remarquable est celui de Sinclair appartenant aux Comtes de Caithness qui lui ont donné le nom de leur famille, & qui en ont plusieurs autres dans cette Province. Les Keiths & les Mowats ont aussi beaucoup de terres dans ce Pays.

CAIWANI [e], Sauvages de l'Amerique où ils habitent les Isles qu'on trouve dans l'embouchure de la grande Riviere de l'Orenoque. Ils sont robustes & assez bien faits, mais très-fainéants, de sorte qu'ils fuyent le travail, & ne peuvent s'adonner à la culture des Champs. Ils vivent de venaison, de palmites, & d'autres fruits d'arbres. L'Eté ils bâtissent leurs cases sur terre, & l'Hiver ils les font au sommet des arbres. L'Orenoque s'enfle si fort depuis le mois de Mai jusqu'en Septembre, que la plûpart de ces Isles en sont inondées, l'eau de cette Riviere croissant fort souvent vingt pieds par dessus ses bords.

[e] *Corn. Dict. Laët, Descript des Indes Occidentales. liv. 17. ch. 21.*

CAIZIMU [f], l'une des cinq Provinces qui font la division de l'Isle Espagnole en Amerique. Elle confine au Nord avec les monts nommez HAYRY, & s'étend du côté du Sud jusqu'à la Riviere d'Ozama qui passe par la Ville de S. Domingue. Ce nom *Caizimu* veut dire *Front* ou *Gouvernement* en langage de cette Isle.

[f] *Corn. Dict. Porcachio, Liv. 3.*

CAKET [g], Ville & petit Royaume dans le Gurgistan. Ce Royaume qui est l'Iberie des anciens, s'étend fort loin dans le Mont Caucase, & a eu autrefois plusieurs grandes Villes bâties somptueusement, qui sont maintenant toutes ruinées, à la reserve de celle qui porte aussi le nom de Caket. Alexandre, qui en étoit Roi sous la dependance de celui de Perse, avoit donné l'aîné de ses fils en ôtage à Tahmas, qui le fit élever en sa Cour avec son fils Abas, qui a été depuis surnommé le Grand. Si-tôt que ce Prince, que les Persans appellerent Taimuras-kan, eut perdu son pére, il fut renvoyé à Caket par Abas, après qu'on lui eut fait prêter serment de Feudataire & de Vassal. Luarzabi Roi de Carthuel lui donna sa sœur pour femme, l'une des plus belles personnes de Georgie, ce qui offensa tellement Abas Roi de Perse, qui l'avoit fait demander, qu'il résolut de les perdre l'un & l'autre. Ce dessein qui leur fut connu, les obligea de s'unir. Abas entra dans la Géorgie avec une grosse armée, & s'étant jetté sur le Royaume de Caket, il y exerça de très-grandes cruautez, jusqu'à faire abattre les arbres qui nourrissent les vers à soye, afin que le Pais qui tire delà un de ses plus grands avantages, fût détruit entierement, sans se pouvoir rétablir. Taimuras alla à Constantinople, & implora le secours du Turc, qui le rétablit en son Royaume. Il n'y demeura pas long tems. Sefi, Successeur d'Abas donna le Commandement de son armée à Rustan-kan, qui ayant pris une partie du Royaume de Caket reduisit Taimuras à se cantonner dans les lieux forts du Mont Caucase. Il se retira ensuite en Imirere, où il fut fait prisonnier; & envoyé delà à Sefi. Le Roi le logea en un de ses Palais, & il y mourut en 1659. Son Corps fut porté en Georgie, où on l'enterra avec toute la pompe du Païs. Le Royaume de Caket obéit depuis au Roi de Perse. Chanavas-kan Viceroi de Georgie

[g] *Chardin, Voyage. T. 2. p. 123. 114. & suiv.*

G * gie

CAK. CAL.

gie en acheva la conquête, & son fils Archyle en eut le Gouvernement, s'étant fait Mahometan pour l'obtenir. Il épousa une fille de Taimuras-kan, & acquit par ce mariage un droit à ce Royaume, dont il étoit déjà Viceroi.

CAKETA[a]. Rivière de l'Amerique, la plus grande qu'on y voye, après celle des Amazones. Elle naît dans le nouveau Royaume de Grenade, & a sa source dans la Vallée de Miacao, de la Province de Popayan, à 2. degrez 30. minutes de latitude Septentrionale, & à 303. degrez 40. minutes de longitude. Ce Fleuve, peu connu jusqu'à présent des Géographes, s'accroît merveilleusement des eaux qui descendent en abondance des grandes Montagnes de Sainte Foi de Bogote, & prenant son cours d'Occident en Orient, presque toujours paralléle à la Riviere des Amazones, il s'approche insensiblement de la ligne, & continuë son cours jusqu'à 11. degrez de latitude Septentrionale ou environ, & jusqu'à 318. degrez de longitude. Il divise son ample canal en Rio-Negro & en Rio-Grande. Ce partage ne l'empêche pas de se rendre d'un côté dans le fleuve des Amazones par la premiere de ses deux branches, dont l'entrée est de plus d'une lieuë & demie de largeur. Cette branche conserve la couleur de ses eaux dans ce grand fleuve pendant douze lieuës. L'autre branche qu'on croit être la Riviere de l'Orenoque, parce qu'on n'en voit point d'autre depuis le Cap des Voltes jusqu'au Cap du Nord, qu'on lui puisse attribuer, détourne son cours du côté du Septentrion, & se rend dans la Mer du Nord par une grande embouchure. Le grand Caketa reçoit quantité de Rivieres, arrose de riches Provinces, & des Nations fort belliqueuses, & par ses debordemens il forme de tous côtez de grands Lacs. Son embouchure de l'Orenoque est à 9. degrez de latitude Septentrionale, & à 321. & 20. minutes de longitude. Celle de Rio-Negro, appellée ainsi, à cause de ses eaux profondes qui paroissent noires, est à 4. degrez de latitude meridionale, & à 322. degrez 20. minutes de longitude, au côté du Nord de la grande Rivière des Amazones, & à sept cens quatre vingt huit lieuës des sources de cette même Riviere.

CAKISCALA[b], c'est-à-dire *mauvaise échelle*; lieu dans la Grèce où les Corsaires se mettent en embuscade pour surprendre les voyageurs qui vont par là à Corinthe. Il est à cinq ou six milles de Megare. Le chemin y est très-dangereux, & c'est ce que signifient les deux mots Grecs dont le nom qu'il porte est composé. Il faut défiler pendant trois quarts d'heure par un sentier fort étroit, qui a d'un côté la Mer, où en faisant un faux pas il est à craindre que l'on ne se précipite. De l'autre c'est un rocher escarpé. Ce chemin est le passage que les brigandages de Sciron ont rendu fameux. Il précipitoit ceux qu'il avoit dépoüillez. Thesée lui fit souffrir le même suplice; & depuis ce tems, cet endroit a toujours été appellé *Saxa Scironia*.

CALA[c], ou KALA, Ancien Palais des Rois de France dans le territoire de la Ville de Paris, auprès du lieu où a été fondée l'Abbaye de Chelles. On conjecture que ce Palais subsistoit dès le tems de Clovis parce qu'il est dit dans la Vie de Ste. Batilde qu'elle fonda un Monastére de filles à Kala, en l'honneur de St. Gregoire. En effet il y a apparence que la terre où cette pieuse Princesse fit bâtir ce Monastere étoit une terre qui appartenoit au fisc, ou qui lui avoit été donnée à elle-même en dot. Ce fut à Cala, selon Gregoire de Tours[d], que le Roi Chilperic fit emprisonner son fils Clovis & qu'il permit à la Reine Fredegonde sa belle-mere de le faire mourir. Au rapport des Historiens le crime ne fut pas cependant commis dans ce lieu, mais à Noirsi Village sur la Marne. C'est encore à Cala, que fut tué le Roi Chilperic dont il est dit qu'on transporta le tresor de Cala à Meaux, où étoit le Roi Childebert. [e]La Reine Batilde trouva à Cala un sort plus heureux, car après avoir bâti le Monastere elle y prit l'habit & y finit saintement ses jours. Quoique les Rois de la Race Carlovingiene ne paroissent pas avoir fait leur séjour ordinaire dans le Palais de Cala, ils ne le negligerent pas. L'Auteur[f] qui a écrit la translation du corps de Ste. Baltilde nous apprend que Charlemagne en l'an 804. y fut voir sa sœur Ghisel qui y étoit malade; & que Louis le Debonnaire y fit quelque séjour. Les Rois de la Race Capetienne paroissent aussi y avoir resédé quelque tems, quoique leur demeure ordinaire fut fixée alors dans la Ville de Paris. Le Roi Robert y assembla en l'an MVIII. un Concile d'Evêques, dont les Actes sont datez[g] XVI. Kal. Junii Kala sedis nostra Palatio. Il ne reste aujourd'hui presque aucuns vestiges de cette ancienne maison Royale. On voit seulement qu'elle étoit située derriere l'Eglise de l'Abbaye de Chelles, & que c'est de ses ruines que le Bourg a été formé.

CALAA[h], Ville d'Afrique dans la Province de Beni-Arax, Royaume de Tremecen. Elle est sur la pente d'une colline entre deux hautes Montagnes, & fermée de murailles garnies de tours à la façon d'une Forteresse. Il y a beaucoup de Marchands & d'Artisans fort à leur aise. C'est la Place que Martin d'Argote prit quand il alla contre Buhamur, & c'est là que les Arabes tuerent Escander, Capitaine Corse, qui s'étoit rendu. Cette Ville s'appelloit autrefois Altac. Ptolomée la met à 12. degrez 30. minutes de longitude, & à 31. degrez 30. minutes de latitude.

CALAASEFID[i], forte Citadelle d'Asie dans le Fars ou la Perse propre près Neubendgian.

CALABASTORES, Ville d'Afrique selon Procope au second livre de la guerre des Vandales.

CALABRE, Pays dans la partie Meridionale de l'Italie. Mais ce pays n'est pas le même dans les anciens que dans les modernes. Les anciens eux-mêmes ne lui donnent pas la même étendue. Ainsi il faut distinguer entre l'ancienne Calabre & la Calabre d'aujourd'hui: ce sont des pays très-diferens. Dans l'ancienne Calabre il faut encore distinguer la Calabre proprement dite & la Calabre prise dans un sens moins resserré. Pour éviter la confusion je traiterai ces divisions separement.

CAL.   CAL.

De l'Ancienne Calabre.

1. CALABRE PROPREMENT DITE, Pays de la grande Grece dans la Presqu'Isle que nous appellons aujourd'hui terre d'Otrante. Strabon[a] dit que cette terre nommée Japygie, & que les Grecs nommerent aussi Messapie, avoit des habitans que l'on distinguoit sous divers noms: on appelloit Salentins ceux qui habitoient autour du Promontoire *Japygium* (aujourd'hui *Capo Santa Maria di Leuca*; c'est-à-dire vers la pointe Meridionale de cette Presqu'Isle;) que d'autres étoient nommez *Calabri*, & il met au-dessus d'eux au Septentrion les Peucetiens. Il n'y a point d'autorité dans ce qui nous reste des anciens qui puisse nous apprendre les limites de ces Peuples, *Salentini* & *Calabri*. Le Pere Briet[b] croit que les premiers étoient la partie d'Otrante au deça de l'Apennin, & que les autres étoient la partie d'Otrante au delà de l'Apennin.

2. CALABRE, ou MESSAPIE. Les Peuples CALABRI s'étant le plus distinguez soit par leur courage, soit par leur situation, qui les faisoit plus connoître, on donna le nom de Calabre à toute la Presqu'Isle, que l'on renferme entre la mer & une ligne imaginée depuis Tarente jusqu'à Brindes. Strabon[c] dit: plusieurs nomment communément Messapie, Japygie, Calabre, & Salentine. D'autres y mettent de la distinction. Je viens de la marquer ci-dessus. Le nom de MESSAPIE lui étoit venu d'un Capitaine nommé Messapius, à cause duquel les Grecs nommerent ainsi ce Pays. Mais sous le nom de Messapie, ils l'étendoient delà de ce que les Latins nommoient *Calabria*. Le nom de JAPYGIE, venoit d'Iapyx[d] Riviere qui donnoit le nom à tout le pays jusqu'à l'extrémité du Promontoire Iapygien qui est à l'extremité Meridionale de la Presqu'Isle. Cependant Strabon dit: la Messapie est en forme de Presqu'Isle enfermée par un Isthme qui s'étend de Brindes à Tarente. Ce qui me fait croire que les Grecs distinguoient entre la Messapie propre & la Messapie plus étendue; comme je vais le faire voir.

3. CALABRE (la) dans un sens plus étendu, enfermoit non seulement la Calabre; mais encore la Pouille. On nommoit aussi tout ce pays en general LA MESSAPIE. La Ville même dont ce nom semble avoir été donné au Pays, & que Pline[e] nomme MESSAPIA, étoit dans la Pouille. C'est aujourd'hui *Mesagna* entre Brindes, & Oria, ou Uria, en allant vers Tarente, & ce lieu est nommé *Messana Apulia* par quelques Auteurs. Voyez le §. de l'Article MESSANA. Virgile[f] étend la Calabre dans ce sens sous le nom de JAPYGIE jusqu'au Mont Gargan,

Ille Urbem Argyripam, patriæ cognomine gentis,
Victor Gargani condebat Iapygis Agris.

Il entend certainement par ce Gargan Japygien la partie du Mont Gargan qui étoit dans la Pouille Daunienne. Servius[g] dit que la Japygie étoit une partie de la Pouille. Sauf le respect dû à un Ancien je crois qu'il devoit dire tout le contraire, savoir que la Pouille étoit quelquefois comprise sous le nom de Japygie. Voyez la Division de la grande Grece au mot DAUNIE. Pline[h] dit que la Calabre étoit nommée par les Grecs Messapie du nom d'un Capitaine. Il ajoute qu'on la nommoit auparavant PEUCETIE du nom de Peucetius frere d'Oenotrus. On sait que la Peucetie & la Daunie faisoient ensemble la Pouille des Anciens. Mais ce qui peut faire de l'embaras, c'est que Pline met la Calabre appellée Messapie par les Grecs, & auparavant Peucetie dans le territoire des Salentins. *In agro Salentinorum*. Ce territoire en ce cas s'étendoit plus loin que l'ancien peuple des Salentins qui n'occupoient qu'une partie de la Calabre separée de la Pouille dans laquelle la Peucetie est comprise.

De la Calabre d'aujourd'hui.

On la divise en CITERIEURE & en ULTERIEURE, la premiere repond à une partie de la *Lucanie*[i] des anciens, dont la Basilicate occupe le plus à présent; on la nomme aussi la HAUTE CALABRE: l'autre que l'on appelle la basse Calabre ou la Calabre Ulterieure répond à la plus grande partie du Pays des Brutiens.

LA CALABRE CITERIEURE[k], c'est la principale partie de la Calabre, & la plus Septentrionale; que l'on appelle aussi quelquefois la haute Calabre. C'est la cinquieme Province du Royaume de Naples, & elle a pour bornes au Nord la Basilicate, au Midi la Calabre Ulterieure, à l'Occident la Mer de Naples, & à l'Orient la Mer Ionienne. Sa Ville principale est Cosenza, Archiépiscopale, les autres sont Rossano, Archiépiscopale, Bisignano, Cassano, Ceriati, S. Marco, Martorano, & Umbriatico, qui sont toutes Episcopales. Les habitans l'appellent. LA CALABRIA CITRA.

LA CALABRE ULTERIEURE, est la partie la plus Meridionale de la Calabre, & la sixième Province du Royaume de Naples, on la nomme aussi souvent la *Basse Calabre*. Elle est fort resserrée entre la Mer de Naples & les Golfes de Gioia, & de Sainte Euphemie, qui sont au Couchant, & la Mer Ionienne, & les Golfes de Gierace, & de Squillace, qui sont au Levant. Elle a au Midi la Mer de Sicile, & le Fare de Messine qui la separe de la Sicile, & au Septentrion la Calabre Citerieure. Sa principale Ville est Catanzaro; les autres sont Reggio & Santa Severina. On appelle dans le Païs la CALABRIA OLTRA. Elle peut avoir trente lieuës de long, & sa moyenne largeur peut être douze. Les Villes principales de la Calabre sont:

Bisignano,	Cit.
Cariati,	Cit.
Catanzaro,	Ult.
Cosenza,	Cit.
Gierace,	Ult.
Nicotera,	Ult.
Reggio,	Ult.
Rossano,	Cit.

CAL.

Santa Severina, Ult. Umbriatico, Cit.

CALABRE, (la Mer de) en Latin, *Aufonium mare*. C'est le nom que l'on donne à la partie de la Mer Ionienne qui baigne les côtes Orientales de la Calabre, & de la Sicile, & qui s'étend jusqu'au Cap de Sainte Marie di Leuca.

CALABREA. Voyez CALAURIE.

CALABRITES, Ville du Peloponese dans l'Achaïe propre selon Laonic cité par Ortelius[a]. *a* Thesaur.

CALABROS, Riviere de la Calabre selon Ortelius[b] qui cite Pausanias. Ortelius écrit CALABRUS, mais *Calabros* en Grec est *Calaber*. D'ailleurs le passage de Pausanias[c] n'est qu'une citation d'un ancien monument où le *Calabros potamos*, nommé incidemment, ne decide pas assez où étoit cette Riviere, à moins qu'on ne veuille dire que Calabros est moins une Epithete qu'un nom propre. *b* Ibid. *c* L. 6. c. 6.

CALABRUM[d], ancien nom d'un lieu de l'Aquitaine. Il en est fait mention dans les Actes du moyen âge & particulierement dans la Vie de St. Sacerdos. C'est presentement CALVIAC Village du Perigord. *d* Baudrand Ed. 1682.

CALABRUS, Voyez CALABROS.

CALABRYA, lieu ainsi nommé à cause de ses belles sources d'eau vive. Zonare & Curopalate en font mention, & Ortelius[e] juge qu'il doit être quelque part dans l'Asie mineure. *e* Thesaur.

CALAC, Bourg de France en Bretagne au Diocèse de Cornouaille, selon Mr. Corneille. La Carte de Bretagne de Jaillot écrit CALLAC, & en fait un Village de Cornouaille ou Quimper, aux confins du Diocèse de Treguier. L'Auteur du Denombrement du Royaume n'en parle point du tout.

CALACHANA ou CALACHENA. Voyez CALACINE.

CALA CHABBA[f], c'est-à-dire, le *Château blanc*; on donne ce nom à la Citadelle de Merdin que l'on appelle aussi la Forteresse Couн parce qu'elle est sur une Montagne; car *Couh* en langue Persanne signifie une *Montagne*. *f* Histoir. de Timurbec T. 2. p. 282.

CALACIA, Ville de la Tartarie au Royaume de Tanguth dans la Province d'Egrigaïa, dont elle est la Capitale. Marco Paolo le Venitien[g] dit que les habitans en sont idolatres, si on en excepte quelques Chrétiens Nestoriens qui y ont trois Eglises, qu'ils sont tous sujets au grand Cham; qu'on trouve à Calacia des Camelots (*panni quos Zambilotti vocant*) tissus de laine blanche & de poil de Chameau, des plus beaux que l'on puisse voir & que les Marchans en transportent en divers pays: je doute que ce *Calacia* soit different de *Calcaban* Capitale du Royaume de CALKA. Voyez CALKA. *g* L. 1. c. 63.

CALACINE, contrée d'Asie dans l'Assyrie selon Ptolomée[h]. C'est la même que Strabon[i] appelle CALACHENA. Elle étoit voisine & limitrophe de l'Adiabene. *h* L. 6. c. 1. *i* L. 11. p. 530. & l. 16. p. 736.

CALACOROLY[k], Royaume d'Afrique dans la Nigritie, au haut de la Riviere de St. Domingue du côté du Nord. *k* Baudrand Ed. 1705.

CALACOT. Voyez l'article DOLTABAT.

CAL.

CALACTA[1], ancienne Ville Maritime de Sicile sur la côte Septentrionale. Herodote[m] & Diodore[n] la nomment CALE ACTE, c'est-à-dire, *beau rivage*. Antonin corrompt ce nom en celui de GALEATE. Leandre croit que c'est ACQUE DOLCI, Niger dit que c'est CALORA & Fazel[o] juge que c'est S. MARCO. Mais Cluvier[p] croit qu'elle est entierement détruite & que ses ruines que l'on montre encore, sont à près de trente milles de S. Marco; & le prouve par les distances des anciens Itineraires. D'où il resulte que Caronia Ville détruite a succedé à Calacta, & que les ruines de ces deux Villes sont très-proches les unes des autres. *l* Ptolom. *l. 3. c. 4. m* L. 6. c. 23. *n* L. 11. c. 8. *o* Decad. 1. l. 9. c. 4. *p* Sicil. ant. l. 2. p. 291.

CALACTINI[q], habitans de CALACTA. *q* Ciceг. Frumentar. c. 43.

CALADUNUM, ancienne Ville de l'Espagne Tarragonnoise selon Ptolomée[r] qui la donne au peuple qu'il nomme *Callaici Bracarii*. Antonin[s] en fait mention & la met sur la route de Bragues à Astorga. On conjecture que c'est peut être Mirandela en Portugal dans la Province de Tra os montes, entre Bragance & Lamega. *r* L. 2. c. 6. *s* Itiner.

CALÆADUA. Voyez CALANDRUA.

CALÆCIÆ. Voyez CALLAICI.

CALÆGIA, ancienne Ville de la Germanie selon Ptolomée[t]. Pierre Appien suivi par les Interpretes de cet Auteur croit que c'est presentement WITTENBERG Ville de Saxe sur l'Elbe. *t* L. 2. c. 13.

CALÆI, Isles de la Mer des Indes à l'embouchure du Golphe Persique selon Arrien[v]. *v* Peripl.

CALÆNUS, Fontaine de la Lycie. Elle étoit aussi nommée anciennement Calbios, selon Etienne le Géographe. C'est la même chose que la Riviere Calbis de Pomponius Mela. Voyez CALBIS.

CALAGARRA. Voyez CALAGURIS.

CALAGHI, lieu d'Asie entre Moussel & Tauris selon l'Auteur François de l'Histoire de Timur-bec[x]. Moussel est ici la même chose que Mousul sur le Tigre. *x* T. 3. p. 364.

CALAGNA, Colonie Romaine selon Frontin[y]. Elle y fut envoyée par l'ordre de Drusus Cesar, & le territoire fut assigné aux Veterans. Ce nom a fait peine aux Critiques, quelques-uns lui substituent *Calatia*, d'autres *Anagnia*. *y* De Coloniis p. 103. Edit. Goesii.

CALAGORGIS[z], ancienne Ville de la Gaule Aquitanique. Mr. de Marca[a] croit que c'est presentement St Licer de Conserans, si nous nous en raportons à Mr. Baudrand; mais Mr. de Marca ne nomme point *Calagorgis*; il dit que *Consoranorum Civitas* est St. Licer en Gascogne. Simler[b] dit que Calagorgis d'Antonin est la même chose que Begorra dans le livre des Notices. *z* Anton. Itiner. *a* Marc. Hisp. p. 65. *b* In Anton.

CALAGORINA. Voyez CALAGURIS.

CALAGUM. Voyez CALATUM.

§. CALAGURIS, ou CALAGURRIS ; plusieurs confondent mal à propos deux Villes très-differentes, toutes deux dans l'Espagne Tarragonoise. Pline les distingue très-bien.

1. CALAGURIS, Ville de l'Espagne Tarragonnoise, dont les habitans nommez *Calaguritani* par Pline[c] étoient surnommez NASSICI, c'est de ceux-là que parle Cesar[d]: " sur ces *c* L. 3. c. 3. *d* Bel. Civil. l. 1. c. 60.

CAL.

„ ces entrefaites les habitans d'Huesca, (*Os-*
„ *censes*) & deux de Calaguris (*Calagurrita-*
„ *ni*) qui étoient annexez aux premiers (*qui*
„ *erant cum Oscensibus contributi*.) lui en-
„ voyerent des deputez &c. Les habitans de
cette Calagurris, étoient, selon cet Auteur, subordonnez à ceux d'Huesca. Il ne faut donc
pas douter qu'il ne soit ici question d'une
Ville qui étoit à XII. mille pas d'Huesca; au
même lieu où est encore aujourd'hui le Bourg
de LOHARRE qui conserve encore quelque
chose de son ancienne origine. Jerôme Blanca
au commencement de son Histoire d'Arragon
dit que de son temps on y trouvoit des vestiges des Edifices Romains. Mr. d'Ablancourt
dans sa Traduction de Cesar où, comme dans
les autres, la Géographie l'embarasse moins que
la cadence & l'harmonie des Periodes, traduit
Oscenses & Calagurritani de Cesar, par ces
mots: *ceux d'Huesque & de Calahorre*: par où
l'on voit qu'il confond cette *Calaguris* avec
celle dont il est question dans l'article suivant.
Ambroise Morales cite une ancienne inscription dans laquelle on lit MUN. CALAGU-
RIS. JULIA. NASSICA. Cette Ville étoit dans
le pays des *Ilergetes* où étoient Huesca selon
Ptolomée & de qui elle relevoit selon César,
Xelsa (*Celsenses*) & Lerida, (Ilerda) selon
Pline[a] qui nomme les Calaguritains entre les
habitans de ces deux villes; & par consequent
diferente de l'autre *Calaguris*, que Ptolomée
place ailleurs.

[a] Lo. c.

2. CALAGURIS, ancienne Ville de
l'Espagne Tarragonnoise sur l'Ebre au territoire des Vascons. Ptolomée[b] la nomme CA-
LAGORINA par corruption: Pline en nomme
les Habitans CALAGURITANI[c] & leur donne le surnom de FIBULARENSES, apparemment
parce qu'il y avoit une fabrique ou du moins
un debit particulier de Boucles, en Latin *Fibu-
læ*. C'est cette derniere qui est aujourd'hui
CALAHORRA, Ville Episcopale. Voyez au
nom moderne. C'est aussi cette derniere qui
est la patrie du fameux Rheteur Quintilien.

[b] L. 2. c. 6.
[c] L. 3. c. 3.

3. CALAGURIS, ancien Bourg des Gaules au pays que nous appellons aujourd'hui le
Commingeois, assez près de la Capitale qui est
Comminges: il est remarquable pour avoir été
la patrie de Vigilance heretique refuté par St.
Jerôme & le premier que la France eût produit
avant ce temps-là.

CALAH[d], Isle de la Mer des Indes, entre la ligne Equinoxiale & le premier Climat:
elle est peuplée de Mahometans & est renommée par ses mines d'étain & par ses arbres dont
l'on tire le Camphre.

[d] D'Herbelot Bibl. Orient.

CALAHORRA[e], Ville d'Espagne dans
la vieille Castille. Elle est située sur la pente
d'une Colline qui s'étend dans la plaine jusqu'au
bord de l'Ebre. Elle est remarquable par sa
Cathedrale. [f] Cette Eglise fut fondée dans le
V. siécle & eut pour premier Evêque Silvain
dont St. Hilaire parle dans une Lettre à Ascane
Evêque de Tarragone l'an 465. Depuis ce
temps-là on ne trouve aucune trace des Evêques qui occuperent le Siége jusqu'à l'an 589.
que Municius assista au III. Concile de Tolede cette même année, à celui de Saragosse en
592. à celui de Barcelone en 599, & à celui
de Tarragone en 614. Après l'invasion des

[e] Vayrac Etat pres. de l'Espa- gne. T. 1. P. 324.
[f] Ibid. T. 2 P. 377.

CAL. 53

Mores cette Eglise fut 300. ans sans Evêques.
Sanche le Grand Roi de Navarre ayant établi
sa Cour à Naxera y transféra l'Evêché de Calahorra en 1001. & ce Siége y subsista jusqu'en 1079. qu'Alphonse VI. le rétablit à
Calahorra. Il pourroit sembler étrange qu'un
Roi de Navarre ait transferé un Evêché qui
est de la vieille Castille; mais Calahorra n'en
étoit pas autrefois & étoit compris dans le
Royaume de Navarre qui n'étoit borné precisement à l'Ebre que dans l'union des Royaumes. Le Chapitre de Calahorra est composé
de huit Dignitaires, qui sont le Doyen, les Archidiacres de Calahorra, d'Alava, de Naxera,
de Varveranga, & de Biscaye, le Chantre &
le Tresorier; de 24. Chanoines; de 18. Prebendiers; de 12. Semi-Prebendiers; de 3. Curez & de 34. Chapelains; le Diocèse s'étend
sur 1013. Paroisses & l'Evêque jouït de 20000.
Ducats de revenu. [g] Le terroir y est fort fertile, comme il l'est generalement aux deux
bords de l'Ebre. J'ai deja remarqué[h] que c'est
la Patrie de Quintilien qui s'est rendu celebre
par son livre des Institutions de l'Eloquence.
Quelques-uns ont pretendu que St. Dominique y étoit né aussi; mais, comme le remarque
Mr. de Vayrac[i], la ressemblance & l'affinité des
noms a produit cette erreur, & l'honneur d'a-
voir produit ce Saint est dû à Caloroga petit
Bourg d'Espagne au Diocèse d'Osma. Mr.
Corneille qui l'avoit attribué à Calahorra &
fait l'éloge de ce Saint dans l'article de Calahorra corrige cette faute dans celui de CALA-
RUEGA.

[g] Ibid. T. 1. P. 324.
[h] A l'Arti- cle CALA- GURIS 2.
[i] Ibid. T. 1. P. 325.

CALAJATE[k], Ville de l'Arabie heureuse vers le Golphe Persique, dans la contrée
d'Osman, à trente-cinq lieues de la Ville de
Mascate & à trente du Cap de Raz-al-Gate
entre l'un & l'autre lieu. Elle a été détruite
par les Portugais à cause d'une trahison que
l'on y trama contre eux. Cette Ville étoit
très-grande, comme l'on en peut juger par
ses ruines qui ont une fort vaste étendue.
L'on y voit encore des Temples & des maisons dont quelques parties subsistent encore. Il
y a sur son rivage des pierres d'une grande
blancheur, les unes plus grosses, les autres plus
petites; mais toutes merveilleusement travaillées
par la Nature. Dans quelques-unes on voit
des roses parfaitement bien gravées, & d'autres
figures dans les autres.

[k] Corn. Dict. Le P. Philip- pe Voyage d'Orient.

CALAIS, Ville de France, en Picardie au
Comté de Guines, au bord de la Manche qui
étant très-étroite en cet endroit est nommée le
PAS DE CALAIS, parce que c'est là que le
passage de France dans l'Isle de la Grande Bretagne est le plus court. Le Port de Calais est
à trois lieues de Graveline, & à sept de Boulogne, vers le Nord. Ce n'étoit autrefois
qu'un Village, qui dependoit du Comté de
Boulogne. On commença à la fortifier, &
à y faire bâtir un Château en 1228. Philippe
de France Comte de Boulogne la fit entourer
de murailles en 1408. & en 1447. elle étoit
si forte qu'Edouard III. Roi d'Angleterre
l'ayant assiegée, il ne put la prendre que par
famine. Les Anglois la garderent jusqu'au
mois de Janvier de l'an 1558. qu'elle fut reprise par le Duc de Guise. Par le Traité de
Cateau-Cambresis, il fut dit, qu'elle demeureroit

[l] Piganiol de la Force, Desc. de la France T. 3. P. 56.

reroit pendant huit ans au pouvoir du Roi, & qu'enfuite on la remettroit aux Anglois. Ce terme étant expiré, la Reine Elifabeth fit quelques démarches pour la ravoir ; mais le Chancelier de l'Hôpital s'obftina à la garder. Le pretexte [a] fut que durant les premieres guerres de Religion qui commencérent trois ans après la Paix de Câteau-Cambrefis, les Anglois s'emparerent du Havre de Grace & ayant par là violé le Traité de Paix, ils perdirent le droit qu'ils avoient fur Calais, fans que pour cela ils confervaffent le Havre qui fut repris par les François. L'Archiduc [b] Albert la prit en 1596. & elle fut rendue deux ans après par le Traité de Vervins. La fituation de cette Ville à portée de l'Angleterre & de la Hollande, la rend plus confiderable que le nombre de fes habitans, car on n'en compte que cinq mille. Il n'y a qu'une paroiffe & quatre Couvents. Il y arrive, & il en part regulierement deux fois la femaine deux Bâtimens appellez Paquebots, qui viennent de Douvres à Calais & vont de Calais à Douvres.

La figure de cette Place, en y comprenant la Citadelle, forme un quarré long, dont les deux grands côtez font chacun de fix cens toifes, & les deux petits, de deux cens cinquante. L'un de ces grands côtez regarde la Mer, & eft bien fortifié. L'autre regarde la campagne, & eft fortifié de baftions revêtus, bien flanquez, couverts de demi-lunes auffi revêtués & de bons foffez de vingt-quatre à trente toifes de large, que l'on peut remplir d'eau de la Mer, ou d'eau douce fuivant les befoins. Le petit côté qui fait face au Fort de Nieulai, eft couvert par une inondation. Celui que l'on appelle l'attaque de Gravelines, eft encore mieux fortifié. Tout le circuit de cette place eft envelopé par un bon chemin couvert auquel on a pratiqué un avant-foffé du côté de la baffe Ville. On ne l'a pas continué au côté de Gravelines à caufe de la hauteur du terrein.

Le Fort de NIEULAI eft une piéce parfaite dans fa fortification à quatre baftions, & on peut delà en moins de vingt-quatre heures, former une inondation pour défendre Calais, & empêcher la circonvallation.

La Citadelle de Calais eft une des plus grandes qu'il y ait. Elle conferve fon ancienne enceinte & fon foffé. Le Chevalier de Ville y a fait une nouvelle enceinte fortifiée de trois baftions irreguliers, à oreillons & épaulemens. Elle eft fi avantageufement fituée, qu'elle commande non feulement à la Ville, & au Port, mais encore à toute la campagne des environs.

On entre dans le Port de Calais par un long chenal que le Roi a fait faire au moyen de deux groffes jettées de charpente, à la tête defquelles font deux ouvrages à corne couverts d'une demi-lune, l'un & l'autre bien revêtus d'une bonne muraille à la maniere du Maréchal de Vauban, & entourez d'un bon foffé, & chemin couvert. La fituation de ce port eft des plus heureufes, mais il a plufieurs incommoditez : car un bâtiment n'y peut entrer fans courir beaucoup de rifque, foit qu'il range la jettée de l'Oueft ou celle de l'Eft. Il n'a d'ailleurs point de rade, l'abri même

[a] Longueruë Defc. de la France t. part. p. 59.

[b] Piganiol de la Force, l. c.

n'en eft pas bon, mais la tenuë eft des meilleures.

Le Pas de Calais eft un bras de Mer qui fepare la France de l'Angleterre, & qui n'a que fix ou fept lieues de large, en forte que dans un tems ferein, on diftingue parfaitement bien de Calais les côtes d'Angleterre.

Le Canal de Calais eft un ouvrage d'une grande utilité à cette Ville, par le moyen duquel on peut aller commodément par eau de Calais à Saint Omer, à Gravelines, à Dunkerque, à Bergues & à Ypres.

Selon les obfervations de l'Academie Royale des Sciences de Paris Calais eft de 32′. plus Occidental que l'Obfervatoire & fa latitude eft de 50. d. 57′.

CALALESTON, Fortereffe de Perfe dans la Province de Kerman ; à cinq milles de Bander-Congo vers le couchant & à trois de la Mer. Cette fortereffe eft fort ancienne, dit le Sieur Gemelli Careri [c], ou plutôt, pourfuit-il, c'eft une Ville qui a peut-être été bâtie autrefois par un Roi de Perfe, fur le fommet d'un Rocher fort élevé. Elle a trois milles de tour & l'on n'y peut arriver que par un fentier fort étroit & rempli de précipices. Il n'y a pas aujourd'hui une maifon entiere, toutes aiant été détruites par le temps depuis plufieurs fiécles, à ce que l'Auteur cité en put juger par les ruines. On y voit des tombeaux de Mahométans & une Mofquée ruinée ; mais rien ne marque plus l'ancienne grandeur de cette Ville que les trois cens grandes & belles citernes qu'on y voit ; qui font pour la plûpart comblées, y en ayant peu qui ayent de l'eau.

[c] Voyages T. 2. p. 302.

CALALONGA [d], autrefois petite Ville, & prefentement Village de l'Ifle de Majorque. On la nomme auffi CINEU. Ce lieu qui eft un affez bon port, eft à cinq lieues de la Ville de Majorque vers le Levant.

[d] Baudrand Ed. 1705.

1. CALAMA, ancienne Ville d'Afrique. Elle étoit entre Conftantine & Hippone [e], mais plus proche de la premiere que de l'autre [f], c'étoit la patrie de Nectaire [g]. Elle étoit Epifcopale [h], & quelques-uns la mettent dans l'Afrique propre ; mais on doit plûtôt la compter entre les Villes de la Numidie, car la Notice des Evêques d'Afrique met Quod-Vult-Deus, Evêque de Calama (Calamenfis) entre les Evêques de Numidie. Nous avons vû que St. Auguftin parle fouvent de ce Siége. Ce Saint nomme Megalius Evêque de Calama Primat de Numidie. Poffidius Succeffeur de Megalius affifta à la Conference de Carthage & dans une Notice [i] dreffée vers la fin du IX. fiécle fous l'Empereur Léon le fage la Ville de Calama eft nommée la premiere entre les Villes de Numidie. Selon la Carte d'Afrique pour la Notice Ecclefiaftique [k] Calama étoit environ à 15. milles Romains & au Midi Occidental d'Hippone & à plus de 83. de Conftantine. Ortelius met en queftion fi cette Ville eft la même que la Calamata que les Cartes de Barbarie mettent à peu près dans ce même Canton. Mr. Baudrand fans citer Ortelius donne ce fentiment comme probable (ut videtur,) Mrs. Maty & Corneille decident la chofe affirmativement ; le premier fans autre autorité que Mr. Baudrand qui doute, & le fecond en copiant Mr. Maty. Cependant Calamata ne

[e] Auguft. Retract. l. 2.
[f] Idem Adv. Donatiftas l. 2.
[g] Iaem Epift. 201.
[h] Dupin in S. Optat. l. 1. not. 51.

[i] Apud Carolum à S. Paulo, Schelftrate, & alios.
[k] De l'Ifle Atlas.

fe

CAL.

se trouve ni dans les Cartes de Mr. de l'Isle ni même dans celles de Mr. Sanson, ni dans les Descripteurs de l'Afrique tels que Dapper & autres.

2. CALAMA, ancien Village de la Carmanie peu distant du Rivage selon Arrien [a].

3. CALAMA ou GALAMA, c'est ainsi qu'on lisoit ce nom dans Justin [b] qui dit que l'Asie & l'Orient étoient occupez par Antigonus dont le fils Demetrius avoit été batu dès le commencement de la guerre par Ptolomée auprès de *Calama*. Bongars prétend qu'il faut lire auprès de GAZA. Isaac Vossius corrige au contraire ce nom auprès de *Gamala* & sa correction est approuvée par Graevius, qui la trouve conforme à l'édition des Juntes dans laquelle il y a *apud Gamalam*. Voyez GAMALA.

4. CALAMA, Riviere de Gréce. Voyez CALAMO.

1. CALAMÆ, Ville du Peloponnese dans la Messenie selon Polybe [c] & Pausanias [d].

2. CALAMÆ. Voyez CHAUMES.

CALAMARGUM. Ortelius trouve ce nom bien diversement écrit dans Frontin dont il cite le l. 2. c. 2. CALAMATIUM, CALAMARCUM & CALAMATRUM. Pas une de ces Orthographes, ajoute-t-il, n'est la véritable, & je n'espere pas qu'on en puisse trouver une bonne dans les Auteurs. Il juge pourtant que ce lieu étoit dans la Pouille, sur un passage d'Eutrope [e], dans la grande Gréce sur l'autorité de Plutarque [f], vers Petilia & le marais de Lucanie.

1. CALAMATA. Voyez CALAMA 1.

2. CALAMATA. Gemiste cité par Ortelius dit que c'est le nom moderne de THALAME, ancienne Ville du Peloponese. Calamata, selon Mr. Baudrand [g], est une Ville de Grece en Morée dans la Province de Belvedere sur la Riviere de Spinarza qui se rend peu après dans le Golphe de Coron, d'où elle n'est éloignée que de cinq à six mille pas. Elle est assez grande, mais peu forte avec un ancien Château & est située presqu'au milieu entre Misistra & Navarin. Elle fut prise par les Venitiens en 1685, & elle leur demeura par la Paix. Le General Morosini la fit démanteler; & ils l'ont perdue avec le reste de la Morée durant les dernieres guerres. Quelques Géographes la prennent pour l'ancienne THURIA que d'autres mettent à *Cumastra* Bourg situé sur la Riviere d'Aris à deux ou trois lieues de Calamata.

CALAMENTHA, Ville de la Libye selon Etienne le Géographe, qui dit qu'on l'appelloit aussi CALAMINTHE, & cite la Periégese d'Hécatée. Il ajoute: il est mieux de l'écrire avec un I. avec Herodote: c'est une Ville des Phéniciens. Il y a trois choses à remarquer. I. qu'Ortelius se trompe lors qu'il distingue Calamentha Ville de Libye, & Calamintha Ville de Phénicie. La diference ne consiste que dans l'Orthographe. De quelque maniere qu'on écrive ce nom c'étoit une Ville des Phéniciens, ce que le peuple en avoit ailleurs que dans la Phénicie, celle-là étoit une de celles qu'il possedoit dans la Libye, ou dans l'Afrique. 2. Herodote ne parle nulle part de cette Ville dans ce que nous avons de lui.

[a] In Indicis.
[b] L. 15. c. 1. n. 6.
[c] L. 5.
[d] L. 4. c. 31.
[e] L. 6.
[f] In Crasso.
[g] Ed. 1705.

CAL. 55

3. Mr. Bochart [h] derive ce nom du Phénicien גלמיתא *Galmitha* qui veut dire *située sur une Colline*; ce qui nous apprend la situation de ce lieu. Les Syriens, dit-il, apellent les Collines גלמתא *Galmatha* & גלימתא *Gelimatha*. Ce sont des mots usitez dans les Paraphrases de l'Ecriture Ste. en cette langue.

CALAMIANES, Isles d'Asie dans la Mer des Indes entre l'Isle de Bornéo & les Philippines. Mrs. Baudrand, Maty & Corneille ne mettent qu'une Isle de ce nom & disent qu'elle se nomme aussi PARAGOIA. Mr. de l'Isle fondé sur des relations plus recentes & plus sures distingue les *Calamianes* de PARAGOA Isle étendue au Nord de Bornéo, du Sud-ouest au Nord-est; & dont la pointe du Sud-ouest appartient au Roi de Bornéo, & l'extremité du Nord-est aux Espagnols qui y ont un Fort. Les Calamianes sont au Nordest de Paragoa & ce sont plûtôt des écueils que des Isles. Cependant le Sr. Gemelli Careri [i] qui nomme ces Isles CALAMIONES met PARAGUA de ce nombre. A 14. ou 15. lieues au Sud-ouest de Louban se trouvent les Calamiones Province composée de 17. petites Isles soumises outre plusieurs autres qui ne le sont pas encore: parmi les premieres il y en a une grande nommée Paragua . . . . . Proche du Cap Septentrional, on trouve les trois Isles apellées *Calamianes* qui donnent le nom à une Province; ces Isles & neuf autres voisines toutes petites sont habitées d'Indiens paisibles. Dans les unes il y en a cent cinquante qui payent tribut. Dans les autres moins. La principale chose que leur raportent leurs Montagnes est la Cire, dont ils font la recolte deux fois par an. On trouve sur les rochers proche de la Mer des Nids d'oiseaux fort estimez & l'on y pêche aussi de très-belles perles le long des Côtes. Cet Auteur semble distinguer les Isles Calamiones au nombre de 17. au moins, entre lesquelles est Paragua, des Isles Calamianes qu'il ne met qu'au nombre de 3. Cette distinction seroit d'une grande autorité s'il étoit bien sûr que l'Auteur ait effectivement voyagé dans tous les pays où il dit avoir été & qu'il eût recueilli ses Mémoires sur les lieux. Mais quelques-uns en doutent.

1. CALAMINA. Voyez CALAMO 2.

2. CALAMINA, Ville de l'Inde où Abdias, Dorothée, & Sophronius, citez par Ortelius pretendent que l'Apôtre St. Thomas mourut. Mr. de la Croze dans son Histoire du Christianisme des Indes [i] observe que le nom Calamina lui est suspect & qu'il n'est point connu dans les Indes. Il le croit formé par confusion de termes du mot CALA qui veut dire *Château* en Arabe, & du nom de *Mina*, *Castelmina* ou *Castel da Mina*, que les Portugais ont bâti en Afrique, sur la Côte de Guinée. Je suis faché que cette conjecture si deraisonnable ait échapé à un Bibliothecaire savant tel qu'est Mr. de la Croze. Les conquêtes des Portugais sont assez recentes & leur Monarchie elle-même n'est pas plus ancienne que le XII. siécle. Comment se peut-il faire que le Château de la Mine ait été une occasion de donner par abus un nom composé
d'Ara-

[h] Chanaan l. 1. c. 24.
[i] Voyages T. 5. p. 94.
[k] p. 286.

d'Arabe & de Portugais à une ville qui est nommée *Calamina ville des Indes* par St. Hippolyte Evêque de Porto, Auteur qui vivoit presque au commencement du 11. siécle, plus d'onze cens ans avant que les Portugais missent le pied dans la Guinée? Voyez la p. 30. de l'Appendice des Oeuvres de St. Hippolyte publiées par Mr. Fabricius fol. à Hambourg 1716. Voyez MELIAPOUR.

3. CALAMINA, Lac de la Lydie. Voyez l'article suivant.

CALAMINÆ, Isles d'Asie dans la Lydie. Pline [a] dit qu'elles étoient flotantes & que non seulement les vents les poussoient d'un lieu à l'autre, mais qu'encore on pouvoit les faire aller, où l'on vouloit en poussant avec des perches; & que durant la guerre de Mithridate elles sauverent bien des Citoyens. Je parle à l'Article ST. OMER de quelques Isles flotantes; dont l'existence ne sauroit être contestée. Martianus Capella [b] dit : ,, ne sait-on pas, & les anciens n'ont-ils pas été persuadez qu'il y a dans la Lydie les ISLES DES NYMPHES que Varron Auteur Moderne dit avoir vuës, lesquelles au son des flutes s'éloignent de la terre ferme & vont en se mouvant d'abord en ligne Circulaire vers le milieu de l'Etang, & reviennent ensuite vers le rivage. ,, Ce son des flutes est bien sujet à caution lorsqu'on veut le faire passer pour la cause du mouvement de ces Isles. Il ne faut qu'un Homme de bonne humeur qui connoissant la vraie cause qui les remuoit, ait fait jouer de la flute lorsqu'elles alloient changer de place. Pour ce qui est du témoignage de Varron, cet Auteur [c] ne dit pas qu'il ait vu dans la Lydie des Isles, mais des poissons qui dans le temps qu'il sacrifioit & qu'un Grec jouoit de la flute venoient par bandes vers le Rivage & l'autel; & que dans le même temps il voyoit les Isles *Ludinorum* qui étoient rongées. Ce mot *Ludinorum*, qui ne se trouve que dans cet endroit, a paru une faute aux Critiques. Ortelius veut qu'il faille lire *Lydiorum*. Fulvius Ursinus le corrige aussi de même. Scaliger aime mieux lire *Ludianorum* qui n'est guerres plus clair que *Ludinorum*. Le même Fulvius Ursinus dans ses Notes raporte un fragment de Sotion où il est fait mention de la danse des Isles qui sont dans le Lac nommé Calamina. Le R. P. Hardouin explique cette danse d'une maniere assez naturelle. On dansoit au son de la flute, & la terre du rivage étant agitée d'une nature à être ébranlée par les pieds des danseurs donnoit à l'eau un mouvement qui causoit celui de ces masses flottantes qui revenoient vers le bord dès que la danse finissant rendoit à l'eau son premier repos. Il faloit pourtant qu'elles eussent quelque grandeur pour servir de réfuge à des Hommes.

CALAMINTHA, voyez CALAMENTHA.

CALAMISSUS [d], Ville de Gréce au Païs des Locres Ozoliens sur le Golphe Criséen aujourd'hui le Golphe de Salona. Pline est le seul Auteur qui en ait parlé.

CALAMITA, petite Riviere de la Tartarie Crimée. Elle se jette dans la Mer Noire près de Caffa. On croit que c'est l'ISTRIANUS des anciens.

1. CALAMO, Riviere de Gréce dans l'Albanie. [e] Elle a sa source dans les montagnes de la Chimera, d'où coulant vers le Sud-Ouest, elle se jette dans la Mer auprès de la Bastie vis-à-vis de l'Isle de Corfou au Levant d'hyver de Corfou. Mr. Baudrand & autres écrivent *Calama* & disent que c'est le THYAMUS des Anciens.

2. CALAMO, Isle de l'Archipel, au midi Oriental de l'Isle de Lero; au Nord-ouest de celle de Stanchio ou Lango, près de la côte d'Asie; elle est nommée CALAMINE par Mr. Berthelot dans sa Carte de la Mer mediterranée. Les Tables Hollandoises la nomment CALAMINA & lui donnent 47. d. 55'. de longitude & 39. d. 48'. de Latitude. Elle est au Turc; Mr. Baudrand lui donne quarante mille pas de circuit, & dit qu'il y a un Château & un Bourg de même nom. Les Anciens l'ont connue sous le nom de CLAROS. Voyez ce mot.

3. CALAMO, Bourg dans l'Isle de même nom, voyez l'Article précédent.

CALAMONA, la Notice de l'Empire nomme ainsi deux Places [f], l'une dans la Palestine ou dépendances sous les ordres du Commandant de cette Province & où étoit la premiere Cohorte de Cavalerie; l'autre [g] dans le département du Commandant de la Phénicie, & où étoient les archers à cheval, Originaires du Païs. Ortelius veut l'une de ces deux Places dans l'Egypte & l'autre dans l'Arabie.

CALAMOS, Ville de la Phénicie selon Polybe [h] & Pline [i].

CALAMOTO, port de la Natolie près de Calcedoine à l'entrée du Canal de Constantinople [k]. On tient que c'est le port nommé par les anciens HERÆUS-PORTUS.

CALANA, Siége dont l'Evêque Euphration est nommé par St. Athanase. Ortelius qui cite le II. Tome des Oeuvres de ce Pére doute si ce lieu n'étoit point quelque part vers la Syrie.

CALANDA, petite Ville d'Espagne dans l'Arragon aux frontieres du Royaume de Valence sur la Riviére de Guadaloupe qui se jette dans l'Ebre à Caspe.

CALANDADRUA, ou CALEANDUA, selon les divers Exemplaires de Ptolomée, [l] Isle de la mer des Indes dans le voisinage de l'Isle de Taprobane.

CALANENSIS PLEBS, Eglise Chrétienne en Afrique. Ce mot, selon la Remarque d'Ortelius, est corrompu de CALAMENSIS. Voyez CALAMA 1.

CALANI, nom que l'on donnoit à quelques Philosophes des Indes. Cléarque dit que c'étoit une Nation particuliere, & que les Juifs en descendoient. C'est ce qu'on lit dans Eusebe au neuviéme livre de la Préparation Evangelique, & dans Josephe au 1. Livre contre Appion. Suidas dit que les Indiens appelloient *Calani* une sorte de sages; cela se prouve aussi de ce que Plutarque parlant du fameux Philosophe dont la mort étrange est decrite dans la Vie d'Alexandre, & que tous les Historiens de ce Heros nomment Calanus, il lui donne pour nom propre Sphines [m]. Il ajoute que comme pour saluer ceux qui l'abordoient il disoit en son langage Indien *Cale*, qui signifie salut les Grecs l'appellerent sur cela CALANUS. Ortelius a d'autant plus de raison de croire que ce nom n'est pas celui d'un

CAL.   CAL.   57

d'un peuple particulier qu'Elien dit que ce même Calanus étoit un Brachmane, Indien de Nation. Du mot *Cale* on a fait un sobriquet à un Philosophe, & ce surnom a été ensuite donné aux Philosophes de son Païs. Voyez au mot BRACHMANES.

☞ CALANGUE, ou CALE, on appelle ainsi un lieu sur la côte où de petits bâtimens peuvent être à l'abri contre les vents, derriere quelque hauteur.

CALANNA, ou CALANNE', Ville d'Asie dans la terre de Sennaar [a], où regna autrefois Nemrod. *Calanne* fut une des premiéres de son Empire. D. Calmet [b] croit qu'elle est la même que CALANO marquée dans Isaïe [c] & Channé dans Ezechiel [d]. Elle devoit être dans la Mesopotamie, ajoûte-t-il, puisque ces Prophetes la joignent à Haran, à Eden, à l'Assyrie, à Chelmad qui venoient trafiquer à Tyr. On croit que Calanné fut dans la suite nommée CTESIPHON qui étoit Capitale d'une Province nommée CHALONITE.

[a] Genef. c. 10. v. 10.
[b] Dict. de la Bible.
[c] c. 10. v. 9.
[d] c. 27. v. 23.

CALANTICA, lieu de la Lusitanie, duquel Mr. Baudrand [d] dit qu'Eusebe fait mention sans specifier en quel livre. Il ajoûte que c'est présentement ARRAJOLAS Village de Portugal à deux lieues d'Evora, en tirant vers Santaren; dans la Province d'entre Duro & Minho.

[d] Baudrand Ed. 1682.

CALANTIGAS [e], on donne ce nom à trois petites Isles sur la côte Orientale de l'Isle de Sumatra, assez près de celle de Narella, & du Golphe de Jamby.

[e] Vander Hagen Voyage, parmi ceux de la Comp. Holl. T. 3. p. 106.

CALAON, (*ontis*) Riviere d'Asie. Pausanias [f] dit que le sepulchre d'Andræmon étoit sur la gauche du grand chemin en venant de Colophone après avoir passé la Riviere de Calaon.

[f] l. 7. c. 3.

CALAPATE, Ville de la Presqu'isle de l'Inde en deçà le Gange dans le Royaume de Bisnagar sur la côte de Coramandel au Midi de St. Thomas. On conjecture que ce pourroit être la Chaberis de Ptolomée.

[g] Baudrand Ed. 1705.

CALAPIS, Colonie ancienne que les Habitans d'Heraclée établirent dans la Bithynie [h].

[h] Strabo. l. 12.

CALARE', contrée des Indes sur la côte de Malabar aux confins des Royaumes de Travancor & de Changanate. Ce Pays est un des plus pauvres de tout le Malabar, & n'est gueres connu, parce qu'il n'a rien qui y attire les Européens.

CALARIS. Voyez CAGLIARI.

CALAROGA, ou CALARUEGA, petit Bourg d'Espagne dans la Vieille Castille, au Diocése d'Osma. C'est la patrie de St. Dominique fondateur de l'Ordre des Freres Prêcheurs. Quelques-uns trompez par la ressemblance du nom le font natif de Calahorra. Né l'an 1170. d'une famille noble il fonda son Ordre en France dans la Province du Languedoc, où il s'étoit rendu pour s'opposer aux progrès de l'heresie des Albigeois & cet Ordre fut approuvé l'an 1215. Ce fut à sa sollicitation que fut créée la charge de Maître du sacré Palais sur lequel les Papes se déchargent des discussions qui regardent l'interprétation de l'Ecriture & la censure des Livres. Il l'exerça le premier & ses Successeurs sont choisis dans son Ordre. Il mourut à Bologne en Italie le

Tom. II.

4. d'Août l'an 1221. Le Pape Gregoire IX. le mit au nombre des Saints le 3. Juillet 1235.

1. CALARONA, nom Latin du GARON Riviere de France. Voyez GARON.

2. CALARONA, ancienne Ville de la Gaule Ripaire, selon le livre des Notices de l'Empire [i] dans laquelle on lit: *in Provincia Galliæ Riparensis... Tribunus Cohortis prima Flaviæ Sapaudiæ Calaronæ.* Ortelius croit qu'elle étoit dans la Gaule Narbonnoise & qu'elle est la même que *Cularona*. Mr. Baudrand le copie sans le nommer à son ordinaire.

[i] Sect. 65.

3. CALARONA, nom latin de Glaris Ville & Canton de Suisse.

4. CALARONA, nom Latin de *Chalarine* Riviere au Païs de Bresse & de Dombes, où fut St. Didier de Vienne. Voyez CHALARINE.

CALARUEGA voyez CALAROGA.

CALARUS. Etienne le Géographe semble donner ce nom à l'Isle *Alopeca* 1.

CALASARNA, Bourg de la grande Gréce dans la Lucanie au milieu des Terres selon Strabon [k].

[k] l. 6. p. 254.

CALASIRIES, &

CALASIRIS, Partie & peuple de l'Egypte, selon Etienne le Geographe qui cite Herodote au livre second. Herodote [l] distinguant les diferentes Classes des Egyptiens selon leurs professions, dit que ceux qui faisoient profession des Armes étoient nommez CALASIRIES & HERMOTYBIES. Il ajoûte que le Pays [m] possedé par les premiers comprenoit les territoires de Thebes, de Bubaste, l'Aphtitide, la Tanitide, la Mendesie, la Sebennitide, l'Athribitide, la Pharbæthitide, la Thmuytide, l'Onuphitide, l'Anitie, & la Miecphoritide. Cette contrée, poursuit-il, est à l'oposite de la Ville de Bubaste. Les Calasiries sont tout au plus deux cens cinquante mille hommes. Ils ne peuvent professer aucun métier, mais ils s'attachent à l'Art militaire qu'ils apprennent de pere en fils. Les Rois d'Egypte [n] en prenoient mille entre les Gardes de leur personne. Le même Historien, dans le detail des diverses Troupes que Mardonius rangea en Bataille, dit qu'il y avoit ceux d'Ethiopie & d'Egypte que l'on appelle Hermotybies & Calasiries, armez de sabres, les seuls guerriers qu'il y ait en Egypte. Ces paroles me font croire que ce n'étoit pas une Nation particuliere, mais une Caste, telle qu'on en voit dans les Indes où le fils ne peut embrasser d'autre Profession que celle de son pere. Quant au Pays qu'Herodote lui attribue, c'est apparemment que l'on avoit fait un partage des gouvernemens & des garnisons de l'Etat entre les Hermotybies & les Calasiries qu'Herodote nomme conjointement. Ces Auteur nomme aussi les Places qui étoient occupées pas les Hermotybies. Berkelius interprete d'Etienne [o] observe que ces mots, selon l'Etymologie Hebraïque dont l'Egyptienne étoit derivée, ne signifient que Guerriers. Il derive les Hermotybies de חרמיצבא *Chermetsaba*, c'est-à-dire *Copiæ vastatrices*, en François *les Troupes ravageantes*; & les *Calasiries* du mot חלץ *Chalas*, qui signifie depouiller; d'où vient le mot חלוצים *Chalusim* qui se prend pour des Soldats; de maniere, poursuit-il, que la partie de l'E-

[l] 2. n. 164. ad vocem ΕΡΜΟΤΥΜΒΙΕΙΣ.
[m] ibid. n. 166.
[n] n. 168.
[o] ad vocem ΕΡΜΟΤΥΜΒΙΕΙΣ.

gypte

H*

gypte qui est nommée par Etienne CALASIRIS, selon la vraye étymologie de son nom & dans le sens d'Herodote, nourrissoit des Habitans qui étoient guerriers Μαχαιροφόροι, *Porte-Sabres*, de nom & d'effet.

CALASTRE voyez CHALASTRE.

a Baudrand Ed. 1705. CALASUSUNG, petite Ville des Indes Orientales dans l'Isle de Bouton sur une montagne à un mille de la Mer.

b Hist. de Timur-Bec t. 1. p. 366. CALAT, Ville d'Asie dans le Royaume de Cotan près de Candahar. Elle est diferente de *Kelat* en Coraßane & d'*Eclat* en Armenie.

1. CALATA, voyez CALATINI.

e Baudrand Ed. 1682. 2. CALATA, Village de Gréce; quelques-uns disent *Galata*, on doute si c'est l'ancienne Calydon Ville d'Etolie, que d'autres cherchent à Ayton Ville peu éloignée.

d Baudrand Ed. 1705. CALATA-BELLOTA, Ville de Sicile sur la Riviere de ce nom dans la Vallée de Mazare, au pied d'une montagne près de la côte de la Mer d'Afrique & à vingt-cinq milles de Gergenti au Couchant en allant vers Mazare.

e Ibid. CALATA-FIMI, Ville de Sicile dans la Vallée de Mazare, entre Mazare au Midi & Castel à mare au Septentrion, entre des Montagnes. On y voit les ruines de l'ancienne *Loricarium*.

f Ibid. CALATA-GIRONE, en Latin *Calata Hieronum*, Ville de Sicile dans la Vallée de Noto, sur une Montagne escarpée, elle est fort peuplée, & son nom veut dire le *Château du delire*. Elle est près de la Riviere de Drillo à trente-six milles de Saragousse au Couchant, & à vingt-cinq milles de Castro-Joanni au Midi.

g Ibid. CALATA-NISSETA, c'est-à-dire le *Château des Femmes*, Ville de Sicile dans la Vallée de Noto sur les confins de celle de Mazare près de la Riviere de Salso: sur une Montagne & à vingt milles d'Alicata au Septentrion.

h Ibid. CALATA XIBETA, petite Ville de Sicile, presque au milieu de l'Isle, dans la Vallée de Noto, sur les confins de celle de Demone & de Mazare près de la source de la Riviere de Dataino, entre des Montagnes & proche de Castro-Joanni. C'est où mourut Pierre Roi de Sicile le 15. d'Août l'an 1341.

CALATAYUD, c'est ainsi qu'il faut écrire ce nom & non pas, comme font quelques-uns, qui en transposant les Lettres disent Cataláyud, ce nom étant composé d'*Aiud* nom d'un Roi More qui l'a fait bâtir, & de CALAT qui dans la Langue Arabesque signifie une place forte. Les Mores & les Sarasins ayant possedé longtems la Sicile & l'Espagne y ont donné le nom à plusieurs Places, comme on vient de voir dans les Articles précédens.

i Vayrac Etat pres de l'Espagne T. 1. p. 109. Cette Ville, qui est dans l'Arragon & l'une des principales de l'Espagne, est située au confluent du Xalon & du Xiloca, au bout d'une Vallée très-fertile en grain, en vin, en huile & en fruits. Elle est grande & assez belle; mais elle n'est pas si ancienne que quelques-uns le prétendent. Car ils veulent que ce soit précisément la Bilbilis des anciens, celebre pour avoir été la patrie du Poëte Martial. Mais on prouve le contraire sur ce que CALATAIUD est dans la plaine, au lieu que Bilbilis étoit à une demie lieue de là sur une montagne que le Xalon environne; & ce qui decide la dificulté c'est que cette montagne retient encore des traces de son ancien nom, s'apellant *Baubola* ou *Bambola*. D'ailleurs on y a trouvé quantité de monumens anciens qui ne laissent presque aucun lieu de douter que Bilbilis n'ait été autrefois en cet endroit. Parmi ces monumens, on voit plusieurs Médailles & Inscriptions, sur une desquelles on voit cette legende, M. AUGUSTÆ BILBILIS. M. SEMP. TIB. L. LICI. VARO. Plusieurs Ecrivains soutiennent que cette Ville ne fut fondée que dans le VIII. Siécle par un Roi More nommé Aiub, ou Ajud; qui la fit construire sur les ruines de l'ancienne Bilbilis. Elle est la patrie du célebre Lorenzo Gratian, esprit sublime, au jugement de Mr. l'Abbé de Vairac, & de qui la maniere de penser abstraite & mysterieuse a donné la torture à ceux qui ont osé en hazarder des Traductions. Le Sr. Jouvin de Rochefort dit *k* que Calatayud est située au pied d'une Montagne de laquelle il y a un rocher détaché où est son Château. Il est grand & fort & commande sur tous les environs de la Ville qui est très-belle. *Santa Maria* & *Il Sepulcro* l'emportent sur toutes les autres Eglises de la Ville. L'une est couverte d'un Dome; l'autre est ornée de belles peintures & d'un beau portail. Les rues sont droites & aboutissent à la grande Place où demeurent plusieurs riches Marchands. Celle de la *platerie* est une des mieux bâties & des plus grandes. On voit à la sortie de Calatayud une partie de la Riviere detournée pour arroser les jardins & les marais par le moyen de divers petits canaux, ce qui supplée à la pluye qui est fort rare par toute l'Espagne. Comme elle a été bâtie des ruines de l'ancienne Bilbilis, quoi qu'elle ne soit pas au même terrain, plusieurs l'ont nommée en Latin BILBILIS NOVA; c'est-à-dire la nouvelle Bilbilis.

k Voyage d'Espagne & de Portugal.

CALATARÆ, peuple ancien d'Asie dans la Bactriane selon Ptolomée. *l* L'Edition de Bertius lit SALATARÆ.

l l. 6. c. 11.

CALATERIUM NEMUS, Bois dans l'Isle de la Grande Bretagne dans l'Albanie contrée de l'Ecosse, *m* selon Ponticus Virunnius cité par Ortelius.

m Thesaur.

CALATHANA, Village de Macedoine. Tite-Live *n* en fait mention.

m l. 31. c. 13.

CALATHE, Isle de la Mer d'Afrique près de la Numidie selon Ptolomée. Antonin *n* dans son Itineraire maritime la nomme GALATA, & compte une distance de DCCXXX. Stades de cette Isle à Cagliari Ville de Sardaigne, & CCC. de cette même Isle à Tabraca Ville d'Afrique. *o* Pline la nomme aussi GALATA. Villanovanus l'un des Interprétes de Ptolomée trouvant dans Pline *p* *Adox Gaulos & Galata cujus terra &c.* a cru que cet Auteur avoit donné ces deux noms comme synonymes; en quoi il se trompe. Pline les distingue, & en effet on ne doit pas les confondre. Gaulos est, aujourd'hui Gozo, au lieu que *Calathe* ou *Galata* conserve encore son ancien nom, selon le témoignage du R. P. Hardouin.

n l. 4. c. 3.
o l. 3. c. 8.
p l. 5. c. 7.

CALATHION, Montagne du Peloponnése dans la Laconie, selon Pausanias. *q* Il y avoit

q l. 3. in fine.

CAL.   CAL.

avoit fur cette montagne la Chapelle de Clæa & tout auprès une caverne dont l'entrée étoit fort étroite ; mais ceux qui y entroient voyoient quantité de merveilles. L'Auteur cité dit que cette Montagne étoit dans le territoire des Geraniens.

CALATHUA, ou
1. CALATHUSA, Ville de l'Arabie deferte felon Ptolomée. [a]

a l. 5. c. 19.

2. CALATHUSA, nom d'une Ifle deferte. Ortelius [b] croit qu'elle étoit près de la Cherfonnefe de Thrace. Pline [c] fait mention de cette Ifle.

b Thefaur. cl. 4. c. 12. Hard. fect. 23.

3. CALATHUSA, Ville du Pont felon Etienne le Géographe [d]. Les habitans en étoient nommez Calathufiens.

d in voce ΚΑΛΑΘΗ.

CALATIA, Ville d'Italie dans la Campanie heureufe. Elle étoit ancienne & connue dès le temps de la guerre des Samnites contre les Romains. Tite-Live [e] dit que les Confuls camperent près de Calatia : & que [f] ceux qui attribuoient au Conful l'honneur de la prife de Nole, ajoutoient qu'il s'étoit auffi rendu Maître d'Atina & de Calatia. Dans la Guerre d'Annibal [g] Atella & Calatia fe fournirent après Capoue, & Silius Italicus [h] dit,

e l. 9. c. 2.
f c. 9.
g l. 26. c. 16.
h l. 8. v. 543.

Nec parvis aberat Calatia muris.

Dans la guerre des Alliez [i] Sylla ajugea Calatie à la Colonie de Capoue. J. Cefar qui fit de grands changemens dans cette Province, envoya dans ce lieu-là une colonie de Veterans, car au raport de Velleius Paterculus [k], Augufte fit venir les Veterans de fon pere premierement de Calatia, puis de Cafilin. Pline nomme ce lieu CALATIÆ [l], les habitans de Calatia font nommez CALATINI par Tite-Live [m]. Leandre & Sanfelice difent que le nom moderne eft GAIAZZO. Holftenius fuivi par le R. P. Hardouin affure que c'eft prefentement S. GAIAZZO Village peu remarquable fur la Voye Appienne entre Capoue & Benevent.

i Frontin. de Colon.
k l. 2. c. 61.
l l. 3. c. 5.
m l. 22. c. 12. & c. ult.

1. CALATIÆ, peuple des Indes, felon Etienne le Géographe.

2. CALATIÆ, voyez CALATIA.

1. CALATINI, nom Latin des habitans de CALATIA dans la Campanie.

2. CALATINI, ancien nom des habitans de Calatia, Ville ancienne de Sicile. Pline [n] les nomme GALATINI ; Ciceron [o] Calatini par une *l* fimple, & Diodore de Sicile CALLATINI [p]. Cette Ville eft nommée GALEATE par Antonin dans fon Itineraire. Le nom moderne eft GALATI.

n l. 3. c. 8.
o 5. Verr. 101.
p Bibl. l. 12.

CALATINUM CASTRUM [q], place forte d'Allemagne fur le Danube. Son nom vulgaire eft KAYSERSBERG ou KAYSERSPURG.

q Imhof Notit. Procer. imp. p. 505.

CALATIS, Ville d'Europe dans la baffe Myfie felon Strabon [r]. Il compte 280. ftades de Tomes à Calatis Colonie des Habitans d'Heraclée, & de là 1300. ftades jufqu'à Apollonie Colonie des Milefiens, en fuivant la côte de la Mer noire.

r l. 7. p. 319.

CALATRAVA, Ville d'Efpagne dans la Caftille neuve fur la Riviere de Guadiane & vers la Sierra Morena dans le quartier que l'on nomme *Campo di Calatrava* : on l'appelle auffi le COUVENT DE CALATRAVA [s] parce que c'eft le chef-lieu de l'Ordre qui en porte le nom. Cet Ordre qui eft militaire fut inftitué [t] en 1158. par D. Sanche II. Roi de Caftille qui donna en fief aux Chevaliers le Château de Calatrava qu'il avoit enlevé aux Mores d'Andaloufie. Cet Ordre fut confirmé par le Pape Alexandre III. en 1164 : par Gregoire VIII. en 1187. & par Innocent III. en 1199. Ferdinand Roi d'Arragon & la Reine Ifabelle de Caftille fa Femme obtinrent du Pape Innocent VIII. après la mort de D. Garcie Lopès de Padilla XXX. Grand Maître de cet Ordre en 1489. la fuppreffion de la grande Maitrife qui fut annexée à la Couronne. Calatrava [v] eft fituée dans une Plaine abondante en vins, en bled, en gibier & en troupeaux. La [w] Ville fut bâtie en 1212., à fix lieues de Ciudad réal, à quatre d'Almagre & à pareille diftance des fources de la Guadiana.

s Vayrac Etat de l'Efpagne T. 1. p. 376.
t Vallemont Flem. de l'Hift. T. 3. p. 310. & 311. Ed. paris 1701.
v Vayrac l. c.
w Baudrand Ed. 1682.

CALATSURC, Château dans la Perfe, fur une montagne près de Chiraz. Ce nom fignifie le *Château rouge*.

Hift. de Timur-Bec. T. 2. p. 198.

CALATUM, Ville de l'Ifle d'Albion, ou, ce qui eft la même chofe, de la Grande Bretagne au Païs des *Brigantes*, qui repondoit à ce que nous appellons prefentement Yorckshire, Lancashire, Durham, Weftmorland, & Cumberland. Strabon cité par Mr. Baudrand n'en parle point ; mais bien Ptolomée [x]. Antonin le nomme GALACUM ; ce qui s'accorde avec quelques exemplaires de Ptolomée qui portent par une tranfpofition de lettres *Calagum*. C'eft prefentement [y] WHELLEP-CASTLE où fe voient de grandes ruines d'une ancienne Ville ; & où il y a un chemin pavé qui s'étend jufqu'au foffé. Camden a cru que c'étoit *Overburrough* que Mr. Gale met à *Bremetonacis* lieu diftant de Galacum de XXVII. mille pas felon Antonin. Ce lieu eft prefentement dans le Weftmorland au Nord de l'Angleterre.

x l. 2. c. 3.
y Gell. in Anton. itin.

CALAVICIUM ; [z] ou CALAVIGIUM, nom Latin d'un Village d'Efpagne nommé EL CLAVIJO dans la Vieille Caftille, à deux lieues de Logroño dans le Rioxa.

z Baudrand Ed. 1682.

CALAVII, Nation d'Italie dans la Campanie. Tite-Live [a] en fait mention ; mais il ne paroit pas que ce foit un peuple, mais une famille, & c'eft dans ce fens qu'il faut entendre le mot *gens* employé par Ortelius.

a l. 26. c. 27.

CALAVON, petite Riviere de France dans la Provence. Elle eft nommée CALAON fur la carte de Mr. de l'Ifle. Elle a fa fource au Diocèfe de Sifteron, puis bornant à l'Orient la Viguerie d'Apt, elle la traverfe, arrofe la Ville d'Apt, coupe le Diocèfe de Cavaillon, & fe jette dans la Durance à trois quarts de lieues, & au Couchant d'hyver de Cavaillon.

CALAURES [b], Riviere d'Afie dans la Phrygie, entre Cibyra & Mandropolis.

b Tit. Liv. l. 38. c. 15.

1. CALAURIA, Ifle de Grece dans le Golphe Argolique, vis-à-vis de Troefène, & à la diftance de cette Ville de cinq cens pas [c]. Strabon [d] qui convient de cette diftance lui donne trente ftades de circuit. Il y avoit un Temple confacré à Neptune où étoit un afyle & où s'affembloient les Amphictyons des fept Villes, à favoir Hermione, Epidaure, Ægine, Athenes, Prafies, Nauplia, Orchomene,

c Plin. l. 4. c. 12.
d l. 8. p. 369. 373. & feq.

mene, & Minycie. La veneration pour ce Temple étoit si grande que les Macedoniens étant maîtres de la Grece y conserverent le droit d'Asyle, & que ceux qui s'y refugierent n'en purent être arrachez. C'est là que Demosthéne le plus grand Orateur de la Grece étoit en exil. Antipater ayant envoyé Archias pour l'en arracher & le lui amener vivant, cet Officier, ne trouvant pas de sureté à violer la sureté de cet Asyle, tâcha d'engager Demosthéne à le suivre ; mais cet Orateur aima mieux abreger ses jours par le poison que d'attendre que son ennemi disposât de lui. Il fut enseveli dans le Temple dont j'ai parlé. Cette Isle n'est pas fertile : ce qu'on peut juger d'un vers [a] de Denys le Periégéte. On ne s'acorde pas si c'est presentement l'Isle de SIDRA, ou celle de POROS.

[a] v. 499.

2. CALAURIE, Ville de Sicile. Plutarque [b] en parle dans la Vie de Timoléon.

[b] Trad. de Mr. Dacier T. 3. p. 55.

3. CALAURIE, Isle dans le voisinage de celle de Crete, selon Etienne le Géographe.

CALAURITA, Ville du Peloponnese selon Laonic [c] cité par Ortelius [d].

[c] L. 9.
[d] Thesaur.

CALAW [e], petite Ville de Bohême dans la Lusace sur la Rivière de Bober, à cinq lieues de la Ville de Corbus vers le Nord.

[e] Baudrand Ed. 1705.

CALAZEITA, petite Place d'Espagne, au Royaume d'Arragon, aux frontieres de la Catalogne & à l'Orient de la petite Riviere de Matarana qui se perd dans l'Ebre aux confins de la Catalogne & de l'Arragon. Le Maréchal de Tessé commandant un Corps d'Armée pour le Roi d'Espagne arriva le 24. de Fevrier 1706. devant cette Place où s'étoient jettez quinze cents *Sommetans* qui firent grand feu sur les troupes du Roi [f] ; mais lors qu'ils virent qu'on se preparoit à leur donner l'assaut, ils tâcherent de se retirer dans la Montagne voisine, ce qu'ils ne purent faire sans perte. Parmi plus de cent cinquante hommes qu'on leur tua, se trouverent plus d'Ecclesiastiques qui leur servoient de Chefs : la Ville fut abandonnée au pillage & brûlée ensuite.

[f] Corn. Dict.

1. CALB, CALBE ou KALBE [g], Ville d'Allemagne dans la vieille Marche de Brandebourg près de la Riviere de Bise, à deux milles de Gardelebe, entre Domitz & Magdebourg. Cette Ville appartenoit anciennement à la famille de Krochern avant qu'ils en fussent chassez par le Marggrave Albert frere de l'Electeur Otton : mais l'an 1243. une guerre s'étant élevée entre le Marggrave Otton & Willebrand de Magdebourg, la Ville de Calb fut saccagée. La Maison d'Alvensleben l'achetta en 1314, & du consentement de Gebhard d'Alvensleben & de ses Freres on la fortifia de nouveau vers l'an 1380. Ce Château est assez beau : il appartient avec la Ville à la Maison d'Alvensleben.

[g] Zeyler Brandenb. Topogr. p. 35.

2. CALB, CALBA ou CALVA. Voyez CALW.

CALBARIE, ou CALBARY, Riviere d'Afrique au Royaume de Benin où elle a diverses embouchures au Golphe de Guinée ou de St. Thomas. [h] Cette Riviere par elle-même est peu de chose, mais grossie d'une partie des eaux de celle de Forcados, & de quelques autres : elle s'étend en forme d'étang à l'Orient du Royaume d'Ouvere, & au Nord de Moço & de Kriqué jusqu'à renfermer des Isles dont la plus Septentrionale a dix lieues Marines de long, la plus Orientale neuf. Celle qui est entre deux est triangulaire comme la Sicile & a sept ou huit lieues sur sa base. Outre sa principale embouchure nommée *Calbary*, ou *Rio Real*, à l'Occident de Kriqué, cette Riviere au Nord du même pays court vers l'Orient, & ensuite passant au Levant de ce même pays de Kriqué qu'elle achève d'enfermer, elle se perd dans la Mer par une seconde embouchure que l'on appelle aussi Riviere de Calbary. Elle forme encore deux Isles assez grandes dans un petit Golphe qui lui est commun avec Rio del Rey. Tout ce qui est entre les Rivieres de Forcados & Rio del Rey au-dessus des pays d'Ouvere, de Moço & de Kriqué se nomme le Pays de Calbary. Cette Riviere est grande, mais peu profonde en quelques endroits & ne peut porter que de petits Yachts. Le bras Occidental qui est large à à son entrée & à l'Occident une Bourgade que les Hollandois nomment *Wyndorp*, ou *Village du vin*. Les Négres le nomment *Fokke*. La Riviere & le pays tirent leur nom d'un Village nommé aussi Calbary ou Calbarie. Les Hollandois y font un commerce considerable. Cette habitation située au bord Septentrional du bras Occidental est fermée de Palissades, baignée au Sud par la Riviere & defendue au Nord par un bois marécageux.

[h] De l'Isle Atlas. De la Croix Desc. de l'Afrique. T. 3.

CALBIS, Riviere de la Doride petite contrée de l'Asie mineure, selon Ptolomée [i]. Pomponius Mela [k] parle aussi de cette Riviere & la met dans la Carie. Sur quoi Vossius observe que les anciens exemplaires de cet Auteur portent GALBIA & non pas *Calbis*. Les Grecs ont dit Κάλβις & Κάλβιος & peut-être aussi Κάλβιας. Etienne dit qu'on le nommoit aussi Καλαυνὸν, mais il n'en fait qu'une fontaine & la met dans la Lycie. Il n'y faut rien changer, ajoute Vossius, car Calaïno étoit Mere de Tragasie de laquelle Caunus & Biblis naquirent ; c'est ce que l'on voit dans des vers de Parthenius que Vossius cite tout au long. Le fleuve Calbis avoit encore un autre surnom. Pline [l] le nomme INDUS & dit qu'aiant sa source dans les Montagnes de Cibyra, il reçoit dans son cours plus de soixante Rivieres & plus de cent torrents. Tite-Live [m] nous apprend que le nom d'*Indus*, qui signifie l'*indien*, lui étoit venu de ce qu'un Indien y avoit été renversé par son Elephant. C'est pour cela que *la Carie* est nommée au Livre I. des Macchabées [n] le *Pays des Indiens*, selon l'observation du R. Pere Hardouin [o]. Vossius juge cette Riviere avoit encore eu un autre nom. Car, dit-il, Plutarque le Géographe assure que l'Indus qui est dans les Indes a été nommé MAUSOLE auparavant. Il avoit lu sans doute que Mausole est l'ancien nom de l'Indus, mais de l'Indus de la Carie. Il seroit surprenant de trouver le nom de Mausole dans les Indes ; mais il ne l'est point de le rencontrer dans la *Carie*, puisque tous les Cariens ont été autrefois nommez *Mausoles*.

[i] L. 5. c. 2.
[k] L. 1. c. 16.
[l] L. 5. c. 28.
[m] L. 38.
[n] c. 8. v. 8
[o] In Plin. l. c.

CALBIUM, ou GALBIUM *Promontorium*. Voyez SACRUM.

CALBIUS. Voyez CALBIS.

CAL-

CAL.

CALCACESTER, ou TADCESTER, Bourg d'Angleterre en Yorkshire fur la Riviere de Worfe à trois lieues de la Ville d'Yorck vers le Couchant. L'Auteur [a] de l'Etat prefent de la Grande Bretagne le nomme Tadcafter. Voyez CALCARIA 1.

[a] T. 1. p. 127.

CALCAR, Ville d'Allemagne dans le Cercle de Weftphalie au Duché de Cleves fur le Ruiffeau de Men. Elle eft petite, mais affez agréable & appartient à l'Electeur de Brandebourg avec tout le Duché. Elle eft environnée d'eau & de marais ; ce qui la rend très-forte. On a retranché un coin de fes fortifications où eft le Château qui fert de Citadelle à la Ville : les rues font mal faites & étroites & ce qu'il y a de plus remarquable c'eft la grande Place & la Maifon de Ville devant laquelle eft un arbre dont les branches font foutenues de charpente en façon d'une Galerie ombragée de fes feuillages. Le deffous eft un lieu de promenade agréable. Lorfque l'on fort de Calcar pour aller à Cleves on entre dans un pays inculte & fterile, où l'on voit quelques Châteaux. Calcar eft à un mille d'Allemagne du Rhin, à deux de Cleves, & à un peu plus d'Emmeric. Voyez CALCIACI.

1. **CALCARIA**, ancienne Ville de l'Ifle de la Grande Bretagne. Antonin la met à neuf milles d'*Eburacum*, aujourd'hui Yorck, & à vingt de *Cambodunum*, prefentement Almonburry. Ce nom vient fans doute de ce qu'il y avoit un four à chaux. L'Art de faire la chaux étoit autrefois en vogue dans cette Ifle ; témoin cette Infcription conferveé par Reinefius

DEÆ NEHALENNIÆ
OB MERCES RITE CONSERVATAS M. SECUND. SILVANUS
NEGOTTOR [b]. RETTARIUS
BRITANNICIANUS
V. S. L. M.

[b] Il faut lire Negociator Cretarius.

La Déeffe qui prefidoit à l'Art de faire la chaux étoit nommée *Nehalennia*, & elle étoit fans doute adorée en cet endroit, car le Gué de la Riviere de Worfe, eft appellé par les habitans le Gué de Ste. Helene, nom qui a été fubftitué avec le temps à celui de cette Déeffe *Nehalennia*, que ce Gué portoit apparemment du temps du Paganifme. Ces remarques font de Mr. Gale[c], dans fon Commentaire fur l'Itineraire d'Antonin.

[c] p. 42. & feq.

2. **CALCARIA**, Ville Maritime de la Gaule Narbonnoife, Antonin en fait mention [d]. Bouché l'Hiftorien de la Provence dit que c'eft prefentement CARRY. Voyez ce mot.

[d] Itiner.

CALCARIUM FORUM. Voyez FORCALQUIER.

CALCE', petite Ifle de l'Archipel fur la côte de l'Afie Mineure près de celles de Niffera (*Nicaria*, ou *Niffari*,) & de Pifcope (*Pifcopia*) Le Sr. Robert dans fon Voyage du Levant imprimé à la fuite de ceux de Dampier [e] dit que l'Ifle de Calcé eft habitée par des Grecs fort miférables qui payent tribut aux Venitiens & aux Turcs : qu'il n'y a point d'huile ; mais qu'elle produit un peu de Vin, de l'Orge, & quantité de Sel : que les Vaiffeaux ne la fréquentent gueres, parce que fa rade n'eft pas trop bonne & qu'on ne fauroit y faire de l'eau. Elle eft nommée CARCHI, fur les Cartes de Mrs. Berthelot & de l'Ifle. C'eft la Chalcia de Strabon & de Pline.

[e] T. 4. p. 295.

CALCEDOINE. Voyez CHALCEDOINE.

CALCHEDON. Voyez CHALCEDOINE.

CALCIACI, ancien peuple que divers Auteurs, comme Junius & autres, ont pretendu trouver dans Tacite, & qu'ils affurent être la même chofe que CALCAR au Pays de Cleves. Mais Ortelius remarque très-bien qu'il faut lire *Talbiacum* dans cet endroit de Tacite [d]. J'aime encore mieux TOLBIACUM. Voyez ce mot.

[d] Hiftor. l. 4. c. 79.

CALCIACUM, & CALCEGIUM, *ad Ittam*. Voyez CHAUCY.

1. **CALCIATA**, nom Latin de CAUSSADE en Guienne. Voyez CAUSSADE 1.
2. **CALCIATA**, nom Latin de la CALZADA, Ville d'Efpagne dans la Vieille Caftille. Voyez au mot SANT, l'article SANT DOMINGO DE LA CALZADA. Les François la nomment LA CHAUSSE'E.

CALCIDE. Voyez CHALCIDE.

CALCINATO, Village d'Italie dans le Breffan fur la Riviere de la Chiefa à trois lieues de Monte Chiaro. Il eft fameux par la Victoire que le Duc de Vendôme commandant les troupes de France en Italie y remporta le 19. d'Août 1706. fur les Imperiaux commandez par le Comte de Reventlau, qui y perdirent trois mille hommes, y compris les bleffez & les prifonniers, fix piéces de Canon, vingt-quatre Drapeaux, dix Etendards & des Munitions. Les François acheterent bien cette victoire par le fang d'un grand nombre d'Officiers de merite. Le General des Allemands y perdit la vie ; & la victoire eût été plus complette fi le Prince Eugène qui arriva fur la fin de la bataille n'eût fauvé le refte des troupes, en les ralliant fur le chemin à Guardo.

[e] Larrey. Hift. de France fous Louis XIV. T. 8. p. 550.

CALCITIU [f], Village de Turquie dans l'Afie mineure, fur le Canal de la Mer Noire près de Scutaret & vis à vis de Conftantinople. Il tient la place de l'ancienne Ville de Calcedoine.

[f] Baudrand.

CALDAIRA, Baye de l'Amerique dans la nouvelle Efpagne. On la nomme auffi le PORT DE NICOYA. C'eft l'un des plus beaux du Monde. Voyez NICOYA.

CALDANE [g], marais d'Italie en Tofcane dans la Seigneurie de Piombino à l'embouchure de la Riviere de Cornia.

[g] Magin. Ital.

CALDANO, Riviere d'Italie dans la Tofcane. Les Latins l'ont connue fous le nom d'ECALIDUS, fi nous en croions Leandre [h]. Voyez ce mot. Annius de Viterbe pretend que c'eft de cette Riviere que Pline a parlé quand il a dit qu'il naiffoit des poiffons dans les eaux chaudes d'auprès Vetulonia.

[h] Defcritt. di tutta l'Italia p. 79.

CALDAS, en Latin *Aquæ calidæ*, Village d'Efpagne dans la Gallice, à une lieue de la Ville d'Orenfe du côté du Midi. Voyez ORENSE.

CALDE'E. Voyez CHALDE'E.

CALDERA [i], Cap de l'Amerique fur la côte de Terre ferme au Gouvernement de Comana ; environ à quinze lieues vers le Sud-ouest

[i] Corn. Dict. de Laet Ind. Occid. l. 18. c. 17.

CAL.

ouest de l'Isle de la Tortuga. Ce Cap est bas; la côte néanmoins commence à se hausser insensiblement aussi-tôt qu'on l'a passé & l'on voit de loin les hautes Montagnes de Caracas.

CALDERINO [a], lieu d'Italie, fameux par ses bains. On les appelle ordinairement bains de Verone parce qu'ils sont à dix milles de la Ville de ce nom. Plusieurs Auteurs ont écrit de la vertu de leurs eaux dont on se sert pour la guérison de plusieurs maladies.

§. Magin ne nomme ainsi aucun endroit à cette distance de Verone, mais on trouve dans sa Carte du Veronois, à l'Orient de Verone, au delà du Progno, & au Nord de l'Adige Caldero Bourg que je crois être la même chose que Calderia où étoit né un Auteur du XV. siécle qui a écrit des Commentaires sur Suetone, Stace, Martial, Juvenal, & sur les Epitres & l'Ibis d'Ovide. Mr. Baillet [b] le nomme Domice Calderin Veronois. Son Eloge inféré dans le Recueil de Reusner dit beaucoup mieux *Domitius Calderinus, Veronensis agri oppido Calderia, Calidis aquis nobili ortus*. Il mourut ayant à peine trente ans.

CALDERUS MONS, nom Latin d'une Montagne du Frioul nommée MONTE CARSO.

CALDONENSIS, Ortelius ayant trouvé quelque part le nom de Severien Evêque de Caldon, croit que ce nom est corrompu au lieu de *Calydonensis*. Cela est très-vrai-semblable.

CALDUBA, Ville de l'ancienne Espagne dans la Betique au territoire des Turdetains, selon Ptolomée. Il lui donne une position très-diferente de celle de la Salduba de Pline qui étoit sur la Mer Mediterranée.

1. CALE, l'Itineraire d'Antonin nomme ainsi une place sur la Route de Lisbone à Bragues, (*ab Olisippone Bracaram Augustam*) à XXXV. mille pas de la derniere. Les Portugais la nomment PUERTO, c'est-à-dire *le Port*; les François disent Port-à-Port; plusieurs ont dit PUERTO-CALE, & ce lieu devenu fameux a été cause que les Etrangers ont donné ce nom à tout le pays, de sorte que le Royaume qui étoit autrefois une Province de l'Espagne connue sous le nom de Lusitanie ne s'appelle plus presentement que *Portugal*. Voyez PUERTO.

2. CALE, Ville d'Italie dans la Flaminie. Virgile aïant dit

Quique Cales linquunt,

Servius observe qu'il s'agit ici d'une Ville de la Campanie; mais il ajoute qu'il y a dans la Flaminie une Ville nommée CALE.

3. Le même Auteur met encore une autre Ville nommée CALE dans la Gaule qu'il dit sur l'autorité de Saluste avoir été prise par Perpenna. Seroit-ce la même que Cale que Gregoire de Tours met à environ cent stades de Paris, c'est-à-dire à douze mille cinq cens pas Romains, ce qui convient avec la distance de Chelles à l'égard de Paris dans ses anciennes bornes.

4. CALE, Isle de l'Archipel selon l'Itineraire Maritime d'Antonin.

5. CALE. Voyez au mot AD l'Article AD CALEM, & CAGLI.

6. CALE [c], ou CHALE, ou CALA ou CHALAC, Ville d'Asie dans l'Assyrie, bâtie par Assur ou par Nemrod; car on pretend que le texte de l'Ecriture [d], où il est parlé de la fondation de cette Ville, est équivoque. Mais qui que ce soit qui l'ait fondée, il est certain qu'elle étoit à une assez grande distance de Ninive & que la Ville de Resen étoit entre Cale & Ninive. Chalé est peut-être la Capitale de la Province *Chalacéne* aux environs des sources du Lycus [e], ou *Chala* Capitale de la *Chalcnite* qui est separée de la Medie par le Mont Zagrus.

7. CALE. Voyez CALANGUE.

☞ CALE-ACTE, ce nom est composé de deux mots Grecs qui signifient en François *beau Rivage*, ou, comme les rend Amiot dans sa Traduction de Plutarque, *belle rive*. Ce nom étoit commun à plusieurs lieux.

1. CALE-ACTE, Ville de l'Isle de Crete, selon Etienne le Géographe. Ortelius l'a lu negligemment, ou dans de mauvais exemplaires lors qu'il dit que ce même Auteur en fait aussi un grand Village. La maniere d'Etienne c'est d'ajouter, au nom du pays, le nom National que portent les habitans. Il dit donc que de *Cale Acte* se forme celui de *Calactita*, ou *Caloactita*, de même que de *Megalé Comé* se derive celui de *Megalocometa* pour designer un habitant de ce lieu; nom formé de deux mots, aussi-bien que celui de Calactita. Ce sont des observations Grammaticales qui regardent la Langue Greque.

2. CALE-ACTE, Ville ancienne de la Sicile. Voyez CALACTÆ.

3. CALE-ACTE, lieu de la Grece dans l'Isle d'Euboée, vis-à-vis de la pointe Orientale de l'Isle d'Andros, selon Ptolomée [g].

CALEARTIUS, Lac d'Afrique dans Orose. Ortelius a fait voir qu'il faut corriger dans cet Auteur CLEARTUS.

CALEB [h], nom d'un Canton de la Palestine dans la Tribu de Juda, où étoient situées les Villes de Cariath Sepher & d'Hebron appartenantes à la famille de Caleb fils de Jephone.

CALEBEG ou KILBEG [i], petite Ville d'Irlande dans la Province d'Ulster au Comté de Dunnegal, à douze milles Ouest de Dunnegal; & à même distance au Nord-ouest de Ballishannon. Elle est munie d'un port très-commode & a droit d'envoyer deux Deputez au Parlement.

CALECOULAN. Voyez CALICOULAN.

CALECUT. Voyez CALICUT.

CALEDONES, ancien peuple de la Grande Bretagne dans la partie Septentrionale où est presentement l'ECOSSE. Je ne repeterai point ici ce que j'ai dit de ce peuple à l'article de l'Ecosse; j'ajouterai seulement que Tacite le croit Germain d'origine: la chevelure rousse de ceux qui habitent la Caledonie, dit-il, dans la Vie d'Agricola, la grandeur de leur corpulence sont une preuve qu'ils sont originaires de la Germanie. Les peuples, dit-il ailleurs [l], prirent d'abord les armes avec de grands aprêts & encore plus de reputation, comme il arrive lors-

CAL.   CAL.   63

lorsque l'on a affaire avec un ennemi que l'on ne connoît pas encore. Cambden [a], séduit par la haine qui est depuis plusieurs siécles entre les Anglois & les Ecossois, trouve au nom de *Caledones* une étymologie dans la Langue Bretonne. Il prétend qu'il vient de CALED qui veut dire *grossier*, *dur*, *sauvage*. Il veut que ce nom leur ait été donné à cause de la ferocité de leurs mœurs. Buchanan [b], qui étoit Ecossois trouve dans la Langue de ce Pays une origine moins odieuse & qui paroît plus vraisemblable. Ce mot, dit-il, vient de CALDEN qui en Ecossois signifie un *Coudrier*, en Latin *Corilus*. Voyez les deux articles suivans. Le P. Briet [c] divise les Caledons ou Caledoniens en plusieurs peuples & il ajoute que leur pays, fut envahi par les Ecossois déja maîtres des Pictes.

            [a] Britann.

            [b] Rer. Scotic. l. 2. p. 55.

            [c] Paral. 2. part. l. 2. p. 185.

Les CALEDONIENS, proprement dits & qui répondent à ce qu'on appelle présentement BRAID-ALBIN, *Athol*, & Argyle. Leur Ville étoit *Caledonia*, Dunkeledon.

Les EPIDIENS, aujourd'hui *Cantyr*, *Lorne*, & *Lochabrie*. Le lieu le plus remarquable étoit *Epidium Promontorium*, la pointe de Cantyr.

CERONES ou CERONES. Aujourd'hui *Skirassin* au Comté de Ross, où étoit *Volsa* présentement *Foyles*.

CARNOVANCÆ (Ptolomée dit CARNONACÆ) c'est la partie Occidentale de la Province de *Strath-Navern*, où est *Orcas* ou *Tervisium Promontorium*, aujourd'hui la Pointe de *Torfuti*.

CORNABII, la partie Orientale de *Strath-Navern* où sont *Viruedrum Promontorium*, aujourd'hui le *Cap de Vrach*, ou *de Fero*, & *Beruvium Promontorium*, aujourd'hui la *Pointe de Dunesby* ou *de Boers*.

CARINI ou CATINI, aujourd'hui *Cathnés* ou CAITHNESS.

MERTÆ, aujourd'hui le *Sutherland* où étoit *Vara Æstuarium* qui est le Golphe de Taïne partie de celui de Murray.

CANTÆ, partie Orientale d'*Armanoth* dans la Province de Ross, où étoit *littus Altum*, aujourd'hui *Tarbart*, mot qui en Breton signifie *Rivage bas*.

LUGI, partie Occidentale d'*Armanoth*, où est le Golphe de Murray, *Tuesis Æstuarium* & le *Lac* & le *Fleuve de Nessa*.

VACOMAGI, aujourd'hui *Murray*, où étoit *Banatia*, aujourd'hui *Béan* & non point *Badgenoth*.

TAXALI ou TÆZALI, les Provinces de *Bucquhay* (ou plûtôt *Buchan*) & *Marr*, où étoit *Devana*, Aberdonne, (Aberden) la vieille & *Tazalum Promontorium*, aujourd'hui la *Pointe de Bucquhay*, (ou plûtôt *Buchaness*.

VERNICONES, (Ptolomée dit *Venicontes*) qui répondent à Fife, Perth, *Anguis* & *Mernis*; où étoient *Orrhea*, ou *Orrea*, aujourd'hui *Forfair*; & *Alectum* ou *Taodunum*, aujourd'hui *Dunzée*.

Tout cela n'est que simple conjecture. J'ai déja remarqué ailleurs que Ptolomée n'a eu de l'Ecosse qu'une idée fort confuse. Agathodæmon a achevé d'embrouiller le tout lors qu'il a voulu dresser une Carte d'un pays qui n'étoit pas encore entiérement découvert. Ainsi quel fond peut-on faire sur le prétendu raport des pays & des limites que nous connoissons, avec des peuples dont on ignore aujourd'hui la vraie position & la demeure & qui n'en avoient peut-être point de fixe?

1. CALEDONIA, ancien nom d'une partie de l'Ecosse habitée par les Caledons, ou Caledoniens.

2. CALEDONIA, ancienne Ville de la Caledonie à laquelle elle donnoit son nom. Elle étoit sur la rive droite du Tay & subsiste encore à présent. Buchanan la nomme DUNCALDEN, c'est-à-dire, *éminence couverte de Coudriers*. Il est persuadé que la Montagne a donné le nom à la Ville, la Ville au Peuple, le Peuple au pays, & même à la Mer voisine. Si j'osois, dit-il [d], hazarder une correction, nonobstant le consentement de tous les exemplaires de Ptolomée, au lieu de l'Océan *Deucaledonien* que l'on lit dans cet Auteur, je lirois *Duncaledonien*, & de même dans Ammien Marcellin au lieu de *Dicaledones*, je dirois *Duncaledones*; de sorte que la Mer & la Nation seroient appellées du nom de la Ville de *Duncalden*. Le consentement des Manuscrits montre comment un Auteur a écrit; ainsi il ne faut rien changer dans ces Auteurs; mais il est arrivé souvent aux Anciens ce qui arrive tous les jours aux Modernes, d'écrire mal les noms étrangers & de les corrompre, ou parce qu'on les sait mal, ou par la demangeaison de les accommoder au genie de la Langue dont on se sert. Cette Ville est appellée DUNKEL dans l'Etat présent de la Grande Bretagne. Voyez DUNKEL.

            [d] Rer. Scot. l. 2. p. 55.

CALEDONIA SYLVA, entre les peuples dont on voit la liste à l'article CALEDONES, & que Ptolomée place tout de suite le long des côtes en faisant le tour du Nord de l'Ecosse depuis le Golphe de Tay jusqu'à celui de Clyd, il restoit un vuide assez grand dans le milieu. Les Anciens l'ont rempli d'une Forêt qu'ils nomment la Forêt Caledonienne. J'ai remarqué ailleurs la faute énorme que fait Florus qui fait entrer dans cette Forêt Cesar qui avoit à peine passé la Tamise; & ce qui est étonnant, c'est que Cambden, loin de reprendre cette bevue le cite comme garant de l'étendue de cette Forêt: [e] *Reversus igitur in Galliam, classe majore, auctiusque admodum copiis, in eundem rursus Oceanum, eosdemque rursus Britannos, Calidonias secutus in Sylvas, unum quoque è Regibus Cavellanis in vincula dedit*. Elle étoit vaste, & couverte d'arbres fort hauts & séparée par le Mont Grampius dont le nom est à présent Grantzbaine, c'est-à-dire, Montagne Courbée. Cette contrée, poursuit Cambden [f], nourrissoit des bêtes feroces de plusieurs espéces, des taureaux blancs, sauvages, & ayant des crins comme ceux des Lions. Ils y étoient autrefois en grande quantité; mais cet Auteur dit que de son temps il y en avoit peu; en recompense, dit-il, ils sont cruels, farouches, & si ennemis du genre humain

            [e] l. 3. c. 10.

            [f] Britann.

main qu'ils ont quelque tems en horreur tout ce que l'homme a touché, & même tout ce qui sent l'haleine de l'homme ils bravent l'attaque des chiens, quoi que les Romains aient autrefois fait un tel cas de ceux d'Ecosse qu'ils les transportoient dans des cages de fer.

CALEDONIUS OCEANUS, aujourd'hui la MER D'ECOSSE, ou cette partie de la Mer qui bat les Côtes de l'ancienne Caledonie.

§. Ce mot a paru si beau & si nombreux aux Poëtes de l'ancienne Rome qu'ils s'en sont quelquefois servis pour exprimer l'Angleterre en general. Martial [a] dit

a L. 10. Epigr. 44.

Quinte Caledonios Ovidi visure Britannos.

b L. 3. v. 598.

Silius Italicus [b].

Inque Caledonios primus trahet agmina lucos.

Valerius Flaccus.

Tuque o, Pelagi cui major aperti
Fama, Caledonius postquam tua Carbasa vexit
Oceanus, Phrygios prius indignatus Iulos.

CALEGAN ou CALEGUAN, la premiere Orthographe est de Mrs. Sanson, la seconde est de Mr. Corneille. Ces Auteurs mettent entre les Philippines au Nord de l'Isle de Mindanao, au Midi de Negoas ou de l'Isle des Négres trois Isles situées Nord & Sud. La premiere & la plus Septentrionale est Calegan, la plus Meridionale est MESSANE, & celle qui est entre deux est nommée Bathuan. Mr. de l'Isle n'en marque aucune des trois. Mr. Corneille dit que dans ces trois Isles on trouve du miel, du panis, du ris, du cocos, des figues, des oranges, de la cire, du gingembre, de l'or, des chiens, des chats, des pourceaux, des chevres & des poules. Les habitans, dit-il, sont olivâtres, se frottent d'huile de Storax & de Benjoin, se peignent le corps de diverses couleurs & sont vêtus comme ceux de Zubut (Cebu) ils machent force Areca avec du Betel, vivent de ris & de poisson ils se servent de la gomme d'un arbre qu'on appelle *anima*, enveloppée dans des feuilles de Palmiers pour s'éclairer durant la nuit. Ils dorment sur des Nattes de Cannes avec des chevets de feuilles, & entendent la langue de Sumatra. Lors que l'on crible la terre on y trouve des piéces d'or. Toute la vaisselle des Rois de ces Isles étoit de même metal. Mr. Corneille cite les Voyages de Pigafet.

CALEMBERG ou CALENBERG, Château d'Allemagne dans la Basse Saxe, à deux milles Allemands de la Capitale, & sur la Riviere de Leyne. Ce Château donnoit le nom de Principauté de Calenberg au pays où est Hannover, & c'est ainsi qu'il est nommé sur les Cartes. Cette Principauté n'a que trois places remarquables, dont deux sont la Leyne sçavoir Hannover, Nieuwstadt, & la troisiéme aux confins du Comté de Schaumbourg: elle est bornée au Nord & partie de l'Orient par le pays de Lunebourg, à l'Orient & partie au Midi par l'Evêché de Hildesheim, elle a au Midi le Comté de Spigelberg; les Comtez de Schaumbourg & de Hoye la bornent à l'Occident. Le Château de Calenberg est ruiné. Il étoit aux confins de l'Evêché de Hildesheim, au couchant de la Ville de ce nom & au Midi de celle de Hannover, au bord Oriental de la Leyne. Plus haut vers les sources de la même Riviere est un pays où sont les Villes de Gottingen, Northeim, Munden qu'il ne faut pas confondre avec Minden en Westphalie, celle dont il s'agit ici est aux confins du Pays de Hesse un peu au-dessous de Cassel, au lieu où se forme le Weser des eaux de la Verra & de la Fulde. Ce Pays est nommé Calenberg sur la plûpart des Cartes. Les Allemands le nomment la Principauté d'Ober-wald. Ce Canton est peu étendu.

CALENBERG (le) ou KALENBERG, Montagne d'Allemagne. Elle commence dans la basse Autriche près du Danube à trois ou quatre milles au-dessus de Vienne, d'où elle s'étend au Midi par la Styrie & la Carinthie jusqu'à la Drave. Comme elle est longue il y en a des endroits qui ont un nom particulier, comme le SCHNEEBERG, le DEWSBERG & le HERLEBERG, qui sont des portions de cette Chaine, que les Anciens ont nommée CESIUS ou CETIUS MONS.

c Baudrand Ed. 1682. in voce CETIUS.

CALENI. Voyez CALENUM.

CALENTINI, selon Plutarque dans la Vie d'Annibal. Ce sont les mêmes que *Calatini*, c'est-à-dire les habitans de CALATIA. Voyez CALATIA & TEANUM.

CALENTUM, Pline dit qu'en deux Villes de l'Espagne Ulterieure, c'est-à-dire d'au delà l'Ebre, sçavoir à MAXILUA & à CALENTUM, on y faisoit des briques qui étant sechées n'enfonçoient point dans l'eau: parce, dit-il [d], qu'elles sont faites d'une terre semblable à de la pierre de ponce qui est la meilleure, quand on la peut paîtrir.

d L. 35. c. 14.

CALENUM, Municipe d'Italie dans la Campanie heureuse, selon Ciceron [e]. On y faisoit du vin qu'Horace met à côté de celui de Cæcube.

e De Lege Agrar. 2. c. 31.

Cæcubum & prælo domitam Caleno
Tu bibes uvam.

l. 1. Ode 20.

Le nom de cette Ville étoit CALES au pluriel, & il semble que *Calenum* ne soit qu'un adjectif qui demande necessairement le mot *Municipium*, ou exprimé comme il l'est dans Ciceron, ou sousentendu, comme il l'est dans Pline qui dit simplement *Calenum* [f]. Horace nomme ce lieu *Cales* dans un autre endroit

f l. 3. c. 5.

Sed pressum Calibus ducere Liberum
Si gestis,

l. 4. Ode 12.

Ciceron écrivant à Atticus [g] nomme ce lieu CALES, Tacite [h], Tite-Live [i], & Paterculus [k] l'appellent aussi *Cales* au pluriel. La Table de Peutinger le met entre *Teanum Sidicinum*, aujourd'hui *Tiano* & *Casilinum*, à III. milles de la premiere & à sept de l'autre. Ces distances ont servi à reconnoître que ce n'est pas *Carinula* comme le pretendent Niger, Leandre

g l. 8. Epist. 15. & l. 16. Epist. 11.
h l. 6. c. 15.
i l. 8. c. 16.
k l. 1. c. 14.

CAL.   CAL. 65

Leandre & autres ; mais Calvi, qui est en deçà de Capoue.

a Baudrand Ed. 1705.
CALEPIO [a], Bourg d'Italie, dans l'Etat de Venise, au Bergamasque, aux confins du Bressan sur la Riviere d'Oglio, dans la *Vallée* que l'on nomme aussi *Calepio.* Ce lieu est remarquable pour avoir été la Patrie d'Ambroise Calepin, Auteur d'un Dictionnaire Latin qui étoit très informe lors qu'il le publia ; mais les soins que plusieurs Savans & entre autres Passerat ont pris de le corriger & de l'augmenter en ont fait un ouvrage utile ; quoi qu'il soit inferieur en bonté à d'autres Recueils que l'on a composez depuis chez diverses Nations.
b Corn. Dict. [b] Calepin mourut aveugle dans une extrême vieillesse l'an 1510. Il étoit Religieux de l'Ordre de St. Augustin.

c Part. Septima 2. Climat. p. 58.
CALERE [c], Ville de l'Indoustan, à quarante mille pas de Mansura, dit le Géographe de Nubie. Elle est, dit-il, écartée de la grande route, mais elle n'en est pas moins frequentée pour cela, à cause de l'habileté & du commerce de ses habitans. Nassir Eddin & Ulug Beig qui marquent la position de Mansurah à 105. d. de longitude & à 27. d. 40'. de latitude ne disent rien de Calere.

d Valesii Not. Gall. p. 114.
CALESIUM [d], ce nom se trouve dans l'Auteur des Gestes du Roi Charles VI. & ses habitans sont appellés *Calesienses.* Cet Ecrivain a suivi en cela Guillaume le Breton dans lequel on lit au Liv. IX. de ses Philippides.

Classis prima quies Calesi fuit : altera portu
Fit Gravelinga tuo.

Lambert Prêtre de l'Eglise d'Ardres s'est servi des mots *Calasiacum,* & *Calasiaticos* dans la vie des Comtes de Guines écrite il y a plus de 500. ans, mais c'est par erreur. Guillaume Abbé d'Andre dans la Chronique de son Monastere laquelle finit à l'an 1234. nomme avec plus de raison ce lieu *Calasium,* & dit que vers l'an 1228. Philippe Comté de Boulogne fils de Philippe Roi de France renferma de murailles le Bourg de *Calasium,* & y fit bâtir un Château. En effet le Château *Calesium* que le même Guillaume appelle, en plusieurs endroits, *Château de Calais,* étoit alors du domaine des Comtes de Boulogne : *Totum Castrum,* dit cet Auteur, *de Calais, cum recenti munitione incendio consumpsisset Ferdinandus Comes Flandriæ, nisi pretio M D. librarum & XX. doliis vini ejus ferocitas mitigata esset.* Jean Sire de Joinville dit aussi dans la Vie de Loüis IX. Roi de France que ce fut le Comte Philippe qui le premier renferma *Calesium* de murailles. Voyez au mot CALAIS.

CALETES &

e Hadr. Valesii Descr. Gall. p. 115.
CALETI [e], Cesar place ces derniers dans la Belgique aussi bien que les *Vellocasses,* lorsqu'il dit que les *Caleti* avoient promis dix mille hommes de guerre & les *Vellocasses* autant ; car il avoit écrit auparavant que *la Seine & la Marne separoient les Gaulois d'avec les Belges.* Ainsi ces deux Peuples étant à la droite de la Seine il les faut necessairement placer dans la Belgique. Hirtius joint aussi ces deux Peuples ; mais Auguste les comprit dans la Celtique ou la Gaule Lionnoise, dans laquelle ils se trouvent aujourd'hui, d'autant que la Ville

Tom. II.

de Rouen, qui étoit la Capitale des *Caleti* & des *Vellocasses,* se trouve la Metropole de la 2. Lionnoise. Strabon a suivi J. Cesar ; & quelque confusion que l'on voye dans sa Description des Belges & des Celtes ; cependant il paroît mettre les *Caleti* Καλέτους, dans la Belgique, lorsqu'il joint les *Caleti,* qui s'étendoient jusqu'à l'Embouchure de la Seine, aux *Morini, Bellovaci, Ambiani* & *Suessiones,* que tout le monde reconnoit pour être de la Belgique. Tous les autres Géographes les placent dans la Gaule Lionnoise : Pline entre autres [f] en nommant ces peuples immédiatement après avoir fait mention des *Lexovii* & des *Vellocasses.* Et ailleurs [g] en les joignant aux *Cadurci, Ruteni, Bituriges* & *Morini.* [h] Ptolomée comprend les *Caleti* & leur ville Capitale *Juliobona* dans la Gaule Lionnoise ou Celtique. Il écrit Καλήτας pour *Caletos,* de la même maniere que la plûpart des Geographes ont mis *Meldas, Carnutas, Andicavas* pour *Meldos, Carnutes,* ou *Carnutos,* & *Andicavos.* Mr. de Valois a pretendu que *Juliobona Caletorum* est la même chose que la Ville de Dieppe. Mais j'ai fait voir le contraire, & il n'y a que la force de la verité qui ait pu m'engager à ne pas accorder cet honneur à ma patrie & à avoüer avec Mr. de Longuerue qu'elle n'est pas si ancienne.

f l. 4. c. 18.
g L. 19. c. 1.
h Valesii Descr. Gall. p. 155.

A l'égard des *Caleti* on les trouve nommés dans les vieilles Cartes, en langage vulgaire, CAUCHOIS, CAUCHEIS & CAUCEIS ; on trouve aussi quelquefois CALCENSES pour CALETENSES. C'est de ce nom que vient l'origine de celui d'un des Fauxbourgs de la Ville de Rouen appellé communément *Cauchoise.* Enfin selon Magnon CALIDUS on CALIDUS est situé entre les *Vellocass* & les *Lixovii.* Il faut lire CALITUS ou CALETUS.

Les *Caleti* s'étendoient depuis le Havre de Grace jusqu'au Château d'Eu, & depuis la Seine jusqu'à la Riviere d'Eu ; leur pays renfermoit celui où sont presentement les Villes de Harfleur, Tancarville, Caudebec, Longueville, Dieppe, Eu, Tresport, Gamache, Blangis, Aumale, Neuf-Châtel & les Abbayes de Fontenelles, Jumieges [i], & de Fescamp, Cauville, le Port St. Valery en Caux.

i Gemeticum.

Promontorium Caletorum, à l'Embouchure de la Seine, est appellé vulgairement, *le Chef de Caux,* & une partie du territoire des *Caleti* est nommée *Pagus Caletensis,* ou *le Pays de Caux,* en changeant la lettre L. en U. Car le 3. Archidiaconé de l'Eglise de Roüen porte le titre de *majorum Caletorum, du grand Caux,* & le sixième celui de *minorum Caletorum, du petit Caux.* On lit dans la Vie de St. Filibert Abbé de Jumieges par corruption *Caltivum territorium;* & *Pagum Caletinsem* au lieu de *Caletensem:* dans la Chronique [k] de l'Abbaye de Fontenelles ; Odericus Vitalis écrit *Galetensem Pagum* [l] & *Caletensem regionem* [m] ; des Lettres patentes de Charlemagne & de Charles le Chauve en faveur de l'Eglise de Rouen portent *Calciacum Pagum;* mais il y a faute ; & d'autres employent *Pagum Caleticum* ou simplement *Caletum;* enfin les Ecrivains modernes disent *Calcegiam* & *Calceciam.*

k Cap. VII.
l Lib. XII.
m Lib. IX.

Le territoire des *Caleti,* en contient plusieurs autres d'une moindre étenduë connus sous des

I*   noms

noms differens : tels sont le Pays d'Eu, *Augensis Pagus*, le Pays de Bray, *Braiensis Pagus*; le Tellau, *Pagus Tellaugius*, beaucoup plus celebre autrefois qu'il n'est aujourd'hui. On peut ajouter que le *Pagus Caletensis* est appellé par Walsingham *Insula de Caws*, par la raison que le Pays de Caux depuis Caudebec jusques à Dieppe est une Peninsule que la Mer mouille de ses eaux, & dont les deux Villes de Caudebec & de Dieppe forment l'Isthme.

J'ai fait voir au mot *Cadetes* qu'il n'y avoit pas apparence de les confondre, comme quelques-uns ont fait, avec *Caletes*, qu'il y a tout lieu de croire être des peuples differens, Voyez CADETES. Marlian à la verité met les *Caletes* dans la Belgique sur l'Ocean, mais il les place dans le voisinage des *Morini* & des *Ambiani*, d'où le passage en la Grande Bretagne se fait, dit-il, en peu de tems. Il ajoute que ces Peuples retiennent encore leur ancien nom, qu'ils sont du Diocèse de Normandie, c'est-à-dire de Rouen, qu'ils sont situés dans le Royaume de France, mais sous la puissance des Anglois, & dans la description du Port d'Estaples. il place souvent la Ville *Caletas* ou *Caletium* dans le Diocèse de Normandie, dans le Royaume de France & dans la dependance des Anglois. Mais il est facile de voir que Marlian a été trompé par la ressemblance des noms, & qu'il a confondu *Calesium*, Calais qu'il nomme *Caletium*, avec les peuples *Caleti*, quoique ceux-ci soient en Normandie & du Diocèse de Rouen ; au lieu que *Calesium* est en Picardie au Diocèse de Boulogne, & veritablement au pouvoir des Anglois dans le tems que Marlian écrivoit.

a Lib. XII.

Odericus Vitalis[a] trouve dans le Pays des *Caleti*, en deça de la Seine neuf autres Rivieres qui sont la *Vitefleu* ou *Vitefleur*; le *Dun*; la *Seane* ou *Saane*, le *Beaune*, la *Sie*; la *Varennes* ou Riviere de St. Sens ou même Riviere de *Torcy*; la *Deppe* autrement Riviere de *Neufchastel*; l'*Ytre*; & l'*Ou*. Il est étonnant que cet Ecrivain ait oublié l'*Eaune* que quelques-uns nomment aussi *Yaune*. Voyez CAUX.

b Baldaus Beschryv. der Oost-Ind. Kust. Malab. en Corom p. 262. & seq. *c* p. 371.

1. CALETURE, Forteresse de l'Isle de Ceilan, sur l'embouchure d'une Riviere, à l'Occident Meridional de l'Isle & dans le Canton apellé Champ de la Canelle. Les Hollandois[b] s'en étoient rendus maîtres par un Siége suivi d'une Capitulation le 15. Octobre 1655, mais en suite ils l'abandonnerent[c]. Cette forteresse est à une journée de chemin de Gale dans une contrée fort agréable au bord de la Mer, fortifiée d'un double rempart de terre; mais ils furent obligés de la sacrifier à la necessité d'aller secourir Negombo, n'ayant pas alors des troupes suffisantes pour defendre ces deux places. Caleture nommé CALITURE par Ribeiro est à sept lieues au Midi de Colombo & à treize de Gale ou Gallé, sur une hauteur & près de l'embouchure d'une Riviere de même nom.

2. CALETURE, Riviere de l'Isle de Ceylan, dans la partie Meridionale. Elle a deux sources au Pic d'Adam, lesquelles coulant separement dans les deux Corlas qu'elles arrosent, elles se joignent avant que d'en sortir & forment une Riviere assez grande, qui serpente vers l'Occident servant de bornes naturelles à divers Corlas ; elle borne au Midi le Corla de Soffregam dont la Capitale nommée aussi Soffregam est au bord Septentrional de cette Riviere. On peut dire la même chose de Reygan Corla & d'Angretotte sa Capitale un peu au dessus de la Ville de Caleture : elle communique au Lac d'Usre & arrosant la place dont elle porte le nom elle se perd dans une anse où il y a quatre brasses de fond, mais la rade en a quatorze. Mr. de l'Isle nomme cette Riviere CALITURE.

d Carte de Ceilan.

CALEVA, Voyez CALLEVA ATTREBATUM.

CALEX. Voyez LYCUS.

CALFORDE, les François écrivent ainsi ce nom que les Allemands écrivent CALVORDE; ces derniers prononcent l'V, comme nous prononçons l'F, & le W. comme nous l'U. voyelle. Voyez CALVORDE.

CALGIUN[e], Ville d'Egypte dans l'Abissinie. Elle est dans une Campagne fort deserte à l'Occident de la Ville de Mancunah, mais plus avant de quelques journées dans la terre ferme.

e Corn. Dict. d'Herbelot Bibl. Orient.

CALGUIA, Ville de l'Arabie Petrée selon Ptolomée[f].

f l. 5. c. 17.

CALHAT, Ville de l'Arabie heureuse. C'est de cette Ville que le Golphe de Calhat a tiré son nom. Ce nom est écrit Kellat par Mr. de l'Isle qui observe que les Arabes nomment ce lieu Calajate. Ce lieu est au fond du Golphe, que l'on trouve au Nord du Cap de Rasalgate.

1. CALI, lieu de la Palestine[g]. D. Calmet dit : CALI ou CHALI Ville de la Tribu d'Aser. On n'en sait pas la situation. Cependant Sanson[h] n'a pas laissé de lui assigner 67. d. 8'. de longitude, & 33. d. 17. 15' de latitude; comme si quelque Elève de l'Academie des Sciences y avoit pris hauteur, & observé quelque éclipse. J'avertirai ici en passant ceux qui ont l'*Index Geographicus* de cet Auteur, qu'il faut compter pour rien toutes les longitudes & latitudes qui sont en marge, n'y en ayant gueres qui ne soient mises au hazard, & pas une seule qui soit d'une justesse certaine ; telle qu'on la desireroit dans une Carte faite sur des Observations. Ceci soit dit non pour diminuer la reputation de cet Auteur à qui la Géographie a de grandes obligations, mais afin qu'on ne trouve pas étrange que je lui aie laissé ces embellissemens sans en charger cet Ouvrage.

g Josué c. 19. v. 25.

h Ind. Geogr. p. 35.

2. CALI[i], Ville de l'Amerique Meridionale. Mr. Corneille qui suit de Laet, semble en faire deux Villes diferentes, ou du moins une Ville transportée d'un lieu à un autre, ,, Cali, dit-il, Ville de l'Amerique Meridio,, nale que Sebastien bel Alcazar avoit placée ,, premierement dans la contrée que les Espa,, gnols nommoient *Gorrones*, parce que leur ,, Langue ne leur étant point connue, ils leur ,, entendoient prononcer souvent le mot de ,, *Gorron*, qui signifie poisson dont ils faisoient ,, leur nourriture ordinaire. Elle est aujour,, d'hui dans une vallée à vingt-huit lieues de ,, la Mer du Sud à une grande lieue de la ,, grande Riviere Cauca sur les bords d'un ,, autre fleuve descendant des hautes Mon,, tagnes qui sont au-dessus de la Ville. En

i Ind. Occid. l. 9. c. 14.

CAL. CAL. 67

En ce cas-là on l'a changée de place encore une seconde fois; Mr. de l'Isle la met au bord Occidental de la Riviere Cauca, au Midi de Chocos, & entre ces deux Villes sont les bornes qui separent le Popayan où est Cali, de la Province de Santa Fé où est Chocos. Le Sr. Coréal qui a vu Cali vers la fin du XVII. siécle dit: c'est à Cali que se tient le Gouverneur de la Province. Cette Ville est à quarante lieues de Popayan au pied des Montagnes & sur le bord du Cauca Riviere qui prend sa source dans les Monts qui separent le Perou, du Popayan Meridional. Le voisinage des Indiens guerriers y est incommode & fâcheux; (ces Indiens nommez sur la Carte de Mr. de l'Isle *Indios de Guerra* habitent les Montagnes qui sont à l'Occident de Cali, entre cette Ville & la Mer du Sud.) Mais les habitans ont la precaution de ne pas s'engager dans les lieux où les naturels du Pays se tiennent. Ces gens de Cali sont adroits & braves. Ils ont une espece de lance qu'ils dardent avec une justesse si grande qu'ils ne manquent jamais leur coup. Les environs de cette Ville sont agréables excepté vers les Montagnes où il y a beaucoup de Mines d'or que les Indiens cachent avec soin. La distance de Cali à la Mer du Sud n'est pas plus conforme dans ces deux Auteurs que celle de Cali à la Riviere de Cauca. J'ai déja dit que de Laet compte 28. lieues: voici comment en parle le Sieur Coreal qui a fait cette route pour aller de Cali à la Mer du Sud: Je traversai les Montagnes où se tiennent les Indiens guerriers avec quelques hommes que le Gouverneur envoyoit au Fort de St. Bonaventure & nous y arrivames après avoir fait douze mortelles journées avec beaucoup de fatigue & de danger. La latitude du Fort de St. Bonaventure & celle de Cali sont à peu près la même chose, savoir 3. d. 25'. de latitude boreale.

La Vallée de CALI, Vallée de l'Amerique Meridionale, où coule la Riviere de Cauca, laquelle est nommée sur quelques Cartes Riviere de Ste. Marthe. Cette vallée est entre deux chaines de hautes Montagnes, qui commencent à se separer l'une de l'autre au-dessous de la Ville de Popayan, & il se forme entre elles une vallée qui étant étroite au commencement s'ouvre peu à peu de telle sorte qu'elle a enfin douze lieues de large. Elle s'etrecit de nouveau par intervales, pressant la Riviere qui l'arrose entre deux Montagnes & qui étant contrainte dans son Canal fait des tournoiemens qui empêchent qu'on ne la puisse passer en cet endroit ni sur des radeaux ni dans des canots. Cette Vallée qui commence delà à s'élargir étoit anciennement remplie de Villages fort peuplés; mais durant les guerres que les Espagnols ont soutenues contre les Indiens ceux-ci ont été en partie détruits & ceux qui sont restez se sont retirez aux Montagnes & ce sont les Indiens guerriers dont je parle dans l'article precedent. Quoique cette Vallée soit très-fertile, elle est presque deserte: le petit nombre d'Espagnols ne suffisant pas pour cultiver un si grand terrain. En allant de la Ville de Cali vers l'Occident & du côté des Montagnes on trouve plusieurs Villages habitez par des Sauvages d'un naturel paisible & tributaires des Espagnols.

a Voyages T.2.p.119.

b p.120.

Tom. II.

CALIABRIA, ancienne Ville d'Espagne: Ambroise Moralès ^c dit qu'elle est presentement nommée Montanejes par quelques-uns. Mariana ^d ne trouve pas cette conjecture assez probable: car parlant des Evêchez d'Espagne sous le Roi Vamba il dit: *præterea Caliabræ, quam urbem Tudensis & Marinæus Montangitum esse suspicantur, conjectura haud satis probabili.* Le même Moralès trouve que dans un Concile de Tolede il est fait mention de *Caliabrum* Ville Episcopale en Espagne. Ortelius doute si ce ne seroit pas la même. Je crois qu'on peut l'assurer. Cette Ville est apparemment une de celles qui perdirent leurs Siéges durant la longue invasion des Mores & qui ont été tellement abolies & oubliées qu'il n'a presque plus été possible depuis d'en retrouver les traces, comme je le remarque ailleurs. Le P. Charles de St. Paul ne dit rien de ce Siége.

c Chronic.

d l.6.c.15.

CALIBIE^e, Forteresse Maritime d'Afrique entre Tunis & Hamamet, au haut d'un Roc qu'on nomme le Cap de Mercure: il y a un assez bon port pour les vaisseaux Arabes. Les habitans sont braves & grands ennemis de ceux de Tunis, à cause des maux qu'ils en ont reçus. Dans les guerres de Mulei Hascen elle fut sacagée trois fois par les Espagnols parce qu'elle s'étoit donnée aux Turcs; mais elle ne laisse pas de se soulever toutes les fois que l'ocasion s'en presente & de leur donner entrée. Cette place est forte par sa situation, outre que toutes les murailles sont terrassées. La premiere fois que les Espagnols la saccagerent, les Maures se défendirent vaillamment & en tuerent ou blesserent des plus braves, mais elle fut emportée à la fin. Il y mourut quatre cents Turcs, outre plusieurs Prisonniers qu'on y fit; elle ne se defendit pas si bien les autres fois parce que les Turcs & les Maures instruits à leurs depends abandonnerent le Château. Ptolomée met cette place à 33. d. 30'. de longitude & 33. d. 10'. de latitude sous le nom de Curobis; d'autres croyent que c'est Clupée.

e Marmol. T.a.l.6.c. 23.

§. Marmol brouille la Géographie ancienne avec la moderne. Le *Cap de Mercure* se nommoit ainsi du temps de Ptolomée qui le nomme *Hermeon*, Ἑρμαία Ἄκρα; mais on le nomme à présent le Cap Bon. Calibie n'est peut-être ni Curobis, ni Clupée, mais s'il faut choisir, ce ne peut être la derniere puis qu'elle étoit à l'Occident du Cap à l'Orient duquel on trouve Calibie. L'Auteur de l'Etat Chrétien & Politique du Royaume de Tunis ^f dit: à la pointe de ce Cap (le Cap Bon) il y a une Forteresse que l'on nomme Gallipin, où les vaisseaux mouillent. Cette Forteresse est sur une Elevation; elle paroit de figure quarrée, flanquée de huit tours. On dit qu'il y a trente canons. Nous esperions pendant la nuit doubler ce Cap &c. Ils venoient de l'Isle de Pantalarée. Gallibia ou Calibie est donc à l'Orient du Cap Bon, & ne peut être Clupée qui étoit entre ce Cap & Carthage où est Tunis.

f Etat des R. de Barbarie p.98.

CALICA, petite Ville de Turquie dans la Bulgarie avec un port sur la côte de la Mer Noire, environ à trente-quatre mille pas de la bouche Meridionale du Danube. On la prend pour l'ancienne CALLATIA.

I* 2

CA-

CALICALA, Ville de l'Armenie. Mr. Baudrand dit qu'Abulfeda & Jacut en font mention; & il ajoute que Golius de qui sans doute il tient la citation de ces deux Auteurs soupçonne que c'est peut-être Hasencala qui est à une journée de chemin d'Arzeroum (Erzerum.)

CALICOENI, peuple de la Macedoine selon Polybe[a] qui y met la Ville de Bantia; ce qui fait juger qu'il étoit aux confins de la Thrace où Etienne le Géographe place le peuple BANTII.

[a] L. 5.

CALICOULAN ou CALECOULAN[b], petit Royaume d'Asie sur la côte de Malabar à l'extremité meridionale des Etats du Samorin. Il a le Royaume de Percati ou Porca au Nord & celui de Coulan au Midi. Autrefois la Compagnie Hollandoise des Indes Orientales y avoit un Comptoir, & tiroit de ce pays tous les ans une assez grande quantité de poivre.

[b] Baldeus Beschreiv. der Kust. van Malab. c. 11.

1. CALICULA, Ville des anciens Turdules dans l'Espagne Tarragonnoise selon Ptoloméé[c], dont les Interpretes croient que c'est OSCA.

[c] l. 2. c. 4.

2. CALICULA, Ville ancienne de l'Espagne dans le territoire des Turdetains, selon le même.

[d] Ibid.

CALICUT ou CALECUT, Ville & Royaume des Indes sur la côte de Malabar, dans les Etats du Samorin qui y fait sa residence. Quelques-uns écrivent CALICUTE ou CALICUTH.

La Ville de Calicut Capitale du Royaume de même nom est située au bord de la mer à 98. d. 10'. & 11. d. 25'. Nord selon l'estime des Hollandois. Elle[e] a trois lieues d'étendue & n'est point murée. Elle contient sept mille maisons, mais qui sont isolées la plûpart, assez distantes les unes des autres. Son port est à une lieue & se nomme Capocate. Les maisons sont basses & peu considerables. On en peut avoir pour vingt écus une propre pour un Marchand, & pour deux écus une pour des gens du commun : elles ne sont pas plus hautes qu'un homme à cheval. La Ville de Calicut[f] reconnoît pour son fondateur, Ceram Peroumal Empereur de tout le Malabar, pour qui tous les habitans des deux côtes ont une si grande veneration qu'ils le mettent au nombre de leurs Dieux. Ce fut ce Prince qui, comme rapportent les Historiens du Pays, partagea les Provinces de son Empire, entre ses parens & ses favoris, & donna lieu par là à la multitude de petits Souverains dont tout le Malabar est rempli. En vertu des Privileges de Peroumal ces Chrétiens Indiens joüissent de tous les droits de la Noblesse du Pays. Ils ont le pas sur les Naires qui sont les seuls Nobles qu'il y ait parmi ces Nations Infidelles, & ce qui est plus considerable que tout le reste, ils ne dépendent que de leur Evêque tant pour le temporel que pour le spirituel.

[e] Voyages de P. van Caerden dans le Recueil de la Comp. Holl. T. 3. p. 636. & seq.

[f] La Croze Hist. du Christ. des Indes l. 1. p. 44.

CALICUT, Royaume des Indes sur la côte de Malabar.[g] Il est le plus considerable des Royaumes de cette côte quoi qu'il n'ait que vingt-cinq lieues d'étendue le long de la Mer, & qu'il n'ait pas plus de largeur. Le Roi en est puissant & renommé & il surpasse en dignité tous les Rois de ces Pays-là

[g] Van Caerden l. c.

& on lui donne le titre de *Samorin* qui répond à celui d'Empereur. Il le porte suivant ce que regla Pereymal (Ceram-Peroumal) lorsqu'il voulut se retirer à la Meque pour y passer le reste de ses jours. Car par la division qu'il fit alors de ses Etats il ordonna que le Roi de Calicut auroit la qualité de Souverain. Linschot a écrit que la Ville & le Samorin sont presque peris par les artifices & par la malice des Portugais de sorte qu'il ne s'y fait plus de commerce, & que c'est présentement un des moindres Royaumes de la côte de Malabar, quoique le Roi porte toûjours le nom de Samorin. Toutefois il faut que le Royaume se soit rétabli depuis que Linschot a écrit, ou qu'il eût été mal informé. Le païs produit du *poivre*, & l'on en recueille même dans la Ville.

La tige de l'arbrisseau qui le porte est foible, & a besoin d'être apuiée comme le sep de la vigne. Elle est de la nature du lierre, qui dès-qu'il peut s'approcher d'un arbre s'y atache. Cet arbrisseau a quantité de branches, qui ont deux ou trois empans de long. Ses feuilles sont comme celles des pommiers d'Assyrie, hormis qu'elles sont un peu plus larges & plus épaisses, & qu'elles sont traversées de plus de filamens. On voit pendre à châque arbrisseau six grapes, chacune d'un pied de long. La couleur en est semblable à celle des raisins qui ne sont pas encore mûrs. On les cueille au mois d'Octobre & de Novembre, lors qu'elles sont encore vertes, & on les met secher sur des nates au Soleil, où les grains de poivre deviennent en trois jours aussi noirs qu'on les aporte en Europe. Il n'est pas besoin de les tailler, ni de les fumer ; la terre les nourrit assez. Pline a dit que les troncs de ces arbrisseaux sont semblables à ceux de nos genévriers. Quelques autres Auteurs, à peuprès ses contemporains, ont dit qu'il n'en croissoit point ailleurs que sur le Mont Caucase, du côté où le Soleil donne perpendiculairement ; mais les navigations des Portugais nous ont bien apris le contraire. Il croit aussi à Calicut beaucoup de *gingembre*. Cette racine a trois ou quatre empans de profondeur en terre, comme celle des rosiers. Quand on en tire de terre, on en laisse toujours des deux racines une, sur laquelle on rejette de la terre, ou bien on en seme, & l'année d'après l'une & l'autre produisent du gingembre bon à recueillir. Il y croît encore de l'*Aloès*, qui est une gomme qui se rassemble sur un arbrisseau qui n'a qu'une racine faite comme un piquet fiché en terre. Sa tige est tendre & rouge : son odeur est forte, & son goût amer. On y voit diverses sortes d'animaux, lions, sangliers, chevres, loups, bœufs, éléphans, & c. quoiqu'il y ait des gens qui disent qu'on les y amene d'ailleurs. Il y a des perroquets verds, de rouges, & d'autres de différentes couleurs ; & il y en a une si grande quantité, qu'il faut mettre du monde pour garder les campagnes de ris comme nous en mettons quelquefois pour garder les champs de blé, de peur qu'ils ne soient endommagez par les oiseaux. Ils causent admirablement, & se donnent à très-bas prix. Il y a une sorte d'oiseaux qu'on nomme *Sarau*, qui sont un peu

peu plus petits que les perroquets ; mais le chant est plus agréable. On y voit toûjours des fleurs épanouïes, & les arbres y conservent leur verdure toute l'année, tant l'air est doux, & temperé ; de sorte qu'on y a presque un printems continuel. Il y a des singes & des guenons, qui sont assez de mal aux habitans; car ils montent dans les arbres; ils mangent les fruits qui servent à faire le breuvage des Indiens ; ils découvrent & renversent les vaisseaux où l'on rassemble les liqueurs. Les arbres qui produisent ces fruits, surpassent tous les autres en bonté. Ils portent de grosses dattes comme les palmiers. Leur bois sert à se chaufer. Les fruits en sont de bon goût. Quand on en a ôté l'écorce, on les presse, & l'on en tire du vin, du sucre, & de l'huile : mais le premier fruit qu'ils portent est comme les dattes. On leur ôte l'écorce, & on la fait brûler. Il y a une autre sorte d'arbre qui ne differe pas fort de ce dernier, & qui produit le coton, ou une espéce de soie. Ses feuilles servent à faire des étofes qui sont comme du satin, ou du taffetas. On file ce qui est le plus grossier, & l'on en fait des cordes. Il produit aussi des noix, qui étant mûres sont pleines d'eau, dont l'on fait une huile fort grasse. Outre cela l'on va le matin & le soir faire un trou dans le tronc, d'où il dégoute une liqueur qu'on rassemble, & qui est comme un vin très-doux.

Les serpens y sont fort hauts, & presque aussi grands que des pourceaux. Leur tête est plus longue & plus grosse que celle d'un sanglier. Ils ont bien seize piés de long. Ils se tiennent dans les lieux marécageux, & les habitans disent qu'ils n'ont point de venin. Il y en a d'autres qui sont tellement venimeux, que s'ils sucent seulement un peu du sang d'un homme, il en meurt sur le champ. Il y a encore une grande quantité qui sont de la grandeur des serpens d'eau, & qui ne sont pas moins venimeux.

Lors que le Roi se marie avec quelque femme, les plus considérables des Prêtres couchent auparavant avec elle, & il leur fait présent de 500. écus pour leur peine. Quand il veut manger, il va s'asseoir à terre, sans avoir rien sous lui. A quatre pas de lui, tout autour, sont les Prêtres qui lui tiennent compagnie pendant les repas du soir & du matin, & qui écoutent avec beaucoup de respect ce qu'il dit. Ce sont eux qu'on considére le plus après le Roi, & après eux ce sont les Naires, ou *Nairos*, qui sont les Nobles, à qui il est permis de porter l'épée, la rondache, la hallebarde, ou la pique, quand ils sortent. Le troisiéme ordre est celui des Artisans. Le quatriéme, celui des pêcheurs. Le cinquiéme, celui des gens de peine qui recueillent & rassemblent le poivre, le vin & les noix : qui sément le ris & le moissonnent ; mais les Prêtres & les Nobles en sont très-peu d'état. Le Roi ni la Reine ne sont pas magnifiquement vêtus. Le peuple va tout nud, hormis qu'ils ont les parties naturelles couvertes d'un petit mouchoir de toile de coton. Lors que le Roi va chasser ou faire un voyage, les Prêtres gardent la Reine dans son apartement. Parmi les Nobles, & les Marchands les amis qui sont mariez troquent souvent leurs femmes, estimant que cela sert à entretenir l'amitié. En ce cas les enfans demeurent au pere. Une femme peut épouser sept maris, & coucher avec eux successivement. Lors qu'elle devient grosse elle donne l'enfant à celui qu'il lui plaît, qui ne peut le refuser. Ils s'asseient à terre pour manger, & se servent de feuilles d'arbres pour cuilliéres. Ceux qui suivent le Roi ont la tête ceinte de bandes d'écarlate. Ils se laissent tous croître les cheveux fort longs. Quand leur Roi meurt ils se les coupent en diverses maniéres, & la barbe aussi, pour marque de deuil. Les femmes ne font rien du tout que s'ajuster ; de sorte qu'encore qu'elles aillent nuës dans les ruës, elles sont néanmoins toutes garnies d'or, & de pierreries, tant aux oreilles, qu'au cou, aux bras, aux jambes, & il leur en pend même aux mamelles.

On écrit sur des feuilles de palmier, avec une plume ou une touche de fer, sans encre. Le grand commerce qui se fait au païs de Calicut le rend fort riche. On n'y trafique pas seulement du poivre & du gingembre qui y croissent, mais aussi de diverses épiceries qui y sont portées de plusieurs Isles, & sur tout de la canelle qui vient de Ceilan. On y porte du poivre de Comnucol, qui est à douze lieuës au delà de Calicut, des cloux de girofle de Meleuse, qui n'en est pas loin ; des noix muscades & du macis des Moluques ; du Musc de Pegu ; des perles de l'Isle d'Ormus, toutes sortes d'épiceries de Cambaie, de Sumatra, de Tanasser &c.

On y porte aussi de toutes parts des parfums, des bois, & des herbes odoriférantes ; de sorte que c'est proprement une étape de toutes sortes de marchandises, où les Marchands de diverses Nations les vont prendre ; ce qui aporte de grands profits aux habitans, & de grandes richesses au Roi : car il y a des Marchands qui sont sans comparaison plus riches que quelques Princes de l'Europe, & que les Rois d'Afrique. On peut juger par là quels sont les trésors & les revenus du Roi, qui leve des droits sur toutes ces marchandises. Dans la Province de Malabar, on ne se sert pas toûjours de Cavalerie à la guerre, non tant parce que le païs ne produit point de chevaux, car on y en fait venir assez de Perse & d'Arabie, que parce qu'il n'en permet pas l'usage, à cause de la quantité de bois, de Rivieres, de Golfes de Mer, de marais, dont il est entrecoupé. Ils ne se servent donc presque que d'Infanterie, & elle est fort bonne ; ou bien ils font la guerre sur mer.

Tous les Soldats sont Nobles, & se nomment Naires, ainsi qu'il a été déja dit. Dès qu'ils ont sept ans, on les envoie à l'école de la guerre, où des gens d'expérience les font exercer. On leur fait étendre les membres & les nerfs : on les leur oint souvent d'huile de Sesame, ce qui les rend extrémement souples, jusques là qu'ils se courbent & se plient, comme s'ils n'avoient point d'os. Après cela ils s'exercent fort à manier les armes. Mais comme ils sont persuadez qu'il n'est pas possible qu'une même personne excelle en plusieurs choses, ils ne font faire à chacun que l'exercice auquel l'épreuve qu'ils en ont faite,

leur

leur a fait connoître qu'il est le plus propre. Leurs armes n'étoient autrefois que la pique, l'arc, la rapière, & le bouclier; mais depuis que les Portugais ont fréquenté dans leur païs, ils ont apris l'art de fondre l'artillerie, de manier le mousquet, & de faire aussi ces sortes d'armes, avec tout ce qui leur est nécessaire, jusques-là que leur poudre vaut mieux que la nôtre. Ils vont nuds à la guerre n'aiant rien de couvert que leurs parties naturelles : ils ne se servent ni de casque, ni de cuirasse, & par ce moien ils font leurs mouvemens & leurs révolutions avec beaucoup de promtitude, de sorte qu'il est difficile de les éviter quand ils poursuivent, ou de les joindre quand on les poursuit. Les poignées de leurs rapiéres sont ornées de quelque plaques d'argent ou de cuivre, & c'est qui leur sert de tambour ou de trompette pour les exciter au combat. Parmi les Naires il y a une sorte de Soldats qu'on nomme *Amoques*, qui font profession d'empêcher les desordres, entre leurs camarades, & que les uns n'insultent les autres, ou ne leur fasse tort. Ils se piquent aussi de ne craindre aucun danger, quel qu'il soit, ni la mort même. Si leur Roi vient à être tué par trahison, ils n'ont jamais de repos qu'ils n'en aient tiré vangeance. Ce courage dont ils font profession, excite tous les Naires à suivre leur éxemple, & bien que ceux-ci aient leurs femmes en particulier & que les Amoques n'en aient point, ils tâchent pourtant d'imiter ces derniers dans leur hardiesse. Tous les Naires sont dans une si grande estime, que quand on les rencontre dans les ruës, il faut s'arrêter, ou se retirer, jusques à ce qu'ils soient passez. Pour cet éfet ils font marcher des valets devant eux, qui avertissent le monde que leur Maître vient.

On peut juger des forces du Roi de Calicut, par les armées qu'il mit en campagne contre les Portugais l'an 1503. Il avoit 60000. hommes, lorsqu'il marcha contre Edoüard Pachette, Capitaine des troupes d'Emanuel Roi de Portugal, qui protégeoit alors le Roi & le Roïaume de Cochin, & sa Flotte étoit composée de 200. Vaisseaux de guerre, tels qu'ils sont en ce païs-là, toutes ces armées aiant même demeuré cinq mois en campagne. L'an 1529. il assiégea la Forteresse que les Portugais avoient fait bâtir à Calicut, & y mena 100000. hommes, qui y passerent tout l'Hyver; & quoique les Portugais la défendissent avec beaucoup de courage, elle fut prise & ruinée. Il assiégea aussi l'an 1560. le Fort de Chaul, qu'il prit, ou que le Commandant Portugais lui rendit par composition. Il n'est pas moins puissant par mer, à quoi contribue le grand nombre de ports qu'il a, qui lui rendent faciles les armemens, & qui sont de difficile accès pour ses ennemis.

Lors que le Roi meurt ce ne sont pas ses enfans qui lui succedent, ce sont ceux de sa sœur parce que les Prêtres aïant eu commerce, avec la Reine & même les premieres faveurs, & y en aïant toûjours un auprès d'elle, pour lui tenir compagnie, de peur qu'elle ne s'ennuïe, on presume que les enfans qu'elle met au monde, apartiennent plûtôt aux Prêtres qu'au Roi. Mais les enfans de la Sœur du Roi sont veritablement du sang Roïal.

Ceux qui ont commis quelque meurtre, sont condamnez en justice premierement à être étranglez, puis pendus : mais quand on n'a fait que blesser, on en est quitte en paiant une amende au Roi. Quand un débiteur ne paye son créancier qu'en paroles, celui-ci prend le contract avec soi, va chercher une écorce verte de quelque arbre, poursuit son débiteur, & l'ayant atrapé lui dit cette écorce, lui enjoignant de la part des Prêtres & du Roi de ne partir pas de la place où il est, jusques à ce qu'il ait satisfait. Le débiteur demeure là immobile; car s'il faisoit seulement semblant de vouloir s'en aller avant que d'avoir payé, on le tueroit sans miséricorde.

Les habitans de Calicut croyent un Dieu Créateur du Ciel & de la Terre, & premiere cause de tout ce qui éxiste. Mais ils en font un Dieu oisif, disant que pour demeurer en repos, il s'est déchargé du gouvernement du monde sur le Diable, qu'ils disent être aussi une Divinité céleste, afin qu'il puisse être Juge sur la Terre, & punir ou récompenser les hommes selon leurs mérites. Ils donnent à Dieu le nom de *Tamerain*, & au Diable celui de *Deume*. Il y a dans le Palais du Roi de Calicut un Oratoire tout garni de figures de Diables, aussi afreuses qu'on les peint en ces pays ci, & pas plus grandes qu'une medaille. Au milieu de cette Chapelle il y a un trône de cuivre sur lequel est assis un Diable fait du même métal, qui a sur la tête une Thiare sur laquelle s'élevent trois grandes dents aigues, un nez d'épervier, des yeux de travers, une face enflammée & horrible, des doigts faits comme des griffes, des piés comme des ergots de coq. Il y a dans sa gorge une figure d'homme, & l'autre dans sa main, qu'il paroît manger aussi prête à devorer. Les Prêtres qui servent cette afreuse Statuë, & qui se nomment *Bramins*, ou *Bramines*, sont obligez d'aller tous les matins la laver d'eau rose, & d'autres liqueurs parfumées, & d'épandre des aromates devant elle. Ils se mettent à genoux pour l'encenser, & ils lui font des sacrifices, quelquefois toutes les semaines. Pour cet éfet ils ont une table, ou un comptoir de boutique, fait en forme d'autel, qui a un pié & demi de haut, deux piés de large, & trois de long, sur quoi ils épandent des fleurs les plus odoriférantes, des aromates, & des épiceries. Après cela ils prennent un vaisseau d'argent plein de sang de coq, qu'ils mettent sur des charbons ardens, avec mille sortes d'épiceries, pour servir d'encensemens; puis ils en mettent dans l'encensoir, ils font le tour de l'autel, & l'en parfument. Pendant toute la cérémonie, il y a une clochette d'argent qui ne cesse pas de sonner. On coupe la gorge du coq dont le sang est destiné à cet usage, avec un couteau d'argent, dont ils ont escrimé les uns contre les autres, pendant quelque temps, avant que de le tuer. Tandis que le Prêtre est ocupé à ce sacrifice, il a les bras & les jambes ornées d'argent, ce qui rend le même son que la clochette; & une bague qui lui pend sur la poitrine, qui est aussi la marque ordinaire qui distingue les Bramins du reste du peuple.

CAL. CAL. 71

peuple. Quand le sacrifice est achevé, il prend en sa main un peu de blé, & sort de la Pagode à reculons, ayant toûjours les yeux atachez sur l'Idole, & marchant toûjours ainsi jusqu'à ce qu'il soit à un arbre qui est hors de l'enceinte de la Pagode, où il répand le blé qu'il a dans les mains; puis il les remet sur sa tête, & rentrant dans le lieu où s'est fait le sacrifice, il ôte les ornemens de l'autel.

Jamais le Roi ne mange, qu'un Bramin n'ait pris une portion des vivres pour l'aller ofrir à l'Idole. Lorsqu'il a mangé les Bramins prennent les restes, & vont les jetter aux corbeaux. Ni le Roi ni les plus considérables de la Ville n'oseroient manger d'aucune viande, sans en avoir permission des Bramins; au lieu que les autres mangent de tout indifféremment, hormis de la vache, à quoi personne n'ose toucher. Il ne faut pas oublier ce qui se passe à la ceremonie d'une espece de pardon général qui leur est accordé tous les ans au mois de Décembre. Cette superstition atire un grand concours de peuple de tous les païs voisins, pour visiter la Pagode où on l'obtient, qui est bâtie au milieu d'un étang, & dans laquelle il y a deux rangs de belles colomnes, & une grande lampe de la forme d'un navire, pleine d'huile, qui brûle continuellement, & éclaire tout autour. La Pagode est grande, & tout environnée d'arbres. Personne n'ose y entrer qui ne soit auparavant lavé dans l'eau qui l'entoure. Ceux qui y entrent sont aspergez de l'huile de la lampe par les Bramins; puis ils vont faire leurs ofrandes, & quand ils ont rendu leur culte à l'idole, & l'ont adorée, ils s'en retournent; après que les Bramins leur ont promis un pardon général de tous leurs péchez, en recompense de la devotion qu'ils ont fait paroître. Ainsi pendant trois jours entiers que ces pretendues indulgences se distribuent, on voit en ce lieu-là une prodigieuse affluence de peuple, & tout le monde y est en liberté, comme dans un azyle, quoi qu'on ait fait. On n'oseroit y attaquer ni y arrêter personne, ni se jvanger de ses ennemis, ni tirer un criminel en justice.

§. J'ajouterai ici quelques remarques tirées des voyages de François Pirard[a]. Le Roi de Calicut a de grandes & belles Villes. La premiere est celle qui donne le nom au Royaume, la seconde est *Panani* & est grande & fortifiée, sur la frontiere de Cochin. C'est le plus beau séjour du Pays. Il y a une Riviere qui porte bâteaux & va se rendre à la mer à 25. ou 30. lieues delà. Elle separe les deux Royaumes. [b] La Capitale a plus de cinq lieues de circuit, mais c'est moins une Ville qu'un grand pays rempli de beaux grans bâtimens & de grands enclos; tellement qu'à un logis il faut un grand espace pour tous ses jardins, vergers, viviers, & terres pour semer. Il y a grand nombre d'étangs publics fort grands, bien pavez & garnis de balustres de pierre de taille, bien nétoyez & entretenus. Châque religion a les siens à part & il y en a tel qui a un quart de lieue de tour. Les maisons n'y sont pas bâties par ordre ni arrangées par rues comme en Europe, mais dispersées en confusion; si ce n'est vers la mer auprès d'Alfandeque, qui est un grand Magasin du Roi. Il y a là un canton d'une demie lieue de tour bâti en rues, c'est là que sont les boutiques de toutes sortes de métiers, d'Artisans, & de Marchands. Ce Canton a son enceinte à part, quoiqu'il soit enfermé dans la grande Ville.

Le commun peuple bâtit de terre qu'on détrempe & qu'on met par gros Carreaux fort épais, & qu'on fait ensuite secher au Soleil, ensuite ils en font leurs murailles. Les maisons sont couvertes de feuilles de cocos. Les riches bâtissent de pierre & couvrent de tuile. Tous leurs Bâtimens sont en quarré, comme quatre galleries à Pavillons à quatre coins & une cour au milieu. Il y en a qui ont deux ou trois logis de cette sorte tous les uns dans les autres. Ils sont de grands parvis à l'entrée de ces maisons tant des pauvres que des riches, au dedans de l'enclos: car tous les logis sont enclos de murailles pour ceux des riches & de fossez relevez & de fortes palissades pour ceux des pauvres. Toutes ces clotures sont si hautes que quand on veut aller d'un logis à l'autre, il faut monter une échelle de cinq ou six échellons & descendre autant de l'autre côté, & il y a des deux côtez deux barrieres de bois qui ferment à clef. Il ne se voit point là de maison qui n'ait son jardin & son verger grand ou petit. Les parvis dont on vient de parler sont faits pour recevoir les étrangers, tant pour boire & manger que pour se reposer & coucher, & ils ne sont point au dedans des logis, afin qu'ils puissent partir la nuit quand bon leur semble.

CALIDONA. Voyez CALYDONA.
CALIDAS AQUAS. Voyez AQUÆ.
CALIFORNIE, grand pays de l'Amerique Septentrionale au Nord de la Mer du Sud. Les Atlas de Mercator & de Blaeu ; les Cartes Géographiques de Bertius, & le Theatre d'Ortelius en font une Presqu'Isle ; & quoi que ce sentiment fût exactement vrai, par une inconstance bizarre on l'abandonna generalement pour dire que c'est une Isle. Les Cartes de Wit, de Sanson, de Nolin, de De Fer, d'Allard en font une Isle. Cluvier ayant dit dans son Introduction à la Géographie que c'est une Peninsule, ses Commentateurs seduits par les nouvelles Cartes ont relevé cela comme une erreur. Le P. Labbe, dont la Géographie Royale n'est qu'une Traduction libertine de l'Introduction de Cluvier, s'écarte de son Auteur sur ce point. L'Abbé Robbe dans sa Methode, Luitz dans son Introduction, le P. Riccioli dans sa Géographie Reformée, Mrs. Baudrand, Maty, & Corneille dans leurs Dictionnaires Géographiques, & une foule de modernes déposent que c'est une Isle, comme s'ils en avoient fait le tour. Dans ces derniers temps un Géographe judicieux[c], & assez hardi pour chercher la verité étouffée sous tant de prejugez, osa rapeller sous l'examen les preuves que l'on avoit eues pour changer de sentiment, & ne se trouvant point assez décisives, ne voulant pas d'ailleurs heurter trop ouvertement les preventions du public, il se contenta de marquer sur sa Carte d'un trait leger & qui marquoit son doute, ce qu'il n'osoit pas encore assurer. Il écrivit sur ce sujet une Lettre où

[a] 1. part. p. 285.

[b] p. 288.

[c] Mr. de l'Isle.

CAL.

où il examine la question si la Californie est une Isle, ou une partie du Continent. Il commence par la découverte du pays.

[a] Voyages du Nord T. 3. p. 268.

[a] Après, dit-il, que Ferdinand Cortez eut fait la conquête de la nouvelle Espagne, il s'attacha à la découverte des pays voisins, & à celle de la Mer du Sud. L'an 1534, il envoya deux vaisseaux, qui découvrirent le bout de la Californie vers le 23. degré & demi de latitude; mais il y en eut un qui se brisa, & l'autre ne passa pas plus loin. L'année suivante Cortez se mit lui-même sur mer & se rendit à l'endroit où son premier vaisseau étoit peri, qu'il appella le Port de Ste Croix. Il reconnut la Riviere de St. Pierre & de St. Paul, traversa la Mer qui est entre la Terre ferme & la Californie, perdit son vaisseau sur la côte de Culvacan, & s'en retourna avec bien de la peine à l'endroit d'où il étoit venu. L'année 1539. il envoya François d'Ulloa avec deux bâtimens pour continuer la découverte. Ils visiterent la côte Orientale de la Californie, & quand ils furent arrivez environ au 30. degré de latitude, ils virent la terre à droite, & à gauche, & on commença d'agiter la question, *si la Californie étoit une Isle ou une partie du Continent*, & toutes les deux opinions avoient leurs partisans. Quelques cinquante lieues plus loin, ils trouverent que l'eau changeoit de couleur & blanchissoit comme de la chaux. Ils firent encore neuf ou dix lieues la sonde à la main, trouvant qu'à mesure qu'ils avançoient, la Mer avoit toujours moins de profondeur, & ils continuerent jusqu'à ce qu'ils n'eurent plus que cinq brasses d'eau & d'une eau trouble & bourbeuse, remarquant que la Mer couroit-là d'une grande impetuosité vers la terre. Alors le Capitaine & le Pilote regardant du haut du mât virent la Terre de tous côtez, & le rivage si bas qu'à peine pouvoit-on le discerner de près. Comme ils crurent qu'ils ne pourroient passer plus loin, ils traverserent de l'autre côté pour ranger la côte opposée à celle qu'ils venoient de reconnoître.

Vers ce même temps-là un Cordelier, appellé le P. Marc de Niza, accompagné d'un Négre, qui avoit été avec Cabeça de Vacca en divers Voyages, résolut d'aller reconnoître les terres qui sont au Nord de la nouvelle Espagne, & que nous appellons le nouveau Mexique; & quand il fut de retour, ayant publié qu'il y avoit beaucoup d'or, il donna envie au Viceroi, qui étoit alors Antoine de Mendoze, de l'envoyer reconnoître plus amplement. Il en chargea un nommé Vasq Coronat, & commanda en même temps à Hernand de Alarçon d'aller par Mer plus loin qu'Ulloa, s'il étoit possible.

Vasq Coronat ne trouva que bien peu de choses veritables de ce que le Pere de Niza avoit dit. Pour ce qui est d'Alarçon, étant allé jusqu'aux basses d'où François d'Ulloa étoit rétourné, il passa, dit Laet, avec beaucoup de dangers jusques au fond du Golphe, où il trouva une Riviere très-rapide qu'il entreprit de remonter avec quelques Chaloupes, & il la remonta en effet pendant quatre vingt lieues. Mais ne trouvant pas ce qu'il cherchoit, il retourna à ses vaisseaux, & delà au port d'où il

CAL.

étoit parti après avoir donné à cette Riviere le nom de *Bona Guia*.

Deux ans après le même Viceroi resolu de poursuivre la découverte de la Californie par le côté de l'Occident y envoya un Portugais nommé Jean Rodriguez Cabrillo, avec deux vaisseaux, & celui-ci s'avança jusqu'au 44. degré de latitude; mais ne pouvant supporter la rigueur du froid qu'il y sentoit, il fut obligé de retourner. Mr. de l'Isle croit que ce fut lui, qui donna le nom de Cap Mendocin à la partie la plus Septentrionale de ce pays-là. Depuis ce temps-là les Espagnols y ont fait plusieurs expeditions, & ils ont donné des noms aux Caps & aux Ports, comme au Port de notre Dame de la Paix, à la Baye de Ste Marie Madelaine &c. On y fut l'an 1611. l'an 1636, & l'an 1675. L'an 1683. [b] le Marquis de Laguna Viceroi de Mexique ayant reçu ordre du Roi Catholique de ne rien épargner pour étendre la Foi parmi les Nations barbares, fit partir deux vaisseaux sous le commandement de D. Isidore d'Atondo. Etant arrivé à un port, qu'il crut être celui de notre Dame de la Paix, à 24. d. & 25'. d'élévation, il y bâtit un Fort avec une Eglise, & envoya querir des chevaux dans la Province de Sonora dans le dessein de penetrer plus avant dans le pays. Enfin l'an 1690. des Jesuites ayant penetré par terre jusqu'aux Hensés & aux Pimases, qui sont dans le nouveau Mexique entre le 24. & le 33. d. de latitude Nord firent esperer que l'on pourroit continuer par cet endroit les conquêtes spirituelles & temporelles.

[b] Voiez les Voyages du Nord T. 3. p. 288.

Les Voyages que l'on vient de raporter ne laissent aucun lieu de douter que ce ne soit une Presqu'Isle: aussi en fut-on si generalement persuadé que l'on donna au Golphe le nom de Mer vermeille ou Mer rouge à cause de sa ressemblance avec le Golphe qui est entre l'Arabie & l'Ethiopie. Mais les Hollandois ayant pris aux Espagnols une Carte Marine, où la Californie étoit representée comme une Isle, on regarda cette faute comme une découverte à laquelle on se conforma. Mr. de l'Isle dans la Lettre citée ci-dessus examine la valeur de cette Carte. Les Peres Jesuites ont tenu parole & le Pere Eusebe François Kino ayant découvert un chemin, par lequel il est allé par terre du Continent à la Californie, a marqué d'année en année depuis 1698. jusqu'à 1701. la route qu'il a tenu & les lieux qu'il a traversez, on n'a à presentement une Carte qui ne laisse plus lieu de douter que la Californie ne tienne au Continent. Après cela c'est une erreur que de la prendre pour une Isle, comme font les Auteurs de quelques Cartes très-recentes. La Californie s'étend pour sa longueur Orientale depuis le Cap St. Lucar sous le tropique du Capricorne jusqu'au 31. degré de latitude où est le fond du Golphe entre elle & le Mexique. Mais à l'Occident elle s'étend beaucoup plus au Nord, car au delà du Cap Mendocin dont il est fait mention ci-dessus est le Cap blanc de St. Sebastien qui est l'extremité d'une chaine de Montagnes qui court vers l'Orient, au delà de laquelle est une entrée découverte par Martin d'Aguilar à 45. d. de latitude. C'est jusqu'à présent ce qu'on a trouvé vé de plus certain ; & ce qu'il y a d'étrange c'est que les Cartes de Mercator repondent mieux aux nouvelles découvertes que celles où l'on a pretendu corriger cet Auteur. Les côtes de Californie ne s'étendent pas Nord & Sud exactement. Le Cap St. Lucar qui en est la partie la plus Meridionale est par le 266. d. de longitude ; le fond du Golphe par les 260. d. les côtes exterieures ou Occidentales de Californie s'étendent vers l'Occident jusqu'au 251. d. qui est la longitude du Cap Mendocin. La côte Orientale est herissée de Montagnes qui ont leurs noms particuliers, savoir,

Sierra d'Azul ou Montagne bleue,
Sierra Nevada ou M. couverte de Nege,
St. Marc,
St. Mathieu,
St. Jean,
Ste. Rosalie,
St. Antoine,
Les Vierges &c.

Le Port de Paix est presque à l'entrée, ceux de Matanzas, de Danzantes & de Lorete sont dans un enfoncement au devant duquel on trouve cinq Isles, dont deux seulement, savoir Coronados & Carmen ont leurs noms marquez sur la Carte du P. Kino. L'Isle de Sel est plus au Nord à l'Orient des Montagnes de Ste. Rosalie & de St. Antoine. Celle de St. Augustin est au Levant de l'Isle de Sel.

Les Ports & les Bayes de la côte exterieure sont beaucoup plus connus. En partant du Cap St. Lucar on trouve :

La Baye de Ste. Madeleine,
La Baye de St. Martin,
Le Port d'Anno bueno,
La Baye des Sables,
La Riviere de St. Christophle,
La Baye des Baleines,
Le Mont Pintade,
L'Isle des Cedres,
L'Isle Ste. Anne,
Le Cap St. Augustin,
L'Isle de Paxaro à l'Ouest de celles de Ste. Anne,
L'Isle de St. Clement,
L'Isle de Ste. Catherine,
Le Port de la conversion,
Le Canal de Ste. Barbe entre quelques petites Isles & la terre ferme, & au fond duquel est le Port de Ste. Lucie.
La Riviere du Carmel,
Le Port de Carinde la pointe Occidentale qui le forme est nommée pointe de Monterey,
Le Cap de Nieve,
La Baye de Pinas,
Le Port San Francisco,
Le Cap Mendocin,
Le Cap blanc de St. Sebastien ; là commence une chaine de Montagnes qui va joindre à l'Orient celles entre lesquelles coule Rio Colorado qui se perd au fond du Golphe de Californie, ou de la Mer Vermeille & dont l'embouchure a été prise par quelques-uns pour un bras de mer.

Tom. II.

La Peninsule de la Californie est la partie de ce Païs que l'on conçoit détachée du Continent par une ligne imaginaire tirée du Port de la Conversion jusqu'à l'embouchure de Rio Colorado dans le Golphe.

La Californie [a] est exposée à de grandes chaleurs le long des côtes & il y pleut rarement : mais dans les terres l'air est plus temperé & le chaud n'y est jamais excessif. (On a vu plus haut que Jean Rodriguez Cabrillo fut détourné par le froid qu'il sentoit d'aller plus loin ; ce qu'il faut attribuer à la saison & non pas au Climat, car le lieu le plus Septentrional que l'on ait découvert de ce côté là est sous le parallele de Bourdeaux en France.) Il en est de même de l'hyver à proportion. Dans la saison des pluyes , c'est un deluge d'eaux ; quand elle est passée , au lieu de pluyes la rosée se trouve si abondante tous les matins, qu'on croiroit qu'il eût plu ; ce qui rend la terre très-fertile. Dans les mois d'Avril, de Mai, & de Juin, il tombe avec la Rosée une espece de Manne qui se congele & qui s'endurcit sur les feuilles des Roseaux sur lesquelles on la ramasse. J'en ai gouté, dit le P. Picolo [b]. Elle est un peu moins blanche que le sucre, mais elle en a la douceur. Le climat doit être sain, si nous en jugeons par nous-mêmes & par ceux qui y ont passé avec nous. (C'est toujours le même P. qui parle.) Car en cinq ans de temps qu'il y a que nous sommes entrez dans ce *Royaume*, nous nous sommes tous bien portez, malgré les grandes fatigues que nous avons souffertes, & parmi les autres Espagnols, il n'est mort que deux personnes dont l'une s'étoit attiré son malheur : c'étoit une femme qui eut l'imprudence de se baigner étant prête d'accoucher.

Il y a dans la Californie, comme dans les plus beaux pays du monde, de grandes plaines, d'agréables Vallées, d'excellens pâturages en tout tems pour le gros & le menu bétail, de belles sources d'eau vive, des Ruisseaux, & des Rivieres dont les bords sont couverts de saules, de Roseaux & de vignes sauvages. Les Rivieres sont fort poissonneuses & on y trouve sur tout beaucoup d'écrevisses qu'on transporte en des especes de reservoirs dont on les tire dans le besoin. Il y a aussi beaucoup de *Xicames* qui sont de meilleur goût que celles que l'on mange dans tout le Mexique. Ainsi on peut dire que la Californie est un pays si fertile. On trouve sur les montagnes des *Mescales* (fruit particulier de ce pays-là) pendant toute l'année, & presque en toutes les saisons de grosses pistaches de diverses especes & des figues de differentes couleurs. Les arbres y sont beaux & entre autres le *Palo Santo*. Il porte beaucoup de fruit & l'on en tire d'excellent encens.

Il y a XIV. sortes de grains dont ces peuples se nourrissent. Ils se servent aussi des racines des arbres & des plantes, & entre autres de celles d'*Iunca* pour faire une espece de pain. Il y vient d'excellent Chervis, une espece de Faseoles rouges dont on mange beaucoup & des Citrouilles & des Melons d'eau d'une grosseur extraordinaire. Le pays est si bon, qu'il n'est pas rare que beaucoup de plantes portent du fruit trois fois l'année. Ainsi

[a] Lettre du P. Picolo Mission. Jésuite. Dans les Voyages du Nord T. 3. p. 279.

[b] l. c.

Ainsi avec le travail qu'on apporteroit à cultiver la terre & un peu d'habileté à savoir menager les eaux, on rendroit tout le pays extrémement fertile & il n'y a ni fruits, ni grains qu'on n'y cueillît en abondance.

Outre plusieurs animaux connus, comme cerfs, liévres, lapins, & autres, il y a deux sortes de bêtes fauves que nous ne connoissons point en Europe. On les appelle moutons, parce qu'elles ont quelque chose de la figure des nôtres. La premiere espece est de la grandeur d'un veau d'un ou de deux ans. Leur tête a beaucoup de raport à celle d'un cerf; & leurs cornes qui sont fort grosses à celles d'un belier. Ils ont la queue & le poil qui est marqueté, plus courts encore que les cerfs, mais la corne du pied est grande, ronde & fendue comme celle des bœufs; leur chair est fort bonne.

L'autre espece de moutons, dont les uns sont blancs & les autres noirs, different moins des nôtres. Ils sont plus grands & ont beaucoup plus de laine. Elle se file aisément & est propre à mettre en œuvre. Outre ces animaux bons à manger, il y a des lions & des chats sauvages & plusieurs autres semblables à ceux qu'on trouve dans la Nouvelle Espagne.

Tous les oiseaux du Mexique & presque tous ceux d'Espagne se trouvent dans la Californie. Il y a des pigeons, des tourterelles, des allouettes, des perdrix d'un goût excellent & en grand nombre; des oies, des canards & plusieurs autres sortes d'oiseaux de Riviere & de Mer.

La Mer est fort poissonneuse & le poisson en est d'un bon goût. On y pêche des anchois, des sardines, & du thon qui se laisse prendre à la main au bord de la Mer. On y voit aussi des baleines & de toutes sortes de tortues. Les Rivages sont remplis de monceaux de Coquillages, beaucoup plus gros que des nacres de perles. Ce n'est pas de la Mer que l'on y tire le sel. Il y a des salines dont le sel est blanc & luisant comme le Cristal, mais en même temps si dur qu'on est souvent obligé de le rompre à grands coups de Marteau.

Les côtes sont fameuses par la pêche des perles. C'est ce qui a rendu ce pays l'objet des vœux les plus empressez des Europeans, qui ont souvent formé des entreprises pour s'y établir. Il est certain (dit le même Pere) que si le Roi d'Espagne y faisoit pêcher à ses propres frais, il en tireroit de grandes richesses. Je ne doute pas non plus, poursuit-il, que l'on ne trouvât des mines en plusieurs endroits si l'on en cherchoit; puisque ce pays est sous le même climat que les Provinces de Cinaloa & de Sonnora où il y en a de très-riches.

Quoi que le Ciel ait été si liberal à l'égard des Californiens & que la terre produise d'elle-même ce qui ne vient ailleurs qu'avec peine & avec travail, cependant ils ne font pas grand cas de cette abondance. Le pays est fort peuplé dans les terres & sur tout du côté du Nord, & quoi qu'il n'y ait guéres de Bourgades qui ne soient composées de vingt, trente, quarante, & cinquante familles ils n'ont point de *Maisons*. L'ombre des arbres les défend des ardeurs du Soleil, pendant le jour,

& ils se font des branchages & des feuillages une espece de toit contre le mauvais temps de la nuit. L'hyver ils s'enferment dans des Caves qu'ils creusent en terre & y demeurent plusieurs ensemble à peu près comme les bêtes: les Hommes y sont tous nuds. Ils se ceignent la tête d'une bande de toile très déliée, ou d'une espece de rezeau. Ils portent au cou & quelquefois aux mains pour ornement diverses figures de nacres de perles assez bien travaillées & entrelassées avec beaucoup de propreté de petits fruits ronds à peu près comme des grains de Chapelet. Ils n'ont pour *armes* que l'Arc, la Fleche, ou le Javelot : mais ils les portent toujours à la main soit pour chasser, soit pour se défendre de leurs ennemis : car les bourgades se font assez souvent la guerre les unes aux autres. Les femmes sont vétues un peu plus modestement, portant depuis la ceinture jusqu'aux genoux une maniere de tablier tissu de roseaux comme les nattes les plus fines. Elles se couvrent les épaules de peaux de bêtes & portent à la tête, comme les Hommes, des rezeaux fort déliez. Ces rezeaux sont si propres, que nos Soldats s'en servent à attacher leurs cheveux. Elles ont comme les Hommes, des colliers de nacres mêlez de noyaux de fruits, & de coquillages qui leur pendent jusqu'à la ceinture & des Brasselets de même matiere que les Colliers.

L'occupation la plus ordinaire des hommes & des femmes est de filer. Ce fil se fait de longues herbes qui leur tiennent lieu de lin & de chanvre, ou bien des matieres cotonneuses qui se trouvent dans l'écorce de certains fruits. Du fil le plus fin on fait les divers ornemens dont nous venons de parler, & du plus grossier des sacs pour divers usages & des rets pour pêcher. Les hommes outre cela, avec diverses herbes dont les fibres sont extrémement serrées & filasseuses s'employent à faire une espece de Vaisselle & de Batterie de Cuisine assez nouvelle & de toutes sortes de grandeurs. De ces petites pieces servent de tasses, les mediocres d'assiétes, de plats, & quelquefois de parasols, & les plus grandes de corbeilles à ramasser les fruits & quelquefois de poêles & de bassins à les faire cuire; mais il faut avoir la précaution de remuer sans cesse ces Vaisseaux, de peur que la flame ne s'y attache : ce qui les brûleroit en très-peu de temps.

Les Californiens ont beaucoup de vivacité & sont naturellement railleurs, & cependant dociles aux instructions.

Les Missionnaires n'ont trouvé parmi eux aucune forme de Gouvernement, ni presque de Religion & de culte reglé. Ils adorent la Lune : ils se coupent les cheveux, on ne sait si c'est pour honorer leurs Divinitez. Ils les donnent à leurs Prêtres qui s'en servent à diverses sortes de superstitions. Chaque famille se fait des Loix à son gré, &, c'est apparemment ce qui les porte si souvent à en venir aux mains les uns contre les autres.

Au commencement de 1703. on y avoit déja bâti un Fort pour servir en cas de besoin pour la sureté des Espagnols. Il est placé au quartier de St. Denys dans un lieu appelé *Concho* par les Indiens. On lui a donné le nom

CAL.

nom de Notre Dame de Lorette. Il a quatre petits bastions & est environné d'un bon fossé.

CALIGARDAMANA. Voyez COLAÏCUM.

CALIMNO, Mr. Corneille dit après Davity que c'est une Isle de la Mer Egée, qu'elle est située entre celle de Patino & de Co, & qu'elle est habitée par des Chrétiens Grecs. Ils ont voulu dire sans doute que *Calymna* est un des anciens noms de l'Isle nommée *Claros* par les Grecs, elle est nommée CALMINE dans la Carte du Sr. Berthelot, & CALAMO dans celle de Mr. de l'Isle. Les noms de *Patino* & de *Co* employez par Davity & Mr. Corneille sont pour Patmos & Cos, deux Isles dont le nom moderne est Palmosa & Lango ou Stanchio.

CALINDA, Ville maritime de la Lycie, selon Ptolomée [a]. Pline [b] écrit CALYNDA, & le R. P. Hardouin reproche à Hermolaus d'avoir substitué à ce mot *Calydna* contre le témoignage de tous les Manuscrits & des Editions anciennes. Etienne fait mention de Calynda Ville de la Carie, & Herodote [c] parlant d'Artemise femme de Mausole Roi de Carie fait mention d'une Galere de Calyndiens qui avoient leur Roi particulier, allié mais non pas sujet d'Artemise, comme le dit le R. P. Hardouin. Pline [d] met cette Ville dans la Carie; comme elle étoit aux confins de la Carie & de la Lycie elle a pû être à ces deux Provinces en divers temps. Strabon [e] écrit CALYMNA. C'est sans doute une faute ou de lui ou de ses Copistes. C'est de cette Ville que prenoient leur nom les montagnes qu'Herodote [f] nomme Καλυνδικὰ οὔρεα.

[a] l. 5. c. 3.
[b] l. 5. c. 27.
[c] l. 8. c. 87.
[d] l. c.
[e] l. 14. p. 561.
[f] l. 1. c. 172.

CALINDOCA, Voyez CALINDOEA. 2.

1. **CALINDOEA**. Ville de Macedoine dans la Mygdonie selon Ptolomée [g].

2. **CALINDOEA**, Ville de l'Inde en deça du Gange selon le même [h]. Son ancien Interpréte Latin lit CALINDOCA.

[g] l. 3. c. 13.
[h] l. 7. c. 1.

CALINGÆ; Pline distingue deux sortes de peuples dans les Indes qu'il nomme ainsi, savoir [i] *Calinga mari proximi*, les Calinges au bord de la Mer. Ce peuple étoit du nombre des Brachmanes. Les autres étoient surnommez *Gangaridæ Calinga* [k] diferens des Gangarides qui n'étoient point Calinges, & diferens des Calinges qui n'étoient point Gangarides. Il ajoute que la Capitale de ces derniers avoit nom *Parthalis* que le Roi avoit pour sa garde soixante mille hommes d'Infanterie, mille Chevaux, sept cens élephans. Quelques-uns ont cru que Parthalis étoit Bengale, suposant qu'il y a une Ville de ce nom; mais outré que l'existence de la Ville de Bengale est sujette à contradiction, cette Ville est suposée être au delà de l'embouchure du Gange & *Parthalis* de Pline étoit en deça. Pline [l] attribue aux Calinges une particularité que l'on peut mettre au nombre de celles qui l'ont fait passer pour un Auteur qui chargeoit volontiers ses Memoires de choses étranges & incroyables, à savoir que parmi les Calinges les femmes étoient secondes dès l'âge de cinq ans & qu'elles ne passoient point la huitiéme année. Mais il ne raporte pas cela comme une verité. Il se contente de nommer des Auteurs qui l'ont

[i] l. 6. c. 17.
[k] l. 6. c. 19.
[l] l. 7. c. 3.

Tom. II.

CAL.

dit; & les laisse garants de ce qu'ils ont avancé.

CALINGII, ancien peuple de l'Arabie heureuse; leur principale Ville étoit *Mariaba* dont le nom signifie les Seigneurs de tous. Le R. P. Hardouin [m] observe que ce nom dans ce sens-là n'est point de la Langue Arabesque qui se parle aujourd'hui.

[m] In Plin. l. 6. c. 28.

CALINGOBURGUM. Voyez KALINGBORG.

CALINGON PROMONTORIUM, (*Calingon* est au genitif pluriel.) C'est-à-dire, le Promontoire des Calinges. Pline [n] compte six cens vingt-cinq mille pas depuis ce Cap jusqu'à l'embouchure du Gange. Cette distance ne s'accorde pas mal avec celle qui est entre le Gange & le Cap de Cagliamera où est la Ville de Negapatan, vis-à-vis de la pointe Septentrionale de l'Isle de Ceylan & il se trouve qu'Elien [o] met vis-à-vis de la Taprobane des Isles qu'il nomme *Colinges* Κωλίγγαι. Il y a aparence que ces Isles dependoient de ce peuple.

[n] l. 6. c. 20.
[o] Animal. l. 16.

CALINIPAXA, Ville de l'Inde, selon Pline [p].

[p] l. 6. c. 17.

CALIORDI, peuple de la Chersonnese Taurique, selon Pline [q].

[q] l. 4. c. 12.

CALIPIE. Voyez CALIBIÉ.

CALIPO [r], ou GARIPO, petite Ville de Turquie en Asie dans la Natolie, à l'embouchure de la Riviere de Lali dans la Mer Noire où elle a un assez bon port.

[r] Baudrand Ed. 1705.

CALIPUS, (genitif *Calipodis*) [s] Riviere de l'ancienne Espagne dans la Lusitanie selon Ptolomée [t]. Niger croit qu'on la nomme presentement *Ruffano*, Goropius dit que c'est *Palma*. Mr. Baudrand [v] dit que c'est le ZADAON, comme la nomment les Portugais, les autres écrivent ZADAN. Riviere de Portugal dans la Province d'Alentejo. Voyez ZADAON.

[s] Ortel. Thesaur.
[t] l. 2. c. 5.
[v] Ed. 1682.

CALIPPIA, Isle de la Mer Ægée, selon Antonin dans son Itineraire Maritime.

CALISIA, Ville de la Germanie selon Ptolomée [x]. Ortelius conjecture qu'elle étoit quelque part vers *Clusbourg*.

[x] l. 2. c. 11.

CALISSÆ, peuple des Indes au delà du Gange, selon Pline [y].

[y] l. 6. c. 19.

CALITÆ, peuple de la Libye interieure, selon Ptolomée [z]. Cet Auteur dit qu'il s'étendoit jusqu'au marais de Nuba.

[z] l. 4. c. 6.

CALITURE. Voyez CALETURE.

CALIUR, Ville de l'Inde en deça du Gange, selon Ptolomée [a].

[a] l. 7. c. 1.

CALKA [b], Royaume d'Asie dans la Tartarie. Il a la Siberie & le Royaume d'Eluth à l'Occident, les Daouri au Nord-est, la Tartarie Orientale à l'Orient & la Tartarie Occidentale au Midi. Ce pays comprend la partie Septentrionale du grand desert sablonneux qui s'étend le long de la Chine jusques là. C'est dans ce Royaume que prennent leur source l'Orkou qui se joignant à d'autres Rivieres perd son nom avant que d'arriver à Selinga; & le Kerlon qui va se perdre dans le Lac Dalai, qui se vuide par l'Argus dans l'Amoer. Outre la Ville de Calcahan, ou Thula, ou Caracarom, qui est la plus grande, il y a celle de Kudac Residence du Kutukta Lama; & celles de Targana, d'Yalai, ou Yalich, & de

[b] Carte de la Tartarie par Mr. De l'Isle, comparez aussi celle de Mr. Witsen & d'Isbrand Ides.

K * 2   Par

CAL.

Par; & quantité de Hordes. Ce Pays fait partie du Mongul; qui est l'ancienne patrie des Tartares Mogols qui ont fondé dans l'Indoustan l'Empire qui porte leur nom. Le Kutuckta Lama dont je viens de parler est un Pontife Idolatre des Tartares; Mais quelque veneration qu'on ait pour lui il n'est que le Vicaire du grand Lama qui reside à Poutala auprès de la Ville de Lassa ou Barantola au Royaume qui porte aussi ces deux noms. Ce Pays est bordé à l'Occident par une longue chaine de Montagnes qui s'étend depuis les Indes jusqu'à la nouvelle & qui est l'Imaus des anciens.

CALKER. Voyez CALCAR.

CALLABAS, gros Bourg d'Asie dans l'Indoustan, sur la route de Surate à Agra par Brampour & Seronge à six Costes (Costes) ou lieues Indiennes de Chadolki-Sera, & à 2. d'Akmate. C'étoit autrefois la Residence d'un Roja tributaire du Mogol. Le plus souvent quand les Caravanes passoient, les Marchands étoient volez & il exigeoit d'eux des droits excessifs; mais Aureng-Zeb étant monté sur le trône lui fit couper la tête & à un grand nombre de ses Sujets. On éleva proche du Bourg sur le grand chemin, des tours percées tout à l'entour de plusieurs fenêtres, dans chacune desquelles on mit une tête d'homme de deux pieds en deux pieds. Tavernier [a] dit les avoir vues en 1665. & parle de cette exécution comme d'une chose assez recente alors.

[a] Voyage des Indes l. 1. c. 4.

CALLÆ, Ville de la Mauritanie. Antonin la nomme ainsi selon quelques exemplaires: & CELLÆ selon d'autres.

CALLAECI, & CALLAICI, ancien peuple de l'Espagne, au Nord de la Riviere de Duero. On les a aussi appellez par corruption GALLÆCI & GALLOECI; car, comme le remarque Cellarius [b], leur nom ne vient pas du nom *Galli*, mais de l'ancienne Ville *Callè* située à l'embouchure du Duero sur une Colline. Le port qui étoit au pied est devenu avec le temps une Ville qui a fait oublier l'autre, & que l'on a nommé dans le nouvel âge *Portus Calle*, d'où vient le nom de *Portugal*, que porte aujourd'hui le Royaume que l'on nomme improprement en Latin *Lusitania*, quoiqu'il ne reponde pas exactement à la Lusitanie des anciens, qui étoit toute au Midi du Duero. La Ville de Calle donna lieu sans doute aux Lusitaniens de nommer CALLAICI ou CALLÆCI, ceux qui demeuroient au Nord de l'embouchure de la Riviere qui les bornoit de ce côté-là. Cependant elle étoit apparemment ruinée lorsque Strabon Pline, & Ptolomée écrivoient, car quoi qu'ils fassent mention des *Callaici* & *Callaici*, ils n'en font point de Calle. Antonin est le plus ancien qui en ait parlé. Le R. P. Hardouin dans son Edition de Pline lit toujours *Gallacia* & *Gallaica gens*. Les Grecs ont nommé ce peuple Καλλαικοὶ, [c] Silius Italicus les a imitez en cela [c].

[b] Geogr. ant. l. 2. c. 1.

[c] l. 3. v. 352.

Quidquid duro sine Marte gerendum est
Callaici conjux obit irrequieta Mariti.

Autrement les Latins ont dit *Callaci* & *Callecia* par la diphthongue Æ. Ce peuple en comprenoit sous lui plusieurs autres, sçavoir,

Bracari,	Limici,
Cœlerini,	Querquerni,
Grovii,	Artabri &c.

Mais il ne seroit pas possible de leur assigner des bornes certaines; il vaut mieux s'en tenir à la division de Ptolomée qui les distingue en *Callaici* BRACARII, & *Callaici* LUCENSES.

Les premiers tiroient leur nom distinctif de la Ville Bracara, aujourd'hui *Brague*. Ils s'étendoient depuis le Duero jusqu'au Minho.

Selon le P. Briet leur pays repondoit à une grande partie du Portugal qu'on appelle ENTRE DUERO ET MINHO, & partie de TRA OS MONTES. Leurs Villes étoient

Braccara Augusta, aujourd'hui	Bragues,
Forum Cuacernorum	Villa Beja,
Aqua Calida Cilinorum	Orense,
Aqua Flavia Turodorum	Chaves,
Cœliobriga Cœlerinorum	Villa de Conde,
Forum Limicorum	Ponte de Lima,
Merua Luangorum ou *Mervia*	Lobies,
Volobriga Nemetanorum	Viana; ce raport est incertain,
Forum Narbasorum peut être	Tor de Moncorvo,
Cambaetum Lubenorum	Miranda de Duero.

Leurs Rivieres étoient { Le Duero au Midi, Le Minho au Nord, Lima, Cavado;

Les autres, à sçavoir *Callaci Lucenses*, étoient ainsi surnommez à cause de la Ville *Lucus Augusti* aujourd'hui *Lugos*. Leur pays étoit entre le Minho & l'ancienne Asturie. C'est presentement la GALLICE, qui seule a conservé l'ancien nom: leurs Villes étoient

Lucus Augusti, aujourdhui	Lugos,
Flavium Brigantium	La Corugna,
Janasus	Compostelle,

Quelques-uns le confondent avec *Flavium Brigantium*,

Iria Flavia Caporum	Le Padron,
Dactonium	Mont Fort de Lemos,
Ocellum peut être	Mondonedo,
Artabrorum Promontorium	Le Cap de Finisterre,
Claudiomerium	Muros,
Ierna Mons	Namancos,
Flavia Iambris Bedunorum	Ste. Marie de Finisterre,
Lapatia Cory Promontorium ou *Trileucum*	Cap d'Ortegal,
Pintia	Villa-Pun,
Tide Graviorum	Tuy,

Leurs Rivieres étoient { *Nabius*, aujourd'hui Rio Eu de Miranda, *Mearus*, Rio Major, *Vix*, Rio Allons.

CALLAN. Voyez CALLEN.

CALLANTIA. Voyez CALLATIA.

CALLANTIS, Ville de Sicile, où Suidas dit que le Rheteur Cæcilius étoit né, c'est la même que CALATA.

1. **CALLAO**, petite Isle de l'Amerique Meridionale sur la côte du Perou au Sud-est de l'Isle de St. Laurent. Voyez l'article suivant.

2. **CALLAO**[a], Ville de l'Amerique Meridionale dans le Perou. Elle est éloignée de Lima de deux lieuës; & s'étend le long de la Mer, de façon qu'elle se trouve beaucoup plus longue que large. Elle a au Nord la Riviere qui passe au long des murailles de Lima, & un petit Faubourg dont les murailles de la plûpart des maisons ne sont construites que de roseaux. A l'Est ce ne sont que de grandes plaines, dans lesquelles on voit plusieurs belles maisons de Campagne, où sont de beaux vergers arrosez par des canaux qui reçoivent leurs eaux de la Riviere. Il y a dans ces vergers plusieurs arbres fruitiers, le plus grand nombre sont des oliviers, dont les fruits sont infiniment plus gros que tous ceux que nous avons en Europe. Les autres arbres sont tous propres au Pays, hors les Orangers & les Citronniers. A l'Ouest est la rade, ou le port, ouvert du côté du Nord-Nord-Est, d'où vient son vent traversier; mais comme il souffle rarement dans ces Climats, & qu'il y a peu de force, étant abattu par les chaleurs, cela fait qu'il n'y est pas beaucoup à craindre.

[b] La Ville de Callao est bâtie sur une langue de terre basse & plate. Elle fut fortifiée sous le Regne de Philippe IV. durant la Vice-Royauté du Marquis de Mancera. L'Enceinte est flanquée de 10. bastions du côté de terre & de quelques redans & bastions plats sur le bord de la Mer, où sont établies quatre batteries de canon pour commander le port & la rade; cette partie étoit en mauvais état en 1713. Il y avoit cinq breches, & la Mer détruisoit de jour en jour la muraille; depuis qu'on a fait un Quay de pierre, dont la situation arrête la lame du Sud-Ouest, & cause un retour de marée du côté du Nord qui sape les Murs de la Ville. La largeur du Rempart est de deux profils differents; les courtines n'ont par le haut que 8. pieds de large, deux & demi de terre-plein, autant de banquette & trois de chemise de moilon à mortier, de chaux & de sable; le reste de l'épaisseur est de briques cruës, avec un petit mur de moilon en dedans; le rempart des bastions a 5. toises de terre-plein, pavé de dales à joints incertains, pour servir de plate-forme aux canons, le tout de massonnerie fort solide par la malfaçon. Châque bastion est voûté & a son Magazin de poudre, balles, & autres choses necessaires pour fournir l'artillerie dont il est armé. Ordinairement il y a deux, trois, ou quatre pieces de fonte toujours montées sur chacun; & il doit y en avoir 70. de differens calibres, parmi lesquelles il y a 10. coulevrines de 17. à 18. pieds de long du calibre de 24. dont il y en a 8. de montées pour battre en rade, qui portent, à ce qu'on dit, jusqu'à la pointe de la Galere de l'Isle de St. Laurent, c'est-à-dire, près de deux lieuës.

Outre l'Artillerie du rempart, on voit encore plus de 120. pieces de fonte de differens calibres, destinés à l'armement des Vaisseaux du Roi *l'Amirante*, *la Capitana* & *le Govierno*, qui servoient du tems que les Gallions venoient à *Portobelo*, à escorter *l'Armadilla de Panama*, & à transporter au Perou les Marchandises qui venoient d'Europe, & au Chili le Real Situado, & le secours du monde dont on avoit besoin avant la paix des Indiens. Aujourd'hui ces vaisseaux sont tellement negligés, qu'ils sont incapables de prendre la Mer sans un radoub considerable; neanmoins le Roi entretient toujours des troupes de marine au nombre d'environ quinze cens hommes, avec les Officiers Majors ordinaires.

Le niveau du terrain de la Ville n'est élevé que de 9. à 10. pieds au-dessus de la plus haute mer, qui ne marne que de 4. à 5. pieds; elle surmonte neanmoins quelquefois, de maniere qu'elle inonde les dehors de la Ville & en fait une Isle, comme il arriva en 1713. au mois de Septembre; de sorte qu'il y a lieu de craindre qu'un jour elle ne la détruise. Quoique les dedans ne soient pas divisez par quartiers de la mesure ordinaire de la *Quadra*, les ruës y sont bien alignées; mais d'une malpropreté de poussiere qui ne pourroit être supportable que dans un Village. Sur le bord de la Mer se voit la Maison du Gouverneur, & le Palais du Vice-Roi, qui sont les deux côtez d'une Place dont l'Eglise Paroissiale fait le troisiéme, & une batterie de huit pieces de canon fait le quatriéme; le Corps de Garde & la Salle d'Armes s'y trouvent aussi rassemblez auprès du logement du Viceroi. Dans la même ruë du côté du Nord, sont les Magazins des Marchandises que les vaisseaux Espagnols apportent du Chili, du Perou, & du Mexique.

Du Chili viennent, les cordages, les cuirs, les suifs, les viandes séches & le bled; du Chiloé les planches d'Alerze, des lainages, & surtout des tapis façon de Turquie pour mettre sur les Estrades.

Du Perou les sucres d'Andaguelais, de Guayaquil, & autres lieux, les vins & eaux de vie de Lanasque, & de Pisco; les mats, les cordages, le bois mairin, & le Cacao de Guayaquil & des environs, du tabac & un peu de miel de sucre. Le Cacao se transporte ensuite au Mexique.

Du Mexique, comme de *Sonsonate*, *Realejo*, *Guatemala*, de la Bray & du Gaudron qui n'est bon que pour le bois, parce qu'il brûle les cordages; des bois pour les teintures, du soufre & du baume qui porte le nom de Perou, mais qui vient effectivement presque tout de Guatemala. Il y en a de deux sortes, de blanc & de brun; ce dernier est plus estimé, on le met dans des cocos quand il a la consistence de la braye; mais communément il vient dans des pots de terre en liqueur, alors il est fort sujet à être falsifié, & mêlé d'huile pour en augmenter la quantité; de ces mêmes endroits on apporte des ouvrages de Caray & des Marchandises de la Chine par Acapulco, quoique de contrebande.

Outre ces Magazins, il y en a un pour l'en-

[a] Le P. Feuillée Journal d'observations Tom. 1. p. 503.

[b] Frésier Voy. de la Mer du Sud Tom. 2. pag. 340.

l'entrepôt des Marchandises d'Europe, qu'on appelle *l'Administration* ; les navires François qui ont eu permission de negocier à Callao, ont été obligez d'y mettre tout ce qu'ils en avoient à bord. On exige sur le prix de la vente treize pour cent de ceux qui viennent avec leur carguaison entiere, & quelquefois jusqu'à seize, de ceux qui ont déja beaucoup vendu dans les autres Ports de la Côte; & trois par mille pour autres droits royaux & du Consulat, sans parler des presens qu'il faut faire secretement au Viceroi & aux Officiers Royaux, qui ne contreviennent pas aux Loix du Royaume pour rien dans un endroit où ils ont la force en main.

Après les Edifices publics qui viennent d'être nommez, il n'y a de remarquable que les Eglises, qui pour être de *Cañasta*, c'est-à-dire de Colombages de cannes recouvertes de terre, ou bois peint blanc, sont cependant assez propres.

Il y a cinq Couvens de Religieux; des Dominicains, des Cordeliers, des Augustins, des Peres de la Merci, des Jesuites, & l'Hôpital de St. Jean de Dieu; le nombre des habitans ne passe pas 400. familles, on y en compte néanmoins 600.

Quoique le Roi d'Espagne ordonne un fonds de 292171. piastres par an pour entretenir garnison au Callao, à peine y a-t-il assez de Soldats pour monter la garde dans la place d'armes. Le Gouverneur est ordinairement un homme de consideration d'Europe, que la Cour d'Espagne envoye relever de cinq ans en cinq ans. Sa Majesté Catholique y entretient aussi un Ingenieur qui sert pour toutes les places de l'Amerique Meridionale, qui sont Baldivia, Valparaisso, le Callao, Lima, & Truxillo.

Hors des Murs du Callao, sont deux Fauxbourgs d'Indiens, appellés *Petipiti*, on les distingue par les noms de vieux & de nouveau; le premier est au Sud & l'autre au Nord, & c'est celui qui se trouve du côté de Lima.

Avis aux Navigateurs.

L'inclinaison de l'Aiman vers le Sud observée en Janvier 1710. par le P. Feuillée se trouva de 18. d. 40'. 0". Ce Pere met dans sa Carte le Port de Callao à 299. d de longitude & à 12. d. de latitude Sud. [a] La Rade de Callao est la plus grande, la plus belle, la plus sûre de toute la Mer du Sud. On peut y mouiller partout en telle quantité d'eau qu'on veut sur un fond de vase couleur d'olive, sans crainte d'aucunes basses ni rochers; si on en excepte une qui est à 3. cablures de terre vers le milieu de l'Isle de St. Laurent, vis-à-vis la Galére. La Mer y est toujours si tranquile que les navires y carénent en tout tems, sans apprehender d'être surpris par aucun coup de vent; elle est néanmoins ouverte depuis l'Ouest jusqu'au Nord-Nord-Ouest, mais ces sortes de vents ne regnent presque jamais que par un petit frais de bonace qui ne cause aucune levée de mer qui puisse incommoder. L'Isle de St. Laurent rompt l'enflement qui vient depuis le Sud-Ouest au Sud-Est.

[a] Fresur l. c. pag. 338.

Cette Isle est sans defense, elle servit en 1624. de retraite à Jacques l'Hermite qui s'y fortifia pour prendre Callao; mais n'ayant pû y réüssir il brûla plus de 30. vaisseaux qui étoient en rade. Elle est aussi l'exil des Noirs & des Mulatres condamnés pour quelques crimes à tirer du moilon pour les Edifices publics, & indirectement pour ceux des Particuliers. Comme cette peine est comparée à celle des Galeres en Europe, on donne ce nom à la pointe de l'Isle du côté de l'Ouest, la Galere des Blancs est d'être exilé à Baldivia. Le mouillage ordinaire de la Rade est à l'Est ¼ Nord-Est de la pointe de la Galere à deux ou trois cablures de la Ville. Là on est encore à l'abri des vents de Sud par la Pointe de Callao, qui est une langue de terre basse, entre laquelle & l'Isle de Callao, il y a un Canal étroit & un peu dangereux; néanmoins on y passe en rangeant l'Isle de près à quatre & cinq brasses d'eau. Du côté de terre ferme est un banc prolongé depuis la pointe jusqu'à une basse qu'on voit briser de loin.

Dans le Port de Callao on trouve toutes les commodités nécessaires à la Navigation, l'aigade se fait avec facilité à la petite Riviere de Lima, qui se dégorge dans la mer au pied des Murs du Callao; le bois y coûte un peu plus de peine, on le va querir à demi-lieuë au Nord, à *Bocanegra*; on le coupe demi-lieuë avant dans la terre, & l'on paye aux Jesuites 25. & 30. piastres pour châque Chaloupée. Pour le débarquement des Chaloupes, il y a au pied des murs trois escales de bois, & un mole de pierre destiné à la decharge des canons, ancres & autres choses de poids qu'on éleve avec une espece de gruau.

1. CALLAS (*antis*) Riviere de l'Isle d'Euboée selon Strabon [b]; qui dit que la Ville Oreus ou Histiæa étoit située auprès de cette Riviere.

[b] l. 10. p. 445.

2. CALLAS, on lit ce mot dans Antonin pour le nom d'un lieu de la Mauritanie, mais les exemplaires varient sur le nom, & sur l'ordre des autres lieux de la même route. Quelques-uns & entre autres celui du Vatican portent *Cellas*; & le mettent entre *Idrica* & *Macri* à XVIII. du premier & à XXV. du second. Cet ordre est changé dans l'Edition de Surita & dans celle de Bertius qui l'a suivi; mais soit qu'on lise *Callas*, ou *Cellas* en cet endroit, c'est toujours l'accusatif pluriel dont le nominatif est CALLÆ ou CELLÆ. Mr. de l'Isle dans sa Carte pour la Notice Ecclesiastique d'Afrique, met ce lieu dans la Mauritanie Sitifense au Midi Occidental de la Capitale entre *Perdices* & *Mauri*, en quoi il a suivi l'Antonin de Surita. Mais Ortelius qui le met dans la Mauritanie Cesariense, n'a pas assez examiné Antonin. Il y a eu plus d'un lieu Episcopal nommé CELLÆ, comme je le remarque au mot CELLÆ.

CALLA-SUSUNG, quelques-uns écrivent par une l. simple CALASUSUNG. Ville d'Asie dans l'Isle de Bouton dont elle est la Capitale, suposé qu'il y ait d'autres Villes, dit Dampier qui en fait cette description [c]. Elle est à environ un mille Anglois de la Mer, bâtie sur le sommet d'une petite Montagne dans une fort belle plaine, entourée de Cacaotiers.

[c] Voyages autour du monde T. 2, c. 16. p. 130.

A

CAL. CAL.

A côté de ces arbres il y a une bonne muraille qui entoure la Ville. Les Maisons y sont bâties comme à Mindanao, mais elles sont plus propres. La Ville en général est très-agréable. Les habitans sont petits & bien faits. Ils ressemblent aux Mindanayens pour la taille, pour le teint & pour l'habit, à cela près qu'ils sont plus propres. Ils parlent la langue Malaye & sont tous Mahometans. Ils n'ont pas beaucoup de ris & ne vivent que de racines. Le havre n'est pas bon non plus que le fond qui est de roc. Leur ancre s'y trouva tellement engagée, qu'ils ne la purent degager. Il observe de plus que le Sultan qui gouverne Calla-Sufung étant venu les voir dans leur Vaisseau montoit un *Pros* sorte de Vaisseau commun dans les Indes, & qu'il y avoit au haut du mât un grand Pavillon de soye blanche avec un bord rouge de deux ou trois pouces de large & qu'au milieu il y avoit un grifon verd foulant aux pieds un serpent ailé qui sembloit se debattre pour se debarasser, & qui ouvrant la gueule sembloit menacer son adversaire avec une longue queue dont il étoit prêt de lui donner par les jambes. Les autres Princes Indiens avoient aussi leurs devises.

1. CALLATIA Voyez CALATIA.

2. CALLATIA, Ville de la basse Moesie, sur le Pont Euxin. Arrien dans son Periple de cette Mer la nomme Callantra. Niger dit que c'est présentement PANDALLA, Lazius que c'est KILLIA & Laonic semble la nommer CALLIACRA. Mr. Baudrand dit avoir apris des mariniers qui ont couru cette côte que c'est CALYCA.

§ Ils ont pu lui dire qu'il y a un port qu'ils nomment *Calica*; mais ils n'ont gueres pu lui garantir que c'est la *Callatia* des anciens. Il y a même peu de gens de Mer qui sachent s'il y a eu autrefois une Ville nommée ainsi. Depuis l'Isle Peucé ou, ce qui est la même chose, depuis l'embouchure meridionale du Danube nommée aujourd'hui Carahirmen, jusqu'à la pointe du mont Hæmus, où finit aujourd'hui la côte de Bulgarie il n'y a que trois anses ou petites bayes remarquables: sur la première étoit *Tomi* Ville fameuse par l'exil d'Ovide, sur la seconde étoit Callatia, & sur la troisième étoit Odessus; au lieu des deux premieres on trouve présentement le port de *Mangalia*, & celui de *Kavarna*. Celle-ci tient lieu de l'ancienne *Callatia* quoi qu'elle ne soit peut-être pas precisément sur le même terrain. Elle est dans la Bulgarie au Nord-est de Varna.

CALLATIENS, en Grec Καλλατίαι, peuple des Indes. Herodote [a] dit qu'ils mangeoient leurs parens. Mais il varie sur la maniere d'écrire leur nom car dans un autre endroit il les appelle *Calantiens*, Καλαντίαι. Il raporte une chose qui prouve la force du prejugé. Darius ayant fait appeller les Grecs qui étoient sous sa domination leur demanda, pour quelle somme d'argent ils se resoudroient à manger leurs parens, ils repondirent qu'ils ne le feroient pas pour tout l'argent du monde. Il interroga ensuite les Callatiens qui ont coutume de s'en nourrir; & leur demanda pour quelle somme d'argent ils se resoudroient à brûler le corps de leurs parens. Ils se recrierent aussitôt, comme des gens à qui cette proposition faisoit horreur; tant il est vrai que l'Education nous fait envisager les choses d'un point de vue tout diferent de celui d'où elles sont vuës, par les hommes nourris dans d'autres principes.

CALLAU (le) Voyez CALLAO. Mr. Baudrand ne parle que de l'Isle de ce nom, & neglige la Ville qui est bien plus remarquable.

CALLAVAIA ou CARRAVAIA Voyez CARAVAYA.

CALLE. Voyez CALA & CALE.

CALLEADA [b], petite Ville des Indes dans les Etats du Mogol sur la Riviere de Septa à une Cosse d'Ugen qui est la principale Ville de la Province de Mulna. Thomas Rhoe la trouva nouvellement rebâtie vers l'an 1660.

1. CALLEN, Riviére d'Irlande. Elle a sa source auprès de Cashel au Comté de Tiperary dans la Province de Leinster, d'où serpentant au Nord-est, elle se rend dans le Comté de Kilkenny, & va se jetter dans la Riviere de Neuvre, au dessous & à deux heures & demie de chemin au dessous de Kilkenny, auprès de Thomastowne.

2. CALLEN, [c] Ville d'Irlande dans la Province de Leinster, au Comté de Kilkenny, à quinze milles presqu'au Sud-ouest de Gowran, & à six milles à l'Est de Keles. C'est la troisième Ville du Comté. Elle envoye deux Députez au Parlement.

CALLENI, Voyez Calatia.

CALLES, Voyez CALE.

CALLET, ancienne Ville dans la Betique; & dans l'Assemblée d'Astigi. Outre le témoignage de Pline [d], il y a quelques Médailles qui en font mention. Le R. P. [e] Hardouin examine le sentiment de quelques Savans qui ont essayé vainement de déterminer où elle étoit. Jean Fr. Andrez dans son livre de la patrie [e] de St. Laurent croit que c'est la même Ville que CALA; Rodrigue Caro [f] & après lui Holstenius, mettent cette Ville au beau milieu de la Beturie au dessus d'Hispal, ou Seville entre le Guadalquivir, & le Guadiana. Ils n'ont point, dit-il, assez fait de reflexion sur la côte que Pline décrit, ni à l'Assemblée sous laquelle il range cette Ville & les autres qu'il nomme avec elles, & qui toutes étoient hors de la Beturie, & dans l'Assemblée d'Astigi. Il est plus sûr de dire avec ce Pere qu'on ne sait aujourd'hui où étoit l'ancienne Callet.

CALLEVA, ce nom se trouve bien diversement écrit dans Antonin; car on y lit CALLENA, & GALLEVA, & CALLEVA *Atrebatum*, & GALLEVA. L'Anonyme de Ravenne dit *Caleba Atrebatum* & Cambden raporte une Medaille sur laquelle on lit CALLE. Les exemplaires de Ptolomée varient aussi, on y trouve *Nalchova* Ναχκοῦα, Ναλκοῦα, & Καλκοῦα. Tous ces noms signifient un même lieu de la grande Bretagne dans le pays des Atrebates. Mr. Corneille trompé par les diferentes Orthographies fait deux Villes diferentes. L'une qu'il nomme *Caleva* ou *Galeva*, Ville des Atrebates peuple de la Bretagne Citerieure. Il ajoute: Les Géographes croient que c'est la petite Ville du Comté de Barck qu'on nomme présentement *Walingfort*. Il semble avoir pris cela

[b] Thomas Rhoe Ambass. d'Anglet. au Mogol. au I. Vol. du Recueil de Thevenot. p. 45.

[c] Etat de l'Irlande p. 41.

[d] l. 3. c. 1.

[d] p. 212. et l. 3. c. 70.

CAL.

cela d'Ortelius, ou de Mr. Baudrand ; mais il reprend ce mot dans un autre Article, où il dit simplement : *Calleva* nom ancien de la Ville d'*Oxford*. Ortelius [a] dit que Priſæus explique *Caleva* par *Oxenford*. Cependant ce n'eſt ni *Oxford* ni *Walingfort* & *Caleva* n'eſt nullement diferente de *Calleva*. Mr. Gall qui a examiné cette matiere à fond, trouve que dans l'endroit d'Antonin où ſont marquées les diſtances de ce lieu aux autres Villes voiſines, il y a une neceſſité de corriger. Voici la route de *Regnum* à *Lohdres* ſelon l'Itineraire.

A REGNO (*La Riviére de Regen*, LONDINIUM, (*Londres*)
Clauſento   M. P. XX. *Southampton*.
Venta Belgarum   M. P. X. *Wincheſter*.
Calleva Atrebatum   M. P. XXII. *Henley*.
Pontibus   M. P. XXII. *Colebrook*.
Londinio   M. P. XXII. *Londres*.

On voit par cette route qu'il ne compte que XXII. milles de *Venta Belgarum*, à *Calleva Atrebatum*, mais dans la route de *Calleva* à *Iſca Dumniorum*, ou Exeter, il met

Calleva
Vindomi   M. P. XV. *Syleheſter*.
Ventabelgarum M. P. XXI. *Wincheſter*.

Vendomis eſt là abſolument néceſſaire dans l'un & dans l'autre Voyage. Il faut donc lire dans le premier pour la diſtance de *Calleva* à *Venta Belgarum* XXXVI. M. P. au lieu de XXII. & afin qu'on ne croie pas que Mr. Gall faſſe ce changement parce qu'il favoriſe ſon opinion, il a ſoin de remarquer que les chifres tels qu'ils ſont dans Antonin ne conviennent ni à Henley, ni à Wallenford. Il faut encore noter qu'Antonin met *Spina* ſur le grand chemin à XV. M. pas de Calleva dans deux routes diferentes. Or le grand chemin ou route militaire méne droit de Spene à Henley, au lieu qu'il n'y en a aucune qui conduiſe à Wallenford & qu'on n'y trouve aucune trace d'antiquité Romaine, au contraire on a deterré à Henley, & même dans le marché, des Médailles des Romains. Il y a auſſi une autre preuve remarquable, c'eſt qu'une partie de Henley conſerve encore le nom d'ANCASTLE qui pourroit bien être l'ancien nom, & avoir donné lieu à celui d'ANCALITES dont Ceſar appelle un peuple aprochant de ce lieu. Ptolomée qui s'écarte d'Antonin pour ſa maniere d'écrire le nom de Calleva, fournira une eſpece de preuve ſi l'on tranſpoſe les deux premieres lettres du nom qu'il employe & qu'au lieu de Ναχλούα ou Ναχλούα on liſe Ἀνχλούα qu' Ἀνχλούα. Peut-être Antonin lui-même a-t-il écrit *Ancaleva*. Il eſt du moins certain que ſelon pluſieurs manuſcrits il lui eſt ſouvent arrivé de retrancher des ſyllabes entieres d'un nom. On peut faire une objection, ſavoir, qu'*Ancaleva*, ou *Ancaſtle* appartient aux *Dobuni* & non pas aux *Atrebates*, qui en étoient ſeparez par la Tamiſe, ce lieu étant au Nord de la Riviere, au lieu que les Atrebates étoient au midi ; mais d'un autre côté, il eſt certain qu'Ancaſtle comprend dans ſes limites les deux rives de la Tamiſe ; & ce qui fait une preuve encore plus forte c'eſt qu'une

[a] Theſ. in voce CALEVA.

CAL.

partie de *Wallenford*, étoit dans le territoire des Dobuniens, quoi que depuis long-temps on prétende qu'elle ſoit la Calleva des Atrebates.

CALLIAN, CALLIEN ou CALIEN, Bourgade de France en Provence dans la Viguerie de Draguignan au Dioceſe de Frejus & aux confins du Dioceſe de Graſſe ; à l'occident & à trois lieues de Graſſe. Mr. Baudrand [u] dit que le CALLIANEZ eſt un petit territoire de Provence entre Graſſe & Draguignan, auprès de Callian Bourgade (*Oppidulum*) mais que l'on n'en connoit plus les limites. Davity avoit dit auparavant : la contrée du Callianez comprend les Villes & Villages qui ſont du côté de Grace, ſavoir Grace, Callian, Montaroux, Tourrette, Gourdon (peut-être *Tournon*) Mons (peut-être *Moans*), St. Ceſari, & autres qui parlent un langage diferent du commun. Le chef-lieu eſt nommé *Callien* Ville, dans le Denombrement de la France [c].

1. CALLIÆ, Ville de Grece dans l'Etolie ſelon Etienne le Géographe ; Thucydide & Pauſanias [d] font mention des CALLIENS, qui en étoient les habitans ; mais on a remarqué ἐν Αιτωλίᾳ dans Etienne eſt une faute pour ἐν Ἀρκαδίᾳ. Cette Ville eſt dans l'Arcadie & non pas dans l'Etolie, comme le dit Ortelius ſur la foi des vieilles Editions d'Etienne ; Pauſanias [e] dit : quelques Villes furent entierement détruites, quelques autres reduites en Villages, de ce nombre furent Gortys, Dipœnæ, …. Calliæ & Heliſſon. Il y avoit auſſi une Tripolis dans l'Arcadie, c'eſt-à-dire un Canton compoſé de trois Villes. Pauſanias [f] dit, il s'y joignit ce que l'on appelle Tripolis, ſavoir *Callia, Dipœna & Nonacris*. Il faut remarquer que cet Auteur dit également CALLIA au ſingulier & *Calliæ* au pluriel.

2. CALLIÆ. Ce n'eſt pas ſeulement au commencement de l'Article d'Etienne qu'il y a des fautes remarquables, il n'eſt pas moins défectueux à la fin. Cet Auteur ajoute : Il y a encore une Bourgade de ce nom πλησίον Ταλάντου, *près de Talante*. Ortelius a cru que cela ſignifioit un pays dans le voiſinage des Talantiens, apparement au lieu de *Taulantiens*, qui étoit un peuple de Macedoine, mais ſa conjecture n'eſt pas heureuſe. Saumaiſe a trouvé dans un bon & ancien manuſcrit Ταρέντου au lieu de Ταλάντου, ainſi il s'agit de *Tarente* & non pas de Talante qui ſans une nouvelle correction ne ſignifie rien. Celle de Saumaiſe a été adoptée par Berckelius le plus ſavant Editeur d'Etienne.

CALLIAR [g], petite Ville des Indes au Royaume de Viſapour ſur la Route de cette Capitale au port de Dabul ; à ſept lieues d'Iſſe Lampour. Mandeſlo [h] en parle comme d'une Ville toute ruinée.

CALLIAROS, Ville des Locres Epicnemidiens dans la Grece ſelon Strabon [i] qui dit qu'Homere en avoit parlé. Il obſerve qu'elle n'étoit déja plus habitée de ſon temps ; circonſtance que ne remarque point Mela [k] qui nomme auſſi cette Ville.

§. CALLIAS, Ortelius fait un Article exprès de cette Ville, & cite Pauſanias. [l] Mais dans cet Auteur il s'agit de *Callia* au ſingulier, ou *Callia* au pluriel. Comme Pauſanias les

[a] Ed. 1682.
[b] T. 2. p. 376.
[c] T. 2. p.
[d] in Arcad.
[e] c. 27.
[f] l. c.
[g] de l'Iſle Carte des côtes de Malabar & de Coromandel.
[h] Voyages l. 2. p. 234.
[i] l. 9. p. 416.
[k] l. 2. c. 3. n. 38.

les met dans l'Arcadie, Ortelius trompé par Etienne l'a cru diférente de *Callia* que celui-ci met dans l'Etolie soit par sa propre erreur, soit par celle de ses copistes.

CALLICA, Ville de Bithynie à quelque distance de la côte, selon Ptolomée. Ortelius remarque à ce sujet qu'il a trouvé que dans un Concile de Constantinople il est parlé d'un Evêque dont le Siége a quelque raport avec ce nom, car il y est nommé GALLICANÆ *Provincia Bithyniæ Episcopus* : ce qui s'accorde avec quelques exemplaires de Ptolomée qui portent GALLICA au lieu de *Callica*. Ortelius soupçonne que c'est aussi *Statio Callicana* dont parle Metaphraste dans la Vie de St. Artemius.

CALLICARIA, Promontoire, ou
CALLICARIS, Ville de l'Inde en deça du Gange selon les divers exemplaires de Ptolomée qui portent l'un ou l'autre. Peut-être devroit-il y avoir ces deux Articles.

1. CALLICHORUM ou CALLICHORUS, Riviére d'Asie dans la Paphlagonie, selon la plûpart des anciens Auteurs tels que Scylax, Marcien d'Heraclée dans leurs Periples. Arrien [a] dans celui qu'il a composé du Pont Euxin nomme *Oxeines* Ὀξείνης & compte XXX. Stades de Nymphée à cette Riviere & delà XC. jusqu'à Sandaraca où il y a un port qui n'est propre qu'à de petites barques. C'est le Scholiaste d'Apollonius qui observe que Callichorus & Oxeines sont deux noms d'une même Riviére. Pline [b] la met hors de la Paphlagonie. Ammien Marcellin [c] fait connoître l'origine du nom *Callichorus* formé de καλὸς *beau*, & χορὸς *chœur*, *danse*. Bacchus, dit cet Historien, ayant vaincu en trois ans les Nations de l'Inde, vint en cet endroit à son retour, & se trouvant sur les bords de cette Riviere qui sont parez de verdures, & où le frais est entretenu par les feuillages épais des arbres; il y renouvela l'ancienne coutume des Orgyes & des Danses.

a p. 14.

b l. 6. c. 1.
c L. 22.

2. CALLICHORUS, Ortelius dit qu'il y avoit dans l'Attique un lieu ou une Riviére de ce nom; & cite les Supliantes d'Euripide. Ce Poéte [d] fait dire à un Chœur : quand laisserons-nous l'eau de la Déesse (*Cerès*) où il se fait de belles danses : quand irons-nous dans ces plaines ornées de belles tours ; Καλλίχορον ὕδωρ, *l'eau aux belles danses*, me paroît une Epithete plutôt qu'un surnom. Il s'agit d'une fontaine consacrée à Cerès & auprès de laquelle on celebroit des danses à son honneur, comme on faisoit ailleurs, de même Καλλίπυργα πεδία n'est pas le nom d'une Campagne particuliere ; mais une Epithete, & signifie une Campagne où il y avoit plusieurs Châteaux. Il pourroit bien en être de même de la Riviére de Sicile qu'Ortelius trouve dans l'Hymne de Cerès composée par Callimaque.

d v. 618. & 619.

3. CALLICHORUS PUTEUS, Καλλίχορον Φρέαρ, puits de la Grece à Eleusis : c'est là, dit Pausanias [e], que les femmes des citoyens de cette Ville instituerent pour la première fois les danses & les chants à l'honneur de la Déesse Cerès. St. Clement Alexandrin [f] en parle aussi.

e l. 1, c. 38.

f ad Gentes.
g Iliad. l. 20. v. 53.
h l. 13. p. 698.

CALLICOLONA, Coline d'Asie dans la Troade dans le voisinage du Simoïs selon Homere [g]. Strabon [h] observe que Callicolona étoit à XL. Stades de la Ville d'Ilion de son temps, & il en conclut que l'Ilion, ou Troie dont il est question dans Homere étoit beaucoup plus près du Simoïs & de Callicolona.

CALLICRATIA [i], lieu dont il est fait mention dans l'Histoire mêlée. Ortelius se doute qu'il étoit vers la Thrace. Balsamon le nomme Village. On peut voir ses Commentaires sur le Synode *in Trullo*, qui est le troisieme de Constantinople & le VI. Concile Général.

i Ortel. Thes.

CALLICULA, montagne d'Italie dans la Campanie en entrant dans le territoire de Falerne, selon Tite-Live [k]. Cluvier [l] croit qu'on la nommoit aussi ERIBANUS & qu'elle n'est point diferente d'Ἐριβανὸς & Ἐριβανὸς λόφος de Polybe; & que c'est enfin la même montagne qui s'étend depuis le mont Massique & la Riviére de Saone au dessus du Bourg de Carinola & du lieu nommé Torre di Francolese jusqu'à la Riviére du Vulturne, dans la Terre de Labour.

k L. 22. c. 15. & 16.
l Ital. ant. p. 1173.

CALLIDROMOS, montagne de Grece dans la Locride. Elle domine le fameux passage ou Détroit des Thermopyles [m]. Toutes les montagnes qui sont auprès de ce Détroit sont comprises sous le nom d'Oeta, & la plus haute de toutes est apellée Callidrome au pied de laquelle est le Golphe Maliaque est un chemin de soixante pieds de large. Strabon [n] dit quelques-uns donnoient le nom de Callidrome à toute la chaine de montagnes qui s'étend le long de l'Etolie de l'Acarnanie jusqu'au Golphe d'Ambracie.

m Tit. Liv. l. 36. c. 15. & 16. Plut. dans la Vie de Caton le Censeur.

n l. 9. p. 428.

CALLIENA, Ville marchande des Indes selon Arrien [o].

o Perip. Mar. Erythr.

CALLIFÆ, ancienne Ville d'Italie, au pays des Hirpins peuple du Samnium [p]. Quelques-uns croient que c'est présentement CARIFE Ville du Royaume de Naples dans l'Apennin, & dans la Principauté ulterieure.

p Tit. Liv. l. 8. c. 25.

CALLIGA, Ville de l'Inde en deça du Gange, selon Ptolomée [q].

q L. 7. c. 1.

CALLIGERIS [r], autre Ville de l'Inde en deça du Gange selon le même. Castald croit que c'est présentement CANANOR. Mais il pouvoit également dire que c'est CALICUT, il n'y a pas plus de preuves pour l'un que pour l'autre, & les côtes de Malabar & de Coromandel ne sont nullement reconnoissables sur les Cartes dressées conformément aux notions de Ptolomée.

r Ibid.

CALLINE, Bourgade de Flandres sur la Lys, vers les Frontieres de l'Artois. Mr. Corneille dit que c'est la Patrie de Robert Gaguin Général des Religieux de l'Ordre de la Ste. Trinité fameux par ses Ambassades & par quelques Ouvrages d'Histoire. Il mourut au commencement du XVI. Siecle.

CALLINICON, Ville des Perses sur l'Euphrate, selon Procope qui dit [s] que Cosroès Roi des Perses prit & rasa cette Place. Le même Auteur met [t] Callinique au nombre des Villes dont Justinien fit rebâtir les murailles tout de neuf. La Notice de l'Empire [v] fait connoître que cette Ville étoit dans le département de l'Osrhoéne. Ce fut [x] entre cette Ville & celle de *Carra* que le Cesar Galerius surnommé Maximien, (& que Mr. Cousin dans sa Traduction de Zozime nomme

s Bell. Pers. L. 2. c. 21.
t Ædif. l. 2. c. 7.
v Sect. 25.
x Eutrop. l. 9.

Tom. II. L* assez

82 CAL. CAL.

assez burlesquement Maximien Galere) fut defait par Narsée. Ortelius fait connoître que ce nom a été deguisé dans les anciennes Editions de quelques Historiens, & que l'on y trouve CALLINISUM, GALLICINUM & GALLINICUM.

CALLINISUM, Voyez l'Article précédent.

CALLINUSA, Promontoire de l'Isle de Cypre selon Ptolomée [b]. *b L. 5. c. 14.*

CALLIOPE, ancienne Ville des Parthes [c]. C'étoit une de leurs principales Forteresses contre les Medes. Appien [d] & Etienne le Géographe en font aussi mention. *c Plin. l. 6. c. 15.* *d In Syriac.*

1. CALLIOU, Καλλίου ἄκρον, Promontoire de la Libye, selon Ptolomée [e]. *e L. 4. c. 5.*

2. CALLIOU, Village de la Libye, selon le même. Le promontoire étoit de 30′. plus Occidental que le Village & de 20′. plus meridional.

CALLIPENCE, passage dificile aux frontieres de la Macedoine à une journée de chemin d'Heracleum & de Libetrum, du côté de la Thessalie; selon Tite-Live [f]. *f L. 44. c. 5.*

CALLIPIA, Fontaine de la Ville d'Ephese selon Pline [g]. Quoique ce nom soit écrit ainsi dans tous les Manuscrits suivant le témoignage du R. P. Hardouin, cet Auteur préfere CALIPPIA; mais il n'approuve pas la hardiesse de Pintianus qui met *Alitea* à la place, quoique ce soit le nom que Pausanias [h] donne à cette fontaine. *g L. 5. c. 29.* *h L. 7. c. 5.*

CALLIPIDÆ, peuple de la Scythie en Europe près du Palus Meotide. Herodote [i] les nomme des Grecs Scythes; c'est-à-dire une Colonie Grecque établie dans la Scythie. Pomponius Mela [k] & Solin [l] les mettent auprès du fleuve *Hipanis*. Mais Saumaise prétend qu'il faut lire *Callipodum* dans Solin. On peut voir sa remarque dans son livre même [m]. *i l. 4. c. 17.* *k l. 2. c. 1.* *l c. 14.* *m p. 187.*

1. CALLIPOLIS, Voyez ANXA.

2. CALLIPOLIS, Pline dit que quelquesuns ont donné ce nom à l'Isle de Naxe, ou Naxie.

3. CALLIPOLIS, Ville de Sicile, selon Etienne le Geographe.

4. CALLIPOLIS, Ville d'Asie dans la Carie, selon le même.

5. CALLIPOLIS, Bourgade de la Chersonnese de Thrace. Elle dependoit de la Ville de Lampsaque qui étendoit sa jurisdiction jusques là; d'où est venu que Strabon [n] parle de Callipolis dans la description du territoire de Lampsaque, quoi qu'elle fût d'un côté de l'Hellespont & que Lampsaque fût de l'autre. Mais, comme je l'ai remarqué, le territoire de cette derniere Ville n'étoit pas borné par ce bras de Mer. Le passage où Etienne parle de cette Ville a été très-maltraité par les Copistes qui lui font dire le contraire de ce qui en est. *n l. 13.*

6. CALLIPOLIS, Ville du Peloponnese dans l'Elide, ou dans l'Achaïe, auprès de Cyllene, selon Pomponius Mela [o] de l'Edition d'Olivarius, qu'Ortelius a suivie. Les Editions posterieures lisent ENNEAPOLIS au lieu de Callipolis. Vossius [p] observe que personne n'a parlé d'une Callipolis en cet endroit; mon meilleur manuscrit, ajoute-t-il, n'en fait aucune mention; mais on y lit à la place *Neapolis*. Je crois qu'il faut lire *Cyllene Ennea-* *o L. 2. c. 3. p. 60. fol. vers.* *p Obser. in Mel. p. 155.*

polis Patræ. Si l'on demande ce que c'étoit que cette Ville, je réponds que Mela a voulu nommer ainsi la PYLOS d'Elide, car il y en avoit trois. La premiere dans la Messenie, la seconde dans l'Arcadie & la troisiéme dans l'Elide. Homere dit que Nestor Roi des Pyliens commandoit à neuf Villes, la Capitale étoit Pylos qui a bien pu être nommée Enneapolis, c'est-à-dire neuf Villes. Il est impertinent de dire que Nestor ait regné dans ces trois diverses Villes également nommées Pylos dans des contrées diferentes, quoi que chacune ait prétendu s'approprier ce sage vieillard. Voyez ce qui est remarqué aux mots PYLOS & TRIPHYLIE.

7. CALLIPOLIS, Etienne le Geographe parlant de Corax Montagne dit qu'elle est entre Naupacte & Callipolis & renvoye au XX. livre de Polybe que nous n'avons plus. Tite-Live y suplée & dit [q]: lorsque l'on fut arrivé au Corax, (c'est une très-haute montagne entre Callipolis & Naupacte) &c. Le savant Mr. Paumier n'a donc pas eu sujet de dire dans sa savante Description de la Gréce [r] que tous les anciens ont gardé le silence touchant cette Callipolis d'Etolie. *q l. 36. c. 30.* *r l. 4. c. 22.*

8. CALLIPOLIS, Festus Avienus [s] décrivant la côte d'Espagne sur la Mediterranée y met entre le mont Sellus & la Ville de Tarracone des sables deserts, où étoit autrefois la petite Ville de Salauris. Il ajoute : il y avoit aussi autrefois l'ancienne Ville de Callipolis, dont il fait cette description. *s Ora. Marit. v. 514.*

Post hæc Arena plurimo tractu jacent.
Per quas Salauris oppidum quondam stetit,
In queis & olim prisca Callipolis fuit
Callipolis ∗ ∗ ∗ ∗ ∗ mœnium
Proceritatem & celsa per vestigia
Subibat auras, quæ laris vasti ambitu
Latere ex utroque piscium semper ferax
Stagnum premebat. Inde Tarraco oppidum
Et Barcilonum amœna sedes ditium.

Le mont Sellus n'est gueres connu des autres Géographes, le même Poëte le nomme le mont sacré & dit que Sellus est son ancien nom, mais il y avoit en Espagne plusieurs Montagnes surnommées sacrées. Justin en nomme une ainsi aux Frontieres de la Galice. Tout ce qu'on peut conjecturer c'est que cet Auteur aiant déja parlé de l'Ebre, cette Montagne peut bien être la même que celles qui sont au Levant de Tortose vers la Mer.

9. CALLIPOLIS, Cedrene & Curopalate mettent une Ville de ce nom dans l'Asie vers la Galatie & l'Armenie, au raport d'Ortelius [t]. *t Thesaur.*

CALLIPOS ou CALLIPUS, selon Ortelius; Jornandes [v] la met au nombre des Villes que les Scythes avoient permis aux Grecs de bâtir sur le Pont Euxin. *v de Reb. Getic. c. 5.*

1. CALLIRHOE', Fontaine de Grece dans l'Etolie, & non pas dans l'Attique comme le dit Mr. Corneille, qui a confondu plusieurs lieux de même nom; car comme il en convient lui-même, elle étoit au port de Calydon que personne n'a jamais mis dans l'Attique dont il étoit bien loin. Il y avoit une Fontaine Callirhoé dans l'Attique; mais ce n'est point

CAL. CAL. 83

à l'occasion de celle-là que Pausanias parle de Corefus. Elles étoient très-diferentes. Paufanias [a] décrivant la Ville de Patras dans l'Achaïe dit : dans le même quartier de la Ville il y a un Temple de Bacchus surnommé Calydonien, parce qu'il y a une Statue qui y a été apportée de Calydon. Lorsque la Ville de Calydon subsistoit encore, Corefus un des Prêtres de Bacchus devint éperdûment amoureux d'une fille nommée Callirhoé qui avoit pour lui autant d'indifference qu'il sentoit d'ardeur pour elle. N'ayant pu la gagner par priéres, ni par présens, il s'adressa à Bacchus qui l'exauça. Les Calydoniens furent saisis d'une fureur qui ressembloit à l'yvresse, plusieurs moururent de cette maladie. Pour s'en garantir on consulta l'Oracle de Dodone qui avoit alors beaucoup de reputation parmi les peuples de cette côte, les Etoliens, les Acarnaniens & les Epirotes, à cause de ses Colombes qui rendoient les réponses du haut d'un chêne. Ceux qu'on y avoit députez rapporterent qu'il faloit appaiser Bacchus dont le couroux avoit envoyé cette maladie : que le moyen de le calmer étoit que son Prêtre Corefus immolât sur son autel Callirhoé elle-même, ou un autre qui se dévouât pour elle. Cette fille n'aiant pu flechir personne par ses plaintes, pas même ceux qui l'avoient élevée, fut menée au lieu où on la devoit immoler. Tout étant prêt pour le sacrifice de la maniere que l'Oracle l'avoit ordonné, la fille fut menée avec tout l'appareil d'une Victime. Corefus qui la devoit sacrifier ne put tenir contre cet objet & oubliant tout à coup la dureté qu'elle avoit eue pour lui se perça lui-même du fer qu'il avoit en main, & lui sauva ainsi la vie. Callirhoé attendrie par une si grande marque d'amour ne voulut pas lui survivre & se tua elle-même auprès de la Fontaine qui n'est pas loin du port de Calydon. Cette Histoire a tout l'air d'être de ces Fables imaginées après coup, pour embellir l'Etymologie d'un nom; en quoi l'esprit Poétique des Grecs a excellé. Car il est certain que *Callirhoé*, mot Grec qui signifie en François *coulant agréablement*, ne convient gueres à une fille, au lieu que c'est une Epithéte qui peut très-naturellement convenir à une Riviere. Mr. de l'Isle met la source de Callirhoé au Nord de Calydon, & la fait serpenter vers le Sud-ouest jusqu'à la Mer independemment de l'Evenus qui est plus à l'Occident : au lieu que le P. Briet & Cellarius mettent Calydon, au delà & au Couchant de l'Evenus. Voyez CALYDON.

2. CALLIRHOE', Fontaine de Grece dans l'Attique. On la nommoit aussi ENNEACRUNNOS. Voyez ce mot.

3. CALLIRHOE', Etang de la Mesopotamie auprès duquel étoit située une Ville nommée *Antioche*, selon Etienne le Géographe. Le R. P. Hardouin [b] observe que cette Ville d'Antioche est la même qu'EDESSE.

4. CALLIRHOE', Ville de la Palestine selon Ptolomée [c], qui la met à l'Orient du Jourdain ; ou plutôt de la Mer morte. Ses Interprétes remarquent qu'elle est nommée LAZA par les Hebreux.

5. CALLIRHOE', Fontaine minerale au même endroit. Pline [d] dit : au midi (du Lac Asphaltite) est Macharus autrefois la seconde Forteresse de la Judée après Jerusalem. Du même côté est une source d'eaux chaudes médecinales & très-saines, nommée *Callirhoé*, dont le nom même fait l'éloge de ses eaux. Solin [e] pour avoir lu ce passage trop négligemment a mis Callirhoé auprès de Jerusalem; faute que Saumaise & autres Savans ont relevée. Josephe [f] fait mention de ces eaux en plus d'un endroit. Il dit [g] qu'Herode étant allé au delà du Jourdain prit les eaux de Callirhoé qui sont médicinales, & agréables à boire. Ces eaux, poursuit-il, se déchargent dans le Lac Asphaltite. La celebrité de ces eaux fit sans doute donner le nom de la source à la Ville, les Grecs trouvant mieux leur compte à un nom Grec qu'à l'ancien nom Hebreu.

CALLISTRATIE, Ville de la Galatie, selon Ptolomée [h]. Ses Interprétes disent qu'on la nomme présentement CASTELLAS.

CALLISTUM, Fauxbourg de la Babylone d'Assyrie, selon Elien.

CALLITHERA, Ville de Macedoine, selon Tite-Live [i]. Ptolomée [k] la nomme CALLITHERÆ au pluriel, & la met dans la Bisaltie.

CALLONA, Ville la plus riche de l'Isle de Lesbos dans l'Archipel selon Laonic cité par Ortelius.

CALLONIA, Voyez CAULONIA.

CALLONITIS, contrée de l'Assyrie aux confins de la Medie près du mont Zagrus. Polybe [l] en fait mention & dit que Molon y fut crucifié.

CALLOO, petit Fort du Pays bas dans le Pays de Waes sur la rive gauche de l'Escaut au dessus d'Anvers. L'an 1638. les Hollandois commandez par le Comte Guillaume de Nassau furent défaits par les Espagnols près de ce Fort. Maurice de Nassau fils du Comte agé de 21. ans y fut tué. Il y a un Bourg que Mr. Baudrand appelle Village.

CALLYDIUM, fort Château, [m] sur un des sommets du mont Olympe en Phrygie; il servit de retraite à Cleon Chef de Brigands qui faisoit delà des courses. Il se rendit si puissant par ses vols qu'il fit achetter son amitié aux Romains qui étoient alors divisez par les Guerres civiles. Antoine lui érigea une Souveraineté qui lui fut confirmée par Auguste.

CALMACS, (les) Voyez CALMOUCS.

CALMÆ, Voyez au mot CONTRA.

CALMAR, Ville de Suéde dans la Province de Smaland, avec un port de Mer sur la côte de la Mer Baltique vis-à-vis de l'Isle d'Oeland & sur le Détroit auquel elle donne le nom de *Calmarsund*. Il faut distinguer l'ancienne Ville de Calmar [n] & la nouvelle. L'ancienne Calmar est fameuse par l'Acte qui s'y fit en 1393. pour unir les trois Couronnes de Suéde, Norwegue & Dannemarck, sous la Reine Marguerite ; cet Acte est nommé dans l'Histoire l'Union de Calmar. Eric son Successeur y fonda treize Prebendes, & fit un Decret par lequel il mettoit l'Eglise de Calmar au nombre des Collegiales [o]. Après la division des Couronnes, que la funeste union de Calmar avoit unies, cette Ville se trouva frontiere des Danois qui possedoient la Scanie. Elle fut souvent prise & reprise & ravagée, &

L * 2   pour

CAL.

pour en achever la destruction l'an 1547. un incendie n'y laissa que 60. Maisons. La grande Eglise ne fut pourtant point endommagée, mais au lieu de la Ville dont il ne reste plus que cette Eglise & quelques Maisons avec quelques remparts de terre à demi écroulez dans le fossé, on en a rebâti une nouvelle à une portée de Mousquet de là, dans la petite Isle voisine nommée *Owarnholm*. On dit que même longtems avant cet incendie le Grand Gustave avoit eu dessein de faire ce changement.

_{Corn. Dict. Jouvin de Rochefort Voyage.}
La *nouvelle* Ville de Calmar est grande, les rues en sont droites, larges & bien bâties, mais elle est habitée de peu de monde. Les nouvelles Fortifications ne sont que des murailles épaisses faites de gros cailloux que l'on prend au bord de la Mer & quelque peu de remparts de sablon qu'il faut soutenir d'une autre Muraille que la Mer environne presque par tout si ce n'est du côté de la porte. Cette situation rend Calmar d'autant plus fort que toutes les avenues sont bordées de Marais, des eaux de la Mer, qui est parsemée de Cailloux & de roches entre lesquels sont autant de petits abîmes où l'on ne peut aborder ni en bâteau, ni à pied, ni à cheval. Du côté de la Mer il y a un grand Mole de pierre à l'abri duquel les Barques & les Vaisseaux se vont ranger; & ce Mole est defendu par une Forteresse (nommée GRIMSKAR) bâtie à cinquante pas delà sur un rocher isolé dans la Mer, avec Garnison & de bonnes munitions de guerre. Le Château de Calmar est derriere la vieille Ville. Il est d'accès difficile ayant d'un côté la Mer bordée de rochers & de l'autre ses remparts, ses grands bastions & ses fossez à fond de cuve pleins d'eau. Au milieu de tout le bâtiment est là grande cour de ce Château avec un donjon extrémement haut & quatre petites tours qui se joignent. Il y a outre cela deux ou trois grands corps de logis & quelques pavillons qui sont sans beaucoup de symetrie à cause de leur antiquité. La Ville de Calmar est nommée par les Historiens qui ont écrit en Latin CALMARIA, & CALMARNIA. Quelques-uns la nomment CALMER.

CALMAR-SUND, c'est-à-dire le *detroit de Calmar*; detroit de la Mer Baltique entre l'Isle d'Oeland & la Terre ferme de Smaland. Il s'étend Nord & Sud dans sa longueur.

_{Baillet Topog. des Saints p. 120. & 569.}
CALMINIUM ou CALMELIACUM, nom Latin de CORMERY Abbaye de France au Diocèse de Pui en Velay; on l'a depuis nommée ST. CHAFFRE. Voyez cet Article au mot SAINT.

_{Baudrand Ed. 1682.}
CALMISIACUM, nom Latin de CHAUMUSY Village de France en Champagne dans le Rhemois. Il en est fait mention dans plusieurs Actes du moyen âge.

CALMOUKS, CALMUCS, CALMACS, CALMAKS, CALMUQUES & même CULLMICKS, ^d Peuples d'Asie dans la Grande Tartarie, où ils occupent une grande partie du pays qui est entre le Mongul & le Wolga. Ils sont divisez en plusieurs hordes particulieres qui ont chacune leurs *Aucoes*, ou Chams à part. Le principal de tous ces Chams est celui qu'on appelle *Otchiourtikan* qui prétend être des descendans de Timur Bec. Il fait sa residence à
_{d P. H. Avril. Voy. de la Chine L. III. p. 150.}

CAL.

Samarcand; il est très-puissant, & c'est lui qui a soin de faire payer le tribut aux Moscovites & aux Usbecs faute de quoi il iroit ravager leur pays. On dit qu'il est fort magnifique, toujours vêtu de blanc & qu'il ne mange que dans de la vaisselle d'or.

Les Calmouks n'ont point de Villes ni d'habitations fixes, ils n'ont que des tentes de feutre qui sont fort propres & fort commodes. Il n'y a point de Nation qui soit si habile qu'eux pour camper & pour decamper en un instant. Ils doivent y être bien accoûtumez puisqu'ils ne s'arrêtent guéres dans un endroit étant perpetuellement en marche ^e. Ils ménent avec eux par milliers, des chameaux, des bœufs, des Vaches, & de toute sorte de volaille. Ils se mettent en marche au printems, le long des pâturages sur les bords du Wolga. Ils vont lentement, à mesure que leurs troupeaux consument l'herbe de sorte qu'ils laissent derriere eux un pays tout nud & fouragé^f. Il y en a qui vont jusqu'au 43. & 44. degré de latitude Nord, où il n'y a que peu, ou point de neige; & au commencement de l'année; dès que la neige se fond & que la verdure paroît, ils s'avancent quelquefois jusqu'au 52. ou 53. degré. Ils se repandent dans le pays depuis 8, 10. jusqu'à 15. ou 20. milles, & font avec leurs tentes des ruës d'une maniere singuliere, qui represente une Ville ou un grand Village & chacun reconnoît sa place & l'ordre qu'il doit observer. Ils viennent de cette maniere en forme de Caravanes à Astrakan pour y commercer, soit qu'ils aillent ou qu'ils retournent ils s'approchent des bords du Wolga à l'Est & demeurent deux, ou trois semaines, ou davantage dans un endroit vis-à-vis les Villes habitées par les Moscovites, avec lesquels ils échangent leurs chevaux, moutons, & autres bestiaux pour du bled, de la farine, du cuivre, du fer, des chaudrons, des couteaux, des ciseaux du drap, de la toile &c.
_{e Memoires de l'Emp. Russien p. 229.}
_{f Etat présent de la Grande Russie pag. 79.}

Lorsqu'ils vont d'un endroit à un autre, ils mettent leurs femmes & leurs enfans sur des machines couvertes, soutenuës de deux grandes rouës d'environ 8. pieds de diamétre, & dont la largeur est proportionée à la hauteur, de sorte qu'ils peuvent aisément traverser de petites Rivieres. Ils demeurent dans ces Machines, aussi bien que dans leurs tentes, comme s'ils étoient dans leurs Maisons; & les principaux d'entre eux en ont plusieurs pour leur train & leur bagage. Elles sont tirées par des Dromadaires, qui sont des animaux plus gros que des Chameaux, qui ont sur le dos deux elevations de chair, qui servent de selle, y ayant assés de place entre deux pour que l'homme le plus puissant s'y puisse asseoir : ils ont une allure vîte & aisée; & ceux qui n'ont point de ces machines se servent de ces animaux-là, pour porter leurs tentes & leur bagage; on leur apprend à s'agenouiller pour rècevoir le fardeau dont on les charge; ils le font pourtant ordinairement à regret, ce qu'ils témoignent par leurs cris. Du poil de ces Dromadaires ils en font en pleine Campagne une étofe étroite qui est comme le Camelot; & les Moscovites qui commencent à quitter l'usage des bonnets & ont appris depuis quelque tems

CAL.   CAL.   85

tems à faire des chapeaux, y employent du poil de Dromadaire.

Les tentes ordinaires, dont les Calmouks se servent, sont faites d'un petit treillis & rondes comme un Colombier; ils dressent sans le secours d'aucune perche, & lors qu'ils decampent ils les plient en petits panneaux. Ils les couvrent d'une étofe fort legere qu'ils appellent *Wylock*, & qui est travaillée à peu près de la même maniere dont les Chapeliers batissent les Chapeaux, mais qui est un peu plus lâche & de l'épaisseur de plus d'un demi-pouce, par où ils se garantissent du froid, aussi bien que de la pluye, que la pente qu'ils donnent à leurs tentes fait écouler. Ils y font une porte pour entrer, & un trou au haut pour faire sortir la fumée. Quand ils ont besoin de feu ils le font au milieu de la tente & se couchent tout autour sur des pieces de cette étofe, mais qui est une fois aussi épaisse que celle dont ils couvrent leurs tentes. Quand la porte est fermée & le trou d'enhaut bouché, la tente est aussi chaude qu'une Etuve. Les gens de distinction parmi eux n'ont point d'autres tentes.

Ibidem. p.267. Les Calmouks sont robustes & guerriers; il ne leur manque que de la discipline pour en faire de bons Soldats. Il y en a toujours un corps dans les troupes du Czar suivant le Traité d'Alliance fait avec eux. Ils contribuerent beaucoup à un avantage considerable que le feu Czar remporta près de Plesco, sur un détachement de l'armée Suedoise, immediatement après la perte de la bataille de Nerva. Les Dromadaires dont les Calmouks se servent, pour trainer & porter leur bagage, sont des animaux à la vuë desquels les chevaux sont terriblement effrayés; quand ils en voyent pour la première fois, ils prennent l'épouvante & s'enfuyent avec precipitation. Les Moscovites s'avançant dans l'occasion, dont il vient d'être parlé, pour attaquer les Suedois, mirent les Calmouks au front avec quelques Dromadaires, qui en s'approchant jetterent une telle terreur parmi les Chevaux Suedois qu'ils s'effaroucherent & rompirent les rangs: après quoi les Moscovites tomberent sur eux & acheverent de les mettre en déroute. On compte que les Calmouks que le Czar a ordinairement à sa solde montent à 6000. hommes.

b Delices de la Suisse pag.641. CALMURE[b], Montagne de Suisse chez les Grisons dans le Pays de Prettigæw. Elle est quelquefois si couverte de neiges que les *avalanches* ou eboulemens causent de grands dommages aux environs. Il en arriva un le 25. Janvier 1689. qui s'étant détaché de cette Montagne assés près de *Saas*, entraina une partie d'un bois avec un fracas horrible, & emportant avec soi quantité de bois & de pierres fut se rendre jusqu'au delà du Lanquart, renversa neuf maisons avec plusieurs étables & fit perir vingt personnes.

1. CALNE, Mr. Maty suivi par Mr. Corneille met une ancienne Ville de ce nom dans la Chaldée & cite le 10. Chapitre d'Isaïe au verset 9. C'est la même que CALANNE. Voyez ce mot.

c Rapin Hist. d'Angler. T.1. p.367. 2. CALNE[c], autrefois Ville & presentement Village d'Angleterre, au Comté de Kent. Ce lieu est remarquable par le Concile que St.

Dunstan y assembla en 977. sous le Regne d'Edouard II.

3. CALNE, Bourg d'Angleterre, en Wiltshire. On y tient Marché & il envoye des Deputez au Parlement. Mr. Baudrand *d Ed. 1705.* le met à huit lieues de Salisbury vers le Nord, & à six de Bath.

CALNIA. Voyez CHAUNES en Picardie.
CALNIACUM. Voyez CHAUNY dans l'Isle de France.

CALOË[e], Siége Episcopal d'Asie, selon *e Schelstrate* une ancienne Notice. Je crois qu'il faut lire *ant. Eccles.* COLOË. Il y avoit un Lac de ce nom dans *T.2.p.674.* la Lydie, & peut-être une Ville voisine de même nom que le Lac.

CALOGER. Voyez CALOYER.
CALOGORRA. Voyez CALAHORRA.

CALOGREA, Cap sur la Côte Occidentale de la Morée assez près de Canopoli. Les Grecs appellent MAUROVOUNI ou *Mon-* *Wheler* *tagne Noire*, la Montagne qui forme ce Pro- *Voyages* montoire. *T.2.p.4.*

1. CALONE, Antonin dans son Itineraire met Calone sur la route de *Lugdunum* (Leyde) à *Argentoratum* (Strasbourg) à environ XXXIV. mille pas avant que d'arriver à Cologne. Dans une autre route il nomme le même endroit CALLONE *Veteris Legionis*. L'exemplaire du Vatican dont je me sers dans cet article, ne connoît point le *Golonis* dont parle Ortelius[g]. Simler croit que c'est la Ville de *g Thesaur.* GUELDRES, Lazius que c'est CLEVES, d'autres que c'est BERICH sur le Rhin, Sanson dit que c'est KULF, Village du Comté de Mœurs, Cluvier croit que c'est KALENHUSEN, autre Village; pour bien dire, on ne sait aujourd'hui ce que c'est.

2. CALONE, Riviere de France en Normandie. Elle a sa source à Dures-en-Fontai- *Corn.* nes, passe à Bailleul, à Asnieres, & à Cor- *Dict. Mem.* meilles dont Davity lui donne le nom & grossie des eaux de l'Hebertot, elle va se perdre dans la Riviere de Touques à Pont l'Evêque trois lieues au-dessous de Cormeilles.

CALONESUS; nom Grec que les anciens[i] ont autrefois donné à l'Isle qui est sur *i D'Audi-* les côtes de Bretagne & que l'on appelle pre- *fiet Geogr.* sentement BELLE-ISLE, qui n'est qu'une tra- *T.2.p.204.* duction de l'ancien nom. Au reste le nom de Calonesus ne se trouve ni dans Strabon, ni dans Mela, ni dans Pline, ni dans Ptolomée. Mais Papire Masson[k] l'a employé dans la des- *k Desc.* cription qu'il fait de cette Isle. *Flum.Gall.* *p.139.&* *seq.*

CALONGIA, Cap de l'Isle de St. Domingue en Amerique. Il s'avance depuis le Port d'Azua vers les Isles de Beata & d'Alto Velo. Et la côte se courbant du côté du Nord-Ouest, fait une grande Baye, de sorte qu'après que l'on a passé ce Cap on ne voit plus de terre devant soi. C'est l'idée qu'en donne de Laet. Ce Cap le plus Meridional de l'Isle est nommé CAP LOBOS ou Cap BEATA, sur la Carte de cette Isle dressée sur les Memoires du Pere Labat.

CALONICA, Village sur la côte Orientale de l'Isle de Corse à mi-chemin entre Mariana Ville détruite, & Aleria. Molet l'un des Editeurs de Ptolomée[l] croit que c'est l'an- *l L.3.c.2.* cienne Ara Tutela de cet Auteur; en Grec Τουτήλα Βωμός.

L* 3   CA-

CAL.

CALONIO, petite Isle d'Asie sur la Mer de Marmara vers la Côte de l'Anatolie au Couchant de Burse. On la nomme aussi MAGUINE. Mr. Baudrand joint les deux noms & dit CALONIO-MAGUINE ; Mr. Berthelot dans sa grande Carte de la Mediterranée écrit CALONINO. Mr. Baudrand a raison de dire que c'est la BESBICOS des anciens. Mais il se trompe lors qu'il dit qu'on la nomme aussi ISOLA DEL PAPA, il confond deux Isles diferentes. Cette derniere que Mr. Berthelot distingue du Calonino, & dont il écrit le nom J. *Paapen*, est beaucoup plus à l'Occident. Calonio est sur le même meridien que Constantinople.

CALONOROS, c'est-à-dire, la *belle Montagne*, Montagne d'Arabie à l'entrée du Golphe Persique selon Arrien dans son Periple.

CALONYMOS, Isle de la Propontide selon Nicetas cité par Ortelius[a].

a Thesaur.

CALOPINACO, petite Riviere d'Italie au Royaume de Naples dans la Calabre ulterieure. Elle coule à Ste. Agathe & se jette dans le Fare de Messine au Midi de Reggio. Mr. Baudrand[b] dit que c'est le TAUROCINIUS FLUVIUS des anciens.

b Ed. 1705.

CALOPIZZATI[c], Ville du Royaume de Naples dans la Calabre Citerieure. Elle est à huit milles de Rossano, & à un mille & demi de la Mer.

c Corn. Dict.

Cet article de Mr. Corneille m'est d'autant plus suspect qui ni les Cartes de Magin, ni aucune de celles que j'ai des diverses contrées d'Italie, ni Léandre ni aucun des autres Descripteurs de l'Italie n'en fait mention. Mr. Corneille n'auroit pas mal fait de citer son Auteur.

CALOR, nom Latin d'une Riviere d'Italie. Elle conserve encore son ancien nom. Voyez l'article qui suit.

CALORE (le) Riviere du Royaume de Naples dans la Principauté Ulterieure: il tire sa source de l'Apennin près de Bagnolo au-dessus de Monte-Marano qu'il arrose; delà coulant vers le Nord, & ayant reçu les petites Rivieres de Miscano, Tamaro, & d'autres moindres, il va au Couchant se perdre dans le Sabato au-dessous de Benevent.

CALOS-AGROS, Port d'Egypte selon Cedrene cité par Ortelius.

CALOS-LIMEN, c'est-à-dire, *le bon Port*. Port de l'Isle de Crete. St. Luc dans les Actes des Apôtres[d] décrivant la route que fit le vaisseau où il étoit avec St. Paul que l'on menoit prisonnier à Rome dit: parce que nous avions le vent contraire nous passâmes au-dessous de Crete par Salmone, & rangeant l'Isle avec peine nous vînmes en un certain lieu nommé *Bons Ports* près duquel étoit la Ville de Thalasse..... & comme le Port n'étoit pas bon pour y passer la mauvaise saison &c. Il faut observer que comme ils étoient à la vue de Gnide, la droite route étoit de ranger la côte Septentrionale & de passer au-dessus, c'est-à-dire au Nord de l'Isle, au lieu que le vent les força de prendre au-dessous ou au Midi de l'Isle. Dans le Grec ordinaire, dans le Syriaque & dans les deux Editions Arabes la Ville voisine de bons Ports est nommée LASAIA,

d c. 27. v. 7. 8. & 12.

mais l'ancien Manuscrit d'Alexandrie porte Talassa.

CALOSTOMUM, Pline & Ptolomée nomment ainsi une des bouches du Danube dans le Pont-Euxin, si nous nous en raportons à Ortelius. Mais on lit dans Pline CALON STOMA, de même que dans Ptolomée qui en fait deux mots; qui dit que la branche Meridionale de l'Ister se décharge par une embouchure surnommée *la belle*.

CALOYER, (le) ce mot qui signifie dans le Levant un Moine Grec a été donné à plusieurs Isles de l'Archipel, où il y avoit un Hermitage.

1. La principale est à douze milles d'Amorgos & à une portée de mousquet de la petite Isle de Cheiro, selon Mr. de Tournefort[e]; elle est d'une figure singuliere, inaccessible depuis le pied jusqu'au sommet. Elle peut avoir douze milles de circuit, les François la nomment le bon vieillard, elle s'eléve dans la mer comme un groupe de roches herissées. Quelques bonnes gens qui cherchoient un desert pour y mener une vie retirée & penitente resolurent de gravir contre ces rochers, comme des chevres; après bien des fatigues ils arriverent à une esplanade commode & delicieuse, & prirent le parti de s'y fixer. Au milieu de la hauteur, ils s'aviserent de faire une machine laquelle par le moyen d'une corde, élevoit ou descendoit perpendiculairement une nacelle qui leur servoit à aller chercher dans le voisinage les besoins que cette Isle ne leur fournissoit pas. Ces trois Hermites vécurent ensemble de la sorte pendant quelque temps ; lorsque celui qui étoit à la quête revenoit il faisoit un signal, & ses camarades le hissoient en haut avec la nacelle. Des pirates croyant trouver là un tresor prirent une nacelle & des habits semblables sur la brune. Ils monterent par cet artifice, égorgerent les deux pauvres hermites, & se retirerent; mais ils perirent en Mer, avant que de regagner leurs habitations. Le troisiéme ne trouvant personne qui le remontât à l'ordinaire fut long-temps en peine. Cela n'empêcha point d'autres Hermites de prendre la place de ceux qui avoient été tuez. Il y en a eu encore depuis qui ont vécu en reputation de Sainteté. Ils demandent l'aumône, & comme les rochers de l'Isle sont pleins de faucons, ils les dénichent & en font des presens qui sont recompensez.

e Voyages T. 1. p. 92.

2. Au Midi d'Andros il y a une autre petite Isle nommée aussi le *Caloyer*, à cause qu'il y a un petit Hermitage, où vit un Hermite.

3. A l'Orient du Cap qui termine l'Isle de Negrepont au Midi Oriental est une autre Isle nommée *Caloyero*. C'est plutôt un écueil qu'une Isle.

Berthelot Carte de la Medit.

§. Niger rend par CALOYERO, le nom d'une Isle qu'il nomme ATALANTA INSULA. Le Pere Coronelli[g] croit qu'il est question en ce nom de l'*Atalantes Nesium*, de Ptolomée dans l'Eubée. Il n'y a pas d'apparence & je crois le *Caloyero* de Niger plus voisin de l'Isle d'Andros. L'Atalantes Nesion est presentement Talanta dans l'Euripe.

g Isolar. p. 280.

4. CALOYER, (le) petite Isle proche de Tine. Il y a deux Hermites.

5. CALO-

CAL. CAL. 87

5. **CALOYER** (le) petit Hermitage entre la Carie & les Arginufes.

6. **CALOYER**, (le) autre petite Ifle au Sud-ouest quart au Sud de Policandro, elle a cinq milles de circuit, mais elle eft deferte & n'eft peuplée que d'Oifeaux & de cerfs.

7. **CALOYER**, (le) autre petite Ifle au Nord-oueft de Leria. Il y a auffi un Hermite.

8. **CALOYER**, (le) Ecueil defert fur la côte Occidentale de l'Ifle de Nixia.

9. **CALOYER**, (le) petite Ifle au midi de Dromi. Elle eft petite & jolie avec un Hermitage & une Eglife defservie par trois ou quatre Caloyers Grecs.

CALPA, Riviere d'Afie dans la Bithynie felon Strabon [a] & Ptolomée [b]. Les Interpretes de ce dernier difent qu'on la nomme préfentement AQUA. C'eft fans doute à l'embouchure de cette Riviere qu'étoit le port *CALPAS* dont parle Pline [c], & ce ne fauroit être *Pagari* comme le dit Pinet dans fa Traduction de Pline. Il a été trompé de ce qu'immédiatement après ce port Pline nomme Sangaris Riviere celebre ; cette Riviere Sangaris s'appelle préfentement *Zacari* ou *Sacari*, mais le fleuve Sangaris & la Riviere Calpa étoient diferentes. Strabon dit à l'endroit cité: plufieurs Rivieres coulent entre Chalcedoine & Heraclée, de ce nombre font Pfillis, Chalpas & Sangarius. Ptolomée [d] diftingue auffi l'embouchure du Calpa de celle du Sangaris. Il y avoit non feulement un port & une Riviere mais encore une petite Ville, ou un Bourg nommé Καλπαϛ par Etienne le Géographe. Xenophon dans fa Retraite des dix Mille [e] en parle ainfi. La Thrace Afiatique qu'on nomme autrement la Bithynie s'étend depuis l'Embouchure du pont Euxin jufqu'à Heraclée, & c'eft tout ce que peut faire en un grand jour une Galere qui va à forces de Rames. On ne trouve aucune Ville en chemin & ceux du pays ont le bruit de faire fort mauvais parti aux Grecs qui tombent entre leurs mains. Le port de Calpe eft juftement au milieu à l'abri d'un rocher efcarpé qui s'avance dans la Mer, & qui a quelques vingt toifes de haut à l'endroit qui eft le plus bas & au deffus une efpace d'environ quatre cents pieds de large capable de loger dix mille hommes. Au deffous eft le port vers l'Occident avec une fource qui ne tarit jamais & coule le long de la Mer, étant commandée auffi par le roc. La Montagne s'étend jufqu'à deux mille cinq cens pas au dedans du pays, & n'eft pas pierreufe ; mais capable d'être cultivée, & le long du rivage à pareille diftance, elle porte de grands arbres de toutes façons & propres à faire des Navires. Le refte de la contrée eft fort beau & de grande étendue, rempli de plufieurs gros Villages, & capable de toutes fortes de grains, de legumes & de fruits, hormis d'Oliviers; mais il y a des figuiers, & des vignes en abondance dont le vin eft très-agréable. On campa au bas de la Montagne fur le bord de la Mer, les Soldats ne voulant pas loger dans le Bourg qui étoit au haut du roc, de peur que ce ne fût un artifice pour s'y établir & y planter une Colonie. Cette fource dont parle Xenophon doit être la petite Riviere, ou ruiffeau *Calpa*

[a] L. 12. p. 543.
[b] L. 5. c. 1.
[c] L. 6. c. 1.
[d] L. c.
[e] L. 6. c. 4.

ou *Calpas* dont parlent Strabon & Ptolomée.

CALPAS, &
1. **CALPE'**, Voyez l'Article precédent.

CALPE'. Montagne d'Efpagne, à l'extremité qui joint l'Ocean à la Mediterranée. Marcien d'Heraclée [f] dit : depuis le mont Calpe & la Colonne, lequel eft au commencement de la Mer interieure. Ces mots, comme le remarque Cellarius [g], aident à corriger Ptolomée où il manque, à ce qu'il femble, ces mots au commencement, comme s'il mettoit Calpe & la colomne dans la Mediterranée. Pline [h] met Calpe à l'extrémité du Detroit attenant la Mer mediterranée; perfonne ne doute que ce ne foit aujourd'hui la Montagne que nous appellons GIBRALTAR, que quelques uns ont nommée GIBAL-TAR, ce qui étoit plus conforme à l'Etymologie & au vrai nom GEBAL-TARIF, c'eft-à-dire le mont de Tarif, à caufe d'un Général Maure qui au commencement de la Conquête de l'Efpagne s'empara de cette Montagne & de la Ville voifine. Tout le monde convient auffi qu'il y avoit une Ville voifine nommée CARTEIA ; mais il y a une difficulté entre les Savans. Strabon ayant décrit la Montagne de Calpé & la colomne dit : [i] il y a la Ville de Calpé remarquable & ancienne à quarante Stades de la Montagne de même nom, & il y avoit autrefois un port pour les navires Efpagnols : on dit qu'elle a été bâtie autrefois par Hercule. Timofthene eft de ce fentiment puifqu'il dit qu'elle s'appelloit anciennement Heraclée & que l'on y voyoit encore une enceinte de murailles & des quais. Voila une *Ville* nommée CALPE' bien expreffément. Cafaubon & Bochart, ayant à expliquer ce paffage de Strabon ont été reduits à dire que *Calpe* étoit là pour *Carteja* Polis Καρτεια πολις; mais de favans hommes ont fait voir que le paffage de Strabon n'avoit pas befoin d'être corrigé. Entre les Médailles du Cabinet de la Reine Chriftine de Suede il y en a une fur laquelle on lit C. J. CALPE. C'eft-à-dire COLONIA JULIA CALPE. Une autre preuve qui n'eft pas à meprifer c'eft l'autorité de Nicolas de Damas; qui dans des Extraits publiez par Mr. de Valois, dit, il (Octave) joignit Cefar auprès de la Ville de Calpe. *Circa urbem Calpiam*, περι πολιν Καλπιαν. Il s'en faut donc tenir à l'un de ces deux fentimens, favoir qu'il y avoit plufieurs villes à l'entrée du Détroit à caufe des avantages de cette fituation, & que l'une de celles-là étoit nommée Calpe; ou bien que la Ville même de CARTEIA fituée près du Promontoire de Calpe en avoit pris le nom de CALPE, ou CALPIA. Antonin met fur la route de Malaga, à Cadix une Ville qu'il nomme CALPE CARTEIA; en quoi il femble joindre enfemble deux noms d'un même lieu, de forte que l'un fert d'explication à l'autre. Voyez CARTEIA touchant cette Ville. Quant à la Colomne de Calpe, tout le monde fait que le Détroit de Gibraltar eft fouvent nommé par les Hiftoriens & les Poëtes les Colomnes d'Hercule. Il y a fur l'explication de ces Colomnes plufieurs fentimens que je referve au mot COLOMNES, où l'on peut voir l'article COLOMNES D'HERCULE.

[f] Peripl.
[g] Geogr. ant. l. 2. c. 1.
[h] L. 3. c. 1.
[i] L. 3. p. 139.

CAL-

88 CAL. CAL.

a Reland & de l'Isle Cartes de Ceylan.

CALPENTIN [a], Isle d'Asie sur la côte Occidentale de Ceylan. Elle est ainsi nommée à cause d'un Fort qui est dans la partie Septentrionale de cette Isle. Elle s'étend du Nord au Sud dans sa longueur depuis 7. d. 50'. jusqu'à 8. d. 18'. de latitude Nord. Elle est étroite, & le bras de mer qui la sepáre de la terre ferme est semé d'islets & d'écueils. Aux extrêmitez Septentrionale & Meridionale, il y a des bancs de sable. Les Forts de Calpentin & de Navacar sont sur la côte Orientale de l'Isle, Tellevari & Maripo sont sur la côte Occidentale.

b Memoires dressez sur les lieux.

CALPIN [b], (le Lac de) Lac d'Allemagne dans la basse Saxe au Duché de Meckelbourg, il communique au Midi Oriental avec le Lac de Muritz qui s'y décharge de ses eaux & le Lac de Calpin, les rend au Lac de Plawe d'où elles s'écoulent dans l'Elbe. Sa longueur depuis le Village de Malchow, jusqu'à la petite Ville de Waren est de deux milles d'Allemagne & sa plus grande largeur, est de sept huitiémes d'un de ces mêmes milles. Ce Lac aussi bien que les deux auxquels il communique est fort poissonneux. Il est à six milles & un quart de Gustrow, & non pas à cinq milles, comme le dit Mr. Baudrand.

CALPITUS, Il paroît par le 55. Fragment de Polybe que cet Auteur a nommé ainsi le Port de CALPE. Voyez CALPA.

c L. 2. c. 4.
d Itiner.

CALPURNIANA, ancienne Ville d'Espagne dans la Betique au territoire des Turdules selon Ptolomée [c]. Antonin [d] en fait aussi mention, & la met à XXV. mille pas de Cordoue en allant à Castulon. Les Interpretes de Ptolomée disent que c'est presentement CARPIO.

CALQUE, Ville d'Allemagne: elle est au bord du Rhin & n'a rien de considerable qu'un Palais fort vaste & bâti en maniere de Fort, autour duquel regnent quatre bastions de terre avec leurs fossez pleins d'eau qui ont chacun un ravelin à leurs pointes. Ce Fort qui bat la Riviere est situé dans un pays plat comme la Ville qui en est proche.

Mr. Corneille cite les Mémoires & plans Géographiques 1698. Il n'y auroit pas eu de mal à dire où est cette Ville, supposé que ce ne soit pas la même qu'il décrit sur d'autres Mémoires sous le nom de Calcar.

CALSERY, Ville d'Asie dans l'Industan au Royaume de Jamba, & au Couchant d'hyver de la Capitale, auprès de la source de la Riviere de Gemené qui passe à Dehli & à Agra, & va se perdre dans le Gange. Je ne sais sur quel fondement on a prétendu que cette Ville [e] est la BATAN CÆSARA de Ptolomée. La latitude n'en est aucunement la même: Ptolomée met cette Ville à 33. d. 20'. au lieu que Calsery est de près de trois dégrez plus meridionale. Le cours du Gange est très defiguré dans cet Auteur & la Riviere auprès de laquelle Batan Cæsara devroit être, n'est nullement reconnoissable.

e Baudrand Ed. 1705.

CALTADRIA, Siège Episcopal d'Afrique dans la Mauritanie Cesarienfe. La Notice d'Afrique [f] met Victor *Caltadrienfis.*

f n. 67.
g Davity Mengrelie.

CALTICHEA [g], Ville de la Mengrelie sur la Mer noire. Davity qui cite les Voyages de Contareni dit qu'elle est de peu d'importance & que dans les Tables elle est appellée Caltihea. Je ne sais quelles Tables il entend par là; mais les Cartes de de Wit marquent Caltibéa Villè vers la source du fleuve à l'embouchure duquel Savastopoli, la Sebastopolis des anciens, est située. Or le P. Lamberti met Sebastopolis au midi de l'Embouchure du *Fasso;* qui selon lui est nommé par les Habitans *Rion.* On peut voir au mot SEBASTOPOLIS les dificultez qui detruisent cette situation de Sebastopolis. Les Cartes de Mess. Sanson & de l'Isle ne font aucune mention de cette Ville, ni celles du P. Lamberti, & de Mr. Chardin qui ont vû ces pays-là.

CALTIORISSA, Ville d'Asie dans la petite Armenie selon Ptolomée. Simler observe que c'est la même qu'Antonin appelle OLITTO EULARISA comme lit Ortelius. L'exemplaire du Vatican porte OLOTHO EDARIZA, & celui de Bertius OLOTOEDARIZA, sur la route de Nicopolis à Satala; à XXVIII. mille pas de la premiere.

CALVAIRE [h], (le) ou GOLGOTHA, c'est-à-dire le crane, petite Montagne de la Palestine au Nord du mont de Sion. Le R. P. D. Calmet dit que c'est apparemment à cause de sa figure qui ressembloit à celle d'un Crane ou de la tête d'un homme. Plusieurs Auteurs ont cru que le nom de Calvaire, ou de Crane fut donné à cette Montagne parce que la tête du premier homme y avoit été enterrée, & que nôtre Sauveur y fut crucifié afin que son sang coulant sur le corps de ce premier homme lui donnât la vie & lui procurât la grace de la resurrection. Pour appuyer cette tradition on dit que Noé ayant mis dans l'Arche le corps du premier homme en distribua les reliques à ses enfans, & en donna la tête ou le crane par un privilege special à Sem qui devoit être le pere de la race sainte, d'où devoit sortir le Messie : que Sem par un esprit de prescience enterra ce crane au Calvaire où il savoit que le Messie devoit être crucifié. Mais ni les anciens Peres, ni les Auteurs Modernes qui ont raporté ces traditions, n'en ont jamais été bien persuadez & l'on peut, sans leur manquer de respect, les mettre au rang des Apocryphes.

h D. Calmet Dict.

La Montagne du Calvaire étoit fort près de Jerusalem, & c'étoit là apparemment que l'on exécutoit ordinairement les Criminels. Après que la Ville de Jerusalem eut été détruite par les Romains, sous l'Empire de Tite, elle se rétablit peu à peu, & les Juifs y étoient en assez grand nombre lorsque Barcoquebas se revolta contre les Romains. Adrien ou ses Generaux, furent obligez de l'assieger, & l'ayant prise ils la ruinerent entiérement. Après cela Turanus Rufus ou Tinnius Rufus, qui étoit alors Gouverneur de Judée fit passer la charue sur l'endroit où avoit été le Temple pour montrer que cet endroit ne devoit jamais être rétabli sans un arrêt exprès du Senat. Après la guerre Adrien défendit aux Juifs de mettre jamais le pied dans Jerusalem sous peine de la vie. Il y établit une Colonie Romaine & appella la Ville *Ælia Capitolina.* Cette nouvelle Ville ne fut pas bâtie sur les ruines de l'ancienne; mais plus au Septentrion; de sorte que le mont de Calvaire qui

CAL) CAL. 89

qui auparavant se trouvoit hors de la Ville fut presque au centre d'Ælia; on n'enferma dans cette Ville qu'une assez petite partie de l'ancienne Jerusalem. Le Mont de Sion, où avoit été le Temple, étoit ou labouré comme un champ, ou couvert de demolitions & de ruines.

Aujourd'hui la Ville de Jerusalem est au même endroit où Adrien l'avoit mise; mais au lieu que ce Prince avoit profané le mont Calvaire, & en particulier la place où JESUS-CHRIST avoit été mis en croix, celui où son corps avoit été enseveli, l'Imperatrice Helene Mere du Grand Constantin y fit bâtir une superbe Eglise qui subsiste encore & l'enrichit de plusieurs ornèmens magnifiques, ensorte que la croix & la sepulture de Jésus-Christ & le Calvaire sont plus honorez par tous les Chrétiens que ne le fut jamais l'ancienne Jerusalem par les fils de la Synagogue. Le Ministre Anglois Mr. Maundrell qui visita ce lieu l'an 1697. en parle ainsi : [a] l'Eglise du St. Sepulchre est fondée sur le mont Calvaire, petite Eminence sur le mont Moryah qui est plus grand. . . . . . A dessein de rendre cette Montagne propre à y bâtir une Eglise les premiers fondateurs furent obligez de la reduire à un rez de chaussée, en aplanissant plusieurs parties du rocher & en élevant d'autres, cependant l'on a pris soin de ne rien changer ou diminuer à la Montagne aux endroits, où l'on a cru que s'étoit passé immédiatement la passion de notre Seigneur. C'est pourquoi on a laissé en son entier l'endroit du Calvaire où l'on dit que JESUS-CHRIST fut attaché & élevé sur la croix, de sorte qu'il est encore aujourd'hui élevé de dix-huit degrez au dessus du rez de chaussée, & le St. Sepulchre qui étoit autrefois une voute taillée dans le rocher sous terre, est présentement comme une grote sur terre, le rocher ayant été coupé tout à l'entour. L'Eglise n'a pas cent pas de long & pas plus de soixante de large. Elle est pourtant ordonnée de maniere qu'elle contient douze ou treize Sanctuaires ou lieux consacrez à une veneration extraordinaire par quelques actes particuliers concernant la mort & la resurrection de Jesus-Christ : 1. l'endroit où les Soldats lui firent plusieurs indignitez : 2. celui où ils partagerent ses vêtemens : 3. celui où il fut enfermé, tandis que l'on fit le trou, où l'on devoit poser la croix, & que l'on preparoit tout pour sa crucifixion : 4. celui où il fut cloué sur la croix : 5. celui où la croix fut fichée : 6. celui où étoient les Soldats lorsqu'ils lui percerent le côté : 7. celui où l'on embauma son corps pour l'ensevelir : 8. celui où son corps fut mis dans le Sepulchre : 9. celui où l'Ange apparut aux femmes, après la resurrection : 10. celui où JESUS-CHRIST apparut lui-même à Marie Magdelaine. . . . Il y a dans des Galeries tout autour de cette Eglise & dans de petits bâtimens joints au dehors, certains appartemens où l'on reçoit les Moines & les Pelerins, & la plupart des Nations Chrétiennes y entretenoient autrefois une petite societé de Religieux. Chacune avoit son propre quartier qui lui étoit assigné par les Turcs. Les Latins, les Syriens, les Armeniens, les Abyssins, les Géorgiens, les Nestoriens, les Cophtes, les Maronites, &c. avoient tous autrefois leurs diferens appartemens dans l'Eglise, mais dès l'an 1697. ils avoient déja abandonné ces quartiers à la reserve de quatre, ne pouvant subvenir aux frais & aux extorsions que les Turcs leur imposoient; deforte qu'il n'y avoit plus que les Latins, les Grecs, les Armeniens & les Cophtes qui y demeurassent : & même ces derniers n'y avoient plus qu'un pauvre Moine qui représentoit leur Nation, & les Armeniens y étoient tellement endetez que l'on doutoit s'ils ne seroient pas bientôt contraints d'abandonner la place. Il n'y a donc proprement que les Latins & les Grecs qui possedent ces Sts. lieux. Après que ces deux Nations se furent long-temps contesté cette possession, soit par des présens à la Cour Ottomane, soit même par des voyes de fait, Louïs le Grand obtint de cette Cour que les Latins auroient seuls le Privilége d'officier publiquement au St. Sepulchre, les Chrétiens des autres Nations ayant toutefois la permission d'y entrer pour y faire leurs devotions particulieres, mais non pas le Privilege d'y faire les fonctions solemnelles. [b] Cela fut ainsi reglé par les Capitulations de 1673. mais il ne fut véritablement exécuté qu'en 1690. L'Auteur qui en qualité de Protestant est moins suspect de credulité qu'un autre Pelerin fait une remarque qui merite de n'être pas negligée : [c] A environ quatre pieds & demi de distance du trou dans lequel on posa le pied de la croix, on voit la fente merveilleuse du rocher, que l'on dit qui se fit par le tremblement de terre lequel arriva au temps de la passion [d]. Cette fente, telle qu'elle paroît aujourd'hui, est large d'environ un empan à l'endroit le plus élevé & profonde de deux, ensuite de cela elle se referme; mais elle se rouvre par en bas, comme on le peut voir dans une autre Chapelle, qui est sous celle-là & cette fente descend à une profondeur inconnue dans la terre. Il n'y a qu'une tradition qui prouve que cette fente se fit dans ce rocher à la passion de notre Sauveur; mais aussi il est visible que cette bréche est naturelle & qu'elle n'est pas contrefaite par l'Art; car les côtez en sont aussi égaux que deux taillis, & outre cela elle va en serpentant de maniere qu'il n'y a pas d'instrumens qui puissent y atteindre. Il est remarquable que le Calvaire fait partie de la Montagne de MORIA, & que le Texte Hebreu de la Genese nomme ainsi celle où Abraham eut ordre de se rendre avec son fils & de l'y sacrifier. Voyez MORIA.

CALUCALA [e], Riviere d'Afrique au Royaume d'Angola, dans la Province d'Ilamba qu'elle arrose. Elle a sa source au Midi de la Riviere de Dande d'où serpentant vers le Sud-ouest, elle va se joindre à la Riviere de Coanza déja voisine de son embouchure dans la Mer, au midi de Loanda.

CALUCONES, ancien peuple de la Rhetie, selon Pline [f] & Ptolomée [g], qui les mettent entre les Suanetes & les Brixantes, c'est-à-dire entre les sources du Rhin & l'Evêché de Brixen dans le Tirol.

CALUCULA, petite Ville d'Espagne dans le département d'Hispal, ou Seville selon Pline [h] & Ptolomée [i].

M* CAL-

[a] Voyage d'Alep à Jerusalem p. 114.

[b] p. 118.

[c] p. 122.

[d] Math. c. 27. v. 51.

[e] de l'Iste Carte du Congo.

[f] l. 3. c. 20.
[g] l. 2. c. 12.

[h] l. 3. c. 1.
[i] l. 2. c. 4.

Tom. II.

CALVELLUM, Ville de Toscane: il en est fait mention dans l'Edit qu'Annius de Viterbe attribue à Didier Roi de Lombardie.

CALVENTIACUM, nom Latin de CHAVANCY, au Duché de Luxembourg.

CALVENTIA [a], lieu de l'exil & du Martyre de Boéce Philosophe Chrétien que Theodoric Roi des Gots en Italie fit mourir l'an 525.

[a] Baillet Topogr. des Sts. p. 569.

CALUGA, Voyez COLUGA.

1. CALVI CASTRUM, Voyez PHALACRUS.

2. CALVI, Ville d'Italie au Royaume de Naples, dans la Province de Labour, avec un Evêché sufragant de l'Archevêché de Capoue. Mais elle est petite & presque toute deserte, n'ayant plus qu'une vingtaine de Maisons; ainsi elle est reduite en Village. Elle est à six milles seulement de Capoue en allant vers Téano, & à huit de Carinola au Levant. Les Anciens l'ont connuë sous le nom de CALES. Voyez ce mot.

3. CALVI, Ville de l'Isle de Corse dans la Mediterranée sur une Montagne escarpée, avec une bonne forteresse, & un port en forme de petit Golphe sur la côte Occidentale de l'Isle. C'est la demeure ordinaire de l'Evêque de Sagone. Elle est à trente-cinq milles de la Bastie au Couchant & à trente d'Ajazzo vers le Nord. On apelle ses habitans CALVEZI.

4. LE GOLPHE DE CALVI, Golphe de la Mediterranée sur la côte Occidentale de l'Isle de Corse. Il est borné au midi par le Cap de Revelate, & au Nord par le Cap Despano, comme parle Mr. Michelot [b], ou Dispano, selon le P. Coronelli. Près du Cap de Revelate est un gros Ecueil entre lequel & la terre on ne peut passer qu'à peine avec des bateaux, mais on le peut ranger de fort près, n'y ayant fix à sept brasses au pied. La reconnoissance de Calvi est facile par cet écueil, outre qu'on voit un grand enfoncement où presque par le milieu & sur une pointe on y découvre la Forteresse de Calvi sur un haut rocher. A quatre milles au Sud-est quart d'Est du Cap de Revelate est la Ville de Calvi, Ville de guerre située sur le haut d'une pointe de rochers, fortifiée de toutes parts, bien munie de Canons & fort escarpée du côté de la Mer. Vers l'ouest de la Forteresse il y a une pointe d'un gros rocher fort haut proche duquel on voit une Chapelle sur une autre hauteur, & entre cette pointe & celle du Cap de Revelate il y a un enfoncement & un peu de plage dans laquelle on pourroit mouiller avec des Galeres si on y étoit contraint: de l'autre côté & vers le Sud de la Ville de Calvi il y a une grande plage de sable; on peut aisément mouiller par toute cette plage; mais le meilleur endroit est proche la Ville à deux cables loin de terre, par 4. 5. à 6. brasses d'eau, fond de sable & quelques mattes de Vase, ayant un fer en Mer vers le Sud-est, & une amare à terre au Nord-ouest. Il ne faut pas s'avancer dans cette anse plus que le dernier bastion de la Ville. On y peut mouiller plusieurs Galeres. On y est à couvert des vents de Nord-Nord-est qui rase la pointe de la Ville & qui est le traversier de

[b] Portulan de la Mediterranée p. 141.

cette Baye; mais étant au vrai mouillage, comme on vient de le dire, on ne voit point la Mer du large, on n'y ressent qu'un gros ressac de la Mer qui vient rouler le long de la plage. On peut ranger si proche qu'on voudra la pointe de la Ville. Il y a trois brasses d'eau au pied. Les Vaisseaux y peuvent aussi mouiller. Les vents de Sud & de Sud-ouest y doivent être rudes; car ils viennent entre de hautes Montagnes & doivent causer de grosses rafales, mais ils ne peuvent causer de Mer. Hors de la Forteresse il y a une petite tour de garde sur le bord de la Mer & un Couvent de St. François. Dans le fond de la plage il y a une grande plaine, un étang & plusieurs marécages, mais tout près de laquelle il y a une grande Maison qui la fait reconnoître: on peut mouiller par toute la rade de Calvi plusieurs Vaisseaux & Galeres: dix à douze Galeres y seront fort à couvert des vents du large.

LE CAP DE CALVI, pointe qui s'avance dans la Mer au Nord de la Ville de Calvi, au milieu du Golphe de même nom & forme le port de cette Ville; entre le Cap de Revelate & celui de Spano.

CALVIAC, Village de France dans le Perigord sur la Dordogne à une lieue de Sarlat, ce lieu est nommé CALABRUM [c] en Aquitaine dans les Actes du moyen âge & particulierement dans la Vie de St. Sacerdos.

[c] Baudrand Ed. 1682.

CALVINET, Bourg de France [d] dans la haute Auvergne vers le Rouergue.

[d] le même Ed. 1705.

CALVINIACUM, Voyez CHAUVIGNI.

CALVISIANA, lieu de la Sicile selon Antonin [e] entre Agrigenti (Girgenti) & Hybia, à XL. mille pas de la premiere, sur la route de Lilybée à Messine.

[e] Itiner.

CALVIZANO, Bourg d'Italie dans l'Etat de Venise dans le Bressan, à cinq lieues de Bresse vers le Midi.

CALUMA CUMA, ou CALUMACUMACA, ou CALUMACULA, ou MACUMA, selon les divers exemplaires de Ptolomée [f], Village d'Afrique dans la grande Syrte, c'est-à-dire dans le Golphe de la Sydre. On est persuadé que c'est la même chose que MACOMADES SYRTIS d'Antonin, diferent de Macodama de Ptolomée, puisque ce dernier étoit dans la petite Syrte, aujourd'hui le Golphe de Gabes, mais on dispute si c'est présentement MSELLATA ou MSERATA; je crois que ce n'est ni l'une ni l'autre & que la Ville nommée par Ptolomée & par Antonin étoit plus avant vers le fond du Golphe.

[f] l. 4. c. 3.

CALVO MONS, Voyez CAUMONT.

CALVOMONTIUM, Voyez CHAUMONT.

CALVORDE, ou CALFORDE, Bourg, Château & Bailliage d'Allemagne au Duché de Brunswick-Wolfenbutel, [g] aux confins de l'Electorat de Brandebourg & du Duché de Magdebourg. Plusieurs corps de bâtiment, qui faisoient partie de ce Château, ont été détruits par divers incendies que le hasard ou les guerres ont causez; mais le corps de logis, qui étoit la residence de Joachim Charles Duc de Brunswick, est encore en assez bon état. Ce Château & le Bourg auprès duquel il est situé, prennent, dit-on, leur nom de ce que Charlemagne

[g] Zeiler Topogr. Brunswick. p. 66.

né après avoir forcé les Wendes ou partie des Wendes à embraffer la foi Chrétienne, confiderant ce lieu comme important à caufe que c'eft un paffage, ne fe contenta pas de s'en fervir, mais y fit faire quelques travaux, de forte que ce lieu fut nommé CAROLSFAHRT, c'eſt-à-dire le paffage de Charles, d'où s'eſt formé par corruption Calvorde. Il y a eu même des gens qui ont cru que la groffe tour ronde qui eft au milieu de la cour du Château, laquelle a 58. aunes de circonference, 36. de hauteur, & 4. & demie d'épaiffeur, a été bâtie par Drufus, qui du temps de l'Empereur Augufte faifant la guerre aux ennemis du peuple Romain s'avança jufqu'à l'Elbe. Le Château eſt dans un marais fur la Riviere de Dromling, & de ce côté-là il eft enfermé auffi bien que le Bourg par une haye de buiffons. Cette Riviere eft fi pleine en hyver qu'elle fe deborde fur les prairies, mais en échange on y manque d'eau l'Eté. Auprès du Château il y a un chemin & entre deux eft le ruiffeau l'Ohre qui nourrit quantité de poiffon, entre autres des brochets.

a l. 12. p. 560.
CALUPENA, contrée d'Afie. Strabon[a] dit en parlant de Zela que ce n'étoit qu'un Temple auquel on donna de riches offrandes, que le Prêtre y étoit abfolu, ce lieu & les environs étant peuplez de Prêtres, & la contrée lui appartenant. Pompée en augmenta le domaine, & donna le nom de Ville à ce lieu-là en réuniffant dans une même & feule Ville, les habitans de Calupena & de Camifena qui étoient Frontieres de la petite Armenie & de la contrée Lanafene, dans lefquelles on trouve du fel foffile, & où étoit autrefois Camifa ancien Fort déja détruit du temps que ce Géographe écrivoit. Ce lieu n'a rien de commun avec la Colopene de Pline.

b Ed. 1682.
CALURMINA, le P. Kircher prétend au raport de Mr. Baudrand[b] que c'eſt l'ancien nom de la Ville des Indes, où St. Thomas Apôtre fut martyrifé, & que ce nom avec le temps a été corrompu en celui de *Calamina*. Ce Pere ne dit point d'où il a pris ce trait d'érudition. Mais je le crois mal fondé & j'ai fait voir par le témoignage de St. Hipolyte que le nom de Calamina étoit déja connu dès le commencement du III. Siécle.

CALUS, Riviere de la Colchide felon Arrien dans fon Periple du Pont-Euxin.

a l. 14.
CALUSIUM, petite Ville de la Tofcane felon Diodore[*]. Amiot aprouvé par Ortelius lit CLUSIUM au lieu de ce nom.

CALUTRE, Ville Maritime de l'Ifle de Ceylan, à une lieue de Verberin & à trois de Colombo.

§ Mr. Corneille a dreffé cet Article fur la foi du Voyage de Mandelfo; mais fi fur ces indices, il avoit cherché le bon endroit dans les bonnes Cartes de Ceylan il auroit vu que c'eſt la même Ville que CALITURE.

CALVUS MONS, Voyez CHAUMONT.

CALYBA ou CALYBE, Voyez CABYLE.

c Strab. l. 14. p. 670.
d l. 14. c. 8. Edit. Valef.
1. CALYCADNUS, Riviere d'Afie dans la Cilicie. Son embouchure dans le langage des anciens[c] eſt entre les deux Promontoires *Sarpedon* & *Zephyrium*, & traverfoit l'Ifaurie par le milieu felon Ammien Marcellin[d] qui dit que c'étoit une Riviere navigable. Etienne le Géographe dit qu'elle fe nommoit également *Calycadnus* & CALYDNUS: cependant il paroit non feulement par les Livres; mais auffi par les Medailles que le premier nom étoit le plus ufité. Il y en a de frapées fous Severe & fous Gordien avec cette legende ϹΕΛΕΥΚΕΩΝ ΤΩΝ ΠΡΟϹ ΚΑΛΙΚΑΔΝΩ c'eſt-à-dire *des Seleuciens qui font auprès du Calycadnus*.

e l. 38. c. 38.
2. CALYCADNUS, Promontoire. Tite-Live[e] en nomme un ainfi, & Appien dans fes Guerres de Syrie en fait auffi mention. Il eſt à croire que c'eſt un des deux Caps entre lefquels eſt l'embouchure de la Riviere Calycadnus. Ce ne peut être Sarpedon, car ils en parlent auffi aux paffages citez. Il y a plus d'apparence que ces deux Hiſtoriens ont entendu par ce nom le Cap de Zephyrium.

f L. 4. c. 12.
1. CALYDNA, Ifle de la Mer mediterranée, fur la côte d'Afie. Pline[f] dit qu'il y avoit une Ville nommée Coos. C'eſt de cette Ville qu'étoit natif Hippocrate le plus ancien Medecin dont les Oeuvres foient parvenues jufqu'à nous. Hefyche renverfe les chofes & donne à l'Ifle même le nom de fa principale Ville. Cos eſt, dit-il, une des Calydnes. Il y avoit effectivement plufieurs Ifles de ce nom.

g L. 5. c. 31.
h in Alexand. v. 25.
2. CALYDNÆ, Ifles d'Afie fur la côte de la Mer mediterranée, on lit dans Pline:[g] CALYDNE au fingulier & cet Auteur femble dire qu'il y avoit trois Villes *Notium*, *Nifyrum*, & *Mendeterum*: mais le R. P. Hardouin croit avec raifon & fur un bon fondement qu'il faut lire CALYDNÆ au pluriel. Cela eſt conforme à un vers de Lycophron[h] où il eſt dit au delà des Calydnes: furquoi Tzetzes fon Scholiafte dit: les Calydnes Ifles de la Troade ainfi nommées à caufe d'un certain Calydnus. Elles n'étoient pas éloignées de Tenedos felon Cellarius[i]. Pline les met près de Gnide en Doride. Homere nomme auffi les Calydnes au pluriel, dans le Catalogue des Vaiffeaux. Ceux, dit-il, qui habitoient Nifyre, Craparhe, & Cafe, & Cos Ville d'Eurypyle & les Ifles Calydnes. Je crois avec le R. P. Hardouin que les trois Villes nommées par Pline n'étoient pas dans la même Ifle; mais qu'elles étoient chacune dans une Ifle particuliere dont elles étoient les Capitales & auxquelles le nom de Calydne étoit commun; de la même maniere que les Ifles Canaries, & les Ifles Açores ne laiffent pas d'avoir chacune leur nom particulier quoiqu'elles en ayent un qui eſt général pour toutes.

i Geogr. ant. l. 3. c. 8.

1. CALYDNUS, Voyez CALYCADNUS.

2. CALYDNUS, Ortelius a remarqué que Lycophron nomme ainfi la Ville de Thebes en Béotie.

CALYDON, Ville ancienne de Grece dans l'Etolie. Les modernes ne conviennent pas de fa fituation. Cellarius dans fa Carte de la Grece la met au bord Occidental de l'Evenus. Mr. de l'Ifle la met à quelque diſtance & à l'Orient de cette Riviere, en quoi il s'accorde avec Mr. Spon qui juge que le nom de Calydon s'eſt en quelque maniere conferré en celui de *Galata*, ou *Calanta* nom d'un Village: du moins, pourfuit-il, la fituation & la reffemblance du lieu me fait juger que c'eſt le même lieu. Le Sr. Wheler qui a fait le même Voyage

CAL.

yage en compagnie de Mr. Spon nomme Galata une pointe de Montagne & une tour qui est dessus. Il y a aparemment Village, Tour, & Montagne qui sont également nommées Galata. Pour revenir à la Ville de Calydon, Thucydide [a] semble dire qu'elle étoit auparavant nommée ÆOLIS, parce qu'elle étoit peuplée d'Æoliens. Mais il y a lieu de croire que par le mot de Calydon il faut entendre le pays & non pas la Ville même. Lucain dit dans ce sens [b].

a L. 3.

b l. 6. v. 366.

Evenos Calydona secat.

C'est-à-dire, l'Evenus coupe le pays de Calydon ; car il ne passoit point à la Ville de ce nom. Scylax parlant des Villes de l'Etolie met Calydon à la tête. Virgile [*] la nomme ancienne.

* Æneïd. l. 7. v. 305.

Concessit in iras
Ipse Deûm antiquam genitor Calydona Diana.

C'est-à-dire, Jupiter même abandonna à la colere de Diane l'ancienne Ville de Calydon. Cela est fondé sur ce que selon la fable Oeneus Roi de Calydon ayant offert les premices de ses fruits à tous les Dieux, excepté à Diane, cette Déesse pour s'en vanger envoya un sanglier qui ravagea la Calydonie jusqu'à ce qu'il fut tué par Meleagre fils d'Oeneus [c]. Virgile la nomme belle en un autre endroit [d]. Calydon, comme on vient de voir, étoit également le nom de la Ville, & de la contrée d'alentour. Pline [e] la met à sept mille cinq cens pas de la Mer, auprès de l'Evenus. Pour la Fontaine de Calydon, voyez ce que j'ai remarqué à l'Article de Callirhoé.

c Voyez les Metamorph. d'Ovid. L. 8. v. 273.
d Æneïd. l. 11. v. 270.
e l. 4. c. 2.

CALYDONA, Ammien Marcellin [f] fait mention d'un lieu qui doit être quelque part en Allemagne. Il dit qu'un nommé Severien secourut auprès de Calydona ceux de Duyts (*Divitenses*), & ceux de Tongres (*Tungricani*) contre les attaques des Allemands, qui étoient alors auprès un peuple particulier de la Germanie.

f L. 27.

CALYDONIA, contrée de l'Etolie, aux environs de CALYDON. Voyez ce mot. Elle s'étendoit jusqu'à la Mer, & jusqu'à l'entrée du Golphe de Corinthe. Delà vient qu'Heliodore [g] fait mention des Ecueils de Calydon, & du Détroit Calydonien.

g l. 5.

CALYDONIEN, Mr. Corneille fait un nouvel Article de la Forêt Calydonienne, en Ecosse. Il devoit avertir que c'est la même dont il avoit parlé sous le nom de CALEDON. Voyez ce mot.

CALYMNA, Isle de la Mer mediterranée. Pline [h] la met près de *Carpathum* qui donnoit le nom à cette partie de la Mer que les Anciens ont nommée en Latin *Carpathium Mare*. Le R. P. Hardouin regarde les mots CALYMNA, & CALYDNA comme synonymes & comme étant communs à diverses Isles entre lesquelles celle-ci le portoit par distinction. Calymne étoit feconde en miel, comme le dit Ovide [†].

h L. 4. c. 12.

† Metam. l. 8. v. 222.

Dextra Lebynthos erant, fœcundaque melle Calymne.

C'est en parlant de l'avanture d'Icare. Il dit encore sur le même sujet au second livre de l'Art d'aimer [‡].

‡ l. 2. v. 81.

Dextra Lebynthos erant, sylvisque umbrosa Calymne.

CALYNDA, Ville de la Carie selon Etienne le Geographe. Voyez CALINDA

CALYPSO, (l'Isle de) rien n'est plus fameux que cette Isle dans le Poême de l'Odyssée d'Homere ; & de nos jours elle a reçu une seconde assurance d'immortalité dans le beau Poême de Telemaque par Mr. de la Mothe-Fenelon Archevêque de Cambrai. Homere & ce Prélat en font des descriptions si fleuries & si riantes que bien des Lecteurs ont souhaité d'être à la place d'Ulysse & de son fils. Cependant on n'en est pas mieux instruit sur le climat, où l'on doit la chercher. Voici comme en parle Madame Dacier [i] : Strabon nous aprend qu'Apollodore avoit repris Callimaque de ce que contre la foi dûe au témoignage d'Homere qui fait entendre que cette Isle de la Déesse Calypso étoit dans l'Ocean, & que par consequent les erreurs d'Ulysse avoient été jusques dans l'Ocean, veut que ce soit l'Isle appellée *Gaulus*, qui est au milieu de la Mer entre la Sicile & l'Afrique un peu au dessus de l'Isle de Malte. Mais Callimaque avoit raison & Apollodore avoit tort. Homere a voulu parler de cette Isle de Gaulus ; mais, ajoute cette savante Dame, pour rendre la chose plus admirable, il depayse cette Isle, s'il est permis de parler ainsi, & il la transporte au milieu de l'Ocean & en fait l'Isle Atlantique dont il avoit ouï parler. Eustathe expliquant les vers 244. du 7. livre de l'Odyssée dit : Ogygie est le nom de l'Isle de Calypso. Homere le dit lui-même à la fin du XII. livre. Mais il n'y a pas moins de dificulté à deviner où étoit cette prétendue Isle. L'avanture d'Ulysse, & la Cour de Calypso sont des fictions poétiques. Ce n'est qu'une fable & tout au plus une fable allegorique. Voici comme le R. P. Hardouin l'explique [k], c'est à l'occasion de ce que son Auteur avoit mis cette Isle auprès de la grande Grèce. L'Isle d'Ogygie ainsi nommée par Homere est la terre habitable dans tout cet Hemisphere que les anciens ont cru entouré de tous côtez par l'Ocean, c'est pourquoi elle est nommée Isle & l'Ombilic [l], c'est-à-dire le milieu de l'Ocean. Il y met Calypso fille d'Atlas, lequel connoît le fond de la Mer, & soutient sur d'immenses Colomnes le fardeau du Ciel & de la Terre. C'est la Nature elle-même telle qu'elle se montre dans cet Hemisphere, & Homere lui donne un nom de femme fort connu alors, parce que la Nature a bien des choses qu'elle cache. Le mot καλύπτειν signifie cacher. Le P. le Bossu dans son excellent Traité du Poême épique explique autrement cette allegorie. La Déesse Calypso est, selon l'étymologie de son nom, la Déesse du secret. Chez elle Ulysse est caché sept ans pour marquer qu'un grand Politique ne devient parfaitement tel que par une longue étude du secret & de la dissimulation. Il est inutile de chercher présentement où étoit l'Isle qu'habitoit cette Déesse imaginaire.

i Odyss. l. 1. remarq. 31.

k in Plin. l. 3. Sect. 15.

l Odyss. l. 1. v. 50.

CAL-

CAL. CAM.   CAM.

CALZADA, en Latin *Calcida*, *Calciata* ou *Dominicopolis* [a], Ville d'Espagne dans la Vieille Castille, & dans la contrée de Rioja. On l'appelle ordinairement SAN DOMINGO DE LA CALZADA. Les François la nomment la Chaussée. Elle est sur la Riviere de Laglera, dans une Plaine & entre des Montagnes, mais fort petite, quoi qu'elle ait un Evêché suffragant de l'Archevêché de Burgos, mais qui est uni à perpetuité à celui de Calahorra. Ce fut là que mourut Henri II. Roi de Castille en 1379. le 29. de Mai. Elle n'est qu'à trois lieues de Najera, & à douze de Calahorra au Couchant.

[a] Baudrand Ed. 1705.

CALZEM, Voyez COLZUM.

CAMA, ou CAMEIA Ville d'Asie qu'Ortelius juge avoir été dans l'Armenie. Curopalate la nomme Cama, & Cedrene dit Cameia. C'étoit la Metropole des Manichéens.

CAMACHUS; cette Eglise est comptée pour la XLVI. entre les Metropoles soumises au Patriarche de Constantinople & dont les rangs sont reglez dans une ancienne Notice publiée par Schelstrate [b]. Elle n'a plus que le LIX. rang dans une autre Notice posterieure sous Andronic Paleologue surnommé l'ainé; & inserée dans l'Ouvrage de Schelstrate [c]. Ortelius juge qu'elle étoit vers la Cilicie, & cite le 20. Livre de l'Histoire mêlée. Il ajoûte que Leunclavius la nomme KEMACH, qui selon lui est le nom moderne de ce lieu.

[b] Antiq. Eccles. T. 2. p. 668.
[c] p. 778.

CAMÆ & CAMACÆ, peuples d'entre les Scythes Voyez SCYTHES

CAMAGUEIA, [d] Province de l'Isle de Cuba dans l'Amerique Septentrionale, & l'une de celles qui en faisoient autrefois la division. Elle étoit fort ample & très-peuplée avant la venue des Espagnols. On dit qu'on y trouve quantité de Meules de Moulin.

[d] Corn. Dict. de Laet Desc. des Ind. Occid. l. 1.

CAMALA, ou, selon d'autres exemplaires, GAMALA Ville d'Espagne. Antonin la met à XXIV. mille pas de Lacobriga, en allant dans la Galice.

1. CAMALDOLI ou CAMALDULE [e], en Latin CASA MALDULI, lieu sur les confins de la Toscane & de la Romagne dans les vallées de l'Apennin au Diocèse d'Arezzo; il y a dans cet endroit un celebre Monastere qui est chef de cet Ordre [f]. Il est situé entre deux cimes de Montagnes, sur l'une desquelles on a bâti soixante cellules aux environs pour un pareil nombre de Solitaires que ce Couvent entretient. St. Romuald natif de Ravenne & d'une Illustre famille, ayant eû, à ce qu'on prétend, une vision de plusieurs personnes vêtues de blanc qui montoient jusqu'au ciel par une échelle, fonda cet Ordre de Religieux vers l'an 1009. & leur donna la regle de St. Benoît avec quelques Constitutions particulieres. [g] Ce Saint fondateur mourut en 1027. après avoir vécu 120. ans dont il en avoit passé 20. dans le monde, 3. dans un Monastere & 97. dans un desert. Ce lieu lui fut donné par le nommé Maldule, & il y bâtit le Monastere qui a donné le nom à l'Ordre des Camaldules [h]. Ces Religieux vivent en commun & ont la barbe longue & de grandes manches. On voit dans leur Eglise de belles peintures de George Vasari. Les Cloîtres sont simples. Il y a une nombreuse Bibliotheque, une belle Apothicairerie, & un lieu fort propre qu'ils nomment *Foresteria*, pour y recevoir les Etrangers. A un mille delà sur le haut de la Montagne est l'Hermitage où l'on va par un chemin aisé au milieu d'un bois de Sapins d'une hauteur prodigieuse. Cet Hermitage fermé de murailles est rempli d'un grand nombre de Cellules détachées l'une de l'autre, où une quarantaine de Religieux sans les Freres vivent chacun en particulier dans un recueillement Angelique. Ils ne parlent à personne sans une grande nécessité, & quand ils sont malades on les envoye à l'infirmerie du Monastere d'en bas. Lorsqu'il arrive une fête solemnelle, ils s'assemblent dans l'Eglise qui est au milieu de leur Hermitage. Les femmes ne peuvent approcher de ce lieu plus près que de trois cens pas. On les reçoit néanmoins à l'Hospice du Monastere de *Fontebella*, & même en certains tems de l'année il part de Florence de grandes processions d'hommes & de femmes, précedées de Prêtres, & ils vont à grandes troupes visiter les trois Sanctuaires de la Toscane; savoir *Valombreuse*, *Camaldoli* & le Mont *Alverne*, & on les defraye par tout. On les conduit dans des appartemens qui sentent fort l'hospitalité, & les hommes y sont separez des femmes. Cet Ordre a en France quelques établissemens: le plus célebre est auprès de Grosbois dans le Parisis. Un de leurs Statuts porte que leurs Maisons seront éloignées au moins de cinq lieuës des grandes Villes.

[e] Topographie des Saints au mot CAMALDULE.
[f] Corn. Dict.
[g] Vallemont Elemens de l'Hist. Liv. VII. pag. 305.
[h] Corn. Dict.

2. CAMALDOLI [i], autre Monastere de l'Ordre des Camaldules, à deux milles ou environ de Frascati dans la Campagne de Rome. Les Religieux qui habitent ce Monastere peuvent à juste titre être appellés Hermites, non seulement par la vie retirée qu'ils y menent, mais encore par la situation du lieu qui est un vrai desert. Le Couvent est au milieu du jardin, partagé par des ruës qui ont de chaque côté cinq petites Cellules. De quelque part qu'on jette la vuë on voit des objets qui impriment l'idée de solitude. D'un côté on découvre un bois planté sur une Montagne & qui continuant sur le penchant vient joindre le jardin: on y peut prendre dans de belles allées une promenade fort agréable. De l'autre côté il y a une vallée toute couverte d'arbres, d'une belle hauteur, & sans ordre; ce qui fait paroître le lieu plus rustique, outre qu'il n'est point entouré d'arbres. Les Cellules des Religieux sont des appartemens, qui consistent en une chambre, antichambre, étude, jardin & le tout fort étroit & resserré; on leur apporte à manger dans leurs Cellules. Ils ne se trouvent au Refectoire que quelquefois l'année & ne se voyent que rarement. L'Eglise a été fondée par la devotion d'un particulier qui se trouvant en danger de mort fit vœu de la bâtir. Elle est dediée à St. Romuald. Sous le Maître-Autel repose le corps de St. Theodore Martyr; & autrefois dans une Chapelle qui est à droite, ornée de peintures, & remarquable par son Architecture, étoient les corps de quatre Saints, mais le feu les a consumez.

[i] Journal d'un Voyage en France & en Italie pag. 658.

CAMALET, Davity nomme ainsi une Montagne d'Angleterre au Comté de Som-

M * 3

merset, fur laquelle on montre, dit-il, les restes du Château de Caermalet qu'on dit avoir été le Palais du Roi Artus si renommé dans les Romans des Chevaliers de la table ronde. Il a pris cela sans doute de la même source que Cambden qui en parle plus judicieusement. Ce dernier dit: l'Ivell Riviere entrant dans la Province de Sommerset arrose le Bourg d'Evell auquel elle donne son nom, puis reçoit un ruisseau auprès duquel est Camalet Montagne roide & dificile à monter. Au sommet sont les ruines d'un Château, & un triple rempart de terre qui renferme trente arpens dans son enceinte. Les gens du Pays disent que c'est le Palais du Roi Arthur. Mais, poursuit ce savant Periégete de l'Angleterre, les Medailles que l'on y deterre de temps en temps font voir que ce Château étoit un ouvrage des Romains. J'ignore sous quel nom ils l'ont connu si ce n'est que dans le Catalogue de Ninnius, il est nommé CAER CALEMION pour CAMELION, par une transposition de lettres. Le petit Village de Cadburye qui en est tout proche pourroit bien être le lieu nommé *Cathbregion*, où, selon le raport du même Ninnius, le Roi Arthur remporta une Victoire signalée sur les Saxons.

CAMALINIQUE, lieu d'Asie au pays des Tzaniens, au voisinage de l'Armenie, selon Procope[a]. Mr. Cousin dans sa Traduction Françoise de cet Auteur écrit SCAMALINIQUE.

[a] Ædific. l.3.c.6.

CAMALODUNUM, CAMULODUNUM ou CAMALDUNUM, Ville ancienne de l'Isle de la Grande Bretagne au pays des Trinobantes. Voyez CAMULODUNUM.

CAMANE, Ville de l'Inde en deça du Gange, selon Ptolomée[b]. Niger, croit que c'est CAMBAYE, la ressemblance du nom semble y consentir. Castald dit que c'est CHAUL.

[b] l.7.c.1.

CAMANI, quelques exemplaires Latins de Ptolomée portent ainsi écrit ce nom que d'autres portent CAMAVI. Ce dernier est moins vicieux que le premier. Il faut CHAMAVI. Voyez ce mot.

CAMANTIUM[c], Ville de l'Asie Mineure, c'est, selon Athenée, une des sept Villes dont Cyrus gratifia son favori Pitharque.

[c] Ortel. Thesaur.

1. CAMARA, Ville de l'Isle de Crete, selon Ptolomée[d], Etienne le Geographe dit qu'elle fut aussi nommée Lato. Pinet pretend que son nom moderne est Camera. Elle étoit sur la côte Septentrionale de l'Isle, vers l'Orient.

[d] l.3.c.17.

2. CAMARA, Ville marchande des Indes en deça du Gange, selon Arrien[e].

[e] Peripl.

CAMARACUM, ou CAMERACUM. Voyez CAMBRAY.

1. CAMARANA[f], Isle d'Arabie dans la Mer rouge par les 15. d. de latitude & à l'Ouest de Zibith Ville Capitale de l'Yemen, devant laquelle elle forme un petit Golphe, où l'on ne peut entrer que par les deux bouts de cette Isle. Ceux du pays l'apellent Cadmoth selon Urrera[g], Davity & Mr. Corneille. Sa longueur est de douze lieues & sa largeur de huit. Elle a deux ports, l'un apellé BEC D'AVIE dont l'entrée est dangereuse & l'autre *Kavalcal*, à la bouche duquel on voit à main gauche un Fort de terre grasse, où

[f] De l'Isle Atlas.

[g] Hist. d'Ethiop.

l'on fait garde jour & nuit pour éviter la surprise. La Ville qui est voisine du port n'a pas plus de trois cens feux; on dit qu'elle a été assez belle, mais que les Portugais la détruisirent sous Alphonse d'Albuquerque, ainsi l'on n'y voit plus que quelques ruines de ses Châteaux & quelques autres bâtimens. Les habitans sont petits & noirs comme les Ethiopiens, & s'occupent particulierement à la Pêche. Les hommes sont nuds, ne portent rien sur la tête & n'ont qu'un linge qui les ceint au milieu du Corps. Leur pain est fait d'un certain grain brisé sur le marbre & broyé de la même maniere que l'on broye les couleurs. Il faut même qu'ils le fassent de jour en jour parce qu'il devient trop sec. Leurs maisons sont faites de branches & de feuilles de Palmes. Ils ne s'éloignent point de leur Golphe & se servent pour y naviger de barques cousues avec de petites cordes qu'ils font de Datiers, & ils portent aux rivages de la terre ferme quantité de Dates, de Jujubes, de Gingembre, & de Millet que produit leur Isle. C'est la plus fertile & la plus agréable de tout le Golphe. Elle est pleine de sources d'eaux vives & de rafraichissemens. Ses bois sont épais, & l'on pêche en ce lieu-là quantité de Corail blanc, beaucoup de Poisson, & quelques Huitres qui portent des Perles. Il s'y fait aussi quantité de Sel, & on y nourrit beaucoup de bétail, tant gros que menu. Les habitans suivent la Religion de Mahomet & sont soumis aux Turcs.

2. CAMARANA; ancienne Ville de Sicile connue des anciens sous le nom de Camerina. On dit à son ocasion un proverbe *Camarinam ne moveris*, c'est-à-dire, ne changez point la *Camarine*. Il est fondé sur ce que malgré l'avis donné par un Oracle les habitans de cette Ville s'aviserent de dessécher un marais qui les incommodoit; mais ils ne considererent pas assez que ce marais si incommode pour eux faisoit pourtant leur sureté. En effet ils ouvrirent par-là le chemin aux Syracusains qui les forcerent à se soumettre à eux. Le nom de Camarana n'est plus celui de la Ville qui est détruite, il y a long temps; mais d'une tour, qui a été bâtie pour servir de Corps de garde sur cette Côte; on la nomme TORRE DE CAMARANA: plus avant dans les terres est au haut d'une éminence un village nommé SANTA MARIA DE CAMARANA. Voyez l'article suivant.

3. CAMARANA, Riviere de Sicile; elle a été connue des Anciens sous les noms d'HIPPARIS, IPORUS & HICTARIS. Elle coule dans la Vallée de Noto, où elle a sa source au Comté de Modica au Nord de Comiso. Delà serpentant vers l'Occident, puis vers le Sud-Ouest, elle se jette dans la Mer sur la côte Meridionale de Sicile. Avec le temps elle a pris le nom de la Ville, & l'a donné ensuite au Village & à la tour dont j'ai parlé dans l'article precedent. Voyez CAMARINA.

CAMARASA, petite Ville d'Espagne en Catalogne, avec un pont sur la Segre, où elle reçoit la Noguere Paillarese, avec un Château sur un haut, une lieue au-dessus de Balaguer.

1. CAMARATA, ancienne Ville de la Mauritanie Cesariense. Antonin[i] qui en fait men-

[i] Itiner.

CAM.

mention la met entre le Port de Siga, & la Riviere qu'il nomme Sallée ; à douze milles de l'un, & à douze de l'autre.

2. CAMARATA[a], petite Ville de Sicile, dans la Vallée de Mazare, au pied de la Montagne de même nom. Elle a titre de Comté & est au Midi de la Jonction du ruisseau San Pietro & la Riviere de Platani.

[a] Baudrand & de l'Isle Carte de Sicile.

1. CAMARET, Bourg de France en basse Bretagne sur la pointe Occidentale de la Baye de Brest, & au fond d'une petite Baye particuliere que l'on apelle la Baye de Camaret. Quelques Auteurs, comme Tassin dans la Description des Côtes de France, disent CAMERET.[b] Ce lieu est remarquable dans l'Histoire de Louis le Grand par la descente qu'y firent les Anglois le 16. Juin 1694. sous les ordres du Marquis de Carmarthen, connu depuis sous le nom de Duc de Leeds. Il y mit pied à terre, malgré le feu des François, mais il y fut repoussé & obligé de se rembarquer après avoir été dangereusement blessé & avoir perdu onze à douze cens hommes.

[b] Hist. de Louis XIV.

2. §. CAMARET, Mr. Corneille met une Ville de ce nom dans la Principauté d'Orange. Il a été trompé par l'Atlas qu'il cite. Camaret est une Bourgade, entre cette Principauté & la Riviere d'Eigues.

CAMARGUE, (la) Isle de France en Provence à l'embouchure du Rhône.[c] Elle fait la principale partie du Territoire d'Arles. Elle est formée par les bras du Rhône. La Terre de cette Isle est ce qu'il y a de meilleur & de plus fertile en Provence. Elle est coupée par plusieurs Canaux du Rhône, dont quelques-uns ont été faits de main d'hommes ; la grande rapidité du fleuve entraine à la Mer tant de sable, que cela en rend les embouchures presqu'inaccessibles, & d'un abord si dangereux, que souvent on ne peut le tenter sans se perdre, à cause des bas-fonds qui font perir les Bâtimens qui en approchent. Cet endroit s'appelle le TAMPAN. Le Bras Oriental du fleuve est le plus large, & cette embouchure s'appelle le GRAS DE PASSON ; les autres embouchures portent le même nom de GRAS ou GRAUS, & il y en a dont on n'oseroit approcher. Le nom Latin de Camargue est Camaria, depuis près de neuf cens ans. Dans la suite on a corrompu ce nom en Camargua ou Camargo. Plusieurs ont long-temps soutenu que ce nom Camargue venoit du celebre Romain Cajus Marius, qui s'y étoit fortifié contre les Cimbres & les Teutons, & l'avoit appellé de son nom INSULA CAII MARII, qu'on avoit corrompu en Camargue. Cette conjecture, qui n'est appuyée du témoignage d'aucun Ancien, a été rejettée comme absurde par l'Historien de Provence, Honoré Bouche. Aussi n'y a-t-il point d'Ecrivain qui ait donné ce nom Camaria à cette Isle avant la fin du neuviéme siécle, & il n'y en a point qui l'ait appelée Insula Caii Marii. Bien loin qu'on puisse avancer qu'il y ait eu en Provence une tradition de cette étymologie il y a cinq cens ans : on croyoit alors que le nom Camarga, étoit corrompu de Cara Marca, nom donné à cette Isle à cause de la fertilité de son terroir, comme l'assure Gervais de Tilsebery, dans son Ouvrage intitulé, de Otiis Imperia-

[c] Longuerue Desc. de la France part. 1. p. 356.

libus ; on voit au contraire par le témoignage de tous les anciens Auteurs, que Marius avoit donné son nom à un Canal qu'il avoit fait tirer du Rhône par son Armée, pour communiquer plus aisément avec la Mer. Ce n'est donc pas l'Isle du Rhône, mais le Canal nommé Fossa Mariana, qui auroit dû porter le nom de Camargue, ce qu'il n'a jamais fait, d'où l'on doit conclure que le nom Camargue, en Latin Camaria, n'a aucun rapport avec Caius Marius. Cette Isle commence un peu au-dessus d'Arles, où l'on passe le bras du Rhône qui la forme sur un pont entre Fourques & Trinquetaille. Ce dernier lieu est dans l'Isle; en suivant la branche Occidentale du Rhône on trouve Tarasé Baronie, & au bord de la Mer les Stes. Maries, ou N. D. de la Mer. L'Isle est traversée par l'Etang de Vacarés qui s'étend jusques vers le milieu : elle est aussi enmecoupée de plusieurs Canaux que l'on nomtre Robines ; les principales sont la Robine de l'Aube, la Robine de Moulon, la Robine du Corran. Il y a aussi diverses TOURS, savoir la Tour de Mejane, au Nord de l'Etang de Vacares. Les Tours de Mondoni & de Margier, au Nord-est de celle-là ; la Tour de Vassale entre la Robine de l'Aube & celle de Moulon ; la Tour du Grau, à l'Orient de la Robine de l'Aube & la Tour du Timpan, sur le bord du Rhône. La Tour de St. Genest est au-dessous, plus près de l'Isle Ste. Anne. La Camargue est moins une Isle qu'un assemblage d'Isles separées l'une de l'autre par des Canaux & on y en pourroit compter un assez grand nombre. Le Canal nommé LE RAGEROL separe l'Isle où est la Tour de St. Genest, de celle où est la Tour du Timpan, & celle-ci est separée de celle où est la Tour du Grau par un autre Canal. A l'égard de Trinquetaille dont il est parlé dans cet Article, voyez l'Article d'ARLES.

CAMARICA, Ville d'Espagne dans la Cantabrie selon Ptolomée.[d] C'est peut-être la Camala d'Antonin, comme le dit Surita dans ses remarques sur l'Itineraire. Les Interpretes de Ptolomée écrivent en marge VICTORIA, comme nom moderne de ce lieu.

[d] l. 2. c. 6.

CAMARINA, Ville de Sicile. Strabon[e], dit que c'étoit une Colonie des Syracusains. Pline[f] ne la qualifie qu'Oppidum petite Ville. Cette Ville est moins fameuse que le marais dont j'ai parlé à l'article CAMARANA. J'ajoute ici le proverbe tel qu'Etienne le Geographe le donne dans un vers Grec.

[e] l. 6. p. 272.
[f] l. 3. c. 8.

Μὴ κίνει Καμαριναν ἀκίνητος γὰρ ἀμείνων,

C'est-à-dire : ne remuez point la Camarine, car elle est mieux que si elle étoit remuée. Virgile avoit égard à ce conseil de l'Oracle lors qu'il dit dans l'Eneïde[g]

[g] l. 3. v. 700.

Et fatis nunquam concessa moveri
Apparet Camerina procul.

Il nomme ce lieu Camerina, au lieu de Camarina. Silius Italicus Copiste exact de Virgile dit :

96 CAM.

l. 14. v. 199.
Et cui non licitum satis Camarina moveri.

Servius expliquant le vers cité de Virgile dit : Camerina est un marais proche la Ville de même nom. Il y a eu un temps qu'étant desséché il causa la peste, sur quoi Apollon étant consulté rendit l'Oracle qui n'est autre que le vers Grec que j'ai raporté ci-dessus. Car le Dieu des vers se feroit deshonoré de parler en prose, quoi qu'il y en ait entre ses oracles qui semblent avoir été faits en depit de lui & de son art par des personnes qui n'avoient rien moins que le Genie poétique. On lui demandoit, si on acheveroit de dessecher le marais. Il le défendit, on ne laissa pas de passer outre : la peste cessa, mais les ennemis arriverent par là & on regarda ces évenemens très-naturels comme une punition. Un marais à demi desséché cause la peste, qu'y a-t-il de merveilleux ? On le desséche entierement, la cause des maladies est ôtée ; mais le passage est tout fait pour l'ennemi ; il n'y a rien là que de très-ordinaire ; mais lorsque la superstition s'en mêle, tout devient un enchainement de merveilles. L'Oracle se trouve aussi au IV. livre de l'Anthologie. Ce marais étoit traversé par la Riviere Hipparis qui, comme je l'ai déja dit, est presentement nommée la CAMARANA.

b Sanson Atlas.
CAMARINAS[b], Ville d'Espagne dans la Galice assez proche de la Mer, selon Davity. Ce n'est qu'une Bourgade, au Nord-est de Finisterre, & à l'Orient du Cap de Bellem dans la Baye de Mongia, sur la bande du Nord.

CAMARINES, contrée d'Asie dans l'Isle de Luçon l'une des Philippines. Elle est en forme de Presqu'Isle dont l'Isthme se doit prendre depuis le Cap Bondo qui est sur la côte Meridionale, & celui de Maubun ou Mauban ; & renferme tout ce qui est à l'Orient d'une ligne imaginée entre ces deux Caps.

c Gemelli Careri Voyages. T. 5. p. 76.
[c] Elle comprend BONDO, PASSACAO, IBALON, Capitale de la jurisdiction de l'Isle de Catanduanes ; BULAN où se perdit le vaisseau l'*Incarnation* revenant de la nouvelle Espagne en 1649 ; SORSOCON ou BAGATAO, port où l'on bâtit les gros vaisseaux du Roi, & ALBAY qui est une grande Baye hors du Détroit, proche de laquelle il y a un Volcan fort haut que les navires qui viennent de la nouvelle Espagne apperçoivent de fort loin. Il y a dans cette Montagne quelques sources d'eau chaude, & entre autres une d'une telle qualité que quand il y tombe quelque chose soit bois, os, feuille, ou étofe, cela se change en pierre. On a presenté à D. François Tello Gouverneur, une écrevisse moitié petrifiée, parce qu'on prit grand soin que le tout ne le fût pas. Au Village de TIVI, à deux lieues du pied de la Montagne, on trouve une grande source d'eau tiede qui a aussi la proprieté de petrifier jusqu'aux animaux, comme des Ecrevisses, des Serpens & des Crocodiles. Le P. Jean de Ste. Croix étant Curé de cet endroit en trouva un petrifié qui étoit long comme le bras. Les bois de *Molaye*, de *Binanuyo* & de *Naga* se petrifient sur toutes autres choses. On voit de pareilles choses dans les autres Isles. Au delà d'Albay vers l'Orient est le Cap de Buysaygay. Et ici la côte remonte vers le Nord. En laissant à droite les Isles de Catanduanes qui en sont éloignées de deux lieues, ensuite en côtoyant l'Isle on trouve la Riviere de BICOR, qui vient d'un Lac & baigne la Ville de Caceres fondée par D. François de Sande second Gouverneur & Proprietaire de ces Isles. C'est la résidence d'un Evêque qui a sous sa jurisdiction les Provinces de *Calilaya*, de Camarines & d'Ibalon. Cet Auteur ne fait point mention de *Naga* : il faut aussi remarquer que ce qu'il nomme *Sorsocon* ou *Bagatao* est nommé PORT D'ALBAGATAO, dans la Carte des Indes par Mr. De l'Isle. Le Volcan dont parle ce Voyageur est nommé la Montagne de MAYONGUE par Mr. Baudrand[d].

d Ed. 1682.

CAMARINUM, Ville d'Italie dans l'Ombrie selon Strabon[e] & Ptolomée[f]. Antonin qui la nomme CAMERINUM, la met sur la voye Flaminienne, au raport d'Ortelius : car j'avoue que j'ai consulté en vain plus d'une Edition pour l'y trouver. Elle n'a rien de commun avec le *Camerium* de Pline nommée par Tite-Live *Cameria* qui étoit dans le Latium. Voyez CAMERIA.

e l. 5. p. 227.
f l. 3. c. 1.

CAMARITÆ, peuple situé au bord de la Mer Caspienne, dans l'Isthme qui separe cette Mer de la Mer Noire. C'est ainsi qu'en parle Denys le Periégete[g]. A l'Orient & au Nord (des Montagnes d'où sort le Phase) est l'Isthme qui separe le Pont-Euxin & la Mer Caspienne. Cet Isthme est habité par les Iberes peuple Oriental qui est venu il y a long temps des Pirenées au Levant ; où ils eurent des guerres implacables à soutenir contre les habitans de l'Hircanie. Il y a aussi la nombreuse Nation des Camarites, qui reçurent & logerent autrefois Bacchus revenant de la guerre des Indes, & se mêlant avec les Bacchantes firent des danses sacrées en son honneur ; jettant des ceintures & des peaux de faons sur leurs poitrines & criant Evoé. Ce Dieu leur en sut si bon gré qu'il accorda sa protection tant à eux qu'à leur Pays. Festus Avienus qui a traduit en vers Latins la Periégese de Denis est blâmé par Ortelius d'avoir changé le nom de Camaritæ, en celui de TAMARITÆ ; cela est sans doute arrivé dans quelque ancienne Edition, mais celle de Mr. Hudson n'a point cette faute.

g v. 700.

Primi tenet æquora campi
Gens Camaritarum, qui post certamina Bacchum
Indica, Bassaridum cum duceret agmina Victor,
Accepere Casis, mensasque dedere Lyæo,
Orgia ludentes & Nebride pectora cincti
Deduxere Choros Nissæi ludicra ritus.

v. 885. & seq.

Ammien Marcellin après avoir dit du fleuve *Callichoros*, ce que j'en ai rapporté dans son article particulier, ajoute[i] : après ces limites sont les fameux Villages des Camarites, & le Phase roule ses flots en fureur chez les quelques ancienne race d'Egyptiens. Cela determine la situation des Camarites entre le Callichorus & le Phase Riviere de la Colchide.

i l. 22.

CAMAROCENSIUM CIVITAS : une ancienne Notice des Villes & Provinces des Gaules, inserée dans le Recueil de Schelstrate nom-

Ant. Ec-clef. T. 2. p. 644.

CAM. CAM. 97

nomme ainsi une des Villes de la seconde Belgique. Je joindrai ici les douze Villes qu'elle donne à cette Province.

Metropolis civitas Remorum,	Rheims,
Civitas Suessionum,	Soissons
Civitas Cadellaunorum,	Chalons,
Civitas Veromandorum,	Vermand, d'où le Vermandois prend son nom;
Civitas Atrabatum,	Arras,
Civitas Camarocensium,	Cambray,
Civitas Turiacensium,	Tournay,
Civitas Silvanetum,	Senlis,
Civitas Bellovacorum,	Beauvais,
Civitas Ambianensium,	Amiens,
Civitas Morinorum,	Terouenne,
Civitas Bononiensium.	Boulogne.

a De l'Isle Atlas. CAMARON[a], (le Cap de) Cap de l'Amerique dans le Golphe de Honduras. Il est par les 294. d. 20'. de longitude & par les 16. d. de latitude Nord. Au Nord-est & au Nord-ouest de sa pointe sont deux petites Isles. La côte Occidentale de ce Cap est presque Nord & Sud, l'Orientale est Sud-est Nord-ouest.

b De l'Isle Atlas. CAMARONES[b], (los) Riviere d'Afrique, dans le Golphe de Guinée. On la nomme indiferemment JAMOER, ou la grande Riviere de los Camerones. Elle a sa source, au Nord du Royaume de Biafara dont elle arrose la Capitale, d'où passant dans le Royaume de Benin & serpentant vers le Couchant Meridional, elle arrose la haute terre d'Amboise, coule auprès de Moniba qui est sur sa rive gauche & se jette dans la Mer vis-à-vis de l'Isle de Fernand Po, où les Portugais ont un Fort.

§. CAMATA ou CARMON: Mr. Baudrand aiant dit dans son Edition Latine que *Charax* ancienne Ville de la Susiane dans l'Empire des Perses est nommée presentement par quelques-uns CAMATA, & par Pinet. CARMON, Mr. Maty son Traducteur, Mr. Corneille qui a copié celui-ci, & l'Editeur du Dictionnaire François de Mr. Baudrand ont pris *Camata* & *Carmon*, comme deux noms synonymes, qui signifient un même lieu, au lieu que le doute des Ecrivains qui ne savent quel lieu moderne répond à l'ancienne Charax & qui disent, l'un que c'est *Camata*, l'autre que c'est *Carmon*, fait voir que ce sont des lieux diferens. Pinet est pour le dernier dans sa Traduction de Pline, où il s'est donné la ridicule licence de substituer des noms modernes souvent faux & contestez aux noms que fournit Pline; pour *Camata*, ce nom qui se trouve dans les Cartes de la Perse aux Atlas de Mercator & d'Ortelius, ne se retrouve plus sur les Cartes plus recentes de la Perse dressées par Mrs. Sanson, de l'Isle & Reland. Ce nom est inconnu aux Geographes Arabes tels qu'El-Edrissi, Ulug-beig, Nassir Eddin, Abulfeda & autres.

c l.3.c.4. CAMATULLICI ou REGIO CAMATULLICORUM[c], contrée de la Gaule Narbonnoise, selon Pline. Le R. P. Hardouin croit qu'elle repond à l'Evêché de Toulon en Provence jusqu'au Golphe de Grimaut, où est le Village de RAMATUELLE, qui semble conserver encore l'ancien nom du Peuple qui occupoit ce pays du temps de Pline.

CAMAVES, &
CAMAVI. Voyez CHAMAVI.
CAMB, Riviere d'Autriche. Voyez KAMP; Mr. Corneille en fait mal-à-propos deux Rivieres diferentes; au lieu que c'est le même nom.

CAMBA, petite Ville de la Tartarie Crimée, sur la côte Meridionale. Mr. Baudrand[d] pretend que c'est l'ancienne LAGYRA de Ptolomée. *d Ed. 1682.*

CAMBABAR. Voyez BASMA.
CAMBAIA. Voyez CAMBAYE.
CAMBALA, lieu de la Grande Armenie, dans l'Hyspiratide, selon Strabon qui dit qu'il y a des Mines d'or, qu'Alexandre y envoya Memnon avec des Soldats, & que les habitans lui apporterent eux-mêmes de l'or.

CAMBALIDUS MONS, Montagne d'Asie dans la Persside ou Perse propre. C'est, dit Pline[e], une branche du Caucase. La contrée nommée Mesabatene est au pied de cette Montagne, & c'est le passage le plus aisé, pour arriver dans la Bactriane. *e l.6.c. 27*

CAMBALU, Ville d'Asie Capitale du Catay dans la grande Tartarie. On fait maintenant à n'en point douter que c'est la même Ville que Pekin; & que Catay est la partie Septentrionale de la Chine. Il paroit même que les Moscovites nomment encore cette Ville CAMBALU, & le Pays CATAY; par la Relation du Voyage d'un Ambassadeur Russien qui fit ce voyage en 1653. & dont la Traduction se trouve entre les Voyages du Nord recueillis en six volumes chez J. Frid. Bernard. Le nom moderne de Pekin, sous lequel cette Ville est beaucoup plus connue en Europe, ne signifie que la Cour Septentrionale, & n'a sans doute été donné qu'à l'occasion des guerres qui obligerent les Empereurs de la Chine à y transferer leur Cour qui étoit auparavant à Nanquin, ou la Cour Meridionale. Cambalu paroit donc être le nom propre. Texeira & quelques autres expliquent CAMBALET ou CAMBALU, par ces mots Cité du Seigneur. Voyez PEKIN.

CAMBAMBA[f], Capitainie d'Afrique au Royaume d'Angola. Elle prend son nom d'une Place située sur une Montagne au Midi de laquelle passe la Riviere de Coanza, avant que d'arriver à Masingano, qui est à une journée au-dessous de Cabamba. Elle est aux Portugais qui y entretiennent dans la Forteresse quelques-uns d'entre eux avec des Negres qui font le Commerce des Esclaves. *f De l'Isle Atlas. De la Croix Relat. de l'Afrique T. 3.*

CAMBANA, Isle des Indes entre les Moluques & celles de la Sonde au Levant de celle de Java. Elle est assez grande, dit Mr. Baudrand[g]. C'est aparemment la même que Mr. de l'Isle nomme l'Isle de CAMBOUA, au Midi des Isles de Pater Noster, à l'Occident de celle d'Ende ou de Flores & à l'Orient de celle de Bomra. Il en fait un Royaume & lui donne pour Ville ou Bourg *Biema*. Cela ressemble assez à l'Isle de CAMBABAR de Vincent le Blanc, éloignée seulement *g Ed. 1705.*

Tom. II. N*

ment de deux journées de l'Isle de Java du côté du Royaume de Falec & dont *Basma* est la Ville Capitale.

a l. 6. c. 17.

CAMBARI, Pline *a* nomme ainsi le second fleuve des Seres, qui occupoient la partie Septentrionale de la Chine. Surquoi le R. P. Hardouin observe que si la ressemblance des noms pouvoit suffire pour établir une conjecture, on pourroit dire que ce fleuve est le même qui arrose la plus grande Ville du Cataÿ qui est le pays des Seres, laquelle on nomme CAMBALU. Voyez ce mot & l'article de Pekin.

CAMBARRA, Mr. Corneille met une Ville de ce nom en Italie dans le Bressan proche du Rivage droit de l'Oglio. Les Cartes les plus detaillées, comme celles de Magin, qui contiennent jusqu'aux moindres hameaux ne fournissent rien de pareil. Ce qui acheve de me rendre cet article suspect c'est que depuis que l'Oglio encore ruisseau entre dans le Lac d'Iseo jusqu'à ce que grossi de quantité d'autres Rivieres & Ruisseaux il arrive à Bozolo, où finit le Bressan, tout ce qui est à la droite de cette Riviere n'est point du Bressan, mais du Bergamasque, ou du Cremasque, ou du Cremoneze.

CAMBATE, lieu de la Gaule Belgique. Antonin en fait mention en son Itineraire en deux endroits, & le nomme tantôt Cambate & tantôt Cambete. En un il trace la route d'*Antematunum* à Cambate, dans un autre il met Cambete entre *Augusta Rauracorum* & *Stabula*, à XII. mille pas de la premiere & à six de la seconde. La Table de Peutinger met *Cambete* entre Large & Arialbinum reglant ainsi la route.

Vesontione,	Besançon,
Loposagio,	Soye Village sur le Doux.
Epamanduodurо,	Mandeure Village sur la même Riviere
Cambete,	Caemps ou Kemps.
Arialbinum.	Voyez ce mot.

La situation, & la ressemblance du nom jointes au consentement des plus habiles Geographes déterminent à croire que c'est CAEMPS ou KEMPS Village du Suntgow près du Rhein à six mille pas au-dessous de Basle; sur les terres de France.

CAMBAVA, Isle des Indes, à l'Orient de celles de Java & de Baly. Il en est fait mention dans le Voyage d'Etienne van der Hagen *b*. Je doute s'il n'y a point d'erreur dans une autre Relation du même volume *c* en ce qu'on y lit que la *petite Java*, est nommée par les Portugais *Cumbava* & *Bima*; ce qu'on y ajoute me le persuade, à savoir que la Ville de Bima en cette Isle y est admirablement située & qu'elle est au bord de l'eau sur un Golphe dont l'entrée est étroite & qui est large en dedans. Cette Isle est la même que CAMBANA de Mr. Baudrand, CAMBONA de Mr. de l'Isle & apparemment la même aussi que la Cambabar de Vincent le Blanc. Voyez JAVA 2.

b Voyages de la Compagnie T. 2. p. 281.
c p. 648.

CAMBAYE *d*, Ville de l'Indoustan au Royaume de Guzurate; elle est située au fond d'un Golphe qui en porte le nom, & qui est à son Midi. Elle est une fois grande comme Surate, mais il s'en faut beaucoup qu'elle ne soit aussi peuplée. Elle a de fort belles murailles de brique qui sont hautes d'environ 4. Toises, avec des Tours d'espace en espace. Ses ruës sont larges, & toutes ont des portes aux deux bouts, que l'on ferme durant la nuit, ses maisons sont fort hautes, & bâties de brique cuite au Soleil, & les boutiques sont pleines d'aromates, parfums, épiceries, étofes de soye & autres. On y voit quantité de brasselets d'yvoire, de tasses d'agathe, de chappelets; & d'anneaux que l'on travaille en cette ville; & ces agathes sont tirées des Carrieres d'un Village appellé NIMODRA, qui sont à quatre lieues ou environ de Cambaye, sur le chemin de Baroche, mais les piéces qu'on en tire ne sont gueres plus grosses que le poing. La plûpart des Habitans sont Banians & Raspoutes. Le Château, où le Gouverneur loge, est grand, mais il n'a rien de beau. Il y a tant de singes en cette ville que quelquefois les maisons en sont couvertes, en sorte qu'ils blessent toûjours quelqu'un dans la ruë, quand ils trouvent sur les toits dequoi leur jetter. Les dehors de la Ville sont ornez de plusieurs beaux Jardins publics. Il y a une sépulture bâtie de marbre, qu'un Roi de Guzurate fit élever pour honorer la memoire de son Gouverneur qu'il aimoit extrêmement; mais elle est mal entretenuë. Il y a trois cours, dans l'une desquelles on voit encore plusieurs colonnes de porphyre qui y sont restées d'un plus grand nombre : il y a aussi plusieurs sepultures de Princes. Il y avoit autrefois un Hôpital pour les animaux malades, mais on l'a négligé & présentement il est en ruine. Les Faux-bourgs sont presque aussi grands que la ville. On y fait de l'indigo. La Mer en est éloignée de demi lieuë, quoiqu'autrefois elle soit venue jusqu'à la ville; & cette retraite en a diminué le commerce, parce que les grands Vaisseaux ne peuvent venir qu'à trois ou quatre lieuës delà. Les Marées sont si violentes au Nord du Golphe, qu'un Cavalier courant à toute bride, ne peut suivre les premiers flots; & cette violence de la Mer, est encore une des raisons pourquoi les grands vaisseaux n'y vont que rarement : les Hollandois n'y viennent qu'à la fin de Septembre, parce que le long de la côte des Indes qui regarde l'Arabie, & principalement dans ce Golphe de Cambaye, il y fait très-mauvais pour les vaisseaux, au commencement de ce mois, à cause d'un vent d'Ouest qui souffle en ce tems-là avec violence, & qui est toûjours accompagné de gros nuages, qu'on appelle Elephans, parce qu'ils en ont la figure, que le naufrage y est presque inévitable.

d Thevenot Voyage des Indes, T. II. p. 35.

LE GOLPHE DE CAMBAYE, quelques-uns croient que c'est le BARIGAZENUS SINUS de Ptolomée, & Mr. de l'Isle est de ce sentiment *e*. Il prenoit alors son nom de Barigaza Ville située à peu près au même endroit où est présentement Broudra. *f* Ce Golphe qui selon sa côte Orientale s'étend du Sud au Nord depuis la Ville de Daman jusqu'à Cambaye, a sa côte Occidentale qui court au Sud-Ouest jusqu'à l'Orient de la Baye où est la petite Isle de Diu. Sa côte Orientale a quelques

e Orbis Veter. Notit Tab.
f De l'Isle Cartes des Indes.

ports

CAM.

ports considerables; on y trouve Daman, Surate, & Baroche. Cambaye est au fond, comme je l'ai déja dit. La côte Occidentale n'a aucune place remarquable que la petite Bourgade de Goga. Sa largeur à l'entrée est d'environ vingt-huit lieues marines, sa profondeur est d'environ 56. ou 57. de ces mêmes lieues.

CAMBEI, ancien peuple de l'Illyrie, selon Appien[a].

[a] In Illyric. p. 999. Édit. ant. Gryph. 1588.

CAMBELLE, CAMBALON, ou CAMBELOU, COUBELS, ou COUBELA. Voyez COUBELA.

CAMBERICHUM, Ptolomée[b] nomme ainsi une des bouches du Gange, c'est la troisieme des cinq & par conséquent celle du milieu. Mais soit qu'il ne les ait pas assez connues, soit que le temps y ait apporté de grands changemens; les bouches du Gange ne sont plus telles qu'il les a décrites. C'est sur le Canal qui se perd dans la Mer en cet endroit selon lui, qu'étoit placée la Ville de Gangé Ville Royale.

[b] l. 7. c. 1.

CAMBERIUM, ou CAMBERIACUM, on nomme ainsi en Latin la Ville de CHAMBERY. Voyez ce mot.

CAMBETE ou CAMBETIS, c'est la même chose que CAMBATE. Voyez ce mot.

CAMBETUM, Ville ancienne de l'Espagne Tarragonoise, selon Ptolomée[c]. Il la met au territoire des Lubeniens. L'Edition de Bertius, & l'ancien Interprête Latin lisent l'une CAMBERTUM, l'autre CAMBAETUM.

[c] l. 2. c. 6.

CAMBISONUM ou CAMBISONNUM[d], c'est le nom d'un ancien Palais qui a appartenu à Charles Roi de Provence. Il en est fait mention dans une Ordonnance de ce Prince datée de la 11. année de son Regne, & addressée à Agilmar Archevêque de Vienne, elle commence par ces termes: *In nomine Domini Nostri Jesu-Christi, Dei æterni, Carolus divina ordinante providentia, Lotharii quondam piissimi Augusti & incliti filius* ... & finit par ceux-ci: *Actum Cambisono Palatio in Dei nomine feliciter*. Mr. Philibert de la Mare Conseiller au Parlement de Dijon a cru que l'endroit où a été ce Palais pouvoit être un Bourg fort peuplé nommé CHAMESSON, sur la Saône, à une lieuë de Chalons, & où l'on voit un Château considerable par son ancienneté & par la force de ses murailles. Mais comme ce lieu ne se trouve pas dans l'étendue de l'ancien Royaume de Provence, il y a plus d'apparence que ce pourroit être COMBOUIN dans le Diocèse de Valence.

[d] De re Diplomat. Lib. IV. p. 255.

CAMBISTHOLI, peuple de l'Inde, vers l'endroit où l'Hydroate mêle ses eaux avec celles du Gange, selon Arrien[e].

[e] In Indicis.

CAMBODIA, quelques-uns, sur tout les étrangers, nomment ainsi la Riviere, la Ville & le Royaume de CAMBOYE. Voyez ce mot.

1. CAMBODUNUM, selon Ptolomée[f], CAMPODUNUM, selon Strabon[g], & Antonin[h], Ville de la Vindelicie. Ce dernier la met à trente-deux mille pas de *Rostrum Nemaviæ*, que quelques-uns prennent pour la Ville de Mindelheim, & à cinquante-sept mille pas d'*Augusta Vindelicûm*, qui est aujourd'hui *Augsbourg*. Plusieurs Modernes ont cru

[f] l. 2. c. 13.
[g] L. 4. p. 206.
[h] Itiner.

Tom. II.

CAM. 99

que ces trois anciens avoient nommé *Cambodunum* ou *Campodunum* un même lieu, & qu'il n'y avoit de diference que pour l'Orthographe. Pierre Appien croit que c'est MUNICH Capitale de la Baviere. Aventin, qui en qualité d'Historiographe de la Baviere devoit en avoir étudié à fonds la Géographie, croit que c'est BAERGEN. Mais Pyrame a prétendu que c'étoit aujourd'hui KEMPTEN; & le Docte Velser mande dans une de ses Lettres à Ortelius qu'il approuvoit ce dernier sentiment en étant assuré par une ancienne inscription. Ortelius ne juge pas que la *Cambodunum* de Ptolomée soit la même Place que *Campodunum* de Strabon & d'Antonin. Il croit que cette derniere étoit aux environs de *Kempten*. Mais il met la premiere à *Munich*. Il raporte ensuite le sentiment de Munster au raport de qui Kempten a été nommé 1. *Vermeta*, 2. *Trettica*, 3. *Vertica*, & en dernier lieu *Campidona*.

2. CAMBODUNUM. Voyez CAMULODUNUM.

CAMBOGE. Voyez CAMBOYE.

CAMBOLECTRI, Pline met deux diferens peuples de ce nom dans les Gaules: les premiers[i] sont dans la Gaule Narbonnoise. Comme il nomme ceux-ci avec beaucoup d'autres qui sont dans le Languedoc ou dans la Provence & qu'il les range selon l'ordre Alphabetique, on ne sauroit juger de leur situation par les peuples qu'il nomme immediatement devant ou après, puis que cela dépend du hazard des Lettres. Il nomme ceux-ci *Cambolectri* surnommez Atlantiques *qui Atlantici cognominantur*, pour les distinguer des autres qu'il joint aux Pictons, c'est-à-dire aux Poitevins, & qu'il nomme CAMBOLECTRI AGESINATES[k]. Le R. P. Hardouin croit que ce sont presentement les ANGOUMOISINS.

[i] L. 3. c. 4.
[k] l. 4. c. 9.

CAMBONA, Isle des Indes dans le voisinage des Celebes: c'est la même que CAMBANA ou CAMBAVA.

CAMBORI[l], Ville du Royaume de Siam aux frontieres du Pegu sur une petite Riviere qui se jette dans le Golphe de Siam.

[l] De l'Isle Carte des Indes.

CAMBORICUM, ou CAMBORITUM, Gîte ou Auberge dans la Grande Bretagne sur la route de Londres à Old Carleil, *à Londinio Lugwalium ad Vallum*, dit Antonin, entre *Icianos* & *Duroliponte*, c'est-à-dire, entre Ichburrow & Godmanchester; à XXXV. Mille pas de la premiere & à XXV. de la seconde.[m] La Riviere qui a sa source auprès du petit Village de *Henham*, au Comté d'*Essex*, & qui coule à *Walden*, à *Ickeltun* & ensuite à *Cambridge* est appellée CAM. C'est sur ses bords qu'il faut chercher *Camboricum*, Camden dit qu'on a trouvé plusieurs fois de petites Medailles Romaines près du Pont de Cambridge. Mr. Gall dit en avoir vu qui portoient une tête representant la Ville de Rome & sur le revers Castor & Pollux à cheval. On les avoit déterrées dans la Plaine de Chesterton Bourg dans le territoire duquel Cambridge est bâtie. Un peu au-dessus de Cambridge, est une ancienne petite Ville, *Vetus Civitatula cui nomen est Grantacester*, dit Bede. Elle est ainsi nom-

[m] Gall. in Anton. Itiner. p. 92.

CAM. CAM.

nommée d'un autre bras de cette Riviere qui est appellé Grant dont les sources sont entre les petits Villages de Henxworth & Ashwel, en Hertfordshire. On montre aussi des Medailles qu'on y a trouvées. Mr. Gall croit que le grand chemin, ou Route militaire passoit par là après qu'elle eut cessé de passer au fameux retranchement, nommé Hog-Magog-Hills, à trois milles de Cambridge. Dans ce retranchement ou rempart des ouvriers voulant creuser une cave à vin en 1685, trouverent une grande quantité de Medailles Romaines. Mr. Gall en eut quelques-unes, mais elles étoient toutes des Empereurs Valentinien & Valens. Il conclut delà que les Romains ont eu là leurs quartiers d'hyver, quoique sur le declin de l'Empire ; & que ces retranchemens ne sont nullement un pur ouvrage des Gots ou des Vandales, comme quelques-uns le pretendent. On objecte que les Romains faisoient leurs fortifications quarrées, & celles-ci font rondes. Mr. Gall nie que les Romains ayent toujours suivi cette pretendue maxime. Vegece [a] temoigne le contraire. Quelquefois, dit-il, les camps Romains étoient quarrez, quelquefois ils étoient triangulaires, quelquefois en demi-cercle. Ils se regloient sur la necessité, & sur la disposition du terrain. Il apporte en exemple deux autres forteresses antiques, l'une desquelles est *Camalet*, dont je parle en son lieu. Il avoue que le nom de *Hog-Magog*-Hills sent bien son origine Danoise. Il croit qu'il vient de *Hoog Maght*, qui veut dire *force haute*, nom qui convient à une forteresse élevée : n'étant point entendu par les paysans, ils en ont cherché l'étymologie dans le nom d'un Géant imaginaire. Après cette digression, qui est savante & utile, Mr. Gall revient à *Camboritum*, qui selon lui signifie *Le Gué* de la Riviere de *Cam*. Beaucoup d'Auteurs croient que c'est presentement CAMBRIDGE.

CAMBOVA. Voyez CAMBANA & CAMBAVA.

1. CAMBOYE, CAMBOIA, CAMBODIA ou CAMBOGE. Grande Riviere d'Asie, dans le Royaume de Camboye entre le Golphe de Siam & la Conchinchine. La Relation des Missions des Vicaires Apostoliques [b] apelle magnifique l'embouchure de la Riviere de Camboye, qui, par trois canaux diferens tous capables de porter Vaisseaux, conduit à la Ville Capitale à quatre-vingt lieues de la Mer. Cette Riviere n'est appellée Riviere de Camboye qu'improprement, par les Europeans, de même qu'ils nomment Riviere de Siam, celle dont le nom est le Menam, & qu'ils donnent à la Ville de *Si-yô-thi-yà* le nom de Siam, nom en l'air qui n'est pas même celui du Royaume dont elle est la Capitale. De cette sorte ils ont nommé Riviere de Camboye la Riviere qu'il faut remonter pour arriver à cette Ville, ou si l'on veut qu'elle soit ainsi nommée au-dessous de la Capitale, il faut remarquer qu'elle a quatre noms. Elle s'apelle LONG MU près de sa source qui est dans la Grande Tartarie à trente cosses, ou quinze heures de chemin & au Sud-est de Barantola, d'où coulant au Nord-est, elle entre dans la Chine, y arrose la Province d'Younnan, delà coule vers le Midi dans le Royaume de Laos d'un cours presque parallele aux montagnes qui le separent du haut Siam. Elle s'apelle alors le MENAM-COM. Après avoir traversé le Desert de Laos elle entre dans le Royaume de Camboye où elle est appellée MECON, qu'elle coupe dans sa longueur en deux parties presque égales, se separant en plusieurs branches qui forment de grandes Isles. [d] Cette Riviere a trois brasses de profondeur, fond de sable ferme, mais la marée y monte & descend de deux brasses. Ce n'est pas seulement dans la Riviere que cela arrive, cela est commun à toute cette côte [e], où les marées montent & descendent de deux brasses, deux brasses & demie & même quelquefois de trois brasses.

§. CAMBOGE, est venu apparemment de la peine qu'ont les Hollandois qui ne savent que leur Langue maternelle, à lire la syllabe *oye* comme dans *Savoye*, & autres mots, auxquelles la prononciation de ceux qui ne sont pas instruits aux Langues étrangeres attache un son fort approchant de celui de *oge*. C'est néanmoins celle que Mr. de l'Isle a preferée, dans sa Carte des Indes & de la Chine. Mais outre quantité d'autres Voyageurs Mr. de la Loubere Envoyé de France à Siam écrit CAMBOYA.

2. CAMBOYE, Royaume d'Asie. Il est borné au Nord par le Royaume de Laos ; à l'Orient par ceux de la Cochinchine & de Chiapa, au Midi & au Couchant par le Golphe & par le Royaume de Siam. Les anciennes Relations en parlent comme d'un Royaume tributaire du Roi de Siam. Celle des Vicaires Apostoliques déja citée en donne une idée bien diferente. Deux freres se disputoient alors la Couronne, l'aîné se fondoit sur le droit d'aînesse, le cadet s'apuioit sur la volonté de son pere qui avoit pour lui une predilection sur laquelle on se regle plus dans ces quartiers-là que sur le droit de la naissance : l'aîné soutenu par le peuple, fut detroné par son frere qu'apuioit le Roi de la Cochinchine, & implora le secours du Roi de Siam qui ne se trouva pas en état de faire tête au Roi qui protegeoit le cadet. Il paroit par cette Relation que les Cochinchinois s'étoient payez par leurs propres mains des services qu'ils avoient rendus au jeune Prince, & que demeurant armez dans son pays sous prétexte de l'affermir sur le Trône, ils y regnoient sous son nom.

3. CAMBOYE, [f] Ville d'Asie Capitale du Royaume de même nom. Elle est située sur le Mecon à soixante lieues Hollandoises de la Mer, la Relation des Vicaires Apostoliques en compte quatre-vingt : ce qui revient au même calcul. Elle est habitée par des Japonnois, des Portugais, des Cochinchinois, des Malais. Toutes les Maisons sont contigues & le long d'une digue. Une partie des gens de ces diferentes Nations y vont par la Mousson du Sud & s'en retournent par la Mousson du Nord. Les autres s'y rendent par la Mousson du Nord & s'en retournent par la Mousson du Sud. Ce pays quoique fertile est mal peuplé. Il y a quantité de Criques, (ou de petits Ports où peuvent aborder des chaloupes & autres bateaux qui ne prennent gueres d'eau) de Rivieres, d'eaux courantes & d'eaux dormantes

[a] l. 1. c. 23.

[b] 1672. 1. part. c. 1. p. 8.

[c] Carte de Siam par Mr. de la Loubere. Carte des Indes par Mr. de l'Isle.

[d] Voyage de *Hagenaer* inseré dans ceux de la Comp. des Holland. T. 5. p. 360.

[e] p. 337.

[f] Hagenaer Voyages ibid. p. 360.

CAM.

mantes qui viennent d'un grand Lac ou Mer interieure qui en jette tant, que non seulement la Riviere du Japon qui est assez large, mais encore les Rivieres de Matsiam & de Camboye qui font des coudes vers l'Est, ne les peuvent souvent contenir. En effet on voit quelquefois au mois d'Août qu'elles s'enflent en peu de jours, de 8. 9. & jusqu'à 12. pieds, qu'elles couvrent les terres qui sont le long de leurs bords & qui en paroissent comme inondées. Ainsi on peut les remonter encore au mois de Juin, mais dificilement au mois de Juillet. La chose devient impossible au mois d'Août: le Palais du Roi est entouré d'une Cloison de bois. On y voit quinze ou seize grands Elephans dont chacun a son écurie particuliere, où il faut monter trois ou quatre marches. Il y a beaucoup de Canons de la Chine & quelques piéces de Vaisseaux Hollandois naufragez sur cette côte. Ils sont plantez autour de la Cloison, & couverts, avec leurs Cuillieres tout auprès, dont quelques-unes unes sont d'argent & avec leurs Escouvillons, leurs tirefoins, le tout très-proprement entretenu.

Les *Ockinas* sont les Seigneurs de la Cour & les Gouverneurs des Places, Villes, Bourgs & Villages: ils assistent aux assemblées avec des *Bogettes* d'or à la main: c'est une maniere de boëte dans laquelle il y a deux ou trois petites boëtes d'or remplies de Cardamome & d'autres aromates dont ils se frottent les levres, & une autre remplie de chaux avec des ciseaux pour préparer le *pinang*. Les Conseillers s'asseient en demi-lune, autour du Roi, & les *Tonimas* ou *Tonnimes* sont derriere eux, ayant de semblables bogettes qui ne sont que d'argent. Derriere ceux-là sont les personnes d'un moindre rang. Les Prêtres sont assis devant les Ockinas tout proche du Roi, à qui ils parlent fort familierement, ils sont rasez & on ne leur voit ni poil, ni cheveux. Ils ont un Pagode, où l'on voit trois grandes Statues dorées & cinq plus petites. Il est soutenu par des pilliers de bois vernissé avec des reliefs dorez, & le pavé est couvert de Nattes. Lorsqu'un des principaux Prêtres est mort on lui construit un monument de brique qui est quarré par le bas, & qui en montant s'arrondit, & enfin se termine en poire, ayant vingt ou vingt-cinq pieds de hauteur, d'ailleurs il est doré & poli assez grossierement & il peut durer beaucoup d'années. Les procès & diferens sont plaidez devant les Ockinas qui en font leur raport au Roi & ce qu'il regle est exécuté sans qu'aucune des parties ose s'en plaindre. On y trouve des vivres en abondance, savoir du bétail, des pourceaux, des cabris, qu'on peut avoir à un prix raisonnable, du Gibier, des Liévres, des Chevreuils, des Grues, des Herons, des Poules, &c. des fruits, savoir des Limons, des Oranges, des noix de Cocos, des Mangues, & autres que ce climat produit.

CAMBRAY, en Latin *Cameracum Nerviorum*, *Cameracum*, *Urbs Cameracensis*. Ville [a] de France, Capitale du Cambresis & sur l'Escaut; à 4. lieues de Douai & à sept de Valenciennes. Cette Ville fut bâtie selon de Ligne par un ancien Duc des Cimbres & Danois, nommé Cambro, où Cambré qui lui donna des murailles avec son nom. Quelques-uns veulent que ce nom lui ait été donné à cause de la multitude de ses Chambres (en Gaulois *Cambres*) & places soûterraines creusées tant dans la Ville qu'aux environs, où les premiers Habitans mettoient leurs meilleurs effets en sureté. D'autres ont pris cette Ville pour la *Samarobrine* de Cesar & soutiennent qu'elle a été bâtie 700. ans avant la venuë de JESUS-CHRIST. La Morliere veut entendre par *Samarobine* sa Ville d'Amiens; & d'autres ont avancé que c'étoit *St. Quentin*. Plusieurs Historiens rapportent aussi que Servus Hostilius [b] Roi des Romains fonda Cambrai un peu après Marseille, & qu'il y bâtit un Château qui fut nommé de son nom *Serve*, que le Peuple par corruption a depuis appellé *Selle*. D'autres enfin amateurs des fables ont été chercher le Fondateur de cette Ville en Allemagne, en Sicile, en Angleterre, & même jusque dans les Indes. Quoiqu'il en soit de ces diferentes opinions, cette Ville ayant été reduite sous la puissance de l'Empire Romain devint une des principales Colonies de leurs Soldats. Jules Cesar, & Servius la rendirent semblable aux premieres Villes d'Italie par les Privileges qu'ils lui accorderent. Les Proconsuls qui y firent depuis leur résidence, l'embellirent de plusieurs ornemens; ils y bâtirent, selon Gelic, un Capitole dans le voisinage du Château de Selles; ils y éleverent un Amphithéatre, des Bains, & des Aqueducs. Les plus celebres Auteurs nous disent que Jules Cesar, après la destruction de la célébre Ville de Bavai, fit Cambrai la Capitale de tout le Hainaut, & qu'il y tint la Diéte des Gaules. Nicolas Bergier [c] dit que sous les regnes de Clodion & de Merovée & de Clovis les terres des Nerviens (qui étoient les Habitans du Hainaut & du Tournesis) & le Pays d'Artois furent attribuez à la Seigneurie de Cambrai sous le nom de Royaume, parce que cette Ville avoit été depuis sa fondation très-puissante sous les premiers Empereurs. [d] On peut dire que si Cambray fut le sujet des affections Romaines, elle fut aussi le Théatre de la vicissitude de la Fortune. Les Saxons & Suéves l'assiegerent & la prirent sur les Romains, qui survenant avec de plus grandes forces la reprirent. Elle fut depuis saccagée par le Tyran Maxime l'an 370. & il en fut chassé par les Vandales & les Alains. Les Goths en 414. s'en rendirent les Maîtres après qu'ils eûrent pillé toute la Belgique & la firent la Capitale du Pays. Les Romains la reprirent encore sur ceux-ci. Mais Clodion profitant de la foiblesse de l'Empire Romain, assiegea Cambray: elle lui coûta cher néanmoins; car, au rapport des Historiens du Pays, cinquante trois mille hommes furent taillez en piéces de part & d'autre dans les attaques & dans la defense: l'importance de la Place le lui fit choisir pour le siége de son Empire; il prit même le titre de Roi de Cambray. Il y regna plusieurs années, & y fut inhumé environ l'an 448. Prosper [e], Cassiodore [f], l'Evêque Idace [g] conviennent à la verité avec les Historiens du Pays de cette expedition de Clodion. Mais tous ajoutent qu'Aëtius Général de l'Armée Romaine, sous lequel

[a] Le Carpentier Hist. de Cambray. Tom. 1. pag. 25.

[b] Nous ne connoissons aucun Roi Romain de ce nom, & l'Auteur a voulu dire Servius Tulius, ou Tullus Hostilius. Il devoit opter de l'un des deux; il paroit pourtant que dans cette tradition toute chimerique qu'elle est il s'agit de Servius. Nul Ancien n'a dit que Marseille fût de fondation Romaine.

[c] Hist. de Rheims.

[d] Le Carpentier Hist: de Cambray Tom. I. p. 27.

[e] In Chronico.
[f] In Chronico.
[g] In Chronico.

lequel Majorien fervoit alors, défit Clodion, & reprit fur lui tout ce qu'il avoit enlevé à l'Empire Romain en deçà du Rhin. *Pars Galliarum*, dit Profper, *propinqua Rheno quam Franci poſſidendam occupaverant, Aëtii Comitis armis recepta.* Aëtius remporta cette Victoire fous le Confulat de Felix & de Taurus, c'eſt-à-dire l'an de notre Seigneur 428. & le premier du Regne de Clodion ; de ſorte que ce Prince avoit commencé ſon regne par cette conquête, mais *à peine*, dit le P. Daniel, [a] *la garda-t-il quelques mois ; & l'on voit toujours Clodion, battu, chaſſé, demandant la Paix. Sur quoi donc*, continuë ce Pere, *prétend-on que Clodion ſe fit un Etat dans les Gaules? L'unique fondement de tous nos Hiſtoriens François a été ce qu'en a dit Gregoire de Tours, que ce Roi s'étoit rendu Maître de Cambrai & des Pays d'alentour. Il ne dit pas qu'il y ſoit demeuré; & les Auteurs contemporains diſent expreſſement qu'il en a été chaſſé.*

On voit par là que les ſentimens font fort partagez ſur le tems où la Monarchie Françoiſe a commencé à s'établir en deçà du Rhin. Ainſi il ſeroit difficile de decider ſi ce furent effectivement des Princes François qui ſuccederent à Clodion, comme l'a avancé Mr. l'Abbé de Longuerue [b], & s'ils étoient differens des grands Rois de la Nation. On eſt plus d'accord ſur ce que cet Auteur rapporte qui ſe paſſa du tems de Clovis : *Il extermina un peu avant ſa mort tous ces Roitelets, & ayant fait mourir Ragnacaire Prince de Cambray, il réunit cette Ville à ſon Etat, & la laiſſa à ſes deſcendans.* Chilperic qui avoit pris pluſieurs Villes d'Auſtraſie après la mort de Sigebert ſon Frere, s'étoit ſaiſi de Cambrai ; & comme c'étoit alors une Place très-forte, il s'y enferma avec ſes trefors, pour pouvoir ſe garantir des armes de ſon Frere Gontran, joint au jeune Childebert fils de Sigebert, comme nous l'apprenons de Gregoire de Tours, au Liv. VI. Chap. 41. Cambray & le Cambreſis furent ordinairement ſous les Rois d'Auſtraſie ; & par la diviſion des Etats de Loüis le Debonnaire, faite entre ſes fils, le Royaume d'Auſtraſie étant échu à Lothaire, il eut Cambray & tout ce qui eſt à l'Orient de l'Eſcaut. Charles le ſimple ayant ſuccedé dans le Royaume d'Auſtraſie, nommé Lorraine, au jeune Loüis, fils de l'Empereur Arnoul, le Cambreſis fut ſous ſa Domination. On voit que dès l'an 921. Iſaac avoit en proprieté le Comté de Cambreſis, & Baldric dans ſa Chronique de Cambray raporte que ce Comte eut de grands differens avec Fulbert Evêque de Cambray.

Après la priſon de Charles le ſimple, le Roi Raoul fit ſes efforts pour conſerver du moins une partie du Royaume de Lorraine : mais après la mort de Raoul ſous le regne de Loüis d'Outremer, Othon le Grand ſe rendit Maître abſolu de tout ce Royaume. Lothaire fils de Loüis d'Outremer fit la guerre pour le reconquerir, mais ſans ſuccès. Car Othon II. & Othon III. ſe maintinrent en poſſeſſion du Royaume de Lorraine, & Cambray reconnoiſſoit pour ſon Souverain l'Empereur Othon III. lorſqu'il donna un privilege l'an 1001. à l'Evêque Herluin & à ſon Egliſe de Cambrai.

[a] Hiſt. de France Tom. I. Pref. Hiſt. pag. LXXII.

[b] Deſcr. de la France part. II. p. 93.

Arnoul Comte de Cambreſis vivoit encore, & il avoit ſuccedé à ſon Pere Iſaac, comme nous l'apprenons de la Chronique de Baldric. Mais ce Comte étant mort l'Empereur St. Henri donna l'an 1007. le Comté de Cambreſis à l'Evêque Herluin & à ſes Succeſſeurs à perpetuité : de ſorte que depuis ce tems-là ces Prélats ont été Comtes de Cambreſis & Princes de l'Empire. Et quoique la Ville de Cambray eût été donnée aux Evêques, les habitans mepriſant un Seigneur Eccleſiaſtique, voulurent ſe rendre independans, & ſe revolterent pluſieurs fois ; ce qui obligea les Empereurs à les punir ; car ils ſe crurent obligez à appuyer l'Evêque. Néanmoins les habitans ayant ſurpris des Patentes Imperiales en leur faveur, Jean de Bethune Evêque de Cambray obtint l'an 1215. de l'Empereur Frédéric II. la revocation de ces Lettres, & la confirmation de tous les droits temporels de ſon Egliſe. L'Empereur Frédéric reconnoît dans la Patente l'Evêque Prince de l'Empire en l'appellant *Principi noſtro*. D'autre côté les Châtelains de Cambray, qui d'Officiers s'étoient rendus Proprietaires & Héreditaires, ayant acquis beaucoup d'autorité dans la Ville & dans le Pays, ſe joignirent ſouvent aux habitans, au lieu de ſoutenir les Evêques, comme ils s'y étoient obligez étant leurs Vaſſaux.

Baldric, dans ſa Chronique, dit qu'un Seigneur nommé Gautier fut fait Châtelain de Cambray dès l'an 977. On croit que Hugues Seigneur d'Oify, qui fut inveſti de la Châtellenie vers l'an 1050. deſcendoit de Gautier. Il eut pour Succeſſeur ſon fils Hugues II. qui fut Seigneur d'Oify & de Crevecœur en Cambreſis. Cette Terre de Crevecœur étoit unie à la Châtellenie. Hugues qui deſcendoit par mâles des anciens Seigneurs étant mort ſans enfans l'an 1309. eût pour heritiere ſa ſœur Hildiarde, femme d'André, Seigneur de Montmirail. Leur petite-fille Marie vendit avec ſon Mari Enguerrand de Coucy, Crevecœur & la Châtellenie de Cambrai à Guy de Dampierre, Comte de Flandres, qui donna cette Châtellenie à ſon Fils Guillaume Seigneur de Tenremonde. Jean de Flandres ſon fils puîné eut la Châtellenie de Cambray, & après ſa mort ſa femme Beatrix de St. Pol, qui ſe fit adjuger le bien de ſon Mari, vendit l'an 1340. à Philippe de Valois cette Châtellenie. Ce Roi s'étoit rendu Maître de Cambray, néanmoins il ne priva pas l'Evêque de ſon droit féodal ſur la Châtellenie. Il la remit à ce Prélat pour en donner l'inveſtiture à un autre, & le Roi la fit donner à Jean ſon fils aîné, Duc de Normandie. Il reconnut même qu'en cas que cette Châtellenie lui revint & à ſes Succeſſeurs Rois, ils ſeroient obligés de la mettre dans l'an hors de leurs mains & de la donner à quelqu'un qui pût faire à l'Evêque la foi & hommage. Les Allemands, au rapport de Froiſſart, trouverent fort mauvais que Philippe de Valois eût fait cette acquiſition, parce qu'il avoit été accordé, il y avoit longtems, que les Rois de France ne pourroient rien acquerir ni tenir dans l'Empire, & que cependant le Roi Philippe avoit acquis Creve-cœur, les Allœyes & la Châtellenie de Cambray, & même la Cité de Cam-

Cambray, qui étoient de l'Empire. Philippe & son fils Jean se maintinrent en possession de Cambray & donnerent de grands priviléges aux Habitans, qui tenoient alors le parti de France contre les Anglois, & tant d'autres Ennemis.

On voit néanmoins que quelques années après les Rois n'étoient plus que protecteurs de Cambray, qui étoit reconnuë pour Ville de l'Empire, sujette cependant à son Evêque & Prince. Mais pour la Châtellenie, avec les Terres annexées, les Rois la donnerent à leurs fils aînez, & l'on voit que Charles V. & Charles VI. étant Dauphins, furent Châtelains de Cambray. Charles VI. donna cette Châtellenie à son fils Louïs Dauphin, & elle fut depuis possedée par ses Freres Jean & Charles. Mais par le Traité d'Arras de l'an 1435. toutes ces Terres furent données en engagement à Philippe Duc de Bourgogne par Charles VII. & quelque tems après le Duc Philippe investit de ces Terres de la Châtellenie de Cambray & de Creve-cœur son fils naturel Antoine, Seigneur de Beures.

Louïs XI. après la mort de Charles Duc de Bourgogne, reprit toutes ces Terres malgré l'opposition de Philippe fils d'Antoine, dont les heritiers plaiderent longtems à Paris contre le Procureur Général, jusqu'à ce que par le Traité de Cambray de l'an 1529. il fut dit que ce different, qui étoit alors pendant au Parlement de Paris seroit renvoyé à quatre Juges qui le décideroient en dernier ressort. Ce Procès ne fut point terminé & la possession demeura au Roi jusqu'à l'an 1543. Ce fut alors que Charles-Quint confisqua ces Terres qu'il donna aux heritiers de la Maison de Beures; & en même tems pour s'assurer de Cambray, il y fit bâtir une Citadelle flanquée de quatre bastions, sur une hauteur qui commande la Ville. Et cette Place fut regardée par la suite comme le Boulevard de tous les Pays-Bas.

Toutefois Charles-Quint n'usurpa pas alors la Souveraineté & le haut Domaine de Cambray, laissant à l'Evêque & à la Ville les mêmes droits dont ils jouïssoient auparavant. Les choses demeurerent au même état jusqu'à l'an 1581. ce fut pour lors que la Ville de Cambray, qui avec le Baron d'Inchi son Gouverneur avoit pris le parti des Etats-Généraux des Pays-Bas étant alors assiégée & réduite à l'extremité par le Duc de Parme, Général des Troupes du Roi d'Espagne, le Gouverneur & les habitans reçurent dans la Ville & dans la Citadelle François Duc d'Alençon & d'Anjou qui étoit venu à leur secours, & avoit fait lever le siége. Le Duc François s'étant rendu Maître absolu de la Place en donna le Gouvernement à Jean de Monluc Seigneur de Balagny, qui commanda à Cambray pour ce Prince, & après sa mort pour Catherine de Medicis sa mere, comme heritiere de son fils.

Cette Princesse ayant fini ses jours à Blois au commencement de l'an 1589. Balagny, qui n'avoit plus de Maître, se fit proclamer Prince Souverain de Cambray, & obligea les habitans à lui prêter serment. Pour se mettre à couvert des Espagnols, il prit le parti de la Ligue qu'il quitta l'an 1594. & par le Traité qu'il fit cette année avec Henri IV. non seulement il fut fait Maréchal de France, mais le Roi consentit qu'il demeurât Prince Souverain de Cambray.

Il ne jouït gueres de cet honneur de Prince Souverain; car s'étant rendu odieux aux habitans par ses exactions, & n'ayant point eu soin de bien fournir sa place de munitions il fut contraint de la rendre le neuf d'Octobre 1595. à l'Armée de Philippe II. commandée par le Comte de Fuentes, qui ensuite établit la Domination du Roi son Maître à Cambray, où les Magistrats furent créez par l'autorité du Roi Catholique, & les Juges du Pays & de la Ville de Cambray furent soumis au ressort du Parlement de Malines.

Quant à la Châtellenie de Cambray, quoique le Traité de Cateau-Cambresis en eût adjugé la possession au Roi Dauphin, qui fut depuis François II. elle étoit alors sortie des mains des Princes de France parceque Henri III. l'avoit venduë à François d'Epinay Seigneur de St. Luc, l'an 1577. Le fils du Seigneur de St. Luc vendit cette Châtellenie avec Creve-cœur & les autres annexes l'an 1613. à Jean d'Anneux, Seigneur d'Abancourt, qui eut de très-grands procès à soutenir au Parlement de Malines, contre le Baron de Lick heritier de la Maison de Bourgogne-Beures, & ce procès n'a été terminé en ce Tribunal que l'an 1654. Par l'arrêt qui intervint, Guillaume Albert d'Anneux, Marquis de Wargnies, fut maintenu en possession, comme étant aux droits des Princes de France, par l'acquisition qu'il avoit faite du Sr. de St. Luc & le Baron de Lick fut débouté de ses prétentions.

La Ville de Cambray est fortifiée de bons bastions & entourée de fossez profonds, principalement du côté de l'Orient où l'on voit la Citadelle, qui est un Pentagone regulier dont on a taillé les fossés dans le roc; outre la Citadelle, il y a encore un Fort qui défend la Ville de Cambray du côté de la Riviere: l'Escault coupe la Ville par le milieu, mais cette Riviere n'est pas grosse encore en cet endroit, étant peu éloignée de sa source. Cette [b] Place qui étoit la plus celebre des Pays-Bas Espagnols, fut prise l'an 1677. par le feu Roi Louïs XIV. qui commandoit son Armée en personne. Le Roi laissa par la Capitulation à l'Archevêque, au Chapitre de l'Eglise Metropolitaine & aux habitans, leurs Privilèges. L'Archevêque est toujours Seigneur utile de la Ville & de tout le Comté de Cambresis; mais la Souveraineté est reservée au Roi, & l'appel des Causes jugées à Cambray & en Cambresis, se relève au Parlement de la Flandre Françoise & non en aucun autre Tribunal de France. L'année suivante Cambray & le Cambresis furent cedez à la France par le Traité de Nimegue.

Le Christianisme a été établi fort tard à Cambray & aux environs. Et ce ne fut qu'après la mort de Ragnacaire Roi Payen de Cambray, que St. Wast Evêque d'Arras établit cette Eglise, que ses Successeurs gouvernerent toujours jusqu'à la separation des deux Evêchés d'Arras & de Cambray, faite sur la fin de l'onzième siecle; & Manassés fut après cette

[a] Piganiol descr. de la France Tom. VI. p. 108.

[b] Longuerue descr. de la France II. p. 97.

CAM.

te division premier Evêque de Cambray. Ses Succeffeurs ont été fuffragans de l'Archevêque de Rheims, jufqu'à l'an 1559. que Paul IV. à la priere de Philippe II. érigea Cambray en Archévêché, & on lui attribua pour Suffragans, outre les deux anciens Evêchés d'Arras & de Tournay, ceux de St. Omer & de Namur, qui avoient été érigés depuis peu.[a] Comme cette érection de Cambray en Archevêché fe fit fans le confentement du Metropolitain, & que même le Cardinal de Lorraine qui étoit pour lors Archévêque de Rheims protefta contre cette érection, tous fes Succeffeurs ont fait auffi leurs proteftations jufqu'en 1696. que Mr. le Tellier y confentit au moyen de l'union de la Manfe Abbatiale de St. Thierry à l'Archevêché de Rheims. Depuis ce tems-là, l'Archévêque de Cambray eft demeuré paifible poffeffeur de la jurifdiction Métropolitaine qui lui fut accordée lors de fon érection. L'Archevêché de Cambray s'étend non feulement fur tout le Cambrefis, mais encore dans une partie du Brabant, dans prefque tout le Hainaut, dans la Prevôté & Comté de Valenciennes, dans une partie du Tournefis, & dans la Châtellenie de Lille. Son Diocéfe eft compofé d'environ 600. Paroiffes. L'Archévêque de Cambray étoit élu par le Chapitre de la Cathedrale, pendant que cette Ville a été fous l'obeïffance d'Efpagne; mais depuis l'an 1677. qu'elle eft à la France, le Pape en a accordé la nomination au Roi. Les Evêques & les Archévêques de Cambray ont pris la qualité de Ducs de Cambray & de Princes du St. Empire depuis la conceffion que l'Empereur Maximilien premier en fit à Jacques de Croy Evêque de Cambray l'an 1510. L'Eglife Metropolitaine & l'Archevêché font eftimez les plus riches des Pays-Bas.

[b] Le plus grand & le plus bel Edifice que contienne la Ville de Cambray, eft l'Eglife Metropolitaine dediée à la Vierge Mere de Grace. Elle doit fon commencement à St. Gery, & fes premieres richeffes à St. Aubert qui lui donna les Villages d'Auvaing & de Quaroube fituez entre Mons & Valenciennes. Cette Eglife fut enfevelie dans les flammes par la furie des Normands l'an 882. Elle fut rebâtie fur fes ruines par les Evêques Etienne, Fulbert, & Enguerrand & confacrée de nouveau par l'Evêque Rotard, l'an 990. Ce même Element la confuma en grande partie en 1064. Elle fut reparée par l'Evêque Gerard l'an 1079. mais elle fut encore reduite en cendres en 1093. & le Palais eut le même fort avec plufieurs autres belles Maifons. Elle fut enfin rétablie vers l'an 1149. fous l'Evêque Nicolas, qui en prit le foin: le Clocher eft une piéce d'Architecture remarquable. Il eft tout bâti de pierres de taille blanches, percé à jour de tous côtés, & enrichi de diverfes figures en relief & élevé de plus de 600. degrés à monter depuis la cour du Palais jufqu'au pied de la fleche, qui paroit prefque encore auffi haute que le refte. On a employé, à ce qu'on dit, 20. ans à le bâtir, & fix hommes pourroient fe remuer aifément dans la pomme qui fert de piedeftal à la Croix. Ce fut l'Evêque Nicolas de Fontaine qui mit la derniere main à cette fuperbe tour, & il choifit fa fepulture au pied. L'Horloge que l'on y voit eft une des rares piéces de l'Art. Cette machine admirable fut achevée en 1397. par l'induftrie d'un Berger, auquel, felon l'opinion commune, on creva les yeux parce qu'il avoit entrepris d'en bâtir d'autres en France & ailleurs avec plus de perfection.

[c] Le Chapitre devroit être compofé de cinquante Chanoines, quoiqu'il ne le foit que de 43. les autres Canonicats ayant été unis l'un à la Prevôté, un autre au Doyenné, un autre aux 4. Archidiacres, qui en partagent le revenu également, un autre aux Grands Vicaires, un autre à la Fabrique de l'Eglife, & deux qui ont été partagés en quatre & que le Chapitre confere aux Ecclefiaftiques qui ont rendu fervice à l'Eglife. Les Dignités de ce Chapitre font le Prevôt, les quatre Archidiacres, le Doyen, le Chantre, & l'Ecolâtre, qui font ordinairement Chanoines. Le Doyen & l'Ecolâtre ont quelque revenu de plus que les autres. Des 43. Canonicats de cette Eglife, il y en a 3. qui font affectez à des Nobles; fix qui le font à des Graduez en Droit; quatre à des Graduez en Theologie; fept à des Prêtres; un à un Medecin Prêtre & Gradué; deux à deux Serviteurs de l'Eglife; & 20. qui peuvent être poffedés par toutes fortes de perfonnes. Le revenu de châque Chanoine eft d'environ 2000. liv. de revenu par an. Il y a encore dans cette Eglife 8. Grands Vicaires, 25. ou 30. Chapelains obligez à refidence & plufieurs autres Chapelains qui n'y font point obligés.

[d] Cambrai a un Gouverneur, un Lieutenant de Roi, un Major, un Aide-Major & un Capitaine des Portes. La Citadelle a fon Gouverneur particulier, & fon Etat-Major. Ce font les Etats qui fourniffent ici l'emmeublement des Cazernes & le chaufage de la Garnifon de la Ville, & de la Citadelle.[e] Ces Etats font compofez du Clergé, de la Nobleffe & du Tiers-Etat de Cambrai & du Cambrefis. Le Clergé eft reprefenté par les Députez des Chapitres de l'Eglife Metropolitaine, de St. Gery, de Ste. Croix, & par les Abbés de St. Aubert, du St. Sepulchre & de Vaucelles. La Nobleffe eft reprefentée par les Seigneurs de Prémont, de Thun-S.-Martin, de Ligny, d'Auvaing, de Saint Olle, d'Arleux, de Clermont, d'Efne, & par les Gentilshommes qui ont leur demeure dans la Ville de Cambrai. Le Tiers-Etat eft reprefenté par le Magiftrat de la Ville de Cambray. Le Roi n'a d'autre Domaine dans le Cambrefis que celui du Bailliage de la Feuillée, qui ne rapporte pas 100. Ecus par an. Sa Majefté ne retire de Cambrai & du Cambrefis qu'environ cinquante mille livres d'Aides ordinaires par an. Les Etats fourniffent outre cela la plus valuë des fourrages dont le Roi ne paye que 7. fols 6. deniers la ration. Le droit fur l'eau de vie qui fe confume dans le plat pays & quelques impôts qui fe levent dans la Ville de Cambray fur le vin, la biére & le bois, rapportent tous enfemble par an environ trente-huit mille livres.

[f] Les Juridictions de la Ville de Cambray font le Bailliage de la Feuillée, le Magiftrat, l'Of-

---

[a] Piganiol defc. de la France Tom. VI. pag. 157.

[b] Le Carpentier de l'Etat Ecclef. de Cambray. part. II. pag. 434.

[c] Piganiol defc. de la France T. VI. pag. 157.

[d] Ibidem pag. 195.

[e] Ibid. pag. 183.

[f] Ibid. pag. 176.

l'Officialité, le Bailliage du Cambrefis, le Bailliage du Chapitre de l'Eglife Metropolitaine, le Bailliage & Prevôté du Chapitre de St. Gery, le Bailliage & Prevôté du Chapitre de Ste. Croix, le Bailliage & Prevôté du Chapitre de Saint Aubert & le Bailliage & Prevôté du Saint Sepulchre.

Le Bailliage de la Feuillée eft un établiffement des anciens Comtes de Hainaut pour le Fief de la Feuillée qui confifte en quelques Maifons dans la Ville de Cambray, & qui eft le feul Domaine que le Roi ait dans cette Ville. Ce Bailliage eft compofé d'un *Bailli-Semonceur*, des Hommes de fiefs & d'un Greffier. Il ne connoît que des matieres féodales, & les appellations de fes Jugemens font portées au Parlement de Douay.

Le Magistrat eft compofé d'un Prevôt qui fait la fonction de *Semonceur*, dans les affaires criminelles, & de police, de quatorze Echevins, de deux Collecteurs, de deux Confeillers-Penfionnaires, de deux Greffiers, & d'un Receveur. Le Gouverneur & l'Intendant renouvellent tous les ans les Echevins en vertu d'une Commiffion du Roi. Quant aux autres charges, elles ont été érigées en offices permanens, & le Magiftrat qui les a achetées a revendu celle de Receveur. Le Magiftrat connoît en premiere inftance de toutes les actions civiles, réelles, & perfonnelles entre les Bourgeois & habitans de la Ville & Banlieue, comme auffi de la Police, des affaires Criminelles, des cas Royaux & privilegiez. Il jugeoit même en matiere Criminelle en dernier reffort; mais depuis que ce Pays eft fous la domination de la France, l'appel des Jugemens, tant en matiere civile que criminelle, eft porté au Parlement de Douay. Le Magiftrat de Cambray connoît auffi des appellations des Jugemens rendus en premiere inftance par les Prevôtés de St. Gery, de Ste. Croix & du St. Sepulchre, & par les Mayeurs & Echevins des quatre-vingt-neuf Villages ou Hameaux, dont le Cambrefis eft compofé; comme auffi de quelques Villages de la Châtellenie de Bouchain. Il y a encore dans la Magiftrature de Cambray la Juftice du Marché, laquelle a pour chef le Bailli de la Feuillée qui y fait la fonction de Semonceur, & conjure les Echevins de faire droit aux Parties. Ce Tribunal connoît des faifies & arrêts tant en caufe réelle que perfonnelle, & les appellations de fes Sentences vont au Parlement de Douay.

L'Official de l'Archevêque de Cambray exerce deux fortes de jurifdictions; l'une Eccléfiaftique qui eft la même que celle qu'exercent les Officiaux des autres Diocèfes; & l'autre Civile qui lui eft particuliere. Comme Juge Civil il peut connoître de toutes les affaires en matiere perfonnelle dans la Ville de Cambray, pays de Cambrefis & en la Ville de Cateau-Cambrefis, où il eft au choix des habitans de fe pourvoir en action perfonnelle, ou par devant le Magiftrat, ou par devant l'Official. Quand l'Official de Cambray juge en matiere Civile, il eft obligé d'en faire mention dans fes Jugemens, & pour lors les appellations en font portées au Parlement de Douay.

Le Bailliage du Cambrefis, autrement appel-

Tom. II.

lé la Cour du Palais, parce qu'il tient fes féances dans la Cour du Palais Archiepifcopal, eft compofé d'un Grand Bailli Semonceur, des hommes de fiefs qui doivent être au moins au nombre de quatre, d'un Procureur d'office, & d'un Greffier. Sa jurifdiction eft perfonnelle & feodale; elle s'étend dans tous les Villages, Terres & Metairies qui appartiennent à l'Archevêque.

Le Bailliage du Chapitre de l'Eglife Metropolitaine de Cambray eft compofé d'un Bailli Semonceur, de quatre hommes de fiefs, ou francs-femans, d'un Procureur d'office & d'un Greffier. Il exerce la Juftice haute, moyenne, & baffe, dans l'Eglife, les Cloîtres, les Maifons des Chanoines, & dans les Maifons, Terres & Metairies qui appartiennent à ce Chapitre, ou qui en relevent. L'appel des Jugemens qui y font rendus tant en matiere civile que criminelle va directement au Parlement de Douay.

Le Bailliage du Chapitre de St. Gery a le même nombre d'Officiers que le précedent, & haute moyenne & baffe Juftice fur les Terres & Métairies de ce Chapitre dans 22. Villages du Cambrefis. L'appel des Jugemens en matiere civile va à la Cour du Palais & en matiere criminelle au Parlement de Douay. Il en eft de même des Bailliages du Chapitre de Ste. Croix, de l'Abbaye de St. Aubert & de l'Abbaye du Saint Sepulchre.

CAMBRESIS, petite Province de France dans la Flandre Françoife: elle eft d'une affez petite étenduë, n'ayant pas plus de 10. lieuës de longueur; mais c'eft un pays bien peuplé & fort fertile. Il a pris fon nom de la Capitale qui eft Cambray. [a] Les terres font à la verité un peu féches, mais bonnes, produifant toute forte de grains, & des Lins dont le fil eft fi fin que cela a donné lieu à y commencer la Manufacture des toiles de Batifte ou de Cambray. Les Pâturages y font excellens, fur tout pour les chevaux & pour les moutons dont la laine eft très-fine & très-eftimée. Il y avoit autrefois des vignes dans le Cambrefis, mais le vin en étoit d'une fi petite qualité que l'on a été obligé de les arracher.

[a] Ibidem pag. 151.

Les habitans du Cambrefis font communement vifs & ont du genie pour les Sciences. Le peuple y eft laborieux, & ne manque pas d'induftrie. Ce Pais faifoit anciennement partie du Royaume de France. Voyez ce qui en a été dit à l'article precedent. [b] Le Commerce du Cambrefis confifte en grains, en moutons, & en laines, que l'on envoye dans les Provinces voifines; & en toiles fines que l'on envoye en France, en Efpagne & aux Indes.

[b] Ibid. p. 189.

1. CAMBRIA, quelques-uns ont pretendu qu'autrefois l'Ifle de la Grande Bretagne fut divifée en trois parties, favoir la Lhoëgrie, la Cambrie, & l'Albanie même avant qu'elle fût connue aux Romains. Ce font des conjectures de Savans qui veulent à quelque prix que ce foit fupléer par leur efprit ce qui manque à l'Hiftoire. Voyez BRETAGNE.

2. CAMBRIA, nom Latin du pays de GALLES. Voyez GALLES.

CAMBRIDGE ou CAMBRIGE, Ville d'And'Angleterre dans la Province de même nom dont elle est le principal ornement à cause de son Université qui est une des plus florissantes de l'Europe. Elle est située sur la Riviere de Cam dont elle porte le nom & [a] est à 44. milles au Nord de Londres, est le *Camboritum* des Anciens, qu'on appelle presentement en Latin *Cantabrigia*. Du tems des Romains, c'étoit une de leurs principales Colonies, & une des 28. Citez de Bretagne. Or ces Colonies Romaines avoient leurs Academies, où la jeunesse Romaine & Bretonne étoit instruite dans les Arts & les Sciences. Lucius Roi Breton, & le premier Roi Chrétien, fut instruit dans la Religion Chrétienne par des Docteurs de Cambridge; dont il deputa deux à Rome, Elvanus, & Meduinus, pour avoir de plus amples éclaircissemens sur quelques points de Doctrine. Je ne deciderai pas, si ce fut le Roi Lucius, ou le Pape Eleuthere, qui accorda de grands privileges à cette Université. Il est certain qu'elle est fort ancienne, & qu'elle a eu le nom d'Université dès la fin du second siécle, lors que Lucius regnoit en Bretagne, sous le Pontificat d'Eleuthere. J'avoüe qu'elle tomba en ruine par l'invasion des Saxons & des Danois dont la fureur dispersa les Muses ; mais elles furent rappellées dans la suite. La Ville n'est pas des mieux situées ni des plus belles d'Angleterre. Elle a 13. ou 14. Paroisses : & elle est gouvernée, comme Oxford, par un Maire qui lors qu'il entre dans sa Charge, prête serment de maintenir les droits & les privileges de l'Université laquelle a autorité sur lui.

L'Université a 16. Colleges, dont quatre s'appellent *Halls*, savoir *Clare*, *Pembroke*, *Trinity*, & *Catherine Hall*. Les autres portent tous le nom de College ; & chacun entretient un certain nombre d'Aggregés (*Fellows*) & d'Etudians, qui vivent suivant les regles & statuts du Fondateur. Ils ont tous des Chapelles, & des Bibliotheques.

De tous ces Colleges les plus considerables sont ceux de la Trinité, & de S. Jean. Mais la Chapelle du College du Roi l'emporte sur toutes les autres. C'est un Morceau d'une grande beauté.

Châque Collège est gouverné par un Principal, qui porte le titre de *Master* ou Maître : hormis du College du Roi qui s'appelle Prevôt ; & celui du College de la Reine, à qui on donne le Titre de Président.

Cambrige a 10. Professeurs, savoir en Théologie, en Droit, en Medecine, en Physique, en Mathematiques, en Hebreu, en Grec, en Arabe &c. Outre un Orateur public.

On y prend le Degré de Bachelier és Arts dans le Carême, & l'on commence dès le jour des Cendres. Le premier Mardi de Juillet est toujours *Dies Comitiorum*, où l'on prend le Degré de Maître és Arts, & celui de Docteur dans les trois Facultez. Trois ans après qu'on a été fait Bachelier, on peut être reçû Maître és Arts ; sept ans après on peut commencer à être Bachelier en Théologie, & au bout de trois autres années, prendre le degré de Docteur.

A la tête de ce grand & illustre Corps, il y a un Chancelier, choisi par l'Université, & qui est d'ordinaire un Seigneur du premier rang. A Cambrige on peut choisir un nouveau Chancelier de trois en trois ans, ou bien le continuer, *durante tacito consensu Senatus Cantabrigiensis* ; au lieu que celui d'Oxford est Chancelier pour sa vie.

Il y a aussi un Vice-Chancelier, qui gouverne actuellement l'Université en la place du Chancelier, qui n'est proprement qu'un poste d'honneur. Le choix du Vice-Chancelier se fait le 3. de Novembre châque année par l'Université, son pouvoir est indépendant de celui du Chancelier.

Le Vice-Chancelier a au-dessous de lui une espece de Magistrats qu'on appelle *Proctors*, & quelques autres Officiers.

CAMBRIDGESHIRE, Province Méditerranée d'Angleterre au Diocèse d'Ely. Elle est bornée au Nord par le Comté de Norfolc & de Lincoln ; à l'Orient par celui de Suffolc, au Midi par celui d'Essex, & à l'Occident par celui de Huntington. [b] Elle a cent trente milles de tour, & contient environ 570000. arpens de terre & 17347. maisons. Elle est fertile en bled & en pâturages, en volaille, en gibier, en poisson & en safran. Il est vrai que vers le Nord la partie de cette Province qu'on apelle l'Isle d'Ely est marécageuse & sujette aux debordemens de l'Ouse & d'autres Rivieres ; ce qui rend cet endroit mal sain & moins fertile en bled, mais ce défaut est suplée par sa grande abondance de bétail, de poisson & de gibier. Outre Cambridge Capitale la seule qui depute au Parlement, les autres Villes & Bourgs où l'on tient marché sont

Ely	Merche
Caxton	Wisbich
Linton	Soham.

CAMBRIL [c], petite place d'Espagne en Catalogne, sur la côte de la Mer Méditerranée.

CAMBRISOPOLIS, ancienne Ville Episcopale d'Asie dans le Patriarchat d'Antioche, & sous Anazarbe Metropole. Selon une Notice qu'Ortelius cite sous le nom de Guillaume de Tyr & qui se trouve dans le Recueil de Schelstrate [d]. Une autre Notice de 1225. la met dans l'Arabie aussi-bien qu'Anavarza (Anazarbe) sa Metropole.

CAMBRIT, Mr. Corneille [e] dit: Ville de France en Bretagne. Elle est petite & située sur une Riviere qui se decharge dans la Mer, à cinq lieues delà. Conq n'est éloigné de cette Ville que de six lieues. L'Atlas que cite Mr. Corneille l'a trompé, COMBRIT, car c'est ainsi que Mr. Sanson écrit ce mot, est une Bourgade du Diocèse de Kimper, à une petite lieue de la Mer, à une lieue & demie à l'Orient de Pont l'Abbé, sur la rive droite & Occidentale de la Riviere de Quimpercorentin, à quatre lieues & demie de Conquerneau. Dans la Bretagne de Mr. Sanson ce lieu est à l'oposite de Benaudet, mais dans les côtes de France de Tassin ; au lieu de *Cambrit* ou *Combrit* il y a ST. MORAD, vis-à-vis de Benaudet. Le Neptune François change cette situation. COMBRI s'y trouve presqu'à égale distance de la Mer, de la Riviere de Kimper,

per, & du petit Golphe dans lequel se perd la Riviere qui descend de Pont l'Abbé. Benodet y est beaucoup plus au Midi. Combri est une des connoissances qui servent aux Navigateurs qui entrent dans la Riviere de Kimper.

CAMBRON[a], Abbaye des Pays-bas dans le Hainaut, à deux petites lieues de la Ville d'Ath & à trois de Mons. Ses bâtimens ont tant d'étendue & d'aparence qu'on la prendroit pour une petite Ville. Elle est possedée par des Religieux Bernardins. Son Eglise est magnifique, avec un grand nombre de Chapelles toutes de marbre, & ornées de riches tableaux: son jubé est de marbre & de porphyre, diversifié par quantité de figures de marbre blanc. Les chaises du Chœur sont parfaitement bien travaillées & dignes de l'attention des curieux par tout ce que l'on y voit representé. Son cloître, son refectoire, son chapitre, & ses jardins repondent à cette magnificence.

CAMBUNII MONTES, Montagnes de Grece dans la Macedoine. Tite-Live en fait mention en plus d'un endroit [b] & nous apprend que les gens du Pays les nommoient VOLASTUNÆ[c]; ils sont entre l'Aliacmon encore voisin de sa source & le Paniasus. Ils separoient l'Elymiotide de la Pelagonie surnommée Tripolitis à cause qu'il y avoit trois villes, savoir Azorus, autrement Pelagonia, Pitheum, autrement Pissea, & Doliche. Pitheum étoit au pied de ces Montagnes entre elles & le Panyasus.

CAMBUS, nom Latin de la Riviere de Kamp ou Camb, en Autriche.

CAMBUSIS, Ville de l'Ethiopie sous l'Egypte selon Pline[d]. Ortelius & le R. P. Hardouin jugent que c'est la même place que Ptolomée[e] nomme Καμβύσου Ταμεῖα, c'est à dire, le tresor de Cambyse. On sait par le témoignage de Strabon[f] que ce Roi s'étoit avancé ce pays-là jusqu'à l'Isle de Meroé.

CAMBUSUM, l'une des bouches du Gange selon Ptolomée[g]. C'est la plus Occidentale de toutes. Quelques-uns écrivent ce nom CAMBYSIUM. A l'Est de cette embouchure étoit POLURA, ou PALURA, que les Interpretes de cet Auteur ont prise mal-à-propos pour la Ville d'Oriza, ou Orixa; cette Ville étant non seulement à l'Orient du Gange; mais même au Midi du fleuve Ganga.

CAMBYLA. Voyez CABYLA.

CAMBYSES, Riviere de l'Albanie, sa source est dans le Mont Caucase, selon Pline[h]. Cet Auteur met la source du Cambyses dans le Mont Coraxique; ce qui est à remarquer à cause du passage de Mela. Ce dernier décrit ainsi [i] le Cambyses & le Cyrus tout ensemble. Le Cyrus & le Cambyses sortent du pied du Mont Coraxique, & leurs sources sont voisines. En s'éloignant l'un de l'autre, ils coulent long-temps par l'Iberie & l'Hircanie, sans se raprocher; puis se rejoignant enfin dans un même Lac ils tombent par une même embouchure dans le Golphe d'Hircanie. Vossius avoue que Mela s'est trompé, cet aveu coute cher d'ordinaire aux Commentateurs. Il est certain presentement qu'il n'existe aucune Riviere qui ait sa source & l'embouchure, telles que les doit avoir le Cambyses de Mela. Comme l'Araxe & le Cyrus arrivent à la Mer Caspienne dans un même lit, Vossius semble croire que Mela auroit voulu designer l'Araxe. Mais les sources de ces deux fleuves ne sont nullement voisines. Le R. P. Hardouin soupçonnant que Ptolomée a parlé du Cambyses sous un autre nom croit que c'est le *Soanas* de cet Auteur, mais il remonte trop haut à l'extremité Septentrionale de l'Albanie; le Cambyses doit être plus près du Cyrus. Ptolomée ne remarque aucune Riviere entre l'*Albanus Fluvius* ou Riviere d'Albanie & le Cyrus. Il n'a donc point parlé du Cambyses qui étoit entre deux, selon Pline, qui dit: *Casius & Albanus: deinde Cambyses ... Mox Cyrus.* Ce qui determine le rang de ces Rivieres. Mercator qui étoit en peine de savoir où mettre cette Riviere, la place au Midi Oriental de l'Araxe, c'est-à-dire, hors de l'Albanie, où l'on doit la chercher. Mr. de l'Isle la met beaucoup mieux au Nord du Cyrus, ce qui s'accorde avec ce qu'en disent les Anciens. C'est la premiere en remontant la côte vers le Nord, la Ville de Scamachie est au bord Meridional de son embouchure. Cette Riviere que l'on nomme presentement SCHANSJA, arrose encore les Villes de *Sienra* & de *Chila*. Le *Soanas* de Ptolomée est le *Terki*. Le *Casius* est le *Niscowa*, & l'*Albanus Fluvius* est l'*Ataisja*. Le pays qui étoit entre le Cambyses, le Cyrus & les Montagnes est nommé CAMBYSENE par les Anciens. Ptolomée met une Riviere de Cambyse dans la Medie & c'est celle que Mercator a tracée comme je l'ai dit: mais je crois que c'est la même que celle de Pline deplacée. Quant à la Cambysene que Strabon met auprès de la Riviere Alazon, cela ne derange rien; cette Riviere tombe dans le Cyrus, aux frontieres de la Cambysene.

CAMBYSU, Ville au fond de la Mer Rouge dans le Golphe d'Heroopolis, c'est-à-dire, dans cette partie de la Mer Rouge que les Israelites passerent à sec sous la conduite de Moïse. Pline[k] dit qu'on y transporta les malades; & qu'elle étoit entre *Nelos* & *Marchadas*, deux lieux dont les autres Géographes ne parlent gueres.

CAMECHIA, Ville de l'Albanie selon Ptolomée[l]. L'ancien Interpréte lit MAMECHIA.

CAMEIA. Voyez CAMA.

CAMELANI, Pline[m] dit, en parlant des habitans de Nocera en Italie, *Nucerini cognomine Favonienses & Camelani.* La dificulté est de savoir si *Favonienses,* & *Camelani,* sont deux surnoms des citoyens d'une seule Ville, nommée par les anciens *Nuceria* & *Favonia,* ou s'il y a eu deux Villes nommées également Nuceria, l'une surnommée Favonia, & l'autre Camiliana. Le R. P. Hardouin est pour ce dernier sentiment. Il s'appuie même de l'autorité de Holstenius qui dit que dans un ancien Acte il est fait mention de *Camilianum* près de Nocera. Ces lieux étoient dans l'Ombrie.

CAMELARIA, nom Latin de CHAMELIERE. Voyez ce mot.

CAMELE'E, Ville d'Asie dans la Cochinchine,

chine, si l'on s'en raporte à la Carte du Tonquin dressée par Daniel Tavernier, frere du fameux Voyageur, grand Voyageur lui-meme, & sur les Memoires de qui on a une Relation du Tonquin imprimée au troisieme Volume des Voyages de Tavernier. Mr. Corneille dit en citant Tavernier que c'est une Ville du Tonquin ; il se trompe faute d'avoir remarqué qu'il y a plus que le Tonquin dans la Carte. Le Tonquin est borné par la Riviere qui est entre Guasai & Sansoo. Cette derniere est de la Cochinchine & Camelée est beaucoup plus au Midi & par consequent plus éloignée du Tonquin. Les côtes sont mal orientées dans cette Carte qui est la seule chose qui soit dans cette Relation pour la Géographie. Mr. de l'Isle à qui cette Carte n'étoit pas inconnue n'a pas jugé à propos de s'en servir beaucoup dans l'idée generale du Tonquin qui fait partie de sa Carte des Indes.

CAMELFORD [a], Bourg d'Angleterre dans la Province de Cornouailles près du Canal de Bristol, à cinq lieues du Bourg de Launston. Ses Deputez ont séance au Parlement.

[a] Baudrand Ed. 1705.

CAMELIACUM ou CAMILIACUM [b], Bourg de France où étoit une ancienne Maison Royale, & le chef-lieu d'un territoire considerable dans le Beauvoisis. Il en est parlé dans de très-anciens titres rapportez par Doublet [c], datés de la 43. année de Clotaire le jeune qui répond à l'an 625. de J. C. Il en est aussi fait mention dans les Gestes du Roi Dagobert ; dans une Ordonnance de Charles le Chauve dattée de Chelles la vingtieme année de son regne ; dans des Lettres patentes de Clovis II. données en faveur de l'Abbaye de St. Denis &c. Il y a long-tems néanmoins que ce lieu a cessé d'appartenir aux Rois de France. Car Suger dans la Vie de Loüis le Gros met le Château [*Cameliacum*] au nombre des biens possedez par Mathieu Comte de Beaumont. Depuis ce tems-là les Seigneurs particuliers qui l'ont possedé en ont pris le nom & c'est d'où vient l'origine de la Maison de Chambly qui se trouve aujourd'hui divisée en plusieurs branches, & qui n'a rien diminué de son ancien lustre ni de ses richesses. Ce lieu est connu encore à present sous le nom de *Chambly l'auberger* gros Bourg avec Château à une lieue de la Riviere de l'Isere, entre l'Isle-Adam & Beaumont, à egale distance de l'un & de l'autre.

[b] De Re Diplomat. Lib. IV. pag. 256.

[c] p. 687.

CAMELIDES [d], Pline [d] nomme ainsi deux Isles de la Mer Méditerranée sur la côte d'Ionie dans le voisinage de Milet. Le R. P. Hardouin conjecture qu'elles étoient ainsi nommées à cause de quelques éminences qui ressembloient aux bosses que les chameaux ont sur le dos.

[d] l. 5. c. 31.

CAMELIONE [e], en Italien MONTE CAMELIONE, en Latin *Cema* ou *Cemenus Mons* ; partie des Alpes Maritimes, entre le Vicariat de Barcelonette & le Marquisat de Saluces ; mais elle communique son nom à toutes celles qui ferment la Vallée de Barcelonnette du côté du Midi, & qui s'étendent jusques aux sources du Var & du Vardon & aux confins de la Provence.

[e] Baudrand Ed. 1705.

CAMELITÆ, peuple d'Asie, à trois journées, de l'Euphrate selon Strabon [f]. L'Epithete de *Doubles* qu'il leur donne n'est pas fort claire, & Casaubon a raison de trouver de l'obscurité dans ce passage.

[f] l. 16. p. 748.

CAMELOBOSCI, peuple d'Asie dans la Carmanie selon Ptolomée [g].

[g] l. 6. c. 8.

CAMELOCOMI, peuple de l'Arabie selon Etienne le Géographe.

CAMELODUNUM, Lloyd lit ainsi ce mot dans l'Itineraire d'Antonin, & l'explique par DUNCASTRE. Voyez CAMULODUNUM.

CAMENA, le petit livre de l'origine Romaine publié par André Schott fait mention d'une Colonie ainsi nommée établie par Latinus Sylvius. Ortelius doute s'il ne faut pas lire CAPENA.

CAMENEC, Bourgade du Royaume de Hongrie dans l'Esclavonie sur le Danube à l'Occident & à deux petites lieues communes de Peterwaradin. Il n'est remarquable que parce qu'il a plu à quelques modernes [h] d'y chercher l'*Acumincum* des Anciens, que d'autres croient trouver à Salankemen qui est plus bas aux confins de la Servie.

[h] Baudrand Ed. 1682.

CAMENI-POYAS, Mrs. Baudrand, Maty & Corneille appellent ainsi des Montagnes de la Moscovie Septentrionale vers la Riviere d'Obi, en allant du côté de la Duina. Ils ajoutent qu'on les nomme ainsi comme qui diroit la ceinture du monde, que leur sommet est appellé STOLP. Sur quoi Mr. Baudrand cite Mercator & Herberstein. La citation n'est pas fidelle. Mercator dans sa Carte de Russie écrit CAMENOI-POYAS, il ajoute, c'est-à-dire, la ceinture de la Terre, c'est le Mont Hyperborée des Anciens. Il étend ces Montagnes depuis l'Obi jusqu'à la Riviere de Petzora le long du détroit de Waigats. Le Baron de Herberstein étoit Ambassadeur de Ferdinand Lieutenant General de l'Empire sous Charles V. son frere l'an 1526. voici ce qu'il dit de ces Montagnes après avoir parlé du fleuve de Petzora [i] : Aux environs de ce fleuve, poursuit-il, sont des Montagnes & des roches qui s'avancent jusques dans la mer. Les Russiens les appellent ZIEMNOIPOIAS, c'est-à-dire, la ceinture de la terre. Leurs cimes sont pelées & sans herbe à cause des vents continuels qui y soufflent & elles sont la plûpart du temps couvertes de Neiges. Il y croît des Cedres ; (ou plûtôt quelques arbres qui ressemblent aux Cedres) autour desquels sont des Zibelines très-noires ; & des oiseaux de proye de diferentes especes font leurs Nids sur ces Montagnes ; sur tout des Faucons blancs qui ont le vol très-rapide. On en apporte en Moscovie & le Grand Duc s'en sert pour la chasse. Ces Montagnes que les anciens ont nommées Monts Hyperborées & sur la situation desquelles ils sont si peu d'accord existent veritablement dans l'Empire de Moscovie. Elles sont couvertes de neiges endurcies par la gelée qui les font paroître blanches, & il est très-dificile aux Voyageurs de les franchir. On dit qu'elles sont si hautes que quelques hommes commandez pour cela par le Prince de Moscovie furent dix-sept jours à en monter une, encore ne purent-ils pas atteindre au sommet.

[i] Rer. Moscov. Scriptores p. 107.

Si l'on considere que l'on n'a commencé à con-

connoître bien l'Empire Russien que depuis le commencement de ce siécle-ci, on ne s'étonnera point que cet Ambassadeur n'ait point parlé de ces Montagnes avec la même exactitude que les Géographes d'aprésent. Ces Montagnes sont dans le pays des Samoyedes. Elles commencent à la pointe Occidentale qui forme le Golphe qui est à l'embouchure de l'Obi. A l'extrémité est le Fort de Scop, ou le Fort d'Oby. Elles courent trente lieues Françoises vers le Midi, puis environ autant vers le Sud-Ouest jusqu'au Lac KIRATIS, d'où sort la Riviere de SOBA, qui va se joindre à l'Obi, delà tournant vers l'Ouest l'espace de soixante lieues, elles vont se joindre à une autre chaîne de Montagnes qui s'avance vers le Midi; de sorte que plus elles s'éloignent de l'Obi, plus elles s'écartent de la Mer. Mr. de l'Isle qui les marque très-bien dans sa Carte de la Tartarie, ne met point leur nom.

CAMENITZ, Ville de Pologne avec un Evêché suffragant de Gnesne, selon une ancienne Notice[a]. Il faut bien se garder de confondre ce Siége avec celui de Cammin en Pomeranie, comme fait Mr. Baudrand. Voyez CAMMIN.

[a] Schelstrate ant. Eccles. T. 2. p. 764.

CAMENIZ[b], Ville de la haute Lusace. Elle étoit passablement grande & fut consumée par le feu il y a quelques années. C'est une de celles qu'on appelle les six Villes, *Hexapolis*.

[b] Hubner Geogr. Frag. p. 595.

1. CAMERA, Isle de la Mer Rouge selon Vincent le Blanc & Mr. Corneille, le nom me feroit presque soupçonner que c'est la même que CAMARAN. Mais cette derniere est sur les côtes de l'Arabie, au lieu que Vincent le Blanc[c] donne Camera à l'Abissinie; d'ailleurs le Voyageur cité les distingue & parle de toutes les deux. Après avoir parlé de Camaren qui est dit-il, au Seque, c'est-à-dire, au Cheie, il met de l'autre côté sur la côte d'Ethiopie Dalafcia ou Dalaca, Ercoco, Mazuan, ou Mezua, (*Massova*) & au-dessus Ibrani, puis encore plus haut, ajoute-t-il, il y a l'Isle de Camera sujete aussi au Preste-Jan, qui a deux bons ports, l'un au Midi l'autre au Levant. Elle a de bonnes eaux, & un beau puits à deux cens pas de la Mer, dans une Cour remplie d'arbres fruitiers, & ce quartier-là s'apelle la *Magoudu*, ou *Magot*, où il y a vingt ou trente Maisons qui ont chacune leurs petites barquettes pour jetter en mer quand bon leur semble & vivent ainsi de Pêcherie. L'Atlas de de Wit marque à peu près en cet endroit une Isle nommée *Meget*; elle me paroît la même. Je ne la crois pas non plus diferente de celle que Mr. de l'Isle nomme *Marqueti*.

[c] Voyages 1. part. c. 8. p. 27. & 28.

2. CAMERA, le Bienheureux Boniface Recteur de l'Université, & Evêque de Lausane se retira dans sa vieillesse dans un lieu nommé *Camera* où il mourut l'an 1266. au bout de quinze ou seize ans de retraite, comme on lit dans la Vie[d]. Le Pere Ferrari a cru que Camera étoit un Village de la Franche-Comté au Diocèse de Lausane. Mais il s'est trompé, Camera est le lieu nommé presentement LA CAMBRE ou CAMÈRE, à une petite demie-lieue de Bruxelles: ce Prelat étoit né à Bruxelles, & il choisit sa retraite dans sa Patrie, il n'y a rien de plus naturel. La *Cambre* ou *Camere*, est presentement une Abbaye de Religieuses de l'Ordre de Citeaux; & ce qui prouve l'erreur du P. Ferrari, c'est que son corps s'y garde encore à present.

[d] Baillet Vie des Saints au 19. Fevrier.

3. CAMERA, (LA TORRE DE) ou DE CAMBIA, petite Ville d'Afrique sur la côte Orientale de Barbarie au Golphe de la Sydre, à l'entrée & à l'Orient du Golphe de TINI. Quelques-uns pretendent que c'est la Tour d'Hercule Ἡρακλέους πύργος de Ptolomée[e]: du moins ses Interpretes balancent entre *Camera* & CORCUERA, qui est un peu plus au Nord. Mr. de l'Isle écrit ces deux noms SAMERA & CARCOURA, & n'en fait que deux Villages.

[e] l. 4. c. 4.

CAMERE, ou CAMARE, car les exemplaires varient, petit champ auprès de la Riviere *Crathis*, qui coule en Calabre. Ovide dit dans ses Fastes[f]

[f] l. 3. v. 581.

Est prope piscosos lapidosi Crathidis amnes
Parvus ager, Cameren incola turba vocat.

La suite & ce qui precéde, font voir que ce lieu étoit au bord de la mer, & près de l'embouchure de cette Riviere.

CAMERIA, ou CAMERIUM, le premier est de Tite-Live[g], le second est de Pline[h], ancienne Ville d'Italie au territoire des Sabins.

[g] l. 1. c. 38. [h] l. 3. c. 5.

CAMERINA, c'est la même Ville de Sicile, que Camarina, auprès de laquelle étoit le marais dont j'ai déja parlé à l'article CAMARANA. Voyez ce mot.

CAMERINO, Ville d'Italie dans l'Etat de l'Eglise. Mr. Baudrand la met dans la Marche d'Ancone aux confins de l'Ombrie. Il eût falu dire autrefois Ville de l'Ombrie aux confins de la Marche d'Ancone: cette Ville est ancienne. Les Géographes Grecs comme Strabon & Ptolomée, qui en ont fait mention, écrivent CAMARINUM, mais les Géographes Latins écrivent tous constamment la seconde syllabe de ce mot par un e. Ortelius la confond mal-à-propos avec la *Camerium* de Pline qui étoit près du Latium au territoire des Sabins & non pas dans l'Ombrie; où étoit *Camerinum*. Cette derniere Ville est designée dans le livre de Pline par le nom de ses habitans qu'il nomme CAMERTES. Ciceron[i] parle aussi d'eux sous le même nom: *Neque Iguvinatium neque Camertium fœdere esse exceptum*. Silius Italicus[k] dit aussi:

[i] Pro Balbo c. 20. [k] l. 8. v. 461.

His populi fortes, Amerinus, & arvis
Vel rastris laudande Camers.

Ciceron[l] nomme le territoire de cette Ville CAMERS AGER: *In Agro Camerti, Piceno, Gallico*. Ce même territoire étoit aussi nommé AGER CAMERINUS, comme on voit dans le Livre de Frontin. C'est aussi du Pays qu'il[m] faut entendre ces paroles d'une Lettre du grand Pompée à Domitius, laquelle se trouve dans le recueil des Lettres de Ciceron à Atticus après la douziéme du huitiéme livre: *Cohortes quæ ex Piceno & Camerino venerunt*. Mais celles-ci qui sont de Cesar[n]: *In iis Camerino fugien-*

[l] Pro Sulla [m] de Colon. [n] Bell. civil. l. 1. c. 15.

CAM.

gientem Ulcillem Hirum cum VI. Cohortibus quas ibi in præsidio habuerat excipit, peuvent bien s'entendre de la Ville. Le R. P. Hardouin met *Camerino*, dans la Marche d'Ancone auſſi-bien que Mr. Baudrand; & les Cartes de Magin y placent auſſi CAMARONO, qui eſt la même choſe. Les Notices Epiſcopales ne s'accordent pas. Quelques-unes mettent ce Siége dans l'Ombrie, une de 1225. ſous Celeſtin III. le met *in Ducatu Spolitano*[a], au Duché de Spolete, qui eſt la même choſe que l'Ombrie. Une autre Notice plus recente de quelques ſiécles ne le met point dans le Duché de Spolete auquel elle ne donne que ſept Evêchez, au lieu de dix que l'autre Notice lui donne; mais elle met ce Siége dans la Marche d'Ancone. Par où l'on peut juger que les bornes de ces Provinces furent changées dans l'eſpace de temps qui s'écoula entre ces deux Notices. La Marche d'Ancone qui n'a que huit Evêchez dans la Notice anterieure, en a quatorze dans la ſeconde. Mr. Baillet[b], & le P. Charles de St. Paul[c], qui mettent Camerino dans l'Ombrie ſe ſont reglez ſur l'ancienne diviſion. Ce Siége eſt ancien. Probus ſon Evêque fut un dês Péres du III. Concile Romain ſous Symmaque. Il aſſiſta encore au IV. dans lequel on lit *Carmeianenſis*, au lieu de *Camerinenſis*. Holſtenius obſerve que dans un des Manuſcrits du Vatican on lit *Cameritanus*. Cet Evêché ne releve que du St. Siége. La Ville a eu autrefois des Ducs Souverains de la Maiſon de Varano. Mais la ligne s'étant éteinte faute de poſterité Maſculine, ce petit Etat fut réuni à l'Etat de l'Egliſe ſous Paul III. qui en inveſtit d'abord Pierre Louis Farneſe. Mais ce Prince s'en deſiſta moyennant l'inveſtiture de Parme & de Plaiſance, que ſa ſereniſſime famille poſſede encore actuellement.

CAMERIUM, c'eſt la même que CAMERIA. Plutarque en fait mention dans la Vie de Romulus. C'eſt auſſi la même que CAMARIA, qui étoit une Colonie des Citoyens de la Ville d'Albe fondée long temps avant la Ville de Rome, ſelon Etienne le Geographe & Denys d'Halicarnaſſe[d].

CAMERON[e], & CAMORON. Les Arabes appellent en leur Langue *Gébal Camoron*, ce que nous nommons ordinairement le *Cap de Comorin*: ils diſent que ce Promontoire ſépare le pays, & la Mer des Indes, d'avec le pays & la Mer de la Chine, d'où l'on peut inferer que tout ce qui eſt au delà du Golphe de Bengale, comme les Royaumes de Siam, d'Aracan, de Pegu, de la Cochinchine, &c. eſt cenſé ſelon les Arabes, être des appartenances de la Chine. Ils diſent auſſi que c'eſt dans la Montagne de Comorin que ſe trouve le plus precieux de tous les bois, à ſavoir, celui d'Aloés nommé par les Grecs *Xylaloe*, & par les Arabes *Ud & Al Ud*, c'eſt-à-dire, le bois par excellence. Il y croît en abondance, & ſurpaſſe en bonté celui que l'on apporte d'ailleurs. Abdalmoal écrit que le pays qui eſt autour de ce Cap & de cette montagne, eſt fort peuplé, que les Arabes l'appellent BELA'D ALNA'R, *le pays du feu*, & qu'il confine avec celui qu'ils nomment BELAD AL FUL FUL, *le pays du poivre*; que nous appellons ordinairement le pays de Calecut, ou la côte de Malabar.

§. La Geographie des Arabes eſt preſque renfermée dans cette partie de la Terre qui eſt entre l'Indus, la Mer des Indes depuis ce fleuve juſqu'au Golphe Arabique, toute l'Arabie juſqu'à l'Euphrate, depuis la ſource de ce fleuve juſqu'à la Mer Caſpienne, puis en ſuivant cette Mer par le midi juſqu'à quelque diſtance au delà de l'Oxus des Anciens qui eſt le Gehon d'aujourd'hui juſqu'au fleuve Indus. Lorſque quelques-uns d'entre eux ont voulu paſſer ces bornes, ils n'ont plus eu les mêmes avantages ni la même exactitude que lors qu'ils ont parlé des pays qu'ils connoiſſoient.

CAMERONES. Voyez CAMARONES.

CAMERTA, Ville d'Italie. On la voyoit à ſa droite en allant d'*Otricoli* à *Rimini*, dit Strabon[k]. Comme il parle auſſi de *Camerinum* dans la même page, on ne peut pas dire que ce ſoit la même Ville. Ortelius ſe trompe encore à ce ſujet & croit qu'elle étoit la même Ville que la *Camaria* d'Etienne, & que ſes habitans ſont les *Camertes* de Pline. Le premier eſt une erreur évidente, quant au dernier, ce n'eſt pas le ſentiment de Cellarius, ni du R. P. Hardouin qui expliquent *Camertes* de Pline par les habitans de Camerino; quoique la Camerta de Strabon ne leur fût pas inconnue.

CAMERTES. Voyez CAMERINO.

CAMICUS, ancien nom d'une Riviere de Sicile. Mr. de l'Iſle croit qu'elle eſt la même que le Halycus. Mais Cellarius les diſtingue. Quoiqu'il en ſoit, cette Riviere eſt aujourd'hui appellée FIUME DI PLATANI. Dans la Vallée de Mazare, ſur une Montagne qui eſt ſur la rive droite de cette Riviere étoit une ancienne Ville auſſi nommée CAMICI, au pluriel, ou CAMICUS au ſingulier. Strabon dit[l]: il y a auſſi des Villes entre celles des Barbares, leſquelles ont ceſſé d'être, de ce nombre eſt *Camici*, Reſidence du Roi Cocalus, auprès de laquelle on dit que Minos périt dans une embuſcade. Diodore[m] dit ce mot au ſingulier. Etienne parle auſſi de la Ville & dit que Cocalus y avoit tenu ſa Cour. Herodote[n] dit en parlant des Cretois & de Minos: ils n'ont point vangé ſa mort arrivée à Camicus. Quant à la Riviere, Vibius Sequeſter[o] en fait mention. *Camicus*, dit-il, par une terminaiſon Greque, Riviere de Sicile d'où la Ville de Camicos borne les Agrigentins. Mr. de l'Iſle met Camicus dans ſa Carte de l'ancienne Sicile ſur une Montagne & dans la Sicile moderne, il met au même lieu PLATANELLA RUINE'E.

CAMIGARA, Ville de l'Inde en deçà du Gange ſelon Ptolomée[p].

CAMILETÆ, les mêmes que CAMELITÆ.

CAMILIANUM. Voyez dans l'article CAMELANI.

CAMIN. Voyez CAMMIN.

CAMINA, Iſle de la côte de l'Aſie mineure près de Milet; ſelon Pline qui dit qu'elle étoit à XXXVIII. milles de Platée.

CAMINHA, Ville de Portugal dans la Province d'entre Duero & Minho. A l'embouchure de cette derniere vis-à-vis de Guardia

dia qui est de l'Espagne, & dans la Galice. Cette place est fortifiée de quelques bastions & on a bâti un Fort dans une Isle qui en est proche. Ce Fort est à trois faces regulieres, la quatriéme est un Bec de Moineau. Une Demi-lune couvre la porte qui est au milieu d'une Courtine, & la Mer vient se briser contre le pied de ce Fort qui est revêtu de Maçonnerie. Il y a toujours Garnison dans Caminha, & on en détache pour faire la garde au Fort qui est dans l'Isle; lequel a son Commandant particulier. Ce Fort s'appelle CANDELA. CAMINHA a titre de Duché.

CAMINICIUS, en Allemand CAMINIZ. Mr. Spener [a] semble nommer ainsi la Riviere qui passe à Chemnitz dans la haute Saxe, & va se perdre dans la Mulde au pays qu'habitoient autrefois les peuples *Dalemincii*.

[a] Notit. Germ. Med. c. 4. p. 387. & 389.

CAMINIECK. Voyez KAMINIECK.

CAMINITZA, Bourg de la Morée, à dix ou douze lieues de Patras des deux côtez d'une Riviere, & à trois milles de la Mer. Mr. Spon [b] ne doute point que ce Bourg ne tienne la place de l'ancienne Ville OLENUS, & que la Riviere qui le traverse ne soit celle de *Pirus*, que Pausanias met à 80. stades de Patras.

[b] Voyages. T. 2. p. 4.

1. CAMINOS, lieu de la Cyrenaïque, selon Antonin [c], à trente mille pas de Berenice, sur la route de la grande Leptis à Alexandrie.

[c] Itiner.

2. CAMINOS, Ortelius [d] blâme avec raison Tzetzes ou ses Copistes d'avoir défiguré deux fois le nom de CAMICUS, Ville de Sicile, en écrivant *Caminos*, dans un endroit & *Camilos* dans un autre. Voyez CAMICUS.

[d] Thesaur. In voce Inycus.

CAMIRUS, Ville de l'Isle de Rhode, l'une des trois principales de l'Isle. Strabon [e], Ptolomée [f], & Etienne en font mention. Les deux premiers ont écrit la seconde syllabe par un Ει. Κάμειρος, ce qui a donné lieu à leurs Interprètes de rendre ce nom en Latin *Camerus* ou *Camyrus*; le troisieme écrit Καμιρός par un ι simple. Il dit que c'étoit la patrie de Pisandre qu'il met entre les Poëtes fameux. Les Interprètes de Ptolomée la prennent pour FERACHIO.

[e] l. 14. p. 655.
[f] l. 5. c. 2.

CAMISA, Strabon met [g] aux frontieres de la petite Armenie & de la Lanasene une ancienne Forteresse de ce nom qui étoit déja détruite de son temps. Il fait en même temps mention de la Camisene pays où étoit cette Forteresse; peut-être la releva-t-on dans la suite, peut être aussi n'y eut-il que les fortifications demolies, & qu'il y resta une Ville, un Bourg, ou un Village; car ce nom subsistoit encore du temps d'Antonin qui met sur la route de Nicopolis à Arabisus.

[g] l. 12. p. 560.

Dagalasson	M. P. XXIV.
Zaram	M. P. XX.
Camisam	M. P. XVIII.
Sebastiam	M. P. XXIV. &c.

Ces nombres sont les mêmes dans l'exemplaire du Vatican & dans l'Edition de Bertius. Ils devroient aussi se retrouver les mêmes dans la route de Cesarée à Satala, & cependant les mêmes lieux y sont avec des distances très-diferentes. Savoir

Sebastia	Selon l'exemplaire du Vatican	Selon Bertius
Camisa	M. P. XXVII.	XXVII.
Sara	M. P. XVIII.	XXVIII.
Dagolasso	M. P. XX.	XX.

Cette diference laisse incertain lequel des deux nombres qui déterminent ici la distance de Sebastia à Camisa, doit être preferé. Y avoit-il XXVII. Mille pas, ou seulement XVIII. Milles. La Table de Peutinger peut débrouiller un peu la dificulté. Elle compte de Sebastia à Comassa XXIII. M. P. qui peut-être selon les mesures Itineraires qui y sont employées ne diferent gueres des XXIV. Milles d'Antonin. Ortelius cite le Decret de Gratien [h] où il est dit avoir trouvé un Evêque *Camisanæ Civitatis*. Je ne doute point qu'il n'ait eu devant les yeux la seconde partie du Decret Cause XVI. Quest. 3. c. 5. où l'on lit *ea quæ inter Fratrem & Coepiscopum nostrum Constantinum Anuscanæ Ecclesiæ sacerdotem, & internuncios* &c. Surquoi une Note avertit que dans les anciens exemplaires ce mot *Anuscanæ*, se lit diversement; savoir *Canuscana*, *Camuscanæ* & *Tamiscana*. Ce Géographe qui ne manquoit pas de Manuscrits & qui les consultoit souvent preferablement aux imprimez, en avoit apparemment un qui portoit *Camisanæ*; quoi qu'il en soit, il n'est nullement question d'une Eglise d'Asie dans le passage de ce Decret, & les Notices Episcopales ne font aucune mention de *Camisa* ou *Camisana Civitas*. Ortelius a été encore trompé, par une faute qui se trouve dans les Editions de Strabon. Il dit sur l'autorité de ce Géographe que Camisa étoit une Ville de la Camisene contrée dans la Parthie. Il a confondu deux passages très-diferens, savoir celui que j'ai déja cité & où il est question de l'Armenie, avec un autre où Strabon parle de la Parthie: présentement [i], dit-il, elle est plus grande qu'elle n'étoit, car la Camisene & la Chorene en font partie. Il faut remarquer que Strabon ne parle nullement en ce lieu-ci de Camisa, ainsi il n'y a nulle contradiction entre ce passage & la situation qu'Antonin donne à Camisa, dont il ne s'y agit pas. Saumaise dans ses Exercitations sur Solin [k] a fort bien remarqué que c'est une faute; que ce lieu est le même que la Κομισηνή de Ptolomée; qu'il y a faute dans le texte de ces deux Auteurs & qu'il faut lire dans l'un & dans l'autre Κομισηνή. La Chorene a également besoin de correction. Ce n'est ni Χοροηνή, comme l'écrit Strabon, ni Χοροάνη, comme l'écrit Ptolomée, mais Χοαρήνη. Strabon lui-même [l] écrit beaucoup mieux ce nom ailleurs Χοαρηνή.

[h] 2. Causa 16.
[i] l. 11. p. 714.
[k] Edit. Paris. 1629. p. 1196. & 1197.
[l] l. 15. p. 725.

§. CAMISARDS, (les) ont fait beaucoup de bruit au commencement de ce siécle, ce n'est pas une Nation particuliere; mais une bande de quelques prétendus Reformez qui dans l'esperance de recouvrer le libre exercice de leur Religion, avoient pris les armes durant les guerres que la France & l'Espagne soutenoient alors contre les Puissances alliées de la Maison d'Autriche. La revolte des Camisards

sards fut d'autant plus incommode que ce parti fut grossi par des scelerats à qui ils ouvrirent les prisons, par des debiteurs insolvables & par des gens de la lie du peuple qui n'ayant rien à perdre pouvoient s'avancer parmi eux, à force d'intrepidité. Les Sevenes Montagnes du Languedoc furent durant quelques années le Theatre où ils exercerent leurs cruautez sur les Prêtres & sur les Voyageurs. La France fut enfin purgée de ces brigands. Ceux qu'un zele sincere de leur Religion, quoique fausse, avoit engagez à cette levée de bouclier, eurent honte de se voir confondus avec de tels bandits, quand ils virent les excès auxquels ils se porterent dans la suite, & mettant les armes-bas profiterent de l'amnistie que leur offrit la Cour occupée aux guerres de dehors. Plusieurs autres passerent en Hollande, & en Angleterre, l'Esprit de Fanatisme qui les avoit animez en France les rendit meprisables à Londres où ils s'erigerent en Prophetes. Un Auteur fameux par ses Voyages, & par quelques Ecrits que le public lit encore avec plaisir, prostitua sa plume jusqu'au point de recueillir les pretendus Miracles & les Propheties imaginaires qu'ils lui fournirent. Il ne les justifia dans l'esprit de personne. Il ne fit que s'associer à leur ignominie. Le nom de Camisards leur avoit été donné parce qu'ils avoient la plûpart pour habits des Sarreaux de Toile qui ressembloient de loin à des chemises.

CAMISINKA. Voyez KAMISINKA.

CAMISSA, Riviere d'Ethiopie. Mr. Corneille sur la foi du Voyageur curieux, livre auquel l'imagination de l'Auteur a eu plus de part que son Erudition, le decrit ainsi : ce fleuve prend sa source du petit Lac de Gale qui est au pied des Montagnes de la Lune à l'Ouest & va se décharger dans un petit Golphe qu'on trouve avant le faux Cap de bonne Esperance. Les Portugais, poursuit-il, appellent ce fleuve *Rio Dolce*; c'est-à-dire, *Riviere Douce*. Les peuples qui habitent à l'entour sont noirs. Il y a quatre remarques à faire sur cet article. 1. Le petit Lac de Gale est sans doute un Lac auquel on a donné ce nom à cause des Galles, peuple au Midi de l'Abyssinie. Il n'est pas étonnant qu'on l'ait mis à l'Ouest des Montagnes de la Lune d'où les Anciens faisoient venir le Nil, puis qu'on a mis par les 18. d. de latitude-Sud un pays Bagametro, qui n'est autre que la Province de Bagemder de l'Abissinie, laquelle est en deçà du 12. degré de latitude Nord; c'est-à-dire, sept cens cinquante lieues de 25. au degré plus au Nord que le pretendu pays de Bagametro. 2. Les Montagnes de la Lune decrites par les Anciens sont chimeriques dans les circonstances qu'ils y ont attachées. 3. En les supposant au lieu, où les Anciens les placent, il n'y a aux environs aucun Lac d'où sorte quelque Riviere qui coure vers le Cap de Bonne Esperance vrai ou faux. Enfin on trouve bien à l'Orient de ce Cap dans un petit Golphe l'embouchure d'un ruisseau nommé *Rio Dolce* par les Portugais, par opposition à un ruisseau voisin nommé Riviere Salée, mais le cours de ce ruisseau n'est depuis sa source jusqu'à son embouchure que de douze ou quinze lieues tout au plus. Au lieu que suivant la supposition de l'Auteur il devroit être d'environ quatre cens lieues.

CAMISSAN, Ville d'Ethiopie vers le Nil, à trois lieues de Cassouda selon Vincent le Blanc[a]. *a Voyages 2. part. c. 17. p. 90.*

CAMITS ou CAMENS, petite Ville de la haute Lusace. C'est la même que CAMENITZ ; dont le nom est accourci d'une syllabe entiere. Mr. Baudrand la met à cinq lieues de la Ville de Bautzen & à sept de celle de Dresden.

CAMMALAMMA, Ville d'Asie dans l'Isle de Ternates dont elle est la Capitale selon Mr. Corneille. Voyez GAMMALAMMA qui est le vrai nom.

CAMMANAH, Province d'Afrique dans la Guinée sur la côte d'or. Il paroît par les bornes que lui donnent Dapper[b], & quelques autres qui l'ont copié, que cette Province est très-petite & qu'elle est à quelque distance de la Mer, & à l'Occident de Rio de Volta. Bosman le seul Auteur Original qui ait parlé de ces pays en témoin oculaire avec quelques détails, mais sans ordre ni netteté, ne fait aucune mention de cette Province, à moins que ce ne soit ce qu'il nomme COMMANY, ou CHAMA[c]. Mr. De l'Isle qui a fait un très-bon usage de cette Relation neglige *Cammanah*, & même *Commany* qui est frontiere du pays de Juffer que l'on trouve sur cette Carte. On peut voir au mot Guinée un petit nombre de reflexions sur la cause de la diversité qui se trouve entre les Relations anciennes & les modernes. *b Afrique p. 290.* *c Lettre 6. p. 82.*

CAMMANIA, contrée de la Grece, où elle faisoit partie de la Thesprotie. Etienne le Geographe dit qu'on la nomma ensuite CESTRINIA. C'est la même que la CESTRIA de Pausanias. Voyez ce mot.

CAMMART, ancienne Ville d'Afrique au Royaume de Tunis. Voici l'idée qu'en donne Marmol[d]. C'est une ancienne Ville, à trois lieues de celle de Tunis du côté du Septentrion, & assez près des ruines de l'ancienne Carthage. Les Historiens du Pays rapportent qu'elle a été bâtie par les Romains. Elle est fermée de hautes murailles & fort peuplée. Les habitans sont la plûpart Jardiniers qui portent vendre à Tunis des fruits & des herbes Potageres. Il y a dans cette contrée de grands champs de cannes de sucre que l'on vend en détail à ceux de Tunis, sans en faire du sucre comme ailleurs : quand la Ville de Tunis fut prise par l'Empereur, les Espagnols saccagerent cette place, parce que les habitans s'enfuirent à la descente de l'armée. Elle se nommoit autrefois Valachie à ce que dit Aben-Rachid Auteur Africain. *d T 2. l. 6 c. 17.* *e En 1535.*

CAMMIN, Ville d'Allemagne dans la Pomeranie ulterieure. Elle étoit autrefois Episcopale. Mrs. Baudrand, d'Audifret & presque tous nos Geographes François disent que son Evêque étoit sufragant de l'Archevêché de Gnesne en Pologne, en quoi ils se trompent ; car ils confondent Cammin Ville Episcopale de Pomeranie avec Camenitz, Ville aussi Episcopale, mais en Pologne sous la Metropole de Gnesne. Ce qui doit surprendre, c'est que Mr. Baudrand à la fin de son article renvoye à Martin Zeyler dans sa Description de la Pomeranie. Puisqu'il vouloit citer cet Auteur il

CAM.

il devoit le lire lui-même auparavant; ou s'il n'entendoit pas la Langue Allemande en laquelle Zeyler a écrit, comme il y a bien l'apparence, il devoit se faire expliquer ce que dit Zeyler. Ce dernier emprunte les paroles de Micrælius qui a écrit l'Histoire Ecclesiastique de Pomeranie, & qui est le mieux instruit de tous ceux qui en ont parlé: voici les paroles mêmes de Micrælius, raportées par Zeyler au livre où Mr. Baudrand nous renvoye [a]. Ceux qui n'ont pas sû distinguer Cammin de Camenitz en Pologne où est aussi la résidence d'un Evêque, & qui prend son nom d'une Maison bâtie de pierres, ont cru que Cammin relevoit de l'Archevêché de Gnéne. Mais notre Cammin de Pomeranie gît à 53. d. 48'. de Latitude, & à 39. d. de Longitude, sur le Divenow. Je ne donne pas cette position comme exacte, mais seulement pour raporter le passage de Zeyler sans le tronquer. Voici comment la fondation de cet Evêché est raportée par *Chitræus*, Auteur savant & exact de qui Mr. de Thou a emprunté une infinité de choses dont il a enrichi son Histoire. Martin Caritius né à Colberg étoit Evêque de Cammin en Pomeranie l'an 1500; il avoit succédé deux ans auparavant à Benoît de Walstein Baron dans la Bohême, & étoit le 26. Evêque depuis Albert qu'Otton Comte d'Andech Evêque de Bamberg étant sur le point de s'en retourner en Franconie avoit établi premier Evêque de la Pomeranie qu'il avoit couverte. Car Boleslas III. Roi de Pologne ayant amené à la Foi Chrétienne Wratislas & Ratibor qui étoient Fréres, & Princes de la Pomeranie Citerieure, Otton VIII. Evêque de Bamberg qui savoit la Langue des Wendes fut appellé en Pomeranie pour y établir la Religion. Il y baptisa Wratislas & ses deux fils Casimir & Bogislas. Ce fut à sa persuasion que Wratislas fonda un Evêché à Julin dans l'Isle qu'enferment l'Oder & le Divenow, Ville alors très-peuplée & fort marchande. Comme on ne parloit alors que de la sainteté & des Miracles de St. Adelbert Evêque de Prague qui après avoir travaillé à la Propagation de la Foi en Hongrie, en Pologne & en Prusse, avoit enfin été massacré auprès de Fiscshaufen, & enseveli à Gnéne, on consacra la nouvelle Eglise de Julin sous l'invocation de St. Adelbert. Albert mourut l'an 1158. & eut pour Successeur Conrad élu par le Chapitre. Les guerres continuelles de Waldemar Roi de Dannemarck contre les Wandales & celles d'Henri le Lion qui infestoit la Pomeranie du côté de la terre ferme depeuplerent Julin dont les habitans déguerpirent. Les Danois le trouvant alors abandonné le prirent, & le brulérent: c'est pour cela que l'Evêché fut transferé à Camin Ville située tout auprès, à l'autre côté du Divenow, par Casimir fils de Wratislas, & on fit un accord avec l'Evêque & le Chapitre par lequel il fut réglé qu'en cas que le Siege vînt à vaquer, on ne remplirait l'Evêché, ni aucune Prélature que du consentement du Prince de Pomeranie comme en étant le Patron. Conrad fut 27. ans Evêque & eut pour Successeur Sifroy (*Sigefridus*) sous lequel la translation juridique se fit & fut conservée par le Pape dont voici le Bref.

[a] Brandeb. & Pomeran. Topogr. p. 36.

Tom. II.

CAM.

CLEMENS (III.) *Episcopus Romanus Servus Servorum Dei, Venerabili fratri, Sigefrido Caminensi Episcopo, Salutem.*

Statuimus cum civitas quæ Wollin (Julin) dicitur, in qua Sedes Episcopalis esse solebat, propter guerrarum incommoda, deserta esse proponatur, ut hæc ipsis Sedes sit, in posterum in Ecclesia Sancti Johannis Baptistæ apud Civitatem Caminensem quæ populosior est & securior habetur. Datum Laterani per manum Moysi Lateranensis Canonici vicem agentis Cancellarii VI. Calend. Maii, anno 1188. Pontificatus Nostri I. Ce Bref sera ci après employé en preuve d'une autre dificulté. C'est pourquoi je n'en ai point fait de le raporter ici entier. [b] Les Ducs de Pomeranie affectérent dans la suite cet Evêché à quelque Prince de leur Maison & quoique le Titre en eût subsisté après que ce pays eut embrassé la prétendue Reformation de Luther, il fut éteint par la Paix de Westphalie. [c] La propriété & tous les droits temporels en furent attribuez à la Couronne de Suede pour ce qui avoit été autrefois au pouvoir & à la collation des Ducs de la Pomeranie Superieure, & aux Margraves de Brandebourg pour ce qui est de l'Evêché même & de ce qui avoit été au pouvoir & à la collation des Ducs de la Pomeranie Ulterieure; avec liberté à ces deux Puissances d'en éteindre les Canonicats à mesure qu'ils viendroient à vaquer. Cette Ville fut ravagée par incendie l'an 1630. & par un autre l'an 1709. Elle a trois foires par an, l'une au II. Dimanche de Careme, l'autre à la Trinité & la troisieme à la Ste. Croix.

[b] *Schussflichs. Disput.* 38. p. 6. Art. XI.

[c] Traité d'Osnabrug.

CAMMUNII, Voyez CAMUNI.

CAMOENARUM LUCUS, c'est-à-dire le bois des Muses, Bois dans le voisinage de Rome à la porte Capene. Voyez EGERIÆ LUCUS.

1. CAMON, Ville de la Palestine au deça du Jourdain dans le Grand Champ, à six milles de Legion [d] tirant vers le Septentrion: peut-être, dit D. Calmet [e] est-ce la même que CADMON.

[d] Euseb.
[e] Dict.

2. CAMON [f], Ville de la Palestine au delà du Jourdain dans le pays de Galaad [g]. C'est apparemment la même que Camon dont parle Polybe [h] & qui fut prise par le Roi Antiochus. Jaïr Juge d'Israël, fut enterré dans la Ville de Camon de la Tribude Manassé au delà du Jourdain.

[f] Ibid.
[g] *Joseph. Ant. l.* 5. c. 8.
[h] L. 5. p. 414.

CAMONICA, (*Val di*) petite contrée d'Italie dans l'Etat de Venise au Bressan le long de l'Oglio, aux confins de la Valteline. C'est un passage fort frequenté de la Suisse en Italie.

[i] *Baudrand Ed.* 1705.

CAMORA, Ville d'Espagne, ou plutôt CAMORA. Voyez ZAMORA.

CAMOUCHE, Vincent le Blanc met un Port de ce nom, avec une Ville mal bâtie sur la côte Orientale de l'Isle de Ceylan vis-à-vis de la côte de Coromandel dont elle n'est, dit-il, separée que par un détroit qui n'est gueres plus large que celui de Gibraltar. Les Relations qui pourroient garantir la sienne ne parlent point de ce Port.

CAMP,

CAM.

CAMP, lieu où une armée se place pour y faire un séjour plus ou moins long sous des tentes, & dans un arrangement qui differe selon les divers génies des Nations. Les Romains appelloient *Castra* les Camps où s'arrêtoient leurs armées. Ils les fortifioient, de maniere qu'on n'y pût entrer que par quatre portes. La premiere étoit la Pretorienne à la tête du Camp derriere le quartier du Préteur qui répondoit à ce que nous appellons aujourd'hui le quartier du Roi, elle étoit du côté de l'Ennemi & on sortoit par là pour aller au combat. A chaque côté, c'est-à-dire à droite & à gauche, étoient deux autres portes que l'on appelloit principales, on les distinguoit aussi par les surnoms de droite & de gauche. La porte Decumane étoit correspondante à la Prétorienne: c'étoit la plus éloignée de l'ennemi. C'est par celle-là que l'on faisoit sortir du Camp les criminels condamnez au suplice. Les tentes des Soldats étoient la plûpart de peaux d'où est venu cette expression être sous les peaux (*esse sub pellibus*) pour dire être au Camp. Dans chaque tente ou pavillon étoient logez dix Soldats, & c'est ce qu'on appelloit en Latin *Contubernium*, comme on dit en François *être de Chambrée*. Le Chef de la Chambrée étoit nommé *Decanus*, nom d'où est venu celui de Doyen, que l'on a étendu à des usages diferens. Les Fortifications du Camp consistoient en un fossé que l'on creusoit de la largeur & de la profondeur de huit pieds, & dont la terre étant jettée du côté du Camp y formoit un rempart que l'on munissoit encore de pieux. Ce n'étoient pas des palissades simples comme les nôtres, mais des piéces de bois de chêneou d'autre bois le plus dur que l'on pouvoit trouver, ayant plusieurs branches qui étant étêtées, devenoient des especes de fourches herissées de plusieurs pointes, & faisoient à peu près le même effet que nos chevaux de Frise. Lorsque l'on entroit au Camp le Tribun assembloit les troupes, non seulement les personnes libres, mais encore les Esclaves & leur faisoit prêter le serment que personné ne deroberoit rien dans le Camp, sous peine de la Bastonade, ignominie que les Romains craignoient plus que la mort & qu'au contraire si l'on trouvoit quelque chose, on le rapporteroit au Tribun. Les Romains ne souffroient point de femmes dans leur Camp. Les Germains au contraire y menoient leurs Familles afin que les dangers & les cris des personnes qui leur étoient les plus cheres les animassent au Combat & à la Victoire. Lorsque les Romains prévoyoient qu'ils seroient longtemps dans un Camp ils le fortifioient d'une maniere plus solide & plus durable, & ces Camps extraordinairement fortifiez étoient nommez *Stativa*.

Les Hebreux après leur sortie d'Egypte marcherent ou campèrent quarante ans dans le Desert[a], on ne sait pas au juste si leurs Camps, étoient quarrez, comme on le croit avec bien de la vraisemblance. Il semble pourtant que dans les guerres que ce peuple eut dans la suite ils campoient en ligne circulaire, comme on peut voir dans Isaye[b]. Le camp étoit aussi divisé en trois parties, celle du milieu étoit pour le Tabernacle & c'est ce qu'on appelloit le *Camp de la Majesté divine*, à l'entour & à quelque distance étoient les Prêtres & les Levites qui étant destinez au service du Tabernacle devoient être à portée d'y assister commodément pour y faire leurs fonctions. Cette Tribu étoit ainsi disposée: à l'Orient du Tabernacle étoient Moïse, Aaron & ses fils; au Midi étoit la famille de Caath; au Couchant celle de Gerson & au Nord celle de Merari. Les autres Tribus étoient plus loin du Tabernacle, savoir Juda, Issachar, & Zabulon à l'Orient; Ruben, Simeon, & Gad au Midi; Ephraïm, Manassé & Benjamin à l'Occident; Dan, Asser, & Nephthalim au Nord. Non seulement ce Camp étoit coupé par des rues, mais encore entre les Tribus il y avoit des places qui tenoient lieu de Marchez publics & Josephe[c] dit que ce Camp ressembloit à une Ville bien rangée & bien policée. Quelques-uns ont avancé sans preuve que le Camp des Israëlites avoit douze mille pas de long & autant de large. Les Juifs d'aprésent prétendent que le lieu le plus éloigné de l'Arche n'en étoit qu'à la distance du chemin qu'il est permis de marcher au jour du Sabath sans l'enfraindre. Au livre de Josué il est ordonné que l'espace entre l'Arche & le peuple soit de deux mille coudées. L'enceinte où étoient les Levites, étoit nommé les Camps de Levi, & celle où étoient les douze Tribus étoit nommée les Camps des Israëlites. J'ajouterai ici une liste des Campemens du Peuple de Dieu. C'est D. Calmet qui me la fournir.

[a] Voyez Godwini Mos. & Aaron L. 6. c. 8.
v. 22. v. 18.
[b] Voyez Job c. 15. v. 24.
[c] Antiq. l. 3. c. 11.

1. Ramessé,
2. Socoth,
3. Etham,
4. Beelsephon,
5. Sur la Mer Rouge, après leur passage,
6. Au desert de Sur,
7. Mara,
8. Elim,
9. Sur la Mer Rouge,
10. Au desert de Sin,
11. Daphca,
12. Alus,
13. Raphidim,
14. Mont Oreb,
15. Sinaï,
16. Tabéera ou Embrasement;
17. Sepulchres de Concupiscence,
18. Cadès-Barné,
19. Haseroth,
20. Rethma,
21. Remmon-Pharés.
22. Lebna,
23. Ressa,
24. Ceelata,
25. Mont Sepher,
26. Adar ou Arad,
27. Macéloth,
28. Tahath,
29. Tharé,
30. Merca,
31. Hesmona,
32. Mozeroth, peut-être la même que Hazeroth,
33. Béné-Jacan,
34. Mont Gagad,
35. Jetebata, peut-être le même que les Sepulchres de concupiscence,
36. Hebrona,
37. Elath,
38. Asiongaber,
39. Mozeroth, ou le Mont Hor,
40. Salmona,
41. Phunon,
42. Obodath ou Oboth,
43. Jéabarim,
44. Zared.
45. Mathan,
46. Nahaliel,
47. Bamoth Arnon,
48. Dibon-Gad,
49. Helmon - Deblataïm.

On

On peut voir aux Articles particuliers ce qu'il y a eu de remarquable pour la Géographie dans la plûpart de ces Campemens.

Thomas Rhoe, qui a été en Ambassade au Mogol, donne une idée superbe d'un Camp qu'il a vû dans ce pays-là. A l'entrée de la tente du Roi étoit une longue haye d'élephans qui portoient chacun une tour : aux quatre coins des tours il y avoit quatre banderoles de tafetas jaune & devant la tour un fauconneau monté fur son affut qui portoit un boulet de la groffeur d'une bale de Jeu de Paume, le Canonier étoit derriere. Il y avoit trois cens de ces Elephans & environ fix cens autres de parade qui étoient tous couverts de Velours, travaillé avec de l'or, avec deux ou trois banderoles dorées, plufieurs perfonnes à pied couroient devant avec des outres pleines d'eau pour arrofer le chemin par où il devoit paffer. Les Tentes du Roi avoient bien deux Milles Anglois de circuit. Elles étoient entourées d'une étoffe du pays, rouge par le dehors & qui par le dedans étoit peinte de diverfes figures comme font nos tapifferies. Toute l'enceinte avoit la forme d'un Fort avec fes boulevarts & fes courtines. Les pieux qui portoient ces tapifferies avoient au haut un gros bouton de Cuivre. La foule étoit grande à l'entrée des tentes du Roi. Les tentes des Seigneurs étoient toutes de diferentes formes & de diferentes couleurs, les unes blanches, les autres vertes, mais toutes dreffées dans une auffi belle difpofition que les appartemens de nos plus belles Maifons; ce qui parut à l'Ambaffadeur Anglois une des plus belles & des plus magnifiques chofes qu'il eut jamais vues. Tout le Camp paroiffoit une belle Ville. Le Bagage & les autres embarras de l'Armée n'en gâtoient point la fymetrie ni la beauté. Ce qui eft de plus furprenant c'eft qu'ils ont tous de doubles tentes & un double équipage & pendant qu'ils font campez en un lieu, ils envoyent au lieu où ils favent qu'ils doivent camper les tentes & les meubles qui ne leur fervent point & tout cela fe trouve tout dreffé, lorfqu'ils y arrivent.

Les Camps des Turcs ne font gueres moins magnifiques, fur tout lorfque le Grand Seigneur eft à l'Armée. Voici le raport qu'en fait un temoin oculaire [a] d'autant moins fufpect que fa Nation n'a jamais été accufée d'admirer trop aifément ce qu'elle voit dans les pays étrangers. Les Tentes étoient, dit-il, dreffées fur une petite Eminence & Colline à une lieue & demie de Conftantinople. On en comptoit environ deux mille qui étoient rangées fans ordre & fans fymetrie. On voyoit au milieu du Camp celle du Prince. Elle furpaffoit toutes les autres en hauteur auffi bien qu'en magnificence. Le dedans étoit relevé d'une riche broderie d'or & les piliers qui foutenoient ce fuperbe Pavillon étoient couverts de plaques d'or, l'enceinte de fes murailles, s'il eft permis d'exprimer ainfi ce que les Turcs nomment *Perdeh*, renfermoit tous les offices du Serrail, tous les détachemens & les appartemens pour les Pages, & des Chiosks ou Cabinets de Plaifance, pour l'Eté. A la droite de la tente du Grand Seigneur on voioit celle du premier Vifir, qui étoit fi riche & fi fomptueufe que l'Auteur cité l'auroit crue la plus belle du monde s'il n'avoit pas vu la premiere. Voici un plus grand détail de l'ordre de ces Camps donné par le même Auteur [b]. Les Janiffaires & tout le refte de l'Infanterie ont leur quartier à la tête du Camp; leurs tentes environnent celle de leur Aga ou Général. On voit au milieu du Camp les fuperbes Pavillons du Grand Vifir, du *Kiahia* ou Lieutenant, du *Reys Effendi* ou Chancelier, du *Defterdar-Bacha* ou Grand Tréforier, & du *Capifter Kiahiafi*, ou Maître des Cérémonies. Ces fix Pavillons occupent une grande étendue de terrain & laiffent au milieu d'eux une place fort ample, au centre de laquelle il y a un Dais magnifique, fous lequel on punit les criminels, & où ceux qui accompagnent les Officiers du Divan fe mettent à couvert du Soleil & de la pluye. On voit auffi dans le même efpace le Chazna ou Tréfor dans de petits Coffres entaffez l'un fur l'autre en forme de Cercles, autour duquel il y a quinze Spahis qui font la garde toutes les nuits. Proche de ce quartier font les tentes des Bachas, des Begs, des Agas & des autres perfonnes de diftinction qui avec leur feule fuite font un des plus confiderables Corps de l'Armée. Derriere ceux-là on voit le quartier des Spahis & de ceux qui ont foin des Chevaux. L'Artillerie & les munitions font placées hors du Camp à la droite du Vifir. L'Auteur cité après avoir vanté encore la magnificence de ces tentes dit que les Officiers de diftinction ont leurs tentes & leurs Equipages doubles, comme je l'ai remarqué du Mogol, tout ce bagage eft porté fur des chevaux, des mulets & des chameaux. Ce double Equipage multiplie le nombre des bêtes de charges qui font néceffaires pour le tranfport & celui des hommes qui en doivent avoir foin.

Plus louables que les Chrétiens dont les armées font quelquefois expofées à de grands defordres par l'ufage exceffif du vin, & des liqueurs qui enyvrent, ils ont grand foin d'empêcher qu'on n'en vende dans le Camp. Deux ou trois jours avant que l'Armée arrive en un lieu on y envoye des Officiers pour mettre le Scellé fur tous les lieux où il y a du vin & pour faire des défenfes très-expreffes d'en vendre. Leur fobriété les rend fages, vigilans, foumis. On n'entend aucun bruit ni aucune difpute dans leur Camp, le peuple n'eft point foulé par la marche de leur armée. Ils achettent tout, & payent tout de même que des hôtes qui logent dans des Auberges. On ne voit point dans leurs Camps de Meres qui fe viennent plaindre que l'on ait ravi ou violé leurs filles, & perfonne n'y vient demander Juftice pour avoir été pillé ou pour avoir reçu quelque déplaifir. Leur Camp eft toujours extrêmement net & on n'y fauroit voir la moindre ordure: on fait des trous proche de châque tente pour aller aux neceffitez naturelles. Ces trous font environnez de groffe toile afin que ceux qui ont befoin d'y aller ne puiffent être vus. Lorfqu'ils font pleins on les couvre avec de la terre & on en fait d'autres ailleurs, qu'on environne de la même Toile qui étoit aux premiers. Ainfi il n'y a aucune faleté, ni aucune puanteur dans leur Camp, non plus que dans les Villes les

[a] Mr. Ricaut Hift. de Mahomet IV. p. 7.

[b] Etat préf. de l'Empire Ottoman. l. 3. c. 11.

plus nettes. Lorsqu'ils marchent pendant les grandes chaleurs, ils font partir les bêtes de bagage, environ à sept heures du soir, mais les Bachas & le Grand Visir ne partent qu'auprès minuit. On porte devant eux tant de flambeaux que leur clarté égale presque celle du jour; ceux qui portent ces flambeaux sont des Arabes d'auprès de Damas & d'Alep; les Turcs les nomment *Maſſagiler*. Ces flambeaux ne sont pas comme nos torches, mais ils sont faits d'un certain bois résineux, & ils l'allument dans un réchaut qu'ils portent au bout d'un bâton, ce qui n'est pas fort éloigné de ces especes de fanaux dont on voit encore la figure dans les anciennes Tapisseries.

Les Bedouins ou les Arabes du Desert qui sont descendus des Ismaëlites, ont une maniere de camper qui vraisemblablement est très ancienne & la même que celle de leurs ancêtres, dont il est fait mention dans la Prophetie d'Isaye.

[a] Ils campent d'ordinaire sur le haut des Collines qu'ils appellent *Rouhha*, c'est-à-dire grand air, où il n'y a point d'arbres qui les puissent empêcher de découvrir de loin tous ceux qui vont & qui viennent, afin de n'être pas surpris, n'ayant rien que cela à craindre. Ils ont des sources d'eau vive, ou des ruisseaux dans les Vallons & des Pâturages pour la subsistance de leur Bétail; ils décampent delà quand il n'y en a plus, & vont se poster dans un autre lieu de quinze jours en quinze jours; tout au plus d'un mois à l'autre. Ils demeurent tout l'été sur ces Colines en avançant toujours vers le Septentrion, & lorsque l'hyver commence à revenir, ils s'en vont de même peu à peu vers le Midi jusqu'à Cesarée de Palestine & hors de l'enceinte des Montagnes du Mont Carmel. Ils campent dans les Vallons ou sur le rivage de la Mer, où il y a quelques Arbrisseaux, à l'abri du Vent & sur le sable, pour n'avoir point l'incommodité des boues. Les hommes & le Bétail logent alors tous pêle-mêle pour être plus chaudement.

Les Princes ont des tentes d'audience & d'autres pour leur logement; elles sont de toile blanche couvertes comme celles des Turcs, mais beaucoup plus legeres, & plus aisées à porter & à tendre. Il y a toujours plusieurs Marchands de Damas qui suivent le Camp de l'Emir. Ils ont des huttes blanches toutes pleines de Caisses & de Coffres remplis de toutes sortes de toiles, d'étofes, de bottes, de souliers, de selles, de brides, & de toutes les choses dont les Arabes peuvent avoir besoin; ils vendent comptant, ou troquent leurs Marchandises contre les denrées du pays sur lesquelles ils profitent beaucoup. Ils fournissent tout ce qu'il faut pour les Maisons des Emirs, qui payent avec beaucoup de ponctualité tout ce qu'ils leur ont promis; ils s'en rapportent de bonne foi au Mémoire que les Marchands leur donnent, lesquels prennent des grains & du Bétail en payement quand cela les accommode reciproquement. C'est une espece de merveille de voir que ces Arabes qui volent sur les chemins, soient si gens de bien dans le Camp, où tout est ouvert & rien ne ferme. Les Marchands quittent souvent leurs tentes & laissent leurs Marchandises étalées, sans qu'il en arrive jamais le moindre accident.

Rien n'est plus simple que les meubles de ces Arabes. Ils ont des coffres & des paniers couverts de peau pour serrer & pour transporter leurs hardes. Ils ne sont gueres plus de deux heures à détendre leurs tentes & à décamper quand il faut fuir & changer de lieu. On charge tout cela en très-peu de temps sur des chameaux & sur des bœufs. Les hommes montent à cheval, les Princesses sur des cavales ou sur des chameaux que leurs servantes menent par le licol: les femmes de leurs Sujets vont doucement à pied portant les enfans qui ne sauroient marcher & conduisent le Bétail & la Maison tout ensemble; les hommes ne s'embarassent point de tout cela, ils marchent avec les Princes & se tiennent toujours en état de combatre. Comme les Arabes sont toujours en campagne & le plus éloigné qu'ils peuvent de toutes sortes d'Habitation, & qu'il n'y a dans les lieux qu'ils occupent ni rue ni maison pour s'adresser aux gens à qui l'on a affaire, ils marquent les chemins par les mêmes termes dont nous nous servons sur Mer, hors qu'ils ne connoissent que les quatre vents principaux. Par exemple, si l'on va chercher quelqu'un dans le Camp, ils répondent, il a tiré au Midi, au Septentrion, à l'Orient ou à l'Occident; on n'en peut aprendre autre chose quand ceux à qui l'on s'adresse ne savent pas précisément le lieu où il est. Dès que l'Emir est couché, il n'y a plus de lumiere dans le Camp, afin de n'être pas vus de loin par les ennemis. Il est vrai aussi qu'on n'oseroit y aborder la nuit, car il y a une si grande quantité de chiens qui veillent toujours & qui rodent de côté & d'autre, qu'il n'en faudroit qu'un qui abboyât pour éveiller & pour assembler tous les autres. Ces chiens ne sont pas accoutumez à voir aller des gens dans le Camp à heure indue & ils devoreroient tout ce qui en voudroit approcher.

Les Turcomans campent tout de même que les Arabes, avec cette diference que leurs tentes sont blanches, qu'ils sont mieux meublez & qu'il ne leur manque rien de tout ce qui est néécessaire pour la commodité de la vie.

Les *Algeriens* ont aussi quelque singularité [b] dans leur maniere de camper. Leurs Camps ou Armées sont composées d'un nombre de tentes par lesquelles on compte au lieu d'Escadrons & de Bataillons. Les tentes sont de forme ronde, capables de contenir trente personnes commodément: les chevaux sont attachez au piquet par un pied, & les harnois sont mis dans les tentes.

Chaque tente est composée d'un *Boluk Bachi*, d'un *Oldac Bachi*, d'un *Vekilardgi* qui a soin de la tente, des provisions & hardes &c. de 17 *Oldaks* ou Soldats qui sont en tout vingt hommes de Combat, outre quelques Maures armez pour le service de la tente & la conduite des animaux qui portent le bagage. Chaque Soldat ne porte que son fusil & son sabre & ne s'embarasse d'aucune autre chose. La République fournit les Vivres, & six chevaux ou mulets à chaque tente pour porter vivres, tentes, hardes, munitions & malades. Le Bagage marche ordinairement devant, desorte que lorsque les Soldats arrivent, ils n'ont d'autre soin que de se reposer

&

---
[a] Larroque Voyage dans le Palestine p. 174.

[b] Laugier Hist. du R. d'Alger L. 2. c. 13. p. 156.

& de manger, trouvant leur cuisine prête à leur arrivée dont ils reservent quelque chose pour le lendemain matin. Lorsqu'il sort un Camp d'Alger le Dey nomme un Aga & un Chaya pris du nombre des Aya Bachis, lesquels ont soin de la Justice de ce Camp tant civile que criminelle, n'étant pas permis aux Officiers de châtier les Soldats en aucune façon. Il faut qu'ils portent leurs plaintes à l'Aga, qui y met ordre comme bon lui semble suivant l'exigence du cas. Le Dey nomme aussi deux Chaoux pour l'exécution des ordres de l'Aga & du Chaya.

La Cavalerie est distribuée de même par tentes de vingt personnes avec les mêmes Officiers, Chevaux de charge & quelques Maures de plus, pour le fourage & le soin des Chevaux. On envoye toutes les années au printemps trois Camps ou Armées d'Alger, plus ou moins fortes selon qu'il paroit nécessaire, savoir le Camp du Levant, le Camp du Ponant & le Camp du Midi: chacune de ces Armées va joindre le Camp particulier du Bey qui doit la commander, & qui se trouve en Campagne avec sa Milice ordinaire. Le Bey commande son Camp en Souverain, à l'exception de la Justice qui est reservée à l'Aga, c'est dans les occasions de consequence seulement qu'il assemble son Divan où il préside. Ce Conseil est composé de l'Aga, du Chaya & de tous les Boluks Bachis, qui donnent leurs avis chacun selon son ancienneté. Comme la plûpart des pays se trouvent abandonnez par la fuite des Maures à la venue des Armées, le Bey fait porter du biscuit, de l'huile & les autres Provisions accoutumées & fait conduire des bœufs & des moutons. Toutes ces Provisions ont déja été exigées des Maures, excepté le biscuit dont ils n'ont contribué que le bled. Les Maures de ce Camp fournissent aussi tous les Chameaux, les Chevaux & les Mulets nécessaires pour remplacer ceux qui peuvent manquer pendant la Campagne qui est ordinairement de six mois.

Ces Camps des Algeriens sont pour maintenir les Arabes & les Maures dans leur devoir, pour lever le *Carache* ou la Taille qu'on fait payer double à ceux qui s'y font contraindre, pour exiger des contributions des pays qui ne sont pas tout à fait soumis, enfin pour acquerir de nouveaux Sujets & des tributaires, suivant l'adresse ou le courage des Beys, qui marchent quelquefois assez avant dans les deserts du Biledulgerid, suivant les avis qu'ils peuvent avoir de quelque Nation dont l'accès n'est pas impossible.

§ Comme les Pays-bas sont depuis long-temps le Théatre d'une guerre presque continuelle, il est souvent arrivé qu'un même lieu a servi de Camp assez long-temps, & à diverses reprises aux armées de l'une ou de l'autre Puissance. Tels sont le *Camp du Piéton* & quantité d'autres qui sont nommez dans les Memoires du temps. Voyez les Articles au mot CAMPO. A l'égard des lieux nommez CAMPS par les Latins, voyez CASTRA.

CAMPA, Royaume des Indes. Voyez *Ciampa*.

CAMPÆ, Ville de la Cappadoce dans le département de Cilicie, selon Ptolomée [a].

[a] L. 5. c. 6.

1. CAMPAGNA, Ville du Royaume de Naples dans la Principauté Ulterieure près des Ruisseaux Atro & Tonsa, avec un Evêché suffragant de Conza, mais il est uni à perpetuité à celui de Satriano. La Ville étoit autrefois au Prince de Monaco, & n'est qu'à onze milles de la côte de la Mer de Toscane & à seize de Salerne.

2. CAMPAGNA DI ROMA, Voyez CAMPAGNE.

CAMPAGNANO, petite Riviere d'Italie au Royaume de Naples, dans la Principauté Citerieure, elle passe près de Martorano, de Savuto & d'Altilia. Les Cartes de Magin & de Mrs. Sanson nomment cette Riviere SANUTO & SAVUTO. Mr. Baudrand [b] donne pour noms Latins *Campagnanus*, *Sabatus*, *Acheron*, *Acherus*, *Ocinarus*. Il y a bien de la confusion là dedans. *Ocinarus* étoit une Bourgade voisine de l'embouchure de la Riviere *Sabatus*; ni l'un ni l'autre n'ont jamais eu rien de commun avec la Riviere d'*Acheron*, ou *Acherus*. Pour *Campagnanus*, c'est un mot forgé par quelque Ecrivain barbare, car il est inconnu à tous les anciens Latins.

[b] Ed. 1705.

1. CAMPAGNE, ce mot a divers sens en fait de Géographie. Quelquefois il se prend pour une Plaine unie, où la vuë n'est bornée que par l'Horison. En ce sens on dit une Campagne de dix lieues, de vingt, de trente lieues. Mais comme le mot de PLAINE est moins sujet à l'équivoque, je crois qu'il vaudroit mieux s'en servir dans cette signification : on dit aussi en rase Campagne.

2. CAMPAGNE, se dit aussi d'une Terre qui est propre à être labourée & cultivée; quoiqu'elle n'ait pas cette égalité de terrain, & qu'elle ait des hauts & des bas, en ce sens on dit : les Campagnes du pays de Caux sont très fertiles en bled.

3. CAMPAGNE, s'entend dans le sens où les Latins employoient le mot de *Rus*, par opposition à la Ville: ainsi on dit une Maison de Campagne, les gens de la Campagne, être à la Campagne.

4. CAMPAGNE, se dit d'un petit district, ou même d'une Province toute entiere.

1. CAMPAGNE, (la) petit pays d'Italie au Duché de Milan : c'est la partie Orientale du territoire de Pavie & la plus proche de cette Ville. Elle est separée de la Lomeline par le Tesin, suivant la Remarque de Jerôme Bosio cité par Mr. Baudrand [c].

[c] Ed. 1705.

2. CAMPAGNE DE NEUBOURG, (la) pays de France en Normandie, au Bailliage d'Evreux, entre la Riviere d'Eure & le Lieuvin dont elle est separée par la Rille. Elle est au Nord de la Campagne de St. André. Elle prend ce nom du Bourg de Neubourg.

3. CAMPAGNE, Mrs. Baudrand & Corneille mettent une Ville de ce nom en France dans l'Armagnac sur la Riviere de Douze [d], à quatre lieues d'Eause vers le Midi. Campagne est un Village de l'Eausan sur le bord Oriental de la Douze, à une lieue & demie de Gascogne & à l'Orient d'Eause.

[d] De l'Isle Carte du Bearn, de la Bigorre & de l'Armagnac.

4. CAMPAGNE DE ROME, quelques-uns disent la CHAMPAGNE DE ROME. Malgré la ressemblance du nom, il ne faut pas confondre ce pays, qui est le LATIUM des anciens, avec celui

118 CAM.

celui qu'ils nommoient *Campanie* & qui est présentement la *Terre de Labour* dans le Royaume de Naples. Quoique la Campagne de Rome réponde au Latium des Anciens, il ne faut pas prendre ce raport dans l'exacte rigueur. Les bornes n'en sont pas par tout précisément les mêmes. Le Latium étoit renfermé entre le Tibre, le *Liris*, aujourd'hui *Garigliano*, & l'*Anio*, maintenant le *Teverone*. Les peuples qui l'habitoient étoient au nombre de cinq; les Latins, les Rutules, les Volsques, les Æques & les Herniques. Ce fut à ces Peuples que les premiers Romains commencerent à faire sentir la force de leurs armes. Quoique l'on ne comptât ordinairement que cinq peuples, ils étoient néanmoins partagés entre eux en un grand nombre de Colonies qui avoient pris leurs noms des principaux endroits qu'ils habitoient, tels étoient les *Albani* chés les Latins, les *Ardéates* chés les Rutules &c. ce que j'explique plus au long au mot LATIUM. Aujourd'hui la Campagne de Rome *a* des bornes beaucoup plus étroites. On donne ce nom aux pays qui se trouvent entre le Tibre, le Teverone, Terracine & le *Carigliano*. Ainsi elle a le Tibre du côté de l'Occident qui la sépare du Patrimoine de l'Eglise. Au Septentrion le Teverone; à l'Orient la Terre de Labour, & la Mer au Midi. Desorte que sa plus grande étenduë, du Septentrion au Midi, prise de Licenza jusqu'au Bourg & Cap de S. Felicita se trouve de 40, Milles; & d'Orient en Occident, de cinquante-cinq milles si on le prend de Flava-Terra à Rome.

Quoique ce Pays soit dans le Voisinage de la Terre de Labour qui est le Terrain le plus fertile de l'Italie, & le mieux cultivé, cependant il ne produit presque rien & on le laisse en friche. Ce n'est pas que sa situation ne soit avantageuse & que les Terres ne soient très-bonnes. C'est plutôt parce que les gros impôts que l'on a mis sur les grains ont dégoûté le Laboureur, ainsi que l'usage où est la Chambre d'achetter le bled à bas prix pour le vendre à un plus haut aux Boulangers. On peut dire que tout ce que produit la Campagne de Rome ne sert plus qu'à la volupté de quelques Romains qui y ont des Maisons de Campagne. On a vu des années où le produit du Pays a été de quatre-vingt-deux mille sept cens soixante & un écus d'or, dont soixante & quatorze mille ou environ ont été pour la Chambre, & le reste à peine suffisoit pour les frais & le prix des fermes que l'on payoit aux propriétaires.

L'air de la Campagne de Rome passe pour n'être pas fort sain : on en attribue la cause aux marais de Pomptina, à l'humidité du terrain, à la negligence que l'on a de cultiver les Terres qui sont de vrais deserts, peut-être pourroit-on l'attribuer aussi au nombre infini de masures qui y sont, dans lesquelles le mauvais air peut se renfermer. Les eaux cependant y sont saines, sur tout celles du Tibre *c*. Le Pape se reserve le Gouvernement immédiat de cette Province, il y met seulement un Vicaire qui fait sa résidence à Frusinone.

Voici la division de la Campagne de Rome que le P. Briet *d* nous a donnée.

a Novum Theatrum Italiæ.Tom. II p. V.

b Brietii Italia Recentior.part. II. Lib. 6.

e Italiæ Theatrum Ibidem pag. VI.

d Italia Recentior. part. II. L. VI.

Places Maritimes	OSTIA, en François *Ostie*, Ville *San-Lorenzo*, *Torre di Capo d'Antio*, *Nettuno*, ASTURA, Ville *S. Felicita*, Bourg TERRACINE, Ville	Bourgs

Les Fleuves	*Tevere*, en François le *Tibre*, *Numico*, *Astura*, Les FLEUVES qui arrosent le Marais Pomptin font	*Fossa Antica*, *Fossa Sisto*, *Toppia*, *Bandino*, *Levola* &c.

Les Lacs	Ste. Praxede, Di Castro Gandulfo, en François de Castel Gandolfe Disensano, Di Nemo.

Villes & Lieux considerables au dedans des Terres.	*Coperano*, Bourg FRUSINONE, VEROLI, *Alatro*, *Fumone*, *Valmontone*, ANAGNIA, PALESTRINA, *Arzoli*, Bourg SUBIACO, en François *Sublaque*, Ville.	Villes Bourgs Villes

Castel

CAM.   CAM.   119

⎧ *Castel S. Angelo*,
⎪ *Ste. Praxéde*,   ⎫ Bourgs
⎪ Tivoli,
⎪ Segni,   ⎫ Villes
⎪ Sezza,
⎪ *Fossa Nova*, Bourg
⎪ Priperno, Ville
⎨ *Rocca Secca*,   ⎫ Bourgs
⎪ *Sermonetta*,
⎪ Velitri ou *Veletri*, Ville
⎪ *Rocca del Papa*,
⎪ *Marino*,   ⎫ Bourgs
⎪ Albano, Ville
⎪ *Castro Gandulpho*, Maison de Plaisance du Pape.
⎪ Ariccia, Ville
⎪ *Villa di Cesare*, Bourg
⎪ Tusculano, Ville
⎪ Frascati, Ville
⎩ *Grotta Ferrata*.

CAMPAN, Bourg de France dans la Bigorre sur l'Adour.

a Baudrand Ed. 1705.   1. CAMPANA, Village d'Italie au Royaume de Naples, dans la Calabre citerieure à une lieue d'Umbratico du côté du Couchant. On le prend pour l'ancienne CALASARNA Bourg des Lucaniens.

b Le même.   2. CAMPANA, lieu remarquable à cause de ses bains. Il est en Italie, au Royaume de Naples, dans la Terre de Labour, près de Pouzzol. On croit que c'étoit anciennement CAMBRE.

c Le même.   3. CAMPANA, (CAPO) Cap sur la côte de la Toscane près des ruines de l'ancienne *Populonia*, à deux lieues de la Ville de Piombino vers le Couchant.

CAMPANEL ou CAMPANER, c'est selon Mr. Corneille une grande Cité d'Asie au Royaume de Cambaye. Il ajoute que ce fut anciennement la demeure de ses Rois. Il ne cite aucun garant.

1. CAMPANIA, ou CAMPONA car les Exemplaires de l'Itineraire d'Antonin ne s'accordent pas sur l'Orthographe de ce nom. Les Editions de Simler, de Zurita & de Bertius, lisent *Camponia*. Zurita trouve cette leçon autorisée par un des Manuscrits du Roi à l'Escurial. Celui qu'a suivi Henri Etienne dans son Edition de Paris 1512. porte aussi *Campania*: l'Exemplaire du Vatican a *Campania*, & ce qui peut decider la question, on lisoit *Campana* dans la Notice de l'Empire *d* avant que *d* Sect. 57. le P. Labbe eût substitué *Campona* dans l'Edition du Louvre, & il prétend l'autoriser, en le changeant en *Caupona*, qui veut dire un Cabaret. Simler s'accommodoit fort de *Campana*, qu'il disoit être aujourd'hui *Campen*. Lazius soupçonne que c'est la même Ville qui a été nommée POTENTIANA, dans les Annales de Hongrie au sujet d'Attila, & qui est appellée aujourd'hui THETTEN & par les Hongrois ADOM.

2. CAMPANIA, nom Latin de la CHAMPAGNE. Voyez ce mot.

3. CAMPANIA, nom Latin de CAMPAGNA. Voyez CAMPAGNA.

4. CAMPANIA FOELIX, Province de l'Ancienne Italie. Elle répond à peu près à ce que nous appellons présentement la Terre de Labour au Royaume de Naples. Elle étoit entre le *Latium*, le *Samnium* & le *Picenum* & la Mer inferieure. Strabon *e*, Ciceron *f*, Florus *g*, & les autres Auteurs anciens louent beaucoup la fertilité & la beauté de cette Province ; & c'est ce que signifient son nom moderne, & l'ancienne Epithéte d'heureuse qu'elle avoit autrefois.

e L. 5.
f 2. Agrar. c. 28.
g l. 1. c. 16.

Le P. Briet *h* dit qu'anciennement cette Province étoit separée du Territoire de Falerne par le *Volturno*, mais que les Romains s'étant rendus Maîtres de ce Pays, le *Gariglian* étoit devenu la borne commune entre le Latium & la Campanie, de façon cependant que quelques Villes & Villages du Latium se trouvoient situez au delà de cette borne. Le même Auteur *i* ajoute que les Limites du côté de l'Occident étoient en tirant une Ligne depuis Sinuesse, *Bagni*, jusqu'au mont Apennin, en passant par le Mont Massique *Monte-Dracone*, & que cette Ligne faisoit sa separation d'avec le Latium, comme le Volturno la separoit du Pays des Samnites ; les Limites du Septentrion étoient une petite partie de l'Apennin & les Fourches Caudines ; celles de l'Orient les Hirpins, & la mer inferieure au Midi.

h De ant. Italia part. 11. L. V, c. 8.

i Ibidem.

Le P. Briet *k* après Servius derive le nom de *Campania* de celui de *Capua*, qui est la Capitale. Mais d'autres veulent qu'il lui ait été donné à raison de la situation de ses Campagnes ou à cause de sa fertilité, & qu'ainsi elle ait donné elle-même le nom à la Capitale au lieu d'en avoir tiré le sien. Ses habitans tirent leur origine des Samnites, lesquels changerent de nom au raport de Strabon, qui ajoute que les Peuples *Ausoni* & les *Opici*, s'y étoient autrefois établis ainsi que les *Cumani* venus de la Chalcide de même que les Toscans qui y bâtirent 12. Villes dont Capoüe étoit la principale, mais que ces peuples étant tombez dans la molesse & dans le luxe avoient été chassés du pays par les Samnites. Tite-Live dit que ceux-ci prirent le nom de *Campani*, & en fixe l'Epoque à la 332. année de la fondation de Rome : l'Auteur des Olympiades la place à la 3. année de la 85. Olympiade, ce qui ne répond qu'à la 315. de la fondation de Rome, & Diodore de Sicile ne la place même qu'à l'année suivante. On peut voir

k Ibidem.

120   CAM.   CAM.

voir dans ce dernier Auteur comment ces peuples prirent les armes pour Denys le Tyran & la perfidie avec laquelle ils se faisirent de quelques Villes.

Cicéron dit que ce pays est le grenier de l'Italie : & Florus [a] en parle en ces termes : *Omnium non modo Italiæ, sed toto orbe terrarum pulcherrima Campaniæ plaga est. Nihil mollius cœlo : denique bis floribus vernat. Nihil uberius solo ; ideo Liberi Cererisque certamen dicitur.* Pline ajoute que les parfums de la Campanie ne le cedent qu'à ceux de l'Egypte. Ce furent les délices de ce beau Pays qui ramollirent enfin le courage d'Annibal & qui causerent sa defaite.

Voici la Table que le P. Briet nous a donnée de la Campanie.

[a] Lib. 1. Cap. XVI.

Villes Maritimes	NEAPOLIS ; *Napoli*, *Naples*. PUTEOLI ; *Pozzuoli*, *Pouzzol*. ISCHIA ; *Ischia*. CASTELLUM ALMARINUM ; *Castel di Volturno*. VICUS ou VICIACA ; *Vico*. SURRENTUM ; *Sorrento*. MASSA ; *Massa di Sorrento*. CAIETA ; *Gaete*, *Caiete*.
Petites Villes & Bourgs.	SPELUNCA ; *Sperlonga*, MOLA ; *Mole*. PATRIA ; *Patria*. CUMA ; *Cuma*. BAIANUM CASTRUM ; *Il Castello di Baia*. MERGELINÆ, ou MERGULINUM ; *Mergolino*. TURRIS GRÆCA ; *Torre del Greco*. TURRIS NUNCIATA ; *Torre del Annunciata*.
Villes Mediterranées de la Campanie.	CAPUA NOVA ; *Capua*, *Capoue*. NOLA ; *Nola*. ANVERSA ; *Aversa*. SUESSA ; *Sessa*. FUNDI ; *Fondi*. ACERRA ; *Serra* ou *Acerra*. TRAJECTUM ; *Trajetto*, ALIFÆ ; *Alifi*. AQUINUM ; *Aquino*. MONS CASSINUS ; *Monte Cassino*. SORA ; *Sora*. TEANUM ; *Tiano*. CALATIA ; *Gaiazzo*, ou *Caiazzo*. CALVI, autrefois CALES ; *Calvi*. TELESIA ; *Telese*. VENAFRUM ; *Venafro*. CARINULA ; *Carinola*. CASERTA ; *Cazerta*. LARINUM ; *Larino*.
Petites Villes & Bourgs de la Campanie.	ITRUM ; *Itri*. CASTRUM NOVUM ; *Castro Nuovo*. ARZ ; *Arce*. ARPINUM ; *Arpino*. FANUM S. GERMANI ; *San Germano*. GALLUTIUM ; *Gallutio*. S. MARIA OLIVETINA ; *Santa Maria di Avito* ; par corruption d'*Oliveto*. TURRIS FRANCOLISCENA ; *Torre Francolisi*. S. MARIA GRATIARUM, ou *Capua Vetus* ; *St. Maria delle Gracie*, autrement *la Vieille Capoue*. MARLIANUM, MARIANUM, ou MERELIANUM ; *Marcigliano*. POGGIUM REGALE ; *Poggio Reale*. MATALONIS, MATALEONIS, & MAGDALONIUM ; *Matalone*. MORONIDA ; *Morone*. DURATIANUM ; *Durazzaro*. SOMMA ; *Somma*.
Lacs de la Campanie.	LIRIS ; *Garigliano*. SAVO ; *Saone*, autrement *Livigliano*. VULTURNUS ; *Volturno*.

CLANIS ;

	{ CLANIS ; *Clanio*, autrement *Patria*. SARNUS ; *Sarno*, autrement *Scafati*.
Principales Montagnes de la Campanie.	{ VESUVIUS, autrement SOMMA ; *le Vesuve* ou *le Mont de Somma*, ou *de Somme*. PAUSILIPUS ; *Posilipo*. CISTELLUS ; *Monte Cistello*, par corruption sur les Cartes *Ristello*. ASTRUNUS ; *Astrugno*. MONS CHRISTI ; *Monte Christo*. MONS DRACONIS, autrefois MONS MASSICUS ; *Monte Dracone*.
Grottes souterraines de la Campanie.	{ BAIANA ou CUMANA, vulgairement *la Grotte de la Sibylle*. NEAPOLITANA : *la Grotte de Naples*.

a Supplement des Voyages de Dampier. T. III. p. 70.
b Voy. de Wafer. pag. 221.
c Supplement de Dampier. Ibidem.

CAMPE'CHE [a], Ville de la Nouvelle Espagne dans la Presqu'Isle de Yucatan. Elle est située sur la Côte Orientale de la Baye de Campêche dans un petit enfoncement qui forme un Port de Mer dangereux à la verité [b] & si rempli de bancs & d'écueils qu'on est obligé de mouiller à quatre lieües avant en Mer, mais fameux par son bois qui est si necessaire aux belles teintures. Cette Ville est nommée par les Espagnols *S. Francisco*. [c] Elle est la seule Ville que l'on trouve sur toute la Côte depuis le Cap de *Catoche*, jusqu'à la *Vera Crux*. Elle est toute bâtie de bonnes pierres, ce qui la fait paroître beaucoup. Les Maisons n'y sont pas hautes, mais les murailles en sont très-fortes, les toits en sont plats à l'Espagnole, & couverts de tuiles. A l'une de ses extremitez, il y a une bonne Citadelle ou Forteresse munie de plusieurs Canons : le Gouverneur y demeure avec une petite garnison pour la défendre. Quoique cette Forteresse commande la Ville & le Port, elle a pourtant été prise deux fois. La premiere par le Chevalier *Christophe Mims*, Anglois, vers l'année 1659. Il somma d'abord le Gouverneur de se rendre, & après avoir attendu trois jours sa reponse, avant que de mettre ses gens à terre, il la prit d'assaut avec la simple mousqueterie, sans tirer un coup de Canon, & se rendit maître de la Ville.

Des Boucaniers Anglois & François prirent la même Forteresse par surprise en 1678. Ils abordèrent la nuit à deux lieues de la Ville, & dans leur marche ils trouverent un sentier qui les y conduisit tout droit. Ils y entrerent le matin à la pointe du jour. Les habitans les voyant marcher vers le Fort crurent que c'étoient quelques Soldats de la garnison qui revenoient de la Campagne. En effet quelques jours auparavant on en avoit détaché un parti pour reduire quelques Indiens qui s'étoient revoltés. A la faveur de cette supposition, les Boucaniers traverserent toutes les ruës, & se rendirent jusqu'au Fort sans trouver la moindre resistance. Alors ils tirerent aux Sentinelles qui étoient sur la muraille du Fort & commencèrent aussi-tôt après à y donner une furieuse attaque. Ils trouverent deux petits canons dans la place d'armes de la Ville, ils les pointerent contre la porte du Fort dont ils se rendirent bien-tôt les Maîtres.

La Ville n'est pas fort riche, quoiqu'elle soit le seul Port de Mer de toute cette Côte. La principale Manufacture est la toile de Coton ; les Indiens s'en habillent & ceux d'entre les Espagnols qui sont pauvres n'en portent autre chose. On s'en sert aussi pour faire des voiles de Navires, & on l'envoye dehors pour le même usage. Outre ces toiles de Coton & le sel qu'on tire des salines, on ne transporte rien autre chose aujourd'hui de cette Ville. Il est vrai qu'elle a été ci-devant l'échelle de tout le trafic qui se faisoit en bois de teinture, & que c'est pour cette raison qu'on la nomme encore à présent *Palo de Campeachy*, c'est-à-dire *Bois de Campêche*, quoiqu'il n'y en eût cependant qu'à 12. ou 14. lieües delà. Les Espagnols le coupoient alors auprès d'une Riviere appellée *Champeton* à 10. ou 12. lieües de la Ville de Campêche, au Sud de cette Place, dans un terrain assez haut & pierreux. Les Indiens qui demeuroient dans le voisinage étoient employez à la couper à une Reale par jour, & il valoit alors 90. 100. ou 110. Livres sterling le tonneau.

Après que les Anglois eurent pris la Jamaïque, & commencé de croiser dans cette Baye, ils y trouvoient souvent des barques chargées de ce bois ; mais comme ils n'en savoient pas alors le prix ils se mettoient peu en peine d'une pareille charge. Ils en userent ainsi jusqu'à ce que le Capitaine Jacques eut pris un gros Vaisseau chargé de ce bois & qu'il l'eut conduit en Angleterre pour l'armer en course : il vendit son bois fort cherement contre son attente ; car il en avoit fait si peu de cas qu'il ne brûla pas d'autre bois durant tout son voyage. Après son retour à la Jamaïque, les Anglois qui frequentoient la Baye de Campêche découvrirent le lieu où croissoit ce bois, & lors qu'ils ne faisoient aucune prise en Mer, ils alloient à la Riviere de *Champeton*, où ils étoient sûrs de trouver de grandes piles de ce bois tout coupé & transporté au bord de la Mer, & tout prêt à être embarqué. Ce fut leur pratique constante jusqu'à ce que les Espagnols y envoyerent des Soldats pour prévenir les courses de ces Avanturiers. Mais les Anglois connoissoient déja ces Arbres, & ils n'en ignoroient pas la valeur ; de sorte qu'ils se mirent à visiter les autres Côtes du Continent. Ils en trouverent au Cap Catoche, mais ce bois étant devenu rare, ils découvrirent le Lac de Trist dans la Baye de Campêche où ils en ont fait negoce pendant assez long-temps [d]. A la fin cependant les Espagnols se jetterent sur eux & les prirent dans leurs cabanes. Ils les menerent prisonniers à Campêche, ou à la Vera-Crux, d'où ils les envoyerent ensuite au Mexique & les vendirent aux Négo-

d Ibidem p. 83.

cians de cette Ville. Deux ou trois années après lors qu'ils furent parler Espagnol, la plûpart d'entr'eux s'enfuirent & retournerent par de petits chemins écartez à la Vera Crux, où ils s'embarquerent sur la Flotte pour passer en Espagne & delà se rendre en Angleterre.

^a Ibidem pag. 65.

La Baye de Campe'che ^a, sur la Côte Meridionale du Golfe du Mexique, est un enfoncement considerable qui se trouve renfermé entre le Cap de Condecedo du côté de l'Est, & une pointe qui s'avance du Pays montagneux de Saint Martin à l'Ouest. La distance qu'il y a entre ces deux places peut être de 120. lieues, où il se trouve plusieurs grandes Rivieres navigables, de grands Lacs &c.

^b Ibid. p. 68.

Le Cap de Condecedo est éloigné de 14. ou 15. lieuës des salines; la Côte s'étend vers le Sud: la Baye est toute sablonneuse entre deux ^b. Depuis les salines jusqu'à la Ville de Campêche il y a près de 20. lieuës; la Côte s'étend au Sud quart à l'Ouest. Durant les 4. premieres lieuës tout du long de la Côte, le Pays est submergé & couvert de Mangles: mais à deux milles ou environ au Sud de la Saline, & à 200. toises de la Mer, il y a une source d'eau douce que les Indiens, qui y passent soit en barque ou en canot vont toujours visiter, parce qu'il n'y a point d'autre fontaine dans tout le voisinage. On trouve un petit sentier plein de bouë qui conduit à cette source au travers des Mangles; après qu'on les a passez, la Côte s'éleve de plus en plus & on y voit quantité de Bayes sablonneuses, où les Chaloupes peuvent aborder commodément, mais on ne trouve plus d'eau fraiche, jusqu'à ce qu'on soit venu à une Riviere qui est auprès de la Ville de Campêche. Le Pays qui est au delà, toujours le long de la Côte, est en partie couvert de Mangles; mais le terroir en general y est sec & peu fertile; il ne produit que quelques méchans buissons: & il ne croît point de Bois de teinture, sur toute cette Côte, ni même depuis le Cap de Catoche jusqu'à la Ville de Campêche. A 6. lieuës avant que d'être à Campêche il y a une Colline appellée *Hina*, où les Armateurs mettent d'ordinaire à l'Ancre, & font sentinelle sur le sommet pour découvrir les Vaisseaux qui vont à la voile. Il y a trois petites Isles basses & sablonneuses à 25. ou 26. lieues de *Hina* vers le Nord & à 30. lieuës de Campêche. On les nomme *Triangles* à cause qu'elles forment cette figure par leur situation. Ce sont les seules Isles avec les Alcranes qui soient à quelque distance du Bord, au moins sont-ce les seules que Dampier témoigne avoir découvertes.

^c Ibid. p. 70.

De Hina à Campêche ^c il y a, comme je viens de le marquer, environ 6. lieues; & de Campêche à la Riviere de Champeton il y en a environ dix ou douze. On trouve cette Riviere au Sud de cette Ville & tout à l'opposite dans un Terrain assez haut & pierreux. C'est un des endroits du Pays où se trouve le bois de Campêche dont le grand commerce a fait donner le nom à la Ville & à la Baye.

^d Ibid. p. 74.

^d Depuis la Riviere de Champeton jusqu'à Port-Royal on compte 18. lieuës: la Côte est au Sud-Ouest, ou Sud-Ouest-quart-au Sud: le terrain est bas tout contre la Mer, où il y a une Baye sabloneuse, & quelques Arbres auprès du rivage; d'ailleurs on voit de petites *Savanes* tout le long du chemin, & mélées en quelques endroits de petits buissons. Il n'y a qu'une seule Riviere entre Champeton & Port-Royal; on la nomme *Porto-Escondedo.*

Port-Royal est une grande entrée dans un Lac salé qui peut avoir 9. ou 10. lieues de long, & 3. ou quatre de large. Voyez à l'Article Port-Royal. Les Vaisseaux mouillent d'ordinaire du côté de l'Est après Champeton, tant à cause de quelques Puits que les Boucaniers & les Coupeurs de bois ont creusez sur les Bayes que pour être plus à couvert du Courant de la Marée, qui est ici très-violente. Cet endroit est assez remarquable, parce que la Terre s'y détourne tout d'un coup vers l'Ouest, & s'étend ainsi l'espace de 65. ou 70. lieuës.

Il y a une petite Isle basse à l'Ouest de ce Havre: on la nomme l'Isle de *Port-Royal*; elle fait un des côtez de l'embouchure, de même que le Continent fait l'autre. A l'Ouest de cette Isle, il y en a une autre petite & basse appellée *Trist*; une Crique salée les separe, mais elle est si étroite qu'à peine un Canot y peut-il passer.

^e Ibid. p. 78.

^e Une seconde embouchure conduit dans le Lac dont je viens de parler; elle est entre l'Isle *Trist* & l'Isle *des Bœufs*, & peut avoir 3. milles de large. Elle est pleine de bancs de sable au dehors, & il n'y a que deux Canaux pour y entrer: le plus profond a 12. pieds d'eau dans le tems des hautes marées, & il est vers le milieu de l'Embouchure; le fond de la Barre est un sable dur. Le Canal de l'Ouest a près de 10. pieds d'eau, & il n'est pas fort éloigné de l'Isle des bœufs; on y entre par une brise de Mer, la sonde toujours à la main, & il faut sonder du côté de l'Isle des Bœufs. Le fond est de vase, & l'on y trouve plus d'eau insensiblement & par degrez. Quand on est avancé jusqu'à la pointe de l'Isle des Bœufs, on a trois brasses d'eau; alors on peut tourner vers Trist, jusqu'à ce qu'on soit venu auprès du rivage où on peut mouiller commodément. L'Ancrage est bon partout au delà de la barre entre Trist & l'Isle aux bœufs; mais la Marée y est beaucoup plus forte qu'à Port-Royal, qui est l'autre embouchure de ce Lac nommé par les Espagnols *Laguna Termina*, ou le Lac des marées, parce qu'elles y sont extremement fortes.

^f Ibid. pag. 84.

^f Cette partie de la Baye de Campêche est à près de 18. degrés de latitude Septentrionale. Lorsqu'il fait beau tems les brises de Mer sont au Nord-Nord-Est, ou au Nord: les vents de terre sont Sud-Sud-Est & Sud; mais dans les mauvais tems, ils tournent à l'Est-Sud-Est, & le vent est forcé deux ou trois jours de suite. La saison séche commence en Septembre, & dure jusqu'en Avril ou Mai; alors la saison pluvieuse arrive & commence par des Ouragans; d'abord il n'y en a qu'un dans un jour; ils augmentent ensuite peu à peu jusqu'au mois de Juin; & après on a des pluyes continuelles, jusques vers la fin d'Août. C'est ce qui enfle les Rivieres & les fait deborder;

alors

alors les Savanes commencent à se couvrir d'eau; & quoiqu'il y ait quelque intervale de beau tems, il y a toujours de grosses pluyes; de sorte que l'eau ne croît ni ne diminuë, jusqu'à ce que les vents de Nord soient fixez & qu'ils soufflent avec violence: c'est alors que les Savanes sont tout à fait inondées durant l'espace de plusieurs milles, & qu'on les prendroit pour une partie de la Mer. Les Vents de Nord se fixent d'ordinaire vers le mois d'Octobre & continuent par intervalles jusqu'au mois de Mars. Ces vents soufflent avec tant de violence vers la Terre qu'ils y poussent la Mer, & empêchent que les Marées ne suivent leur cours réglé tout le tems qu'ils regnent, ce qui dure quelquefois deux ou trois jours de suite. Par ce moyen les Rivières sont arrêtées dans leur cours & débordent beaucoup plus qu'elles ne faisoient auparavant, quoiqu'il y ait moins de pluye. Ils soufflent avec plus d'impetuosité dans Decembre & dans Janvier; mais ensuite ils mollissent; ils ne sont plus si frequens, ni de si longue durée: & enfin les inondations commencent à s'écouler des endroits les plus bas; de façon que vers le milieu de Fevrier le Pays est tout sec, & qu'au mois de Mars à peine quelquefois trouve-t-on de l'eau pour boire, même dans ces Savanes qui ressembloient à une Mer quelques semaines auparavant. Vers le commencement d'Avril tous les Etangs des Savanes sont à sec, & qui n'auroit pas d'autre ressource pour trouver de l'eau, pourroit mourir de soif: mais ceux qui connoissent un peu le Pays se retirent alors dans le bois pour se rafraîchir de l'eau qu'ils trouvent dans les pommes de Pins sauvages. Ce sont des Arbres qui ressemblent en quelque maniere à celui qui porte les veritables pommes de Pin: les Sauvages viennent d'ordinaire sur les bosses, les nœuds, ou les excrescences de l'Arbre; elles y prennent racine & poussent tout droit en haut. La racine est courte & épaisse & les feuilles en sortent envelopées les unes dans les autres, jusqu'à ce qu'elles s'élargissent vers la pointe: elles sont d'une bonne épaisseur & longues de dix ou douze pouces. Les feuilles exterieures sont si bien serrées les unes auprès des autres, qu'elles retiennent l'eau de pluye lors qu'elle tombe. Elles en renferment jusqu'à une chopine & demie ou une pinte, & cette eau rafraichit les feuilles & nourrit la racine. Quand on trouve de ces pommes de Pin, on enfonce un couteau dans les feuilles, un peu au-dessus de la racine; ce qui en fait sortir l'eau de pluye que l'on reçoit sur son chapeau, pour la boire.

Le Pays près de la Mer ou des Lacs, est chargé de Mangles & toujours humide; mais un peu plus avant il est sec & ferme, & n'est jamais inondé dans la saison pluvieuse. Le terroir est d'une argile forte & jaunâtre; mais le dessus ou la superficie est d'une terre noire qui n'est pas profonde. Il y croît quantité d'arbres de differentes espéces qui ne sont ni hauts, ni gros. Ceux qui servent à la teinture & qu'on appelle bois de Campêche y profitent le mieux, & il y en a en abondance. Aussi le terroir est-il le plus propre qu'il y ait pour ces Arbres qui ne réüssissent point sur

Tom. II.

un fond sec; & on n'en trouve pas non plus dans les endroits où la terre est noire & fort grasse. Ils ressemblent assez aux Aubépines. Mais ils sont generalement plus gros; l'écorce des jeunes branches est blanche & polie & il s'y trouve quelques pointes qui sortent de côté & d'autre: le tronc & les vieilles branches sont noirâtres, l'écorce en est plus raboteuse & il n'y a que peu ou point de piquants. Les feuilles sont petites & faites comme celles des Aubépines ordinaires, & la couleur est d'un verd pâle. On choisit pour la coupe les Arbres vieux qui ont l'écorce noire; parce qu'ils ont moins de séve & qu'ils donnent moins de peine à couper ou à reduire en morceaux. La séve est blanche & le cœur rouge. On se sert beaucoup du dernier pour la teinture: aussi abbat-on toute la séve blanche jusqu'à ce qu'on vienne au cœur; & alors il est en état d'être envoyé en Europe. Après qu'il a été coupé quelque tems, il devient noir, & si on le met dans l'eau, il lui donne la couleur de l'encre: on s'en sert même quelquefois pour écrire. Il y a de ces Arbres qui ont cinq ou six pieds de circonference. Le veritable bois de Campêche ne vient que dans le Yucatan, encore n'y en trouve-t-on que dans quelques endroits auprès de la Mer. Les principaux où il y en a sont celui-ci, le Cap Catoche & la Baye de Honduras dans la partie Meridionale du Yucatan. Il y a encore quelques autres sortes de bois qui approchent assez de celui-ci, & dont on se sert aussi pour la teinture; les uns sont plus estimez, les autres moins. Entre ceux-ci le *bois de sang*, & le bois de *Stockfische* sont proprement du cru de l'Amerique.

^a A mesure qu'on s'éloigne de la Mer en avançant vers le milieu des terres, le terrain s'éleve toujours davantage, & s'y trouve plus propre pour les arbres: il y en croît de plusieurs espéces & ils y viennent plus gros & plus hauts que ceux du bois de teinture, ou les autres des environs. Au delà de ce Quartier, on entre toujours dans de grandes Savanes remplies d'Herbes longues, & qui ont deux ou trois milles de large, & même davantage.

^a Ibidem p. 90.

^b L'Isle des bœufs fait la continuation de la Baye de Campêche, l'espace de trois lieuës. Sa partie Orientale regarde l'Isle de Trist; le côté du Nord donne sur la haute Mer, & la partie Occidentale est lavée par la Riviere de *S. Pierre & de St. Paul*. A trois lieuës au-dessus de l'embouchure de cette Riviere, il y a une petite branche, qui coule vers l'Est, sépare l'Isle des bœufs du Continent au Sud, & fait ensuite un grand Lac d'eau douce, qui porte le même nom: Il se jette après dans un Lac salé qu'on nomme le *Lac des Guerriers*, & celui-ci se décharge à son tour dans *Laguna Termina*, à deux lieuës de la pointe Sud-Est de l'Isle. La branche de l'Ouest se jette dans la Riviere de Tobasco, & le lit du milieu garde son cours & son nom jusqu'à ce qu'elle se jette dans la Mer entre l'Isle des Bœufs & l'Isle de Tobasco, où elle n'est pas plus large que la Tamise vis-à-vis de *Gravesend*.

^b Ibidem p. 142.

^c Après que la branche Occidentale de la Riviere de *St. Pierre & de St. Paul*, s'est

^c Ibidem p. 163.

per-

CAM.

perduë dans la Riviére de Tobasco à 4. lieuës environ de la Mer, il se trouve qu'elle forme par ce moyen l'Isle de Tobasco qui a douze lieuës de long & à son Nord quatre de large, du moins on compte 4. lieuës depuis la Riviére de St. Pierre & de St. Paul, jusqu'à l'embouchûre de celle de Tobasco, & le Rivage s'étend à l'Est & à l'Ouest. Durant la premiére lieuë vers l'Est, le terrain est couvert de Mangles, & il y a quelques Bayes sablonneuses, d'où les Tortuës vont à terre poser leurs œufs. La Côte de l'Ouest est aussi sablonneuse jusqu'à la Riviere de Tobasco. Mais parce que la Mer est ici fort grosse, il n'est pas facile d'aborder, à moins qu'on ne soit entré dans la Rivière de Tobasco, qui est la plus remarquable de toutes celles que l'on voit dans la Baye de Campêche. Son embouchûre à près de deux Milles de large.

^a Ibidem pag. 176.

^a Depuis la Riviére de Tobasco jusqu'à celle de Checapeque, il y a 7. lieuës. La côte s'étend à l'Est & à l'Ouest; le terrain y est bas & couvert d'arbres; la Baye est sablonneuse, & a bon Ancrage: mais le ressac y est si fort, qu'on a de la peine à y aborder. Cependant les canots le peuvent entreprendre, si l'on est bien sur ses gardes & si les hommes se tiennent prêts à sauter à terre d'abord que le canot touche le fond. On doit prendre garde à le retirer au plus vîte de l'impétuosité des houles, & il faut avoir la même précaution lors qu'on s'en retourne. Il n'y a point d'eau douce entre la Riviére de Tobasco, & celle de Checapeque.

A une lieuë de Checapeque & à son Ouest il y a une autre petite Riviere appellée *Dos Boccas*, qui ne peut porter que des Canots, encore ne le peut-elle faire que jusqu'à un Mille de son embouchure, & l'eau en est salée jusqu'à cet endroit^b. Depuis *Dos Boccas* jusqu'à la Riviere de *Palmas*, il y a 4. lieuës: le terrain est bas entre deux & la Baye sablonneuse. De Palmas à *Halover* il y a 2. lieuës. *Halover* est un petit Isthme, qui sépare la Mer d'un grand Lac. Les Boucaniers l'appellent ainsi parce qu'ils y mettent leurs Canots à sec & que le mot Anglois signifie *Hâler à terre*. De *Halover* jusqu'à *Ste. Anne*, il y a 6. lieuës. *Ste. Anne* est l'embouchure du Lac dont je viens de parler: il n'y a pas plus de 6. ou 7. pieds d'eau, cependant les barques y vont souvent pour se mettre en carêne.

^b Ibid. p. 179.

De Sainte Anne à *Tondelo*, il y a 5. lieuës. La Côte s'étend toujours à l'Ouest; le Pays est bas & la Baye sablonneuse du côté de la Mer. A quelque distance de cette Baye il y a des Dunes assez hautes & couvertes de Buissons remplis de piquants. La Riviere de Tondelo est assez étroite, elle est guéable à 4. ou 5. lieuës de son embouchure. De la Riviere de Tondelo jusqu'à celle de *Guazacoalco*, ou *Guasichwalp*, il y a 8. lieuës, la Côte toujours à l'Ouest, la Baye sablonneuse tout du long, il y a des Dunes, comme entre *Ste. Anne* & *Tondelo*; si ce n'est que vers l'Ouest, le bord est plus bas & les arbres plus hauts. C'est une des principales Rivieres de cette Côte, quoiqu'elle ne soit pas la moitié aussi large que celle de Tobasco; mais elle est plus profonde, sa barre est une des moins dan-

CAM.

gereuses; puisqu'il y a 14. pieds d'eau par dessus. Les bords de l'un & l'autre côté sont bas; il y a de grands bois sur celui de l'Est, & des Savanes sur l'autre. Depuis la Riviére de Guazacoalco, la Côte s'étend encore deux ou trois lieuës vers l'Ouest; le terrain y est bas, la Baye sablonneuse & le Pays couvert d'arbres. A 3. lieuës ou environ à l'Ouest la terre coupe vers le Nord, & pousse de ce côté-là peut-être l'espace de 16. lieuës; elle s'eleve peu à peu au-dessus du rivage & fait un Promontoire fort haut, qu'on nomme la *Terre de Saint-Martin*, mais qui se termine par une pointe assez large; & c'est ce qui borne la Baye de Campêche à son Ouest.

^c Les *Animaux* qui se trouvent aux environs de la Baye de Campêche, sont les Chevaux, les Bœufs, les Daims, les Warris, les *Pecaris*, les *Squashs*. Ce dernier est un animal à quatre pieds plus gros qu'un Chat: sa tête ressemble à celle du Renard; il a les oreilles courtes & le museau long: ses jambes sont courtes & il a des griffes aiguës qui lui servent à grimper sur les arbres. Il a la peau couverte d'un poil court fin & jaunâtre. La chair en est très-bonne & fort saine: aussi ne mangent-ils que de très-bons fruits. On les trouve d'ordinaire sur les arbres nommez *Sapadillos*. Si on les prend jeunes ils s'aprivoisent facilement, mais ils sont aussi rusés que des Singes. On voit des *Singes* dans ces quartiers & ils sont peut-être les plus laids que l'on puisse voir. Leur grosseur est au-dessus de celle du liévre, ils ont de grandes queuës de près de deux piés & demi de long. Le dessous de la queuë est sans poil & la peau en est dûre & noire; mais le dessus, ainsi que tout le reste du corps, est couvert d'un poil rude, long, noir, & herissé. Ils vont 20. ou 30. de compagnie dans les bois où ils sautent d'un arbre en l'autre. S'ils trouvent une personne seule, ils font mine de la vouloir devorer; mais s'ils les voyent deux ou plusieurs ensemble, ils s'enfuïent. Les femelles sont fort embarassées pour sauter après les mâles avec leurs petits; car elles en ont ordinairement deux. Elles en portent un sous un de leurs bras, & l'autre est assis sur leur dos se tenant accroché à leur cou avec ses deux pattes de devant. Ces singes sont extraordinairement farouches & il n'a pas encore été possible d'en aprivoiser quelque soin que l'on ait pris pour cela. Ils ne vont que rarement à terre, il y a des personnes mêmes qui assurent qu'ils n'y vont jamais. L'*Ours* de ces quartiers est un animal à quatre pieds de la grosseur d'un chien de bonne taille & qui ne vit que de fourmis: il a le poil rude & d'un brun qui tire sur le noir. Ses jambes sont courtes, son museau long, ses yeux petits, la gueule fort petite & sa langue aussi déliée qu'un ver de terre de 5. ou 6. pouces de long. Voici la maniere, dont il prend les fourmis; il couche son museau tout plat contre terre auprès du sentier où passent les fourmis, ensuite il met sa langue au travers du sentier; & lorsque les fourmis qui vont & viennent sans cesse y arrivent, elles s'y arrêtent un peu: de sorte que sa langue en est toute couverte en deux ou trois minutes de tems; alors il la retire & les avale. Cela fait, il recommence

^c Ibid. p. 90.

de

de nouveau le même exercice pour en attraper davantage. Cet Animal sent beaucoup l'odeur des fourmis & sa chair en a le goût. Le *Sloth* ou *Paresseux*, est aussi une Bête à quatre pieds, couverte de poil d'une couleur brune: il n'est pas tout à fait si gros que l'Ours mangeur de fourmis, ni si hérissé : il a la tête ronde, les yeux petits, le museau court, les dents fort aiguës, les jambes courtes, & les griffes longues & perçantes. Cet animal se nourrit de feuilles & il fait grand tort aux arbres qu'il attaque. Il est si lent à se remuer qu'après avoir mangé toutes les feuilles d'un arbre il employe 5. ou 6. jours à descendre de celui-là & à monter sur un autre, quelque proche qu'il soit. Il n'a que la peau & les os quand il arrive à ce second gîte quoiqu'il fût gras à la descente du premier. Il n'abandonne jamais un Arbre qu'il ne l'ait mis en piéces & aussi dépouillé qu'il se pourroit être au cœur de l'hyver. Il lui faut 8. ou 9. minutes pour avancer un pied à la distance de trois pouces, & il ne les remuë jamais que l'un après l'autre avec la même lenteur. Les coups ne lui font point doubler le pas: on en a fessé quelquesuns pour voir si cela les animeroit, mais ils paroissent insensibles, & on ne sauroit les épouvanter ni les contraindre à marcher plus vite. L'*Armadillo*, qu'on appelle ainsi à cause de l'armure dont il est revêtu, est de la grosseur d'un petit cochon de lait, & a le corps assez long. Cet animal est renfermé dans une écaille épaisse, qui lui couvre tout le dos, & se rejoint sous le ventre, où elle ne laisse de vuide que la place qu'il faut pour les quatre jambes; il a la tête petite, le groin du cochon & le coû d'une longueur assez considerable: il sort la tête quand il marche: mais s'il craint quelque danger, il la cache sous la coquille, il y retire en même tems ses pieds, & il demeure aussi immobile qu'une Tortuë de terre: on a beau le baloter d'un côté & d'autre, il ne remuë pas pour cela. Son écaille est partagée en deux au milieu du dos, & en travers, où il y a des jointures qui servent à tourner le devant de son Corps de tous les côtés, & de la maniere qu'il le veut. Ses piés ressemblent à ceux d'une Tortuë de terre, & il a des ongles forts avec lesquels il creuse des trous dans la terre comme font les lapins. La chair en est très-bonne & a le goût de celles des Tortuës de terre. Le *Porc-epi* est commun. Il s'y trouve aussi, à ce qu'on prétend, quelques Lions. Le *Chat-Tigre* est de la grosseur des Dogues d'Angleterre que l'on fait battre avec les Taureaux; il a les jambes courtes, le corps ramassé à peu près comme celui d'un mâtin; mais pour le reste, c'est-à-dire la tête, le poil & la maniere de quêter la proye, il ressemble fort au Tigre, excepté qu'il n'est pas tout à fait si gros. Il y en a une grande quantité, ils devorent les jeunes veaux ou d'autre gibier qu'ils trouvent en abondance.

Les Insectes des environs de la Baye de Campêche sont, des serpens de plusieurs sortes, de jaunes, de verds, de couleur brune mêlée de quelques tâches de blanc & de jaune. Les serpens jaunes sont d'ordinaire aussi gros que la partie inferieure de la jambe d'un homme & longs de six ou sept pieds. Ils sont lâches & paresseux ; ils demeurent en repos & ne vivent que de Lezards & de *Guanos*, ou de quelques autres petits animaux qui passent dans leur chemin. On dit pourtant qu'ils se cachent quelquefois sur les Arbres & qu'ils ont une force si prodigieuse qu'ils arrêtent un Bœuf par une de ses cornes, lors qu'il vient à passer près de l'arbre. Il y a des personnes qui en estiment fort la chair, & qui pretendent avoir vû de ces serpens, aussi gros que le corps d'un homme ordinaire. Les Serpens verds ne sont guéres plus gros que le pouce, quoiqu'ils ayent quatre ou cinq pieds de long : leur dos est d'un verd fort vif, mais la couleur du ventre tire un peu sur le jaune: ils se tiennent d'ordinaire entre les feuilles vertes des buissons & ils vivent de petits oiseaux qui s'y viennent percher: on assure qu'ils sont très-venimeux. Le Serpent brun est un peu plus gros que le verd, mais il n'a pas plus d'un pied & demi, ou deux pieds de long; ils se tiennent auprès des Cabanes où ils entrent même quelquefois: on ne les tuë point parce qu'ils détruisent les souris, qu'ils prennent avec subtilité. Outre ces Serpens, il y a quantité de Scorpions & de *Centapes*. On y trouve aussi des *Galliguèpes*; ce sont des animaux qui ressemblent un peu aux Lezards, mais ils sont plus gros. Ils ont le corps de la grosseur du bras d'un homme, quatre jambes courtes & une petite queuë. Leur peau est d'un brun obscur. On les trouve ordinairement dans les lieux marecageux, & ils ont beaucoup de venin.

Il y a une sorte d'Araignée d'une prodigieuse grosseur: on en voit qui sont presque aussi grosses que le poing d'un homme & qui ont de longues jambes déliées. Elles ont deux dents ou plutôt deux cornes courbées longues d'un pouce & demi ou deux, & grosses à proportion, noires comme du jai & polies comme du verre, & aussi pointuës au bout qu'une épine. On garde presque toujours ces dents lors qu'on tuë ces Araignées. Quelques-uns les portent dans leur bourse à tabac pour nétoyer leurs pipes, d'autres les conservent pour nétoyer leurs dents ; surtout ceux qui sont sujets à y avoir mal, parce qu'elles ont, à ce qu'ils croient, la vertu de le chasser. Le dos de ces Araignées est couvert d'un duvet jaunatre aussi doux que le velours ; il y en a qui veulent qu'elles soient venimeuses quoique d'autres disent le contraire. Le pays produit aussi des Fourmis de diverses sortes, comme de jaunes, de noires, de grosses, & de petites. La piqueure des grosses fourmis noires est presque aussi dangereuse que celle du Scorpion. Les petites fourmis jaunes ne sont gueres moins de mal; leur aiguillon perce comme une étincelle de feu ; & il y en a une si grande foule en certains endroits sur les branches des Arbres, qu'on s'en trouve quelquefois tout couvert avant qu'on s'en soit apperçu.

[a] Les Oiseaux du Pays sont le *Bourdonnant*; c'est un petit animal dont le plumage est fort joli, & qui n'est pas plus gros qu'une des plus grosses guèpes; il a le bec noir & aussi délié que le bout d'une aiguille fine, avec des jambes & des pieds proportionnez au reste du corps. Quand il vole, il ne bat pas

[a] Ibid. p. 100.

les ailes comme les autres oiseaux, mais il les tient étenduës, dans un mouvement égal. & continuel, comme font les abeilles & les autres Mouches, dont il a aussi le bourdonnement perpetuel lorsqu'il vole. Il y en a de deux ou trois sortes, dont les uns sont plus gros que les autres, mais ils sont tous fort petits & ils n'ont pas le même plumage; les plus gros sont noirâtres. Les Merles sont un peu plus gros que ceux d'Europe & ils ont la queuë plus longue; du reste ils sont les mêmes pour la couleur. Il y a de trois sortes de Tourterelles; les unes ont le jabot blanc, les autres sont de couleur brune, & les troisiémes sont d'une couleur fort sombre. Les Pigeons ne sont pas fort communs, ils sont plus petits que les Ramiers d'Europe, & la chair en est aussi bonne. Le *Quam* est de la grosseur d'une poule d'Inde ordinaire: il est d'un brun noirâtre & son bec ressemble à celui d'un Coq-d'Inde. Il vole de côté & d'autre dans les bois, il se nourrit de Bayes & c'est un très-bon manger. Le *Correso* est plus gros que le *Quam*; le Mâle est noir & la femelle d'un brun obscur. Le Mâle a une hupe de plumes noires sur la tête & il a l'air fort majestueux. Ces oiseaux se nourrissent aussi de Bayes, & ils sont très-bons à manger: mais on dit que leurs os sont venimeux; c'est pourquoi on les brûle, ou on les enterre, ou bien on les jette dans l'eau, de peur que les Chiens n'en mangent, & ne s'empoisonnent. Les Corneilles qui vivent de charogne sont noirâtres, & à peu près de la grosseur des Corbeaux. Elles ont la tête chauve & sans plumes de même que le cou qui est rouge comme celui des Coqs-d'Inde. Elles ne vivent que de chair & c'est pour cela qu'on leur donne le nom de *Corneille à charogne*. Il y a quelques-unes de ces Corneilles qui sont tout à fait blanches, mais c'est d'un blanc sale, d'ailleurs elles ont la tête & le coû chauves comme les autres. On n'en voit jamais plus d'une ou deux de ces blanches à la fois; & il y a rarement une troupe de noires qu'il ne s'y trouve une blanche avec elles. Ces Corbeaux en general sont fort carnassiers & ils dépêchent une charogne dans un moment; c'est pour cette raison que les Espagnols ne les tirent jamais & qu'ils mettent à l'amende ceux qui les tuent. Les Corneilles qu'on nomme subtiles sont de la grosseur d'un pigeon; le plumage de la plûpart est noirâtre; mais le bout de leurs aîles tire sur le jaune ainsi que leur bec. Elles ont une methode toute particuliére & artificieuse de bâtir leurs nids. Ils sont suspendus aux branches des Arbres les plus hauts, & dont le tronc n'a point de branches, jusqu'à une hauteur considerable: elles choisissent même pour cet usage l'extremité des branches qui s'éloignent le plus du corps de l'Arbre. Lors qu'elles en trouvent un à quelque distance des autres, c'est celui-là qu'elles choisissent: mais s'il y en a plusieurs ensemble, elles preferent celui qui est plus proche d'une Savane, d'un Etang ou d'une Crique. Ces nids sont à deux ou trois pieds des branches où ils sont suspendus, & ils ont la figure d'un Saladier rempli de foin. Le fil qui attache le nid à la branche, aussi-bien que le nid même, est fait d'une herbe longue fort adroitement entrelassée: il est assez délié tout contre la branche, mais il devient plus gros à mesure qu'il s'approche du Nid. Il y a un trou à l'un des côtés du Nid pour donner entrée à l'oiseau & c'est un plaisir de voir vingt ou trente de ces nids suspendus autour d'un Arbre. Il y a de trois sortes d'oiseaux qu'on appelle *tout becs*, que l'on appelle de la sorte parce que leur bec est presque aussi gros que le reste de leur corps. Les *Coqrecos* sont des Oiseaux qui ont les aîles courtes, de la couleur des Perdrix, mais pas tout à fait si gros, ils ont les jambes longues & ils se plaisent à courir sur la terre dans les bois ou dans les endroits marécageux.

[a] Les Oiseaux d'eau sont les Canards de trois espèces peu differentes de ceux d'Europe, les Corlieux de deux sortes qui different en couleur & en grosseur. Les plus gros sont de la grosseur d'un Coq-d'Inde, ils ont les jambes longues & le bec long & crochu, comme celui des Beccassines, mais proportionné en grosseur au reste de leur corps. Ils sont d'une couleur obscure; leurs aîles sont mélées de noir & de blanc, leur chair est noire, mais bonne & fort saine: les petits Corlieux sont d'un brun obscur, ils ont les jambes longues aussi-bien que le bec, & sont beaucoup plus delicats au goût. Les Herons ressemblent à ceux d'Europe. Les Mangeurs d'Ecrevices sont faits comme les Herons, & de la même couleur, mais ils sont plus petits: ils vivent d'Ecrevisses de la grosseur du pouce, qui se trouvent ici en grande quantité. Les Pelicans sont des Oiseaux à pied plat, & presque aussi gros que des Oyes. Ils ont les jambes courtes, le coû long & le bec large d'environ deux pouces, & long de 17. ou 18; le devant de leur coû est ras, & couvert d'une peau molle, unie & branlante comme celle des coqs-d'Inde: cette peau est de la même couleur que le plumage, tachetée d'un peu de gris clair & d'obscur si exactement entremélés qu'il n'est rien de plus joli. Ces Oiseaux sont fort pesans, ils ne volent pas loin d'ordinaire, & ils ne s'élevent pas beaucoup au-dessus de l'eau. On trouve encore des Cormorans, des Guerriers, des Boubies & des Faucons pêcheurs. Ces derniers ressemblent aux plus petits Faucons pour la couleur & pour la figure, ils ont le bec & les ergots faits de même. Ils se perchent sur des troncs d'Arbres ou sur des branches séches qui donnent sur l'eau dans les Criques, les Rivieres ou au bord de la Mer; & dès qu'ils voyent quelque petit poisson auprès d'eux, ils y volent à fleur d'eau, l'enfilent avec leurs ergots & s'élévent aussi-tôt en l'air sans toucher l'eau de leurs aîles. Ils n'avalent pas le poisson tout entier, comme font la plûpart des autres Oiseaux qui en vivent; mais ils le dechirent avec leur bec & le mangent par morceaux.

Les Lacs, les Criques & les Rivieres abondent en toutes sortes de poissons; sçavoir en Muges, Snouks, Tenpounders, Tarpons, Cavallies, Parricotas; ceux-ci sont des poissons longs, & leur corps a la rondeur du Maquereau. Ils ont le museau fort long, & les dents aiguës; ils peuvent avoir 8. ou 10. pouces de circonference & trois pieds & demi de long. Ils se tiennent ordinairement dans les

[a] Ibidem p. 106.

bras

CAM. CAM.

bras de Mer qui font entre les Ifles, ou dans la Mer auprès du rivage. Ils flottent fur l'eau & prennent le hameçon avec avidité; ils tâchent même de mordre* les hommes s'ils en trouvent dans l'eau. Leur chair eft ferme & de bon goût; mais il eft dangereux d'en manger, car quelques perfonnes en ont été empoifonnées. Les Garrs font ronds, mais non pas fi gros ni fi longs que les precedens. Ce qu'ils ont de particulier eft un mufeau long & offu, de même que l'*Empereur*, avec cette difference, qu'au lieu que celui-ci a le mufeau plat & dentelé des deux côtés en forme de fcie, le Garr au contraire a le fien fait comme une lance rond, uni & pointu au bout, & d'environ un pied de longueur. Ces Garrs s'élancent avec une telle force que leur mufeau perce quelquefois les côtez d'un Canot, fait de l'arbre qui porte le coton; & les hommes mêmes craignent fouvent d'en être percés au travers du corps. Les Maquereaux d'Efpagne ont la même figure que les nôtres. La Raye y eft de trois efpéces, favoir la Raye piquante, celle dont la peau fert à faire des rapes, & la Raye qui faute. On ne manque pas de Tortuës ni de Veaux-Marins. Les Alligators y font auffi frequens que dans aucun autre endroit du Monde. On peut voir dans le Supplement des Voyages de Dampier [a], la difference qu'il y a entre l'Alligator & le Crocodile.

[a] Tom. III. p. 113.

CAMPEN, Emmius [b] dans fon Hiftoire de Frife nomme cette Ville en Latin *Campi* & *Campena*. Cette Ville eft dans la Republique des Provinces-Unies, dans la Province de l'Iffel au bord Occidental de cette Riviere, mais la Citadelle eft du coté Oriental. Anciennement [c] l'Iffel ne paffoit pas tout entier à Campen. Cette Riviere étant à Buchorft, au lieu de fe detourner tout d'un coup du côté de Campen & de la Mer comme elle fait à prefent, avoit alors un autre cours & alloit de Buchorft fe perdre dans la même embouchure que le Wecht, à l'endroit que l'on appelle 't Zwolfche diep. Le chemin que l'on remonte depuis la Mer jufqu'à Zwol me paroît un refte de l'ancien cours. L'ancien Iffel detourné par les travaux que fit faire Drufus, & enfermé entre des Digues étoit à la gauche du nouveau & diftinguoit le Weluve d'avec le Salland; mais le nouveau lit eft à la droite de l'ancien, & comme le Weluve ne s'étend plus fi loin, l'Iffel eft entierement dans le Salland. Quelques-uns ont cru que le Port nommé Navalia par Ptolomée étoit le même que Campen. Il y a bien plus d'apparence à le chercher à l'embouchure commune de l'ancien Iffel & du Wecht dans le Lac Flevus, que fur le nouveau lit qui étoit auffi bouché, & où eft Campen. On ignore prefentement l'origine de cette Ville. Selon Mr. l'Abbé de Longuerue [d], elle étoit fondée avant l'an 1000. puifque l'Empereur Otton III. la donna à l'Eglife d'Utrecht. Pontanus dans fon Hiftoire de Gueldre * raporte des Lettres datées de l'an 1280, où Campen fe trouve nommée avec Deventer & Zwol, mais la derniere, au lieu qu'elle a prefentement le fecond rang; Deventer a le premier. Elle fe joignit avec ces deux Villes aux Villes Anféatiques. [e] Le Canal de Drufus aiant commencé à fe repandre dans le Lac Flevus par d'au-

[b] L. 1. & 18.

[c] *Alting* Notit. Germ. Infer. 2. part. p. 34.

[d] Defc. de la France 2. part. p. 34.

* L. 6.

[e] Alting ubi fupra.

tres ouvertures diferentes de l'ancien lit, (on ne fait fi cela fe fit par le travail des hommes, ou par l'imperuofité des flots) Campen fe trouva très-avantageufement fitué pour le commerce d'outre Mer. L'armée de la Republique la prit en 1578. fur les Efpagnols qui n'ont pu la reprendre depuis ce temps-là. Elle fut prife par les François l'an 1672. Ils l'abandonnerent l'année fuivante. On l'a fortifiée depuis; mais les fables qui fe font amaffez à l'embouchure de l'Iffel ont prefque bouché ce Port qui n'eft plus acceffible qu'à de petits bâtimens. Ses principales Eglifes font celles de St. Nicolas & de Notre Dame. Cette derniere eft ornée d'une belle & haute tour d'où l'on peut voir la Ville d'Enchuyfe quand l'air eft ferain. Sa figure eft celle d'un arc dont la Riviere eft comme la corde. Mr. Corneille dit que cette Ville eft renommée pour avoir produit le fameux Thomas à Kempis que l'on croit communément être l'Auteur du livre intitulé *de l'imitation de Jefus-Chrift*. Il fe trompe; quoique Thomas ait paffé la plus grande partie de fa vie dans l'Overiffel, il n'en étoit pas, mais de Kempen petite Ville très-differente de celle-ci & qui eft dans l'Electorat de Cologne. De grands hommes fe font trompez fur la patrie de ce St. Auteur. Le Cardinal Bellarmin [f], Wagenfeil dans fon Hiftoire Univerfelle [g], l'Auteur du *Naudaana* l'appellent *Belga* ou Flamand; fans dire de quelle Ville il étoit; mais on voit bien qu'ils ont eu moins d'égard au lieu de fa naiffance qu'au long féjour qu'il a fait dans un Monaftere de Chanoines reguliers, non pas de Campen, mais auprès de Zwol, au mont de Ste. Agnès. L'Auteur de fa Vie, qui eft ordinairement au devant de l'Imitation Latine, dit qu'il naquit à *Kempi qui eft un petit Bourg au territoire & Dioceſe de Cologne*. Son Traducteur Italien dit de même: *in Kempis che è un picciolo Caftello nel territorio & Diocesi di Colonia*. Le Traducteur Efpagnol dit auffi *fue natural de Kempen que es una pequeña Villa en la Dioceſs de Colonia*. Il étoit donc de *Kempen*, en Latin *Kempi*, dans le Diocèfe & au territoire de Cologne, & non pas de *Campen*, en Latin *Campi*, qui dès l'an 1000. fut donné à l'Eglife d'Utrecht. Mrs. de Port Royal fe font auffi mal expliquez dans l'Avertiffement qui precede leur Traduction. La plus commune opinion eft, difent-ils, que c'eft Thomas à Kempis Chanoine regulier de l'Ordre de St. Auguftin dans l'Archevêché de Cologne. Ils confondent fa naiffance arrivée dans un Bourg de cet Archevêché & fa vie religieufe paffée auprès de Zwol, à la Montagne de Ste. Agnès, dans le Diocèfe d'Utrecht.

[f] De Script. Eccléf. ad ann. 1460.
[g] Sæcul. xv.

Un homme illuftre dont la Ville de Campen fe glorifie d'avoir été la patrie, c'eft Albert Pighius, plus illuftre encore par fon érudition profonde & variée que par l'amitié qu'eut pour lui le Pape Hadrien qui étoit d'Utrecht. Leur liaifon s'étoit formée en Flandres, Albert le fuivit en Efpagne & à Rome. Les Papes Clement VII. & Paul III. Succeffeurs d'Hadrien l'honorerent de leur eftime.

CAMPER, Pays d'Afie dans l'Ifle de Sumatra; à l'extrémité la plus Orientale du Royau-

128 CAM.

Royaume d'Achem aux confins & au Nord du Royaume d'Andragiri. Quelques-uns écrivent CAMPAR [a], d'autres CANPER [b], d'autres CAMPARAN [c]. Cette contrée est ainsi nommée d'une Ville, ou d'un bourg situé à l'Orient Meridional du bras de Mer qui va à Siaqua & détache quelques petites Isles d'avec la grande. Camper est par les 120. d. de Longitude ordinaire & 25'. de Latitude Nord. Les Batauringues sont des rochers dont le Bocas de Camper est parsemé.

[a] Vander Hagen 2. Voyag. parmi ceux de la Comp. Holl. T. 3. p. 110. &c. 111.
[b] De l'Isle Carte des Indes.
[c] Voyages de la Comp. Holland. T. 1. p. 276.

CAMPI, Voyez CAMPEN.

CAMPI FENECTANI. Voyez FENECTANI.

CAMPI LAPIDEI, c'est-à-dire les CAMPAGNES DES CAILLOUX. Strabon en parle ainsi [d]: entre Marseille & l'Embouchure du Rhone est une Campagne ronde d'environ cent Stades de diamêtre & à pareille distance de la Mer: on la nomme λιθώδες (c'est-à-dire la Campagne des Cailloux) car elle est pleine de Cailloux gros comme le poing, au-dessous desquels, il ne laisse pas de croître de l'herbe & de quoi paître abondamment le bétail. Au milieu il y a de l'eau des Salines & du sel. Tout le quartier d'au-dessus est exposé aux vents, mais sur tout cette Campagne est sujette à un horrible vent de bise qui, dit-on, remue & fait rouler ces Cailloux, renverse les hommes de dessus leurs voitures, & leur enleve leurs armes & leurs habits. On peut voir dans Strabon l'explication d'Aristote & de Posidonius qui ont tâché de rendre compte de la maniere dont ces Pierres sont venues; on y trouvera aussi des vers d'Eschyle qui a orné poëtiquement cette matiere. La fable n'avoit pas laissé échaper cet endroit, & Mela [e] n'a point dédaigné de la raporter en prose. Le Champ que l'on appelle des Cailloux, dit-il, dans lequel Hercule combatant contre Albion & Geryon fils de Neptune, étant venu à manquer de fleches, il invoqua Jupiter qui pour le secourir envoya une pluye de Pierres. Vous croiriez que ç'a été une pluye, tant on y en voit en long & en large. Pline [f] dit sur le même sujet: *Superque Campi Lapidei Herculis præliorum memoria.* Il appelle cette Campagne un Monument des Combats d'Hercule. Niger dit que ce lieu est nommé *Melamborium* par les anciens: mais le bon homme parle ainsi faute d'avoir entendu ce qu'il lisoit. Strabon nomme la bise qui y soufle μελεμβόρνον πνεῦμα, un vent de Nord noir, Niger a pris le nom de ce vent pour un nom de Pays. Ortelius remarque que Turpin dans la Vie de Charlemagne le nomme AYLI CAMPI. Le nom moderne est LA CRAU.

[d] L. 4. p. 182.

[e] l. 1. c 5.

[f] l. 3. c. 4.

CAMPI MACRI, lieu de la Gaule Cispadane, Tite-Live [g] en parle & Strabon [h] aussi, mais quelques exemplaires de ce dernier portent Νεκροὶ Κάμποι au lieu de Μακροί. Columelle [i] met vers Modene & Parme, Leandre dit que c'est présentement VALLE DI MONTIRONE, entre Carpi & la Mirandole au Duché de Modene.

[g] l. 41. c. 32.
[h] L. 5. p. 216.
[i] l. 7. c. 2.

CAMPI MAGNI, lieu d'Afrique dans le pays de Carthage. C'est là qu'Asdrubal & Syphax furent défaits par Scipion qui y commandoit les armées Romaines, comme Tite-Live nous l'apprend [k].

[k] l. 30. c. 8.

CAM.

CAMPI PHLEGRÆI, Voyez FORUM VULCANI.

CAMPI STELLATES, Voyez STELLATES.

CAMPI TAURASINI, Voyez TAURASINI.

CAMPI TIBERIANI, Frontin en fait mention dans son livre des Colonies [1]. Les Champs Tiberiens qui sont, ce me semble, entre Tibur (Tivoli) & le Tibre furent mesurez par Tibere Cesar.

[1] p. 120. Edit. Gomes.

CAMPI VETERES, ancien lieu d'Italie dans la Lucanie. Voyez VETERES.

CAMPIANO, Place forte d'Italie dans l'Etat du Duc de Parme, sur le Taro au pied de l'Apennin à douze milles de Pontremoli au Septentrion, & à six milles du Bourg de Val de Taro. Elle étoit au Prince de Val de Taro qui la vendit au Duc de Parme en 1682. Les Cartes la nomment CAMPIANO, mais le vrai nom est COMPIANO.

CAMPIDONA, Voyez KEMPTEN.

CAMPIGNE, Voyez CAMPINE.

CAMPILLO, Ville d'Espagne dans la nouvelle Castille. Elle est de six à sept cens feux, selon Davity copié par Mr. Corneille. Ce n'est qu'un Village selon Mr. de l'Isle à l'Orient du Xucar entre Alarcon & Iniesta.

CAMPINE, (la) en Latin *Campania* & *Campinia*, en Flamand De Kempen, contrée des Pays-bas; partie sous la Domination des Provinces-Unies des Pays-Bas, partie dans l'Evêché de Liége. Heda Ecrivain qui avoit diligemment feuilleté les Archives d'Utrecht a publié un Catalogue des Vassaux de cette Eglise (*de Vassis*. Voyez du Cange au mot VASSI & VASSALLI) & quoi que cette Piéce ne soit pas aussi ancienne qu'il le prétend, elle est tout au moins du XII. siécle. On y lit que toute la Campine jusqu'à Tournouter-voerde est possédé à titre de benefice de l'Evêque d'Utrecht, par son Maître d'Hôtel le Duc de Brabant. Elle repond à une grande partie de l'ancien pays des Menapiens qui étoient entre la Meuse & l'Escaut. D'anciens Auteurs l'ont appellée CAMPANIA; cela se voit dans la Vie de St. Tron écrite vers la fin de l'XI. Siécle. Godefroi Vendelin, qui a très-utilement travaillé sur les Loix Saliques, a recueilli beaucoup d'autoritez pour faire voir que ce pays a été nommé TAXANDRIE, pendant plusieurs Siécles. On est accoutumé de chercher les TAXANDRI, dans l'endroit où est la Zélande, mais il faut distinguer les tems. Lorsque les Francs, ou François d'au delà le Rhin surnommez Saliens, virent que les Romains retiroient les Garnisons, ce que Zosime dit être arrivé sous Honorius & Theodose le Jeune, ils profiterent de cette occasion & firent des établissemens qu'on leur avoit auparavant refusez, ils engagerent d'abord les Nations maritimes à secouer le joug des Romains; ils étoient persuadez qu'ils ne seroient jamais tranquiles possesseurs de cette terre tant qu'ils ne se rendroient pas Maîtres de la Mer, comme Zosime le marque assez. Les peuples *Taxandri* étoient le plus à leur portée, & vraisemblablement ce furent les premiers qu'ils mirent dans leur parti avec les Menapiens qui étoient derriere eux; & à leur exemple ils inspirerent les mêmes principes de liberté aux Armoriques. On établit le siege

de

CAM

de cette République qui se formoit ainsi en deça du Rhin entre la Meuse, la Demer & l'Ocean, comme Wendelin le prouve si clairement par les Loix Saliques, qu'il faudroit n'avoir pas le sens commun pour ne se pas rendre aux preuves qu'il en donne. Rien n'empêche que le nom de Taxandrie qui d'abord étoit particulier à une contrée maritime n'ait été souvent employé pour signifier toute la nouvelle République, de même que le nom de Hollande & de Hollandois qui est le nom propre d'une seule Province, est souvent employé pour signifier toute la République des Provinces-Unies. Cependant le nom des Menapiens ne se perdit pas d'abord pour cela & il est fait mention de *Pagus Menapicus* sous les Rois Carlovingiens. Celui de *Campania* ou *Campinia* subsista aussi très long temps avec les deux autres & il leur a survecu étant présentement le seul en usage. Le Docte Alting [a], de qui sont ces remarques, ne croit pas qu'elle ait eu jamais plus d'étendue que n'en a le pays qu'il nomme De Kempen, qui est la Campine. Sur quoi il faut remarquer : 1. que les premiers commencemens du Royaume de France que nous voyons si florissant aujourd'hui doivent se prendre entre l'Escaut & la Meuse dans cet espace qui est entre ces deux Rivieres, fermé au Midi par une ligne imaginée depuis Anvers jusqu'au pays de Liege. 2. que la Campine des anciens n'est pas seulement ce que Mrs. Baudrand & Longuerue & quantité d'autres appellent aujourd'hui le Kempenland, qui n'est qu'une des quatre parties de la Mairie de Bolduc, puisque le Territoire de cette Ville & celui de Breda étoient eux-mêmes parties de la Campine ; comme le dit Alting [b] l'homme qui avoit le mieux étudié l'ancienne Géographie du Pays-bas. Il y a donc une extrême diference pour l'étendue entre la Campine ancienne & ce que nos Auteurs François entendent par le mot de Campine. Grammaye [c], qui a composé six Dialogues touchant la Campine, observe qu'elle a eu autrefois Titre de Duché ; que Drogon fils de Charlemagne est qualifié Duc de Campine ; mais qu'on ne sait quelle étendue avoit ce partage du second fils d'un si grand Empereur, parce que ce Titre s'éteignit avec lui. Il n'a pas de repugnance à croire que les noms d'Oyrschot, Oyrle, & autres de divers lieux de ce pays-là viennent du mot *Oyr*, ou *Hoir* qui signifie heritier. Quoiqu'il en soit, poursuit-il, après les Ravages des Normands la Campine fut possedée par des Comtes, & il le prouve par les armes du Pays. On a déja remarqué que les Ducs de Brabant la possederent ensuite à Titre de fief de l'Eglise d'Utrecht.

[a] Notit. Germ. Inter. p. 2. p. 35.

[b] Ibid.

[c] Taxandria p. 23.

2. CAMPINE HOLLANDOISE. Voyez KEMPENLAND.

3. CAMPINE LIEGEOISE, Voyez le Comté de LOOTZ.

4. CAMPINE, ou CAMPIGNE, petit pays d'Espagne dans l'Andaloussie : on l'apelle aussi la VANDA MORISCA ; c'est une des quatre parties du territoire de Seville au Midi par delà le Guadalquivir. Les principales Places sont

Lebrixa, Alcala de Guadaira,
Utrera, Villa Martin,

Tom. II.

CAMPION, [d] Ville de la Tartarie au Royaume de Tangut, dont elle est la Capitale, aux Frontieres de la Chine entre le Desert sablonneux nommé Chamo, & Hoanho ou la Riviere Jaune.

[d] De l'Isle Atlas.

CAMPLI, ou CAMPOLI Ville d'Italie au Royaume de Naples dans l'Abruzze Ulterieure au pied des Monts sur un ruisseau qui se rend peu après dans le Trontin. Elle est fort petite quoi qu'elle ait un Evêché suffragant de l'Archevêque de Chieti & qui est uni à perpetuité à celui d'Ortone, & elle diminue tous les jours. Elle avoit autrefois un Château nommé CASTEL NUOVO, qui fut ruiné dans les guerres des Arragonois. Elle n'a que vingt-quatre petites Terres dans son Territoire qui est éloigné de douze milles de la côte du Golphe de Venise. Mr. Baudrand [e] la nomme en Latin *Camplum*.

[e] Ed. 1705.

CAMPO D'ANDEVALO, ou D'ANDEVALLO. Voyez ANDEVALLO.

CAMPO DE MONTIEL. Voyez MONTIEL.

CAMPO MARINO. Voyez CLITERNIA.

CAMPO MAJOR [f], Ville de Portugal dans l'Alentejo, à trois lieues d'Elvas & à deux des confins de l'Estramadure sur une plate-forme au-dessus d'une côte, avec de bonnes murailles & un Château : cette Ville a un Prieuré fort riche & douze cens habitans.

[f] Corn. Dict. & descr. sumar. del Reyno de Portugal.

CAMPO SANTO PIETRO, Ville [g] d'Italie dans le Padouan, sur la Riviere de Pionegio, qui tombe peu après dans la Musone, selon Magin.

[g] Carte du Padouan.

CAMPODUNUM, Voyez CAMBODUNUM.

CAMPOLATUM. Voyez GAMBULO.

CAMPONA [h], dans l'Itineraire d'Antonin. Simler croit que c'est Koppel sur le Danube près de Bude dans la Basse Hongrie. Voyez CAMPANIA.

[h] Ortel. Thes.

CAMPONI, Pline [i] met un peuple de ce nom dans la Gaule en Aquitaine ; surquoi le R. P. Hardouin insinue que ce pourroit bien être l'origine du Bourg de CAMPAN sur l'Adour dans la Bigorre, du moins le lieu & le nom ne diferent pas beaucoup.

[i] l. 4 c. 19.

CAMPOS, ou TIERRA DE CAMPOS, en Latin *Campensis ager*, *Campestris Tractus*, ou *Camporum Tractus*, petite contrée d'Espagne au Royaume de Léon entre Benavente, Salamanque & Valadolid.

CAMPOVERIA, Voyez TER-VEERE au mot VEERE.

CAMPREDON, Ville d'Espagne en Catalogne [k] avec un Château assez fort au pied des monts Pirenées, aux Frontieres de France & du Comté de Roussillon, à huit lieues de Vich au Septentrion, & à douze de Girone au Couchant d'été. Elle fut prise en 1691. par les François qui en ruinerent les fortifications.

[k] Baudrand Ed. 1705.

CAMPSA, Voyez CAMPSE.

CAMPSANI, ancien peuple de la Germanie, selon Mr. Baudrand [l] qui cite Ptolomée. C'est encore une des fausses citations de cet Auteur. Ce peuple est inconnu à Ptolomée. Mais *Campsiani* peuple de la Germanie est de Strabon. Voyez CAMPSIANI.

[l] Ed. 1682.

CAMPSARI, Voyez MAMPSARI.

[m] Ortel. Thes.

1. CAMPSAS, Agathias au 2. livre de son

CAM.

son Histoire parle d'une Ville de ce nom qui fut prise en Italie par les Goths.

2. CAMPSAS, Village de Phrygie auprès d'Apamée. Metaphraste en parle dans la Vie de St. Tryphon.

CAMPSEAUX, ou CAMSEAUX [*] Baye de l'Amérique Septentrionale sur la côte Orientale de l'Acadie au midi de l'Isle du Cap Breton. C'est proprement un Havre qui peut avoir trois lieuës de profondeur, & qui du Cap commence la grande Baye de St. Laurent. Ce Havre n'est composé que d'un nombre d'Isles, dont il y en a une grande d'environ quatre lieuës de tour, où il y a ruisseaux & fontaines. Elle est couverte d'assés beaux arbres, mais la plus grande partie ne consiste qu'en sapins, dont les Pêcheurs se servent à faire leurs échafaux pour secher la morue. Cette Isle est dans le milieu des autres & forme deux Havres, l'un pour l'Amiral ou premier Navire arrivé, & c'est le plus proche de l'entrée du côté de la Mer: l'ancrage du Navire est entre deux Isles, où il est en sureté. L'autre Havre est pour le Vice-Amiral, & de l'autre côté de l'Isle, où les Navires n'ont pas un si bon abri. Ces deux Places ont de la grave, mais elles n'en ont pas assez pour le passer de vigneaux. La troisiéme Place est à la petite entrée du côté de la Baye de Camseaux, celle-là n'a point de grave. Toutes les entrées de côté & d'autre sont dangereuses, car il faut que les Navires passent entre des rochers. La côte y est fort poissonneuse.

La Baye de Campseaux a huit lieuës de profondeur. Sortant de Campseaux & entrant dans la Baye le long de la côte on trouve trois lieuës durant des roches. Après cela est une grande ance qui a une Isle au milieu derriere laquelle les chaloupes se peuvent mettre à couvert. A trois lieuës de cette ance on trouve une petite Riviere abondante en saumons, elle monte bien avant dans les Terres, mais il n'y a que les canots qui puissent y aller. Au côté gauche de cette Riviere il y a des Terres hautes couvertes de beaux arbres & le long de la côte proche de l'eau il y a une quantité de pins. Au côté droit des Terres y sont plus basses & couvertes aussi de bois. En montant la Riviere on trouve des prairies où l'Herbe vient de la hauteur d'un homme. A deux lieuës plus avant on voit la Riviere de Chedabonctou. Voyez ce mot. En sortant de Chedabonctou, allant à l'entrée du petit passage de Camseaux, l'on passe quatre lieuës de Terres hautes & de rochers qui vont en descendant jusqu'à une petite Isle, & là les Terres sont plattes, marécageuses & pleines de petits étangs d'eau falée. Une lieuë plus avant on trouve une autre baye dans laquelle entre un grand Courant de Marée, l'entrée en est étroite parce qu'il y a au devant une barre de sable & les chaloupes n'y peuvent entrer que de pleine Mer. Le dedans où tombent deux petits ruisseaux asseiche presque de basse Mer. On nomme ce lieu-là la Riviere Mouton. La chasse est excellente dans les Terres qui sont bonnes. Le pays y est agréable; les bois y sont beaux & toute la côte est de même jusqu'à l'entrée du petit passage de Camseaux qui est entre la terre ferme & l'Isle du Cap Breton, où paroit un gros Cap de Terre Rouge. Continuant huit ou

[*] Denis, Descr. de l'Amer. Septent. Tom. I. c. 5.

CAM.

neuf lieuës on rencontre un grand Cap fort haut, toute la côte est aussi haute & consiste en rochers couverts de grands sapins. Au bas de ce Cap qui est escarpé à pied droit, il y a une ance où les Vaisseaux qui vont dans la Baye de St. Laurens pour faire leur pêche, & qui arrivant à la côte de trop bonne heure ne peuvent entrer dans la grande Baye de St. Laurens à cause des Places, viennent chercher ce petit passage, & se mettre à l'ancre dans cette ance pour laisser passer les glaces. Ce lieu s'apelle FRONSAC. Quoique le Courant soit extrémement fort dans ce petit passage, les glaces n'y incommodent point les Vaisseaux à cause d'une grande pointe qui avance, & détourne la marée qui pourroit les apporter. Elles rejette sur le Cap Breton. Cet endroit-là est le plus étroit du petit passage & il n'y peut avoir que la distance de la portée d'un bon Canon. Sortant de cette ance, avant que d'en passer la pointe, il y a des étangs d'eau salée où on trouve quantité de bonnes huitres & fort grosses.

CAMPSIANI, Strabon [a] parlant des peuples de la Germanie dit: les autres moindres Nations des Germains sont les Cherusques, les Chattes, les Gamabriuns, (pour les *Gambrivii* des autres Auteurs,) les Chattuaires. Vers l'Océan sont les Sicambres, les Chaubes, les Bucteres, les Cimbres, les Cauces, les Caulces & les Campsiens. πρὸς δὲ τῷ Ὠκεανῷ Σούγαμβροί τε, καὶ Χαῦβοι, καὶ Βούκτεροι, καὶ Κίμβροι, Καῦκοί τε, καὶ Καῦλκοι, καὶ Καμψιανοὶ &c. Voilà l'unique passage de l'antiquité où il soit parlé de ce peuple. Mr. Baudrand [b] ne laisse pas de faire un peuple, qu'il nomme *Campsani* qu'il met sur le compte de Ptolomée qui n'en parle point, après quoi il va jusqu'à en marquer les limites qui étoient, dit-il, entre la Ville de Brunswick & Werningerode dans la basse Saxe; & cite pour temoin Cluvier. Il ne falloit citer que ce dernier. Si Mr. Baudrand avoit examiné les choses de plus près il auroit vu que Cluvier [c] ne trouve le peuple *Campsani* dans Ptolomée que par une fausse correction de laquelle il n'avertit pas & qui peut passer pour une falsification du texte de l'Auteur Grec. Cluvier supose que les *Campsani* sont placez par Ptolomée entre les Cherusques & le Mont Melibocus; & delà il conclut que les *Campsani*, étoient entre les deux Villes de Brunswick & de Werningerode. Je le repete, *Campsani* est un nom qui ne se trouve dans aucun exemplaire de Ptolomée [d]. Les Editions Latines telles que celle de Cologne 1540. & celle des Aldes portent *Camani*, que les Copistes ont écrit au lieu de *Camavi* qui se lit dans le Grec KAMAYOI, ce sont ceux-là que Ptolomée place au dessous des Cherusques jusqu'au mont Melibocus; & il est aisé de voir que KAMATOI de Ptolomée est une faute pour XAMAYOI; & que les *Camavi* dont il parle sont les *Chamavi* dont la premiere lettre a été changée. Ainsi la conjecture de Cluvier devient sans aucun fondement. Les *Campsiani* de Strabon n'étant que nommez il y a de l'oisiveté à chercher ce que ce peut être que le pays qu'ils occupoient & encore plus à en chercher les bornes. Je ne sais sur quelle autorité s'est fondé Mr. d'Audiffret [e] lorsqu'il prétend que les

[a] l. 7. p. 291.

[b] Ed. 1682.

[c] German. Ant. L. 3. c. 19. p. 80.

[d] l. 2. c. 11.

[e] Géographie T. 3. p. 10.

CAM.

les Campſaniens demeuroient dans parties du Duché de Magdebourg & de la Principauté d'Halberſtadt ; qu'on y comptoit entre les lieux les plus remarquables *Meſovium* que la plûpart des Interprétes veulent que ce ſoit Magdebourg, & *Pheugarum*, qui eſt ſans contredit Halberſtadt. *Pheugarum* & *Meſuium* ſont nommées par Ptolomée, mais il ne dit point à quel peuple ces Villes appartenoient. Strabon parle du peuple *Campſiani* ; mais il ne dit point quelles étoient leurs Villes.

CAMP SOUDAIN [a], en Latin *Campus Solidanus* & quelquefois *Campus Subitaneus*, Monaſtere de France en Normandie au pays de Caux. Voyez ST. SAENS au mot SAINT.

[a] Baillet Topogr. des Sts. p. 569.

☞ CAMPUS, comme ce mot Latin ne veut dire que *Champ* ou Campagne il entre dans la denomination Latine des noms qui ſont nommez en Eſpagnol, ou en Italien *Campo* & en François CHAMP. Il y a des Champs diſtinguez par les Ecrivains ſacrez. Voyez CHAMP.

CAMPUS MERULÆ, c'eſt-à-dire *Champ du Merle*, c'eſt auſſi ce que ſignifie le nom moderne que les Allemands lui donnent AMSERFELD. C'eſt une Campagne de la Servie que l'on nomme auſſi *Amesfeld* par corruption de nom. Voyez CASSOW.

CAMPUS PIORUM, lieu de la Sicile, auprès de Catane. Solin [b] dit qu'on lui donna le nom de Champ des pieux, à cauſe de la piété de deux jeunes hommes qui porterent leurs parens, pour les dérober aux flames du mont Etna dont ils furent garantis. Pour conſerver à la poſterité un monument de cet amour filial on apella en Latin le lieu où étoit leur ſepulchre *Campus piorum*.

[b] c. 5. Edit. Salmas. Voyez auſſi *Valer Maxime* l. 5. c. 4.

CAMPUS REGIUS, Voyez SAVE.

CAMPUS SOLIDANUS &, CAMPUS SUBITANEUS, Voyez CAMP SOUDAIN.

CAMPYLIS ou CAMPYLINUS, Elien [c] nomme ainſi une Riviere des Indes au delà de laquelle il ajoute que les fourmis ne paſſent point.

[c] *Animal.* l. 4.

CAMPYLUS, Riviere de Grece dans l'Etolie. Diodore [d] de Sicile dit que Caſſander y étoit campé lorſqu'il défit les Etoliens. Les Romains l'ont aparemment connue ſous quelque autre nom.

[d] l. 19.

CAMSUARE, Province de l'Amerique Meridionale [e]. Le Comte de Pagan, dans ſa Deſcription Hiſtorique & Géographique de la Riviere des Amazones, dit que cette Province a Rio Negro au Midi, le grand Amazone à l'Orient & la grande Province de Guyane au Septentrion. Comme toutes les plaines de ces contrées ſont élevées, elles ne ſont point ſujettes aux debordemens, & abondent en toutes choſes, principalement en arbres d'une groſſeur & d'une longueur prodigieuſe. Entre les opulentes Nations qui habitent cette Province on diſtingue les Aguates, les Aguagapes, les Jamnes & les Catupatabes ſans parler des Garan Caſanes qui font une Province ſur le commencement de la Riviere de l'Orenoque en ſortant du grand *Caketa*. On ne trouve aucune trace de cette Province dans la deſcription très-circonſtanciée de l'Amazone par le P. d'Acunha, quoi qu'il parle auſſi de *Rio Negro*: d'ailleurs la ſituation des Rivieres ſuivant leur cours orienté d'après les plus ſures

[e] *Corn. Dict.*

Tom. II.

Relations ne peut compatir avec les bornes que le Comte de Pagan donne à cette Province.

CAMUDOLANUM, Voyez CAMULODUNUM.

CAMUL, Contrée d'Aſie dans la Grande Grande Tartarie dans le Tangut, du temps de Marco Paolo le Venitien qui en parle ainſi [f] : *f* l. 1. c. 45 Camul eſt une Province dans la Grande Province de Tanguth, ſoumiſe à la domination du Grand Cham, & qui a quantité de Villes & de Bourgs. Le Pays de Camul confine à deux deſerts, ſavoir au grand (nommé le Chamo ou Xamo) & à un autre plus petit. Cette Province produit tout ce qui eſt néceſſaire à la nourriture des habitans; ceux ci ont un langage particulier & ils ſemblent n'être nez que pour jouer & danſer. Ils ſont idolatres; & ont une coutume ſinguliere qui eſt que lorſqu'un Voyageur qui paſſe devant une Maiſon veut s'y arrêter pour y loger le Maître du logis le reçoit avec de grandes marques de joie & commande à ſa femme & à toute ſa famille de lui obéir en tout ce qu'il voudra commander & de le laiſſer demeurer auſſi long-temps qu'il lui plaîra. Après avoir donné cet ordre il s'en va & ne rentre point chez lui que l'Etranger n'ait jugé à propos de ſe retirer & la femme en uſe avec ſon hôte comme elle feroit avec ſon Mari. Les femmes de ce pays-là ſont fort belles, & les maris ſont aſſez fous pour croire qu'il y a de l'honneur à les proſtituer ainſi aux Voiageurs. Lorſque Moguth (il l'apelle ailleurs [g] *Mongu* & Haiton [g] l'apelle *Mango*) étoit grand Cham & Souverain de tous les Tartares il n'eut pas plutôt apris cette folie des habitans de Camul, qu'il leur ordonna d'abolir cette honteuſe coutume, il leur enjoignit d'avoir plus de ſoin de la pudicité de leurs femmes, & d'avoir plutôt des auberges publiques où les Etrangers ſeroient reçus ; que de deshonorer leur Province par une telle infamie. Ils s'en affligerent, alleguerent qu'ils avoient reçu cette coutume de leurs ancêtres, qu'ils s'attiroient ainſi la protection de leurs Dieux ; en un mot ils ſolliciterent tant que l'ordre fut revoqué & que ceux-ci abandonna à l'opprobre qu'ils aimoient tant. Marco Paolo ne parle ici que de la Province, il ne dit rien d'une Ville particulierement nommée Camul, cette Province étoit alors du Royaume de Tangut, cela eſt changé depuis. Dans les Relations plus recentes & ſur les meilleures Cartes Camul eſt le nom d'une Ville qui eſt à l'extrémité Orientale d'un Royaume nommé Cialis qui releve de celui de Caſgar, ſur la Frontiere du Tangut qui eſt ſi étroit en cet endroit que de Camul à Carcheou premiere place dans la grande muraille de la Chine en ſuivant le grand chemin & traverſant le Tangut qui eſt entre deux il n'y a pas trente lieues d'une heure de chemin. Camul n'eſt point la Capitale du Royaume de Cialis, c'eſt une Ville dont le Royaume porte le nom. Cependant je ſuis perſuadé que le Royaume de Cialis eſt le même pays que la Province de Camul ; parceque ce Royaume eſt borné au Nord-eſt par des Montagnes & par le Deſert de *Chamo*, & au Sud-oueſt il a les Deſerts du Royaume de Caſgar qui ſont ſans eau. La Carte de Tartarie par Mr. de l'Iſle borne le Royaume de Cialis, à l'Orient par le grand

[g] Ibid. c. 54.

R * 2   Deſert

CAM.

Defert fablonneux de Chamo, & met à l'Ouest à peu de distance le desert de Caracatay.

CAMULIANA, ou CAMULIANUM,

Ville ancienne & Episcopale de l'Asie mineure dans la Cappadoce premiere. Une ancienne Notice compte entre les Evêchés de la Cappadoce CAMULIANORUM, dont le nominatif est *Camuliana*. Cedrene en fait aussi mention. On trouve dans le V. Concile Général *Basilius Justinianopolitanus Camulianorum Præsul*, entre ceux qui y souscrivent, d'où le P. Charles de St. Paul [a] conclut que *Camuliana* étoit le même Siége que la nouvelle Justinianople, mais Holstenius [b] veut que l'on insere *quondam* entre *Justinianopolitanus* & *Camulianorum*; cela change le sens qui sera alors que Bazile Evêque de Justinianople avoit été auparavant Evêque de Camuliana. Il semble qu'il faut entendre le *quondam*, ou *ci-devant* d'Holstenius du changement de nom arrivé à cette Eglise plutôt que du passage d'un Siége à un autre; car dans la 8. Session de ce Concile ce même Evêque est qualifié *Justiniana novæ Camulianensium* Episcopus.

[a] p. 245.
[b] Ibid.

1. CAMULODUNUM,

ancienne place d'Angleterre selon l'Itineraire d'Antonin, sur la route de *Venta Icenorum*, à *Londinum*, c'est-à-dire de Caster sur le ruisseau de Wentfar, à Londres; à six mille pas du lieu qu'il nomme *ad Ansam* & à neuf mille de *Canonium*. L'Anonyme de Ravenne [c] fait mention de CAMULODULO COLONIA, selon le manuscrit de la Bibliotheque du Roi imprimé avec les Notes du Pere Porcheron; l'exemplaire du Vatican porte MANULODULO COLONIA. Ce qui fait de la difficulté; c'est que l'un & l'autre exemplaire met encore un autre lieu d'un nom fort ressemblant qui y est nommé CAMULODUNUM. On ne doute point qu'il ne faille lire par tout CAMULODUNUM, & effectivement il y avoit deux Villes de ce nom, au raport des Anciens; mais les Savans ne s'accordent pas sur l'explication qu'ils en donnent. Ptolomée [d] place sous les Brigantes *Camunlodunum* & sous les Trinobantes *Camulodunum*. Tacite parle de *Camalodunum* où l'on avoit envoyé depuis peu une Colonie de Veterans qui outrageant insolemment un peuple qui n'étoit pas encore accoutumé à l'esclavage, lui firent naître par les mauvais traitemens l'envie de secouer le joug: le passage est trop long pour le copier ici tout entier & on le peut lire dans l'Auteur même [e]. Mais il paroit par ce passage qu'il y est question d'une Colonie établie chez les Trinobantes. Pline [f] met l'Isle de *Mona*, qui est celle d'Anglesey, à deux cents milles de *Camaldunum*; Ville de la (Grande) Bretagne. Il est assez clair que ces noms ont été estropiez par les Romains qui les ont prononcez & écrits comme ils ont pu. Cela arrive encore tous les jours. Il s'agit de réduire tous ces Auteurs au véritable nombre des Villes qu'ils ont designées. On a déja vu que Ptolomée place *Camudolanum* sous les Trinobantes qui répondoient aux Comtez d'Essex, de Middlesex, & de Hertfordshire. Tacite met chez ce même peuple *Camalodunum* Colonie, & l'Anonyme de Ravenne nomme aussi *Camulodulo* Colonia. C'est donc la même Ville dont ils ont parlé;

[c] l. 5. c. 31.
[d] l. 2. c. 3.
[e] Annal. l. 14. c. 31. & suiv. & c. 7. de la Traduction de d'Ablancourt.
[f] l. 2. c. 75.

CAM.

& la même dont parle Antonin qui servira autant qu'aucun autre ancien à en découvrir la vraie situation. Examinons premierement où étoit celle-là. Ensuite nous chercherons des traces de l'autre.

Quelques-uns ont cru que c'est COLCHESTER. Cambden les refute, & prétend que c'est MALDON; Mr. Gale le refute à son tour. Voici comment ce savant Anglois traite cette matiere. CAMULODUNO, dit-il [g], est abregé ainsi sur les Medailles CAMU. On a déja dit ailleurs que la Riviere nommée *Cam* par les Bretons & *Camus* par les Latins, a sa source aux Frontieres du Comté d'Essex. Elle passe auprès d'une Coline (*Dunum*) au sommet de laquelle sont des restes d'une Ville Romaine, au dessous d'Audley-End, à un mille du Bourg de Walden, en tirant vers l'Occident. Du nom de cette Riviere & du mot *Dunum* qui signifie Colline les Romains ont fait leur *Camulodunum*, c'étoit le WALDENBURGH des Saxons. Cette Colline, est présentement nommée STERBURY-HILL. On y a trouvé une Medaille d'or de Claudius Cesar, une coupe d'argent d'un ouvrage, d'un poids & d'une figure qui en prouvent l'antiquité. Cela convient à ce que dit Tacite qu'on avoit érigé à un Temple au Divin Claudius. Il y a un concours de traces qui persuadent que cette celebre Colonie Romaine étoit en cet endroit-là. Elle est sur deux grands chemins dont l'un va vers le Nord, l'autre au Nord-est chez les Iceniens, par lequel on venoit de *Venta Icenorum* selon la route marquée par Antonin. Les bornes de la Colonie, & ce que les Romains appelloient *ager Arcifinius* [h], sont encore marquez sous le nom d'*Arcden*. Des tombeaux, des cercueils se retrouvent à *Barclow* qui est l'*ad Ansam* de l'Itineraire, à six milles du lieu que nous cherchons ici. On a deterré dans les Champs voisins des Cercueils de pierres remplis d'os brulez; quantité de Medailles, des pavez, des Fortifications anciennes à l'une & à l'autre Chesterford; à Castle Camps, à Shedy-Camps, & ces Forts ressemblent à ceux que Tacite dit avoir été aux environs de *Camalodunum*. Ils purent, dit-il, sous la conduite d'une femme brûler la Colonie, prendre les Forts. Tous prirent parti contre cette guerre, & se jettant sur les Soldats dispersez dans les diferens Forts, ils se rendirent Maîtres des postes & de la Colonie même. Les Forts qu'on vient de dire avoir été découverts aux environs de Walden que sont-ils autre chose que ceux dont parle Tacite qu'il y ayant situez entre les Iceniens & les Trinobantes devoient être emportez avant que d'arriver jusques à la Colonie? Quelle autre Colonie peut avoir été détruite par les Iceniens & les Trinobantes revoltez que celle de Camulodunum; qu'Ostorius y avoit menée par une sage prévoiance, avec un bon corps de Veterans pour y tenir en bride les rebelles & accoutumer les Alliez à l'observance des Loix, tandis qu'il iroit faire la guerre aux Silures Nation éloignée delà? De quels autres Alliez parle Tacite, si ce n'est de ceux de Londres & de Verulam qui après la defaite de cette garnison furent eux-mêmes accablez par l'ennemi qui passa au fil de l'Epée soixante & dix mille tant Citoyens qu'Alliez,

[g] in Anton. Itin. p. III.
[h] Frontin de Coloniis.
[i] l. c.

Ajou-

CAM.   CAM.   133

Ajoutons pour surcroit de preuves que ce pays est aussi sain & aussi fertile qu'il y en ait ailleurs. C'est ce que l'on voit representé sur une Medaille d'or de Cunobelinus qui a tenu sa Cour en cet endroit [a] : d'un côté on y voit un Cheval galopant avec ces lettres CUNO, de l'autre un Epi avec ces lettres CAMU, que nous avons déja dit être les Medailles l'abreviation de *Camulodunum*. Le Canton où est Walden est très-fertile, d'un côté on y voit des Vallées parfumées de safran, d'où vient le nom moderne de SAFFRON WALDEN & quoi qu'on n'en ait apporté en ce pays & qu'on n'ait commencé à l'y semer que long-tems après l'expulsion des Romains, ce ne laisse pas d'être une preuve de la bonté du terroir, le saffran ne pouvant venir dans les terres maigres; des Montagnes couvertes de bois, des plaines d'une vaste étendue, très-propres pour la chasse & pour le plaisir d'une course de Chevaux qui semble être signifiée par le Cheval representé sur la Médaille de Cunobelinus, tout cela fait une agréable varieté; & un séjour si agréable a pu naturellement engager les Romains à y mettre une Colonie (*Amœnitati priusquam usui consulebatur a Ducibus Romanis*) & les Rois des Trinobantes à y établir leur Cour. Ceux qui cherchent *Camulodunum* à *Maldon*, sans autre preuve qu'une legere ressemblance de nom n'y sauroient montrer aucune antiquité Romaine; & le pays y est si peu fertile que les habitans sont obligés de se fournir de bleds étrangers. Ceux qui ont prétendu que cette Colonie étoit à Coln-cester n'ont pas fait reflexion à l'étrange disproportion des distances. De plus ils supposent ce qui n'est pas, à savoir que *Colonia* & *Camulodunum* étoient des lieux diferens. Ce qu'Antonin, ni l'Anonyme de Ravenne ne disent point. Il faut avouer qu'il y a eu autrefois un poste ou une Ville des Romains à Colne-Cester; mais ils ne le nommoient pas *Colonia*. Le vrai nom de ce lieu étoit *Colanea*, ou *Colania* que l'on lit dans Ptolomée, & que l'on trouve defiguré dans l'Anonyme de Ravenne où ce nom est écrit *Calunio*. Une inscription raportée par Gruter fait mention de *Colonia Victricensis quæ est in Britannia Camalodunni*. Cette Colonie Victorieuse, sert à expliquer le prodige de la Statue de la Victoire raporté par Tacite à l'endroit cité.

§ J'ai traité ce sujet un peu plus au long qu'il ne paroîtra nécessaire à quelques Lecteurs; mais il m'a semblé que les preuves de Mr. Gale devoient être raportées pour contrebalancer l'autorité de plusieurs Savans qui disent après Cambden que ce lieu est MALDON. Ce n'est pas seulement Mr. Baudrand qui est tombé dans cette erreur; mais encore le P. Porcheron dans ses savantes Notes sur l'Anonyme ; le R. P. Hardouin dans son Commentaire sur Pline & quantité d'autres hommes illustres dont le nom previent en faveur d'une opinion. Je passe à l'autre Ville de même nom.

2. CAMULODUNUM, Ptolomée [c] donne aux Brigantes une Ville qu'il nomme ainsi. C'est la même que l'Anonyme déja cité distingue très-bien de l'autre en appellant celle-ci *Camulodono* au lieu qu'il nomme celle de l'Article précédent *Camulodulo Colonia*. Antonin la nomme CAMBODUNO ou CAMPODUNO, CAMPODONUM & CAMPADUNUM selon divers manuscrits ; sur la route *a Vallo ad Portum Ritupas*, c'est-à-dire du Rempart qui étoit au Nord de la Bretagne Romaine jusqu'à Stonar. On y lit

[a] Dio. l. 60.

[b] Tacite.

[c] l. 2. c. 3.

Eburacum
Calcaria   M. P. IX.
Camboduno   M. P. XX.
Manucio   M. P. XVIII.

aujourd'hui *Torck*
Tadcaster
Almonbury
Manchester.

J'ai déja remarqué que la Camulodunum des Trinobantes, de laquelle il est parlé dans l'Article précédent, avoit une Statue de la Victoire, & qu'une inscription de Gruter fait mention de la Colonie *Victrix* qui est à Camalodunum en Bretagne. Cela se concilie très bien ; mais voici une dificulté. Ptolomée dit : *Eburacum*; *Legio VI. Victrix* ; *Camunlodunum*. Quelques manuscrits d'Antonin mettent aussi dans ce même païs la sixieme Legion à XVII. d'*Eburacum*. Un manuscrit de la Bibliotheque du Roi de France porte

Eburacum
L. Victr.   M. P. M. XVII.

Un autre place aussi *Victr*. immediatement après *Eburacum*, quoiqu'avec une distance diferente, & comme le grand chemin & plusieurs ouvrages des Romains se retrouvent encore auprès d'Almondury, on ne peut pas douter que la sixième Legion n'y ait été cantonnée durant l'été. Etoit-elle donc dans ces deux endroits, rien n'empêche qu'elle n'y ait été successivement, ni qu'elle ait porté le nom de l'un de ces postes à l'autre. Il y a même une conjecture inge-

nieuse sur ce sujet. Strabon met [d] dans la Vindelicie *Brigantium* & *Campodunum* qu'il nomme ainsi tout de suite. Antonin dans une route qui traverse aussi la Vindelicie met

Rostrum Nemaviæ
Campodunum   M. P. XXXII.
Nemaviam   M. P. XVI.
Brigantiam   M. P. XXIV.

On voit bien que ces deux Auteurs ont voulu parler des mêmes lieux situez dans la Vindelicie. Il est remarquable de retrouver en Angleterre *Eboracum Brigantium* à peu de distance de CAMPODUNUM. La conjecture dont j'ai parlé consiste en ce qu'il ne seroit pas impossible que la sixième legion surnommée *Victrix* auroit apporté ces noms en passant en Angleterre ; & venant de la Germanie où vraisemblablement elle avoit fait quelque séjour après que Civilis eut été defait par Cerealis. On a même une ancienne inscription raportée par Mr. Gale [e] qui marque qu'elle ne passa en l'Isle de la Grande Bretagne que sous l'Empire d'Hadrien, & qu'elle venoit d'Allemagne. Un Officier y est qualifié TRIB. MIL. LEG. VI.

[d] l. 4. p. 206.

[e] in Anton. Itin. p. 47.

R * 3   VICT.

CAM. CAN.

VICT. CUM. QUA EX. GERM. IN BRITAN. TRANSIIT ; il y eſt dit que cet Officier avoit eu une Charge dans la Maiſon de l'Empereur Hadrien IMP. DIVI HADRIANI AB ACT. SENAT. QUÆSTOR PROV. NARB. Il avoit exercé ces charges & quelques autres avant ſon paſſage en Angleterre comme le porte l'inſcription ; mais il faut avouer que cette inſcription ſur laquelle cette conjecture eſt fondée ne s'accorde pas bien avec l'Hiſtoire. Il eſt parlé des Brigantes dès l'Empire de Claudius ; & par conſequent long-temps avant celui d'Hadrien, c'étoit même à leur occaſion que Tacite parle de la Colonie des Veterans qu'Oſtorius envoya à *Camalodunum*, qu'on avoit priſ ſur les Barbares ; comme je l'ai dit dans l'Article precédent.

CAMUNEN. Voyez l'Article ſuivant.

CAMUNI, ancien peuple des Alpes. Strabon [a] les joint aux Lepontiens. Pline en fait auſſi mention : leur pays garde encore leur ancien nom & s'apelle VAL DI CAMONICA.

[a] l. 4. p. 206.

CAMUNLODUNUM, Voyez *Camulodunum*.

CAMURISARBUM, Ville de la Cappadoce dans le Pont aſſez loin de la Mer, ſelon Ptolomée [b].

[b] l. 5. c. 6.

CAMUS, Ville de la Celeſyrie ſelon Polybe [c].

[c] L. 5.

1. CANA, ancienne Ville de la Paleſtine en Galilée ; dans laquelle Jeſus-Chriſt fit ſon premier Miracle [d]. Elle étoit dans un terrain plus élevé que Capharnaum Ville ſituée ſur la Mer de Tiberiade ; car l'Evangeliſte ſe ſert du mot de deſcendre pour aller de Cana en cette Ville [f] : *& rogabat eum ut deſcenderet & ſanaret filium ejus*...... [g] *Deſcende priuſquam moriatur filius meus*..... *adhuc eo deſcendente ſervi occurrerunt ei*. Euſebe de Ceſarée parle de deux Villes de Cana [h]. L'une dans la Tribu d'Ephraïm, l'autre qu'il nomme CANAN *juſqu'à la grande Sidon, dans la Tribu d'Aſer* : *c'eſt dans celle-ci*, ajoute-t-il, *que Notre Seigneur & Dieu Jeſus-Chriſt changea l'eau en Vin. C'étoit la patrie de Nathanael*. St. Jerôme paraphraſe à ſa maniere plutôt qu'il ne traduit Euſebe : je mettrai ici ſes propres termes parce que des Savans illuſtres, tels que Cellarius & le P. Bonfrerius, les ont expliquez à contre ſens. CANA *uſque ad Sidonem majorem* : EST QUIPPE ET ALTERA, AD CUJUS DISTINCTIONEM MAJOR HÆC DICITUR. *Fuit autem Cana in Tribu Aſer ubi Dominus noſter atque Salvator aquam convertit in vinum, unde & Nathanael verus Iſraëlita Salvatoris teſtimonio comprobatur, & eſt hodie oppidulum in Galilea Gentium*. Ces mots *eſt quippe altera* &c. ſignifient ſeulement ſelon leur ſens naturel qu'il y avoit deux Villes de Sidon, l'une ſurnommée la grande & l'autre la petite. Ces deux Savans ſe ſont imaginez que cette diſtinction de grande & de petite regardoit deux Villes également nommées Cana. Mais il eſt viſible que s'il y a diſtinction, elle doit appartenir à des Villes nommées Sidon. Le P. Bonfrerius qui trouve cet Article de St. Jerôme fort embrouillé, tâche d'y faire une correction qui, ſi elle étoit admiſe, le rendroit très-corrompu : il n'eſt pas queſtion d'une grande Cana, ou d'une petite Cana, dont ni Euſebe ni St. Jerôme n'ont par-

[d] St. Jean c. 4. v. 46.
[f] Ibid. v. 47.
[g] v. 49.
[h] Onomaſt.

CAN.

lé, mais d'une grande Sidon. Il reſte à ſavoir quelle relation il y avoit entre elle & *Cana*, & ce qu'ils ont voulu dire par ces mots *juſques à la grande Sidon*. Ces mots ne ſont qu'une citation & pour déſigner que c'eſt la même Cana dont il eſt parlé au livre de Joſué [i] où l'on trouve *& Abran & Rohob & Hamon & Cana uſque ad Sidonem magnam*, ſelon la Vulgate, ou ſelon l'Hebreu *& Hebron & Rechob & Chammon & Kanah uſque ad Sidonem magnam*. Ces mots, *juſqu'à la grande Sidon*, ont trompé St. Jerôme. Il les a regardez dans Euſebe comme une Epithéte diſtinctive & un ſurnom donné à cette Ville pour la diſtinguer d'une autre moindre de même nom, au lieu que ce n'eſt qu'un éloge de cette Ville qui étoit très-grande & très-floriſſante lorſque l'Auteur ſacré écrivoit. Cependant cette diſtinction peu fondée aiant jetté le P. Bonfrerius dans une autre erreur, déja marquée, il a prétendu trouver une grande Cana dans la Tribu d'Aſer, & une petite Cana dans la Tribu de Zabulon dans la baſſe Galilée. Il eſt certain qu'il y a eu pluſieurs Cana : ſon nom même qui ſignifie *poſſeſſion*, & *Roſeaux* eſt propre à convenir à pluſieurs lieux.

[i] c. 19. v. 28.

2. CANA, Ville de la Paleſtine dans la Tribu d'Ephraïm, ſelon Euſebe & Saint Jerôme. Au Livre de Joſué [k] l'Hebreu porte : cette borne deſcend de Tappuah vers la Mer juſqu'à נחל קנה *Nachal Cana*. St. Jerôme rend ces mots par *la Vallée des Roſeaux*. Les exemplaires les plus exacts des Septante le rendent par le Torrent de Cana, car le mot *Nachal* ſignifie également le Torrent & la Vallée. Ces mots ſe trouvent tronquez dans un exemplaire des Septante qui eſt à Rome, & on y lit *Chelcana* par le retranchement d'une ſyllabe du premier mot. Ce lieu du *torrent de Cana* ou *Vallée des Roſeaux* de quelque maniere qu'on l'explique étoit ſur les Frontieres d'Ephraïm & de Manaſſé.

[k] c. 16. v. 8.

3. CANA, Joſephe dit [l] que les Arabes avancerent en Corps d'Armée juſqu'à Cana lieu de la Celeſyrie ; & parlant de nouveau [m] de la même expedition il dit qu'ils s'aſſemblerent en grand nombre à *Canathan* de Celeſyrie : ce n'étoit qu'un même lieu qui n'eſt pas diferent de CANATH.

[l] Antiq. l. 15. c. 6.
[m] de Bello l. 1. c. 14.

§ Quelques-uns ont reconnu une autre Ville de Cana vers Sidon diferente de la premiere, & ils prétendent, mais ſans fondement, que c'étoit la patrie de la Cananée dont Jeſus-Chriſt [n] admira la foi. Le Pere Nau [o] Jéſuite eſt de ce ſentiment ; mais il le donne ſans en alleguer aucune preuve : cet Auteur diſtingue Cana de Galilée de Cana des Sidoniens, qui eſt-dit-il, à demie journée de Sidon dans la Tribu d'Aſer. Il prétend que celle où ſe fit le Miracle étoit dans la Tribu de Zabulon. Euſebe & St. Jerôme diſent le contraire. Il raporte le ſentiment de quelques Auteurs qui ont tâché de deviner qui étoit l'époux en faveur de qui ſe fit le changement de l'eau en vin ; les uns ont dit que c'étoit St. Jean l'Evangeliſte qu'ils ſont natif de JAFA Village éloigné de Nazareth ſeulement d'une demie lieue, où l'on montre encore ſa Maiſon qui porte le nom de ſon Pere Zebedée ; d'autres ſoutiennent que c'étoit St. Simon l'Apôtre qui fut ſurnommé le Cana-
néen

[n] Math. c. 15. v. 21. & Marc. c. 7. v. 24.
[o] Voyage nouveau de la Terre Sainte l. 5. c. 11.

CAN.

néen parce qu'il étoit de Cana. Comme il étoit fils de Cleophas Frere de St. Joseph il passoit pour Neveu de la Ste. Vierge & pour Cousin germain du Sauveur, & selon la façon de parler des Juifs pour son Frere. C'est pour cela qu'il les invita tous deux à ses noces. A l'endroit où elles se celebrerent est une Eglise encore entiere dont les Turcs ont fait une Mosquée qu'ils appellent *Gameâ Elashar*, c'est-à-dire la Mosquée fleurie. Cette Eglise avec sa Cour & son entrée fait un quarré. On entre d'abord sous un portique terrassé par une porte de mediocre grandeur sur le haut de laquelle on voit la figure de trois cruches en bas relief. De ce portique on entre dans une Cour sur laquelle du côté du Septentrion il y a une petite porte ouverte qui est la porte de l'Eglise. Cette Eglise est assez grande, & ressemble à une Sale qui pour être trop grande a besoin de Colomnes qui en soutiennent la voute par le milieu. Car il y a ainsi des piliers dans toute sa longueur & elle est partagée en deux nefs sans aîles. Sanut parle de ce lieu en cette maniere. ,, On montre là le lieu, où é-,, toient les six cruches dans lesquelles Jésus-,, Christ changea l'eau en vin & le refectoire ,, où étoient les Tables. Ces lieux comme ,, tous les autres où nôtre Seigneur a fait quel-,, que chose, sont sous terre, & on y des-,, cend par plusieurs degrez ,, Je ne sais, dit le P. Nau, si cet Auteur si zelé pour la terre Sainte est temoin oculaire de ce qu'il écrit les choses sont aujourd'hui comme je les ai raportées. A une portée de Mousquet delà on montre une Fontaine où l'on dit que fut prise l'eau dont les cruches furent remplies. Il y a une petite chapelle avec son parvis bien pavé de belles pierres; où les Turcs font leurs prieres. Ce lieu de Cana étoit autrefois une assez grande Ville si on en juge par les restes qu'il ne font plus que des ruines. Elle est située sur le penchant d'une Colline qui s'eleve peu à peu, & elle descend jusqu'au fond de la Vallée, ayant à son Midi & à son Couchant de hautes Montagnes, & au Septentrion une belle plaine: c'étoit dans ce fonds qu'étoit la Maison où se firent les noces & le Miracle. Cana est à une demie lieue ou à trois quarts de lieue du Champ des Epics & à une lieue & demie tout au plus de Nazareth.

4. CANA, Ville de la haute Egypte selon Marmol. C'est la même que CAANA.

CANAAN, Voyez CHANAAN.

CANAC, Riviere d'Asie entre le Cyrus & l'Araxe; elle se perd dans ce dernier fleuve après avoir separé quelque espace l'Armenie d'avec le Sirvan.

CANACA, Ville de l'ancienne Espagne au pays des Turdetains, selon Ptolomée [a].

a l. 2. c. 4.

CANADA, ou NOUVELLE FRANCE; Grand Pays dans l'Amerique Septentrionale. Quelques-uns [b] comprennent en general sous le nom de Canada, toute l'étendue de pays qui est comprise entre la Floride & les bornes Septentrionales de l'Amerique, c'est-à-dire depuis le 33. degré de latitude jusqu'au 63. quoiqu'à proprement parler, le pays qui s'appelle Canada, comme on le verra dans l'article suivant, ne soit qu'une petite Province située au Midi de la Grande Riviere & à l'Occident de son

b Robbe, Geographie Tom. II. p. 335.

Golfe. [c] D'autres donnent pour bornes au Canada le Pays de Labrador ou nouvelle Bretagne au Septentrion : La Mer du Nord & la nouvelle Angleterre à l'Orient : Le nouveau Mexique & des Pays inconnus au Couchant. Ainsi il se trouve situé entre les 267. & 330. degrez de longitude, & entre les 25. & 53. de latitude Septentrionale. Mais sa plus grande étenduë se prend du Sud-Ouest au Nord-Est, depuis la Province de Panuco dans la Nouvelle Espagne jusqu'au Cap Charles près du Golfe de Saint-Laurent, ce qui renferme une distance de plus de 900. lieuës. D'autres [d] enfin veulent que ce Pays s'étende depuis le 39. degré de latitude, jusqu'au 65. c'est-à-dire du Sud du Lac Errié jusqu'au Nord de la Baye de Hudson ; & en longitude depuis le 284. degré jusqu'au 336. à savoir du Fleuve de Mississipi jusqu'au Cap de Rare, en l'Isle de Terre-Neuve.

[e] Le Canada fut decouvert en 1504. par des Pêcheurs Bretons qui y furent jettez par la Tempête. Le Capitaine Thomas Aubert de Dieppe le reconnut en 1508. Jean Verrazzan Florentin, qui pour faute de vivres y aborda en 1525. lui donna le nom de Nouvelle France en consideration du Roi François I. qui l'avoit envoyé pour chercher un passage par le Nord dans la Mer du Sud. Verrazzan ayant été pris & mangé par les Sauvages, les François y envoyérent Jacques Cartier natif de St. Malo, mais après avoir monté plus haut que Quebec avec son vaisseau il repassa en France fort degoûté de ce Pays-là. [f] A la fin on y envoya d'autres Navigateurs qui reconnurent mieux le Fleuve de St. Laurent, & vers le commencement du dernier siécle il partit de Rouen une Colonie qui eut assez de peine à s'y établir, à cause des Sauvages.

[g] Quoique tout le monde convienne que les Bretons & les Normans trouverent les premiers le Canada ou Nouvelle France & que le Roi François I. prit possession de ces terres avant tout autre Prince Chrétien, cependant les Anglois n'ont pas laissé d'en usurper de tems en tems quelques parties ; principalement vers les Côtes de la Nouvelle France où est l'Acadie, les pays des Etechemains & des Almonchicois : de sorte qu'ils se sont étendus jusqu'à la Grande Riviere de St. Laurent, & ont imposé des noms de Nouvelle Angleterre, d'Ecosse &c. jusqu'à ce qu'enfin par le Traité d'Utrecht sa Majesté très-Chrétienne a cedé aux Anglois la Ville de Plaisance & les autres situées dans les Mers d'alentour, comme aussi l'Acadie avec la Ville de Port-Royal & ce qui dépend dudit Pays ; la Baye & Détroit de Hudson, ensemble toutes les Terres, Mers, Côtes, Rivieres, Places & Forts y appartenans.

[h] Le Canada est un Pays fort entrecoupé de bois, de Lacs & de Rivieres qui le rendent plus froid que son Climat ne devroit être. Le terroir y est tout au moins aussi fertile que celui de la France ; il produit principalement & en abondance du maïs, des vignes, plusieurs sortes d'arbres à fruits, & des legumes, specialement du Tabac & en grande quantité. On y trouve de l'argent & autres metaux. On y voit plusieurs espéces d'animaux dans les forêts, des oiseaux de toutes sortes &

c Methode pour étudier la Géographie Tom. III. p. 269.

d Memoires du Baron de la Hontan Tom. II. pag. 7.

e Meth. pour étudier la Geog. Ibid. p. 270.

f Mem. de la Hontan Ibidem.

g Champlain Voyages part. II. pag. 193.

h Methode pour étud. la Geog. Tom. III. p. 171.

la

136 CAN.

la plûpart des Lacs & des Rivieres abondent en poisson.

Les Rivieres les plus fameuses du Canada font

SAINT LAURENT, decouverte par Jacques Cartier en 1535.
MISSISSIPI, decouverte par le Sr. Jolliet en 1673. par le Sr. Dacan en 1680. & par le Sieur de la Salle en 1683.

Le Canada se divise communément en partie Orientale, qu'on nomme ordinairement *Canada*, & *Nouvelle France*; & en partie Occidentale que les François qui l'ont découverte de nos jours appellent *Louisiane*, du nom de Louis XIV. Voyez le mot LOUISIANE.

a Robbo Tom II. p. 346.

La partie Orientale contient les Provinces de [a]

SAGUENAY où sont
- Quebec Evêché,
- Sillery,
- Tadoussac,
- Port-neuf,
- Chichequedec,
- P. S. Nicolas.

Canada particulier
- Gaspé,
- St. Jean Isle,
- Miscou Isle,
- Richelieu,
- Les trois Rivieres,
- Mont-Real Isle,
- F. de Frontenac,
- F. de Conti,
- St. François,
- N. D. des Anges,
- S. Alexis,
- S. Michel,
- S. Joseph.

Acadie
- Port-Royal,
- Touquechet,
- P. Rossignol,
- La Heve, ou la Hayve,
- Paspay,
- Martingo.

Norumbegue
- Pentegoët,
- S. Sauveur,
- Sainte Croix.

Nouvelle Angleterre.
- London, ou la Nouvelle Londres,
- Boston,
- N. Pleymouth.

N. Pays-Bas.
- Nouvelle Yorck,
- F. de Nassau.

N. Suede
- Christina,
- Gottembourg,
- Elzimborg.

CAN.

Les Lacs les plus considerables sont ceux de

TRACI ou LAC SUPERIEUR, qui a 600. lieuës de tour.
Des ILINOIS, qui a 500. lieuës de circuit.
Des HURONS & ALGONQUINS ou d'*Orleans*, qui a 300. lieuës de tour.
D'ERIE', de CONTI, ou du CHAT, il est peu large, mais sa longueur est de 140. lieuës.
De FRONTENAC ou OTANRIO, autrement de *St. Louis*, il a 80. lieuës de long d'Orient en Occident.

aux Anglois.

Le Baron de la Hontan nous a donné dans ses Memoires de l'Amerique Septentrionale une Table des Nations sauvages du Canada, que j'ai jugé à propos de rapporter pour donner une idée moins confuse des differentes Nations qui habitent ce grand Pays.

b Tom. II. p. 36.

- Les Abenakis,
- Les Micmac,

Les

Dans l'*Acadie* sont	Les Canibas, Les Mahingans, Les Openangos, Les Soccokis, Les Etechemins,	Ces peuples sont bons guerriers, plus alertes & moins cruels que les Iroquois. Leur Langue differe peu de la Langue *Algonkine*.
Le long du fleuve *S. Laurent* depuis la Mer jusqu'à *Mont-Real*.	Les Papinachois, Les Montagnois, Les Gaspesiens,	Langue *Algonkine*.
	Les Hurons de Loreto, Langue *Iroquoise*.	
	Les Abenakis de Sillery, Les Algonkins	Langue *Algonkine*.
	Les Agniez du Saut *S. Loüis*, Langue *Iroquoise*, braves & bons guerriers.	
	Les Iroquois, de la Montagne du *Mont-Real*, Langue *Iroquoise*, & bons guerriers.	
Autour du Lac des *Hurons*.	Les Hurons, Langue *Iroquoise*.	
	Les Outaouas, Les Nockes, Les Missisagues, Les Attikamek,	Langue *Algonkine*.
	Les Outehipoues, appellez *Sauteurs*, & bons Guerriers.	
Aux environs du Lac des *Ilinois*.	Quelques Ilinois à Chegakou, Les Oumamis, bons Guerriers, Les Maskoutens, Les Kikapous, bons Guerriers, Les Outagamis, bons Guerriers, Les Malomimis, Les Pouteouatamis, Les Ojatinons, bons Guerriers, Les Sakis.	Langue *Algonkine*, gens alertes.
Aux environs du Lac de *Frontenac*.	Les Tsonontouans, Les Goyoguans, Les Onnotagues,	Langue differente de l'*Algonkine*.
	Les Onnoyoutes & Agniez un peu éloignez.	
Aux environs de la Riviere des *Outaouas*.	Les Tabitibi, Les Monzoni, Les Machakandibi, Les Nopemen d'Achirini, Les Nepisirini, Les Temiskamink.	Langue *Algonkine*, tous poltrons.
Au Nord du *Mississipi*, & aux environs du *Lac superieur*, & de la Baye d'*Hudson*.	Les Assimpouals, Les Sonkaskitons, Les Ouadbatons, Les Atintons, Les Cliftinos * braves Guerriers & alertes, Les Eskimaux.	Langue *Algonkine*. * (ou Christinous.

[a] Ibidem Pag. 39.

Les Pays meridionaux du Canada fournissent des Bœufs sauvages, de petits Cerfs, des Chevreuils de trois espéces differentes, des Loups semblables à ceux d'Europe, des Loups Cerviers, comme en Europe, des Michibichi; espéce de Tigre, mais plus petit & moins marqueté, il s'enfuit dès qu'il apperçoit quelqu'un. Il n'y a point d'animal qu'il n'attaque & dont il ne vienne facilement à bout, & ce qu'il a de singulier par dessus tous les autres animaux, c'est qu'il court au secours des Sauvages lorsqu'il se rencontre à la poursuite des bœufs sauvages, alors il semble qu'il ne craigne personne & il s'élance avec fureur sur la bête qu'on poursuit; des Furets & des Beletes, comme en Europe, des Ecureuils cendrés, des Lievres, des Lapins & des Taissons comme en Europe, des Castors blancs fort estimés à cause de leur rareté, il s'en trouve aussi peu de cette espéce que de parfaitement noirs; des Ours rougeâtres, ils sont méchans & viennent effrontément attaquer les Chasfeurs : au lieu que les noirs s'enfuyent, des rats musqués, des Renards rougeâtres comme en Europe, des Crocodiles au Mississipi, ces animaux ne different en rien de ceux du Nil, ou des autres endroits; des Offa au Mississipi; ce sont de petites bêtes semblables aux Liévres, à la reserve des Oreilles & des pieds de derriere, elles courent & ne grimpent point. Les femelles ont un sac sous le ventre où leurs petits entrent dès qu'ils sont poursuivis, afin de se sauver avec leur Mere qui d'abord ne manque pas de prendre la fuite.

Les Pays septentrionaux produisent des Orignaux ou Elans, des Caribous, des Renards argentés, ces derniers sont fort rares & lorsqu'on en trouve quelques-uns on est sûr de les vendre au poids de l'or; des espéces de Chats sauvages appellés *enfans du Diable*, des Carcajoux, des Porc-epis, des Foutereaux, des Martres, des fouines comme en Europe, des Ours Noirs, des Ours blancs, qui sont monstrueux, extraordinairement longs, leur tête est effroyable & leur poil fort grand & très-fourni. Ils sont si féroces qu'ils viennent hardiment attaquer une chaloupe de sept ou huit hommes à la Mer. Ils nagent, à ce qu'on prétend, 5. ou 6. Lieuës sans se lasser; ils vivent de poisson & de coquillage sur le bord de la Mer d'où ils ne s'écartent guéres; des Ecureuils volans, on les appelle ainsi parce qu'ils volent d'un arbre à l'autre par le moyen d'une certaine peau qui s'étend en forme d'aîles lorsqu'ils font ces petits vols : ils sont de la grosseur d'un gros rat & aussi endormis que ceux des autres espéces sont éveillés; des Lievres blancs; ils ne le sont qu'en hyver : dès le Printems ils commencent à devenir gris, & conservent cette couleur jusqu'à la fin de l'Automne; des Castors, des Loutres, des Rats musquez, des Ecureuils Suisses, on les nomme ainsi parce qu'ils ont sur le corps un poil rayé de noir & de blanc, qui ressemble au pourpoint d'un Suisse, & que ces mêmes rayes faisant un rond sur chaque cuisse ont beaucoup de rapport à la calote d'un Suisse; de grands Cerfs; on les appelle grands parce qu'il y en a de deux autres espéces differentes vers le Sud qui sont de moindre grandeur; des Loups marins, quelques-uns les appellent *Veaux Marins*, ils sont gros comme des dogues. Ils se tiennent presque toujours dans l'eau & ne s'écartent jamais du rivage de la Mer. Ces animaux rampent plus qu'ils ne marchent, car s'étant élevés de l'eau, ils ne font plus que glisser sur le sable, ou sur la vase; leur tête est faite comme celle d'un Loutre, & leurs pieds sans jambes sont comme la patte d'une Oye.

Les Pays meridionaux fournissent aussi des Vautours, des Huards, qui sont des oiseaux de Riviere gros comme des Oyes & durs comme des Anes. Leur plumage est noir & blanc, leur bec est pointu; ils ont le cou très-court, & ne font que plonger durant l'Eté ne pouvant se servir de leurs aîles; des Cignes, des Oyes noires, des Canards noirs, des Plongeons, des Poules d'eau, des Rualles, des Cocs d'Inde, des Faisans, des Perdrix rousses; elles sont farouches, petites & très-differentes de celles qu'on voit en Europe, aussi bien que les Faisans dont le plumage blanc mêlé de petites tâches noires, fait une bigarrure fort curieuse; de gros Aigles, les plus gros ne le sont pas plus que les Cignes; ils ont la queuë & la tête blanche, ils combattent souvent contre une espéce de Vautours, dont ils sont ordinairement vaincus; des Gruës, des Merles, des Grives, des Pigeons ramiers plus gros que ceux d'Europe, mais ils ne valent rien à manger; ils sont hupés & leur tête est tout à fait belle, des Perroquets qui sont très-petits & ne different en rien de ceux qu'on apporte du Brezil & de Cayenne, des Corbeaux, des Hirondelles, des Rossignols. (Cet Oiseau est plus petit que ceux d'Europe, il est bleuâtre & son chant est plus diversifié :) Plusieurs oiseaux de proye inconnus en Europe aussi bien que d'autres petits oiseaux de differentes couleurs; & entre autres celui qu'on appelle Oiseau Mouche; il est gros comme le pouce & son plumage est de couleur si changeante qu'à peine sauroit-on lui en fixer aucune : tantôt il paroit rouge, doré, bleu, & verd, & il n'y a proprement qu'à la lueur du Soleil qu'on ne voit point changer l'or & le rouge dont il est couvert.

Les Pays septentrionaux produisent des Outardes, des Oyes blanches, des Canards de 10. ou 12. espéces differentes, des Sarcelles, des Margots ou Mauves, des Grelans, des Sterlets. Ces trois dernieres espéces d'Oiseaux volent incessamment sur les Mers, les Lacs & les Rivieres, pour prendre de petits poissons, ils ne valent rien à manger; des Perroquets de Mer, qui portent ce nom parce qu'ils ont le bec fait comme celui des Perroquets de terre, ils ne quitent jamais la Mer ni ses rivages, ils sont noirs & gros comme des poulardes. Des Moyaques oiseaux gros comme des Oyes; ils ont le coû court & le pied large; ce qui est surprenant, c'est que leurs œufs qui sont la moitié plus gros que ceux des Cignes, n'ont presque que du jaune, qui est si épais qu'on est obligé d'y mettre de l'eau pour en faire des Omelettes; des Cormorans, des Becasses, des Becassines, des Plongeons, des Pluviers, des Vaneaux, des Herons, des Courbejoux, des Chevaliers, des Bateurs de faux, des perdrix blanches de la grosseur de nos Perdrix rouges, leurs pieds sont couverts d'un duvet si épais qu'ils ressemblent à ceux d'un lapereau; de grosses Perdrix noires & des Perdrix rousatres; les Perdrix noires sont tout à fait belles, elles sont plus grosses que les notres, elles ont le bec, le tour des yeux & les pieds rouges, leur plumage est d'un noir très-bien lustré : elles sont assez rares aussi-bien que les perdrix roussâtres qui ressemblent aux Cailles en grosseur & en vivacité, des Gelinotes de bois, des Tourterelles, des Ortolans blancs qui ne paroissent en Canada que l'Hyver, ainsi il se peut faire que le blanc ne soit pas leur couleur naturelle, des Etourneaux, des Corbeaux, des Vautours, des Epreviers, des Emerillons, des Hirondelles & des becs de scie, ce dernier oiseau est une Espéce de Canard.

Les Insectes qui se trouvent en Canada sont, des Couleuvres qui ne font point de mal, des Aspics, dangereux, lorsqu'on se baigne dans les eaux croupies vers les Pays Meridionaux, des serpens à sonnettes. On les a nommés de la sorte, parce qu'ils ont, au bout de la la queuë, une espéce d'étui où sont enfermés certains osselets qui font un bruit qu'on entend de trente pas, lorsque ces insectes rampent. Ils fuyent dès qu'ils entendent marcher; ils dorment pour l'ordinaire au Soleil dans les prez ou dans les bois clairs; ils ne piquent que lorsqu'on met le pied dessus; des Grenouilles meuglantes, elles imitent effectivement le meuglement du bœuf; elles sont deux fois plus grosses qu'en Europe, des Maringouins ou Cousins, des Taons espéce d'insecte qui a la figure d'une mouche ordinaire, mais elle est une fois plus grosse que les Abeilles. Elle ne pique que depuis le Midi jusqu'à trois heures, mais si violemment que le sang en coule. Il est vrai que ce n'est qu'en certaines rivieres qu'on en trouve, & enfin des Brulots, ce sont des espéces de Cirons qui s'attachent si fort à la peau, qu'il semble que leur piquûre soit un charbon ou une étincelle de feu. Ces petits animaux sont imperceptibles & pourtant en assez grand nombre.

Les poissons qui se trouvent dans le fleuve de St. Laurent depuis son embouchure jusqu'aux Lacs de Canada sont, des Balenots, c'est une espéce de Baleine, mais plus petite & plus charnuë, rendant moins d'huile à proportion que les Baleines du Nord. Ces poissons entrent dans le Fleuve jusqu'à 50. ou 60. Lieuës en avant: des Souffleurs poissons à peu près de la même grosseur que les Balenots, mais plus courts & plus noirs: ils jettent l'eau de même que les Baleines par un trou qu'ils ont derriere la tête lorsqu'ils veulent reprendre haleine après avoir plongé. Ceux-ci suivent ordinairement les Vaisseaux dans le fleuve de *Saint Laurent*, des Marsouins blancs gros comme des bœufs, ils suivent toujours le cours de l'eau, ils montent avec la marée jusqu'à ce qu'ils trouvent l'eau douce, après quoi ils s'en retournent avec le reflux; des Saumons, des Anguilles, des Maquereaux, des Harangs, des Gasparots, ce sont de petits poissons à peu près de la figure d'un harang, ils s'approchent de la côte pendant l'Eté en si grand nombre que les pêcheurs des moruës en prennent autant qu'il leur en faut pour servir d'appât à leurs pêches, des Bars, des Aloses, des Moruës, des Plies, des Eperlans, des Turbots, des Brochets, des poissons dorés, sorte de poisson fort estimée. Ils ont environ 15. pouces de longueur. Leur Ecaille est jaune; des Rougets, des Lamproyes, des Merlans, des Rayes, des Congres, des Vaches marines; ce sont des espéces de Marsouins: elles surpassent en grosseur les bœufs de Normandie. Elles ont des pattes feuillées comme celle des Oyes, la tête comme un Loutre, & les dents de neuf pouces de longueur & de deux d'épaisseur. C'est l'yvoire le plus estimé.

Les coquillages ressemblent assez à ceux de France. Il y a des Houmars, des Ecrevices, des Petoncles & des Moules; ces dernieres y sont d'une grosseur extraordinaire, mais il est comme impossible d'en pouvoir manger sans se casser les dents, à cause des Perles dont elles sont remplies. Ces Perles sont cependant d'une si mince valeur que l'on n'a offert à Paris qu'un sol de la piéce des plus grosses.

Les Lacs & les Rivieres, qui se déchargent dedans, ont des Eturgeons, des Poissons armés. Ce poisson est de 3. pieds & demi de longueur ou environ, il a des écailles si fortes & si dures qu'il est impossible qu'aucun autre poisson puisse l'enfoncer, ses ennemis sont les brochets, mais il fait s'en defendre par le moyen de son bec pointu qui a un pied de longueur & qui est aussi dur que sa peau; des Truittes, des Poissons blancs, une espéce de Harangs, des Anguilles, des Barbuës, des Mulets, des Carpes, des Chabots & des Goujons.

Les Poissons des Lacs sont meilleurs que ceux de la Mer & des Rivieres, sur tout les poissons blancs. Les Sauvages qui habitent sur le bord de ces petites Mers douces, préferent le bouillon de poisson à celui de viande lorsqu'ils sont malades. Ils se fondent sur l'expérience... Les François au contraire trouvent que le bouillon de Chevreuil ou de Cerf a plus de substance & est plus restaurant.

On voit dans le Canada des Arbres & des fruits de differentes espéces. Les Pays Meridionaux produisent des Hêtres, des Chênes rouges, des Merisiers. Il y en a de gros comme des barriques & de la hauteur des Chênes les plus élevés. Cet arbre est droit, le bois en est dur & blanchâtre; des Erables qui n'ont aucun raport avec ceux d'Europe. Ils ont une séve admirable, & telle qu'il n'y a point de limonade, ni d'eau de cerise qui ait si bon goût, ni de breuvage au monde qui soit plus salutaire. Pour en tirer cette liqueur on taille l'Arbre deux pouces en avant dans le bois, & cette taille qui a dix ou douze pouces de longueur est faite de biais, au bas de cette coupe on enchasse un couteau dans l'arbre, aussi de biais, tellement que l'eau coulant le long de cette taille comme dans une goutiere, & rencontrant le couteau qui la traverse, elle coule le long de ce couteau sous lequel on a soin de mettre des vases pour contenir cette liqueur. Tel Arbre en peut rendre cinq ou six bouteilles par jour, & tel habitant en Canada en pourroit ramasser vingt barriques du matin au soir, s'il vouloit entailler tous les Erables de son habitation. Cette coupe ne porte aucun dommage à l'Arbre. On fait de cette séve du sucre & du sirop si precieux qu'on n'a jamais trouvé de remede plus propre à fortifier la poitrine. Des Frênes, des Ormeaux, des Fouteaux, des Tillots, des Noyers de deux sortes dont les fruits ne valent rien, des Châtaigniers, des Pommiers, des Poiriers, des Pruniers, des Cerisiers dont le fruit n'en est pas de bon goût, il est petit & rouge au dernier point. Les Chevreuils s'en accommodent pourtant, & ils ne manquent guéres de se trouver toutes les nuits sous les Cerisiers durant l'Eté, & sur tout lorsqu'il vente fort; des Noisetiers, des Ceps de vigne, qui embrassent les arbres jusqu'au sommet; si bien qu'il semble que les grapes soient la veritable production de ces Arbres tant les branches en sont couvertes. On en a fait du vin qui après avoir longtems cuvé s'est trouvé de la même douceur que celui des Canaries, & noir comme de l'encre; des Citrons qui sont des fruits ainsi appellés quoiqu'ils n'en aient rien que la figure. Ils n'ont qu'u-

a ibidem P. 57.

ne peau, au lieu d'écorce. Ils croissent d'une plante qui s'éléve jusqu'à trois pieds de hauteur, & tout ce qu'elle produit se peut reduire à 3. ou 4. de ces prétendus Citrons. Ce fruit est aussi salutaire que sa racine est dangereuse ; & autant que l'un est sain, autant l'autre est un subtil & mortel poison, lorsqu'on en boit le suc ; des Melons d'eau, des Citrouilles douces, des Groseilles sauvages, des Pignons de Pin, du Tabac.

Les Pays septentrionaux produisent des Chênes blancs & rouges, comme ceux d'Europe ; des Bouleaux très-differens de ceux de France tant en qualité qu'en grosseur. Les Sauvages se servent de leur écorce pour faire des Canots. Il y en a de blanches & de rouges. On fait de petites Corbeilles de jeunes bouleaux qui sont recherchées en France. On en peut faire aussi des livres, dont les feuilles seront aussi fines que celles de papier. Le Baron de la Hontan, de qui sont ces observations naturelles, prétend avoir vû en France dans une certaine Bibliothéque un Manuscrit de l'Evangile de Saint Mathieu en Langue Grecque, écrit sur ces mêmes écorces, & ce qu'il y a de surprenant c'est qu'on dit qu'il étoit écrit depuis mille & tant d'années. Cependant il dit qu'il oseroit jurer que c'est de l'écorce véritable des Bouleaux de la *Nouvelle France* qui néanmoins n'étoit pas encore decouverte alors ; des Pins, des Epinetes, ce sont des espéces de Pin dont la feuille est plus pointuë & plus grosse. On s'en sert pour la Charpente, la matiere qui en decoule est d'une odeur qui égale celle de l'encens ; des sapins de trois sortes ; des Perusses ; cet arbre seroit tout à fait propre à bâtir des Vaisseaux par la raison que ses pores sont beaucoup plus condensés & qu'il s'imbibe moins que les autres bois verds que l'on employe à cet usage ; des Cedres blancs & des rouges, ces Arbres sont bas, toufus, pleins de branches & ont de petites feuilles semblables à des fers de Lacet ; des Trembles, des Bois blancs. C'est un arbre qui n'est ni trop gros ni trop petit, & est aussi leger que le Cedre : les habitans du Canada s'en servent à faire des Canots pour pêcher & pour passer des Rivieres ; des Aulnes, du Capillaire estimé meilleur que celui des autres Pays, il est très-commun ; les Fraises & les Framboises sont en grande abondance & sont d'un fort bon gout. On y trouve aussi des Groseilles, mais elles ne valent rien que pour faire une espéce de vinaigre qui est très fort. Les Bluets sont de certains petits grains comme de petites Cerises, mais noirs & tout à fait ronds, la plante qui les produit est de la grandeur des Framboisiers. On s'en sert à plusieurs usages lorsqu'on les a fait secher au Soleil ou dans le four. On en fait des confitures, on en met dans les tourtes & dans l'eau de vie. Les Sauvages du Nord en font une moisson durant l'Eté, qui leur est d'un grand secours, & sur tout lorsque la chasse leur manque.

A l'égard du Commerce du Canada, comme les Normans sont les premiers qui l'ont entrepris, les Embarquemens s'en faisoient au Havre de Grace ou à Dieppe ; mais les Rochellois leur ont succedé, & à présent les Vaisseaux de la Rochelle fournissent les Marchandises nécessaires aux Habitans de ce Continent. Il y en a cependant quelques-uns de Bourdeaux & de Bayonne qui y portent des vins, des eaux de vie, du Tabac & du fer.

[a] Les Vaisseaux qui partent de France pour ce Pays-là ne payent aucun droit de sortie pour leur Cargaison, non plus que d'entrée lorsqu'ils arrivent à Quebec : la plûpart des Vaisseaux qui vont chargés en Canada s'en retournent à vuide à la Rochelle ou ailleurs. Quelques-uns chargent des pois lorsqu'ils sont à bon marché dans la Colonie, d'autres prennent des planches & des madriers. Il y en a qui vont charger du Charbon de terre à l'Isle du Cap Breton pour le porter ensuite aux Isles de la Martinique ou de Guadeloupe, où ils s'en consume beaucoup aux Rafineries des sucres. Mais ceux qui sont recommandez aux principaux Marchands du Pays, ou qui leur appartiennent, trouvent un bon fret de peleteries, surquoi ils profitent beaucoup. Il y a des Magazins à Quebec d'où les Marchands des autres Villes du Canada tirent leurs Marchandises qui leur conviennent. Ce n'est pas qu'il n'y ait des Marchands assés riches & qui équipent en leur propre des Vaisseaux qui vont & viennent de Canada en France. Ceux-ci ont leurs Correspondans à la Rochelle qui envoyent & reçoivent tous les ans les Cargaisons de ces Navires.

[a] Ibidem p. 65.

Les premiers Vaisseaux partent ordinairement de France à la fin d'Avril ou au commencement de Mai, mais il semble qu'ils feroient des traverses une fois plus courtes, s'ils partoient à la mi-Mars & qu'ils rangeassent ensuite les Isles des Açores du côté du Nord, car les vents de Sud & de Sud-Est regnent ordinairement en ces parages depuis le commencement d'Avril jusqu'à la fin de Mai. On en a souvent parlé aux meilleurs Pilotes, mais ils disent que la crainte de certains Rochers, ne permet pas qu'on suive cette route. Cependant ces prétendus Rochers ne paroissent que sur les Cartes. Les descriptions des Ports, des Rades & des côtes de ces Isles & Mers circonvoisines faites par des Portugais ne font aucune mention des écueils qu'on remarque sur la plûpart des autres Cartes : au contraire ils disent que les côtes de ces Isles sont fort saines, & qu'à plus de vingt lieuës au large on n'a jamais eû connoissance de ces rochers imaginaires.

Dès que les Vaisseaux de France sont arrivés à Quebec, les Marchands de cette Ville qui ont leurs Commis dans les autres Villes, font charger leurs barques de Marchandises pour les y transporter. Ceux qui sont pour leur propre compte aux *Trois Rivieres* ou à *Mont-real* descendent eux-mêmes à Quebec pour y faire leurs emplettes, ensuite ils frettent des barques pour transporter ces effets chés eux. S'ils font les payemens en pelleteries, ils ont meilleur marché de ce qu'ils achettent que s'ils payoient en argent ou en Lettres de change, parce que le vendeur fait un profit considerable sur les peaux à son retour en France. Or il faut remarquer que toutes ces peaux leur viennent des habitans ou des Sauvages sur lesquels ils gagnent considerablement. Par exemple, qu'un habitant des environs

rons de Quebec, porte une douzaine de Martres, cinq ou six Renards & autant de Chats sauvages à vendre chés un Marchand, pour avoir du Drap, de la toile, des armes, des munitions &c. en échange de ces peaux; voilà un double profit pour le Marchand; l'un parce qu'il ne paye ces peaux que la moitié de ce qu'il les vend ensuite en gros aux Commis des Vaisseaux de la Rochelle: l'autre par l'évaluation exorbitante des Marchandises qu'il donne en payement à ce pauvre habitant.

Les Marchandises que l'on porte le plus ordinairement en Canada, sont, des Fusils courts & légers, de la poudre, des balles & du menu plomb; des haches grandes & petites, des Couteaux à gaine, des lames d'épée pour faire des Dards; des Chaudières de toutes grandeurs; des Aleines de Cordonier, des hameçons de toutes grandeurs; des Batte-feux & Pierres à fusil, des Capots de serge bleue, des chemises de toile commune de Bretagne, Des bas d'estame courts & gros; du Tabac de Bresil, du gros fil blanc pour des filets, du fil à coudre de diverses couleurs, de la ficelle ou fil à rets; du Vermillon, couleur de tuile; des aiguilles grandes & petites; de la Conterie de Venise ou vasade, quelques fers de flèches, mais peu; quelque peu de savon, quelques sabres. Mais l'Eau de vie, sur tout, est de bonne vente.

En échange de ces Marchandises, on retire des Castors d'hyver, appellés *Moscovie*, des Castors gras; des Castors veules, c'est-à-dire pris en Automne; des Castors secs, ou ordinaires; des Castors d'Eté, c'est-à-dire, pris en été; des Castors Blancs, ceux-ci n'ont point de prix non plus que les Renards bien noirs. Des Renards argentés; Des Renards ordinaires bien conditionnés; des Peaux de Martres de Loutres; d'Ours noirs, d'Elans, sans être passées; des peaux de Cerfs, de Peckans, de Chats sauvages, de Loups marins, de Foutereaux, de Fouines, de Belettes, de Rats musquez, & leurs testicules; des peaux blanches d'Orignaux, c'est-à-dire passées par les Sauvages; des Peaux de Loups, de Cerf, de Caribou, de Chevreuil.

Le Gouverneur Général de Quebec a vingt mille écus d'appointement annuel, y comprenant la paye de la Compagnie de ses Gardes & le Gouvernement particulier du Fort. D'ailleurs ses vins & toutes les autres provisions qu'on lui apporte de France ne payent aucun fret. L'Intendant a dix huit mille écus d'appointemens. L'Evêque tire si peu de revenu de son Evêché, que si le Roi n'y avoit joint quelques autres Benefices situez en France, ce Prélat n'auroit pas de quoi vivre. Le Major de Quebec a six cens écus par an. Le Gouverneur des Trois Rivieres en a mille & celui de Mont-real deux mille. Les Capitaines des Troupes ont cent vingt livres par mois, les Lieutenans quatre-vingt dix livres, les Lieutenans Reformés cinquante, les Sous-Lieutenans quarante, & le Soldat six sols par jour, monnoye du Pays.

a Ibidem p. 74.

Le Gouverneur Général a la disposition des Emplois militaires. Il donne les Compagnies, les Lieutenances à qui bon lui semble, sous le bon plaisir de Sa Majesté; mais il ne lui est pas permis de disposer des Gouvernemens particuliers, des Lieutenances de Roi, ni des Majorités des Places. Il a de même le pouvoir d'accorder aux Nobles, comme aux Habitans, des Terres & des Etablissemens dans toute l'étenduë du Canada, mais ces Concessions se font conjointement avec l'Intendant. Il peut aussi donner vingt-cinq congez ou permissions par an, à ceux qu'il juge à propos pour aller en traite chés les Nations Sauvages du Pays. Il a le droit de suspendre l'execution des Sentences envers les Criminels; & par ce retardement il peut aisément obtenir leur grace, s'il veut s'interesser en faveur de ces malheureux: mais il ne sauroit disposer de l'argent du Roi, sans le consentement de l'Intendant, qui seul a le pouvoir de le faire sortir des Coffres du Tresorier de la Marine.

Les Conseillers qui composent le Conseil Souverain du Canada, ne peuvent vendre, donner, ni laisser leurs charges à leurs heritiers ou autres sans le consentement du Roi, quoiqu'elles vaillent moins qu'une simple Lieutenance d'Infanterie.

Les Troupes sont ordinairement en quartier chés les habitans des côtes ou Seigneuries de Canada, depuis le mois d'Octobre jusqu'à celui de Mai. L'habitant qui ne fournit simplement que l'ustencille à son Soldat, l'employe ordinairement à couper du bois, à deraciner des souches, à défricher des terres, ou à battre du bled dans les granges, durant tout ce tems-là, moyennant dix sols par jour outre sa nourriture.

Les Canadiens ou Créoles sont bien faits, robustes, grands, forts, vigoureux, entreprenans, braves & infatigables, il ne leur manque que la connoissance des Belles Lettres. Ils sont, présomptueux, & remplis d'eux-mêmes, s'estimant au-dessus de toutes les Nations de la Terre; & on les accuse de ne pas avoir toute la veneration qu'ils devroient avoir pour leurs parens. Le sang de Canada est fort beau, les femmes y sont généralement belles, les brunes y sont rares, les sages y sont communes; & les paresseuses en assez grand nombre. Elles aiment le luxe au dernier point; & c'est à qui prendra le mieux des maris au piége.

b Ibidem p. 81.

La plûpart des Historiens se contredisent dans les recits qu'ils font des mœurs & des manieres des Sauvages. Les uns les traitent de gens stupides, grossiers, rustiques, incapables de penser & de reflechir à quoi que ce soit. Les autres tiennent un langage bien different, car ils soutiennent qu'ils ont du bon sens, de la memoire, de la vivacité d'esprit, mêlée d'un bon jugement. Les premiers disent qu'il est inutile de passer son tems à prêcher l'Evangile à des gens moins éclairez que les Animaux. Les seconds prétendent au contraire que ces Sauvages se font un plaisir d'écouter la Parole de Dieu, & qu'ils entendent l'Ecriture avec beaucoup de facilité. Il y a apparemment des raisons qui font parler ainsi les uns & les autres. Ceux qui ont depeint les Sauvages velus comme des ours, n'en avoient jamais vû, car il ne leur paroit ni poil ni barbe en nul endroit du corps. Ils sont généralement droits, bien faits, de belle taille & bien proportionnés. Ils

c Ibidem p. 91.

S* 3 sont

sont tous sanguins, & de couleur presque olivâtre, & leurs visages sont beaux en général aussi bien que leur taille. Il est très-rare d'en voir de boiteux, de borgnes, de bossus, d'aveugles, de muets &c. Ils ont les yeux gros & noirs de même que les cheveux, les dents blanches comme l'yvoire, & l'air qui sort de leur bouche est aussi pur que celui qu'ils respirent, quoiqu'ils ne mangent presque jamais de pain. Ils ne sont ni si forts ni si vigoureux que la plûpart des François en ce qui regarde la force du corps pour porter de grosses charges; mais en récompense, ils sont infatigables, endurcis au mal, bravant le froid & le chaud sans en être incommodez. Les femmes sont de la taille qui passe la médiocre, belles autant qu'on le puisse imaginer, mais mal faites, grasses & pesantes à l'excès. Elles portent leurs cheveux roulez derriere le dos avec un ruban, & ce rouleau leur pend jusqu'à la ceinture; elles ne les coupent jamais, les laissant croître pendant toute leur vie sans y toucher, au lieu que les hommes les coupent tous les mois. Les Vieillards & les hommes mariés ont une piéce d'étoffe qui leur couvre le derriere & la moitié des cuisses par-devant, au lieu que les jeunes gens sont nuds comme la main. Ils disent que la nudité ne choque la bienséance que par l'usage & par l'idée que les Européens ont attaché à cet état. Cependant les uns & les autres portent negligemment une couverture de peau ou d'écarlate sur leur dos lorsqu'ils sortent de leurs Cabanes pour se promener dans le Village ou faire des visites. Ils portent des Capots, selon la saison, lorsqu'ils vont à la guerre ou à la Chasse, tant pour se parer du froid durant l'hyver que des moucherons en été. Ils se servent alors de certains bonnets de la figure d'une forme de Chapeau & des Souliers de Peaux d'Elans ou de Cerf qui leur montent jusqu'à demi-jambe. Leurs Villages sont fortifiez de doubles palissades d'un bois très dur, grosses comme la cuisse de 15. pieds de hauteur avec de petits quarrés au milieu des Courtines. Leurs Cabanes ont ordinairement 80. pieds de longueur, 25. ou 30. de largeur & 20. de hauteur. Elles sont couvertes d'écorce d'Ormeaux ou de bois blanc. On voit deux Estrades, l'une à droite l'autre à gauche, de neuf pieds de largeur & d'un pied d'élevation. Ils sont leurs feux entre ces deux estrades & la fumée sort par des trous pratiquez sur le sommet des Cabanes. On voit de petits Cabinets menagez le long de ces estrades dans lesquels les fils ou les gens mariés ont coutume de coucher, sur de petits lits élevés d'un pied tout au plus. Au reste trois ou quatre familles demeurent dans une même Cabane.

a Ibidem pag. 97.

[a] Les Sauvages ne connoissent ni *tien* ni *mien*, car on peut dire que ce qui est à l'un est à l'autre. Lorsqu'un Sauvage n'a pas réussi à la chasse des Castors, ses Confreres le secourent sans en être priez. Si son fusil se crève, ou se casse, chacun d'eux s'empresse à lui en offrir un autre. Si ses enfans sont pris ou tuez par les ennemis, on lui donne autant d'esclaves qu'il en a besoin pour les faire subsister. Il n'y a que ceux qui sont Chrétiens & ceux qui demeurent aux portes des Villes chez qui l'argent soit en usage. Les autres ne veulent ni le manier ni même le voir. Ils l'appellent le *Serpent des François*. Ils disent qu'on se tue, qu'on se pille, qu'on se diffame, qu'on se vend, & qu'on se trahit parmi nous pour de l'argent. Ils trouvent étrange que les uns ayent plus de bien que les autres & que ceux qui en ont le plus soient estimez davantage que ceux qui en ont le moins. Enfin ils disent que le titre de Sauvages, dont nous les qualifions, nous conviendroit mieux que celui d'hommes, puisqu'il n'y a rien moins que de l'homme sage dans toutes nos actions. Ils ne se querelent, ni ne se battent, ni ne se volent, & ne medisent jamais les uns des autres.

[b] Les Guerriers n'entreprennent jamais rien sans la déliberation du Conseil, qui est composé de tous les Anciens de la Nation, c'est-à-dire des Vieillards au-dessus de soixante ans. Avant que ce Conseil s'assemble, le Crieur avertit par les cris qu'il fait dans toutes les ruës du Village; alors ces vieilles gens accourent à certaine Cabane destinée pour cela, où ils s'asseant sur le derriere en forme de lozange, & après qu'on a déliberé sur ce qu'il est à propos de faire pour le bien de la Nation, l'Orateur sort de la Cabane & les jeunes gens se renferment au centre d'un Cercle qu'ils composent. Ensuite ils écoutent avec beaucoup d'attention les déliberations des Vieillards, en criant à la fin de toutes les periodes: *Voila qui est bien.* La vieillesse est extremement honorée parmi eux; tel fils se rit des conseils de son pere qui tremble devant son ayeul.

b Ibid. pag. 100.

CANADIUM ou CENADIUM. Voyez CHONAD.

1. CANÆ, Ville d'Asie sur le Tigre, selon Etienne le Géographe. Il cite Strabon, mais c'est une faute des Copistes qui ont transposé la citation.

2. CANÆ, petite Ville d'Asie mineure dans l'Æolide. Elle y fut bâtie par des Locres partis de l'Isle Cynos, selon le même. C'est à cet Article que convient la citation qui renvoye au XIII.[c] Livre de Strabon; où l'on trouve effectivement les mêmes paroles, avec cette circonstance de plus que cette petite Ville étoit vis à vis de la pointe Meridionale de l'Isle de Lesbos; & que le pays où elle étoit s'apélloit CANA. Tite-Live[d] en parle au sujet de la Flote Romaine qui y passa l'hyver. Elle subsistoit plus du temps de Pline[e].

c p. 615.
d L. 36. c. 45.
e l. 5. c. 30.

CANAGO, Voyez l'Article qui suit.

CANAGORA, ancienne Ville de l'Inde en deçà du Gange, selon Ptolomée[f]. La ressemblance de nom a persuadé à Castald que c'est présentement CANAGO & à Mercator que c'est CANGIGU.

f l. 7. c. 1.

CANAIUS AMNIS,[g] ruisseau de l'Asie mineure dans l'Æolide. Il y a bien de l'apparence qu'il avoit pris ce nom de CANÆ & que ce nom ne signifie que la Riviere de *Cana* parce qu'il y couloit, comme nous disons la Riviere de Morlaix & quantité d'autres.

g Plin. l. 5. c. 30.

CANAL. Ce mot se prend en plusieurs significations diferentes par raport à la Géographie.

Quelquefois il signifie un *Détroit* ou bras de

CAN.

de Mer resserré entre deux Terres, comme entre deux Isles, ou entre une Isle & le Continent.

CANAL, se dit pour signifier le lit d'une Riviere, sur tout lorsqu'elle se divise à la rencontre d'une Isle ou de quelqu'autre obstacle qui l'oblige à se partager en deux ou en plusieurs branches : alors on dit le grand ou le petit Canal étant très-rare que les deux branches soient également larges & profondes.

Le mot de *Canal* s'employe aussi pour designer les conduits d'eau dont on embellit les grands Jardins, sur tout ceux des Princes, où l'on en menage de très-grands à proportion de la commodité & du voisinage des eaux.

CANAL, signifie quelquefois les Aqueducs par lesquels on suplée au manque de Fontaines, par les conduits artificiels qui apportent les eaux d'une source plus ou moins éloignée.

CANAL, répond aussi à ce que les anciens appelloient *Fossa*. Ce sont des Conduits creusez par le travail des hommes, soit pour établir la communication d'une Riviere à une autre, soit pour faciliter le Commerce entre deux Villes, ou deux Provinces, soit pour dessecher le pays en procurant l'écoulement des eaux, soit pour détourner les inondations en affoiblissant les Rivieres. La Hollande, la Lombardie, la basse Egypte, la Chine &c. sont toutes entrecoupées de ces sortes de Canaux. La France en a aussi plusieurs qui sont très-remarquables. Voici une liste des principaux Canaux : l'asterisque marque ceux qui sont artificiels pour les distinguer des autres.

LE CANAL, les Navigateurs nomment ainsi communément la Mer qui sépare l'Angleterre d'avec la France depuis le pas de Calais à l'Orient Septentrional jusqu'au Cap de St. Mahé qui est en Bretagne & delà jusqu'au Cap de Cornouailles qui est en Angleterre. On l'appelle aussi LA MANCHE. Les Anglois l'appellent aussi la MER BRITANNIQUE, & ils ne bornent pas ce nom à ce qui est de leur côté, ils le prennent jusqu'aux côtes de France, de maniere qu'un enfant dont la Mere auroit accouché sur la Mer, quoiqu'à la vûë des Terres de France, seroit déclaré Anglois-né. Cet usage qui est ancien a été établi, lorsque cette Nation possedant une partie des côtes de France, étoit effectivement Maitresse des deux côtez de la Mer.

CANAL D'ALBOURG, en Latin *Sinus Limicus*, petit bras de la Mer Baltique où il s'étend dans le Nord-Jutland jusqu'à Albourg. Voyez LIMFIORD qui est son vrai nom.

CANAL DE BAHAMA. Voyez BAHAMA.

CANAL DE BRAZZA, en Latin, BRATTIENSIS SINUS, partie du Golphe de Venise, entre l'Isle de Brazza & la côte de Dalmatie.

CANAL DE BRIARE, Canal établi en France pour la communication des Rivieres de Seine & de Loire. Il prend ce nom d'une petite Ville située à l'endroit où il communique à la Loire.[a] Il fut commencé sous le Regne de Henri le Grand, & c'est le premier ouvrage de conséquence de cette nature qui ait

[a] *Pigniol de la Force desc. de la France T. 5. p. 155.*

CAN. 143

été entrepris dans le Royaume, il s'y agissoit de lier la Seine à la Loire & d'établir une communication avec Paris, pour attirer dans cette Capitale le Commerce de la Mer par Nantes & celui de toutes ces belles Provinces qui sont situés sur la Loire, & même de faire une communication de toutes les autres Provinces du Royaume, arrosées par des Rivieres qui se rendent dans ce Fleuve. Cette grande entreprise fut commencée par le Duc de Sulli, mais après la retraite de ce Ministre, elle fut interrompue. Louïs XIII. étant à St. germain en Laye au mois de Septembre 1638. donna des Lettres patentes aux nommez Jaques Guyon & Guillaume Bouteroue, Entrepreneurs du Canal, par lesquelles il paroît qu'ils s'étoient engagez de reprendre l'ouvrage & qu'ils avoient promis de l'achever à leurs frais & dépends. Sa Majesté pour les recompenser de leur entreprise leur céda le fonds & très-fonds du Canal, leur fit présent de tous les materiaux qu'ils y trouveroient, & des ouvrages qui étoient déja faits & regla enfin les droits qu'ils pourroient lever sur les Marchandises qui y seroient embarquées. Ces Lettres patentes ayant été verifiées au Parlement le 15. Avril 1639. il ne fut plus question que d'exécuter & d'achever l'Ouvrage. Ce Canal entre dans la Loire à Briare, remonte vers le Nord par Ouzouer, côtoiant le ruisseau de Trezée. Il continue par Rogni, Châtillon, Montargis, & finit dans le Loing à Cepoi. Il est traversé par divers ponts de bois, pour la communication des Villages où il passe, & qui sont entretenus aux depends des proprietaires du Canal. Le produit des droits qui se leve sur ce Canal étoit autrefois très-considerable, & montoit à de très-grosses sommes par an. Mais depuis que l'on a creusé le Canal d'Orleans, ce produit est très-considerablement diminué. Cependant il n'a pas laissé de monter à cent mille livres. On le partage en trente portions égales suivant le nombre des interessez.

CANAL DE BRISTOL. Dans le Dictionnaire François de Mr. Baudrand on lit *Bristou* partie de la Mer d'Irlande, à l'ouest de l'Angleterre & à l'embouchure de la Saverne.

CANAL DE CAMISINKA. Voyez KAMUSINSKA.

CANAL DE CERIGO, Détroit entre la Morée & l'Isle de Cerigo. Il a dix milles de largeur.

CANAL DE CONSTANTINOPLE, ou comme les Anciens le nommoient, le BOSPHORE DE THRACE, Detroit qui joint la Propontide, ou Mer de Marmara avec la Mer Noire. Il separe la Romanie de l'Asie mineure. Mr. de Tournefort[b], qui le nomme CANAL DE LA MER NOIRE, le décrit ainsi : il commence proprement à la pointe du Serrail de Constantinople & finit vers la Colomne de Pompée. Herodote, Polybe, Strabon & Menippe cité par Etienne de Bysance, lui donnent cent vingt Stades de longueur, lesquelles reviennent à quinze milles : mais ils fixent le commencement de ce Canal entre Bysance & Chalcedoine & le font terminer au Temple de Jupiter, où est présentement le nouveau Château d'Asie. Quoique cette diference soit arbitraire

[b] *Voyage du Levant Lettre 15.*

traire on se détermine pourtant plus aisément après l'inspection des lieux pour les mesures qui viennent d'être proposées. Il s'en faut beaucoup que ce Canal ne soit en ligne droite; son embouchure, qui est du côté de la Mer Noire, a la forme d'un entonnoir, regarde le Nord-est, & doit se prendre à la Colomne de Pompée, d'où l'on compte près de trois milles jusques aux nouveaux Châteaux. Celui d'Asie, comme l'on fait, est bâti sur un Cap où l'on croit qu'étoit le Temple de Jupiter, *Distributeur des bons vents*; d'où vient que cet endroit s'appelle encore *Joro* du mot corrompu *Ieron* qui signifie un Temple. Le Château d'*Europe* est sur un Cap opposé, auprès duquel on voyoit autrefois le Temple de Serapis dont parle Polybe [a]. De ces Châteaux le Canal fait un grand coude, où sont les Golfes de *Saraïa* & de *Tarabié*; & de ce coude il tire au Sud-Est vers le Serrail appellé *Sultan Solyman Kiosc*, à la distance de cinq milles des Châteaux. Après cela par un autre coude en *zig-zag*, le même Canal s'approche peu à peu du Sud jusqu'à la pointe du Serrail, où il finit selon la pensée de l'Auteur cité. De ce dernier coude aux vieux Châteaux, on compte deux milles & demi; & delà au Setrail ou à la pointe de Bysance, six milles. Ainsi suivant ces mesures, tout le Canal a seize milles de long, ce qui n'est pas éloigné de la supputation des Anciens, lesquels gagnoient du côté de Chalcedoine, où commençoit le Canal selon eux, ce qu'ils perdoient entre les Temples de Jupiter & de Serapis, & la Colomne de Pompée.

[a] Hist. l. IV.

La largeur du Canal aux nouveaux Châteaux où étoient ces Temples, est d'un mille & demi ou deux milles en quelques endroits. Le lieu le plus étroit est aux vieux Châteaux; dont celui d'Europe se trouve sur la hauteur où les Anciens au rapport de Polybe avoient bâti un Temple à Mercure ; c'est pour cela qu'il s'appelloit le Cap *Hermée*. Ce Cap se trouvoit à moitié chemin de ce Canal, suivant les Anciens, parce que d'un côté, ils le faisoient terminer entre Chalcedoine & Bysance ; & de l'autre au Temple de Jupiter. Cet endroit n'a pas plus de 100. pas de large : & le Canal est presque aussi resserré un peu plus bas à *Courichismé*, Village bâti au pied du Cap, que les Anciens ont nommé *Esties*, d'où il s'élargit jusqu'au Serrail d'environ de la longueur d'un mille, ou d'un mille & demi. Ainsi les eaux de la Mer Noire entrent avec assés de vitesse dans le Canal des nouveaux Châteaux, & s'étendent en liberté dans les Golfes de *Saraya* & de *Tharabié*. Delà sans augmenter de vitesse, ces eaux tirent vers le Kiosc du Sultan Solyman, d'où elles sont obligées de se reflechir vers le Midi, sans que leur mouvement paroisse augmenté, si ce n'est entre les vieux Châteaux, où le lit est le plus étroit.

Dans cet endroit-là, comme le remarque Polybe [b], outre que le rétrécissement du Canal augmente la vitesse des eaux ; elles se reflechissent obliquement du Cap de Mercure sur lequel est le vieux Château d'Europe, contre le Cap de *Candil Bachesi* en Asie, & reviennent en Europe, vers *Courichismé* au Cap des *Esties*, d'où elles enfilent la pointe du Serrail. Voila ce que Polybe en a observé de son tems; c'est-à-dire du tems de Scipion & de Lœlius avec lesquels il étoit lié d'amitié. M. Tournefort avoué, qu'il n'a pû remarquer ce mouvement en zig-zag, en deçà des Châteaux, quoiqu'il ait passé quatre ou cinq fois ce Canal; mais il est certain qu'avec un vent de Nord, la rapidité est si grande entre les deux Châteaux qu'il n'y a point de bâtiment qui s'y puisse arrêter, & qu'il faut un vént opposé au courant pour les faire remonter : cependant la vitesse des eaux diminue si sensiblement que l'on monte & que l'on descend sans peine, lorsque les vents ne sont pas violens.

[b] Ibid.

Indépendemment des vents, il y a des courans fort singuliers dans le Canal de la Mer Noire; le plus sensible est celui qui en parcourt la longueur depuis l'embouchure de la Mer Noire, jusques à la Mer de Marmara qui est la Propontide des Anciens. Avant que ce Courant y entre, il heurte en partie contre la pointe du Serrail, comme Polybe, Xiphilin & après eux Mr. Gilles l'ont remarqué; car une partie de ces eaux, quoique la moins considerable, passe dans le Port de Constantinople ou de l'ancienne Byzance, & suivant le tour du Couchant elle vient se rendre vers le fond, qu'on appelle les *Eaux douces*. Polybe même & Xiphilin ont crû que ces eaux reflechies formoient ce fameux Port que les anciens ont admiré sous le nom de la *Corne d'or* à cause des richesses qu'il apportoit à cette puissante Ville. Ce qui passe donc des eaux du Canal dans le Port de Constantinople fait un courant qui suit le tour des murailles de la Ville ; tout le reste se dégorge dans la Mer de Marmara entre le Serrail & Chalcedoine.

Mr. le Comte de Marsilly a observé, que les deux petites Rivieres des Eaux douces faisoient un courant dans le Port de Constantinople, du Nord-Ouest à l'Est, lequel balayant, pour ainsi dire, les Côtes de Galata & de Topana, se continuoit par celle de *Fondoxli* jusques en *Arnautcui* en remontant le Canal du côté des Châteaux, c'est-à-dire, par un cours opposé au grand Courant : /il n'est pas surprenant après cela que les bateaux montent à la faveur de ce petit courant, tandisque les autres descendent en suivant le cours du grand. Il y a apparence que les eaux qui sortent du Port heurtant de biais contre le grand courant se glissent vers le Nord : au lieu que ce grand Courant les entraineroit ou les repousseroit, si elles se presentoient d'un autre sens. Mr. le Comte de Marsilly a aussi remarqué qu'il y avoit un petit courant dans l'enfoncement de la Côte de *Scutari*, de sorte que les eaux du grand courant étant parvenues au Cap *Modabouron*, remontent le long de la Côte de Chalcedoine vers le Cap de Scutari, & font une autre espéce de Courant.

Tous ces courans n'ont rien de bien extraordinaire. On conçoit aisément qu'un Cap trop avancé doit faire reculer les eaux qui se présentent dans une certaine direction ; mais il est difficile de rendre raison d'un autre Courant caché que l'on peut nommer le courant inférieur, parce qu'il ne s'observe que dans le grand Canal au dessous du grand Courant

que

CAN.

que l'on peut appeller le Courant superieur, lequel roule ses eaux jusque dans la Mer de Marmara. Il faut donc remarquer que les eaux qui occupent la surface de ce Canal jusqu'à une certaine profondeur, coulent des Châteaux au Serrail. Cela est incontestable, mais il est certain aussi qu'au dessous de ces eaux, il y a une partie de l'eau du même Canal laquelle se meut dans un sens contraire, c'est-à-dire qu'elle remonte vers les Châteaux.

Procope de Cesarée, qui vivoit dans le VI. Siécle, assure que les Pêcheurs remarquoient que leurs filets au lieu de tomber à plomb dans le fond du Canal, étoient entrainez du Nord vers le Sud depuis la surface de l'eau jusqu'à une certaine profondeur, tandis que l'autre partie de ces mêmes filets, qui descendoit depuis cette profondeur jusqu'au fond du Canal, se courboit dans un sens opposé. Il y a même beaucoup d'apparence que cette observation est encore plus ancienne, car de tout tems le Bosphore a été fort célébre pour la pêche. Ce Canal est nommé poissonneux dans l'Inscription que Mandrocles fit mettre au bas du tableau où il avoit fait représenter le pont sous lequel Darius passa avec son Armée, lorsqu'il alloit combattre les Scythes. Procope assure que, suivant l'observation des pêcheurs, les deux Courans opposés, l'un superieur l'autre inferieur, sont très-sensibles dans cet endroit du Bosphore qu'on appelle l'Abîme. Peut-être y a-t-il dans ce lieu-là un gouffre profond formé par un Rocher creux comme un cuilleron dont la partie cave regarde les Châteaux; car, suivant cette supposition, les eaux qui sont vers le fond du Canal, heurtant avec violence contre ce Rocher, doivent en se reflechissant prendre une détermination contraire à celle qu'elles avoient auparavant, c'est-à-dire qu'elles sont obligées de rebrousser vers les Châteaux & par consequent de couler dans un sens opposé à celui du Courant superieur. M. Tournefort, de qui est cette opinion, n'est pas tellement persuadé que ce soit la raison de cette merveille, qu'il ne déclare que ce qu'il avance est moins pour décider que pour exciter les Savans à en rechercher la véritable cause. M. Gilles a parlé de ce Phénomene comme d'une chose extraordinaire & M. le Comte Marsilly l'a observé avec beaucoup de soin; mais cet habile Philosophe n'a pas voulu hazarder sa pensée sur l'explication d'un fait aussi singulier.

CANAL DE CORBULON, Voyez au mot FOSSA, l'Article FOSSA CORBULONIS.

CANAL DE CORFOU, bras de Mer entre l'Isle de ce nom & l'Albanie. Voyez CORFOU.

CANAL DE DELOS, Bras de Mer entre les deux Isles de Delos. [a] Il n'a gueres qu'un demi mille de largeur vers le Grand REMATIARI. Voyez ce mot.

[a] Tournefort Voyages L. 7. T. 1. P. 110.

CANAL DE DRUSUS. Voyez au mot YSSEL, l'Article NIEUW YSSEL, & au mot FOSSA.

CANAL DE FARISINA, bras de Mer dans le Golphe de Venise entre l'Isle de Cherso & l'Istrie.

Tom. II.

CAN.   145

CANAL DE LADOGA. Voyez LADOGA.

CANAL DE LANGUEDOC. Voyez CANAL ROYAL. 2.

CANAL DE LIESINA, bras de Mer entre l'Isle de ce nom & celle de Brazza dans le Golfe de Venise sur la côte de la Dalmatie.

CANAL DE LORETO, Mr. Baudrand nomme ainsi une partie de l'Euripe qui sépare l'Isle de Negrepont de la Grece, mais il ne dit point quelle est cette partie. Les Cartes de Mrs. de l'Isle, & Berthelot & celle du P. Coronelli qui est la plus detaillée que nous ayons de cet endroit n'ont aucune trace de ce nom.

CANAL DE MALTHE, Bras de Mer dans la Méditerranée, entre l'Isle de ce nom & la côte de Sicile.

CANAL DE MARIUS. Voyez au mot FOSSA l'Article FOSSA MARIANA.

CANAL DE MEROVEE. Voyez au même endroit l'Article FOSSA MEROVEI.

CANAL DE METELIN, bras de Mer dans l'Archipel au Nord de l'Isle de ce nom, il s'étend d'Occident en Orient entre cette Isle & la Natolie.

CANAL DE MYCONE, Bras de Mer entre l'Isle de Delos, ou Sdile & l'Isle de Mycone à l'Est-Nord-est de Delos. Il y a deux méchans écueils nommez par les Grecs πρασονήσοι, c'est-à-dire les Isles aux poireaux, ils sont accompagnez de quelques rochers. Ce Canal a trois milles de large du Cap ALOGOMANDRA de Mycone à la plus proche terre de Delos; mais on compte six milles du port de Mycone à celui de Delos. [b]

[b] Tournefort Voyages Lettres. 7. T. 1. p. 110.

CANAL DE LA MONTAGNE, Bras de Mer dans le Golphe de Venise, où il sépare l'Isle de Veglia de la Morlachie.

CANAL DE LA MORLACHIE, Bras de Mer dans le Golphe de Venise entre la côte de ce nom, & les Isles d'Arbé & de Pago.

CANAL DE MOSAMBIQUE, Détroit de la Mer des Indes entre l'Isle de Madagascar & le Continent d'Afrique, au Nord-est du Golphe de Sophala.

CANAL DE NEGREPONT. Voyez EURIPE.

CANAL DE NERON. Voyez au mot FOSSA, l'Article FOSSA NERONIS.

CANAL DE NOVIGRAD, petit Lac de la Dalmatie près de la Ville de Novigrad entre le Comté de Zara & celui de Licca, il est joint au Canal de la Morlachie par un détroit de même nom.

CANAL D'ORLEANS, Canal de France. Il commence environ à deux lieues de la Ville de ce nom à l'endroit nommé PORTMORANT, & après avoir traversé la Forêt d'Orleans & la plaine qui la suit, étant soutenu dans son cours qui est d'environ dix-huit lieues, par trente écluses, il vient joindre ses eaux à celles de la Riviere du Loing, à un Village appellé CEPOI, à une lieue au dessous de Montargis & cette Riviere se rend dans la Seine. Ce Canal fut commencé en 1682. & achevé & mis dans sa perfection en 1692. par les [c]

[c] Piganiol de la Force desc. de la France p. 156. T. 5.

T *

les soins de Philippe Duc d'Orleans, Pere du Regent de France. Les Entrepreneurs devoient par le Traité qu'ils avoient fait avec lui en percevoir les droits jusqu'en 1701. à la charge d'en payer par an à ce Prince la somme de quatre vingt mille livres, après quoi il devoit entrer en possession des droits & en faire aux Entrepreneurs quinze mille livres de rente fonciere assignée sur le Canal : il y a eu des années où le produit de ce Canal a monté jusqu'à cent-cinquante mille livres.

CANAL DE PAGO, Bras de Mer qui perçant la côte du Nord-est de l'Isle de Pago en forme de Golphe y forme une espece de grand Lac dans l'Isle même.

CANAL DE PIECO, Bras de Mer entre la Terre d'Yeço & l'Isle des Etats au détroit de Vries ; & au Nord du Japon.

CANAL DE PIOMBINO, Bras de Mer dans la Mediterranée entre l'Isle d'Elve & la côte de Toscane où est la Ville dont il prend le nom.

CANAL DE PTOLOMÉE, OU LE CANAL DES ROIS, Canal d'Egypte, creusé pour la communication de la Mer rouge avec le Nil : plusieurs Modernes ont cru que c'étoit le même Canal que Trajan fit reparer. C'est une erreur : ils étoient très-diferens & n'avoient rien de commun que leur entrée dans la Mer Rouge auprès d'Heroopolis & d'Arsinoé. Pline dit qu'il aboutissoit de ce côté-là auprès du *Port Daneon*, mais Strabon & Diodore de Sicile disent auprès d'Arsinoé. Peut-être n'y a-t-il point de contradiction. Aristote [a], Strabon [b], & Pline [c] disent qu'il fut commencé par Sesostris. Herodote [d] & Diodore de Sicile [e] veulent que ce soit par Necus fils de Psammetichus & petit-fils de Sesostris. Necus ne l'acheva point. Darius II. poussa si loin ce travail qu'il l'auroit vu perfectionné, si on ne lui eût fait naître la frayeur que les eaux de la Mer Rouge ne fussent plus hautes que celles de la Mer Méditerranée, & n'inondassent l'Egypte par cette ouverture. Il laissa donc l'entreprise. Ptolemée II. en vint à bout. Il y fit faire des especes d'écluses pour retenir les eaux. Diodore [f] dit qu'on pouvoit l'ouvrir & le fermer selon les ordres du Roi. Il ajoute qu'il communiquoit à l'embouchure Pelusienne, c'est-à-dire à la branche la plus Orientale du Nil. Strabon dit qu'il commençoit au Village de Phacusa. Comme ce Village étoit beaucoup plus Septentrional que la Ville de Babylone, où Ptolomée dit que commençoit le Canal de Trajan, il en faut conclure que c'étoient deux Canaux très-diferens. Strabon dit qu'il avoit cent coudées de largeur, & la profondeur suffisante pour de grands Vaisseaux. Pline lui donne soixante & deux mille pas de longueur. Il y a de l'erreur à ce Calcul, & il devoit être bien plus long. On avoit profité [g] de quelques Lacs dont les eaux étoient ameres, mais celle du Canal les corrigea, tellement qu'elles devinrent douces, & produisirent d'excellens poissons. Voyez ci-après le CANAL DE TRAJAN.

CANAL DE RHODES, Bras de Mer entre l'Isle de ce nom & le Continent d'Asie.

1. CANAL ROYAL, OU DES ROIS. Voyez le CANAL DE PTOLOMÉE.

2. CANAL ROYAL, en France, autrement CANAL DE LANGUEDOC, & même CANAL DE RIQUET, du nom de celui qui fut chargé de l'execution. [k] Ce Canal traverse la Province de Languedoc, & fait la jonction de la Mediterranée & de l'Ocean. Quelques Historiens rapportent que les Romains avoient eû plusieurs fois le dessein de cette jonction, mais ils l'abandonnerent. Ce qu'il y a de plus certain c'est qu'on y pensa du tems de Charlemagne & de François I. Sous le Regne d'Henri IV. l'an 1598. on examina ce dessein, & on trouva que l'execution en étoit possible. Le Connêtable de Montmorency fit visiter en 1604. tous les endroits où ce Canal devoit être conduit. Le Cardinal de Richelieu avoit résolu l'exécution de ce projet; mais il en fut empêché par des affaires encore plus importantes. Louïs le Grand nomma enfin des Commissaires en 1664. pour examiner de plus près la possibilité de cette grande entreprise, & sur leurs avis le Sr. Riquet, qui étoit pour lors Directeur des fermes du Languedoc, se chargea de l'éxécution de ce Canal sur le plan & les Memoires du Sr. Andreosy habile Mathématicien, qui étoit pour lors employé dans les Gabelles de cette Province. Riquet fit travailler à ce grand ouvrage depuis l'an 1666. jusqu'en 1680. qu'il fut conduit jusqu'à son entiere perfection. Il eût la gloire de l'achever avant sa mort, & laissa à ses deux fils celle d'en faire le premier essai, en 1681.

Andreossi avoit reconnu en prenant les niveaux que Nauroufe près de Castelnaudary étoit l'endroit le plus élevé qui fut entre les deux Mers. Il en fit le point de partage, & y pratiqua un bassin de 200. toises de long, sur 150. de large. C'est un des plus beaux bassins que l'on puisse voir, & où il y a en tout tems sept pieds d'eau, que l'on distribuë par le moyen d'une Ecluse du côté de l'Ocean ; & par le moyen d'une autre du côté de la Mer Mediterranée. Pour remplir ce bassin de maniere qu'il ne tarisse jamais on a construit le reservoir de Saint Ferreol à un quart de lieuë au dessous de Revel. Il a 1200. toises de longueur sur 500. de largeur, & 20. de profondeur. Il contient en sa superficie cent quatorze mille cinq-cens-soixante & treize toises. Sa figure est triangulaire, & est formée par deux Montagnes & par une grande & forte digue qui lui sert de base. Cette digue est traversée par un Aqueduc qui porte l'eau au bassin de Nauroufe.

On trouva de grandes difficultés dans l'exécution de ce magnifique ouvrage. L'inegalité du terrain, les Montagnes, les Rivieres & Torrens qui se rencontrent sur la route, sembloient rendre ce projet inutile ; mais Riquet aidé des lumieres d'Andreosy, remedia à tous ces inconveniens ; à l'inegalité du terrain par le moyen des écluses qui soutiennent l'eau dans les descentes. Il y en a 15. du côté de l'Ocean & 45. du côté de la Mediterranée. Celles qui font le plus bel effet à la vuë sont les huit que l'on voit près de Beziers, & qui font comme une Cascade d'Ecluses de 150. toises de longueur, sur onze toises de pente. Quant aux Montagnes, on les a entr'ouvertes ou percées.

a Meteorol. l.1.c.14.
b l.7.p.804.
c l.6.c.29.
d l.2.c.158.
e l.1.c.33.

f l, c.

g Strab. l. 5.

k Piganiol descr. de la France T. IV. pag. 2, & suiv.

cées. La plus confiderable eft le MALPAS. On l'a percée fur la longueur de 120. Toifes pour donner paffage au Canal, avec une banquette de quatre pieds de châque côté pour le tirage des bâteaux. On a pourvû à l'incommodité des Rivieres & des Torrens par le moyen des Ponts & des Aqueducs, fur lefquels on a fait paffer le Canal, & les Rivieres ou Torrens par deffous. On compte jufqu'à 37. de ces Aqueducs & 8. Ponts. Parmi ces derniers il y en a de fort beaux, tels que ceux de Repudre, de Trebes, de Lers &c.

Ce Canal a coûté plus de treize millions, dont le Roi a donné fix millions neuf cens vingt mille huit cens dix huit livres, & la Province fix millions foixante & dix neuf mille cent quatre vingt deux livres, y compris les deux millions qu'elle a donnés pour le Port de Sette. On auroit éviter une partie de cette depenfe par rapport à la taille qu'on a été obligé de faire dans le Roc & l'ouverture de la Montagne du Malpas, fi l'on avoit voulu joindre ce Canal à celui de Narbonne qui avoit été fait par les Romains & qui n'eft qu'à une lieuë du Canal Royal; mais Riquet étoit de Beziers, & preferant l'utilité du lieu de fa naiffance à celle de toute la Province, il priva Narbonne, Carcaffonne, & Touloufe des avantages de ce Canal.

a Memoires fur l'Etat prefent de la Chine Tom. I. p. 184.

* 3. CANAL ROYAL[a], à la Chine, autrement le GRAND CANAL: il eft ainfi nommé parce qu'il traverfe tout l'Empire depuis Canton qui eft au Midi jufqu'à la Ville de Pekin, fituée dans la partie la plus Septentrionale. On eft feulement obligé de faire une petite journée par terre pour traverfer la Montagne de Moilin qui borne la Province de Kianfi. De cette Montagne coulent deux Rivieres, dont l'une va au Sud jufqu'à la Mer, & l'autre au Nord jufques dans le Fleuve de Nankin, d'où par divers canaux & par le moyen du Fleuve Jaune, on continuë le voyage jufqu'auprès des Montagnes de Tartarie. Mais parce que dans cette étenduë de plus de 400. lieuës, les terres ne font pas égales, ou n'ont pas une pente proportionnée à l'écoulement des eaux, il a été néceffaire de pratiquer un grand nombre d'Eclufes. On les appelle ainfi dans les Relations, quoiqu'elles foient bien differentes des nôtres. Ce font des chutes d'eau & comme les Torrens qui fe précipitent d'un Canal dans un autre, plus ou moins rapides, felon la difference de leur niveau. Pour y remonter les barques, on fe fert d'un grand nombre d'hommes qui font entretenus pour cela auprès de l'Eclufe. Après avoir paffé des amarres à droite & à gauche pour faifir la barque, de maniere qu'elle ne puiffe pas échaper, ils ont plufieurs Cabeftans par le moyen defquels ils l'élévent peu à peu à force de bras, jufqu'à ce qu'elle foit dans le Canal fuperieur en état de continuer fa route. Cette manœuvre eft longue, rude & dangereufe. Ils feroient bien furpris s'ils voyoient avec quelle facilité un feul homme qui ouvre & qui ferme les portes de nos Eclufes, fait monter ou defcendre avec fureté les bâteaux les plus longs & les plus pefans. Dans quelques endroits les eaux des deux Canaux ne communiquent point; on ne laiffe pas de faire paffer les bâteaux de l'un à l'autre, quoique le niveau foit different de plus de 15. pieds. Voici de quelle maniere

Tom. II.

ils s'y prennent: A la tête du Canal fuperieur, ils ont bâti un double glacis de pierre, qui s'uniffant par la pointe, s'étend des deux côtez jufqu'à la furface de l'eau. Quand la barque eft dans le Canal inferieur, on la guinde par le moyen de plufieurs Cabeftans fur le plan du premier glacis, jufqu'à ce qu'étant élevée fur la pointe, elle retombe par fon propre poids le long du fecond glacis, dans l'eau du Canal fuperieur, où elle va durant quelque tems comme un trait. On les fait defcendre à proportion de la même maniere. Il n'y a cependant point de femblables Eclufes dans le Canal Royal parce que les barques de l'Empereur, qui font grandes comme nos vaiffeaux, n'y fauroient être élevées à force de bras, & fe briferoient infailliblement dans la chute. Toute la difficulté confifte à remonter ces grands Torrens, dont il vient d'être parlé, & c'eft ce qu'ils font avec fuccès, mais non pas fans peine & fans depenfe.

Ce chemin d'eau, comme ils l'appellent, étoit néceffaire pour le tranfport des grains & des étoffes qu'on fait venir des Provinces Meridionales à Pekin. Il y a, fi l'on en croit les Chinois, mille barques de 80. à 100. tonneaux, qui font le voyage une fois l'an, toutes chargées pour l'Empereur, fans compter celles des Particuliers dont le nombre eft infini. Quand ces prodigieufes Flottes paffent, on diroit qu'elles portent le tribut de tous les Royaumes de l'Orient, & qu'un feul de ces voyages doit fournir pour plufieurs années à la fubfiftance de la Tartarie; cependant Pekin feule en profite, & ce feroit encore peu fi la Province ne contribuoit à l'entretien des habitans de cette grande Ville.

CANAL DE SABIONCELLO, petit bras du Golphe de Venife entre l'Ifle de Meleda & la pointe de Sabioncello fur la côte de la Dalmatie. On l'appelle auffi quelquefois le CANAL DE STAGNO du nom d'une Ville Voifine.

LE CANAL DE SAINT ANTOINE, en Latin *Salepina Palus*, Lac d'Italie au Royaume de Naples dans la Capitanate près de l'Embouchure de l'Ofante vers la côte du Golphe de Venife le long de laquelle il s'étend l'efpace de dix milles; mais il n'eft gueres large.

LE CANAL DE SAINT GEORGE, les Anglois nomment ainfi cette partie de la Mer qui borne le Pays de Galles au Midi jufqu'à l'embouchure de la Saverne.

LE CANAL DE SAINTE BARBE, bras de la Mer Pacifique dans l'Amerique Septentrionale, le long de la côte Occidentale de la Californie entre ce Continent & quelques petites Ifles qui font au Nord du Port de la Converfion.

* LE CANAL DE STE. MARIE, en Latin *Foffa Eugeniana*, les Flamands le nomment DE NIEUWE GRIFFT. Canal que l'Archi-Ducheffe Ifabelle Claire-Eugenie fille de Philippe II. Roi d'Efpagne entreprit de faire creufer pour joindre le Rhin à la Meufe dans les Pays-bas dont elle étoit Gouvernante; ce travail qui commençoit à Rhinberck traverfoit les pays de Gueldres & de Cologne & aboutiffoit à Wenlo. Le deffein étoit, fi l'on eût exécuté ce projet, de le pouffer jufqu'à la Demer & delà jufqu'à l'Efcaut afin que le fer,

T* 2

le

le cuivre, le bois & les autres marchandises que produit l'Allemagne prissent cette route & arrivassent dans le Brabant au préjudice des Provinces-Unies qui par là en auroient été privées. Outre ce motif ce Canal revêtu de Fortifications devoit servir de Barriere, & empêcher la Cavalerie Hollandoise de harceler les frontieres de la Flandre, & en même temps il auroit mis à la discretion des Espagnols, les terres d'Allemagne situées en deça du Rhin. Ce dessein avoit été assez annoncé par le passage de Mansfeld qui avoit fait lever le Siége de Berg op-Zoom dans le temps à la verité que l'on avoit coupé les convois aux assiégeans, mais que pourtant la prise de la place n'étoit pas encore desesperée. Outre cela on avoit laissé échaper quelques paroles en France & en Angleterre, où l'on s'étoit vanté que l'on empêcheroit les ennemis de recevoir aucuns secours du moins par terre. Voila quel étoit le dessein qui fit entreprendre ce Canal, car rien n'est plus chimerique, que les bruits que l'on repandit alors, savoir, que le Rhin qui coule encore là dans un seul lit sans partage, pouvoit être tellement détourné dans la Meuse que les Rivieres qu'il forme en se divisant & qui étoient alors les principales Barrieres des Provinces-Unies, deviendroient guéables. Le terrain est trop inégal & raboteux pour un pareil plan, & le Canal étoit impraticable s'il n'y avoit eu que la Meuse & le Rhin pour le remplir; mais la Niers & la Wye qui se joignent à Gueldres où passoit le Canal devoient fournir les eaux pour le remplir, avec celles de quantité de ruisseaux qui arrosent le Comté de Meurs. Encore faloit-il trois Ecluses pour soutenir les eaux, sans qui elles se seroient écoulées dans le Rhin, ou dans la Meuse, & le Canal seroit demeuré à sec.

Les travaux en furent commencez le 21. Septembre 1628. On ouvrit le fossé de quatorze pieds de largeur & de profondeur, & de douze heures de chemin en longueur. Pour couvrir les travailleurs on établit vingt-quatre petits Forts, sans compter d'autres petits ouvrages: le Comte de Hetenberg, au nom du Roi d'Espagne, de la Princesse Isabelle, & du Marquis de Spinola, prit trois fois de la terre avec une pelle; le Comte d'Isembourg, tous les Officiers en firent autant à leur tour, puis tous les Soldats. Les Provinces-Unies & le Prince d'Orange ne pouvoient ignorer de quelle importance il étoit de ne pas laisser achever ce Canal. Au mois de Juin de l'année suivante on tira des Villes frontieres un corps de Cavalerie qui soutenu de plus de 400. mousquetaires s'assembla dans le territoire de Nimegue sous les ordres de Stackenbroeck. Sans perdre temps, il prit des vivres pour quelques jours avec quatre pieces de Campagne & marcha vers le Canal, prit au deuxième assaut le principal Fort, où les Espagnols perdirent quarante hommes, outre cent prisonniers, on détruisit les écluses, les puisarts, & les digues, on brûla les bois preparez pour les travaux, on renversa quelques redoutes, on reprit même un canon que les Espagnols avoient pris à Mansfeldt, puis on se retira. Les Espagnols ne se decouragerent point de ce mauvais commencement; ils reprirent le travail avec plus de vigueur & y mirent plus de trois mille pionniers: les Etats firent afficher dans le pays de Gueldres des Placards par lesquels ils menaçoient de traiter avec la derniere rigueur ceux qui contribueroient à ce travail, & mettoient tous les travailleurs à la discretion du Soldat. Les Espagnols s'embarassant peu de ces menaces continuerent l'entreprise, & à la fin de Juin l'Archiduchesse Isabelle, le Cardinal de la Queva, & le Marquis de Spinola vinrent eux-mêmes visiter les ouvrages; étant escortez de trente Escadrons & de quelques Bataillons. Au mois d'Aôut le Capitaine Wolff aiant rassemblé environ mille Mousquetaires alla insulter le Fort Royal, & aiant fait main basse sur tous ceux qui refuserent de se rendre & brûlé les baraques des travailleurs, emmena quarante prisonniers, & deux pieces de canon. Après quelques mois d'interruption on reprit le Canal entre Gueldre & Rhinberck au mois de Janvier 1628. & on l'avoit tellement avancé qu'on pouvoit déjà voir une assez belle apparence de succès. La Cavalerie des Etats fit une troisiéme irruption qui détruisit ces esperances. Mais surtout après qu'ils eurent pris Wesel, & qu'ils furent maîtres de Burick qui est vis-à-vis de Wesel du côté gauche du Rhin, le Canal étant plus exposé que jamais aux insultes de leurs Garnisons, le projet en fut entierement abandonné. On peut voir une Carte particuliere de ce Canal dans l'Atlas de Blaeu au Volume des Pays-bas. C'est plutôt le plan de ce Canal, que le Canal même qui n'a jamais été entierement exécuté comme on vient de voir. On le nomma le *Canal d'Eugenie* du nom de l'Archiduchesse qui l'avoit fait commencer; & *le Canal de Ste. Marie*, pour attirer la protection de la Ste. Vierge sur l'entreprise.

LE CANAL DE SAMO, Bras de l'Archipel entre l'Isle de Samo & la côte de Natolie.

LE CANAL DE SCIO, Bras de l'Archipel, entre la côte de la Natolie à l'Orient & l'Isle de Scio à l'Occident, il s'étend du Nord au Sud & est un peu plus large du côté du Nord où est la petite Isle de Spalmadori que du côté du Midi.

CANAL DE STAGNO, c'est le même que le CANAL DE SABIONCELLO. Voyez ci-dessus.

CANAL DE TORCOLA, petit bras du Golphe de Venise entre l'Isle de Torcola & la partie Méridionale de celle de Lesina sur les côtes de la Dalmatie.

CANAL DE LA TORTUE, petit bras de la Mer du Nord en Amerique, entre la côte Septentrionale de l'Isle de St. Domingue & l'Isle de la Tortue qui en est éloignée de deux lieues. Voyez TORTUE.

CANAL DE TRAJAN; Ptolomée [a] nous en marque le cours en nommant les deux Villes où il aboutissoit, savoir Babylone d'Egypte & Heroopolis. Il y a pourtant une dificulté, c'est que ce Canal coupé d'Occident en Orient ne pouvoit arriver à Heroopolis sans traverser le Canal Royal, ou de Ptolomée qui aboutissoit à Arsinoé; mais il y a deux solutions de cette dificulté. 1. il se peut faire que l'ancien Canal creusé par les Rois d'E-

[a] l. 4. c. 5.

d'Egypte fût comblé, lorsque Trajan fit ouvrir le sien; 2. peut-être aussi né doit-on pas prendre à la rigueur l'expression de Ptolomée & que quand il dit que le fleuve de Trajan (c'est ainsi qu'il appelle ce Canal Τραιανοῦ στόταμος) passe par cette Ville, il ne veut dire autre chose sinon qu'il touche à son territoire, & il est bien vrai-semblable que ces deux canaux se rencontroient & avoient une même communication dans la Mer rouge entre Heroopolis & Arsinoé. Ce qui avoit engagé les Rois d'Egypte à choisir un endroit de cette Mer pour commencer la continuation, peut avoir aussi porté les Entrepreneurs de Trajan à le choisir pour l'ouvrage qu'ils se proposoient.

CANAL DE WIGHT, petit Bras de Mer entre l'Isle de ce nom & la côte Meridionale d'Angleterre.

CANAL DE ZARA, petit Bras de la Mer Adriatique sur la côte de la Dalmatie entre la Ville de Zara & les Isles voisines.

§. Voyez de plus aux mots DETROIT, BRAS, FARE, FOSSA & BOSPHORE.

a Itiner.

CANALES, Antonin *a* nomme ainsi un lieu d'Italie à XXV. Mille pas d'Otrante en venant de Benevent. Ortelius s'est trompé en ne mettant que XIII. Mille pas, cette distance n'est pas celle de Canales à Otrante, mais celle de *Lupatia* à Canales.

b Itiner.

CANALICUM, lieu que le même Antonin *b* met sur la voye Aurelienne de Rome à Arles par la Toscane & les Alpes Maritimes; à douze milles de Vada Sabbatia; Simler croit que c'est CARALUPO, & Mr. Baudrand *c* croit que c'est CAIRO, Bourg du Montferrat.

c Ed. 1682.

CANALITÆ, Nation entre les Esclavons selon Cedrene & Curopalate citez par Ortelius *d*.

d Thesaur.

CANALIUM, le même que CANALICUM.

e l.3.c.13.

CANALUVII MONTES *e*, Montagnes de Grece dans la Macedoine selon Ptolomée. On doute si ces Montagnes sont diferentes des monts CAMBUNII, de Tite-Live. Voyez ce mot, & des CANDAVIÆ MONTES de Pline & de Strabon. Voyez CANDAVIA.

CANAMA, Pline met dans la Betique contrée de l'ancienne Espagne, sous le district d'Hispal, qui est Seville, un lieu nommé Canama. Mais il ne le nomme point *Municipium Flavium Canamense* *f*. Rodrigue Caro dans ses Antiquitez de Seville pretend que c'est VILLA NUEVA DEL RIO, qui est dans l'Andalousie, à sept lieues au-dessus de Seville en remontant le Guadalquivir.

f l.3.c.3. & 9.

CANAMEIRA, Cap de la Côte de Coromandel. Voyez au mot CAP.

CANANE, Ville imaginaire d'Egypte de la façon des Copistes de Mr. Corneille à qui on fait dire que Crinitus assure que cette Ville avoit été la patrie du celebre Claudien Poëte Latin; après quoi il fait un éloge de Claudien. Crinitus a écrit une Vie de ce Poëte. Elle est devant presque toutes les Editions. Il n'y a pas le moindre mot qui ressemble à Cananée. Cet Auteur dit au contraire plus d'une fois que Claudien étoit d'Alexandrie. Volaterranus a fait aussi un petit éloge de Claudien, & on le met d'ordinaire à la suite de sa Vie par Crinitus. Il y est dit que Claudien étoit né à Canope où son pere s'étoit établi pour négocier & s'y étoit marié. Le nom de Canope mal écrit a pu être changé en Cananée.

1. CANANOR, petit Royaume de la Presqu'Isle de l'Inde d'en deça du Gange, & le plus Septentrional des cinq qui composent le Malabar propre & où l'on parle la Langue Malabare, sur la côte de Malabar dans la terre ferme. D'autres le comptent au contraire comme le plus Meridional des cinq dont est composé le Royaume de Canara. Ce qui peut avoir été vrai en des temps diferens. Mr. de l'Isle dans sa Carte des Côtes de Malabar & de Coromandel, qui est la même que celle de Mr. Reland rectifiée en plusieurs choses, met Cananor dans le Canara & non pas dans les Etats du Samorin qui sont les Malabar propre. Rien n'est plus incertain que les frontieres que les frequentes guerres avancent ou reculent, de sorte qu'un pays se trouve passer d'une Domination à l'autre dans une seule Campagne. Quoi qu'il en soit *g*, ce Royaume de Cananor n'est pas grand. La Cour reside à trois ou quatre milles en remontant la Riviere de Balipatan. Ce Royaume confine à celui de Montedely, & s'étend jusqu'à Bergera. Ainsi la Ville de Cananor, & le lieu où la Cour reside sont dans le Canara, mais la plus grande partie du Royaume est dans le Malabar si les frontieres sont marquées exactement dans la Carte que j'ai citée. Cela sert à concilier les sentimens que j'ai rapportez. Le Roi ne reside point à Cananor parce que cette Ville est aux Hollandois qui l'ont ôtée aux Portugais comme je le dirai plus bas. Les forces de ce Roi consistent en un bon nombre de Soldats armés de Mousquets, il en a d'autres armez d'arcs & de fleches, d'autres qui portent la Rondache le Sabre. Ceux qu'ils portent à leur côté sont de l'épaisseur d'un pouce par le dos. Le Cananor est fort peuplé, les habitans sont pour la plûpart Mahometans ou Mores. Les principaux sont de gros Marchands qui demeurent hors du Fort, mais pourtant sous le canon, de maniere que le Fort les commande. Ils faisoient autrefois un grand trafic à Surate, à Cambaye, & sur la Mer Rouge & ils y envoyoient tous les ans vingt-cinq à trente de leurs Vaisseaux, mais leur commerce est bien tombé. Environ à deux milles de Cananor vers le Midi est un port de mer nommé Termapatan qui est enfermé d'une muraille du côté de la terre, & qui est gouverné par un Souverain particulier Mahométan. Le Roi de Cananor a encore dans ses petits Etats des revoltez qui vivent dans l'indépendance; tels sont les Corsaires de Bergera, (le même que BARGARA. Voyez ce mot) Ils sont gouvernez par des Mores, & leur milice est composée de Payens & de Mahometans. Ils ont même forcé les Malabares de Cananor à prendre d'eux des Passeports pour leurs Vaisseaux. Mr. Baudrand *h* dit que le Roi de Cananor est maître de l'Isle Malicut & de quelques autres des Maldives, avec les cinq petites Isles de Divandurou.

g Balaeus desc. des côtes de Malab. & de Corom. c. 16.

h Ed. 1705.

2. CANANOR, Ville Maritime d'Asie sur

sur la côte de Malabar, aux frontieres du Malabar & du Canara au Royaume de Cananor. Les Tables Hollandoises lui donnent 12. d. 15'. de latitude Nord. Mr. de l'Isle retranche les minutes. La latitude est de 92. d. 35'. de l'Isle de Fer. On compte de ce Port environ quarante milles à celui de Cochin qui est plus au Sud. Ce Port est large & très-sûr, & comme le pays produit en abondance du Poivre, du Cardamome, du Gingembre; des Mirobolans, des Tamarindes &c. on y trafique de tout cela. Pedro Alvares Cabral qui commandoit la seconde flote que les Portugais eurent aux Indes du temps de D. Emanuel, aiant visité le Roi de Chocin & le Samorin, debarqua aussi à Cananor, où il porta le Roi à faire un Traité avec le Portugal & à lui envoyer une Ambassade, puis ayant chargé du poivre & autres denrées du pays il se rembarqua. Almeyde Viceroi Portugais dans les Indes ayant eu permission de ce Roi Indien de commencer un établissement, bâtit une forteresse qui soutint dans la suite tout l'effort des armées de Calicut & de Cananor qu'elle brava quelque temps, & où Laurent de Britto qui en fut le commandant s'aquit une gloire immortelle. Les Portugais alors étoient maîtres de la Mer des Indes, ils avoient des Ports le long des côtes de l'Ethiopie, de l'Arabie & de l'Indoustan. La mauvaise conduite d'un de leurs Capitaines leur attira de grands maux. Il prit une barque appartenant aux Malabares de Cananor & non content de chicaner sur le Passeport, il fit jetter en Mer le maître de la barque & un homme de distinction qui y étoit. Leurs corps furent poussez sur la côte, & ayant été reconnus le peuple courut à la vengeance. Laurent de Britto tâcha en vain de les appaiser, on n'écouta rien, il fut assiégé & par des prodiges de valeur, lassa une très-nombreuse armée de Malabares tant du Cananor que du Calicut. Le Ministre Hollandois Balæus qui me fournit ces détails décrit ce Siége assez amplement & donne de grandes louanges à la bravoure des Portugais qui defendirent la place. Les Incendies & la famine mirent leur constance à l'épreuve, enfin le Siége fut levé. Mais l'an 1663. au printems la Compagnie Hollandoise s'étant emparée de Cranganor, de Cochim & de Coulan, on jugea qu'il lui étoit d'une extrême importance de se rendre aussi maîtresse de Cananor. Jaques Hustard s'y rendit avec de bonne Infanterie & des munitions de guerre & de bouche, ayant avec lui les Capitaines Pierre du Pont, Henri de Rhede & autres Officiers d'élite. Ils debarquerent & s'aprocherent de la Ville, puis de la forteresse sans trouver beaucoup de resistance. Leurs bateries étant dressées, ils commencerent à battre le Fort du côté de terre qui étoit flanqué de plusieurs bastions, car du côté de la Mer la place étoit imprenable. Les fossez du côté de terre étoient profonds & creusez avec bien du travail dans le vif des roches. Cependant après quelques jours de Siége les assiégez n'ayant aucun secours à esperer se rendirent sans capitulation. Le Ministre Balæus qui étoit dans l'armée des vainqueurs dit qu'il y prêcha le premier Sermon en action de graces pour cette conquête au mois de Fevrier 1664. Les Hollandois maîtres d'une place que les Portugais avoient si long temps possedée & fortifiée de longue main prirent de nouveaux arrangemens avec le Roi de Cananor pour la sureté & l'avantage de la Compagnie.

CANAPEYES[a], nom commun que l'on donne aux MUSOS & aux COLIMAS, Sauvages de l'Amerique Meridionale, qui habitent une contrée du Nouveau Royaume de Grenade à laquelle les Provinces de Bogota & de Tunia servent de limites du côté du Nord-Ouest. Elle est chaude & humide pour la plus grande partie, & châque année ils ont deux Etés & deux Hyvers, chacun de trois mois: le premier Eté commence au mois de Decembre & le premier Hyver au mois de Mars: le second Eté qui vient en Juin est suivi du second Hyver au mois de Septembre. Ce n'est ni le chaud ni le froid qui distingue ces saisons; ce sont seulement les pluyes qui tombent en abondance dans ces deux hyvers, au lieu que pendant les deux Etez, il y fait toujours beau temps. Il y pleut le jour fort rarement; mais souvent toute la nuit. Le Pays est montueux & arrosé dans les Vallées de beaucoup de torrents & de Rivieres qui forment plusieurs marais: il produit quantité de Vivres, mais il manque de Pâturages. Les Musos & les Colimas qui habitent ce pays étoient autrefois Anthropophages, ils sont assez bien proportionnez dans tous leurs membres; mais paresseux, & ennemis du travail. Ils avoient coutume d'aller nuds, étoient cruels & avares, & grands ivrognes. La venue des Espagnols qui les ont convertis au Christianisme, a changé leurs mœurs. Entre leurs arbres fruitiers, on en remarque un dont le tronc est rond & qui porte une espece d'Amande dont la noix a la figure d'un roignon de mouton. L'Arbre qu'ils nomment *Quaoque* donne un fruit bon à manger de la grosseur d'un œuf d'oye. Ils ont aussi des figuiers dont les figues sont fort douces & aussi grosses que des Oranges. *L'Aguapa* qui est aussi un de leurs arbres est très-dangereux. Si quelque Sauvage nud s'endort dessous, il creve, & si c'est un Européen, tout son corps s'enfle. Les bêtes de cette contrée sont certains pourceaux noiratres qui ont le nombril sur le dos, & d'autres plus petits qui diferent peu des Sangliers. Il y a aussi des cerfs, des *Guatanayas*, animaux semblables aux liévres, des chevreaux, des chevres & des brebis. On trouve dans cette même contrée des veines de divers metaux, d'or & d'argent, de cuivre & de fer, mais elles sont loin des habitations des Sauvages à cause que la terre y est basse & malsaine. On y trouve encore une certaine herbe noire avec laquelle les Sauvages teignent leurs habits. Ils vivent pour l'ordinaire de Maïs, de Pois, de Cassave & de Patates, & ont plusieurs fontaines salées dont l'eau se congele en sel. Leur pays a vingt-cinq lieues de long & treize de large & l'on n'y voit que deux Colonies d'Espagnols, l'une en la Ville de la Trinidad & l'autre en la Bourgade de la Palma.

[a] *Corn. Dict. de Laet Ind. Occid. l. 9. c. 4.*

CANAPICIUM, nom Latin du CANAVEZ.

CANAPINA, Village d'Italie dans le Patrimoine de St. Pierre à deux lieues de Viterbe. Mr. Baudrand[b] croit que c'est l'ancienne CAPENA. Voyez ce mot.

[b] *Ed. 1705.*

CAN.

a Baudrand Ed. 1705.

CANAPLES [a], Bourg de France en Picardie avec titre de Marquisat entre Amiens & Dourlens.

b Ortel. Thesaur.

CANAR [b], Promontoire d'Afrique sur la Mediterranée, dans la Mauritanie Tingitane. Antonin dans l'exemplaire de l'Itineraire qui est au Vatican écrit *Promuntorio Cannar*, & le met à.... Mille pas des six Isles & à L. Mille pas du Promontoire de Russadi. L'Edition de Bertius porte *Cannarum*, & remplit la lacune du nombre de XXX. qui est la distance de ce Cap aux six Isles.

c Descript. Generale de l'Asie pag. 553.

CANARA, Royaume d'Asie dans l'Inde en deça du Gange sur la Côte de Malabar : Davity [c] dit, que ce Pays est nommé TULIMAR, par Barbosa & par Texeira *le Royaume des Chatins*, par la raison que les Villes sont gouvernées par les Bourgeois mêmes, qui sont tous Marchands. C'est, continuë le même Auteur, aux confins de ce Royaume que les Persans & les Arabes terminent l'Indoustan ou l'Inde, puis donnent des noms particuliers aux pays qui suivent le long de la Mer seulement, car dans les terres il y a plusieurs grands Royaumes compris sous le nom general de l'Inde.

Ce pays confine, selon l'Auteur cité, du côté du Nord avec le Royaume de Cunkan ; du côté du Midi avec le Malabar & est borné à l'Occident par la Mer des Indes. Les lieux peuplez sur la Côte de Canara sont Ancola, Egorapan, Mergeu, avec un fleuve de même nom. ONOR ou HONOR, Capitale d'un Royaume ; BATICALA aussi Capitale d'un Royaume & Mayandur qui est de sa jurisdiction. Et tirant plus avant vers le Midi, Bendor, Bracelor ou Barcelor & Bacanor ; puis Carcara, Carvate, Mangalor, Mangeiron, Combata, nommée par Barbosa Cumbala, sur la frontiere du Cananor, & Cangerecora par laquelle coule une Riviere de même nom, qui sert de Confins au Malabar. Dans le Pays on trouve Garcopa assez proche d'Onor, avec son Prince sujet du Roi de Narsinge. Quelquesuns la nomment Garcopa, sur la frontiere de Goa, donnant au Roi de ce lieu les Ports de Bairu, Vera, Bacanor, Vidiperan, Mangalor &c.

Monsr. De l'Isle dans sa Carte des Côtes de Malabar & de Coromandel, borne le Royaume de Canara du côté du Septentrion par celui de Visapour, & plus particulierement à la Riviere d'Aliga sur laquelle se trouve Ancola vers son embouchure ; du côté du Midi ses bornes sont un peu au-dessous & au Midi de la Ville de Cananor : il lui donne les Montagnes de Gate à l'Orient, & la Mer de Malabar ou des Indes au Couchant. De cette maniere le Royaume de Canara en comprend quatre autres qui sont ceux de

Onor,   Bandel &
Batecala,   Cananor.

Les principales Villes & Comptoirs le long de la Côte en tirant du Septentrion au Midi sont

ONOR,   } Capitales des Royaumes de
BATECALA, } même nom
Barcelor, où est une loge Hollandoise.

CAN.

Moresfort, Forteresse aux Hollandois.
Mangalor,
Le Fort des *Malabares*,
Le Fort de *Calbara*,
Le Fort de *Rani*, &
CANANOR, Capitale du Royaume de même nom.

Dans les terres on trouve

Gorcopa,
Cogoulin,
BEDNOUR, Capitale du Royaume de BANDEL,
Mangale.

d Davity Ibidem.

[d] Le pays abonde surtout en ris noir, dont plusieurs navires se chargent. Il est meilleur & plus sain que le blanc que l'on vend volontiers au menu peuple. Les palmes y croissent à plaisir autour des Rivages. Il y a des fruits en quantité & quelque Betail. Il s'y trouve aussi du poivre.

Les habitans de ce Pays sont de couleur noire ou brune. Les femmes y enfantent sans grand travail, sans aide de sage-femme ou d'autre personne. Elles lavent leurs enfans dans l'eau froide aussi-tôt qu'ils sont néz, elles les élevent tout nuds, & ne les nétoyent qu'avec de l'eau froide, ce qui fait qu'ils sont ordinairement robustes & alertes. Plusieurs d'entr'eux vivent jusqu'à cent ans sans avoir été malades ni perdu aucune dent. Ils se hazardent sur les Rivieres dans des Almadies ou petites barques faites d'une seule piéce de bois creusé au milieu, qui pouvant à peine tenir un homme, sont sujettes à être renversées par le moindre vent ; mais le Canarin est habile à nager, il échappe non seulement du danger, mais encore remettant sa barque en premier état, il la vuide de l'eau qu'elle a prise, se remet dedans, & achéve ainsi son voyage. Le menu peuple s'entretient si mal, que la plupart d'entr'eux sont maigres, secs, sans force ni courage, & sont si miserables qu'ils se jetteroient dans le feu pour avoir à manger.

Tous les habitans des Villes sont Marchands, mais ceux des Villages, qui sont nommez Canarins & Corumbins vacquent à l'Agriculture, & à la Pêche, & entretiennent les palmes d'Inde qui portent le Cocos. Il y en a parmi eux qui n'ont d'autre métier que de laver le linge ; on les appelle *Maynates*. D'autres sont nommez *Patamates* : ce sont des messagers par terre en tems d'hyver lorsque la navigation est trop dangereuse.

Ce menu peuple se tient dans des maisonnettes couvertes de chaume, dont l'entrée est si basse, qu'il n'est pas possible qu'un homme y passe tout droit : leurs meubles sont, une natte étenduë par terre pour y coucher, un creux qui leur sert pour y battre le ris & un pot ou deux pour le cuire. Ce sont les plus miserables de tous les Indiens ; ils ne mangent gueres que du ris, & s'abstiennent de chair de vache, de bœuf, de buffle, & de porc. Leur coutume est de garder quelques cheveux sur le sommet de la tête, rasant tout le reste. Leurs enfans vont tout nuds jusqu'à l'âge de huit ans ; depuis ce tems-là ils commencent à se couvrir les parties

parties naturelles de quelque piéce de drap; & les femmes ceignent leur corps d'un linge qui leur pend jusqu'aux cuisses, en portant une partie retroussée sur l'épaule.

Ils observent en leurs mariages les mêmes cerémonies que les Decanins & les Cunkanins. Le mari étant mort, son corps est consumé par le feu. La femme se contente, en témoignage de grand deuil, de couper ses cheveux, & de rompre tous ses ornemens & atours qui sont de peu de valeur n'étant que de verre. Leur langage est different de celui de Decan & de Goa. La Religion est la même que celle des Decanins. Il se fait à Garcopa près d'Onor une grande procession à laquelle viennent plusieurs Canarins. L'on y porte une Pagode sur un Char, devant lequel marchent plusieurs Baladines & Chanteuses, qui gagnent de la prostitution de leur corps l'entretien de la Pagode; & plusieurs se mettent sous les rouës pour être brisez.

* CANARANE, Royaume des Indes, avec une Capitale de même nom de laquelle Vincent le Blanc dit des merveilles. Mrs. Sanson dans leur Carte d'une partie de l'Inde au delà du Gange marquent cette Ville sur la même Riviere qui coule plus bas à Pegu presque à distance égale de Pegu & de la Ville d'Ava qu'ils placent sur une Riviere plus Orientale au lieu que c'est tout le contraire. Rien n'est moins exact que l'Asie de ces Messieurs & l'on peut leur reprocher de n'avoir pas assez profité des nouvelles découvertes que les Missionnaires Jesuites ont faites dans cette partie de l'Univers. Mr. de l'Isle qui en a fait un docte & judicieux usage n'a eu garde de barbouiller ses Cartes des raports chimeriques de Vincent le Blanc. Aussi ne trouve-t-on dans la sienne ni Ville ni Royaume de Canarane.

CANARIA, c'est-à-dire, l'ISLE AUX CHIENS. Pline [a] nomme ainsi une des Isles fortunées, voisine de celle qu'il nomme *Nivaria*. Il ajoute que l'Isle Canaria a été ainsi nommée à cause de la multitude de grands chiens dont elle étoit peuplée & dont deux furent presentez au Roi Juba. On y voioit de son temps des restes d'Edifices; cette Isle que l'on sait être presentement la grande Canarie voisine de l'Isle de *Teneriffe*, qui est la *Nivaria* de Pline, est la seule qui ait conservé l'ancien nom qu'elle a donné à toutes les autres, on ne les appelle plus les Isles fortunées, mais les Canaries. Voyez aux Articles ISLES FORTUNE'ES & CANARIES, leur état ancien & moderne.

[a] l. 6. c. 32.

CANARIE (la) Isle de l'Océan Atlantique au voisinage de l'Afrique. C'est la même dont j'ai parlé dans l'article precedent. Cette Isle comme je viens de dire fut ainsi nommée selon Pline [b] à cause de la grande quantité de chiens que l'on y trouvoit & qui étoient d'une grosseur étonante [c]. Ainsi elle a retenu son ancien nom & l'a communiqué par la suite des tems aux autres Isles voisines, dont elle est la plus Méridionale, la plus grande, & la plus riche. Elle fut découverte en 1483. par Pierre de Vera Espagnol. Son circuit est de 40. lieuës, & sa Capitale s'appelle aussi *Canarie*; ses autres Villes s'appellent *Gualdera* Galder; & *Gnia*, Guia. [d] Outre les vins renommez

[b] Hist. l. VI. cap. 32.
[c] Jo. Luys. Introd. ad Geog. Sect. IV. cap. 14.
[d] Dampier Voy. aux

qu'elle produit en quantité & auxquels elle donne le nom, il y a aussi une grande abondance de grains, comme Froment, Orge, Maïz, & on en transporte souvent ailleurs; il y a des féves, des poix, des coches: ces derniers sont une sorte de Grain, qui ressemble beaucoup au Maïz, & dont on engraisse les terres. On y trouve des Pommes, des Poires, des Prunes, des Cerises, d'excellentes Pêches, des Abricots, des Guavas, des Grenades, des Papahs, des Citrons, des Oranges, de deux sortes de Limons, des Courges, les meilleurs Oignons du monde, des Choux, des Navets, des Patates &c. On y a bonne provision de Chevaux, de Vaches, d'Anes, de Mules, de Brebis, de Chevres, de Cochons, de Lapins & quantité de Bêtes fauves. Enfin il y a quantité de Volaille & de Gibier; des Poules, des Canards, des Pigeons, des Perdrix &c.

CANARIE [e], c'est ainsi que les Etrangers appellent la Ville Capitale de l'Isle de la Grande Canarie. Les gens du pays la nomment CIUDAD DE PALMAS, *la Ville des Palmes*; elle est située au Sud-quart-Sud-Ouest de l'Isle & à une lieuë & demie de la rade, & defendue d'un assez méchant Château [f]. Le Mouillage est très-bon en ce lieu-là, pourvû qu'on ne s'approche pas trop près de la Ville, dont des rochers cachez sous l'eau rendent l'accès dangereux. Elle est defenduë d'un Château situé sur une Montagne, contre l'insulte qu'elle pourroit recevoir des Vaisseaux qui voudroient l'attaquer. Elle est peuplée d'environ douze mille Insulaires très-braves & capables de repousser quiconque oseroit les insulter. On mouille à 18. brasses d'eau devant la Ville. Son enceinte est de près d'une lieuë de tour. La plupart des Maisons y sont assez bien bâties, mais basses, n'ayant que deux étages. Elles sont toutes en terrasses par dessus, de sorte que le toit n'en paroissant point on diroit que ce sont des maisons brûlées. Pendant le jour on ne voit presque personne dans les ruës.

[e] Jo. Luys. Introd. ad Geog. Sect. IV. cap. 14.
[f] Voy. du Sr. le Maire p. 30.

Quoique l'Evêque, le Gouverneur & les Gens de qualité fassent leur residence à Teneriffe, c'est néanmoins dans cette Capitale qu'est le Siége Episcopal Suffragant de Seville; le Tribunal de l'Inquisition & le Souverain Conseil qui est comme le Parlement des sept Isles. On y voit quatre Maisons Religieuses, savoir, une de Dominicains & une de Franciscains: les deux autres sont de Bernardines & de Recollettes.

Les ISLES CANARIES [g] ne diferent point, suivant le sentiment des plus célébres & des plus savans Géographes, des Isles Fortunées que Ptolomée & Pline ont décrit; bien que Ptolomée ne les place pas assez vers le Nord, car il ne met celle qui en aproche le plus qu'à 16. degrez de latitude Septentrionale, quoique pourtant elles s'étendent jusques aux 30. degrez. Il y en a qui veulent que ces Isles Fortunées soient les mêmes que celles du Cap Verd, n'ayant égard qu'à l'élévation du Pole qui leur est attribuée.

[g] Dapper Desc. des Isles de l'Afrique p. 502.

Les Isles Canaries, ont été ainsi nommées par les Espagnols, à ce que quelques-uns assurent, à cause de l'Isle Canarie qui est la plus grande & la plus considerable de toutes, & celle-ci tient son nom de la grande quantité de

Chiens

Chiens ; qu'ils y trouverent quand ils en firent la premiere découverte (car *Can* en Espagnol signifie un chien) ; & cependant le nom de Canarie a été connu long tems auparavant par Pline & par Ptolomée. Les Mores de la Barbarie les nomment *Elbard* à cause de la Montagne ou Pic de Teneriffe qui est une de ses Isles.

Abulfeda, Ulug Beigh, & autres Géographes Arabes sont du même sentiment que les Grecs & les Latins, & les appellent en Arabe *Jazair Alchaledat* c'est-à-dire, Isles heureuses ou Fortunées.

Ptolomée les fait monter au nombre de six. A present on en compte communément sept, qui sont l'Isle de *Palme*, celles de *Fer*, *Gomere*, *Teneriffe*, la grande *Canarie*, *Fuerteventura*, & *Lancerote* ; quelques-uns, comme Purchas, y ajoutent quelques petites Isles, dont les noms sont *Lobos*, *Roca*, *Graciosa*, *Santa Clara*, *Alegrança*. Ortelius donne encore à celles-là une Isle qu'il appelle *Seluaja* ou la deserte, qu'il dit être la plus Septentrionale de toutes, & qu'il place au même rang que celle d'Alegrança ; & ajoute de plus l'Isle de Graciosa & de Coro, que Thevet nomme l'Isle des Cerfs. Mais toutes ces petites Isles sont de si peu de conséquence, qu'il y en a plusieurs qui ne les nomment pas & qui ne font mention que des sept premieres.

Ces Isles Canaries (dont Lancerote, Fuerteventura, la grande Canarie & Teneriffe sont les principales) sont situées entre le 26. dégré 30. minutes & le 29. degré 30. minutes de latitude Septentrionale, tout vis-à-vis du Cap de Non au Royaume de Maroc, à 70. ou 80. lieuës de la Terre ferme de la Barbarie, & à neuf ou dix lieuës l'une de l'autre. Elles sont à la file l'une de l'autre, presque de l'Est à l'Ouest.

Ces Isles avoient bien été connuës des Anciens plusieurs siécles auparavant, du temps de Pline, de Mela & de Strabon, mais elles furent negligées ensuite jusques à l'an 1405. que Jean Roi de Castille ceda tout le droit qu'il avoit sur ces Isles à un Gentilhomme François Natif du Pays de Caux en Normandie, appellé Jean de Betancour, & l'envoia, après qu'il l'eût pourvû de toutes les munitions necessaires pour l'exécution de cette entreprise, à la conquête de ces Isles. Celui-ci s'empara en y abordant du Port de Lancerote du Château, & après y avoir bâti le Cloître de S. François & une Eglise, il s'en retourna en Espagne, où suivant Gramaye il remit son droit à Diego de Herrera pour une certaine somme d'argent : celui-ci se rendit maître de l'Isle de Fortaventure, à qui il donna ce nom en l'honneur de St. Bonaventure, à cause qu'il y fit une descente pour la premiere fois le jour de la fête de ce Saint. Mais Sanut raporte que Betancour en abordant aux Isles de Lancerote & de Fortaventure en prit possession avec le consentement de la Reine de Castille, & que ses Heritiers les vendirent après sa mort au Roi Jean lors qu'il étoit encore jeune. Gramaye assûre encore que Diego de Herrera se rendit aussi maître des Isles de Fer & de Gomere, & qu'après qu'il eût inutilement tenté de s'emparer des autres, n'ayant pas pu réüssir dans son

Tom. II.

dessein, il vendit son droit au Roi Ferdinand, qui se rendit à force ouverte Maître de la grande Canarie après un Combat opiniâtré de part & d'autre contre les Insulaires. Alfonse & Bartelt de Lugo y étant ensuite envoyez l'an 1512. y conquirent l'Isle de Fer, quatre ans auparavant ils s'étoient emparez de celle de Palme. Sanut au contraire raconte que Gomere & l'Isle de Fer furent découvertes par Ferdinand Dorias & les trois autres, savoir la grande Canarie, l'Isle de Palme & Teneriffe par Alfonse de Lugo & Pierre de Vera Gentilhomme de Xéres, & que toutes cinq furent conquises par le commandement du Roi Ferdinand & de la Reine Isabelle, savoir Palme & Teneriffe par Alfonse de Lugo, & les trois autres par Pierre de Vera & Michel de Moxica.

Si l'on fait quelque attention sur la nature & la qualité de ces Isles en général, on trouvera qu'eu égard à leur situation, n'étant pas éloignées du tropique du Cancer, elles doivent être exposées à une grande ardeur du Soleil, comme même la saison de la recolte le témoigne assez, puis qu'elle y est si avancée qu'on la fait ordinairement aux mois de Mars & d'Avril. Le terroir y est également bon par tout & fort fertile, mais elles sont surtout fameuses par cet excellent vin de Canarie que l'on porte par tout le monde, & que l'on estime tant. Il n'y avoit auparavant, suivant Sanut, qu'une seule Isle qui raportât du vin & du bled, mais elles produisent toutes à present de tout ce qu'on peut souhaiter pour la vie de l'homme. Il y croit de plusieurs sortes de grains, & sur tout de l'orge en grande abondance. On y trouve de plusieurs fruits, principalement des Figues, des Oranges, des Grenades, des Citrons, des Pêches, & plusieurs autres ; outre beaucoup de Cannes à sucre, de Palmiers & de Papiers qui croissent au bord des Rivierès. L'eau y est à proportion moins bonne que le reste ; mais on y remedie en la mettant dans des vases qui ont la figure de mortiers & faits d'une pierre extremement poreuse, au travers de laquelle elle se filtre, de maniere qu'en se purifiant elle se rafraichit & devient très-bonne. L'usage de ces pierres a passé jusqu'en Hollande & surtout à Amsterdam, où l'on n'a point d'autre eau douce que celle de pluie que les toits reçoivent & qui coulent dans les citernes par des goutieres.

Il y croit aussi fort copieusement d'une certaine plante appellée communément *Orisélle*, que la plûpart des Herboristes tiennent être la même que le Phalaris de Dioscoride, & que Dalechamp sur Pline prend pour la seconde espece d'orge de Théophraste. Les habitans du païs cultivent & recueillent avec beaucoup de soin cette semence pour la nourriture des Serins de Canarie, cependant elle croit avec beaucoup de facilité quand on la transporte, & dans la Hollande & dans les autres lieux de l'Europe. On y trouve aussi d'une certaine Gomme noire ou poix, qu'ils appellent Bray, dont il y a en grande quantité, sur tout dans l'Isle Teneriffe, qu'ils tirent des Pins en cette maniere ; ils coupent & fendent ces Arbres en buches & en morceaux, jusques à ce qu'ils en ayent dix ou douze Chariots pleins, & mettent ensuite ces buches en Croix l'une sur l'autre au-dessus d'un

V *   creux

creux raisonnablement grand & profond, où la poix vient à couler par la chaleur du feu, qu'on commence d'allumer par en haut. Il y en a d'autres qui creufent feulement tout autour de l'Arbre & y mettent enfuite le feu. On y trouve auffi beaucoup de miel & de la Cire.

Il y a une affez grande quantité de bétail, comme des bœufs, des Chévres, des Anes Sauvages, des Chévreuils, & de plufieurs fortes d'oifeaux & principalement des Serins qui chantent fort agreablement, & qu'on nous apporte de ce pays-là, bien que ceux que nous avons ici en produifent d'autres.

La Mer nourrit autour de ces Ifles beaucoup de poiffon, & furtout des Eturgeons, dont la chair fert de nourriture aux pauvres. Toutes ces Ifles ont auffi plufieurs marais & foffez, où l'eau de la Mer fe vient répandre quand la marée eft haute, & cette eau fe change enfuite peu à peu en fel par la chaleur du Soleil.

Les habitans de ces Ifles font des gens robuftes, forts & puiffans, ni blancs ni noirs, mais d'une couleur brune & bafanée, ils ont le nez plat & large, l'efprit vif & fubtil, font fort courageux & ont beaucoup de penchant à la guerre. Il y refte fort peu des anciens Barbares & Sauvages habitans de ces Ifles, & ceux qui y font encore, appellez GUANCHAS par les Efpagnols fe font conformez aux mœurs & à la maniere de vivre de ces derniers, & ont quité leur naturel farouche & groffier. Ils parlent peu & fort doucement, prononcent les mots entre les dents & les lévres, & font de grands mangeurs, puis qu'il y en a qui mangeroient fans s'incommoder vingt lapins & un bouc entier dans un repas. Ils parlent tous, outre les divers langages du païs, fort bon Efpagnol. Ces Ifles appartiennent à l'Efpagne qui n'y foufre point d'autre Religion que la Catholique. Quelques-uns des anciens habitans ne voulant pas fe foumettre fe retirerent dans les Montagnes ; mais ils font prefentement diffipez & tout eft foumis. Les Marchandifes qu'on en apporte & qui font la richeffe des habitans font des vins, des peaux de Bouc, des Sucres &c.

§. Je ne puis m'empêcher de faire ici une remarque. Le Sr. Martineau du Pleffis a publié autrefois un Abregé de Géographie, intitulé *Nouvelle Géographie ou Defcription exaĉte de l'Univers tirée des meilleurs Auteurs, tant anciens que modernes. In 12. Amfterdam 1700. 3. Volumes.* Mr. l'Abbé Lenglet du Fresnoy jugea à propos douze ans après de publier cet Ouvrage avec un Difcours préliminaire, une lifte de Cartes, & d'Auteurs, & y ajouta une Géographie ancienne tirée en partie des Paralléles du Pere Briet. Quoi que cet Ouvrage foit éloigné de la perfeĉtion, [a] le P. le Long juge que *c'eft la Géographie la plus exaĉte qui ait paru jufqu'à prefent.* A l'occafion des Canaries dont on y marque à peu près la jufte pofition, on lit dans ce livre [b] ces paroles qui m'ont furpris. *Cette pofition ne s'accorde pas avec celle de Ptolomée qui place ces Ifles fous un même Meridien & entre le 10. & le 16. degrez de latitude. Mais il ne s'en faut pas étonner.* PTOLOMÉE ÉTOIT UN FORT MÉ-

[a] Bibl’oth. Hift. de la France n. 163.

[b] Edit. de Paris T. 3. p. 126.

CHANT GÉOGRAPHE ET PEU EXACT DANS LA POSITION DES LIEUX. Je m'étonne qu'il foit échapé à cet Abbé qui a du favoir de traiter Ptolomée de *fort mauvais Géographe.* Il lui feroit mille fois plus pardonnable d'ignorer qu'il y a eu un Ptolomée, que de le connoître fi mal. Mr. Caffini grand Aftronome auffi bien que grand Géographe & par là Juge très-compétent du merite de Ptolomée, en parle plus avantageufement & dit [c] dans fes *Obfervations fur la longitude & la latitude de Marfeille*, que les Tables Géographiques de cet Auteur font le plus beau monument qui refte de la Géographie ancienne. Mr. de l'Ifle le plus favant Géographe qu'ait produit la France, n'en parle jamais qu'avec eftime, lors même qu'il en relève les fautes. J'ofe ajouter que c'eft le feul des Anciens qui ait traité fa matiére en Géographe, tous les autres comme Strabon, Paufanias &c. l'ont traitée en Hiftoriens. La plupart n'ont écrit que des Periples ou Defcriptions des côtes. Le feul Ptolomée a confulté le Ciel pour déterminer les pofitions. Toutes ne font pas juftes, il eft vrai, mais notez que les lettres qui lui tiennent lieu de chifres, ont pû être alterées, il n'avoit pas tout vû par fes yeux, il a pu être trompé par de faux Mémoires, ou par les prejugez de fon fiécle. Il n'arrive que trop fouvent qu'un très-habile homme entraîné par le fentiment de ceux qui l'ont precedé, tombe dans une erreur que le temps corrige. Il la trouve établie ; & la fuit fans aucun foupçon. Perfonne ne s'eft avifé de traiter de mauvais Géographes Meffieurs Sanfon, fous pretexte que dans leurs Cartes la côte Orientale de la Chine eft de fept cens quatre-vingt lieues marines [d] plus éloignée du premier Meridien qu'elle ne l'eft effectivement ; ou parce qu'ils font la Mer Méditerranée exceffivement large entre la Sicile, & l'Afrique, ou parce qu'ils fupofent que la Californie eft une Ifle jufqu'à en marquer les côtes du Nord qui font chimeriques : ces fautes font grandes, puis qu'elles donnent de fauffes idées des lieux que les Cartes doivent reprefenter ; mais Meff. Sanfon tout habiles Géographes qu'ils étoient les ont commifes parce que c'étoit le prejugé de leur fiécle, & des precedens. Nous ferions encore dans les mêmes erreurs, fi les obfervations Aftronomiques & le témoignage des Voyageurs favans & exaĉts ne nous avoient pas defabufez. Si je choifis Meff. Sanfon pour exemple, ce n'eft pas par une demangeaifon de les blâmer, c'eft parce que Mr. l'Abbé Lenglet convient avec toute la Republique des Lettres, que ce font des Géographes très-habiles. Il faut donc qu'il avoue auffi que Ptolomée n'a pas été un très-mechant Géographe parce qu'il fe trouve des pofitions fauffes dans fes Tables. Mrs. Sanfon eux-mêmes ont repliqué d'avance à ce Jugement rigoureux. Ils déclarent dans leur Introduction à la Géographie [e] que les Cartes dreffées fur les Relations font faites fur la bonne foi Edit. fol.

[c] Mem. de l'Acad. Royale des Sciences an. 1692.

[d] *De 30. au degré.

[e] 1. part. l. 4. c. 4. §. 5.

foi de ceux qui voiagent & que les Géographes ne font pas responsables de la négligence de quelques-uns d'entre les Voyageurs, du peu de capacité de plusieurs & de l'ignorance de la plupart des autres. Cette regle qui est très-conforme à l'équité, doit sans doute retenir ceux qui voudroient mepriser les efforts des anciens Géographes fous pretexte des fautes que l'on apperçoit dans leurs Ecrits. Jouïssons des lumieres de notre Siécle qui nous mettent en état de connoître & de corriger ces fautes, & profitons avec gratitude des excellentes choses que nous fourniffent ces mêmes Anciens dont les livres nous inftruifent utilement. Au reste si je refute ainsi Mr. Lenglet du Frenoi, ce n'est point par aucune vûe de passion. Mais j'ai craint que la reputation qu'il s'est faite par ses ouvrages, appuiant un jugement peu équitable, son autorité ne fervît à détourner les Jeunes gens d'une lecture qui est non seulement utile, mais même necessaire à ceux qui veulent s'adonner à l'Etude de la Géographie, & surtout de la Géographie ancienne sans laquelle les anciens Hiftoriens ne sauroient être lus avec plaisir & avec fruit. La paresse des jeunes gens s'accommode aisément d'une autorité qui les dispense de feuilleter un Auteur Grec dont ils supposent qu'ils ne tireroient aucun avantage.

CANARII, ancien Peuple d'Afrique vers le mont Atlas. On les nommoit ainsi parce qu'ils mangeoient des chiens, selon Pline [a].

a l. 5. c. 1.

1. CANAS, Ville d'Asie dans la Lycie, selon Pline [b], en Grec Κανᾶς au genitif τοῦ Κανοῦ. Cette Ville a été épiscopale. Une des Notices imprimées après la Géographie sacrée du P. Charles de St. Paul [c], met pour le XV. Siége de la Lycie *Cani*, ὁ Κανοῦ. Une autre du même Recueil [d] met au 16. Rang *Canni* sive *Acalia* ὁ Κανοῦ ἤτοι τῆς Ἀκαλίας. Une autre 'Notice au Recueil de Schelftrate [e] porte *Canni seu Alcea*, & enfin une quatriéme [f] porte Κανῦος, Caunus. Ptolomée met aussi *Caunus* dans la Lycie.

b l. 5. c. 27.
c Ed. Amsterd. fol. p. 14. & 15.
d p. 38. & 39.
e T. 2. p. 677.
f Ibid. p. 705.

2. CANAS, Sauvages de l'Amerique Meridionale, au Perou: ils y habitent une contrée entre Cuſco & le Lac Titicaca, au Sud-eſt de Cuſco. [g] Leurs Bourgades font HATUN CANA, qui est selon Herrera à côté du Chemin Royal & à deux lieuesd'Ayaviri, CACHA où leurs Rois ont un Palais, CUICANA, HORURO &c. quoi qu'il fasse un peu froid dans leur Pays aussi bien que dans celui des Canches leurs Voisins ils abondent en toutes sortes de grains & en brebis. Mr. de l'Ifle regarde les Canas & les Canches comme deux noms d'un même Peuple.

g Corn. Dict. de Laet Ind. Occid. l. 11. c. 2.

CANASIDA, Ville d'Asie dans la Carmanie au bord de la Mer, selon Arrien [h].

h In Indicis.

CANASTEL, ancienne Peuplade d'Afrique en Barbarie au Royaume de Tremecen [i]. Elle est parmi les Jardins & des Vergers à trois lieues d'Oran vers le Levant. Sur le haut d'un Roc est la Forterefle de BALAA de laquelle je parle en son lieu. Ces peuples avoient payé tribut aux Espagnols qui possedoient Oran, principalement sous le gouvernement de Martin de Cordoue Comte d'Al-

i Marmol.

caudete, mais comme ils favorisèrent Mahamet Bey & Mami Arraez qui étoient venus attaquer Oran, le Comte les fit saccager & prendre tous esclaves après que le siége fut levé. Leurs vergers produisent beaucoup d'*Alegna* qui est un bois rouge & le principal trafic des habitans.

CANASTRA. Voiez CUALADRA.

CANASTRÆUM PROMONTORIUM, Cap de la Macedoine dans la Paraxie; c'est-à-dire du Pays auprès du fleuve Axius, selon Ptolomée [k]; qui lui donne à peu près la même Latitude qu'à l'Iſle de Scyros qui est à l'Orient de ce Cap. Etienne le Géographe en parle auffi & le nomme CANASTRON. Les Interprètes de Ptolomée le nomment CANISTRO.

k l. 3. c. 13.

CANATH [1], Ville de la Palestine dans la Tribu de Manaffé au delà du Jourdain. Elle prit le nom de NOBE [m], depuis qu'un Iſraëlite nommé Nobé en eut fait la conquête. Mais elle est toutefois plus connue sous celui de Canath. Eusebe dit qu'elle est dans la Trachonite aux environs de Bozra. Et par consequent elle ne doit pas être diferente de CANATUA, Ville d'Asie dans la Cœlefyrie selon Ptolomée [n]. Pline [o] la met dans la Decapole, ce qui revient au même. C'est elle aussi de laquelle parle Josephe au premier livre [p] de la guerre des Juifs.

[1] D. Calmet Dict.
m Nombr. c. 32. v. 42.
n l. 5. c. 15.
o l. 5. c. 18.
p c. 14.

CANATHRA, Ifle de la Mer des Indes auprès & à l'Orient de la partie Septentrionale de l'Iſle Taprobane, selon Ptolomée [q].

q l. 7. c. 4.

CANAUGE ou CANOGE, Ville d'Asie dans les Indes. Elle est la Capitale de la Province ou pays des Muſulmans aux Indes, selon Ben Alvard, qui est le même que Binalouardy mort en 1358. dont la Géographie écrite en Arabe a pour titre *Kharidat alagyaib*, c'est-à-dire *perle admirable*. Cet Auteur donne à cette Ville 115. d. 50'. de Longitude & 26. d. 35'. de Latitude Septentrionale. Quelques Géographes Orientaux y ont placé leur premier Méridien: j'ai remarqué la même chose de la Ville d'ARIM.

CANAUNA, contrée de l'Arabie heureufe, selon Pline [r].

r l. 6. c. 28.

CANAVEZ ou CANAVOIS, en Latin CANOPICIUM, pays d'Italie dans le Piémont, le long de la Doria-Balthéa grande Riviere qui le traverse du Nord-Nord-Ouest au Sud-Sud-eft. Il est borné au Nord par le Duché d'Aouste, au Levant par la Seigneurie de Verceil; au Midi par le Montferrat & par le Pô, au Couchant par la Province de Turin, & non pas le long de la petite Doire, comme le dit Mr. Baudrand, mais par une ligne conduite le long des Montagnes depuis la source de la petite Riviere de Malon à l'Ouest de Valperga jusqu'à la Riviere de l'Oreo au-dessus de Novafco. Ce pays est le même que la Province d'Ivrée. On l'appelloit autrefois le Marquifat d'Ivrée; Mr. Baudrand est injufte de se plaindre de ce que Mrs. Sanfon dans leurs Cartes suppriment le nom présent pour y mettre celui-ci dont il n'est plus question depuis plus de IV. Siécles; car dans toutes les Cartes de ces Messieurs tant en grand qu'en petit, celles que je poſſede ont le nom

CAN.

nom de Canavez en grosses lettres capitales & le nom de Marquisat d'Ivrée n'y est qu'en caractere plus menu. Quoiqu'il en soit, le Canavez, & la Province d'Ivrée, sont un même pays, mais il n'est pas sûr que l'ancien Marquisat d'Ivrée eût précisément les mêmes bornes. Je parle de ce Marquisat d'Ivrée à l'Article de la Capitale. Voiez IVRÉE.

CANBIANO, Mr. Corneille met une Ville & une Riviere de ce nom au Duché d'Urbin. On y a laissé glisser un b. pour un t. Il falloit écrire CANTIANO.

a Jasson côtes de France p. 5.

CANCALE [a], Ville de France dans la haute Bretagne, au bord de la Mer, à l'Orient de St. Malo, avec une rade où l'on peut mouiller sur sept à huit brasses d'eau, fonds de sable; outre la rade qui est fort bonne, il y a un petit havre. Cancalle est toujours bien fourni d'huitres, dont Mr. Corneille [b] a fait des truites. On dit en Proverbe dans les contrées voisines : il faut l'envoyer à Cancalle manger des huitres, pour dire : il faut l'envoyer promener. Mr. Baudrand [c] ne s'y est pas trompé. Quelques-uns nomment BAYE DE CANCALE le Golphe où finit la côte de Normandie & où commence celle de Bretagne : au fond duquel est le mont St. Michel ; ils terminent cette Baye par une ligne tirée de Granville à Cancale.

b Dict.

c Ed. 1705.

CANCE [d], Riviere de France dans le Vivarais, où elle reçoit la Deume avec laquelle elle va se perdre dans le Rhone au-dessous d'Andance : cette Riviere est nommée CANSSOR dans les Cartes de Mr. Sanson.

d Corn. Dict. Davity Languedoc.

CANUEAU, Port, Baye, & passage sur la côte de la nouvelle France, le même que CAMPSEAUX.

CANCHE [e], Riviere de France en Picardie. Elle a sa source en Artois au Village de Magnicourt sur Canche, d'où elle coule quelque temps vers le Midi & circulant vers l'Occident elle remonte vers le Couchant Septentrional, passe au vieux Hedin qu'elle laisse à gauche, traverse Hedin, puis reçoit la Ternoise : elle se charge encore en chemin de plusieurs autres Rivieres qui viennent de Fressin, de Crequi, &c. passe à Beaurainvile, & à Montreuil, puis à Etaples, où elle forme un port.

e De l'Isle Carte de l'Artois.

CANCHES, Sauvages de l'Amerique Meridionale dans une Contrée voisine de Cusco dans le Perou. [f] Ils sont d'un doux naturel, industrieux & ennemis de la tromperie. Le travail ne les rebute point, & ce sont eux qui ont creusé les mines de ce Pays-là. Ces peuples sont riches en brebis du Perou. Leur terroir est fertile en froment, en maïs, abondant en divers oiseaux, sur tout en perdrix & leurs Rivieres sont poissonneuses. Voiez ce que je remarque au mot CANAS.

f De Laet Ind. Occid. l. 11. c. 2.

CANCHEU. Voiez CANTCHEOU.

CANCHLEI, peuple qui confinoit à l'Arabie petrée du côté de l'Orient selon Pline. Le R. P. Hardouin croit que c'est le même peuple que l'Ecriture Sainte nomme les Amalecites.

CANCON [g], Bourg de France dans l'Agenois sur la petite Riviere de Toulzat qui tombant dans la Canaule se jette dans la Garonne au dessous de Toneins. Ce Bourg

g De l'Isle Atlas.

CAN.

est sur la route de Lauzun à Villeneuve d'Agenois.

CANDABARA, Davity a trompé Mr. Corneille après avoir été lui-même trompé par des Relations où les noms étoient defigurez. Ils mettent l'un & l'autre une Ville nommée Candabara au Pays des Puttans, ou Botantes; mais il est aisé de voir que Candabara n'est autre que Candahar ; il n'y a qu'à voir l'ordre que suit Davity. Il traite 1 de Caximir, 2. de Kabul, 3. du Pays des Puttans où est Candabara. On trouve de même sur le Globe d'Orient en Occident, tout de suite, les Royaumes de Cachemire, de Cabul & de Candahar.

1. CANDAHAR [h], Province des Indes. Elle a au Nord le Pays de Balc, à l'Orient la Province de Cabul, au Midi celle de Bukor, & une partie du Segestan qui est du Royaume de Perse, & enfin au Couchant d'autres Pays de la même Monarchie. Cette Province est petite & fort montagneuse, elle produit cependant abondamment toutes les sortes de vivres qui sont nécessaires pour la subsistance des habitans, si ce n'est du côté de la Perse où le terrain est fort sterile ; cependant quelque petite qu'elle soit elle ne laissoit pas de rapporter autrefois au Mogol 14. à 15. millions. Ce fut dans ce Pays [i] que les Turcomans s'établirent sous le Regne de Sangiar Sultan de la race des Selgiucides ; & le Tarik Caram Almolk rapporte qu'en l'an 304. de l'Hegire qui est le 916. de J. C. sous le Califat de Moctader l'on trouva en creusant les fondemens d'une Tour de Candahar, une cave souterraine dans laquelle il y avoit près de mille têtes d'Arabes attachées à une seule chaine qui s'étoient conservées fort entieres depuis l'an 70. de l'Hegire; car l'on trouva cette date écrite sur un papier qui étoit attaché avec un filet de soye à l'oreille de 29. des plus considerables d'entr'eux, avec leur nom propre. Cela fit connoître que les Mahometans avoient pénétré jusques dans ces contrées-là dès le premier siécle du Musulmanisme. Il y a quelques petits Rajas dans les Montagnes [k] qu'on laisse vivre en liberté moyennant de legers tributs. Ils se sont ainsi conservez par le soin qu'ils ont eû de se mettre du côté du plus fort, lorsque le Pays a changé de Maîtres. Il y a aussi un petit Pays dans les Montagnes, qu'on nomme GERIA, c'est-à-dire Pays des Fées où le Pere Ambroise Capucin a passé un Carême en mission dans deux bourgs dont l'un est nommé Cheboular & l'autre Cosne. Il a rapporté que ce pays est assez agréable & rempli de bonnes gens, mais que les Chrétiens qui y sont n'ont que de foibles teintures de notre Religion.

h Thevenot Voyage des Indes. Tom. II. pag. 163.

i d'Herbelot Bibl. Orient.

k Thevenot Voyage des Indes Tom. II. pag. 163.

2. CANDAHAR [l], Ville des Indes dans la Montagne que les Anciens ont appellée Paropanisus à 33. degrés de Latitude & à 107. de Longitude. Thevenot ne [m] la place cependant qu'au 23. degré de Latitude. Il y a apparence [n] que c'est une des sept Villes que fonda Alexandre & auxquelles il donna son nom. En effet elle est appellée ordinairement CANDAR par les anciens Historiens de Perse, mot abregé de celui d'Escandar, qui est le nom que les Orientaux donnent à Alexandre. Les Géographes

l d'Herbelot Bibl. Orient.

m Voy. des Indes T. II. pag. 163.

n d'Herbelot Bibl. Orient.

CAN.   CAN.   157

a Petis de la Croix Hist. du Grand Genghizcan l. IV. c. 7.

graphes [a] sont fort partagez de sentiment sur la vraye dépendance de cette Ville, les uns la mettent dans le Pays de Sende, les autres dans l'Inde & d'autres enfin dans la Perse: & comme les Souverains de ces deux derniers pays épousent volontiers le sentiment des Ecrivains qui les favorisent, ils ne manquent pas de se saisir de cette Ville quand l'occasion s'en présente, & de dire qu'elle leur appartient. Ces differentes prétentions font que le Roi de Perse qui la tient présentement y a [b] jusqu'à dix mille hommes de garnison de peur de surprise. Elle est d'ailleurs forte par sa situation entourée de bonnes murailles & défenduë par deux Citadelles.

b Thevenot Voyage des Indes T. II. pag. 163.

Le Commerce qui se fait à Candahar tant de la Perse que du Pays des Usbecs & des Indes fait qu'elle est très-riche. Les habitans y aiment le vin éperduement, mais on leur défend d'en boire, & s'il arrive qu'un More qui en a bû fasse quelque scandale, on le met sur un ane la face tournée vers la croupe & on le promene par la Ville accompagné des gens du Cotoüal qui battent un petit tambour, & ils sont suivis des enfans du quartier qui sont des huées. Quoiqu'il n'y ait point de Province dans l'Indoustan où il y ait moins de Gentils, il y a toujours des Banians à cause du Commerce, mais ils n'y ont point de Pagodes publiques, & leurs assemblées de Religion se font dans la Maison d'un particulier sous les ordres du Bramen qu'ils y entretiennent pour faire leurs Ceremonies. Le Roi de Perse n'y permet point que les femmes des Gentils s'y brûlent quand leur Mari est mort. Il y a beaucoup de Parsis ou Guebres, mais ils sont pauvres, & ce sont eux dont les Mahometans se servent pour le plus vil & le plus penible travail. Ils vont faire les Ceremonies de leur Religion sur une Montagne peu éloignée de la Ville, où ils ont un lieu dans lequel ils conservent le feu qu'ils reverent. Il y a [c] dans Candahar les mêmes Officiers que dans les Villes de Perse. Ils y font les mêmes fonctions; mais sur toute chose ils ont ordre de traiter doucement les Peuples à cause de la proximité des Mogols, & pour peu de vexation qu'ils y fassent, ils sont rudement châtiez.

c Thevenot Voy. de Perse.

CANDALE, Voyez KENDALE.

CANDALI ou CONDALI, selon les divers exemplaires de Ptolomée [d], Peuple ancien de l'Inde en deça du Gange.

l. 7. c. 1.

CANDALICA. Voyez CANDOLLICA.

CANDAMIUS MONS, Montagne d'Espagne au passage du Royaume de Leon aux Asturies. Le nom moderne est CANDANNEDO. Une ancienne inscription trouvée en ce lieu porte ces mots JOVI CANDAMIO. Ortelius de qui est cet Article cite Ambroise Morales. Mr. Baudrand qui le copie ne cite ni l'un ni l'autre & pour deguiser l'Article cite Mariana.

CANDANEDO. Voyez l'Article précedent.

e l. 3. c. 7.

CANDANUM [e], Ville des Jaziges Metanastes selon Ptolomée.

CANDARA, Ville d'Asie, dans la Paphlagonie à trois Schœnes de la Ville de Gangres selon Etienne le Géographe [f]. Leun-

f Ortel. Thes.

clavius donne pour nom moderne CANDARI & CANDURAIE.

CANDARI, ancien peuple d'Asie dans la Sogdiane selon Mela [g], Pline [h] & Ptolomée [i]. Il ne faut pas les confondre avec les GANDARI des Indes.

g l. 1. c. 2.
h l. 6. c. 16.
i l. 6. c. 12.

CANDASA, place forte de la Carie selon Etienne le Géographe qui cite le XVI. Livre de Polybe dont nous n'avons que quelques fragmens.

CANDAVIA, contrée de la Macedoine dont Jules Cesar parle dans son Histoire des guerres Civiles. Il dit [k] dans un endroit, Pompée étoit alors dans la Candavie, & sortant de la Macedoine il s'en alloit prendre ses quartiers d'Hyver à Apollonie & à Dyrrachium. Il dit ailleurs : Pompée avoit toujours un passage ouvert par la Candavie [l] pour passer dans la Macedoine. Ce pays étoit borné au Levant par le Lac Lychnide aujourd'hui d'Ocrida, & les Monts Candaviens le long desquels coule le Panyasus des Anciens, aujourd'hui Siomini, ou la Janina avant que de se tourner entierement vers le Couchant. [m] Seneque fait mention des deserts de la Candavie, sur quoi Juste Lipse observe que la partie montagneuse de la Macedoine qui commence à Dyrrachium est nommée la Candavie : elle est couverte de Bois. Pline [n] fait mention des Montagnes de la Candavie à LXXVIII. mille pas de Dyrrachium. Le R. P. Hardouin dit qu'elles separent l'Albanie de la Macedoine proprement dite. Strabon [o] les nomme CANDAVIÆ MONTES Κανδαουίας ὄρους. Lucain fait mention des Forêts de ce pays-là.

k l. 3. c. 11.
l Ibid. c. 79.
m Epist. 31.
n l. 3. c. 23.
o l. 7. p. 323.

Qua vastos aperit Candavia Saltus [p].

p Pharf. l. 6. v. 331.

Strabon à l'endroit cité dit que les guerres & les revoltes ruinerent tellement ce pays-là que la plûpart des Bourgs & des Villages furent détruits sans qu'on les eût encore rebâtis de son temps. Ortelius croit que les *Cambunii montes* de Tite-Live, *Candavia montes* dont je parle ici, & *Canaluvii montes* de Ptolomée pourroient bien être les mêmes. C'étoit des parties d'une même chaîne de Montagnes. Les monts Cambuniens étoient plus près de la source du Panyasus. Les Canaluviens, & les Candaviens me paroissent deux noms dont l'un est corrompu de l'autre.

CANDE, Bourg de France dans la Touraine. Mr. Corneille dit mal qu'il est en Anjou. Le nom Latin est *Condate* ou *Condate Turonum*, & ce nom signifie qu'il y est au confluent de deux Rivieres qui sont la Loire & la Vienne. Il est vis à vis de Montsoreau & il n'y a entre ces deux Places qu'un ruisseau qui les separe, ce qui a donné lieu au Proverbe.

Entre Cande & Montsoreau
Ne repaît brebis, ne veau.

Ce lieu étoit déja une paroisse dans le IV. siécle. St. Martin y étant pour remettre la paix entre les Ecclesiastiques du lieu y tomba malade & y mourut le 11. Novembre 398. âgé de 81. ans. C'est principalement cette mort qui a rendu ce lieu celebre. Mr. Baudrand marque cette mort à l'année 402. en quoi il s'ac-

q Sulpic. Sever. Vit. S. Martini.

s'accorde avec Baronius, mais cette Date eft fauffe & en voici la preuve. Gregoire de Tours [a] dit pofitivement que St. Martin fut fait Evêque de Tours la VIII. année de Valens & Valentinien ; & qu'il gouverna cette Eglife 26. ans 4. mois 27. jours. La VIII. année de ces Empereurs tombe à l'an 371. de l'Ere vulgaire il mourut dans la 27. année de fon Epifcopat ; ce qui fait 398. Mr. Baillet qui met 397. ne tient pas compte des 4. mois 27. jours: voyez pourtant le P. Petau. [b] Cande a un Chapitre à la Collation de l'Archevêque de Tours. Il eft compofé d'un Chefecier, d'un Chantre, d'un Prevôt, de dix Chanoines, de deux autres Canonicats dont l'un eft annexé au grand Archidiaconé de Tours & l'autre aux Religieux de Bourgueil, fans compter quatre Curez, ou Vicaires perpetuels, un Diacre, un Soudiacre & vingt-trois Chapelains. [d] La Paroiffe renferme cent feux & environ 500. perfonnes.

[a] l. 10. c. 31.
[b] Ration. Temp. 2. part. l. 4. c. 13.
[c] Piganiol de la Force, Defc. de la France T. 6. p. 65.
[d] p. 98.
[e] Ibid. p. 134.

CANDE', Ville & Baronie de France en Anjou, dans le Craonois, au confluent des Rivieres de Mandie & de l'Erdre. [e] Elle eft appellée CANDE' EN LAME'E, dans l'aveu que Jean de Laval Sire de Châteaubriant en rendit le 20. Octobre de l'an 1517. à Louife de Savoye Mere de François I. Ducheffe d'Anjou & d'Angoumois. Menard prétend qu'elle a été ainfi apellée pour avoir été autrefois le douaire d'une Emme Veuve d'un Comte d'Anjou. Cette Ville eft connue dans l'Hiftoire pour avoir été affiégée en 1106. par Géofroi Martel II. du nom qui fut tué devant cette place. Elle porte le titre de Baronie & appartient au Duc de Bourbon. Il y a fix Châtellenies & plus de quarante terres en haute Juftice qui en relevent.

CANDEA, Mr. Baudrand nomme ainfi en François la Ville & le Royaume de l'Ifle de Ceylan que tout le monde nomme CANDY. Voyez ce mot.

CANDEI, ancien peuple de la Troglodytique au Couchant de la Mer Rouge; peu loin de la feconde Berenice. Pline [f] dit qu'on les avoit furnommez Ophiophagos parce qu'ils avoient coutume de manger les Serpens. On voit affez que Pline qui copie fouvent Mela fans changer que peu de chofe à l'expreffion a tiré de cet Auteur [g] ce qu'il dit des Candéens. Les Editions anciennes portent comme il doit y avoir : *Partem Candei habitant: quos ex facto quia Serpentibus vefcuntur Ophiophagos vocant.* Pline dit après lui : *Introrfus Candei quos Ophiophagos vocant Serpentibus vefci affueti.* Cependant il a plu à Ifac Voffius par une démangeaifon de corriger, de nous corrompre ce paffage, & de fubftituer aux Candéens, fur la foi de je ne fais quels Manufcrits, un peuple qu'il nomme PANCHÆI. Cet Auteur avoit beaucoup d'érudition & une vafte litterature, mais il avoit la malheureufe temerité de vouloir ramener tous les Auteurs à fes prejugez, & de prononcer d'un ton d'oracle les decifions fouvent fauffes fur ce qu'il pretendoit favoir. Ce n'eft pas qu'on ne lui ait de grandes obligations de ce qu'il a fait fur Mela. Mais on lui en auroit encore de plus grandes, fi modefte imitateur de la fageffe de fon pere il ne fût pas forti de fa

[f] l. 6. c. 29.
[g] l. 3. c. 8.

Sphere, & fi fe contentant de corriger par les Manufcrits les paffages gâtez par les copiftes il n'eût pas quelquefois gâté ce qui étoit bon, par une fagacité mal employée, & pour paroître très-habile dans une Science dans laquelle il étoit très-ignorant. Il prétend que tous les anciens exemplaires portent PANCHÆI, c'eft ce qu'il ne perfuadera à perfonne. Ceux d'Olivarius qui donna une Edition de Mela avec un Commentaire de fa façon qu'il dedia au Cardinal de Lorraine en 1536. ceux de Pintianus le plus grand Critique de l'Efpagne felon le Jugement de Colomiés dans fa Lettre à Mr. Juftel, ceux d'André Schotus, ceux d'Elie Vinet, en un mot ceux des Editeurs qui ont precedé Voffius portoient *Candei* & non point *Panchæi.* Tous ces Savans étoient-ils aveugles? Il y a plus ; tous les Manufcrits, toutes les Editions de Pline portent *Candei.* Mais aucun autre Auteur n'a fait mention du peuple *Candei* en cet endroit. En voila déja deux qui les y mettent. Cela fuffit, combien y a-t-il de lieux dont un feul Auteur a parlé & que nous ne connoiffons que par un témoignage qui eft unique ? Mais il n'y en a pas un feul qui ait placé en cet endroit de la Troglodytique un peuple nommé *Panchæi.* Ce n'eft pas qu'il n'y en ait eu ailleurs de ce nom. Les anciens ont fait mention d'un pays nommé *Panchæa* ou *Panchaia*; mais ils le mettent bien loin delà près de Memphis, comme on verra dans cet article. Voffius eft fi éclairé dans la Geographie qu'il apporte pour preuve de fon opinion un paffage qui lui eft doublement contraire. Il eft tiré du fameux monument de Ptolomée qu'on apelle communément *Monumentium Adulitanum.* Berkelius en fit imprimer un fragment avec une Traduction Latine à Leyde l'an 1674, & on le trouve entier dans l'édition de Cofmas Indicopleuftes procurée par D. Bernard de Montfaucon au Volume de la Nouvelle Collection des Peres publiée à Paris en 1706. En premier lieu il n'y a ni dans l'une ni dans l'autre de ces Editions Παγχαίτας, comme le dit Voffius, mais l'une, favoir celle de Bertius [h] porte Ταγγαίτων, & celle de Cofmas [i] porte Ταγγαίτας. On voit que Voffius pour trouver des Panchaites en quelque endroit change un T, en P. & un G en CH & lit *Panchaitas* pour *Tangaitas.* 2. Quand même l'infcription nommeroit ce peuple comme le veut Voffius, elle le met bien loin du Golphe Adulitique, puis qu'il y eft dit qu'il confine à l'Egypte : or dans toute la Topographie Chrétienne de Cofmas, qui eft le livre où cette Infcription a été confervée, le nom d'Egypte ne fignifie que la baffe Egypte ou le Delta.

[h] p. 106.
[i] p. 142.

CANDELARO (le) Riviere du Royaume de Naples dans la Capitanate. Elle a fa fource dans l'Apennin d'où coulant vers le Sud-eft elle fe groffit du Cervaro & de quelques autres Rivieres avec lefquelles elle va fe perdre dans le Golphe de Manfredonia, au Midi de la Ville de ce nom; au Nord de fon embouchure eft un Lac nommé les Salines, & au Midi un autre que l'on apelle *Lago Salfo* felon Magin.

CANDELOR ou CANDALOR, Ville de Turquie en Afie près de la côte Meridionale

CAN.

le de la Natolie à quinze lieues de Satalie vers le Levant ; c'est-à-dire sur la côte Orientale du Golphe de Satalie. Molet [a] dit que *Candeloro* est le nom moderne de SIDE Ville de la Pamphylie de laquelle parle Ptolomée [b]. Cette Ville eut ensuite un Evêque Metropolitain de la Province & le P. Charles de St. Paul [c] rend SIDE par *Scandelor* ; mais Mr. Baudrand [*] qui dit qu'elle a été Archiepiscopale à tort de la confondre avec Sidra, ou plûtôt Syedra de laquelle parle aussi Ptolomée & qui fut aussi Episcopale ; mais jamais Metropole. Mr. Berthelot dans sa Carte de la Mediterrannée écrit S. CANDELARA.

[a] In Ptolem.
[b] L.5.c.5.
[c] Geogr. Sacr. p.240.
[*] Ed. 1705.

CANDENOS, Isle de l'Empire Russien à l'entrée de la Mer Blanche. Presque toutes les Cartes nous l'ont depeinte comme étant separée d'un Continent par deux larges bras de Mer, dont le plus large est à l'Occident de l'Isle entre elle & la Laponie Moscovite & le plus étroit est entre cette même Isle & la Province de Condora, de maniere pourtant qu'en certains endroits il s'élargit & est plus grand que l'autre détroit. Mrs. Sanson dans leurs Cartes ont raproché cette Isle du Continent vers le Midi, mais en échange, ils ont fait entre elle & la terre ferme à l'Orient un Golphe beaucoup plus grand qu'elle. Enfin Mr. de l'Isle profitant des lumieres qui lui ont été communiquées est le premier qui nous ait donné la veritable figure de cette Isle qui est beaucoup plus grande qu'on ne nous l'avoit depeinte jusqu'à présent. Ceux qui la nomment terre de Candenoes disent beaucoup mieux que ceux qui l'appellent Isle, quoiqu'à la rigueur on ne puisse lui refuser ce nom. Elle forme la côte Orientale de l'embouchure de la Mer blanche & est separée de la Terre ferme à l'Orient & au Midi par un Lac qui communique à la Mer du côté du Nord par un Canal large de trois ou quatre Werstes & long d'environ quatre-vingt-dix. De ce côté-là il se joint au Golphe de Teesca, nommé dans la langue du pays Teescaia Gouba. Ce même Lac a un autre Canal qui est une continuation du premier, & n'est pas plus large ni plus long que lequel il communique au Golphe de Mezzen. Ce Canal n'est rien moins qu'un Détroit tel que la plûpart des Cartes le depeignent, & il n'est navigable que pour des barques. L'Isle & le Canal commencent au Cercle Polaire, moins quelques Minutes. L'Isle qui est là fort étroite va toujours en s'élargissant jusqu'à la hauteur du Lac, après quoi elle se maintient dans une largeur presque égale l'espace de cent vingt-six Werstes : sa côte Septentrionale s'étend du Sud-Ouest au Nord-est & peut avoir deux cents trente Werstes depuis le Cap de Barso qui est le plus Meridional jusqu'au Cap de Candenoes qui est le plus Septentrional ; & dont la Latitude est de 68. d. 44'. Le Cap de Barso dont j'ai parlé est par les 61. d. 20'. de Longitude, & celui de Candenoes est par les 64. d. 45'. de Longitude ; la côte du Nord-est du l'Isle est fort hachée. Après le Cap de Candenoes on trouve *l'Eerste Hoek*, c'est-à-dire le premier coin, ensuite le Cap de la Croix ainsi nommé à cause d'une Montagne sur laquelle on voit une Croix. Après la Riviere de Zicopa est une petite Presqu'isle nommée l'Isle de Morsonowits ; en re-

CAN. 159

prenant la côte Occidentale & commençant du Cap de Candenoes on trouve à cinquante-cinq Werstes de là une Riviere nommée TOINA, puis à vingt huit Werstes de celle là celle de CARANA. Quarante quatre Werstes plus avant est celle de COLCOVA ; trente-six Werstes après on voit la Riviere de KIA & enfin à quarante Werstes plus loin on trouve celle de POLOSOVA. Depuis l'embouchure de la Carane jusqu'au dessous de l'embouchure de la Kia la côte est bordée de roches cachées sous l'eau. L'Isle est couverte de quelques forêts, sa plus grande largeur est d'environ soixante & douze Werstes.

Les Werstes employées dans cet Article sont à peu près la même mesure que les Milles Romains.

CAP DE CANDENOES, Voyez l'Article precédent.

1. CANDIA, Bourg d'Italie dans les Etats du Duc de Savoye & dans le Canavez entre Ivrée & Chivas, environ à deux lieues de l'une & de l'autre selon Mr. Baudrand [d].

[d] Ed. 1705.

2. CANDIA, Bourg d'Italie au Milanez ; dans la Laumeline & au Pavesan près du Pô & de Sartirane, environ à dix milles de Verceil au Levant d'Hyver, en allant vers Pavie. Il est remarquable pour avoir été la patrie du Pape Alexandre V. ce nom a trompé quelques personnes qui ont cru que ce Pape étoit né dans l'Isle de Candie [e].

[e] Ibid.

CANDIDA CASA, Voyez CASA.

CANDIDIANA, Ville de la basse Moesie. Il en est fait mention dans l'Itineraire d'Antonin. Outre cela les Notices de l'Empire mettent [f] dans le département de la seconde Moesie *milites primi Moesiaci Candidiana.*

[f] Sect. 29.

CANDIDIANO [g], Riviere d'Italie dans l'Etat de l'Eglise dans la Romagne elle se décharge dans le Golphe de Venise au-dessus du Lac de Classe, au midi de la Ville de Ravenne.

[g] Baudrand Ed. 1705.

1. CANDIDUM PROMONTORIUM. Pline donne à l'Afrique propre trois Promontoires ou Caps. Le premier *Candidum*, ou le Cap Blanc, *Apollinis*, ou le Cap d'Apollon, à l'oposite de la Sardaigne, & *Mercurii* ou le Cap de Mercure à l'oposite de la Sicile : le premier est présentement nommé Capo MABRA, le second Capo NEGRO : entre ces deux est la Baye de Bone, le troisieme est Capo BONA.

2. CANDIDUM PROMONTORIUM, ce nom convient en Latin à tous les Caps que les Cartes nomment CAPO BIANCO, ou CAP BLANC.

CANDIE, Isle de l'Europe dans la Mer Mediterranée, au Midi de l'Archipel qu'elle borne de ce côté. Elle a été connue des Anciens sous le nom de CRETE.

[h] Elle est éloignée de Marseille d'environ 1600. milles, & de 600. de Constantinople. On compte 400. milles de Candie à Damiette en Egypte, 300. à Chypre, 100. à Milo, & 40. à Cerigo. Jamais situation ne fut plus favorable que celle de Candie pour établir un grand Empire comme [i] Aristote l'a remarqué : au milieu des eaux, elle est à portée de l'Europe, de l'Asie & de l'Afrique. Sa longueur se doit prendre du Cap des Grabuses au Cap Salomon ; on compte 250. milles de l'un à l'autre & un homme à cheval peut aisément faire

[h] Tournefort Voy. du Levant Tom. I. p. 32.
[i] de Repub. Liv. 2. c. 10.

CAN.

^a l. 10. p. 474. & 475. faire ce chemin en dix jours. Strabon^a donnoit 287. milles & demi de longueur à cette Isle : ^b Hist. Nat. Pline ^b 270. parce qu'ils comptoient du Cap L. IV. c. 12. St. Jean que quelques-uns appellent encore *Cabo Crio*, au Cap Salomon : à ce compte il faut mettre une journée de plus : suivant la ^c Peripl. supputation de Scylax ^c, elle a 312. milles & demi de long. Quant à la largeur de Candie elle n'est que d'environ 55. milles, comme ^d Ibidem. Pline ^d le marque ; de sorte qu'on peut la traverser en deux jours vers le milieu de l'Isle, ^e Tournefort ibid. où elle est plus large qu'ailleurs. ^e Strabon & Scylax ont eû raison de dire qu'elle étoit étroite, longue, étenduë du Levant au Couchant : aussi Etienne le Geographe assure-t-il ^f Observ. qu'on l'appelloit l'Isle longue. Belon ^f n'a L. 1. c. 5. pas bien connu le tour de l'Isle de Candie, il le détermine à 1520. milles, quoiqu'il ne soit que de 600. comme en convient Mr. de Breves ^g. Les gens du Païs sont de même senti- ^g Relat. des Voy. &c. à ment, & cette mesure répond à celle de Strabon & de Pline, le premier ^h lui donne 625. Paris 1628. ^h 100 Stades. milles de circonférence, & l'autre ⁱ 590. Il ⁱ Hist. Nat. est surprenant que les mesures des Anciens se l. IV. c. 12. trouvent quelquefois si conformes à celles des Grecs d'aujourd'hui. Il semble que ces derniers les ayent conservées par tradition : car ils n'ont pas de mesures certaines & ne se servent que de pas communs, c'est-à-dire des enjambées d'environ deux pieds & demi chacune.

^k Geographie de Robbe Tom. I. pag. 53. Il n'y a point de *Riviere* dans Candie qui puisse porter bateau ; mais seulement quelques gros ruisseaux comme l'ARMIRO, & l'ISTONIA au bord duquel on trouve l'arbre *Leandro*, dont le bois & les feuilles sont un poison qui rend l'eau fort dangereuse en été. Entre ses *Montagnes*, on remarque celle de *Psiloriti*, appellée anciennement *Mont Ida*, comme celui de la Troade. Ses *Villes* & principaux lieux sont,

Candie,	Suda,
Canée,	Spina-longa,
Rettimo,	Paleo-Castro, &
Sitia.	Schino.

L'Isle de Candie portoit anciennement le nom de Royaume de Crète ; voyez ce mot. Elle a eû ses Rois particuliers, ensuite elle fut gouvernée en forme de Republique, qui fut des mieux policées de son tems. Quintus Metellus Lieutenant de Pompée la conquit aux Romains. Depuis elle vint au pouvoir des Empereurs d'Orient. Après elle fut donnée au Duc de Montferrat, qui la vendit aux Venitiens en 1494. Cette République l'avoit possedée depuis ce tems. Elle y tenoit un Provediteur general, outre lequel elle avoit coutume d'y envoyer de deux ans en deux ans des Magistrats dont le premier portoit la qualité de Duc, quoiqu'inferieur au Provediteur ; mais enfin les Turcs se sont entierement emparés de cette Isle en prenant la Ville de Candie qui en est la Capitale.

^l Tournefort ibid. ^l Les habitans de Candie, Turcs ou Grecs, pag. 33. sont naturellement de belle taille, vigoureux, robustes ; ils aiment fort à tirer de l'arc : de tout tems ils se sont distinguez dans cet exer-^m l. 1 c. 29. cice, & Pausanias ^m assure qu'il étoit comme attaché à leur Nation préferablement à tous,

CAN.

aussi ne voit-on que carquois représentez sur les plus anciennes Médailles de l'Isle. Ephore cité par Strabon ⁿ nous a conservé une ⁿ l. 10. p. loi par laquelle Minos ordonnoit qu'on mon- 480. trât aux enfans à tirer de l'arc : il y a apparence qu'ils employoient pour leurs fleches cette petite espece de roseau dure, menuë & piquante ; qui nait dans les sables de l'Isle le long de la marine.

^o Les anciens habitans de Candie se servoient ^o Tournefort ibidem. aussi fort utilement de la fronde ; aujourd'hui on n'y en connoit plus l'usage. A l'égard des autres exercices du Corps, la danse, la chasse, la course, le manége, ils y excelloient. Pour leurs mœurs quelque soin qu'ayent pris les Legislateurs de les former, elles ont été blâmées en plusieurs choses par les anciens Auteurs ; aujourd'hui cependant ils sont plus honnêtes gens. On ne voit dans cette Isle ni gueux ni filoux, ni mendians, ni assassins, ni voleurs de grand chemin. Les portes des maisons ne se ferment qu'avec des tringles de bois fort legéres qui servent de verroux. Quand un Turc vole, ce qui arrive rarement, on l'étrangle dans la prison, pour l'honneur de la Nation : on le met ensuite dans un sac plein de pierres & l'on va le jetter dans la Mer : si c'est un Grec il est condamné à la bastonade ou pendu au premier Arbre. La plûpart des Turcs de l'Isle sont Renegats ou fils de Renegats ; les Renegats sont ordinairement moins honnêtes que les vrais Turcs. Un bon Turc ne dit mot quand il voit des Chrêtiens manger du cochon & boire du vin. Les Renegats qui en boivent & en mangent en cachette les grondent & les insultent. Il faut avouer que ces malheureux vendent leurs ames à bon marché : ils ne gagnent à changer qu'une veste & le privilége d'être exempts de la Capitation, laquelle n'est pourtant que d'environ cinq écus par an.

Les Paysans Grecs ne portent sur la tête qu'une calote rouge, semblable à celle de nos enfans de chœur ; à la campagne pour se garentir du Soleil ils n'ont d'autre secours que celui d'un mouchoir qu'ils mettent sur leur calote & qu'ils relevent par un des coins avec leur bâton pour en faire une espece de parasol. Les Turcs usent de la même commodité. Les Grecs sont vêtus à la legere, ils n'ont que des caleçons bleus de toile de coton fort larges & qui tombent sur les pieds ; mais le bout de ces caleçons descend beaucoup plus bas qu'il ne faut & les fait paroître fort ridicules. On ne voit personne qui ne soit bien chaussé dans cette Isle. Dans les Villes les Grecs se servent d'escarpins de Marroquin rouge fort propres & fort légers, à la campagne ils portent des botines de même étoffe qui durent des années entieres, & sont aussi bien chaussés que l'étoient les anciens Crétois du tems d'Hippocrate. Ce fameux Medecin en parle comme d'une chaussure fort commode & Galien son Commentateur assure qu'elle montoit à mi-jambe, qu'elle étoit d'une bonne peau, percée en plusieurs endroits pour laisser passer des courroyes qui la serroient & l'empêchoient de tomber.

L'Habillement des Dames ne leur marque point de taille, qui est pourtant ce qu'elles ont de plus beau. Cet habit est très-simple : c'est une

une jupe de drap rouge, tirant sur le gris de lin, fort plissée, suspenduë sur les épaules par deux gros cordons, & qui leur laisse le sein tout découvert. Les Dames de l'Archipel portent des Caleçons : les Candiotes n'ont que la chemise sous leur jupe; leur coeffure est de la même simplicité : elles couvrent leur tête d'un voile blanc, qui tombe d'assez bonne grace sur leurs épaules : d'ailleurs ces Dames sont fort mal propres. On voit fort peu de Turques dans les rues, encore ont-elles le visage couvert & sont tout envelopées dans une veste de drap. Les Juives paroissent assez ragoutantes. Les Negresses sont les plus laides femmes de l'Isle.

Les habitans de Candie se traitent fort bien : on nourrit dans l'Isle beaucoup de volaille, de pigeons, de bœuf, de moutons & de cochons. On y voit quantité de Tourterelles, de perdrix rouges, de becasses, de Becfigues, de lievres, point de lapins. La viande de boucherie y est très-bonne, hormis durant l'hyver : faute de pâturage, on est obligé dans cette saison de faire paitre les troupeaux le long de la Mer parmi les joncs, où ils deviennent si maigres que leur chair n'est que de la filasse. Les Grecs ne s'en embarassent gueres : ils se ragoutent avec des racines ; & c'est ce qui a donné lieu au proverbe qui dit que les Grecs s'engraissent où les Anes meurent de faim : cela est vrai à la lettre, les Anes ne mangent que les feuilles des plantes, & les Grecs emportent jusqu'à la racine.

Quoiqu'il n'y ait pas dans cette Isle la moitié du monde qu'il faudroit pour la cultiver, elle produit néanmoins plus de grains que ses habitans n'en consument. Non seulement elle abonde en vins; mais elle fournit aux Etrangers des huiles, de la laine, de la soye, du miel, de la cire, des fromages, du Ladanum. On y cultive peu de coton & de sesame : le Froment y est excellent, sur tout aux environs de Candie & dans la plaine de la Messaria : mais on n'y fait pas faire le pain : c'est une pâte molasse, écrasée, & si peu cuite qu'elle s'attache aux dents. Les François y font de très-bon pain, bien cuit & bien levé dont les Turcs sont fort friands. S'il y a un bon fonds, une plaine fertile, de beaux Oliviers, des Vignes bien cultivées, il ne faut pas demander à qui elles appartiennent, on trouve bientôt le Monastere : s'il n'y a pas de Monastére, le Papas ne loge pas loin delà. Toutes les belles fermes dépendent des Couvens ; c'est peut-être ce qui a ruiné le pays, car les Moines ne sont guéres propres à soutenir un Etat. Il est vrai que ces Moines Grecs font de bonnes gens; ils ne s'occupent qu'à labourer la terre.

Les vins de Candie sont excellens, rouges, blancs & clairets. Il n'est pas surprenant que l'on voye des medailles des plus anciennes frappées au nom des anciens habitans de cette Isle, sur le revers desquelles on ait représenté des Couronnes de lierre entremêlées de grappes de raisin : les vins de ce Climat ont autant de verdeur qu'il leur en faut pour corriger leur liqueur : cette liqueur bien loin d'être fade est accompagnée de ce baume delicieux qui fait mépriser tout autre vin à ceux qui ont bien

Tom. II.

goûté les vins de Candie. Jupiter ne bûvoit pas d'autre Nectar, lorsqu'il regnoit dans cette Isle. Quoique ces vins soient pleins de feu, Galien ne laissoit pas d'y en trouver d'assez temperés pour en permettre l'usage à ceux qui avoient la fiévre.

Les Turcs ne sauroient s'empêcher de boire de si bon vin, au moins pendant la nuit, & lorsqu'ils s'en mêlent, c'est à fond de cuve. Les Grecs en boivent jour & nuit sans eau, & à petits coups, trop heureux d'ensevelir de tems en tems dans cette boisson le souvenir de leur misere. Quand on verse de l'eau sur ces vins, le verre paroit tout rempli de nuages, traversés de filets ondoyans & comme crêpés, formés par la grande quantité d'huile étherée, qui domine dans cette liqueur. Il seroit aisé d'en tirer d'excellent esprit de vin : cependant l'Eau de vie que l'on boit en Candie de même que dans tout le Levant est detestable : pour faire cette liqueur on met de l'eau sur le Marc des raisins, que l'on charge après 15. ou 20. jours de digestion, avec des pierres plattes fort lourdes afin de l'exprimer : on distile cette piquette à moitié, & l'on jette le reste : pour mieux faire il faudroit jetter le tout ; car leur eau de vie n'a point de force & ne sent que le brulé; elle est rouisâtre & se corrompt facilement.

La Laine de Candie non plus que celle de Grece, ne peut servir qu'à des ouvrages grossiers, à des lisieres ou à des Matelas. La soye de cette Isle seroit parfaitement belle, si on y avoit l'esprit de la façonner. Le miel en est excellent, & sent le Thym dont tout le terroir est couvert : son odeur n'accommode pas tout le monde, il est doré & plus liquide que celui de Narbonne. La Cire & le Ladanum de cette Isle ne sont pas à mépriser. On estime les fromages des Montagnes de *Sphachie.* Athenée [a] assure qu'on faisoit en Crête des fromages minces, & larges pour bruler dans les sacrifices ; apparemment qu'ils étoient excellens puisqu'on n'employoit rien que de bon dans ces Ceremonies. Quoique la Candie soit un pays riche, cependant les meilleures terres de l'Isle ne sont gueres bien cultivées, & même les deux tiers de ce Royaume ne sont que Montagnes séches, pelées, desagréables, escarpées, taillées à plomb & plus propres pour des chevres que pour des hommes.

[b] On respire un fort bon *air* en Candie : il n'y a que le vent de terre à craindre : on a pensé deux ou trois fois abandonner la Canée, où ce vent est tout à fait suffoquant. On a remarqué même que souvent il étouffoit les gens en pleine campagne. A l'égard des *eaux* on n'en sauroit trouver de plus belles ni de meilleures. Tout bien consideré, on peut dire que cette Isle est placée sous un beau Ciel : aussi l'appelloit-on autrefois L'ISLE HEUREUSE : il n'y a pas jusqu'aux pierres qui n'en soient estimables. La plûpart des Villages y sont bâtis de marbre blanc, mais il est tout brut & ne paroit pas plus que notre moilon : on n'employe le marbre, que parce qu'il est plus commun que les autres pierres ; par la même raison que le fer est plus rare en Amerique que l'or & l'argent. Que diroient les *Dipænes*, les

a Deipn. Lib. 14.

b Tournefort ibid. pag. 35.

X * *Deda-*

Dedales, les *Scyllis*, les *Ctesiphons*, les *Metagenes*, s'ils voyoient blanchir le marbre avec de la chaux? Excepté Dedale, tous ces habiles Sculpteurs & Architectes étoient Crétois & les deux derniers avoient bâti le Temple de Diane à Ephése: ces grands hommes n'employoient pas la boüe au lieu de mortier, comme les Grecs d'aujourd'hui, qui ne font que delayer la terre avec de l'eau, sans y mêler ni chaux ni sable. Dans les Villages les Maisons n'ont qu'un seul étage partagé en deux ou trois piéces éclairées chacune par une ouverture où l'on a engagé une cruche de grez d'un pied & demi de diametre, ouverte par les deux fonds, & maçonnée dans le couvert: ce couvert est une terrasse & consiste en une couche de terre épaisse de demi pied, étenduë sur des fagots soutenus chés les plus aisés, par des sablieres couvertes de planches.

Pendant la Paix on vit fort doucement dans cette Isle; durant la guerre, toute la Campagne est desolée par les *Caïns*: j'en parle dans leur Article particulier.

Quoique la vie des Candiots soit assez molle, ils ne laissent pas de monter souvent à cheval & de chasser; ils ne savent ce que c'est que de chasser à pied: les Seigneurs du pays ont ordinairement des chevaux de Barbarie parfaitement beaux, & qui durent bien plus longtems en ce pays-là qu'en France, où le serein & le foin les rendent poussifs & fluxionnaires. Les chevaux de l'Isle sont des bidets pleins de feu, dont l'encolure est assez belle & la queüe fort longue; la plûpart sont si peu de boyau que la selle ne sauroit leur tenir sur le dos: ils sont entiers & se cramponnent si adroitement sur les rochers, qu'ils grimpent d'une vitesse admirable dans les lieux les plus escarpez; on n'a qu'à les prendre d'une main par le crin & tenir la bride de l'autre; dans les descentes les plus horribles, qui sont assez frequentes dans cette Isle, ils ont le pas ferme & assuré, mais il faut les laisser faire & marcher sur leur bonne foi: ils ne s'abbatent jamais quand on s'abandonne à leur conduite, non plus que lorsqu'ils portent des fardeaux beaucoup plus lourds que le corps d'un homme: ordinairement ils ne tombent que lorsque le Cavalier ne leur lâche pas assez la bride, car alors ayant la tête trop élevée, ils ne peuvent porter leur vûë en bas pour placer sûrement leurs pieds. Les Dames Turques ou Grecques, qui ne sauroient se servir d'autres voitures à cause de la difficulté des chemins, ne descendent jamais, & l'on n'entend pas dire qu'il leur soit arrivé d'accidens fâcheux par la chûte de leurs chevaux: ces petits chevaux sont merveilleux pour courre le lievre; cette chasse & la chasse à l'oiseau, sont celles que les Turcs aiment le plus; il est vrai que leurs oiseaux sont excellens & bien dressez: on en faisoit une espéce de commerce du tems de l'Isle appartenoit aux Venitiens; on en emporte encore quelques-uns en Allemagne par la voye de Venize. La plûpart sont destinez pour Constantinople, de même que ceux que l'on éléve dans les autres Isles de l'Archipel.

Tous les Chiens de Candie sont des Levriers bâtards, mal faits, fort élancés & qui paroissent tous de même race: leur poil est assez vilain, & par leur air il semble qu'ils tiennent quelque chose du Loup & du Renard. Ils n'ont rien perdu de leur ancienne sagacité, & naturellement ils sont tous preneurs de liévres & de petits cochons: lorsque ces chiens se rencontrent entre eux, ils ne fuyent pas, mais ils s'arrêtent tout court & commencent à gronder en se montrant les dents, après quoi ils se separent de sang froid: on ne voit pas d'autres espéces de chiens dans ce pays; il semble qu'elle s'y soit conservée depuis la belle Gréce: il n'est parlé chés les anciens que des chiens de Crète & de Lacedemône, quoique dans le fonds ils soient fort inferieurs à nos levriers.

2. CANDIE, Ville Capitale de l'Isle de même nom, & d'une Province particuliere nommée le territoire de Candie. Elle est sur la côte Septentrionale. Candie est la carcasse *a* d'une grande Ville, bien peuplée du tems des Venitiens, marchande, riche & très-forte: aujourd'hui ce ne seroit qu'un reste si ce n'étoit le quartier du marché où les meilleurs habitans se sont retirez. Tout le reste n'est que masures, depuis le dernier siége, l'un des plus considerables qu'on ait fait de nos jours. Mr. Chardin *b* assure que dans le Memoire presenté au Divan par le Grand Tresorier de l'Empire, touchant les dépenses extraordinaires faites en Candie pendant les trois dernieres années du siége, il étoit fait mention de sept cens mille écus employés en recompenses données aux deserteurs qui s'étoient faits Turcs; aux Soldats qui s'étoient distinguez & à ceux qui avoient apporté des têtes de Chrétiens qu'on avoit payées à un sequin la piéce. Ce Memoire marquoit qu'on avoit tiré cent mille coups de Canon contre la place; qu'il y étoit mort sept Bachas, quatre vingt Officiers tant Colonels que Capitaines, dix mille quatre cens Janissaires sans compter les autres milices.

c Le Port de Candie n'est bon que pour des barques: les vaisseaux, se tiennent à l'abri de l'Isle de Dia, située presque vis-à-vis de la Ville au Nord-Est, & que les Francs appellent mal à propos *Standia*. Il est aisé de faire voir que les Sarrasins ont bâti Candie sur les anciennes ruines de l'ancienne Ville D'HERACLE'E. Strabon *d* en fournit une preuve demonstrative, en décrivant l'Isle de Théra, laquelle, dit-il, répond à l'Isle de Dia; & cette Isle suivant le même Auteur, se trouve vis-à-vis d'Heraclée port de Mer des Cnossiens.

La Ville de Candie est sans contredit la CANDACE des Sarrasins. Scylitzes *e* remarque que dans la langue de ces peuples *Chandax* signifie un retranchement: & certainement ce fut là que, par l'avis d'un Moine Grec, les Sarrasins se retrancherent du tems de l'Empereur Michel le Begue. Il paroît plus naturel de faire venir le nom de Candie de *Chandax*, ou de CANDIDA, nom que Morosini a donné à cette place *f*. Pinet dans sa Traduction de Pline, n'a pas eu raison de prendre *Mirabeau* pour *Heraclée*. Suivant Strabon *g* Heraclée étoit vis-à-vis de Dia, & suivant Ptolomée, près du Cap Salomon. Il faut s'en tenir à la decision de Strabon beaucoup mieux informé de la situation des Villes que Ptolomée.

Ceux qui croyent que Candie est l'ancienne Ville

a Tournefort Tom. I. pag. 15.

b Voyages.

c Tournefort ibid. pag. 16.

d L. 10.

e Scylitz. pag. 509.

f Hist. Venet. L. 12.

g Ἡράκλειον.

CAN. CAN. 163

Ville de MATIUM, rétablie par les Sarrafins, ne s'éloignent peut-être pas trop de la verité, *a* L. 4. c. 12. fuppofé que dans le denombrement que Pline *a* a fait des Ifles qui font fur la côte de Créte on doive lire, comme il y a beaucoup d'apparence, *Dia* au lieu de *Via* ou de *Cia*, qui fe trouvent dans les Editions de Daléchamp & de Gronovius. (Le R. P. Hardouin lit *Dia*). Cela étant, Heraclée & *Matium* ne feroient peut-être que la même Ville qui auroit eû ces deux noms en differens tems. Il eft à remarquer que Strabon & Ptolomée n'ont pas fait mention de *Matium*, & Pline rapporte ces deux noms tout de fuite : peut-être qu'il faut lire *Matium Heraclea* fans virgule, comme qui diroit *Matium* appellée autrefois Heraclée : il fe peut faire que *Matium* & Heraclée ayent été deux Villes differentes affez près l'une de l'autre, & qui par confequent répondoient toutes deux à l'Ifle de Dia : car cette Ifle qui eft au Nord de Candie, pouvoit faire un triangle équilateral avec les deux Villes en queftion; de telle forte que Strabon & Pline auroient eu raifon de defigner leur pofition par celle de Dia comme Strabon dit pofitivement qu'Heraclée étoit le port de Mer des Cnoffiens les plus puiffans peuples de Créte, il n'y a pas de doute que Candie, feul port de Mer confiderable dans tous ces quartiers n'ait été bâtie fur les ruines d'Heraclée. Suivant cette conjecture la Ville de *Matium* devroit être plus Orientale.

Quoique la Ville de Candie foit negligée aujourd'hui, fes murailles ne laiffent pas d'être bonnes & bien terraffées : c'eft l'ouvrage des Venitiens : à peine les Turcs ont-ils reparé les breches du dernier fiége. On compte dans cette Ville environ 800. Grecs payant capitation; leur Archévêque eft le Metropolitain de tout le Royaume. On fait monter le nombre des Juifs jufqu'à 1000. Pour les Armeniens, ils n'y ont qu'une Eglife & ne font gueres plus de 200. Il n'y a que trois ou quatre familles de François, un Viceconful & deux Capucins qui ont acquis une affez jolie Maifon, auprès de la Mer : tous les autres habitans de la Ville font Turcs. Les environs de la Ville de Candie font de grandes & fertiles plaines enrichies de toute forte de grains. Il eft défendu de laiffer fortir le froment de l'Ifle fans la permiffion du Viceroi.

LA NOUVELLE CANDIE, Fortereffe de l'Ifle de ce nom au Midi & à environ deux milles Géographiques de la Capitale, comme le marque Frederic de Wit dans fa Carte de cette Ifle. Le P. Coronelli n'en marque rien fur la fienne, & pour le dire en paffant ces deux Cartes fe reffemblent fi peu que fi elles ne portoient pas le même nom on pourroit croire que chacun a traité une Ifle particuliere. On ne trouve dans celle du P. Coronelli prefque pas un feul lieu des environs de Candie que nomme de Wit. Mr. Corneille *b* dit que les Turcs *b* Dict. avoient fait conftruire la Fortereffe nommée la nouvelle Candie, pour refferrer la Ville dans le temps qu'ils en faifoient le Siege. Il ajoute qu'ils la laiffent tomber en ruine, comme leur étant inutile.

LE TERRITOIRE DE CANDIE; grande Province de l'Ifle de ce nom dans lequel eft *Tom. II.*

la Capitale. Il a l'Archipel au Nord, la Mer d'Afrique au Midi, le territoire de Settia au Levant & celui de Retimo au Couchant.

CANDIEL ou CANDEIL, Abbaye d'hommes en France, dans le Languedoc au Diocefe d'Albi *c*. Elle eft de l'Ordre de Ci- *c Pignniol* teaux de la hliation du grand Selve & com- *de la Force* mença en 1152. au mois d'Août. *d* Elle eft *Detc. de la* à quatre lieues de la Ville d'Albi au Couchant *France T. 4.* d'hyver. *p. 22. d Bauurand*

CANDIONORI, peuple de l'Inde en de- *Ed. 1705.* çà du Gange felon Ptolomée *e*. Voyez PAN- *e l. 7. c. 1.* DIONIS REGIO.

CANDIPATNA, Ville de l'Inde en de- çà du Gange felon le même *f*. Il la met dans *f Ibid.* le pays des Arvarniens, peuple qui occupoit une partie de la côte de Malabar.

CANDISCH, ou CANDICH, ou CANDISH; ces trois Orthographes ne fe raportent qu'à une feule pronoñciation, favoir que *ch* doivent être prononcez dans ce mot comme dans le mot *Riche* : Province d'Afie dans l'Indouftan, fous l'Empire du Mogol. Elle a le Guzurate propre au Couchant, la Riviere de Tapti dont l'embouchure forme le Port de Surate, la fepare au Midi de la Province de Balagate, la Province de Berar, & une pointe de celle de Malva y confinent à l'Orient; celle de Chitor la termine au Nord-eft le long des Montagnes, & enfin la Province d'Agra acheve de l'enfermer au Nord. Elle eft arrofée par deux Rivieres qui s'y joignent & vont fe perdre dans le Golphe de Cambaye au port de Baroche. Brampour en eft la Capitale. Après elle Baterpour, Badur & Medapour en font les lieux les plus remarquables. Cette Province eft nommée par le P. Catrou le ROYAUME DE BRAMPOUR, mais il la nom- *g Hift. Gen.* me aufli la grande Province de CANDIS *h* & *du Mogol.* la met fur le pied des Royaumes. Mr. The- *p. 350. &* venot *i* nomme la Province de Candich au Midi *363.* de Malva; mais il ne parle pas de la Province *370.* de Candish proprement dite. Il la prend dans *i Voyage.* un fens bien plus étendu & dit que ceux qui *des Indes c.* ont reduit les Provinces, y ont joint le Berar *42. p. 206.* & ce que le Mogol poffede de l'Orixa, autre Province qui eft fur la côte de Coromandel; en ce fens la Province de Candifch merite le nom de grande. Ce qu'il en dit enfuite convient donc également aux Provinces de Berar & d'Orixa comprifes fous le nom de Provin- ce de Candifch. Ces pays, dit-il, font d'une grande étendue, ils font remplis de Villes & de Bourgs très-peuplez & dans tout le Mogoliftan il y a peu de pays aufli riches que ceux-ci. Mon Mémoire des revenus annuels porte que le Roi Mogol en tire plus de vingt-fept millions. Le P. Catrou exprime les revenus que le Mogol reçoit de cette Province par un Carol, onze laqs & cinq mille Roupies; & en comptant le Carol pour dix millions, le laq pour cent mille cela fait 11105000. onze millions cent cinq mille roupies, ce qui ne doit s'entendre que de la Province de Candifch propre, car il compte à part les revenus de la Province de *Berar* qu'il nomme *Barar* & de celle d'*Orixa* qu'il nomme *Urecha*. *k* *k Thevenot* C'eft ordinairement un Prince du fang qui en *l. c.* eft le Gouverneur. Le grand trafic de cette Province eft de Toiles de Coton & il s'en fait

X * 2 un

CAN.

un aussi grand Negoce à Brampour qu'en aucun lieu des Indes. On y en vend de peintes comme par tout ailleurs ; mais l'on estime particulierement les blanches ; à cause du beau mélange d'or & d'argent que l'on y fait & dont les personnes riches font des voiles, des écharpes, des mouchoirs & des couvertures : mais ces toiles blanches ainsi ornées font cheres. Enfin, poursuit le Voyageur cité, je ne crois pas qu'il y ait dans l'Indoustan de pays plus abondant en cotton que celui-ci, qui porte aussi quantité de Ris & d'Indigo. Le même trafic se fait à Orixa, à Berar & autres Villes de cette Province.

CANDOLLICA. Ce nom se trouve dans une ancienne Inscription. Simler croit que c'est la CANDALICA d'Antonin & la CANNABIA-CA des Notices de l'Empire [a]. Il tient que c'est présentement la Ville de St. WEIT en Carinthie. Lazius la mét près de Judenbourg sur la Riviere de Muer dans la haute Stirie : d'autres enfin la cherchent à Lawamund en Carinthie sur la Drave. Ce lieu selon Antonin devoit être sur la route d'Aquilée à *Lauriacum* qui n'est plus à présent qu'un Village nommé Lorck sur le Danube un peu au-dessus de l'Ens. Il compte 131. milles d'Aquilée à Candalicas, & delà 144. à Lauriacum, ce qui fait en tout 275. qui ne diferent que de trois milles qu'il y a de moins dans le total dans les diverses Editions d'Antonin & dans l'exemplaire du Vatican. Ce ne peut être aucun endroit voisin de Judenbourg qui est beaucoup plus près de Lorck que d'Aquilée. Lawamund est trop écarté sur la droite du chemin. St. Weit est bien plus à la distance requise par l'Itineraire.

CANDOR, (Sainte Marie de) Monastere de l'Ordre de St. Benoît aux environs des Montagnes de Maurienne. Il en est parlé [b] dans les Actes de l'Ordre de St. Benoît à l'occasion de St. Marin Prêtre, Hermite & Martyr qui y passa quelque temps.

CANDOUM, ou Candumum, en Grec Κανδοῦον Ville de la Germanie, selon Ptolomée [c]. On ne sait aujourd'hui ce que c'est.

CANDRIE, c'est le nom moderne que les Interpretes de Ptolomée donnent à DIDAUCANA Ville que cet Auteur met en Bithynie. Voyez ce mot.

CANDROGARI, Ville de l'Ethiopie sous l'Egypte au bord du Nil, selon Pline [d].

CANDUMIE, Mr. Corneille dit que c'est une Riviere de France qui arrose la Provence : qu'elle a sa source entre les Villages de Neoules & de Rocbaro & se décharge dans l'Argens un peu au-dessus de Taronnet & cite un Atlas qui est celui de Bleau. Excepté les noms de France & de Provence, il n'y en a pas un seul qui soit juste. La Riviere qu'il y veut dire se nomme l'ISSOLE & a ses sources dans les Montagnes qui sont au Couchant d'hyver de Brignole, d'où la principale est éloignée d'environ quatre mille toises. De là coulant vers le midi, puis au Sud-est, elle reçoit un petit ruisseau dont la source est près de Neaules ; delà elle serpente vers l'Orient d'été & passe à trois quarts de lieue de Roquebaron Paroisse, ensuite se tournant vers le Nord elle reçoit la Riviere de Caramie avec laquelle elle se va per-

[a] Sect. 58.

[b] Sæcul. 3. part. 2. p. 535.

[c] l. 2. c. 11.

[d] l. 6. c. 30.

CAN.

dre dans l'Argents au Nord-Ouest & au-dessus de l'Abbaye du Touronet. Quant à la Riviere de CARAMIE elle a plusieurs sources auprès de celles de l'Issole, dans la Paroisse de Mazauges, d'où serpentant au Nord de Brignole que cette Riviere & celle de l'Issole enferment dans une Presqu'isle dont l'Isthme se doit prendre entre leurs sources, elle va se joindre à l'Issole. Leur lit commun jusqu'à l'Argents est d'une lieue de longueur. Ce sont ces deux Rivieres, savoir l'Issole & la Caramie, dont Mr. Corneille n'en fait qu'une dont le nom, la source & le cours sont également déguisez.

CANDUUM, Voyez CANDOUM.

CANDY, Royaume d'Asie dans l'Isle de Ceylan de laquelle il occupe le milieu & la plus grande partie. Sa figure est fort irréguliere. Il a au Nord le pays des Vannias habité par des Malabares & le pays des Bedas. Il a au Levant les pays de Trinquilimale, de Cotiari & de Batecalo, ou Matecalo & la Mer des Indes. Ce qu'il a de côte à l'Orient s'étend depuis le port de Pettin jusqu'à celui de Welebe ou de Waluwe ; là commence le pays de Maturé qui n'en est point, non plus que le pays de la Canelle : ces deux pays qui occupent la côte Meridionale de l'Isle depuis Welebe, & la côte Occidentale jusqu'au delà de Marabel bornent le Royaume de Candy au Sud & au Sud-Ouest. Ces limites passent par le Pic d'Adam qu'elles y enferment. La Mer acheve de le borner à l'Occident depuis le pays de la Canelle jusqu'au pays des Vannias. Ce Royaume ainsi borné comprend aussi celui d'Ouve ou Ove ou Uva. Il peut avoir dans sa plus grande longueur, c'est-à-dire depuis les Salines qui sont sur la côte au Midi de la Province de Jala ou Yale jusqu'aux Montagnes qui sont à l'extrémité Septentrionale de la Province de Hourli cinquante sept milles Géographiques de 15. au degré. Sa plus grande largeur depuis la Mer aux confins du pays de la Canelle jusqu'aux Frontieres du pays de Cotiary, est de trente-huit de ces mêmes milles. Il en a vingt de côtes à l'Orient & vingt-cinq à l'Occident. Mais le long des côtes qui dependent de ce Royaume il n'y a ni Ville ni Port considerable, les Hollandois étant Maîtres de toutes les côtes qui pouvoient favoriser leur marine.

Comme la principale connoissance que nous avons de l'interieur de l'Isle c'est-à-dire du Royaume de Candy nous est venuë par le moyen d'un Anglois nommé Robert Knox qui y ayant été prisonnier durant vingt ans, en a fait une Relation très-détaillée en sa Langue maternelle, il n'est pas surprenant qu'il ait écrit les noms propres selon l'Orthographe de sa Langue ; mais son Traducteur devoit remedier à ce défaut. Ainsi on trouve Candé pour Candy, Colpentine pour Calpentin, & autres mots qui écrits de la premiere maniere fournissent aux Anglois une prononciation qui repond à celle que fournissent aux autres peuples ces mêmes noms écrits de la seconde maniere ; mais cette Orthographe étant particuliere à cette Isle n'en doit point sortir, ni se montrer hors de cette Langue dans les traductions. Je suivrai pourtant Knox, ou plutôt son Traducteur & me contenterai de joindre aux noms desigu-

rez

CAN.

rez par l'Orthographe Angloise, ces mêmes noms écrits à la maniere dont les autres Nations les écrivent.

Le Royaume de Candy ayant été parcouru & décrit ou même possédé au moins en partie & pendant quelque temps on trouve sur les Cartes des contrées que l'on ne designe que par le nom que ces deux Nations leur ont donné. Ainsi à l'extremité Septentrionale de la côte Occidentale il y a un *Pays-Bas* que les Cartes nomment *Leeg Landt* qui signifie en Flamand la même chose. Les Portugais ont nommé Vintana ou Bintana une Ville nommée Allout dans le pays & qui est située sur les deux bords de la Riviere de Mawilgang, & l'on a donné le même nom de Vintana ou Bintana à toute la Province.

[a] Le Royaume de Cande (Candy) est divisé en grandes & petites parties; celles-là répondent à nos Provinces & celles-ci à nos Bailliages. La Province de *Nourecalava* divisée en cinq Bailliages, & la Province de *Hotcourly* (ainsi nommée) à cause de ses sept Bailliages, sont au Nord. La Province de *Mautaly* & celle d'*Ouvah*, qui ont chacune trois Bailliages, sont situées à l'Est de même que quatre Bailliages particuliers qui n'ont point été reduits en Provinces, lesquels sont *Tammanquod*, *Bintana*, *Vellas*, *Paunoa*. Trente-deux Capitaines qui dependent entierement du Roi, sont logez avec leurs Compagnies dans la Province d'Ouvah. Les Bailliages qui suivent, sont renfermez dans le cœur du même pays : le Bailliage de *Wallaponahoy*; (ce mot signifie cinquante trous ou Vallées & exprime la nature du terrain qui est fort coupé de Montagnes & de Vallées) : le Bailliage de *Poncipot* (ou des cinq cens Soldats;) celui de *Godaponahoi* (ou de cinquante piéces de terre seche) celui de *Hevoihattay* (ou de soixante Soldats); celui de *Côte-mul*, (ou *Coutemale*), & celui de *Tunponahoy*., (ou de trois cinquantaines); celui d'*Oudanour* qui signifie la plus haute Ville; celui de *Yatanour* ou Ville basse dans lequel est la Ville Royale de Cande (Candy) Capitale de l'Isle. Ces deux derniers Bailliages sont meilleurs, beaucoup plus peuplez, & plus fertiles que le reste; aussi leurs habitans sont-ils les principaux de l'Isle, c'est pour cela que l'on dit ordinairement en ce pays-là que si toute la famille Royale venoit à manquer, on pourroit prendre quelque homme ou ce fût de ces deux Bailliages, le tirer de la charrue, le netoyer, & qu'alors il ne manqueroit ni de naissance, ni de qualité pour être Roi. Un de leurs grands priviléges est qu'ils ne peuvent avoir de Gouverneur qui ne soit né dans le Bailliage même.

Les autres Provinces sont à l'Ouest, savoir Oudipollat, *Dolusbang* (Delefwage) *Horteraocurli* (Hotteracourly) *Portaloon*, *Tuncourly*, *Cuttiar* (Cotiari) : les trois premieres ont chacune quatre Bailliages, les deux suivantes en ont chacune trois : la Province de *Cuttiar* fut prise par les Hollandois vers l'an 1660. la Province de Baticalaw (Batecalo) & une partie de Tuncourli passerent aussi en leur pouvoir. La plûpart des Provinces & des Bailliages dont on a parlé ne sont que de fertiles côteaux, & de belles Montagnes : on y a

l'eau en grande abondance : c'est aussi pour cette raison qu'on les appelle CONDE-UDA (Candi Ouda) qui signifie *sur le haut des Montagnes*. Delà vient que le Roi porte le titre de Roi de *Cande-Uda*. Trois Provinces & trois Bailliages seulement ont une autre situation, à savoir *Nourecalava*, *Hotcourii*, *Hotteracourli*, *Tammaquod*, *Vellas* & *Paunoa*. Tous les Bailliages sont separez les uns des autres par de grands bois que personne ne peut vendre, parce qu'ils sont destinez aux Fortifications. En temps de trouble ou de guerre, on fait garde continuellement dans tous ces Bailliages, au lieu que durant la Paix il n'y en a que quelques-uns, où l'on en use de la sorte.

Le pays est montagneux, mais arrosé de belles Rivieres, lesquelles tombant des Montagnes, font beaucoup de bien aux terres pour le ris qui est le principal aliment des habitans. La plûpart de ces Rivieres ne sont pas navigables, à cause des Rochers dont elles sont pleines. En récompense on y a par beaucoup de poissons & d'autant plus que ces peuples ne sont pas adroits à la pêche. La principale de ces Rivieres est la MAVELAGONGUE (Mawilgange) dans laquelle vient se rendre celle qui coule à Cotemul. Les autres moins considerables [b] sont le *Chilaw*, qui coule d'Orient en Occident vis à vis de la pointe Meridionale de l'Isle de Calpentin. *Caula Weya* qui a sa source aux confins du pays des Bedas & traversant la Province de Newe Calava se perd dans le Leegland sans arriver jusqu'à la Mer. La Welebe ou Waluwe dans le pays d'Ouva qui près de son embouchure sert de Bornes entre ce pays & celui de Maturé; delà en avançant vers le Nord on en trouve de suite trois autres, savoir *Cerinde Oye*, *Jala Oye*, & *Koebockan Oye*.

Toute l'Isle [c] est couverte de bois, hormis dans la Province d'Ouvah & dans les Bailliages d'Oudipollat & de Doluphang qui en manquent d'ordinaire. Elle est bien peuplée vers le milieu. Mais elle l'est moins vers les côtes. Mais pour me renfermer dans le Royaume dont il s'agit en cet Article, je renvoye au mot CEYLAN ce qui est commun à toute l'Isle, & aux autres Articles particuliers, ce qui leur est propre.

Les Vallées que renferment les Montagnes sont d'ordinaire marécageuses & remplies pour la plûpart de fort belles sources. Cette espece de Vallées est estimée le meilleur terroir, parce que leurs grains demandent beaucoup d'humidité. Voyez l'Article du Pic d'Adam au mot *Adam*.

Le Royaume est naturellement fort. Du moment qu'on y entre on va presque toujours en montant & l'on ne trouve que de hautes & de grandes Montagnes dont l'accès n'est pas aisé; les chemins mêmes bien qu'en grande quantité sont si étroits, qu'un Voyageur les prendroit plutôt pour des defilez que pour des routes publiques : une personne seulement y passe de front. Ces Montagnes sont toutes couvertes, ou coupées de grands rochers ; tellement qu'il est dificile d'en gagner le sommet & l'accès est ouvert seulement par de petits sentiers à l'entrée & à la sortie desquels il y a des Barrieres d'épines defendues chacune par deux ou trois gar-

a Knox Relat. de Cey. an part. l. p. 3. & suiv.

b Reland & de l'Isle Cartes de Ceylan.

c Knox. ibid.

X* 3   des

des qui examinent tous ceux qui vont & qui viennent, & voyent ce qu'ils portent afin qu'ils ne fassent point entrer de Lettres & que les prisonniers ou les esclaves ne puissent prendre la fuite. Ces Gardes doivent en cas qu'on leur resiste envoyer querir de l'assistance dans les Villages voisins qui sont obligez de les secourir. Ils n'ont la plûpart du temps aucunes armes & ce ne sont que des habitans des lieux circonvoisins. La seule arme avec laquelle ils sçavent se faire obéïr est le nom du Roi : car si un homme refusoit de se soumettre à un Garde qui lui commanderoit quelque chose de la part du Roi il seroit puni avec tant de severité que cet exemple épouvanteroit quiconque auroit une semblable disposition à la desobéïssance. Ces Gardes ne sont pourtant à la rigueur que des sentinelles qui donnent avis de tout ce qui passe. Mais en temps de guerre, & lorsque l'on craint quelque surprise, le Roi envoye des Officiers & des Soldats occuper ces postes. Je reserve à l'Article de Ceylan ce qui regarde l'air, & les saisons de ce Royaume.

Les principales Villes de ce Royaume sont

Candy Capitale
Nellemby,
Alloutneur,
Badoula,
Degligi-neur, ou Dilige.

La Syllabe Neur signifie, Ville Royale, ou une Ville qui a été ou qui est encore la residence du Roi. Il y a outre cela plusieurs Places ruinées qui conservent pourtant le nom de Villes. Telle est Anurodgburro.

La Province de Portaloon située au Couchant de l'Isle, a un port de Mer d'où une partie du Royaume tire du sel & du poisson. Les parties Orientales du Royaume qui ne pourroient tirer du sel de ce port, tant à cause de l'éloignement, que de la dificulté qu'il y a de conduire des Voitures à travers tant de Montagnes, sont soulagées d'une autre maniere. Quand le vent d'Est regne, il fait entrer l'eau de la Mer dans le port de Leawawa & ensuite lorsque le vent d'Ouest amene le beau temps cette eau se congele & fournit aux habitans du pays plus de sel qu'il ne leur en faut. Voyez Leawawa.

Outre les Villes il y a des Bourgs & des Villages. Les meilleurs sont ceux qui sont consacrez à leurs Idoles dans lesquels ils leur ont dedié des *Dewals* ou Temples. Ils ne tirent point leurs rues au cordeau ni ne bâtissent point leurs Maisons, les unes près des autres, ou avec quelque regularité. Chaque famille vit en son particulier dans une Maison autour de laquelle il y a le plus souvent une haye & un fossé à cause de leurs bestiaux. Jamais ils ne bâtissent sur le grand chemin, & ils ne veulent point avoir de Villages trop passans, ne se souciant de voir que ceux avec qui ils peuvent avoir quelque affaire. Leurs Villages ne sont pas fort grands. Dans les uns il n'y a que quarante Maisons, quelquefois cinquante. Dans les autres on en verra jusques à cent, & d'autres n'en ont que huit ou dix.

Entre leurs Bourgs il y en a plusieurs de ruinez à cause que d'ordinaire, ils les abandonnent quand ils voyent des maladies un peu frequentes & que deux ou trois personnes meurent en peu de temps. Alors ils se persuadent que le Diable les attaque, & pour l'éviter ils vont s'établir dans un autre lieu, laissant-là & leurs Maisons & leurs terres. Quelque temps après, lorsqu'ils s'imaginent que le Demon s'est retiré, ils viennent reprendre possession de ce qu'ils avoient abandonné, ce qui néanmoins n'arrive qu'à ceux qui sont moins superstitieux ou plus interessez que les autres.

Les [a] Maisons sont petites, basses, couvertes de paille, bâties avec des perches sur lesquelles ils étendent de l'argile & les murailles en sont fort unies : il ne leur est pas permis de bâtir plus haut qu'un étage, ni de couvrir de tuile, ni de blanchir les murailles avec de la chaux, mais ils ont une sorte d'argile qui est aussi blanche. Ils ne se servent ni d'Architectes ni de Charpentiers, si ce n'est quelques gens du premier rang. Chacun bâtit sa Maison sans y employer un seul clou. Tout ce qui devroit être cloué est lié avec des *rattans* ou autres liens qui croissent en abondance dans leurs forêts, où ils prennent le bois pour bâtir sans qu'il leur coûte, autre chose que la peine de le couper. Comme le pays est chaud, la plûpart ne se soucient pas de plâtrer leurs Murailles & se contentent de branches & de feuilles d'arbres. Les plus pauvres n'ont qu'une chambre, il se trouve peu de Maisons qui en aient plus de deux, à moins qu'elles ne soient à des personnes de la plus haute qualité. Le Roi ne permet pas qu'ils bâtissent de meilleures Maisons. Il n'y a point de cheminées; on fait le feu dans un coin. Les Maisons des grands Seigneurs sont plus belles & plus commodes. Ils ont d'ordinaire deux bâtimens opposez l'un à l'autre & joints par une muraille, ce qui fait une cour quarrée au milieu. Autour de leurs Maisons il y a contre la muraille des bancs d'argile pour s'asseoir, & ils les frotent de fiente de Vache par dessus pour les rendre unis & les garder contre la pluye. Leurs Valets & leurs Esclaves demeurent autour d'eux avec leurs Femmes & leurs enfans dans des Maisons particulieres. Quelques pots de terre qui pendent à des Cannes au milieu de la Maison parce qu'ils n'ont point de planches, un ou deux bassins de Cuivre dans lesquels ils mangent, une chaise ou deux sans dos, le Roi seul pouvant s'asseoir sur une chaise à dos; quelques paniers pour mettre du grain, des nates qu'ils étendent sous la tête pour se coucher eux & leurs amis; quelques pilons d'Ebene de quatre pieds pour batre le Ris, un Mortier de bois pour le piler jusqu'à ce qu'il blanchisse; une rape pour raper les noix de Coco, une pierre plate pour écraser le poivre ; des haches, des hallebardes, des pelles, des bêches ; voila en quoi consiste tout l'ameublement & tous les ustenciles de ce peuple. Ils ne se servent point de tables & mangent à terre. Leur nourriture est simple & frugale, pourvu qu'ils ayent du ris & du sel, ils sont contens. La viande & le poisson sont rares, & lorsqu'ils en ont ils aiment mieux le vendre que de le manger.

Le Ris [b] qui fait leur principale nourriture est de plusieurs sortes, toutes diferentes des nôtres.

[a] Ibid. II. part. p. 120.

[b] Ibid. I. part. p. 18.

nôtres. Ils les nomment diferemment selon le temps qu'il faut pour meurir, bien qu'il n'y ait pas beaucoup de diference pour le goût. *Maurvi* eſt celui qui meurit en ſept mois, *Hauteal* celui qui eſt bon à manger au bout de ſix ; *Honorowal* celui qui vient en cinq ; *Henit* celui qui vient en quatre, & *Aulfancol* celui qui meurit en trois. Le prix de ces diferentes eſpéces eſt le même. Le plutôt meur a meilleur gout, mais il ne raporte pas tant. Comme l'eau eſt abſolument néceſſaire pour faire croître & meurir ces ſortes de Ris qui en doivent toujours être couverts ſans quoi la moiſſon eſt perduë ils ſe reglent pour le choix ſur la quantité d'eau qu'ils ont ; & pour en amaſſer aſſez ils pratiquent des reſervoirs & des canaux avec un travail & une induſtrie qui meritent bien qu'on les remarque. Ils tirent cette eau des Rivieres & des étangs, & applaniſſent adroitement les terres qu'ils doivent enſemencer, en les rendant auſſi unies qu'un jeu de boule afin que l'eau les couvre entierement. Il n'y a pas juſqu'au terroir inégal & coupé de Collines qu'ils ne ſachent mettre ſous l'eau. Voici comment ils s'y prennent. Ils applaniſſent ces Collines en forme d'Amphithéatre, dont les ſiéges ont trois pieds de large au moins & huit au plus, deſorte qu'ils ſont les uns plus bas que les autres, & c'eſt comme une eſpece d'Eſcalier par lequel on peut aller au haut de la Colline ou de la Montagne. Les Reſervoirs d'eau ſont tout en haut ; delà on fait tomber l'eau ſur les premiers rangs qui en recevant ce qu'il leur en faut la laiſſent couler par degrez aux autres rangs. De cette maniere tout eſt arroſé ; d'abord les monceaux de terre les plus élevez & enſuite ceux qui ſont vers le pied de la Montagne. La proviſion d'eau dure quelquefois plus, quelquefois moins, deux, trois, quatre ou cinq mois & c'eſt là-deſſus qu'on ſe regle pour l'eſpece de Ris qu'on ſemera ; car le temps que le Ris doit être à meurir doit repondre au temps que le terroir pourra être ſous l'eau, autrement le Ris ſeroit gâté ſi la terre ſe trouvoit ſeche avant qu'il fût tout à fait meur. Sur ce fondement, lorſqu'ils prevoient que leur eau durera longtemps ils ſement le meilleur ris, au contraire s'ils n'ont que peu d'eau ils ſement le moindre : leurs terres ſont d'ordinaire en commun : auſſitôt qu'ils les ont enſemencées, ils les ferment de hayes & quand la premiere ſorte de grain eſt meure, celui à qui elle appartient fait moiſſon & enſuite il lui eſt permis de rompre la haye & d'engraiſſer ſon bétail dans ce champlà ; ce qui cauſeroit un grand dommage à celui dont les grains demanderoient d'être un mois ou deux plus longtemps en terre. Ainſi lorſque par néceſſité ou par quelque autre raiſon quelques-uns ſément plus tard que les autres, ils ſement une moindre ſorte de ris qui puiſſe être mûr & moiſſonné dans le même temps. Les lieux où il n'y a ni Rivieres ni Fontaines ont recours à l'eau de pluye, telles ſont les parties Septentrionales du Royaume qui n'ont que deux ou trois Fontaines. On y amaſſe la pluye dans des reſervoirs coupez en terre d'où on la diſtribuë. Ils ont la figure d'un Croisſant : chaque Village en a un & lorſqu'ils ſont bien pleins d'eau, on regarde la recolte comme auſſi ſure & auſſi bonne que ſi le grain étoit déja dans la Grange. Ces étangs ſont en très-grand nombre & leur grandeur eſt diferente ils ont deux ou trois braſſes de profondeur, ils ſont faits en Croiſſant & ont un quart de lieue & même une demie lieue de longueur. Outre ces eſpeces de ris qui ne croiſſent que dans l'eau, il y en a qui ne laiſſe pas de meurir quoi-qu'il ſoit à ſec. Je parle à l'Article général de l'Iſle, des fruits & des animaux qui lui ſont particuliers. Je finirai celui-ci par une remarque de l'Auteur que j'ai copié juſqu'à préſent.[a] On montre dans l'Iſle pluſieurs endroits où le peuple du pays prétend qu'il y avoit autrefois des Villes. On aſſure même que les noms que portent préſentement ces lieux-là ſont les anciens noms des Villes qui y étoient. Mais pour en dire la verité, il y reſte à peine quelques veſtiges de Bâtimens. L'Auteur reduit le nombre des Villes à cinq, qui ſont celles que j'ai déja nommées, où le Roi a des Palais meublez, mais qui tombent tous en ruine, hormis celui où il fait ſa reſidence.

[a] I. part. p. 11.

2. CANDY, ou CANDE, Ville Capitale du Royaume de même nom dans l'Iſle de Ceylan. Knox nous apprend que les Chingulàis la nomment HINGODAGUL-NEURE, c'eſt-à-dire la Ville du peuple de Chingulay. J'ai déja remarqué que le mot NEUR ſignifie une Capitale ou Ville Royale. Il obſerve que *Conde* ſignifie *Montagnes* dans la Langue du pays ; & qu'en effet elle eſt ſituée entre des Montagnes. C'eſt ſans doute à cauſe de cela que les Etrangers ont pris ce nom qu'ils entendoient prononcer aux habitans, pour le nom de la Ville, d'autant qu'il eſt beaucoup plus aiſé à retenir & à prononcer que le vrai nom : je ne crois pas qu'il faille mettre de la diference entre *Candy* & *Conde*, ce dernier prononcé par un Anglois eſt le même que le premier prononcé par un François. Quoi qu'il en ſoit [b] elle eſt dans le cœur de l'Iſle au pays d'Yattanour. Son aſſiette eſt avantageuſe. Toutes choſes y peuvent aborder également, & on n'y manque aucunement d'eau. Elle eſt en forme d'un triangle, à la pointe Orientale duquel eſt bâti ſelon la coutume du pays le Palais du Roi. Il n'y a aucunes fortifications, ſi ce n'eſt du côté du Sud ; comme de ce côté les avenuës ſont plus aiſées & plus ouvertes qu'ailleurs on y a fait une eſpece de rempart de terre qui traverſe la vallée d'une Montagne à l'autre. Il n'a que vingt pieds de haut & on peut paſſer deſſus en quelque endroit que ce ſoit. Les avenuës ſont toutes fermées à deux ou trois milles de diſtance par des barrieres d'épines défenduës par des Gardes qui examinent tous ceux qui vont ou qui viennent. Au Sud & à un quart de lieuë de la Place, coule la grande Riviere (de Mawilgage) qui vient du Pic d'Adam. Cette Ville a été pluſieurs fois brûlée par les Portugais dans le temps que Maîtres des côtes, ils faiſoient des courſes dans le pays ; de ſorte qu'ayant brûlé les Temples & le Palais, ils forcérent le Roi à leur payer un tribut de trois Elephans tous les ans ; mais vers l'an 1660. le Roi abandonna cette Capitale & transfera ſa Cour à Dilige, ou Degligi.

[b] Ibid.

CANDYBA, Ville de la Lycie ſelon Pline

168 CAN.

a l. 5. c. 27.
b l. 5. c. 3.

c Carol. à S.
Paulo Pa-
rerg. p. 16.
d l. 6. c. 2.

e l. 6. c. 28.

f L. 6. c. 7.

g l. 7. c. 42.

h Tournefort
Voyage du
Levant T. 1.
p. 7.

Pline [a] & Étienne le Géographe. Ptolomée [b] écrit ce nom CONDYBA ; peut-être est-ce une faute de ses Copistes. Cette Ville a été Épiscopale, ou du moins elle est nommée dans les anciennes Notices Ecclésiastiques ; entre autres celle du Grammairien Hieroclès la met pour la XVII. Ville de la Lycie [c].

CANDYS, Ville d'Asie dans la Medie, selon Ptolomée [d].

1. CANE, Port de l'Arabie heureuse dans le pays qui produit l'encens. Le Périple de la Mer Rouge & Pline [e] s'accordent à dire que c'étoit une Ville située sur la Mer. Ce pays qui produit l'encens est le même que celui des Sabéens. Ptolomée [f] dit que c'étoit une Ville Marchande Ἐμπόριον, & qu'il y avoit un Cap de même nom. Il donne la Ville & le Cap aux Adramites qui faisoient partie des Sabéens.

2. CANE, Montagne de l'Asie Mineure auprès de la Riviere du Caïque, selon Herodote [g].

§. Comme ces noms ont la derniere lettre écrite en Grec par un η, quelques-uns l'ont exprimée par un e dont elle a le son, d'autres l'ont changée en un A pour donner une terminaison Latine ; & ont dit CANA au lieu de Cane.

3. CANE, lieu de la Palestine. Voyez CANA.

CANEBIUM, Ville d'Asie dans la Carie. On la nomma ensuite CYON Κυών, comme le témoigne Etienne le Géographe.

CANE'E (la) Ville de l'Isle de Candie, dans la partie Occidentale de la côte Septentrionale, dans un quartier auquel elle donne son nom. Elle [h] est la seconde place de l'Isle. Outre qu'elle est plus petite que Candie, le Viceroi ou Beglierbey de cette Ville commande au Pacha de la Canée & à celui de Retimo. Toute l'Isle est soumise à ces trois Generaux, & chacun y a son departement. On ne compte qu'environ quinze cens Turcs dans la Canée, deux mille Grecs, cinquante Juifs, dix ou douze Marchands François, un Consul de même Nation, & deux Capucins, qui en sont Aumoniers. Le corps de la place est bon : les murailles sont bien revêtuës, bien terrassées, defendues par un fossé assez profond, & il n'y a qu'une porte du côté de la terre.

Le Port, quoique fort exposé au Nord, ou à la tramontane, comme l'on parle sur la Méditerranée, seroit assez bon, s'il étoit entretenu. On y voit encore les ruines d'un bel Arcenal bâti par les Venitiens, à gauche tout au fond du bassin. Il ne reste plus que les voutes des ateliers où l'on travailloit aux Galéres. Les Turcs negligent entierement l'entretien des Ports & des murailles des Villes. Ils ont un peu plus de soin des fontaines, parce qu'ils sont grands beuveurs d'eau ; & que leur Religion les oblige de laver fort souvent toutes les parties de leur Corps. L'entrée du port de la Canée est defenduë à gauche par un petit Fort où est le fanal. Le Château qui est à droite au delà du premier bastion, est tout-à-fait ruïné. On trouve après qu'on a passé le fanal, une Mosquée assez jolie, dont le dôme est bas & arrondi. Le frontispice est à plusieurs Arcades, chargées d'autant de petits dô-

CAN.

mes de même profil que le grand. La Maison des Capucins François est auprès de cette Mosquée : leur Chapelle est une Chambre assez mal bâtie, encore plus mal ornée, desservie par deux Religieux de la Province de Paris, dont l'un porte le nom de Superieur, & l'autre represente le reste de la Communauté. Les Députez du Commerce leur donnent cent écus par an ; le Consul de France, les Marchands, & les Matelots leur font des charitez.

A l'égard des Maisons de la Canée, elles sont fort simples, comme par tout le Levant : les mieux bâties n'ont que deux étages, dont le premier, qui est au rez de chaussée, sert de salle-basse, de magasin, de cellier, & d'écurie. Les murailles sont de maçonnerie à encoigneures de pierre de taille. De ce premier logement on monte au second, par une échelle de bois assez droite : ce second étage est divisé en differens appartemens, suivant l'étenduë du lieu, & couvert en terrasse, où l'on n'employe ni plâtre, ni brique, mais seulement des planches de sapin, assemblées en plafond, & clouées à une espece de chassis de lattes à quarreaux d'environ un pied de diametre : ce plafond est soutenu par des sabliéres de chêne, posées à deux ou trois pieds les unes des autres : en dehors il est revêtu d'une couche de terre détrempée comme du mortier, battuë pendant long tems, & pavée de ces petits Cailloux, qui se trouvent dans les lits des torrens. On ne donne de pente à la terrasse, qu'autant qu'il en faut pour l'écoulement des eaux ; on s'y promene, quand il fait beau, & même l'on y couche dans les grandes chaleurs : Voila jusques où les Candiots ont porté l'art de bâtir. Il faut reparer tous les ans ces Couverts, mais l'entretien coûte encore moins que la bâtisse. Outre ces toits en terrasse, chaque Maison a communément une autre petite terrasse de plein pied au second étage : ce n'est proprement qu'une Chambre découverte, garnie de quelques pots de fleurs : cette terrasse est d'un grand secours pour la santé ; car la plupart des Maisons de la Ville étant tournées au Nord, on en ferme les fenêtres, lorsque le vent du Nord regne, & alors on ouvre la porte de la terrasse, qui est au Midi. Au contraire, on ferme cette porte & l'on ouvre les fenêtres exposées au Nord, lorsque les vents du Midi si dangereux par tout le Levant, commencent à se faire sentir : ces vents sont quelquefois si chauds, qu'ils suffoquent les gens en pleine campagne.

Les environs de la Canée sont admirables, depuis la Ville jusques aux premieres Montagnes. La Campagne qui s'étend jusques à la Culate est de la même beauté. Ce ne sont que forêts d'Oliviers aussi hauts que ceux de Toulon & de Seville. Ils ne meurent jamais en Candie, parce qu'il n'y gèle pas. Ces forêts sont entrecoupées de champs, de vignes, de jardins, de ruisseaux ; & ces ruisseaux sont bordez de Myrte & de Laurier-rose.

Ces Oliviers fournissent une grande abondance d'huile, & on assure qu'en 1699. on en recueillit dans l'Isle de Candie trois cens mille mesures.

La mesure ordinaire d'huile pese huit ocques & demie à la Canée. L'ocque pese trois

livres

CAN. CAN. 169

livres deux onces qui font quatre cens Dragmes fuivant la maniere de compter des Orientaux. La Livre eſt de cent vingt-huit Dragmes & la Dragme de foixante grains.

Outre les forêts d'Oliviers il y a beaucoup de jardins autour de la Canée plantez tout de même que ceux du reſte de la Turquie ſans ordre, ſans ſymetrie, ſans propreté : dans ces Vergers negligez les arbres ne donnent que de mauvais fruits. On n'y cultive que de méchantes eſpeces & l'on ne ſait ce que c'eſt que de les greffer.

A un mille & demi de la Canée eſt un Monaſtere qui porte le nom de St. Eleuthere, c'eſt là que quelques-uns croient qu'étoit le Siége Epiſcopal de CYDONIA. Mais Mr. de Tournefort *a* dit qu'il n'y a point de ruines fort anciennes. Suivant Strabon *b*, pourſuit il, Cydonie étoit une Ville maritime à dix milles d'Aptere, or la Canée ſe trouve juſtement à cette diſtance de Paleocaſtro, qui eſt certainement la Ville d'Aptere. Une Ville auſſi puiſſante que Cydonia, laquelle faiſoit pancher la balance du côté du parti pour lequel elle ſe déclaroit dans les troubles de Cnoſſe & de Gortyne : cette Cydonia, dis-je, qui ſeule reſiſtoit à la puiſſance de ces deux Villes liguées enſemble, avoit beſoin d'un bon port, & par conſequent d'habitans portez ſur le lieu pour y tendre des chaines & pour empêcher que ſes ennemis ne s'en emparaſſent. Or il n'y a point d'autre port dans ce quartier-là que celui de la Canée & celui de la Sude. Voyez CYDONIA. Selon Mr. Baudrand la Canée eſt à vingt-huit milles du Cap Spada, à quarante milles de Retimo, & à près de quatre vingt dix milles de la Ville de Candie.

CANELAND. Voyez CANELLE 1.

CANELATE, ancien nom d'une Ville de l'Iſle de Corſe dans ſa partie Septentrionale, ſelon Ptoloméé *c*. Le P. Briet dit *d* que c'eſt preſentement S. FIORENZO. Léandre dit que c'eſt SCALA DI CANELLO.

CANELLA *e*, (CAPO DELLA) Cap de l'Iſle de Corſe, à l'entrée du Golphe de St. Fiorenzo du côté du Midi. Quelques-uns le prennent pour le Promontoire TILOX de Ptolomée. Voyez TILOX.

1. CANELLE, (MONTI DI) *f* Montagnes de la Sardaigne, dans la partie Septentrionale de l'Iſle, vers celle de Corſe. Les anciens les ont nommées INSANI MONTES. Voyez INSANI.

2. CANELLE (LE PAYS DE LA), les Hollandois le nomment CANEELE-LAND ou KANEEL-LAND, ce qui ſignifie la même choſe; ſon vrai nom eſt LE ROYAUME DE COTA du nom d'une Ville dont les ruines ſont à l'Orient de Colombo. Elles ſont à demi-lieue de Colombo où l'on peut à peine les découvrir à preſent, au raport du Capitaine Jean Ribeyro *g*, tout étant couvert de broſſailles & de bois. Le Roi de Cota étoit autrefois le plus puiſſant de l'Iſle, tous les autres le reſpectoient comme leur Empereur. Son Royaume s'étendoit le long de la Mer depuis Chilaon juſqu'aux Grevaias, l'eſpace de cinquante-deux lieues, ſelon cet Auteur. Meſſ. Reland & de l'Iſle mettent l'extremité Septentrionale de ce Royaume trois lieues marines d'Eſpagne de 17. & demie au degré plus au Midi que Chilaw, Ville qui eſt la même que Chilaon : au Midi ils n'étendent point ce Royaume au delà de la Riviere de Melipu dont l'embouchure eſt auprès de Maturé & de la fameuſe Pagode de Tanaware : de ſorte que le Doſledas Corla eſt entre ce Royaume & les Grevaias. Ainſi ils donnent environ quarante lieues Géographiques de côtes tant Orientales que Meridionales; mais le Pays qui eſt au delà, c'eſt-à-dire à l'Orient de la Riviere de Melipu, quoiqu'habité par des Cingales, ou Chingulais, c'eſt-à-dire, par des naturels de l'Iſle ne laiſſe pas d'être ſous la domination Hollandoiſe. Gautier Schouten *h* qui y voyagea vers l'an 1660. dit qu'ils y menoient une vie tranquile ſous le Gouvernement des Hollandois, vivant de leur pêche & de ce que produiſoit la terre qu'ils cultivoient. Voici une diviſion Géographique que j'ai dreſſée ſur les Mémoires les plus exacts & les plus recens qui me ſoient parvenus.

a Ibid. p. 11.
b l. 10.

c l. 3. c. 2.
d Parall. Part. II. l. 5. p. 681.
e Baudrand Ed. 1705.

f Ibid.

g Hiſt. de Ceylan. p. 5.

h Voyage T. 1. p. 188.

Le Pays de la Canelle renferme	Les SEPT CORLAS qui ſont	Alecur Corla, Pitigal Corla, Bibligol Corla, Gempele Corla, Galdade Corla, Hina Corla, Happitingen Corla.		Negombo, Port Allage, Village.
	Les QUATRE CORLAS qui ſont	Kindigod Corla, Dehibambale Corla, Panaval Corla, Attulugan Corla.	où ſont les PORTS, VILLES, ou BOURGS de	Manicramare, Ville. Ravanelle, Bourg.
	Le R. de DINA VACA ou des DEUX Corlas qui ſont	Vitte Corla, & Morrua Corla.		Dina Vaca, Ville.

Tom. II. Y* La

La côte Occidentale au Midi de Negombo où sont	Helvagam Corla, Salpiti Corla, Reygam Corla, Pasdun Corla, Walawite Corla.	Malvana, Fort, Colombo, Port, Paneture, Port, Caliture, Port, Alicant, Port.
La côte Meridionale où sont	Le Corla de Gale, Billigam Corla, Dollesdas Corla, Les Grevayas, Le Pays où l'on chasse les Elephans.	Punta de Gale, Billigam, Fort, Mature, Ville. Tangalle, Port.
dans l'interieur des Terres font du Nord au Sud	Corwite Corla, Soffregam Corla, Naudum Corla, Cockele.	Corwite, Fort, Soffregam, Ville, Penegatelle, Harcipote, Ville.

Ces Corla font autant de Cantons particuliers. L'arbre dont ce Pays porte le nom dans les Relations Européennes en est la principale Richesse. Il y en a une Forêt de douze lieues [a] entre Chilaon & le Port de Tenevaré (Chilaw & Tanavare) & ces Forêts sont si épaisses qu'un homme ne sauroit y entrer. La feuille du Canelier aproche beaucoup de celle du Laurier; elle ne tombe jamais, quoi qu'il pleuve souvent en ce pays. Si on la rompt entre les doits, elle rend une odeur très-agréable & en même temps très-forte. Cet arbre n'est pas grand, & le plus haut n'a pas plus de deux brasses. Il porte son fruit deux fois l'année & ce fruit ressemble à celui que porte le laurier. La chaleur du Climat & l'humidité de la terre le font germer presque aussi-tôt qu'il tombe à terre & ces arbres croissent si vite & si facilement qu'il y a une loi qui oblige les habitans à batre les chemins & à les nétoyer; & s'ils étoient une année sans le faire, on y verroit un bois si épais qu'on ne pourroit plus passer. Quelque soin même que l'on prenne d'entretenir les chemins, ils sont si étroits, que deux hommes ne peuvent marcher de front, ainsi ce sont des défilez continuels. Quoique cet arbre vienne très-vîte, on ne le dépouille que de trois ans en trois ans & la premiere année qu'il est dépouillé il paroît comme mort. Pour avoir cette precieuse écorce on fend l'arbre en long; cette écorce qui est assez blanche, prend à l'air une couleur qui tire sur le brun & se ploye comme nous la voions. On ne fait point d'autre façon aux Caneliers que de couper les plus vieux pour donner de l'air aux plus jeunes; ces vieux Caneliers ainsi coupez & secs font le plus beau & le plus agréable feu du monde.

Ce n'est pas qu'il ne vienne des Caneliers ailleurs que dans l'Isle de Ceylan; il y en a à la Chine, à la Cochinchine, dans les Isles de Timor & de Mindanao, dans le Malabar. Les Portugais en ont transplanté dans le Bresil, où elle vient merveilleusement bien, mais elle n'aproche point pour la bonté de celle de Ceylan. Ils appellent celle qui vient dans ce pays-là *Canela brava*, *Canela triste*, & n'en connoissent de bonne que celle de Ceylan. Au reste ce n'est pas sans raison qu'on apelle Pays de la Canelle celui qui est depuis le Nord de Negombo jusques à la Riviere de Melipu; car le Canelier ne vient pas generalement dans toute l'Isle de Ceylan: on ne le trouve que depuis Grudumale jusqu'à Tanavare qui est, comme j'ai dit, une Pagode située à l'embouchure du Melipu au Midi de l'Isle. Cette Canelle même n'est pas également bonne dans toute étendue de pays. L'excelente est celle que l'on cueille entre Ceita Vaca, (ou Sita Vaca) & Colombo, & afin qu'elle soit encore meilleure, il faut que l'arbre ne soit ni trop vieux ni trop jeune & que l'on n'en prenne que la seconde écorce.

Les Persans & les Arabes qui consument beaucoup plus de Canelle que nous, distinguent ces diferentes especes par deux noms qui n'ont aucun raport ensemble: ils appellent *Kerfah*, toute celle qui n'est pas de Ceylan, & ils nomment *Dar Chini Seylani*, c'est-à-dire *bois de la Chine de Ceylan*, celle qui vient dans ce pays; parce que c'étoient les Chinois qui en faisoient le plus grand trafic & qui portoient la Canelle à Ormus; d'Ormus on la distribuoit dans toutes les parties de notre Continent, toujours sous le nom de bois de la Chine. On prétend même que son nom Latin *Cinnamomum* vient de *Sin* & *Ha Mama*, qui en Chinois veut dire *Pied de Colombe*, ou *de Pigeon*.

[b] Il y a aussi dans les Royaumes de Ceita Vaca, de Dina Vaca, & de Cotta beaucoup de mines très-riches. On en tire des Rubis, des Saphirs, des Topases d'une grandeur considerable, des yeux de Chat, & on en a trouvé quelques-uns qui ont été vendus vingt mille cruzades; des Jacintes, des Verlis, des Taripos, & plusieurs autres pierres precieuses, dont on fait là aussi peu de cas que nous pourrions faire ici du Sable ou des Cailloux que l'on ramasse dans les Rivieres.

CANENTELOS, Riviere de la Gaule, selon Ptolomée[c]. Par la position qu'il donne à l'embouchure de cette Riviere on voit qu'il nomme ici LA CHARENTE; que les autres nomment CARANTONUS.

CANES[d], Port de France en Provence, avec une petite Ville & un Château sur la côte de la Mer Mediterranée, près de l'Isle de Ste. Marguerite; entre Frejus au Couchant & l'embouchure du Var au Levant à distance presque égale de l'un & de l'autre, & à trois lieues d'Antibes. Les Italiens l'appellent CANEVA.[e] Il n'a pour tout port qu'une Plage. Il depend de l'Abbaye de St. Honorat,

[a] Hist. de Ceylan p. 8.
[b] Ribeyre ibid. p. 9.
[c] l. 2. c. 7.
[d] Baudrand Ed. 1705.
[e] Journal d'un Voyage de France &

CAN.   CAN. 171

& est du Diocèse de Grasse; à un quart de lieue des Isles de Ste. Marguerite & de St. Honorat.

CANESTRINUM, lieu de la Palestine duquel parle Guillaume de Tyr[a].

CANET[b], petite Ville de France au Comté de Roussillon, avec un vieux Château près de la côte de la Mer Mediterranée.

CANETA[c], petite Riviere du Royaume de Naples, dans la Calabre citerieure. Elle se jette dans le Golphe de Tarente, à une lieue de Cariati vers Trionto.

CANETE[d], Château d'Espagne dans l'Andalousie, vers Malaga, à une lieue de Teba. Quelques-uns le prennent pour la Sabora des Anciens.

1. CANETHUM, ou plutôt CANETHUS, lieu de l'Isle d'Eubée. Il étoit d'abord auprès de Chalcide, mais dans la suite il se trouva enfermé[e] dans l'enceinte de cette Ville.

2. CANETHUM, Montagne de la Beotie, selon Apollonius[f] & son Scholiaste citez par Ortelius[g].

CANETO[h], petite Ville d'Italie au Duché de Mantoue, à l'endroit où la Chiese se rend dans l'Oglio, sur la frontiere de l'Etat de Milan & du territoire de Cremone. Elle est presqu'au milieu entre Mantoue à l'Orient & Cremone à l'Occident, étant éloignée de vingt milles de chacune de ces Villes & près de vingt-quatre du Lac de Garde au Midi en allant vers Parme. Voyez BEDRIACUM.

CANFILA[i], Riviere & contrée d'Afrique sur la côte d'Abech, aux environs de Suadaquem.

CANFIELD. Voyez CANNONIUM.

CANGA[k], Province du Japon dans l'Isle ou Presqu'Isle de Niphon & au Pays de Jetsesen, avec une Ville principale de même nom selon François Cardin. Ce lieu est nommé CAGA dans la Carte Japonnoise publiée par Mr. Reland.

CANGANORUM PROMONTORIUM, Cap de la côte Occidentale d'Albion selon Ptolomée[l]. Le Grec varie dans les exemplaires, quelques-uns portent Καγκάνων, d'autres Γαγγάνων, Ganganorum. On croit que c'est aujourd'hui LA POINTE DE LHEYN, sur la côte Occidentale d'Angleterre au Comté de Caernarvan. Ce Cap est le même qui s'avance vers l'Isle de Bardsey & que Mr. de l'Isle nomme POINTE DE BRACHIPULT; Allard écrit BRAYCHYPULT POINT. C'est peut-être là qu'il faut chercher le peuple CANGI dont parle Tacite.

CANGAS[m], en Latin *Canica Valles*, Bourg d'Espagne dans l'Asturie.

CANGCHEU, Mess. Baudrand, Maty, & Corneille, écrivent ainsi au lieu de Changcheu, le nom d'une Ville de la Chine qu'il ne faut pas confondre avec *Cancheu*, *Cangcheou*, ou *Cantcheou*, qui est dans une autre Province. Voyez CHANGCHEU.

CANGERECORA, Ville des Indes dans la Presqu'Isle en deçà du Gange au pays de Canara, sur une Riviere de même nom qui sert de confins de Malabar; selon Davity cité par Mr. Corneille[n]. Les Cartes de Mrs. Reland & de l'Isle n'ont rien de pareil.

Tom. II.

CANGERVARAN. Voyez CANGIVOURAN.

CANGI, ancien peuple de la Grande Bretagne. Tacite parlant de la Marche d'Ostorius[o] dit : On arriva chez les Canges, assez près de la Mer vis-à-vis de l'Isle d'Irlande. Cette situation, qui s'accorde avec celle du Promontoire *Canganorum* de Ptolomée, semble persuader que les Canges n'étoient pas loin de ce Cap.

CANGIANO[p], petite Ville d'Italie au Royaume de Naples, dans la Principauté Citerieure entre le Mont Apennin & la Riviere de Silaro. El'e s'est accrue des ruines de Satriano qui en est proche, & est à vingt-cinq milles de Conza au Midi.

CANGIVOURAN, Ville de la Presqu'isle de l'Inde d'en deça le Gange au Royaume de Carnate, aux confins de celui de Gingi, à l'Occident un peu Meridional de St. Thomé ou Meliapour, à vingt-quatre lieues communes, de vingt-cinq au degré, de Gingi, selon les Cartes de Mrs. Reland & de l'Isle pour la côte de Coromandel.

CANGOXUMA, ou CANGOXIMA, Ville du Japon sur la côte Occidentale de l'Isle de Bungo au Midi, & à cinq bons milles d'Allemagne de Nangasaki. C'est la premiere où les Portugais se soient habituez.[q] Ils la choisirent à cause de sa situation, pour en faire comme le centre de leur commerce. Le haut de son fanal est quarré, & surmonté de quatre ou cinq boutons, qui vont toûjours en diminuant. Il est soûtenu d'un bois de cedre fait en forme de mât, & étayé de deux grosses poutres, qui se joignent par le haut avec deux gros crampons de fer. On y monte par des échelons pour entretenir la lumiere qu'on y met le soir de bonne heure, & qu'on éteint le matin fort tard. D'un côté est le corps de garde, & de l'autre quelques maisons bâties sur la croupe de la Montagne. Le roc où est ce Fanal étant extrémément haut, on le voit en Mer de sept lieuës. Au pied de la Montagne est une cabane de Pêcheur, devant laquelle il y a une rade fort commode pour les vaisseaux. Avant que l'on entre dans la Ville, il faut traverser un grand nombre de rochers, qui en rendent l'abord dangereux. On voit au milieu de ces rochers un fort beau Château, qui fut bâti par Ongoschio, grand-pere de l'Empereur Chongon, lors qu'il meditoit d'ôter la Couronne à Fideri, fils de Taycosamma. Il crut que c'étoit un moyen de s'assûrer de Cangoxuma, qu'il lui importoit de conserver, non seulement à cause que cette Ville est la clef du Royaume de Saxuma, mais même de tout le Bungo. Ce Château bâti dans la Mer, est de grosses pierres de taille. Sa figure est presque quarrée, & ne ressemble pas mal aux bastions qu'on voit en Europe. Il y a en tout temps une forte garnison, qui fait payer pour l'Empereur les droits d'entrée & de sortie. Le long du Port jusqu'à la Mer, regne une digue toute de pierre, dont les garde-fous sont d'airain. A l'un de ses bouts on a bâti deux grands corps de garde, dans chacun desquels il y a toûjours cinq cens hommes, qui veillent, non seulement sur le Port, mais aussi sur les actions du Roi de Saxuma, qui a souvent

Y* 2

vent pris les armes, pour ne pas payer le tribut à l'Empereur.

Devant ces corps de garde, du côté du Septentrion, il y a un beau Port pratiqué entre les rochers, où est élevé le Fanal. Vers le même lieu sont les Magasins bâtis de grosses pierres. A moitié chemin est un grand Portail où l'on monte par un escalier qui est aussi de pierres fort dures & fort larges. Cet escalier commence dès le Port pour la commodité des marchandises qu'on charge & décharge. Le Magasin situé à la Porte qui regarde le Septentrion, est composé de quatre grandes Salles. Celui qui est vis-à-vis, a deux étages fort élevez & divisez en quatorze chambres, sans les greniers. C'est entre le magasin & les corps de garde que coule la Riviere, qui descendant de la Montagne, s'assemble dans un lit qu'on lui a fait au milieu de la Ville, d'où elle va se perdre avec une très grande rapidité dans la Mer de Corée. Au Midi de cette Riviere sont de superbes bâtimens, où les passagers payent les droits une seconde fois, ce qui rapporte beaucoup à l'Empereur. Vis-à-vis de ces bâtimens, a été construit un fort beau Temple, où l'on garde quelque temps les corps avant que de les brûler. Les Prêtres prennent ce temps-là pour les bien nettoyer, afin qu'ils soient plus en état de paroître devant leurs Dieux *Amida* & *Canon*. A côté de ce Temple, vers l'endroit qui regarde la Ville, il y a de beaux Magasins qu'on prétend être à l'épreuve du feu. On y garde les revenus du Royaume de Saxuma, que l'Empereur fait transporter tous les ans à Ozacoa, par des Députez qu'il envoye exprès. Entre le Château & ces Magasins, est un autre Temple, où les Paysans vont prier leurs Dieux de conserver les biens de la terre. A l'endroit de la Riviere qui est le plus au Midi, la Ville s'étend sur une Montagne fort haute; de sorte qu'il y en a une partie comme cachée derriere le roc où est le Fanal. Au milieu de la Ville vers le Sud, on voit un fort beau Temple, dont le dedans est plein de richesses. Un des Rois de Saxuma s'y retira, & se fit Prêtre pour sauver sa vie, qu'on lui eut ôtée, parce qu'il avoit refusé de payer le tribut à l'Empereur. A quatre lieuës de la Ville vers le Nord-Ouest, s'éleve une Montagne, la plus haute de toutes celles que l'on connoît, à l'exception de Tereira, qui est dans l'Isle de Teneriffe.

a De l'Isle Atlas.

CANGRI[a], petite Ville de la Turquie en Asie dans la Natolie, à la source du fleuve Zacarat ou Ajala qui est le Sangaris des Anciens. Il ne faut pas la confondre avec Cangria qui est à l'Occident de cette même Riviere à cinq lieues communes de son embouchure.

b Ibid.

LE PAYS DE CANGRI[b], contrée de la Natolie au Couchant de l'Embouchure du fleuve Zacarat dans la Mer Noire & à l'Orient du Bosphore de Thrace. Ce pays dont les bornes ne sont pas fort connues est au commencement de la côte Meridionale de la Mer Noire, & tire son nom de Cangria qui en est la Capitale & non pas de Cangri qui en est éloignée de tout le cours du Zacarat. On trouve encore dans cette contrée d'Occident en Orient Sieli, Chierpe, & Cheraf qui sont des places Maritimes.

CANGRIA[c], Ville de la Turquie en Asie dans la Natolie, dans la Province de Bolli, assez avant dans les terres, avec un Archevêché Grec. Elle étoit autrefois une des principales de tout ce pays; mais c'est peu de chose à present qu'elle est à demi ruinée. Les anciennes Notices Episcopales ne mettent aucune Ville Episcopale entre Chalcedoine & le fleuve Sangaris.

c Baudrand Ed. 1705.

1. CANI, Clement Alexandrin[d] nomme ainsi ceux qui inventerent l'art de faire des Vases de poterie & de cuire la chaux. Mais il n'est pas clair s'il a pretendu nommer une Nation, ou une famille, & d'ailleurs, on ne sait dans quel pays il faudroit la placer.

d Stromat. l. 1.

2. CANI, ou CANY[e], Bourg de France en Normandie au Pays de Caux. Il est situé sur la Paluelle, à quatre lieuës de Fécamp, à deux de Valmont, de Saint Valery en Caux, & de la Mer, entre les Bourgs de Grainville la Teinturiere, & de Vitfleur. L'Eglise, qui porte le titre de Saint Martin, est assez propre, & bien fournie d'ornemens. Cani est le titre d'un Marquisat, avec Justice Royale, d'où relevent dix-sept Paroisses. Le Château d'Hocville est sur la Paroisse de Cani, au pied de la côte, un quart de lieuë au-dessus de l'Eglise, & n'est séparé de celle de Barville que par la Riviere de Paluelle. Ce Château est bien bâti, avec des jardins, des avenuës, des bosquets, & autres accompagnemens, & il y a des prairies dans la vallée le long de la Riviere. Le territoire produit des grains & des lins. On tient à Cani un fort gros Marché tous les Lundis, & deux Foires dans l'année, l'une à la Quasimodo, & l'autre à la Saint Barnabé.

e Memoires dressez sur les lieux en 1703. verifiez en 1715.

CANIANA, Evêché d'Afrique. On ne sait dans quelle Province il étoit. Il n'est connu que par la Conference de Carthage[f] On y trouve Maxime Evêque de Caniana, *Maximus Episcopus Canianensis.*

f p. 285. Edit. Dupin.

CANICÆ VALLES[g], nom Latin de CANGAS Bourg d'Espagne dans l'Asturie.

g Baudrand Ed. 1682.

CANICIA[h], Province ou contrée d'Afrique en Barbarie entre Alger & Tunis. Elle est fertile & ses habitans vivent sous des tentes & possedent les biens en commun, ils campent aux lieux où ils trouvent les meilleurs pâturages pour leurs troupeaux & sont toujours en guerre avec les Algeriens.

h Corn. Dict.

CANICLU[i], Province de la grande Tartarie à l'Occident de la Province de Tebeth; elle a son Roi, mais tributaire du Grand Cham. Il y a un Lac où les perles sont si abondantes que le prix en diminueroit beaucoup, s'il étoit permis d'en emporter autant qu'on veut. Aussi est-il défendu sur peine de la vie d'en pêcher sans permission. Il y a aussi dans cette Province des Animaux (*Gadderi*) qui portent le Musc, des animaux sauvages, comme Lions, Ours, Cerfs, Daims, Chevreuils, &c. Il n'y croît point de vin; mais ils se font un breuvage avec du froment & du ris. Il y croît du clou de Girofle, du Gingembre, de la Canelle & autres Aromates. Il y a de très-belles Turquoises, mais qu'il n'est pas permis d'emporter du pays sans la permission du Kam. Les habitans sont Idolatres & ont la coutume de cedar leur Maison, leur femme, & leur lit,

i Marc Paul. l. 2. c. 38.

aux

CAN.

aux étrangers pendant deux trois jours de la même maniere que j'ai déja dit à l'Article de Camul.

CANICOPOLIS, nom Latin de KIL-KENNY, Ville d'Irlande.

1. **CANIGOU** (le) Montagne de France dans les Pyrénées au Comté de Rouſſillon. Mr. Caſſini [a] travaillant à la Meridienne de Paris tirée le long de la France a trouvé que la hauteur apparente du Canigou ſur l'Horiſon artificiel étoit de 2. d. 37′. 0″ & que ſa hauteur ſur le niveau de la Mer eſt de 1441. Toiſes; & qu'enfin [b] la diſtance du Canigou à Toureille près de la Mer eſt de 26338. Toiſes.

[a] Traité de la Grandeur de la Terre p. 136. Ed. d'Amſt.

[b] p. 115.

2. **CANIGOU** (le) [c], Monaſtere de France, au Rouſſillon, au Dioceſe d'Elna ou de Perpignan. Il fut fondé l'an MI. par Guyfred Comte de Cerdagne qui y prit enſuite l'habit, y mourut & y fut enterré l'an ML. il y établit la Regle de St. Benoît [d]. Ce Monaſtere fut conſacré l'an MVIIII. le jour de St. Martin, comme il paroît par l'acte de la Dedicace, où il eſt dit qu'il eſt bâti ſur la Montagne en l'honneur de St. Martin Evêque, de la Ste. Vierge & de St. Michel Archange.

[c] Baluz. Marca Hiſpan. l. 4. p. 418.

[d] 420.

[n] p. 971.

CANILLAC [e], Marquiſat de France en Givaudan, aux frontiéres du Rouergue.

[e] Baudrand Ed. 1705.

CANILLAS, Village d'Eſpagne dans la vieille Caſtille au Canton de Rioja entre Nogera & la Calzada. Il tient la place de la Ville CANULÆ.

CANINA, Foltereſſe de l'Albanie à deux lieues communes au Nord-oueſt de la Valone.

La CANINA, contrée de l'Albanie, à l'entrée du Golphe de Veniſe. Elle repond en partie à la CHAONIE des Anciens & au peuple qu'il appelloient ORESTÆ. Mais Mrs. Maty & Corneille ſe trompent fort quand ils la donnent pour une partie de la Moloſſie qui étoit bien loin de là vers le Midi Oriental.

CANINEFATES, anciens peuples voiſins des Bataves ſous leſquels ils ont été quelquefois compris. Ces peuples ſont appellés diverſement par les Anciens. Tacite [f] les nomme CANINEFATES & CANNENUFATES; Pline [g] CANINEFATES & CANNUNEFATES; Gruter ſur la foi de cette inſcription, [h] PRÆT. EQ. ALÆ PRIMÆ CANNANEFATUM, qu'il rapporte, les nomme CANNANEFATES. Thom. Reineſius [i] par d'autres inſcriptions fait voir qu'on les a appellez CANONEFATES & CANANIVATES; Æthicus [k] écrit CANNIFATES; enfin Velleius [l] dit CANINEFATES, qui eſt le terme le plus ordinaire ſous lequel ces peuples ſoient connus. Ils avoient ſelon Tacite [m] la même origine que les Bataves, ils parloient la même langue, habitoient la même Iſle, & s'ils leur céderent en nombre, ils n'eurent pas moins de courage qu'eux, quoique leur ſort fût different; car les Bataves devinrent les alliez du Peuple Romain, & les Caninefates furent ſubjuguez par Tibére. Depuis leur défaite, on ne trouve plus dans les Hiſtoriens le nom de Caninefates; ce qui a fait conjecturer qu'il a pû être confondu avec celui des Bataves qui étoient en plus grand nombre, beaucoup plus fameux & qui habitoient la plus grande partie de l'Iſle.

[f] Hiſt. l. IV. c. 15. & 32.

[g] l. IV. c. 15. ne.

[h] Fol. CCCLXXXV.

[i] In Synt. Inſcript.

[k] Coſmographia.

[l] Lib. II. cap. CV.

[m] Hiſt. l. IV. cap. 15.

CAN. 173

[n] Quelque difficulté qu'il y eût à vouloir découvrir l'origine du nom de ces peuples, il s'eſt trouvé cependant des Auteurs qui ont prétendu qu'ils l'avoient tiré du pays même qu'ils habitoient. Ils ont dit que les terres ſe trouvant la plupart du tems inondées, tant par les eaux du Ciel, que par celles des Rivieres, les habitans étoient obligez de faire une quantité de digues, ou quais pour ſe mettre à couvert des inondations: & que ces quais étant appellez dans leur langue *Kaje* & l'eau *Watten*, de ces deux mots on avoit fait celui de *Caiefatum*, dont les Romains avoient formé *Caninefatum*, & *Caninefates*. Quoiqu'il en ſoit, on peut dire que ces Auteurs ont donné une Etymologie plus vrai-ſemblable, que celle que quelques autres Hiſtoriens ont voulu tirer de la quantité de lapins qu'ils ont pretendu que les Caninefates mangeoient.

[n] Jaſ. Car. Spener Not. Germ. Antiq. Lib. IV. cap. 5.

On n'a pas toujours été d'accord ſur le pays des Caninefates. Quelques Auteurs, en cela oppoſez au témoignage de Tacite, qui dit que les Caninefates occupoient une partie de l'Iſle des Bataves; ont prétendu qu'ils avoient habité une Iſle differente de celle des Bataves; mais ils n'ont fû ni la nommer, ni la montrer. Hadr. Junius [o] a imaginé une autre Iſle, mais on ne ſait quelles bornes il lui donne: d'autres, comme Cornel. Aurelius [p], Cornel. Haemrodius, & après eux Pontanus [q] ont placé les Caninefates dans la partie Septentrionale de l'Iſle *Batavia*, principalement dans les pays appellé preſentement le *Kennemerland*. Et pour faire voir que ces peuples ont habité au deça du Rhin, ils ont ſuppoſé plus bas un nouveau lit de ce fleuve qui ſe dechargeoit du côté du Septentrion dans l'Océan & qui tenoit préciſement le milieu entre l'*Oſtium Helium* & le *Flevus*. Mais Cluvier [r], & après lui Alting & Cellarius, ont entierement détruit cette opinion, & ont fait voir que ce bras du Rhin qui tenoit le milieu entre *Oſtium Helium* & le *Flevus*, a été pris par tous les anciens pour celui qui paſſe par Utrecht & par Leyde, & que le pays d'au delà étoit habité par les Friſons, & que celui d'en deça étoit l'Iſle des Bataves dont Tacite dit que les Caninefates occupoient une partie. [s] On a encore diſputé pour determiner quelle étoit cette partie de l'Iſle qu'ils habitoient. Quelques-uns ont prétendu qu'ils étoient mêlez avec les Bataves, & d'autres qu'ils avoient une contrée ſeparée de celle des Bataves, quoique dans la même Iſle. Mais Tacite decide clairement cette queſtion par la deſcription qu'il en donne. 1. En parlant de la victoire qu'ils remportérent ſur les Romains il dit que ceux-ci ſe retirerent dans le haut pays, ce qui deſigne que les Caninefates habitoient le bas pays. 2. Il marque dans la même deſcription qu'ils étoient voiſins de l'Océan, puis qu'il dit qu'ils ſe joignirent avec les Friſons, ce qui ne ſe pût faire que du côté de l'Océan puiſque Tacite ajoute que ces peuples unis enſemble vinrent de l'Océan faire une irruption le long du Rhin. Enfin l'étenduë de leur pays & ſes limites ſont ſi bien marquées par le même Auteur qu'il eſt difficile de s'y méprendre. A l'Orient ils avoient les Friſons pour voiſins puiſqu'il eſt dit que la jonction

[o] Bat. c. 3.

[p] l. 1. Bat. c. 4.

[q] Chorogr. Diſcept. c. 10.

[r] Germ. Ant. l. 1. c. 31.

[s] Jaſ. Car. Spener Not. Germ. Ant. l. 6. cap. 5.

Y * 3

tion de ces peuples se fit sur le champ, Comme on peut le conjecturer, par l'expedition de Cl. Labeon, qui du pays des Nerviens marcha contre les Caninefates & ensuite contre les Frisons pour ne point attaquer les Bataves, ils s'étendoient à l'Occident jusqu'à l'endroit où le Vahal se joignant à la Meuse, se décharge avec elle dans l'Océan par la même embouchure. Personne ne doute qu'ils n'ayent eû l'Océan pour bornes: & il paroît assez vraisemblable que le Rhin & l'Issel bordoient ce pays de deux côtez. Quelques-uns ont voulu l'étendre du côté du Midi jusqu'à *Batavodurum*, de façon qu'ils plaçoient les Caninefates sur le Rhin entre les Bataves qui habitoient la côte & ceux qui occupoient le haut pays. Mais il est plus naturel de les borner de ce côté depuis le Bourg de *Batenstein* jusqu'au rivage de l'Issel où est aujourd'hui Monfort, & ainsi ils auront habité une partie de l'Isle des Bataves, mais dans un Canton different & separement de ces peuples.

C'est dans le pays des Caninefates qu'il faut chercher le fameux Canal dont Tacite [a] donne la description, qu'il dit que Corbulon fit creuser entre la Meuse & le Rhin dans le dessein d'obvier aux inondations de l'Océan & en même tems pour occuper ses Soldats. Quoique l'on ne voye aujourd'hui aucune trace de ce Canal qui avoit jusqu'à vingt trois mille pas de longueur; on convient néanmoins assés généralement qu'il prenoit auprès de Leyde depuis le Rivage que l'on nomme *Vliet* & qu'il s'étendoit jusqu'à *Geervliet* lieu situé au confluent de la Meuse & du Vahal.

[a] Ann. XI. c. 20.

CANINI, Marcellin cité par Ortelius [b], nomme ainsi une contrée de la Rhetie, que l'on croit être aujourd'hui le Pays des Grisons.

[b] Thesaur.

CANIPSA, ou CAPSINA, selon les divers exemplaires de Ptolomée [c]. C'est le nom d'une ancienne Ville de l'Arabie heureuse sur le Golphe Persique à l'Occident de l'embouchure du fleuve Lar.

[c] l. 6. c. 7.

1. CANIS, Riviere de l'Arabie heureuse selon Pline [d] qui le nomme FLUMEN CYNOS & FLUMEN CANIS, ce qui revient au même: *Cynos* en Grec & *Canis* en Latin, veulent dire *du Chien*. Le R. P. Hardouin croit avec bien de la vrai-semblance que cette Riviere, dont l'embouchure est dans le Golphe Persique, n'est point diferente du fleuve nommé LAR par Ptolomée [e], & FALG par les Arabes selon le Géographe de Nubie [f].

[d] l. 6. c. 28.
[e] l. 6. c. 7.
[f] P. 54.

2. CANIS ou LA RIVIERE DU CHIEN, Mr. Corneille egaré par d'autres Auteurs qu'il a copiez croit que cette Riviere est l'ADONIS des anciens, mais il se trompe. La Riviere du CHIEN est le LYCUS des anciens, au lieu que leur Riviere d'*Adonis* est presentement la *Riviere d'Abraham*. Voyez aux articles ABRAHAM, ADONIS, & LYCUS.

CANIS LUCTUS, ou *les pleurs du Chien*, lieu de Grèce dans l'Isle d'Egine. Ælien [g] en fait mention dans son Histoire des animaux.

[g] l. 10. c. 41.

CANIS SUSPENSUS [h], c'est le nom d'un Château de France dans le Languedoc, entre Narbonne & Carcassone, mais plus près de cette derniere que de l'autre. Ce lieu se nomme aujourd'hui CAPPENDU ou CANPENDU. Pierre Auteur de l'Histoire des Albigeois en a fait mention dans le chap. XXXIV. On trouve dans d'anciens titres un *Raimond de Cunesuspenso*, & dans la Chronique des Evêques d'Albi & des Abbez de Castres publiée par Dom Luc d'Achery; il est parlé de ce lieu à l'article de Roger XXI. Abbé de Castres, qui vivoit en 1560.

[h] Hadr. Valesii Not. Gall. p. 124.

De *Cane suspenso Miles, carus Ludovico, Principis ante fores ense trium cecidit.*

Ce Louïs est Louïs VII. dit le jeune.

CANISE, Ville de la Basse Hongrie au Comté de Salavar & sur la petite Riviere de Sala entre des marais. Elle est petite, mais forte, aux frontieres de la Hongrie Autrichienne. Elle appartenoit aux Turcs depuis l'an 1600. qu'ils la prirent; quelque temps après elle devint celebre par les belles actions qu'y fit le Duc de Mercœur Seigneur François qui commandoit l'armée Imperiale. Les Allemands la reprirent en 1690. après un blocus de plus de deux ans, & les Turcs la cederent par la Paix de Carlowitz à l'Empereur. Elle n'est qu'à un mille d'Allemagne de la Stirie, à deux de la frontiere d'Esclavonie & de la Drave & à six au Levant de Varadin, en allant vers le Lac Balaton, dont elle est à quatre de ces mêmes milles & vers Albe-Royale selon Pierre Duval.

§. Cette Ville n'est point diferente de KANISCHA. C'est même ainsi qu'il faut écrire ce nom, & non point *Canise*, comme l'écrit Mr. Baudrand & ceux qui l'ont suivi.

CANISIA REGIO, contrée dont le Comte Marcellin fait mention dans sa Chronique. [i] On croit que c'est le pays où est Kanischa.

[i] Ortel. Thesaur.

CANISI ou CANISY [k], Bourg de France en Normandie, au Diocèse de Coutances, près de la Ville de St. Lo. Il a titre de Marquisat.

[k] Corn. Dict.

CANISTRO [l], petite Ville de la Turquie en Europe, dans la Macedoine, sur la côte de l'Archipel, près du Cap de ce nom & de Cassandria entre le Golphe de Salonique & celui d'Aiomama.

[l] Baudrand Ed. 1705.

Le CAP DE CANISTRO, est la pointe la plus Orientale de la Presqu'Isle qui est au Sud-Ouest du Golphe d'Aiomama, & le Promontoire CANASTRÆUM des Anciens.

1. CANNA, petite Ville de l'Eolide selon Pomponius Mela [m]. Il y avoit aussi une Montagne & un Cap dont le nom se trouve diversement exprimé dans les livres des anciens Historiens. Car on le trouve écrit CANA, ou au pluriel, CANÆ. Strabon observe qu'on avoit anciennement nommé AIG, c'est-à-dire, la chevre, (ÆGA) toute la Montagne que de son temps on appelloit CANA & CANÆ. Voyez cet article.

[m] l. 1. c. 18.

2. CANNA, Ville de la Cappadoce dans la Lycaonie selon Ptolomée [n].

[n] l. 5. c. 6.

3. CANNA [o], Antonin met un lieu de ce nom entre Cyrre & Edesse, mais outre que cette route n'est point dans l'exemplaire du Vatican, elle est si confuse dans les éditions

[o] Itiner.

CAN. CAN. 175

tions de Surita & de Bertius qu'on ne peut gueres y faire de fond.

CANNA DISTRUTTA. Voyez CANNES.

a Ibid. CANNABA, lieu de Syrie sur la route de Nicopolis à Edesse, selon Antonin qui compte XL. Milles de Cannaba à cette derniere Ville.

CANNÆ. Voyez CANNES dont il est le nom Latin.

b l. 7. c. 2. CANNAGARA [b], Ville de l'Inde au delà du Gange selon Ptolomée.

CANNALICUM. Voyez CANALICUM.

CANNANEFATES. Voyez CANINEFATES.

c Corn. Dict. de Laet Ind. Occid. l. 10. c. 10. CANNARES [c], Province & peuple de l'Amerique Meridionale dans l'Audience de Quito. Les habitans sont beaux de visage & bien faits de corps. Ils portent les cheveux longs; mais liez par nœuds, & accommodez sur la tête en maniere de Couronne. Cette marque les distingue de leurs voisins. Ils sont habillez de draps de laine & de coton, & demeurent dans la Maison à filer, tandis que leurs femmes qui sont belles & fort portées à l'amour, s'employent la plûpart du temps aux ouvrages rustiques, & à d'autres exercices d'homme. Cette Province est longue & large, & un peu froide; mais commode pour la chasse des cerfs & des lapins, ainsi que pour celle des perdrix, des tourterelles, & autres oiseaux. Elle est arrosée de plusieurs Rivieres, & a produit autrefois de grandes richesses. Pedro de Cieça rapporte que l'on en tiroit presque autant d'or que de terre, & qu'en 1544. on y trouva de si riches mines, qu'en fort peu de temps elles donnerent plus de huit cens mille ducats aux habitans de Quito. Le terroir porte assez bien le froment & l'orge, & est propre pour la vigne. Il y avoit anciennement dans cette contrée des Maisons de munition des Rois du Perou, comme il s'en voit de dix en dix lieües par le Pays, & l'on y gardoit toutes sortes d'armes & de vivres. Ces Maisons étoient jointes à un Palais somptueux appellé *Thomebamba* ou *Tumipampa*, situé sur le confluent de deux Rivieres, dans une large plaine qui a environ douze lieües de circuit. Rien ne sauroit égaler la magnificence d'un Temple que l'on y voyoit. Il étoit dedié au Soleil, & bâti de grosses Pierres, dont quelques-unes étoient noires, & d'autres de couleur de jaspe vert. Les portes étoient ornées de peintures & enrichies d'émeraudes enchassées dans l'or. Les murailles de ce Temple & celles du Palais du Roi étoient au dedans couvertes d'or, avec diverses figures gravées. Les toits n'étoient que de paille; mais travaillez de telle maniere, qu'ils pouvoient durer un siécle. On gardoit dans ce Palais un tresor d'or & d'argent qui valoit des sommes immenses. Ce somptueux édifice dont les pierres avoient été amenées de Cusco par un chemin aussi long que difficile, est presque aujourd'hui tout-à-fait tombé, & il n'y reste qu'une fort grande masure.

CANNES, lieu ancien d'Italie dont on ne voit plus que les Ruines dans la Pouille. Les habitans du pays le nomment CANNA DISTRUTTA, mais tous les Auteurs François qui parlent de ce lieu ou de la Bataille qu'Annibal y donna aux Romains, le nomment CANNES, du mot Latin *Cannæ*. Ce n'étoit pas une Ville, comme le dit Mr. Baudrand, qui cite Tite-Live, & Pline; mais la citation est fausse, & il n'est pas vrai qu'aucun de ces deux Auteurs ait dit que ce fut même un Bourg. Ces noms ont trompé Mrs. Maty & Corneille qui ont cru sur la foi de Mr. Baudrand & sans examiner la citation que c'étoit une Ville. Florus [d] dit expressément que Cannes étoit un Village de la Pouille, qui n'étoit pas connu avant que la grande defaite des Romains lui eût donné du relief. *Cannæ Apuliæ ignobilis* VICUS, *sed magnitudine Cladis emersit*. Mais ce qui fait voir avec quelle negligence Mr. Baudrand lisoit les Auteurs qu'il a citez, c'est que Tite-Live [e] lui-même, bien loin d'avoir dit que ce fut une Ville, dit en termes formels que presse, dit-il, par les destins, ils partirent pour aller annoblir Cannes par la defaite des Romains. Annibal étoit campé près de ce Village. *Ad nobilitandas Clade Romana Cannas urgente fato, profecti sunt. Prope eum* VICUM *Hannibal Castra posuerat*. Silius Italicus nomme Cannes le tombeau de l'Italie.

d l. 1. c. 6.

e l. 22. c. 43.

Dum Cannas tumulum Hesperiæ, Campumque cruore
Ausonio mersum sublimis Lapyga cernam [f].

f L. 1. v. 50. & 51.

Ce lieu étoit au-dessous de *Canusium*, aujourd'hui Canosa, & Procope compte XXV. Stades [g] (c'est-à-dire un peu plus de trois milles ou environ une lieuë Françoise) de l'un à l'autre. Il étoit sur l'Offanto, & Tite-Live [h] dit que cette Riviere couloit auprès des deux Camps. Silius [i] dit dans le même sens,

g Goth. l. 3. c. 18.
h l. c.

Sanguineus tumidis in Campos Aufidus undis
Ejectat, redditque furens sua corpora ripis.

i l. 10. v. 320. & seq.

CANNETTE [k], petite Ville de l'Amerique Meridionale, au Perou, dans la Vallée de Guareo à vingt-cinq lieües de Lima & à une lieuë & demie de la Mer du Sud. Elle est habitée de trois cens Espagnols, de plusieurs naturels du pays, & de quelques Négres. Le territoire est si fertile en bon froment qu'on transporte delà une grande quantité de farine aux autres quartiers de l'Amerique Meridionale.

k Corn. Dict. de Laet Ind. Occid. l. 10. c. 24.

CANNIBALES. Voyez CARAIBES.

ISLES DES CANNIBALES, Voyez ANTILLES.

CANNINEFATES. Voyez CANINEFATES.

CANNIS-METGARA, petite Ville d'Afrique dans la plaine de Zuaga à quinze milles de Fez [l] vers le Couchant selon Jean Leon l'Africain. Il dit que les Africains l'avoient bâtie. Le terroir, ajoute-t-il, y est très-fertile & il y avoit l'espace de deux milles des Jardins où les fruits venoient en abondance; mais les guerres ravagerent cette contrée qui fut 120. ans sans être habitée. Cependant lorsque les Maures

l l. 3. c. 22.

res

CAN.

res furent chaffez de Grenade plufieurs vinrent s'établir en cet endroit, & comme ils étoient accoutumez à la culture des vers à foye, ils y planterent des meuriers blancs en grand nombre, & y firent venir des cannes de fucre. Les habitans ont été autrefois fort polis, pourfuit le même Auteur, mais cela n'eft plus & ils s'adonnent tous préfentement à l'Agriculture.

1. CANO, CANUM ou ALKANEM, Royaume d'Afrique dans la Nigritie aux fources d'une Riviere qui coulant vers le Midi vient tomber dans le Niger à l'Orient des deux Villes de Ghana. Ce Royaume eft borné au Nord par les Terga & par le defert des Lumptunes, à l'Orient par le Royaume de Bournou, au Midi par ceux de Zanfara ou de Pharan, de Zeg-Zeg, & de Caffena ou de Ghana, & à l'Occident par celui des Agades. La Capitale, qui eft l'unique Ville que l'on en connoiffe, eft vers le milieu. Jean Leon en parle ainfi. *b* La Province de Cano eft très-grande & éloignée vers l'Orient, de près de cinq cens milles du Niger. La plus grande partie des habitans logent dans des Villages, les uns trafiquent en troupeaux, les autres s'appliquent au labourage. Ils recueillent affez de froment, de ris & de coton. Il y a beaucoup de deferts, & de Montagnes couvertes de bois, & beaucoup de Fontaines. Les forêts y produifent quantité de citrons & de limons qui pour le goût different de ceux dont les arbres font cultivez. Ce pays avoit autrefois un Roi très-puiffant fur tout en Cavalerie, qui devint pourtant tributaire des Rois de Zeg-Zeg & de Caffene. Mais Ifchia Roi de Tombut aiant trompé ces deux Rois & les ayant fait tomber fous prétexte d'amitié dans des embuches qu'il leur avoit dreffées, il les fit mourir, attaqua le Roi de Cano & l'ayant vaincu lui rendit fon Etat en lui faifant époufer fa fille, à condition qu'il fe retireroit pour foi un tiers des revenus. C'eft pourquoi il y a toujours de fes Officiers qui perçoivent fa part des Domaines. C'eft ainfi que parloit Jean Leon qui vivoit fous le Regne de Ferdinand & d'Ifabelle. Ainfi Mr. de la Croix, ni Mr. Corneille après lui ne devoient pas dire du Roi de Cano : il paye préfentement tribut au Roi de Zeg-Zeg, & de Caffené. Cela n'étoit déja plus du temps de Jean Leon de qui eft emprunté ce qu'ils difent.

b l. 7. c. 10.

2. CANO *e*, Ville d'Afrique, au Royaume de même nom & au milieu du pays. Les murs de la Ville, & les Maifons font d'une pierre blanche comme de la craye, & les habitans font de riches Marchands qui fe piquent de civilité.

e Ibid.

3. CANO, Ifle de la Mer du Sud. Voyez CAYNO.

CANOBIN, & } Voyez CANUBIN.
CANOBINE,

CANOBIO, Bourg & Château d'Italie au Duché *d* de Milan fur la rive Orientale du Lac Majour & aux Frontieres de la Suiffe, environ à fix milles de Palanza au Septentrion vers Locarne.

d Baudrand Ed. 1705.

CANOBOSA ou CANOBUS. Voyez CANOPE.

CANOGIZA, Ville de l'Inde au delà du Gange felon Ptolomée *e*.

e l. 7. c. 2.

CAN

CANONIUM *f*, ancien nom d'un lieu de la Grande-Bretagne fur la Route de *Venta Icenorum*, qui eft Cafter fur le Wentfar, à Londres; à IX. milles de *Camulodunum* (Walden) & à douze de *Cafaromagus* (Writle) c'eft préfentement LITTLE CANFIELD *g*, nom formé de *Can* qui eft celui d'une petite Riviere. Le mot *Little* fignifie petit & eft pour diftinguer ce lieu de *Greate Canfield* ou *Canfield le grand*; qui eft plus au Midi, & qui eft auffi dans le Comté d'Effex. Auprès de Canfield Hall font deux anciens Forts tous deux entourez de foffez profonds, l'un fur une Colline affez élevée, l'autre qui eft de forme quarrée eft plus bas & l'un & l'autre font environnez des eaux que l'on y amene de la petite Riviere. Ce dernier s'appelle encore THE CASTLEYARD. D'autres placent CANONIUM bien loin delà & le mettent à Chelmesford.

f Antonin. Itiner.

g Gale in Anton. p. 115.

CANOPE, en Latin *Canopus*. Les Grecs adouciffoient le P. & en faifoient un B. & difoient Κάνωβος. Strabon *h* la met en Egypte à CXX. Stades d'Alexandrie en allant par terre; elle étoit près de la Mer & le bras du Nil qui y avoit fon embouchure en prenoit le nom d'*Oftium Canopicum*. Elle prenoit elle-même le fien de Canopus Capitaine de Vaiffeau qui y perit. Outre Strabon & Euftathe *i*, nous avons Tacite *k* qui dit : Germanicus navigeoit fur le Nil étant parti de Canope. Cette Ville fut bâtie par les Lacedemoniens en memoire de Canope Capitaine de Navire qui y fut enterré dans le temps que Menelas s'en retournant dans la Gréce (après le fiége de Troye,) fut mené par la tempête en pleine Mer & vers la Libye. Les anciens s'accordent à nous depeindre ce lieu comme un féjour très-dangereux pour les bonnes mœurs, & où la diffolution étoit portée au dernier excès. Strabon parlant des delices d'Eleufis dit que c'étoit comme l'entrée & le prelude des ufages & de l'effronterie de Canope. Seneque *l* dit en parlant du fage dont il traçoit le tableau : s'il fonge à fe retirer, il ne choifira point Canope pour le lieu de fa retraite quoiqu'il ne foit pas défendu d'y mener une vie reglée. Ammien Marcellin *m* met cette Ville à douze milles d'Alexandrie, au lieu que les CXX. Stades de Strabon valent quinze milles. Il parle auffi du Capitaine de Menelas. Juvenal *n* voulant marquer combien les mœurs des Dames Romaines étoient corrompues dit que Canope même les blâmoit.

h l. 17. p. 800.

i in Dionyf. Perieg. l. 13.
k l. 2. c. 60.

l Epift. 51.

m l. 22. c. 41.

n Satir. 6. v. 84.

Et mores urbis damnante Canopo.

Il dit ailleurs *o*,

o Satir. 15. v. 45.

*Sed luxuria quantum ipfe notavi,
Barbara famofo non cedit turba Canopo.*

Il y avoit un Temple de Serapis, pour lequel la veneration étoit fi grande que les perfonnes de la plus haute qualité & mettoient leur confiance & y alloient veiller tant pour eux que pour les autres; on avoit des recueils des cures qu'il avoit faites & des Oracles qu'il avoit rendus. Mais la chofe la plus remarquable c'eft la foule de ceux qui s'y rendoient d'Alexandrie par le Canal pour affifter aux fêtes. Car tous les jours & toutes les nuits le Canal

CAN.

Canal étoit couvert de barques remplies d'hommes & de femmes qui dansoient, & chantoient avec la derniere lubricité. Dans la Ville même de Canope il y avoit sur le Canal des auberges destinées à ces sortes de rejouïssances. Quelques-uns se sont imaginé que Canope est aujourd'hui Rosette. Mais il est certain que ce n'est pas précisément la même Ville quoiqu'elle n'en soit pas fort éloignée. Car le terrain des Maisons de Rosette jusqu'à la Mer où étoit l'ancienne Canope est un terrain naturellement solide & assez élevé & qui ne paroît pas avoir été formé par le limon qu'entraîne le Nil. Il y a aujourd'hui sur les extremitez de ce terrain deux mechans Châteaux qui étoient autrefois près de la Mer & qui en sont à présent à quelque distance. Ce changement a été causé par ce fleuve dont l'entrée n'est praticable en cet endroit qu'en certains temps de l'année & pour d'assez petits bâtimens. Le Nil entraine avec lui du limon, qui étant repoussé par les vagues de la Mer, il s'y mêle du sable & de ce mélange il s'en fait des élevations qui se détruisent ensuite, ce qui fait qu'on demande ordinairement sur cette côte : *le Bogas est-il bon? est-il mauvais ?* afin de prendre des mesures justes pour entrer dans ce Canal. Ainsi le Bogas ou cette petite Isle qui est à cette embouchure du Nil est quelquefois plus près de la terre & quelquefois plus avancé dans la Mer. Un jour il y a plus de fond, un autre il y en a moins ; ce qui fait qu'on est obligé d'y tenir de petits bâtimens pour sonder à chaque moment. La chose n'étoit pas ainsi autrefois ; on voit encore les restes de quelques digues à la faveur desquelles ce passage aujourd'hui si dangereux étoit toujours sûr. Ces détails sont tirez d'une Lettre inserée au troisieme Voyage du Sr. Lucas [a].

[a] l. 6. p. 311.

Quoique Canope & Rosette ne soient pas précisément la même Ville, L'EMBOUCHURE CANOPIQUE du Nil est pourtant la même bras de ce fleuve qui passe auprès de Rosette. Mais pour la FOSSE CANOPIQUE par laquelle on se rendoit d'Alexandrie à Canope, je ne doute point qu'elle ne fut très-diferente du Calis ou Canal par lequel on va aujourd'hui d'Alexandrie à Rosette ; & je suis persuadé qu'elle passoit au lieu où est aujourd'hui le Lac de Madie. Ce Lac qui est présentement une des bouches du Nil n'en étoit pas une anciennement ; car Pline dit que celle de Canope étoit la plus voisine d'Alexandrie ; & si le debouchement de ce Lac vers la Mer avoit été ouvert alors, cette embouchure auroit été entre celle d'Alexandrie & celle de Canope à distance presque égale.

CANOPICA FOSSA,
CANOPICUM OSTIUM, } Voyez l'Article précedent.

CANOPICUM, Ville de l'Afrique propre, elle étoit habitée par des Citoyens Romains, selon Pline [b]. C'est la même que la CANNOPISSÆ de Ptolomée [c] : elle étoit entre la Ville de Tabraca & le fleuve Bagrada.

[b] l. 5. c. 4.
[c] l. 4. c. 3.

CANOPITANUM, autre Ville de l'Afrique propre, Pline la met entre les trente Villes Libres ; & la distingue de la précedente. La Conference de Carthage fait mention de Felix *Episcopus Caniopitanorum*, sans doute pour *Canopitanorum*, & il n'y a pas lieu de douter que la *Canopitanum* de Pline ne soit la Ville où étoit ce Siége. Mr. Dupin semble insinuer que ce mot *Caniopitanorum*, designe le Bourg nommé CANAPII, qui étoit aussi dans la Province Proconsulaire.

CANOPOLI [d], pointe ou Rocher sur la côte de la Morée à trois lieues de Cotichi. Il y a une tour ruinée sur le haut de ce rocher, avec les debris d'une Ville dont on ne dit point le nom : au pied du même rocher est une source d'eau chaude, salée, & bitumineuse qui va se décharger dans la Mer, à une brasse ou deux de l'endroit où elle naît.

[d] Wheler Voyages T. II. p. 3.

CANOSA [e], Ville du Royaume de Naples dans la Province de Bari, près de la Riviere d'Ofante avec un Evêché suffragant de celui de Bari. Elle est petite & mal peuplée, sur une Colline à dix milles de Barlette en allant vers Ascoli. Elle a été detruite en 1694. par un tremblement de terre.

[e] Baudrand Ed. 1705.

CANOTHA, Ville & Siége Episcopal dans la Décapole, sous la Metropole de Bostra. C'est la même que CANATHA.

CANOVIA, petit pays de la haute Albanie entre des Montagnes, où étoit autrefois une Ville de même nom qui est ruinée & étoit Episcopale. [f] Ce pays répond en partie à la CANDAVIA des anciens. Voyez ce mot.

[f] Baudrand Ed. 1681.

CANOURGUE, petite Ville de France dans le Givaudan [g] aux confins du Rouergue à cinq lieues de la Ville de Mende.

[g] Baudrand Ed. 1705.

CANRAITÆ, ancien peuple de l'Arabie heureuse duquel il est fait mention au Periple de la Mer Rouge par Arrien [h] : sur quoi son Interprete remarque que ne trouvant nulle part dans les Ecrits des anciens un Peuple ainsi nommé entre ceux de l'Arabie, il soupçonne que ce sont les Cassanites.

[h] p. 12.

CANSTAT [i], petite Ville d'Allemagne au Cercle de Suabe ; sur le Necker à un bon demi mille de Stutgard dans le Wurtemberg. Quelques uns prétendent que son nom est venu d'une inscription mal entendue sur laquelle on lisoit C. ANT. STAT. ce qui veut dire CAIUS ANTONII STATIVA, c'est-à-dire que les Romains commandez par Caius Antonius avoient eu en cet endroit un Camp fortifié comme étoient ceux où les armées Romaines faisoient un long sejour. Cette Ville est petite & mal bâtie. Il y a un Bureau de la Poste, les environs ont des hauteurs & des Collines qui produisent beaucoup de vin, il y a aussi des terres labourables & fertiles, de bons pâturages & des jardins. Hors de la Ville est un bain qui soulage ceux qui sont attaquez de la gratelle, ou de Rhumatismes, on le nomme SULTZBAD ou Saltbad, à cause que son eau a un goût salé. L'an 1330. l'Empereur Louïs de Baviere accorda aux Citoyens de Canstat le Privilege d'avoir le même Droit & les mêmes Prerogatives que ceux d'Eslingen.

[i] Zeyler Suev. Topo: gr. p. 22.

CANT, Voyez KANT.

CANTA, Ville d'Espagne dans la Cantabrie, selon Isidore cité par Ortelius [k].

[k] Thesau.

1. CANTABER, nom d'une Riviere d'Espagne que l'on appelloit aussi ARAGUS. Voyez ARGA qui est le nom qu'elle a présentement.

2. CANTABER, au singulier, pour *Cantabri* au pluriel, comme on dit le *Turc*, pour les *Turcs*.

Tom. II. Z*

CAN.

Turcs. Horace dit plusieurs fois ce nom ainsi dans ses Odes, comme plus poétique que le pluriel. Voyez CANTABRES.

CANTABRAS, Rivière de l'Inde. Pline la compte [a] entre les plus considérables de celles qui tombent dans le fleuve Indus auquel elle porte les eaux de trois autres Rivières dont elle s'est chargée avant que d'y arriver.

[a] l. 6. c. 20.

CANTABRES, en Latin *Cantabri*; ancien Peuple d'Espagne, sur la côte Septentrionale. Strabon les dépeint comme des gens qui s'exerçoient au brigandage. Il parle sans doute dans le stile des Romains qui avoient long-temps fait de vains efforts pour soumettre ces restes de la liberté Espagnole. Les Cantabres leur tinrent tête jusqu'à l'extrémité. Il dit qu'au raport de quelques-uns les Lacédémoniens avoient possedé une partie de la Cantabrie & y avoient bâti la Ville d'Opsicella. Isidore prétend que leur nom est formé de celui de l'Ebre, en Latin *Iberus*, & de celui d'une Ville nommée *Juliobriga*, & que d'autres prétendent avoir été nommée *Canta*. Mais c'est une conjecture sans fondement: tous les Anciens qui ont parlé des Cantabres en donnent l'idée d'un peuple guerrier & qui avoit subi fort tard le joug des Romains. C'est ce que signifient le *Bellicosus Cantaber* d'Horace &

[b] *Cantaber sera domitus Catena.*

[b] l. 3. Ode 8. v. 22.

Le P. Briet [c] distingue les Cantabres proprement dits & les peuples qui ayant un nom particulier ne laissoient pas d'être compris sous le nom de Cantabres. Voici la Table de division qu'il en fournit.

[c] Parall. II. part. L. 4. p. 265.

	LES CANTABRES propres qui occupoient partie de l'*Asturie* de *Santillane* & de la *Biscaye* propre.	*Juliobriga*, peut-être Val de Viesse. *Concana*, peut-être Santillane. *Camarica*, ou *Tamarica*, Fuenlibre. *Vellica*, Medina de Pomar. *Vesperivesca* ou *Vescini portus*, Santandero. *Aracillum*, Arçaraca, ou Tor. de Cillos. *Mons Edulius*, le Mont St. Adrien.
Sous le nom de CANTABRES étoient compris.	LES AUTRIGONS qui occupoient partie d'*Alava* & de la *Biscaye*.	*Flaviobriga*, auparavant *Amanus portus*. Bilbao. *Deobriga*, *Municip*. Haro ou Miranda de Ebro. *Uxama-Barca*, Laredo. *Saliunca*, peut-être Ordunna. *Buruesca* ou *Viroveca*, Birviesca. *Segisa-Muncula*, ou *Segisama minor*,
	LES CHARISTES qui occupoient partie de la *Biscaye* & de *Guipuscoa*.	*Vella* ou *Belleja*, peut-être *Trevigno*. *Tullica*, peut-être *la Venta*. *Diva* ou *Deva*, Deva.
	LES VARDULES qui occupoient partie d'*Alava* & de la *Biscaye*.	*Segontia Paramica*, Sergame. *Tritium Tuboricum* ou *Tobolicum*, Placenza. *Menosca*, Orio. *Alba*, peut-être Salvatierra. *Tullonium*, Tudelle. *Thabuca*, Lancugno.

§ Si les noms modernes de ces divers lieux marquez dans cette Table ne s'accordent pas avec ceux que l'on trouve dans leurs Articles particuliers, c'est que dans la Table je suis le P. Briet pour guide, au lieu que dans les Articles je ne m'y assujetis pas & choisis ce qui me paroît meilleur, en d'autres Auteurs.

CANTABRIA ou CANTABRIGA c'étoit, une *Ville* de l'Espagne Tarragonnoise, autrefois Capitale des Cantabres; & siége d'un Evêché jusqu'à l'année 586. sous le Regne de Leovigilde Roi des Goths, & ses Ruines qui portent encore le nom de *Cantabria* se voient sur une *Montagne*, de même nom, assez escarpée sur l'Ebre, près de Logroño en allant vers Viana; aux Frontieres de la Navarre comme l'écrivent plus au long Garibay, Sandoval, Gregoire d'Argaiz, & autres Auteurs Modernes, & comme me l'a raconté plusieurs fois Sebastien de Mangelos savant homme de ce pays-là. Mais les anciens Ecrivains gardent un profond silence sur cette Ville. C'est ainsi qu'en parle Mr. Baudrand [d]. Mariana dans son Histoire d'Espagne [e] nomme ce lieu CANTABRIGA, *Ville* située au bord de l'Ibere, sur une haute *Colline* nommée à présent *Cantabria* près de Langrosie & de Viana. Mais il ne dit point que ce fût un Evêché.

[d] Ed. 1682.
[e] l. 1. c. 4.

CANTABRICUS OCEANUS, les Anciens nommoient ainsi la Mer que nous appellons présentement MER DE BISCAYE.

CANTABRIE, pays des Cantabres. Voyez CANTABRES.

CANTABRIGA. Voyez CANTABRIA.

CANTABRIGIA. Voyez CAMBRIDGE.

CANTAL, Montagne de France en Auvergne, près des Villes de St. Flour & d'Aurillac. Elle est [f] longue de plus de trois lieues, & presque toujours couverte de Neige. Un endroit particulier de cette Montagne est nommé le PLOMB DE CANTAL. Mr. Cassini [g] a trouvé qu'il est de 993. toises plus haut que le Niveau de la Mer; qu'il est de 17030. toises

[f] *Duval*, descr. de la France p. 173.
[g] Traité de la Grandeur de la terre Part. l. p. 150. & 99.

CAN.   CAN.   179

toises plus Oriental que la Meridienne de l'Observatoire de Paris, & qu'il y a 215951. toises de distances depuis l'Observatoire, jusqu'au point de rencontre d'une perpendiculaire tirée du Plomb de Cantal sur la même Meridienne.

CANTALICE, CANTALICIO, Bourg d'Italie en Ombrie dans le territoire de Citta-Ducale, vers les Frontieres de l'Abbruzze Ulterieure, environ à sept lieues de Rieti. [a] Cette petite Bourgade située au pied de l'Apennin s'est autrefois rendue fameuse par les factions, les guerres Civiles & la barbarie de ses habitans qui pour les moindres querelles d'un particulier, l'ont plus d'une fois remplie de carnage. Les Puissances même qui en avoient triomphé étoient forcées d'en ménager la ferocité. C'est dans ce lieu que naquit l'an 1513. le Frere Felix Capucin qui mourut à Rome agé de 74. ans le 18. Mai 1587. Urbain VIII. le beatifia, & Clement XI. le canonisa en 1712.

[a] Le P. *Jean François* Vie de St. Felix Rouen, in 12. 1714.

CANTALUPO [b], Château d'Italie dans la Marche d'Ancone, il est connu par ses bons melons.

[b] *Baudrand* Ed. 1705.

CANTANUS, Ville de l'Isle de Créte, selon Etienne le Géographe. Cette Ville a été fameuse à cause de son Siége Episcopal & Paul Evêque de Cantanus est nommé dans les Actes du Concile de Chalcedoine. Le P. Charles de St. Paul [c] dit *Cantanum* en quoi il s'éloigne d'Etienne.

[c] *Geogr.* Sacr. p. 201.

1. CANTARA, (le) ou Cantera, ou plutôt CANTARO; petite Riviere de Sicile dans la Vallée de Noto. Elle a peu de cours & se rend dans la Mer de Sicile sur la côte Orientale de l'Isle, à cinq milles d'Agouste, vers le Midi & dans le Golphe d'Agouste selon Fazelle cité par Mr. Baudrand. [d] Ce dernier donne pour noms Latins de cette Riviere, *Acesines Achatos & Alabus*; comme si l'Alabus & l'Achatos ou Achates étoient la même Riviere, cependant elles sont très-éloignées, & ont leurs embouchures dans des Mers très-diferentes. Le Cantaro est auprès des ruines de Megare.

[d] *Ed.* 1705.

2. CANTARA, Riviere de la Sicile, dans le Val Demone [e]. Elle se forme de plusieurs Ruisseaux : l'un qui est le Salaciazo a sa source entre les Montagnes au Nord de Randazzo où il passe. Il reçoit ensuite celui de Moyo à Moyo petit lieu qui a titre de Baronie, puis coulant vers l'Orient jusqu'à Rocella, il y reçoit un troisième ruisseau qui en porte le nom. C'est proprement là que cette Riviere prend le nom de Cantara qu'elle porte jusqu'à la Mer où elle se jette auprès de Castel Schiso, Château situé au Midi & assez près de Tauormina. Elle passe assez près de Francavilla, où elle reçoit un ruisseau de même nom, & de Castiglione, & de Lingua grossa qu'elle laisse sur la droite. Les anciens l'ont nommée *Onobala* & *Tauromenus*. Le P. Coronelli l'appelle [f] Alcantara & donne pour noms Latins *Asines, Acesine*, & peut-être, ajoute-t-il, *Taurominius*. Voilà aparemment la source de la confusion où sont tombez les Editeurs du Dictionnaire François de Mr. Baudrand.

[e] *De l'Isle* Atlas.

[f] *Isolar.*

CANTAURIANI, peuple d'Afrique dans la Mauritanie selon Ammien Marcellin [g].

[g] l. 29. p. 432. Edit. *Lindei.*

CANTAZARO [h], Ville Episcopale d'Italie au Royaume de Naples, dans la Calabre Ulterieure, près du Golphe de Squillace, entre la Ville de Squillace, & celle de Belcastro. Le Gouverneur de la Province a sa residence à Cantazaro.

[h] *Baudrand* Ed. 1705.

CANTCHEOU, Cancheu, Chang-cheu, Ville de la Chine dans la Province Kiansi sur la Riviere de Can. Mr. Corneille la met mal à propos dans la Province de Xensi & cite Mr. Maty qui dit fort bien Kiangsi. Ces trois Auteurs écrivent *Cancheu*. Les observations des P. P. Jesuites publiées par le P. Gouye & imprimées ensuite en Hollande à la suite des Memoires de concert à l'Academie Royale des Sciences [i] portent aussi Cancheu. La Relation de l'Ambassade des Hollandois [k] porte Changcheu & la met dans la Province de Fokien où elle n'est pas; quoi qu'elle soit sur la Frontiere. Mr. de l'Isle écrit Cantcheou. Les Observations déja citées en donnent cette idée : Cancheu est la seconde Ville de la Province de Kiamsi située au confluent de deux Rivieres navigables à 400. lis de Nan-agan par la Riviere qui a beaucoup de detours. Il y a dans cette Ville un puits qui se remplit & se féche deux fois en vingt-quatre heures. De Cancheu à Nancham Capitale de la Province la Riviere est fort grosse, & en la descendant le chemin est de 450. lis ; quoique la distance [l] ne soit que de deux cens lis qui font vingt lieues Françoises; la Longitude de Cancheu est de 140. d. 32′. la latitude de 25. d. 53′. c'est la XII. grande Ville de la Province, & elle ne cede gueres à la Capitale. Elle la surpasse même en ce qu'il y a un grand abord de Marchandises & une Douane : il y a un Viceroi qui n'est pas inferieur au Viceroi de la Province, car il a quatre départemens ; savoir dans les Provinces de Kiansi, de Houquan , de Fokien, & de Quanton ; non qu'il gouverne ces Provinces, mais parce qu'il a dans chacune deux Villes Frontieres qui sont sous sa direction. Ce Gouvernement est pour ainsi dire hors d'œuvre & fut créé, pour remedier aux brigandages qui se commettoient dans ces quartiers-là où les voleurs avoient d'autant plus de facilité à échaper aux poursuites que dans ce lieu aboutissent des Montagnes qui s'étendent dans quatre Provinces. Comme il étoit dificile que quatre Viceroi fussent d'assez bonne intelligence pour travailler de concert à l'extirpation des Voleurs, on en créa un particulier à qui on assigna deux Villes de chaque Province, avec des troupes qui sont entretenuës du produit de la Douane. Les Marchands payent avec plaisir ce qui se lève sur eux pour entretenir la sureté de leur Commerce. Il y a un pont de bateaux, à l'endroit où les deux Rivieres se joignent près de la Ville. Ces bâteaux dont le P. Martini [m] dit qu'il y croit avoir compté cent trente sont joints ensemble par de fortes chaines de fer ; par dessus sont des poutres qui portent des planches fort épaisses ; c'est sur ce pónt qu'est le bureau de la Douane , & il y a un de ces bâteaux tellement disposé que le pont s'ouvre pour laisser passer les barques à mesure qu'elles ont payé les droits, & se referme ensuite.

[i] année 1692. p. 386.

[k] Au III. Vol. du Recueil de Thevenot.

[l] p. 396.

[m] Atlas *Sinensis* p. 91.

CANTECROIX [n], petite contrée des Pays bas au Brabant, au quartier d'Anvers avec titre de Principauté. Elle n'a rien de considerable

[n] *Baudrand* Ed. 1705.

Tom. II.   Z*2   que

que le Bourg de Cantecroix dont elle porte le nom, & la petite Ville de Lire qui en est le principal lieu. Beatrix de Cusance [a] Princesse de Cantecroix, ou Cantecroy, fut la seconde femme de Charles IV. Duc de Lorraine & Mere du Prince de Vaudemont & de Madame de Lislebonne-d'Elbeuf. Mais ce mariage ne fut rien moins que légitime étant contracté du vivant de la véritable femme de ce Duc, qui tant qu'il vécut fut le jouet de son inconstance.

[a] Dict. Géogr. des Pays-bas.

CANTELEU [b], Château de France en Normandie, à une petite lieue au-dessous de Rouën sur le haut d'une Montagne, sur la paroisse du Croisset. Il est assez grand, d'une belle apparence, orné de pavillons dont celui du milieu est orné en forme de Dome. On dit qu'il y a autant de fenêtres, que de jours en l'an. Ce Château est en bon air, accompagné de jardins; de terrasses, d'avenues d'Arbres, & d'un Bois: la Riviere de Seine passe au pied & il offre une vue charmante, puisqu'on découvre delà toute la Ville de Rouen & ses dehors, le grand & le petit Quevilly, le grand & le petit Couronne, avec plusieurs autres Villages & Maisons de plaisance; des prairies; des Isles; des bois; des terres de Labour, & plus de quatre lieues du cours de la Seine.

[b] Corn. Dict. Memoires dressez sur les lieux en 1705.

CANTES, en Latin *Canta*, ancien Peuple de la Caledonie: le P. Briet [c] croit qu'ils occupoient la partie Orientale d'Armanoth dans la Province de Ross, en Ecosse.

[c] Paral. II. Part. L. 2. p. 185.

CANTH, Voyez KANT.

CANTHAPIS, Ville de la Carmanie selon Ptolomée [d]; quelques Exemplaires portent CANTHATIS, cet Auteur la met à deux degrez plus à l'Orient que Carpella qui selon lui étoit à l'entrée du Golphe Persique. Il a plu à Niger de dire que le nom moderne est CALECUT; ce qu'il n'auroit pas dit s'il avoit eu la moindre teinture de la Geographie de l'Asie, puisque Calicut est au moins plus Oriental de 17. degrez & plus Meridional de 12. que le lieu où il faut chercher cette Ville. Cette decision toute extravagante qu'elle est a été adoptée dans les meilleures Editions de Ptolomée. Ortelius se contente de dire que Niger a cru cela, *Calecut Nigro*. Mr. Baudrand [e] fait plus. Voiant que Calicut ne convenoit pas à la Carmanie il falsifie Ptolomée, *Canthapis*, dit-il, Ville de la Presqu'isle de l'Inde d'en deçà le Gange sur la côte Occidentale selon Ptolomée, *Cantatis* selon d'autres, présentement nommée Calecut Ville Capitale du Malabar suivant le témoignage de Niger, mais seulement par conjecture. Il ne faut qu'ouvrir Ptolomée, pour voir l'infidelité de la citation.

[d] L. 6. c. 8.

[e] Ed. 1681.

1. *Cantatis* ne se trouve en aucun Auteur que ce soit. *Canthatis* est dans Ptolomée [f] de l'Edition des Aldes [g], mais dans la Carmanie. L'Edition de Noviomagus à Cologne de laquelle j'ai un exemplaire qui a appartenu au Géographe Hondius [h], & celle de Bertius [i], portent *Canthapis*, dans le même Chapitre du même livre. 2. Ptolomée parle bien de l'Inde en deçà du Gange, mais n'y met aucun lieu nommé ni *Canthapis*, ni *Canthatis*, ni *Cantatis*. 3. La Presqu'isle d'en deçà le Gange est inconnue à cet Auteur, & ce que nous appellons aujourd'hui la côte de Malabar s'étend d'une façon

[f] L. 6. c. 8.
[g] p. 225.
[h] p. 282.
[i] p. 181.

presque parallele à l'équateur dans les Cartes que Mercator a dressées sur les Longitudes & les Latitudes de ce Géographe. En un mot Mr. Baudrand voulant citer d'imagination, ce qui lui arrive très-souvent, auroit mieux fait de nommer quelque Auteur Turc ou Arabe dont les livres ne seroient encore qu'en manuscrit, que de citer un livre qui est entre les mains de tout le monde: personne n'est obligé à la rigueur de citer Ptolomée; mais ceux qui le citent sont obligez de le lire, & de ne lui rien attribuer que ce qu'il dit, sous peine d'être convaincus de mauvaise foi & d'avoir voulu par une charlatanerie très meprisable faire parade d'une lecture qu'ils n'avoient pas faite.

CANTHARIUM, Promontoire de l'Isle de Samos, Strabon [k] compte XXC. Stades de ce Cap à celui de Dracanum qui est à l'extremité Septentrionale de l'Isle de Nicaria, & ajoute que c'étoit le lieu le plus étroit du Canal qui est entre ces Isles; d'où il faut conclure que le promontoire Cantharium est le Cap le plus Occidental de l'Isle de Samos.

[k] l. 14. p. 639.

CANTHAROLETHRUM, l'Abregé de Strabon [l] fait mention de ce lieu. C'étoit un endroit creux ainsi nommé à cause que l'escarbot qui étoit né tout auprès, n'y étoit pas plutôt arrivé qu'il mouroit. Aristote dit la même chose [m].

[l] Epit. l. 7. p. 107. Edit. Oxon.
[m] De Mirab. Auscult. T. I. p. 883. Edit. Genev. 1600. apud Crispin.

CANTHAROPOLIS. Mr. Baudrand [n] dit qu'il y a des Auteurs qui nomment ainsi la Ville de CANSTAD.

[n] Edit. 1682.

CANTHELE, Ville des Carthaginois, qu'Etienne nomme Liby-Pheniciens, c'est-à-dire Pheniciens établis en Afrique. Le même Auteur fait mention dans un Article separé de *Canthelia*, Ville dans le voisinage de Carthage. Le savant Bochart [o] croit que c'est le même lieu, & que ce mot vient de קנתחנא Canath-El, c'est-à-dire le bien de Saturne. Ainsi Canthele ou Canthelia sera le *Vicus Saturni* où logea St. Cyprien, comme il est dit dans sa Vie écrite par Ponticus; & le nom Latin n'est qu'une traduction du nom Phenicien. Mais le passage de la Vie de St. Cyprien éclaircit la position de ce lieu, car il y est dit que la Ville où il fut envoyé en exil étoit Curubis (*Curubitana Civitas*) que le lieu où il étoit logé étoit nommé *Vicus Saturni* entre *Veneria & Salaria*. On sait d'ailleurs que Curubis étoit une Ville maritime près de Carthage. C'est donc dans son territoire qu'il faut chercher Canthele. *Veneria* étoit un chemin qui menoit de Carthage à Aphrodisium, c'est-à-dire à la Ville de Venus, & *Salaria* en étoit un autre qui menoit de Carthage aux Salines. Ainsi Canthele étoit entre ces deux grands chemins.

[o] Chanaan, l. 1. c. 24. p. 530. Edit. Cadom.

1. CANTHI SINUS, Golphe de la Mer des Indes à l'embouchure du fleuve Indus selon Ptolomée [p]. Ce n'est pas le *Golphe de Cambaye*, comme le croient faussement ses Interpretes; car l'Indus qui doit avoir ses embouchures dans le Golphe de *Canthi* ne tombe point dans celui de Cambaye; & ce dernier que Ptolomée distingue très-bien du premier est nommé par cet Auteur *Barigazenus*: de Barigaza Ville qui n'en étoit pas éloignée. Pour celui dont il est ici question, il prenoit ce nom de *Canthi*, Ville dont je parlerai ci-après. Arrien [q] le nomme BARACES à cause de l'Isle Barace qui étoit

[p] l. 7. c. 2.
[q] Peripl.

CAN.   CAN.   181

étoit au Nord du Promontoire Malée & qui a été jointe au Continent de Guzurate, ou détruite par la Mer.

2. CANTHI STATIO, port de Mer, des Indes au Couchant de l'embouchure la plus Occidentale du Fleuve Indus; vers l'endroit où est à présent la Ville de Dabil ou de Dioul. Mais les Editions de Ptolomée [a] varient; car dans celle des Aldes on lit *Canthinau Stathmus* qu'il faut diviser ainsi: *Canthi Nauſtathmus*, c'est-à-dire *Canthi port ou Rade pour les Vaiſſeaux*. Celle de Bertius retranche *Canthi* & ne met que *Nauſtathmus*.

CANTHORUM, Κανθων, pour ACANTHON. Voyez ce mot.

CANTIA, Voyez CANTIUM.

CANTIENS, ancien peuple de l'Isle d'Albion. Les Auteurs modernes s'accordent assez sur l'étenduë de pays qu'il occupoit. Le P. Briet [b] le borne au Comté de KENT, en Angleterre & lui donne pour Villes:

Duroverum, Cantorberi,
Dubris, Douvre,
Rhutupiæ ou *Rhutupis*, Richborow.
Durobrevis, *Durobriva*, ou *Durobrus*, Rochester,
Durolenum, Leneham.

Il y ajoute les Isles

Toliapis, Sheppye, à l'embouchure de la Tamise,
Thanatos, Thaney ou Tanet.

Mr. d'Audifret [c] met ensemble les Cantiens & les Trinobantes, & leur donne les Comtez de Kent, d'Essex & de Middlesex; mais le partage est aisé à faire & le P. Briet qui les separe donne Essex & Middlesex aux Trinobantes. Les Cantiens furent les premiers chez qui Jules Cesar prit terre; & il parle d'eux & de leur pays en plus d'un endroit de ses Commentaires [d]. Ptolomée ne donne aux Cantiens que trois Villes, savoir *Londinium*, *Darvernum* & *Rutupia*, encore se trompe-t-il à l'égard de la premiere, qui n'étoit pas aux Cantiens; mais aux Trinobantes. Le *Cantium* des Anciens ni le pays de Kent des Modernes ne s'étendent point jusqu'à Londres. Les autres lieux sont fournis par l'Itineraire d'Antonin qui est ce que nous avons de plus exact pour l'ancienne Géographie de la Grande-Bretagne.

CANTILLANA [e], Bourg & Château d'Espagne dans l'Andalousie près du Guadalquivir & à vingt mille pas au-dessus de Seville vers Cordouë. Mr. Baudrand [f] croit que c'est la BASILIPPO d'Antonin. *Basilippo* est à l'Ablatif & a *Basilippum* au nominatif. Voyez *Basilippum*.

CANTIMPRE', Voyez Cantipré.

CANTIN, Cap d'Afrique dans l'Océan au Royaume de Maroc. Voyez CAP.

CANTIOEBIS, ancienne Ville de la Germanie près du Danube selon Ptolomée [g]. Appien croit que c'est AMBERG.

CANTIPRE' [h], (Abbaye de) de Chanoines Reguliers de St. Augustin; elle fut bâtie dans un des Fauxbourgs de Cambrai vers l'an 1180. Elle reconnoit pour ses fondateurs Roger de Wavrin Evêque de Cambrai, & Hugues d'Oisy. Celui-ci donna les dixmes de *Wagengnuel* l'an 1186. Peu de tems après le même Hugues confirma à cette Abbaye la donation de deux parties des dixmes de Marquion faite par Euſtache Seigneur de ce lieu. Le même Seigneur donna son bois de la Vacquerie & en 1189, il y ajouta les Fours (*Furnos*) qu'il avoit en sa terre de Crevecœur; sa femme Marguerite & plusieurs autres Seigneurs firent encore de grands biens à ce Monastére. On seme aujourd'hui, & l'on moiſſonne dans les lieux où la plûpart des édifices de cette Abbaye étoient situez. Ils furent ruinez par la furie des Soldats en 1580. les Religieux se sont ménagé de la tranquilité, en se retirant dans un lieu plus éloigné des Frontiéres. Ils se sont établis dans leur Prieuré de BELINGHEN proche de la Ville de Halle, sur les confins du Hainaut [i]. Cette Abbaye jouït de seize mille livres de revenu.

1. CANTIUM, nom ancien que les Latins ont donné au pays de Kent dans la grande Bretagne. Mais il semble à quelques-uns que Cesar donne une plus grande étenduë à ce qu'il nomme *Cantium*, au sentiment d'Ortelius [k] qui croit que Romain a entendu par ce nom toute la partie de l'Isle qui s'avance vers l'Orient. Mais il n'y a qu'à l'entendre. Le Cantium de Cesar comprenoit ce qui s'étend vers l'Orient au Midi de l'Embouchure de la Tamise vis-à-vis de la Gaule d'où Cesar étoit parti pour faire le trajet. Ce sentiment est vrai; mais si on étend cette côte Orientale jusqu'au Golphe de Boston, ce sentiment n'est pas juste ni conforme à l'idée que Cesar [l] donne lui-même de son expedition, puisqu'il ne dit point qu'il ait passé la Tamise. Le *Cantium* des Anciens est le même pays que Bede nomme *Cantia*. [m] Cesar dit que ses habitans étoient les plus civilizez de tous les Bretons; que leur pays étoit le long de la Mer & que leur maniere de vivre n'étoit pas fort diferente celle des Gaulois.

2. CANTIUM PROMONTORIUM, Promontoire sur la côte Orientale de la grande Bretagne, près de *Rutupia* qui est Stonar lieu situé dans la partie Meridionale de l'Isle de Thanet. Ptolomée [n] fait mention de ce Cap & ses Interprétes jugent que c'est *North-Forland*, ou le Cap qui est au Nord-est de la même Isle.

CANTOGILUS ou CANTOGILUM, [o] Lieu & Monastere de France en Auvergne, en François CHANTEUGE: des Lettres de l'an 936. raportées par Mr. Juſtel en font mention.

CANTON, endroit d'un Pays, ou d'une Ville, distingué du reste. On dit dans le premier sens que le pays de Caux est un Canton de la Normandie, qu'il y a en Champagne des Cantons qui produisent de meilleur vin que les autres; dans le second, on dit que dans les Villes de Rome, d'Avignon il y a un Canton destiné pour les Juifs.

CANTON se dit aussi d'une Province: le Corps Helvetique est une Republique composée de XIII. Cantons, & de leurs Alliez. Voyez SUISSE.

CANTON, Province de la Chine. C'est ainsi que plusieurs écrivent. Mais les personnes qui écrivent exactement écrivent le nom de

Z* 3   la

la Province & de la Capitale QUANTON. Voyez ce mot.

CANTOR, Voyez CANTORY.

CANTORBERY, CANTERBURY. Les Auteurs des anciennes Chroniques Saxones écrivoient ce mot [a] CANTVARENA BURG, CANTVARA-BURG, CANTVARA BYRIG; CANTVARE-BERI. Les Modernes disent en Latin CANTUARIA; ce nom est inconnu aux anciens qui appelloient cette Ville DUROVERNUM. Ptolomée [b] écrit Δαρούερνον peut-être faut-il lire Δουρούερνον. L'Anonyme de Ravénne [c] dit *Durovernum* & Mr. Gale [d] derive cet ancien nom de *Dour* qui signifie *Eau* & de *Guern*, qui veut dire un lieu planté d'Aunes, que nos ancêtres exprimoient par le mot d'Aunaie. Cette Ville est en Angleterre au Duché de Kent dont elle est la Capitale & est située sur la Stoure à 54. milles de Londres. Elle étoit autrefois une des plus belles & des plus florissantes de l'Angleterre; mais elle a beaucoup perdu de sa beauté & sa gloire est fort diminuée, on a attribue la décadence à ce que le Schisme aiant établi le mepris des vœux Monastiques l'Abbaye de St. Pierre, que l'on nommoit aussi de St. Augustin du nom du Saint Evêque qui avoit beaucoup contribué à la conversion de l'Angleterre, cette Abbaye, dis-je, qui avoit fourni un grand nombre de Saints Personnages à cette Isle, fut détruite, & la Ville perdit les avantages que lui procuroit le concours de peuple que la devotion attiroit à Cantorbery. La chasse de St. Thomas, qui en étoit Archevêque & qui après avoir été assassiné, fut honoré comme Martyr des droits du Sacerdoce, contribuoit beaucoup à rendre cette Ville celebre. Et enfin la perte que les Anglois firent de Calais qu'ils avoient longtems possedé & dont la France se ressaisit sous le regne de Marie fut fatale à Cantorbery. Le seul ornement qui lui reste est sa belle Cathedrale, où l'on voit le tombeau de St. Prélat. [e] Avant les missions du Pape St. Gregoire le Grand, St. Letard Directeur de la Reine Berthe femme d'Ethelbert Roi de Kent, avoit disposé les cœurs d'une partie des habitans à la foi. St. Ethelbert Roi de Kent fut enterré à Cantorbery auprès de St. Letard. St. Augustin Missionnaire Apostolique fut établi premier Evêque de cette Eglise dans le VI. Siecle par le Pape Gregoire le Grand qui y attacha peu de temps après la Primatie de toute l'Eglise Anglicane, qu'il avoit eu intention d'abord de donner à la Ville de Londres. Cette Primatie qui s'étendoit au moins sur les VII. Royaumes de l'Angleterre & que les Archevêques de Cantorbery ont portée quelquefois sur l'Ecosse, l'Irlande & generalement sur toutes les Isles Britanniques fut reconnue de nouveau en 1072. sous Lanfranc. Il semble neanmoins que cela ne regardoit point absolument l'Ecosse ni l'Irlande, mais seulement ce qui obeïssoit au Roi d'Angleterre. Entre ses Succesleurs les IV. premiers, savoir Laurent, Mellit, Juste, Honoréus, sont au nombre des Saints, & l'Eglise les honore publiquement comme tels. On trouve dans la suite St. Theodore, St. Odon, St. Dunstan, St. Elphege, le bienheureux Lanfranc, St. Anselme, St. Thomas, & St. Eme qui ont illustré ce Siége par leur vie Chrétienne & vertueuse. L'Archevêque avoit un Palais dans cette Ville, mais il est détruit & il n'en reste plus que des ruines. Les Archevêques ont presentement leur Residence à Lambeth sur la Tamise, vis-à-vis de Westminster. On compte dans Cantorbery quatorze Paroisses. Il y a une Ecole Royale, & divers Hopitaux. Beaucoup de Wallons habitent dans cette Ville où ils font plusieurs sortes d'Etoffes: il y a deux Marchez par semaine.

CANTORY, Mr. Corneille après avoir placé un Royaume de CANTOR en Afrique, & en avoir fait un long Article tiré de la Croix; en parle de nouveau avec l'addition d'un y comme d'un Royaume diferent: il dit donc que le Royaume de CANTORY, est dans la Nigritie entre les Royaumes de Mandinga, de Melli & de Tombut & a pour Capitale une Ville de même nom. Il ajoute qu'on le trouve sur le Niger dans l'endroit où ce fleuve se separe en deux bras, cent mille pas au-dessous de Tombut; & cite Jean Léon. Ce n'est pas qu'il ait trouvé cela dans cet Auteur qui ne parle en aucune façon ni de Cantor ni de Cantory; mais c'est que Mr. Baudrand, que Mr. Corneille ne vouloit pas citer, lui avoit donné un mauvais exemple. Mr. Baudrand ayant trouvé Cantory dans les Cartes de Sanson qu'il ne nomme pas volontiers, avoit mieux aimé citer au hazard quelque Auteur, qui eût parlé de l'Afrique; supposant apparemment qu'un tel Royaume n'y feroit pas oublié, & malheureusement, il a pris pour garant un livre où ce nom n'est pas. Le Voyage du Sieur le Maire qui dit peu, mais avec exactitude, marque la situation de ce Royaume qui y est nommé Cantorsi. On y voit que [f] la Riviere de Senegal est un bras du Niger, sortant de ce fleuve environ 600. lieues au-dessus de son embouchure, qu'il se répand dans le Royaume de Cantorsi & delà se divise en plusieurs branches dont les principales sont Gambie & Rio grande; Mr. de l'Isle [g] qui met le petit Royaume de Cantorsy sur la Riviere de Gambie & fort loin de son embouchure, le considere comme ne faisant qu'une petite partie du Royaume de Mandinga, ou Mani-Inga. Voyez BIGUBA.

CANTYR, Voyez KINTYRE.

CANUBIN, CANOBIN, ou CANOBINE, Monastere du mont Liban. Ce mot est venu de Κοινόβιον, en Latin *Cœnobium*, qui veut dire *Couvent*, un lieu, où l'on vit en communauté; & ce nom le distingue d'un grand nombre de Grottes voisines qui ont été autrefois peuplées d'Anachorétes qui y menoient une vie Eremitique; c'est-à-dire separez les uns des autres. [h] Le Monastere est fameux par son ancienneté & pour être le siege & la demeure ordinaire du Patriarche des Maronites. Ces Chrétiens sont les seuls Orientaux constamment soumis & attachez à l'Eglise Romaine & ils considerent cette Maison comme le centre de la Religion à leur égard. Canubin est assez grand bâtiment, mais fort irrégulier qui se trouve quasi tout construit dans le rocher: l'Eglise dediée à la Vierge, sous le titre de Sainte Marie de Canubin en est toute prise. Elle n'a qu'environ vingt-cinq pas de longueur sur dix ou douze de largeur, mais elle est fort propre &

& bien desservie, mais un peu obscure par la difficulté qu'on a euë à percer des fenêtres dans le roc. Du côté droit de l'Autel principal on a placé dans l'épaisseur de la muraille, ou plutôt du rocher, trois cloches assez grandes, dont on se sert en toute liberté, & c'est peut-être le seul endroit de tout le Levant où l'on voit des cloches. Le reste du bâtiment consiste en l'appartement du Patriarche qui n'a rien de fort distingué, en plusieurs chambres de Religieux & en quantité d'offices, le tout assez pauvre & mal arrangé. Quoique cette Maison se trouve située sur le penchant d'une assez haute Montagne ses dehors ne laissent pas d'être fort unis & ses environs fort riants. La terre en est très-bien cultivée. On y voit des Vergers, des Jardins & des Vignobles en quantité, la plûpart disposez en terrasses. Ce n'est là qu'une mediocre partie du Domaine du Patriarche & du Monastere. Ce Prélat possede en deçà & au delà du fleuve (Kadischa entre les sources duquel Canubin est situé) sur le haut des Montagnes, & dans d'autres Vallées, des terres considerables qui servent non seulement à son entretien & à celui de ses Religieux; mais encore à la nourriture des pauvres qui y sont toujours en fort grand nombre & des étrangers de toutes les Nations.

☞ Les Moines de Canubin, dont le nombre est d'environ quarante, se disent de l'Institut de St. Antoine comme tous les autres de ce pays, Institut qui leur a été laissé par St. Hilarion, mais ils suivent la regle de St. Basile. Ils font profession d'une grande austerité de vie, & d'exercer l'hospitalité envers tout le monde, & sur toutes choses on admire en eux une merveilleuse simplicité, qui leur tient lieu des autres qualités plus relevées, que l'on trouve rarement parmi l'ignorance & l'éloignement du monde. L'habit de ces Moines consiste en une mechante robbe de laine noire fort étroite & qui ne descend que jusqu'à mi-jambe, en un Scapulaire de même étoffe ou de poil de chevre, aussi fort court, & en un petit Capuchon, ayant les jambes nues, avec des babouches noires à leurs pieds.

Entre plusieurs Monasteres qu'il y avoit autrefois sur le Mont Liban, on en comptoit trois principaux, du nombre desquels étoit Canubin, lequel contenoit seul trois cents Religieux & parce que c'est l'unique des anciens qui subsiste encore aujourd'hui avec un nombre considerable de Moines & qu'il est d'ailleurs le Chef de tout l'Ordre Ecclesiastique & Religieux de la Nation Maronite, le nom de Canubin lui a été donné, comme qui diroit le Monastere par excellence. Toutes les Grottes accessibles qu'on voit dans toute l'étenduë de cette Vallée, sur l'un & sur l'autre côté du *fleuve Saint*, (c'est ce que signifie *Cadischa*) sont au nombre d'environ huit cens, dans chacune desquelles un Anachorete a fait sa demeure sous l'obeissance & la direction de quelqu'un des Monasteres & plusieurs ont été de ces Hermites massacrez dans leurs Cavernes dans ces temps de persécution par les Ennemis de la Foi. On a même dressé des Autels pour honorer leur memoire dans les Grottes mêmes, ou dans de petites Chapelles bâties tout auprès.

On ne manque jamais d'y aller dire la Messe le jour de leur Fête qui est marqué dans un Menologe particulier de l'Eglise de Canubin. La plûpart de ces Grottes se trouvent pratiquées dans des rochers affreux & qui avancent sur le penchant le plus roide de la Montagne, ce qui les fait paroistre comme suspendues & inaccessibles. A cent pas du Monastere est la Grotte de Ste. Marine Vierge.

CANUCCIS, ancienne Ville d'Afrique dans la Mauritanie Cesariene, selon Ptolomée [a]. Marmol croit que c'est Sargel. *a* l. 4. c. 2.

CANUCHA, Riviere d'Asie dans les Indes [b]. C'est une de celles qui se jettent dans le Gange selon quelques Editions de Pline, mais le R. P. Hardouin change ce mot en celui de *Condochates* & lit *Condochatem*, au lieu de *Canucham*, *Vamam*, & sa correction est autorisée par l'autorité d'Arrien [c]. *b* Plin. l. 6. c. 18.

c in Indicis.

CANULÆ, nom Latin de CANILLAS.

CANVE [d], ou CANVEY, petite Isle de l'Angleterre à l'Embouchure de la Tamise, au Comté d'Essex. C'est la plus avancée vers la Mer, si l'on en excepte un petit écueil qui est tout auprès. *d* Blaeu Atlas.

CANUSIUM, ancienne Ville d'Italie dans la Pouille. C'est où se rassemblerent le peu de Romains qui échaperent à la sanglante journée de Cannes, le champ de Bataille n'en étant qu'à vingt-cinq Stades. Cette Ville étoit sur la Rive droite du fleuve Aufide qui est aujourd'hui l'Ofanto; CANOSA en a pris & conservé encore le nom. Voyez CANOSA.

CANYNDII, on lit dans les anciennes Editions de Quinte Curse *Myndios quoque & Canyndios & pleraque tractus ejus, sua sacta ditionis*; c'est-à-dire Alexandre apprit que les Myndiens & les Canyndiens & la plûpart des autres lieux de cette contrée s'étoient soumis à son obeïssance. Ortelius a bien observé que s'agissant de Bourgades de la Carie il falloit lire les *Caunïens*, & non pas les *Canyndiens*. On a profité de l'observation & Vaugelas [e] s'y est conformé. *e* L. 3. c. 7.

CANYTIS, grande Ville de Syrie selon Etienne le Géographe. Voyez ce qui est remarqué à l'Article CADYTIS.

CANZULA, Ville maritime du Japon, en Niphon sur la côte Orientale du Golphe d'Iedo; au Nord du Royaume d'Ava, & au Midi de celui de Ximola; quelques-uns [f] la font Capitale d'une Province ou Royaume de même nom; le P. Martini dans sa Carte du Japon [g] met la Ville de Canzula mais sans Royaume de ce nom. La Carte Japonnoise publiée par Mr. Reland nomme CADSA le Royaume qui a celui d'Awa au Midi, & celui de Smosa, au Nord, & lui donne une Capitale de même nom, plus avant dans les terres. *f* Baudrand Ed. 1705. *g* à la fin de l'Atlas Chinois.

1. ÇAO, [h] Lac de la Chine dans la Province de Kiangnan dont Nanking est la Capitale. Il reçoit plusieurs vaisseaux & se décharge dans plusieurs Rivieres. Au Nord il communique à celle de Hoai, par un bras nommé Fi qui passe au Couchant de la Ville de Leucheu, ou Lioutcheou, à l'Orient il envoye une partie de ses eaux dans le Kiang, entre ces deux décharges il en a une troisiéme, au commencement de laquelle est la petite Ville de *çao*, qui serpentant vers le Nord & le Nord est va se joindre *h* Martinii Atlas Sinic.

184 CAO. CAP.

joindre aux eaux qui tombent du Lac de Cheucheou, ou Choutcheou, qu'elle porte dans le Kiang au-deſſous de Nanking. Dans ce Lac eſt une Montagne qui y forme une Iſle. On la nomme Cu c'eſt-à-dire, l'Orphelin parce qu'elle eſt ſeule.

a Ibid.

2. ÇAO[a], Ville ſituée à l'Orient d'un Lac de même nom, & au Sud-Oueſt de la Montagne de Kiuting.

CAOCHEU, Ville de la Chine dans la Province de Quanton. Voyez TCHAOTCHEOU.

b Ibid. p. 156.

CAOMING[b], petite Ville de guerre de la Chine dans la Province d'Younnan : c'eſt la quatriéme des treize qui ſont dans le departement d'Younnan premiere Metropole de la Province. Le Pere Martini lui donne 14. d. 46'. de longitude, (premier Meridien à Pekin) & 25. d. 10'. de latitude.

c Ed. 1682. & 1705.

CAOR, Mr. Baudrand[c] met un Royaume & une Capitale de ce nom dans l'Inde au delà du Gange. Il dit qu'il étoit autrefois ſoumis au Roi de Pegu, mais qu'il a preſentement ſon Roi particulier; avec une Capitale dite auſſi Cahor, ſur une Riviere de ce nom environ à 130. mille pas du Lac de Chiamay vers le Midi, vers les frontieres de l'Empire du grand Mogol & le Royaume d'Udeſſe. Les Relations modernes ne parlent point de ce Royaume, mais elles font mention d'Aracan Royaume, qui confine d'un côté avec la Province d'Udeſſe, & de l'autre avec le Royaume d'Ava qui ne fait plus qu'un même Etat avec celui de Pegu; & le Royaume d'Aracan a une Capitale appellée de même ſur une Riviere de même nom ; à environ cent heures de chemin du Lac de Chiamay. C'eſt ſans doute le même Pays.

CAORA, Riviere de l'Amerique Meridionale. Mrs. Sanſon nomment ainſi la décharge la plus Meridionale par laquelle le Lac de Caſſipa envoye une partie de ſes eaux dans l'Orenoque. Mais ce Lac dans leurs Cartes eſt très-diferent de ce qu'il eſt dans celles qui ſont dreſſées ſur des Memoires plus ſûrs & plus recents.

CAORLE. Voyez CAHORLE.

CAORS. Voyez CAHORS.

d Magin Ital.

CAORSO[d], en Latin CAORSIUM, Bourg d'Italie, en Lombardie au Duché de Plaiſance, ſur la Riviere de Chiavena.

e Atlas Sinic.

CAOTANG[e], petite Ville de guerre de la Chine dans la Province de Chanton ſur la petite Riviere de Mingto qui tombe dans la Riviere de Cing. C'eſt la XI. des 18. Villes du Departement de Tungchang troiſiéme Metropole de la Province, elle eſt ſous le même Meridien que Pekin, à 37. d. 13'. de latitude.

CAOURS. Voyez CAVOURS.

☞ CAP, mot emprunté des Italiens qui nomment *Capo* la tête. Les Grecs nommoient les Caps ACRA Ἄκρα, ACRON, ou ACROTERION Ἄκρον, Ἀκροτήριον, c'eſt-à-dire, une avance. Les Latins diſoient PROMONTORIUM, c'eſt-à-dire, Montagne qui avance dans la Mer. Nous diſons bien auſſi Promontoire, mais c'eſt quand il s'agit de l'Hiſtoire & de la Géographie ancienne ; car pour la nouvelle on parleroit mal ſi on diſoit le *Promontoire de Bon-*

CAP.

ne Eſperance, le Promontoire Verd. On ſe ſert du mot de Cap. En Amerique on ſe ſert du nom de MORNE quand il eſt petit. En quelques endroits des côtes de France, on le nomme CHEF, TÊTE, BEC & POINTE; comme Chef de Caux en Normandie, Tête de Buch en Guienne, Bec de Ras en Bretagne; & Pointe de la Varde auſſi en Bretagne. On dit être ENCAPÉ pour dire qu'on eſt entre deux Caps. Voici une liſte des principaux Caps. Je joins les citations à ceux que je n'emprunte pas de Mr. Baudrand.

Le CAP, ou le CAP FRANÇOIS, eſt dans la partie Septentrionale de l'Iſle de St. Domingue, dans l'Amerique & dans la Mer du Nord vers la Riviere ſalée, entre la petite ance au Levant & les trois Rivieres au Couchant. Il y a dans cet endroit[f] une habitation Françoiſe appellée auſſi LE CAP. C'eſt un gros Bourg qui fut ruiné & brûlé deux fois en 1688. par les Eſpagnols & les Anglois joints enſemble. Il s'eſt rétabli depuis ce tems-là : rien n'étoit plus facile, puis que toutes les maiſons n'étoient que des fourches en terre paliſſadées ou entourées de Palmiſtes refendus, & couvertes de *taches*, comme on appelle dans ce pays-là les queuës ou les gaines des Palmiſtes. Il y a au milieu du Bourg une aſſez belle place d'environ 300. pas en quarré, bordée de Maiſons telles que celles que je viens de decrire. Un des côtez eſt occupé entre autres bâtimens par un grand Magazin qui ſert à mettre les munitions du Roi. Il a ſervi quelque tems d'Hôpital, en attendant que celui qu'on bâtiſſoit à un quart de lieuë du Bourg fût achevé. Il y a ſept ou huit ruës ou eſpeces de ruës qui aboutiſſent à cette place & qui ſont compoſées d'environ 300. Maiſons. L'Egliſe Paroiſſiale eſt dans une ruë à côté gauche de la place ; elle eſt bâtie comme les maiſons ordinaires de fourches en terre, & couverte d'Eſſentes. Le derriere du ſanctuaire, & environ dix pieds de châque côté, ſont garnis de planches. Tout le reſte eſt ouvert & paliſſadé de Palmiſtes refendus ſeulement juſqu'à hauteur d'appui afin qu'on puiſſe entendre la Meſſe de dehors, comme au dedans de l'Egliſe. L'Autel eſt un des plus ſimples, des plus mal ornez qu'on puiſſe voir. Il y a toujours un fauteuil, un prié-Dieu & un carreau de velours rouge du côté de l'Evangile pour le Gouverneur. Le reſte de l'Egliſe eſt rempli de bancs de differentes figures, & l'eſpace qui eſt au milieu de l'Egliſe entre les bancs eſt auſſi propre que les ruës qui ne ſont ni pavées ni balayées, c'eſt-à-dire, avec un demi-pied de pouſſiere quand le tems eſt ſec & autant de bouë quand il pleut.

f Le P. Labbat. Voy. aux Iſles de l'Amer. T. 2. p. 221.

LE BOURG DU CAP FRANÇOIS, n'eſt point fermé de murailles, ni de paliſſades ; il n'eſt pas même dans un endroit propre à être fortifié, étant extrêmement commandé du côté du Sud & de l'Oueſt. Il n'y a pour toute défenſe que deux batteries, l'une à l'entrée du Port & l'autre devant le Bourg ; toutes deux très-mal placées & encore plus mal entretenuës. La Garniſon eſt compoſée de quatre Compagnies détachées de la Marine qui peuvent faire 200. hommes. C'en eſt plus qu'il ne faut dans un tems de paix ; mais beaucoup moins

qu'il

CAP. CAP. 185

qu'il ne feroit neceffaire dans un tems de guerre. Il eft vrai qu'en quelque tems que ce foit, on ne compte pas beaucoup fur ces troupes, mais uniquement fur les habitans qui ayant été pour la plûpart Boucaniers ou Flibuftiers, favent parfaitement bien fe battre, & y font plus obligez que perfonne pour conferver leurs biens & leurs familles. Toute l'obligation que l'on a aux troupes de la Marine, c'eft d'avoir introduit l'ufage & le cours des fols marquez; on ne connoiffoit avant leur arrivée que les pieces de quatre fols, & les demi réales d'Efpagne pour petite monnoye.

La Juftice étoit adminiftrée au Cap par un Juge Royal avec les autres Officiers fubalternes qui lui étoient neceffaires; & les appels de fes Sentences étoient portés au Confeil Superieur de Léogane à plus de 80. lieuës à l'Oueft du Cap; mais depuis l'année 1702. le Roi a établi un Confeil Superieur au Cap pour juger les appels des Sentences renduës par les Juges qui font depuis la Riviere de l'Artibonite, jufqu'à la frontiere des Efpagnols en allant à l'Eft. La jurifdiction de celui de Léogane s'étend dans tout le refte de la partie Françoife commençant à la même Riviere de l'Artibonite.

LE CAP D'ADIEU, dans l'Amerique Septentrionale & au Groenland. On l'appelle le plus fouvent *le Cap Farwel*. Voyez FARWEL.

LE CAP ADVANCE', eft fur le Détroit de Magellan dans l'Amerique Meridionale. Voyez le CAP FROWARD, comme on l'appelle le plus fouvent.

LE CAP D'AGUER, Ville d'Afrique, petite, mais forte au Royaume de Soufe, avec un Château & un Port dans la Baye de même nom, fur la Côte de l'Océan Atlantique. Elle s'appelle autrement *Darrumia*, par les Maures & SANTA CRUX par les Portugais qui l'avoient fortifiée; mais ils en furent chaffez par le Roi de Soufe en 1536. & fes Succeffeurs l'ont confervée depuis.

LE CAP DE L'AIGLE[a], dans la Mer Méditerranée, fur la Côte de Provence, à 300. toifes ou environ vers l'Oueft de l'Ifle Verte ou de la Ciotat. Il y a prefque au milieu de ce trajet une roche fur laquelle il n'y a que cinq pieds d'eau; elle eft un peu plus proche de l'Ifle que du Cap de l'Aigle. On paffe néanmoins ordinairement avec des Galeres entre cette Ifle & le Cap de l'Aigle, rangeant de près la côte pour éviter la roche. Il y a tout proche de la pointe du Cap 8. à 10. braffes d'eau ; on y pourroit paffer avec un Vaiffeau ayant le vent favorable.

LE CAP DES AIGUILLES[b], fur la Côte d'Afrique au 35. degré de latitude Meridionale. Ce Cap fe connoît en ce que fes terres font baffes & grifes; il fe termine en deux pointes baffes diftantes l'une de l'autre Eft-&-Oueft de quatre lieuës; celle qui eft du côté de l'Eft eft plus baffe que l'autre, la Côte qui eft entre-deux court auffi Eft & Oueft, & la terre s'avance jufqu'à la Mer, en forme de gros fillons ou côtes tantôt hautes, tantôt baffes. Au haut il y a comme un Cercle blanc femblable à une rondache de bois, &

Tom. II.

on voit comme des Côteaux qui entrent dans le pays.

LE CAP DELL'ALICE, au Royaume de Naples & fur la Côte Orientale de la Calabre ulterieure, où elle s'avance dans le Golfe de Tarente, entre Cariati & Strongoli.

LE CAP DES ANGUILLES, en Amerique, dans la partie la plus Occidentale de l'Ifle de Terre-Neuve à 15. lieuës du Cap de Raye, vers le Septentrion.

LE CAP ANIWA, dans la grande Tartarie au Pays d'Yupi, environ à 350000. pas de la partie Septentrionale du Japon & de la terre de Jeço au Couchant.

LE CAP D'ALCUDY[c], longue pointe, & fort haute & efcarpée, dans la partie Orientale de l'Ifle de Mayorque; elle fepare la Baye d'Alcudy de celle de Poyance. Sur le haut il y a une tour à feu qui fert à faire le Signal.

LE CAP D'ANCIO[d], dans la Mer Méditerranée fur la Côte d'Italie, auprès de la partie Meridionale de l'Embouchure du Tibre. Ce Cap eft une longue pointe qui s'avance le plus en Mer de toute cette Côte; la pointe eft unie & haute, par rapport aux autres qui font toutes baffes. Sur fon extrémité il y a une grande Tour quarrée & quelques rochers auprès. On voit auffi une autre Tour ronde à 3. milles plus à l'Oueft de cette pointe: on la decouvre lors qu'on vient du Nord-Oueft. Du côté du Sud-Eft du Cap, il y a un grand Palais & une grande Maifon, qui en donnent une grande connoiffance, lors qu'on vient du côté du Sud-Eft; mais venant du Nord-Oueft, on ne peut découvrir que le haut de ces Maifons par deffus le terrain: on decouvre en même tems le Mont Cercelle, les Ifles de Ponce, Palmerolle & Senonne.

LE CAP APOLLONIA, en Afrique & fur la Côte de la Guinée à l'endroit où on la nomme Quaquacouft, près de l'Embouchure de la Riviere de Manca, ou Cobra à cinq lieuës du Château d'Axim au Couchant, & à dix du Cap des 3. pointes. Il y en a qui l'appellent STE. APOLLINE.

LE CAP DES ARE'CIFFES OU DES ROCHERS, Cap d'Afrique dans la Cafrerie. [e] Ce Cap eft à la hauteur de 33. degrés 20'. il gît avec la pointe de Patrao prefque Eft-Nord-Eft & Oueft-Sud-Oueft: il y a 15. lieuës de l'un à l'autre. On le connoît en ce que c'eft une pointe fort groffe autour de laquelle il y a un banc de pierre, avec quelques petits Iflets, à la portée d'une arbalête defquels il y a des roches où la Mer brife. Du côté de l'Oueft font des fables plats & fur le rivage des roches qu'on prendroit pour des Iflets. Entre ces pierres & le Cap il y a une baffe tout contre terre, & dans le Pays on voit comme un bout de Montagne coupée, haute, raboteufe & éloignée du Rivage: delà tirant vers l'Eft, on n'en voit point d'autre, mais tout le pays eft defert.

LE CAP D'ARESTINGA, en Perfe, dans la Province de Kherman, fur la côte de la grande Mer des Indes, & près de la Ville de Guadel.

LE CAP DELL'ARMI, au Royaume de Naples, & en la partie Meridionale de la

Aa* baffe

---

[a] *Michelot.* Portulan de la Mediter. p. 69.

[b] *Routier* des Indes Or. 2. part. p. 50. du Recueil de Thevenot.

[c] *Michelot.* Portulan de la Mediter. p. 30.

[d] *Michelot.* Portulan de la Mediter. p. 109.

[e] *Routier* des Indes Or. part. 2. pag. 53.

CAP.

baſſe Calabre, où finit une des pointes de l'Apennin. Les François l'appellent LE CAP DES ARMES, & il eſt joignant le Fare de Meſſine à 12. lieues de Regge au Midi.

Le CAP D'ARRICA ou ARICA [a], ſous le 19. degré de latitude Meridionale, dans la Mer du Sud, eſt haut, eſcarpé & couvert de taches blanches. Lors qu'à la vuë de la terre ce Cap paroît plus haut, au-deſſus du vent, que ceux de Sama ou de Guiaca, on eſt dans une eſpéce de Baye où l'on trouve une Côte plus baſſe. On peut mouiller vis-à-vis d'une petite Iſle qui eſt près du rivage on y trouve 8. ou 9. braſſes d'eau; mais il faut laiſſer tomber une ancre à l'arriere pour ſe garentir contre la violence des briſes de terre. Quand on vient de la Mer on reconnoît ce Port à une terre haute, ſur laquelle il y a deux Montagnes qui paroiſſent blanches & qui reſſemblent à des Volcans. Si on les a au Nord-Oueſt, on eſt au-deſſus du vent du port, mais ſi on les a au Sud-Eſt, l'on eſt ſous le vent & alors on voit deux autres Montagnes qui paroiſſent auſſi blanches que ſi elles étoient couvertes de Neiges.

Le CAP D'ATTICO [b], dans l'Amerique Meridionale. Ce Cap eſt ſous le 16. degré de latitude, à 14. lieues du Cap d'Arequipa, cours Nord-Oueſt & Sud-Eſt. La terre y eſt fort haute & pleine de Montagnes couvertes de Neiges.

Le CAP D'AVILES, en Eſpagne, dans l'Aſturie.

Le CAP DAS BAIXAS, de l'Afrique au Midi de la Cafrerie entre la Baye de Ste. Catherine & Punta delgada. [c] Ce Cap eſt à la hauteur de 34. degrés. Il gît avec la Baye Formoſa Eſt-Nord-Eſt, & Oueſt-Sud-Oueſt 8. lieuës. On le connoît en ce que c'eſt une groſſe pointe noire & eſcarpée du côté de la Mer; & quand on vient de l'Eſt il paroît de loin comme un Iſlet. Il y a au devant une terre blanche qui reſſemble à un gros buiſſon qui ſort du rivage & va en montant. Autour de ce Cap il y a quelques baſſes qui avancent en Mer environ demi-lieuë & du côté de l'Eſt il y a une ance dont l'entrée eſt fort étroite, & n'a preſque point d'abri au dedans: elle ſinit à une autre pointe du même côté de l'Eſt; cette pointe de l'Eſt, eſt faite de grands monceaux de ſable; & au delà la Côte devient toujours plus haute.

Le CAP BARATTE [d], dans la Mer Méditerranée, au-deſſus de Livourne, au Sud-Sud-Eſt 5. degrés vers le Sud du Cap Monte-Negro, & à 5. milles de la Pointe du Cap Piombin. Le Cap Baratte eſt une groſſe pointe, fort haute, ſur laquelle du côté du Nord-Oueſt il y a une petite Ville avec un Château & une Tour au milieu; & ſur une autre hauteur près de la Ville du côté du Nord, il y a une eſpéce de Redoute. Vers le Nord-Eſt de cette pointe, il y a une grande Anſe de ſable, & une pointe de Rocher de mediocre hauteur qui s'avance en Mer. On peut mouiller avec des Galéres dans un beſoin dans cette Plage. De loin le Cap Baratte paroît iſolé de part & d'autre à cauſe des baſſes terres qui ſont derriere.

Le CAP DE BARFLEUR, en France,

[a] Supplement des Voy. de Woodes Rogers T. 2. p. 59.

[b] Supplement des Voy. de Woodes Rogers T. 2. p. 56.

[c] Routier des Indes Or. part. 2. p. 52.

[d] Michelot. Portulan de la Mediter. p. 100.

CAP.

dans la baſſe Normandie & dans la partie Septentrionale du Coutantin, où il s'avance fort dans la Manche, près de Barfleur qui lui donne le nom, & où la côte eſt opoſée à l'Iſle de Wight.

Le CAP DE BARSO [e], dans la Mer blanche. C'eſt la partie la plus Occidentale de l'Iſle de Candenoes. Il s'avance dans la Mer entre les Embouchures des Rivieres de Tiſta, & de Poloſova. Sa poſition eſt à 66. d. 28'. de latitude Septentrionale & à 61. d. 8'. de longitude.

Le CAP DE BEGU [f], dans la Mer Méditerranée, ſur la côte de Catalogne, deux ou trois milles vers le Nord-Nord-Eſt du Cap de St. Sebaſtien. Entre ces deux Caps il y a une groſſe pointe un peu avancée en Mer qu'on appelle Cap S. *Antoine*, proche duquel & vers l'Oueſt, où ſont deux ou trois maiſons, il y a un écueil hors de l'eau, mais il n'y a point de mouillage entre ces deux Caps. Au Nord-quart-de Nord-Eſt du Cap Begu, & tout proche, il y a une pointe de rocher de moyenne hauteur, derriere laquelle, du côté du Nord, eſt le petit Village de Begu, ſitué vers l'Oueſt d'une petite anſe & plage de ſable; mais on ne le peut voir à moins d'être par ſon travers. Au bout de cette pointe il y a quelques Rochers qui paroiſſent hors de l'eau. L'Ance ou plage de Begu n'a au plus que 150. toiſes d'ouverture & ſon entrée eſt vers le Sud-Eſt qui y donne à plein. Ce lieu n'eſt propre que pour de petites barques, encore les tire-t-on à terre de peur des vents du large, comme il ſe pratique en toutes ces Côtes: les habitans de tous ces Villages ſont preſque tous Pêcheurs, ils pêchent même du Corail aux environs de cette côte. Sur la pointe de la droite en entrant à Begu, il y a une petite Tour blanche, au delà de laquelle ſur une Montagne il y a un vieux Château, & une Tour ronde auprès, qui paroiſſent de fort loin. Ce Château ſe voit également du côté du Sud & du côté du Nord; c'eſt une des reconnoiſſances de Begu.

Le CAP BENAT [g], dans la Mer-Méditerranée ſur la Côte de Provence. Ce Cap eſt à deux milles vers l'Eſt de Breganſon. Il fait l'extrémité de la Baye d'Hieres. Sa pointe eſt fort haute & eſcarpée de toutes parts; il ne faut pas s'en approcher de trop près à cauſe d'une ſeche, qui en eſt à une longueur de Cable. A la pointe de l'Eſt il y a un gros écueil, & quelques roches aux environs qui ſont preſque à fleur de l'eau & fort proche. On ne peut paſſer entre deux qu'avec des bâteaux. Tout auprès du Cap du côté du Nord, il y a une petite Calanque où on peut mouiller 5. à 6. Galeres dans une neceſſité avec les vents d'Oueſt & Nord-Oueſt; ayant des amarres à terre. Il y a 6. 7. 8. à 9. braſſes d'eau, fond d'herbe vaſeux.

Le CAP BICAYO, en l'Iſle de Mindano, l'une des Philippines, en Aſie, il s'étend fort au Levant de cette Iſle.

1. Le CAP BLANC [h], dans la partie Meridionale de l'Iſle de Corſe. C'eſt une longue pointe de roche blanche d'où derive ſon nom; tout auprès il y a un gros écueil hors de l'eau. Cette pointe eſt la plus voiſine de l'Iſle

[e] De l'Iſle Carte de Moſcovie.

[f] Michelot. Portulan de la Mediter. p. 47.

[g] Michelot. Portulan de la Mediter. p. 77.

[h] Michelot. Portulan de la Mediter. p. 137.

CAP. CAP. 187

l'Isle de Sardaigne dont elle n'est éloignée que de dix milles: on voit aussi dans ce passage 3. à 4. grosses Isles, le long de la pointe du Nord de Sardaigne, qu'on appelle les Isles de la Magdelaine. De sorte qu'entre ces Isles & la petite Isle plate qui est proche de la pointe du bonnet du Juif, il ne reste plus qu'environ 6. milles d'ouverture, qui est ce qu'on appelle le Canal ou Bouche de Boniface. On y peut passer facilement au milieu avec des Vaisseaux, rangeant un peu plus près les Isles de la Magdelaine ou la Sardaigne que la Corse; sur tout il faut prendre garde aux grands courans des Marées qu'il y a: pourvû qu'on ait le vent favorable, il n'y a rien à craindre.

2. Le CAP BLANC, en Afrique, & dans la Nigritie sur la côte du Royaume de Gualata. Il s'avance dans l'Océan Atlantique près du Golfe d'Arguin, & assez près du Zaara ou du Desert. Il a été premierement découvert par les Portugais en 1440.

3. Le CAP BLANC, dans l'Amerique Meridionale dans la nouvelle Angleterre. Les Anglois l'appellent CAP-COD, & il est vers la nouvelle Plymouth.

4. Le CAP BLANC, dans l'Amerique Meridionale, au Bresil. Les Portugais l'appellent CABO BLANCO, & il est dans la Capitainie de Paraïba sur la côte de la Mer du Nord.

5. Le CAP BLANC, dans l'Amerique Septentrionale & dans la partie de la Californie, qui s'étend plus au Nord, par delà le Cap Mendocin.

[a] *Michelot. Portulan de la Mediter. p. 28.*

6. Le CAP BLANC[a], dans l'Isle de Mayorque, environ treize à quatorze milles au Sud du Mole. C'est une grosse pointe escarpée, sur laquelle il y a une tour de garde qui est ronde. Entre le Mole & ce Cap, il y a un grand enfoncement, & une grande plaine & presque au milieu de la Plaine une petite Riviére.

7. Le CAP BLANC, dans l'Amerique Meridionale, au Perou & dans le Païs de Quito, sur la côte de la Mer Pacifique, entre S. Michel & l'Isle de Puna.

8. Le CAP BLANC, dans l'Amerique Septentrionale, dans la Province de Nicaragua, sur la Mer du Sud & près du Golfe des Salines.

9. Le CAP BLANC, dans l'Isle de Cypre, dans sa partie Meridionale.

10. Le CAP BLANC, en Turquie, dans la Natolie, sur la côte du Golfe de Smyrne, & près de l'Isle de Scio qui n'en est separée que par un Détroit de huit mille pas.

11. Le CAP BLANC, dans la Terre-Sainte, sur la côte de la Sourie, près du Mont Carmel. Les Italiens l'appellent *Capo Bianco*, qui est la même chose.

12. Le CAP BLANC, dans l'Amerique Septentrionale, sur la côte de la Floride, près du païs des Apalaches.

Le CAP BOCO, en Sicile dans la Vallée de Mazare, près de Trapani, & vis-à-vis de l'Isle Favognane.

1. Le CAP BOJADOR, en Afrique, dans le Biledulgerid, & au païs de Tesset, sur la côte de l'Océan Atlantique, vis-à-vis des Isles Canaries. Il fut découvert par les Portugais en 1412. Il est environ à soixante lieuës d'Espagne du Cap Non, au Couchant d'Hiver.

2. Le CAP BOJADOR, Promontoire d'Asie, dans l'Isle de Luçon, la principale des Philippines, & dans sa partie la plus Septentrionale, vers la Chine, environ à cent soixante milles pas de la Ville de Manille vers le Nord.

Le CAP BON, en Barbarie, & au Royaume de Tunis, dans l'endroit où il s'étend le plus au Septentrion, sur la côte de la Mer Mediterranée, vis-à-vis de la Sicile. Les Italiens l'appellent IL CAPO BUONO. Il est entre Tunis & Mahomette, vers la Pantalarée, environ à soixante-dix milles de Tunis au Nord-Est, & cent de Trapani en Sicile au Midi.

Le CAP DE BONANDREA, en Barbarie, sur la côte de Barca, près la Ville de Bonandrea qui lui donne le nom.

Le CAP DE BONDESIR, les Espagnols l'appellent EL CABO DE BUEN DESSEO. Il est dans la côte Septentrionale de la nouvelle Guinée, vers le païs de Papous.

Le CAP DE BONNE ESPERANCE[b], Cap à l'extrémité Meridionale du Continent d'Afrique. Il est situé à 34. degrés 30. minutes de latitude Meridionale. Ce vaste Promontoire est composé d'un Pays élevé & fort remarquable qui presente une très-agréable perspective du côté de la Mer. Il n'y a pas de doute que cette perspective ne parût tout à fait charmante aux Portugais qui trouvérent les premiers ce chemin pour aller aux Indes Orientales, lors qu'après avoir côtoyé le vaste Continent de l'Afrique du côté du Pole Meridional, ils eurent la consolation de voir la terre & la fin de leur course à ce Promontoire qu'ils appellerent pour cet effet le Cap de Bonne Esperance, & qu'ils virent qu'ils pouvoient continuer leur route du côté de l'Est.

[b] *Dampier Voy. autour du Monde T. 2. p. 205.*

[c] "De la maniere que l'on voit le Cap de Bonne-Esperance en venant d'Europe, c'est une longue suite de Montagnes qui s'étendent du Septentrion au Midi, & qui finissent en pointe dans la Mer. L'endroit le plus remarquable, sont les Montagnes de la Table & du Lion, qui ne paroissent de loin qu'une seule Montagne, aussi ne sont-elles pas fort éloignées l'une de l'autre. Elles ont été ainsi nommées à cause de leur figure: la premiere, parce que son sommet est plat & uni; la seconde, parce qu'elle a à peu près la figure d'un Lion couché sur le ventre. [d] On peut sonder du côté du Midi à 50. ou 60. lieuës du Cap; de là vient que les Matelots Anglois traversant d'ordinaire la côte du Bresil, se contentent de sonder, & concluant par là qu'ils sont à la hauteur du Cap, ils passent souvent auprès sans le voir, & commencent à faire route au Nord. Ils connoissent à plusieurs autres marques, quand ils en sont proches, comme par exemple aux Oiseaux de Mer qu'ils rencontrent, & surtout aux *Algatros*, Oiseaux qui ont les aîles fort longues, & aux *Mangos*, qui sont une espéce plus petite. Mais la marque la plus assurée est de remarquer la variation du compas auquel on prend soigneusement garde quand on est près du Cap, en prenant soir

[c] *Le P. Tachard Voy. de Siam l. 2. p. 45.*

[d] *Dampier ibidem.*

Tom. II.   Aa* 2   &

& matin la hauteur du Soleil. Les Matelots Anglois font si éxacts à cela, qu'avec le secours du Compas *Azimutal*, (instrument particulier aux gens de Marine de cette Nation) ils connoissent quand ils sont à la hauteur du Cap; ou s'ils en sont à l'Est, ou à l'Ouest. C'est pourquoi bien qu'ils soient aux susdits endroits où l'on peut sonder ils peuvent aller droit sans être obligés de gagner la Terre. Mais les Hollandois au contraire s'étant établis au Cap, y touchent toujours en allant aux Indes Orientales, ou en revenant.

a Voy. de Siam p. 46.

a Au bas des Montagnes dont il vient d'être parlé, une grande Baye s'avance en ovale deux ou trois lieuës dans les terres vers l'Orient, elle a près de deux lieuës à son entrée & environ neuf de circuit. On laisse sur la gauche, en entrant une Isle assez basse nommée l'Isle *Robin*, au milieu de laquelle les Hollandois ont arboré leur Pavillon. Ils y releguent ceux du Pays & même ceux des Indes qu'ils veulent punir de bannissement, & les obligent d'y travailler à la chaux, qu'ils font des coquillages que la Mer y jette. C'est vers le milieu de cette Baye que les Hollandois ont placé un Fort pentagone au-dessous de la Montagne de la Table, qui le couvre du côté du Midi, & derriere celle du Lion qui le met à l'abri du côté de l'Occident, à une lieuë de terre ou environ. *b* Ils commencerent à bâtir ce Fort en sorte que depuis ce tems-là les Anglois, les François & autres Nations qui y abordent sont tenus d'y payer le droit d'ancrage & autres péages. Cet établissement est fort utile aux Hollandois à cause de sa situation, de sa fertilité, & pour les commodités qu'y trouvent ceux qui vont aux Indes Orientales. Il y a de bons rafraichissemens & l'eau surtout qui descend des Rochers & des Montagnes dans le Pays des environs, y est fort bonne. Il y a peu d'arbres vers les Côtes à cause des vents impetueux qui y regnent. Ces vents impetueux & les orages frequens qui s'y font sentir avoient fait donner à ce Cap le nom de CAP DES TOURMENTES. Ils viennent ordinairement du côté de la Montagne de la Table.

b N. *Graaf* Voy. aux Indes p. 13.

c A deux ou trois cens pas du Fort du côté de l'Occident du Port, il y a un gros Bourg ou petite Ville bien bâtie composée d'environ 250. maisons & d'une Eglise. Il y a plusieurs Villages autour du Cap depuis 10. jusqu'à 30. milles de distance avec diverses Fermes repanduës de tous côtez à près de cent milles, à la ronde, en sorte qu'en peu de tems on y peut lever 3000. hommes bien armez de Cavalerie & d'Infanterie. Le Climat de ce pays est fort sain. *d* Le terroir y est brun, peu profond & produisant néanmoins assez de pâcages d'herbes & d'arbres. L'herbe est courte; les arbres des environs sont petits, ils ne sont gueres frequens, même dans la contrée plus éloignée de la Mer. Le terroir de ce dernier endroit est fort approchant de celui qui est situé près du havre, qu'on ne peut pas dire fort gras; cependant il est bon à la culture & donne de bonnes recoltes, aux Laboureurs industrieux: aussi y a-t-il un assez bon nombre de fermes, de familles de Hollandois, & de François refugiez qui occupent une étenduë de vingt à trente lieuës de Pays: mais près du havre il y a peu de fermes. Il y croit quantité de froment, d'orge, de pois &c. Il y a aussi des fruits de diverses sortes, comme Pommes, Poires, coins & les plus grosses Pommes de Grenade qu'on puisse voir. Les principaux fruits sont les raisins, ils y viennent fort bien & on y a depuis quelques années planté tant de vignes qu'il s'y recueille beaucoup de vin. Il y en a non seulement autant qu'il en faut pour la provision des habitans, mais ils en ont encore à vendre, que les Vaisseaux qui relâchent au Cap ne manquent pas d'acheter. Ce vin est comme le vin blanc de France, qui se recueille dans le haut pays; mais il est d'un jaune pâle, doux, fort agréable & vigoureux.

c *Woodes Rogers* Voy. T. II. p. 147.

d *Dampier*. Ibid. p. 207.

e Ces Plantations & ces Fermes produisent tous les ans un gros revenu à la Compagnie des Indes Orientales, outre ce qu'elle en destine à l'entretien de la Garnison. Les terres s'y afferment néanmoins à si grand marché, pour en encourager la Culture, & leur raport est si considerable qu'on est en état de payer de gros droits de sortie pour toutes les denrées qu'ils envoyent sans cesse à leurs autres Colonies de l'Indoustan, ou qui servent à ravitailler les Flottes qui s'arrêtent ici. On croit même qu'en peu d'années ils pourront fournir des recruës à toutes les Garnisons de ces quartiers. Ils y ont d'ailleurs tant de commoditéz, de vivres & de munitions qu'ils regardent ce Pays comme une nouvelle Patrie, où ils peuvent, en cas de besoin, recevoir facilement du secours de l'Europe, & maintenir leur trafic malgré tous les efforts de leurs ennemis. Cela fait voir que la Compagnie des Indes Orientales d'Angleterre ne fit pas une trop bonne démarche lors qu'elle abandonna ce poste pour celui de Ste. Helene, qui n'est pas à beaucoup près si bien situé ni capable de repondre au même but.

e *Woodes Rogers* ibid. p. 148.

On doit mettre entre les avantages que les Hollandois ont au Cap, le magnifique Hôpital qu'ils y ont bâti, & qui est aussi bien pourvû de Medecins & de Chirurgiens & de tout ce qui est necessaire, qu'aucun qu'il y ait en Europe. Il peut contenir six ou sept cens Malades: en sorte que les Vaisseaux n'y sont pas plutôt arrivez qu'ils y envoyent leurs malades & qu'ils trouvent d'abord de nouveaux hommes à leur place. Ils y ont aussi des Magazins remplis de toutes sortes d'agrez, avec tous les Officiers de Marine qui en dependent; ce qui n'est pas une petite augmentation à leurs forces, & les met en état de conserver le trafic. Il y arrive tous les ans un exprès de Hollande qui vient à la rencontre de leur Flotte des Indes Orientales composée ordinairement de dix-sept jusqu'à vingt gros vaisseaux. Cet exprès porte un Ordre secret au Commandant en Chef de la Flotte qui est nommé par les Gouverneurs de la Compagnie aux Indes, de maniere qu'il n'y a que lui seul qui sache l'endroit où ils trouveront leur Convoi dans les Mers du Nord, & qui donne cet ordre caché aux Capitaines de tous les Vaisseaux qui ne doivent s'ouvrir qu'à une certaine hauteur, à l'approche de leur Pays. De cette maniere leurs Flottes échappent à la vigilance

CAP.   CAP.   189

lance de leurs Ennemis & arrivent heureusement en Hollande. On y observe enfin de si bonnes Loix ; il y a tant d'industrie & de propreté qu'on ne peut leur refuser les éloges qui leur sont dûs.

Le Fort, comme je l'ai dit ci-dessus, est un pentagone ; il est fort vaste, bâti de pierres de taille, & monté de 70. piéces de Canon. Il y a de bons logemens pour tous les Officiers & les Soldats qui sont ordinairement au nombre de 500. hommes ; mais il est trop éloigné de la rade, pour défendre les Vaisseaux ; desorte qu'on a parlé de dresser une batterie avancée, sur la pointe sablonneuse qui est à la droite lorsqu'on entre dans la Baye. Cette rade est fort dangereuse en hyver à cause de la violence des vents de Mer qui regnent alors & qui font souvent périr des Vaisseaux, s'ils n'ont bonne provision d'Ancres & de Cables. Mais en été les brises de Mer soufflent rarement, quoiqu'il ne se passe presque pas un jour qu'on n'ait de violentes raffales du Sud-Est qui viennent de la Montagne de la Table, & qui sont si rudes que les Chaloupes des Vaisseaux ne peuvent aller & venir que le matin & le soir, lorsque le tems est assez calme.

[a] Derriere le Bourg, comme on va aux Montagnes & à deux cens pas du Fort la Compagnie a fait faire un jardin qui est un des plus beaux & des plus curieux que l'on puisse voir. Il a mille quatre cens onze pas communs de longueur & deux cens trente-cinq de largeur. Sa beauté ne consiste pas, comme en France, dans des compartimens & des parterres de fleurs, ni en des eaux jaillissantes : il pourroit y en avoir, si l'on étoit d'humeur d'en faire la dépense. Car il y a un ruisseau d'eau vive, qui descend de la Montagne & qui traverse le jardin. Mais on y voit des allées à perte de vuë, de Citronniers, de Grenadiers, d'Orangers plantez en plein sol & qui sont à couvert du vent par de hautes & épaisses Palissades d'une espece de Laurier qu'ils appellent Speck, toujours verd & assez semblable au Filaria. Ce jardin est partagé par la disposition des allées en plusieurs quarrez médiocres, dont les uns sont pleins d'arbres fruitiers, entre lesquels, outre les Pommiers, les Poiriers, les Coigniers, les Abricotiers & les autres excellens fruits d'Europe, on y voit encore des Ananas, des Bananiers, & plusieurs autres qui portent les plus rares fruits qui soient dans toutes les parties du Monde, qu'on y a transporté & qu'on y cultive avec beaucoup de soin. Les autres quarrez sont semés de racines, de legumes, & d'herbes, & quelques-uns des fleurs les plus estimées en Europe, & d'autres qui nous sont inconnues & d'une odeur & d'une beauté particulière. Le principal motif que l'on a eu en faisant ce jardin a été d'avoir toujours dans ce lieu comme un Magazin de toutes sortes de rafraichissemens pour les Vaisseaux qui vont aux Indes ou qui en reviennent. A l'entrée du Jardin, on a bâti un grand Corps de logis où demeurent les Esclaves de la Compagnie, qui sont au nombre de cinq cens ou environ, dont une partie est employée à cultiver le jardin, & le reste aux autres travaux nécessaires.

Vers le milieu de la muraille du côté qui regarde la Forteresse, se voit un petit Pavillon que personne n'habite : l'étage d'en bas contient un Vestibule percé du côté du Jardin & du côté du Fort, & est accompagné de deux salons de châque côté. Il y a au dessus un Cabinet ouvert de toutes parts, entre deux terrasses pavées de briques, & entourées de balustrades ; dont l'une regarde de Septentrion & l'autre le Midi. [b] C'est dans ce lieu, appellé par les Hollandois, l'*Observatoire*, que les P. P. Jésuites envoyez par le feu Roi Loüis XIV. à la Chine, firent des observations Astronomiques dont on peut tirer deux avantages ; le premier est la variation de l'Aiman qu'ils trouverent avec l'Anneau Astronomique d'onze degrés & demi Nord-Ouest : & le second la longitude veritable du Cap, qu'ils reglerent sur l'émersion du premier Satellite de Jupiter, qui suivant les Ephémérides de M. Cassini, calculées à minutes, devant paroitre le 25. de Juin 1685. jour de l'observation à 8. heures 26'. sur l'Horison de Paris, & ayant été observé au Cap, à 9. heures 37'. 40". du soir, donne 1. h. 12'. 40". de difference entre les deux Meridiens des deux lieux, qui convertis en degrés en font dix-huit, & ayant supposé la longitude de Paris prise du premier Meridien qui passe par l'Isle de Fer la plus Occidentale des Canaries de 22. degrés & demi, selon le même M. Cassini, la longitude du Cap de Bonne Esperance prise du même Meridien sera de 42. d. 30'. un peu differente cependant de celle que lui donnent les Tables de la difference des Meridiens, publiées par l'ordre de l'Academie Royale des Sciences, qui ne marquent le Cap de Bonne Esperance plus Oriental que le Meridien de Paris que d'une heure 10'. 58". c'est-à-dire de 17. degrez 45. min.

Les Animaux Domestiques de ce pays-là sont des Brebis, des Chevres, des Cochons, des Vaches, des Chevaux &c. Le Gibier s'y trouve de tous côtez en abondance ; sur tout les Chevreuils, les Gazelles, les Faisans, & les Perdrix qui y sont aussi grosses que les Gelinotes de France ; il y en a de quatre sortes : les Bœufs & les Moutons se prennent plus avant dans les terres chez les Sauvages du Pays ; mais ce trafic est reservé seulement à ceux de la Campagne, qui les achetent pour un peu de tabac, & qui les revendent ensuite aux habitans du Cap & aux Etrangers qui viennent y chercher des rafraichissemens. On y voit des Moutons qui pésent jusqu'à 80. livres, & qui sont de très-bon goût. On y trouve aussi des Civétes, beaucoup de Chats sauvages, des Lions & des Tigres qui ont de très-belles peaux & principalement des Singes qui viennent quelquefois par bandes de la Montagne de la Table, jusque dans les jardins des particuliers, en enlever les melons & les autres fruits. Il y a vers l'Est à neuf ou dix lieuës du Cap une Chaine de Montagnes, pleine de Lions, d'Eléphans, de Rhinoceros d'une grandeur prodigieuse. On assure y avoir trouvé la trace du pied d'un Elephant, laquelle avoit deux pieds & demi de diametre ; & qu'on y a vû plusieurs Rhinoceros de la grosseur & de la grandeur d'un Elephant mediocre. On y voit des chevaux &

[a] Tachard Voyage de Siam Ibidem p. 53.

[b] Ibidem pag. 61.

Aa* 3   des

des Anes d'une rare beauté : les premiers ont la tête extrémement petite & les oreilles assez longues. Ils sont tout couverts de bandes noires & blanches, qui leur prennent du haut en bas de la largeur de quatre doigts, & qui font un effet fort agréable. Pour les Anes ils sont de toutes couleurs, ils ont une grande raye bleuë sur le dos depuis la tête jusqu'à la queuë & le reste du corps comme le Cheval semé de bandes assez larges, bleuës, jaunes, vertes, noires & blanches, toutes fort vives.

Les Cerfs y sont en si grande abondance qu'on les y trouve en troupes, comme les Moutons, & on assure en avoir vû jusqu'à dix mille ensemble dans une plaine. Il n'y a pas tant de Tigres, ni de Lions que de Cerfs, mais il y en a beaucoup, & le grand nombre des peaux de ces animaux que l'on trafique au Cap suffit pour en convaincre. Ils ne s'arrêtent pas tellement dans les Bois qu'ils ne viennent quelquesuns jusque dans les terres habitées, où ils attaquent tout ce qu'ils rencontrent, même les hommes.

On trouve au Cap quantité de très-bons poissons ; entre autres des Mulets, des Dorades, des Soles. On y voit beaucoup de Loups marins. Il y a aussi des Pinguins. Ce sont de gros Oiseaux aquatiles, sans ailes qui sont presque toujours dans l'eau & qui sont de veritables Amphibies.

L'an 1681. le Sieur Vanderstel établit une nouvelle Colonie composée de quatre vingt deux familles à neuf ou dix lieuës avant dans les terres, & lui a donné le nom de HELLENBOK. Quelquesuns assurent qu'il y a des mines d'or au Cap. On y a trouvé des pierres qui semblent confirmer cette opinion, car elles sont pesantes, & avec le Microscope, on y decouvre de tous côtez de petites parties qui ressemblent à de l'or.

[a] A plus de cent milles du Cap les Hollandois ont trouvé une Fontaine d'eau chaude, qui est merveilleuse pour guerir toutes sortes de Maladies même les desesperées, pourvû que les patiens en boivent & qu'ils s'y baignent.

[b] La pointe meridionale de l'Afrique n'est pas plus éloignée de l'Europe que les Mœurs de ses habitans sont differens des notres. Car ces peuples ignorent la Création du Monde, la Redemption des hommes & le Mystere de la très Sainte Trinité. Ils adorent pourtant un Dieu, mais la connoissance qu'ils en ont est fort confuse. Ils égorgent en son honneur des Vaches & des Brebis, dont ils lui offrent la chair & le lait en sacrifice, pour marquer cette reconnoissance envers cette Divinité, qui leur accorde, à ce qu'ils croyent, tantôt la pluye tantôt le beau tems, selon leurs besoins. Ils n'attendent point d'autre vie après celle-ci. Avec tout cela ils ne laissent pas d'avoir de bonnes qualités, qui doivent nous empêcher de les mepriser : ils ont plus de charité & de fidelité, les uns envers les autres qu'il ne s'en trouve ordinairement parmi les Chrétiens. L'Adultere & le Larcin sont chez eux des crimes capitaux & qui se punissent toujours de mort. Quoique chaque homme ait la liberté de prendre autant de femmes qu'ils en peuvent nourrir, il ne s'en trouve pas un, même parmi les plus riches, qui en ait plus de trois.

Ces peuples sont partagez en diverses Nations qui ont toutes la même forme de vivre. Leur nourriture ordinaire est le lait & la chair des troupeaux qu'ils nourrissent en grande quantité. Chacune de ces Nations a son Chef ou Capitaine auquel elle obéit. Cette charge est heréditaire & passe des peres aux enfans. C'est aux Ainés qu'appartient le droit de succession, & pour leur conserver l'autorité & le respect, ils sont les seuls héritiers de leurs peres, les cadets n'ayant point d'autre héritage que l'obligation de servir leurs aînez. Leurs habits ne sont que de simples peaux de mouton avec la laine, préparées avec l'excrement de Vaches & une certaine graisse qui les rend insupportables à la vûë & à l'odorat. La premiere Nation, en langage du pays s'appelle *Sonquas.* Les Européens appellent ces peuples *Hotentots*, peut-être parce qu'ils ont continuellement ce mot à la bouche, lorsqu'ils rencontrent des Etrangers. Voyez HOTENTOTS.

[c] Le CAP DE BONNE-FORTUNE, dans la Mer-Blanche. Ce Cap est une des pointes de la côte Septentrionale du Pays de Dvina : il s'étend dans la Mer sur une ligne parallele au Cap Pentecôte & se trouve situé au 65. degré 50'. de Latitude Nord & précisement entre les 60. & 61. degrés de longitude.

[d] CAP BRETON, dans l'Amerique Septentrionale dans l'Isle de même nom. C'en est la partie qui regarde le Sud-est. Ce sont tous rochers entre lesquels on ne laisse pas de mettre des navires à l'abri pour la pêche qui y est très-bonne. Toutes les terres de ce pays-là ne valent gueres, quoiqu'il y ait de beaux bois dans le haut des Montagnes, comme bouleaux, hêtres, sapins en grand nombre, & quelques Pins.

[e] ISLE DU CAP BRETON, dans l'Amerique Septentrionale à l'entrée du Golfe de St. Laurens, entre l'Isle de Terre neuve & le Cap de Camseau & à dix lieuës de ce dernier. Cette Isle a 80. lieuës de tour, y compris l'Isle de Ste. Marie, qui est adjacente & située ensorte qu'elle forme deux passages, l'un entre elle & la terre ferme appellé l'*entrée du petit passage de Camseaux* : l'autre est un intervalle de six lieuës qui est aussi entre elle & le Cap-Breton qui est celui de l'on va du petit passage de Camseaux au Fort de St. Pierre. Le trajet ne s'en peut faire que par des barques, encore faut-il bien prendre garde au Canal de l'entrée du petit passage. La circonference de cette Isle, aussi bien que les dedans, ne contiennent presque que des Montagnes de roches, mais ce qui la fait estimer ce sont les Ports & Rades où les Navires se mettent pour faire leur pêche. Le Maquereau & le Harang donnent fort autour de l'Isle, & les Pêcheurs en font leur *boite* ou appât, pour la moruë qui en est fort friande. Cette Isle a encore été estimée pour la chasse de l'Orignac. Il s'y en trouvoit autrefois grand nombre, mais à présent il n'y en a plus. Les Sauvages ont tout détruit, aussi ont-ils abandonné l'Isle n'y trou-

[a] Wodes Rogers ibid p. 151.

[b] Voy. de Siam ibid. pag. 70.

[c] de l'Isle. Carte de Moscovie.

[d] Denys descr. de l'Amer. Septent. Tom. 1. c. 6.

[d] Denis descr. de l'Amer. Septent. Tom. 1. c. 6.

trouvant plus de quoi vivre. Ce n'est pas que la chasse du gibier n'y soit encore bonne & abondante, mais cela n'est pas suffisant pour leur nourriture, outre qu'il leur en coûte trop en poudre & en plomb; car d'un coup de fusil dont ils abattent un orignac, ils ne tuent qu'une Outarde ou deux, quelquefois trois, & il s'en faut de beaucoup que l'un ne leur soit aussi profitable que l'autre.

Les principaux endroits de cette Isle sont le Fort St. Pierre, la Baye de même nom, la Mer de Labrador, le Havre Anglois, le Cap Breton, la Riviere aux Espagnols, le Havre de Ste. Anne, le Cap du Nord, la Chadye.

§ Mr. Baudrand n'approuve pas ceux qui donnent dans les Cartes le nom de Cap-Breton à toute l'Isle, qu'il prétend devoir être nommée GASPEY. [a] Le CAP BRETON,

[a] Ed. 1705.

est, dit-il, dans la nouvelle France & dans la partie Orientale de l'Isle Gaspey dans le Golphe de St. Laurent entre la côte de l'Acadie & l'Isle de Terre neuve. C'est delà, ajoute-t-il, que la plûpart des Cartes recentes nomment mal à propos l'Isle du Cap Breton, cette Isle de Gaspey où est ce Cap, à quoi il faut prendre garde. L'Observation est non seulement inutile, mais fausse. Ce ne sont pas seulement les Cartes modernes qui nomment cette Isle, *l'Isle du Cap Breton*, les Auteurs qui ont le plus frequenté & fait connoitre ce pays-là, comme Champlain, Mr. Denis, le Baron de la Hontan &c. en un mot les Ecrivains du XVI. & du XVII. Siécle ne parlent point autrement. Tous s'accordent à distinguer l'Isle du Cap Breton de Gaspey, qui est beaucoup plus avant, & n'est pas une Isle, mais sur la côte d'une Presqu'Isle à laquelle ce lieu donne le nom de Gaspesie. C'est un usage fixé long-temps avant Mr. Baudrand qui s'est trompé dans sa decision.

[b] Le CAP BRULÉ, dans l'Amerique Meridionale. Il est situé sous le 14. deg. 30. min. de latitude. Il est haut & souvent couvert de nuages; mais l'interieur du Pays est bas, quoiqu'il y paroisse quelques petites hauteurs. Il en sort de rudes bouffées de vent qui rendent le Havre un des plus fâcheux qu'il y ait dans toutes ces Mers, & qui obligent quelquefois les Vaisseaux qui viennent y charger du Vin & du Charbon pour Collao à rebrousser jusques à Paraca. Pour entrer dans le Havre, il faut ranger de près les Rochers qui sont sous le Cap; amener toutes les voiles, à la reserve de celle d'avant qui doit être bourcée à mi-mât, tenir les ancres prêtes & donner fond aussitôt qu'on le peut: si le vent tombe on passe outre, l'on mouille près du rivage par tout où l'on veut & l'on amarre le Vaisseau à terre avec un grapin. D'ailleurs on n'y trouve ni eau, ni bois. Lorsqu'on veut sortir on peut courir entre l'Isle & le Continent sans aucun danger.

[b] Suplement des Voy. de Wodes. Rogers Tom. II. p. 53.

[c] Le CAP DE BRULLE, dans la Mer d'Egypte & dans le quartier Oriental de Beheira; c'est par le moyen de certaine eau qui s'y vient rendre du bras Oriental du Nil, & d'une pointe de terre qui s'est avancée en Mer, que ce Cap s'est formé.

[c] Dapper Afrique p. 54.

CAP DE BUSCH, Bourg de France, en Guienne & dans le Bourdelois. On l'appelle plus souvent *tête de Busch*. Voyez TETE DE BUSCH.

Le CAP BUSO, dans la côte Septentrionale de l'Isle de Candie, où elle commence à se courber vers l'Occident entre le Fort de Grabuse, & le Golfe de Castel Chisamo.

Le CAP DE LA CACCA, dans l'Isle de Sardaigne, & dans la côte Occidentale du Cap ou Province de Logudori près du port Conte, environ à quinze milles d'Algher vers le Couchant.

Le CAP DE CAGLIARI, une des deux Provinces de la Sardaigne, & celle qui est vers le Midi qui est ainsi nommée de Cagliari sa Capitale. Les Italiens l'appellent il *Capo di Cagliari*. Elle est bornée au Levant, au Midi, & au Couchant par la Mer Mediterranée, mais au Septentrion, elle a le Cap de Logudori qui est l'autre Province de la Sardaigne. Ses Villes, outre la la Capitale, sont l'Oristan & Iglesias.

[d] Le CAP CALVAO, sur la côte de Sicile, est une grosse pointe, vis-à-vis de l'Isle Vulcan ou Vulcanio, il est fort escarpé & rempli de taches rougeâtres.

[d] Michelot Portulan de la Mediter. p. 127.

Le CAP DE CAMERONES, en Afrique, sur la côte du Royaume de Biafara, à l'embouchûre de la Riviere de même nom, dans la Mer de Guinée.

Le CAP CAMPANE, en Italie, sur la côte de Toscane près de Piombino, & vis-à-vis de l'Isle d'Elve, dont il n'est separé que par le Canal de Piombino.

Le CAP CAMPANEL, à l'extrémité du Golfe de Naples. C'est une grosse pointe sur laquelle est une tour de garde: cette pointe est à l'extremité du Golfe de Naples; tout auprès en tirant vers l'Est il y a une autre pointe nommée *Damaso*, sur laquelle on voit une tour de garde & tout proche deux Rochers hors de l'eau; & tant soit peu plus vers le Sud-est, il y a une petite Isle haute sur laquelle il y a une tour de garde, qui est à l'entrée du Golfe de Salerne.

[e] Michelot Portulan de la Mediter p. 123.

Le CAP CANAMEIRA, dans l'Inde deçà le Gange & dans le Coromandel sur la côte près de Negapatan, & vis-à-vis de l'Isle de Ceylan, dont il est separé par le Détroit de Manar.

[f] Le CAP DE CANDENOES, dans l'Océan Septentrional. C'est la partie la plus Septentrionale de l'Isle de Candenoes. Ce Cap forme deux pointes. Celle qui est à l'Orient se nomme *Eerste Hoeck*, & la pointe de l'Occident retient le nom de Cap Candenoes dont la position est à 68. degrés 46'. de latitude Septentrionale & à 64. degrés 45. de Longitude.

[f] De l'Isle Carte de Moscovie.

Le CAP CANISTRO, dans la Turquie d'Europe, en Macedoine, près de la petite Ville de même nom & de Cassandria. Il s'avance fort dans l'Archipel, entre les Golfes d'Anjomama & de Salonique.

Le CAP CANTIN, en Afrique, sur la côte de l'Océan Atlantique, au Royaume de Maroc & dans la Province de Dukala, près de Saffy, & de l'embouchûre de la Riviere de Tensift.

Le CAP CARLOS, dans l'Amerique Septentrionale, & dans la partie Occidentale de la la Floride, sur la côte du Golfe de Mexique.

Le CAP DU MONT CARMEL, Promontoire de la Sourie, dans la Terre-Sainte, sur la Mer de Sourie, près du Cap Blanc & du Mont Carmel dont il tire le nom.

[a] *Michelot Portulan de la Mediter. pag. 9.*

[a] Le CAP CARNERO, est celui qui fait l'entrée de la Baye de Gibraltar du côté de l'Ouest. La pointe est fort haute & presque droite, on la peut ranger à discretion. Ce lieu est environ à onze milles, presque Est-Nord-Est, de la pointe de Tariffe. Dans cette distance il y a trois Tours de garde à peu près également éloignées l'une de l'autre, mais il n'y a aucuns Mouillages par la quantité d'eau qui s'y trouve. Tout proche du Cap de Carnero du côté de l'Ouest, il y a une Tour de garde sur une autre pointe qui s'avance un peu plus en Mer; entre les deux on trouve une petite Isle plate & quelques écueils aux environs, hors de l'eau, & sous l'eau.

Le CAP CAROS, dans la petite Tartarie, & dans la partie qui est la plus étenduë vers le Midi. Ceux du païs l'appellent IMKERMEN.

Le CAP CARTERET, en Amerique, dans la Caroline, sur la côte de la Mer du Nord, près de l'embouchûre de la Riviere de Santée, au Comté de Craven.

[b] *Michelot Portulan de la Mediter. pag. 144.*

[b] Le CAP CASSINE, sur la côte d'Afrique; dans la Mer Mediterranée; ce Cap est une grosse pointe qui va en baissant vers la Mer, & qui forme l'entrée de la Baye d'Alger. Entre la Ville d'Alger & ce Cap il y a une pointe basse qu'on appelle le *Cap de la Pescade*, proche duquel sont plusieurs roches hors de l'eau.

[c] *Dampier. Suplement p. 15. & 16.*

[c] Le CAP CATOCHE, dans le Golfe du Mexique; c'est la partie la plus Orientale de la Peninsule d'Yucatan. Sa position est à 20. degrés 45'. de latitude Septentrionale. Ce Cap est un terrain fort bas près de la Mer, mais qui s'élève un peu plus à mesure qu'il s'en éloigne. Il est tout couvert d'arbres de diférentes sortes, mais sur tout de bois de teinture. C'est pour cela qu'il étoit autrefois bien frequenté par les Anglois de la Jamaïque qui s'y rendoient avec leurs petits vaisseaux, pour les charger de ce bois jusqu'à ce que tous les Arbres qui se trouvoient auprès de la Mer fussent coupés: mais ils n'y vont plus aujourd'hui à cause que ces Arbres donneroient plus de peine à porter au Rivage de la Mer qu'il n'en faudroit après les couper, les reduire en piéces & en faire des fagots. D'ailleurs ils trouvent à présent de meilleur bois que celui-là dans les Bayes de Campêche & de Honduras, où ils n'ont que très-peu de chemin à faire pour le porter au bord de la Mer. A trois lieuës du Cap Catoche en tirant à l'Est il y a une petite Isle nommée par les Anglois *Loggerhead Key*, parce que sans doute il y va souvent une sorte de Tortuë à grosse tête que cette Nation appelle de ce nom. On trouve toujours près de cette Isle une grande agitation de petites vagues, qui s'entrecoupent & que les Matelots Anglois appellent *Rip-Raps*. Quoiqu'il semble que cette Isle tienne au Continent, elle en est pourtant separée, par une petite Crique qui est à peine assez large pour donner passage au Canot, mais qui ne laisse pas d'en faire une Isle. Quelques-uns assurent, qu'on a même de la peine à y passer avec un Canot. L'endroit le plus remarquable à l'Ouest du Cap Catoche est une Colline auprès de la Mer qu'on appelle simplement *la Montagne*, & qui en est éloignée d'environ 14. lieues. On la remarque d'autant plus que c'est la seule hauteur qu'il y ait sur cette côte. Voyez au mot LA MONTAGNE.

Le CAP CAVALLO; c'est un petit Promontoire du Royaume de Naples, dans la basse Calabre ou ulterieure, sur la côte du Fare de Messine où il est le plus resserré, près de Sciglio, & vis-à-vis du Cap de Faro.

[d] *Michelot. Portulan de la Mediter. p. 120.*

Le CAP CEFALU, sur la côte meridionale de la Sicile à 55. Milles vers l'Ouest, deux degrez vers le Sud du Cap d'Orlande. Entre les deux il y a un peu d'enfoncement & plusieurs Villes, Villages, & Tours de garde.

1. Le CAP CHARLES, dans la terre Arctique & au païs de Labrador, près du Détroit de Hudson, il a été ainsi nommé par quelques Pilotes Anglois qui cherchoient des passages en ces païs.

2. Le CAP CHARLES, en Amerique, dans la Virginie & à la Bouche du Golfe de *Chesapeck*, du côté du Levant près de l'Isle de Smith.

Le CAP DES CHATTES, en l'Isle de Cypre, c'est le plus avancé au Midi de l'Isle vers la Mer d'Egypte. Les Italiens l'appellent il CAPO DELLE GATTE. Il est entre Baffo & Limiso.

Le CAP DE CHIARENZA, dans le Païs de ce nom, sur la côte Occidentale de la Morée, près la place de ce nom. Les François l'appellent le CAP DE CLARENCE. Il est proche de celui de Tornese, & vis-à-vis de l'Isle de Zante, dont il n'est separé que par le Canal ou Détroit de Zante.

[e] *Michelot. Portulan de la Mediter. p. 142.*

Le CAP DE LA CHOLLE, dans la partie Septentrionale de l'Isle de Corse à l'Est-Nord-Est 5. degrés vers le Nord du Cap Despano, à environ 9. milles. Entre les deux il y a un enfoncement de terres basses vers la Mer, & au pied de hautes Montagnes.

1. Le CAP DES COLONNES, au Royaume de Naples, dans la Calabre ulterieure, il s'avance dans la Mer Ionienne, entre le Golfe de Tarente au Septentrion, & celui de Squillace au Midi, & aussi entre les Villes de Cotrone & d'Isola.

2. Le CAP DES COLONNES dans la Grece & sur la côte du Duché d'Atines. Il s'avance le plus à l'Orient dans l'Archipel, entre les Golfes d'Engia & de Negrepont, vis-à-vis des Isles de Macronis & de Zea.

[f] *Baudrand.*

[f] Le CAP COMORIN, Promontoire de l'Inde dans la Presqu'Isle deçà le Gange, & dans sa pointe la plus avancée au Midi, au Malabar & près de la côte de la Pescherie, à près de 40. lieuës de l'Isle de Ceylan au Couchant & à neuf de Tangapatan.

[g] *Voy. de la Comp. des Indes Or. Tom. III. p. 651.*

[g] Le veritable Cap Comorin est une petite pointe de terre un peu élevée d'abord & fort montueuse plus avant. Il y a au bout trois ou quatre éminences, qui paroissent séparées les unes des autres lorsqu'on vient par le Nord. On les prend pour autant d'Isles, parce qu'on ne peut voir

CAP.

voir les basses terres qui sont au pied. Le Cap n'est pas sain, car à une petite lieuë de terre il y a un rocher à fleur d'eau, fort dangereux qui paroît par le jussant, & qui ressemble au dos d'une Baleine. Il y a encore un autre rocher directement au Nord, à la portée d'un petit Canon, de la terre, qui est toujours au-dessus de l'eau, desorte que de jour on peut passer de ce côté-là sans peril, car il y a 15. ou 16. brasses d'eau, mais de nuit il faut courir à deux ou trois lieuës de la côte. Du côté de l'Est le rivage est bas. A cinq lieuës de ce Cap il y en a encore un autre, sur lequel on voit quelques marques qui semblent être les restes, ou les masures d'un vieux Château. Néanmoins on ne les voit que de près, & à trois lieuës du Rivage on n'en a plus aucune veritable connoissance.

Le CAP DE CONDE', dans l'Amerique Meridionale, & dans la partie Orientale de la Guiane, sur la côte de la Mer du Nord, où il s'avance fort entre les Rivieres d'Aricara & Carypura. Les Anglois l'appellent le CAP CECIL, & les Flamands & les Hollandois le CAP D'ORANGE, il est à l'Est de l'Isle Cayene.

a Dampier Supplem. Tom. III. p. 57.

^a Le CAP CONDECEDO, dans le Golfe du Mexique. C'est à ce Cap que commence du côté de l'Est la Baye de Campêche. Il est éloigné de 14. ou 15. lieuës des Salines; la côte s'étend vers le Sud; le terrain du Pays est couvert de sable; il est sec & ne produit que de mechans petits arbres.

Le CAP DE COQUIBOCOA, dans l'Amerique Meridionale, & au Gouvernement de Rio de la Hacha, à la côte Occidentale du Golfe de Venezuela.

Le CAP DE CORNOUAILLE, en Angleterre dans la Province de Cornouaille, où elle s'étend le plus au Couchant, les Anglois l'appellent THE CAPE OF CORNOUAILLE; & souvent THE LAND END, ou *Fin de Terre.* Il sépare la Manche de France du Canal de S. George.

1. Le CAP DE CORRIENTES, en Afrique sur la côte Orientale de la Cafrerie, entre les Rivieres de Zambeze & du Saint Esprit. Il s'avance dans l'Océan Ethiopique vis-à-vis de la partie Meridionale de l'Isle de Madagascar.

2. Le CAP DE CORRIENTES, dans l'Amerique Septentrionale & dans la nouvelle Galice, qui fait partie de la nouvelle Espagne sur la côte de la Mer Pacifique, près de Xalisco.

3. Le CAP DE CORRIENTES, dans l'Amerique Meridionale, sur la côte de la Mer du Sud, & dans la Terre Ferme, aux confins du Popaian.

b Michelot Portulan de la Mediter. p. 135.

1. Le CAP DE CORSE, dans l'Isle du même nom. C'est celui qui s'avance le plus vers le Nord de toute l'Isle. Il est de moyenne hauteur proche de la Mer; mais sur le terrain il y a de hautes Montagnes. Tout auprès de la pointe du Cap de Corse, il y a une petite Isle presque ronde, assez haute, sur laquelle on voit une tour de garde, on peut passer à terre d'elle. Vers l'Est du Cap de Corse, il y a un peu d'enfoncement avec une plage de sable, devant laquelle on pourroit mouiller pour les vents d'Ouest; mais il ne faudroit pas se laisser surprendre aux vents d'Est ou de Sud-Est.

2. Le CAP DE CORSE. Voyez CABO-CORSO.

Le CAP DE COTOCHE. Voyez le CAP DE CATOCHE.

c Michelot Portulan de la Mediter. p. 35.

^c Le CAP DE COULIBRE, dans la Mer Mediterranée & sur la côte d'Espagne, ce Cap est environ à 38. ou 40. Milles vers le Nord-Ouest quart de Nord du Cap St. Antoine. C'est une grosse pointe sur laquelle sont deux Tours de garde qui sont rondes. Entre Denia & ce Cap c'est une grande plage de sable, & une grande plaine proche la Mer, dans laquelle il y a quelques Villes & Villages; mais entrant dans les terres ce ne sont que hauteurs. Environ à cinq Milles vers le Sud du Cap est une grosse pointe & entre ces deux Caps un enfoncement: la petite Ville de Coulibre est située dans le fond de cet enfoncement vers le Nord-Ouest. On peut mouiller entre ces deux pointes par 5. 6. 7. à 8. brasses d'eau, fond de gros gravier; mais il ne faut pas trop s'enfoncer dans cette anse, parcequ'il n'y a pas de profondeur d'eau.

d Michelot Portulan de la Mediter. p. 62.

^d Le CAP COURONNE, dans la Mer Mediterranée, sur la côte de Provence, environ à neuf Milles au Sud-Est-quart-de Sud de la Tour du Bouc. Il forme la grande Baye de Marseille avec le CAP CROISETTE. Entre Bouc & le Cap Couronne, le terrain est assez bas, & il n'y a point de mouillage le long de la côte que pour des bâteaux. On y trouve seulement deux Calanques, dont la premiere qui est la plus grande & la plus proche de la Tour de Bouc, n'est propre que pour de petites barques; & dans l'autre appellée la DARVETTE qui est la plus proche du Cap Couronne, il n'y peut entrer que des bateaux. On reconnoit le Cap Couronne, en ce qu'il y a une basse pointe fort unie, qui fait, comme il vient d'être dit, une des entrées de la Baye de Marseille; c'est d'où l'on tire presque toute la pierre de taille qu'on apporte à Marseille.

e Michelot Portulan de la Mediter. p. 51.

^e Le CAP DE CREAUX, dans la Mer Mediterranée, environ sept milles vers le Nord de l'entrée de Cadequié. Ce Cap est une longue pointe hachée & noirâtre la plus avancée en mer de toutes celles de cette Côte. Elle fait le commencement du Golfe de Lyon, & est facile à reconnoitre par les débris d'une Tour qui est presque sur la pointe, & qui fut démolie lorsqu'on prit Cadequié. A l'extremité de cette pointe, il y a un gros écueil, & quelques autres petits auprès; on peut passer avec des bâteaux entre les deux. Environ 3. à 400. toises de ces Ecueils du côté de l'Est, il y a une petite Isle presque ronde qui est assez haute. On peut aisément passer entre le Cap de Creaux & cette Isle, sans crainte, en passant à mi-Canal, où il y a 10. à 12. brasses d'eau. On y peut même passer trois à quatre Galeres de front, rangeant tant soit peu plus du côté de l'Isle, à cause des écueils qui sont à la pointe du Cap de Creaux. Les Courans y sont fort vîtes du Sud-Ouest.

Il n'est pas plus mal aisé de connoître le Cap de Creaux, lorsqu'on vient du côté de l'Est que du côté de l'Ouest, puisque c'est

Tom. II. Bb l'extrel'extremité de la côte, & l'endroit où commence le Golfe de Lyon; outre que cette Isle qui est à la pointe en donne une parfaite connoissance. On ne peut voir cette pointe de plus loin que de 25. à 36. milles. Pour aller au Cap de Creaux en partant du Port de Cadequié, il est important, sur tout de nuit, de bien prendre garde aux Fornigues qui se trouvent dans cette route.

Le CAP DE CREUZ, en Espagne, dans la Catalogne & dans la partie de l'Ampourdan qui s'avance le plus à l'Est dans la Mer Méditérranée, à la fin des monts Pirenées, environ à trois lieuës de Roses au Levant, & à cinq de Port-Vendres au Midi.

Le CAP CRIO, dans la partie Meridionale de la Natolie, vis-à-vis de l'Isle Stanchio & sur la côte de l'Archipel où elle se courbe au Midi vers la Mer de Scarpento, & proche des ruines de la Ville de Gnido. Les François l'appellent souvent le CAP DE LA CROIX.

Le CAP DELLA CROCE, en Sicile dans la Vallée de Noto, sur la côte de la Mer Ionienne, & à trois milles d'Agouste au Midi.

ᵃ *Michelot Portulan de la Mediter. p. 62.*

ᵃ Le CAP CROISETTE, dans la Mer Méditérranée, sur la côte de Provence, environ à 18. milles vers le Sud-Est quart-Est du Cap Couronne avec lequel il forme la grande Baye de Marseille. Ce Cap est environ à 5. ou 6. Milles vers le Sud des Isles de Daume. Il y a dans cette distance un grand enfoncement & une grande Plage de Sable appellée la Plage de Monredon, au milieu de laquelle est la petite Riviére de Veaune, où l'on peut faire de l'eau aisément. On peut en un besoin mouiller vis-à-vis de cette côte; c'est-à-dire entre l'Isle de Daume & la Croisette, où il y a par tout 18. à 20. brasses d'eau; mais il n'y a nul abri des vents du large.

ᵇ *de l'Isle. Carte de Moscovie.*

ᵇ 1. Le CAP DE LA CROIX ᵇ, dans l'Océan Septentrional, & au Nord de l'Isle de Candenoes. Ce Cap est à l'embouchure de la Riviere Moscuica, & situé par les 68. degrés 30′. de latitude Septentrionale & par les 65. degrés & demi de longitude.

2. Le CAP DE LA CROIX, en Asie, dans la Circassie, & à l'entrée Septentrionale du Détroit de Caffa, sur la côte de la Mer Zabache. On le divise d'ordinaire en trois, savoir le Cap de la Croix qui est le plus au Septentrion, & que les Italiens appellent *Capo della Croce*; le Cap de S. Théodore qui regarde le Couchant; & le Cap des Roses qui s'étend vers le Midi. Il n'est separé de la petite Tartarie, que par le Détroit de Caffa.

1. Le CAP DE CRUZ, en Amerique, dans la partie Méridionale de l'Isle de Cuba, dans la Mer du Nord, vers la Jamaïque.

2. Le CAP DE CRUZ, dans l'Amerique Septentrionale, sur la côte de la Floride, vers la Baye du St. Esprit, au Golfe de Mexique.

Le CAP CUMANO, en Dalmatie, dans la Presqu'isle de Sabioncello, où elle s'avance le plus vers l'Isle de Lesina & celle de Cursola, dans l'Etat de la République de Raguse, & sur la côte du Golfe de Venise.

Le CAP DELGADO, en Afrique dans le Zanguebar, vers la Ville de Quiloa, sur la côte de l'Océan Ethiopien.

1. Le CAP DESIRE', dans l'Amerique Méridionale dans la Terre de Feu, à l'entrée Méridionale du détroit de Magellan du côté de la Mer Pacifique. Les Espagnols l'appellent ELLE CABO DESSEADO.

2. Le CAP DESIRE', dans la partie Meridionale de la terre des Papous, dans la grande Mer des Indes, vers les Isles Moluques, en Asie.

ᶜ Le CAP DESON, dans la partie Méridionale de l'Isle de Corse, environ 5. milles à l'Ouest du Port St. Boniface. C'est une longue pointe avancée en Mer vers le Sud-Ouest; elle est de moyenne hauteur, d'une roche noirâtre & hachée. Proche de cette pointe sont quelques écueils hors de l'eau; entre ces deux pointes il y a un peu d'enfoncement & au milieu une petite Calanque de rochers; à l'entrée de laquelle il y a un Islet, & proche d'une autre pointe sont quelques Ecueils.

ᶜ *Michelot Portulan de la Mediter. p. 138.*

ᵈ Le CAP DESPANO, dans la partie Méridionale de l'Isle de Corse, environ 5. milles au Nord-Est de la Ville de Calvi. C'est une longue pointe basse avancée en Mer, & qui fait l'entrée de la Mer de Calvi du côté de l'Est. Sur le bout de cette pointe il y a une tour de garde qui est ronde, & un peu au dessus sur une hauteur il y a un petit Fort quarré armé de deux ou trois piéces de Canon. A l'extremité de cette pointe sont plusieurs Rochers hors de l'eau & sous l'eau, qu'il ne faut pas approcher.

ᵈ *Michelot Portulan de la Mediter. p. 142.*

Le CAP DE DONNA MARIA, en Amerique dans la partie Occidentale de l'Isle Espagnole la plus proche de la Jamaïque, & au Midi du grand Cul de Sac, dans la Mer du Nord.

Le CAP DUCATO, dans l'Isle Lescada ou de Sainte-Maure, sur la côte de la basse Albanie.

Le CAP ELIZABETH, dans la Terre Arctique, sur la côte du Nord du Détroit de Hudson. Les Anglois qui l'ont découvert les premiers l'ont ainsi nommé en memoire de leur Reine.

Le CAP D'ELMENE, dans la Mer Méditerranée sur la côte du Royaume de Grenade ᵉ. Ce Cap est environ sept milles à l'Est-quart-Nord-Est de la pointe de Fangerole; il s'avance un peu en Mer & au-dessus est une Tour ronde, entre laquelle & ce Cap est un enfoncement & plage de sable avec quelques Maisons sur le bord de la Mer. Environ une portée de Fusil de la pointe d'Elmene, il y a une roche sous l'eau & quelques écueils proche de la pointe.

ᵉ *Michelot Portulan de la Mediter. p. 11.*

1. Le CAP D'ENGANO, en Asie, dans la partie Septentrionale de l'Isle Luçon, une des Philippines, dans l'Océan Oriental, près de la nouvelle Segovie, environ à deux cens mille pas de Manille vers le Nord.

2. Le CAP D'ENGANO, en Amerique dans la partie Orientale de l'Isle Espagnole dans la Mer du Nord, & à cent cinquante milles de la Ville de S. Domingue vers l'Orient.

Le CAP ENIS, en Irlande, dans la Province d'Ulster, & sur la côte Occidentale,

du

CAP.   CAP.   195

du Comté de Dungal, il s'avance assez loin dans l'Océan.

Le CAP ERBICARA, en Italie, & dans la côte Orientale de l'Isle de Corse: qui regarde la Mer de Toscane, vers Porto-Vecchio.

a Michelot Portulan de la Mediter. p. 53.

^a Le CAP D'ESBIERE, Cap de la Méditerranée, dans le Golfe de Narbonne, à six Milles ou environ de la pointe de Bagnol vers le Nord. Ce Cap est proche de l'entrée du Port de Vendre. Entre les deux il y a un grand enfoncement, où sont quelques petites plages; dans celle qui est proche du Cap Bagnol est le Village de même nom, qui sépare la Catalogne d'avec le Roussillon. Lorsqu'on ne pourra point gagner le Port-Vendre, on peut mouiller du côté de l'Ouest du Cap d'Esbiere, en attendant le beau tems devant une petite plage de sable. Du Cap de Creaux au Cap d'Esbiere la route est le Nord-Ouest, 5. degrés vers le Nord, environ vingt milles. Le Cap d'Esbiere est une grosse pointe qui s'avance le plus de cette côte, tout auprès de laquelle il y a un écueil hors de l'eau qui est fort bas.

b Michelot Portulan de la Mediter. p. 74.

^b Le CAP D'ESCAMPE-BARIOU, dans la Mer Méditerranée sur la côte de Provence, environ 13. milles vers l'Est-Sud-Est du Cap Sepet, & 6. milles au Sud de la Calanque de Bonne-Grace. Entre cette Calanque & le Cap d'Escampe-Bariou, il y a un grand enfoncement & une terre fort basse, bordée de sable, avec un grand Etang au milieu, par dessus lesquels on découvre les Vaisseaux qui sont mouillez dans la Baye d'Hiéres.

Le CAP DE L'EVEQUE, dans la nouvelle France, au Canada, proprement dit, & à l'embouchure Meridionale du grand Fleuve de S. Laurent, vis-à-vis l'Isle d'Anticosti, & au Couchant du Cap des Rosiers.

Le CAP FACALHAD, en Arabie, sur la grande côte de l'Océan Oriental ou Indien, entre le Cap de Raz Algate au Levant, & celui de Fartach au Couchant.

Le CAP FALSO, en Afrique dans la partie Meridionale de la Cafrerie, près du Cap de Bonne-Esperance, dont il fait partie. Les François le nomment le Cap Faux; & il est ainsi dit, parce qu'en venant des Indes on le prend souvent pour le véritable Cap de Bonne-Esperance, dont il est éloigné de neuf lieuës à l'Orient.

Le CAP DE FARO, en Sicile dans la Vallée de Demona à l'entrée Septentrionale du Fare de Messine, où il s'étoit couché au Couchant, vis-à-vis la côte de la Calabre Ulterieure, & à douze milles de Messine, au Septentrion, à l'endroit où le Fare est le plus serré.

Le CAP FARWEL, dans le Groenland, & dans la partie qui s'avance le plus vers le Midi, vis-à-vis la terre de Labrador. Les François l'appellent souvent le CAP D'ADIEU; & d'autres le CAP DE FORBISHER: mais le premier nom est le plus en usage.

Le CAP DE FARTACH, sur la côte Méridionale de l'Arabie heureuse, près de la Ville de ce nom, entre Aden au Couchant, & le Cap Facalhad au Levant, & au Nord de l'Isle de Zocotora.

Le CAP DE FER, en Barbarie, sur la côte du Royaume d'Alger. Les Italiens le nomment CAPO FERRATO, & il est dans la Province de Constantine, près du Golphe de Store à l'Orient du Colle.

Le CAP FERRATO, est en l'Isle de Sardaigne sur sa côte Orientale, & à la pointe du Levant du Golfe de Cagliari.

Le CAP DE FERRE^c, dans la Mer Méditerranée sur la côte d'Espagne entre Tarragone & Barcelone. Environ cinq à six milles vers l'Est de Sigla, est une longue pointe de Rochers noirâtres, sur l'extremité de laquelle il y a une tour de gardes. Entre la pointe de ce Rocher & celle de Sigla, la côte est fort haute, excepté vers le milieu où il y a deux ou trois Maisons sur le bord d'un Valon. Du côté de l'Est du Cap de Ferre, il y a un petit Village sur le bord de la Mer & sur une Colline au-dessus est Castel-Ferre. Vis-à-vis de ce Village il y a un peu d'enfoncement où l'on peut mouiller pour les vents d'Ouest-Nord-Ouest, & Nord par 8. 9. & 12. brasses d'eau fond de sable.

c Michelot Portulan de la Mediter. p. 40.

1. Le CAP FERRO^d, dans la Mer Méditerranée, sur la côte du Royaume de Grenade. Il est à trois Milles à l'Est-quart-Nord-Est du Cap Sacrastil; entre ces deux Caps, il y a un enfoncement de terres hautes, & dans le milieu de cet enfoncement un bas terrain qui s'avance en Mer, avec une plage de sable, au bout de laquelle on voit une tour ronde. De cette tour à Castel-Ferro il y a environ un bon mille, c'est une côte haute, où sur deux pointes escarpées il y a deux Tours de garde, dont celle de l'Ouest est ronde & l'autre quarrée avec une petite Maison qui est auprès.

d Michelot Portulan de la Mediter. pag. 13.

2. Le CAP DE FERRO^e, sur la côte de Sicile, environ 20. Milles vers le Sud-Ouest du Cap S. Vitto, ou de la pointe de Mala morte, est la petite pointe de Trapano, c'est presque au milieu de cette distance qui se trouve le Cap de Ferro, qui est une haute pointe, qui s'abaisse proche de la Mer. Entre la pointe de Mala morte & le Cap de Ferro, il y a un peu d'enfoncement, où l'on voit une Tour sur une pointe; & entre le Cap Ferro & la Ville de Trapano, il y a une haute montagne où est l'ancienne Ville de Trapano qui se voit de fort loin: il y a auprès une haute Montagne en pain de sucre dont la pointe est fort aiguë.

e Michelot Portulan de la Mediter. p. 132.

Le CAP DEL FERROL, en Espagne, sur la côte de Galice. On l'appelle autrement le CAP DE MONGE.

^f Le CAP FIENO, sur la côte de l'Isle de Corse & à 16. milles vers le Nord-Ouest du Cap de Son: entre les deux il y a un grand enfoncement & quelques petites plages & Rochers le long des Pointes, mais ils sont proche de terre.

f Michelot Portulan de la Mediter. p. 138.

CAPO FIGALO, Cap de la Turquie, dans la Livadie, vis-à-vis de la Prevesa, & à l'endroit où le Golfe de l'Arta se joint au Golfe de Venise. Ce lieu s'appelloit autrefois Actium, selon tous les Auteurs, & il est fort renommé par la Victoire qu'Auguste y gagna sur Marc Antoine, ce qui décida de la fortune de l'Empire Romain, & fit l'établissement d'Auguste & de ses Successeurs.

Tom. II.   Bb* a   Le

CAP.

Le CAP DE FINISTERE, en Espagne, dans la côte Occidentale de la Galice. Il est ainsi nommé, comme qui diroit la fin de la terre, & est à dix lieuës de la Ville de Compostelle au Couchant.

Le CAP DE LA FLORIDE, dans l'Amerique Septentrionale. Il s'avance fort vers le Midi de la partie Meridionale de la Floride, vers le Canal de Bahama, & vis-à-vis l'Isle de Cuba, dont il n'est pas éloigné de plus de trente lieuës Espagnoles ; on comprend d'ordinaire sous ce nom-là le païs aux environs qui fait une espece de Presqu'isle.

Le CAP FORBAT, en Espagne, sur la côte du Royaume de Valence, près de Peniscola, & à trois lieuës des Frontieres de la Catalogne au Couchant.

[a] Le CAP FORMOSE, dans l'Afrique: c'est l'extremité Orientale du Royaume d'Ouwerre, laquelle forme une pointe que les Portugais ont nommée *Cabo Formoso*. Ce Cap est à 4. degrés 8. min. de latitude Septentrionale. Depuis la Riviere de Benin jusqu'à ce Cap la côte est si basse, qu'encore qu'elle soit couverte d'arbres, on ne la peut plus voir dès qu'on est en pleine Mer à la hauteur de 25. brasses. Au Couchant de ce Cap est une petite Riviere près de laquelle est bâti le Village de Sangma.

[a] *Dapper Afrique pag. 315.*

Le CAP FRANCOIS, dans l'Amerique Septentrionale, sur la côte Orientale de la Floride, à l'embouchure de la Riviere de May, dans la Mer du Nord.

Le CAP FRIO, c'est-à-dire le *Cap Froid*, en Amerique sur la côte Meridionale du Bresil & dans la Capitainie de Rio de Janeiro, à huit lieuës de Saint Sebastien de Rio de Janeiro à l'Orient, en passant vers le Cap de Saint Thomé.

[b] Le CAP FROMENTEL, au Nord-Est de l'Isle de Mayorque : c'est une grosse pointe fort haute & fort escarpée de toutes parts : on peut la ranger à la longueur de la rame, y ayant quinze brasses d'eau. De l'autre bord de ce Cap vers le Nord-Ouest il y a une petite Calanque, mais le mouillage n'en est pas bon. De la pointe de Poyance au Cap Fromentel il y a environ cinq milles ; vers le milieu de ce trajet, il y a une petite Isle de moyenne hauteur qu'on appelle l'Isle Fromentelle ; elle est tout proche de terre, n'y ayant passage que pour des bâteaux. Vers le Nord-Ouest de cette Isle il y a une plage de sable, où l'on pourroit mouiller avec des Galeres, lorsqu'on ne peut pas gagner le Mouillage de Poyance. On peut aussi faire du bois dans ce lieu.

[b] *Michelot Portulan de la Mediter. p. 31.*

Le CAP FROWARD, en Amerique, est dans le Magellanique & sur la côte Septentrionale du Détroit de Magellan, vers le milieu du Détroit où il s'avance plus au midi dans la Terre de Feu d'où lui vient son nom : aussi les François l'appellent LE CAP AVANCE. Il est proche des ruïnes de Philippeville ou Port Famine.

Le CAP DE GALLO, en Gréce, dans la partie Meridionale de la Morée, près de l'Isle de Sapienza, entre les Golphes de Zonchio & de Coron, ou bien entre les Villes de Coron & de Modon.

[c] Le CAP DE LA GAROUPE, dans la Mer Méditerranée sur la côte de Provence environ à une lieuë au Sud de la Ville d'Antibes. Ce Cap est une longue pointe basse qui a 4. à 5. milles de circuit. Presque par le milieu, & sur le haut de cette pointe, il y a une tour quarrée, & une Chapelle appellée notre Dame de la Garde d'Antibes. Il ne faut pas tout à fait ranger l'extremité de la côte de ce Cap, à cause de quelques sequans qui sont auprès.

[c] *Michelot Portulan de la Mediter. p. 82.*

[d] Le CAP DE GATE, dans la Mer Mediterranée, dans la partie Orientale de la côte du Royaume de Grenade. La pointe de l'Ouest du Cap de Gate, qui est aussi celle de l'Est de la Baye d'Almerie, est environ vingt & un milles vers le Sud-Est du Château d'Almerie. Entre ce Cap & ce Château il y a un grand enfoncement, & une grande Plaine bordée d'une plage de sable jusqu'au Cap de Gate où l'on peut mouiller pour les vents d'Est & de Nord-Est. Le Cap de Gate, sur lequel on voit, une Tour ruinée, est fort haut & escarpé ; environ deux milles vers le Nord-Est de ce Cap, il y a une autre Tour ronde située sur une petite éminence, proche une pointe, & entre les deux une petite plage de sable. A la pointe de ce Cap de Gatte & proche la Mer, il y a quelques taches blanches, comme de la Craye, qui en donnent la connoissance. Au Sud-Ouest-quart-de-Sud de ces taches blanches, environ un petit mille, il y a un banc de roches, où il y a fort peu d'eau, mais on peut passer entre la terre & ce banc, rangeant la pointe de ce Cap à discrétion, comme à deux ou trois longueurs de Cables, ou bien en passer à quatre milles au large, par le Sud-Ouest-quart de Sud : il y a aussi proche de la pointe du Cap de Gate un écueil presque à fleur d'eau qu'il ne faut pas approcher.

[d] *Michelot Portulan de la Mediter. p. 15.*

Le CAP GREC, est dans la Romanie, sur l'embouchure du Détroit de Gallipoli ou des Dardanelles, où il se joint à l'Archipel du côté de l'Occident, & vis-à-vis du Cap des Janissaires. Les Matelots l'appellent souvent le CAP CHRETIEN, & les Italiens *il Capo Greco*.

Le CAP DE GUARDARFUY, en Afrique, est dans la côte d'Ajan où elle s'étend le plus à l'Est dans l'Océan d'Ethiopie, qu'il divise ainsi de la Mer d'Arabie. Il est vers l'Isle de Zocotora, vis-à-vis de l'Arabie heureuse.

Le CAP DE GUDAVARI, dans la Presqu'Isle de l'Inde, deçà le Gange, & au Royaume d'Orixa, sur la côte du Golfe de Bengale, vers Masulepatan.

Le CAP HARTARAS, dans l'Amerique Septentrionale, au païs de la Caroline, & dans une Isle sur la côte qui s'étend en long vers la bouche de la Riviere d'Albemarle.

Le CAP D'HENRIETE MARIE, dans la Terre Arctique, vers le Détroit de Hudson, il a été découvert & ainsi nommé par les Anglois, en mémoire de la feuë Reine d'Angleterre, Henriette Marie de France.

Le CAP HENRY, en Amerique dans la Virginie, aux bouches du Golphe de Chesapeck. Il a été ainsi nommé par les Anglois qui habitent ce païs.

Le

CAP.

Le CAP DE HONDURAS, en Amerique dans la Province de Honduras. Il s'avance fort dans la Mer du Nord vers Trughillo.

Le CAP DE HORN, en Amerique dans la Magellanique. Il est le plus avancé de la Terre de Feu vers le Midi & vers la nouvelle Mer du Sud. Il fut découvert & ainsi nommé en 1616. par Jacques le Maire Hollandois. Les Espagnols l'appellent quelquefois le CAP DE SAINT SAUVEUR.

Le CAP D'HIVER, dans la partie Septentrionale de la nouvelle Zemble, où il s'avance fort dans la Mer Glaciale. Il est nommé *het Verwinter Hoeck* par les Hollandois qui l'ont découvert.

Le CAP DE LA HOUERTE[a], dans la Mer Mediterranée sur la côte de l'Espagne, il est environ à trois milles vers l'Est-quart-Sud-Est de la Ville d'Alicant. Il fait l'entrée de la Baye d'Alicant du côté de l'Est. C'est une longue pointe avancée en Mer, sur laquelle est une Tour de garde. Il ne faut pas la ranger de trop près parce qu'il y a plusieurs rochers hors de l'eau & sous l'eau, qui s'avancent plus de 300. toises; & quoiqu'on en soit assez éloigné, on voit le fond par le travers de cette pointe.

[a] *Michelot. Portulan de la Mediter. p. 20.*

Le CAP DE JACQUES, Cap d'Amerique, dans la nouvelle Angleterre. Il s'avance fort dans la Mer du Nord, vers le quartier de Malebarre. Les Anglois l'appellent THE CAPE JAMES.

Le CAP DES JANISSAIRES, dans la Natolie, sur la côte de l'Archipel, vis-à-vis de l'Isle de Tenedo, où le Détroit de Gallipoli se joint à l'Archipel, à l'opposite du Cap Grec, & près des ruines de l'ancienne Ville de Troye, dont tous les Poëtes ont tant parlé.

Le CAP DE JAQUES, il est sur la Côte de Perse & à l'embouchure du Golfe Persique. Mr. de l'Isle le met par les 75. degrez de longitude & les vingt-six de latitude Nord. Ce Cap[b] est fort reconnoissable par une Colline ronde & escarpée, plate par le haut, qui se nomme *la Sainte Montagne*. La côte y est fort basse, souvent inondée & il y a beaucoup de bancs tout du long.

[b] *Voy. de la Comp. des Indes Or. T. V. p. 298.*

Le CAP DE L'INFANT[c], sur la Côte d'Afrique, 14. lieuës au Nord-Est-quart-Est du Cap des Aiguilles. Sa position est par les 34. degrez 30'. & il gît avec le Cap das Vachas Est peu au Nord, & Ouest peu au Sud, 15. lieuës. Ce Cap est une terre haute & ronde qui entre dans la Mer, & qui de loin semble être une Isle. Il est entre deux terres, qui paroissent aussi comme des Islets. En ce parage 7. à 8. lieuës en Mer on trouve 60. & 70. brasses fond de sable menu.

[c] *Roustier des Indes Or. II. part. p. 50.*

Le CAP DE KIELIT[d], sur la Côte Occidentale de la Mer-blanche. Il est situé à 60. deg. 40'. de latitude Septentrionale & à 52. degrés de longitude.

[d] *De l'Isle Carte de Moscovie.*

Le CAP DE LANGUETTE, en Albanie, sur la côte du Golphe de Venise, & près de la Vallone.

Le CAP LANSERONIA[e], dans la Mer Mediterranée sur la Côte d'Italie, & à 8. milles, ou environ, à l'Est de Porto Hercole.

[e] *Michelot. Portulan de la Mediter.*

C'est une longue pointe avancée en Mer, sur laquelle sont deux Tours de garde à un mille de distance l'une de l'autre.

Le CAP LARDIEZ[f], dans la Mer-Mediterranée sur les Côtes de Provence, & à trois milles vers le Nord-Est du Cap Taillar. Il est haut & escarpé de toutes parts. A la pointe de ce Cap, il y a une petite Isle presque ronde, au dehors de laquelle sont deux écueils comme des bateaux, entre lesquels on peut passer avec des Galéres; mais non pas entre le Cap Lardiez & la petite Isle, car il n'y a pas d'eau suffisamment: vers l'Est du dernier Ecueil, environ trois longueurs de Cable, il y a une roche sous l'eau fort dangereuse, c'est pourquoi il en faut passer au large, à moins que l'on ne veuille passer entre les deux Ecueils.

[f] *Michelot Portulan de la Mediter. p. 78.*

Le CAP DE LEUCATE[g], Cap de la Mer Mediterranée, sur la Côte du Roussillon, environ à 32. milles au Nord 5. degrés vers l'Ouest du Port de Vendre: c'est une longue pointe de moyenne hauteur assez unie, sur le haut de laquelle il y a une Tour de garde. Entre Collioure & cette pointe, il y a une grande plage de sable, où l'on voit un terrain fort bas, & une grande plaine. La Ville de Perpignan Capitale du Roussillon est à 15. milles delà vers le Nord-Ouest: entre cette Ville & la pointe de Collioure on découvre deux autres Villes, dont l'une est Argentiere & l'autre Elné.

[g] *Michelot. Portulan de la Mediter. p. 54.*

Le CAP DU LEZARD, en Angleterre, dans la Province de Cornouaille, & sur la Côte Meridionale. Il s'avance dans la Manche, & n'est qu'à vingt-deux milles de Cornouaille à l'Est. On le nomme plus souvent la POINTE DU LEZARD.

Le CAP LITAR, en Grece, dans la partie la plus Occidentale de l'Isle de Negrepont, près du Golphe de Zeiton.

Le CAP DE LOGUDORO, c'est une des deux parties ou Provinces de l'Isle de Sardaigne, la plus avancée vers le Septentrion, elle est environnée de la Mer des trois côtez du Levant, de la Tramontane & du Ponant, & au Midi elle a le Cap de Cagliari, dont elle est separée par les Rivieres de Cedro & Tirso. Ses Villes sont Sacer, Algher, Bosa & Castel-Aragonese.

Le CAP DE LOPEZ GONZALVEZ[h], en Afrique sur la Côte de Guinée entre le Golfe de St. Thomas & la Mer de Guinée près du Banc François, à 12. lieuës de Gabon tirant vers le Sud & au Nord de la Riviere Olibatta. La rade où les Vaisseaux jettent l'ancre est à 46. minutes de latitude Meridionale, & le Cap aussi bien que l'embouchure d'Olibatta est sous le premier degré. Les Negres du Pays ne demeurent pas sur le Cap, mais dès qu'ils voyent aborder des Vaisseaux, ils courent sur le rivage, portant vendre de l'Yvoire. C'est dans la Riviere d'Olibatta que se fait le plus grand commerce de ce quartier. Lors que les mariniers veulent faire aiguade, il faut qu'ils gagnent l'amitié des Négres par quelque morceau de toile ou de Corail. Cette Contrée depend d'un Roi qui demeure sept ou huit lieuës au dedans du Pays. La plupart des habitans de cette Côte & de celle

[h] *Dapper. Afrique p. 319.*

de Gabon savent un peu de Portugais. Dans les mois de Mars, Avril, & Mai, la marée sous la ligne ou depuis le Cap de Lopez-Gonzalvez, court vers le Sud, le long de la côte d'Angola, de sorte qu'il est facile de faire voile de ce côté-là : mais dans les autres saisons le courant de l'eau tirant vers le Nord & les flots étant poussez par des vents du Midi, on navigue contre vent & marée quand on veut faire route vers le Sud.

Le CAP LOUGARBE [a], sur la Côte Occidentale de l'Isle de Corse, environ 11. à 12. milles vers le Nord du Cap Roux. C'est une grosse pointe fort hachée par le haut au bout de laquelle il y a une petite Isle, sur laquelle est une Tour de garde. On ne peut passer entre cette Isle & la terre qu'avec des bateaux, & il ne la faut pas ranger trop près. Entre ces deux pointes il y a un enfoncement & quelques Calanques, où on pourroit mouiller dans un besoin avec les vents à la terre, mais il seroit dangereux d'y être surpris par les vents du large.

[a] *Michelot. Portulan de la Mediter. p. 141.*

Le CAP DE LOURCE [b], sur la Côte de Sicile environ 15. milles vers l'Ouest du Cap de Galle. C'est une grosse pointe, de figure ronde, & très-haute au bout de laquelle il y a une pointe basse de rochers plats, au ras de la Mer.

[b] *Michelot. Portulan de la Mediter. p. 131.*

Le CAP MACHASACO, en Espagne, dans la Biscaie près de Bilbao.

Le CAP MALIO, en Grece, dans la partie Meridionale de la Morée, la plus avancée vers Candie, entre les Golphes de Colochina & de Napoli de Romanie, près de l'Isle de Cerigo. Les Matelots l'appellent souvent le Cap de Saint Ange.

1. Le CAP MARTIN, en Espagne, au Royaume de Valence, à dix lieuës d'Alicante, entre les Golphes de Valence & d'Alicante, sur la côte de la Mer Mediterranée. Il s'avance fort au Levant vers l'Isle d'Ivica. Sa pointe la plus étenduë s'appelle la POINTE DE L'EMPEREUR.

2. Le CAP MARTIN [c], dans la Mer-Mediterranée sur la Côte de Monaco ; & environ à 3. milles vers l'Est-Nord-Est de la Ville. C'est une longue pointe de moyenne hauteur ; au delà de laquelle, il y a une plage de sable un peu enfoncée où l'on peut mouiller avec des galeres dans un beau tems, quand on ne peut pas gagner Monaco. On y est à couvert des vents de Sud-Ouest, Ouest & Nord-Ouest.

[c] *Michelot. Portulan de la Mediter. p. 86.*

Le CAP MATAPAN, en Grece dans la partie la plus Meridionale de la Morée, & au pied des Montagnes des Mainotes, entre les Golphes de Coron au Couchant, & de Colochine au Levant.

Le CAP DE MAY, en Amerique dans la nouvelle Yorck, à l'embouchure de la Baye Delaware, dans la Mer du Nord.

Le CAP MEJAN [d], Cap de la Mer Mediterranée, sur la Côte de Provence, & environ 7. à 8. milles à l'Est du Cap Couronne. C'est une grosse pointe fort haute & escarpée de toutes parts. Presque à moitié chemin de ces deux Caps on voit un petit Village & une grande Maison ou Château, qu'on appelle Cary, avec une rangée d'arbres qui conduit

[d] *Michelot. Portulan de la Mediter. p. 63.*

jusqu'à la Mer, qui en donnent la connoissance : il y a dans cet endroit un peu d'enfoncement qui n'est propre que pour des bateaux, ayant plusieurs écueils à son entrée. La Côte est fort haute.

Le CAP DE MELASSO, en Sicile, dans la Vallée de Demona, sur la côte Septentrionale de l'Isle, & au Nord de la Ville de Melasso.

Le CAP DE MELECCA, en Candie, sur la côte Septentrionale de l'Isle & au territoire de la Canée. Il s'avance fort entre la Ville de la Canée & le Golphe de Suda.

Le CAP DEL-MELLE [e], dans la Mer-Mediterranée, sur la rive de Genes, environ à six milles au Sud-Ouest de la pointe d'Albengue. Ce Cap est une grosse pointe, haute & presque ronde sur laquelle il y a une Tour quarrée & deux Maisons auprès ; cette pointe est celle qui s'avance le plus en Mer de toute cette Côte.

[e] *Michelot. Portulan de la Mediter. p. 88.*

Le CAP MENDOCIN, en Amerique, dans la Californie & dans la partie la plus avancée vers le Nord-Ouest sur la côte de la Mer Pacifique.

Le CAP DE LA MESA [f], à l'entrée du Golphe de Naples, & à environ un mille & demi vers le Nord-Est de l'Isle Procita. C'est une grosse pointe fort haute, où sur une hauteur vers la Mer, il y a une Tour de garde, qui est ronde ; au-dessus de laquelle est un haut terrain qu'on appelloit autrefois MONTEVACIA.

[f] *Michelot. Portulan de la Mediter. p. 116.*

Le CAP MESCARIO [g], sur la Côte Orientale de l'Isle de Corse & environ 30. milles au Sud-Sud-Ouest du Cap Sino. C'est une haute pointe avancée un peu en Mer, & dans les terres se font de hautes Montagnes : du coté du Nord, & tout proche il y a une petite Isle.

[g] *Michelot. Portulan de la Mediter. pag. 135.*

Le CAP DE MESURATA, en Afrique, dans la Barbarie, & sur la côte du Royaume de Tripoli, au côté Occidental du Golphe de la Sidra.

Le CAP MEZA, ou SANTA MESSA [h], sur la Côte Orientale de l'Isle de Corse, & environ 15. milles au Sud-Ouest-quart de Sud du Cap Cigli. Entre les deux il y a un enfoncement & quelques plages de sable. Le Cap Santa Messa est une longue pointe qui s'avance en Mer, & qui est de moyenne hauteur, sur laquelle il y a une Tour de garde, & presque par le milieu de cet enfoncement il y en a une autre sur une éminence. Du côté du Nord de la pointe de Santa Massa, il y a un peu de plage assez enfoncée, où on pourroit mouiller dans un besoin, pour les vents de Sud-Ouest & Ouest ; on y est par 8. ou 10. brasses fond d'herbe vaseux. Environ un mille & demi vers le Sud de la pointe de Santa Massa, il y a un gros Ecueil hors de l'eau, & plusieurs autres en dehors de lui. A 3. à 4. milles loin vers le Sud-Ouest du premier Ecueil, il y a un banc de roches sous l'eau, qui continuë environ deux milles dans ce même Rumb de vent. De même du côté de la pointe de Santa Massa, venant vers cet Ecueil, il y a plusieurs roches aussi sous l'eau, qui vont presque à moitié chemin de l'un à l'autre. On ne peut passer entre le premier

[h] *Michelot. Portulan de la Mediter. p. 137.*

CAP.   CAP.   199

mier Ecueil de Santa Maſſa & ceux du large, quoi qu'il ſemble y avoir paſſage, car il y a beaucoup de roches ſous l'eau: mais on peut paſſer entre eux & les Iſles des Gary. On peut encore paſſer avec des Galeres entre le Cap Santa Maſſa & le premier Ecueil, rangeant à diſcretion l'Ecueil, pour éviter ces roches ſous l'eau, qui ſont du côté du Cap; il y a tout auprès 13. à 14. pieds d'eau, mais ayant doublé cet Ecueil, il n'y a plus rien à craindre. On voit le fond fort clair & on y peut paſſer hardiment. Il faut avoir ſoin, après avoir doublé cet Ecueil, de gouverner ſur la pointe de Bonnet de Juif pour éviter les Ecueils de la gauche qui ſont proche de celui dont il vient d'être parlé.

a Michelot. Portulan de la Mediter. p. 116.

Le CAP MIZENE [a], dans le Golphe de Naples. Les Hollandois & quelques autres l'appellent le *Cap Meſſenus.* Ce Cap eſt à une petite lieuë de diſtance à l'Eſt du Cap de la Meſa. Entre les deux il y a un enfoncement, une grande Plage de ſable, des terres baſſes & des Dunes de ſable devant leſquelles on pourroit mouiller par 4. à 5. braſſes d'eau, fond de ſable & herbe: on y ſeroit à couvert des vents de Nord-Oueſt, Nord & Nord-Eſt, mais à découvert de tout le reſte. Le Cap de Mizene eſt une longue pointe, fort haute & avancée en Mer ſur laquelle il y a deux Tours de garde, quarrées & aſſez proche l'une de l'autre, au-deſſus on voit une grande Maiſon. Il y a un Ecueil à l'extremité de cette pointe, auprès duquel il y a 15. braſſes d'eau. On appelle cette pointe *Monte-Mizene.*

Il y avoit autrefois une Ville très-conſiderable que les tremblemens de terre & la ſuite des tems ont entiérement ruinée. Cependant on y voit encore pluſieurs grands & ſuperbes logemens ſouterrains, taillez dans le roc à pointe de marteau, ornez de pluſieurs beaux ouvrages & grandes colomnes dans le roc pour ſoutenir ces édifices.

Le CAP DE MOCANDAM, ou de MOSANDAN, dans l'Arabie heureuſe, vis-à-vis d'Ormus, où le Golphe de Perſe ſe joint à l'Océan.

Le CAP MOLICREO, en Grece dans la Livadie, joignant les Dardanelles, ou la bouche du Golfe de Lepante, où il ſe joint à celui de Patras.

b Michelot. Portulan de la Mediter. p. 11.

Le CAP MOLINERO [b], dans la Mer Mediterranée ſur la Côte du Royaume de Grenade. Ce Cap eſt environ à un mille vers l'Eſt du Cap d'Elmene: Il forme l'entrée de la Baye de Malaga ou Malague; cette pointe eſt de moyenne hauteur approchant de la Mer; il y a deux Tours de garde proche l'une de l'autre, & quelques Maiſons auprès. Au-deſſus de cette Pointe on voit une haute Montagne, qui de loin, lors qu'on vient de l'Eſt, paroît comme une tende de Galere en abaiſſant du côté du Nord; on peut mouiller vers l'Eſt du Cap Molinero, pour les vents d'Oueſt & de Sud-Oueſt.

Le CAP DE MONDRAGON, au Royaume de Naples, dans la Province de Labour, ſur la côte de la Mer de Toſcane, près de Mondragon. Il eſt fort petit.

Le CAP DE MONFALCON, en Sardaigne dans la Province ou Cap de Logudoro, ſur ſa côte Occidentale près de Sacer & vis-à-vis de l'Aſinare, dont il n'eſt ſeparé que par un petit Détroit.

Le CAP DE MONGIA, en Eſpagne, ſur la côte Septentrionale de la Galice, entre la Corogne au Levant & le Cap de Finiſterre au Couchant d'Hyver.

Le CAP MONMOUTH, en Amerique, dans la Terre de Feu, & ſur la côte Meridionale du Détroit de Magellan, près du paſſage de Saint Sebaſtien. Il a été ainſi nommé par les Anglois.

Le CAP DE MONTE, en Afrique ſur la côte de la Guinée, & du païs de Malaguette, environ à ſoixante lieuës de Sierra-Lione au Levant d'hyver.

Le CAP DE MONTE-DELII, en Aſie dans la Preſqu'Iſle de l'Inde deçà le Gange, & ſur la côte du Malabar, environ à ſix lieuës au Midi de l'embouchure de la Riviere de Cangerocara.

Le CAP DE MONTE-NEGRE [c], dans la Mer-Mediterranée, au-deſſus de Livourne 8. à 9. milles au Sud-Sud-Eſt, 5. degrez vers le Sud du Mole. Ce Cap eſt fort haut & fait l'entrée du Golfe de la Cheaume proche Vade; on voit preſque à la moitié de cette Montagne, du coté de Livourne, un grand Couvent de *Nôtre-Dame de Monte-Negre*, & quelques maiſons auprès qui en donnent la connoiſſance.

c Michelot. Portulan de la Mediter. p. 98.

1. Le CAP DE MONTE-SANTO, en Grece, dans la Macedoine, & près de Monte-Santo, ſur la côte de l'Archipel, entre les Golphes de Conteſſa & de Monte-Santo.

2. Le CAP DE MONTE-SANTO, en Sardaigne, ſur la côte Orientale de l'Iſle, & dans le Cap ou Province de Cagliari, environ à quarante cinq mille pas de Cagliari vers le Midi.

Le CAP MORRENO, eſt dans l'Amerique Meridionale ſous le 23. degré 45. min. de latit. Meridionale, & à 8. lieuës cours Nord-quart au Nord-Eſt & Sud-quart-au-Sud-Eſt, de la Baye de Meſſiſſones ſur la côte du Perou. La terre de ce Cap eſt haute, & au Nord-Eſt il y a une Rade près d'une petite Iſle: on y trouve auſſi un havre fort commode, quoiqu'étroit & où l'on peut donner la carène. Il faut ſe tenir loin du Cap autant qu'il eſt poſſible à cauſe des rudes bouffées qui en tombent.

Le CAP DE LA MORTELLE [d], dans la Mer de Toſcane ſur la côte de Sicile eſt une pointe de moyenne hauteur qui eſt environ 10. milles au Nord-Oueſt-quart-Oueſt de la Tour du Fare de Meſſine; du coté de l'Eſt il y a quelques maiſons & auprès de ces Maiſons une longue pointe de ſable qui s'avance ſous l'eau environ un quart de lieuë au large: il faut y prendre garde en naviguant le long de cette Côte avec des Galeres.

d Michelot. Portulan de la Mediter. p. 125.

Le CAP MOURERA [e], dans la Mer Mediterranée, ſur la côte d'Eſpagne, & à ſept milles ou environ au Nord-Eſt du Mont Carpi. Ce Cap eſt une groſſe pointe au bout de laquelle il y a un gros Ecueil proche de terre, & ſur le haut il y a une Tour de garde.

e Michelot. Portulan de la Mediter. p. 21.

de. Entre le Mont Carpi & le Cap Mourera il y a un enfoncement. On peut mouiller derriere ce Cap, pour y être à couvert des vents du Sud-Eſt; on y eſt par les 7. 8. 9. & 10. braſſes d'eau.

Le CAP NAPO, dans la partie Septentrionale du Japon, où elle ſe courbe au Levant. Les Hollandois l'appellent le CAP DE GOREE.

Le CAP DE NATAL, en Afrique, ſur la côte Septentrionale de l'Iſle de Madagaſcar, où elle ſe tourne à l'Orient. Voyez NATAL.

a Michelot. Portulan de la Mediter. p. 21.

Le CAP DE LA NAU[a], dans la Mer Mediterranée, ſur la Côte d'Eſpagne, environ cinq à ſix milles au Nord-Eſt du Cap de Mourera, & environ à 3. milles au Sud-Eſt du Cap Saint-Martin. Le Cap de la Nau eſt la pointe la plus avancée de toute cette Côte, qu'on appelle ordinairement le Cap Saint-Martin. Proche cette pointe il y a un gros écueil. Lors qu'on vient du Nord, ayant doublé le Cap de la Nau, on découvre en même tems le Mont de Carpi & Benidorme: & lors qu'on vient du large, on voit une haute Montagne au-deſſus de *Benidorme*, qui eſt coupée preſque en forme d'une embraſure, & une autre Montagne fort haute ayant la figure d'un pain de ſucre. Il paroît ſur le haut du Cap St. Martin une tour qui eſt ſituée ſur une haute Montagne; & l'on decouvre la Montagne de Mongon qui eſt proche le Cap; elle eſt faite en pain de ſucre. On la voit du côté du Sud & du côté du Nord.

1. Le CAP NEGRE, en Afrique ſur la côte Occidentale de la Cafrerie, au païs de Molemba, & à cent quarante lieuës Eſpagnoles de la Ville de Loanda, vers le Midi.

b Michelot. Portulan de la Mediter. p. 52.

2. Le CAP NEGRE[b], Cap de la Mer Mediterranée dans le Golfe de Narbonne, à trois milles ou environ au Nord-quart-Nord-Eſt de l'Iſle d'Ancean & à peu près à pareille diſtance du Cap de Bagnol en tirant vers le Nord. Entre les deux pointes du Cap de Bagnol & du Cap Négre, mais tout ſoit plus près de cette derniere, il y a une roche ſous l'eau qui s'étend de 12. à 15. toiſes, ſur laquelle il n'y a que 5. à 6. pieds d'eau; elle eſt éloignée de terre d'environ 500. toiſes au large, par le travers du plus haut de la Montagne. Pour l'éviter ſoit en venant du Cap de Creaux à Port-Vendre, ou allant de Port-Vendre au Cap de Creaux, il n'y a qu'à découvrir le Fort St. Elme de Colioure, qu'on voit par deſſus la pointe du Port-Vendre du côté de la terre; dès qu'on le voit ainſi il eſt ſûr qu'on en paſſe fort au large & que par conſequent il n'y a rien à craindre. Entre cette ſéche & la terre, il y en a une autre preſque à moitié de cette diſtance.

c Dapper Afrique p. 376.

3. Le CAP NEGRE[c], les Portugais le nomment *Cabo Negro*. Ce Cap eſt ſur la Côte Occidentale de la Cafrerie au Royaume de Mataman où de Climbée & environ à 16. degrez 30. de latitude Meridionale. On lui a donné ce nom à cauſe de la couleur dont il paroît de loin aux Mariniers, quoiqu'il n'y ait aucune terre noirâtre dans toute la Côte depuis le 21. degré de latitude Meridionale juſqu'à ce Cap. Sur le ſommet du Côteau on voit une colomne d'Albâtre où ſont gravées quelques lettres avec les Armes de Portugal. Il y avoit autrefois une croix ſur cette Colomne, mais elle eſt renverſée. La Côte de ce Cap s'étend au Nord-Eſt & à l'Eſt-Nord-Eſt. A l'extremité de ſon angle Septentrional, il y a une Baye de deux lieuës de large, qui s'enfonce ſi avant dans le Pays, que quand on eſt dans le centre de ſa ligne de largeur, on ne peut decouvrir la terre où elle aboutit. Les rivages ne ſont que des Montagnes de ſable où il n'y a pas la moindre verdure.

Le CAP NEGRET[d], ſur la Côte de l'Iſle de Corſe environ 5. milles vers le Nord-Oueſt-quart-de-Nord-du Cap Fieno. Sur le Cap Negret il y a une Tour de garde: à la pointe de ce Cap ſont deux gros Ecueils & quelques autres petits, mais ils ſont proches de terre.

d Michelot. Portulan de la Mediter. p. 139.

Le CAP DE NOLI[e], dans la Mer-Mediterranée ſur la Rive de Genes, environ à un mille à l'Eſt du Village de Varigouſte, & à 4. milles au Sud-Sud-Oueſt de l'Iſle Brazily. Ce Cap eſt une groſſe pointe fort eſcarpée & unie ſur le haut; elle s'avance un peu en Mer. Vers la moitié de ſa hauteur il y a un Hermitage. Du côté de l'Eſt du Cap Noli il y a un peu d'enfoncement & une Plage de ſable, ſur le bord de laquelle eſt le Village de Noli.

e Michelot. Portulan de la Mediter. p. 90.

Le CAP DE NON, en Afrique, dans le Biledulgerid, ſur la côte de l'Océan Oriental, & au Royaume de Souſe. Il eſt ainſi nommé, parce qu'on croyoit autrefois ne pouvoir pas naviger plus loin, comme qui diroit *pas plus loin*.

1. Le CAP DE NORD, en Norwege, ſur la côte de l'Océan Septentrional & dans la Finmarche, ſur les confins des Etats de Suede. Ceux du païs le nomment NOORKIN, & les Hollandois NOORTKAEP. Il s'avance fort au Septentrion dans l'Iſle de Nagger.

2. CAP DE NORD[f], c'eſt le nom que les Navigateurs François ont coutume de donner à celui de la Guiane, à cauſe qu'il eſt le plus remarquable de cette Côte, & que ceux qui y ont affaire y vont prendre ordinairement la connoiſſance de la terre. Ce Cap eſt entre le 2. & le 3. degré de latitude Septentrionale, & entre le 345. & le 346. degré de longitude.

f Woodes Rogers Relation de la Guiane T. II. p. 247.

3. CAP DU NORD[g], Partie Septentrionale de l'Iſle du Cap Breton dans l'Amerique Septentrionale. Toute la côte des environs n'eſt preſque que rochers couverts de ſapins, mêlés de quelques petits bouleaux. Il s'y trouve quelques ances de ſable où à peine ſe peut retirer une chaloupe. Cette côte eſt dangereuſe. Il y a cependant au Cap du Nord une place aſſez avantageuſe pour un Vaiſſeau qui peut y faire ſa pêche.

g Denys. Deſcr. de l'Amer. Septent. T. I. c. 6.

Le CAP D'OBY, en Moſcovie, au païs des Samoyedes; il s'avance dans l'Océan Septentrional près de l'embouchure de la Riviere d'Oby, environ à cinq cens mille pas de la bouche de la Mer Blanche au Levant.

Le CAP ONEGA[h], dans la partie Septentrionale de l'Onega. Il s'étend dans la Mer-blanche; & eſt ſitué à 64. degrez 30'. de latitude

h De l'Iſle Carte de Moſcovie.

CAP.   CAP.   201

titude Septentrionale & à 54. degrez 25'. de longitude.

a Michelot. Portulan de la Mediter. p. 87.
Le CAP D'ONEILLE *a*, dans la Mer Mediterranée, sur la Rive de Genes, vingt milles à l'Est-quart-Nord-Est 3. degrez vers le Nord du Cap de l'Est de St. Remo, & 3. milles vers l'Est-Sud-Est du Port-Maurice.

b Ibid. p. 88.
Ce Cap est une grosse pointe ronde, sur laquelle il y a une Tour de garde qui est ronde, & un Hermitage au-dessous, du côté du Nord-Est, avec une autre Tour. On l'appelle aussi quelquefois CAP DE DIAN, à cause qu'il est entre Oneille & Dian, & par consequent commun entre eux. Du côté du Nord-Est de cette pointe, il y a un peu d'enfoncement & une Plage de sable où par le milieu est le Village de Dian.

c Michelot. Portulan de la Mediter. p. 129.
Le CAP D'ORLANDE *c*, sur la Côte Septentrionale de la Sicile, environ 15. milles vers l'Ouest du Cap Calvao. Entre les deux la côte est fort haute & escarpée & presque au milieu on voit la petite Ville de Nazo. Le Cap d'Orlande est une grosse pointe qui semble isolée; il y a sur ce Cap un Château & au-dessus une petite Ville.

d De l'Isle Carte de Moscovie.
Le CAP ORLOGONES *d*, c'est la partie la plus Orientale de la Laponie Moscovite; ce Cap forme l'embouchure de la Mer Blanche & est situé vers les 67. deg. 10'. de latitude Septentrionale & à 69. degr. 58'. de longitude.

Le CAP D'ORMUS, en Perse, au Royaume de ce nom, & près la Ville d'Ormus sur la bouche du Golphe de Perse, & vis-à-vis du Cap de Mosandan & de l'Arabie heureuse.

e Michelot. Portulan de la Mediter. p. 35.
Le CAP D'OROPESO *e*, dans la Mer Mediterranée sur la Côte Orientale de l'Espagne, & environ cent milles au Nord, cinq degrez vers l'Est du Cap de St. Martin. C'est une grosse pointe fort haute. En avançant un peu dans les terres par le travers de ce Cap, il y a une grosse Montagne en pain de Sucre qu'on appelle le Mont d'Oropeso, qui se voit de fort loin, surtout lors qu'on vient du côté du Sud d'un tems clair, on la voit même du Cap de St. Martin. Presque sur la pointe de l'Ouest du Cap d'Oropeso, il y a un petit Château qui paroit comme une grosse Tour ronde, & vers l'Ouest du Château il y a une grande Anse dans laquelle on peut mouiller pour les vents de Nord-Ouest jusqu'au Nord-Est: on y est par dix à douze brasses d'eau fond de sable vaseux. Vers le Sud de la pointe la plus avancée de ce Cap, environ deux milles, il y a une roche fort dangereuse, à laquelle il faut prendre garde. Du côté du Nord de cette pointe, environ trois milles, est le Village d'Oropeso; il y a une Tour de garde entre cette pointe & le Village.

Le CAP D'ORTEGUERE, en Espagne en Galice, dans la partie la plus avancée vers le Nord, sur la côte de la Mer de Biscaye. Les habitans le nomment le CAP D'ORTEGAL. Il est à douze lieuës de la Corogne au Septentrion.

Le CAP D'OTRANTE, dans la Province de ce nom au Royaume de Naples, proche de la Ville d'Otrante, sur la côte du Golphe de Venise, près de la Mer Ionienne.

Tom. II.

Il est obmis dans toutes les Cartes de Magin & des autres qui l'ont suivi, quoiqu'il soit fort considerable.

Le CAP PADRON, en Afrique sur la côte du Royaume de Congo, & à l'embouchure de la Riviere de Zaire, du côté du Midi.

Le CAP DE PALAFUGEL, en Espagne, dans la Catalogne, près de Palamos, sur la côte de la Mer Mediterranée & du Golfe de Lyon.

Le CAP DE PALENUDO, au Royaume de Naples dans la Principauté citerieure, sur la côte de la Mer de Toscane entre les Golphes de Policastro & de Salerne.

f Michelot Portulan de la Mediter. p. 81.
Le CAP DE PALLE *f*, appellé par les Espagnols CAP DE PALOS; ce Cap est dans la Mer Mediterranée & sur la Côte du Royaume de Murcie. La pointe en est de moyenne hauteur; mais auprès d'elle du côté de l'Ouest il y a une grosse Montagne dont le sommet paroit en pain de sucre, & presque sur le bout de la pointe du Cap de Palle il y a une Tour quarrée de garde & une Maison auprès. Aux environs & fort près de la pointe il y a quelques écueils hors de l'eau & à fleur d'eau.

Le CAP DE PALMAR, en Afrique dans la basse Guinée sur les frontieres du Royaume de Congo & près de l'embouchure de la Riviere de Zaire, dans la Mer du Congo.

Le CAP DE PALMEIRAS, dans l'Inde deçà le Gange, au Royaume de Golconde, & sur la côte Occidentale du Golphe de Bengale, aux frontieres de l'Etat du Grand Mogol. On l'appelle autrement le CAP DE SEGOGORA.

g Dapper. Afrique p. 275.
Le CAP DES PALMES *g*, ou CABO DAS PALMAS, est en Guinée à 4. degrés 15'. de latitude Septentrionale. Au Couchant de ce Cap il y a trois petits côteaux ronds, & un peu plus avant sur la terre ferme on voit un petit Bocage de Palmiers, qui étant sur un lieu un peu élevé se découvre de fort loin & a fait donner à ce Cap le nom de *Cabo das Palmas*. Derriere ce Cap est une Baye, où il y a un bon abri pour les vaisseaux, & où ils sont en assurance contre les vents de Sud. Au Levant de cette Baye, une lieue d'Allemagne plus loin, on decouvre un Ecueil qui est au-dessus du rivage, & qui s'avance vers la terre ferme comme une longue Montagne. Vis-à-vis de la pointe Occidentale du Cap des Palmes, est une grande chaine de rochers à fleur d'eau, qui va du Sud-Est à l'Est pendant une lieuë & demie de mer, & trois lieuës au delà un banc de sable qui a 10. ou 11. brasses de profondeur. Les Vaisseaux qui vont d'Est & qui cinglent dans l'espace d'entre-deux, courent grand danger. Le Village de Gruwa qui sert de bornes à la Côte du Grain est à trois lieuës au Levant du Cap des Palmes.

Toute cette côte est bourbeuse & pleine d'Ecueils: c'est pourquoi il est dangereux de côtoyer ce Pays, il faut tenir la Mer tant qu'on peut. La plus belle saison de l'année & la plus favorable aux Mariniers est en Fevrier, Mars & Avril. L'air est serain & calme & les Zephirs y regnent. Mais sur la fin du mois de Mai & quelquefois même dès le com-

Cc* men-

mencement, il s'éleve des vents de Sud & de Sud-Est qui causent des orages furieux, accompagnez de Tonnerres, d'éclairs, & de grosse pluye & cela dure souvent 8. ou 9. mois de suite, c'est-à-dire, jusqu'à la fin de Janvier. Les saisons les plus à craindre sont les équinoxes, lorsque le Soleil y darde perpendiculairément ses rayons. Le pays rapporte abondamment du Millet, du Coton, du Ris, de l'excellent vin de Palme & sur tout de la graine de Paradis ou *Melegette*. La plante qui porte cette graine a les feuilles épaisses de quatre pouces de long & de trois de large. La tige du milieu est fort haute & il en sort plusieurs filamens qui se répandent en ligne oblique sur toute la feuille, comme dans celles de l'arbre qui porte le girofle; le gout des tiges & du fruit tient de celui du clou; mais il n'est pas tout à fait si fort. Ce fruit est de figure ovale & de la grosseur d'une figue, l'écorce est souple, de couleur roussâtre ou d'un brun pâle; mais c'est un poison. Elle sert à couvrir des grains polis, à plusieurs angles, & plus petits que ceux du poivre. Ces grains sont contenus dans de petites cellules & separez les uns des autres par des filamens blancs par dedans & forts comme le poivre & le gingembre. Les grains qui ne sont pas mûrs sont rouges & de bon goût, ceux qui sont couleur de chataigne; gros, pesans & bien unis, sont les meilleurs: les noirs sont les moindres, & ils prennent cette couleur lors qu'ils se fermentent dans les Vaisseaux où on les a mis tout mouillez. Comme on trouve sur cette Côte de plusieurs espéces d'animaux les Mariniers y peuvent trouver des rafraichissemens; mais les habitans du Pays sont perfides & grands Larrons: il faut être sur ses gardes en trafiquant avec eux. Les marchandises qu'on en apporte sont de la graine de Paradis, du ris, & quelques dents d'Elephant. On échange ces sortes de marchandises contre des barres de fer, des chaudrons, des bassins, du corail, & du fleuret.

1. Le CAP DE PALOS, en Espagne au Royaume de Murcie, à l'Orient de Cartagene, & sur la côte de la Mer Mediterranée, entre les Golphes d'Alicante & de Cartagene. Les François l'appellent souvent le CAP DES BÂTONS.

2. Le CAP DE PALOS, en Turquie, dans l'Albanie, sur la côte du Golphe de Venise près de Duras.

Le CAP PASSARO, en Sicile, dans la Vallée de Noto & dans la partie la plus Meridionale de l'Isle, où la côte Orientale se courbe vers le Midi, à soixante milles de l'Isle de Malthe vers le Septentrion, en allant vers Saragouffe.

Le CAP DE PATIENCE, est au païs d'Ieço, sur la côte, vers le Japon. Il a été ainsi nommé par les Portugais qui l'ont découvert.

a Michelot. Portulan de la Mer.

Le CAP LA PEDRE [a], dans la partie Orientale de l'Isle de Mayorque, environ à trois milles au Nord-quart-Nord-Est du Cap rouge. Sur le haut il y a une Tour de garde & entre ces deux Caps est un petit enfoncement du côté du Cap la Pedre, où il y a une longue pointe basse avancée en Mer, qui est fort hachée, & fait avec une autre petite pointe une anse de sable, dans laquelle on pourroit mouiller en un besoin. Il y a un écueil hors de l'eau au bout de cette pointe, où l'on peut faire de l'eau. L'on voit un petit Village & quelques Moulins à vent sur une hauteur, presque par le milieu de cette plage. On peut aussi mouiller dans une necessité du côté du Nord du Cap de la Pedre, entre la pointe du Cap de la Pedre, & celle du Sud de la grande Baye d'Alcudy, où l'on sera par 8. 10. & 15. brasses d'eau, fond de sable & d'herbe: on peut même faire de l'eau à la plage, d'où l'on découvre le même Village & les Moulins dont on vient de parler. La pointe du Cap de la Pedre va en pente vers la Mer, c'est la pointe la plus à l'Est de l'Isle de Mayorque, elle fait l'entrée de la Baye d'Alcudy.

Le CAP DE PEMBROC, dans la Terre Arctique, & dans le nouveau païs de Galles, sur la côte de la Baye de Hudson ou du Nord vers la Mer Christiane. Il a été découvert par les Anglois.

Le CAP DE PENAS, en Espagne. Les François l'appellent le CAP DES ROCHES. Il est dans l'Asturie d'Oviedo, sur la côte de la Mer de Biscaïe, & près d'Aviles. Il s'étend fort au Septentrion.

Le CAP PENTECÔTE [b], dans la Mer Blanche & sur la côte Septentrionale du Pays de Dwina. Il s'avance dans la Mer sur une ligne parallele à la côte Occidentale du Cap de Bonne-fortune, & est situé par les 65. d. 50′. de latitude Nord, & à 60. d. 6′. de longitude.

b De l'Isle. Carte de Moscovie.

LE CAP PISELLO, en Turquie dans la Natolie, sur la côte de la Mer Noire, où elle s'avance le plus au Nord, vers la petite Tartarie.

Le CAP DE LA PLATA [c], en Espagne, sur la Côte Occidentale de l'Andaloufie, environ à onze milles au Sud-Est du Cap de Trafalgar: ce Cap est une longue pointe avancée en Mer, & fort haute, sur laquelle il y a une Tour de garde; on trouve un grand enfoncement & une plage de sable entre ces deux pointes de Trafalgar & de la Plata, & presque par le milieu il y a une petite Riviere qu'on appelle la Riviere de Barbatta; environ un quart de lieüe vers l'Ouest de cette Riviere, est un petit Château de même nom, & quelques maisons qui sont autour où l'on peut mouiller devant ce Château par le vent de Nord-Ouest & Nord. Et du côté de l'Est de cette Riviere, presque au milieu de la Plage, on voit deux tours quarrées sur une éminence entourée de sable, & entre ces deux tours & le Cap de la Plata il y a une autre pointe nommée la Pointe Marinal sur laquelle il y a aussi une Tour de garde; entre ces deux Tours il y a un peu d'enfoncement avec une plage, devant laquelle on peut aussi mouiller par les vents d'Est & de Nord-Est, par huit à dix brasses d'eau; avec des Galeres on peut avoir une amarre à terre & un ancre en Mer. Il ne faut pas ranger trop proche la pointe du Cap de la Plata, ni celui de Marinal, à cause de quelques écueils qui sont aux environs.

c Michelot. Portulan de la Mediter. p. 7.

LE CAP POINTU, en Amerique dans la

la partie Occidentale de la Terre neuve, vers le Golphe de Saint Laurent, proche de la grande Baye.

Le CAP DE POLA, en Italie dans l'Iſtrie, près de Pola ſur la côte du Golphe de Veniſe, où commence le Golphe de Carnero. Il eſt près de quelques petites Iſles nommées *le Premontore:* ce qui eſt cauſe que dans les Cartes recentes il eſt appellé le CAP DE PREMONTORE.

Le CAP POLLO, en Sardaigne dans la Province ou Cap de Cagliari, ſur ſa côte Orientale, & à la pointe du Golphe de Cagliari au Midi, les habitans l'appellent le CAP DELLA PULA.

Le CAP DE PORTOFIN, au Midi, ſur la Riviere de Levant ou côte Orientale de Génes, près de Portofin, & à la pointe Occidentale du Golphe de Rapalla.

a Suppl. des Voy. de Woodes Rogers. T. II. p. 69.

Le CAP POTOCALMO[a], ſur la Côte du Breſil eſt ſitué à 34. d. de latitude Meridionale; il y a un bon ancrage où l'on eſt à l'abri des vents du Sud; mais ſi l'on avance un quart de lieuë le long du Cap on eſſuye de terribles Bouffées qui viennent de la Côte. Il faut mouiller tout auprès de la petite Iſle où l'on aura 25. braſſes d'eau & un fond net.

Le CAP DE POUDIGO, dans la petite Tartarie & dans la Crimée, ſur la côte du Détroit de Caffa, où il quitte la Mer de Zabache. Il eſt diviſé en trois, ſavoir *Poudigo, Taro,* & la *Pointe Blanche.* Il y en a qui le nomment le CAP ROSAPHAR.

Le CAP QUEATUMO, en Grece dans la Macedoine, ſur la côte de l'Archipel, entre le Golphe d'Armiro & celui de Salonique.

Le CAP DE RASALGATE, il eſt dans la partie la plus Orientale de l'Arabie. Mr. de l'Iſle le met au 22. d. de latitude Septentrionale & au 78. d. de longitude[b]. Il paroît comme une longue digue fort unie, & on voit derriere trois ou quatre éminences.

b Voy. de la Comp. des Indes Or. Tom. V. p. 257.

Le CAP RAYE, en Amerique, c'eſt la pointe plus Occidentale de l'Iſle de Terre-neuve, où la côte tourne au Sud, à dix-huit lieuës de l'Iſle du Cap Breton au Levant.

Le CAP RAZ, que l'on appelle auſſi quelquefois le *Cap des Rats* en Amerique, dans la partie Orientale de l'Iſle de Terre neuve, où elle ſe courbe vers le Midi, à trente lieuës du grand Banc vers l'Occident.

c Michelot. Portulan de la Medit. p. 141.

Le CAP REVELATE[c], ſur la Côte Occidentale de l'Iſle de Corſe environ 21. milles au Nord-Eſt, 5. degrés vers le Nord du Cap Lougarbe: entre les deux il y a un grand enfoncement & preſque au milieu un Village nommé Girelatte où l'on voit une Tour du côté de l'Oueſt devant laquelle on peut mouiller dans une neceſſité avec les vents à la terre.

Le CAP RIO, en Grece, dans la Morée; c'eſt une des Dardanelles, à la bouche du Golphe de Lepante, vis-à-vis du Cap Molicreo qui eſt au Septentrion.

Le CAP DE RIO-GRANDE, en Afrique dans la Nigritie, à l'embouchure de Rio-Grande, dans l'Océan Atlantique, entre le Cap Verd & Sierra-Liona.

Le CAP DE LA ROCHE, *Sintra* ou *Rocca Sintra,* en Portugal, dans l'Eſtramadure; là où la Riviere de Tage ſe décharge dans l'Océan Atlantique. Les habitans l'appellent O CABO DE ROCA. Il eſt près de Caſcais, à quelques lieues au-deſſous de Lisbonne.

Le CAP DES ROCHES, en Afrique dans la partie Meridionale de la Cafrerie, & à l'Eſt du Cap de Bonne Eſperance.

Le CAP DE LA ROQUE[d], dans la Mer Mediterranée, ſur la Côte de l'Italie, & environ 20. milles au Sud-Eſt-quart-Eſt de la pointe de Gayette. La Côte eſt fort haute juſqu'à moitié chemin de Gayette au Cap de la Roque, enſuite elle vient en abaiſſant. Dans cet intervalle il y a pluſieurs Villes, Villages & Tours de garde. Le premier eſt Fond-de Vigo, enſuite Ste. Marie, Caſte, & quelques autres. Le Cap de la Roque eſt très-haut & paroît iſolé, lors qu'on eſt le long de la Côte, par la raiſon que le terrain derriere ce Cap eſt fort bas. Le haut du Cap paroît en pain de ſucre. Il y a une Tour de ſignal & une Maiſon auprès, & une autre Tour du côté du Nord ſur une autre pointe plus baſſe.

d Michelot. Portulan de la Mediter. p. 113.

Le CAP DES ROSIERS, eſt en Amerique, dans la nouvelle France, à la pointe Meridionale de la grande Riviere de Saint Laurent, où elle ſe rend dans le Golphe de même nom vers les monts Nôtre-Dame, & entre le Cap l'Evêque & l'Iſle percée.

Le CAP ROSOCOLME[e], ſur la Côte de Sicile à deux Milles ou environ à l'Oueſt-Nord-Oueſt du Cap de la Mortelle. C'eſt une pointe de moyenne hauteur ſur laquelle on voit une Tour de garde: cette pointe eſt un peu avancée en Mer. Vers l'Oueſt il y a une petite plage de ſable devant laquelle on peut mouiller dans un beſoin étant éloignée de terre environ un bon Mille. On y eſt par 10. à 12. braſſes d'eau, fond de ſable fin; il y a quelques Ecueils aux environs de cette Pointe proche de terre.

e Michelot. Portulan de la Mediter. p. 125.

Le CAP ROSSIA, au Royaume de Naples, dans la Calabre Citerieure, ſur la côte de la Mer Ionienne, & du Golphe de Roſſano.

1. Le CAP ROUGE[f], dans la Partie Orientale de l'Iſle de Mayorque. C'eſt la pointe du Nord-Eſt de la Baye d'Artas; elle eſt de figure ronde & fort haute. Il y a deſſus une Tour de garde & quelques taches rouges qui donnent le nom à ce Cap.

f Michelot. Portulan de la Mediter. p. 30.

2. Le CAP ROUGE, en Afrique dans la Nigritie, ſur la côte de l'Océan, où il reçoit la Riviere de Caſamance.

3. Le CAP ROUGE, dans l'Amerique, & à la partie Septentrionale de l'Iſle de Terre-neuve, ſur ſa côte Orientale.

1. Le CAP ROUX[g], dans la Mer Mediterranée ſur la côte de Provence, au-deſſus de la Baye de Frejus, en tirant à l'Eſt. Ce Cap eſt une groſſe Montagne eſcarpée de toutes parts, où il paroît des taches rougeâtres, dont il tire ſon nom. Il eſt environné de pluſieurs arbres & éloigné de l'entrée de Nagaye d'environ 3. milles du côté de l'Eſt-Nord-Eſt.

g Michelot. Portulan de la Mediter. p. 80.

2. Le CAP ROUX[h], ſur la Côte Occiden-

f Michelot. Portulan de

cidentale de l'Isle de Corse, à 15. milles ou environ vers le Nord du Cap Sabon. C'est une grosse pointe qui de loin paroît isolée: entre les deux il y a un grand enfoncement, où l'on pourroit mouiller avec les vents de terre.

Le CAP DE SABLE, est dans la nouvelle France, en Acadie, & s'avance fort au Midi près de la Baye Françoise & du Port Royal.

Le CAP SABON [a], sur la Côte Occidentale de l'Isle de Corse, environ 8. à 9. milles vers le Nord du Cap Sangonaire. C'est une grosse pointe sur laquelle on voit une Tour de garde. Tout auprès vers l'Ouest, il y a un gros Islet & un Ecueil qui n'est pas éloigné.

Le CAP DE SACER, c'est une des deux Provinces de l'Isle de Sardaigne, que les Italiens appellent IL CAPO DI SASSARI, & IL CAPO DI LOGUDORO. Voyez ci-dessus le Cap de Logudoro.

Le CAP SACRASTIL [b], dans la Mer Mediterranée sur la Côte du Royaume de Grenade. C'est une assez grosse pointe sur laquelle il y a une Tour ronde, & environ un quart de lieuë vers le Nord-Ouest de ce Cap, il y a une autre pointe plus basse qui est au commencement de la grande plage de Motril, sur laquelle on voit une Tour de garde, & une petite plage de sable entre ces deux Pointes, avec une pointe escarpée un peu plus avancée en Mer.

Le CAP SAGRY [c], sur la Côte Septentrionale de l'Isle de Corse, & à 5. milles au Sud-Sud-Est du Cap de Corse. C'est une grosse pointe qui s'avance un peu au large.

Le CAP SAINT [d], ou SWETENOES, dans l'Océan Septentrional. Ce Cap est au Nord-Ouest du Menschoi-schar; il est formé par les côtes du Nord & de l'Ouest de ce Pays qui se rencontrent presque à angle droit. Sa position est à 68. d. 4′. de latitude Septentrionale & à 68. d. de longitude.

Le CAP DE S. ALESSIO, en Sicile, sur la côte Orientale & dans la Vallée de Demona, près de Taormine.

Le CAP DE S. ANDRE', dans l'Isle de Chypre, dans la pointe la plus avancée au Levant du côté de la Sourie.

Le CAP SAINT ANDRE' [e], dans la Mer Mediterranée sur la Côte Meridionale de l'Isle d'Elbe. Ce Cap est éloigné d'environ 15. milles à l'Est-quart-Sud-Est, 5. d. vers le Sud du Cap de St. Pierre. Entre l'Anse de S. Pedro d'Elcampo & le Cap St. André, il y a deux Plages de sable & quelques écueils auprès, & l'on voit sur une hauteur un petit Village. Toute cette Côte est très-peu habitée. Le Cap St. André est bas par son extremité, & a des taches blanches; auprès de ce Cap du côté de l'Ouest il y a quelques Ecueils hors de l'eau.

Le CAP DE S. ANGE, dans la Grece & dans la partie Meridionale de ce païs, vers l'Isle de Cerigo. On l'appelle souvent le CAP MALIO. Voyez MALIO.

1. Le CAP ST. ANTOINE [f], dans la Mer Mediterranée sur la Côte d'Espagne & vis-à-vis de l'Isle Iviça à l'Occident. Ce Cap est la pointe du Nord de l'Ance d'EXABIA: c'est une pointe longue & haute, fort unie sur le haut & fort escarpée principalement du côté de la Mer. Sur le haut de la pointe il y a un Monastere de Religieux, & un peu plus avant il y a quatre à cinq Moulins à vent qui en donnent la connoissance. On reconnoît encore la rade d'Exabia, lors qu'on vient du côté du Nord & du Nord-Est par une haute Montagne qui se découvre de fort loin au-dessus de Denia; & un peu plus vers le Sud, on voit la Montagne de Mongon qui est vis-à-vis du Cap de St. Antoine, elle paroît de plus de 60. milles en forme d'une tente de Galere & à mesure que l'on approche on decouvre aussi le Cap, qui paroît une pointe droite & plate sur le haut. On decouvre ce Cap plutôt que celui de St. Martin, principalement lors qu'on est dans le Golfe de Valence; ensuite on voit le Cap de St. Martin d'environ trente Milles; au-dessus de ce Cap il y a une Montagne ronde sur laquelle est une Tour.

2. Le CAP SAINT ANTOINE [g], dans la Mer Mediterranée, sur la rive de Genes. Ce Cap est situé entre la pointe de Lou-Cervo & le Cap del-Melle.

3. LE CAP DE S. ANTOINE, en Afrique, sur la côte Occidentale de la Caffrerie.

4. LE CAP DE S. ANTOINE, en Amerique, dans la partie Occidentale de l'Isle de Cuba, dans la Mer du Nord, environ à cinquante-cinq lieues du Jucatan vers le Septentrion.

5. LE CAP DE S. ANTOINE, dans l'Amerique Meridionale & dans la Province de Rio de la Plata, à l'embouchure de la Riviere de ce nom, dans la Mer Magellanique, & à sa pointe du côté du Midi au païs des Quirandies.

Le CAP DE S. AUGUSTIN, au Promontoire d'Amerique, avec un Fort de ce nom, au Bresil, & dans la Capitainie de Pernambouc, à sept ou huit lieues d'Olinde vers le Midi. Il avoit été pris ci-devant par les Hollandois, mais il a été repris par les Portugais ausquels il appartient à present.

Le CAP DE S. BLAISE, en Afrique, dans la partie Meridionale de la Cafrerie, à l'Est du Cap de Bonne Esperance.

Le CAP ST. BRAS [h], en Afrique sur la Côte Occidentale de la Cafrerie. Ce Cap est à la hauteur de 34. d. 15′. De là au Cap Talhado, la route est Est-quart-Nord 18. lieuës: on le connoît en ce que venant de la Mer on voit d'abord une terre qui se termine en deux pointes éloignées l'une de l'autre de cinq lieues. Celle du côté de l'Ouest est fort basse du côté de la Mer & ne finit qu'à l'entrée de la Baye des Vachas. Celle du côté de l'Est, est le Cap de St. Bras, où il y a un gros rocher escarpé, au-dessus duquel il y en a un autre qui ressemble à un chapeau. On y voit des falaises rouges & tout auprès de la pointe du Cap il y a des rochers entourez d'eau. Quand on a le Cap au Nord-Est, on voit au-dessus comme un Champ avec quelques éminences & des taches blanches & d'autres obscures qui ont la façon de terres labourées. Les Montagnes du Pays sont fort hautes

CAP.   CAP.   205

hautes & rudes. Il y a trois pics, entre autres fort remarquables; l'un est vis-à-vis du Cap das Vachas; l'autre est presque au Nord-Est du Cap de St. Bras & ressemble à un pavillon de vaisseau. Le troisieme est aussi au Nord-Est; mais il est plus haut, & il a une pointe qui s'abbaisse du côté de l'Est. Entre ces trois pics il y a des montagnes hautes & pointuës.

Le CAP DE S. DAVID, en Angleterre au païs de Galles & au Comté de Pembrock. Les Anglois le nomment S. DAVIDS HEAD, à cause de la Ville de ce nom dont il est proche. Il s'étend fort au Couchant dans la Mer d'Irlande.

Le CAP DE S. EPIPHANE, en Chypre, en sa partie la plus avancée à l'Ouest près de Baffo, où la côte se courbe au Septentrion.

Le CAP DU S. ESPRIT, en Asie, dans la partie Septentrionale de l'Isle Tandaie, une des Philippines.

1. Le CAP DE S. FRANÇOIS, en Afrique, sur la côte Meridionale de la Cafrerie, à l'Est du Cap de Bonne Esperance.

2. Le CAP DE S. FRANÇOIS, en Amerique sur la côte Orientale de l'Isle de Terre neuve, près de la grande Baye.

3. Le CAP DE S. FRANÇOIS, en Amerique, & dans le Royaume de Quito au Perou, sur la côte de la Mer Pacifique.

[a] Le CAP DE ST. GEORGES, sur la côte du Chili, est sous le 23. d. 45. de latitude Meridionale: il est éloigné de 15. lieuës, cours Nord-quart-au-Nord-Est & Sud-quart-au-Sud-Ouest, du CAP MORRENO. Entre ces Caps il y a une grande Baye qui est dangereuse si le vent souffle du Sud-Est parce qu'il y donne à plomb. En cas que l'on soit obligé d'y toucher il faut mouiller sous le Cap de St. George; où l'on aura 25. brasses d'eau dans un fond de bonne tenuë, & où il n'y a point de danger qui ne paroisse, quoique la Mer y roule.

Le CAP DE S. GERMAIN, en Amerique, dans la partie Occidentale de l'Isle de Porto-Ricco dans la Mer du Nord.

1. Le CAP DE S. JEAN, les Anglois l'appellent S. Johns-Point. Il est en Irlande dans la partie Orientale de la Province d'Ulster au Comté de Down, & près de la Ville de ce nom, dans la presqu'Isle de Lecale.

2. Le CAP DE S. JEAN, en Afrique, au Royaume de Biafara, & sur la côte de la Mer de Guinée, près de l'Isle de Corisco, au Levant de celle du Prince.

Le CAP DE S. LUC, en Amerique: les Espagnols le nomment le CAP DE S. LUCAR. Il est dans la partie Meridionale de la Californie environ à cinquante lieuës Espagnoles de la nouvelle Espagne au Couchant.

Le CAP DE S. MAHE', ou MAHEU, ou de ST. MATHIEU, en France, sur la côte Occidentale de la basse Bretagne, au païs de Cornouaille, près du Conquêt, & à quatre lieues de Brest.

[b] Le CAP SAINT MARTIN, dans la Mer Mediterranée, sur la côte d'Espagne, à trois milles ou environ vers le Nord-Ouest du Cap de la Nau. C'est le Cap St. Martin qui forme l'entrée de la Rade d'Exabia; il y a un gros écueil près de la pointe, on n'y peut passer qu'avec des bateaux; & entre le Cap de la Nau & celui de St. Martin il y a une grosse Isle ronde, assez haute, éloignée de la côte de la portée du Canon: mais on ne peut passer à terre de cette Isle aussi qu'avec des bateaux, à cause d'un banc de Roches qui vient presque joindre l'Isle; il y a une petite anse de Sable entre l'Isle & le Cap St. Martin, où il est dangereux de mouiller à cause du fond qui s'y rencontre qui n'est que de roches.

Le CAP DE S. NICOLAS, en Afrique, sur la côte de la Cafrerie à l'Orient, & opposée à l'Isle de Madagascar, à l'embouchure de la Riviere du S. Esprit, dans la Mer d'Ethiopie.

Le CAP DE S. NICOLAS, en Amerique, dans la côte Occidentale de l'Isle Espagnolle, ou de S. Domingue, à l'endroit où elle se courbe vers le Nord, vis-à-vis de l'Isle de Cuba & dans la Mer du Nord.

[c] Le CAP SAINT PAUL, dans la Mer Mediterranée. C'est la pointe du Sud de la Baye d'Alicant. Il est de moyenne hauteur & fort uni à son extremité; il y a une Tour quarrée pour faire signal; & du côté de l'Ouest de cette Tour, & fort près, il y en a une autre qui est ronde[d]. De la pointe du Cap St. Paul à la Ville d'Alicant, la route est Nord-quart-Nord-Est, l'espace de 14. milles qu'il y a de l'un à l'autre, la côte est unie & basse, & forme un enfoncement dans lequel il y a deux Tours de garde, sur le bord de la Mer.

[e] Le CAP ST. PIERRE, dans la Mer Mediterranée sur la côte Occidentale de l'Isle d'Elve, environ à 9. ou 10. Milles vers l'Ouest de la pointe de la Ville de Porto-Ferrato. Ce Cap est fort haut & fort escarpé; & le terrain y est le plus élevé de l'Isle. On en peut approcher à discretion; il y a pourtant une roche à l'extremité de la pointe, mais elle est proche de terre.

[f] Le CAP SAINT REME, dans la Mer Mediterranée sur la Rive de Genes; la pointe de ce Cap n'est qu'à une petite lieuë plus à l'Est du Cap de la Bordiguere. C'est une grosse pointe presque ronde, sur laquelle il y a une Tour de Garde & une petite Maison auprès. A cinq milles vers l'Est de cette pointe, est le Cap de l'Ouest de St. Reme qui est presque semblable à celui de l'Est; y ayant aussi dessus une Tour quarrée. Entre ces deux pointes, on trouve une grande Ance & presque par le milieu la petite Ville de St. Reme.

Le CAP DE S. ROCH, Cap de l'Amerique, au Bresil, dans la Capitainie de Rio-Grande, sur la côte de la Mer du Nord, la plus avancée vers l'Orient.

1. Le CAP DE S. ROMAIN, en Afrique, & dans la partie Meridionale de l'Isle de Madagascar, dans l'Océan Ethiopien, suivant Flacourt.

2. Le CAP DE S. ROMAIN, en Amerique, dans la Province de Venezuela. Il s'avance dans la Mer du Nord, vis-à-vis de l'Isle d'Aruba, & près du Golphe de Venezuela.

Cc *3   1. Le

[a] Suppl. des Voy. de Woodes Rogers Tom. II. p. 63.

[b] Michelot Portulan de la Mediter. p. 22.

[c] Michelot Portulan de la Mediter. p. 19.

[d] Ibidem p. 20.

[e] Michelot Portulan de la Mediter. p. 101.

[f] Michelot Portulan de la Mediter. p. 87.

CAP.

a Michelot Portulan de la Mediter. p. 47.

1. Le CAP SAINT SEBASTIEN, ou de GOFREDY dans la Mer Mediterranée : environ deux à trois milles au Nord-eſt-quart-Eſt des Forniques de Palamos eſt le Cap Saint Sebaſtien ; qui eſt fort gros ; c'eſt celui de toute cette côte qui s'avance le plus. Sur le haut il y a une Tour preſque ovale, & quelques Maiſons auprès.

2. Le CAP DE S. SEBASTIEN, en Afrique dans la partie Septentrionale de la grande Iſle de Madagaſcar, dans l'Ocean Ethiopien.

Le CAP DE S. THOME', en Amerique dans le Breſil, & ſur la côte meridionale, dans la Capitainie de Rio de Janeïro, à dix lieuës de Capo Frio, & à ſeize de S. Sebaſtien de Rio de Janeïro.

b Michelot Portulan de la Mediter. p. 78.

Le CAP ST. TROPEZ, dans la Mer Mediterranée ſur les côtes de Provence ; ce Cap peut être regardé comme le même que le CAP DE LA MOUTTE. C'eſt une groſſe pointe de moyenne hauteur d'environ une demi-lieuë de large, dont la pointe du Sud eſt celle qu'on appelle le *Cap de la Moutte*, & l'autre *celle de St. Tropez.* Vis-à-vis la pointe de la Moutte, à un petit quart de lieuë, il y a un gros Ecueil qu'on appelle auſſi la MOUTTE ; & environ un Mille vers le Nord de cet Ecueil, il y a un banc de roches hors de l'eau & ſous l'eau, qui s'étend environ un mille & demi, loin de la pointe de St. Tropez, il faut s'en éloigner.

Le CAP DE S. VINCENT, en Portugal dans la partie Occidentale du Royaume d'Algarve, où la côte ſe courbe au Midi & ſur l'Océan Atlantique, près de la Baye de Lagos.

c Michelot Portulan de la Mediter. p. 132.

Le CAP ST. VITTO, ſur la côte de Sicile, environ 25. Milles à l'Oueſt-quart-Nord-Oueſt du Cap de Lource. Entre les deux il y a un grand enfoncement de 8. à 9. milles qu'on appelle le Golfe de Caſtel-à-mare : la Ville de même nom eſt dans le fond, tant ſoit peu plus à l'Oueſt. Entre le Cap de Lource & la Ville de Caſtel-à-mare il y a deux petites Villes, dont la plus voiſine du Cap de Lource s'appelle Ramo, & l'autre S. Cadaldo ; & au delà de Caſtel-à-mare eſt celle de St. Vitto. Entre cette derniere & la pointe baſſe du Cap St. Vitto, il y a une Tour & entre les deux on peut mouiller dans un beſoin pour être à couvert du Nord-Oueſt & de l'Oueſt. Le Cap S. Vitto eſt fort haut & de figure ronde ; à ſon extrémité il y a une longue pointe de Rochers plats avancée en Mer, ſur laquelle ſont trois Tours, dont la plus conſiderable, qui eſt quarrée, eſt ſur l'extremité de la pointe qui eſt au ras de la Mer : elles ſont armées de quelques piéces de Canon.

On peut mouiller ſuivant les Vents d'un côté & d'autre de cette pointe, mais il faut être prêt à ſerper de peur des vents du large. On appelle ordinairement cette pointe baſſe, qui eſt au deſſous du Cap S. Vitto, LA POINTE DE MALA MORTE.

Le CAP DE ST. ZUANE, ou de S. JEAN, dans l'Iſle de Candie. Les François l'appellent le Cap DE S. JEAN. Il eſt dans le territoire de Candie, & ſur la côte Septentrionale de l'Iſle, près Spinalonga.

1. Le CAP DE STE. CATHERINE, en Afrique, ſur la côte du Royaume de Biafara, entre la côte de St. Thomas & la côte de Congo, à trente ſept lieuës du Cap de Lopes Gonſalve au Midi.

2. Le CAP DE STE. CATHERINE, en Sardaigne, ſur la côte Occidentale de l'Iſle, dans le Cap ou Province de Logudoro, près de Boſa.

1. Le CAP DE STE. LUCIE, ſur la côte Occidentale de la Caſrerie, vers le Cap de Bonne Eſperance.

2. Le CAP DE STE. LUCIE, en Amerique, dans la côte Orientale de la Floride, ſur la Mer du Nord.

3. Le CAP DE STE. LUCIE, en Sardaigne, dans le Cap ou Province de Logudoro, ſur la côte Septentrionale de l'Iſle, au détroit de Boniface, & vis-à-vis de la Corſe.

1. Le CAP DE STE. MARIE, en Afrique, & dans la côte Orientale de la Caſrerie, entre Moſambique & Sofala, à l'oppoſite de l'Iſle de Madagaſcar.

2. Le CAP DE STE. MARIE, en Afrique, au pays des Noirs, à l'embouchure de la Riviere de Gambie.

3. Le CAP DE STE. MARIE, en Afrique, dans le Breſil, ſur la côte de la Mer Magellanique, & à l'embouchure Septentrionale de la Plata, au pays des Guaranies, & à quatorze lieuës du Cap S. Antoine vers le Nord.

4. Le CAP DE STE. MARIE, en Amerique, ſur la côte de Veragua, dans la nouvelle Eſpagne, ſur la Mer Pacifique.

5. Le CAP DE STE. MARIE, dans la Natolie, ſur la côte de l'Archipel. Les Turcs l'appellent *Bababourne*. Il eſt près de l'Iſle de Metelin, dont il n'eſt ſeparé que par un détroit.

6. Le CAP DE STE. MARIE, dans le Portugal, & ſur la côte du Royaume d'Algarve, près de la Ville de Faro, ſur la Baye de Cadix.

7. Le CAP DE STE. MARIE, au Royaume de Naples, & dans la partie de la Province d'Otrante, fort avancée en la Midi. On l'appelle auſſi quelquefois le CAP DE LEUCA. Il ſepare le Golfe de Veniſe de celui de Tarente.

Le CAP SALAMON, dans l'Iſle de Candie, & dans ſa partie plus étenduë au Levant, au territoire de Sitia.

d Michelot Portulan de la Mediter. p. 28.

d Le CAP DE SALINE, dans la partie Meridionale de l'Iſle de Mayorque, environ au Sud-Eſt-quart-Eſt du Cap blanc. Entre les deux il y a un peu d'enfoncement, dans lequel on peut mouiller lorſqu'on y eſt contraint, par 8. à 10. braſſes d'eau fond de gros gravier & ſable. Entre ces deux pointes il y a beaucoup de Rochers hors de l'eau & ſous l'eau, ainſi il ne faut pas approcher la terre, lorſqu'on y veut mouiller, de plus d'une portée de Canon, & ſonder avant que de mouiller à cauſe du fond. Ce Cap eſt comme une longue pointe baſſe qui s'avance dans la Mer : c'eſt le plus proche terrain de l'Iſle de Cabrera : un peu à l'Eſt du Cap de Saline, il y a une Tour ronde ; entre cette Tour & la pointe du Cap on peut mouiller avec des Galeres pour entrepot à une demi lieuë de la pointe vers l'Eſt, où il y a 13. à 14. braſſes d'eau fond

de

CAP.   CAP.   207

de fable ; mais on peut approcher la côte à la portée du fufil.

LE CAP DES SALINES, en Amerique, dans la nouvelle Andaloufie, fur la côte de la Mer du Nord, vers l'Ifle de la Trinité.

[a] Michelot Portulan de la Mediter. p. 140.

[a] Le CAP SANGONAIRE, fur la côte Occidentale de l'Ifle de Corfe. Ce Cap forme la côte du Nord du Golfe d'Ajazo. Sur le bout de la pointe qui femble ifolée, il y a une Tour ronde armée de quelques Canons ; & tout auprès de cette pointe il y a un gros Ecueil hors de l'eau.

Le CAP DE SANTA CRUZ, en Amerique, dans la partie Meridionale de l'Ifle de Cuba, il s'étend dans la Mer du Nord, vers la Jamaïque, dont il n'eft pas à plus de vingt lieuës Efpagnoles.

Le CAP DE SARDA, en Sardaigne, dans le Cap ou Province de Logudoro, & fur fa côte Orientale, où elle fe courbe vers le Nord, près du Golphe de Terranova.

Le CAP SASSOSO, en Candie fur la côte Septentrionale de l'Ifle, & au territoire de Candie, au Couchant de Standio, & à dix huit milles de Candie.

Le CAP SCALEMI, en Sicile, dans la Vallée de Noto, fur la côte Meridionale près de Camarane, & vis-à-vis de l'Ifle de Malthe.

Le CAP SCIGLI, en Grece, dans la Morée, fur la côte de l'Eft, & dans la Province de Zacanie, vis-à-vis de l'Ifle de Sidra, entre les Golphes d'Egine & de Napoli de Romanie.

Le CAP SELIDONI, dans la Natolie, & fur la côte de la Mer Noire, près des petites Ifles de ce nom. Les Italiens le nomment LE CHELIDONIE.

[b] Michelot Portulan de la Mediter. p. 71.

[b] Le CAP SEPET, dans la Mer Mediterranée fur la côte de Provence, environ à 6. ou 7. Milles au Nord-Eft-quart-Eft du Cap Sicié. Ce Cap fait l'entrée de la Baye de Toulon : comme il eft fort élevé, on y fait garde pour avertir la Ville de Toulon de l'arrivée des Vaiffeaux qui viennent, ou qui paffent. Entre ces deux Caps, il y a un peu d'enfoncement & quelques plages principalement du côté du Cap Sicié, avec un bas terrain devant lequel on peut mouiller dans une neceffité. A la pointe du Sud du Cap Sepet, il y a une roche à fleur d'eau, à une longueur de cable loin de terre, où la Mer brife quelquefois. A la pointe du Cap Sepet du côté de l'Eft, il y a une petite Calanque, (où eft une Maifon) devant laquelle on peut auffi mouiller lorfqu'on ne peut pas gagner la rade de Toulon : on y eft tout proche de terre, à 10. & 15. braffes d'eau, fond d'herbe vafeux.

Le CAP DE SETTE, en France, dans le bas Languedoc, fur la côte de la Mer Mediterranée, tout joignant le Port Louïs, & près de l'étang de Thau, à trois lieuës d'Agde au Levant. Voyez CETE.

[c] Michelot Portulan de la Mediter. p. 19.

[c] Le CAP SEVERA, dans la Mer Mediterranée, & fur la côte du Royaume de Murcie. Il eft fitué environ feize milles au Nord-quart-Nord-Eft de l'Ifle Groffe : c'eft une pointe baffe fur laquelle il y a une tour ronde; au-deffus de cette Tour il y a un petit bois de Pin qui en donne la connoiffance. Depuis l'Ifle Groffe jufqu'au Cap Severa, la côte eft fort baffe ; proche de la Mer il y a une grande plaine, où l'on voit quelques Villages ; mais en enfonçant dans les terres, ce font toutes hautes Montagnes. Le long de cette côte il y a plufieurs Tours de garde & quelques Maifons, & prefque à moitié chemin de l'un à l'autre on voit *un petit Village* qu'on nomme SEVERA, fitué fur une Colline proche d'une pointe baffe, & une Tour auprès de ce Village du côté du Sud. Entre ce Village & le Cap Severa il y a environ fix à fept milles, & entre deux eft un grand enfoncement, avec une Riviere au fond & quelques roches à fleur d'eau, & hors de l'eau proche de ces pointes. A deux milles ou environ vers le Nord du Cap Severa, il y a une grande Tour quarrée avec quelques Maifons au pied, devant lefquelles on peut mouiller par les 7. 8. ou 9. braffes, fond de fable fin : on peut même mouiller entre cette Tour & la pointe du Cap Severa où l'on eft à couvert des vents de Sud-Oueft, Oueft & Nord-Oueft.

[d] Michelot Portulan de la Mediter. p. 71.

[d] Le CAP SICIE', dans la Mer Mediterranée, fur la côte de Provence, environ à fix milles vers le Sud-Eft de la pointe des Embiez. Ce Cap eft fort haut & efcarpé de toutes parts; au-deffus il y a une Chapelle *de notre Dame de la Garde*. Proche la pointe du Cap du côté de l'Eft, il y a deux grands Ecueils en pain de fucre qu'on appelle les FRERES (par la reffemblance qu'ils ont de l'un à l'autre :) on peut paffer entre le Cap & ces deux Ecueils fans rien craindre, y ayant 10. à 12. braffes d'eau ; mais il faut paffer à mi-Canal à caufe d'une roche qui eft tout auprès du Cap du côté du Sud-Eft ; il y en a une autre vers l'Eft des Freres, environ à un cable & demi.

Le CAP SIDRO, en Grece, dans la Livadie.

Le CAP DE SIERRA LIONA, en Afrique, dans la côte Occidentale de Guinée, près de la Riviere de ce nom fur les Frontieres de la Nigritie, à foixante dix lieuës Efpagnoles de l'embouchure de Rio-Grande. On l'appelle auffi le CAP TAGRIN.

§ Tagrin eft le nom du Cap. *Sierra* eft un mot Efpagnol qui fignifie *Montagne*. Sierra Liona, ou Serre-lione, comme parlent les François, eft le nom d'une longue Montagne dont ce Cap n'eft que l'extremité Maritime : cette Montagne eft ce que les anciens nommoient *le char des Dieux*; DEORUM CURRUS.

[e] Michelot Portulan de la Mediter. p. 95.

[e] Le CAP SINCOTERRE, dans la Mer Mediterranée, fur la Rive de Genes. Ce Cap eft environ à 23. milles au Sud-Eft de la pointe de Portofin, & à 12. de celle de Seftri. Entre les deux il y a plufieurs Villages proche de la Mer ; toute cette côte eft fort haute ; le Village le plus voifin de la pointe de Seftri, qui en eft environ à 6. ou 7. milles, fe nomme *Mane* ; enfuite viennent ceux de Dea, Trigoza, Benefore, Levante, Mons, Mont-rouffo, qui eft une haute Montagne proche le Cap Sincoterre. Ce Cap eft une groffe pointe, fort haute, efcarpée de toutes parts, & qui avance un peu en Mer : fur fon fommet il y a une Chapelle qui en donne la

connoissance. Du côté de l'Est de cette pointe il y a un peu d'enfoncement, & une petite Plage de sable, où on pourroit mouiller avec quelques Galeres en attendant un beau tems; mais il ne faut pas s'y laisser surprendre par les vents du large. Du Cap Sincoterre à l'entrée de Porto-Venere il y a environ 12. à 13. milles vers le Sud-Est : c'est aussi une côte très-haute & fort escarpée.

[a] *Michelot Portulan de la Mediter. p. 135.*

[a] Le CAP SINO, sur la côte Orientale de l'Isle de Corse, & environ 18. milles au Sud-quart-Sud-Est de la pointe de la Bastide. Ce Cap est celui qui s'avance le plus vers l'Est; il est de moyenne hauteur auprès de la Mer; mais tout proche il y a une hauteur en pain de sucre & un petit Village avec quelques Tours de garde sur des pointes.

Le CAP SPADA, en Candie, au territoire de la Canée, & sur la côte Septentrionale, près de Chissamo & du Golphe de ce nom, à vingt-cinq mille pas de la Canée au Couchant.

[b] *Dapper Afrique p. 152.*

[b] Le CAP SPARTEL, en Espagnol *Cabo Esparta*; ce Cap est situé dans la Mer Mediterranée sur la côte d'Afrique entre Arzile & Tanger. C'est le *Cottes* de Pline. Il s'avance dans la Mer & a une roche à un de ses bouts, qui lui sert de rampart. Il est au Royaume de Fez, dans la Province d'Habate, sur le détroit de Gibraltar.

Le CAP DE SPARTIVENTO, au Royaume de Naples, & dans la partie la plus Meridionale de la Calabre ulterieure où la côte se courbe à l'Orient sur la Mer de Sicile.

Le CAP DE SPICHEL, en Portugal, sur la côte de l'Océan Atlantique, entre l'embouchure du Tage & Setuval, dans l'Estramadure Portugaise.

Le CAP DE STILO, au Royaume de Naples, & sur la côte de la Calabre Ulterieure, entre les Golphes de Gierace & de Squillace sur la Mer Ionienne.

[c] *De l'Isle Carte de Moscovie.*

[c] Le CAP DE SWETENOES, dans la partie Orientale de la Laponie Moscovite : il s'étend presque Nord & Sud dans l'Océan Septentrional ; sa pointe est à 68. degrés 5'. de latitude Septentrionale & à 58. degrez 50'. de longit.

Le CAP TABIN, dans la grande Tartarie & sur la côte de l'Océan Septentrional : mais on en a très-peu de connoissance.

Le CAP TACHARIGO, en Afrique au Zanguebar, près de Melinde, sur la côte de l'Océan Ethiopien.

Le CAP TAGRIN, en Afrique, dans la Guinée, près de la Baye de Sierra-Liona, & à sa pointe Meridionale, vis-à-vis des Bancs de Ste. Anne.

[d] *Michelot Portulan de la Mediter. p. 78.*

[d] Le CAP TAILLAR, dans la Mer Mediterranée sur la côte de Provence. C'est une longue pointe avancée en Mer, qui de loin semble être isolée à cause d'une langue de terre & de sable, fort basse, qui est entre la haute terre & lui. Cette pointe est assez haute, & il y a dessus une Tour de garde, & tout auprès de la pointe quelques Ecueils : on peut mouiller dans une necessité avec des Galéres, d'un côté & d'autre de cette basse terre, sur 6. à 7. brasses d'eau.

[e] *Routier*

[e] Le CAP TALHADO, dans la côte Meridionale de la Cafrerie en Afrique. Ce Cap est à la hauteur de 34. degrés, & gît avec le Cap das Baixas, Est & Ouest sept lieues. On le connoit à une pointe fort haute ; & soit qu'on le regarde du côté de l'Est ou du côté d'Ouest il semble que ce soit une Isle, parceque la terre de la côte qui est au dedans vers le Pays, est si basse qu'on ne la peut appercevoir que quand on est auprès. Ce Cap a une falaise roussse ; il en sort une basse qui avance un quart de lieuë en Mer ; & tout contre du côté de l'Ouest il y a un Islet. Le Pays que l'on decouvre n'offre point de remarque considerable ; parceque tout est plein de tous côtez de montagnes fort hautes. Environ à 7. lieues de ce Cap du côté de l'Est, il y a un pic qui paroit parmi quelques autres : on le prendroit pour un pavillon ou pour un mulon de paille ou de Gerbes, semblable à ceux que l'on voit aux environs de Santaren. Quand on est à trois lieues ou environ de ce Cap vers la Mer, c'est la plus haute montagne qu'il y ait dans toute cette côte.

des Indes Or. Part. II. pag. 52.

[f] Le CAP DE TARAPACA, dans l'Amerique Meridionale, est entre le 19. & le 20. degré de latitude à six lieuës de Pisagua sur la Mer Pacifique. Ce Cap est haut vers la Mer & bas vers l'interieur du Pays ; il semble former l'entrée de deux Havres, & a la figure d'un Chapeau, de quelque côté qu'on y vienne. On voit sous le rivage une petite Isle, mais toute la côte est fort basse. D'ici à Pica, il y a cinq lieuës Nord & Sud.

[f] *Suppl. des Voy. de Woodes Rogers. Tom. II. p. 61.*

Le CAP TAVOLARA, en Sardaigne, dans la Province ou Cap de Logudoro, & sur sa côte Orientale près de l'Isle de Tavolare, d'où lui vient son nom. D'autres l'appellent le CAP SARDA.

Le CAP TENEZ, en Barbarie, au Royaume d'Alger, & près de la Ville de Tenez, entre Alger & Oran, sur la côte de la Mer Mediterranée.

Le CAP TORNESO, en Grece, sur la côte Occidentale de la Morée, & près du Château de même nom, dans la Province de Belvedere. Il separe le Golphe de l'Arcadian de celui de Patras.

Le CAP DE TOSA, en Espagne sur la côte de la Mer Mediterranée, en Catalogne, entre Barcelone, & Palamos.

[g] Le CAP DE TOURIA, dans la Mer Blanche à l'embouchure de la Gouba ou Riviere de Sel. Ce Cap est situé par les 66. degrez 24'. de latitude Septentrionale & à 52. degrés 4'. de longitude.

[g] *De l'Isle Carte de Moscovie.*

[h] CAP TOURMENTIN, Cap de l'Amerique Septentrionale dans la Gaspesie au Nord de l'Acadie ; dans le grand Golphe de St. Laurent. C'est une grande pointe qui avance dans la Mer & n'est qu'à deux lieuës & demie de l'Isle St. Jean qui est le plus étroit de tout le passage. Cette côte n'est que montagnes & roches très-dangereuses qui s'étendent fort au large & vis-à-vis de ce Cap les unes paroissent & les autres ne se découvrent que de basse Mer seulement. Cette pointe est entre deux grandes Bayes bordées de Montagnes & de roches, dont tout le dessus n'est presque que Pins & Sapins avec quelque peu d'autres arbres.

[h] *Denys Descr. de l'Ameriq. Sept. Tom. I. c. 7.*

Le

CAP. CAP.

Le CAP DE TRAFALGAR, en Espagne sur la côte Occidentale de l'Andalousie entre Cadix & le Détroit de Gibraltar. [a] Ce Cap est une longue pointe basse, sur laquelle est une tour quarrée appellée *Tour de la Méca*, armée de deux petits Canons, qui de loin paroît isolée, parceque le terrain ; qui est entre cette tour & une grosse pointe qui est au Nord-Est, est fort bas, tellement que lorsqu'on range cette côte, elle paroit isolée, principalement lorsqu'on vient du côté de l'Est, elle semble même à la Tour & à l'Isle S. Pedro. [b] Ce Cap est à cinq lieues de *Balonia*. On voit proche la pointe du Cap les ruines dont les Ecrivains d'Espagne parlent souvent & qu'ils nomment *Aguas de Mecca*. Parmi ces ruines on découvre les restes d'un Mole. Il semble que l'ancienne Bæsipo ait été située dans ce lieu-là, *Portus Bæsippo*, dit Pline. *Bæsippo usque ad Junonis Promontorium, oram freti occupat*, dit Pomponius Mela.

[a] Michelot Portulan de la Mediter. p. 6.

[b] Memoires Liter. de la Gr. Br. p. 114.

Le CAP DES TROIS FOURCHES, en Afrique, & au Royaume de Fez, sur la côte de la Mer Mediterranée, dans la Province de Garet, vis-à-vis de l'Isle d'Alboran, où il s'avance fort au Nord. Les Espagnols l'appellent EL CABO DE TRES FORCAS.

Le CAP DES TROIS POINTES, en Afrique sur la côte de la Guinée. Les Portugais le nomment O CABO DE TRES PUNTAS. Il est vers le Château de S. George de la Mine, entre le Cap des Palmes au Couchant, & Rio de la Volta au Levant.

Le CAP DE TROMPERIE, *Promont. Fraudis*. Les Espagnols l'appellent CABO DE ENGANO. Il est en Amerique, dans la partie Orientale de l'Isle Espagnole dans la Mer du Nord, & vers les Isles Antilles, environ à cent cinquante mille pas de la Ville de S. Domingue vers le Levant.

Le CAP DE LA TROYA, dans la Mer Mediterranée, sur la côte d'Italie, à 20. Milles vers le Sud-Est du Cap Piombino. Au bout de l'Ouest du Cap de la Troya est une petite Isle assez haute, sur laquelle il y a une Tour de Garde, ronde, éloignée de la côte d'environ un quart de lieuë. Entre cette Isle & la terre sont quelques écueils hors de l'eau : sur cette pointe il y a une Tour quarrée ; il y en a un autre sur le terrain proche de la précedente, & un Village, dans le fond de la Plage, nommé L'ISLE.

[c] Michelot Portulan de la Mediter. p. 104.

Le CAP DAS VACHAS, ou le *Cap des Vachas*, en Afrique dans la partie Meridionale de la Caffrerie & à l'Est du Cap de Bonne Esperance. Sa position est à la hauteur de 34ᵈ. 20′. Il a celui de St. Bras au Nord-Est-quart-Est, & en est éloigné de 5. lieuës. En rangeant la côte on voit que ce Cap a une pointe basse qui se perd en Mer, & une éminence de terre au pied de laquelle est un banc de pierre : on diroit à voir de loin cette terre que c'est un Islet : mais quand on en approche, on reconnoît aussitôt que ce n'en est pas un ; environ une lieuë à l'Ouest de cette éminence est *Rio Formoso*. Au dedans de ce Cap du côté de l'Est on trouve la Baye das Vachas, qui a environ une lieuë d'embouchure ; c'est un bon port pour se tenir à couvert des vents

[d] Routier des Indes Or. II. Part. p. 50.

d'Ouest ; son abri est depuis le Nord jusques au Sud du côté d'Ouest.

Le CAP VATICAN, au Royaume de Naples, dans la Calabre Ulterieure, sur la côte de la Mer de Naples, entre Tropée & Nicotera.

Le CAP DE LA VELA, est dans l'Amerique Meridionale, au païs de Venezuela, au Couchant du Golphe de Coro, en allant vers Rio de la Hacha.

Le CAP VERD, Cap très-considerable d'Afrique, dans l'Ocean Atlantique. C'est une grande pointe, ou plutôt une Montagne avancée dans la Mer. Il fut découvert par les Portugais l'an 1474. du tems du Roi Alphonse V. il est borné des deux côtez par les Fleuves de Gambre & de Sénégal. Du côté de l'Ouest il y a une Isle où l'on voit une multitude d'oiseaux dont les Mariniers peuvent aller prendre les Oeufs. Cependant cette Isle est de dangereux abord, à cause des Rochers qui sont sous l'eau tout à l'entour. C'est pourquoi il vaut mieux relâcher à une autre Isle qui est à trois lieuës de cette premiere, & qui est toute deserte, sans qu'il y ait rien à prendre que du bois & de la pierre. La terre ferme est habitée par les Negres, qui trafiquent avec toutes sortes de Nations ; ce qui fait qu'ils savent diverses Langues, entre autres la Portugaise & la Françoise. Ils sont la plupart tous nuds & n'ont rien qui les couvre qu'un petit morceau de Toile qu'ils mettent sur ce que la pudeur naturelle ordonne de cacher. Mais les Commandans & les Nobles se tiennent un peu plus honnêtement, & par là ils se distinguent du commun. Ils portent un long vêtement de coton, presque en forme de chemise de femme, & qui est rayé de bleu à peu près comme le Coutil. Ils ont plusieurs petits sachets de cuir, & quarrez qui leur pendent aux bras & aux jambes, sans qu'on puisse savoir d'eux ce qu'ils mettent dedans. Ils portent autour du cou des Coliers de dents de chevaux marins, avec des perles de verre entre deux qu'ils achetent des Hollandois, ou des autres Nations. Ils ont sur la tête un bonnet de la même étofe que l'habit. Au reste ce sont des gens prudens & sages, ils s'occupent à cultiver la terre, & subsistent de ce qu'elle leur produit, se contentant de ris & de quelques autres choses pour leur nourriture. Ceux qui sont plus riches que les autres gagnent leur vie à nourrir du bétail qui est fort cher, parce qu'il y en a peu dans le Pays. Il y a beaucoup de forgerons qui entendent fort bien leur métier. Le fer y est extrêmement estimé. Entre autres ils ont de longues barres de fer forgées comme des lances, dont ils se servent pour pêcher & pour labourer la terre. Ils font aussi diverses sortes d'armes comme des fléches, des dards, des javelines &c. [f] La plûpart sont idolâtres ; quelques-uns adorent la Lune & d'autres le Diable qu'ils nomment *Cammate*. Lorsqu'on leur demande pourquoi ils adorent le Diable, ils repondent que c'est parce qu'il leur fait du mal, mais que Dieu ne leur en fait point. Il y a aussi des Mahométans parmi eux. On y voit aussi des Portugais, mais la plûpart sont de vrais bandits ; leur demeure ordinaire est à Portodale & à Juvale, où ils trafiquent avec

[e] Voy. de la Comp. des Indes Or. Tom. II. p. 430.

[f] Ibidem Tom. IV. p. 292.

CAP.

les Anglois, Hollandois & autres Nations. Ils rassemblent dans ces deux Places autant d'Esclaves qu'ils peuvent, & les menent à St. Domingo, ou à Catsiao, d'où ils les envoient au Bresil & les y vendent bien cher. Il y en a qui aiant amassé de grosses sommes à ce négoce, rachetent leur ban, obtiennent remission de leurs crimes, & s'en retournent en Portugal.

Le CAP DE VERGE, en Afrique dans la Nigritie au Sud de l'embouchure de Rio de Nuño dans l'Océan.

Le CAP DE LA VICTOIRE, en Amerique, à la sortie Occidentale du Détroit de Magellan, dans la Mer Pacifique, & sur la côte du Nord. Il fut ainsi nommé par Magellan qui le découvrit, en signe de joie d'avoir traversé ce détroit.

Le CAP DES VIERGES, dans l'Amerique meridionale, à l'entrée Orientale du Détroit de Magellan, du côté de la Mer de Paraguai. Il fut ainsi nommé par Magellan qui le découvrit le jour de Ste. Ursule. Les Anglois l'appellent le CAP DE LA VIERGE MARIE.

[a] Le VIEUX CAP ou MORRO VIEJO, dans l'Amerique Meridionale sur la côte du Pérou sous le 14. d. 20′. de latitude Meridionale; il est haut & distant de l'Isle de Canette de deux lieuës Nord & Sud. Au sommet de l'endroit le plus haut il y a une fente qui paroît grande & profonde, à mesure qu'on s'en approche. De ce Cap à l'Isle de Lobos, il y a une demie lieuë ou environ; au côté Nord-Nord-Est de cette Isle on trouve un bon ancrage; le côté du Sud-Est ressemble à une Galere, & tout auprès on voit une autre Isle qu'on diroit y être jointe. Il y a d'ailleurs une baye qui s'étend depuis ce Cap jusqu'à *Morro quemado*.

Le CAP VORSNAM, est dans l'Amerique Septentrionale au Pays de Labrador sur la côte Occidentale de la Baye de Hudson où elle se joint dans la Mer du Nord. Il a le nom d'un Anglois qui l'a découvert.

Le CAP DE XILI, en Grece, dans la partie Meridionale de la Morée, à l'endroit où elle s'avance le plus au Levant & vers l'Archipel au pays des Mainotes, vis-à-vis de l'Isle de Cerigo, sur la côte entre Malvasie & la Riviere de Vasili Potamo.

§. Cet article est de Mr. Baudrand, & n'est nullement exact. Xili est un Village, auprès duquel est un Cap qui en porte le nom. Ce Cap nommé par les anciens *Onugnatos*, c'est-à-dire la Machoire d'Ane, n'est qu'un reste de l'ancien qui s'étendoit jusques dans l'Isle Cervi qui a été détachée du Continent par un Détroit d'où la Mer a enlevé la terre & où elle a laissé des roches qu'elle n'a pu ronger & qui rendent ce passage dangereux. Comme il y a du moins une douzaine de Caps entre Malvasia & le Vasilipotamo, qui est l'Eurotas des anciens, ce n'est pas assez déterminer où est le Cap de Xili que de dire qu'il est entre deux. L'Isle de Cervi étant entre le Cap de Xili & l'Isle de Cerigo, il faloit nommer la premiere preferablement à l'autre. Il n'est pas vrai que ce Cap soit dans l'endroit où la côte Meridionale de la Morée s'avance le plus au Levant, puisque

[a] Supplement des Voy. de Woodes Rogers T. II. p. 53.

CAP.

le Promontoire Malée; aujourd'hui le Cap St. Ange & le Promontoire de Minoa sont beaucoup plus à l'Orient que le Cap de Xili.

Le CAP ZACRO, ou XACRO, dans l'Isle de Candie dans la partie Meridionale de la côte Orientale de l'Isle. Voiez AMPELOS I. Mr. de l'Isle dans sa Carte de l'ancienne Grece met en cet endroit un Promontoire qu'il nomme SACRUM, il est clair que ce nom a donné lieu au nom moderne; mais j'avoue que je ne l'ai trouvé dans aucun des anciens Géographes que j'ai consultez. Mr. de l'Isle n'étoit pas néanmoins un Auteur à rien risquer sans fondement.

CAPACE, Ville d'Italie au Roiaume de Naples dans une petite Vallée de la Principauté citerieure. Cette Ville a été riche & peuplée avec titre de Duché; mais elle a été presque abandonnée de tous ses habitans; c'est ainsi qu'en parle Leandre [b] dans sa Description generale de l'Italie. Il ajoute qu'elle est assez près de la Mer & au lieu où doit avoir été la Ville de PÆSTUM; mais il se trompe; car PÆSTUM, appellée aussi POSIDONIA, étoit située au bord de la Mer; son nom, qui signifioit *Neptunienie*, ou *consacrée à Neptune* nommé par les Grecs Ποσειδῶν, ne convient qu'à une Ville maritime & ne convient nullement à *Capace*, qui n'étoit ni fort éloignée de la Mer ni pourtant immediatement sur le Rivage, comme doit l'avoir été Posidonie. Il y a lieu de douter que Capace soit different de ce que Mrs. Sanson appellent CAPACCIO. Ils mettent très-bien un petit lieu qui conserve son ancien nom dans celui de *Pesti*; en suivant le rivage du Golphe de Salerne vers le Nord, on trouve une Tour qu'ils nomment *Torre di Pesti*: pour Capaccio, ils en font une Ville qu'ils nomment CAPACCIO NUOVO, pour la distinguer des ruines de *l'ancienne Capaccio*, situées plus au Midi & qui gardent le nom de CAPACCIO VETERE. Le P. Coronelli ne met sur sa Carte ni *Pesti*, ni *Capaccio*, ni *Capace*. Mais Magin les marque soigneusement & l'on voit bien que sa Carte a servi de modele à celle de Mess. Sanson. Capaccio fut ruinée en 1249. par l'Empereur Frederic. Mr. Baudrand [c] dit qu'elle étoit sur la Montagne, au pied de laquelle la nouvelle Capaccio est bâtie. Elle a, dit-il, un Evêché suffragant de l'Archevêché de Salerne; on peut voir à l'Article PÆSTUM comment l'Evêché en fut transferé à Capaccio, comme le raporte Ughelli dans son Italie sacrée [d]. Mr. Baudrand [e] dit qu'elle est reduite en Village, ce qui doit s'entendre de la vieille Ville; car dans la liste des Siéges de tous les Archevêchez & Evêchez de l'Univers [f], il met *Capaccio* comme un Evêché subsistant; mais il se trompe lors qu'il le nomme en Latin *Caputaquensis*, s'il a crû que *Caputaqua* étoit le nom Latin de *Capacio*, c'est celui de CAPO DE ACQUA Village situé entre Capaccio & la Mer. Mr. Corneille écrit CAPACCIA, & au lieu de citer Mr. Baudrand dont il emprunte son Article, cite Davity qui dit effectivement Capaccia, mais pas la moitié de ce que contient l'Article de Mr. Corneille dont le principal, comme j'ai dit, est tiré de Mr. Baudrand. Ce dernier met Capaccio à trois milles de la côte de la Mer de Toscane, &

[b] p. 166.
[c] Ed. 1705.
[d] T. 10. p. 156.
[e] Ed. 1705.
[f] Voiez au mot ARCHEVECHE.

du

CAP.   CAP.   211

du Golphe de Salerne & à vingt-deux milles de la Ville de Salerne vers le Midi.

1. CAPÆ, Ville de l'Hellespont, selon Etienne qui cite Andration.

2. CAPÆ. Voiez TACAPE'.

a Gage Voiages 2. part. c. 9. p. 97.
CAPALITA[a], Ville de l'Amerique Septentrionale dans la Province de Guaxaca; elle est grande & située aussi bien qu'Aguatulco dans un pays plain rempli de Brebis & de gros bétail & où il y a quantité de fruits excellens, particulierement de ceux qu'ils appellent *Pinas* ou *Ananas* & *Sandias* qui sont gros comme des citroüilles, qu'on appelle en Europe Melons d'eau qui se fondent en la bouche comme de la Neige & servent pour appaiser la soif que cause la grande chaleur qu'il y fait parce que c'est un pays bas & marécageux, qui est situé près de la Mer du Sud.

b Gage Voiages 2. part. c. t 4. p. 153.
CAPANABASTLA[b], grande Vallée de l'Amerique Septentrionale dans la Province de Chiapa. Elle est considerable par une grande Riviere qui sort des Montagnes de Cuchumatlanes & se va rendre à Chiapa des Indiens & delà à Tabasco. Elle est renommée aussi par la grande quantité de Poisson qui se pêche dans la Riviere & par le grand nombre de Bétail qui s'y trouve & qui nourrit non seulement la Ville de Chiapa, mais aussi tous les lieux voisins.

Le principal *Bourg* où est le Prieuré s'appelle CAPANABASTLA, il est habité par plus de huit cens Indiens.

c Baudrand Ed. 1705.
CAPANACIA[c], hôtellerie d'Italie, dans le Patrimoine de St. Pierre, près de la Ville de Sutri. On voit près de cette hôtellerie les ruines de *Vicus Matrini*, ancien lieu de l'Etrurie.

CAPARA, Ville de la Lusitanie. Antonin[d] la met sur la route de Merida à Sarragosse entre Rusticiana & Cæcilion à XXII. M. P. de l'une & de l'autre ; mais les Editions de Zurita & de Bertius portent CAPPARA par deux pp. Ptolomée[e] écrit CAPARA, & donne cette Ville aux Vettons peuple le plus Oriental de la Lusitanie. Pline[f] en nomme les habitans CAPERENSES ; c'est presentement *las ventas de Capara* entre Coria & Alcantara, dans le Roiaume de Léon en Espagne.

d Itiner.

e l. 2. c. 5.

f l. 4. c. 22.

CAPARCELIS, petite Ville de l'Armenie mineure dans le departement nommé par Ptolomée[g] Στρατηγία Λαουινιανσιων.

g l. 5. c. 7.

CAPARDIEL, Riviere d'Espagne au Roiaume de Léon ; c'est la même que Zapardiel. Voiez ce mot.

CAPARETÆA, Village de Samarie selon Justin & Eusebe. Il n'est remarquable que pour avoir été la patrie de Ménandre disciple & successeur de Simon le Magicien. Voici ce qu'en dit Eusebe[h] : „ Justin aiant parlé de „ Simon parle aussi de celui-ci (Menandre) „ en ces termes : nous savons qu'un certain „ Menandre qui étoit aussi Samaritain & natif „ d'un *Bourg* nommé CAPPARATEA disciple „ de Simon fut poussé par les Demons à aller „ à Antioche où il trompa un grand nombre „ de personnes par ses enchantemens ". Mr. Cousin dont je suis ici la traduction écrit par un double pp ce nom & en fait un Bourg, au lieu qu'Ortelius écrit par un p simple & ne fait qu'un Village de ce lieu (*Vicus*).

h Hist. Eccles. l. 3. c. 26.

Tom. II.

1. CAPARNAUM, fontaine de la Palestine près du Lac de Gennesareth. Josephe parlant du pays d'auprès ce Lac, & dont il vante la fertilité dit :[i] outre la bonne temperature de l'air, il est arrosé d'une fontaine abondante qui est appellée *Caparnaum* par les habitans. Quelques-uns croient que c'est une veine du Nil, parce qu'il produit des Poissons pareils à ceux que l'on pêche à Alexandrie. Cette raison est frivole. Si elle valoit quelque chose il faudroit dire que le Rha, l'Indus & le Gange sont aussi des veines du Nil, car ils se debordent comme lui & nourrissent des crocodiles. L'Edition Latine de Josephe par Rufin d'Aquilée revûë par Gelenius lit *Capernaum*.

i De Bello l. 3. c. 18.

2. CAPARNAUM, Ville. Voyez CAPHARNAUM.

CAPARORSA, ancienne Ville de la Judée selon Ptolomée. Voiez CAPHARORSA.

CAPARGAMALA. Voiez CAPHARGAMALA.

CAPARSAMA, Ville de la Ptolemaïde, selon Jean Moscus dans son Pré spirituel cité par Ortelius.

CAPASA, ancienne Ville de la Lusitanie propre selon Ptolomée[k].

k l. 2. c. 5.

CAPASTITES, on lisoit ainsi autrefois dans Pline au lieu de CABASITES. Voiez ce mot. Divers Manuscrits portoient *Cabastites* qui approche davantage du vrai nom que le R. P. Hardouin a rétabli sur l'autorité de Ptolomée & sur celle des Actes du I. Concile d'Ephese, où il est fait mention de Theopompe Evêque de Cabasa.

CAPATIANE ou PACATIANE, surnom d'une contrée particuliere de la Phrygie. Voiez PHRYGIE.

CAPBERN[1], fontaine minerale de France dans le Nébousan, à un quart de lieuë du Village de Cap-Ver. Elle est dans le fond d'un Vallon fort étroit qui n'a point plus de dix pas de large. Cette fontaine n'est couverte que de branchages : l'eau en sort en bouillonnant de la grosseur d'un homme & se perd tout auprès delà dans un Ruisseau qui coule le long du Vallon. Cette eau est fort claire & n'a point de goût dominant à un peu de stipticité près. Il n'est pas plus chaude que de l'eau qu'on auroit exposée l'été au Soleil pendant quelques heures. Elle l'est un peu davantage en hyver & également abondante en toute saison. A sa source elle ne fait aucun changement à la teinture de Tournesol, ni au syrop violat ; encore moins à la teinture de Rose, avant ou après l'avoir deguisée avec l'esprit de sel, ou avec la dissolution d'Alun. Elle ne tire point la teinture de noix de galle plus que l'eau commune & ne trouble ni ne jaunit la dissolution du sublimé corrosif. Le sel Alcali y fait le lait Virginal, ensuite le *Coagulum*, qui s'afaisse au fond du verre & y fait une petite precipitation blanche.

l Piganiol de la Force, Desc. de la France T. 4. p. 137.

CAPCHAC. Voiez KAPCHAC.

CAPDENAC[m], petite Ville de France dans le Querci, sur un grand rocher escarpé de tous côtez & presque environné par la Riviere du Lot. Elle est d'une si grande antiquité que ses habitans croient que c'est l'*Uxellodunum* dont Cesar ne se rendit maître qu'après un long siége ; que Nicolas Sanson dans ses

m Piganiol de la Force, Desc. de la France T. 4. p. 199. & 200.

D d * 2

ses remarques sur la Carte de l'ancienne Gaule cherche à *Cahors*, & d'autres à *Puech d'Issoudun*, La petite Ville de Capdenac est encore distinguée par sa fidelité, car elle n'a jamais été soumise aux Anglois. Ce fut à cette consideration que Philippe le long accorda plusieurs beaux privileges à ses habitans & même l'exemption de toutes sortes de subsides. Les Rois ses Successeurs ont confirmé toutes ces concessions & ont déclaré que la taille étant un subside, ils en étoient affranchis. Cette Ville faisoit autrefois partie du Comté de Rodés, & après la confiscation de ce Comté Louïs XI. la donna à Jaques d'Armagnac Duc de Nemours. Celui-ci en fit don & vente à Galliot de Genouillac, Grand Maître de l'Artillerie, dont la petite-fille le porta dans la Maison d'Uzez par son mariage avec Jaques de Crussol. On ne compte qu'environ quatre cents personnes dans Capdenac.

CAPE. Voiez TACAPE & CAPES.

CAPEDUNUM, Ville des Scordisques *a* peuple de la basse Pannonie près du Danube. Lazius *b* croit que les traces s'en voient à CAPTENBERG, & CAPESTEIN. Il est vrai que le *Dunum* des Anciens répond au *Berg* des Allemands & signifie proprement une Montagne, une Colline. Le mot *Stein* qui signifie proprement une pierre, étant composé avec quelque nom signifie un *Château*, ou une *Forteresse*.

a Strabon. l. 7. p. 318.
b Ortel. Thesaur.

CAPELAN *c*, Montagne d'Asie au Roiaume de Pegu à douze journées ou environ de Siren, tirant au Nord-est. C'est là qu'est une mine d'où se tire la plus grande quantité de rubis & Espinelles, autrement meres de Rubis, & Topases jaunes, de Saphirs bleus & blancs, d'Hiacintes, d'Amethistes & autres pierres de diferentes couleurs.

c Tavernier Voiage des Indes l. 2. c. 19.

CAPELLA, ce mot qui est le diminutif de *Capra*, une chevre, n'a jamais été emploié que pour signifier une petite chevre, dans les Auteurs & signifie la bonne Latinité; si on en excepte les Poëtes qui trouvant ce mot commode pour leurs vers l'emploient pour signifier une chevre grande ou petite sans distinction. Mais dans les siécles barbares où l'ignorance a latinisé les mots inconnus aux bons Auteurs & tirez des Langues vivantes, CAPELLA a signifié une *Chapelle*. Ce mot n'est pas seulement remarquable en Géographie à cause des Chapelles fameuses par les pelerinages & par les autres devotions dont il est parlé dans l'Histoire; mais encore parce que plusieurs Chapelles situées sur de grands chemins servent, ou peuvent servir, à marquer les distances. Aux siécles passez on érigeoit beaucoup de ces Chapelles dans les campagnes; mais on s'est dégouté par l'abus qu'on a vû qui s'en faisoit, ces lieux servant moins à nourrir la devotion des voyageurs qu'à cacher les voleurs qui les attendoient sur le grand chemin; d'autant plus que ces chapelles sont pour l'ordinaire entourées de quelques arbres.

Il est arrivé que ces Chapelles par leur celebrité ont attiré une afluence de peuple; & que l'esperance du gain y a engagé des gens à bâtir auprès; de sorte qu'il s'est formé un Bourg ou une Ville, qui a conservé dans son nom un monument de son origine. La France a quantité de lieux, & de Villages de cette espece. Dans l'Election de Tulle, par exemple, on trouve *la Chapelle aux plats*, qui n'a que cinq feux; la *Chapelle St. Geraud* qui en a cent treize, la *Chapelle Epinasse* qui en a quarante-trois. Dans l'Election de Ste. Menehoud on voit la *Chapelle sur Aulve* qui a seize feux. Dans l'Election de Chalons la *Chapelle sur Ourbais & Bievre* en a vingt-huit. Dans l'Election de Paris la *Chapelle Milon* en a vingt, la *Chapelle St. Denys* en a cent trente six; dans l'Election de Meaux la *Chapelle sous Crecy* en a près de deux cents; & ainsi de quantité d'autres. Voiez ci-après les articles CAPELLE.

CAPELLATIUM, Ammien Marcellin dit: *d* lors qu'on fut arrivé dans la contrée nommée *Capellatium*, ou PALAS où des bornes distinguoient les Territoires des Bourguignons & des Allemans, on campa. Ce mot de *Palas* a facilement persuadé à ceux qui n'examinoient pas les choses fort exactement que les Electeurs Palatins en avoient tiré leur nom; mais, comme le remarque Lindebrog *e*, c'est une erreur qui est savamment refutée par Marquard Freher *f*. Beatus Rhenanus *g* a donné dans cette erreur. Jean Herold *h* ne s'éloignoit pas de cette opinion puis qu'il fait de *Capellatium* non pas un pays, mais une Ville qui est Heidelberg Capitale du Palatinat. Munster l'explique du Bergstrafs.

d l. 18. p. 126. Edit. Lindebrog.
e Observ. in l. c. p. 74.
f Origin. Palat. c. 2.
g Rer. German. l. 1. p. 84. & 108.
h Ortel. Thes.

1. CAPELLE, ou CAPELL *i*; petite Ville d'Allemagne sur le bord Occidental du Rhin vis-à-vis de Lohnstein, & de l'embouchure de la Riviere de Lohn dans le Rhin; au-dessus de Coblentz.

i Zeyler. Carte de la haute Hesse & de l'Atchev. de Mayence.

2. CAPELLE (la) petite Ville de France en Picardie dans la Thierache sur la frontiere du Pays-bas & du Hainaut. *k* C'étoit autrefois une des clefs & une des plus fortes Places de toute la Picardie; mais ses fortifications ont été rasées. Elle fut prise par les Espagnols en 1636, & l'année d'après le Cardinal de la Vallette la reprit sur eux. *l* Ce n'est plus qu'un Bourg, à une lieue de la Riviere d'Oise, à cinq de Guise au Levant & à quatre d'Avesne vers le Midi.

k Piganiol de la Force, Desc. de la France T. 3, p. 47.
l Baudrand Ed. 1705.

CAPENA, ancienne Ville d'Italie dans la Toscane ancienne, entre les Veïens & le Tibre. C'étoit dans le territoire de cette Ville qu'étoient le Bois & le Temple de Feronie: voiez ce mot. Tite Live *m* dit: on eut alors plus d'une guerre à soutenir en même tems, chez les Veïens, à Capéne, chez les Faleres, & chez les Volsques. Il dit ailleurs *n*: on manda de divers endroits qu'il y étoit arrivé des prodiges; qu'à Capena on avoit vu paroitre en plein jour deux Lunes &c. Ce fut un Municipe comme il paroît par une inscription trouvée sur le Mont Soracte & publiée par Gruter *o*.

m l. 5. c. 10
n l. 22. c. 1.
o p. 466, n. 6.

V. M. SELICI CLE
MENTIS SEVIRI
MUNICIPIO CA
PENAT.

Etienne écrit CAPINNA. Dans un fragment de Caton, on lit CAPINA, pour le nom de la Ville & CAPINATES pour celui des habitans tant de la Ville que du Territoire. Tite-Live nomme ceux-ci CAPENATES *p*. Le passage est

p l. 5. c. 8.

est d'autant plus remarquable qu'il détermine où ils étoient. La guerre, dit-il, devint d'autant plus serieuse que les Capenates & les Falisques arriverent tout à coup. Ces deux peuples de l'Etrurie se voyant les plus proches des Romains après la defaite des Veiens crurent qu'ils seroient les premiers attaquez. J'ai déja dit que le Bois & le Temple de Feronie étoient dans le territoire de Capene. Tite-Live le marque en plus d'un endroit[a]. Virgile[b] nomme ce Bois *Capeni Luci*.

[a] l. 17. c. 4. & l. 33. c. 26.
[b] Æneid. l. 7. v. 697.

CAPENA PORTA, les Anciens ont ainsi nommé une des portes de la Ville de Rome, qui est aujourd'hui nommée la Porte de St. Sebastien, à cause de l'Eglise de ce Saint. C'est-là que commence la voye Appienne. On a cherché l'origine de ce nom. Marlien avoit avancé qu'il venoit d'une Ville nommée *Capene* bâtie par Italus auprès d'Albe; & citoit Solin, comme garant. Ortelius a fort bien remarqué que Solin n'en parle point, & que la citation est fausse. Le Sieur Rossi dans sa description de Rome ancienne ne laisse pas de dire : *Fù cosi chiamata ò della Citta di Capena, che Italo fabrico presso Alba, come raconta Solino*, & le même Auteur ajoute une autre opinion qui derive ce nom d'un Bois des Muses, nommé en Latin *Camœnarum Lucus*. Elle fut aussi appellée la *Porte Appienne* du nom du grand chemin, qui commençoit en cet endroit.

Descrizione di Roma antica p. 47.

CAPENAU, Bourg de France en Languedoc au Diocése de Carcassonne. C'est ce qu'en dit Mr. Baudrand. Le Denombrement du Royaume de France ne parle point de Capenau; mais il met CAPENDU Ville de 118. feux dans le même Diocése. Ces deux Orthographes ne me paroissent designer que le même lieu, qui est situé auprès de Barbeyrac sur l'Aude au dessous de Carcassonne. La grande Carte des Generalitez de Montauban & de Toulouse le nomme CAPPENDEZA.

1. CAPER ou CAPRUS, Riviére d'Asie dans l'Assyrie selon Ptolomée[e]; cet Auteur marque trois Rivieres, qui tomboient dans le Tigre; savoir le Lycus, le Caper & le Gorgus ; toutes les trois entre les Villes de Ninus & de Seleucie, à pareille distance l'une de l'autre, & dans l'ordre où elles sont nommées ici: de sorte que le Lycus étoit le plus proche de la Ville de Ninus, le Gorgus plus près de Seleucie & le Caper entre deux. Polybe dit[d] : Hermias étoit d'avis que l'on marchât le long du Tigre & que ce fleuve, & deux autres Rivieres, le Lycus & le Caper, servissent de retranchement à l'Armée. Nous avons déja remarqué plusieurs fois que les Grecs avoient porté en Assyrie des noms usitez ailleurs, & auxquels ils étoient accoutumez ; car on trouve encore le Lycus & le Caper dans l'Asie Mineure. Voiez l'Article suivant.

[c] l. 6. c. 1.
[d] l. 5. c. 151.

2. CAPER ou CAPRUS, Riviere de l'Asie Mineure en Phrygie dans la Cibyratique. Pline[e] dit en parlant de Laodicée: elle est sur le Lycus ; l'Asopus & le Caper baignent ses côtez. Strabon[f] dit aussi en parlant de la même Ville ; c'est-là que le Caper & le Lycus se perdent dans le Méandre. Une

[e] l. 5. c. 29.
[f] l. 12. p. 578.

Medaille de Commode represente le nom & le genie de Laodicée, & deux Rivieres expressément nommées ΛΥΚΟС, ΚΑΠΡΟС.

CAPERNAUM. Voiez CAPHARNAUM.

CAPERSANA, lieu voisin de Zeugma Ville de Syrie. Ammien Marcellin en fait mention[g]. Ortelius[h] doute si ce n'est point la même chose que CAPESSANA qu'il nomme plus bas[i] ; & qu'il dit être située au bord de l'Euphrate. L'Histoire Mêlée, selon le même Géographe, fait mention de CAPESSA, qui peut bien n'être pas diferent. Theodoret dans la Vie de Salaminus met ce lieu vers l'Occident de ce fleuve.

[g] l. 18. p. 139. Edit. Lindebrog.
[h] Thesaur.
[i] l. 21. p. 202.

CAPERTURI, ancien lieu d'Asie. Antonin[k] le met sur la route d'Antioche à Emése, entre Niaccaba & Apamie ; à xxiv. M. P. de la premiere, & à xx. M. P. de la seconde.

[k] Itiner.

CAPES ou CAPS, les Mores disent CABEZ, Ville d'Afrique dans la Province de Tripoli. Marmol[l] écrit Capez. Cette Ville est grande, & ancienne & l'une des premieres que les Romains bâtirent en Afrique. Elle est dans le Golphe que fait la Mer Mediterranée entre les Esfaques & les Gelves. Elle est fermée de vieilles murailles fort hautes, & a une belle forteresse près de l'embouchûre d'une Riviere d'eau chaude. (D'Ablancourt ajoute que Ptolomée met cette Riviere à 38. d. 40'. de longitude, & à 32. d. 45'. de latitude. Il devoit dire que Ptolomée place le Triton sur le côte où l'on croit être la même Riviere à 38. d. 48'. de longitude, & à 30. d. 45'. de latitude ; car c'est ainsi qu'on lit dans l'ouvrage de ce Géographe[m]. Quant à la Ville même que le même Auteur nomme CAPE ou TACAPE ; il lui donne 38. d. 50'. de longitude, & 30. d. 30'. de latitude. (C'est sous le nom de Tacapé qu'elle fut très-illustre du temps des Romains.) [n] Les Goths l'ayant prise y tinrent longtemps garnison ; mais les successeurs de Mahomet entrant en Afrique la ruinerent, & depuis elle fut encore ruinée sous un Calife de Carvan : & quoi qu'elle se soit rétablie, elle est si incommodée des courses des Arabes qu'elle a été long-temps deserte. Ceux qui y demeurent aujourd'hui, sont de pauvres gens fort noirs dont la plupart s'adonnent à la pêche, ou au labourage. Il y a en cette contrée de grands lieux plantez de palmés ; mais les dates se sechent aussitôt & ne durent pas toute l'année comme celles de Numidie. Les terres sont legeres & sablonneuses, où l'on ne recueille que de l'orge, encore bien peu. La principale nourriture des habitans est de racines douces, comme des amandes qu'on mange cuites & détrempées, comme les Indiens mangent les patates.

[l] T. 1. l. 6. c. 38.
[m] l. 4. c. 3.
[n] Marmol Ibid.

GOLPHE DE CAPES, Golphe de la Mer Mediterranée sur la côte de Barbarie au pays de Tripoli. Il prend le nom de la Ville qui y est située.

Dapper Afrique p. 200.

CAPES ou CAP, Riviere d'Afrique sur la côte de Barbarie, au pays de Tripoli. On croit que c'est le TRITON des anciens. Elle a sa source du côté du Midi dans un desert sablonneux près du Mont Vassalat, & se jette dans la Mer près d'une Ville nommée aussi Capés. On dit que l'eau en est si chaude qu'on

Dd * 3

qu'on n'en sauroit boire avant que de l'avoir laissé reposer une heure. Près de la Ville d'Elham, elle forme un Lac apellé le LAC DES LEPREUX, parce que ceux qui sont infectez de cette maladie, guerissent en buvant de son eau.

a Ibid. p. 249.

CAPES[a], peuple d'Afrique sur la côte de l'Océan près de la Montagne de Sierra Lionna. Ce sont les anciens habitans du pays. Ils sont plus ingenieux de toute la Guinée, & apprennent facilement tout ce qu'on veut; mais comme leur pays fournit suffisamment à leur entretien, ils aiment l'aise & le repos, & sont ennemis de la guerre. Ils ont pour voisins d'autres Negres, qui s'appellent CUMBAS ou MANES, c'est-à-dire Anthropophages. Ceux-ci l'an 1515. firent irruption dans le pays de Capés pour s'enrichir du pillage; mais attirez par la fertilité du terroir ils resolurent de s'y habituer, & chasserent les Capés de tous les endroits, où ils trouverent bon de s'établir, mangeant les uns, & vendant les autres aux Portugais. Ces malheureux vaincus venoient se jetter eux-mêmes entre les bras des Portugais, les priant de les prendre pour esclaves afin de se sauver des mains de ces Barbares, qui sont devenus depuis un peu moins farouches. Dans chaque village il y a une grande maison separée des autres, où l'on met les jeunes filles afin d'être instruites pendant un an par un venerable vieillard. A la fin de l'année toute cette troupe de filles sort en pompe au son des instrumens pour s'aller rendre dans certaines places, où elles dansent en presence de leurs peres & de plusieurs jeunes gens, qui le bal fini choisissent pour leurs femmes celles qui leur plaisent le plus; après quoi l'époux fait quelque present au pere & au maître de la fille. Voiez SIERRA LIONNA. Les Cabes & les Cumbas ont leurs Rois qui rendent la Justice eux-mêmes; pour cet effet il y a une grande cour dans leur Palais nommée *Funcos*, où ils donnent audience : le Roi étant assis sur un Trône élevé, & ses Conseillers rangez sur des sieges plus bas à ses côtez. Là comparoissent les parties accompagnées de leurs Procureurs & leurs Avocats parez de diverses sortes de plumes avec des sonnettes aux pieds & des dards aux mains sur lesquels ils s'appuyent & un masque sur le visage pour parler avec plus de liberté, & sans être connus; ensuite le Roi ayant pris l'avis de ses Conseillers prononce la sentence. Ce Roi n'est à proprement parler qu'un Viceroi des Rois de *Quoya*, ou *Cabo-Monte*, qui depuis qu'ils se sont emparez du pays de *Sierra-Lionna* y envoyent un Gouverneur avec titre de *Dondagh* qui signifie Roi.

CAPESSANA. Voiez CAPERSANA.

b Baudrand, Ed. 1705.

CAPESTAN, petite Ville de France au bas Languedoc, au Diocèse de Narbonne[b] deux lieues de cette Ville vers le Septentrion proche de la Riviere d'Aude. Son nom est formé du Latin *Caput Stagni*, c'est-à-dire *la tête ou le commencement de l'Etang*. Cette Ville qui n'a que[c] 267. feux appartient[d] aux Archevêques de Narbonne, qui y ont fondé un petit Chapitre, & une Eglise assez belle bâtie depuis l'an 1272. sur le modéle de la Metropole de Narbonne. Le Canal Royal pour la communication des deux Mers passe dans le territoire de Capestan.

c Denombrement du R. de France T. 2. p. 273. *d* Corn. Dict.

CAPEZ. Voiez CAPE's.

CAPETERUM, Place forte aux pieds des Montagnes, selon Cedrene cité par Ortelius[e]. Elle étoit voisine de Theodosiopolis dans la Thrace, & est nommée CAPETI ARX, ou la Forteresse de Capet par Curopalate.

e Thesaur.

CAPEUS, Baye particuliere dans le Golphe Persique sur la côte d'Arabie, selon Pline[f], qui y met les Gaulopes & les Chatenes.

f l. 6. c. 28.

CAPHAR, ce mot en Hebreu כפר signifie un Village, une Bourgade. Delà vient qu'il se trouve assez souvent avec un autre terme, qui est le nom propre & distinctif du village ou de la Bourgade.

Le nom *Caphar* est quelquefois joint à un nom de Ville parce qu'il est souvent arrivé qu'un Village s'est aggrandi, & est devenu Ville.

CAPHAR ou CAPHARA, Village ancien de la Palestine dans la Tribu de Benjamin[g].

g Josué c. 18. v. 26. *h* D. Calmet Dict.

CAPHAR-ABIS[h], Château de l'Idumée dont parle Josephe[i]. Cerealis Tribun des troupes Romaines prit cette Place avec très-peu de monde. La Gemare[k] parle d'une Place considerable de l'Idumée meridionale nommée CAPHAR-BISCH. Ce devoit être une grande Ville & non une simple Forteresse.

i De Bello l. 4. c. 33. *k* Gemer. Babyl. Gittim: 57. 1.

CAPHAR-ARIA[l], c'est-à-dire le *Village du Lion*, entre Jerusalem & Ascalon, suivant les Tables de Peutinger. C'est peut-être la Capharorsa de Ptolomée.

l Le même.

CAPHARATH[m], Village de Galilée que Josephe fit fortifier, comme il le dit dans sa Vie.

m Le même.

CAPHAR-BARICA ou

CAPHAR-BARUCHA, c'est-à-dire village de Benediction; village de la Palestine dans la Tribu de Juda. St. Epiphane[n] met sur les confins des pays d'Eleutheropole & de Jerusalem, & à trois milles d'Hebron. Il écrit ce mot Καβαρβαρυχά, au lieu de quoi quelques-uns ont voulu lire καὶ Βαρβαριχά, ne sachant pas que Cabar est là pour Caphar. Son nom lui vient peut-être, dit Mr. Reland[o], parce qu'il étoit voisin de la Vallée de Benediction. St. Jérôme dit[p] que Ste Paule y étant montée se souvint de la Caverne de Loth, & vit l'endroit où étoient autrefois Sodome & Gomorre. On croit que le Patriarche Abraham accompagna jusques-là les Anges qu'il avoit eu l'honneur de recevoir, & qui alloient à Sodome.

n adverf. Hæres l. 1. p. 291. *o* Palæst. p. 685. *p* Paralip. l. 2. c. 20. v. 26. Epitaph. Paulæ.

CAPHARCHANANIA[r], les Docteurs Juifs mettent ce lieu aux confins de la haute, & de la basse Galilée. Quelques-uns la prennent pour Cana comme l'Auteur du Livre Juchasin.

r Reland Palæst. p. 687.

CAPHAR CHITTAIA. Les Talmudistes croient que ce lieu est le même que ZIDDIM dont parle le livre de Josué[s]. Mr. Reland doute si c'est la CAPHARCOTIA de Ptolomée.

s c. 19. v. 35.

CAPHARCOTIA ou CAPARCOTIA, c'est de cette derniere façon que ce mot est écrit

écrit dans Ptolomée^a. C'étoit une Ville de la Paleſtine dans la Galilée ; mais les exemplaires de cet Auteur varient extrêmement. Celui des Aldes ou de Molet, qui eſt le même, porte CAPARCTONI. Molet ajoute CAPARCOTIA, ſelon l'exemplaire Grec. C'eſt ſelon lui la même choſe que Capharnaum. Les Editions de Noviomagus & de Bertius ne font mention ni de *Caparctoni*, ni de *Caparcotia*, & mettent à la place le nom de CAPARNAUM. Cependant c'eſt une erreur Géographique aſſez grande ; car *Caparcotia* de Ptolomée n'eſt point diferente de *Caparcotani* entre Scythopolis & Ceſarée de Paleſtine ſelon la Table de Peutinger, & par conſequent ce ne peut être *Capharnaum*, *Caparnaum* ou *Capernaum*, qui étoit bien loin delà près du Jourdain au Nord Occidental de la Mer de Tiberiade.

CAPHAR-DAGON, ou le village de Dagon, dans la Paleſtine entre Dioſpolis & Jamnia, ſelon Euſebe *b*.

CAPHAR-ETHÆA, lieu de la Paleſtine dans le territoire de Samarie. C'eſt le même que CAPARATÆA. Voiez ce mot.

CAPHAR GAMALA, lieu de la Paleſtine, à xx. M. P. de Jeruſalem. Lucius Prêtre, ſelon D. Calmet^c, (qui ſe trompe, il devoit dire St. Lucien^d Martyr du v. ſiécle) a écrit l'Hiſtoire de l'invention des corps de St. Etienne, & autres qu'il trouva par le moyen d'une revelation. Il étoit de Caphar-Gamala. Il ſemble, ajoute D. Calmet, que ce lieu prenoit ſon nom de Gamaliel, qui en étoit le proprietaire (il y auroit tout lieu de ſoupçonner au contraire que Gamaliel prenoit ſon nom de Gamala,) & qu'il y fit enterrer St. Etienne.

CAPHAR-JAMA, c'eſt le nom que les Talmudiſtes^e aſſurent que l'on donna à la Ville de Paleſtine, nommée auparavant JABNEEL^f dans la Tribu de Nephtali.

CAPHAR-LAKITIA, les Rabins^g diſent que l'Empereur Hadrien mit des corps de gardes en trois lieux ; ſavoir à CHAMMATH, à CAPHARLAKITIA, & à BETHEL de Judée.

CAPHAR-NACHUM, les Rabins nomment ainſi un certain lieu dont ils traitent les habitans d'Heretiques. Mr. Reland croit avec raiſon que ce lieu n'eſt autre que *Capernaum*, car c'eſt ainſi que les Proteſtans écrivent ce nom conformément au texte Grec au lieu que la vulgate dit *Capharnaum*, qui eſt plus conforme à l'Etymologie Hebraïque. Ce reproche d'Hereſie vient peut-être de ce que JESUS-CHRIST ayant vécu long-temps à Capharnaum beaucoup d'habitans crurent en lui, ce qui ne pouvoit qu'irriter ceux des Juifs, qui ne l'avoient pas reconnu pour le Meſſie. Voiez l'Article ſuivant.

CAPHARNAUM, l'uſage de toute l'Egliſe Catholique eſt d'écrire ainſi ce nom. Le Grec & les Verſions des Proteſtans, qui le ſuivent, portent CAPERNAUM. Cette Ville eſt celebre dans l'Evangile par l'honneur qu'elle a eu d'être la demeure la plus ordinaire de JESUS-CHRIST pendant les trois années de ſa Predication. Elle étoit en Paleſtine dans la Galilée. St. Luc dit^h : il deſcendit à Ca-

pharnaum, qui eſt une Ville de Galilée. St. Mathieu en marque plus préciſément la poſitionⁱ : JESUS depuis ayant ouï dire que Jean avoit été mis en priſon ſe retira dans la Galilée, & quitant la Ville de Nazareth, il vint demeurer à Capharnaum qui eſt proche de la Mer, ſur les confins de Zabulon & de Nephthali. Cette Mer dont parle St. Mathieu, eſt deſignée par ces paroles de St. Jean^k : JESUS s'en alla enſuite au delà de la Mer de Galilée, qui eſt celle de Tiberiade . . . ^lLorſque le ſoir fut venu ſes Diſciples vinrent à la Mer, & monterent dans une barque pour paſſer au delà de la Mer vers Capharnaum. Saint Jean nous apprend qu'il y avoit une Synagogue^m. Ce fut dans cette Synagogue de Capharnaum que le Sauveur expliqua les avantages que les fidelles devoient tirer de la manducation de ſa chair dans l'Euchariſtie. Le domicile ordinaire de JESUS-CHRIST étoit à Capharnaum, comme il paroît tant par les paroles de St. Marcⁿ : quelques jours après JESUS revint à Capharnaum, & auſſitôt que l'on eut ouï dire qu'il étoit dans la maiſon &c. que par celles de St. Mathieu, où il eſt dit : JESUS montant ſur une barque repaſſa le Lac, & vint dans ſa Ville. J'ai déja dit ci-deſſus que le Sauveur demeuroit auparavant à Nazareth dont il quita le ſejour pour demeurer à Capharnaum ; & l'Evangeliſte^o ſe ſert du mot de *deſcendre* pour marquer que cette derniere Ville étoit plus bas ſituée que l'autre. La même expreſſion eſt employée^p en allant de Cana à cette Ville ; c'eſt tout ce que les Evangeliſtes nous apprennent de cette Ville. Quant à l'Etymologie de ſon nom^q, ſi on l'écrit par un ϒ dans la derniere ſyllabe il veut dire *belle metairie*, *beau village* : ſi on l'écrit par un ת, comme dans la verſion Syriaque, il ſignifie, *metairie ou village de conſolation*. Euſebe dit que c'étoit un village de ſon temps. J'ai déja averti que le *Capharnaum* pretendu de Ptolomée eſt CAPARCOTIA dans les anciennes Editions, c'eſt ainſi qu'on lit dans celle de Strasbourg 1520. Caparcotia eſt la même choſe que Caparcotani, comme la Table de Peutinger le nomme entre Ceſarée de Paleſtine & Scythopolis à xxviii. M. P. de la premiere & à xxiv. de la ſeconde ; ainſi ce ne peut être Capharnaum qui ne ſauroit être au milieu des terres, ni entre ces deux Villes. Joſephe dit^r qu'ayant été bleſſé dans le combat, on le porta au village de KEPHARNOME, & delà à Tarichées. On peut juger de la ſuite de ſon diſcours que ce village n'étoit pas loin du Jourdain & de Juliade, qui eſt la Bethzaïde de l'Ecriture Sainte. Il nomme CAPARNAUM une fontaine au pays de Genneſar que l'on croioit être une branche du Nil. L'Itineraire du Saint Martin Antonin écrit au vi. ſiécle, & diferent de l'Itineraire que je cite ſi ſouvent dit : delà nous vinmes à la Ville de Capharnaum dans la Maiſon de Pierre, qui eſt preſentement une Baſilique. Au vii. ſiécle Adamnanus Ecoſſois, qui a écrit de la Terre Sainte ſur les Memoires que lui fourniſſoit Arculphe Evêque François, dit^s : ceux qui deſcendent de Jeruſalem veulent ſe rendre à Capharnaum, comme Arculphe rapporte, vont droit par Tiberiade ;

en-

ensuite côtoyant le Lac de Cinnereth, qui est le même que la Mer de Tiberiade, & la Mer de Galilée, ils peuvent traverser le lieu de la Benediction dont on a parlé auparavant, & delà en suivant le bord du Lac, après avoir un peu' tourné, ils arrivent à Capharnaum lieu maritime aux confins de Zabulon & de Nephthalim. Selon le temoignage d'Arculphe, qui vit Capharnaum de dessus une Montagne voisine, elle n'a point de muraille & est resserrée dans un espace étroit entre la Montagne & le Lac, & s'étend en longueur sur le rivage ; ayant la Montagne au Nord, & la Mer au Midi de maniere que sa longueur est d'Occident en Orient. Cette description nous montre que Capharnaum doit être sur le rivage Septentrional de cette Mer, assez près de l'endroit où le Jourdain entre dans ce Lac. On sait d'ailleurs qu'elle étoit à l'Occident de cette Riviere. Elle subsistoit encore comme village au VIII. siécle & l'Itineraire de St. Guillebaud (*Willibaldus*) en fait mention ; mais il n'en reste plus aucune trace, pas même les ruines. Les pelerins modernes n'en font aucune mention, le P. Nau qui a visité cette Mer, & qui nous parle des ruines de Betsaïda & de la Ville de Tiberiade, & qui enfin a parcouru avec une veneration très-religieuse tous les lieux qu'il savoit avoir [a] été foulez par les pas de JESUS-CHRIST, n'auroit pas manqué de voir Capharnaüm ; mais il y a bien des siécles que la menace du Sauveur a été accomplie [a] : & toi Capharnaum qui t'ès-élevée jusqu'au Ciel, tu seras abaissée jusqu'aux enfers. St. Epiphane dit que Capharnaum & Betzaïde étoient Villes voisines [b]; il ajoute [c] que n'y ayant que les Juifs, qui avoient le privilege d'y demeurer Joseph obtint de Constantin l'aîné la permission d'y bâtir une Eglise pour les Chrétiens de même qu'à Tiberiade & à Diocesarée. Ce Saint écrit diversement ce nom *Capharnaum,* Καφαρναούμ, & *Capernaum* Καπερναούμ, & semble avoir cru qu'elle n'étoit pas sur le bord de la Mer ; ce qui ne s'accorderoit pas au temoignage d'Arculphe raporté par Adamnanus & cité ci-dessus. Je ne sais ce qui a engagé D. Calmet à dire qu'elle étoit à l'Orient, sur le bord du Lac de Genezareth, Il paroît au contraire par le consentement des Auteurs qu'elle étoit au Nord de ce Lac, & à l'Occident du Jourdain. Il ajoute qu'on n'en fait pas exactement la situation.

CAPHAR-NIMRA, Ville de la Terre d'Israël dans la Palestine. Elle étoit fort peuplée, & les Rabbins [d] disent qu'il y avoit trois maisons ou boutiques de Tisserans, qui faisoient des voiles.

CAPHAR-NOME, Village ancien de Palestine dans la Galilée. Josephe dit [e] qu'on l'y porta après qu'il eut été blessé dans un combat ; il n'étoit pas loin du Jourdain & de Juliade. On demande si c'est la même chose que Capharnaum ; ce qui empêche qu'on le croie c'est que Capharnaum n'étoit pas alors un village ; mais une Ville celebre.

CAPHAR-ORSA, ancienne Ville de l'Idumée, à l'Occident du Jourdain, selon Ptolomée [f]. Mr. Reland croit que ce peut bien être la même chose que Ceperaria qu'Antonin met à XXIV. M. P. d'Ælia ou Jerusalem, sur la route d'Ascalon.

CAPHAR-SABA, Josephe [g] dit qu'Herode bâtit la Ville d'Antipatride en l'honneur de son Pere Antipater, dans la Campagne de Caphar-Saba. Il écrit ce nom Χαβαρσαβά. La Chronique Pascale [h] raporte la même chose ; mais au lieu de Capharsaba, on y lit Ἔτι καὶ Περσαβίνην. Il faut lire Καπερσαβίνην, comme le dit Mr. Reland [i] qui ne croit pas qu'il s'agisse ici de Versabin, (*Versabinum Castrum*) dans la Palestine duquel il est fait mention au XXX. livre du Code Theodosien [k] ; car ce *Versabinum Castrum* doit être la même place que Bersabé.

CAPHAR-SALAMA ou CAPHAR-SARAMA, est peut-être la même chose que CAPHAR-SEMELIA [l], dont il est fait mention par le Prêtre Lucien dans son Histoire de l'invention des reliques de St. Etienne. Mr. Reland [m] semble douter si ce ne seroit point aussi la même chose que CAPHAR-GAMALA, dont il y est aussi parlé.

CAPHAR-SAMAI [n], Ville de la Palestine, peu distante de Sipporis & en allant vers Acco ou Acre. Il en est fait mention dans la Gemare de Jerusalem.

CAPHAR-SARAMA. Voiez CAPHAR-SALAMA.

CAPAR-SEMELIA. Voiez CAPHAR-SALAMA.

CAPHAR-SORECH, Village de la Palestine auprès d'Eleutherople, tout joignant le village de Saara [o]. On croit qu'il portoit ce nom de Sorech chez qui demeuroit Delila de laquelle Sanson devint amoureux.

CAPHAR-TEBI, lieu de la Palestine à l'Orient de Lydde [q].

CAPHAR-TOBA, Village situé au milieu de l'Idumée selon Josephe [r]. Rufin semble avoir lu Καφαρτόφα Caphartopha.

CAPHAS, Montagne de la Libye Interieure, selon Ptolomée [s].

CAPHENG [t], Ville de l'Inde au delà du Gange au Royaume de Siam avec une Province de même nom.

CAPHEREUS, selon Ptolomée [v], CAPHAREUS selon Strabon [x] ; mais dans ce dernier il faut lire entre Capharée & Gereste, & non pas entre Aulide & Gereste, comme l'a voit très-bien remarqué Xylander, sur l'autorité des abregez de Strabon, où les manuscrits portent *Caphareus*, & non pas *Aulide*. Cette correction est approuvée par Casaubon, qui ajoute qu'Aulide étant en terre ferme n'a rien de commun avec ce dont il s'agit dans ce passage. Ce Promontoire est ce que les gens de Mer nomment CAPO DELL' ORO, dans l'Isle de Negrepont.

CAPHESA ou CAPHSA [y], ancienne Ville d'Afrique dans le Biledulgerid vers la source de la Riviere de Magrada & toute environnée de deserts ; ce qui a fait dire à quelques Anciens qu'elle étoit mieux gardée par les sables, & par les serpens que par les soldats.

CAPHETH-RAMIS, petite Place forte de la haute Idumée. Josephe [z] en fait mention, & dit que Cerealis l'ayant prise chemin fai-

CAP.

faisant, y mit le feu. Rufin la nomme *Ca-phetra*, dans sa Version Latine. Pierre Apollonius* dans son Poëme de la destruction de Jerusalem, où il semble copier Josephe, l'appelle CAPHARA.

*De Excid. Hierosol. l. 3. p. 65.

> *Hinc Syriis, illinc Arabum, contermina Sylvis*
> *Affaca diriptur, Solimæ quoque proxima Chebron,*
> *Absumit posthac Capharam Vulcanius ignis.*

a Deuter. c. R. v. 21.

CAPHTOR, (Isle de) Moïse[a] dit que les Hevéens qui habitoient à Hazerim jusqu'à Gaza furent chassez par les CAPHTORIM, qui sortis de Caphtor, les détruisirent & s'établirent dans leur pays. La Vulgate traduit ces Caphtorim venus de Caphtor par les Cappadociens venus de la Cappadoce. Jeremie[b] dit que Dieu détruira les Philistins, qui sont les restes de l'Isle de Caphtor. La Vulgate traduit encore par l'Isle de Cappadoce aussi bien que dans le passage où Amos[c] parle des Philistins de Caphtor, elle rend par les Palestins de Cappadoce. Cependant Moïse dans la Genese[d] distingue les Philistins & les Caphtorim, & la Vulgate conserve ce dernier nom. D. Calmet considere ces noms *Caphtorim*, CRETIM, CERETHIM, ou PHILISTINS, comme signifiant un même peuple. Dans la premiere Edition de son Commentaire sur la Genese il avoit dit que les Caphtorim venoient de l'Isle de Cypre; mais depuis il a changé de sentiment & a tâché de prouver (dans une Dissertation particuliere imprimée à la tête du premier livre des Rois) qu'ils étoient originaires de Crete.

b c. 47. v. 4.
c c. 9. v. 7.
d c. 10. v. 14.

CAPHYES, ancienne Ville du Peloponnese. Plutarque[e] en parle dans la Vie de Cléomene. Strabon[f] la met au nombre des Villes de l'Arcadie, qui ne subsistoient plus que de son temps ou dont il ne restoit plus que quelques vestiges.

e Traduct. de Mr. Dacier T. 7. p. 42.
f l. 8. p. 388.

☞ CAPI ou CAPOU, ce mot chez les Orientaux signifie une porte. Delà vient qu'ils appellent DEMIR-CAPI, ou porte de fer certains passages dificiles ou defilez qu'une Armée peut dificilement forcer. Mr. Ricaut[g] dit que le Mont Hæmus est aujourd'hui appellé par les Turcs CAPI DERVENT, c'est-à-dire la porte du Detroit. Mr. Bespier son Traducteur ajoute les observations suivantes: *Dervent* ou *Derbend*, car le B, & l'V. se confondent parmi les Persans & les Turcs, signifie Détroit. Ce mot est Persan & signifie *Bande*, ou *ligature de la Porte*, car *Bend*, en Persan signifie une Bande, un Ruban &c. & *Der* signifie une Porte. Tous les Détroits sont ainsi appellez en Persan; parce qu'en effet les Détroits sont comme des Bandes ou des ligatures, qui ferment le passage ou la Porte à ceux qui veulent entrer dans le pays, lorsqu'on y met des gardes qui en défendent l'entrée. Les Grecs appelloient ces Détroits Πυλαὶ des Portes, & les Latins *Pyla*, qui est le même mot. Mr. des Hayes au lieu de CAPI DERBENT dit CAPIGI DERVENT, c'est-à-dire Portier de la Montagne comme il l'explique. Il est vrai, poursuit Mr. Bespier, que *Capigi* ou *Capougi* signifie Portier; mais Der-

g Etat de l'Empire Ottoman l. 3. c. 11.

CAP.

vent ne signifie pas Montagne; il signifie un Détroit. Il y a même un Pléonasme; il semble qu'on ne devroit pas dire *Capi Derbent*; parce que Capi & Der signifient la même chose, l'un en Turc, savoir *Capi*, & l'autre en Persan, à savoir *Der*. Ainsi Derbent signifie la ligature du Détroit, ou la ligature & la Bande de la Porte, & Capi qui ne signifie que la porte paroît fort inutile; mais comme ceux qui ont été sur les lieux s'accordent en cela & que l'usage est un tyran auquel les Langues sont assujeties, il ne faut pas plus se gendarmer contre un Pléonasme tel que CAPI DERBENT, que contre celui des Italiens qui appellent l'Ethna MONTE GIBELLO. Voiez ETHNA, DEMIR-CAPI & DERVENT.

CAPIDAVA, ancienne Ville de la Basse Mysie. Antonin la met sur la route de Nicomedie, à moitié chemin entre Axiopolis & Carson à XVIII. M. P. de l'une & de l'autre. La Notice de Hierocles la met dans la Scythie, comme étant une des XV. Villes du departement de cette Province. Ce nom y est écrit CAPIDABRA ou CAPIDAVRA Καπίδαβρα, & selon d'autres exemplaires Καπίδαυβα. Constantin Porphyrogenete[h] dit aussi CAPIDABA. Ortelius doute si c'est la Comidava de Ptolomée. Il n'a pas fait assez de reflexion sur la condition que met Antonin, savoir que Capidava doit être entre Axiopolis & Carsum ou Carson, deux Villes situées sur le Danube, au lieu que *Comidava* de Ptolomée est bien loin delà de l'autre côté de ce fleuve, dans la Dacie.

h l. 2. Themat. 1.

CAPILLATI[i], Peuple de la Ligurie qui portoit ses cheveux; d'où lui venoit le surnom de *Capillati*, c'est-à-dire *Chevelus*. De même on a donné le surnom de *Chevelue*, par une pareille raison, à une partie de la Gaule. Ce peuple demeuroit dans les Alpes. Lucain parlant des Liguriens, qui avoient quité leur ancienne coutume de laisser croître leurs cheveux, dit[k]:

i Plin. l. 3. c. 5.

> *Et nunc tonse Ligur, quondam per colla decora*
> *Crinibus effusis toti prælate comata.*

k l. 1. v. 442.

Il paroît que Pline nomme ce Peuple particulierement *Capillati*, comme Lucain nomme *Comata* la Gaule Chevelue sans exprimer le mot *Gallia*, de même que Pline n'exprime point celui de *Ligures*.

1. CAPINA, Isle de la Mer des Indes près de l'Arabie heureuse, selon Pline[l].

l l. 6. c. 28.

2. CAPINA,
CAPINATES & } Voiez CAPE'NE.
CAPINNA

CAPIONIS TURRIS, ancienne Tour qui servoit de Phare à l'entrée du Guadalquivir. Strabon en parle ainsi. Le fleuve Bætis a deux embouchûres entre lesquelles est une Isle, qui a cent stades & même davantage de côtes maritimes: dans ces lieux, ajoute-t-il, il y a l'Oracle de Mnestée & la Tour de Capion bâtie pour une roche entourée de la Mer. C'est un ouvrage admirable, comme le Phare (d'Alexandrie) pour servir de signal aux vaisseaux; car outre les Bancs formez par le limon que charie le fleuve, son embouchûre

E e * est

CAP.

est dangereuse par les roches, qui sont cachées sous l'eau. Pomponius Mela[a] parle aussi de cette Tour ; mais cet endroit a été diversement corrompu par les faux Critiques. Ayant trouvé *in ipso mari monimentum Cepionis scopulo magis quam insulæ impositum*; ils ont cru que ce nom de *Cepionis* qu'ils ne connoissoient pas étoit pour *Geryonis*; parce que Philostrate,[b] dit que les habitans de Gades éleverent à Gades un tombeau à Geryon. Festus Avienus dit dans le même sens

Geryonis arx est eminus, namque ex ea
Geryona quondam nuncupatum accepimus.

Mais il n'étoit nullement question de ce Fort dans le passage de Mela. Ce dernier a voulu parler du même monument dont parle Strabon. Vossius reprend les Savans qui lisent *Cepionis* dans Strabon au lieu de *Cepionis*; car quoi qu'il y ait eu plusieurs Cæpions, on ne peut toutefois douter qu'il ne s'agisse ici de Quintus Servilius Cæpio fameux par le Triomphe dont il fut honoré après les avantages qu'il remporta sur les Lusitaniens, & plus fameux encore par son crime & par son suplice. Il fit apparemment bâtir cette Forteresse pour arrêter les courses des pyrates de Lusitanie, qui croisoient devant l'embouchûre du Guadalquivir, & infestoient les Flotes Romaines, comme l'Histoire de ce temps-là le fait connoître. Ce lieu s'apelle en langue vulgaire CHIPIONA par une erreur du peuple qui ne connoissant point Cæpion, & sachant que Scipion s'est signalé en Espagne, a cru que c'étoit ce heros dont ce lieu porte le nom. Cette erreur se trouve déja dans Jornandes[c]. *Monumentum adhuc conspicitur Scipionis.*

CAPIS, ancienne Colonie d'Italie, selon Frontin[d]. D'autres exemplaires portent GABIS.

CAPISA, Ville d'Asie dans le Paropanise, selon Ptolomée[e]. Son ancien Interprete Latin écrit CAPISSA; d'autres CATISA. Solin[f] écrit mal ce nom CAPHUSA, & met cette Ville près de l'Indus; en quoi il se trompe. Pline[g] écrit Capissa, & en parle comme d'une Ville, qui n'avoit pu se retablir depuis que Cyrus l'avoit détruite; mais la contrée où elle avoit été conserva le nom de CAPISSENE.

CAPISSA } Voiez l'Article prece-
CAPISSENE } dent.

CAPITAINIE, d'autres disent CAPITAINERIES; c'est ainsi que l'on apelle les Provinces maritimes du Bresil. Elles sont au nombre de XIV, & on les trouve en cet ordre en suivant la côte depuis la Riviere des Amazones jusqu'à la Province de Rio de la Plata.

Para,	Tamaraca,
Maragnan,	Pernambuc,
Siara,	Seregippe ou Ciryi,
Rio Grande	Baya de Todos los Santos,
Paraiba,	Los Ilheos,

CAP.

Porto Seguro,	Rio Janeiro,
Spiritu Santo,	San Vincente.

De ces XIV. Capitainies il y en a huit qui appartiennent immediatement au Roi de Portugal, & six qui sont à des Seigneurs particuliers de cette Nation, qui les ont acquis & peuplez à leurs dépens. Ces dernieres reçoivent leurs Gouverneurs du Seigneur à qui elles appartiennent ; mais elles reconnoissent la Souveraineté du Viceroi du pays, & ont chacune sous leurs dependances, de même que les Capitainies Royales, une, deux, ou plusieurs Colonies de Portugais. Pour ce qui regarde le détail de chacune de ces Capitainies, voiez leurs Articles particuliers.

CAPITALE, (la) on apelle ainsi la principale Ville d'un pays. Les Grecs se servoient du mot METROPOLE, pour exprimer la même chose. Quelquefois la Capitale est la résidence du Prince, quelquefois aussi le Prince reside ailleurs pour des raisons. Ainsi en France la Capitale est Paris, la résidence est Versailles. Cologne est la Capitale de l'Electorat; mais la residence de l'Electeur est à Bonne. Vienne, Madrid, Londres, Copenhague, Stockholm, &c. sont capitales & résidences en même temps.

CAPITALIA, Pline[h] parlant des Narées Peuple d'Asie, ajoute qu'ils ont pour bornes le Mont *Capitalia*, le plus haut de toutes les Indes ; que ceux qui habitent cette Montagne creusent d'un côté des mines d'où ils tirent de l'or & de l'argent.

CAPITANATE, Province d'Italie, au Royaume de Naples, dans la Pouille, dont elle fait une partie considerable. Elle est bornée au Septentrion, & à l'Orient par le Golphe de Venise, au Couchant par le Comté de Molise, & au Midi par la Principauté Ulterieure, la Basilicate & la Province de Bari. Les terres y sont séches & sablonneuses, dans les pâturages l'herbe est menue ; mais elle est excellente, & suffit à une grande quantité de bétail : on y en amene de l'Abruzze, & autres lieux du voisinage ; mais il n'y a presque point de bois. Ses Villes maritimes sont[k]

Termoli,	Manfredonia, Capitale de la Province,
Lesino,	Civita a Mare,
Vieste,	Rhodia,
	& Porto Greco.

Dans les terres sont les Villes suivantes,

Ascoli,	Bovino,
Lucera delli Pagani,	Salpe,
San Severo,	Volturata,
Siponte, elle est ruinée,	Dragonara,
Monte Sant-Angelo,	Farenzuola ou Ferentino,
	& Troia.

Ses moindres Villes & Bourgs sont

Monte Negro,	Guglionisi,
Campo Martino,	Pietra Catella,

Celenza,	Castelluzzo di Valle Maggiore,
Chieti, Ville ruinée,	Castelluzzo di Chiani,
Serra Capriola,	Orsara,
Santo Licandro,	Dellecito,
Porcina,	Sant-Leonardo,
Torre Maggiore,	Cerignola,
Volturno,	Foggia,
Alberona,	San Gioanni Rotondo,
	Ischitella.

Le Mont Gargan, aussi nommé le Mont Saint Ange occupe une partie de cette Province. Il y a aussi quelques Lacs : les plus considérables sont

Lago di Lesina,	Lago Salso,
Lago Varano,	Brisetino Lago,
& Canal Sant Antonio.	

Les Rivieres qui l'arrosent sont

L'Offante,	Le Candelare,
La Carapelle,	Le Fortore,
Le Cervaro,	Le Biferno.

CAPITELLO, petite Riviere de l'Isle de Corse. Elle se jette dans le Golphe d'Aiazzo du côté du Nord. Le Pere Briet[a] dit CAPITELLUS: *Capitello, olim Locra.* Mr. Baudrand dit *Capitella* en Latin, & est suivi par Mr. Corneille qui a cru bonnement sur la parole de Mr. Baudrand que les Latins avoient ainsi nommé cette Riviere, ce qui n'est pas vrai. Quant à la *Locra* des Anciens, les Interpretes de Ptolomée, & Leandre pretendent que son nom moderne est *Talado*.

[a] Parall. 2. part. l. 6. p. 1010.

CAPITOLE (le) en Italien CAMPIDOGLIO, Montagne de la Ville de Rome, fameuse par le Temple de Jupiter qui en étoit le plus remarquable, par les trois noms qu'elle eut successivement; & par la mention frequente qu'en ont fait les Poëtes pour designer la Ville de Rome par une de ses plus importantes parties, en quoi Mr. Racine a imité, lors que dans sa Tragedie de Mithridate ce Roi au lieu de dire à ses enfans qu'il les conduira en peu de temps à Rome leur dit ce beau vers[b]:

[b] Act. 3. Sc. 1.

Je vous rends dans trois mois au pied du Capitole.

Il est vrai qu'il y a de l'impossibilité dans l'exécution de cette promesse, & que de Nymphée Port de Mer sur le Bosphore Cimmerien dans la Chersonnese Taurique, il n'étoit pas possible qu'une Armée pût être transportée à Rome en trois mois ; mais ce n'est pas ici le lieu d'examiner cette exageration Poëtique.

Denys d'Halicarnasse[c] parlant de l'arrivée des Grecs en Italie sous la conduite d'Hercule déja vainqueur de l'Espagne & des pays Occidentaux, ajoute: quelques-uns de ceux qui avoient suivi ce heros dans ses conquêtes demanderent leur congé & l'obtinrent. Ils resterent dans cette contrée où ils s'établirent *Tom. II.*

[c] Antiq. Rom. l. 1. c. 26.

& bâtirent une petite Ville sur une colline dont la situation leur parut commode. Cette colline, qui n'est éloignée que de trois stades de *Palantium* (autre petite Ville bâtie sur le Mont Palatin par les Arcadiens autre Colonie de Grecs) se nomme aujourd'hui le Mont Capitolin, & s'appelloit en ce temps-là Saturnien. La plûpart de ces gens étoient Peloponesiens, Pheneates, ou Epéens nez dans l'Elide, tous determinez à ne plus retourner chez eux, parce que leur pays avoit été pillé & détruit dans les guerres que ces peuples avoient soutenues contre Hercule. Ils avoient aussi parmi eux quelques Troiens, qui sous le Regne de Laomedon avoient été faits captifs par Hercule, lorsqu'il prit Ilion d'assaut. Voiez SATURNE.

Elle changea de nom durant la guerre des Sabins. Tarpeia fille d'un homme distingué commis à la garde de cette Montagne où étoit la Citadelle, voyant passer les Sabins eut envie des braffelets qu'ils portoient au bras gauche & des anneaux qu'ils avoient au doigt. Elle menagea un entretien avec Tatius leur Roi, & convint de lui livrer la Citadelle s'il vouloit lui donner ces braffelets & ces bagues. Elle leur tint parole ; mais ils l'assommerent avec leurs boucliers. Je laisse aux Critiques à examiner les diferens motifs que les Historiens attribuent à cette fille, savoir si ce fut pour servir ou pour trahir sa patrie qu'elle traita avec les ennemis; mais on doit pancher pour le jugement le plus favorable[d] puisqu'elle reçut les honneurs de la sepulture sur la Montagne même où elle étoit morte, l'endroit de tout Rome le plus respectable, & que chaque année les Romains en renouvelloient la memoire. Quoiqu'il en soit, la Montagne prit son nom & fut appellée le Mont Tarpeien, ou la roche Tarpeienne ; Ovide[e] juge que Tarpeia étoit criminelle:

[d] Dionys. Halicarn. l. 2. c. 40.

[e] Metamor. l. 14. v. 775.

Tatius, patresque Sabini
Bella gerunt : arcisque via Tarpeia reclusa
Digna animam pœna congestis exuit armis.

Le même Auteur[f] dit à Jupiter, qui avoit un Temple sur le Capitole.

[f] Ibid. l. 15. v. 866.

Quique tenes altus Tarpeias, Jupiter, arces.

Virgile dit de même[g]:

[g] Æneid. l. 8. v. 347.

Hinc ad Tarpeiam sedem & Capitolia ducit
Aurea nunc, olim Sylvestribus horrida dumis.

Il dit encore ailleurs[h]:

[h] Ibid. v. 652.

Iu summo custos Tarpeia Jupiter arcis
Stabat pro Templo, & Capitolia celsa tenebat.

Properce qui ne juge pas plus favorablement qu'Ovide du dessein de Tarpeia dit, que ce fut du nom de son Pere que la Montagne fut nommée Tarpeienne[i].

[i] l. 4. Eleg. 4. v. 93.

A Duce Tarpeio mons est cognomen adeptus.

Ju-

CAP.

Juvenal toûjours outré dans ses figures nomme *Foudres Tarpeïens* les Foudres de Jupiter dont le Temple étoit sur ce Mont.

Satira 13. v. 78.
Tarpeiaque fulmina jurat.

Cette Montagne avoit d'un côté une pente assez douce & l'on y montoit par-là. C'est ce qu'on apelloit *Clivus Capitolinus*[b]. Elle étoit escarpée de l'autre côté & c'étoit ce qu'on apelloit *Saxum Tarpeium* & *Rupes Tarpeia*, d'où l'on precipitoit les criminels. Tite-Live[c] dit : *non obversatam esse speciem agminis Gallorum per rupem Tarpeiam scandentis.* Et Tacite dit[d] : *Sextus Marius Saxo Tarpeio dejicitur.*

[b] Cicero, pro Mil. c. 24. & 2. Phil. c. 7.
[c] l. 6. c. 17.
[d] Ann. l. 6. c. 19.

Elle fut enfin nommée le MONT CAPITOLIN, sous le Regne de Tarquin VII. Roi de Rome. Delivré[e] d'une longuë guerre contre les Gabiens il licentia son Armée, & ne songea plus qu'à bâtir des Temples pour acquiter les vœux de son ayeul : ce Prince dans la derniere bataille qu'il livra aux Sabins promit à Jupiter, à Junon, & à Minerve de leur élever des Temples si par leur secours il remportoit la victoire. Les Dieux l'ayant exaucé, il avoit déja par d'immenses travaux, comblé tous les environs d'une Montagne fort escarpée & applani le terrain sur lequel il avoit dessein de bâtir ; mais la mort precipitée dont il fut surpris l'empêcha de pousser plus loin ses ouvrages. Tarquin son petit-fils qui avoit destiné à la construction de ces Edifices les dixmes qu'il s'étoit reservé de la conquête de Suesse, fit venir un grand nombre d'ouvriers, pour commencer cette entreprise. Tandis qu'on creusoit bien avant en terre pour jetter les fondemens .. on trouva la tête d'un homme aussi fraîche que si elle venoit d'être coupée & le sang qui en découloit étoit encore chaud. Tarquin surpris de cette avanture fit cesser les travaux, & ayant fait venir les Devins du pays il leur demanda ce qu'ils en pensoient ... Tous renvoierent l'affaire aux Etrusques comme aux plus savans dans l'art de deviner. Informé du nom du plus habile entre les Devins Etrusques il lui dépêcha des Ambassadeurs. ...... Ce Devin, (que Pline[f] nomme Olenus Calenus) après plusieurs demandes captieuses qu'il leur fit leur repondit de la sorte[g] : Romains, raportez à vos citoyens que la volonté des Destins est que le lieu, où l'on a trouvé une tête, soit un jour la capitale de l'Italie. La Montagne depuis ce temps-là prit son nom de cette avanture, & fut apellée *Capitole* du mot *Caput* dont les Romains se servoient pour exprimer une tête. Tarquin sur cette reponse mit en œuvre les ouvriers pour continuer l'Edifice : il avança une grande partie de l'ouvrage qu'il ne put entierement achever, parce qu'il fut chassé de Rome dans le temps qu'il y faisoit travailler. Le Temple ne reçut sa derniere forme que la III. année du Gouvernement Consulaire. Il fut bâti sur la Cime de la Montagne. Il avoit huit arpents de tour (cela fait 1840. pieds Romains, ou ce qui est la même chose, selon Snellius & autres, 1840. pieds du Rhin.) On en peut juger, continue Denys

[e] Dionys. Halicar. l. 4. c. 59.

[f] l. 28. c. 22.
[g] Dionys. Halicarn. Ibid. c. 61.

CAP.

d'Halicarnasse, par celui qui fut bâti du temps de nos Peres sur les fondemens du premier, après qu'il eut été ruiné par l'incendie, & qui ne differe de l'ancien que par la richesse & la magnificence de ses ornemens. Sa façade represente trois ordres de colonnes, les côtez n'en ont que deux. Le Temple en renferme deux autres construits sur les mêmes fondemens & sous la même couverture, & ne sont separez les uns des autres que par les murailles, qui leur sont communes. Le Temple qui est au milieu est consacré à Jupiter, & ceux qui sont des deux côtez, sont dediez l'un à Junon, l'autre à Minerve.

Ce fut sur cette Montagne que Romulus planta un bois qu'il voulut être un asyle inviolable. Ovide dit[g] :

[g] Fast. l. 3. v. 431.

Romulus ut Saxo lucum circumdedit alto
Cuilibet huc, dixit, confuge, Tutus
eris.

Le Capitole d'aujourd'hui est remarquable par trois beaux Edifices, separez l'un de l'autre. Celui du milieu bâti sous Boniface IX. & reparé sous Gregoire XIII. & Clement VIII. sous la direction de Michel-Ange Buonarotti est la demeure du Senateur de Rome, qui y a divers tribunaux & des prisons. Ceux des deux côtez sont occupez par les Conservateurs de Rome. On voit aussi sur cette Montagne divers Palais ; savoir ceux des Carafelli, Ruspoli, Santacroci, Astalli, Massimi, Vaini, Capifucchi, & Savelli ; outre le Monastere di Torre, di Specchi, l'ancienne Eglise d'*Ara Cœli*, celles de S. Maria in Campitelli, de St. Adrien, de St. Côme & St. Damien, de St. Laurent in Miranda, de Ste. Martine & autres. On y a rassemblé un grand nombre de peintures très-exquises & d'excellentes statues. Voiez ROME.

CAPITOLIA, Ptolomée[h] parlant de Jerusalem dit que de son temps on la nommoit ÆLIA CAPITOLIA, c'est une faute de ses Copistes. Cette Ville fut nommée ÆLIA CAPITOLINA.

[h] l. 5. c. 16.

CAPITOLIAS, Ville de la Celesyrie, selon le même. Il la met au Nord d'Adraa, & à une distance encore plus grande de Gadara, au delà du Jourdain : & en cela il s'éloigne de la Table de Peutinger, qui la met entre ces deux Villes sur une même route, & à seize milles de l'une & de l'autre. Antonin la met sur la route de Seriane à Scythopolis entre Neve & Gadara à XXXVI. M. P. de l'une, & à XVI. milles de l'autre. Ce qui confirme la Table de Peutinger. Outre cela l'Itineraire d'Antonin repete les mêmes distances dans la route précedente. La Notice de Hierocles dans le Recueil de Schelstrate[i] met CAPETOLIAS, Καπετωλίας entre les Villes de la seconde Palestine. La Notice[k] du Patriarchat de Jerusalem met un Siége Episcopal Suffragant de Scythopolis. Une autre Notice[l] ancienne fait cet Evêché Suffragant de Nazareth. Celle de l'Archimandrite Nilus Doxapatrius[m] la met au contraire pour l'un des XXV. Archevêchez indépendans, & qui n'ayant point de Sufragans relevoient immediatement du Patriarche de Jerusalem. Celle de l'Evêque

[i] T. 2. p. 715.
[k] Ibid. p. 742.
[l] p. 766.
[m] p. 727.

CAP.

que de Cathare la nomme Capitolina; cependant la Notice[a] du Patriarchat de Jerusalem semble distinguer Capitolias de Capitolina, car elle marque CAPITOLIAS[b] comme premier Siége Suffragant de la Metropole Scythopolis, & dans la page suivante elle met Capitolina[c] entre les Suffragants de Jerusalem, c'est-à-dire entre les xxv. Siéges, qui relevoient immediatement du Patriarche.

CAPITOLINUS. Voiez CAPITOLE.

CAPITONIA &

CAPITONIANA, gîte en Sicile sur la route de Catina à Agrigente à xxiv. M. P. de la premiere, selon Antonin[d].

CAPITULENSES, il est fait mention de ce Peuple dans le Digeste[e]; & comme il y avoit une Ville nommée *Capitulum* on seroit porté à croire qu'ils en étoient les habitans; mais, comme le remarque Ortelius, ce Peuple étoit hors de l'Italie, au lieu que cette Ville y étoit. Ainsi il est plus naturel de dire qu'il s'agit là des habitans de Capitolias.

CAPITULUM, Ville d'Italie au pays des Herniciens. Strabon[f] dit : au dessus de Preneste, dans les Montagnes, est Capitulum, Ville des Herniciens. Pline[g] parle aussi de cette Ville, & la nomme *Capitulum Hernicum*. Frontin dans son livre des Colonies[h] la nomme CAPITOLUM, & dit que cette petite Ville reçut une Colonie conformément à la loi de Sylla.

CAPITURIA, Ville de Thrace, selon Procope[i]. Elle étoit dans la contrée du Mont Rhodope. Mr. Cousin dans sa Traduction Françoise écrit CAPISTURIE.

CAPIZZI[k], Château & Bourg de Sicile dans la vallée de Demona, & entre les Montagnes dites *Monti-Sori*, près de la source de la Riviere de Jarette à vingt milles de la côte de la Mer de Naples au Midi, & à près de trente du Mont Etna au Couchant.

CAPLIZA, ce mot semble signifier un bain en Langue Turque, quoique les Turcs nomment un bain HAMAM; mais c'est le nom particulier des bains que l'on trouve auprès de la Ville de Pruse en Bithynie. Mr. Tournefort[l] les décrit ainsi.

Les Bains de Capliza, au Nord-Nord-Ouest sont à un mille de la Ville & à main droite du chemin de Montania. Les Turcs les appellent JANI CAPLIZA, c'est-à-dire nouveaux Bains. Ce sont deux bâtimens tout près l'un de l'autre, dont le plus grand est magnifique, relevé de quatre grands dômes couverts de plomb, percez comme en écumoire, s'il m'est permis de me servir de cette comparaison; & tous les trous de ces dômes sont fermez par des cloches de verre semblables à celles dont les jardiniers se servent pour couvrir les melons. Toutes les sales de ce Bain sont pavées de marbre. La premiere est fort grande, & comme partagée en deux par une Arcade Gothique. Le milieu de cette sale est occupé par une belle fontaine à plusieurs tuyaux d'eau froide, & le tour des murailles est relevé d'une banquette de deux pieds, couverte de nattes, sur lesquelles on quitte ses habits. A droite sont les Salons où l'on se baigne, éclairez par des dômes percez de même que les grands. On tempere dans ces appar-

CAP.

temens les sources d'eau chaude avec celles d'eau froide. Le reservoir de marbre où l'on se baigne & où l'on nage si l'on veut, est dans la derniere sale. On fume dans cette maison, & l'on y boit du Caffé & du Sorbec; ce dernier n'est que de l'eau à la glace, dans laquelle on delaye quelques cueillerées de raisiné. Ce Bain n'est destiné que pour les hommes, les femmes se baignent dans l'autre; mais il n'est pas si beau, les dômes en sont petits & couverts de ces tuiles creuses, qu'on appelle des Fequieres à Paris. Les sources d'eau chaude coulent sur le chemin, qui est entre les deux Bains. Leur chaleur est si grande, que les œufs y deviennent mollets dans dix ou douze minutes, & tout à fait durs en moins de vingt; ainsi l'on n'y sauroit souffrir le bout du doigt. L'eau qui est douce, ou plutôt fade, sent un peu la teinture du cuivre; elle fume continuellement. Les parois des canaux sont couleur de rouille, & la vapeur de ces eaux sent les œufs couvis. Ces Bains sont sur une colline, qui se perd dans la grande plaine de Pruse. Sur la même croupe ou sur le chemin de Montania & de Smyrne, il y a deux autres Bains dont l'un est nommé CUCHURTLI, à cause que ces eaux sentent le soufre. C'est Rustom Pacha, gendre de Solyman II. qui en a fait faire le bâtiment.

A deux milles de Pruse, & à un mille des Bains nouveaux, sur le chemin qui va de Smyrne à la Ville de Cechirgé sont les anciens Bains de Capliza, que les Turcs appellent ESKI-CAPLIZA. Le Docteur Marc Antoine Cerci nous y accompagna, & nous fit remarquer que dans ce village il y avoit un bel Imaret; c'est sans doute celui qui fut fondé par Mourat I. Les eaux du vieux Capliza sont fort chaudes, & quoique le bâtiment soit à peu près comme celui des nouveaux Bains, & par consequent peu ancien; il y a beaucoup d'apparence que ce sont les eaux chaudes Royales dont se servoient les Grecs, du tems que leur Empire florissoit, & dont Constantin[m] & Etienne de Byzance[n] ont fait mention. Mahomet I. les fit rétablir & mettre dans l'état où elles sont. Outre ce grand Bain, il y a dans le même village un autre Bain plus petit, que les Turcs frequentent aussi & où ils se font donner la douche. Les eaux de tous ces Bains, tant vieux que nouveaux, blanchissent l'huile de Tartre, & ne font rien avec le papier bleu.

CAPNOBATÆ, surnom que Strabon dit que l'on donnoit aux Mysiens. Voiez MYSIE.

CAPO, ce mot signifie en Italien, TETE, CHEF, CAP, PROMONTOIRE. Voiez au mot CAP.

CAPO-BLANCO, Cap de l'Amerique, dans la Mer du Sud, au Continent du Mexique; en la partie Occidentale de l'Isthme de Panama. [o] Il est ainsi appellé à cause de deux rochers blancs, qui se découvrent de loin. A les voir en Mer & vis-à-vis du Cap, il semble qu'ils en font partie; mais quand on est plus près de terre, soit à l'Est, soit à l'Ouest du Cap, ils paroissent d'abord comme deux vaisseaux à la voile; mais à les voir de plus près,

près, on diroit que ce font deux hautes Tours, étant petits, hauts, escarpez de tous côtez, & éloignez du Cap d'environ demi-lieue. Ce Cap est à 9. d. 56'. de latitude Nord. Ce Cap est une pointe complette où regnent jusqu'à la Mer des rochers escarpez. Son sommet est plat & uni durant près d'un mille (Anglois) après quoi il commence à baisser peu-à-peu, & fait de chaque côté une agréable pente. Il paroît tout-à-fait charmant à la faveur des grands & magnifiques arbres dont il est couvert. La côte qui regne depuis le Nord-Ouest du Cap jusqu'au Nord-Est durant environ quatre lieues forme une petite Baye que les Espagnols appellent CALDERA. A une lieue avant dans le Cap Blanc du côté du Nord-Ouest, & à l'entrée de cette Baye il y a un petit ruisseau de très-bonne eau qui se jette dans la Mer. Ici le terrain est bas, & fait une espece de selle entre deux Montagnes. Le pays est extrêmement riche, & produit de gros & grands arbres. La terre est noire & profonde, & l'Auteur cité dit l'avoir toûjours trouvée grasse. Environ à un mille de ce ruisseau du côté du Nord-Est finit le pays boisé; c'est-là que commencent les pacages, qui s'avançant dans le pays à quelques lieues forment plusieurs petites Montagnes & vallées. Ces pacages ne sont pas entierement sans arbres; mais il y a par ci-par là de petits bocages, qui les rendent très-agréables. Ces pacages produisent une herbe épaisse & longue; mais très-bonne. Je n'en ai point vû, poursuit-il, de meilleure dans les Indes Occidentales. Vers le fond de la Baye le terrain d'auprès de la Mer est bas & plein de mangles; mais plus avant dans le pays le terroir est haut & montueux. Les Montagnes sont en partie couvertes de bois, & en partie de pacages. Les arbres de ces bois sont petits, & courts, & les Montagnes des pâturages sont mediocrement herbeuses. Depuis le bout de cette Baye jusqu'au Lac de Nicaragua sur la côte Septentrionale de la Mer, il n'y a que quatorze ou quinze lieues. Sur le chemin entre la Baye & le Lac il y a quelques Montagnes; mais la plus grande partie est des pâturages.

CAPO-COCO, Cap de Sicile. Voiez LILIBAEUM.

CAPO D'ISTRIA. Mr. Baudrand dit qu'on l'apelle autrement CAVO DISTRIA, & c'est même cette Orthographe qu'il prefere, quoi qu'elle soit la moins bonne. Petite Ville de l'Istrie dans la Mer Adriatique, & dans le Golphe particulier de Trieste, au Midi de l'Embouchûre du Risano Riviere que les anciens ont connue sous le nom de Formio. Cette Ville est située dans la Mer, sur un écueil qui a la forme d'un bouclier. Le P. Coronelli[a] lui donne 36. d. 36'. de longitude, & 45. d. 31'. de latitude Septentrionale, & trois milles de Tour. Cette ressemblance avec un bouclier a donné lieu aux Poëtes de l'orner de leurs fictions. Ils ont feint que Neptune en colere contre Pallas de ce qu'à son préjudice, elle avoit eu l'avantage de donner son nom à la Ville d'Athenes, la poursuivit jusqu'à cet endroit où l'Egide de la Déesse étant tombée dans la Mer fut changée en un

[a] Isolar. 1. part. p. 137.

rocher, sur lequel on éleva une Ville, qui porta le nom de Palladienne. Ce qu'il y a de plus vrai c'est que cette Isle, ou cet écueil se nommoit ÆGIDA, & fut appellé ensuite JUSTINOPOLIS. Voiez ÆGIDA. On prétend que ce fut Jason, l'un des Argonautes, qui à son retour de la Colchide s'y arrêta avec Medée & la toison d'or, & en ayant trouvé la situation commode pour soutiens; savoir Ætète Roi de Colchos à la droite, & Pallas à la gauche. L'an 44. de l'Ere Chrétienne le peuple converti à la foi, quita l'Idolâtrie & bâtit l'Eglise, qui est aujourd'hui la Cathedrale. On croit que c'étoit auparavant un Temple consacré à Cybèle. Du moins la grande porte vers le Midi a été bâtie des pierres du tombeau d'un grand Prêtre de cette Déesse, comme il se voit par une inscription. Les colonnes sont posées sur deux Lions avec une tête de Vache. Voici les paroles de l'inscription

L. PUBLICIUS SYNTROPUS ARCHIGALLUS V. F. SIBI H. M. H. N. S.

Ce qu'on explique ainsi

LUCIUS PUBLICIUS SYNTROPUS ARCHIGALLUS VIVENS FECIT SIBI HOC MONUMENTUM HÆREDIBUS NON SUIS

C'est-à-dire:

Lucius Publicius Syntropus Archiprêtre de Cybèle, s'est fait faire pendant sa vie ce monument, n'ayant que des heritiers, qui ne lui appartenoient pas.

On sait que les Prêtres de Cybèle étoient tous Eunuques.

L'an 210. les habitans d'Egide, voulant avoir un passage aisé de leur Isle à la terre ferme, commencerent le chemin qu'on voit aujourd'hui; mais en même temps ils penserent à se mettre à couvert des incursions des Barbares, qui commençoient à ravager les Provinces Romaines. Ils éleverent un Château sur un écueil, qui se trouva dans le chemin & le nommerent CASTEL LEONE. L'inondation des Huns, des Goths, des Herules, & des Lombars entraina cette Ville aussi bien que le reste de la Province. Malgré sa situation avantageuse, elle fut contrainte de subir leur joug; & exposée à leurs insultes & à leurs ravages. L'Empereur Justin I. la rétablit & c'est pour cela qu'elle en prit le nom; qu'elle garda jusqu'à ce que les Venitiens l'ayant aquise lui eussent donné celui de Capo d'Istria, c'est-à-dire Chef de l'Istrie, parce qu'en

CAP.   CAP.

qu'en effet elle en fut déclarée la Metropole. Tant qu'elle fut soumise aux Romains, elle jouït des mêmes prerogatives que les autres Colonies, qui avoient le droit de Bourgeoisie Romaine, & ses principaux Citadins étoient honorez de la Robe Consulaire, de couleur violette, & noire, à manches larges avec la Barrete & l'Etolle, comme les Senateurs de Venise. Cet usage se conserva jusqu'au commencement du XVI. siécle, & on en garde la memoire dans un grand tableau placé dans la Cathedrale, où sont les portraits de quantité de Citoyens ainsi vêtus. On voit un beau monument de l'ancien pouvoir de cette Ville dans un Aqueduc, qui s'étend deux milles avant dans la Terre ferme à un lieu où est une très-belle source. L'eau en est portée dans des Canaux d'une massonnerie souterraine jusqu'au bord de la Mer, à un lieu nommé la Colonne, & delà dans des Canaux de bois, par dessous la Mer jusqu'à la Ville. Capo d'Istria a été long-temps soumise à la jurisdiction des Patriarches d'Aquilée; elle se gouvernoit cependant par ses propres Loix en forme de Republique, & envoyoit ses Citoyens pour gouverner les places & les terres de la Province. Elle eut assez de forces pour mesurer ses armes non seulement avec celles des Trevisans & autres voisins; mais même avec les Venitiens, qui la soumirent enfin & la rendirent tributaire, le Doge Pierre Candien II. l'ayant prise d'assaut l'an 932. de sorte qu'elle fait presentement partie de la Republique de Venise, aussi bien qu'une partie de l'Istrie, dont une autre partie est possedée par la Maison d'Autriche. Il y en a qui veulent que quand Justin l'eut reparée le Pape Jean I. à sa sollicitation établir un Evêque l'an 526. mais l'opinion la plus suivie est que ce fut Etienne II. l'an 752. ou même en 756. sous Galla V. Doge de Venise. Le Chapitre fut fondé en 1221. pour douze Chanoines; il est presentement de treize dont il y a trois Dignitez, le Doyen, l'Archidiacre, & l'Ecolâtre. Après qu'elle se fut entierement soumise à la Republique de Venise le 25. Fevrier 1278. on lui conserva ses privileges; il est vrai qu'en 1380. elle fut prise par les Genois, qui en d'autres occasions encore la brûlerent & la saccagerent parce qu'elle n'étoit pas entierement entourée de murailles; mais le Senat fit achever ce grand ouvrage l'an 1478. sur les instances des habitans. Depuis ce temps-là la Ville a été decorée par quantité d'édifices & sur tout d'Eglises. On en compte dans son enceinte jusqu'à quarante outre la Cathedrale. Cette derniere est d'une ancienne structure; elle a trois nefs soutenues sur dixhuit belles colomnes de marbre, & est sous l'invocation du Nôtre-Dame du titre de Ste Marie Majeure. Elle fut agrandie en 1490. & huit ans après on en refit le portail de marbre blanc. Elle est ornée de belles & riches chapelles & de reliques remarquables; on y garde entre autres le corps de St. Alexandre Pape, & celui de St. Nazaire patron de la Ville. On les avoit portez à Genes; mais ils furent rendus en 1422. L'Eglise de Ste Marie des Servites est parfaitement belle; on commença à la reparer en 1581. de la maniere dont elle est aujourd'hui. Celle de St. Dominique est d'une beauté majestueuse, qui imprime du respect. Les Genois l'avoient détruite; mais elle a été rebâtie des aumônes des habitans, qui ont d'autant plus de veneration pour ce Couvent que c'est, dit-on, un des trois que St. Dominique a lui même fondez. L'Inquisition a son Tribunal dans un Couvent de Franciscains & l'Eglise dediée à St. François, aussi bien que celles de Ste Anne & de St. Gregoire sont fort frequentées. L'Eglise de Ste Claire est au lieu où l'on croit qu'étoit autrefois le Palais Consulaire. La Maison de Ville est un ancien bâtiment & l'on assure que c'étoit anciennement le Temple de Pallas; on ajoute que la Figure qui represente la Justice, & qui est placée entre les deux tours dans la façade étoit la statue de cette Déesse. Au dessous d'elle on lit ce Vers:

Palladis, Atlea fuit hoc memorabile Saxum.

Le P. Coronelli[a] qui fournit tous ces détails, dit que ce vers est écrit en anciens Caractères Gothiques; mais il se trompe, les Caractères Gothiques ne sont pas anciens. Cette Ville isolée, comme il a été dit, a un air sain & temperé, la Mer lui fournit du poisson en abondance, deux bras de Montagnes qui s'avancent de chaque côté comme pour l'embrasser, sont couronnez d'Oliviers, & les vignes des environs fournissent jusqu'à 28000. mesures[b] d'excellent vin, & enfin on compte dans son territoire 55. villages. Son plus grand revenu consiste dans les Salines y ayant vers le Levant & vers le Midi autour de trois mille bassins, qui rendent toutes les années plus de 7000. muids de sel; outre ce que l'on en consume journellement sur les lieux; & après que la Republique en a fait sa provision, elle permet qu'on transporte le reste dans les Provinces voisines.

CAPONS, Mr. Corneille nomme ainsi un Peuple de Negres en Afrique sur la côte, apparemment sur celle de l'Ocean. Il dit que leur pays est éloigné de deux cens lieues de celui des Ambosins, qu'il est situé à un degré & demi de l'Equateur du côté du Nord, & s'étend par un long espace vers le Sud. Il cite Davity. Ce Peuple n'est autre chose que les habitans du Royaume de GABON. Voiez ce mot.

CAPORI ou CAEPORI, ancien Peuple de l'Espagne Tarragonnoise. Pline[c] lui donne pour Ville *Noela*, que l'on croit être presentement *Noya*, sur la Riviere de Tambre. Ptolomée[d] nomme aussi ce Peuple & lui assigne deux Villes, savoir *Iria Flavia*, que quelques-uns nomment *Padron*, entre autres les Interpretes de ce Géographe, & d'autres *Compostelle* mot formé par abreviation de *Jacomo Apostolo*; le R. P. Hardouin[e] est de cette derniere opinion; l'autre Ville selon Ptolomée est *Lucus Augusti*, presentement *Lugo*.

CAPORIE, Mr. Baudrand dit, petite Ville de Suede en Ingrie sur le Golphe de Finlande, environ à douze lieues de Ivanogorod. Voiez COPORIO, qui est le vrai nom.

CAPORTES, lieu particulier d'Afrique dans

[a] Ibid.
[b] Orne.
[c] l. 4. c. 20.
[d] l. 2. c. 6.
[e] in l. 1. Plinii.

dans la Marmarique, selon Ortelius[a]. Mais à moins que cette Province ne s'étendît jusqu'aux portes d'Alexandrie d'Egypte, son opinion ne peut être vraye, car il est sûr que *Caportes* ou *Caportis*, étoit sur la route de *Ptolemaïde*, ou même de *Paraetonium* à Alexandrie; qu'entre Catabathmos & Geræ étoient les bornes du territoire d'Alexandrie d'Egypte; & qu'enfin Caportes est le dernier gîte de cette route, sans que l'Itineraire[b] marque la distance, qui restoit de ce lieu à la Ville. Cela a engagé Zurita[c] à dire que la Ville même d'Alexandrie est designée par ce nom, & qu'il faut lire Rhacotes dans Pline[d], qui dit que c'est le nom du lieu où Alexandrie d'Egypte fut bâtie par Alexandre le Grand. Voiez RHACOTES. Le changement est un peu violent de *Caportes* en *Rhacotes*. Zurita assure que tous les exemplaires qu'il a conferez ont tous *Caportis* d'une maniere très-uniforme. Celui du Vatican porte *Caportim*, comme les autres. La difficulté seroit levée, si l'Itineraire contenoit la somme totale de cette route, comme c'est l'ordinaire de l'y trouver. Mais elle n'y est pas trouvée dans cette occasion; ainsi on ne peut gueres dire que par conjecture si Caportes est mis là comme un ancien nom du lieu où étoit la Ville même. Il y a plus d'apparence qu'il designe un lieu particulier, qui étoit précisément à XVI. milles du dernier gîte, & d'où il n'y avoit plus qu'un peu de chemin jusqu'à la Ville; & que l'Itineraire a mieux aimé nommer ce lieu qu'Alexandrie, à cause de la justesse des milles, & pour en faire un compte rond.

CAPOSWAR, Ville de la Basse Hongrie dans le Comté de Sigeth, sur la petite Riviere de Kapos; Mr. Corneille se trompe, elle est dans le Comté de Tolna. Voiez KAPOS & KAPOSWAR.

CAPOTENA, Ville d'Asie dans l'Arie, selon Ptolomée[e]. Quelques exemplaires portent CAPUTANA. Le Grec lit Καπουτάνα.

CAPOTES, Montagne d'Asie, où est la source de l'Euphrate. Licinius Mutianus au raport de Pline[f], disoit avoir vû cette source au pied du Mont *Capotes*. Solin[g] dit de même de cette Montagne. Martianus Capella[h] dit CAPODES, qui revient à Capotes & le livre de la Mesure de la terre, qui est en manuscrit dans la Bibliotheque du Roi de France porte CATOTEN, selon le R. P. Hardouin[i]; sur quoi je remarque que selon Saumaise les meilleurs manuscrits de Solin, & les extraits portent CATOTEN. Ce qui peut faire de la dificulté; c'est que la source de l'Euphrate est mise par Domitius Corbulon au Mont ABA, selon Pline[k], & par Licinius Mutianus au Mont CAPOTES, selon le même Pline. Cela pourroit être également vrai en ce que l'Euphrate avoit plusieurs sources, qui toutes portoient le nom d'Euphrate, comme il paroît par le livre de Xenophon en son livre de la retraite des dix Mille; quoi que dans la suite, on ait donné des noms propres à quelques-unes comme à l'Arsanius & autres. Mais nous ne savons gueres aujourd'hui de quelle source chacun a voulu parler; & comme Saumaise le remarque à l'endroit cité, la diversité des temoignages a jetté sur les sources de l'Euphrate une obscurité dificile à dissiper. Mr. de Tournefort[l] qui a vu lui même ces lieux n'en parle gueres d'une maniere plus lumineuse; quoi qu'il raporte le sentiment des anciens, mais sans le concilier.

1. CAPOUE, Ville d'Italie dans la Campanie; il ne faut pas la confondre avec la Ville de Capoue d'aujourd'hui, qui est à deux milles des ruines de l'ancienne. J'en ferai donc deux Articles, ces deux Villes étant diferentes par leur situation.

CAPOUE étoit d'une antiquité très-reculée, comme l'écrit Velleius Paterculus[m]. Elle étoit même la capitale non seulement de la Nation; mais encore des Villes circonvoisines. Florus[n] dit: Capoue la capitale des Villes, comptée autrefois entre les trois plus grandes Villes, les deux autres étoient Rome & Carthage. Il semble deriver le nom *Capua* du mot *Caput*, qui veut dire tête. Strabon[o] l'appelle *tête* ou *chef* Κεφαλὴν, vraiment chef, comme son nom le signifie. Cependant ce n'est qu'une allusion plutôt qu'une Etymologie de ce nom. Et si au même endroit elle meritoit si bien ce nom de chef ou capitale que si on lui comparoit les autres Villes, elles ne paroissoient que des Bourgs auprès d'elle, excepté une seule, savoir Theanum Ville fort celebre. Capoue étoit sur la voye Appienne. Strabon assez content de la pretendue origine du nom de Capoue la repete dans le même livre[p]: les Tyrrheniens, dit-il, habitoient douze Villes dont celle-ci étoit en quelque sorte la capitale. Mais de même qu'ils avoient auparavant été chassez du pays qu'ils avoient habité auprès du Pô, de même ils furent chassez de celui-ci par les Samnites que les Romains en chasserent à leur tour. Tite-Live[q] parle aussi de cette conquête de Capoue par les Samnites conduits par CAPYE leur chef, & c'est de ce nom qu'il insinue qu'est venu celui de la Ville; mais cette origine du mot Capoue ne lui plaît pas tant que celle qui le derive de *Campus*, champ, ou pour me servir de ses termes *à Campestri agro*. Pline[r] est pour ce dernier sentiment; *Capua ab Campo dicta*. Tite-Live[s] semble dire que le nom qu'elle portoit auparavant étoit Vulturne, qui est aussi celui de la Riviere qui passe à Capoue, la Ville moderne; mais l'ancienne étoit entre le Vulturne & le Literne ou le Clanius; à distance presque égale de ces deux Rivieres. Vulturne Colonie étoit un Port de Mer à l'embouchûre de la Riviere de même nom, & par consequent Capoue qui étoit dans les terres, & à une bonne distance de cette Riviere. La fertilité du territoire de l'ancienne Capoue étoit très-commode pour ceux qui ne cherchent que la volupté. Ciceron s'adressant dans une de ses harangues à un Consul, qui avoit abusé de son autorité lui dit[t]; croyez-vous être Consul à Capoue, Ville où a été autrefois le Siége de l'Orgueil, ou à Rome où avant vous les Consuls ont été soumis au Senat? On sait que les Delices de Capoue affoiblirent si fort Annibal parce que ses troupes y amollirent leur courage, que cela causa sa perte; & le retablissement de la Republique Romaine. Elle paya cher la bonne reréception qu'elle avoit faite à cet Ennemi de Rome elle fut reduite en Prefecture ; mais Cesar étant Consul lui rendit ses anciens privileges, environ CLII. ans après qu'on les lui avoit ôtez. Cette ancienne Ville ne subsiste plus, & on en voit encore d'assez belles ruines près de l'Eglise de Nôtre-Dame des Graces. [a] Elle fut detruite par Genseric Roi des Wandales. Les Ostrogoths s'en emparerent ensuite, & Narses les ayant chassez tâcha de la reparer ; mais les Lombards survinrent, qui la ravagerent de nouveau & la détruisirent entierement. On ne sait pas bien en quel temps fut commencée la Nouvelle Capoue.

[a] *Schotti Itiner. Ital. p. 508.*

2. CAPOUE, Ville d'Italie au Royaume de Naples, sur le Vulturne ; quoi qu'elle soit à deux milles de l'ancienne Capoue, elle ne laisse pas d'avoir été bâtie de ses ruines. Mr. Misson en parle ainsi dans son Voyage d'Italie[b]. De Ste Agathe à Capoue il y a XVI. milles. Le pays est assez uni particulierement en approchant de Capoue & la campagne est belle & fertile. Cette Ville est petite & peu considerable à tous égards. On y voit plusieurs inscriptions & plusieurs marbres qu'on y a apportez de l'ancienne Capoue. Celle-ci est à deux milles de l'autre, assez près des Montagnes du côté de l'Est, & le Bourg qui est appellé Ste Marie est presque tout bâti des debris informes de cette délicieuse & orgueilleuse Ville. De Capoue à Naples il y a seize milles. Cette Ville moderne a néanmoins été une Principauté particuliere d'un Prince Lombard, avant que les Normands eussent incorporé toutes ces petites Souverainetez pour en faire le Royaume de Naples aujourd'hui. [c] Capoue jouït d'un Siége Archiepiscopal érigé en 968. par le Pape Jean XIII.

[b] T. 2. p. 25.

[c] *Baudrand Ed. 1705.*

CAPPA, Peuple de l'Amerique Septentrionale dans la Louïsiane sur le bord Occidental du fleuve Mississipi, vers le 34. d. de latitude. Mr. de l'Isle écrit KAPPA.

CAPPADOCE, grand pays d'Asie, ce mot ne signifie pas toûjours la même étendue de pays & il faut distinguer la grande Cappadoce d'avec la Cappadoce Pontique ; & la Cappadoce I. d'avec la Cappadoce II. comme je le dirai ci-après. Pline dit[d] : la Morimene s'étend le long de la Galatie, & ce qui les distingue c'est la Riviere Cappadox d'où ont pris le nom de Cappadociens ceux qui étoient auparavant nommez Leuco-Syriens. Cette Riviere étoit fort petite sans doute, & fort peu connue puisque Pline est le seul des anciens qui l'ait nommée. Le R. P. Hardouin dit qu'elle se perd dans le Halys ; mais au lieu que la Nation ait pris son nom delà il y a plus d'apparence que cette petite Riviere prenoit le nom de la Nation. Strabon qui étoit lui-même Cappadocien nous rend compte[e] de quelques unes des divisions ; & les explique ainsi. Il convient qu'on ne sait absolument point l'ancienne constitution de ce pays. Mais les Perses en étant devenus les maîtres le diviserent en deux Gouvernemens ou Satrapies. Les Macedoniens l'ayant conquis sur les Perses, consentirent en partie de leur bon gré, en partie faute de pouvoir l'empêcher,

[d] l. 6. c. 3.

[e] l. 12. init.

que ces Gouvernemens fussent changés en autant de Royaumes : l'un fut nommé la Cappadoce propre ou la grande Cappadoce, ou la Cappadoce près du Mont Taurus. L'autre fut nommé la Cappadoce Pontique, ou le Royaume de Pont. Eustathe dans son Commentaire sur Denys le Periegete repete précisement les paroles de Strabon. Etienne le Byzantin distingue la Cappadoce en Majeure & Mineure Εἰς μείζονα καὶ ἐλάττονα, en grande & en petite Εἰς μικρὰν καὶ μεγάλην. Du temps d'Archelaus & sous ses predecesseurs les plus proches la Cappadoce étoit divisée en dix Gouvernemens ou Provinces, ce qui doit s'entendre de la grande Cappadoce. Il y en avoit cinq près du Mont Taurus, savoir,

La Melitene,   La Cilicie,
La Cataonie,   La Tyanitide.
& l'Isauritide.

Les cinq autres plus éloignées du Mont Taurus étoient moins connues, & leurs noms sont plus obscurs. Les voici néanmoins :

La Lavinasene,   La Chamanene,
La Sargasene,   La Saravene (le Grec
                  porte Sargavene)
& la Moramene.

Les Romains y en ajouterent une onziéme, savoir un demembrement de la Cilicie, qui avoit autrefois appartenu à Archelaus autour de Castabala & de Cybistra jusqu'à Derbe d'Antipater le Brigand. Voiez ces Provinces à leurs Articles particuliers.

Outre la grande Cappadoce dont je viens de parler, & dans laquelle étoient les XI. Provinces dont on vient de lire les noms, il y avoit la Pontique, c'est-à-dire le Royaume du Pont. Voiez PONT & PONTIQUE.

La petite Armenie a été aussi comprise sous le nom de Cappadoce, & quelquefois elle a été regardée comme en ayant été separée ; mais à dire vrai les bornes qui les distinguoient sont très-confuses, & tel donne à la grande Cappadoce ce que les autres assignent à l'Armenie Mineure, & au contraire d'autres retranchent à la derniere de ces Provinces pour accroître la premiere. La grande Cappadoce elle-même est divisée en deux parties par Strabon à l'endroit cité ; savoir en Taurique où étoient les V. premieres Provinces, & en Mineure dans laquelle il met les V. autres.

Ptolomée traite conjointement le Pont & la Cappadoce, à laquelle il donne pour bornes la Galatie & partie de la Pamphylie ; au Midi la Cilicie, suivant une ligne prolongée delà le long du Mont Taurus jusqu'à l'Amanus ; ensuite une partie de la Syrie le long de l'Amanus jusqu'à l'Euphrate ; à l'Orient la Grande Armenie le long de l'Euphrate depuis le Mont Amanus, jusqu'à la courbure la plus Septentrionale de ce fleuve qui se tourne là vers l'Orient, & delà une ligne qui passe par les Monts Moschiques ; & enfin au Nord une partie du Pont-Euxin depuis cette ligne jusqu'à Amise de Galatie.

Cet

CAP.

Cet Auteur divise ainsi la Cappadoce.

Le Pont { Galatique, Polemoniaque, Cappadocien. } Les Strategies ou Gouvernemens de { Chamanes, Sargarauſena, Garſaurie, Cilicie, La Lycaonie, L'Antiochiane, }

Le Gouvernement de La Tyanitide.

Il donne dans un Chapitre à part à l'Armenie Mineure, outre les Villes ſituées ſur l'Euphrate, les Gouvernemens ſuivans,

La Melitene, La Muriane,
La Cataonie, La Lavianeſine,
& l'Abarene, ou la Rhavene.

Ainſi on voit que l'Armenie Mineure de cet Auteur ne ſe forme que des demembremens de la grande Cappadoce de Strabon.

Mais cette vaſte étendue de la Cappadoce, telle que ces deux Géographes la fourniſſent a été bien reſſerrée depuis. Les Romains déja maîtres de la Bithynie [a] par le Teſtament de Nicomede, qui en étoit Roi du temps de Sylla, gagnerent du temps de Pompée [b] le Royaume du Pont où commandoit Mithridate qu'ils défirent ; & joignirent ce Royaume à la Bithynie, n'en faiſant qu'une Province Romaine. Mithridate avoit depoſſedé Ariobarzane Roi de Cappadoce, les Romains l'y rétablirent. Sextus Rufus ajoute: les Cappadociens ont toûjours été prêts à prendre les armes pour nous, & ils ont eu tant de reſpect pour la Majeſté Romaine qu'afin d'honorer davantage l'Empereur Auguſte, ils ont nommé Ceſarée la plus grande Ville de la Cappadoce qui eſt Mazaca. Enſuite ſous l'Empire de Claudius Archelaus étant venu de Cappadoce à Rome, & y étant mort après y avoir été long-temps priſonnier, la Cappadoce fut reduite en forme de Province. Ce fut donc ſous l'Empire de Claude que la Cappadoce ceſſa d'être un Royaume, de même que le Pont Polemoniaque ſous Neron, & l'Armenie ſous Trajan devinrent des Provinces Romaines.

[a] Florus l. 3. c. 5.
[b] Sext. Ruf.

Le changement fut encore bien plus grand dans la ſuite. Car au lieu que le Pont, & l'Armenie Mineure, n'avoient été anciennement que des parties que l'on comprenoit ſous le nom general de Cappadoce auſſi bien que le pays qui portoit principalement ce nom, il ſe trouva au contraire que l'on forma un grand Dioceſe, ſous le titre de Dioceſe du Pont, ſous lequel on rangea huit Provinces, ſelon la diviſion de l'Empire faite ſous l'Empereur Adrien. Ces Provinces étoient

La Galatie, La Cappadoce I.
La Bithynie, La Cappadoce II.
L'Hellenopont, La Paphlagonie,
Le Pont Polemoniaque, L'Armenie.

CAP.

Une Notice dreſſée ſous Arcadius & Honorius met dans le département du Prefect du Prétoire d'Orient le Dioceſe du Pont, contenant,

La Galatie, Le Pont Polemoniaque,
La Bithynie, L'Hellenopont,
L'Honoriade, L'Armenie I.
La Cappadoce I. L'Armenie II.
La Cappadoce II. La Galatie Salutaire.

En ce ſens ces deux Cappadoces, ſavoir la I. & la II., ne font enſemble qu'une petite partie de la grande Cappadoce de Strabon.

La Cappadoce I. étoit bornée à l'Orient par la I. Armenie & par l'Antitaurus ; au Midi par la Lycaonie & la Cappadoce II., au Couchant par la Galatie Salutaire, & au Nord par l'Hellenopont. Les Notices Epiſcopales lui donnent pour Villes, qui chacune avoient leurs Siéges,

Ceſarée, ou Mazaca, Camuliane,
Thermes, Ciſciſſe,
Nyſſe, Theodoſiopolis.

La Cappadoce II. avoit au Couchant la Lycaonie, au Nord la Cappadoce I., à l'Orient l'Armenie II., & au Midi l'Iſaurie & la Cilicie. Le P. Charles de St. Paul dit que l'Empereur Valens l'établit en haine de St. Baſile. Pour éclaircir cette difficulté, que les Hiſtoriens Eccleſiaſtiques, tels que Socrate, Theodoret, & Sozomene, ne raportent en aucune façon ; il faut avoir recours aux Ecrits de St. Baſile, & de St. Gregoire de Nazianze & autres. Voici en ſubſtance ce qu'en dit Baronius [c]. Valens ayant embraſſé l'Arianiſme devint le perſecuteur des Orthodoxes & ayant exilé pluſieurs Evêques Catholiques livra leurs Siéges aux Ariens. Il auroit voulu faire le même traitement à St. Baſile Evêque de Ceſarée & Metropolitain de toute la Cappadoce, s'il n'avoit été detourné de ce deſſein par des miracles redoublez que racontent les Hiſtoriens de l'Egliſe. Cependant pour diminuer l'autorité d'un Evêque qu'il n'avoit pu engager à communiquer avec Eudoxe, & pour lui ſuſciter des embarras qui l'occupaſſent & lui donnaſſent du chagrin, il partagea la Cappadoce entre deux Metropoles, ſavoir la premiere ou l'ancienne, qui étoit Ceſarée, & la ſeconde ou la nouvelle qui étoit Tyane. Anthime pourvû de cette derniere fit bien des demarches inſidieuſes pour attirer à ſa nouvelle Metropole le plus grand nombre d'Evêques qu'il pouvoit par ſes intrigues & parce qu'il s'étoit emparé des revenus de pluſieurs ; ce qui ne ſe fit qu'au prejudice & en diminution de la juriſdiction de l'Egliſe de Ceſarée. St. Baſile de ſon côté, érigea pluſieurs Siéges, entre autres Saſimes, où il tâcha d'établir St. Gregoire qui refuſa ce Siége ; ce qui cauſa entre eux une querelle aſſez vive dont on peut voir les détails dans leurs Lettres, qui ſe ſont conſervées. Les Villes de la Cappadoce II. où il y avoit

[c] ad ann. 371.

CAP.

avoit des Evêques étoient, selon le P. Charles de St. Paul,

Tyane,   Fauſtinople,
Doara,   Saſimes,
Cybiſtra,   Juſtinople,
   & Aſuna.

1. Il faut remarquer que DOARA eſt ajoutée par Holſtenius, qui allegue en preuve la 10. Lettre de St. Baſile le Grand. Ce St. y fait mention de George, qui en étoit Evêque. Ce n'étoit qu'un village. Dans la Notice de Hierocles on lit Ῥεγεδουρα. Il étoit ſans doute un de ces petits lieux où St. Baſile avoit inſtalé un Evêque ; & Holſtenius remarque qu'il étoit premierement de la Cappadoce II. cependant le P. Charles de St. Paul le met dans la Cappadoce III.

2. Juſtinople eſt fort ſuſpect par la raiſon que je vais dire. La dignité de Metropole de la Cappadoce II. ne fut conſervée à la Ville de Tyane que juſqu'à l'Empire de Juſtinien. Procope dans ſon Traité des Edifices[a] de cet Empereur raporte qu'il fit raſer le Fort de Moceſe, qu'il en fit une Ville ornée d'Egliſes, de bains publics, d'Hôpitaux & autres Edifices, qui relevent la gloire des Villes ; ce qui a, dit-il, été cauſe que celle-ci eſt devenue la Metropole. Il y a bien de l'apparence que cette Ville prit le nom de ſon bienfacteur ; & que Moceſe ou Mociſe n'eſt nullement differente de la Ville nommée ἡ Ἰουστινιανιωτῶν Metropole de la Cappadoce II. comme il eſt dit au Concile de Conſtantinople tenu ſous Agapit & Menas[b]. Le P. Charles de St. Paul convient bien qu'elle fut nommée Juſtinianopolis ; mais il la diſtingue de Juſtinopolis qu'il laiſſe à la Cappadoce II. au lieu qu'il fait Mociſſus ou Juſtinianople Metropole de la Cappadoce III. mais il ſe trompe, car il dit que Pierre Evêque de Juſtinople aſſiſta au Concile de Conſtantinople ſous Agapit & Menas ; or dans ce lieu il eſt dit que le Siége de ce Pierre Evêque étoit ἡ τῶν Ἰουστινιανιωτῶν μητροπόλεως τῆς β. Καππαδοκῶν Ἐπαρχίας, c'eſt-à-dire la Ville des Juſtinianites (ou Juſtinianopolis) Metropole de la ſeconde Province des Cappadociens. Ainſi Juſtinopolis n'eſt point diferente de Juſtinianopolis.

3. ASUNA eſt une Ville imaginaire & comme le remarque très-bien le ſavant Holſtenius, il n'y en eut jamais de ce nom. Celui-ci s'eſt formé par erreur de ce qu'il y avoit en Grec Ἐπίσκοπος Σασίμων, c'eſt-à-dire l'Evêque de Saſimes, ſavoir Ambroiſe qui souſcrivit à la Lettre Synodale de la Province à l'Empereur Leon. Comme le premier ſe finiſſoit par une S. & que le ſecond commençoit par la même lettre quelque copiſte en a oublié une des deux, ou peut-être l'a cruë inutile, de ſorte que de Saſimes au pluriel, Saſima, orum, en Latin, on a fait premierement Saſima, a, au ſingulier, & enſuite Aſima, en retranchant la premiere lettre, puis enfin Aſuna en confondant l'im & le prenant pour un, ce qui eſt très-ſouvent arrivé dans les anciens manuſcrits ; & ſurtout dans les noms propres, les copiſtes étant la plûpart des gens qui n'avoient aucune Litterature, ni connoiſſance de ces noms qu'ils

Tom. II.

CAP.   227

n'ont que trop defigurez. Par ce que j'ai remarqué ci-devant il ſemble qu'il n'y ait eu que deux Cappadoces, ſavoir la premiere dont la Metropole étoit Ceſarée, & la ſeconde dont la Metropole fut d'abord Tyane ; & enſuite Juſtinianopolis élevée ſur les ruines du Fort de Mociſe ou Moceſe. Cependant le P. Charles de St. Paul met une Cappadoce III. dont les Villes Epiſcopales étoient ſelon lui :

Mociſſus,   Colonia,
Nazianze,   Parnaſſe,
   & Doara.

Il eſt autoriſé par une ancienne Notice dreſſée pour regler les rangs entre les Egliſes, & publiée par Schelſtrate. On y voit[c] en premier lieu que les Evêchez de la Cappadoce, y ſont ainſi nommez.

[c] T. 2. p. 674.

Ceſarea,   Methodiopoleos Armeniae,
Regiarum Thermarum,   Camulianorum,
Niſſae,   Cyſici.

On voit aſſez qu'il s'agit-là de la Cappadoce I. & Methodiopolis eſt apparemment la même Ville que d'autres nomment Theodoſiopolis. La même Notice après avoir parcouru une grande partie de l'Aſie Mineure revient encore à la Cappadoce[d], & y met pour Evêchez,

[d] Ibid. p. 676.

Tyana ſive Chriſtopoleos,   Fauſtinopoleos,
Cybiſtrorum,   Saſimorum.

Cette Notice juſtifie les remarques que j'ai rapportées ſur les deux Villes chimeriques que le P. Charles de St. Paul ajoute à cette Province, qui eſt la Cappadoce ſeconde. Et ce qui ſurprend c'eſt qu'il a eu cette Notice puiſqu'il l'a fait imprimer à la fin de ſa Geographie ſacrée ; & que dans ſon Exemplaire auſſi bien que dans celui de Schelſtrate il n'y a que quatre Siéges nommez & attribuez à cette Province. Enfin la même Notice revient[e] une troiſieme fois à la Cappadoce, & lui donne pour Evêchez

[e] Ibid. p. 679.

Mociſſ,   Colonia,
Nazianzi,   Parnaſſi,
   Doarorum.

J'ajouterai un petit nombre de remarques avant que de finir cet Article.

1. La Cappadoce fourniſſoit beaucoup d'Eſclaves ; & même ce peuple avoit l'ame baſſe & entierement propre à la ſervitude. Ciceron dans la Harangue qu'il prononça après ſon retour au Senat, voulant exprimer la mine ſtupide du Conſul Cæſonius Calventius qui lui avoit fait tort, dit de lui[f] : vous le prendriez pour un Capadocien que l'on vient de tirer d'un troupeau d'eſclaves qui étoient à vendre. Il dit encore dans une de ſes Lettres à Atticus[g] en parlant de la Cappadoce : je ſuis perſuadé qu'il n'y a rien de plus denué

[f] c. 6.
[g] l. 6. Epiſt. 1.

Ff* 2

nué que ce Royaume, rien de plus pauvre que son Roi. Horace a dit de même : le Roi de Cappadoce est riche en esclaves ; mais il manque d'argent[a].

a l. 1. E-pist. 6.

Mancipiis locuples eget æris Cappadocum rex.

Sur quoi Mr. Dacier remarque que l'argent étoit si rare dans ce Royaume qu'ils payoient les tributs au grand Roi en chevaux & en mulets, & que lorsque Lucullus étoit en Cappadoce un bœuf ne s'y vendoit qu'une Dragme (six sols,) & un homme quatre Dragmes[b] (vingt-quatre sols.) A l'égard de la disposition qu'ils avoient pour l'Esclavage, ils en donnerent une belle preuve, lorsque les Romains voulurent les rendre libres ; & crurent leur faire plaisir de leur accorder le privilege de se gouverner par leurs propres Loix, liberté que beaucoup de Villes avoient sollicitée & obtenue comme une grande faveur. [c]Mais les Cappadociens n'en voulurent point, ils envoyerent des Ambassadeurs pour déclarer que la liberté leur étoit insupportable, & pour demander qu'on leur donnât un Roi. Les Romains furent surpris de voir des hommes, qui renonçassent ainsi à la liberté, & leur permirent de choisir d'entre eux tel Roi qu'ils voudroient. Ils élurent Ariobarzane dont la posterité s'éteignit à la troisième Generation. Antoine leur donna ensuite Archelaus, qui n'avoit aucune affinité avec la famille Royale.

b Plutarch. in Lucullo & Appian. in Mithridat.

c Strabo l. 12. p. 540.

2. Celui qui a fait le Recueil d'Epigramme Latines sous ce titre *Epigrammatum Delectus*, met entre autres celle-ci dont on ne connoît point l'Auteur[d].

d l. 6. p. 331.

*Vipera Cappadocem malesana momordit : at ipsa
Gustato periit sanguine Cappadocis.*

L'Auteur de l'Epigramme n'a voulu dire autre chose qu'une plaisanterie contre un homme dont le sang étoit si corrompu qu'une vipere l'ayant mordu, au lieu de l'empoisonner, creva elle-même empoisonnée. Le nom de *Cappadox* marque peut-être que cet homme étoit un esclave. On a imité en François cette Epigramme & sans s'arrêter au nom on a substitué à celui de Cappadox, celui d'Aurele.

Un gros serpent mordit Aurele:
Que croyez vous qu'il arriva?
Qu'Aurele en mourut ; bagatelle.
Ce fut le serpent qui creva.

Celui qui a dressé le Recueil Latin a pris la chose sur le ton serieux, & a cru bonnement que le sang des Cappadociens étoit generalement un poison mortel pour les viperes, & trouvant cette decouverte exprimée en deux petits vers, il n'a pas cru mal faire, dit-il, de les rapporter. Il n'a point entendu le fin de l'Epigramme & la malignité, qui attaque un homme en particulier sur ce qu'il avoit le sang empesté peut-être même par ses debauches : au lieu de cela l'Auteur du Recueil imagine une pretendue vertu qu'il attribue au sang de tous les habitans de la Cappadoce ; ce qui est peu naturel.

CAPPADOX, Pline[e] nomme ainsi une Riviere, qui selon lui borne les Cappadociens du côté de la Galatie ; il prétend que c'est de son nom qu'ils sont appellez ainsi & qu'auparavant on les nommoit Leuco-Syriens. Selon le R. P. Hardouin cette Riviere se perd dans l'Halys.

e l. 6. c. 3.

CAPPAGUM, ancienne Ville d'Espagne dans la Betique, selon Pline[f].

f l. 3. c. 1.

CAPPARA, ancienne Ville d'Espagne ; si on s'en raporte à une ancienne inscription rapportée par Smetius. Voiez CAPARA.

CAPPAREAE, lieu particulier de Syrie dans la Cyrrhestique. Antonin en fait mention sur la route de Cyrrhe à Emese, à XVI. milles d'Epiphanie, & à XLVIII. d'Emese.

CAPPEL[g], Abbaye de Suisse au Canton de Zurich & dans le Bailliage de Horgen, dans la partie Occidentale du Lac de Zurich. Cette Abbaye est ancienne. Les Seigneurs de Zurich y tiennent aujourd'hui un Officier, qui en reçoit les revenus. Il y avoit autrefois un grand & beau College, d'où sont sortis plusieurs savans hommes ; mais il a été réuni à celui de Zuric. On voit dans l'Eglise les armes & les tombeaux de plusieurs anciennes familles nobles, particulierement ceux des Barons de Schabelberg, d'Eschibach & de Schwartzbourg, fondateurs du Monastere. L'an 1531. s'étant élevé une guerre de Religion entre Zurich & les petits Cantons Catholiques du voisinage il se donna une bataille près de Cappel le 24. d'Octobre où ceux de Zurich eurent du dessous ; Zuingle entre autres y perdit la vie. Pour en perpetuer la memoire les Catholiques ont bâti sur le champ de bataille une Chapelle, où on va tous les ans en procession.

g Delices de la Suisse pag. 80.

CAPRA PICTA, Victor d'Utique cité par Ortelius[h] nomme ainsi une partie d'un desert d'Afrique.

h Thesaur.

CAPRAIA[i], Isle d'Italie dans la Mer de Toscane : les François l'appellent la Caprée. Elle est entre la côte de Toscane à l'Orient, & l'Isle de Corse dont elle dépend, au Couchant. Elle appartient à la Republique de Genes depuis 1507. que les Génois en dépouillerent Giacopo de Maro, qui en étoit Seigneur. Son circuit est de 18. milles, & elle est assez peuplée quoique remplie de Montagnes, selon Mr. Baudrand temoin oculaire. Elle a un Bourg avec un bon Château pour la defendre contre les Pirates.

i Baudrand Ed. 1705.

§. Il ne faut pas la confondre avec CAPREÆ. Voiez ci-après.

CAPRANICA[k], petite Ville de l'Etat Ecclesiastique en Italie, dans la Province du Patrimoine, sur le ruisseau de Pozzolo, à deux milles de Sutri, en allant vers Vetralle à trois milles de Ronciglione.

k Ibid.

CAPRARA[l], petite Isle du Golphe de Venise, & une de celles de Tremiti. Elle s'étend en long, vers la côte de la Pouille & du Mont Gargan. Elle depend de la Capitanate Province du Royaume de Naples. Elle est deserte.

l Ibid.

1. CA-

CAP.

1. **CAPRARIA.** Voiez CAPRAIA. Les anciens l'ont aussi nommée ÆGILON. Voiez ce mot.

[a l.6.c.32.] 2. **CAPRARIA**, Pline[a] nomme ainsi l'Isle de PALME l'une des Canaries. Cette Isle est remarquable en ce que le P. Riccioli y fait passer son premier Meridien, & compte delà ses longitudes.

[b Hist. l. 3. c. 21.] [c l. 2.] 3. **CAPRARIA**, place forte dans les Gaules, selon Gregoire de Tours[b] & Aimoin[c]. C'est presentement CABRIERES assez près de Fonteils au Diocèse de Besiers, à quatre lieues & demie de cette Ville & de celles d'Agde & de Lodéve, selon Hadrien de Valois[d].

[d Notit. Gall. p. 125.]

[e l. 13.] 4. **CAPRARIA**, Isle de l'Afrique propre, selon l'Histoire Mêlée[e] citée par Ortelius.

5. **CAPRARIA**, Forêt dont il est parlé dans le Miroir Historial de St. Vincent de Beauvais. Hugues de Fleuri en fait aussi mention.

CAPRARIENSES, Peuple & Montagnes de la Mauritanie, selon Ammien Marcellin[f]: il dit[g]: que Firmus ayant des places fortes, & des troupes qu'il avoit levées à grands frais, ne se croyant pourtant point en sureté, abandonna la nuit tout ce monde, & se sauva dans les Montagnes *Caprarienses*, éloignées delà & tellement escarpées qu'elles en étoient inaccessibles..... [h]Theodose ne faisant quartier à personne après avoir fait prendre des rafraîchissemens à ses troupes & leur avoir payé leurs montres, défit dans un leger combat, les Capariens & les Abannes leurs voisins.

[f l. 29.] [g p. 432.]

[h p. 433. Ed. Lindebrog.]

CAPRARIUS MONS, Montagne d'Italie auprès de Ravenne[i]. Cassiodore en fait mention.

[i Variar. l. 13. ad Joann. Liquatarium]

CAPRAROLE, Château d'Italie dans l'Etat du Pape, & dans la Province du Pátrimoine. Il est un des plus beaux d'Italie, selon Mr. Baudrand. Il appartient au Duc de Parme dans son Etat de Ronciglione à vingt-six milles de Rome vers le Nord du côté de Viterbe. Lassels Voyageur Anglois compte autrement cette distance dans son Voyage d'Italie[k]. Ce fut, dit-il, le Cardinal Alexandre Farnese, qui fit bâtir ce Palais dans le XVI. siécle. Son Architecture qui est du fameux Vignole le fait passer pour une des plus belles maisons qu'on voye en Italie. Celle-ci est bâtie contre une Montagne, & de ses balcons on voit Rome, qui en est à trente-deux milles. Quoi qu'elle paroisse au dehors comme un Pentagone, elle est ronde par dedans & toutes les chambres sont quarrées & bien proportionnées. Pierre Orbitta qui étoit en reputation pour la peinture du temps de Paul III. en a peint la principale. Il y a une autre chambre où quatre personnes étant placées chacune dans un coin, l'oreille tournée vers la muraille s'entendent très-distinctement en parlant tout bas sans que ceux, qui sont au milieu de la même chambre entendent la moindre parole. Dans une autre si quelqu'un frape du pied au milieu de cette chambre ceux qui sont dehors entendent un bruit, qui fait croire qu'on y a tiré un coup de pistolet. Tous les autres appartemens ont

[k T. 1.]

CAP.

chacun leur beauté particuliere. La cuisine est toute d'une piéce. Les caves sont taillées dans le roc, & la voute est soutenue de piliers d'espace en espace, ainsi que toute la cour, où sont plusieurs grilles par lesquelles elles reçoivent le jour. Les jardins sont du côté de la Montagne, & il y a des grotes d'où l'on ne sort pas sans être arrosé.

CAPRASAE, ancien lieu d'Italie. Antonin en fait mention en son Itineraire, & le met à XXVIII. mille pas en deçà de *Consentia*. On croit que c'est presentement TARSIA, Ville de la Calabre au Royaume de Naples.

CAPRASIA, Pline[l] nomme ainsi une des Embouchûres du Pô. Biondo & Léandre disent que c'est presentement MAGNA VACCHA; mais il n'est pas sûr que ce Port soit celui de Caprasia, & on peut également douter si ce n'est pas celui de *Sagis* dont Pline parle aussi. Les marais de Commachio ont extrêmement changé ce Pays-là; & il n'est plus à beaucoup près tel qu'il étoit du temps de Pline.

[l l. 3. c. 16.]

1. **CAPREES**, Isle de la Mer Mediterranée au Royaume de Naples, dans la Principauté Citerieure, près de Campanella, dont elle n'est séparée que par un petit détroit de trois mille pas de large qu'on appelle les bouches de Capri. Car CAPRI est le nom que l'on donne à cette Isle dans le pays. Pline compte huit mille pas de distance de cette Isle à *Surrentum*, & lui donne quarante mille pas de circuit. Ce qui est different de ce que dit Mr. Baudrand qu'elle n'a que XII. milles de tour. Elle est fameuse dans l'antiquité par la retraite de Tibere, qui s'y relegua lui-même pour y mieux cacher ses effroyables debauches & c'est delà qu'il envoyoit ces édits sanglants, qui firent perir tant de gens de bien. Tacite parlant de lui décrit cette Isle; mais il ne s'accorde pas avec Pline pour la distance, qui est entre elle & Surrentum, comme on verra dans la suite. Suetone dit de Tibere[m]: ayant parcouru la Campanie, après avoir dedié le Capitole de Capoue & le Temple d'Auguste à Nole, pretexte qu'il avoit pris pour voyager, il se rendit à Caprées. Ce qui le charma de cette Isle, c'est qu'elle n'a qu'un seul petit rivage par où on y peut aborder; étant entourée de roches escarpées d'une prodigieuse hauteur, & d'une Mer fort profonde. Plutarque dans son Traité de l'exil dit: le Cesar Tibere vécut sept ans à Caprées où il finit ses jours. Strabon[n] dit qu'il y avoit eu deux Villes ou Bourgs; mais que l'un ayant été détruit il n'en resta plus qu'un. Il y avoit une métairie qui portoit le nom de Jupiter: car Suetone dit: après avoir prevenu la conjuration de Sejan, il n'en fut ni plus rassuré, ni plus tranquile; les neuf mois d'après il se tint enfermé dans la métairie nommée *de Jupiter*. Voici de quelle maniere Tacite parle de cette Isle[o]. Il se renferma dans l'Isle de Caprées distante de trois milles du Promontoire des Surrentins. D'Ablancourt traduit ainsi ce qui suit. Il choisit à mon avis cette retraite à cause de la difficulté de l'abord, la Mer étant dégarnie de ports tout aux environs & navigable à peine

[m c. 40.]

[n l. 5. p. 248.]

[o Annal. l. 4. c. 67. & c. 30. Trad. d'Ablancourt.]

Ff* 3   aux

CAP.

aux petits bâteaux, qui apportent des vivres dans l'Isle. Ce n'est point le sens de Tacite. Le voici. Je crois que ce qui l'attira le plus ce fut la solitude, car la Mer tout à l'entour n'a aucun Port; & à peine de petites barques y peuvent-elles aborder, & il est impossible qu'elles le fassent sans que la sentinelle s'en apperçoive. Ce manque de Ports regarde l'Isle, & non pas les environs. La Mer d'alentour est navigable de reste puisqu'elle est profonde, selon Suetone dont le passage donne une grande clarté à la description de Tacite. Ce n'est que l'abord qui en est dificile. L'hyver y est assez temperé à cause d'une Montagne, qui arrête les vents les plus fâcheux. L'Isle est rafraichie l'été par les Zephirs, & a une agréable vue sur la Mer. On voioit delà un Golphe d'une grande beauté avant que le Vesuve venant à s'enflammer eut changé la face du lieu. On tient que les Grecs ont habité cette Isle, & que les Telebooens l'occupoient. Il y avoit alors douze maisons principales où l'Empereur se logea avec toute sa Cour. Il y bâtit un Château. Pline dit[a] : *Tiberii principis arce nobiles Capreae*.

[a] l.3.c.6.

[b] Elle a presentement une petite Ville dans sa partie meridionale qu'on appelle aussi CAPRI, où est un Evêché Suffragant de l'Archevêché d'Amalfi, avec un fort Château sur un rocher. Ses habitans sont francs de toutes sortes d'impositions à cause de la garde qu'ils font dans l'Isle. Il y passe tous les ans une si grande quantité de Cailles que c'est, dit-on, le principal revenu de l'Evêché, d'où vient que quelques-uns l'ont appellé en riant l'Evêché des Cailles; *Vescovado delle Quaille*. Jouvin de Rochefort dit qu'au mois de Mars, qui est la bonne saison, on ne les vend à Naples, qui en tire delà, que quatre ou cinq sols la douzaine. Il ajoute que cette Isle est longue de six milles ou environ, large de deux, & qu'elle a ses deux bouts couverts de Montagnes, qui font une vallée au milieu où la Ville de Capri est située & enfin qu'il y a une source d'eau admirable pour sa grosseur & pour sa bonté.

[b] Baudrand Ed. 1705.

2. CAPRE'ES, Marais où Romulus disparut, près de Rome, selon Plutarque.

CAPRENSIS, Siége Episcopal d'Afrique. La Notice Episcopale[c] le met dans la Mauritanie.

[c] n. 53.

CAPREOLUM, lieu d'Italie au pays des Sabins, sur la voye Salarienne à XLII. mille pas de Rome, sur le bord du Tibre. Il en est parlé dans la Vie de St. Gerulius, citée par Ortelius[d].

[d] Thesaur.

CAPRESE, Village d'Italie, en Toscane, dans le Florentin. C'est où Narsés défit Totila Roi des Goths. Il est situé à la source de la Marecchia aux confins du Duché d'Urbin à deux lieues du Tibre; selon Mr. Corneille qui ne cite aucun Auteur.

CAPRETAE, ancien peuple de l'Asie proprement dite. Pline[e] en parle comme d'un peuple qui ne subsistoit déja plus de son temps. Apamie fut bâtie par Seleucus dans leur pays.

[e] l.5.c.30.

1. CAPRI PORTUS, ancien nom d'un Port de la Macedoine. Pomponius Mela[f] le met entre l'Athos & le Strymon.

[f] l.2.c.2.

2. CAPRI Isle, } Voiez CAPRE'ES 1.
3. CAPRI Ville, }

CAPRI-MONS ou CAPRAEMONS[g], c'est le nom d'une ancienne Maison Royale du Royaume de Lothaire. Charles le Simple en fit don avec quelques autres Domaines au Duc Gilbert. Frodoard fit la place sur la Meuse vers les confins du Diocèse de Liége. L'Auteur qui a écrit des Miracles de St. Remacle[h], fait mention de cette maison en ces termes. *Per id tempus a Caprae montis Castello, quo nos ut conferremus Normanica rabies compulerat . . . . . redire properabamus*. Elle est nommée Capri-Mons dans les Lettres de Gerbert. Il y a long-temps que cette Maison ne subsiste plus; elle fut détruite par Notger Evêque de Liége, qui s'en étoit emparé. On en place l'époque à l'année 980. Hadrien Valois[i] dit que le nom vulgaire est CHIEVREMONT ou KEUERMONT.

[g] De Re Diplomat. l. 4. p. 257.
[h] 2. Saecul. Benedict. p. 501.
[i] Notit. Gall. p. 124.

CAPRIA, Lac d'Asie dans le voisinage de Perges dans la Pamphylie, selon Strabon[k] qui dit qu'il étoit assez grand.

[k] l. 14. p. 667.

CAPRIANUS MONS, Montagne de Sicile près d'Heraclée selon Ortelius[l], qui en cite un fragment du 36. livre de Diodore publié par Henri Etienne.

[l] Thesaur.

CAPRILIA, ou CAPREAE, ou CAPRAE PALUDES, c'est le nom du lieu où Romulus fut mis en pièces par les Senateurs jaloux de son autorité. Ce lieu étoit près de Rome. Tite-Live nomme ce lieu *Caprae Palus*[m], Ovide dit *Caprea*[n].

[m] l. 1. c. 16.
[n] Fast. l. 2. v. 491.

Est locus: antiqui Capreae dixere paludem;

C'est Festus qui fournit le nom de *Caprilia*.

CAPRIMA, petite Ville d'Asie dans la Carie, selon Diodore de Sicile[o].

[o] l. 19.

CAPRITANA INSULA, St. Gregoire le Grand[p] dit qu'elle est dependante pour le spirituel de la Ville *ad Novas*. Ortelius juge qu'il faut la chercher quelque part vers la Pannonie.

[p] Epist. l. 7. Epist. 9. & 10.

CAPRON, Evêché sous la Metropole d'Edesse, selon Guillaume de Tyr. C'est apparemment le même Siége qui est nommé GARRON ou CARRON, dans la Notice du Patriarchat d'Antioche[q]; & ce mot Carron n'est dans cette Notice qu'au lieu de CARRHA, qui se trouve dans celle de Hierocles[r].

[q] Schelstrate T. 2. p. 739.
[r] Ibid. p.

CAPRONCZA, en Latin *Copranitza*, selon Mr. Baudrand[s], petite Ville de Hongrie dans l'Esclavonie, avec un fort Château sous la puissance de l'Empereur aux frontieres de l'Empire du Turc, à deux milles d'Allemagne de la Save au Septentrion, en allant vers Canise, dont elle n'est éloignée que de cinq de ces milles.

[s] Ed. 1705.

CAPRULENSIS SEDES, Siége Episcopal d'Istrie dans le Patriarchat de Grado[t]; il est nommé CAPRULIENSIS dans une autre Notice[v]. C'est CAORLE.

[t] Schelstrate T. 2. p. 750.
[v] Ibid. p. 763.

1. CAPRUS. Voiez CAPER.

2. CAPRUS, Port de la Chersonnese, ou Pres-

CAP.

Presqu'Isle du Mont Athos. Il y a au même endroit une Isle de même nom, selon l'Abreviateur de Strabon [a].

CAPS. Voiez CAPES.

1. CAPSA, Ville d'Afrique dans la Bizacene. Quelques exemplaires de Ptolomée portent *Campsa*. La Notice d'Afrique met entre les Evêques de la Bizacene Vindemialis *Capsensis*, & St. Augustin contre les Donatistes parle de Donatule de Capse (*a Capse*.) On ne sait pas trop si c'est la même que Marius prit, & dont Saluste a parlé [d]. Bochart [e] assure qu'elle ne l'est pas, & s'appuye sur l'autorité d'un Géographe Arabe, qui met à peu près au même lieu que Ptolomée une Capsa qu'il décrit ainsi : jolie Ville entourée de murailles, avec une Riviere qui passe auprès &c. & au milieu une fontaine nommée TARMID. Or ce ne peut être la Capse dont parle Saluste puisque les assiégeans furent obligez d'apporter de l'eau de fort loin. Celle dont il est ici question est la même qu'Antonin met entre Telepte & Tacape, & dont il marque ainsi la route

Telepte		
Gemellas,	XXII.	M. P.
Gremellas,	XXV.	M. P.
Capse,	XXIV.	M. P.
Thasarte,	XXV.	M. P.
Aquas Tacapinas,	XVIII.	M. P.
Tacapas,	XVII.	M. P.

Elle étoit sur une petite Riviere, qui tombe dans le Golphe que forme à son embouchûre le Fleuve Triton. On ne peut pas nier que Massinisse avança fort loin vers l'Orient l'interieur du Royaume de Numidie, & que Juba le possedа de même. Et le savant Evêque d'Oxfort, qui a travaillé sur le Concile de Carthage tenu par St. Cyprien dit de Telepte & de Segeomes qu'elles étoient dans la Numidie Bizaceene; c'est-à-dire dans la partie de la Bizacene dont les Numides étoient maîtres. Mr. Spon [f] raporte cette Epitaphe.

M. ANTONIO M. F.
SERGIA PATERNIANO
NAT. CAPSA.

Ce qu'il lit comme si c'étoit *Natione Capsa*, & l'entend de la Capsa de Jugurtha. Cette Epitaphe que rapporte aussi Cellarius [g] ne leve aucune difficulté; mais le Géographe Arabe est decisif. Ce qu'ajoute Cellarius que si la Capsa de Saluste & celle de Ptolomée sont diferentes, il faut entendre celle dont parle l'Epitaphe de celle de la Bizacene, est de fort bon sens. Car celle de la Numidie fut detruite par Cesar, & on ne sait pas qu'elle ait été retablie. Mr. Baudrand à l'Article CAPS ou CAPES dit que son nom Latin est *Cape*, *Tapaca*, *Tapace* & *Capsa*. Ne diroit-on pas, à l'entendre, que Tacape ; (car c'est ainsi qu'il faut lire ce nom qu'il bouleverse deux fois de suite) étoit le nom d'une Ville nommée aussi *Capsa*? Cependant il y avoit LXX. milles Romains de l'une à l'autre comme on vient de voir par ce que j'ai cité d'Antonin. Mr. Dupin dans sa 81. note sur la Conference de Carthage s'est trompé en la prenant pour la Capsa de Saluste. Mr. de l'Isle ne s'y est pas mépris & marque très-bien cette derniere fort loin au Midi de l'autre.

2. CAPSA, Ville d'Afrique dans la Numidie. C'est proprement celle dont parle Saluste. Cellarius dit que c'est la même qui est marquée au III. Segment, & à la penultieme ligne de la Table de Peutinger. Il se trompe. Il n'a pas fait reflexion que cette Capsa y est mise bien distinctement à XXIV. M. P. du village *Gemellas*, & que par consequent c'est la même que celle d'Antonin. Il ne faut que des yeux & une legere attention pour en convenir. D'ailleurs elle est nommée Colonie sur cette Table, ce qui ne convient point à cette Capsa. Saluste la décrit ainsi [h]. Il y avoit entre de vastes deserts une grande & forte Ville nommée Capsa, dont on attribuoit la fondation à Hercule le Libyen. Ses citoyens étoient francs de tous impôts sous le Regne de Jugurtha qui les menageoit beaucoup, & à cause de cela on comptoit beaucoup sur leur fidelité. Ils étoient à couvert de l'insulte des ennemis non seulement par les murailles de leur Ville, par la quantité d'armes & d'hommes ; mais encore plus par l'apreté du pays, car hormis les environs de la Ville, ce n'étoit que des deserts, des terres incultes, sans eau, & remplies de serpents. Florus parlant de Marius [i] dit : il prit aussi avec un bonheur surprenant la Ville de Capsa située au milieu de l'Afrique, bâtie par Hercule, & entourée de sables & de serpens. Orose dit de même [k] : Marius prit par stratageme la Ville de Capsa bâtie, à ce qu'on dit par Hercule le Phenicien, & alors remplie des Tresors du Roi. Cela est conforme à ce que dit Strabon [l] que le Thresor de Jugurtha étoit à Capsa. J'ai dit que Capsa de la Bizacene étoit arrosée par une Riviere, c'est une preuve qu'elle étoit diferente de celle-ci : les habitans de Capsa n'avoient qu'une seule source d'eau qui étoit dans la Ville, du reste ils se servoient d'eau de pluie. C'est ce que dit Saluste, qui ajoute : lorsque l'on fut arrivé à la Riviere (de Thana) on fit quantité d'outres, ayant formé là un camp legerement retranché, il ordonna aux soldats de prendre des vivres, de se tenir prêts à marcher dès que le Soleil se coucheroit, de laisser tout le bagage & de ne se charger eux, & leurs chevaux que d'eau seulement. Quand il fût temps il sortit du camp, & ayant marché toute la nuit il s'arrêta. Il fit la même chose la nuit suivante & la troisieme nuit, bien devant le point du jour il arriva à un lieu plein de tertres d'où il n'y avoit plus que deux milles jusqu'à Capsa. Le détail de cette route est une nouvelle preuve que cette Capsa n'a rien de commun que le nom avec celle de l'Article precedent. Strabon [m] dit que dans la guerre que Cesar fit avec Scipion dans laquelle mourut le Roi Juba plusieurs Villes furent détruites avec leurs chefs. Il met Capsa de ce nombre. Bochart derive ce nom קפצא Capsa de l'Hebreu קפץ Caphas, qui veut dire *presser*, *resserrer*, parce qu'elle étoit comme pressée & resserrée entre les deserts qui l'environnoient.

§. 3.

§. 3. CAPSA, Ville d'Afrique dans la Libye Interieure. Ptolomée[a] dit qu'elle étoit vers la source du Bagradas, parce qu'il supposoit cette source beaucoup plus meridionale qu'elle n'est effectivement. Cellarius fait encore pis, car il la met assez près du fleuve Niger, dans sa Carte. Je ne crois pas que cette Capsa soit diferente de celle de Saluste. Les deserts dont elle étoit environnée conviennent à la Libye. Ptolomée ne fait mention d'aucune Capsa dans la Numidie, & c'est sans doute celle-ci dont les Numides étoient maîtres, quoi qu'elle fut hors de la Numidie proprement dite.

[a] l. 4. c. 6.

4. CAPSA, Ville de la Macedoine dans la Chalcidique près de Palléne sur le Golphe Thermaïque, selon Etienne le Géographe.

CAPSAGAS. Voiez TAPSAGAS.

CAPSCHAC[b], Pays de la Tartarie & qui passe pour en être la plus considerable partie. Il s'étend d'Orient en Occident depuis le Turquestan jusqu'au Wolga, & en côtoyant l'ancienne Bulgarie & l'ancienne Russie, il va du Wolga jusqu'au Pays de Crimée où sont les Peuples appellez les petits Tartares. Sa plus grande largeur du Nord au Midi est depuis la Mer Caspienne jusqu'aux grands deserts sablonneux, ou plutôt jusqu'à la Mer Glaciale. On nomme aussi ce Pays DECHT CAPSCHAC & DECHT BEREKE. Decht signifie Landes & grandes Campagnes unies & Bereké est le nom d'un petit-fils de Genghizcan, qui après Batu-Can son frere succeda à la Souveraineté de Capschac à laquelle il donna son nom. Et ce fut le premier des Cans Mogols de Capschac qui fit profession de la Religion Mahometane.

[b] Petis de la Croix Hist. du grand Genghizcan. l. 1. c. 8.

Ce Pays a peu de Villes. Ses terres, si on en excepte les grands deserts qui sont du côté du Nord, sont presque toutes excellentes, les grains, les pâturages, & le Bétail y sont en abondance. On ne sauroit trouver ailleurs un meilleur air, ni de meilleures eaux. Les femmes y sont mieux faites qu'en tout autre lieu de la Tartarie ; les Hommes y sont courageux & aiment la guerre. Ils sont divisez en tribus, dont plusieurs sont encore composées de Mogols & de Turcs. Comme les Villes y sont en petit nombre & les Campagnes fort vastes, chaque Tribu se transporte d'un lieu à un autre, & cherche tous les ans en hyver le Midi de son Païs & en été le Nord. Quoique chaque Tribu ait son Prince ou Can qui la gouverne, cette partie de la Tartarie, depuis que les Mogols l'ont subjuguée a toûjours eu un Roi ou un grand Can à qui les autres ont obéï. Ce Pays dans les siécles passez a été fort abondant en hommes, & ce fut d'où sortirent autrefois les Huns, les Getes ou Gots, les Gepides, les Vandales, les Alains, les Suedois & autres peuples qui ne se sont rendus que trop fameux dans le monde par les desordres qu'ils y ont faits.

§. Cet Auteur parle du Capschac d'une maniere trop vague & lui donne trop d'étendue. On trouvera quelque chose de plus regulier à l'Article KAPSCHAC. Il se trompe quand il fait venir delà les Wandales, qui sont un peuple dont la premiere origine se doit prendre sur la côte Meridionale de la Mer Baltique ; comme je le ferai voir dans son Article particulier.

CAPSE. Voiez CAPSA 1.
CAPSEM. Voiez JEBSAM.

CAPSIOUX, Bourg fermé de France dans le Bazadois avec titre de Baronie.

CAPSIR, petit Pays de France. C'est une annexe du Roussillon entre les Pirenées.

CAPTIANI, Peuple ancien de l'Asie Mineure. L'Auteur des Vies publiées sous le nom d'Emilius Probus que d'autres attribuent à Cornelius Nepos, en fait mention dans la Vie de Datames. Il y est dit qu'Autophradate avoit une armée composée de vint mille hommes de Cavalerie, cent mille fantassins . . trois mille frondeurs : outre cela huit mille Cappadociens, dix mille Armeniens, cinq mille Paphlagoniens, dix mille Phrygiens, cinq mille Lydiens, trois mille tant Aspendiens que Pisidiens, deux mille Ciliciens, & autant de Captiens, &c. on voit que ces troupes étant avec d'autres qui étoient toutes de l'Asie Mineure, elles en devoient être aussi. Quelques-uns veulent pourtant qu'on lise Caspianorum au lieu de Captianorum. Cette conjecture n'étant fondée que sur ce que les Captiens ne sont point connus d'ailleurs, me paroît frivole. Ortelius la condamne aussi.

CAPTUNACUM ou CAPTONACUM[c], & même OPATINACUM. C'est le nom d'une ancienne Maison Royale de France dans la Neustrie ; & presque tout ce que l'on sait de plus précis sur sa situation. Ce Palais existoit dès le tems de Childebert le vieux, comme on le voit par deux Ordonnances de ce Prince, qui nous restent toutes deux dattées de ce lieu. Theodebert I. ou II. Roi de France paroît avoir demeuré dans cet endroit, au moins dans la septieme année de son Regne ainsi que cela paroît par des Lettres Patentes qu'il y donna pour l'érection d'une Chapelle en l'honneur de St. Martin dans la Ville du Mans. Clothaire III. y fit aussi quelque tems sa demeure, car au bas du Privilege accordé par Bertfrid Evêque d'Amiens à l'Abbaye de Corbie ; on lit ces mots : *factum est hoc Privilegium, sub die octavo idus Septemb. anno VII. Regnante Chlotario Rege*, CAPTONACO, *in Palatio publico*. Ce Privilege fut donné dans un Concile des Evêques de Neustrie, qui fut tenu cette même année à *Captunacum*. Quelques-uns ont voulu qu'*Antonacum* ou *Antunacum* vulgairement *Andernak*, Château sur le Rhin fut le même chose que *Captunacum*. Mais ce sentiment n'est pas recevable, premierement parce que Clothaire III. n'étoit point maître de l'Austrasie dans la VII. année de son Regne, puisque Childeric étoit vivant & y commandoit. En second lieu quand cela seroit, qui pourroit s'imaginer que les Evêques de Neustrie auroient tenu un Concile non seulement hors de leur Province ; mais encore hors des Etats de leur Souverain ? ainsi il faut necessairement chercher (*Captonacum*) dans la Neustrie. Mais de dire en quel droit, c'est la difficulté. Hadrien de Valois dit cependant que quelques-uns ont crû que ce pouvoit bien être CHATON, village que l'on

[c] De Re Diplomat. l. 4. p. 257.

CAP. CAP. CAR.

l'on trouve sur le bord de la Seine assez près d'Argenteuil. A quoi je trouverois assez d'apparence, la lettre *p*. qui manque dans *Chaton*, pour que la ressemblance des termes soit entiere, ayant pû facilement être oubliée sur les Medailles qui font mention de ce lieu, ou bien, ce qui est encore plus vraisemblable, cette lettre ayant pû être ajoutée dans les titres que j'ai rapportez par le peu d'exactitude des copistes.

CAPUA. Voiez CAPOUE.

CAPUDBADA. Voiez BADA & CAPUTUADE.

CAPUL, Isle d'Asie dans l'Océan Oriental, l'une des Philippines. [a] Elle a trois lieues de circuit. Son terroir est très-fertile, agréable & très-commode pour les Indiens, qui y ont de bonnes habitations. Quelques-uns écrivent CAPOUL. Elle est entre les Isles de Tandaye & de Maslate.

[a] *Gemelli Careri Voyages T. 5. p.* 88.

☞ CAPUT, ce mot qui en Latin veut dire *tête* en general a plusieurs significations en Géographie.

CAPUT, joint avec le nom d'une Riviere, signifie la SOURCE de cette Riviere.

CAPUT, est employé par quelques-uns au lieu de *Promontorium*, pour signifier un CAP.

CAPUT, lorsqu'il est question d'une Montagne en signifie la CIME, le SOMMET.

Outre cela CAPUT entre dans la composition des noms Latins de plusieurs endroits particuliers.

CAPUT CERVIUM [b], lieu de France aux confins du Berri & du Limousin ; Aimoin [c] dit que ce lieu a donné le nom à tout le Pays circonvoisin, qui a été apellé par corruption *Capcergensis regio*. Le territoire de *Caput Cervium* a été donné, selon Adrevald [d] au Monastere de Fleury. Cet Historien place ce lieu dans la Province d'Aquitaine. On le nomme vulgairement SACERGE ou SACIERGES. Il est situé dans le voisinage de Brosse auprès du Château de Sau, & près du Monastere de St. Benoît de Sau, selon le même Aimoin. Les Cartes le placent entre *Argentomagum* & *Oblincum*, & marquent un autre lieu de même nom aussi dans la Province de Berry entre le Village ou Bourg de Deols autrement Bourgdieux & la Riviere d'Indre.

[b] *Had. Valesii Notit. Gall. p.* 124.
[c] *de Miraculis S. Benedicti.*
[d] *cap.* XXXVIII.

CAPUT CILLANUM, selon Antonin, CELLENSIS selon le livre des Notices, est nommée aussi CELLA. Voiez ce mot.

CAPUT ETRURIAE, lieu maritime d'Italie en Toscane aux confins de la Ligurie, selon Antonin.

CAPUT LACI, lieu dont il est parlé dans l'Histoire de la translation des Sts. Martyrs Marcellin & Pierre, par Eghinart. Ortelius [e] croit que c'est la partie Orientale du Lac de Geneve qu'il a voulu designer par là.

[e] *Thesaur.*

CAPUT PADI, Leandre croit que Ptolomée a nommé ainsi un lieu qu'on apelle aujourd'hui CODEREA.

CAPUT STAGNI. Voiez CAPESTANG.

CAPUT TYRSI, Antonin dans son Itineraire nomme ainsi un lieu de l'Isle de Sardaigne. Il y a bien de l'apparence qu'il n'a voulu que marquer la source de cette Riviere.

CAPUTUADE, *Coputvada* ou *Capudbada* [f], Port d'Afrique dans la Byzacene. C'est en ce lieu que la Flote Romaine prit terre lorsqu'elle arriva en Afrique pour faire la guerre à Gelimer. Ce fut aussi en ce lieu que Dieu paroître par un prodige extraordinaire sa bonne volonté pour l'Empereur Justinien ; car comme le terroir étoit extraordinairement sec, les soldats pressez de la soif trouverent une fontaine en creusant un fossé. Ils camperent la nuit en cet endroit & s'y prepareront au combat, & pour dire tout en un mot ils y conquirent l'Afrique. Justinien qui venoit à bout de tous ses desseins quelque difficiles qu'ils parussent, entreprit de laisser aux siécles à venir un monument durable de la faveur qu'il avoit reçue du Ciel, & fonda dans le lieu même une Ville fermée de fortes murailles & embellie des plus rares ornemens que l'on puisse desirer. Le même Auteur cité en marge en parle encore au premier livre de la guerre des Vandales & dit qu'elle étoit à cinq journées de chemin de Carthage.

[f] *Procop. Ædific. l.* 6. *c.* 6.

CAPYÆ, Ville du Peloponnese dans l'Arcadie auprès de Mantinée. Denys d'Halicarnasse [g] & Strabon [h] en font mention, & croient qu'elle fut bâtie par Enée. Voiez CAPHYE, qui est la même chose.

[g] *l.* 1.
[h] *l.* 13.

CAPYTIUM, ancienne Ville de Sicile au milieu des terres selon Ptolomée [i]. Simler croit que c'est la CAPITONIA d'Antonin. Ortelius est persuadé au contraire qu'elles sont diferentes. Cluvier [k] dit que c'est presentement CAPIZZI.

[i] *l.* 3. *c.* 4.
[k] *Sicil. ant. l.* 2. *c.* 8.

1. CARA, Bourg ou gros Village d'Asie au Diarbec, sur une Colline à une journée de Dadacardin [l]. Il n'est habité que par des Nestoriens, & par quelques familles Turques qui les commandent. On y voit un étang tout bordé de pierres de taille, qui ont été tirées des Eglises Chrétiennes & des tombeaux, qui étoient aux environs. Entre autres il y en a une fort grande avec une Epitaphe Latine par laquelle on connoît qu'elle a servi au tombeau d'un Gentilhomme Normand, Capitaine d'Infanterie. Tavernier dit avoir apris de l'Evêque de Merdin qu'il vit à Cara, que les François avoient été long-temps en ce Pays-là, lorsque les Chrétiens étoient maîtres de la Syrie. Il ajoute que le Pays où est ce lieu est une grande plaine, qui a environ vingt lieues de long, & qui pourroit être presque par tout cultivée, si la tyrannie des Turcs & les courses des Arabes ne reduisoient pas ces pauvres Chrétiens à la derniere misere.

[l] *Tavernier Voyage de Perse l.* 4.

2. CARA. Voiez ZARAX.

CARABA. Voiez CARBAN.

CARABACTRA, lieu d'Asie en tirant vers les Indes, si on en croit quelques Editions de Quinte Curse [m]. Ortelius croit que ce mot est corrompu & qu'il faut lire *Circa Bactra*. Cette correction est belle & heureuse.

[m] *l.* 9.

CARABENI, Bourg ou Village de l'Isle de Corse, selon Mr. Corneille qui dit qu'il est pris par quelques-uns pour l'an-

Tom. II. Gg*

CAR.

l'ancienne Ville qu'on nommoit *Tarabinorum Vicus*.

§. En premier lieu il faut écrire TARRABINORUM. En second lieu, aucun des anciens n'en a parlé. On ne le trouve que dans l'Interprete Latin de Ptolomée[a], le Grec n'en parle point, non plus que l'Edition de Bertius, qui met simplement TARRABENI; mais sans dire si c'étoit une Ville ou un village. Troisièmement Carabeni n'est rien moins que le nom moderne, & Cluvier dit beaucoup mieux[b] : dans quelques Versions Latines (de Ptolomée, il y a *Tarrabinorum Vicus*. Je ne sais où les Interpretes l'ont pris ; mais il y a encore à présent dans la partie Occidentale de l'Isle un Bourg nommé VICO.

CARABI[c], petite Riviere de Sicile dans la Vallée de Mazare, & dans la partie Meridionale. Elle se rend dans la Mer d'Afrique près de Sacca, ou du Cap des trois fontaines.

CARABIA, ancienne Ville de la Macedoine dans la Mygdonide, selon Ptolomée[d].

CARABIS. Voïez CARAMBIS.

CARABURUN ou CARABOURON, en Latin *Balbura*[e], Ville de Turquie dans la Natolie, & dans la Province d'Aidinelli, selon Lewenclaw ; mais elle est fort petite & mal peuplée.

CARABYSIA, Ville Archiepiscopale. Elle est nommée dans les Sanctions des Pontifes Orientaux au raport d'Ortelius[f].

CARACA[g], Ville de l'Amerique Meridionale au Pays des Caracas vers la côte de la Mer du Nord. Les François la pillerent en 1679.

CARACAS[h], Pays de l'Amerique Meridionale. Les François le nomment les CARAQUES. Il comprend les trois Provinces de Paria, de la Nouvelle Andalousie, & de Venezuela. Il porte le nom de la principale Nation qui l'habite.

CARACATAY[i], Grand Pays de l'Asie Septentrionale. Il s'étend du Midi au Septentrion depuis la muraille de la Chine, jusqu'à l'ancien Mogolistan. Il est borné à l'Occident par le Mont Imaüs, & à l'Orient par la Mer Océane & par la Chine. Plusieurs Princes le partagent & plusieurs Nations l'habitent. Là sont situez les Royaumes de Tangut, des Naïmans & beaucoup d'autres. Quelques Géographes d'Europe l'ont pris pour le Caty, & se sont trompez faute de savoir que le Catay est la Chine même. Quelques Géographes veulent que les Pays mêmes des Calmacs & le Royaume de COURGE' qui est la Corée, soient une partie de ce Pays, qui est aussi appellé KHITA OU KOUTHAN par les Orientaux.

Le nom de Caracatay fut donné au Pays de Scythie, après une guerre furieuse que les Scythes firent aux Chinois ; ceux-là eurent d'abord l'avantage ; enflez de leur succès ils penetrèrent dans la Chine. Mais ayant perdu une bataille considerable, ils furent obligez d'en sortir & de se retirer chez eux. Le Roi de la Chine pour ne pas perdre le fruit de sa victoire, fit poursuivre ses ennemis par deux Generaux d'Armée, qui les vainquirent encore & les reduisirent entierement sous son obéïssance. Il fit plus, de peur que les Scythes ne se revoltassent, il leur donna pour Cans ces deux Generaux, qui firent bâtir des Forts & des Villes pour des Colonies & des troupes Chinoises qu'il y envoya. Ces troupes destinées à la garde du Pays, tinrent longtems les troupes en respect ; mais peu à peu leurs descendans oublierent les coûtumes des Chinois, & s'accoutumant à vivre comme les Scythes eux-mêmes, & dans la suite la Chine n'eût pas de plus grands ennemis.

Lorsque le Roi de la Chine établit ces deux Generaux dans cette Scythie sablonneuse, il l'appella *Caracatay*, lui donnant le nom de son Pays pour marquer l'acquisition qu'il en avoit faite, avec l'Epithete *Cara*, mot Tartare & Turc qui signifie *noir*, pour distinguer les deux Pays. Cependant on les a confondus, sans considerer l'Epithete qui en fait la difference, & sans songer que le Cara Cathay est sterile & desagréable, au lieu que le Catay, c'est-à-dire la Chine, est beau & rempli de toute sorte de biens.

CARACATES, ancien Peuple de la Germanie. Tacite dit que Tutor augmenta les troupes de Treves par des levées faites chez les Vangions, les Caracates & les *Triboci*. Beatus Rhenanus en conclud que ces trois peuples étoient voisins. Il faut savoir, ajoute-t-il, [k] que les *Triboci* occuperent autrefois une grande partie de la Lorraine, & que peut-être s'étendoient-ils jusqu'à la Moselle. Car Ammien Marcellin étend la premiere Germanie jusqu'au delà de la Saone. Je remarque cela, poursuit Rhenanus, afin que l'on ne s'étonne pas que Tutor étant au Pays de Tréves ait appellé à son secours les *Triboci*. Pour moi je soupçonne que la Forteresse de *Drackenfels* (detruite avant que Rhenanus écrivît) conserve le nom, & indique le Pays des Caracates ; & que ce mot, dont la premiere syllabe a été deguisée peu-à-peu par l'usage, ne veut dire autre chose sinon *Racatum* ou *Caracatium rupes* ; c'est-à-dire la *Roche des Caracates*.

CARACCA, ancienne Ville de l'Espagne Tarragonnoise, chez les Carpetains selon Ptolomée[l]. Ses Interpretes balancent si c'est présentement RIO DE HENARES ou GUADALAJARA. Mais ils confondent deux choses, savoir une Riviere, & une Ville. La Riviere que l'on croit avoir été nommée *Caraca* par les anciens est l'Henarez qui a sa source dans la vieille Castille près de Siguenza. Voïez HENARES. Elle passe à Guadalajara ou Guadalaxara, qui est la Ville que l'on croit aujourd'hui tenir la place de l'ancienne Caraca. Quelques-uns croient que c'est l'ARRIAEA d'Antonin, & que ses habitans sont les *Characitains* de Plutarque. Voïez CHARACITANI.

CARACENI[m], Peuple d'Italie selon Ptolomée. Leur Ville étoit *Ausidena*.

CARACHISAR ou CHURGO[n], Ville d'Asie dans la Natolie sur la côte de la Caramanie, ou du Beglierbeglic de Chypre, vis-à-vis de la Ville de Nicosie. Elle a un grand Port, & une bonne Citadelle. On croit que c'est la CORYCUS des anciens.

CA-

CARACITANIENS. Voiez CHARACITANI.

a d'Herbelot Bibl. Orient.

CARACORAM[a], Ville d'Asie bâtie dans le Catay par Octay-Can, fils de Genghiz-Can, après qu'il l'eut subjugué. Elle fut aussi nommée Ordu-Balik, & quelques-uns la prennent pour celle que Marco Paolo nomme Cambalu, (qui est Pekin comme je le remarque ailleurs) Mungaca ou Mangu-Can fils de Tuli-Can, & petit-fils de Genghiz-Can demeuroit ordinairement dans cette Ville.

CARACOS, Ville de l'Amerique Meridionale dans la Province de Venezuela, elle est assez avancée dans le Pays. Elle est grande & riche, & c'est où demeurent la plûpart des proprietaires des plantations de Cacao, qui sont dans les vallées, & qu'ils font regir par des Inspecteurs & par des Negres. Cette Ville est située dans une plaine de grande étenduë, & où le betail est très-abondant. On tient qu'elle est fort peuplée, le chemin pour y aller est très-difficile, à cause qu'il faut passer sur les Montagnes, qui renferment les vallées de la côte où sont les arbres qui porte le Cacao. La Guiare est la principale Place de cette côte, qui est sujette à des vents du Nord & qui dessechent beaucoup. Elle est d'ailleurs extrêmement saine, & l'air est bon. Les Espagnols ont des sentinelles sur les Montagnes, & des parapets dans les vallées. La plûpart de leurs Negres sont aussi armez pour la défense des Bayes.

b Dampier Voyages T. I. C. 3.

[b] La côte de Caracos est fort remarquable à divers égards. Ce n'est pendant plus de vingt lieuës qu'une étenduë perpetuelle de hautes Montagnes entremêlées de petits vallons, qui s'étendent de l'Orient à l'Occident, & cela de telle sorte que les Montagnes & les Vallées vont alternativement en pointe du Midi au Septentrion. De ces Vallées les unes ont environ un demi mille de large, d'autres seulement un quart de mille, & la plus longue n'a depuis la Mer que trois ou quatre milles tout au plus. A la même distance de la côte, il y a une longue étenduë de Montagnes, paralleles en quelque sorte à la côte qui joint les plus petites, & ferme la côte Meridionale des vallées. Du côté du Nord, ces vallées regardent vers la Mer, & forment quantité de petites Bayes sablonneuses, qui sont les seuls endroits par où l'on peut mettre pied à terre sur cette côte. Les Montagnes grandes & petites sont fort élevées. A peine apperçoit-on les vallées de trois ou quatre lieuës en Mer; mais toutes ensemble elles paroissent une fort grosse Montagne. A quinze lieuës ou environ de l'Isle de Roca, & à vingt de celle d'Aves, on voit cette côte clairement; cependant quand on est à l'ancre à la même côte, on ne sauroit voir ces Isles, quoique du sommet de ces Montagnes, elles ne paroissent pas fort éloignées, & ressemblent à de petites éminences dans un étang. Ces Montagnes sont steriles, à la reserve des côtez les plus bas, qui sont couverts de la même terre noire qui est dans les vallées, & fort bonne. Il y a dans quelques unes de ces vallées de la terre glaise forte; mais en general elles sont extrêmement fertiles, bien ar-

rosées & habitées par des Espagnols & par leurs Negres : on y vit de Mahis & de Plantains. On voit des oiseaux & quelques Cochons dans ces vallées; mais les noix de Cacao dont on fait le Chocolat, sont ce qu'elles produisent de plus recherché, l'arbre qui les porte ne croît vers les Mers du Nord, que dans la Baye de Campêche, à Costa Rica, entre Porto-bello & Nicaraga, & sur cette côte aussi haute que celle de la Trinité. Cet arbre a au plus un pied & demi de grosseur, & sept ou huit pieds de haut jusques aux branches, qui sont larges & étenduës comme celles du Chêne. Les feuilles sont assez épaisses, douces, d'un vert obscur, & de la figure de celles du prunier, quoique plus larges. Les noix sont envelopées dans une gousse grosse comme les deux poings, & pendent à l'arbre par une queuë forte & souple qu'elles ont au gros bout. L'arbre en est rempli entierement depuis le pied jusqu'à la tête à distances inégales. Les grandes branches en ont beaucoup, & sur tout aux jointures où elles sont fort près à près; il n'y en a point aux petites branches : un arbre qui produit bien, a d'ordinaire vingt ou trente de ces gousses. On en fait deux recoltes tous les ans, l'une qui est la meilleure au mois de Juin, & l'autre au mois de Decembre. La gousse a près d'un pouce d'épaisseur, & sans être spongieuse ou dure, elle tient de tous les deux. Elle est cassante, & pourtant plus dure que l'écorce de Citron. Sa superficie est boutonnée comme celle de cette écorce; mais plus grossierement & avec moins d'égalité. Les gousses sont d'abord d'un verd obscur; mais le côté qui regarde le Soleil est d'un rouge sombre. A mesure qu'elles meurissent ce verd se change en un fort beau jaune, & le rouge sombre en un rouge plus vif, très-agréable à la vûë. Comme ces gousses ne meurissent pas toutes à la fois, on ne les cueille pas toutes dans le même tems. Quand elles sont prêtes d'être meures, les inspecteurs vont tous les jours pendant trois semaines aux plantations pour voir si elles jaunissent, & n'en coupent chaque fois qu'une du même arbre. Après qu'on les a cueillies on en fait divers monceaux pour les faire suer. On casse ensuite l'envelope avec la main, on en tire les noix qui sont la seule chose qu'elles contiennent. Ces noix sont placées par rangs comme les grains du Mahis; mais attachées les unes aux autres, & serrées de telle sorte qu'après qu'on les a separées, il seroit mal aisé de les remettre dans un si petit espace. D'ordinaire il y a près de cent noix à chaque gousse : à proportion de la grosseur de la gousse, les noix sont plus ou moins grosses. Ces noix en étant tirées, on les fait secher au soleil sur des nates étenduës à terre. Celles qui croissent sur la côte de Caracos, quoique plus petites que celles de Costa Rica qui sont larges & plates, passent pour être meilleures.

§. **LA CÔTE DE CARACOS**, n'est point diferente du Pays habité par le Peuple CARACAS. Mr. de l'Isle nomme la Ville Caracas, ou St. Jean de Léon. Voiez CARACAS.

CARACOTINUM, lieu de la Gaule Lionnoise, Antonin en fait mention dans son Iti-

Itineraire. Hadrien de Valois[a] juge cette Orthographe vicieuse & prefere *Caracotinum* ou *Corocotinum*, Zurita assure avoir trouvé ces diferences entre les manuscrits. L'exemplaire du Vatican met *Carocotinum* à CLIII. M. P. d'*Augustobona* (*Troyes en Champagne*,) & à x. M. P. de *Juliobona*. Hadrien de Valois conclut que c'est le CROTOY petit Port de Mer, près de l'embouchûre de la Riviere de Somme. J'ai déja remarqué en plus d'un endroit que Juliobona ne sauroit être Dieppe comme il le pretend, puisque cette Ville n'est pas si ancienne.

[a] Notit. Gall. p. 129.

CARACUMBO, selon Mr. Corneille, ou plutôt CARACOMBO, selon Linschot qu'il cite, Isle de l'Océan Ethiopien sur la côte de la basse Guinée. Cet Auteur n'en dit point assez pour déterminer precisément l'endroit où elle est.

CARADA. Voiez CADARA 2.

CARADIVA,[b] Isle d'Asie auprès de l'Isle de Ceylan à la pointe Occidentale du Royaume de Jafnapatan. Elle n'a pas quatre lieues, & contient onze cens habitans ou environ. Elle n'est separée de celle d'Ourature, que par un bras de Mer assez étroit. Au milieu de ce bras de Mer, & entre ces deux Isles est l'Islot ou rocher de CAYS sur lequel on a bâti un Fôrt que l'on nomme HAMMENIEL, qui défend l'embouchûre de ce bras de Mer, & empêche qu'aucun vaisseau n'y puisse entrer ou sortir sans congé. Outre que dans ces deux Isles on trouve quantité de bétail & de Gibier, on y cueille beaucoup de Zaye, qui est une herbe excellente pour teindre en cramoisi, & dont on fait un grand commerce. Cette Isle est la même qu'AMSTERDAM 5.

[b] Ribeyro Hist. de Ceylan l. 1. c. 25.

§. Mr. Baudrand se trompe fort quand il dit que cette Isle nommée Amsterdam est appellée LA ILHA DAS CABRAS. Cette derniere qui est aussi nommée DAS VACCAS en est très-diferente puisqu'elle est au Sud-Est d'Ourature, & que les Hollandois nomment Middelbourg, & ceux du Pays Nindundiva; au lieu que Caradiva que les Hollandois appellent Amsterdam est au Nord d'Ourature.

1. CARAE ou CARES, ancien Peuple d'Asie. Virgile dit[c]:

[c] Æneid. l. 8. v. 725.

Hic Lelegas, Carasque sagittiferosque Gelonos
Finxerat.

Sur quoi Servius observe que le Peuple nommé Carae étoit une Nation d'Insulaires, qui s'étoient rendus celebres par leurs pirateries, & qu'ils furent vaincus par Minos, & il cite à cette occasion Thucydide & Salluste. Le P. de la Rue entend ce vers des habitans de la Carie. Voiez CARES.

2. CARAE. Voiez CARRHAE.

CARAEI, Peuple de l'Arabie heureuse; selon Pline[d].

[d] l. 6. c. 28.

CARAEMID ou CARAEMIT } Voiez DIARBEK 2.

CARAESSAR. Voiez CARA-HISSAR.

CARAGA, ancienne Ville de l'Afrique proprement dite, selon Ptolomée[e].

[e] l. 4. c. 3.

CARAH, Ville Episcopale sous la Metropole *Rubba* des Moabites. C'est ce que dit Ortelius[f] qui cite Guillaume de Tyr, c'est-à-dire une Notice qui lui a été attribuée parce qu'elle s'est trouvée dans quelques manuscrits à la suite de son Histoire. Une autre Notice au Recueil de Schelstrate[g] met pour Metropole ARABIA MOABITIS ou PETRA, & nomme le Siége en question BARACH. Une autre[h] appelle la Metropole RABBA MOABITIS, & le Siége KARATH. Celle de Hierocles[i] nomme la Metropole Petra, & le Siége CARAGMUBA. Et enfin une Notice sous Léon le Sage porte CHARAGMUCHA[k].

[f] Thesaur.
[g] ant. Eccl. T. 1. p. 769.
[h] Ibid. p. 742.
[i] Ibid. p. 715.
[k] Ibid. p. 687.

CARA-HISSAR, c'est-à-dire le Château noir, place d'Asie dans la Province, qui repond à la Galatie des anciens. Le Sr. Paul Lucas dit dans son Voyage de l'Asie Mineure[l] qu'on lui a assuré que Karahisar, (car c'est ainsi qu'il écrit ce nom) étoit l'ancienne Capitale de la Capadoce. Du moins, ajoute-t-il, il est certain que c'étoit autrefois une des plus belles Villes. On voit partout aux environs quantité de ruines de Temples, de Palais; où les colomnes, les chapiteaux, les piéd'estaux, les corniches, les piéces de marbre avoient été prodiguées; & sans ces ruines, on n'en auroit jamais parlé. En sortant delà on trouve une belle forteresse sur la pointe d'un rocher escarpé: & le St. Lucas conjecture que c'étoit peut-être la citadelle.

[l] T. 1. c. 19. p. 143.

CARAIAM, Marco Paolo[m] nomme ainsi une grande Province de la Tartarie; elle n'est, dit-il, separée de la Province de Caniclu que par le fleuve BRIUS; mais par le mot de Province il entend un grand Pays, car il met dans celle-ci sept Royaumes. Il lui donne pour habitans des Idolâtres, qui ont une langue particuliere. La Capitale se nomme, selon cet Auteur, Jaci; c'est une Ville grande, belle & marchande. Elle est peuplée de quelque peu de Chrétiens Nestoriens, & de beaucoup de Mahométans. Le même Voyageur ajoute[n] qu'en partant de la Ville de Jaci, on entre après dix journées de chemin dans un autre Royaume dont la capitale s'apelle CARAIAM, qui donne le nom à tout le Pays. Voiez JACI.

[m] c. 39.
[n] c. 40. p. 101.

CARAIBES, Sauvages Insulaires de l'Amerique, qui ont possedé autrefois toutes les Antilles, & qui en occupent encore presentement quelques-unes en tout ou en partie, d'où vient qu'on donne le nom de *Caraïbes* à ces mêmes Isles; aussi bien que celui de *Canibales*. Ils se disent descendus des Galibis, Peuples de la terre ferme, & leurs plus proches voisins; mais ils ne savent ni le temps, ni le sujet, qui les a portez à quitter leur naissance pour se répandre dans des Isles assez reculées. Ils assurent seulement que leur premier Pere, appellé *Kalinago*, ennuyé de vivre parmi ceux de sa Nation, fit embarquer toute sa Famille, & qu'après avoir vogué fort long-temps, il s'établit dans l'Isle de la Dominique, où ses Sauvages sont en fort grand nombre; mais que ses enfans perdant le respect qu'ils lui devoient, lui firent boire du poison dont il mourut. Les simples ajoutent

qu'il

qu'il ne fit que changer de figure, & devint un poisson épouvantable qu'ils appellent Arrajoman, & qui vit encore aujourd'hui dans la Riviere. Le Pere Raymond raporte dans son Dictionnaire qu'il a apris des Capitaines de l'Isle de la Dominique, que ces mots GALIBI & CARAIBE étoient des noms donnez à ces Insulaires par les Européens; que leur veritable nom étoit KALINAGO, & qu'ils ne se distinguoient que par ces mots OUNAÒBAN & BOLOUEBONUM, c'est-à-dire des Isles, ou de terre ferme; & que les Insulaires étoient des Galibis, qui s'étoient détachez du Continent pour aller conquerir les Isles, sous un Capitaine, qui avoit exterminé tous les naturels du Pays, à la reserve des femmes qui ont toûjours conservé quelque chose de leur langue. En effet la diversité du langage des hommes & des femmes dure encore presentement, à quoi si l'on ajoûte la conformité de mœurs & de Religion, il n'y a pas sujet de douter que ces Insulaires ne tirent leur origine des Galibis de Terre ferme, qui firent épouser des jeunes gens de leur Nation, aux femmes & aux filles dont ils avoient tué les Peres & les Maris.

Les Caraibes sont d'un temperament triste & rêveur, & demeurent quelquefois un jour entier dans la même place, les yeux en terre sans dire un seul mot. Leur fainéantise & la temperature de l'air contribuent beaucoup à cette humeur; mais reconnoissant qu'elle préjudicie à leur santé, ils reforment leur inclination naturelle pour paroître gais, sur tout lorsqu'ils ont un peu de vin dans la tête. Leurs entretiens ordinaires sont de leur pêche, de leur chasse, ou de leur jardin, & quand ils sont en la compagnie des Etrangers, ils ne prennent point les risées qui se font en leur presence, pour des railleries dont ils auroient lieu de se fâcher. Ils s'offensent quand on les nomme Sauvages, ce qu'ils disent n'appartenir qu'aux bêtes des bois, & ne veulent point non plus être apellez Canibales, quoi qu'ils mangent la chair de leurs ennemis; mais le nom de Caraibes leur plaît, comme marquant leur courage & leur generosité. Leur naturel est doux & benin, & ils vivent sans aucun desir d'avoir des richesses. Ils reprochent au contraire aux Européens, le soin déreglé qu'ils ont d'amasser du bien, puisque la terre est capable de fournir de quoi nourrir tous les hommes, pourvû qu'ils veuillent prendre soin de la cultiver. S'ils vont à la chasse ou à la pêche, ou s'ils abattent des arbres pour faire un jardin ou pour se bâtir une Maison, ils le font comme en se joüant & sans marquer nul empressement. L'or les touche peu, & le verre & le cristal leur paroissent préferables.

Ils n'aiment point à sortir de leur Pays, & ne veulent pas même souffrir qu'on emmene quelqu'un d'eux en une Terre Etrangere, à moins que l'on ne promette de les ramener bientôt. Si l'on y manquoit, il ne faudroit jamais les revoir, si l'on se vouloit garantir de leur vangeance. Ils n'ont point de curiosité pour les choses éloignées; mais ils en ont tant pour celles qui sont proche d'eux, que s'il arrive que l'on ouvre un cofre en leur presence, il leur faut montrer tout ce qu'il enferme. Si quelque chose de ce qu'ils y voyent leur plaît, ils donnent en échange pour l'avoir tout ce qu'ils ont de plus précieux. Ils se portent presque toûjours bien, & les vieillards même ne blanchissent point, ce qu'on impute à leur temperance, parce qu'ils mangent peu & souvent, outre qu'ils vivent sans ambition & sans nulle inquietude. Ils ne font point de provisions, ils en vont chercher à mesure qu'ils ont faim. Il n'y a rien de reglé chez eux. La nuit même ils se levent pour manger, & ne pensent jamais qu'au present, ensorte que si l'on veut avoir d'eux un lit de Coton à bon marché, il faut l'acheter le matin, parce qu'ils ne font point reflexion que la nuit viendra & qu'ils en auront besoin.

Le Larcin passe pour un fort grand crime parmi eux, & comme il s'en trouve peu qui y soient enclins, ils vivent sans défiance les uns des autres, ce qui fait que leurs Maisons & leurs heritages sont à l'abandon, sans portes & sans clôtures; mais ils sont vindicatifs, & conservent une haine non seulement dix années, mais toute leur vie. Ainsi quand ils se croyent offensez, ils ne sont jamais contens qu'ils n'ayent tué leurs ennemis, le plus souvent pour un très-petit sujet, pour un coûteau, pour des hameçons, ou pour des flêches rompuës. Leur fainéantise ne se peut imaginer. Ils se levent ordinairement avant le jour, & la premiere chose qu'ils font, c'est d'aller se baigner ou se laver. Ensuite leurs femmes dépendent leurs lits de dedans la case, & les pendent dans le carbet qui en est proche, où elles les peignent & les ajustent, aprés quoi elles leur aportent de la cassave fraîche, & le *Taumali*, qui est une sauce de crabe, de viande, ou de poisson, avec beaucoup de piment, sorte de poivre très-fort. Cela est accompagné d'un *Canari*, de vin d'*Ouicou* chaud qui est leur boüillon. Canari est un vaisseau de terre cuite, dont le fond finit en pointe. Il y en a de toutes grandeurs.

Ils passent les jours à faire de petits paniers couverts, où ils mettent de petits ustencilles, comme leur miroir, du fil de Coton pour accommoder leurs flêches, une alêne, & autres choses semblables, & ils pendent ce panier à leur cou, quand ils vont en quelque lieu. Ils s'occupent encore à s'arracher la barbe avec le pouce & la pointe d'un couteau, quelques-uns à joüer de la flûte sur leurs petits sieges, d'autres à rever dans leurs hamacs ou lits de Coton.

Les femmes sont moins oisives que les hommes. Ce sont elles qui plantent le Manioc, & elles se servent pour cela de bâtons pointus au lieu de hoües. Elles sarclent & nettoyent les jardins; elles font le pain & accommodent les viandes, ont soin du Coton & le filent sur la cuisse avec le fuseau. Elles font les hamacs, qu'elles travaillent sur une maniere de chassis, appuyé contre les fourches de la case de haut en bas, & qu'elles tournent à mesure que s'ourdit la trame. Quand le lit est achevé, elles le tendent sur le chassis pour le peindre, si c'est pour leur usage, & elles

le

le laissent blanc si c'est pour des Européens. Cette peinture est pour l'ordinaire une espece de *Guillochis*, où la justesse se trouve avec autant de proportion que si elles se servoient de Compas. Elles laissent aux deux bouts de la chaîne passer des fils non coupez, & longs environ d'un pied en forme de frange, & dans les fils elles passent une petite corde de pite en même sens, ce qui les allonge encore d'un pied de chaque côté, & dans tous les plis de cette petite corde, elles en passent une de même, grosse d'un pouce, & longue de trois à quatre toises, qui sert à suspendre le lit quand elles en ont besoin. Lorsqu'elles font ces hamacs ou lits de fil de Coton, elles mettent aux deux bouts du métier un paquet de cendres, persuadées qu'ils ne dureroient pas longtemps si elles manquoient à cette ceremonie. Elles sont très-mal propres dans tout ce qu'elles apprêtent. Leur boisson ordinaire est le *Onicou*, qu'elles font de cassaves ou de patates bouillies. Elles pilent ces racines dans un mortier de bois, & les mâchent pour leur donner la force de bouillir & d'enyvrer. Au défaut de ce breuvage, elles en font d'autres de chaux Caraibes, d'Ananas, de Figues, de Bananes & d'autres fruits; toutes leurs boissons sont si épaisses, qu'on y trouve à boire & à manger. Les Caraibes font souvent des assemblées pour boire de cet *Onicou*. Ce sont leurs plus grandes réjouïssances. Ils invitent deux ou trois carbets ou familles, & s'ils sont cinquante, ils font un vin de dix ou douze barils, qu'ils boivent en un jour, & en une nuit sans manger aucune chose. Ils ne sortent jamais de ces Assemblées que tous ne soient yvres, hommes, femmes, enfans, ce qui cause fort souvent de grands desordres.

Les Caraibes en géneral sont gens bien faits & bien proportionnez, assez agréables, de moyenne taille, larges d'épaules & de hanches, & presque tous avec assez d'embonpoint. Ils ont le visage rond & ample, & pour la plûpart les joués marquées de petites fossettes dans le milieu. Leur bouche est mediocrement fenduë, & leurs dents sont parfaitement blanches & serrées. Leur teint est naturellement olivâtre, & cette couleur s'étend jusqu'au blanc de leurs yeux, qu'ils ont noirs & un peu petits. Ils ont le front applati, ainsi que le nez; mais par artifice, à cause que leurs meres le leur pressent à leur naissance, & pendant tout leur bas âge, s'imaginant qu'il y a en cela de la beauté. Ils ont les pieds larges & épatez, les ayant nuds partout où ils vont, ce qui les endurcit de telle sorte, qu'ils sont à toute épreuve, & dans les bois & sur les rochers.

On n'en voit aucun qui soit borgne, aveugle ou boiteux, ou qui ait quelque autre difformité. Ils ont tous les cheveux noirs, tout droits, & fort longs, & sont fort soigneux de se peigner. Ils les frotent d'huile, & ont une invention pour les faire croître. Hommes & femmes, ils les tressent par derriere, & les font aboutir à une petite corne qu'ils se mettent au milieu de la tête. Aux deux côtez ils les laissent en moustaches, & les femmes les divisent de maniere qu'ils tombent des deux côtez de la tête. Les hommes séparent les leurs de l'autre sens, les tirant devant & derriere, ce qui les oblige d'en couper de dessus le front, sans quoi ils leur couvriroient les yeux. On ne leur voit point du tout de barbe; ils l'arrachent quand il leur en vient, & vont nuds entierement, hommes, & femmes, comme plusieurs autres Nations. Que si quelquefois en venant vers les Européens, avec qui ils ont quelque échange à faire, ils prennent par complaisance pour eux une chemise, une peau, & les habits qu'ils leur ont donnez, ils les ôtent sitôt qu'ils sont de retour dans leurs cases. Ils changent leur couleur naturelle par une couleur rouge apellée Roucou, qu'ils appliquent sur leurs corps. Elle est détrempée avec de l'huile, & pour se mettre cette sorte de peinture, ils se servent d'une éponge au lieu de pinceau. Il y en a qui croyant paroître plus agréables, se font des cercles noirs autour des yeux avec du jus de pommes de *Junipa*. Ce Roucou leur sert d'ornement & de couverture tout ensemble, & ils assurent que cela les rend plus agiles & plus souples. Dans leurs jours de réjouïssance, ils ajoûtent à leur rouge diverses autres couleurs, dont ils se frottent le visage & tout le corps. Ils ornent aussi le haut de leur tête d'un petit chapeau tissu de plumes de toute sorte de couleurs, & d'un bouquet de plumes d'aigrettes. Quelquefois on leur voit une Couronne de plumes qui leur couvre toute la tête; la plûpart se percent les levres pour y faire passer une espece de petit poinçon, fait d'un os ou de quelque crête de poisson. Ils ouvrent même l'entre-deux de leurs narines, pour y attacher une bague, un grain de cristal ou quelque ornement semblable. Ils s'en mettent aussi au cou, & aux bras, où ils portent des colliers & des brasselets d'ambre, de corail ou de quelque autre chose qui ait du lustre. Les hommes portent les brasselets au gras du bras, proche de l'épaule, au lieu que les femmes en entourent leurs poignets. Ils parent encore leurs jambes de chaînes de rassade au lieu de jarretieres; ceux qui n'ont point de communication avec les Européens, portent ordinairement pendus à leur cou des sifflets d'os de leurs ennemis, & de grandes chaînes faites de dents d'Agouti, de Tigres, de Chats Sauvages, ou de petits Coquillages, percez & liez ensemble avec une Cordelette de fin Coton, teinte ou en violet, & quand ils se veulent mettre sur leur bonne mine, ils ajoûtent à tout cela des bonnets, des bracelets, qu'ils lient sous leurs aisselles, des écharpes, & des ceintures de plumes, tissuës avec beaucoup d'industrie, qu'ils laissent floter sur leurs épaules, ou pendre depuis le nombril jusqu'au milieu de leurs cuisses. Les plus considerables de leurs ornemens sont de grandes Medailles de fin cuivre fort poli, & sans aucune gravure. Elles ont la figure d'un croissant, & sont enchassées dans quelque bois précieux. Ils les apellent *Caracolis* en leur langue. Elles sont de differentes grandeurs, & il y en a de si petites, qu'ils les attachent à leurs oreilles en maniere de pendans, & d'autres larges environ de la paume de la main,

main, qu'ils portent pendus au Cou, d'où elles battent sur la poitrine. Ils estiment fort ces Caracolis, tant parce que leur matiere, qui ne contracte aucune souillûre, est brillante comme l'or, qu'à cause que c'est le butin le plus prisé qu'ils remportent des courses qu'ils font tous les ans dans les terres des Aroüagues leurs ennemis. Cette sorte de Collier est ce qui distingue les Capitaines, & leurs enfans d'avec les gens du commun. Les femmes se peignent tout le corps, & s'ajustent presque comme tous les hommes, avec cela de particulier, qu'elles portent une demi-chausse ou brodequin de fil de Coton, qu'elles rougissent, & une autre large de quatre doigts entre le gras de la jambe & le genouil. Au haut de la chaussûre d'en bas, elles attachent une espece de rotonde, plus large qu'une assiette, & tissuë de jonc & de Coton, & une autre un peu plus petite au bas de la chaussûre d'en haut, ensorte que ces deux rotondes serrent si bien la jambe, qu'elle ne sauroit grossir, & rendent le molet rebondi & rond comme une boule. Les femmes & les filles estiment d'autant plus cette chaussûre, que les Esclaves n'en portent jamais, elle est une marque de leur liberté. Elle leur est cependant extrêmement incommode pour marcher, & même très-douloureuse : car sitôt que l'eau donne dessus, elles se resserrent si fort, qu'elles en souffrent beaucoup.

Quant aux habitations des Caraïbes, chaque famille compose son hameau, chaque Pere de famille ayant sa case où il demeure avec ses enfans, qui ne sont point mariez. Ceux qui le sont chacun la leur à part autour de celle du Pere. Toutes ces cases qui n'ont point d'autre plancher que le toit, sont separées en deux ou trois chambres, dont l'une sert à manger, une autre à coucher, ou à recevoir ceux qui leur rendent visite. Quelques-uns en ont une petite particuliere, où ils mettent leurs Arcs, leurs Flêches, Haches, Serpes, Couteaux, & autres Ustencilles. Au milieu de toutes ces cases, ils en font une grande commune qu'ils nomment CARBET, qui a toûjours soixante ou quatre vingts pieds de long, & est composée de grandes fourches, hautes de dixhuit ou vingt pieds, plantées en terre. Ils posent sur ces fourches un Latanier, ou un autre arbre fort droit, qui sert de faîte. Ils y ajustent des chevrons, qui viennent toucher la terre, & les couvrent de roseaux ou de feuilles de Latanier, ce qui est cause qu'il fait fort obscur dans ces carbets, où il ne vient aucun jour que par la Porte, qui est si basse, qu'on n'y peut entrer sans se courber. Ceux qui ont des lits de Coton, les portent par tout avec eux; & quand ils se vont coucher, ils les pendent à des arbres, ou à deux fourches de la case. Ceux qui n'en ont point, couchent sur des Cabanes, composées de quatre bâtons, tissuës par dedans d'éguillettes d'écorces de Mahot. Les Caraïbes étant fort frilleux, font toûjours du feu sous leurs lits. Cela les garantit des Maringoins; & surtout à ce qu'ils disent, des malins esprits.

Les femmes accouchent avec des douleurs assez legeres, & si le travail est rude en quelques-unes, elles savent le soulager par la vertu de la racine d'une plante, dont elles expriment, & boivent le suc. L'enfant n'est pas plûtôt né qu'on va le laver. On le met dans son petit lit de Coton, & la mere dès le lendemain s'employe au menage comme à l'ordinaire. Elle jeûne quelques jours, ne mangeant que de la cassave séche, buvant de l'eau tiede, & se gardant bien sur tout de manger des Crabes femelles, parce qu'elles sont persuadées qu'elles feroient mal au ventre de leur enfant. Cependant elles s'occupent à lui écraser, & applatir le nez & le front. Si c'est un garçon, & un premier né, le mari se met au lit, se plaint, & fait l'accouchée. On lui pend promptement un lit au haut de la case, & on lui fait faire une diéte des plus rigoureuses. Les dix premiers jours il n'a qu'un peu de Cassave séche avec de l'eau, ensuite il commence à boire un peu d'Onicou ; mais il s'abstient de toute autre chose, ne mangeant que le dedans de la Cassave, & gardant le reste pour le jour du festin, qui se fait au bout de quarante jours. Ce temps venu, il invite ses parens, & ses amis, lesquels étant arrivez, avant que de se mettre à manger, découpent la peau de ce malheureux avec des dents d'Agouti, & tirent du sang de toutes les parties de son corps; ensuite de quoi ils prennent soixante ou quatre vingt gros grains de piment, ou poivre d'Inde, le plus fort qu'ils puissent trouver, & après l'avoir bien broyé dans l'eau, ils lavent avec cette eau pimentée les playes & les cicatrices du Patient, qui est obligé de souffrir cette cuisante douleur sans dire un seul mot, à moins qu'il ne veuille passer pour un lâche. Cette ceremonie achevée, on le remet dans son lit, où il demeure encore quelques jours, & les autres vont faire bonne chere à ses dépens dans le Carbet. Pendant six mois il ne mange ni oiseaux, ni poissons, croyant que s'il en mangeoit, non seulement cette nourriture préjudicieroit à l'enfant; mais qu'il participeroit aux défauts naturels des animaux, dont le Pere se seroit repû. Par exemple s'il mangeoit de la tortuë, l'enfant seroit lourd, & n'auroit point de cervelle; s'il mangeoit du lamentin, il auroit les yeux petits & ronds, de même que cet animal, & ainsi des autres. Pendant tout ce temps ils gardent une étroite continence avec leurs femmes, dont ils se separent sitôt qu'elles ont conçû ; mais ils ne font ce grand jeûne qu'au premier enfant. A la naissance des autres, leur diéte ne dure que quatre ou cinq jours.

Ces six mois étant expirez, le Pere invite un de ses meilleurs amis pour être le Parrain de l'enfant, ou une marraine si c'est une fille : après un banquet fait à leur mode, on lui coupe un peu de cheveux sur le devant de la tête, & on lui perce le gras des oreilles, & l'entre-deux des narines, où l'on passe deux ou trois fils de Coton, depeur que les trous ne se rebouchent. Ils lui font la même chose à la lévre de dessous. Si l'enfant leur paroît trop foible pour souffrir cette douleur, ils different l'operation jusqu'au bout de l'année, & se contentent de lui couper les cheveux. Cela fait, ils lui donnent le nom qui lui

lui doit demeurer toute la vie, & en reconnoissance le pere & la mere de l'enfant oignent le cou & la tête du Parrain ou de la Marraine avec de l'huile de palmiste. Les Caraibes en gardant le premier nom qu'on leur donne, ou de ceux qui ont vécu avec eux, ou de divers arbres qui se trouvent dans leurs Isles, ne laissent pas quelquefois d'en prendre un autre dans un âge avancé, quand ils se sont portez à la guerre avec valeur, & qu'ils ont tué quelque Chef des Aroüagues. Alors ils prennent son nom pour marque de l'avantage qu'ils ont remporté.

Les femmes n'emmaillotent point leurs enfans, & quand elles les voyent un peu robustes par le lait qu'ils ont succé; elles leur donnent des Patates ou des Bananes, qu'elles mâchent avant que de le leur mettre dans la bouche, & à peine ont-ils trois ou quatre mois, qu'ils marchent à quatre pates dans toute la Case, se roulant incessamment sur la terre, à quoi ils s'accoûtument si bien, que lorsqu'ils sont grands, ils courent de cette façon avec autant de vitesse, que ceux des Européens, qui courent le mieux. Tous mangent de la terre, meres & enfans, ce qui ne sauroit venir que d'un excès de melancolie, qui est l'humeur dominante dans tous les Sauvages. Elles les aiment avec beaucoup de tendresse, le portant par tout sous les bras, ou dans un petit lit de Coton, qu'elles ont en écharpe lié par dessus l'épaule. Quand ils sont un peu âgez, les garçons suivent le pere, & mangent avec lui, & les filles demeurent avec la mere. On les éleve en vrayes brutes, sans respect, sans civilité, ce qui les fait vivre dans un grand libertinage. Tout le soin que l'on prend d'eux; c'est de les rendre fort adroits à tirer de l'arc, & pour cela, à peine sçavent-ils marcher, qu'on attache leur déjeûner à une branche d'arbre, d'où il faut qu'ils l'abattent avec la flêche, s'ils ont envie de manger. Selon qu'ils croissent en âge, on suspend plus haut leur portion. Lors qu'une fille devient nubile, on pend son hamac ou lit à la case, & on la fait jeûner dix jours sans lui donner que de la Cassave séche, & un peu d'*Ouicou*. Si elle attrape la nuit quelque morceau de Cassave pour soulager la faim qui la presse, ils la regardent comme une fainéante, qui ne vaudra rien pour le travail.

Ils destinent d'ordinaire tous leurs fils à porter les armes; mais avant qu'ils puissent être mis au rang de ceux qui ont droit d'aller à la guerre, ils doivent être déclarez soldats, en presence de tous leurs parens & leurs amis, voici la ceremonie que l'on observe. Le pere ayant assemblé les plus anciens du Carbet, fait asseoir son fils sur un petit siége, & après l'avoir animé à se venger de ses ennemis, il prend par les pieds un oiseau de proye, que les uns nomment *Ouachi*, & les autres *Mons Fenis*, & il en décharge plusieurs coups sur lui, jusqu'à ce que l'oiseau soit mort, & que la tête en soit entierement écrasée. Quoique le jeune Caraibe soit tout étourdi de tant de coups, il ne faut pas qu'il dise le moindre mot, ce seroit une marque de lâcheté. Le pere arrache le cœur de l'oiseau, & le fait avaler au fils, afin qu'il ait le courage d'avaler de même celui de ses ennemis. Cela fait, on lui scarifie tout le corps avec une dent d'Agouti, & pour le guerir de ses blessures, on trempe l'oiseau dans une infusion de grains de piment, & on les en frotte. Ensuite on lui pend un lit au haut d'une petite case à part, & il y demeure couché de son long jusqu'à ce que ses forces soient presque toutes épuisées par le jeûne. Il faut que ce soit un homme, qui lui porte le peu qu'il mange pendant ce temps-là; si c'étoit une femme, il seroit moins genereux.

Les peres destinent quelquefois leurs fils à être *Boyez*, c'est-à-dire Magiciens & Medecins. Dans ce dessein ils les envoyent à quelqu'un de ceux qui sont en plus grande reputation de sçavoir évoquer les esprits malins, de donner des sorts pour se venger de ses ennemis, & de guerir plusieurs maladies, auxquelles ceux de cette Nation sont sujets; mais il faut que celui que l'on presente au Boyé pour être instruit dans son Art, y ait été consacré dés sa plus tendre jeunesse, par l'abstinence de plusieurs sortes de viandes, par des jeûnes rigoureux; & que pour commencer son apprentissage : on lui tire du sang de toutes les parties de son corps avec des dents d'agouti.

Avant que les Caraibes eussent alteré leurs anciennes coûtumes, par le commerce qu'ils ont avec les Chrétiens, ils ne prenoient pour femmes legitimes que leurs cousines germaines, qu'ils alloient choisir sans autre ceremonie que leur étant acquises de droit; mais presentement ils peuvent épouser des filles qui ne sont point leurs parentes, pourvû qu'ils les demandent au Pere & à la Mere. Ils ne respectent aucun degré de Consanguinité. Il y a eu des Peres qui ont épousé leurs propres filles, & des meres qui se sont mariées avec leurs fils. La chose est rare; mais il est commun de voir un même homme Mari de deux Sœurs, & quelquefois de la mere & de la fille. Si une fille épouse quelque Capitaine, ou le fils d'un Capitaine, son pere & sa mere le conduisent chez le mari à qui elle porte le diné, & ils mangent tous deux ensemble, assis contre terre au milieu de la Case, après quoi elle demeure avec lui. Si le marié n'est pas Capitaine, il va demeurer dans la Maison de son beau-pere. En ce cas la femme a un avantage sur son mari, qui est qu'elle peut parler à toutes sortes de personnes, & qu'il n'ose s'entretenir avec les parens de sa femme sans grande dispense; il évite même toûjours leur rencontre. La Polygamie est assez commune parmi eux, & il y en a qui ont jusques à six femmes, les Capitaines surtout qui sont bien aises d'avoir une famille nombreuse, afin que leur credit augmente par-là dans leur Nation. Celui qui a plusieurs femmes leur bâtit à chacune une petite Case, dans laquelle il les visite; ensorte qu'il demeure un mois avec l'une, & un autre mois avec un autre, sans qu'il y ait nulle jalousie entre elles. Le mari les quitte quand il lui plaît; mais la femme ne peut quitter son mari s'il n'y consent. Il y en a qui gardent leur fecondité jusqu'à quatre vingts ans.

Aussi

CAR.

Aussi la vie ordinaire des Caraïbes est-elle de cent années. Elle va souvent plus loin, & alors ils demeurent couchez dans un lit, & déchernez comme des squelettes. Ils ont peu de remedes en leurs maladies. Ils se servent de quelques herbes pour les playes, & ne donnent au malade, aucune autre nourriture que celle qu'il avoit accoûtumé de prendre étant en santé. Dès qu'un Caraïbe est mort, ses femmes le lavent, le peignent avec du roucou, l'ajustent dans son hamac, lui mettent du vermillon aux joües, aux lèvres, comme s'il étoit vivant, & le laissent-là. Peu de temps après on l'envelope dans ce même lit pour l'enterrer. Ils font la fosse dans la case, parce qu'ils n'enterrent jamais leurs morts en lieu découvert. Ils le posent dans cette fosse, assis sur ses talons, accoudé sur ses genoux, ou les mains croisées sur sa poitrine, la face en haut, ayant deux petits Canaris ou vases de terre sur les yeux, depeur qu'il ne voye ses parens & ne les rende malades. Un homme le couvre d'un bout de planche, & les femmes jettent la terre dessus. Ils font du feu tout à l'entour pour empêcher qu'il n'ait froid, & pour purifier l'air. Ils brûlent toutes ses hardes, & s'il a un Negre, ils le tuënt aussi, afin qu'il l'aille servir en l'autre monde. Ils enterrent son chien avec lui pour le garder, & pour chercher ceux qui l'ont fait mourir. Ils jettent aussi dans la fosse quelques ustenciles, dont ils prétendent qu'il aura besoin, & se mettent tous à crier ensuite. Tout le Carbet retentit de leurs longs gemissemens, & toute la nuit on les voit danser, pleurer & chanter en même temps; mais d'un ton lugubre. S'il a des parens en d'autres Carbets, ils s'assemblent pour venir pleurer avec les autres.

Les danses qui sont des marques de réjoüissance, sont encore à ces Peuples des signes de deuil, & de tristesse. Ils dansent d'un air plus lugubre & plus posément à leurs funerailles; mais en d'autres occasions, comme aux éclipses de Lune, & de Soleil, & lorsque la Terre tremble, ils se tourmentent beaucoup. Ils dansent non seulement quatre jours; mais encore quatre nuits au clair de la Lune, & disent que la Terre en tremblant les avertit de danser, afin qu'ils se portent bien. C'est une Fête qu'ils solemnisent en se parant de leurs ornemens de tête, de leurs pendans d'oreille, de nez & de levres, de leurs colliers, brasselets, ceintures, jarretieres, chargées de quantité de petites coquilles & de grelots, qui font tant de bruit, que l'on n'entend pas les violons. Ce sont des Callebasses remplies de petits Cailloux, que secoüent des vieilles, en marmottant quelques paroles sur un même ton. Ils ont diverses sortes de danses, & contrefont les animaux. Tantôt ils dansent debout, separez en deux bandes, les uns d'un côté, & les autres d'un autre, se regardant & faisant mille singeries. Tantôt ils se courbent tout bas, & font un cercle, ayant les doigts dans leurs bouches. Ils se relevent à chaque refrain, & hurlent plûtôt qu'ils ne crient. Les femmes sont un peu plus modestes. Elles regardent remüer leurs pieds, & levent de temps en temps les mains,

Tom. II.

CAR. 241

& les yeux en haut. Ils se tiennent pour finir, & se mêlent tous ensemble.

Toutes leurs guerres consistent à faire des courses sur leurs ennemis. Ils se cachent dans les bois & tâchent de les surprendre. Sitôt qu'ils ont brûlé une case, ou tué quelqu'un, ils se retirent avec beaucoup de vîtesse. S'ils sont découverts, ou qu'ils entendent aboyer un chien, ils reviennent sans rien faire. Leurs armes sont l'arc, la flèche, & le boutou. Ce *Boutou* est une sorte de massuë de bois vert ou de Bresil, dur, massif, pesant, long de deux ou trois pieds, large de trois doigts, & vers le bout plat comme la main, épais d'un pouce, & gravé à leur maniere. Ils remplissent cette gravûre d'une peinture blanche, & assomment un homme d'un seul coup. Ils font un grand amas de flèches, preparées de longue main. Elles sont d'un tuyau qui croît au haut de certains roseaux, gros comme le petit doigt, long de quatre à cinq pieds, poli, & sans aucun nœud, jaune & léger comme une plume. Ils y ajustent au lieu de fer, un morceau de bois vert, long d'un demi pied, & ils y font avec un Coûteau de petits harpons, afin qu'il soit impossible de les retirer. Ils empoisonnent le bout de ces flèches du suc d'un fruit nommé Mancenille, sorte de pomme très-belle; mais qui fait mourir tous ceux qui en mangent. Quand ils vont en Mer, & qu'ils veulent faire le trajet d'une Isle en une autre, ils ne mangent ni lézards, ni crabes, parce que ce sont des animaux, qui demeurent toûjours dans leurs trous. Ainsi ils disent que s'ils en mangeoient, cela les empêcheroit de gagner une autre terre. Ils ne boivent point d'eau pure, & se gardent bien d'en verser, ou dans le canot ou dans la Mer, cela la feroit enfler, ou seroit cause que la pluye viendroit. Il y a de certains endroits, où en passant ils jettent de quoi manger. C'est, disent-ils, pour des Caraïbes, qui ont peri autrefois en ces endroits, & qui ont leurs cases au fond de la Mer. Ils s'imaginent que s'ils ne faisoient cela, ils ne pourroient passer outre, ou que leur canot tourneroit. S'ils voyent quelque nuée prête à crever, ils soufflent tous en l'air, & la chassent avec la main, pour détourner la pluye d'un autre côté. S'ils n'ont pas bon vent, un vieillard de la troupe prend une flèche, & bat le derriere de la pirogue, persuadé qu'il la fait aller plus vîte. Quand le feu leur manque, ils en font avec deux petits morceaux de bois sec, dont ils appuyent l'un par le bout sur l'autre, le tournant entre leurs mains avec vîtesse.

Leurs doigts leur tiennent lieu de jettons. Pour exprimer douze ils montrent les deux mains, & deux doigts d'un pied. Si le nombre excede les pieds & les mains ils disent *Tamicati*, c'est-à-dire beaucoup, & s'il y a une grande quantité, ils le font entendre par leurs cheveux, ou par une poignée de sable qu'ils prennent.

Quand il faut aller à la guerre à jour nommé, & qu'ils en ont arrêté le temps, ils mettent un nombre de pierres dans une Callebasse, & chaque matin ils en ôtent une. Lorsqu'il n'y en reste plus, ils

Hh * con-

conçoivent que le temps de partir est arrivé.

Quant à leur Religion, Louguo, selon eux, fut le premier homme & Caraïbe. Il ne fut fait de personne, & descendit du Ciel ici bas, où il vêcut fort longtemps. Les premiers hommes sortirent de son nombril qu'il avoit fort gros. Il en sortit aussi de sa cuisse en y faisant une incision. Il fit les poissons de raclure & petits morceaux de manioc qu'il jetta à la Mer & s'en retourna au Ciel. Les animaux terrestres sont venus depuis, sans qu'ils sachent d'où.

Les Caraïbes vivoient autrefois long temps sans vieillir, parce qu'ils ne mangeoient que du poisson qui est toûjours jeune. Ils trouverent depuis un petit jardin de Manioc que Louguo avoit laissé ; mais cette plante ne leur étant pas connuë, un vieillard leur apparut, & leur en apprit l'usage. Ils disent qu'au commencement ce Manioc n'étoit que trois mois à rapporter, qu'il en fut ensuite six, & enfin neuf, comme il est presentement avant qu'il soit bon à faire du pain & de la Cassave. Ils croyent que le Ciel a été toûjours, & non pas la Terre, qu'ils disent que Louguo fit molle d'abord, unie & sans Montagne. La Lune qui suivit, incontinent s'estimoit très-belle; mais ayant vû le Soleil, elle alla se cacher de honte, & ne s'est montrée depuis que la nuit. Cependant ils aiment plus la Lune que le Soleil, & à chaque nouvelle Lune, sitôt qu'elle commence à paroître, ils sortent tous de leurs cases pour la voir, & prenant certaines feuilles d'arbres qu'ils plient comme un petit entonnoir, ils font distiller quelques goutes d'eau en la regardant, & croyent cette eau admirable pour la vûë. Ce qu'ils disent de l'origine de la Mer, de la Création, & generalement de toutes les eaux a quelque rapport au Deluge. Le Grand Maître des *Cheméens*, qui sont leurs bons Esprits, indigné de ce que les Caraïbes de ce temps-là étoient très-méchans, fit tomber pendant plusieurs jours de si abondantes pluyes, qu'ils furent tous noyez, à l'exception de quelques-uns qui se sauverent dans de petits bâteaux sur une Montagne, qui étoit pour lors l'unique. C'est le déluge de l'Ouragan qui a fait les Collines, les Montagnes & les hautes roches pointuës. C'est lui qui a separé les Isles de la Terre ferme. Si on leur demande d'où viennent ces eaux, ils répondent qu'il y a là haut des Rivieres, & que les premieres eaux viennent de l'urine & de la sueur des Cheméens. C'est-là ce qui a rendu la Mer salée, & nous n'avons de l'eau douce que parce qu'elle se dérobe de la Mer par dessous terre, & qu'elle s'y purifie.

Les Caraïbes ont communément deux sortes de Dieux, dont les uns sont bons, & les autres mauvais. Ils nomment les premiers *Icheiri*, & les mauvais *Maboya* ou *Mapoya*. Ils croyent qu'il y a diversité de Sexes en eux, qu'ils multiplient, & qu'ils sont de diverses Nations, ayant été hommes ainsi qu'eux. Ces Dieux ou Esprits, à ce qu'ils prétendent, ont le pouvoir de faire croître leurs Maniocs, de les secourir dans leurs maladies, & de les aider dans leurs combats. Ce sont eux qui font les Ouragans. Ils empoisonnent & font mourir qui ils veulent. Ces Peuples les font évoquer par leurs Boyez, qui sont des Sorciers ou Magiciens, consacrez dès leur plus bas âge à ce detestable ministere, par des jeûnes & par des effusions de sang, faites en s'égratignant toutes les parties du corps avec des dents d'Agouti. Quand un de ces Boyez fait faire un autre Boyé, il se prépare par un jeûne long & rigoureux à faire descendre son Dieu, & cela se fait dans la grande Case commune, à laquelle il n'y a qu'une seule porte, sans nulle fenêtre. Au bout de la Case est une petite table de jonc ou de latunier, large à peu près d'un pied & démi en quarré, & haute de huit à dix pouces, sur laquelle l'offrande ordinaire est préparée. Cette offrande est de Cassave fraiche & d'*Onicou* dans des Callebasses neuves. Le Boyé appelle son Dieu, en chantant d'un ton lugubre, après quoi il souffle un peu de fumée de Tabac, & aussitôt il tombe au milieu de la Case, comme ayant perdu le sentiment. En même temps on lui presente un lit de Coton qu'on a pendu exprès pour lui, & après que l'on lui a fait l'offrande de ce qui est sur la petite table de jonc, il demande un Dieu pour celui à qui il veut le donner, & ce Dieu lui en donne un qui paroît en forme d'homme. Si c'est une femme, il lui donne une Déesse qui paroît aussi en forme de femme, & l'on ne dit point parmi eux que ce soient-là les Dieux des Sauvages ; mais le Dieu d'un tel, ou la Déesse d'une telle. Quand ils ont envie de savoir l'évenement d'une maladie, ils appellent un Boyé, & après avoir bien nettoyé la case, ils préparent la Cassave & l'*Onicou*. Le Boyé vient la nuit, & éteint le feu, ne permettant point qu'il y ait aucune lumiere aux environs. Il prend séance au milieu de ceux qui l'ont appellé, & après certaines ceremonies, il tombe par terre faisant cliqueter ses doigts. Ensuite il répond d'une voix claire & distincte à tout ce qu'on lui demande. Si, selon lui, le malade doit mourir, il dit qu'il mourra, & alors chacun l'abandonne comme un homme mort. S'il croit qu'il doive guerir, le Dieu prétendu, & le Boyé s'approchent de lui, pressent & manient plusieurs fois la partie affligée, en soufflant toûjours dessus, & font quelquefois semblant d'en tirer des épines de palmiste, de petits os, des dents de serpents, & des éclats de bois, persuadant au malade que ces choses-là causoient sa douleur. Souvent ils sucent la partie dont il se plaint, & sortent incontinent de la Case, comme pour s'aller décharger de ce venin. Toutes ces ceremonies abusent ces malheureux, que leurs Boyez trompent comme ils veulent. Ils offrent aux *Zeméens* ou *Cheméens*, qui sont parmi eux les Esprits benins, les prémices de tout ce que la Terre leur rapporte, & croyent que les chauves-souris qui voltigent la nuit autour des maisons sont des Zeméens qui les gardent, & que ceux qui les tuënt en sont punis par quelque fâcheuse maladie. Ils ne craignent point le Zeméen qui ne leur fait aucun tort, parce qu'il est bon ; mais ils apprehendent fort le

Ma-

Mapoya qui leur fait du mal. On croit que c'est par cette raison que quelques-uns portent l'horrible figure penduë à leur cou, & qu'ils la peignent ou taillent en bosse autour de leurs bâtimens de Mer. Ils n'ont aucune maladie qu'ils ne se croyent ensorcelez, & pour un simple mal de tête ou de ventre, s'ils peuvent attraper la personne qu'ils soupçonnent en être la cause ils la tuënt, ou la font tuër. C'est ordinairement une femme sur qui tombe leurs soupçons, car il est rare qu'ils osent attaquer un homme. Les parens & les amis la vont prendre, lui font fouiller la terre en plusieurs endroits, la maltraitent jusqu'à ce qu'elle ait trouvé ce qu'ils s'imaginent qu'elle a caché, & bien souvent cette malheureuse avouë, pour se tirer de leurs mains, ce qui n'est pas, en ramassant des morceaux de Coquillage, ou quelques arêtes de poissons. Après cela ils la mettent toute en sang par plusieurs taillades qu'ils lui font avec des dents d'Agouti, & l'ayant laissée plusieurs jours sans aucune nourriture, ils lui font casser la tête & la jettent dans la Mer. Ils ont de grosses Coquilles qu'ils nomment *Lembies*, qui leur servent de trompettes, par le son desquelles on les entend quelquefois d'une grande lieuë. Suivant les tons qu'ils employent pour faire connoître leurs besoins, & le succès de leurs entreprises de guerre, de pêche ou de chasse, souvent leurs femmes une heure ou deux avant qu'ils arrivent préparent la Chaudiere ou le *Boucan*, ou de quoi les panser s'ils sont blessez. Ils croyent l'immortalité de l'ame ; mais ils tiennent que chaque personne en a trois, une au cœur, une à la tête, & une troisiéme au bras. Celle du cœur qui se manifeste par ses battemens va droit au Ciel pour y être bien heureuse, après la mort de celui qu'elle animoit. L'ame du bras & celle de la tête qui se font connoître par le battement du poux & par le mouvement des arteres, deviennent Mapoyas, c'est-à-dire Esprits malins, auxquels ils imputent tout ce qui leur arrive de sinistre & de funeste.

§. Cet Article est extrait par Mr. Corneille de l'Histoire naturelle des Antilles par le P. du Tertre T. 2., de l'Histoire Morale des Isles Antilles par Rochefort & de la Relation des Mœurs, Coûtumes & Religion des Caraïbes par de la Borde.

a Ortel. Thesaur. **CARAIORUM CIVITAS**[a], Ville d'Asie dans l'Isaurie, il en est fait mention dans les Actes du vi. Concile de Constantinople.

b D. Calmet Dict. **CARAITES**[b], Secte particuliere entre les Juifs. Ce nom vient de l'Hebreu *Carai* ou *Caraim* קראים qui veut dire, gens consommez dans l'Etude de l'Ecriture, gens attachez au Texte, & à la lettre de l'Ecriture. C'est-là en effet le vrai caractere des Caraïtes. Ils sont opposez aux Rabbanistes en ce que les Rabbanistes admettent toutes les Traditions des anciens, au lieu que les Caraïtes sont plus attachez au Texte, & à la lettre des livres Saints, & qu'ils n'admettent pas legerement ce que l'on veut faire passer pour Tradition. Ils ne reçoivent les Traditions qu'après les avoir bien examinées, & après s'être assurez qu'elles sont

Tom. II.

veritablement venues des anciens, & qu'elles n'ont rien de contraire au Texte, & à l'esprit de l'Ecriture. Le P. Morin & divers autres pretendent que les Caraïtes ne reçoivent aucune tradition ; sur quoi on peut voir l'Histoire des Juifs de Mr. Basnage[c]. On dit que[d] les Caraïtes se vantent de descendre d'Esdras ; & qu'ils prouvent la succession de leurs Eglises par un Catalogue exact de toutes les personnes, qui ont enseigné ou combatu le Caraïsme. Il y en a même qui se donnent encore une plus haute antiquité, puisque ceux qui vivent aujourd'hui dans la Pologne & dans la Lithuanie, pretendent être descendus des dix Tribus, qui furent emmenées en captivité par Salmanasar. Les Rabbanistes toûjours contrepointez contre les Caraïtes, enseignent que la Secte des Caraïtes subsistoit à Jerusalem dès le temps d'Alexandre le Grand ; que Jaddus chef des Rabbanistes fit un miracle en faveur de ce Prince, que qu'Ananus & Crescanatus chefs des Caraïtes ne purent faire. Tout cela ne merite aucune attention. On croit plus vraisemblablement que les Caraïtes ne parurent que vers le viii. siécle ; ou du moins que leur Secte fut alors rétablie par Ananus, lorsque les Talmudistes voulurent autoriser leurs Traditions, & les mettre au rang des veritez, & des pratiques les plus sacrées de la Religion. Alors un nombre de Juifs zelez pour la Loi, s'y opposa, & fut nommé Caraïte, comme uniquement attaché au Texte de l'Ecriture.

c T. 6. l. 9. c. 1. d Ibid. c. 11. & 12.

Les Rabbanistes ont voulu imputer aux Caraïtes la plûpart des erreurs des Sadducéens, comme de nier l'immortalité de l'Ame & l'existence des Esprits ; mais les Caraïtes rejettent ces accusations & montrent la pureté de leur foi, & de leurs sentimens sur ces Articles. Il y a d'assez bons Auteurs Caraïtes que l'on pourroit consulter utilement sur le sens de l'Ecriture ; mais il y en a peu d'imprimez ; les autres sont manuscrits & cachez dans les grandes Bibliotheques. Ils attendent le Messie qu'ils regardent comme un Roi temporel. Ils deffendent de calculer les années auxquelles il doit paroître. Ils rejettent tous les livres qui ne sont point dans l'ancien canon des Juifs ; ils exigent une foi aveugle pour l'Ecriture Sainte, & ne permettent pas d'examiner si un Article de la Loi est vrai ou faux. Ils n'ont ni Phylacteres, ni Parchemins aux portes de leurs Maisons, ni les fronteaux que les Juifs portent sur leur front. Ils appellent les autres Juifs *des Anes bridez*, lorsqu'ils les voyent ainsi avec ces Parchemins sur leur front dans leurs Synagogues. Ils expliquent figurément les passages où il est parlé des Phylacteres que les autres Juifs entendent à la lettre. On trouve des Caraïtes non seulement à Constantinople, en Syrie, en Palestine, & au delà de l'Euphrate ; mais aussi dans la Pologne & dans la Lithuanie.

CARAK[e], ou **CARK**, ou **CRAK**, Ville d'Asie. C'est, dit Mr. d'Herbelot[f], une place importante sur les confins de la Syrie & de l'Arabie, en tirant droit vers le Midi. Les Chrétiens l'ont occupée fort long-temps pendant les guerres de la Terre Sainte. Aladin s'en étant rendu le maître vers l'an 1188.

e Corn. Dict. f Biblioth. Orient.

les Aiubites ses successeurs la posséderent jusqu'à ce qu'ils en furent chassez par les Mamelucs. On croit que c'est l'ancienne PETRA DESERTI, qui a été autrefois Metropole & que nos Historiens ont appellée CRAK DE MONTREAL. La Notice du Patriarchat de Jerusalem au Recueil de Schelstrate[a] nomme ce lieu CARACA VEL PETRA. Une autre Notice faite sous le Pontificat du Pape Celestin III. l'an 1225. dit aussi *Caraca* ou *Petra*. Voiez au mot PETRA l'Article PETRA DESERTI.

[a] Antiq. Ecclef. T. 2.

CARA-KALPAKKS, Peuple Tartare, qui habite le Turkestan. Voiez TURKESTAN.

1. CARALIA, Ville ancienne de la Libye, selon Etienne de Byzance.

2. CARALIA, Ville d'Asie dans la Pamphylie. Il en est fait mention dans les Actes du Concile d'Ephese. Voiez CARALLIS 1.

CARALIS. Voiez CAGLIARI.

CARALITIS PALUS, Marais d'Asie dans l'Isaurie. Il étoit apparemment auprès de la Ville de Carallis de laquelle il prenoit son nom. Tite-Live dit: l'armée partant de Cibyra, traversa les champs des Sindiens & campa après avoir passé la Riviere de CAULAR. Le lendemain on côtoya le marais Caralitis, & on s'arrêta à MANDROPOLIS d'où on s'avança ensuite vers LAGON, Ville voisine dont les habitans effrayez s'étoient enfuis. Tite-Live ne dit point que ce Lac fût dans l'Isaurie. C'est Ortelius qui l'y met par une conjecture assez vrai-semblable. Voiez l'Article suivant.

CARALLIA ou

1. CARALLIS, Etienne le Géographe met une Ville de ce nom dans l'Isaurie; mais outre qu'aucun autre Ancien ne la donne à cette Province, l'Isaurie & la Pamphylie étoient limitrophes. J'ai déja remarqué ci-dessus que le Concile d'Ephese fait mention de *Caralia* de Pamphylie. La Notice de Hierocles qui fournit un détail des Villes de l'Isaurie[b] n'y met point *Caralia*; mais bien dans la seconde Pamphylie[c]. La Notice sous Leon le Sage met de même *Caraliorum* (au genitif) dans la Pamphylie. C'est de ce Siége qu'il faut entendre le nom national *Caraliensis*, donné dans les manuscrits Latins des Actes du Concile de Chalcedoine, comme le remarque Holstenius dans ses Notes sur la Géographie Sacrée du P. Charles de St. Paul[d]. Ce Pere dit CARALLUS, & cite une ancienne Notice Grecque, qui donne cette Ville à la Pamphylie. Il ajoute qu'on la nommoit aussi CARALLIA, & que Solon son Evêque souscrivit au Concile d'Ephese.

[b] Schelftrate Ant. Ecclef. p. 711.
[c] p. 702.
[d] p. 240.

2. CARALLIS ou CARALIS. Voiez CAGLIARI.

CARAMAN, Ville & Royaume d'Afrique en Ethiopie, si nous en croyons Vincent le Blanc. Selon lui cette Seigneurie, à laquelle il donne un Roi, confine à celle de Ginamora, ou Gianamara vers le Levant & le Nord; & au Midi au Royaume de Cavas, & vers le Couchant à la Province de Seito, qui touche à la Nubie. Je renvoye à l'Auteur même[e] ou à Mr. Corneille ceux qui seront curieux de voir la description d'une Eglise taillée dans le Roc-vif, & dediée à la Sainte Vierge par l'Eunuque de la Reine Candace, dès le temps des Apôtres; & autres imaginations édifiantes de Vincent le Blanc.

[e] Voyages 2. part. c. 16. p. 88. &seq.

CARAMANICO, Ville d'Italie au Royaume de Naples dans l'Abbruzze Citerieure. Elle est grosse & fort peuplée, pour me servir des termes de Mr. Corneille, qui cite pour garant Davity. Mr. Sanson écrit Caramanica, c'est une faute. Magin dans ses Cartes met Caramanico entre deux ruisseaux, qui se joignent pour tomber ensemble dans la Pescara. Leandre[f] nous apprend leurs noms, savoir le RUFENTO & l'ORTA, & dit que ce sont deux torrens, qui descendent de la Maielle. Il ne qualifie pas *Caramanico* du titre de Ville, il le nomme simplement un Château (*il nobil castel di Caramanico*;) il ajoute qu'il est fameux à cause d'un savant Théologien nommé Antoine de l'Ordre de St. Dominique.

[f] Desc. di tutta Ital. p. 261. fol. verso.

CARAMANIE, Province de la Turquie en Asie dans la Natolie, & dans sa partie Meridionale. Les Turcs, selon Mr. Baudrand[g], l'appellent CARAMAN-ILI. Elle s'étend, dit-il, en long du Levant au Couchant sur la côte de la Mer Mediterranée, qui la borde au Midi, vis-à-vis de l'Isle de Chypre. Elle a eu autrefois ses Princes propres auxquels elle appartenoit & qui étoient puissans; mais depuis plus de deux siécles, elle est soumise aux Turcs. Elle a pour Ville capitale Satalie. Ce pays comprenoit autrefois la Cilicie, & la Pamphylie. Mr. Baudrand n'en dit pas assez, il faut encore y ajouter la Lycie, la Pisidie, la Lycaonie, & l'Isaurie, & même une lisiere de la Phrygie Pacatiane, de la Galatie Salutaire, & de la Cappadoce; puisqu'elle s'étend le long de la côte, depuis le Golphe de Macri, à l'entrée duquel est l'Isle de Rhodes jusqu'auprès d'Alexandrette, & deplus la Ville de Cogni, qui est de Caramanie, est l'Iconium de Cappadoce. Mr. Ricaut dans son Etat present de l'Empire Ottoman[h] observe qu'il y a dans cette Monarchie XXII. Beglerbegs. Le deuxième, dit-il, est celui de Caramanie. Cette Province, poursuit-il, appartenoit aux Princes Caramaniens, & ce fut la derniere qui se deffendit, pendant que toutes les autres se soumettoient aux armes des Ottomans. Le revenu de ce Beglerbeg est de 660074. aspres. Il a sous sa jurisdiction sept Sangiacs; savoir

[g] Ed. 1705.
[h] l. 1. c. 1.

Cogni,	*Iconium*	Cogni & Caifari étoient de l'ancienne Cappadoce.
Nigkdé		
Caifari,	*Cafarea*	

Jeni-Schehri, c'est-à-dire *la Ville neuve*.
Kyr-Schehri, c'est-à-dire *la Ville de Cyrus*.
Ak-Schehri, c'est-à-dire la Ville Blanche.
Et Ak-Serai, c'est-à-dire le Château Blanc.

Cogni est la residence du Beglerbeg. Il y a trois Châteaux dans la Province; savoir un à Cogni, un à Larende & un à Mendui, qui relevent immédiatement du Bacha, & dix-sept autres dans diferens Sangiacs: A l'égard des Ziamets & des Timars, voici une table de ceux qui se trouvent dans la Caramanie. C'est Mr. Ricaut qui la fournit[i]: pour bien l'entre-

[i] l. 3. c. 3.

CAR. CAR. 245

tendre il faut savoir qu'un *Ziamet* est une espéce de fief possedé par un homme de guerre que l'on apellé *Zaim*, qui, lorsque le service du grand Seigneur le demande est indispensablement obligé de marcher avec un certain nombre de cavaliers qu'il fournit à proportion de son revenu, qui est de vingt mille aspres au moins. Les *Timars* sont de même une espéce de fiefs, qui valent depuis cinq à six mille aspres jusqu'à 19999. car s'il y en avoit vingt mille ce ne seroit plus un Timar, mais un Ziamet. Les *Timariots* qui possedent ces Timars sont obligez aussi de marcher, & de mener plus ou moins de Cavaliers à proportion de leur revenu, & ces Cavaliers sont nommez *Gebelus*.

Sangiacs	Ziamets	Timars
Cogni	18	512.
Nigkde	11	355.
Caisari	12	144.
Jeni-Scheheri	13	244.
Ak-Scheheri	6	122.
Kyr-Scheheri	4	430.
Ak-Serai	9	358.

En tout 73 Ziamets & 2165 Timars.

Les Gebelus des Zaims, ou les Cavaliers que doivent fournir les Zaims de cette Province, selon le moindre Calcul sont 292.
ceux des Timariots de même sont 4600

en tout 4892.

Les revenus pour l'entretien suivant l'état du Grand Seigneur sont de 10500175. aspres.

Ces remarques de Mr. Ricaut ne regardent que la grande Caramanie; c'est ainsi que l'on appelle tout ce qui est de cette Province au Nord du Mont Taurus, & on donne le nom de petite Caramanie à la partie, qui est au Midi le long de la côte. On trouve dans cette derniere le pays de Macri au fond du Golphe de même nom; il y a la Ville de Hibiti; le pays d'Essenidé, avec une Ville de même nom à l'Orient de l'entrée du Golphe; delà en suivant la côte d'Occident en Orient on a le pays de Patera où est Fourno, l'Isle & Chapelle de St. George, l'Isle du Châteauroux, Goranto, Ville & Port en Terre ferme, les ruines de l'ancienne Ville de Myrre; puis dans le Golphe de Satalie, les Villes de Fionda, Satalie la nouvelle, Satalie la vieille, Perge ou Pergi, l'Escandelore, le Château Lombard, ou Château Ubalde, le Bourg d'Antiochete, Palapoli, Curco, & Tarson qui est l'ancienne Tarse. Au Nord de Perge, dans les terres est *Tuckia* ou *Antachia*, nom moderne que les Turcs donnent à Antioche de Pisidie. Mr. Ricaut ne met dans tous ces lieux aucun des Sangiacs soumis au Beglerbeg de Caramanie, ce qui pourroit faire conjecturer que toute la côte n'est pas de son departement, cependant il ne les met pas non plus dans aucun des xxi. autres grands gouvernemens de l'Empire Turc; & je ne trouve point ailleurs que la Caramanie soit partagée entre plusieurs Beglerbegs. Ce fut vers l'an 1488. que les Turcs s'en emparerent sur Ibrahim ou Abraham Prince de Caramanie. Mahomet II. Empereur des Turcs avoit déja affoibli cette Principauté en imposant de dures loix à ses Princes vers l'an 1440. Les Venitiens les en affranchirent vers l'an 1461. mais Bajazeth fils & successeur de ce Sultan après la defaite du Prince Ibraim joignit & incorpora la Caramanie, qui depuis ce temps-là est restée aux Turcs; comme il est observé dans l'Histoire abregée des Turcs inserée à l'Introduction de Pufendorf à l'Histoire Universelle[a].

[a] T. 4 de l'Edit. de 1721.

1. CARAMANTA, contrée de l'Amerique Meridionale dans l'Audience de Santa Fe, aux deux côtez de la Riviere de Cauca. Elle est bornée au Nord par le district de Carthagene; à l'Orient par la nouvelle Grenade; au Midi & partie à l'Occident par le Popayan, & l'Audience de Panama acheve de l'enfermer de ce côté. De Laet[b] dit que le Cacique, qui y commandoit lorsque les Espagnols y allerent, s'appelloit Cauroma. Il ajoute; les naturels étoient gens bien faits & belliqueux, & avoient un langage diferent des peuples voisins. Cette Province consiste en une vallée entourée de toutes parts de hautes & rudes Montagnes, & coupée d'une Riviere (la *Cauca*) par le milieu. Elle est arrosée de plusieurs torrents dont les Sauvages font du sel fort blanc & fort bon principalement d'un petit Lac, que l'on y trouve. Mr. de l'Isle met dans cette contrée Antioquia, Santa Fé, Caramanta, Chocos & Cartago, qui sont des Bourgs, ou des Villes, & le Village d'Arma. Tous ces lieux sont sur le bord de la Cauca, ou du moins à peu de distance de cette Riviere.

[b] Ind. Occid. l. 9. c. 10.

2. CARAMANTA, chef-lieu de cette contrée sur la rive Occidentale du Cauca, au dessous de Chocos, & au dessus d'Antioquia. De Laet dit qu'elle est à 60. ou 70. lieues de la capitale du Popayan. Mr. de l'Isle en marque plus précisément la position, presqu'au 305. d. de longitude quelques minutes moins, & au 5. d. environ 18'. de latitude boreale. Mr. Corneille[c] dit de plus qu'elle est sous le Parlement du nouveau Royaume de Grenade; mais de l'Evêché & Gouvernement de Popayan. Elle est, comme je l'ai dit, de la contrée dans l'Audience de Santa Fé.

[c] Dict.

1. CARAMBIS, Cap sur la côte Meridionale de la Mer noire, dans la Galatie; c'est la partie la plus Septentrionale de cette côte, selon Ptolomée[d]. Pline dit[e] que ce Cap est à l'opposite de Criumetopon,[f] qu'il avance fort avant dans la Mer, & qu'il est à cccxxxv. mille pas de l'embouchure du Pont-Euxin, ou selon d'autres à cccl. mille pas; & parlant ailleurs[g] de l'instinct des grues il observe que quand elles ont à traverser le Pont-Euxin, elles choisissent le passage depuis le Cap de Carambis à celui de Criumetopon, parce que c'est en cet endroit que la Mer est la plus étroite. Le Promontoire Carambis est presentement nommé Capo Pisello. Ortelius remarque qu'il conservoit encore son ancien nom du temps d'Eustathe. Ce Cap est entre Samastre & Sinope.

[d] l. 5. c. 4.
[e] l. 4. c. 11.
[f] l. 6. c. 2.
[g] l. 10. c. 23.

2. CA-

2. CARAMBIS, ancienne Ville d'Asie, dans la Paphlagonie, selon Scylax de Caryande[a]. Le Grec porte Κύραμος πόλις Ἑλληνίς, c'est-à-dire *Caramos Ville Grecque*. Vossius a bien remarqué qu'il faut lire *Carambis*, & non pas *Caramos*. Comme Marcien[b] dans son Periple de la Paphlagonie met le Cap Carambis dans cette même Province, on en peut conclure deux choses, l'une que la Ville & le Cap étoient très-voisins, l'autre que ce que ces deux Auteurs Scylax & Marcien appellent Paphlagonie étoit de la Galatie du temps de Ptolomée. Cette Ville ne subsistoit déja plus du temps de Pline[c].

CARAMBUCA, ou CARAMBUCIS, Fleuve des Hyperborées, selon Pline[d]. Etienne le Géographe nomme ce lieu CARAMBUCA, Καραμβύκα, & parle d'un peuple nommé CARAMBUCÆ ou *Carambycæ*. J'ai raporté à l'Article ELIXOIA ce qu'il en dit : presque tous les Géographes modernes se sont trompez en prenant cette Riviere pour l'*Obi*. Cette erreur qui est très-grossiere, & que j'ai suffisamment détruite aux Articles d'ELIXOIA & d'EUROPE, a jetté d'étranges absurditez dans la Géographie, en faisant reculer les vrayes bornes de l'Europe jusqu'à l'Obi, qui est bien avant dans l'Asie. Mrs. Baudrand, Maty & Corneille, & une foule d'autres ont suivi cette erreur, quoique le P. Briet en eût averti dans ses Paralléles. Le R. P. Hardouin[e] dit que c'est la *Dwina*. Le P. Briet l'avoit dit de même, & avoit eu raison d'assurer que ce ne pouvoit être l'Obi, comme en effet cela est impossible. Il est vrai-semblable que la Carambyce des anciens soit la Dwina ; mais il y a une difficulté : du temps de Pline connoissoit-on ces pays Septentrionaux ? Ptolomée plus récent que lui, ne connoit point cette Riviere de *Carambucis* ou *Carambyce*. Il n'en fait aucune mention dans ses Tables. Le Promontoire Lytarmis que Pline[f] donne à la Celtique, c'est-à-dire à l'Europe, est aussi inconnu à Ptolomée. L'ordre dans lequel Pline en parle fait assez sentir que ce Cap, & cette Riviere étoient voisins l'un de l'autre ; mais je suis persuadé que les Anciens n'ont eu qu'une connoissance très-confuse, des pays situez au delà de l'embouchûre de la Vistule. Ptolomée apelle Terre inconnue tout ce qui est au Nord de la source du Rha, que nous appellons le Wolga. On voit même par le cours qu'il lui donne qu'on ne le connoissoit gueres alors. Je crois donc que la Dwina a été inconnue aux anciens ; mais s'il faut opter entre l'Obi & elle, pour accorder que c'est la Carambuce des Anciens, il n'y a point à balancer. On n'est pas sûr que la Dwina le soit, & il est sûr que l'Obi ne l'est pas.

CARAMELS, peuple de l'Amerique Meridionale au Bresil, près de la Riviere de la Plata, vers le Paraguai, selon Vincent le Blanc[g]. Je n'en dirai rien de plus jusqu'à ce que je trouve quelqu'autre garant, qui en ait parlé.

CARAMORAN, Mr. Corneille[h] dit après Davity que c'est une Riviere, qui separe le Catay d'avec le Mangi, ou pays de la Chine. C'est parler peu exactement car le Catay, & le Mangi sont également des parties de la Chine. Le premier en est la partie Septentrionale, le second en est la Meridionale. Le fleuve qui partage ces deux parties est le Kiang, & ce qu'ils ajoûtent n'y convient pas. Il y a, disent-ils, beaucoup de cannes, ou joncs, autour de cette Riviere, & vers ses bords une quantité presque incroyable d'oiseaux, & particuliérement de faisans. En échange cela s'accorde à la description de l'AMOER. Voiez cet Article & le §. Le nom y convient aussi ; mais ce fleuve coule bien loin du Mangi.

CARAMOS. Mr. Corneille[i] dit: CARAMOUS, Bourg de France dans l'Albigeois à trois ou quatre lieues de la Ville d'Albi. La Carte des Generalitez de Montauban & de Toulouse met Caramos, Château & Paroisse, au Nord, & à deux petites lieues & demie d'Albi, à trois quarts de lieue au dessus de Monestier.

CARANA. Voiez CARANITIS §.

CARANBAUT[k], l'un des sept Quartiers de la Châtellenie de Lille en Flandres. Voiez LILLE.

CARANCEBES ou KARANCEBES, Mr. de l'Isle écrit KARANSEBES. Petite Place de la basse Hongrie, & non pas de la haute, comme le disent Mr. Baudrand[l], & ceux qui l'ont copié. La raison qui me fait approuver cette derniere Orthographe, c'est que Sebes est le nom de la Riviere sur laquelle elle est située. Mr. Baudrand dit encore mal que cette Ville est sur le confluent de la petite Riviere de Karom, &c. Il falloit dire que cette Ville de Caran ou Karan est au confluent du ruisseau de Sebes avec la Temese. On passe par Karan-Sebes lorsqu'on va de Temeswar en Walaquie ; & le chemin s'y partage de maniere qu'il y a deux routes, qui aboutissent à deux passages également nommez par les Allemands *Eysenthor*, par les Turcs *Demir-Capi*, & par les François *Porte de Fer*. Nous avons observé ailleurs qu'on donne ce nom à tous les passages qu'il est aisé de garder & difficile de forcer. L'un de ces passages est à l'Orient Septentrional, & assez près de Karan en tirant par le village de Marga, vers les ruines de l'ancienne *Ulpia Trajana*. L'autre route va vers le Midi joindre Orsova vers le Danube.

CARANGA. Voiez CARANGUES.

CARANGAS, mines dans les Montagnes du Perou, dans une Montagne voisine du Potosi. Le Bourg de Porco est à peu près à distance égale du Potosi, & de ces mines.

CARANGUA. Voiez l'Article suivant.

CARANGUES, Peuple de l'Amerique Meridionale au Perou. De Laet[m] & Mr. Corneille en parlent ainsi : "Ces Sauvages ont donné leur nom à un somptueux Palais que on voit les restes à vingt ou trente lieues de la Ville de Quito. (Mr. de l'Isle marque ce Palais au Nord de Quito, & met 30'. de diference entre leurs latitudes : desorte que ce Palais est presque sous la ligne ; mais pourtant un peu au Midi de l'Equateur. Le Sieur Correal en parle ainsi[o] : après le pays où coule la Riviere de Mira . . . on traverse un Lac que les naturels appellerent en leur langue LAC DU SANG,

SANG : ce Lac fut ainſi nommé à l'occaſion de Guaina Capac Inca du Perou, qui détruiſit ou fit jetter dans ce Lac plus de vingt mille habitans de cette Province pour quelque offenſe qu'il pretendoit en avoir reçue ; cela arriva à peu près au temps de la venue des Eſpagnols. Après avoir paſſé ce Lac on trouve *Carangua*. C'eſt un endroit où l'on voit encore de belles citernes que les Incas firent faire. On voit auſſi à Carangua de beaux reſtes des Palais des Incas Rois de Cuſco, & d'un Temple dedié au Soleil. Tout cela eſt encore admirable, & entretient dans l'eſprit des Peruans le ſouvenir de la magnificence de leurs anciens Souverains. Il y avoit dans ce Temple deux cents Vierges que l'on gardoit avec un ſoin extraordinaire, afin qu'elles ne ſe corrompiſſent point après avoir voué leur virginité au Soleil. Lorſqu'elles avoient eu le malheur de la perdre, on les puniſſoit très-ſeverement, & le ſuplice qu'on leur faiſoit ſouffrir c'étoit d'être étranglées, ou enterrées toutes vives. (Cela ſent bien l'inſtitut des Veſtales Romaines.) Les Prêtres avoient leur logement auprès du Temple où ils faiſoient, tous les jours des offrandes & des ſacrifices. Du temps des Incas, ce Temple étoit en grande réputation & renfermoit des treſors immenſes. Tous les vaiſſeaux & uſtenſiles du Temple étoient d'or & d'argent ; les murailles étoient auſſi couvertes des mêmes metaux. Il y avoit une infinité d'émeraudes, de perles, & d'autres joyaux. Les Incas tenoient une ſorte garniſon à Carangua pour retenir de ce côté-là les peuples dans le reſpect.

CARANICUM. Voiez CARRANICUM.

[a] l. 5. c. 24.
[b] l. 11. p. 560.

CARANITIS, ſelon Pline[a], Καραῖτις, ſelon Strabon[b]. Le premier la donne à la grande Armenie dont la Caranitide étoit un Gouvernement ou une Province. Il y met le Mont Aba, où ſelon lui étoit la ſource de l'Euphrate. Strabon parlant de la Ville *Carana*, dit qu'elle donnoit le nom de Caranitide à la contrée. Le R. P. Hardouin trouve, dans Strabon Καρωτῖτις. Je trouve Καρανῖτις, non pas à la page 528 qu'il cite quoi qu'il n'y en ſoit point parlé ; mais à la page 560. Il s'eſt apparemment ſervi d'une Edition differente de celle qu'il a coutume d'employer, & qui eſt celle dont je me ſers. Voiez l'Article ſuivant.

§. CARANITIS, contrée de la Galatie, ſelon Etienne le Géographe. Elle prenoit, dit-il, ſon nom de la Ville nommée *Carana*, Ville de Galatie & bâtie par les Romains. C'eſt ſur la foi d'Ortelius que je dis que Caranitis eſt le nom d'une contrée ſelon Etienne le Géographe, car cet Ancien dit ſeulement : Carana Ville de Galatie fondée par les Romains ; le nom national eſt *Caranita*, & le féminin *Caranitis* ; dans l'Edition de Xylander, on lit CARANNA, & Berkelius dans la ſienne avertit que les Editions anciennes n'ont point cette double nn. Il allegue en preuve de la veritable Orthographe *Carana* le paſſage de Strabon que j'ai déja cité. Ainſi il juge que Carana de Galatie ſelon Etienne, eſt la Carana d'Armenie, ſelon Strabon.

[c] Antonin Itiner.

CARANNICUM[c], ſelon Ortelius, CARANICUM ou CARANICO à l'Ablatif ; ce qui revient au même, ſelon l'Edition de Bertius & l'exemplaire du Vatican. Ancien lieu d'Eſpagne, ſur la route de Brague à Aſtorga, en ſuivant la côte (*per loca Maritima*) à xxx. mille pas de *Brigantium*, qui eſt Betanços ſelon les uns & la Coruña ſelon les autres ; & à xiv. mille pas de *Lucus Auguſti*, qui eſt Lugos.

CARANTANI. Voiez CARENTANI.
CARANTHONUS. Voiez CARANTONUS.

1. CARANTOMAGUS, lieu de la premiere Aquitaine. Il en eſt parlé dans un fragment non publié de la Table de Peutinger. Il étoit entre *Dibona Cadurcorum*, & *Segodunum Rutenorum*, c'eſt-à-dire entre Cahors & Rodez.

2. CARANTOMAGUS, ancien nom de CARANTOMUS. Voiez l'Article ſuivant.

CARANTOMUS, Jonas dans la Vie d'Euſtaſius Abbé de Luxeu, écrit que Theodulphe ſurnommé Bobolenus éleva dans le Berri un Monaſtere de filles dans un lieu nommé *Carantomus* ſur la Riviere *Milmandra*, ſelon la regle de St. Colomban. Ce lieu conſerve encore l'ancien nom, & s'appelle *Charenton* ſur la Riviere de *la Marmande*, & il y a encore un Monaſtere de Religieuſes, qui ſuivent preſentement la regle de St. Benoît. Le nom de la Riviere *Milmandra*, aujourd'hui Marmande, détermine la ſituation, car elle tombe dans le Cher après avoir arroſé la Ville de St. Amand, à l'Orient & à une lieue & demie commune de laquelle eſt Charenton, ſur la même Riviere qui l'arroſe du côté du Nord. Hadrien de Valois[d] obſerve que *Carantomagus* étoit ſans doute l'ancien nom, & que nos Ecrivains du moyen âge en l'abregeant en ont fait *Carantomus*, de même qu'ils ont fait de *Rotomagus*, *Rotomus* ; de *Noviomagus*, *Noviomus* ; de *Ricomagus Arvernorum*, *Ricomus* ; de *Biliomagus Biliomus* & d'*Argantomagus*, *Argentomus* &c. ; dont nos ancêtres ont fait enfin *Rouen*, *Noyon*, *Riom*, *Billon* & *Argenton* &c.

[d] Not. Gall. ad vocem CARANTOMUS.

CARANTONUS ou CANENTELUS, noms Latins de la CHARENTE, Riviere de France. Voiez ce mot.

CARANUSCA, ancienne Ville entre celles de Mets & de Treves, ſelon la Table de Peutinger. Cluvier[e] lit SARANUSCA, & l'explique de Saarburg.

[e] Germ. ant. l. 2. c. 14.

CARAOLI. Voiez CARAULI.

CARAPE, Ville de l'Armenie Mineure ſelon Ptolomée[f], qui la met dans l'Interieur du Pays vers les Montagnes.

[f] l. 5. c. 7.

CARAPULA[g] ; c'eſt le nom que les Turcs donnent à une Montagne d'Afrique, au Royaume d'Alger dans la Province de Sargel, à deux petites lieues de la Ville de Sargel vers l'Orient. Les Maures nomment cette Montagne GIRAFFLUMAR, & les Chrétiens BATALLO. Elle eſt ſi haute que de deſſus ſon ſommet on peut découvrir un vaiſſeau en Mer à douze lieues de diſtance. Il y croît force mures rouges & blanches.

[g] Dapper Afrique p. 168.

§. Mrs. Baudrand, Maty & Corneille en font une Ville qu'ils placent entre Tenez & Oran ; & pretendent que c'eſt la *Carepula* de Pto-

Ptolomée. Le premier cite Marmol comme s'il eût parlé d'une Ville, ce qui n'eſt pas vrai; Marmol dit[a] que c'eſt une Montagne à deux lieues de Sargel. Il l'appelle le MONT DE SARGEL ; & pretend qu'il découvre un vaiſſeau de plus de vingt lieues. Marmol dit très-bien qu'il eſt à deux lieues de la Ville le long de la côte du côté du Levant ; ainſi il ne ſauroit être qu'à douze lieues de Tenez Ville ſituée à l'Occident , & à dix lieues de Sargel en allant par terre, car par Mer il y en a quinze , ſelon le même Marmol. Et par conſequent il ne ſauroit être entre Tenez & Oran; puiſque cette derniere Ville eſt encore plus Occidentale que Tenez. Au lieu que cette Montagne eſt entre Sargel & Alger.

[a] l. 5. c. 33. p. 393.

CARAQUES , Mr. Corneille dit[b] ſur l'autorité de De Laet[c] que ce ſont des Sauvages de l'Amerique Meridionale, au Perou ſur la côte de la Mer du Sud. Ils different en mœurs, & en coutumes des autres Sauvages de la même côte. Ils ne ſe font aucunes marques ſur le viſage , & ſont beaucoup moins induſtrieux. C'eſt une Nation ruſtique , & comme hebetée. Une partie d'entre eux alloient entierement nuds avant la venue des Eſpagnols ce qu'ils ne ſont plus preſentement.

[b] Dict.
[c] Ind. Occid. l. 10. c. 11.

CARARA[d] , petite Ville d'Italie en Toſcane dans la Lunegiane , ſur le ruiſſeau de Lavenza. Elle a titre de Principauté , & eſt ſujette au Duc de Maſſa, qui eſt de la Maiſon de Cibo. Cette Ville eſt ſur une Colline , au pied des Montagnes, où ſont de belles Carrieres de marbre , & doit ſa reputation au beau marbre que l'on en tire. Elle n'eſt éloignée que de quatre milles de la Mediterranée, & eſt à dix de Sarzane au Levant d'hyver, en allant vers Maſſa.

[d] Baudrand Ed. 1705.

CARAROS , ancienne Ville d'Afrique , dans l'Afrique propre , ſelon Ptolomée[e]. Elle étoit très-voiſine de Targarum Ville de la Biſacene.

[e] l. 4. c. 3.

CARAS ou CHARAC , c'eſt ſelon Davity[f] , une petite Ville de l'Arabie Petrée au Pays de Geocal , avec un deſert. Il ajoute que c'étoit autrefois une grande Cité, à une journée de Petra & près du Mont Hor. Niger dit qu'il cite dit que cette Ville eſt ſurnommée Moba. Voici ſes paroles[g] : eſt item mons contra Petram qui Or dicitur , alius ac præceps : prope quem Charac cognomine Moba , Civitas olim , nunc Caſtellum , a Petra Diei itinere. On voit bien que Davity copie Niger. Ce dernier a pris ce nom de Charac, & le ſurnom de Moba de Ptolomée , qui met dans l'Arabie Petrée un village nommé CHARA Χαρακωμὴ. Au lieu de quoi quelques exemplaires portent Χαρακωμᾶ , CHARACOMA, & d'autres Χαρακμωβα, CHARACMOBA. Le bon Niger qui n'y entendoit pas autrement fineſſe a cru que Charac étoit le nom d'une Ville qui avoit Moba pour ſurnom ; & en a fait une ancienne Cité. Mais dans la liſte , où elle ſe trouve, Ptolomée avertit qu'il metra indiſtinctement des Villes & des villages ; comme il l'a fait effectivement.

[f] Aſie p. 229.
[g] Comm. 4. p. 510.

CARASA , ancien lieu entre le ſommet des Pyrenées & *Aquæ Tarbellicæ*. Antonin le met à XII. mille pas du premier , & à XXXIX. M. P. de l'autre. Mr. de Marca[h] dit que c'eſt GARRIS , Bourg de la baſſe Navarre. Mr. Baudrand qui le cite écrit Garis, & n'en fait qu'un village, *Vicus:* Mr. de Marca dit un Bourg, *Oppidum.*

[h] Marca Hiſpan. l. 1. c. 13. p. 69.

CARASIA ou ESKI STAMBOUL ; ſelon Mr. Baudrand, ce ſont les ruines de l'ancienne Ville de la Troade nommée TROAS ou ALEXANDRIA TROADIS parce qu'Alexandre le Grand la fit bâtir près des ruines de l'ancienne Troye. On voit encore , pourſuit-il , ces ruines dans la Natolie , ſur le bord de l'Archipel à douze lieues de la forteresse d'Avido. Il eſt ſurprenant que Grelot, qui a vû quatre fois ces ruines , & qui en parle aſſez amplement, ne faſſe mention d'aucun de ces deux noms. Ce qui me rend ces noms ſuſpects ; c'eſt qu'*Eski* en langue Turque veut dire *vieux*, & *Stamboul* eſt le nom particulier de Conſtantinople. Et quoi qu'il ſoit derivé d'Εἰς τὴν πόλιν, *Eis ten Polin*, *in urbem*, on ne voit point une Ville donner le nom de *Stamboul* à d'autre Ville qu'à Conſtantinople. Ainſi *Eski Stamboul* dans leur langue veut dire l'ancienne Conſtantinople, ce qui ne convient point aux ruines de Troye. Ce qui confirme dans mon doute c'eſt que le nom d'*Eski Stamboul* ne ſe trouve point dans l'Edition Latine de 1682. on y dit ſeulement après Leunclavius que CARASI-ILI eſt le nom que les Turcs donnent à une Province que Mr. Baudrand appelle en Latin *Caraſia:* que cette Province de l'Aſie Mineure renferme la plus grande partie de la Lydie des anciens avec des parties de l'ancienne Myſie, de la Troade, de la Phrygie Mineure vers les ruines de Troye , Abydos, Pergame & Adramyte. Je ne dois pourtant pas diſſimuler que Mr. de l'Iſle dans ſa Carte de la Grece moderne , met dans l'Aydin-Zic , ou petite Aydine ſur la côte Occidentale de l'Aſie Mineure *Caraſia ou Eski-Stambol* , *Ruines de Troye*. Comme Mrs. Spon, & Wheler, & Pietro della Valle, ont vû & décrit les ruines de Troye , & que ces noms leur ſont inconnus ; c'eſt un prejugé favorable en faveur du ſcrupule que j'ai marqué.

CARASON ou CARAÇAN. Mr. Corneille écrit ainſi après Davity le nom d'une Province de Perſe, & en fait un Article ſous ce nom & ne laiſſe pas d'en faire deux autres ſous les noms de CHORASAN & KHORASAN. Voiez CORASAN.

CARASOU , ce mot ſignifie *eau noire*, ou *mauvaiſe*. Il y a plus d'une Riviere de ce nom dans la Turquie en Aſie. Mr. Baudrand en fournit deux ; ſavoir

1. CARASOU, qu'il explique en Latin par *Caicus* ou *Cayſtrus* , comme ſi ces deux noms ſignifioient en Latin une même Riviere ; ce qui n'eſt pas. Il dit que cette Riviere outre le nom de Caráſou a auſſi celui de CHIAIS ou de CHIVI. C'eſt, pourſuit-il, une Riviere de la Natolie dans ſa partie Occidentale. . . *Ainſi dite par les Turcs comme l'eau noire*, (cela n'eſt pas clair. Il veut dire comme pour ſignifier que l'eau en eſt noire ;) & par d'autres MINDERSCARE , c'eſt-à-dire le *Méandre noir*. Il ajoute : elle ſort de la Province de Caraſia, & paſſant par Sardes & Phi-

CAR.

Philadelphie dans la Province de Germian, elle se rend dans l'Archipel près d'Ephese.

§. Il y a bien des fautes dans cet Article. 1. La Riviere qui couloit auprès d'Ephese est le Cayſtre des Anciens, & n'a rien de commun, avec le Caïque qui coule bien loin de-là. 2. Jamais une même Riviere n'a paſſé à Sardes, à Philadelphie, & auprès d'Ephese. Celle qui couloit à Sardes n'eſt qu'un aſſemblage de pluſieurs ruiſſeaux dont le principal eſt le CHRYSORRHOAS des Grecs, & ſe réuniſſant à Sardes ils vont dans un même lit tomber dans l'Hermus qui vient de Philadelphie ; ces ruiſſeaux & l'Hermus qui le reçoit, vont ſe perdre dans le Nord du Golphe de Smyrne, & n'ont rien de commun avec le Cayſtre, ni avec la Ville d'Epheſe. 3. Le Cayſtre eſt nommé LE PETIT MADRE, c'eſt-à-dire *le petit Méandre*. Madre eſt le nom que les Orientaux modernes donnent au Méandre. 4. Il ne paſſe, ni par Sardes, ni par Philadelphie ; mais hors d'Epheſe. Il n'eſt pas impoſſible qu'on ne l'apelle auſſi Caraſou.

2. CARASOU, Riviere de Natolie dans la Caramanie, & vers ſa partie Orientale, ſelon Mr. Baudrand. Elle eſt le *Caicus* des Anciens ; elle paſſe à Tarſe, & ſe jette dans la Mer de Sourie, étant ainſi nommée par les Turcs à cauſe que ſes eaux ſont ſi noires, & ſi froides qu'Alexandre le Grand eut une dangereuſe maladie pour s'y être baigné. L'Empereur Frederic Barberouſſe en mourut en revenant de la Terre Sainte l'an 1100.

§. Cet Article n'eſt pas plus exact que l'autre. 1. Ce ne fut pas en 1100. mais en 1187. que Frederic Barberouſſe mourut pour s'être baigné. 2. Ce ne fut pas dans le Caïque ; mais dans le Cydne auprès de Tarſe. 3. Quinte Curſe & Plutarque nomment le Cydne la Riviere, où Alexandre ſe baignant gagna une maladie qui fit deſeſperer de ſa vie ; perſonne n'a dit ce que fut dans le Caïque. 4. Selon Mr. Baudrand même la Riviere dont il eſt queſtion doit couler à Tarſe, le Caïque n'y coule point ; mais le Cydne, dont le nom moderne eſt MERIBASA.

a De l'Iſle Atlas.

3. CARA-SOU [a], Riviere de la Natolie. Elle a ſes ſources aſſez près de Ceſarée de Cappadoce. Son nom moderne n'eſt qu'une Traduction du nom de MELAS que les Grecs lui avoient donné, & qui ſignifie noir. Elle va ſe perdre dans l'Euphrate.

b De l'Iſle Atlas.

4. CARA-SOU [b], Riviere de la Romanie, où elle a ſa ſource au Mont Chourou, & après avoir ſerpenté vers le Midi, elle ſe courbe vers l'Orient, paſſe au Nord de Drame, & des ruines de Philippe & ſe perd dans l'Archipel près de l'Iſle de Taſſo. Les Anciens l'ont connue ſous le nom de NESOS, NESTOS, ou NESTUS ; la Ville d'Abdere étoit ſituée aſſez près de ſon embouchûre.

c T. 1. p. 14.
d p. 17.

5. CARASOU, Ville de la Tartarie Precopite dans la Crimée, ſelon le P. Jean de Luca au Recueil de Thevenot [c]. Il écrit ce même nom CORASU [d].

e De l'Iſle Carte de la Hongrie.

6. LAC DE CARASOU [e], les Turcs nomment ainſi une partie du Canal, qui forme la bouche la plus Meridionale du Danube, laquelle ils appellent CARAHIRMEN. Le
Tom. II.

CAR. 249

Danube auprès de Kerſova forme cette eſpece de Lac, qui a en longueur huit lieues communes d'Allemagne, & une lieue & demie ou même deux ans de ſa largeur. Enſuite ſe retreciſſant en forme de Canal, on le paſſe ſur un Pont pour ſe rendre de Caraſoui à Wiſtuar, & ce Canal porte une partie des eaux du Danube dans la Mer noire. Mr. Baudrand nomme ce Lac CARASUI ; mais Caraſoui eſt une Bourgade au Midi du Lac.

§. Mr. Corneille parlant du ſecond Caraſou, qui chez lui eſt le premier, dit que les Latins l'appellent *Laicus*, apparemment pour *Caicus*. Il fait la même faute au ſujet d'Alexandre, de Frederic Barberouſſe, & de la date de la mort de ce dernier.

CARASTASEI, ancien peuple de la Sarmatie Aſiatique. Pline [f] dit qu'il s'étendoit vers le Caucaſe. *f l. 6. c. 7.*

CARASYRA, lieu de Thrace, ſelon Procope [g] au IV. livre des Edifices de Juſtinien, cité par Ortelius. La Traduction de Mr. Couſin [h] porte CARASTYRA. C'eſt un des Forts que cet Empereur fit élever dans la Province de Rhodope. *g c. 11.* *h p. 314.*

1. CARATÆ, Nation au delà de la Mer Caſpienne d'entre les anciens *Sacæ* ſur le Jaxarte, ſelon Ptolomée [i]. *i l. 6. c. 13.*

2. CARATÆ. Lazius établit un peuple de ce nom dans la Norique, ſur ce ſeul fondement que dans la Notice de l'Empire [k] on trouve *Tribunus Cohortis Caratenſis*, qui étoit ſous le departement du Commandant de la Pannonie premiere, & de la Norique Ripenſe. Après quoi il l'explique par ALTENHOFEN place ſituée ſur le Danube deux milles au deſſus de Lintz en Autriche. *k Sect. 58.*

CARATATARES [l], autrement *Tartares noirs*, Peuple d'Aſie. C'eſt une Nation de Turcs que Hulacoü-Can petit-fils du grand Genghizcan incorpora dans ſon armée, lorſqu'il fut envoyé en Iran par Mangoü-Can ſon frere Empereur des Mogols. Hulacoü s'étant établi ſur le Trône à Tauris, & ayant éprouvé la malice de ces ames pernicieuſes, il les éloigna de lui & les obligea à reſider avec leurs familles dans les frontieres de Natolie & de Syrie. Mais lorſque par la mort du grand Abouſaïd-Can il ne reſta plus en Iran d'Empereur abſolu de la race de Genghizcan, les Caratatares commencerent à ſe revolter. Ils ſe partagerent en cinquante-deux Hordes : chaque centaine de perſonnes choiſit une reſidence particuliere, ne voulant dependre de perſonne. Dans la ſuite Bajazeth devenu maître de ce Royaume les enrolla dans ſon armée Ottomane, & il leur aſſigna une reſidence dans ſon Empire. Comme il n'y avoit pas de grandes taxes & qu'il y avoit fort peu d'impôts & de tributs à payer dans ces lieux, ces Tartares s'enrichirent & devinrent fort puiſſans. Mais Timur-Bec jugea à propos de leur faire changer de reſidence, & de leur donner place dans les Colonies de Géte afin de repeupler ce pays. Cependant il fallut uſer de prudence pour cela, car ils étoient au nombre de trente à quarante mille maiſons. Le parti que l'on prit fut d'envoyer les Mirzas & les Emirs avec des troupes de differens côtez afin de les entourer enforte que pas un d'eux ne pût s'enfuir. *l Petis de la Croix Hiſt. de Timur-Bec l. v. c. 63.*

fuir. Enfuite on affembla leurs Chefs à qui l'Empereur, qui avoit fuivi fes troupes de près dit. " Il y a fort longtemps que vos Peres " & vos Ayeux font fortis par l'ordre des Em-" pereurs nos predeceffeurs, hors des terres " de TOURAN, qui eft votre lieu originaire " & votre ancienne refidence, enforte que " vous avez paffé votre vie dans ces terres é-" trangeres. A prefent que tout ce grand " Pays n'a plus qu'un Maître & que Dieu l'a " foûmis à notre puiffance, vous devez re-" garder cette occafion comme une bonne " fortune pour vous, & delogeant d'ici avec " vos femmes, vos enfans & vos efclaves, " menant vos beftiaux & chargeant toutes vos " richeffes fur des Chameaux, il faut que " vous reveniez en compagnie de notre Camp " & avec l'efcorte de nos Soldats à la patrie de " vos Ancêtres où vous pafferez agréablement " la vie à l'ombre de notre juftice & de no-" tre protection ". Ces Chefs remercierent Timur & l'affurerent qu'ils étoient prêts d'o-béïr à fes ordres avec plaifir. Alors l'Empereur ordonna qu'on les partageât par Compagnies & par Regimens, & qu'on les diftribuât aux Emirs & aux Tonmans. Ainfi ce grand peuple decampa avec leurs beftiaux & leurs richeffes.

CARATCHOLI, Peuple d'Afie dans la Colchide au Nord du Mont Caucafe. Il y en a qui les appellent KARAKIRKES, c'eft-à-dire CIRCASSIENS NOIRS, & comme ils font fort blancs de vifage, ce nom ne peut leur avoir été donné par raport à la couleur de leur peau; mais peut-être à caufe que l'air de leur pays eft toûjours fombre & couvert de nuages. Ils parlent Turc; mais fi vîte qu'on a de la peine à les entendre, felon le P. Archange Lamberti dans fa Relation de la Colchide [a].

a p. 46.

CARATHEA, Siége Epifcopal, fous la Metropole de Damas, felon Guillaume de Tyr, cité par Ortelius [b].

b Thefaur.

CARAVACA, Bourg, ou petite Ville d'Efpagne au Royaume de Murcie, dans les Montagnes aux frontieres de la Caftille neuve proche de la Segura. Ce lieu eft remarquable par la Croix miraculeufe que l'on y conferve depuis près de cinq fiécles. Mr. Baudrand [c] écrit CARAVAQUE.

c Ed. 1705.

CARAVAGGIO, Bourg d'Italie au Milanez, avec titre de Marquifat aux confins du Bergamafc. Deux chofes le rendent remarquable. 1. La victoire que François Sforce y remporta fur les Venitiens l'an 1446. 2. Polydore de Caravaggio peintre illuftre du XVI. fiécle.

1. CARAVAIA, Riviere de l'Amerique Meridionale. Elle a fa fource au Perou, au Nord du Lac de Titicava, paffe auprès de S. Juan del Oro, & fe perd dans la Riviere d'Amarumay.

2. CARAVAIA, Mines de l'Amerique Meridionale au Perou à l'Orient de la Ville de Cufco, auprès de la Ville de S. Juan del Oro. On en tire de l'or très-fin, qui même fe tire quelquefois en fragmens affez gros. Ces Mines font dans les Montagnes, & la Vallée qui eft entre elles eft nommée la *Vallée* de Caravaia du nom de la Riviere qui l'arrofe.

CARAVANSERAI, Edifice public placé fur les grandes routes en Orient pour donner le couvert aux Voyageurs, au defaut des Auberges & des Cabarets que l'on n'y trouve pas comme en Europe. [d] Il faut concevoir que dans l'Afie il ne fe voit pas à beaucoup près tant de monde étranger dans les Villes, & fur les chemins, qu'il fe fait en Europe. On en peut donner plufieurs raifons. Premiérement, l'Afie n'eft pas fi peuplée fans comparaifon que l'Europe; j'entends cette partie que les Catholiques, & les Proteftans, en poffedent, qui eft l'endroit le plus peuplé de l'Univers, fi ce n'eft peut-être la Chine. Secondement, les Nations de l'Orient habitent un meilleur air que nous. Elles ne font pas preffées de tant de befoins, ce qui fait auffi que ces peuples font moins actifs, moins inquiets, & moins curieux que nous ne fommes; & par confequent, ils ne fe foucient pas tant de commerce. C'eft à tout cela que j'attribue qu'il n'y a point d'Hôtelleries en Orient, ni fur les chemins, ni dans les Villes, ni de Maifons garnies; comme auffi à la coûtume que les femmes ne fe laiffent point voir aux hommes; ce qui oblige ceux qui en menent en voyage, de les tenir toûjours en particulier, hors de la vûe du monde. Ainfi il faut porter en voyageant de quoi fe coucher, & de quoi fe faire à manger. Mais comme on ne fe fert point de chalits, de tables, ni de fiéges en ces Païs Orientaux, à caufe que l'on mange, & que l'on couche à terre, fur des tapis, le bagage eft facile à porter. Deux chevaux portent celui de deux ou trois hommes fort facilement. De cette maniere il ne faut que du couvert en voyage, & c'eft pour le donner commodément que ces Caravanferais font faits. On n'en trouve gueres fur les grands chemins dans l'Empire du Turc, parce qu'on n'y voyage qu'en grandes troupes d'environ mille perfonnes enfemble, qui portent chacun leur tente, comme à l'armée; mais il y en a par tout dans l'Empire de Perfe. Il n'y en a point non plus dans les Villes en celui de Mogol, par une raifon differente; c'eft que l'air y étant chaud en tout tems, on aime mieux fe loger à l'air, foit à l'ombre des arbres, foit fous les portiques, que dans les chambres. En Perfe les Caravanferais des Villes, & ceux de la campagne font faits prefque de même forte, fi ce n'eft que ceux des Villes font communément à double étage. Ce font de grands édifices carrez, pour la plûpart, de quelques vingt pieds de haut, avec des chambres tout du long fur une ligne, comme les dortoirs des Moines, voutées & élevées de quatre ou cinq pieds du rez de chauffée, n'ayant gueres plus de huit pieds en carré, & étant toutes fans fenêtres; deforte que le jour n'y entre que par la porte. Chaque chambre a un petit veftibule de même largeur ouvert fur le devant de quatre ou cinq pieds de profondeur, avec une petite cheminée à côté dont la couverture eft en dome; & outre le double logement, un relais, ou corridor, regne tout du long des chambres, étant de même hauteur & de même profondeur. Les Perfans appellent ces corridors *Mantabé*. Derriere les cham-

[d] *Chardin Voyages T. 2. p. 104. & fuiv.*

chambres sont les écuries, bâties tout à l'entour de l'Edifice, comme des allées. On y trouve des deux côtez, des portiques élevez, & profonds encore plus que les rélais des chambres, avec de petites cheminées au fonds, de dix en dix pieds, pratiquées dans la muraille. C'est où logent les valets, quand il fait mauvais tems, & où ils font la cuisine; car quand il fait beau, ils la font sur le devant des chambres, & on attache les chevaux dans la cour le long du rélais ou corridor chacun le sien devant soi. Le milieu de la cour est d'ordinaire marqué ou par un grand bassin d'eau vive, ou par un perron carré, ou hexagone de vingt à trente pieds de diamétre, & haut de six à huit pieds. Les Persans appellent aussi ces perrons *Maatab*, c'est-à-dire exposez à la Lune. Ils en ont de même dans leurs jardins, dans les cours de leurs logis, & souvent il y a de grands arbres plantez à côté qui entretiennent le frais de l'ombre. Ces Caravanserais sont couverts en terrasse. Les entrées sont des portiques, avec des boutiques d'un & d'autre côté, où l'on vend les plus communs alimens. Ils sont de la hauteur de l'édifice, fermez par de hautes portes, dont les linteaux sont de charpente faits d'une piéce. Quelques-uns n'ont seulement de chaque côté qu'une chambre voutée avec un balcon. On ne trouve rien dans ces sortes d'hôtelleries que les quatre murailles. Chacun en entrant se met dans la premiere chambre qu'il trouve vuide du côté qu'il lui plaît. Il y demeure tant de jours qu'il lui plaît, & puis il s'en va sans qu'on lui demande rien. Les gens riches donnent au valet du Concierge quelques sols en sortant, autant qu'il leur plaît; car on ne sauroit rien demander pour le louage, à cause que ces édifices sont des fondations charitables pour le service des Voyageurs; dont le Concierge & les valets sont rentez pour en avoir soin. Le Concierge vend d'ordinaire ce qu'il faut pour les chevaux, & les plus communes choses pour la vie, comme du pain, du vin dans les endroits où il est en abondance, du beurre, des laitages, des fruits, & des volailles, & de quoi faire le feu. On va querir la grosse viande au premier village, ou à des champs des Pastres de la campagne voisine. Voilà quels sont les gîtes communs des Voyageurs en Orient, principalement dans toute la Perse. Quant aux Caravanserais des Villes, ils sont de deux sortes. Les uns pour les Voyageurs, & pour les Pelerins, dans lesquels on loge aussi sans payer. Les autres pour les Marchands, & ceux-ci sont d'ordinaire plus beaux, & plus commodes, ayant des portes aux Chambres qui ferment bien; mais comme la plûpart sont occupez par des Marchands négocians actuellement, on y paye le gîte tant par chambre; & ce gîte n'est d'ordinaire que d'un sol ou deux par jour. Mais il y a par dessus cela le droit d'entrée qui est plus considerable, & le droit de ce qu'on vend dans le Caravanserai, qui se payent à tant par balle, & qui sont plus ou moins importans selon la nature du négoce. Le droit d'entrée s'appelle *Sercolphe*, c'est-à-dire *le Cadenat*. Ces Caravanserais-ci appartiennent les uns au domaine, & les autres à des particuliers; & il faut observer que dans toutes les Villes, chaque Caravanserai est particulierement destiné, ou aux gens de certain pays, ou aux Marchands de certaines marchandises. Ainsi, lorsqu'on veut savoir des nouvelles de quelqu'un qui est de Medie ou de Bactriane, ou de Chaldée, on n'a qu'à aller aux Caravanserais, où les Caravanes de ces lieux viennent loger; lorsqu'on veut acheter quelque chose aux Magasins comme des étoffes des Indes, du Drap, du Lapis, & d'autres choses, on s'en va dans les Caravanserais où l'on en vend. On appelle ces Edifices de divers noms. En Turquie on les nomme communément *Han* ou *Can*; en Tartarie, & aux Indes *Serai*; en Perse *Caravanserai*. *Carvan*, que nous disons *Caravane*, veut dire une troupe de Voyageurs qui font leur chemin ensemble; & c'est ce qu'on appelle en Perse *Cafilé*, c'est-à-dire *compagnie de revenans*, ou *retournans*, les Voyageurs étant appellez des retournans de bon augure. *Seray*, qui est un terme de l'ancien Idiome Persan, signifie *Palais*, *grand logis*, d'où est venu le mot de *Serrail*, pour dire les Palais des femmes du Roi ou des Grands. Ainsi *Caravanserai* veut dire *Hôtel*, ou *Palais de Caravanes*. Les Persans disent que les Palais & les Hôtelleries s'appellent du même nom, pour faire souvenir les hommes qu'ils sont Voyageurs sur la terre; sur quoi je me souviens d'un conte que j'ai lû dans un Auteur Persan d'un Derviche ou Religieux Mahometan, qui voyageoit en Tartarie. Etant arrivé dans la Ville de Balk, il s'en alla loger dans le Palais Royal, le prenant pour un Caravanserai: il y entre, & ayant regardé de tous côtez, il se va placer sous une belle gallerie, met bas son petit sac, & son petit tapis, qu'il étend & s'assied dessus. Des Gardes l'ayant apperçû en cette posture, lui crient de se lever, lui demandant en colere qu'est-ce qu'il pretendoit faire? Il repondit qu'il pretendoit passer la nuit dans ce Caravanserai: les Gardes se mirent à crier plus fort qu'il s'en allât, & ce que ce n'étoit pas là un Caravanserai; mais le Palais du Roi. Le Roi qui se nommoit Ibrahim, étant venu à passer là-dessus, il se mit fort à rire de la bevûë du Derviche, & l'ayant fait appeller, lui demanda, comment il avoit si peu de discernement, de ne reconnoître pas un Palais d'avec un Caravanserai. Sire, se mit à dire le Derviche, que V. M. daigne souffrir que je lui demande une chose. Qui a logé premierement dans cet édifice, après qu'il a été fini? Ce sont mes Ancêtres, répondit le Roi. Après eux, Sire, qui est-ce qui y a logé, reprend le bon homme; c'est mon Pere, répondit le Roi: & après lui qui en a été le maître: moi, repliqua le Roi. Et de grace, Sire, qui en sera le maître après vous? Ce sera mon fils, répond le Prince. Ah! Sire, reprit le bon Derviche, un édifice qui change si souvent d'habitans est une Hôtelerie, & n'est pas un Palais.

Le Sieur Chardin avoit plus parcouru la Perse que la Turquie; ainsi ce qu'il dit des Caravanserais n'est gueres aplicable qu'à ceux de Perse. Voici comment Mr. Tournefort[a] parle de ceux de Turquie.

[a] Voyage du Levant Lettre 14. Les T. 1. p. 47.

Les Hôtelleries de fondation qu'on trouve sur les chemins, sont de grands édifices longs ou quarrez, qui ont l'apparence d'une grange. On ne voit en dedans qu'une banquette attachée aux murailles, & relevée d'environ trois pieds, sur six pieds de largeur ; le reste de la place est destiné pour les chevaux, pour les mulets & pour les chameaux. La banquette sert de lit, de table & de cuisine aux hommes. On y a pratiqué de petites cheminées à sept ou huit pieds les unes des autres, où chacun fait bouillir sa marmite. Quand la soupe est prête, on étend la nappe, & l'on se range autour des pieds croisez comme les Tailleurs. Le lit est bientôt dressé après le souper ; il n'y a qu'à étendre son tapis, ou placer son strapontin à côté de la cheminée, & ranger ses hardes & ses habits autour : la selle du cheval tient lieu d'oreiller ; le capot supplée aux draps & à la couverture : ce qu'il y a de plus commode, c'est que le matin on monte à cheval sans descendre de la banquette, car les étriers se trouvent tout de niveau. Les Voituriers tiennent l'étrier opposé à celui du montoir : ces gens-là ne dorment guères ; ils passent plus de la moitié de la nuit à faire manger leurs chevaux, à les panser & à les charger.

On trouve à acheter à la porte de ces Hôtelleries, du pain, des poules, des œufs, des fruits, quelquefois du vin : on va se pourvoir au village prochain, si l'on manque de quelque chose. S'il y a des Chrétiens, l'on y trouve du vin ; sinon il s'en faut passer. On ne paye rien pour le gîte. Ces retraites publiques ont conservé en quelque manière le droit d'Hospitalité, si recommandable chez les Anciens.

Les Hôtelleries des Villes sont plus propres & mieux bâties : elles ressemblent à des Monasteres ; car il y en a beaucoup où l'on a bâti une petite Mosquée. La fontaine est ordinairement au milieu de la cour : les cabinets pour les nécessitez sont autour : les chambres sont rangées le long d'une grande galerie, ou dans des Dortoirs bien éclairez. Dans les Hôtelleries de fondation on ne donne pour tout payement qu'une étrenne au Concierge ; & l'on est à bon marché dans les autres ; pour y être à son aise, il faut avoir une chambre pour la cuisine. Le Marché n'est pas loin ; car l'on achete à la porte de la maison viande, poisson, pain, fruit, huile, beurre, pipes, tabac, caffé, & jusqu'à du bois. Il faut s'adresser à des Juifs ou à des Chrétiens pour avoir du vin, & pour peu de chose ils l'apportent en cachette : le meilleur est chez les Juifs, & le moindre chez les Grecs. Nous en avions ordinairement d'excellent, parce que nos gens qui s'y trouvoient interessez, ne manquoient pas de publier dans le quartier que nous étions Médecins. On nous venoit demander des remedes, ou nous prier de voir des malades ; & l'honoraire se réduisoit ordinairement à quelques bouteilles de bon vin. Il y a de ces Hôtelleries où l'on fournit, aux dépens du Fondateur, la paille, l'orge, le pain & le ris. Celles d'Europe sont mieux bâties, mieux rentées & plus propres que celles qui sont en Asie : car dans les grandes Villes elles sont couvertes de plomb & embellies de plusieurs Domes : mais comme les pluyes sont moins frequentes en Asie, on aime mieux pendant la belle saison, camper dans des campagnes agréables, le long des ruisseaux où l'on pêche d'excellentes truites. On trouve des perdrix presque par-tout.

CARAVANTIS, Ville ancienne de l'Illyrie, selon Tite-Live[a]. Elle étoit au Pays des Caviens. Elle ferma ses portes à Caravantius, à qui la petite Ville de DURNIUM du même peuple avoit ouvert les siennes. [a] l. 44. c. 30.

LA CARAVELLE DE ST. THOMAS[b] ; c'est le nom que l'on a donné à un écueil de l'Amerique entre les Antilles. Ce rocher assez élevé a deux pointes qui sont toutes blanches des ordures que les oiseaux font dessus, ce qui le fait paroître de loin comme une Corvette ou un Brigantin. C'est ce qui lui a fait donner le nom de *Caravelle*, qui est un petit bâtiment Espagnol. Ce rocher est environ à 3. lieuës au Sud-Ouest de St. Thomas. Il ne faut pas prendre ce St. Thomas pour St. Thomé. Cette derniere Isle est sur la côte d'Afrique directement sous la ligne ; & St. Thomas de l'Amerique dont il est ici question est par les 18. degrez de latitude Nord. [b] Le P. Labat Voyage T. II. p. 289.

1. CARAVI, ancien lieu d'Espagne assez près de Sarragoce. Antonin le met à xxxvii. M. P. de cette Ville en venant d'Astorga par la Cantabrie. Ortelius lit *Caravia* ; mais l'Exemplaire du Vatican & l'Edition de Bertius portent simplement *Caravi*.

2. CARAVI, Isle de la Grece dans le Peloponnese ; à huit grandes lieues du Cap Sant Angelo. Cette Isle ou écueil de Caravi est un rocher noir qui a la figure d'un vaisseau & c'est delà qu'on l'a nommée Caravi : ce mot en Grec vulgaire veut dire un Navire. C'est ce qu'en dit Mr. Corneille[c] qui cite la Guilletiere, Athenes ancienne & nouvelle l. 1. C'est l'Isle de Corvi. Voyez ce mot. [c] Dict.

CARAVILIES[d], petite Isle de l'Archipel dans la Baye de Coron, & à sept milles de Sapienta. Il n'y a ni rade, ni habitans. [d] Robert Voyage du Levant p. 276.

CARAULI ou CARAOLI ; [e] Cap à l'entrée du Bosphore de Thrace, ou Canal de la Mer noire derriere la Ville de Galata : Il a été appellé ainsi à cause que *Caraol* en Turc signifie proprement une *Sentinelle*, & une guerite, & que ce Cap est fort propre à faire découvrir ce qui se passe dans la Mer noire. [e] d'Herbelot Bibl. Orient.

CARAY ou CARY[f], petite Isle entre les Westernes à l'Ouest de l'Ecosse. Elle est à un mille au Midi de celle de Gigay, & n'a qu'un mille en longueur. Elle est fertile en pâturages, & nourrit beaucoup de lapins. [f] Etat pres. de la Grande Bretagne T. 2. p. 289.

CARAZAN, Mr. Corneille dit : Province de la grande Tartarie. Elle est, dit-il, à l'Ouest de celle de Carajam, & à dix journées de la Ville de Jacy. Sa capitale s'appelle aussi Carazan, & la longueur de cette Province est de cinq journées. Ses Rivieres donnent de l'or, aussi bien que ses Montagnes, & l'on trouve des serpens d'une grandeur extraordinaire. Leur chair est bonne à manger, & leur fiel sert contre la morsure des chiens enragez. Il y naît aussi de grands che-

CAR.

chevaux qu'on envoye aux Indes lorsqu'ils sont petits. Ceux de ce pays ont les étriers fort longs à cheval, au lieu que les Tartares les ont courts à la Genette, afin de se dresser, pour tirer leurs flèches. Ceux-ci ont des Arbalêtes avec lesquelles ils en font voler d'empoisonnées. Ils ont aussi de fort bonnes armes défensives, faites de peaux de buffles, des lances & des boucliers. Ces Peuples sont Idolâtres, & se servent de coquilles pour monnoye. Mr. Corneille cite Marc Pol l. 2. c. 40. Il eût mieux fait de citer Davity dont il a pris cet Article. Car pour Marco Paolo il ne l'a point ouvert. S'il l'eût consulté, il eût trouvé que ce Voyageur ne parle en aucune façon de Carazan. Mais que tout ce qui est dans cet Article n'est qu'un abregé du Chapitre cité, où il n'est question que de CARAJAM que l'on a eu tort de distinguer de la pretendue Province de Carazan.

CARBACA, quelques Exemplaires de Ptolomée[a] portent ainsi écrit le nom d'une ancienne Ville des Paropanisades. D'autres exemplaires entre autres celui de Bertius portent GARBACA. D'autres enfin comme celui dont s'est servi l'ancien Editeur Latin portent TABARCANA.

[a] l. 6. c. 18.

CARBALIA. Voiez GABALIA.

CARBAN. Ortelius[b] croit que Cedrene a nommé ainsi une petite Ville d'Armenie, & qu'elle est la même que Curopalate a appellée CARABA.

[b] Thesaur.

CARBANA, ancienne Ville d'Asie dans la Lycie, selon Etienne le Géographe.

CARBANIA, petite Isle de la Mer Mediterranée. Pomponius Mela[c] la nomme avec quelques autres, sçavoir Dianium & Igilium, qui sont entre la Sardaigne & le Continent de l'Italie. Vossius & plusieurs autres doctes Ecrivains avant lui ont jugé que ce devoit être la même Isle que Pline[d] appelle BARPANA; le même Vossius blâme Cluvier d'avoir voulu changer le nom de Carbania en COLUMBARIA. Le R. P. Hardouin[e] assure que tous les manuscrits de Pline portent Barpana. Cependant il juge que c'est la Carbania de Mela; & dit qu'elle s'appelle presentement CARBOLI près du Cap de l'Isle d'Elbe, lequel est du côté de Piombino.

[c] l. 2. c. 7.
[d] l. 3. c. 6.
[e] in l. c. Plin.

CARBANTIA. Voiez CARCANTIA.

CARBANTORIGUM, CARBANTORICUM, ou CARBANTORIDON, ancien lieu des *Selgovæ*, ancien peuple de l'Isle d'Albion, selon Ptolomée[f]. Je m'étonne qu'Ortelius ait dit qu'il semble à Cambden que c'est GLENEAR: les Interpretes du Géographe disent aussi que c'est le nom moderne de ce lieu; mais pour Cambden[g] il dit positivement que c'est CAERLAVEROCK place située à l'embouchûre de la Nith en Ecosse dans la Province de Nithsdale. Il ajoute que c'étoit autrefois une Forteresse imprenable; mais que de son temps ce n'étoit plus qu'un lieu mal fortifié, où demeuroient les Barons de Maxwel.

[f] l. 2. c. 3.
[g] Britan. c. SELGOVÆ.

CARBASIA. Voiez CARPASIA.

CARBAVIE. Voiez CORBAVIA.

CARBI, Peuple ancien de l'Arabie heureuse, selon Diodore de Sicile[h].

[h] l. 3.

CARBIA, lieu de l'Isle de Sardaigne, selon Antonin dans son Itineraire sur la route de Tibula à Sulci.

CAR. 253

CARBILESI, Peuple de l'ancienne Thrace, selon Pline[i]. Le R. P. Hardouin dit qu'on ne sait guères ce que c'étoit que ce peuple à moins que la Ville de CABESE Κάβησος, dont parle Hesyche, n'ait lieu en cet endroit.

[i] l. 4. c. 11.

CARBINA, Ville ancienne des Japyges. Athenée[k] dit qu'elle fut prise par les Tarentins.

[k] l. 12. c. 7.

CARBOGNANO[l], en Latin *Corbio*, Château d'Italie dans le Patrimoine de St. Pierre vers le Tibre; près de Soriano & d'Orta. La Maison de Colonne le possede à titre de Principauté.

[l] Baudrand Ed. 1705.

1. CARBON, est un des noms de l'ALPHÉE, Rivière du Peloponese. Voiez ALPHÉE.

2. CARBON, petite Ville d'Afrique au Royaume d'Alger. Mr. Baudrand la met sur la côte entre les Villes d'Alger & Bugie, & dit que c'est la Ville nommée RUSAZUS par les anciens, dans la Mauritanie Tingitane. A l'égard de Rusazus, voiez ce mot. Pour ce qui est de la Ville nommée Carbon par les Modernes, si elle existoit il n'est pas concevable qu'elle eût été oubliée par Mr. Laugier, qui vient de donner au public une Histoire du Royaume d'Alger très-sincere & très-exacte, & dans laquelle il décrit ce pays qu'il a lui-même parcouru, & où il a fait un long séjour.

CARBONARIA, nom Latin d'une des bouches du Pô, selon Pline[m]. Mr. Baudrand[n] dit que c'est presentement IL PORTO DI GORO, & cite Cluvier & Magin.

[m] l. 3. c. 16.
[n] Ed. 1682.

CARBONARIA SILVA, ou CARBONARIUS SALTUS[o], aujourd'hui vulgairement la *Forêt Charbonniere*; c'est la partie de la Forêt d'Ardenne entre la Meuse & l'Escaut; elle occupoit le Pays des anciens Nerviens & quelques terres circonvoisines. On lui donna ce nom à cause de la grande quantité de Charbon que l'on y faisoit. Il s'y en fait encore beaucoup à présent. Windelin place la Forêt Charbonniere dans le Hainaut & dans le Brabant, & dit qu'elle s'étend depuis l'extremité du Hainaut jusqu'à Louvain, à Diest & jusqu'à la Demer. Il ajoute que cette Forêt est partagée en differentes parties qui sont

[o] Hadr. Valesii Not. Gall. p. 126.

Mormalia, *le bois Mormal*,
Cerasia, *le bois de Ciran*,
Soniaca, *le bois de Soigne*,
Levaca, *le bois de Die Leu*, qui prend depuis Louvain jusqu'aux portes de Diest.

Et toute cette étendue, selon le même Auteur, se nomme *Hagelanden* ou *Hageland*, c'est-à-dire *Pays Champêtre* ou *couvert d'arbres*. Il dit après Fulcuin que l'Abbaye de Lobes étoit située dans la Forêt Charbonniere, & que le Monastere de St. Foillan étoit dans le bois de Soigne dependant de cette Forêt; ce que confirment les Lettres de Nicolas Evêque de Cambrai de l'an 1137. Sulpice Alexandre rapporté par Gregoire de Tours fait mention de cette Forêt & dit que *plusieurs des Francs*, (qui *avoient passé le Rhin*) *furent tuez dans la Fo-*

rêt *Charbonniere*, par les *Romains*. Et l'Auteur des Geſtes des Rois François dit que Chlodion après avoir paſſé le Rhin entra *dans la Forêt Charbonniere*, & ſe rendit maître de la Ville de Tournai. Par là il paroît que cette Forêt ſe trouvoit entre le Rhin & l'Eſcaut. Le même Auteur des Geſtes ajoute ; *& les Francs en traverſant la Forêt Charbonniere brûlerent & pillerent tout le pays juſqu'à la Meuſe*: ce qui paroît confirmer l'opinion de ceux qui méttent cette Forêt entre la Meuſe & l'Eſcaut. Dans les Annales du Monaſtere de St. Arnulphe, que du Cheſne aime mieux appeller les Annales de Metz, cette Forêt eſt priſe pour les limites des deux Royaumes de Neuſtrie & d'Auſtraſie. Car il eſt dit : *Pepin* (l'an 696.) *ayant réüni ſes troupes en un ſeul corps d'Armée arriva à la Forêt Charbonniere, qui ſepare les deux Royaumes. Alors un chacun ayant invoqué le ſecours du Ciel, ils paſſerent la Forêt* Charboniere, *& penetrant avec confiance dans l'interieur de ce Royaume, ils vinrent camper auprès du village de Tertri aſſez près de la Ville de St. Quentin*. On pourroit auſſi conclure de ce paſſage que cette Forêt s'étendoit juſqu'à l'Oiſe & à la Somme. En effet on lit dans le ſecond livre de Nithard que *Charles ſe rendit de l'Aquitanie à Chierſy où il reçut avec amitié les habitans de la Forêt Charbonniere, & des environs qui vinrent le trouver*. Or on ſait que *Chierſy* ou *Quierſy* (Cariſiacum) eſt ſitué ſur l'Oiſe, & dans le voiſinage de la Ville de Noyon.

CARBONERA, Cap de l'Iſle de Sardaigne avec un Port ; à l'entrée du Golphe de Cagliari du côté du Nord, avec un petit lieu de même nom. On croit communément que le Port de *Carbonera* eſt le même que les Anciens ont connu ſous le nom de Port d'Hercule. Ce Cap eſt auſſi nommé FERRATO ; *a* Ed. 1681. & Mr. Baudrand *a* croit que c'eſt à cauſe de l'ancienne Ferraria qu'on croit y avoir été.

CARBONES, ancien Peuple de la Sarmatie Européenne, ſelon Ptolomée. Il les met tout au Nord ; & celui qui a dreſſé la Carte de ce pays ſur cet Auteur les place dans le 63. d. de latitude. Mr. d'Audifret ſe livrant un peu trop à des conjectures dit *b* qu'ils *b* Geogr. étoient dans la Scandinavie, qu'ils étoient ré-anc. & mod. pandus dans la Carelie & dans les vaſtes ſolitu- T.2.p.275. des, qui ſont entre les Lacs Ladoga & Onega. Ptolomée le ſeul des Anciens qui en ait parlé ne dit rien, qui en puiſſe faire juger ces détails ; car dans une liſte des Peuples de la Sarmatie d'Europe après avoir nommé les HOSIENS, il ajoûte : enſuite les CARBONS qui ſont les plus avancés vers le Nord ; les CARCOTES ſont les plus Orientaux que ceux-ci.

CARBONIA, quelques-uns, ſur un paſſage de Dioſcoride, en ont fait un lieu d'Eſpagne ; d'autres liſent dans ce paſſage NARBONIA. Ortelius *c* obſerve à cette occaſion que *c* Theſaur. quelques-uns ont cherché en Eſpagne une place nommée CARBONA, ſe fondant ſur un paſſage de Hirtius *d*, où les meilleurs Exemplai- *d* De Bell. res ont CARMONA. Alexand.

CARBONITIS, deſert d'Aſie près de l'Araxe, ſelon Cedrene, cité par Ortelius ; mais il y avoit plus d'un fleuve nommé Araxe.

CARBRE, CARBURY *e*, Ville d'Irlande *e* Etat préſ. dans la Province de Leinſter au Comté de de l'Irlande Kildare ; vers le Nord-Oueſt. Elle tient un p. 39. Marché public, & envoye ſes Deputez au Parlement. Elle eſt fort tombée en décadence. Mr. Baudrand *f* la nomme en Latin CAR- *f* Ed. 1705. BRENA.

CARBRUSA, Ortelius dit que Pline nomme ainſi une Iſle deſerte, & il croit qu'elle étoit quelque part vers la Thrace.

CARBULA, ou
CARBULO ; c'eſt de cette derniere façon qu'Ortelius & pluſieurs Editeurs de Pline *g* nomment une ancienne Ville d'Eſpagne *g* l.3.c.1. dans le département de Cordoue ; *Cordubenſis Conventus*. Le R. P. Hardouin veut que l'on prefere *Carbula* ſur la foi des manuſcrits qu'il a conſultez. Une ancienne Medaille raportée par le P. Louïs Jobert Jeſuite porte Carbula. Cela decide. Antonin fait mention de CARULA entre Ilipa & Seville, d'où le R. P. Hardouin conclut que ce ne peut être la Carbula de Pline ; la ſituation ne convenant pas. Cependant il ne diſſimule point que Surita & Rodericus Carus ſont d'un avis different ; le premier dans ſon Commentaire ſur Antonin *h* ; *h* p. 562. l'autre dans ſes Antiquitez de Seville *i*. *i* l.3.c.49.

CARBURI. Voyez CARBRE.

CARCA, Ville de l'ancienne Eſpagne au pays des Baſtitains, ſelon Ptolomée *k*. Elle étoit *k* l.2.c.6. dans les terres.

CARCABIANENSIS, Siége Epiſcopal *l* n. 84. d'Afrique dans la Byzacene, ſelon la Notice Epiſcopale d'Afrique, où l'on trouve *l* que Simplicius en étoit Evêque. Donatien qui occupoit ce même Siége aſſiſta à la Conference de Carthage *m*. *m* p. 284.
Ed. Dupin.

CARCANTIA, lieu d'Italie quelque part vers l'Inſubrie. Antonin en fait mention dans ſon Itineraire, ſur la route d'Italie, dans les Gaules en allant de Milan à Arles par les Alpes Cotties ; à LVII. mille pas en deça de Pavie ; qu'il compte ainſi.

Ticinum	
Laumellum	XXII. M. P.
Cottias	XXIII. M. P.
Carbantiam	XII. M. P.

CARCANOSSI, ou ANDROBEÏZAHA, noms d'une même Province de l'Iſle de Madagaſcar, ſous le Tropique du Capricorne. Flacourt dit qu'on appelle ainſi *n* ce qui eſt de- *n* c.2.p.8. puis la Riviere de Manatengha juſqu'à celle de Mandrerey. Cet eſpace qui eſt ſur la côte Orientale de l'Iſle eſt fort petit. Cependant il n'eſt pas clair ; car il dit ailleurs *o* ANOSSI *o* c.1.p.4. ou ANDROBEÏZAHA, comme ſi c'étoient des noms équivalents ; & dans la même page *p* il *p* c.2.p.4. dit que la Riviere de Fanſhere a ſon embouchûre en la Province d'Androbeïzaha ou Carcanoſſi à 25. d. 18. Sud, à trois lieues du Fort Dauphin. Ainſi, la Province de Carcanoſſi s'étend bien au Midi de la Riviere de Manatengha, & par conſequent les bornes qu'il lui donne au premier endroit cité ne ſont pas juſtes.

CARCARANNE *q*, Riviere de l'Ame- *q* Baudrand rique Meridionale au Paraguai. Elle a ſa ſour- Ed. 1705. ce vers les Andes ; & delà coulant vers l'Orient, el-

elle se rend dans la Riviere de la Plata. Voiez l'Article suivant.

CARCARAVAL, petite Riviere de l'Amerique Meridionale. Elle a sa source au Tucuman d'où coulant vers l'Orient elle entre dans le Paraguai, au Nord de la Riviere de Lorenzo, & se jette dans la Riviere de Plata. C'est sans doute la même que Mrs. Baudrand & Corneille nomment CARCARANNE.

CARCARUM [c] lieu d'Asie quelque part vers la Medie selon Curopalate, cité par Ortelius.

CARCASSEZ, (le) petit pays de France au bas Languedoc proche de la Ville de Carcassonne qui en est le chef-lieu, le long de la Riviere d'Aude. Il a eu ses Comtes particuliers, comme on voit dans l'Article suivant.

CARCASSONNE, Ville de France au bas Languedoc. Elle est fort ancienne. Pline[a] & Ptolomée[b] en font mention, le premier la nomme *Carcasum* & le second *Carcaso*. Cette Ville[c], selon l'Histoire Fabuleuse a été bâtie 550. ans avant Rome, par Carcas, l'un des sept Eunuques du Roi Assuerus, dont il est parlé dans le premier Chapitre de l'Histoire d'Ester. L'opinion de ceux qui tirent son nom d'une certaine Dame appellée Carcas, qui fit lever le Siége à Charlemagne qui la tenoit assiégée, est beaucoup moins recevable, puisque plusieurs siécles auparavant elle étoit connuë sous le nom de CARCASSUM dans Pline, & de CARCASSIO dans Procope. Il y auroit plus de vrai-semblance à dire, que, comme cette Ville est célèbre par les draps & par la laine qu'on y facture, elle tire son nom delà; étant certain que dans la Langue Sainte, CARCAS signifie la *couverture d'un Agneau* ou *d'un Mouton*. Cette Ville, qui avoit autrefois deux grands Fauxbourgs environnez de fossez & de murailles, & deux autres sans murs, étoit Republique sous les Volsques Tectosages; & elle tomba sous la domination des Romains, lorsqu'ils se furent rendus maîtres de la Gaule Narbonnoise. Elle fut ensuite au pouvoir des Goths, qui, selon le sentiment de quelques-uns, bâtirent le Château qu'on y voit encore, quoique les Fleurs de Lys de France soient sur la Porte ; & parce qu'ils y renfermérent tous leurs trésors, avec les riches dépouilles qu'ils avoient emportées de Rome, après qu'Alaric l'eut prise, on a prétendu qu'elle avoit été appellée GAZA GOTHORUM.

[d] Les Wisigoths, après la perte de Toulouse & de tout le Païs voisin, se maintinrent en possession de Carcassonne, malgré les efforts des Rois François. Cette Place ne fut prise sur les Goths que par les Sarrazins, qui se rendirent maîtres de toute la Gothie. Charles Martel prit & démantela quelques années après toutes les Villes de cette Province, excepté Narbonne qui lui résista, & dont le Roi Pépin se rendit le maître, & assura la possession de ce Païs aux Rois de France, qui y établirent des Comtes pour gouverner les Villes. Ces Officiers furent subordonnez aux Ducs ou Marquis de Gothie & de Septimanie, durant environ cent cinquante ans, jusqu'au Regne de Charles le Simple, & de celui de son Fils Loüis d'Outremer. Pour lors les Comtes ou Vicomtes de la Province de Gothie se rendirent absolus & héreditaires, à cause de la foiblesse de ces Rois. Le premier Comte propriétaire de Carcassonne que nous trouvons, est Arnaud, qui vivoit vers l'an 970. Il laissa ce Comté à son fils Roger, dont les héritiers mâles joüirent de Carcassonne, & de ses dépendances durant six vingts ans ou environ. Ce fut vers l'an 1060. que finit la race masculine des Comtes de Carcassonne, en la personne de Raymond Roger, fils de Roger dit le Vieux. Pierre Raymond, Vicomte de Beziers, succeda à Raymond Roger.

[e] Les Auteurs du Pays ont voulu durant longtems qu'Almodis eût hérité du dernier Comte de Carcassonne qu'ils croyoient avoir été son frere, se persuadant que cette même Almodis avoit épousé le Comte de Barcelone ; mais ses titres recouvrez par l'illustre Pierre de Marca, & imprimez dans l'Ouvrage intitulé MARCA HISPANICA, démontrent qu'Almodis n'étoit point de la Maison des Comtes de Carcassonne ; mais qu'elle étoit fille d'Amélie, Comtesse de la Marche, & qu'elle étoit Sœur de Rangarde, femme du Vicomte de Beziers. On ne sait point à quel titre les Vicomtes de Beziers succéderent au Comté de Carcassonne, n'y ayant rien de plus obscur que cette partie de l'Histoire, inconnuë à tant de savans hommes. Nous voyons seulement par les titres citez ci-dessus, que Pierre Raymond & Rangarde eurent un fils nommé Roger, qui mourut sans enfans, & eut pour héritieres ses deux Sœurs ; l'aînée Hermengarde, laquelle épousa Raymond Trincavel, qui fut par la femme Vicomte de Béziers & de Carcassonne ; & la seconde nommée Adéhïde, ou Adelarde, ou Adalax, qui épousa Guillaume Comte de Cerdagne : & ce fut de ces trois Comtesses (de Rangarde, & de ses deux Filles, Hermengarde & Adelaïs) que Raymond Comte de Barcelone, & Almodis sa femme acquirent les droits qu'elles avoient au Comté & Vicomté de Carcassonne & de Béziers, & de leurs dépendances.

[f] Le Comte de Barcelone donna ensuite ses Comtez & ses Seigneuries en fief au Vicomte de Béziers, en se reservant la foi & hommage de toutes les Villes & des Seigneuries dont le Vicomte étoit en possession. Le Comte de Barcelone se réserva aussi la proprieté de la Cité de Carcassonne ; & c'est-là la veritable origine des droits des Rois d'Arragon, Comtes de Barcelone, sur une grande partie du Languedoc, parce que les Comtes ou Vicomtes de Carcassonne & de Béziers, Feudataires de ces Rois, avoient aussi quelque part à la Seigneurie ou au Domaine de Narbonne, d'Agde, de Nîmes, & de leur Territoire : ce qui donnoit aussi à ces Rois un droit sur plusieurs Villes de Languedoc, auquel Jacques Roi d'Arragon renonça par la Transaction de l'an 1258.

[g] Raymond Roger, qui descendoit du premier Trincavel, ayant embrassé le parti du Comte de Toulouse & des Albigeois, fut tué par l'Armée des Croisez, qui prirent Carcassonne. Cette Ville fut donnée par le Pape Innocent III. à Simon de Montfort, qui obtint

[margin notes:]
[a] l. 3. c. 6.
[b] l. 2. c. 10.
[c] Graverol Abregé Hist. des 22. Villes Chefs du Languedoc. Corn. Dict.
[d] Longuerue Desc. de la France part. 1. p. 138.
[e] Ibidem.
[f] Ibidem. p. 239.
[g] Ibidem.

tint la cession des droits de Raymond Trincavel, Fils de Roger. On voit dans l'Histoire de Pierre Moine des Vaux de Cernay, que le droit des Rois d'Arragon, Comtes de Barcelone, étant alors reconnu sur Carcassonne & ses dépendances, Simon de Montfort demanda à Pierre Roi d'Arragon l'investiture de ces Comtez & Vicomtez, qui lui fut refusée par ce Roi, qui étoit alors à Montpellier; car il tenoit Simon de Montfort pour usurpateur. Ainsi on voit par là que le Pape Innocent III. avoit été mal informé, lorsqu'il avoit ordonné à Simon de Montfort, par un Bref daté de la quinziéme année de son Pontificat, de faire hommage & de rendre les devoirs dûs au Roi d'Arragon pour le Comté de Carcassonne. Ce Bref a été imprimé par Catel, à la page 635. de ses Mémoires : mais il n'est pas vrai, que Pierre Roi d'Arragon, comme l'a écrit Catel, ait reçû dans la Ville de Toulouse l'hommage de Simon de Montfort, dont il étoit ennemi, étant partisan de Raymond de Toulouse.

Après la mort de Simon de Montfort, Amauri son fils perdit les Conquêtes de son Pere, & il fut chassé par les Peuples de ce Païs-là, qui reprirent ouvertement le parti des Albigeois; mais ils furent subjuguez par Louïs VIII. Roi de France l'an 1226.: ensorte que Raymond Trincavel, pour pacifier entiérement les affaires, déclara par un Acte authentique l'an 1247. qu'il déchargeoit les habitans des Villes & des Terres, qui avoient appartenu à ses Péres, de toutes sujétions, & des sermens de fidelité qu'ils pouvoient avoir prêté à lui ou à ses Ayeuls; reconnoissant qu'il n'avoit plus ni droit, ni prétention sur tout ce qu'il avoit cedé à St. Louïs. Ainsi tout ce qui avoit appartenu aux Trincavels, fut réuni à la Couronne.

[a] *Piganiol de la Force, Desc. de la France T. IV. p. 80.*

[a] Cette Ville est divisée en haute & basse. La haute s'appelle la Cité, & est separée de la basse par la Riviere d'Aude. Dans la Cité on voit le Château, qui est fort & commande la Ville. La Cathedrale n'est pas des plus magnifiques; & le Palais Episcopal est une vieille Maison. La basse Ville est neuve & bien percée; les ruës y sont droites, & les Maisons bien bâties. Elle est fort marchande, & bien peuplée pour sa grandeur. C'est la Ville de tout le Languedoc la plus regulierement construite : sa forme est presque quarrée. La place est un grand' quarré long. Au milieu on remarque une fontaine faite de cailloutage, sur le haut de laquelle est un Neptune. Quatre chevaux marins sortent à demi-corps de cette espece de petit rocher. Le Palais qui sert de Siége au Presidial, est un assez joli bâtiment. La Maison de Ville est ornée d'une architecture entenduë. Les Eglises, les Couvents, & jusqu'aux Chapelles qui sont dans cette Ville, sont autant de jolis bâtiments. Les allées d'arbres qui menent jusqu'au Quai, sont d'agréables promenades.

L'Evêché de Carcassonne est un des plus anciens du Languedoc, ayant été érigé vers l'an 300. St. Gimer, St. Hilaire, & St. Valere ont été ses premiers Evêques; & Sergius se trouva l'an 588. au Concile de Tolede.

[b] Les Evêques de Carcassonne ont été élus jusqu'au Concordat fait entre le Pape Leon X. & le Roi François I.: après lequel Jean de Basillac ayant été nommé par élection comme auparavant, Martin de St. André, nommé par le Roi, fut maintenu dans l'Evêché, en éxecution du Concordat, par Arrêt du Conseil rendu en 1522.

[b] *Gravarol, Abregé Hist.*

[c] La Cathedrale est dediée à St. Nazaire ; & son Chapitre est composé d'un Doyen, d'un Archidiacre, d'un Trésorier, d'un Précenteur, & de quinze Chanoines. Ce Diocèse renferme cent quatorze Paroisses & cinq Abbayes; quatre d'hommes, savoir l'Abbaye de la Grasse, Ordre de St. Benoît, l'Abbaye de St. Hilaire, du même Ordre, l'Abbaye de Montoliou, du même Ordre, l'Abbaye de Ville-longue, Ordre de Cîteaux & de la Filiation de Bonnefont : & une Abbaye de Filles, qui est celle de Rionette.

[c] *Piganiol de la Force, T. 4. p. 19.*

[d] Quoique le territoire du Diocèse de Carcassonne ne produise que ce qu'il faut de denrées pour les habitans, le Païs ne laisse pas d'être riche par le grand nombre de Manufactures qu'on y a établies. Carcassonne n'est à proprement parler, qu'une Manufacture de toutes sortes de draps. Les gros Marchands y font travailler un certain nombre de familles, qui sont attachées à eux, Ainsi tous les habitans sont occupez : ce qui les fait subsister commodément. Comme ce travail se répand aussi sur les Paroisses voisines, presque tout le Diocèse s'en ressent.

[d] *Corn. Dict. sur des Memoires dressez sur les lieux en 1706.*

C'est dans cette contrée que l'on commence à voir des Oliviers. Elle est remplie de Montagnes, de côteaux & de petites plaines : & l'on dit qu'il y avoit autrefois des mines d'argent à la Cannette. On voit à Caune du Marbre de toutes couleurs ; il y en a une Carriére d'incarnat & blanc, parfaitement beau.

CARCASUM ou CARCASSUM, ancien nom Latin de *Carcassonne*.

CARCATHIOCERTA. Strabon [e] dit que c'est une Ville Royale du pays nommé Sophéne, & Pline dit qu'elle étoit près du Tigre dans la grande Armenie [f].

[e] *l. 11. p. 527.*
[f] *l. 6. c. 9.*

CARCAVIANENSIS, Siége Episcopal d'Afrique, le même que CARCABIANENSIS.

CARCENSES. Voyez CARENSES.

CARCESIA, ancien nom de l'Isle d'Amorgos. Voyez AMORGOS.

CARCHA, Ville d'Assyrie peu loin de Ninive, selon Masius [g] cité par Ortelius [h].

CARCHABESA. Voyez CARCHEMIS.

CARCHABIANENSIS. Voyez CARCABIANENSIS.

[g] *in Libell. Mosis de Paradiso.*
[h] *Thesaur.*

1. CARCHEDON. Voyez CARTHAGE.

2. CARCHEDON, Ville de l'Armenie, selon Etienne le Géographe. Plutarque en fait aussi mention dans la Vie de Lucullus. L'autorité d'Etienne est peu considerable, car il cite Eutrope, &, comme Berkelius le remarque très-bien, la citation ne peut tomber que sur un passage de l'Auteur cité où il s'agit non de Carchedon ; mais de Chalcedoine, puisque la Ville, qui y est nommée, étoit voisine du Bosphore ; ce qui ne convient pas à celle dont parle Plutarque. Celle de ce dernier Auteur avoit ce nom, parce que c'étoit celui

les

les Grecs donnoient à Carthage. Annibal, qui avoit tracé la Ville dont il est ici question, fournit à Lucullus occasion de lui donner figurément le nom de Carthage; la patrie d'Annibal; c'est ce que l'on peut juger des paroles mêmes de Plutarque que Mr. Dacier traduit ainsi. [a] Lucullus les prioit avec toutes sortes d'instances, & les exhortoit à s'armer de patience & de courage jusqu'à ce qu'ils eussent pris la Carthage d'Arménie & ruiné l'ouvrage de leur plus grand ennemi, voulant parler d'Annibal; mais toutes ses prieres furent inutiles. J'ai remarqué à l'Article ARTAXATE qu'Annibal en avoit donné le plan; & il est aisé de voir par ce qui precede le passage que j'ai allegué ci-dessus que la *Carchedon*, ou *Carthage d'Arménie* que Lucullus vouloit assiéger est la même qu'*Artaxate* que Lucullus nomme *Carthago* par allusion à Annibal; peut-être n'a-t-elle été nommée *Carchedon* ou *Carthage* que dans cette seule occasion.

[a] T. 4. p. 581.

CARCHEMIS ou CARCAMIS [b], Ville d'Asie sur l'Euphrate, dependante des Assyriens. Nechao Roi d'Egypte la prit sur le Roi d'Assyrie [c]. Nechao y laissa garnison, qui fut prise & taillée en pièces la quatriéme année de Joakim, Roi de Juda par Nabuchodonosor Roi de Babylone [d]. Isaye parle de CARCHAM ou CARCHAMISE [e], & semble dire que Theglathphalasar en avoit fait la conquête peut-être sur les Egyptiens. Les Ecrivains profanes ne parlent ni de cette Ville, ni de ces guerres; mais il y a assez d'apparence que *Carchemis* est la même que CERCUSIUM ou CIRCESSUM, ou CIRCEIUM située dans l'angle que forment le Chaboras, & l'Euphrate dans leur jonction. Voyez CERCUSIUM.

[b] D. Calmet Dict.
[c] 2 Paralip. c. 35. v. 10. & 4. Reg. c. 23. v. 29.
[d] Jerém. c. 46. v. 1. 2.
[e] c. 10. v. 9.

CARCHENI. Ortelius fait mention d'une Medaille de l'Empereur Decius sur laquelle on lit ΚΑΡΧΗΝΩΝ. On n'en sait rien de plus.

1. CARCHI, ancien Peuple de la Medie, selon le même Ortelius qui cite le v. livre de Polybe.

2. CARCHI, petite Isle de la Mer Mediterranée dans l'Archipel, sur la côte de Natolie, au Sud-Ouest de Limonia environ à dix milles de Rhodes au Couchant. Il y a des roches qui prenant le Midi de cette Isle courent à l'Orient, & se vont joindre à l'Isle de Lamonia, comme on le voit très-bien sur la Carte de la Mediterranée par le Sr. Berthelot.

CARCHUCHI ou CARCHUDI. Voyez CARDUCHI.

CARCINA,
CARCINITES,
CARCINITIS, &
CARCINITUS, Pomponius Mela [f] dit: le Golphe Carcinite (*Sinus Carcinites*) où est la Ville de Carciné, arrosée par deux Rivieres, le *Gerros* & l'*Hypacaris*, qui s'écoulent par une même embouchûre, quoi que leurs sources soient differentes, & qu'ils viennent de diferens côtez. Mela semble avoir pris cela d'Herodote [g] qui dit que l'Hypacaris a son embouchûre auprès de cette Ville qu'il ne nomme pas Carcina, mais Carcinitide. Le même Herodote dit que le Gerros tombe dans l'Hypacaris [h]. Il dit aussi [i] que l'ancienne Scythie commençoit à l'Ister; vers le Midi & l'Orient jusqu'à Carcinitide.

[f] l. 2. c. 1.
[g] l. 4. c. 55.
[h] l. 4. c. 56. 105.
[i] l. 4. c. 99.

Tom. II.

Ptolomée [k] nomme l'Hypacaris CARCINITES ΚΑΡΚΙΝΊΤΗΣ; & donne au Gerros une embouchûre dans le Palus Meotide, au lieu que l'Hypacaris & le Gerros doivent se rendre ensemble dans le Pont-Euxin à l'Occident de la Chersonnese Taurique, selon Herodote & Mela. Il nomme CARCINA une Ville située sur la Riviere CARCINITES. Pline [l] nomme cette Riviere PACYRIS, sur quoi le R. P. Hardouin pour raprocher Pline d'Herodote lit dans ce dernier Τ πάκυρις, au lieu que dans les endroits citez l'Edition de Gronovius lit constamment Τ πάκαρις. Pline nomme la Ville CARCINE; & le R. P. Hardouin observe qu'elle a conservé son nom; mais qu'elle n'est plus en la même place; en effet celle que Mrs. Sanson lui donnent sur leurs Cartes n'est pas conforme à ce que nous en apprennent les anciens Geographes. Le Golphe, où l'Hypacaris a son embouchûre, prenoit le nom de la Ville *Carcina* ou *Carcine*; & est appellé *Carcinites Sinus* dans les Geographes Latins. Strabon [m] nomme ce Golphe Tamyracus & Carcinites, c'est-à-dire qu'il avoit deux noms l'un à cause de la Ville de Tamyraca dont parle Ptolomée, & l'autre à cause de la Ville de Carcine située à l'autre côté de la Riviere. Il dit aussi qu'il y a un Cap qui portoit le nom de la Ville de Tamyraca, & qu'après ce Cap suit le Golphe Carcinite assez grand & qui a mille stades de profondeur vers le Nord; c'est-à-dire cent vingt cinq mille pas. Ce Golphe, selon Strabon [n], est contigu à l'Isthme, qui joint la Chersonnese Taurique au Continent, & ce est separé du Palus Meotide. Ce Golphe est presentement nommé GOLPHE DE NEGROPOLI. Arrien dans son Periple du Pont-Euxin [o] parle de CERCINETIS, & nomme ainsi la Ville de Carcine; car il la met à soixante stades de la Chersonnese; & à soixante de Calos Port des Scythes; ce qui ne convient pas au Golphe.

[k] l. 3. c. 5.
[l] l. 4. c. 12.
[m] l. 7. p. 307.
[n] p. 308.
[o] p. 20.

CARCINES, Riviere d'Italie au Pays des Brutiens. Pline [p] dit: après avoir parlé des Villes, qui sont dans le Golphe de Squillace (*Scylacius Sinus*): *Amnes ibi navigabiles* Carcines, Crotalus, Semirus, Arocha, Targines. Le R. P. Hardouin explique *Crotalus* par Corace, *Semirus* par Simari, *Arocha* par Crocha, & *Targines* par *Tarcina*. Il ne dit point le nom moderne du Carcines. On voit que dans l'ordre que tient Pline en nommant ces Rivieres; il va du Cap de Stilo, (*Promontorium Cocintum*,) vers le Cap des Colonnes (*Lacinium*). Carcines est donc la Riviere navigable la plus voisine du premier Cap, & ce ne peut être que le CACINO qui coule à Stilo, Ville qui donne le nom au Cap, & qui est la *Consilinum* de Pline. Je parle amplement de cette Riviere à l'Article CÆCINUM.

[p] l. 3. c. 10.

CARCINUM, &
CARCINUS, Pomponius Mela met dans le Golphe de Squillace une Ville nommée *Carcinus* [q], & comme Pline qui copie souvent cet Auteur n'a point nommé cette Ville quoi qu'il en eût occasion, Cluvier a cru qu'elle étoit la même que COCINTHUM dont il parle. J'ai refuté ce sentiment à l'Article CÆCINUM. On y peut voir aussi combien ceux-là se trompent qui croient que *Carcinus* est la *Cacinus* de quelques Anciens.

[q] l. 2. c. 4.

Kk*   CAR-

CARCITIUM, il semble que Curopalate ait ainsi nommé une Ville quelque part vers l'Armenie. Cedrene la nomme *Carcinium*, Καρκίνιον, au raport d'Ortelius.

CARCOME, Ville ancienne d'Afrique dans la Mauritanie Cesariense sur la côte, selon Ptolomée[a]. Le Latin porte CORCOMA.

[a] l. 4. c. 2.

CARCORA ou **CARCOURA**[b], Village de Barbarie au Royaume de Tripoli dans le Golphe de la Sidre, à l'Orient & à l'entrée du petit Golphe de Tini. Il n'est remarquable que parce qu'on croit[c] que c'est la Diacherfis des Anciens; mais ce n'est qu'une conjecture assez legere.

[b] De l'Isle Atlas.
[c] Baudrand Ed. 1705.

CARCOVIACA. Voiez KIRKUAL.

CARCUB[d], petite Ville d'Asie dans la Province d'Ahuaz en Chaldée, à vingt lieues de Sus capitale du Cusistan.

[d] Corn. Dict. & d'Herbelot Bibl. Orient.

CARCUDI. Voiez CORDUENI & CARDUCHI.

CARCUNAH[e], Ville d'Afrique dans la Province que les Arabes nomment Berbera, qui est la Barbarie Ethiopique. Elle est située sur l'Océan Oriental, au Midi de la Ville de Givah. Mr. Corneille la met en Asie & se trompe.

[e] Corn. Dict. & d'Herbelot Bibl. Orient.

CARCUVIUM, lieu d'Espagne, sur la route de Merida à Sarragoce par la Lusitanie; selon Antonin; du moins Ortelius lit ainsi, & l'exemplaire du Vatican y est conforme. Surita lit LARCURIM aussi bien que Bertius. Mariana croit[f] que c'est presentement CARACUEL, village de la nouvelle Castille à l'Orient de Placentia.

[f] Ortel. Thesaur.

CARDABIANCA[g], Ville de la Valerie Ripense. On lit CARDOBIANCA dans quelques éditions des Notices de l'Empire[h]. Celle du Louvre porte *Cardabianca*. Lazius croit que c'est presentement Fribourg Ville de la basse Stirie. Voiez FRIBOURG 3.

[g] Ibid.
[h] Sect. 57.

CARDACES, Peuple ancien de l'Asie Mineure, selon Polybe[i] & Arrien[k].

[i] l. 5.
[k] Alexand. l. 2.

CARDAILLAC. Voiez CARDILLAC.

CARDALENA, contrée de l'Arabie heureuse, selon Pline[l].

[l] l. 6. c. 28.

CARDAMENE, Isle du Golphe Arabique, selon Ptolomée[m] & Pline[n]. Elle est du côté de l'Ethiopie. L'Isle des Mages étoit entre elle & la Troglodytique. Pline écrit CARDAMINE.

[m] l. 4. c. 7.
[n] l. 6. c. 29.

CARDAMUS, lieu situé quelque part vers la Thrace selon Ortelius[o], qui cite l'Histoire Mélée[p].

[o] Thesaur.
[p] l. 23.

1. **CARDAMYLE**, petite Ville du Peloponnese dans la Laconie. Herodote[q] dit: les Dryopes possedent Hermion & Asine, qui est située vis-à-vis de Cardamyle. Comme on trouve Hermione & Asine dans l'Argolide, on seroit porté à croire que Cardamyle étoit de l'autre côté, & à l'Occident du Golphe Argolique, car la Laconie s'étendoit assez au Nord le long de ce Golphe. Mais Strabon[r] nous ramene beaucoup plus bas, dans le Golphe Messeniaque. Leuctre, dit-il, Colonie des Leuctriens de Béotie: ensuite Cardamyle naturellement forte à cause de sa situation sur un rocher: ensuite Pheres, Thuries & Gerenie. Toutes ces Places étoient au fond, ou dans la partie Orientale du Golphe de Coron. Paufanias[s] dit que c'est la même dont parle Homere dans les presens que promet Agamemnon; & cette situation dans la Messenie convient très-bien à ce qu'Homere fait dire à Ulysse pour reconcilier Achille avec Agamemnon. Il vous donnera sept grandes Villes bien peuplées, Cardamyle, Enope, Hire qui a de si beaux pâturages, la charmante Pheres, Anthée qui a les plus belles prairies du monde, Aipée, & Pedase celebre par ses bons vins: elles sont toutes sur les confins du sablonneux territoire de Pylos, & ont le voisinage de la Mer. Homere se contente de dire qu'elle étoit dans le voisinage de la Mer. Paufanias[v] dit qu'elle en étoit à 8. stades, c'est-à-dire à mille pas; & à soixante stades de Leuctre. Elle avoit été à la Messenie; mais Auguste l'en détacha pour la donner aux Lacedemoniens. Près de Cardamyle, peu loin du rivage il y avoit un bois consacré aux Nereides, & l'on a feint que sortant de la Mer elles s'étoient rendues dans ce bois, pour voir Pyrrhus fils d'Achille, qui alloit à Sparte épouser Hermione. Dans la Ville même étoit un Temple de Minerve, & Apollon Carnéen y étoit adoré selon le culte des Doriens. Ptolomée[x] a bien suivi la disposition d'Auguste; mais il met Cardamyle trop avant dans les terres; au lieu qu'elle n'étoit qu'à un mille de la Mer. Ortelius croioit avoir trouvé dans Strabon que cette Ville étoit precisément au bord de la Mer, ce que Strabon ne dit pas. Cette difference pretendue de sentiment entre ce Géographe & Ptolomée, qui compte Cardamyle entre les Villes Mediterranées a fait douter à Ortelius si ce n'étoient pas deux Villes diferentes; ce qui n'est pas necessaire. Celle de Strabon, & celle de Ptolomée ne font qu'une même Ville. Il n'en est pas de même de celle d'Herodote. Je la crois differente. Voiez l'Article suivant.

[q] l. 8. c. 73.
[r] l. 8. p. 360.
[s] l. 3. c. 26.
[t] Iliad. l. 9. v. 292. & seq.
[v] l. c.
[x] l. 3. c. 16.

2. **CARDAMYLE**, j'ai raporté dans l'Article precedent le passage où Herodote parle de Cardamyle; & dit que les Dryopes possedoient Hermion, Asine qui est située *vis-à-vis* de Cardamyle. Le mot πρὸς qui peut signifier devant & vis-à-vis, peut aussi être rendu par *auprès*, d'ailleurs Herodote nomme à la verité Asine; nom qui se trouvoit également dans la Messenie, & dans l'Argie ou l'Argolide; mais Hermion voisine de l'Asine du pays d'Argos ne se retrouve pas de même dans la Messenie. Joignez à cela qu'Eustathe met Cardamyle dans l'Argie, selon le temoignage d'Ortelius, & quoi qu'Herodote donne le surnom de Laconique à cette Ville de Cardamyle rien n'empêche qu'elle ne fût aux confins de l'Argie & de la Laconie, ou même qu'elle fût surnommée Laconique parce qu'elle pouvoit avoir été fondée en Argie par des Lacedemoniens; de même qu'il y avoit des Villes Grecques sur le Pont-Euxin. Elle me paroît la même que celle d'Eustathe, & diferente de celle de Strabon, de Paufanias & de Ptolomée.

3. **CARDAMYLE**, lieu voisin de l'Isle de Chio, selon Etienne le Géographe. Thucydide[y] ayant parlé de la revolte des habitans de Chio ou Kio, comme écrit Mr. d'Ablancourt, dit: Leon & Diomedon firent la guerre à ceux de Chio, tant de l'Isle de Lesbos que de celle d'Enusse (Isles voisines de Chio) & de quelques Places, qui étoient en Ter-

[y] l. 8. c. 9.

CAR.

Terre ferme (Sidusse & Prelée dans l'Erythrée), & comme ils avoient sur leurs vaisseaux des soldats d'élite, ils firent descente à Cardamyle. C'est une des petites Isles qui sont au Nord, & dans la dépendance de celle de Chio. Eustathe parle aussi de cette Cardamyle, au raport d'Ortelius.

CARDAMYLESSUS, Village, selon Etienne le Géographe. Il ne dit point en quel pays.

CARDAVA, Ville de l'Arabie heureuse, selon Pline[a] ; elle étoit dans l'interieur du Pays. *a l.6.c.28.*

CARDESUS, Ville de Scythie selon Etienne le Géographe, qui cite Hecatée dans sa Relation de l'Europe.

1. **CARDIE**, Ville de la Chersonnese de Thrace, son nom signifie un *cœur*. Il n'en a pas falu davantage aux Grecs pour forger une Historiette afin d'illustrer l'origine de ce nom : c'est Etienne de Byzance qui la raconte. Hermochare fondateur de cette Ville faisoit un sacrifice: un corbeau fondit sur le cœur de la victime, l'enleva, & s'envolant l'aporta dans cet endroit, ce qui fit donner à la Ville le nom de Cardia, qui en Grec signifie le *cœur*. Il y a bien plus d'apparence de dire avec Pline[b] & Solin[c] qu'elle fut ainsi nommée à cause de la ressemblance de sa figure à celle d'un cœur. Elle étoit au fond du Golphe que nous apellons aujourd'hui Golphe de Megarisse au bord de la Mer ; à l'Occident de l'Isthme qui joint la Presqu'Isle à la Thrace. Ainsi je ne vois pas la justesse de l'Etymologie que donne Mr. Tourreil dans ses remarques sur la harangue de Demosthene touchant la Paix[d] ; savoir qu'elle tiroit son nom de Καρδία, le *cœur*, comme qui diroit le cœur du pays. Il raporte deux choses, qui meritent d'être remarquées. Chersoblepte Roi de Thrace hors d'état de se maintenir contre Philippe dans la Chersonnese de Thrace, l'abandonna aux Atheniens, qui pour mieux s'en assurer la possession y fonderent des Colonies. Le nom Grec de Cardia semble marquer qu'elle en étoit une. Cependant elle est plus ancienne que cette Epoque. Elle étoit dès lors considerable, & refusant de se soumettre à ce Traité, quoi qu'elle y fût comprise, elle se jetta entre les bras de Philippe. Les Atheniens de peur d'une nouvelle rupture avec ce Prince, renoncerent à leur droit sur cette Place, & souffrirent qu'elle s'exceptât de la loi commune au reste de la Chersonnèse. L'autre singularité est assez remarquable. Les Cardiens dressoient leurs chevaux à danser au son de la flûte. Ce bisarre exercice leur couta cher un jour de bataille par le stratagême du General de l'Armée ennemie, instruit de leur coutume pour avoir long temps sejourné chez eux. Ce General sur le point d'en venir aux mains, s'avisa de placer aux premiers rangs un corps de joueurs de Flûte, dont les airs mirent les chevaux des Cardiens en humeur de commencer leur danse ordinaire[e]. Le cheval fait au manege musical, ne manque pas de caracoler aussitôt en cadence ; le Cavalier obéît malgré lui aux mouvemens du cheval, & l'on devine bien par où se termina un ballet semblable. Pausanias dit[f] qu'un des grands sujets de me-

b l.4.c.11.
c c.10.p.28. Ed.Salmas.

d Oeuvres de Tourreil T.4.p.151.

e Athen. l.12.

f l.1.c.9.

Tom. II.

CAR. 259

contentement qu'avoit Hieronyme Ecrivain de Cardie contre Lysimachus successeur d'Alexandre fut de ce que celui-ci avoit renversé la Ville de Cardie, & élevé de ses debris la Ville de Lysimachie dans l'Isthme de la Chersonnese de Thrace. Pline qui dit que Cardie située sur le Golphe Melanis, & de Pactye située sur la Propontide, fut formée la Ville de Lysimachie à cinq mille pas des longs murs, avoit dit quelques lignes plus haut, que Lysimachie se dépeuploit déja de son temps ; & Pausanias[g] fait entendre que Cardie n'avoit pas été tellement abandonnée qu'il n'y fût resté un village de même nom : car il dit que Lysimachus ayant été tué dans une bataille, Alexandre son fils qu'il avoit eu d'Odrysiade obtint avec peine son corps qu'il transporta dans la Chersonnese, où il lui rendit les honneurs de la sepulture dans le lieu où l'on voit encore son tombeau entre le village de Cardie & Pactye. Ainsi quoi que Lysimachie eût été fondée au prejudice de Cardie & de Pactye, elle n'étoit pourtant pas bâtie sur leur terrain ; mais ce fut une troisiéme Ville differente des deux autres. Cardie se releva apparemment de ses ruines : car Ptolomée, près de v. siécles aprés le regne de Lysimachus, met Καρδία dans la Chersonnese[h], & la traite de Ville, πόλις. Il parle aussi de *Lysimachie*[i] : presque toutes les éditions ajoutent à ce mot ceux-ci τὸ νῦν Ἐξαμίλιον, c'est-à-dire qu'on apelle presentement *Hexamilion*. Mais Bertius a raison d'observer que cette apostille n'est point de Ptolomée & a été ajoutée par une main plus recente; qu'elle n'est point dans les manuscrits de la Bibliotheque Palatine, & que le nom d'Hexamilion n'étoit pas encore donné à ce lieu du temps de Ptolomée.

g l.1.c.10.
h l.3.c.12.
i l.3.c.11.

2. **CARDIE**, Village de Bithynie aux environs de Dascylon, selon Pausanias cité par Ortelius. Son exemplaire étoit sans doute different de ceux qu'a eus Kuhnius de l'Edition duquel je me sers ; car dans celle-ci, Cardie n'y est point qualifié village. Pausanias[k] dit, je ne tiens pas qu'il faille regarder comme un grand miracle s'il sort de certaines sources des eaux salées ou ameres. Je n'oublierai pas, poursuit-il, deux fontaines diferentes de lieux & de nature. Dans la campagne de Cardie nommée la campagne blanche, près du village nommé Dascyle, il y a une eau chaude d'un goût plus agréable que celui du lait. Τὸ μὲν τῆς Καρδίας, ἐν πεδίῳ καλουμένῳ Λευκῷ, θερμὸν ἐστιν ὕδωρ παρὰ κώμην ὀνομαζομένην Δασκύλου, πιεῖν καὶ γαλακτὸς ἥδιον.

k l.4.c.35.

CARDIFF[l], Ville de la Grande Bretagne dans la Principauté de Galles, en Glamorganshire dont elle est la capitale, & dans le Diocèse de Landaff ; près de l'embouchure de la Riviere de Taff (ou *Tave*) dans la Saverne. Elle a un havre commode, & tient deux marchez par semaine. Fitz Haimon, personne considerable en ce pays-là, fortifia cette Ville, en y bâtissant des murailles, & un Château, où Robert fils aîné de Guillaume le Conquerant mourut après une longue prison.

l Etat. pres. de la G.Bret. T.1.p.142.

CARDIGAN ou **CARDINGAN**, en Latin *Ceretica*, Ville de la Grande Bretagne au pays de Galles, dans une Province qui en est ap-

Kk* 2   pel-

pellée Cardiganshire. Elle est agréablement située sur le Tivy près de sa chute dans la Mer à cent quarante six milles de Londres. C'est une bonne Ville environnée de murailles, & fortifiée d'un Château. Il y a une belle Eglise. Cardigan est à l'extrémité de la Province, & sur la frontiere de celle de Pembroke. Mr. Baudrand [a] avoit fort bien dit *Ceretica*, comme le nom Latin de la Ville, & de la Province de Cardigan. On s'est avisé par je ne sais quel caprice de lui faire dire dans l'Edition Françoise *Cardignum*, comme si la Ville s'appelloit ainsi en Latin, & *Ceretica Comitatus Cardigana* pour Cardiganshire. Dans l'Edition Latine il cite le Pere Briet, comme ayant dit que Cardigan a été autrefois nommé *Tuerobius*. Cela n'est pas ainsi. Le P. Briet [b] dit : CERETICA : Cardigan, *ad fl. Trivium* Tivy, *olim Tuberovius*. Ce n'est pas que Mr. Baudrand ne dise beaucoup mieux que le P. Briet ; mais sa faute consiste en ce qu'il cite ce Pere, au lieu de Ptolomée qui nomme Tuerobis (au genitif *Tuerobios*) une Riviere d'Angleterre que Cambden croit être non pas la Ville de Cardigan, ce qui seroit ridicule ; mais la Riviere de Tivy qui y passe ; & à cause de laquelle cette Ville a été nommée ABER-TIVY, comme le remarque Cambden [c]. Il observe que ce fut Gilbert fils de Richard Comte de Clare qui la fortifia ; mais quoi qu'il assure que les Anciens ont nommé CERETICA, il n'en nomme pas un seul.

[a] Ed. 1705.

[b] Parall. 2. part.

[c] Britann.

CARDIGANSHIRE, contrée de la Grande Bretagne dans la Principauté de Galles au Diocése de St. David. Cette Province est bornée au Nord par celle de Merionet ; à l'Orient par celles de Montgomery & de Radnor ; au Midi par celles de Caermarthen & de Pembroke, & à l'Occident par la Mer d'Irlande ou Canal de St. George. [d] Elle a quatre vingt quatorze milles de tour, & contient environ 520000. arpents ; & 3163. maisons. Elle abonde en bled, en bétail, en poisson, & en gibier. Elle est devenue fameuse depuis peu pour ses mines d'argent, & de plomb, & de cuivre. On y compte 77. paroisses, & quatre Villes ou Bourgs, où l'on tient marché. Mr. d'Audifret n'y met qu'une seule Ville. Cette Province est, dit-il, divisée en cinq Hundreds, où est la seule Ville de Cardigan ... fortifiée par Gilbert fils de Richard Comte de Clarence. Il se trompe, le *Clarensis* de Camden signifie Comte de Clare ; Clarence n'étoit pas un Comté de la Grande Bretagne ; mais un Duché dans la Morée. Il dit beaucoup mieux quelques lignes après. Elle eut des Seigneurs particuliers, avant qu'elle fût érigée en Comté, Henri I. la donna à Gilbert Comte de Clare, & cette donation fut confirmée à Richard par Henri II. Camden dit Roger & non pas Richard. *Cadugano autem a Madoco nepote ex improviso transfosso, Rogerus de Clare postea Cereticam Henrici II. munificentia accepit.* Mais ce Roger eut un fils qui, à ce que croit Camden, s'appelloit Richard, & fut tué par les Gallois. Rhesus Prince de South-Walles s'empara de la Province de Cardigan, qui néanmoins revint peu à peu, & sans coup ferir au pouvoir des Anglois.

[d] Etat. pref. de la Grande Bretagne T. 1. p. 141.

CARDILLAC ou CARDAILLAC, petite Ville de France en Querci dans l'Election de Figeac. Elle a titre de Marquisat.

CARDIVA. Voiez CAREDIVE.

CARDOBIANCA. Voiez CARDABIANCA.

CARDONE, Ville d'Espagne dans la Principauté de Catalogne, un peu au dessous de Solsone, sur une hauteur au bord du Cardonero. Elle est jolie, assez bien fortifiée, & assez forte, comme il a paru par la longue resistance qu'elle a faite aux armes de son Souverain lorsqu'elle eut embrassé le parti de l'Archiduc d'Autriche. Mais tirons le rideau, sur des malheurs que la reconciliation a dû faire oublier, & envisageons cette Ville par des côtez plus avantageux. [e] Elle a le titre de Duché ; & elle avoit eu plus de vingt Vicomtes avant Hugues second du nom. Folch de Cardone fut créé Comte de Cardone en 1375. par le Roi D. Pedro IV. Roi d'Aragon. Il fut Pere de Jean Raimond, de Hugues & d'Antoine Folch de Cardona. De ce dernier sont issus les Comtes de Golisano en Sicile, dont la lignée est éteinte. De Hugues sont descendus les Ducs de Soma, Sessa, & Baëna.

Jean Raimond, second Comte de Cardone, Grand Connétable d'Aragon, fut Bisayeul de D. Jean Raimond Folch III. du nom & V. Comte de Cardone : ce fut en faveur de ce dernier que Ferdinand & Isabelle érigerent le Comté de Cardone en Duché. Il mourut en 1513. Ferdinand son fils mort en 1543. ne laissa qu'une fille, qui porta la succession à Alphonse d'Aragon son mari, second Duc de Segorbe & Comte d'Ampurias. François leur fils mourut sans enfans, & l'ainée de ses Sœurs épousa D. Diego Fernandez de Cordoue ; desorte que par ce mariage les Duchez de Cardona & de Segorbe, les Comtez de Prade & d'Ampurias, avec le Marquisat Pallas passerent dans la Maison de Cordoue. Cependant Louïs d'Aragon leur arriere-petit-fils n'eut point d'enfant mâle, qui lui survécut. Il ne laissa de ses deux mariages que des filles.

[e] Vayrac Etat present de l'Espagne T. 3. p. 55.

[f] Une des plus remarquables singularitez non seulement de la Catalogne, de l'Espagne, & même du Monde entier, c'est une Montagne de Sel, dans le voisinage de Cardone, qu'on peut regarder comme un miracle de la nature. On y voit une Carriere inepuisable de sel, où il en renait toûjours de nouveau à mesure qu'on en tire, & ce qu'il y a de plus merveilleux, c'est qu'il est de toutes sortes de couleurs. Il y en a de rouge, de blanc, d'incarnat, de verd, de violet & de bleu, d'orangé & de diverses autres couleurs, qui se perdent toutes quand on le lave. Lorsque le Soleil fait darder ses rayons sur cette Montagne, il ne se peut rien voir de plus brillant, on diroit qu'elle est toute composée de pierreries, & quoique d'ordinaire les lieux où il vient du sel soient tous steriles ; celui-là produit des pins d'une hauteur extraordinaire, & on y cultive des vignes & le vin qu'on en recueille est excellent. Il est étonnant que les Anciens, & surtout Pline qui avoit parcouru l'Espagne, & qui recueilloit soigneusement toutes les curiositez de la nature n'aient point désigné cette Montagne. En parlant des Mon-

[f] Ibid. T. 1 P. 134.

ta-

CAR.

a l.21.c.7. tagnes de sel produit naturellement, Pline[a] dit: on en coupe à Egelesta dans l'Espagne Citerieure, (c'est-à-dire à Uniesta dans la Castille près de Cuença) dont les piéces sont entierement transparentes, & la plûpart des Medecins lui donnent depuis long-temps la preference, sur les autres sortes de sel. Ce que Mr. de Vayrac cité ci-dessus assure de la fertilité de cette Montagne ne s'accorde pas avec la regle generale que Pline établit. Tout lieu où l'on trouve du sel, est sterile & ne produit rien. Solin[b] *b c. 23. p. 43.* parlant de l'Espagne dit qu'on n'y cuit pas le sel; mais qu'on le tire de la terre, *non coquunt ibi sales, sed effodiunt.* La reproduction du sel à mesure que l'on en prend n'a pas été inconnue aux Anciens. Aulugelle raporte un passage de Caton, qui pourroit bien avoir eu en *c l.2.c.22.* vûë la Montagne d'auprés de Cardone: [c] car parlant des Espagnols qui habitent en deçà de l'Ebre (par raport aux Romains,) il y a, dit-il, dans ce pays-là des mines de fer & de très-belles mines d'argent. Une grande Montagne qui n'est que de sel: plus vous en ôtez, plus il en revient. Isidore parle de même[d]. C'est *d Origin. l.16.c.2.* aussi du même pays ou des environs qu'étoit le sel à quoi Sidonius fait allusion dans une de ses Lettres. J'ai reçu, dit-il[e], votre Lettre qui *e l.9. Epist. 11.* a beaucoup de ressemblance avec le sel que l'on tire des Montagnes de Tarragone, car plus je l'examine plus je la trouve brillante & piquante. *Venit in nostras a te profecta pagina manus, quæ trahit multam similitudinem de sale Hispano, in jugis cæso Tarraconensibus: nam recensenti lucida & salsa est.*

CARDONERO, Riviere d'Espagne dans la Catalogne. Elle a plusieurs sources qui sont autant de ruisseaux, qui venant des Montagnes situées au Nord de la Viguerie de Cervera se rassemblent à Solsona. Cette Riviere prenant ensuite son cours vers le Midi Oriental passe à Cardone, & se grossissant de quelques autres moindres Rivieres, elle arrose Manresa, au dessous de laquelle, elle se perd dans la Riviere de Lobregat.

§. CARDONNA: Mr. Corneille dit: Bourg fort peuplé d'Italie dans le Bressan: il est situé sur la Riviere de Mela, & l'on y fait de fort bons fusils, & autres armes à feu. C'est la principale habitation de la Vallée dite Troppiez, &c. Le pretendu Bourg est apparemment GARDONE, village du Val Tropia dans le Bressan; comme on voit sur les Cartes de Magin. Ce lieu est si peu remarquable que Leandre, qui d'ailleurs est très-detaillé, ne fait aucune mention de Gardone, encore moins de Cardonna.

f Allard Atlas. CARDRONAC[f], (la Baye de) petit Golphe d'Angleterre sur la côte Septentrionale du Comté de Cumberland. Il est formé par l'embouchure de la Riviere de Wampul, qui s'y jette pour se perdre dans le Golphe de Sulway dont celui-ci fait partie.

CARDUCHI, en François les CARDUQUES; Xenophon dans sa Retraite des dix mille nous apprend que les Carduques furent ceux qui leur firent le plus de peine, quoi qu'indé- *g Mem. de l'Acad. Royale des Sciences ann. 1721. p. 87.* pendans & ennemis des Perses. Mr. de l'Isle dans le Traité[g], où il fournit les preuves de la disposition qu'il a donnée à sa Carte pour l'intelligence de cette Histoire de Xenophon,

CAR. 261

dit que ce sont les CURDES d'aujourd'hui. Leur pays est celui que les Romains appelloient CORDUENE, quoi que le Curdistan, dont le nom est derivé de celui de ses habitans, ait aujourd'hui plus d'étenduë que n'en avoit le pays des Carduques. Ces peuples confinez autrefois dans leurs Montagnes, s'étant repandus depuis dans les campagnes voisines. Voiez CORDUENI & CURDES.

CARDUEL ou Cartuel. Voiez CARTHUEL.

CARDYNUS, Montagne d'Asie auprès du Tigre. Elle ne devoit pas être fort éloignée de Nisibe.[h] Xiphilin[h] dit dans la Vie de *h Cousin Hist. Rom. T. 1. p. 303.* Trajan: au commencement du printems Trajan entra dans le pays des ennemis, & parce que la contrée qui est aux environs du Tigre, ne produit point de bois qui soit propre à fabriquer des vaisseaux, il fit porter sur des chariots ceux qu'il avoit fabriquez dans les forêts qui sont proche de Nisibe, ce qui fut d'autant plus aisé qu'ils se démontoient. Quand il fut arrivé au fleuve il fit un pont de bâteaux dessus, à l'endroit qui est vis-à-vis du Mont Cardyn sans que les ennemis le pussent empêcher. Le même Historien dit que l'Armée Romaine ayant passé le fleuve subjugua l'Adiabene.

CARDYTENSES, peuple de la Cyrrhestique selon Pline[i]. Comme ils sont à la fin *i l.5.c.23.* d'une liste dans laquelle il a suivi l'ordre Alphabetique, le R. P. Hardouin remarque que ce même ordre semble demander qu'on lise *Tardytenses*. Cependant il vaut mieux s'en tenir au mot *Cardytenses*, car on trouve CARDYTUS grande Ville des Syriens dans Etienne le Géographe, qui cite le Periple d'Asie par Hecatée.

CARE', c'est ainsi qu'on lit dans l'Antonin du Vatican le nom d'un lieu d'Espagne entre Liminium & Sarragoce, à XXVIII. mille pas de cette derniere. D'autres Editions lisent CARAS.

CAREA, Ville des Tartares selon Laonic, cité par Ortelius[k]. Elle étoit vers le *k Thesaur.* Bosphore Cimmerien.

CAREC, Riviere de l'Indoustan. Thevenot[l] dans son Voyage des Indes dit: nous *l c. 10. p. 318.* partimes de Beder le 20. Novembre, & je cheminai encore avec Mr. Bazou durant trente trois lieues; mais parce qu'il avoit affaire à Aurangeabad, & moi à Brampour nous nous séparames à la Ville de Patry le 20. Novembre après avoir passé les Rivieres de Manjera, Carec & Ganga. Il donne ainsi en marge le détail de cette route: de Beder à Etour, 12. Cosses, Manjera Riv. à Morg, 8. Coss. à Oudeguir, 6. Coss. à Helly, 6. Coss. à Rajoura, 6. Coss. à Saourgaon, 6. Coss. Carec Riv. Ganga Rivier. à Caly, 8. Coss. à Raampoury, 6. Coss. à Patry, 8. Coss. le tout 33. lieues. Mr. de l'Isle nomme la premiere station de cette route *Nelour*, & non pas Etour. Il donne à la Riviere de Mangera que l'on passe ensuite une source assez voisine de celle de la Riviere de Ganga entre elle & la Riviere de Korstena, qui vient du Royaume de Wisapour. Ces Rivieres de Ganga & de Mangera s'écartent l'une de l'autre, & se rejoignent dans le Decan. La derniere coule à Condel-

Kk* 3 vay,

vay, & à Morg. Celle de Carec n'eſt qu'un ruiſſeau, qui ſe jette dans le Ganga auprès de *Carec*, petit lieu ſur la route décrite ci-deſſus. Thevenot a cru qu'il ſuffiſoit de nommer la Riviere, qui porte le même nom.

CARECARDAMA, ancienne Ville de l'Inde en deçà du Gange, ſelon Ptolomée[a]. Quelques exemplaires portent CARICARDAMA.

[a] *l. 7. c. 1.*

CAREDIVE[b], Iſle de la Mer des Indes ſur la côte Occidentale de l'Iſle de Ceïlan. Il ne faut pas la confondre avec l'Iſle de *Caradive* ou *Caerdive* que les Hollandois nomment l'Iſle d'Amſterdam. *Caredive* nommée auſſi Iſle de GRUDUMALE, eſt au Nord de l'Iſle de Calpentin à la hauteur des Montagnes de Grudumale. Elle eſt ſeparée de l'Iſle par un détroit dont l'entrée Meridionale eſt dangereuſe à cauſe des écueils, & des bancs de ſable.

[b] *Reland & de l'Iſle Cartes de l'Iſle de Ceylan.*

CAREI, Nation de l'Inde en deçà du Gange, ſelon Ptolomée[c].

[c] *l. 7. c. 1.*

CAREK[d], Iſle d'Aſie dans le Golphe Perſique. Elle s'étend en longueur du Siroc au Maeſtracs, (c'eſt-à-dire du Sud-Eſt au Nord-Oueſt.) Elle a fort peu de largeur. Son circuit eſt de trois à quatre lieues: elle eſt éloignée de Bender-Regh d'environ douze lieues, & de Baſſora de cinquante. Cette Iſle a un peu de Montagne, & un peu de planure. Elle raporte du bled, de l'orge, des dattes & de bon raiſin; il y a auſſi de fort bonne eau, qui vient d'une Montagne au haut de laquelle il y a pluſieurs anciens puits taillez dans le roc, de la profondeur de dix ou douze braſſes & il y a, dit-on, des degrez pour deſcendre au fond & les gens de l'Iſle y vont prendre le frais l'été. L'eau paſſe au fond de ces puits & delà coule ſous terre juſques dans la plaine; il y a une Moſquée ſur cette Montagne, auprès de ces puits. Il y a bien cent cinquante maiſons dans toute l'Iſle, & ce ne ſont à proprement parler que de miſerables huttes, & cependant elles ont toutes chacune un puits d'eau vive. On pêche auprès de cette Iſle pluſieurs perles en même temps qu'à Bahrem, & durant le temps de la pêche qui eſt en Mai, Juin, Juillet & Août; il ſe trouve autour de cette Iſle plus de cent Taranquins ou bâteaux de pêcheurs. Le Roi de Perſe en eſt Seigneur, & il y tient un Gouverneur, qui dépend de celui de Bender-Regh. Les gens de cette Iſle ſont tous pêcheurs, & ne vivent que de poiſſon ſalé & de dates. Les vaiſſeaux qui vont à Baſſora touchent ordinairement à cette Iſle, pour y prendre un pilote qui les guide juſqu'à Baſſora d'où il les ramene au bout de quatre mois à la même Iſle, où on le laiſſe. Les vaiſſeaux qui ne veulent point toucher à Carek paſſent par dehors du côté du Couchant, ou de l'Oueſt pour éviter le danger qu'il y a de ſe perdre dans le petit détroit de Carek & de Cargou.

[d] *Thevenot ſuite du Voyage du Levant l. 4. c. 1. p. 337.*

CARELIE, Province de la Finlande, dont elle eſt la partie la plus Orientale. Elle eſt ſeparée du Duché de la grande Novogorod par deux Rivieres; ſavoir le *Dimſaki* ou *Pinſioki*, qui coulant vers le Nord à travers le Lac de Vigo ou Vigo-Ozero, va ſe jetter dans la Mer blanche. L'autre Riviere eſt la Provenetz, ou Provevetz, ou Povenza, qui paſſant près de la petite Ville de Povenza ou Povenas, ſe perd dans le Lac Onega. Les bornes ſuivent le bord Occidental de ce Lac juſqu'à Tolna incluſivement, puis par une ligne imaginée qui paſſe au Sud-Oueſt entre *Lindujerai* & *Moajerwi*, & qui vient au deſſous de Saliniſ juſqu'au Lac de Ladoga dont toute la côte Orientale eſt de la Province de Cargapol. La Nieva ou la Neva par où ces deux Lacs ſe déchargent dans le Golphe de Finlande, & ce Golphe même bornent la Carelie au Midi juſqu'à la Riviere de Kymen. La Nylande, la Tavaſtie, la grande & la petite Sawolax achevent de terminer cette Province. Il y a outre cela à l'Orient des deux Rivieres la Dimſaki & la Povenza, une Province nommée ſur les Cartes la Carelie Moſcovite, & par les Ruſſiens CARGAPOLSKAIA CORELA. Ce nom de Carelie Moſcovite, qui étoit juſte lorſque les Suedois étoient ſeparez des Ruſſiens par ces deux Rivieres, ne convient plus depuis le Traité de Nieſtadt, qui a changé les Limites.

On diſtingue la Carelie en Carelie Suedoiſe & Carelie Moſcovite. La Carelie Suedoiſe ſe diviſe encore en Carelie Finoiſe, & en Carelie de Kexholm.

[e] Anciennement toute la Carelie dependoit des Rois particuliers de Finlande. Ces Princes étant continuellement affoiblis par les guerres que leur faiſoient les Suedois, les Ruſſiens qui craignoient l'accroiſſement de la Suede s'emparerent de la Carelie. Cela donna lieu à de rudes guerres entre la Suede & la Ruſſie juſqu'à ce que Magnus Smeck Roi de Suede, & George Duc de Novogorod en Ruſſie partagerent la Finlande. Wibourg fut la capitale de la Carelie Suedoiſe, ou Finoiſe. Après la mort du Czar Fedor Iwanowitz, ou Theodore fils de Jean & petit-fils de Bazile, arrivée en 1598. comme il ne laiſſa point d'enfans ſon Ecuyer Boris lui ſucceda. L'Hiſtoire des Demetrius vrais ou faux, qui ſe preſenterent pour lui diſputer le Thrône eſt connue. Un entre autres ſoutenu par les Polonois mit la Ruſſie à deux doigts de ſa perte. Boris étant mort de chagrin en 1605. & Fedor ſon fils, qui lui ſucceda ayant été étranglé par les ordres du Moine Uska Utropoja qui ſe diſoit Demetrius, ce dernier déja maître du Thrône fut bientôt reconnu pour ce qu'il étoit, c'eſt-à-dire pour un fourbe, Bazila Ivanowitz Zuski qui l'avoit déthrôné fut créé Czar en 1607. Les Polonois continuoient la guerre, & le reduiſirent à de facheuſes extrêmitez, Charles Roi de Suede lui donna du ſecours contre eux & lui envoya Jaques de la Gardie. En recompenſe Zuski ceda au Roi Charles le pays de Kexholm dont les Ruſſiens s'étoient rendu maîtres, après la conquête de la Principauté de Nowogorod. Zuski trouvant peut-être de la part des Ruſſiens plus de reſiſtance qu'il n'avoit cru, ou par quelque autre raiſon ne ſe hâta point d'éxecuter le Traité. La guerre entre eux & la Suede recommença avec fureur. Les Polonois prirent ce temps pour ſe jetter ſur la Moſcovie, prirent la capitale en 1611. enleverent le Czaar Zuski & ſes deux freres priſonniers à Warſowie. Les Suedois de leur côté s'emparerent du Pays de Kexholm & d'autres Forterreſſes des Ruſſiens, & s'avan-

[e] *Zeyler Regn. Sueciæ nuv. deſc. p. 35.*

CAR.

cerent jusqu'à la Grande Nowogorod. Après la mort du Roi Charles, son fils Gustave Adolphe continua la guerre & prit Notebourg en Russie. Michel Federowitz ayant été fait Czaar, fit la Paix avec la Suede l'an 1617. selon Zeyler. Le VIII. Article du Traité porte que ,, le Grand-Duc Michel Federowitz ,, cede & remet à Gustave Adolphe dans la ,, Seigneurie de Nowogorod, les Forteresses, ,, Villes, & Contrées qui jusqu'à present ont ,, dependu de Nowogorod, savoir Iwanogo- ,, rod, Jamma, Capories (Coporie), & No- ,, tebourg avec leurs dependances, Villes, ,, Bourgs, Villages, Champs, Bailliages & ,, Hameaux distingués selon leurs justes limi- ,, tes, avec tous leurs manants, habitans, Dio- ,, cèses, droits, rivages, Rivieres & Lacs, ,, sans aucune exception. Le Grand-Duc ce- ,, de tout cela au très-puissant Roi de Suede, ,, à ses heritiers, & descendans pour en jouir ,, perpetuellement, & sans nul obstacle en tou- ,, te proprieté.,, L'onzième Article porte que ,, le Grand Duc Bazile Ivanowitz ceda ,, & confirma par Lettres à Charles IX. Roi ,, de Suede Kexholm avec son territoire à cau- ,, se de son fidelle secours contre les Polonois. ,, Par cet Article du Traité, le Grand Duc ,, Michel Federowitz ratifie & confirme tout ,, cela.,, ,, C'est ainsi que la Carelie Russien- ,, ne ou de Kexholm fut rejointe à la Finlande dont jouissoit déja la Suede, qui acquit encore alors l'Ingrie. Les choses demeurerent sur ce pied tout le reste du siécle passé; mais durant la longue guerre entre Pierre le Grand & Charles XII. le premier ayant enlevé à l'autre toute la Livonie, l'Ingrie, & partie de la Finlande, & bâti au fond du Golphe de Finlande une Ville où il a rendu la capitale de l'Empire Russien, la Paix faite à Nieustadt a conferé à la Russie presque toutes ces conquêtes, savoir la Livonie, l'Estonie, l'Ingrie & une partie de la Carelie, de même que le district du fief de Wibourg, les forteresses de Wibourg, Kexholm, &c. Par l'Article VIII. du même Traité les limites entre la Russie, & la Suede sont ainsi reglées. ,, Elles commen- ,, cent sur la côte Septentrionale du Golphe ,, de Finlande près de Wickolax, d'où elles ,, s'étendent à une demie lieue du rivage de ,, la Mer dans le pays, & à la distance d'une ,, demie lieue de la Mer jusques vis-à-vis de ,, Wickolax & dela plus avant dans le pays, ,, ensorte que du côté de la Mer, & vis-à-vis ,, de Rohel il y aura une distance de trois ,, quarts de lieue dans une ligne Diametrale ,, jusqu'au chemin qui va de Wibourg à Lap- ,, strand, à la distance de trois lieues de Wi- ,, bourg, & qui va dans la même distance de ,, trois lieues vers le Nord par Wibourg par ,, une ligne Diametrale jusqu'aux anciennes li- ,, mites qui ont été ci-devant, entre la Rus- ,, sie & la Suede, & même avant la reduction ,, du fief de Kexholm sous la domination du ,, Roi de Suede. Ces anciennes limites s'éten- ,, dent du côté du Nord à huit lieues; dela ,, elles vont dans une ligne Diametrale au tra- ,, vers du fief de Kexholm jusqu'à l'endroit, ,, où la Mer de Porojeroi, qui commence près ,, du village de Kudumagube, touche les an- ,, ciennes limites qui ont été entre la Russie

CAR.

,, & la Suede, tellement que S. M. le Roi & ,, le Royaume de Suede possederont toujours ,, tout ce qui est vers l'Ouest & le Nord au ,, dela des limites specifiées, & S. M. Cza- ,, rienne & l'Empire de Russie possederont à ,, jamais ce qui est situé en deça, du côté ,, d'Orient & du Sud. Et comme S. M. ,, Czarienne cede ainsi à perpetuité à S. M. ,, le Roi, & au Royaume de Suede une par- ,, tie du fief de Kexholm, qui appartenoit ci ,, devant à l'Empire de Russie; elle promet ,, de la maniere la plus solemnelle pour soi & ,, ses successeurs au Trône de Russie qu'elle ,, ne redemandera, ni ne pourra redemander ,, jamais cette partie du fief de Kexholm sous ,, quelque pretexte que ce soit; mais la dite ,, partie sera & restera toujours incorporée au ,, Royaume de Suede. ,, Je me sers de la Traduction Françoise de ce Traité qui fut publiée dans les Memoires du temps. Il y a des obscuritez qui viennent de l'incapacité du Traducteur, & il n'est pas aisé de determiner ce qu'il entend par une ligne Diametrale, & autres expressions qu'il a employées sans en sentir la force; mais je n'ai pu y remedier faute d'avoir le Traité dans la langue originale. Wibourg & Kexholm, qui chacune etoient capitales, la premiere de la Carelie Finoise, la seconde de la Carelie de Kexholm, sont presentement de la Carelie Moscovite.

CARELL, ou CARELL, ou CRAOL, ou CRAIL, petite Ville d'Ecosse dans la Province de Fife, sur la côte, à la pointe de cette Province, qui avance dans la Mer du Nord, entre l'embouchure du Tay & le Fyrth. Elle est fameuse par la bataille, qui s'y donna en 874. entre les Ecossois & les Danois. [b d'Audifret. c Allard. d d'Audifret. Etat prés. de la Grande Bretagne.]

CARELOGOROD, les Russiens avoient donné ce nom à la Ville de Kexholm lorsqu'ils la possedoient avant que Zuski la cedât aux Suedois. Voiez KEXHOLM.

CARELSBROOK, le P. d'Orleans, & Mr. de Rapin Thoyras dans leurs Histoires d'Angleterre nomment ce lieu CARISBROK. Le premier dit que c'est un Château fort de l'Isle de Wight. Il n'est fameux que parce que l'infortuné Charles I. Roi d'Angleterre y fut quelque temps prisonnier, & gardé tres-étroitement. Le nom de Carisbrok est plus universellement usité dans les Historiens; cependant on trouve Carelsbrock dans la Carte particuliere de l'Isle de Wight à l'Occident de la Ville de Newport, vers le milieu de l'Isle. [f Revol. d'Angl. T. 3. à l'année 1648.]

CARELS-CROON, Ville de Suede dans la Blekingie sur la côte de la Mer Baltique. Elle fut bâtie en 1679. par le Roi Charles XI. dont elle porte le nom. Ce mot signifie la Couronne de Charles. Plusieurs écrivent CARLSCRON par syncope. [g Hubner Geogr. p. 697.]

CARELSHAFEN ou CARLSHAVEN, en Latin Caroli Portus, Port de Mer de Suede dans la Blekingie au Couchant Meridional de Carels-Croon. C'est un bon Port pour les vaisseaux. Ce nom est mal écrit CARLSHAMN sur la Carte de Mr. de l'Isle. [h Ibid.]

CARELSTADT. Voiez CARLSBOURG.

CAREMBAUT, petite contrée de la Flandre Françoise & l'un des sept quartiers de la Châtellenie de Lille. Il comprend douze villages & est situé aux confins de l'Artois. [i Delices des Pays-bas T. 2. p. 193.]

CAR.

a De Lille Carte du Comté de Flandres.
au Midi Occidental de Lille, *entre Seclin, l'Abbaye de Phalempin, la Principauté d'Epinoi & la haute Deule.

b Flacourt Histoire de l'Isle de Madagascar 1. part. c. 13. p. 39.
CAREMBOULE[b], contrée d'Afrique dans l'Isle de Madagascar, dont elle est la Province la plus Meridionale. Elle s'étend d'Orient en Occident depuis l'Ance ou Baye de Caremboule jusqu'aux Ampâtres qui l'enferment du côté de terre, & confine aux Mahafalles. Ce pays peut avoir environ dix lieues de long, & cinq ou six de large. Le pays est sec & aride pour l'Agriculture; mais assez bon pour les pâturages, car le bétail y est très-beau, & il y en a grande quantité. Les habitans vivent de pois, de féves, de mil, de laitage, & de bœuf. Ils plantent quantité de Coton, ainsi que les Ampâtres. Aussi ont-ils des pagnes, & toiles de Coton en abondance. Il y en a qui donnent une étendue bien

c Afrique p. 444.
plus grande à cette contrée. Dapper[c] au contraire lui en donne moins, & la reduit à six lieues de longueur, & à trois ou quatre de largeur. Il la borne au Couchant à l'Ance dont elle porte le nom, & au Levant à la Riviere de Manambouvé. Flacourt[d] dit aussi que cette Riviere la sepâre des Ampâtres, qu'elle est profonde, qu'elle vient du Pays des Machicorés, & à quinze ou vingt lieues de cours.

d Ibid.
Mais Dapper ne s'accorde pas avec soi-même lorsqu'il étend la côte de la Province jusqu'au delà des Rivieres de Menerandre, de Menamba & de Machicoré. La premiere tombe dans l'ance de Caremboule & borne ce pays à l'Occident, & par consequent les deux autres qui sont plus Occidentales ne sont pas de cette Province. Mr. de l'Isle ne fait mention que de l'ance de Caremboule, & la met dans le Pays des Mahafales. Mr. Corneille fait un Article de ce pays tiré pour la plus grande partie de la Croix, & cite Flacourt à qui il impute ce qu'il ne dit pas.

CARENCE, selon Mr. Corneille qui dit:
,, Ville ancienne des Rugiens. Ces peuples
,, avoient leur demeure en Allemagne, sur la
,, côte de la Mer Baltique dans le pays, qui
,, renferme presentement une partie de la Po-
,, meranie. Cette Ville avoit trois Temples,
,, où ils adoroient trois Dieux representez par
,, des Idoles horribles. L'un de ces Dieux
,, que l'on nommoit *Regevithe* avoit sept vi-
,, sages à une seule tête, & sept épées dans
,, leur foureau, attachées à un seul baudrier,
,, & une autre nuë à la main droite. Ils é-
,, toient persuadez qu'il presidoit à la guerre.
,, L'autre Dieu nommé *Porevite* n'étoit point
,, armé, & avoit cinq têtes, & le troisiéme
,, auquel ils donnoient le nom de *Porenuce*,
,, avoit cinq visages, un à l'estomac & quatre
,, à la tête, & tenoit sa main droite sur le front
,, & sa main gauche sur le menton du premier
,, de ces visages.

Mr. Corneille cite pour garants Saxo *Dan. Hist.* l. 14. Crantz. *de Vandal.* l. 5. Ces deux Historiens disent à peu près ce qui fait le fonds de cet Article. Mais si Mr. Corneille avoit lû par lui même ces deux Auteurs il y auroit

e l. 1. c. 14.
trouvé les noms tout autrement que dans l'Auteur qu'il a copié. Crantzius[e] dans sa Wandalie nomme à la verité ce lieu KARENTIA;

f l. 6. c. 28.
mais dans son Danemarck[f], il la nomme CA-

CAR.

RENTINA; cette diversité se trouve de même dans Saxon, qui appelle cette Ville indifferemment KARENTIA & KARENTINA; & le peuple KARENTINI. On voit que Crantzius copie Saxon dans l'Histoire de la Wandalie, & qu'il ne fait que l'abreger. Selon Saxon la premiere de ces trois Idoles étoit de Chêne, *factum quercu simulacrum quod Rugiavithum vocabant*. On peut douter s'il ne faut pas separer en deux le mot *Rugiavithum, quod Rugi Ævithum vocabant*, desorte que ce soient les Rugiens qui l'appelloient *Ævith*. Crantzius l'appelle *Rugiemus*. La seconde nommée *Porevithus* par Saxon est appellée *Porenitus* par Crantzius; la troisiéme nommée *Porenutius* par Saxon est oubliée par Crantzius. Mais ce dernier Auteur, qui pour le détail de ces Idoles est très-inferieur à Saxon dans son Histoire de la Wandalie, parle dans celle du Danemarck d'une maniere plus instructive touchant cette Ville.

g l. 6. c. 18. p. 143.
L'Isle de Rugen[g], dit-il, étoit alors la capitale de toute la Nation, & l'ornement de la Wandalie; elle avoit deux Villes florissantes, savoir *Arcona*, (Voiez ARKONA) & *Carentina* dont il ne reste plus aucun vestige, soit qu'elles ayent été englouties dans les flots de la Mer, ou détruites par la colere des Princes, ou renversées par la fureur & le tumulte d'une populace seditieuse, soit qu'enfin on en ait transferé les habitans dans une Ville nouvellement bâtie sur le rivage voisin, & que l'on appelle *Stralessund*, (Strallesunde.) Cet Historien mourut l'an 517. le 7. Decembre, & dès le temps qu'il écrivoit il ne restoit plus aucune trace de la Ville de *Karentina*.

h Dict. Géogr. des Pays-bas.
CARENCY[h], Principauté de France en Artois, à deux lieues d'Arras, & autant de Lens.

i Petit de la Croix Hist. du Grand Genghizcan l. 3. c. 8.
CARENDAR[i], place forte de l'Asie dans la Corassane sur le chemin de Nisa à Nischabour. Les Mogols l'assiégerent en 1221. & la batirent pendant longtemps, mais les assiegez se defendirent avec tant de vigueur qu'enfin les Generaux Mogols ayant reconnu la force de cette Citadelle, desesperérent de pouvoir la prendre avec ce qu'ils avoient de troupes, & se resolurent à lever le siége. Ils envoyerent cependant auparavant un Trompette pour demander au Gouverneur des habits & d'autres choses dont leurs soldats avoient besoin. Le Gouverneur jugea qu'il étoit plus à propos de les satisfaire que de les obliger à s'opiniâtrer au siége, en leur refusant ce qu'ils demandoient. Mais la difficulté fut de trouver des Officiers qui voulussent accompagner ceux qui portoient ce present, parce qu'on croyoit les Mogols & les Tartares assez cruels pour se vanger sur les Officiers qu'ils auroient en leur pouvoir de la honteuse retraite qu'ils se voyoient obligez de faire. Après le refus d'un grand nombre de gens deux vieillards se presenterent. Ils recommanderent leurs enfans à leurs Concitoyens & se mirent à la tête des porteurs; mais ils n'eurent pas plûtot conduit & offert aux Generaux les choses qu'ils apportoient, que les Mogols furent effectivement assez lâches pour tremper leurs mains dans le sang de ces deux vieillards. Ensuite ils leverent le siége, & ravagerent le pays.

CARENE, Ville d'Asie dans la Mysie,
se-

CAR.

selon Etienne. Il cite Herodote dans le livre [a] duquel[a] ce nom est écrit Καρῶν Carine ; au [b] lieu de Καρῶν. Pline[b] écrit CARENE, & en parle comme d'une Ville qui ne subsistoit plus de son temps. Gronovius observe qu'il y a des manuscrits d'Herodote où l'on lit Καρῶν, CARNE. Le pays de Carésène dont parle Strabon n'a point de rapport avec la Ville de Carene ; il prenoit son nom de la Riviere de Caresus.

1. CARENI, ancien Peuple de l'Isle d'Albion, le Grec de Ptolomée[c] porte Καρηνοι. L'ancienne Version Latine rend l'η par i. CARINI à la maniere des Grecs modernes. Quelques-uns croient que ce peuple occupoit le pays de Loquabir Province d'Ecosse.

2. CARENI, ancien peuple d'Asie quelque part vers la Perse propre. Procope en fait mention[d], & dit que Cosroes revenant du sac d'Antioche & ayant passé à Edesse, les Careniens vinrent au devant de lui, & lui offrirent de l'argent pour se racheter du pillage. Il le refusa toutefois en faveur de ce que la plûpart n'étoient pas Chrétiens ; mais engagez encore dans les superstitions du Paganisme. Etienne les met entre l'Euphrate & le Cyrus[e].

CARENNAC[f], Bourg de France dans la Province de Querci sur la Dordogne.

CARENSES, ancien peuple de l'Espagne Tarragonnoise[g]. Il y a encore dans la Navarre à quatre lieues de Pampelune une ancienne Ville qui conserve leur nom & que l'on appelle CARES, la Ville neuve beaucoup plus connue s'appelle PUENTE LA REYNA. Une ancienne inscription raportée par Morales porte Ex CÆSARAUG. KARENSI.

CARENSIS, le Concile de Nicée fait mention d'un Evêché ainsi nommé dans l'Osrhoene. Voiez CARRHÆ.

CARENTAN[b], petite Ville de France dans la basse Normandie au Cotentin, à trois lieues de la Mer, avec un Château qu'on dit avoir été bâti du tems de Cesar, par un de ses Capitaines nommé Caros. Mr. Corneille se trompe quand il dit que deux petites Rivieres, l'Ouve & Carent ay ou Carentan, dont les eaux remplissent ses fossez, la rendent de situation très-forte. L'Ouve n'en approche pas ; mais elle a son embouchûre commune avec une autre Riviere dans laquelle tombe un ruisseau, qui coule à Carentan. Le Golphe où cette Riviere & l'Ouye ont leur embouchûre commune a une traversée nommée le grand Vay que l'on passe en allant de Bayeux à Valognes ; mais elles n'ont rien de commun avec le petit Vay, qui est un passage où l'on traverse la Riviere de Vire au dessus de son embouchûre dans le même Golphe. Le Gouverneur de la Ville l'est aussi du Château, & du Pont d'Ouve. Cette Ville qui a 540. feux est le Siége d'une Election dans la Generalité de Caen ; d'une Vicomté ; il y a bureau des v. grosses fermes & un depôt de sel. Le Bailliage & la Vicomté ne font qu'un Corps dont les Offices sont d'un prix très-bas, à cause de la petitesse du ressort. Il y a aussi une Amirauté, & un bureau des Traites foraines. Il n'y a qu'une paroisse & deux Curez alternatifs, un Couvent de Religieuses & un Hôpital. L'air de cette Ville est mal sain à cause des eaux dormantes.

CARENTANI, ancien peuple de la Germanie dans le voisinage de la Baviere selon les Historiens & Chroniqueurs du moyen âge. C'est aujourd'hui la CARINTHIE. Voiez ce mot.

CARENTIA ou KARENTIA,
CARENTINA ou KARENTINA,
1. CARENTINI ou KARENTINI,

Voiez le §. de l'Article de CARENCE.

2. CARENTINI, ancien Peuple d'Italie dans la IV. Region. Pline les distingue en SUPERNATES & INFERNATES. Le R. P. Hardouin avertit que les manuscrits portent CARCENI, Καρκινοι, entre les Frentani & les Samnites.

CARENTO. Voiez l'Article suivant.

CARENTONE[k], Riviere de France dans la haute Normandie. Elle separe le Diocèse d'Evreux, de celui de Lisieux, & a sa principale source au dessus de l'Abbaye des Benedictins de St. Evroul. Elle sort d'un étang nommé Charenton, en Latin Carento, reçoit le Ternant à St. Aignan, & après avoir passé à Chambrais, Ferrieres, Bernay, Serquigny, elle entre dans la Rille, au dessus de Nassandre, derniere paroisse du Diocèse d'Evreux à huit ou neuf lieues de sa source.

1. CARENTONIUM, nom Latin de CARENTAN.

2. CARENTONIUM, nom Latin de CHARENTON, Bourg de l'Isle de France.

3. CARENTONIUM, le même que CARANTOMUS, Charenton en Berry, sur la Marmande.

CARENTONIUS. Voiez CHARANTE.

CARENTONUS VICUS, Orderic Vital[l] dit : portum qui Barbaflot dicitur, appliquit & super Vada Viræ in vico qui Carentonus vocatur, quievit ; c'est-à-dire il aborda au Port de Barfleur, & passant le Vay de Vire il se reposa au village de Carentan. Ce Vay de Vire devroit être le petit Vay, qui est sur la Riviere de Vire, cependant ce n'étoit nullement le chemin de passer ni le grand Vay, & encore moins le petit en venant de Barfleur à Carentan.

CAREON, Ville d'Espagne selon Appien[m]. Henri Etienne croit que c'est une faute, & qu'il faut lire Carbona en cet endroit.

CAREOTÆ, ancien Peuple de la Sarmatie Européenne, selon Ptolomée[n].

CAREPULA, ancienne Ville d'Afrique dans la Mauritanie Cesarienne, selon Ptolomée[o]. Voiez l'Article CARAPULA.

1. CARES, habitans de la Carie. Voiez CARIE. On dit en François CARIENS.

2. CARES, anciens habitans des bords des Palus Méotides vers le Tanais ; selon Pline[p]. Ces Cariens n'étoient point diferens des premiers, puisque c'étoient des habitans de la Carie, qui avoient fait là un établissement, comme firent ensuite les habitans de Clazomene, & ceux de la Meonie.

3. CA-

3. **CARES**, Peuple établi en Egypte vers Bubaste du côté de la Mer selon Hérodote[a], qui a soin de remarquer qu'ils n'étoient pas Egyptiens d'origine; mais venus d'ailleurs. Il marque même à quelle occasion ils y étoient arrivez. Un Oracle avoit dit[b] qu'il arriveroit des hommes d'airain: des Ioniens & des Cariens, qui couroient la Mer comme pirates ayant été obligez de relâcher en Egypte, on alla dire à Psammitichus que l'on avoit vu des hommes d'airain, ceux qui lui faisoient ce message n'avoient jamais vu de gens armez de cuirasses & de boucliers d'airain. Il se souvint d'abord de l'Oracle, fit amitié avec ces étrangers, les mit dans son parti, & les employa utilement; [c] ensuite il leur donna des terres vis-à-vis les uns des autres le Nil entre deux.

[a] l. 2. n. 61.
[b] l. 2. n. 152.
[c] n. 154.

4. **CARES**. Voiez CARENSES.

CARESA, Isle de l'Archipel vis-à-vis de l'Attique, ce n'étoit qu'un écueil sans Ville, ni Bourg; les manuscrits de Pline[d] portent CORESA.

[d] l. 4. c. 12.

CARESENA, contrée d'Asie le long du fleuve Caresus, selon Strabon[e], qui en parle ainsi. L'Andrios se jette dans le Scamandre & vient de la Caresene: c'est un pays de Montagnes, peuplé de villages, bien cultivé, qui confine à la Dardanie jusqu'aux lieux voisins de la Zeleia, & de Pityeia. On dit qu'elle prend son nom du fleuve CARESUS dont parle Homere, & on ajoute que la *Ville* nommée aussi CARESUS a été renversée. Voici le passage d'Homere pris au commencement du XII. livre de l'Iliade. Alors Neptune & Apollon resolurent d'abolir jusqu'aux moindres vestiges de cette muraille ennemie (que les Grecs avoient élevée) en poussant contre elle tous les fleuves, qui des sommets du Mont Ida roulent impetueusement leurs eaux dans la Mer, le Rhesus, l'Heptaporus, le Caresus, le Rhodius, le Granique, l'Æsepe, le Divin Scamandre, & le violent Simois. . . . . Apollon détourna le cours de tous ces fleuves, & les excita contre cette muraille . . . . Ce Dieu permit à ces fleuves de reprendre leur ancien cours. Strabon ajoute à ce que j'en ai déja raporté que le Caresus avoit sa source à Malonte lieu situé entre *Palæsceptis* & *Achæium* dans la Terre ferme vis-à-vis de Tenedos, & qu'il tomboit dans l'Æsepe. Pline[f] ne parle ni de la Ville de *Caresus*, ni du pays *Caresena*, mais bien du fleuve; encore, dit-il, que le Rhesus, l'Heptaporus, le Caresus, & le Rhodius chantez par Homere, étoient tellement taris qu'il n'en restoit plus aucune trace. *Vestigia non habent*.

[e] l. 13. p. 602.
[f] l. 5. c. 30.

1. **CARESUS**, Ville ⎫ Voiez l'Article precedent.
2. **CARESUS**, fleuve ⎭

CARESSUS[g], ancienne Ville de l'Archipel l'une des trois qui étoient dans l'Isle nommée Cia par les Latins, & Zea par les modernes. Suidas & Etienne écrivent CORESSUS; Strabon[h] appelle cette Ville Κορησσία, CORISSIA. Xilander dans la Version Latine change ce mot en *Caressus*; & reforme Strabon par l'autorité de Ptolomée; mais il a mal fait; & c'est Ptolomée lui-même qu'il faloit corriger sur l'autorité de Strabon, de Suidas & d'E-

[g] Ptolom. l. 3. c. 15.
[h] l. 10. p. 486.

tienne le Géographe; car tous ces Auteurs écrivent la premiere syllabe par un o. D'ailleurs Ptolomée n'a pu parler de Coressus comme d'une Ville, qui subsistât de son temps. Strabon[i] dit: l'Isle de Ceos a eu quatre Villes, il n'en reste plus que deux, savoir Julide & Carthæa: Poëëessa a été unie à Carthée & Coressia à Julide. Pline[k] dit de même: il ne reste plus à cette Isle que Julide & Carthée; Coressus & Poëëessa sont détruites. Cette même Ville de Coressus est nommée dans les Lettres d'Eschine NERESSUS; mais c'est une faute dont Ortelius a averti il y a long-temps.

[i] p. 487.
[k] l. 4. c. 12.

CARETH[l], Ville de la Palestine dans la Tribu de Zabulon[m].

[l] D. Calmet Dict.
[m] Josué c. 19. v. 15.

CARETHA, Isle de la Mer Mediterranée. Voiez DIONYSIA 2. Ortelius ne la croit pas differente de DONUSIA. Voiez aussi ce mot.

CARETUM, nom Latin de KARHAIS. Voiez ce mot.

CAREZEM, Royaume d'Asie à l'Orient de la Mer Caspienne & sur ses rivages, selon le Traducteur François de l'Histoire de Timur-Bec par Chereffeddin Ali. Le Pere de c'e Traducteur dans son Histoire de Genghizcan nomme ce même pays CARIZME; l'Auteur, ou Traducteur de l'Histoire Genealogique des Tatars l'appelle CHARASS'M. Voiez CHARASS'M. C'est la CHORASMIE de Ptolomée.

CARFAGNANA. Voiez GRAFIGNANA.

CARGADOUR DE GIRGENTI. Mr. Baudrand s'est trompé lorsqu'il explique ce lieu par celui que les Latins ont nommé *Agrigentinorum emporium*. On voit encore les ruines de ce dernier à l'Orient de la Riviere qui descend de Girgenti, & il y a près de trois milles communs du pays entre ces ruines & CARRICATORE DI GIRGENTI, Bourgade située plus à l'Occident. Cette derniere a un Port où l'on charge beaucoup de grains.

CARG, **KARGH**, **CARGE**, ou CARGOU, petite Isle d'Asie au fond du Golphe Persique. La seconde maniere d'écrire est de Mr. de l'Isle, la troisieme de Mr. Baudrand & la quatrieme de Thevenot[n], qui en parle ainsi: cette Isle s'étend en longueur du Nord au Sud. Elle est petite & toute de sablon blanc, c'est pourquoi elle n'est point habitée. Elle est tout proche & presque vis-à-vis de l'Isle de Carek tirant vers Bender-Regh.

[n] Suite du Voyage du Levant l. 4. c. 1. p. 336.

CARGUESLAR, gros village d'Asie sur la route de Constantinople à Hispahan entre la Riviere de Zacarat, & la Ville de Polia. Ce village a un Caravanserai, & est sur une petite Riviere, où l'on prend une sorte de poisson que les habitans appellent *Bourna-Balouky*; c'est-à-dire poisson au long nez. Il est marqueté comme les truites; mais il est meilleur & plus estimé.

CARI ou **CARRI**, (le Port de) petite anse de France sur la Mediterranée à l'Orient de la rade de Marseille, avec un village nommé CARI ou CARRI. Voiez CARRI.

CARIA. Voiez CARIE.

CARIACUM[o], lieu de la Gaule selon Fortunat dans la Vie de St. Germain. Peut-être pour CARISIACUM.

[o] Ortel. Thesaur.

1. CA-

CAR.   CAR.   267

1. CARIANDA, Isle de la Mer Mediterranée, sur la côte de Carie selon Pline[a]. Les manuscrits, dit le R. P. Hardouin, portent CARTANDA, pour Carianda; apparemment étant facile aux copistes de prendre un *i*, pour un *t*, cependant il écrit ce nom par un *y*, CARYANDA.

[a] l. 5. c. 31.

2. CARIANDA, Ville d'Asie dans la Carie. Voiez CARYANDA.

CARIAPA, Promontoire de la Parthie, selon les Interpretes Latins de Ptolomée[b]. Quelques exemplaires ont CARIPRACA. Il n'est pas aisé de concevoir comment la Parthie n'étant pas une Province Maritime, & étant séparée de la Mer Caspienne au Nord par l'Hircanie, & de la Mer des Indes au Midi par la Carmanie, elle a pu cependant avoir un Promontoire, c'est-à-dire un Cap, une Montagne avancée dans la Mer; aussi Ptolomée ne le dit-il pas. Il dit simplement Καρπασια Ακρα, & comme il employe souvent ce mot Ακρα pour signifier un Promontoire, l'Interprete a cru qu'il falloit le prendre là dans ce sens, ce qui est absurde. Bertius dans sa belle Edition de Ptolomée a fait cette bevûe, faute d'attention. J'ai remarqué au mot ACRA qu'il signifie aussi un *lieu élevé*, une *citadelle*; & c'est en ce sens qu'il faut l'entendre en cet endroit. L'Edition de Noviomagus a aussi la même faute; mais elle ne se trouve pas dans l'Edition des Aldes. Ortelius s'y est trompé aussi bien que les autres. L'Edition de Ptolomée par Bertius, & qui fait la premiere partie de son Théâtre de l'ancienne Géographie est très-belle, & est d'autant plus recherchée qu'elle est rare. Cependant elle est peu correcte, & il seroit fort à souhaiter que quelque personne savante nous procurât une bonne édition de cet Auteur, qui a un extrême besoin d'être netoyé des ordures que l'ignorance des Copistes, & des Traducteurs y ont répandues. Molet donne CAMUR pour nom moderne de CARIPRACA; mais il ne dit point que ce soit un Promontoire.

[b] l. 6. c. 5.

CARIARA. Voiez CARARIA.

CARIATA, Ville d'Asie dans la Bactriane selon Strabon[c], qui dit qu'Alexandre la détruisit, & que ce fut dans cette Ville que Callisthéne fut mis aux arrêts.

[c] l. 11. p. 517.

☞ CARIATH[d], ce mot dans la Langue Hebraïque signifie une Ville; de là vient qu'il se rencontre souvent dans les noms de lieux de la Palestine.

[d] D. Calmet Dict.

CARIATH[e], Bourg de la Palestine près de Gabaon, dans la Tribu de Benjamin[f].

[e] Le même.
[f] Josué c. 15. v. 3.

1. CARIATHA[g], Ville de la Palestine dans la Tribu de Juda[h].

[g] Le même.
[h] Josué c. 15. v. 13.

2. CARIATHA, CARIADA, ou

1. CARIATHAIM[i], Ville au delà du Jourdain à dix milles de Medaba vers le Couchant.

[i] Josué c. 13. v. 19.

2. CARIATHAIM, Ville de la Tribu de Nephthali. Il en est parlé au premier livre des Paralipomenes[k].

[k] c. 6. v. 76.

CARIATH-ARBE. Voiez ARBE.

CARIATH-BAAL, ou

CARIATH-IARIM ou BAALATH de Juda[l], ou BALA, Ville de la Palestine dans la Tribu de Juda sur les limites de Benjamin. L'Arche y demeura en dépôt pendant plusieurs années dans la Maison d'Aminadab jusqu'à ce que David la transporta à Jerusalem[m]. Voiez BAALA 1.

[l] D. Calmet Dict.
[m] Reg. l. 2. c. 6. v. 21.

CARIATH-SENNA[n], Ville de la Palestine dans la Tribu de Juda[o].

[n] Le même.
[o] Josué c. 15. v. 49.

CARIATH-SEPHER, c'est-à-dire la *Ville des Lettres*, ou *des Livres*; Ville de la Palestine dans la Tribu de Juda. On la nommoit aussi DABIR. Voiez DABIR 1.

CARIATI, Ville d'Italie au Royaume de Naples dans la Calabre Citerieure sur la côte de la Mer, & dans la partie Meridionale du Golphe de Tarente.[p] Elle est fort petite & n'a gueres plus de cent maisons. Elle est cependant le Siége d'un Evêque Suffragant de l'Archevêque de Ste Severine. Ce Siége est uni à l'Evêché de Ceranza. Ce lieu a aussi le titre de Principauté dont jouït la Maison de Spinelli. Il est au Nord à vingt milles de Ste Severine. A proprement parler il y a deux Villes de Cariati, à près de deux milles l'une de l'autre; CARIATI NUOVA est au bord de la Mer, & CARIATI VECCHIA est au Midi Occidental de l'autre; en s'éloignant de la Mer vers la Riviere Lacanneto. C'est cette derniere qui est Episcopale. L'autre est un peu plus considerable.

[p] Baudrand Ed. 1705.
[*] Magin Ital.

CARIBANE, Province de l'Amerique Meridionale. Quelques Auteurs, entre autres Mrs. Sanson, appellent ainsi le pays Maritime qui s'étend depuis l'embouchûre de l'Orenoque jusqu'à celle de l'Amazone; desorte que selon eux la Berbice, la Riviere de Suriname, la Cayenne font partie de la Caribane. Ils resserrent la Goyane dans les terres, afin d'en détacher cette Province. Mr. Corneille[q] dit que la Caribane est comprise entre Rio Negro, & le grand fleuve des Amazones dans l'étendue de plus de cent lieues sur l'un & sur l'autre de leurs rivages. Ses plaines étant élevées ne sont point sujettes au debordement de ces Rivieres. Celle de BAZURURE, qui entre dans le fleuve des Amazones du côté du Nord y forme des Lacs, & des Isles sont agréables. Les diverses Nations de cette grande Province ne sont pas moins considerables par leur multitude que par l'heureuse condition de leur vie. Les ARAGUANANES & les MARIGUANES, sont opposez au rivage des Yorimanes & le plus à l'Occident. Les *Pogoanes* & les *Caraganes* sont sur la Riviere de Bazurure, & les *Comanares* occupent la pointe, que ces deux grandes Rivieres forment en se rencontrant. Les *Tuynamanes* & les *Comaruriames* sont du côté de *Rio Negro*, & ceux qui sont les moins renommez, habitent les terres les plus éloignées du Grand Amazone. Tous ces Peuples sont belliqueux, & se servent fort adroitement de l'arc & de la flêche. Dès l'an 1638. ils avoient des couteaux, des haches & d'autres instrumens de fer qu'ils disoient avoir achetez des Indiens leurs voisins, plus proches de la Mer, & ceux-ci de certaines gens blancs de visage vêtus à la maniere des Portugais, & armez d'épées & de mousquets, qui demeuroient sur la Mer Atlantique. Ils designoient par ces marques les Hollandois ou les Anglois qui ont navigé dans l'Orenoc & habité les côtes de Guiane, d'où ils ont été chassez par les Sauvages dans la Terre-ferme,

[q] Dict. le Ch. de Pagan Relat Géog. du fleuve des Amazones.

Tom. II.   Ll* 2   &

& en la même côte de la Mer du Nord, qui n'eſt qu'à deux cens lieuës tout au plus de *Rio Negro* en droite ligne & en la diſtance la plus courte. Quant à la pointe qu'occupent les Comanares, la terre en eſt droite ſur les rivages des deux Rivieres dont on a parlé. Elle eſt élevée à la hauteur des inondations ordinaires, & les campagnes voiſines ſont abondantes en grains, pour les proviſions neceſſaires, & en pâturages pour la nourriture du bétail. Les carrieres d'une pierre facile à tailler en ſont auſſi peu éloignées. Les arbres & les bois ſont d'une merveilleuſe grandeur pour les édifices.

1. CARIBES. Voiez CARAÏBES & ANTILLES.

[a] *Corn. Dict.* 2. CARIBES[a], Peuples de l'Amerique Meridionale, dont le Pays eſt après celui de Paria aux confins des terres des Caripous du côté du Sud-Eſt. On les place tout le long de cette côte. La Riviere de Cayenne paſſe par ce Pays ayant une petite Iſle au milieu. Ces Peuples ſont potelez & de belle taille; mais peu liberaux, & vivent de Mays, de Patates ou Batates qu'ils font cuire, de chair, de poiſſon & de fruits ſauvages. Ils aiment principalement à ſe nourrir de chair humaine qu'ils boucanent & qu'ils font rôtir, & mangent auſſi des lezards & des crocodiles. Les hommes vont tout nuds ainſi que les femmes, & dans leurs jours de parade ils ont de certains habillemens faits de plume d'un oiſeau incarnadin avec des couronnes ſur la tête. Ils ſe peignent le corps de zinzolin, & ſe ſervent pour cela de quelques grains rouges. Oviedo dit que les Caribes de Carthagene & de la plus grande partie de cette côte ſont peints de noir par le moyen de la teinture de l'arbre appellé *Xaugua*, ce qu'ils font lorſqu'ils partent pour la guerre, & qu'ils cherchent à paroître hommes de marque. Il ajoûte qu'ils ſe peignent de *Bixa* dont ils font des pelotes comme de terre rouge qui s'en va mal aiſément, & qui reſſerre la chair. Ces Sauvages ont des *Amacas* ou lits ſuspendus. Quand quelqu'un d'eux ſe marie ils promenent la Mariée par les bois chaſſant & tuant toutes les bêtes qu'ils rencontrent. Les ceremonies qu'ils obſervent lorſqu'une femme perd ſon mari, ſont particulieres. Sa veuve aſſiſe dans ſon *Amaca*, commence un chant aſſez agréable qui dure long-temps. Enſuite elle raconte tout ce qu'a fait le deffunt, diſant qu'il étoit bon tireur d'arc, qu'il ſavoit bien ſupporter les fatigues de la guerre, & autres choſes ſemblables, à quoi elle ajoûte qu'il l'avoit toûjours aimée. Cela fait, un Indien ſe leve de ſon *Amaca*, & va prier tous les autres de pleurer. On entend auſſi-tôt des cris effroyables & lugubres que forment tous ceux qui ſont preſents. Après ces cris ils ſe levent & vont faire bonne chere ſur la foſſe du Mort, mêlant la chair de leurs ennemis à celle des lezards & des crocodiles rôtis. Il y a beaucoup de ces animaux dans leurs Rivieres. La chair en eſt bonne; mais un peu fade. On y trouve auſſi quantité d'huitres attachées aux arbres qui couvrent les bords de ces Rivieres.

Ce Pays produit pluſieurs ſortes d'autres animaux, & ſur tout des poules d'Inde, qui ont ſur la tête de très-belles plumes noires ſemblables à celles d'un heron, des armadilles, des ſinges ou *Marmos*, plus camars que les nôtres, & à longue queuë. Ces ſinges portent leurs petits ſur leur dos ſitôt qu'ils les ont mis hors de leur ventre, ſautant d'arbre en arbre avec cette charge, & ſi l'un de ces petits ſe trouve prêt à tomber, ces animaux le retiennent avec leur queuë. Ils font par leurs cris un grand bruit dans les forêts. Les femelles ont deux tetins vers l'eſtomach ainſi que les femmes. Dans ce même Pays des Caribes, on voit un autre animal qui a le poil extrêmement long, la hure fort redreſſée avec de longs pieds & de longues mains, trois griffes derriere, & deux dans ſes mains. Cet animal ſe met tout en rond, ne pouvant ſe ſoûtenir ſur les pieds, & prend avec ſa main tout ce qu'on lui donne à manger, & enſuite le porte à ſa bouche comme une perſonne. On y voit encore des perroquets qui parlent en la Langue du Pays. Il y en a d'auſſi petits que ſont les moineaux, qui ont la queuë fort longue, & qui ſont dreſſez par les Caribes à éplucher doucement la barbe & les cheveux. Les oiſeaux incarnadins, des plumes deſquels ils font leurs habits de parades, ſont de la grandeur d'une gruë, & colombins au commencement, devenant incarnadins juſqu'au bec à meſure qu'ils croiſſent. Les abeilles font dans les bois du miel excellent. Il eſt de conſiſtance d'huile très-claire tirant ſur le vert, & enfermé comme dans de petits ſacs, où le miel eſt environné comme d'une peau, qui eſt la cire très-pure. Ces Peuples, outre le mays & les patates, ont des ananas, des plantains, qui ſont des figues de la longueur & de la groſſeur de nos cervelats; du Copal; une eſpece de bois d'aloës qu'ils appellent *Aupariebou*, & de deux ou trois autres ſortes de bois dont l'un eſt ſemblable au ſandal rouge. Un autre reſſemble au cetrin ou bois de roſe, & en a l'odeur. Il y a auſſi des arbres extrêmement gros qui ont le cœur rouge comme le bois de Breſil, & de deux ſortes de gommes. L'une eſt une eſpece de bitume noir dont ils poiſſent leurs navires; l'autre qui eſt de même couleur eſt fort odoriferante étant miſe ſur le feu, & même bonne pour faire ceſſer les catheres quand on en reçoit la fumée. Ils ont pour armes des arcs & des flêches empoiſonnées. Leurs Rois ont des Gardes autour d'eux la nuit, & il y en a toûjours un grand nombre qui veillent au haut des Montagnes pour la conſervation du Pays. Ils y ſonnent aſſez haut du cor à chaque heure, à quoi d'autres répondent de même, & enſuite ils font un feu clair pour faire connoître qu'ils ne dorment pas. Cette garde ſe fait principalement pour éviter les ſurpriſes des Caribous leurs ennemis. Celui qui regnoit parmi ces Peuples l'an 1604. s'appelloit *Camaria*. Ils vivent ſans foi & ſans loi, ſans aucune certaine creance de Divinité vraye ou fauſſe, n'adorant pas même les Idoles. Ils croyent ſeulement quelque eſpece d'immortalité des ames, & parlent d'un Dieu qu'ils nomment *Toupan*, qui eſt quelque Diable qui leur eſt familier. Ils exercent pluſieurs ſortes de divinations & ſorcelleries. Lorſque leur Roi veut ſavoir quelque choſe de la guerre qu'il ſe prepare à faire

à

CAR.

à ses ennemis ; il fait un trou dans la terre, prononçant quelques paroles, & l'on prétend qu'aussi-tôt un grand bruit s'entend au fond de ce trou, & qu'il en vient quelque chose qui l'instruit de tout ce qu'il veut apprendre.

CARIBETE. Simler lit ainsi ce nom dans Antonin au lieu de CAMBETE. Voiez CAMBETE.

CARICARDAMA, l'Interprete Latin de Ptolomée[a] rend ainsi le nom de Καρικαρδάμα *Carecardama*, Ville de l'Inde en deçà du Gange. [a l.7.c.1.]

CARICINORUM CASTELLUM, Zonare cité par Ortelius[b] met un Château de ce nom dans le pays des Samnites. [b Thesaur.]

CARICOLA, Vincent le Blanc nomme ainsi une Ville des Indes sur le Golphe de Bengale. Elle est, dit-il, accommodée d'un Port & soumise au Roi de Bisnagar. C'est peut-être une Bourgade Maritime sur la côte d'Orixa, au Nord-Est de la fameuse Pagode de Jagrenat. Mr. de l'Isle la nomme CALECOTTE ; ou peut-être est-ce CIACOLI ou CICOCOLI, Ville située au Royaume de même nom, entre ceux d'Orixa & de Golconde, à l'embouchûre d'une Riviere de même nom que la Ville.

CARICONTICHUS, Καρικοντίχος, Ville de la Libye à la gauche des colomnes d'Hercule, c'est-à-dire sur l'Océan en Afrique hors du détroit de Gibraltar. Dans le prétendu Periple de Hannon on lui fit dire qu'il bâtit cette Ville & quelques autres ; savoir Gytte, Acra, Melissa, & Arambys. J'ai démontré ailleurs que ce Periple est l'ouvrage d'un imposteur & d'un Grec, & non pas du Carthaginois Hannon. Quelle apparence que des Carthaginois, qui parloient Phenicien eussent été donner des noms Grecs à des Villes qu'ils bâtissoient ? Le Traducteur Latin de ce Periple traduit ce mot par *Caricus-Murus*, & le vieux Traducteur François par *Mur Carice*.

CARICUM MARE, la Mer de Carie, c'est-à-dire la partie de l'Archipel la plus proche de la Carie.

CARICUS, Riviere & lieu particulier du Peloponnese dans la Laconie, selon le Lexique de Phavorin cité par Ortelius[c]. [c Thesaur.]

CARIDES, Ville de la Phrygie, selon Etienne le Géographe. Athenée cité par Ortelius semble appeler ainsi un lieu de l'Isle de Chio.

CARIDIA. Voiez CARDIA.

1. **CARIE**, ancienne Province de l'Asie Mineure[d]. Il seroit difficile d'en marquer les véritables limites, à cause que telle Ville que des Auteurs lui donnent est attribuée par d'autres à une Province voisine. Elle étoit bornée au Nord par l'Ionie, à l'Orient par la grande Phrygie & par la Lycie, au Midi & à l'Occident par la Mer Icarienne ; mais ces limites ne déterminent pas fort précisément quelle étoit son étenduë : car Milet & Myus par exemple qui semblent devoir être de la Carie étoient néanmoins de l'Ionie. Il y a bien de l'incertitude & de la variation dans les temoignages des anciens. Quelques-uns entre lesquels sont Strabon, Pline, & Mela en mettent le commencement au Promontoire de Po- [d Cellarius Geogr. ant. l. 3. c. 3. p. 89. & seq.]

CAR.   185

sidium, ainsi tout le Golphe de Jassus en étoit. Scylax de Caryande la font commencer au Meandre entre Myus & Milet ; ainsi cette derniere étoit de la Carie à leur avis. Pline[e] étend la côte de la Carie depuis Jasus (ou *Jasus*) & Halicarnasse jusqu'à Calinda, & aux frontieres de la Lycie ; en quoi il a suivi Mela qui lui est conforme. Strabon ne s'écarte pas de ces limites vers Jassus & Halicarnasse ; mais à l'autre bout qui est vers la Lycie, il sépare le Continent des Rhodiens, c'est-à-dire ce que les Rhodiens possedoient en Terre ferme jusqu'au Bourg de Dedala. Ptolomée ne donne gueres de Villes Maritimes à la Carie, entre autres il y place Jassus, Bargylie & Mynde, dont Pline & Strabon parlent aussi : il y ajoute Pyrrha, Heraclée, & Milet que d'autres ont attribuées à cette Province. Il lui est plus liberal du côté des Terres, & y place XXVI. Villes. Scylax de Caryande étend la côte de Carie depuis le fleuve Meandre jusqu'à Cragus qui est un Promontoire de la Carie, aux confins de la Lycie. Ainsi il y comprend la Doride, qui étoit en effet une partie de la Carie. (Voiez DORIDE 2.) & comprenoit la Presqu'Isle entre le Golphe Ceramique, & celui de la Doride. Ptolomée ne borne pas la Doride à cette Presqu'Isle. Il la commence à Scopia Promontoire au delà de Mynde & l'étend jusqu'à Caunus Ville voisine de Calinda, & c'est entre ces deux dernieres Villes qu'il met le commencement de la Lycie. Ce qu'on appelloit le *Continent des Rhodiens*, RHODIORUM PERÆA, faisoit partie de la Carie, & sur tout de la Doride. Il commençoit selon Strabon au lieu nommé Dædala & finissoit au Mont Phenix inclusivement. [e l. 5. c. 28.]

Les bornes de la Carie ne sont pas moins incertaines du côté des terres, & Ptolomée y met des Villes que d'autres anciens ont données à la Phrygie ou à la Lydie.

Herodote dit[f] : que les CARIENS passerent des Isles dans le Continent. Anciennement, dit-il, ils obéïssoient à Minos, on les appelloit LELEGES, ils habitoient les Isles & ne payoient aucun tribut ; mais ils se mettoient sur la flote, lorsque Minos l'exigeoit. Ce Prince ayant étendu sa domination par des guerres heureuses, les Cariens se distinguerent & passerent pour la plus spirituelle Nation de ce temps-là. On raporte qu'ils inventerent trois usages que les Grecs adopterent, d'ajouter aux casques des Pennaches ; d'orner les boucliers de figures & d'attacher des courroies aux boucliers. Long-temps après l'établissement des Cariens, les Doriens & les Ioniens quitterent les Isles, & allerent aussi s'établir en Terre ferme. C'est ce que les Crétois raportent ; mais les Cariens n'en conviennent pas. Ils disent au contraire qu'ils sont Aborigenes, (c'est-à-dire les premiers habitans du pays ;) & qu'ils ont toûjours porté le même nom de Cariens. Ils montrent auprès de Mylassa un ancien Temple de Jupiter Carien, possedé en commun par les habitans de la Mysie & de la Lydie ; qui sont les freres des Cariens ; car Lydus & Mysus étoient, disent-ils, les freres de Car dont la Carie porte le nom. Les Cariens furent subjuguez par Crœsus[g] & par Harpage[h]. J'ai déja parlé aux Articles CARES 2. & des Ita- [f l. 1. b. 171.] [g l. 1. c. 28.] [h l. 1. n.]

des établissemens qu'ils avoient près du Tanaïs & en Egypte. Etienne le Géographe observe qu'on appella les Cariens MAUSOLES du nom d'un Roi de la Carie, nommé Mausole, & dont le superbe tombeau que sa femme Artemise lui fit ériger dans la Ville d'Halicarnasse a passé pour une des sept merveilles du Monde ; c'est de ce tombeau qu'est venu le nom de Mausolée, pour signifier un tombeau magnifique.

Les Notices Ecclesiastiques ne s'accordent, ni sur les noms, ni sur le nombre des Villes de cette Province. La Notice de Leon le Sage fournit celles-ci.

Stauropolis,	Alabandum,
Cibyra,	Stratonicea,
Sizorum,	Alindum,
Heracleæ Syalbacæ,	Mylassorum,
Appolloniadis,	Mizo,
Heracleæ,	Jassi,
Lacymorum,	Barbyli,
Taborum,	Halicarnassi,
Larborum,	Hylarimorum,
Antiochiæ ad Maandrum,	Cnidorum,
Tapassorum,	Metaborum,
Harpassorum,	Mondi,
Neapolis,	Fani,
Orthosiadis,	Cindramorum,
Anotetarta,	Cerami,
& Promisi.	

La Notice de Hierocles met 36. Villes dans la Carie ; mais elle n'en fournit que 29. & observe qu'elle étoit gouvernée par un Gouverneur Consulaire.

Melitus,	Hylarema,
Heracleas,	Antiochia,
Ogmi,	Metropolis Aphrodisias,
Amyndus,	Heraclea,
Alicarnassus,	Tabas,
Cnidus,	Apollonias,
Ceramus,	Sebastopolis,
Mylasa,	Jasus,
Stratonicia,	Eresus,
Amizon,	Marcianopolis,
Alapanda,	Anastasiopolis,
Orthosias,	Chora Patrimonia,
Arpasa,	Cibyra,
Neapolis,	Coctemalicæ.

La Carie a presentement perdu son ancien nom pour prendre celui de ses Villes, savoir *Mynde* que l'on appelle aujourd'hui *Mentese*, & à cause de laquelle la contrée est presentement nommée MENTES-ILI. Mr. Corneille se trompe quand il dit qu'on l'appelle *Aidinelli* ; *Aidin-Ili* ; car c'est ainsi qu'il faut dire ce nom répond davantage à l'Ionie ; mais le Mentes-Ili comprend encore la Lycie pour la plus grande partie.

2. CARIE, Ville de la même contrée, selon Etienne le Géographe. Ptolomée[a] la met dans la Lycie Province voisine. Le Grec porte Καρύα, CARYA.

[a] l.5.c.3.

3. CARIE de Thrace, selon Suidas, ou plutôt selon Ortelius. Pausanias[b] cité par ce

[b] l.6.c.13.

dernier dit, qu'on mettoit entre les merveilles un certain Polites, qui n'avoit point d'égal pour la vitesse aux courses des Jeux Olympiques ; il étoit de Cerame ἐν τῇ Θρακίᾳ Καρίᾳ ; Ortelius le rend par *Caria Thracica*, la Carie de Thrace ; mais ce passage de Pausanias ne détermine pas si c'étoit un Canton de la Thrace nommé la Carie, ou si au contraire c'étoit un Canton de la Carie nommé Thrace. Ce dernier sentiment me paroît le plus vrai. Car on ne trouve point de Cerame dans la Thrace, & certainement il y avoit dans la Carie une Ville nommée Cerame, & un Golphe nommé Ceramique.

4. CARIE, les Notices Episcopales mettent un Siége à Carie dans la Phrygie Capatienne. C'est sans doute la même que CARIS qu'Etienne le Géographe met aux confins de la Phrygie. Ortelius[c] trouve dans Nicetas une Ville nommée Carie sur le Méandre. Ce doit être la même ; car le Méandre couloit de la Phrygie Pacatienne, entre la Carie & l'Ionie. Tite-Live[d] parlant du reglement que fit le Senat sur ce qu'il falloit donner au Roi Eumenes, dit: *& nominatim Magnesiam ad Sipylum & Cariam quæ Hydrela appellatur, agrumque Hydrelatarum ad Phrygiam vergentem & Castella, vicosque ad Mæandrum amnem & oppida,* &c. c'est-à-dire *& nommément Magnésie auprès du Mont Sipyle & Carie nommée aussi Hydrela,* & la Campagne des Hydrelates qui est du côté de la Phrygie, & les Châteaux, & les villages & les Bourgs situez sur le Méandre. Cette Carie Hydrela n'est point diferente de la *Carie* des Notices, & de Nicetas, ni de la *Caris* d'Etienne.

[c] Thesaur.
[d] l.37.c.56.

5. CARIE, contrée de la Scythie, selon Arrien[e] dans son Periple du Pont-Euxin. Il compte du Port de Callantra cent quatre vingt stades jusqu'au port des Cariens ; & ajoute que le pays d'alentour étoit nommé Carie. C'étoit un établissement des Cariens ; mais il étoit en deçà du Boristene & trop loin du Tanais, pour croire que ce soit la Colonie que j'ai dit que les Cariens avoient auprès du Palus Méotide, & dont parle Pline. Voiez CARES 2.

[e] p. 24.

§. Avant que de quiter le nom de Carie je remarquerai qu'il y a dans l'Architecture une sorte d'ornement que l'on appelle CARIATIDES ; ou plutôt CARYATIDES. Voiez-en l'origine au mot CARYA.

CARIETES, ancien peuple d'Espagne dans le departement de Clunia[f]. Ce peuple est nommé *Caristii* par Ptolomée[g], qui lui donne pour Ville VELIA. Le pays qu'occupoit ce peuple fait maintenant partie de la Biscaye & du Guipuscoa.

[f] Plin.l.3.c.3.
[g] l.2.c.6.

CARIFE[h], petite Ville ou Bourg d'Italie au Royaume de Naples dans la Principauté Ulterieure entre les Montagnes de l'Apennin, & entre les sources du Sabbato à l'Orient d'été, & à cinq milles de Fricento. Quelques-uns y cherchent la CALLIFÆ des Hirpins. Voiez ce mot.

[h] Magin Ital.

CARIGA, Ville d'Asie dans la Drangiane, selon Ortelius[i]. Il cite à la verité Marcellin ; mais il ajoute que c'est Accurse & non pas lui qui trouve ce nom dans cet Auteur.

[i] Thesaur.

CAR. CAR. 271

CARIGE, Ville de l'Inde en deçà du Gange, selon Ptolomée[a].

[a] l. 7. c. 1.
[b] Baudrand.

1. CARIGNAN[b], Ville de Piémont sur le Pô que l'on y passe sur un Pont. Elle est petite quoi qu'elle ait titre de Principauté. Elle est à sept milles de Turin, & à six de Carmagnole[c]. D'anciens titres nomment ce lieu CARONANUM, & il y en a qui veulent qu'il ait eu pour fondateur le Cæsar Carin fils de Carus & frere de Numerien ; mais ce n'est qu'une conjecture qui n'a d'autre fondement que la ressemblance du nom. Le territoire de Carignan touche à celui de Montcalier, de Pancalier, de Raconis & de Carmagnole, & on le compte entre les plus fertiles du Piémont, l'air y est très-sain, la campagne fort belle, les prairies d'une verdure charmante, il est entrecoupé de ruisseaux & de fontaines desorte qu'il n'y manque rien de ce qui peut en rendre le séjour agréable. A l'Orient de la Ville est un Château où les Princes de Savoye ont quelquefois demeuré. Le Duc Philibert surnommé le bel y passa une bonne partie de sa Vie & même en 1504. il y donna un tournois où assistèrent des Princes, & les premiers d'entre la Noblesse. Blanche de Montferrat, femme de Charles I. Duc de Savoye y vécut ses dernieres années, elle est même enterrée à Carignan dans l'Eglise des Augustins. L'an 1544. après la bataille de Cerisoles les François qui prirent Carignan en raserent les murailles & les fortifications ; mais ils en épargnerent le Château. Outre le Couvent des Augustins, il y a à Carignan des Capucins, des Clarisses, & deux Prevôtez, l'une de St. Jean Baptiste dont l'Eglise est paroissiale, l'autre de St. Martin. Il y a aussi deux Hôpitaux anciens, l'un sous le titre de St. Remi, l'autre sous l'invocation de Ste Marie. La Seigneurie de Carignan ayant été achetée vers l'an 1259. par Thomas II. Comte de Suse est parvenue par droit d'heritage à la Maison Royale de Savoye, & c'est presentement l'apanage d'une branche de la Maison de Savoye, qui porte le nom de Carignan.

[c] Theatr. Sabaud. Pedemont.

2. CARIGNAN, au Pays-bas. Voiez IVOY.

CARIGOURIQUAS, Peuple d'Afrique dans la Caffrerie ; aux environs du Cap de Bonne Esperance ; selon la relation de l'Afrique par De la Croix[d], suivi par Mr. Corneille. Je crois que les deux premieres syllabes de ce nom sont de trop, & qu'il faut dire simplement GOURIQUAS ; c'est ainsi qu'ils sont nommez dans le Mémoire inseré au premier Voyage de Siam du P. Tachard[e].

[d] T. 4.
[e] p. 104.

CARII, dans l'ancienne Edition Latine[f] de Procope, on lit dans la description des peuples qui habitent le long du Golphe de Venise : *supra hos Sichii sunt & Suavi ; haud tamen Francorum sub ditione: alii præterea qui Mediterranea tenent ; Carii deinde, Muricique : his vero ad dexteram Dace-Pannonique incolunt.* Il est visible qu'au lieu de CARII, il faut lire CARNI & au lieu de *Murici*, *Norici* : qui ont à leur droite les Daces & les Pannoniens. Mr. Cousin[g] n'a pas manqué de suivre en cela une édition plus correcte ; mais Ortelius qui apparemment n'avoit consulté que celle que j'ai indiquée a inseré les *Carii & Murici* dans son Trésor, sans témoigner qu'il

[f] Romæ 1506. fol.
[g] De la guerre des Goths c. 15. p. 402.

s'apperçût de la necessité de retablir ces noms.

CARILLÆ ; Silius Italicus[h] dit :

[h] l. 8. v. 580.

Et exhausta mox Pæno Marte Carillæ.

Petrus Marsius qui a commenté cet Auteur pretend que cette Ville étoit du peuple *Picentes* ; qu'il ne faut pas confondre avec le *Picenum*, qui est la Marche d'Ancone, au lieu que *Picentes* ou *Picentini* occupoient ce qu'on appelle aujourd'hui la Principauté Citerieure au Royaume de Naples. Cellarius croit que c'est la même chose que CERILLI. Voiez ce mot.

1. CARILOCUS, nom Latin de CHAILLI. Voiez ce mot.

2. CARILOCUS, nom Latin de *Charlieu*. Voiez ce mot.

CARIMA, Ville d'Asie dans la Galatie, selon Ptolomée[i]. Voiez CARINE 3.

[i] l. 5. c. 4.
[k] Le P. Coronelli Isolar. p. 139.

1. CARIN[k], KARIN ou CORI, petite Ville ou Bourg de la Dalmatie, sur le Canal de Novograd dans le territoire de cette Ville, entre elle & la Riviere d'Obroaxo.

2. CARIN ou QUARS[l], petite Ville d'Asie en Syrie sur la même Riviere qui coule à Alep, entre Alep & Samosate. Quelques-uns croient que Carin est la Ville fondée par Cyrus Roi de Perse, & nommée CYRRHUS ou CYRRHOS.

[l] Baudrand Ed. 1705.

1. CARINE, Ville de la Medie, selon Ptolomée[m]. Niger & autres Interpretes de Ptolomée donnent CHERIMA pour nom moderne de ce lieu.

[m] l. 6. c. 2.

2. CARINE. Herodote[n] dit ainsi : l'armée quittant la Lydie s'avança vers la Riviere de Caïque & dans la Mysie, & après avoir passé le Caïque laissant le Mont *Cana* à sa gauche, elle prit sa marche par Atarne pour se rendre à Carine. Cette Ville étoit donc dans l'Asie Mineure & dans la Mysie où couloit cette Riviere du Caïque, & où étoit le Mont Canæ, ou du moins dans l'Æolide où étoit le lieu d'Atarné.

[n] l. 7. n. 42.

3. CARINE ou CARINA. Pline met dans les annexes de la Phrygie une Ville de ce nom. Le R. P. Hardouin raporte ici la Ville de Carie de Phrygie, Ville Episcopale & doute s'il ne faudroit point lire Caria au lieu de *Carina* dans Pline. Ortelius au contraire lit CARINE, & doute si ne seroit pas la *Carima* que Pline donne à la Galatie. Il est certain que les acquisitions de la Phrygie touchoient du côté du Septentrion à la Galatie.

4. CARINE, Pline[o] nomme CARINA une Montagne de l'Isle de Crete, elle a, dit-il, neuf mille pas de circuit. Dans tout cet espace on ne voit aucune mouche, & elles ne touchent jamais au miel qui y est fait. Quelques exemplaires de Pline portent *Carma*, d'autres *Narina*. Peut-être, poursuit le R. P. Hardouin, faut-il lire *Carnia*, il y avoit une Montagne de ce nom dans l'Acarnanie, comme dit Callimaque dans son Hymne à Diane[p]. L'Auteur des Géoponiques[q] dit qu'il y avoit dans la Crete une Montagne celebre à cause de son miel, comme le Mont Hymette l'étoit dans l'Attique, & il nomme cette Montagne AGRAMAMMORION Ἀκραμαμμόριον.

[o] l. 21. c. 14.
[p] v. 109.
[q] l. 15. c. 7.

5. CA-

5. CARINE, Bourg de Sicile, avec titre de Principauté, dans la vallée de Mazara à deux lieues ou environ de Palerme du côté du Couchant, fort près de Muro-Carini. C'étoit autrefois une Ville Episcopale. [a] La Notice de Nilus Doxapatrius porte que Syracuse de Sicile avoit XXI. Evêques, entre lesquels celui de Carine étoit l'XI.

[a] *Scholstrate Ant. Ecclef. T. 2. p. 734.*

CARINI, ancien Peuple de la Germanie du nombre des Vandales, selon Pline [b]. Ptolomée [c] n'en parle point quoique Mr. d'Audifret [d] le dise. Les Καρινοὶ de ce Géographe qu'Hermolaus croit être les mêmes que les *Carini* de Pline, ne sauroient l'être. Ces *Carini* de Ptolomée étoient voisins des Helvetiens ou de la Suisse. Les *Carini* de Pline étoient tout à l'autre bout de la Germanie vers la Mer Baltique; Pline les fait voisins des Varins qui habitoient le Mecklenbourg, auprès du Warnow qui coule à Rostock, & qui conserve encore leur nom. Il n'est pas même bien sûr que CARINI ne soit pas un mot ajouté dans Pline par la negligence d'un copiste qui aura repeté le mot *Varini* qui precede, & l'aura écrit d'une maniere vicieuse pour la seconde fois. Ce que Mr. d'Audifret, & après lui Mr. Corneille ajoutent de particulier touchant les Cariniens n'est appuyé que sur des conjectures modernes sans autorité. Mr. Baudrand [e] cite Ptolomée quoi qu'il n'ait parlé nulle part des Carins, & c'est apparemment sur cette fausse citation que s'est reposé Mr. d'Audifret.

[b] *l. 4. c. 14.*
[c] *l. 3. c. 11.*
[d] *Geogr. T. 3.*
[e] *Ed. 1682.*

CARINII, Peuple de l'Illyrie, selon Appien [f].

[f] *in Illyric. p. 999.*

CARINOLA [g], Ville du Royaume de Naples dans la Province de Labour avec un Evêché Suffragant de l'Archevêché de Capoue; près du Mont Massico; elle est fort petite à cause du mauvais air, ensorte qu'elle est presque reduite en village, & ne contient pas plus de quarante Maisons. Elle est à quatre milles de la côte de la Mer de Toscane, [h] en allant vers Tiano, (& non pas *Icano*,) comme on lit dans l'Edition Françoise, à autant de Sessa au Midi Oriental, & à douze milles de Capoue qui lui est au Sud-Est. Mr. Baudrand dit que son territoire étoit autrefois nommé *Stellates*, & qu'il étoit celebre pour sa fertilité, & pour ses bons vins. Voiez STELLATES.

[g] *Baudrand Ed. 1705.*
[h] *Magin Ital.*

CARINSII, ancien Peuple de l'Isle de Sardaigne dans sa partie Septentrionale, selon Ptolomée [i].

[i] *l. 3. c. 3.*

CARINTHIE, Province avec titre de Duché entre les Etats hereditaires annexez à l'Archiduché d'Autriche. Les Allemands nomment ce pays 𝔎𝔞𝔯𝔫𝔱𝔢𝔫. C'est une partie de la Norique des anciens, selon le Docte Wagenseil [k] & Cellarius [l]. Elle est [m] bornée au Nord par l'Autriche, au Levant par la Stirie, au Midi par la Carniole & au Couchant par le Comté de Tirol, & par l'Archevêché de Salsbourg. Elle peut avoir XXVIII. milles d'Allemagne en longueur, & XIV. en largeur. Elle est entourée de Montagnes, & l'air est froid, aussi n'y croît-il point de vin. Elle en est dedommagée par l'abondance des grains. Il y a pourtant des endroits de ce pays, où l'on seme vers la St. Jacques, c'est-à-dire vers la fin de Juillet, & la moisson ne se fait qu'à la St. Laurent, c'est-à-dire vers le 10. d'Août de l'année suivante: desorte qu'il y a treize mois entre les semailles & la moisson. Les habitans savent presque tous l'Allemand, l'Esclavon & l'Italien. [n] Les principaux lieux de la Carinthie sont

[k] *Synopf. Geogr. p. 331.*
[l] *Geogr. nostri temporis p. 209.*
[m] *Wagenseil l. c.*
[n] *Cellarius l. c.*

Clagenfurt, Capitale Wolckmar, sur la Drave.
St. Weit, Lauanmund, au confluent de la Drave & du Lavant,
Gurk, Ville Episcopale, Drabourg,
Strasburg, residence de l'Evêque de Gurck. Et St. André autrefois Lavantum.

L'Evêque de Bamberg possede dans la Carinthie.

VILLACH, en Latin *Vacorium* sur la Drave.
WOLFSBERG, sur le Lavant,
St. Leonard, sur la même Riviere:
Et quelques autres lieux.

Le Bourg & la Seigneurie de *Sonnek* appartiennent aux Comtes d'*Ungnad*: *Freisach* & *Beyersberg*, & quelques autres lieux peu considerables appartiennent à l'Archevêque de Saltzbourg.

La Carinthie fit autrefois partie de l'ancien Duché de Baviere. Charlemagne donna le Gouvernement de cette Province à Ingevon dont il seroit difficile de prouver la succession. Ottocare Roi de Bohême qui s'en étoit emparé, en fut chassé par l'Empereur Rodolphe I. il en investit en 1282. Menard Comte de Tirol, à la charge que la Carinthie reviendroit aux Ducs d'Autriche fautes d'hoirs mâles; ce qui arriva après la mort de Henri Roi de Bohême fils de Menard environ l'an 1321. Je raporte ailleurs la ceremonie par laquelle les paysans de cette Province avoient l'usage d'investir les Souverains de ce Duché; c'est à l'Article FURSTENSTEIN.

CARION, Riviere du Peloponnese selon Ortelius, qui s'appuye sur l'autorité de Callimaque.

CARIOSVELITES. Voiez CURIOSOLITES.

CARIOTH, lieu de la Palestine dont il est parlé dans le livre de Josué [o], selon la Vulgate, les Versions suivant l'Hebreu porte KERIOTH.

[o] *c. 15. v. 25.*

CARIPETA, ancienne Ville de l'Arabie heureuse. Pline [p] dit qu'elle fut détruite par les Romains; lorsque Gallus fit la conquête de ce pays-là; & qu'il n'avança pas plus avant dans l'Arabie. Dion l'Historien [q] dit qu'Ælius Largus, (il vouloit dire Ælius Gallus) poussa ses conquêtes jusqu'à ATHLULA Ville considerable; μέχρι Ἀθλούλων.

[p] *l. 6. c. 28.*
[q] *l. 53.*

CARIPOUS [r], Peuples de l'Amerique Meridionale, au Nord du Bresil, & de la Riviere des Amazones. Leur Pays est éloigné seulement de trente lieuës de celui des Caribes, à qui ils font une guerre continuelle. Ils sont bazanez comme les Toupinanbous, qui en sont à six-vingt lieuës; mais plus beaux, plus

[r] *Corn. Dict. Moquet l. 2.*

plus vifs, & plus gais ; ils n'aiment point les personnes tristes, sont hardis & courageux, liberaux, honnêtes, & ont le visage riant. Ce Peuple est le plus doux de tous ceux des Indes Occidentales ; il aime l'honneur, la Justice, la verité, est ennemi des trompeurs, des méchans, & cherit les bons & les vertueux ; il méprise les poltrons, & porte honneur aux hommes vaillans. Les Caripous vont nuds, peints & couronnez de plumes, & se parent de quelques patenôtres ou grains qu'ils mettent sur leurs corps, chargeant leurs oreilles de bois long, & de pierres rondes. Ils cachent dans des étuis faits d'écorce d'arbre ce que la pudeur ne permet pas de montrer, mais les Femmes, & les Filles n'ont point de honte de paroître nuës, & servent seulement les jambes comme en les croisant. Ils font du feu avec deux petits bâtons, de même que les autres Indiens, & ont des hamacs ou lits pendans faits d'écorce de palmier. Quoiqu'ils soient voisins des Caribes leurs plus mortels ennemis, la langue dont ils se servent est si differente de la leur, qu'ils ont beaucoup de peine à s'entendre. Ils les vont souvent chercher pour les attaquer. Leur armée de l'an 1604. étoit composée d'environ trente-cinq Canots, dont chacun contenoit vingt-cinq ou trente hommes. Le Roi qu'ils avoient en ce temps-là s'appelloit Anacajouri. Leurs armes sont des arcs, des Fléches, & des Epées de Bois de Bresil. La Religion de ces deux Nations est la même. Tout ce Pays qu'arrose la riviere d'Yapoco, est plein de montagnes, & de Bois, & produit les mêmes grains & les mêmes fruits que celui des Caribes ; mais il y en a de fort dangereux, & sur tout une pomme appellée *Mancanilla* par les Espagnols. Elle est fort jaune & tres-agreable à voir, mais si venimeuse, que pour peu qu'on en mette dans la bouche, on meurt aussi-tôt. Comme il y a auprès de la mer des arbres qui portent ces Mançanillas, & qu'elle entre assez avant dans ces Bois pour entraîner diverses sortes de fruits, les poissons qui sucent celui-ci se pelent, & s'écaillent tout à fait, & s'ils en mangent, ils perdent leur premiere peau. Il y a des veines d'argent mêlées parmi des veines de Couleur d'ardoise, & on y voit force perroquets avec plusieurs autres animaux. Les Habitans font des Galettes de Mays, & de Racine de Cassave qu'ils rapent sur une pierre ou sur un bois fait en façon de lime, ensuite ils mettent le tout dans une grande manche faite de petits scions comme d'osier. Après avoir bien épreint cette poulpe, ils la font sécher, puis la détrempent dans de l'eau, & font une Pâte qu'ils étendent sur une grande pierre plate qui est sur le feu, & lui donnent une forme de Galette, qui se peut garder trois ou quatre ans en un lieu sec. Ils font de leurs Fruits une Boisson qui enyvre comme de la Biere ou du Cidre, & ils en font de differentes couleurs. Ils mangent des Serpens d'une grandeur, & d'une longueur prodigieuse, mais ils ne sont point Anthropophages, & quoique les Caribes se nourrissent de leur chair, ils ne mangent pas la leur, quand il en tombe quelques-uns entre leurs mains. Ils croquent des Gommes, des Plumes d'aigrettes, & des Perroquets, du Tabac,

* *Tom. II.*

& d'autres choses semblables que le Pays porte, contre nos Serpes, Haches, Couteaux, Patenôtres de verre de diverses Couleurs, & autres choses de cette nature.

CARIS, nom Latin du CHER Riviere de France qui se perd dans la Loire. Voyez CHER.

CARISCO, Isle d'Afrique, à trois ou quatre lieues du Cap de St. Jean vers le midi, sur la Côte de la Mer de Guinée. [a] C'est un terroir bas environné de Sablons de tous côtez, à la reserve de celui du Nord-Ouest, qui est un peu plus haut, & où il n'y a que quelques pierres. Sanut parlant de cette Isle dit qu'elle est toute couverte d'Arbres dont le bois passe en rougeur celui de Bresil. La Rade où les Vaisseaux jettent l'ancre est à 45. au Nord de la Ligne. (La Longitude selon les Tables Hollandoises est de 28. d. 48. le nom de CARISCO lui a été donné par les Portugais, & signifie FOUDRE, parce que la Foudre tomba proche de cette Isle quand les Portugais la découvrirent. Il y a un Bois au Nord-Ouest, & il en sort un torrent d'eau douce qui devient salée dans un gros temps. Cette Isle est dans le Royaume de Benin, & n'a que demie lieuë d'étenduë. Quoiqu'elle ne soit point habitée, elle est quelquefois d'un grand secours aux Vaisseaux pour s'y fournir d'eau, & de Bois.

[a] *De la Croix Relat. de l'Afrique T. 3.*

CARISIA. Voyez CARISSA.

CARISIACUM,

CARISIACUS, Maison Royale des Rois de France dans la seconde Belgique, lieu autrefois tres-celebre, & qui l'est si peu à present que les Savans ne s'accordent gueres entre eux sur sa situation. Les uns le mettent au Village de KIERSY sur l'Oise, les autres à CRESSI sur la Serre dans le Thierache. Le premier sentiment est d'Hadrien de Valois, le second est soutenu par le P. Labbe dans sa Table Géographique des Concilles, & est suivi par la plupart des Modernes. L'Auteur du IV. Livre de la Diplomatique, après je tire tout cet Article dit avoir été aussi de ce sentiment ; mais qu'il en a changé après avoir lui-même examiné la chose sur les lieux, & prouvé des Actes tres-authentiques, qui fixent la connoissance de *Carisiacus*. Voici à quoi se reduisent ses preuves que j'abregerai un peu.

Le plus ancien témoignage où il en soit parlé, c'est dans un Diplome [b] du Roi Thierri fils de Clovis le jeune, accordé à l'Abbé Bertin. Il y est dit que l'Abbé Bertin étoit venu du Monastere de Sithiu, (aujourd'hui S. Bertin de St. Omer), pour lui demander la confirmation d'une donation que l'on avoit faite à son Abbaye ; ce qui lui fut accordé. l'Acte est daté *Carisiaco Palatio*, le 1. Avril l'an XIV. de son regne. Cela prouve que dès ce temps-là il y avoit un Palais où les Rois de France sejournoient. Childebert III. son fils aimoit aussi ce lieu, & un de ses Diplomes est daté *Carresiaco* la VII. année de son regne. Peu après c'est à dire l'an 741. *Carisiacus* devint encore plus illustre par la mort de Charles Martel. On lit dans l'Appendice de Fredegaire : le Prince Charles enrichit de plusieurs dons la Basilique de St. Denys Martyr venant *Carisiaco villa Palatii super Isseram fluvium* saisi d'une violente fiévre il mourut en paix. Les Chronographes posterieurs disent la même chose.

[b] *In Chartar. Folcuini Monac. Sithiensis.*

chose. Son corps fut pourtant reporté à St. Denys. Car ce n'étoit pas la maniere d'enterrer les Rois dans l'endroit où étoit leur Cour : si l'on en excepte Charlemagne qui fut inhumé à Aix la Chapelle quoi-qu'il eût lui-même désigné sa sepulture à St. Denys, ce que l'on peut prouver par un Acte qui subsiste, & que Doublet [a] a publié. Dans les Archives de St. Denys il y a un Acte daté *Careciaco villa in palatio, quod fecit mensis december dies* XVII. *an.* v. *post defunctum Theodericum Regem.* L'an 723. Etienne II. Pape étant venu implorer le secours de Pepin Roi de France, Pepin touché de ses prieres se rendit *Ad locum qui Carisiacus appellatur*, & y assembla tous les Grands de son Royaume, & résolut avec eux d'accomplir ce dont il étoit convenu avec le Pape. C'est ce que dit Anastase dans la Vie du Pape Etienne. Eginhard ajoute que Carloman frere du Roi, & qui s'étoit déja fait Moine, fut forcé de s'y rendre malgré lui par l'ordre de son Superieur Optat Abbé du Mont Cassin. Le Pape Etienne s'y rendit lui-même. Pepin y tint une assemblée generale (*Conventum magnum*) des Grands du Royaume en 764. Il y passa les fêtes de Pâques, & de Noël des années 760. & 764.

Charlemagne y reçut Suidbert Evêque de Ratisbonne (*Reginensis*) que Tassillon de Baviere lui envoyoit en Otage l'an 781. Il y passa l'hiver, & y solemnisa les fêtes de Noel, & de Pâques de la même année, & celles de 775 & 782. L'an 804, Charlemagne ayant apris que le Pape Leon III. vouloit celebrer avec lui les fêtes de Noël, envoya son fils Charles au devant de lui, & y alla ensuite lui-même jusqu'à Rheims, il l'emmena ensuite premierement *Carisiacum Villam*, où il celebra la Naissance du Seigneur ; ensuite à Aix la Chapelle. Il est remarquable que les anciens Rois de France avoient coutume de solemniser d'une maniere éclatante les fêtes de Noël, & de Pâques, de là vient que les Annales d'Eginhard, & autres ne manquent point de marquer chaque année les lieux où ils faisoient cette solemnité. On a outre cela des Diplomes de Charlemagne datez *in Palatio Carisiato*, ou *Carisiago*.

Après la mort de Charlemagne Louïs le debonnaire son fils y tint une Assemblée l'an 810., y passa le temps des chasses de l'automne, & alla passer l'hyver à Aix la Chapelle au raport d'Eginhard. L'an 827. il partagea son Automne jusqu'au commencement de l'hyver entre Compiégne, & *Carisiacus*, & les autres Palais voisins de ceux-ci, dit le même Auteur, c'est-à-dire qu'il chassa dans les Forêts de Compiégne, & de *Carisiacus*, comme le dit l'Auteur de sa Vie. L'an 834. après son rétablissement, il alla y attendre ses fils, & leurs Adherans ; & trois ans après il y conferea à son fils Charles la couronne de Neustrie. Nitard & l'Auteur de la Vie de Louïs en conviennent.

Selon les Annales de St. Bertin Charles fils & Successeur de Louïs alla au Palais de *Carisiacus*, y épousa Hermentrude Niéce du Comte Adalhard, & partit de là pour *Augusta-Viromanduorum* en memoire du Bienheu-

reux St. Quentin Martyr, pour y celebrer la fête de la Nativité, & de l'apparition du Seigneur. Au quatrieme siecle de l'Ordre de St. Benoît [b] on trouve un Acte de Charles le Chauve daté du mois d'Octobre l'an IV. année de son Regne, *Carisiaco Villa Sancti Salvatoris.* (Il est bon de remarquer que le P. Daniel parle sur les Mémoires differens, lors qu'il dit que le mariage de Charle le Chauve se fit à St. Quentin, qu'il y passa la fête de Noël, & que de là il alla à Valenciennes. Mais lors que ce Pere parle de *Carisiacus* il le nomme *Chiersi* sur l'Oise. Mr. de Vallemont dans les Elemens de l'Histoire dit que ce mariage se fit dans le Palais de *Creci* sur l'Oise ; il se trompe ; Cressi ou Creci n'est point sur l'Oise, mais sur la Serre Riviere, qui tombe dans l'Oise au dessus de la Fere.) Sous le Regne du même Charles on tint à *Carisiacus* cinq Conciles : le I. contre le Moine Gothescalc l'an 849. Le II. contre le même quatre ans après. Le III. l'an 857. pour prendre les mesures necessaires afin de reprimer les brigandages dont le Royaume étoit alors infesté. Le IV. l'année suivante composé des Evêques des Provinces de Rheims, & de Rouen, deputa au Roi Louïs qui étoit alors à Attigni. Le V. dix ans après pour examiner le Prêtre Wilebert nommé à l'Evêché de Challon. C'est à l'un ou à l'autre de ces deux derniers Conciles qu'il faut raporter ce que dit Flodoard dans son Histoire de Rheims. Le même Roi en 870. venant de Lestines (*Liptinis*) par St. Quentin, & par *Carisiacus* à Compiégne passa l'automne à chasser dans la Forêt de Cuisse (*in Cotia Saltu*), & enfin l'an 877. ayant été dangereusement malade à Versigni (*in Villa Virzinniaco*) il en guerit, & alla par Compiégne à *Carisiacus* selon les Annales de St. Bertin qui ajoutent peu après que ce Prince partant pour l'Italie alla de *Carisiacus* à Compiégne, à Soissons, à Rheims &c. Entre les Capitulaires de ce Roi il s'en trouve des années 858, 861, 873. & de l'an 877. qui fut celui de sa mort, qui sont datez de *Carisiacus*.

Louïs le Begue ayant apris à Odri (*in Audriaca Villa*) la mort de son Pere, alla par *Carisiacus* à Compiégne, & à Verneuil (*Vernum usque*) à dessein de se rendre à St. Denys. Après la mort de Louïs petit-fils de Charles le Chauve, Carloman frere de Louïs étant parvenu l'an 882. à la couronne promit aux Evêques de conserver les Droits, & les privileges des Eglises, & cette promesse se fit à *Carisiacus*.

On voit par là que ce lieu fut celebre pendant plus de deux cents ans. C'est-à-dire depuis le VII. siecle jusqu'à la fin du IX. Peut-être fut-il du nombre des Palais, & Châteaux que les Normands brûlérent, & détruisirent vers ce temps-là. Il faut voir présentement si les passages alleguez ci-dessus conviennent à CHERSI ou QUIERSI sur l'Oise, ou bien à CRESSI, ou CRECI sur la Serre.

1. Il est de fait que *Carisiacus* ou *Carisiacum*, a été nommé autrefois *Kirisiacum* ou *Chirisiacus* sur l'Oise. Philippe I. Roi de France dans les Lettres accordées à Radbod Evêque de Noyon, éclaircit ce doute. Leur titre dans le Cartulaire de cette Eglise est :

Do-

CAR.

Donatio Philippi regis facta Episcopo, de Carisiaco Castello in Suessionensi Pago. Ces Lettres désignent plus particulierement en quel endroit étoit ce Château. Radbod y est dit avoir demandé au Roi que le Château nommé *Carisiacum*, situé dans le Suessonnois fût, accordé à l'Eglise de Noyon pour en jouïr à perpetuité. Voici les motifs de sa requête, que ce Château étoit fort près de son Evêché *suo Episcopio proximum*, & que pour éviter les embuches de ses voisins qui étoient ses ennemis; & les mauvais tours qu'ils lui jouoient souvent, il le croioit necessaire à son Eglise. Cela convient bien à *Chierst* ou *Quiers* sur l'Oise, & ne peut convenir à Cressi sur la Serre qui est dans le Laonois, à plus de dix lieues de Noyon; au lieu que Chiersi n'en est pas à trois, & est pourtant du Diocese de Soissons.

Une autre preuve se prend de Guilbert Abbé de Nogent qui distingue expressément *Carisiacum* de *Creci* au troisiéme livre de sa Vie: car au Chapitre V. il loue Gerard de *Carisiacus*, car, dit-il, on le surnommoit ainsi parce qu'il étoit Seigneur de ce Château. Or au XIII. Chapitre il parle du Château de Creci (*quod Creciacum vocant*) d'où n'étoit pas fort éloigné le Bourg de Novion L'ABBESSE (*Municipium nomine Novigentum*,) qui est effectivement assez près, & à l'Occident de Cressi sur Serre. Le *Creciacum* de cet Auteur étoit une métairie, ou un Village, (*Villa*) de l'Abbaye de St. Jean de Laon; & il se trouve que jusqu'à present Cressi appartient encore à cette Abbaye. Dans les Archives de ce Monastere celui est toujours nommé *Creciacum* ou *Creciacum* & jamais *Carisiacum*.

Ce Gerard étoit donc Seigneur de *Carisiacus* qu'il avoit à titre Feodal du Roi premierement, & puis de l'Evêque de Noyon.

Le nom de *Carisiacus* se trouve bien diversement écrit KYRISIACUS, CHIRISIACUS, CIRISIACUS, CHERISIACUS, il a même porté le nom François de CHERISI, & il y a en France une famille de ce nom qui en étoit; quelquefois on l'a appellé KIERSY ou QUIERSI (qui est l'Orthographe la plus usitée par nos Modernes,) ou même par corruption THIERSI. Dans la Bibliotheque de Cluni on lit: Le Doyenné de St. Martin *de Quirisiaco*, Diocése de Soissons en Picardie à trois lieues de Noyon. Il est clair que c'est le même *Kirisiacum* des uns & le *Carisiacum* que l'Evêque de Noyon demandoit au Roi, qu'il obtint, & que l'Eglise de Noyon donna ensuite à titre d'arriere-fief à la famille qui en a porté le nom. Ce même Gerard dont j'ai parlé, & que l'Abbé de Nogent appelle *Dominus Carisiacensis*, le Moine Herman dans son Traité des Miracles * l'appelle *Gerardus de Cyrisiaco*. Ainsi *Carisiacus, Kirisiacum* & *Cirisiacum* sont tres-certainement divers noms d'un même lieu, ou, ce qui revient à la même chose, des variations d'un même nom. Un Diplome de Louïs Empereur en faveur du Monastere de Fleuri est daté de la XXII. année de son Empire.

Pour ce qui est de la situation, elle est marquée dans les Auteurs d'une maniere à lever toute la dificulté. L'Appendice de Frede-

l.1.c.1.

Tom. II.

CAR. 275

gaire le met expressément sur l'Oise, *Carolus Princeps... veniens Carisiaco Villa Palatii super Issaram fluvium valida febre correptus obiit in pace.* On lit la même chose dans les Annales de Mets au Recueil d'André du Chesne; & on la liroit aussi dans un manuscrit qu'avoit le P. Sirmond s'il n'avoit pas été falsifié par quelqu'un qui croiant qu'*Issara* fût une faute a substitué *Sara*, parce qu'il s'étoit faussement imaginé qu'il étoit question de la Serre, & non pas de l'Oise. Mais cette falsification n'est rien, puis qu'il reste quantité d'autres Chroniqueurs qui deposent tous en faveur de l'Oise; celui de Fontenelles, Aimoin, Ademar, & Gui de la Bazoche déclarent tous unanimement que ce Prince se rendit à *Carisiacus super Isaram* ou *Iseram*; & par consequent assurent à *Kiersi* la possession d'être l'ancien *Carisiacus*.

Près de *Carisiacus* étoit une Forêt où les Rois de France alloient se divertir à la chasse. Auprès de *Kiersi* ou *Quiersi* est encore une Forêt qui occupe du moins quarante Arpents de Terrain, & c'est d'elle qu'il est fort parlé au livre des Miracles de St. Bertin, c'est d'elle aussi qu'il faut entendre ce qui est dit dans le Capitulaire de Charles le Chauve de l'année 877. où assignant à son fils une partie du Royaume il en excepte *Carisiacus* avec ses Forêts, & semblablement (*Silvacum* *s*) avec tout le Laonois. On voit que *Carisiacus* n'étoit pas dans le Laonnois, où est Cressi sur Serre. On sait d'ailleurs que *Carisiacus* étoit voisin du Monastere de Bretigni, comme il se voit par les reponses que le Pape Etienne II. étant en France à *Carisiacus* donna au Monastere de Bretigni (*Brittaniaca*) sur quelques points touchant lesquels on l'avoit interrogé. C'est-à-dire qu'il étoit non pas au lieu même de *Carisiacus*, mais dans son territoire, & dans le Monastere de Bretigni qui en étoit *in Britennavo Monasterio*. Ces reponses n'étoient pas adressées aux Moines de cette Abbaye comme P. Sirmond l'a cru, mais données de ce lieu-là aux Evêques, & autres Pasteurs des Eglises. Sur cela il est bon d'observer un ancien usage. C'est que les Maisons Royales n'avoient pas pour un seul Village, mais elles en avoient plusieurs dans leur étendue. C'est ainsi que *Clipiacus*, Maison Royale du territoire de Paris, comprenoit, outre le Village qui porte aujourd'hui le nom de St. Ouen, celui qui a conservé l'ancien nom, & que l'on appelle CLICHI. Il y en a encore d'autres exemples que je ne raporte pas: je me contente de celui-ci qui est sans replique. On a un Diplome de Charles le Chauve en faveur du Monastere de Corbien, *Curbionense*, lequel est daté *Carisiaco Villa Sancti Salvatoris*, C'est-à-dire à Quiersi Village de St. Sauveur. Ainsi les reponses du Pape Etienne sont tres-bien datées de Quiersi au Monastere de Bretigni. Le voisinage de Bretigni & de *Carisiacus* est prouvé par les Actes du Concile qui examina Willebert dont j'ai parlé ci-devant, car Hincmar Metropolitain, & ses Sufragans, & les Evêques d'autres Provinces s'assemblerent à *Carisiacus* dans l'Eglise l'an 868 indiction II. le 3. Decembre, & après l'examen ils marquerent le jour, & l'heure de la consecration du nou-

s *Je l'explique ailleurs ce mot.*

vel Evêque au 5. Decembre au Monastere de Bretigni. Il n'y eut donc qu'un jour entre l'examen, & la consecration il se fit à *Carisiacus*, on regla qu'elle se seroit à Brétigni: l'intervalle ne conviendroit pas à Cressi sur Serre. Mais il convient très-bien à Quiersi sur l'Oise qui est tout auprès de Bretigni. La Forêt de *Carisiacus*, & celle de Compiégne se touchoient, Einhard & l'Historien de la Vie de Louis Empereur le disent expressément [a]; & cela est presque encore vrai de la Forêt de Quiersi, ce qu'on ne peut pas dire de Cressi. Mais ce qui acheve de lever toute dificulté, c'est le domaine direct que les Rois de France garderent sur le château de Quiersi sur l'Oise jusqu'à Philippe qui l'accorda à Ratbod Evêque de Noyon, & c'est ce que l'on ne peut pas dire de Creci, qui n'a jamais appartenu au Roi, mais à la Maison de Couci, comme il est prouvé dans le iv. livre de la Diplomatique, où je renvoye ceux qui voudront examiner en detail les preuves que j'ai raportées.

[a] Ad ann. 827.

1. CARISSA, ancienne Ville de la Paphlagonie selon Pline, & Ptolomée citez par Ortelius. Le premier dit CARUSA dans l'Edition du R. P. Hardouin. Voyez *Caruza*. Le second[b] appelle *Trocmi* le peuple à qui elle appartenoit.

[b] l. 5. c. 4.

2. CARISSA REGIA, surnommé AURELIA, ancienne Ville d'Espagne, habitée par les Latins, selon Pline[c] qu'il met dans le Département de *Gades* ou Cadix. Ptolomée la nomme aussi CARISSA[d], & la met dans la Turdetanie aux confins de la Lusitanie. On dit que le lieu en conserve encore l'ancien nom, qu'il est auprès de Bornos, au bord de la Riviere de Guadalete.

[c] l. 3. c. 1.
[d] l. 2. c. 4.

CARISSANUM CASTELLUM; Pline[e] parle de ce Château, & dit qu'il y plût de la laine, & qu'un an après Titus Annius Milo fut tué près de là. C'est-à-dire qu'il étoit fort voisin de *Compsa*, car Jules Cesar, & Velleius Paterculus disent qu'il fut tué d'un coup de pierre au siége de *Compsa*. Cela a fait juger à quelques uns que Compsa étoit la même chose que *Carissanum Castellum*: ce qui n'est pas necessaire. Voyez COMPSA.

[e] l. 2. c. 56.

CARISTI, peuple de l'ancienne Espagne Tarragonnoise, selon Ptolomée[f], qui met chez eux l'embouchure de la Deva. Il leur donne aussi pour Villes plus avant dans les terres *Suestasium* que ses Interpretes expliquent par *Sanguesa*, *Tullica* que le P. Briet conjecture être *la Venta*, & enfin *Velia* que les Interpretes traduisent *Veleja*, & que le même Pere Briet dit être peut-être *Trevigno*. Ce Pere[g] dit que leur pays fait aujourd'hui partie du Guipuscoa, & de la Biscaye.

[f] l. 2. c. 6.
[g] Parall. 2. part. l. 4. c. 266.

CARISTO,[h] petite Ville de Grece dans l'Isle de Negrepont, & dans sa partie Orientale: les François l'appellent Chateau-Roux. Elle est le Siége d'un Evêché Grec sous l'Archevêque de Negrepont dont elle est à près de soixante milles, & près du Cap de l'Oro.

[h] Baudrand Edit. 1705.

CARISTUM, ancienne Ville d'Italie dans la Ligurie au Territoire des Statielates selon Tite Live.[i] Quelques exemplaires portem CARYSTUM.

[i] l. 42. c. 7.

CARITH,[k] Torrent de la Palestine au de-là du Jourdain où il tombe au dessous de Bethsan. C'est auprès de ce torrent, & dans la Vallée où il coule que le Prophete Elie demeura caché pour éviter les Persecutions de Jezabel; & c'est là que les Corbeaux lui apportoient chaque jour soir & matin de la viande, & du pain[l].

[k] D. Calmet Dict.
[l] Reg. l. 3. c. 17. v. 3 & 4.

CARITHA, voyez CARTHA.

CARITHNI, ancien peuple de la Germanie. Ptolomée[m] le met entre les Vangions, & les Vispes; il nomme ensuite la solitude des Helvetiens. Pour juger où étoit ce peuple il faudroit savoir qui étoient les Vispes de cet Auteur; & à dire vrai je n'ai vu sur ce nom que des conjectures qui portent en l'air. Ortelius[n] explique le Pays des Carithnes par le Wirtenberg; mais il le dit sans aucune preuve.

[m] l. 2. c. 11.
[n] Thesaur.

CARIUM, lieu de l'Isle de Cypre où étoit la Forêt d'Apollon, selon Isace sur Lycophron. Ortelius[o] croit qu'il faut lire CURIUM.

[o] ibid.

CARIUS, Riviere d'Asie dans la Carmanie, selon Ptolomée[p]. Les exemplaires varient. Quelques-uns portent CORIUS que je crois meilleur, du moins il aproche le plus du nom COROS Riviere dont parle Pomponius Mela[q], & que l'on croit être la même. Vossius[r] reproche à Ptolomée d'avoir trop aproché l'embouchure de cette Riviere du Golphe Persique. Selon lui CORUS, CORIUS, & CYRUS est la même Riviere que l'on nomme presentement BENDEMIR; voyez ce mot. La Riviere qui s'y decharge a été nommée Araxe par les Historiens d'Alexandre le Grand, qui, toutes les fois qu'ils ont decrit une Riviere nommée Cyrus, n'ont pas manqué de l'accompagner d'une autre Riviere nommée Araxe, & d'une Ville nommée CYROPOLIS. Ce fleuve Cyrus pourroit bien être le Mede dont il est parlé à l'Article d'Araxe 2.

[p] l. 6. c. 8.
[q] l. 3. c. 8.
[r] Observ. in Mel. p. 284.

CARIXA, ou CAROSA, petite Ville de Turquie en Asie dans la Natolie sur la Mer noire, entre la Ville de Synope, & l'embouchure du Lali. On la prend pour l'ancienne *Cyptasia* Ville de Paphlagonie.

[f] Baudrand Ed. 1705.

CARIZA, on appelle ainsi le lieu où sont les ruines de CARISSA REGIA ancienne Ville d'Espagne.

CARISME Voyez CHARASS'M.

CARKH, Faux-bourg ou partie Occidentale de Bagdet ou Bagdat en Perse. Voyez KARCK.

CARLAC, Mr. Baudrand nomme ainsi un Bourg de France en Languedoc entre Pamiers & Rieux. La grande Carte des Generalitez de Toulouse & de Montauban nomme dans ce Canton LE CARLA une petite Ville située sur une Montagne; & un autre lieu nommé aussi LE CARLA à peu près de même grandeur au Midi de Mirepoix, & à environ deux heures de chemin de cette Ville à la source du DORDUIRE petit ruisseau qui se perd dans le grand Lers au Couchant de Mirepoix. C'est du premier lieu que Mr. Baudrand, a voulu parler. Il est dans le Comté de Foix. Voyez *Carlat*. 2. & 3.

CARLADEZ,[t] (le) petit pays de France dans la haute Auvergne sur les Confins du Rouergue. Il prend son nom de Carlat petite Ville qui est peu considerable. Mais c'est une

[t] Longuerui desc. dela. France 1. part. p. 139.

CAR. CAR.

une ancienne Seigneurie & Vicomté possedée autrefois par de fort grands Seigneurs. J'aurai occasion d'en parler encore aux Articles de GEVAUDAN & dei ROUERGUE. Henri IV. proprietaire du Carladez, réunit cette Seigneurie à la Couronne: mais son Fils Louis XIII. l'ayant érigé en Comté, l'en détacha, & le donna à perpetuité avec le Valentinois au Prince de Monaco sur la fin de 1641. Mr. Piganiol de la Force [a] ne convient pas de tout ou détail: je raporterai son sentiment, & laisserai décider qui des deux a raison à ceux qui sont plus à portée que moi d'en savoir la verité. Vic sur la Riviere de Cere, en Latin *Vicus ad Ceram*, est, dit-il, un gros Bourg qui est le chef-lieu du Vicomté de Carladez, qui en 1643 fut donné au Prince de Monaco avec d'autres Seigneuries pour le dedommager de celles qu'il possedoit dans le Royaume de Naples, & dans le Milanois. Le Vicomté de Carladez a pris son nom de Carlat qui étoit un Château fameux dans nôtre Histoire pour avoir donné son nom à une Maison des plus anciennes d'Auvergne qui fondit dans celle d'Armagnac. Louis d'Armagnac, Duc de Nemours s'étant revolté contre le Roi Louis XI. se retira dans le Château de Carlat, où il fut pris, & eut la tête tranchée l'an 1477. Catherine d'Armagnac sa fille épousa Jean II, du Nom Duc de Bourbon, & eut une partie des biens confisquez sur son Pere, entre autres les Vicomtez de Carladés &. de Murat. Elles ont été plusieurs fois réünies à la Couronne, & ayant été données en Appanage à Marguerite de France premiere femme du Roi Henri IV. elle fit quelque séjour après son divorce au Château de Carlat qui a été enfin rasé sous le regne de Louis XIII. Il est assez plaisant que ces deux Auteurs s'accordent si peu sur ce petit pays. Le premier connoit une Ville de Carlat petite à la verité, & ne parle point de Vic sur la Cere Chef-lieu du Carladez; l'autre ne connoit point de Ville nommée Carlat, mais bien un Château qui ne subsiste plus depuis près d'un siécle; & donne pour Chef-lieu du Carladez Vic sur la Cere, qui vrai semblablement ne le seroit pas s'il y avoit une Ville nommée Carlat. Mr. Baudrand, & ceux qui le suivent mettent une petite Ville & un Château à Carlat, comme si le Château subsistoit encore. S'il se rencontre de pareilles tenebres, lors que l'on veut comparer le temoignage d'Auteurs qui ont été ou sont encore nos contemporains; à plus forte raison quel labyrinthe ne trouve-t-on pas lors qu'il est question de l'ancienne Géographie, où l'on n'a souvent d'autres lumieres que celles des Auteurs qui ont pu copier les fautes les uns des autres comme celles de Mr. Baudrand ont été copiées par Mrs Maty & Corneille. Le Denombrement de la France [b] met pourtant en ce lieu dans l'Election d'Aurillac Generalité de Riom Carlat Ville & Comté de cent cinquante feux.

[a] Desc. de la la Force France T. 5. P. 352.

[b] 1. p. 365.

1. CARLAT, Voyez l'Article precedent.

2. CARLAT ou LE CARLAT, petite Ville de France au Comté de Foix. C'est le même que le Bourg de CARLAC de Mr. Baudrand, entre Pamiers & Rieux. Ce lieu qui est peu de chose de soi-même est la patrie de Pierre Bayle qui y nacquit l'an 1648; il mourut à Roterdam le 28. de Decembre 1706. Son Dictionaire Historique & Critique, & les autres Ouvrages, dont on vient de faire un corps complet lui ont assuré une reputation brillante & durable. Une lecture prodigieuse & très-variée, une imagination fleurie; un stile net, libre & enjoué; repandent sur ses Ecrits un agrément qui fait quelquefois oublier le danger qui est caché sous les fleurs. Doué d'une temperance très-exemplaire, il vécut sans ambition, sans avarice; mais, on ne trouve pas, dans ses Ecrits, cette contingence si loüable dans ses mœurs. Un libertinage qui n'étoit que dans l'esprit, lui a fait en plus d'un endroit pousser l'enjouement jusqu'à l'obscenité. Une maligne Théologie, qui l'engageoit à humilier l'Esprit humain, & à montrer aux hommes toutes les foiblesses de leur Raison, lui faisoit quelquefois prêter aux sentimens les plus condamnez, des ressources capables d'ébranler les ames foibles. Il aimoit à inventer contre les veritez les plus generalement reçuës des Objections qui paroissent indissolubles, & dont de personnes peuvent dissiper l'illusion. Philosophe, sans Principe fixe, il se servoit indifferemment de tous, sans en adopter aucun, content d'embarasser ceux avec qui il disputoit; & d'aller à son but qui étoit, comme je viens de le dire, de faire connoître qu'il n'y a point de Verité qui ne puisse être contestée par des objections qui peuvent la contebalancer; point d'extravagance qu'on ne puisse appuyer sur des raisons capables d'éblouïr l'esprit humain. Ses adversaires eurent moins d'égard à son but qui pouvoit être très-loüable en le resserrant dans de justes bornes, qu'à l'usage qu'ils prevoïoient sagement que les Libertins feroient de ces objections; usage qui n'est, devenu que trop commun. Ils songerent à s'opposer aux mauvaises suites des disputes qu'il aimoit à exciter, & tâcherent de rendre son Christianisme très-équivoque. Si je me suis un peu plus étendu sur son sujet que sur quantité d'autres hommes illustres, dont j'ai occasion de parler, personne ne doit s'en étonner. Mr. Bayle étoit un de ces hommes extraordinaires pour qui les tirent point à consequence les régles que l'on se feroit imposées à l'égard des autres.

3. CARLAT, [c] (le) petite Ville de France dans le haut Languedoc sur la Riviere de Bezegue à trois ou quatre lieues de Mirepoix. §. C'est le même lieu dont je parle au mot CARLAC sur le Ruisseau de Dordurie au Midi, & environ à deux heures de chemin de Mirepoix.

[c] Baudrand Edit. 1705.

CARLAWROCK, Bourg d'Ecosse dans la Province de Nidesdale à deux lieuës de Dumfreis vers l'Orient Meridional: il a été autrefois bien fortifié; mais on a démoli ses fortifications. Je trouve à l'Orient de l'embouchure de la Nith Riviere qui donne à cette Province le nom de *Nithsdale*, ou comme écrivent quelques François, Nidesdale, un Château nommé Carlawrok au Midi Oriental de Dumfreis. Voyez l'Article CARBANTORICUM.

CARLAY, Mr. Corneille fait un Article très-vicieux sous ce nom, & met cette petite Ville en Languedoc. Il devoit reconnoître dans l'Atlas de Blaeu où il a trouvé ce nom

nom écrit ainsi qu'il y est question de Carlat en Auvergne. Voyez au § de l'Article d'Arpajou.

CARLBOURG. Voiez CARLSTADT 4.

CARLEBY, places Maritimes de Finlande dans la Cajanie, sur la Côte Orientale du Golphe de Bothnie. On distingue CARLEBY LA VIEILLE, & la NOUVELLE CARLEBY, NY-CARLEBY; la Ville de Jacobstat est entre deux. La Vieille Carleby est au Nord de cette Ville, & la nouvelle Carleby en est au Midi, à deux lieues d'Allemagne de Jacobstat, & à quatre & demie de ces mêmes lieues de la vieille Carleby.

CARLENTINI, Ville de Sicile dans la Province de Noto. Elle fut bâtie par l'Empereur Charles V. proche de Leontini, d'où lui vient son nom que Mr. Baudrand dit être en Latin *Carlentinum* ou *Carleontinum*. Il ajoute qu'elle est sur une Montagne, & assez forte. Elle est sur la Route de Catania à Siragusa.

CARLEOL, C'est ainsi que les Anglois écrivent le nom de la Ville que nous appellons CARLILE, ayant plus d'égard à leur prononciation qu'à leur Orthographe. De même ils écrivent *People* pour signifier *Peuple* & prononcent *Piple*. Mais en consultant plus la maniere de lire que celle d'écrire ce nom on est tombé dans une fausse idée. On a cru que les deux dernieres syllabes avoient quelque raport à notre mot Isle; & on a écrit *Carlisle* qui est une faute. Voyez *Carlile*.

CARLEON. Voiez CAERLEON.

CARLILE, [a] quelques uns écrivent CARLISLE. Les Chroniques Saxonnes varient extremement sur ce nom. CARLEOL, KARLOIL, CARLEIL, KARLEL, KARLEUL, CAERLIEL, CARLYELL, KARLELL, CARLELE, CARLIULL, CARLIOLL, CARLYL; tous ces noms signifient une même Ville nommée aujourd'hui CARLILE, en Angleterre, au pays de Cumberland dont elle est la Capitale. Elle est sur l'Eden à 235. Milles de Londres, & est un Siege Episcopal. Elle fait presque une Isle étant environnée de tous côtez, excepté au Midi, de la Riviere d'Eden, outre le Caud, & le Petterill qui s'y jettent dans l'Eden. Mr. Baudrand dit qu'on l'appelloit autrefois *Luguvallum*; cela est vrai pourvû que l'on distingue deux Villes de Carlile; savoir l'une à laquelle Mr. Gale [b] donne le nom d'*Old Carlile* c'est-à-dire la *Vieille Carlile*, & c'est celle-là qu'Antonin met à XII. Milles de *Blatum Bulgium*, aujourd'hui Boulnesse. Fordun [c] écrit que les Pictes detruisirent la Ville de Carleil, & que jusqu'à son tems, elle n'avoit jamais été reparée. Il faut entendre cela de la Vieille Carlile; car la nouvelle qui subsiste à present subsistoit déja de son temps. Il y avoit donc une vieille & une nouvelle Carlile. La Vieille plus éloignée du rempart que les Romains avoient fait, & dont l'autre étoit plus proche. C'est pour cela qu'Antonin nomme celle-ci *Luguvallium ad Vallum*; comme je le dirai au mot LUGUVALLIUM. Mr. Gale dans sa Carte accommodée à l'Itineraire met la vieille Carlille au Midi de Boulnesse ou *Blatum Bulgium*, & au Sud-Ouest de la nouvelle Carlille sur une petite Riviere qu'il

[a] Etat pres. de la Gr. Bret. T. 1. p. 53.

[b] In ant. Iter. 2. p. 37.

[c] Chronic. l. 2. c. 26.

nomme *Wiza*. C'est de la nouvelle Carlile qu'il faut entendre ce que dit l'Auteur de l'Etat present de la grande Bretagne [d]: cette Ville aiant été ruinée par les Danois demeura dans cet état jusqu'au regne de Guillaume II. surnommé le Roux, qui la rétablit. Henri son Successeur en fit un Siège, Episcopal. Elle est aujourd'hui fermée d'une bonne Muraille defendue par un grand Château à l'Ouest, & par une Citadelle à l'Est bâtie par Henri VIII. Elle a titre de Comté. Les Tables Hollandoises donnent à cette Ville 13. d. 15'. de Longitude, & 54. d. 42'. de Latitude.

[d] Ibid.

1. CARLINGA, [e] On pretend que Charles le Chauve ayant embelli la Ville de Compiégne elle porta ce nom quelque temps.

[e] Ortel. Thes.

2. CARLINGA, ou CARLINGUA, Ortelius cite Godefroi de Viterbe qui avance [f] que l'on a ainsi nommé la France en Langue Teutonne vers le temps de Charles Martel, ayeul de Charlemagne; & que c'étoit ce Prince qui lui donna son nom.

[f] l. 17.

CARLINGFORD [g], petite Ville maritime d'Irlande dans la Province d'Ulster, au Comté de Down, avec un assez grand port, à quatre Milles de Dunkeran, & à vingt-deux de Down au Midi. [h] La baye de Carlingford est à l'extremité du Comté de Down, & le separe du Comté de Louth. Les Tables Hollandoises nomment cette Ville Carlingfiord, & lui donnent 10. d. 28'. de Longitude & 54. d. 2'. de Latitude.

[g] Baudrand Ed. 1705.

[h] Etat pres. de l'Irlande p. 60.

CARLOON [i], petite Isle du Golphe de Bothnie, sur la côte de la Cajanie, & à l'embouchure de la Riviere d'Ula.

[i] De l'Isle Atlas.

CARLOPOLIS, nom que l'Empereur Charles le Chauve fit donner à la Ville de Compiégne qu'il avoit embellie de plusieurs Edifices. Selon Mr. d'Audifret [k] ce nom de CARLOPOLIS convient aussi à CHARLEVILLE en France, à CHARLES-TOWN en Amerique, à Carlstadt en Allemagne &c.

[k] Geog. T.

CARLOS, Cap de l'Amerique Septentrionale dans la Floride, dans la côte Occidentale de la Presqu'isle. Il y a là une Baye, & une Ville de même nom, au Midi de la Baye du St. Esprit.

§. Les Tables Hollandoises trouvent un autre Carlos dans le Honduras, mais elles ne marquent point, si c'est dans le Golphe ou dans le Pays, si c'est une Isle, ou un Cap. De plus elles lui donnent 8. d. 10'. de Latitude. Or tout le Golphe de Honduras est au Nord du 15. d. & le Pays de même nom est pour sa partie la plus Meridionale au moins au quatorzieme, de sorte qu'il faut necessairement qu'il y ait erreur dans le Chifre de ces Tables.

1 CARLOSTAD, Ville de Suede dans le Wermeland, au bord Septentrional du Lac Waner. Mr. Baudrand [l] dit qu'elle porte le nom de Charles IX qui la fit bâtir à la place de la Ville de Tingualla; qu'elle fut maltraitée par les Danois l'an 1644. & qu'elle est à 25. Milles de Philipstad.

[l] Edit. 1682.

2. CARLOSTAD, Ville de Hongrie dans la Croatie dont elle est la Capitale sur la Riviere de Kulp qui y reçoit le Merehwitz, selon Mr. Baudrand, ou plutôt la Korana déja grossie de la Mresnitza, selon Mr. de l'Isle

CAR. CAR. 279

l'Isle qui nomme cette Ville CARLSTAT. Les Habitans la nomment CARLOWITZ; mais ce nom ne doit pas la faire confondre avec une Carlowitz fameuse par le Traité de paix qui est nommé la paix de Carlowitz; & dont je parlerai plus bas. Carloſtat ou Carlowitz de Croatie, dont il est ici question *[a]* fut bâtie par Charles Archiduc d'Autriche qui lui donna ce nom, & c'eſt la demeure ordinaire des Bans ou Gouverneurs de la Province. Elle eſt bien fortifiée.

CARLOW. Voiez CATERLAGH.

1. CARLOWITZ. Voiez CARLOSTAD 2.

2. CARLOWITZ, Bourg de Hongrie ſur le Danube au deſſous, & à deux heures de chemin de Peterwaradin en allant à Salankemen, ou, comme écrit Monſieur le Comte de Marſilli, dans ſon incomparable ouvrage du Danube, Salankamen. On y voit encore des ruines de Temples; mais ce lieu n'eſt gueres connu que par le fameux Traité de Paix conclu entre la Porte Ottomane d'une part, l'Empereur, le Roi de Pologne, le Czar de Moſcovie, & les Venitiens de l'autre part, l'an 1699. La date du Traité avec l'Empereur eſt ainſi exprimée: fait à Carlowitz, lieu du Congrès ſous des tentes le 26. Janvier 1699. Mr. Ricaut Secretaire d'Ambaſſade de la couronne Britannique fait connoître que ce ne fut pas dans le lieu même de Carlowitz, mais dans un camp formé tout auprès, & où l'on avoit dreſſé des maiſons de bois, & des tentes pour loger tous les Ambaſſadeurs, & leurs trains. *[b]* Il dit que Carlowitz eſt un Village dans la Province de Sirmie entre Peterwaradin & Belgrade.

a Baudrand Edit. 1705.

b Hiſt. de l'Empire Ottoman.

CARLSBAD, petite Ville de Boheme ſur la Toppel qui la coupe en deux. Mr. Baudrand, & autres écrivent CARLSBADEN, qui eſt le pluriel du nom. Zeyler écrit ſimplement Carlsbad, c'eſt-à-dire le bain de Charles. Ce lieu eſt à deux Milles de Jochimſthal, à peu de diſtance de l'ancienne Ville d'ELBOGEN. Ce bain dont l'eau eſt chaude fut trouvé en 1370. & prend ſon nom de Charles IV. Empereur & Roi de Boheme. Il s'y forma enſuite une Ville; il ſort d'un lieu au deſſous du Cimetiere une vapeur ſi maligne que les poules, les Chevres & autres animaux y ſont d'abord étouffées. Zeyler nomme ce lieu *Kalck Grub*, c'eſt-à-dire une foſſe où l'on éteint de la Chaux. Il y a pluſieurs ſources; la plus remarquable nommée BRUDEL eſt aſſez près de l'Egliſe, & du Pont où l'on paſſe la Toppel. Elle eſt ſi chaude que non ſeulement on y peut cuire un œuf, mais même on y peut faire cuire des poules, & du porc. Le Docteur Fabien Sommer a fait un Traité particulier de ces bains, & ſon Ouvrage traduit en Allemand par Mathias Sommer fut imprimé à Nuremberg l'an 1580. in 8. Le Docteur Jean Etienne de Strobelberg en a fait auſſi un Traité imprimé au même lieu en 1629. in 4. Cette Ville fut preſque conſumée par un incendie l'an 1604. Gaſpar Bruchius dans ſa Deſcription du Fichtelberg en parle ainſi *[e]*: Carlsbad eſt, dit-il, une petite Ville avec un petit Château; elle appartient aux Comtes de Schlick. Mr. Baudrand la met à quatre Milles d'Egger. Pierre

e Ad ann. 1542. fol. 31.

le Grand, Empereur de Ruſſie, alla prendre les eaux de Carlsbad au mois de Septembre 1711. & les prit avec ſuccès.

CARLSBERG *[d]*, Maiſon Royale des Rois de Suede dans le voiſinage de Stockholm.

d Memoires du temps.

CARLSBOURG, comme écrivent Mrs. Baudrand *[e]* & d'Audifret *[f]*, ou plûtôt CARLSTAD ou CARLSTADT, comme on trouve conſtamment dans les Cartes modernes; car les anciennes n'en font aucune mention, ni ſous un nom ni ſous l'autre. Sous le Regne de Charles XI. les Suedois, qui étoient alors Maîtres du Duché de Brême en baſſe Saxe jetterent les fondemens d'une petite Ville à laquelle ils donnerent le nom de leur Roi. Ils la bâtirent à l'Orient du Weſer deja fort voiſin de ſon embouchure à douze Milles Germaniques de Brême Capitale du Duché, ce qui doit s'entendre en droite ligne. Car en ſuivant le cours du Weſer il y en a bien davantage quoique Mr. d'Audifret diſe qu'elle eſt à neuf Milles au deſſous de Brêmen *[g]*. Elle eſt ſur la Riviere de Geeſte qui la traverſe & ſe jette dans le Weſer après en avoir rempli les foſſez. Zeyler n'a point parlé de cette Ville, auſſi n'étoit-elle pas de ſon temps. Elle ne ſe trouve pas même dans la Carte de baſſe Saxe de Meſſ. Sanſon chez Jaillot, où la Riviere de Geeſte n'eſt pas nommée, mais ſeulement deſignée par le Village de Geeſtendorff qui en porte le nom. Elle fut priſe, dit M. Baudrand, par les Danois en 1675. & rendue aux Suedois par le Traité de Fontainebleau. C'eſt plûtôt une Foreteresse qu'une Ville, & elle a très-peu d'habitans.

e Edit. 1705.
f Geogr. T. 3. p. 393.

g ibid.

CARLSHAVEN. Voiez CARLSHAVEN.

1. CARLSTADT. Voiez CARLSBOURG.

2. & 3. CARLSTADT. Voiez Carloſtadt 1 & 2.

4. CARLSTADT, Ville d'Allemagne *[b]* en Franconie ſur le Meyn à trois Milles au deſſous de Wurtzbourg, & appartient à cet Evêché. On l'appelle communément CARSTADT. Il y a un Bailliage, & tout près eſt le Château de CARLBURG bâti, dit-on, par Charles le Chauve.

b Zeyler Francon Topogr. p. 191.

CARLSTEIN, Château de Boheme à trois Milles de Prague ſur une très-haute montagne. L'art, & la nature ont concouru à le rendre très-fort. Il fut bâti, ſelon Zeyler *[i]*, l'an 1348. par l'Empereur Charles IV. Roi de Boheme qui y éleva une Chapelle ſous l'invocation de St. Nicolas, & y établit deux Commandans, l'un pris d'entre les Seigneurs, & l'autre d'entre la Nobleſſe, qu'il lia par les ſermens les plus forts à lui garder cette Place avec tout le ſoin imaginable; ce qui a été pratiqué de même dans la ſuite; car outre l'importance de ce Château par la force naturelle de ſa ſituation, on y tenoit en dépôt la Couronne, & tous les Joyaux, & les ornemens des Rois de Boheme, & ſans doute, pourſuit Zeyler, c'eſt encore preſentement la même choſe. Cela ne s'accorde gueres avec ce qu'on lit dans le Theatre de l'Europe *[k]* qu'en 1645. ce Château fut donné par engagement au Baron Ranka. On dit que la même année on y trouva diverſes reliques qui y avoient été depoſées en quatre Coffres du temps de Char-

i Bohem. Topogr. p. 18.

k T. 5. ſuſ. 873. Edit. Francof. 1635.

les

les IV. & une Croix de fin Or eſtimée dix mille ducats. L'an 1422. durant la guerre des Huſſites ceux de Prague aſſiegerent ce Château depuis le 28. de Mai juſqu'au 11. Novembre ſans pouvoir s'en rendre Maîtres [a]. L'an 1480. le Roi Wenceſlas fit enlever à St. Ilgen ou St. Gilles, à St. Gall, à St. Nicolas, & à St. Valentin, quatre Predicans Huſſites qu'il fit conduire ſur un Chariot à Carlſtein. *Mnifca*, *St. Iwan*, & *Tetin* ſont des lieux autour de ce Château.

[a] *Theoba Hiſt. deſſ. Huſſiten Kriegs. l. 1. c. 53. p. 214. &c. seq.*

CARMACÆ, ancien peuple de la Sarmatie Européenne, ſelon Pline [b], ils n'étoient pas fort éloignez des Palus Méotides.

[b] *l. 6. c. 7.*

CARMAGNOLE, Ville dans les enclaves du Marquiſat de Saluces dans le Piémont, en Latin *Carmaniola* & *Caramaniola*. L'Auteur Latin du Theatre de Piemont [c] dit *Carmagnolia*, & donne cette origine à la Ville de ce nom. On croit que ſon nom eſt un diminutif de celui de *Caramagna* Bourg voiſin, de ſorte que de Caramania on a fait *Caramaniola*, c'eſt-à-dire la petite Caramagna; mais les habitans des lieux circonvoiſins étant venus à ſe joindre dans Carmagnole, & y étant attirez par la facilité que la ſituation donne de commercer, il eſt arrivé que la Fille a ſupplanté ſa Mere. Du temps des Marquis de Saluces elle avoit déja titre de Comté, & c'étoit l'aîné de leurs enfans qui le portoit; juſqu'à ce qu'il leur ſuccedât. Cette maiſon s'étant éteinte, & les François & les Imperiaux ſe faiſant la guerre en Piémont au XVI. ſiécle les premiers fortifierent Carmagnole, & y firent une enceinte de Murailles, creuſerent de nouveaux foſſez toujours pleins d'eau, & augmenterent la Citadelle qui y étoit déja; ces ouvrages furent encore augmentez le ſiécle paſſé, & la Ville fortifiée dans les régles, depuis que les François qui s'en emparerent de nouveau eurent raſé les Fauxbourgs qui couvroient trop les travaux, peut paſſer pour une des fortes Places du Piémont. A la place de ces Faux-bourgs démolis on en a bâti quatre autres, qui valent bien les anciens & qui ſont à cinq cens pas de la Ville. Ce ſont quatre Paroiſſes, & vers le milieu du ſiécle paſſé on comptoit que tant dans la Ville que dans les Faux-bourgs il y avoit ſix mille cinq cens ames. L'Egliſe Paroiſſiale de Carmagnole eſt fort vaſte, ſituée dans la partie occidentale de la Ville; il y a un Chapitre de XIII. Chanoines dont trois ſont Dignitaires. Le Pape Sixte IV. les y inſtala en 1474. à la priere de Louïs II. Marquis de Saluces; leur aſſignant entre autres revenus ceux de quelques petites Egliſes que l'on voit encore dans le Territoire de Carmagnole. On conſerve dans cette Baſilique la plus grande partie du corps de St. Pline Martyr. Ces Reliques furent données à ce Chapitre par le P. Jean de Mont-rond (à *Monte rotondo*) General des Capucins qui les avoit apportées de Sardaigne. Dans la partie Meridionale de la Ville ſont les Auguſtins dont l'Egliſe ſituée dans la principale Place eſt fort jolie. Il y a auſſi à Carmagnole un Hôpital. Les Capucins, & les Freres Mineurs de l'Obſervance ſont hors la ville. Dans le territoire de Carmagnole ſe trouve l'Abbaye de Ste Marie de CARANOVA, ſelon l'Auteur cité en marge, ou CASA NOVA ſelon les Cartes de Mrs Sanſon, fondée vers l'an 1130. & richement dotée par les Marquis de Saluces, & autres Seigneurs qui en ont été les bienfacteurs, dès ſa fondation elle a été de l'Ordre de Ciſteaux, preſentement elle eſt gouvernée par un Abbé Clauſtral & regulier, outre lequel il y a un Abbé Commendataire, dignité qu'ont poſſedée entre autres le Prince Maurice de Savoie Cardinal, & ſon neveu Maurice Eugéne Fils de Thomas. On tient à Carmagnole un Marché toutes les ſemaines, & on y trouve des Marchans qui y viennent du Dauphiné, & de la côte de Nice, & de Genes. Le territoire produit des vivres, du lin, du chanvre, & de la ſoye en quantité. La Ville eſt ſituée à diſtance preſque égale, c'eſt-à-dire à environ dix Milles de Turin, de Saluces, & de Foſſano ſelon l'Auteur cité, ce qui n'eſt pas exactement vrai. Il pouvoit dire qu'elle eſt entre Savigliano, & Turin à diſtances à peu près égales. Mais la diſtance de Saluces, qui eſt la même à peu près que celle de Pignerol, eſt plus grande. Carignan n'en eſt qu'à ſix mille pas, & eſt de la Province de Carmagnole. Mr. Baudrand obſerve qu'elle a été demantelée: cela n'étoit pas encore en 1691. lors qu'elle fut priſe par Mr. de Catinat & repriſe par le Prince Eugene.

[c] *1. part. p. 89. & ſeq.*

CARMAIN. Voiez CARMEL 3.

CARMAIN, petite Ville de France enclavée dans le haut Languedoc, quoi qu'elle ſoit partie de la haute Gaſcogne avec ſon territoire. Elle n'eſt qu'à quatre lieues de Thouloufe. Mr. Corneille dit que cette Ville fut érigée en Evêché à cauſe qu'elle s'étoit oppoſée avec vigueur aux Albigeois &c. ſur quoi il cite André du Cheſne dans ſes Antiquitez des Villes & Châteaux de France. Mais cet homme ſi ſavant dans l'Hiſtoire de France n'a eu garde de dire que Carmain ait jamais été Ville épiſcopale. Auſſi ne l'a-t-il pas dit, & voici le paſſage qui a trompé Mr. Corneille: la Comté de Carmain, & la Seigneurie de Mirepoix ſont auſſi de ſes alliances, & enclaves (du Comté de Foix.) Les Comtes & Seigneurs de Carmain ſortis de la branche de Foix par Filles, & ceux de Mirepoix iſſus de l'ancienne Maiſon de Levis recompenſez de cette Ville érigée depuis en Evêché pour s'être vaillamment portez contre les Albigeois ſous les enſeignes, & drapeaux de Simon Comte de Montfort, voire dès lors enrichis du glorieux titre de Mareſchaux de la Foi, dont ils ont depuis fait tant de gloire. La Ville érigée en Evêché n'eſt point Carmain, mais celle de Mirepoix, comme il paroît par ce paſſage que Mr. Corneille a mal entendu.

1. CARMANA, Ville d'Aſie dans la Carmanie dont elle étoit la Capitale ſelon Ptolomée [d].

[d] *l. 6. c. 8.*

CARMANCHA, Ville de Perſe, & la derniere de ce Royaume ſur la route d'Amadan à Bagdat, ſelon le Sr. Paul Lucas, qui en parle ainſi. Cette Ville eſt la derniere de Perſe, n'a rien de particulier, ſinon que c'eſt une grande Ville où l'on voit encore quantité de Ruines. Je crois que c'eſt le lieu de toute la Perſe où il y a un plus grand nombre de Cimetieres, ce qui fait connoître que cette Ville a été autrefois fort peuplée.

2. CAR-

CAR.

2. CARMANA, Isle d'Asie sur la côte de la Carmanie selon Etienne le Géographe. Ptolomée [a] la nomme CARMINNA.

a l.6.c.8.

CARMANDA, Ville d'Asie dans la Mesopotamie. Xenophon dans sa Retraite des dix Mille [b] racontant comment l'Armée avançoit dans les deserts d'Arabie ayant toujours l'Euphrate à sa droite, ajoute: Il y avoit dans ces déserts une riche, & grande Ville nommée *Carmande*, où les Soldats alloient achetter leurs provisions, comme du pain de Millet, & du vin de Dattes, & passoient l'eau sur des peaux dont étoient faites leurs tentes, après les avoir emplies de foin & cousues de sorte que l'eau n'y pouvoit entrer. On voit par la suite de l'Histoire que c'étoit avant que d'entrer dans la Babylonie. Si Xenophon avoit nommé la Riviere que les Soldats traverseroient ainsi, il seroit plus aisé de juger de la situation de cette Ville.

b l.1.c.6.

CARMANIE, ancien pays d'Asie; il avoit pour bornes la Mer au Midi, la Perse propre, & la Parætacene au Couchant, la Parthie au Septentrion, & enfin la Drangiane & la Gedrosie au Levant: on le distinguoit en deux parties. Celle qui étoit au Nord dans les montagnes est appellée par Ptolomée la CARMANIE DESERTE. Il n'y marque ni Villes, ni Bourgs ni Rivieres. Ce n'est pas que cette partie fût inhabitée. Mais il n'y met que des peuples dont les noms n'en sont gueres plus connus pour cela. Selon lui la Caramanie deserte est bornée au Couchant par une partie de la Perside vers le Fleuve Bagrada, & s'étend (du Nord au Sud) depuis le mont Parchoatras jusqu'au 94. d. de Longitude & au 31. d. de Latitude (où commence la Carmanie vraye.) Au Nord elle est terminée par la partie dont la separe une ligne qui court le long du mont Parchoatras: à l'Orient elle confine à l'Arie, dont elle est separée par une ligne qui prend depuis les mêmes montagnes jusqu'au 101. d. de Longitude & 29. d. 50'. de Latitude. Le même Géographe ne met dans ce pays-là que quatre peuples. Au Nord Oriental, est le pays qu'il appelle MODOMASTICE, au milieu de la Carmanie deserte sont les GANANDANOPYDNÆ, quelques exemplaires portent GADANOPIDRES; dans la partie Meridionale sont les ISATICHÆ, & les ZUTHI; cette partie repond aux deserts que nous appellons deserts du Segestan. La Carmanie de nos jours, ou ce qui est la même chose le Kerman des Persans, ne s'étend point jusques là.

LA CARMANIE VRAYE étoit au Midi de la deserte. Le fleuve Bagrada, qui vraisemblablement est le Bendemir d'aujourd'hui, la separoit de la Perside. Pline [c] dit que Nearque lui donnoit douze cents cinquante mille pas de côtes. Arrien [d] en rabat beaucoup, & dit que la navigation le long des côtes de la Carmanie est de quatre Milles sept cens stades qui ne sont que quatre cents soixante, & trois Milles. Ce qui approche beaucoup plus de la verité. Le pays nommé *Armusia*, ou *Harmusia*, & dont le nom a quitté la terre ferme pour se donner à l'Isle d'Ormus faisoit partie de la Carmanie. La Capitale de toute la Carmanie étoit nommée CARMANA: selon Ptolomée [e] elle n'étoit pas

c l.6.c.23.
d In Indicis. p. 580.
e l.6.c.8.

CAR. 281

fort près de la Mer, ni fort loin de la Carmanie deserte. Le long de la côte Ptolomée ne met ni Ville ni Cap depuis les frontieres de la Perse propre, c'est-à-dire depuis le Bendemir, jusqu'à l'entrée du Golphe Persique; mais au commencement du Detroit on trouvoit le Promontoire *Armoson*, qui est presentement le Cap de Jaque, & tout auprès de ce Cap *Armusa*, aujourd'hui Jaque petit lieu qui donne son nom au Cap. Il faut ajouter le port des Macedoniens dont parle Pline [f]. Passé le détroit est le Cap nommé Carpella par Ptolomée [g]. Delà jusqu'au fleuve Saros le même Géographe met *Cantapis* & *Agris*, Villes, *Combana*, *Gogana* ou *Rhogana*, qu'il ne qualifie point & que Cellarius croit avoir été des Villes, aussi bien que les deux premieres. J'en doute: si elles en eussent été, pourquoi Ptolomée auroit-il ajouté à celles-ci le mot πόλις, & point aux deux suivantes? C'étoient apparemment des Villages ou même quelque chose de moins. Entre le fleuve Saros, & le Samydaces étoient les lieux *Magida* ou *Masinda*; *Samycade*, ou *Samydace*. Ce dernier étoit sans doute sur la Riviere de même nom. Après cela on trouvoit de suite en allant vers le fleuve Indus *Teisa* ou *Tesa* Ville, l'embouchure de la Riviere *Hydriacus*, ou *Caudriaces*; le Cap de *Bagia*, le Port de *Cyiza* & le Promontoire d'*Alabatera*; c'est là que finissoit le Golphe de *Paragon*; après lequel étoient enfin *Deranobila*, l'Embouchure de la Riviere de *Zorambos*, ou *Saromba*, & les deux lieux Badara & Musarna. Les Longitudes, & Latitudes que Ptolomée marque en cet endroit ne servent de gueres à déterminer les bornes de la côte de la Carmanie; car la Longitude qu'il fait de 104. d. est excessive du moins de 20. d. c'est-à-dire d'environ 400. lieues & sur les vingt degrez qu'il donne de Latitude il y en a du moins cinq à retrancher qui font environ cent lieues.

f l.6.c.25.
g l.6.c.8.

Les Villes dans l'interieur du pays, outre Carmana dont j'ai déja parlé & qui étoit la Capitale, étoient *Portospana*, *Thaspis*, ou *Thespis*, *Nipista*, *Taruana*, *Sabis* sur une Riviére de même nom, *Alexandrie*, (Voiez ALEXANDRIE 5.) *Orasca* ou *Throasca*, *Ora*, *Codda*, *Cophanta* ou *Cophania*. J'ai dit que c'étoit des Villes, & Cellarius les appelle ainsi, mais c'est faute d'avoir remarqué que Ptolomée en commençant la liste promet de nommer des Villes & des Villages; & si l'on excepte la Metropole, il n'en qualifie aucune; de maniere qu'il est très-incertain quelles étoient les Villes, quels étoient les Villages. Pline [h] ne met dans la Carmanie que deux Villes, savoir *Zethis* & Alexandrie. La premiere est inconnue aux autres Auteurs.

h l.c.c.23.

Les Isles adjacentes à la Carmanie sont, suivant Ptolomée, dans le Golphe Persique, *Sagdiana* où étoit une Habitation nommée *Miltus*; ensuite *Vorochta* que l'on croit être celle d'Ormus. La premiere est peut-être Queixoma. Dans la Mer des Indes *Palla*, ensuite *Carminna* ou *Carmana*, & enfin *Liba* qui étoit à l'extremité du pays, tout près de la Gedrosie.

Les Géographes Arabes, tels que Nassir-Eddin [i] & Ulug Beig, [k] dans leurs Tables, nomment ce pays CARMAN. Voici les Villes qu'ils

i p. 115.
k p. 147.

Tom. II.   Nn

qu'ils y mettent avec les Longitudes & Latitudes.

CARMAN	Longit.	Latit.
Sirjan	90-20	29-30
Hormuz	92-0	25-0
Bardashir	92-30	29-50
Jiroft	93-0	27-30
Bam	94-0	28-30
Tarmashir	94-20	29-0
Chabis	93	31-0

§. Ces longitudes paroîtront contraires à ce que j'ai dit de l'excès qu'il y a dans celles de Ptolomée. Mais il n'est pas étonnant que des Tartares qui n'avoient aucune observation pour reformer les longitudes se soient contentez à peu près de celles de Ptolomée, mais il n'en est pas de même des latitudes. Ils étoient habiles Astronomes, observoient eux-mêmes sur les lieux, & n'avoient pas besoin du secours d'autrui pour en être instruits au plus juste. C'est ce qui rend leurs Latitudes d'un très-grand prix. Pour ce qui est de leurs Latitudes elles sont comme celles des Anciens, & même comme celles de presque tous nos Modernes; ce sont de simples conjectures qui s'écartent toutes plus ou moins de la verité. Il n'y en a de certaines qu'un très-petit nombre qui resultent de la comparaison que l'on a faite en ces derniers temps de diverses observations Astronomiques scrupuleusement calculées par de savans Mathematiciens dans les diferentes parties du Monde.

a Cosmogr. l. 2. p. 172. Edit. de Milan 1556.

Girava *a* croit que la Carmanie deserte est présentement apellée DULCINDE : mais je ne trouve pas qu'il ait appellé Turquestan la Grande Carmanie ou Carmanie vraye. *La Provincia Torquastense*, dit cet Auteur, *dicha otramente de los Paropañisidas*: ainsi selon lui, quoi qu'en dise Ortelius, le Turquestan repond au pays des Paropanisades de Ptolomée. Paul Jove dit que la Carmanie deserte est le pays de Narsinga, il ne pouvoit pas donner une plus forte preuve de son ignorance en fait de Géographie que de transporter la Carmanie qui est à l'entrée du Golphe Persique pour la mettre dans le Golphe de Bengale sur la côte de Coromandel. Niger, qui d'ailleurs est un très-chetif Geographe, n'a pas laissé de bien rencontrer quand il dit que le nom moderne *b* est CHARMAN; mais il l'entend aussi de la Carmanie deserte *c*, & en cela il se trompe. Arias Montanus *d* dit que les Hebreux nomment ce pays RHAGMA, C'est une erreur. *Rhagma*, ou plutôt *Rhegma* étoit bien au Golphe Persique, mais dans l'Arabie.

b Comment. vi. 549.
c Comment. v. p 541.
d In Appar. Bibl.

CARMANIS, ancienne Ville Marchande de la Perse selon Eustathe cité par Ortelius : *e* ce dernier ne la croit pas diferente de la *Carmana* de Ptolomée. Il n'est pas impossible que ce soit la Carmande de Xenophon. Voiez CARMANDA.

e Thesaur.

CARMARA, Ville de l'Inde en deçà du Gange selon Ptolomée *f*.

f l. 7. c. 1.

CARMARDEN &
CARMARTHE. } Voiez CAER-MARTHEN.

CARMATHES. Voiez l'Article de BAHARAIN 1. où j'en parle par occasion.

CARMEL *g*, ce nom se donne quelquefois dans la langue sainte en general à toute sorte de lieux plantez de vignes, & d'arbres fruitiers, & remarquables par leur fertilité. On pretend qu'il se donne aussi à la pourpre *h*, parce que l'on pêchoit au pied, & au Nord du Carmel les coquillages qui servoient à teindre en cette couleur.

g D. Calmet. Dict.
h Bochart de anim. sacr. p. 1. l. 2. c. 48. & part. 2. l. 5. c. 9.

1. CARMEL, ancienne *i* Ville de la Palestine dans sa partie la plus meridionale dans la Tribu de Juda, sur une montagne de même nom *k*. C'est où demeuroit Nabal du Carmel Mari d'Abigaïl. St. Jerôme dit que de son temps les Romains avoient une Garnison au Carmel, ce qui doit s'entendre de la Ville de ce nom au Midi de Juda. C'est sur cette même montagne que Saül au retour de son expedition contre Amalec érigea un Arc de triomphe *l*.

i Calmet Dict.
k Josué c. 15. v. 55. & Reg. l. 4. c. 25. v. 5.
l Reg. l. 1. c. 9. 15. v. 5. & Euseb. Onomast. in voce Χαρμαλλά, Procop. in 1. Reg. c. 25. & Theodoret. in 1. Reg. quæst. 59. m 1. Reg. c. 15. v. 11.

2. CARMEL *m*, Montagne de la Palestine dans la Tribu de Juda ; sur laquelle étoit située la Ville dont il est question dans l'Article precedent. Elle faisoit partie de cette longue chaine de Montagnes nommée Monts de Seïr au Midi de la Palestine, & de la Mer morte, & confinoit au pays des Amalecites. Il ne faut pas la confondre avec une autre Montagne de même nom qui en étoit très-éloignée.

3. CARMEL, Montagne de la Palestine au Midi de Ptolemaïde, & au Nord de Dora sur la Mediterranée. Au pied de cette Montagne du côté du Nord couloit le torrent de Cisson, & un peu plus bas le fleuve Beleus. Josephe attribue le Carmel à la Galilée; D. Calmet *n* dit qu'il appartenoit plutôt à la Tribu de Manassé, & au Midi de la Tribu d'Aser. Guillaume Sanson le donne tout entier à la Tribu d'Isachar. Le P. Bonfrerius dans sa Carte le partage entre les Tribus d'Aser, de Zabulon, & la demie Tribu de Manassé. Mais sans nous arrêter à ces incertitudes le nom de Carmel signifie en Hebreu VIGNE DE DIEU. C'est ce qu'ignoroit apparemment le P. Nau *o* quand dans son voyage il dit que l'on nomme à present *Carmain* le mont Carmel, c'est-à-dire, poursuit-il, *deux vignes*, je n'en sais pas la raison. St. Jerôme cité par D. Calmet *p* dit que le sommet de cette Montagne étoit fertile en pâturages. Tacite *q* parle du Carmel d'une maniere à faire connoître qu'il n'avoit pas trop bien compris ce qu'on lui en avoit dit ; quoique ceux qui lui en parloient en fussent eux-mêmes bien instruits. Voici ce qu'il en dit : il y a entre la Judée & la Syrie le Carmel, c'est le nom que l'on donne à une Montagne, & à un Dieu. Ce Dieu n'a ni representation ni temple, ainsi le raportent les Anciens. Il a simplement un autel, & un Culte. Vespasien sacrifiant en cet endroit, & roulant dans sa pensée des esperances qu'il tenoit secretes, Basilide le Prêtre ayant regardé à plusieurs reprises les entrailles : quoi que ce soit, lui dit-il, que vous ayez envie de faire, soit de bâtir une maison, soit d'accroître vos champs, soit d'augmenter le nombre de vos esclaves ; une grande place, de vastes limites, quantité d'hommes vous sont accordez. Cette prediction ne pouvoit qu'être très-agréable à un homme qui songeoit à devenir Empereur, & qui ne consultoit l'Oracle du Carmel que pour savoir s'il devoit se livrer à cette flateuse esperance. Il y avoit

n Dict.
o Voyage nouveau de la Terre sainte l. 5. c. 21. p. 653.
p Dict.
q Hist. l. 2. c. 78.

avoit donc alors un Oracle au Mont Carmel, selon Tacite. On y adoroit un Dieu de même nom que la Montagne, c'est en cela que consiste l'erreur de Tacite qui a cru que le mot entier de Carmel étoit le nom de ce Dieu; au lieu qu'il n'y a que la syllabe El qui signifie Dieu. Le mot entier signifie vigne de Dieu; c'est-à-dire *Vigne excellente*, selon la façon de parler des Hebreux qui ajoutent le nom de Dieu à ce qui excelle dans son genre. Revenons au passage; Vespasien qui étoit idolâtre consulta l'Oracle du Carmel, & fit immoler quelque victime: ce fut par l'inspection des entrailles de la victime immolée que le Prêtre Basilide lui predit un succès heureux. Cela sent bien le Paganisme. Cependant ce lieu avoit été habité par le Prophete Elie. Une tradition entretenue, & peut-être pieusement imaginée par un Ordre nombreux, & fort étendu dans l'Eglise prétend sans autre fondement qu'un grand fond de credulité, qu'Elie y laissa des heritiers de ses vertus, & qu'il fut le fondateur de l'Ordre des Carmes qui, si l'on les en croit, a pris naissance dans cette Montagne dès le temps de ce saint Prophete. Assez d'Auteurs ont traité de Visionaires ou même de quelque chose de pis ceux qui ont serieusement avancé ou repeté ces prétentions chimeriques. On convient assez generalement que la Vie Eremitique & Cenobitique n'a point été en usage chez les Chrétiens dès les temps Apostoliques. Cependant le P. Nau dit bonnement en parlant de la Montagne du Carmel: les PP. Carmes Déchaussez qui sont les fideles, & zelez gardiens de ce Sanctuaire où leur saint Ordre a pris naissance, & où St. Elie en jetta la semence ou les fondemens environ neuf cens ans avant la Naissance temporelle du Fils de Dieu, &c. Il va plus loin: Corneille Tacite, dit-il, fait assez connoître qu'on n'y consultoit point d'autre Oracle, que celui du vrai Dieu, lors qu'il dit que les gens de bien auxquels on s'adressoit là prioient Dieu avec respect, mais sans idole, sans simulacre. La perfection dans laquelle ils vivoient, & ce don de predire l'avenir est peut-être ce qui a fait écrire à Pline qu'ils étoient *gens sola, & toto orbe præter cæteras mira*. Pourquoi le P. Nau n'achevoit-il pas de raporter le passage de Pline? Il y auroit trouvé des raports encore plus grands entre nos Moines, & les gens dont parle cet Ancien. Mais il y auroit trouvé en même temps qu'il ne s'y agit pas des habitans du mont Carmel qui étoient voisins de la Mer Mediterranée, mais d'une sorte d'Esseniens contemplatifs, qui étoient auprès de la Mer morte & qui ne s'en écartoient qu'aussi loin qu'il falloit, pour n'être pas infectez du mauvais air qu'elle exhale. Voici le passage de Pline [a].

[a] l. 5. c. 17.

Ab occidente litora Esseni fugiunt, usque qua nocent: gens sola & in toto orbe præter cæteras mira, sine ulla Femina, omni Venere abdicata, sine pecunia, socia palmarum. In diem ex æquo convenarum turba renascitur, large frequentantibus, quos vita fessos ad mores eorum fortunæ fluctus agitat. Ita per seculorum millia (incredibile dictu) gens æterna est, in qua nemo nascitur. Tam fecunda illis aliorum vitæ pœnitentia est. Infra hos Engadda Oppidum fuit. Ces dernieres paroles de Pline marquent qu'ils étoient

fort près d'Engadda; & par consequent ce peuple renaissant, & se conservant autrement que les autres peuples qui ne subsistent que par le secours ordinaire de la generation, ces Solitaires qui vivoient sous des palmiers, à qui se joignoient des recruës de gens lassez de leur vie, chez qui l'argent, ni les femmes n'étoient aucunement en usage, n'avoit rien de commun avec le mont Carmel dont Pline parle en son lieu. Jamblique dit que Pythagore alloit souvent sur cette Montagne, & se tenoit seul dans le temple qui y étoit. Si les Carmes subsistent depuis Elie sur le Carmel, leur Ordre avoit cinq ou six siécles d'antiquité du temps de Pythagore. Quelle devotion le pouvoit attirer chez eux? Il étoit très-certainement Payen, & le Temple où il alloit, étoit consacré à un culte que Dieu n'aprouvoit pas. Depuis Elie jusqu'à Jesus Christ nul sacrifice qu'à Jerusalem; si des Rois impies en ont établi ailleurs ce fut un attentat sacrilége, & me preserve le ciel de soupçonner que des disciples d'Elie en aient été capables. Neanmoins on y sacrifioit, & on y predisoit l'avenir par l'examen des entrailles des Victimes. Le Passage de Tacite y est formel. Le Voyageur cité aime meux dire que c'étoit l'Ordre fondé par Elie qui rendoit ces Oracles avec de telles circonstances. Pour moi je suis persuadé que cette tradition où la Foi n'est nullement interessée, n'est qu'un de ces bruits qu'un Ordre favorise par le relief que lui donne une antiquité qui le flate, & le rend respectable aux simples. Le Temple que frequentoit Pythagore, & les Auspices que consulta Vespasien, étoient des ouvrages du Paganisme. Ce fut plus de deux mille ans après Elie & plus de douze cens ans après Jesus Christ que saint Loüis trouva sur cette Montagne des Religieux de cet Ordre, & en amena six en France. Depuis quand y en avoit-il sur le Carmel, c'est la question. Ce fut sans doute dans ces temps de ferveur que les persécutions d'une part, & de l'autre les charmes d'une Vie solitaire consacrée à Dieu peuplerent les deserts de saints Anachorétes. Le Carmel eut aussi les siens, & voilà l'Origine des Carmes. Le P. Nau ne les a établis depositaires de l'Oracle, & du Don de predire l'avenir qu'en supposant que depuis Elie jusqu'à present cet Ordre a toujours subsisté, il y auroit de l'inconvenient à dire que si près de ces saints solitaires, des Payens eussent impunément érigé un Temple, & rendu des reponses dictées par le Demon. Il a cru que l'honneur de Dieu étoit interessée à ne pas souffrir qu'une Montagne illustrée par plusieurs Miracles operez en faveur d'un St. Prophéte ou à sa priére, profanée par des pratiques d'Idolatrie. Mais outre que Dieu a permis que des lieux infiniment plus saints fussent souillez, & même détruits, comme le Temple de Salomon, & le nouveau Temple, &c. Cette raison de convenance ne seroit pas une preuve qu'il y eut des Carmes dans ce temps-là ni dans cet endroit, & c'est ce qu'il faut prouver avant que de dire qu'ils avoient le don de predire l'avenir, & qu'il s'y rendoit plusieurs Oracles. Il est sûr qu'Elie fit plusieurs Miracles sur le mont Carmel, & ils se trouvent raportez dans la description que le P. Nau fait des lieux qu'il y a visitez.

visitez. Je la joindrai ici & de peur d'être trop long j'en retrancherai quelques ornemens où domine une simplicité trop credule, en y ajoutant ce qui lui manque & que je tire d'autres Voyageurs.

a l.c.p.654.

Le chemin *a* d'Acre à cette Montagne est agréable, car après avoir passé la petite Riviere de Belus qu'on nomme, *ce me semble*, aujourd'hui *Kerdané* qui va se décharger dans la Mer à l'endroit où finissoit l'ancienne Ville, on marche toujours sur le Rivage de la Mer dont le Sable est ferme & uni jusqu'au torrent de Cisson, qui a son cours le long du Carmel; qui a une lieue & demie de la pointe de cette Montagne, où est le Monastere de St. Elie, & à trois d'Acre se perd dans la Mer....
A un grand quart de lieue devant le Carmel, on voit Caïfa ou Haïfa... *b* Nous quitâmes nos chevaux au pied de la Montagne, parce que le chemin en est roide, étroit, & en beaucoup d'endroits fait à la main dans la pierre & le roc, sur le milieu est le Monastere. Il consiste tout en quelques Grotes qui servent pour la Chapelle, le refectoire, le moulin à bled qu'un âne tourne, la cuisine, la cave, & les chambres. Il est vrai que pour la commodité des Malades qui y souffroient beaucoup, on a fait bâtir sur le roc quelques Cellules dans un petit Corps de Logis. J'eus le bien de dire la sainte Messe dans cette Chapelle de Benediction, où la Ste. Vierge est même honorée des Mahometans qui viennent de temps en temps lui recommander leurs besoins........ *c* Après le dîner nous fîmes la visite de tous les lieux memorables de cette sainte Montagne. On nous y mena par une allée assez longue qu'on a pratiquée sur le Roc, en ménageant avec beaucoup d'adresse le peu de terre qui s'y est trouvé, & en y en faisant apporter d'autre. On a planté à droite & à gauche de la Vigne, de petits arbres, des fleurs, & ce que l'art peut faire venir malgré la nature. On a même fait de petits jardins en deux ou trois endroits, d'où on retire quelques herbes pendant l'hyver, car en été la sécheresse est trop grande pour pouvoir en faire venir. Quand nous fumes au haut de la Montagne où il y avoit autrefois un grand Monastere bien bâti, nous allames d'abord dans la Grote où se cachoit Elie lors qu'il étoit persécuté par Achab & par Jezabel; il y entroit par un trou assez étroit qui est au dessus, & étant couvert d'une pierre, il ne paroissoit pas qu'il y eût là une Caverne. C'est à présent une Chapelle où l'on dit la Messe. On a ouvert une porte par un autre côté pour y entrer.

b p. 655.

c p. 657.

L'Auteur suppose que les disciples d'Elie érigerent en l'honneur de la Ste. Vierge une Eglise environ 80. ans après l'Incarnation. Cette *d* Eglise, dit-il, qui ne consiste plus qu'en la grote où se cachoit Elie, & en quelques Murailles tombées, est frequentée avec dévotion des Chrétiens, & ceux de Haïfa du rite Grec y viennent souvent celebrer les Sts. Mysteres. Entre elle, & l'ancien Monastere on montre le lieu d'où le Serviteur d'Elie vit cette Nuée qui s'eleva de la Mer, & qui procura la Pluye si desirée après une secheresse de trois ans & demi. Dans l'ancien Monastere à la pointe la plus élevée qui regarde la Mer, où il y a encore de hautes & fortes Murailles est *e* l'endroit où Elie fit descendre le feu du Ciel sur deux Capitaines de cinquante hommes d'Armes envoyez pour le saisir....
Il y a sur cette Montagne plusieurs citernes, & l'eau est fort bonne dans une. Nous n'eûmes pas le loisir d'aller à la Fontaine d'Elie, ni au champ où l'on trouve des pierres qu'on prendroit pour des Melons petrifiez. Nous ne fûmes pas non plus à deux lieues de là aux quarante Grotes qui servoient autrefois d'Hermitages aux Solitaires. Le champ des Melons dont parle cet Auteur en montant toujours à l'Orient dans le fond de la Vallée qui n'est que de roches assez dificiles, dit le Chanoine Doubdan *f* dont il faut lier la description avec celle de Thevenot *g*. A une bonne lieue du Couvent, dit ce dernier, on voit une fontaine que le Prophéte Elie fit sortir de terre, & un peu au dessus une autre, aussi miraculeuse, toutes deux d'eau fort belle, & bonne. Les Arabes disent que tant que les Religieux ont été absens après avoir été chassez elles ne donnoient point d'eau. Le même Auteur observe que ces Peres furent chassez de cette Montagne après que les Chrétiens eurent perdu la Terre sainte, & qu'il n'y avoit qu'environ trente ans qu'ils y avoient été rétablis. Tout proche de cette derniere fontaine, poursuit-il, se voyent de superbes restes du Couvent de St. Brocard qui y fut envoyé par St. Albert Patriarche de Jerusalem pour reformer les Hermites qui y vivoient sans regle & sans Communauté. C'étoit un beau Couvent. Pas loin de là est le Jardin des Melons de Pierre. Après avoir pris un peu de repos à la Fontaine, dit le Chanoine cité ci-dessus, & visité tous ces lieux deserts & abandonnez nous continuames à monter sur le faîte de la Montagne qui est encore fort haute, & fort dificile, étant toute pavée de Roches, & herissée de buissons & d'épines, sans chemin; nous arrivames à la Plaine appellée le Champ des Melons. Tous les Voyageurs s'accordent à raconter à cette occasion une Historiette que le Chanoine raporte aussi sans aucun correctif. Thevenot y en met un, & la commence par *ils disent*. Le P. Nau la donne pour un conte, & en effet c'en est un. On dit donc que le Prophéte Elie passant un jour en ce lieu, & voyant un homme qui cueilloit des Melons lui en demanda un. Cet homme lui ayant dit par raillerie des Pierres, le Prophéte indigné de ce mensonge en fit une verité en changeant en Pierres les Melons par la seule malediction sur lui. Le Chanoine cité ajoute: il est vrai que l'on y en trouvoit autrefois qui en avoient la vraie forme dedans, & dehors, mais à present ils y sont fort rares. Thevenot dit de bonne foi que lors qu'il pria ces Peres de l'y mener puis qu'il en étoit si près, ils lui répondirent qu'ils n'en savoient pas le chemin, mais qu'après ils lui dirent en particulier qu'ils ne l'y avoient pas voulu mener, parce qu'ils étoient trop de monde, & qu'y aiant à present peu de ces Melons, si chacun en prenoit, il n'en resteroit plus. Ils lui en firent pourtant present d'un. Le P. Nau qui avoue n'y avoir pas été peut-être par la même raison, dit: *h* au dessus de l'ancien Monastere est le champ qu'on appelle le

e p. 659.

f Voyage de la Terre sainte p. 496.

g Voyage du Levant c. 59. p. 439

h p. 661.

d p. 658.

le Champ des Melons parce qu'il y a des Pierres en quantité qui en ont la figure dedans & dehors. On les trouvé presque toutes cassées. Un Prince Arabe voyant les Francs en emporter en grand nombre, ce qu'on fait par curiosité, s'imagina qu'il y avoit dedans quelque chose de précieux. Il les fit casser pour voir s'il pourroit y trouver quelque tresor, mais il n'y trouva rien que ce qui y est, la figure de la chair de Melon, & de cette substance, où sa graine se forme. Cette quantité s'accorde mal avec le petit nombre que dit Thevenot. Quoi qu'il en soit du nombre de ces Melons, le fait est vrai, si l'on se contente de dire qu'il y a en quelque part du Carmel des Pierres qui ressemblent à des Melons. Mais le prejugé, & l'imagination doivent un peu aider à la ressemblance, il y a tout lieu de croire que la malediction donnée par Elie est une de ces fictions qui sont si fort au goût des Levantins; & qu'enfin la formation de ces Pierres est un des jeux de la nature, ou pour parler plus chrétiennement un effet de la prodigieuse varieté que Dieu s'est plû à mettre dans ses ouvrages. Le P. Nau avoue encore qu'il n'alla point au lieu où Elie confondit les Prêtres de Baal. Le Chanoine Doubdan dit que ce lieu du sacrifice d'Elie est sur un des Coupeaux de la même Montagne du Carmel du côté de l'Orient, (c'est-à-dire en montant vers l'Orient, car il est tourné vers l'Occident auquel il fait face), & qu'ils l'appellent Mansour. Le lieu est, ajoute-t-il, fort agréable pour sa belle vûe, & le grand nombre de Grotes & Cavernes taillées naturellement dans la Roche où se retiroient autrefois une infinité de Religieux qui y vivoient comme des Hermites & Anachorettes. Il veut apparemment parler des quarante Grotes que le P. Nau dit qu'il ne visita point, & qu'il met à deux lieues au delà de la Fontaine d'Elie. Ces Grotes sont très-diferentes de celle d'Elie dont il a été parlé, & qui est plus haut qu'un Monastere dont je parlerai ci après, quoi que beaucoup plus bas que le lieu du sacrifice. Elles different aussi de quelques autres Grotes que l'on voit au dessous du même Monastere, qui sont presentement habitées par les Religieux, étant les mêmes dont j'ai parlé ci-devant. Un peu plus bas que ces Grotes il y en a une autre que l'on appelle Grote d'Elizée. Celle ci qui est un peu au dessous de celle qui leur tient lieu de Chapelle est une solitude où les Religieux vont faire leurs retraites; elle est fort obscure n'ayant qu'un trou pour y donner du jour. Elle a environ huit ou dix pas de longueur, & trois ou quatre seulement de largeur, avec un autel au bout Oriental; au bout opposé est la porte avec une bonne citerne pour la commodité de ceux qui s'y enferment. Outre toutes ces Grotes il y en a encore une autre beaucoup plus bas, & vers le pied de la Montagne qui le est grande, & l'on dit qu'Elie y recevoit le peuple, & les personnes qui s'adressoient à lui [a]. On l'a quarrée à force de pic. Elle n'a gueres moins de dixhuit pas de profondeur dans le Roc; sa largeur peut être de dix pieds & sa hauteur de douze ou quinze pieds. Elle n'a du jour que par la porte. Il y a au milieu une autre

[a] Le p. Nau. l. c.

petite Grote qui étoit, dit-on, l'Oratoire du Prophete [b]. A côté de la porte est une Citerne ciselée dans la roche, le lieu est fort agréable étant planté de quantité d'arbres, Figuiers, Orangez, Grenadiers & autres qui y rendent un ombrage, & une fraîcheur fort recréative. Cette Grote est occupée par des Solitaires Mahometans. Il y a donc sur cette Montagne diverses Grotes qu'il faut distinguer, celle qui est en bas, ou la grande Grote, la Grote d'Elisée, les Grotes où vivent à present les Religieux, & en montant toujours la Grote où Elie se tenoit caché, & enfin les quarante Grotes qui sont à deux lieues au delà de la Fontaine d'Elie.

[b] Doudan, l. c.

Outre le lieu qu'occupent presentement les Carmes, & qui est, comme j'ai dit, dans des grotes il y en a deux Monasteres dont on voit encore les debris; savoir l'ancien dont j'ai parlé & qui étoit auprès de la Fontaine d'Elie dans la Vallée par où l'on monte, & un peu plus bas que la source de cette Fontaine dont j'ai déja parlé. Voici ce qu'on dit le Chanoine Doubdan. [e] Montant toujours à l'Orient dans le fond de la Vallée, qui n'est que de roches, nous arrivames aux Ruines d'un beau & grand Monastere qu'on tient avoir été le premier bâti en Orient pour y assembler les Religieux du mont Carmel, & les rendre Cénobites au lieu d'Anachoretes qu'ils étoient auparavant. Il y a encore de grans édifices tous entiers, bien bâtis de Pierre de taille, à plusieurs étages, les uns sur les autres, faits exprès de la sorte pour gagner de la place, & un grand escalier par lequel on descend dans les Offices qui sont profonds, principalement une grande sale qu'on dit avoir servi d'Oratoire. Un peu plus haut du même côté à main droite est une Place comme une cour quarrée, pleine de ruines, & de buissons & à un bout de cette Place est une Fontaine creusée comme un four dans la roche vive & dure, pleine de bonne eau, ayant sa source dans le fonds: c'est celle que proprement on appelle la Fontaine d'Elie; à cause que ce St. Prophete passant souvent par ce lieu qui étoit sans eau la fit sortir du rocher par ses prières, & en consideration de ce qu'il en a bu, & s'y est reposé plusieurs fois, on y a bâti ce Monastere. Dans le fonds du Vallon, il y a un petit Canal fort proprement taillé dans la roche d'un bon pied en quarré, qui commence à cette Fontaine, & passant par devant le Monastere portoit autrefois l'eau à un Moulin qui étoit un peu plus bas, pour le service des Religieux, & vis-à-vis de la même Fontaine de l'autre côté du Chemin est une écurie taillée au ciseau dans la même roche, & qui étoit destinée pour leurs Chevaux & Mulets au nombre de douze autant qu'il y a de mangeoires de la même matiere, & au dessus le grenier pour leurs provisions; le tout industrieusement taillé avec un travail qui ne se peut exprimer. Le Monastere dont il est ici question est le même que celui que Thevenot nomme le Couvent de St. Brocard comme j'ai dit ci-devant. Mais ce n'est point encore là ce qu'on appelle le Grand Monastere. Celui-ci assez près, & au dessous de la Grotte d'Elie est au dessus des Grotes qu'habitent aujourd'hui les Religieux.

[e] p. 497.

gieux. Voici comme en parle le Chanoine Doubdan. Delà (c'est-à-dire de la haute Grote d'Elie) faisant environ deux cents pas au Couchant sur la plus haute pointe du Promontoire qui s'avance sur la Mer, & justement au dessus des cellules des Religieux nous allames voir les ruines d'un autre grand Monastere qui étoit bâti comme l'autre de belles & grandes Pierres de taille ayant plutôt la forme d'une Forteresse que d'une Maison Religieuse. Ce qui en reste est capable de loger encore plus de trente ou quarante personnes. Nous montames en quelques chambres qui sont encore entieres & regardent sur la Mer, mais elles sont si haut élevées que les barques qui passoient au pied, ne paroissoient que de petites Gondoles. Seroit-ce celui que Ste Heleine fit bâtir, comme dit Nicephore [a]. Ce lieu est aussi desert que l'autre, sinon que quatre ou cinq pauvres familles de Mores se retirent dans ces debris & mazures, & y vivent presque comme des bêtes. Au même lieu où est le Champ des Melons on voit la Place d'une ancienne sepulture de Pierres toute démolie qu'on dit être d'une des femmes d'Alexandre le Grand, laquelle l'ayant suivi à la conquête de ces pays de Syrie, mourut en ce lieu, & y fut inhumée. Le Chanoine qui raporte cette particularité [b] ajoute qu'on n'a sçu lui en dire le nom. Quand on le lui auroit dit, cette prétendue tradition n'en auroit pas aquis plus de credit. Il est certain que le Carmel n'a pas toujours été si desert qu'il l'est presentement. Pline qui l'appelle un promontoire y met sur la Montagne une petite Ville qui portoit le même nom que la Montagne, *Promontorium Carmelum & in monte Oppidum eodem nomine*, il ajoute que cette Ville étoit autrefois nommée Ecbatane. Voiez ECBATANE 2. Josephe [c] dit aussi que pendant les Guerres des Romains dans la Judée les Juifs avoient quelque retraite sur cette Montagne où ils s'étoient fortifiez; & enfin il n'y a point d'apparence que le Temple où Jamblique [d] dit qu'alloit souvent Pythagore fut seul. Il étoit du moins entouré de quelques habitations pour les Prêtres qui le desservoient. On pourroit nier l'existence de ce Temple par l'autorité de Tacite qui dit precisement qu'il n'y avoit ni representation, ni Temple, mais simplement un Autel. On peut neanmoins concilier ces deux Auteurs. Car outre qu'ils parlent de faits entre lesquels il y a un intervale de trois siécles au moins; il se peut que le bâtiment dont parle Jamblique fût employé du temps de Vespasien à quelque autre usage, ou même qu'il eut été detruit pendant les guerres de Syrie, & qu'il ne fût resté qu'un Autel. Ajoutons l'état du mont Carmel que nous a laissé Phocas Historien du XII. siécle. Ensuite, dit-il, est le mont Carmel duquel on lit bien des choses tant dans l'ancien Testament que dans le nouveau. Cette Montagne s'éleve depuis le Golphe de la Mer qui est entre Ptolemaïde & Caypha, & s'étend jusqu'aux confins de la Galilée; à l'extrémité de la croupe qui regarde la Mer on voit la Caverne du Prophete Elie dans laquelle cet homme admirable ayant mené une Vie Angelique, fut enlevé au ciel. Il y a eu autrefois dans ce lieu un grand Monastere, ce qui se prouve par les restes des ruines qu'on y voit encore, mais le temps & les courses des ennemis l'ont entierement detruit. Cependant il y a peu d'années qu'un certain Moine, Prêtre, ayant des cheveux blancs, & Calabrois de Nation vint à cette Montagne sur une revelation du Prophéte, entoura ces lieux, & ces restes du Monastere d'un petit rempart, & ayant élevé une tour, & une Chapelle, & assemblé environ dix Freres, il y vit encore actuellement. C'est ce que dit l'Historien Phocas. Ce que nous avons decrit jusqu'à present n'est que la partie maritime du Carmel. Car ce nom comprend une longue suite de Montagnes qui, selon le Pere Nau, dure environ sept lieues du Nord-est au Sud-Ouest. Cela revient assez à ce que dit Doubdan: la Cime de cette Montagne est une grande, & vaste Campagne qui a bien cinq lieues de traverse toute couverte d'Arbrisseaux, de bocages, bois taillis, Garennes toutes remplies de Gibier de toutes les sortes: les Religieux nous assurerent qu'elle a de circuit par le pied soixante & dix milles qui reviennent à plus de vingt-trois lieues, & qu'elle appartenoit à leurs Predecesseurs Religieux du même Carmel avec tous les Villages des environs. Ces Villages appartiennent presentement aux Bedouins Arabes qui ont un Camp aux environs de ces Montagnes.

On peut juger de la hauteur du Carmel par l'estimation qu'en fait le même Chanoine: un peu plus haut que la moitié de sa hauteur que j'estime environ deux fois celle des Tours de Notre Dame de Paris &c. Or ces Tours ont trente-quatre toises, donc ce qu'il appelle un peu plus que la moitié de la hauteur est de 68. Toises ou environ, & en supposant qu'il ait été de quatre toises plus haut que le milieu, la hauteur entiere est de 840. pieds. Je crois que le Sultan de Chamelle dont parle Joinville n'est autre que l'Emir des Arabes du mont Carmel.

CARMELI, ou CAMPO CARMELI. C'est, selon Mr. Baudrand, une ancienne Contrée d'Egypte entre le Nil, la Mer mediterranée, la Libye exterieure, & la Thebaïde. Elle comprenoit selon lui les deserts de Scethé & de Nitrie, & fut la retraite d'un très-grand nombre de Solitaires dans les premiers siecles de l'Eglise.

CARMELUM OPPIDUM, Voiez ECBATANE 2.

CARMELUM PROMONTORIUM, c'est la pointe maritime de la Montagne du Carmel, au dessus de Caypha. Ortelius croit qu'on l'appelle presentement *Cabo Bianco*.

CARMENTALIS, nom d'une des portes de l'ancienne Ville de Rome: on l'appelloit aussi la porte *Scelerate*. Elle étoit entre le Tibre, & le Capitole, & elle ne subsiste plus.

CARMENTIS SAXUM, lieu particulier d'Italie dans le territoire de Rome. Tite Live en fait mention.[e]

CARMERY, [f] Ville & Abbaye de France au Pays du Vellay. On l'appelle aussi le MONASTIER-ST.-CHAFFRE, en Latin *Sancti Theotfridi Monasterium*. L'Abbaye fut fondée au VII. siécle par Calmin ou Calmer homme riche en Auvergne d'où lui est venu son premier

mier nom de *Carmery*. Elle eut St. Eudes pour premier Abbé; son successeur fut St. Thieffroy, vulgairement St. Chaffre, son neveu, dont le lieu a pris le nom depuis que Louis le Debonnaire a reparé l'Abbaye qui a pris la regle de St. Benoit. C'est depuis ce temps que la celebrité du Culte de St. Chaffre y a formé une Ville sur la petite Riviere de Colance à quatre lieues de la Ville du Puy dans le Diocese de laquelle elle est située au Levant d'Hyver.

CARMILIACA, lieu de la Gaule Belgique selon Antonin: quelques exemplaires portent CURMILIACA; à XII. M. P. d'Amiens & à XIII. de Beauvais.

1. CARMINA, Isle de l'Inde selon Etienne le Géographe. Il y auroit lieu de douter si elle est differente de celle qu'il appelle CARMANA à cause de ses habitans qui étoient de Carmanie. C'est sans doute la même que CARMINNA que Ptolomée [a] place sur la côte de Carmanie.

[a] l. 6. c. 8.

2. CARMINA, Isle de l'Archipel. Le St. Robert dans son Voyage du Levant [b] la decrit ainsi: elle est habitée par des Grecs, & quelques Turcs, dispersez d'un côté, & d'autre, qui payent tribut aux Venitiens & à la Porte; ces Grecs ne font aucun commerce qu'avec des Bandits & des Brigands, & ils exercent eux-mêmes la piraterie. Ils sont aussi plus cruels que les Turcs & il y a du risque à aller à terre. Ils gardent pour leur usage tout ce que l'Isle produit. La rade en est mauvaise, & il n'y a point d'eau douce. C'est la même que CALAMO 2. Voiez ce mot. C'est aussi la CLAROS des anciens.

[b] p. 293.

CARMINACH, Ville d'Asie dans la grande Tartarie, & dans la contrée de Bochara, elle est près d'un Lac formé par la Riviere de Sog entre Samarcand & Bochara. Mr. Baudrand cite Abulfeda. Ce Géographe Arabe met effectivement dans ses Tables de la Chorasmie au V. Climat, dans le Territoire de Bochara entre Bochara & Samarkande CARMINACH Ville à laquelle Alfaras donne 88. d. de Longitude & 39. d. 30'. de Latitude: mais Albiruni ne fait la Longitude que de 87. d. 55'. qui font cinq minutes de diference, & met la Latitude de 39. d. 40'. qui font dix minutes de plus que l'autre. Voiez CARMINIYAH.

§. Il faut remarquer dans l'Edition d'Oxfort [c] dont je me sers les Imprimeurs se sont trompez en transposant les Chifres des degrez de la Latitude. Ainsi ils ont mis au lieu de 39. 93. faute qui saute aux yeux; la Latitude ne pouvant jamais être au delà du Pole, & par consequent elle ne peut être que de nonante degrez tout au plus.

[c] p. 43.

CARMINIANUM, ancien lieu d'Italie dans la Calabre, au delà des monts près d'*Aletium*, & presque vis-à-vis de Lupia ou plutôt entre Tarente & Otrante dans la Messapic. C'est presentement une bourgade qui conserve l'ancien nom, & que l'on appelle CARMIGNANO dans la Terre d'Otrante. Il est parlé de sa forêt dans la Notice de l'Empire, on y lit [d] *Procurator rei privatæ per Apuliam & Calabriam sive Saltus Carminianenses*. Holstenius conclut que cette Terre étoit du Domaine particulier de l'Empereur.

[d] Sect. 43

CARMINNA. Voiez CARMANA & CARMINA 1.

CARMINIYAH, la même Ville qui est nommée Carminah dans les Tables d'Abulfeda est appellée CARMINIYAH dans sa Description de la Chorasmie & du Mawaralnahr [e]. On y cite quelques Auteurs dont on recueille les sentimens que voici. Selon Allebab, c'est une Ville entre Bochara & Samarkande. Selon Ebn Haukal elle est plus grande, & plus peuplée qu'ALTAWAWIS, & son terroir est plus fertile. Il y a plusieurs Villes nommées *Carminiyah* : il y en a une de ce nom entre *Altawawis* & *Aldabusiyah*, à cinq Parasanges de la derniere, & à sept de la premiere. Elle est bien peuplée, & de la même grandeur qu'Altawawis.

[e] ap. 58.

§. Ces deux Villes sont dans la Tartarie au Levant de la Mer Caspienne.

1. CARMON, ancienne Ville d'Espagne dans la Betique. Voiez CARMONE.

2. CARMON. Voiez COROMANIS.

CARMONE, Ville d'Espagne dans l'Andalousie à six lieues de Seville, selon le Journal d'un Voyage d'Espagne [f], ou à cinq selon Mr. l'Abbé de Vayrac qui dit qu'on va de l'une à l'autre de ces Villes par un chemin pavé; & à huit ou neuf lieues d'Ecija. Elle est petite, mais fort ancienne; quoique peu d'Auteurs en ayent parlé. Strabon n'en dit rien de plus [g] que le nom. L'Itineraire d'Antonin la met sur la route de Seville à Merida, & à XXII. mille pas de la premiere. Jules César dans l'Histoire des guerres civiles [h] fait mention d'un peuple qu'il nomme CARMONENSES, & qui n'est autre que les habitans de cette Ville. Il dit que c'étoit la Ville la plus forte de toute la Province (*Iisdem diebus Carmonenses quæ est longè firmissima totius Provinciæ Civitas, &c*.) L'Auteur des Memoires de la guerre d'Alexandrie [i] parlant des évenemens arrivez dans la Betique dit que ce fût à Carmone que Longinus assembla & passa en revûë la XXX. & la XXI. legion & IV. Cohortes de la cinquième. Dans les mêmes Memoires [k] on lisoit *Lepidus eodem tempore, Marcellusque Cordubam cum suis proficiscitur : Cassius Carlonem*. Des Critiques mauvais Géographes avoient substitué *Narbonem*, comme s'il s'agissoit d'une Ville des Gaules dans ces quartiers-là. Glandorp [a] bien vu qu'il faloit lire *Carmonem* ou *Carmonam* ; & c'est ce dernier que Mr. Davies a preferé dans son Edition de Cambridge, mais, au lieu de laisser les deux points après *proficiscitur*, il devoit les mettre devant ce mot, comme la Phrase Latine le demande. *Lepidus eodem tempore Marcellusque, Cordubam cum suis : Proficiscitur Cassius Carmonem*. Surita [n] ne s'y est pas mépris; mais il met *Cassius* avant *proficiscitur*. Ptolomée [m] fait aussi mention de cette Ville ; mais ses exemplaires portent Γαρμωνία GARMONIA ou Χαρμωνία CHARMONIA, il la donne aux Turdetains. Tite Live [n] parlant des guerres excitées dans l'Espagne Ulterieure dit : M. Helvius avoit ce gouvernement. Il manda au Senat que Colca & Luscinus, petits Rois, avoient pris les armes; que le premier avoit dix-sept Villes dans son parti, que Luscinus étoit maitre des Villes puissantes de Cardone & de Bardone,

[f] p. 150.
[g] l. 3. p. 141.
[h] l. 2. c. 19.
[i] c. 57.
[k] c. 64.
[l] in Anton.
[m] p. 565. l. 2. c. 4.
[n] l. 33 c. 21.

ne , & que toute la côte qui n'avoit pas encore dépouillé son animosité , ne manqueroit pas de se soulever au premier mouvement que feroient ses voisins. Il est indubitable qu'il ne s'agit point ici de Cardone Ville de Catalogne , mais d'une Ville située bien plus avant au delà de l'Ebre dans l'Espagne Ulterieure : & ainsi l'une des deux Villes qu'il nomme *Cardonem* & *Bardonem*, ne peut être que Carmone qui, comme on l'a vu par le temoignage de Jules Cesar, étoit dès ce temps-là une des plus fortes places de la Province. Peut-être Tite Live avoit-il écrit CORDUBAM & CARMONEM. Cette Ville conserve encore des monumens de son ancienneté [a] : la porte qui regarde Seville est encore toute entiere aussi bien qu'une partie des murailles. Il est aisé de voir à la grandeur des pierres & à la maniére dont elles s'entretiennent que c'est un ouvrage des Romains. Aussi on remarque que c'est une des plus grandes piéces d'antiquité de toute l'Espagne. L'Auteur cité dit avoir apris des gens du lieu qu'on y a trouvé, & qu'on y trouvoit tous les jours en travaillant des morceaux de Statues, & de Colomnes de Marbre avec des inscriptions ; mais il est souvent arrivé que ceux qui les trouvoient n'en connoissant pas le prix les mettoient dans les fondemens des moindres bâtimens. En effet, poursuit-il, j'en vis une assez entiere à la porte de la grande Eglise. J'allai voir deux Statues de Marbre blanc qui sont encore sur la porte qui va à Ecija, mais elles sont fort mal-traitées, & quoi qu'elles soient élevées sur des Piédestaux il y en a une qui n'a point de tête & l'autre est toute defigurée des coups qu'on lui a donnez : on ne m'a pu dire ce que c'étoit. Autrefois il y avoit un bel Alcaçar, ou Château qui est tout ruiné. Cette Ville a été plusieurs fois prise & reprise durant les guerres des Maures en Espagne du temps que cette Nation Africaine possedoit l'Andalousie ; Carmone étoit du Royaume de Seville. Ses murailles autrefois si fortes, & qui ont soutenu des sieges sont presentement renversées en partie. Philippe IV. [b] après avoir reçu de ses habitans un present de 40000. Ducats l'honora du titre de Cité. Son terroir est merveilleusement fertile, & c'est sans doute ce que l'on a voulu représenter dans la Medaille que Surita [c] dit avoir eue en son pouvoir. Il y a voit d'un côté une Figure d'homme fort mal dessinée, & sur le revers entre deux épics le mot CARMO.

CARMONS, ou CORMONS, petite Ville d'Italie au Frioul, & dans le Comté de Goritz sur une Montagne près de la Riviere d'Indri entre elle, & celle de Verja. Elles se joignent un peu au dessous, & tombant dans le Corno, elles vont ensemble grossir le Lisonzo. Elle est au Nord-Ouest de Gradisca & appartient à la Maison d'Autriche aussi bien que tout le Comté de Goritz, selon Magin [d].

CARMYLESSUS, ancienne Ville d'Asie dans la Lycie dans l'Anticragus selon Strabon [e]. L'Anticragus étoit une Montagne à l'opposite du mont Cragus, & c'est ce que signifie son nom. Il étoit donc entre le mont Cragus & la Ville & le Promontoire de Telmissus. La Ville de Carmylessus étoit fort petite, Χωρίον, dans une assez petite Vallée au pied de l'Anticragus.

1. CARNA SILVA , nom Latin du KERNWALD forêt de Suisse. Voiez ce mot.

2. CARNA, ancienne Ville de l'Arabie heureuse, selon Ptolomée [f]. Strabon [g] qui la nomme CARNA, ou CARANA dit , que c'étoit la plus grande Ville des Minœens Nation située sur la Mer rouge, & voisine des Sabéens.

3. CARNA, [h] Ville de Phenicie selon Isace sur Lycophron. Voiez CARNE 1.

CARNÆ, ancien peuple de la Sarmatie en Europe près du Bosphore Cimmerien selon Pline [i] : quelques exemplaires portent CARNAPÆ, & c'est de cette derniere façon que lisoit Ortelius.

CARNAIM, ancien lieu de la Palestine. On l'appelloit Astaroth, quelquefois aussi on joignoit ensemble les deux noms. Voiez ASTAROTH. Le nom d'ASTAROTH-CARNAIM signifie Astaroth aux deux Cornes. Elle étoit au delà du Jourdain dans le pays de Galaad. Elle est aussi nommée Carnion au second livre des Macchabées [k].

CARNALIS, Ville ancienne d'Asie dans la petite Armenie selon Ptolomée [l].

CARNANA, c'est la même Ville que CARNA 2.

CARNAPÆ, on lit ainsi dans quelques Editions de Pline au lieu de CARNÆ. Voiez ce mot.

CARNARVAN & CARNARVAN-SHIRE } Voiez { CAERNARVAN & CAERNARVANSHIRE.

CARNASA, selon l'ancienne Version Latine de Ptolomée [m]: d'autres Exemplaires portent CÆSANA, ancienne Ville de l'Inde en deçà du Gange.

1. CARNE, Ville de Phenicie aux confins de la Syrie. Pline [n] la donne à cette derniere, c'est la même que Strabon [o] appelle CARANOS port de Mer des Aradiens. Etienne la donne à la Phenicie.

2. CARNE, ancienne Ville de l'Eolide selon Etienne.

CARNEATES, partie de la Montagne de Cœlossa dans l'Argie contrée du Peloponese selon Strabon [p]. C'est dans cette Montagne qu'est la source de l'Asopus qui coulant auprès de la Sicyonie donnoit le nom d'Asopie à une contrée de ce pays-là.

1. CARNERO, Golphe de la Mer Adriatique. Voiez QUARNER.

2. CARNERO, (le Cap de) Cap d'Espagne à l'Occident de l'entrée de la Baye de Gibraltar ; à environ onze milles presque à l'Est-Nord-est de la pointe de Tarife [q] : la côte y est fort haute, & presque droite ; on la peut ranger à discretion ; dans cette distance il y a trois tours de Garde , presqu'à une égale distance de l'une à l'autre. Mais il n'y a aucuns Mouillages par la grande quantité d'eau qui s'y trouve. Le Cap Carnero est celui qui fait l'entrée de la Baye de Gibraltar ou la pointe de l'Ouest. Elle est fort haute

[a] Journal d'un Voyage d'Espagne p. 150.

[b] Etat de l'Espagne T. 1. p. 249

[c] in Ant. p. 566.

[d] Ital.

[e] l. 14. p. 665.

[f] l. 6. c. 7.

[g] l. 16. p. 768.

[h] Ortel. Thes.

[i] l. 6. c. 7.

[k] c. 11. v. 21.

[l] l. 5. c. 7.

[m] l. 5. c. 20

[n] l. 5. c. 20.

[o] l. 16. p. 153.

[p] l. 8. p. 382.

[q] Portulan de la Mer mediterranée p. 8.

CAR.

& tout proche de cette pointe du côté de l'Ouest il y a une tour de Garde sur une haute pointe qui s'avance un peu plus en Mer; entre les deux il y a une petite Isle plate, & quelques écueils aux environs hors de l'eau, & sous l'eau environ un mille vers le Sud-est de la pointe du Cap Carnero il y a sous l'eau une Roche appellée la perle sur laquelle il n'y a que neuf à dix pieds d'eau; c'est pourquoi il s'en faut éloigner, néanmoins on peut passer à Terre rangeant à discretion l'Isle, & les écueils du Cap Carnero.

§. Le mot CARNERO en Espagnol veut dire un Mouton ou un Belier.

CARNI, ancien peuple des Alpes. Quoique leur nom se soit conservé dans celui de Carniole, leur pays n'avoit nullement les mêmes bornes; car il comprenoit tout ce qui est à l'Orient du Tajamento depuis sa source jusqu'à son embouchure; & par consequent une grande partie du Frioul; d'un autre côté le Formio des anciens nommé Alben par les Allemands & Risano par les Italiens. Les Alpes Carniques ou Noriques ou Juliennes, les separoient de la Norique, de sorte que la Carniole qui est aujourd'hui presque toute entiere du côté de ces mêmes Alpes est plutôt l'ancien pays des *Japides* que celui du peuple nommé *Carni*. Ces derniers selon Ptolomée [a] avoient trois Villes, savoir FORUM JULIUM Colonie qui a donné le nom de Frioul à la Province, CONCORDIA autre Colonie & AQUILE'E. Ces trois Places qui subsistent encore en tout ou en partie prouvent ce que j'ai avancé. [b] Orose dit nettement que c'étoit une Nation Gauloise, & l'Epitome de Tite Live aussi bien qu'Orose disent qu'ils furent vaincus par le Consul Quintus Martius Rex, l'an 635. après la fondation de Rome.

1. CARNIA, Ville d'Ionie selon Etienne le Géographe.

2. CARNIA, nom Latin de la Carniole.

1. CARNIA (la), nom moderne qui s'est formé par abbreviation de l'ancien nom d'Acarnanie. C'est bien encore le même pays, & les bornes sont encore à peu près les mêmes u Nord, au Levant, & au Couchant; mais elles sont diferentes au Midi: car au lieu que l'Acarnanie finissoit à l'embouchure de l'Achelous, la Carnia d'aujourd'hui étend les siennes jusqu'au Stonaspre qui est l'Evenus des anciens: de sorte qu'elle est d'environ la moitié plus grande que l'ancienne Acarnanie, outre laquelle elle comprend toute la partie occidentale de l'Etolie. En ce sens la CARNIA & le DESPOTAT sont deux noms du même pays. Ce pays n'est pas de la Livadie, quoique Mr. Baudrand le dise [c]. Le P. Briet [d], & Mr. de l'Isle [e] le donnent à la basse Albanie. Voiez ACARNANIE & DESPOTAT.

2. CARNIA [f] (la), pays d'Italie dans l'Etat de la Republique de Venise, & dans la partie Septentrionale du Frioul; vers la Frontiere d'Allemagne, & de la haute Carinthie au pied des Alpes, le long de la Riviere de Tajamento depuis sa source jusqu'à l'endroit où elle reçoit la Riviere de Fella. Sa Capitale est la petite Ville de Tolmezo, mais les autres lieux qu'elle contient ne sont pas considerables. Les Cartes recentes ne font

[a] l. 3. c. 1.
[b] Le P. Briet Parall. 2. part. l. 5. c. 3. p. 535.
[c] Edit. 1705.
[d] Parall.
[e] Cartes de la Grece.
[f] Baudrand Ed. 1705.

CAR. 289

aucune mention de ce pays: ce qu'il est bon d'observer pour le pouvoir marquer à l'avenir.

§. Ce pays est marqué sur la Carte du Frioul par Magin, & nommé CARGNA. Outre Tolmezo il y a Guardegnano sur le Decano, san Pietro sur le Buti, Ponteba sur la Riviere de même nom qui est la *Julium Carnicum* des anciens, & que l'on appelle *Ponteba Veneta*, ou *Ponte à Fella* pour la distinguer de *Ponteba Imperiale* qui n'en est separée que par la Riviere, & qui est de la Carinthie. Ces lieux meritoient bien autant que Tolmezo l'honneur d'être nommez par Mr. Baudrand. On a pu rémarquer ci-devant au mot CARNI que ce peuple s'étendoit jusqu'à la source du Tajamento: ainsi la partie du Nord-Ouest de leur pays a conservé l'ancien nom.

CARNICÆ ALPES. Voiez au mot ALPES l'Article ALPES CARNIQUES.

CARNICUM JULIUM. Voiez JULIUM.

CARNIOBURGUM. Voiez CRAINBOURG.

CARNIOLE, grande Province d'Allemagne dans les Etats Hereditaires de la Maison d'Autriche. En Allemand Grain. Elle a la Carinthie au Nord, la Sclavonie, & la Croatie au Levant; la Morlaquie, & l'Istrie au Midi & le Frioul au Levant. Il y a long-temps que ce pays est connu sous le nom de Carniole. Paul Diacre dans son Histoire des Lombards [g] dit, Ratchis Duc de Frioul entra avec ses troupes dans la Carniole Païs des Slavons: *in Carniolam, Slavorum Patriam*; les Sclavons, Esclavons, Slaves, car ces noms ne signifient qu'un même peuple venu du Nord, avec les Wandales, étoient alors maîtres de la Carniole. Ce sont eux dont le pays voisin porte encore le nom de Sclavonie. Pour les Wandales, ou Wendes une partie de la Carniole en porte encore le nom, & s'apelle *Windisch Marck*, c'est-à-dire la Marche ou frontiere des Wendes. Le Moine qui a écrit les Annales de France donne pour voisins au Frioul un peuple qu'il nomme *Carniolenses* & dit qu'ils habitent *Carcasavum*. Ortelius avec sa sagacité ordinaire a bien vû que ce mot ne signifie rien, & qu'il faut lire *Circa Savum*, c'est-à-dire aux environs de la Save. En effet la Save a ses sources dans des Montagnes de la haute Carniole, & la traverse d'Occident en Orient. L'Anonyme de Ravenne [h] nomme cette Province tantôt CARNEOLA, & tantôt CARNECH, ou CARNICH. Cette Province est toute herissée de Rochers, & de Montagnes & tout le monde y suit la Religion Catholique. On la divise en quatre parties qui sont très-inegales. La principale est la Carniole qui se divise en haute, & en basse; la WINDISCH-MARCK qui est à l'Orient de la basse Carniole, & au Couchant de la Croatie; le petit Comté de Goritz, ou Goriceou Goertz, celui de Gradisca qui en faisoit autrefois partie. Quelques-uns y ajoutent Aquilée, Trieste & St. Weit, sous pretexte que ces Villes appartiennent à l'Empereur; mais la Carniole est de l'Allemagne, & ces Villes sont de l'Italie.

Zeyler qui a si doctement traité presque

[g] l. 6. c. 51.
[h] l. 4. c. 21

Tom. II. Oo *tou*

toutes les Provinces de l'Allemagne avec une infinité de details curieux, se plaint que la Carniole soit si peu connuë: il souhaiteroit que quelque habile homme du pays en fit une Histoire ou du moins une description dans laquelle les Etrangers, & même les naturels du pays pussent puiser une connoissance plus juste,& plus étenduë que celle qu'on en a ordinairement.

Mr. de la Forêt de Bourgon [a] parle ainsi de ce Pays. La Carniole ainsi nommée des Carnes peuple des Alpes fut long temps de la dépendance de la Baviere. Ensuite elle eut des Seigneurs particuliers dont le dernier fut Othon de Crainbourg, après la mort duquel arrivée environ l'an 1245 les Etats du pays se donnerent à Frederic le Belliqueux Duc d'Autriche dont la succession passa à l'Empereur Rodolphe I. &c. L'Empereur Frideric le pacifique Pere de l'Empereur Maximilien, érigea la Carniole en Duché l'an 1452. Le terroir de ce pays produit du bled, du vin & de l'huile. Cet Auteur se trompe quand il ajoute qu'il est arrosé par la Drave. La Drawe n'y touche en aucun endroit: il a voulu sans doute dire la Save. Les lieux les plus remarquables de la Carniole, selon Mr. Hubner, sont

[a] Geogr. Hist. T. I p. 326.

Laubach Siége d'un Evêque ⎫
Crainbourg sur la Save ⎬ dans la Carniole propre
Aversberg ⎭

Metling Capitale de la Windisch-Marck
Rudolfus-Werd, ou *Neustadtel* qui en est aussi.
Goritz Capitale du Comté de même nom.
Gradisca, aussi Capitale d'un Comté de même nom.

Il y a dans ce Duché de grandes Chaînes de Montagnes, entre autres les Montagnes *della Vena*; mais une des choses les plus rares c'est un Lac nommé par les Allemands *Czirnitzer-see* du nom de *Czirnitz* qui est situé sur son rivage au Nord-Ouest. On le nomme en Latin *Lacus Circoniensis*. Il s'étend l'espace de deux Milles d'Allemagne entre des forêts & des Montagnes. Il est remarquable en ce que tous les ans on y pêche du poisson, on y court le Gibier, on y moissonne du Grain. J'en parle plus au long en son Article particulier.

Mr. Baudrand nomme la CARNIOLE SECHE cette partie qui est au Midi de la basse Carniole, entre l'Istrie, le Golphe de Carnero ou de Quérner, & la Morlaquie.

1. CARNION ou CARNIUM, Ville du Peloponese dans la Laconie selon Polybe [b]. Pline [c] met dans l'Arcadie une Ville qu'il nomme Carnion; elles me semblent être la même Ville. Comme l'Arcadie & la Laconie étoient limitrophes une même Ville a pu être tantôt de l'une & tantôt de l'autre. Pausanias met dans ce pays-là un Ruisseau nommé CARNION Καρνίων, & le R. P. [d] Hardouin conjecture que c'est apparemment de ce Ruisseau que la Ville portoit le nom. Pausanias dit qu'il se perd dans un autre nommé GATHEATAS avec lequel il va se rendre dans l'Alphée.

[b] Ortel. Thesaur.
[c] l. 4. c. 6.
[d] l. 8. c. 34. p. 670.

2. CARNION, Ville d'Asie quelque part vers la Syrie, ou plutôt au delà du Jourdain. Timothée General du Roi Antiochus Epiphane ayant apris que Judas Machabée venoit

[e] Maccab. l. 2. c. 12. v. 21.

contre lui envoya ses Femmes, ses Fils, & tout son bagage dans une Forteresse nommée CARNION, parce qu'elle étoit imprenable, & d'un abord dificile à cause des défilés. Comme ce Timothée étoit Gouverneur des pays d'au delà le Jourdain il faut apparemment chercher cette Forteresse dans son Gouvernement.

CARNOBIO. Voiez CARNUNTUM.

CARNON, Ville ancienne de l'Arabie heureuse, selon Pline [f]. Voiez CARNA 2.

[f] l. 6. c. 28.

CARNONACÆ, selon Ptolomée [g], d'autres exemplaires portent CARNONES, ancien peuple de l'Isle d'Albion. [h] Le P. Briet qui lit CARNOVANCÆ dit que c'est la partie occidentale de Navern. Il y met la pointe de Torsuty.

[g] l. 2. c. 3.
[h] Parall. part. p. 185.

CARNOTUM. Voiez CARNUTES.

1. CARNUNTUM, Ambroise Moralès met en Espagne une Ville de ce nom dans la Tarragonoise, où, selon les Notices de l'Empire, étoient les Garnisons d'Allemands & de Gaulois. L'erreur est grande: cependant elle est excusable en quelque façon à cause de la depravation du Texte en cet endroit des Notices [i]. Tous les exemplaires ont une lacune dont plusieurs Copistes ou Editeurs n'ont point averti, ainsi n'ayant point d'égard à l'interruption ils ont mis des choses très-separées par elles-mêmes. On trouve prémierement

[i] Sect. 69.

in Provincia Tarraconensi
Tribunus Cohortis primæ Gallicæ Veleia.

Après quelque chose qui manque & qui devoit suivre ces deux lignes, la Notice vient aux Garnisons de France, & des Pays-bas; ce qui étoit sans doute precedé d'un titre nouveau. Mais les Copistes ayant cousu ce qui suit la Lacune, avec ce qui la precede, sans avertir de l'interruption, Moralès qui ne s'en est point apperçû a cru qu'il falloit ranger dans la Province de Tarragone en Espagne la Ville de CARNUNTUM; quoi que la Notice porte après ce que j'ai raporté ci-dessus.

Præfectus Lætorum Teutonicianorum Carnunte
Senonia Lugdunensis.

La Senonie Lyonnoise, ou, ce qui est la même chose, la quatriéme Lyonnoise, dont Sens étoit la Metropole, auroit dû le remettre dans le chemin de la verité. Une ancienne Notice des Gaules écrite sous Honorius & que j'insere à la fin de l'Article GAULE, met très-bien *Provincia Lugdunensis Senonia*, & lui donne sept Villes: la premiere est *Metropolis Civitas Senonum*, la seconde est *Civitas Carnotum*. Il est donc ici question de Chartres Ville de France, & non pas d'une Ville imaginaire d'Espagne qui n'est fondée que sur la negligence d'un Copiste qui a oublié de mettre *hic desunt nonnulla*, comme le P. Labbe n'a pas manqué de l'y mettre dans la petite Edition du Louvre. Il est aprésent inutile de rechercher si cette pretenduë Ville de l'Espagne Tarragonnoise a quelque raport avec celle que Ptolomée nomme CURNOVIUM, ou avec CARNOBIO lieu Moderne aux confins de l'Arragon, & de la Navare. La question est décidée. On peut voir au § de l'Article BAIOCA que cette miserable lacune

2. CARNUNTUM, ancienne Ville de la haute Pannonie. Ptolomée [a] la nomme CARNUS. Cette Ville étoit au bord du Danube & Velleius Paterculus, dont quelques Editeurs l'appellent CARNUTUM, d'autres CARNUNTUM, dit que c'étoit la place que les Romains avoient la plus près de la Norique [b]. Elle est nommée CARNUNTUM par Pline, cet Auteur [c] parlant de l'Ambre ajoute qu'il y a environ six cens mille pas de *Carnuntum* Ville de la Pannonie jusqu'au Rivage de la Mer d'où on l'apportoit, & qui n'étoit bien connu que depuis peu. Il l'appelle ailleurs *Pannonica Hiberna* c'est-à-dire *Quartier d'Hyver de la Pannonie. Superiora*, dit-il [d], *inter Danubium & Hercinium Saltum usque ad Pannonica Hiberna Carnuti, Germanorumque Confinium, Campos & Plana Jasyges Sarmata.* C'est-à-dire que les Jasyges peuple Sarmate occupoient le haut pays entre le Danube & la forêt d'Hercinie, jusqu'aux Quartiers d'Hyver de *Carnuntum* & aux frontieres de la Germanie. Ce pays répond à une partie de la Haute Hongrie, à en juger par la situation que l'on sait d'ailleurs qu'avoit la Ville de *Carnuntum*. Pline n'est pas le seul qui y ait mis des Quartiers d'Hyver. Eutrope parlant de l'Empereur Marcus [e] dit qu'il fit un séjour perpétuel durant trois ans à *Carnuntum*; & Spartien [f] dit de Severe: aux instances de bien des gens, malgré sa répugnance, il fut déclaré Empereur à *Carnuntum*. L'Itineraire d'Antonin parle en plus d'un endroit de *Carnuntum*. Dans la route de la Pannonie le long du Danube, *per ripam Pannoniæ*, il met à *Carnuntum* la quatorzieme Legion Gemelle; elle y étoit en Garnison ou en quartier d'hyver; ce qui s'accorde avec ce qui a été dit ci-dessus. Ammien Marcellin [g] appelle Carnunte Ville des Illyriens, mais, comme il le remarque Cellarius, c'est par un usage de son temps fondé sur ce que la Pannonie, & la Norique étoient des dependances du département d'un Prefect du Pretoire qui commandoit à la grande Illyrie. Il vaut mieux dire avec les Auteurs plus anciens qu'elle étoit de la Pannonie. De même que les Latins ont dit pour la Ville d'Otrante *Hydrus*, au genitif *Hydruntis*, ou *Hydruntum*, *i.* de même les anciens ont nommé indifféremment la Ville dont il est question dans cet Article *Carnus*, au genitif *Carnuntis*, & *Carnuntum*, *i*. Tite Live qui prend souvent ses mémoires de Polybe, dit [h], Durant cette même Campagne, où la Cavalerie Romaine remporta une victoire en Thessalie, le General que le Consul avoit envoyé en Illyrie força deux Villes à se rendre. Il accorda aux habitans tout ce qui leur appartenoit, afin que ces marques de sa moderation engageassent les habitans de la forte Ville de Carnunte à le recevoir. *Ut opinione clementiæ eos qui Carnuntem munitam urbem incolebant, alliceret.* C'est le savant Monsieur de Valois dans ses Notes sur Ammien Marcellin qui raporte ce passage de Tite-Live. Mais il y a lieu de douter si c'est la Ville de Carnunte sur le Danube que Tite-Live a voulu dire. Le General envoyé par le Consul Licinius qui étoit en Thessalie a-t-il pu traverser toute l'Illyrie, prendre des Villes,

[a] l.2.c.15.
[b] l.2.c.109.
[c] l.37.c.3.
[d] l.4.c.12.
[e] l.8.c.6.
[f] c.5.
[g] l.30.c.5. Edit. Vales.
[h] l.43.init.

Tom. II.

essayer le siege de la Ville de *Carnunte*, retourner sur ses pas, & piller les Villes qu'il avoit épargnées dans un pays qui n'étoit pas encore subjugué; & cela en une Campagne. Il y auroit lieu de soupçonner que la Carnunte d'Illyrie dont parle Tite-Live dans le passage cité est diferente de celle de la Pannonie. Ceux-là se trompent qui croient que c'est Passau, car Passau est bien au dessus de Vienne, & *Carnuntum* doit être au dessous. Carnunte étoit vis-à-vis de l'embouchure de la Mareh dans le Danube au lieu où est presentement HAIMBOURG, ou du moins il faut en chercher les ruines dans le Village qui est tout auprès. Lazius croit que cette Ville est presentement remplacée par le Monastere de Ste Petronelle. Le R. P. Hardouin n'y songeoit pas assez serieusement quand il a dit qu'Ortelius avoit confondu cette Ville avec la Ville de Chartres qui est en France. Ortelius n'a point fait cette faute, mais il a seulement raporté le sentiment de Moralès qui transporte Chartres en Espagne sur l'autorité des Notices mal entendues.

CARNUS. Voiez l'Article precedent.

CARNUTES, ancien Peuple de la Gaule; Cesar les nomme CARNUTES; Pline [i], CARNUTI, quelques Manuscrits portent CARNUTENI de l'aveu du R. P. Hardouin, & c'est aussi de la sorte que lisoit Hadrien Valois [k]; cela s'accorde fort bien avec une inscription qui est à Bologne sur laquelle on lit.

[i] l.4.c.18.
[k] Notit. Gall. p.128.

D. M. P. V.
VETTIO PERENNI CARNUTÆNO
EX PROVINCIA LUGDUNENSI
DUUMVIRALI SACERDOTI.

Plutarque [l] ne s'écarte pas beaucoup de cette Orthographe lorsqu'il les appelle CARNUTINI, Καρνουτίνοι. Ptolomée les nomme CARNUTÆ, Καρνοῦται. Quelques uns les ont aussi appellez CARNOTI, CARNOTENI, & CARENTINI. Tibulle dit selon les éditions ordinaires,

[l] in Jul.Cæs.

Carnuti & Flavi, Cerula limpha Liger.

Quelques manuscrits portent CARNOTI, d'autres CARMOTI. Il semble que *Flavi* soit une Epithéte du mot CARNUTI ou CARNOTI, mais, comme je l'observe au mot FLAVI, il y a au contraire bien de l'apparence qu'au lieu de *Flavi* il faut lire *Fluvii*: ainsi *Carnuti* devient lui-même l'Epithete. Anciennement [m] les Carnutes du temps de Cesar, & encore long-temps après, occupoient tout ce qui est aujourd'hui sous les deux Dioceses de Chartres & d'Orleans, puisque *Gennabum* du temps de Cesar étoit *Oppidum Carnutum*. Ptolomée met aussi *Gennabum*, & *Autricum* chez le peuple Carnutes; & le nom d'*Aureliani* n'a presque point été connu sous les Romains. Avec le temps la Ville d'*Autricum* quitta ce nom pour prendre celui du peuple, de la même maniere que Rheims, Paris, Sens, & tant d'autres; & fut appellée *Carnutum* qui n'étoit d'abord qu'un Genitif Pluriel, *Civitas*

[m] Sanson Rem. sur la Carte de l'Ancienne Gaule.

Carnutum la Ville des Carnutes. Mais on en fit un neutre au singulier, & l'on dit *Carnutum, i.* Voiez CHARTRES.

CAROBRIÆ, dans le Livre des Miracles de St. Austregisile, que le Vulgaire appelle St. Orille, ou St. Outrille, composé par un Auteur ancien Mr. de Valois trouve que quelques François mirent le feu à la maison de ce Saint à Estival près de *Carobria*. *In Villa Stivali, juxta Vicum Carobrias Domum Sti. Austregisili.* Ce Saint étoit Evêque de Bourges, *Bria, Brica,* ou *Briga*, veut dire un pont dans la Langue de nos Ancêtres. Le Cher est une Riviere de Berri, *Carobriæ* étoit donc sur le Cher puisque son nom ne signifie autre chose. Les Lettres de l'Abbé Liebaud (*Leodebodi*) raportées par Helgald Moine de Fleuri font mention de CARBRIÆ Village du Berry. C'est presentement CHABRIS ; & l'endroit voisin qui est nommé Mont, ou Maison de St. Orille, est la même chose qu'Estival, ou *Villa Stivalis.*

CAROCOTINUM. Voiez CAROCOTINUM.

1. CAROEA, Village de la Sarmatie en Europe, selon Ptolomée [a].

a l. 3. c. 5.

2. CAROEA, Ville d'Afrique, selon Ortelius [b] qui cite Guillaume de Tyr [c].

b Thesaur.
c l. 19. c. 21.

CAROLEI [d], Bourg d'Italie au Royaume de Naples dans la Calabre citerieure entre Cosense & Amantée, environ à deux lieues de l'une & de l'autre. Il n'est remarquable que parce qu'on y cherche l'ancienne INIA, INIAS ou IXIAS des Brutiens. Voiez à l'ancien nom INIA.

d Baudrand Ed. 1705.

CAROLINE, Contrée de l'Amerique Angloise, sur la côte Orientale de la Floride dans l'Amerique Septentrionale. L'Auteur de la Methode pour étudier la Geographie se trompe fort quand il dit qu'elle fut ainsi appellée du nom de Charles II. Roi d'Angleterre ; ce nom de Caroline vient des François, & étoit en usage dès le Regne de Charles IX. Roi de France, comme on le voit par la Relation des Voyages de Champlain imprimée l'an 1632. lors que le Roi Charles II. étoit encore au Berceau. Le nom de Caroline vient d'un Fort qui y fut bâti, comme je le dirai dans la suite. Elle est bornée au Nord par la Virginie, au Midi par la Presqu'isle de la Floride, à l'Orient par la Mer du Nord, & à l'Occident par une longue Chaine de Montagnes qui s'étend depuis l'Apalache jusqu'à la Pensylvanie. Les Cartes dressées par les Anglois ne la font pas si étroite, car une ligne tirée depuis la source de la Riviere, qui tombe dans la Baye de San Matheo, court au Nord-Ouest jusqu'à la partie Occidentale du Lac Errié , jusqu'où selon les Cartes s'étend l'Amerique Angloise tant pour la Caroline que pour la Virginie. Mais cette ligne marque plus les prétentions de la Nation que ce qu'elle occupe effectivement. L'Auteur qui a donné en Flamand une description de ce que la Couronne Britannique possede en Amerique [e] dit que la Caroline fut découverte en 1512. par Jean Ponce de Leon. Il prit terre à environ 30. d. de l'Equateur, peu loin de la Riviere de S. Matheo dans la partie la plus Meridionale de cette Province. Il étoit parti de Porto Rico, & donna à ce pays le nom de Floride

e Het Britann. Reik in Amer. p. 249.

parce qu'il semble qu'il y regne un printemps perpetuel. Les Espagnols qui en avoient fort à cœur la decouverte, envoyerent huit ans après Vasquès de Aillon, pour decouvrir le pays plus loin, comme appartenant à l'Empereur Charles V. au nom de qui Ponce de Leon en avoit pris possession. Vasquès aborda un peu plus au Nord, & donna à la Baye du Nord-Nord-Ouest le nom de Jordan, ou Jourdain. On l'accuse d'avoir borné cette expedition à faire embarquer dans ses Vaisseaux le plus qu'il put y assembler de naturels du pays, d'avoir mis ensuite à la voile & de les avoir emmenez esclaves. L'an 1526 l'Empereur Charles V. envoya un certain Pamphile Narvese qui s'amusa si long temps dans la partie du Sud-Ouest qui est la plus maigre, & la moins bonne, que lui & ses gens, après avoir consumé tous leurs Vivres, furent reduits à mourir de faim. Dix ans ensuite, ou plutôt l'an 1539. Fernand Soto aborda au Nord de la Baye du St. Esprit à la côte Occidentale de la Presqu'Isle de Floride. Il cherchoit des Mines d'Or & d'Argent, il avança dans les terres, & [f] côtoyant le Golphe du Mexique à quelque distance de la Mer jusqu'à l'ancienne habitation des Apalaches il prit sa route vers le Nord-est, traversa les Rivieres de May, de Seine & de Jourdain, comme les nomment les Cartes Françoises. Etant au bord de cette derniere à Cutifasicqui, il continua sa route vers le Nord sur cette Chaine de Montagnes que j'ai dit, jusqu'à Cheraqui, où il repassa la Riviere de Jourdain, & enfin s'en retourna vers la Riviere de Mississipi sur le bord Occidental duquel il mourut à Guachoya au confluent de ce fleuve & de la Riviere Rouge ; après avoir fait bien des tours, & des detours, au lieu de trouver les Mines qu'il cherchoit, tout son monde, qui consistoit d'abord en cinq cens hommes de Cavalerie & neuf cens d'Infanterie, souffrit tant dans cette course que lui & les deux tiers de son Armée y perirent de disette, de fatigues ou de Maladies, ou par la main des Sauvages, le reste sous la conduite de Louïs de Mocoso qui lui succeda, eut bien de la peine à regagner en 1542 la Nouvelle Espagne à travers des Nations, qui le harceloient dans sa marche. Il ne sembloit pas qu'après des succès si deplorables la Cour d'Espagne voulut songer davantage à faire de nouvelles découvertes de ce côté-là. Les François vinrent après pour essayer à leur tour, s'ils pourroient faire quelque établissement sur cette côte [g]. Sous le Regne de Charles IX. & à la requisition de l'Amiral de Châtillon Jean Ribaus, ou Ribaut, se mit en Mer le 18 Fevrier 1562. avec deux vaisseaux & les preparatifs d'une Colonie, rangeant la côte de Floride, où il reconnut une Riviere qu'il appella la Riviere de May ; & y fit bâtir un Fort qu'il nomma du nom de Charles ; y laissant le Capitaine Albert avec des provisions Il repartit pour France où il arriva le vingt Juillet. Son Voyage fut de près de six mois. Au lieu de défricher, & d'ensemencer les terres cette nouvelle Colonie consuma ses provisions, delà les mutineries. Albert fit pendre un homme pour un sujet fort leger, la revolte de

f Voiez sa route marquée dans la Carte de la Louisiane par Mr. de l'Isle.

g Voyage de Champlain c. 3. p. 13. & suiv.

devint si serieuse qu'on le tua lui-même, & on lui donna pour successeur Nicolas Barré homme de conduite. Ne recevant aucun secours ils resolurent de bâtir une petite barque avec laquelle ils se mirent en Mer avec très-peu de Vivres, la famine fut telle qu'ils mangerent un d'entr'eux. Un Vaisseau Anglois qu'ils rencontrerent eut pitié d'eux, les secourut, & les mena en Angleterre. Un peu de secours assuroit alors à la France un pays dont l'Angleterre tire de grands secours; mais la guerre qui étoit alors entre la France & l'Espagne détourna l'attention. La paix étant faite, l'Amiral de Chatillon envoya d'autres Vaisseaux sous la charge du Capitaine Laudonniere qui partit le 22. d'Avril 1564, aborda à la Riviere de May, où il fit bâtir un Fort qu'il nomma la Caroline & c'est ce Fort qui a donné le nom au pays. Pendant que les Vaisseaux étoient encore là il se fit contre Laudonniere des conspirations qui furent découvertes. Quand il eut renvoyé ses Vaisseaux en France sous la conduite du Capitaine Bourdet, la mutinerie recommença. Les seditieux menacerent de tuer Laudonniere s'il ne leur permettoit d'aller ravager vers les Isles des Vierges & de St. Domingue. Ne pouvant arrêter ces furieux, il les laissa faire. Ils s'embarquerent sur une petite barque, firent quelque butin sur les Espagnols, & après avoir couru quelque temps s'en revinrent au Fort de la Caroline. Alors Laudonniere qui avoit pris ses mesures en saisit quatre des plus mutins & les fit exécuter à mort. Les Vivres manquerent, la famine les porta à faire une barque pour s'en retourner en France. Ils comptoient si bien qu'elle seroit bientôt en état qu'ils se mirent à ruiner le Fort. Des Anglois passerent qui les soulagerent un peu; enfin Ribaut arriva avec quatre Vaisseaux. Avant qu'il eût eu le temps de debarquer les Vivres & les Munitions qu'il apportoit six Vaisseaux Espagnols parurent le 4. Septembre 1565. qui attaquerent les Vaisseaux François pendant que Ribaut, & une partie de ses soldats étoient à terre. Ceux-ci couperent leurs ancres, & se tirerent d'affaire étant meilleurs Voiliers. Les Espagnols prirent port à une Riviere à huit lieues de la Caroline, & les François revinrent à la Riviere de May. Trois des Vaisseaux Espagnols firent une descente. Ribaut eut la temerité, contre l'avis de Laudonniere, de se rembarquer le 8. Septembre pour aller combatre l'ennemi, & laissa la Colonie denuée de tout secours. Laudonniere malade ne laissa pas de prendre toutes les précautions qu'il put pour se fortifier, dans la crainte d'être attaqué. Il le fut le 20. durant une pluye si forte, & si continuelle que les François se lasserent d'être en faction, croiant qu'ils ne seroient pas attaquez durant un si mauvais temps. Quelques-uns pourtant aperçurent les ennemis, crierent *Allarme*, à ce cri Laudonniere se mit en devoir de resister. Il le fit quelque temps; mais ceux qui defendoient deux brèches qu'on n'avoit pas eu le temps de reparer ayant été forcez & tuez, il se sauva dans les Bois avec ses Sauvages, & y trouva bon nombre de ses Soldats qu'il rallia comme il put, & avec qui il regagna l'entrée de la Riviere de May où

étoit un Vaisseau François. Les autres furent perdus sur la côte; plusieurs Soldats, & Mariniers pris, & pendus par les Espagnols avec un Ecriteau sur le dos où étoient ces mots: *nous n'avons pas fait pendre ceux-ci comme François, mais comme Lutheriens ennemis de la foi.* Ribaut fut malheureusement de ce nombre. Laudonniere rebuté de tant de desastres resolut le 25. de Septembre de retourner en France, il mit à la voile le 11. Novembre. Les Espagnols se fortifierent en trois endroits, fort satisfaits d'avoir ainsi écarté des voisins trop incommodes. L'an 1567. le Chevalier de Gourgues croiant que l'honneur de la Nation Françoise étoit interessé à vanger Ribaut & ses Camarades, s'embarqua le 23. d'Août, avec 250. hommes qu'il avoit levez à ses fraix, & distribuez sur trois Vaisseaux. Il feignit d'aller faire quelque exploit en Afrique, où il aborda effectivement, mais ce ne fut que pour y prendre des rafraîchissemens, & étant en Mer il leur déclara son dessein qui fut applaudi. Il aborda à la Floride assez près de la Caroline, prit langue avec les Sauvages qui n'aimoient pas les Espagnols. Il fut que ceux-ci étoient quatre cents, bien armez & bien pourvûs. Il ne laissa pas de les attaquer le Samedi d'après Pasques 1568. donna l'assaut à deux Forts avec furie. La defense fut vigoureuse, mais enfin il demeura maître. Plusieurs des Espagnols furent tuez; les Sauvages n'épargnerent pas ceux qui voulurent se sauver dans leurs Bois, & ceux qui tomberent vivants entre les mains du Chevalier de Gourgues furent pendus par represailles avec des écriteaux sur le dos où étoient écrits ces mots: *Je n'ai pas fait pendre ceux-ci comme Espagnols, mais comme Pirates, Bandoliers, & écumeurs de Mer.* Après cette execution, il fit demolir les Forts, partit le 30. de Mai 1568, & arriva à la Rochelle le 6. de Juin, & de là à Bourdeaux où s'étoit fait l'armement. A peine étoit-il arrivé que l'Empereur envoya demander justice. Le Roi approuva si peu cette action qu'il menaça de faire mourir le Chevalier, & il auroit payé de sa tête s'il ne se fût absenté quelque temps: enfin la colere du Roi s'appaisa, ou plutôt ce Prince n'étant plus sollicité contre lui, ne songea plus à le sacrifier au ressentiment des Espagnols. Je n'entre point dans l'examen de l'action du Sieur de Gourgues; il agit avec bravoure, mais son action fut un meurtre & un brigandage n'étant pas revêtue de l'autorité Souveraine, puisqu'il n'avoit aucune commission de la Cour pour faire cette entreprise. Les Espagnols avoient traité la nouvelle Colonie comme des pirates. Ils n'étoient pas fort criminels de regarder sur ce pied-là des gens qui non contents de s'établir dans un pays censé apartenir au Roi d'Espagne puis qu'en avoit pris possession en son nom, avoient debuté par faire des courses sur les Espagnols. Mais aulieu de les traiter ainsi ils auroient évité tout reproche s'ils les eussent traitez en prisonniers de Guerre. Après toutes ces boucheries, les François ne songerent plus à tenter un nouvel établissement à la Caroline.. Les Espagnols contens de les en avoir delogez ne se mirent pas fort en peine de la peupler; de sorte qu'elle demeura comme abandonnée par les Européens.

CAR.

[a] *Het Britt. Ryk in Amer. p. 252. &c. seq.*

ropéens jufqu'à l'année 1622. [a] que quelques Familles Angloifes qui effrayées des maffacres que les Indiens faifoient dans la Virginie, & dans la nouvelle Angleterre, deriverent le long de la côte & s'arrêterent dans la Province de Mallika, vers la fource de la Riviere de May. Ils s'y établirent, & s'attacherent à la converfion des Sauvages. L'Auteur Flamand déja cité dit que l'on affuroit même que leur Roi avoit embraffé le Chriftianifme. En 1653. un Anglois nommé Brigstock étant allé à Apalache y trouva de fes Compatriotes qui le recurent amiablement. Le 24. Mars 1663. Charles II. expedia une patente en faveur d'Edouard Comte de Clarendon alors Grand Chancelier d'Angleterre ; de George Duc d'Albemarle, des Lords Craven, Barckly, & Ashley, des Chevaliers George Carteret, Guillaume Barckly, & Jean Colleton. Je ne raporte pas tant ces noms pour l'Hiftoire que parce que c'eft l'origine des Provinces nommées fur les Cartes Angloifes de la Caroline. On y trouve le long de la côte en commençant par le Nord *Albemarle County*, *Clarendon County*, *Craven County*, *Barckly County* & enfin *Colleton County*, au Nord de laquelle & plus avant dans les Terres eft *Afhby Langer*. La Patente expofe que par un zele pieux, & louable ils ont fouhaité d'avoir en Amerique, pour y établir l'Evangile, un certain lieu inculte, & qui eft feulement habité par des Nations barbares qui ne connoiffent point le vrai Dieu &c. S. M. a trouvé bon de leur accorder le pays de fon Domaine en Amerique lequel s'étend depuis la partie feptentrionale de l'Ifle Lucke (*Lucke Ifland*) fous le 36. degré dans la Mer au Sud de la Virginie, & à l'Occident ; & auffi loin que cette Mer du Sud ; & de la même maniere vers le Midi le long de toute la Riviere de St. Mathieu, laquelle fert de borne à la côte de la Floride, & delà au Midi en droite ligne auffi loin que ladite Mer du Sud s'étend ; avec tous droits Royaux de pêche, mines & en payant tous les ans au Roi une reconnoiffance de vingt Marcs. Si ceux qui marquerent ces bornes étoient déja bien inftruits de la Géographie du pays il faut avouer que toutes les Cartes que j'en ai vues ne valent abfolument rien. Cependant les Cartes étant faites après l'établiffement, & fur des Memoires fournis par l'experience, meritent plus d'attention que l'expofé qui fut fait avant l'établiffement.

J'ai raporté fur le temoignage des François même produit dans un livre dedié au Cardinal de Richelieu de quelle maniere les Anglois avoient foulagé la nouvelle Colonie Françoife en plufieurs occafions. Mr. Baudrand [b] traite cette Nation avec une ingratitude qui merite d'être relevée. Selon lui pendant les guerres des Huguenots les Anglois firent une defcente dans la Caroline, & ramenerent en Angleterre tous les François qu'ils purent prendre. Ceux qui échaperent fe retirerent dans les Montagnes des Apalaches, y bâtirent le Bourg de Melilot & y établirent le Royaume de même nom ; & depuis ce temps la Caroline eft demeurée aux Anglois. Ne diroit-on pas, à entendre cet Auteur, que ce font les Anglois qui ont enlevé les François établis à la Caroline, & qu'ils fe font alors approprié ce pays ? On voit le

[b] *Ed. 1705.*

contraire par le detail que j'en ai donné. Ce Royaume de Melilot compofé d'un Bourg habité par des François n'eft pas de meilleur alloy que ce narré.

Les François avoient donné des noms aux Rivieres. Le Ruiffeau qui fuit après celui de St. Matheo étoit nommé St. Pierre, enfuite eft S. Jean, puis la Riviere de May où étoit l'ancien Fort des François, & celle de *Seine*, après quoi font les ruiffeaux de *Somme*, de *Loire*, de *Charente*, de *Garonne*, de *Gironde*. Cette derniere Riviere eft auffi nommée Riviere des *Chaouanens*, ou d'*Edifcow*. C'eft fur fes bords qu'eft bâti *St. George* ou le *Nouveau Londres*. Enfuite eft un petit ruiffeau nommé *Afhley* qui avec quelques autres tombe dans une ance où Mr. de l'Ifle place *Charles-Town* nommé par les François CHARLEFORT ; mais les Cartes de Herman Mol mettent *Charlesftadt* ou CHARLEVILLE en cet endroit, & placent *Charles-Town* auprès de Cap-Fear. Les Anglois ont non feulement changé les noms que les François avoient donnez aux Rivieres dont j'ai parlé, mais à voir la difference qu'il eft entre les diverfes Cartes que j'ai de ce pays on diroit prefque qu'ils ont changé les Montagnes & les Rivieres, & le gifement des côtes. Il faut efperer que la Nation Angloife nous en donnera un jour une Carte dans laquelle elle diffipera les tenebres dont les étrangers ont couvert ce pays.

On divife la Caroline en deux parties, favoir la Caroline Septentrionale & la Caroline Meridionale ; mais la premiere étant plus peuplée a proprement le nom de Caroline, felon l'Auteur Flamand déja cité [c].

[c] *c. 1. p. 271.*

Tout le pays compris fous ce nom s'étend le long de la côte de l'Amerique Septentrionale depuis le 31. d. jufqu'au 36. La largeur de ce pays n'eft pas fi facile à déterminer, car fi on l'étendoit jufqu'à la Mer du Sud, comme quelques uns croient que la Patente de Charles II. le dit, il traverferoit non feulement la Louifiane des François, le nouveau Mexique, la nouvelle Navarre, & la Californie qui font aux Efpagnols & il eft certain que les proprietaires de la Caroline ne pouffent pas leurs prétentions fi loin. La nature a donné à ce pays des bornes naturelles par la Chaine de Montagnes dont j'ai déja parlé.

Le pays eft partagé en fix Provinces. Deux, favoir *Albemarle* & *Clarendon*, font de la Caroline Septentrionale. Les quatre autres, favoir *Craven*, *Barklay*, *Colleton*, & *Carteret*, font de la Meridionale.

L'ALBEMARLE eft au Nord, confine à la Virginie, & eft arrofée par une Riviere nommée auffi Albemarle. Sur fes côtes eft l'Ifle de *Roanoke* (Mr. de l'Ifle [d] la nomme *Raonack*). Au commencement de l'établiffement de la Colonie Angloife l'Albemarle fut plus peuplée à proportion que le refte du pays, & il y eut jufqu'à environ 300. Colons. Mais les plantations le long de la Riviere d'Afhley fi bien le deffus dans la Caroline que la plûpart des Colons quiterent pour s'y en aller. Cette Riviere d'Albemarle affez près de *Sandypunt*, fe partage en deux branches dont l'une eft nommée NORATOKE, & l'autre NOTAWACK. Après elle eft celle de PANTAGOE ;

[d] *Carte de la Louifiane.*

TAGOE; & entre les deux eſt le Cap de *Hatteras*. Suit la Riviere NEUSE; les CORANINES peuple du pays habitent le pays d'autour le Cap de LOOK-OUT.

CLARENDON eſt la ſeconde Province. On y trouve le fameux Promontoire nommé le *Cap-Fear*. Ce pays fut premiérement habité par une Colonie venue des Barbades. Après la RIVIERE DE CLARENDON, que l'on appelle auſſi RIVIERE DU CAP-FEAR, parce qu'elle y a ſon embouchure, eſt la Riviere de *Waterey* ou de VINEGAN, à vingt-cinq heures de chemin de la Riviere d'Ashley. Cette Riviere eſt navigable, cependant ſes bords ne ſont point encore peuplés. Il y a encore une autre petite Riviere qui coule entre celle-ci, & celle de Clarendon; on l'appelle la Riviere de Vingon, il y a une petite plantation nommée CHARLES-TOWN.

Voila pour ce qui regarde la Caroline Septentrionale qui eſt ſeparée de la Meridionale par la Riviere de ZANTE'E. (C'eſt apparemment ce que Monsr. de l'Iſle appelle SANTE' Fort Indien; & Riviere SANTE qu'il croit être la même que le Jourdain.)

CRAVEN eſt la premiere Province de la Caroline Meridionale. Elle eſt fort peuplée non ſeulement d'Anglois, mais encore de François Refugiez. Ces derniers y ont des Plantations le long de la Riviere de Zantée. On trouve enſuite celle de ZEVE'E; où ſe ſont établis quelques habitans de la nouvelle Angleterre. Les François qui y voulurent faire deſcente en 1706. furent repouſſez avec perte par les habitans de ce petit Canton.

BARCLAY ou BERKLEY, ſeconde Province, eſt au Midi de celle-ci. Sa partie du Nord n'eſt pas encore cultivée mais celle du Sud eſt remplie de Plantations à cauſe de deux grandes Rivieres, ſavoir la KOPER & l'ASHLEY. (Mr. de l'Iſle ne fait au contraire qu'un Ruiſſeau de l'Ashley.) Sur la côte du Nord eſt une petite Riviere nommée BOWAL, laquelle par le moyen d'un Canal qui en ſort forme une Iſle, & aſſez près de la côte ſont quelques autres Iſles que l'on appelle HUNTING ISLANDS, ou Iſles de la Chaſſe & SILLIVANS; entre cette derniere, & la Riviere de Bowal eſt la hauteur nommée *Sandbergen*. Le Nord-Oueſt de ce pays eſt arroſé par la Riviere de WANDO; il y a diverſes bonnes Plantations ſur ſes bords; elle tombe dans celle de Koper; & toutes deux enſemble ſe perdent auprès de Charles-Town Capitale du pays, dans la Riviere d'Ashley. Voiez CHARLES-TOWN. Le Canton qui eſt entre ces Rivieres de Koper & d'Ashley a environ 400. Milles de largeur. Leurs bords ſont plantez des deux côtez. Environ à un mille de là eſt l'embouchure de la Riviere nommée GOSE-CREEK aſſez bien habitée. La Riviere de BACK tombe dans le *Koper* environ deux milles au deſſus de Goſe-Creek, ſa branche Occidentale s'y decharge auſſi, mais un peu plus haut. Au Sud-Oueſt de la Riviere d'Ashley eſt la grande Savane. C'eſt dans cette Province que l'on trouve la petite Ville de DORCHESTER, où l'on compte environ 350. ames. Les Indépendans y ont un Temple, & une Aſſemblée. Pas loin de là coule la Riviere de STONO, qui ſert de Borne entre la Province de Berkley & celle de Colleton.

COLLETON, COLLITON, ou COLLADON, car je trouve ce nom écrit diferemment tant dans les Relations que dans les Cartes; eſt la troiſieme Province. La Riviere de STONO l'arroſe, & par un Canal communique à celle de WHATMOLOW. Le Nord-eſt eſt peuplé d'Indiens. Le STONO, & autres Rivieres forment un peu au deſſous de Charles-Town une Iſle nommée BONIS, qui eſt bien cultivée. Il y a outre cela les deux Rivieres nommées NOORD-EDISTOW, & SUYD-EDISTOW. Cette derniere a pluſieurs belles habitations des deux côtés. Un peu au deſſus de ſon embouchure eſt WILTON que quelques-uns nomment le NOUVEAU LONDRES; petite Ville où il y a environ quatre vingt maiſons, outre de fort jolies Plantations aux environs. Cette Province a deux cens Propriétaires libres qui donnent leurs voix pour l'Election des Membres de l'Aſſemblée du pays.

La Province de CARTERET qui ſuit n'eſt pas encore habitée. Elle ne laiſſe pas de paſſer pour la plus commode, & la plus fertile de tout le pays. Il y a la grande Riviere de CAMBAGE qui jointe à la Riviere de May, forme d'un côté l'Iſle d'EDELANO, que la Mer enferme de l'autre côté. Le pays le long de la Riviere de May étoit autrefois occupé par une Nation Americaine nommée *Weſtoes*. Il y a une Vallée fort commode, & un Lac. Les premiers Anglois qui arriverent à la Caroline étoient d'avis de s'y fortifier. Mais les Americains les en détournerent, parce que le havre de Port Royal le plus beau de la Floride donneroit aux Eſpagnols moyen de les inquiéter. Les Ecoſſois s'y établirent ſous le Lord Cardros; mais ils furent bientôt obligez de tout quiter pour cette même raiſon. La Riviere de Port Royal eſt à vingt lieues d'une heure de chemin de celle d'Ashley; vers le Sud, ſous le 31. d. 45'. Elle a une fort belle entrée; dix-ſept pieds d'eau, en baſſe Mer; un grand Havre fort commode, & très-ſûr pour les Vaiſſeaux, & le pays d'alentour eſt beau & fertile. Après la Riviere de Port Royal eſt la Riviere de May, enſuite celle de St. Mathieu, qui eſt la derniere de la Floride Angloiſe, & de toute la Caroline.

Les productions, & denrées du pays conſiſtent en Bœufs, Cochons, Grains, Beurre, Pois, Cuirs, Pelleteries, douves pour les Tonneaux, Cercles, Cottons, Soyes &c. Le Commerce ordinaire des habitans eſt avec ceux de la Jamaïque, des Barbades & de Leeuwarde, & avec l'Angleterre. Ce dernier malgré toutes les impoſitious dont il eſt chargé n'a pas laiſſé de fleurir. L'an 1707. la Flotte de Virginie amena avec elle 17. Vaiſſeaux de la Caroline chargez de Ris, de Cuirs, de Poix, de Gaudron &c. ſans compter pluſieurs Vaiſſeaux particuliers qui vinrent ſans la Flote.

Le Sr. Archdale Anglois parle ainſi dans la deſcription qu'il a publiée: Le terroir y eſt naturellement fertile, & aiſé à cultiver. Si les habitans étoient induſtrieux, ils amaſſeroient d'immenſes Richeſſes, car je ſuis ſûr qu'un hom-

homme qui auroit en Angleterre bien employé cinq cens Livres Sterling, & qui se conduiroit sagement à la Caroline seroit en peu d'années en état de vivre plus à son aise que ceux qui ont en Angleterre trois cens Livres Sterling de revenu; & s'il étoit soigneux & bon ménager il seroit bientôt extrémement riche; on en a bien des exemples, & il y en auroit encore davantage, si ceux qui ont voulus s'enrichir trop-tôt n'avoient pas abregé leurs jours par la fatigue.

L'Air y est toujours pur & sain. Il y regne de temps en temps des Maladies contagieuses. Telle fut celle de 1706. qui emporta bien du monde à Charles-Town & autres lieux. La Maladie qui y est plus particuliere c'est une sorte de fievre lente qui est fort commune aux mois de Juillet, & d'Août, & à laquelle les nouveaux débarquez sont plus sujets que les autres. L'Ecrivain cité dit avoir été deux fois à la Caroline, environ cinq ans; sans y avoir eu aucune Maladie que celle qu'il s'étoit attirée par sa negligence dans une grande chaleur. Il a remarqué que la plûpart des Fiévres ne viennent que de ce qu'on ne s'habille pas assez chaudement. Les fruits de l'Europe y sont très-communs. Ils ont des poires, des pommes, des abricots, & des pêches en si grande quantité qu'ils en donnent aux Cochons; leur fruit est plus agréable au goût, & n'a pas tant d'eau que celui d'Europe. Il y vient toutes sortes de Grains, Bled, Orge, & Pois. L'Auteur y a vû des Epics de Bled de sept à huit pouces de long; il y croît du Ris aussi bon qu'en aucun lieu du monde. Mais les pelleteries ne sont pas si bonnes que celles des Colonies du Nord. Les Vivres y sont en si grande abondance qu'ils en fournissent en grande partie les Barbades, la Jamaïque, & autres Colonies; ce qui fait que les Vivres y sont à bon marché c'est que l'hyver est très-court. On a trouvé que les Rivieres sont bien plus navigables qu'on ne l'avoit crû d'abord; & ce fut une sage précaution aux premiers Colons de n'avoir pas mis leurs Plantations auprès des Riviéres les plus navigables; car les ennemis & les pirates en les remontant auroient pu détruire les Colonies. Un autre Auteur cité par l'Ecrivain Flamand dit qu'on trouve à la Caroline des Abeilles en quantité, & qu'elles essaiment cinq ou six fois; ce qui produit dans le pays une incroiable abondance de Miel. Il y a un certain Arbre dont on tire une huile qui a la proprieté de guerir les blessures; un autre Arbre d'où découle un baume que quelques-uns estiment autant que celui de la Mecque. La Soyerie y est considerable, & il y a des gens qui recueillent tous les ans quarante ou cinquante livres de soye sans se detourner des travaux que demandent leurs Plantations; car on employe les enfans des Negres à avoir soin des vers à soye. Le Chevalier Nathanael Johnson fut le premier qui essaya de faire de la soye, & du vin, il gagnoit sur ses soyeries tous les ans trois à quatre cents Livres Sterlin. On fait du Vin dans la Caroline. La vigne y produit bien. Le Raisin y est à foison, & le Vin n'en est pas mauvais; la raison pourquoi ils n'en envoient point en Angleterre, c'est qu'ils trouvent mieux leur compte à l'envoier en des lieux où ils ont un meilleur retour. Je finirai cet Article par une avanture assez plaisante. Un Maître à danser François s'étant établi au Canton de Craven devint riche à un Metier qui paroît surprenant. Il se mit à jouer de la Flute, & du Haut-bois. Les Americains charmez d'un si agréable voisin aprirent de lui à danser, & ce qui est plus important lui procurerent un fort bon Capital.

L'An 1707. on comptoit dans la Caroline, non compris les naturels du pays, 12000. ames. Les principaux proprietaires du pays étoient alors le Lord *Guillaume Craven*, le Duc de *Beanford*, l'Ecuier *Maurice Ashley* Frere du Comte de *Shaftsburi*, le Lord *Carteret*, le Chevalier *Colleton*, les Ecuyers *Blake*, *Archdale* & *Trot*.

CAROLOPOLIS, nom Latin de Compiégne. Il convient aussi à CHARLEVILLE, CARELSTAT, CARLOSTADT, & autres Villes ainsi nommées à cause d'un fondateur ou d'un bienfacteur nommé *Charles*.

1. CARON. Voiez ACHERUSIA 5.
2. CARON. Voiez CYRRHUS.
3. CARON, petite Riviere de Perse au Chusistan. Elle a sa source auprès de Souster & coulant au Sud-Ouest jusqu'à Ahuas ou Haruize elle se partage en deux branches qui vont se joindre au Tigre deja mêlé à l'Euphrate, l'une au dessus de Bassora, l'autre au dessous. De cette derniere il se détache une autre branche qui va à la Mer sans se mêler avec le Tigre. Cette Branche-ci étoit le vrai cours du fleuve avant qu'on l'eût détourné. Voiez EULE'E qui est le nom sous lequel il a été connu des anciens. Mr. Baudrand remarque que quelques Cartes le nomment TIRITIRI.

4 CARON [a]. Voiez CARPENTERS-LAND. [a] Ed. 1705.

CARONIA, [b] Bourg de Sicile sur la côte Septentrionale de la Vallée de Demona entre l'embouchure de la Riviere de Pollino & le Cap d'Orlando. [b] Ibid.

CARONIUM, ancienne Ville d'Espagne au pays des Callæciens surnommez *Lucenses*, selon Ptolomée [c]. C'est presentement CORUNA. [c] 2.c.6;

CAROPHRYGIA. Voiez PHRYGIE.
CAROPOLIS, Ville ancienne de la Carie selon Etienne le Géographe.
CAROS-CEPI, petite contrée de la Carie selon le même qui cite Theopompe.
CAROSA, Bourg de la Turquie en Asie dans la Natolie sur la Mer Noire entre la Ville de Sinope, & l'embouchure du Lali. C'est la même que CARIXA.
CAROTHUS, lieu de la Cyrenaïque, Antonin en parle dans son Itineraire & le met à xxv. M. P. d'Attici & à xxii. M. P. de Camini lieu éloigné de xxx. M. P. de Berenice. Quelques exemplaires partent CHOROTUS.

CAROTTO, [d] Village des Grisons en Suisse dans le Comté de Chiavenna. Il étoit autrefois un de ceux qui formoient la Communauté de Pleurs. Sa situation est dans les Montagnes où se trouvent les Mines de cette espéce [d] Delices de la Suisse p. 697.

CAR.

espéce de Terre finguliere, dont on fait au tour des pots, & autres pieces de vaiffelle. Cette pierre eft verdâtre tirant fur le noir, huileufe, un peu molle, & fi écailleufe que quand on la manie, l'écaille s'attache aux doits. C'eft une espéce d'ardoife. Il s'en trouve des Mines dans ces Pays là en differens endroits. On a beaucoup de peine à tirer ces pierres des Mines, l'ouverture en eft petite, n'ayant pour l'ordinaire que trois pieds de hauteur, deforte que les mineurs font obligez de fe couler fur le ventre près d'un demi-mille avec une chandelle attachée au front. Après avoir coupé la pierre, ils la rapportent en cette même pofture fur leurs hanches couvertes de Couffins, de peûr que les pierres ne fe caffent. On leve ces pierres en rond dans les Mines, & d'environ un pied & demi de Diametre fur 12. ou 15. pouces d'epaiffeur. On les porte delà à un Moulin à eau où par le moyen d'une Rouë, qui fait jouer quelques ciſeaux avec une grande viteffe, d'abord la groffe croûte en eft ôtée, enſuite elles ſont polies tant qu'enfin en appliquant le ciſeau ſur diverſes lignes de chacune d'elles, on en enléve un certain nombre de pots, les uns plus grands, & les autres moins, ſelon que la circonference va en diminuant lorſque l'on approche du centre. C'eſt ainſi que ſe font ces pots; après quoi on les garnit d'anſes & d'autres accompagnemens néceſſaires pour ſervir dans la cuiſine. Cet uſage n'eſt pas nouveau. Il a été connu des Romains. Pline [a] parle de cette pierre ſous le nom de pierre de Côme. Les Italiens les appellent *Lavezzi*, *Laveggi*, & les Allemands *Lavetzen*, ou *Lavetz-Steinen*. Ces pots ont, ceci de particulier qu'ils bouillent plutôt que ceux de Metal, qu'ils conſervent long tems leur chaleur, qu'ils ne donnent aucun mauvais gout à la liqueur ou à la viande qu'ils contiennent, & ce qui plaît fort aux menagers c'eſt qu'ils ne ſe caſſent jamais au feu. S'il arrive qu'on les laiſſe tomber, il n'y a qu'à raſſembler les piéces, & les lier enſemble avec du fil d'archal, & ils ſervent comme auparavant. On dit encore qu'ils ont la proprieté de ne point ſouffrir le poiſon, & qu'en bouillant ils le chaſſent dehors, ce qui fait qu'ils ſont fort eſtimez par toute la Lombardie, & dans le reſte de l'Italie. Il s'en fait un très grand débit. Au reſte on ne fait pas ſeulement des pots à feu de cette pierre, mais auſſi toute autre ſorte de piéces de Vaiſſelle, des taſſes à caffé, des ſoucoupes, des plats, &c.

[a] l. 36. c. 22.

CAROU, [b] Province d'Afrique dans la Nigritie au Royaume de Folgia près des Rivieres de Rio Junk & Arveredo. Les Carous ſe ſont enſuite emparez du Royaume de Quoja. Voici de quelle maniere. Ils avoient pour General Sogwalla Prince vaillant qui avoit défait les Folgias en pluſieurs combats. [c] Ceux-ci deſeſperant de les vaincre par la force, allerent trouver un Magicien qui leur apprit les moyens de mettre en déroute les Carous. Il y avoit ſur une Montagne un étang auquel ces Peuples rendoient des honneurs divins, & où ils venoient offrir le butin qu'ils avoient fait ſur leurs ennemis, perſuadez que leurs premiers ancêtres étoient deſcen-

[b] Dapper p. 252.

[c] Dapper p. 271. & ſuiv. De la Croix T. 3. Corn. Dict.

Tom. II.

CAR. 297

dus du Ciel, dans le fond de ce marais. Ce Magicien conſeilla aux Folgias d'y jetter des poiſſons cuits avec leurs écailles, parce que les Carous regardant comme une impureté de manger des poiſſons qu'ils n'auroient point écaillez, croiroient le ruiſſeau ſouillé, & tomberoient en diſſenſion entr'eux. La choſe arriva comme il l'avoit dit; la guerre civile s'alluma, & ils s'affoiblirent tellement, que les Folgias en vinrent à bout ſans beaucoup de peine. Sokwalla fut tué dans un combat, & ſon fils Flonikerri ſe vit contraint de ſe rendre. Flanſire, Roi des Folgias, uſa d'une grande moderation dans ſa victoire. Non ſeulement il épouſa la ſœur de Flonikerri, mais il confirma à ce Prince le Gouvernement des Carous, lui donnant enſuite le commandement de ſes Troupes, contre les Peuples qui demeuroient le long de *Rio Ceſtes*, qui lui oſerent déclarer la guerre. Flonikerri ſoûmit ces Rebelles à l'obéïſſance des Folgias. Mendimo, Roi de Manou, dont Flanſire étoit Vaſſal, étant mort vers ce temps-là, les principaux d'entre ſes Sujets ſoupçonnerent qu'il avoit été empoiſonné, de ſorte que l'accuſation étant tombée ſur le Prince Manimaſſah ſon frere, il fallut qu'il s'en purgeât en bûvant du Quoni ſelon leurs manieres ſuperſtitieuſes. Il n'en reçut aucune incommodité, ce qui l'obligea, puiſque le Peuple ne pouvoit plus douter de ſon innocence, à demander que ceux qui avoient eu l'audace de l'accuſer, lui fiſſent reparation d'honneur en lui donnant des Eſclaves. Le refus qu'ils en firent, à cauſe que leur Ligue étoit fort puiſſante, obligea Manimaſſah d'aller chercher une demeure plus aſſeurée & des Sujets plus reſpectueux. Il vint demeurer chez les Gala-Monou, ou habitans de Gala, peuple lourd, brutal & farouche, ſans politeſſe & ſans loix, & qui ne ſavoit ce que c'étoit que d'obéïr & de commander. Manimaſſah ménagea ſi bien l'eſprit de ces Barbares, auſquels il fit comprendre qu'ils avoient beſoin d'un Chef pour les conduire & pour les défendre, qu'ils l'élurent pour leur Prince, promettant de lui donner une partie de leurs grains, de leurs fruits & de leur chaſſe, comme un tribut qui marqueroit leur ſoûmiſſion.

Ce Prince l'exigea trop durement; ils ſe revolterent, & il ſe vit obligé d'implorer le ſecours du Roi de Folgia dont il avoit épouſé la Fille. Flanſire lui donna des Troupes ſous le commandement de Flonikerri, qui reduiſit ces mutins. Ces grands ſervices furent reconnus par la permiſſion que donna Flanſire à Flonikerri d'aller conquerir le Pays de *Cabo Monte* pour lui & pour les Carous ſes Compatriotes, à condition que lui & ſes Succeſſeurs releveroient de la Couronne de Folgia. Cabo Monte, Tombi & les environs étoient pour lors habitez par les Veis, Peuple courageux, & qui ſurpaſſoit les Carous en nombre. Ainſi ils ne furent ſubjuguez qu'après beaucoup de combats. Les fléches empoiſonnées des Carous ſervirent beaucoup à faire perdre courage aux Veis, qui ne ſachant ſe battre qu'avec des crochets & des aſſagaies, étoient beaucoup moins à redouter. Ils ſe rendirent enfin à Flonikerri, qui étoit dans un Fort nommé

Pp * *Qnolou*,

Quolou, qu'il avoit fait bâtir sur les rives du Plizoge, au Levant de Tombi, & ils vinrent le trouver le chapeau sur la tête, qui est une marque de soûmission. Flonikerri leur ayant fait dire qu'ils se jettassent le visage contre terre, hommage que les Sujets rendent à leur Prince, quand ils ont quelque grace à demander, ils le firent. Ce General sortit de son Fort, & passant sur les corps des Veis prosternez, alla jusqu'au bout du camp. Ensuite les faisant lever, il traita alliance avec eux, ce qui se fit en mangeant ensemble la chair de quelques Poulets, après qu'on eut arrosé de plusieurs goutes de leur sang le Vainqueur & les vaincus. On garde avec soin les os de ces animaux sacrez, parce que si l'une des parties veut attaquer l'autre, on lui montre ces os, afin que l'attaquant declare les raisons qu'il a de rompre la paix. Flonikerri commençoit à peine à goûter les fruits de sa victoire, quand Mimynique, fils de Manimassah, vint avec une puissante armée de Galas, & d'autres Peuples confederez, declarer la guerre aux Veis & aux Carous, qui ayant d'abord lâché le pied, ne purent obliger Flonikerri à tourner le dos à l'ennemi. Il fit un creux en terre avec sa pique & y mit le pied, & comme il avoit juré, ou de demeurer vainqueur, ou de mourir sur la place, il fut accablé sous les traits qu'on lui lança. Zillymangue son frere, qui fut élû pour remplir sa place, voulant profiter de la terreur des Peuples voisins, & poursuivre ses victoires, aborda à Cabo Monte de plus près, & attaquant le Pays Monou, il en vint à bout facilement par la frayeur que répandoient les fléches empoisonnées dans l'esprit de ces Peuples ignorans. Ensuite tournant vers la Riviere de Magwiba, il se jetta sur les Quojas qui ne resisterent point. Il alla de là attaquer les Quilligas, qui demeurent le long de *Rio das Galinhas*, & ayant encore étendu plus loin les bornes de son Empire, il se retira à Tombi, qu'il avoit choisi pour la capitale de son Royaume, où ses Sujets l'empoisonnerent quelque temps après. L'aîné de ses fils, appellé Flansire, passa la Riviere de Maquelbari, se saisit de tous les lieux circonvoisins, & s'empara de tout le Royaume de *Sierra Leone*, dont il donna le Gouvernement à un de ses Generaux nommé Candaqualla. Le Roi de Dogo qui le conquit dans la suite, en ayant chassé Candaqualla, pour le donner à Falma, le Roi Flansire, qui l'y voulut rétablir, envoya ordre aux Gouverneurs de *Rio das Palmas* & de *Rio das Galinhas*, de se tenir prêts pour marcher avec lui contre les rebelles de *Sierra Leone*, qui s'étoient rendus au Roi de Dogo. Ces Gouverneurs manquoient eux-mêmes de fidelité, & avoient conspiré avec Gamminah frere de Flansire. Flansire qui ne se doutoit de rien, laissa ses femmes, ses enfans & son Royaume entre les mains de son frere, & partit avec son fils aîné Flamboere, dans l'esperance d'être suivi de ses Gouverneurs; mais quoi qu'ils lui manquassent de foi, il ne perdit pas courage. Ayant fait embarquer ses troupes dans des Canots pour descendre le *Rio das Galinhas*, & traverser le bras de Mer qui sépare les Isles Bannanes de la Terre-ferme, il fit descente dans ces Isles pour prendre avec lui ceux qui s'étoient sauvez de *Sierra Leone*, lorsque Falma y avoit fait irruption.

De là ce Prince, secondé de quelques Blancs, alla mettre le siege devant le Village où Falma se retiroit. Ils couperent la palissade & les doubles rangs d'arbres qui l'environnoient, & firent une ouverture, au travers de laquelle jettant des dards enflamez, ils mirent en feu tout le Village. Falma prit la fuite, & les Carous s'étant vainement lassez à le poursuivre, se répandirent à leur retour dans tout le *Sierra Leone*, le remirent sous leur domination, & rétablirent Candaqualla dans sa dignité de Gouverneur. Comme Flansire retournoit chez lui après un succès si glorieux, on lui apprit en chemin la revolte de son frere Gammanah, qui après s'être emparé du Royaume, avoir violé ses femmes, & massacré ses enfans, étoit allé camper sur les bords de *Rio das Galinhas* pour lui disputer le passage. Dans le même temps les Gebe-Manou, Peuples de *Cabo Mesurado* ou *Miserado*, se jetterent sur un quartier de *Cabo Monte* nommé *Dauvala*, en brûlerent les villages; & firent Esclaves tous les habitans. Tant de disgraces n'empêcherent point Fransire d'aller passer le *Rio Novo*, & de donner bataille à son frere. Elle fut sanglante, & Flansire ayant envoyé quelques-uns des siens à la découverte, ils luy rapporterent que s'étant avancez dans le fond d'un bois sur quelque bruit entendu, ils avoient apperçû quelques personnes occupées à enterrer Gammanah; qu'à cette vûë les rebelles avoient fui, laissant trois Esclaves chargez de chaînes qui avoient été destinez à tenir compagnie à leur Maître en l'autre monde. La mort de Gammanah demeurant constante par ce qu'en dirent ces Esclaves, Flansire fit publier une amnistie generale, après quoi chacun rentra dans son devoir. La sedition étant appaisée, Flansire voulant se venger des Etrangers qui étoient venus l'insulter dans son malheur, mena ses Troupes dans le terroir de *Cabo Mesurado*, ravagea le Pays des Gebe-Manou, & réduisit tout à l'obéïssance. Il choisit ensuite Tombi pour la capitale de ses Etats, & y demeura jusqu'à ce que les habitans de Dogo, indignez de la mort de son frere Gammanah, vinrent attaquer ce Prince avec une grande armée, & le forcerent de se retirer dans Massag, Isle que forme la Riviere de Plizoge; mais les Dogo-Manou s'étant amusez à le poursuivre avec des Canots, ils furent mis en fuite par les Troupes de Flansire, & le Royaume reprit sa premiere tranquillité.

CAROUGES, [a] gros Bourg de France en Normandie. Il est situé à cinq lieuës d'Alençon, & d'Argentan, & à six de Seez. C'est un Titre de Comté, avec un grand & magnifique Château bien meublé, & orné de force peintures & dorures. Ce Château dont les fossez sont remplis d'eau est accompagné de grands jardins séparez par des treillis de fer ouvragé. Sa Chapelle est desservie par six Chanoines, & par quatre Chapelains qui y font l'Office Divin complet. Il y a un Grenier à Sel à Carouges; & une petite Riviere qui prend ses sources au dessus du Bourg, y fait aller deux moulins à forge, après quoi elle

[a] Corn. Dict. Mem. dressez sur les lieux en 1701.

CAR.   CAR.

elle entre dans l'Orne une lieuë & demi-e au deſſous de la Ville d'Argentan aux environs d'Ecouchey.

1. CARPA, Ville de l'Inde de là le Gange au Royaume de Brama ſur la Riviere de Caipumo, & environ à ſoixante mille pas de Canarane au Midi, ſelon Mr. Baudrand [a]. Mrs Sanſon dans leur Carte de l'Inde au delà du Gange n'en font qu'un Village ſur la Riviere de Pegu au deſſous de Canarane. Cette Ville n'a, je crois, d'autre garant que Vincent le Blanc [b] qui l'a fait Capitale du Royaume de Berma ou Verma. Il ajoute que le Roi de Pegu ſubjugua ce Royaume de Berma deux ans après qu'il eut conquis celui de Sian, (Siam.) Mr. de l'Iſle a ſagement fait de netoyer ſes cartes de tous ces lieux imaginaires dont on a coutume de barbouiller le papier ſur la foi de mille Relations romaneſques.

2. CARPA. Voiez CARRATHASSAN.

CARPARY, [c] Iſle de l'Amerique meridionale dans la Guiane. Elle eſt le long de la Terre ferme l'eſpace de trente-cinq lieuës, & n'en eſt ſéparée que par le Canal que forme la Riviere d'Arowari. C'eſt dans cette Iſle qu'eſt le Cap de Nord, le plus fameux de ce pays-là.

§. Cette Iſle eſt nommée l'ISLE DES ILAPINS, & ſa pointe Orientale eſt le Cap de Nord [d]. Elle peut avoir dans ſa plus grande longueur quatorze lieuës communes de vingt au degré.

CARPASIA, Iſle de la côte de Cilicie, ſelon Etienne qui dit qu'elle eſt nommée CARBASIA par Demetrius, & CARPATHUM par Xenagoras. Il ajoute qu'elle étoit voiſine du Promontoire de Sarpedon. Mais Berkelius ſon Interprete a fort bien reconnu que cet Article eſt brouillé. Etienne copioit ſans doute Strabon [e] dont voici les paroles. Suit la Ville de Carpaſia avec un port, à l'oppoſité du Promontoire Sarpedon. De Carpaſia en paſſant l'Iſthme il y a trente ſtades aux Iſles *Carpaſiæ*, & à la Mer du Midi. Cette Carpaſie dont parle Strabon eſt la Carpaſia de Cypre. Elle étoit dans la partie Orientale de l'Iſle & ſur la côte ſeptentrionale, ſans quoi elle n'auroit point été à l'oppoſite du Promontoire Sarpedon qui étoit dans la Cilicie. De Carpaſia aux Iſles Carpaſiæ il faloit traverſer l'Iſthme, c'eſt-à-dire la partie de l'Iſle qui eſt étroite en cet endroit; encore la diſtance n'étoit-elle que de trente ſtades qui ne valent que quatre Milles moins un quart, c'eſt-à-dire un peu plus qu'une bonne lieuë. Ces Iſles étoient donc ſur la côte Meridionale; Strabon le dit; & elles étoient à peu près dans le voiſinage du lieu où eſt aujourd'hui Famagouſte. Elles n'avoient rien de commun avec la Cilicie, puis que l'Iſle de Cypre étoit entre elles, & la Terre ferme à cet égard. Ces Iſles *Carpaſiæ* ne ſe trouvent point ſur les Cartes. Peut-être qu'elles n'étoient que très-peu de choſe. Ptolomée & Pline n'en parlent point quoi qu'ils ayent fait mention de la Ville. Le premier [f] la nomme CARPASIA. L'autre l'appelle CARPASIUM [g]. Scylax dans ſon Periple écrit ce nom Καρπάσεια. La Notice de Hierocles met au nombre des 15. Villes de Cypre Καρπάσιν. Nilus Doxapatrius Auteur de l'XI.

ſiécle la nomme CARPASUS, & la compte entre les Evêchez de Cypre [h]. Une autre Notice ſous Leon le ſage la nomme CARPASIN de même que Hierocles [i]. Son nom moderne eſt CARPASSO. Voiez ce mot.

CARPASIÆ INSULÆ,
CARPASEN,   } Voiez CARPASIA.
CARPASIUM.

CARPASSO, [k] Bourg de l'Iſle de Chypre dans ſa partie Orientale ſur la côte du Nord. C'étoit autrefois une Ville Epiſcopale. Voiez CARPASIA.

CARPATES, grande Montagne, ou plutôt longue chaine de Montagnes qui bornoient la Sarmatie Européenne du côté du Midi. C'eſt la même Chaine qui ſepare aujourd'hui la Pologne d'avec la Hongrie, la Tranſſilvanie & la Moldavie. On l'appelle preſentement le Mont Crapack, ou plutôt, comme le remarque Ortelius, les divers peuples, qui en ſont voiſins donnent diferens noms à ſes parties. Voiez KRAPACH, SCHNEEBERG, & WURTZ GARTEN.

1. CARPATHUS, Iſle d'Aſie dans la Mer qui en prenoit le nom de *Mare Carpathium*. Strabon [l] dit que cette Iſle eſt nommée CRAPATHUS par Homere; qu'elle eſt haute & qu'elle a deux cents ſtades de Circuit. C'eſt aujourd'hui l'Iſle de SCARPANTO. Voiez ce mot. Il y a eu quatre Villes autrefois, dit le même Auteur. Elle eſt entre les Iſles de Candie & de Rhode.

2. CARPATHUS, Ville de l'Iſle de même nom. Elle a été honorée d'un Siége Metropolitain; & eſt nommée comme telle dans les Notices. CARPATHUS *Archiepiſcopatus*[m]; in *Provincia Inſularum Cycladum Carpathi* LXIV. ce Chifre veut dire que ſon Archevêque tenoit le ſoixante-quatrieme rang entre les Metropolitains. Une autre Notice [o] lui aſſigne le XXV. entre les Archevêchez qui étoient ſous le Patriarche de Conſtantinople; une Notice ſelon l'état moderne du Patriarchat de Conſtantinople la nomme ſans qualification [p]. Voiez SCARPANTO, qui eſt le même nom, car retranchant l'S ajoutée par les Grecs modernes chez qui elle tient lieu de la particule εἰς, il reſte *Carpanto* peu diferent de l'ancien nom. On ne doit point perdre de vue cette regle lors qu'il eſt queſtion d'un grand nombre de noms modernes conſervez du Grec. En retranchant l's dont je viens de remarquer l'origine, le vrai nom reſte beaucoup plus reconnoiſſable qu'il n'étoit auparavant; ſi cela ne ſuffit pas & que la premiere ſyllabe ſoit *Stan* ou *Stam*, comme *Stanco*, *Stamboul* &c. il faut retrancher toute cette ſyllabe qui eſt pour εἰς τὰν, il reſte *Co*, & *Boul*; le premier eſt le nom d'une Iſle, le ſecond eſt une corruption de *Polis*, Ville, & eſt moins dificile à reconnoître que quand il étoit déguiſé par cet acceſſoire.

CARPE' CARCEIA, lieu de la Betique ſelon Antonin, dans quelques exemplaires. Simler veut qu'on liſe *Carpe Carcenia*, c'eſt comme qui trouvant un Chariot renverſé le releveroit pour le renverſer de l'autre côté. Il faut lire CALPE-CARTEIA. Voiez CALPE', & CARTEIA.

CARPEGNA, petit pays d'Italie dans l'E-

CAR.

a Leandr. descr.di tutta Italia p. 298.

l'Etat de l'Eglise, dit Mr. Baudrand. J'ajoute *a* que Carpegna est une très-haute Montagne où sont d'excellens paturages, où il y a bon nombre de troupeaux pendant l'été; qu'elle est dans la Romagne & qu'enfin elle prend son nom de Carpegna qui étoit la partie d'un certain Gui dont parle l'Arioste dans son XIV. Chant du Purgatoire.

Pier Traversaro, e Guido da Carpegna.

Cette Montagne est détachée de l'Apennin par la Riviere de Marechia qui coule entre deux. Et entre toutes les Montagnes qui sont separées de l'Apennin il n'y en a point qui égale celle-ci en hauteur.

b l.6.c.8.

CARPELLA, Promontoire de la Carmanie, selon Ptolomée *b* il étoit fort près d'*Armosum*, & de là Ortelius conclut que c'est la même chose que le Cap de ce nom. Mais Ptolomée les distingue & fait Carpella plus Occidental de 2′ & plus Meridional de 10′ que le Cap Armosum. Il croit aussi que c'est le Badeichora d'Arrien.

1. CARPEN. Voiez CARPIS.

2. CARPEN, Bourg & Seigneurie au pays de Juliers. Voiez KERPEN.

CARPENEITIS, lieu de l'Attique, selon Seneque le Tragique dans sa Tragedie d'Hippolyte, citée par Ortelius.

CARPENTARIE, ou CARPENTER-LAND, pays d'Asie au Midi de la nouvelle Guinée, & dans la nouvelle Hollande. Il fait la partie Orientale d'un grand Golphe dont la Terre de Diemen ferme le côté Occidental. Elle porte le nom de Carpenter Capitaine Hollandois qui l'a decouverte. Cette côte est peu connue, elle est arrosée de divers Ruisseaux auxquels les Hollandois ont donné des noms à leur fantaisie. Les Cartes en marquent six. Le premier, le troisiéme, & le cinquieme n'y sont point nommez; mais le second est R. de COEN; le quatriéme R. DE NASSAU, & le sixiéme R. de CARON. Au Nord de *Carpenterland* est une eau, mais nous ne savons pas si c'est un Golphe, ou si c'est un Bras de Mer qui separe ce pays de la nouvelle Guinée. Pour ce qui est des Rivieres que j'ai nommées, j'ai suivi la derniere Mappemonde de Mr. de l'Isle publiée en 1720. Il avoit été plus hardi dans son Hemisphere Meridional publié en 1714. il y mettoit huit Rivieres ou ruisseaux dont voici les noms.

Van Speult R.
Batavia R.
R. de Coen.

Vereenigde R. (Apparemment, *Vereenigde Provincien*, c'est-à-dire les Provinces unies.)

R. de Nassau.
R. des Etats.
R. de Diemen.
R. de Caron.

Peut-être ce retranchement est-il fondé sur de nouvelles recherches.

CAR.

CARPENTORACTE nom Latin de CARPENTRAS. Voyez l'Article qui suit.

CARPENTRAS, Ville de France en Provence au Comtat Venaissin, dont elle est la Capitale. Elle est ancienne, & Pline *c* l'appelle *Carpentoracte Meminorum*, du nom des Memines peuple qui en habitoit le territoire. Ptolomée *d* met Miméni peuple sous les Tricastins dans la Gaule Narbonnoise; mais il nomme leur Ville *Forum Neronis*. La Notice des Villes de France porte *Civitas* CARPENTORATENSIUM *nunc* VINDAUSCA; & la Notice des Provinces publiée par Schelstrate sur un manuscrit de six cens ans qui est dans la Bibliotheque du Vatican *e* porte *Civitas* CARPENTORACENSIUM nunc UNICLAUSA. Dans le Concile de Challon tenu l'an 650. on trouve Licerius Evêque de Carpentras, *Licerius Vindauscensis*. Il semble par ces Notices que *Vindausca* ait été quelque temps le nom de Carpentras; mais cela n'est pas. Vindausca est une paroisse, à une lieue & demie, & à l'Orient meridional de Carpentras. On l'appelle presentement Venasque. Ce lieu autrefois plus florissant qu'il n'est à present a donné le nom au Comtat Venaissin & quelques Evêques en ont preferé le titre à celui de Carpentras. Mr. l'Abbé de Longuerue croit que *Forum Neronis* de Ptolomée est la même chose que *Carpentoracte*. Il paroit *f*, dit-il, que *Carpentoracte* est le nom Gaulois & *Forum Neronis* est le nom Latin de cette Ville. Mais Pline qui vivoit peu après Neron & qui devoit mieux savoir le nom Latin de cette Ville que Ptolomée qui écrivoit long-temps après en Egypte, comment a-t-il ignoré, & par quel caprice a-t-il preferé le nom Gaulois au nom Latin? D'autres ont placé *Forum Neronis* à Forcalquier. Ce savant Abbé l'en a deplacé. Voiez FORCALQUIER. Mais sa conjecture qui le met à Carpentras n'est pas assez fondée.

c l.3.c.4.

d l.2.c.10.

e n.1338.

f Desc. de la France 1. part. p. 379.

On ne connoît pas *g* les Evêques de Carpentras avant le sixieme siécle; Julien étant le premier qu'on trouve marqué dans les Monumens Ecclesiastiques. Il assista l'an 517. au Concile d'Epaune sous Sigismond Roi des Bourguignons, au Concile d'Arles l'an 524, à celui de Carpentras l'an 527, & à celui d'Orange l'an 529. Ce pays étoit alors sous la domination des Ostrogots; il vint peu après sous celle des François Merovingiens, & de leur temps les Evêques transfererent leur Siége à Vendasque, ou Venasque, de sorte que ces Prelats prenoient indiferemment le titre d'Evêque de *Vendasque*, ou *Vendausque* & de *Carpentras*. Car Clematius qui assista au VI. Concile d'Orleans l'an 541. au V. de la même Ville l'an 555. prend le titre d'Evêque de Carpentras. Tetradius qui assista au IV. Concile de Paris l'an 573, s'appelle Evêque de Vendasque. Boetius qui assista au Concile de Valence l'an 584. est appellé Evêque de Carpentras, & c'est lui qui envoya un Deputé au second Concile de Mâcon l'an 585. Dans le siecle suivant Licerius (c'est le même dont j'ai déja parlé) qui signa au Concile de Chalon sur Saone vers l'an 650. sous Clovis II. y prit la qualité d'Evêque de Vendasque. La raison de cette varieté est que l'ancien & veritable

g Ibid.

ritable siége Episcopal étoit Carpentras, quoi que les Evêques dans le VI. siécle eussent établi leur résidence à Vendasque ou Venasque, à cause que vrai-semblablement Carpentras avoit été desolé, & qu'alors Venasque étoit une meilleure Ville. C'est pourquoi celle-ci a donné son nom au pays de *Venaissin* qui le conserve encore, quoi que Venasque ne soit plus qu'une Bourgade, & que Carpentras, qui est la Ville la plus grande & la plus peuplée, ait repris son ancienne qualité de Capitale. Quoi que j'aie mis Carpentras en Provence elle appartient neanmoins au Pape avec tout le Comtat de Venaissin. Voiez VENAISSIN. L'Evêque de Carpentras a sept Paroisses en Provence. La Ville même est sur une Riviere nommée l'AUSON par Mr. de l'Isle, & la RUSSE par Mr. Piganiol de la Force [a], à quatre lieues du mont Ventoux. Son Evêque est suffragant d'Avignon. C'est à Carpentras [b] qu'est le Tribunal du Juge devant lequel ressortissent les appellations des Juges subalternes du Comtat Venaiscin.

[a] Desc. de la France T. 3. p. 341.
[b] Longueruë l. c.

CARPERIS. Voiez PORCHESTER.
CARPES (les) Voiez CARPI.
CARPESII. Voiez CARPITANI.
CARPESIUM, Montagne d'Asie dans la Pamphylie selon Ætius d'Amide Medecin cité par Ortelius.
CARPESSUS. Voiez CARTEIA & TARTESSUS.

CARPETANIA, ancienne contrée d'Espagne dont la Metropole étoit Carthagene. Il arriva avec le temps qu'elle eut encore une seconde Metropole, savoir Tolede, qui enfin devint la seule. La Province de Carthagène *Provincia Carthaginensis*, ou *Carpetania*, furent enfin la même chose. La disposition des Provinces d'Espagne sous le Roi Vamba, fut faite à l'occasion des Invasions des Evêques qui empietoient sur les Dioceses les uns des autres. Ce Roi assembla un Synode à Tolede où il fut réglé ce qui seroit sous chaque Metropolitain. On y trouve d'abord

Provincia Carthaginensis vel Carpetania Metropolis Regia Urbs Toletum.

Dans les souscriptions du III. Concile de Tolede on lit *Euphemius in Christi nomine Ecclesiæ Catholicæ Toletanæ Metropolitanæ Episcopus Provinciæ Carpetaniæ, his Constitutionibus quibus in urbe Toletana interfui annuens subscripsi*, c'est-à-dire *Euphemius au nom de Jesus Christ Metropolitain de l'Eglise Catholique de Tolede, Evêque de la Carpetanie, j'ai consenti, & souscrit à ces Constitutions auxquelles j'ai été present dans la Ville de Tolede.* Ces paroles ont besoin d'éclaircissement, & on le trouve dans le Concile de Tolede sous Gundemar où il est reglé que le Siege de l'Eglise de Tolede doit avoir l'autorité attachée à la qualité de Metropolitaine, & dans le Decret du Roi Gundemar où il est ordonné ainsi : *Illud autem quod jam pridem in generali Synodo Concilii Toletani a Venerabili Euphemio Episcopo, manus subscriptione notatum est*, CARPETANIÆ PROVINCIÆ TOLETANAM ESSE SEDEM METROPOLIM; *nos ejusdem ignorantiæ sententiam corrigimus : scientes procul dubio* CAR-PETANIÆ REGIONEM NON ESSE PROVINCIAM *sed* PARTEM CARTHAGINENSIS PROVINCIÆ; *juxta quod & antiqua rerum gestarum monumenta declarant. Ob hoc quia una eademque Provincia est decernimus ut sicut Bœtica, Lusitania, vel Terraconensis Provincia vel reliquæ ad Regni nostri regimina pertinentes secundum antiqua Patrum decreta singulos noscuntur habere Metropolitanos; Ita & Carthaginensis Provincia unum, eundemque quem prisca synodalis declarat Auctoritas, & veneretur Primatem & inter omnes Comprovinciales summum honoret Antistitem.* C'est-à-dire, *Pour ce qui a été autrefois decidé dans l'assemblée generale du Concile de Toledo, & signé de la main du Venerable Evêque Euphémius, savoir que le* SIEGE DE TOLEDE EST LA METROPOLE DE LA PROVINCE DE CARPETANIE, *nous relevons une faute qui est provenue d'ignorance. Nous savons à n'en point douter que le* PAYS DE CARPETANIE N'EST PAS UNE PROVINCE, MAIS UNE PARTIE DE LA PROVINCE CARTHAGINOISE, *comme les anciens monumens de l'Histoire le font voir. A ces causes puis que c'est une même & seule Province nous ordonnons que de même que la Betique, la Lusitanie, & la Province Tarragonnoise ou les autres qui relevent de notre Couronne, selon les anciens Decrets des saints Peres, n'ont qu'un Metropolitain particulier, de même la Province Carthaginoise revere un même & seul Primat que l'autorité du Concile a anciennement déclaré & qu'il soit honoré comme le premier entre les Prelats de la même Province.* C'est ce qu'ordonna le Roi Gundemar l'an 600. & comme les Goths avoient détruit la Ville de Carthagene la seule qui eût droit de disputer à celle de Tolede la qualité de Metropole; Tolede qui ne l'avoit été d'abord que de la seule Carpetanie partie de la Provincie Carthaginoise, le devint de cette Province entiere; & c'est ce que Gundemar confirme par ce Decret. Il ne change rien à la disposition du Concile; il la fortifie au contraire en rectifiant le principe qui avoit été allegué, à savoir que la Carpetanie étoit une Province, il declare que l'on s'est trompé, que ce n'en est point une, que ce n'est que la partie d'une Province dans laquelle il ne doit y avoir qu'une Metropole, & que se doit être l'Eglise de Tolede.

Le nom de Carpetanie n'a pas été inconnu aux Anciens. Tite Live [c] dit: la même année C. Calpurnius & L. Quintius Preteurs en Espagne ayant tiré au printemps leurs troupes des quartiers d'Hyver & les ayant assemblées dans la Beturie, marcherent vers la Carpetanie où les ennemis étoient campez.... Peu loin des Villes d'Hippone & de Toled il y eut une escarmouche entre les fourageurs des deux partis, & comme des deux camps il sortit du monde pour les soutenir, cela engagea une action où les Romains furent batus. Il dit ailleurs: [d] au commencement du printemps Quintus Fulvius Flaccus mena l'armée dans la Carpetanie & campa près de la petite Ville d'*Æbura*, ayant jetté quelque monde dans la place. Il ajoute [e]: ayant transporté les blessez dans la Ville d'*Æbura* il mena les Legions à travers la Carpetanie à *Contrebia*, Tolede. *Æbura*, aujourd'hui Talevera de la Reyna, & *Hippo*, au-jour-

[c] l. 39. c. 30.
[d] l. 40. c. 30.
[e] c. 33.

jourd'hui Yepès, dans la Castille neuve étoient donc, selon cet Historien, de la Carpetanie. Pline parle des Montagnes de ce pays-là, & les nomme *Carpetana Juga*, ce que le R. P. Hardouin explique des Montagnes nommées dans le pays *Sierra di Guadalupe*, *Sierra di Pico*. Dès le temps de Pline Tolede étoit Capitale de la Carpetanie. *Carpetania*, dit-il, *Toletani Tago flumini impositi*. Polybe nomme toujours les Carpetaniens, Καρπήσιοι, en quoi Tite Live l'a imité en quelques endroits quoi qu'il ait dit *Carpetani* en d'autres, ce qu'il est utile de savoir afin qu'on ne s'imagine pas que ce sont deux peuples differens. Etienne le Géographe les nomme aussi Carpesiens: on lui avoit prêté une sotise en lui faisant dire que c'est un peuple situé en deçà de l'Ebre. Berkelius a fort bien changé cela & au lieu d' Ἐντὸς a substitué Ἐκτὸς qui veut dire au delà ; ce qui est juste, & conforme au temoignage des Géographes.

Ptolomée donne à ce peuple les Villes suivantes.

Ilurbida,	*Caracca*,
* *Etelesta*,	*Libora*, *
Ilarcuris,	*Ispinum*,
Varada,	*Metercosa*,
Thermeda,	*Barnacis*,
Titutatia,	*Alternia*,
Mantua,	*Paterniana*,
Toletum,	*Rigusa*,
Complutum,	*Laminium*,

* *Libora*, en Grec Λιβώρα, est aparemment une faute des copistes de cet Auteur qui trouvant Αἴβουρα ont pris un Λ pour un Δ & ου pour ω. C'est-là même que l'*Æbura* de Tite Live. On peut voir les noms modernes de ces lieux à leurs Articles particuliers.

1. CARPI, CARPA, ou KERBE', Voyez CARRATHASSAN.

2. CARPI, Herodien dit qu'un peuple nommé ainsi fut vaincu par Diocletien Capitolinus & Vopiscus parlent aussi de cette Nation, le premier dans la Vie de Balbin, & l'autre dans celle d'Aurelien. Ammien Marcellin, Jornandes, & Zosime les mettent voisins de l'Ister. Ammien Marcellin met sur le Danube un lieu qu'il nomme CARPORUM VICUS. Il dit aussi au livre 28. que c'étoit des peuples de la Valerie, & que Diocletien les transplanta dans la basse Pannonie. Ce Village des Carpes est au sentiment de Lazius la même chose que *Cirpi mansio* d'Antonin entre *Ulcisia Castra*, & *ad Herculem Castra* à douze milles du premier camp, & à pareille distance de l'autre. Jusqu'ici dans cet Article je n'ai fait que traduire Ortelius, qui ajoute encore qu'il lui semble que Carpis de Ptolomée est la même chose.

Ce peuple est encore reconnoissable dans le nom des hautes Montagnes qui separent la Pologne de la Hongrie. Les Anciens les ont nommées CARPATES, & c'est là qu'on est en droit de chercher leur veritable demeure. Ils sortirent de leurs montagnes sous l'empire d'Alexandre, & dans les Extraits de Pierre le Patrice [a] il se trouve d'eux un détail fort curieux que Mr. de Tillemont a inseré dans son Histoire

[a] Legat. Exc. p. 24.

des Empereurs [b]. Voici comment l'Historien moderne a mis en œuvre ce que fournit l'Auteur déja nommé. Pierre rapporte qu'on donnoit tous les ans des sommes considerables aux Goths placez dès devant ce temps-ci (vers l'an 228 de l'Ere vulgaire) sur les bords du Danube. Les Carpes, peuple Sarmate, qui habitoient vers la Pologne, en furent jaloux, & deputerent à Menophile, (General des troupes de la Mesie) demandant avec beaucoup de fierté qu'on leur donnat aussi de l'argent. Leurs Deputez le trouverent qui faisoit faire l'exercice à ses Soldats ; car il n'y manquoit pas tous les jours, & comme il sçavoit pourquoi ils venoient, il les fit attendre plusieurs jours pour rabatre leur fierté, leur donnant cependant la liberté de voir faire l'exercice aux troupes.

Enfin s'étant fait preparer un tribunal fort élevé, où il s'assit avec les personnes les plus qualifiées, il les fit venir & durant qu'ils lui parloient il entretenoit tantôt l'un, tantôt l'autre de ceux qui étoient auprès de lui, comme ayant bien d'autres affaires plus importantes que de les écouter. Cela les étonna tellement que sans oser rien dire davantage, ils demanderent seulement pourquoi on ne leur donnoit pas de l'argent aussi bien qu'aux Goths. Il leur repondit, l'Empereur des Romains a de très-grandes richesses : c'est pourquoi il en fait de liberalitez à ceux qui lui en demandent. Nous en demandons dirent, les Députez ; qu'il nous en donne donc autant qu'aux Goths ; nous valons mieux qu'eux. Menophile sourit, & leur dit qu'il falloit sçavoir la volonté de l'Empereur ; qu'ils revinssent dans quatre mois le trouver en un endroit qu'il leur marqua pour recevoir sa reponse. Quand ils revinrent ils le trouvérent encore avec ses Soldats ; il les reçut comme la premiere fois, & trouva quelque autre pretexte pour les faire revenir à trois mois delà en un autre quartier des troupes. La réponse qu'il leur fit alors fut que l'Empereur ne s'engageroit point à leur donner nuls presens ; mais que s'ils avoient besoin pour le present de quelque assistance, ils pouvoient s'aller jetter à ses pieds pour la lui demander, & qu'apparemment ils l'obtiendroient. Ils se retirerent tout en colere : mais cependant durant trois ans que Menophile commanda dans ce pays ils n'oserent rien entreprendre. [c] L'an 238. sous Maximin I. ils firent la guerre contre les troupes qui étoient dans la Moesie. Il est vraisemblable que dès ce temps-là, ils firent des établissemens près du Danube, & qu'ils y eurent même des Places fortes ; car sous Philippe l'an 245. ils avoient ravagé le pays d'autour du Danube. [d] Ce fut alors que Philippe marcha contre eux, les vainquit, & en assiégea les principaux dans un Château. Les autres s'étant rassemblez pour les secourir, ils donnerent une seconde bataille où ils furent encore défaits par les Maures & contraints de demander la paix. Philippe la leur accorda assez aisément & s'en retourna. On trouve encore dans les medailles des monumens de cette Victoire sur les Carpes qu'Occo rapporte à la premiere année de Philippe. Ils étoient au nombre de trois mille dans une expedition que les Goths firent en Moesie où ils assiégerent

[b] T. 3. p. 216.
[c] ibid. p. 267.
[d] ibid. p. 306.

Mar-

CAR.

a ibid p. 310.
b de mort. Persecut. c.4.
c Tillemont ibid. p. 286.
d ibid. p. 400.

Marcianople Capitale du pays qu'ils assiégerent long-temps, & qu'ils rançonnerent. *a* Les medailles de l'Empereur Decius parlent d'une Victoire qu'il remporta sur les Carpes. Cependant il n'y fut pas toujours heureux; car Lactance *b* dit qu'étant allé contre les Carpes qui avoient occupé la Dacie & la Moesie, il fut aussitôt environné par les Barbares, mis en piéces avec une grande partie de son Armée, dépouillé, laissé nud à la discretion des bêtes, & des oiseaux qui le mangerent. *c* On lit encore de leurs Ravages en 252. sous l'Empire de Gallus; & *d* quatre ans après sous Valerien on retrouve les Goths, les Burgundes, les Carpes, & les Borans tous peuples qui habitoient alors le long du Danube, ravageant toute l'Illyrie, & toute l'Italie mème sans y laisser rien d'entier, & sans que personne s'opposât à eux.

e ibid. p. 520.
f ibid. p. 528.

e Quelques troupes d'entre les Carpes pilloient la Thrace en 273. sous Aurelien, & ce Prince les battit; & *f* Aurelius Victor raporte qu'Aurelien prit une partie de cette Nation pour en peupler quelques endroits de l'Empire. Le Village de CARPEN où l'on croit qu'il faut chercher l'ancienne Carpis de Ptolomée, est encore un reste du nom de ce peuple.

g l.5.c.4.
h l.4.c.3.

3. CARPI, ancienne Ville d'Afrique, selon Pline *g*. Ptolomée la nomme CARPIS *h* elle étoit dans l'Afrique Proconsulaire, & le Siége d'un Evêque: on trouve *Secundinus a Carpis* au Concile de Carthage sous St. Cyprien. Dans la Conference de Carthage furent deux Evêques de Carpi, l'un Catholique, l'autre Donatiste. Au Concile de Carthage l'an 419. & au siécle suivant se trouverent des Evêques de Carpi. La Notice d'Afrique met dans la Province proconsulaire un Evêque de Carpi, & enfin au Concile de Latran sous Martin II. Act. 2. il est fait mention de *Bassus Episcopus Ecclesiæ Carpitanæ*. Ces remarques sont de Mr. Dupin dans sa 46. Note

i p. 42.

sur le second livre de St. Optat du Schisme des Donatistes *i*, à l'occasion de ces mots *Similiter & apud Carpos*. Ce n'est plus qu'un petit Village près de Tunis, selon Mr. Baudrand *k*.

k Edit. 1705.

4. CARPI, Ville d'Italie avec titre de Principauté en Lombardie, & dans l'Etat du Duc de Modéne, à qui elle appartient avec un bon Château, au lieu qu'elle étoit autrefois à la Maison de Pio qui en avoit la Seigneurie. Elle n'est d'aucun Diocèse par la concession de divers Papes, & sa situation est dans une belle Plaine sur un Canal de la Sechia, à quatre milles de Correggio; & à onze de Modéne au Septentrion. Sa Principauté n'a que Sassuolo, & quelques Villages de sa dépendance.

5. CARPI, petite Ville d'Italie dans l'Etat des Venitiens, au Veronois, sur la rive droite de l'Adige, au dessous de Porto, assez près du Ferrarois. Ce fut près de cette Ville que se donna en 1701. la bataille de Carpi entre le Prince Eugene de Savoye qui commandoit les Imperiaux, & le Colonel de St. Fremond qui s'y étoit retranché avec quelques Bataillons & Escadrons. A ne regarder que le

l Larrey Hist. de France sous Louis XIV. T. 8. p. 31.

nombre des morts, & des blessez la perte fut à peu près égale, dit un Historien *l*; mais le

CAR. 303

Prince eut l'avantage: ses troupes encouragées par son exemple se firent jour dans les retranchemens, & gagnerent presque la moitié du Terrain. Il auroit entierement defait les François sans le secours qu'amena le Comte de Tessé.

CARPIA & CARPEIA, Καρπηία & Καρπεία. Etienne le Géographe employe ces deux noms pour signifier une Ville d'une Isle située à l'embouchure du Guadalquivir. Voyez CARTEIA.

CARPIANI, ancien peuple de la Sarmatie Européenne selon Ptolomée *m*. Ils étoient entre les Peucins, & les Basternes.

m l. 3. c. 5.

CARPINETO, *n* Bourg, & Château d'Italie dans la Campagne de Rome près d'Agnani au Midi avec titre de Duché à la Maison de Panfilio. Il est à trois milles de Sermonete.

n Baudrand Ed. 1705.

CARPIO, *o* petite Ville d'Espagne dans l'Andalousie sur le Guadalquivir entre Cordoue au Couchant & Anduxar au Levant. Quelques-uns le prennent pour l'ancienne CORBULO; d'autres pour CALPURNIANA. *p* Cette Ville est possedée depuis long-temps par la Maison de Haro. Elle fut érigée en Marquisat l'an 1558. par Philippe II. en faveur de D. Diego Lopez de Haro & Sotomayor, Fils ainé de D. Louis Mendez de Haro Seigneur de Sorbas, Lodien & Carpio; & de Doña Béatrix Portocarrero sa femme.

o Ibid.

p Vayrac Etat pres. de l'Espagne T. 3. P. 58.

1. CARPIS, ancienne Ville de la Pannonie. Voiez CARPI 2.

2. CARPIS, ancienne Ville d'Afrique. Voiez CARPI 3.

3. CARPIS, Herodote dit qu'une Riviere nommée ainsi, & une autre appellée Alpis, Κάρπις, & Ἄλπις, se déchargent dans l'Ister du côté du Nord. Peucer dit qu'elles gardent encore leur nom l'une & l'autre; que Carpis s'appelle CRUPPA & CRAPIS & qu'Alpis s'appelle ALBUM. Peucer n'est pas mal fait de designer en quel pays elles coulent. Herodote *q* dit que Carpis vient du pays situé au dessus des *Umbrici*; la difficulté est de savoir quel pays occupoit ce peuple.

q l. 4. n. 49.

CARPITANA ECCLESIA. Voyez CARPI 3.

CARPITANI. Voiez CARPITANIA.

CARPITENSIS PLEBS, Eglise d'Afrique. C'est la même que CARPI 3.

CARPODACOS, Ortelius *r* trouvant ce mot dans Zosime *s* comme étant le nom de Nations Scythes, croit que c'est un mélange du peuple Carpi avec les Daces.

r Thesaur.
s l. 4.

CARPUDEMUM, Ville de Thrace vers le milieu des terres Ptolomée *t*.

t l. 3. c. 11.

CARRA, Riviere de Syrie, selon Etienne le Géographe, ou plutôt selon l'exemplaire qu'avoit Ortelius, qui par une raison que j'ignore met *Carrata* pour le Latin & *Carra* pour le Grec Κάῤῥα. Voiez CARRHÆ.

CARRACA, Ville d'Italie au pays des Bechuniens *v*. On croit que c'est CARAVAGGIO.

v Ptolomée. l. 3. c. 1.

CARRÆ, Ville de l'Arabie heureuse sur le Golphe Arabique selon Pomponius Mela de l'Edition d'Olivier: *x* dans laquelle on lit: *Alterum sinum undique Arabes incingunt: ab ea parte qua introeuntibus dextra est, urbes sunt Carra*

x c. 9. p. 109.

& *Arabia* & *Gandamus*: &c. c'eſt-à-dire l'autre Golphe (celui de la Mer Rouge) eſt habité par les Arabes tout à l'entour. En entrant on trouve à droite les Villes Carræ, Arabie, & Gandamus. Hermolaus Barbarus, l'un des premiers qui aient travaillé utilement ſur Mela, remarque qu'Etienne le Géographe nomme Carræ. Il y a, dit l'Auteur Grec cité, ſur la Mer rouge *Carra* Ville de même nom que celle de la Meſopotamie qui eſt fameuſe par la défaite de Craſſus. Hermolaus ajoute que Ptolomée fait mention de la Ville nommée Arabie, & il avoue qu'il ne ſait rien de la troiſiéme. Pintien ne s'accommodant d'aucun de ces noms les change ainſi CARNA, MARIABA & AGDAMIS. Il fonde la correction de la premiere ſur ce que Strabon nomme Carna Ville des Minéens dont Ptolomée parle auſſi. Il ajoute qu'on feroit peut-être mieux de lire *Gerra* au lieu de *Carra*. Car, dit-il, les Sabéens, & les Gerréens étoient les plus riches de tous les Arabes. Je n'ignore pas, pourſuit-il, qu'Etienne & Pline ont mis dans l'Arabie Heureuſe une Ville nommée Carræ, & les vaſtes & fertiles Campagnes des Carréens, mais cela ne me fait pas quiter mon premier ſentiment. Voila ce que c'eſt que la demangeaiſon de corriger les ouvrages des anciens. Cette manie fait que les Critiques mêlant leurs caprices, avec ce qu'ils trouvent dans les Auteurs, changent ſans neceſſité ce qui étoit bon, & nous reduiſent à rechercher avidement les Editions anciennes qui n'ont pas eu le malheur de paſſer par leurs mains. Voſſius blâme Pintien d'avoir fait cette correction, mais c'eſt pour en faire une autre qui eſt auſſi inutile. Parce qu'il trouve que l'Auteur du Periple de la Mer rouge a nommé CANE, il ne doute pas que Mela n'ait écrit ainſi; & par cette belle raiſon il eface *Carra* de ſon Auteur pour y mettre *Cane*. Ne ſera-t-on jamais entendre à ces prétendus Correcteurs, ou plutôt à ces falſificateurs qu'il ne leur eſt pas libre de faire dire aux autres ce qu'ils y veulent trouver? Sommes-nous maitres des anciens ouvrages pour les refondre avec tant de hardieſſe? Quand il y a de la variété dans les manuſcrits, des fautes qui viennent viſiblement des copiſtes, des contreſens averez, en un mot des mots vraiment ſuſpects, c'eſt alors qu'il eſt permis à la Critique de chercher quels ſont les veritables termes dont l'Auteur a pû ſe ſervir; les noms qu'il lui convenoit d'employer; & le ſens qui ſe concilie le mieux avec ce qui ſuit, & ce qui precede. Mais il n'y a rien ici de pareil. Encore faut-il pour bien faire que la correction ſoit fondée ſur quelque autorité de Manuſcrits: quand il n'y a point ces circonſtances on peut bien propoſer ſa penſée dans une Note, mais c'eſt trop que de l'inſerer dans le texte; ſur tout quand il y a d'autres ouvrages anciens qui autoriſent le mot qu'on en ôte. Nous ſommes dans ce cas-là, on convient qu'Etienne met *Carra* (CARRHÆ. Voiez ce mot) ſur la Mer rouge. Pour ce qui eſt de Pline, quoique pluſieurs exemplaires de cet Auteur portent CARRÆ ou plutôt CARRHÆ, Ortelius a fort bien vû que *Carra* de Mela, & celle de Pline, n'ont rien de commun qu'un peu de reſſemblance dans le nom & il a averti qu'elles étoient differentes. Un manuſcrit ayant *Garrhis*, & non pas *Carrhis*, le R. P. Hardouin a rétabli le vrai nom qui eſt GERRÆ. La Ville dont parlent Etienne & Mela, étoit ſur la Mer Rouge; & celle de Pline doit être ſur le Golphe Perſique: ainſi ce n'eſt point dans Mela qu'il faut ôter *Carra* pour y mettre *Gerra* comme le conſeille Pintien. Il y a toute la largeur de l'Arabie entre deux: mais ce qui ſeroit une corruption dans Mela eſt une correction dans Pline parce qu'il parle d'un lieu tout different, & que d'ailleurs elle eſt conforme à ce qu'il dit dans un autre endroit de ſon livre. Voyez CARRHÆ.

CARRANO, autrefois petite Ville & maintenant Village de Sicile dans la Vallée de Noto au Territoire de Syracuſe. Voiez ACHARENSES.

CARRATHASSAN, ou CARPA, Bourg d'Aſie en Natolie ſur la côte de la Mer noire, entre l'embouchure du Sangari, & le détroit de Conſtantinople. On croit que c'eſt le même que le *port de Calpa* des anciens. Voiez CALPA.

CARRA VERIA, ou BOOR CASTORO: Ville archiepiſcopale de Turquie en Europe dans la Macedoine ſur la Riviere de Caſtoro, à dix-huit lieues de la Ville de Salonique vers le Midi occidental. Voyez BERRHOE'E 2, qui eſt l'ancien nom de cette Ville.

CARREA. Voiez POTENTIA.

CARREASI, Ortelius dit que c'eſt un nom de Ville dont parle St. Auguſtin dans ſa Grammaire.

CARREI, ancien Peuple de l'Arabie heureuſe ſelon Pline [a]. Ils étoient au milieu des Terres, & n'avoient rien de commun ni avec *Carra* ou *Carra* qui étoit ſur le Golphe Perſique ni avec *Carra* de Mela qui étoit ſur le Golphe Arabique. La Ville de ce peuple [b] étoit nommée CARRIATHA. Ptolomée [b] qui l'appelle CHARIATHA la met auſſi dans les Terres.

[a] l. 6. c. 28.
[b] l. 6. c. 7.

CARRENI. Voiez CARENI.

CARRES. Voiez CARRHÆ.

CARRHÆ, ancienne Ville d'Aſie dans la Meſopotamie, ſelon Ptolomée [c], Sozomene & autres. Diodore de Sicile qui [d] écrit ce nom CARHÆ met cette Ville ſur le Chaboras. Strabon [e] met dans la Meſopotamie du côté de l'Euphrate Tigranocerta & les lieux qui ſont autour de *Carrha*, & *Nicephorie*, & *Chordiraza* & *Sinnaca*, dans laquelle Surena General des Parthes trompa Craſſus & le fit mourir. Plutarque dit dans la Vie de Craſſus que l'armée Romaine monta ſur les Montagnes appellées Sinnaques. On conjecture qu'elles étoient vis-à-vis de *Carrhæ*, de ce que Craſſus déja vaincu ſe retira à Carrhes, & de Carrhes aux monts Sinnaques pour gagner le Pont, & paſſer dans la Syrie. Cette Ville de Carrhes étoit fort ancienne ſelon Ammien Marcellin [f], qui dit: il vint à grandes journées à CARRÆ ancienne Ville, fameuſe par le malheur des deux Craſſus & des Romains. *Venit curſu propero* CARRAS *antiquum oppidum Craſſorum & Romani exercitus ærumnis inſigne*. De cet endroit, pourſuit-il, la route de Perſe eſt partagée en deux grands chemins; celui de la gauche par l'Adiabene & le Tigre, & celui de la droite, par l'Aſſyrie

[c] l. c.
[d] l. 17.
[e] l. 16. p. 747.
[f] l. 23.

CAR.

rie & l'Euphrate. Etienne le Géographe dit *Carrhæ*, Ville de la Mesopotamie, elle tire son nom de Carrha Riviere de Syrie. Cet Auteur prend ici la Syrie dans un sens fort étendu que j'explique ailleurs. Les Tables dressées sur Ptolomée mettent *Carrhæ* sur le Chaboras [a]. Il n'est pas aisé de savoir si le Carrhæ d'Etienne est le Chaboras de Ptolomée, ou si ce n'est qu'un ruisseau qui tombe dans cette Riviere. Les Medailles nous font connoître que Carrhes étoit une Ville affectionnée aux Romains, & même une Colonie. Une Medaille de Marc-Aurele porte ΚΑΡΡΗΝΩΝ ΦΙΛΟΡΩΝΕΩΝ, c'est-à-dire des *Carrheniens* amis des Romains. Une autre [b] de Caracalla ΚΑΡΡ. ΚΟΛΟ, c'est-à-dire la Colonie des Carrheniens. Une autre de Severe Alexandre porte ΚΑΡΡΑ ΚΟΛ. ΜΗ. ΜΕC. Δ. c'est-à-dire *Carrhæ* Colonie, Metropole de la IV. Mesopotamie. Surquoi le R. P. Hardouin [c] observe qu'au temps de cet Empereur Emese étoit Metropole de la premiere Mesopotamie, Edesse de la seconde, Nisibe de la troisiéme & Carrhes de la quatriéme. Cela se prouve, dit-il, par les Medailles.

CARRHES, est-elle nommée dans l'Ecriture? sous quel nom y paroît-elle? est-ce HARAN ou CHARRAN, dont il est parlé à l'occasion des Patriarches? Question dificile, & qui vaut pourtant bien la peine d'être examinée. Il y a là-dessus trois opinions que Cellarius rapporte. La premiere est celle du R. P. Hardouin, qui dit que la Mesopotamie des Patriarches étoit dans la Syrie entre l'Euphrate & le Jourdain; & que Haran est là où Palmyre ou quelqu'autre lieu de la Celesyrie. Ce Pere a avancé un sentiment si neuf dans sa Chronologie du Vieux Testament [d]; & en allegue deux preuves. La premiere se tire de l'inscription ou titre du Pseaume LIX (selon les Latins & LX. selon l'Hebreu.) Voici ce titre selon la Vulgate; Pour la fin, pour ceux qui seront changez; l'inscription du titre, Instruction à David lorsqu'il brûla la Mesopotamie de la Syrie & de Sobal, & que Joab en revenant frapa l'Idumée dans la vallée des Salines, & défit douze mille hommes. Le voici selon l'Hebreu: Pour le vainqueur, Sur les instrumens de Musique excellent Pseaume de David, pour l'instruction, lorsqu'il faisoit la guerre contre les Syriens de la Mesopotamie & contre la Syrie de Soba, & que Joab en revenant defit douze mille Iduméens dans la vallée des Salines. Cellarius avoüe le R. P. Hardouin que cette guerre se fit à l'Occident de l'Euphrate; il ajoûte: elle se fit contre les peuples de la Mesopotamie, qui étoient venus au secours des Syriens, & qui furent défaits aussi bien qu'eux; sur quoi il apporte en preuve le X. Chapitre du II. livre des Rois (ou de Samuel suivant les Bibles Hebraiques.) Le R. P. Hardoüin avoit cité comme lui étant favorable le VIII. Chapitre ý. 3. & un passage parallele, qui est au I. livre des Paralipomenes Ch. XVIII. ý. 3. L'autre preuve du R. P. Hardoüin se tire du livre de Judith, Ch. 2. ý. 14. où il est dit que l'Armée Assyrienne commandée par Holopherne passa l'Euphrate, & vint en Mesopotamie. On devoit bien s'attendre que Cellarius

[a] Cellarius Geogr. ant. l. 3. c. 15. p. 726.
[b] Patin p. 305.
[c] Numi illustrati p. 80.
[d] Harduini Opera select. p. 522.

CAR. 305

larius étant Lutherien rejetteroit l'autorité de ce livre. Cependant il fait bonne composition. Il suppose l'authenticité de cet Ouvrage: on y lit auparavant qu'il avoit déja fait la guerre dans la Cilicie, renversé la Ville de Meloth, &c. d'où Cellarius conclut qu'après cette expedition il repassa l'Euphrate pour rentrer dans la Mesopotamie, il ne pouvoit s'y rendre autrement. J'avoüe qu'en lisant le texte même du livre cité tel qu'il se trouve dans la Vulgate, la reponse de Cellarius n'est pas entierement suffisante: je dis dans la Vulgate; car le Grec des Septante est très-different, & beaucoup plus ample comme je l'observe ailleurs. Sa preuve qu'Haran ne sauroit être Palmyre est plus forte, car selon la Genese [e] Jacob partant de la terre de Chanaan pour Haran de Mesopotamie marcha vers l'Orient; si ce lieu eût été Palmyre, ou aux environs, il auroit dû marcher vers le Nord. Rejettant donc ce nouveau Sistême de Mesopotamie, il juge qu'il faut chercher Haran dans cite qui est au delà de l'Euphrate. Savoir si Haran, ou Charan est la même Ville si fameuse dans l'Histoire Romaine; tout semble porter à l'affirmative. Les Septante, à l'endroit cité de la Genese, St. Luc dans les Actes des Apôtres, écrivent *Charran* Χαῤῥάν pour designer le même lieu que la vulgate appelle *Haran* dans les mêmes occasions tirées de la Genese & *Charan* dans les Actes des Apôtres. Zonare le nomme *Carran* Κάῤῥαν. Le Géographe de Nubie nomme *Charan* la Carrhes des Romains. St. Jérôme dit [f]: CHARRAN, Ville de Mesopotamie au delà d'Edesse. On l'appelle encore à present Charra, c'est où l'armée Romaine fut defaite, & le General Crassus pris par l'Ennemi. Ce point de l'Histoire Romaine est purement de St. Jérôme. Eusebe s'étoit contenté de dire: CHARRAN, c'est la même Ville qu'on nomme encore à present Carrha, & qui est dans la Mesopotamie. Selon ces deux Peres la Ville de Haran ou Charan des Patriarches étoit donc la même que Carrhes de l'Histoire Romaine. C'est aussi le sentiment du savant Bochart [g]; de Saumaise [h], de Mr. le Clerc, de D. Calmet & de plusieurs autres Savans du premier ordre. Frideric Spanheim dans l'Histoire de Job [k] met bien la Ville de Haran auprès du Chaboras; mais il doute que ce soit la Ville de Carrhes qui étoient au Nord sur la même Riviere. On peut voir plus au long ses raisons dans l'endroit cité. La Carte jointe à cette Histoire de Job, met sur la rive droite du Chaboras où est la Ville de Carrhes, celle de Haran; mais cette derniere y est à plus de quarante mille pas au dessous de la premiere, & plus près de l'entrée du Chaboras dans l'Euphrate que de Carrhes. Quel parti prendre? Pour moi je n'en vois point de plus raisonnable que celui des hommes illustres, qui s'accordent à ne faire qu'une même Ville de *Charres*, *Carrhes*, *Haran*, *Charran*, en Mesopotamie, & ce qui doit achever de determiner, c'est la signification du nom *Charan* ou *Haran* dont les noms employez par les Grecs & les Latins ne sont qu'un emprunt. [l] Son nom vient de l'Hebreu חרר *Hharar*, qui signifie *il a été brûlé*; à cause des deserts voisins

[e] c. 29. v. 1.
[f] In locis.
[g] Phaleg. l. 2. c. 14.
[h] Exercit. Plin. in Solinum.
[i] in Genes. c. 11. v. 31.
[k] c. 5. p. 87.
[l] Clericus in Genes. c. 11. v. 31.

bru-

brulez par la chaleur du Soleil. C'eſt ainſi que Jeremie appelle חרריס *Harrerim* des lieux arides ; de maniere que chez les Arabes חרן *Hharan* , c'eſt ainſi qu'ils nomment cette Ville, ſignifie *Alteré* , pour exprimer la ſechereſſe des environs. Cela convient parfaitement à Carrhes de l'Hiſtoire Romaine. Car on lit dans la Vie de Craſſus par Plutarque cette deſcription des deſerts, où l'armée de Craſſus fut defaite & d'où il s'enfuit à Carrhes [a]. Ariamnes après lui avoir perſuadé de s'éloigner des rives de l'Euphrate le mena au travers de la plaine , par un chemin d'abord uni & facile ; mais qui devint enſuite très-difficile par des ſables profonds, où il ſe trouva engagé dans une campagne toute raſe & d'une affreuſe aridité , & où la vûë ne découvroit ni fin ni bornes, où l'on pût eſperer de trouver quelque repos & quelque rafraichiſſement: deſorte que ſi la ſoif & la fatigue du chemin décourageoient les Romains, la vue les jettoit dans un deſeſpoir encore plus terrible, car ils ne voyoient ni de près , ni de loin le moindre arbre, la moindre plante, le moindre ruiſſeau, pas une ſeule coline, pas une ſeule herbe verte : ce n'étoient par tout que monceaux de brûlantes Arénes , comme les flots entaſſez d'une Mer immenſe , qui dans ce deſert enveloppoient & engloutiſſoient ſes troupes. Appien Alexandrin [b] dit la même choſe, & preſque dans les mêmes termes. Cette Ville fut Epiſcopale, & la Notice de Hierocles la met au nombre des neuf Villes de l'Oſrhoene ; & Jean Evêque de *Carra* ſigna la Lettre des Evêques de cette Province à l'Empereur Leon. Entre les Lettres de St. Baſile le Grand, la 314. eſt adreſſée à Vitus Evêque de Carrha , Καῤῥῶν ; & ce même Evêque souſcrivit au I. Concile de Conſtantinople. Le P. Charles de St. Paul dit que c'eſt preſentement ORFA ; il ſe trompe , *Orfa* ou *Orpha* eſt l'ancienne Edeſſe, comme le diſent très-bien Pierre Gilles , Mr. Baudrand [c] , & ce qui eſt d'une autorité bien plus grande, Thevenot [d] Voyageur ſavant & exact juſqu'au ſcrupule. Le nom moderne de Carrhes eſt HEREN ſelon les Européens, *Hharran* ou *Charan*, ſelon les Arabes. Voiez CHARAN.

[a] Trad. de Mr. Dacier T. v. p. 132.
[b] in Parthicis.
[c] Ed. 1682.
[d] Suite du Voyage du Levant p. 78.

CARRIATA. Voiez CARREI.

CARRICK, Province de l'Ecoſſe Meridionale. Elle a celle de Kyle au Nord, celle de Galloway au Midi, & a la Mer au Couchant. Cette Province eſt fertile en bled, en pâturages &c. Elle a donné autrefois le titre de Comte à la famille de Bruce de laquelle étoit le Roi Robert Bruce. Ce titre fut donné enſuite aux branches puînées de cette famille, & fut ajouté à ceux du Prince d'Ecoſſe. Bargeny eſt la Ville capitale de cette Province. La principale famille du pays eſt celle de Kennedy dont le Comte de Caſſils eſt le chef, qui prend ſon titre du lieu de ſa reſidence ſur la Riviere de Dun. Il eſt Bailli hereditaire de Carrick.

CARRINENSIS AGER, champ particulier d'Eſpagne. Pline,[e] qui en parle n'en détermine point en quel lieu on le doit chercher; mais on le reconnoit aux marques qu'il en a données. Il y a, dit-il, deux fontaines qui coulent l'une auprès de l'autre ; l'une rejette tout , l'autre engloutit tout. Vaſæus cité par Ortelius, veut qu'on liſe CATINENSIS , & ajoute que ce lieu ſe nomme preſentement Cadima, & qu'il n'eſt pas loin du Bourg de Tentugal, qui eſt ſitué auprès, & à l'Occident de Coïmbre ; il ajoute que la fontaine qui engloutit tout eſt nommée FERVENTIA. Mr. Maugin dans ſa deſcription du Royaume de Portugal [f] ſuit ce Vaſæus : on en voit d'autres , (dit-il , en parlant des fontaines) proche de Tentugal qu'on appelle *bouillantes* , qui attirent ce qu'elles touchent; on en a fait l'experience ſur des animaux vivans , & des troncs d'arbres; Pline en raporte des particularitez , & nomme le lieu de leur ſituation *Campus Catinenſis* (cet Auteur nomme ici Pline ſans l'avoir conſulté, il y auroit trouvé *Carrinenſis ager* , & non pas ce qu'il lui attribue. Il ajoute :) il s'appelle aujourd'hui *le champ de Cadina*. Le R. P. Hardouin dit beaucoup mieux : il y a un petit village à près de quatre lieues de Coïmbre : les habitans le nomment encore CARROMEU, deſorte qu'il faudroit peut-être lire dans Pline *in Carimenſi agro*. Là ſont trois fontaines dont parle Pline. (La troiſiéme dont parle le R. P. Hardouin avoit cela de particulier qu'elle faiſoit paroître de couleur d'or les poiſſons , qui quand on les avoit tirez de l'eau ne differoient point des autres poiſſons.) Celle qui abſorbe tout eſt appellée FERVENÇAS, parce que par une agitation perpetuelle de ſes eaux & de ſon ſable, elle bout toûjours : ſur quoi ce Pere cite Vaſconcellos dans ſa Deſcription du Portugal, & André Reſendius au ſecond livre de ſes Antiquitez Portugaiſes. J'ai raporté à l'Article *Cadima* l'opinion de Mr. Baudrand, qui croit que c'eſt le nom moderne d'une petite Ville anciennement nommée *Carinna*.

[e] l. 2. c. 103.
[f] p. 20.

1. CARRION , Bourg d'Eſpagne au Royaume de Leon au pays de Campos ; on l'appelle auſſi Carrion des Comtes , & il eſt ſur la Riviere de même nom ; aux frontieres de la Caſtille à quatre lieues de Saldagne au Midi, en allant vers Palence, dont il eſt à ſix lieues, & à quatorze de Burgos au Couchant , & à Leon ; ſuivant Rodrigue Mendez-Silva cité par Mr. Baudrand [g].

[g] Ed. 1705.

2. CARRION [h] , (le) Riviere d'Eſpagne au Royaume de Léon. Elle a ſa ſource de la Montagne de Pernia ſur la frontiere de l'Aſturie , d'où courant au Midi par le pays de Campos, & diviſant en quelques endroits la Caſtille Vieille du Royaume de Leon baigne Saldagne g. elle reçoit la Riviere de Cea au deſſous de Carrion de los Condes, arroſe Palencia d. après quoi elle ſe joint à la Riviere de Piſuerga dans laquelle elle perd ſon nom , & qui ſe jette dans le Duero au deſſous de Valladolid.

[h] De l'Iſle Eſpagne.

3. CARRION [i] , Bourg de l'Amerique Septentrionale , au Mexique vers la Ville de Tlaſcala ; ce ſont les Eſpagnols qui l'ont bâtie & nommée ainſi.

[i] Baudrand Ed. 1682.

1. CARRODUNUM , ancienne Ville de la Germanie , ſelon Ptolomée [k]. Les Cartes dreſſées ſur cet Auteur mettent cette Ville ſur la Wiſtule, & la plûpart des Auteurs modernes diſent que c'eſt *Cracow*, que nous diſons

[k] l. 2. c. 11.

CAR.   CAR.

fons Cracovie, grande & fameufe Ville de Pologne. Le P. Briet[a] la donne au pays des Lygiens. Cluvier[b] la donne aux Baftarnes; & dit que c'eft préfentement la Ville nommée Lwow par les Polonois, Die Reussische Lemberg, c'eft-à-dire Lewenbourg en Ruffie; & par abreviation LEMBOURG par les Allemands, & en Latin LEOPOLIS. Cluvier lui même n'étoit pas bien ferme dans fon opinion, & il fe contredit bien clairement. Dans fa Carte il met *Carrodunum* fur la Wiftule, au pays des *Lugii* ou *Lygii*, au bord Septentrional de cette Riviere, qui felon lui terminoit en cet endroit les Baftarnes, & fervoit de limites entre eux & les Lygiens. Or cette fituation ne s'accorde nullement avec celle de *Lembourg*, *Lemberg*, ou *Léopol*, qui n'eft point fur la Wiftule; mais à foixante lieues Polonoifes de Cracovie, plus à l'Orient & certainement hors des bornes de la grande Germanie, qui ne s'étendoit point jufques-là; puifque Ptolomée la borne à la Wiftule depuis fa fource jufqu'à fon embouchûre. Ainfi Cluvier fe trompe, & il s'en faut bien que fon fentiment foit preferable à celui des autres; c'eft au contraire celui qui a les plus grandes marques de fauffeté. J'aime beaucoup mieux la penfée de ceux qui croient que c'eft RA-DOM, Bourg fitué au Palatinat de Sendomir à l'Orient de la Wiftule, fur un ruiffeau qui y tombe à Cofmice. Toutes les circonftances favorables font pour ce lieu. Je fais bien que les Allemands par une complaifance pour leur Nation ont forgé une Germanie imaginaire, qui comprend prefque toute la Pologne, & Cellarius tâche de faire trouver une partie de la Germanie au delà de la Wiftule; mais c'eft une amplification politique pour préparer un droit à l'Allemagne fur la Pologne, & elle a été folidement réfutée par les Polonois. Je ne dis pas que les Germains aient toûjours obfervé les bornes que leur donne Ptolomée, qu'ils n'ayent jamais fait de courfes au delà. Ce n'eft pas dont il eft queftion. Ptolomée eft le feul qui ait parlé de *Carrodunum*. Il le met dans la Germanie, il faut donc le chercher dans la Germanie de cet Auteur. Elle étoit bornée felon lui par le cours entier de la Wiftule. Donc *Carrodunum* étoit en deçà fans quoi elle n'auroit pas été de la Germanie. Auffi Cellarius allegue-t-il pour tout garant Cluvier, qui certainement s'eft trompé ou dans fa Carte, ou dans l'explication du nom, ou vraifemblablement dans tous les deux.

2. CARRODUNUM, ancienne Ville de la Vindelicie, felon Ptolomée[c]. Ses Interpretes lui donnent pour nom moderne KRAINBOURG, petite Ville de la baffe Baviere, fur l'Inn. Les Cartes de Mrs. Sanfon & Mr. Baudrand[d] difent *Kraibourg*.

3. CARRODUNUM, Ville de la haute Pannonie, felon Ptolomée[e]. Ses Interpretes lui donnent pour nom moderne KARNBOURG. Mrs. Sanfon & Baudrand écrivent Kornbourg; c'eft un Bourg de la baffe Styrie, au bord du Rab.

4. CARRODUNUM, ancienne Ville de la Sarmatie[f] en Europe fur la Riviere Tyras. Cette Riviere eft préfentement le Turla ou le Niefter. Ortelius avoit dit fort

fagement : je laiffe à ceux qui font du pays, & qui en connoiffent la fituation le foin de deviner le nom moderne de cette Ville. Cluvier ne parle que d'une feule *Carrodunum* qu'il dit être *Leopolis* ou *Lembourg*. Mr. Baudrand a tort de le citer, comme s'il eût confondu celle-ci avec l'autre. Il le refute à la *Carrodunum* de Germanie, & prétend que ce n'eft pas Lembourg; mais Cracovie, & enfuite il cite le même paffage pour affurer que la Carrodunum de la Sarmatie en Europe eft Lembourg. Cluvier ne dit point qu'elle fût dans la Sarmatie d'Europe, & quand il le diroit, cela ne prouveroit rien. Elle doit être fur le Tyras, qui eft le Niefter, & Leopól, Lemberg ou Lembourg n'y eft pas; il eft fur la Riviere de Boug. Il vaut mieux attendre avec Ortelius que quelque Savant trouve de quoi établir quelque chofe de plus certain que des conjectures auxquelles il manque la vraifemblance. Au refte Mr. Baudrand a raifon de dire que cette Carrodunum eft differente de celle de la Germanie, & il fait très-bien d'affurer que Ptolomée les diftingue expreffément.

CAROFF,
CARROFFINIUM, ou
CARROFFUM, ancien nom d'un lieu de France dans l'Aquitaine fur la Charente. Il eft fameux par un ancien Monaftere, aujourd'hui appellé Chartou, ou Charoux, à l'Orient d'Hyver de Sivray, en Poitou, & dans l'Election de Poitiers; ce lieu n'eft pas précifément fur la Charente, mais à une petite diftance de cette Riviere. L'Ordonnance de Louis le Debonnaire fur les Monafteres de France font mention de ce Monaftere. *Monafterium Carroffinii*, en Aquitaine. La Vie de ce même Empereur l'appelle *Monafterium Caroffi*, & le met dans la lifte des Monafteres que ce Prince avoit fait bâtir ou reparer. Dans l'Hiftoire d'Aquitaine on lit que *Carrofum* fut reduit en cendres avec la Bafilique par un accident fous le Regne de Robert. Plufieurs Actes nomme St. Carrof, mais c'eft improprement comme obferve Hadrien de Valois de qui font ces remarques : car ce mot *Carrof* eft un nom de lieu, & non pas celui d'un homme, ce n'eft pas, ajoute-t-il, qu'un lieu occupé par un Monaftere ne puiffe être appellé *Saint* à caufe de la pieté de ceux qui l'habitent. On lit que Guillaume Duc d'Aquitaine affiégea *Rocameltis* Château voifin de *Carrof*, cela convient très-bien; car au Sud-Oueft de Charroux il y a *Rochemeau* où l'on paffe la Charente fur laquelle il eft fitué. On lit encore que les Limoufins paffoient par St. Carrof, en allant en pelerinage à St. Jean d'Angeli. Carroux fe trouve en effet entre Limoges & cette Ville, quoi que ce ne foit pas le plus court chemin dont ils fe détournoient apparemment par des motifs de pieté; comme de vifiter tout d'un temps le Monaftere de Charroux. Au livre 11. de la Vie de St. Genoul, on trouve que Rothier ou Ratgaire, Comte de Limoges, fonda fous Charlemagne le Monaftere de Carrof, *Cœnobium Carrofenfe*, que Charlemagne enrichit enfuite en lui donnant de l'argent & des Terres. Mr. de Valois dit que ce Monaftere fut nommé le Monaftere de Carrof de St. Sauveur, furquoi il rap-

porte ces vers de Theodulphe Evêque d'Orleans.

Est locus, hunc vocitant Carrof *cognomine Galli,*
Quo Salvatoris sub nomine prænitet aula.

CARROF est donc le nom François de ce lieu; mais on l'a changé en celui de CHAROUX, & encore aujourd'hui l'Eglise du Monastere est sous la protection du Sauveur du monde dont elle porte le nom. Il y a aussi deux Eglises, l'une de St. Michel, & l'autre de St. Sulpice.

CARRONENSES, Soldats de la Gaule, ils étoient dans le departement de l'Armorique, selon la Notice de l'Empire [a].

[a] Sect. 61.

1. CARS, Ville d'Asie dans l'Armenie. C'étoit autrefois la derniere place de la Turquie sur la frontiere de Perse; mais la derniere guerre qui dure encore a bien reculé les frontieres des Turcs, qui ont profité des guerres civiles de Perse pour s'emparer d'une partie. Mr. Baudrand[b] la nomme CARS ou CHISERI. Le Sieur Lucas[c] écrit CARRES par une Orthographe vicieuse: peut-être a-t-il cru qu'elle étoit la même que *Carrhæ* que quelques-uns, comme Davity & Mr. Corneille, appellent CARRES. Mr. de Tournefort qui y a passé & séjourné la décrit ainsi[d]: la Ville est bâtie sur une côte exposée au Sud-Sud-Est. L'enceinte en est presque quarrée, & un peu plus grande que la moitié d'Erzeron. Le Château de Cars est fort escarpé, sur un rocher tout au haut de la Ville. Il paroît assez bien entretenu; mais il n'est defendu que par de vieilles Tours. Le reste de la place est comme une espece de theatre au derriere duquel il y a une vallée profonde & escarpée de tous côtez, par où passe la Riviere. Cette Riviere ne va pas à Erzeron, comme l'a cru Mr. Sanson, au contraire elle vient de cette grande plaine par où l'on arrive d'Erzeron à Cars, & tombe des Montagnes. Après avoir serpenté dans cette plaine, elle vient se rendre à Cars, où elle forme une Isle en passant sous un Pont de pierre & suit la vallée, qui est derriere le Château. Non seulement elle y fait moudre plusieurs moulins; mais elle en arrose les jardins & les champs. Enfin elle se joint à la Riviere d'ARPAGI laquelle ne coule pas loin delà, & ces deux Rivieres jointes ensemble sous le nom d'Arpagi servent de frontieres aux deux Empires avant que de tomber dans l'Araxe que les Turcs & les Persans appellent Aras. Ce qui peut avoir trompé Sanson, c'est que l'Araxe a sa source dans la même Montagne que l'Euphrate. Cet Auteur a situé Cars au confluent des deux branches imaginaires de l'Euphrate, lesquelles, selon lui, forment une Riviere considerable qui passe à Erzeron. Il faut attribuer ces fautes aux mauvais Memoires qu'on lui a fournis; car Sanson étoit un excellent homme, qui le premier a fait les meilleures Cartes, qui ayent paru en France. Cette reflexion est de Mr. de Tournefort, & j'insere avec plaisir une critique si noble, si judicieuse qui en reprenant les fautes conserve à l'Auteur le vrai merite, qui lui est justement acquis. Ses Cartes de l'Asie, de l'Afrique & de l'Amerique sont très-vicieuses; mais c'est la faute des faux Memoires dont elles expriment les mensonges,

[b] Ed. 1705.
[c] Voyage du Levant T. 1. c. 27. p. 229.
[d] Voyage du Levant Lettre 18. T. 2. p. 122. & suiv.

& dont on n'étoit pas encore bien revenu de son temps. Reprenons la description de Cars avec Mr. de Tournefort. Non seulement Cars est une Ville dangereuse pour les voleurs; mais les Officiers Turcs y font ordinairement de grandes avanies aux Etrangers, & en tirent tout ce qu'ils peuvent. On peut douter si Cars n'est pas l'ancienne Ville que Ptolomée marque parmi celles qui sont dans les Montagnes de la petite Armenie. (Mr. de Tournefort ne la nomme point. ; mais apparemment il veut parler de CHARAX, & ce nom a été peut-être oublié dans l'impression.) La ressemblance des noms est assez favorable, & il ne faut pas s'embarasser si cet Auteur la place dans la petite Armenie. Outre que ce pourroit être une faute d'inadvertance, les divisions de l'Armenie ont changé si souvent qu'il y a beaucoup de confusion parmi les Auteurs, qui parlent de ce pays. On pourroit aussi soupçonner que Cars est la place que Ptolomée appelle CHORSA, & qu'il place dans la grande Armenie, si ce Géographe ne la marquoit le long de l'Euphrate; tout cela pourroit avoir trompé Sanson; mais il est certain que Cars est bien loin de cette Riviere, & je pardonnerois plutôt à ceux qui ont proposé comme un doute, si Cars ne seroit point la Ville de Nicopolis que Pompée fit bâtir dans le lieu où il avoit batu Mithridate puisque cette Ville se trouvoit entre l'Euphrate & l'Araxe. Cedrene & Curopalate nomment Cars CARSE, & Leunclaw CARSEUM. Ce dernier assure qu'en 1579. Mustapha Bacha commandant l'armée de Sultan Mourat contre les Perses & les Georgiens, fortifia Cars & la pourvût des munitions necessaires. On en pourroit faire une des plus fortes places du Levant.

Le Traducteur François de l'Histoire de Timur-Bec dit[e]: que Cars est une Ville de Georgie à 40. d. 50'. de latitude, & à 81. d. 25'. de longitude. Timur, dit-il, arrivant à Cars campa hors des murailles dans une plaine parfaitement agréable, où les sources qu'on trouvoit à chaque pas, la verdure des prez, les ruisseaux d'eau de roche, l'épaisseur des petits bois, les branches vertes des arbres fruitiers, les baumes, & les fleurs, l'air & les Zephirs étoient si charmants qu'il sembloit que toutes ces graces ne se trouvoient dans ce sejour delicieux que pour y recevoir dignement celui qui étoit le plus grand Seigneur de l'Univers. Cars n'est point de la Georgie; mais de l'Armenie. Elle est mal placée sur la Carte qui accompagne ce livre.

[e] l. 3. c. 46. p. 318.

§. Mr. Baudrand crée un BEGLIERBEGLIC DE CARS. Il n'y en a point & le Gouverneur ou Pacha de Cars depend du Beglierbeg d'Erzeron. Mr. de Tournefort[f] le dit fort nettement.

[f] l. c. p. 123.

RIVIERE DE CARS, Riviere d'Armenie. Elle coule à Cars & se joint à la Riviere d'Arpagi dans laquelle elle perd son nom. Son cours est décrit dans l'Article precedent.

2. CARS[g], (le) Château de France au Limosin, près de Limoges.

[g] Baudrand Ed. 1705.

CARSA, Isle de l'Archipel. Antonin en fait mention dans son Itineraire Maritime: l'Edition de Bertius[h] porte *Carsas Chalcis.*

[h] p. 34.

CAR-

CAR.

CARSCHI, Ville d'Asie dans la Tartarie. Elle est située dans la grande Boucharie, comme parle l'Historien des Tartares [a], sur la rive Meridionale de la Riviere d'Amu à 38. d. 30'. de latitude, & à 101. d. de longitude. Ces mesures ne s'accordent pas avec ce que dit le Traducteur de l'Histoire de Timur-Bec, qui dit [b] à 99. longitudes, & à 39. latitudes. Ils ne s'accordent pas non plus en ce que le premier la met au bord Meridional de l'Amu. Il appelle ainsi le fameux Oxus des anciens, & l'autre la met au-delà dans la Transoxiane. Le dernier dit que son ancien nom étoit NESEF ou NACSCHEBE. (Je trouve qu'effectivement Ulug-Beig [c] met Nesef dans le Mawara'lnahr, c'est-à-dire au-delà de Loxus à 98. d. de longitude, & à 39. de latitude. Je trouve aussi la même chose dans Nassir-Eddin [d].) Le nom de Carschy lui a été donné à cause du Palais que Kepek y fit bâtir, CARSCHY en Mogol signifiant *Palais*. C'est-là qu'étoit ce puits dans lequel on voyoit une Lune, & ce que les gens du pays crûrent être un effet de la Magie, & qui n'étoit pourtant qu'une écuelle de vif argent que le subtil Ibnel Macaffa avoit mise dans le fonds du puits. Le même Historien de Timur-Bec [e] dit ailleurs que Carschi est la Ville & Nakcheb est sa campagne, & qu'on les prend souvent l'un pour l'autre ainsi que Nesef. L'Historien des Tartares ajoute : cette Ville est présentement une des meilleures de la Grande Boucharie, étant grande, bien peuplée & mieux bâtie qu'aucune autre Ville de ce pays. Ses environs sont extrêmement fertiles en toutes sortes de fruits & de legumes, & ses habitans font beaucoup de commerce dans le Nord des Indes.

[a] Hist. des Tatars 9. part. p. 801.
[b] l. 1. c. 1. p. 3.
[c] Ed. Oxon. p. 145.
[d] p. 113.
[e] l. 2. c. 12. p. 243.

CARSE, Ville d'Asie dans la Persarmenie, selon Cedrene & Curopalate. C'est la même que CARS. Voiez ce mot.

CARSEÆ, Peuple de l'Asie Mineure. Polybe [f] les fait voisins des Mysiens ; car Achæus continuant sa route passa le Lycus, arriva au pays des Mysiens, & ayant parcouru leurs frontieres, il se trouva à celles des Carséens. La version de Casaubon les nomme *Carsenses*. Pour *Carsea*, il est d'Ortelius ; le Grec porte πρὸς Καρσέας.

[f] l. 5. c. 57. p. 186.

CARSEOLANI, ancien Peuple d'Italie habitans de la Ville de CARSOLI. Pline [g] a coûtume de designer les Villes par le nom de leurs habitans plutôt que par leur propre nom.

[g] l. 3. c. 12.

CARSEOLI, ancienne Ville d'Italie. Tite-Live, Pline & Ptolomée la donnent aux Æques. Tite-Live [h] dit : on eut ensuite plus d'une frayeur (l'an de Rome 451.) on apprit en même temps que les Marses vouloient conserver à toute force le terrain où l'on avoit établi la Colonie de Carseoli. Il dit aussi [i] (l'an de Rome 454.) cette même année on mena à Carseoli une Colonie dans le territoire des Æques. Il nomme d'abord ce dernier Peuple *Æqui*, & ici *Æquicola*. Pline le nomme *Æquiculani* ; c'est la même chose. Tite-Live compte ailleurs [k] *Carseoli* entre les trente Colonies Romaines. Ovide nous apprend les qualitez du terroir de Carseoli [l].

[h] l. 10. c. 3.
[i] l. 3. c. 13.
[k] l. 27. c. 9.
[l] Fastor. l. 4. v. 683.

CAR. 509

Frigida Carseoli, nec olivis apta ferendis
Terra sed ad Segetes ingeniosus ager.

Cellarius [*] dit que Holstenius chercha long-temps, & trouva enfin les vestiges de cette Ville. Que ses ruines sont situées à la gauche de la voye Valerienne à quatre milles du lieu nommé présentement Arsoli *(qui nunc Arsoli vocatur)*, & que le nom des ruines mêmes est nommé CIVITA CARENTIA. Je n'ai point présentement le livre d'Holstenius en mon pouvoir pour vérifier cet endroit ; mais je soupçonne qu'il doit y avoir dans Cellarius (nunc CARSOLI.) Car le R. P. Hardouin [m] dit que Fabretti dans sa seconde Dissertation des Aqueducs [n] assure que l'on voit encore les restes de Carseoli dans une plaine, qui en conserve le nom & qu'on appelle PIANO DI CARSOLI, où est un Bourg nommé CELLE CARSOLI, & le R. P. Hardouin avertit que Fabretti suit en cela Holstenius. Cellarius le cite aussi : cependant ils ne s'accordent gueres sur ce qu'ils en empruntent. Le livre même d'Holstenius leveroit ce doute ; mais je ne l'ai pas à present.

[*] Geog. ant. l. 1. c. 9. p. 783.
[m] in l. c. Plinii.
[n] p. 89.

CARSICIS, Port de la Gaule Narbonnoise sur la Mediterranée ; entre Taurentum & Citharista, selon Antonin [o].

[o] Itiner. Marit.

A *Tolone martio Taurentum* M. P. XII.
A *Taurento Carsicim* M. P. XII.
A *Carsici Citharista* M. P. XVIII.

Hadrien de Valois croit que *Taurentum* est la *Ciotat*. Cela ne peut être, comme je le prouve ailleurs. *Telo-martius* est Toulon. *Taurentum* est Six-fours ; ou du moins c'étoit un lieu tout auprès au Cap de Sicié. *Carsicis* étoit aussi éloignée de *Taurentum*, ou du Cap Sicié que *Taurentum* l'étoit de *Telo-martius*, qui certainement est Toulon. Cette distance porte à mettre *Carsicis* auprès de l'Isle rousse & peut être au Port d'Alon. Pour le Cap de Citharistes où étoit le Port de Citharista ; je suis du sentiment de Bouche dans son Histoire de Provence, & de Mr. de l'Isle qui jugent que c'est aujourd'hui le Cap de l'Aigle. Je sais bien que le R. P. Hardouin est d'un autre sentiment. Je l'ai raporté au mot AIGLE ; mais comme je l'ai dit son explication n'est juste qu'en supposant que *Telo Martius* est le Port de St. George ; & après avoir bien examiné les mesures de l'Itineraire cité il n'est pas possible que le *Citharista* de Ptolomée soit le Cap que ce R. P. nomme le Cap Sisiat ou Cerchiech ; car comme il l'avoue le Cap & le Port avoient le même nom ; or, selon l'Itineraire il y avoit de Toulon, au Port ou au Cap de Citharista 42. milles, qui feroient une distance très-excessive si on l'entendoit de Toulon au Cap de Sisiat, ou de Siscié. Le Port de Citharista étoit apparemment la Ciotat Ville la plus voisine du Cap de l'Aigle où tombent les distances de l'Itineraire. On pourroit alleguer que dans la partie Orientale de la Baye de la Ciotat, on trouve des ruines d'un lieu autrefois nommé TAURENTI ; cela ne convient point aux distances ; & tout ce que l'on peut accorder, c'est que cette Ville, si elle est la *Taurentum* des Anciens, a été détruite

Qq * 3   &

CAR.

& rebâtie assez loin de l'endroit où elle étoit anciennement, ce qui est arrivé à plusieurs autres ; on trouve encore au Nord-Ouest du Cap de l'Aigle au fond d'une ance un lieu nommé *Cassis*, qui ressemble assez pour le nom à la *Carsicis* d'Antonin ; mais sa situation ne convient pas. Car en venant de Toulon il faut pour arriver à Cassis doubler le Cap de l'Aigle, au lieu que selon l'Itineraire on arrivoit de Toulon à Carsicis avant que d'arriver à ce Cap, qui en étoit encore à 18. milles Romains au delà.

CARSIDAVA, ancienne Ville de la Dacie, selon Ptolomée[a]. Ses Interpretes disent que c'est KURYMA.

[a] l. 3. c. 8.
[b] Thesaur.

CARSITANI, Ortelius[b] dit sur l'autorité de Macrobe que c'étoit un ancien peuple d'Italie, auprès du territoire de Preneste, & cite le 3. livre des Saturnales au 18. Chapitre.

[c] Carniol. Topog. p. 125.

1. CARSO, Zeyler[c] nomme ainsi une Isle du Golphe Adriatique que les Venitiens à qui elle appartient nomment CHERZO, & qui est la CRIPTA des Anciens. Voiez ce mot.

[d] Baudrand Ed. 1705.

2. CARSO[d], (le) Montagne d'Italie au Frioul. Elle fait partie des Alpes entre la Riviere de Lisonzo, & les confins de l'Istrie vers Trieste. Elle donne le nom au pays de Carso, comme le remarque Palladio. On la nomme en Latin CALDERUS MONS.

3. CARSO, (le) petit pays d'Italie, tout rempli de Montagnes dans la Province de Frioul, entre l'Istrie à l'Orient, le Golphe de Trieste au Midi, la Riviere de Lisonzo à l'Occident & le Vipao au Septentrion. Il tire son nom de la Montagne de Carso, qui en compose une grande partie. Les Allemands l'appellent KARSTEN, & ils pretendent qu'il est compris dans la Carniole, & que par consequent il doit être censé partie de l'Allemagne. En effet ils le divisent en deux, savoir en *haut Karsten*, qui est dit autrement la Carniole séche, qui est au Midi vers le Golphe de Carnero ; & en *bas Karsten*, qui est plus vers le Frioul, & qui est proprement le *Karsten*, ou le *Carso*, qui comprend une partie de cette Province, où sont Aquilée, Gradisco, Proseco, & le Comté de Gorice. Tout ce pays est sujet à l'Empereur, excepté le seul territoire de Montfalcon ainsi que l'on peut voir dans l'Histoire de Frioul de Jean François Palladio, & que Martin Zeyler le raporte dans sa Description de ce pays.

§. Si Mr. Baudrand n'a pas plus consulté Palladio que Zeyler, il pouvoit bien ne citer ni l'un ni l'autre sans craindre qu'on ne l'accusât de les avoir pillez. Aussi ne les a-t-il pas citez dans l'Edition de 1682.

CARSOLI. Voiez CARSEOLI.
CARSON. Voiez CARSUM.
CARSULÆ. Voiez l'Article suivant.

[e] l. 5. p. 227.
[f] l. 3. c. 14.

CARSULI, selon Strabon[e], CARSULANI selon Pline[f], peuple ancien de l'Italie dans l'Ombrie. Il semble que *Carsuli* dans Strabon soit le nom de la Ville qu'habitoient les *Carsulani* de Pline. Le R. P. Hardouin nomme leur Ville CARSULÆ. Tacite en nomme le territoire CARSULANUS AGER. Il

[g] Histor. l. 3. c. 60.

nomme aussi la Ville CARSULA[g]. Cette Ville

CAR.

est entierement détruite ; mais ses ruines se voient dans le Duché de Spolete sur la route de Narni à Perouse, & il y a un cabaret, qui porte le nom de Carsula.

CARSUM, Ville de la basse Mysie, selon Ptolomée[h]. Antonin[i] la met entre Capidava & Cion, à XVIII. M. P. de la premiere, & à x. de la seconde. Elle est nommée CARSON dans l'Itineraire.

[h] l. 3. c. 10.
[i] Itiner.

CARSUS. Voiez CERSUS.

1. CARTA, Ville ancienne d'Asie, dans l'Hircanie, selon Strabon[k].

[k] l. 11. p.

2. CARTA. Ortelius dit que Zonare fait mention d'un Port ainsi nommé, & croit qu'il étoit quelque part autour de la Thrace.

508.

CARTADULORUM REGIO, ou *le pays des Cartadules*. Voiez CATHARCLUDI.
CARTAGE. Voiez CARTHAGE.
CARTAGENE. Voiez CARTHAGENE.
CARTAGO. Voiez CARTHAGO.

CARTAMA[l], petite Ville d'Espagne au Royaume de Grenade sur la Riviere de Guadaljose, & au pied d'une grande Montagne avec un ancien Château sur une Colline aux confins de l'Andalousie propre & près des Montagnes de Ronde environ à trois lieues de Malaga au Couchant d'Eté, & un peu moins de la côte de la Mer Mediterranée. Elle a été autrefois considerable ; mais elle diminue tous les jours.

[l] Baudrand Ed. 1705.

CARTANA. Voiez TETRAGONIS.

CARTARE, Isle sur la côte d'Espagne, selon Festus Avienus[m].

[m] Ora marit. v. 254. & seq.

Pars porro Eoa continet Tartessios
Et Cilbicenos. Cartare post insula est,
Eamque pridem fluxa ni fallit fides,
Tenuere Cempsi :

C'est ainsi, je pense, qu'il faut lire & non pas comme on lit dans les imprimez,

Eamque pridem, ni fluxa satis est fides.

où la mesure de cette sorte de vers n'est nullement observée. On pourroit lire aussi sans faire beaucoup de violence au texte

Eamque pridem, aut fluxa scriptis est fides.

CARTARICON, ruisseau de Turquie dans la Romanie. Il se jette dans la Mer de Marmara près de Constantinople du côté du Nord. Mr. Baudrand[n] donne pour l'ancien nom BARBYSES, & ajoute que d'autres l'appellent PECTINACORION.

[n] Ed. 1705.

CARTASINA, ancienne Ville de l'Inde en deçà du Gange, selon Ptolomée[o].

[o] l. 7. c. 1.

CARTE, le mot *Charta* signifie le papier sur lequel nous écrivons. En Géographie ce mot signifie une feuille de papier sur laquelle est tracé le Plan ou dessein d'une partie du Globe Terraquée. En Latin on exprime ce plan par le mot *Mappa*. Delà vient que l'on appelle MAPPEMONDE (*Mappa Mundi*) la Carte qui represente le Globe entier en deux faces diferentes ; desorte qu'elle montre d'un coup d'œil les deux Hemispheres dont on ne peut jamais voir que la moitié sur le Globe. On l'appelle aussi PLANISPHERE. Elle est comprise

prise en deux cercles ou qui se touchent ou qui sont separez. Ceux qui se touchent comprennent ordinairement dans l'un l'ancien Continent, savoir l'Asie, l'Afrique & l'Amerique. Les bonnes Cartes y ajoutent les pays découverts depuis peu de siécles & dont les anciens n'ont eu aucune connoissance, à savoir les Terres Australes, &c. dans l'autre le nouveau Monde, c'est-à-dire l'Amerique & les pays, qui sont au Nord & au Midi de ce vaste Continent qu'on ne connoît que depuis fort peu de siécles. Chacun de ces deux cercles, comprend la moitié du Globe entier, & c'est ce que signifie leur nom d'HEMISPHERES.

Entre les diverses manieres d'envisager le Globe il y en a deux plus ordinairement employées. La plus commune est de mettre au haut le Pole Septentrional, au bas le Meridional, & par conséquent le Levant à droite, l'Occident à gauche. Alors le cercle qui environne l'Hemisphere est le Meridien.

Quelquefois on envisage le Globe dans une telle situation que l'un des Poles est au milieu de l'Hemisphere, & alors le cercle qui environne chaque Hemisphere est l'Equateur ; dans ce sens l'un des Hemispheres contient tout ce qui est au Nord de la ligne Equinoxiale, & l'autre tout ce qui est au Midi de cette même ligne.

Les Cartes appartiennent à la Géographie ou à l'Hydrographie, c'est-à-dire à la navigation. La maniere dont elles sont dressées est diferente. Le Géographe marque dans ses Cartes toutes les Rivieres, les Montagnes, les Forêts, les Lacs, les Villes, les Bourgs, les Villages ; & même les grands chemins. L'Hydrographe ne se soucie gueres de tout ce qui est à quelque distance du rivage de la Mer. Il se contente de bien tracer les Mers, les embouchûres des Rivieres, les Bancs de Sable, les écueils, les connoissances, c'est-à-dire certaines marques particulieres auxquelles on peut connoître que l'on est sur telle ou telle côte, comme sont les Tours, les Clochers, les Montagnes, les Forêts, les Châteaux, les Maisons ; en un mot certains arrangemens d'objets qui servent à reconnoître un rivage. L'Hydrographe charge ses Cartes de quantité de lignes, qui aboutissent à divers endroits & sur lesquelles le Pilote doit se regler, comme sur autant de guides, pour choisir le Rumb de vent, qui peut le conduire où il a envie d'aller. Il faut donc distinguer entre les Cartes Géographiques & les Cartes Marines ; & je vais en parler separément.

DES CARTES GÉOGRAPHIQUES.

Il y a des *Cartes Generales* ; il y en a de particulieres.

Il y a des *Cartes Chorographiques*; il y en a de *Topographiques*.

Les Cartes GENERALES sont celles qui representent ou le Globe entier comme la Mappemonde, où une partie considerable du Globe, comme l'Europe, l'Asie, l'Afrique & l'Amerique ; on appelle ces dernieres les quatre parties, quoi qu'il y ait des parties essentielles du Globe qu'elles ne contiennent pas, comme les Terres Arctiques, les Terres Australes, les Isles de Salomon, &c. on peut aussi appeller Cartes Generales celles qui contiennent toute l'étendue d'un Patriarchat &c. A l'égard de celles-là les Cartes Chorographiques sont toutes particulieres.

Les Cartes CHOROGRAPHIQUES sont celles qui representent un Pays, un Royaume, les Etats d'une Republique, du Grec Χώρος, d'où vient le mot de Chorographie, qui est la description d'un pays. Ces Cartes contiennent encore une lisiere des pays voisins afin de montrer quel raport a le pays décrit avec ceux dont il est environné. Outre que les pays qui ne sont que voisins, ne sont pas tracez avec un si grand détail ; on les distingue encore du pays décrit dans la Carte par des traits fortement marquez, & qui sont comme une espece de chaine, qui court le long des frontieres pour marquer qu'elles sont les limites où le pays en question est borné de tous côtez. Les divisions d'une Province avec celles qui y confinent, sont tracées plus legerement par des points. La même chose s'observe dans les Cartes, qui ne representent qu'une Province. Comme elle a ses subdivisions, ses limites generales sont de gros traits, & les limites de ses diferentes parties sont distinguées par des points plus fins. On peut encore distinguer les Cartes Chorographiques en generales & en particulieres.

Les CARTES CHOROGRAPHIQUES GENERALES sont celles qui comprenant une vaste étendue de pays ne peuvent y marquer que les endroits les plus considerables, l'espace ne permettant point d'entrer dans un grand détail. Ainsi une Carte Generale de la France ne contient que les principales Rivieres ; les Villes de quelque importance & tout au plus quelques Bourgs celebres, & les Montagnes les plus fameuses ; &c. Telles sont la Carte d'Allemagne, d'Angleterre, de Turquie &c.

Les CARTES CHOROGRAPHIQUES PARTICULIERES, ont les Villes & les Bourgs, souvent même avec un plan du lieu, comme on a commencé avec succès à le pratiquer dans quelques-unes ; mais encore on y trouve les Paroisses, les Abbayes, les Mines, & les routes dans un plus grand détail que dans les Generales. On peut mettre de ce nombre les Cartes de Provinces, de Dioceses, d'Elections en France, de *Shires* en Angleterre, &c.

Les CARTES TOPOGRAPHIQUES sont celles qui ne contiennent qu'un petit espace de Terrain, comme est le territoire d'une Ville. Elles doivent entrer dans un plus grand détail que les autres. Tout doit s'y trouver, la moindre colline, un moulin, un chemin creux, une fontaine, un vignoble, les prairies avec leurs Canaux ; en un mot toutes choses égales les plus détaillées sont les meilleures.

Les Cartes les plus generales n'ont pas besoin de ces détails. Leur usage à bien dire n'est que de mieux faire sentir le raport qu'ont entre elles, les grandes parties dont elles sont composées. Quand on veut avoir les détails, il faut regarder aux Cartes particulieres & même me aux Cartes Topographiques ; pourvû qu'elles soient faites par d'habiles gens. On a travaillé en France à toiser plusieurs Provinces ; en mesurant les grands chemins & comptant ainsi les distances. Cela est excellent pour donner des routes justes & précises ; mais comme ceux qui mesurent ainsi, n'ont aucune attention au Ciel & ne se servent que de la Boussole, qui est sujette à de grandes variations, cela peut jetter dans les Cartes des erreurs très-importantes, parce qu'on aura pris le Nord indiqué par la boussole pour le vrai Nord, quoi qu'il ne le soit point. Ainsi tel village sera marqué précisément au Nord d'un autre quoi qu'il décline du Nord de la Terre, & que la déclinaison soit fort grande.

Dans les Cartes bien faites le Nord doit être toûjours au haut de la Carte, le Midi par consequent au bas, l'Orient à la droite & l'Occident à la gauche. On appelle les Cartes disposées ainsi des CARTES BIEN ORIENTÉES. Il y en a d'autres où cette regle est mal-observée ; on y remedie d'ordinaire en marquant aux côtez de la Carte où sont les quatre points du Monde ; il y en a d'autres où l'on repare ce defaut par une Boussole dont la fleurdelis indique le Nord. Elle se met dans quelque endroit moins chargé, & où il y ait un vuide. Cette boussole est fort usitée dans les plans de Villes tirez à vol d'oiseau, c'est-à-dire tels qu'un oiseau les peut voir en passant par dessus la Ville.

Dans un des coins des Cartes Chorographiques il y a ordinairement un Tableau avec une mesure que l'on apelle Echelle. Sur les Cartes Generales cette Echelle contient les lieues, les milles, en un mot les distances Itineraires ; desorte qu'en prenant la mesure de l'intervale, qui est entre deux Villes dont on veut savoir la distance, & raportant l'ouverture du compas sur l'Echelle, on peut le savoir fort aisément. Leur justesse ne peut être aussi grande sur les Cartes Generales que sur les particulieres ; outre cela il y a deux choses à remarquer. La distance que donnent les Cartes est en droite ligne ; ainsi un Voyageur se tromperoit fort s'il croioit avoir calculé sa route avec beaucoup d'exactitude, en comptant de cette maniere. Les chemins qui menent d'une Ville à l'autre, ont des détours auxquels les Cartes ne sauroient avoir égard ; ainsi on devinera aisément pourquoi les distances fournies par les Voyageurs sont rarement vrayes, & d'où vient qu'elles ont besoin d'être rectifiées par les Observations Astronomiques.

L'autre chose qui est à noter, c'est qu'une Ville assignée pour plusieurs clochers, &c. occupe beaucoup plus de terrain sur la Carte qu'elle n'en occupe effectivement sur le Globe de la Terre. On remedie à cela en faisant un petit rond dans l'endroit où elle devroit être resserrée, & c'est dans ce rond qu'il faut mettre une des jambes du compas afin que le Calcul soit moins vicieux.

Souvent il y a plusieurs Echelles dans un même tableau, sur tout quand la Carte represente un pays dont les Provinces comptent diversement les distances. Ainsi la France a plusieurs Echelles, parce que les lieues ne sont pas les mêmes par tout. En Italie les milles de Piémont, de Toscane, de Rome, de Naples, n'ont pas le même nombre de toises. Je traite ce sujet ailleurs.

Dans les Cartes *Topographiques* les degrez de latitude sont également distans en haut ou en bas ; parce que la diference en est peu sensible. Mais dans les *Chorographiques*, il n'y a d'ordinaire que le Meridien du milieu de la Carte qui soit perpendiculaire, tous les autres inclinent en haut vers le milieu, plus ou moins à proportion de leur longueur ; c'est-à-dire de l'Espace plus ou moins grand qu'ils occupent vers l'Equateur, & vers le Nord. Cette inclination des Meridiens d'une Carte est ce qu'on appelle en Géographie PROJECTION. Je donne ailleurs les regles que l'on y doit observer.

Dans les côtez de l'Occident & de l'Orient sont marquez des chifres paralleles ; qui marquent les DEGREZ DE LATITUDE de chaque partie de la Carte. Aux côtez d'en haut & d'en bas où sont le Nord & le Midi ; il y a encore des chifres paralleles ; qui marquent les DEGREZ DE LONGITUDE. Dans les Cartes très-generales d'une simple feuille ils sont marquez de dix en dix, ou de cinq en cinq. Dans les Cartes moins generales non seulement les degrez sont separez les uns des autres ; mais même partagez en six parties, dont chacune vaut dix minutes, ou en douze dont chacune vaut cinq minutes, ou en dix dont chacune en vaut six, ou de quelqu'autre maniere qui est également facile à supputer pourvû que l'on sache que les degrez se divisent en soixante parties, qu'on appelle *minutes*, & les minutes en soixante autres parties que l'on appelle *secondes*.

Sur les Cartes Chorographiques, qui étant fort grandes n'embrassent que peu de pays les minutes sont distinctement chifrées de 5 en 5. & les degrez sont tracez d'un caractere plus fort & plus gros.

Comme les Nations ne s'accordent point sur le premier Meridien, delà vient que les longitudes peuvent être exprimées par des nombres très-diferens, & néanmoins être toutes également justes. Par exemple, si entre le premier Meridien d'une Nation, & le premier Meridien d'une autre Nation, il y a précisément une diference de dix degrez, telle Ville sera à soixante degrez de longitude pour une de ces deux Nations, & ne sera qu'à cinquante pour l'autre. C'est pourquoi on peut avoir raison dans tous les deux. La dificulté consiste seulement à savoir les divers lieux de la Terre que les Astronomes & les Géographes ont choisis pour leur premier Meridien. On peut voir les divers Systêmes au mot MERIDIEN.

Il n'en est pas ainsi de la latitude. La diference ne peut venir que d'une erreur de Calcul des uns ou des autres. Les moyens d'observer la latitude sont aisez & communs. Il n'y a gueres de Navigateurs, qui n'en soient capables ; mais l'art d'observer les longitudes est encore jusqu'à present une espece de mystere reservé à un petit nombre d'Astronomes. Les longitudes prises de l'estime des Voyageurs & des Pilotes sont sujettes à des fautes énormes ; il y paroît bien aux Cartes des pays qu'on ne con-

CAR.   CAR.   313

connoissoit que sur leur raport, avant qu'elles eussent été rectifiées par les secours de l'Astronomie.

Il y a des Cartes que l'on pourroit nommer Historiques, où les champs des Batailles fameuses sont distinguez par deux sabres croisez avec la date de l'année où elle s'est donnée. Telle est la Carte de Hongrie dans l'Atlas de De Wit.

Les Cartes très-generales comme la Mapemonde &c. n'ont pas les mêmes marques que les Cartes particulières. Dans celles-ci les Villes sont avec des fortifications, ou des tours, les Bourgs, les Villages, les Châteaux &c. y sont pour ainsi dire qualifiez par la manière de les representer. Dans celles-là les Villages n'y sont point, encore moins les hameaux. Les Villes ne sont designées que par un petit rond, encore ne fait-on cet honneur qu'aux plus importantes.

Voici une liste des principales marques employées par les meilleurs Géographes avec leur explication.

 FLEUVE ou RIVIERE; on y met souvent une flèche lorsqu'il ne s'agit que d'une partie de la Riviere dont on ne voit ni la source ni l'embouchûre, & la pointe de la flèche dénote l'endroit où elle coule.

 ANCRAGE ou MOUILLAGE.

 MONTAGNE.

 FLEUVE ou RIVIERE avec un Pont.

 VOLCAN, ou Montagne qui jette du feu.

 PASSAGE d'un fleuve ou Riviere que l'on traverse avec un Bac propre à transporter les passagers & les voitures.

 ECLUSE

 CHEMIN ROMAIN,

 CHEMIN ROYAL,

 GRAND CHEMIN,

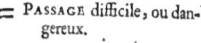 PASSAGE difficile, ou dangereux.

FORET, ou GRAND BOIS.

FORET DE SAPINS.

 BANC DE SABLE.

On marque d'une flèche ou de plusieurs certains endroits de la Mer où il y a des courants reglez.

▲ Ecueil ou roche sur l'eau.

✝ Ecueil ou roche sous l'eau.

 FRONTIERES d'un Etat.

 Lieu remarquable à cause de quelque bataille.

 FRONTIERES de Province.

 Grande Ville FORTIFIE'E.

FORTERESSE ou CITADELLE.

 CÔTES de la Mer.

 GRANDE VILLE.

 ETANG ou LAC.

CAR.

 Petite Ville.

 Grand Chateau.

Grande Ville ruinée.

Petite Ville ruinée.

 Chateau.

 Abbaye d'Hommes.

 Abbaye d'Hommes.

 Paroisse ou Bourgade.

Bourg muré.

Annexe.

 Hameau, ou même village.

 Cense ou Hameau.

Archevêché.

Evêché.

 Bourg, Bourgade ou gros village.

 Sénéchaussée.

Abbaye de Filles.

CAR.

 Abbaye de Filles.

 Prieuré.

Cour Souveraine.

Presidial.

Bailliage.

Duché.

Election.

Grenier a Sel.

Bureau d'Impôt.

Bureau de Vente volontaire.

Bureau des Fermes.

Brigade.

Lieu où il y a Etape pour le passage des gens de guerre.

Commanderie.

Hospital.

Ferme ou Grange.

Auberge.

Poste, ou lieu pour prendre des chevaux de relais.

Academie ou Université.

Lieu

✳ Lieu fertile en Simples curieux.

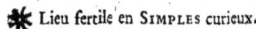 Justice ou Fourches patibulaires.

 Vignobles.

⚯ Eaux Minerales.

Outre cela il y a encore d'autres marques. Sur les Villes d'Allemagne l'Aigle éployé signifie une Ville Imperiale. La croix double se met aux Metropoles, une croix designe un Evêché. En Suisse on distingue les Villages Catholiques par un rond surmonté d'une croix. Le P. signifie Principauté : le C. Comté, & sur Mer un Cap; l'M un Marquisat, ou une Montagne. Vic. veut dire une Vicomté ; & ainsi de plusieurs autres.

Ce n'est pas que ces signes soient constamment employez. Chaque Auteur est maître de les changer pourvû que dans la Carte même, il donne l'explication de ceux dont il lui plaît de se servir. Il seroit pourtant mieux de se fixer & de convenir une fois pour toutes de la juste valeur de ces signes. Ceux que je donne ici sont tirez des Cartes de Mrs. Sanson & de l'Isle, nos plus grands Maîtres en Géographie.

En fait de Cartes, lors qu'elles sont d'un même Auteur, il faut préferer les plus grandes & les dernieres ; il faut aussi preferer les Cartes originales, je veux dire celles, qui sont sorties immediatement des mains de l'Auteur.

Les copies ont plusieurs defauts. 1. il est rare qu'elles soient faites exactement: la demangeaison de leur donner un air de nouveauté & de correction fait qu'on s'écarte de l'original en plusieurs choses, en quoi on le falsifie. 2. Les Graveurs qui copient sont ordinairement ignorans & commettent de grandes fautes. 3. Les copies sont toûjours plus petites que l'original ; car pour imprimer, le papier a été mouillé ; en sechant, il s'accourcit en tous sens ; & cette feuille étant déja moindre que la planche de cuivre qui a servi à la tirer, sert ensuite à calquer une autre planche, qui n'est que de sa grandeur, la même chose qui lui est arrivée arrive aux feuilles que l'on tire sur cette planche racourcie ; & ainsi plus on grave de fois sur des copies, plus la Carte diminue à mesure qu'elle s'éloigne de l'original.

Generalement parlant les Cartes dressées dans le pays par un habile homme sont preferables à celles d'un étranger aussi habile ; car si on supose dans l'étranger des lumieres, qui manquent à celui qui est dans le pays ; ce qui arrive rarement ; leur habileté n'est plus égale.

Il ne faut pas toûjours se laisser éblouïr ou décourager par le nom que porte une Carte. Il y a eu des Marchands d'images comme de Fer, à Paris, &c. qui ont donné sous leur nom de très-mauvais ouvrages, parmi lesquels on trouve par hazard une bonne Carte qu'il ne faut pas mépriser à cause du decri de l'Auteur. D'autres, comme Dankers d'Amsterdam, ont mis leur nom aux Cartes, quoi qu'ils n'y eussent point d'autre part que de les vendre, ils en ont copié de bonnes aussi bien que de mauvaises. Il faut s'y connoître pour ne s'y pas tromper. A tout rejetter, il y auroit de l'injustice, à tout prendre il y auroit de la folie; mais une chose qu'il faut remarquer sur tout, pour ne parler que des vrais Géographes, c'est qu'il n'y en a point qui n'ait ses Cartes de rebut.

On demande s'il y a des Cartes parfaites ; je reponds que non & qu'il n'y en aura jamais. Si on n'y mettoit que les lieux dont l'Astronomie a decidé la position la Carte seroit trop nuë, & ne serviroit qu'à très-peu de gens. On veut des Cartes très-détaillées, & par consequent remplies de lieux placez à l'aventure. Une Carte Topographique dressée par un vrai Géographe peut être juste ; mais nous en avons peu & ce n'est que d'un gros Recueil de ces Cartes que l'on parviendra, en les joignant, à faire des Cartes Chorographiques qui aient de la justesse.

Les mauvaises Cartes viennent ordinairement d'une de ces quatre sources, ou de l'ignorante vanité de l'Auteur, ou de l'avarice du Marchand qui les debite, ou des faux Memoires que l'on fournit à de bons Géographes, ou enfin de la malhabileté des Graveurs.

On voit souvent des gens depourvûs de Sciences se mêler de donner des Cartes de pays dont ils n'ont pas des Memoires suffisans. Parce qu'il leur est arrivé de n'être pas sifflez dans leur coup d'essai, où ils ont fourré ce qu'ils savoient, ils veulent faire un Atlas complet. C'est ainsi que Homan ayant donné quelques Cartes, qui ont réussi, a ensuite infecté l'Allemagne de Cartes où il n'y a ni justesse, ni verité.

Il y a des Marchands d'images (& Amsterdam n'en a pas toûjours été exempt,) qui par une avarice sordide ont publié de vieilles Cartes sous le nom pompeux de nouveau Theatre de la guerre, avec de magnifiques ornemens. Pour leur donner un air de nouveauté, ils y ajoutoient au hazard des villages, où les Gazettes recentes marquoient les campemens des armées ; sans savoir eux-mêmes où ces villages sont situez. N'importe, le nom s'y trouvoit & la Carte se debitoit promptement. On en a vû qui trouvant les Cartes trop-nuës à leur gré, faisoient *enjoliver* ces espaces, en y mettant des Montagnes & des Rivieres de leur façon. Quand on a reproché à ces gens-là que leurs Cartes étoient fausses ils repondoient qu'il y a plus d'ignorans que de savans ; que leurs Cartes étoient assez bonnes pour la plûpart des acheteurs, qui n'ont pas assez de discernement, & que d'ailleurs ils gagnoient plus aux mauvaises qu'aux bonnes parce qu'elles leur coûtoient moins, qu'ils les donnoient à meilleur prix, & en vendoient davantage. Heureux encore quand ils se sont contentez de mettre leur nom à ces ouvrages. Il n'est que trop souvent arrivé que les noms de Mrs. de l'Isle

& Sanson ont été profanez par les mauvaises Cartes qu'on leur a effrontément attribuées ; & ont servi à tromper le public.

La troisieme source vient de la fausseté des Memoires. Delà vient que les Cartes de la Guiane, & autres parties de l'Amerique, celles de l'Asie & de l'Afrique par Messieurs Sanson doivent être mises au rebut, au lieu que celles qu'ils ont dressées sur des instructions vrayes & positives meritent de grandes louanges. Les Memoires dressez sur les lieux sont quelquefois falsifiez par l'interêt de ceux qui les donnent. Tel Gentilhomme fait obmettre sur la Carte, son Village, son Château, afin d'éviter les logemens des gens de guerre, & de faire ensorte qu'il soit oublié ou méprisé dans la repartition. Un autre qui aura pour patrie une bicoque la fera marquer sur la Carte comme une bonne Ville. Aller soi-même dresser la Carte sur les lieux, seroit sans doute le meilleur; mais elle couteroit trop cher à un particulier, & souvent le Géographe n'est ni en pouvoir, ni d'humeur de s'exposer à tant de frais.

La quatrieme source enfin est que, malgré la fidelité des Memoires & l'habileté du Géographe il arrive quelquefois qu'un Graveur calcant le dessein de l'Auteur, éloigne ce qui étoit près, approche ce qui étoit loin; Ortelius & Mercator gravoient eux-mêmes leurs Cartes dont les defauts ne sauroient venir de cette source. Les Géographes du premier rang, tels que Mrs. Sanson & de l'Isle, ont eu d'excellens Graveurs; aussi presque toutes leurs Cartes sont-elles très-bien exécutées; mais souvent ces mêmes Cartes sont copiées pour des Marchands avares, au jugement de qui les meilleurs Graveurs sont ceux qui travaillent à meilleur marché, c'est delà que se sont repandues tant de mauvais papiers que l'on debite sous le nom de Cartes Géographiques.

Des Cartes Hydrographiques.

Les Cartes Hydrographiques sont celles dont se servent les gens de Mer, pour diriger heureusement le cours de leur navigation, & arriver à leur but par la route la plus favorable & la plus sure. Autrefois lorsque les vaisseaux n'étant point encore guidez par la Boussole n'osoient perdre la terre de vûe les Cartes Marines étoient peu diferentes des Cartes Géographiques. Mais lorsque cet Instrument, si utile & d'un usage si aisé, eut enhardi les mariniers, on se risqua de traverser les Mers, on remarqua la route suivant tel ou tel Rumb de vent, on alloit d'un Port du depart à certain autre Port, on marqua ce Rumb sur les Cartes, & peu à peu on est parvenu à savoir, à peu près, quel Rumb méne d'un lieu donné à un autre qui est proposé. Comme je l'ai déja dit les Cartes Marines ne contiennent que les rivages, les embouchûres des Rivieres, & quelque chose de plus de celles qui sont navigables pour les navires. En quelques endroits, elles marquent une simple fontaine, ou un fort petit ruisseau, surtout dans les lieux où l'on a peu d'occasions de faire de l'eau; alors ce ruisseau est d'une extrême importance.

Tous les vaisseaux n'ont pas besoin d'une égale haureur d'eau dans un Port en rade, &c. Les bonnes Cartes Marines doivent donc marquer les sondes, c'est-à-dire la profondeur d'eau que l'on trouve le long de chaque rivage. Il est de la derniere importance de savoir quels sont les endroits dangereux où le vaisseau pourroit perir sur un écueil. Les bonnes Cartes doivent donc indiquer ces écueils. Il y en a de sable, où le vaisseau venant à être arrêté, s'engrave de plus en plus, sur tout lorsque la marée baissant, l'eau, qui diminue peu à peu, ne le soutient plus; il en arrive souvent la perte du vaisseau, de toutes les personnes & des marchandises qui sont dedans; à moins qu'un prompt secours, & un travail sage & bien conduit ne degage le vaisseau. Il y a des bancs de roches, dont quelques-uns sont toûjours hors de l'eau & peuvent s'appercevoir durant le jour, d'autres qui sont couverts par les hautes marées & decouverts en basse eau; d'autres enfin qui ne se découvrent jamais. C'est aux Cartes Marines à avertir de ces dangers & même les specifier; designer si c'est de sable ou de roche, quelle est leur position au plus juste, combien il y a d'eau sur ces Bancs en haute & en basse marée. Car tel écueil est funeste à un vaisseau de guerre, sur lequel une barque passera à pleines voiles sans courir le moindre risque.

L'aiguille aimantée est sujette à des variations, qui ne viennent pas de son inconstance; mais de l'inégalité de la matiere magnetique, qui agit plus ou moins sur elle en diferens endroits. Une bonne Carte devroit marquer les variations de la Boussole, si elle nordeste, ou si elle nord-oueste & de combien aux endroits où s'est faite l'observation de la déclinaison de l'aimant. Je sais qu'on peut m'objecter que cette variation n'est pas toûjours égale & uniforme en un même endroit; & que, selon le Sistême du docte Mr. Halley, elle circule en une ligne oblique autour du Globe. Le Sistême est très-beau, & je le raporte plus au long au mot Boussole; mais il n'a pas encore toute la certitude qu'il peut acquerir. Si donc on marquoit sur toutes les Cartes Marines les variations observées, comme on l'a fait sur quelques Cartes, la necessité de les changer meneroit à une évidence, ou à une reformation de ce Sistême, qui seroit d'une utilité infinie dans la Navigation.

Il y a diverses sortes de Cartes marines, pour la maniere de les dresser. On apelle Cartes plates, Cartes au point plat, ou Cartes au point commun, celles où les Meridiens aussi bien que les parallèles, sont representez par des lignes droites, parallèles entre elles, & sans aucune projection. On leur a donné longtemps la preference à cause de la facilité de l'usage, parce que les degrez de latitude y sont representez par des parties égales comme sur le Globe, & que par consequent les échelles y sont aussi divisées en parties égales. C'est ce qui fait paroître l'usage de ces échelles d'autant plus facile, qu'une seule suffit pour mesurer toutes sortes de distances. Cependant ces pretendus avantages qui ont fait preferer ces Cartes plates, ne sont qu'apparens,

puis-

puisque par la nature de la Carte plate, ces distances sont sensiblement fausses, aussi bien que les airs de vent, & de plus on ne peut conclure la longitude & le lieu de l'arrivée, c'est-à-dire on ne sauroit pointer cette sorte de Carte qu'après plusieurs operations longues & embarassantes. J'expliquerai bientôt ce que c'est que *pointer une Carte*. Naviguer par ces Cartes plates s'appelle en termes de navigation naviguer sur le plat.

Les Cartes reduites, ou les Cartes au point reduit sont celles où les degrez de longitude sont marquez en parties égales & ceux de latitude en parties inegales, qui vont en augmentant vers les Poles, parce que dans les Cartes marines on est obligé de tirer des rumbs ou airs de vent en lignes droites faisant des angles égaux, d'où l'on demontre que necessairement les Meridiens où les lignes du Nord-Sud sont parallèles entre elles & qu'elles divisent l'Equateur, & toutes les lignes d'Est-Ouest en parties égales, pour representer les degrez & les minutes de longitude & qu'enfin les parties, qui representent les degrez & les minutes de latitude, doivent augmenter dans la proportion des secantes : delà il s'ensuit que les Cartes plates sont absolument fausses, puisque marquant les Rumbs de vent en lignes droites, elles ont les degrez de latitude en parties égales. Naviguer avec les Cartes reduites s'apelle en termes de marine *naviguer par le reduit*, ou *sur le Rond*. Il semble que ce qui a rebuté bien des Pilotes de se servir des Cartes reduites, c'est la difficulté d'y trouver l'échelle ; mais outre qu'on a bien diminué cette difficulté par des methodes auxquelles il est aisé de s'accoutumer ; cette pretendue difficulté peut-elle être mise en balance avec l'exactitude, qui se trouve dans les Cartes reduites & la fausseté, qui accompagne generalement toutes les Cartes plates. Il est vrai que dans de petites distances ce defaut de fausseté n'est guères sensible. Mais dans l'art de la marine on ne doit rien negliger, & ce qui est un leger defaut dans un court Voyage devient une erreur capitale dans un Voyage de long cours. Ajoutez à cela une plus grande facilité de pointer les Cartes reduites que les autres, puisque sans se servir du quartier de reduction, ou de Tables on trouve la longitude & le lieu de l'arrivée.

On apelle *pointer la Carte*, trouver avec la pointe du compas le cercle de latitude où le vaisseau est probablement arrivé, ou quel air de vent il faut faire pour arriver à un lieu proposé : le *pointage de la Carte* est la maniere d'y connoître le point de longitude & de latitude où l'on presume par estime que le vaisseau est arrivé. Il est si ordinaire que l'estime trompe les Pilotes que l'on a inventé cette expression *naviguer par terre* pour signifier le chemin que l'on fait encore au delà du terme que le Pilote avoit fixé pour arriver au lieu de la destination, desorte qu'on est encore en Mer, quand par son estime on devroit être à terre. Cet excès est beaucoup moins dangereux que lorsque se croiant encore loin de terre il se va briser contre les côtes ; il n'y en a que trop d'exemples.

On dit une *Carte à grand point* de celle qui étant semblable à une plus petite a pourtant les parties plus grandes proportionnellement que ne les a cette plus petite.

On dit d'une *Carte à petit point* celle qui en imite une plus grande, & qui a ses parties plus petites à proportion que cette plus grande.

La *Carte bien marquée*, est celle où les terres sont bien situées.

La *Carte mal marquée* est celle où les terres sont mal situées.

On apelle *Carte par route & distance* celle où à la place des longitudes, il y a une échelle de lieues avec les Rumbs de vent pour compasser les routes & regler les estimes : on ne s'en sert que pour la Mediterranée.

Quelques-uns ont affecté de dessiner sur des Cartes particulieres les vuës des côtes telles qu'elles paroissent de la Mer, lorsque l'on est vis-à-vis ; mais de l'aveu de tous les Pilotes ces vuës sont très-imparfaites, & d'autant plus inutiles que les objets qui sont éloignez dans les terres, ayant été raportez sur la côte ne se reconnoissent plus lorsqu'on est dans une autre situation que celles dans laquelle ils ont été élevez.

Le cours de la Mer n'est pas uniforme par tout ; il y a des endroits où l'eau passant avec plus de rapidité entraîne insensiblement un vaisseau hors de sa route de maniere que quoi qu'il ait cru toûjours suivre un air de vent il se trouve néanmoins assez éloigné de sa route. Ce mouvement particulier de la Mer s'appelle un *courant* ; mais ce ne sont pas toûjours les courants qui deroûtent un Pilote, semblables à la rate que l'on accuse souvent de causer des maladies auxquelles elle n'a aucune part, les courants servent souvent d'excuse aux erreurs des Pilotes quoi qu'elles ne viennent pas d'eux; mais de la fausseté de leur Carte, ou même de leur ignorance. Il y a des courans reglez & ceux-là meriteroient bien d'être marquez sur les Cartes marines.

Il y a des Mers où des vents reglez commencent en certains temps à souffler, ce qui dure toute une Saison, & les vents contraires soufflent à leur tour une autre partie de l'année. Ces vents ne devroient pas être negligez dans les recueils de Cartes marines pour les Voyages de long cours, d'autant plus qu'ils ont leurs bornes au deçà & au delà desquelles on les perd. Mr. Halley Anglois, à qui la Géographie & la Navigation ont des obligations essentielles, a dressé pour le cours des vents reglez une excellente Carte que ne sauroient trop consulter ceux qui naviguent dans les Mers du Midi, comme l'Océan Atlantique, Ethiopique, Indien, Oriental, &c.

Les côtes de l'Europe sont déja très-bien executées. Les côtes de France par Tassin, en une Carte generale, accompagnée de 32. autres Cartes qui en font les divisions, acquirent à leur Auteur une grande reputation. Cet Ouvrage qui est rare, contient de plus un Discours en Latin & en François, qui est une description détaillée de ces mêmes côtes. Il parut à Paris chez Sebastien Cramoisy en 1634. Ces côtes comprennent celles du Royaume tant sur l'Océan que sur la Mediterranée. En 1693. on leva par ordre de Louïs le Grand une Carte generale des côtes de l'Europe sur l'Océan comprises depuis Drontheim en Norwege jusqu'au Détroit de Gibraltar; la Carte generale de toutes ces côtes, est suivie de 28. particulieres qui en sont les divisions. Si l'on ajoute que ce sont les plus habiles gens de France qui ont été chargez de ce travail; que Mr. de la Voye a levé les huit Cartes particulieres de Bretagne & celles du Détroit du Sond; Mr. de Chazelles les côtes de France; Mrs. Minet & de Genes les côtes Septentrionales d'Espagne; que les latitudes & les longitudes sont determinées dans ce Recueil sur des observations auxquelles Mr. Cassini a eu la plus grande part, & que c'est lui qui a communiqué aux Auteurs de cet admirable Ouvrage les observations de plusieurs autres savans Astronomes; que Mr. Sauveur homme d'une exactitude scrupuleuse a dressé une partie de ces Cartes & a fait des échelles qui abrégent les Calculs de marine; & qu'enfin ce Recueil est precedé d'une Introduction à l'usage de ces Cartes; & sera donner une très-haute idée de leur bonté; & de la confiance qu'elles meritent. Pierre Mortier les a publiées en Hollande sous le titre de Neptune François; mais il les a mises en très-mauvaise compagnie, en y ajoutant des Cartes, qui n'ont ni justesse ni verité, & qui deshonorent le Recueil où elles sont. C'est dommage que Romain de Hooghe ait si mal employé son burin à graver de si pitoyables rapsodies. On eût beaucoup mieux fait d'y joindre la nouvelle Carte des côtes de Provence par Mr. de Chazelles, & celle de la Mediterranée par Mr. Berthelot. On auroit eu une Europe complette pour la marine. Nous n'avons que des ébauches très-imparfaites des côtes exterieures de l'Afrique, & de toutes les Mers de l'Asie, & de l'Amerique; si ce n'est quelques parties dont on a publié quelques Cartes particulieres, par raport aux Sondes, aux embouchûres des Rivieres, au gisement des côtes &c. mais ce que nous avons n'est presque rien en comparaison de ce qui nous manque.

Ce n'est pas que l'on n'ait levé des Cartes assez bonnes de certains endroits; mais les Compagnies de commerce les gardent & ne les communiquent qu'aux gens de Mer, qui font ces Voyages pour elles. L'interet & la politique privent les Sciences de ces découvertes. Par exemple, quoi que la Hollande, l'Angleterre, la France, le Portugal & le Brandebourg ayent des établissemens en Guinée, il ne laisse pas d'être vrai que de toute cette côte il n'a encore été gravé en particulier que des Cartes très-informes, & très-éloignées de la verité. Il est toûjours facheux de s'écarter du vrai; mais en fait de marine les fautes sont presque toûjours de la derniere importance. Il en coute souvent la vie à ceux qui ont le malheur d'être trompez soit par leur propre faute, soit par la faute d'autrui, & quelquefois la perte d'un seul vaisseau cause le malheur de plusieurs familles. C'est pourquoi je ne crois pas que l'on puisse sans un crime très-punissable publier des Cartes marines à moins que l'habileté, & la probité de ceux qui en ont fourni les Memoires ne deposent en faveur de l'exactitude qu'ils ont tâché d'y mettre. Cependant on y commet les mêmes abus, qui se commettent à l'égard des Cartes Géographiques où les fautes ne sont pas si dangereuses à beaucoup près. Que des Auteurs aient marqué la source du Nil bien au delà de la ligne, au lieu qu'elle est bien en deçà, c'est un mal, & il seroit à souhaiter que les Anciens de qui est venue cette erreur, n'eussent parlé que de ce qu'ils connoissoient. Ils auroient évité cette bevue dont on est presentement desabusé. Mais je doute qu'elle ait jamais fait de malheureux. Mais qu'on oublie sur une Carte marine un Ecueil ou un Banc de Sable, celui qui gouverne & qui se fie à cette Carte va sans aucune defiance se mettre dessus & y périt. Cette obmission l'engage dans une securité qui cause sa perte, & celle de toute une societé d'hommes. Un écueil mal placé, & à un degré ou à deux de sa veritable position fera que le Pilote, qui compte l'avoir déja passé y va briser son vaisseau; à plus forte raison quand l'erreur est d'une plus grande étendue. Les Cartes qui ont été dressées avant les observations faites à Siam mettoient ce Royaume cinq cens lieues plus éloigné qu'il n'est effectivement; la Chine étoit plus reculée vers l'Orient à proportion: cette étendue imaginaire ne se faisoit qu'aux depends de la Mer du Sud. Un Navigateur qui sans autre précaution partant des Philippines pour l'Amerique se seroit reposé sur la réalité de cette distance auroit dû naturellement compter de ne voir cette terre qu'après un certain terme proportionné à la distance déterminée par ces Cartes; & il est naturel que s'en croiant encore à cinq ou six cens lieues, il voguât à pleines voiles durant la nuit, lorsqu'il en étoit à portée & prêt à donner contre le rivage. Je crois en avoir dit assez pour faire connoître de quelle importance il est de ne jamais risquer de Cartes marines dont on ne soit pas bien sûr, & que ceux qui par avarice ou par d'autres motifs peu louables se hazardent d'en donner de fausses ne sont guéres moins criminels qu'un assassin de guet-à-pens; ils sont responsables à Dieu & au Genre humain de toutes les mauvaises suites que je viens d'énoncer. Je n'ai point parlé de plusieurs bonnes Cartes marines faites en Angleterre, comme par exemple de celles que Mr. Halley a dressées, ni de quelques-unes qui ont été publiées en Hollande. Cette matiere est traitée plus commodément dans un catalogue des Cartes, qui sont venues à ma connoissance tant des Cartes Géographiques que des Hydrographiques, & que je mettrai quelque jour en état d'être imprimé, après l'impression de ce Dictionnaire. Entre les Cartes Géographiques il y en a de bonnes, de mediocres & de mauvaises; dans les Cartes marines il n'y a point de milieu; elles sont bonnes, ou detestables.

1. CARTEIA [a], ancienne Ville d'Espagne dont on croit voir des restes dans de grandes ruines, qui sont encore aujourd'hui à l'extremité de la Baye de Gibraltar, & à environ quatre milles d'Angleterre au Nord-Ouest de cette Ville. Ce lieu s'appelle *Rocadillo*: l'on n'y trouve que quelques Chaumieres, & une tour quarrée & moderne qui paroît avoir été élevée sur les fondemens d'un Edifice beaucoup

[a] Extrait des Mem. Litt. de la Gr. Br. T. 1. p. 98.

CAR.

coup plus grand. Il n'eſt pas difficile de découvrir les traces des murailles de l'ancienne Ville ; & il ſemble qu'elles avoient environ deux milles d'Angleterre de circonference. L'eſpace interieur eſt rempli de maſures, parmi leſquelles on voit un grand nombre de morceaux de marbre très-beau & bien travaillé, & une infinité de fragmens de vaiſſeaux de terre rouge. *Ambroiſe Morales*[a] dit que ces vaiſſeaux de terre ſont une marque certaine d'une Ville Romaine ; & il croit qu'ils étoient faits de l'Argile de *Sagunte* dont les Romains ont ſouvent parlé.

[a] Diſcurſo de las Antiguedades de las Ciudades de Eſpanna. ch. 1.

[b] *Ficta Saguntino pocula malo luto.*
[c] *Sume Saguntino pocula ficta luto.*

[b] Martial. l. VIII. Epig. 6.
[c] Id. l. XIV. Ep. 108.

On voit auſſi à *Rocadillo* les reſtes d'un Edifice, fait en demi-cercle & élevé ſur des Arcades : il a une pente inſenſible & ſemble avoir été une eſpéce de Théatre. On a deterré proche de la Tour quarrée, dont il vient d'être parlé, un Piedeſtal de marbre d'une ancienne ſtatuë ſur lequel on voit encore les marques des pieds de la ſtatuë, les extrêmitez de la draperie, & les lettres VARIAMARCE très-bien gravées. On pretend qu'on y a lu autrefois ces trois autres lettres LLA. Les autres inſcriptions qui ſe trouvent ſur ce Piedeſtal ſont preſque entierement effacées, & mal gravées. On a auſſi un nombre conſiderable de Medailles, qui ont été découvertes parmi les ruines de *Rocadillo*, la plupart deſquelles repreſentoient une tête couronnée d'une Tour avec le mot CARTEIA en caractères fort liſibles, & au revers un poiſſon, un Neptune, ou un Gouvernail. *Rocadillo* eſt arroſé par la Riviere de *Guadarranque*, qui eſt fort profonde & qui a ſa ſource à *Caſtellar*, éloigné d'environ quatre lieuës. On voit le long de cette Riviere quantité de maçonnerie, & les reſtes d'un ancien Quai. On trouve auſſi vers l'Orient ſur une hauteur peu éloignée des ruines conſiderables d'un Château quarré, qui paroît avoir été un ancien Edifice très-fort. Les gens du Pays l'appellent CASTILLON ; mais on aſſure qu'il ſe nommoit , il n'y a pas long tems *Torre Cartagena*. La ſituation de ce Château s'accorde exactement avec celle de la Tour de ce nom dont il eſt fait mention dans les Chap. 274. & 316. de la Chronique d'Alphonſe XI. Roi de Caſtille.

Tous les Eſpagnols qui habitent aux environs des ruines de Rocadillo diſent que ce ſont les reſtes d'une Ville des Payens que l'on appelloit *Cartago*. La Tradition orale a changé le nom de *Carteia* en celui de *Cartago*, qui étoit beaucoup plus connu.

Les anciens Géographes & Hiſtoriens font ſouvent mention de *Carteia*. Tite-Live[d] dit qu'elle eſt ſituée ſur l'Ocean au ſortir du Détroit de Gibraltar : *urbs ea* (Carteia) *in ora Oceani ſita eſt , ubi primum è faucibus anguſtis panditur mare* ; & dans un autre endroit[e] il dit ſimplement que Carteia étoit *ad Oceanum*. Les meilleurs Auteurs Eſpagnols qui ont été ſuivis par Ortelius & Cellarius croyent que la Ville de *Carteia* dont parle Tite-Live n'eſt pas la même que celle qui étoit immediate-

[d] l. 28. c. 30.
[e] l. 43. c. 3.

CAR.   319

ment après *Calpe*, & ils la placent generalement aux environs de *Conil*. Roderico Caro[f] dit que Rocadillo eſt l'ancienne *Carteia* dont Tite-Live fait mention au XLIII. livre de ſon Hiſtoire. Le même Auteur aſſure[g] que l'ancienne *Carteia* de cet Hiſtorien & *Cartaia* proche *Lepe* , étoient la même Ville. Il eſt ſurprenant que cet Ecrivain ait paſſé ſous ſilence le paſſage du XXVIII. livre de Tite-Live. Cellarius[h] pretend que *Baſippo* étoit la *Carteia* de cet Hiſtorien quoique tous les anciens Géographes parlent de *Baſippo*, comme d'une Ville éloignée de l'autre. Mais M.r Conduitt, de qui eſt le preſent Article extrait des *Memoires Literaires de la Grande Bretagne*, trouve que les deux paſſages de Tite-Live prouvent que *Carteia* étoit ſituée à *Rocadillo*. Carteia n'étoit point la même Ville que *Cartaia* proche de *Lepe* ; car celle-ci eſt au Nord-Oueſt de *Cadis*, aſſez avant dans le Pays, ſur le bord d'une Riviere, & non pas *in ora Oceani*. On ne peut pas dire non plus que *Conil* ſoit ſituée, *ubi primum è faucibus anguſtis panditur mare* ; car la Mer eſt un Ocean dans le lieu où cette Ville eſt ſituée. D'ailleurs il n'y a point de Port à *Conil*, ni dans aucun autre lieu entre le Cap de Trafalgar & Cadis.

[f] Convento Juridico de Sevilla ch. 14.
[g] ch. 74.
[h] Geog. ant. l. 2. c. 1.

Pour bien entendre le premier paſſage de Tite-Live, on doit remarquer que par le Détroit (*Fretum*,) il a deſigné cette partie de la Mer Mediterranée qui eſt la plus étroite, & que les anciens Géographes placent ordinairement entre les colomnes d'Hercule. C'eſt là que commence l'Ocean ſelon ces Hiſtoriens. En donnant ce ſens aux paroles de Tite-Live, on voit clairement que Rocadillo eſt le même lieu que *Carteia*. Car voici le paſſage entier de Tite-Live : *Lælius interim freto in Oceanum evectus ad Carteiam claſſe acceſſit. Urbs ea in ora Oceani ſita eſt, ubi primum è faucibus anguſtis panditur mare.* Le même Auteur remarque auſſi en paſſant que l'on doit changer Κραντεία en Καρτηία dans le XLIII. livre de Dion Caſſius ; & que Louïs Nunnez a fait cette correction dans ſon *Hiſpanica*.

Hirtius vers la fin de ſon livre de la guerre d'Eſpagne , dit que *Carteia* étoit à cent ſoixante & dix milles de Cordouë. Cette diſtance convient exactement à *Rocadillo*. Les anciens Géographes font mention de Carteia après avoir parlé de *Calpe*. Pomponius Mela par exemple ayant décrit *Calpe* fort exactement, ajoute *ſinus ultra eſt, in eoque Carteia*. Strabon[i] dit que la Ville de *Calpe* eſt à quarante ſtades de la Montagne de même nom ; que c'eſt une Ville ancienne & conſiderable & un ancien Port des Eſpagnols ; que quelques-uns croyent qu'elle a été fondée par *Hercule* ; que Timoſthene dit qu'elle étoit autrefois nommée *Heraclée* &c. Caſaubon dans ſes notes ſur ce paſſage croit que l'on doit lire Καρτηία πόλις. Car, ajoute-t-il , il paroit que c'eſt d'elle-même qu'il veut parler , d'autant qu'il ne donne point ailleurs la ſituation de cette Ville dont cependant il fait ſi ſouvent mention dans la ſuite, au lieu que ſi l'on trouve pas qu'aucun des anciens ait ſeulement nommé la Ville de Calpe.

[i] Geogr. l. 3.

Bochart dans ſa Géographie Sacrée[k] confirme

[k] l. 1. c. 34.

CAR.

me le sentiment de Casaubon. Ce n'est pas sans raison, dit-il, que l'on a avancé que *Carteia* a porté autrefois le nom d'*Heraclée*, pour marquer qu'*Hercule* en a été le fondateur ; car les Pheniciens nommoient leur Hercule Μέλκαρθον. Philon de Biblos dans son Histoire tirée de Sanchoniaton [a Præparat. l. 1.], & dont Eusebe[a] nous a conservé quelques fragmens dit que *Melcarthus* autrement Hercule étoit né de Demarunte. Et Μέλκαρθος ne veut dire autre chose que *Melech-Kartha*, qui signifie *Roi de la Ville* (de Tyr.) Ainsi de *Melcarthus* ou *Melech Kartha*, on a appellé MELCARTHEIA, la Ville bâtie par Hercule le *Phenicien* sur la Riviere de *Calpe*, & dans la suite on l'a simplement nommée *Cartheia* ou *Carteia* par abreviation.

On a des Medailles déterrées à *Rocadillo*, qui confirment le sentiment de Bochart. On voit sur ces Medailles la Tête & la Massuë d'Hercule & au revers des Thons. Strabon & Pline disent que ces Poissons étoient fort communs proche de *Carteia*, & l'on en trouve encore beaucoup près de Rocadillo. On sait de plus que les Pheniciens fonderent la plupart des Villes qui étoient sur la côte ; & il est probable que *Carteia* fut un de leurs plus anciens établissemens. La situation de cette Ville étoit fort agréable : elle avoit une Baye & de l'autre côté une Riviere qui baigne un Pays fertile. Sa hauteur la rendoit forte & lui fournissoit un bel aspect.

L'Itineraire d'Antonin nomme cette Ville *Calpe-Carteiam*. Il est vraisemblable que ces mots signifient CARTEIA *ad* CALPEN, pour la distinguer d'une autre CARTEIA, qui étoit dans la Celtiberie & dont Tite-Live a fait mention dans son Histoire[b]. Strabon[c] parle d'une Ville nommée Καρτηλία, & il la place proche de Sagunte ; ce qui s'accorde avec la situation, que Tite-Live donne à *Carteia*, dans la Celtiberie. [b l. 21. c. 5. c l. 3.]

Mariana & d'autres Ecrivains pretendent que Gibraltar étoit l'ancienne *Heraclée* ; mais Pline, Pomponius Mela & les autres anciens Géographes ou Historiens, à l'exception de Strabon, ne disent point qu'il y ait eu une telle Ville de ce côté-là. Les Historiens Espagnols nous donnent lieu de croire qu'il n'y avoit aucune Ville sur la Montagne de *Calpe* avant que les Maures envahissent l'Espagne sous la conduite de Tarif.

Enfin quelques-uns ont placé *Carteia* à TARIFA ou à ALGEZEIRA ; mais sans fondement ; car quoi qu'il y ait de grandes ruines dans ce dernier lieu, on n'en sauroit inferer que ce soient les restes d'une Ville Romaine ; car on n'y trouve ni marbres, ni inscriptions, ni médailles.

2. CARTEIA, ancienne Ville d'Espagne. Polybe[d] la nomme ALTHÆA. Voiez ce mot. [d l. 3. c. 13. p. 234.]

CARTEMITANUS, St. Augustin nomme ainsi un Evêque d'Afrique du nom duquel son Siége au raport d'Ortelius[e], qui ne dit point dans quel livre. Il ajoute que c'est le même que CARTIMITAMUM. Il ne parle point de *Cartimitamum* en son lieu ; mais de *Cartimitanum Municipium*, qui selon lui étoit en Espagne & par consequent diferent du Siége de l'Evêque nommé par St. Augustin. Voiez CARTENNÆ. [e Thesaur.]

CAR.

CARTEMNIDENSES. Voiez GORTYNIENS.

CARTENAGA, Ville ancienne de l'Inde en deçà du Gange, selon Ptolomée[f]. [f l. 7. c. 1.]

CARTENNÆ, ancienne Ville d'Afrique. L'Itineraire d'Antonin la met entre *Arsenaria*, & la forteresse de Lar à XVIII. M. P. de la premiere, & à XIV. mille pas de l'autre. Elle y est qualifiée Colonie ; qualité que lui donne aussi Pline[g] qui la nomme *Cartenna* Colonie d'Auguste. Ce qu'il ajoute *Legio Secunda* fait entendre qu'elle avoit été peuplée de soldats de la Seconde Legion. Ptolomée[h] la nomme aussi & la met dans la Mauritanie Cesariense. Ces deux Auteurs la mettent ensuite d'*Arsenaria* aussi bien qu'Antonin ; mais le Géographe Grec place entre deux une Riviere qu'il nomme Cartenus. La Ville de *Cartenna* fut honorée d'un Siége Episcopal. Victor son Evêque est mis entre les Ecrivains dont Gennadius fait mention. La Notice Episcopale d'Afrique met dans la Province de la Mauritanie Cesariense[i] Lucide Evêque de *Cartenna* ; *Lucidus Cartennitanus* ce dernier nom se trouve écrit par une *n* simple dans le livre de St. Augustin *de Gestis cum Emerito*, où il nomme Rustic Evêque de *Cartenna*, *Rusticus Cartennatus Episcopus*. Ce Rustic m'a bien l'air d'être l'Evêque dont parle Ortelius, & qu'il dit être qualifié *Cartemitanus* par St. Augustin. Voiez CARTEMITANUS. Castald donne à ce lieu pour nom moderne MAZZAGRAN ; l'Auteur d'un Journal de l'expedition de Tunis dit que c'est CIRCELLI ; Marmol veut que ce soit MOSTAGAN ; & le R. P. Hardouin dit que c'est *Mesgraim*. Cette opinion est la même que celle de Castaldo. Ce qui me détermine à preferer MOSTAGAN à MESGRAÏM, c'est que Ptolomée place entre *Arsenaria* & *Cartenna* une Riviere nommée Cartennus qu'il faut trouver entre deux. Or Mostagan est au delà de la Riviere, au lieu que Mesgraïm est en deçà, ce qui ne convient pas. Sercelli & son Cap sont trop loin delà pour entrer en concurrence. [g l. 5. c. 2. h l. 4. c. 2. i n. 50.]

CARTENUS, Riviere de la Mauritanie Cesariense, selon Ptolomée. Castald lui donne pour nom moderne MINA. Marmol XILEF.

CARTERET, nom d'une famille illustre dans la Grande Bretagne. Comme elle est proprietaire d'une partie de la Caroline, elle a donné son nom à une Province de ce pays. J'en raporte au mot CAROLINE ce que l'on en sait de plus certain.

CARTERIA, Isle de l'Asie Mineure près de la Ville de Smyrne, selon Pline[k]. [k l. 5. c. 31.]

CARTERO ou GINOSA, selon Mr. Baudrand : petite Riviere de l'Isle de Candie. Elle se jette, dit-il[l], dans la Mer près de la Ville de Candie. Cartero est effectivement le nom d'une Riviere de Candie ; elle a son embouchûre à l'Orient de la Ville de Candie ; elle n'est pas petite sur la Carte du P. Coronelli ; à qui le nom de Ginosa est inconnu. [l Ed. 1705.]

CARTERON ou
CARTERUM, Καρτερὸν τέιχος, Ptolomée nomme ainsi un lieu de la Sarmatie Asiatique. Ce nom signifie *forte muraille*, & laisse douter si c'étoit une Forteresse ainsi nommée

CAR.

mée comme il y a de l'apparence, ou si c'é-
toit seulement une muraille. Sa situation au
bord du Pont-Euxin leve le doute, & détermine en faveur d'une Ville.

a Sect. 21. 1. CARTHA, Ville de la Palestine, selon
les Notices de l'Empire[a]. Elle étoit entre
b Æneid. Tyr, & Beryte, selon Servius sur ces vers
l. 4. v. 668. de Virgile[b]:

> Resonat magnis plangoribus æther.
> Non aliter quam si immissis ruat hostibus
>   æther
> Carthago aut antiqua Tyros.

Il croit que Virgile a voulu faire entendre par
ces mots, *l'ancienne Tyr*, le nom qu'avoit eu
autrefois Carthage. Car, dit-il, elle fut nommée auparavant Byrsa, ensuite Tyros, & enfin Carthage de Cartha petite Ville d'où étoit
Didon entre Tyr & Beryte. Cette nomenclature si mal placée seroit froide & indigne de
Virgile dans une description aussi animée que
celle où ces vers sont inserez. Il parle de Tyr
en Phenicie à laquelle les Pheniciens d'Afrique
ne prenoient pas moins d'interêt qu'à leur nouvel établissement, parce qu'ils la regardoient
toûjours comme leur ancienne patrie. L'explication de Servius porte à faux; mais elle
est utile en ce qu'elle nous apprend qu'il y a-
voit en Phenicie une Ville nommée Cartha
dont il marque la situation, qu'il avoit prise
sans doute dans quelque Géographe ancien. Ce
☞ qui semble en diminuer un peu le prix, c'est
que ce nom n'étoit peut-être point le nom
particulier de cette Ville; mais un mot Phenicien, qui signifioit une Ville en general.
Au lieu de l'Hebreu קֶרֶת *Kereth*, employé
c c. 19. v. 7. dans le livre de Job[c] & dans celui des Pro-
d c. 8. v. 3. verbes[d], les Chaldéens disoient קַרְתָּא *Cartha*,
les Rabins nomment un citoyen קַרְתִּי *Car-
thani*; les Pheniciens dont la Langue étoit une
Dialecte de l'Hebraïque appelloient sans doute
Cartha, une Ville, aussi bien que les Chaldéens.
e c. 21. v. Cependant Josué[e] nomme CARTHA une Vil-
34. le particuliere. Voiez l'Article suivant.

2. CARTHA, ancienne Ville de la Palestine dans la Tribu de Zabulon, elle fut donnée avec toutes ses dépendances aux Levites
f l. c. de la Tribu de Merari selon le livre de Josué[f].
Peu de lignes après on y trouve CARTHAM
ou CARTHAN, qui étoit de la Tribu de
Nephthali. Ni l'une ni l'autre de ces deux
Villes ne sauroit être la Cartha de Servius qui
étoit de la Phenicie.

CARTHADA, c'est l'ancien & le vrai
nom de Carthage en Afrique[g]. Ce mot est
g Bochart par contraction composé de deux mots Pheni-
Chanaan l. ciens קַרְתָּא & הֲדָת, *Cartha-Hadath* ou
1. c. 24. p. קַרְתָּא הֲדָתָא *Cartha-Hadtha*, qui ne signi-
512. fie autre chose que nouvelle Ville. Solin dit:
Elissa (Didon) bâtit une Ville qu'elle nomma Carthada, ce qui dans la bouche des Pheniciens signifie Ville neuve. Delà vient que
les deux Carthages, savoir celle d'Afrique &
celle d'Espagne, furent nommées par les Grecs
Καινὴ πόλις, qui n'est qu'une Traduction du
nom Phenicien. C'est ce que l'on apprend
d'Etienne & d'Eustathe. Les Siciliens qui
avoient cela de particulier de changer en Χ, *ch*,

Tom. II.

CAR.

le θ, *th*, comme dans Ὀρνιθες au lieu duquel ils
disoient Ὀρνιχες, userent du même privilege à
l'égard du nom de Carthada qu'ils changerent
en Καρχηδών CARCHEDON. Le genie des Espagnols est de changer souvent le *d* en *g*,
comme ils ont fait *Gama*, de *Dama*, un
Daim; *Golphin*, de *Delphin*, un *Dauphin*, &
Tortuga de *Testudo*, *tortue*; nous avons fait
aussi la même chose & changé le *d*, en *g*, dans
manger, de *mandere*, dans *ronger* de *rodere* &
en plusieurs autres. Ils changerent donc le
D. de Carthada en G. & c'est d'eux apparemment que les Romains prirent le nom de CAR-
THAGO dont ils se servirent en partant de cette Ville. J'explique au mot CARTHAGE l'occasion, qui fit donner à cette Ville le nom de
Ville neuve.

CARTHÆA, ancienne Ville de l'Isle de
Ceos, aujourd'hui Cia ou Zea dans l'Archi-
pel. Pline[h] la nomme comme l'une des deux, *h l. 4. c. 12.*
qui subsistoient encore de son temps de qua-
tre qu'elles avoient été autrefois. Voiez CA-
RESSUS.

CARTHAGE, grande & ancienne Ville
d'Afrique; capitale d'un vaste Empire, & la
rivale de Rome pour la Monarchie Universelle. Un de ces volumes de ce livre suffiroit à
peine pour traiter pleinement tout ce qui regarde cette Ville, & l'Etat qu'elle se forma
en Afrique & en Europe. Je me borne à
un petit nombre de faits, & à ce qu'il y a de
plus essentiel. Les fictions de la Poësie ont
extrêmement obscurci l'origine de cette Ville.
Didon a été regardée comme la fondatrice de
Carthage, & ce que Virgile en a dit passant
de bouche en bouche à la faveur des charmes
de sa versification est devenu une espece d'Histoire très-authentique. On a cru que Didon
fuiant l'avarice de Pygmalion mena en Afrique
la premiere Colonie de Tyriens qui s'y soient
établis. Cependant il n'y a en cela qu'un
vraisemblable Poëtique, qui même cesse d'être
vraisemblable quand on l'approche du vrai fondé sur le temoignage des anciens.

On ne peut pas douter[i] que Carthage ne *i Bochart*
fût une Colonie de Pheniciens venus de Tyr. *Chanaan l.*
L'Histoire l'assure en trop d'endroits. Polybe *k* *k l. c. 23.*
dit que peu avant sa destruction, le Roi De- *h Excerpta*
metrius voulant aller d'Italie en Phenicie on *legat. n. 114.*
fut obligé de lui procurer une place sur un *p. 1310.*
vaisseau Carthaginois chargé des dons sacrez
envoyez à Tyr, qui avoit abordé à l'embouchûre du Tibre. Il explique ensuite ce que
c'étoit que ces dons sacrez. On a grand soin,
dit-il, de choisir entre tous les vaisseaux qui
sont à Carthage, ceux qui doivent porter à
Tyr les premices que les Carthaginois envoyent aux Dieux de la Patrie. Diodore[l] par- *l l. 17.*
lant des Tyriens assiégez par Alexandre dit
qu'ils comptoient beaucoup sur les Carthaginois leurs descendans, & qu'ils avoient resolu de transporter les enfans, les femmes, &
les vieillards à Carthage. Tite-Live[m] parlant *m l. 34.*
du Voyage d'Annibal à Tyr dit qu'il y fut
bien accueilli par les fondateurs de Carthage,
& qu'il y trouva une autre Patrie; mais ce
ne fut pas Didon qui y mena les premieres
Colonies. Ce furent les Cananéens. Les Carthaginois eux-mêmes se donnoient ce nom
long-temps après qu'on n'eut presque oublié

Ss*   dans

CAR.

dans le pays d'où leurs ancêtres l'avoient apporté. St. Augustin né à Thagaste, Evêque à Hippone, Villes voisines de Carthage qu'il devoit bien connoître dit dans l'explication commencée sur l'Epitre aux Romains: Quand on demande à nos Paysans qui ils sont, ils repondent en Langue Punique qu'ils sont *Chanani* par un mot corrompu, comme l'est le langage de ces gens-là: que veulent-ils repondre autre chose sinon qu'ils sont Chananéens? Sans blesser le respect dû à un si grand Saint, on peut dire qu'il n'étoit pas fort versé dans les Langues Orientales. On en a encore d'autres preuves que celle-ci; c'est lui-même qui se trompe & les paysans parloient fort juste. Le mot *Chanani* étoit le vrai nom Punique des Chananéens, selon la remarque du savant Bochart[a]. Que ces Paysans aient bien ou mal prononcé leur vrai nom, cela n'influe point sur l'importance du temoignage de St. Augustin. Je vais y joindre celui de Procope, qui vivoit vers le milieu du VI. siécle. Voici ses paroles prises de son Histoire de la guerre contre les Vandales de la Traduction de Mr. Cousin[b].

[a] l. c.

[b] l. 2. c. 10. art. 2. p. 192.

Puisque la suite de l'Histoire m'a, dit-il, engagé à parler des Maures, il est à propos que je remonte à leur origine & que j'explique comment ils sont venus s'établir en Afrique. Quand les Hebreux se retirerent d'Egypte, ils perdirent sur les frontieres de la Palestine Moïse ce sage conducteur, qui les avoit menez durant ce penible Voyage. Jesus fils de Navé (les Grecs disent Jesus pour Josué) succeda à son emploi, & introduisit ce peuple dans la Palestine dont il se rendit le maître par des exploits, qui semblent surpasser la force des hommes. Il reduisit à son obéissance les habitans, força les Villes & s'acquit la reputation d'invincible. Alors toute la region maritime depuis Sidon jusqu'aux confins de l'Egypte s'appelloit Phenicie, & sous la domination d'un seul Prince, comme le reconnoissent tous ceux qui ont écrit l'ancienne Histoire des Pheniciens. Ce pays-là étoit habité par plusieurs Nations fort nombreuses, par les Gergeséens, les Jebuséens & autres, dont les noms se lisent dans les livres des Hebreux. Tous ces Peuples ne pouvant resister à la puissance de ce Capitaine étranger se retirerent dans l'Egypte; mais comme ils n'y trouverent point de terres vacantes, ils furent obligez de se retirer dans l'Afrique où ils étendirent leurs demeures jusqu'aux colonnes d'Hercule. On y parle encore la langue des Pheniciens. Ils bâtirent un Fort dans la Numidie au lieu même où est maintenant la Ville de Tigise. *On voit encore ici-près d'une fontaine deux colomnes de pierre blanche où cette inscription est gravée en langue Phenicienne:* NOUS SOMMES CEUX QUI AVONS E'TE' CHASSEZ DE NOTRE PAYS PAR JESUS LE VOLEUR FILS DE NAVE'. Il y avoit dès auparavant des peuples qui habitoient dans l'Afrique, & qui pour cette raison étoient appellez Enfans du Pays. C'est pour ce sujet qu'on a dit que leur Roi Antée, qui lutta contre Hercule fils de Clipée étoit fils de la Terre. Depuis ce temps-là Didon amena de la Phenicie une Colonie dans l'Afrique où elle fut reçue, comme une Alliée,

CAR.

& elle eut la permission de bâtir Carthage.

Ce passage de Procope est d'autant plus beau qu'il fixe le passage des Pheniciens en Afrique au temps où il a dû le plus vraisemblablement arriver. Deja Cadmus avoit posé les fondemens de la Ville de Thébes. La tradition des Grecs veut que ce Heros, qui aussi bien qu'Hercule étoit Phenicien & Chef d'une Troupe de Pheniciens ait aussi été en Afrique. Nonnus dans ses Dionysiaques[c] marque l'effroi qu'il repandit chez les Libyens, lorsque les vents contraires le firent aborder sur les côtes Occidentales avec la belle *Harmonie* qu'il avoit emmenée de Samothrace pour en faire sa femme. [d]Il parle des exploits qu'il fit pour la conserver & par lesquels il épouventa les Ethiopiens; Cadmus[e] consomma son mariage avec elle au bord du fleuve Triton; [f]& bâtit sur la côte de la Libye cent Villes fortifiées de murailles & de tours. Harmonie est la même personne, qui est nommée *Hermione* par Ovide & par d'autres Poëtes. Dépouillons ce que la fable a jetté d'ornemens sur l'ancienne Histoire, & ne prenons qu'un certain fonds Historique sur lequel elle a bâti ses fictions. Ce lieu où Carthage fut ensuite, eut apparemment une des Villes de Cadmus. Eustathe semble le dire, lorsque dans ce qu'il raporte des noms & de l'origine de cette Ville à l'occasion du 195. vers de Denys le Periegete, il met CADMEIA, Καδμεία, entre les anciens noms de Carthage. Ceci posé il n'est pas étonnant si Bacchus fils de Semele, qui étoit fille de Cadmus[g], trouva dans son expedition en Afrique des Nations entieres de la Libye, qui le suivirent. La memoire de son ayeul y étoit encore recente. Nonnus dit de plus, qu'il fut accompagné de beaucoup d'hommes que lui fournirent les cent Villes;

[c] l. 13. v. 333.

[d] v. 346.

[e] v. 349.

[f] v. 364.

[g] v. 374. & 378.

Τόποος λαὸς ἱππ Ἑκατόμπολις.

L'expedition de Bacchus se fit à peu près du temps de la conquête de la terre de Chanaan par Josué, & peut-être étoit-il Chef des Pheniciens dont parle Procope; mais toûjours est-il sûr que long-temps avant Didon, qui fut contemporaine de la perfide Athalie, les Pheniciens étoient établis en Afrique. Didon étoit la veuve d'un Prêtre, elle s'enfuioit à petit bruit de la Ville de Tyr, sous les yeux d'un Roi à qui elle avoit interêt de cacher son dessein, & qui pour peu que la chose n'eût été menagée avec beaucoup de secret, n'eût pas manqué de la faire périr pour s'emparer de ses Tresors. Quelle indiscretion n'eût-ce pas été si elle avoit déclaré ses vûes à un grand nombre de personnes, & qu'elle leur eût proposé de quiter leur pays pour s'aller confiner avec elle dans des pays barbares, & presque inhabitez? Non, Didon ne mena point un peuple de Pheniciens en Afrique. Elle l'y alla trouver. L'établissement étoit de fait au plus tard vers le temps de Josué. Ce Chef du peuple de Dieu partagea la terre promise entre les XII. Tribus l'an du Monde 2498. huit ans avant sa mort. C'est l'Epoque la plus sûre du passage des Pheniciens en Afrique. Depuis ce partage jusqu'à la prise de Troye arrivée l'an du Mon-

Monde 2800. il y a une diference de 302. ans. Didon ne partit de Tyr que la septieme année du Regne de Pygmalion dont elle fuioit l'avarice, & cette année tombe l'an du Monde 3098. cela fait une nouvelle diference de 298. ans ; & par consequent une forte preuve de l'Anachronisme de l'Eneïde, qui met la fuite d'Enée & celle de Didon presque en même temps. Sans examiner si le droit de la Poësie s'étend si loin sur l'Histoire il faut convenir que c'est la plus belle faute que jamais Poëte ait commise, & que l'Eneïde perdroit de grandes beautez, si son Auteur eût été plus attaché à l'exacte Chronologie. Revenons au Calcul dans lequel je suis le savant Pere Petau: voilà donc six cens ans bien entiers entre la fuite des Chananéens en Afrique du temps de Josué, & celle de Didon ; c'est-à-dire qu'en comptant pour rien les établissemens faits par Cadmus, à ne compter que depuis l'Epoque de Josué jusqu'à la pretendue fondation de Carthage par Didon il y a six siécles bien complets. Appien d'Alexandrie, commence son Histoire des guerres puniques par ces paroles. Les Pheniciens bâtirent Carthage en Afrique cinquante ans avant la prise de Troye. Ses fondateurs furent *Xoros* & *Carchedon*. Il est assez plaisant que cet Historien ait pris pour les noms de deux hommes les noms de deux Villes. Car *Xoros* ou plutôt *Zoros* n'est autre chose que *Tsor*, nom de la Ville de Tyr selon les Pheniciens, & qu'elle a repris puisqu'on l'apelle presentement *Tzur* ou *Sur*, comme écrivent la plupart des Voyageurs. Pour *Carchedon*, j'en ai déja expliqué l'origine au mot CARTHADA, qui est aussi un des noms de Carthage. Eusebe de Cesarée raporte trois opinions bien diferentes sur le temps de la fondation de Carthage [a]. La premiere est celle de Philiste, qui selon le Calcul d'Eusebe la met à l'an 808. c'est-à-dire vingt-sept ans avant la fondation de Troye selon le même Eusebe. En ajoutant ces 27. ans à 296. que dura la Ville de Troye cela fait 323. ans avant la prise de Troye, que nous avons vû être arrivée l'an 2800. du Monde. Si l'on en retranche ce nombre, l'année à laquelle Philiste, au raport d'Eusebe, met la fondation de Carthage se trouve vingt & un ans avant le partage de la Terre Sainte par Josué, à l'an du Monde 2477. c'est-à-dire dans le même temps que Cadmus ou ses enfans établissoient des Colonies en Afrique. Le même Eusebe [b] rapporte une autre opinion en l'an 971. il dit que quelques-uns mettent dans ce temps-là la fondation de Carthage 143. ans après la prise de Troye, & enfin à l'année 1167. il observe que d'autres la mettent à cette année-là. C'est l'opinion de Trogue Pompée qui dit que Carthage fut bâtie 72. ans avant la premiere Olympiade ; ce qui revient à la même année. Sans entrer dans un plus grand détail de Chronologie on peut concilier diverses Epoques, parce que Carthage n'a pas été tout d'un coup une Ville florissante. Il faudroit y distinguer l'ancienne Ville bâtie par Cadmus ou ses descendans, la Citadelle bâtie long temps après, & enfin la Ville neuve qui lui fit donner le nom de *Carthada* d'où est venu celui de Carthage.

Tom. II.

[a] in Chronico.

[b] Ibid.

Si Didon trouva Carthage bâtie comment passe-t-elle pour en être la fondatrice ; car une foule d'Auteurs très-savans s'accordent à lui en attribuer la fondation ? La reponse est aisée, elle le fut de la même maniere que Constantin le fut de Constantinople, qui subsistoit long-temps avant lui sous le nom de Bysance. J'ai déja raporté les autoritez sur lesquelles j'ai avancé le Voyage de Cadmus en Afrique & parlé des cent Villes qu'il y bâtit, j'ai dit sur la foi d'Eustathe qu'un des anciens noms de Carthage étoit *Cadmeia* ; on peut y ajouter encore Etienne qui le dit aussi. Cadmus étoit fils d'Agenor, & l'un & l'autre étoient Pheniciens. Cela dispense d'avoir recours à des Genealogies obscures, & incertaines pour expliquer ce vers de Virgile que Venus dit à Enée [c] :

Punica regna vides, Tyrios & Agenoris urbem.

C'est-à-dire le Royaume où vous êtes est peuplé de Pheniciens ; c'est une Colonie de Tyriens, & la Ville a été bâtie par Cadmus fils d'Agenor. Il est vrai que je ne trouve pas qu'Agenor Pere de Cadmus ait eu d'autre part à la fondation de cette Ville que d'avoir eu un fils, qui fit en Afrique des établissemens entre lesquels je la compte ; mais cette objection ne me fera pas faite sans doute par ceux qui font un Agenor bisayeul de Didon à laquelle ils attribuent la fondation de Carthage, & entendent de lui l'*Agenoris urbem* de Virgile.

Didon arriva en Afrique avec de grands avantages. La compassion que l'on a pour les personnes opprimées, son sexe, les richesses qu'elle apportoit, sa qualité de Sœur de Pygmalion Roi de Tyr, tout cela concourut à lui donner de grandes prerogatives chez un Peuple, qui n'avoit pas oublié sa premiere patrie. En faloit-il davantage à ce peuple pour l'engager à la considerer comme sa Reine. Elle employa ses tresors à se fortifier, sa sureté le demandoit ; elle embellit la Ville par divers ouvrages, afin de s'atirer l'estime & l'attachement de ses nouveaux Sujets, & c'est apparemment à elle qu'il faut attribuer la Citadelle que les Grecs nommérent *Byrsa* faute d'entendre la Langue des Pheniciens ; ou pour l'accommoder à leur Langue qui renversoit sans scrupule l'ordre des lettres pour rendre la prononciation plus douce : de אשלא *Asla* ils faisoient Ἄλσος, *un bois* & de בערה *Bosra*, qui signifie une *citadelle*, une *fortification*, du verbe בער *Bisèr*, fortifier, munir, ils firent *Byrsa*. Ce nom étoit très-facile à retenir, parce qu'en Grec le même mot signifie un cuir. Cette allusion que le hazard presentoit ne fut point perdue. Ce fut le fondement d'un conte. On suposa que Didon avoit acheté des Africains autant de terrain qu'elle en pourroit environner de la peau d'un bœuf [d].

Mercatique solum, facti de nomine Byrsam, Taurino quantum possent circumdare tergo.

Mr. Bochart n'est pas le premier qui se soit moqué de cette badinerie, & il avertit que d'autres l'avoient meprisée avant lui.

[c] Æneid. l. 1. v. 342.

[d] Æneid. l. 1. v. 370.

Ss* 2

Cet-

Cette Citadelle placée apparemment à l'une des extrêmitez de la Ville, en devint ensuite le centre comme je le dirai ci-après. Cette Ville étoit avantageusement placée, & pouvoit avec raison aspirer à l'Empire de la Mer qu'elle conserva long-temps. Formée par des Tyriens les plus grands navigateurs de toute l'antiquité, elle s'enrichit par le commerce. Entourée d'Africains à qui elle faisoit ombrage, elle devint guerriere. Ces deux avantages joints ensemble lui acquirent une puissance formidable. Après la mort de Didon, elle reprit l'état Aristocratique & peut-être ne l'avoit-elle pas quité durant le Regne de cette Princesse. Vers l'an du Monde 3732. c'est-à-dire environ 634. ans après l'Epoque de Didon, la Republique de Carthage tenoit les deux côtes de la Mediterranée. Outre la côte d'Afrique qu'elle possedoit presque toute entiere, elle s'étoit étendue du côté de l'Espagne par le détroit. Maîtresse de la Mer & du commerce, elle avoit envahi les Isles de Corse & de Sardaigne. La Sicile avoit peine à se defendre, & l'Italie menacée de fort près avoit tout à craindre de l'ambition Carthaginoise. Delà les jalousies entre ces deux rivales; & ce que l'Histoire Romaine apelle les Guerres *Puniques*, malgré les Traitez qui ne furent gueres bien observez de part ni d'autres.

La premiere guerre Punique dura 24. ans durant lesquels les Romains apprirent l'art de combattre sur la Mer. Leur Consul Dulius gagna la premiere bataille navale, Regulus soutint quelque gloire, passa en Afrique & reduisit à l'extremité Carthage, qui ne fut sauvée que par le secours d'un Lacedemonien nommé Xantipe. La fortune changea ; Regulus fut batu à son tour, & fait prisonnier. Deux épouvantables naufrages forcerent les Romains d'abandonner l'Empire de la Mer dont Carthage se ressaisit. La victoire balança entre les deux Nations, & les Romains n'étoient pas éloignez de succomber; mais ils reparerent leur flote. Une seule bataille fut décisive en leur faveur. Lutatius Consul termina la guerre. Carthage s'obligea de payer un tribut & abandonna à ses vainqueurs la Sicile dont ceux-ci se rendirent maîtres, à la reserve du Royaume de Syracuse possedé par Hieron leur allié.

Ce n'étoit que par une extrême nécessité que Carthage avoit fait la Paix à des conditions si onéreuses. Il y parut bientôt malgré la Paix. A peine la guerre fut-elle finie que la Republique faillit à perir par le soulévement de l'Armée composée d'étrangers qui se revolterent pour leurs payes. Tout ce vaste corps commença à s'ébranler. La capitale elle-même fut assiégée & alloit perir, si elle n'eût pas trouvé une ressource dans Amilcar surnommé Barcas, qui seul avoit soutenu la derniere guerre. Il remporta une victoire sur les rebelles en Afrique; mais il ne put empêcher la perte de la Sardaigne que la Garnison revoltée ouvrit aux Romains. Ceux-ci, malgré la vertu austere dont ils faisoient parade dans l'occasion, ne laisserent pas de profiter de la trahison; & la malheureuse Carthage à la veille de faire de plus grandes pertes ne conserva la paix avec eux qu'en renonçant à la Sardaigne & en augmentant le tribut. Sa domination étoit fort chancelante en Espagne. Amilcar y passa avec son fils Annibal, qui n'avoit que neuf ans. Amilcar y étant mort après neuf campagnes, Asdrubal son allié prit le commandement des Troupes, & pour mieux tenir le pays en sujétion bâtit la nouvelle Carthage. Les Romains ne voyoient pas ces progrès sans jalousie ; mais c'étoit trop d'affaires à la fois pour Rome que de recommencer une guerre contre Carthage, pendant que les Gaulois qui venoient de rompre une paix de 45. ans menaçoient l'Italie dont ils possedoient une partie considerable. Les Romains avant que de leur déclarer la guerre s'assurerent des Carthaginois par un Traité. Rome n'aiant plus que les Gaulois à combattre fut victorieuse, poussa ses conquêtes jusques au delà du Pô, s'empara de Milan & de tout le pays d'alentour. Sur ces entrefaites Asdrubal mourut, Annibal âgé de 25. ans, lui succeda, s'embarassa peu du Traité & voulut soumettre aux Carthaginois toute l'Espagne où les Romains possedoient tout ce qui est en deçà de l'Ebre. Ils avoient au delà pour alliées des Villes, qui pretendoient être libres. Annibal à qui cette independance ne plaisoit pas en voulut commencer la conquête par la Ville de Sagunte qu'il détruisit. Les Romains s'en plaignirent par une Ambassade, qui ne fut gueres écoutée à Carthage où l'on avoit eu le temps de se rétablir des anciennes pertes. Ce fut l'origine de la seconde Guerre Punique.

Annibal traversa l'Ebre, les Pyrenées, toute la Gaule Transalpine, les Alpes mêmes avec une celerité à quoi ne s'atendoient pas les Romains qui le virent fondre tout à coup sur l'Italie. Son camp fut grossi par les Gaulois charmez de rétablir leur liberté & de vanger leur defaite encore recente. Quatre batailles gagnées par Annibal mirent Rome dans un extrême danger. On peut juger de l'importance de ces batailles par celle de Cannes. Annibal envoya à Carthage trois boisseaux d'anneaux de Chevaliers Romains morts dans le combat. Les malheurs de Rome croissoient de jour en jour. La Sicile se déclara pour les Carthaginois. Il n'y éut pas jusqu'à Hieronyme Roi de Syracuse, qui n'embrassât le même parti. Toute l'Italie secoua le joug. Annibal au lieu d'aller à Rome qui ne pouvoit plus tenir contre lui, s'avança dans la Campanie ; fit reposer son armée à Capoue. Les Romains rassemblerent ce qu'ils purent de Troupes & se remirent en campagne. Annibal retrouva bien son courage & toute son habileté militaire ; mais il ne retrouva plus son armée. Amolie par les delices de Capoue, elle ne put soutenir le desespoir d'un ennemi qu'elle avoit tant de fois terrassé. Annibal fut vaincu & forcé de fuir à son tour. La Scéne changea. Marcellus regagna la Sicile : le jeune Scipion âgé de vingt-quatre ans alla en Espagne, où son Pere & son oncle venoient de perir, prit Carthage la neuve, se rendit maître de l'Espagne, passa en Afrique, les Rois jaloux de Carthage se joignirent à lui, & Carthage se vit dans le même péril où Rome avoit été peu auparavant. Annibal victorieux pendant

dant seize années ne peut sauver sa patrie de ce danger. Scipion vainqueur de Carthage & de Syphax Roi de Numidie, qui s'étoit brouillé avec les Romains, retourna à Rome avec le surnom d'Africain. Annibal après sa defaite s'enfuit en Orient. Les Romains qui ne se croioient pas en sureté tant qu'il vivroit employerent tout pour le perdre, & en vinrent à bout. Environ cinquante ans après la conquête de Scipion Carthage fit de nouveaux efforts pour se remettre en liberté. Cette guerre qui est la troisiéme guerre Punique ne dura que trois ans & finit par la destruction de Carthage, que Scipion Emilien petit-fils de l'Africain reduisit en cendres l'an du Monde 3835.

J'ai couru avec une extrême rapidité sur des revolutions remplies de faits très-remarquables; je renvoye à Polybe, à Tite-Live, à Appien, & aux autres Historiens qui ont traité de ces guerres fort au long ceux qui seront curieux d'en apprendre les détails. J'interromprai ce recit pour inferer ici la description de Carthage, afin que sur le portrait que nous en ont laissé les anciens, on puisse se faire une idée juste de la Ville que Scipion détruisit.

La Ville de Carthage avoit trois parties principales qu'il faut distinguer. Les Grecs les nomment COTHON, MEGARA, & BYRSA.

a l. 17. p. 832.

COTHON selon Strabon[a] étoit une petite Isle ronde entourée des flots de la Mer, & ayant de chaque côté des endroits où les vaisseaux pouvoient mouiller & aborder. Appien nous apprend que Cothon étoit le nom du Port; qu'il étoit quarré d'un côté & rond de l'autre, & entouré d'une muraille. Hirtius[b]

b l. 5.

parle bien de Cothon, cependant il ne le donne pas à Carthage; mais à Adrumete Ville fameuse sur la même côte. Cothon n'est donc pas un nom tellement propre à un certain lieu qu'il n'ait été donné à plusieurs. Ce n'est pas seulement une Isle, comme dit Strabon; mais un Port. Festus dit: on appelle Cothons des Ports de Mers pratiquez par la main des hommes dans l'interieur des Terres. Virgile[c] a dit en ce sens-là

c Æneid. l. 1. v. 431.

Hic portus alii effodiunt.

Surquoi Servius fait cette remarque : c'est-à-dire ils font le Cothon. On appelle ainsi des Ports de Mer que la nature n'a point faits; mais que le travail & l'industrie ont preparez : ce mot Cothon est masculin & neutre, & on dit également *Cothon*, *Cothonis*, & *Cothonum*, *Cothoni*. Comme il se trouve que jamais les Grecs, ni les Latins ne l'ont employé qu'en parlant des Villes d'Afrique, Mr. Bochart a raison de conclurre que c'est un mot de la Langue Punique; en effet du mot קטם *Katam*, ou comme les Pheniciens le prononçoient & que les Talmudistes l'employent, *Katham*, sont venus קטים *Kathum*, *coupé*, & קטום *Kitthum*, ou קטימה *Kethima*, *coupure*. Il en est de même chez les Arabes dont la Langue est une Dialecte de l'Hebraïque. Le Géographe de Nubie dit de même جبل المقطم *Gebal Almokattam*, ou *Almukattim*, pour dire une Montagne coupée. Ainsi KATUM ou KATHUM étoit un Port; mais il ne se pouvoit dire que d'un Port artificiel & taillé par l'art. Les Grecs qui n'avoient point de mots terminez en *m* changerent *Kathum* en *Kathon* ou *Kothon*, & moyennant ce leger changement admirent dans leur Langue ce mot étranger. Le Géographe de Nubie nous apprend que les Africains continuerent ce Port jusqu'à la Ville de Tunis, qu'il étoit plus large que long, que sa longueur n'étoit que de six mille pas, au lieu que sa largeur étoit de huit mille. Il communique, dit-il, avec la Mer par une embouchûre nommée PHUM ALWADI. Cet étang (c'est ainsi qu'il apelle le Cothon) n'étoit pas auparavant; mais on le creusa à travers dans le Continent, & on le mena jusqu'à Tunis. Depuis son embouchûre jusqu'à la Ville de Carthage, il y avoit trois milles & demi. Polybe compte CXX. stades de Carthage à Tunis. Je fais voir à l'Article de cette derniere Ville qu'elle étoit un Port de Mer, & elle ne le devint que par le moyen de ces travaux. Examinons les deux autres parties.

Byrsa a été la partie de Carthage dont plus d'Auteurs ont parlé. Strabon[d] la décrit ainsi.

d l. 17. p. 832.

Vers le milieu de la Ville il y avoit une Citadelle nommée Byrse, sur une hauteur assez élevée & habitée tout à l'entour. Le circuit de Byrsa étoit selon Servius de XXII. stades, qui fait 2750. pas. Eutrope dit d'une maniere plus vague qu'elle avoit un peu plus de deux mille pas de tour. Elle étoit au milieu de la Ville de maniere qu'elle étoit un peu plus au Midi, & vers le Col de la Presqu'Isle où étoit Carthage. Une triple muraille qui l'environnoit, avoit trente coudées de hauteur. Elle est decrite ci-après. Dans l'endroit le plus haut de ce terrain étoit un Temple consacré à Esculape, & si vaste que Byrsa étant prise par Scipion il s'y cacha pendant une semaine entiere cinquante mille hommes. J'ai déja dit pourquoi les Grecs l'appellerent Byrse, & la ridicule imagination où les jetta le sens de ce mot dans leur Langue.

La Ville même faisoit la troisiéme partie au milieu de laquelle Byrse étoit placée. Servius dit sur le vers de Virgile[e] déja cité

e l. 1. v. 371.

Facti de nomine Byrsam,

autrefois Carthage avoit l'air d'une double Ville dont l'une environnoit l'autre. L'interieure étoit appellée Byrse & l'exterieure MAGALIA. Il cite Cornelius Nepos, & sur ce vers[f]:

f l. 1. v. 426.

Miratur molem Æneas Magalia quondam;

C'est-à-dire, Enée est surpris de voir de si grandes masses de bâtimens dans un lieu où il n'y avoit auparavant que des chaumines; Servius remarque que cette reflexion est de Virgile; car, dit-il, Enée ne savoir pas ce qu'il y avoit en cet endroit. Il ajoute: Virgile auroit dû dire *Magaria*, au lieu de *Magalia* parce que le mot Punique, qui signifie une Maison Champêtre, est *Magar*, & non point *Magal*. Isidore dit de même: on a dit *Magalia*

galia pour *Magaria*, parce que les Carthaginois appellent une metairie *Magar*. Dans le Prologue du *Pœnulus* de Plaute on lit [a]:

a v. 86.

Cum nutrice una periere a Magalibus.
Eas qui surripuit in Anactorium devehit.
Vendiditque has omnis, & nutricem & virgines;

dans les anciennes Editions de Joachim Camerarius, & de Sambucus & de Doufa. Mr. Bochart qui raporte le premier vers dit que les meilleures éditions portent *à Megaribus*, & ne change rien à la Ponctuation qui pourtant ne vaut rien, car il faut lire ainsi ce passage.

Cum nutrice una periere. A Megaribus
Eas qui surripuit &c.

Le sens de ce passage est: son oncle Carthaginois est un vieillard qui avoit deux filles, l'une de cinq ans, l'autre de quatre; mais il les perdit avec leur nourrice. Celui qui les enleva de Megares, les mena à Anactorium où il vendit la nourrice & les deux enfans. L'Edition de Gronovius lit *à Magaribus*. Cela ne fait rien, l'un & l'autre se peut appuyer sur des autoritez; Servius, comme on a vû, dit *Magar*, & Appien dit toûjours *Megara* au pluriel. Il ajoute que c'étoit un fort grand lieu dans la Ville, & qu'il étoit contigu aux murs. Il attaqua, dit-il, Megares par deux endroits diferents en une nuit: après avoir franchi les murailles, dit-il ensuite, ils sautérent dans Megares: les Carthaginois, dit-il encore, se sauverent tout à coup dans Byrse, comme si tout le reste de la Ville eût été déja pris. On voit par là que Megares étoit une partie de Carthage diferente du Port & de Byrse. C'étoit proprement le lieu où habitoient les Citoyens, & le Peuple. Byrse étoit le quartier des gens de guerre, & le Port pour les gens de Mer. Ce nom de *Magar*, *Megara*, & par corruption *Magalia* fut conservé à cette partie de la Ville, ou plutôt il fut donné à toute l'enceinte, quoi qu'il ne convînt qu'à l'ancienne Ville formée au temps du premier établissement. Les premiers colons ne commencent pas d'abord par bâtir une Ville, chacun se loge comme il peut & tâche d'avoir autant de terres qu'il lui en faut pour sa subsistance. Chaque Maison est une espece de ferme, ou de metairie. La Ville se forme ensuite, & c'est ce que signifie le mot *Magar*. La facilité du Commerce fit songer à l'agrandir au Golphe qui étoit un port naturel, un port artificiel qui sans doute ne se fit pas tout d'un coup; mais s'agrandit à mesure que la flote & les forces maritimes s'augmentoient. Les richesses, & l'accroissement du Peuple firent amplifier l'ancienne Ville. La protection que donnoit Byrse fit que l'on continua de bâtir à l'entour, desorte qu'enfin elle fut presque au milieu & c'est le sens de Strabon, qui dit que Byrsa étoit habitée tout à l'entour. De l'Hebreu גּוּר *Gur* ou גַר *Gar* qui signifie *habiter*, *loger*, est venu le mot מָגוּר *Magur*, habitation. Les Pheniciens en ont fait מגאה *Magar*. Mr. Bochart de qui sont ces observations explique ce mot par des Maisons bâties en terre étrangere, quoique la signification propre du mot Hebreu *Magur* soit toute sorte de Maison.

A présent il est aisé d'entendre la description que fait Appien de toute la Ville [b]: la voici. Carthage étoit située au fond d'un Golphe & ressembloit à une Presqu'Isle. La gorge qui la separoit du Continent avoit vingt-cinq stades de largeur, (c'est-à-dire une bonne lieue; ou 3125. pas Romains.) De cette gorge une langue de terre s'étendoit en longueur vers l'Occident entre l'Etang & la Mer; large d'environ un demi stade (soixante & deux pas) elle étoit environnée de rochers & d'une simple muraille. Vers le Midi & la Terre ferme, où Byrsa étoit située sur la gorge dont on vient de parler étoit une triple muraille, haute de trente coudées sans les bastions & les tours, qui étoient à deux arpents de distance l'une de l'autre, tout à l'entour; appuiées sur des fondemens de trente pieds & chacune de quatre étages. Les murs ne venoient que jusqu'au second étage. Ils étoient grands & voutez. En bas il y avoit de quoi loger trois cens Elephans, & les Magasins necessaires pour leur entretien. Plus haut étoient des écuries pour quatre mille chevaux, & des lieux pour serrer l'orge & le fourage. Il y avoit aussi de quoi loger quatre mille cavaliers, & vingt mille hommes d'Infanterie. Tout cet appareil de guerre pouvoit tenir dans les seules murailles de la Ville. L'angle qui depuis cette muraille tournoit le long de la langue dont j'ai parlé, jusqu'au Port, étoit le seul endroit foible qu'on eut négligé dès le commencement. Les Ports étoient disposez de telle maniere que l'on pouvoit passer de l'un en l'autre, & du côté de la Mer ils avoient une ouverture commune, large de 7xx. pieds, que l'on fermoit avec des chaines de fer. Le premier Port étoit pour les Vaisseaux marchands, & il y avoit des boutiques de plusieurs sortes fortes pour les besoins des gens de Mer. Au milieu du Port interieur étoit une Isle, qui de même que le Port étoit bordée de grands quais accompagnez de chantiers & où il pouvoit tenir jusqu'à ccxx. Vaisseaux. Tout auprès étoient des Magasins, où l'on serroit les agrets des Galeres. Chaque chantier avoit de front deux colomnes d'ordre Ionique, desorte qu'au premier coup d'œuil l'Isle & le Port, sembloient ornez d'un Portique continué tout à l'entour. Dans l'Isle étoit le Tribunal du General de la Flote (ce que nous appellons l'Amirauté.) C'est delà que l'on donnoit le signal au son de la trompette, que l'on publioit les Edits de la Marine. Cette Isle étoit située à l'opposite de l'entrée du havre & s'étendoit en long d'une maniere si avantageuse que l'Officier pouvoit découvrir fort loin tout ce qui étoit sur la Mer, au lieu que les navires, qui entroient, ne pouvoient pas voir les détours des Ports. Les Vaisseaux marchands eux-mêmes ne voyoient pas d'abord en entrant les Ports particuliers; car ils étoient fermez par un double mur, & sans qu'ils y passassent dès le commencement du havre il y avoit une entrée par où ils arrivoient dans la Ville.

Telle est la description qu'en fait Appien.

[b] De Bellis Punicis p. 76. Edit. Lugd. apud Griph. 1588.

Je

Je l'ai preferée aux autres parce qu'elle est la plus ample & la plus detaillée ; au lieu que Polybe, Tite-Live, & Strabon, n'en fournissent que quelques parties, qui pourtant y sont conformes. J'ajouterai néanmoins quelques particularitez prises de Strabon auxquelles Appien n'a point touché, & qui acheveront de donner une juste idée de cette Ville. Carthage avoit CCCLX. stades de circuit[a] (c'est-à-dire 45000. pas ou XV. lieues) dont soixante enfermoient la gorge, qui va d'une Mer à l'autre. Il semble qu'il y ait de la contradiction entre Strabon & Appien, qui en donne à cette même gorge que vingt-cinq stades de largeur ; mais il n'y en a que l'apparence ; il parle de la vraie largeur du terrain, & Strabon l'entend du circuit des murs qui la fermoient, & qui n'étoient pas en droite ligne. Il ajoute : on peut juger de la puissance des Carthaginois par l'état où ils étoient au commencement de la guerre, qui fut terminée par la prise, & par la destruction de leur Ville. Ils avoient alors trois cens Villes en Afrique & soixante & dix mille hommes dans la Ville. Lorsqu'ils furent assiegés & sur le point de se rendre[b], ils livrerent deux cens mille armes complettes, trois mille machines de guerre, afin de calmer l'orage qui les menaçoit ; mais lorsqu'ils eurent resolu de reprendre les armes, on recommença à travailler pour les arsenaux. Tous les jours on y mettoit CXL. Boucliers, CCC. Epées ; D. Lances, & M. de ces traits que l'on decochoit avec des machines particulieres, & pour en faire les cordes les servantes donnerent leurs cheveux. Depuis L. ans ils n'avoient que douze Vaisseaux selon les Traitez. Après qu'ils se furent refugiés dans la Citadelle, ils bâtirent & équiperent en deux mois CXX. vaisseaux de guerre, & comme l'entrée du Cothon étoit fermée par une garnison, ils en creuserent un autre d'où sortit tout à coup une nouvelle flotte ; parce qu'ils avoient les anciens materiaux tout prêts, & qu'ils avoient gardé & entretenu aux depends du public tous les ouvriers necessaires pour cette entreprise.

Je reviens aux revolutions dont cette description a interrompu le fil. Vingt-deux ans après que Carthage eut été ainsi détruite par Scipion les Romains y envoyerent une Colonie. Caius Gracchus frere de Tiberius Gracchus l'y conduisit comme Triumvir, selon Plutarque[c], qui dit qu'il changea ce nom en celui de JUNONIE. Comme ce nouvel établissement se fit près de cent ans avant que Virgile composât l'Eneide, la protection particuliere de cette Déesse sur la Ville de Carthage n'est pas une fable qu'il ait inventée. L'Histoire la lui a fournie.

[*] *Quam Juno fertur terris magis omnibus unam Posthabita coluisse Samo.*

Caius Gracchus trouva lui-même la tradition établie & s'y conforma. Tite-Live avoit décrit cette nouvelle fondation dans son LX. livre ; mais malheureusement nous ne l'avons plus. Plutarque[d] observe que tous les presages en furent sinistres ; mais si elle ne réussit pas il faut moins l'imputer aux signes funestes

a l. 17. P. 832.

b Durant la seconde guerre Punique.

c In Cajo Graccho.

Aeneid. l. 1. v. 19.

d l. c.

auxquels la superstition seule est attentive qu'à la necessité où fut le Triumvir de retourner à Rome après un sejour de soixante & dix jours, & aux troubles dont Rome fut agitée à l'occasion des remedes qu'il avoit voulu apporter aux injustes possessions des riches, & à l'indigence du Peuple dont ils avoient envahi les terres.

C'est de ce temps-là que Carthage fut une Colonie Romaine ; mais l'entreprise de la relever ne fut executée avec chaleur que lorsque Jule Cesar y eut envoyé de nouveaux colons, quatre-vingts ans après Gracchus ; ou cent deux ans après la troisiéme guerre Punique. On releva ses murs, on lui rendit son premier nom & presque son ancien lustre. La mort de Jules Cesar, qui fut assassiné la même année n'empêcha point la continuation du rétablissement de cette Ville & dès les temps de Strabon, il n'y avoit aucune Ville en Afrique qui fût mieux peuplée. Depuis cette Epoque Carthage s'accrut de plus en plus, & ne devint pas seulement la capitale de la Province Proconsulaire ; mais encore de toute l'Afrique, & quoi qu'Antioche de Syrie & Alexandrie d'Egypte fussent des Villes très-grandes, très-riches, & très-florissantes, elle prétendit être en droit de leur disputer la qualité de premiere Ville de l'Empire Romain. Le nom de Colonie se conserva & on le trouve sur les Medailles. Le R. P. Hardouin en fournit une entre autres où l'on lit COL. AUR. KAR. KOMM. P.F. qu'il explique ainsi COLONIA AURELIA CARTHAGO COMMODIANA PIA FELIX. On avoit expliqué cette Medaille de la Ville de Carrhes ; mais ce savant Pere prouve la justesse de son explication par le XVII. Chapitre de la Vie de Commode écrite par Lampridius. Le Poëte Prudence pour dire qu'elle étoit la Metropole d'Afrique l'appelle

Parens orbis populosa Pœni.

Salvien de Marseille dans son livre de la Providence[f] divine en fait un détail, qui marque un état très-heureux.

Lorsque les Wandales se jetterent sur l'Afrique, Genseric prit Carthage le 19. d'Octobre l'an de l'Ere Chrétienne 439. elle demeura sous la Domination de ce Peuple jusqu'au Regne de Gelimer contemporain de Justinien. La guerre étant déclarée entre ces deux Princes, Belisaire aborda en Afrique, entra dans Carthage sans obstacle, & sans y commettre aucun desordre. Procope present à cette expedition a écrit ces circonstances dans son Histoire de la guerre des Wandales. Justinien qui aimoit à embellir & à fortifier les Villes, ne negligea point Carthage ; qui étoit alors la plus grande & la plus celebre du pays[g]. Il employa tous ses soins à reparer les murs, releva tout ce qui étoit tombé en ruine & fit faire un fossé au dehors où il n'y en avoit jamais eu. Il fit bâtir une Eglise dans le Palais, en l'honneur de la Mere de Dieu & une autre en un autre endroit en l'honneur d'une Sainte du Pays nommée Sainte Prime. De plus il fit bâtir deux galeries aux deux cotez de la place qui regarde la Mer, avec un bain

Martyr. Hymno 13. v. 61.

f De gubernatione Dei l. 7.

g Procop. Edific. l. 6. c. 5.

magnifique qu'il nomma le bain *Theodora*. Il fit encore bâtir un Monaftere proche du Port nommé *Mandrace*, & il le fortifia fi bien qu'il en fit une Citadelle imprenable. L'Empire d'Orient auquel la fage valeur de Belifaire avoit conquis Carthage & l'Afrique, ne la conferva que jufqu'à Leonce, fous lequel les Sarrazins fe rendirent maîtres de Carthage & la faccagerent de telle forte, qu'elle fut detruite fans reffource. Tunis Ville voifine en profita, & s'acrut des debris de cette Ville dont il refte à peine des ruines ; mais la Préfqu'Ifle qu'elle occupoit eft encore nommée par les gens de Mer le Cap de Carthage.

Les anciens fourniffent un affez grand nombre de noms de cette Ville. Ceux de CARTHADA, CARTHAGE, CARCHEDON, TYR, BYRSE, MEGARES, MAGALIA, COTHON, CADMEIA, CÆNOPOLIS, & JUNONIE ont déja été expliquez, ou raportez. Etienne le Géographe dit qu'on l'appella auffi OENUSSA. Euftathe fur la Périégefe de Denys, copie Etienne ; mais fans parler d'*Oenuffa*. En échange, ils difent l'un & l'autre qu'elle fut nommée CACCABE nom, qui felon eux dans la langue du pays fignifie *la tête d'un cheval*. Antoine Auguftin cité par Berkelius, & nommé dans le Chanaan de Mr. Bochart *Antoine Augufte* par une erreur d'impreffion, dit poffeder une Medaille d'argent, frapée à Carthage fur laquelle on voit une belle tête de cheval bien deffinée avec ce mot qu'on lit au bas du cou KAKKABH. Triftan s'eft donné bien de la torture pour expliquer cette legende. La tête de cheval embarraffe peu ; elle eft expliquée par une tradition fondée dans l'antiquité. Juftin[a] dit : on y trouva une tête de cheval ; ce fut un prefage que le peuple feroit puiffant & guerrier, & on bâtit la Ville dans un lieu de fi bon augure. Virgile[b] n'a pas oublié cette circonftance.

[a] l. 18.
[b] Æneid. Li. v. 447.

Effodere loco fignum quod regia Juno
Monftrarat, Caput acris equi.

Silius[c] qui l'imite autant qu'il peut, dit de même.

[c] l. 2.

Oftentant Caput effoffa tellure repertum
Bellatoris equi.

Mr. Bochart qui s'étoit rendu familière l'explication des mots Puniques trouve que celui-ci eft fait de deux mots joints enfemble par contraction ; favoir de כר *Car* & de רכבה *Recaba*. Le premier n'eft pas feulement dans l'Hebreu où il fignifie un *Chef*, un *General*, & par analogie une *tête* ; les anciens Grecs l'ont employé dans ce dernier fens, entre autres Homere, & Hippocrate. Le fecond fignifie un *cheval*, les Arabes difent רכובה *Recuba* un *cheval*, & ils ont pris ce mot de l'Hebreu רכב *Racab*, qui veut dire *aller à cheval*. Les Pheniciens en avoient auffi leur mot *Recaba*. Quant à la contraction, où à la diminution des lettres faite à l'occafion de l'union de ces deux mots, elle ne manque point d'exemples. Ainfi *Caccaba* ou *Caccabe* fignifie veritablement la *tête d'un cheval*. Cependant je crois la Medaille fauffe. Dans quel temps

auroit-elle été frapée ? Si on dit que c'eft dans les anciens temps de Carthage ; comment s'y eft-on avifé de mettre en caractères Grecs un mot Phenicien ? Si on me repond qu'on a des médailles de Carthage dont le caractere eft Grec, je l'avoue ; mais le ftyle l'eft auffi, de même qu'on en a de Latines de la même Ville, & les lettres en font Latines ; mais les unes & les autres ont été frapées du temps de Carthage Colonie Romaine. Celles de Carthage libre font Puniques, ou fi elles font en Grec, elles ont été frapées en cette Langue par des Villes Grecques foumifes aux Carthaginois. Scaliger, & quelques autres ont pris la peine de chercher pourquoi Eufebe avoit dit que Carthage avoit été nommée auparavant ORIGO. Ce paffage n'a pas été entendu de Scaliger. Le nom *Origo* eft une faute pour *Virago* Οὐράγω, & c'eft le nom de Didon & non pas de Carthage ; ce nom eft le même que les Grecs fubftituerent au mot *Eliffa*, nom qui fignifie une femme courageufe: celui de Didon veut dire *Vagabonde*, qui fait de grands Voyages. Les anciens ont bien embrouillé l'explication de ces deux noms faute d'en comprendre le vrai fens. Balzamon dit que Carthage fut auffi nommée JUSTINIANA ; ce fut aparement après que Juftinien l'eut embellie, comme on a vû.

Telle fut Carthage, Colonie Tyrienne commencée vers le temps de Jofué ou vers l'an du Monde 2498. embellie & fortifiée par Didon vers l'an 3098. la concurrente de Rome depuis l'an 3732. detruite par fa rivale 3835. rétablie par Caïus Gracchus, & plus efficacement par Jules Cefar 3940. envahie par les Wandales l'an de l'Ere vulgaire 439. prife par Belifaire fur eux fous Juftinien, & enfin par les Sarrazins l'an 698. fous l'Empire de Leonce, qui fit de vaines tentatives pour la reprendre. Elle fut détruite entierement.

CEDRENE ayant nommé une Ville que Chosroes affiégea Καρχηδόνα au lieu de Καλχηδόνα, c'eft-à-dire Carthage pour Chalcedoine, plufieurs fe font jettez dans l'érreur, Paul Diacre entre autres, & ont cru que les Perfes avoient pouffé leurs conquêtes en Afrique jufques à Carthage ce qui n'eft pas vrai ; & ne vient que du changement vicieux d'une *l.* en une *r.* Ezechiel[d] dit que les Carthaginois venoient à Tyr *Carthaginenfes negotiatores tui:* c'eft ainfi que la Vulgate exprime ce nom de *Tharfis*, qui eft dans le Texte Hebreu. Voïez THARSIS.

[d] c. 27. v. 11.

L'Eglife de Carthage fut très-refpectable dès la fin du fecond fiécle de l'Eglife qu'elle eut pour Evêque Agrippin, qui eft le premier que l'on connoiffe. St. Cyprien l'un des Peres de l'Eglife occupa auffi ce Siége depuis l'an 248. jufqu'au 14. de Septembre qu'il reçut la Couronne de Martyre. Il s'y eft tenu des Conciles en quantité, & on en compte plus de vingt. La fameufe Conference de Carthage, qui fe trouve entre les Oeuvres de St. Optat eft un morceau très-refpectable non feulement par fon utilité pour l'Hiftoire Ecclefiaftique ; mais encore par le grand fecours qu'en retire la Géographie ; car elle a confervé quantité de noms de Villes, qui ont été des Siéges Epifcopaux, & dont plufieurs n'étoient
point

CAR. CAR. 329

point connues aux Historiens profanes parce qu'elles n'avoient fait aucune figure dans les guerres anciennes. On pourroit s'étonner de ce que Carthage, ayant été si long-temps la Capitale de l'Afrique, ses Evêques n'affecterent pas d'abord le titre de Patriarche ou de Primat. La qualité de Primat en Afrique n'étoit attachée à aucun Siége particulier. Elle se conferoit à un Evêque, en qui se rencontroient l'ancienneté, dans l'Episcopat, avec les autres qualitez requises sans acception de Siége. Cependant cet usage s'affoiblit & les Evêques de Carthage, s'étant acquis une grande superiorité de rang sur les autres Eglises d'Afrique, elle en devint la Metropole, & plus particulierement de la Byzacene.

Carthage fut la Patrie de Terence & de Tertullien.

GOLPHE DE CARTHAGE, Golphe de la Mer Mediterranée, sur la côte d'Afrique; on peut le considerer de deux points de vue bien diferens, savoir, depuis Hippone au Couchant jusqu'au Cap de Mercure à l'Orient, ou en le commençant à l'Occident qu'au Promontoire d'Apollon. On y trouvoit sur la côte Orientale Utique, & l'embouchure du Bagradas, au Midi Carthage, & au fond du Port ou Etang pratiqué dans les terres Tunis; sur la côte Orientale *Maxula* Ville Episcopale, *Mons Aspidis*, *Simminina*, & *Carpis*. On appelle presentement ce Golphe, GOLPHE DE TUNIS. Voiez cet Article au mot GOLPHE.

2. CARTHAGE, en Armenie. Voiez CARCHEDON. C'est la même qu'ARTAXATE. Voiez aussi cet Article.

CARTHAGE, en Espagne; il y en avoit deux que Ptolomée distingué, par les surnoms d'ancienne & de nouvelle.

3. CARTHAGE L'ANCIENNE, ou la VIEILLE CARTHAGE, *Καρχηδων παλαια*. Il la met loin de la Mer, au Pays des Ilercaons, ce qui la distingue de Carthage la neuve qui étoit maritime, & dans le territoire des *Contestani*. Cellarius dit que Ptolomée est le seul qui en ait parlé. C'est ce que l'on peut ni ne doit lui accorder. S'il veut dire qu'elle n'est nommée nulle part ailleurs, *Carthage l'ancienne*, CARTHAGO VETUS, cela se peut. Mais Ortelius avoit très-bien vû que c'est la même que Pline [a] nomme Carthage, l'ouvrage des Carthaginois. *Regio Cossetania*, *flumen Subi*, *Colonia Tarraco*, *Scipionum opus, sicut Carthago Pœnorum*. Le R. P. Hardouin explique ainsi ces derniers mots. Cette Ville fut bâtie sous Hamilcar: c'est presentement VILLA FRANCA DE PANADES, en Catalogne: quoi que Ptolomée ait placée au Pays des Ilercaons, elle étoit en deçà de l'Ebre aussi bien que Tarragone, & Pline le fait assez entendre: ceux-là se trompent qui croient que c'est CANTAVEXA qui est en Arragon. Cellarius reconnoit que l'autorité de ces deux Savans lui est contraire; cependant il ne laisse pas de dire que dans le passage dont il s'agit il est question de Carthage, qui étoit au bord de la Mer, & la même que Carthage la neuve. Cette question n'est après tout qu'une bagatelle; car que Pline en ait parlé, ou non, Cellarius accorde sur le temoignage de Ptolomée qu'il y avoit une Carthage Mediterranée pour par-

[a] l. 3. c. 3.

Tome II.

ler ainsi, & diferente de Carthage maritime. Lui-même il la met dans sa Carte à l'Orient de la Segre vis à vis de l'endroit où elle reçoit la Cinga ou la Senga; la difficulté n'est donc pas si elle étoit, mais où elle étoit. Un Evêque de Gironne cité par Ortelius, dit aussi bien que le R. P. Hardouin, qu'elle étoit à *Villa Franca*; mais *Villa Franca de Panades* est trop près de Barcelone, trop loin de l'Ebre, & trop avancé dans l'Espagne Citerieure pour pouvoir être Carthage, bâtie par Hamilcar. CARTAVEXA, comme écrit le R. P. Hardouin, ou CANTA VIEJA, étant dans l'Espagne Carthaginoise, y convient mieux. Le mot *Canta* paroit une corruption du nom *Cartha*, qu'on a vû ci-devant être le mot qui dans la langue Punique signifie une Ville. *Vieja* marque qu'il y a eu une ancienne Ville. J'avoue que Canta Vieja n'est point du Pays des Ilercaons; VILLA FRANCA n'en est pas non plus; Antoine Augustin [*] & Mariana sont pour *Canta Vieja*. Cependant ni l'un ni l'autre des lieux modernes ne convient à la position que Ptolomée donne à cette Ville. Je laisse aux Savans d'Espagne à chercher quelqu'endroit plus près de l'Ebre qui y convienne davantage.

[*] De num. ant. Dial. 8.

4. CARTAGE LA NEUVE, ou LA NOUVELLE CARTHAGE, ancienne Ville d'Espagne, au Pays du peuple nommé *Contestani* dans le Golphe que les Anciens ont appellé *Virgitanus Sinus*; Pomponius Mela [b], dit qu'elle fut fondée par Asdrubal, (qui succeda à Hamilcar Pere d'Annibal) Polybe [c] dit aussi que c'étoit l'ouvrage d'Asdrubal, qu'elle étoit nommée Carthage par quelques-uns & la nouvelle Ville *Καινη πολις Cænopolis* par les autres. Appien [d] se trompe fort quand il dit que c'est la même que Sagunte, qu'Annibal l'ayant prise & détruite en fit une Colonie qu'il nomma Carthage Spartagene. On doit excuser un Grec qui parlant de l'Espagne a confondu deux Villes très-diferentes l'une de l'autre. Polybe [e] dit au contraire qu'Annibal partit de cette Ville de Carthage pour aller faire le siége de Sagunte. Il est certain que Pline [f] & Antonin [g] lui donnent le surnom de SPARTARIA, & elle ne l'eut que pour la distinguer de Carthage la grande, en Afrique qui étoit aussi maritime & de Carthage la Vieille qui étoit aussi en Espagne & de fondation Punique aussi bien qu'elle. Ce nom vient de ce qu'elle étoit voisine d'un Champ que l'on appelloit AGER SPARTARIUS. Voiez SPARTARIUS. Scipion l'Africain la prit; les Romains qui en connoissoient l'utilité, la conserverent & afin de se l'assurer y mirent une Colonie Romaine. Entre autres Medailles, il y en a une d'Auguste avec cette Legende C. J. N. C. EX. D. D. c'est-à-dire COLONIA JULIA NOVA CARTHAGO EX DECRETO DECURIONUM. Une autre n'a que ces lettres C. J. N. C. qui repondent aux quatre premiers mots de la premiere. Une autre porte UR. J. N. K. c'est-à-dire, URBS JULIA NOVA KARTHAGO. Ils en firent une espece de Ville de Parlement, pour parler selon les idées modernes, & soixante-cinq Villes d'Espagne en ressortissoient. Tite Live donne une grande idée des richesses de ce Port lorsque Sci-

[b] l. 2. c. 6. n. 55.
[c] l. 1. c. 13.
[d] in Ibericis.
[e] l. 3. c. 18.
[f] l. 31. c. 8.
[g] Itiner.

Tt *

Scipion l'assiegea & le prit. Je ne raporterai point la description qu'il fait du Golphe [a] où elle étoit située; car comme cette Ville subsiste encore sous le nom de Carthagene, au Royaume de Murcie, il sera plus utile d'en donner le détail selon l'état moderne, & pour la Navigation d'à present. Voiez CARTHAGENE 1.

[a] l.26.c.42.

2. LA NOUVELLE CARTHAGE. Voiez CARTHAGO 1.

CARTHAGE. Il y a deux Villes de ce nom en Amérique. Voyez CARTHAGO 1. & 2.

1. CARTHAGENE, Ville maritime d'Espagne au Royaume de Murcie. Mr. l'Abbé de Vayrac [b] ne parle pas d'une maniere fort exacte de l'antiquité de cette Ville. Quelques Auteurs, dit-il, prétendent qu'Annibal la fit bâtir pendant le temps de la seconde guerre Punique; mais la plus commune opinion est qu'elle fut construite par Amilcar son Successeur, lequel en fit un Magazin & un Arsenal. Il y a plus d'une erreur dans ce peu de lignes. Ce ne fut point Annibal qui bâtit Carthagene, mais Asdrubal son Predecesseur, comme le disent bien expressement Polybe & Mela. Elle ne put être bâtie par le Successeur d'Annibal, puis qu'Annibal en partit pour aller faire le siege de Sagunte qui fut la premiere hostilité de la seconde guerre Punique; & enfin Mr. l'Abbé de Vayrac ne s'est pas souvenu qu'Amilcar étoit le Pere & non pas le Successeur d'Annibal; que cet Amilcar fonda une Ville de Carthage, qui fut Carthage la Vieille; Carthage la Neuve, qui est Carthagene, fut fondée par son Successeur Asdrubal, après la mort de qui Annibal commanda les forces de Carthage en Espagne & en Italie. Il ajoute on comptoit qu'elle tenoit sous sa dependance jusqu'à soixante-deux petits peuples. Il faloit dire qu'elle fut sous les Romains le siége d'une jurisdiction qui s'étendoit sur LXV. Villes.

[b] Etat de l'Espagne T.1. p.160.

Cette Ville capitale d'une Province, nommée Carthaginoise & de laquelle j'ai parlé au mot CARPETANIE, a eu de grands demêlez avec l'Eglise de Tolede: j'en ai raporté quelque chose dans cet Article. L'an 421. de l'Ere Vulgaire sous Gunderic Roi des Vandales, ce Peuple n'aiant pu engager au combat les Sueves qui s'étoient refugiez dans les Montagnes entre Léon & Oviedo, passerent dans les Isles Baleares, qu'ils saccagerent, puis revinrent en terre ferme. Il n'y avoit pas longtemps que les Romains avoient repris Carthagéne sur les Alains. Les Vandales attaquerent cette Ville & la détruisirent; à peine six cens ans s'étoient écoulez depuis que les Carthaginois l'avoient fondée. Depuis ce malheur elle fut reduite à quelques Chaumines. Mariana ajoute que de son temps il y avoit à peine six cens familles. C'est de ce temps-là, poursuit-il, que les droits de cette Ville passerent à celle de Tolede. Quelques uns entendent par ces droits la dignité d'Eglise Metropolitaine; d'autres l'entendent de la Jurisdiction civile. Une Notice des Evêchez d'Espagne, qui est dans un Manuscrit de Seville à St. Laurent, écrit l'an 962. donne à l'Eglise de Tolede XI. Sufragans & Carthagene est le dixieme. Le Siége de Carthagéne a été transferé à Murcie. Philippe II. la fit fermer de Murailles & revêtir de bonnes fortifications. Depuis ce temps-là elle s'est retablie peu à peu quoi qu'elle soit encore bien loin de son ancienne splendeur; ce qu'il y a de plus considerable c'est son port qui est sans contredit le meilleur de toute l'Espagne, & des premiers de l'Europe. Il est d'une petite Baye de 500. pas de long sur 6, ou 700. d'ouverture. On raporte que le fameux Doria Général de la Flote, disoit qu'il ne connoissoit que trois ports qui fussent surs, savoir les mois de *Juin*, *Juillet*, & *Carthagene*.

Il y a trois choses à remarquer. 1. La Ville de Carthagene située au fond du port. 2. Le port qui est une ance, & fait partie du Golphe de Carthagene. 3. Le Golphe même qui occupe partie de la côte de Grenade, depuis le Cap de Gates, & presque toute celle de Murcie, jusqu'au Cap de Palos.

LE GOLPHE DE CARTHAGENE, partie de la Mer d'Espagne, entre les Caps de Gates & de Palos. La côte court Nord-Nord-Est jusqu'au Royaume de Murcie, & à l'embouchure du Guadalentin où est Almaçaren, Muxacra, à l'Embouchure du Trabay, Vera à celle du Guadalmaçar, Portilla presqu'à l'entrée du Royaume de Murcie, sont les lieux les plus remarquables jusques à Almaçaren. Au Sud-Est de ce port est Laquibo petite Isle. Sogana est à moitié chemin d'Almaçaren à Carthagene. [c] De la pointe de l'Est du Cap de Gates à Carthagene, la route est le Nord-Est quart d'Est environ 105. milles. Entre les deux, il y a un grand enfoncement & les terres sont fort hautes, mais environ huit à neuf milles à l'Ouest-Sud-Ouest de Carthagene il y a une grosse pointe qu'on appelle Cap de la Sabia, sur lequel est un petit Village & du côté de l'Est, une petite Riviere. Presque à moitié chemin du Cap de la Sabia à Carthagene, il y a un grand enfoncement avec une petite Isle du côté de l'Est. On la nomme l'Isle de las Colombas; & dans le fonds de cette anse il y a une petite Ville, & un Château sur la pointe de l'Est. Il y a aussi sur cette Isle une Tour à feu. La Ville dont on vient de parler est nommée *Almazaron* par quelquesuns, c'est la même qu'*Almaçaren*. On peut mouiller du côté de l'Ouest de l'Isle des Colombes dans l'ance d'Almaçaren par quinze, dix-huit, & vingt brasses d'eau; mais le fond n'y est pas fort bon à cause de quelques roches. Environ quatre milles à l'Est quart Nord-Est de l'Isle de las Colombas, est l'entrée du Port de Carthagene, dont la reconnoissance est facile, parce qu'il y a une petite Isle ronde presque vis-à-vis du Port, environ une lieue au Sud-Sud-Est. C'est la *Scombraria* des anciens. Elle eut ce nom à cause de la quantité de Maquereaux qu'on y pêche, & que les Romains qui les aimoient beaucoup appelloient, *Scombri*. Le nom moderne de cette Isle est exprimé diversement sur les Cartes ou dans quelques Livres, *Combrera*, *Scombrera*, *Ascombrena*. Elle est presque ronde, à quatre ou cinq cens toises de la côte & presque vis-à-vis du Port. Il y a quelques Roches presque à fleur d'eau du côté de l'Ouest de l'Isle, & elles en sont fort proches.

[c] Memoires communiquez.

Le

CAR.

Le Port de Carthagene est dans un fonds. Si-tôt qu'on est par son travers, on en découvre l'entrée qui est fort étroite & qui se trouve entre deux Montagnes; on voit en même temps le Château de Carthagene, dans le fond du Port & la Ville est au pied sur une pointe de moyenne hauteur. A la gauche en entrant, il y a un Fortin armé de six piéces de Canon & sur le haut de la pointe de la droite il y a deux bateries de canon assez considerables. Le port est assez grand & presque de figure ronde, dans le fond est un ancien Château sur une hauteur. La Ville est au pied, & ne paroît que fort peu du côté de la Mer, quoi qu'elle soit assez grande; elle est située dans une plaine au delà du Château, devant la Ville il y a un petit Mole qui sert aux debarquemens. On fait de l'eau à l'entrée de la Ville à quelques fontaines, mais elle est saumache & de mauvaise qualité. Le traverser de ce port est le vent de Sud-Sud-Ouest qui n'y cause pas beaucoup de Mer à cause de la sêche qui la rompt. Au dedans de la pointe de la gauche en entrant, à près de cent-cinquante toises, il y a un petit banc de roches presqu'à fleur d'eau, de l'étendue de dix à douze toises, où sur lequel pour peu qu'il fasse de mauvais temps la Mer brise. Aux environs de ce banc il y a cinq, huit & dix brasses d'eau jusques à la pointe, où est le Fortin dont il a été parlé tellement qu'on peut passer entre l'écueil & le Fort, rangeant à discretion la pointe du Fort: mais le meilleur est de laisser le danger sur la gauche.

A huit ou neuf milles Est-Nord-Est de l'Isle de Scombrera est le port Genovez, ce n'est qu'une petite ance, avant laquelle est une grosse pointe nommée le Cap de Suga. Environ deux milles Sud-Est quart à l'Est de Genovez est une autre grosse pointe fort escarpée, nommée le Cap Negre, au dessus duquel est une haute Montagne en pain de Sucre. Toute la côte est fort haute & fort escarpée depuis Scombrera jusqu'au Cap de Palos.

Selon les observations du savant Peré Feuillée [a] Carthagene a 37. d. 36'. 7". de Latitude Septentrionale. Le même Pere dit d'après une pieuse tradition que l'Apôtre St. Jacques fut le premier qui prêcha l'Evangile à Carthagene où il se rendit l'an 39. de Jesus-Christ, venant de Jaffa, n'ayant touché dans ce Voyage qu'en Sardaigne.

2. CARTHAGENE, Ville de l'Amerique Meridionale, sur la côte de la Mer du Nord, dans la Terre ferme, où elle est la Capitale d'une Province qui porte son nom. Le R. P. Feuillée, qui en a determiné la position sur les lieux, dit qu'elle est de 77. d. 30'. plus Occidentale que l'Observatoire de Paris & que sa latitude est de 10. d. 30'. 25". au Nord de l'Equateur. Le Sr. Coreal [b] la met à 15. ou dixhuit lieues des petites Isles de St. Blaise. Elle est divisée en Haute & en Basse Ville. La haute seule s'appelle proprement Carthagene; l'autre s'appelle GASIMANA, ou GASIMANI, c'est le Fauxbourg, qui est au Sud-Est de l'autre & en est détaché par un Canal. Carthagene est très-bien fortifiée, & défendue par trois Forts du côté du port. [c] Elle est située dans une Presqu'Isle sablonneuse, sur une

[a] Journal des Observ. 1. Part. p. 92. & 93.

[b] Voyages aux Indes Occident. T. 1. p. 117.

[c] Corn. Dict. de Laet Ind. Occident. l. Tom. II.

CAR. 331

large plaine, laquelle s'étend du côté du Nord jusqu'à la Mer qui est peu profonde en cet endroit (effectivement il n'y a que 4. 5. à 6. brasses d'eau devant la Ville) & dont le rivage va doucement en penchant du côté du Sud. Carthagene est ceinte d'un Marais, ou Etang bourbeux (qui est l'extremité Septentrionale du Lac de Carthagéne.) Cet Etang s'appelle CANAPOTE, flue & reflue comme la Mer. On va de la Ville jusqu'à la Terre-ferme par une Chaussée longue de trois cens pas, & large de douze, sous laquelle il y a deux Arches qui donnent entrée au flux. La Ville est très-bien bâtie & a cinq rues qui s'étendent depuis le port ou côté Occidental, presque jusqu'au rivage opposé. Chacune de ces rues est longue environ de six-cents pas & garnie de belles Maisons de côté & d'autre avec leurs Jardins & leurs Cours. Il y a une autre vue presque deux fois aussi longue que les autres qu'elle coupe toutes, commençant dès la Mer même & s'étendant jusqu'à l'Etang. Il y a une Eglise Cathedrale, dont l'Evêque est suffragant du Metropolitain du nouveau Royaume de Grenade, les Dominicains y ont un Couvent, ainsi les Cordeliers. La Maison de Ville, le Bureau du Roi & quelques autres bâtimens semblables se font distinguer parmi les Edifices publics. Herrera écrit que de son temps il y avoit plus de cinq cens familles d'Espagnols dans Carthagene, & un fort grand nombre de Marchands & d'étrangers. Son port peut s'attribuer le premier rang entre les meilleurs de l'Amerique: l'entrée de ce port est fermée par une Isle. Ce qui suit dans l'Auteur cité s'accorde si mal avec les Memoires que j'ai d'ailleurs, que je crois les devoir ici preferer, avec d'autant plus de justice qu'ils s'accordent avec une Carte que j'ai de Carthagene & de ses Environs. Au Midi de Carthagene & de Gasimani est un Lac, ou port qui a environ quinze milles Anglois de longueur, quoi qu'il ne soit rempli que des eaux de la Mer, il en est pourtant separé par la Ville de Carthagéne, par l'Isle Nave, & par celle de Carex, qui continuent le rivage maritime. L'Isle Nave est presque coupée en deux par un petit Golphe dont l'embouchure est dans le Lac, & les deux parties de cette Isle ne sont jointes que par un Isthme d'environ trois cens pas de large. Cette Isle avance par une longue pointe jusqu'auprès des Murs de la Ville; à l'autre extremité est un Fort qui défend un Detroit par où l'on entre dans le Lac. Cette entrée qui en est la principale est nommée BOCCA CHICA & le Fort en porte le nom, elle est entre l'Isle Nave & celle de Carex. Cette Isle n'est separée du Continent que par un Canal étroit & est fort petite en comparaison de l'Isle Nave. Depuis Carthagene jusqu'à l'Isthme, le Mouillage qui n'étoit que de quatre brasses, va en augmentant jusqu'à 20. brasses, de là jusqu'à l'Ouest de l'Isle Nave, il augmente encore, mais lorsqu'on approche du Fort la profondeur diminue; à l'entrée du passage de Bocca Chica, elle n'est plus que de douze brasses; quand on a doublé la pointe Septentrionale de Carex, elle n'est plus que de huit; en côtoyant l'Isle de Nave, par dedans le Lac, elle est ou de neuf, ou de onze ou de douze brasses; il y

[8. c. 15. & suiv.]

Tt * 2 en

en a quinze près du Fort de Ste. Croix qui protege le paffage qui eft entre ce Fort & un Banc de Sable fort dangereux. Entre ce Banc & le Fort on peut paffer fur dix braffes d'eau. Mais avant que d'arriver à Gafimani, ou à la baffe Ville, il faut paffer entre une redoute & quelques Ifles qui reftent d'une pointe de terre de l'Ifle Nave; & ce paffage n'a que cinq braffes de profondeur. A l'Orient de la Ville en Terre-ferme eft le Fort de S. Lazare; qui fert de defenfe de ce côté-là. Carthagene ne fut d'abord qu'une fimple habitation & un Village, mais les Efpagnols en trouvant la fituation très-avantageufe pour le commerce en firent une Ville qui eft devenue l'une des plus importantes de ces quartiers-là. Elle n'étoit pas encore fortifiée comme elle l'eft à préfent lorfque les Anglois commandez par Drack, la furprirent en 1585. vingt-trois ans après qu'elle eût été batie. [a] Les François l'attaquerent à leur tour en 1697. De Pointis, Chef d'Efcadre, partit le 9. de Janvier avec fept vaiffeaux de guerre, trois Fregates, deux Flutes & une Galiotte à Bombes de la rade de Camaret & vint le 13. d'Avril mouiller près de Carthagene. Le debarquement fe fit le 15. dix-fept cens Soldats de Marine, deux mille Matelots & treize cens Flibuftiers ayant mis pied à terre attaquerent le Fort de Bocca Chica, & le Gouverneur fe rendit à difcretion. L'entrée du Port étant libre, on y fit entrer le 17. les Vaiffeaux. Ainfi la Ville fut batue par le Canon & par les Bombes des Navires d'un côté & par les Bateries du Canon & des Mortiers qu'on dreffa à terre. Les Efpagnols fe defendirent avec vigueur, & ce ne fut que le trente à cinq heures au foir que les François fe rendirent maitres de la haute Ville. La baffe Ville tint bon jufqu'au 3. de Mai & la Capitulation fut fignée le lendemain. La Garnifon fortit avec les marques d'honneur, au nombre de dix-huit cens hommes, & on exigea des habitans qu'ils fiffent leurs foumiffions au Gouverneur François, qui prit poffeffion de toutes les munitions & de toutes les richeffes qu'il trouva dans la Ville. Elles étoient fort confiderables tant en or, argent & pierreries qu'en marchandifes. Les François ne pouvant garder la Ville, environnez des forces Efpagnoles, & trop éloignez de celles de France pour en attendre le fecours, démolirent fes baftions & fes portes & fe rembarquerent avec le precieux butin qu'ils avoient fait.

[b] Le meilleur & le plus riche Commerce de Carthagéne, confifte en perles que l'on y apporte de la Marguerite, fur les côtes de la nouvelle Andaloufie. On y porte auffi tous les revenus que le Roi tire de la nouvelle Grenade & de toute la Terre-Ferme. Le trafic en perles que l'on fait à Carthagene, eft fi important que tout un quartier de la Ville n'a point d'autre occupation que celle de les choifir, de les percer, & d'en faire des colliers & des braffelets. Outre cela on y porte de plufieurs Provinces de l'Indigo, de la Cochenille, du Sucre, de l'Or, & de l'Argent &c. de forte que c'eft une des plus riches & des plus importantes Villes de l'Amerique.

LE GOUVERNEMENT DE CARTHAGENE, Province de l'Amerique Meridionale, dans la Terre-ferme, fur la Mer du Nord, qui la borne au Nord-Oueft; Rio Grande, & la Riviere de la Madelaine la termine à l'Orient; une ligne qui paffe fort près & au Nord de Santa Fe & d'Antioquia & qui finit à la fource de la Riviere de Darien, l'enferme au Midi & enfin la Riviere & le Golphe de Darien, achevent de la borner au Couchant jufqu'à la Mer du Nord. Carthagene, Zenu, & St. Sebaftien le long de la Mer; Madre de Popa ou Madre de Dios de Popa, fur le bord Occidental de Rio Grande; Santa Maria, à la fource du Ruiffeau, qui tombe dans le Rio Grande tout auprès de Madre de Popa, & Santa Crux de Mopox, fur la rive Occidentale de la Riviere de Madeleine, font prefque les feuls lieux connus de cette Province. De Laet,[c] lui donne de longueur quatre-vingt lieues, entre l'Eft & l'Oueft depuis la grande Riviere de la Madelaine, jufqu'au Golphe d'Uraba ou de Darien & prefque autant de largeur depuis la Mer du Nord, jufqu'aux dernieres limites du nouveau Royaume de Grenade. Sa figure n'eft pourtant rien moins que quarrée, elle eft triangulaire, ayant deux côtez prefque égaux, favoir au Midi & au Levant. Depuis l'embouchure de Rio grande à l'Occident de laquelle eft l'angle Septentrional le Pays va toujours en s'élargiffant jufqu'à la fource de la Riviere de Darien où il finit; de forte que la vraie longueur doit fe prendre depuis cette fource jufqu'à l'embouchure de Rio grande, & peut avoir 100. milles Géographiques de 15. au degré, fa plus grande largeur fe doit prendre depuis l'angle le plus Oriental, auprès de la Riviere de la Madelaine, jufqu'à St. Sebaftien de Buena Vifta, & eft de 45. de ces mêmes milles; cette largeur n'eft pas là, car fi on avance vers le Nord, ou vers l'Oueft, elle diminue & fe reduit à rien. [d] Le terroir pour la plus grande partie eft relevé en Montagnes & en Collines, l'autre partie eft en Vallées baffes & ombragées de plufieurs Forêts & de Bocages épais. La terre que la trop grande quantité de pluyes rend prefque tout humide & marécageufe, n'eft pas propre pour les femences de l'Europe, & le bled n'y meurit pas bien. On n'y trouve des veines d'Or qu'en peu d'endroits. Il y a beaucoup de bêtes fauvages, de Tigres, de Serpens & autres animaux nuifibles. Il y refte peu des anciens habitans. Une ferocité intrepide les engagea en diverfes guerres contre les Efpagnols qui les ont fort éclaircis.

La Province de Carthagene[e] eft fubdivifée en plufieurs autres, qui ont leurs limites particulieres & dont chacune a fon nom. Celle d'URABA, à l'Occident eft fertile en vivres; fes Forêts la fourniffent de Gibier en abondance, & la Mer voifine d'excellent poiffon. Celle de TATUBE, occupée anciennement par des Sauvages guerriers qui s'étendoient jufqu'à la Mer du Sud eft fituée vers le Midi, au delà des Montagnes appellées Abibe. Celle de GUATA, eft vers l'Oueft de Carthagene en tirant fur le Midi. Aux confins d'Uraba eft celle de ZENA, où l'on a trouvé beaucoup d'Or, au temps paffé & quantité d'autres chofes precieufes, enfermées dans des tombeaux; parce qu'on y apportoit les corps morts, des

Pro-

CAR. CAR. 333

Provinces mêmes des plus éloignées, pour les y enterrer avec toutes leurs Richesses. Ainsi la Province de Zénu étoit comme le cimetière de toutes les Nations voisines, & le lieu où la superstition des Idolatres avoit rassemblé de très-grands tresors.

Les Indiens qui habitent dans ces terres, ne sont pas encore bien généralement convertis. Le Sr. Coreal qui y étoit vers la fin du siécle passé en parle ainsi: *a* Il semble qu'ils adorent le Soleil & qu'ils le reconnoissent pour leur principale Divinité. Ils portent à la Guerre au lieu d'Enseigne & de Bannière les Os de leurs vaillans Hommes tuez à la Guerre, de la main de leurs ennemis, attachez à des Roseaux pour se porter à imiter la valeur de ces braves. On assure qu'ils ensevelissent leurs Rois avec des Colliers d'Or, enrichis d'émeraudes & qu'ils mettent auprès du corps du Pain & du Vin. En effet on a trouvé de riches sepulchres en ces quartiers-là. Tous les Indiens tuent & mangent ensuite leurs ennemis. Ils vivent dispersez & dans des Cabanes. Leurs Chefs ont chacun plusieurs Femmes, dont la premiere est la plus distinguée & les Enfans de celle-ci sont les seuls & les véritables Heritiers. Ils sacrifient leurs ennemis, & il ne paroît pas qu'ils ayent idée d'une autre vie, ni qu'ils considerent celle-ci comme destinée à autre chose qu'aux sens. Ils sont pourtant genereux & donnent liberalement. On y envoye des Missionnaires qui n'y font pas autant de fruit qu'il seroit à souhaiter. Ces Indiens sont fort habiles à tirer de l'Arc. Ils ne vont jamais à la Guerre, ni ne se mettent point en campagne, qu'ils ne prennent avec eux une de leurs principales Idoles. Avant que de combattre, il lui sacrifient des Captifs ou les Enfans de leurs Esclaves. Ils frotent l'Idole du sang de ces victimes humaines, & mangent ensuite la chair de ces sacrifices. S'ils reviennent victorieux, ils font des rejouïssances, qui consistent à danser & à chanter des chansons à l'honneur des Guerriers. Ces rejouïssances ne finissent point qu'ils n'ayent bû jusqu'à s'enyvrer d'une Boisson, que de vieilles & laides sorcieres d'entre eux composent du Suc de certaines Herbes qu'elles maschent. Mais s'ils sont vaincus, ils questionnent tristement leurs Idoles & leur demandent en quoi elles peuvent avoir été offensées, après quoi on recommence les sacrifices sur nouveaux fraix.

a l. c.

1. CARTHAGO*b*, ou la NOUVELLE CARTHAGE, Ville d'Amerique dans la Terreferme dans la partie la plus Meridionale de l'Audience de Santa Fe. A quelque distance & à l'Orient de la Rivière de Cauca, au Nord-Est de Cali qui est du Popayan proprement dit.

b de l'Isle At'as.

2. CARTHAGO, Ville d'Amerique, dans la nouvelle Espagne, & dans la Province de Costa-Ricca. Elle est située presque au milieu de la largeur de l'Isthme, qui joint les deux grandes parties de l'Amerique. Thomas Gage dit *c* qu'il y trouva des Marchands fort riches & qui traffiquoient par terre à Panama & par la Mer à Porto-Belo, à Carthagene & à la Havana & de là en Espagne. Il y a, dit-il, environ quatre cens familles dans la Ville qui a un Gouverneur Espagnol. Il y a aussi un

c Nouvelle Relat. des Indes Occid. p. 37.

Evêché & trois Couvens, deux de Religieux & un de Religieuses.

CARTHAGO MAGNA. Voyez CARTHAGE 1.

CARTHAGO NOVA. Voyez CARTHAGE 4. & CARTHAGENE.

CARTHAGO VETUS. Voyez CARTHAGE 3.

CARTHAM, ou CARTHAN, ancienne Ville de la Palestine. C'étoit une des Villes de Refuge de la Tribu de Nephthali *d*. Voyez CARTHA.

d Josué c. 21. v. 34.

CARTHARA, Ville de la Mesopotamie sur le Tigre selon Ptolomée *e* & Ortelius *f* doute si ce n'est point la Charta des Notices de l'Empire.

e l. 5. c. 18.
f Thesaur.

CARTHEE, Ville de l'Isle de Zia dans l'Archipel; de quatre fameuses Villes qu'avoit autrefois l'Isle de Céos, c'est ainsi que les anciens la nommoient il ne reste plus que celle-là qui même a perdu l'ancien nom, pour prendre le nom moderne de l'Isle. Zia est donc bâti sur les ruines de Carthée. Ce Bourg ou l'ancienne Carthée, dit Mr. de Tournefort *g*, est sur une hauteur à trois milles du Port, au fond d'une Vallée désagréable. C'est une espece de Théatre, à 1500. Maisons, bâties par étages & en terrasses. C'est-à-dire, que leur couvert est tout plat comme par tout le Levant, mais assez fort pour servir de rue, cela n'est pas surprenant dans un Pays où l'on ne marche qu'en Escarpins. Sur la gauche est une Citadelle abandonnée, où 60. Turcs se défendirent glorieusement contre l'Armée Venitienne, avec deux fusils seulement, reste des armes à feu échapées du naufrage qu'ils venoient de faire; ils ne se fussent pas rendus si l'eau ne leur eût pas manqué. La Ville de Carthée s'étendoit dans la Vallée, qui vient à la Marine.

g Voyage du Levant l. 8. T. 1. p. 127.

CARTHUEL, petit Royaume de la Géorgie, il confine avec la Perse du côté de l'Orient. Luarzab qui en étoit Roi dans le temps que Tahmas regnoit en Perse, laissa deux fils en mourant, & partagea entre eux son Royaume. David le Cadet, mécontent de son partage, demanda du secours à Tahmas contre son Frere, & se fit Mahometan pour l'obtenir. Tahmas étant entré dans le Pays avec une forte Armée, se fit prêter serment de fidelité par les grands Seigneurs Georgiens; & pour son assurance, il emmena leurs enfans & ceux de David. Sa mort fit changer de face aux affaires. Les Georgiens ayant secoué le joug, jouïrent de la liberté, jusqu'à ce que Mahomet Kodabendé, qui succeda à Ismael second, envoya une armée en Georgie. David prit la fuite, & son ainé qu'on avoit fait prisonnier, & qui embrassa la Religion de Mahomet, fut laissé Kam de Teflis, Capitale du Carthuel, sous le nom de Simon-Kam. Il mourut au commencement du regne d'Abas le Grand, & laissa la Couronne à Luarzab son Fils ainé, encore jeune, sous la tutelle de Mehrou, son premier Ministre, homme de beaucoup d'esprit, mais d'une basse naissance. Luarzab devint éperdument amoureux d'une Fille de Mehrou, qui étoit fort belle, & l'auroit épousée, sans l'obstacle que la Reine & les Dames du Pays y apporterent, à cause qu'elle étoit d'une

T t * 3 trop

trop bas lieu. Mehrou, piqué du refus, & averti que Luarzab craignant qu'il ne s'en vengeât avoit résolu sa perte, se retira vers Abas, qui étant entré dans la Géorgie avec une forte armée, mit l'épouvante par tout. Luarzab se crut perdu, & s'enfuit en Mingrelie. Abas pour le faire revenir, lui écrivit qu'il n'en vouloit qu'à Taimuras Roi de Caket, qui étoit un ingrat & un rebelle, & qu'il n'avoit rien à craindre de lui, qu'il étoit prêt de lui confirmer la possession du Carthuel, & que s'il s'obstinoit à se défier de ses bontez, il ruineroit ses Etats entierement, & en feroit un Desert. Luarzab en consideration de son Peuple, à qui il cherchoit à épargner le dégât dont il étoit menacé, alla se rendre à Abas. Le Roi le reçut comme son Ami, & lui fit en apparence toute sorte de bon traitement, mais ce n'étoit que pour l'éblouïr, & il trouva bientôt le moyen de s'en défaire, sans qu'il parût qu'il eût part au coup secret qui le fit perir. Le Frere de Luarzab, après s'être fait Mahometan, fut mis en sa place. On l'appelloit d'un titre Persan, joint à un titre Georgien, *Bagrat Mirza*, c'est-à-dire, Prince Royal. Abas mourut en 1628. & les Georgiens s'étant revoltez, Rustankan fut envoyé par le petit-Fils, & Successeur d'Abas, pour les remettre sous la domination de la Perse. Il les défit en plusieurs rencontres, reprit tout le Carthuel, & bâtit la Forteresse de Gori sur une éminence, au bas de laquelle est la Ville du même nom, sur le bord du Fleuve Kar. Le Carthuel n'a que trois autres qui sont ALY, SURAM & TEFLIS; cette Province avec le petit Royaume de Caket, compose tout le Pays que les Persans appellent le Gurgistan. Il est gouverné par deux Vicerois qui sont soumis à la Perse. C'est l'état où Chardin vit ce pays-là vers le milieu du siécle passé. Mais la Guerre qui dure encore a enlevé à la Perse de vastes Provinces. Les Turcs, les Russiens & les Tartares en ont demembré de grandes parties. Il faut attendre qu'un Traité de Paix determine, ce que chacun conservera de ses conquêtes.

CARTI PORTUS, Καρτοῦ Λιμήν, port de Mer dans l'Afrique proprement dite, selon Cedrene par Ortelius [a]. *a Thesaur.*

CARTIENS, Κάρτιοι, Peuple ancien de la Perse. Au lieu de ce mot Casaubon veut qu'on lise dans Strabon CURTIENS, Κύρτιοι.

CARTILIS, ancien lieu d'Afrique dans la Mauritanie Cesariense, entre *Cartenna* & la Colonie de Cesarée. Antonin en marque ainsi les distances.

Cartennas	
Lar Castellum	XIV. M. P.
Cartili	XV. M. P.
Gunugus	XII. M. P.
Cæsaream Coloniam	XII. M. P.

CARTIMITANUM MUNICIPIUM. Le Municipe ainsi nommé sur un ancien Marbre est présentement CARTAMA, près de Ronda au Royaume de Grenade en Espagne, selon Ambroise Moralès, cité par Ortelius [b]. Cette Cartama est apparemment differente de *Cartama*, qui est près de Malaga, & assez loin de Ronda au même Royaume. Car sans cela *b Thesaur.* il se seroit mal exprimé en disant auprès de Ronda & il devoit dire auprès de Malaga.

CARTO [c], petite Ville de Barbarie, sur la côte du Royaume de Barca, entre Salona & Alberton. [d] Castald la prend pour l'ancienne CHETTÆA, de Ptolomée dans la Marmarique. *c Baudrand Edit. 1705. d Ortel. Thes.*

CARTRIS. Voyez au mot CHERSONNESE, l'Article CHERSONNESE CIMBRIQUE.

CARVAN. Voyez CAIRAVAN, & CYRENE.

CARVANCAS, Καρούαγκας. Ptolomée parle de cette Montagne en plusieurs occasions, parce qu'elle étoit à l'extremité de plusieurs Peuples à qui elle servoit de bornes. Il dit de la Norique qu'elle est terminée par une Montagne nommée Carvancas qui est au dessus de l'Istrie. Il dit de la Pannonie [e], que la haute est terminée à l'Occident par le Mont Cetius & en partie par le Mont Carvancas. En parlant des bornes de l'Italie [f] il dit: elle est bornée au Septentrion par les Alpes, qui sont au dessous de la Rhetie & de la Vindelicie & par le Mont Carvancas, qui est au dessous de la Norique & par une partie du Golphe Adriatique. Comme dans ces trois passages le nom de Carvancas n'a souffert aucune variation, Cluvier [g] en conclut que lorsque Ptolomée décrivant l'Italie, nomme les Monts Ocra & *Carusadium*, ce dernier mot est une faute des Copistes & qu'il faut lire *Carvancas*, & qu'il faisoit partie des Alpes & plus precisément encore du Mont Ocra. *e l. 2. c. 14. l. 2. c. 15. f l. 8. Euro. Pæ Tab. VI. g Ital. Ant. l. 1. c. 32. p. 354.*

CARVANIS, Ville de Cappadoce, dans le Pont Polemoniaque selon Ptolomée [h]. Ortelius dit que c'est peut-être la Carbanis d'Etienne & de Cedrene. *h l. 5. c. 6.*

CARVENTUS, Ville d'Italie dans le Latium, selon Etienne le Géographe qui cite le second livre des Antiquitez de Denys. Il ajoute que quelques exemplaires portent CARYENTOS. Nous avons le second livre de Denys d'Halicarnasse, où l'on ne trouve rien de pareil. Berkelius dit que ce passage étoit apparemment dans quelque des livres de cet Historien, que nous n'avons plus, & que le numero en a été corrompu par les Copistes. Tite Live [i] parle d'une Forteresse qu'il nomme ARX CARVENTANA; qui fut prise par les Æques sur les Romains, qui la reprirent peu après. Elle retomba [k] encore au pouvoir des ennemis, & les efforts que les Romains firent pour s'en ressaisir furent inutiles. *i l. 4. c. 53. k ibid. 55.*

CARVILIS, Bourg de France en Bretagne, à sept lieues de Brest & à neuf de St. Paul de Leon.

CARULA, ancien lieu d'Espagne dans la Betique. Antonin [l] le met sur la route de Gades à Cordoue, entre *Basilippo* & *Ilipa*. Rodericus Carus cité par Mr. Baudrand [m], croit que c'est presentement VILLA NUEVA DEL RIO, ou du moins quelque endroit voisin du Guadalquivir dans l'Andalousie. *l Itiner. m Edit. 1682.*

CARVO, *Carvonis*, ancien lieu de la Belgique. Antonin le met sur la route de Leyde à Strasbourg.

Lugduno	
Albinianas	X. M. P.
Trajectum	XVII. M. P.

CAR.

Mannaricium XXV. M. P.
Carvonem XXII.
Harenacium XXII.

Ce nom de *Carvo* ne se trouve dans aucun ancien Géographe que dans les Itineraires qui heureusement nous en apprennent la position. Je viens de donner celle que fournit l'Itineraire d'Antonin; il faut y joindre la Table de Peutinger qui met *Carvo* treize milles au dessous de *Castra Herculis*, de sorte qu'en suivant le bord du Rhin dans tous ses detours on trouve *Castra Herculis* à neuf milles au dessous d'*Arenacum*, & à treize au dessus de *Carvo*, ce qui fait XXII. M. P. entre *Arenacum* ou *Harenacium* & *Carvo* & revient au calcul d'Antonin. Ce qui prouve qu'il ne faut pas aller en droite ligne, mais suivre les detours du Rhin; c'est que des nombres de IX. XIII. & leur total qui est XXII. se rencontrent assez justes en suivant le cours de cette Riviere au lieu qu'en allant tout droit la distance n'est plus de XXII. M. P. à peine est-elle de XVII. M. P. Simler a cru que c'est la Ville de GRAEWE GRAVE; Ortelius rapporte son sentiment & Mr. Baudrand [a] cite Simler, Cluvier, & autres & dit sur leur temoignage que c'est Grave. C'est une erreur legerement admise & qui n'est venue que d'une petite ressemblance du nom, car les distances n'y conviennent point, & pour les y trouver il faut bouleverser les nombres des Itineraires, ce qui ne coute rien à quelques modernes. Alting [b] dit beaucoup mieux que c'est Kamyk reste d'un ancien Fort qu'on appelloit ainsi à cause d'un fossé que l'on commença & qui n'étoit pas encore achevé. Ce fossé n'étoit d'abord qu'une rigole, qu'on appeloit en Flamand *Karve*, pour y conduire l'eau de la Riviere, on y fit un fossé en Flamand *eene Wyke*, & cet ouvrage étant imparfait, on forma de ces deux mots le nom de KAMYK. On ne sait au reste ce que c'étoit que ce lieu; Ortelius le qualifie petite Ville ou Bourg, *Oppidum*; mais à n'en rien prêter aux Itineraires on ne peut dire si c'étoit Château, ou Village, ou Bourg, ou Auberge, ou simplement une Maison où l'on prenoit des relais. Alting ajoute si une ressemblance de son suffisoit pour assurer qu'un lieu nommé par les Anciens est le même que les modernes appellent d'un nom à peu près semblable, on auroit eu autant & plus de raison, de dire que *Carvo* est presentement *Karpen* ou *Karvendonk*, ou *Carvenheim* au Pays de Cleves, ou *Kerverland* au dessous de Woerde, & de *Castra Herculis*, faire *Erkelens* ou *Arkel*, quoique ces lieux soient du moins aussi éloignez l'un de l'autre, que dans les Itineraires anciens, *Carvo* & *Arenacum*, entre lesquels neanmoins se doit trouver *Castra Herculis* à treize milles du premier & à neuf du second.

1. CARURA, Ville de l'Inde en deçà du Gange selon Ptolomée [c].

2. CARURA, Village de l'Asie mineure, auprès du Méandre; il servoit de bornes entre la Phrygie & la Carie, selon Strabon [d]. Il y avoit des Hôtelleries pour les étrangers, & quantité de sources bouillantes, tant dans le lit même du Méandre que sur son rivage. On raconte qu'un homme qui

[a] Edit. 1682.

[b] Notit. Germ. Infer. 1.part. p.27

[c] l.7.c.1.

[d] l.11.p. 578.

CAR. 335

faisoit commerce de Filles & de Femmes, qu'il prostituoit, étant entré dans une de ces Auberges, avec un grand nombre de ces malheureuses, un tremblement de terre survint la nuit de sorte qu'il fut englouti avec elles dans la terre. Presque tout le Pays aux environs du Méandre, est sujet à tremblemens, & est tout percé de soûterrains remplis d'eau ou de feu.

CARUS CAMPUS. Voyez CERCAMP.

CARUSA, Ville ancienne de la Paphlagonie. Ptolomée [e] la nomme CARISHA, & c'est ainsi qu'on lit dans les Editions ordinaires de Pline [*] que les Editeurs avoient apparemment voulu corriger sur Ptolomée. Mais les Manuscrits de Pline portent CARUSA, qui est le vrai nom. Scylax de Caryande [f] la nomme CARUSSA Καρουσσα, & dit que c'étoit une Ville Grecque. Il est vrai qu'il nomme le Pays Assyries, mais il determine assez la situation de cette Ville, en la mettant entre le Fleuve Halys & la Ville de Sinope. Arrien [g] dans son Periple du Pont Euxin, met de même CARUSA, à cent cinquante stades de Sinope & dit que le port n'en est pas sûr pour les Vaisseaux. Marcien d'Heraclée compte LXX. stades, depuis le Fleuve EUARCHUS, jusqu'à la Forteresse de *Carusa*, qui a un port exposé aux vents d'Ouest. Et de Carusa jusqu'à la Forteresse de Zagoron CXX. autres stades. Ainsi c'est Ptolomée qu'il faut corriger, sur l'autorité de Pline, d'Arrien, de Marcien, & de Scylax.

CARUSADIUM. Voyez CARUSADIUM. Voyez CARVANCAS.

1. CARYA, contrée du Peloponnese, Xenophon [h] parlant de la Guerre des Arcadiens & des Thebains leurs Alliez contre les Lacedemoniens dit comme quelques uns furent venus de la contrée des Caryens, dire qu'il n'y avoit point de troupes & s'offrir pour guides...ils se laisserent vaincre & entrerent par les *Caryes*, tandis que les *Arcades* passoient par la Sciritide. Ce passage prouve que la Carye étoit du Pays de Lacedemone & non pas de l'Arcadie comme l'a cru Ortelius, qui cite neanmoins Xenophon, pour son garant. Pausanias ne parle point de la Carye Pays, mais bien d'un Village nommé Carye. Il nomme ce lieu *Ρatot Caryæ*, mais il ne dit point qu'il fût de l'Arcadie.

2. CARYA, ou CARYÆ au pluriel. Ce nom signifie les *Noyers*, peut-être parce qu'il y en avoit beaucoup. Quoi que Pausanias n'en parle que comme d'une bourgade, elle étoit anciennement quelque chose de plus. Xenophon [k] dans le livre déja cité dit lorsqu'il fut arrivé à Lacedemone Archidamus marcha contre l'ennemi vers l'Arcadie, & ayant forcé Carie fit main basse sur tout ce qui y étoit. Ortelius paroît n'avoir fait attention qu'à ce passage qui semble dire que Carie étoit dans l'Arcadie; mais on a déja vu que les ennemis de Lacedemone s'en étoient emparez. Ainsi elle étoit devenue une place ennemie. Pausanias [l] dit qu'il y avoit un Temple de Diane, & que la statue de Diane Caryatide étoit à découvert. C'est dans ce lieu, poursuit-il, que les Filles des Lacedemoniens celebroient tous les ans une fête en dansant à la maniere du Pays. Le même Auteur [m] dit qu'Aristomene Général des Ennemis de Lacede-

[e] l.5.c.6.
[*] l.6.c.2.
[f] Peripl. p. 33. Edit. Oxon.
[g] p.15.Edit. Oxon.
[h] Hist. Grecq. Trad. de d'Ablancourt l. 6.c. 10.
[i] l.8. c.14. p.627.
[k] l.7.c.4.
[l] 3.c.10.
[m] l.4.c.18.

demone, ayant envie d'attaquer la Ville de Sparte, en fut détourné par Castor & Pollux qui lui apparurent. Comme il s'en retournoit, il surprit en plein jour les Filles Caryatides qui dansoient en l'honneur de Diane. Il prit celles qui avoient des parens les plus riches & les plus considerables & les emmena dans un lieu de la Messenie. Après les avoir sauvées de l'insolence des Soldats qui les vouloient violer, il leur conserva leur Pudicité & les rendit à leurs parens pour une grande rançon. Ces deux passages de Pausanias font voir que Carye étoit de la Laconie & non pas de l'Arcadie. Quant à la destruction de cette Ville, c'est Vitruve que nous l'apprend. [a] Carye Ville du Peloponnese se joignit aux Perses Ennemis declarez de la Grece. Les Grecs ayant remporté une victoire signalée en se voyant délivrez du Joug des Perses, déclarerent la Guerre aux Caryates d'un commun consentement. Ayant pris & rasé la Ville, passé les hommes au fil de l'Epée, ils emmenerent les Femmes en captivité, & ne leur permirent point de quitter les habits qu'elles portoient avant ce malheur. Ne se bornant pas à un seul triomphe ils voulurent qu'elles portassent long-temps la peine & l'ignominie düe à l'infidelité de leur Ville, pour être un exemple durable de ce juste châtiment. Leurs Architectes destinerent les figures de ces femmes Caryatides, à porter des fardeaux afin de conserver plus long-temps la mémoire des affronts qu'on leur faisoit. C'est de la qu'est venu cet ornement d'Architecture, que l'on appelle encore *Caryatides*, où l'on voit des figures de femmes, porter une partie considerable de l'Edifice qui écraseroit les têtes de femme les plus dures. Cet ornement qui n'est rien moins que naturel & par consequent deraisonnable trouva de l'approbation, par la douceur que les ames foibles trouvent toujours dans la vengeance & l'imitation l'a perpetué en dépit du bon sens; & à la faveur de quelques excellens Statuaires qui ont travaillé dans ce goût-là.

[a] de Architectura l. 1. c. 1.

3. CARYE, Ville de Lycie, selon Ptolomée [b]. Voyez CRYA.

[b] l. 5. c. 3.

CARYANDE, Ville de la Carie, selon Suidas. C'est de ce lieu qu'étoit natif le fameux Scylax Géographe, dont nous avons un Periple que je cite souvent dans cet Ouvrage. Mais comme je le remarque & le prouve dans les reflexions sur les Géographes Anciens & Modernes, il y a eu plus d'un Scylax de Caryande, & le Periple que nous avons n'est point de celui dont parle Herodote. C'est un Ouvrage moins ancien que celui-là; mais pourtant plus ancien que Strabon, quoi qu'en disent les deux Vossius. Etienne le Géographe en marque la situation quand il dit que c'étoit une Ville & un Port de Mer près de Minde & de Cos. Mais il y a faute en ce qu'on lit dans cet Auteur Λίμνη, qui veut dire un *Lac*, ou un *Etang*, au lieu de Λιμήν qui veut dire un *Port*, ou une *Ance*, ou une rade. Scylax, qui étoit lui-même de Caryande dit, dans son Periple [c]: Caryande, *Isle*, *Ville*, & *Port*, ses habitans sont *Cariens*. Pline semble parler de deux Villes de Caryande, à l'occasion d'un Golphe où il met l'Isle de Cos [d], dont il fait une description. Il ajoute que selon quelques uns l'Isle de Nisyros en a été détachée & s'appelloit auparavant Porphyris. Ensuite, poursuit-il, est Caryande avec une Ville. Le R. P. Hardouin observe que les Manuscrits portent *Cartanda*. Cependant il laisse *Caryanda* dans le Texte; il est tout visible que c'est la même Isle dont parle Scylax. Plus haut il avoit déja parlé [e] d'une Ville nommée Caryande & l'avoit nommée dans cet ordre, Mynde, l'ancienne Mynde, Nariande, Neapolis, Caryande, Termera &c. La raison de cette repetition est que dans un des deux endroits citez il décrit la côte où il ne devoit pas oublier cette Ville; & dans l'autre, il parcourt les Isles de cette côte, entre lesquelles étoit l'Isle de Caryande, sur laquelle étoit située la Ville de même nom. C'est toujours la même place qui étoit une Ville avec un port de Mer, & en même temps une Isle dans un enfoncement que quelques-uns ont appellé un Lac, ou Etang.

[c] p. 38. Edit. Oxon.

[d] l. 5. c. 31.

[e] l. 5. c. 29.

CARYCUS, lieu & Riviere du Peloponnese, dans la Laconie [f] selon le Scholiaste de Lycophron.

[f] Ortel. Thesaur.

CARYENTOS. Voyez CARUENTUS.

CARYNIA, Ville du Peloponnese dans l'Achaye, proprement dite, selon Ortelius qui cite Pline. Mais il lui prête plus que cet Auteur ne dit. Voici le passage entier [g]: on dit que dans l'Achaye, sur tout autour de Carynia, il y a du Vin qui fait avorter, la même chose arrive si une Femme grosse mange des Grapes de ce raisin, quoi que pour le goût, il n'ait aucune difference sensible. Ce passage ne détermine point si c'étoit dans l'Achaye proprement dite, ou dans l'Achaye prise dans un sens très-étendu; il ne nous apprend point non plus si c'étoit une Ville, un Bourg, un Village, une Montagne, ou quelque autre chose. Athenée dit [h]: auprès de *Cerynia* d'Achaye & Theophraste dit [i]: en Achayé & principalement autour de *Carynia*: Ælien [k] dit: en Achaye autour de *Cerannia*. Mais cela ne nous en apprend pas plus que n'en dit Pline. Pausanias [l] parle d'une Montagne & d'une Ville nommées CERYNEA, & d'une Riviere nommée CERYNITES. Je crois que dans Pline, Athenée, Theophraste, & Ælien, il s'agit de la Montagne. Voyez CERYNEA.

[g] l. 14. c. 18.

[h] l. 1.

[i] l. 9. Hist.

[k] Var. Hist. c. 20.

[l] l. 13. c. 6.

[l] l. 7. c. 25.

CARYONS (les), ancien Peuple de la Sarmatie en Europe selon Ptolomée [m], qui les met entre les Alains & les Amaxobiens.

[m] l. 3. c. 5.

CARYSA, port du Pont Euxin. Voyez CARUSA.

CARYSIS, Isle qu'Etienne dit appartenir aux Cryéens, c'est-à-dire, aux habitans de CRYA, Ville de Lycie. Ælien [n] dit que c'étoit la Patrie de Diotime.

[n] Var. Hist. l. 5. c. 27.

CARYSTUS, Ville de l'Isle d'Eubée, selon Ptolomée [o], c'est de là que l'on tiroit le Marbre qui en portoit le nom & dont parlent Strabon [p] & Pline [q]. Etienne le Geographe dit qu'on lui avoit donné ce nom à cause de Carystus Fils de Chiron; que Theodoride l'appelle, à cause de cela CHIRONIA; qu'on trouvoit dans cette Ville une Pierre pliable & propre à être tissue, de sorte qu'on en faisoit des Napes, qui quand elles étoient sales se nétoioient facilement en les jettant dans le feu qui leur tenoit lieu de blanchissage, & qu'enfin

[o] l. 3. c. 15.

[p] l. 10. p. 446.

[q] l. 4. c. 12.

[q] l. 36. c. 6.

CAS.

fin on l'avoit aussi appellée Ægée à cause d'Ægon, Seigneur de ce lieu, du nom duquel on avoit aussi appellé la Mer Ægée. Nous en donnons en son lieu une origine moins suspecte. Cette Ville, selon le même Auteur, étoit au pied du Mont Ocha, proche de la Mer, nommée *Myrtoum* par les Anciens. Plutarque[a] parle aussi de cette Ville de Caryste, sur la côte de l'Eubée. Elle subsiste & conserve encore son ancien nom. Voyez CARISTO.

[a Vies des Hommes Illustres T. ii. p. 135.]

☞ CASA: ce mot signifie en Latin une *Hute*, une *Cabane*, une *Chaumiere*, & quelquefois une *Maison*, sans autre determination. Nous l'avons adopté dans notre Langue en quelques Phrases; comme le *Patron de la Case* que nous avons pris des Italiens, pour dire le Maître de la Maison; on dit d'un homme qui demeure toujours chez lui *il ne sort point de sa Case*, & l'on appelle Gentilhomme Casanier un noble renfermé à sa Campagne & qui ne va ni à la guerre, ni à la Cour. Ce mot entre dans la composition de quelques noms Géographiques.

CASA BARBARINA, Village de l'Isle de Corse, sur la côte Meridionale & sur un Cap qui est à l'Ouest de cette côte. Selon le P. Coronelli[b], il faut dire *Casa Barbarina*, & selon Mr. Baudrand & ceux qui le suivent on doit dire *Barbarica*. Il est à neuf lieues d'Ajazzo selon ce dernier & est encore considerable par la pêche du Corail. Voyez MARIANUM.

[b Isolar. p. 108.]

1. CASA CANDIDA, ou MASSA CANDIDA. St. Plechelme est qualifié Evêque de ce lieu comme l'avoit cru Ortelius. Mais ce Géographe se corrigea de lui-même après avoir vu dans le Martyrologe d'Usuard[c], Vie de St. Swibert que ce n'est pas le nom d'un lieu, mais d'une troupe de Martyrs. Voyez LUCO PIBIA.

[c ad IX. Calend. Septemb.]

2. CASA CANDIDA. Voyez au mot AD CANDIDAM CASAM.

CASA CONGEDUNUM, ou CASÆ CONGIDUNUS, Monastere des Païs-Bas sur la Riviere de Semoy, au Pays de Luxembourg. Le nom moderne est COUGNON. Voyez ce mot.

1. CASA-DEI, Abbaye de France en Auvergne. On la nomme la CHAISE-DIEU, ou CHEZE-DIEU. Voyez CHAISE-DIEU.

2. CASA DEI, portion de la Suisse. Voyez la CADDE'e qui en est le nom François.

CASÆ, Ville de la Cilicie dans les Montagnes, & dans la Pamphylie, selon Ptolomée[d]. L'ancien Interprete Latin double l'S & écrit CASSÆ; ce qui s'accorde avec le mot CASSENSES qu'on lit dans le Concile de Constantinople, comme le remarque Ortelius[e]. La Notice de Hierocles met CASSA, celle de Leon le Sage[g] nomme ce même lieu *Cassorum* au genitif; ce qui marque que *Cassa* est un neutre Pluriel. Cette Ville étoit Episcopale.

[d l. 5. c. 5.]
[e Thesaur.]
[f Schelstrate Ant. Eccles. T. 2. p. 706.]
[g Ibid. p. 667.]

CASÆ AD MARE. Voyez CASEMAR.

CASÆ BASTALENSES, ancien lieu d'Afrique: c'étoit un Siége Episcopal, & son Evêque Benat se trouva à la Conference de Carthage[h], mais on ne sait dans quelle Province étoit ce Siége.

[h Gesta Dici I. p. 280.]

Tom. II.

CAS.

CASÆ CÆSARIANÆ. Voyez au mot AD l'Article AD CASAS CÆSARIANAS.

CASÆ CALANENSES, ou plûtôt CALANEÆ, ancienne Ville d'Afrique. La Notice des Evêchez met dans la Province de Numidie *Optantius Casensi-Calanensis*, & la Conference de Carthage fait mention de Fortunat Evêque de ce meme lieu, *Loci* CASENSIS CALANENSIS. La Notice de Leon le Sage[i] met CASÆ CALENEÆ comme Evêché de la Bizacene.

[i Schelstrate Ant. Ecclef. T. 2. p. 682.]

CASÆ CALBENTI, ancien lieu d'Afrique, selon Antonin[k], dans la Mauritanie Cesariense, entre Tipasa & Icosium Colonies à XV. M. P. de la premiere & à XXXII. M. P. de la seconde.

[k Itiner.]

CASÆ FAVENSES, ancienne Ville Episcopale d'Afrique. Servandus Evêque de ce lieu *a Casis Favensibus*, assista à la Conference de Carthage[l]. On ne sait de quelle Province étoit cette Ville.

[l Gesta Diei I. p. 285.]

CASÆ MEDIANENSES, ancienne Ville Episcopale d'Afrique, dans la Numidie. La Notice des Evêchez d'Afrique met dans cette Province *Villaticus de Casis Medianensis*; & dans sa Conference de Carthage[m], on trouve Janvier Evêque *Casarum Medianensium*.

[m Ibid. p. 274.]

CASÆ-NIGRÆ, ancienne Ville Episcopale d'Afrique dans la Numidie. La Notice Episcopale de cette Province fournit FELIX CASENNIGRENSIS. La Conference de Carthage nomme Janvier Evêque de ce lieu *Episcopus Casensium Nigrensium*. Donat[n] si fameux par le funeste parti des Donatistes, dont il empesta l'Eglise d'Afrique, est nommé *Donatus a Casis Nigris*.

[n Dupin Not. 478. sur la Conference de Carthage.]

CASÆ SYLVANÆ, ancienne Ville Episcopale d'Afrique dans la Byzacene. La Notice Episcopale de cette Province, met entre les Siéges, qui étoient vacans dans le temps qu'elle fut écrite, *Julianis*, qui est une faute des Copistes, il faut lire *Silvana*; la Conference de Carthage met *Benenatus*, Evêque à *Casis Silvana*. Ce lieu est le même que *Silvanum*, que la Table de Peutinger met entre *Præsidium* & *Lacene*, à VIII. M. P. de l'un & à VI. M. P. de l'autre.

CASÆ VILLA ANICEORUM, lieu particulier d'Afrique, sur la route de Carthage à la Ville de Leptis, entre *Tacapæ* & Sarbara Colonies; selon Antonin[o].

[o Itiner.]

CASAL[p], Ville d'Italie Capitale de la partie du Montferrat, que possedoit la Maison de Mantoue. Elle est située sur le Pô entre Trin & Valence, dans une très-belle plaine. Elle est assez grande. Le Pape Sixte IV. l'érigea en Evêché suffragant de Milan en 1474. Cette Ville étoit fortifiée de bons remparts, de larges fossez, de bastions & de demi-lunes avec un ancien Château. Le Duc Vincent de Mantoue y ajouta une bonne Citadelle à six Bastions, en sorte qu'elle passoit pour une des plus fortes places d'Italie. Elle a soutenu differens Siéges, & est connue par la victoire que les François, sous la conduite du Comte d'Harcourt, y remporterent sur les Espagnols en 1640. Le Duc de Mantoue la vendit au Roi de France en 1681. mais elle fut rendue au Duc de Mantoue en 1695.; après qu'on en eut ruiné la Citadelle, le Château & tou-

[p Baudrand Edit. 1705.]

Vv*

tes les Fortifications. On l'appelle quelquefois CASAL DE ST. VAS, en Latin CASALE SANCTI EVASII; & on nomme son territoire CASALASCO, en François le Casalasque.

CASALE. Voyez CASAL.

CASALE-AUDIMO[a], Bourg de l'Isle de Chypre, sur la côte Occidentale, au Midi de la Ville de Baffo.

[a Baudrand Ed. 1705.]

§ L'V doit être prononcé comme une F, à la maniere des Grecs & des Italiens qui prononcent *Af*, & *Ef* les Syllabes *Au* & *Eu* & disent *Aftor*, *Efcharistia*, pour *Autor*, *Eucharistia*. Ainsi AUDIMO, ou AFDIME sont la même chose. *Casale* n'est qu'une qualification de ce lieu, & ne signifie qu'un assemblage de Maisons. Voyez ARSINOE 7. dont on croit que ce lieu tient la place.

CASALE BENEDICTUM. Voiez CHEZAL-BENOÎT.

CASALEGAS. Voiez CASALLAGAS.

CASALE DI LEUCA, Bourg sur la côte Septentrionale de l'Isle de Chypre vers l'Occident. Mr. Baudrand [b] dit que c'étoit anciennement ARSINOE'. Voiez ARSINOE' 5.

[b Ed. 1705.]

CASALLAGAS ou CASALEGAS, Village d'Espagne, dans la nouvelle Castille, sur le bord Septentrional du Tage, au dessus de Talavera de la Reyna à l'embouchure de la Riviere d'Alberche dans le Tage. [c] Mr. Baudrand, dit que c'étoit une petite Ville de l'Espagne Tarragonoise. Il dit qu'elle s'appelle en Latin CASALAQUEUM & AQUÆ; le premier nom est inconnu aux anciens Géographes. Pour ce qui est d'*Aquæ*, Antonin nomme un lieu *ad Aquas*, sur la route de Brague à Astorga, ce ne sauroit être Casallagas qui est bien loin de cette route. Mr. Baudrand n'eût pas mal fait de citer l'Auteur, qui fournit l'*Aquæ* dont il est question dans cet article.

[c Ibid.]

CASALMACH, Riviere de Turquie dans la Natolie; elle a sa source dans l'Amasie qu'elle arrose, & coule quelque temps vers l'Orient, puis circulant vers le Nord & le Nord-Est elle baigne les Murs d'Amasie & va se perdre dans la Mer Noire. Elle ne passe pas à Tocat, comme l'ont dit plusieurs Voyageurs, ce qui a jetté sur les Cartes une fausseté. La Riviere qui passe par Tocat, dit Mr. de Tournefort [d], n'est pas l'*Iris*, ou le *Casalmac* (le premier de ces deux noms est l'ancien nom, l'autre est le nom d'aujourd'hui; tous deux signifient une même Riviere) comme les Géographes le supposent; c'est le *Tosanlu* qui passe aussi à Néocesarée & c'est sans doute le Loup (le *Lycus*) dont Pline a fait mention & qui va se jetter dans l'Iris. Cette Riviere fait de grands ravages dans le temps des pluyes & lorsque les neiges fondent. On nous assura, poursuit le même Auteur [e], qu'il y avoit trois Rivieres qui s'unissoient vers Amasia, savoir le *Couleisar-sou*; ou la Riviere de Chonac, le *Tosanlu* ou celle de Tocat, & le *Casalmac*. Cette derniere retient son nom jusqu'à la Mer. Il avoit dit[f]: nous relâchames malgré nous à l'embouchure du Casalmac, au port que les Anciens ont nommé ANCON. Le Casalmac qui est la plus grande Riviere de toute cette côte a été connu autrefois sous le nom d'*Iris*. Strabon n'a pas oublié de marquer qu'il passoit par Amasia sa patrie, & qu'il recevoit la Ri-

[d Voyage du Levant lettre XXI. T. 2. p. 175.]

[e Ibid.]

[f p. 95.]

viere de *Themiscyre*, avant que de tomber dans le Pont Euxin.

CASAL-MAGGIORE[g], petite Ville d'Italie au Duché de Milan, dans le Cremonois proche du Po, sur les confins du Duché de Parme & du Mantouan, près de Sabionnette à huit lieues au dessous de Cremone.

[g Baudrand Ed. 1705.]

CASAL-MAJOR, c'est ainsi que les François nomment CASAL-MAGGIORE, selon Mr. Baudrand [h].

[h Ibid.]

CASAL-PUSTURLENGO, en Latin *Casale Pistorum* Bourg d'Italie, fort peuplé au Duché de Milan, dans le Lodesan presque au milieu, entre Lodi au Septentrion & Plaisance au Midi, dans un terroir fort sterile, ainsi que l'a remarqué plusieurs fois Mr. Baudrand [i].

[i Ibid.]

CASAL-ROMOL, Village du Royaume de Tunis, entre Hamamete & les Ruines de Carthage. Mr. Baudrand [k] dit que quelques Géographes, mettent en ce lieu l'ancienne Ville Épiscopale d'*Aquæ Regiæ*, & d'autres celle de *Suburbis* ou *Suburbum*. Voiez ces Articles.

[k Ibid.]

CASALOTH[l] ou CAZALOTH-THABOR, ancienne Ville de Palestine à côté du Thabor. Eusebe & St. Jérôme, au raport de D. Calmet, l'appellent CASALUS ou EXALUS, & la mettent à dix milles de Diocesarée vers l'Orient. Cela n'est pas exact, ces deux anciens Peres disent bien en parlant d'*Achsaph*, qu'il y a un Hameau ou même une Ferme (*Villula*) nommée *Casalus* de leur temps, à huit milles de Cesarée; mais ce ne sauroit être la Casaloth de l'Ecriture. Car *Achsaph* est le même lieu que S. Jérôme nomme quelques lignes plus bas *Acsap*, & qui étoit de la Tribu d'Aser. Or cette Tribu n'approchoit point assez près du Thabor. La Ville dont il est ici question est nommée par Eusebe ACHESELOTH: Il ajoute, Ville du partage d'Issachar; il y a un Village nommé CHEALUS, dans une plaine, joignant le Thabor à huit milles de Diocesarée vers l'Orient. St. Jérôme nomme l'ancienne Ville ACHASELUTH & le Village CHASALUS: du reste il ne fait que traduire Eusebe, auquel il est entierement conforme en tout le reste de cet Article. Ces deux Auteurs en font encore mention en deux autres Articles. Eusebe dit CHASELATH-THABOR, dans le partage de Zabulon: CHASELUS du Thabor, Frontiere de Zabulon. St. Jérôme dit de même CHASELATABOR dans la Tribu de Zabulon: Chaselath près du Thabor, Frontiere de Zabulon. Cette multiplicité d'Articles, & la contrarieté qui s'y rencontre ne doivent pas être imputées à Eusebe ni à St. Jérôme, mais aux mauvaises mains par lesquelles leurs ouvrages ont passé avant que d'arriver jusqu'à nous. Cette diversité d'Orthographe & même de sentimens vient de ce que des personnes peu habiles ayant copié ces livres pour leur usage, & ayant pris la liberté d'y ajouter selon leurs lumieres ce qu'elles croioient y manquer, elles ont ainsi falsifié innocemment le texte. Ceux qui l'avoient sans ces malheureuses additions, ont regardé comme une imperfection, qu'elles manquassent à leurs exemplaires dont ils ne connoissoient pas assez le prix & il est arrivé que nous n'avons plus le texte de ces deux Ouvrages, que très-different en plu-

[l Josué c. 19. v. 18.]

CAS.

^a Josué c. 19. v. 18.
^b Ibid. v. 12.

plusieurs choses de l'état où les vrais Auteurs l'avoient d'abord composé. La Vulgate ^a nomme ce lieu CHASALOTH, un peu auparavant ^b elle l'appelle CHESULETH-THABOR. Les septante Interpretes disent diversement CHASALOTH, CHASELOTH & ACHASELOTH, & ce dernier convient très-bien avec l'Hebreu, parce qu'il conserve & exprime la lettre ה, qui precede ce nom & qui lui est attachée; il convient aussi avec le nom qu'Eusebe donne à cette Ville. Ce nom est pluriel & signifie *les folies.*

1. CASALUS. Voiez l'Article precedent.

2. CASALUS SINUS, Golphe de l'Isle de Corse, sur sa côte Occidentale, selon Ptolomée. Pinet, & les Interpretes de Ptolomée disent que c'est le GOLPHE DE ST. FLORENTIN, ce qui ne peut être. Le P. Briet ^c dans ses Paralleles l'explique par PIAGGIA DI COSARI, il veut dire sans doute *Piaggia Losari*, qui est une rade entre le Village de Losari & l'Embouchure de l'Ostricone, mais ce n'est le nom que d'une partie du Golphe qui est beaucoup plus grand.

^c Paral. Part. 2. l. 5. p. 681.

CASAMA, Ville d'Asie dans la Palmyrene, selon Ptolomée ^d; dans la Phénicie, selon le livre des Notices ^e; ce qui revient au même; car dans cet ouvrage on donne à la Phénicie, ce Pays que Ptolomée traite comme partie de la Syrie.

^d l. 5. c. 15.
^e Sect. 23.

CASAMAN, Ville d'Asie selon Cedrene cité par Ortelius; qui juge qu'elle devoit être quelque part vers l'Armenie.

CASAMANCE ^f, Riviere d'Afrique; au Royaume de Mandiga. Elle a sa source assez près de Tinda, lieu situé sur la Riviere de Gambie; d'où serpentant vers le Midi & vers le Couchant, elle passe chez les Bagnous & se jette dans l'Océan au Nord du Cap Rouge. Les Portugais ont bâti sur le bord Meridional de cette Riviere un Fort ^g, qu'ils appellent de St. Philippe; ils y avoient autrefois un Commerce assez florissant qu'ils ont transporté à Cacheo. Le Commerce d'apresent consiste en Negres. Ce Peuple est Idolâtre, & leur Idole s'appelle China. Le 29. de Novembre vers minuit, ils font en son honneur une Procession où leur Prêtre nommé Arcani, porte un voile de soye bleue, sur lequel est peint un Faisceau de menu bois, avec quantité d'ossemens de morts, sans doute de ceux qui se font sacrifier volontairement à cette Idole. Dès que la Procession est finie ils mettent leurs Idoles dans le tronc creux d'un arbre, où ils lui font brûler des Holocaustes & lui presentent des Offrandes de Miel, & après lui avoir adressé leurs priéres ils s'en retournent chez eux.

^f De l'Isle Atlas.

^g Dapper Afrique p. 243.

CASAMARRI, ancien Peuple de l'Ethiopie sous l'Egypte selon Pline ^h.

^h l. 6. c. 30.

1. CASAN, Royaume d'Asie, dans l'Empire Russien, aux environs du Wolga, près de la rive duquel sa Capitale est située. Il est nommé par les Russiens CZARSTWO CAZANSKOIE, c'est-à-dire, le CZARIAT ou *Royaume* DE CASAN; il est borné au Nord par les Provinces de Viatka & de Permie; à l'Orient par les Tartares de Tumen; au Midi par les *Usunsi* ou Duché de Bulgar, par les *Czeremissa Nagornaia*, ou Czeremisses de Montagnes, & par *Nisovaia Deriava*, ou Seigneurie de la Basse Novogorod; & enfin à l'Occident par la Russie proprement dite. Les *Czeremissa Lugovaia*, ou Czeremisses des Plaines en occupent la partie Occidentale. Le Royaume de Casan faisoit lui-même partie du Pays de Kapschac, lorsque Timurbec en fit la Conquête. ⁱ Les Baskirs ou Baschkirs, & les Tartares d'Uffa d'aujourd'hui, sont de la posterité de ces Tartares sur qui les Russiens ont conquis le Royaume de Casan. Entre les divers Peuples Tartares, qui habitoient aux environs du Wolga ^k vers l'an 1500. la principale Principauté étoit celle dont le Cham ou Prince, faisoit sa résidence à Casan. Elle avoit pour Voisins les *Schibanski* & *Kosatki*, & comptoit entre ses Sujets les Czeremisses adroits à tirer de l'Arc & les Czubaschi qui excellent dans la Navigation sur le Wolga. Le Czar Basile Iwanowitz avoit engagé les Tartares de Casan dans ses interêts, ensorte qu'ils recevoient leurs Rois de sa main. Il tenoit auprès d'eux quelques personnes de confiance qui lui rendoient compte de toutes les demarches de ces Rois; & sur le moindre soupçon on les deposoit. C'est ainsi qu'Alega, Abdektiw & Machmed-Emin, Freres monterent successivement sur le Thrône. Sous ce dernier ceux de Casan secouerent le joug; mais après sa mort Scheale, ayant épousé sa veuve qui étoit Sœur du Czar, monta sur le trône avec le secours de son Beau-Frere. Son attachement pour un Allié à qui il devoit sa Couronne, le rendit odieux à ses Sujets qui resolurent de le chasser, & de donner sa place à un Prince Tartare l'an 1521. Mendli-Girei, Chef de la Race des Chams qui regnent encore dans la Crimée, avoit laissé deux Fils, Machmed-Girey & Sap-Girey: le premier avoit succedé à son Pere, les Tartares de Casan choisirent le second pour leur Roi. Outre qu'ils pouvoient compter sur le puissant secours de Machmed-Girey, Mendli-Girey Pere de ces deux Princes, s'étoit allié avec Nursultan, Veuve des deux Rois de Casan & Mere d'Abdelatiw & de Machmed-Emin, leurs derniers Rois. A l'approche de Schap-Girey, Scheale quita sa Capitale & se retira à Moscou, avec tout ce qu'il put emporter. Machmed-Girey après avoir établi son Frere sur le trône de Casan, reprit la route de Crim, mais à peine eut-il passé le Don, qu'il tourna tout à coup vers Moscou. Le Czar Basile ne s'atendoit pas à cette irruption. Il mit aussi-tôt une Armée en Campagne sous les Ordres de Demetrius Bielski, pour aller disputer le passage de l'Occa aux Tartares. D'un autre côté Sap-Girey informé de l'entreprise de son Frere, s'étoit mis en Campagne pour le seconder & il s'étoit avancé par le Nord du Wolga, où il avoit surpris & Pilé Nisi-Novogorod, & Wolodimir. Machmet-Girei avoit prevenu Bielski, & passé l'Occa & mettoit tout au pillage. Le Czar abandonna sa Capitale qui n'étoit pas en état de resister aux Tartares qui l'assiégerent. Machmet-Girey l'assiégea, & se laissa amuser par des propositions que lui fit le Gouverneur, & se contentant de quelques presens & d'une promesse par écrit d'un tribut annuel il se retira vers Rezan. Il fit dire au Gouverneur qu'il trai-

ⁱ Hist. des Tartars p. 476.

^k Rerum Moschoviticarum Commentarii p. 67. & suiv.

Tom. II. Vv* 2

traitoit d'Esclave de son tributaire, de lui envoyer ce qu'il lui demandoit. Le Gouverneur niant que le Czar fût tributaire, le Tartare lui envoya le Traité pour l'en convaincre. Sur ces entrefaites un Canonnier de Resan fit une decharge sur les Tartares, qu'il mit en desordre : leur chef demanda satisfaction & prétendit qu'on lui livrât le Canonnier ; ce fut la matiere d'une negociation qui tira en longueur, & le Tartare, pressé par ses gens chargez de butin, fit une retraite precipitée, sans reprendre le Traité qui fut renvoyé au Czar. Le Czar Basile eut son tour l'année suivante, & entra avec une nombreuse armée dans le Pays de Casan, qu'il ravagea. Il y fit bâtir la Ville de Wassiligorod sur le Wolga à l'embouchure de la Sura : cependant il ne put finir cette Guerre [a] de la maniére qu'il l'avoit esperé, & les avantages qu'il remporta se reduisirent à quelques pillages & incendies, qui obligerent les habitans de Casan, à lui accorder quelques propositions qu'il fit & à lui payer un tribut [b]. Ce fut son Fils Iwan Wassilowitz, qui acheva cette conquête à laquelle il joignit celle d'Astracan, l'an 1554. & depuis ce temps là on a regardé ces deux Païs comme le plus beau fleuron de la Couronne Imperiale de Russie, le Royaume d'Astracan, à cause du Commerce, & celui de Casan, à cause de sa fertilité en toutes sortes de fruits, de grains & de legumes.

[a] Vitæ Johann. Basilidis l. 1. p. 268. & seq.
[b] Hist. des Tatars p. 467.

2. CASAN, CAZAN, ou KAZAN, ceux qui ont écrit de l'Histoire de Russie en Latin, la nomment *Casana*, *Casanna* & *Casanum*. Le Traducteur de l'Histoire des Tatars [c] lui donne 55. d. 30'. de latitude & la met sur la petite Riviere de Casanka, à une petite distance de la Rive gauche du Wolga. Il dit en parlant de Casan & d'Astracan, qu'elles sont à present deux des meilleures Villes de la Russie. Cela est incontestable de la derniere. Le Sr. le Brun, dans son Voyage de Moscovie ne vit Casan, qu'en descendant le Wolga ; c'est pourquoi ce qu'il en dit se reduit à peu de chose. Elle paroît, dit-il [d], beaucoup à cause du grand nombre des Eglises & des Monasteres, dont elle est remplie & de sa citadelle ceinte d'une Muraille de Pierre. Les chantiers où l'on bâtit les vaisseaux sont à six ou sept Werstes de la Ville. Olearius qui a vu effectivement cette Ville en parle ainsi [e] : elle est située dans une plaine à sept Werstes du Wolga, sur la Riviere de Casanka, qui lui donne le nom. (Il y a plus d'apparence que c'est la Ville qui donne le nom à la Riviere ; Casanka étant un adjectif formé de Casan) aussi bien qu'à tout le Pays. J'y trouvai 55. d. 38'. d'élevation. Elle est assez grande, mais toutes ses maisons, ses tours & ses remparts sont de Bois. Il n'y a que le Château qui a ses remparts & ses fortifications revêtues de Pierres, est fort bien pourvu d'Artillerie & a une Garnison. Le lit de la Riviere lui sert de Fossé & rend la Forteresse considerable. Le Château a son Waywode, & la Ville son Gouverneur particulier pour commander & pour rendre la Justice, aux habitans qui sont Moscovites & Tartares ; mais dans le Château il n'y a que des Moscovites, & il est defendu aux Tartares d'y entrer sur peine de la vie.

[c] Ibid.
[d] p. 82. & 83.
[e] Voyages l. 4. p. 287.

CASANDRA, Isle du Golphe Persique, vis-à-vis de la Perse propre selon Pline [f].

[f] l. 6. c. 25.

CASANDREA. Voiez CASSANDREA.

CASANDRENSES, Nation Arabe, dont parle Agatharchide [g]. Le Grec porte Κασανδρείς, & l'Interprete Latin le rend par *Casandrini*. Diodore les nomme Γασανδείς. Etienne les appelle *Cassanitæ* & cite Marcien. Il paroît qu'ils étoient en Terre-ferme, & dans la Presqu'Isle d'Arabie, ainsi ce ne sauroit être le Peuple qui habitoit la Casandra de Pline, comme le conjecture Ortelius. Voiez CASSANITÆ.

[g] De Rubro Mari p. 60. Edit. Oxon.

CASANGAS [h], Nation d'Afrique, dans la Nigritie, auprès de la Riviere de Casamança ou Casamansa.

[h] Jarris l. 5. c. 44.

CASAPE, Ville ancienne d'Asie, dans l'Hircanie selon Ptolomée [i], qui la met dans les terres.

[i] l. 6, c. 9.

CASAR-EL-CABIR : c'est la même chose qu'ALCAÇAR-QUIVIR. Voiez ce mot.

CASARCETON [k], Village d'Afrique en Barbarie, au Royaume de Tunis, sur la côte Occidentale du Golphe de Capès, environ à cinq lieues d'Asfach, du côté du Nord. On le prend pour l'ancienne USILLA Ville de la Byzacene. Voiez USILLA.
§. Ce nom devroit s'écrire CAÇAR-CETON.

[k] Baudrand Edit. 1705.

CASARDA & MARRA : Ortelius dit que c'étoient deux Municipes d'Antioche de Syrie & cite Guillaume de Tyr. L'Historien de la Croisade publié par Reineccius, sous le titre de Chronique de Jerusalem, nomme cette Ville HASART, & dit que le Prince de Hasart fit alliance avec Godefroi de Bouillon [l], & que sa Ville fut assiégée par une Armée de Turcs, commandée par Brodoan. La même Chronique parle du Siége de la Ville de Marra [m], place forte & bien pourvûë ; & que le Comte Raimond & autres Seigneurs croisez, ne laisserent pas de prendre [n], quoique les Turcs la defendissent vigoureusement.

[l] l. 5. c. 10.
[m] c. 26.
[n] c. 30. & 31.

CASARI, Peuple d'entre les Turcs, selon Ortelius qui cite l'Histoire Mêlée.

CASARILLO DI SANTA MARIA, lieu d'Italie près des Marais de Terracine, environ à une lieuë du Bourg de Sezze, entre Rome & Terracine. Mr. Baudrand dit que l'on y voit les ruines de l'ancienne *Forum Appii*.

CASAR NACAR, place d'Afrique, dans la Province de Tripoli propre, selon Mr. Corneille [o], qui ajoute qu'on croit que c'est l'ancienne GICHTHIS. Il ne nomme point son garant. Mais Molet, Ortelius & Mr. Baudrand, disent de GICHTHIS, que c'est presentement *Gasalnaçar*. Voiez GICHTHIS.

[o] Dict.

CASASA [p], Ville d'Afrique, située, selon Sanut, à six lieues & demie de Melile, & selon Grammaye à dix. Elle est proche du promontoire Metagonite de Ptolomée, appellé par Ruccelli Capo di-Casasa, qui est dans la Province de Garet, près de Melille. Le bon port qu'a cette Ville l'a rendüe fort recommandable par le trafic que les Venitiens exerçoient avec les Habitans du Royaume de Fez. Ferdinand Roi d'Aragon & de Castille enleva cette place aux Maures, dont la plus grande partie avoit pris la fuite. Il y a quantité d'écueils peu éloignez de l'Embouchure de son port.

[p] Corn. Dict.

CAS. CAS. 341

a Baudrand
Edit. 1705.

CASAUBON [a], petite Ville de France, dans la Province d'Armagnac, sur la Rivière de Douze à deux lieues & demie au-dessous de Campagne, au Diocese d'Auch. §. Il y a environ 260. Habitans. Quelques-uns écrivent CAZAUBON. Ce nom est moins connu pour être celui d'une Ville, que parce qu'il a été donné à un savant Critique, qui l'a rendu célèbre par ses travaux pleins d'une érudition très-judicieuse. Isaac Casaubon flota, dit-on, entre la Religion Protestante, qu'il professoit, & la Religion Catholique, dont il eut occasion de connoître les avantages, lorsqu'il assista à la Conférence de Fontainebleau, entre le Cardinal du Perron & Philippe du Plessis-Mornay. Entre les Enfans, qu'il eut de son Mariage avec une Fille d'Henri Etienne, savant Imprimeur, Merri Casaubon l'imita dans ses Etudes & dans ses sentimens en faveur de l'Eglise de Geneve; un de ses autres Fils hérita de son penchant pour l'Eglise Catholique, dans laquelle il entra & se fit Capucin. Casaubon n'étoit pas de la Ville de ce nom, mais de Bourdeaux Village du Dauphiné dans le Diocese de Die.

CASBA, Ville d'Afrique, au Royaume de Tunis, dans les Gouvernemens d'Urbs & de Beggie. Elle est à cinq milles de Tunis, dans une belle plaine qui a trois milles de circuit. C'est le reste d'une Colonie Romaine, ses Murailles sont encore presque toutes entières, mais elle est mal peuplée à cause des Courses des Arabes. Sa Campagne est fertile en grains, & dans le temps qu'ils sont murs les Arabes viennent les moissonner. C'est une excuse suffisante pour les [b] habitans, que l'on accuse d'être fainéans & d'aimer mieux vivre dans l'indigence que de cultiver leur Pays qui est fort fertile de soi-même. Rien ne décourage plus le laboureur, que de voir que ce qu'il seme n'est point pour lui, mais pour l'ennemi qui ravagera son champ, & recueillira le fruit de ses peines. Cruelle réflexion que celle de Virgile [c]!

b Dapper
Afrique p.
197.

c Virgil.
Ecloga 1, v.
71.

Impius hæc tam culta Novalia miles habebit?
Barbarus has segetes?

d D. Calmet. Dict.
e c. 38. v. 5.
f c. 15. v. 44.
g C. I. v. 14.

CASBI [d], dans la Genèse au lieu de ces mots: la Femme de Juda cessa [e] d'avoir des Enfans après la naissance de Zela, l'Hebreu lit: elle étoit à Casbi, lorsqu'elle accoucha. Casbi ou CASIB [f], est un nom de lieu dans Josué [f], & dans Michée [g]. Casbi étoit un lieu desert près d'Odollam, du temps d'Eusebe.

CASBIN ou CASWIN, Ville de Perse, dans l'Iraque. Olearius qui la vit l'an 1637. en allant en Perse dit [h]: je trouvai que cette Ville est située conformément au Calcul des Persans & des Arabes à 85. d. de Longitude & à 36. d. 15. de latitude. Je n'examine point de quelle manière il en observa la Longitude, puisqu'il ne nous l'apprend point; il est vraisemblable qu'ayant trouvé juste la latitude des Arabes, il jugea que la longitude devoit l'être aussi. Si pourtant la latitude qu'il donne est juste celle des Arabes ne l'est pas, car Nassir Eddin [i] & Ulugbeig [k], mettent Kazwin, dans la Province de Gebal, à 85. d. de longitude & à 37. d. de latitude au IV. Climat.

h l. 4. p.
459.

i Edit.
Oxon. p.
104.
k p. 137.

C'est, poursuit-il, une des principales de la Province d'Erac (Iraque ou Yerack) qui est l'ancienne Parthie, dans laquelle elle est comprise aussi bien que Sultanie, & toutes les autres Villes, depuis ce lieu-là jusques à Ispahan. Ce que dit ce savant Voyageur ne doit s'entendre que de la Province d'Iraque, car la Parthie ne s'étendoit pas jusqu'à Hispahan. Il se trompe encore quand il dit que l'Iraque est l'ancienne Parthie & que Caswin fut anciennement appellé ARSACIA: cette Ville n'étoit point de la Parthie, mais de la Medie [l] dont l'Iraque occupe aujourd'hui une partie considérable. Mr. Kirch, Astronome de S. M. Prussienne, qui a fait de savantes remarques sur la Perse ancienne & moderne, qu'il a eu la bonté de me communiquer, est persuadé que l'Arsacie de Ptolomée n'est pas le Casbin d'aujourd'hui. En comparant l'ancienne Perse de Mr. de l'Isle avec sa Perse moderne, on voit qu'il a mis Casbin à peu près dans le même lieu où étoit Arsacie, qui selon lui étoit aux environs de cette Ville, ou de celle d'Ebher, ou du moins sur la même Rivière qui baigne les murs de l'une & de l'autre. Le reste de la description que donne Olearius est plus exact; parce qu'il parle en témoin oculaire.

l Ptolem.
l. 6. c. 2.

L'assiette de la Ville est, dit-il [m], dans une grande plaine sablonneuse, ayant à une demie journée la grande Montagne d'Elwend, qui s'étend vers le Sud-Ouest jusqu'à Bagdat. La Ville a une Farsangue, ou bonne lieue d'Allemagne de tour, mais elle n'a point de Murailles, ni de garnison, parce qu'elle est fort éloignée des Frontières, mais avec tout cela, elle a plus de cent mille habitans dont en cas de besoin on pourroit armer une bonne partie pour la Guerre. Leur Langue est la Persane, mais avec quelque différence de Dialecte de la commune qui la rend moins intelligible aux autres Persans, à peu près comme l'Allemand aux Hollandois. Les maisons sont toutes bâties de briques cuites au Soleil, à la mode de Perse, sans façon par dehors; mais par dedans elles sont fort bien accommodées de Voutes, de Lambris, de Peintures & de Meubles.

m Ibid.

Les rues ne sont point pavées, ce qui fait que le moindre vent remplit toute la Ville de poussière. Elle n'a point d'autre eau que celle que l'on conduit par les aqueducs du Mont Elwend dans des Citernes, où elle se conserve (cela doit rendre suspecte la situation que lui donne Mr. de l'Isle, qui la met au bord d'une Rivière.) Il n'y a presque point de maison, qui n'ait aussi sa glacière, où l'on garde de la neige & de la glace pour l'Eté.

Autrefois les Rois de Perse, y faisoient leur demeure ordinaire, au moins depuis que Schach Tamas, y eut transferé le Siège de l'Empire, qui étoit auparavant à Tauris. Il y en a qui attribuent ce changement à Schach-Ismaël, quoi que les Guerres continuelles, qu'il eut sur les bras, ne lui permissent point de faire un long séjour en un même lieu. On assure pourtant que c'est lui qui a bâti le beau Palais, que l'on y voit proche du Maydan, accompagné d'un grand Jardin, & orné tant par dehors que par dedans de dorures, & autres embellissemens, & même de feuillages & de figures en demi relief, quoique fort grossières

Vv* 3 &

& assez mal proportionnées, comme tous les autres ouvrages des Persans. Il y avoit un autre Jardin, vis-à-vis de ce Palais, qui avoit une bonne demie lieuë de tour & étoit accompagné de plusieurs petits bâtimens. C'étoit un des beaux jardins que j'aye jamais vûs; non seulement à cause du grand nombre de toute sortes d'Arbres, comme de Pommiers, Poiriers, Pêchers, Abricotiers, Grenadiers, Amandiers, & autres Arbres Fruitiers, mais aussi à cause des belles allées de Cyprès & d'Arbres *Tzinnar*, qui presentent une perspective très-agréable. Cette Ville a deux grands Marchez. Cartwrigt nomme le plus grand *Atmaidan*, & dit qu'il signifie en langue Persane *Marché aux chevaux*. Je n'ai point vû en toute la Perse, qu'il y eût aucun Marché qui fût particulierement affecté aux chevaux, c'est pourquoi considerant que les Persans donnent le nom general de *Maidan*, à tous les Marchez où l'on vend indifferemment toutes sortes de choses, j'ai cru que cet Auteur qui ignoroit l'Arabe a lu *Atmaidan* pour *Almaidan*, parce qu'*Al* est l'article sans lequel les Persans & les Arabes ne prononcent jamais le mot de *Maidan*. Le plus grand de ces Maidans ou Marchez, a du côté du Midi plusieurs grands Palais, bâtis par plusieurs Chans & Seigneurs Persans. On y remarque entre autres ceux d'Allawerdi-Chan, Gouverneur de Schiras; d'Alliculi-Chan President de la Justice; de Mahomet-Chan, Gouverneur de Kentze, de Schid-Achmet-Chan, Grand Prevôt sous le Regne de Schach-Abas.

L'autre Marché est nommé *Senke Maidan*, & est vers l'Occident de la Ville. Dans l'un & dans l'autre Marché, aussi bien que dans les Bazars, ou Boutiques & Magasins, qui sont dans les rues couvertes, on voit grand nombre de Marchands & quantité de Marchandises, qu'on y achete à un prix fort raisonnable. On y a des Turquoises, qu'ils appellent *Firusé*, & qui se trouvent en grande quantité auprès de Nisabur & de *Firus-Cuh*, de la grosseur d'un Pois & quelques-unes de la grosseur d'une Feverole pour vingt ou trente sols au plus. Les Rubis & les Grenats sont aussi à fort bon marché. Le soir, après que les boutiques sont fermées, on expose du côté du Levant, une autre sorte de marchandise, savoir des *Cahbeba*, ou des Courtisanes qui se prostituent au premier venu. Elles sont toutes assises de rang, ayant le visage voilé, & derriere elles une appareilleuse qu'ils appellent *Dehal*; elle est chargée d'un Matelas & d'une couverture piquée, & tient à la main une chandelle éteinte qu'elle allume, quand quelqu'un se presente afin qu'il puisse voir au visage & choisir celle qu'il trouve le plus à son gré.

Du côté Oriental de la Ville est le Cimetiere, où se voit dans une belle Mosquée, le tombeau de Schahefade Hossein, un des Fils de Hossein, auprès duquel on a accoutumé de faire les fermens que l'on exige en justice, ce qui s'observe par toute la Perse, aux lieux où il y a des sepulchres des Saints ou de leurs Parents. Outre cette Mosquée, ou *Metzid*, il y en a encore environ cinquante autres, dont la principale est celle qu'ils appellent *Tzamie-Metzid*, où ils s'assemblent le Vendredi pour faire leurs prieres.

Il y a aussi dans la Ville de Casvin, plusieurs Caravanseras pour la commodité des Marchands forains, & un grand nombre d'étuves publiques: il y en a une derriere le jardin du Palais du Roi, qu'ils appellent *Hamam Charabe*: elle est à demi ruinée.

La Ville a vers le Sud-Sud-Est la Montagne d'*Elwend*, qui est un rejeton du Mont Taurus, & la plus considerable de toute la Perse; à cause de ses grandes & belles carrieres dont on tire tant de marbre blanc qu'il y a de quoi fournir aux bâtimens de tout le Royaume.

Comme il y a toujours quelque chose à rabatre dans quelques Relations des Voyageurs, je remarquerai que Tavernier ne donne pas de cette Ville une idée aussi magnifique qu'Olearius. C'est, dit-il[a], une grande Village dont les maisons sont basses & mal bâties, à la reserve de sept ou huit qui accompagnent les jardins du Roi, & qui ont quelque apparence. Elle n'a point de murailles & plus de la moitié de la Ville est en jardinages: il y a trois Carvanseras avec des Bazars à l'entour & il y en a un des trois qui est fort grand & fort commode. Elle n'est habitée que par des Mahometans, & s'il y a quelques Chrétiens mêlez, parmi eux ils sont en très-petit nombre. Le terroir de Casbin produit des pistaches. L'arbre qui les porte n'est gueres plus grand qu'un noyer de dix ou douze ans, & elles viennent par bouquets qui ressemblent à une grape de raisin. La grande quantité de pistaches qui sort de la Perse, vient de Malavert, petite Ville à douze lieues d'Ispahan, en tirant au Levant: ce sont les meilleures pistaches du monde, & le terroir qui est de grande étenduë, en produit dans une telle abondance, qu'il y en a de quoi fournir toute la Perse & toutes les Indes. En partant de Casbin pour aller à Ispahan, on va camper à un petit Village accompagné d'un Carvansera, & on marche ce jour-là environ six lieues dans les campagnes assez fertiles & traversées de quantité de ruisseaux. Pietro della Valle[b] observe que la Ville de Caswin est fort sujette à de grandes pluyes, & qu'elles y sont si ordinaires & si abondantes que la mauvaise structure des maisons n'est pas suffisante pour s'en garantir.

Sur la même route de Casvin à Ispahan, à environ dix lieues de la premiere est ARASENG. Olearius dit que c'est un beau Village, & qu'il y trouva dans un jardin qui étoit situé sur le bord d'un torrent force grenades & amandes. Si l'on savoit qu'il s'y trouvât des ruines, & qu'il fût bien prouvé qu'Arsacie étoit sur une Riviere, le nom de ce Village n'y conviendroit pas mal.

CASBON, Ville de la Palestine, la même qu'ESEBON. Voiez ESBUS.

CASCAES[c], Ville de Portugal, dans l'Estremadure, à l'embouchure du Tage, à cinq lieues de Lisbonne. Elle n'est point fortifiée & n'a qu'une citadelle bâtie sur la pointe de quelques Rochers. Cette Place n'étoit pas encore achevée lorsque le Sr. Lequien de la Neuville écrivoit son Histoire Génerale de Portugal; quand elle sera achevée, dit-il, elle formera une losange composée d'un bastion entier
&

[a] Voyage de Perse l. 1. c. 5.
[b] Voyages T. 2. p. 563.
[c] Corn. Dict.

CAS.

& de deux demi baſtions. Il y a ſur le quatrieme angle une vieille Citadelle, que l'on doit abbatre parce qu'elle eſt trop éloignée de la paſſe des vaiſſeaux, pour les pouvoir incommoder par ſon canon. Il n'y a point de Gouverneur, & le Regiment de Caſcaes y eſt en garniſon. La rade de cette Place eſt ſi dangereuſe à cauſe des vents d'Oueſt qui y regnent, que les vaiſſeaux courent riſque dans les Marées d'être pouſſez contre les roches qu'on nomme CACHOPPES. Le Marquis de Caſcaes, qu'on a vû Ambaſſadeur Extraordinaire du D. Pedro II. Roi de Portugal, à la Cour de France, eſt Seigneur & porte le nom de cette Terre. Il eſt de la Maiſon de Noroña, qui deſcend de D. Alphonſe Fils naturel de Henri II. Roi de Caſtille.

CASCAIS. Voiez CASCAES.

CASCANDRUS, Iſle deſerte de la Mer, vers la côte de Carmanie, en tirant vers l'Inde, ſelon Pline [a]. Le R. P. Hardouin juge qu'il faut lire CAICANDRUS. Voiez ce mot. Ce ne ſauroit être la Caſandra de Pline, qui les diſtingue très-bien.

CASCANE [b], Bourg du Royaume de Naples, fort peuplé & diſtant également de Mola & de Capoue, à ſeize milles de l'une & de l'autre. Avant que d'y arriver on a le plaiſir de voir grand nombre de Maiſons de Plaiſance qu'ils appellent *Caſali di Caſcano*. Au ſortir du Bourg, on paſſe ſur un Pont la Riviere de Vulturne, qui eſt extremement profonde & rapide: Pimentel, Viceroi de Naples, fit conſtruire ce pont l'an 1608. comme il paroît par l'inſcription que l'on y lit.

CASCANTE [c], Bourg d'Eſpagne dans la Navarre, dans la Merindade de Tudele, ſur la petite Riviere de Queïbes, entre Taraçonne & Tudele, à deux lieues de l'Ebre, & un peu plus des Frontieres d'Arragon, & de celles de la Vieille Caſtille.

CASCANTENSES, ancien Peuple de l'Eſpagne, citerieure ſelon Pline [d]. Ortelius dit avoir eu une Medaille de Tibere, avec ces mots MUNICIPIUM CASCANTUM, Patin la raporte auſſi [e]. Ptolomée [f] place chez les Vaſcons, la Ville de *Caſcanton*: Antonin met *Caſcantum* entre Sarragoce & Calagorra, à L. M. P. de la premiere & à XXIX. M. P. de la ſeconde; & enfin le R. P. Hardouin trouve dans les Decrets du Pape Hilaire, *Tyriaſonenſium*, *Aſcantenſium*, *Calaguritanorum*, au lieu de quoi il faut lire *Turiaſonenſium*, *Caſcantenſium* &c. *Turiaſo* eſt preſentement Taraçona, & *Caſcantum* conſerve ſon ancien nom & s'appelle CASCANTE en Navarre. Quelques exemplaires de Ptolomée portent *Baſcontum Βάσκοντον*; d'autres beaucoup mieux *Caſcanton Κάσκαντον*.

1. CASCAR [g], (en Latin *Chaſcara, orum*.) Ville d'Aſie dans la Meſopotamie. Les Romains y avoient une garniſon, pour les Frontieres de l'Empire. St. Archelaus [h] en étoit Evêque du temps d'Aurelien & de ſes Succeſſeurs. Marcel Homme admirable par ſes charitez étoit alors le premier de la Ville, le plus riche & le plus puiſſant du Pays.

2. CASCAR, Ville & Royaume d'Aſie. Voiez CASCHGAR.

CASCE, Ville d'Aſie, dans l'Arie ſelon Ptolomée. C'eſt ainſi que portent quelques exemplaires, ſelon Ortelius [i], qui nous apprend que d'autres liſent *Baſica*. L'édition de Bertius [k] porte *Βασίκη* BASICE, & ſelon l'exemplaire Palatin *Κασίκη* CASICE.

CASCH, Ville d'Aſie, dans le Mawaralnahr. Les Géographes Arabes, dont Abulfeda [l] raporte le ſentiment, ne conviennent pas de ſa poſition.

	Longitude.	Latitude.
Selon { Alfaras	89. d. 30'....	39. d. 30'.
{ Albiruni	88. d. 10'....	39. d. 50'.

Mr. d'Herbelot [m] a ſuivi le premier de ces deux Auteurs. Abulfeda [n] raporte ce qu'il a recueilli de divers Auteurs touchant cette Ville, voici à quoi cela ſe reduit. La Ville de Caſch (les Anglois écrivent CASH, ce qui revient au même pour la prononciation) ſituée au delà du Fleuve (Gehon) a environ trois paraſanges d'étendue, c'eſt un Pays fertile dont les fruits meuriſſent plutôt qu'en aucun autre lieu du Mawaralnahr: elle eſt ſujette à la peſte, & dans un fond, où elle eſt arroſée de deux grandes Rivieres; l'une eſt nommée ALKASARIN, l'autre nommée ASCHUR coule au Nord de la Ville: elle n'eſt pas éloignée de Nachſchab, ou Naſaf; ſon territoire à environ quatre journées de chemin en ſa longueur & autant dans ſa largeur. Son Fauxbourg ſurpaſſe en magnificence ceux de Samarkand.

CASCHARA, Ville de la Meſopotamie. Voiez CASCAR 1. Socrate le Scholaſtique la nomme CASCHARUM au ſingulier.

1. CASCHGAR [o], (LE ROYAUME DE) Pays d'Aſie dans la Tartarie, il s'étend depuis les 38. degrez 30. min. de latitude juſqu'à 44. degrez 30. min., & depuis les 105. degrez de longitude juſqu'à 120. degrez; enſorte qu'il n'a pas moins de 160. lieues en ſa plus grande longueur, & de 100. lieues en ſa plus grande largeur. Il eſt borné au Nord par le Païs des Callmoucks & des Moungales, à l'Eſt par les Tibet & les Deſerts de Goby; au Sud par les Etats du Grand-Mogol, dont il eſt ſeparé par les hautes Montagnes de l'Imaüs, que les Tartares appellent MUS-TAG, c'eſt-à-dire, Montagnes de neige; à l'Oueſt, par la Grande Boucharie. Ce Pays qu'on appelle preſentement la Petite Boucharie, eſt aſſez peuplé & fertile; mais à cauſe de ſa grande élévation & des hautes montagnes qui les bordent en pluſieurs endroits, & ſur tout du côté du Midi, il eſt bien plus froid qu'il ne devroit être naturellement, par raport à la ſituation avantageuſe dont il jouït. Il eſt fort riche en Mines d'or & d'argent; mais les habitans n'en profitent gueres, parce que les Callmoucks, qui ſont preſentement les Maîtres de la Petite Boucharie, ſe contentent de vivre tranquillement du provenu de leur bétail, & ne ſe ſoucient point de l'or & de l'argent d'abord qu'il leur doit coûter beaucoup de travail, & que les Bouchares qui habitent dans les Villes & les Villages du Païs, peuvent gagner plus commodement leur vie dans le commerce qu'à un travail auſſi rude que l'eſt celui des Mines. Cependant les uns & les autres ne laiſſent pas de profiter annuellement de ces Mines, par la quantité de grains d'or qu'ils ramaſſent tous les

les Printemps dans les coulées que les Torrents, qui tombent de tous côtez de ces hautes montagnes lorsque la neige vient à se fondre, y laissent par-tout; & c'est de là que vient tout cet Or en poudre, que les Bouchares habitans des Villes de ce Païs vont porter aux Indes, à la Chine, & même jusqu'à Tobolskoy dans la Sibérie. On trouve aussi beaucoup de Musc en ce Païs, & de toute sorte de Pierres-précieuses, même des Diamants: mais les habitans n'ont pas l'adresse de les polir ou tailler, & sont obligez de les employer dans le commerce aussi brutes qu'ils les trouvent.

Il y a quantité de Villes & de Villages en ce Païs: mais comme les Callmoucks, qui en sont les Seigneurs & Maîtres, ne quittent point leurs tentes, on peut aisément s'imaginer que les Villes ne peuvent être que fort-mal entretenues.

2. CASCHGAR, (LA VILLE DE) en particulier, dont tout le Païs tire son nom, est située à 41. dégrez 30. min. de latitude, vers les Frontieres de la Grande-Boucharie: cette Ville a été autrefois la Capitale du Royaume de Caschgar; mais depuis que les Tartares en sont en possession, elle est extrêmement déchue de sa premiere grandeur: néanmoins il s'y fait encore à present un assez joli commerce avec les habitans des Païs voisins, quoique cela soit fort peu de chose en comparaison du temps passé. La Petite Boucharie a été possédée jusqu'ici, avec toutes ses dépendances, par le Contaïsch, Grand-Chan des Callmoucks: mais depuis quelques années les Chinois, avec l'aide des Moungales, se sont emparez des Provinces de Chamill & Tursan, situées vers les Deserts de Goby, qui font partie de ce Païs, ce qui arriva de cette maniere. Le Contaïsch ayant été informé, qu'il y avoit à l'Est des Deserts de Goby, au pied des montagnes qui séparent ses Terres d'avec celles de la Chine, une Mine d'Or si riche, qu'on en pouvoit tirer l'Or sans beaucoup de peine, il y envoia un de ses Murses avec un corps de 10000. hommes pour s'en mettre en possession: ce qui ayant reveillé la jalousie des Chinois & l'animosité des Moungales, ils vinrent en si grand nombre fondre sur les Callmoucks, qu'ils les mirent en déroute & les poursuivirent jusqu'aux Deserts, que les Callmoucks repasserent à la faveur de certains Vallons très-fertiles, qui sont cachez parmi les hautes montagnes qui coupent le Desert de ce côté de l'Ouest à l'Est, dont les Chinois n'avoient eu aucune connoissance jusques là. Cette découverte fit beaucoup de plaisir au défunt Empereur de la Chine; & pour essayer de la mettre à profit, il y envoia une puissante Armée avec un bon train d'Artillerie, sous le commandement du Prince son troisieme Fils, qui est à present son Successeur, en faveur duquel il méditoit déja pour lors de disposer un jour de l'Empire; & on prétend qu'il le fit accompagner par un Pere Jésuite, fort entendu dans les Fortifications & les Feux d'artifice, pour l'assister de ses Conseils en cette expedition. Ce Prince ayant passé les Deserts par le même chemin par où les Callmoucks s'étoient retirez après là déroute dont nous venons de parler, entra dans les Provinces de Chamill & Tursan; & voyant que le Contaïsch venoit à sa rencontre avec une belle & nombreuse Cavalerie, contre laquelle il n'osoit commettre son Armée dans les vastes Plaines de ces Provinces, il s'avisa de faire élever de distance en distance des Forts, qu'il eut soin de bien garnir de Canon & d'Infanterie; & à la faveur de ces Forts il s'avança toujours plus avant dans les Terres du Contaïsch, & se rendit à la fin entierement Maître de ces Provinces, sans que les Callmoucks le pussent jamais forcer d'en venir aux mains avec eux: ce qui obligea le Contaïsch, qui voyoit bien qu'il lui étoit impossible de repousser les Chinois, sans avoir de l'Infanterie & du Canon, dont l'usage avoit été jusqu'ici inconnu aux Callmoucks, d'avoir recours à Pierre I. Empereur de Russie; & pour le porter à lui accorder ce qu'il souhaitoit, il lui offrit par une Ambassade solemnelle qu'il envoya l'année 1720. à St. Petersbourg, qu'il se rendroit tributaire à la Russie, à condition que cette Cour enverroit un Corps de 10000. hommes de Troupes réglées à son secours, avec du Canon à proportion; & moyennant ce secours il se faisoit fort de renvoier les Chinois bien-vîte dans leur Païs: mais la Guerre qui continuoit encore entre la Suede & la Russie, & les vûes que le feu Czar commençoit dès-lors d'avoir sur la Perse, l'empêcherent d'accepter ces propositions, quelque avantageuses qu'elles fussent à la Russie; & comme depuis ce temps-là les conjonctures ont entierement changé de face, il y a apparence que le Contaïsch tâchera de se tirer d'affaire avec la Chine, le mieux qu'il pourra, sans attendre après le secours de la Russie. En attendant, les Chinois se sont emparez de tout ce qui appartenoit ci-devant au Contaïsch à l'Est des Deserts, vers les Frontieres de la Chine, & y ont établi des Colonies de Moungales; mais ils n'ont pas touché aux Frontieres du Dalaï-Lama. Cependant s'ils peuvent se maintenir dans la possession des Provinces de Chamill & Tursan, & parvenir à s'étendre le long des montagnes qui regnent de ce côté-là jusqu'aux Frontieres des Etats du Grand-Mogol, comme il paroît qu'ils en ont le dessein, le Païs de Tangut doit nécessairement tomber de lui-même entre leurs mains.

§. Mr. de Lisle dans sa Carte de la Tartarie, considere le Royaume de Caschgar, qu'il écrit CACHGAR, comme une partie du Turquestan. Il y met bien la Ville de CACHGAR ou CAZLADGE, au lieu où se joignent les routes d'Andecan & de Cachemire, pour aller vers la Chine, mais il n'en fait pas la capitale de ce Royaume. Il reserve cet honneur à la Ville d'YARKAN, ou Irken qui est au Nord Oriental de Caschgar & à l'entrée du Desert de Caracatay. Il nomme Camoul ce que l'Auteur cité ci-dessus nomme Chamill. Abulfeda [a] dit qu'elle est capitale du Turkestan, qu'il en est sorti des Mahometans celebres par leurs Écrits & qui en ont pris leur nom; qu'elle est grande, bien peuplée, entourée de murailles, habitée par des Mahometans, & qu'elle a été aussi nommée ARDUCEND. Mr. Petis de la Croix, dans son Histoire de Genghiscan[b], lit dans Abulfeda ORDOUKENT, c'est-à-dire, Ville Royale. C'est, dit-il, de cette Ville suivant

[a] Edit. Oxon. p. 79.
[b] l. 1. c. 16.

les

les Annales de Suede que les Suedois tirent leur origine. Il ajoute : le pays de Caschgar a présentement un Roi particulier, qui le gouverne & l'on nomme sa Capitale HYARCHAN, qui est la même Ville que Caschgar à laquelle un de ses Princes a voulu faire porter son nom. On compte cent Mosquées dans cette Ville. Le pays produit toutes les choses nécessaires à la vie, & à l'entretien. Il y croît même les plus belles plantes aromatiques ; & dans l'une de ses Montagnes il y a une mine d'argent qui raporte beaucoup à son Prince.

Il est surprenant que Mr. de l'Isle, qui a dressé la Carte de l'Asie Septentrionale pour l'intelligence du livre de Mr. Petis de la Croix, qu'il avoit lu par conséquent avec attention, ait obmis sur cette même Carte la Ville d'Yarkan ou Irken, & qu'il l'ait laissée sur celle de la Tartarie où il distingue cette Ville de Caschgar quoi que ce soit la même selon Mr. Petis de la Croix, qui est d'une autorité d'autant plus grande qu'il nous tient lieu des Auteurs Arabes qu'il avoit lus avec beaucoup de soin & de capacité. Il est vrai que la Carte de la Tartarie est faite quatre ans avant la publication de cette Histoire, & que quand il est mort, il attendoit de nouveaux Mémoires, pour faire tout d'un coup divers changemens dont il jugeoit que sa Carte avoit besoin, comme il me le témoigne lui-même dans une de ses Lettres.

a Baudrand Ed. 1705.
CASCIA[a], petite Ville d'Italie dans l'Etat de l'Eglise, en Ombrie, sur le ruisseau *il Corno*, entre des Montagnes, entre Rieti & Nursie, vers le Mont Appennin, & vers les frontieres du Royaume de Naples.

CIVITA DI CASCIA, autre Ville d'Ombrie, à l'Orient d'hyver & à deux milles de *Cascia*, à peu de distance du Corno, selon Magin.

§. Mr. Baudrand les distingue fort bien dans l'Edition Latine de 1682. L'Edition Françoise ne connoît que la premiere. C'est à l'une des deux que les Géographes cherchent la CURSULA des Anciens.

b De Lingua Latina l. 6.
CASCINUM, Ortelius trouvant dans Varron[b] *Cascinum* occupé par les Samnites descendus des Sabins, juge qu'il faut corriger ce mot & lire CASSINUM.

CASDEI ou
CASDIM. Voiez CASED.

e Genese c. 22. v. 22.
CASED, Pere des CASEDIM ou CASDIM ; c'est ainsi que les Hebreux nomment les Chaldéens. Cased fut fils de Nachor & de Melcha[e] ; mais il y a beaucoup d'apparence, dit D. Calmet, que les Casdim ou Caldéens venoient d'un autre Cased.

d Ædific. l. 4. c. 11.
CASEERA, Κασέηρα, Ville de Thrace dans la Province de Rhodope, selon Ortelius. Procope[d] qu'il cite ne dit pas que ce fût une Ville ; mais simplement un des Forts que Justinien éleva en grand nombre dans la Thrace, qui étoit auparavant sujette aux courses & aux ravages des ennemis.

e Magin. Ital.
CASEI[e], Bourg d'Italie au Duché de Milan, dans la Laumeline à deux lieues de Tortone.

CASELOUTRE, c'est ainsi que quelques François ont nommé la Ville de KEYSERS LAUTERN en Allemagne. Voiez au veritable nom.

Tom. II.

CASEMANCE. Voiez CASAMANCE.

f Baillet Topogr. des Saints p. 571.
CASEMAR[f], en Latin *Casa ad Mare*, Village d'Italie au territoire de Ravenne à trois lieues de cette Ville. Il est remarquable pour être le lieu où naquit Saint Guyon Abbé de Pompose au x. siécle. L'Eglise en fait mémoire au 31. Mars.

CASENEUIL. Voiez CASSINOGILUM.

g Baudrand Ed. 1705.
CASENTIN[g], (le) petit pays d'Italie en Toscane dans le territoire de Florence ; entre le Mont Apennin, les Rivieres d'Arne & de Sieve & le territoire d'Arezzo ; entre Florence au Couchant, & le Bourg de S. Sepulcre au Levant. Le lieu principal est Poppi, & les autres sont Valombreuse, Camaldoli, le Mont Alverne & plusieurs autres moins connus, qui sont tous dans l'Etat du grand Duc de Toscane.

CASENTINUM. Voiez CASUENTINUM.

h l. 6. c. 17.
CASEROTÆ, ancien Peuple d'Asie dans l'Arie, selon Ptolomée[h]. Le Grec porte Κασηρῶται ; delà vient qu'en exprimant la Diphthongue de la seconde syllabe par une simple voyelle, les uns disent *Caserotæ* comme Ortelius, les autres *Casrotæ* comme Bertius.

CASERES. Voiez CAZERES.

i Baudrand Ed. 1705.
1. CASERTA[i], (MONTE DI) Montagne d'Italie au Royaume de Naples dans la terre de Labour entre Capoue & Caserte, qui lui donne son nom. Les Anciens l'appelloient TIFATES ; on la nomme aussi LA MONTAGNE DE ST. NICOLAS, & près de Capoue LA MONTAGNUOLA.

2. CASERTA, petite Ville d'Italie au Royaume de Naples dans la Terre de Labour. Elle a titre de Duché & appartient à la Maison Gaetane ; c'est aussi le Siége d'un Evêché Suffragant de l'Archevêché de Capoue. Elle est située près du Vulturne, au bas du Mont de Caserta, ou de St. Nicolas ; mais elle est mal-peuplée & ne vaut gueres mieux qu'un Village. Elle est à seize milles de Naples, & à quatre de Capoue.

CASH. Voiez CASCH.

CASHGAR ou
CASGAR. Voiez CASCHGAR.

CASHEL ou CASSEL, Ville d'Irlande dans la Province de Munster, au Comté de Tipperary, à douze milles de Thurles & à huit de Fethard, près de la Shure. Elle est le Siége d'un Archevêché dont on peut voir les Suffragans dans la liste des Evêchez au mot ARCHEVECHE. Quelques-uns doublent *l* finale & écrivent CASHELL. Elle envoye deux Deputez au Parlement : du reste elle n'est d'aucune consideration.

k l. 6. c. 15.
CASIA, contrée ancienne de la Scythie au delà de l'Imaus, selon Ptolomée[k].

l De Re Diplomatica l. 4. art. 31. p. 268.
CASIACUM ou CAZIACUM, ancien Palais des Rois de France[l]. Il ne reste plus d'anciens monumens qui nous en apprennent l'origine, & la connoissance la plus ancienne qu'on en ait est dans un Diplome de Louïs le Debonnaire en date de la XXII. année depuis qu'il étoit Empereur ; par cet Acte il rend quelques metairies à l'Abbaye de Fleuri. J'ai vu, dit l'Auteur du livre cité en marge de cet Article, des Lettres de Charles le Chauve datées la XV. année de son Regne à Bonneuil

Xx   Mai-

Maison de campagne voisine de *Caziacum*, la Marne entre deux, par lesquelles ce Prince confirme à l'Abbaye de *Caziacum* nommée *Brogilus*, une donation de quatre Manses & demie. Dans le Cartulaire de Nevers il y a un Diplôme de Loüis le Begue en faveur de l'Evêque Abbon l'an III. de son regne, par laquelle il accorde à St. Cyr, & à ce Prelat une ferme sur la Loire. Dans l'Ordonnance de Loüis le Debonnaire le nom de cette Maison Royale est écrit CUSIACUM, dans le Cartulaire de Fleury, & dans les Lettres de Loüis le Begue on lit *Casiacum*. Il faut lire dans l'un & dans l'autre Acte *Casiacum*, à moins qu'il ne se trouvât dans les originaux *Cauciacum*, qui est un autre Palais tout diferent, non sur la Marne où doit être celui-ci ; mais sur l'Aisne, dans le departement de Noyon. L'Auteur[a] de la Vie de St. Ælfrid Roi d'Angleterre dit que les Payens entrerent dans l'embouchûre de la Marne, & s'avancerent jusqu'au lieu CAZIEI, Maison Royale où ils sejournerent toute une année. On lit la même chose dans la Chronique des Normands. Attenant ce Palais étoit un Monastere dedié à St. Pierre que l'on dit avoir été autrefois élevé dans le Bourg de même nom & qui est presentement au bord Occidental de la Forêt, auprès de la Marne, sur une Colline à la verité ; mais dans un lieu agréable, où l'on a une vuë charmante. Il est parlé du Monastere de *Casiacum* dans les Lettres, & dans la Vie de St. Bernard.

Ce lieu est presentement CHESY L'ABBAYE en Champagne sur le bord Oriental de la Marne que l'on y passe sur un Pont, à deux lieuës au dessous de Château-Thierri, dans l'Election de cette Ville, & au dessus de Nogent l'Artaut.

§. Il ne faut pas confondre *Casiacum* ou *Caziacum*, qui est *Chesy*, avec CAGIACUM, qui est aussi sur la Marne au Fauxbourg de Meaux, & où est une Abbaye de Chanoines reguliers de Saint Augustin, le nom François de ce CAGIACUM est CHAGE ; au lieu que Chesy est du Diocèse de Soissons.

CASIGLIANO, autrefois Ville Episcopale, presentement Bourg d'Italie dans l'Etat de l'Eglise, au Duché de Spolette, à deux lieuës de la Ville d'Amelia, selon Mr. Baudrand. Il n'est pas fort sûr que CARSULÆ ou CARSULI dont Cluvier y cherche les ruines ait été Episcopale : Au X. volume de l'Italie Sacrée on lit[b] : CARSULI OU CARSULÆ Ville autrefois dans l'Ombrie ; Strabon, Pline & Tacite en ont parlé ; elle est à present tout-à-fait détruite ; elle étoit presque à moitié chemin entre Narni & Mevagna dans la Voye Flaminienne à environ dix mille d'une même & à douze mille pas de l'autre : Cluvier croit qu'elle étoit à l'endroit où l'on voit encore à present le Village de CASSIGLIANO, & où l'on trouve quantité d'inscriptions & de monumens anciens : quelques-uns assurent que lorsque cette Ville étoit florissante, elle fut honorée du Siége d'un Evêché quoi qu'il n'en reste aucun vestige : il est vrai que Ferrarius, dans le Catalogue des Saints au 2. Janvier, dit sur la foi de quelques manuscrits de l'Eglise de Terni que St. Volusien étoit Evêque de Carsuli (*Carsulanum Episcopum.*) Cependant Ughelli compte ce même Saint entre les Evêques de Terni, & assure qu'il occupa ce Siége immediatement après la mort de St. Procule vers l'an 310. ainsi ne se trouvant qu'un seul Evêque, qui ait occupé ce Siége selon Ferrarius, & ce même Saint en ayant occupé un autre selon Ughelli, qui avoit particulierement étudié cette matiere, on peut hardiment nier que Carsuli ait jamais été Ville Episcopale.

1. CASII. Voiez CASOS.
2. CASII. Voiez CASSII.
3. CASII. Voiez PELUSE.

CASILINUM, ancienne Ville d'Italie dans la Campanie[c] sur les deux bords du Vulturne à l'endroit où est la nouvelle Capouë selon Cellarius[d], qui n'a fait qu'adopter le sentiment de Cluvier[e] dont je raporterai les preuves dans un moment. L'ancien Itineraire compte trois milles entre Casilinum, & l'ancienne Capouë. Asconius Pedianus sur la troisiéme Verrine de Ciceron dit que le Vulturne est à trois milles de Capouë. Strabon[f] parlant des trois grandes routes, savoir la Voye Appienne, la Latine & la Valerienne, dit que la Voye Appienne, & la Latine se joignent à la Ville de Casilin à dix-neuf stades de Capouë. Il dit ensuite[g] que Venafre étoit située sur une haute Colline au pied de laquelle passe le Vulturne, qui coulant auprès de Casilin se jette dans la Mer à une Ville nommée Vulturne comme lui. Il est vrai que dans le premier de ces passages on lit Cassin pour Casilin dans le Grec ; mais c'est une faute visible, car la Ville de Cassin ou Casilin[h] étoit uniquement sur la Voye Latine sans aucun raport avec l'Appienne, au lieu qu'il s'agit ici d'une Ville où ces deux routes se joignoient. Casilin étoit des deux côtez du Vulturne, & separoit le territoire de Falerne d'avec la campagne dite proprement la Campanie[i]. Ciceron[k] nous apprend que Jule Cesar y avoit mené une Colonie, & qu'Antoine y en avoit mené une autre. Elle déchut peu après & Pline la nomme les restes d'une Ville mourante. Cette Ville ayant enfin été entierement abandonnée & détruite il y resta pourtant un pont sur le Vulturne parce que c'étoit toûjours la grande route ; & la *Riviere* elle-même prit le nom de cette Ville, & fut nommée CASILINUS. Vibius Sequester dans son Catalogue des Rivieres dit : *Casilinum* Riviere de Campanie d'où la Ville a pris son nom. Il eût mieux dit s'il eût dit tout le contraire. Agathias[l] parlant de Butilin Roi des Francs dit : étant venu dans la Campanie, il campa peu loin de la Ville de Capouë au bord du fleuve Casilin, qui coulant de l'Appennin, & circulant dans les campagnes voisines se jette dans la Mer Tyrrhéne. Constantin Porphyrogenete dit[m] : Butelin fut defait par Narses auprès de la Riviere de Casulin ; d'autres Auteurs nous apprennent comment on y rebâtit une Ville. Dans ce temps-là, dit une ancienne Chronique[n], la Ville de CAPOUE que l'on appelloit aussi SICOPOLIS, bâtie près de quinze ans auparavant sur le Mont Trefisco, ayant été plusieurs fois brûlée à cause des crimes de ses habitans, le Comte Landon, & l'Evêque Lan-

CAS. CAS. 347

Landolfe ayant tenu conseil avec leurs voisins la bâtirent au Pont de Casulin telle qu'on la voit aujourd'hui. Selon le recit de la Chronique cela se fit entre les années DCCCLI. & DCCCLVI. Constantin déja cité dit [a] : Capoue étoit une grande Ville, les Vandales & les Afriquains l'ayant prise elle fut détruite: comme elle étoit abandonnée les Lombards l'habitèrent. Les Africains étant revenus à la charge l'Evêque Landolfe éleva une Forteresse au Pont de la Riviere, & la nomma *Capantem Kautuvy*. On voit bien, dit Cluvier, que ce nom est corrompu; mais il n'est pas si facile de savoir quel mot l'Auteur avoit écrit. Il est clair que ce n'est qu'une abreviation de *Campania Pontem*, c'est-à-dire Pont de la Campanie. Leandre & San-Felice disent [b] que Casilin est présentement CASTELLUCIO. Les Interpretes de Ptolomée disent de même.

[a] de Admi-
nist. Imp.
c. 27.

[b] Ortel.
Thesaur.

CASILIRMAR. Mr. Baudrand appelle ainsi l'*Halys* des Anciens & dit : Riviere de la Natolie : on la nomme ainsi comme qui diroit la Riviere rouge selon Bellon; les Turcs l'appellent aussi Aytozu selon Busbeque & d'autres Laly. Elle a sa source dans la Province de Chiangare vers la Ville de même nom d'où coulant au Septentrion, elle se rend dans la Mer noire près de Simiso, & dans le Golfe de ce nom.

Mr. de l'Isle dans sa Carte de la Grece suit une partie de cette idée & met auprès de Cangri ou Chiangari la source d'une Riviere qui coule delà vers l'Orient, & il la nomme IECHEL IRMA, c'est-à-dire la Riviere verte; c'est constamment le même nom que Casil-Irmar de Mr. Baudrand qu'on celui-ci a trouvé defiguré & mal expliqué dans ses Auteurs, ou plutôt dans l'Article d'Ortelius dont il a pris ce qu'il en dit. C'est le fameux Pierre Gylla, qui croit que l'Halys des Anciens est le *Casil-Irmar* qu'il explique par *Riviere rouge* dans une Lettre qu'Ortelius dit avoir eu entre les mains; ainsi c'est Ortelius qu'il falloit citer, & non pas Bellon. Busbeque a raison d'expliquer *Halys* par *Aytosu*, qui est en effet son nom moderne, quant au Niger qui le nomme Laly, il n'est d'aucune autorité en Geographie, & il ne vaut qu'autant qu'il a d'illustres approbateurs. La source que donne Mr. Baudrand au fleuve Halys ne lui convient pas; mais à la Riviere d'*Iechel Irma*, qui ne coule pas vers le Nord, mais vers l'Orient, où il se joint au Carasou ou Riviere noire, qui est le Melas des Anciens avec lequel il se va perdre dans l'Euphrate. Pour l'*Halys* sa source est très-diferemment située. J'explique ailleurs les fautes dont Mr. de Tournefort reprend la plûpart de nos Geographes à l'occasion de cette source de l'Halys. Mr. de l'Isle ne s'y est pas trompé dans sa Carte de Turquie.

CASIMAMBOUS, (les) Nation particuliere d'Afrique dans l'Isle de Madagascar, & dans la Province de Matatane. C'est moins une Nation qui occupe seule un pays, qu'une Tribu qui vit avec quelques autres. On distingue dans cette Province deux sortes de Blancs, sçavoir les ZAFFERAHIMINA, & les ZAFFECASIMAMBOU ou CASIMAMBOU. Ces derniers sont tous Ombiasses, où Ecrivains, & la

Tom. II.

plupart maîtres de village. Ils se servent d'une tablette sur laquelle ils étendent du sable blanc & avec le doigt, ils marquent de certaines lignes à ondes, & de ces lignes ils en forment de certaines figures sur lesquelles ils font leur jugement en observant l'heure, le jour de la Lune & l'année, & en font des pronostics. Les Zafferahimina ont été si avilis par les Casimambou qu'ils n'en font plus que les Esclaves. Vers le commencement du siécle passé les Zaffecasimambou voyant que les Zafferahimina les vouloient maîtriser, ils les tuerent tous & ne reserverent que les enfans avec les femmes à qui ils donnerent de certaines Isles pour habiter & où ils plantent, cultivent la terre & nourrissent des troupeaux, & on les appelle maintenant ONTANPASEMACA, comme qui diroit : hommes venus des sables de la Meque parce que ce sont les Arabes venus de la Mer rouge. Ces Casimambou sont venus en cette Isle dans de grands canots, & y ont été envoyez, à ce qu'ils disent, par le Calife de la Meque pour instruire ces Peuples, vers le commencement du XVI. siécle. Leur Chef épousa la fille d'un Negre grand Seigneur de la Province de Matatane à condition que la lignée, qui en viendroit, porteroit le nom de cette fille qui étoit Casimambou; car c'est la coutume que dans la partie Meridionale de l'Isle les enfans portent le nom de la mére. Ces Zaffecasimambou ont beaucoup multiplié, enseignent à lire & l'écriture Arabe, en tiennent école dans les Villages, où les garçons vont apprendre. Ils font plus basanez que les autres Blancs. Cependant ils sont les maîtres, & les autres Blancs n'oseroient égorger une bête, ni une volaille, quoi qu'elle soit à eux, il faut qu'ils appellent un Casimambou chez eux quand ils veulent tuer un bœuf, ou un autre animal pour manger. Les Ontampassemaçi dont il est parlé ci-dessus s'adonnent fort à la pêche, & y sont très-adroits.

*Flacourt
Hist. de Madagascar c.
7. p. 16. &
17.*

CASIMOMAGUM ou
CASINOMAGUM, ancien nom d'un lieu particulier de la Gaule dont il est fait mention dans un Fragment particulier de la Table de Peutinger. Velser qui en a donné une explication, hazarde une conjecture & dit que c'est peut-être SALOMACUM qu'Antonin met sur la route d'Acqs (*Aqua Tarbellica*) à Bourdeaux, & que c'est peut-être aujourd'hui CAUSALION. Il temoigne assez qu'il n'est pas fort persuadé de ce sentiment; & à dire vrai on ne sait aujourd'hui ce que c'est. Car pour trouver *Casinomagum* dans *Salomacum*, il est obligé de dire que la premiere syllabe de ce nom a peri dans Antonin, & que les autres lettres sont corrompues. De bonne foi quelle necessité y a-t-il, que ce soit le même endroit ?

CASINO. Voiez l'Article suivant.

CASINUM, ancienne Ville d'Italie au pays des Volsques, sur la Voye Latine à l'extrémité du Latium ajoute. Bien des exemplaires des Auteurs ont ce nom écrit par deux SS, CASSINUM ; mais c'est une faute dont nous avertissent toutes les anciennes inscriptions où ce nom n'a qu'une S simple. Le lieu étoit aux frontieres des Ausones, ou Aurunces & des Samnites, entre *Aquino Municipe*, & *ad*

Xx* 2   Fle-

Flexum lieu ainsi nommé parce que la Voye Latine s'y détourne vers le Sud-Est pour aller à Venafre, & delà à Casilinum où elle se joint à la Voye Appienne. Les habitans étoient appellez CASINATES, comme Cluvier[a] le prouve par un assez grand nombre de temoignages, & son territoire est nommé *Ager Casinas* par Caton[b]. Varron[c] donne pour Etymologie de ce nom le mot *Cascum* qui signifie *Vieux*, & qui étoit en usage dans ce sens-là chez les Sabins. Tite-Live parle de cette Ville à l'occasion d'Annibal. Ce General[d] prit un guide pour le mener au territoire de Casino *in Agrum Casinatem*, où il vouloit se rendre pour ôter aux Romains tous les moyens de se joindre à leurs Alliez; mais il prononça ce mot si mal que le guide crût qu'il vouloit aller à Casilin, & il l'y mena. Il dit d'ailleurs qu'Annibal campa deux jours sous Casino, & fourragea le pays voisin. [e]Après la guerre des Samnites les Romains maîtres de Casinum resolurent sous le Consulat de L. Papirius & de C. Junius l'an de Rome 441. d'envoyer diverses Colonies. Casinum étoit du nombre des Villes où elles étoient destinées; mais ce ne fut que l'année suivante sous le Consulat de M. Valerius & de Publius Decius que les Colonies furent menées. Il paroît par cette inscription que raporte Cluvier QUINC. IN. MUNICIPIO. SUO. CASINI. qu'elle fut municipale. Cette Ville donna son nom à la Montagne devenue fameuse par la vie vraiement Angelique que St. Benoît y a menée. Voici l'état où étoit ce lieu lorsque ce St. s'y rendit, comme nous l'apprenons de sa Vie écrite par St. Gregoire[f] Pape au second livre de ses Dialogues. Le Bourg ou Village que l'on appelle le Cassin est situé sur le côté d'une haute Montagne, qui y ouvre son sein & forme une plaine qu'occupe ce Bourg. La Montagne a encore bien une lieue de hauteur. Il y avoit alors sur son sommet un vieux Temple, où les paisans insensez adoroient encore Apollon, selon la coutume de l'ancien Paganisme. On voyoit de plus aux environs, des bois consacrez au Demon, où cette folle troupe de Villageois offroient d'abominables sacrifices. Dès que le St. fut arrivé en ce lieu-là il brisa l'Idole, il renversa l'autel & brûla ces bois superstitieux. Il bâtit une Chapelle de St. Martin dans le Temple même d'Apollon, & une autre sous le nom de St. Jean Baptiste dans la place où étoit l'autel de cette fausse Divinité; & prêchant sans cesse, il instruisit les Payens du voisinage, & les attira heureusement à la foi. Ce fait arriva vers l'an 529. Ce n'est pas que le Mont Cassin n'eût été jusque là habité que par des Payens; on observe que St. Martin hermite, qui y demeuroit ceda la place à St. Benoît, & alla demeurer au Mont Marsique proche de Carinole, c'est ce que remarque l'Historien François de l'Ordre de St. Benoît[g], s'apuiant sur le petit Poême de Marc disciple de St. Benoît.

Le même Historien[h] reconnoît que c'est une chose presque incroyable qu'on adorât encore Apollon en ce lieu de Cassin & que dans le sixiéme siécle, une fausse Divinité y eût encore un Temple, des Autels, & des bois superstitieux consacrez à son honneur; cependant le fait est attesté d'une maniere si positive par un St. Pape presque contemporain que l'on ne peut guéres en douter. Le Village ou le Bourg ne perdit rien à ce nouvel établissement. On continua de l'appeller *Casinum* avec une seule S, & le Monastere fit qu'on ne parla plus que jamais du Monastere & de la Montagne, qui avoient pris le nom de l'ancienne Ville. L'Anonyme de Ravenne, Ecrivain du VII. siécle, l'appelle CASINON[i]. Il eut encore un autre nom; mais on ne sauroit dire fort au juste comment il se doit écrire. Paul Diacre[k] dit de St. Benoît qu'il éclata par des vertus Apostoliques dans le lieu nommé Sublaque, & ensuite au Mont Cassin *& postea in castro Cassini quod* HARUM *appellatur*. Les manuscrits varient; quelques-uns portent *in Cassino quod aurum*, d'autres *Clarum*, d'autres *Bacrum*. Aimoin[l], Sigebert[m], & Reginon[n], joignent toûjours le mot *Castrum*, au nom propre de la Montagne, nom qui ne convient ni à la Montagne, ni au Monastere; mais à la Ville même, ou à un Château qui la defendoit. Niger & San-Felice disent que c'est presentement S. Germano[o]. Ils se trompent. Il est prouvé que *Casinum* étoit sur la Montagne, & St. Germain est au pied. Magin dans ses Cartes les distingue très-bien; mais il met comme une Ville qu'il nomme MONTE CASSINO, & Leandre[p] dit formellement qu'elle ne subsiste plus, & qu'il n'en reste que la place. Voiez au mot MONT l'Article MONT-CASSIN.

CASINUS, Riviere d'Italie. Strabon dit[q] que la Ville d'*Interamna* étoit située à l'endroit où la Riviere Liris, & le Casinus se joignent. Le Liris est aujourd'hui le Garigian, & la Ville d'*Interamna* porte dans son nom une determination aisée de ce lieu qu'elle occupoit, le nom de l'*Isoletta*, qu'elle a maintenant signifie aussi bien que l'ancien qu'elle étoit enfermée par une ou plusieurs Rivieres. Ce Casinus qui s'y doit perdre dans le Garigian ne peut être la Riviere de *Melfa*, comme le dit Ortelius. Car 1. ce nom convient beaucoup mieux à la Riviere de *Melpis* dont parle Strabon au même lieu, & qui tombe dans le Garigian au dessous d'*Interamna*; 2. parce qu'Interamna n'est pas au confluent de la Melfa & du Garigian. Il faut donc que ce soit une des Rivieres, qui viennent de la campagne de Rome se joindre au Garigian précisément auprès de l'Isoletta. Il se peut que Strabon ait nommé *Casinus* la même Riviere que quelques autres nomment *Trerus*, qui reçoit beaucoup de Rivieres entre lesquelles Casinus étoit peut-être.

CASIO, Bourg d'Italie dans l'Etat de l'Eglise, dans le Boloneze, aux confins de la Toscane, entre Bologne & Pistoye.

CASIOPE. Voiez CASSIOPE.

CASIS, (LA VALLE'E DE) Vallée de la Palestine dans la Tribu de Benjamin. Il en est parlé au livre de Josué[r].

CASIUS, Montagne d'Asie. Entre autres Montagnes de ce nom il y en avoit deux très-differentes l'une de l'autre, qui chacune étoient aux deux bouts de la Palestine qu'elles bornoient l'une au Nord, l'autre au Midi. Il semble même, dit D. Calmet[s], que le nom de Casius; qui leur étoit commun vient de l'Hebreu (קץ Ketz) Kez ou Cas, qui signifie *extremité*, *terme*, *limite*; cette Etymologie est effectivement très-vraisemblable.

1. CASIUS, Montagne d'Arabie, à l'extrémité Méridionale de la Terre Sainte ou plûtôt entre elle & l'Egypte. Strabon dit[a]: depuis là (Joppé) jusqu'au Casius, Montagne voisine de Peluse la distance de mille stades, & un peu plus, & depuis cette Montagne jusqu'à Peluse il y en a trois cens autres. Ensuite après avoir parlé du Lac Sirbon il ajoute: le Mont Casius ressemble à des monceaux de sable & s'avance dans la Mer, n'ayant point d'eau lui-même. C'est sur cette Montagne que repose le corps du grand Pompée, & on y voit le Temple de Jupiter, surnommé Casius. Ce fut près de cet endroit que Pompée, ayant été trompé par les Egyptiens fut égorgé. Delà il y a un chemin qui mene à Peluse, & sur lequel sont les Châteaux de Gerra & de Chabrias, & les gouffres voisins de Peluse, formez par les debordemens du Nil; ce pays étant bas & marécageux. Cela s'accorde parfaitement avec ce que dit Pline[b], qui ne va pas comme Strabon de la Palestine vers l'Egypte; mais de l'Egypte vers la Palestine. Depuis Peluse on trouve, dit-il, les Forts de Chabrias, le Mont Casius, le Temple de Jupiter Casius, le tombeau du grand Pompée. Dion Cassius[c] dit aussi que Pompée fut tué devant le Mont Cassius; c'est ainsi qu'il écrit ce nom par une double SS. πρὸς τῷ Κασσίῳ ὄρει. Pline ni Strabon ne disent point qu'il y eut à cette Montagne ni Ville, ni Bourg; & il paroît qu'il s'y forma vers le déclin de l'Empire Romain quelque chose de pareil, car Ammien Marcellin[d] parlant des Villes de la Province Augustamnica met *Cassium* où est, dit-il, le tombeau de Pompée. Cela est conforme aux anciens Itinéraires.

Antonin	La Table de Peutinger.
Rhinocorura	Rhinocorura
Ostracena M.P. XXIV.	Ostracine XXIII.
Cassio M.P. XXVI.	Cassio XXIII.
Pentascino M.P. XX.	Gerra XX.
Pelusio M.P. XX.	Pelusio VIII.

Il n'est pas ici question de la monstrueuse diference, qui se trouve dans les chifres, qui marquent les distances. Je traite cette matiere plus commodément dans mon Commentaire sur Antonin; il ne s'agit ici que du nom de cette Ville également nommée dans Ammien Marcellin, & dans ces deux Itinéraires, Cassium par deux SS. La Notice de Hierocles nous apprend de plus qu'elle étoit veritablement une Ville, & même une Ville Episcopale de la Province Augustamnica I.

Le R. P. Hardouin[e] a raison de taxer d'erreur ceux qui se sont imaginé que cette Montagne est le Mont Sinai. Herodote[f] étend le Lac Sirbon jusqu'au près du Mont Casius; & Pline qui raporte son opinion ne dit pas qu'il se fut trompé; mais il ajoute que ce n'étoit plus qu'un Marais mediocre, *nunc est Palus modica*.

2. CASIUS, Montagne de Syrie près de Seleucie. Pline[g] distingue parfaitement bien ce Mont Casius de l'autre. Car après avoir parlé de Seleucie surnommée Pieria (du nom d'une Montagne voisine du Mont Casius) il ajoute: au dessus de cette Ville est une Montagne, qui porte le nom de Casius, qui est aussi celui d'une autre Montagne. Elle est si haute que dans la pleine nuit, trois heures avant que le Soleil se leve, elle le voit & que dans un petit circuit de sa masse, elle montre également le jour & la nuit, c'est-à-dire qu'il est déja jour pour la partie du sommet qui est vis-à-vis du Soleil, tandis que la partie qui est derriere & le bas de la Montagne ont encore l'obscurité de la nuit. Pline n'est pas le seul qui raporte cette singularité. Solin[h] Martianus Capella[i] l'ont dit après lui. Pomponius Mela[k] dit la même chose du Mont Casius; mais de celui qui est près de l'Egypte & non pas de celui-ci; en quoi Lucain s'accorde avec lui dans sa Pharsale[l]

Lucifer a Casia prospexit rupe, diemque
Misit in Ægyptum primo quoque sole calentem.

Ce n'est pas seulement par la hauteur, par les circonstances d'une illumination anticipée, & par le nom que ces deux Montagnes se ressembloient. C'étoit encore par un Temple de Jupiter surnommé *Casius*, qui étoit aussi sur cette derniere. Diverses Medailles de Seleucie portent le Mont Casius qui étoit, comme on a dit, voisin de la Ville, avec ces mots ϹΕΛΕΥΚΕΩΝ Π. ϹΥΡΙΑϹ, ΖΕΥϹ ΚΑϹΙΟϹ, c'est-à-dire *des habitans de Seleucie*, *surnommée Pierie*, *de Syrie*, *Jupiter Casius*. D. Calmet[m] croit que celle dont il est ici question est désignée par Moïse au livre des Nombres par la *Montagne de la Montagne*, ou, comme la Vulgate traduit très-bien, *Montem altissimum*. C'étoit la maniere des Hebreux de redoubler le mot pour en augmenter la force; ainsi ils disent une Montagne-Montagne pour dire une Montagne très-élevée. Ammien Marcellin[n] parle aussi de cette Montagne; mais il la nomme Cassius par une double SS. Il dit que le fleuve Oronte couloit au pied. Pline dit que jusqu'au sommet le circuit est de XIX. mille pas, & qu'en droite ligne la hauteur n'est que de IV. milles. La Montagne de Pierie dont j'ai parlé, & qui donnoit le surnom distinctif à la Ville de Seleucie est l'Anticasius de Strabon. Voiez Pierie.

3. CASIUS, Montagne d'Asie dans la Mesopotamie. Voiez Masius.

4. CASIUS, Riviere d'Asie dans l'Albanie selon Ptolomée[o], qui en met l'embouchure entre celles du Gherrus, & de l'Albanus; ce dernier est le Cotian d'aujourd'hui au Nord duquel il faut chercher le Casius. Pline[p] le nomme aussi entre les Rivieres de ce pays-là.

5. CASIUS, Montagne d'Espagne. Voiez Cassius.

6. CASIUS, Ville & Montagne d'Egypte, selon Etienne le Géographe. C'est la même chose que Casius 1. qui, comme on a remarqué en son lieu, n'étoit pas d'abord de

l'Egypte proprement dite ; mais qui en fut lorsqu'on y eut ajouté la Province *Augustamnica* où il étoit.

CASLONA. Voiez CASTULO.

CASLUIM ou CHASLUCHIM[a], Peuple descendu de Misraïm, on n'en fait pas le pays, ni la demeure : ils habiterent apparemment dans la haute Egypte.

[a] D. Calmet Dict. Voiez son Commentaire sur Genes. X. 14. & 1 Paral. I. 12.

CASMARE, Κασμάρη, ancienne Ville d'Afrique dans la Mauritanie Cesariense, selon Ptolomée[b]. Elle étoit dans les terres.

[b] l.4.c.2.

CASMENE, ancienne Ville de Sicile. Etienne le Géographe écrit comme Herodote ΚΑΣΜΕΝΗ au singulier. Thucydide l'appelle ΚΑΣΜΕΝΑΙ au pluriel. Herodote dit[c]: Gelon s'empara de Syracuse en y ramenant de la Ville de Casmene quelques Syracusains nommez Gamores que le Peuple en avoit chassez. Ces Gamores, comme le remarque Cluvier[d], s'étoient refugiez à Casmene parce que c'étoit une Ville bâtie par les Syracusains. Thucydide le dit bien positivement. *Acræ* & Casmenes furent, dit-il[e], bâties par les Syracusains, savoir *Acræ* LXX. ans après Syracuse & Casmenes près de xx. ans après *Acræ* ; Camarine ne commença aussi à être bâtie par les Syracusains qu'environ 135. ans après Syracuse. On sait que cette derniere Ville fut fondée la seconde année de la XI. Olympiade d'où il s'ensuit que la fondation de Casmene arriva vers la XXXIII. Olympiade ; c'est-à-dire à peu près 645. ans avant l'Ere vulgaire. On ne sait pas au juste où elle étoit. Arezius guidé par une ressemblance de nom, & trouvant *Comiso* Bourg situé près de la source de la Camarana, qui est l'Hipparis des anciens a cru que c'étoit Casmene. Fazel l'en reprend comme d'une erreur ; mais sans dire par quelle raison. Cluvier juge que Casmene étoit entre Acræ & Camarine, à peu de distance du rivage ; car, dit-il, les Grecs en établissant des Colonies, ne prirent d'abord que les côtes, le milieu de l'Isle demeura toûjours occupé par les Siciliens. Les Syracusains, après avoir bâti leur Ville, & voulant s'étendre vers la côte Meridionale, bâtirent d'abord *Acræ*, puis en s'avançant, Casmenes, & enfin Camarine. Le même Géographe conjecture que Casmene étoit au même lieu où est presentement SICALI. Mr. de l'Isle n'est pas de ce sentiment ; car il la met entre *Mutyca*, aujourd'hui *Modica*, & *Neetum*, aujourd'hui Noto, à distance presque égale de ces deux Villes & dans sa Sicile selon l'état present, il met entre ces deux Villes de Modica & de Noto les traces d'une Ville ruinée, au Couchant de l'Atellari.

[c] l. 7.

[d] Sicil. ant. l. 2. c. 10. p. 358.

[e] l. 6.

CASMONATES, ancien Peuple d'Italie dans la Ligurie, selon Pline[f]. Ils n'étoient pas sur la côte ; mais dans les Montagnes.

[f] l.3.c.5.

CASO. Voiez CASOS.

CASOBUS. Voiez COSOBUS.

CASOLI[g], Bourg & Château d'Italie avec titre de Principauté dans l'Abruzze Citerieure au Royaume de Naples, à trois lieues de Lanciano vers l'Occident Meridional.

[g] Baudrand Ed. 1705.

1. CASOS, Isle de l'Archipel auprès de l'Isle de Scarpanto. Pline[h] dit qu'elle s'appelloit autrefois ACHNE. Ce mot Ἄχνη signi-

[h] l.5.c.31.

fie en Grec l'écume de la Mer ; & il est vraisemblable que cette Isle située dans le Détroit, qui est entre l'Isle de Scarpanto & celle de Candie, étant par consequent fort batue des vagues en avoit pris cet ancien nom. Sophien dit qu'on la nomme presentement CASSO. Mr. de l'Isle écrit le nom moderne CAXO[i] ; le Sr. Berthelot de même dans sa Carte de la Mediterranée. Pline compte sept milles de Scarpanto à Casos[k], & delà trente autres milles jusqu'au Cap de Candie qu'il nomme Samonium. Il ne faut pas confondre cette Casos avec CASUS dont parle Pline. Voiez CASUS. Le Sr. Robert dans son Voyage du Levant[l] décrit ainsi l'Isle de CASO immediatement après celle de Scarpanto. Elle est, dit-il, tributaire des Venitiens & des Turcs, habitée par des Grecs & par un petit nombre de Mahometans : on y trouve les mêmes denrées qu'à Scarpanto, (c'est-à-dire du bled, de l'huile, du miel, du vin, &c.) Il y a une bonne rade entre cette Isle & une autre petite située à son Est (les Cartes ne la marquent point) où cent vaisseaux peuvent mouiller fort à l'aise depuis 8. jusqu'à 17. brasses d'eau, sur un fond de Sable Blanc. D'ailleurs l'aiguade y est facile.

[i] Carte de la Grece.

[k] l.4.c.12.

[l] p. 296.

2. CASOS. Voiez SINOPE.

CASPAPYRUS, Etienne dit : Ville Gandarique, Rivage des Scythes, selon Hecatée dans sa description de l'Asie. On peut dire que cet Article est un de ceux qui ont eu le malheur de passer par les mains d'Hermolaus. Les Gandares étoient un Peuple d'Asie aux frontieres des Indes & de la Scythie, & la Ville de Caspapyrus étoit du pays qu'occupoit ce Peuple ; c'est ce qu'Etienne a voulu dire, & peut-être ce qu'il disoit effectivement. Cette Ville ne paroît pas diferente de CASPATYRUS dont parle Herodote. Voiez ce mot.

CASPASIUS, ou CASPASIUM FLUMEN, Riviere de Scythie, en Asie, selon Pline[m].

[m] l.6.c.17.

CASPATYRUS, Ville des Indiens, selon Herodote[n]. Il dit que Darius fit découvrir une bonne partie de l'Asie. Ce Prince desirant de savoir où est l'embouchûre du fleuve *Indus*, qui est le second de tous les fleuves qui nourisse des Crocodiles, envoya sur des vaisseaux Scylax de Caryande (il y en a eu plus d'un de ce nom,) & quelques autres pour lui en faire une relation veritable. Ils s'embarquerent & partirent de Caspatyrus & de la contrée Pacytique, & descendant le fleuve vers l'Orient, ils allerent vers la Mer, puis navigant sur la Mer même vers le Couchant après trente mois, ils arriverent au lieu d'où le Roi d'Egypte avoit fait partir des Africains pour faire le tour de l'Afrique. Ces Africains étoient partis de la Mer rouge, ainsi la route que faisoient ceux que Darius avoit envoyez depuis le fleuve nommé *Indus* par Hérodote, étoit d'Orient en Occident à la prendre en gros ; mais comme il y a bien de l'apparence qu'ils alloient terre à terre, elle étoit tantôt vers le Midi, & tantôt vers le Septentrion puisqu'ils suivirent les côtes de Coromandel & de Malabar, & qu'ils doublerent le Cap de Comorin. Car le fleuve qu'Herodote nomme ici *Indus* ne peut être que le *Gange* ; & non pas l'*Indus* des Géographes, qui est

[n] l.3.n.102.

est aujourd'hui le Sinde. Le Gange est très-fertile en Crocodiles aussi bien que le Nil. Son cours depuis sa source aproche toûjours de plus en plus de l'Orient ; ce qu'on ne peut pas dire du veritable Indus. Ce seroit se moquer que d'avoir mis deux ans & demi à suivre la côte depuis l'Indus jusqu'à la Mer rouge, au lieu qu'en l'expliquant du Gange, la chose est très-naturelle. Caspatyrus étoit donc sur le Gange ou du moins sur quelqu'une des Rivieres navigables, qui s'y jettent assez loin de son embouchûre. Cela se prouve par le passage d'Herodote.

CASPE, Bourg d'Espagne en Arragon avec un ancien Château sur la Riviere de l'Ebre, qui y reçoit celle de Guadalope, à trois lieues des frontieres de la Catalogne, & à douze au dessous de Sarragosse en descendant vers Tortose. Ce fut-là que Ferdinand, Infant de Castille & Duc de Peñafiel fut declaré Roi d'Arragon le 14. Juin 1412. par les neuf Electeurs que les Etats de cette Couronne avoit choisis. Il en avoit gagné six à force de presens, & par les intrigues de Pierre de Lune dit Benoît XIII. qui avoit besoin de son appui pour se maintenir dans le Schisme.

1. CASPERIA, ancienne Ville d'Italie au pays des Sabins. Virgile dit [a] :

a Æneid. l.7.v.714.

Qui Nomentum urbem, qui Rosea rura Velini
Qui Tetricæ horrentes rupes montemque Severum
Casperiamque colunt, Forulosque &c.

b p. 46. Ed. Hesselii.
c l.8.v.416.

Vibius Sequester [b] parlant de la Riviere Himella dit qu'elle couloit chez les Sabins près de la Ville Casperia. *Himella Sabinorum prope Casperiam urbem.* Silius Italicus [c] la nomme CASPERULA, & fait allusion de ce nom à celui des Caspiens dont il semble en tirer l'origine.

Hanc Amiterna cohors & Bactris nomina ducens
Casperula, hunc Foruli . . &c.

C'est presentement le village d'ASPRA. Voiez ce mot. Pomponius Sabinus expliquant le vers cité de Virgile raporte deux Etymologies de l'ancien nom, l'une comme si elle avoit été apellée *Asperula, ab asperitate*; l'autre à *Caspelo oppido Bactrianæ Regionis*. Il étoit bien necessaire pour trouver une origine que personne ne lui demandoit, de bâtir une Ville en l'air, sur le terrain de la Bactriane ! Il y a eu de tout temps de ces sortes d'Ecrivains dont la ressource est dans l'imagination, & qui plutôt que de demeurer court sur une matiere, hasardent toutes les extravagances dont ils peuvent s'aviser. *Caspelum* Ville de la Bactriane en est une de la façon de Pomponius Sabinus, on ne sauroit trop s'elever contre ces faux Savans ; qui au lieu de s'en tenir aux connoissances raisonnables que fournit l'antiquité sur la Géographie ancienne, à barbouillent des chimeres qu'ils se forgent, dans l'esperance qu'ils paroîtront savoir ce que les autres ignorent. Ils n'éclaircissent pas, ils embrouillent une Science.

2. CASPERIA, contrée de l'Inde en deçà du Gange, selon Ptolomée [d]. Elle étoit au dessous des sources du Bidaspe, du Sandabal & du Rhoas.

d l.7.c.1.

CASPERULA. Voiez CASPERIA 1.

CASPHALIA [e], lieu particulier d'Afrique. St. Augustin en parle dans sa 166. Lettre.

e Ortel. Thesaur.

CASPHIN, Ville dont il est parlé au second livre des Macchabées [f]. D. Calmet [g] dit que c'est la même que CHESBON ou ESEBON dans la Tribu de Ruben.

f c.12.v.13.
g Dict.

CASPHOR, on lit dans le premier livre des Macchabées au v. Chapitre verset 26. *plusieurs d'entre eux furent pris dans Barasa, Bosor, & Alimes, & à Casphor, à Mageth & à Carnaim : toutes ces Villes sont grandes & fortifiées.* On lit au 36. verset du même Chapitre : *ensuite il s'avança & prit Casbon & Mageth & Bosor, & les autres Villes de la Galaatide.* La comparaison de ces deux passages fait juger que dans le premier *Casphor* est la même chose que *Casbon* dans le second ; ainsi ce sera la même Ville qu'*Esebon* ou *Esbus* au delà du Jourdain. D. Calmet [h] est de ce sentiment & remarque que le Grec porte CHASCOR, & Josephe nomme ce même lieu CHASPHON.

h Dict.

CASPIA REGIO. Voiez CASPIENS.

LA MER { CASPIE, ou CASPIENNE } Voiez MER.

CASPIENNES (LES PORTES.) Voiez PORTES.

CASPIENS, (les) ancienne Nation d'Asie près de la Mer, qui en a pris le nom de Mer Caspienne. Comme les Anciens n'ont eu qu'une connoissance très-confuse de cette Mer, à laquelle ils donnoient une étendue d'Occident en Orient quatre fois plus grande qu'elle ne l'est effectivement ; ils en ont rempli cet espace imaginaire comme ils ont pu, & ont donné à des peuples beaucoup plus de terrain qu'ils n'en pouvoient avoir, vû la vraie mesure de celui qui étoit à partager entre eux. La côte Meridionale de cette Mer est aujourd'hui si bien connue que les préjugez anciens sont entierement détruits, & qu'il n'est plus question de raisonnemens pour savoir qui a raison, ou de Scaliger, d'Olearius & des autres, qui prennent la longueur de cette Mer du Nord au Sud, ou de Vossius, de Cellarius & de quelques autres, qui se soulevant par une preocupation deraisonnable contre l'experience moderne entassent mille raisons pueriles pour soutenir une ancienne erreur. En fait de questions de cette nature un homme qui dit de bonne foi *j'ai vû*, est plus croiable que dix mille Savans qui disent *j'ai lu dans un Auteur qui en avoit lu d'autres* ; car après tout c'est à quoi se reduisent les autoritez qu'on allegue de Strabon, de Pomponius Mela, de Pline, de Ptolomée : pas un d'eux n'avoit vû la Mer Caspienne, & ils n'en parloient que sur l'autorité des autres, qui avoient été trompez les premiers. Leurs idées étoient alors incertaines, delà les variations de ce qu'ils disent ; il ne faut les prendre que pour ce qu'elles valent ; c'est-à-dire pour des relations qui ne se sont pas trouvées justes ; mais dès que la verité se mon-

montre, il n'y a autorité qui tienne, il faut l'embraſſer ; & c'eſt ſe deshonorer que de vouloir comme Voſſius démentir des temoignages certains, pour ſoutenir un ſentiment qui n'a de prix qu'autant qu'il ſe trouve conforme à la verité, & qu'il peut ſoutenir la comparaiſon que l'on en fait avec les découvertes modernes. C'en eſt la veritable pierre de touche. J'ai cru ce détail neceſſaire pour preparer le Lecteur à ne pas demander trop d'exactitude aux Anciens ſur ce qu'ils ont dit du Mont *Caſpius*, des *Portes Caſpiennes*, & de la Nation qui portoit le même nom. Strabon parlant des Caſpiens [a] les nomme avec d'autres Peuples, qui ſelon lui étoient en cercle autour de la Mer Caſpienne ; après les Hircaniens, il nomme les Amardes, les Anariaques, les Caduſiens, les Albains, les Caſpiens, les Vitiens, & ajoute : & peut-être encore quelques autres juſqu'aux Scythes. On voit bien qu'il les nomme confuſément, & ſans avoir égard à l'arrangement Géographique de ces Peuples. Il raporte [b] une tradition, ſelon laquelle les Caſpiens enfermoient & laiſſoient mourir de faim leurs parens lorſqu'ils avoient fini leur ſoixante & dixiéme année ; & qu'ils [c] les portoient enſuite dans un lieu deſert & les obſervoient de loin. S'ils voyoient que les oiſeaux les tiraſſent hors du Cercueil, ils les jugeoient heureux ; ils n'en penſoient pas ainſi ſi c'étoient les bêtes feroces ou les chiens ; mais ils les croioient entierement malheureux, ſi rien ne les retiroit du Cercueil. Tout cela ne nous apprend point où étoient les Caſpiens, & il ne dit rien qui nous apprenne où ils étoient ; à moins qu'on ne veuille dire qu'il les a mis auprès du Mont Caſpius. Mais il place cette Montagne entre la Colchide & la Mer Caſpienne, & en ce cas il a confondu le Mont Caſpius avec le Caucaſe, & c'eſt en effet dans les defilez du Mont Caucaſe que ſe trouvoient les Portes que quelques-uns appelloient Caſpiennes, ce que Pline n'approuve pas comme nous le dirons ci-après. Pomponius Mela [d] parle d'un Peuple voiſin des Scythes, qui habitoit autour du Golphe Caſpien. C'eſt ainſi qu'il apelle la partie de cette Mer que d'autres nomment Caſpienne. Il nomme ce Peuple CASPIANI. Voſſius obſerve que de ces mots *Arii, Sogdii, Bactrii, Drangi, & Caſpii*, on avoit formé ceux-ci *Ariani, Sogdiani, Bactriani, Drangiani & Caſpiani* ; juſqu'ici l'obſervation n'eſt qu'une matiere de Grammaire ; mais ce qu'il ajoute eſt plus important. Il ne faut pas, dit-il, confondre ces noms, à moins que l'on ne ſoit ignorant dans la Géographie. Lui qui y étoit ſi ſavant, à ce qu'il dit quoi qu'il en fût à peine les premiers élemens, pourquoi a-t-il envié à ſes Lecteurs une diſtinction ſi ſubtile ? La verité eſt qu'il ne la ſavoit pas lui-même, & que ſon unique but étoit de ſauver le mot *Caſpiani* que Pintien avoit voulu ôter pour y mettre *Caſpii*, qui ſelon le ſtyle même de Mela, y vient beaucoup mieux. Iſaac Voſſius étoit un Grammairien aſſez heureux, quoique quelquefois temeraire ; mais un très-pauvre Mathematicien, comme il paroît par les bevues, qui lui ſont échapées toutes les fois qu'il a voulu ſortir de ſa Sphere Grammaticale. Revenons aux Caſpiens. Le même Pomponius Mela [e] place encore ailleurs ſur le Golphe Caſpien le même Peuple qu'il nomme *Caſpii* ; & lui donne pour voiſins les Amazones ſurnommées Sauromatides. Si l'on joint au paſſage ce que j'ai remarqué des Amazones que les Géographes mettent dans le Caucaſe entre le Pont-Euxin, & la Mer Caſpienne, on jugera que c'eſt dans cette Montagne, & entre ces deux Mers qu'il faut chercher les *Caſpii* ou *Caſpiani* de Mela. Pline décrivant la côte Occidentale de la Mer Caſpienne met derriere les Aroteres, les Amazones Sauromatides, puis dénombrant les Rivieres de l'Albanie il nomme de ſuite le Caſius, l'Albanus, le Cambyſe & le Cyrus. C'eſt, dit-il, au Cyrus que commence la Mer Caſpienne (c'eſt-à-dire que l'on commence à la nommer ainſi, car les Anciens la diſtribuoient en differentes parties, qui avoient chacune leur nom, comme nous le diſons en ſon lieu.) Les Caſpiens habitent à l'entour. Pline ajoute : il faut corriger l'erreur de pluſieurs, qui ſe trompent ſur ce pays & entre leſquels il y en a même de ceux, qui ont ſervi dernierement en Armenie ſous Corbulon. Car ils ont appellé *Portes Caſpiennes* les paſſages de l'Iberie, que nous avons dit être appellez *Portes Caucaſiennes* ; les Cartes qu'on en a levées & envoyées portent ce nom. Et dans le projet qu'eut Neron on diſoit qu'il vouloit aller aux Portes Caſpiennes, au lieu qu'il vouloit aller aux paſſages, qui aboutiſſent par l'Iberie chez les Sarmates, y ayant à peine aucun paſſage du côté de la Mer Caſpienne à cauſe des Montagnes qui y touchent. A ces Nations Caſpiennes il s'en joint encore d'autres, & c'eſt ce qu'on ne peut connoître que par la relation de ceux qui accompagnerent Alexandre le Grand. Voilà que Pline nous renvoye à des livres que nous n'avons plus ; car ce que nous avons de la Vie de ce Heros eſt écrit bien des ſiécles après lui. J'ai déja remarqué ailleurs plus d'une fois que les Hiſtoriens d'Alexandre ont repandu un cahos ſur la Géographie ancienne, bien loin de ſervir à en débrouiller la confuſion ils ne font que l'augmenter ; mais cela doit s'entendre de Quinte-Curſe & de ſes pareils. Tacite [f] reconnoît une Voye Caſpienne, (*Caſpia Via*,) dans le Mont Caucaſe entre l'Euxin & la Mer Caſpienne. Les Iberes qui étoient maîtres des avenues firent paſſer promptement les Sarmates dans l'Armenie par la Voye Caſpienne & arreterent facilement ceux qui venoient au ſecours des Parthes les autres paſſages étant fermez par l'ennemi & le ſeul qui reſtoit être la Mer, & les Montagnes d'Albanie n'étant point praticable à cauſe de la Saiſon &c. On voit que Tacite ne parle ici que des paſſages que Pline appelle Portes Caucaſiennes, & que d'autres nomment Portes Caſpiennes ; mais comment accorder cela avec ce que dit Pline que les Caſpiens commençoient de l'autre côté du Cyrus, qui a le prendre ſelon le ſens de cet Auteur, c'eſt-à-dire auprès de la Mer où il ſe perd avec l'Araxe eſt bien plus Meridional que ces Montagnes ? Il eſt certain que des autoritez alleguées ci-deſſus il reſulte qu'il y avoit une *Voye Caſpienne*, des *Portes Caſpiennes*, & un *Mont Caſpius*, bien au Nord du Cyrus dans le Caucaſe, qui ſepare les deux Mers.

Pli-

CAS.

Pline ne les reconnoît pas. Ceux dont il parle dans le dernier passage étoient au Midi Oriental du Cyrus. Cela s'accorde un peu avec ce que dit l'Abreviateur de Strabon[a]. Il y a, dit-il, deux Nations Caspiennes. L'une est plus Occidentale que les Cadusiens, le long de la Mer du même nom, & le long du fleuve Cambyse.

Ce qu'il ne faut pas entendre du Cambyse, que Ptolomée place dans la Medie, mais de celui qui étoit dans l'Albanie selon Pline, & que Ptolomée n'a point connu; Voiez CAMBYSES. Mercator dans ses Cartes de Ptolomée a brouillé ces idées; en quoi il est excusable, à cause de l'obscurité qui est dans les Anciens. En mettant des Caspiens au Midi Oriental du Cyrus, comme fait Pline, il faudra en admettre de trois sortes. Car ceux du Caucase étoient au Nord Occidental de l'embouchure du Cyrus. Ceux dont il parle étoient à l'Orient de la côte Meridionale de la Mer Caspienne, & il y avoit outre cela un autre Mont Caspius & d'autres Portes Caspiennes. L'Abreviateur de Strabon dit[b] après ce que j'en ai déja cité, l'autre Nation Caspienne est voisine des Parthes, c'est chez elle que sont les portes Caspiennes. Arrien dans son Histoire d'Alexandre[c], dit que ce Monarque poursuivant Darius vint d'Ecbatane en onze jours à *Rage*, qui n'est qu'à une journée de chemin des Portes Caspiennes. Pourvû que par Ecbatane on n'entende point ni Tauris, ni Casbin, mais AMADAN, qui, comme l'a savant Mr. de l'Isle l'a très-bien prouvé, est la vraye Ecbatane des Anciens, ce passage marque très-bien la position de ces Portes Caspiennes. Denys le Periegete[d] dit que les Parthes habitent au pied des Portes Caspiennes. Isidore de Charax[e] parlant de la Ville de Charax dit: elle est située au pied de la Montagne nommée Caspius qui donne le nom aux Portes Caspiennes. Or cette même Ville étoit selon Ptolomée[f] à la tête de la Parthie, ou, ce qui est la même chose, aux confins de la Medie & de la Parthie. Ainsi ces dernieres Portes Caspiennes se trouvent aujourd'hui dans la Perse, aux Montagnes qui servent de limites entre le Tabristan & l'Irac-Agemi, auprès de Firuz-Cuh, ou de Chowar. Au lieu que les autres étoient dans ce que nous appellons aujourd'hui la Géorgie quelque part vers Teflis. Pour les Caspiens dont parle Pline & qui demeuroient le long de la Mer Caspienne, ou, pour parler comme Mela, les Caspiens qui habitoient autour du Golphe Caspien, je soupçonne avec bien du fondement que ce mot de Caspiens, *Caspii* ou *Caspiani*, n'étoit qu'un surnom; & qu'ils avoient outre cela des noms particuliers, comme les *Gela* dont le Pays conserve encore le nom & s'appelle le *Gilan*, *Ghilan*, ou *Gnilan*. Il est bon, comme je l'ai remarqué au commencement, de se souvenir que les Anciens connoissoient mal la Mer Caspienne & ce qui est une suite naturelle de l'idée confuse qu'ils en avoient, ils n'ont pu en avoir une fort juste de la situation, ni de l'étendue des Nations qui en habitoient les Rivages. Mais ce que l'on peut recueillir de plus certain, de toute cette discussion, c'est qu'il y avoit une Voie Caspienne dans l'Iberie, des Portes Caspiennes au même endroit. Pline ne veut pas qu'on les appelle ainsi, selon lui il faut dire les Portes Caucasiennes. Il y avoit aussi un Peuple nommé Caspiens dans ces quartiers-là & il s'étendoit le long du Cambyse, qui est aujourd'hui la Riviere dont l'Embouchure est à Scamachie; cela se voit par l'Abregé de Strabon. Outre cela il y avoit les Portes Caspiennes proprement dites, un Mont Caspius, & une Nation Caspienne à l'Orient du Tigre, entre la Parthie & la Medie. Voila ce qu'il y a de plus sûr & de plus net; & à quoi on s'en peut tenir sur les connoissances que l'antiquité nous en a laissées.

Il est vrai que Strabon donne aux derniers Rois d'Armenie une contrée qu'il nomme Caspiane. Il dit[g] qu'Artaxias ayant commandé les Armées sous Antiochus le Grand, profita de la defaite de ce Prince & s'empara de l'Armenie, qui étoit fort petite. Son petit Royaume borné d'abord aux environs d'Artaxate s'accrut par les Pays qu'il y annexa & qu'il enleva à ses voisins, entre autres usurpations dont on peut voir le detail dans Strabon, il ôta la Caspiane aux Medes. Ce ne peut être le Pays d'auprès des Portes Caspiennes entre la Medie & la Parthie; l'Armenie ne s'étendit point jusques-là. Il dit ailleurs[h] la Caspiane appartient à l'Albanie & tire son nom de la Nation Caspienne, qui le donne aussi à la Mer. Cette Nation, ajoute-t-il, est maintenant très-obscure & très-peu connue. Cette situation fait voir que c'est la même chose que la Voye Caspienne de Tacite[i], & ce qu'il appelle ailleurs[k] *Caspiarum Claustra*. Ptolomée en parlant de la grande Armenie place entre elle & la Medie une chaine de Montagnes, au delà de laquelle il fait habiter un Peuple nommé les Caspiens, auprès de la Ville de GABRIS, qui est la Ville de Tauris aujourd'hui, & auprès de la source d'un fleuve qu'il nomme Cambyses; mais ce fleuve est deplacé dans son systeme. Car il le fait couler au Midi Oriental du Cyrus, au lieu qu'il doit être au Nord du Cyrus comme je le prouve ailleurs; de plus cette position ne convient point à la Caspiane qui étoit l'Albanie, selon Strabon, où est le veritable Cambyses selon Pline. Ainsi supposé que Ptolomée ait eu raison de mettre à l'Orient de l'Armenie, près de la Medie un Mont Caspius & un Peuple de ce nom, il faudroit conclure que c'est un troisieme Peuple diferent des deux autres, dont j'ai parlé jusqu'à present; puisqu'il n'est aux confins ni de l'Albanie, ni de la Parthie, ce qui est essentiel à l'un, ou à l'autre.

CASPIN. Voiez CASPHIN.

CASPINGIUM, la Table de Peutinger nomme ce lieu entre le Rhin & la Meuse. Entre ce lieu & *Ad Duodecimum*, elle met *Grinnes*; mais Alting[l] juge que c'est une faute du Graveur qui a apporté là mal-à-propos ce lieu qui devoit être dans une autre route le long du Rhin. Il croit que c'est presentement ASPEREN (voiez ce mot.) Les anciens Allemands aimoient extrêmement une Aspiration Gutturale; on en a des preuves dans ces changemens de ces deux noms *Lodovicus* & *Lotharius*, que nous disons *Louis* & *Lothaire*; dans quantité d'Actes on trouve la lettre L précédée d'une Aspiration *Hlodovicus*, *Hlotharius*; *Chlodovicus*, *Chlotharius*; *Clodovicus*, *Clotharius*, ainsi les Romains ne sachant comment exprimer l'Aspiration d'*Asperen*, Hhaspern, ont écrit par un C.; & pour ce qui est de la terminaison *ingium*, elle repond à la terminaison INGEN, qui est très-frequente dans les noms de lieux en Allemagne. Mr. Baudrand [a] raporte deux sentimens très differens: 1. celui de Cluvier qui croit que c'est GIESSENBOURG, entre Gorcum & Dordrecht; & celui de Sanson qui croit que c'est SCHERPENZEEL dans le Weluve, aux limites de la Seigneurie d'Utrecht. Je m'en tiens au sentiment d'Alting.

[a] Ed. 1682.

CASPIRA, Ville de l'Inde en deça du Gange, vers les sources de l'Indus sur l'Adris, qui tombe dans l'Hydaspe, un peu au dessus de la jonction de ce dernier fleuve avec l'Indus, selon les Cartes dressées par Mercator sur les Notices de Ptolomée [b]. Mais ces Cartes ne sont nullement exactes & l'Hydaspe y est fort mal placé. Ses Interpretes [c] donnent pour nom moderne COSPIRIO nom inconnu aux Voyageurs. Ortelius [d] dit COSPETIR & cite Mercator, peut-être ont-ils voulu dire que c'est la même chose que *Caspatyrus* d'Herodote. Voiez ce mot. Mr. Baudrand dit que d'autres croyent que c'est CACHEMIRE, qu'il nomme en Latin CASSIMERIA; c'est trop dire. On risque moins en disant que Casperia étoit la capitale du Peuple CASPIRÆI, dont le Pays répond à peu près au Royaume de Cachemire. Ce peuple avoit pour ses autres Villes selon, Ptolomée [e].

[b] Asiæ Tab. X.
[c] l. 7. c. 1.
[d] Thes.
[e] ibid.

Salagisa,	*Dedala,*
Astrassus,	*Ardone,*
Labocla,	*Indabara,*
Catanagra, ou *Batanegra,*	*Liganita,*
Arippara,	*Chonnabarara,* ou *Chonnamagara,*
Amacastis,	*Modura,*
Stobalasara, ou *Astobalasara,*	*Gagasmira,*
Caspira,	*Cragausa* ou *Erarasa,*
Pasicana,	*Cognabara.*

Quoique j'aie dit que Caspira étoit la capitale, elle ne l'étoit néanmoins que parce qu'elle donnoit son nom à toute la Nation, & Ptolomée donne pour Metropole aux Caspiréens la Ville de *Cragausa*, ou comme se trouve dans quelques Exemplaires, *Erarasa*. Si la ressemblance de nom suffisoit pour fonder une conjecture, je dirois que *Gagasmira* est presentement la capitale, car en retranchant la premiere syllabe il reste *Gasmire*, qui pour la prononciation differe peu de *Cachemire*, qui est aujourd'hui le nom de la Capitale & de tout le Pays.

CASPIRÆI. Voiez l'Article précédent.

CASPIRIA, Ptolomée donne ce nom à l'une des Isles fortunées. Mais comme il y a de l'erreur dans sa position, il n'est gueres possible de determiner quelle des Isles Canaries il nomme ainsi : heureusement la Géographie n'y perd pas beaucoup, & l'Histoire n'y perd rien du tout.

CASPIRUS, ancienne Ville des Parthes, aux Frontieres de l'Inde, selon Etienne le Géographe. Cet article est corrompu dans cet Auteur, car il cite le troisieme livre d'Herodote où il n'est nullement question de Caspirus; mais de Caspatyrus, qui étoit bien loin de la Parthie, & jusqu'où les Parthes n'ont jamais étendu leur domination. Il y a apparence que Caspirus n'est point different de Caspira de Ptolomée. L'Empire des Arsacides en approcha d'assez près. Le même Etienne nomme le Peuple Caspiri & raporte des vers de Denys tirez du III. livre de son Poëme des Bastariques, dont voici le sens. Ce sont de tous les Indiens, ceux qui ont le jarret le plus souple, telle qu'est la force & l'agilité des Lions dans les Montagnes, celle des Dauphins dans la Mer, celle de l'aigle entre les oiseaux, celle des chevaux en pleine Campagne, telle est la legereté des Caspiriens qui surpassent à la course toutes les Nations Orientales. Si on accorde qu'ils sont les mêmes que les *Caspiræi*, on ne peut pas dire de même que Caspira soit la même chose que Caspatyrus; puisque la premiere est à l'Occident des Montagnes que côtoye l'Indus, assez près de sa source, au lieu que Caspatyrus doit avoir été sur le Gange, ou du moins sur une Riviere navigable qui s'y jette.

CASPIUM MARE. Voiez MER, à l'Article MER CASPIENNE.

CASPIUS MONS, Voiez les Articles CASPIENS, CAUCASE, & TAURUS.

CASR [f], Palais, Maison, ou Château dans lequel un Roi ou un Prince, fait son sejour ordinaire, dans les Pays Orientaux, sur tout en Perse & dans les Pays voisins.

[f] d'Herbelot Bibl. Orient.

CASR-AHMED, petite Ville de la Province d'Afrique, proprement dite. Elle est considerée comme le Magazin des Bleds de tout ce Pays qui en abonde. On les y conserve dans les voutes bâties exprès & non pas sous terre, comme dans la plupart des autres Provinces de l'Afrique. C'est tout ce que nous en apprend Mr. d'Herbelot [g], qui cite une Géographie Persienne au 4. climat.

[g] ibid.

CASR BEN HOBEIRAH, Ville d'Asie dans la Province d'Erakh, ou Chaldée (d'Iraque) [h] à deux lieues de l'Euphrate, fort près de la plaine de Kerbela fameuse par la défaite de Hussain Fils d'Ali. Cette Ville fut bâtie par Abu Jezid Ben Amru Ben Hobeirah, qui commandoit dans le Pays d'Erakh sous le Regne de Marvan, dernier Khalife des Ommiades. (C'est-à-dire, vers l'an de l'Hegire 125. ou 130.

[h] ibid.

CASR FIROUSEH [i], c'est-à-dire, le Palais ou le Château de la Turquoise, ou bien CASR-FIRUZ le Château du bonheur. C'est le nom du Palais superbe que Mahmud Fils de Sebekteghin, fit bâtir en la Ville de Gaznah, & où il fut aussi enterré. Le fondateur de ce Palais regna depuis l'an de l'Hegire 389. jusqu'à l'an 421. qui fut celui de sa mort.

[i] ibid.

CASSÆ. Voiez CASÆ.

CASSAGNEBERE, Village de France en Gascogne au Diocese d'Auch, dans l'Election d'Armagnac. Il n'est remarquable que pour avoir été la patrie d'Arnauld d'Ossat Cardinal, Evêque de Rennes, puis de Bayeux,

[k] Amelot de la Houssaye Vie de ce Cardinal Edit. de ses Lettres.

&

CAS.

& Ambassadeur de France à Rome, l'un des plus vertueux & des plus éclairez Ministres qu'ait jamais eu cette Couronne. Ses Lettres joignent deux choses qui paroîtroient incompatibles si on ne les y voyoit pas réunies, la probité & la politique. Il naquit en ce lieu le 23. Août 1536. & mourut à Rome le 13. Mars 1604. Peu d'Anagrammes ont été aussi justes que celle de son nom *Arnauld d'Ossat*; *va d'art, sans dol*, ce qui signifie que son procédé étoit adroit & prudent, mais sans tromperie.

CASSAGNETTES [a], Gros Bourg de France dans le Rouërgue, au Diocese de Rodez, dans la Generalité de Montauban, Election de Rodez.

[a] Carte des Generalitez de Montauban & de Touloufe.

CASSAIGNE, Village de France en Gascogne au Condomois, sur la Losse à trois lieues de Condom. Mr. de l'Isle le neglige, Mr. Baudrand [b] en fait une Ville.

[b] Ed. 1705.

CASSAINOUSE; Bourg de France en Auvergne au Diocese de St. Flour, dans la Generalité de Lion, & dans l'Election d'Aurillac.

1. CASSAN. Voiez CASAN Ville & Royaume d'Asie.

2. CASSAN. Voiez CACHAN Ville de Perse.

CASSANDRIA, ancienne Ville maritime de la Macedoine. Pline [c] en parle au sujet de certaines pierres tombées de la Region de l'Air & que les Anciens ont cru trop legerement être tombées du Soleil parce qu'elles avoient une couleur brune, qui faisoit croire qu'elles avoient été brûlées. L'Antiquité Payenne adoroit ces sortes de Pierres. Pline nous aprend qu'on en reverroit une à Cassandrie, qui fut appellée *Potidée*, & où l'on mena à cause de cela une Colonie. C'est-à-dire, que cette Pierre venerée comme une chose sacrée engagea à mener en ce lieu où elle étoit tombée une Colonie, qui y fonda une Ville nommée PoTIDÉE [b], nom formé de πότι & de δαίω qui veut dire être brûlé. Etienne donne le nom de Potidée comme l'ancien, aussi bien que Pline [d]: Strabon parle de même [e], & le R. P. Hardouin raporte avec Etienne le Géographe, l'origine de ce nom de Cassandrie à Cassander Fils d'Antipater, & cite une Medaille de Neron au Recueil de Patin, sur laquelle on lit COL. JUL. AUG. CASSANDRENS. Ulpien [f] dit que les habitans de Cassandrie avoient les droits qu'on avoit en Italie. Elle occupoit & fermoit, pour ainsi dire, l'Isthme [g] de la Presqu'Isle de Pallene. On trouve bien encore aujourd'hui Cassandra dans la même Presqu'Isle, mais dans une situation bien differente, & à l'autre extremité de la Presqu'Isle, la plus éloignée de l'Isthme. C'est bien le même nom, mais c'est une Ville qui loin d'être l'ancienne Cassandrie, occupe bien plûtot la place de Menda dont Mela fait aussi mention [h]. Voiez PYDNA & POTYDÉE.

[c] l. 2. c. 58.

[d] l. 4. c. 10.

[e] l. 7.

[f] Digest. 50. Tit. 15. de Consibus.

[g] Mela l. 2. c. 2.

[h] ibid.

CASSANDRIÆ PENINSULA, cette Presqu'Isle a été nommée tantôt à cause de Pallene, qui en étoit la principale Ville, tantôt à cause de Cassandrie qui en occupoit l'entrée. Voiez PALLENE.

CASSANDT. Voiez CADSANDT.

CASSANITÆ, Peuple situé sur le bord de la Mer Rouge, selon Etienne le Géographe qui cite Marcien dans son Periple. Je ne trouve rien de pareil dans le Periple de cet Auteur, mais dans celui d'Arrien [i], on trouve CANRAITÆ mot corrompu que les Critiques croient tenir la place de CASSANITÆ. Diodore nomme ce même Peuple GASANDES & Agatarchide CASANDRES, ou selon quelques Traducteurs Latins CASANDRINI ou même CASANDRENSES. Voiez ce mot. Ce Peuple étoit dans l'Arabie heureuse.

[i] Peripl. Mar. Eryth. p. 11. Edit. Oxon.

1. CASSANO [k], Bourg & Château d'Italie, au Duché de Milan, sur la Riviere d'Adda à XV. milles de Creme & à XII. de Bergame, vers le Couchant & à XL. de Bresse [l]. C'est auprès de ce Bourg que le Prince Eugène de Savoye qui commandoit l'Armée Imperiale perdit une bataille le 16. d'Août 1705. contre le Duc de Vendôme qui commandoit l'Armée des deux Couronnes.

[k] Baudrand Ed. 1705.

[l] Hist. de France sous Louis XIV. T. 8. p. 482. & suiv.

2. CASSANO [m], Ville d'Italie au Royaume de Naples, dans la Calabre Citerieure, près du Torrent de Bano, avec un Evêché suffragant de l'Archevêché de Cosenza, mais exempt de sa Jurisdiction. Elle est fort petite, environ à dix milles de la côte du Golphe de Tarente, au Couchant, vers le Mont Apennin dont elle n'est pas si éloignée & environ à vingt milles de Rossano vers le Nord, & sur les confins de la Basilicate.

[m] Baudrand Ed. 1705.

CASSANORUS, ancienne Ville d'Egypte selon Etienne qui cite le livre 26. d'Ephorus.

CASSAR, Village de la Haute Egypte à un quart de lieue de la rive Occidentale du Nil, au dessus de Girge & au dessous de la Ville de Dandre; le Sr. Lucas [n] remarque qu'en cet endroit le Nil se detourne pour couler au Midi comme s'il vouloit remonter à sa source. Voici ce qu'il ajoute touchant ce Village. Il est, dit-il, habité par quelques Maures, & par quinze ou seize familles de Chrétiens Coptes, qui y vivent dans une extrême misere; & n'a d'autre Commandant que cinq ou six Janissaires. On y boit une liqueur tirée des cannes de Sucre, dont le Commerce y est assez considerable. Ils se vantent que l'on trouve des Statues d'Or dans leur Voisinage, ce qui ne s'accorde pas avec leur pauvreté. Ce qu'ils disent des Ruines, qu'on y trouve est plus considerable. Il doit y avoir eu autrefois une belle Ville, qui est à present ensevelie sous terre & il est difficile de deviner par quel renversement prodigieux cela peut être arrivé. Dès qu'on veut creuser, pour faire quelque puits ou quelques fondemens on trouve des debris de Maisons, de Temples & d'autres Monumens. L'Auteur cité dit qu'on le mena voir un de ces puits nouvellement fait, auprès duquel il trouva un monceau de grosses pierres qu'on avoit été obligé de tirer pour trouver de l'eau. Comme il n'est pas fort profond & que l'ouverture en est assez grande, j'y remarquai, dit-il, une espéce de Salon où l'on voit de belles Colomnes de Granite, & m'assura que ce lieu étoit très-vaste. J'y jettai une pierre où j'avois attaché du papier allumé, qui me fit appercevoir une partie des choses qu'on me racontoit là-dessus. Comme j'avois de la peine à concevoir de quelle sorte ces puits, qui sont plus

[n] Voyage de la Haute Egypte l. 5. p. 99. & suiv.

plus élevez que le Nil pouvoient fournir de l'eau, on me dit qu'ils se remplissoient, lorsque le fleuve venoit à croître & que l'eau s'y conservoit long-temps, comme dans une espece de citerne. On remarque encore en ce lieu plusieurs petites élevations qui ont été formées des ruines de cette Ville, parmi lesquelles on voit une infinité de pots cassez qui étoient d'une terre rougeâtre. On trouve encore au bord du Nil les vestiges d'un ancien Château qui étoit bâti de fort grosses pierres, avec le reste d'un Quai bâti de briques; mais ce qu'il y a de plus singulier, ce sont les restes d'une muraille qui traverse jusqu'à la moitié du Nil. On croit encore dans le Pays, & ce n'est peut-être pas sans fondement, que les anciens habitans de cette Ville, ayant souvent été battus par ceux du Caire, ou plutôt de Memphis, formerent le dessein de détourner le Nil du côté de la Libye, & de faire perir par là leurs ennemis à quoi ils auroient sans doute réussi, si toute la basse Egypte ne s'étoit liguée pour faire cesser ce projet, & détruire de fond en comble une Ville dont les habitans pouvoient leur causer une perte inévitable. Ils ne leur firent en effet aucun quartier; ils ravagerent tout le Pays, passerent tout au fil de l'épée & s'en retournerent chargez de butin.

CASSARES. Voiez CESSARES.

CASSARO, Bourg de Sicile, dans la Vallée de Noto, sur la Riviere de Jasibli, selon Mr. Baudrand, qui a cru que la Riviere de Jasibli avoit sa source si loin, en quoi il s'est trompé. CASSARO est un Village avec titre de Principauté sur la Riviere nommée *Fiume grande*, qui étant grossie de deux Ruisseaux nommez l'un & l'autre *Sortino*, prend le nom d'Alfeo en tombant dans le port de Syracuse, d'où cette Principauté est éloignée de vingt milles d'Italie, comme Mr. de l'Isle le marque très-bien dans sa Carte de Sicile. Elle tient la place de la CACYRON de Ptolomée.

CASSE, (LE BANC DE LA) c'est ainsi que Mrs. Maty & Corneille appellent un écueil qui est, disent-ils, fort dangereux. Il est selon ces Auteurs dans la Mediterranée entre l'Isle de Sardaigne & celles de Majorque & de Minorque. Mr. Corneille donne de plus une explication puerile de ce nom. Le nom de CASSE qu'on lui a donné signifie, dit-il, que tous les navires qui en approchent de trop près, y sont *cassez* ou *brisez*. Est-ce aussi pour cette raison que le Cap de l'Isle de Sardaigne, à l'Occident duquel ce Banc de Sable est situé, se nomme CAPO DE LA CASSA? (c'est l'*Hermeum promontorium* des Anciens.) Il y a effectivement entre l'Isle de Minorque & le Cap Faucon, qui est au Nord de la côte Occidentale de Sardaigne un Banc de Sable à 20. lieues ᵃ marines du Cap de la Cassa, il s'étend d'Occident en Orient l'espace de 28. de ces mêmes lieues, & peut en avoir 5. dans sa plus grande largeur. Comme il y a quatorze brasses d'eau, qui le couvrent, il n'est pas dangereux pour quantité de vaisseaux. Son nom n'est pas le Banc de la Casse comme le disent les deux Auteurs citez. Le Sr. Berthelot l'appelle KRAAL dans sa Carte de la Mediterranée.

CASSECOMBE, Mr. Corneille dit:

ᵃ De 30. au degré.

Ville d'Angleterre dans le Comté de With. Elle est située sur une Riviere qui se décharge dans l'Avon & éloignée de *Chipuam* d'environ cinq milles; & cite un Atlas. Il n'y a ni Ville de Cassecombe, ni Province de With en Angleterre; mais bien un Château nommé CAST-COMBE en *Wiltshire* ou dans la Province de Wilt, à la source de la Riviere qui coule à Bath, qui est l'Avon; ce Château est au Nord-Est & à six milles Anglois d'une Bourgade nommée *Chipenham*, comme Allard l'a très-bien marqué dans sa Carte d'Angleterre.

CASSEI, Bourg d'Italie au Milanez, dans la Laumeline, aux confins du Tortonez, à deux lieues de Tortone du côté du Nord ᵇ.

ᵇ *Baudrand* Edit. 1705.

1. CASSEL. Voiez CASHEL.

2. CASSEL ᶜ, Ville de France dans la Flandre Occidentale, à six lieues de la Mer entre les Villes de St. Omer, Aire, St. Venant, Bailleul, Poperingue, Bergue St. Vinox & Waeten, dont elle n'est éloignée que de quatre lieues; & entre les Villes de Graveline, Dunkerke, Furnes, Ypres, Estaire, & Merville dont elle est à six lieues. Ce mot Cassel est parmi les Allemands & les Flamands la même chose que *Castel*; desorte que le nom Latin de cette Ville est *Castellum*, & *Castellum Morinorum*, & sa situation est exactement marquée dans l'Itineraire d'Antonin & dans la Carte de Peutinger. Il s'est néanmoins glissé une faute dans cette Carte, où l'on a écrit *Menapiorum* pour *Morinorum*: car les Menapiens n'appartenoient en rien à la Ville de Terouenne & n'en étoient pas voisins. On voit auprès de cette Ville plusieurs grands chemins que les Romains firent paver après la conquête du Pays, & que l'on nomme encore aujourd'hui *Steen Straaten*, qui veut dire chemins de pierre ou pavés. L'un de ces chemins aboutit à la Mer, où est à présent la grande Ecluse ou embouchure du nouveau Canal de Mardyck; un autre aboutit à la Ville de Waten sur la Riviere d'Aa, à deux lieues de St. Omer; un troisieme à la Lis près de la Ville d'Aire, & un quatrieme à la Ville d'Estaire.

ᶜ Memoires communi-quez.

La Ville de Cassel est située sur une haute Montagne, ce qui fait qu'elle se trouve souvent nommée Mont; elle est bâtie en longueur, ayant la place ou grand marché au milieu, ornée d'une belle fontaine dont les eaux sont très-bonnes, & viennent du sommet de la Montagne où étoit bâti l'ancien Château. Cette Ville a cinq portes, savoir, la porte d'Ypres, celles de Bergues, d'Aire & de Waten qu'on nomme aussi la porte Occidentale. D'un côté de la place est la Maison de Ville & de l'autre la Cour. Il y a aussi deux Collegiales de Chanoines; savoir celle de St. Pierre fondée par Robert le Frison Comte de Flandres, dans laquelle il y a XXII. Chanoines y compris le Prevôt & le Doyen: l'autre est celle de Nôtre Dame composée de IX. Chanoines dont VI. ont été fondés en 1071. par Robert de Cassel second Fils de Robert de Bethune XX. Comte de Flandres, les autres ont été fondés par Robert d'Orgemont XLVII. Evêque de Terouane. Ces deux Collegiales sont aussi Paroisses. On y voit un Couvent de Religieuses Hospitalieres & un Collége de Jesuites, qui y enseignent les Humanitez depuis l'an 1617. & qui

CAS. CAS. 357

qui font obligés de faire des Missions dans toute la Châtellenie. Il y a encore à un quart de lieue de la Ville un Couvent de Recollets situé sur la Montagne nommée *Nieuwenbergh*, au milieu d'un bois. Elle depend pour le spirituel de l'Evêché d'Ypres & elle étoit autrefois fous celui de Terouane.

Quoique cette Ville ait été une des plus fortes des Païs-Bas elle est aujourd'hui sans fortifications & ouverte de tous côtés. Son ancien Château, qui étoit si fort qu'on le regardoit comme imprenable, a été aussi détruit ainsi que sa belle tour nommée *la Tour grise*, qui a servi longtemps de Fanal pour faire connoître les côtes aux vaisseaux qui étoient en Mer. C'est de ce Château dont il ne reste plus que la terrasse élevée que l'on a une des plus belles & des plus étendues vues de l'Univers. L'on apperçoit de cette éminence jusqu'à trente-deux Villes à la ronde, avec tout l'espace de la Mer depuis Ostende jusqu'à Douvre en Angleterre dont on découvre facilement les côtes.

Cette Ville est surtout renommée par les trois batailles qui se sont données, aux environs contre trois Philippes de France. La premiere [a] à demi-lieue de la Ville sur le chemin de St. Omer en 1071. où les Flamans sous le Commandement de Robert le Frison, remportèrent une victoire signalée sur le Roi de France Philippe I. dont toute l'Armée fut taillée en pieces. La seconde ne fut pas si avantageuse aux Flamands, elle fut gagnée par Philippe le Bel en 1328. qui étoit venu au secours du Comte de Flandres, dont les Sujets s'étoient révoltés. Ce fut à cette occasion que le Peuple de Cassel fit cette raillerie piquante lorsque le Roi Philippe assiégeoit leur Ville. Ils firèrent un coq de laine qu'ils mirent sur une perche au haut d'une de leurs tours avec cette inscription: *Quand ce Coq chanté aura, le Roi Cassel conquêtera.* Leur prédiction cependant se trouva fausse, car lorsque l'Armée des Rebelles vint pour secourir Cassel le Roi gagna la victoire, prit ensuite la Ville & la brûla & saccagea. La troisième Bataille s'est donnée près d'une lieue de la Ville, en 1677. & Philippe d'Orleans Frere unique du Roi Louis XIV. y défit le Prince d'Orange qui commandoit les Armées d'Espagne & de Hollande. Elle appartient à la France & a été cédée par le Traité de Nimegue en 1678.

Les Armes de Cassel sont d'argent au Château de sable, la porte ouverte dans laquelle on voit une épée posée en pal à côté de deux clefs de même.

CHÂTELLENIE DE CASSEL, cette Châtellenie est de fort grande étendue puisqu'outre la Ville de ce nom, elle en contient encore IV. autres qui sont Hazebronck, Waeten, Estaire & Merville avec LII. grands Villages, dont quelques-uns pourroient passer pour des Villes. Cette Châtellenie la plus grande après celle de l'Isle dans la Province de Flandres, s'étend depuis la Ville de *Waeten* sur la Riviere d'Aa jusqu'à la Lis, ce qui forme un espace de dix lieues, & depuis la Ville de St. Omer jusqu'aux confins d'Artois, & depuis Waeten jusqu'à St. Venant, & se trouve entre les Châtellenies de Bourbourg, Bergues, Furnes, Bailleul, & celle de l'Isle; elle est bordée de trois Rivieres navigables, savoir la Lis depuis Aire jusqu'à Estaire, de l'Aa depuis St. Omer jusqu'à Waeten, & de la Colme depuis ce dernier lieu tirant vers la Ville de Bergues. Elle contient aussi près de xxv. Châteaux où Maisons Seigneuriales.

Cette Châtellenie avec ses V. Villes est regie par un Magistrat que l'on nomme la Cour de Cassel, & qui reside en cette Ville. Ce titre lui a été accordé par les Souverains de Flandres, parce que ce Magistrat est composé d'un grand nombre de Gentilshommes. Il consiste dans un Bailli & un haut Justicier, pris du nombre des principaux Seigneurs du Pays parmi lesquels se trouvent des Princes, & l'Evêque de St. Omer; les Conseillers sont au nombre de douze dont six doivent être Gentilshommes.

La grande Forêt de Nieppe se trouve dans cette Châtellenie le long de la Lis entre Aire & Merville: elle abonde en faisans & en toute sorte de gros & menu gibier, c'est cette Forêt qui fournit une grande partie du bois, que l'on brûle à l'Isle & que l'on fait descendre sur la Lis; elle est après la Forêt de Soigne la plus grande & la plus belle de tous les Païs-Bas.

[b] On trouve que le Comte Robert de Bethune donna en partage sa Seigneurie de Cassel à son Fils Robert, qui n'eut qu'une Fille nommée Yoland, qui apporta en dot à son Mari Henri Comte de Bar, tous ses biens & entr'autres la Seigneurie de Cassel. Robert Duc de Bar leur Fils laissa à son Fils Edouard Duc de Bar la Seigneurie de Cassel, lequel étant mort sans enfans eut pour heritier son Frere le Cardinal Louis de Bar, qui donna ce Duché & tous ses biens à son petit-Neveu René d'Anjou, Fils d'Yoland d'Aragon, Femme de Louis II. Roi de Sicile & Comte de Provence, laquelle étoit Fille d'Yoland de Bar, Sœur du Cardinal & Femme de Jean d'Arragon. Ce Cardinal mourut l'an 1430. & René d'Anjou ne garda gueres sa Seigneurie de Cassel; car ayant été pris prisonnier durant les guerres des Anglois & des Bourguignons, il fut obligé de ceder cette Seigneurie pour sa rançon à Philippe le Bon Duc de Bourgogne. Ainsi elle fut réunie au Comté de Flandres.

Toute la Châtellenie de Cassel, a été cedée à la France par le Traité de Nimegue, de l'an 1678.

3. CASSEL, ou KASSEL, Ville d'Allemagne au Landgraviat de Hesse, dont elle est la Capitale, & la résidence de la principale branche des Landgraves de Hesse, qui en prend le nom de *Hesse-Cassel*[c]. Quelques-uns l'ont appellée en Latin *Cassula*, d'autres *Cassella*, ou *Castella*; & Dilich tire ce nom des anciens *Catsuariens*. François Irenicus a cru que Ptolomée en avoit parlé sous le nom de *Stereontium*. Cluvier & Bertius disent beaucoup mieux que son ancien nom étoit *Castellum Cattorum*. En effet je remarque en son lieu que *Catti* & *Hassi* sont effectivement un seul & même nom selon diverses dialectes de la Langue Teutone. L'an 1008. il n'y avoit en cet endroit qu'une metairie auprès d'un vieux Château tombé en ruines. L'an 1143. on bâtit le Monastere de WEISSENSTEIN, à l'entrée de la Forêt de Habich;

[a] Flandria Illustrata pag. 468.

[b] Longuerue descr. de la France 2. part. pag. 75.

[c] Zeyler Hassiæ Topogr. p. 18.

bich; & l'an 1152. l'Eglise Paroissiale de Cassel, fut donnée par Henri Raspon au Monastere d'Annenberg. Ce même Raspon repara l'ancien Château & commença de bâtir la Ville; & c'est de ce temps-là que Wolfsangel, qui est encore tout auprès de Cassel, & qui étoit anciennement une Ville, commença à tomber en décadence, & enfin un grand incendie qui acheva de la ruiner, la reduisit en un Village. Cette Ville est située sur la Fulde, qui passe auprès du Château, & la traverse & est encore arrosée par deux ruisseaux, l'ANNA & le DRUSEL, le Wahlbach, & la Lossa. Je trouve [a] qu'Henri l'Enfant I. Landgrave de Hesse, Fils de Sophie Duchesse de Brabant niéce de ce Henri Raspon Landgrave de Thuringe, mort sans posterité dont elle se porta Heritiere, & du Chef de laquelle Henri son Fils, eut le Landgraviat de Hesse, je trouve, dis-je, qu'il fit bâtir vers la fin du XIII. Siécle un Château à Cassel & un à Zierenberg, & qu'il repara celui de Marbourg. Ce ne fut pourtant que l'an 1523. que le Landgrave Philippe fit faire un rempart autour du Château, & trois ans après il en fit autant autour de la Ville. Cela n'empêcha pas qu'il ne fût fait prisonnier par Charles V. ses Fortifications démolies par les Espagnols, son Artillerie & ses munitions confisquées & dispersées à Francfort & ailleurs. Mais après sa delivrance il recommença à fortifier Cassel & les travaux furent continuez par le Landgrave Guillaume son Fils. Voici l'idée que Monconis [b] nous donne de cette Ville. Elle est située sur le penchant d'une Colline qui passe pour plaine en comparaison du reste du Pays. Les maisons n'y sont que de bois & de terre, les planchers bas, les fenêtres, dans toute la longueur des Chambres, vitrées de Vitres rondes, les lits très-petits, & des lits de plume pour couverture. (Cette maniere de lits est commune à toute l'Allemagne.) Le Château ou Palais du Landgrave est bâti dans une espece de bastion tout revêtu de terre, au milieu duquel est un assez beau & grand bâtiment de pierre, qui a la vue sur le Vallon & sur la Riviere de Fulde, qui passe au pied sous un joli pont de pierres, au delà duquel il y a encore une partie de la Ville, mais la principale partie est du côté du Château sur la pente de la Colline. Le Château est un grand bâtiment quarré de Pierre de Taille, beau par dehors & par dedans; avec une grande Cour au milieu. Les Fortifications de la Ville ne sont pas regulieres, mais elles ne laissent pas d'être excellentes. Les bastions sont extrémement hauts & pour cela il y en a de petits à leurs pointes & ils sont tous voutez & ont de larges fossez revêtus. Au devant du Château il y a un très beau Manege découvert (fait en forme des Cirques des Romains) au fond duquel il y a un couvert & un grand bâtiment à droite fait pour les Comedies, & qui sert de Temple à présent. L'Arsenal est un grand corps de logis de Pierre de Taille, dans lequel il y a pour armer 25000. Soldats, & au-dessous il y a l'Artillerie & entre autres des Canons qui portent 62. livres de bales. Il y en a plusieurs pris sur l'Empereur & sur le Roi d'Espagne. Il y a aussi un fort beau poids à peser les Canons, qu'un enfant peut peser aisément par le moyen de certaines Viz sans fin. Jusques-là il ne parle que de l'ancienne Ville. Il n'a pu parler de la neuve qui est l'ouvrage du Landgrave d'aujourd'hui & que l'on appelle la Ville neuve Françoise, en Allemand die Franhsische Neustadt. Ce Prince qui a toutes les inclinations qui conduisent à la gloire a tellement embelli sa Capitale que ceux qui l'auroient vue du temps de Monconis la meconnoîtroient: outre les reparations qui ont été faites à l'ancienne Ville, il en a bâti une nouvelle qui occupe la Montagne, & dont toutes les Maisons sont d'une égale hauteur, & d'une Architecture très-riante. Elle est au même lieu où Zeyler met un Jardin qu'il nomme der Alte Lust-Garten, ou l'ancien Jardin. Le Landgrave a entrepris un aqueduc qui est un des ouvrages les plus singuliers qu'il y ait au monde par sa beauté. Le public auroit ici une Description de ces embellissemens si un Gentilhomme Allemand, que je ne veux pas nommer, m'avoit tenu parole. Il avoit été assez galant homme pour me promettre d'excellens Mémoires, & ne l'a pas été assez pour me les envoyer à temps.

[a] Introd. à l'Hist. de l'Univers l. 3. c. 10. p. 379.

[b] Voyage d'Allemagne T. 3. p. 30. Edit. de Paris in 12. 1695.

CASSELLO, Montagne d'Italie dans l'Etat de Genes, & près de la Ville de Genes. Elle avance un Cap dans la Mer, qu'on appelle le Cap de la Lanterne, où il y avoit autrefois un Château qui a donné le nom à la Montagne. Mr. Baudrand dit que c'étoit autrefois le Mont nommé PROCAVUS. Voiez ce mot.

CASSENA, Ville d'Afrique en Nigritie, avec un petit Royaume de même nom. Mr. Baudrand qui fournit cette Ville cite Jean Leon, auquel il attribue d'avoir dit que le Royaume dont elle est la Capitale est entre le Royaume de Gangara au Levant, & celui de Cano au Couchant. Mr. Baudrand n'a jamais lu rien de pareil dans l'Auteur cité dont voici les paroles. Le Royaume de Cafena, est joint du côté de l'Orient au Royaume (de Cano) dont on vient de parler. Il est rempli de quantité de Montagnes, le terroir en est raboteux & pourtant très-fertile en Orge & en Millet. Les Habitans sont très-noirs, ont un gros nez, & des levres qui debordent beaucoup, ils se logent dans de miserables Cahutes, à peine y trouve-t-on un Village où il y ait plus de trois cens Familles. Ils ont l'esprit bas & sont très-pauvres. Ils ont autrefois eu un Roi qui fut tué par Ischia (Roi de Tombut,) & depuis ce temps-là ils sont ses tributaires. Mr. Baudrand seroit louable s'il avoit cité la Carte d'Afrique de Sanson, à laquelle son Article est très-conforme, mais par une malhonnêteté très-meprisable dans un homme qui consacre ses travaux au public, il a dissimulé l'autorité qu'il suivoit pour citer un Auteur qu'il n'avoit pas lû. Ce n'est donc point Jean Leon, qui fournit la Ville de Cassena: il ne la connoit pas. Comme Mr. de la Croix a suivi Jean Leon, Mr. Corneille qui l'a copié s'est garanti de cette faute. Selon Mr. de l'Isle, le premier qui ait debrouillé l'Afrique avec succès dans ses Cartes, le Royaume de Cassena est le même que celui de GHANA. Il est borné au Nord par le Royaume de Canum ou Cano; à l'Orient partie par ce même Royaume & par celui de Zeg-Zeg; au Midi par celui de Bito; & au Couchant en partie par le grand

CAS.

grand Lac de Guarde que forme le Niger, & en partie par le Royaume des Agades. La Ville de Cassena que Mrs. Sanson mettent à la source d'une petite Riviere qui coulant vers le Midi tombe dans le Niger, est imaginaire aussi bien que cette Riviere. En échange ce Pays est arrosé d'une assez grande Riviere qui a trois sources au Royaume de Canum. C'est entre cette Riviere & la Frontiere du Royaume de Zeg-Zeg, qu'est la Ville de Marasa & non pas sur le Niger où la met Sanson. Le Niger qui traversant ce Pays d'Orient en Occident, en laisse une lisiere au Midi du côté du Royaume de Bito, a sur ses bords les deux Villes de GHANA qu'il sépare, avant que d'entrer dans le Lac de Sigismes. Au Nord-Ouest de ces deux Villes au bord de ce même Lac qui est la partie Meridionale du Lac de Guarde, se trouve une troisieme Ville nommée REGHEBIL. Cette derniere Ville est au 25. d. de longitude & le Pays est coupé en deux vers le milieu par le 15. d. de latitude Nord. Les trois Villes dont j'ai parlé & les seules qu'on connoisse, sont dans la partie Meridionale.

CASSENEUIL. Voiez CASSINOGILUM.

CASSENIGRENSIS. Voiez CASÆ NIGRÆ.

CASSERA, ancienne petite Ville de Grece auprès du Mont Athos selon Pline [a]. Ortelius soupçonne que c'est la *Caseera* de Procope. Mais cela ne sauroit être, car la Province de Rhodope où cet Historien met Caseera est trop loin du Mont Athos.

[a] l.4.c.10.

CASSI, ancien Peuple de la Grande Bretagne selon Cesar [b]. Il n'en dit pas assez pour faire juger de leur veritable position. Il les nomme seulement entre les Peuples qui envoyerent des Ambassadeurs pour lui faire soumission. Quelques-uns ont tâché de deviner le nom moderne sur la ressemblance de l'ancien; Glareanus dit que c'est GASSERER, & Camden que c'est CAISHOW. Ce sont de legeres conjectures qui ne meritent ni créance, ni contradiction.

[b] De Bell. Gall. l.5.c. 21.

CASSIA VIA. Voiez au mot VOIE.

CASSIDA, Ville de l'Inde au delà du Gange, selon Ptolomée [c].

[c] l.7.c.2.

CASSIDAIGNE. Voiez dans l'Article CASSIS.

CASSIGNOLES, Mr. Corneille dit Ville de France en Languedoc. Il ajoute: elle est petite & située au confluent de deux Rivieres, qui vont se décharger ensemble dans le Rhône, après en avoir reçu plusieurs autres; surquoi il cite un Atlas.

§. Ces deux Rivieres se nomment le Gardon, l'une le Gardon d'Alais, l'autre le Gardon d'Anduse. Tant s'en faut que ce soit une Ville que ce n'est pas même un Bourg, pas même un Village qui ait quelque chose de remarquable. Ce lieu est dans les Sevenes.

CASSII MONTES, en Grec Κασία, Montagne d'Asie dans la Scythie, au delà de l'Imaus, selon Ptolomée [d]. Cette Montagne ne me paroît gueres differente du Mont Antay, dans la Tartarie Occidentale, au Mogolistan; à l'Occident du grand desert sablonneux.

[d] l.6.c.15.

CASSII FORUM. Voiez FORUM.

CASSILIACUM, Ville ancienne de la

CAS. 559

premiere Rhetie. Ortelius [e] après Beatus Rhenanus lui donne ROMAKESSEL pour nom moderne.

[e] Thesaur.

CASSIMERE. Voiez CACHEMIRE.

CASSINA, Platine [f] nomme ainsi une Montagne d'Italie dans la Campanie. Je parle ainsi après Ortelius. Car dans le Latin de Platine se trouve *ad Montem Cassinatem*, qui ne vient point de *Cassina*. Il a consulté apparemment quelque exemplaire Italien; de même il trouve dans Eginard CASSINA, Citadelle du Pays des Samnites. L'Edition de Reuber [g], fait mention du Monastere de St. Benoît dans le Pays des Samnites auprès de la Forteresse de CASINA; en marge l'Editeur avertit qu'au lieu de *Casinam Arcem*, d'autres exemplaires portent *Casinum Castrum*. Il n'est la question que du MONT-CASSIN. Voiez ce mot. Voiez aussi CASINUM.

[f] Pelag. l. init.
[g] g p. 15.

CASSINAS-MONS, c'est ainsi que les modernes disent au lieu de CASINAS. C'est le Mont Cassin.

CASSINATIUM COLONIA, c'est la même chose que CASINUM.

LA CASSINE *, Maison de plaisance de France en Champagne, située sur la petite Riviere de Bar, entre Attigny & Donchery. Elle étoit encore en l'année 1697. une des plus belles & des plus grandes de tout le Royaume. Elle appartenoit en 1620. à François Gonzague, Duc de Nevers & depuis Duc de Mantoüe, & fut acquise dans la suite par le Cardinal Mazarin. Cette Maison étoit bâtie à l'Italienne, vitrée de toutes parts, comme si elle n'eut pas été en pleine campagne, au milieu de plusieurs jardins, qui répondoient à la magnificence des bâtimens. Mais d'un si pompeux Edifice il ne reste plus que des cendres & des ruines par un incendie arrivé en 1697. lorsque le Duc de Mazarin y étoit.

* Baugier Mem. Hist. de Champagne T. 1. p. 326.

CASSINES, (LES) Port d'Afrique sur la côte de Barbarie au Royaume d'Alger, entre la Ville d'Alger & celle de Col des Mudechares. Plusieurs vaisseaux y abordent quand la rade n'est pas sûre & c'est là que se retira Bernard Mendoce avec les Galeres d'Espagne, quand l'Armée de Charles V. se perdit sur les côtes d'Afrique. Il y avoit autrefois dans ce port une Ville nommée Yhor dont on voit encore en quelques endroits des ruines [h].

[h] Marmol Afrique l. 5. c. 40.

CASSINOGILUM [i], ou CASSANOGILUM, Maison Royale au confluent des Rivieres de Leda & du Lot dans le Diocése d'Agen. On ne sait point quand ce Château a commencé, ni par qui il a été bâti. Les Historiens nous apprennent que ce fut le lieu de la naissance de Loüis le Debonnaire, Aimoin l'appelle à la verité *le Palais de Charlemagne*, mais outre qu'il prend un lieu pour l'autre, ce Prince ne peut pas en avoir été le fondateur, il a pû seulement y faire des reparations & y demeurer quelque temps, car tous les Savans conviennent que ce Palais subsistoit longtemps avant Charlemagne. Sa veritable situation n'a pas donné moins de peine à trouver, que son origine à decouvrir. Besly [k] reprend Belleforêt de ce que dans la Vie de Loüis le Debonnaire il a placé *Cassinogilum* dans le Poitou, erreur dans laquelle il est tombé par la ressemblance du nom de *Cassinogilum* avec celui de

[i] De Re diplomat. l. iv. p. 269.
[k] Hist. Comit. Pict. p. 147. ad marg.

Ga-

Gazenolium, vulgairement Gazeneuil dont Philippe Evêque de Poitiers fait mention & où se firent les preludes de la fameuse Bataille de Jarnac: Aimoin dans le livre des miracles de St. Benoît place Cassinogilum sur la Garonne & en donne cette description: *Id eo loci situm est quo torrens [Quodrot,¹] Garumnam influit, turrim latericiam in margine torrentis extructam habens &c.* L'Auteur Anonyme de la Chronique Angevine, qui vivoit dans le commencement du XI. Siecle est de même sentiment. Mais le savant D. Stephanot Benedictin, qui a été sur les lieux & les a examinez avec soin, observe que la diversité qui se trouve dans les sentimens des Auteurs sur la situation de *Cassinogilum*, les uns le plaçant au confluent de la Riviere Leda & du Lot, & les autres sur le bord de la Garonne, vient de ce qu'on comprend sous le même nom deux lieux tout à fait differens. Il veut que le premier soit *Cassinogilum* appellé vulgairement, dans le Pays, *Casseneuil* & l'autre *Cassolium*, *Casseuil*; en effet la Description qu'il donne de ce dernier lieu a un rapport entier avec celle que l'on voit dans Aimoin à l'endroit cité, & l'un & l'autre sont dans une situation si agreable, tant pour la vue que pour la chasse qu'il n'y a aucune difficulté à admettre que de Grands Rois ayent pu avoir des maisons de Plaisance dans des endroits si charmans. Le Pere Briet marque aussi au même endroit la situation de *Cassinogilum*, dans sa Carte du temps de Charlemagne. Ainsi on doit dire qu'Aimoin s'est trompé en cette occasion & qu'il a entrainé dans l'erreur tous ceux qui ont suivi son sentiment en ce que toujours *Cassolium*, dans l'endroit où le Drot se joint à la Garonne, il l'a pris pour *Cassinogilum* qui étoit aussi sur le Drot, mais beaucoup plus haut & dans le lieu de son confluent avec la Leda. A quoi il a pu être d'autant plus facilement porté qu'il trouvoit effectivement une Maison Royale sans ce lieu. Mais il ne faisoit pas attention que *Cassinogilum*, devoit être dans le territoire d'Agen, & non dans la Gascogne.

a Olearius Voyage l. 4. p. 274.

CASSINOGOROD [a], Ville de l'Empire Russien, à l'Orient de Moskow, sur la Rive gauche de l'Occa, dans la Principauté de Cassinow. Mr. de l'Isle nomme ce lieu à la Françoise dans sa Carte de Moscovie, & l'appelle CACHINE. Il nomme la Principauté où il est la *Principauté de Cachine*. L'Auteur de la nouvelle Carte de tout l'Empire de la Grande Russie, appelle cette même Ville KASSIMOFF; on pourroit croire que c'est une faute du Graveur qui a mis une *m.* pour une *n.* car KASSINOFF & CASSINOW, ne different que pour l'Orthographe; & en les prononçant bien, c'est le même son. Auprès de la Ville est un vieux Château de pierres, qui a autrefois servi de Fort aux Tartares; mais ce qui semble decider pour Kassimoff, c'est que le Sr. Corneille le Brun dans son Voyage nomme ce même lieu KASIEMOF, selon son Orthographe Hollandoise, suivant laquelle l'*E* precedé d'un *I* ne se prononce point. Elle est, dit-

b Voyage de Moscovie p. 78.

il *b*, située sur la gauche de la Riviere au haut de Moscovie & sur le déclin d'une Montagne. Elle n'a point de murailles quoi qu'elle soit assez grande; toutes les Maisons en sont de bois aussi bien que les quatre Eglises. Il y a une tour à une Mosquée qui sert aux Turcs & aux Tartares qui y demeurent.

CASSINUM. Voiez CASINUM.

CASSIO, ou CASSO, petite Isle de l'Archipel entre l'Isle de Candie & celle de Scarpanto. Voiez CASOS 1.

CASSIOLI, pour CARSEOLANI.

1. CASSIOPE´, ancien port de Mer d'Epire, dans la partie Meridionale de la Chaonie; au Sud-Est du port de Panormo. Comme elle étoit située aux confins de la Thesprotie elle en possedoit une partie considerable, comme je le prouverai plus bas. Strabon [c] parlant de ce port le met à 1700. stades; Le Grec porte χίλιοι Ἑπτακόσιοι ϛάδιοι, & non pas χίλιοι καὶ τριακόσιοι comme lit Cellarius [d], qui ne laisse pas de mettre très-bien en Latin cette somme de M. DCC. stades. Strabon nomme les habitans du Pays qui portoit le nom de ce port CASSOPÆI. Le Pays des Cassopéens s'étend jusqu'au Golphe. La suite fait voir qu'il entend par ce Golphe celui qu'il appelle un moment après Γλυκύς λιμήν, que les Geographes ont nommé en Latin *Dulcis portus*. Ainsi la Cassiopie, nommée CASSOPIE par Etienne, occupoit en Terre-ferme la côte de la Thesprotie opposée à la côte Orientale de l'Isle que nous appellons aujourd'hui de Corfou. Strabon determine les Villes qui étoient aux Cassopéens. Outre la Ville & le port de Cassiopé il met plus avant dans les Terres *Buchetium*, *Elatria*, & *Pandosia*. Pline [e] nomme bien les Cassiopéens sur cette côte en Terre-Ferme & personne ne doute que par ce nom il n'ait designé la Ville de Cassiopé, selon sa maniere qui est de preferer souvent le nom national au nom propre de la Ville. Scylax [f] dit que la Thesprotie & la Cassiopie étoient voisines l'une de l'autre; & met ce dernier Pays entre la Thesprotie d'un côté & le Pays des Molosses de l'autre. Ptolomée [g] place assez bien la Ville de Cassiopé à l'extremité Meridionale de la Chaonie. Mais il place ailleurs dans les Terres une autre Ville de ce nom. Voiez CASSIOPE 3. Celle dont il s'agit dans cet article est nommée par Niger *Santi Quaranta*. Ce lieu dont parle Niger qui est le même que celui de l'Isle [h] appelle *40. Martyrs*, ne sauroit être l'ancien port de Cassiopé, car ce dernier est au Sud-Est du port *Onchesmus* & à plus forte raison du port Panorme, & au contraire ce qu'on appelle *Santi Quaranta*, ou *40. Martyrs* est au Nord de ces deux ports. Ainsi cela ne quadre aucunement. La JANINA de Sophien [i] y convient encore moins & elle ne sauroit tenir la place que de la troisième Cassiope, supposé qu'elle en soit une. Nous ignorons le nom moderne de cette premiere & peut-être n'y a-t-il rien en cet endroit qui en merite un.

[c] l. 7.

[d] Geogr. ant. l. 2. c. 13.

[e] l. 4. init.

[f] Peripl. p. 12. Edit. Oxon.

[g] l. 3. c. 4.

[h] Carte de la Grece.

[i] Carte de la Grece.

2. CASSIOPE´, Ville & port de Mer de l'Isle nommée Corcyre, par les Anciens & que nous appellons Corfou, dans sa partie Septentrionale, quoique du côté de la Terre-Ferme. Pline [k] en parle ainsi. *l'Isle de Corcyre... encore une Ville nommée Cassiopé & un Temple de Jupiter*, surnommé *Cassius*. Ciceron [l] dit que c'étoit un port de Mer. Nous avons été retenus par le gros-temps à Corcyre jusqu'à l'11. de Novembre. Etant partis du port ce jour-là nous arrivâmes le lendemain à Cassio-

[k] L. 4. c. 11.

[l] Lib. 16. Epist. 9. ad Tironem.

CAS.

siopé après avoir fait cxx. stades, il parle certainement de la Cassiopé de Corfou, car s'il eût parlé de celle d'Epire ou plutôt de celle de Terre-Ferme, la distance seroit double de celle qu'il met, au lieu que celle-ci est très-juste. Ptolomée connoît une Ville & un Promontoire de Cassiopé * dans l'Isle de Corcyre. Strabon † fait aussi mention de ce Promontoire. Comme Ptolomée donne même longitude à ce Cap & à cette Ville, & que la Ville a conservé l'ancien nom, étant appellée presentement SANTA MARIA DI CASSOPO, il n'y a point de difficulté sur sa situation. Mais il y en a sur l'intelligence d'un passage de Suetone, il est dans la Vie de Neron ‡ : & sans differer son depart (d'Italie pour la Grece) il n'eut pas plutôt fait le trajet, & à peine fut-il à Cassiopé qu'il commença à chanter devant l'autel de Jupiter Cassius. Paulmier[a] l'entend de la Ville de ce nom en Terre ferme, & Cellarius[b] qui approuve cette opinion en allegue comme une preuve le mot *trajecit*, comme s'il ne falloit pas faire également un trajet pour passer la Mer, soit qu'on aborde en Terre ferme, soit qu'on debarque dans une Isle. Il est cependant plus naturel de dire que ce fut à Cassiopé de l'Isle de Corfou que Neron commença à faire le Musicien, parce que Pline dit qu'il y avoit un Temple de Jupiter Cassius. C'a été le sentiment du savant Torrentius[c], de Mr. Babelon[d], du R. P. Hardouin & de divers autres Critiques très-habiles. Cellarius allegue qu'il n'est pas impossible que ces deux Villes ayant un même nom, eussent chacune un Temple de Jupiter Cassius. J'avoue que cela se peut; mais la possibilité suffit-elle? Pline le dit de la Ville de Corcyre, & pas un Ancien que je sache ne l'a dit de la Ville de Terre ferme. André Marmora qui a écrit l'Histoire de Corfou, entre autres Medailles en rapporte une sur laquelle on lit ΚΟΡΚΥΡΑΙΩΝ, & sur le revers ΖΕΤΣ ΚΑΣΙΟΣ ; mais quoique ces paroles n'aient rien, qui ne s'accorde avec la saine antiquité le R. P. Hardouin[e] croit cette Medaille factice & supposée. J'ai raporté au mot Casius qu'il y avoit plus d'une Montagne, & plus d'un Temple, où Jupiter ainsi surnommé avoit un culte & des autels. Des Savans mêmes s'accordent à dire que c'étoit de ce surnom *Casius* ou *Cassius* que venoit le nom de Cassiopé, quoi qu'ils expliquent differemment cette Etymologie. Le R. P. Hardouin[f] dit qu'il signifie Κασσίου ὄπη, c'est-à-dire le trou de Jupiter.

3. CASSIOPE', Ville de Grece. Ptolomée[g] dans un même Chapitre où il place dans l'Epire les deux Villes dont j'ai parlé, en fournit une troisiéme qui chez lui est la seconde. Selon cet Auteur il y avoit

	Longit.	Lat.
Dans la Chaonie		
Cassiopé, Port,	45. 30.	38 26.
Dans la Cassiopie		
Cassiopé	47. 0.	38 30.
Dans l'Isle de Corcyre		
Cassiopé	45. 6.	38 15.

La seconde dont il s'agit ici étoit la plus Orientale, les autres étoient au bord de la Mer

Tom. II.

[*] l. 3. c. 14.
[†] l. 7.
[‡] c. 22.
[a] Antiq. Græc. l. 2. c. 4.
[b] Geog. ant. l. 2. c. 3. p. 1085.
[c] in Sueton. l. c.
[d] Suet. ad usum Delphini.
[e] in l. c. Plinii.
[f] Ibid.
[g] l. 3. c. 14.

CAS. 561

où chacune avoit un Port ; mais celle-là en étoit éloignée vers les Montagnes: ce qui rend vraisemblable l'opinion de ceux, qui croient que c'est presentement la JANINA, quoique je ne voulusse pas l'assurer. Le même Auteur la donne à un Peuple qu'il nomme Cassiopéens. Il est vrai que ce n'est pas le même pays qu'occupent les Cassiopéens de Scylax & des autres anciens Géographes ; mais il se peut bien faire que les Thesprotiens ayant prevalu, les habitans de Cassiopé aient bâti une autre Ville de même nom plus avant dans les terres, au voisinage des Dryopes où ils s'établirent. Pline[h] avoit déja nommé les Cassiopéens & les Dryopes comme voisins ; quoi qu'il ne die point quelle étoit la situation de leur Ville, en cet endroit.

CASSIOS. Voiez CASIUS. Le même que CASIUS 4.

1. CASSIOTIDE, pays d'Egypte selon Ptolomée[i], qui nomme ainsi les environs du Mont Casius. Il le termine à l'Orient par une partie de la Judée, & de l'autre par l'Arabie Petrée. Il y met la Ville de Cassium, la sortie du Lac Sirbon, Ostracine, Rhinocorura, & Anthedon. Cette derniere est peutêtre de trop. Le reste s'accorde avec les Itineraires raportez à l'Article CASIUS 1.

2. CASSIOTIDE, contrée de Syrie, selon Ptolomée[k]. Elle prenoit aussi son nom du Mont Casius de Syrie. Voiez CASIUS 2. Ce Géographe lui donne pour Villes

Antioche sur l'Oronte,	Epiphanie,
Daphné,	Raphanées,
Bactaiala,	Antarade,
Andea ou *Lydia*,	Maratus,
Selencie près du Belus,	Mariame,
Larisse,	& Mamuga.

CASSIPA, (LE LAC DE) grand Lac de l'Amerique Meridionale dans la Guiane par le 314. d. de longitude. Sa longueur est d'environ un degré, & il occupe presque tout le cinquiéme degré de latitude Nord. Il se forme des amas des eaux de quatre Rivieres qui viennent du côté du Midi, & il a au Nord plusieurs ouvertures par lesquelles il se décharge dans l'Orenoque. Mr. de l'Isle[l] nomme CASSIPAGOTES une Nation, qui habite à l'Orient de ce Lac.

CASSIPAGOTES. Voiez l'Article precedent.

CASSIPOURE, selon Mr. Corneille ; CASIPOURE selon Mr. de l'Isle[m] ; CASSIPOURI ou CASSIPUROUGH selon Mrs. Sanson ; Riviere de l'Amerique Meridionale dans la Guiane. Quoique beaucoup plus petite que celle d'Yapoco, elle lui est voisine & presque parallele, & leurs embouchûres ne sont separées que par le Cap d'Orange. De Laet[n] compte douze lieues de l'une à l'autre. Elle a, dit-il, demie lieue à son Embouchure, cependant à peine y trouve-t-on cinq pieds d'eau après qu'on l'a remontée quelques lieues. Elle est nommée CAYPUROG par le Capitaine Keymis dans sa Relation de la Guiane[o], & il l'appelle grande, sans doute à cause de sa largeur à son embouchûre.

CASSIR[p], Ville d'Afrique, selon Sanut qui

[h] l. 4. init.
[i] l. 4. c. 5.
[k] l. 5. c. 15.
[l] Carte de la Terre ferme.
[m] Ibid.
[n] Desc. des Indes Occid. l. 17. c. 6.
[o] p. 257.
[p] De la Croix Afrique T. 2.

Zz*

qui la place dans le pays de Segelmeſſe. On la trouve dans un deſert à ſept lieues au Midi du grand Atlas. Il y a beaucoup de plomb & d'antimoine que les habitans tirent des mines, & portent vendre à Fez. Mr. Corneille cite de la Croix au 2. Tome de ſon Afrique. Je trouve préciſément la même choſe dans celle de Dapper [*], excepté que cette Ville y eſt nommée CASAIR ou CASSYR. Elle eſt nommée CHASAIRA ſur la rive Orientale de la Riviere de Ghir, dans les Cartes de Sanſon.

[* p. 210.]

CASSIS, petite Ville de France en Provence, au Dioceſe de Marſeille avec un petit Port de Mer. On croit que c'eſt l'ÆMINES nommé par Antonin [†]. Elle eſt ſituée entre le Cap de l'Aigle, & le Cap de l'Aneau, au fond d'une anſe dans laquelle eſt le Port de MIOU, que l'Auteur du Portulan de la Mediterranée, qui écrit très-mal les noms Géographiques appelle PORMIOU. Voici de quelle maniere il décrit cette ance [a]. En venant du Cap de la Croiſette à Caſſis preſque à moitié chemin de l'une à l'autre; il y a une groſſe pointe, qui fait une des entrées du Golphe de Caſſis, & qu'on appelle la pointe de Sormiou.... Tout proche de la Ville de Caſſis il y a une grande Calanque fort profonde & fort étroite à ſon entrée qu'on appelle *Pormiou* dans laquelle il peut tenir pluſieurs Galeres à couvert de toutes ſortes de tems; il eſt difficile d'en voir l'entrée à moins que d'en être proche; on y voit ſeulement une petite Chapelle blanchie ſur la pointe de la droite en entrant. A 5. ou 6. milles au Sud de Caſſis, il y a une roche ſous l'eau, on l'appelle CASSIDAIGNE, & elle eſt fort dangereuſe. Elle eſt diſtante d'une groſſe pointe qu'on appelle le CAP CANAILLE, environ deux milles. On y voit briſer la Mer pour peu qu'elle ſoit agitée, n'y aiant que deux à trois pieds d'eau deſſus. On en peut approcher à diſcretion, & paſſer librement à terre avec un vaiſſeau. Les marques dont on ſe ſert pour connoître, lorſqu'on eſt directement ſur le haut de la roche, c'eſt de voir le Château de Caſſis par un grand chemin blanchâtre qui paroît à la Montagne, en le mettant ſur la ligne, autrement au Nord. La ſeconde marque qu'on peut prendre pour cette reconnoiſſance c'eſt de voir la pointe du Cap de l'Aigle ouverte tant ſoit peu avec l'Iſle verte de la Ciotat, c'eſt-à-dire preſque l'un par l'autre, & pour lors vous ſerez droit ſur le haut de la roche qui a fort peu d'étendue: on peut par ces moyens l'éviter en paſſant à terre d'elle ou au large. Au fond du Golphe & preſque vers le milieu eſt la petite Ville de Caſſis. Son Port eſt petit & il n'y entre que de petits bâtimens. J'ai donné à Caſſis la qualité de Ville, pour ne pas trop m'écarter de Mr. Corneille, de l'Auteur du Portulan cité, du Dictionnaire univerſel de la France & autres. Mr. Baudrand n'en fait qu'un Bourg. Mr. de l'Iſle n'en fait qu'un Village, ce qui s'accorde avec ce qu'en dit le Chanoine Doubdan [b]: Caſſis eſt, dit-il, un Village ſur le bord de la Mer, garni d'un petit port fort commode pour les pêcheurs, qui l'habitent & pour ſe retirer en mauvais tems. Il eſt

[† Itin. Marit.]
[a p. 68.]
[b Voyage de la Terre Sainte c. 2. p. 8.]

auſſi défendu d'une petite Forbereſſe, qui le commande. Ceux du pays le mettent d'ordinaire en parallele avec Paris & diſent en Proverbe *qui n'a vû Paris & Caſſis, n'a rien vû en France*. Cela ſe dit par raillerie, comme lorſque Baſtogne mauvaiſe Bourgade eſt qualifiée Paris en Ardennes.

CASSITERIDES, ſelon Pomponius Mela & Pline; les Grecs diſoient CATTITERIDES Καττιτερίδες, comme Strabon & Ptolomée. Pline dit: vis-à-vis de la Celtiberie il y a pluſieurs Iſles que les Grecs appellent Caſſiterides à cauſe qu'on en tire beaucoup de plomb. Il entend ici par le plomb l'Etain que les Grecs nommoient en leur Langue Καστίτερου. Je ne m'amuſerai point à recueillir ce que les Auteurs anciens en ont dit; car à l'endroit où ils les mettent, il n'y a ni Iſles, ni rien qui en approche, & il faut leur faire une extrême violence, pour ſuppoſer qu'ils ont voulu parler des Iſles Britanniques. D'ailleurs Ptolomée diſtingue les Caſſiterides des Iſles d'Albion & d'Ivernie noms ſous leſquels il a connu les Iſles de la Grande Bretagne & d'Irlande. Il vaut mieux dire que c'eſt une erreur de la Géographie ancienne; & quand on ſuppoſeroit qu'il y a eu veritablement des Iſles que les anciens nommoient ainſi, & d'où ils tiroient beaucoup de plomb, ou d'Etain, le plus ſûr eſt de convenir que l'on ne ſait où elles étoient, puiſqu'il n'y a point d'Iſle à laquelle la poſition qu'il leur donne puiſſe s'accorder. C'eſt un ſage aveu qu'a fait Herodote, comme le remarque Euſtathe ſur Denys le Periégete [c]; & ce qui doit encore plus engager à en nier l'exiſtence, c'eſt que Pline [d] lui-même traite de Fables ces mêmes Iſles. *Pretioſiſſimum candidum, a Græcis appellatum Caſſiteron*, FABULOSEQUE NARRATUM *in inſulas Atlantici maris peti*. Voiez ci-après CASSIUS MONS.

[c in verſ. 563.]
[d l. 35.]

CASSITIRA, Iſle de l'Océan dans le voiſinage des Indes, ſelon Etienne le Géographe & Denys dans ſes Baſſariques. Il ajoute que l'on en apportoit de l'Etain. On ne peut pas douter que ces deux Auteurs n'aient voulu parler de l'une des Iſles CASSITERIDES; mais la ſituation qu'il leur donne prouve que les Anciens eux-mêmes ne ſavoient où les mettre. Car, comme Berkelius le remarque très-bien, quand ils ignoroient la poſition d'un pays ou de quelques Iſles, il ne leur coutoit rien de les tranſporter dans quelque coin des Indes, ou au delà des colomnes d'Hercule.

CASSIVELLAUNI OPPIDUM, c'eſt-à-dire la Ville de Caſſivellaunus, qui étoit Roi d'un Pays en Angleterre du tems de Jules Ceſar. Voiez VEROLANIUM.

CASSIUM. Voiez CASIUS 1.

1. CASSIUS MONS. Voiez CASIUS 1. & 2.

2. CASSIUS MONS, Avienus dans ſon Poéme intitulé *Ora Maritima*, met en Eſpagne une Montagne de ce nom, & dit que c'eſt delà que les Grecs avoient pris le nom de *Caſſiterum* qu'ils donnoient à l'Etain. Voici le paſſage entier [e]

[e V. 254.]

Pars porro Eoa continet Tarteſſios
Et Cilbicenos. Cartare poſt inſula eſt

Eam-

CAS.

Eamque pridem ni fluxa satis est fides,
Tenuere Cempsi: proximorum postea
Pulsi duello, varia quæsitum loca
Se protulere. Cassius inde mons tumet:
Et Graja ab ipso Lingua Cassiterum prius
Stannum vocavit.

C'est ainsi qu'on lit dans les Editions ordinaires. J'ai déja averti ailleurs que le vers *Eamque pridem* est corrompu. Je dis ici la même chose de ces mots *Cassius inde mons tumet.* Les Copistes qui ignoroient la nature du vers Iambique, voyant *Cassiterum* par deux *SS.* dans le vers suivant ont cru qu'il falloit écrire Cassius, ce qui gâte le vers, où il faut que ce mot Cassius soit de trois breves, chose impossible; mais cela se peut de *Casius.* Si pourtant on veut absolument retenir Cassius par une double *S*; au lieu du mot *Inde* qui suit, il faut lire *Dein* en transposant deux lettres, & alors le vers sera regulier. De ces deux corrections la premiere me paroît preferable. Les Pheniciens grands navigateurs, trouvant en Espagne une Montagne près de la Mer ont pu lui donner le nom de Mont Casius, par analogie soit à celui d'Egypte, soit à celui de Syrie.

CASSO. Voiez CASOS.

CASSOMET, Baye de l'Occident Oriental dans le Golphe de Siam, à l'Orient de la Ville de Chantebon; & à l'Occident de l'embouchûre de la Riviere, qui mene à la capitale du Royaume de Siam. Elle est par les 124. d. 30'. de longitude, & l'entrée est par les 11. d. 40'. de latitude Nord. Le P. de Fontenai dans une Lettre écrite au P. Tachard la décrit ainsi[a] : la Baye de Cassomet s'avance dans les terres près d'une lieue & demie. Elle est fermée du côté de la Mer par une Isle, qui la met à couvert des vents depuis le Sud jusqu'à l'Est. Elle a près de deux brasses d'eau par tout à la reserve de son entrée & au long de l'Isle où elle en a trois ou quatre. [b] Cette Baye est assez poissonneuse. L'Isle dont on vient de parler est une grande forêt sans habitation. Le rivage d'un sable très-fin. On y trouve des huitres attachées aux rochers, des pierres de ponce & de l'eau douce. Ce Pere ajoute une reflexion très-propre à faire connoître comment l'Asie est moins peuplée que le devroit être un si bon pays. Tous ces pays, dit-il, qui sont ici des deserts, seroient habitez en Europe où l'on a l'art de defricher & de cultiver les terres Le voisinage de la Mer & le grand nombre de Rivieres, qui coupent de tous côtez ces forêts porteroient l'abondance dans les Villes; mais on n'est pas si curieux en ce pays, & pour s'épargner un peu de travail, on consent aisément que la plus grande partie du Royaume soit inhabitée.

CASSONAI, c'est une des Villes que Mr. Corneille a multipliées. Il distingue mal à propos CASSONNAY, de COSSONAY, & en fait deux Villes de Suisse. Voiez COSSONAY.

CASSOPE'ENS. Voiez CASSIOPE.

CASSOTIS, fontaine de la Phocide, dans le voisinage de Delphes, selon Pausanias[c].

CASSOVIE ou CASCHAU, Ville de la *Tom. II.*

[a] Second Voyage l. 4. p. 185. Ed. Paris 1685. in 4o.

[b] p. 189.

[c] l. 10. c. 24.

CAS. 363

haute Hongrie au Comté d'Abanvivar, à quatre milles d'Allemagne d'Eperies, à six du Mont Crapac, & à onze d'Agria. Cette Ville jouïssoit autrefois d'une grande liberté, & ses privileges étoient fort grands. Mais ayant été prise par les Imperiaux durant les troubles de Hongrie, elle perdit cette liberté & ces privileges, & fut traitée en pays de conquête par l'Empereur irrité contre les Mécontens en faveur de qui elle avoit soutenu un long siége en 1685.

CASSOVIUM &
CASSOVIUS. Voiez MERULÆ CAMPUS.

CASSUBI, Royaume imaginaire des Indes; Mrs. Sanson en ont chargé leurs Cartes sur la foi de quelques Relations charlatanes dont on n'étoit pas encore bien desabusé de leur temps. Mr. de l'Isle a sagement évité cette credulité dangereuse; aussi ne parle-t-il pas de ce prétendu Royaume, qui est de la création de Vincent le Blanc. Il a passé de sa Relation dans les Cartes de Mr. Sanson, où l'a pris Mr. Baudrand de qui Mr. Maty tient ce qu'il en dit. Mr. Corneille copie ce dernier, & ce qu'il y a de plaisant il tâche d'accorder Mr. Maty avec Vincent le Blanc sans savoir que c'est cet ignorant hableur, qui a trompé les autres Ecrivains. C'est ainsi que l'erreur passant de main en main aquiert avec le temps un certain nombre d'autoritez, qui à les bien apprecier n'en valent pas une bonne; parce que le premier fondement est ruineux. Plusieurs repétent ce qu'un homme ou trompeur, ou trompé, a dit, & on compte les échos pour autant de suffrages. C'est une des sources des fausses opinions qui s'établissent, & plût à Dieu que la Géographie fût la seule Science, qui eût à se plaindre de cet abus!

CASSUBIE, (la) les Allemands disent $\mathfrak{Das\ Herzogthum\ Cassuben}$. Contrée d'Allemagne dans la Pomeranie Ulterieure. Les habitans sont nommez en Latin *Cassubii.* Ce nom est d'origine Esclavone. KASZUBIANIE, dit un Historien Polonois[d], vient des plis, en forme de rides, dans les habits dont ils ont coutume de se vétir. Car *Huba* en Polonois, ou en Esclavon signifie une *ride*, & *Kasz* signifie *pliez*, à l'imperatif. Ce sentiment est commun à cet Auteur, & à plusieurs autres[e] qui trouvent l'origine du nom dans les habits plissez dont le peuple s'habilloir. Ce pays est borné au Nord par la Mer Baltique, à l'Orient par le Duché de Vandalie & par le desert de Waldow, au Midi par le Palatinat de Posnanie, qui est de la Pologne & par la nouvelle Marche; & à l'Occident par le Duché de Pomeranie proprement dit. Mr. Baudrand se trompe quand il borne la Cassubie au Couchant par le Duché de Stetin, il y a tout un pays entre deux. Il y a trois Villes un peu remarquables, savoir COLBERG, BELGARD & COSLIN, les autres sont

Cafe,	Regenwald,
Zanow,	Dacke,
Belgardt,	Horst,
Corlin,	Stammel,
Bublitz,	Labes,
Le nouveau Stetin	Beerwolde,
	& Arnhusen.

[d] Dlugoss. l. 1. p. 44.

[e] Math. à Michow. Chron. Pol. l. 1. c. 2. p. 8. Carion Chron. Micrelius l. 6.

Zz * 2   On

CAS.

On fait dire à Mr. Baudrand que Landeck & Draheim font compris dans le Palatinat de Pomeranie ; ce qui n'eſt pas vrai. Landeck eſt de la Pruſſe Polonoiſe, & Draheim eſt de la nouvelle Marche de Brandebourg. L'une & l'autre de ces deux Villes eſt préciſément ſur la frontiere de la Caſſubie.

1. CASTABALA, ancienne Ville d'Aſie dans la Cilicie proprement dite ſelon Ptolomée [a], qui la met dans le voiſinage de Mopſueſte. C'eſt la même que Pline nomme CASTABLA [b] au lieu de quoi le R. P. Hardouin a rétabli *Caſtabala*, ſur l'autorité d'Etienne & de Ptolomée. Cette Ville eſt nommée par Antonin ſur la route de Conſtantinople à Antioche.

[a] l. 5. c. 8.
[b] l. 5. c. 27.

Egeas	
Catabalo	M. P. XXIV.
Bais	M. P. XVI.
Alexandria	M. P. XVI.

Je ſuis en cela l'exemplaire du Vatican, qui vaut beaucoup mieux que ceux de Surita & Bertius. Quelques-uns mettent *Catabolon* M. XXVI. Ce nom eſt une ſeconde depravation du nom *Caſtabalum* que les Auteurs Latins ont employé auſſi bien que *Caſtabala*. Un paſſage de Quinte Curſe [a] le prouve & montre en même temps la ſituation de cette Ville : ayant paſſé la Riviere de Pyrame ſur un Pont qu'il fit faire il arriva à la Ville de *Malles*, & au ſecond logement à celle de Caſtabale (*ad Caſtabalum*.) Je remarquerai ici en paſſant que Vaugelas s'eſt trompé en écrivant Malles au pluriel. Il a cru apparemment que Mallon dans Quinte-Curſe étoit un genitif pluriel Μαλλῶν au lieu que c'eſt l'accuſatif Grec de Μαλλός au ſingulier. Ainſi il devoit dire *Malle*, & non point Malles. Pour revenir à Caſtabala on trouve au premier Concile de Nicée Moïſe Evêque de *Caſtabala*, ou *Caſtabalum*, *Caſtabalenſis*. La Notice de Hieroclès met cette Ville pour la IX. & derniere de la ſeconde Cilicie, & la nomme CASTABALLA. Une autre Notice des Villes, qui avoient changé de nom, écrit auſſi CASTABALLA de Cilicie, & dit qu'elle avoit quité ce nom pour prendre celui de MALMISTA.

[a] l. 3. c. 7.

2. CASTABALA, ancienne Ville d'Aſie dans la Cilicie annexée à la Cappadoce. Strabon parle de cette Ville & dit [b] : les Romains y ajouterent (à la Cappadoce) un onziéme Departement détaché de la Cilicie, qui auparavant avoit appartenu à Archelaüs aux environs de Cybiſtra & de Caſtabala juſqu'à Derbé d'Antipater le brigand. Il dit encore de la même Ville [c] : peu loin de Tyane eſt Caſtabala & Cybiſtra Villes, qui approchent le plus des Montagnes. A Caſtabala eſt le Temple de Diane PERASIE, où les Prêtreſſes, dit-on, marchent impunément nus-pieds, ſur des charbons ; & il y en a qui croient que ce fut en cet endroit que ſe paſſa ce que l'on raconte d'Oreſte & de Diane ſurnommée Tauropole, & qu'elle fut apellée *Peraſie* parce qu'elle avoit paſſé la Mer pour arriver en ce lieu. Il y a donc dans la Prefecture Tyanitide la Ville de Tyane ; car je n'y compte pas Caſtabale & Cybiſtre, ni les Villes qui ſont dans les Montagnes de Cilicie, où Archelaüs bâtit la Ville d'Eleuſſa &c. Pline [d] fait auſſi mention de cette Ville, & la nomme après Tyane.

[b] l. 12. p. 534.
[c] p. 537.
[d] l. 6. c. 3.

§. Etienne le Géographe brouille étrangement les choſes. Caſtabala, dit-il, Ville de Cilicie & de Phenicie, de laquelle parle Strabon au livre XII. . . . on la nomme auſſi PERASIA. C'eſt à Hermolaüs qu'il faut ſe prendre de tout ce qu'il y a d'extravagant dans cet Article. Il ſeroit dificile de décider de laquelle de ces deux Villes Pline [e] & ſon copiſte Solin [f] diſent que les habitans avoient des chiens pour faire la guerre.

[e] l. 8. c. 38.
[f] c. 15. Ed. Salmaſ.

CASTABALLA } Voiez CASTABALA 1.
CASTABLA }

CASTAGNA, Montagne entre la Macedoine & la Thrace. Voiez COSTEGNAZ.

CASTAGNOLS, Terre & Seigneurie de France au bas Languedoc, dans les Sevennes. Mr. Corneille dit qu'elle appartient à la Maiſon de la Fare, & que douze Villages en dependent. L'Auteur du Denombrement de la France [g] compte 244. habitans pour les lieux de Caſtagnols & Vialet. Ceux qui ont reſondu ce livre pour en faire le Dictionnaire univerſel de la France comptent pour Caſtagnols 1120. habitans ; c'eſt apparemment en y ajoutant les XII. Villages, qui en relevent.

[g] T. 2. p. 264.

1. CASTALIE, ancienne Ville d'Aſie dans la Cilicie, ſelon Etienne qui cite Theagene.

2. CASTALIE, Ville de Grece dans la Phocide, ſelon Ortelius. Il cite le VIII. livre d'Herodote ; mais cet Hiſtorien ne dit pas que ce fût une Ville, il dit ſimplement en parlant de deux heros nommez Phylace & Autonous que l'un a ſon tombeau au deſſus du Temple de Minerve, & que l'autre a le ſien auprès de Caſtalie au deſſous du Mont Hyampe. Je ne vois point qu'il y ait aucune neceſſité d'en faire une Ville, & ce nom peut bien ſignifier la fontaine de Caſtalie, qui couloit dans la même Province.

3. CASTALIE, fontaine d'Aſie près d'Antioche de Syrie. C'eſt la même dont je parle à l'Article de DAPHNE 3.

4. CASTALIE, fontaine de Grece dans la Phocide. Elle étoit conſacrée à Apollon & aux Muſes. Pauſanias [h] dit : en montant du Gymnaſe au Temple, on trouve à main droite l'eau de Caſtalie, qui eſt agréable à boire. Pindare [i] dit : Apollon Lycien, qui commandez à Delos, & aimez la fontaine Caſtalie du Parnaſſe. Virgile dit [k] :

[h] in Phocic. c. 8.
[i] Pyth. Od. 1. v. 74.
[k] Georg. l. 3. v. 291.

Sed me Parnaſſi deſerta per ardua dulcis
Raptat amor : juvat ire jugis, qua nulla
*   priorum*
Caſtaliam molli divertitur orbita clivo.

Segrais qui n'a pas été auſſi heureux à rendre les Géorgiques qu'il l'avoit été à traduire l'Eneïde tourne ainſi ces vers :

Mais je cede à l'ardeur qui brûle dans mon ſein
De trouver ſur le Pinde une route écartée
Qui mene aux ſaintes eaux, dont l'ame tranſportée
Charme par des diſcours qu'on n'entendit jamais,

CAS.

Il est indiferent dans la plûpart des Poësies de nommer le Parnasse ou le Pinde, parce que les Poëtes supposent que ces Montagnes étoient également agréables à Apollon ; mais la fontaine Castalie demandoit que l'on nommât en cet endroit le Parnasse, & non pas le Pinde. Virgile n'avoit garde d'y manquer. On peut excuser Segrais en disant qu'il ne nomme point la fontaine, & que le Pinde avoit aussi les siennes. Les Muses prennent de cette fontaine le surnom de *Castalides*.

Sili, Castalidum decus Sororum,

dit Martial [a] à Silius Italicus Poëte fameux & son ami. Mr. Spon qui dans son Voyage de Grece eut la curiosité, & l'occasion de voir cette fameuse source la décrit ainsi. Nous montames [b] à la celebre fontaine Castalienne, dont l'eau étant bue faisoit devenir Poëte. Elle sort de l'enfoncement, qui est entre les deux croupes du Parnasse d'où elle coule environ cent pas dans la pente du rocher, où elle fait de belles Cascades. Au fond de cet entre-deux du rocher nous apperçumes 30. pieds au dessus de nôtre tête une ouverture dans le roc par où nous jettames des pierres. C'étoit une grote, où il y avoit de l'eau, & nous crumes que ce devoit être l'antre des Nymphes appellé par les Poëtes *Antrum Corycium* ; du moins n'en trouvâmes-nous point d'autre, qui pût avoir été en ce lieu-là. L'eau de la fontaine est excellente & fort fraîche, le Soleil pouvant à peine y donner un quart d'heure tout le jour à cause de la hauteur de la roche, qui est derriere & aux deux côtez. Trente pas au dessous de sa source il y a un bain quarré à trois ou quatre degrez taillez dans le roc où apparemment on faisoit entrer de l'eau de la fontaine. On voit tout joignant une petite Chapelle abandonnée, appellée *Agios Joannis*.

CASTALON. Voiez CASTULON.

CASTAMENA [c], Ville d'Asie dans l'Anatolie & dans la Province de Becsangil. Elle étoit autrefois fort considerable & même Siége d'un Archevêque Grec ; mais elle est fort diminuée depuis qu'elle est aux Turcs. Elle est sur la Riviere de Lime environ à trente mille pas de la côte de la Mer noire au Midi, & autant de Penderachi.

§. C'est peut-être la même Ville que CASTAMON.

CASTAMON, Nicetas dans l'Histoire de Jean Comnène [d] dit qu'il fut obligé d'aller assiéger la Ville de Castamone que Tanisman Turc d'Armenie, qui commandoit alors en Cappadoce avoit reduire sous son obéïssance, & dont il avoit fait passer la garnison au fil de l'épée. Il dit ensuite [e] : il ne laissa pas néanmoins de se camper proche d'une petite Ville qu'il avoit bâtie sur les bords du fleuve Rhindace, de reprendre Castamone & d'assiéger Gangre puissante Ville de Pont. Il en est fait mention en divers endroits de l'Histoire Byzantine. Ortelius dit que Castamon étoit en Paphlagonie.

CASTANA & CASTANEA. Voiez CASTHANÆA & CASTHANHEIRA.

CASTANDET [f], Bourg de France en Gascogne dans l'Evêché d'Aire.

[a] l. 4. Epigram. 14.
[b] T. 2. p. 37.
[c] Baudrand Ed. 1705.
[d] c. 6.
[e] Ibid.
[f] Baudrand Ed. 1705.

CAS. 365

CASTANET [g], Bourg de France dans le haut Languedoc près du Canal Royal, à deux lieues à l'Orient de Toulouse.

CASTANIA, ancienne Ville d'Italie dans la Pouille près de Tarente, selon Etienne le Géographe. Mr. Baudrand [h] dit que c'est presentement CASTELLANETA Ville Episcopale du Royaume de Naples dans la terre d'Otrante, qu'elle est petite, mais jolie.

CASTAON. Voiez CASTULON.

CASTAVALI. Voiez CASTRAVALI.

CASTAX, Ville d'Espagne, selon Appien [i], qui dit que Syllanus l'étant allé assiéger envoya demander du secours à Scipion qui le lui envoya, & marcha ensuite lui-même ; qu'en chemin Scipion irrité contre les habitans d'Iliturga, qui avoient trahi les Romains, prit leur Ville, passa les habitans au fil de l'épée sans épargner les femmes, ni les enfans ; d'où il se rendit ensuite à Castax qu'il força de se rendre. Si on compare les détails raportez par cet Historien, avec les Chapitres 29. & 30. du XXVIII. livre de Tite-Live, on verra ce que l'Auteur Grec appelle *Castax* est la même Ville que l'Historien Latin nomme *Castulon*, Ortelius, ni Berkelius dans son Commentaire sur Etienne ne s'en sont pas apperçus.

CASTEJON ou CASTEJON DE LAS ARMAS, Village d'Espagne au Royaume d'Arragon près de la Ville de Calarayud. Il est remarquable parce qu'on croit qu'il occupe la place de l'ancienne Platea Ville Episcopale. Voiez PLATEA.

CASTEL, ce mot est usité en quelques Pays de l'Europe pour signifier un CHATEAU, & vient du Latin CASTELLUM, qui signifie la même chose. Quoique les Italiens disent GASTELLO, lorsqu'ils y joignent le nom propre ils disent simplement *Castel*, comme on en verra des exemples ci-après, & mettent ce mot avant le nom. Les Anglois qui écrivent CASTLE mettent le nom le premier & le font suivre du mot Castle, qui est une terminaison très-frequente dans les noms de leur pays.

1. CASTEL [k], petit Pays d'Allemagne au Cercle de Franconie avec titre de Comté. On le divise en deux parties dont l'une est entre le Comté de Schwartzenberg & les Evêchez de Wurtzbourg & de Bamberg ; l'autre partie est entre le Comté de Wertheim & l'Evêché de Wurtzbourg, Remlingen est le principal lieu de cette seconde partie.

2. CASTEL, Château d'Allemagne au Cercle de Franconie dans le Comté auquel il donne son nom. Mr. d'Audifret [l] dit que Castel est un Bourg situé dans une très-belle Vallée.

§. Le même Auteur [m] dit que le Comté de Castel est divisé en trois Bailliages, qui sont ceux de Castel, de Remlingen & de Rudenhausen. Le premier est composé de quatre Bourgs, le second de cinq & le troisième de trois.

1. CASTEL A MARE [n], Ville du Royaume de Naples dans la Principauté Citerieure, avec un Evêché Suffragant de l'Archevêque de Salerne. Il y a un ancien Château & un bon Port sur la côte Orientale du Golphe

[g] Carte du C nal de Languedoc.
[h] Ed. 1682.
[i] De Bell. Hispan.
[k] Baudrand.
[l] Geogr. T. 3. p. 160.
[m] Ibid.
[n] Baudrand.

de

de Naples, & au pied d'une Montagne. On l'appelle aussi quelquefois CASTEL A MARE DI STABIA. Elle n'est qu'à cinq milles de l'embouchûre de la petite Riviere de Sarno au Midi en allant vers Sorrento dont elle est à dix milles, & à dixhuit de Naples au Levant d'hyver vers Amalfi.

2. CASTEL A MARE [a], petite Ville de Sicile dans la vallée de Mazare sur la côte Septentrionale avec un Port dans un petit Golphe de même nom à vingt milles de Palerme au Couchant d'hyver en allant vers Trapani, & près de l'embouchûre de Jato.

CASTEL A MARE DE LA BRUCA [b], Ville du Royaume de Naples dans la Principauté Citerieure entre le Cap de la Licosa, & celui de Palinuro. Elle étoit autrefois Episcopale, assez peuplée; mais elle est presentement reduite en Village, à quinze milles de Capaccio au Nord.

CASTEL A MARE DI VOLTURNO [c], c'étoit autrefois une Ville Episcopale de la Campanie, & on la nommoit VULTURNUM. Ce n'est plus qu'un petit Bourg à l'embouchûre du Vulturne à quatre lieues de Capoue dans la Terre de Labour au Royaume de Naples. Voiez VULTURNUM.

CASTEL ARAGONESE, Ville d'Italie dans l'Isle de Sardaigne dans sa partie Septentrionale, & dans la Province de Logüdori. Elle est petite, mais forte, avec un bon Port à l'embouchûre de la Riviere de Coquinas & a un Evêché Suffragant de l'Archevêché de Sassari depuis l'an 1503. Mr. Baudrand dit qu'on y transfera l'Evêché d'Empurias. Aubert le Mire plus croiable que lui sur cette matiere dit [d]: CASTRUM ARRAGONENSE *urbs Sardinia in qua residet Episcopus Phausaniensis*, c'est-à-dire *Castel Aragonese* Ville de Sardaigne où reside l'Evêque de Phausanie. Ce dernier nom est l'ancien d'une Ville nommée aujourd'hui TERRA NOVA, qui est sur la côte de la même Isle à l'Orient. Mr. Baudrand met Castel Aragonese à cent milles de Cagliari à quatre vingt d'Oristano, & à vingt-quatre de Sassari.

CASTEL D'ASENS [e], Château d'Espagne, en Catalogne. Il est sur un rocher, & avoit été bien fortifié durant les revolutions de ce pays-là.

CASTEL BALDO [f], Bourg d'Italie dans l'Etat de Venise, au Paduan, près du Veronois & de la Riviere de l'Adige.

CASTEL BART [g], d'autres écrivent CASTLEBAR [h]; petite Ville d'Irlande dans la Province de Connaught, au Comté de Mayo sur une petite Riviere, qui tombe dans le Lough Conn. Elle est la seule Ville de ce Comté, qui ait droit d'envoyer ses Deputez au Parlement.

CASTEL BELVEDERE [i], petite Ville de l'Isle de Candie. Elle est élevée sur une Montagne, près de la côte Meridionale de l'Isle à douze lieues de la Ville de Candie. Quelques-uns croient que c'est la CAUNUS des Anciens.

CASTEL BOLOGNESE [k], petite Ville d'Italie dans l'Etat de l'Eglise, au Bolonoze, quoi qu'elle soit enfermée dans la Romagne propre sur le grand chemin entre Imola & Faenza en allant de Bologne à Rimini.

CASTEL BRANCO [l], Ville de Portugal dans la Province de Beira sur la petite Riviere de Lira à trois petites lieues du Tage & des frontieres de l'Estremadure Castillane.

CASTEL BRITO [m], Abbaye d'Italie dans l'Etat de l'Eglise à trois lieues de Bologne. Il y a un vieux Château qu'on dit être celui de *Brintus* qui étoit Episcopale. §. Je remarque au mot BRINTUM que ce n'a jamais été un Siége Episcopal.

CASTEL DI BROGLIO [n], Bourg de Sicile, sur la côte Septentrionale, dans la Vallée de Demona entre la Ville de Patti & le Cap d'Orlando.

CASTEL CHISAMO [o], petit Bourg de l'Isle de Candie sur la côte Septentrionale à dix lieues de la Canée du côté du Couchant. On reconnoît dans son nom celui de l'ancienne CISAMUS. Voiez ce nom.

CASTEL DURANTE [p]. Voiez URBANEA.

CASTEL FADESE [q], belle Maison de France dans l'Albigeois.

CASTEL FARNESE [r]. Voiez FARNESE.

CASTEL FIORI [s], Village du Marquisat de Saluces sur le Pô à deux lieues de sa source. Quelques-uns disent que c'étoit l'ancien FORUM VIBII que d'autres cherchent à Paisana, qui est à deux lieues de Castel Fiori.

CASTEL FOLIT ou CASTEL FOLLIT [t], Bourg d'Espagne en Catalogne, avec un bon Château sur une Montagne au pied des Pirenées, & près de la Riviere de Fluvian à six lieues de Vich, & un peu plus de Girone. Il avoit été bien fortifié; mais les François l'ayant pris en 1694. le raserent l'année suivante.

1. CASTEL FRANCO, Bourg d'Italie en Lombardie dans le Trevisan aux confins du Padouan sur la petite Riviere de Musone, à douze milles de Trevise, & en allant vers la Brente & Vicenze.

2. CASTEL FRANCO, Bourg d'Italie dans l'Etat de l'Eglise au Boloneze sur les frontieres du Duché de Modene, près de la Riviere de la Secchia sur le grand chemin de Bologne à Modene, à distance à peu près égale de ces deux Villes. Castel Franco est défendu par une bonne Citadelle que le Pape Urbain VIII. y fit construire, & qui est nommée le FORT URBAIN.

1. CASTEL GANDOLFE, Bourg d'Italie dans l'Etat de l'Eglise, dans la Campagne de Rome sur une côte. Il y a un Château, avec des Jardins en terrasse d'où la vue est parfaitement belle. Le Pape Urbain VIII. a fait la principale depense de ce Château, & les Papes y vont souvent passer quelques beaux jours du printemps & de l'automne. Il est à douze milles de Rome, en allant vers Velitri, proche du petit Lac de Castel Gandolfe.

2. CASTEL GANDOLFE, (LE LAC DE) Lac d'Italie auprès de la Ville & du Château de même nom. Il a, dit-on, six à sept milles de tour & les côteaux qui l'environnent font un veritable amphithéatre. En deux endroits,

CAS. CAS. 367

droits, la profondeur de ce Lac ne se peut fonder; mais ce qu'il a de plus singulier, c'est que de temps en temps on voit ses eaux s'enfler tout d'un coup & s'élever jusqu'aux bords de sa *tasse* : ce qui vient sans doute de la communication qu'il a avec des reservoirs souterrains dont les dégorgemens produisent cet effet. C'est l'ALBANUS LACUS des anciens Géographes Latins.

[a Divers Memoires.]

1. CASTEL GELOUX[a], petite Ville de France en Gascogne dans le Basadois sur la Riviere d'Avance, à trois lieues de Nerac. Elle est du Duché d'Albret, & ses habitans qui étoient pour la plupart de la Religion P. Reformée prirent les armes aussi bien que ceux de Nerac sous le Regne de Louïs XIII. dont l'armée fit rentrer ces deux Villes dans le devoir. Il y a presentement un Chapitre ; mais dont les revenus sont fort petits. Elle a environ douze cens habitans dont le commerce consiste en vin, en miel & en bétail. Quelques-uns disent CASTEL-JALOUX, & Mr. l'Abbé de Longuerue est de ce nombre.

2. CASTEL GELOUX, Bourg de France en Gascogne au bas Armagnac sur le Giers à deux lieues d'Auch.

[b Baudrand.]

1. CASTEL GUELFO[b], Bourg d'Italie en Lombardie, au Duché de Parme, proche de la Riviere du Tar, & presque à moitié chemin entre Parme & le Bourg San Donino.

[c Ibid.]

2. CASTEL GUELFO[c], Bourg d'Italie dans l'Etat de l'Eglise, au Comté de Citta di Castello sur la frontiere du Duché d'Urbin, entre la Ville d'Urbin & Citta di Castello.

[d Ibid.]

CASTEL HOLM[d], Forteresse de Suede sur la côte Meridionale de l'Isle d'Aland où elle a un port grand & sûr.

CASTEL LOMBARDO ; petite Ville de Turquie sur la côte Meridionale de la Natolie, vis-à-vis de l'Isle de Chypre à quarante lieues de Satalie. On croit que c'est l'ancienne JOTAPE. Voiez ce mot.

CASTEL MARSEILLE, on appelle ainsi le terrain où est situé la Tour de Bouc en Provence.

[e Baudrand.]

CASTEL MIRABELLO[e], Bourg de l'Isle de Candie sur la côte Septentrionale, avec un bon Port, & un Château presque environné de la Mer, entre Candie & Seria, à environ quinze lieues de l'une & de l'autre de ces deux Villes.

[f Ibid.]

1. CASTEL MORON[f], petite Ville de France dans le Basadois entre le Drot, & la Dordogne à quatre lieues de la Reole.

[g Ibid.]

2. CASTEL MORON[g], Bourg de France dans le Languedoc près de Touloufe.

[h Ibid.]

3. CASTEL MORON de LOT[h], petite Ville de France dans l'Agenois sur la Riviere du Lot, à trois lieues au dessous de Casseneuil, & à six au dessous de Villeneuve d'Agenois.

[i Ibid.]

1. CASTEL NOVO[i], Ville de la Dalmatie sur la côte du Golphe de Cartaro. Quelques-uns la placent dans l'Herzegovine dont on la dit Capitale. Elle est forte de situation sur la pente d'une Montagne avec un Château nommé Salimanega, qui est entre des rochers, avec une bonne garnison de Venitiens. Elle fut bâtie en 1373. par Tuardko Roi de Bosnie. Les Espagnols la prirent en 1538. mais elle fut reprise l'année suivante par Barberousse. Elle n'est qu'à dix milles de Cartaro au Couchant, à six de Rizano & à vingt de Budon. Les Venitiens la possedent depuis le 30. Septembre 1687. & les Turcs la leur cederent par le Traité de Paix.

CASTEL NOVO DE CARFAGNANE[k], Ville d'Italie dans l'Etat du Duc de Modene au pays de la Carfagnane d'où lui vient ce surnom. Elle a une bonne Forteresse nommée MONT ALFONSE, & est vers l'Apennin proche la Riviere du Serchio à vingt milles de Luques. [k Ibid.]

CASTEL NOVO DE SCRIVIA[l], Bourg d'Italie au Milanez sur la rive de la Scrivia d'où lui vient son surnom. On l'appelle aussi quelquefois CASTEL NOVO TORTONESE, parce qu'il est dans le Tortonez à trois milles du Pô, en allant vers Tortone, entre Alexandrie & Pavie. [l Ibid.]

CASTEL NOVO TORTONEZE. Voiez l'Article precedent.

CASTEL DEL OVO, nous disons en François le Château de l'Oeuf Forteresse d'Italie au Royaume de Naples, sur un rocher en Mer qui n'est joint à la Terre ferme que par un pont par lequel ce Château communique à la capitale dont il est une des plus importantes Forteresses. On dit que c'est le CASTRUM LUCULLANUM des Anciens où Odoacre Roi des Herules fit enfermer le jeune Augustule le dernier Empereur Romain.

CASTEL RAMPO[m], petite Ville de Turquie en Macedoine sur la côte de l'Archipel & du Golphe d'Aiomama, entre le Golphe de Salonichi & celui de Monte Santo. Il y a un Port. [m Ibid.]

CASTEL RODRIGO[n], petite Ville de Portugal dans la Province de Tra os montes. Elle est située à deux lieues de Piñel, & à un peu plus de la frontiere du Royaume de Léon. Il n'y a qu'une Paroisse & deux cens cinquante habitans. Cette place est forte par sa situation sur une haute Montagne, & ne manque point de poisson à cause du voisinage de la Riviere d'Aguyar. Elle envoye des Deputez aux Etats. [n Corn. Dict. Desc. Su-mar. del Reyno de Portugal.]

CASTEL SAN JOANNE, petite Ville d'Italie au Duché de Plaisance, sur une petite Riviere, qui rend le pays gras & propre à produire du ris, qui y vient en abondance. On y voit une belle grande rue, où il y a un Palais, un Hôpital, & la place où se tient le Marché. A la sortie est un Château flanqué de quatre grosses tours rondes avec des fossez pleins d'eau. La voye Emilienne qui commence à Rimini finit à Castel San Joanne; si nous en croions Jouvin de Rochefort en son Voyage d'Italie, d'où Mr. Corneille a tiré cet Article. Il ajoute que plus avant le pays est le plus abondant, & le plus agréable du monde.

CASTEL SAN PIETRO[o], petite Ville de Turquie dans la Natolie sur la côte de la Province d'Aidinelli, vis-à-vis de l'Isle de Stanchio. Quelques-uns croient que c'est la place de l'ancienne Halicarnasse. [o Baudrand.]

1. CAS-

1. **CASTEL SANT ANGELO** [a], Ville de l'Isle de Corfou. Elle est située sur un roc fort haut & tout entouré de precipices ensorte qu'elle est comme inaccessible.

2. **CASTEL SANT ANGELO** [b], en François LE CHATEAU ST. ANGE; c'est proprement la Citadelle de la Ville de Rome. Voiez ROME.

CASTEL SANT ELME [c], Forteresse de France au Comté de Roussillon sur la côte de la Mer Mediterranée au pied des Monts Pyrenées & sur un rocher auprès de Colioure, aux frontieres de la Catalogne, presque à égale distance de Roses & de Perpignan. Les François la prirent en 1641. & la garderent par le Traité des Pyrenées.

1. **CASTEL SARRAZIN** [d], petite Ville de France au haut Languedoc. On la nomme aussi quelquefois CASTEL SUR AZIN, & c'est ainsi qu'il faudroit dire, parce qu'en effet elle est sur le ruisseau d'AZIN, qui se rend peu après dans la Garonne, une lieue au dessus de Moissac, sur les confins de la Gascogne & à trois lieues de Montauban.

2. **CASTEL SARRAZIN** [e], Bourg du Royaume de Naples dans la Basilicate, environ à huit lieues de Policastro vers le Levant. Il a été presque détruit par un tremblement de terre arrivé le 8. de Septembre 1694. Il s'y fit alors une grande ouverture d'où il fortit un torrent de fumée mêlée de flames.

CASTEL SARRAT [f], Bourg de France au Diocèse d'Agen entre Montesquiou & la Sauvetat à cinq lieues d'Agen.

CASTEL SELINO [*], Bourg, Château & Port de Mer de l'Isle de Candie sur la côte Meridionale du territoire de la Canée, à six milles du Cap de Crio, dans le Val Selino.

CASTEL SFACCHIA [g], Bourg & Château de l'Isle de Candie. Il a un assez bon port dans le territoire de la Canée, & en sa partie Meridionale, environ à vingt milles de la Canée. Les habitans sont nommez les SFACCHIOTES.

CASTEL TORNESE, petite Ville de Grece, dans la Morée sur sa côte Occidentale, près du Cap de ce nom. [h] Les Turcs la nomment CLEMOUTZI; & elle n'est qu'à six milles de Chiarenza, si nous en croions Mr. Spon; mais son Camarade de Voyage [i] distingue la forteresse Tornese de Clemouzzi. Voici ses propres paroles: trois lieues au delà de la forteresse Tornese au Sud-Est on trouve une Ville que les Turcs appellent Clemouzzi. Ce qui me fait preferer le temoignage du Voyageur François, c'est que son livre a l'avantage d'être dans sa Langue maternelle au lieu que celui du Voyageur Anglois a passé par les mains d'un Traducteur, qui pourroit bien ne l'avoir pas rendu fidellement en cet endroit. Cependant Mr. de l'Isle prefere ce dernier & le suit dans cette distinction. Mr. Baudrand se trompe lorsqu'il donne à ce lieu celui de CHELONITES.

Le Promontoire Chelonites des Anciens est presentement le Cap de Chiarenza, & celui de Castel Tornese repond au Promontoire ICHTYS. Son erreur est d'autant plus grande qu'il fait de Chelonites non pas un Cap; mais une Ville qu'il place dans un lieu, où il n'y avoit ni Ville, ni Bourg.

CASTEL VETERE [k], petite Ville du Royaume de Naples, dans la Calabre ulterieure vers le Cap de Stilo & la Ville de Girace, sur une Montagne qui porte encore le nom de Caulo, ce qui fait croire que CASTEL VETERE est l'ancienne Caulon. Voiez ce mot.

CASTEL VETRANO [l], Ville de Sicile, dans la vallée de Mazare sur une Montagne vers la côte Meridionale de cette Isle, & à six milles de Mazare. Elle a titre de Principauté.

CASTELANE, Ville de France en Provence, sur la Riviere de Verdon & dans une plaine entre deux Montagnes à deux lieues de Senez au Levant d'hyver, en allant vers Grace, & à six lieues de Riez; & on y a depuis peu transferé la residence de l'Evêque de Senez.

§. Cette Ville est nommée Castellane par Mr. de Longuerue & ce qui decide en faveur de cette Orthographe; c'est que les Ordonnances & Mandemens des Evêques de Senez sont datez de CASTELLANE. Voiez ce mot.

CASTELAUN ou CASTELHUN [m], Ville & Château d'Allemagne au Cercle du haut Rhin dans le Hunsruck auprès de Simmern entre le haut Wesel & Beilstein. Quelques-uns la donnent au Palatinat, d'autres au Marquisat de Bade; y ayant encore d'autres lieux du Comté de Sponheim, qui appartiennent à ces deux Maisons. Les troupes de France & celles du Duc de Weymar prirent en 1639. cette Ville & celle de Bern-Castel.

CASTELEN [n], Château de Suisse au Bailliage de Schenkeberg dependance du Canton de Berne, & dans la paroisse de Schinzenach. Il fut bâti sous le regne de Louïs XIII. par Charles Louïs d'Erlach Gouverneur de Brisach & Maréchal de camp en France. On voit un magnifique tombeau de ce Gentilhomme dans l'Eglise de la paroisse.

CASTELIUM, nom d'un lieu, quelque part vers la Palestine, selon Ortelius, qui cite la Vie de St. Sabas par Metaphraste.

1. **CASTELLANE**, Ville de France en Provence au Diocèse de Senez. [o] Elle étoit autrefois sur une Montagne élevée, laquelle étoit commandée par un rocher escarpé sur lequel étoit le Château des Barons, qui ne vouloient pas reconnoître les Comtes de Provence pour leurs Souverains; mais seulement les Empereurs, Pape, Comte de Barcelone & de Provence. Alphonse Roi d'Arragon, Comte de Barcelone & de Provence, entreprit de soumettre Boniface Seigneur de Castellane, & le contraignit l'an 1181. à lui rendre hommage, comme firent ses Successeurs, qui renoncérent aux privileges qu'ils avoient eus des Empereurs dont ils étoient Vassaux immediats. Le dernier de ces Seigneurs nommé Boniface, qui avoit pris les armes contre Charles d'Anjou ayant été vaincu & pris, Charles lui fit trancher la tête à Marseille l'an 1257. & unit Castellane au Domaine du Comté de Provence. Les habitans de Castellane, quatre ans après la mort de leur Seigneur, abandonnerent l'ancienne Ville, & descendant de la Montagne dans la Vallée, ils s'établirent sur la Riviere de Verdon dans un terroir fertile & agreable. Cette Ville a droit de deputer aux Etats,

CAS.

Etats, & aux assemblées. Les successeurs de Charles I. sous lequel elle a été bâtie y ont institué un Bailliage Royal & il y a un Siége de la Senechaussée depuis l'an 1641. Quant au Domaine & à la Seigneurie utile de cette Ville ils appartiennent entierement au Roi. L'Evêque de Senez y fait aujourd'hui sa residence. On y voit un Couvent d'Augustins & un de Filles de la Visitation. Je ne sais sur quel fondement Mr. Piganiol de la Force la nomme en Latin, *Salina*, *Civitas Salinarum*, & *Civitas Salinensis*. Le Bailliage de Castellane confine à ceux de Digne & de Barjols.

2. CASTELLANE, Ville d'Italie. Les Italiens la nomment CITA-CASTELLANA. Elle est dans une partie de la Sabine à l'Occident du Tibre & presque enclavée entre le patrimoine de St. Pierre & le petit Etat de Ronciglione qui appartient au Duc de Parme; au Nord de la Triglia à vingt milles de Rome. Cette distance suffit pour refuter ceux qui ont cru que c'étoit l'ancienne Ville des Veiens que les Romains assiégerent pendant dix ans : car cette Ville selon Denys d'Halicarnasse [a] étoit à cent stades de Rome ; car ces cent stades ne feroient que douze milles & demi, & les vingt milles modernes font vingt-cinq milles Romains ; ainsi la distance de Castellane est double de la distance de l'ancienne Ville des Veïens. Plusieurs Italiens, au nombre desquels est Leandre, disent que Castellane a succédé à l'ancienne FESCENNIA. Voïez ce mot. L'Auteur dès Delices d'Italie dit qu'on la trouve munie & environnée de toutes parts de Vallées profondes qui lui servent de fossez, & arrosée d'une Riviere (la Triglia) qui se jette dans le Tibre à quelque distance delà .... au dessus de Castellana est une grande forêt qui s'étend jusqu'au pied du Mont Soracte nommé aujourd'hui Monte di San Silvestro. On ne pouvoit autrefois traverser cette forêt sans danger d'y être tué ou volé.

[a] Ant. L 1.

CASTELLANIA, CASTELNIA. Voïez CHATELLENIE.

CASTELLANNETE, Ville du Royaume de Naples dans la terre d'Otrante, avec un Evêché suffragant de l'Archevêque de Tarente sur la Riviere de Talvo. Elle a titre de Principauté, est petite & située à six milles de Motula & presque au milieu entre Matera & Tarente à dix-huit milles de chacune.

CASTELLANI, ancien Peuple de l'Espagne Tarragonoise selon Ptolomée. Leurs Villes étoient selon lui

Sebendunum,	*Bessalu*,
Basi,	*Bas*,
Egosa,	*Castelfollit*,
Besida ou Beseda	*St. Juan de las Badesas*.

Il est aisé par là de voir quelle partie de la Catalogne occupoit ce Peuple.

CASTELLANUS, plusieurs Evêques de l'Eglise d'Afrique sont ainsi qualifiez du nom de leur Siége dont le nom étoit CASTELLUM. Voïez ce mot.

CASTELLE [b], (LE) petite Ville de Turquie d'Asie en Natolie, dans la Province de Bolli & sur la côte de la Mer Noire, entre la Ville de Samastro au Couchant & le Cap Pisello au Levant.
Tom. II.

[b] Baudrand Ed. 1705.

CAS. 369

CASTELLENSE MUNICIPIUM, le livre des limites nomme ainsi un lieu Municipal. Ortelius [c] ne doute point qu'il ne fût en Italie.

[c] Thesaur.

CASTELLETUM, Guillaume de Tyr cité par Ortelius [d] nomme ainsi un lieu de la Palestine, sur la Mer de Galilée près de Tiberiade.

[d] Thesaur.

CASTELLI [e], (LI) Village d'Italie au Royaume de Naples, dans la Calabre Ulterieure avec un port sur la côte de la Mer Ionienne. Il est proche de la Ville d'Isola & du Cap Rizzuto & il donne le nom au Golphe DELLI CASTELLI, qui en est proche.

[e] Baudrand Ed. 1705.

CASTELLIO, nom Latin commun aux Villes de CASTIGLIONE & de CHATILLON.

CASTELLO, ce mot dans la langue Italienne a des significations très-équivoques. Elles ont souvent trompé les Géographes qui n'étoient pas assez sur leurs gardes & Mr. Baudrand tout le premier. Il faut les savoir pour ne pas tomber dans la même erreur. Il se prend quelquefois pour un Bourg, pour une petite Ville, pour un amas de Maisons entourées dans l'enceinte d'un même Mur. Il se prend aussi pour une Forteresse, & enfin pour un Château ou Maison de Plaisance où il s'agit plus de la beauté de l'habitation & des jardins qui l'accompagnent que d'aucunes Fortifications. On peut juger aisément par la difference de ces trois sens quel inconvenient il y a à prendre l'un pour l'autre.

CASTELLON ou CASTELLON D'AMPURIAS [f], Ville d'Espagne dans la Catalogne, près de l'ancienne Ville d'Empuries sur la côte de la Mer Mediterranée à cinq lieues de Gironne vers le Levant d'Eté & à huit d'Elne au Midi. Les François la nomment CASTILLON. Elle n'est qu'à deux lieues de Roses.

[f] Baudrand.

CASTELLON DE FARFANIA [g], Bourg d'Espagne en Catalogne, avec un vieux Château sur une côte près de Balaguer près du ruisseau de FARFAGNE d'où lui vient ce nom.

[g] Ibid.

CASTELLON DE LA PLANA [h], Ville d'Espagne au Royaume de Valence, dans une plaine sur la côte de la Mer & près de la Riviere de Mijares, qui se rend un peu après dans le Golphe de Valence. Elle est à neuf lieues de Valence.

[h] Ibid.

CASTELLUM, ce mot qui est un diminutif de *Castrum*, *un Camp*, signifie dans les Ecrits de la bonne antiquité un lieu fortifié, un *Château*, un *Fort*, une *Forteresse*, une *Citadelle*. En un mot dès qu'une place est qualifiée *Castellum* par les anciens Latins, cela signifie toujours que c'étoit une place forte. Voïez CHATEAU.

1. CASTELLUM, ancienne Ville Episcopale d'Afrique dans la Numidie. La Notice d'Afrique nomme Honoré Evêque de ce lieu. *Honoratus Castellanus*.

2. CASTELLUM, Siége Episcopal d'Afrique dans la Mauritanie Cesarienfe. La Notice d'Afrique nomme Pierre Evêque de ce lieu. (*Castellanus*) La Conference de Carthage [i] fait mention de Severin Evêque de ce même lieu. L'Anonyme de Ravenne [k] nomme aussi *Castellum* entre les Villes de cette Province.

[i] p. 278. Ed. Dupin.
[k] l. 3. n. 8.

Aaa CAS-

CASTELLUM ABORITANUM. Voyez CASTELLUM JABARITANUM.

CASTELLUM ALBUM, nom Latin de CASTEL-BRANCO.

CASTELLUM AQUARUM, nom Latin de la Ville de BADE.

CASTELLUM ARIANORUM. Voiez CASTELNAUDARY.

CASTELLUM CARNONES, nom Latin de CHASTEL-CHALONS.

CASTELLUM CATTORUM. Voiez CASSEL Capitale de la Hesse.

CASTELLUM DURANTIS. Voiez URBANIA.

CASTELLUM GOSSELINI, nom Latin de JOSSELIN en Bretagne.

CASTELLUM GUNTHERI, nom Latin de CHATEAU GONTHIER.

CASTELLUM HERALDI, nom Latin de CHATELLERAUT.

CASTELLUM HUNNORUM. Voiez CASTELLAUN.

CASTELLUM MEDIANUM, ancienne Ville Episcopale d'Afrique dans la Mauritanie Cesariense. Valentin en étoit Evêque, comme on le voit par la Notice d'Afrique; Ammien Marcellin [a] nomme ce même lieu MUNIMENTUM MEDIANUM: ce qui revient au même sens.

[a] l. 29. p. 434. Edit. Lindebrog.

CASTELLUM MENAPIORUM, nom Latin de KESSEL Ville des Païs-Bas dans la Gueldre.

CASTELLUM MINORITANUM, ancien Siége d'Afrique dans la Mauritanie Cesariense. La Notice d'Afrique met entre les Evêques de cette Province *Nicetius* Castello-Minoritanus.

CASTELLUM MORINORUM, nom Latin de CASSEL Ville de Flandres.

CASTELLUM TABERNARUM. Voiez BERN-CASTEL.

CASTELLUM TATROPORTENSE, la Notice des Evêchez d'Afrique, fournit dans la Mauritanie Cesariense Reparat Evêque d'un Siége qu'elle nomme *Castelli Tatroportensis*.

CASTELLUM THEODORICI, nom Latin de CHATEAU THIERRI.

CASTELLUM TITULIANUM ou TITULITANUM, ancien Siége Episcopal d'Afrique dans la Numidie. La Notice d'Afrique nomme Victorin *de Castello Tituliano*.

CASTELLUM VETRANUM, nom Latin de CASTEL VETRANO.

☞ **CASTELNAU**, ce mot ne signifie que CHATEAU NEUF, & est le nom de plusieurs Villes & Bourgs de France. La plupart se joignent un surnom qui les distingue des autres lieux que l'on appelle ainsi.

CASTELNAU [b], Bourg & Château de France dans le Perigord, au Sarladois sur le Seu, au Midi de Sarlat. Mr. Baudrand [c] le nomme simplement Castelnau. Mr. de l'Isle dit CASTELNAU DE MIRANDE.

[b] De l'Isle Atlas.
[c] Ed. 1705.

CASTELNAU DE BARBARENS [d], petite Ville de France dans l'Armagnac, sur le Rat, au Comté d'Astarac.

[d] Ibid.

CASTELNAU DE BRETENOUS [e], petite Ville de France avec titre de Baronie dans le Querci, vers les Frontieres du Limosin

[e] Ibid.

& de l'Auvergne sur la Cere, près de son embouchure dans la Dordogne & à douze lieues au dessous d'Aurillac.

CASTELNAU DE BRASSAC [f], petite Ville de France dans l'Albigeois au Diocese de Castres, sur un ruisseau qui se jette dans l'Agoût. Castelnau est à cinq lieues au dessus de la Ville de Castres & à une lieue de Brassac.

[f] Ibid.

CASTELNAU D'ESTRETEFON ou DE TRIGEFON [g], en Latin *Castellum Novum de tribus Fontibus*, petite Ville de Languedoc: selon Mr. Baudrand: mais ce lieu n'est marqué dans la grande Carte des Generalitez de Toulouse & de Montauban, que comme un simple Village à l'Orient & assez près de Grenade, au Nord de Toulouse. Ce nom y est écrit CASTEL D'ESTRETESFENS; cependant le Denombrement de la France y met 1262. habitans; & il y a plusieurs Villes en France qui n'en ont pas la moitié.

[g] Divers Memoires.

CASTELNAU DE LEVI [h], petite Ville de France au haut Languedoc dans l'Albigeois. La Carte de la Generalité de Toulouse nomme ce lieu la BASTIDE DE LEVIS, mais elle n'est pas une Ville; c'est qu'on y a eu moins d'égard à la Ville qui est peu de chose qu'au Château qui est assez beau & qui a titre de Baronie, au Nord du Tarn entre Albi & Gaïlhac.

[h] De même.

CASTELNAU DE MAGNOAC, petite Ville de France dans l'Armagnac, sur le bord Occidental du Gers; à une lieue de Gascogne [i] au dessous de Mauleon, & à près de huit au dessus d'Auch.

[i] De 3000. toises chacune.

CASTELNAU DE MEDOC, Bourg de Guienne, au Pays de Medoc, à six lieues de Bourdeaux, & à deux & demie de Pauliac & de la Gironde.

§. Cet Article de Mr. Baudrand n'est rien moins qu'exact. Il devoit dire que Castelnau de Medoc est à quatre lieues & trois quarts au Nord-Ouest de Bourdeaux, à un peu plus de deux lieues de la Gironde & à environ trois & demie de Pauliac. Mais à quoi bon nommer ce dernier lieu qui est sur la Gironde & n'a aucun raport avec Castelnau. Il valoit mieux nommer la petite Riviere de Mayres qui passe au Midi & tout auprès de cette petite Ville.

CASTELNAU DE MESME, Bourg de France au Duché d'Albret, au Levant Meridional de Basas en tirant vers Nerac, assez près de la Riviere du Ciron.

CASTELNAU DE MONTARTIER, petite Ville de France en Querci. Quelques-uns disent CASTEL DE MONRATIE. Elle est au Midi de Cahors sur une Montagne entre les Rivieres la Lute & la Bargalone aux confins de l'Election de Montauban.

CASTELNAU DE MONTMIRAIL, petite Ville de France dans l'Albigeois, au Couchant de la Ville d'Albi, au Midi de la Vere & presque à pareille distance de Cahusac, de Gaillac & de Pechelsy.

CASTELNAU DE RIBERAC [k], Château de France dans l'Armagnac, près de l'Adour.

[k] Baudrand.

CASTELNAUDARI, en Latin *Castellum Arianorum* ou *Castellanium Auracinum*. Vil-

CAS.

Ville de France dans le Languedoc, Diocèse de St. Papoul, au Lauragais dont elle est la capitale. Mr. de Longuerue [a] dit qu'on l'appelle en Latin *Castellum Arri*, ou *Castellum novum Arri*. Pierre [b] des Veaux de Cernai en fait mention dans son Histoire. Elle étoit déja alors considerable & la principale place du Lauragais, ayant succedé à l'ancien Laurac. Cette Ville est celebre par la deroute d'une Armée de rebelles en Languedoc l'an 1632. commandée par Gaston Duc d'Orleans, & mise en deroute par le Maréchal de Schomberg. Le Duc de Montmorenci y fut blessé & pris combatant contre le Roi, & pour crime de haute trahison conduit à Toulouse & décapité la même année. [c] La Ville est sur une petite éminence au pied de laquelle est un bassin du Canal Royal de Languedoc, qui passe au Midi de cette Ville. Le Chœur de l'Eglise Collegiale est assez beau. Il y a aussi dans cette petite Ville quelques Maisons assez propres : celle du Lieutenant criminel Serignol est la plus commode. Les Rois de France y ont logé, lorsqu'ils ont passé par Castelnaudari; & Louis de France Duc de Bourgogne Pere du Roi Louis XV. y logea en 1701. C'est dans cette Maison que le Duc de Montmorenci étant blessé, & pris, comme j'ai dit, fut porté sur une échelle. La Maison du Juge-Mage appellé du Cup est aussi très-commode, la Reine mere de Louis XIV. y logea ; & Charles de France Duc de Berri y logea aussi en 1701.

[d] Dans la Senechaussée de Castelnaudari il n'y a aucun Bailliage Royal, hormis la Senechaussée & le Presidial. Ce Senechal a les mêmes droits que celui de Toulouse que je raporte en son lieu. Il reçoit le ferment des Consuls; mais il n'a que cent livres de gages, payées sur le Domaine.

[e] Les plaines des environs de Castelnaudari, sont très-fertiles en bleds dont on fait un commerce assez considerable. On compte de Castelnaudari à Carcassonne cinq lieues, & huit à Toulouse. C'est de cette Ville qu'étoit le Bienheureux Pierre de Castelnau, martyrisé par les Albigeois dont l'Eglise fait memoire au 5. de Mars.

1. CASTELS, Château de Suisse au Pays des Grisons, dans la Communauté à laquelle il donne son nom.

2. CASTELS [f], Communauté & contrée de Suisse au Pays de Prætigæw dont elle est la seconde Communauté, & en même temps la troisiéme d'entre la Ligue des dix jurisdictions. Elle tire son nom de Castels Château situé près du Village de Poggio. Elle a divers villages aux deux côtez du Lanquart. Sur sa rive droite on voit LUTZEIN, PANY, PUSCANA, & la deuxieme partie du VAL SAINT ANTOINE. Sur sa rive gauche sont GENATZ ou JENATZ, FIDRIS, STRALECK, &c. Il y a dans un Vallon à demie lieue de Fidris une fontaine d'eaux minerales qui sont fort estimées, pour leur vertu à guerir divers maux ; elles charient de l'Alun, du cuivre, du vitriol avec un peu de soufre & d'ocre & ont la couleur & le gout de vin nouveau. On en a fait aussi un bain, pour en user de toutes les manieres.

Tom. II.

[a] Desc. de la France l. part. p.232.
[b] Petrus Monachus vallium Cernai Hist. Albig. c.40.

[c] Piganiol de la Force, T. 4. p. 76.

[d] Ibid. p. 37.

[e] p. 58.

[f] Delices de la Suisse T. 3. p. 640.

CAS.   371

CASTERIA, Καστερία, Ville de la Macedoine, selon Gregoras cité par Ortelius [g]. Voiez Thesaur. CASTORIE.

CASTHANÆA, ancienne Ville de Grece dans la Magnesie, selon Pline [h]. Les anciennes Editions portoient CASTANA, & c'est ainsi qu'a lû Ortelius. C'est le R. P. Hardouin, qui a rétabli le vrai nom. Herodote [i] & Strabon [k] disent de même *Casthanæa* Κασθαναια. Il y a pourtant apparence que Pline avoit écrit CASTANÆA sans aspiration ; car il suit d'ordinaire Mela qui écrit ainsi ce nom [l]; & le même Pere convient que Lycophron & Etienne écrivent Κασταναια. Quoiqu'il en soit, elle étoit au pied du Mont Pelion. Il est à remarquer que Strabon à l'endroit cité ne parle de Casthanée que comme d'un village, & qu'Ortelius a lu dans son exemplaire non pas *Casthanæa*, mais CASTANÆA; ce qui confirme ce que j'ai dit.

CASTHENES SINUS, Golphe de la Thrace près du Bosphore, selon Pline [m]. R. P. Hardouin observe que ce nom *Casthenes* se trouve dans tous les exemplaires. Il avoue qu'il a autrefois soupçonné, à l'exemple de quelques savans hommes, que LASTHENES seroit meilleur; desorte que ce mot seroit pour Leosthenes Λεωσθένης, ou pour Leosthenios Λεωσθένιος. Je n'ose, dit-il, contre la foi des manuscrits mettre *Sosthene*, quoi qu'on sache qu'il y avoit auprès de Constantinople un Port de ce nom dont parle Nicephore dans son abregé de l'Histoire à l'année DCCXVII. Voici ses paroles : les autres navires étant arrivez au Bosphore de Thrace, relâchent au Port Sosthene, & y passent l'hyver. On a outre cela dans l'Anthologie une Epigramme Grecque de Leonce le Scholastique sur le tableau d'une Danseuse, qui étoit à ce Port Sosthene. Le sens de la fin de cette Epigramme est comme en ce lieu la Mer separe la Terre, l'un & l'autre Monde, c'est-à-dire l'un & l'autre côté du Bosphore avoit également applaudi à sa danse.

CASTIGLIONE, les Italiens appellent ainsi divers lieux de leur pays que nous appellerions CHATILLON en France, & que les Espagnols apelleroient CASTELLON.

CASTIGLIONE ARENNO [n], Bourg & Château d'Italie dans l'Etat du Grand Duc de Toscane, entre Arezzo au Septentrion, & Cortone au Midi, vers les marais de la Chiana.

CASTIGLIONE DEL LAGO [o], petite Ville d'Italie dans l'Etat de l'Eglise au Perusin, sur la côte Occidentale du Lac de Perouse, aux confins de l'Etat du Grand Duc, & à six milles de Cortone au Midi.

CASTIGLIONE DELLE STIVERE [p], petite Ville de Lombardie dans le Mantouan. Elle faisoit autrefois partie du Duché de Mantoue. Mais elle en fut separée & donnée à un cadet de la Maison de Gonzague dont les descendans la possedent encore avec titre de Principauté, qui s'étend au territoire des environs. Elle est petite, mais forte, avec un Château près de Solfarino à douze milles de Pescaria, & presqu'au milieu entre Mantoue & Bresce.

CASTIGLIONE MANTUANO [q], Bourg

[g] Thesaur.
[h] l. 4. c. 9.
[i] l. 7. n. 173.
[k] l. 9. p. 443.
[l] l. 2. c. 3.

[m] l. 4. c. 11.

[n] Baudrand.

[o] Ibid.
[p] Ibid.
[q] Ibid.

Aaa 2

Bourg d'Italie en Lombardie, au Mantouan, à trois milles de Mantoue, en allant vers Verone.

CASTIGLIONE DI PESCARIA [a], petite Ville (Bourg) d'Italie en Toscane dans l'Etat de Sienne, au quartier des Maremmes; entre Piombino, & Grosseto.

LAGO DI CASTIGLIONE [b], Lac d'Italie en Toscane au territoire de Sienne dans la Maremme d'en deçà. Il est formé par la Riviere de Brune grossie de quelques ruisseaux. Il est de forme triangulaire. L'angle Septentrional est à Buriano, & c'est auprès de ce lieu qu'il se charge de la Riviere de Brune. Sa décharge dans la Mer de Toscane est à l'angle Occidental auprès de Castiglione dont il porte le nom.

[a] Ibid.

[b] Magin. Ital.

☞ CASTILLE, ce mot, qui signifie une partie considerable de l'Espagne moderne, se prend dans quelques occasions dans un sens plus ou moins étendu. Quelquefois on entend par ce mot un Royaume particulier, qui est la Castille propre; quelquefois on joint sous ce nom les réunions & les conquêtes des Rois de Castille, & c'est ce qu'il ne faut pas confondre. Pour empêcher ces diferentes idées de se brouiller, je traiterai cette matiere en trois Articles diferens. Le premier sera de la *Castille Vieille*, le second de la CASTILLE NEUVE, & le troisième de la Monarchie des Rois de Castille en diferens temps.

LA CASTILLE VIEILLE ou L'ANCIENNE CASTILLE, en Latin *Castella Vetus*, est à parler exactement la CASTILLE PROPRE; pays avec titre de Royaume dans la Monarchie Espagnole. Elle a la nouvelle Castille au Midi; l'Arragon & la Navarre à l'Orient; la Biscaye & l'Asturie au Nord; & le Royaume de Leon au Couchant. Sa plus grande longueur du Nord au Sud depuis les confins de la Biscaye jusqu'à Sierra de Pico est de soixante & dix-sept lieues communes de France. Elle ressemble assez à une Pyramide dont la base se doit prendre dans la longueur que j'ai marquée, & qui va en diminuant vers l'Orient, vers les confins de l'Aragon. Là elle est épointée, & pour être une Pyramide entiere il faudroit que les bornes Meridionales, qui passent au Midi de Siguenza, s'étendissent jusqu'à Sarragoce. Sa plus grande largeur qui se doit prendre à la latitude de Valladolid, ou, ce qui est la même chose, la hauteur de la Pyramide est de quarante-six de ces mêmes lieues. Deux des plus grandes Rivieres de l'Espagne y ont leur source, savoir l'EBRE, qui sort de terre à un lieu, qui en est nommé FUENTE D'IVERO, que nos Cartes Françoises nomment mal *Fuentibre* ou *Fontibre*, après quoi il traverse les Pays d'Alava & de Rioxa enlevez à la Navarre, & unis à la Castille, que ce fleuve separe ensuite de la Navarre, après quoi il entre dans l'Arragon. Le DUERO qui a sa source à l'endroit où étoit l'ancienne Numance, traverse d'Orient en Occident l'ancienne Castille jusqu'à Simanças où il entre dans le Royaume de Leon. Les autres Rivieres de ce pays se perdent dans l'une ou dans l'autre de ces deux-là. Celles qui tombent dans l'Ebre sont des ruisseaux utiles à la verité; mais peu remarquables. Il n'en est pas de même des Rivieres, qui grossissent le Duero. Celles qu'il reçoit du côté du Nord sont le *Pisuerga*, l'*Arlaïçon*, l'*Arlança*, & la Riviere de Cavañas que l'on passe à Baabon, en allant de Burgos à Madrid, entre Lerme & Aranda de Duero. Celles qu'il reçoit au Midi sont *Riaza*, *Eresma*, *Duraton*, *Adaja*, & *Arevalillo*. La Castille est partagée en VII. MERINDADES ou Contrées, qui portoient le nom de leur principale Ville. Voici une Table de ces Merindades.

On distingue dans la Castille les Villes, qui sont honorées du titre de Cité d'avec celles, qui ne sont que de simples Villes. Burgos est la Capitale de toutes. Les Citez sont

Burgos,	Avila,
Valladolid,	Osma,
Segovie,	Medina de Rio Seco,
Seguença,	& Calahorra.

Il faut remarquer que Medina de Rio Seco n'est pas de la Castille proprement dite; mais du petit pays de Campos, qui en est comme une Annexe quoi qu'il soit plus naturellement du Royaume de Léon. La Castille est partagée en VII. MERINDADES ou Contrées, qui portoient le nom de leur principale Ville. Voici une Table de ces Merindades.

I. MERINDADE de BURGOS.	Burgos, Lerme, San Domingo de Silos, Virvesca, San Pedro de Arlança, Cascajares, Aguilar del Campo.
II. MERINDADE de VALLADOLID.	Valladolid, Roa, Peñafiel, Baezillo.
III. MERINDADE de CALAHORRA.	Calahorra, Lara sur Arlança, Cervera de l'Alhama, Alfaro, } aux confins de la Navarre.
IV. MERINDADE d'OSMA.	Osma, Almaçan, Sant Estevan de Gormas, Aranda de Duero.
V. MERINDADE de SEGOVIE.	Segovie, Coca, Villa Castin fameux par ses laines, Avila Fuentes.
VI. MERINDADE d'AVILA.	Avila, Medina del Campo fameuse par ses foires, Sepulveda.
VII. MERINDADE de SORIA.	Soria, Barlenga, Agreda.

A tous ces lieux, dont quelques-uns ne sont que des Bourgs, il faut joindre Olmedo sur la Riviere d'Adaja, Pedraça de la Sierra, Bourg en-

entre Avila & Segovie remarquable pour avoir, dit-on, été la Patrie de l'Empereur Trajan, & pour être défendu par un Château, où les fils de François I. Roi de France furent detenus quatre ans en ôtage, pour leur Pere fait prisonnier à la Bataille de Pavie; & enfin le Village de Mengravilla dont je parle à l'Article d'Avila.

Les principales Montagnes de la Castille sont Sierra d'Oca, les Montagnes de Burgos, Sierra d'Urbion, la chaine de Montagne qui s'étend depuis Segovie jusqu'à Siguenza, & enfin Sierra de Pico.

LA CASTILLE NEUVE, ou la NOUVELLE CASTILLE, ou le ROYAUME DE TOLEDE, est située au Midi de la nouvelle, & comme au centre de la Presqu'Isle Espagnole, en Europe. On la divise en trois parties considerables qui sont

L'ALGARRIA, au Nord.
LA MANCHE, au Levant.
LA SIERRA, au Midi.

Quoi que je parle de ces trois pays à leurs Articles particuliers, je ne laisserai pas d'en donner ici une idée suivie, afin de faire connoître en quoi consiste la nouvelle Castille qu'elles composent.

A prendre ensemble ces trois parties comme ne faisant que la nouvelle Castille on peut marquer ainsi les limites de ce pays. Il est borné au Nord par l'ancienne Castille; à l'Orient par les Royaumes d'Arragon & de Valence; au Midi par celui de Murcie, & par l'Andalousie; au Couchant par l'Estremadure & par le Royaume de Leon. Voici une Table de ces trois parties.

Villes & Bourgs de l'ALGARRIA.
{ Madrid Capitale de la Monarchie,
Tolede autrefois Capitale du Royaume, à present Metropole,
Alcala de Henarez,
Guadalajara, autrefois Capitale de l'Algarria,
Mondegiar Marquisat,
Medina-celi Duché,
Belmonte,
Uzeda, Duché,
Pastrana Duché,
Leganez Marquisat,
Illescas,
Talavera de la Reyna.

Outre les Maisons Royales,

L'Escurial,
Le Pardo,
Aranjuez, &c. }

Villes & Bourgs de la MANCHE.
{ Ciudad-real,
Calatrava,
Almagro,
Alcocer,
Malagon,
Consuegre,
Guette,
Orgas,
Tembleque, }

Villes & Bourgs de la SIERRA.
{ Albacete,
Alçaras,
Almade celebre par ses mines.
Cuença,
Montiel,
Molina,
Campillo,
Pesquiera,
Iniesta,
Almanca,
Villena. }

La nouvelle Castille est arrosée par plusieurs Rivieres. Les principales sont le TAGE, la GUADIANA & le XUCAR, qui y ont leurs sources. Outre ces trois il y en a beaucoup d'autres qui les grossissent. Celles qui se perdent dans le Tage au Nord de cette Riviere sont Rio Gallo, la Taiuna, le Henares qui coule à Alcala, le Xarama, le Mançanarez qui passe à Madrid; ces quatre dernieres arrivent ensemble en un même lit dans le Tage au dessous d'Aranjuez; la Guadarrama, & l'Alberche. Il ne reçoit au Midi que quelques petits ruisseaux de la Castille. Celles qui se perdent dans la Guadiana sont la Rus & la Zancara, qui s'unissent près de San Clemente, se chargent de la Xigueta & de la Beija déja jointes avec lesquelles elles se mêlent au dessus de Calatrava avec la Guadiana auprès de sa source; la Riviere d'Estena, de Guadaragna, de Rio Frio, & de Guadalupe. Le Cuyar qui se perd dans la Guadiana en l'Estremadure où il a sa source entre quelque temps dans la Manche dont il baigne une lisiere. Comme entre lui & la Guadarmena, qui tombe dans le Guadalquivir, il n'y a aucune autre Riviere, ce pays est sujet à de grandes ariditez quand les pluyes viennent à lui manquer. La Segura y a aussi sa source, & elle en sort pour traverser le Royaume de Murcie. Le Xucar, le Cabriel & l'Oliana coulent separement dans la Sierra, & se joignent en entrant au Royaume de Valence.

Les Montagnes dont la nouvelle Castille est presque entourée & entrecoupée sont très-remarquables. Au Nord sont Sierra de Pico, Sierra de Tablada, Sierra Gadarrama & Sierra Molina; à l'Orient ce ne sont presque que des Montagnes, & c'est ce que signifie le nom de Sierra que l'on a donné à cette partie; au Couchant sont les Montagnes de Guadalupe, au Midi est la Montagne noire *Sierra Moreña* si fameuse dans les Avantures de Don Quixote; Navas de Tolosa qui en est une continuation & la Sierra d'Alcaras. Ce sont les principales Montagnes de la nouvelle Castille. Je parle ailleurs de celle d'Almade, & de quelques autres très-importantes par leurs mines.

HISTOIRE GÉOGRAPHIQUE
DE LA
MONARCHIE CASTILLANE.

Ce que j'ai décrit jusqu'à present n'est que la Castille proprement dite, savoir l'*ancienne*, & la la Castille annexée & détachée du Royaume de Tolede, qui est la *nouvelle*. Il y a encore une autre signification de ce mot qui se prend dans un sens étroit, plus étendu, ou très-étendu, selon les diferens âges de la Monarchie, & c'est ce qu'il faut débrouiller ici.

Le nom de Castille n'a été connu que long-temps après l'irruption des Mores en Espagne. On le derive de quelques Châteaux que l'on y bâtit pour arrêter les ravages de ces Infidelles.

Les Romains avoient chassé de l'ancienne Espagne les Carthaginois ; ils en furent eux-mêmes chassez par les Barbares. Ces derniers étoient les *Alains*, les *Vandales*, les *Sueves*, & les *Goths*.

Les ALAINS se rendirent les maîtres de la Lusitanie & de la Celtiberie, c'est-à-dire de ce que nous appellons aujourd'hui le Portugal, la Galice, le Royaume de Leon &c. mais batus par les Romains & ensuite par les Goths, ils se mêlerent partie avec les Vandales & partie avec les Suéves, après quoi il n'en fut plus parlé.

Les VANDALES après avoir occupé environ dix-neuf ans l'Andaloufie & les pays voisins passerent en Afrique, où ils fonderent un nouveau Royaume de Carthage ; desorte que les Espagnes demeurerent partagées entre les GOTHS & les SUEVES.

Ceux-ci commencerent deux Monarchies contemporaines. Les premiers, savoir les Goths, contents d'occuper les parties Orientales de l'Espagne établirent le Siége de leur Domination à Barcelone. Adolphe leur premier Roi y mourut en 415. Ils essayerent de s'agrandir du côté des Gaules, & Evaric qui regna depuis l'an 466. jusqu'en 483. chassa entiérement les Romains du pays. Cet avantage qui ôtoit aux Goths un ennemi redoutable, joint aux pertes qu'ils firent en 507. dans la bataille de Poitiers, où leur Roi Alaric fut tué, fit qu'ils songerent à s'agrandir du côté de l'Espagne. Amalaric fils d'Alaric fut tué l'an 531. dans Narbonne, & l'an 548. Theodegesile fut tué dans Seville. Leur Empire s'étendoit donc depuis la Gaule Narbonnoise inclusivement jusques dans l'Andaloufie. Aussi voyons-nous que Leuva voulant abdiquer en 568. en faveur de son frere Leuvigilde se reserva la Province de Narbonné où il se retira & mourut l'an 572. Ce fut ce Leuvigilde qui détruisit le Royaume des Sueves, & resta seul maître de l'Espagne dont il choisit Tolede pour capitale, & pour le lieu de la residence des Rois. Les choses demeurerent dans cet état jusqu'à Rodrigue le XVII. de ses Successeurs. Sa brutale incontinence lui ayant fait violer la fille du Comte Julien, ce triste pere au desespoir de se voir deshonoré par un Roi dont il étoit le plus ferme appui vangea ce crime par un crime encore plus grand. Il se jetta entre les bras des Sarrasins, qui avoient déja étendu l'Empire de leur Calife dont la residence étoit à Damas jusqu'au rivage le long des côtes de la Mediterranée. Ces Barbares entrerent en Espagne, ruinerent la Monarchie, le Roi lui-même périt en cette occasion ; & ceux de ses Sujets qui purent échaper aux vainqueurs se sauverent dans l'Aria-

gon, dans la Biscaye, dans les Asturies & dans la Galice. L'Andaloufie, l'Estremadure, les Royaumes de Grenade & de Murcie, tout ce que nous appellons la vieille Castille, &c. ne purent se garantir contre ce deluge d'ennemis. La defaite de Rodrigue arriva l'an 713. Tous les Generaux des Sarrasins que l'on appella les Maures parce qu'ils avoient passé de la Mauritanie en Espagne, ne reconnurent pas long-temps les Souverains au nom de qui ils avoient fait cette conquête. Ils aimérent mieux s'approprier un pays délicieux en comparaison de l'Afrique d'où ils avoient été appellez & avec le temps, ils le partagerent en plusieurs Royaumes, tels que furent le Royaume de Grenade, celui de Cordoue, celui de Jaen, celui de Seville, &c. ils ne furent pas trois ans à faire cette conquête ; il en falut 679. pour la leur arracher.

Les deplorables restes de l'Espagne Chrétienne se rassemblerent dans les Montagnes des Asturies & de la Galice; & y formerent un petit Etat qui dura sous XXIV. Rois depuis 717. jusqu'en 1037. Pelage qui les avoit ramassez remporta une victoire en 717. sur les Maures, qui le venoient insulter dans ses Montagnes, & les rebuta si bien qu'ils aimerent mieux tourner leurs armes du côté de la France. Les pertes qu'ils y firent les ayant affoiblis, Alfonse I. Gendre de Pelage saisit ce temps favorable & reprit sur eux la Navarre, avec une partie du Portugal & de l'Espagne ; il mourut en 757. plusieurs de ses Successeurs eurent de grands avantages sur les Maures, & reprirent sur eux de temps en temps quelques Villes. Ces conquêtes formerent peu à peu un Royaume fort considerable, que l'on appella le Royaume de Léon à cause de la Capitale, qui étoit la residence de ses Rois. C'est dans ces intervales que furent bâtis les Châteaux dont le nom de Castille fut donné à la Province où ils furent élevez comme une barriere pour arrêter les Ennemis. Il faut toujours se souvenir qu'il ne s'agit que de la vieille Castille dont Burgos est la Capitale. Elle avoit plusieurs Comtes, qui relevoient du Roi de Léon à la verité ; mais qui ne laissoient pas d'avoir une espece de Souveraineté par la maniere dont ils gouvernoient cette Province. Les Historiens ne s'accordent pas sur le commencement de l'autorité & du domaine de ces Comtes de Castille. Du temps d'Alphonse le chaste contemporain de Charlemagne on trouve Rodrigue Comte de Castille ; après lui les Savans donnent Jaques surnommé Porcello, que l'on croit être son fils. Celui-ci vivoit du temps d'Alphonse le Grand XII. Roi des Asturies; il eut, dit-on, une fille nommée Sulla Bella qui fut mariée à Nuño Belchid, Allemand qui étant venu en Pelerinage à St. Jaques, voulut demeurer dans la Castille & s'étant allié avec le Comte, lui aida à rassembler en une enceinte les habitans de plusieurs Villages, qui vivoient disperfez à la campagne. Cette Ville fut ensuite nommée Burgos d'un nom qui marque par son origine Allemande, celle de l'un de ses premiers fondateurs. Outre ce Comte Jacques, il y en avoit d'autres qui chacun avoient leur district. Celui qui avoit le plus d'autorité étoit

Nu-

Nuño Fernand. Il étoit si puissant qu'il avoit forcé Alphonse le Grand à abdiquer la Couronne, & marié sa Sœur à Garcie fils ainé de ce Roi. Garcie étant mort sans posterité l'an 913. & Ordogno II. autre fils d'Alphonse, qui avoit succedé ne s'accommodant point de l'autorité des Comtes, qui contrebalançoit la sienne, les appella à un Conseil d'Etat, & les fit massacrer. Cette affreuse action fit revolter la Castille; Ordogno se preparoit à la reduire par les armes lorsqu'il mourut l'an 923. La Castille se donna elle-même des Seigneurs, qui la gouvernerent jusqu'à l'an 930. que Fernand Gonçales fut déclaré Comte de Castille hereditaire, après avoir signalé sa valeur contre les Maures, & rendu de grands services à Ramire II. du nom, & le XVII. Roi des Asturies & de Leon. La posterité de Fernand Gonçales en jouït jusqu'à Garcie II. son arriere-petit-fils, qui fut tué en trahison le jour de ses noces. Sa Sœur la Princesse Elvire mariée à Sanche III. Roi de Navarre porta la Castille à cette Couronne.

FERDINAND LE GRAND leur fils, succeda en 1035. Il étoit fils de Sanche le Grand *Roi de Navarre*, qui eut pour successeur à ce Royaume D. Garcie. Ferdinand fut *Roi de Castille* du chef de sa mere. Une bataille qu'il livra à son cousin Veremond Roi des Asturies & de Leon, & où Veremond fut tué, ajouta cette Couronne à celle qu'il avoit déja. Ainsi il se vit une puissance formidable aux Maures; mais en mourant il la partagea entre ses trois fils.

Sanche
eut
Le Royaume de Castille.

Alphonse
eut
Le R. de Leon & des Asturies.

Garcie
eut
La Gallice & le Portugal.

Il est vrai que cela ne dura pas long-temps. Sanche II. mécontent de ce partage chassa l'un & fit l'autre prisonnier; desorte qu'il réunit la Monarchie qu'avoit eue son pere. Alphonse frere de ce Sanche & fils de Ferdinand le Grand reprit Tolede sur les Maures, & en fit la Capitale de ses Etats. C'est de ce temps-là que le pays où est Tolede étant conquis par les Castillans, & annexé à la Castille prit le nom de *Castille neuve*. Alphonse VI. le même qui fit cette conquête avoit une fille, qui fut mariée en premieres noces à Raimond de Bourgogne, & en secondes nôces à Alphonse Roi d'Arragon; on la nommoit Uraca. Son second mari succeda à son Beau-Pere pour les Royaumes de Castille & de Leon en 1109. mais ce ne fut qu'en qualité de Tuteur d'Alphonse VIII. fils d'Uraca, & de son premier mari Raimond de Bourgogne. Ce Prince ne fut à proprement parler que Regent de Castille, & Roi d'Arragon; on ne laisse pas de le compter entre les Rois de Castille & de l'appeller Alphonse VII. Son Pupile après avoir regné douze ans en tutelle, regna treize ans seul; & enleva Sarragosse Capitale de l'Arragon, à Ramire II. successeur d'Alphonse. Il partagea ses Etats à ses deux fils.

Sanche   Ferdinand
eut   eut
La Castille.   Le R. de Leon.

Ces deux Royaumes demeurerent divisez entre ces deux Branches jusqu'au Regne de Ferdinand III. fils d'Alphonse IX. Roi de Léon à qui la Castille revint après la mort de Henri son beau-pere. Ce Roi Ferdinand enleva Cordoue & Seville aux Maures. Ces Royaumes n'ont plus été separez depuis ce temps-là. Le Portugal avoit été detaché de la Galice & du Royaume de Leon dès le temps d'Alphonse VI. & avoit été érigé en Comté, puis en Royaume, comme je le dis en son lieu.

Depuis Ferdinand III. on ne parla plus du Royaume de Leon que comme d'une annexe de la Castille; & quoique les Rois ses Successeurs eussent soin d'assembler dans leurs titres ceux des Royaumes qu'ils possedoient, l'Histoire ne les nomma plus que Rois de Castille.

La Monarchie Castillane comprenoit les deux Castilles, l'Estremadure, l'Andalousie, les Royaumes de Murcie, & de Leon, les deux Asturies, la Galice & les pays d'Alava, & de Rioxa, lors qu'Isabelle fut déclarée Reine de tous ces Etats à la place de Henri IV. son frere. Son mariage avec Ferdinand Roi d'Arragon acheva les fondemens de la grandeur Castillane. Ce Prince surnommé le Catholique chassa les Maures à qui ses predecesseurs n'avoient plus laissé que le Royaume de Grenade. Après avoir regné ensemble trente & un ans, Isabelle mourut. Ferdinand ceda la Castille à Jeanne leur fille & heritiere, & regna dans l'Arragon jusqu'à sa mort arrivée en 1516. Il avoit ajouté à ce Royaume ceux de Naples & de Sicile qu'il conquit à frais communs avec Louïs XII. Roi de France avec qui il le partagea, & dont il enleva ensuite la part. Il se prevalut aussi de l'excommunication que le Pape avoit fulminée contre Jean d'Albret Roi de Navarre, & se fondant sur l'interdit, le chassa de ce Royaume qu'il s'appropria. Ainsi sa mort réunit en la personne de son heritier toute l'Espagne dans son étendue, hormis le Portugal.

Jeanne fille de Ferdinand & d'Isabelle, comme j'ai dit, avoit épousé Philippe le Bel Archiduc d'Autriche fils unique de l'Empereur Maximilien premier. La mort de ce Prince preceda celle de son pere & de son beau-pere; mais il laissa deux fils. L'ainé fut Charles I. en Espagne & V. en Allemagne qui du chef de sa mere fut Roi de Castille, d'Arragon, de Navarre, de Naples & de Sicile; du chef de son pere il eut l'Archiduché d'Autriche, avec ses annexes & les Etats des Ducs de Bourgogne dans les Pays-bas. Une puissance si formidable à la liberté de l'Europe fut encore augmentée par la Dignité Imperiale que les Electeurs lui confererent l'an 1519. & qu'il resigna ensuite à son frere après en avoir joüi trente-six ans. Ce frere étoit Ferdinand;

Char-

Charles lui avoit remis l'Autriche & les Etats situez dans l'Empire dès l'an 1521. Son mariage avec Anne Sœur & heritiere de Louïs dernier Roi de Hongrie & de Boheme lui avoit apporté la succession de ces deux Couronnes dont il herita en 1527. Charles l'avoit fait élire Roi des Romains en 1531. & lui remit enfin la Dignité Imperiale en 1556. c'est la posterité de Ferdinand que l'on appella la Branche Allemande, & qui s'est toûjours maintenue dans la Dignité Imperiale jusqu'à ce jour où nous voyons Charles VI. l'unique Prince, qui reste de cette Branche.

Charles en abdiquant l'Empire se reserva la Monarchie Castillane unie avec celle d'Arragon, & toutes leurs annexes. Il y ajouta encore les Pays-bas qu'il avoit considerablement augmentez. Il avoit acheté de George Duc de Saxe ses droits sur la Frise, & sur Groningue & se les étoit soumises. Henri Comte Palatin & Evêque d'Utrecht lui avoit cedé les deux Provinces d'Utrecht & d'Over-Yssel, & Charles Duc de Gueldres étant mort, son Duché & le Comté de Zutphen avoient été incorporez au reste des Pays-bas. Il avoit encore joint à tant de Pays le Duché de Milan que François I. Roi de France avoit perdu à la malheureuse journée de Pavie. Telle fut en Europe la Monarchie Castillane sous ce grand Roi.

Quoique ses entreprises sur l'Afrique n'eussent pas toûjours été heureuses il possedoit plusieurs Places sur les côtes de Barbarie.

Mais toutes ces importantes acquisitions, si l'on considere l'étendue de pays, ne font nullement comparables à celles que les Castillans firent au nouveau Monde. Dès le Regne de Jean II. Pere d'Isabelle de Castille les Canaries avoient été découvertes par les Espagnols, qui y avoient commencé des établissemens. Ces sortes d'entreprises furent interrompues durant le regne de son fils Henri IV. mais celui de sa Sœur Isabelle, qui lui succeda, fut plus favorable, en ce qu'un heureux hazard voulut qu'elle meprisât point les offres de Christophle Colomb, qui avoit été rebuté en d'autres Cours. Ce fut sous cette Princesse que la grande Canarie, les Isles de St. Domingue, de Porto-Rico, de Cuba, & quelques autres de celles qui sont à l'Orient de l'Amerique Septentrionale, la Terre ferme dans l'Amerique Meridionale, & la Jamaïque dont les Anglois s'emparérent en 1654. furent découvertes & acquises à la Couronne de Castille. Mais les conquêtes les plus importantes étoient reservées à la fortune de Charles V. ce fut sous ses auspices que la Castille découvrit ou conquit l'ancien Mexique, les Isles Marianes, les Moluques qui furent ensuite engagées aux Portugais, des mains de qui elles ont passé au pouvoir des Hollandois qui les possedent; le Perou, le Chili. J'y pourrois joindre les Philippines que Magellan découvrit; mais ce ne fut que sous Philippe II. que l'on y forma des établissemens solides. La Floride fut trouvée en 1528. mais ce ne fut que dix ans après que l'on en prit possession par des Colonies. Telle étoit la situation de la Castille lorsque Charles V. remit cette vaste Monarchie à son fils Philippe II. pour ne plus songer qu'aux jours éternels.

Je dis ailleurs comment Philippe II. perdit une partie considerable des Pays-bas où se forma la Republique des Provinces Unies; & de quelle maniere d'autres parties considerables des dix-sept Provinces ont été enlevées à l'Espagne, qui les a enfin abandonnées entierement par les derniers Traitez; mais ce Prince attacha à la Monarchie trois acquisitions très-importantes. Les Isles Manilles decouvertes sous le Regne de son Pere avoient été negligées, Philippe y envoya des Colonies, & le nouveau Peuple qui s'y forma lui en temoigna sa gratitude en donnant son nom à ces Isles, qui furent appellées les Philippines. La mort du Roi de Portugal decedé sans enfans, mit ce Royaume à sa bienseance, & ce droit joint à celui du plus fort le mit en possession du Portugal & de ses annexes, que ses Successeurs ont possedé jusqu'au milieu du siécle passé. Ce fut encore sous Philippe que le nouveau Mexique fut soumis à la domination Castillane. Depuis ce Regne on cessa de dire les Rois de Castille; & quoi que ce nom se retrouve entre les titres des Couronnes que rassemble la Monarchie, les Rois se qualifierent Rois des Espagnes & des Indes.

Les Isles Marianes decouvertes sous Charles V. furent peuplées sous le regne de Philippe IV. & furent ainsi appellées du nom de la Reine qu'il avoit épousée en secondes noces. On doit au Regne de Philippe V. la decouverte des Isles de Palaos, ou des nouvelles Philippines. Voiez l'Article ESPAGNE.

§. Je n'ai pas mis de citations aux marges de cet Article parce que n'étant qu'un très-petit abregé il y a telle ligne où il en auroit fallu beaucoup ; outre que j'ai employé divers Memoires manuscrits auxquels je ne pouvois pas renvoyer le Lecteur; & sur lesquels j'ai souvent ou amplifié, ou éclairci, ou même rectifié les Livres imprimez que j'avois devant les yeux.

LA CASTILLE D'OR; c'est ainsi que les Espagnols appellerent la partie de l'Amerique que l'on a appellée ensuite TERRE FERME. Voiez ce nom.

1. CASTILLON, Ville de France en Guienne au Perigord, sur la Dordogne, aux confins du Bazadois & de l'Agenois, à trois lieues au dessus de Libourne au Levant en allant vers Sainte Foi dont elle est à pareille distance. Elle est remarquable par la grande victoire que les François y gagnerent en 1451. sur les Anglois, sous le Regne de Charles VII.

2. CASTILLON ou CASTILLON DE MEDOC, Bourg de France en Guienne, au pays de Medoc, sur la Gironde, vis-à-vis de Blaye, à six lieues au dessous de Bourdeaux, & à pareille distance de l'Océan.

CASTINA. Voiez DICTIS 2.

CASTINI, Plutarque dans la Vie d'Annibal semble nommer ainsi un Peuple de la Gaule voisin des Vocontiens. C'est ainsi que parle Ortelius ; comme je ne trouve point de Vie d'Annibal entre les Vies des hommes illustres; je soupçonne qu'il pourroit bien avoir cité un Auteur pour un autre ; mais quoiqu'il en soit,

je

je ne doute point qu'au lieu de CASTINI, il ne faille lire TRICASTINI.

☞ CASTLE, ce mot qui est Anglois ne difere point pour l'origine de *Castellum* en Latin, de *Castel*, *Châtel*, ou *Château* en François, & signifie la même chose. Il se met au commencement de quelques noms, comme *Castlefort*, *Castlemaine*, &c. & à la fin de quelques autres, comme *Bernard Castle*, *Corfe Castle*, *Carisbrook Castle* &c.

CASTNIUM, Montagne d'Asie en Pamphylie dans la Ville d'Aspendus, selon Etienne le Géographe[a].

a in voce Καςνῆξ.

CASTOLA, Diodore de Sicile[b] nomme ainsi une Ville d'Italie en Toscane qui fut, dit-il, prise par le Consul Fabius. Ortelius juge que ce pourroit bien être *Castiglione*; mais il y en a plusieurs de ce nom en Toscane.

b l. 20.

CASTOLI CAMPI, Campagne de la Doride en Asie, selon Etienne le Géographe, qui cite Xenophon. Ce dernier parle effectivement de la plaine de Castole au commencement de son Histoire de la Retraite des dix Mille. Etienne ajoute que ce lieu fut ainsi nommé parce que les Lydiens appelloient les Doriens Castoles, Καςωλοὺς.

CASTOLOGI, Pline[c] appelle ainsi un Peuple de l'ancienne Gaule, & le fait voisin des Atrebates. Le R. P. Hardouin observe que tous les manuscrits portent CATUSLUGI, il aime mieux, dit-il, y reconnoître CHALONS SUR MARNE qu'Antonin place dans la Belgique, & nomme DUROCATALAUNI.

c l. 4. c. 17.

CASTOLUS, Καςωλὸς, ancienne Ville d'Asie dans la Lydie, selon Etienne le Géographe.

CASTORIA, Ville Episcopale de Grece. Les Notices varient sur la Metropole sous laquelle elle étoit. Celle de l'Abbé Milon au 13. siécle la range sous l'Archevêque de Neopatria Ville de Thessalie. Celle de l'Evêque de Cathare, qui est plus recente, la met sous l'Archevêque de Thebes. Castorie est située à la source du Castoro, & Mr. de l'Isle sur la Carte de l'ancienne Grece met en cet endroit CASTERIA peut-être ÆSTREUM. J'ai déja remarqué au mot CASTERIA qu'elle étoit dans la Macedoine. C'est la même que Castorie. Ce nom ne reparoît plus dans la plus nouvelle des Notices de l'Eglise Grecque quoique Mr. Baudrand[d] dise qu'il y a un Evêché Grec Suffragant de l'Archevêché d'Ochrida. Mais le titre d'Evêque de Castorie a été porté en ces derniers temps par un Archevêque d'Utrecht, qui par des menagemens de prudence ne trouvoit pas à propos de porter son veritable titre.

d Ed. 1705.

CASTORO, Riviere de Grece dans la Macedoine. Les Anciens l'ont connuë sous le nom d'Astræus. Voiez ce mot. Elle coule long-temps vers le Sud-Est, puis serpentant vers l'Orient elle se perd dans le Golphe de Salonique.

CASTORUM ÆDES, édifice particulier de la Ville de Rome. Pline[e] en fait mention & P. Victor dit qu'il étoit dans la VIII. Region.

e l. 10. c. 43.

CASTORUM LUCUS, selon Tacite[f], ou CASTORIS LOCUS selon Orose[g], lieu Tom. II.

f Hist. l. 2. c. 24.
g l. 7. c. 8.

d'Italie à XII. milles de Cremone. C'est en cet endroit que Cecina General pour Vitellius fut defait par les troupes d'Othon, qui ne profita pas longtemps de cet avantage. Mr. de Tillemont[h] nomme ce lieu LES CASTORS dans son Histoire des Empereurs.

h T. 1. p. 428.

CASTRA, ce mot dans la Langue Latine signifie proprement un camp, un lieu où l'armée passe quelque temps. Voiez l'Article CAMP. Il est arrivé que ces camps ont donné lieu à la fondation d'une Ville, qui leur a succedé & qui en a conservé le nom. Voici les principales.

1. CASTRA, ancienne Ville de l'Inde en deçà du Gange, selon Ptolomée[i]. Elle étoit selon cet Auteur au pays des Salaceniens.

i l. 7. c. 1.

2. CASTRA, Ville de la Norique selon Ortelius[k], qui cite Antonin. On trouve dans l'Itineraire

k Thesaur.

A Ponte Oeni ad Castra	M. P. CL. *sic*
Tutum	M. P. XLIV.
Jovisuram	M. P. LXIV.
Ad Castra	M. P. XLII.

Ainsi selon lui il y avoit d'Inspruck au lieu nommé CASTRA cent cinquante milles Romains, qui reviennent à quarante de nos lieues. Antonin ne dit pas que ce fût une Ville.

3. CASTRA, ancienne Ville de la Macedoine, selon le même Ortelius[l]. Antonin la met sur la route d'Otrante à Constantinople par la Macedoine; entre Scirtiana & Heraclée, à XV. milles de la premiere, & à XII. de l'autre. Elle doit avoir été entre la partie Meridionale du Lac d'Ochrida & Castorie.

l Ibid.

4. CASTRA, nom Latin de *Châtres*, petite Ville de France sur la route de Paris à Orleans.

CASTRA ALATA ou ALLATA. Voiez les Articles BLATUM-BULGIUM, & EDIMBOURG.

CASTRA ALBIGENSIUM, nom Latin de CASTRES. Voiez ce mot.

CASTRA ALBINIANA. Voiez ALBINIANA.

1. CASTRA ALEXANDRI, dans la Marmarique. Voiez ALEXANDRI CASTRA.

2. CASTRA ALEXANDRI. Ortelius[m] dit, sur l'autorité d'Orose[n] & de Quinte Curse[o], qu'il y avoit en Egypte un lieu ainsi nommé, auprès de Peluse.

m Thesaur.
n l. 1.
o l. 4.

CASTRA ANNIBALIS, ancien Port de la grande Grece. Mr. Baudrand[p] & quelques autres le prennent pour le Village de la Calabre ulterieure au Royaume de Naples. Mais cela ne s'accorde point avec l'idée que Pline[q] nous en donne; car il dit que le Golphe de Squillace, (*Sinus Scyllaceus*.) & le Golphe de Ste Euphemie (*Terineus Sinus*) s'approchant l'un de l'autre, resserrent l'Italie qui n'est nulle part plus étroite qu'en cet endroit & forme une Presqu'Isle; & c'est, dit-il, dans cette Presqu'Isle qu'est le Port nommé *Castra Annibalis*, ou le Camp d'Annibal. Cela ne convient point au Port de *Li Castelli*. Ce lieu doit avoir été tout auprès de Squillace; & c'est peut-être CALAUSARO, qui en est à l'Orient d'été.

p Ed. 1705.
q l. 3. c. 10.

378 CAS.

CASTRA CÆCILIA, ancienne Ville d'Espagne, selon Pline[a]. Quelques-uns, entre autres Ortelius, ont cru que c'est SANTA MARIA DE GUADALUPE. Le R. P. Hardouin n'est point de ce sentiment, & dit que c'est CACERES. Voiez CACERES 1.

CASTRA CATULINA. Voiez CATULINA.

CASTRA CELICA, l'exemplaire qu'avoit Ortelius de l'Itineraire d'Antonin, & qui est presque toûjours assez conforme à celui du Vatican, porte : sur la route de Merida à Sarragosse par Salamanque *Castris Celicis*, au lieu de quoi Zurita a très-bien retabli *Castra Cæcilia*. Les distances font voir que c'est le même lieu dont parle Pline.

CASTRA CONSTANTIA. Voiez CONSTANTIA; c'est le nom Latin de la Ville de COUTANCES en Normandie.

CASTRA CORNELIA, selon Pline[b] & Pomponius Mela[c]; CASTRA CORNELIANA, selon Jule Cesar[d], Κορνηλίου παρεμβολὴ, c'est-à-dire le campement de Cornelius, selon Ptolomée[e]. Ces Auteurs appellent ainsi le lieu où le grand Scipion surnommé l'Africain, campa pour la premiere fois quand il eut pris terre en Afrique. Ce lieu étoit dans l'Afrique propre. Pline dit simplement que c'étoit un lieu, & pas un des Anciens n'a dit que ce fût une Ville, comme le dit Ortelius.

CASTRA CYRI, Quinte Curse dit[f] : . . Alexandre tira vers la Cilicie & arriva à cette contrée qu'on appelle le camp de Cyrus, à cause que ce Prince y avoit campé lorsqu'il menoit son armée en Lydie contre Crœsus. Arrien[g] parle aussi de ce camp.

CASTRA DEI. Voiez MANAÏM.

CASTRA DELLIA, lieu d'Afrique auprès de *Castra Cornelia* & du fleuve Bagradas, selon Mela[h]. Quelques-uns, comme Ortelius, lisent CASTRA LÆLIA.

CASTRA EXPLORATORUM, lieu de l'ancienne Angleterre dont fait mention l'Itineraire d'Antonin. Cambden croit que c'est BURGH UPON THE SANDS. La verité du fait est qu'on n'en sait rien certainement & que ce ne sont que des conjectures savantes que je raporte à l'Article BLATUM-BULGIUM.

CASTRA FELICIA, lieu de l'Isle de Sardaigne. L'Anonyme de Ravenne[i] est le seul Géographe, qui en parle.

CASTRA FLAVIANA. Voiez VIENNE en Autriche.

CASTRA GEMINA, ancienne Ville d'Espagne dans le Departement de Seville, selon Pline[k]. Elle payoit tribut aux Romains.

CASTRA GERMANORUM, ancien nom d'un lieu de la Mauritanie Cesariense, selon Ptolomée[l]. Voiez BRESCAR.

CASTRA HERCULIS, Ammien Marcellin fait mention de sept Villes d'Allemagne dont la premiere étoit ainsi nommée, & qu'il dit que les Romains occuperent pour prevenir les Allemands. Les autres étoient *Quadriburgum*, *Tricesima*, *Novesium*, *Bonna*, *Antunnacum*, & *Bingio*. On croit que c'est presentement ERKELENS. Voiez ce mot.

CASTRA IARBA. Voiez CASTRA LARBA.

CAS.

CASTRA JUDÆORUM. Voiez BUBASTE.

CASTRA JULIA, ancienne Ville d'Espagne dans la Lusitanie, selon Pline[m]. Le R. P. Hardouin dit que c'est presentement TRUXILLO, qui lui paroît derivé de TURRIS JULIA. Voiez TRUXILLO dans l'Estremadure Castillane. Comme Pline nomme de suite *Castra Julia* & *Castra Cæcilia*, de même *Caceres* & *Truxillo* sont des Villes voisines.

CASTRA LÆLIA. Voiez CASTRA DELLIA.

CASTRA LAPIDARIORUM, lieu de l'ancienne Egypte dans le Departement de la Thebaïde. La Notice de l'Empire[n] porte *Cohors sexta saginarum in castris Lapidariorum*. Ce dernier mot a beaucoup de raport avec le grand nombre de Carrieres dont les Voyageurs modernes disent que l'on voit encore les vestiges, & dont les Egyptiens ont autrefois tiré de grandes masses de pierres.

CASTRA LARBA, selon l'Antonin du Vatican, CASTRA IARBA selon d'autres exemplaires, lieu de l'ancienne Thrace sur la route de Beroée à Andrinople à trente milles de la premiere, & à vingt-cinq de Burdipta, d'où il y en avoit trente-deux autres jusqu'à Andrinople. Mr. de l'Isle dans sa Carte de l'ancienne Grece nomme ce même lieu CASTRO ZARBA. Voiez ce mot.

CASTRA LUCII, nom Latin de CHALUS. Voiez ce mot.

CASTRA MANUARIA, ancienne Ville d'Espagne, selon l'Anonyme de Ravenne[o], le seul ancien Géographe qui en ait parlé. Ce qui rend plus dificile la découverte de sa situation; c'est qu'il la nomme avec dix autres qui ne sont pas plus connues.

1. **CASTRA MARIANA.** Mr. Baudrand[p] donne ces mots comme le nom Latin de la Camargue en Provence, quoi qu'il avoue que Catel n'est pas de ce sentiment. Il est prouvé que *Cajus Marius*, & la *Camargue* n'ont rien de commun ensemble. Voiez CAMARGUE.

2. **CASTRA MARIANA**, le même Auteur[q] nomme ainsi un Château d'Italie au Milanez, dans le Novarez, en une plaine à cinq mille pas de Novara en allant vers Verceil. Le Pere Ferrari[r] lui avoit fourni cet Article, & observé que dans les anciens monumens ce lieu est nommé *Arcomarianum*, pour *Arcus Marianus*. Ce Pere à l'Article ARCOMARIANUM, avoit dit sur la foi d'une ancienne inscription raportée par Alciat que c'étoit un arc de triomphe érigé en l'honneur de Marius pour avoir defait les Cimbres. Il dit de plus que c'est *Camariano* Village du Milanez. D'autres, poursuit-il, croient plutôt que c'est *Castra Mariana*. Il ne s'agit ici que d'une recherche Etymologique du nom CAMARIANO, Château ou Village, ou peut-être l'un & l'autre, & non pas de savoir où étoient CASTRA MARIANA. Les Anciens ne marquent point qu'aucun lieu ait gardé ce nom, comme propre, & il est commun à tous les campemens des Armées Romaines que commanda Marius.

CASTRA MARTIS, selon Mr. Baudrand. Voiez CASTRUM MARTIS.

CAS-

CAS.

CASTRA METALLINA. Voiez CASTRA VICELLIANA & METALLINUM.

CASTRA NOVA, lieu de la Mauritanie sur la route de *Cala* à *Rufucurrum*, selon Antonin entre *Tafagora* & *Ballene* à XVI. M. P. de la premiere, & à XX. M. P. de la seconde. La Notice d'Afrique nomme bien *Vitalis Castronobensis*. Ce qui fait connoître que CASTRA NOVA, étoit un Siége dont Vitalis étoit Evêque. L'Anonyme de Ravenne[a] nomme bien CASTRA NOVA; mais il met cette Ville dans la Mauritanie Tingitane, en quoi il se trompe.

[a] l. 3. c. 9.

CASTRA POSTHUMIANA, Hirtius[b] dans son Histoire de la Guerre d'Espagne dit que Pompée étant campé entre *Ategua* & *Ucubis*, environ à quatre milles de son camp il y avoit un tertre d'une situation avantageuse, nommé le *Camp de Posthumius*, Cesar y fit un Fort, où il mit garnison[c]. Morales dit que c'est presentement CASTEL EL RIO, & Mariana CASTRO DEL FIUME.

[b] c. 8.
[c] Ortel. Thesaur.

CASTRA PRÆTORIA, Pline[d] nomme ainsi une espece de citadelle, où Tibere rassembla les Cohortes Pretoriennes, qui étoient auparavant dispersées dans la Ville comme nous l'apprenons de Tacite[e]. Je nomme ce quartier plutôt une citadelle que des Cazernes, parce qu'il y avoit une enceinte de murailles, des fossez, des tours, un Temple, un Arsenal, des bains, des fontaines. Ce lieu étoit auprès de la Porte Viminale à Rome[f].

[d] l. 3. c. 5.
[e] Annal. l. 4.
[f] Alexand. Donat. de urbe Roma c. 25.

CASTRA PUERORUM, selon l'Edition ordinaire d'Antonin, ou CASTRA PUERÛM selon l'exemplaire du Vatican, lieu d'Afrique dans la Mauritanie Cesariense entre *Gilva* Colonie & *Portus divinus*. Les chiffres des distances varient beaucoup, dans les exemplaires.

CASTRA REGINA, il est fait mention de ce lieu au Departement de la Rhetie dans les Notices de l'Empire[g] en ces termes: *Præfectus Legionis tertiæ Italicæ partis superioris Castra Regina, nunc vallato*. Ortelius cite Lazius qui dit que c'est presentement ROKING. Voiez AUGUSTA TIBERII.

[g] Sect. 59.

CASTRA SEBERIANENSIS, entre les Evêques de la Mauritanie Cesariense. La Notice d'Afrique nomme Fauste qui l'étoit de ce lieu-là, *Faustus Castra-Seberianensis*.

CASTRA SERVILIA, le R. P. Hardouin observe qu'au lieu de CASTRA JULIA quelques exemplaires de Pline ont à l'endroit cité[h] CASTRA SERVILIA.

[h] l. 4. c. 22.

CASTRA TYRIORUM, lieu particulier de l'Egypte, peu loin de Memphis, selon Herodote[i].

[i] l. 2. n. 112.

CASTRA VALI ou CASTAVALI, la Notice du Patriarchat d'Antioche nomme ainsi une Ville Episcopale sous la Metropole d'Anazarbe.

CASTRA VETERA. Voiez VETERA.

CASTRA VICELLIANA. Ortelius[k] dit sur l'autorité de Charles Clusius que ces mots se lisent dans quelques anciennes inscriptions trouvées à MEDELIN. Il ajoute que Varrerius & Morales assurent que *Medelin* étoit anciennement nommé *Metallina*. Voiez METALLINUM.

[k] Thesaur.

CASTRA VINARIA, ancienne Ville

Tom. II.

CAS. 379

d'Espagne. Pline en fait mention & le R. P. Hardouin doute si ce ne seroit pas la même chose que CASTRA POSTHUMIANA.

CASTRA ULCISIA. Voiez ULCISIA.
CASTRA ULPIA. Voiez ULPIA.

CASTRANUM MUNICIPIUM, lieu municipal d'Italie selon le livre des limites.

CASTRALA ou CASTRALLA, Village d'Espagne au Royaume de Valence. Voiez l'Article CASTRUM ALTUM.

CASTRAVALET, Ortelius dit: Evêché sous le Siége d'Anabarza, & cite Guillaume de Tyr. Voiez CASTRA VALI. C'est le même lieu.

CASTRES, Ville de France au Languedoc dans l'Albigeois sur l'Agoust, qui la separe en deux parties. Nos Historiens l'ont appellée diversement en Latin, *Castra*, *Castræ*, *Castrum Albigensium*, & *Villa Castrensis*. Ortelius & quelques autres Géographes ont cru mal à propos que *Castres* étoit la CESSERO de Pline. Mr. Piganiol de la Force[l] qui releve cette erreur dit que c'est St. Tubery sur l'Erhau auprès d'Agde. [m] Castres doit son origine à une Abbaye qui fut fondée, selon l'opinion de quelques-uns, par Charlemagne, à l'honneur de St. Benoît; en quoi ils ne s'accordent pas avec l'Auteur de la Chronique des Evêques d'Alby & des Abbez de Castres; qui a écrit vers le milieu du XIII. siécle, lequel attribue la premiere fondation de ce Monastere, à un Solitaire nommé Faustin. Il assure qu'après Faustin, Robert avec deux de ses compagnons bâtit au même lieu des Cellules, & que ce fut le premier Abbé l'an 647. *Hæc est Castrensis fons & origo domus*. Enfin on voit à la tête de cette Chronique que ce lieu situé sur la Riviere d'Agout fut nommé un camp (*Castra*) parce que ces premiers Moines camperent en ce lieu où ils s'étoient enrolez dans la Milice de St. Benoît. (*Sub regula Sancti Benedicti militantes Castra metati sunt*.) Ce qui ne paroît pas vraisemblable; & cet Ecrivain, qui a vécu près de six cens ans après le temps où il met la fondation de Castres, est trop récent pour faire foi. Ce qui est sûr c'est que l'Abbaye de Castres doit être ancienne, & que la Ville étoit déja fort considerable sur la fin du XII. siécle, comme on le voit par l'Historien Anglois Roger de Hoveden, & par Pierre Moine des Vaux de Cernay.

[l] Desc. de la France T. 4. p. 69.
[m] Longuerüs Desc. de la France part. 1. p. 236.

Les Abbez de St. Benoît de Castres avoient été les Fondateurs, & les seuls Seigneurs de cette Ville; à laquelle ils avoient donné des privileges; mais durant la guerre des Albigeois les habitans s'étant volontairement rendus à Simon Comte de Montfort, le reconnurent pour Seigneur. Simon laissa cette Ville en propre à son fils Philippe; qui n'eut qu'une fille nommée Eleonor, laquelle apporta en dot à son mari Jean Comte de Vendôme la Seigneurie de Castres.

Les biens de la Maison de Vendôme vinrent à Jean Comte de la Marche Cadet de Bourbon par le mariage de Catherine de Vendôme. Le fils ainé de Jean & de Catherine, nommé Jacques, fut Comte de la Marche & de Castres, parce que Castres avoit été érigé en Comté par le Roi Jean l'an 1356. en faveur du Comte Jean Pere de Catherine de Ven-

Bbb* 2

Vendôme. Jaques de Bourbon Comte de la Marche n'eut qu'une fille nommée Eleonor, qui épousa Bernard d'Armagnac Comte de Pardiac dont le fils Jaques fut condamné à mort, & tous ses biens furent confisquez par un Arrêt du Parlement de Paris l'an 1477.

L'année suivante Louïs XI. donna le Comté de Castres à Bossillo del Giudice Napolitain, son Lieutenant General en Roussillon; & ce don fut enregistré au Parlement de Paris, malgré les oppositions du Procureur General. Bossillo del Giudice, que des Auteurs François appellent Bossile des Juges, laissa une fille nommée Louïse, qui prétendit heriter du Comté de Castres. Plusieurs autres intervinrent, qui disoient avoir droit à ce Comté; mais le Procureur General ayant maintenu sous François I. ce que son Predecesseur avoit fait sous Louïs XI. fit debouter par Arrêt du Parlement, rendu l'an 1519. toutes les personnes qui pretendoient à ce Comté, & à sa requisition il fut réuni à la Couronne, comme tout le reste des Albigeois de la Senechaussée de Carcassonne.

Le Monastere de St. Benoît de Castres, après avoir été independant, fut mis sous la correction & la jurisdiction de l'Abbé de St. Victor à Marseille; mais l'an 1317. le Pape Jean XXII. érigea l'Abbaye de Castres en Evêché auquel il attribua une partie des revenus de l'Evêché d'Albi.

Ce Pape après avoir soustrait le Monastere de St. Benoît de la jurisdiction de l'Abbé de St. Victor, crea premier Evêque de Castres Dieu-Donné Abbé de Lagni près de Paris, & il mit cet Evêché sous la Metropole de Bourges. Les Moines Benedictins qui étoient restez en cette Eglise, en ont composé le Chapitre jusqu'au Regne de François I. Ce fut alors que Paul III. l'an 1535. secularisa ces Moines & changea le Monastere en un Chapitre seculier à la sollicitation de Jacques de Tournon Evêque de Castres, qui étoit appuyé du grand credit de son frere le Cardinal de Tournon.

Les habitans de Castres embrasserent la P. Reformation au commencement des troubles après la mort d'Henri II. & ruinerent toutes les Eglises des Catholiques l'an 1567. Ils fortifierent cette Ville qu'ils érigerent en une espece de Republique; mais l'an 1629. le parti ayant été vaincu & subjugué par Louïs XIII. les habitans de Castres furent contraints de se soumettre & de démolir leurs fortifications.

C'est dans cette Ville qu'étoit établi le Tribunal nommé la Chambre de l'Edit où tous les P. Reformez du ressort de Toulouse avoient leurs causes commises. Louïs XIV. la transfera l'an 1679. à Castelnaudari & la supprima enfin l'an 1685.

[a] L'Evêque de Castres est Suffragant d'Albi, son Chapitre a un Prevôt, deux Archidiacres & seize Chanoines. Ce Diocèse ne comprend que soixante & dix-neuf Paroisses & deux Abbayes; savoir celle d'ARDOREL, Ordre de Citeaux, de la filiation de CADOIN, & fondée vers l'an 1133. & celle de VIEILMUR de Benedictines.

Il y a à Castres une Senechaussée ressortissante à celle de Carcassonne. Le Commerce [b] de ce Diocèse consiste en bestiaux, en petites étofes qui s'y fabriquent comme Ratines, Burats, Cordelats, Bayettes, Serges & Crépons.

Castres a été la Patrie d'André Dacier qui y naquit le 6. Avril 1651. de parens de la Religion P. Reformée qu'il abjura en 1685. Il a été un des hommes illustres de notre temps par ses ouvrages, qui consistent en des Traductions d'excellens livres des Anciens accompagnées de savantes notes auxquelles les Savans ont reproché une abondance inutile, qui ne l'est que pour eux. Il fut reçu à l'Academie des belles Lettres, & à l'Academie Françoise en 1695. & devint Academicien Pensionnaire de la premiere en 1701. & Secretaire perpetuel de la seconde en 1713. & obtint la charge de Garde des livres du cabinet du Louvre, qui lui donna un appartement au Louvre. Il y mourut le 18. Septembre 1722. Son nom ne tira pas moins de lustre des Ecrits de Madame Dacier sa femme, déja connue sous le nom d'Anne le Fevre fille de Tanegui, de laquelle je parle ailleurs.

CASTRI, Village de Grece dans la Livadie, au lieu où étoit l'ancienne Ville de Delphes si fameuse dans l'antiquité par son Temple & par son Oracle. Ce Village [c] n'a gueres que cent feux, & les Maisons sont fort mal bâties. Il n'y a qu'une douzaine de Turcs qui y ont une Mosquée; mais il y a cinq ou six Eglises pour les Grecs; ce sont de bonnes gens, & il semble qu'ils tiennent encore de l'hospitalité de leurs ancêtres. Castri ne subsiste que de quelque Coton, qui s'y file & du tabac, qui est estimé meilleur que celui de Salona.

CASTRIANI, Peuple qui fut presque tout détruit par Aurelien au raport de Vopiscus[d]. Ortelius[e] croit qu'il étoit dans la Scythie d'Europe.

CASTRIMENUM, ancienne Ville du Peloponnese dans l'Achaïe, selon Laonic cité par Ortelius.

CASTRIMONIENSES, Peuple d'Italie, selon Pline[f]. Frontin[g] dans son livre des Colonies dit que la petite Ville de CASTRIMONIUM étoit devenue municipale par la Loi de Sylla. Elle étoit dans la Campanie.

1. CASTRO, Ville d'Italie au Duché de ce nom dont elle est la Capitale, sur une Montagne près du Torrent d'Ospada, sur la frontiere de Sienne à treize milles de la Mer de Toscane. Elle fut détruite par le Pape Innocent X. l'an 1649. & son Evêché fut transferé à Aquapendente. Voiez l'Article qui suit.

LE DUCHÉ DE CASTRO, Province d'Italie. Elle est bornée au Nord par l'Orvietan, au Midi par la Mer Mediterranée, à l'Orient par la Riviere de Marta, qui la separe du Patrimoine de St. Pierre, & à l'Occident par la Toscane. La plus grande partie du Lac de Bolsena est dans ce Duché, & a deux Isles habitées, l'une nommée Martana, l'autre Passentina: dans l'une est un Hermitage, dans l'autre est un Monastere avec une Eglise où sont les tombeaux de la Maison Farnese. C'est là que Theodat fit mourir Amalasonthe Reine des

[a] *Piganiol de la Force* l. c. p. 32.
[b] p. 58.
[c] *Spon Voyages* T. 2. p. 36.
[d] *in Aurel.*
[e] *Thesaur.*
[f] l. 3. c. 5.
[g] p. 85.

CAS.   CAS.   381

des Goths, Mere d'Athalaric, & qui n'étoit coupable que d'avoir procuré le Thrône à cet ingrat. Elle étoit Niéce de Clovis Roi de France.

Les Farnefes avoient poffedé plus d'un Siécle le Duché de Caftro, à titre de Vicaires de l'Eglife avant que Paul III. le donnât à titre de Duché à Pierre Louïs, auquel il donna encore enfuite les Duchez de Parme & de Plaifance. Cette Maifon a joüi paifiblement du Duché de Caftro jufqu'à l'an 1640. Odoard Duc de Parme ayant eu befoin de quelques groffes fommes d'argent les emprunta au Mont de pieté à Rome fur l'Hypotheque du Duché de Caftro. Ce Duc avoit irrité les Barberins en refufant d'époufer leur Sœur, & en préferant Marguerite Fille de Côme II. Duc de Tofcane. Urbain VIII. qui étoit de la Maifon des Barberins, fenfible aux reffentimens de fa famille prit pretexte de cet engagement pour chagriner Odoard en réuniffant Caftro au Domaine de l'Eglife. Ce Duc s'allia fecrettement avec les Venitiens, les Ducs de Tofcane & de Modene, & fe mettoit en état de reprendre ce Pays par la force; mais la France affoupit cette querelle. Urbain étant mort, fon Succeffeur Innocent X., agiffant fur les mêmes principes qu'Urbain, profita d'une occafion que le hazard lui fournit. Il avoit envoyé à Caftro un Evêque qu'il avoit créé, & ce Prelat ayant été tué par le Peuple le Pape pour vanger cet attentat fit marcher des troupes qui fe faifirent du Duché de Caftro & de l'Etat de Ronciglione; qu'il confifqua, & réunit au Domaine de la Chambre Apoftolique, ce que les Italiens appellent *Incamerare*. Les chofes demeurerent en cet état malgré les efforts du Duc de Parme jufqu'à la fameufe affaire des Corfes. Les fuites fâcheufes de l'infulte qu'ils avoient faite à l'Ambaffadeur de France, la fatisfaction que Loüis le Grand en pretendoit, tout cela fe termina par le Traité de Pife [a]. L'Affaire de Caftro y fut reglée, aux Articles I. & XV. par les Plenipotentiaires du Pape Alexandre VII. & du Roi de France. Voici les termes du Traité.

[b] ,, Sa Sainteté pour faire paroître à S. M.
,, T. Chr. fon affection paternelle & en confideration de ce qui fera ftipulé & établi par
,, le prefent Traité immediatement après la
,, fignature d'icelui, par deliberation & du confentement du Sacré College, *defincamerera*,
,, c'eft-à-dire, revoquera & annulera l'Incameration des Etats de Caftro & de Ronciglione & de toutes leurs Annexes, appartenances & dépendances & accordera en même temps à Mr. le Duc de Parme un delai
,, de huit années conformément à celui qui lui
,, fut accordé par le contract paffé entre la
,, Rev. Chambre Apoftolique & lui, dans lequel terme il pourra retirer & racheter lefdits Etats, en rendant & payant effectivement
,, un million fix-cens-vingt-neuf mille fept-
,, cens-cinquante écus, qui font dûs à la Chambre Apoftolique fuivant ledit Contract, & en
,, outre pour complaire au Roi donnera au dit
,, Sr. Duc, la faculté de faire ce rachapt &
,, de rendre ladite fomme en deux differens
,, payemens en telle forte qu'en ayant fait un,
,, la moitié defdits Etats fera tenue pour ra-

[a] Le 12. Fevrier 1664.

[b] Art. I.

,, chetée & qu'il en pourra prendre poffeffion
,, & en joüir librement; l'autre moitié demeurant au pouvoir de la Chambre Apoftolique
,, jufqu'au payement du furplus & afin que
,, la divifion qui fe doit faire defdits Etats
,, en deux portions égales foit exécutée au plutôt dans deux mois à compter du jour de la
,, Ratification du prefent Traité, les Parties
,, conviendront d'experts pour faire ce partage
,, de gré à gré & déclarer les appartenances &
,, annexes de chaque portion, laiffant au choix
,, dudit Sieur Duc de racheter la part qu'il
,, lui plaira, & fi les experts ne s'accordoient
,, pas dans fix mois après leur Election, en
,, ce cas ou ledit Sieur Duc pourra lui-même
,, regler le partage defdits Etats en deux portions égales, lequel étant ainfi fait il appartiendra à la Chambre de prefcrire audit Sieur
,, Duc la portion qu'il devra racheter la premiere en payant la moitié de ladite fomme,
,, l'autre portion demeurant au pouvoir de la
,, Chambre jufqu'à ce qu'il ait payé le furplus de ladite fomme dans le terme à lui
,, accordé; ou bien ledit Sr. Duc ne voulant
,, pas faire lui-même ce partage, ni accepter
,, cette offre, la Chambre en ce cas fera les
,, deux parts & il fera loifible audit Sieur Duc
,, de choifir celle des deux qu'il voudra racheter la premiere & il fera tenu de déclarer
,, dans deux ans s'il entend faire ledit partage
,, ou le laiffer faire par la Chambre.

[c] ,, Lesdits Plenipotentiaires ayant auffi fait [c] Art. XIV.
,, reflexion que l'intention de S. M. très
,, Chrétienne a toujours été que la *Defincameration* de Caftro, avec la Conceffion du
,, nouveau delai, fervît de preliminaire à tout
,, accommodement qui pourroit être fait &
,, que pareillement en ce Traité de Pife, l'intention de fadite Majefté eft de remettre le
,, Pape & le St. Siége en poffeffion de la Ville d'Avignon & du Comtat Venaiffin, declarent pour plus grand éclairciffement des
,, chofes fufdites qu'ils font convenus entre
,, eux que la Defincameration de Caftro avec
,, la Conceffion du nouveau delai fe devra effectuer en la forme ftipulée & accordée au
,, premier Article avant l'échange & remife reciproque des ratifications; & refpectivement
,, auffi le R. T. C. remettra le Pape & le St.
,, Siege Apoftolique, en poffeffion de la Ville
,, d'Avignon & du Comtat Venaiffin en la
,, forme arrêtée par l'Article XIV. immediatement après que le Legat aura eu audience
,, de S. M.,,

Le Pape Alexandre VII. accepta & ratifia folemnellement ces Articles en plein Confiftoire le 18. de Fevrier, fans y faire aucun changement. Il en promit l'exécution avec toutes les claufes les plus fortes. Ils furent pareillement acceptez du Roi très-Chrétien le 1. Mars 1664. conformément à l'Acte expedié dans le même Confiftoire & à la Déclaration qui en fut faite par le Pape lui-même tenu le 17. Mars de la même année.

Outre la Ratification generale le Pape Alexandre VII. en fit une particuliere & fpeciale des Articles XIV. & XV. en exécution defquels dans le Confiftoire tenu le 18. de Fevrier 1664. de l'avis du Sacré College il tira & fepara le Duché de Caftro & de Ronciglione de

l'inl'incorporation precédemment faite à la Chambre Apoſtolique, en vertu du Decret & de la Bulle du 24. de Janvier 1660. & le *deſincamera* avec toutes ſes annexes, appartenances & dépendances, & accorda de nouveau au Duc de Parme & à ſes Succeſſeurs, le terme de huit années pour le racheter au même prix qu'ils avoient été vendus le 19. de Decembre 1649, payable en deux payemens.

Le Duc de Parme ordonna auſſi-tôt à l'Abbé Calcagni, ſon Agent à Rome, de nommer pour expert de ſon côté le Docteur Alexandre Pencolini, pour proceder au partage dudit Duché que le Pape avoit *deſincameré*. Mr. Raviſa Commiſſaire General de la Chambre Apoſtolique & autoriſé par un Pouvoir ſpecial du Pape, ſigné le 27. Avril 1664. nomma auſſi pour expert du côté de la Chambre Apoſtolique Benoît Muſacchi pour travailler au même partage.

Les deux experts ſe transporterent ſur les lieux qu'ils examinerent avec la derniere exactitude & pour en avoir une connoiſſance parfaite, ils en firent dreſſer une Carte Topographique. Quand ils furent d'accord l'un & l'autre ils diviſerent le tout en deux portions égales, comme il appert par l'Acte qui en fut dreſſé le 18. d'Octobre 1664. par François Lucarelli Notaire de la Chambre Apoſtolique.

Trois ans après le Duc de Parme fit remettre à Rome 814875. écus partie en eſpeces, partie en lettres de change: leſquelles ayant été acquitées & la ſomme ſe trouvant toute entiere en argent, il conſtitua pour ſon Procureur General à l'effet de ce payement l'Auditeur Jules Platoni. Celui-ci fit ſes offres dans toutes les formes & interpella pluſieurs fois tant le Treſorier General & le Commiſſaire General, que les Srs. Pierre & Philippe Nerli, Depoſitaires Generaux de la Chambre Apoſtolique, à ce qu'ils euſſent à recevoir ladite ſomme en exécution des Articles XIV. & XV. du Traité de Piſe, & du Decret d'Alexandre VII. portant la Deſincameration de Caſtro & de Ronciglione. Ce fut toujours inutilement, deſorte qu'il fut reduit à les citer tous devant le Cardinal Camerlingue, pour y reïterer ſes offres, proteſtant de tous les dépends, dommages & interêts que le Duc de Parme ſon commettant avoit ſouffert & ſouffriroit en conſequence du refus injuſte, qu'ils faiſoient de recevoir les 814875. écus qu'il leur offroit de ſa part pour le premier des deux payemens ſtipulez. Le Commiſſaire General ſigna l'Acte de ſommation, diſant au contraire que l'offre n'étant qu'une offre verbale, on n'y devoit faire nulle attention, que c'étoit à l'Auditeur Platoni, comme chargé de la procuration du Duc de Parme, à juſtifier la réalité de ſes offres & à prouver que l'Argent étoit veritablement tout prêt.

Pour détruire ce prétexte & faire voir combien cette chicane étoit malfondée l'Auditeur Platoni le 20. Mai 1665. obtint du Duc de Chaulnes Ambaſſadeur de France, deux de ſes Gentils-hommes, ſavoir l'Abbé Bigorre & l'Abbé de Santi, l'un Secretaire pour les Lettres Françoiſes & l'autre pour les Lettres Italiennes, & leur fit voir la ſomme en preſence d'Anſelme Cellini Notaire Public, ouvrant les Coffres & les Sacs où elle étoit, partie en or, partie en argent, après quoi il fit tirer des mêmes Coffres vingt Sacs contenant ſoixante mille Piſtoles d'Or, partie monnoye d'Italie, partie monnoye d'Eſpagne, pour les porter aux Srs. Nerli depoſitaires de la Chambre Apoſtolique, avec intention de porter tout de ſuite le reſtant de la ſomme entiere. Il fit mettre les vingt Sacs dans deux Caiſſes de bois, dix dans chacune, le tout en preſence du Notaire & des temoins qui les virent porter dans la Cour du Palais Farneſe, où logeoit l'Ambaſſadeur de France & mettre dans deux caroſſes de l'Ambaſſadeur. Mr. Platoni monta en caroſſe accompagné du Notaire & des témoins & ſe tranſporta avec eux à la Depoſitairerie Generale de la Chambre Apoſtolique, & reïtera ſes offres à Pierre Nerli Depoſitaire General, qui les refuſa & dit nettement qu'il ne pouvoit les accepter ſans un ordre exprès du Treſorier. L'Auditeur Platoni obtint que l'Abbé de Santi iroit ſur le champ trouver le Treſorier & lui demander l'ordre pour les Depoſitaires. Il y alla en effet, il lui expoſa toute l'affaire & n'en put rien obtenir. L'Abbé de Santi étant revenu à la Depoſitairerie & ayant déclaré à l'Auditeur Platoni, & aux Depoſitaires le refus du Treſorier, l'Auditeur ne laiſſa pas de faire apporter une des Caiſſes pleines d'Or, qui étoient dans les caroſſes. Il en tira les Sacs & montrant à Pierre Nerli l'Or, qui étoit dedans, il fit avec beaucoup d'inſtances ſes offres à deniers découverts, & ſes offres furent également rejettées.

L'affaire en étoit là lorſqu'Alexandre VII. étant mort le 22. de Mai 1667. le Cardinal Roſpiglioſi fut élu en ſa place & ſe nomma Clement IX. Les Miniſtres du Duc de Parme renouvellerent leurs inſtances. Tout fut inutile & l'Auditeur Platoni fut reduit à faire ſignifier de nouvelles offres par écrit & à citer le Commiſſaire General, devant le Cardinal Camerlingue avec toutes les formalitez & proteſtations qu'il avoit faites ſous Alexandre VII. Il renouvella de même ſes offres qu'il avoit faites aux Depoſitaires: il ſe tranſporta comme auparavant à la Depoſitairerie dans les caroſſes de l'Ambaſſadeur de France & après les mêmes formalitez & le même refus, il renouvela ſes proteſtations.

Clement IX. mourut le 9. Decembre 1669. le Cardinal Altieri lui ſucceda ſous le nom de Clement X. Le Duc de Parme fit faire par le Conſeiller Charles Ceſarini les mêmes offres & les mêmes inſtances qu'il avoit faites ſous les deux Papes precedens. Ce fut avec moins de ſuccès encore, car le Pape dans le Conſiſtoire ſecret tenu au Palais Quirinal le 14. Decembre 1671. ſe contenta d'ordonner aux Cardinaux qu'ils euſſent à lui donner dans quelque temps leurs avis par écrit ſur la demande du Duc de Parme. Sur la nouvelle de cette Propoſition, le Duc de Parme dépecha un Courrier à ſon Miniſtre Mr. Ceſarini avec défenſes expreſſes d'agir en aucune façon auprès des Cardinaux pour en avoir une deciſion favorable. Il diſoit que Caſtro & Ronciglione étant deſincamerez dans toutes les formes, on n'en devoit plus être à deliberer & qu'on n'avoit qu'à exécuter de bonne foi ce dont on étoit convenu reciproquement.

On

CAS.

On ne fait pas bien quels furent les sentimens des Cardinaux, quoi qu'on eût bien prevû qu'ils iroient à la negative. Le bruit courut que quelques-uns s'y étoient determinez sur une prétendue déclaration d'Alexandre VII. faite sous seing privé par laquelle il marquoit que la promesse de desincamerer Castro & Ronciglione ayant été extorquée par la force, & par la crainte de s'attirer une guerre devoit être nulle, & que ç'avoit toûjours été son sentiment. D'autres se sonderent, dit-on, sur le serment qu'ils avoient fait lors de leur promotion au Cardinalat de ne consentir jamais à la desincameration de Castro & de Ronciglione. Enfin d'autres alléguerent les Bulles de Pie V. & de Clement VIII. qui defendent d'aliener les Fiefs de l'Etat Ecclesiastique, tous pretextes aisez à détruire par les raisons de droit. Le Pape Clement X. en connoissoit bien la foiblesse. Aussi forma-t-il une Congrégation de seize Cardinaux pour les examiner, afin que sur le raport, qui lui en seroit fait, il pût prendre le parti qui lui sembleroit le plus juste. Le Duc de Parme défendit à ses Ministres d'agir auprès de la Congregation & il le fit par les mêmes raisons, qui l'avoient porté à faire autrefois la même défense; outre qu'un pareil Tribunal s'étant déja rendu suspect par des marques publiques de partialité, il étoit en droit de le recuser.

Parmi toutes ces longueurs qui ne finissoient point, les huit années prescrites par le Traité de Pise pour le rachat de Castro & de Ronciglione alloient expirer. Afin donc de conserver en leur entier tous les droits de la Maison de Parme, Mr. Cesarini recommença ses offres & ses protestations devant le Cardinal Camerlingue, suivant l'ordre exprès qu'il en avoit du Duc de Parme le 14. Janvier 1672.

Après la mort de Clement X. les mêmes poursuites de la part du Duc de Parme furent reïterées sous Innocent XI. Alexandre VIII. & Innocent XII. comme il paroît par les procedures & les Protestations renouvellées juridiquement le 25. de Fevrier 1673. le 14. d'Août 1690. & le 24. Octobre 1691. mais elles n'eurent pas plus de succès que les premieres. Dans les differens Traitez de Paix le Duc de Parme a soutenu aussi ses droits sur les Duchez de Castro & de Ronciglione devant les Puissances contractantes, & leurs Plenipotentiaires. Pour cet effet il envoya à Ryswyk le Marquis de la Rosa, à Utrecht & à Cambrai le Comte Sanseverino d'Arragona; & il n'a negligé aucune occasion de rendre publique la justice de ses droits, & de déclarer que son intention étoit de recouvrer un Etat, qui a été possedé pendant plus de cent ans par ses Ancêtres avec le titre de Vicaires de la Sainte Eglise, en vertu des permutations de Frascati, & de Nepi, & des sommes employées au soulagement de l'Eglise, & pour la propre personne des Papes; un Etat enfin qui ensuite par la liberalité de Paul III. a été transmis avec le titre de Duché à tous les descendans de la Maison Farnese.

§. Cet Article est la substance d'un Memoire que m'adressa le Duc de Parme l'an 1721. dans le temps que j'avois l'honneur d'être chargé de ses affaires auprès de L. H. P. les Etats Generaux des Provinces Unies.

Le Duché de Castro est fertile en grains & en fruits. Outre Castro, il y a Toscanella, Montalte, Marta, & Borghetto, qui sont plutôt des Bourgs que des Villes.

2. CASTRO [a], Ville d'Italie au Royaume de Naples dans la Province d'Otrante, sur la côte de la Mer Ionienne, avec un Evêché Suffragant de l'Archevêque d'Otrante. Elle a été fort maltraitée par les Turcs, surtout l'an 1537. & ce n'est plus presentement qu'un Village à six milles d'Otrante, à neuf d'Alessano, & à seize du Cap de Leuca.

[a] *Baudrand Ed. 1705.*

3. CASTRO [b], Ville de l'Amerique Meridionale au Chili, dans l'Isle de Chiloe qui est entre l'Océan & le Lac d'Ancud. De Laet [c] la met à quarante-deux lieues de la Ville d'Osorno vers le Sud. Elle est, poursuit-il, entre deux torrens avec un petit Château qui commande le Port: les Maisons sont éparses çà & là, & il n'y a ni murailles ni remparts. Voiez l'Article CHILOE.

[b] *De l'Isle Atlas.*
[c] *Ind. Occ. l. 11. c. 12.*

CASTRO CARO, Bourg de la Romagne Florentine dans l'Etat du Grand Duc de Toscane sur la même Riviere que Forli & à six milles au dessus; au pied de l'Apennin & non pas du Mont Aventin, comme le dit Mr. Corneille, qui a copié cette erreur de Mr. Maty. Mr. Baudrand avoit pourtant fort bien dit au pied de l'Apennin. On croit que c'est la SALSUBIUM des Anciens. Voiez ce mot.

CASTRO GIOVANNI, selon Mr. de l'Isle; ou

CASTRO JOANNI, selon Mr. Baudrand [d], petite Ville d'Italie, en Sicile, dans la Province de Noto, sur les confins de celle de Demona, au milieu de l'Isle, sur une Montagne. Elle a été autrefois considerable, & il y a un vieux Château où Frederic II. a longtemps demeuré.

[d] *Ed. 1705.*

§. La Riviere de Dictaino [e], dont l'embouchûre est au Golphe de Catane, a sa source au pied de cette Montagne. Voiez ENNA.

[e] *De l'Isle Carte de la Sicile.*

CASTRO MARIN [f], petite Ville d'Espagne en Portugal, au Royaume d'Algarve, dans un marais, à l'embouchûre de la Guadiana, dans le Golphe de Cadix, [g] sur la frontiere du Condado qui est de l'Espagne, à laquelle appartient Ayamonte, qui est de l'autre côté de l'embouchûre de la Guadiana.

[f] *Baudrand Ed. 1705.*
[g] *De l'Isle Atlas.*

CASTRO NOVO [h], Ville d'Italie, en Sicile, dans la Vallée de Mazare, sur une Montagne près de la source de la Riviere de Platani. La Riviere de Termini passe au Nord, & assez près de cette Ville. Elle est au Midi & à vingt-trois milles de Palerme; à trente-deux & au Nord de Girgenti.

[h] *Le même.*

CASTRO REALE [i], petite Ville de Sicile, dans le Val de Demona & au territoire de Messine, entre des Montagnes, au Midi de la pointe de Milazzo, à la source du Ruzzolino. [k] Elle fut bâtie par le Roi Frederic II. en 1330.

[i] *Le même.*
[k] *Baudrand Ed. 1705.*

CASTRO VILLARE [l], Bourg d'Italie au Royaume de Naples, dans la Calabre Citerieure, sur une Montagne, au pied de laquelle passe la Riviere de Sibari, au Couchant de Cassano près de l'Apennin.

[l] *Jaillot Atlas.*

CASTRO VIRREYNA, Mr. Corneille dit Ville: du Perou bâtie par les Espagnols. Il ajoute sur l'autorité de De Laet[a]: les Sauvages l'appellent CHOCOLOCOCHA : elle est à quatorze lieues de Guancabelica, à vingt-six de Pisco, & à soixante de Lima : cette Ville est fort renommée pour l'argent très-fin que l'on tire des mines, qui en sont éloignées seulement de deux lieues, & est située au haut d'une Montagne fort seche & toûjours couverte de neiges : il y fait un si grand froid que les femmes Espagnoles craignent d'y accoucher, ce qui les oblige quand elles sont grosses & proche de leur terme à descendre dans la plaine : ce grand froid est cause que la terre nourrit fort peu d'arbres : la region ne laisse pas d'être saine : les Indiens y sont tous grands & robustes, & on n'y trouve point d'animaux nuisibles : auprès de la Ville passe une petite Riviere, qui fait tourner les moulins, qui pilent & broient les matieres minerales : c'est une veine de pierre d'un bleu obscur, ou d'un blanc brunâtre : on jette ces pierres dans des fourneaux, & on les calcine avec de l'*Ucho* sorte d'herbe longue dont on couvre les Maisons en ce pays-là. Ces pierres étant calcinées, on les reduit en une poudre que l'on met dans des vaisseaux, & que l'on detrempe d'eau & de vif argent qui attire l'argent & l'amasse, laissant les ordures dont quelques-uns sont une sorte de metal qu'ils appellent *Negrillo*. On separe ensuite le vif argent d'avec l'argent que l'on fond en Lames appellées *Barres* : ces Lames sont portées aux Essayeurs, qui après avoir pris le droit du Roi y sont des marques qui sont connoître la qualité de l'argent, l'année & le nombre des Lames : comme ces mines ne sont pas fort riches, le Roi d'Espagne n'en prend que le dixiéme, quoi que l'argent qu'on en tire soit fort fin: la Ville de Castro Virreyna a son Gouverneur, qui peut amasser de grandes richesses. Il y a plusieurs boutiques de facteurs dans la Ville, & des Celiers pour le vin que l'on y porte de la plaine. L'air y est sain & fort agréable, desorte que l'on conserve long-temps les bœufs qu'on y tue, quoi qu'ils ne soient point salez.

[a] Ind Occ. l. 10. c. 26.

CASTRO DE URDIALES[b], petite Ville d'Espagne en Biscaye, avec un Port & un Château sur la côte de l'Océan ; à l'Orient de Laredo, au Couchant de Bilbao, à quatre lieues marines de l'une & de l'autre.

[b] De l'Isle Atlas.

CASTRO-XERIS, Bourg d'Espagne dans la vieille Castille entre les Montagnes de Burgos, & la Riviere de Pisverga. C'est dans ce Château que D. Pedre le Cruel fit mener prisonnieres sa tante Leonor Reine d'Aragon, & Isabelle femme de l'Infant D. Juan d'Arragon, & il les y fit mourir cruellement l'an 1359. Carillo[c] racontant ce fait nomme ce lieu CASTRO-FERIS, & Mariana l'appelle en Latin CASTRUM SERICIUM.

[c] Annal. Chronol. del mundo l. 4. p. 189. fol. verso.

CASTROBARIENSIS. Voiez CASTRUM BARIENSE.

CASTROCOME, selon Curopalate ou CASTROCOMIUM, selon Cedrene, lieu qu'Ortelius[d] croit être quelque part vers l'Iberie Asiatique.

[d] Thesaur.

CASTRO LIBYA, Ortelius dit après Ambroise Moralès qu'on a ainsi autresois nommé un lieu de l'Espagne, & que c'étoit le principal endroit de la Ceretanie, Il conjecture que ce doit être la JULIA LIBYCA de Ptolomée.

1. CASTROMA, Riviere de l'Empire Russien. Elle a sa source entre les Forêts & les marais de la contrée de Kneesma, puis après avoir serpenté vers le Sud-Ouest, elle entre dans la Principauté de Galicz, & coulant vers le Midi, elle se grossit d'un ruisseau qui sort d'un Lac situé au Nord de la Ville de Galice, & se perd ensuite dans le Wolga, au Duché de Susdal. C'est l'idée qu'en donne Mr. de l'Isle dans sa Carte de Moscovie ; la nouvelle Carte publiée à Leyde nomme KASTROM le ruisseau même, qui sort du Lac auprès de Galicz qu'il ne grossit d'aucune autre Riviere.

2. CASTROMA, CASTROM, KASTROM & CASTROMUVOGOROD ; Ville de l'Empire Russien dans le Duché de Susdal au rivage Septentrional du Wolga, & au Couchant de l'embouchûre de la Riviere de Castroma.

CASTROMENA, Ville d'Asie dans la Natolie, à environ dix lieues au Midi de Penderachi. On croit qu'elle a succedé à l'ancienne CLAUDIOPOLIS. Voiez ce mot.

CASTROZARBA. Procope nomme ainsi une des Villes ou Forteresses de Thrace que Justinien fit fortifier. Voiez CASTRA LARBA.

CASTRUM, ce mot Latin signifie un lieu fortifié, un Château, & comme il est souvent arrivé que la sureté que l'on trouvoit à demeurer auprès d'un Château, ou d'une hauteur fortifiée, y a attiré des habitans, delà vient qu'il s'est formé diverses Villes, qui ont pris le nom de *Castrum* à cause du Fort, qui y avoit donné occasion. Souvent aussi le Château quoique bâti après l'établissement du Bourg, ou de la Ville, étant ce qu'il y avoit de plus remarquable en ce lieu, lui a fait donner le nom de *Castrum*. Voici une liste des principaux lieux appellez *Castrum*, en divers siécles.

CASTRUM. Voiez CASTRO.

CASTRUM AESDADOEUS, ancienne place de la haute Mesopotamie, ou IV. Armenie, selon la Notice de Leon le Sage[e].

[e] Schelstrate Antiq. T. 1. p. 686.

CASTRUM ALARICI, en François ALAIRAC. Voiez ce mot.

CASTRUM ALBIGENSIUM[f], lieu de France dans l'Albigeois, où étoit un Monastere fameux. Le Moine Audald d'Aquitaine ayant enlevé de Valence le corps de St. Vincent Levite de Sarragosse & Martyr, le porta en cette Abbaye vers l'an 858. comme le rapporte Aimoin : delà vient que la Chronique de Simon de Montfort nomme le lieu *Villa S. Vincentii in territorio Albigensi*. C'est aujourd'hui la Ville de CASTRES. Voiez ce mot.

[f] Valef. Not. Gall. p. 133.

CASTRUM ALBUM. Voiez CASTEL-BRANCO.

CASTRUM ALIO, nom Latin de CHATEL-AILLON. Voiez ce mot. [g]Les Lettres Patentes données l'an 1149. sous Philippe Roi de France sont mention de Godefroi Verité

[g] Ibid.

rité Chapelain de Chaftel-Aillon, *Gaufridus Veritas*, *Capellanus de Caftro Alione* & Ifembert Seigneur de Chaftel-Aillon, *Dominus Ifembertus de Caftro Alione*, eft nommé dans des Lettres d'Ademar Evêque de Saintes de l'an 1182. D'anciens Actes nomment ce lieu *Caftrum Alionis*, d'autres CASTELLUM ALIONIS & ALLONI.

CASTRUM ALTUM, ancienne Forterefſe de l'Eſpagne Citerieure, elle fut remarquable par le meurtre d'Amilcar felon Tite Live [a]. On doute [b] fi c'eſt CASTEL SERAS Château du Royaume de Valence, ou CASTRELLA Village du même Pays.

[a] l. 24.
[b] Ortel. Thef.

CASTRUM APHUBORUM, ancienne place forte de la haute Meſopotamie, felon la Notice de Leon [c].

[c] Schelftrate l. c. p. 686.

CASTRUM ARAGONENSE, nom Latin de *Caftel-Aragonefe*.

CASTRUM ARDON, ancienne place forte de la quatrieme Armenie, felon la Notice de Leon [d].

[d] Ibid. p. 687.

CASTRUM ARIMACHORUM, ancienne Forterefſe de la haute Meſopotamie, felon le même.

[e] p. 686.

CASTRUM ATTACHÆ CLIMATIS ARSANICES, place forte de la même Province, felon le même [e].

[e] Ibid.

CASTRUM AUDAZORUM, place forte de la même Province, felon la même Notice [f].

[f] Ibid.

CASTRUM BAJULOCUS, place forte de la quatrieme Armenie, felon la même Notice [g].

[g] Ibid. p. 687.

CASTRUM BALUES, Forterefſe de la haute Meſopotamie, felon la même Notice [h].

[h] p. 686.

CASTRUM BANABELORUM, Forterefſe de la même Province, felon la même Notice [i].

[i] Ibid.

CASTRUM BARRENSE, place forte d'Afrique dans la Mauritanie Tingitane, felon la Notice de l'Empire [k].

[k] Sect. 51.

CASTRUM BELLUM. La Notice de l'Evêque de Catare nomme ainfi un Fort de la Paleftine qui appartenoit autrefois aux Hofpitaliers de Jerufalem.

CASTRUM BIBASIRORUM, Forterefſe de la haute Meſopotamie, felon la Notice de Leon [l].

[l] Ibid.

CASTRUM BIJUBAITÆ, Forterefſe de la haute Meſopotamie, felon la même Notice [m].

[m] l. c.

CASTRUM BIRTHE-CHABRAES, Forterefſe de la même Province [n].

[n] Ibid.

CASTRUM BITHRÆ, autre Forterefſe du même Pays.

CASTRUM BONONIENSE, nom Latin de *Caftel Bolognefe*. Voiez ce mot.

CASTRUM BRIENTII, nom Latin de CHATEAU-BRIANT, felon d'anciens Actes: d'autres le nomment CASTELLUM BRIANCII, d'autres, comme Guillaume le Breton [o], l'appellent CASTRUM BRIANI; d'autres enfin CASTRUM BRIENCII, comme on lit dans la Lifte des Bannerets de Bretagne, fous le Regne de Philippe Augufte.

[o] Philippidos l. 12.

CASTRUM BRITONUM, quelques-uns rendent ainfi en Latin le nom de *Dunbriton* ou *Dunbarton*.

CASTRUM BUCCINÆ; nom Latin

Tome II.

de CHATEAU CORNET, qui eft dans l'Ifle de Garnefey.

CASTRUM CABILONENSE ou CABILONENSIUM, Ville Epifcopale de la premiere Lionnoife, c'eft prefentement Châlons fur Saone.

1. CASTRUM CÆSARIS, Mr. Baudrand nomme ainfi en Latin CASTRO-XERIS que Mariana nomme CASTRUM SERICIUM.

2. CASTRUM CÆSARIS. Voiez ST. SEVER.

CASTRUM CALONIS, Forterefſe de la haute Meſopotamie, felon la Notice de Leon [p].

[p] l. c.

CASTRUM CAMERACENSE, nom Latin de CATEAU-CAMBRESIS.

CASTRUM CANINUM, nom Latin de CHATEAU-CHINON.

CASTRUM CELSUM. Voiez CHANTOCEAUX.

CASTRUM CENSORIUM [q], ce lieu qui eft nommé dans d'anciens Actes doit être au bord de Yonne, affez près de Vezelai & de la Riviere de Cure. Quantité d'Actes nomment ce lieu CHATEAU SAUSOY par corruption au lieu qu'il faut dire felon Hadrien de Valois CHATEAU CENSOY ou plutôt CHATEAU CENSOIR. L'Hiſtoire des Evêques d'Auxerre met CASTRUM CENSURIUM, la contrée d'Avallon, & Coquille cité par le même Hadrien de Valois, nomme ce lieu Chaftel Cenſoy, & le donne au Nivernois. Mr. de l'Ifle le met auffi dans le Nivernois aux confins de l'Auxerre & le nomme CHATEAU CENSOIR.

[q] Valef. Not. Galliar. p. 134.

CASTRUM CUDDORUM, Forterefſe de la haute Meſopotamie, felon la Notice de Leon [r].

[r] l. c.

CASTRUM DAPHNUDIN, Forterefſe de la même Province, felon la même Notice.

CASTRUM DELPHINI, nom Latin de CHATEAU DAUPHIN.

CASTRUM-DUNUM, ou CASTELLO DUNUM. Voiez CHATEAUDUN.

CASTRUM DURANTII. Voiez URBANIA.

CASTRUM FABBARUM, Forterefſe de la Paleftine près de Jericho. Elle avoit appartenu à l'Ordre des Chevaliers du Temple, & le Soudan d'Egypte s'en empara comme le raporte l'Evêque de Cathare dans fa Notice deja citée.

CASTRUM FLORIANARUM, Forterefſe de la haute Meſopotamie, felon la Notice de Leon.

1. CASTRUM FRANCUM ou CASTRUM FRANCORUM. Voiez CASTEL FRANCO.

2. CASTRUM FRANCUM & CASTRUM MARCELLINUM, c'eft felon Mr. Baudrand le Port de Canes en Provence.

CASTRUM GANDULPHI. Voiez CASTEL-GANDOLFE.

CASTRUM GONTHERII. Voiez CHATEAU-GONTHIER.

CASTRUM HERALDI. Voiez CHATELLERAUT.

CASTRUM INUI. Virgile dit [s].

[s] Æneid l. 6. v. 774. & feq.

Hi Collatinas imponent montibus arces,
Pometios, CASTRUMQUE INUI, *Bolamque*
Coramque.

C'est-à-dire : ils établiront Collatie sur le haut d'une Montagne, Pometie, le Château de Pan, &c, comme traduit le P. Catrou qui ajoute dans une Note : il est croyable que la petite Ville des Rutules sur le bord de la Mer Tyrrhenienne, qui porta le nom de *Castrum Inui* ne fut appellée ainsi que parce qu'elle étoit dediée à Pan. *Inuus* parmi les Latins étoit le même Dieu que les Grecs adoroient sous le nom de Pan. Cette remarque est de Servius, qui observe de plus qu'on nommoit de son temps cette Ville *Castrum Novum*, ainsi c'est la même que *Castrum Novum* où Tite Live [a] dit qu'on mena une Colonie sous le Consulat de P. Cornelius & de M. Acilius.

[a] l. 36. c. 3.

CASTRUM INTZIETORUM, Forteresse de la haute Mesopotamie, selon la Notice de Léon.

CASTRUM JOANNIS, nom Latin de CASTRO-GIOVANNI.

CASTRUM IPHIUM. Voiez CHATEAU D'IF.

CASTRUM ISPHRIOS, Forteresse de la haute Mesopotamie, selon la Notice de Leon.

CASTRUM JULIENSE, c'est le même lieu que FORUM JULII.

CASTRUM JULIUM. Voiez URGIA.

CASTRUM IZAURÆ, place forte de la haute Mesopotamie, selon la Notice de Leon.

CASTRUM IZINOBIÆ, autre Forteresse du même Pays. Peut-être le nom d'Izinobiæ est-il corrompu pour ZENOBIÆ.

CASTRUM LIDI, ce lieu ainsi nommé dans la Vie de St. Ildebert qui d'Evêque du Mans, devint Archevêque de Tours, est appellé CASTRUM LEDÆ par Godefroy de Vendôme [b]. Orderic Vital [c] le nomme CASTRUM LIGERI & CASTELLUM LIGERI; d'autres disent CASTRUM LIDERICI. La diversité de ces noms vient de ce que la Rivière, sur laquelle ce Château est situé est diversement nommée *Lidus, Leda, Ledus, Lidericus,* & *Liger*, le nom moderne est Château du Loir.

[b] l. 3. Epist. 13.
[c] Hist. l. 10.

CASTRUM LORNES, Forteresse de la haute Mesopotamie, selon la Notice de Leon.

CASTRUM LUCII [d], Forteresse de France dans le Limousin, on l'appelloit autrefois *Castrum Lucii de Capreolo*. Ce fut au Siège de cette Place que Richard Roi d'Angleterre reçut une blessure dont il mourut au mois d'Avril 1199. Rigord [e] dit : *Obsederat Castrum quoddam quod Castrum Lucii de Capreolo Lemovicenses vocant juxta Lemovicas Civitatem.* Ce qui fait voir que cette Place étoit dans le voisinage de Limoges. Guillaume le Breton dit *Castrum quoddam nomine Calax* ; c'est une faute, il faut lire CALUX. Les Ecrivains de l'Histoire d'Angleterre l'appellent *Castrum Vicecomitis Lemovicensis* CALUZ, nommément Henri de Knyghton ; un autre dit : *Castellum* CHALUZ *in Lemovico territorio*, & Jean Bromton dit *Castrum Caluca juxta Lemovicas*. Ces passages prouvent le nom moderne qui est CHALUS ; sa situation auprès de Limoges ; le Seigneur à qui il appartenoit, savoir le Vicomte de Limoges. Le Moine Gervais de Cantorberi [f], dans sa Chronique l'appelle *Castrum Comitis Engolismi Nantrum*. Il a tort 1. en ce que ce Château ne s'appelloit pas *Nantrum* ; 2. en ce qu'il appartenoit, non au Comte d'Engoulesme mais au Vicomte de Limoges. Il a été nommé dans des Ecrits du moyen age, *Castrum Lucii, Calucium, Castellucius* & *Castucium*.

[d] *Vales.* Notit. Galliarum. p. 134.
[e] De Gest. Philippi August.
[f] Gervasius Duroverensis.

CASTRUM LUNÆ, en François le CHASTEL DE LA LUNE, Château de France en Normandie, au Diocèse d'Evreux près de la Rille entre la Ferriere, Beaumont le Roger & Beaumenil.

CASTRUM LUTERÆ. Voiez LAUTERBOURG.

CASTRUM MARDES, Forteresse de la haute Mesopotamie, selon la Notice de Léon.

CASTRUM MARTIS, ancienne Ville de la Moesie, selon Sozomene [g], elle étoit Episcopale & Calvus Evêque *a Castro Martis* souscrivit au Concile de Sardique. Le P. Charles de St. Paul dit que c'est presentement Marota.

[g] l. 9. c. 5.

CASTRUM MASPHRONÆ, Forteresse de la haute Mesopotamie, selon la Notice de Leon.

CASTRUM MASSARARORUM, autre Forteresse du même Pays.

CASTRUM MERTICERTORUM, Forteresse de la quatrieme Armenie, selon la même Notice.

CASTRUM MINERVÆ; Voiez au mot MINERVE.

CASTRUM NANTONIS : la Vie de St. Severin Abbé fait mention d'une Montagne, ainsi nommée sur le sommet de laquelle on avoit bâti un Oratoire. L'Histoire des Consuls d'Anjou, dès le XI. Siécle nomme CASTRUM LANDONIS ; d'autres *Castrum Landonense*, d'autres *Castrum Nandonis*, d'autres *Castrum Landonum*. C'est presentement Château Landon dans le Gâtinois. Sanson trouvant que Cesar fait mention de *Vellaunodunum*, Ville du Senonois entre *Agendicum Senonum*, & *Genabum Carnutum*; c'est-à-dire entre Sens, & Orleans, s'est figuré que c'est Château Landon & que Landon est derivé de *Vellaunodunum*. Hadrien de Valois l'en reprend, en faisant voir que Landon vient de *Nantonis*; rien n'est plus étrange que le changement d'*N* en *L*. Nous avons fait *Licorne* d'*Unicornis* ; *Bologne* de *Bononia* ; & *Lamproie* de *Nanpreda* ; de même notre Langue change le *T* en *D*. comme *Endive* vient d'*Intybum* ; *Cadene* de *Catena*. Voiez VELLAUNODUNUM.

1. CASTRUM NOVUM. Voiez CASTRUM INUI.

2. CASTRUM NOVUM, nom Latin, commun à divers lieux, comme CASTEL-NOVO, CASTRO-NOVO, CASTELNAU, CHATEAUNEUF, NEUBOURG, NEUCHATEL, NIEWCASTLE &c.

3. CASTRUM NOVUM ARRII. Voiez CASTELNAUDARI.

4. CASTRUM NOVUM DE STRICTIS FONTIBUS. Voiez CASTELNAU DE STRETEFONS.

CASTRUM NOVUM, ancien lieu d'Ita-

CAS.

^a *Plin.* l. 3. c. 5. *Baudrand Ed.* 1682.
talie dans le Picenum ^a. Les Géographes croient qu'on en appelle les ruines FLAVIANO dans l'Abruzze ulterieure, sur la côte entre le Tronto & la Pescara.

6. CASTRUM NOVUM, Colonie d'Italie dans l'Etrurie. Pline ^b & Ptolomée ^c en font mention. C'est presentement STA. MARINELLA.

^b l. 3. c. 5.
^c l. 3. c. 1.

^d Ortel. Thes.
CASTRUM OCTAVIANUM ^d: Ambroise Moralès dit que l'on appelloit ainsi un lieu voisin de Barcelone & ajoute que le nom moderne est SAN LOCAT.

CASTRUM PLANORUM, Forteresse de Palestine, elle appartenoit aux Templiers & eut la même destinée que CASTRUM FABBARUM.

CASTRUM PLEBIS. Voiez PIE'VE.

CASTRUM POLIUS, Forteresse de la quatrieme Armenie, selon la Notice de Leon.

CASTRUM PORTIANUM, nom Latin de CHATEAU PORCIEN.

CASTRUM RADULPHI. Voiez CHATEAU-ROUX. Mr. Baudrand l'exprime à sa maniere en Latin par *Castrum Rufum*, ce qui est ridicule.

CASTRUM RAINALDI ou REGINALDI, nom Latin de CHATEAU RENAUD. Voiez ce mot.

1. CASTRUM REGIUM, Forteresse de la haute Mesopotamie, selon la Notice de Leon.

2. CASTRUM REALE. Voiez CASTRO REALE.

CASTRUM RIPHTON, Forteresse de la haute Mesopotamie, selon la Notice de Leon.

CASTRUM RISCIPHAS, Place de la même Province.

CASTRUM RUBILOCUS, une ancienne Notice met sous la Metropole de Mayence, *Castrum Rubilocus quod Heistete dicitur*. C'est AICHSTAT. Voiez ce mot.

CASTRUM SALINARUM. Voiez CHATEAU SALINS.

CASTRUM SAMOCHARTORUM, Forteresse de la haute Mesopotamie, selon la Notice de Leon.

CASTRUM SITEONSCHIPHAS, autre Forteresse de la même Province, selon la même Notice.

CASTRUM SPELON, autre Forteresse du même Pays.

CASTRUM TABERNARUM, nom Latin de BERN-CASTEL.

CASTRUM THEODORICI, nom Latin de CHATEAU THIERRI.

CASTRUM TRUENTINUM. Voiez TRUENTUM.

CASTRUM TURITIDIS. &
CASTRUM TZAURÆ, Forteresse de la haute Mesopotamie, selon la Notice de Leon.

CASTRUM VENCIENSE, l'ancienne Notice des Gaules nomme ainsi VENCE, Ville Episcopale sous la Metropole d'Embrun.

CASTRUM VETERANUM, nom Latin de CASTEL-VETRANO.

CASTRUM VILLANUM, nom Latin de CHATEAU-VILAIN.

CASTRUM UTICENSE. Voiez USEZ, Ville Episcopale de France.

Tome II.

CAS.   387

CASTULA. Voiez CASTOLA.

CASTULI ^e, nom que les Lydiens donnoient aux Asiatiques.

^e Ortel. Thes. in voce DORIS.

CASTULO, ancienne Ville d'Espagne au Pays des Oretains, sur le Guadalquivir, fameuse dans les guerres puniques & ^f pour avoir été la Patrie d'Imilcé Femme d'Annibal. Silius Italicus lui donne l'Epithéte de Parnassienne ^g

^f Tit. Liv. l. 24. c. 41.
^g l. 3. v. 391.

Fulget præcipuis Parnassia Castulo signis:

Il avoit dit auparavant

Cirrhæi sanguis Imilce
Castalii, cui materno de nomine dicta
Castulo, Phœbei servat cognomina vatis.

Ces surnoms de *Parnassienne* & de *Castalienne*, viennent de ce que l'on supposa que c'étoit une Colonie d'Habitans de la Phocide. Mais soit que cela soit veritable, soit que l'on n'y doive reconnoitre qu'une fiction, il faut avouer qu'elle n'étoit pas sans fondement, car, comme Louis Nuño ^h nous l'apprend, la Montagne où étoit la Ville de Castulon a deux cimes comme le Parnasse & à un côté est une fontaine, qui ne ressemble pas mal à celle de Castalie; & on a trouvé des medailles sur lesquelles Pegase est representé. Mais le savant Bochart a dissipé l'illusion en donnant une Etymologie punique qui rend inutile le rapport qu'il y a entre le nom de *Castulo* qui est le plus usité, ou CASTALO dont se servent Polybe & Etienne le Géographe citez par Ortelius; (il faut que depuis ce Géographe on ait changé ce mot dans Polybe, car l'Edition de Gronovius porte Castulon.) Voici les paroles de Bochart touchant cette Ville qu'il nomme Κλάςων & Κατζλων & Καίτουλον; CLASTON, CASTAON & CÆTULON. C'étoit la plus grande Ville des Oretains, à l'extremité Orientale de la Betique, dans un lieu, où le Fleuve Betis n'est navigable pour aucune sorte de Vaisseau, à cause des roches qui le bordent des deux côtez. Strabon le fait entendre quand il dit que le Fleuve Betis porte d'assez gros navires jusqu'à Hispal (Seville); qu'il porte de moindres barques de là jusqu'à Ilipa, & de petits bateaux jusqu'à Cordoue, mais que plus haut on ne peut le remonter jusqu'à Claston (Castulon), à cause de certaines roches qui avancent en se croisant sur le lit de la Riviere. Ces brisans contre lesquels l'eau se porte avec impetuosité & avec bruit, ont donné lieu au nom de la Ville. Car קסטלה *Castala* en Arabe signifie le bruit, le fracas que fait l'eau d'une Riviere contre les obstacles qu'elle rencontre. Strabon ⁱ parle d'une mine de Plomb mêlé d'Argent auprès de Castulon. Les terres des habitans de Castulon avoient été achetées par Jules Cesar. Cette circonstance rend plus claire l'Inscription suivante raportée par Goltzius ^k.

^h *Lud. Nonius* c. 44.

ⁱ l. 3. p. 148.

^k *Thesaur.* p. 10.

COL. JUL. AUG. SALARIENSIS. Castulon étoit une Colonie de gens tirez de Salaria Ville des Bastules ; c'est pour cela que Pline dit, *ex Colonia Salariense oppidani Latii veteris Castulonenses, qui Cæsari Venales appellantur*. Ptolomée faute d'avoir su cela, met chez les Oretains Salaria & Castulon, comme deux Villes differentes; de quoi il est justement repris par le le R. P. Hardouin. Cette Ville fut Municipale, comme on voit par une ancienne inscription que fournit Louis Nuño, sur laquelle on lit *Sacerdoti Municipii Castulonensis*. La Ville de Castulon donnoit le nom à une Forêt dont il est souvent parlé dans les anciens & principalement dans Tite Live [a]. Elle a été Episcopale & *Marcus Castellonensis*, (pour *Castulonensis*) assista au X. Concile de Toledo. Le P. Briet croit que c'est presentement CAZORLA, mais quoique son sentiment lui soit commun avec plusieurs Savans, il ne sauroit être vrai. Cazorla est au Midi du Guadalquivir, & Castulon doit avoir été au Nord de cette Riviere. J'aimerois encore mieux dire avec Zurita que Castulon étoit à peu près à l'endroit où est SANT ESTEVAN DEL PUERTO. Ce n'est pas que ce sentiment n'ait aussi ses difficultez. Je les laisse à examiner aux Savans d'Espagne. Il me suffit d'avoir observé que Cazorla ne convient point aux anciens Itineraires. Voiez CASLONA.

[a] l. 16. c. 20. & l. 27. c. 20.

CASTUM NEMUS, Bois ainsi nommé dans une Isle de l'Ocean. Tacite [b] qui en fait mention n'en dit point assez pour nous faire juger de quelle Isle il a voulu parler. On peut seulement en conclurre qu'elle étoit au Nord de l'Allemagne.

[b] De Mor. German. c. 40.

CASTURIS [*], Ville de la Pannonie, selon Eugippius dans la Vie de St. Severin, Apôtre de la Norique. C'est la même chose qu'ASTURIS, dont il est parlé dans les Notices de l'Empire. Cuspinien [c] croit que c'est STOCKERAU.

[*] Ortel. Thes.
[c] In Austria.

CASUARII. Voiez CATTUARII.
CASUBI. Voiez CASSUBI.
CASUENTILLANI. Voiez CASUENTINUM.

CASUENTINUM, une Inscription rapportée par Gruter [d] nomme MUNICIP. CASUENTINORUM. Frontin dans son livre des Colonies [e] parle de CASENTINUM, il faut lire CASUENTINUM. C'étoit un Municipe ou Bourg d'Italie dans l'Ombrie, & Pline [f] en appelle les habitans CASUENTILLANI.

[d] p. 44.
[e] p. 83.
[f] l. 3. c. 14.

CASUENTUM [g], ancien nom d'une Riviere d'Italie superieure. Paul Diacre la nomme BASENTIUM, & Jornandes l'appelle BARENTINUS AMNIS. Ce fut dans le lit de cette Riviere qu'on enterra Alaric le Roi des Goths. Le nom moderne est le BASIENTO. Elle coule de la Basilicate dans le Golphe d'Otrante.

[g] Ortel. Thes.

CASULÆ CARIANENSES, Siége Episcopal d'Afrique dans la Byzacene. La Notice d'Afrique [h] nomme pour Evêque de ce lieu *Quintanus Casulis Carianensis*; & la Conference de Carthage dit simplement [i] *Silvanus Episcopus Carianensis*.

[h] num. 58.
[i] p. 464. Edit. Dupin.

CASULO. Voiez CASTULO.

CASURGIS, ancienne Ville de la grande Germanie selon Ptolomée [k]. On croit que c'est presentement CAURZIM Ville de Boheme.

[k] l. 2. c. 11.

CASUS. Voiez CASOS.

CASYRUS, Montagne d'Asie dans la Susiane selon Pline [l]. Quelques exemplaires portant CHASIRUS. Le même Auteur dit que la Ville de Sostrate étoit attenant cette Montagne.

[l] l. 6. c. 27.

CASYSTES, Port de l'Ionie, au pied du Mont Corique selon Strabon [m].

[m] l. 14. p.

CAT ou CATH, Ville d'Asie dans la Province de Khuarezm [n]. Elle en étoit autrefois la capitale. Elle est située sur le rivage Oriental du Fleuve Oxus ou Gihon, à 95. d. de longitude & à 41. d. 36'. de latitude selon les Tables de Nassir Eddin [o] & d'Ulugbeig [p] (dans le livre de M. d'Herbelot la longitude est marquée 31. d. il y a faute dans les deux chifres. Mr. Petis de la Croix dans son Histoire de Timur-Bec [q] ne se trompe point à la longitude, mais il fait la latitude de 41. d. 58'.) Elle n'est éloignée de la Ville de Hezar Esb, qui est la plus forte de tout le Pays que de huit Parasangues, ou seize lieues Françoises; mais celle-ci est bâtie sur le bord Oriental de la même Riviere. Biruni la met aussi sur la rive Orientale du Gihon, mais Abulfeda la place sur le côté Septentrional. J'avoue que je n'entends pas bien ces dernieres paroles; car Abulfeda [r] met très-certainement Cath au bord Oriental du Gihon; mais il met Hazar Ash à l'Occident de ce Fleuve. Le même Abulfeda dit que la longitude de Cath est selon Albiruni de 85. d. & selon Alfaras de 84. mais selon ces deux Auteurs la latitude est la même, savoir 41. d. 36'.

[n] d'Herbelot Bibl. Orient.
[o] p. 111.
[p] p. 143.
[q] l. 3. c. 1.
[r] Chorasm. Descript. P. 27.

CATA. Voiez CATHAI.
CATABALUM. Voiez CATABOLUM.
CATABANES, ancien Peuple de l'Arabie deserte entre Peluse & la Mer Rouge, selon Pline [s].

[s] l. 5. c. 11.

CATABANI, ancien Peuple de l'Arabie heureuse vers le détroit du Golphe d'Arabie [t]. Ptolomée [v] les place mal auprès de l'entrée du Golphe Persique. Voiez TAMNA.

[t] Plin. l. 6. c. 25.
[v] Strab. l. 16. p. 768.

CATABASMOS [w]. Voiez CATABATHMOS.

[w] l. 6. c. 7.

CATABATHMOS, Pomponius Mela [x] dit: Catabathmos Vallée qui va en penchant vers l'Egypte, & qui borne l'Afrique. C'étoit à proprement parler le penchant d'une Montagne qui faisoit face à l'Egypte. C'est là que finissoit la Cyrenaïque qui étoit de l'Afrique & où commençoit l'Egypte qui n'étoit pas regardée alors comme une portion de l'Afrique. Etienne le Géographe dit que Catabathmos est un lieu de la Libye entre Ammon & Paratonium. Pline [y] compte depuis Catabathmos jusqu'à Parætonium LXXXVI. mille pas. Salluste [z] l'appelle *declivis altitudo*; & Eschyle [a] est blamé d'avoir transporté ce lieu vers la source du Nil. Ptolomée [b] distingue deux lieux de ce nom, l'un est Catabathmos la grande, Port de Mer de la Libye, il lui donne 54. d. 30'. de longitude & 31. d. 15'. de latitude. Ses Interpretes disent que c'est la Catabathmos de Saluste, mais celle de cet Auteur n'étoit ni un Port ni une Ville, mais une Montagne; la petite Catabathmos étoit selon Ptolomée à 58. d. de longitude & 30. 50'. de latitude.

[x] l. 1. c. 9.
[n. 12.]
[y] l. 5. c. 6.
[z] Jugurt. meth.
[a] In Prometh.
[b] l. 4. c. 5.

CATABATHRA ou CATABATHOS [c], Nom que l'on donne en Grece à des Canaux souterrains du Lac de Livadia, qui se décharge par là dans la Mer. Ces passages sous terre ou plutôt sous les Montagnes, peuvent être regardez comme une merveille de l'art & de la nature. Ce Lac est dans la Beotie, & situé au

[c] Wheler Voyage d'Athenes T. 2. l. 3.

au Nord d'une grande plaine, qui porte le même nom de Livadia. Tout ce Pays ainsi que le Lac, est environné de hautes côtes & de Montagnes qui se joignent de telle sorte, qu'il n'y a point de passage suffisant par où les eaux des Rivieres & des Torrens qui sortent de ces Montagnes, puissent s'écouler. Ainsi si ces passages soûterrains ne les conduisoient pas à la Mer en differens lieux, la Beotie seroit inondée en fort peu de temps, & ne seroit qu'un grand Lac. Le Mont Parnasse joint Citheron ; celui-ci joint Helicon ; Helicon touche le Parnasse ; le Parnasse le Mont Oeta, qui touche Cnemis ; Cnemis le Mont Cyrtonum ; ce dernier joint Ptoos ; Ptoos Messapius ; Messapius joint Cerycius ; & Cerycius rejoint Parnasse. La plûpart de toutes ces Montagnes se peuvent distinguer par quelques séparations ; mais qui ne vont pas jusqu'au plan de la terre, pour faire passage aux eaux ; de sorte que si elles ne se trouvoient d'écoulement qu'au dessus de la terre, l'inondation seroit inévitable. Outre ce Cercle de Montagnes qui environnent toute la Beotie, la Phocide, & une grande partie des Locres, il y en a encore d'autres qu'on peut appeller Mediterranées à cet égard. Celles-ci sont tellement attachées l'une à l'autre qu'elles séparent tout le Pays en plusieurs Vallées particulieres. La plaine de Livadia est divisée de celle de Thebes vers l'Orient, par la Montagne Phœnicus, ou Sphingis, qui joint au Septentrion le Mont Ptoos ; & au Sud certaines croupes qui descendent d'Helicon. Cette grande quantité d'eaux qui tombe des hautes Montagnes d'Helicon au Sud-Ouest, & du Parnasse & d'Oeta au Nord-Ouest, fait le grand Lac de Livadia, en passant à travers les croupes des rochers de Thalanda, ou du Mont Cyrtonum, dans lequel toute la chûte & tout l'effort des eaux semblent s'arrêter ; mais ce n'est qu'un reservoir, d'où elles se déchargent dans la Mer d'Eubée. Le principal des Canaux par où elles se rendent dans cette Mer, traverse d'une maniere étonnante une Montagne, dont toute la masse est d'une pierre fort dure, & d'une hauteur, & d'une épaisseur plus ou moins considerables en quelques endroits. Les autres Canaux qu'on voit à l'extrêmité du Nord-Ouest du Lac, sont tous à plus grande distance de la Mer. Il y en a plusieurs qui passent à une demie journée du Mont Ptoos. Ce Lac, qui est étroit au milieu, s'élargit en suite, & se separe en trois Bayes. Celle qui est la plus au Nord, se separe encore en trois autres Bayes, dont la premiere entre sous la Montagne par deux Canaux, & les deux autres chacune par trois Canaux, il y a encore dans ce même endroit une autre Baye, qui se partage aussi en diverses Bayes, & ces Bayes en plusieurs Canaux, ce qui fait dire avec beaucoup de vraisemblance qu'il y a du moins cinquante de ces canaux souterrains, par où le Lac se décharge dans la Mer. Depuis Proscina pendant une partie du chemin que l'on fait le long de ces Canaux, on trouve des ouvertures en differens lieux ; mais on ne peut ni voir ni entendre l'eau qui y passe, à cause que le Canal est entierement couvert & fort profond. Lorsque l'on vient à monter la partie la plus épaisse de la Montagne, on passe auprès de dix ou douze puits quarrez, taillez dans le roc, environ à cent vingt cinq pieds l'un de l'autre. On les a approfondis à proportion de la Montagne. Il y en a dont la profondeur doit être de plus de cinquante brasses ; ce qu'on juge par le temps qu'il faut aux pierres que l'on y jette, pour parvenir jusqu'au fond. On ne les entend point tomber dans l'eau, & cela fait croire que le Canal est couvert au dessous de ces puits, qui ont à peu près quatre pieds en quarré à l'embouchûre. Ils ont été faits autrefois pour nettoier les cinquante Canaux, s'il arrivoit qu'ils se trouvassent bouchez, ou qu'ils se remplissent.

CATABEDA. Voiez LATABEDA.

CATABITANUS, Siége Episcopal d'Afrique dans la Mauritanie Cæsariense, selon la Notice des Evêchez d'Afrique qui nomme l'Evêque *Patera Catabitanus*.

CATABOLUM, lieu de la Cilicie. Antonin [a] le met entre Ægæ & Baïs en allant de Tyane à Alexandrie de Syrie, à XIV. M. P. d'Ægæ & à XVI. M. P. de Baïs. Dioscoride cité par Ortelius écrit CATABALUM. [a] Itiner.

1. CATACECAUMENE, lieu d'Asie selon Strabon [b], qui dit que les Mysiens & les Lydiens le possedoient ensemble. [b] l. 12. p. 579.

2. CATACECAUMENE, Collines de la Mysie. Vitruve [c] dit qu'on y trouvoit de la pierre Ponce. C'est peut-être la même chose que le lieu de l'Article précedent. [c] l. 2. c. 6.

3. CATACECAUMENE, Isle du Golphe Arabique selon Ptolomée [d] & Etienne le Geographe. Ses Interpretes l'appellent *Combusta*, c'est-à-dire brûlée, qui est une traduction du nom. [d] l. 6. c. 7.

CATACETI, Peuple de la Sarmatie Asiatique. Voiez CATAZETI.

CATACOMBES, lieux soûterrains creusez dans le voisinage de plusieurs grandes Villes d'Italie. Les Savans ne conviennent pas de leur premiere destination. Il y en a aux environs de *Rome*, de *Naples*, de *Syracuse* en Sicile, & même auprès de *Malthe* dans l'Isle de ce nom. Cependant le plus grand nombre des Savans conviennent que ces souterrains ont servi à la sepulture des morts, & les corps que l'on en tire souvent ne laissent pas lieu d'en douter.

Les plus fameuses de ces Catacombes sont celles des environs de ROME, parce qu'on est persuadé qu'elles sont la sepulture d'un très-grand nombre de Martyrs. Comme les Protestans desaprouvent l'honneur que l'on rend aux Saintes Reliques, plusieurs d'entre eux ont écrit pour tâcher de demontrer que ces lieux ont servi aussi de cimetieres aux Payens, & que les marques auxquelles certaines personnes pieuses croient distinguer les Martyrs d'avec les autres sont équivoques, & ne sont pas des preuves de la sainteté des corps qu'elles accompagnent. Je laisse cette discussion qui ne regarde point la Géographie. Les Catacombes de Rome ne sont pas un seul & même lieu, ce sont divers Cimetieres. Antoine Bosius dans sa Rome souterraine en décrit plusieurs, entre autres celles de S. Ciriaca [e]. L'ancien Cimetiere de St. Anastafe Pape est auprès de l'Eglise de Ste. Bibienne. On dit que dans ce lieu il y a 5266. Martyrs sans compter les Femmes & les Enfans. Le Cimetiere de Caliste est le même lieu que St. Gregoire Pape [e] p. 370. [f] Epist. lib. 3. c. 56. nom-

nomme Catacombes. Bosius l'appelle les S^{tes}. Grotes. On pretend qu'il y a dans celles-là 174000. corps des Sts. Martys. Un Gentilhomme François dit dans son Voyage d'Italie^a: ces Catacombes sont divisées en *Cimetiere public* & *Cimetiere secret*. J'entrai dans le premier... il est creusé dans un tuf extraordinairement dur, & j'y vis les tombeaux, d'un côté & d'autre dans la muraille dépouillez de leurs titres, Epitaphes & autres Ornemens, quelques Chambres & en quelques endroits des passages bouchez de peur que le monde s'y engageant temerairement ne s'y perde comme il est arrivé quelquefois.... L'autre partie de ce Cimetiere appellée secrete le fut veritablement pour moi, parce que je n'y entrai point. Mais je tâcherai de la rendre publique en rapportant ici ce qui m'en a été dit par un homme d'esprit qui a penetré tous les lieux les plus cachez de ces Catacombes. Il m'a assuré que cette partie a une étendue bien plus considerable que l'autre: qu'il y a en plusieurs endroits quelques Chambres sans peintures & sans ornemens & même plusieurs lieux sans tombeaux & monumens; qu'il y a des passages bouchez qui donnoient entrée dans les Cimetieres voisins, que l'on y marche longtemps; que l'on ne voit que le seul tuf & que des tombeaux sans titres ni inscriptions, & quelques fragmens quoi qu'en plusieurs endroits l'on trouve encore quelques beaux Vestiges des anciens Martyrs.... ^b Sur la fin du XVI. Siécle une personne curieuse & hardie alla vers une grande maison qui est de l'Hôpital de St. Jean de Latran à un demi-mille de St. Sebastien, où aiant trouvé une ouverture il entra dans les lieux souterrains, & après avoir fait des tours & des détours en plusieurs endroits, il remarqua une infinité de choses dont voici les principales. Il apperçut quelques grotes, les unes creusées dans une terre dure, & les autres dans le Tuf. Il vit d'un côté & de l'autre des tombeaux dans la muraille, creusez aussi dans le Tuf, les autres dans une terre plus tendre; quelques-uns à plate terre, couverts de Marbre, d'autres en Arcade destinez pour les personnes qualifiées, sur lesquels on celebroit la Messe, les uns ouverts & les autres à demi ouverts; dans ceux-ci des os extremement durs & dans ceux-là des os qui au seul toucher se reduisoient en cendre. D'espace en espace il voyoit des Chambres sans Peintures & sans Inscriptions depouillées de tous Ornemens.. En plusieurs endroits on voit des piles de Tuf qui se sont détachées des murailles, d'autres qui sont près de tomber, qui gâtent les tombeaux, & autres monumens ou qui même bouchent le passage: que la hauteur de ces Catacombes pour l'ordinaire est de six pieds quoi qu'en quelques lieux elle soit plus considerable; y ayant huit ou dix tombeaux les uns sur les autres, & qu'en d'autres endroits il faut se baisser & presque ramper à terre pour y entrer.

Mr. Misson parle ainsi de ces Catacombes de St. Sebastien ^c. Ce sont, dit-il, les plus grandes, pour l'ordinaire les voutes n'en sont pas moins exhaussées que celles de Naples, mais la largeur des caves n'est que de deux pieds & demi ou environ. En quelques endroits on voit encore beaucoup de niches murées dans les hauts étages.... Ce qui fait que les Caves de ces Catacombes n'ont pas beaucoup de largeur c'est qu'elles manqueroient de soutien, ce n'est que du sable. ^d Ce sont des Labyrinthes, des rues souterraines qui tournent, qui biaisent & qui se croisent comme des rues de Villes. Ces mêmes Catacombes sont à deux milles de Rome. La hauteur des Galeries en est (en quelques endroits) d'environ quinze pieds & j'y ai compté jusqu'à sept rangs de Niches l'un sur l'autre, dit l'Auteur d'une Lettre inserée à la fin des Voyages de Burnet ^e. Les allées, poursuit-il, n'ont que deux pieds jusqu'à deux pieds & demi de large, tant pour épargner le terrain que parce qu'étant assez peu solides les voutes tomberoient toutes infailliblement, si leurs jambages étoient plus éloignez, ce qui n'a pas laissé d'arriver en beaucoup d'endroits parce que la pluye y penetre aisément & cela a confondu les divers étages dans celles-ci; mais nous ne descendimes pas dans celles de dessous, parce que les endroits où elles étoient ouvertes étoient trop embarassez des ruines de celle de dessus, où nous vimes beaucoup de Niches qu'on appelle BICORPI, parce qu'apparemment on y enterroit ensemble le Mari & la Femme. Au reste nous vimes beaucoup de ces Niches dont l'entrée est taillée en feuillures pour y masonner plus aisément les grandes Briques & Morceaux de Marbre dont ils fermoient la Niche, quand ils avoient mis le corps dedans.

Les Catacombes de NAPLES ^f, sont hors la Ville proche l'Eglise & l'Hôpital de St. Janvier, & parce, dit-il, que je n'ai rien vû de plus considerable dans toute l'Italie; que celles de Rome même leur sont de beaucoup inferieures & que dans tous les livres que j'ai lus parlant de Naples, aucun n'en a fait mention, je les décrirai ici particulierement.

Ce sont de grandes & longues Galleries taillées dans le Roc les unes sur les autres. J'en remarquai trois; mais le Roc étant tombé dans la plus basse je ne pus bien la considerer, je vis seulement le passage qui y mene. Ces Galeries sont presque toutes de vingt pieds de large & de quinze de haut, & par consequent beaucoup plus belles & spacieuses que celles de Rome. On me voulut faire accroire que ces Catacombes de Naples couroient bien neuf milles le long du Roc, mais on ne me le justifia pas. Si cela étoit & qu'elles tournassent du côté de Puzzol on pourroit dire que c'étoit le lieu où les Villes qui sont sur cette ligne enterroient leurs morts; mais ce n'est qu'une conjecture. Au reste si elles ne courent pas neuf milles dans le Roc, on ne peut pas douter qu'elles n'aillent loin, car j'y fis un long chemin trouvant une infinité de Galeries à toutes mains qui traversoient. Dans les Catacombes de Rome, il n'y a que trois ou quatre rangées de Niches, où l'on ensevelit les morts, coupées sur le Roc, les unes sur les autres. Mais dans celles-ci il y en a six ou sept, qui outre qu'elles sont en plus grand nombre que celles de Rome, sont & plus larges & plus hautes. Il y a des Niches pour des Enfans & par-ci par-là on voit contre terre quelques endroits coupez dans ce Roc en forme d'Armoire & de Coffre, où l'on serre les Os des morts à mesure qu'ils sechent. Je ne sais si ces endroits étoient

étoient fermez, non plus que les Niches destinées aux corps morts; je ne pus rien voir qui me déterminât là-dessus. Cependant il y a de l'apparence qu'ils n'étoient point fermez, en ce que c'étoient des endroits mal-sains & puants, lesquels contenant mille corps gâtez qui n'étoient couverts de quoi que ce soit jettoient une grande puanteur; car il paroît clairement par les Niches que les corps y étoient sans autre façon envelopez seulement d'un suaire, parce que ces Niches sont trop basses pour avoir pu contenir des Coffres. Dans quelques endroits du Roc elles sont creusées comme de petites Chapelles qui sortent de la Galerie dans lesquelles se voient des Niches tout à l'entour. Il n'y a point d'apparence qu'elles aient jamais été fermées; cependant je croirois assez que c'étoient des lieux donnez à quelques familles qui s'y faisoient mettre seules. En d'autres endroits de la muraille, & de la voute sont quelques Vieilles Mosaïques & quelques peintures, les couleurs en sont fraiches & les caractères aussi bien que l'art en sont Gothiques; ce qui me fait croire que ce peut être un ouvrage des Normans [a]. Tout ce detail est confirmé par la Lettre déja citée. Voici ce qu'on y dit de ces Catacombes de Naples. La largeur des Galeries est à peu près de six ou sept pieds, la hauteur en quelques endroits est de vingt à vingt-deux. Ces voutes qui paroissent avoir été des sepultures de Familles, ont la largeur d'environ dix ou onze pieds & la plus grande hauteur de quinze ou seize. Je n'ai point observé de feuillures, ni à l'entrée de ces voutes, ni à l'entrée de leurs Niches. On n'y voit aucuns Vestiges de Cadavres, si vous en exceptez tous ceux qu'on y mit à la derniere Contagion qui ravagea si cruellement la Ville de Naples; les peintures ne sont pas fort antiques; j'ai vu seulement quelques feuillages & quelques branches de Mandragores chargées de leurs fruits le tout paroissant fort antique & peint dans quelques unes de ces voutes que j'ai dit être des sepultures de familles.

[b] A Messine on ne parle point de *Catacombes*, soit qu'on ne les ait pas encore découvertes, soit qu'il n'y en ait jamais eu.

A Catane, on dit qu'il y en a, mais on en a fait murer les entrées.

A Syracuse, il y en a de si superbes qu'elles surpassent de beaucoup celles de Naples. La tradition est qu'elles vont jusqu'à Catane, j'ai peine à le croire, vû le grand espace qui est entre ces deux Villes. La symmetrie y est bien mieux observée qu'à Naples. Il y a trois étages l'un sur l'autre. Nous en avons beaucoup vû, mais on en a beaucoup fait murer; parce qu'un Gouverneur de jeunes Seigneurs qui pretendoit savoir toutes les routes s'égara, malheureusement & s'y perdit lui & ses deux Eleves, sans qu'on en ait jamais rien pû trouver, quelque diligence qu'on ait faite pour cela. Je n'ai remarqué dans ces Catacombes (de Syracuse) aucune apparence d'Ossemens & il paroit si peu qu'il y en ait eu que les gens du Pays croient que tout cela n'étoit fait que pour habiter & ils l'appellent la *Ville sous terre*; quoi que toutes les Niches marquent bien que cela étoit destiné pour être l'habitation des morts. Le Rocher dans lequel toutes ces belles voutes, Chambres, Coridors sont creusez, paroît presque aussi beau, aussi blanc & aussi dur que du Marbre. Ainsi il n'y a rien qui marque plus la puissance, la grandeur & l'innombrable quantité du Peuple de Syracuse que ces beaux restes. Je ne remarquai ni aux ouvertures des voutes ni à celles des Niches aucune feuillure. Je ne vis point non plus de plaque de Marbre pour les fermer comme à Rome, & à mon sens ce qui est cause qu'on n'y voit apresent aucuns Vestiges mortuaires; c'est que cette superbe Ville ayant presque été detruite par Marcellus, elle ne se rétablit point depuis dans son ancienne splendeur; ainsi ils ont eu fort peu besoin de grandes sepultures sans compter l'éloignement de cette point jusqu'aux Catacombes. Par consequent tous les Cadavres qui y ont été mis avant ces temps-là de destruction ont eu le temps de devenir invisibles. Toute l'étendue & les portes de ces Catacombes sont au dehors de l'enceinte des murailles anciennes de cette superbe Ville desquelles on voit encore de magnifiques restes qui ne renferment qu'une étendue prodigieuse de masures. Voiez *Mirabella dell' Antiche Syracuse*, Neapoli, fol. 1613.

A Malthe [c], dans ce qu'on appelle la Vieille Ville il y a des Catacombes dont l'Architecture & l'Ordre sont en petit ce que sont celles de Syracuse en grand. A l'entrée il y a des figures de croix & de Sts. autour des Armes d'Arragon; on ne trouve point de Cadavres dedans, ni rien qui puisse instruire; mais huit jours après notre depart on en a ouvert d'autres où le Grand Maître alla lui-même quoi qu'âgé de 75. ans & qu'il y ait six milles de la Citta Valetta jusqu'à la Vieille Malthe; on y trouva toutes les Niches pleines & fermées avec des Plaques de pierre, ou avec des tuiles; on y trouva aussi des croix Grecques, quelques medailles & même des Os (qui parurent des Os) de Geants.

CATADA, Riviere de l'Afrique propre, selon Ptolomée [d]. C'est la même qui forme le Port & le Golphe de Carthage. Port-Farine est presentement à son embouchure.

CATADERBIS, Lac de Perse près de la Riviere Arosis, selon Arrien [e].

CATADRÆ, Peuple de l'Éthiopie sous l'Egypte selon Ptolomée [f]. Ils étoient au midi du Mont Garbate.

CATADUPA, Ville des Indes quelque part vers le Gange, selon Arrien [g].

CATADUPES, (LES) Peuple voisin des Cataractes du Nil. Pline [h] dit en un endroit, la Nation des Catadupes; & ailleurs il dit que le Nil resserré entre des Montagnes, court avec rapidité vers la contrée des Ethiopiens nommez Catadupes; c'est là qu'est sa derniere Cataracte & qu'entre des Roches qu'il rencontre il ne roule pas, mais il precipite ses eaux avec un fracas horrible. Les Cataractes du Nil ont elles-mêmes été appellées *Catadupa* Καταδουπα, du mot δουπεω *tomber*. Voiez CATARACTE.

CATÆA, Isle de la Perse proprement dite: elle étoit dediée à Mercure & à Venus, selon Arrien [i].

CATÆONIUM PROMONTORIUM, ancien nom d'un Promontoire de la Marmarique, selon Ptolomée [k].

CAT.

CATAGELA & ANGELA, le Scholiaste d'Aristophane [a] donne ces deux noms, pour ceux de deux Villes de Sicile. Ortelius les soupçonne d'être corrompus.

[a] In Arachnx.

CATAGNENSIS, Siege Episcopal d'Afrique. Voiez CATAQUENSIS.

CATALAUNI,
CATALAUNICI,
CATALAUNII &
CATALAUNUM [b], ce nom n'est pas d'une extrême antiquité. Le plus ancien Auteur qui ait parlé de la défaite de Chalons *Clades Catalaunica*, c'est Eumene dans son Remerciment à Constantin. Ce fut par cette victoire que l'Empereur Aurelien vainquit dans les Gaules auprès de Châlons Tetricus qui est President de l'Aquitaine avoit été proclamé Empereur par les Troupes; comme l'écrivent Vopiscus & Eutrope: de quoi on peut conclure que vers l'an de l'Ere vulgaire 270. les Romains connoissoient déja le nom de *Catalauni* dans la seconde Belgique. Ammien Marcellin [c], qui se trouva avec Eutrope à l'expedition de Julien contre les Parthes, nomme *Catalauni* entre les belles Villes de la seconde Belgique, & la nomme même devant Rheims Metropole de la Province, & l'appelle CATELAUNI. Antonin la nomme dans son Itineraire DURO CATALAUNI; & dans les anciennes Notices des Provinces & Citez des Gaules *Civitas Catalaunorum* tient le troisieme rang de la seconde Belgique. Ce nom se trouve écrit *Catuellaunorum*, au lieu de *Catellaunorum*, & *Catalaonorum* par un changement de l'*U* en *O*; & *Cadellaunorum*, en changeant *t* en *d*; & *n* en *e*. Nitard [d] dit CADELLONICA URBS, & *Cadelonensis Urbs* [e], & *Cadhellonensis* [f] *Urbs*. Glaber Rodulfe dit *Catalonos* pour *Catalaunos*.

[b] Valef. Notit. Gall. p. 136.

[c] L. 15.

[d] l. 2.
[e] l. 3.
[f] l. 4.

Cette Ville a donné le nom de *Campi Catalaunici* à sa Campagne & ce nom se trouve dans les Chroniques d'Idace & de Cassiodore & dans Jornandes. Ce dernier nomme ces mêmes Campagnes MAURIACOS (de Mery) & dit qu'elles s'étendent cent lieues en longueur, & soixante & dix en largeur. Ce qu'il faut entendre de lieues de 1500. pas, c'est-à-dire, d'une petite demie livre chacune.

On demande 1. si le mot *Catalauni* est le nom d'un Peuple qui auroit été ensuite donné à sa principale Ville comme *Rhemi*, *Parisii*, *Turones*, &c. Sur cette question on peut dire que rien n'empêche qu'il n'y ait eu dans la Belgique un Peuple nommé *Catalauni*, de même qu'il y avoit dans l'Aquitaine les *Velauni* & dans la Province de Narbonne les *Segovellauni* & les *Segalauni*. 2. Quel étoit l'ancien nom de la Ville & même du Peuple, puisque ni César, ni Strabon, ni Pline, ni Ptolomée, ni aucun ancien Historien ou Geographe n'a parlé du nom *Catalauni* avant Eumene? Hadrien de Valois, après avoir rapporté la conjecture de Sanson, la méprise comme n'ayant aucun fondement. Il donne ensuite la sienne que l'on peut voir au mot *Vadicasses*, qu'il croit être l'ancien nom du Peuple & au mot NOVIOMAGUS qui selon lui est l'ancien nom de Châlons. Voiez l'Article de CHALONS SUR MARNE.

CATALOGNE, (LA) Province d'Espagne avec titre de Principauté. Dans l'Etat present elle est bornée au Nord par les Pyrénées qui la separent de la France; au Levant & au Midi par la Mer Mediterranée & à l'Occident par les Royaumes d'Arragon & de Valence.

Louis Fils ainé & Successeur de Charlemagne, n'étant encore que Roi d'Aquitaine se rendit Maître de Barcelone l'an 801. selon Mr. de la Forêt Bourgon, qui ajoute qu'il donna le Gouvernement de cette Ville & de la Catalogne à Bera ou Bernard après avoir fait arrêter Zad Prince Maure qui y commandoit. Cela ne me paroît pas exact. Eginhard [g] dit: *Barcinona civitas in limite Hispanico sita quæ alternante rerum eventu nunc Francorum nunc Saracenorum ditioni subjiciebatur, eadem per Zatum Saracenorum qui tunc eam invaserat regi reddita est.* Ce passage montre 1. que Barcelonne ne vint pas alors pour la premiere fois à la France, mais qu'elle étoit tantôt à la Monarchie, tantôt aux Sarrazins, & que Zat qui s'en étoit emparé la rendit au Roi de France. Mr. Baluse [h] n'a eu garde de confondre Bera avec Bernard. Il dit à l'an 801. [i] que dans le temps que Charlemagne étoit à Rome, où il fut couronné Empereur, Louis son Fils étant allé vers les Frontieres d'Espagne prit Lerida, Barcelone & Tarragone. C'est en ce temps-là, dit-il, que le Gouvernement de Barcelone fut donné au Comte Bera qui dans la suite fut accusé du crime de leze Majesté. Il y a plusieurs remarques à faire sur ce Bera. 1. C'est que sa qualité de Comte étoit purement personelle, & attachée au Gouvernement de Barcelone qui n'étoit encore rien moins qu'un Comté au sens que nous entendons ce mot; 2. que son Gouvernement ne s'étendoit pas sur la Catalogne, mais simplement sur Barcelone & son territoire, car il y avoit en même temps Sunifred Comte d'Urgel; 3. que ce ne fut que l'an 820. que le Comte Bera de Barcelone ayant été convaincu de Felonie, perdit le Gouvernement qui fut donné à Bernard Fils du Comte Guillaume. Ce Bernard devint très puissant, car outre le Gouvernement de Barcelone on trouve qu'il avoit encore celui de Septimanie & qu'en 824. il épousa à Aix la Chapelle Dodane, que quelques-uns croient avoir été Sœur de Louis le Debonnaire; & cinq ans après il fut fait Chambellan de cet Empereur & Gouverneur de Charles son Fils. Ce fut la cause de sa perte, car comme après la mort de Louis le Debonnaire, Lothaire son Fils ainé eut pour son partage la Dignité Imperiale & le Royaume de Lombardie, & Charles que nous appellons le chauve, la Couronne de France, ou plutôt d'Austrasie & de Neustrie, Bernard servit Charles avec tant de zele que Lothaire fut ennemi implacable de cette famille. Un Fragment d'Aribert rapporté par Mr. Baluse nous apprend qu'il étoit quelque chose de plus que le Gouverneur du Jeune Prince & qu'il avoit plus contribué à sa naissance que l'Empereur qui passoit pour en être le Pere; cependant l'ingrat le poignarda l'an 844. ce fut même par une lâche trahison mêlée de Sacrilege selon ce Fragment d'Aribert. Les Annales de St. Bertin racontent la chose autrement & le P. Daniel a preferé ce dernier temoignage. Quoi qu'il

[g] l. 3. c. 15;

[h] Marca Hisp. l. 4. p. 345.
[i] p. 346.

CAT. CAT. 393

qu'il en soit, ce que nous appellons aujourd'hui la Catalogne se trouva partagé entre plusieurs Comtes; outre Bernard Comte de Barcelone il y avoit Suniefred Comte d'Urgel, & Bera Comte de Roussillon &c. L'an 858. Aimoin nomme Sunifrid qu'il qualifie *Civitatis Barcinonensis post Comitem primum*, ce que Mr. Baluze explique par la qualité de Vicomte de Barcelone. Ces Gouvernemens possedez par des Comtes quoiqu'amovibles à la volonté du Roi furent peu à peu appellez des Comtez.

[a] *Gesta Comit. Barcinon. publiez par Mr. Baluse avec Marca Hisp. c. 1. &seq.*

[a] L'Histoire des Comtes de Barcelone fait mention de Guifroy, (*Guifredus*) d'Arria Maison de Campagne située au Nord de Villa Franca de Conflent, lequel s'étant distingué, par ses exploits Militaires & par ses richesses obtint du Roi de France le Comté de Barcelone. Un jour que s'étant rendu à Narbonne avec son Fils de même nom, surnommé le velu, pour s'aboucher avec les Deputez du Roi il s'éleva une sedition; un Soldat François ayant manqué de respect jusqu'à le prendre par la barbe le Comte tira l'épée & le tua; on le saisit & comme on le menoit au Roi, il se fit sur le chemin une nouvelle mutinerie, où il fut tué. Son Fils que l'on conduisoit avec lui ayant été présenté au Roi lui raconta comment tout s'étoit passé. Le Roi fut sensible à la perte de cet Officier & envoya ce Fils au Comte de Flandres & lui en recommanda l'Education. La Veuve du Comte de Barcelone étoit restée dans le Pays. Le Jeune Guifroy y retourna en cachette, se fit connoître à sa Mere qui lui ménagea un parti considerable. Il tua Salomon qui étoit alors Comte de Barcelone, & se saisit de l'autorité qu'avoit eu son Pere.

Etant en Flandres il avoit pris avec la Fille du Comte de Flandres, des engagemens pour l'épouser dès qu'il pourroit être rétabli. Il tint parole; cette alliance contribua à le mettre dans les bonnes graces du Roi de France qui lui conféra en Fief le Comté de Barcelone & le retint à sa Cour. Pendant le séjour qu'il y fit, il apprit que les Sarrasins avoient envahi & ravagé sa Patrie; il demanda au Roi des troupes pour aller contre eux. Le Roi qui avoit lui-même d'autres affaires sur les bras ne put lui accorder ce secours, mais il lui dit que s'il pouvoit par cela repousser les Maures & en nétoyer le Pays il le lui abandonneroit pour lui & pour ses descendans à perpetuité. Le Comte trouva entre les principaux de la Noblesse Françoise des amis qui l'aiderent dans cette entreprise, il marcha contre les Sarrazins, remporta sur eux plusieurs Victoires, & les ayant chassez au delà de Lerida rétablit le Christianisme qu'ils alloient abolir dans son Pays. Voilà de quelle maniere la Catalogne devint une Souveraineté Hereditaire. Il fonda ensuite le Monastere de Ripollo, qui fut dedié l'an 888. On a les Actes de cette Dedicace & de plusieurs Donations que ce Comte & la Princesse sa Femme firent à ce Monastere: elle y est nommée WIDINILDIS, un autre Acte de Donation porte *Ego Wifredus Gratia Dei Comes & Marchio & Uxor mea Guinezelles Donatores* &c. Il est de 890. l'an 3. d'Otton, c'est-à-dire, du Roi Eudes; par où l'on voit que l'on n'avoit point encore changé l'usage de dater les Actes en ce Pays-là de l'année du Regne du Roi de France.

Tout cela est à peu près conforme à ce que dit Mariana [b]. Pampelune & Alaba étant, dit-il, tombées par le malheur des temps sous la puissance des Maures, Arista s'en rendit Maître & se qualifia Roi de Pampelune. (C'est l'origine du Royaume de Navarre.) Dans ce même temps Salomon Comte de Cerdagne gouverna la Ville de Barcelone par ordre de Louis II., durant neuf ans, depuis la mort du Comte Guifroy à cause du bas âge du Prince legitime. (Cet Auteur se trompe en ce qu'il croit que ce Gouvernement étoit déja hereditaire; ce qui n'est pas vrai comme on vient de voir.) Après ce temps-là Guifroy, Fils du Comte de même nom & surnommé le velu obtint de Charles le Gros le Comté de Barcelone, pour lui & ses héritiers, Charles ne se reservant que le droit d'appel.

[b] *Hist. Hisp. l. 8. c. 1.*

[c] L'Histoire déja citée dit que Guifroy le velu eut IV. Fils de sa Femme, savoir *Radulphe*, *Guifroy*, *Miron* & *Suniaire*. Le premier, si on en croit les Historiens Espagnols, étoit né en Flandres, avant le Mariage, il fut Moine à Ripollo & ensuite Evêque d'Urgel. Le second mourut empoisonné & ne laissa point de Fils. Le troisieme fut Comte de Barcelone & le quatrieme fut premier Comte d'Urgel.

[c] *Gesta Comit. c. 2.*

Miron eut trois Fils entre lesquels il partagea ses Etats. Seniofred l'aîné fut Comte de Barcelone, le second Oliba surnommé Cabretta, eut Besalu & la Cerdagne. Miron qui étoit le troisieme fut Evêque & Comte de Gironne. Miron leur Pere laissant ses trois Fils encore mineurs les mit sous la tutelle de son Frere Suniaire; qui après les avoir élevez & mis en possession de leur héritage, mourut l'an 950. Seniofred leur aîné mourut l'an 967. après avoir possedé XVII. ans le Comté de Barcelone & ne laissa point de posterité; & le Comté passa à Borel Fils aîné de Suniaire Comte d'Urgel qui avoit été son Tuteur. Les Comtez de Besalu & de Cerdagne furent divisez entre les deux Fils d'Oliba Cabretta, savoir Bernard qui eut le premier & Guifroy qui eut le second. Je laisse ces détails à l'Histoire pour ne suivre que la principale branche qui est celle de Borel.

Il fut, comme j'ai déja dit, Comte de Barcelone & d'Urgel. Il laissa le premier de ces deux Comtez à son Fils aîné Raimond, & l'autre à son second Fils Ermengaud, & mourut en 993. Raimond fut Pere de Berenger, dont le Fils fut aussi nommé Raimond surnommé Berenger. Il y en a eu plusieurs de ce nom. L'an 1056. au mois de Juin Ermesende Comtesse de Barcelone vendit à Raimond Berenger Comte de Barcelone, son parent (*nepoti suo*), & à Adalmode sa Femme les Comtez de Barcelone, de Gironne, de Manresa & de Vich, & le Château de Cardone pour la somme de mille onces d'Or. L'Histoire remarque de ce Raimond que c'étoit un parfaitement homme de bien & qu'il avoit acquis une si grande autorité, qu'entre autres Souverains qui étoient alors en Espagne douze Princes Sarasins lui payoient un tribut annuel comme à leur Seigneur. C'est ce même Prince qui assisté du Cardinal Hugues, du Legat du Pape & des Grands du Pays fit dresser un Code de Loix particulieres que l'on appella les *U-*

Tome II. D d d * *sa-*

fatigues, il mourut l'an 1076. après avoir gouverné 42 ans. Les diverses Branches de cette Maison qui possedoient des Etats particuliers s'éteignirent. Celle de Bernard le Gros Comte de Besalu finit l'an 1111. & ce Comté fut devolu à Raimond Berenger III. du nom qui herita aussi du Comté de Cerdagne après la mort de Bernard dernier Comte decedé en 1117. Le Comté d'Urgel fut réuni à ceux-là & à celui de Barcelone l'an 1154. par le decès d'Ermengaud qui ne laissa point de Fils. Ainsi Raimond Berenger IV. à qui il fut devolu se vit Maître non seulement de l'ancien domaine de ses Peres, mais encore de Mayorque que Raimond Berenger III. avoit conquise conjointement avec les Pisans. Son Mariage avec Petronille d'Arragon Fille de Ramire II. dit le Moine, lui apporta en Dot la Couronne d'Arragon à laquelle il joignit ces Comtez [a].

[a] *Jusques les preuves de cet Article sont dans le livre Marca Hispanica publié par Mr. Baluze.*

Depuis ce temps-là l'Histoire de la Catalogne, fait partie de celles des Rois d'Arragon. Une chose qu'il est important de remarquer, c'est que l'usage de dater les Actes publics de l'année du Regne des Rois de France subsista dans la Catalogne jusqu'au temps d'Alphonse II. Roi d'Arragon Fils de Raimond Berenger IV. Ce Monarque fit assembler un Synode Provincial en 1182. dans la Ville de Tarragone, où il fut resolu que cet usage seroit aboli & qu'à l'avenir les Notaires de la Catalogne ne dateroient plus les Actes qu'ils passeroient par les années du Regne des Rois de France. C'étoit renoncer assez solemnellement au souverain Domaine, qu'ils avoient eu jusqu'alors sur cette Province & qui étoit une des conditions des premieres Investitures. Les Rois de France protesterent contre ce Decret qui ne laissa pas d'être exécuté, mais les choses s'accommoderent l'an 1258. [b] Les Rois d'Arragon aquis des pretentions sur les Villes de Carcassonne, de Rhodez, de Besiers, de Leucate, d'Albi, de Nîmes, & de St. Gilles, il se fit une permutation de droits & de pretentions des deux parts. Philippe le Hardi Fils de St. Louïs ayant épousé Isabelle d'Arragon, Jaques I. Pere de cette Princesse lui donna ses pretentions avec la Seigneurie utile de Carcassonne & de Besiers, & Philippe se depart it pour toujours sur le Comté de Barcelonne & sur la Catalogne.

[b] *Voyez le P. Daniel Hist. de France T. 3. p. 149.*

Cette Province déja incorporée avec le Royaume d'Arragon, fut unie en même temps que lui avec la Castille jusqu'à l'an 1640. les habitans du Pays avoient eu divers démêlez avec les troupes Espagnoles qui ne les menageoient pas assez à leur gré. Les seules Milices de la Province n'étant pas capables de repousser les François hors du Comté de Roussillon, S. M. Catholique y envoya une partie considerable de ses troupes [c]. La mesintelligence se mit entre elles & les habitans. Ceux-ci chagrins, disoient-ils, de ce que les étrangers (ils appelloient ainsi les Espagnols) ne secondoient pas la bravoure de ceux du Pays, se retirerent chez eux. Le Comte-Duc d'Olivarez fit entendre au Roi que les Catalans étoient mal-intentionnés, & que leur retraite mettoit l'Armée Espagnole hors d'état d'arrêter les progrès des troupes Françoises. Prevenu depuis long-temps contre eux le Roi consentit que sans avoir égard aux immunitez d'une Province qui lui paroissoit avoir si peu de zele dans une occasion pressante, on obligeât les hommes & les femmes à des corvées extraordinaires, & à fournir, ou à porter au Camp des Espagnols les fourages & les provisions necessaires pour reprendre la Ville de Salces. Ces nouvelles impositions, jointes aux violences commises par les Soldats, qu'on les obligeoit de loger chez eux acheverent de les irriter. Ils voulurent maintenir leurs Priviléges & remontrerent l'impuissance de la Province entierement épuisée. Leur plainte fut meprisée à la Cour qui ferma les yeux à la licence des Officiers & du Soldat.

[c] *Suite de Mezeray Louïs XIII. an. 1640. p. 454.*

C'étoit le temps que les Paysans, selon la coutume, s'étoient rendus près de Barcelone, afin de se louer aux habitans pour la coupe de leurs bleds. Des Soldats qui alloient à la Ville ayant passé au milieu de ces Paysans atroupez, ceux-ci en ayant reconnu quelques-uns pour avoir été complices des excès commis dans un Bourg où les Officiers & les Soldats avoient mis le feu, ils se jetterent sur eux au nombre de trois ou quatre mille & les poursuivirent jusques dans la Ville en jettant de grands cris. Une partie de la populace mutinée se joignit à eux & quelques coups tirez par les Domestiques du Vicerei acheverent de soulever l'autre. Telle fut l'origine de la revolution qui livra la Catalogne aux François. Le Comte-Duc d'Olivarès favori de Philippe IV. servit mal son Maître en poussant à bout les habitans de cette Province. Les troubles du Portugal qui prit ce temps pour se revolter contre l'Espagne acheverent de rompre les mesures qu'on auroit pu prendre pour la reduire & elle demeura au pouvoir de la France, jusqu'à l'an 1652. qu'elle rentra sous la puissance des Rois d'Espagne. La Paix des Pyrenées en detacha le Roussillon que la France, a conservé depuis ce temps-là, avec le Conflant & une partie de la Cerdagne.

[d] La Catalogne selon l'Etat present comprend un *Archevêché* qui est TARRAGONE.

[d] *Vayras Etat Pres. de l'Espagne T. 1. p. 112.*

VII. *Evêchez* qui sont

Barcelone,   Lerida,
Girone,   Tortose,
Urgel,   &
Vich,   Solsone.

XXVIII. *Abbayes* des Ordres de St. Benoît ou de Citeaux.

Une *Principauté* qui est Tarragone.

II. *Duchez* qui sont Montblanc & Cardonne.

V. *Marquisats*, savoir

Lerida,   Pallaresa,
Tortose,   Camaraça,
     & Aytona.

XVII. *Comtez* qui sont

Barcelone,   Pradas,
Girone,   Palamos,
Urgel,   Peyralada,
Cerdagne,   Santa Coloma de Queralto,
Bessalu,   Santa Coloma de Sentillas,
Ampurias,   Savallano,
Vich,   Valle Fogona,
Manresa,   Guimerano,
     & Monte Agudo.

XII. *Vi-*

CAT.

XII. *Vicomtez* qui sont

Cabrera,	Erilio,
Bassi,	Querforato,
Rocabertino,	Villamuro,
Canet,	Scornalbona,
Isola,	Ager,
Castelbono,	Jocho.

Il y a quantité de *Baronies* dont les plus considerables sont

Monte-Cadena,	Cervera,
Pinos,	& Metaplana.

Autrefois le Baron de Monte-Cadena étoit grand Sénéchal de toute la Catalogne.

Elle est divisée en XV. *Jurisdictions*, ou *Vigueries*, qui sont

Tortose,	Puicerda,
Montblanc,	Balaguer,
Tarragone,	Lerida,
Villafranca de Panades,	Agramont,
Barcelone,	Tarrega,
Girone,	Cervera,
Campredon,	Manresa,
& Vich.	

Elle est arrosée par LII. *Rivieres*. Les principales sont

Le Francoli,
Lobregat,
Le Besos,
Le Ter.
} Qui se jettent dans la Mer.

La Segre,
La Noguera Pallaresa,
La Noguera Ribagorçana,
Le Cardonero,
La Cervera,
La Noya,
& le Corp.
} Qui se perdent dans d'autres Rivieres.

L'*Air* y est pur & sain, un peu froid en hyver dans la partie Septentrionale, à cause des Montagnes qui sont presque toujours chargées de neige, mais temperé dans la partie Meridionale, particulierement celle qui est sur les côtes de la Mer. Le *terrain* y est inégal & raboteux, si on en excepte les vastes & belles *plaines* d'Urgel, de Cerdagne, de Vich, de Gironne, de Tarragone & de Panades. Les *Montagnes* n'y sont pas steriles comme dans beaucoup d'autres contrées de l'Espagne. Elles sont presque toutes couvertes de belles Forêts de haute Fûtaye & de divers Arbres Fruitiers. Le Hêtre, le Chêne commun, & le verd, le Pin, le Sapin, le Chataignier & le Liége y abondent. On y trouve quantité de simples propres pour la Medecine. Outre la quantité de Rivieres qui tombent de leurs sommets dans les vallées ou dans les plaines, elles sont arrosées par un nombre presque infini de ruisseaux & de Fontaines qui y entretiennent une fraîcheur agréable & une fertilité merveilleuse.

Tout le Pays y est abondant en Vin, en Bled, en Legumes, en toutes sortes de Fruits, *Tom. II.*

CAT. 395

en huile, en lin, & en chanvre: desorte que la Catalogne n'a besoin du secours d'aucun autre Pays, pour les choses necessaires à la vie, & ce qu'il y a de particulier, c'est qu'on y trouve abondamment tout ce qu'il faut pour composer & pour équiper un Navire. On y découvre quantité de Carrieres de Marbre de toutes sortes de couleurs, de Crystal, d'Albâtre, de Jaspe, d'Amethystes, de Lapis, de Topazes, de Rubis & de quelques autres pierres precieuses. Les Mines d'Or & d'Argent n'y manquent pas non plus, comme il paroît par les paillettés de ces riches metaux que l'on trouve dans le sable de la Ségre & de quelques autres Rivieres. On y trouve aussi des mines d'Etain & de Plomb, de Fer, d'Alun, de Vitriol, & de Sel, & on y pêche de beau Corail sur la côte Orientale. Tant d'avantages font que cette Province est plus peuplée qu'aucune autre de la Monarchie d'Espagne.

Les Catalans ont beaucoup d'esprit, heureux s'ils s'en étoient mieux servis dans ces derniers temps pour discerner leurs veritables interêts. Le malheur qu'ils eurent d'abandonner leur Roi legitime au commencement de ce siécle, ne servit qu'à les precipiter dans des maux extrêmes & à prolonger une funeste guerre dont ils ont eux-mêmes été les victimes. Une constance feroce les porta à ne point desarmer dans le temps même que ceux dont ils avoient tenu le parti, leur conseilloient de se soumettre à la Clemence du Roi, qu'ils braverent jusqu'à l'extrémité. Il leur en a coûté les priviléges dont cette Province se servoit souvent comme d'un pretexte, pour se soustraire à l'autorité souveraine. Philippe V. ne les leur a pas encore rendus. Ils n'ont pu y parvenir ni par leurs propres efforts, ni par les sollicitations étrangeres. Mais ce qui a été refusé à leur obstination ils le devront un jour à des témoignages constans de leur fidelité & à leur attachement envers le Roi, lorsqu'il n'y aura plus lieu de croire qu'ils puissent attribuer ce bienfait à d'autres motifs qu'à sa bonté qui les auroit peut-être déja retablis, si l'enchainement des conjonctures n'avoit fait craindre qu'ils en abusassent pour leur propre perte, comme il est souvent arrivé. Voiez les Articles MIQUELETS & SOMMETANS.

CATAMANA, Ville de Syrie dans la Comagene, selon Ptolomée [a].   [a] l. 5. c. 15.

CATANAGRA [b], Ville de l'Inde en deçà du Gange, selon le même: quelques exemplaires portent BATANAGRA.   [b] l. 7. c. 1.

CATANE, quelques-uns disent CATANE'E, Ville de Sicile sur la côte Orientale, dans un Golphe nommé Golphe de Catane; mais elle n'a point de port. Elle est ancienne, Strabon [c] dit que les habitans de Naxe la fonderent. Scymnus de Chio dans sa Periegese [d] que Cluvier attribue à Marcien d'Heraclée par une erreur qui lui est commune avec plusieurs Savans; Scymnus, dis-je, lui donne la même origine. Thucydide [e] dit plus precisément que Theocle & les Chalcidiens étant partis de Naxe, sept ans après la fondation de Syracuse, & ayant chassé les Sicules par les Armes, bâtirent Leontines, & ensuite Catane, dont les habitans choisirent Evarque pour établir cette Colonie. On sait d'ailleurs, comme l'observe Cluvier [f], que Theocle

[c] l. 6.

[d] v. 285.

[e] l. 6.

[f] Sicil. Ant. l. 1. p. 117.

Ddd* 2

CAT.

cle vint en Sicile avec la Colonie des Calcidiens la premiere année de la XI. Olympiade. Syracuse fut bâtie l'année suivante ; ce fut donc huit ans après, c'est-à-dire, la premiere année de la XIII. Olympiade, ou l'an 728. avant l'Ere vulgaire qu'arriva la fondation de Catane. Strabon [a] ajoute : Catane perdit ses premiers habitants, Hieron Tyran de Syracuse y en ayant mené d'autres. Il changea même le nom de la Colonie en celui d'Etna ; mais vers le temps de la mort de Hieron les Catanois rentrant dans la joüissance de leur Ville en chasserent ceux qu'il y avoit établis, & renverserent le tombeau du Tyran. Diodore de Sicile [b] qui marque de plus grands détails de cette revolution dit qu'elle arriva dans la LXXVI. Olympiade. Quinze ans après les Sicules irritez de ce que les Catanois avoient envahi leurs terres se joignirent aux Syracusains qui vouloient recouvrer la Ville où Hieron les avoit établis, & d'où ils avoient été chassez. Les Catanois après bien des pertes abandonnerent leur Ville qui rentra au pouvoir de ceux qui l'avoient déja possedée. Strabon [c] fait entendre qu'Auguste la repara. De notre temps, dit-il, Pompée ayant mal-traité quelques Villes & entre autres Syracuse, Auguste y envoyant une Colonie rétablit une grande partie des anciens ouvrages : puis il ajoute peu après : Cesar retablit donc cette Ville & celle de Catane. Il dit plus precisement qu'elle devint Colonie Romaine. Messine est, dit-il [d], assez habitée, mais Catane est plus peuplée ayant reçu des Colons Romains. Tauromenium est moins peuplée que ces deux. Pline [e] & Ptolomée [f] lui donnent aussi le titre de Colonie. Il faut remarquer que ce sont les Grecs qui l'ont nommée Catane, car les Latins disent constamment *Catina*, & on ne trouve pas ce mot autrement dans les Manuscrits de Pline. Cette Ville conserva son ancienne dignité, car Ausone [g] dit :

Quis Catinam sileat? Quis quadruplices Syracusas.

On sait que les Routes Romaines aboutissoient toutes à quelque Ville celebre. On en trouve deux dans l'Itineraire d'Antonin ainsi marquées

Centuripa.	Messana.
Ethna XVIII.	Tauromenio XXXII.
Catina XII.	Catina XXXII.
	Syracusis XLIV.

Ciceron [h] rend temoignage de la richesse & de la beauté de Catane, en ces termes : *Catina Oppidum locuples, honestum, copiosum, Dionisiarchum :* [i] il ajoute ensuite que l'on y voyoit un Temple dédié à Cerès pour lequel on avoit la même veneration que pour celui qui étoit à Rome : on conservoit dans un endroit de ce Temple l'image de cette Déesse ; mais aucun homme ne pouvoit se vanter de l'avoir vûe, parce que l'entrée de ce lieu n'étoit permise qu'aux Dames & aux Filles à qui la garde en avoit été confiée.

Aujourd'hui cette Ville n'est pas moins celebre par les Reliques de Ste. Agathe qu'elle possede & dont elle a ressenti la protection en differentes occasions [k]. On y voit un Château élevé sur un rocher qui defend l'entrée de la plage. La plupart des rues sont longues & droites & aboutissent à une grande Place. Il y avoit de grands restes d'Antiquité, tels qu'un Amphitheatre & plusieurs Temples. L'Eglise Cathedrale en étoit un. La magnificence de cet Edifice étoit admirée de tout le monde. On y voyoit dix colonnes de Marbre granite qui en soutenoient l'entrée. Ces colonnes étoient si grosses que deux hommes n'en pouvoient embrasser une. Elles portoient un Architrave où ces mots étoient gravez : LABIERIO VOLUSIO COS. THERMAS CATANIA ; ce qui fait connoître que Laberius, Consul Romain, & peut-être Proconsul ou Gouverneur de Sicile, avoit fait bâtir cet Edifice pour lui servir de bains. Dans la suite on en a fait l'Eglise Cathedrale où l'on conserve le corps de Saint Agathe Martyre, dans une Chapelle qui lui est dediée. Ce Saint Corps a preservé plusieurs fois Catane du feu du Mont-Gibel, dont les flammes étoient souvent arrivées jusques-là & l'avoient quelque-fois endommagée ; mais l'horrible tremblement de terre qu'on y ressentit en 1693. fut si furieux que la Ville en fut entierement renversée, en sorte qu'il n'y est pas resté pierre sur pierre. Il commença le 9. de Janvier & detruisit tout. Le 11. la Terre s'ouvrit en plusieurs endroits & engloutit ceux que la ruine des Edifices avoit épargnez. Presque en un moment, onze mille personnes qui s'étoient retirées dans la Cathedrale pour implorer le secours divin, périrent sous les materiaux de l'Eglise qui les couvrit dans le temps qu'un Chanoine leur donnoit la Benediction du St. Sacrement. Ce Chanoine resta seul avec les Ministres de l'Autel & une centaine de personnes qui étoient à genoux dans la croisée où sont deux magnifiques Chapelles, l'une de la Vierge & l'autre de Ste. Agathe. Il n'y eut que la Nef qui fut absorbée. Ces deux Chapelles resterent debout, ainsi que le Maître-Autel.

Strabon dit que les endroits les plus bas des environs de Catane sont couverts de cendres : ces cendres proviennent des embrasemens du Mont Ætna & ont d'abord ruiné le Pays ; mais avec le temps elles ont rendu la Terre si fertile que dans les endroits où l'on a planté de la Vigne, le raisin y vient avec une abondance étonnante & le Vin que l'on en fait surpasse en bonté celui des autres contrées de l'Isle : les Campagnes y sont si grasses, & y produisent une herbe si propre pour le betail que quand on les y a mis paître pendant quelque temps on est contraint de leur tirer du sang pour empêcher que la graisse ne les étouffe ; ce qui arrive principalement aux bêtes qui avoient souffert quelque temps auparavant.

[l] Le Territoire de Catane est si fertile que de nouveaux habitans y viennent de jour en jour ; ainsi le Pays se repeuple peu à peu ; mais ils ont habité long-temps sous des Pavillons dans la Campagne n'osant bâtir des Maisons. Il y a toujours à la rade quelques Galeres de Malte qui chargent du Bled, du Vin, & autres Fruits, l'Isle de Malte n'étant pas assez feconde pour nourrir ses habi-

bitans. Le 5. de Fevrier, Fête de Ste. Agathe, il se fait une Procession solemnelle où l'on porte le corps de la Sainte, sur un brancart, dans une chasse d'argent enrichie de pierreries. On tient à Catane dans ce temps-là une foire celebre, où il vient quantité de monde de Sicile & des Pays étrangers.

La Vallée de Catane est extremement peuplée à cause de sa fertilité. Elle est remplie de gros Bourgs que l'on prendroit pour des Villes. Entre autres le long de la Riviere Gabella ou Jaretta, qui est l'ancien Synethus, il y a ceux d'Aderno & de Paterno, qu'on appelloit autrefois Adranum & Hybla. Ce dernier est renommé par le miel qu'on y recueille, si estimé des Anciens; d'où Virgile a dit dans une de ses Eglogues * :

*Ecl. 1. v. 55.

Hyblæis apibus florem depasta saliëti.

A l'une des extremitez du Golphe de Catane on trouve l'ancienne Ville *Lentini*.

§. Il faut remarquer que la Jarreta qui est le *Synathus* des Anciens est nommée Fiume di Catania, quoi que cette Riviere ne passe point à Catane; mais beaucoup plus au Midi. Celle qui coupe la Ville en deux a été appellée par les Anciens AMENANUS. Voiez ce mot. L'Evêque de Catane est premier suffragant de Syracuse, selon la Notice de Nilus Doxapatrius Archimandrite. Mais il observe qu'elle en fut exemptée & érigée en Archevêché à cause de St. Leon son Evêque. Une Notice posterieure de deux siécles donne à l'Archevêque de Mont Reale deux Evêchez suffragants, savoir ceux de Syracuse & de Catane.

CATANGIUS SINUS, Golphe du Bosphore de Thrace sur le Rivage d'Asie, selon Pierre Gilles qui s'appuie sur l'autorité de Denys de Bysance, dont il avoit entier le livre du Bosphore de Thrace dont nous n'avons plus que quelques Fragmens. Pierre Gilles dit que c'est presentement GOLFO CASTACIO.

CATANI ou CATANNI, la seconde maniere est d'Etienne le Géographe qui dit que c'étoit un Peuple Voisin de la Mer Caspienne. Ortelius dit que Pline le nomme *Catani*. Je trouve dans celui du R. P. Hardouin [a] CATONI Peuple au delà du Tanaïs.

[a] l.6.c.7.

CATANIDIS PROMONTORIUM, Cap d'Asie dont parle Diodore de Sicile [b]. Il étoit Voisin de l'Isle de Lesbos, mais en Terre-Ferme, vers les Isles Arginuses.

[b] l. 13.

CATANII, Peuple de l'Arabie deserte, selon Ptolomée [c]. Quelques exemplaires portent BATANEI.

[c] l.5.c.19.

CATANIRA, Ville, Theopompe en ayant fait mention au xxxv. livre de ses Philippiques Etienne en avoit fait un article où il marquoit sans doute de quel Pays elle étoit. Le sot Hermolaus ne s'en embarassant pas s'est contenté de nous apprendre que ce mot est du genre neutre. La belle remarque!

CATANITÆ, Peuple de l'Arabie heureuse, selon Ptolomée [d].

[d] l.6.c.7.

CATANNI. Voiez CATANI.

CATANZARO, Ville d'Italie au Royaume de Naples, dans la Calabre Ulterieure dont elle est la Capitale, avec un Evêché suffragant de l'Archevêché de Regio. Elle est située sur une Montagne à cinq milles de la côte du Golphe de Squillace, un peu plus de Taverna, & presque au milieu entre Belcastro & Squillace, environ à onze milles de chacune. Elle est une des plus peuplées du Royaume, & c'est où demeure le Gouverneur, ou le President de la Province.

CATAONIE, Province d'Asie dans la Cappadoce, selon Strabon, de l'Armenie mineure selon Ptolomée. Mais ces deux façons de parler reviennent à la même notion, car, comme je l'ai remarqué ailleurs, la Cappadoce a compris autrefois l'Armenie mineure & quand même elles ont été distinguées leurs bornes n'ont jamais été que très confuses. Ptolomée [e] la met entre le Taurus & l'Antitaurus aux environs du Fleuve Cydnus. Ses Villes étoient

[e] l.5.c.7.

Cabassus,	*Dalisandus*,
Tynna,	*Polyandus* ou *Palyandios*,
Tivallis,	*Comana* de Cappadoce,
Cybistra,	*Tanadaris*,
Claudiopolis,	& *Leandis*.

Il y place aussi la source du Mopse.

Strabon dit [f] que les anciens ont pris la Cataonie pour un Pays distingué de la Cappadoce... Il ajoute qu'elle en est la dixieme partie selon l'usage de la partager en x. Provinces. C'est ainsi, dit-il, que de notre temps les Rois qui ont precedé Archelaüs ont divisé la Cappadoce & la Cataonie est une des dix portions. De notre temps, poursuit ce Géographe, les Cataoniens ne different en rien des Cappadociens pour le langage, & toutes les traces de la difference qu'il a pu y avoir autrefois. Ils ont donc été divisez. Ce fut Ariarathe I. du nom Roi de Cappadoce qui joignit les Cataoniens aux Cappadociens.

[f] l. 12. p. 533.

§. Ariarathe premier du nom &c. C'est ainsi qu'il faut entendre Strabon. Car les Traductions Latines qui font entendre ces mots comme si Strabon avoit dit qu'Ariarathe fut le premier appellé Roi de Cappadoce, lui prêtent une fausseté démentie par le temoignage de Diodore; car il n'est pas vrai qu'Ariarathe ait été premier Roi de Cappadoce, comme le remarque très-bien Casaubon sur l'endroit cité de Strabon.

CATAPTELEA, Ville Marchande de Bithynie sur le Pont Euxin. Il en est parlé dans la Vie de St. Parthenius citée par Ortelius [g].

[g] Thes.

CATAQUENSIS, Siége Episcopal d'Afrique dans la Numidie, dont il est parlé dans la Conference de Carthage [h]. St. Augustin dans ses Lettres [i] dit que ce Boniface avoit succedé à l'Evêque Paul. Il en parle encore dans sa Lettre à Olympius [k]. La Notice Episcopale d'Afrique met entre les Evêques de Numidie Pascentius *Cethaquensusca*. Ce mot a été corrompu par deux Copistes. Le premier ayant écrit *Cethaquensis*, quelqu'un a marqué qu'il devoit avoir *Ca* & non pas *Ce* à la premiere syllabe & s'est contenté d'écrire *Ca* en marge, & un autre Copiste ne sachant que faire de ces deux lettres les a mises bêtement à la fin, comme le remarque Mr. Dupin.

[h] p. 275. Edit. Dupin.
[i] Epist. 96.
[k] Epist. 129.

1. CATARA, Ville de l'Arabie heureuse selon Ptolomée [l].

[l] l.6.c.7.

2. CATARA, Siége Episcopal, & Ville de la Lycie, selon la Notice de Léon le sage [a].

[a Schelstrate Ant. Eccles. T.2. p.677. b l.20.]

CATARACTA, Ville d'Italie au Pays des Samnites. Diodore de Sicile [b] dit qu'elle fut prise par les Romains.

CATARACTE, grande chute d'eaux d'une grande Riviere, lors que son lit venant à lui manquer tout à coup, pour ainsi dire, elle tombe avec bruit & impetuosité sur un terrain beaucoup plus bas. Le Nil a deux Cataractes, savoir la grande & la petite. Voiez le NIL. Le Danube, le Borysthene & quantité d'autres Rivieres ont des Cataractes plus ou moins grandes, cela depend de ce que le lieu où se fait la chûte d'eau est plus ou moins escarpé & taillé en précipice, & de la distance du lit superieur au lit inferieur. Le Teverone a des Cataractes qu'on appelle les CASCADES DE TIVOLI, & dans la Canada il y a entre autres une Cataracte d'une hauteur prodigieuse, que l'on appelle le SAUT DE NIAGARA entre le Lac Ontario & le Lac Errié. Voiez NIAGARA & TIVOLI.

CATARACTONUM, ancienne Ville de l'Isle de la Grande Bretagne. Ptolomée [c] l'appelle CATURRACTONIUM & la met au Pays des Brigantes, il observe même [d] que le plus long jour y est de 18. heures & qu'elle est plus Occidentale de 2. heures 40'. qu'Alexandrie. Antonin nomme CATARACTONI sur la route depuis le rempart de Severe jusques à *Prætorium*, & le met entre Vinovia (*Binchester*) & Isurium (*Aldburrough*) à XXII. M.P. de la premiere & à XXIV. de l'autre. On tient que c'est presentement CATTARICH Village sur la Riviere de Swale à III. M. P. en deçà de Richmond. Mr. Gale [e] dit qu'en recherchant avec grand soin on trouvera que BURGH est l'ancienne *Cataractonium*, sur la rive Meridionale de la Swale, qu'en ce lieu on trouve souvent en fouissant des monnoyes Romaines dont quelques unes sont venues jusques à lui. On croit qu'autrefois la Swale couloit moins à l'Orient qu'elle ne fait à present & que le pont qui subsiste aujourd'hui étoit placé plus haut près du Bourg, on voit à quelque distance du pont un grand amas de terre nommé par les gens du Pays CASTLEHILS, c'est-à-dire, *Hauteurs de la Forteresse*, laquelle étoit autrefois flanquée de quatre tours. La route militaire traversoit la Riviere plus haut & depuis ces hauteurs jusqu'à *Burgh* il y a parci-parlà des vestiges d'une grande Ville. Mais les Romains ne trouvant alors rien dont ils pussent former un nom durable à cette Place n'est-ce pas la *Cataracte* qui est assez près de Richmond, ils tirerent de là ce nom de Cataractonium. Mr. Gale croit que ceux-là se trompent qui croient que c'est de ce lieu que Bede a voulu parler lorsque faisant mention de Jacques Diacre de St. Paulin il dit que le Village où il étoit le plus souvent, auprès de la Cataracte a conservé son nom jusqu'à ce jour. *Cujus nomine Vicus in quo maxime solebat habitare juxta Cataractam usque hodie cognominatur*. Car ce Village dont Bede veut parler s'appelle aujourd'hui AIK-BURGH, c'est-à-dire, le Bourg de Jacques; & est entre Tunstall Hunton à trois milles de *Cataractonium*. Ortelius avoit avancé que la *Cataracte* de Bede est la même chose que *Caractonium*.

[c l.2.c.3.]
[d l.8. Europ. Tab.2.]
[e In Anton. p.11.& seq.]

1. CATARRACTUS, Ruisseau de l'Isle de Crete dans sa partie Meridionale, selon Ptolomée. Ses Interpretes disent que c'est l'ANAPADORE.

2. CATARRACTUS, Riviere d'Asie dans la Pamphylie, selon Ptolomée [f] qui en met l'embouchure auprès de Satalie. Mela [g] en parle comme d'une grande Riviere & la nomme CATARACTES, il ajoute que ce nom lui a été donné parce qu'elle se precipite. Zosime la confond mal à propos avec le Melas, Lyrnesse & Olbia étoient au bord de cette Riviere selon Pline [h].

[f l.5.c.5.]
[g l.1.c.14.]
[h l.5.c.27]

CATARRECTÆ, Riviere de l'Asie mineure. Herodote [i] dit qu'elle n'est pas moins grande que le Méandre dans lequel elle se perd, & qu'elle a sa source chez les Celænes.

[i l.7. n.26.]

CATARZENA, Contrée d'Asie dans la Grande Armenie, selon Ptolomée [k]. Il dit qu'elle est voisine des Monts Moschiques.

[k l.5.c.13.]

CATASTIGONA. Voiez HIPPOBOTUM.

CATASYRTÆ [l], nom d'un lieu que Cedrene & Curopalate decrivent auprès de Constantinople.

[l Ortel. Thes.]

CATATHRÆ. Voiez CHELONITIDES.

CATATOMBES, pour CATACOMBES.

CATAVANA ou CATABANA, lieu dont il est parlé dans l'Itineraire d'Antonin, sur la route de Germanicia à Edesse en passant par Samosate. Il compte de Germanicia à *Catavana* XV. M. P. & delà à Issus XVI. M. P.

CATAY. (LE) Voiez CATHAY.

CATAZETI, Nation de la Sarmatie Asiatique. Elle habitoit au delà du Tanaïs, selon Pline [m].

[m l.6. c.7.]

CATEAU [n], petit Village de Hainaut à une lieue & demi de Mons, proche de l'Abbaye de St. Denis.

[n Dict. Géogr. des Pays-Bas.]

CATEAU-CAMBRESIS [o], petite Ville de France aux Pays-Bas dans le Cambresis, à cinq lieues de Cambrai. L'Archevêque de Cambrai en est Seigneur temporel. Elle est très-peuplée à cause des privileges & des exemptions d'impôts dans lesquels elle a toujours été maintenue. Le Château de l'Archevêque en est magnifique tant pour le bâtiment que pour les jardins. C'est à Cateau-Cambresis qu'en 1559. on fit un Traité de Paix entre le Roi Henri II. Roi de France & Philippe II. Roi d'Espagne. Par ce Traité la France ceda cent quatre-vingt-dix huit Places pour St. Quentin, Ham, & le Catelet. [p] Cateau-Cambresis fut fermé de murailles & érigé en Ville l'an 1001. par l'Evêque Herluin, qui obtint pour cette nouvelle Ville une Patente de l'Empereur Othon III. Elle a été autrefois fortifiée, mais ayant été dans les guerres prise & reprise plusieurs fois, elle est aujourd'hui toute ouverte.

[o Piganiol de la Force France T.6. p. 109.]
[p Longuerue Desc. de la France 2. Part. p.97.]

CATEGAT, (LE) selon Mr. Baudrand [q] on appelle ainsi un Golphe de la Mer Baltique par où elle se communique avec l'Ocean entre le Danemarck & la Norwege. Ce sont les Hollandois qui lui ont donné ce nom qui signifie le *Trou du Chat*. Les François le nomment la Manche de Danemarck, & ceux du Pays le SCHAGER-RACK. Voiez ce mot.

[q Ed. 1705.]

CATELA, Antonin dans son Itineraire parle d'un lieu de ce nom sur la route de Constanstantinople à Antioche, à XLIX. M. P. de la première & à XVI. M. P. de Laodicée. Ortelius doute si ce ne seroit pas le même lieu que Ptolomée nomme BAETAIALA selon quelques exemplaires, ou BACATAILLI selon d'autres & qui doit avoir été dans la Cassiotide contrée de la Syrie.

CATELANI, Peuple dont parle Gregoras, voici ce qu'en dit Pachymere : les Catelans & les Amagabares que l'on croit être descendus des Avares : il parle souvent des Catelans dans les derniers livres de son Histoire de Michel & Andronic. Le Continuateur de Glycas écrit qu'on les avoit fait venir d'Espagne. Ortelius [a] croit qu'ils gardent encore le même nom.

[a] Thesaur.

CATELET [b], (LE) Bourg de France en Picardie, au Vermandois, aux confins du Hainaut & du Cambresis, vers les sources de l'Escaut, à moitié chemin entre Cambray & St. Quentin & à cinq lieues de Peronne. Il avoit autrefois un bon Fort à trois bastions ; mais étant devenu inutile à la France depuis la Paix de Cambray, il fut entièrement ruiné en 1674. les Espagnols avoient pris cette Ville en 1557. & la rendirent deux ans après. Elle fut encore reprise dans le dernier siécle, & rendue par le XL. Article du Traité des Pyrenées en 1659.

[b] Baudrand. rectifié.

CATENNENSES, Peuple ancien d'Asie dans la Pamphylie, selon Strabon [c]. Ils étoient voisins du Territoire de Selga.

[c] l. 12. p. 570.

CATERLAGH, CATHERLAGH, CATERLOUGH OU CATERLOGH [d], Ville d'Irlande dans la Province de Leinster, au Comté de Caterlagh dont elle est la Capitale. Elle est située sur le Barrow dans le voisinage du Comté de la Reine, & presque à trente huit milles au Sud-Ouest de Dublin ; & est munie d'un Château. Elle a donné le titre de Vicomte à la noble famille des Ogles, dont le dernier qui l'a porté étoit Guillaume Ogle. Le Duc de Wharton est aujourd'hui Marquis de Catherlagh.

[d] Etat pres. de l'Irlande p. 36.

Le Comté de CATERLAGH, ou CATHERLAGH, contrée d'Irlande dans la Province de Leinster. Il a Wicklow & Wexford à l'Est, Kilkenny avec une partie du Comté de la Reine à l'Ouest, Kildare au Nord & Wexford au Sud & au Sud-Est. Il a vingt-huit milles de long & dix huit de large. Le terroir est fertile & il y a quantité de bois. On le divise en cinq Baronies, qui sont celles de Ravilly, de Caterlagh, de Forth, d'Idrone & de St. Mulin. On n'y trouve que deux Villes. Caterlagh est la seule qui ait droit de tenir Marché public, mais Laghlin a droit aussi bien qu'elle d'envoyer ses Députez au Parlement.

CATH. Voiez CAT.

CATHÆNA, selon Etienne le Géographe Ville des Indes, où le Roi est choisi à cause de sa beauté. Xylander croit que c'est la même chose que CATHEA de Strabon qui fait mention de *Cathea Sopitis*, Voiez SOPITIS. C'est sans doute la même chose que les Cathées de Mr. Corneille.

CATHALIS, ancien lieu de la Palestine, duquel il est fait mention au livre de Josué [e], tel que le cite Ortelius. Je ne le trouve, ni dans l'Hebreu, ni dans les Septante, ni dans la Vulgate ; mais bien CETHLIS ; le même Au-

[e] c. 15.

teur dit que St. Jerôme lit en cet endroit Cethis, & ajoute que Cassiodore nomme [f] les CATHALIENS.

[f] Var. 1. ad Fault. Præp.

CATHARCLUDORUM REGIO, Pline [g] met ce Pays dans les Montagnes qui sont à l'Ouest des Indiens. Il dit qu'il y a des satyres d'une grande legereté, qui courent tantôt sur deux pieds & tantôt à quatre pieds, avec un visage humain, & qu'on ne les sauroit prendre s'ils ne sont vieux ou malades. Ces satyres ressemblent bien à une espece de singe qui n'est point rare en ces Pays-là. Quelques exemplaires au reste portent CATARDUDORUM, d'autres CARTADULORUM.

[g] l. 7. c. 2.

CATHARI, Diodore [h] nomme ainsi un Peuple des Indes, dont les Femmes se brûloient vives avec leurs Maris morts ; quelques Savans l'expliquent du Cathay. Cela ne me paroît pas nécessaire, le Cathay est bien au delà de l'Indus, auprès duquel cette barbare coutume est encore à present usitée.

[h] l. 17.

CATHARUM PROMONTORIUM, Promontoire de la Libye interieure, selon Ptolomée [i], au Pays que nous appellons presentement la côte de Nigritie, mais ce Pays étoit si peu connu avant les navigations des Portugais, qu'il faut compter presque pour rien ce que les Anciens en ont écrit. La situation que lui donne Ptolomée fait voir que ce lieu n'a rien de commun avec le Siége qu'Ortelius trouve nommé *Catharensis* dans la Conference de Carthage. Je ne sais où l'y chercher, car la Géographie Sacrée de l'Afrique dressée sur les Memoires de cette Assemblée conservez par St. Optat, ne fait aucune mention de ce Siege. L'Eglise Chrétienne des premiers siécles ne s'est jamais étenduë jusqu'au Fleuve que nous appellons le Senega. Ce n'est pas qu'il n'y ait un Evêché nommé *Catharensis*, & dans la Collection des Notices il y en a une écrite par un Evêque de Cathare, sous le Pontificat de Jean XXII. mais il reconnoît lui-même le Siége de Bari pour sa Metropole ; & il n'est point different de CATARO ou CATTARO, Evêché de Dalmatie dans la dependance de la Republique de Venise pour le Gouvernement Civil, quoique suffragant de Bari au Royaume de Naples, comme on peut voir dans la Liste des Evêchez au mot ARCHEVECHE. Voiez CATTARO.

[i] l. 4. c. 6.

CATHARUS. Voiez CITHARUS.

CATHAY, grand Pays d'Asie, quelques uns écrivent CATAY, d'autres KATAY, KATHAY ou même KITAY. On a été long-temps dans l'erreur, sur le veritable lieu où est ce Pays. C'a été l'objet de quantité de recherches inutiles de nos Géographes qui vouloient à toute force le placer dans la Grande Tartarie [k], & Dieu sait combien de reveries on a publié sur ce sujet, dans les trois derniers Siécles, quoi que dès l'an 1295. Marco Paolo eût déja assez intelligiblement donné à entendre dans ses Relations que le Cathay n'étoit rien autre que l'Empire de la Chine. Cependant les magnifiques imaginations qu'on s'étoit faites à l'occasion de ce prétendu Empire Tartare, avoient fait tant d'impression sur les Esprits que ce n'est que depuis fort peu d'années qu'on a pu être entierement détrompé sur cet Article & tout le monde convient unanimement à l'heure qu'il est que le Cathay & la Chine, font un mê-

[k] Hist. des Tatars p. 41.

même Empire. L'Auteur de qui j'emprunte ces paroles ne parle pas exactement. Il devoit dire que tout le monde convient que le Cathay se doit chercher dans l'Empire de la Chine proprement dite & independamment de ses annexes, comme la Tartarie Orientale & autre Pays qui en relevent. Il ne s'agit ici que de la Chine propre, encore le Cathay n'en est-il qu'une partie, & ce nom est principalement attribué aux sept Provinces Septentrionales [a] de ce grand & ancien Royaume qui repondent à la Serique des Anciens à peu de chose près. La partie du Midi qui contient les neuf autres est appellée Mangi, & est le Pays des anciens Sines. Au reste le premier Auteur cité a raison de dire que les Tartares, les Turcs, les Persans, les Russes & autres Peuples Orientaux, continuent toujours d'appeller la Chine, l'Empire de KITAY ou CATHAY. Mr. d'Herbelot [b] parlant conformément aux Géographes Arabes dit que KHATHAY & KHATHA, est le nom de la Chine Septentrionale, qui a toujours été gouvernée par des Rois dans les plus anciens temps dont les Historiens des Orientaux font mention. On peut voir ce qu'il raporte de ces anciens Rois dans son livre. Les Villes de Khanbalig, ou Cambalu aujourd'hui Peckin & celle de Namkink, la même que nous appellons Nanquin, sont les Capitales du Cathay. Plusieurs ont confondu le CATHAY & le CARACATHAY. Voiez au mot CARACATAY, la différence qui distingue ces deux Pays.

[a] Hist. de Genghiz-Can.

[b] Biblioth. Orient.

CATHE'ES [c], Peuples dont parle Arrien & que la conformité du nom fait prendre par quelques-uns pour ceux du Royaume de Catay dans la Tartarie. Ils estimoient beaucoup la beauté & choisissoient pour leur Roi, celui qui leur paroissoit le plus beau de tous. Lorsque quelque enfant naissoit ils l'exposoient à la vûe de tout le monde afin qu'on jugeât par les traits de son visage, s'il meritoit d'être conservé & selon le jugement qui en étoit fait ils le laissoient vivre, ou ils le faisoient mourir. Ils teignoient leurs cheveux & leurs visages de differentes couleurs & avoient grand soin de se parer. Les Femmes se brûloient lorsqu'elles avoient perdu leurs Maris suivant la loi qui fut faite sur ce que la plupart d'elles les quitoient ou leur donnoient du Poison pour s'abandonner sans contrainte aux jeunes amans qui leur plaisoient. Ces Cathées étoient vaillans & surpassoient leurs voisins en experience pour l'art Militaire. Mr. Corneille cite encore Eusebe de Præpar. Evang. l. 6. c. 22. & Pline l. 6. c. 22. il pouvoit se dispenser de la derniere citation qui est fausse.

[c] Corn. Dict.

CATHEI MONTES, Montagnes de la Sarmatie d'Asie, selon Pline [d] qui y met la source du Fleuve Lagous; qui reçoit l'Ophare.

[d] l. 6. c. 7.

CATHELAUNE. Voiez CATALAUNI & CHALONS.

CATHENA ou CANTENNA, selon divers exemplaires de Frontin [e]. Ce doit être un lieu peu éloigné de *Rhegium Julium*, comme le remarque Ortelius fondé sur la Vie de Crassus écrite par Plutarque. Modius doute s'il ne faudroit point lire CATANE.

[e] l. 2. e. 5.

CATHERINA-THAL, Couvent de Filles en Suisse au Turgow. J'en parle à l'Article de DIESSEHOFEN. Voiez ce mot.

CATHERLAGH. Voiez CATERLAGH.

CATHET, ancienne Ville de Palestine dans la Tribu de Zabulon [f]: les Versions sur l'Hebreu lisent KATATH; les Septante Κατανώθ, KATANATH, Ortelius trouve ce même lieu nommé CATHETER dans Jeremie, sans dire en quel Chapitre, ou Κοτταθ selon les Septante.

[f] Josué c. 19. v. 15.

CATHIEREMITÆ, ancienne Nation de la Terre promise, voisine des Gabaonites, selon Josephe [g]. C'est la même chose que Cariathiarim de Josué [h].

[g] Ant. l. 5. c. 1.
[h] c. 15. v. 1.

CATHILCI, ancien Peuple de la Germanie. Strabon [i] les met au nombre de ceux qui furent subjuguez par César; dans la Version Latine & la Table on lit CATHILI, mais le Grec porte Καθίλκοι. Il faut néanmoins avouer que cette Nation est nommée par Strabon, avec plusieurs autres peuples dont la plupart des noms sont estropiez.

[i] Masius in h. l.
[i] l. 7. p. 292.

CATHIPPI, nom d'une Ville d'Asie quelque part vers la Medie ou la Parthie, selon Orose cité par Ortelius.

CATHNESS. Voiez CAITHNESS.
CATHOE. Voiez MANATATH.
CATHOLICA. Voiez CATOLICA.
CATHON, Isle de l'Archipel, selon Pomponius Mela. Voiez COTHON.
CATHON ou COTHON. Voiez CARTHAGE.
CATHRA. Voiez CHATRACHARTA.

CATHULCI & CATHULCONES, ancien Peuple de la Grande Germanie, selon Ptolomée [k] l'Edition de Bertius porte CALUCONES & met sous eux, c'est-à-dire, à leur Midi les Cherusques; & marque qu'ils étoient des deux côtez de l'Elbe. Cluvier [l] ne doute point qu'ils ne fussent où sont les Villes de Lunebourg & de Danneberg; entre les petites Rivieres l'Ietze, l'Ouwe, & l'Elmenaw. Il y a dans ces quartiers-là, poursuit-il, un Bourg nommé communément *Ultzen* qui semble conserver des traces de l'ancien nom de ce Peuple.

[k] l. 2. c. 11.
[l] Germani Ant. l. 3. p. 80.

CATI FONS, Festus Pompejus nomme ainsi la source d'où couloit un ruisseau nommé *Aqua Petronia* qui se perdoit dans le Tibre.

CATI & DACI, Peuples nommez ensemble en plus d'un endroit des Silves de Stace. Ortelius propose si ce nom n'est point pour CATTI, ou plutôt pour GOTHI. L'édition Latine jointe à la Traduction de l'Abbé de Marolles lit par tout CATTHI. Celle de Gronovius lit CATTI.

[m] *Das Cattis Dacisque fidem.* &

[m] l. 1. Sylv. 1. v. 27.

[n] *Hæc est qua victis parcentia fœdera Cattis, Quæque suum Dacis donat Clementia montem.*

[n] l. 3. Sylv. 3. v. 158.

CATIARI, Peuple d'entre les SCYTHES. Voiez SCYTHES.

CATICARDAMNA, Ville de l'Inde en deça du Gange, selon Ptolomée [o]. Quelques-uns disent que c'est le lieu où reposent les Reliques de St. Barthelemi [p].

[o] l. 7. c. 1.
[p] Ortel. Thes.

CATIEUCLANI. Voiez CATYEUCLANI.

CATIF. (EL) Voiez KATIF.
CATIGAN. Voiez CHATIGAN.
CATILÆ SOLITUDO, desert dans la Palestine. Il en est fait mention dans la Vie de

CAT.

a Ortel. Thef.

de St. Euthyme ᵃSolitaire, dans le Recueil de Surius.

CATILI, ancien Peuple dans les Alpes, selon Pline. L'Edition du R. P. Hardouin offre CATALI.

CATILLI. Silius Italicus dit

b Ortel. Thef.

Anienicolaeque Catilli, ᵇ

C'étoit selon ce vers un Peuple d'Italie près du Teverone.

CATILLUS, Montagne d'Italie près de Tibur. Vibius Sequester en fait mention. C'est de lui que le Peuple CATILLI prenoit son nom. Mr. Baudrand dit qu'on l'appelle presentement IL MONTE DI TIVOLI.

1. CATINA. Voiez CATANE.

2. CATINA, Ville du Peloponnese dans l'Arcadie, selon Pline cité par Ortelius.

g Ortel. Thef.

CATINATÆ ᶜ: Nonnius raporte ces paroles du 8. livre de Caton, *is (Fluvius Iberus) oritur ex Catinatis.* Est-ce le nom des Montagnes où l'Ebre a sa source?

CATINON. Voiez CYTINON.

CATISA. Voiez CAPISA.

CATIVA. Voiez XATIVA.

CATIUM, Bourg ou petite Ville d'Italie, selon Frontin, cité par Ortelius.

d Hist. de Timurbec T.1.p.241.

CATLAN ᵈ, Provinces de la Tartarie entre le Gihon & le Royaume de Bedakchan. Elle a une Ville de même nom.

CATOBRICA & CATOBRIX. Voiez CETOBRICA.

CATOLACENSIS VICUS, ancien nom de St. Denys en France.

e Baudrand Ed. 1705.

1. CATOLICA ᵉ, (LA) petite Ville de Sicile dans le Val de Mazare, bien avant dans les Terres, avec titre de Principauté près de Siciliano entre des Montagnes.

f Ibid.

2. CATOLICA ᶠ, (LA) Village d'Italie dans la Romagne, sur une côte près du Golphe de Venise, entre Rimini & Pesaro sur les confins du Duché d'Urbin. Il n'est remarquable que par l'Assemblée qui s'y tint en 359. sous le Pape Libere, lorsque quatre cens Evêques étant assemblez dans un Concile à Rimini la plupart abandonnerent la cause de l'Eglise & favoriserent l'Arianisme. Ceux qui demeurerent Orthodoxes ne voulant point communiquer avec les Ariens firent leurs Assemblées dans ce lieu qui en a retenu le nom de *Catolica.* Mais il est ruiné & ne consiste plus qu'en une tour & en quelques Hotelleries. Voiez CRUSTAMIUM.

CATOLUCA, ancien lieu de la Gaule Narbonnoise. Antonin la met entre *Alaunium,* que l'on ne connoit gueres à present, & *Apta Julia* qui est Apt, à xv. mille pas de cette derniere.

g Corn. Dict.

CATONA ᵍ, Bourg ou Village du Royaume de Naples dans la Calabre ulterieure à l'embouchure de la Riviere de Cenis, sur le detroit de Messine vis à vis de la Ville de ce nom. Catona est connu parce que les Voyageurs y vont ordinairement prendre des bateaux pour passer à Messine, qui n'en est éloignée que de trois lieues. Quelques Géographes prennent ce lieu pour la Columella des anciens.

h De l'Isle Atlas.

CATON-BELLE ʰ, Riviere d'Afrique dans la Basse Ethiopie au Royaume de Ben-

CAT. 401

guele. Elle a sa source à l'Orient Septentrional peu loin du Royaume d'Angola, aussi bien que le CUIBO qu'elle reçoit & se jette avec lui dans l'Océan, auprès du Fort de CABUTO, au Nord de Benguela ou St. Philippe. Dapper ⁱ dit de Caton-Belle qu'elle est formée *i Afrique p. 375.* de deux ou trois bras de Riviere réunis. Elle est salée, poursuit-il, & il y a des fossez où l'on ramasse de ses eaux pour en faire du sel. Son entrée est à l'abri des vents & avant seize pieds de profondeur, les grands vaisseaux y peuvent aborder en sureté. Au Nord de cette Riviere la Mer forme un Golphe où les mariniers trouvent un fond si propre à jetter l'ancre, que les Hollandois lui ont donné le nom de la *Bonne Baye,* DE GOEDE BAY. La côte est basse & fertile en cet endroit mais les terres plus éloignées de la Mer sont plus hautes & couvertes de quelques forêts; à deux lieues de Caton-Belle vers le Midi, il y a une Riviere d'eau fraiche, qui ne se décharge dans la Mer que dans les saisons pluvieuses.

CATOPTERIUS, Précipice dans le Mont Parnasse. Il va jusqu'à Anemoria selon Strabon. Voiez l'Article PARNASSE.

CATORIGES. Voiez CATURIGES.

CATORISSIUM & CATURISSIUM ᵏ, *k Had. Vales. Not.* en François CHATROUSSE, ou CHARTROUSSE. La Table de Peutinger fait mention de *Gall. p. 1375* ce lieu & met Grenoble entre *Catorissium,* & *Morginnum* qui est Morges. *Catorissium* ou *Chartroussé* est un gros Village, situé au pied d'une Montagne de même nom sur laquelle est situé l'Hermitage & Monastere de la grande *Chartrousse.* ˡ On a depuis changé ce nom en *l Valesian.* transposant l'r de la seconde Syllabe du nom *p. 82.* Latin à la premiere; desorte qu'aulieu de *Catorissium* on a dit CARTOSIUM, CARTUCIA, CATURSIUM, & enfin CARTUSIA qui l'a emporté. Il est sûr qu'on disoit *Catorissium.* Une Chronique Manuscrite de la Bibliotheque de St. Medard de Soissons finissant à l'année 1261. qui en raportant le temps de la fondation de plusieurs Ordres Religieux parle des Chartreux en ces termes. *Anno* M. LXXXVI. *cœpit Ordo Catursiensis,* on lit dans le Testament de Louis IX. Roi de France *Ordo Catursiensis,* Humbert de Bourgogne écrit que les Chartreux tirent leur nom d'une Maison de cet Ordre située auprès d'une paroisse appellée *Cartusia.* Cette Paroisse *Cartusia* est la même chose que *Catorissium,* en François CHATROUSSE, CHARTROUSE, & enfin CHARTREUSE qui est le seul usité presentement. Voiez CHARTREUSE.

CATRALEUCOS, Ville ancienne de l'Espagne dans la Lusitanie, selon Ptolomée. Voiez CONTRALEUCENSES.

CATRE, Ville de Crete selon Etienne le Geographe; Diodore de Sicile la nomme CATRÆA aussi bien que Pausanias ᵐ qui lui donne *m In Arcad.* Catrée pour fondateur. Dictys de Crete en parle aussi. Voiez Berckelius sur cet Article d'Etienne.

CATTABANIA, contrée de l'Arabie heureuse, selon le même Etienne qui cite le XVI. livre de Strabon où l'on trouve ⁿ CA- *n p. 768.* TABANIA par un seul t, Pays qui produit l'encens & la Myrrhe. On y voit aussi qu'un Peuple nommé *Chatramotita* étoit Maître de la

Tome II. E e e * Vil-

Ville CATABANOS. La Catabanie étoit sans doute le Pays d'autour de cette Ville. Ptolomée dit COTTABENI, en nommant le Peuple de cet endroit [a].

[a] l. 6. c. 7.
[b] Thesaur.

CATTANIA, Ortelius [b] trouve dans le III. Concile à Ephese qu'il y avoit un Evêché ainsi nommé. Il ne dit point dans quelle Province.

CATTARI, Peuple vers la Croatie, selon Nicetas cité par Ortelius [c].

[c] Thesaur.
[d] Baudrand Ed. 1705.

CATTARO, en Latin CATHARA [d], Ville de Dalmatie sur la côte du Golphe ou Canal de même nom, près des Frontieres de l'Albanie & sur la pente d'une Montagne. Elle est forte naturellement par sa situation, & par l'art, avec un bon Château en haut, c'est le Siége d'un Evêché suffragant de l'Archevêque de Bary, qui est du Royaume de Naples. Elle a aussi un Port au fond du Golphe de Cattaro, qui se joint au Golphe de Venise dont il fait une petite partie. Elle appartient aux Venitiens qui la possedent dès l'an 1420. avec son territoire où il y a dix-sept Villages, ou Châteaux aux environs & qui confinent d'un côté avec les terres de la Republique de Raguse & de l'autre avec les Turcs du côté de Monte-Nero qui en est proche. Les habitans sont nommez CATTARINI.

LE GOLPHE DE CATTARO [e], petit Golphe de Dalmatie, dans le Golphe de Venise & sur lequel est située la Ville dont il porte le nom.

[e] Ibid.

CATTERICK, Village d'Angleterre dans la Province d'Yorck. Il n'est remarquable que parce que quelques-uns pretendent y trouver des traces de l'ancienne CATARACTONUM. Voiez ce mot.

CATTES [f], (LES) ancien Peuple de Germanie, faisant autrefois partie de la Nation des Hermions. Quelques-uns les nomment Chasses & Hattes. Ils étoient voisins des Cherusques, & possedoient une partie du Duché de Brunswick, de l'Evêché de Hildesheim, de la Turinge, de la Hesse, & de l'Abbaye de Fulde, avec les Comtez de Schaumbourg, de Waldeck & de Mansfeld. C'étoit un Peuple tout-à-fait né pour la guerre, dont il faisoit sa principale occupation, de sorte que l'Infanterie des Cattes passoit pour la meilleure de la Germanie. Nous apprenons par l'Histoire qu'ils furent les premiers à discipliner les Troupes, & c'étoit par cette raison que les autres Peuples faisoient leurs efforts pour en avoir à leur solde. Quoique Soldats mercenaires, ils ne laissoient pas de servir avec autant de fidelité que s'ils eussent été nez parmi ceux qui les employoient. Ils se montroient acharnez les uns contre les autres dans le Combat, comme s'ils ne se fussent point connus, & l'amour de la Patrie cedoit à l'interêt qu'ils prenoient aux avantages de ceux pour qui ils s'étoient obligez de combattre. Drusus & Cajus Silius qui les défirent en differentes batailles, avouerent qu'ils n'avoient jamais eu de si braves gens en tête. Leurs habitations les plus remarquables furent *Castellum Cattorum* & *Munitium*. La premiere qu'on nomma ensuite *Stereontium* étoit le lieu ordinaire de leurs assemblées. La plûpart des Géographes veulent que ce soit à present *Cassel*, Ville capitale du Bas Landgraviat;

[f] Corn. Dict. d'Aubret Geogr. T. 3.

d'autres disent que c'est *Catzen*, petit Bourg dans la partie inferieure du Comté de Catzenellebogen, & la conformité des noms est la raison qu'ils en donnent. On tient que l'autre Place est Gottingen, Ville de la Principauté de Grubenhagen; qui fait partie des Etats de la Maison de Brunswick. Les Cattes se partagerent en quatre corps dans le Bas Empire. Les uns s'unirent aux Cherusques, & aux autres Nations, dont celle des Francs fut ensuite composée, & les autres abandonnant leur ancienne demeure, vinrent s'établir dans une contrée des Bataves, où sont encore deux Bourgs qui ont conservé leur nom. L'un est CATTWICK sur le Rhin, & l'autre CATTWICK sur l'Océan. Voiez MELIBOCI.

CATTIGARA, ancienne Ville d'Asie au Pays des Sines qui fait partie de la Chine d'aujourd'hui; dont ils occupoient la partie Meridionale. Ortelius dit que Jaques Castald nomme ce même lieu CANTON. Voiez QUANTON.

CATTITERIDES. Voiez CASSITERIDES.

CATTUARII [g]: LEUNCLAVIUS, dans son Edition de l'Historien Dion Cassius trouvant un Peuple de la Germanie, nommé *Britanni*, change ce mot en *Cattuarii* & croit qu'ils étoient vers le bas Rhin. C'est Ortelius qui me fournit cette remarque; je ne l'ai pu trouver entre celles de Leunclavius sur le 57. livre de Dion cité par Ortelius.

[g] Ortel. Thes.

CATTUSE. Voiez GERANIA.

CATUACI, ancien Peuple de la Gaule. Jules Cesar en fait mention si l'on s'en raporte à quelques uns de ses Editeurs. Marlien & autres ont cru que c'étoit Douai. Divæus a jugé au contraire que ce mot étoit une faute au lieu d'ADUATICI. Le mot *Catuaci* a enfin disparu dans les bonnes éditions. N. Sanson [h] dans ses remarques sur la Carte de l'ancienne Gaule dit: *Cauaci* étant un nom inconnu à tous les anciens Auteurs, & *Aduatici* fort connu à Cesar, à Dion, à Eutrope, à Orose, qui tous n'ont fait mention des gueres de Cesar, qu'après Cesar même, nous avons jugé que *Catuaci* est corrompu de ADUATICI. Voiez cet Article.

[h] p. 17.

CATUALIUM, ancien lieu de la Gaule Belgique, selon la Table de Peutinger [i]; entre *Blariaco*, qui est Blerie [k] & *Feresue* est Esden, à XIV. M. P. du premier & à XVI. M. P. du second. Ainsi c'est presentement Halen, où passe la Riviere de Velpe qui y communique avec la Geete par un Canal, au Nord de l'Abbaye de Rotten, dans le Brabant Autrichien aux confins de l'Evêché de Liege.

[i] Segm. 1.
[k] Alting Germ. Inf. I. Part.

CATUDÆI [l], Suidas explique ce nom par ceux qui habitent sous la terre. Ce n'est point le nom d'un Peuple particulier; il convient à ceux qui au lieu d'élever leurs maisons au dessus du Sol, creusoient au contraire des especes de Caves qu'ils couvroient ensuite d'un toit, tels étoient les TROGLODYTES. Voiez ce mot.

[l] In Voce Κατυδαίοι.

CATUELLANI. Voiez CATYEUCHLANI.

CATULENSIS, nom d'un Siége Episcopal dans la Mauritanie Cesariense. La Notice d'Afrique nomme [m] *Arator Catulensis*.

[m] n. 48.

CA-

CAT.   CAT.

CATULIACUS VICUS, Aimoin nomme ainsi le lieu où St. Denys Evêque & ses Compagnons furent ensevelis après avoir été martyrisez. C'est presentement ST. DENYS EN FRANCE. La Vie de Ste. Geneviéve l'appelle CATOLACUM & VICUS CATOLACENSIS. L'Histoire de Dagobert le nomme *Catulliacus*, Village du territoire de Paris à six mille pas de la Ville. Voiez au mot SAINT l'Article ST. DENYS.

[a] R. P. R. l. 12.

CATULINA CASTRA, Lazius [a] trouvant qu'il est fait mention de ce lieu dans les Vies de Didius Julianus & de Severe écrites par Spartien l'explique par Tulna lieu en Autriche. Voiez TUL'N.

1. **CATURICÆ**, ou

[b] Valef. Notit. Gall. 1.

1. **CATURIGÆ** [b], ancienne Ville des Gaules chez les Caturiges, dont elle étoit la Capitale & prenoit le nom; entre Embrun & Gap. Antonin la met de même à XVII. M. P. d'*Ebrodunum* & à XII. de *Vapincum*. La Table de Peutinger où elle est aussi nommée *Catorigomagus* la place aussi entre ces deux Villes. L'Itineraire de Bourdeaux dit aussi *Vapincum Mansio*, *Catorigas*, *Mansio Hebriduno*. L'usage ayant accourci ce nom, *Curiga* ou *Curga*, il en est resté Chorges qui est le nom moderne.

2. **CATURICÆ**, ou

2. **CATURIGÆ**, Antonin met un lieu ainsi nommé dans le Rhemois aussi bien que la Table de Peutinger, entre Rheims & Toul. Le premier compte XXXIX. mille pas de Rheims à *Caturiga*. L'Abbaye de CHATRICES auprès de Ste. Menehoud semble en conserver le nom.

CATURIGES, ancien Peuple de la Gaule. César en fait mention dans ses Commentaires [c]; il dit que les Centrons, les Garocelles & les Caturiges, ayant occupé les hauteurs, voulurent disputer le passage à l'Armée Romaine. Strabon [d] parle des CATORIGES; & met dans les Montagnes, les Centrons, les Catoriges, les Veragres, les Nantuates &c. Pline [e] nomme de même les Caturiges & les *Vagienni* de Ligurie descendus des Caturiges, & que l'on appelloit aussi Montagnards. Ptolomée [f] met les Caturiges dans les Alpes Grecques. C'est une faute selon Hadrien de Valois qui voudroit que ce Géographe les eût mises dans les Alpes Cotties à l'exemple de Pline. Le P. Briet brouille un peu les choses, car dans un Catalogue [g] des noms employez par Jules Cesar par raport à la Géographie des Gaules, il explique *Caturiges* par le Diocêse d'Ambrun [h], & dans ce qu'il appelle la division des Gaules par Auguste il met les Caturiges pour le Gapençois, & *Ebroduntii* pour le Diocêse d'Ambrun. Cette incertitude est levée par l'opinion qu'a eue Sanson dans ses remarques sur la Carte de l'ancienne Gaule. Il tient que les Caturiges repondent aux Diocêses d'Embrun & de Gap, qui sont, dit-il, pour la plupart en Dauphiné & partie en Provence. Voici ses preuves. Leur position, dit-il, se prouve par la position de leurs Villes capitales qui sont *Ebrodunum* & *Vapincum*, Embrun & Gap. Leur continence se prouve par celle des deux Diocêses d'Embrun & de Gap. Je mets Gap avec Embrun sous les Peuples Caturiges, encore que cela ne se puisse trouver chez les anciens Auteurs qui ne mettent qu'*Ebrodunum in Caturigibus*. Ce qui me le fait juger c'est que Gap ne se trouve placé chez aucun ancien Peuple & Chorges, que les Itineraires Romains appellent *Caturiga*, &c. étant entre Embrun & Gap, & sur les limites de l'un & de l'autre Diocêse considerez separément, mais au milieu des deux, étant joints ensemble; Chorges, dis-je, repondant au nom de Caturiges, sa jurisdiction ou ses dépendances ne peuvent assigner commodément & raisonnablement été assignées qu'en lui donnant l'un & l'autre Diocêse ensemble.

[c] De Bell. Gall. l. 1. c. 10.
[d] l. 4. p. 204.
[e] l. 3. c.
[f] l. 3. c. 1.
[g] Parall. 2. Part. l. 6. c. 1.
[h] Ibid. c. 3.

CATURIGUM EBRODUNUM, ancien nom de la Ville d'EMBRUN. Voiez ce mot.

CATURRACTONIUM. Voiez CATARACTONIUM.

CATURRIGA, selon quelques exemplaires d'Antonin, pour *Gaturica* ou *Caturiga*. Voiez CATURIGÆ 2.

CATURSIA, pour *Cartusia*. Voiez CATORISSIUM.

CATUS [i], Bourg de France dans le Quercy, sur le Vert, à trois lieues de Cahors, vers le Nord.

[i] Baudrand Ed. 1705.

CATUSIACUM, au lieu de ce mot qu'on lit dans Antonin, les Critiques ont rétabli CARISIACUM.

CATWICK. Voiez KATWYCK.

CATYEUCHLANI, ancien Peuple de l'Isle d'Albion, selon Ptolomée [k], c'est-à-dire, de l'Isle de la Grande Bretagne. Dion Cassius [l] les nomme CATUELLANI, Κατουελλάνοι. Le Pere Briet croit qu'ils repondoient aux Comtez de *Bukingam* & de *Hertford*. Ortelius [m] avoit dit après Leland & Lhuyd, que ce sont les Pays de *Buckingam* & de *Herford*. L'état present de la Grande Bretagne [n] les fait repondre à trois Provinces d'Angleterre savoir Buckinghamshire, Bedfordshire & Worckshire; outre l'inexactitude de ce dernier nom, on peut seulement conclure de ces divers sentimens que ce Peuple occupoit un Pays aux environs de Buckinghamshire.

[k] l. 2. c.
[l] l. 6. p. 678.
[m] Thes.
[n] T. 1. p. 36.

CATZENELLEBOGEN [o], Comté d'Allemagne dans la Hesse, ainsi appellé du Château du même nom, qui est sur les Frontieres du Comté de Nassau, en Latin *Cattimelibocensis Comitatus*. Ce Comté est divisé en deux parties. La superieure, qu'on nomme autrement le haut Comté, s'étend depuis le confluent du Rhin & du Mein, jusqu'à la Bergstrafs, au Palatinat & au Comté d'Erpach, & peut avoir dix lieues de long & six de large. Darmstad est sa Ville Capitale. Les autres lieux sont Zwingenberg, Geraw, Hain, Russelheim. La partie inferieure, nommée ordinairement le bas Comté, confine avec l'Archevêchez de Mayence & de Treves; & les Comtez de Nassau & de Dietz, est long de sept ou huit lieues & large de quatre. Elle appartient presque entierement au Landgrave de Hesse-Rhinfels, & c'est proprement l'ancien Comté de Catzenellebogen. Il y a la petite Ville de Saint Gever sur le Rhin, Saint Goar aussi sur le Rhin, Nafsteden, Schonaw, Hohnstein. Ce Comté étoit originairement entre les Archevêchez de Treves & de Mayence; & fut possedé par une Maison aussi ancienne que puissante, qui accrut considerablement son Domai-

[o] Corn. Dict. d'Audifret Geogr. T. 3.

Tome II.   Eee* 2   ne

ne, dont une partie s'étendant entre le Mein & le Neckre, fut cause qu'on le divisa en superieur & inferieur. Wolfgang qui vivoit au commencement du dixieme Siécle, a été le premier Comte de Catzenellebogen. Henri III. Landgrave de Hesse, acquit ce Comté par son Mariage avec Anne, Fille unique & heritiere de Philippe le Vieux, & il en eut Guillaume le jeune, Mathilde, qui épousa Jean, Duc de Cleves, l'an 1478. & Elisabeth, qui fut mariée en 1481. avec Jean Comte de Nassau-Dillembourg. Guillaume étant mort sans laisser d'Enfans, les Landgraves de Hesse lui succederent, en vertu d'une substitution établie dans la Maison de Hesse. Guillaume y avoit aussi compris les biens maternels. Les Ducs de Cleves & les Comtes de Nassau s'y opposerent, prétendant être les heritiers legitimes. Les Landgraves repliquerent que Mathilde & Elisabeth, ayant renoncé par leurs Contracts de Mariage à tous les biens paternels & maternels, n'y pouvoient plus avoir aucun droit, & après de longues suites, cette affaire fut terminée à l'avantage des Landgraves.

CATZURE, Monastere de Grece, dont il est parlé dans les Sanctions Pontificales des Empereurs d'Orient. Ortelius [a] croit qu'il étoit à Arta Ville de l'Ambracie.

[a] Thesaur.

☞ CAVA, ce nom Latin qui signifie *Creuse*, a été employé en cette Langue à l'égard de certains Pays qui étoient distinguez en deux parties, dont l'une étoit hérissée de Montagnes, l'autre abaissée en vallées & en plaines. Ainsi les Géographes ont appellé *Cava Syria*, ce que les Grecs appelloient Κοίλη Συρία, d'où le mot de Celesyrie s'est formé. Au lieu de ces mots *Cava Syria*, on lit dans l'Edition de Ptolomée par Bertius *Curva Syria*.

CAVA [b], Ville d'Italie au Royaume de Naples, dans la Principauté citerieure, au pied du Mont Metelian. Elle est assez grande & bien peuplée, avec un Evêché suffragant de l'Archevêché de Salerne, mais relevant immediatement du St. Siége. C'est une Ville nouvelle que l'antiquité n'a point connue. Elle est à quatre milles de Salerne & de la côte du Golphe de ce nom au Couchant d'hyver en allant vers Nocera. On remarque que son Evêché ne passe pas l'enceinte de la Ville. Mr. Corneille entend sans doute d'une autre superiorité que de celle de l'Evêque ce qu'il sait savoir que cette Ville a sous elle autant de Villages qu'il y a de jours à l'an. Davity [c] de qui il a pris cette circonstance ajoute que cette Ville est divisée en quatre quartiers que l'on appelle Provinces & qui reçoivent leurs noms des quatre principaux Villages de ce grand fonds de Pays qui se trouvoient lorsqu'on commença de bâtir le Monastere & la Ville; qu'ils étoient nommez, comme ils sont à present, Mitigliano, Pasciano, St. Adjutore, vulgairement S. Aitoro & la Cava qui s'appelloit alors la Fenestra. Il ajoute qu'elle est renommée pour son beau Fauxbourg de SCACCIAVENTI.

[b] Baudrand Ed. 1705.

[c] Europe T. 3. p. 518.

CAVACHI [d], Province du Japon en Niphon au Pays de Jetsengen, entre le Golphe de Méaco qui le borne au Septentrion & les Provinces de Jamato, Idumi & Vomi. Elle est ainsi nommée de sa principale Ville Cavachi, outre laquelle il y a encore le beau Château

[d] Baudrand Ed. 1705.

d'Ozaca d'où vient qu'on l'appelle quelque fois le Royaume d'Ozacha.

§ Selon la Carte Japonoise publiée par Mr. Reland le Royaume de Sits, où est Osacka, est different de Cawats qu'il y borne au Nord. La Mer & la Province d'Idsoemi le bornent au Couchant, celle de Kinokuni au Midi & celle de Jammata au Levant. Il n'y a qu'un port de Mer nommé Saccay.

CAVADO, (LE) petite Riviere de Portugal. Elle a sa source sur les Frontieres de Galice, auprès de Montalegre dans la Province de Tra os Montes, arrose Peneda, Braga, Prados, & a son embouchure dans la Mer, au Nord d'Espofende, dans la Province d'entre Minho & Duero.

CAVAILLON [e], petite Ville de France au Comtat Venaissin sur la Durance. C'est le Siége d'un Evêché suffragant d'Avignon, & dont le Diocèse s'étend même en Provence où sont quatre Paroisses de sa Jurisdiction. Cette Ville est nommée en Latin CABELLIO; Pline la nomme ainsi, & Ptolomée l'appelle Colonie [f], & nomme Cavares le Peuple sous lequel elle étoit. Cette Ville [g] ayant eu le sort des Villes [h] voisines pour le changement de Domination, elle fit partie du Comté de Venasque ou Venaissin sous les derniers Rois de Bourgogne ; elle obéït aux Comtes de Toulouse jusqu'à la mort du Comte Alphonse & de sa Femme Jeanne. Ce fut alors qu'elle fut mise sous la Souveraineté temporelle de l'Eglise Romaine par la cession de Philippe le hardi ; la Ville est petite & mal bâtie, quoi qu'elle soit dans un beau & bon Pays. Non seulement le Pape en est Souverain, mais encore Seigneur utile par moitié avec l'Evêque. Mr. Baudrand remarque qu'elle est dans une plaine très-agréable & très-fertile près de la Durance, au lieu qu'elle étoit autrefois sur une Montagne voisine, où l'on voit encore les ruines de l'ancienne Ville. Elle est, poursuit-il, à quatre lieues d'Avignon au Levant, en allant à Aix dont elle n'est qu'à huit lieues.

[e] Piganiol de la Force Desc. de la France T. 3. p. 341.

[f] l. 3. c. 4.
[g] l. 2. c. 10.
[h] Longuerue Desc. de la France I. Part. p. 380.

CAVALLE, (LA) Ville de Grece dans la Macedoine au bord de l'Archipel. Le Sr. Paul Lucas qui y passa en 1714. en parle ainsi dans son III. Voyage [i]. Nous sortimes d'Yeniqueux le 20. à une heure après minuit pour aller à la Cavalle qui en est à six lieues & qui a été autrefois une grande Ville de Macedoine sur le bord de la Mer, dans une assiette qui la rendoit imprenable. Son Château est encore dans son entier. Ce qu'il y a de plus remarquable, c'est qu'on voit encore aujourd'hui, dans les Montagnes qui en sont voisines, de grosses & longues murailles & plusieurs Fortifications, qui avoient sans doute été faites pour la défense de la Ville. On est surpris de voir ces restes de Murs s'étendre jusqu'au sommet des plus hautes Montagnes, sans que la tradition du Pays puisse rien apprendre de particulier sur ce sujet ; mais il est aisé de juger qu'on avoit songé à fermer ce passage par differens retranchemens qu'il n'étoit pas aisé de forcer. Ce qu'il y a aujourd'hui de plus singulier à la Cavalle, sont les restes d'un Aqueduc à double rang d'Arcades, les unes sur les autres, qui servoient à conduire l'eau dans la Ville & dans le Château. On voit encore dans la Campagne des

[i] T. 1. l. 1. p. 26.

CAV. CAV. CAU.

des restes de tours & de murailles qui fermoient ce défilé, dont les chemins sont très-étroits.

a Baudrand Ed. 1705.
CAVALLERIE [a], (LA) petite Ville de France en Rouergue, à deux lieues du Tarn & de la Ville de Milhaud vers les Frontieres des Cevennes.

1. CAVALLO (MONTE). Voiez QUIRINAL.

b Ibid.
2. CAVALLO [b], (CABO) ou CABO CAVALLO, Cap du Royaume de Naples sur la côte de la Calabre Ulterieure, au Nord de la Ville de Rhegio, & vis-à-vis de celle de Messine. Il y a fur ce Cap une tour nommée TORRE DI CAVALLO, dont apparemment le Cap a pris ce nom. Quelques Géographes mettent en ce lieu le Cap des Brutiens nommé anciennement *Cœnis*, d'autres le placent à Capo Pezzaro.

c Corn. Dict.
CAVALLOS [c], (prononcez *Cavaillos*,) Port de l'Amerique au Gouvernement de Honduras. Herrera lui donne 15. d. de latitude Nord, & dit qu'il est à onze lieues de San Pedro; & à quarante de Valladolid. Il y a eu autrefois une Ville habitée de Marchands à cause de la commodité & de la grandeur du port qu'une baye y fait. Il avoit pris son nom des chevaux que les Mariniers jetterent dans la Mer pendant une grande tempête. La Vallée de Naco, riche en metaux, fort peuplée & le meilleur quartier de tout le Gouvernement en est éloignée de dix-huit lieues. La Ville de Cavallos ayant été prise plusieurs fois & pillée par diverses Nations, fut attaquée par les Anglois en 1591. sous la conduite de Christophle Newport qui en emporta de riches dépouilles. Elle consistoit pour lors en deux-cens maisons. Le Chevalier Antoine Sherley aussi Anglois l'attaqua encore en 1595. & de si frequents malheurs ayant enfin obligé de l'abandonner parce que son port n'étoit pas fort sûr ni aisé à être fortifié, les habitans furent transportez à Amatique qui est à dix-huit lieues de ce port. Voiez AMATIQUE.

Etat préf. d'Irlande p. 49.
CAVAN, ou CAVON, ou EST-BRAENY [*], contrée d'Irlande, dans la Province d'Ulster avec titre de Comté, attaché à la famille des Lamberts. Il a Monaghan au Nord-Est; Letrim à l'Ouest; Longford, Ouest-Meath, & Est-Meath au Sud. Il a quarante-sept milles de long, & vingt-deux de large. On peut dire que les habitans y vivent plutôt dans des Forts que dans des Villes. On le divise en VII. Baronies qui sont

Tullagha,	Tollagarvy,
Tullahonoho,	Clonchy,
Cavan,	Castle-Raghen,
	& Clonomoghan.

Il y a deux Villes qui ont droit de deputer au Parlement, mais il n'y en a point qui tienne un Marché public. Les principales Villes de ce Comté sont

Cavan Capitale,	Kilmore,
Belturbet,	& Castle-Raghen.

d l. 6. c. 7.
CAVANA, ancienne Ville de l'Arabie heureuse, selon Ptolomée [d]. Quelques Interpretes lisent CABANA.

CAVARÆ, selon Mela, cité par Ortelius. On lit *Cavarum* au genitif dans les Editions plus recentes.

e l. 3. c. 4.
CAVARES, selon Pline [e], ou
f l. 2. c. 10.
CAVARI, selon Ptolomée [f], ancien Peuple de la Gaule Narbonnoise. Strabon [g]
g l. 4. p. 186.
écrit Κούαροι, selon les exemplaires qui ont précedé l'édition de Xylander, qui trouvant dans les siens Καβουάροι jugea que ce nom devoit être changé. Casaubon a confirmé la correction & mis dans le texte de Strabon Καουάρους qui est juste. Strabon [h] dit : les Volces (*Volca*) sont
h Ibid.
au bord du Rhône ayant fur le Rivage opposé les Salyes & les Cavares. C'est le nom qui est le plus considerable & on donne le nom de Cavares à tous les Barbares, qui habitent cette contrée, quoi qu'à proprement parler, ils ne soient plus barbares à present puisque la plupart ont pris les manieres & apris la Langue des Romains, & que quelques-uns ont reçu le droit de Bourgeoisie Romaine. Pomponius Mela [i]
i l. c.
leur donne la Ville d'Avignon; Pline de même [k]. Mais ce dernier leur donne aussi une
k l. 3. c. 4.
Ville nommée Valence, qui est aujourd'hui Valence Capitale du Valentinois, ainsi le R. P. Hardouin a raison de dire que les Cavares occupoient le Pays à l'Orient du Rhône depuis l'Isere jusqu'à la Durance, & le Pays de ces Peuples comprenoit le Valentinois, le Tricastin & le Comtat Venaissin. Ptolomée leur donne pour Villes ACUSIO Colonie, *Avignon* Colonie, *Orange*, & *Cavaillon* Colonie. La situation de ces Villes, excepté la premiere, n'est point aujourd'hui contestée; ainsi le Pays des Cavares est connu. Pour Acusio on n'est pas certain du lieu qu'elle occupoit, mais il est sûr qu'elle étoit bien loin de Grenoble.

CAVARIA. Voiez CIVARO.

CAVATA [l], Montagne d'Afrique au Royaume de Fez dans la Province de Chaus,
l Dapper Afrique p. 158.
à cinq milles de Teza; on n'y monte qu'avec difficulté. Elle s'étend d'Orient en Occident trois milles en longueur & deux en largeur. Il y a cinquante Villages & deux selles sources d'où se forment deux grosses Rivieres.

CAVATURINI [m], Peuple ancien de la Ligurie, comme on l'aprend d'une ancienne inscription gravée fur l'airain & conservée à Gènes.
m Ortel. Thef.

CAUB. Voiez KAUB.

CAUCA, ancienne Ville d'Espagne près du Tage, si nous en croyons Appien [n].
n In Iberic.
Zosime [o] dit de l'Empereur Theodose qu'il étoit natif de Cauca Ville de Galice en Espagne. Ptolomée [p] parle bien d'une Ville nommée Cauca, mais il la donne aux Vaccéens.
o Cousin Hist. Rom. T. 2. p. 710.
p l. 2. c. 6.
Voila une Ville située dans trois Pays differens, car à la verité les Vaccéens de Ptolomée confinoient avec l'ancienne Gallice, savoir avec le Peuple *Callaici Brecarii*; mais elle n'étoit pas sur les Frontieres de ces deux Peuples; au contraire, elle en étoit assez loin. D'ailleurs entre Cauca & le Tage il y avoit le Duero & tout l'espace qui est entre ces deux Rivieres. Ces trois situations contradictoires nous empêchent de savoir où elle étoit. Cependant Morales dit que quelques uns pensent que c'est presentement COCA, dans la Vieille Castille, entre Segovie & Valladolit. Mariana [q] est aussi
q Hist. Hisp. l. 3. c. 2.
de ce sentiment. Pline [r] appelle les habitans
r l. 3. c. 3.
Eec* 3   de

de Cauca, CAUCENSES; & les nomme aussi entre les Vaccéens. Pinet s'est avisé de traduire ce nom par *Cuenca*, en quoi il s'est trompé. Antonin peut aider à determiner la situation de Cauca qu'il met sur la route de Merida à Sarragoce entre Nivaria & Segovie à XXII. M. P. de la premiere & à XXVIII. M. P. de la seconde.

CAUCACI, Ville ancienne Episcopale. La Notice d'Andronic Paléologue dit[a]: l'Evêque de Caucaci dans la Nation d'Obydene, étant sous l'Evêque de Bulgarie a été élevé à la Dignité de Metropolitain.

[a] n. 82.

CAUCADÆ, ancien Peuple de la Sarbmatie Asiatique près du Lagous, selon Pline [b].

[b] l. 6. c. 7.

CAUCALANDENSIS, ou CAUCALANDRENSIS LOCUS, lieu inaccessible à cause des hautes Forêts & des Montagnes au milieu du Danube. Ammien Marcellin en fait mention [c].

[c] l. 13.

1. CAUCANA, Port de Sicile, selon Ptolomée, à deux-cens stades de Syracuse, selon l'Histoire Mêlée. Fazel, comme l'observe Ortelius, n'est pas constant dans la maniere de traduire ce nom; car dans un endroit il dit que c'est SCALAMBRI PORTO & ailleurs il dit que c'est SCARAMIS & que ci-devant les Sarrazins le nommoient RASACARAMIS.

CAUCANA. Voiez CAUCON.

CAUCASE, (LE) Montagne d'Asie. C'est une longue chaine qui peut être considerée comme une continuation du Mont Taurus. Cette Montagne très-étendue s'étendoit, dit Strabon [d], le long de deux Mers, savoir le Pont Euxin & la Mer Caspienne, en fermant comme feroit un Mur l'Isthme qui les separe. * C'est la plus haute Montagne de l'Asie Septentrionale, elle commence au dessus de la Colchide & s'avance jusqu'à la Mer Caspienne. Herodote dit [f]: le Caucase borne la partie Septentrionale de la Mer Caspienne. Valerius Flaccus [g] dit

[d] l. 11. p. 342.

* Cellarius Géog. Ant. l. 3. c. 10.

[f] l. 1. c. 104.

[g] l. 5. v. 154.

Ultimus inde sinus, sævumque cubile Promethei
Cernitur, in gelidas consurgens Caucasus Arctos.

Les Anciens supposoient que Prométhée étoit attaché sur cette Montagne [b], qui a toujours eu la reputation d'être peuplée de Peuples barbares. C'est à quoi Didon fait allusion dans l'Eneide *

[b] Hygin. Fab. 54.

* Æn. l. 4. v. 366.

Duris genuit te cautibus horrens
Caucasus; Hircanæque admorunt ubera tigres.

C'étoit dans ces Montagnes qu'étoient les Portes Caucasiennes dont je parle à l'Article CASPIENS. Il faut distinguer entre la voye Caspienne & la voye Caucasienne. Procope [i] nous en apprend la difference. Les parties du Caucase, dit-il, qui sont à l'Orient se terminent à deux portes qui servent de passage aux Huns pour entrer sur les terres des Perses & des Romains. L'une est nommée Tzur; l'autre conserve son ancien nom de Caspienne. Celle qu'on appelloit Tzur avoit été auparavant appellée Porte Caucasienne. Je joindrai ici l'idée que nous donnent du Caucase deux Mo-

[i] Goth. l. 4. c. 3.

dernes qui l'ont parcouru. Je commencerai par la relation qu'en fait Chardin [k].

[k] Voyages T. 2. p. 90.

On sait que l'Asie est divisée par une chaine de Montagnes d'un bout à l'autre dont les trois plus hautes parties ont été nommées (par les Anciens) TAURUS, IMAUS & CAUCASE. La premiere est la plus avancée dans l'Asie & on appelle toute cette Chaine en general le Mont Taurus. Je dis en general, parce que chaque partie a son nom particulier connu par chaque Nation qui en est proche. La derniere partie est la plus proche de l'Europe entre la Mer Noire & la Mer Caspienne, la Moscovie & la Turquie. Beaucoup d'Auteurs confondent ces trois parties. Pline entre autres & Quinte Curse qui mettent le Caucase dans les Indes. Strabon qui parle de cette Montagne dans le XI. livre de sa Géographie dit que quoique ces Auteurs s'accordent tous en cela, on ne doit pas néanmoins les en croire; parce qu'ils n'en ont usé ainsi que par flaterie, afin de mieux louer Alexandre, à qui il étoit plus glorieux d'avoir poussé ses conquêtes au delà des Montagnes des Indes, que d'avoir simplement traversé les Montagnes voisines du Pont Euxin. Je croirois donc cette méprise seroit une faute de Géographie que Quinte Curse auroit faire de bonne foi, comme lorsqu'il fait venir le Gange du Midi & qu'il prend le Jaxarte pour le Tanais. Je le croirois, poursuit l'Auteur cité, si dans le livre sixieme, il ne mettoit pas le Mont Caucase entre l'Hircanie & le Fleuve de Phase.

Pour revenir à la description du Mont Caucase, c'est la Montagne la plus haute & la plus difficile à passer que j'aye vûë. Elle est pleine de Rochers & de precipices affreux. On a beaucoup travaillé en plusieurs endroits à y creuser des sentiers, Elle étoit toute couverte de neige quand je la passai & il y en avoit presque par tout plus de dix pieds de haut. Il falloit en plusieurs endroits que mes conducteurs fissent le chemin avec des pelles; ils avoient à leurs pieds une maniere de Sandales propres à aller sur la neige que je n'ai vue qu'en ce Pays-là. La semele a la forme & la longueur d'une raquette sans manche, mais pas tant de largeur; le reseau est aussi plus lâche & le bois est tout rond. Cette chaussure les empêche d'enfoncer dans la neige, car elle n'y entre pas plus d'un travers de doigt. Avec cela ils courent fort vite & ne laissent que de legeres traces & fort incertaines de la route qu'ils ont tenue, parce que cette chaussure n'a ni devant ni derriere. Le haut du Caucase est perpetuellement couvert de neige & pendant les huit lieues de chemin que l'on fait à le traverser il est inhabité. Lorsque nous fumes au haut du Mont les gens qui me conduisoient firent de longues oraisons à leurs Images, afin qu'il n'y eût point de vent. En effet s'il y en eût eu d'un peu fort, nous aurions sans doute été ensevelis dans la neige; car elle est mouvante & menuë, comme la poussiere: le vent l'emporte & en remplit l'air. Graces à Dieu, il ne fit presque point de vent. Les chevaux enfonçoient si avant en des endroits que je croyois souvent qu'ils n'en sortiroient pas. J'allai à pied & surement. Je ne fis pas huit lieues à cheval en traversant ce mont affreux qui est de trente-six

six lieues je croyois les deux derniers jours être dans les nues & je ne voiois pas à vingt pas de moi. Il est vrai que les arbres dont tout le haut du Mont est couvert empêchent fort la vûe de s'étendre. Ces arbres sont des sapins ; je n'y en vis point d'autres, de quoi je fus bien fâché, car comme je m'imaginois d'être sur la plus haute Montagne du monde, ou du moins sur la plus haute de l'Asie, j'aurois bien voulu verifier ce que disent les Naturalistes, que sur le sommet des Montagnes les plus élevées les feuilles des Arbres sont toujours au même état à cause que les vents & les nuées qui les pourroient faire tomber sont toujours au dessous sans jamais monter si haut. C'est ce que je n'ai remarqué nulle part. Je ne me suis pas apperçu non plus que l'air n'y soit pas vital, comme ils le pretendent : il est vrai qu'il est très-subtil & très-sec ; mais je crois qu'on y vivroit comme dans les airs plus mêlez & que la cause qu'on n'y trouve point d'habitans vient uniquement du commerce & de la correspondance qu'il seroit difficile d'avoir delà avec le reste du monde. En descendant cette affreuse Montagne, je voyois les nuages se mouvoir en bas sous mes pieds, j'eusse cru être en l'air si je n'eusse senti que la terre me portoit. Le Mont Caucase est jusques vers le haut, fertile & abondant en Miel, en Bled, & en *Gom* sorte de grain que l'on a en Mingrelie. Il est encore en Vins, en Fruit, en Cochons, & en gros bétail. Il y a par tout de très-bonnes eaux. On y trouve plusieurs Villages. La Vigne y croit autour des Arbres & s'éleve si haut que souvent on ne peut en aller cueillir le fruit. On y faisoit vendange quand j'y passai, je trouvois le raisin, le Vin nouveau, & le vieux admirablement bons. Le Vin y est à si bon marché qu'à des endroits on en donne le poids de trois-cents livres pour un écu. Les Villageois n'en pouvant vendre autant qu'ils en peuvent faire, ils laissent le raisin pourrir sur le cep sans le cueillir. Ils habitent dans des Cabanes de bois ; chaque famille en a quatre ou cinq. Ils font un grand feu au milieu de la plus grande & se tiennent tous à l'entour. Les Femmes moulent le grain à mesure qu'on a besoin de pain. Ils font cuire la pâte dans des pierres rondes d'un pied de Diametre ou environ, & creusés de la profondeur de deux ou trois doigts. Ils font bien chauffer la pierre, mettant le Pain dedans & le couvrent de cendres chaudes & de charbons ardents par-dessus. Il y a des lieux, où on le fait cuire dans la cendre même. On balie bien un endroit du Foyer. On y met le Pain & on le couvre de Cendres & de Charbons ardens par-dessus comme l'autre. Avec tout cela la croute ne laisse pas d'être assez blanche & le Pain fort bon.... Les Habitans de ces Montagnes sont la plupart Chrétiens du Rit Géorgien. Ils ont le teint fort beau & il y a parmi eux de très-beaux visages de Femmes.

Jusqu'ici Chardin ne dit point quels Peuples les habitent ; j'y vais suppléer par un extrait tiré de la Relation de la Colchide & de la Mengrelie par le P. Archange Lamberti, inserée au Recueil de Thevenot.

a p. 44.

Le Caucase est, dit-il [a], habité par des Peuples fort sauvages de differentes Langues qui ne s'entendent point. Les plus proches de la Mengrelie sont les SUANES, les ABCASSES, les ALANS, les CIRCASSES, les ZIQUES, & les CARACHOLI. Ils se vantent d'être Chrétiens, quoiqu'il n'y ait ni foi ni pieté parmi eux. Les plus civilisez sont les Suanes qui aiment à se faire instruire ; ils occupent une grande partie des Montagnes qui sont vers Odisci & celles d'Imirete. Ceux-ci servent le Prince d'Imirete & ceux-là le Prince Dadian. Ils sont d'une taille extraordinaire, bien proportionnez, mais affreux de visage, braves Soldats, bons Arquebusiers. Ils ont même l'art de faire des Arquebuses & de la poudre, au reste si sales, qu'ils font peine à ceux qui les regardent. Ils ne manquent point de choses necessaires à leur nourriture, mais la necessité d'avoir des habits & toute sorte de Mercerie les oblige à venir par troupes en Géorgie, au commencement de l'Eté. Ils louent leur travail & leur industrie, travaillent à la Campagne, & s'en retournent après la recolte, remportant pour leur salaire non pas de l'argent qui leur seroit inutile, mais des Plaques de Cuivre, des Chaudrons, du Fer, des Toiles, des Draps, des Tapis & du Sel. Ils reviennent au commencement de l'hyver à Odisci, où ils fournissent les habitans de bois dont ils ont grand besoin à cause du grand froid & de la qualité de leurs maisons mal-fermées & quand on les interroge pourquoi ils ne veulent point d'argent pour leur salaire, ils repondent qu'en prenant en payement les choses qui leur sont necessaires ils s'épargnent la peine de recevoir de l'argent qu'il faudroit employer ensuite à ces mêmes marchandises. Ces habitans du Mont Caucase, ni les autres Peuples qui sont entre la Mer Caspienne & le Pont Euxin ne se servent point de monnoye & quoi que Strabon ait dit qu'ils ont beaucoup d'Or & qu'ils le ramassent dans des peaux de Mouton, je puis assurer qu'il ne leur reste rien de ces richesses supposées, ni même aucune memoire qu'il y en ait eu autrefois dans le Pays.

[b] Les Peuples du Caucase les plus avancez vers le Nord que les Turcs nomment ABASSAS ou ABCASSES, sont bien faits, bien proportionnez, ont le teint beau, adroits de leurs personnes, forts & propres à toutes sortes de fatigues. Leur Pays est sain, agréable & entrecoupé par des Collines fort fertiles & fort riches. Ils ont de grands troupeaux, & vivent de la chasse & de laitterie, ne mangent point de poisson quoi qu'ils en ayent grande abondance & sur tout ont en horreur les Ecrevices, se raillant souvent de leurs Voisins de Mingrelie qui en font un de leurs meilleurs morceaux. Ils n'habitent point dans des Villes, ni dans des Châteaux, mais quinze ou vingt familles s'attroupent ensemble, & ayant choisi le sommet de quelque Colline y dressent des Chaumieres & les fortifient de Hayes & de fossez, ce qu'ils font pour n'être point surpris de ceux mêmes du Pays ; ils tâchent de s'enlever les uns les autres, & de faire des esclaves pour les vendre aux Turcs qui font beaucoup de cas de ceux de cette Nation à cause de leur beauté. Entre autres usages qui leur sont particuliers, ils n'enterrent ni ne brûlent le corps de leurs morts. Ils mettent le corps dans un tronc

b Ibid p. 45.

tronc d'Arbre qu'ils ont creusé & qui sert de Biere & l'attachent avec du sarment de Vigne aux plus hautes branches de quelque haut Arbre. Ils suspendent de même les armes & les habits du Défunt & pour lui envoyer son cheval en l'autre Monde, ils le font courir à toute bride proche de cet Arbre, jusqu'à ce qu'il creve : s'il meurt bien-tôt, ils disent que son Maître l'aimoit fort & si au contraire il resiste long-temps, ils disent qu'il a témoigné par-là qu'il ne s'en soucioit pas beaucoup. Je ne dirai rien des Alains & des Ziques à cause que leurs usages different peu de ceux des Suanes & des Abcasses.

CAUCASIÆ PORTÆ. Voiez au mot CASPIENS.

CAUCASIUM MARE. Voiez au mot PONTUS.

CAUCENSES. Voiez CAUCA.

CAUCHABENI, ancien Peuple de l'Arabie deserte selon Ptolomée [a].

[a] l. 5. c. 19.

CAUCHI. Voiez CHAUCI.

CAUCIACUM [b], c'est le nom d'un ancien Palais des Rois de France, dans le Territoire de Noyon, mais cependant du Diocêse de Soissons. Sa situation étoit entre les Forêts de Cuisse & de Legue, auprès de la Riviere de l'Aisne vers son confluent avec l'Oyse. Il y a eû un Monastere fameux auprès de ce Palais, & il paroit qu'un nommé Bettosen en étoit Abbé il y a plus de mille ans. L'Eglise de ce Monastere étoit dediée à St. Etienne. Les Historiens anciens nous disent que ce fut le lieu de la sepulture du Roi Childebert III. Quelques modernes ont ajouté que Clovis Frere de ce Childebert & Dagobert son Fils y furent aussi inhumez, mais c'est ce qu'on ne trouve nulle part dans les anciens. Il est dit aussi que la Reine Berte, Mere de Charlemagne, qui mourut l'an 783. y fut enterrée, mais son corps fut ensuite transferé dans le Territoire de Paris où elle repose auprès de son Epoux, dans l'Eglise de St. Denis, suivant que le disent les Annales de cette Abbaye : *sepulta est in* CAUCIACO ; *sed inde postea translata Parisios, sepulta est juxta virum suum in Ecclesia Sti. Dionysii*. On trouve dans les Actes des Saints de l'Ordre de St. Benoît [c], une Patente de Loüis le Debonnaire qui fait une donation du Monastére *Cauciacum*, sur l'Aisne, avec son tréfor & toutes ses dependances à l'Eglise de St. Medard de Soissons, ce qui est confirmé par la Bulle du Pape Eugene, rapportée à l'an 822. Enfin il nous reste encore une grande quantité d'Ordonnances & Lettres Patentes, qui font mention de ce *Cauciacum*, comme d'une Maison Royale. Telles sont, une Ordonnance du Roi Carloman, adressée à Gileon Evêque de Langres, datée en ces termes : *apud Cauciacum Villam* : celle de Loüis Auguste que le P. Labbe [d] raporte, finit ainsi *Actum Cusiaco Palatio Regio* : & les Lettres Patentes de Charles le simple rapportées par le même Auteur [e], dans lesquelles on lit: *Actum Villa Causiaco*, ou *Cangiaco*, ainsi qu'on le voit au bas des mêmes Lettres. On voit dans les mots *Caugiaco* & *Cusiaco*, que le nom de *Cauciacum* commençoit déja se à corrompre. Il se corrompit encore davantage dans la suite, car on trouve en plusieurs endroits, *Codiciacum*, *Cochiacum*, *Cu-*

[b] De re Diplomat. Lib. IV. p. 271.

[c] Sæcul. 4. Bened. Part. I. initio post Præfat.

[d] Miscell. p. 460.

[e] Ibid. p. 126. & 502.

ciacum, *Cusiacum* & *Coceium*, indifferemment employez pour *Cauciacum*. Aujourd'hui cet endroit se nomme CHOISY.

CAUCO-LIBERI, Ortelius dit que c'est une Ville d'Espagne, & cite le Martyrologe d'Usuard & d'Adon, qu'on y celebre le 19. Mai la naissance de St. Vincent ; & que Baronius croit ce nom derivé de ces deux mots *Cauco* & *Celtiberi*. J'ajoute que deux Notices de l'Eglise d'Espagne mettent Cauco-Liberi, comme un Siége Episcopal : la premiere se contente de le nommer sous sa Metropole, qui est Narbonne ; la seconde la nomme CAUCOLIBIUM, ou TOLOSA, & la range sous la même Metropole. Ainsi la Ville Episcopale *Caucoliberi* ou *Caucolibium*, n'est Espagnole que pour le temps où les Rois d'Arragon ou de Navarre, possedoient la Gaule Narbonnoise ; car dans ces Notices, on voit qu'alors Carcassonne, Besiers, Agde, Lodeve, Maguelone, Nismes & Elna, étoient les autres Siéges suffragans de Narbonne, & qu'ils sont tous dans la France & presque tous dans le Languedoc. C'est donc en France qu'il faut chércher celui-ci ; & non pas dans l'Espagne, à la prendre selon les bornes qu'elle a presentement. On voit bien qu'il y a dans le Roussillon une Ville qui porte le même nom, savoir COLIBRE, les Espagnols écrivant le B, par un V ont écrit *Colivre* qui est la même chose pour leur prononciation & nos François prenant cet *v* consonne pour un *u* Voyelle, ont cru le devoir prononcer comme *ou* & disent *Colioure*. Le P. Ferrari dit que ce Siége a été remplacé par celui d'*Elna*. Les deux Notices citées lui sont contraires, dans toutes les deux *Caucoliberi* est le premier suffragant de Narbonne & Elna le dernier. Ainsi c'étoient deux Siéges contemporains. Cela étoit ainsi sous le Regne de Wamba. Dans une troisieme Notice, il n'est plus question de *Caucoliberi* sous Narbonne, mais en échange on y trouve *Tolosa*, qui ne se trouve point dans la premiere, & qui est la même que *Caucoliberi*, selon la seconde. Voiez COLIOURE.

1. CAUCON, Riviere de Grece au Peloponnese. [f] Elle coule aux environs de Dyme & va se perdre dans une autre Riviere qui porte ses eaux dans l'Acheloüs. Cette Riviere qui reçoit le Caucon, passoit à Dyme & s'appelloit le Teutheas au Masculin, & ensuite Teuthea au Feminin.

[f] Strab. l. 8. p. 342.

2. CAUCON, lieu maritime de Sicile à deux cens stades de Syracuse, comme nous l'apprend Procope [g]. L'Histoire Mêlée nomme ce même lieu CAUCANA.

[g] Wand. l. 1.

CAUCONES, Peuple ancien d'Asie dans la Bithynie, selon Ptolomée [h], quelques exemplaires portent CUCLONES ; & cela feroit douter du vrai nom si Strabon ne nommoit pas ce même Peuple CAUCONES : ce dernier en parlant des Caucons d'Asie [i] : tout le monde ne s'accorde pas à dire la même chose sur les Mariandyni & les Caucons... Quant aux Caucons que l'on dit habiter la côte du Pont Euxin depuis les Mariandyni jusqu'au Fleuve Parthenius ; & être Maîtres de la Ville de *Teium*, quelques uns les font Scythes, d'autres Macedoniens, d'autres Pelasges. Callisthene dans le Denombrement d'Homere après le Vers

[h] l. 5. c. 1.

[i] l. 12. p. 542.

Κρόμ-

CAU.

Κρόμναν τ' Αἰγιαλόν τε &c.

a ajouté ces deux-ci,

Καύκωνας αὖτ' ἦγε πολυκλέος &c.

C'est-à-dire, le vaillant fils de Polycle menoit les Caucons, qui ont leur demeure auprès de la Riviere Parthenius. [a] Car ils s'étendoient depuis Heraclée & les Mariandyns jusqu'aux Leucosyriens que nous appellons aussi Cappadociens, & il y a la Nation des Caucons repandue aux environs de Teium, & elle confine aux Henetes qui sont au delà du Parthenius, & aux Cytiens & il y a même encore à present certains CAUCONITES auprès du Parthenius.

[a Ibid.]

CAUCONES, ancien Peuple de Grece dans le Peloponnese. Strabon[b] dit: le territoire des Lepréates est fertile. Les Cyparisfiens sont leurs voisins. Les Caucons ont occupé l'un & l'autre ; & ont eu de plus *Macistum* nommée par d'autres *Platanistus*. Ce nom est commun à la Ville & au Pays. Dans la campagne des Lepréates il y a un monument de Caucon, soit que ç'ait été un Prince de cette Nation-là ou seulement quelqu'un qui avoit le même nom. On parle differemment des Caucons, car on dit que c'est un Peuple d'Arcadie, aussi bien que les Pelasges & vagabond comme eux. Homere dit bien qu'ils vinrent au secours des Troyens ; mais il ne dit point de quel endroit. . . . (Il n'y a point d'apparence que les Grecs vinssent pour défendre Troye, ainsi Strabon a raison de croire que ceux dont parle Homere étoient de Paphlagonie, ce sont les mêmes dont il s'agit dans l'Article precedent ; mais revenons avec lui à ceux du Peloponnese) quelques-uns disent qu'ils occupoient tout le pays qu'on appelle aujourd'hui l'Elée depuis la Messenie jusqu'à Dyme ; & qu'on l'appelloit la CAUCONIE. D'autres assurent qu'ils n'occupoient point tout ce pays-là ; mais qu'ils étoient partagez, qu'une partie demeuroit dans la Triphylie auprès de la Messénie & les autres auprès de Dyme, dans le territoire de Buprase, & dans la basse Elide.

[b l. 8. c. 345.]

CAUCONIE. Voiez l'Article precedent.

CAUCONUS. Voiez CAUCON Riviere.

CAUDA BOVIS. Voiez BOOS URA.

CAUDEBEC[c], Ville de France en Normandie, capitale du Pays de Caux, dont elle a reçû son nom, en Latin *Calidobecum*. Elle est située au pied d'une Montagne couverte d'un bois, sept lieües au dessous de Roüen, trois au dessous de Jumiége, du même côté de Harfleur & du Havre, onze lieües au dessus de cette derniere Place. Caudebec a trois portes, par lesquelles on entre dans ses trois Fauxbourgs, outre celles qui donnent passage sur son Port, & de petites places bien pavées. Quoique la Ville soit fort resserrée, elle ne laisse pas d'avoir beaucoup d'habitans, par rapport à son étenduë. Ses murailles sont flanquées de tours & environnées de fossez profonds. On y fait differentes Manufactures, & entr'autres des Chapeaux nommez Caudebecs, fort estimez parce qu'ils resistent à la pluye. Une petite Riviere qui prend sa source sur la paroisse de Sainte Gertrude, à trois quarts de lieuë de Caudebec, traverse la Ville par plusieurs Canaux terrassez, & fait aller ses moulins ; elle est très-utile aux Tanneurs, Megissiers & autres. Il y a beaucoup d'Hôtelleries dans les Fauxbourgs, à cause du grand passage de Roüen au Havre, & dans une partie du Pays de Caux. L'Eglise Paroissiale est sous l'invocation de Nôtre Dame. Elle est fort belle & bâtie en Croix. Son grand Portail est très-magnifique, & les dehors en sont beaux. Son gros clocher de pierre en pyramide est très-bien ouvragé jusqu'à la Croix qui le termine. Le Chœur & la Nef sont accompagnez d'un Corridor vouté, avec des Chapelles à l'entour. Les grands balustres qui ferment les six arcades du Chœur sont de cuivre, de même que l'Aigle qui sert de Pulpitre. Derriere le Chœur il y a une Chapelle de la Vierge assez propre, dont la voute soûtient un grand Cul de la lampe. La Tribune de pierre qui porte l'Orgue est un trait d'Architecture des plus hardis. Elle sort de la muraille du grand Portail toute en saillie, sans être soûtenuë d'aucun pilier. Le Jubé qui sépare le Chœur d'avec la Nef est aussi de pierre, & enrichi de reliefs, qui representent en petit les Mysteres de JESUS-CHRIST. Les deux Portes de pierre par où l'on entre dans les Corridors aux deux côtez du Chœur ont été travaillez avec beaucoup de délicatesse. Il y a aussi à Caudebec un Couvent de Capucins, & un autre de filles de la Congregation de Nôtre Dame ; plusieurs Chapelles ; un Hôpital ; & un Hermitage, d'où l'on découvre plus de quatre lieuës de cours de la Seine. Les vaisseaux qui viennent de la Mer, peuvent mouiller l'ancre dans le Canal de cette Riviere devant le Port qui est revêtu de pierre, & l'on y voit venir le reflux, que ceux du Pays nomment *la barre*. C'est un flot de la Mer qui s'eleve sur la face de la Seine en forme de barre, qu'on voit bien sensiblement passer à Quillebeuf, à Villequiers, à Caudebec, à la Meilleraye & à Jumiéges, & qui en remontant fait aussi remonter les eaux de la Seine, environ quarante lieuës, deux fois chaque jour, depuis le Havre de Grace jusqu'au Pont de l'Arche, quoi qu'il n'y ait guere plus de vingt lieues de trajet par terre. Il y a à Caudebec des barques de Pêcheurs, qui vont chercher du poisson jusque dans la Mer ; il y en a aussi une de passage pour aller de l'autre côté de la Riviere. Le trajet appellé de la Traverse est fort dangereux. Ce Trajet, qui est une lieuë au dessous de Caudebec, joint aux passages difficiles que l'on trouve aux environs oblige les Vaisseaux Etrangers à prendre des Pilotes à Villequiers, pour les conduire jusqu'au Château de la Meilleraye. Caudebec a un Bailliage, avec un Siége Présidial, Vicomté, Election, Grenier à sel, Amirauté, Maîtrise des Eaux & Forêts, un corps d'Officiers de Ville, un Gouverneur, un Lieutenant de Roi, une Compagnie privilegiée appellée la Cinquantaine. On y tient une Foire tous les ans le jour de la Fête de Saint Mathieu ; & il y a tous les Samedis un gros Marché pour les toiles, grains & autres denrées.

[c Memoires dressez sur les lieux en 1704.]

CAU. CAU. CAV.

a Baudrand Ed. 1705. CAUDESCOSTES [a], petite Ville de France dans l'Armagnac, à une lieue de la Garonne vers le Midi, & deux lieues au dessus d'Agen.

b Ibid. 1. CAUDETE [b], (la) petite Riviere d'Espagne dans la nouvelle Castille. Elle a sa source à Caudete, d'où coulant à Utiel, Requena, Siete-Aguas, Lombay, El Alcudia, & Alzira dans le Royaume de Valence: elle se rend dans le Xucar.

2. CAUDETE, selon Mr. de l'Isle est un Village situé entre Almanza & Villena dans la Castille aux confins du Royaume de Valence; mais bien au Midi du cours du Xucar; ce lieu n'a rien de commun avec le lieu dont il est question.

3. La grande Carte d'Espagne chez Jaillot met à Moya la source d'une Riviere nommée OLIANA laquelle coulant vers le Midi à Talajuela, g. à CAUDETTE d. Utiel, & Requena g. & se joignant au Cabriel va se perdre avec lui dans le Xucar, dans le Royaume de Valence. Ainsi OLIENA dans cette Carte est la *Caudete* de Mr. Baudrand.

CAUDI. Voiez CAUDINÆ.

CAUDI CAUPONÆ, lieu d'Italie dont *c l. 1. Sat. 5. v. 51.* parle Horace [c] dans la Description d'un Voyage qu'il fit à la suite de Mecenas. Il ne faut pas lire CLAUDI comme font quelques-uns; car il est question de *Caudium* en cet endroit.

d Baudrand Ed. 1705. CAUDIEZ [d], petite Ville de France en Languedoc, au pied des Monts Pyrenées, & sur la frontiere du Roussillon au pays de Fenouilledes sur le torrent d'Egli à sept lieues d'Aleth, vers le Midi.

CAUDINÆ FURCÆ ou FURCULÆ, passage étroit & dangereux où les Romains s'étant engagez sans savoir comment en sortir, ne se tirerent d'affaire qu'à des conditions igno-*e l. 9. c. 2.* minieuses. Un passage de Tite-Live [e] nous donne une peinture de ce Defilé: il y avoit deux chemins pour aller à Lucerie, l'un en suivant le rivage de la Mer Tyrrhéne, & celui-là étoit le plus sûr, & de moins embarassant; mais aussi c'étoit le plus long. L'autre en passant les *Fourches Caudines* est le plus court; mais voici comment il est naturellement. Il y a deux defilez profonds, étroits, & couverts d'arbres; joints entre eux par les Montagnes d'alentour, qui touchent l'une à l'autre. Entre ces Montagnes est renfermée une plaine assez grande, tapissée d'herbe, & où il y a de l'eau & on passe par le milieu de cette plaine. Avant que d'y être, il faut franchir le premier détroit, ou s'en retourner sur ses pas par le même chemin qu'on est venu; ou bien si on veut poursuivre son chemin, on ne trouve d'autre issue qu'un autre defilé encore plus étroit & plus difficile que l'autre. Les Romains ayant fait descendre leur armée dans cette plaine par le creux d'une roche allerent vers les autres défilez qu'ils trouverent fermez par les arbres, & les grosses pierres qu'on y avoit jetté pour en boucher le passage, &c. Je laisse à l'Histoire le détail des malheureuses suites qu'eut l'imprudence des chefs, qui les avoient engagez dans un lieu si dangereux. Tite-Live [f] & Florus [g] nomment *f l. c. g l. 1. c. 16.* ce lieu *Caudina Furcula*, l'Epitome de Tite-Live dit *Furca*. Ce lieu étoit près de CAUDIUM, qui lui donnoit le nom.

CAUDIUM, ancienne Colonie Romaine en Italie sur la voye Appienne, entre Cahtia & Benevent, comme on voit sur la Table de Peutinger [h]. Sa qualité de Colonie est atestée *h Segm. 3.* par Frontin qui dit: le Bourg de Caudium entouré de murailles. On y doit au Peuple un chemin de cinquante pieds. Cesar l'ajugea avec tout son territoire à la Colonie de Benevent. Sa campagne assignée aux Veterans fut ensuite mesurée, distinguée par des bornes, & ajugée au Peuple. Il est souvent parlé de cette Ville dans l'Histoire de Tite-Live [i]. Vel-*i l. 2. c. 9. c.* leius Paterculus [k] & Pline [l] nomment les habi-*12. & passim.* tans CAUDINI. J'ai parlé dans l'Article pre-*k l. 2. c. 1.* cedent des *Fourches Caudines*, fameux defilé *l l. 3. c. 1.* où les Romains firent une paix honteuse. Holstenius dit qu'il y a un Village qui conserve encore des traces de l'antiquité en son nom qui est FURCHIE.

CAUDIUS. Voiez RAUDINUS.

CAUDO, Καυδὼ, Isle voisine de l'Isle de Crete, Suidas qui en parle dit qu'il y naît des Anes sauvages fort grands. Voiez CLAUDUS.

CAUDRIACUS. Voiez HYDRIACUS.

CAUDROT ou COUDROT [m], petite *m Baudrand* Ville de France en Guienne dans le Bazadois *Ed. 1705.* à l'embouchûre du Drot dans la Garonne entre les Villes de la Réole & de St. Macaire.

CAVE, grand Village d'Asie; Xenophon en parle au IV. de son Histoire des Grecs, & Ortelius juge qu'il étoit en Bithynie.

CAVERNE, lieu creux & profond dans un rocher, ou dans une Montagne. Les anciens distinguoient entre ces deux mots *Antrum* & *Spelunca*, que nous traduisons également par le mot de *Caverne*, en ce qu'ils donnoient le premier à celles qui sont l'ouvrage de la nature, & le second à celles que l'art avoit creusées. Je ne crois pas qu'il y ait en nôtre Langue de la diference entre un *Antre* & une *Caverne*; mais nous appellons ordinairement Caverne celle qui a une profondeur considerable & qui est accessible; car si elle étoit profonde en precipice ce seroit un abisme & non pas une Caverne. Celles qui n'ont que la profondeur necessaire pour être le logement d'un homme ou d'une famille sont proprement des *grottes*. Les Cavernes & à plus forte raison les Grottes sont pour la plupart des effets de l'Industrie humaine. Quelques-unes ont été creusées, pour y loger, & vraisemblablement les Grotes ont été les premieres Maisons des hommes. D'autres ont été percées pour en tirer des pierres & autres materiaux, & ont ensuite servi à d'autres usages pour lesquels elles n'avoient pas été d'abord destinées. Dans la Palestine, par exemple, l'Ecriture fait mention de quantité de Cavernes & de Grottes, & même encore à present on y montre un grand nombre de Grottes ou Cavernes, où se font, dit-on, accomplis divers mysteres de la Vie de JESUS-CHRIST. Les Cavernes de la Thebaïde, comme je le remarque ailleurs, n'étoient pas faites pour les Solitaires qui les habiterent. Ils profiterent pour se loger, des Carrieres d'où l'on avoit tiré de quoi élever ces superbes édifices

CAV. CAU.

fices dont les Voyageurs voient encore les restes avec une admiration qu'ils ne sauroient assez exprimer.

CAVERNÆ SUSIS, c'est ainsi que St. Augustin [a] appelle un lieu d'Afrique où se tint un Concile.

[a] Enarrat. Psalm. 36.

CAVEROS. Voiez MYLANTIA.

CAVICLUM, ancien lieu d'Espagne sur la route de Castulon à Malaga, entre *Sexitanum* & *Menoba*, à seize milles de la premiere & à XXIV. M. P. de la seconde, qui n'étoit qu'à XII. M. P. de Malaga, selon Antonin[b].

[b] Itiner.

CAVII, ancien Peuple de l'Illyrie, selon Tite-Live[c] en quelques Editions de cet Auteur, Turnebe vouloit changer ce nom en celui de CERAUNII, au rapport d'Ortelius. Cette correction seroit une dépravation du Texte.

[c] l. 44. c. 30.

CAVILLONUM, pour CABILLONUM.

CAVINAS[d], Peuple de l'Amerique Meridionale au Perou dans la Province de Charcas dans les Montagnes. Dans la contrée qu'ils occupent sont les Villages d'*Urcos* & de *Quiquixana*. Le premier étoit renommé anciennement par un Palais Royal bâti au sommet d'une Montagne. Garcilasso nomme l'autre *Quequesana*, & dit qu'entre ces deux Villages il y a trois lieues d'un chemin âpre & montueux. La Riviere d'*Yuçai* qui coupe presque le milieu de cet espace est à neuf lieues de la Ville de Cusco. Les Cavinas sont voisins des Canches.

[d] Corn. Dict.

CAVIOPITAVORENSIS, c'est ainsi que lit Ortelius dans la Collection de Carthage, & il dit que c'est le nom d'un Evêché. Je ne doute point que ce ne soit le même Siége dont l'Evêque est nommé dans cette même Conference[e] *Felix Caniopitanorum*; sur quoi Mr. Dupin remarque[f] que ce mot est peut-être pour *Canapii*, qui étoit dans la Province Proconsulaire. Il ajoute que le nom de ce Siége se lit dans la Lettre Synodale des Evêques de cette Province, & que *Redemptus* Evêque de la Ste Eglise du Bourg *Canapiis* ou *Canapis*, comme on lit dans l'Exemplaire de Beauvais, y souscrivit.

[e] Ed. Dupin p. 170. c. 2. in fine.
[f] n. 203.

CAULARIS AMNIS, Riviere d'Asie dont parle Tite-Live[g]. Ortelius dit qu'il étoit aux environs de la Pamphylie.

[g] l. 38. c. 15.

CAULCI, ancien Peuple de la Germanie vers l'Océan, selon Strabon[h]. Mais Cluvier a fort bien remarqué que c'est une faute & qu'aulieu de Καούλκοι il faut lire Κάθυλκοι *Cathulci*.

[h] l. 7. p. 291.

CAULEM[i], Ville des Indes, dans la Province que les Arabes appellent BELAD AL FULFUL, le pays du poivre. C'est ce que nous appellons le Pays de Calecut, ou la côte de Malabar. Le Géographe Persien dit que cette Ville est située dans une plaine, & que son terroir est presque tout couvert de ces arbres que les Arabes appellent Bacam, & que nous nommons bois de Bresil.

[i] d'Herbelot Bibl. Orient.

CAULET, petite Riviere de France dans le Languedoc. Elle prend sa source près de Nayes au Diocèse de Castres, donne son nom au Pont de Caulet sous lequel elle passe, & se divise en deux petits bras dont l'un se jette dans le Jaure, & l'autre dans la Riviere d'Ajoût.

Tom. II.

CAU.

CAULICI[k], écueils de la Japidie où se partage l'Ister, selon Apollonius[l]. Etienne le Géographe nomme ainsi une Nation sur le bord de la Mer Ionienne. On les appelle aussi CAULIACI, dit Ortelius.

[k] Ortel. Thesaur.
[l] l. 4.

1. CAULON. Voiez CAULONIA.

2. CAULON, Riviere de France. Elle se jette dans l'Argent près de Corrins.

CAULONIA, ancienne Ville maritime de l'Italie dans la grande Grece au Pays des Brutiens. Diodore de Sicile[m] la nomme ainsi. Ovide, Virgile & Pline en font mention & la nomment CAULON. Ovide dit[n]:

[m] l. 16. c. 11.
[n] Metam. l. 15. v. 705.

Legit Caulonaque, Nericiamque.

Virgile dit[o]:

[o] Æl. 3. v. 553.

Caulonisque Arces & navifragum Scylaceum.

Pline[p] marque qu'elle ne subsistoit plus de son temps: *& vestigia oppidi Caulonis*. Pomponius Mela[q], & Etienne le Géographe la nomment *Caulonia* de même que Diodore, & Etienne observe qu'Hecatée l'appelle *Aulonia*. Ptolomée n'en parle que comme d'un lieu desert. Le R. P. Hardouin croit[r] que c'est presentement CASTEL VETERE dans la Calabre Ulterieure. Il observe que ce fut Denys de Syracuse qui la détruisit. Ortelius avoit dit sur la foi de deux Auteurs Italiens que c'est presentement GASTRO VETERE.

[p] l. 3. c. 10.
[q] l. 3. c. 4.
[r] in l. c. Plin.

CAULONII, Peuple ancien dont parle Diodore de Sicile[s], quelque part vers la Toscane. Je croirois, dit Ortelius, que ce mot est corrompu, si Apollonius n'avoit pas mis une *Caulonia* dans la Toscane sur l'autorité d'Aristote[t] où selon lui Pythagore tua par une morsure un serpent qui le mordoit.

[s] l. 14.
[t] de Mirabil.

CAULUM, nom Latinisé, au lieu de Caulon. Voiez CAULONIA.

CAUM, ancien lieu d'Espagne sur la route d'Astorga à Tarracone, entre Osca & Mendiculeia selon Antonin[v], & à XIX. M. P. de l'une & de l'autre.

[v] Itiner.

CAUMANA, nom d'une des branches du fleuve Indus auprès de son Embouchûre, selon Arrien[x].

[x] in Indicis.

1. CAUMONT[y], petite Ville de France en Guienne dans le Bazadois, sur la Garonne, à deux lieues de Tonneins, & à sept d'Agen en allant vers Bazas & Bourdeaux.

[y] Baudrand Ed. 1705.

2. CAUMONT, Bourg de France dans l'Armagnac au Diocèse de Lectoure, sur la petite Riviere de Corre.

3. CAUMONT, Bourg de France en Normandie, au Diocèse de Bayeux. On y tient marché.

4. CAUMONT, Baronie de France dans le Rouergue au Diocèse de Rodez.

CAUNAR[z], Bourg de France en Gascogne, dans l'Evêché d'Aire, environ à une lieue de St. Sever, de l'autre côté de l'Adour.

[z] Ibid.

CAUNE, (la) Ville de France au haut Languedoc au Diocèse de Castres, sur les confins du Rouergue auprès des Montagnes, où la Riviere de l'Agout prend sa source.

1. CAUNES, Ville de France dans le haut Languedoc au Diocèse de Carcassonne.

Fff* 2   2. A

2. A deux lieues de Carcassonne est l'Abbaye de Caunes, dont l'Historien de l'Ordre de St. Benoît parle ainsi : [a] Il paroit par une Bulle du Pape Gelase II. que le Monastere de Caunes a eu pour fondateur Milon Comte de Narbonne, qui le fit bâtir avec la permission, ou même par ordre exprès de Charlemagne. Selon un autre titre Milon donna au venerable Anian la terre de Caune, & cette donation fut confirmée par le Roi. Anian y mit peut-être de ses Religieux sous l'Abbé Daniel y obtint néanmoins des Lettres de Charlemagne, qui lui assujettissoient ce Monastere. Jean en avoit la conduite dès l'an 821. & quatre ans après une Dame nommée Spanelde y donna tout son bien. On marque entre les successeurs de Jean, Daniel, Egica, & Hilderic, qui tâcherent de maintenir leur Abbaye dans la possession de ses revenus, & de ses droits par des Lettres que leur accorda Charles le Chauve.

1. CAUNETTE, (la) lieu de France au bas Languedoc dans le Diocèse de Narbonne. Il n'est remarquable que parce qu'il y a eu des mines d'argent.

2. CAUNETTE, (la) ou CAUNETTES-EN-VAL, Bourg de France dans le Languedoc au Diocèse de Carcassonne, sur la Riviere de Cesse.

CAUNOS, Isle de l'Océan près de Tyle. C'est ainsi que parle Zacharie Lilius[b], dans une espece de petit Dictionnaire Géographique.

1. CAUNUS, Montagne d'Espagne dans la Celtiberie, selon Tite-Live[c]. Son nom moderne est MONCAIO.

2. CAUNUS, Ville de l'Isle de Crete, selon Etienne le Géographe.

3. CAUNUS, Ville de l'Eolie, selon Athenée cité par Ortelius[d].

4. CAUNUS, Ville de la Carie, dans la Doride. Pline dit[e] qu'elle appartenoit aux Rhodiens, & que c'étoit la patrie du fameux Peintre Protogene.

5. CAUNUS, Ville d'Ionie, selon Denys le Periégete.

6. CAUNUS. Athenée[f] cité par Ortelius nomme ainsi une Isle, où selon lui se noya Sotade Maronite ; mais ce même homme perit de misere dans la prison, au raport de Plutarque[g].

CAVO D'ISTRIA. Voiez CAPO D'ISTRIA.

CAVO, MONTE-CAVO[h], Montagne d'Italie dans la Campagne de Rome, à cinq lieues de Rome, près de la Ville d'Albano. C'est l'Albanus des Latins.

CAVOLA[i], Forteresse dans l'Etat de la Republique de Venise, à trois milles de Salmacala, & à la droite de la Riviere de Brente. Elle est fondée sur une roche vive, qui pend directement sur le grand chemin & passe pour imprenable. Il n'y a aucune porte pour y entrer & tout ce qu'on y veut introduire, hommes, vivres, meubles y est enlevé dans des Corbeilles par le moyen des cordes & des poulies.

CAVOURS ou CAOURS[k], Ville d'Italie au Piémont sur les frontieres de France & au pied des Alpes, sur une Montagne, près de la Riviere de Peles. Elle a été autrefois fortifiée avec un Château. Elle fut prise d'assaut & saccagée par les François en 1690. Elle n'est qu'à six milles de Pignerol.

CAUPENNE, Bourg de France en Gascogne au Diocèse d'Acqs.

CAUPHIACA, Ville de la Perside ou Perse propre, selon Ptolomée[l].

CAURA, lieu où Julius[m] Obsequens dit qu'il sortit de terre des sources de sang.

CAURANANI, Peuple de l'Arabie heureuse, selon Pline[n]. Il dit que leur nom signifie riches en gros bétail.

CAURASIÆ, Ortelius[o] dit que c'est un Peuple de la Betique, & s'appuye sur l'Hippo Caurasiarum de Pline. Voiez HIPPO.

CAUREA ou CAURERA[p], petite Isle de la Mer de Grece sur la côte Meridionale de la Morée entre l'Isle de Sapienza, & la Ville de Modon.

CAURENSES, Pline[q] appelle ainsi les habitans d'une Ville d'Espagne dans la Lusitanie, que Ptolomée[r] nomme CAURIUM. C'est presentement CORIA qui est de la nouvelle Castille, selon le R. P. Hardouin.

CAURIANA. Voiez CHARAUNI.

CAURIPANA, Pays de l'Isle des Celebes dans la Mer des Indes Orientales ; avec une Ville nommée aussi CAURIPANA, qui est la Capitale de ce pays.

CAURITA, Ville d'Espagne auprès de la Ville de Placentia, selon Clusius qui dit que c'est Coria. Ortelius a raison de douter quel des anciens Auteurs en a parlé ; mais, comme il l'observe, on ne manque point de modernes qui l'ont nommée CAURIA.

CAURIUM. Voiez CAURENSES.

CAUROS. Voiez ANDROS 1.

CAURZIM[s], petite Ville du Royaume de Bohême au Cercle de ce nom, presque au milieu entre Prague & Czaslaw, environ à deux milles Allemands de l'Elbe.

CAUS[t], Village du Peloponnese dans l'Arcadie, dans la Campagne de Telephusie. On y adoroit Esculape Caussien.

CAUSENNÆ ou GAUSENNÆ. Voiez GAUSENNÆ.

CAUSIANI, Peuple dont parle Stobée[v] cité par Ortelius. Tout ce qu'il nous en apprend, c'est qu'ils pleurent à la naissance des hommes, & trouvent heureux ceux qui meurent.

CAUSINI, Peuple de la Mauritanie Tingitane, selon Ptolomée[x]. Son Interprete Latin dit CAUNI ; Bertius dit Causini.

CAUSSADE[y], petite Ville de France en Guienne, dans le bas Querci près de l'Aveyrou. Elle a été autrefois assez forte durant les troubles. Elle est à six lieues de Capdenac au Midi.

CAUTE[z], Riviere de l'Isle de Cuba en Amerique. C'est une des plus considerables de l'Isle. Elle a sa source dans les Montagnes qui divisent l'Isle comme en deux parties, & courant par la plaine dans un fertile terroir, bordé de chaque côté d'un agréable rivage, elle va se rendre dans la Mer par un large Canal du côté du Sud de l'Isle. Cette Riviere produit une si grande quantité de Crocodiles, animal presque inconnu dans les Isles voisines,
&

CAU.   CAU. CAW.   413

& même dans les autres Rivieres de cette Isle de Cuba, qu'il est dangereux de se tepir sur ses bords, puisqu'ils surprennent souvent ceux qui n'en sont pas avertis & les entrainent dans l'eau où ils les devorent.

CAUTEN[a], Cap & Riviere de l'Amerique Meridionale. Herrera dit que le Cap Cauten est éloigné de quatre lieues de la Riviere de même nom qu'on pretend être à 38. d. 4′. de la Ligne. Cette Riviere se precipitant du haut des sommets des Montagnes de neige court rapidement vers l'Ouest, & après avoir passé le long de la Ville nommée Impériale dans le Gouvernement de Chili, elle se va joindre à une autre qui rase le côté Occidental de la même Ville.

[a] Corn. Dict. de Laet. Ind. Occid. l. 12. c. 10.

CAUVEGNIES, Bourg de France en Picardie au Diocèse de Beauvais.

CAUVISSON, Ville de France au Languedoc, dans le Vaunage au Diocèse de Nimes, selon Mr. Corneille. Je doute que ce soit une Ville, mais c'est, comme il le dit très-bien, une des XXII. Baronies des Etats.

CAUWO ou COUWA[b], Riviere de l'Amerique à deux lieues, ou environ de celle d'Apurvaca sur la même côte. Elle a deux ou trois brasses de profondeur. Laurent Vermis Anglois raporte qu'en 1596. il y trouva des Sauvages de la Nation des Yaos, qui s'y étoient retirez peu de temps auparavant, les Espagnols les ayant chassez de Moruga & des Provinces situées le long de l'Orenoque, que les Arwacas possedoient alors. La Riviere de Cauwo est à 4. d. 20′. de latitude Nord & fait en montant un detour vers le Sud-Ouest.

[b] Corn. Dict. de Laet. Ind. Occid. l. 17. c. 9.

CAUX[c], Pays de France en Normandie, l'un des quatre qui composent le vaste Diocèse de Rouen, en Latin *Caletensis Ager*. Il est situé entre la Seine, l'Océan, & la Picardie, le Pays de Bray & le Vexin Normand, & a pris son nom des anciens *Caletes* qui l'ont habité. Il comprend les Ports de Mer & Villes de Caudebec, d'Harfleur, du Havre de Grace sur la Seine, de Fecamp, de Saint Valery, de Dieppe, de Treport sur l'Ocean & les Villes d'Aumale, de la Ville d'Eu & de Neuf-Châtel. Il y a aussi Montiviliers & l'Isle bonne dans les terres. Ce Pays est à peu près de forme triangulaire, ayant en tête un Cap avancé dans la Mer proche du Havre, & qu'on appelle CAP ou CHEF DE CAUX. Sa plus grande largeur est de seize lieues, depuis la Banlieue de Rouen jusqu'à la Ville d'Eu & au Tréport, & dans cette étendue, comme dans le cœur du Pays, & même vers la côte de la Mer, on voit quantité de vastes Campagnes qui produisent toutes sortes de bons Grains, des Legumes, des Lins & des Chanvres, de la navette, ou rabette, dont on fait de l'huile à brûler, & pour d'autres usages. D'ailleurs on voit non seulement dans les vergers, & dans les cours des particuliers, mais aussi dans les chemins & à travers des Campagnes, grand nombre d'Arbres à Fruit, Pommiers, Poiriers, dont on fait du Cidre & du Poiré, qui servent de boisson à ceux du Pays, parce qu'étant un peu froid, il n'est point propre à la Vigne. Outre dix Villes qu'on y trouve, on y compte environ six-cens Paroisses, & une trentaine de Bourgs, entre lesquels il y en a une douzaine d'aussi peuplez & d'un aussi grand Commerce que des Villes. Les Cures de quinze-cens livres de revenus y sont assez communes; il y en a beaucoup de deux mille livres, & environ une douzaine de mille écus, comme celles d'Octeville, d'Angerville, d'Orcher, d'Oinville, de Vibeuf & de Limesi. La Coutume de tout ce Pays donne de grands avantages aux aînés, ce qu'on croit venir des Norwégiens & des Danois, qui pour soutenir leurs familles, laissoient leurs aînez héritiers de tous leurs biens, & obligeoient par là les puinez d'aller chercher fortune dans d'autres Contrées. C'est peut-être ce qui engagea les premiers Normands à passer en Gaule. Le Pays de Caux comprend trois Duchez, savoir Longueville, Aumale, & Estouteville, dont le dernier est éteint, six Comtez, Tancarville, l'Islebonne, Maulévrier, Claire, Dieppe & Eu; cinq Marquisats, Graville, Cani, Hocqueville, Gremonville & Hermeville, environ trente Baronnies, parmi lesquelles on compte Bec-Crespin, Crétot, Fécamp & Vite-Fleur.

[c] Memoires dressez sur les lieux en 1702.

Le même Pays a plusieurs Châtellenies; cinq Bailliages, cinq Siéges Royaux, quatre Vicomtez, cinq Elections, six Siéges d'Amirauté, cinq Maîtrises des Eaux & Forêts, quatre Eglises Collegiales, seize Abbayes, dont celles de Jumiege, de Saint Vandrille & de Fécamp, sont les plus anciennes, six Prieurez Claustraux. Les Rivieres qui arrosent le Pays de Caux sont la Paluel, la Janne, la Scie, l'Arques & l'Eaune, qui se déchargent dans la Manche. La Brêle qui sépare le Diocèse de Rouen de celui d'Amiens, s'y va rendre aussi: mais la Laizarde, l'Enne, la Bapaume & quelques autres tombent dans la Seine. On trouve du bois à brûler dans la Forêt d'Arques, & dans plusieurs autres du même Pays, qui a aussi des Carrieres de pierre à la côte de la Seine, & un nombre infini d'Arbres plantez autour des paroisses, & qui servent d'enceinte aux Villages, aux Fermes, & aux Maisons des Gentilshommes, aux environs desquelles on voit fort communement de beaux plans, & des avenues de Sapins qui les distinguent. Le Pays est abondant en Gibier. La volaille y est excellente, particulierement les poules qu'on nomme Gelinotes de Caux. Le poisson y est aussi fort commun, à cause de la quantité de ses Ports & Plages de Mer.

CAWRESTAN, gros Village de Perse. Mr. Corneille dit: entre le Fasistan & l'Isle d'Ormus. Il est, dit-il, à l'entrée du Golphe de Balsora & renommé pour ses Melons, qui sont ordinairement aussi gros que nos Citrouilles. Tavernier qui en parle dans son Voyage de Perse (poursuit-il) dit que ces Melons surpassent en bonté tous ceux du Pays & que la chair en est d'un beau rouge & douce comme du Sucre. Il y croît aussi des raves qui pesent jusqu'à trente-cinq livres.

Ce nom de *Cawrestan* ressemble bien à KORESTON, qui est le nom d'une Riviere que l'on passe avant que d'arriver à Gamron lorsque l'on vient d'Ispahan.

CAWROORA ou COURWO[d], Riviere de l'Amerique à huit lieues de Cayane vers l'Ouest. Son embouchure est étroite, mais assez

[d] De Laet Ind. Occid. l. 17. c. 15.

assez profonde & il y a un bon port. Dans cette embouchure se trouvent trois Isles, & le long de ses bords la terre est fort limonneuse. Elle produit quantité de Cannes assez semblables à celles de Sucre, mais très-venimeuses, & qui font enfler la langue de telle sorte qu'il n'est pas possible de parler après qu'on en a mangé.

a Corn.Dict.
de Laet Ind.
Occid.l.10.
c.27.

CAXAMALCA [a], petit Pays de l'Amerique Meridionale au Perou. Il est remarquable en ce que Pizare y fit mourir Athualpa son dernier Roi. Les Incas y ont eu un Palais très-somptueux avec un magnifique Temple dedié au Soleil, des bains & d'autres Edifices Royaux dont il ne reste plus aujourd'hui que des masures. On a joint cette Province au Territoire de St. Miguel. Le terroir y est extraordinairement fertile en froment, abonde en vaches & en pâturages, produit fort bien le Mays & les Racines dont les Sauvages se servent au lieu de Bled. Il s'y trouve quantité de Fruits & de Mines de divers Metaux. Elle est à une égale distance de Lima & de Truxillo. C'est-à-dire, à environ quatre-vingt-dix lieues de l'une & de l'autre. Cette Lieutenance ou *Corregiemento* est fort riche : les Indiens y sont d'un naturel fort paisible, honnêtes, industrieux & bons ouvriers en laine des Brebis du Perou.

La Ville ou Bourgade de Caxamalca est située au pied des Montagnes, dans une Campagne ouverte & coupée de deux Rivieres, sur lesquelles il y a des Ponts construits.

b Baudrand Ed. 1705.

CAXEM ou CAYEM [b], Ville d'Asie dans l'Arabie heureuse, sur la côte Meridionale environ à vingt lieues de Fartach du côté du Midi. Elle a un bon port & bien frequenté. On la prend pour l'ancienne CANO Ville des Adramites.

CAXUMO, Ville d'Ethiopie, c'est la même qu'AXUM. Voiez ce mot.

c Ibid.

CAYA [c], petite Riviere d'Espagne dans l'Estramadure. Elle court sur les Frontieres de Portugal, & se rend dans la Guadiana près de Badajox.

CAYAKA, petit Pays d'Afrique dans la Nigritie, au haut de la Riviere de Gambie du côté du Nord.

CAYAMITES. Voiez CAYEMITES.

CAYANE ou CAYONNE, Place de l'Amerique, dans l'Isle de la Tortue. Voiez TORTUE.

CAYAR, Lac d'Afrique dans la Nigritie. Mr. Corneille écrit CAHIAR, lui donne une lieue de largeur & six de longueur; & le met à quarante-cinq lieues au dessus de l'Embouchure de la Riviere de Senega, qui la forme du côté de l'Est.

☞ CAYE. On appelle ainsi certaines petites Isles des côtes de l'Amerique, qui n'ont point parû assez considerables pour avoir un nom particulier, ce ne sont pour la plûpart que des Bancs de Sable revêtus de quelques herbages.

On appelle CAYES en termes de Marine des roches molles, ou des Sables couverts d'une telle épaisseur de vase ou d'herbages, que les

d Le P. La-
bat Voy.aux
Isles de l'A-
mer. Tom.
II.p.258.

petits Bâtimens qui y échouent s'en relevent aisément.

CAYE ST. LOUIS [d], ou ISLE SAINT LOUIS, dans l'Amerique Septentrionale au Midi du quartier du Sud de l'Isle de St. Domingue. C'est un petit terrain de quatre à cinq cens pas de long sur cent-soixante pas de large; qui n'a justement que la hauteur nécessaire pour n'être pas couvert d'eau quand la Mer est haute. Tout ce terrain ne paroît être autre chose qu'un amas de roches à chaux, à peu près de même espéce que celle que l'on trouve à la grande terre de la Guadeloupe. Elle est située au fond d'une grande Baye, dont l'ouverture est couverte par trois ou quatre Islets assez grands, mais qu'on n'a pas choisis pour y bâtir le Fort, parce qu'ils sont environnez de hauts fonds & par conséquent peu propres au mouillage des Vaisseaux, au lieu que la Mer se trouve très-profonde aux environs de la Caye, particulierement du côté de la grande terre, c'est-à-dire, de l'Isle de St. Domingue, dont elle n'est separée que par un Canal de sept à huit cens pas de large. Le fond est de bonne tenue, net & tout à fait propre pour l'Ancrage. L'on peut mouiller les Barques, les Brigantins & autres petits Bâtimens assez près de la Caye, pour y entrer avec une planche. Il y a eu une Compagnie établie dans cette Caye & on y voyoit alors nombre d'Officiers & de Commis pour un fort petit Commerce. On avoit même projetté d'y construire un Fort, mais outre que la hauteur des ramparts dans un lieu si étroit en auroit ôté l'air & auroit fait une fournaise de ce Fort dans lequel il n'eût pas été possible de demeurer : comme le terrain de cette Caye étoit tout chancelant & trembloit d'un bout à l'autre quand on y tiroit un coup de canon, à quoi on peut ajouter la disette d'eau & l'impossibilité d'y pouvoir faire des cîternes parce que l'eau s'y perd aussi-tôt, & y passe comme si elle tomboit dans un crible; tous ces inconvéniens ont apparemment detourné de l'entreprise.

CAYEM. Voiez CAXEM.

CAYEMITES, petites Isles de l'Amerique, à l'Ouest de l'Isle Espagnole entre le quartier du Nord & le quartier du Sud.

CAYENNE. Voiez CAIENNE.

CAYLAR [e], (LE) petite Ville de France en Languedoc, à trois lieues de Lodeve & à la source d'un des ruisseaux qui se joignent à Lodeve, & qui forment l'Ergue : on l'appelle *le Caylar de la Jou*.

e Baudrand
Ed. 1705.

CAYLUS [f], petite Ville de Guyenne en France, dans le bas Querci, sur les Frontieres du Rouergue, à six lieues de Ville-Franche vers le Couchant.

f Ibid.

CAYMAN, ce nom est commun à trois Isles de l'Amerique Septentrionale, au Midi de l'Isle de Cuba & à l'Occident Septentrional de la Jamaïque. La premiere [g] qui est la plus petite est éloignée du Cap de Ste. Croix environ de 27. lieues, & à 19. d. 45'. selon de Laet [h]. Il y a six lieues de cette premiere Isle à celle qui est au milieu & qu'on appelle BRACCAS. (Mr. de l'Isle fait cette seconde plus petite que la premiere qui est proprement le petit CAYMAN.) De cette seconde Isle jusqu'à la grande nommée communément *El grande Cayman*, ou en François *le grand Cayman*, on compte douze lieues. Il a été observé par les Hollandois qu'elle est à 19. d. 35'. de la ligne. (Les Tables Hollandoises [i] en mettent 380.

g Corn.Dict.

h Ind.Occid.
l.1.c.14.

i De Zeemans Wegwyter p.

la

CAY. CAY. 415

la pointe Occidentale à 19. d. 44'. de latitude & à 291. d. 17'. de longitude.) C'est une terre basse & couverte de rudes buissons; il ne s'y trouve aucun animal, si ce ne sont des Iguanes (sorte de Lezard dont je parle ailleurs [a],) & une certaine petite bête assez semblable au renard qui vit des œufs des tortues, qui ont accoutumé de terrir dans cette Isle en fort grand nombre, depuis Mai jusqu'en Octobre, pour y éclorre leurs petits dans le sable. Elle est d'un accès facile parce que la Mer, qui l'environne est assez profonde & qu'elle n'a ni roches ni basses. Il y a un bon ancrage du côté du Sud, proche d'une Baye de sable.

[a Entre autres à l'Article CUBA.]

Ces Isles sont inhabitées & presque sans aucune eau douce, quelques-uns ont dit qu'il s'en trouvoit en quelques endroits de la grande, mais ces eaux pour la plupart sont infectées de Marais salez & degoutantes.

CAYNO, (Isle de) quelques uns disent l'Isle DEL CANO, petite Isle sur la côte Meridionale de l'Isthme de l'Amerique, à l'extrémité de la Province de Costarica dans la Mer du Sud, entre la Herradura & Golfo Dolce. On en parle ainsi dans le Suplément ajouté au Voyage de Wodes Rogers [b]: du Cap de Herradura à Rio de la Stella, il y a onze lieues Nord-Ouest & Sud-Est, & delà à RIO DEL CANO, huit lieues en suivant la même route. De la pointe Mala au Golfo Dolce il y a sept lieues Nord-Ouest & Sud-Est. Du Cap Blanco à l'Isle del Cano il y a trente-huit lieues Sud-Est & Nord-Ouest. Cette Isle est à une lieue du Continent sous le 8. d. 35'. de latitude Septentrionale. Pour aller de l'Isle del Cano à la pointe Burica qui est sous le 8. d. 20'. de latitude Septentrionale, il faut courir Nord-Ouest quart au Nord & Sud-Est quart au Sud. De cette pointe au Golfo Dolce il y a quatre lieues Nord-Ouest & Sud-Est & delà à la pointe *Mala* six lieues Nord-Ouest, Sud-Est.

[b p. 14.]

CAYONNE [c], Riviere de l'Amerique dans l'Isle de St. Christophle. Elle a sa source près de la Montagne ronde & coulant vers l'Orient, servoit de bornes entre les Anglois qui possedoient le milieu de l'Isle & les François qui en occupoient les deux parties qui sont à l'Orient & à l'Occident, mais comme cette Isle est presentement toute entiere aux Anglois, elle n'a plus besoin de cette division. Au Midi de son cours est un lieu nommé l'Hermitage, & auprès de son Embouchure un autre qui est aussi nommé Cayonne.

[c Le P. Labat Carte de l'Isle de St. Christophle.]

CAYOR [d], contrée d'Afrique dans la Nigritie. Quelques uns écrivent CAHIOR, c'est un petit Royaume entre la Barre du Senegal & du Cap Verd, avec un Village de même nom; par le 15. d. de latitude Septentrionale. Dapper dit [e], le Roi de Cayor qui s'appelle autrement le Roi du CAP-VERD, & des terres adjacentes, demeure à deux journées de la côte .... Le Pays de Cayor, & celui de Borsala s'étendent vers le Nord autour des Royaumes d'Ale & de Juala & ont aux deux extremitez du côté de la terre ferme, deux Villages dont l'un qui s'appelle YARAY est des dependances de Cayor, & l'autre nommé BANGUISEA est du ressort de Borsala. Ces deux Places sont separées par une forêt de douze ou quinze lieues d'étenduë. [f] Ce Roi de Cayor est Vassal du Grand Jalof. [g] Il tient dans chaque Village un Gouverneur qui porte le nom d'Alcaïde, qui fait payer de certains droits aux Vaisseaux qui jettent l'ancre dans ses ports, consistant en trois barres de fer pour chaque Vaisseau. Mais quand le Pilote ne fait pas les coutumes, ces petits Tyrans en exigent tout ce qu'ils peuvent. On le contraint de plus à donner dix barres de fer pour avoir la permission de faire Aiguade, outre la valeur d'autant en d'autres marchandises & une bouteille d'eau de vie. Sous le Regne de Zuchali Roi de Zenega l'an 1455. un certain Budomel ou Burdomel étoit Gouverneur des côtes du Cap-Verd, & après sa mort les Rois de Cayor ou du Cap-Verd prirent son nom, l'ajoutant à leur nom propre comme un titre d'honneur, de même que les Empereurs Romains prenoient celui de Cesar. Cela a donné lieu à une bévue de quelques Géographes qui ont pris ce nom de Budomel pour le nom d'une Place située sur la côte, & on la trouve encore marquée dans quelques Cartes d'Afrique.

[d De l'Isle Atlas.]
[e Afrique p. 219.]
[f p. 228.]
[g p. 237.]

1. CAYPUMO, Ville de l'Inde au delà du Gange. Elle s'appelle autrement la CANARANE. Voiez CANARANE.

2. CAYPUMO, Riviere d'Asie dans l'Inde au delà du Gange. Quelques Cartes nomment ainsi la Riviere de Pegu. Voiez PEGU Riviere.

CAYRAC, petite Ville de [h] France en Guienne dans le Quercy, sur la Riviere du Lot, à huit lieues au dessus de Cahors.

[h Baudrand Ed. 1705.]

CAYSTRE, Riviere de l'Asie mineure dans l'Ionie. Il a sa source dans la Lydie assez près des sources du Méandre & dans la même chaine de Montagnes. De là serpentigant dans des plaines que l'on nomme à cause de lui *Caystri Campi*, les Campagnes du Caystre, les Montagnes qui entourent la Ville de Colophon lui font changer vers le Midi, son cours qui étoit vers l'Occident, ensuite il se rend auprès d'Ephese en Ionie, où il se perd dans la Mer. L'Acmonia de Lydie étoit au Nord & assez près du Caystre. Larisse dans la même Province étoit au Midi de cette Riviere. Les anciens Poëtes ont pris plaisir à y mettre le rendez-vous des Cygnes & rien n'est plus fameux dans leurs ouvrages que le chant des Cygnes du Caystre. Homere [i] y met de nombreuses troupes d'Oyes sauvages, de Grues ou de Cygnes, & c'est le fond d'une de ses comparaisons. Virgile a imité les vers dans ses Georgiques par ceux-ci [k]

[i Iliad. B. v. 460.]
[k Georg. l. 1. v. 383.]

Jam varias Pelagi volucres & quæ Asia circum
Dulcibus in stagnis rimantur prata Caystri.

Ovide dit dans ses Metamorphoses [l]

[l Il. 5. v. 386.]

Non illo plura Caystros
Carmina Cygnorum labentibus audit in undis.

Sur quoi il faut remarquer qu'il dit CAYSTROS au nominatif. Mela le dit aussi [m]. Ovide se sert de ces mots *Caystrius Ales*, c'est-à-dire, l'oiseau du Caystre, pour dire un Cygne. Martial dit dans une de ses Epigrammes

[m l. 1. c. 17.]

Si

a l. 1. Epigr. 54.

ᵃ *Sic Niger, in ripis errat cum forte Cayſtri, Inter Ledæos ridetur corvus Olores.*

Notre Malherbe a dit de même

> Que ce miſerable corbeau,
> Comme oiſeau d'augure finiſtre,
> Banni des rives de Cayſtre
> S'aille cacher dans le tombeau.

Sans parler ici de l'obſervation Grammaticale que l'on a faite ſur le troiſieme vers de ceux que j'ai raportez, où il faut *du Cayſtre* & non pas *de Cayſtre*, Menage fait une remarque plus importante, c'eſt que Mr. du Loir dans la Relation de ſon Voyage dit qu'il n'a point vu de Cygnes ſur le Cayſtre. Le malheur n'eſt pas grand & quand il n'y en auroit jamais eu, il ſuffit qu'Homere ait dit qu'il y en avoit pour autoriſer les Poëtes à bien eu le crédit d'établir une tradition Poetique. Mr. Spon dit du Cayſtre: ᵇ nous commençames à voir cette Riviere deux heures avant que d'arriver à Epheſe... ᶜ nous ſuivimes une heure & demie cette petite Riviere, laquelle fait de grands contours & va tellement en ſerpentant, que cela a porté la Valle, du Loir, & Monconys, à la prendre pour le Méandre; mais c'eſt une erreur qui doit être corrigée. Ce que j'y trouve de plaiſant, c'eſt que comme on la voit deux fois en allant à Epheſe, & qu'à cauſe des tours qu'elle fait, on la perd de vuë lorſqu'on ſuit le grand chemin, & qu'enſuite on la paſſe ſur un pont, quelques-uns ont cru avoir vu deux Rivieres differentes, appellant l'une le Méandre & l'autre le Cayſtre; mais il eſt certain qu'il n'y a qu'une Riviere dans cette plaine, que le Méandre eſt à une journée delà & qu'il ſe décharge dans la Mer proche des Ruines de Milet; que celle-ci enfin eſt le Cayſtre, comme Strabon & les autres Géographes le nomment & pour plus ample confirmation de cela, on trouve des Medailles de Valerien, de Gallien & de Salonius, avec ces mots au revers, ΕΦΕΣΙΩΝ ΚΑΥΣΤΡΟΣ, & la figure qui repreſente cette Riviere de Kayſtros que les Epheſiens mettoient ſur leur monnoye. J'en trouvai deux ſemblables à Smyrne. Les Turcs donnent au Cayſtre ᵈ, deux ou trois noms differens: CARASOU, c'eſt-à-dire, Eau Noire: COUTCHOUK-MINDRE, ou MINDRESCARE, c'eſt-à-dire, *le petit Méandre*, ou *Méandre Noir*, à cauſe de la reſſemblance qu'il a avec le veritable Méandre qu'ils appellent ſimplement *Mindre* ou *Bojouc-Mindre*, le grand Méandre.

Mr. Tournefort ᵉ, qui a auſſi traverſé le Cayſtre en allant à Epheſe, en parle ainſi: on paſſe le Cayſtre à demie-lieue en deça d'Epheſe. Cette Riviere, qui eſt fort rapide, coule ſous un pont bâti de marbres antiques & fait moudre quelques Moulins. On entre enſuite dans la plaine d'Epheſe, c'eſt-à-dire, dans un grand Baſſin enfermé de Montagnes de tous les côtez, ſi ce n'eſt vers la Mer. Le Cayſtre ſerpente dans cette plaine, mais il s'en faut bien que ſes contours ne ſoient auſſi frequens que dans le deſſein que Mr. Spon en a donné & ceux du Méandre, qui ſont bien plus en-tortillez n'approchent pas des contours que la Seine fait au deſſous de Paris.

ᵇ Voyages T. 1. p. 190.
ᶜ p. 192.

ᵈ Ibid.

ᵉ Voyage du Levant Lettre 22. p. 202.

ᶠ Le Cayſtre a été repreſenté ſur des Medailles, on en voit aux têtes des Empereurs Commode, Septime Severé, Valerien, & Gallien. Nous cherchames inutilement une autre Riviere dont les anciens ont parlé, laquelle arroſoit les environs d'Epheſe. Sans doute qu'elle ſe jette dans le Cayſtre plus haut que le pont. En effet on nous aſſura à Epheſe que le Cayſtre recevoit une Riviere aſſez conſiderable au delà des Montagnes du Nord-Eſt. Ce qui s'accommode fort bien avec une Medaille de Septime Severe, ſur laquelle le Cayſtre eſt repreſenté ſous la forme d'un homme comme étant un fleuve qui ſe degorge dans la Mer, & le Kenchrios qui eſt la Riviere dont il s'agit, ſous la figure d'une Femme pour marquer qu'elle ſe jette dans l'autre. Outre ces deux figures, la Diane à pluſieurs Mamelles eſt repreſentée d'un côté ſur le même revers, & de l'autre eſt une Corne d'abondance. Tout cela marque la fertilité que ces deux Rivieres procuroient au terroir d'Epheſe.

ᶠ Ibid.

CAYTARIS, Siége Epiſcopal d'Aſie ſous Amida Metropole, ſelon Ortelius. Une ancienne Notice du Patriarchat d'Antioche la nomme KITARIS, ou KICARIS.

CAZALEGAS. Voiez CASALLAGAS.

CAZALLA ᵍ, petite Ville d'Eſpagne en Andalouſie, dans la Sierra Moreña. On écrit auſſi ce nom CAÇALLA. Elle eſt à quatorze lieues de Seville en allant vers Tolede.

ᵍ Baudrand.

CAZAMANCE. Voiez CASAMANCE.

CAZARIA. Voiez CHAZARIA.

CAZBAT ʰ, Ville ancienne d'Afrique au Royaume de Tunis. C'eſt une ancienne Ville que les Romains ont bâtie dans une raſe Campagne à huit lieues de Tunis du côté du Midi. Les Succeſſeurs de Mahomet l'ont ruinée pluſieurs fois, & les Arabes qui errent par les champs ont achevé de la détruire, ſans qu'elle ſe ſoit repeuplée depuis. Les murailles reſtent encore, à cauſe qu'elles ſont faites de groſſes pierres de taille. La contrée eſt fort fertile en bled, & en troupeaux; mais la plupart eſt ſans culture, parce que le Roi de Tunis n'eſt pas aſſez puiſſant pour en chaſſer les Arabes qui la poſſedent. Mais quand ils permettroient qu'on la cultivât, le Peuple de Tunis eſt ſi fainéant, qu'il aimeroit mieux mourir de faim que travailler; ainſi il n'en demande point la permiſſion, & quoi que ce Pays ſoit proche de Tunis, il eſt en friche, & ne ſert que de pâture aux Troupeaux des Arabes.

ʰ Marmol. Afrique T. 2. l. 6. c. 33.

CAZECA, Village maritime de la Cherſonneſe Taurique entre Panticapée & Théodoſie; à 420. ſtades de la premiere & à 280. de la ſeconde, ſelon le Periple du Pont Euxin par Arrien ⁱ.

ⁱ p. 20.

CAZENSIS, pour CASENSIS. Voiez CASA & CASÆ. Il y avoit en Afrique pluſieurs Egliſes & Siéges de ce nom.

1. CAZERES. Voiez CACERES.

2. CAZERES ᵏ, petite Ville de France en Gaſcogne ſur la Garonne, à deux lieues au deſſus de Rieux, & à neuf au deſſous de St. Bertrand de Comminges.

ᵏ Baudrand Ed. 1705.

3. CAZERES ˡ, petite Ville de France en

ˡ Ibid.

CAZ.

en Gascogne, sur l'Adour, deux lieues au dessus de la Ville d'Aire, & à six lieues au dessus de St. Sever.

CAZERNE[a], Forteresse de Pologne dans la basse Podolie, sur le Niester, vers les confins des Tartares d'Oczackow & de Budziac, environ à seize lieues au dessus de la Ville de Bialogrod. On croit que c'est l'Ophiusa des Anciens.

[a] Ibid.

CAZEROM ou CAZERON[b], Ville de Perse, capitale de la Province de Sapour, qui fait partie de celle de Fars. Les Géographes du pays lui donnent 87. d. de longitude, & 29. d. 15′. de latitude. Mr. d'Herbelot[c] dit CAZERUN Ville de la Province de Fars, qui est la Perse proprement dite : elle appartient à une petite contrée nommée *Kurch Schabur* à cause que Sapor Roi de Perse en a bâti la principale Ville : l'air de cette Ville est très-pur, car il n'y a dans son enceinte que des eaux de source. Plusieurs gens de Lettres en sont sortis, qui tous en portent le surnom de Cazeruni. Olearius[d] écrit KASIRUN. Tavernier la nomme Kazeron, la met à 88. d. 30′. de longitude & à 28. d. 30′. de latitude & ajoute : le terroir de cette Ville porte quantité de Citrons & de Limons dont se fait une liqueur qu'on debite en divers lieux : on y voit aussi beaucoup de Cyprès, qui viennent parfaitement beaux la terre leur étant propre.

Cette Ville est entre les Rivieres de Bosschavir & de Bendemir.

[b] Hist. de Timur-Bec T. 4. p. 436.

[c] Biblioth. Orient.

[d] Voyage l. 4. p. 361.

CAZIMIR ou KAZIMIERZ, Ville de la grande Pologne dans le Palatinat de Lublin. Elle est bien bâtie, & pourvue de toutes les choses nécessaires, avec les meilleures Caves & les seules bonnes eaux de fontaine qu'il y ait sur cette route. Elle a été autrefois une des plus considérables de Pologne, toute de briques, les Maisons d'autour de la place, ornées de bas reliefs & de statues de pierres dont il ne reste que des masures ou des morceaux avec deux Eglises assez belles, le reste ayant été ruiné dans l'irruption des Suedois. Elle est située sur une Colline couverte de bois, formant un amphithéatre jusque fort près du rivage de la Wistule, ce qui fait un fort beau coup d'œil, & un morceau de paysage enchanté. Au dessus de la Montagne qui commande à la Ville, il y a encore un vieux Château de pierre de médiocre structure & tombant aussi en ruine. C'étoit apparemment la Maison du Seigneur & c'est aujourd'hui celle du Starofte, Cazimir ayant été une Starostie de quinze à seize mille livres de rente & compris le passage du bac. Casimir est à quatre lieues de Belgitz.

Cheval. de Beaujeu Memoires L 2. c. 2.

CAZMA, Port de l'Amerique Meridionale au Perou dans l'Audience de Lima, entre Guanbacho & Mongon, à cinq lieues du premier & à quatre du second. [f] Entre Guanbacho & Casma, on voit certaines petites Isles & Bayes où l'eau est fort profonde ; mais lorsque vous êtes au large vous ne sauriez distinguer ces Bayes, parce que le rivage les couvre. Cozma est un excellent port, & quoiqu'il y ait de violentes bouffées de vent depuis le Midi jusqu'à la nuit les houles n'y sont pas grosses. Il y a dans la Baye un petit rocher blanc & rond, qui paroît un peu au dessus de l'eau & qui est plus près de la côte Septentrionale. On voit aussi un petit Banc au Sud, qui a deux ou trois fois la longueur d'un Navire, & que vous ne sauriez discerner qu'en basse eau, lorsque la Mer y brise. Après avoir passé entre ces deux écueils, vous pouvez ranger librement la côte, où vous trouverez quatorze ou quinze brasses d'eau près du rivage, mouiller sous le Cap Blanc & y amarrer une Cordelle ou un Cable d'Afourche. Quelques-uns écrivent CASMA par une S.

[f] Rogers Voyages T. 2. Suplem. p. 41.

CAZ. CE. CEA. 417

CAZMIRE. Voiez CACHEMIRE.

CAZORLE. Voiez CAÇORLA.

CAZZICHI, petite *Riviere* de Candie, elle se décharge dans la Mer près de Spinalonga, & y forme le petit *Port* de Cazzichi.

C E.

CE, Ville de la Chine dans la Province de Xansi ou Chansi, où elle est la troisième entre les grandes Citez. Le P. Martini[g] dit qu'elle est de 4. d. 18′. plus Occidentale que Pekin, & sa latitude est de 36. 33′. Les Chinois écrivent, dit ce même Pere, que la contrée où est cette Ville est bien à couvert des courses des Ennemis. Car d'un côté (à l'Occident) la Riviere Sin, & de l'autre (au Midi) le Fleuve jaûne lui servent de rempart, & les Montagnes ne laissent que des passages étroits. Elle a cinq Villes sous elle, en la comptant pour la premiere. Les autres sont *Caoping*, *Fangching*, *Linchuen*, & *Sinxui* qui toutes sont situées dans des plaines au bas dans les Vallées, excepté *Caoping*, qui est sur le Mont HANUANG.

[g] Atlas Sinic.

1. CEA, Riviere d'Espagne, au Royaume de Léon. Elle a sa source près des Montagnes voisines de l'Asturie de Santillane, & coulant vers le Sud-Est arrose Cea & Sagaon, & se perd dans le Carrion au dessous de Carrion de los Condes.

2. CEA, Bourg d'Espagne au Royaume de Leon sur la petite Riviere de Cea, à cinq lieues de Sahagun, & à onze de Palencia.

3. CEA. Voiez CEOS.

4. CEA, habitation de Maures en Afrique au Royaume de Maroc, elle étoit autrefois plus considérable qu'à présent, dit Marmol[h] ; mais elle est maintenant deshabitée & les terres possédées par les Arabes de Charquie.

[h] Afrique l. 3. c. 60.

CEADA, lieu voisin de Lacedemone au Peloponnese. C'étoit une profonde ouverture où l'on precipitoit ceux qui étoient condamnez à mort pour de très-grands crimes. Aristomene ayant été pris par les Lacedemoniens à qui il faisoit la guerre y fut jetté avec cinquante hommes qui y perirent tous. Il n'y eut que lui qui en réchapa ; il arriva jusqu'au fond de cet abîme sans se blesser. On prétendit que lorsqu'il tomboit un aigle l'avoit soutenu sur ses ailes. Etant en bas, il s'envelopa dans sa robe & se coucha, en attendant une mort qu'il croioit certaine. Au bout de trois jours il vit dans l'obscurité un Renard, qui venoit auprès des Cadavres pour les manger. Il jugea qu'il avoit un passage particulier & ayant attendu qu'il approchât de lui, il le sai-

Tom. II. Ggg* sit

418 CEA. CEB. CEB.

fit d'une main, & de l'autre lui présenta sa robe que cet animal mordoit, & le laissant pourtant courir se laissa guider ne le suivant. Il vit enfin un trou souterrain qui n'étoit que de la grandeur qu'il falloit pour le passage du Renard, qu'il laissa aller & qui regagna aussi-tôt son terrier. Aristomene travaillant aussi-tôt s'ouvrit un passage & arriva sain & sauf au Mont Eira auprès de ses gens. Cette Histoire est racontée par Pausanias [a]. Strabon [b] écrit ce nom par une Diphthongue CÆADAS, Καιάδας, & dit que c'étoit une Caverne chez les Lacedemoniens à qui elle servoit de prison.

[a] l. 4. c. 18.
[b] l. 8. p. 367.

CEADICTA. Voiez PUTEOLI.

CEARNE ou CERNE [c], Bourg d'Angleterre en Dorsetshire au Nord de Dorchester.

[c] Allard Atlas.

CEAUX, Riviere de France en Champagne, où elle a sa source, selon Mr. Corneille qui s'est égaré à son ordinaire en suivant l'Atlas de Blaeu ; il ajoute qu'elle mêle ses eaux avec celles du Loing après avoir passé à Agasson & à Laudon. 1. Cette Riviere a sa source dans le Gâtinois d'où elle ne sort point. 2. Ceaux est un petit village où la Riviere de l'Euzin se charge de deux ruisseaux, qui coulant avec elle dans un même lit forment une Isle au Midi de Château-Landon, comme la route de Montargis traverse cette Isle il y a un Pont nommé *Pont-Agasson*, après quoi cette Riviere va se jetter dans le Loing auprès de l'Abbaye de Cercanceau.

CEBARADEFENSIS, entre les Evêques de la Byzacene Province d'Afrique, qui souscrivirent à la Lettre Synodale au Concile de Latran sous le Pape Martin, où trouve Mustule Evêque de la Ste Eglise de Cebaradefe.

CEBARENSES, Pausanias [d] dit : pour moi je ne trouve rien de fort extraordinaire à la grande stature de ces Peuples nommez Cares, Καρεῖς, qui sont les plus éloignez d'entre tous les *Celtes*, & qui habitent proche des pays que le froid empêche d'être habitez. Ses Interpretes Latins lui font dire les Gaulois au lieu des Celtes ; ils ignoroient apparemment que la Celtique ayant beaucoup plus d'étendue que les Gaules comprenoit la Germanie au Nord de laquelle les anciens mêmes du temps de Ptolomée ne connoissoient rien ; ce que l'on ne peut pas dire des Gaules. Quant au nom Grec Καρεῖς, qu'ils rendent par CARENSES, Amasée semble avoir lu Κεβαρεῖς puisqu'il traduit CEBARENSES.

[d] l. 1. c. 25.

CEBARSUSSI, lieu d'Afrique. St. Augustin en fait mention plus d'une fois, dans son ouvrage contre Cresconius.

CEBAZAT [e], Bourg de France en Auvergne, entre Riom & Clermont, à une lieue de l'une & de l'autre.

[e] Baillet Topogr. des Saints p. 410. & 571.

CEBELE. Voiez CUBELIA.

CEBENNÆ. Voiez CEMMENUS & CEVENNES.

CEBESTUS, Ville de la Lycie, selon Quinte-Curse [f]. Ortelius [g] doute si ce ne seroit point la Cabessus d'Hellanicus. Voiez CABASSUS. Il ajoute que quelques-uns lisent *Thebes* en ce passage, & que Turnebe l'approuve. Il propose enfin s'il ne vaudroit pas mieux lire SEBASTUS car, dit-il, il y en avoit une en cet endroit & Josephe & Etienne le Géographe en font mention.

[f] l. 3.
[g] Thesaur.

CEBRENIA, *contrée* d'Asie dans la Troade, où étoit une *Ville* nommée CEBRINA, & une *Riviere* nommée CEBRENUS & CEBRINUS. Thucydide [h] décrivant la course de quelques galeres, qui alloient de Lesbos à Rhetie le long du rivage nomme les lieux devant lesquels ils passerent, le Cap *Lectum*, Larisse & Hamaxite. Joignons ce passage à ce que dit Pline [i] Hamaxite est le premier lieu de la Troade ; ensuite *Cebrenia* ; & la Ville de Troade, nommée autrefois Antigonie, & presentement Alexandrie. Scylax [k] nomme bien une Ville Cebrene ; mais il la met dans l'Eoli-de avec Scepsis, Neandrée, & Pityée. Strabon [l] éclaircit ce que c'étoit que cette Ville de Cebrene. Voici le passage entier de ce Géographe. Au dessous de la Dardanie est la Cebrenie qui est presque toute en plaines, & parallele à la Dardanie. Il y a eu aussi une Ville nommée Cebrene. Demetrius soupçonne que le pays d'Ilion soumis à Hector s'étendoit jusques-là, depuis le Port jusqu'à la Cebrenie ; car il dit qu'on y montroit le tombeau de Paris, & celui d'Oenone, qui étoit femme de Paris avant qu'il eût enlevé Helene. Il ajoute qu'Homere avoit parlé de Cebrion fils naturel de Priam que vraisemblablement il portoit le nom ou du pays, ou de la Ville. Le dernier paroit plus approcher de la verité : que la Cebrenie s'étend jusqu'au territoire de Scepsis, que le fleuve Scamandre leur sert de borne : que les Cebreniens & les Scepsiens avoient toûjours été en querelle les uns avec les autres jusqu'à ce qu'enfin Antigonus les assembla tous dans une même Ville nommée Antigonie de son nom, & ensuite Alexandrie ; que les Cebreniens demeurerent dans cette Ville d'Alexandrie avec les autres citoyens ; mais que les Scepsiens retournerent dans leur patrie avec la permission de Lysimachus. Je ne sais où Ortelius a pris que Strabon avoit mis cette Ville ou ce Pays dans la Thrace. Apollodore dit [m] que Paris épousa Oenone fille du fleuve Cebren. Etienne le Géographe dit que la Cebrenie tiroit son nom de Cebrion fils naturel de Priam, & cite Herodien qui dit qu'elle l'avoit du fleuve Cebren. Ce qui est plus naturel.

[h] l. 8. c. 39.
[i] l. 5. c. 30.
[k] Peripl. p. 36.
[l] l. 13. p. 596.
[m] l. 3.

CEBRINA } Voiez CEBRENIA.
CEBRINUS }

CEBRUS, lieu par lequel on passoit pour descendre le long du rivage droit du Danube au dessous de *Viminatium*, vers Axiopolis, Antonin met

Ratiaria	
Almum	M. P. XVIII.
Cebrum	M. P. XVIII.
Augustam	M. P. XVIII.

On ne sait si c'étoit un Bourg ou un Village ou une Riviere. Augusta étoit une Riviere aussi bien qu'*Oescus* & *Vtus*, qui sont nommez presque immédiatement après sans aucune denomination : ainsi *Ceber* ou *Cebrus*, peut bien en

CEB. CEC. CEC. CED.

en avoir été une, & peut-être le TIMOC, car AUGUSTA eſt la Lom ou Lamp ; O*eſcus*, l'*Iſca*, l'*Utus* la Liſſere &c. toutes Rivieres qui tombent de ſuite dans le Danube en Bulgarie.

CEBU, Iſle d'Aſie & l'une des Philippines dans la Mer des Indes. Voiez ZEBU.

CEBYLA ou CABILA [a], petite Ville de Turquie dans la Romanie entre les Montagnes à vingt milles d'Andrinople vers le Levant. Voiez l'Article CABYLA. [a Baudrand Ed. 1705.]

CECEI. Voiez MECEI.

CECERIGO, quelques-uns, comme Mr. Baudrand, nomment ainſi la petite Iſle d'*Ægilie* ou d'*Epla*, comme les Anciens l'ont appellée, & qui eſt ſituée entre l'Iſle de Cythere & l'Iſle de Crete. Cette Iſle de Cythere eſt preſentement Cerigo, comme je le dis en ſon lieu. Entre cette Iſle & celle de Candie eſt cette Iſle de Cecerigo que nos bons Ecrivains nomment CERIGOTTO. Voiez ce mot.

CECIA. Voiez CETIUM.

CECILIA, ancienne Ville de la Syrie près de l'Euphrate, ſelon Ptolomée [b]. [b l. 5. c. 15.]

CECILIA MELLINUM. Voiez MEDELIN & METALLINUM.

CECILIONI, c'eſt ainſi qu'on lit dans l'Itineraire d'Antonin de l'Edition des Aldes, & de celle des Juntes; Zurita & Bertius ont ſubſtitué *Cæcilionem*. Simler juge qu'il faut lire *Cecilio Vico*, & ſa conjecture eſt confirmée par l'exemplaire du Vatican qui porte *Cecilionico*. Rien n'a été plus aiſé que de prendre une *n* pour un *u*. Ce Village étoit ſur la route de Merida à Sarragoſſe; entre *Capara*, & *ad lippos* à XXII. M. P. de la premiere, & à XII. M. P. de la ſeconde.

CECIMBRA [c], petite Ville de Portugal dans l'Eſtremadure au bord de l'Océan, à trois lieues de Setubal & défendue par une bonne forterèſſe. Il n'y a que deux Paroiſſes, & on y compte neuf cens habitans. Ce mot s'écrit auſſi CEZIMBRA. [c Corn. Dict. Deſc Summar. del Reyno de Portugal.]

CECINA, petite Riviere d'Italie. Mela [d] & Pline [e] en font mention. Le premier ſe contente de dire *Cecina* ſans qualifier ſi c'eſt Ville, Bourg, Village ou Riviere ; mais Pline leve le doute & dit *fluvius Cecina*. Elle conſerve encore ſon ancien nom auſſi bien que Vada, qui dès le temps de ces deux Auteurs étoit ſitué à ſon embouchûre. Cette Riviere eſt dans la Toſcane entre Livourne & Piombino. Elle a ſa ſource dans le Siénois à l'Occident de Siéne, & coulant vers le Couchant dans une agréable vallée, qui en porte le nom & qu'on appelle Val de Cecina, dans le territoire de Piſe elle ſe rend dans la Mer. [d l. 2. c. 3. e l. 3. c. 5.]

CECREN, Colonie des habitans de Cumes, ſelon Phavorin cité par Ortelius [f]. [f Theſaur.]

CECRENA, Ville de la Troade, ſelon le même. Peut-être pour CEBRENE.

1. CECROPIA, Bourg & Tribu de Grece dans l'Attique ſelon Ortelius, qui cite Strabon & Pollux. Thucydide met Cecropie entre le Mont Ægalée & le Village d'Achernes.

2. CECROPIA INSULA; Plaute parle d'une Iſle de ce nom; mais comme le perſonnage, qui nomme ce lieu eſt un fourbe appoſté, qui débite quantité de fauſſetez, le nom & l'Iſle ſont

Tom. II.

également imaginaires [g], comme le remarque très-bien Boxhornius. [g Trinumo. act. 4. ſcen. 2. v. 83.]

CECROPIDE, Tribu d'Athenes. Voiez au mot ATTIQUE, dans la liſte des Tribus, les Bourgs, qui étoient de celle-ci.

1. CECROPIS, contrée de Thrace, ſelon Etienne le Géographe.

2. CECROPIS, Nation de Grece à Theſſalonique, ſelon le même.

CECROPIUS MONS, Montagne de Grece dans l'Attique, près d'Athenes. Seneque le Tragique dit [h]: [h Hippolyt. Act. 1. v. 1 & 2.]

*Ite, umbroſas cingite ſylvas
Summaque montis juga Cecropii.*

CECRYPHÆ, Peuple voiſin du Pont-Euxin, ſelon Ortelius qui cite les Argonautiques d'Orphée.

CECRYPHALEA, Promontoire du Peloponneſe. Ce fut près de cet endroit que les Atheniens vainquirent les Æginetes comme le racontent Diodore de Sicile [i], & Thucydide [k]. Etienne, ou plutôt ſon Abreviateur, attribue fauſſement la victoire aux Æginetes, qui perdirent LXX. Galeres dans ce combat naval, & demeurerent ſoumis aux Atheniens après cette defaite. Le Scholiaſte de Thucydide pretend que c'eſt une Iſle de la partie Occidentale du Peloponneſe. Cette Iſle eſt la même que Pline [l] nomme *Cecryphalos* & qu'il met près d'Epidaure du Peloponneſe, elle eſt au Nord Occidental de celle d'Engia, & s'appelle preſentement SCHILLA ; ainſi le Scholiaſte de Thucydide la met bien loin, au lieu qu'elle étoit bien près. [i l. 11. k l. 1. l l. 4. c. 12.]

CECUBE. Voiez CÆCUBUM.

CECYLISTRIUM, lieu de la Gaule Narbonnoiſe, ſelon Avienus [m]. Voſſius change ce mot en CITHARISTIUM, qui paroît mieux convenir. [m Oræ maritæ rit. v. 695.]

CECYRINA, au lieu de ce mot qu'on liſoit dans Pauſanias, Sylbürge rétablit CERYNIA.

CEDAMUSENSIS. Voiez CADAMUSA.

CEDAR, &

CEDARENIENS [n]; Cedar fils d'Iſmaël [o], fut pere des Cedréens, ou Cedareniens, qui habitoient au voiſinage des Nabathéens dans l'Arabie deſerte. Ces Peuples ne demeuroient point dans des Villes, ni dans des Maiſons ; mais ſous des tentes [p], delà vient que l'on ne peut que difficilement marquer le lieu de leur habitation, parce qu'ils en changent ſouvent. Ce ſont les Cedréens de Pline [q]. Dans l'Ecriture on donne quelquefois le nom de Cedar à toute l'Arabie deſerte ; mais la demeure des Cedareniens étoit principalement dans la partie Meridionale de l'Arabie deſerte & au Nord de l'Arabie Petrée & de l'Arabie heureuſe. Il y en avoit même juſqu'à la Mer rouge. [n D. Calmet Dict. o Geneſ. c. 25. v. 13. p Cantic. c. 1. v. 4. Jeremie c. 42. v. 11. q l. 5. c. 11.]

CEDASA, Ville voiſine de Tyr & de la Galilée [r]. Voiez CADES 3. & CADYTIS. [r Joſeph. De Bello l. 2. c. 19. ant. l. 13. c. 9.]

CEDEBRATIS, Ville d'Aſie dans la Lycie au pied du Mont Ænoandron, ſelon l'Auteur du Pré ſpirituel.

CEDEI, Peuple dont parle Q. Calaber [s]. Ortelius qui le cite croit que ce lieu étoit aux environs de Troye ; mais il n'oſe l'aſſurer. [s l. 6.]

Ggg* 2   CE-

CED.

CEDES. Voiez CADES.

1. **CEDIAS**, Village d'Italie à six milles de Sinuesse, selon Pline[a]. Ce lieu devoit être de quelque consideration puis qu'entre les Inscriptions recueillies par Gruter[b], on en trouve une qui porte COLONIS. SINUESSANIS. ET. CEDIANIS.

[a] l. 14. c. 6.
[b] p. 448. n. 4.

2. **CEDIAS**, Ville d'Afrique, on ne sait dans quelle Province. Au Concile de Carthage sous St. Cyprien on trouve que *Secundinus a Cedias* dit son sentiment, & la Conference de Carthage[c] fournit Fortis Evêque *Cediensis*, qui déclare n'avoir point d'adversaire. Il ne faut pas confondre ce Siége avec celui qui est nommé QUIDIENSIS, car dans la même Conference de Carthage[d], *Priscus* Evêque *Quidiensis* déclare n'avoir point chez lui de Donatistes. Pour entendre ce mot d'adversaire il faut savoir que durant le Schisme & le credit des Donatistes, ils établissoient d'eux-mêmes des Evêques de leur parti en divers Siéges dont quantité avoient deux Evêques, l'un Catholique, l'autre Donatiste.

[c] Die 1. p. 277. Ed. Dupin.
[d] p. 275.

CEDIMOTH[e], Ville de la Palestine dans la Tribu de Ruben[f]; la même que CADEMOTH, à l'Orient du torrent d'Arnon. Ce fut une des Stations des Hebreux dans le desert[g]. Elle fut donnée aux enfans de Merari de la race de Levi pour leur demeure[h].

[e] D. Calmet Dict.
[f] Josué c. 13. v. 18.
[g] Deuter. c. 2. v. 26.
[h] Paralip. l. 1. c. 6. v. 79.

CEDMARON, ancien Siége Episcopal dans l'Armenie. Il reconnoissoit Edesse pour Metropole, selon la Notice de l'Abbé Milon.

CEDMONE'ENS ou CADMONE'ENS, c'est-à-dire *Orientaux* anciens habitans de la Terre promise descendus de Chanaan, fils de Cham. Leur demeure étoit au delà du Jourdain, & à l'Orient de la Phenicie aux environs du Mont Liban. On croit, dit D. Calmet[i], que le fameux Cadmus fondateur de Thebes en Béotie étoit Cadmonéen d'origine & qu'Hermione sa femme prenoit son nom de la Montagne d'Hermon. Les Cadmonéens étoient Hevéens, & le nom d'Hevéens derive d'une racine qui signifie un serpent. L'on a dit que Cadmus avoit semé des dents de serpent & qu'il en étoit venu des hommes belliqueux, parce qu'il établit à Thebes les Hevéens ou ses Cadmonéens, qui furent peres d'une Nation vaillante & guerriere.

[i] Dict.

CEDOCTUS. Voiez CEDUCTUS.

CEDOGNA, (la) ou CEDONIA[k], en Latin ALCEDONIA petite Ville du Royaume de Naples dans la Principauté Ulterieure, dans une plaine, sur les frontieres de la Pouille, avec un Evêque Suffragant de l'Archevêque de Conza. Elle est à demie ruinée, au pied de l'Apennin, près de l'Offante & de Bisaccia à douze milles de Melfi au Couchant d'Eté.

[k] Baudrand Ed. 1705.

CEDOR. Voiez CEDRON Ville.

CEDRANITÆ, Peuple de l'Arabie heureuse, selon Etienne le Géographe, qui cite le III. livre des Arabiques d'Uranius.

CEDREÆ, Ville d'Asie dans la Carie, selon Etienne le Géographe, qui écrit Κέδρεαι. Xenophon qui en parle aussi écrit Κεδρεῖαι, comme le remarque Ortelius.

CEDREI, Peuple de l'Arabie. Voiez CEDARENIENS.

CED.

CEDRE, ce mot qui ne veut dire que les Cedres, sorte d'arbre, est devenu un nom Géographique en quelques occasions. Comme cet arbre ne croit pas en toutes sortes de lieux, le Liban où il y en avoit autrefois beaucoup, n'en a plus que dans un endroit, qui par cette raison est nommé *les Cedres* dans les Relations de quelques Voyageurs. Theophraste[l] nomme Κεδρία une Montagne de l'Isle de Crete, dans le voisinage du Mont Ida. Dioscoride parle du lieu des Cedres d'où vient l'Agaric.

[l] Hist. Plant. l. 3.

CEDRINUS, nom Latin de RIO DE OLIENA Riviere de Sardaigne, selon Mr. Corneille. Voiez CEDRIS.

CEDRIPPO:[m] il paroît par une ancienne inscription fournie par Moralès qu'il y avoit un lieu ainsi nommé en Espagne dans la Betique.

[m] Ortel. Thesaur.

CEDRIS, Riviere de Sardaigne, selon Ptolomée[n], quelques exemplaires portent Κέδριος au genitif, d'autres Καίδρου. Cette Riviere coule vers l'Orient & se perd dans la Mer après avoir traversé le Lac de Liasto. Le P. Briet donne pour nom moderne CEDRO; le P. Coronelli écrit l'ancien nom CEDRIS. La Riviere d'Oliena est plus au Nord. Ce qu'il y a de plaisant c'est que Mr. Corneille après avoir rendu *Cedrinus* par *Rio de Oliena*, dans l'Article qui suit immediatement après, dit CEDRO Riviere de Sardaigne nommée en Latin *Cedris* & *Cedrinus fluvius*. Cependant il s'en faut bien que Rio d'Oliena & Cedro soient la même Riviere.

[n] l. 3. c. 3.

1. **CEDRON**[o], Torrent de la Palestine dans une Vallée à l'Orient de Jerusalem, entre cette Ville & le Mont des Oliviers, d'où il alloit se décharger dans la Mer morte. Il est d'ordinaire peu rempli d'eau; souvent il n'en a point du tout; mais lorsqu'il fait des orages ou de grosses pluyes, il est fort enflé & coule avec beaucoup d'impetuosité. Quelques-uns ont cru que le nom de Cedron lui venoit de la quantité de Cedres qui étoient, dit-on, autrefois plantez sur son rivage; mais on n'a aucune preuve de ce fait & le nom de Cedron vient plutôt ou de l'obscurité de ce Torrent, qui coule dans une Vallée profonde & qui étoit autrefois ombragée de beaucoup d'arbres (le mot קדרן a pour racine קדר qui signifie *être obscurci*, en Latin *obtenebrari*) ou des Egoûts de la Ville, qui s'y déchargeoient. (קדרון peut venir aussi de la racine קדר, qui dans la langue Arabique signifie *être sali*, en Latin *spurcari*.) La Vallée de Cedron, sur tout dans sa partie Meridionale étoit la voirie de Jerusalem. Les Rois Asa[p], Ezechias[q], & Josias[r] y ont brulé les abominations & les idoles, qui avoient servi au culte des Juifs prevaricateurs.

[o] D. Calmet Dict.
[p] Reg. l. 3.
[q] Paralip. c. 29. v. 16.
[r] Reg. l. 4. c. 23. v. 4.

2. **CEDRON**, (VALLE'E DE) c'est la même Vallée où coule le torrent dont on vient de parler.

3. **CEDRON**, Ville de la Palestine dans la Judée, du côté des Philistins, sur le chemin d'Azot; on lit au premier livre des Machabées[s] que Cedebée la rebâtit. C'est de ce même lieu qu'il faut entendre ce qu'on lit dans le Chapitre precedent du même livre[t] dans quelques Editions de la Vulgate *& mandavit*

[s] c. 16. v. 19.
[t] c. 15. v. 39.

davit ei ædificare Gedorem.... [a] & cœpit irritare plebem, & conculcare Judæam, & captivare populum & interficere, & ædificare Gedorem. J'ai dit quelques éditions, car la Vulgate imprimée avec les notes de Vatable met *Cedronem* dans les deux Chapitres également, aussi bien que le Grec des Septante. Le Pere Bonfrerius conclut de cette diversité que cette Ville de Cedron n'est point differente de celle qui est nommée ailleurs CADOR [b], CEDOR, GADOR & GEDOR, Ville de la Tribu de Juda. Il n'a pas été aisé au Copiste Hebreu, en entendant prononcer CEDOR, de croire qu'on disoit *Gedor*, car quoi que les lettres ג, & ק aient une diference qui saute aux yeux, leur valeur dans la prononciation est beaucoup plus raprochée.

CEDROPOLIS, on lit dans le Traité des Animaux par Aristote [c] que dans cette partie de la Thrace, qui a été nommée Cedropolis, les hommes ont une espece de societé avec les Eperviers pour chasser. On lit de même dans un livre attribué à ce Philosophe [d] : vers la Thrace qui est au dessus d'Amphipolis il y a une chose, qui paroit étrange à ceux qui l'ignorent. Des enfans sortent des Villages, & chassent dans la campagne voisine par le secours des Eperviers, car ayant trouvé un bon endroit, ils appellent les Eperviers par leur nom, qui viennent aussitôt & chassent le gibier vers les buissons, après quoi les enfans le frapent avec des bâtons & le prennent, & ce qu'il y a d'étonnant, c'est les Eperviers ayant pris les oiseaux les rejettent aux oiseleurs, qui leur en donnent leur part. On voit bien que Pline [e] a copié ce dernier ouvrage quand il dit : *in Thrasia parte super Amphipolim homines atque accipitres societate quadam aucupantur.* Leur conformité a fait croire à quelques-uns qu'il falloit corriger le texte du Traité des animaux, & lire Ἀμφιπόλει au lieu de Κεδροπόλει. C'est peut-être le seul endroit de tous les anciens où se trouve le nom de Cedropolis. Gesner qui l'a cité comme les autres dans son Traité des animaux [f] ajoute [g] que les Auteurs mettent Cedropolis dans la Carie. Il se trompe & la source de son erreur est apparemment d'avoir trouvé dans Etienne le Géographe la Ville de CEDREES, Κεδρέων πόλις Καρίας ; au lieu de lire ces deux premiers mots separement si on les joint en un seul mot, il s'en forme un qui ressemble un peu à Cedropolis ; mais ce sont deux mots differens, l'un est le nom propre, l'autre le nom appellatif.

CEDROSIA. Voiez GEDROSIA.
CEDROSSI. Voiez GEDROSI.
CEDRUS, Riviere d'Europe dans la Mysie, selon Dion Cassius [h]. Il faut lire CEBRUS. Voiez ce mot.

CEDUCTUS [i], nom d'un lieu voisin de Constantinople. Curopalate, Zonare, & Cedrene en font mention.

CEELATHA ou CEELETH, Campement des Israëlites dans le desert. Au sortir de Ressa ils allerent à Céélatha [k]. D. Calmet croit que c'est la même que CEILAT ou CEÏLATH, Ville au Midi de Juda. Or quand nous disons qu'ils allerent à Ceïlath nous entendons simplement qu'ils allerent dans le desert, qui étoit aux environs de cette Ville. Voiez CEÏLA.

CEFALODUM. Voiez CEPHALOEDIS.
CEFALOGNA ou
CEFALONIE, CEPHALONIE, Isle de Grece dans la Mer Ionienne. Mr. Spon avoit dit dans son Voyage de Grece [l] qu'elle est deux fois plus grande que Corfou ; car, dit-il, elle a cent quarante milles de tour & l'autre n'en a pas plus de septante ; mais Mr. Wheler [m] son Camarade de Voyage l'accuse d'erreur & le releve ainsi. J'ai raporté les paroles de Mr. Spon voici celles du Medecin Anglois : avant que d'en parler plus amplement (de Cephalonie) il faut que Mr. Spon me permette de relever quelques erreurs qu'il a commises en parlant de Corfou & en la comparant avec Cephalonie ; car il dit *qu'elle est deux fois plus grande que l'Isle de Corfou ayant environ soixante & dix lieues de tour & l'autre n'en ayant pas plus de trente-cinq.* Cependant le Comte Marmer montre que Pline assure que Corfou avoit quarante-quatre lieues de long en y comprenant l'Isle de Paxo, comme il le suppose, qui est à present éloignée de cinq lieues de Corfou : ensorte qu'elle a presentement environ trente-cinq lieues de long & vingt de large au Nord-Ouest & dix au Sud-Est, d'où il conclut qu'elle a environ quatre-vingt lieues de tour. Mais si on compte la distance par l'échelle de la Carte qu'il a ajoutée à son livre, on trouvera qu'elle a quarante lieues de long, & qu'il y en a cinq delà à Paxo, cet écueil faisant, peut-être les quatre autres lieues dont il parle. Quoi qu'il en soit, poursuit Mr. Wheler, je crois que Cephalonie est une Isle plus grande ; car quoi qu'elle ne soit pas beaucoup plus longue que Corfou, elle est plus large. Ces deux Auteurs s'accordent pour ce qui suit. Elle est fertile en huile, en vins rouges, en muscats excellens & en raisins de la nature de ceux que nous nommons raisins de Corinthe, de quoi elle tire beaucoup d'argent. Le lieu où est la forteresse & la residence du Provediteur s'appelle ARGOSTOLI. Il y a un grand Port fermé de tous côtez ; mais les ancres n'y tiennent pas bien. Aux bouches de ce Port il y a un grand village appellé LUXURI, où demeurent plusieurs riches Marchands de ces raisins de Corinthe. Au Levant il y a un autre Port nommé PESCARDA, qui n'est bon que pour les petits bâtimens. On y voit les ruines d'un Bourg, & il n'y reste maintenant autre chose qu'une Eglise avec quelques Caloyers. Cette Ville est habitée par les Grecs, & sous le gouvernement des Venitiens. Le Sr. Robert dans son Voyage du Levant [n] dit que cette Isle a une très-bonne rade à *Luxuri* qu'il nomme LUKESURI. On voit, dit-il, à l'entrée une petite Isle, nommée Guardian, avec une grande Maison bâtie dessus, & l'on y peut mouiller à 12. 16. 18. 20. & 25. brasses d'eau sur un fond vaseux.

Cephalonie a un Evêque Suffragant de l'Archevêque de Corfou ; mais uni à l'Evêché de Zante. Selon Mr. Baudrand son circuit est de cent vingt milles, quoique d'autres le mettent de cent trente en comprenant les detours de ses petits Golphes. Elle est divisée en XIX. parties que l'on nomme *Pertinences*;

ces; quelques-uns les reduisent à VII. Il y a plusieurs Montagnes sans aucune plaine considerable. Selon le même Auteur elle a deux lieux considerables, savoir la petite Ville de CEFALONIE sur une Montagne près du Port d'Argostoli, & la Forteresse d'Asso près du Port de Viscardo, sur une Montagne escarpée & plusieurs Villages.

L'Isle de Theachi, ou Tiaki en depend, d'où vient qu'on l'appelle quelquefois la PETITE CEFALONIE.

[a Baudrand Ed. 1705.] CEFALU ou CEFALEDI [a], Ville de Sicile dans la Province de Demone sur la côte Septentrionale de l'Isle avec un Evêché Suffragant de Messine. Elle est assez peuplée, quoique de peu de circuit, avec un Château & un Port, qui peut tenir plusieurs vaisseaux. Elle s'avance dans la Mer de Toscane en forme de Cap, & est à trente-deux milles de Palerme au Levant vers Messine dont elle est éloignée de quatre-vingt quatre milles.

CEFISSE. Voiez CEPHISE.

CEFRUM. Voiez CEPHRO.

[b Baudrand.] CEGA [b], petite Riviere d'Espagne au Royaume de Leon, elle reçoit le Rio Piron, & se rend dans le Duero entre Viana & Puente de Duero.

CEGLIE, petit Village du Royaume de Naples dans la Terre de Bari, à deux lieues de la Ville de ce nom vers le Midi. Voiez CELIA.

CEICE, Village de Portugal dans l'Estremadure entre Tomar & Leira: quelques Géographes le prennent pour l'ancienne Ville CELIUM. Voiez ce mot.

[c D. Calmet Dict.]
[d Josué c. 15. y. 44.]
CEILA [c], Ville de la Palestine dans la Tribu de Juda [d]. Eusebe la met à dix-sept milles d'Eleutheropolis du côté d'Hebron. St. Jerôme ne la met qu'à huit milles d'Hebron. On dit qu'on y montroit le tombeau du Prophéte Abacuc [e].

[e Sozomen. Hist. l. 8. c. 19.]

CEILAN, quelques-uns écrivent ZEYLAN; presque tous les Peuples de l'Europe, excepté les François, écrivent CEÏLON ou ZEILON. Voiez les autres noms dans la suite de cet Article. Ceylan a eu differens noms [f];
[f Le Grand Hist. de l'Isle de Ceylan Preface.] les Auteurs Portugais Jean de Barros & Diego de Couto prétendent qu'elle s'est appellée d'abord LANÇA, LANÇAO ou LANÇAS, qui veut dire *Terre de Delices, Paradis terrestre*; que les Malabares lui ont ensuite nommée ILLANARE, qui signifie *Royaume de l'Isle*; qu'on lui a encore donné le nom de TRANATE, d'HIBERNARO, de TENARISIM. Pline & Ptolomée disent qu'elle s'est aussi appellée SIMONDI, *Palai Simondi* & Σαλικὴ, & les Peuples Σαλαὶ; mais elle est connue particulierement sous trois noms, qui sont la TAPROBANE, SERINDIB ou SERINDIUL, ou SERINDIVE, & ZEILAN ou CEYLAN. Les Grecs & les Romains ne l'ont connue que sous le premier de ces trois noms & ceux d'entre les modernes qui veulent que la Taprobane soit l'Isle de Sumatra sont obligez de dire que Pline & Ptolomée se sont trompez, ce qui est difficile à croire sans preuves. Ils pouvoient encore mettre Strabon, Mela, Denys le Periégete avec Pline & Ptolomée, qui tous ont décrit la Taprobane & en ont raporté des choses qui ne conviennent qu'à l'Isle de Ceylan. La plupart de ces Ecrivains la placent près du Cap *Coli*, qui ne peut être que le Cap Comorin; ils l'appellent la Mére des Elephans, & Strabon dit qu'elle porte beaucoup de Canelle. Ptolomée marque dans la Taprobane les places de *Sindo-Canda*, de *Rodagamni*, qui ne peuvent être que Candi & Raygam. Je reserve cette discussion à l'Article TAPROBANE. Les Auteurs du moyen âge, tels qu'Ammien Marcellin, Cosmas le Solitaire & generalement tous les Orientaux la nomment *Serindib* ou *Serinduil*. Cosmas l'appelle Σιλιδιβὰ par un changement de l'R en L, ce qui se fait assez aisément, même dans la prononciation & je ne doute point que ce ne soit delà que s'est formé le nom de Zeilan. Marco Paolo, & Hayton l'Armenien sont les plus anciens Auteurs que je sache qui l'ayent nommée ainsi.

Il y a apparence que c'est à Alexandre le Grand que les Européens sont redevables de la découverte de cette Isle. Ce Prince dont l'esprit & le courage étoient beaucoup au dessus de ses conquêtes étant arrivé vers l'embouchure de l'Inde voulut savoir s'il n'y avoit point d'autre Monde. Néarque un de ses pilotes s'offrit d'aller à la découverte on embarqua Onesicrite avec lui, & on les chargea tous deux d'écrire chacune son journal; leurs Ecrits ne sont point venus jusqu'à nous & Diodore de Sicile est le plus ancien de tous les Ecrivains qui se sont conservez, qui ait parlé de l'Isle de Ceyland & ce qui est singulier c'est aussi celui de tous les anciens qui a le mieux marqué son étendue en lui donnant cinq mille stades de circuit, ce qui fait un peu plus de deux cens lieues. Or s'il est vrai, comme la plupart des Relations l'assurent, que la Mer emporte de tems en tems un peu de cette Isle du côté du Nord on trouvera qu'il n'y a pas une difference bien considerable entre l'étendue que lui donne Diodore de Sicile & celle qu'elle a aujourd'hui. Strabon la fait plus grande que l'Angleterre, Mela l'appelle un nouveau Monde. Pline dit qu'elle a dix milles stades de longueur; Ptolomée ne la fait pas si grande; mais il veut qu'elle ait neuf cens milles: ce qui prouve bien que ni les Grecs, ni les Romains n'ont pas eu une connoissance fort grande ni fort particuliere de l'Isle de Ceylan. Si nous en croions les Historiens Portugais les Chinois ont été les premiers, qui ont habité cette Isle & cela arriva de cette maniere. Ces Peuples étoient les maîtres du commerce de tout l'Orient. Quelques-uns de leurs vaisseaux furent portez par les basses qui sont près du lieu, que depuis on appelle *Chilao*. Les équipages se sauverent à terre & trouvant le pays bon & fertile, ils s'y établirent. Bientôt après ils s'alliérent avec les Malabares, & les Malabares y envoyoient ceux qu'ils exiloient & qu'ils nommoient *Galas*. Ces exilez s'étant confondus avec les Chinois, de deux noms n'en ont fait qu'un, & se font appellez CHINGALAS & ensuite CHINGULAIS. Mais Philippe Botelho donne une autre origine au mot de Chingulais, il veut qu'il vienne de SINGA, qui signifie en langue du pays LION, & que les Peuples se soient nommez ainsi pour marquer leur courage & leur valeur. Il est vrai que plusieurs Rois de Ceylan ont porté le nom de Singa, & il est vrai

aussi

aussi que les Chinois ont long-tems été les maîtres de toutes ces Mers-là, que les Perses ensuite & les Arabes ont partagé ce Commerce avec eux & que la plupart de ces Peuples ont fait un grand Trafic d'Elephans & de Canelle dont on tire une grande quantité de Ceïlan. Cosmas le Solitaire dit que de son tems les Marchands Chrétiens de Perse avoient une Eglise dans cette Isle, & je ne doute pas que ces Peuples n'ayent eu connoissance du Christianisme long-tems avant que les Portugais fussent entrez dans ces pays-là. [a] Les Cartes de Mrs. Sanson & les nouvelles Observations de l'Academie Royale des Sciences sont à peu près d'accord sur la latitude de Ceïlan: la longitude des uns & des autres differe considerablement. Je parlerai de la situation de Ceïlan suivant l'avis des premiers pour m'en tenir cependant aux nouvelles découvertes astronomiques dont Mr. de l'Isle a fait usage le premier. L'Isle de Ceylan s'étend depuis le sixiéme degré de latitude Septentrionale jusqu'au dixiéme. On prend sa longueur depuis la Pagode de Gallé jusqu'à la pointe das Pedras distante de quatre-vingt lieues de France à vingt au degré. C'est une erreur des anciennes Cartes de la placer au 117. d. & au 120. d. de longitude, quand elle n'est qu'entre les 97. d. 25'. & le 100. d., sa largeur la plus étendue d'Est en Ouest est de cinquante lieues de Columbo à la Pagode de Trincoly. Elle a plus de deux cens lieues de tour: elle est à cinquante lieues à l'Est du Cap Comorin & la Mer fait entre la côte de la pêcherie & celle de Ceylan un Détroit qui se retrecit au Nord de l'Isle.

On dit que cette Isle a sept Royaumes & je n'en suis pas surpris, puisque sur les côtes des Indes chaque petit Pays a souvent son Roi ou Raias particulier comme nous le voions dans le Malabar & dans les Isles de l'Orient. Mais pour donner une idée plus distincte de la domination de Ceylan je dirai que deux Puissances la partagent. Les Hollandois possedent presque toutes les côtes & le Roi de Candi est maître de l'interieur du pays. Tout obéit dans l'Isle à l'une ou à l'autre de ces deux Puissances. Il n'y a que les Bedas, Peuple sauvage qui n'en reconnoissoient point l'autorité. Le petit pays qu'ils habitent est au Nord de l'Isle ils confinent à la Mer & leur côte regarde le Nord-Est.

Les Etats du Roi de Candi s'étendent du Nord-Ouest au Sud-Est & par ces deux côtez il atteint la Mer. La domination des Hollandois le resserre du côté du Nord, de l'Est, & du Sud-Ouest & par-là ils sont maîtres de presque tout ce qui est maritime. Le Royaume de Candi & la Principauté d'Ouva sont divisez en grandes & en petites parties, celles-là repondent à nos Provinces & celle-ci repondent à nos Bailliages qu'ils appellent CORLAS, & qu'ils séparent par de grands bois, qui leur servent de fortification. On compte jusqu'à XXXII. principales Provinces dans chacune desquelles il y a des Villes, des Châteaux, des Bourgs & des Villages. Tout ce pays est habité par les Chingulais peuples originaires de l'Isle.

Les Hollandois commandent au reste de l'Isle, & cette étendue en emporte bien la moi-

tié: ce qu'ils possedent n'est pas continu, l'ancien Royaume de Cota qu'ils ont appellé le Pays de la Canelle est Sud-Ouest. Ils sont maîtres par là de plus de 70. lieues de côtes, & ont soumis les Chingulais jusques dans le cœur du pays. Ils occupent là 27. Provinces ou Corlas, ils ont des places fortes sur le rivage & des Châteaux dans l'interieur du Païs. Ils confinent à la Principauté d'Ouva & aux Bedas à l'Est de l'Isle, par la possession de trois Provinces Maritimes. Enfin les Malabares sont leurs Vassaux chez les Vanias dans le Royaume de Jasanapatan au Nord de l'Isle, & dans les Isles voisines à l'Est de la côte de Coromandel.

Comme l'Isle de Ceïlan est la clef des Indes il semble que l'Auteur de la nature ait pris plaisir à l'enrichir des plus rares thresors de la terre, & à la placer sous le plus heureux climat du monde, c'est cependant ce que l'on ne peut dire sans exception: puisque malgré la temperature du Ciel les parties Septentrionales & sur tout le Royaume de Jasanapatan respirent un air assez mal-sain & que tous les Cantons de l'Isle ne sont pas également fertiles & different par la situation.

Le Pays est le plus souvent montagneux; l'Ouva, les parties du Septentrion, & quelques Provinces Maritimes de l'Est sont ce qu'il y a de plus uni dans Ceïlan. Le Royaume de Candi est fortifié par la nature: dès qu'on y entre on va toûjours en montant & l'on ne trouve que de hautes, & grandes Montagnes couvertes de bois qui sont très-épais dans toute l'Isle, si l'on en excepte l'Ouva & quelques contrées de la partie Orientale. L'accès de ces Montagnes n'est pas aisé, les chemins mêmes, quoiqu'en grande quantité, y sont si étroits qu'un Voyageur les prendroit plutôt pour des défilez que pour des routes publiques. Ces sentiers dans les roches que nous appellons Cols & Ports sont deffendus par des barrieres d'épines & par les habitans des lieux voisins, qui sont armez du nom du Roi avec lequel ils se sont obéir. Cette situation élevée donne au Souverain du pays le titre de Roi de Candi-Uda ou de *Roi sur le haut des Montagnes.*

[b] J'ai dit que la qualité du pays differoit dans l'étendue de l'Isle: les Vallées, que renferment les Montagnes sont d'ordinaire marecageuses & arrosées la plupart de belles sources. Ces Vallées sont estimées être le meilleur terroir, parce que leurs grains demandent beaucoup d'humidité, & telles sont les Provinces Meridionales en tirant vers le Midi, qui ne courent avec abondance; mais voici ce qu'il y a de particulier à Ceïlan.

Quand les vents d'Ouest souflent, les parties Occidentales ont de la pluye & c'est-là le tems de remuer & travailler la terre: cependant ce qui est exposé à l'Est jouit d'un tems beau & sec, & c'est alors que l'on y fait la moisson. Au contraire quand les vents d'Orient regnent, on laboure les parties Orientales de l'Isle & on recueille les grains dans la partie qui voit l'Occident. Les pluyes d'un côté & la secheresse de l'autre le partagent d'ordinaire au milieu de l'Isle & la Montagne de Caurahing qui

[a] De Graaf Voyage p. 104.

[b] Ibid. p. 109.

qui la separe, est seche & humide en même tems, sans que cette différence soit legere.

Il pleut beaucoup davantage sur les terres hautes de Candi-Uda que sur celles qui sont au dessous des Montagnes. La partie Septentrionale de l'Isle n'est pas sujette à la même humidité, la secheresse y est quelquefois très-longue, & alors on n'y peut labourer faute d'eau, car il n'y a dans cet espace de terre que trois sources & on ne compte d'ailleurs que sur les pluies; il est même difficile d'y creuser des puits assez profonds pour en tirer de l'eau, qui garde toûjours une acrimonie alterante qu'elle a prise dans les entrailles de la Terre.

Cette qualité de terroir variée & plus ou moins bonne a peuplé le pays différemment: l'Isle de Ceïlan est plus habitée vers le milieu que sur les côtes Nord-Est & Nord-Ouest; elle a des deserts en allant chez les Malabares.

Les vestiges de plusieurs Villes ruinées nous annoncent, ce me semble, que le pays a été plus garni qu'il n'est. Ces Villes portent encore leurs anciens & premiers noms si nous en croyons les Insulaires, & ont été habitées par des Rois.

Les plus magnifiques de ces ruines sont au Nord des Etats du Roi de Candi. La contrée des environs est deserte, & comme c'est une frontière on y fait garde. Quatre-vingt-dix Rois ont fait leur demeure dans Anurodghurro, à ce que prétendent les Indiens & c'est delà même qu'elle a pris son nom.

[a] Ibid. p. 113.
[a] Les Villes maritimes sont situées aux meilleurs abordages; on ne peut pas dire cependant que les côtes de Ceïlan soient avantageuses. Celles de l'Est sont d'ordinaire basses & les vaisseaux y sont sans abri. Celles du Midi sont herissées de rochers. La Mer voisine y est garnie de bancs, qui rendent la rade de difficile abord & le mouillage peu sûr. Les gros bâtimens courent risque de ne point trouver de fond. En general cette Isle a peu de bons Ports.

Le Roi de Candi n'a qu'un petit nombre de Forteresses sur la côte: les parties Orientales de ses Etats se fournissent de sel à Leauvauva & celles du Couchant à Portaloon seul port à la faveur duquel il entretient quelque commerce avec les Etrangers ses voisins. Voiez aux Articles particuliers CANELLE, CANDI &c. ce qui est particulier à ces contrées.

Il se trouve de deux sortes de Chingulais. Les uns tout-à-fait Sauvages, appellez *Bedas* ou *Waddahs*, & qui ne demeurent auprès d'aucuns autres habitans. Voiez BEDAS. Ceux qui sont les plus civilisez sont fort bien faits & de bonne mine [b]. Ils portent un linge au-
[b] Knox Relat. de Ceïlan T. 2. p. 70.
tour des reins & un pourpoint avec des manches qu'ils boutonnent au poignet, & qui se plissent sur l'épaule comme une chemise. Leur tête est couverte d'un bonnet de Tunis, ou d'un autre bonnet avec des oreilles à la mode du Pays. Ils ont au côté une maniere de coutelas, & un couteau dans leur sein du côté droit. [c] Les femmes portent ordinairement une camisole de toile de coton blanche qui leur couvre tout le corps, & qui est parsemée de fleurs bleuës & rouges. Cette camisole est
[c] P. 74.
plus ou moins longue, selon la qualité des personnes. Elles ont un morceau d'étoffe de soye sur la tête, des joyaux aux oreilles, & d'autres parures autour de leur cou; de leurs bras & de leur ceinture. Toutes fieres qu'elles sont de leur bonne mine, elles mettent les mains à tout dans leur ménage; quoi qu'elles ayent des servantes & des esclaves pour faire dans la Maison tout ce qui est necessaire. [d] Elles se font
[d] p. 129.
percer les oreilles dès leurs premieres années, & pour rendre le trou plus grand elles y mettent une feuille de betel roulée, ce qui l'élargit de telle sorte, qu'il semble qu'elles ayent un cercle de chaque côté du visage. Le reste de leur parure leur sied assez bien. Elles mettent de l'huile de Coco à leurs cheveux pour faire qu'ils soient luisans, & elles les laissent pendre par derriere. Ces cheveux ne passent guere leur ceinture; mais comme c'est un ornement pour elles que d'en avoir quantité, elles en ont de faux qu'elles lient avec les leurs, & qui leur tombent jusqu'à la moitié du dos. Elles laissent leurs mains nuës, & ne portent point de gands.

[e] Les mariages des Chingulaïs se font d'une
[e] p. 135.
maniere assez extraordinaire. Lorsqu'une jeune fille veut se marier, elle convient des conditions, & en fait part à ses parens. Si cela les accommode, ils préparent un grand repas qui fait la principale ceremonie du mariage. L'homme porte ou envoye à la fille ses habits de nôces, qui consistent en une piéce de toile & en une camisole brodée de bleu & de rouge. S'il est si pauvre qu'il ne puisse acheter la piéce de toile, il en emprunte une, & s'il la porte lui-même, il couche avec la fille cette nuit-là. Ensuite ils marquent un jour pour la venir prendre & pour la mener chez lui, & c'est-là le jour du mariage. Lorsque ce jour est venu, le Fiancé accompagné de ses amis va chez sa Fiancée, ce qui ne se fait jamais que le soir. Il porte des provisions & des confitures selon son pouvoir. Jamais ils ne font plus de deux repas. Le souper est le premier, & alors les nouveaux mariez mangent dans un même plat, ce qui signifie qu'ils sont de pareille qualité. Ils se lient quelquefois les pouces ensemble, & ensuite ils se vont coucher. Le lendemain après le dîner le marié conduit sa femme chez lui. Il y a parmi eux une autre ceremonie de mariage. L'homme tient un bout du linge de la femme, & le met autour de ses reins. La femme tient l'autre, & alors on leur verse de l'eau sur la tête qui leur moüille tout le corps, ce qui étant fait, ils sont mariez, & demeurent ensemble aussi long-temps qu'ils s'accordent. La premiere nuit des nôces est pour le mari; la seconde pour le frere du mari, & s'il y a un troisiéme ou un quatriéme frere jusqu'au septiéme, chacun a sa nuit; mais le septiéme & ceux qui sont après, s'il y en a plus de six, ne joüissent point du même droit. Les premiers jours passez, le mari n'a pas plus de privilege que ses freres. Quand la femme est seule, il peut la prendre; mais si l'un des freres est avec elle, il ne peut entrer. Ainsi il suffit d'une seule femme pour une famille entiere. Les freres, entre qui tout est commun, apportent à la Maison ce qu'ils gagnent. Les
en-

enfans ne font pas moins aux freres qu'au mari, aussi les appellent-ils tous leurs peres. Comme le mari & la femme ont la liberté de se quitter & de se marier ensuite à qui il leur plaît, les Chingulais ne font pas fort difficiles sur les conditions du mariage. Ils prennent seulement garde que les Mariez soient de même rang. L'homme neanmoins peut prendre une femme d'une condition un peu inferieure à la sienne, ce qui n'est jamais permis à la femme. Ils s'attachent tellement à la qualité, que pour tous les biens du monde, une personne noble ne prendroit pas un verre d'eau chez un homme, qui seroit d'un rang au dessous du sien. L'entêtement du rang va plus loin. Un homme du commun n'a pas la permission de frapper à la porte d'un autre qui est d'une condition superieure à la sienne. S'il a besoin d'une chose qui soit dans la Maison de ce Noble, il faut qu'il appelle de la ruë, & on lui envoye ce qu'il demande. Les femmes ne sont pas fort scrupuleuses sur l'amour, & les maris ne se mettent pas en peine de découvrir les infidelitez qu'elles leur font ; mais si quelqu'une avoit commerce avec un homme qui seroit d'un moindre rang, on la puniroit de mort. Son pere, ses freres & tous ses parens se déclarent ses parties, & croient qu'ils ne peuvent autrement réparer l'affront qu'elle leur fait à sa famille.

a p. 120. *a* Leurs Maisons sont petites, basses, couvertes de paille, & bâties avec des perches sur lesquelles ils étendent de l'argile. On ne leur permet point de construire plus d'un étage en haut, de les couvrir de tuiles, ni d'en blanchir les murailles avec de la chaux ; mais ils ont une sorte d'argile qui est aussi blanche, & s'en servent quelquefois. Chacun bâtit sa Maison sans employer un seul clou. Tout ce qui devroit être cloué, est lié avec des liens qui croissent en abondance dans leurs forêts. Comme le Pays est chaud, la plûpart ne se soucient pas de plâtrer leurs murailles, se contentant de branches & de feuilles d'arbres. Il n'y a point de cheminées dans ces Maisons, qui n'ont qu'une chambre pour la plûpart. Ils font le feu dans le coin, ce qui fait que la fumée noircit tout le plancher. Les grands Seigneurs ont d'ordinaire deux bâtimens opposez l'un à l'autre, & joints par une muraille, cela fait une cour quarrée au milieu. Ils ont autour de leurs Maisons contre la muraille des bancs pour s'asseoir, & ils les frottent de fiente de vache par dessus pour les rendre unis, & les conserver contre la pluye. Leurs serviteurs & leurs esclaves demeurent autour d'eux avec leurs femmes & leurs enfans dans des Maisons particulieres. Quelques pots de terre qui pendent à des cannes au milieu de la Maison, parce qu'ils n'ont point de planches, un ou deux bassins de cuivre dans lesquels ils mangent, & un siége ou deux sans dos, font tout leur emmeublement. Il n'y a que le Roi seul qui puisse s'asseoir sur une chaise à dos. Ils ont quelques paniers pour mettre du grain, quelques pilons d'ébene longs de quatre pieds pour battre le ris, un mortier de bois pour l'y piler jusqu'à ce qu'il blanchisse, une rapoire pour raper leurs noix de Coco, une pierre plate dont ils écrasent leur poivre, & enfin des haches, des hallebardes, des pêles, des béches & autres outils de cette nature. Ils mangent à terre & font un fort bon repas avec quelques feuilles vertes, un jus de citron, du poivre & du sel. La viande & le poisson sont assez rares parmi eux, & ils aiment mieux vendre le peu qu'ils en ont que de le manger. Le bœuf est pour eux une viande abominable. Les personnes distinguées ont d'ordinaire de cinq ou six sortes de mets, dont la viande & le poisson ne fournissent qu'un plat ou deux. Les autres sont de ce que produit la terre. Leur principale nourriture est de ris. Ils le mettent dans des plats de porcelaine ou de cuivre. Ceux qui n'en ont point se servent de feuilles. Les autres sortes de viandes qu'ils mangent avec leur ris sont gardées dans le pot où ils l'apprêtent, & leurs femmes les donnent quand ils les demandent. Elles sont obligées de les servir pendant leurs repas, & mangent leurs restes. L'eau est leur boisson ordinaire. Ils ne touchent point le pot de leur bouche quand ils veulent boire ; mais ils y versent la boisson en tenant le vase à quelque distance. C'est toûjours avant leur dîner qu'ils boivent le *Rock*, afin qu'il opere davantage. Le Rock est une espece d'eau-de-vie. Ils parlent peu pendant leurs repas, & se lavent toûjours les mains & la bouche après. Ils se versent eux-mêmes l'eau d'une main pendant qu'ils se lavent l'autre, & ce seroit leur faire un affront que de leur en verser sur les mains. S'il y a quelqu'un qui parle quand la femme met son ris au pot, elle le fait taire jusqu'à ce qu'il y soit mis ; car il ne s'enfleroit pas, à ce qu'ils croyent, si on parloit pendant ce temps-là. Leur maniere de se saluer quand ils se rencontrent, c'est de lever les mains en haut & de se courber le corps. Le plus considerable ne leve qu'une main pour ceux qui lui sont inferieurs, & s'ils sont beaucoup au dessous de lui, il ne fait que remuer la tête. Les femmes se saluënt en touchant leur front de l'une & de l'autre main. Quand une Maison n'a qu'une chambre, ce qui est fort ordinaire, les hommes couchent à un bout, & les femmes à l'autre. *b* Ils ont des chalits, mais sans chevet ni rideaux, & ne se soucient pas même d'en avoir plus d'un qui est pour le Maître de la Maison. Il y a sur ce chalit un chevet de paille avec des nattes. C'est sur des nattes que les femmes & les enfans couchent ; mais à terre, & ayant toûjours du feu à leurs pieds. La femme prend un morceau de bois pour lui servir de chevet, les enfans s'en passent. Ils n'ont pour couvertures que les habits qu'ils portent le jour. Si une Maison n'a qu'une chambre, les enfans un peu âgez vont coucher chez leurs voisins, & les parens ne sont point fâchez que de jeunes hommes couchent avec leurs filles, pourvû qu'il n'y ait point inégalité de condition. Ces filles sont si éloignées de s'en faire une honte, qu'elles se vantent à leurs compagnes d'avoir tels & tels qui les aident dans tous les ouvrages qu'elles ont à faire, car alors elles ont droit de commander à ceux qui ont commerce avec elles. *b* p. 131.

c Il y a parmi le Peuple divers degrez ou rangs qu'ils tirent de leurs familles & de leur naissance, & non pas de leurs richesses ou des *c* p. 75.

char-

charges que le Roi leur donne. Les marques de qualité font de porter des pourpoints, ou d'aller le dos nud & découvert, d'avoir des camifoles plus ou moins longues, au deffus ou au deffous des genoux; de s'affeoir fur des fieges, fur un bloc, ou fur des nates étenduës à terre. Les Nobles, qu'ils nomment *Hondrews*, font diftinguez des autres par leurs noms & par la maniere dont ils portent leurs habits; favoir, les hommes jufqu'à mi-jambe, & les femmes jufqu'aux talons. Celles-ci font paffer un bout de leurs camifoles fur leur épaule, & ce bout defcend negligemment fur leur gorge, au lieu que les autres femmes vont nuës depuis la tête jufqu'à la ceinture, & que leurs jupes ne paffent pas leurs genoux; fi ce n'eft qu'il faffe grand froid. En ce cas les hommes & les femmes fe couvrent le dos, & s'excufent fur le grand froid, s'ils rencontrent des Hondrews. Ils fe diftinguent auffi par leurs bonnets, qui font faits comme des mitres, ayant deux oreilles au deffus de la tête. Les Nobles les portent tout d'une couleur, blancs ou bleus. Ceux de moindre naiffance, portent le bonnet d'une couleur, & les oreilles toûjours rouges. Tous les Chrétiens, blancs ou noirs, font eftimez égaux à Hondrews. Il y a entre les Nobles un honneur que donne le Roi; mais qui s'éteint avec la perfonne. C'eft un morceau d'étoffe de foye, ou un ruban brodé d'or ou d'argent, qu'il leur met autour de la tête, en leur donnant le titre de *Mundiana*.

Les Orfévres, les Peintres, les Maréchaux ou Taillandiers, & les Charpentiers, font tous d'un même rang, & vont après les Hondrews, qui cependant ne veulent pas manger avec eux, quoi qu'il n'y ait pas beaucoup de difference dans leurs habits. Ils peuvent auffi s'affeoir fur des fieges, ce que n'oferoient faire les gens de moindre condition. Tous les Artifans font eftimez de baffe naiffance, & ne changent jamais de profeffion. Le fils eft du métier de fon pere, & la fille fe marie à un homme de même naiffance. Après ceux-là viennent les Barbiers, qui peuvent, ainfi que leurs femmes, porter des camifoles; mais ils ne peuvent s'affeoir fur des fieges, & perfonne ne veut manger avec eux, non plus qu'avec les Potiers. Ceux-ci ne peuvent porter des camifoles, & leurs habits ne paffent pas le genouil; mais parce qu'ils font des pots, il leur eft permis, quand ils font chez un Hondrew & qu'ils ont foif, de prendre fon pot, & de verfer l'eau qui eft dedans dans leur bouche, ce qui eft défendu à tous les autres. Les Tifferans font au deffous des Manœuvres. Outre leur métier, qui eft de faire de la toile, ils fe mêlent d'Aftrologie, & prédifent les bonnes faifons, & les jours heureux ou malheureux. Lors que quelque femme accouche, ils écrivent le jour, la minute, & fous quelle planete fon enfant eft né, ce qu'ils gardent avec foin toute leur vie. Ils battent auffi du tambour, jouent du flageolet, & danfent dans les Temples de leurs Dieux, & à leurs Sacrifices. Ils emportent & mangent tous les vivres que l'on offre à leurs Idoles, ce qui n'appartient qu'aux gens de la plus baffe extraction. Les faifeurs de paniers qu'ils appellent *Kiddens*, font au deffous des Tifferans. Ils font des vans pour vanner les grains, des panniers, des lits & des chaifes de canne. Les *Kinneracks*, ou faifeurs de nates, travaillent parfaitement bien. Ils ne peuvent, ni eux ni leurs femmes, fe couvrir la tête. Les Chingulais ont des Efclaves, auxquels les Maîtres donnent des terres & du bétail pour les faire fubfifter. On ne leur ôte jamais ce qu'ils ont pû amaffer par leur induftrie, & on les regarde comme des perfonnes en qui on fe peut fier.

Il y a une autre forte de gens, que les Rois ont rendus fi vils & fi abjects, qu'ils ne peuvent l'être davantage. Ce font les gueux, qui font obligez de donner à tous les autres les titres qu'on ne donne qu'aux Rois & aux Princes, & de leur porter le même refpect. Ceux dont ils font defcendus étoient des *Dodda Vaddahs* ou Chaffeurs. C'étoit à eux à fournir la venaifon pour la table du Roi; mais un jour au lieu de venaifon, ils oferent lui prefenter de la chair humaine; & comme il la trouva très-bonne, il commanda qu'on lui en apportât de la même forte. Le Barbier du Roi découvrit la tromperie; & ce Prince croyant que ce feroit un fupplice trop leger pour ceux qui en étoient les Auteurs, que de les faire mourir, fit publier un Decret par lequel il ordonna que tous ceux de cette profeffion, tant grands que petits, ne pourroient plus demeurer parmi les autres habitans, jouïr d'aucuns biens, ni exercer de profeffion quelle qu'elle fût; mais qu'ils demanderoient l'aumône de generation en generation par tout le Royaume; qu'ils feroient regardez de tout le monde comme des perfonnes infames, & indignes d'être admifes dans la focieté civile. Ils font même encore aujourd'hui tellement haïs, qu'on ne leur permet pas même de puifer de l'eau dans les puits; de forte qu'ils font contraints d'en prendre dans des trous, ou d'en aller chercher aux Rivieres. Ils vont mandier par bandes, hommes, femmes & enfans, portant leurs pots, leurs chaudrons, leurs poules, & tout ce qu'ils ont dans des paniers au bout d'un bâton. Quand ils viennent guefer aux Maifons, les femmes danfent & font des tours, pendant que les hommes battent du tambour. Ils font tourner un baffin de cuivre fur le bout du doigt d'une viteffe incroyable, & ont l'adreffe de jetter jufqu'à neuf balles en l'air, en les reprenant l'une après l'autre à mefure qu'elles tombent. Ils demandent avec tant d'importunité, en difant qu'il a été ordonné que leur fubfiftance vienne d'aumônes, que comme il n'eft pas permis de lever la main fur eux, on ne peut s'empêcher de leur donner. C'eft ainfi qu'ils vivent, fe bâtiffant des cabanes fous des arbres, fur les grands chemins, & dans des lieux éloignez des Villes; & parce que tout le monde doit contribuer à leur entretien, ils vivent mieux que les autres, étant exempts de travailler, & ne payant aucuns droits au Roi. Tout ce qu'on demande d'eux, c'eft de faire des cordes de la peau des vaches mortes, pour prendre & lier les éléphans. Il arrive quelquefois que lorfque le Roi fait mourir de grands Officiers, pour quelque crime qu'il veut punir fort feverement, il fait livrer leurs femmes & leurs filles à cette canaille. Ce châ-

châtiment est trouvé si grand, que si par un acte de clemence, il leur donne le choix de se précipiter dans la Riviere, ou d'être livrées à ces Gueux, elles aiment mieux perir en se noyant, que tomber entre leurs mains.

a p. 88. ᵃ La Religion de ce Pays-là est l'Idolâtrie. Ils adorent plusieurs Dieux, & en reconnoissent un par dessus les autres, qu'ils appellent *Ossa Polla Maups Dio*, c'est-à-dire, Créateur du Ciel & de la Terre. Ils tiennent que ce Dieu en envoye d'autres pour faire exécuter ses ordres; & ce sont, disent-ils, les ames des gens de bien qui ont vécu autrefois. Il y a aussi des Démons qui leur causent des maladies, & ce sont les ames des Méchans. Ils ont un autre grand Dieu appelé *Buddou*, auquel appartient de sauver les ames. Ils croyent qu'il est venu sur la terre, & que lorsqu'il y étoit, il avoit accoutumé de s'asseoir sous un grand Arbre, qu'ils tiennent saint depuis ce temps-là, & sous lequel ils l'adorent avec beaucoup de solemnité. Ils nomment cet arbre *Bogahah*; le Soleil *Irri*; la Lune *Handa*; & regardent ces deux Astres comme des Divinitez. Les Pagodes ou Temples de leurs Dieux sont en si grand nombre qu'il est impossible de les compter. Il y en a plusieurs d'un ouvrage exquis & achevé, bâtis de pierres de taille, sur lesquelles il y a des figures & des Images. Ces Temples sont de diverses formes. Ceux qui ont été bâtis il y a long-temps, l'emportent de beaucoup sur ceux qu'on a construits depuis peu, qui ne sont faits qu'avec des perches & de l'argile, & qui n'ont point de fenêtres. Il y en a qui ressemblent à un colombier. Ils sont quarrez, & n'ont d'ordinaire qu'un étage, & rarement deux. Les chambres hautes ont leurs Idoles, ainsi que celles d'en bas. Quelques-uns de ces Temples sont couverts de tuiles, & d'autres de paille. On y voit des Idoles d'une figure monstrueuse, les unes d'argent, les autres de cuivre. Ils y ont aussi des bâtons peints, des targes, des hallebardes, des fléches, des lances & des épées. Ces armes ne se trouvent point dans les Temples du *Budelou*, qui est un Dieu de Paix. On n'y remarque pour Idoles que des images d'hommes, ayant les jambes croisées, vêtus de casaques jaunes, les cheveux frisez, avec les mains devant eux comme des femmes. Chaque Pagode ou Temple a de grands revenus en terre, qui sont employez à fournir la dépense necessaire, & à préparer des sacrifices & des vivres pour mettre devant les Idoles. Il y a de toutes sortes d'Officiers pour en prendre soin. Outre les Temples publics, plusieurs particuliers se bâtissent des Chapelles dans leurs cours. Ce sont comme des cabinets, & quelquefois si petits, qu'ils n'ont plus de deux pieds en quarré. Ces Chapelles sont sur un pilier élevé de trois ou quatre pieds de la terre. Ils y mettent une Image du *Buddou*, afin qu'il soit plus près d'eux, & qu'ils lui puissent témoigner leur zele, en y allumant des lampes, en y parfumant des fleurs tous les matins, & lui portant à manger. Ils tiennent que tout le bien vient de Dieu, & que le Diable envoye tous les maux. Le plus haut ordre de leurs Prêtres est celui des *Tirinanxes*, qui sont ceux du Dieu *Buddou*. Leurs Temples sont nommez *Vehars*. Ils ne reçoivent dans leur ordre que des personnes de naissance, d'un grand savoir & bien élevées. Ceux-là ne sont pas avancez d'abord au haut degré de *Tirinanxes*. Il n'y en a que trois ou quatre choisis d'entre tous les autres, qui demeurent dans le *Vehar*, où ils sont comme les Superieurs de tous les Prêtres, qui sont appellez *Gonni*. Ils portent tous, tant les *Gonni* que les *Tirinanxes*, une casaque jaune, plissée autour de leurs reins, avec une ceinture de fil. Ils n'ont point du tout de cheveux, & vont nu-tête, ayant à la main une espece d'éventail rond, dont la poignée est de bois, pour se garantir la tête de la trop grande ardeur du Soleil. On les respecte si fort, que le Peuple se courbe devant eux, comme il fait devant ses Dieux. Ils ne saluent personne, & par tout où ils vont on étend sur un siege une natte & un linge blanc dessus avant qu'ils s'asseient, honneur qu'on ne fait qu'au Roi. Ils ne peuvent ni se marier, ni mettre la main à aucun ouvrage. Ils ne mangent qu'une fois par jour, si ce n'est du riz & de l'eau, ou des fruits, dont ils peuvent user, aussi-bien le soir que le matin. Il leur est permis de manger de toute sorte de viande apprêtée pour eux; mais il ne faut pas qu'ils donnent ordre de tuer les animaux, ni qu'ils consentent qu'on les tuë. S'ils veulent se marier, ils renoncent à leur ordre. Ils n'ont pour cela qu'à jetter leur casaque jaune dans la Riviere, se laver la tête & tout le corps, & ils sont alors comme les autres hommes Laïques.

Les Prêtres du second ordre sont nommez *Koppuhs*, & appartiennent aux Temples des autres Dieux, que l'on appelle *Dewals*. Ils ne portent point d'habits qui les distinguent du reste du Peuple, non pas même dans le temps qu'ils officient. On les prend ordinairement parmi les Hondrews. Ils labourent la terre, & vaquent à leurs affaires comme les autres, excepté quand ils doivent officier, ce qui arrive tous les matins & tous les soirs, selon que le revenu du Temple dont ils sont Prêtres le peut supporter. Tout ce service consiste à presenter à l'Idole du riz bouilli & les vivres que les autres mettent à la porte de leur Temple. Après que ces provisions y ont demeuré quelque temps, le Prêtre les rapporte, & alors les Tambours, les Joüeurs de flutes, & les autres Ministres du Temple les mangent. On ne sacrifie jamais de chair à ces Dieux, mais toute autre sorte de choses. Les *Jaddeses*, ou les Prêtres des Esprits, qu'ils appellent *Dayantans*, sont le troisiéme ordre de Prêtres. Leurs Temples, appellez *Cauwels*, sont moindres que les autres, & n'ont point de revenu. Un homme devot bâtit une Maison à ses dépens & en est le Prêtre. Il fait peindre sur les murailles des hallebardes, des épées, des fléches, des boucliers & des images. C'est rarement qu'on appelle ces Maisons, des Maisons de Dieu, on les nomme plus ordinairement *Jacco*, ou Maison du Diable. Lorsqu'il y arrive quelque grande Fête, le *Jaddese* se rase toute la barbe. ᵇ Il y a neuf *b* p. 99. Divinitez, qu'ils appellent *Gerehah*. Ce sont les

les planetes d'où vient tout leur bonheur, ou tout leur malheur. Lorsqu'ils ont envie de les adorer, ils font des images d'argille, autant qu'il y a de Dieux qui leur veulent du mal, ce qu'ils connoissent par certains tours de magie. Ils les peignent de differentes couleurs, & leur donnent les formes les plus monstrueuses. Ils font les unes avec de longs crochets comme un sanglier ; les autres avec des cornes ; ils en font aussi quelquefois de la figure d'un homme. ^a Leur santé étant la principale affaire qu'ils ayent avec leurs Dieux, lorsque quelqu'un est malade, ils mettent à manger devant leurs Idoles, & le malade est prosterné à leurs pieds. La ceremonie se fait toûjours la nuit au son du tambour & des haut-bois, le Peuple dansant presque jusqu'au jour, qu'ils prennent ces images, & se jettent sur les grands chemins, afin qu'elles soient foulées aux pieds. On leur ôte aussi leurs provisions qu'on donne à de la canaille qui s'arrête là exprès pour les manger. Lorsqu'ils veulent adorer les Diables, qu'ils disent être les esprits de quelques personnes mortes, ils ne leur font point d'images comme pour les Planetes. Seulement ils bâtissent une nouvelle Maison en forme de grange, dans leur cour, la couvrant de feuilles, & l'ornant de branches & de fleurs. Ils apportent dans cette Maison quelques-unes des armes qui sont dans les Pagodes, & les mettent sur des sieges au bout du Temple, & les provisions sur d'autres sieges devant les Dieux. Pendant tout le temps de ce sacrifice, ils battent du tambour, joüent du haut-bois, chantent & dansent. Cela fait, ils emportent ces provisions, & les regardant comme des viandes polluës, ils les donnent aux Joüeurs d'instrumens, & à d'autres vagabonds & gueux, qui sont les seuls qui en mangent. Lorsqu'ils n'obtiennent pas des petits Demons ce qu'ils leur demandent, ils s'adressent au grand Demon, par une oblation de viandes apprêtées, dont l'un des plats est toûjours un coq rouge. Ils portent cette oblation en un lieu bien éloigné dans les bois, & l'offrent à l'honneur de ce grand Demon, devant lequel il y a des hommes déguisez, dans une forme horrible, ayant des clochettes autour des jambes, dansant, chantant, & faisant diverses postures, pour obliger le Diable à venir manger du sacrifice apporté. Le malade demeure present pendant tout ce temps.

^b Ils celebrent tous les ans une grande Fête au mois de Juin ou de Juillet, dans la nouvelle Lune, pour implorer le secours des Dieux, par qui la terre est gouvernée. Ils l'appellent *Perahars*, & ne sont pas obligez d'aller dans le même Temple. Les uns vont d'un côté, les autres de l'autre. La plus grande ceremonie se fait dans la Ville de Candi, & on l'observe dans le même temps en plusieurs autres Villes & Bourgs du Pays. Le Prêtre apporte un bâton peint, autour duquel on attache des fleurs qui sont comme enfilées dans des cordons de soye. Le Peuple se met à genoux devant ce bâton & l'adore, chacun lui presentant une offrande. Ces presens faits, le Prêtre met le bâton sur son épaule, & un linge sur sa bouche, de crainte que son haleine ne

souille ce précieux morceau de bois. Il monte sur un élephant tout couvert d'un linge blanc, & va ainsi par toute la Ville avec beaucoup de magnificence. Devant lui marchent environ cinquante élephans, ayant des deux côtez des clochettes de cuivre, qui font un grand bruit. Des hommes vêtus en geans, suivent en dansant, selon l'ancienne tradition, qu'il y avoit autrefois de grands hommes, qui pouvoient porter de très-lourds fardeaux, & arracher des arbres. Quantité de tambours, de trompettes & de haut-bois, qui viennent ensuite, précedent une autre troupe de gens qui dansent, & après lesquels on voit marcher des femmes des métiers necessaires au service des Pagodes, comme des Potiers & des Lavandiers. Chaque métier va ensemble, trois à trois, en se tenant par la main, & entre chaque Compagnie il y a des tambours, des haut-bois & des danseurs. Après eux vient un élephant, qui porte deux Prêtres, dont l'un est celui qui tient le bâton, & qui represente le Créateur du Ciel & de la Terre. L'autre est derriere lui tenant quelque chose de rond sur sa tête pour le garantir du Soleil & de la pluye. Il a à ses deux côtez, un peu derriere lui, deux élephans, sur chacun desquels sont deux autres Prêtres. Ceux qui sont devant, representent deux autres Dieux, & les deux qui sont derriere portent des parasols comme l'autre. Les Cuisiniers suivent ces Dieux avec des éventails pour chasser les mouches. On voit ensuite venir une infinité de Dames des plus qualifiées du Pays avec leurs parures les plus riches. On a soin de nettoyer & d'orner les ruës de branches d'arbres auxquelles pendent des banderolles, & de la verdure, avec des lampes qui brûlent le jour & la nuit de chaque côté des ruës. Les Commandans que le Roi envoye pour faire que tout se passe avec ordre, ferment la marche avec leurs Soldats. Ils font le tour de la Ville de cette maniere une fois le jour, & une autre fois de nuit, & cette Fête dure depuis la nouvelle jusques à la pleine Lune. Pendant tout ce temps, on ne bat le tambour à aucun des sacrifices des particuliers. Ils font au mois de Novembre une autre Fête appellée *Cawta Poyah*, & ils la commencent la nuit de la pleine Lune. Elle consiste à mettre des lampes autour des Pagodes, aux portes desquelles, aussi-bien qu'à celles du Palais du Roi, ils plantent les plus hauts mays qu'ils ont pû trouver dans les forêts, & sur ces mays ils mettent avec beaucoup d'art des lampes l'une sur l'autre par rangées jusqu'au sommet. Tout le Pays contribuë à fournir de l'huile pour entretenir ces lampes, & cette Fête ne dure qu'une seule nuit. Quant au Dieu des Ames, appellé *Buddou*, pour le representer à leurs yeux, ils font de petites images d'argent, de cuivre, d'argille & de pierre, qu'ils adorent, & auxquelles ils offrent des sacrifices avec des marques de la plus profonde veneration. Ils élevent ces images en la plûpart des lieux où il y a des rochers & des cavernes, & les plus devots les vont adorer, leur portant des vivres à la nouvelle & à la pleine Lune. La plus grande Fête du Dieu *Buddou* est au mois de Mars, lorsqu'ils renouvellent l'année. Il y a deux endroits où il est principalement adoré sur une Montagne & sur un arbre. Ils vont à l'un ou à l'autre en ce temps-là, avec leurs femmes & leurs enfans. La Montagne est du côté du Midi, & est appellée par ceux du Pays *Hamma-lella*; & par les Chrétiens *la pointe d'Adam*. C'est la plus haute de l'Isle. L'arbre est du côté du Nord, à Annavodyburro. Ils disent qu'il s'est transporté en cet endroit-là de l'autre côté, & qu'il s'y est planté comme on le voit aujourd'hui. C'est présentement un lieu de grande devotion, parce qu'ils prétendent que quand le *Buddou* étoit sur la terre, il avoit coûtume de s'asseoir dessous. Aussi le tiennent-ils pour sacré. C'est là qu'ils s'assemblent pour prier & faire des sacrifices. Ils bâtissent des tentes tout à l'entour, les unes ne sont faites que de feuilles; mais il y en a qui sont mieux construites, avec du bois, de l'argille & de la chaux, & qui durent des années. Ces bâtimens sont partagez en petits appartemens pour chaque famille particuliere. Toute la Ville se joint, & chacun se bâtit une Maison; de sorte que tout le bâtiment est rond comme un cercle. Il n'y a qu'une ouverture pour aller à l'Arbre Saint, & on éleve une espece de portail sur cette ouverture. Les femmes se trouvent à ces ceremonies avec leurs plus beaux habits, & se divertissent à voir les Danseurs & les Bâteleurs faire leurs tours. Elles ne se font jamais que la nuit, & en durent trois ou quatre, jusques à la pleine Lune, qui est le temps où elles finissent.

[a] p. 117. [a] Les Chingulais croyent une resurrection des corps, l'immortalité de l'ame, & un état après cette vie. Ils sont persuadez que leurs Dieux sont les esprits de certains hommes qui ont autrefois vécu sur la terre, & tiennent que ceux qui ont été honnêtes gens en ce monde, quoi que pauvres & d'une basse naissance, seront élevez en l'autre vie, & que les méchans y seront changez en bêtes. Il y a en ce Pays-là une Araignée qui fait un œuf de la largeur d'une piece de quatre sols. Elle le porte sous son ventre, qui est plus gros que son corps. Cet œuf est plein de petites araignées, qui mangent la vieille à mesure qu'elles croissent. Les Chingulais disent que les enfans désobéïssans deviendront des araignées en l'autre monde, & seront mangez par leurs petits. Quant à leurs emplois, le labourage est le principal, & les plus grands s'y appliquent, parce qu'il n'y a point parmi eux de honte aux gens les plus distinguez de travailler, soit dans leurs Maisons, soit sur leurs terres, pourvû que ce ne soit ni pour de l'argent ni pour autrui. Un Gentilhomme peut faire tout; mais il ne doit rien porter, & il faut qu'il s'y loué un homme pour cela, le métier de Porteur étant tenu pour le plus abject de tous. Il n'y a point de Marchez dans toute l'Isle; mais seulement quelques boutiques dans les Villes. On y vend de la toile, du riz, du sel, du tabac, de la chair, des drogues, des fruits, des épées, de l'acier, du cuivre, & autres choses de cette nature. [b] Ils n'ont ni Medecins de profession, ni Chirurgiens; mais ils ont tous quelque connoissance de ces deux Sciences, & font leurs medecines

[b] p. 172.

de feuilles qui croissent dans les bois, & de l'écorce des arbres. Ils se purgent avec cela, & se provoquent le vomissement. Ils font des cures admirables pour les playes & pour les yeux. La mort les effraye, & ils invoquent le Diable dans leurs maladies. On n'approche point de la Maison d'un Mort pendant plusieurs jours, de crainte d'être souillé. Les gens de condition brûlent leurs Morts, afin d'empêcher qu'ils ne soient mangez des vers; mais ceux du commun les enterrent dans un creux qu'ils font dans les bois. Ils enveloppent le corps d'une natte, & le portent sur un ais, à l'endroit qu'ils ont choisi pour le mettre en terre. [c] Quelques jours après qu'un homme est mort, ses amis envoyent querir un Prêtre, qui passe toute la nuit à prier & à chanter pour le salut de son ame, & à qui, outre un grand repas, ils font des presens, ensuite de quoi ils le reconduisent chez lui au son du tambour & des haut-bois. [d] Leur maniere de porter le deuil, est que toutes les femmes qui sont presentes délient leurs cheveux, & les laissent pendre sur leurs épaules. Ensuite elles mettent leurs mains derriere leur tête, & crient le plus haut qu'elles peuvent, en faisant valoir les vertus du Mort, & déplorant leur malheur d'être obligées de vivre sans lui. Elles continuent ces tristes chants durant deux ou trois matins, & autant de soirs, pendant que les hommes se contentent de soûpirer. Voici la ceremonie qu'ils observent pour brûler les gens de qualité. On les porte dehors lorsqu'ils sont morts, & l'on couvre une certaine partie de leurs corps. On le lave ensuite en versant dessus cinq ou six seaux d'eau. Cela fait, on couvre le corps d'un drap, lorsqu'on le brûle d'abord, sinon ils coupent un autre drap qu'ils creusent & mettent le corps dedans, après en avoir tiré tous les boyaux & l'avoir embaumé, en le remplissant par tout de poivre. Ils le laissent de cette sorte dans leur Maison, jusqu'à ce que le Roi ait commandé qu'on l'emporte & qu'on le brûle. S'il est long-temps sans en donner l'ordre, ils font un trou dans le plancher & y mettent l'arbre creux avec le corps & le couvrent. Si dans la suite le Roi ordonne qu'on brûle le corps, ils le retirent du trou, sinon ils l'y laissent. Quand il n'est point mis dans un tronc d'arbre creusé, on le met sur un chalit, & c'est parmi eux un fort grand honneur. Ce chalit, avec le corps dessus, ou bien cet arbre creusé, est attaché ensuite à quatre piliers, que des hommes portent sur leurs épaules au lieu où il doit être brûlé, qui est quelque endroit éminent dans les campagnes, ou sur les grands chemins. Ils le posent là sur une pile de bois haute de trois ou quatre pieds, & mettent encore d'autres bois par dessus le corps. Au dessus du bucher est une espece de dais, si c'est une personne du premier rang, avec des pendans de toile peinte, & des branches de noyer de coco tout à l'entour, & ils y mettent le feu. Quand tout est réduit en cendres, ils les balient & en font un monceau, semblable à un pain de sucre, puis ils entourent ce lieu-là de bonnes hayes, afin que les bêtes sauvages n'y puissent entrer, & ils y sement des herbes. Ceux qui meurent de la pe-

[c] p. 177.

[d] p. 178.

tite

[a] Ribero Hist. de Ceilan l. 1. c. 17.

[a] Les Chingulais ayant toûjours conservé leurs Loix anciennes, sous quelque domination qu'ils ayent été, on leur a aussi laissé presque toute leur maniere de gouvernement, avec cette difference, que quand ils obéissoient aux Portugais, il falloit que leur *Bandigaralla*, ou Chef de Justice, fût Portugais. Il nommoit tous les ans quatre *Mareilleros* ou Commissaires qui étoient confirmez par le General, & qu'on envoyoit dans les terres des quatre *Disfaras* ou Gouverneurs de Province, un dans chaque Gouvernement où ils avoient toute autorité pour terminer les procès & differens selon les Loix du Pays. Chaque *Mareillero* avoit deux Avocats qui faisoient une étude particuliere de ces Loix, un Huissier & un Greffier. Lorsqu'ils devoient aller tenir les Assises dans une Province, ils en donnoient avis aux habitans. On alloit au devant d'eux le jour marqué, & on les recevoit avec tous les honneurs possibles. Les Assises étant ouvertes, tous ceux des Villages voisins qui avoient des affaires se presentoient avec leurs requêtes. On jugeoit d'abord ce qui regardoit les successions & les testamens. Si on accusoit quelqu'un d'avoir détourné quelque chose d'une succession, & qu'il en fût convaincu, on l'obligeoit à rapporter ce qu'il avoit pris, ou à payer trois fois autant que pouvoit valoir la chose, ce qui alloit au profit du Roi. S'il s'agit de quelques provisions prêtées par un creancier, il fait appeller son debiteur, que l'on condamne à payer si la dette passe pour constante. S'il y a du doute, les parties sont renvoyées, & on leur donne un temps pour fournir leurs preuves. Ceux qui sont accusez de vol, comparoissent dans le même temps. S'ils confessent, on leur fait payer tout ce que la chose volée peut valoir, à l'estimation de l'accusateur, & il faut qu'il paye de plus trois fois autant au Tresor du Roi. Si le voleur nie, on l'oblige à jurer, & voici comment cela se pratique. S'il a des enfans on les fait venir, & s'il n'en a pas, on appelle ses plus proches parens. Lorsqu'ils sont devant les Juges, le voleur met des pierres sur la tête de ses enfans, & prie Dieu que s'il a fait le vol dont on l'accuse, ses enfans ne vivent qu'autant de jours qu'ils ont de pierres sur la tête. Ce serment fait, les parties sont mises hors de Cour, & chacun paye la moitié des frais. On prétend dans le Pays que si on a juré faux, les enfans meurent dans le temps précis, & c'est par là que l'on juge de la verité ou de la fausseté du serment. Les meurtriers paroissent aussi pour se purger des assassinats dont on les accuse, & pour lesquels ils se sont quelquefois absentez, car s'ils étoient pris dans les soixante jours après le crime commis, le Dissava les feroit mourir sans aucune forme de procès. Ce terme passé il ne peut plus les punir. Ainsi ils se presentent aux Assises sans rien craindre, & s'ils confessent le meurtre, ils en sont quittes pour six vingt reaux qu'ils payent au Roi, & on les renvoye absous.

[b] Knox Relat. de Ceïlan T 1. p. 35.

[b] Entre les fruits dont l'Isle de Ceïlan abonde, il y a le *Jacks* qui est aussi gros qu'un pain de dix-huit livres, & qui croît sur un grand arbre. Il a la couleur verdâtre, & est tout herissé de pointe. Sa graine est toute éparse dans ce fruit comme les pepins d'une citrouille. On n'attend pas qu'il soit mûr pour le cueillir, il suffit que la graine le soit assez, ce que l'on sent par un petit trou qu'on fait à ce fruit. Après cela ils le coupent par morceaux qu'ils font bouillir, & qu'ils mangent afin d'épargner leur ris. Ce fruit est d'un grand secours pour le Peuple qui en fait une partie de sa nourriture. Le *Jombo* est un des plus beaux fruits que l'on puisse voir d'un blanc mêlé de rouge, comme s'il avoit été peint. Il est plein de jus, fort agréable au Palais, & a le goût d'une pomme. Il y a plusieurs autres sortes de fruits sauvages que l'on trouve dans les bois, des *Muvros* qui sont ronds & doux, & de la grosseur d'une cerise, des *Dongs* qui ressemblent à une cerise noire, des *Ambellos* qui sont comme des groseilles, & des *Paragiddes*, sorte de poire. Ils ont aussi dans cette Isle des noix de coco, des plantins, des bananes, de très-bonnes oranges douces & aigres, de petits limons, & des *Pautarings*, qui ont tout à fait le goût de citron, & qui sont plus gros que les deux poings. On y voit trois autres arbres assez extraordinaires. L'un est le *Tallipot*, arbre fort droit, & aussi haut qu'un mât de vaisseau. Ses feuilles sont d'une telle grandeur, qu'une seule peut couvrir quinze ou vingt hommes & les garantir de la pluye. Quand on a séché ces feuilles, elles sont fortes, mais maniables. Ceux du Pays s'en couvrent en voyageant, & mettent le bout pointu par devant, ce qui leur sert pour s'ouvrir le passage à travers les buissons. Tous les soldats en portent avec eux & en font des tentes. Quoique cette feuille soit fort grande, quand elle est ouverte, elle se peut refermer comme un éventail, & alors elle n'est guere que de la grosseur du bras. Cet arbre, au sommet duquel croissent ces feuilles, ne porte du fruit que l'année qu'il meurt. Ce fruit est au haut de l'arbre qui pousse de grandes branches, toutes chargées de fleurs jaunes très-belles; mais dont l'odeur est trop forte. Cette fleur se tourne après en un fruit rond & dur de la grosseur de nos plus belles cerises; mais qui n'est bon que pour semer. Le second arbre s'appelle *Ketule*. Il est droit & porte une espece de liqueur extrêmement douce, très-agréable & très-saine; mais sans aucune force. Ils la ramassent deux fois le jour, & trois fois des meilleurs arbres. Les communs en rendent douze pintes chaque jour. Ils font bouillir cette liqueur jusqu'à ce qu'elle soit réduite à une certaine consistance. C'est alors une espece de sucre noir qu'ils appellent *Jaggory*, & qu'en y prenant un peu plus de peine, ils peuvent rendre aussi blanc que nôtre sucre ordinaire, auquel il ne cede point en bonté. Les boutons de cet arbre sont bons à manger, & ressemblent à nos noix & à nos amandes. Le troisiéme arbre est le Canelier, qu'ils appellent *Corunda Gauhah*. Il croît dans les bois, & ils n'en font pas plus de cas que des autres arbres. Il y en a beaucoup en de certaines contrées, en d'autres fort peu, & en d'autres point du tout. Il est d'une hauteur rai-

raisonnable. La canelle que nous avons est son écorce. Elle paroît blanche étant sur l'arbre. On l'enleve, & on la fait sécher au Soleil. Ils la prennent seulement sur les petits arbres, quoique l'écorce des plus grands ait une odeur aussi douce, & que le goût en soit aussi fort que des autres. Le bois de cet arbre ne sent point. Il est blanc, & n'est pas plus dur que le sapin. Ses feuilles ressemblent à celles du laurier, tant pour la couleur que pour l'épaisseur. Quand elles commencent à pousser, elles sont rouges comme l'écarlate, & si on les frotte entre ses mains, on trouve qu'elles sentent plus le clou de girofle que la canelle. L'arbre porte un fruit qui est un peu plus petit que le gland, & qui lui ressemble. Ce fruit a moins d'odeur & de goût que l'écorce. Etant bouilli il jette une huile qui nage sur l'eau, & qui étant congelée est aussi blanche & aussi dure que du suif. L'odeur en est agréable, & on la brûle dans les lampes; mais on n'en fait des chandelles que pour le Roi. Les *Rattans* croissent par tout en abondance dans cette Isle, & s'étendent sur la terre ou montent le long des arbres à la hauteur de vingt brasses. Ils sont couverts d'une écorce qui les défend des injures de l'air, tandis qu'ils sont tendres, & si hérissez d'épines qu'on n'oseroit les toucher. A mesure que l'arbre croît, l'écorce meurit & tombe ensuite. Cet arbrisseau porte un fruit fait comme une grappe de raisin & de la même grosseur. La peau est semblable à celle d'une groseille, belle, molle, jaunâtre & écaillée comme le corps d'un poisson. Le fruit est de couleur blanchâtre, & a un noyau autour duquel il y a de quoi manger. Les habitans en font un bouillon aigret dont ils étanchent leur soif. Ils ont quantité de fleurs, mais sauvages, puisqu'ils n'en plantent jamais. Il y a des roses blanches & rouges, & qui sont comme les nôtres. Ils ont plusieurs autres sortes de fleurs odoriferantes, que les jeunes gens, tant hommes que femmes, mettent dans leurs cheveux pour les parfumer. Ils lient leurs cheveux tout ensemble par derriere, & y enferment ces fleurs. Ils en ont une qu'ils appellent *Sindrie-Mal*, qui merite d'être remarquée pour sa rareté & pour son usage. Elle s'ouvre sur les quatre heures après Midi, & demeure épanouïe & ouverte toute la nuit. Le matin elle se referme jusqu'à quatre heures qu'elle s'ouvre de nouveau. Quelques-uns d'eux la transportent des forêts dans leurs jardins pour leur servir d'horloge quand il fait obscur, & qu'ils ne sauroient voir le Soleil. On trouve en ce Pays-là une autre fleur blanche d'une très-bonne odeur qu'ils appellent *Picha-Mauls*. Elle ressemble au jasmin, & tous les matins on en apporte au Roi un bouquet enveloppé dans un linge blanc, & qui pend à un bâton porté par des gens qui sont gagez pour cela. Tous ceux qui portent ces fleurs obligent ceux qu'ils rencontrent de se détourner dans le temps qu'ils passent, ce qu'on est aussi obligé de faire à l'égard de tout ce qu'on voit porter au Roi, enveloppé dans du linge blanc. Ces Officiers tiennent des terres exprès pour cela, & leur Charge les engage à planter ces fleurs, ce qu'ils font ordinairement auprès des Rivieres, où el-

les viennent beaucoup mieux qu'ailleurs. Ils ont le pouvoir de les planter en quelque lieu que ce soit, sans examiner à qui la terre appartient, après quoi ils environnent la place d'une haye ou d'un fossé, afin qu'elle ne serve qu'à la production de leurs fleurs. Cette terre est gardée plusieurs années, jusqu'à ce qu'elles n'y puissent plus croître, & alors le proprietaire reprend sa terre.

[a] Les Chingulais ont des vaches, des busles, des cochons, des chévres, des daims, des liévres, des chiens, des jacols, des singes, des tigres, des ours, des élephans, des ânes & des chevaux ; mais ils n'ont point de brebis. Les élephans de Ceïlan sont plus estimez que ceux d'aucun autre lieu des Indes. Outre des corbeaux, des hochequeuës, des ramiers & des beccassines semblables aux nôtres, & un grand nombre de paons, ils ont quantité de jolis oiseaux de la grosseur d'un moineau, mais qui ne sont propres à rien. Il y en a qui sont blancs comme la neige, qui ont la queuë longue d'un pied, & la tête noire comme du geais, sur laquelle paroît une touffe droite telle qu'un bouquet de plumes. Il y en a d'autres de la même espece, & qui ne different qu'en couleur. Elle est rougeâtre comme une orange meure, & ils portent sur la tête des plumes noires toutes droites. Le *Carlo* qui est aussi gros qu'un cigne, se perche toûjours sur les plus hauts arbres, sans qu'il se pose jamais à terre. Il est noir, a les jambes courtes, la tête d'une grosseur prodigieuse, le bec rond, & qui a du blanc des deux côtez de la tête comme si c'étoient des oreilles. Ils se tiennent ordinairement cinq ou six ensemble, & ne font que sauter de branche en branche, faisant presque toûjours un grand bruit semblable au cri des canards, dont ils n'ont pas un grand nombre. Toutes les petites Rivieres & leurs ruisseaux sont pleins de petits poissons, que les enfans prennent pour manger avec leur ris, ne leur laissant point le temps de croître. [b] Ils ont un serpent nommé *Pimberah*, dont le corps est aussi gros que celui d'un homme, & qui est long à proportion. Comme il ne va pas fort vîte, il se sert de ruse pour prendre des bêtes fauves ou du bétail, qui est sa proye ordinaire. Il se tient caché dans les sentiers par où les daims ont coûtume de passer, & il les arrête par le moyen d'une espece de cheville ou de clou qu'il a à la queuë, & dont il les frappe. Il avale un chevreuil entier avec ses cornes, qui lui percent quelquefois le ventre & le tuent. Entre plusieurs autres especes de serpens, plus venimeux les uns que les autres, il y en a un long de deux palmes, d'une couleur brune, sur tout sous le ventre. Sitôt qu'on en est mordu, on tombe dans un sommeil très-profond, & si l'on n'est promptement secouru, on meurt en six heures. Un autre rend les hommes furieux en les mordant, & sa morsure les fait mourir en vingt-quatre heures. On en trouve un autre, dont le venin est si violent, que si quelqu'un est piqué, le sang lui sort aussi-tôt par tous les pores sans qu'il y ait de remede. Il y en a encore un autre d'une couleur brune, long de trois palmes, & qui n'a que la grosseur d'une corde de violon. Il se per-

[a] p. 52.

[b] p. 73.

perche sur un arbre, & s'il voit passer un bœuf, un cerf, un sanglier ou un éléphant, il se lance sur cet animal, dont la chair tombe par morceaux de la grosseur du serpent, en quelque endroit qu'il l'ait attaqué. L'animal demeure immobile sur la place, le venin agissant toûjours interieurement sans qu'il paroisse rien au dehors. Ce serpent est assez rare. Quelques Curieux ayant ouvert des animaux qu'il avoit tuez, leur ont trouvé toute la chair hachée & pourrie, quoique la peau fut entiere. Il y en a un autre également gros & long, & d'un beau verd, que l'on dit tirer les yeux de ceux qu'il attaque. Celui qu'on appelle *Cobra de Cabillo* est fort respecté des Chingulais, qui le nomment *Naia & Nagaia*, le Roi des serpens. Ils croyent que s'ils avoient tué un, tous ceux de la même espece vengeroient sa mort sur toute la famille du meurtrier, & mangeroient sa femme, ses freres & ses enfans. Ainsi quand un de ces serpens a mordu un Chingulais, ou lui a causé quelque dommage, ils l'enchantent, l'obligent de venir devant eux, & après qu'ils lui ont fait une réprimande, ils se persuadent qu'il ne leur fera plus aucun mal. L'ennemi mortel des serpens est un petit animal appellé *Mangus*, qu'ils ont dans leur Isle. Il est gros comme un furet, & dès qu'il en sent quelqu'un, il ne se donne point de repos qu'il ne l'ait tué. Si le *Mangus* est piqué, il a recours à une certaine herbe qu'il mange aussitôt, & qui est pour lui un contrepoison fort sûr. Quoique ces *Mangus* soient tres-méchans, & qu'ils n'épargnent ni les poules ni les coqs d'Inde, on prend soin d'en élever, à cause des serpens qui sont tres-communs en ce Pays-là. On y est aussi fort incommodé des singes. Il y en a qui ne vont que par troupes, qui remplissent leur ventre & leurs mains de grains, & qui en emportent autant qu'ils peuvent, ce qui oblige à mettre toutes les nuits de gens en garde pour les faire fuïr. Ils viennent jusque dans les jardins manger les fruits qui y croissent. Ils sont sans barbe, & ont le visage blanc, & de longs cheveux sur la tête, qui se partagent & tombent comme ceux d'un homme. Il y en a d'autres qui ont le poil gris, le visage noir, & de grandes barbes blanches d'une oreille à l'autre, ensorte qu'on les croiroit des vieillards. D'autres ont le corps & le visage blanc avec de fort longues barbes, & ni les uns ni les autres ne sont pas beaucoup de mal, parce qu'ils demeurent dans les bois où ils vivent de feuilles & de bourgeons d'arbres. Quand on les prend, ils mangent de tout. Une autre grande incommodité vient des sangsuës. L'Isle en est remplie, & l'on ne peut faire un pas dans les bois que l'on n'en soit attaqué. Elles montent le long des jambes & des cuisses, & s'y attachent si fort, qu'il est malaisé de leur faire lâcher prise, si elles ne regorgent de sang. Il y a plusieurs sortes de fourmis, grandes & petites. Celles qu'on y trouve en plus grand nombre s'appellent *Vacos*. Toute la terre en est fourmille. Elles sont de médiocre grandeur, ont le corps blanc & la tête rouge, & devorent tout ce qu'elles peuvent trouver, le drap, le bois, & jusqu'à la paille dont les Maisons sont couvertes. Elles montent le long des murailles, & se font avec de la terre une maniere de voûte, qu'elles continuent tout le long de leur chemin, à quelque hauteur qu'elles aillent. Si cette arcade se rompt en quelque endroit, elles reviennent toutes, quelque éloignées qu'elles soient, pour racommoder ce qui est rompu. Dans les endroits où il n'y a point de Maisons, elles élevent de petites Montagnes de terre hautes de quatre, cinq ou six pieds, & qui sont si fortes, qu'à peine on pourroit les abbattre avec des pierres. Le dedans est plein de voûtes où elles demeurent, & sont leurs nids à peu près comme sont les ruches à miel. Comme elles multiplient beaucoup, elles meurent aussi par pelotons. Quand elles ont une fois des ailes, elles s'élevent dans l'air vers l'Occident en si grand nombre, qu'on a de la peine à voir le Ciel. S'élevant toûjours plus haut, elles ne cessent point de voler, jusqu'à ce qu'étant épuisées, elles tombent mortes par terre.

Il y a aussi dans cette même Isle quantité de pierres précieuses, de sorte qu'à la reserve du diamant, il n'y en a point que l'on n'y trouve. Les perles que l'on y pêche ne sont pas si belles que celles de Baharem; mais en recompense il n'y a point ailleurs de si bel yvoire. Il y vient du poivre, & on y trouve du bois & des pierres à bâtir. La terre y produit du bled, de l'huile, & même du vin, du coton, plusieurs racines pour la teinture, du gingembre, du cardamon, des mirobolans, du corcoma, & plusieurs autres drogues medicinales; mais particulierement du ris qui y vient en si grande quantité, qu'elle en fournit toute la côte de Coromandel. Le plus grand commerce des habitans est celui de la canelle.

CEIRA, Caverne dans le voisinage du Danube au Pays des Gétes. Dion dit [a] que [a] l. 51. p. Crassus, Il mena ensuite son armée vers la 463. Caverne nommée Ceira, (ou KIRE) ce lieu surpassoit tellement tous les autres en grandeur & en force que l'on a feint que les Géans vaincus par les Dieux s'y refugierent. Les habitans du pays s'en étoient saisis en grand nombre, & y avoient retiré leurs troupeaux & tout ce qu'ils avoient de plus précieux. Crassus en aiant fait chercher & boucher toutes les avenues, les affama & les obligea ainsi de se rendre. Il alla ensuite assiéger Genucla Ville des Bastarnes sur le Danube.

CEIRESTE, Village de France en Provence sur la côte entre Marseille & Toulon sur une petite Riviere, qui tombe dans la Baye de la Ciotat. Ce nom ressemble bien à *Citharista*, qui est celui d'un Port du voisinage. Voiez CITHARISTA.

CEIUM OPPIDUM, Κήϊον ἄςυ. Moschus Poëte Grec dans l'Epitaphe de Bion dit: ô Bion, toutes les Villes fameuses, tous les Bourgs pleurent vôtre mort. Ascra n'est gueres moins sensible que quand elle perdit Hesiode: les Forêts ne regreterent pas tant Pindare, & la forte Ville de Lesbos ne s'affligea point tant à cause d'Alcée, ni la Ville de Ceos ne repandit pas tant de larmes après la perte de son Poëte; Paros eut moins de chagrin lors qu'Archiloque mourut & Mitylene chante encore vos vers preferablement à ceux de Sapho. Je crois qu'il s'agit de Ceos, qui étoit la patrie de Simonide. Voiez pourtant l'Article BRYLLIUM.

CELA. Voiez CEÏLA.

CELADONE, Κελαδώνη, Ville de Grece dans la Locride, selon Etienne le Géographe, qui cite le I. livre de la Gigantiade de Denys.

1. CELADUS, petite Riviere du Peloponnese dans l'Arcadie. Elle se perd dans l'Alphée, & à sa source au Mont Lycée. Pausanias en fait mention[a].

a in Arcadicis.

§. Ortelius a cru que Strabon en parloit aussi. Ce Géographe en effet dit[b] que l'Alphée reçoit le Celadus, ou Celadon, l'Erimanthe, &c. Casaubon trouvant qu'il ne seroit pas naturel que Strabon eût parlé du Celadus, qui n'est presque qu'un ruisseau & eût oublié le LADON, qui est une Riviere plus considerable croit qu'il faut lire Λάδοντα, & non pas Κελαδῶντα.

b l. 8. p. 343.

2. CELADUS, petite Riviere d'Espagne, selon Mela[c]. Quelques exemplaires portent CELANDUS; & c'est ainsi qu'écrit Ortelius, qui dit avoir appris d'Emanuel Barbosa Portugais que le nom moderne est CAVADO. Voiez ce mot.

c l. 3. c. 1. n. 50.

CELADUSA, c'étoit l'un des noms de la petite Isle Rhene, dans le voisinage de l'Isle de Delos, selon Pline[d]. Voiez RHENE.

d l. 4. c. 12.

CELADUSSÆ, ou comme on lisoit autrefois dans Mela, *Celaduse*, l'AE n'étant point en usage en beaucoup de manuscrits. Pline met dans la Mer Adriatique, des Isles qu'il nomme CELADUSSÆ. Mela de qui il les a prises les nomme aussi; mais Vossius cedant à la demangeaison de montrer une Erudition hors d'œuvre, s'est souvent d'avoir lû dans le IV. livre d'Apollonius le Rhodien ce vers:

Ἴσσα τε δυσκέλαδός τε καὶ ἱμερτὴ Πιτύεια.

Cela lui a fait naître plus d'un prejugé. Il a pretendu qu'au lieu de *Celadussa*, il faut lire *Dyscelados*. Pourquoi, dira-t-on, corriger Mela sur Apollonius? Les Grammairiens comme Vossius ne demeurent jamais court. Mela, repond-il, lisoit beaucoup Apollonius; mais, repliquera-t-on, Dyscelados n'est point le nom d'une Isle dans Apollonius, c'est seulement l'Epithete d'Issa. Vossius est moins embarassé que jamais. Mela, dit-il, s'est trompé, il a cru que c'étoit le nom d'une Isle quoique ce n'en fût pas une. Ainsi il ne tient pas à Vossius qu'on ne le croie plus habile dans l'intelligence de la Langue Greque & dans la Géographie que ne l'étoit Mela. Cela ne fait-il pas pitié? Mais comment persuader au[u] public que Mela est tombé dans une si lourde faute que de faire une Isle du mot Dyscelados qui n'est point dans son livre? Vossius vous soutiendra que tous les manuscrits sans exception portent *Dicelados*. Comment le prouver? Voilà la dificulté. Pintianus a lu dans le sien *Celaduse*; les Juntes ont mis *Celaduse* dans leur Edition de Florence 1519. on sait avec combien de scrupule & de religion pour parler ainsi, ils imitoient jusqu'aux fautes des manuscrits sur lesquels se faisoient leurs Editions, & c'est ce qui les rend si précieuses parce qu'elles nous tiennent lieu des manuscrits d'après lesquels elles sont faites. *Celaduse* pour *Celadussa* est le mot que portoient les manuscrits, & les anciennes Editions avant qu'Isaac Vossius par une imagination, qui tient du Burlesque, eût eu besoin du mot Dicelados pour confirmer le reproche en l'air qu'il vouloit faire à Mela, & pour autoriser sa pretendue correction qui de son propre aveu n'est pas une.

1. CELÆNÆ. Voiez APAMÉE 3. où je parle de Celenes dont les habitans furent transportez à Apamée; à quoi il faut ajouter ceci qui regarde l'ancienne Ville de Celenes. Xenophon dit dans la Retraite des dix Mille[e]: Cyrus entra dans la Phrygie & ayant fait huit lieues, vint à Colosses qui est une grande Ville riche & peuplée où il sejourna sept jours . . delà on fit vingt lieues en trois jours de marche & l'on vint à Celenes, qui est une autre grande Ville de la Phrygie dans laquelle Cyrus avoit un Palais, & un parc rempli de bêtes sauvages, où il s'exerçoit à la chasse. Le Méandre y prend sa source & passe delà dans la Ville, où est un fort Château du Roi au dessous de la Citadelle, dans lequel sont les sources du Marsyas, qui est une petite Riviere d'environ vingt-cinq pieds de large qui passe aussi dans la Ville & se va decharger dans le Meandre. C'est-là que Xerxès se retira après sa defaite, & y bâtit le Château & la Forteresse.

e l. 1. c. 2. Trad. de d'Ablancourt.

2. CELÆNÆ, lieu de Grece aux confins de l'Attique & de la Beotie. Suidas[f] en parle.

f ad vocem Αἰσωπυρία.

CELÆNUS, Montagne de Galatie, selon Ptolomée[g].

g l. 5. c. 4.

CELÆTHI, Peuple de la Thesprotie au voisinage de la Thessalie, selon Etienne le Géographe.

CELÆTHRA, Ville de la Béotie, voisine de la Ville d'Arne, selon le même.

1. CELAMA, ancienne Ville d'Afrique dans la Mauritanie Cesariense, selon Ptolomée[h]. Marmol croit que c'est presentement NEDROMA. Voiez ce mot.

h l. 4. c. 2.

2. CELAMA, Ville des Indes dans l'Isle de Banda l'une des Moluques. L'Histoire de la conquête des Moluques[i] observe que les Hollandois étant occupez à bâtir un Fort dans l'Isle de Nera, qui est presque contigue à celle de Banda, leur Amiral Verhoeven fut massacré par les Bandanois; il raconte ce que l'on fit pour vanger cette mort, on attaqua la petite Ville de Lampetaque, (qui est au Nord de l'Isle de Nera &c) qui fut pillée; delà ils allerent à celle de Célame; mais les habitans des Villes de Lontor & de Jotarto s'y étant jettez la defendirent si bien qu'on ne la put prendre: enfin la guerre ayant duré depuis le mois de Mai jusqu'à la mi-Août 1609. la Paix se fit; les Bandanois se soumirent &c. La Ville de Lontor est à la pointe Orientale de l'Isle de Banda. La Jotarto de l'Historien est l'Ortatan du P. Coronelli, qui se trouve au milieu de la même Isle. C'est ce qui me porte à croire que la Ville de Celama est aussi dans l'Isle de Banda.

i T. 3. p. 116.

CELANDUS. Voiez CELADUS.

CELANO, petite Ville d'Italie au Royaume de Naples dans l'Abruzze Ulterieure, au pied du Mont Apennin sur une Montagne assez près du Lac de Celano avec titre de Comté. [a] Elle est environ à quinze milles des frontieres de l'Etat de l'Eglise, & à douze de la Ville d'Aquila. Elle donne son nom au Lac.

[a] *Baudrand Ed. 1705.*

Le LAC DE CELANO, Lac d'Italie dans l'Abruzze Ulterieure au Royaume de Naples. Son circuit est de vingt milles, selon Mr. Baudrand [b]. Il dit que la Ville de Celano est au bord de ce Lac, ce qui n'est pas exact. [c] Celano est près de la source d'une petite Riviere qui tombe dans ce Lac, & la Ville est à deux milles & demi du Lac. Il reçoit sept petites Rivieres, qui descendent des Montagnes de l'Appennin, & un ruisseau, qui coule assez près de Luco. Je parle plus au long de ce Lac à l'Article FUCINUS LACUS, qui est son ancien nom.

[b] *Ibid.*
[c] *Magin. Ital.*

CELBIANUM. Voiez CILBANUS.
CELBIS. Voiez GELBIS.
CELDALES. Voiez ZELDALES.

CELEA, ancien Bourg du Peloponnese à cinq milles de Phlius, selon Pausanias [d]. On y celebroit tous les quatre ans les mysteres de Cerès auxquels presidoit un Prêtre dont le sacerdoce n'étoit point à vie ; car on en choisissoit un nouveau vers le temps que l'*initiation* se devoit faire on ne l'empêchoit point de se marier, s'il le vouloit. Ortelius qualifie ce lieu une Ville : Pausanias le nomme Χωρίον, mot qui signifie un Village, ou même une simple Metairie, une Maison de Campagne, un Château ; la circonstance des mysteres de Cerès prouve que c'étoit quelque chose de plus, & que ce devoit être un Bourg, ou du moins un gros Village.

[d] *l. 2. c. 14.*

CELEBANDICUM JUGUM, Promontoire d'Espagne, dans le voisinage de Barcelone, selon Avienus [e]. Seroit-ce le *Lunarium Promontorium* de Ptolomée ?

[e] *Ora Marit. v. 525.*

CELEBENI, Peuple nommé dans le Lexique de Favorinus.

1. **CELEBES**, (Isle de) Isle de la Mer des Indes sous l'Equateur qui la coupe en deux parties inegales, la plus grande s'étend au Midi, où est Macaçar : elle a les Philippines au Nord, les Moluques au Levant & au midi, & l'Isle de Borneo au Couchant. Sa partie la plus Occidentale est au 136. d. & la plus Orientale est presque au 142. selon Mr. de l'Isle. Mr. l'Abbé Langlet du Frenoi en parle ainsi : cette Isle a, dit-il, près de 200. lieues du Sud au Nord & 68. de l'Ouest à l'Est : l'air y est bon, le pays fort peuplé & la terre assez fertile en ris de même qu'en Cocos : elle avoit, il n'y a pas long-temps, six Royaumes, mais aujourd'hui elle n'en contient plus que deux. Celui de Celebes vers le Septentrion, & celui de Macassar vers le Midi. Le Royaume de Celebes tire son nom de Celebes sa capitale située sur la côte Occidentale : quelques-uns croient cette Ville supposée ; mais *ils se trompent*, & on la trouve dans toutes les Cartes. C'est l'Auteur lui-même qui se trompe, & il devoit dire qu'on la trouve dans toutes les Cartes de Messieurs Sanson.

Mr. de l'Isle ne la connoît point ; la Carte des Indes Orientales gravée en dernier lieu à Amsterdam chez Braam & Onder de Linden n'a rien de pareil, quoi qu'on ait eu soin d'y mettre des détails que Mr. de l'Isle avoit negligez dans la sienne à laquelle elle est d'ailleurs assez conforme. La plus grande longueur du Nord au Sud y est marquée 145. lieues de 20. au degré, & sa plus grande largeur un peu au Midi de la ligne est environ 88. de ces mêmes lieues. Entre 139. d. & le 140. de longitude est un Golphe, qui a près de vingt lieues de large, & quarante-sept de profondeur ; au fond de ce Golphe est une Bourgade nommée Soping ; sur son bord Occidental il y en a une autre nommée Goa. Quand on est sorti de ce Golphe du côté de l'Ouest on trouve au Midi, & à l'extremité de la côte Occidentale de l'Isle la Ville de Samboepo ; en suivant la même côte vers le Nord, est *Macassar* à l'embouchûre d'une Riviere par laquelle se décharge un Lac, qui est au centre de l'Isle. Tello, Mandar, Mamoya, Dondo, Silensac, & Tontoli sont des Bourgades, qui se trouvent de suite sur la côte de l'Ouest. En suivant la côte Orientale du Nord au Sud on trouve Manado, Tomini, Gabe, & Buto. Les six Royaumes dont parle l'Abbé Langlet sont nommez par Sanson [f] dans cet ordre. Celui de Macazar le plus puissant de tous, celui de *Cion* est le second, puis ceux de Sanguin, de Cauripana, de Getigen & de Supat. Mais dans la Carte on ne voit que *Ciaon* dans le Golphe, Macasar placé mal à propos sur la côte Meridionale où il n'est pas, *Supar* sur l'Occidentale. Il n'y a aucune trace des trois autres Villes Royales.

[f] *Description de tout l'Univers p. 93.*

[g] Les habitans de Celebes étoient autrefois Anthropophages, Idolâtres & Pirates & alloient tout nuds. Quand quelque habitant des Moluques étoit condamné à mort le Roi de Ternate l'envoyoit dans l'Isle de Celebes afin que ces hommes sauvages le tuassent & le mangeassent.

[g] *Conquête des Moluques T. 3. p. 8.*
[h] *J. van Neck second Voyage aux Indes Orientales p. 166.*

On comprend aussi sous le nom de Celebes plusieurs petites Isles dont cette Isle est environée principalement le long de la côte du Nord, & de celle de l'Est. Cette Isle est comptée entre les Moluques. Le P. Alexandre de Rhodes [i] donne à toute l'Isle le nom de MACASSAR, le Macassar, dit-il, est une grande Isle & fort renommée que nos Cartes appellent Celebes. Il ajoute : elle est extrêmement fertile en ris & tous les fruits des Indes y viennent fort bien, particulierement ces belles palmes, qui portent le coco. Il y a grande quantité de bœufs, de poules & de pigeons ; mais de pourceaux point du tout, parce que les habitans, qui sont Mahometans les ont entierement exterminez du pays. La temperature de l'air y est fort bonne & fort saine. Les chaleurs n'y sont point fâcheuses, parce que le Soleil se fait un beau parasol, lorsqu'il devroit tout brûler, & attire tant de vapeurs & d'exhalaisons, dans la grande force qu'il a que leur plus grand hyver est le temps que nous appellons ici le plus grand Eté. La principale nourriture de ces peuples est le poisson, qui est à très-bon marché à cause de la trop gran-

[i] *Voyages p. 293.*

grande abondance qu'il y en a ; & il eſt ſi bon que l'Europe à mon avis n'a rien qui en approche. Comme l'air y eſt ſi temperé que jamais il n'y fait bien froid , les hommes vont nuds depuis l'eſtomac en haut ; mais les femmes ſont entierement couvertes depuis la tête juſqu'aux pieds de façon qu'on ne leur voit pas même le viſage. . . . Il y a fort peu d'années[a] qu'ils étoient entierement Idolâtres; mais ils reconnurent ſi bien la vanité des Idoles qu'on adoroit dans leur pays qu'ils reſolurent par un conſentement general de changer de Religion. Mais ne ſachant pas s'ils devoient s'attacher à la Religion des Chrétiens, ou à la ſecte de Mahomet , au lieu de bien examiner la verité de l'une & la fauſſeté de l'autre , ils prirent un moyen de les reconnoître fort peu raiſonnable. Ils envoyerent des Ambaſſadeurs à Malaque , priant les Chrétiens de leur envoyer des Prêtres capables de les inſtruire dans leur Religion , & en même temps ils envoyerent une Ambaſſade vers le Roi d'Acen (Achim) Mahometan le ſupliant de leur donner des Caſſifes , qui leur expliquaſſent le Mahometiſme , avec reſolution d'embraſſer la Religion de ceux , qui arriveroient les premiers. Le Miſſionnaire Jeſuite qui fournit ce fait a raiſon de blâmer les Chrétiens, qui au lieu d'embraſſer une ſi belle occaſion uſerent de tant de remiſes qu'ils ſe laiſſerent prevenir par les Mahometans que l'on prefera.

Comme le Royaume de Macaſſar occupe la plus grande , & la plus importante partie de l'Iſle , voiez Macaſſar. Voiez auſſi Tolo.

2. CELEBES , Royaume d'Aſie dans l'Iſle de même nom, dont il occupe la partie la plus Septentrionale. Le reſte de l'Iſle eſt le Macaſſar.

3. CELEBES , ou, comme on lit ſur quelques Cartes, Celebus , Ville que quelques-uns pretendent être ſur la côte Occidentale de l'Iſle. Elle ne ſe trouve point ſur les Cartes les plus exactes , ni ſur les Tables de longitude & de latitude Hollandoiſes , où elle ſeroit pas oubliée s'il étoit vrai qu'elle fût un Port de Mer dont tout un Royaume , & l'Iſle entiere portent le nom.

4. CELEBES , (la pointe de) fameux Cap au Nord-Oueſt de l'Iſle de même nom.

CELEBRINA. Voiez Celerina.

CELEDE, St. Jerôme dans ſa Lettre 79. adreſſée à Alipe & à Auguſtin, fait mention d'Anianus Diacre de Celede. Baronius[b] cité par Ortelius lit *Cenetenſis* au lieu de *Cenedenſis*. Ortelius doute s'il ne vaudroit pas mieux lire *Chalcidenſis*. Mr. Simon[c] dit . . . Anianus étoit un Diacre de Cenede Ville d'Italie detruite depuis ſi long temps qu'on ignore l'endroit où elle étoit ſituée. Cet Anianus eſt Auteur d'une Verſion Latine des Homelies de St. Chryſoſtôme ſur St. Mathieu.

CELEF, Riviere d'Afrique au Royaume d'Alger. Elle tombe dans la Mediterranée à trois lieues à l'Occident d'Alger , après un cours d'environ 18. lieues du Sud au Nord.

CELEGERI , ancien Peuple de la Moeſie, ſelon Pline[d].

Tom. II.

[a] L'Auteur cité y étoit à la fin d'Octobre 1646.
[b] Annal. 3.
[c] Lettres choiſies Lettre ix. p. 81.
[d] l. 3. c. 26.

CELEI. Voiez l'Article qui ſuit.

CELEIA , ancienne Ville de la Norique, ſelon Pline[e] & Ptolomée[f]. Gruter[g] raporte ainſi une Inſcription trouvée à Cilley dans la baſſe Stirie

D. O. M.
D. CASTRITIO. VERO
DEC. CL. CEL. AN. XXVI.
JULIA. Q. VERA
MATER
V. F. ET. SIBI.

Le ſavant Fabretti explique Cl. Cel. par Claudiæ Celeiæ. Le même Recueil fournit encore trois autres Inſcriptions[h] trouvées au meme lieu , dans leſquelles les mêmes lettres Cl. Cel. ſe retrouvent ; ce qui fait douter ſi Cl. ſignifie Colonia , ou Claudia. Une cinquième Inſcription dont le commencement eſt perdu porte le mot Celeianus. Elles font voir que Cilley où elles ont été trouvées a conſervé ſon ancien nom.

CELELATES , ancien Peuple de la Ligurie, ſelon Tite-Live[i] qui dit qu'ils ſe ſoumirent aux Romains ſous le Conſulat de C. Cornelius & de Q. Minutius , c'eſt-à-dire l'an de Rome 555.

CELEMANTIA , ancienne Ville de la grande Germanie, ſelon Ptolomée[k]. Elle étoit aux environs du Danube.

CELENA. Voiez Celenna.

1. CELENDERIS, ancienne Ville de la Cilicie, ſelon Ptolomée[l]. Strabon[m] dit que cette Ville avoir un Port. Niger lui donne pour nom moderne Palopoli, & Mercator veut que ce ſoit Crio Nero.

2. CELENDERIS , Port du Peloponneſe au Pays d'Argos, ſelon Pauſanias[n]. A proprement parler il nomme ainſi un Village auprès de ce Port , qui vraiſemblablement n'avoit point d'autre nom.

CELENDERITIS , petite contrée de la Cilicie avec un Bourg , ſelon Pline[o]. Elle prenoit ſon nom de Celenderis.

CELENNA, Virgile dit[p]:

Quique Rufas , Batulumque tenent , atque arva Celennæ.

On ſait ſeulement que Celenne étoit dans la Campanie ; mais on n'en peut determiner au juſte la ſituation. C'étoit une Colonie ſi l'on s'en raporte à une Medaille de Veſpaſien mentionnée au Treſor de Golrzius.

CELEON. Voiez Cellon.

CELERINA ou Celebrina , ſelon les divers exemplaires de St. Optat cité par Ortelius[q]. C'étoit le nom d'une Baſilique de Carthage.

CELERINI. Voiez Coelerini.

CELESYRIE , contrée d'Aſie dans la Syrie dont elle faiſoit partie. Les deux premieres ſyllabes de ce nom ne font que le mot Grec Κοιλὴ, c'eſt-à-dire *Creuſe* , ce pays conſiſtant en vallées. Son nom ne ſignifie pas toûjours un pays de même étendue. Il ſignifie principalement la Vallée , qui eſt entre le Liban & l'Antiliban[r] ; & qui s'étend en longueur du Midi au Septentrion[s] depuis l'entrée d'Emath juſ-

[e] l. 3. c. 24.
[f] l. 2. c. 14.
[g] p. 386. Inſc. 3.
[h] p. 482. Inſc. 7. & p. 497. Inſc. 10 & 11.
[i] l. 32. c. 29.
[k] l. 2. c. 11.
[l] l. 5. c. 8.
[m] l. 14. p. 670.
[n] l. 2. c. 32.
[o] l. 5. c. 27.
[p] Æneid. l. 7. v. 739.
[q] Theſaur.
[r] Strabo l. 16.
[s] D. Calmet Dict.

jusqu'au delà d'Heliopolis ou Balbec. Denys le Géographe renferme la Celefyrie entre le Liban & le Mont Cafius; mais dans un fens plus étendu. On prend aufli la Celefyrie pour tout le pays qui eft au Midi de la Seleucie, & qui s'étend jufqu'à l'Egypte & l'Arabie. Jofephe met le Pays d'Ammon dans la Celefyrie & Etienne le Géographe y met la Ville de Gadare, qui eft à l'Orient de la Mer de Tiberiade. Voici la lifte des Villes de la Celefyrie, felon Ptolomée[a].

a l.5.c.15.

Heliopolis,	Idara,
Abila Lyfaniæ,	Adra,
Gaana,	Scythopolis,
Ina,	Gerafa,
Damas,	Pella,
Samulis,	Dium,
Abida,	Gadora,
Hippos,	Philadelphie,
Capitolias,	Canatha.

Cette lifte eft negligemment copiée dans le Dictionnaire de D. Calmet où au lieu d'*Heliopolis*, qui y eft oubliée on voit *Abila*, & au lieu d'Abila on lit *Lyfanium*, comme fi *Lyfanium* étoit une Ville diferente d'Abila; on y lit *Sanna* pour *Gaana*; *Gadapa* pour *Idara*, & pour *Gadora*. Ce P. en conclut que ce pays renfermoit plufieurs Villes de la Perée. Dans l'Ecriture, pourfuit-il, on ne diftingue pas la Celefyrie par aucun nom particulier. Elle eft comprife fous le nom general d'Aram, & peut-être que la *Syrie de Soba*, ou *Aram Soba*, s'étendoit dans la Celefyrie de quoi pourtant je ne fais fi on a de bonnes preuves. Car nous ignorons où étoit la Ville de Soba, à moins que ce ne foit la même que Hoba marquée dans la Genefe[b], ou *Chobal*, comme lifent les Septante, d'où l'on a fait Abila à l'entrée de la Celefyrie.

b c.14.v.15.

CELETÆ. Voiez COELALETÆ.

CELETRUM, ancienne petite Ville de Grece en Macedoine; dans l'Oreftide. Tite-Live[c] dit qu'elle étoit fituée dans une Presqu'Ifle, & qu'un Lac en entouroit les murailles.

c l.31.c.40.

CELEUSUS, ancien lieu dont la Table de Peutinger[d] marque ainfi les diftances

d Segm.3.

Germanico		
Celenfo	VIII.	M. P.
Arufena	III.	M. P.

On croit que *Germanicus*, ou *Germanicum* étoit *Foburg*, & qu'*Arufena* eft une faute pour *Abufina*, qui eft *Abensberg*. Quelques-uns croient que Celeufus eft Neuftadt petit lieu fitué à l'embouchûre de la Riviere d'Aben, dans le Danube.

CELEX. Voiez LYCUS.

CELEZENE, contrée de l'Armenie, elle eft nommée CELZENE par les Grecs comme le remarque Suidas. Euftathe écrit CELSENE & CELTZENE, Κελσηνὴ & Κελτζηνὴ, Curopalate écrit Celzene.

1. CELIA. Voiez CELEIA.

2. CELIA. Voiez ZELIA.

3. CELIA, Ville ancienne d'Italie dans la Pouille Peucetienne, felon Strabon[e] & Ptolomée[f]. Elle étoit dans les terres. C'eft prefentement CILIO.

e l.6.p.282.
f l.3.c.1.

4. CELIA. Ortelius trouve dans Diodore de Sicile qu'il y avoit dans la Campanie un lieu nommé *Cilia*, qui fut pris par Quintus Fabius.

CELIANUM. Voiez CÆLIANUM.

CELIDA, Ville d'Afrique dans la Cyrenaïque, felon Ptolomée[g].

g l.4.c.4.

CELIMEOS. Ortelius dit que c'étoit un Evêché Suffragant d'Edeffe & cite Guillaume de Tyr; ou plutôt une Notice qu'il lui attribue. Ce Siége doit être le même que d'autres Notices nomment CALLIONICUS ou *Leontopolis*, CALLINICÆ, CALLINUTOS, & CALLINYCOS. Il étoit dans l'Osrhoéne.

CELINA[h], (la) petite Riviere d'Italie dans le Frioul. Elle a fa fource vers les frontieres du Cadorino, puis paffant à Monte regale & vers la campagne d'Aviano, elle fe rend dans celle de Meduna du côté de Pordenone.

h Baudrand Ed. 1705.

CELINIUS. Voiez CELSIONIUS.

CELIO MONS. Voiez CÆLIUS MONS I.

CELIS. Voiez OCELIS.

1. CELL, Zeyler[i] nomme ainfi la petite Riviere de Suabe fur laquelle Pfulendorf eft fituée. Mr. de l'Ifle la nomme ANDELSPACH. Elle a fa fource à Stadelhofen Village d'où coulant vers le Nord elle arrofe Pfulendorf g. CELL Bourgade, & fe décharge dans l'Ablac avec lequel elle fe perd dans le Danube.

i Suev. defc. p. 62.

2. CELL. Voiez ZELL.

CELLA, ce mot feul dans la Langue Latine a bien des fignifications. Il fe prend tantôt pour un celier, une depenfe, un gardemanger; une chambre, une Cellule, une petite Maifon, une loge &c. prefque toutes les Villes qui ont le nom de Cella dans le leur doivent leur origine à quelque Abbaye. En voici quelques-unes.

CELLA BOBINI. Voiez CELLA FRODOBERTI.

CELLA COLUMBÆ ou COLUMBA CELLENSIS[k], nom Latin de Colmkil, Hy, Jona &c. Ifle & Abbaye celebre entre l'Irlande & l'Ecoffe.

k Baillet Topogr. des Saints p. 572.

CELLA EUSICII ou CELLULA, en François, CELLES ou SELLES en Berry. Voiez CELLE.

CELLA FRODOBERTI ou CELLA BOBINI, nom Latin de Montier la Celle en Champagne près de Troyes. Voiez CELLE.

CELLA GENULFI, nom Latin de Celle fur Nahon. C'eft le lieu de la fepulture de St. Genou & de fon pere St. Genit.

CELLA GISLINI. Voiez au mot SAINT l'Article de St. Guilain.

CELLA QUERCUS. Voiez KILDAR.

CELLE, Abbaye de France en Champagne[l] à une demie lieue de Troyes dans un lieu fort marécageux & mal-fain, elle eft de l'Ordre de St. Benoît de la Congregation de St. Vanne. [m]On la nomme aujourd'hui Montier la Celle, & anciennement on l'a nommée *Cella Sancti Petri*, ou *Cella Sancti Frodoberti*, ou *Cella Bobini*. [n]Environ l'an 660. St. Frobert natif de Troyes & Chanoine de l'Eglife Cathédrale obtint du Roi Clovis II. un lieu marécageux qu'on nommoit alors l'ISLE GERMAINE,

l Baugier Memoires Hift. de Champagne T.2. p.106.
m Baillet Topogr. des Saints p. 112.
n Baugier l.c.

MAINE, qui étoit du Domaine Royal. Ce fut-là qu'il jetta les premiers fondemens de ce Monastere en 661. ou 664. Le premier bâtiment que Frobert fit construire, consistoit seulement en un petit Oratoire, & autant de Cellules qu'il y avoit de Religieux, dont le nombre s'étant en peu de temps considerablement augmenté, il se crut obligé de faire un voyage à la Cour pour obtenir de Clotaire fils & successeur de Clovis la confirmation du Don de l'Isle Germaine, qui étoit un lieu rempli de Bois & de Broussailles: ce Prince lui accorda aisément ses Lettres Patentes. Frobert à son retour forma le dessein d'y faire une nouvelle Eglise, d'agrandir l'enclos du Monastere & d'en augmenter les bâtimens. Cette Eglise ne fut achevée que sur la fin de la vie de Frobert, & elle fut consacrée à Dieu sous le titre de S. Pierre, comme la Cathedrale de Troyes; ce fut pour la seconde fois que ce lieu changea de nom, & fut appellé, SANCTUS PETRUS DE CELLA, St. Pierre de la Celle ou des Cellules. Après la mort de St. Frobert ou Frodobert ce Monastere fut appellé *la Celle de S. Frobert*. Bobin Religieux de ce Monastere fut tiré pour être Evêque de Troyes; il augmenta considerablement les bâtimens & les revenus de cette Maison, qui changea une troisiéme fois de nom & fut appellée *Cella Bobini*, la Celle de Bobin. Environ ce temps-là fut fondée l'Abbaye de Montier-amey, qui fut nommée *Cella nova*. Et Montier-la Celle changea de nom pour la quatrieme fois, & fut appellée *Cella antiqua*. Elle en changea encore dans la suite; mais depuis plusieurs siécles ce Monastere est connu sous le nom de *Montier-la-Celle*. Les premiers Religieux que St. Frobert y mit, suivoient la Regle de l'Abbaye de Luxeuil, où ce St. avoit demeuré. Depuis que le Roi Robert eut mis la regle de St. Benoît dans plusieurs Monasteres qu'il avoit fait rétablir, la Regle de St. Benoît y fut reçûe & y est restée depuis ce temps-là. Cherembert ou Chelembert l'un de ceux qui possedoient le plus de Terres aux environs de ce Monastere, lui donna plusieurs de ses Seigneuries, Terres, & revenus. Le titre de ses donations est datté de Troyes, le premier jour de Mars de l'an II. du Roi Pepin. St. Bobin dont nous venons de parler fit retablir l'Eglise de cette Abbaye d'une architecture fort élevée, environ l'an 790. & voulut y être inhumé. Le Roi Charles le Chauve obligea Alderon Comte de Troyes l'un des Seigneurs de sa Cour de restituer à cette Abbaye, plusieurs Terres dont il s'étoit emparé avec defense à aucun Comte de Troyes d'y mettre la main à l'avenir. Cette Chartre donnée par ce Prince étant alors dans ce Monastere est du 10. Janvier de l'an 859. d'où il resulte que les Comtes de Troyes n'étoient alors que comme les Gouverneurs. Ce même Roi fit de grands biens à Bodo en faveur de cette Abbaye dont il étoit Abbé & confirma en même temps ses Donations précedentes, & réitera ses defenses à tous Comtes de Troyes & autres d'en priver ces Religieux ou leur diminuer aucune chose. Cette Chartre est sans date; mais il est certain qu'elle est avant l'année 872.

Par une Chartre donnée à Compiegne le 29. Mars de l'année 877. Charles le Chauve, & Boson Comte de Troyes firent don à cette Abbaye de la Forêt dite de *Javernond* & de quelques autres biens; plusieurs autres Rois & Comtes de Champagne ont aussi fait des donations à cette Abbaye & confirmé les precedentes.

L'Eglise de cette Abbaye est un chef-d'œuvre d'Architecture, & l'une des plus belles du Royaume, sa longueur est de deux cens pieds, sa croisée en a cent, la largeur du Chœur & des collateraux est de quatre-vingt pieds; les fenêtres qui sont hautes & larges sont au nombre de trente-huit. Les vitres sont peintes, & representent plusieurs figures de l'ancien Testament, des mysteres du nouveau Testament, des Images des S^{ts}. & S^{tes}. dont il y a des reliques dans le trésor de cette Eglise. Tout cet Edifice est d'aussi bon goût, qu'il est delicat, & particulierement un grand Cul de Lampe, qui a presque 60. pieds en rondeur & 15. de projet hors de la voûte. Ce Cul de Lampe est tout percé à jour & semble n'être porté que sur le dos d'une colombe volante, qui est suspenduë perpendiculairement sur le maître-Autel. Enfin l'on peut dire que cette Eglise est admirable dans toute sa structure. On y montre plusieurs quantité de Reliques considerables, entre lesquelles sont neuf corps saints, qui sont renfermez dans huit chasses separées mises dans des niches de sculpture élevées dans la muraille de la coquille, qui entoure le grand Autel. Outre ces neuf corps saints il y a encore un morceau de la creche où le St. Enfant JESUS fut mis à sa naissance par la Ste. Vierge; des verges dont nôtre Seigneur fut flagellé; de la Colonne à laquelle il fut attaché; de la terre qui étoit sous ses pieds à sa Transfiguration; des habits de la Ste. Vierge, des habits de St. Pierre, des reliques de St. Paul, de St. Barthelemi, de St. Mathieu, de S. Cléophas, des Sts. Innocents, de St. Laurent, du bois de la vraye croix, du S. Sepulcre, de la Pierre sur laquelle St. Michel apparut, & un grand nombre d'autres reliques considerables: mais il y en a peu qui soient richement enchaffées comme elles devroient l'être & comme elles l'étoient autrefois & jusques au temps de Benjamin du Plessy quatriéme Abbé Commendataire, qui posseda cette Abbaye pendant 52. ans, à qui les Religieux de cet Ordre attribuerent la vente de la plus grande partie des chasses, qui renfermoient ces précieuses reliques.

En l'année 1343. ou 1348. les Anglois brulerent cette Abbaye, les Religieux se retirerent à Troyes, où les Peres Prêcheurs les logerent. Environ l'an 1391. l'Abbé Henri obtint du Pape Clement VII. le droit de porter la mitre & les autres ornemens pontificaux: la Bulle est du 18. Mai dattée d'Avignon.

Le 7. Decembre 1655. cinq Religieux de la Congregation de S. Vanne furent introduits en cette Abbaye en laquelle ils mirent la réforme, il y a à present dix Religieux: elle vaut dix mille livres de Rente à l'Abbé, & quatre mille cinq cens livres aux Religieux. Cette Abbaye a sous sa jurisdiction XVII. Prieurez, & elle nomme à plus de XXX. Cures. 'On lit sur le Tombeau de St. Frodobert ces vers :

Hæc lapidum Tumba Frodoberti continet ossa
Qui prior hic quondam condidit Ecclesiam.

CELLE, (la) Abbaye de France en Provence dans le Diocèse d'Aix au pied des Montagnes de Caudelon, à une demie lieue de Brignole vers le Couchant d'hyver auprès de la Riviere de Carenne, selon Mr. Baudrand. C'est une Abbaye de filles de l'Ordre de St. Benoît.

CELLE DUNAISE, Bourg de France dans la Province de la Marche, sur la grande Creuse quatre lieues avant qu'elle reçoive la petite Creuse.

CELLE FROUIN, Abbaye de France de l'Ordre de St. Augustin environ à sept lieues de la Ville d'Angoulême, du côté de l'Orient d'Eté sur la Riviere de Sonne.

1. CELLES[a], Desert d'Egypte, ainsi nommé à cause de la multitude des Cellules de Solitaires bâties en un lieu, qui faisoit la separation de l'Egypte & de la Libye. St. Macaire y demeura long-temps : St. Dorothée le Thebain y passa sa vie depuis sa jeunesse jusqu'à sa mort, qui arriva vers la fin du IV. siécle : beaucoup d'autres saints Solitaires s'y sont sanctifiez.

[a] *Baillet Topogr. des Saints p.* 111.

2. CELLES EN ARDENNE, ou SELLE[b], Monastere des Pays-bas au Diocèse de Mastricht maintenant de Liége ; il fut bâti vers l'an 680. par St. Hadelin dans le Luxembourg à trois quarts de lieue environ de Dinant, & fut ainsi nommée de l'assemblage de quelques Cellules éparses qu'il y avoit bâti d'abord. Il s'y est formé dans la suite des temps un Bourg qui subsiste encore ; mais l'Abbaye a été convertie en un Chapitre de Chanoines. L'an 1338. les Chanoines de Celles emporterent le corps de St. Hadelin, à Wiset petite Ville sur la Meuse entre Liége & Mastricht & s'y établirent.

[b] *Ibid. p.* 112.

3. CELLES EN BERRY, Ville & Abbaye de France au Diocèse de Bourges avec un Pont sur la Riviere du Cher aux confins du Blaisois & de la Sologne presque à moitié chemin entre Tours & Bourges. St. Eusice quitant l'Abbaye de Mici alla se cacher dans un desert du Berri derriere le Village de Prescigni, près de la Riviere du Cher. Il y dressa une mechante Cellule de branches & de boue avec un petit Oratoire. Le Roi Childebert I. revenant de son expedition d'Espagne en 531. lui donna de quoi multiplier les Cellules de cet Hermitage. Un Seigneur de sa Cour nommé Ulfin ayant reçu le fonds de la Terre pour récompense de ses services en fit present au Saint, qui y fit bâtir dès l'année suivante un Monastere vers le confluent du Cher & de la Saudre. Il fut appellé d'abord CELLULE ; ensuite la CELLE-SAINT-EUSICE, & enfin CELLES, ou SELLES EN BERRY, pour distinguer le lieu d'avec la petite Ville de Selles, qui est au Pays de Sologne sur la Riviere de Saudre. L'Abbaye subsiste encore aujourd'hui dans l'Archiprêtré de Vierzon ; mais elle a passé des Augustins aux Feuillants, qui y ont été mis par Mr. de Bethune

Frere du Duc de Sully, & elle s'appelle depuis ce changement la Celle-Nôtre-Dame.

CELLIA, ancien nom d'un lieu dont parle Sozomene[c]. Il est à LXX. stades de Nitrie d'Egypte.

[c] *l.* 6.

CELLIUM. Voiez CÆLIUM.

CELLON, (la Terre de) Pays d'Asie.
[d] La terre de Cellon est marquée dans l'Histoire de Judith[e]. C'est la même que Chellus du même livre[f]. Or Chellus est un Canton de la Palmyrene. Ou bien *Chellus* sera la même qu'ALLUS Ville de l'Idumée Meridionale nommée autrement ELUSA ou CHALUZA. Eusebe & St. Jerôme mettent *Allus* aux environs de Petra capitale de l'Arabie deserte.

[d] *D. Calmet Dict.*
[e] *c.* 2. *v.* 13.
[f] *c.* 1. *v.* 9.

CELLONÆENSES, Peuple de Scythie, selon Favorin.

CELNIUS, Riviere de l'Isle d'Albion, selon Ptolomée. Camden l'explique de KILLIAN Riviere d'Angleterre.

CELOMUM. Voiez GELONIUM.

CELONÆ, Diodore nomme ainsi une Ville d'Asie[g]. Ortelius conjecture qu'elle étoit de l'Empire de Perse vers la Medie.

[g] *l.* 7. *ad finem.*

CELSA, ancienne Ville d'Espagne au Pays des Ilergetes selon Ptolomée[h] ; ce qui ne s'accorde nullement avec Strabon[i], qui dit qu'elle doit être sur l'Ebre où il y a un pont de pierre pour passer cette Riviere. Ptolomée au contraire la met vers les Pyrenées bien loin de l'Ebre. Cela a donné lieu aux Géographes modernes de dire qu'il y avoit deux Villes de même nom ; Ortelius est de ce sentiment. D'autres abandonnant l'autorité de Ptolomée qui s'est souvent trompé, disent-ils, lorsqu'il parloit de l'Espagne ne reconnoissent qu'une seule Ville nommée Celsa située sur l'Ebre, & qui est celle de Strabon. Ce qui fortifie leur opinion, c'est qu'il ne reste aucune trace de la Celsa de Ptolomée, pas le moindre monument, pas la moindre Histoire ancienne qui en fasse mention. L'autre au contraire conserve encore son ancien nom & s'appelle XELSA, c'est donc à celle-là uniquement que se rapportent les Medailles d'Auguste & de Tibere sur lesquelles on lit C. V. J. CELSA, c'est-à-dire *Colonia Victrix Julia* Celsa, & même une Medaille d'Hadrien, qui porte COL. V. JUL. C que Tristan avoit entendue de *Calaguris* ; mais comme le remarque le R. P. Hardouin qui rend cette medaille à Celsa, il ne se trouve personne entre les anciens qui dise que *Calaguris* ait été une Colonie, & Pline qui sembloit le dire, étant ponctué comme il doit l'être, dit tout le contraire. Onuphre & Moralès disent que c'est XELSA, mais celui-ci ajoute que la place qu'occupoit l'ancienne Ville est presentement à un lieu peu connu nommé VILILLA à environ à une lieue de la nouvelle Ville, & Antoine Augustin[k] appuye ce sentiment.

[h] *l.* 2. *c.* 6.
[i] *l.* 3. *p.* 161.
[k] 6. *Dialog.*

CELCENSES. Pline[l] nomme ainsi les habitans de Celsa.

[l] *l.* 3. *c.* 3.

1. CELSINA, Isle entre l'Italie & la Sicile, selon Antonin[m].

[m] *Itin. Marit.*

2. CELSINA. Voiez l'Article CURRITANA.

CELSINANIÆ ou CELSINIANÆ, ou CELSINIÆ[n], nom Latin d'une petite Ville de France dans la Basse Auvergne à sept lieues de

[n] *Baillet Topogr. des Saints p.* 572. & 660.

de Clermont vers le Levant d'hyver. De ce nom s'eſt formé le nom François CEAULSILANGE, au lieu duquel on écrit preſentement SAUCILLANGE. Voiez ce mot.

CELSIONIUS MONS, Montagne dont parle Germanicus dans la Traduction libre qu'il a faite des Phénomenes d'Aratus. Ortelius [a] conjecture qu'elle étoit dans l'Iſle de Chio. Il ajoute que le même Auteur lit CELINIUS dans un autre paſſage, & demande ſi ce ne ſeroit pas une corruption au lieu de PELINÆUS.

[a] Theſaur.

CELSITA, petite Ville d'Eſpagne dans la Betique. On en trouve les ruines en Andalouſie près de Peñaflor entre Cordoue & Seville ſelon Mr. Baudrand, qui allegue Rodericus Carus.

CELSITANI, ancien Peuple de l'Iſle de Sardaigne, ſelon Ptolomée.

CELTES, ancien Peuple de l'Europe; mais pour ne s'y pas tromper, ce mot a des ſignifications bien differentes ſelon les divers Auteurs qui l'ont employé. Les anciens ont mis le nom de Celtes, de Celtique, &c. en uſage en parlant de tant de pays que de ſavans hommes ont inféré delà que c'étoit le nom general de l'Europe. Ortelius a fait une Carte de l'Europe ancienne avec ce titre *Europam ſive Celticam veterem ſic deſcribere conabar Abrahamus Ortelius*. Voici ce qu'il dit au revers de cette Carte[b], où après avoir raporté divers ſentimens ſur les anciens noms & leur origine il ajoute: Ptolomée[c] a mieux rencontré à mon ſens lorſqu'il a écrit que cette partie du monde a été nommée en general CELTIQUE du nom du Peuple qui l'habitoit. Car elle n'a preſque point de pays où il n'y ait eu des Celtes. Herodote en met en Eſpagne vers l'Occident au delà des colomnes d'Hercule; Strabon en met près du fleuve Baetis, c'eſt-à-dire près du Guadalquivir. Pline range les CELTIQUES PRÆSAMARCES ſous le departement de Lugos & d'autres ſurnommez NERIENS ſous celui de Tarragone. Dion & Xiphilin comptent entre les Celtes les habitans de la Cantabrie & de l'Aſturie. Pline met la Ville Celtica dans le departement de Seville. Antonin place Celti & le Promontoire Celtique chez les Artabres. Quel des Géographes ou quel des Hiſtoriens traitant de l'Eſpagne ne fait point mention des Celtiberiens? Dans la Gaule on voit les Celtes & les Celto-galates; qui delà ont paſſé dans l'Iſle de la Grande Bretagne; car on ne conteſte point qu'ayant été d'abord deshabitée, elle fut premierement peuplée par la Nation voiſine à l'autre bord de la Mer. Le ſentiment unanime des Hiſtoriens eſt que le nom de Celtes a été celui des Germains & des Gaulois. Selon Dion les Celtes habitent aux deux côtez du Rhin. Selon Appien ils ſont dans la Gaule Ciſalpine, c'eſt-à-dire en Italie. Le même & Strabon les placent ſur la Mer Ionienne, c'eſt-à-dire Adriatique. Silius Italicus dit de même que les Celtes peuples nombreux habitoient près du Pô. Antonius Liberalis en met dans l'Epire; Etienne trouve des Celtes au Mont Hæmus; & Arrien auprès de l'Iſter; Strabon dans la Moeſie pays voiſin. Ce dernier dit auſſi que les Celtes étoient mêlez avec les Illyriens & les Thraces. Il dit qu'il y en avoit encore ſur le Boryſthene. Ariſtote dans ſon livre *du Monde* joint les Celtes aux Scythes, c'eſt delà que Strabon & Plutarque ont fait les Celto-Scythes dont ils parlent. Ce dernier dans la Vie de Camille veut que les Galates peuple qu'il dit être deſcendu des Celtes ayant franchi l'Océan Septentrional parvinrent juſqu'aux monts Riphées. Strabon dit encore plus, ſavoir que de ſon temps toutes les Nations Septentrionales étoient appellées Celtes. Plutarque dans la Vie de Marius commence la Celtique à la Mer exterieure ou Atlantique & l'étend vers le Septentrion, & delà juſqu'aux Palus Meotides. Mela donne le nom de Celtiques aux Iſles Caſſiterides que l'on prend communément pour l'Angleterre. Que ſignifie tout cela, ſi ce n'eſt que les Celtes ont occupé toute l'Europe. Ephorus ancien Géographe cité ſouvent par Strabon partageant la terre en quatre parties dit que celle de l'Orient eſt poſſedée par les Indiens, celle du Midi par les Ethiopiens, celle du Nord par les Scythes, & celle de l'Occident par les Celtes. Le Scholiaſte d'Apollonius donne au Golphe Hadriatique le nom de Celtique, & Lycophron décrit un Lac nommé CELTOS près des bouches du Danube.

[b] *in parergo.*
[c] l. 2. *Quadripartitis.*

Telles ſont les raiſons qui ont porté Ortelius à croire que le nom de Celtes a été general à tous les Peuples de l'Europe. Cluvier reſſerre un peu cette idée. Selon lui[d] la Celtique comprenoit l'Illyrie, la Germanie, la Gaule, l'Eſpagne & les Iſles Britanniques. Ainſi il ſemble retrancher tout ce qui eſt à l'Orient de la Viſtule, la Thrace, la Macedoine, la Grece, le Peloponneſe & l'Italie; où pourtant les anciens ont mis des Celtes comme on vient de voir. Il pretend qu'Aſcenez[e] arriere-petit-fils de Noé, après le déluge, s'établit avec ſes fils & ſes deſcendans dans la Celtique, c'eſt-à-dire ſelon Cluvier dans l'Illyrie, la Germanie, la Gaule, l'Eſpagne, & les Iſles Britanniques, deſorte qu'il eſt le pere commun des Celtes; que ces peuples n'avoient qu'un même langage varié ſeulement par des Dialectes[f], qu'ils ne faiſoient même qu'une ſeule Nation juſqu'à ce qu'enfin elle ſe partagea en pluſieurs, qui eurent chacune leur nom particulier.

[d] Germaniæ antiq. l. 1. c. 2.
[e] c. 4.
[f] c. 5. 6. 7. & 8.

La Nation Gauloiſe conſerva le nom de Celtes plus long-temps que les autres. Ceſar[g] partageant la Gaule en trois dit qu'une partie eſt poſſedée par les Belges, une autre par les Aquitains, & la troiſiéme, dit-il, par le peuple qui s'appelle les Celtes en ſa propre Langue & que nous appellons Gaulois dans la nôtre. Pauſanias[h] y eſt conforme quand il dit: enfin on eſt convenu de les appeller Gaulois ΓΑΛΑΤΑϹ, car anciennement le nom de Celtes étoit celui qu'ils prenoient eux-mêmes & que les autres leur donnoient.

[g] De Bello Gall. init.
[h] in Atticis.

L'Auteur de l'Eſſai d'un Dictionnaire Celtique inſeré dans les Recueils de Mr. Leibnitz dit: CELTÆ, ou KELTÆ, ou GALATÆ, c'eſt le même mot, car les anciens prononçoient *Ce* comme *Ke*. Strabon a remarqué qu'ils furent ainſi nommez par honneur διὰ τὴν Ἐπιφάνειαν. Le mot GELT veut dire valeur, & les Flamands nomment GELTE-BAARS le poiſ-

Leibnitii Collectanea part. 1. p. 104.

poisson le plus recherché & Gils-os le meilleur bœuf. J'ajoute en faveur des François que dans l'Allemand moderne *Gelten* veut dire valoir. Le P. Pezron savant Moine Benedictin Abbé de Charmoye avoit promis de debrouiller les origines Celtiques. Cet Ouvrage dont il n'a paru qu'une partie donneroit un grand jour à cette matiere s'il eût été entierement publié. Voici le Systême de ce Pere qui mourut avant que d'avoir pu faire ce present au public, je le tire d'une de ses Lettres à l'Abbé Nicaise. Je me servirai de ses propres termes. ,, Quant au v. livre de ,, mon Ouvrage il sera destiné tout entier à ,, découvrir l'origine des anciens Celtes, qui ,, ont depuis porté le nom de Gaulois. Je ,, ferai voir par l'autorité de Josephe & de ,, quelques anciens qu'ils viennent veritable,, ment de Gomer fils aîné de Japhet. Non ,, content de cela je montrerai par de bonnes ,, raisons, qu'ils ont eu leur premier établisse,, ment dans la haute Asie vers la Mer Caspienne, c'est-à-dire dans la Margiané, ,, l'Hircanie, la Bactriane & les lieux voisins, ,, qu'ils ont porté très-long-temps le nom de ,, *Gomariens*, ou de *Gomarites*, comme ve,, nant de Gomer fils aîné de Japhet; que ,, les Parthes qui sont sortis d'eux dès les pre,, miers temps les ont appellez *Saces* ou *Sa,, ques*, en Latin *Sacæ*, & qu'ils ont été ce,, lebres sous ce nom dans tout l'Orient; que ,, dès les premiers siécles, ils se sont repan,, dus dans l'Armenie & ensuite dans la Cap,, padoce voisine du Pont, & depuis dans la ,, Phrygie; que ç'a été dans cette entrée de ,, la petite Asie, qu'ils ont commencé à por,, ter le nom de Titans, ce qui en langue ,, Celtique qui étoit la leur, veut dire *hom,, me de la terre*, & les Grecs l'ont fort bien ,, exprimé par leur Τιτηνεῖς. On verra aussi ,, qu'une partie d'eux qui s'est établie en ces ,, temps-là au dessus du Pont-Euxin a eu le ,, nom de *Cimmeriens* ou de *Cimbriens*, lesquels ,, dans la suite ont fourni des habitans à la ,, Kersonnese Cimbrique auprès du Danne,, marck: qu'après cela ils se sont donné le ,, nom de *Celtes*, & enfin celui de *Gaulois* ". (Cela ne s'accorde pas avec le temoignage de Cesar raporté ci-dessus;) ,, & ces deux ,, derniers noms signifient en leur langue vail,, lant & valeureux ". (Encore aujourd'hui dans la Langue Allemande *Helden* veut dire *Heros*, de *Helden* prononcé avec une aspiration très-forte, au mot *Kelte*, la diférence est très-petite.) ,, Mais pour revenir aux Titans, ,, qui sont nommez Τιτῆνες par les plus an,, ciens Grecs, Callimaque a fort bien recon,, nu & même écrit que les Celtes ou Gau,, lois Occidentaux étoient issus d'eux ". (Mr. Leibnitz ne trouve pas que le passage de Callimaque soit d'un fort grand poids, car ce Poëte dit que les Gaulois étoient les fils des Titans; c'est un jeu Poëtique par lequel il feint que ceux qu'Apollon detruisit pour avoir violé le Temple de Delphe étoient de la race de ces anciens temeraires, qui oserent de même se revolter contre les Dieux) ,, sous ce nom ,, de Titans ils ont fait de si grandes choses ,, dès le temps d'Abraham qu'on ne le sauroit ,, presque imaginer. Ils se sont dès lors ren

,, dûs maîtres de la petite Asie, de la Thrá
,, ce, de la Grece & de l'Isle de Crete; &
,, j'ose dire de presque toute l'Europe, & si
,, je ne me trompe d'une partie des Maurita
,, nies. Cependant leur demeure la plus ordi
,, naire dans ce temps-là étoit la Phrygie, la
,, Grece & l'Isle de Crete. Leurs Princes ont
,, demeuré dans ces Provinces durant près de
,, deux siécles. Voici les noms de quatre d'en
,, tre eux que l'antiquité nous a conservé.
,, Le premier est *Acmon* : son fils s'appelloit
,, *Ophion* que les Poëtes ont sottement apel
,, lé *Urane*. Il a été Pere de Saturne que les
,, Titans ou Celtes nommoient *Sardorne* en
,, leur Langue, & de lui est né le fameux
,, Jupiter. Son veritable nom étoit chez eux
,, *Jaou* ou *Jou*, d'où s'est formé le *Jovis* des
,, anciens Latins, car c'est ainsi qu'on le nom
,, moit parmi eux avant qu'on lui donnât le
,, nom de *Jupiter*, qui dans les cas obliques
,, a toûjours gardé le nom de *Jovis* au lieu de
,, *Jupitris* ". (Les anciens ont dit *Jupiter* pour *Jovispater*; *Jovis* étant au nominatif, comme ils ont dit *Liber pater* pour *Bacchus*. Le mot *pater* ne suivant point les autres cas, le primitif *Jovis* fournit seul à la declinaison.) ,, Ni Varron, ni aucun Latin n'ont su rendre ,, raison d'une chose qui leur a paru si extra,, ordinaire; mais il y en a bien d'autres qu'eux, ,, & les Grecs, & même Platon l'ont ignoré ,, comme il paroît par leurs Etymologies; & ,, dont je rendrai aisément raison par le moyen ,, du Celtique ". (On pourroit demander en quel lieu on peut retrouver des restes de la Langue Celtique. On prétend s'être conservée dans la Bretagne Province de France; au Pays de Galles en Angleterre; & dans la Biscaye en Espagne. Leur Langue est la même, ou plutôt ce sont trois Dialectes d'une même Langue, ce qui se prouve parce qu'avec un peu d'attention ces trois peuples se peuvent entendre. Je l'ai éprouvé moi-même un jour que j'avois chez moi un Gentil-homme bas Breton, un Voyageur du Pays de Galles, & un Biscayen, chacun d'eux croioit sa Langue inintelligible à tout autre qu'à ses compatriotes. Ils en firent l'essai & furent surpris de pouvoir s'entendre, & se parler les uns aux autres. C'est apparemment de la Langue Bretonne que le savant Pere Pezron emprunte ses mots Celtiques. Reprenons le cours de son Systême.) ,, Pour les trois derniers de ces Prin,, ces, ils sont fort confusus dans l'antiquité; ,, c'est qu'ils ont été des Rois très-puissans; ,, au moins Saturne & Jupiter ont porté ce ,, titre, & après avoir fait de grandes choses ,, mêlées de grands vices, & de grands désor,, dres, on les a mis au nombre des Dieux, ,, mais des Dieux du premier ordre. Voilà ,, jusqu'où est allé l'aveuglement des hommes, ,, je dis des premiers Grecs & des anciens La,, tins. Vous verrez, Monsieur, leurs actions ,, tant bonnes que mauvaises décrites dans ce ,, v. livre; mais elles seront purgées des fables ,, ridicules dont on les a voilées & defigurées ,, par les fictions des Poëtes. Or toute cette ,, narration sera autorisée de tant de temoins ,, très-anciens que j'ai lieu de croire qu'on ne ,, s'avisera pas de dire que ce sont des visions, ,, ou bien il faudra démentir toute l'antiquité "

CEL.   CEL.   441

(Un Savant qui parle de ce ton-là, doit être bien sûr de son fait. Cependant comme ces preuves n'ont point été publiées que je sache, & qu'il y a de la diference entre promettre de prouver, & prouver effectivement, le P. Pezron nous laisse dans la même incertitude qu'auparavant. Je crois comme lui que les fables cachent des faits Historiques ; que Prométhée par exemple étoit un Roi des Scythes, qui voulant passer avec une armée dans la haute Asie trouva qu'on lui avoit fermé la sortie des défilez du Mont Caucase; desorte qu'on a pu dire qu'il avoit été enchaîné à cette Montagne. Je me persuade aussi que la guerre des Titans contre les Dieux ne veut dire que les guerres que les Celtes ou les Gaulois firent contre les Princes de l'Asie Mineure lorsqu'ils allerent s'y établir. Revenons au Pere Pezron.)

,, Mais pour revenir à ces Princes *Titans*, ,, ou *Celtes*, comme ils ont régné assez long-,, temps dans la Grece & même dans l'Italie, ,, où Saturne se refugia étant persécuté par son ,, propre fils, leur Langue s'est tellement mê-,, lée avec la Grecque, qui étoit alors l'Eoli-,, que & avec l'ancienne Latine, qu'on peut ,, dire qu'elles en sont toutes remplies. Vous ,, serez surpris, Monsieur, quand je vous di-,, rai que j'ai environ sept ou huit cens mots ,, Grecs, je dis de simples racines, qui sont ,, tous tirez de la Langue des Celtes avec pres-,, que tous les nombres ; par exemple, les ,, Celtes disent *Dec*, dix, & les Grecs δέκα. ,, Les Celtes disent *Pemp*, cinq, & les anciens ,, Grecs Eoliens Πέμπε. Les Celtes disent ,, Pedwar, ou *Petoar* (on dit à Morlaix Pe-,, *war*) quatre, & les Eoliens Πέτορες. Les ,, Celtes disent *Undec* (à Morlaix *Unec*) on-,, ze; *Daoudec*, (à Morlaix *Daouzec*) dou-,, ze, &c. Les Grecs Ένδεκα, δώδεκα &c. Ju-,, gez du reste par cet échantillon. Pour ce ,, qui est de la Langue Latine, j'ai actuelle-,, ment plus de douze cens mots, qui vien-,, nent tout visiblement du Celtique, & je ,, repondrai solidement à ceux d'entre les Sa-,, vans, qui ne pouvant nier un fait qui paroît ,, sensible sont reduits à dire que les Celtes ,, ont emprunté ces mots des Grecs & des La-,, tins". (J'ai remarqué au mot ALPES que de l'aveu même de Strabon c'étoit un mot Celtique emprunté par les Latins & par les Grecs.) ,, Au reste il n'est pas étonnant que ,, la Langue Latine soit si remplie de mots ,, Celtiques ou Gaulois, car les Ombriens qui ,, étoient des plus anciens Peuples de l'Italie, ,, & qui étoient voisins & souvent mêlez avec ,, les Aborigenes, étoient de vrais Gaulois. ,, Aussi sont-ils appellez par les Anciens *propago* ,, *Gallorum*. De ces Ombriens sont sortis les ,, Sabins de qui on sait que les Romains ont ,, pris tant de choses & entre autres le mot de ,, *Quirites* qu'on devroit prononcer *Curites*, ,, comme venant de *Curis*, qui veut dire ,, *Hasta*. Les Savans n'ignorent pas cela ; mais ,, ils ignorent que *Curis* ainsi que *Lancea* ont ,, leur origine dans la Langue des Celtes. Il ,, en est de même du Κουρῆτες des Grecs, qui ,, leur a donné tant de peine, sans qu'ils aient ,, jamais pu savoir ni ce que signifioit ce mot ,, ni d'où il venoit. L'on n'a qu'à consulter ,, Strabon pour voir ce que je dis. Mais ou-

Tom. II.

,, tre les Ombriens & les Sabins, les *Osques* ,, ou *Opiques*, en Latin *Osci* & *Opici*, étoient ,, pareillement Celtes d'origine & l'on peut ,, assurer que leurs fables appellées *Atellanes*, ,, qui ont tant plu au Peuple Romain avec les ,, *Carmes Saliaires* ou *Saturniens*, qui ve-,, noient des Ombriens & des Sabins, ont rem-,, pli de mots Celtiques la Langue Latine. ,, Ajoutons à toutes ces choses qui paroissent ,, assez étonnantes que les *Laconiens* ou Lace-,, demoniens, ces peuples si renommez dans ,, la Grece ont presque tout tiré des Celtes. ,, Ce n'est point une hyperbole, vous en ver-,, rez les preuves : après quoi je ne suis plus ,, surpris si les mêmes Lacedemoniens ont eu ,, tant de liaisons avec les Sabins & les Om-,, briens; celà vient que dans les anciens Glos-,, saires Λάκων & *Umber*, c'est la même chose. ,, Enfin, Monsieur, je n'aurois jamais fait si ,, je vous disois tout ce que j'ai découvert ,, dans l'antiquité par le secours de la Langue ,, des Celtes, & par les fragmens des anciens ,, Historiens repandus çà & là. Vous le ver-,, rez quelque jour quand je publierai mon Ou-,, vrage. Je ne saurois finir cette Lettre sans ,, vous dire que le Celtique s'est repandu dans ,, presque toutes les Langues de l'Europe ; ,, mais *la Teutone ou l'Allemande en est toute* ,, *remplie*. En voici en deux mots la raison, ,, les Teutons viennent d'Ascenez, qui a été ,, fils aîné de Gomer Pere des Celtes ou Gau-,, lois. Cet Ascenez est la tige des Daes, en ,, Latin *Daæ* & *Dai*, depuis appellez Daces & ,, Getes par les Grecs. Il a été aussi le Pere ,, des Phrygiens. De ces Daes & des Phry-,, giens sont sortis les Teutons, qui dès leur ,, origine ont toûjours eu beaucoup de liaison ,, avec les Celtes, & l'on peut dire qu'ils ont ,, été mêlez dans une grande partie de leurs ,, expeditions. De ces mêmes Daes ou Da-,, ces sont sortis les Parthes, principalement ,, les Arsacides. Les Parthes dès les premiers ,, temps se sont repandus dans la Perse & c'est ,, delà qu'on voit encore aujourd'hui tant de ,, mots Allemands dans la Langue des Perses; ,, mais de plus comme les Grecs ont pris plu-,, sieurs mots des Phrygiens de l'aveu même ,, de Platon, il ne faut pas s'étonner si la Lan-,, gue Grecque a tant de mots semblables à la ,, Teutonne, puisque celle-ci étoit toute Phry-,, gienne dès son origine. Les Teutons ont ,, encore été mêlez avec les Ombriens en Ita-,, lie ; & c'est delà que les Latins ont pris ,, d'eux quantité de mots & surtout des ver-,, bes comme l'on verra ailleurs. Ces grandes ,, liaisons qu'il y a toûjours eu entre les Cel-,, tes & les Teutons ont fait qu'on les a souvent ,, confondus dans l'Histoire ; & entre eux, ,, comme ils venoient presque de la même ori-,, gine ils se sont presque toûjours traitez de ,, freres, & c'est peut-être delà qu'est venu ,, le mot de *Germani* que les Romains leur ,, ont donné comme l'a fort bien remarqué ,, Strabon ; pour marquer qu'ils étoient com-,, me freres des Celtes ou des Gaulois ; quoi-,, que cela ne soit pas sans dificulté. Voilà, ,, Monsieur, un sommaire de l'Ouvrage que ,, j'espere donner au public, &c ".

Je le repete, c'est dommage que le P. Pezron soit mort avant que de publier les preuves sur les-

Kkk*

lesquelles tout ce systême est établi. Nous saurions jusqu'à quel point elles meritent l'acquiescement des gens de Lettres. Je me contente d'un petit nombre de reflexions, outre celles que j'ai déja inserées dans le texte entre deux crochets ( ). Ce Pere distingue primitivement les Celtes des Teutons, & croit que ce sont les seuls Gaulois qui sont les vrais Celtes. Bodin[a] l'avoit soutenu de même, & Cluvier[b] a fait ses efforts pour le refuter. Le P. Pezron ayant suivi les traces de Bodin Mr. Leibnitz a pretendu que les Teutons étoient les plus anciens Celtes. Prevention des deux parts comme je crois. Les Teutons étoient Celtes comme les autres, & il est bien plus vraisemblable de dire que le mot Celtes étoit le nom d'un Peuple particulier avant que d'être celui de divers Peuples réunis sous cette domination. Il seroit dangereux d'affirmer quelle Region a été nommée Celtique la premiere; mais les Gaules en general l'ont conservé le plus long-temps. L'Espagne se nommoit déja Espagne, & la Germanie étoit distinguée de la Celtique lorsque les Grecs & les Romains appelloient Celtes les Gaulois en general. Ce nom eut ensuite une signification plus resserrée & on ne le donna plus qu'à une partie des Gaules, qui même le quita pour en prendre un derivé du nom de Lyon sa capitale. Il n'étoit pas fort necessaire de faire venir les Celtes de la Scythie en Phrygie. Toute l'antiquité convient que les Celtes ou Gaulois passerent des Gaules en Italie, en Grece & dans l'Asie Mineure où ils eurent même une Province qui à cause d'eux fut nommée la Galatie. L'Etymologie du nom des Germains quoique remarquée par Strabon n'en vaut pas mieux pour cela. J'en donne une plus juste au mot GERMANIE. Les Savans d'Allemagne ne pouvant pas nier que *Celtes*, *Galates* & *Gaulois* ne soient le même nom diversement exprimé par divers Peuples se sont avisez de dire que le mot de Gaulois a été anciennement commun aux Peuples des Gaules & de la Germanie; & dans le fond ils ont raison pourvû qu'ils se servent du mot de *Celtes*. Car les Teutons ou anciens Germains étoient *Celtes* aussi bien que les Gaulois. Mais personne de l'antiquité n'a appellé les Teutons *Gaulois*, si ce n'est en parlant de quelques irruptions où les deux Peuples ayant une égale part, l'armée étoit nommée du nom d'un des Peuples qui la composoient, ou du nom de l'autre de ces mêmes Peuples, ce qui est arrivé à Florus[c] dans une même narration. Ce sentiment que les Teutons ont été aussi nommez Gaulois par les anciens, avoit été tourné en ridicule par Cluvier[d]. Cela n'a pas empêché plusieurs Ecrivains Allemands, de soutenir cette opinion. Coccéius[e], & Spener[f] sont de ce nombre. Ce dernier en apporte deux preuves également frivoles. L'une est tirée de la Géographie de Volaterranus[g]: les Anciens, dit-il, ont appellé d'un même nom les Gaulois & les Germains. Les Grecs & les Romains les nomment Gaulois. La même observation se retrouve dans un petit Ecrit de Glaréanus inseré au premier Tome du Recueil de Schardius. De bonne foi quelles preuves sont-ce là? En fait d'an-

[a] Method. Histor.
[b] German. ant. l. 1. c. 3.
[c] l. 5. c. 34. & 35.
[d] l. 1. c. 10.
[e] Prolegom. in Jur. publ. p. 10.
[f] Notit. Germ. ant. l. 3. c. 4. p. 124.
[g] l. 3. init.

tiquité si reculée l'autorité de ces deux Modernes est si peu de chose qu'on la peut compter pour rien sans injustice. En fait de Géographie ancienne le sentiment d'un Moderne ne prouve qu'autant qu'il est fondé sur les temoignages anciens; & c'est ce que Volaterranus, ni Glaréanus ne songent pas même à demontrer.

CELTES étoit un nom commun à un grand nombre de Peuples dispersez en Europe & en Asie. C'est ce que prouve le temoignage des Anciens. Si ce sont des Colonies, ou simplement des restes d'un nom general à presque tous les Peuples de l'Europe, c'est ce qu'il est dificile de prouver. Le systême du P. Pezron que j'ai raporté ci-dessus n'ayant avec soi aucune preuve, qui puisse faire juger de sa solidité n'a jusqu'à present que le merite d'une conjecture ingenieuse. L'opinion d'Ortelius sur l'étendue de la Celtique me paroît plus vraisemblable que celle de Cluvier, qui ne dit rien de fort convainquant pour la resserrer précisément dans les bornes qu'il lui donne. Ce qu'il y a de certain touchant la CELTIQUE, c'est que la Gaule d'en deçà les Alpes a été divisée en trois parties, savoir l'Aquitaine jusqu'à la Loire, la Celtique depuis la Loire jusqu'à la Seine, la Belgique depuis la Seine jusqu'au Rhin.

La Celtique est la même qui a été nommée dans la suite Lyonnoise, & qui ayant changé de bornes a été subdivisée en Lyonnoise premiere, seconde, troisiéme, quatrieme & cinquiéme. Voiez au mot GAULES.

1. CELTI, ancien lieu d'Espagne entre Seville & Merida, selon l'Itineraire d'Antonin; entre *Astigi* & *Regiana*, à XXVII. M. P. de la premiere & XLIV. M. Pas de la seconde.[h] Pline[h] la nomme aussi dans un passage fort corrompu dans les anciennes éditions & rétabli par le R. P. Hardouin. Il la met à la tête des Villes, qui étoient de la jurisdiction de Seville.

2. CELTI, Κελτοὶ, ancien Peuple de l'Espagne dans la Betique assez près de Guadalquivir, selon Strabon cité par Ortelius. Je trouve dans l'Edition de Casaubon[i], non pas *Celti ad Batim* ou *circa Batim*; mais *Celtici ad fluvium Anam*, c'est-à-dire les Celtiques d'auprès de la Guadiana.

CELTIBERES, selon Ptolomée[k], ancien Peuple de l'Espagne Tarragonnoise; selon lui leurs Villes étoient

Belsinum,	Segobriga,
Turiaso,	Condabora,
Nertobriga,	Bursada,
Bilbilis,	Laxta,
Arcobriga,	Valeria,
Cesada,	Istonium,
Mediolum,	Alaba,
Attacum,	Libana ou Loebana,
Ergavica,	Urcesa.

Ils étoient à l'Orient des Carpetani; Pline[l] donne pour capitale de la Celtiberie la Ville de Segobriga. Cellarius[m] a raison de remarquer que la Celtiberie a eu tantôt plus & tantôt moins d'étendue; qu'elle étoit d'abord plus grande; mais que les guerres des Romains la resserrérent.

[h] l. 3. c. 1.
[i] l. 3. p. 153.
[k] l. 2. c. 6.
[l] l. 3. c. 3.
[m] Geogr. ant. l. 2. c. 1.

1. CELTICA, Ville d'Espagne, selon quel-

quelques Editions de Pline. C'est la même que CELTI. Voiez ce mot.

a in Mario de la traduction de Mr. Dacier T. 4. p. 108.

2. CELTICA, Plutarque[a] donne le nom de Celtique à un vaste pays qu'il décrit ainsi: d'autres disent que la Celtique à cause de la profondeur & de la vaste étendue de son Continent, qui s'étend depuis la Mer Océane & les Climats Septentrionaux vers le Levant jusqu'aux Palus Méotides touche d'un côté à la Scythie Pontique, & qu'à cause du voisinage ces deux Nations se mélerent ensemble, (savoir les Cimbres & les Teutons) & sortirent de leur pays, non pas tout à la fois ni tout de suite, mais chaque année vers le printemps, & que gagnant peu à peu du terrain par les armes, enfin après plusieurs années elles eurent traversé ce grand Continent de l'Europe, & arriverent en Italie. C'est pourquoi bien qu'elles eussent plusieurs noms diferens selon la diversité des Peuples qui les composoient, toute leur armée fut pourtant comprise sous un nom general & appellée les CELTO-SCYTHES.

3. CELTICA, ce mot pris dans le sens de l'Europe ou de sa plus grande partie. Voiez CELTES.

4. CELTIQUE, pour designer une partie de l'ancienne Gaule. Voiez GAULES.

b l. 3. c. 1.
c l. 3. p. 153.

CELTICI, Peuple de l'ancienne Espagne. Il confinoit à la Lusitanie selon Pline[b]. Strabon[c] en parle aussi. Le R. P. Hardouin croit que leur pays est cette partie de l'Andalousie, qui est au dessus du Guadalquivir, jusqu'au bord de la Guadiana, & où est la Ville de Badajoz. Pline[d] les fait venir des Celtiberiens établis dans la Lusitanie.

d Ibid.

e l. 4. c. 22.

CELTICI MIROBRIGENSES; Pline[e] dit : *Mirobrigenses qui Celtici cognominantur*, les habitans de Mirobriga surnommez Celtiques. Quelques-uns croient que Mirobriga est presentement *Ciudad Rodrigo*. Ambroise Moralès dit que c'est *Malabriga* lieu voisin de Ciudad Rodrigo.

f l. 4. c. 20.

CELTICI NERIAE; Pline[f] donne le surnom de NERIAE à un Peuple Celtique, qui habitoit vers la pointe de l'Espagne que nous connoissons sous le nom de *Finistere*. Ce Cap a été aussi nommé *Nerium Promontorium*. Pomponius Mela[g] nomme simplement ce Peuple NERTI.

g l. 3. c. 1. n. 55.

h l. 4. c. 20.
i l. 3. c. 1. n. 50.

CELTICI PRAESAMARCI, selon Pline[h] & Pomponius Mela[i]. Les manuscrits de l'Edition de Parme, comme l'assure le R. P. Hardouin, portent *Prestamartii*. Pomponius Mela dit : la partie qui avance est habitée par les *Prasamarci* ; & chez eux coulent la Tamaris & le Sars, Rivieres, qui ont leur source peu loin delà. Ainsi les Celtiques surnommez *Prasamarci* étoient des deux côtez de la Tambre sur la côte de la Galice.

CELTICUM PROMONTORIUM, nom Latin du Cap de FINISTERRE. Voiez ce mot & l'Article ARTABRIS.

CELTO-GALATIA, Ptolomée nomme ainsi la Gaule Celtique.

CELTO-LIGYI. Voiez GALLO-LYGURES.

CELTOS ou CELTROS, Κέλτρος : Lycophron donne ce nom à un Etang ou Lac, qui se perd dans la Mer noire. Ortelius[k] croit qu'il entend par là les ma-

k Thesaur. Tom. II.

rais, qui sont à l'embouchûre du Danube.

CELTORII, Peuple de l'ancienne Gaule dans le voisinage du Senonois, selon Plutarque dans la Vie de Camille. Mr. Dacier[*] dit que les Celtoriens sont inconnus, & Ortelius[l] croit qu'il y a faute dans le texte.

* T. 2. p. 114. n. 52.
l Thesaur.

CELTO-SCYTHES. Voiez CELTICA 2.
CELTROS. Voiez CELTOS.
CELTUM. Voiez CELTI.

CELTZENE[m], Ville Episcopale d'Asie dans l'Armenie: elle reconnoissoit *Camachus* pour Metropole ; mais elle devint ensuite elle même Metropole sous le Patriarchat de Constantinople.

m Auberti Myraus Not. Episc. p. 114. 130, & 291.

CELVIANA LOCA. Voiez VALENTINIANOPOLIS.

CELURCA. Voiez MONTROSSE.

CELYDNA. Voiez ELYDNA.

CELYDNUS, Riviere de Macedoine dans l'Orestide, selon Ptolomée[n]. Elle servoit de bornes entre cette Province & la Chaonie ; sa source est dans les Monts Acrocerauniens. C'est la même que PEPYLYCHNUS.

n l. 3. c. 13.

CEMA, nom Latin de *Monte Cameliône*. Voiez CAMELIONE.

CEMANDRI, Jornandes[o] dit: les Sauromates que nous avons appellez Sarmates ; les Cemandres & quelques-uns d'entre les Huns habiterent le pays qu'on leur donna du côté de l'Illyrie auprès de la Forteresse Martene.

o De Reb. Getic. c. 50.

CEMBANI, ancien Peuple de l'Arabie heureuse, selon Pline[p]. Quelques exemplaires manuscrits portent CEUBANI : le R. P. Hardouin lit CERBANI. Ils étoient voisins des Agréens.

p l. 6. c. 28.

CEMELANUM, CEMELION, CEMENLEUM, CEMELUM ; Pline[q] dit que *Cemelion* étoit la Ville du Peuple nommé *Vediantii*. Ptolomée dit *Cemeneleum* ; & appelle le Peuple *Vesdiantii*. Antonin met *Cemenelum* comme le premier lieu de la Gaule que l'on trouvoit en venant d'Italie à Arles après avoir passé le sommet des Alpes. Ceux qui ont voulu rendre ce nom par *Monte Cameliône* n'ont pas fait reflexion qu'il est question d'une Ville, & non pas d'une Montagne. Cette Ville étoit autrefois Episcopale ; & on peut voir la Preface du P. Sirmond sur les Homelies de Valerien Evêque de ce lieu-là. On trouve dans le Tome I. des Conciles des Gaules[r] un Decret du Pape Hilaire par lequel il unit ce Siége avec celui de Nice pour n'en faire qu'un; & au v. Concile d'Orleans tenu l'an 549. on voit Magnus Evêque *Ecclesiae Cemelensis & Nicaensis* ; c'est presentement CIMIEZ près de Nice sur une Montagne. [s]Saint Pons y fut martyrisé vers l'an 288. du temps de l'Empereur Valerien & fut le patron de la Ville. Après la ruine de Cemele saccagée par les Lombards & les Saxons au VI. & VII. siécle, le corps de St. Pons fut transporté à Nice. Mr. Corneille dit de cette Ville qu'elle fut la Capitale & le Siége du Gouverneur des Alpes Maritimes . . . qu'elle fut ruinée selon les uns par les Goths & les Vandales dans le VI. siécle ; & selon les autres par les Sarrazins dans le VII. ou dans le VIII. Son Evêché, dit-il, a été

q l. 3. c. 5.

r p 136.

s Baillot Topogr. des Saints p. 113.

été transferé à Nice, qui n'étoit qu'un Bourg dans le temps que Cemele étoit un lieu très-considerable. Les Inscriptions & les Tombeaux que l'on y trouve font connoître que les Romains y ont demeuré. On est convaincu de l'ancienne splendeur où elle s'est vue par ce qui reste d'un Amphithéatre fort ample, par les grands canaux qu'on a decouverts depuis peu d'années, & par les ruines d'un Temple d'Apollon.

CEMINORIS. Voyez COMMORIS.

CEMMEDE, Montagne d'Afrique au Royaume de Maroc [a]. C'est une branche du Mont Atlas; & elle a sept lieues de longueur du Levant au Couchant. Elle commence de Nefusa dont elle n'est separée que par la Riviere de Chauchava, & finit à celle de Guidimava. Elle est habitée de pauvres gens de la Tribu de Muçamoda, & son sommet est toûjours couvert de neiges; mais on ne laisse pas d'y recueillir beaucoup d'orge & de ces fruits dont on fait de l'huile. Il y a force troupeaux de chevres, & plusieurs fontaines; mais les habitans sont si brutaux qu'ils ne voudroient pour rien du monde quiter leur pays, croyant qu'il n'y en a point de meilleur.

[a] *Marmol l.3.c.44.*

CEMMENUS MONS, ou au pluriel CEMMENI MONTES. Strabon [b] considerant la partie de la France, qui est entre les deux Mers, savoir le Golphe de France sur l'Océan & le Golphe de Lyon, dit : au milieu est une croupe de Montagnes, qui joint les Pyrénées à angles droits & que l'on appelle le Mont Cemmenus, & elle va aboutir jusqu'au milieu des plaines des Gaulois &c. Il dit ailleurs [c] : les Gaulois disent que leurs meilleurs metaux sont au Mont Cemmenus. Il dit aussi que les peuples voisins des Pyrenées sont appellez Aquitains & Celtes étant separez par le Mont Cemmenus . . . Depuis le Mont Pyrenée le Mont Cemmenus s'étend à angles égaux à travers la plaine de la Gaule & finit vers le milieu auprès de Lyon l'espace de M. M. stades. On appelle Aquitains ceux qui habitent au Nord des Pyrénées & du Cemmenus jusqu'à l'Océan & la Garonne. Et on nomme Celtes ceux qui habitent de l'autre côté vers la Mer, du côté de Marseille & de Narbonne. Les Anciens ont entendu par ce nom cette longue chaine de Montagnes dont les Cevenes sont une petite partie, & qui depuis Puilaurens s'étend jusqu'à Dijon & peut-être y joignoient-ils comme autant de bras les Montagnes de l'Auvergne & du Forez.

[b] *l.2.p.128.*
[c] *l.3.p.146.*

CEMPSI, ancien Peuple d'Espagne au pied des Pyrenées, selon Denys le Periegete, [d]. Rufus Festus Avienus en parle aussi [e].

[d] *v. 330.*
[e] *Oræ Marit. v. 195. 257. & 301.*

CENA, lieu de l'Isle de Sicile entre Agrigentum & Allava à XII. M. P. de l'une & de l'autre.

CENABUM. Voyez GENABUM.

CENÆUM, Promontoire de l'Isle d'Euboée, selon Strabon [f], Pline [g] & Ptolomée [h]. Strabon dit qu'il est à l'opposite des Thermopyles. C'est presentement le Cap de LITADA dans la partie Septentrionale de l'Isle de Négrepont à l'Ouest.

[f] *l.10.p.444.*
[g] *l.4.c.12.*
[h] *l.3.c.15.*

1. CENCHRE'ES [i], Port de Mer dans l'Archipel. Cenchrée étoit un Bourg assez éloigné de Corinthe, & qui ne laissoit pas d'être regardé comme une espece de fauxbourg de cette Ville. St. Paul étant sur le point de s'embarquer pour aller à Jerusalem se fit couper les cheveux à Cenchrées pour s'acquiter d'un vœu qu'il avoit fait [k].

[i] *D. Calmet Dict. de la Bible.*
[k] *Act. A. post. c. 18. v. 18.*

2. CENCHRE'ES, Ville de la Troade, selon Etienne le Géographe, qui dit qu'Homere y sejourna afin d'y prendre les connoissances dont il avoit besoin pour son Poëme de l'Iliade. Suidas parle bien d'Homere à l'occasion de Cenchrées ; mais il dit que c'étoit la Patrie d'Homere.

3. CENCHRE'ES, Ville d'Italie, selon le même Etienne.

CENCHREIS, petite Isle de l'Archipel vers le fonds du Golphe Saronique ou Golphe d'Engia. Pline en fait mention [l].

[l] *l.4.c.12.*

CENCHRIUS, Riviere d'Asie dans le territoire d'Ephese, selon Tacite [m] & Pausanias [n].

[m] *Annal. l. 3.*
[n] *in Achaic.*

CENCULIANENSIS ou CONCULIANENSIS, Siége Episcopal d'Afrique dans la Byzacene. La Notice de Leon le Sage attribue expressement CENCULIANA à la Byzacene & la Conference de Carthage [o] fait mention de Janvier *Cenculianensis*.

[o] *p. 265. Ed. Dupin.*

CENDEVIA, Marais d'Asie en Phenicie au pied du Mont Carmel. Pline [p] en fait sortir le fleuve Belus.

[p] *l. 5. c. 19.*

CENEDA [q], Ville d'Italie dans l'Etat de Venise dans la Marche Trevisane, sur une Colline au pied des Montagnes près de la source de Mottegan, & du Soligo avec un Evêché Suffragant du Patriarche d'Aquilée. Elle est petite, mais assez peuplée & sujette à son Evêque propre, qui reside d'ordinaire à Serravalle à deux milles delà. Elle s'est accrue du debris d'Oderzo qui en est à XIII. milles vers le Midi, & elle est presque au milieu entre la Piave à l'Occident, & la Livenza à l'Occident à dix milles de chacune.

[q] *Baudrand Ed. 1705.*

§. Agathias en fait mention [r], & Ortelius l'avoit cité. Mr. Baudrand ayant dit sur la bonne foi de ce Géographe *Ceneda Agathiæ*, c'est-à-dire Ceneda dont parle Agathias, son Editeur François a cru qu'*Agathiæ* étoit un surnom de Ceneda & dit pour noms Latins *Ceneda Agathiæ, Ceneta Acedum*. On diroit presque en lisant ces deux mots que tous deux ensemble ne font qu'un seul nom. Il faut les distinguer *Ceneta*, ou *Acedum*. Ortelius dit qu'il y a des gens qui prennent *Ceneda* pour l'*Acedum* de Ptolomée, & il croit qu'ils ont raison. Fortunat nomme cette Ville *Cenita* dans la Vie de St. Martin.

[r] *l. 2.*

CENENSIS, ancien Siége d'Afrique selon la Conference de Carthage [s], à laquelle assista Boniface son Evêque. On ignore de quelle Province il étoit.

[s] *p. 267. Ed. Dupin.*

CENERETH ou CENEROTH, ou CINERETH, ou KINNERETH [t], Ville de la Palestine dans la Tribu de Nephtali [v], au Midi de laquelle étoit une grande plaine, qui s'étendoit jusqu'à la Mer Morte, le long du Jourdain [x]. Plusieurs croyent avec assez de vraisemblance, que Cinnereth étoit la même que Tibériade ; & comme le Lac de Génézareth, qui est nommé dans l'Hebreu Lac de Cénéreth, est indubitablement celui de Tibériade, on a quelque raison de croire que Cénéreth & Ti-

[t] *D. Calmet Dict. de la Bible.*
[v] *Josué c. 19. v. 35.*
[x] *Josué c. 11. v. 2. & c. 12. v. 3. & Deuter. c. 4. v. 49.*

CEN.

Tiberiade font auſſi la même Ville. Voiez TI-
BERIADE, où nous rapportons quelques raiſons pour le ſentiment contraire.

à Machab.
l. 2. v. 67.
Joſeph ant.
l. 13. c. 19.
&c.

LAC DE CENNERETH[a], ou MER DE
KINNERETH ou de TIBERIADE, ou LAC de
GENEZARETH, ou de GENESAR. Ces noms
lui ſont donnez à cauſe de la Ville de Cénéreth, ou de Tiberiade, qui eſt ſur ſon bord
Occidental, & vers ſon extremité Meridionale; & parce que le Canton de Généſar s'é-
tend ſur ſon bord Oriental. Il eſt auſſi nom-

b Matth.
c. 4. v. 18.
c De Bello
l. 3. c. 18.

mé Mer de Galilée[b] à cauſe que la Galilée
l'enveloppoit du côté du Nord & de l'Orient.
Joſeph[c] lui donne cent ſtades de long, &
quarante de large; c'eſt-à-dire, environ douze milles, ou quarante lieuës & demie de
long, & deux de large. L'eau de ce Lac eſt
fort bonne à boire, & elle nourrit quantité de
poiſſons. Saint Pierre, Saint André, Saint
Jean & Saint Jacques, qui étoient pêcheurs,
y exerçoient leur métier. Le Jourdain paſſe
au travers de ce Lac, & y apporte continuellement de nouvelles eaux. Les environs de la
Mer de Galilée ſont très-beaux & très-fertiles.

CENERIUM, petite Ville du Peloponneſe dans l'Elide, ſelon Strabon cité par Ortelius.

CENEROTH. Voiez CENERETH.

d l. 10.

CENESPOLIS, ancienne Ville d'Eſpagne, ſelon Polybe[d] cité par Ortelius.

CENESTA, c'eſt ainſi que ce nom ſe
trouve écrit pour CENEDA dans Agathias,
ſelon l'exemplaire de Bonaventure Vulca-
nius.

e l. 3. c. 2.

CENESTUM, ancienne Ville de l'Iſle
de Corſe vers le milieu de l'Iſle, ſelon Ptolomée[e]. La Conference de Carthage fournit
une preuve que c'étoit un Siége Epiſcopal au
rapport d'Ortelius.

CENETENSIS, habitant de CENEDA.

CENEZEENS, ancien Peuple de Cha-
naan dont Dieu promit le pays aux deſcendans

f Geneſ. c.
15. v. 19.
g D. Calmet
Dict.

d'Abraham[f]. On croit que les Cenezéens demeuroient dans les Montagnes, qui ſont au
Midi de la Judée[g]. Cenez fils d'Eliphas prit
apparemment ſon nom des Cenezéens au milieu
deſquels il s'établit.

h Reg. l. 1.
c. 27. v. 10.
& c. 30. v.
29.

CENI, la Vulgate nomme ainſi un Canton que les Verſions ſuivant l'Hebreu rendent
par le Pays des Kenéens[h]. Il étoit au Midi
de la Judée, & avoit quelques Villes.

i l. 3. c. 4.

CENICENSES, CÆNIENSES ou CE-
NIENSES, ancien Peuple de la Gaule, ſelon
Pline[i]. Le R. P. Hardouin conjecture qu'ils
pourroient bien avoir pris leur nom de la Ri-

k l. 2. c. 10.

viere *Cenus* dont Ptolomée[k] met l'embouchûre entre Maritima Colonie, & Marſeille.

CENIENSIS REGIO, contrée de Thrace. Voiez CAENI.

l De Bell.
Gall. l. 5. c.
21.

CENIMAGNI, ancien Peuple de la grande Bretagne, ſelon Ceſar[l]. Comme c'eſt le
ſeul Auteur, qui en ait parlé & qu'il ne s'en
trouve nulle autre trace que dans un paſſage
unique, on ne ſait ſi ce mot eſt juſte, ou

m ad Tacit.
l. 12. c. 32.

s'il faut en croire Juſte Lipſe, qui[m] croit que
ce ſont deux noms corrompus & reduits à un,
ſavoir *Iceni* & *Cangi*.

CENINA. Voiez CÆNINA.

CENIO, Riviere de l'Iſle d'Albion dans

CEN. 445

ſa partie Meridionale. Les Interpretes de Ptolomée[n] & Ortelius diſent que c'eſt VALE,
Canionis oſtium repond à *Falmouth* dans la Province de Cornouailles.

n l. 2. c. 3.

1. CENIS, Montagne des Alpes ſur la
route ordinaire de France en Italie. Le Sr.
Miſſon qui l'a paſſée dans ſon Voyage d'Italie la decrit ainſi: nous dinâmes à Novaleſe
au pied du Mont Cenis[o]. Cette Montagne
eſt la plus haute de celles qu'on paſſe entre les
Alpes; mais vous ne devez pas vous imaginer
pour cela que ce ſoit quelque Caucaſe, ou
quelque Teneriffe. Il ne faut pas non plus
que vous vous la repreſentiez comme une
Montagne détachée, au ſommet de laquelle il
faille monter. Quand on eſt au plus haut endroit du paſſage, on ſe trouve dans une plaine, ou même dans une nouvelle vallée par
rapport aux autres Montagnes dont cette plaine eſt entourée. A Novaleſe nous primes des
mulets pour monter, le chemin eſt aſſez large
& ſans précipices; mais il eſt rude & plein de
rochers. A la plus grande hauteur, où l'on
peut arriver on trouve une croix, qui marque
les limites du Piémont & de la Savoie, & qui
eſt par conſequent une des bornes de l'Italie.
Au milieu de la plaine, il y a un Lac qui peut
avoir un bon mille de circuit, dont on dit
que la profondeur ne ſe peut ſonder. Il en
ſort un fort gros ruiſſeau, qui tombe dans la
petite Doire aupres de Suze. Les neiges étoient
preſque toutes fondues ſur la Montagne; les
plus grandes hauteurs en étoient chargées à
droite & à gauche; mais ſur le paſſage il n'en
reſtoit que quelques monceaux. Ce ſont les
éboulemens de ces neiges, qui rendent ce paſſage dangereux en quelques endroits & en quelques ſaiſons: autrement il n'y a rien du tout
à craindre. Le côté de cette Montagne, qui
regarde la Savoye eſt beaucoup plus roide que
l'autre. Il ne ſeroit pas impoſſible que les chevaux y montaſſent, toute l'armée de Charlemagne y paſſa autrefois; mais pour l'ordinaire
ce ſont des hommes, qui portent les Voyageurs de ce côté-là. Ils nous firent aſſeoir ſur
des chaiſes ordinaires auxquelles ils avoient attaché des bras en maniere de brancard: nous
avions chacun quatre hommes, deux portoient
& les deux autres ſe relayoient. La petite Riviere de l'Arche paſſe juſtement au pied de la
Montagne: on la paſſe elle-même ſur un Pont
de bois, & on ſe trouve de l'autre côté dans
le Village de Laſnebourg. [p]On divise le Mont
Cenis en *petit* & en *grand* Mont-Cenis, le premier eſt le plus bas, & le plus proche du Piémont.

o lettre 37.
T. 3. p. 70.

p Baudrand
éd. 1705.

2. MONT CENIS. Voiez au mot MONT
l'Article MONTCENIS.

3. CENIS, Riviere de l'Amerique Septentrionale dans cette partie de la Floride que
les François nomment la Louiſiane; elle a ſon
embouchûre à l'Occident de celle du Miſſiſſi-
pi ou de St. Louis. Près de ſa ſource eſt un
un Peuple nommé les Cenis, & elle reçoit
trois autres Rivieres qui viennent du Nord, &
dont elle porte les eaux avec les ſiennes dans le
Golphe du Mexique.

CENIS, (les) Peuple de l'Amerique Septentrionale, dans la Louiſiane, vers la ſource
de la Riviere de Cenis. [q]Leur Village eſt un

q Voyage
en un pays
plus grand
que l'Euro-
pe III. Re-
lat. du P.
Hennepin.

Kkk* 3 des

CEN.

des plus considerables, qui se trouvent dans toute l'Amerique & est extrêmement peuplé. Il a bien vingt lieues de long au moins. Ce n'est pas que les habitations y soient contigues. Ce sont des hameaux de dix ou douze Cabanes; qui font comme des Cantons & qui ont chacun des noms differens. Leurs Cabanes sont belles, longues de 40. ou 50. pieds, dressées en maniere de ruches à miel. On y plante des arbres, qui se rejoignent en haut par les branches que l'on couvre d'herbes. Les lits sont placez autour des Cabanes élevez de terre d'environ trois ou quatre pieds ; le feu est au milieu & chaque Cabane sert à deux familles. Les chevaux y sont communs.

CENNABA ou CINNABA, Montagne de la Mauritanie Cesariense, selon Ptolomée [a]. [a l.4.c.2.]

CENNESSERI, Ville des Amathéens Peuple de l'Arabie heureuse, selon Pline [b]. [b l.6.c.28.]

CENNI, Xiphilin parlant de Caracalla dit : il fit la guerre aux Cennis Peuple d'entre les Celtes. Comme le même Historien fait mention des Osrhoeniens, il n'est pas fort sûr de quels Celtes il a voulu parler.

CENOBOSIUM. Voiez CHENOBOSCIA.

1. CENOMANI, surnom d'une partie du Peuple *Aulerci* de l'ancienne Gaule, & cette partie repond à ce qu'on appelle aujourd'hui le Diocèse du Mans. Sanson veut qu'on retranche la virgule, qui est dans les éditions de Jules Cesar entre *Aulerci* & *Cenomani*, parce qu'*Aulerci* & *Cenomani* ne different que comme le tout de la partie.

2. CENOMANI, Peuple d'Italie. Les Gaulois ayant passé les Alpes garderent les noms de leur pays natal, & les donnerent aux lieux de leur nouvel établissement. Ainsi on retrouve aux bords du Golphe Adriatique des Senonois, des Venetes, des Cenomans & autres Peuples Gaulois. Les Cenomans, selon Ptolomée [c], avoient pour Villes : [c l.3.c.1.]

Bergomum,   Verona,
Forum Jutuntorum, Mantua,
Brixia,   Tridentum,
Cremona, Colonia, Butrium.

Pline fait mention des Cenomans, qui demeurerent autrefois près de Marseille entre les Volces, c'est-à-dire parmi le Peuple qui habitoit les deux rives du Rhône. Ils passerent delà en Italie, où ils fonderent les Villes de Bresce, de Verone, de Cremone & de Mantoue. Voiez le P. Laccari Jesuite *de Coloniis Gallorum* l. 2. c. 6. p. 94.

CENON, ancienne Ville d'Italie, elle dependoit de la Ville d'Antium, selon Tite-Live [d]. [d l.2.c.63.]

CENOPOLIS, Ville de la Palestine. Voiez CÆNOPOLIS.

CENSIS, Siége Episcopal d'Afrique dans la Tripolitaine, selon Victor d'Utique cité par Ortelius. Ce Géographe soupçonne qu'il faut lire *Ocensis*.

CENTA, Ville Mediterranée de la Mauritanie Tingitane, selon Ptolomée [e]. Marmol dit que c'est BENI BUHALUL Ville à quatre lieues de Fez. [e l.4.c.114.]

CEN.

CENTAL [f], petite Ville d'Italie en Piemont dans le Marquisat de Salusses sur le torrent de Malia presque au milieu entre Coni au Midi & Savillan au Septentrion. Elle étoit autrefois fortifiée. [f Baudrand Ed. 1705.]

CENTAUROPOLIS, forteresse de Grece dans la Thessalie, au Mont Ossa, près de Tempé. Procope [g] en parle ainsi : il s'éleve tout proche des Montagnes escarpées & couvertes de Forêts, qui servirent autrefois de demeure aux Centaures, & qui furent le champ de bataille qu'ils donnerent aux Lapithes, si nous en voulons croire la fable, qui parle d'une espece d'animaux monstrueux qui étoient à moitié hommes & bêtes à moitié. L'antiquité a laissé dans le lieu même une marque de la créance qu'elle a ajoutée à cette fable ; le Fort qui est bâti sur cette Montagne s'appellant encore aujourd'hui Centauropole. L'Empereur (Justinien) a fait reparer les murailles de ce Fort, qui étoient ruinées. [g de Ædif. l.4.c.3.]

CENTAURUS. Voiez LYCORMAS.

CENTENARIENSIS, Siége Episcopal d'Afrique dans la Numidie. La Notice nomme Florentius *Centenariensis* ; la Conference de Carthage fournit Cresconius Evêque du même Siége : on lit dans la Table de Peutinger AD CENTENARIUM ; & dans l'Anonyme de Ravenne CENTENARIAS, c'est le même lieu.

CENTESIMO [h], (PONTE) Bourg d'Italie dans l'Etat de l'Eglise au Duché de Spolete, sur la Riviere de Topino, à deux lieues de Foligno, & un peu plus de Nocera. [h Baudrand Ed. 1705.]

CENTESIMUM. Voiez au mot AD l'Article AD CENTESIMUM.

CENTHIPPE, lieu dans le Pays d'Argos, selon l'Etymologique & le Lexique de Phavorin.

CENTIPAC, petit Pays de l'Amerique dans la Nouvelle Espagne, vers la Nouvelle Biscaye à cinquante lieues de Guadalajara & à cent cinquante de Mexico, selon Mr. Baudrand [i]. [i Ed. 1705.]

CENTIPOLIS : Volaterran dit que Jesus surnommé le Juste l'un des LXX. Disciples du Seigneur fut Evêque de Centipolis.

CENTO, petite Ville d'Italie dans l'Etat de l'Eglise au Ferrarois proche du torrent de Reno sur les confins du Bolonez & du Modenois. Elle a été autrefois fortifiée ; mais depuis on a rasé ses fortifications.

CENTOBRICA, ancienne Ville d'Espagne dans la Celtiberie. Valere Maxime [k] dit qu'elle fut assiégée par Q. Metellus. Paterculus & L. Florus la nomment CONTREBIA. Tite-Live en parle aussi sous ce nom ; seroit-ce la CONTRIBUTA de Ptolomée, demande Ortelius ; je ne veux le nier ni l'assurer, poursuit-il ; mais je sais bien que la CONTREBIA de Tite-Live est la même chose que la COMPLEGA d'Appien. Voiez CONTREBIA. [k l.5.c.1.]

CENTON, Fort de Thrace dans la basse Mysie. Le Grec porte Κεντῶν. Mr. Cousin écrit *Cinton* conformément à l'usage corrompu des Grecs modernes. Il fait le même changement ; mais sans en avoir le même pretexte dans le même Chapitre de Procope [l] à l'occasion du Fort de CENTODEME Κεντοδεμὸν forteresse que Justinien fit relever dans le même pays. [l de Ædific. l.4.c.7.]

CEN.   CEN.   447

pays. Mr. Cousin traduit *Cintodeme*. Vesalius l'avoit rendu par *Quintodeme*.

CENTONARIUM BURGUM. Voiez BORGUM CENTENARIUM.

CENTORES, Peuple de Scythie. Valerius Flaccus[a] dit:

a Argonaut. l. 6. v. 150.

*Impulit & dubios Phrixei velleris ardor
Centoras, & diros magico terrore Choatras.*

Masser son Scholiaste, dit que ce même Peuple est nommé *Cendones*, par Pomponius Mela dont il cite le commencement du second livre; mais on n'y trouve aucune mention de *Centores*, ni de *Cendones*. On y lit Essedones; dans les Editions des Aldes 1518. & des Juntes 1519. cependant il faut que *Cendones* se soit trouvé dans quelques exemplaires, car Hermolaus Barbarus fait une note exprès pour avertir qu'au lieu de *Cendones usque ad Mæotida* il faut lire *Essedones*, ce qu'il prouve par un passage de Pline. Cependant, comme je viens de remarquer, les Editions de 1518. & 1519. portent *Essedones*.

CENTORVE ou **CENTORBI**, Bourg de Sicile dans la Vallée de Demona au pied du Mont Gibel du côté du Couchant sur la Riviere de Chiarma, à trois lieues au dessus de Paterno. C'étoit autrefois une assez grande Ville; mais ayant été ruinée par Frederic II. elle n'a pu se rétablir dans sa premiere grandeur.

CENTOVALLE[b], Village de Suisse aux confins de l'Italie, sur un ruisseau qui tombant dans la Maggia se perd avec elle dans le Lac de Logarno. La Vallée où coule ce ruisseau est aussi nommé Centovalle.

b Scheuchzer Carte de la Suisse.

CENTRITES, Riviere d'Asie. Xenophon dit qu'elle separe l'Armenie du Peuple Carduchi[c]. L'armée se logea, dit-il, dans les Villages qui sont au dessus de la plaine laquelle borde la Riviere de Centrite, qui a quelque deux cens pieds de large & separe l'Armenie des Montagnes des Carduques dont elle est éloignée d'environ un quart de lieue. Diodore de Sicile[d] dit de cette même Riviere qu'elle coule entre l'Armenie & la Medie.

c Retraite des dix mille l. 4.

d l. 14.

1. **CENTRONES**, ancien Peuple des Gaules dans la Belgique. Jule Cesar dit qu'ils dépendoient des Nerviens[e]. On ne sait presentement où placer ce Peuple; car c'est se moquer que d'expliquer leur nom par SAINTRON, nom qui n'a rien de commun avec celui-ci; car on doit écrire en deux mots *Sainct Tron*, *Sanctus Trudo*; du nom d'un St. Prêtre.

e Comment. l. 5.

2. **CENTRONES**, ancien Peuple des Gaules dans les Alpes Grecques selon Ptolomée[f], Cesar[g] & Pline[h] en font aussi mention. Et une ancienne Notice des Villes des Gaules met *Civitas Centronum Darantasia*; ainsi le nom de la Ville de ce Peuple, qui étoit Darantasia, a passé au Canton qu'habitoient les Centrons & la Ville est Moutiers en Tarentaise.

f l. 3. c. 1.
g l. 1.
h l. 3. c. 20.

CENTULE[i], ancienne Ville de France en Picardie dans le Ponthieu sur la petite Riviere de Cardon. C'étoit un Village, où St. Riquier Prêtre qui y étoit né, bâtit une Eglise & un Monastere sous le Regne de Dagobert l'aîné. Albin dans la Vie de ce Saint appelle ce lieu *Villam Centulam Provinciæ Pontivæ*. Le Moine Hariulfe dans la Chronique de Centule dit tantôt *Centulum* simplement, ou *Centulum Vicum*, tantôt *Centulam*, *Villam Centulam*, *Centulum Cœnobium* & *Centulense*. Ce lieu porte le nom de St. Riquier son patron.

i Valef. Notit. Gall. p. 144.

CENTUMCELLÆ, en François *Centumcelles* lorsqu'il est question de l'ancien Port de Mer de la côte de Toscane que Rutilius décrit ainsi dans son Itineraire[k].

k v. 237. & seq.

*Ad Centumcellas forti deflexímus austro;
Tranquilla puppes in statione sedent.
Molibus æquoreum concluditur Amphitheatrum,
Angustosque aditus insula facta tegit.
Attollit geminas turres, bifidoque meatu
Faucibus arctatis pandit utrumque latus.
Nec posuisse satis laxo navalia portu,
Ne vaga vel tutas ventilet aura rates.
Interior mediàs sinus invitatus in ædes,
Instabilem fixis aëra nescit aquis.*

Pline le jeune dans une de ses Lettres à Cornelien décrit ainsi ce lieu, qui n'étoit encore alors ni Ville, ni Bourg; mais un simple hameau, *Villa*, avec un Port. Le lieu nous parut charmant. Ce hameau qui est parfaitement beau, entouré de vertes campagnes, est en penchant sur le rivage dans l'enfoncement duquel est un grand Port en forme d'amphithéatre. Le côté gauche est d'un ouvrage très-solide; on travaille encore au côté droit. A l'entrée du Port s'eleve une Isle qui brise la violence de la Mer, & donne de part & d'autre un excellent abri aux vaisseaux, &c. Flavius Blondus[l] dit que Centumcelles fut détruite par les Sarrazins du temps de l'Empereur Louis. On rétablit cette Ville & on la nomma CIVITA VECCHIA; mais le mauvais air la depeupla. Voiez CIVITA VECCHIA.

l l. 22. Hist.

CENTUM COLLES, Sambucus nomme ainsi en Latin une Ville de Hongrie que les Allemands appellent Hundert Bühel, ce qui veut dire la même chose, c'est-à-dire *Cent Collines*. Les Hongrois disent ZASHALON. Cedrene écrit Ἑκατὸν Βουνός.

CENTURI[m], Bourg de l'Isle de Corse à la pointe du Cap le plus Septentrional de l'Isle auprès de la petite Isle de Centuria à laquelle il donne le nom; c'est le CENTURINUM de Ptolomée[n].

m Baudrand Ed. 1705.

n l. 3. c. 2.

1. **CENTURIA**, petite Isle au Nord de l'Isle de Corse[o].

o Coronelli Isolar.

2. **CENTURIA**, l'une des Isles Fortunées selon Ptolomée[p]; au lieu de Centuria, Κεντουρία, quelques exemplaires portent *Pinturia*.

p l. 4. c. 6.

CENTURIAE, Ville Episcopale d'Afrique dans la Numidie. *Quod-vult-Deus* Evêque de Centurie assista à la Conference de Carthage[q]; & dans le Concile de Mileve tenu l'an 402. au Canon 87. il est ordonné que personne ne communiquera avec ce même Evêque jusqu'à ce que sa cause soit reglée, parce qu'il avoit refusé de se remettre avec son adversaire au jugement des Evêques. La Notice d'Afrique fait mention de Janvier Evêque du même Siége, *Januarius Centuriensis*, & Procope

q p. 264. Ed. Dupin.

448 CEN. CEO. CEP.

cope dans] son Histoire des Vandales [a] parle d'une place forte de la Numidie nommée *Centuria*.

CENTURINUM, ancienne Ville, ou Bourg de l'Isle de Corse. Voiez CENTURI.

CENTURIONENSIS, Siége Episcopal d'Afrique dans la Numidie. La Notice d'Afrique fait mention de Firmien son Evêque *Centurionensis*. Janvier *Centurionensis* assista à la Conference de Carthage [b], & Nabor à *Centurionis* fut present au Concile de Cirta.

CENTURIONES. Voiez au mot AD l'Article AD CENTURIONES.

CENTURIPA, CENTURÆPA, CENTURIPÆ, Ville ancienne de l'Isle de Sicile. Son nom moderne est CENTORVI ou CENTORVE, ou CENTORBI.

CENTUS, ancien Village de l'Arabie heureuse, selon Ptolomée [c].

CENUS. Voiez CÆNIS.

CEOS, Pline [d] dit : Ceos Isle que quelques-uns de nos Latins ont appellée *Cea* & les Grecs *Hydrussa*; & il la met dans l'Archipel entre l'Eubée dont elle faisoit autrefois partie & la Béotie. Strabon [e] la nomme Κέως, & Ptolomée [f] dit Κία Νῆσος. Elle avoit été autrefois longue de cinq cens stades; mais Pline observe que la Mer en avoit emporté près de quatre parties du côté de la Béotie; qu'il ne lui restoit que deux Villes, savoir Julide & Cartée, que Coressus & Poëessa ne subsistoient plus, & qu'au rapport de Varron c'étoit delà qu'étoit venue une sorte d'étofe fort delicate pour les habits des femmes. Les mots *Coa* & *Cea* ont été facilement confondus par les Copistes & on les trouve en plus d'un lieu l'un pour l'autre dans les Poësies de Tibulle, & de Properce & ailleurs. Le nom moderne de l'Isle de Cea est ZIA. Voiez ce nom.

CEPASIÆ. Voiez PLASBOURG.

CEPERANO [g], Bourg d'Italie dans l'Etat de l'Eglise sur le Garigliano dans la Campagne de Rome aux confins de la terre de Labour. Il a été bâti des ruines de l'ancienne *Fregella*, Ville des Volsques détruite par les Romains.

CEPEROUX, Forteresse de l'Amerique Meridionale dans l'Isle de Cayenne, sur la Montagne de Ceperoux dont elle porte le nom; on lui donne aussi celui de Fort-Louis. Les Hollandois la prirent sur les François l'an 1675. mais les François la reprirent l'année suivante & la possedent encore.

CEPHA, Ville de la Mesopotamie selon le livre des Notices [h]. Ortelius avertit qu'il est parlé plus d'une fois de la Forteresse Cepha au Concile de Chalcedoine; mais il avoue qu'il ignore si c'est le même lieu.

CEPHALAS, Promontoire d'Afrique, élevé & couvert de Bois au commencement de la grande Syrte, à un peu plus de cinq mille stades, selon Strabon [i]. Mercator a cru que Ptolomée avoit nommé ce Promontoire *Trierum*. Il a été trompé en ne consultant que la Version Latine. S'il eût consulté l'original Grec il y eût trouvé que Ptolomée nomme aussi Κεφαλαὶ qu'il distingue de Τρίρων. Fazel croit que c'est le CAP MESURATA en Barbarie.

CEP.

CEPHALE [k], Bourg de Grece dans l'Attique de la Tribu Acamantide, il y avoit un Temple de Castor & de Pollux.

CEPHALENIE, Isle de la Mer Ionienne. Voiez CEFALONIE.

CEPHALOEDIS, nom Latin de CEFALU, Ville de Sicile.

CEPHALON, un des anciens noms de la Ville de Rome, selon Gergithius cité par Festus.

CEPHALONNESOS; Isle du Golphe Carcinite, selon Pline [l]. Ptolomée [m] en parle aussi, & la donne à la Sarmatie d'Europe.

CEPHALOTOMI, Peuple sur le PontEuxin vers le Caucase, selon Pline [n].

CEPHALUS, Apollodore [o] dit que Cephale bâtit dans les Isles des Taphiens une Ville, qui porta son nom, & Hesyche nomme Cephale une Ville qu'arrose le fleuve Aous dans l'Isle de Chypre.

CEPHEIDÆ, nom que quelques-uns ont donné aux Peuples d'Ethiopie.

CEPHIRA, KEPHIRA ou CAPHIRA [p], Ville des Gabaonites, elle fut ensuite cedée à la Tribu de Benjamin [q].

CEPHISIA, Village aux environs d'Athénes dans l'Attique, c'est où étoit la Maison de Campagne d'Herode le Sophiste, selon Aulugelle [r]. Mr. Spon [s] dans sa liste de l'Attique dit que Cephisia de la Tribu Erechteide retient encore son nom, & n'est qu'à cinq ou six milles d'Athenes. Cette petite Ville, poursuit-il, dans sa decadence étoit devenue une simple Maison de Plaisance d'Herodes Atticus, comme on peut voir dans Aulugellius. Le Poëte Ménandre y étoit né comme il paroît par une inscription citée des Gruter p. 918. Ce lieu prenoit son nom de Cephise ruisseau que Pline dit avoir eu sa source dans le territoire d'Athenes. Les Nymphes nommées Cephisiades avoient une Chapelle dont parle Diogéne Laerce dans la Vie de Platon.

CEPHISSIS, Lac dont parle Homere au I. livre de l'Iliade, c'est le même que le Lac Copaïde.

CEPHISE, en Latin *Cephissus*. Il y avoit plusieurs Rivieres, & ruisseaux de ce nom.

1. CEPHISE, ruisseau de Grece dans l'Attique. Il a son embouchûre dans l'ance, qui formoit le Port du Pirée.

2. CEPHISE, grande Riviere de Grece. Elle avoit sa source chez les Doriens, d'où coulant dans la Phocide au Nord de Delphes & du Mont Parnasse, elle entroit dans la Béotie & tomboit dans le Lac Copaïde où elle se perdoit avec quantité de ruisseaux. C'est de ce Cephise que Strabon [t] dit qu'il a sa source à Lilæ Ville de la Phocide; ce qui revient à ce vers d'Homere [v]

Οἵ τε Δίλαιαν ἔχον πηγῆς ἐπὶ Κηφισσοῖο,

Ceux qui habitoient Lilée au dessus des sources du Cephise; & Stace dit de même dans sa Thebaïde [x]

Propellentemque Lilæam,
Cephissi glaciale Caput.

3. CE-

CEP.

a l.2.c.20.

3. CEPHISE, Riviere du Péloponnese au Pays d'Argos, selon Pausanias[a], Ortelius en trouve encore quelques autres, savoir:

4. CEPHISE, Riviere dans Salamine,
5. CEPHISE, Riviere dans Sicyone,
6. CEPHISE, Riviere dans Scyros.
7. CEPHISSIUS FONS, Riviere qui coule à Apollonie près d'Epidamne.

§. Denys le Periegete nomme Cephise une Riviere qui coule du Parnasse, c'est la même que Cephise de Béotie.

b Baillet Topogr. des Saints p. 573. & 613.

CEPHRO ou KEPHRO, Village & desert d'Egypte[b], du côté de l'Oasis à l'entrée des deserts de la Libye. C'est le lieu où furent bannis St. Denys d'Alexandrie, St. Maxime & divers Confesseurs de la foi dont quelques-uns y moururent. La Notice de l'Empire[*] nomme *Cefrum* comme un lieu où la troisiéme Cohorte des Galates avoit ses quartiers d'hyver, en Egypte.

* Sect. 18.

1. CEPI, Κῆποι, ce nom veut dire les jardins. Cedrene cité par Ortelius nomme ainsi un lieu maritime à l'embouchûre du Méandre.

2. CEPI. Voiez CEPUS.

c l.2.c.5.

CEPIANA, Ville d'Espagne chez les Celtiques, qui habitoient dans la Lusitanie, selon Ptolomée[c]. Quelques exemplaires portent CAEPINA.

CEPIDA. Voiez GENTIADA.

d Delices de la Suisse p. 596.

CEPINA[d], Jurisdiction en Suisse, la seconde en ordre dans la Communauté de Thussis. Elle est dans un lieu solitaire & sauvage au dessus du territoire de Thussis, & ne se trouve composée que de hameaux & de Maisons écartées dans les Montagnes. Elle appartient à l'Evêque & aux Chanoines de Coire qui l'acheterent en 1475. Le Baillif de l'Evêque qui fait sa résidence à Furstenau près de là de l'autre côté du Rhin, a droit d'établir à Cepina un Ministral ou Chef de juridiction, & de tirer toutes les amendes. Du reste le Peuple se choisit son Gouverneur.

CEPITA, Bourgade de l'Amerique Meridionale au Perou dans la Province ou Audience de los Charcas au Midi du Lac dans lequel se decharge celui de Titicaca, assez près du Pont de Cordes.

CEPOE. Voiez CEPUS.

e Der Donau Strand, Nuremb. 1664. in 12. p. 66.

CEPOL, Bourg de Hongrie situé dans l'Isle de Marguerite, vis-à-vis de la Ville de Bude, selon Mr. Maty. La belle Carte du Danube de Mr. le Comte de Marsilli n'a ni Bourg, ni Village ni hameau dans cette Isle. Mais Sigismond de Bircken dans sa Description du cours du Danube[e] leve cette dificulté. On y voit qu'au dessous de Bude le Danube forme une troisième Isle nommée *Cepelia* ou Ste Marguerite, ou même l'Isle aux liévres Hasen Insel. Ainsi Cepol est le nom de l'Isle même: quoi qu'il en soit, on y cherche l'*Acincum* ou *Aquincum* des Anciens.

f l. 11. p. 495.
g l.6.c.6.
h l. 20.

CEPUS, Ville sur le Pont-Euxin dans la Presqu'Isle de Corocondama selon Strabon[f], qui dit Cepus, Κῆπος, au singulier: d'autres, comme Pline[g], nomment cette Ville CEPI au pluriel, & Diodore de Sicile[h] dit Κήπους. Pomponius Mela dit CEPOE. L'Edition des Juntes & celle des Aldes portent Cepo, Ephana-
Tom. II.

CEP. CER. 449

goria &c. l'E n'appartient pas à Phanagoria; mais au nom qui precede, savoir, Cepoe, Phanagoria. Strabon dit de même Phanagoria. Pline observe que Cepus étoit une Colonie de Milesiens.

CEPUS ou
CEPUZ, (le Comté de) en Hongrie.
Voiez SCEPUS.

i l. 5.

CERACE, Ville de Macedoine près du Lac Lichayde, selon Polybe[i].

k Voyage p. 232.

CERAM ou CEIRAM, Isle d'Asie dans la grande Mer des Indes, & dans l'Archipel des Moluques entre les Isles de Gilolo, de Banda, d'Amboine & les Moluques propres selon Mr. Baudrand; ou plûtôt à l'Occident de la nouvelle Guinée dont elle n'est separée que par un Détroit. Elle a au Couchant Meridional l'Isle de Burro, & au Midi les Isles d'Amboine & de Banda. Nicolas de Graaf[k] lui donne 56. lieues de long & quinze ou 16. de large. Les Hollandois ont dans cette Isle la redoute SOERA, & le Pagger KAYBOBLE. Par le Memoire du Commissaire Gilles Seyst en 1627. le Roi de Ternate possedoit presque toute cette Isle. La Compagnie a, dit-il[l], des Sujets sur la côte qui la reconnoissent par bouche; mais qui de cœur tiennent pour les Ternatois... Il y a trois Negreries le long de la côte de Céram, à l'Est de Coacq dont les habitans quoique Mores ont prêté le serment de fidelité au Fort plus par crainte que par affection, parce que leur croyance les unit avec les Ternatois, si bien qu'on ne peut nullement se fier sur eux. Il y a six cens soixante hommes capables de porter les armes. Il y en a quatre autres plus éloignées de la côte qui reconnoissent relever du Fort; mais qui n'obéissent qu'autant qu'il leur plaît. On ne fait pas précisément quel est le nombre des habitans. Toutes ces Negreries seroient soumises & demeureroient dans l'obéissance & dans la fidelité, fournissant plus de 5000. hommes capables de porter les armes, si l'on pouvoit chasser les Ternatois de Lucielle, de Lohou, & de Cambelle... [m]Les Ternatois ont un lieu de résidence sur la côte de Ceram au Nord-Ouest de Hittou dans une Place nommée LUCIELLE; où il y a environ quatre vingt-dix familles. Elle est située sur une Montagne, & l'on ne sauroit y aborder par devant; mais on peut aller par derrière chercher un chemin où six personnes peuvent monter de front. Ils y ont quelques piéces de canon de fer; il y a un Commandant, ou Gouverneur, de la part du Roi de Ternate & environ quatre-vingt-dix hommes capables de porter les armes. Sous ce Gouverneur sont les Bourgs suivants: LOHOU d'où relevent les Villages d'AUGEN & de LOCKI. On y recueille beaucoup de clou; il y a du sagu suffisamment pour les habitans, qui sont au nombre de 2500. hommes: THIBL est à la pointe la plus Meridionale de Ceram. Pendant la mousson d'Ouest, on y peut ancrer sur quarante ou cinquante brasses; mais on n'est qu'à une portée de mousquet du rivage. On n'y recueille point de clou: il y a environ 200. hommes. Cambelle & Lissidi n'en font pas loin. Mr. Savary dans son Dictionnaire du Commerce[n] parle ainsi de cette Isle: une

l Voyages de la Compagnie T. 4. p. 233.

m p. 234.

n p. 1211.

Lll*

une partie des côtes a long-temps appartenu au Roi de Ternate, & ont été long-temps un sujet de guerre entre ce Prince & les Hollandois à cause du clou qui s'y cultive. Depuis la Paix faite entre eux en 1638. Ceram a eu le même sort que Ternate & les autres Isles qui en dépendent ; les Gerofliers ont été arrachez & les Hollandois ont bâti en plusieurs endroits des Redoutes & des Forts pour empêcher ce Commerce ou s'en rendre maîtres.

CERAMBUCAS. Voiez CARAMBUCIS.

CERAMICUS, lieu particulier de la Ville d'Athenes, hors la Ville. Voiez ATHE´NES.

CERAMICUS SINUS. Voiez CERAMUS 2.

CERAMIS, Bourg de l'Attique dans la Tribu Acamantienne, selon Suidas.

CERAMORUM FORUM [a], Κεράμων Αγορν, Ville de l'Asie Mineure aux confins de la Mysie, selon Xenophon. D'Ablancourt traduit ainsi : ensuite l'armée fit douze lieues en deux jours & vint à la derniere Ville de la Mysie qu'on nomme le MARCHE´ DES CERAMIENS d'où elle fit trente lieues en trois jours & arriva à la plaine du Caystre &c.

1. CERAMUS, Ville de l'Asie Mineure dans la Carie entre Hinydos & Troezene, [b] dans les Terres, selon Pline [b].

2. CERAMUS, Ville de l'Asie Mineure dans la Doride dans l'Isle d'Arconesus. C'est de cette Ville que prenoit le nom de CERAMIQUE le Golphe dans lequel est cette Isle, & que nous appellons présentement *Golfo di Castel Marmora.*

CERAMUSSA & CERAMUNA, Siège Episcopal d'Afrique. Severien en est qualifié Evêque dans la Conference de Carthage, & il paroît par quelques mots de dispute qu'ils eurent ensemble que *Ceramussa* ou *Ceramuna* étoit près de Mileve, & par consequent en Numidie.

CERANGE, Ville de l'Inde en deçà du Gange, selon Ptolomée [c].

CERANO [d], Bourg d'Italie au Duché de Milan, au territoire de Novare entre la Ville de Novare & celle de Vigevano, à deux ou trois lieues de l'une & de l'autre.

CERAS, (au genitif CERADIS) lieu particulier des Indes, le livre des choses admirables attribué à Aristote dit qu'en ce lieu les petits poissons se promenent à sec & rentrent ensuite dans la Riviere.

CERAS, rocher ou petite Isle de Grece près d'Athénes. [e] On le decouvre de l'endroit de la côte où le Canal de Calouri est le plus étroit & le plus proche du territoire de l'ancien Pays d'Eleusis & de Megare. Ce rocher fut autrefois remarquable par le magnifique Thrône d'argent où Xerxès Roi de Perse vint s'asseoir pour voir la bataille qui se donna entre sa flotte & celle des Grecs, la sienne étoit si nombreuse qu'il se flatoit d'envahir toute la Grece. Cependant les Grecs lui enleverent la plûpart de ses vaisseaux, & il eut peine à s'échaper dans une barque. Au Nord-Est du même rocher il y a un Port assez bon appellé *Porto longo*, ou le Port des Galeres. C'est là qu'est la barque du passage pour ceux qui vont de Colouri à Athénes d'où le Port n'est éloigné

a Retraite des dix mille l. 1. c. 2.

b l. 5. c. 29.

c l. 7. c. 1.
d Baudrand Ed. 1705.

e Corn. Dict. & la Guilletiere Athénes ancienne & moderne.

que de deux lieues. Cette petite Isle est jointe à une autre. On les distingue par les surnoms de *grande* & de *petite Xira.*

CERASA. C'est ainsi que dans l'Histoire Mêlée l. 19. cité par Ortelius la Perside interieure est appellée.

CERASONTE, ancienne Ville sur la Mer noire. Mr. de Tournefort lui conserve son ancien nom ; soit qu'elle n'en ait point d'autre à present, soit qu'il l'ait ignoré. Cette Ville, nommée en Latin *Cerasus*, étoit du Pont Capadocien, selon Ptolomée [f]. Elle est rangée sous le Pont Polemoniaque dans le Concile d'Ephese. Arrien [g] dans son Periple du Pont-Euxin dit qu'on la nommoit aussi Pharnacée. Ptolomée [h] distingue Cerasonte & Pharnacée. Pline [i] en fait aussi des lieux très-differens. Voici ce qu'en dit Mr. de Tournefort [k]. Le 21. Mai nous passâmes devant Cerasonte Ville assez grande bâtie au pied d'une Colline sur le bord de la Mer entre deux rochers fort escarpez. Le Château ruiné qui étoit l'ouvrage des Empereurs de Trebisonde, est sur le sommet d'un rocher à droite en entrant dans le Port, & ce Port est assez bon pour des Saïques. La campagne de Cerasonte nous parut fort belle pour herboriser. Ce sont des Collines couvertes de bois où les Cerisiers naissent d'eux-mêmes. St. Jerôme a cru que ces sortes d'arbres avoient tiré leur nom de cette Ville, & Ammien Marcellin [l] assure que Lucullus fut le premier, qui fit transporter delà les Cerisiers à Rome. On ne connoissoit pas, dit Pline [m], les Cerisiers avant la bataille que Lucullus remporta sur Mithridate, & ces arbres ne passérent que cent vingt ans après en Angleterre. Cerasonte, selon Arrien [n], fut nommée dans la suite *Pharnacia*, c'étoit une Colonie de Sinope à qui elle payoit tribut comme le remarque Xenophon [o] : cependant Strabon & Ptolomée (il faut y joindre Pline, comme je l'ai dit ci-dessus) distinguent Pharnacia de Cerasonte. Ce fut à Cerasonte que les Dix mille Grecs qui s'étoient trouvez lors de la bataille de Babylone, dans l'Armée du jeune Cyrus, passerent en revûë devant leurs Generaux. Ils y séjournerent dix jours. Xenophon appelle Colchide le pays où est cette Ville. On distinguoit dans ce temps-là les Villes Grecques ; c'est-à-dire les Colonies des Grecs sur les côtes du Pont-Euxin, des autres Villes bâties par les gens du Pays que les Grecs regardoient, comme des Barbares & comme leurs ennemis déclarez. Les restes des Dix mille évitoient avec soin ces fortes de Villes pour se rendre aux Colonies des Grecs ; mais ce n'étoit ordinairement qu'en combatant. Quoi que Cerasonte n'ait jamais été une Ville fort considerable, on ne laisse pas d'en trouver des Medailles ; on en voit à la tête de Marc-Aurele sur le revers desquelles est un Satyre debout, qui de la main droite tient un flambeau & une houlette de la gauche. On voit par là que ce n'étoit pas une Ville de Commerce maritime. Elle se faisoit valoir plûtôt par ses bois & par ses troupeaux. Elle fut Episcopale, selon la Notice de Leon le Sage, & même Metropole, selon celle d'Andronic.

f l. 5. c. 6.

g p. 17. Ed. Oxon.

h l. 5. c. 6.
i l. 6. c. 4.

k Voyage du Levant lettre 17. T. 2. p. 98.

l l. 22.

m l. 15. 9. 25.

n ubi suprà.
o Retraite des dix mille l. 5. c. 5.

Ibid. l. 5. c. 3.

CERASSON, Siége Episcopal d'Asie sous Bos-

CER.

Boſtra Metropole ; c'eſt la même que GERA-SON de la Notice du Patriarchat d'Antioche.

CERASTÆ, Peuple d'Ethiopie, ſelon quelques anciennes Editions de Ptolomée. Dans celle du R. P. Harduoin on lit CASTRA.

CERASTIS. Voiez CYPRUS.

CERASUS. Voiez CERASONTE.

CERATA, Κέρατα, c'eſt-à-dire *les Cornes*. Strabon[a], Diodore de Sicile & Plutarque nomment ainſi les deux Montagnes, qui ſeparoient les territoires d'Athénes & de Megare. Plutarque en parle auſſi dans la Vie de Themiſtocle[b] : le matin dès la pointe du jour, dit-il, Xerxès pour voir ſa flotte & l'ordre de bataille qu'elle garderoit ſe plaça ſur une hauteur, comme l'écrit Phanodémus, au deſſus du Temple d'Hercule à l'endroit où le Canal, qui ſepare l'Iſle de Salamine de l'Attique a le moins de largeur, ou ſelon Aceſtodorus près des confins de Megare ſur les côteaux appellez *Cerata*, les cornes. Il s'aſſit-là ſur un ſiége d'or, &c. Voiez l'Article CERAS.

[a] l. 9. p. 395.
[b] Traduct. de Mr. Dacier T. 2. p. 42.

CERATÆ. Voiez CEREATÆ & CERNETANI.

CERATOPORUM, (genitif pluriel.) Silvain Evêque de ce Siége dans la Phrygie Pacatienne eſt nommé au Concile d'Epheſe. Voiez CHÆRETAPORUM.

CERATUS ou CAERATUS, petite Riviere de l'Iſle de Crete auprès de la Ville de Cnoſſus, ſelon Strabon[c]. Le Scholiaſte de Callimaque a une Riviere , & une Ville de même nom. Voiez GNOSSUS, qui eſt cette même Ville, ſelon Strabon.

[c] l. 10. p. 476.

CERAUNEA. Voiez CERAUNILIA.

CERAUNIA, Ville de l'Achaye au Peloponneſe, ſelon Polybe[d]. C'étoit une des XII. Villes, qui formoient la fameuſe Ville des Achéens. D'autres Auteurs l'ont nommée CARYNIA & CERYNIA.

[d] l. 2. n. 41.

CERAUNIA. Voiez CERONIA ; CERINIUM & CORCYRA.

1. **CERAUNIENS**, Peuple de la Dalmatie , ſelon Ptolomée[e] & Pline[f]. Il étoit partagé en XXIV. Decuries ſelon ce dernier ; comme je le remarque à l'Article DALMATIE.

[e] l. 2. c. 17.
[f] l. 3. c. 22.

2. **CERAUNIENS**, (LES MONTS) Montagnes d'Italie ou de Sicile, ſelon Tzetzes.

3. **CERAUNIENS**, (LES MONTS) Montagnes de l'Illyrie, ſelon Apollonius[g] par Ortelius. Il cite auſſi Pline où je ne les trouve point.

[g] l. 4.

4. **CERAUNIENS**, (LES MONTS) Montagnes des Scythes, ſelon Pomponius Mela[h]. Il dit d'une chaine de Montagnes, qui venant à ſe ſeparer, une partie va du côté du Pont-Euxin, du Palus Meotide & du Tanaïs, l'autre va du côté de la Mer Caſpienne , & ces Montagnes s'appellent Cerauniennes : cela ſe raporte à ce que dit Pline, en parlant de la vaſte étendue du Taurus[i] ; venant, dit-il, à ſe couper, comme pour fuir les Mers, il prend divers noms de diferens Peuples çà & là, à droite on le nomme *Hircanius Caſpius*, à gauche *Pariadres* , *Moſchicus* , *Amazonicus* , *Coraxicus* , *Scythicus* , & en general Ceraunien dans la Langue Grecque. Ces Monts Cerauniens

[h] l. 1. c. 19. n. 65.
[i] l. 5. c. 27.

Tom. II.

s'étendoient juſqu'à l'Albanie d'Aſie. Pline dit : [k] au delà (de l'Iberie) ſont les deſerts de Colchide, à côté deſquels du côté des Monts Cerauniens habitent les Armeno-Chalybes ; c'eſt-à-dire les Chalybes d'Armenie. Voiez ACROCERAUNES.

[k] l. 6. c. 10.

CERAUNILIA ou CERAUNÆA, Ville d'Italie chez les Samnites de laquelle les Romains ſe rendirent maîtres , ſelon Diodore de Sicile[l].

[l] l. 28.

CERAUNIUS. Voiez CERAUSIUS.

CERAUNUS, Riviere d'Aſie dans la Cappadoce, ſelon Pline[m].

[m] l. 6. c. 3.

CERAUSIUS, Montagne du Peloponneſe dans l'Arcadie ; où elle faiſoit partie du Lycée , ſelon Pauſanias. Elle eſt nommée CERAUNIUS dans Callimaque , & comme le conjecture Ortelius[n] de qui eſt cet Article , c'eſt peut-être la même que Plutarque, Auteur du livre des Rivieres, appelle CERAUNIUS & ATHENÆUS ; & qu'il décrit auprès du fleuve Inachus.

[n] Theſaur.

CERBALUS[o], Riviere d'Italie dans la Pouille Daunienne à laquelle elle ſervoit de bornes. C'eſt preſentement le CANDELARO.

[o] Plin. l. 3. c. 11.

CERBANI, ancien Peuple de l'Arabie heureuſe, ſelon Pline[p]. Etienne le Géographe dit CERDANITÆ, & le R. P. Harduoin demande quel des deux il faut corriger. Il y a apparence que c'eſt Etienne ; car Pline dit deux fois *Cerbani*.

[p] l. 6. c. 28.

CERBANIA. Voiez CERBOLI.

CERBARIUM, lieu d'Italie dans la Pouille, dont Procope[q] en ſon Hiſtoire de la guerre des Goths.

[q] l. 3.

CERBERII. Voiez CIMBRI.

CERBERION. Voiez CIMMERIUM.

CERBES. Voiez CERON.

CERBESIA FOSSA, foſſe d'Aſie dans la Phrygie d'où il ſortoit une exhalaiſon empeſtée, au raport de Strabon[r].

[r] l. 12.

CERBIA, Ville de l'Iſle de Cypre, ſelon Conſtantin Porphyrogenete cité par Ortelius[s].

[s] Theſaur.

CERBICA, ancienne Ville de l'Afrique propre, ſelon Ptolomée[t].

[t] l. 4. c. 3.

CERBOLI, petite Iſle d'Italie dans la Mer de Toſcane dans le Canal de Piombino, ſur la côte Septentrionale de l'Iſle d'Elve, dont elle n'eſt éloignée que de deux à trois milles en allant de Porto Longone à Porto Ferraio. Mais ce n'eſt preſque qu'un rocher ſans habitans, ainſi que dit l'avoir remarqué Mr. Baudrand[v] en paſſant par là en 1653. 1655. & 1691. Elle appartient au Prince de Piombino.

[v] Ed. 1705.

CERCAMP, Abbaye de France en Artois, Ordre de Cîteaux, Diocèſe d'Amiens ; elle eſt en Commande & fut fondée l'an 1140. par un Comte de St. Pol. Elle eſt à quatre lieues de Heſdin , en remontant la Canche. Mr. Corneille y met un Bourg qu'il nomme auſſi Cercamp ; il ſe trompe, le Bourg eſt Freven. On la nomme en Latin *Carus Campus* ſelon Mr. Baudrand.

CERCANCEAU, Abbaye de France de l'Ordre de Cîteaux , dans le Gâtinois ſur la rive droite du Loing à deux lieues au deſſus de Nemours, au Diocèſe de Sens. Elle fut fondée le 12. Decembre 1181. par Henri Clemerit

Lll* 2

ment Sire d'Argenton, Maréchal de France & dotée neuf ans après par le Roi Philippe-Auguste.

CERCAPHUS, Montagne d'Ionie, près de la Ville de Colophone, peu loin de la Riviere d'ALENS, selon le Scholiaste de Lycophron cité par Ortelius[a] ; cet Alens est apparemment l'Halesus qui couloit à Colophon, ou du moins quelque ruisseau qui couloit dans le voisinage de cette Ville. Ortelius observe que Nicandre parle de Cercaphus à l'occasion de la Vipere.

[a Thesaur.]

CERCARE[b], (le) en Latin *Cercina*; petite Isle d'Afrique dans la Mer Mediterranée sur la côte du Royaume de Tunis. Les Italiens prononcent à leur maniere CHERCARA. Elle est proche du Golphe de Capes ; mais fort petite & mal habitée, environ à vingt cinq mille pas de la Ville d'Afrique, & à plus de 90. milles de Lampedouse, en allant vers l'Isle de Zerbi.

[b Baudrand rectifié.]

CERCAS, Suidas dit : Acusilaus fils de Caba, Grec de la Ville de Cercas près d'Aulide. C'est, je pense, tout ce qu'on sait de cette Ville.

CERCASORUPOLIS, Κερκασώρου πόλις, en Latin *Cercasorum urbs*, Ville d'Egypte ; à l'endroit où le Nil se partage pour former le Delta, selon Herodote[c] ; qui dit qu'il envoye delà un de ses bras vers Canope, & l'autre vers Peluse. Il dit ensuite qu'il s'y divise en trois Canaux après avoir coulé jusque-là dans un lit unique ; que l'une de ces branches va à l'Orient vers Peluse, l'autre à l'Occident vers Canope, l'autre coupe le Delta, & va dans la Mer par l'embouchûre Sebennytique. Pomponius Mela[e] dit aussi que le Nil plus tranquile, & presque déja navigable commence à la Ville des Cercases à se separer en trois bras. Cela ressemble assez à la CERCESURA de Strabon.

[c l. 2. c. 15.]
[c. 17.]
[e l. 1. c. 19. n. 15.]

CERCEDILLA, Village d'Espagne dans la Nouvelle Castille entre Madrid & Segovie. On y cherche la MIACUM d'Antonin.

CERCENA, Ville de l'Ethiopie chez les Atlantides vers l'Océan Occidental, selon Diodore de Sicile[f]. Il dit que les Amazones la prirent, la saccagerent, & que les Atlantides des environs s'étant soumis à elles, la Ville fut rebâtie & repeuplée, & que Myrina leur Reine lui donna son nom. Cet Historien appuie ce recit sur des traditions dont il laisse lui-même entrevoir l'incertitude pour ne pas dire la fausseté.

[f l. 3. c. 5.]

CERCESURA, Strabon dit[g] : en remontant le Nil au dessus du Delta le pays qui est à droite est la Libye, qui s'étend aussi vers Alexandrie & le Palus Mareotide ; à gauche est l'Arabie .... dans la Libye est la Ville de CERCESURE. Les Editeurs observent que les manuscrits portent Βερκέσουρα. Il est bien vraisemblable que c'est la Ville des Cercases d'Herodote & de Pomponius Mela.

[g l. 17. p. 806.]

CERCETÆ &
CERCETÆI. Voiez CERCETUS.

CERCETI MONTES, Montagnes de Grece dans la Thessalie, selon Pline[h]. Ptolomée[i] dit CERCETESIUS, Tite-Live[k] CERCETIUS MONS.

[h l. 4. c 8.]
[i l. 3. c. 13.]
[k l. 32. c. 14.]

CERCETICUS SINUS. Voiez CERCETUS.

CERCETIUS, Montagne de Samos Isle d'Ionie, selon Pline[l]. Nicandre[m] semble y nommer ainsi une Montagne & une Riviere, & Strabon[n], qui fait mention du Mont Cercetien fameux dans cette Isle, semble en faire partie du Mont Ampelos, qui selon lui rendoit toute l'Isle montagneuse.

[l l. 5. c. 31.]
[m in Alexipharmac.]
[n l. 10. in fine.]

CERCETUS, contrée d'Asie, selon Eustathe[o] contigue au Caucase près du Pont-Euxin : les habitans en étoient nommez CERCETII, CERCETIENS, selon Denys le Periegete. Ptolomée[p] les nomme CERCETÆ, & fait mention d'un Golphe qu'il nomme CERCETICUS SINUS. Ils étoient sur la côte Septentrionale du Pont-Euxin à l'Orient des Achéens.

[o in v. 682. Dionys. Periegg. p. 122.]
[p l. 5. c. 9.]

CERCHIARIA, Bourg d'Italie au Royaume de Naples dans la Calabre Ulterieure, environ à une lieue & demie de Cassano. On dit que c'étoit autrefois ARPONIUM. Voiez ce mot.

CERCIÆ, Isles d'Asie dans la Mediterranée sur la côte d'Ionie, selon Pline[q].

[q l. 5. c 32.]

CERCII, Peuple ancien d'Italie. Diodore de Sicile[r] dit que les Romains en firent une Colonie sous le Consulat de Lucius Valerius & A. Manlius.

[r l. 14.]

1. CERCINA ou CERCINNA[s], Isle de la Mer d'Afrique avec une Ville de même nom, selon Ptolomée[t]. Polybe la nomme L'ISLE DES CERCINETES. Son nom moderne est la CERCARE.

[s P. Mela l. c. n.]
[t l. 4. c. 3.]

2. CERCINA, Montagne de Macedoine. Thucydide[v] dit qu'elle étoit entre la Pæonie & la Sintique.

[v l. 3.]

CERCINITIS, petite Isle si proche de l'Isle de Cercine qu'elle lui étoit jointe par un Pont, selon Strabon[x] & Pline[y].

[x l. 17. p. 834.]
[y l. 5. c. 7.]

1. CERCLE, figure terminée par une seule ligne courbe autour d'un Centre, desorte que toutes les lignes droites que l'on peut tirer du centre à cette courbe sont égales entre elles. Comme les mouvemens de l'Univers sont circulaires, on a imaginé un certain nombre de Cercles pour faciliter l'Etude de la Sphere, & la connoissance de ces Cercles est necessaire en Geographie.

[z]Les Cercles sont representez dans la Sphere comme des anneaux, qui entourent sa surface. Il y en a de GRANDS, & de PETITS, de VARIABLES, & d'INVARIABLES, de MOBILES & d'IMMOBILES, que nous allons expliquer ici par ordre.

[z Ozanam, cours de Mathemath. T. 5.]

Les GRANDS CERCLES sont ceux qui divisent la Sphere en deux parties égales, ayant pour centre commun le centre de la Sphere; d'où il suit que tous ces Cercles sont égaux entre eux ; il y en a six dans la Sphere artificielle, savoir l'*Equateur*, le *Zodiaque*, l'*Horizon*, le *Meridien*, & les deux *Colures*. Voiez ces mots à leurs Articles particuliers.

Les PETITS CERCLES sont ceux qui divisent la Sphere en deux parties inégales, ayant des centres differens, & diversement éloignez du Centre de la Sphere ; d'où il suit que tous ces Cercles sont d'inégale grandeur, ceux-là étant plus grands, dont les centres sont plus proches de celui de la Sphere. On en marque quatre dans la Sphere artificielle, savoir les deux *Tropiques*, & les deux CERCLES POLAIRES.

Les

Les CERCLES VARIABLES sont ceux qui varient, & qui ne demeurent pas les mêmes à l'égard des différens lieux de la Terre: comme l'Horizon, qui change à mesure qu'on change de place, aussi bien que les Cercles Verticaux, & aussi le Meridien qui change à mesure que l'on s'écarte à l'Orient, ou vers l'Occident.

Les CERCLES INVARIABLES sont ceux qui ne changent jamais, & qui demeurent toûjours les mêmes à l'égard des différens lieux de la Terre, comme l'*Equateur*, & l'*Ecliptique*.

Les CERCLES MOBILES sont ceux qui se meuvent par le mouvement de la Sphere, comme le *Zodiaque* & les deux *Colures*, & non pas l'Equateur, car bien qu'il se meuve avec la Sphere, néanmoins parce qu'il se meut autour de ses propres Poles, & qu'ainsi les anterieurs succedent à la place des posterieurs, ayant toûjours une même situation dans la Sphere, il est censé comme immobile.

Les CERCLES IMMOBILES sont ceux qui ne se meuvent point par le mouvement de la Sphere, étant toûjours les mêmes à l'égard d'un même lieu de la Terre, quoi qu'à l'égard d'un autre lieu, ils soient mobiles: comme le *Meridien*, *l'Horizon*, & plusieurs autres, que j'explique à leurs Articles particuliers.

Les CERCLES POLAIRES sont deux petits Cercles égaux entre eux & paralleles à l'Equateur, qui sont decrits par le mouvement des poles de l'Ecliptique autour des poles du monde, lesquels par consequent en sont les poles.

Les deux Cercles Polaires servent à determiner la largeur des deux Zones froides qu'ils bornent, le Pole du Monde étant au milieu de chacune, dont on appelle Zone froide Meridionale, celle qui est terminée par le Cercle Polaire Antarctique, & on nomme Zone froide Septentrionale, celle qui est bornée par le Cercle Polaire Arctique.

Ceux dont le Zenit est précisément sous les Cercles Polaires, ont le plus grand jour d'été exactement de 24. heures, & la plus grande nuit d'hiver aussi de 24. heures, de sorte qu'il est de six mois, sans y comprendre les crepuscules dans la Sphere parallele.

Les deux Cercles Polaires marquent sur le colure des Solstices les deux Poles du Zodiaque, & en font connoître les mouvemens autour des Poles du Monde, desquels ils sont éloignez de 23. degrez & demi, comme nous avons déja dit ailleurs.

Les CERCLES VERTICAUX que les Arabes appellent AZIMUTS, sont de grands Cercles immobiles, qui passant par le Zenit & par le Nadir, coupent l'Horizon à angles droits. D'où il suit que le Meridien est un Cercle Vertical, auquel celui qui lui est perpendiculaire, & qui passe par les points du vrai Orient, & du vrai Occident, se nomme premier Vertical, lequel avec le Meridien divise l'Hemisphere superieur en quatre parties égales, qu'on appelle *Quartes*, dont celle qui est entre l'Orient & le Septentrion, s'appelle *quarte Orientale Septentrionale*: celle qui est entre l'Orient & le Midi, se nomme *quarte Orientale Meridionale*: & celle qui est entre l'Occident & le Midi est appellée *quarte Occidentale Meridionale*: & celle qui est entre l'Occident & le Septentrion est dite *quarte Occidentale Septentrionale*.

Pour avoir une plus parfaite idée du premier Vertical, & de tous les autres qui ne sont pas marquez dans la Sphere artificielle, élevez cette Sphere sur son Horizon, qui represente tous les Horizons possibles, selon la position differente que l'on peut donner à la Sphere, en sorte que l'un des Poles du Monde soit au Zenit, & par consequent l'autre au Nadir, & que l'Equateur convienne avec le Meridien, & posez l'un des deux Colures dans le plan du Meridien, & alors l'autre Colure representera le premier Vertical: & si vous faites tourner la Sphere autour de ses deux poles qui répondent au Zenit & au Nadir, les deux Colures vous representeront tous les Cercles verticaux imaginables; qui se comptent depuis le point de l'Orient Equinoxial par où passe le premier Vertical, vers le Midi, en continuant du Midi à l'Occident, & de l'Occident au Septentrion, & enfin du Septentrion jusqu'à ce que l'on revienne au premier Vertical, dont le demi Cercle Occidental sera par consequent le 180. vertical.

On appelle VERTICAL DU SOLEIL le Cercle Vertical, qui passe par le Centre du Soleil à quelque heure que ce soit.

Les Cercles Verticaux servent pour mesurer la hauteur des Astres, & leurs distances du Zenit, qui se comptent sur ces Cercles, & pour connoître leurs amplitudes Orientales & Occidentales, en observant de combien de degrez est éloigné du Meridien le Vertical où l'Etoile se leve, ou se couche.

Le Vertical du Soleil sert dans la Gnomonique pour connoître la déclinaison d'un plan, sur lequel on veut tracer un Cadran, ce qui se fait en cherchant de combien de degrez ce vertical est éloigné du Meridien, lorsqu'on a marqué sur le plan un point d'ombre à quelque heure que ce soit.

Les Cercles Verticaux servent encore dans la Gnomonique, pour faire des Cadrans Horizontaux mobiles, qu'on appelle Cadrans azimutaux, où l'on connoît l'heure par le moyen d'une aiguille aimantée, qui represente le Vertical du Soleil, lorsqu'on a tourné la ligne Meridienne de ce Cadran droit au Soleil.

Les CERCLES DE HAUTEUR, que du mot Arabe on appelle aussi ALMICANTARATS, sont de petits Cercles immobiles paralleles entre eux & à l'Horizon, qui vont en decroissant jusqu'au Zenit qui est leur pole commun, de sorte que le plus petit de tous est celui qui est le plus proche du point vertical, & le plus grand celui qui en est le plus éloigné, ou le plus proche de l'Horizon.

Pour comprendre plus facilement ces Cercles qui sont tous perpendiculaires aux Cercles verticaux, tournez la Sphere artificielle en sorte que l'Equateur convienne avec l'Horizon, & que par consequent l'un des deux Poles du Monde soit au Zenit & l'autre au Nadir & alors l'un des deux Tropiques, & l'un des deux Polaires qui seront sur l'Horizon, representeront deux Cercles de hauteur.

Si l'on imagine que l'autre Tropique qui sera au deſſous de l'Horizon n'en ſoit éloigné que de 18. degrez, ce Cercle ſe pourra appeller Cercle des Crepuscules, parce que c'eſt à cette diſtance du Soleil à l'Horizon, qu'on a obſervé que ſe commence le matin, ou ſe finit le ſoir le Crepuſcule, qui eſt une lumiere qui commence à paroître ſur l'Horizon, quand le Soleil eſt parvenu le matin à ce Cercle : ou une lumiere qui reſte après le coucher du Soleil, juſqu'à ce qu'il ſoit parvenu au même Cercle, après quoi l'on dit qu'il eſt nuit cloſe.

Les Cercles de hauteur ſervent dans l'Aſtronomie, pour connoître les autres qui ſont également élevez ſur l'Horizon, ce qui arrive lorſqu'ils ſont dans un même *Almicantarat* : & dans la Gnomonique pour la deſcription des Cadrans Cylindriques, des Cadrans azimutaux & de ceux qui ſe font par les hauteurs du Soleil.

Les Cercles de Longitude, qu'on appelle auſſi Cercles Meridiens, ſont de grands Cercles immobiles qui s'entrecoupent aux deux Poles du Monde, & ſont par conſequent perpendiculaires à l'Equateur; ils ſont appellez Meridiens, parce qu'il y en a toûjours un qui paſſe par le Zenit de quelque lieu de la Terre, & qui par conſequent eſt ſon Meridien : & ils ont été nommez Cercles de longitude, parce qu'ils montrent la longitude d'un lieu de la Terre, qui eſt ou plus grande ou plus petite, ſelon que le Cercle de longitude ou le Meridien de ce lieu-là eſt plus ou moins éloigné vers l'Orient du premier Meridien.

Ces Cercles de Longitude, ou Meridiens ſont ordinairement repreſentez dans les Globes & dans les Mappemondes de 10. en 10. degrez, & on les repreſente quelquefois de 15. en 15. degrez, & alors on les appelle *Cercles horaires Aſtronomiques*, parce qu'ils nous font connoître les heures Aſtronomiques, qui ſont la 24. partie du jour naturel, en les comptant depuis le Meridien, laquelle repond à 15. degrez de l'Equateur.

Les Cercles de Longitude ſont auſſi appellez Cercles de Declinaison, parce que la declinaiſon des Etoiles ſe compte ſur leurs Arcs, n'étant autre choſe que l'arc du Cercle de declinaiſon, compris entre l'Equateur & l'Etoile, qui peut comme dans le Soleil être Meridionale & Septentrionale, ſelon que l'étoile ſera dans l'hemiſphere Meridional, ou Septentrional.

Il y a auſſi des Cercles de Longitude des Etoiles, qui ſont de grands Cercles mobiles, qui s'entrecoupent aux Poles de l'Ecliptique : on les a ainſi appellez, parce qu'ils montrent la longitude des Etoiles, qui eſt la diſtance vers l'Orient de leur Cercle de longitude à celui qui paſſe par la ſection vernale, & qui eſt repreſenté dans la Sphere artificielle par le Colure des Equinoxes. Cette longitude ſe compte ſur l'Ecliptique depuis la ſection Vernale vers l'Orient, & change continuellement, à cauſe du mouvement propre des Etoiles.

Ces Cercles ſont appellez par quelques-uns Cercles de Latitude, parce que c'eſt ſur leurs Arcs que l'on compte la latitude des autres, qui eſt leur diſtance à l'Ecliptique, qui ne change jamais dans les étoiles fixes, parce que leur mouvement propre ſe fait dans les Cercles paralleles à l'Ecliptique. On en marque ordinairement ſix ſur le Globe Celeſte, qui paſſent par le commencement de chaque Signe, & diviſent le Ciel en douze parties égales, dont chacune ſera priſe pour un Signe, afin que par-là on puiſſe connoître dans quel Signe une Etoile ou une Planete ſe rencontre, ſavoir celui qui eſt compris entre deux Cercles de latitude ainſi en prenant les ſignes dans ce ſens, il n'y a point d'étoile dans le firmament qui ne ſoit dans quelque Signe.

Mais on doit appeller plus proprement Cercles de Latitude des Etoiles, pluſieurs petits Cercles paralleles à l'Ecliptique, qui ſe diminuent à meſure qu'ils s'éloignent de l'Ecliptique en s'approchant de l'un & de l'autre Pole du Zodiaque : parce qu'ils nous font connoître la latitude des Etoiles, ou leurs diſtances de l'Ecliptique; d'où il ſuit que les Etoiles qui ſont ſous l'Ecliptique, n'ont aucune latitude.

Dans la Géographie, l'on appelle Cercles de Latitude ceux que nous avons appellez Cercles Paralleles, qui vont en décroiſſant depuis l'Equateur vers l'un & l'autre Pole : ils ont été ainſi appellez, parce qu'ils marquent la latitude d'un lieu de la Terre. C'eſt pourquoi pour diſtinguer ces Cercles d'avec les precedens nous les appellerons Cercles de Latitude Terrestre, & les precedens Cercles de Latitude Celeste.

Les Cercles de Longitude étant conſiderez comme des Meridiens, ſervent à connoître dans les Cartes les lieux de la Terre qui ſont les plus Orientaux, ſavoir ceux qui ſont ſous un Meridien plus éloigné du premier, ou qui ont plus de longitude. Ainſi l'on connoît que Lyon eſt plus Oriental que Paris, parce que le Meridien de Lyon eſt éloigné du premier d'environ 26. degrez, & que celui de Paris n'en eſt éloigné que de 23.

Ces Cercles étant conſiderez comme des Cercles horaires ſervent à compter les heures depuis le Meridien, & à tracer ſur un plan les lignes horaires, qui ſont les communes ſections des Cercles horaires avec ce plan : & étant conſiderez comme des Cercles de declinaiſon, ils ſervent à connoître la declinaiſon des autres, ou leurs diſtances de l'Equateur, & auſſi leurs diſtances au pole, qui ſe comptent ſur leurs Arcs. Enfin ces Cercles étant conſiderez comme des Cercles de longitude des Etoiles, ſervent à marquer les longitudes des Etoiles fixes, étant certain qu'une Etoile a plus de longitude, quand elle eſt ſous un Cercle de Longitude plus éloigné du premier qui paſſe par la Section Vernale, d'où il ſuit que les Etoiles, qui ſont ſous ce premier Cercle de Longitude, n'ont aucune longitude comme il arrivoit il y a environ deux mille ans à la Conſtellation du Belier, qui étant ſous ce Cercle n'avoit aucune longitude, qui à preſent a plus de 28. degrez de longitude.

Les Cercles de Latitude terreſtre ſervent à connoître ſur la Carte les lieux de la Terre, qui ſont ſous un même Parallele, ou qui ont une même Elevation de Pole, & ceux qui
font

CER.

sont plus Meridionaux ou plus Septentrionaux, selon que leurs Paralleles sont plus éloignez de l'Equateur vers le Midi, ou vers le Septentrion. Ainsi l'on connoît que Paris est plus Septentrional que Lyon parce que Paris est sous un Parallele éloigné de l'Equateur vers le Septentrion de 48. degrez, & d'environ 51. minutes, & que celui de Lyon n'en est éloigné que de 45. degrez & 46. minutes, desorte que la difference des latitudes est de 2. degrez & 5. minutes.

Les Cercles de Latitude Celeste, qui sont paralleles à l'Ecliptique, servent pareillement à connoître sur le Globe Celeste les Etoiles qui ont une même latitude, & à les y placer conformément à leurs Longitudes & Latitudes, savoir dans la commune Intersection de leurs Cercles de Longitudes & de Latitudes. On voit dans le Globe Celeste trois Cercles de Latitude de chaque côté de l'Ecliptique entre lesquels on en peut imaginer une infinité d'autres.

On appelle CERCLE DE DISTANCE un grand Cercle, qui passe par les centres de deux autres: la distance de deux autres étant l'Arc de ce grand Cercle, compris entre les deux mêmes Astres, ainsi l'on connoît que l'Equateur est un Cercle de distance à l'égard des Etoiles qui n'ont aucune declinaison, & que l'Ecliptique est un Cercle de distance à l'égard des Etoiles, qui n'ont point de Latitude.

Les Cercles de distance servent principalement pour connoître la distance de deux Etoiles, & aussi celle de deux lieux de la terre, en connoissant en degrez & en minutes l'arc du grand Cercle, ou Cercle de distance sous lequel ces deux lieux sont situez, ce qui est facile, lorsque l'on sait leurs Longitudes & leurs Latitudes.

Les CERCLES DE POSITION que l'on appelle aussi CERCLES DE MAISONS CELESTES, sont six grands Cercles, qui s'entrecoupant aux communes Sections de l'Horizon & du Meridien, divisent le premier Vertical en douze parties égales qu'on appelle Maisons Celestes, où les Astrologues ont feint que les Astres qui s'y rencontrent, ont des influences bonnes ou mauvaises sur les corps sublunaires. Cela ne regarde point la Géographie.

☞ 2. CERCLE, en Allemand Kreiſ, ce mot qui veut dire au propre un Cercle, tel qu'on vient de le definir, se prend en plusieurs lieux de l'Europe pour une étendue de Pays.

Il signifie en Allemagne une partie de l'Empire; dans laquelle les Souverains, soit Princes Seculiers, Evêques, Abbez, Abessés, Noblesse immediate ou Villes libres, ont entre eux une association en un lieu pour la manutention de leurs droits respectifs & pour la tranquilité publique.

L'Empire d'Allemagne est divisé en x. Cercles, quoi qu'il n'y en ait que neuf d'effectifs, comme je le remarque au mot ALLEMAGNE, où l'on peut voir une Table Géographique de ces neuf Cercles.

La Bohéme, la Prusse Ducale, & quelques autres pays se servent aussi du mot de CERCLE, au lieu du mot de Province.

CERCOBA. Voiez PELLENE.

CER.

CERCOPES, habitans de l'Isle Pithecuse. Ovide feint que Jupiter les metamorphosa en Singes[a].

CERCOPIA, Ville d'Asie dans la grande Phrygie, selon Ptolomée[b].

CERCAPON HEDRÆ, c'est-à-dire la *demeure des Malins*; chemin de Grece entre le Mont Oeta & les Trachiniens, selon Herodote[c].

CERCU[d], Bourg de France en Picardie, à neuf lieues d'Amiens, à quatre d'Aumale, dans une campagne fertile en grains, & à trois de l'Abbaye des Bernardins de Lannoy. L'Eglise de la paroisse est dediée à St. Pierre, & considerable par plusieurs fondations, qui sont des titres de Benefices. Quoique ceux qui en sont pourvûs ne portent point d'aumusse & qu'ils ne chantent pas tout l'Office Canonial, on ne laisse pas de les appeller Chanoines. Le Marquis de Brosses est Seigneur de ce Bourg, où il y a un Château environné de fossez avec de belles avenues d'arbres. On y tient une foire à la St. Mathieu.

CERCUS[e], Cedrene semble nommer ainsi une Colline de Bithynie.

CERCUSIUM. Voiez CIRCESSUM.

CERCYRA. Voiez CORCYRA.

CERDAGNE, (la) Province d'Espagne annexée à la Catalogne dont elle est regardée comme une partie. Les Pyrenées la separent du Roussillon au Levant; la Catalogne la borne au Midi & au Couchant, & les Pyrenées la terminent au Nord. Pomponius Mela n'en parle point; mais Strabon, Pline & Ptolomée font mention. Pline[f] dit: le long des Pyrenées sont les Cerretains & les Vascons. Il distingue ce Peuple *Cerretani* en *Juliani*, & en *Augustani*. Les Cerretains de Jules Cesar sont les Cerretains proprement dits, à qui ce General donna le droit de Bourgeoisie, delà vient que leur Ville prit le nom de *Julia Livia*. Auguste agrandit cette Nation en y joignant quelques Peuples, & l'étendant jusques aux Vascons. Dion Cassius remarque que c'étoit la coutume de ce Prince d'accroître les Peuples qu'il ne jugeoit pas assez nombreux. C'est ainsi, par exemple, qu'il augmenta l'Aquitaine en y ajoutant quatorze Nations. Strabon[g] qui écrivoit sous Auguste parle des Cerretains dans l'état où Auguste les avoit mis; mais il semble dire qu'il n'y en avoit que la plus grande partie d'Espagnols. C'est le sens que lui donne Mr. de Marca[h] pour prouver qu'une partie de la Cerretanie, ou de l'ancienne Cerdagne appartenoit à la Gaule. Cependant Xilander, & Casaubon qui n'avoient point cet interêt en vue ne trouvent autre chose dans Strabon sinon que la plus grande partie du pays dont il vient de parler étoit occupé par les Cerretains Nation Espagnole. Ptolomée au contraire n'a aucun égard aux bornes changées par Auguste, & comprend sous les Ilergétes le pays que ce Prince avoit ajouté du côté de l'Occident à la Cerdagne. Il appelle la Ville des Cerroetains *Julia Libyca*; en quoi il se trompe, il devoit dire *Livia*, nom que cette Ville garde encore, LLIVIA sur la Ségre. Ce n'est pas que Volaterranus n'ait derangé les *Cerretains* pour les approcher d'Empurias; & qu'on a transporté de ce côté-là leur Ville Ju-

a Metamorph. l. 13
b l. 5. c. 2.

c l. 7. c. 216.
d Corn. Dict. Memoires dressez sur les lieux en 1705.

e Ortel. Thesaur.

f l. 3. c. 3.

g l. 3. p. 162.

h Marca Hispan. l. 1. c. 12. n. 3.

lia

lia Libyca; mais ce sont des Auteurs qui se mêlant de Géographie ne consultoient point leurs sources. Quand je dis que la Cerdagne est veritablement de l'Espagne; je parle de ses bornes naturelles; car les Rois de France ont quelquefois étendu leur domination au delà des Pyrenées. Charles le Chauve dans un privilege accordé au Monastere d'Exalat l'an 872. (ce Monastere étoit situé sur la Têt dont une inondation le détruisit en 878. Les Moines qui réchaperent de ce malheur allerent s'établir à une Maison de Campagne nommée dans l'Histoire *Cuxanum*.) Ce Roi, dis-je, parle ainsi du Monastere d'Exalat. *Qui locus supra dictus est situs in confinio Ceredaniæ Marchiæ nostræ sub Diœcesi Fredaldi Narbonensis Archiepiscopi & Parochia Audesindi Helnensis Episcopi*. Et encore à présent la France possede la partie Orientale de la Cerdagne. CAROL est le seul lieu remarquable de la Cerdagne Françoise après Mont-Louïs. Voiez QUEROL qui est le vrai nom. Sanson écrit *Carol* par une erreur que je refute en son lieu. Mr. Baudrand dit que la Cerdagne fut cedée à la France l'an 1660. & qu'on y a bâti une place forte nommée MONT LOUÏS. Sanson met Mont Louïs sur une Montagne & au sommet; mais il la place dans le Conflant aux confins de la Cerdagne Françoise, & non pas dans cette derniere Province. Cependant Mont Louïs est censé de la Cerdagne. Voiez ce mot. La plus grande partie de la Cerdagne est aux Espagnols, qui y possedent Puicerda capitale qui a enlevé cet honneur à Llivia, qui l'étoit anciennement; toutes deux sont sur la Ségre, aussi bien que BELLEVERT. Ce sont les trois seules Places remarquables de la Cerdagne Espagnole. La Segre qui la traverse a ses sources dans la Cerdagne Françoise. En parlant de la Cerdagne Espagnole je n'ai traité que de celle qui est proprement dite, & telle qu'elle a été possedée par les Comtes de Cerdagne dont parle l'Histoire de Catalogne. Car on comprend d'ordinaire sous le nom de Cerdagne le Comté d'Urgel, qui avoit ses Seigneurs particuliers, & dont je traite en son lieu.

CERDANIA & CERTADANIA: selon Mr. Corneille les Latins appellent ainsi la Ville de Puicerda en Catalogne. Il se trompe, cette Ville est nouvelle, & les Latins n'en ont point parlé; mais, comme je le remarque ailleurs, *les Latins* chez Mr. Corneille ne signifient que le Dictionnaire Latin de Mr. Baudrand.

CERDANITÆ, Peuple de l'Arabie heureuse, selon Etienne le Géographe. Voiez CERBANI.

a l. 32. CERDICEATES, Tite-Live[a] nomme ainsi un Peuple de la Ligurie.

CERDYLIUM, lieu des Argiliens, c'est-à-dire près d'un Bourg Maritime voisin d'Amphipolis aux confins de la Thrace & de la Macedoine. Thucydide[b] & Lycophron le nomment.

b l. 5.

c Baudrand Ed. 1705. CERE ou CERVETERE[c], c'étoit anciennement une Ville considerable de l'Hetrurie; presentement ce n'est qu'un petit Bourg d'Italie dans le Patrimoine de St. Pierre, à trois lieuës de Bracciano & à une de la Mer de Toscane. Voiez AGYLLA & CÆRE; qui sont les anciens noms.

CEREAPOLIS. Voiez TÆNARIUM.

CEREATÆ, le même que CERATÆ.

CEREIAS, c'est ainsi qu'on lit dans l'Antonin des Editions des Aldes, & des Juntes, cet endroit est perdu dans l'exemplaire du Vatican, où il y a une Lacune. Sigonius lisoit CERE sur l'autorité d'un Manuscrit, & sa correction est juste.

CERENZA[d], (la) Ville du Royaume de Naples dans la Calabre Citerieure, sur un rocher escarpé à quatre milles des frontieres de la Calabre Ulterieure, à douze de Ste Severine vers le Septentrion, & à six d'Ombriatico au Couchant. Elle avoit un Evêché Suffragant de l'Archevêché de Ste Severine; mais il est uni avec l'Evêché de Cariati, & la Cerenza n'est plus qu'un Village.

d Baudrand.

CEREPUM, Ville de la Palestine selon Guillaume de Tyr, cité par Ortelius.

CERESIUM, Etang dans le territoire de Milan, selon Gregoire de Tours[e].

e l. 10.

1. CERESSUS, place forte de Grece dans la Béotie. Elle appartenoit aux Thespiens, selon Pausanias[f]. Elle étoit bien plus fortifiée que leur Ville.

f l. 9. c. 14.

2. CERESSUS, ancienne Ville de l'Espagne Tarragonoise au Pays des Jacetains, selon Ptolomée[g]. Le P. Briet[h] conjecture que c'est peut être SOLSONE.

g l. 2. c. 6. h Paral. 2.

CERET[i], en Latin *Cerisidum* & *Ceretum*, petite Ville de France dans le Roussillon, au pied des Pyrenées à un demi quart de lieuë de la Riviere du Tec, sur la gauche, à cinq lieuës de Perpignan. On passe le Tec à Ceret sur un pont d'une seule arche de pierre qui est la plus large, la plus haute & la plus hardie qu'il y ait peut-être en France. Quand on est au milieu il est difficile de regarder en bas sans fremir. Il est pavé & les voitures passent par dessus. On dit dans le pays que c'est le Diable qui l'a fait. On trouve au bout une Chapelle où en temps de guerre il y a toûjours un corps de garde. Il y a dans Ceret une Paroisse avec nombre d'Ecclesiastiques qui y font l'Office; les ruës y sont petites & la place aussi. On voit au milieu de cette place une fontaine, qui jette continuellement de l'eau par huit côtez en forme d'arc. Elle tombe dans un grand bassin rond de pierre, & forme une belle nappe d'eau. Le fauxbourg est plus grand que la Ville, les ruës en sont belles & la place en est assez grande. On y voit un Couvent de Carmes, & sur une hauteur un Couvent de Capucins dont la vûë est charmante. Ceret est principalement connu dans l'Histoire pour avoir été le lieu où s'assemblérent les Commissaires de France & d'Espagne pour le reglement des limites des deux Royaumes. Leurs Conferences commencerent le 22. Mars 1660. & finirent le 24. Avril de la même année. Mr. de Marca un des Commissaires François fit pour cela de savantes recherches dont il a composé l'excellent livre *Marca Hispanica* que je cite souvent dans ce livre.

i Piganiol de la Force, Desc. de la France T. 6. p. 449.

CERETÆ, ancien Peuple de l'Isle de Crete, selon Polybe[k].

k l. 4. c. 53.

CERETANI ou CERRETANI, ancien nom Latin des habitans de la Cerdagne.

CE-

CER.

CERETANIA, nom Latin de la Cerdagne.

CERETAPA, ancienne Ville de la Phrygie Capatiane comme parle Hierocles dans sa Notice. Ortelius a eu une Medaille de Commode avec l'Empreinte d'Hercule, en bronze, sur laquelle on lisoit Κερεταπέων.

CERETES, les mêmes que CERETANI.

CERETHEI, ou

CERETHIM ou CRETIM [a]. Ces termes dans l'Ecriture Sainte marquent les Philistins, comme on le voit par Ezechiel & par Sophonie. J'étendrai ma main sur les Philistins, dit Ezechiel [b]. Je ferai mourir les Cerethim. J'exterminerai les restes des Pays Maritimes. Et Sophonie [c] invectivant contre les Philistins: malheur à vous qui habitez les côtes de la Mer, Peuples Cerethim. Il est dit dans le premier livre des Rois [d] que les Amalecites firent irruption dans la partie Meridionale du Pays des Cerethim, c'est-à-dire des Philistins. David & quelques-uns de ses successeurs Rois de Juda eurent des gardes étrangers, nommez *Cerethim* & *Pelethim*, qui étoient du Pays des Philistins [e]. On demande d'où sont venus les Philistins, ou les Cerethims dans la Palestine? L'Ecriture nous dit expressément que les Philistins sont venus de l'Isle de Caphtor [f]. Voiez la Dissertation où D. Calmet tâche de prouver que c'est l'Isle de Crete. Les Septante traduisent *Cerethim* par *Cretenses*, & CERETH par *Creta*. On remarque dans les Philistins, poursuit ce savant Benedictin, dans leurs Coutumes, & dans leur Religion plusieurs vestiges de leur origine Crétoise. On a donc sujet de croire qu'ils viennent originairement de cette Isle. Voiez CAPHTOR.

[a] *D. Calmet Dict.*
[b] *c. 25. v. 16.*
[c] *c. 2. v. 5.*
[d] *Reg. l. 1. c. 30. v. 14.*
[e] *2 Reg. c. 15. v. 18.*
[f] *c. 47. v. 4.*

CERETIUM, dans Frontin est la même chose que CÆRE.

CEREVIA. Voiez PHYCOCLE. CERVIA est le nom moderne.

CEREURA. Voiez COREURA.

CERFENNIA, lieu d'Italie sur la voye Valerienne entre Alba Fucentia & Corfinium à XXII. M. P. de la premiere, & à XVII. M. P. de l'autre [g]. L'exemplaire de Bertius porte CERFINNIA, celui du Vatican CERFEMUA: le Copiste a pris aisément pour *mu* deux *mi* mal peintes.

[g] *Anton. Itin.*

CERFROI ou CERFROID, lieu de France sur les confins du Valois & de la Brie, entre Gandelu & la Ferté-milon. Ce fut auprès de ce lieu que St. Jean de Matha Provençal alla se retirer avec un Saint Hermite, nommé Felix de Valois, du Diocèse de Meaux: ils y conçurent ensemble le dessein de la redemption des Captifs, & trois ou quatre ans après Gaucher de Châtillon III. du nom, qui étoit Seigneur du Pays, leur donna un petit fonds de la terre même de Cerfroi, où ils jetterent les fondemens du premier Monastere de l'Ordre connu sous le nom de Religieux de la Trinité pour la Redemption des Captifs. On les appelle aussi les Mathurins. C'étoit à une demie lieue environ de leur premier heritage. Cet Ordre fut approuvé par Innocent III. l'an 1209. Le General ne demeure pas en ce lieu quoi qu'il en soit chef d'Ordre; mais à Paris aux Mathurins.

CERIGNOLA [h], Bourg d'Italie au Royaume de Naples, dans la Capitanate, à deux ou trois lieues de l'Offante, & de la Terre de Bari.

[h] *Corn. Dict.*

CERIGO, quelques François disent *Cerigue*, Isle de l'Archipel, au Midi de la Morée dont elle n'est separée que par un petit Détroit, & au Nord Occidental de l'Isle de Candie avec une petite Ville de même nom que l'Isle. Cette Isle est très-fameuse dans les Ecrits des anciens Poëtes sous le nom de CYTHERE, & ils ont supposé qu'elle étoit la Patrie de Venus & d'Helene. Mr. Spon [i] qui y a été la décrit ainsi. C'est une Isle montagneuse & un terroir sec, qui n'a rien de fort charmant. ... Nous montâmes près d'une heure avant que d'arriver à la Citadelle, qui n'est forte que du côté de la Mer qu'elle regarde comme d'un précipice. Delà, quand le temps est clair, on entrevoit l'Isle de Candie, qui en est pourtant éloignée de quarante milles;& environ à moitié chemin on voit la petite Isle de Cerigoto ... Les vivres y sont à grand marché, il y a quantité de Liévres, de Cailles, & de Tourterelles, & ces dernieres étoient les oiseaux de Venus. Devant le Port de la Citadelle il y a un petit écueil qu'on appelle l'OEUF à cause de sa figure, & l'on y prend aussi bien qu'à Cerigo d'excellens faucons. Ce Port ne vaut rien, car il est entierement exposé aux vents du Midi, & n'a place que pour sept ou huit bâtimens. Aussi n'est-ce pas cet endroit, qui a fait dire à Strabon que cette Isle a un bon Port. Il entendoit sans doute parler de celui de St. Nicolas. Car outre le Port des grands vaisseaux, qui ont là bon ancrage & bonne tenue; il y a une Darse enfoncée naturellement dans le rocher capable de contenir quarante Galeres qu'on pourroit aisément fermer à chaine. Nous reconnumes le long de ce Port les masures de l'ancienne Ville du Roi Menelas' presque toutes à rez de terre. Ce que nous y vîmes de plus entier est une voute creusée dans le roc que les gens du pays disent avoir été les bains d'Helene. Comme nous avions ouï parler des ruines d'un Palais d'Helene, qui étoit de ce côté-là nous fimes trois ou quatre milles pour y aller; mais nous n'y trouvâmes autre chose que deux Colonnes debout sans base & sans chapiteau, & que nous jugeâmes avoir été de l'Ordre Dorique. Selon le Sr. Robert [k] qui defigure presque tous les noms des Isles dont il parle, *Serigo* forme une des entrées dans l'Archipel: le Canal qui est entre cette Isle & le Cap Angelo peut avoir huit milles de large. L'Isle ne produit qu'autant de bled, de vin & d'huile qu'il en faut pour la subsistance des habitans. Il y a un petit Fort planté sur un precipice (c'est la Citadelle dont parle Mr. Spon,) qui domine le havre de St. Nicolas sans y pouvoir faire aucun mal. La meilleure de ses rades qui ne vaut pas grand' chose est celle de Ste Helene, où l'on sauroit tenir quand je vent souffle entre l'Est & le Nord. Le Havre de St. Nicolas situé au Nord-Est de l'Isle ne peut contenir que quatre ou cinq vaisseaux; & il est formé par trois petites Isles ou rochers raboteux, qui sont devant la crique à un mille de distance Est-Sud-Est. On les appelle les dragons & on peut les voir distinctement, lorsqu'on est à l'entrée du Canal. L'Isle a un Evêque Grec.

[i] *Voyages T. 1. p. 96.*
[k] *Voyage du Levant p. 277.*

CERIGOTO, petite Isle de l'Archipel, au Midi Oriental de Cerigo, & à distance presque égale entre cette Isle & celle de Candie. Quelques-uns la nomment mal CECERIGO. Les Latins l'ont connue sous les noms d'EPLA & d'ÆGILIA. Il n'y a que des chévres sauvages, selon Mr. Spon[a].

[a] Voyages T.I.p.96.

CERII, Peuple d'Italie dans la Toscane. Diodore le nomme sur la fin de son XIV. livre. Ortelius conjecture qu'il nomme ainsi les habitans de CÆRE.

CERILLIANO[b], Bourg d'Italie au Royaume de Naples dans la Basilicate; c'est la *Cælianum* des Anciens. Quelques-uns disent CIGLIANO. Il est situé près de la Riviere d'Agri à quatre lieues de Tricarico vers le Midi.

[b] Baudrand Ed. 1682.

CERILLUM, lieu d'Italie dans la Lucanie, selon Strabon[c].

[c] l.6.p.256.

CERILLY, petite Ville de France dans le Bourbonnois au Diocèse de Bourges dans une plaine environ à deux lieues de Bourbon l'Archambaut.

CERINES[d], Ville de l'Isle de Chypre; on l'appelloit autrefois CERAUNIA. Elle est fort petite & sans défense, la plus grande partie des murailles tombe en ruine ensorte qu'il n'y reste rien de considerable qu'un Port de Galeres, & un Château assez fort. C'est delà qu'on part pour aller dans la Carmanie, & dans la Natolie : à une heure delà est le magnifique bâtiment de la Paix, ou des Chevaliers du Temple; & à trois lieues de la même Ville on trouve un beau Monastere de Religieux Grecs bâti en quelque maniere à la Françoise, ils ont quelques Cellules au bord de la Mer, où ils pêchent force poisson. Le principal revenu de ce Monastere est en coton que porte toute la Campagne voisine. Il n'y a que de Château ou Forteresse de Cerines du côté du Nord, parce que l'Isle y est moins ouverte que du côté du Levant ou du Midi : cette Ville a été un Evêché Suffragant de Nicosie.

[d] Corn. Dict. Le Brun Voyage du Levant.

CERINEUM ou CERINIUM. Voiez CERONIA.

CERINTHUS, Ville Maritime de Grece dont parle Homere[e] en son Iliade. Les belliqueux Abantes d'Eubée qui habitoient Chalcis, Eretrie, & Hystiée fertile en bons vins, la Maritime Cerinthe & la haute Ville de Dium, Caryste & Styre, étoient conduits par Elphenor. Cela s'accorde avec les Géographes & Historiens anciens, qui donnent cette Ville à l'Isle d'Euboée, Strabon[f], Pline[g] & Prolomée[h]. Strabon dit que c'étoit une petite Ville au bord de la Mer. Philargyre[i] pourroit bien s'être trompé quand il dit qu'elle étoit de Béotie, il ajoute que l'herbe appellée Cerinthe prenoit son nom delà. Eustathe sur le second livre d'Homere dit d'ELLOPIÆ Ville de Béotie qu'elle avoit autrefois été nommée Cerinthus.

[e] l.2.page 75. de la Trad. de Mad. Dacier Ed. Paris.
[f] l.10.p.446.
[g] l.4.c.12.
[h] l.3.c.15.
[i] ad l.3. Georg.

CERIONIA ou CERINÆ, lieu particulier de la Ville de Rome, selon Varron.

CERISOLES, Village d'Italie en Piémont sur une Colline que les habitans nomment CERESOLES, au Comté d'Ast à cinq milles d'Albe, & à quatre de Querasque en tirant vers Carmagnole. Les François y gagnerent une victoire sur les Espagnols, qui furent défaits le 14. Avril 1544. par François de Bourbon Duc d'Anguien du temps de François I. Mr. Baudrand[k] dit Henri II. & se trompe, Henri II. ne commença à regner qu'en 1547.

[k] Ed. 1705.

1. CERISY, Abbaye de France en basse Normandie, en Latin *Sanctus Vigor Ciriacensis*; selon Mr. Corneille[l]. Elle est de grands Bernardins au Diocèse de Bayeux, entre la Ville de ce nom & celle de St. Lô, dans une Forêt aussi nommée de Cerisi à quatre lieues de Bayeux. Elle fut fondée par Robert le magnifique Duc de Normandie, Pere de Guillaume le Conquerant vers l'an 1032. Durant Religieux de St. Oüen de Roüen & Almode en ont été les premiers Abbez. Mr. Herman dans le Tome I. de son Histoire de Bayeux[m] dit que Hugues II. trentieme Evêque de Bayeux a signé à la fondation de l'Abbaye de Cerisy, & qu'il est rapporté dans les Actes de la Vie de St. Vigor huitiéme Evêque de Bayeux qu'à la priere d'un nommé Volusien, qui étoit un homme fort riche, St. Vigor alors Evêque de Bayeux delivra ses terres, qui n'étoient pas beaucoup éloignées de cette Ville d'un horrible serpent qui y causoit de grands ravages; & que l'ayant fait tomber par terre en imprimant sur lui le signe de la croix, il lui attacha son étole au cou, & le mit entre les mains de son compagnon Theodemir, qui le noya dans la Riviere de Drome. (Cette Histoire ressemble bien à celle de la *Gargouille* dont je parle à l'Article de Rouen.) Ce fut en reconnoissance & en consideration de ce bienfait que ce Seigneur donna à St. Vigor sa terre de Cerisi; où l'on fonda dans la suite un Monastere, qui est maintenant une celebre Abbaye avec une Eglise bâtie sous l'invocation de ce St. Evéque. Dans le IX. siécle les Maisons & l'Eglise furent détruites par la barbare fureur des Normands; mais Robert I. surnommé le magnifique employa ses soins, & ses biens pour retablir ces ouvrages.

[l] Corn. Dict.
[m] imprimée à Caen en 1705.

2. CERISY-MONTPINSON, Bourg de France en Normandie au Diocèse de Coutance à trois lieues de Coutance & de St. Lo. Il y a plus de cinq cens metiers de toiles & de coutils, qui en font toute la richesse & le trafic, ce qui fait que la moitié du terrain est semée de lin. On y tient marché tous les samedis; il y a un très-beau Château & d'agréables dehors. Le Seigneur presente à la Cure, qui vaut près de deux mille livres. Les P. Reformez y avoient autrefois un Temple.

CERMA, il semble, dit Ortelius[n], que ce soit une Nation Persane, selon Agathias[o].

[n] Thesaur.
[o] l.4.

CERMALUS. Voiez GERMALUM.

CERMATÆ, Nation d'Asie. Cedrene dit qu'elle étoit ennemie des Agareniens. Ce mot signifie peut-être le même Peuple que CERMA.

CERMORUS, Golphe & petite Ville ou Bourg de la Macedoine aux frontieres de Thrace. Pline[p] la met entre *Posidium* & Amphipolis.

[p] l.4.c.10.

CERNANT, les Auteurs du Dictionnaire de la France nomment ainsi une Riviere de Normandie, qui se jette dans la Carentonne à la Trinité. Je crois qu'il faut dire TERNANT. C'est ainsi que s'apelle le Village où ce ruisseau

CER.

à sa source. Il passe au Bourg de Montreuil & tombe dans la Carentonne entre la Trinité & St. Vincent de Riviere, deux Villages du Pays de Houche.

CERNAI EN DORMOIS, Ville de France en Champagne, à huit lieues de Reims, à quatre de Ste Menehout, & à pareille distance de Grandpré.

CERNAY LEZ REIMS, Village de France en Champagne à l'Orient de Reims, il est fort peuplé & on y compte près de douze cens habitans.

1. **CERNE**, Pline, Ptolomée & Denys le Periegete nomment ainsi une Isle de l'Océan. [a l.6.c.31.] Pline* rapporte le sentiment de divers Auteurs sans trop vouloir garantir ce qu'ils disent. A l'opposite du Sein Persique on nomme Cerné une Isle située vis-à-vis de l'Ethiopie ; on ne s'accorde ni sur sa grandeur, ni sur sa distance de la Terre ferme. Cependant on prétend qu'elle est peuplée d'Ethiopiens. Ephorus dit que les vaisseaux, qui partent de la Mer rouge, n'y sauroient aborder à cause des grandes chaleurs qu'ils trouvent au delà de certaines colomnes, c'est le nom que l'on donne à certaines petites Isles. Polybe met l'Isle de Cerné à l'extremité de la Mauritanie, vis-à-vis du Mont Atlas à huit stades (à un mille) de la Terre ferme. Cornelius Nepos la met à la même hauteur que Carthage à un mille du Continent ; & ne lui donne pas plus de deux milles de circuit. Ptolomée connoît une Isle de Cerné dans l'Océan près de la Libye, à 5. d. de longitude, & à 25. d. 40'. de latitude. Pour Denys le Periegete[a] il se contente de dire que les Ethiopiens habitent les extremitez les plus reculées vers l'Océan auprès de Cerné. Eustathe sur ce vers de Denys rapporte divers sentimens aussi bien que Pline, entre autres celui du Poëte Lycophron, qui la met vers le Levant. Polybe la met au Couchant comme on a vû, & Denys la met au Midi. Ils ont tous raison & elle est veritablement dans ces diferentes situations à l'égard de divers points de la Terre. Le malheur est qu'ils ne sont point assez marquez par ces Auteurs pour rien déterminer. Le R. P. Hardouin dit : je ne doute nullement que la Cerné de Pline, de Lycophron, ou de Denys ne soit l'Isle de St. Laurent, autrement de Madagascar, & que ce ne soit la même que la MENUTHIAS de Ptolomée[b]. Fort bien ; mais que deviendra la Cerné de ce même Auteur de laquelle nous avons déja parlé ? Je loue extremement le savant homme qui a dressé les Cartes Géographiques, selon le Systême du Periegéte pour l'édition d'Oxford. Ne sachant où mettre cette Isle dans une si grande obscurité il l'a mise en bas hors de la Carte avec deux autres dont on ne connoît pas plus la position. Ortelius dont la modestie étoit aussi grande que le savoir avoit pratiqué le même usage. Si nos modernes le suivoient, on verroit bien des noms Géographiques quitter la place qu'on leur a donnée au hazard dans une Carte, pour passer à la marge, & le dehors des Cartes seroit souvent plus chargé que le dedans.

[a vers 219.]
[b l.4.c.9.]

2. **CERNE**, Etang, ou Lac d'Ethiopie près de l'Océan, selon un ancien Scholiaste

CER. 459

cité par Casaubon dans ses Notes sur Strabon[c].

[c l. 1.]

3. **CERNE**, ancienne Abbaye d'Angleterre en Dorsetshire à cinq milles & demi & au Nord de Dorchester près de la source d'une Riviere, qui passe à Dorchester.

CERNEATIS, on croit que Lycophron a nommé ainsi l'Isle de Corse que les Grecs nommoient communément Cyrnus.

CERNETANI, surnommez MARIANI, selon Pline[d] ; dans l'Edition du R. P. Hardouin on lit CEREATINI *qui Mariani cognominantur*. Quoi qu'il en soit du nom, c'étoit un Peuple de la Campanie.

[d l.3.c.5.]

CERNETS ou **ZERNETS**[e], gros Bourg de Suisse chez les Grisons dans la Communauté de la basse Engadine. On y voit une belle Eglise ornée de colomnes de marbre. Il y a un bain d'eau minerale. De ce Bourg dépend PUFFALORA (*Pes Falarius*) où il y a une fontaine de fer & le Château de Wildenberg, qui est la Maison d'origine des NN. *de Planta*. On trouve près delà des mines de fer, qui ont quelque peu d'argent mêlé.

[e Delices de la Suisse p. 628.]

1. **CERNICH** ou **CZERNICH**, Mr. de l'Isle écrit CSERNETZ, Riviere de Hongrie. Elle a sa source au Comté de Creits qu'elle sepâre du Comté de Zagrab, puis elle se joint à diverses autres Rivieres, avec lesquelles elle va entre la Croatie & l'Esclavonie tomber dans la Save.

2. **CERNICH** ou **CZERNICH**, selon Mr. Baudrand, c'est un Bourg du Royaume de Hongrie dans l'Esclavonie sur la Riviere de Cernich, entre la Ville de Possega & celle de Gradischa. Mr. de l'Isle met entre ces deux Villes le Château & non pas le Bourg de CZERNICK ; mais sans Riviere & trop loin de la Riviere de *Csernetz* pour qu'il ait rien de commun avec elle. Quoi qu'il en soit, on doute si c'est-là qu'il faut chercher l'INICERUM ou INCERUM des Anciens.

CERNU, petite Ville d'Afrique, au Royaume de Maroc, dans la Province de Duquela à trois lieues de Safie. Elle est fermée de murs, selon Marmol[f], & appartenoit à Cidi Yahaya & fut détruite par le Frere du Roi de Fez lorsqu'il vint dans cette Province. Elle est dans une situation avantageuse & s'est repeuplée depuis que Safie a été abandonnée par les Chrétiens, parce que le pays est bon & fertile en bleds & en pâturages.

[f T. 2. l. 3. c. 59. p. 110.]

CEROBETHRUS. Voiez CURURA.

CERON, fontaine de Hestiéotide contrée de la Thessalie, Pline[g] & quelques autres Auteurs ont écrit que les brebis qui en buvoient devenoient noires. Ortelius attribue l'Hestiéotide à l'Eubée ; mais le R. P. Hardouin prouve qu'elle étoit de la Thessalie. Isidore qui rapporte le même fait nomme la Thessalie en general au lieu du Canton particulier. Le même Ortelius observe que cette fontaine est nommée CIREUS par Strabon & CERBES par Aristote[h].

[g l. 31. c. 1;]
[h in admirand.]

CERONES, ancien Peuple de l'Isle d'Albion, selon Ptolomée[i]. Camden croit qu'ils occupoient ASSYN-SHIRE contrée d'Ecosse sur sa côte Septentrionale près du Lac ASSYN. Ce Canton est nommé ASSYNTHUM sur quelques Cartes. C'est un pays fort haché de Bayes &

[i l. 2. c. 3.]

460 CER.   CER.

de petits Golphes, comme le remarque Camden. Il ne faut pas les confondre avec les CREONS.

CERONIA, ancienne Ville de l'Isle de Chypre selon Ptolomée, qui écrit Κερωνία: d'autres Auteurs ont nommé cette Ville CERAUNIA; Pline dit CERINIUM ce qui approche plus du nom moderne qui est CERINES. Voiez ce mot.

CEROPELLÆ, lieu quelque part vers la Thrace, selon Jornandes[a]. C'est un de ceux que les Romains donnerent aux Goths pour habiter.

[a] De Reb. Getic. c. 56.

CEROPHÆI, ancien Peuple de l'Afrique proprement dite, selon Ptolomée[b].

[b] l. 4. c. 3.

CEROSSUS, Κερωσσος, lieu de la Mer Ionienne entre l'Isle Melité (aujourd'hui Meleda dans la Mer Adriatique,) & la Macedoine. Apollonius en fait mention au IV. livre. On ne sait si c'étoit une Isle.

CEROUPATEOUA, Riviere de l'Amerique Meridionale. Elle a sa source dans les Montagnes de la Guiane, & descend dans la Riviere des Amazones au dessus de Coropa. C'est sans doute la Curupatuba de Mr. de l'Isle.

CERRAS ou CERRÆ, ancienne Ville ou dans la Thrace ou dans l'Illyrie. Jornandes[c] écrit que ce fut en cet endroit in civitate Cerras que Theodemir Roi des Goths tomba malade & mourut peu après avoir fait la Paix avec les Romains. Il laissa la Couronne à son fils Theodoric.

[c] De Reb. Getic. c. 56.

CERRETANI, ancien nom des habitans de la CERDAGNE. Voiez cet Article.

1. CERRETO, quelques François écrivent CERRET, Abbaye d'Italie dans le Bergamasque. L'Historien de l'Ordre de St. Benoît en parle ainsi: du temps de Garibald Evêque de Bergome (Bergame) l'Empereur Charles le Gras ayant été gueri d'une maladie par l'intercession de St. Alexandre[d] patron de la Cathedrale de ce Diocése, laquelle avoit perdu une partie de ses biens, unit à cette Eglise la petite Abbaye de St. Michel de Cerret, qui étoit tellement déchuë, qu'elle n'avoit presque plus de forme de Monastere; & toutefois il ne fit cette union qu'à condition que l'on y entretiendroit douze Religieux & un Abbé, qui y feroient l'Office & y serviroient Dieu sous la regle de St. Benoît; commettant pour le rétablir un Officier de la Cour nommé Autprand, qui leur donneroit les terres les plus proches du Monastere; & après la mort duquel l'Abbaye seroit entierement soumise à la Cathedrale de Bergome. Ce Prince marqua de plus que si le revenu de ce Monastere venoit à s'accroître par les oblations des fidelles, il souhaitoit que l'on y augmentât le nombre des Religieux. C'est ce que portent deux Chartes expediées en son nom l'an 883.

[d] l. 5. c. 78.

Ital. Sacr. T. 4. p. 593-597.

2. CERRETO[f], Bourg d'Italie dans l'Etat de l'Eglise en Ombrie sur la Nera au pied de l'Appennin, & aux confins de la Marche d'Ancone à quinze milles de Nursia au Couchant en allant vers Spolete. C'est ici la patrie de Louïs Pontanus Jurisconsulte, qui mourut de la peste à Basle le 9. Juin 1439. n'ayant gueres plus de trente ans; & cependant il passoit pour un prodige d'érudition.

[f] Baudrand, Ed. 1705.

CERRHÆUS CAMPUS, Campagne de Grece à trente stades de Delphes, selon Phavorin qui cite Eschine.

CERRITO, petite Ville d'Italie au Royaume de Naples, dans la Province de Labour, sur les confins de la Principauté Ulterieure au pied des Monts. [g] On y a transferé le Siége de l'Evêque de Telese dont la Ville ruinée est à quatre milles au Midi. Cerrito à dixhuit milles de Benevent vers le Couchant d'été, & à vingt-cinq de Capoue.

[g] Baudrand Ed. 1705.

CERS, petite Isle de l'Océan sur les côtes de France à l'Orient de l'Isle de Grenezey, au Midi Oriental de celle de Herms. Le Canal qui est entre elle, & cette derniere s'apelle le GRAND RUAU. La côte du Nord-Est est bordée de plusieurs écueils. Au Midi de l'Isle de Cers est une petite Presqu'Isle nommée le petit Cers. Voiez l'Article SARK. Toutes ces Isles quoi que situées sur les côtes de France sont sous la domination Angloise.

CERSILLA[h], Maison Royale des Rois de France. Elle étoit située sur le bord de Rône, ruisseau qui se perd dans le Crou assez près de l'Abbaye de St. Denys. On a un Acte du Roi Eudes en date de la VII. année de son Regne où elle est nommée Fiscum nostrum, c'est-à-dire notre Maison de Campagne. On la nommoit aussi SARCELLA.

[h] De Re Diplomat. l. 4. c. 5. p. 275.

CERSONA, Marianus Scotus & Freculphe disent[i]: St. Clement Pape fut envoyé en exil au delà de la Mer noire dans un desert voisin de la Ville de Cersone, dans la Province de Lycie. Cette Province n'a rien de commun avec la Mer noire. Baronius[k] dit que ce Saint fut relegué à Cherson au delà du Pont; mais sans parler de la Lycie. Le P. Pagi dit[l]: après avoir gouverné l'Eglise de Rome neuf ans, onze mois & douze jours, il se demit du Pontificat l'an 77. comme le marque St. Epiphane[m]. Ne s'appliquant plus ensuite qu'à la Predication de l'Evangile & convertissant beaucoup de personnes à la foi de JESUS-CHRIST il fut relegué par l'ordre de l'Empereur Trajan dans la Chersonese Taurique où il trouva deux mille Chrétiens condamnez à y travailler aux marbres; & qui étoient fort incommodez du manque d'eau. Platine se contente de dire que St. Clement fut transporté dans une Isle. Les Actes recueillis par Surius portent simplement la Chersonnese; & le Martyrologe Romain[n] dit de même sans expliquer laquelle. Cela fait que le P. Pagi dit que c'est la Taurique; il n'y a que celle-là qui convienne à ces mots sub claro du Pont-Euxin. Les Actes du Martyre de St. Clement publiez par Mr. Cotelier disent qu'il fut relegué dans une Ville deserte voisine de Cherson au delà de la Mer & du Pont ᾗ πέραν τῆς θαλάσσης καὶ τοῦ πόντου ἐν ἐρήμῳ παρακειμένη τῇ Χερσῶν πόλει°.

[i] Ortel. Thesaur.
[k] ad an. 100.
[l] Breviar. Pont. T. 1. p. 10.
[m] Hæref. 27.
[n] 25 Novemb.

CERSUNUM, Ville de l'Isle de Corse dans les Terres, selon Ptolomée[p]. Ses Interpretes donnent NEBIO pour nom moderne. Mr. Corneille dit qu'elle fut bâtie autrefois sur une Colline dans une fort belle assiete; le Château de St. Florent, qui n'en est éloigné que

[o] c. 18. p. 808. SS. Patr. qui temporibus Apostol. floruerunt &c. T. 1. p l. 3. c. a.

CER.   CER.

que de quatre ou cinq cens pas à cinq milles de la Mer, semble avoir été construit en sa place; ce lieu avoit anciennement une tour pour garder les salins, qui en étoient peu éloignez & qui ont été détruits.

a Retraite des dix mille l. 1. c. 4.

CERSUS, Xenophon dit [a] : delà (d'Issus) on fit cinq lieues & l'on arriva aux détroits de la Syrie, qui sont fermez par deux murs dont l'un est occupé par les Perses & l'autre par les Ciliciens, avec une Riviere au milieu qui s'appelle Cersus de quelques cens pas de large. Mr. d'Ablancourt dit *Isse & Carse*; & Ortelius avertit que dans son exemplaire il y avoit *Cersus* dans le texte & *Carsus* en marge.

CERTA, Hesyche nomme ainsi une Ville au dessus des Harmeniens. Favorin ôte l'aspiration & dit Armeniens. Ortelius renvoye à CERRAS où il n'est point question de l'Asie, mais pour avertir que le lieu nommé Cerras dans quelques éditions de Jornandes est écrit CERTAS dans quelques autres.

CERTALDO, Bourg d'Italie en Toscane sur la gauche de l'Arno. Mr. Corneille dit que c'étoit la patrie de Bocace. Leandre[b] dit au contraire que c'étoit la patrie des Ancêtres de Bocace avant qu'ils fussent citoyens de Florence. Aussi prend-il lui même la qualité de *Citadino Fiorentino* dans ses ouvrages. On pourroit le mettre au nombre des Géographes parce qu'il a composé un livre des Montagnes, Forêts, Fontaines, Lacs, Rivieres, Etangs, & Marais, qui fut imprimé à Rhege l'an 1481. Il y en avoit déja une Edition de Venise 1473. par Vendelin Spire fol. & s'y en fit encore une autre en 1497. Ce livre pourroit aussi le faire ranger dans la liste des Plagiaires; car comme il avoit un Exemplaire de *Vibius Sequester*, qui a travaillé sur le même plan, il le copie sans le nommer. Cependant à la malhonnêteté près son livre est utile & tient lieu du manuscrit qu'il avoit pour corriger ceux de l'Auteur qu'il a transcrit. Mr. Corneille au reste n'est pas le premier, qui ait écrit que Boccace étoit de Certaldo. Bien d'autres l'ont dit avant lui. On ne s'accorde pas plus sur l'année de sa naissance & sur celle de sa mort. Voici l'Epitaphe qu'on lit sur son tombeau.

b Descritt. di tutta l'Italia p. 51.

Hac sub mole jacent cineres, atque ossa Johannis,
Mens sedet ante Deum meritis ornata laborum,
Mortalis vitæ genitor Boccatius illi,
Patria Certaldum, studium fuit alma Poesis.

Ces vers appuient l'opinion de Mr. Corneille, qui est la plus generalement suivie.

c l. 11. p. 492.

CERTETA, Strabon[c] met un Peuple de ce nom sur le Pont-Euxin avec les Achéens, les Zygiens, & les Henioques que l'on sait qui en habitoient la côte Septentrionale entre la Chersonnese Taurique & la Colchide. Ce sont les *Cerceta* de Ptolomée, & les *Cerceti* de Denys le Periégete.

d l. 40. c. 47.

CERTIMA, Ville d'Espagne dans la Celtiberie, selon Tite-Live[d]. Elle étoit extrêmement forte; cependant elle se rendit à Gracchus.

CERTISSA, Ville de la basse Pannonie, selon Ptolomée. Antonin la met entre *Leuconum* & *Cibale* à xv. M. P. de la premiere, & à xxii. M. P. de la seconde sur la route d'Æmona à Sirmium. L'Edition de Bertius porte xii. M. P. au lieu de xv. mais il avertit par un Asterisque que le texte lui est suspect. Il soupçonne aussi qu'il y a quelque chose de corrompu dans le nom qu'il écrit *Cirtisam*. Il n'y manque rien, les Editions des Aldes & des Juntes & l'Exemplaire du Vatican mettent *Cirtisa* sans Lacune.

CERTONIUM, Ville de l'Asie Mineure entre Atramyttium & le Caïque, selon Xenophon[e] dans sa Retraite des dix mille.

e l. 7. c. 8.

CERVARA[f], petite Ville de Portugal dans la Province de Tra os montes à une lieue du Miño vers Tuy. Elle est ceinte de bonnes murailles & n'a qu'environ cent cinquante habitans, qui ont le privilege d'envoyer des Deputez aux Etats.

f Corn. Dict. Desc. Sumaria del Reyno de Portugal.

CERVARO[g] (le), en Latin *Cerbalus*, Riviere d'Italie au Royaume de Naples dans la Capitanate. Elle tire sa source de l'Apennin, & passe près de Bovino, d'où elle se rend dans le Candelaro vers Manfredonia.

g Baudrand Ed. 1705.

1. **CERVERA**[h], petite Riviere de la Valteline. Elle a sa source dans les Montagnes, qui sont au Nord du Bergamasque, d'où coulant vers le Nord-Ouest dans une vallée, qui porte son nom, elle va se perdre dans l'Adda au dessus du Pont St. Pierre.

h Jaillot Atlas.

2. **CERVERA**, bon Bourg d'Espagne en Catalogne dans la Viguerie de Gironne auprès de la Mer; & d'une grande Baye qui porte son nom, aussi bien que le Cap qui la forme; entre Roses & Collioure, à trois ou quatre lieues de l'une & de l'autre. Il est parlé[i] de Cervera, *Castrum Cervaria*, en divers Actes anciens, entre autres dans l'assignation de Douaire que fit Raimond Comte de Barcelone à Almode sa femme l'an 1056. Pomponius Mela en fait aussi mention; mais ce qui est surprenant c'est qu'il étend la Gaule jusques-là. *Tum inter Pyrenæi promontoria Portus Veneris insignis fano, & Cervaria locus finis Galliæ;* desorte que sous Auguste les bornes des Gaules & de l'Espagne étoient de ce côté-là presque les mêmes qu'elles sont aujourd'hui.

i Marca Hispan. p. 1109. 1126. &c.

3. **CERVERA**[k], petite Riviere d'Espagne en Catalogne. Elle a sa source à Pallerols Village de la Viguerie de Cervera, dont elle arrose la Capitale, puis coulant vers l'Occident elle coule à Terrega dans la Viguerie de même nom, & à Anglesola, ensuite serpentant vers le Nord-Ouest par la Viguerie de Lerida, elle va se perdre dans la Ségre au dessus de Lerida, après s'être grossie du Corp.

k Sanson Carte de la Catalogne.

4. **CERVERA**[l], Ville d'Espagne en Catalogne sur la Riviere de même nom, & dans une Viguerie dont elle est la Capitale, au Nord à dix-lieues & demie communes d'Espagne de Tarragone, & à l'Orient Meridional & à distance à peu près égale de Lerida. Elle est presque à l'extremité de la Viguerie qui porte son nom. Elle a titre de Baronie.

l Ibid.

5. **CERVERA**[m], (Viguerie de) Canton d'Espagne dans la Catalogne. Elle est bornée au Nord par la Viguerie de Puicerda; à l'O-

m Ibid.

rient

rient par celle de Manrefa ; au Midi par celles de Villafranca, de Panades, & de Monblancq ; & au Couchant par celles de Tarrega & d'Agramont. On y trouve les Villes de

Cervera Capitale, Solfone, & Cardone.

Et les Bourgs de

St. Laurent, Tora, & Calaf.

Le Cardoner & la Nera Rivieres, qui vont groffir le Llobregat y ont leurs fources.

6. CERVERA, Bourg d'Efpagne dans la Nouvelle Caftille dans la contrée de la Sierra au Midi Occidental, & à huit lieues communes d'Efpagne de Cuença, entre cette Ville & Tembleque.

CERVETERE, le même que CÆRE & CERE. Mr. Baudrand dit [a] : Bourg & Château d'Italie dans l'Etat de l'Eglife & dans la Province du Patrimoine, fur une Colline près du Torrent de Vacina, à trois milles de la côte de la Mer Mediterranée au Septentrion en allant vers Braciano, dont il n'eft qu'à huit milles près de Palo & de Ste Marinelle, & à vingt-cinq de Rome au Couchant du côté de Civita Vecchia. C'a été autrefois une Ville affez grande.

[a] Ed. 1705.

CERVI, Ifle de l'Archipel au Midi de la Morée, entre la pointe où eft Xili & l'Ifle de Cerigo, à l'Orient du Golphe de Colochine. Il paroît que cette Ifle tenoit au Continent du temps des anciens Géographes, & que ce n'eft autre chofe que cette Prefqu'Ifle qu'ils appelloient ONUGNATOS ou la machoire d'Ane ; qui s'eft detachée de la Terre ferme. Le peu de profondeur qu'il y a entre deux & qui ne va qu'à trois pieds d'eau tout au plus en eft une preuve [b], & le trajet n'eft que d'une grande lieue au lieu que celui de cette Ifle à celle de Cerigo eft de quatre. L'écume de la Mer qui fe trouva autrefois dans le Canal, qui fepare ces deux Ifles donna naiffance à la Déeffe Venus, qui fut portée dans une Coquille à Cythere, qui eft aujourd'hui Cerigo. Cette Ifle eft inhabitée [c] quoi qu'il y ait du bétail & des chevaux. Il y a trois petites Ifles à fon Nord, & fi le vent eft contraire quand on vient de l'Oueft on peut ancrer ici en toute fureté, avec ces petites Ifles à fon Nord-Eft & l'Ifle de Cervi à l'Eft-Sud-Eft. On ne doit pas craindre d'approcher la terre jufqu'à 15. ou 10. braffes d'eau ; mais fi l'on veut mouiller à 16. ou 20. braffes, les ancres ne tiennent pas parce que le fond eft de roche à l'Eft de Cervi. Entre cette Ifle & le Cap St. Ange il y a une grande Baye qu'on nomme VATICA, où l'on peut avoir quarante braffes d'eau à fon entrée, & il y peut tenir mille vaiffeaux. D'ailleurs il n'y a point de rifque à s'y engager la nuit à la faveur des lampes, qui font toûjours allumées dans un vieux Monaftere qui eft fur le Continent au Nord-Oueft quart à l'Oueft, & l'on peut approcher du bord tant que l'on veut. La marque même dont je viens de parler eft

[b] La Guilletiere Lacedemone anc. & nouv. l. 1. & Corn. Dict.

[c] Robert Voyage du Levant p. 274.

affez inutile, puifque la côte eft faine par tout & que l'on y pourroit mouiller depuis 40. braffes d'eau jufqu'à 10. infenfiblement ou à moins fi l'on vouloit. Avec tout cela il faut prendre garde que dans le paffage, qui eft entre l'Ifle & le Continent il n'y a que trois pieds d'eau tout au plus. Du refte on eft ici en fureté ; on y peut faire de l'eau & du bois fans qu'il en coute rien, & il n'y a que huit ou dix familles de pauvres Grecs difperfées autour du Monaftere en Terre ferme.

CERVIA, anciennement PHICOCLE, Ville d'Italie dans la Romagne en une plaine fur le Golphe de Venife, avec un Evêché Suffragant de Ravenne, & des Salines d'un grand revenu ; mais elle n'eft gueres peuplée à caufe du mauvais air. Elle eft entre les Rivieres de Savio & de Pifatello, à douze milles de Ravenne en allant vers Rimini dont elle eft à quinze milles, felon Mr. Baudrand [d].

[d] Ed. 1705.

CERVIMONTIUM, nom Latin de HIRSCHBERG. Le lieu & le nom Latin font modernes.

CERVINI, ancien Peuple de l'Ifle de Corfe, felon Ptolomée [e]. Ils étoient fur la côte Occidentale près du Mont d'Or comme l'appelloient les anciens, ou du Mont Gradachio, comme les modernes le nomment.

[e] l. 3. c. 2.

1. CERYCIUS MONS, Montagne de Grece dans la Béotie felon Paufanias [f] ; qui ajoute qu'on difoit que Mercure y étoit né.

[f] l. 9. c. 20.

2. CERYCIUS MONS, Montagne d'Ephefe, felon Hefyche qui dit : on feint que Mercure y annonça la naiffance de Diane.

CERYCTICA. Voiez CURICTA.

1. CERYNEA, Montagne d'Arcadie au Peloponnefe, felon Paufanias [g].

[g] l. 7. c. 25.

2. CERYNEA, Ville d'Arcadie aux confins de l'Achaye. Les habitans d'Argos ayant voulu prendre Mycenes, & ne pouvant entamer les murs que l'on difoit avoir été bâtis par les Cyclopes, reduifirent enfin les habitans par la famine à abandonner la Ville. Ils ne prirent pas tous le même parti dans la retraite. Quelques-uns s'en allerent en Macedoine, les autres vinrent s'établir à Cerinée. Ce renfort de Citoiens en fit une Ville plus riche & plus importante qu'elle n'étoit auparavant. Il y avoit dans cette Ville une Chapelle confacrée aux Eumenides qu'on difoit avoir été dediée par Orefte. On avoit une prevention, favoir que fi un homme coupable de meurtre, d'incefte, ou de quelque autre crime, entroit par curiofité dans cette Chapelle ; il étoit auffitôt faifi d'afreufes terreurs jufqu'à en perdre la raifon. Les ftatues des Déeffes étoient de bois, de mediocre grandeur. Dans le veftibule du Temple étoient de parfaitement belles ftatues de femmes, & les habitans croioient qu'ils reprefentoient des Prêtreffes des Eumenides [h]. Cette Ville n'eft point differente de la CERAUNIE que Strabon met dans l'Achaïe.

[h] Paufanias Ibid.

CERYNITES, Riviere d'Arcadie au Peloponnefe. Elle a fa fource au Mont Cerynea, paffe auprès de la Ville de Cerynée, & coule le long des frontieres de l'Achaye. Paufanias [i] ne dit point s'il fe perd dans la Mer immediatement ou dans quelque autre Riviere.

[i] Ibid.

CESANO [k], (LE) en Latin Sena, petite Riviere d'Italie dans l'Etat de l'Eglife au Duché

[k] Baudrand, Ed. 1705.

ché d'Urbin. Elle passe près de Pergola & se jette dans le Golphe de Venise à quatre milles de Senigaglia au Couchant.

CESARE'E, la flaterie & quelquefois même la reconnoissance ont engagé des Villes qui avoient déja un nom à le quitter pour prendre celui de quelque homme illustre & puissant qui les avoit ou reparées ou embellies. On sait que Cesar est le nom de celui qui détruisit la liberté de la Republique Romaine; il se contenta du nom de Dictateur, ses successeurs prirent la qualité d'Empereurs; & se dirent Cesars, même long-temps après que cette famille fut éteinte avec Neron. Dans la suite la qualité d'Empereur & celle de Cesar furent divisées. Ce nom de surnom qu'il étoit devint un nom de dignité affecté au Successeur designé à l'Empire; la premiere personne après l'Empereur. En ce sens nos bons Ecrivains ont commencé à donner un article au mot *Cesar*, & disent le Cesar N. mais cela appartient plus à l'Histoire qu'à la Géographie, plusieurs Villes ont porté le nom de CESARE'E. Voici les plus remarquables.

I. CESARE'E DE PALESTINE,

[a] Ville de Palestine près de la mer Mediterranée où elle avoit un port. Les Juifs la nommoient eux-mêmes Cesarée קיסרין. On la nommoit auparavant la Tour de Straton. On lit dans la Préface de la Novelle 103. que Straton fut le premier qui lui donna la forme de Ville & que cet homme qui étoit venu de Grece fut le fondateur de cette Ville. St. Epiphane [b] joint les deux noms *Cesarea quæ & Stratonis*. Ptolomée [c] dit, *Cesarée de Straton*; le même St. Epiphane [d], dit ailleurs *Cesarée* simplement & sans addition. Les Latins pour la distinguer des autres Villes de même nom l'ont appellée Cesarée de Palestine, *Cæsarea Palæstina*, ou *Cesarea Palæstina*. C'est de ce dernier mot que se sert l'ancien Itineraire de Jerusalem qui met LXXIII. Milles de Tyr à Cesarée, *à Tyro Cæsaream Palæstinam.* MIL. LXXIII. Ce fut Herode qui lui donna le nom de Cesarée en l'honneur d'Auguste [e]. L'Auteur de la Preface de la Novelle déja citée se trompe quand il dit que ce nom lui fut donné par Vespasien, cela n'est point: Vespasien n'y fit qu'envoyer une Colonie Romaine, Josephe parle souvent de Cesarée. Voici à quoi se reduit ce qu'il nous en apprend: elle s'appelloit autrefois la Tour de Straton, elle étoit située au bord de la Mer, & Herode l'orna d'un port & de Temples [f]. Elle étoit dans la Phénicie entre Dora & Joppé, & Herode y fit faire un Port & des Edifices publics. [g] Le Roi employa dix ans à l'orner, & lui donna le nom de Cesarée en l'honneur d'Auguste, [h] il y eut dispute entre les Juifs & les Syriens de Cesarée; ceux-ci disoient que la Ville avoit été bâtie par Herode, & les autres soutenoient qu'il n'y avoit point demeuré de Juifs du temps qu'on l'appelloit la Tour de Straton [i], elle étoit à six cens stades de Jerusalem, & passoit pour la plus grande Ville de la Judée [k]. Elle étoit habitée par des Grecs & située dans une plaine au bord de la Mer.

Son premier nom, selon l'Interprete Arabe de St. Matthieu, est HASOR dont il est parlé dans Josué [l]; ASOR selon la Vulgate. Les Juifs ont cru qu'elle est la même qu'EKRON, (la Vulgate dit Accaron) du Prophete Sophonie. [m] Lighfoot [n] doute qu'ils aient parlé serieusement. Ce n'est, dit-il, en partie qu'une allusion des mots עקרון & צקר, & en partie l'envie d'injurier cette Ville en la faisant passer pour une Ville Payenne, & en la comparant avec Ekron ou Accaron Ville de Beelzebut. Le port de Cesarée est nommé par Josephe [o] Σεβαςὸς λιμήν le Port Auguste, en l'honneur de Cesar, mais comme la Ville fut plus fameuse que son port le nom de Σεβαςὴ fut donné à la Ville. Elle fut faite Colonie en même temps qu'*Ælia Capitolina* [p], c'est le nom que portoit alors Jerusalem. Vespasien y avoit bien envoyé des Colons, mais sans donner aux habitans le droit d'Italie; il se contenta de les exempter de la capitation. Titus declara que le territoire avoit aussi acquis l'immunité.

Cesarée étoit de la Samaritide hors de la Judée comme il paroit par les Actes des Apôtres, où il est dit d'Herode [q]: Et il s'en alla de Judée à Cesarée où il demeura; on lit aussi [r]: pendant notre demeure en cette Ville (à Cesarée) qui fut de quelques jours, un Prophete nommé Agabus arriva de Judée [s]. On le peut prouver encore de ce qu'elle n'étoit d'aucune de ces Tribus de Juda, de Benjamin, de Simeon, & de Dan, qui étoient ce qu'on appelloit la Judée [t]. Il est souvent parlé de Cesarée dans le Nouveau Testament, sur tout dans les Actes des Apôtres. C'est là que le Roi Agrippa fut frapé du Seigneur pour n'avoir pas rendu gloire à Dieu lorsque le peuple le combloit de louanges [v]. C'est à Cesarée que demeuroit le Centenier Corneille qui fut baptisé par St. Pierre [x]. C'est là que le Diacre St. Philippe avoit sa demeure avec ses IV. filles Vierges [y]. C'est dans la même Ville que le Prophete Agabus prédit à St. Paul, qu'il seroit lié & arrêté par ses ennemis à Jerusalem. [z] Enfin le même Apôtre demeura deux ans prisonnier à Cesarée en attendant qu'on le conduisît à Rome; où il avoit appellé au Tribunal de Neron. Theophane dans sa Chronique marque à l'année de Jesus-Christ 548. la 19. de l'Empire de Justinien, que la Ville étoit alors peuplée de Juifs & de Samaritains. Il raconte une revolte de ces gens-là contre les Chrétiens, les ravages qu'ils firent & le châtiment qui en fut fait: dès le siécle precedent l'an 484. ils avoient tâché de chasser les Chrétiens, comme le marque la Chronique Pascale. Procope dans son Histoire secrete raconte sous la seconde année de Justinien, les Samaritains ayant pour Chef un nommé Julien. Les habitans de Cesarée abjurerent le *Samaritanisme*, & embrasserent la foi Chrétienne mais ceux de la Campagne, plus entêtez, prirent les armes sous un Chef qui fut taillé en pieces avec eux. On compte qu'il fut tué plus de cent mille personnes, que le Pays fut si depeuplé que les terres quoique très-fertiles demeurerent sans que personne les labourât. Cyrille de Scythopolis raconte la même Histoire dans la Vie de St. Saba.

L'an 1102. [a] Baudouin I. assisté des Pisans & des Genois mit le siége devant Cesarée, où

n Reland. Palæst. p. 670.

b de pond. & mens. p. 175.
c l. 5. c. 16.
d l. 2. adv. Hæreses. p. 730.

e Joseph. Antiq. l. 15. c. 11.

f Ant. l. 15. c. 13. & de bell. l. 1. c. 16.
g Ant. l. 16. c. 9.
h Ant. l. 15. c. 11. & l. 19. c. 7. l. 20. c. 6.
i Ant. l. 13. c. 19. & de bell. l. 1. c. 3.
k De bello l. 3. c. 14. & 16.

l c. 11. v. 1.

m c. 2. v. 4.
n Centur. Chorog. Mathæo præmissa. c. 57. p. 213.

o Antiq. l. 17. c. 7. & de bell. l. 1. c. 20.
p Ulpian. l. 1. de censib. Paul. l. 2. de cens. §. 7.

q c. 12. v. 19.

r c. 21. v. 10.

s D. Calmet Dict.

t Act. c. 12. v. 23.

v c. 10. v. 1. & seq.
x c. 8. v. 40.

y c. 21. v. 10. & 11.

z c. 23. 24. & 25.

a Doubdan Voyage de la Terre sainte.

CES.

où le Patriarche portant la vraye Croix les Chrétiens donnerent un si rude assaut qu'ils forcerent les assiégez de quitter leurs remparts, & de se retirer dans un très-beau & magnifique Temple qu'Herode [a] avoit fait faire en l'honneur de Cesar Auguste : Ce Temple étoit encore débout & pouvoit servir de Citadelle. Ils y tinrent bon quelque temps, & furent encore contraints de ceder à la force. La plûpart fut passée au fil de l'épée & les autres furent mis aux fers. Entre les dépouilles qui s'y trouverent on dit que les Génois eurent pour leur part un grand Bassin, fait d'une seule Emeraude d'un prix infini, & quelques-uns ajoutent que c'est le même dont notre Seigneur se servit en la derniere Cene, & il est religieusement gardé sous ce titre dans le Tresor de Gènes. Les François & autres Nations s'étant apperçus que ces Infidelles avoient avalé tout leur or, brûlerent presque tous ces corps pour chercher dans les cendres ce qu'ils ne trouvoient point dans les Coffres. La Ville étant purgée & nétoyée ils firent choix d'un nommé Baudouin, pour être Archevêque à la charge d'entretenir cinquante Soldats dans l'Armée du Roi.

Les Chrétiens garderent la Ville jusqu'au temps de Saladin qui la prit & l'abandonna après l'avoir ruinée. Conradin acheva après lui de renverser le Château ; mais quelque temps après les Pelerins le rétablirent, & depuis encore St. Louis la releva de ses ruines, & la remit en état de se pouvoir défendre ; mais en 1264. Bendocdar la prit par Trahison, & depuis qu'elle est entre les mains des Turcs, elle est presque toute ruinée. [b] Elle étoit la Metropole de tout le Pays, & de Jerusalem même jusqu'à ce qu'on eut deferé à celle-ci les honneurs & les droits du Patriarchat. Comme elle étoit le Siége du Gouverneur de la Province, on y rassembloit durant les persecutions, les Chrétiens accusez pour y être jugez ; c'est ce qui fait que la plupart des Martyrs de la Palestine ont souferts à Cesarée. Cette Ville est la Patrie de Procope, cet Historien a semé ses Ouvrages de Descriptions Géographiques, & ses six livres des Edifices répandent beaucoup de jour sur la Géographie de ce temps-là. Elle a eu pour Evêque Eusebe qui outre l'Histoire de l'Eglise, & quelques autres Ouvrages que nous avons de lui comme sa Chronique, la Vie de Constantin, un Commentaire sur les Pseaumes, a encore écrit un Ouvrage sur les noms Géographiques de l'Ecriture sainte.

2. CESARE'E DE PHILIPPE, Ancienne Ville de la Palestine dans la haute Galilée. Ou, ce qui est la même chose, dans la Galilée des Nations, vers les sources du Jourdain, près du mont Liban du côté de la Celesyrie. On croit qu'elle s'appelloit d'abord Laïs, lorsque du temps de Josué & des Juges, elle étoit comprise dans la Tribu de Nephthalim ; voyez Laïs. On ajoute qu'elle prit ensuite le nom de Dan, depuis que six cens hommes armez de la Tribu de Dan, voulant éviter le voisinage & les vexations des Philistins, allerent s'en rendre les Maîtres & s'y établirent avec leurs familles. Voyez Dan 3. où l'on avertit que Dan étoit differente de Paneas, ou Paneade,

CES.

qui est la Cesarée dont il est ici question. Eusebe [c] distingue Dan de Paneas, comme deux lieux voisins. Elle fut appellée Paneas ou Pane'ade par les Pheniciens [d]. Philippe le Tetrarque la fit bâtir, ou du moins l'embellit & l'augmenta, & lui donna le nom de Cesare'e en l'honneur de Tibere ; ensuite on lui fit porter le nom de Neroniade en l'honneur de Neron [e]. Cesarée étoit à une Journée de Sidon [f] & à une Journée & demie de Damas. [g] La source du Jourdain, qui paroissoit près de Cesarée de Philippe, venoit par des Canaux souterrains & naturels du Lac Phiala, qui en étoit éloigné de cent vingt stades, ou de cinq lieues [h].

On dit que la Femme qui étoit incommodée d'une perte de sang étoit de Cesarée de Philippe, & qu'après sa guérison étant de retour dans sa Ville elle érigea une statue à son bienfacteur [i] ; au pied de cette statue croissoit une herbe, qui avoit la vertu de guerir plusieurs maladies. Julien fit renverser cette statue & fit mettre la sienne en la place ; mais les Chrétiens du lieu prirent celle du Sauveur, la placerent avec honneur dans leur Eglise, & le feu du Ciel consuma celle de Julien [k]. Ce fut près de cette Ville que Jesus-Christ, interrogea ses Disciples sur ce qu'on disoit de lui dans le monde, & que St. Pierre lui rendit le temoignage qui lui valut la primauté entre les Apôtres. [l]

3. CESARE'E DE CAPPADOCE [m], Ville de la Cappadoce dont elle étoit la Metropole ; jouissant de la Primatie, ou de l'Exarchat du Diocese du Pont, qui comprenoit onze Provinces dans l'Asie mineure & l'Armenie. Elle étoit toute Chrétienne au IV. Siécle & on n'y souffroit ni Payen, ni Herétique, du temps de Strabon elle s'appelloit encore Mazaca. Dans la Prefecture nommée Cilicie, il y a, dit-il [n], Mazaca Metropole de la Nation : on la surnomme aussi Eusebie, auprès du mont Argée. Mais, comme observe Cellarius [o], le nom d'Eusebie disparut quand on lui eut donné celui de Cesarée ; on a pourtant une Medaille dont une partie de la légende est éfacée sur laquelle on lit nom, ETCEBEIAC .... APEIAC [p], ce qui manque est KAIC, & la legende entiere est Εὐσεβείας Καισαρείας, on y voit le Mont Argée comme sur les autres Medailles de cette Ville. Justinien a cru qu'elle avoit le nom de Cesarée de Jules Cesar ou d'Auguste ; du moins au commencement de la xxx. Novelle, il dit qu'elle porte le nom du Fondateur de l'Empire Romain; mais une preuve que ce ne fut pas sitôt, c'est que [p] Strabon contemporain de Tibere, & qui avoit vécu sous Auguste n'eût pas ignoré ce nom, ni manqué de s'en servir. Strabon étoit vieux & son livre déja composé lorsque Tibere fit ce changement de nom. Eusebe dans sa Chronique dit que ce fut Tibere qui ordonna que Mazaca s'appelleroit Cesarée. Eutrope [q] dit de même en parlant de cet Empereur : il attira auprès de lui à force de caresses, quelques Rois qu'il y retint, entre autres Archelaus de Cappadoce dont il reduisit le Royaume en forme de Province Romaine, & ordonna que l'on donneroit son nom à la principale Ville qui est Cesarée, au lieu

CES. CES. 465

lieu qu'on la nommoit auparavant Mazaca. Il est vrai que Sextus Rufus [a] dit que les Cappadociens avoient tant de veneration, pour la Majesté Romaine que Mazaca la plus grande Ville de Cappadoce, porta le nom de Cesarée en l'honneur d'Auguste. Ce passage n'est point contraire à l'autorité d'Eusebe & d'Eutrope; car de même qu'Auguste avoit donné le nom de Julie à plusieurs Villes en memoire de Jules Cesar son Pere adoptif, de même Tibere a pu donner ce nom de Cesarée à la capitale de Cappadoce en memoire d'Auguste. Les plus anciennes traces que l'on trouve du nom de Cesarée est une Médaille de Neron, sur laquelle est une fort haute montagne avec le mot ΚΑΙΣΑΡΕΙΑΣ, ensuite on a le témoignage de Pline [b] qui dit : la Cappadoce a au pied du mont Argée *Mazaca*, qui est presentement nommée Cesarée. L'Empereur Julien l'Apostat [c] étant venu en cette Ville l'an 362. voulut lui laisser des marques de la haine qu'il lui portoit, à cause qu'elle étoit presque entierement Chrétienne, & qu'elle étoit comme la mere des autres Eglises de la Province, où il sembloit que la Religion de Jesus-Christ se trouvoit dans un état plus florissant qu'en plusieurs autres endroits de l'Empire. De tous les Temples qu'il y avoit eu autrefois en fort grand nombre dans Cesarée, il n'étoit resté que celui de la Fortune sous ses Predécesseurs, & les Chrétiens venoient encore à l'abbatre sous son Regne. Il en voulut punir toute la Ville; il l'éfaça du Catalogue des Citez, quoi qu'elle fût Metropole de la Province, voulut qu'elle reprît son ancien nom de *Mazaca*, lui ôtant celui de Cesarée que Tibere lui avoit donné. Il fit enrôler tous les Ecclésiastiques dans la milice la plus méprisable qui étoit celle du Gouverneur. Il fit taxer les Laïques avec leurs femmes & leurs enfans sous pour payer tribut comme dans les Villages, menaçant avec serment tous les habitans que s'ils ne rétablissoient promptement les Temples, il feroit sentir les effets de toute son indignation à la Ville, & qu'il en couteroit la vie aux Galiléens, c'est ainsi qu'il appelloit les Chrétiens ; tous ceux qui avoient eu part à la démolition du Temple de la Fortune, furent punis les uns de mort, les autres d'exil; mais ce Prince si louable en tout ce qui n'avoit point de raport à la Religion Chrétienne, qu'il haïssoit en vrai Renegat après l'avoir professée quelque temps ne porta pas loin son crime, il perit la septiéme année de son Empire; ses Successeurs n'heriterent pas de sa haine sacrilege. Jovien Chrétien aussi zelé que Julien l'étoit pour le Paganisme auroit tout reparé s'il eût vecu assez longtemps. Cependant l'Eglise de Cappadoce n'eut plus à combattre des Payens, mais les Ariens. St. Basile Evêque de Cesarée soutint vigoureusement la foi du Concile de Nicée. Ce fut pour le chagriner que l'Empereur Valens partagea la Province en deux, en premiere & en seconde, & Tyane devint Metropole de la seconde Cappadoce, comme je le rematque à l'Article CAPPADOCE.

Ce qu'on a dit jusqu'ici en divers passages alleguez dans cet Article de la grandeur de Cesarée, n'étoit pas tant un avantage de cette

[a c.11.]

[b l.6.c.3.]

[c Baillet Vie de St. Eu.- sique au 9. Avril.]

Ville qu'un défaut ; Procope s'en explique ainsi [d]: Cette Ville étoit grande du temps des premiers Empereurs Romains & fort peuplée. Sa grandeur la rendoit aisée à attaquer & mal aisée à défendre. Elle contenoit dans son enceinte un grand espace de terrain qu'il n'auroit pas fallu enclore, & qui ne servoit qu'à la rendre plus exposée aux courses & aux violences des Ennemis. Il y avoit plusieurs hauteurs fort éloignées les unes des autres, que ceux qui avoient bâti la Ville avoient voulu enfermer de peur que les assiégeans n'en tirassent de l'avantage, & ainsi ils avoient augmenté le peril en pensant pourvoir à la sureté. On avoit enclos des rochers, des jardins, des pâturages qui étoient depuis demeurez dans le même état, & où l'on n'avoit point fait de bâtiment; de sorte que les Maisons étoient séparées & privées de la commodité que le voisinage apporte; de plus il n'y avoit jamais de Garnison suffisante à proportion de l'étendue, & il n'étoit pas au pouvoir des habitans de faire la dépense necessaire pour entretenir les murailles. Ainsi n'étant point fermez ils étoient dans une apprehension continuelle. Justinien fit abbatre une partie des murailles afin d'en reduire l'enceinte à une juste grandeur qu'il fit bien fortifier, & où il établit une bonne Garnison & par cette sage prevoyance, il procura la sureté & le repos aux habitans. Cette Ville subsiste encore, mais il paroît par ce qu'en dit le Sr. Paul Lucas, qu'elle est dans une assiéte differente, & qu'on a éloignée du Mont Argée. Voici ce qu'il en raporte en son Voyage dans l'Asie mineure, l'Afrique [e], &c. La Ville de Cesarée est située dans une belle plaine, & éloignée du Mont Argée d'environ une demie heure de chemin. Il faut bien l'espace de deux heures pour faire le tour de ses murailles. Elle est faite en quarré, mais plus longue que large. Ses murailles sont bâties de grosses pierres de taille. Par dedans elles sont faites en arcade. Par dehors, de 20. pas en 20. pas ce sont des tours triangulaires la plupart, ou quarrées ; le Château est presque au milieu de la Ville. Les Bazards y sont fort beaux & l'on y fait un commerce considerable de coton. Les habitans sont tous assez polis. La plupart sont gros & d'une stature fort avantageuse. Les femmes y sont plus retirées qu'en aucun lieu de Turquie où j'aie été : mais la qualité de Medecin me donnant entrée dans tous les Harrems, j'y en vis plusieurs & je trouvai que le pays ne manquoit point de beautez.

Je fus avec quelques personnes voir les dehors de la Ville du côté du Midi. Après avoir marché un quart de lieuë, nous trouvâmes de vastes édifices tous de très-belles Pierres de taille. Les uns sont bâtis en forme de tours & finissent en dôme : les autres semblables à des pains de sucre, se terminent en pointe. On me dit que ces monumens venoient des Perses ; & sans doute ils tiennent de leur magnificence. Par dedans ils sont tous revêtus d'un beau marbre. Il y a quelque apparence qu'on les a bâtis pour des sepultures ; car dans chacun on voit 2. 3. 4. & même quelquefois cinq especes de Tombeaux de Marbre blanc. Au rapport des gens du Païs

[d Ædific. l.5.c.4.]

[e 1.part. c, 18.p.136.]

Tom. II. Nnn* les

les Infcriptions en font Perfanes. J'étois au defefpoir de ne pouvoir pas les lire, ni faire la dépenfe d'y mener un Moullak; elles donneroient fans doute de belles connoiffances pour l'Hiftoire de ce Païs, dont les peuples nous font prefque inconnus, à plus forte raifon leurs actions.

De-là nous avançâmes du côté du Ponant. Nous trouvâmes une Riviere qui, à ce qu'on me dit, fournit d'eau toutes les Fontaines de la Ville. Nous la paffâmes fur de groffes Pierres de taille, qui font au travers. Comme ces Pierres ne fe joignent pas, l'on voit deffous une eau claire & des plus fraiches. Nôtre promenade nous mena infenfiblement vers le Mont Argée. Il n'eft éloigné de la plaine de Cefarée que de demi-heure de chemin. C'eft une montagne d'une hauteur prodigieufe, & fur le haut de laquelle il y a des neiges dans toutes les faifons de l'année. Au pied nous trouvâmes d'anciennes ruines, affreufes & trop confufes pour donner aucune idée de ce qu'elles étoient autrefois. Proche de ces ruines eft un bâtiment qui a toute la figure d'un Temple. Comme j'étois fur une terraffe voifine, mes amis m'affurérent que deffous étoient les corps de quarante filles Martyres, fans me marquer en quels tems on les avoit fait mourir. J'y apperçus un trou de la largeur du Corps d'un homme qui menoit dans le caveau & par où il me fembloit qu'on pouvoit paffer facilement. L'envie m'en aiant pris, je fis battre le fufil, j'allumai une bougie, & après avoir ôté la plûpart de mes habits, je m'y gliffai avec deux perfonnes des plus menues de la Compagnie qui m'y fuivirent.

Nous trouvâmes le Caveau bâti de bonnes Pierres de taille. On peut s'y tenir droit. Nous y vimes quantité d'offemens & de morceaux de biere; & ce qui eft fingulier, fi c'eft une fepulture ancienne, nous remarquâmes des bras, & des jambes, & quelques autres endroits du corps encore pleins de chair, mais d'une chair feche & endurcie par la longueur du tems. Ce caveau eft quarré, il y avoit autrefois une porte; elle eft à prefent bouchée. Il y a bien veritablement une quarantaine de corps; & je trouvai tout affez conforme à ce qu'on m'avoit dit de ces 40. Martyrs; mais on ne me put apprendre aucune autre particularité de leur Hiftoire. Nous reffortîmes avec plus de peine que nous n'en avions eu à entrer. De tous ces vieux Bâtimens qui fans doute du tems des Romains ont été confiderables, l'on ne voit plus que d'épaiffes murailles; le refte ne prefente que des ruines & des monceaux de Pierres qui d'efpace en efpace font de petites montagnes. J'en fis le tour fans y voir aucune Infcription. A quelque diftance de-là nous apperçûmes d'autres ruines d'une plus grande étendue: auffi eft-ce là qu'étoit l'ancienne Cefarée. L'on y remarque par tout des ouvertures fouterraines. J'eus la curiofité de defcendre dans plufieurs que je trouvai comme le caveau pleines d'offemens & de planches de bieres rompuës ou pourries. La tradition du Païs eft que ce font des os de Martyrs, & veritablement les lieux où ils fe trouvent ont affez l'air de Catacombes. Ces lieux fouterrains ne font point differens des autres, foit qu'ils foient faits de la main des hommes, ou que la nature elle-même les ait fabriquez. Tout y eft bâti de bonnes Pierres de taille, bien travaillé & diftingué même par quartiers & par chemins, de forte que l'on s'y perdroit prefque, fi l'on ne prenoit point garde à foi.

La Ville de Cefarée a été demolie quatre fois & rebâtie autant, ce qui fait qu'on n'y trouve point d'anciens monumens, ni d'Infcriptions. Au refte il paroît que l'ancienne Ville étoit abfolument au pied du Mont Argée, & qu'enfuite on en a éloigné les nouvelles Villes, parceque la proximité de la montagne étoit caufe de quelque incommodité.

Cette Ville eft la Patrie de Paufanias, dont nous avons une defcription de la Grece en dix livres. J'en ai tiré de grands fecours pour ce Dictionnaire où je le cite fouvent. J'en parle plus au long dans l'Hiftoire de la Geographie où je le défends contre les capricieufes cenfures de Scaliger.

4. CESARE'E, Ville d'Afie dans l'Armenie mineure. C'eft Pline[a] qui la fournit & pas un autre Géographe n'en a parlé. Ce filence a engagé le R. P. Hardouin à croire (exiftimo) que c'étoit la *Neocefarée*; que Nicephore Califte[b] dit avoir été bâtie au bord de l'Euphrate. Nicephore[c] dit: que Paul Evêque de Neocefarée Ville fituée au bord de l'Euphrate; mais les Notices & fur tout celle de Leon le fage, mettent dans l'Euphratenfe une Ville Epifcopale nommée fimplement Cefarée. C'eft de celle-là que Nicephore a parlé & l'Armenie mineure ne s'étendant point au delà du Mont Amanus qui la feparoit de l'Euphratenfe où étoit Neocefarée elle ne peut convenir avec la Cefarée de Pline. Holftenius dit que cette Neocefarée de la Syrie Euphratenfe, dont parlent les Notices & les Conciles, eft la même dont Procope dit[d]: Il y avoit dans l'Euphratenfe d'autres Villes comme Zeugma, & Neocefarée qui n'étoient fermées que de murailles de boue, & où il n'y avoit pas même où placer les Soldats. Juftinien y fit faire des murailles plus hautes & plus folides, & de plus de défenfe: l'autorité de Pline demeure unique en faveur de Cefarée de l'Armenie mineure.

a l.6.c.9.

b Hift.Eccl. l. 8.
c c. 4.

d Ædific. l.2.c.9.

5. CESARE'E ou CESARE'E PRE'S D'ANAZARBE, Ville de CILICIE. Voyez ANAZARBE.

6. CESARE'E, Colonie de Pifidie. Voyez ANTIOCHE 2.

7. CESARE'E, Ville de Bithynie entre le fleuve Rhyndacus & le Mont Olympe ou plutôt entre Nicée & Prufe, affez près de la Mer; quoiqu'à quelque diftance felon Ptolomée[e]. Il en a marqué l'ancien nom, mais la variation des Manufcrits laiffe douter fi c'étoit SMYRALEA, ou Smyrdiana. Quoi qu'il en foit, cet ancien nom, de quelque maniere qu'on l'écrive, eft entierement inconnu, & la Ville entiere ne le feroit gueres davantage fi les Notices Eccléfiaftiques & les Conciles n'en avoient parlé. Hierocles la met au x. rang entre les Villes de Bithynie; elle eft la IX. dans la Notice de Leon le fage.

e l.5.c.1.

8. CESARE'E, Ville d'Afrique dans la Mau-

CES.

Mauritanie. On la nommoit anciennement JOL comme les anciens Géographes en conviennent. Strabon dit[a] : sur cette côte il y avoit une Ville nommée Jol que Juba Pere de Ptolomée ayant rebâtie, il lui fit changer de nom pour prendre celui de Cesarée. Elle a un Port devant lequel il y a une Isle. Eutrope dit d'Auguste[b] : il étoit si cheri des barbares mêmes que les Rois amis du Peuple Romain bâtirent en son honneur des Villes qu'ils appellerent Cesarée; comme fit Juba en Mauritanie & Herode en Palestine. Pline[c] dit : le Promontoire d'Apollon. Il y a là une Ville très-celebre, savoir Cesarée autrefois appellée Jol, residence du Roi Juba, gratifiée du droit de Colonie par l'Empereur Claude. Delà vient qu'elle est nommée par Antonin[d] Colonie. Le mot LA *(ibi)* ne doit pas être pris dans Pline comme si cette Ville eût été immediatement auprès du Promontoire d'Apollon. Ptolomée place une Riviere, & un Bourg entre deux. Pomponius Mela avoit dit de Cesarée[e] : Jol au bord de la Mer n'étoit gueres connue ; mais depuis que Juba y a eu sa Cour, & qu'on l'appella Cesarée elle a aquis de l'éclat. Ortelius se moque avec justice des ignorants, qui ont cru que c'étoit FEZ. Holstenius[f] dit que le nom moderne est *Alcaisar*, autrement *Alger.* Cellarius dit que l'opinion la plus generale est que c'est *Alger.* Mr. Baudrand que c'est CAPO FIGALO, opinion qu'il a prise dans Ortelius[g], qui la donne comme étant celle de Pinet Traducteur de Pline. Mr. Baillet[h] observe très-bien que Cesarée étoit située près du lieu où l'on voit aujourd'hui Tenez : & qu'elle a été confondue mal-à-propos avec Alger, qui en est à plus de quarante lieues. Il est certain qu'Alger est beaucoup trop à l'Orient & qu'il n'y a rien, qui reponde mieux que *Tenez* à la vraye situation de Cesarée. Le R. P. Hardouin dit sur le passage cité de Pline : ou c'est aujourd'hui Tenez, ou Tenez a été bâtie des ruines de Cesarée. Cette Ville étoit Metropole d'une partie de la Mauritanie, qui en prit le nom de MAURITANIA CÆSARIENSIS. Voiez l'Article MAURITANIE.

9. CESARE'E, Ptolomée[i] nous apprend que la Ville de TINGIS Capitale & Metropole de la Mauritanie Occidentale, qui en prenoit le nom de Mauritanie Tingitane étoit aussi nommée CESARE'E. Voiez TANGER & TINGIS.

10. CESARE'E, Antonin dans son Itineraire Maritime met Cesarée au nombre des Isles situées dans la Mer, qui baigne les côtes des Gaules, & de la Grande Bretagne. La plûpart des Modernes ont cru que c'est l'Isle de JERSAY. Un peu de ressemblance dans le nom est tout le fondement de leur conjecture.

CESARE'ENS. Voiez CESSARES.

CESARIENSE. Voiez MAURITANIE.

CESATA, selon Antonin[k], CESADA selon Ptolomée[l]. Le premier la met sur la route de Merida à Sarragosse ; entre Arriaca & Segontia à XXIV. M. P. de la premiere, & à XXVI. M. P. de la seconde. Selon Ptolomée c'étoit une Ville de la Celtiberie dans l'Espagne Tarragonnoise. C'est presentement ITA dans la Castille neuve près du Henares.

Tom. II.

[a] l. 17. p. 831.
[b] l. 7. c. 5.
[c] l. 5. c. 2.
[d] Itiner.
[e] l. 1. c. 6.
[f] Notæ in Ortel. Thes. p. 37.
[g] Thesaur.
[h] Topogr. des Saints p. 119.
[i] l. 4. c. 1.
[k] Itiner.
[l] l. 2. c. 6.

CES.

CESBEDIUM, Polybe[m] nomme ainsi un Temple de Jupiter situé au haut de la Ville de Selga, & qui tenoit lieu de Citadelle.

CESCUM, Ville de Cilicie. Il y couloit un ruisseau nommé Nus, mot qui veut dire *esprit, intelligence*; Varron[n] dit que ceux qui buvoient de son eau devenoient plus subtils & plus spirituels, delà étoit venu ce Proverbe parmi les Grecs. *Vous demeurez à Cescon*, disoit-on ironiquement aux sots & aux hebetez. On peut voir Hesyche & Suidas.

CESELETH-TABOR. Voiez CASALOTH.

CESENE[o], Ville d'Italie en l'Etat de l'Eglise dans la Romagne sur la Riviere de Savio avec un Evêché Suffragant de l'Archevêché de Ravenne. [p] Elle paroît une grosse Ville à considerer le nombre de ses Maisons; mais celui des habitans n'y repond pas ; & l'on passe de grandes rues presque entieres sans y voir personne, si ce n'est lorsqu'on arrive à la grande place. La Maison de Ville en fait un des ornemens avec une belle fontaine qui paroît au milieu d'un bassin, & de quatre figures qui soutiennent une grande tasse, où quatre Tritons rendent leurs eaux après en avoir fait part à la grosse pomme de pin, qui s'éleve au plus haut de la fontaine. La Ville de Cesene est située au pied d'une Montagne, qui porte son nom & qu'on appelloit autrefois *Sacer Mons*, c'est-à-dire le Mont Sacré ; & l'on voit sur un rocher les restes d'un Château qu'on tient que l'Empereur Frederic II. a fait bâtir. La Citadelle est à l'autre bout de la Ville, élevée sur un côteau de telle maniere qu'elle la commande entierement. L'Eglise Cathedrale est fort ancienne ; mais elle n'a aucune beauté considerable. Les Curieux vont voir le Couvent des Peres de St. François, & quelques Palais des Cardinaux dont les jardins sont d'une grande étendue. Cette Ville dont la Riviere de Savio lave le pied, a été soumise aux Bolonois, & Maghinardo de Sesanana s'en empara au commencement du XIII. siécle. Elle a ensuite appartenu aux Malatesta, & un de cette famille la remit à l'Eglise. [q] Cesene est environ à dix milles de Sarsina au Septentrion, & autant des frontieres de l'Etat du grand Duc de Toscane, presque au milieu entre Rimini & Faenza.

CESENATE[r], Bourgade d'Italie dans la Romagne au bord du Golphe de Venise entre Cervia & Pisarello. Il y a un petit Port pour des barques de pêcheurs. Le pays abonde en gibier de Mer, & particulierement en Canards. Ces paysans qui en ce lieu-là portent le nom bizarre de PANTHERES, en prennent en grande quantité dans les tems de neiges ou du plus grand froid, avec des filets & autres machines.

1. CESI[s], Bourg d'Italie dans l'Ombrie entre les Villes de Narni & de Terni, assez près de l'une & de l'autre. Il est sur le penchant d'une Montagne fort haute, qui n'est qu'un rocher exposé au Soleil depuis qu'il se leve jusqu'à ce qu'il se couche. Du côté du Nord ce rocher tient à d'autres Montagnes de l'Appennin. Des cavitez de ce rocher sort pendant les six mois que dure l'été un vent continuel & fort frais que les habitans conduisent par des

[m] l. 5.
[n] apud Plin. l. 31. c. 2.
[o] Baudrand Ed. 1705.
[p] Corn. Dict. Jouvin de Rochefort Voyage d'Italie.
[q] Baudrand Ed. 1705.
[r] Misson Voyage d'Italie T. 3. p. 184.
[s] Corn. Dict. Memoires dressez sur les lieux en 1703.

des Tuyaux en divers endroits de leurs Maisons, comme on a accoutumé d'y faire venir les eaux. Ces six mois étant passez, l'air rentre dans ces cavitez avec la même violence qu'il en est sorti & ne se fait plus sentir jusqu'après les six mois d'hyver. Dans la sale de l'une des Maisons de Cesi on lit cette inscription en vers Italiens où l'on fait parler le Vent en ces termes.

Jo che del Mar Tirreno hebbi l'impero
E con tempeste al mio spirar gia pronte
Feci piu volte al timido nocchiero
Turbar le ciglia e impallidir la fronte,
Vengo del altrui voglie hor prigioniero,
D'alte concave viscere d'un monte.
Qui cauto impari ogni superbo intento
Che ogn' humana grandezza è pur un vento.

2. CESI, Peuple des Indes voisins des CETRIBONI. Voiez ce mot.

a D. Calmet Dict.
b Josué c. 15. v. 30.

CESIL[a], Ville de Palestine dans la Tribu de Juda[b]. Eusebe l'appelle XIL & la met dans la partie Meridionale de Juda.

c D. Calmet Dict.
d Josué c. 19. v. 20.

CESION[c], Ville de la Palestine dans la Tribu d'Issachar. [d]Elle fut cedée aux Levites de la famille de Gerson.

CESSAN, lieu d'Egypte où Artaban écrit que demeuroit Palmaneth Roi qui avoit beaucoup de dureté pour les Juifs, selon Eusebe cité par Ortelius[e].

e Thesaur.

CESSARES, Peuple de la Terre Magellanique à l'Orient de la Cordillera de los Andes vers le 310. d. de longitude, & le 44. d. de latitude Meridionale, selon Mr. de l'Isle[f]. Dès l'an 1646. qu'avoit paru le livre du Pere Alonce Ouaglie contenant une Relation historique[g] du Royaume de Chili & des Missions des RR. PP. Jesuites, on avoit connoissance de ce Peuple. Ce Pere nommé le P. Ovalle[h] dans le Voyage de Woodes Rogers avoit déja dit que sur le Continent du Chili proche du Détroit de Magellan il y a un Peuple nommé CESSARES, qu'on s'imagine être descendus de quelques Espagnols, qui après avoir échoué à bord des vaisseaux que l'Evêque de Plaisance y avoit envoyez pour découvrir un passage aux Isles Moluques, se mêlerent avec une Nation Indienne; que leur race s'est multipliée depuis, & qu'ils leur ont enseigné à bâtir des Villes & à fondre des cloches. Il remarque aussi qu'occupé à écrire son Histoire du Chili, il reçut des Lettres de ces quartiers-là, où on l'informoit qu'un Missionnaire, & le Capitaine Navarro y avoient trouvé un Peuple dont le teint étoit blanc & les joues vermeilles, qui paroissoit actif & courageux, & qui selon toutes les apparences tiroit son origine de quelques Flamands, qui avoient eu le malheur d'y échouer. Ce Peuple parut imaginaire à quelques-uns & le Capitaine Woodes Rogers, qui entreprit un Voyage autour du monde vers le milieu de l'année 1708. en parle ainsi dans sa Relation[i]: comme depuis l'année 1646. qu'Ovale publia son Histoire, il n'y a pas un seul Voyageur qui ait dit un mot de ce Peuple, la Relation qu'il nous en donne pourroit bien être fabuleuse. Je me souviens d'en avoir vû faire mention dans les Voyages de Dampier; mais ma Me-

f Carte du Paraguai & du Chili.
g impr. à Rome in fol.

p. 175.

i T. 1. p. 182.

moire ne me rappelle pas en quel volume. Le P. Feuillée nous en apprend des circonstances, qui prouvent l'existence de ce Peuple. Le savoir & la probité de cet excellent Religieux, qui fait tant d'honneur à l'Ordre des Minimes ne permettent pas de douter de son temoignage. Voici ce qu'il dit de cette Nation: [k]"en 1539. l'Evêque de Plaisance ayant obtenu de l'Empereur (Charles V.) la permission d'envoyer quatre Vaisseaux aux Isles Moluques par le Détroit de Magellan, ils entrerent dans le Détroit après une heureuse navigation le 20. Janvier de l'année suivante 1540. Etant avancez environ vingt-cinq lieues au dedans, ils furent surpris par un vent d'Ouest qui ayant jetté sur la côte trois de ces Navires, les brisa; heureusement leurs Equipages se sauverent parmi lesquels on comptoit quelques Prêtres & dixhuit ou vingt femmes. Le quatrieme Navire tenant le large, ne reçut aucun mal, & le Capitaine peu sensible aux cris & aux larmes de ses camarades, & temoin du malheur, qui venoit de leur arriver, ne voulut embarquer personne dans la crainte de n'avoir pas assez de vivres & de trop charger son navire. Le temps ayant changé, il fit route vers la Mer du Sud & étant sorti du détroit il alla à Lima. On croit que ceux qui resterent ont été l'origine de ce Peuple appellé CESARE'ENS par les Chiléens (ce sont les mêmes que les CESSARES,) qui habitent une terre à 43. ou 44. d. de hauteur du Pole Antarctique, au milieu du Continent qui est entre la Mer du Nord & la Mer du Sud, pays extrêmement fertile & agréable, fermé du côté de l'Ouest par une grande Riviere fort rapide au raport de ceux qui ont été sur ses bords, qui disent avoir vû au delà de la Riviere des Peuples bien differents des naturels du pays, des linges fort blancs mis à sécher, & entendu des cloches, marques évidentes que ces Peuples suivent le Rit Romain. J'appris étant dans le Royaume de Chily que l'entrée dans les Terres des Cesaréens est défendue à tous les Espagnols, & que pour se conserver dans leur liberté, ils ont établi entre eux une Loi, que ceux qui seroient traitres à la Republique, & qui découvriroient son entrée seroient condamnez à mort, fût-ce le Chef de la Republique: ce qu'on apprit par un Indien leur Espion, qui ayant été gagné à force d'argent & de caresses par un Prêtre zelé, qui souhaitoit depuis long-temps d'aller prêcher à ces Peuples, s'étoit déja presenté sur le bord de la Riviere sans pouvoir passer au delà. L'Indien lui promit de lui montrer l'entrée, s'approchant des terres, il fit arréter, & le cacha dans le bois avec son valet, lui recommandant de ne pas paroître, & qu'il retourneroit la nuit suivante pour l'introduire. Il vint en effet; mais bien loin de le mener à la Ville, il l'assassina. Le valet du Prêtre temoin de cet attentat se cacha dans le bois & s'en retourna au Chili, où il rapporta cette Histoire. Il y a quelque apparence que la necessité ayant contraint ces pauvres malheureux après le naufrage à ramasser les debris de leurs Vaisseaux, étant tous sains & saufs; ils allerent ensuite chercher dans ces vastes pays une terre, qui leur fût convenable & propre à habiter, dans laquelle s'étant multipliez, ils forment

k Journal des observat. p. 295.

au-

CES. CET.   CET.   469

aujourd'hui une Republique : ces Peuples n'ayant besoin de rien, parce qu'ils trouvent chez eux tout leur nécessaire, sont bien aises de vivre dans la tranquilité ; ce qu'ils craindroient de perdre s'ils donnoient entrée à des Peuples étrangers. Il n'est pas surprenant qu'un Peuple, qui prend de si grandes précautions pour fermer la porte aux étrangers, ne soit gueres connu.

1. CESSE, Riviere du Luxembourg, selon Mr. Corneille. Voiez LESSE.

2. CESSE [n], petite Riviere de France dans le Languedoc. Elle a sa source au Diocèse de St. Pons entre Campredon, Ferrals, & Minerve ; puis serpentant vers l'Orient elle baigne la Caunette, & Celles Villages, g. après quoi se tournant vers le Midi elle passe au Bourg de BISES, & à Cabasac d. & à peu de distance delà elle traverse le Canal Royal dans le Diocèse de Narbonne où elle se perd dans l'Aude au dessus du Bourg de Cuxac.

CESSERO, ancienne Ville de la Gaule Narbonnoise, selon Pline [b]. Ptolomée met cette Ville, Κεσσερώ, chez les Volsques Tectosages. Antonin la place à douze lieues de Besiers. Poldus cité par Ortelius a cru que c'étoit Castres : j'ai déja averti de cette erreur au mot CASTRES. Varrerius cité par le même dit que c'est ST. HUBERT. C'est presentement ST. TUBERI Village sur l'Eraut à quatre lieues de Besiers, qui repondent aux douze milles d'Antonin. Le Martyrologe d'Adon [c] nomme ce lieu CESSARION dans le territoire d'Agde. *In territorio Agathensi in Cessarione SS. Martyrum Tiberii, Modesti, & Florentii qui tempore Diocletiani martyrium compleverunt.* On lit dans la Vie de St. Tuberi, *& subito apparuerunt juxta fluvium qui dicitur Araur in vico qui vocatur* CESERI, &c. On voit par ces temoignages que ce lieu a quitté l'ancien nom pour prendre celui du St. Martyr qui y avoit souffert.

CESSITANUS &
CESSITENSIS. Voiez CISSITANUS.

CESSUNIUM [d], dans l'Ambassade de l'Empereur Manuel aux Armeniens il est fait mention de Jean Evêque de ce lieu.

CESTRI, ancienne Ville Episcopale d'Asie dans l'Isaurie, selon la Notice de Hierocles. Voiez CESTRUS.

1. CESTRIA. Voiez CHESTER.

2. CESTRIA, ancienne Ville de l'Epire, selon Pline [e]. Ortelius remarque qu'il est souvent fait mention de Cestria au Concile de Chalcedoine.

CESTRUS, le Concile de Chalcedoine nomme ainsi au singulier la Ville de CESTRI dans l'Isaurie, au raport d'Ortelius.

CESUS, nom d'une Riviere, selon Phavorin, qui ne dit point de quel pays.

CETÆUM, Promontoire de l'Isle Taprobane, selon Ptolomée [f], à l'extremité Orientale de la côte Meridionale.

CETARIA, Ville de Sicile, selon Ptolomée [g] ; elle étoit selon lui sur la côte Occidentale. Les habitans en sont nommez *Cetarini* par Pline [h]. Son nom vient de τὰ Κητη, des Thons que l'on y pêchoit en abondance. On y en pêche encore quantité à SCUPELLO, qui est le nom moderne de cette Ville.

Les Anciens ont nommé CETARIA des étangs, & des reservoirs où ils gardoient du poisson de Mer, & principalement des Thons [k].

Plures adnabunt Thunni & Cetaria crescent.

CETE. (LE PORT DE) Voiez SETTE.

1. CETHE'ENS. Voiez HETHE'ENS.

2. CETHE'ENS. Voiez CETHIM.

CETHEUS, Riviere d'Asie. Voiez CETII.

CETHIM [l], Peuple qui tiroit son nom & son origine de CETHIM fils de Javan & petit-fils de Noé. D. Calmet pretend dans son commentaire sur la Genese [m] que Cethim avoit peuplé la MACEDOINE. Josephe entend Cethim de l'Isle de CHYPRE, d'autres de l'Isle de CHIO, d'autres de la CILICIE, d'autres de l'Achaye. Mais l'Auteur du premier livre des Maccabées l'entend, comme D. Calmet, des Macedoniens puisqu'il appelle Alexandre *Roi des Cithéens* [n], & qu'il dit que Persée Roi des Cithéens a été vaincu par les Romains [o]. Daniel [p] parle des vaisseaux de Cethim que Bochart croit designer la Flote Romaine. Il veut que Cethim marque l'Italie. Il est vrai que Daniel parle en cet endroit de la Flotte Romaine ; mais il l'appelle Flotte de Cethim parce qu'elle étoit des Ports de Macedoine, lorsqu'elle partit pour aller attaquer Antiochus sous la conduite de Caius Popilius ; & c'est de cet évenement que Daniel veut parler dans un passage cité par Bochart ; ainsi la Flotte de Céthim & de Macedoine est aussi Flotte Romaine dans cette rencontre.

CETHIS, Riviere d'Asie. Elle coule dans la Carmanie, selon Pomponius Mela [q]. C'est ainsi qu'on lit dans les Editions des Juntes [r] & des Aldes [s] & dans celle d'Olivarius [t] : *Cethis per Carmanios, supra Andanis & Corios effluunt.* Vossius [v] change tout cela & lit *Sabis per Carmanos, sub Pasagardis Coros effluunt.* Il pretend que cette Riviere est encore à present nommée JAB par les Persans, & que la Ville nommée *Sabis* par Ptolomée est appellée CHABIZ par ce même Peuple.

CETHLIS, Ville de la Palestine dans la Tribu de Juda [x].

CETHMONEI, les mêmes que les CEDMONE'ENS.

CETIA. Voiez SETIA.

CETIDIS, contrée de la Cilicie, selon Ptolomée [y]. L'Exemplaire Palatin lit CITIDIS. Les Villes de cette Contrée étoient

Anemurium,
Arsinoé,
Celenderis,   } au bord de la Mer.
Aphrodisias,

Olbasa > dans les terres.

Ses Rivieres

Arimagdus,
Calycadnus ou *Calycydnus.*

Il y avoit aussi le Promontoire *Zephyrium.*

CETII, Peuple d'Asie dans la Mysie, ainsi appellé d'une Riviere nommée CETE'E [z].

CET.

[a Odyss. λ. v. 518.]
[b l. 13. p. 116. & 120.]

Homere parle de cette Nation [a] & Strabon [b] aussi. Comme Eurypyle étoit leur Roi & que Strabon met les États de ce Roi aux environs du Caïque près de la Cilicie dont peut-être il possedoit une petite partie, cela ne s'accorde pas bien avec la Mysie. Le Cetée determineroit ; mais on ne sait où il est. Voiez pourtant CETIUM.

[e Baudrand Ed. 1705.]

CETINA [e], Riviere de la Dalmatie. Elle a sa source dans la Bosnie près du Bourg de Cetina, puis coulant vers le Midi elle passe à Bagnaluc & delà étant accrue de quelques Rivieres & Torrens elle se rend dans le Golphe de Venise près d'Almissa & vis-à-vis de l'Isle de la Brazza, à quinze milles au Levant de Spalato dans l'Herzegovine.

§. 1. Le cours de cette Riviere est vers le Sud-Est jusqu'à Radobilla, après quoi elle serpente vers le Midi Occidental. 2. Le P. Coronelli dans sa Carte de Dalmatie ne connoît aucun Bourg, ni Village nommé *Cetina*; mais bien un Pont qu'on appelle *Ponte Treglia* ou *Cetina*. 3. Cette Carte citée ne met point Bagnaluc auprès de cette Riviere. 4. Vis-à-vis au Midi de la Riviere, à l'Occident du Pont de Treglia se donna une action entre les Turcs & les Venitiens. Mustapha Beg y fut pris par le General Cornaro le 8. Septembre 1686. Les Anciens ont nommé cette Riviere NESSUS. Voiez ce mot.

CETIUM, ancien lieu de la Norique entre Comagenes & Arlape à XXII. milles de la premiere, selon les exemplaires des Juntes & des Aldes; à XXIV. M. P. selon l'exemplaire du Vatican & ceux dont Surita s'est servi, & à XXII. M. P. d'Arlape. Simler croit que c'est presentement SOTWIG ; & Lazius juge que c'est SEISSELMAUR, Village d'Autriche: il allegue en preuve des Inscriptions, où cette Ville de la Norique est nommée CECIA. Voiez CETIUS §.

CETIUM, Κήτιον, Riviere d'Asie en Mysie, selon Strabon qui dit qu'elle se jette avec quelques autres dans le Caïque. C'est apparemment sur ses bords qu'étoient les CETII.

CETIUS, Montagne de la Norique, selon Ptolomée. Cette vaste Montagne a divers noms selon ses differentes parties, & c'est presentement le KALENBERG, le SCHNEEBERG, le DEUBSBERG, le HERTZBERG, le HENGSTBERG, le SEMERING & le PLAITZ, selon Lazius.

§. Je ne vois aucune necessité de bâtir une ancienne Ville dans la Norique pour expliquer Antonin d'autant plus qu'il ne determine point ce que c'étoit que Cerius, Ville, Bourg, Riviere ou Montagne. Voici l'ordre dans lequel il en parle.

Vindebona
Comagenis XXIV. M. P.
Cetio   XXIV. M. P.
Arlape   XXII. M. P.

Or pour aller de *Vindebona*, à Arlape il faloit passer le Mont Cetius qui est entre deux, comme il faut encore le traverser pour se rendre de Vienne à Pechlarn. Ainsi c'est la Montagne qu'Antonin a marquée & non aucune Ville.

CET. CEU. CEV.

CETOBRICA ou CATOBRIGA, ou COETOBRIX, ancienne Ville d'Espagne dans la Lusitanie, sur la route de Lisbonne à Merida à XXIV. M. P. de la premiere selon Antonin, qui la nomme *Catobriga*. Ptolomée la donne aux Turdetains & la nomme CÆTOBRIX Καιτόβριξ. Les Savans semblent convenir que c'est SETUBAL, SETURAL ou ST. UBES, Ville Maritime de Portugal. Ortelius a eu des Memoires manuscrits où l'on assuroit que c'est TROIA.

CETRARO [d], (le) petite Riviere du Royaume de Naples dans la Calabre Citerieure sur la côte de la Mer de Toscane ; environ à dix milles de St. Marc au Couchant & autant de Paule pour le Septentrion.

[d Baudrand Ed. 1705.]

Je n'en trouve aucune trace dans les diverses Cartes que j'ai consultées; mais bien d'une Ville nommée CITRARO. Mr. Baudrand a pris ce nom pour celui d'une Riviere. Cependant son Article a été copié aveuglément par Mrs. Maty & Corneille.

CETRIBONI & CESI, anciens Peuples voisins dans les Indes entre le Fleuve Joman & l'Isle de Patalé, selon Pline [e].

[e l. 6. c. 20.]

CETRON, Ville de la Palestine. Elle étoit du partage de la Tribu de Zabulon, qui ne la put prendre sur les Chananéens [f].

[f Judic. c. 1. v. 30.]

CETTÆ, le Grec porte Κήττοι, Municipe ou Bourg de l'Attique dans la Tribu Léontide, selon Suidas.

CETUMA, Ville de l'Ethiopie sous l'Egypte, selon Pline [g].

[g l. 6. c. 29.]

CETUS, Riviere d'Italie auprès de Cumes, selon le livre des Merveilles attribué à Aristote. C'est le SILARUS des Géographes, à ce que croit Casaubon dans ses notes sur Strabon.

1. CEU (la) d'URGEL, il faut dire LA SEU D'URGEL ce mot venant de *Sedes*. Voiez URGEL.

2. CEU, Ville de la Chine dans la Province de Chanton ou Xantung ; elle est la quatrieme des Villes qui dependent d'Yencheu seconde Metropole de cette Province. Elle est de 13°. plus Orientale que Pekin à 36. d. de latitude, selon le P. Martini [h].

[h Atlas Sinicus.]

CEVA, Ville & Forteresse d'Italie dans le Piémont au Comté d'Asti sur le Tanaro, avec un bon Fort sur un rocher vers les frontieres du Duché de Montferrat & des Langhes vers le Mont Apennin. Elle est capitale du Marquisat de Ceva qui est le pays aux environs, & étoit sujette à ses propres Marquis, qui vendirent leur petit Etat à la Ville d'Asti, en 1195. ainsi elle est à present au Duc de Savoye à sept milles de Mondovi au Levant en allant vers Savonne, & à dixhuit d'Albe vers le Midi.

Les François disent CEVE ; Mrs. Baudrand & de l'Isle disent de même.

CEUDUM, lieu de la Gaule Belgique duquel il est parlé dans la Table de Peutinger citée par Ortelius. Je crois qu'il avoit écrit CEVELUM, & que ses Imprimeurs se sont trompez, car c'est ce qu'on trouve dans la Table citée & ce mot n'est point dans le Tresor d'Ortelius. Voiez l'Article suivant.

CEVELUM, de tous les anciens monumens il n'y a que la Table de Peutinger, qui nous

CEV. CEU. CEY.   CEZ. CH.

nous ait confervé ce nom. Elle met ce lieu fur la route de *Noviomagus* (*Nimegue*) à *Atuaca* ou *Atuataca* Ville des Tongrois, *Tongres.* Voici l'ordre de cette route felon la Table citée

Noviomago		
Cevelum	III.	M. P.
Blariacum	XXII.	M. P.
Carualium	XII.	M. P.
Ferefne	XIV.	M. P.
Atuaca	XVI.	M. P.

a Germ. infer. part. 1. p. 43.

Le favant Alting[a] pretend que le Graveur s'eft trompé en ne mettant que III. M. P. entre *Noviomagus* & *Cevelum*, au lieu que la diftance eft de IX. M. P. car, ajoute-t-il, la veritable fituation de *Cevelum* eft fur la rive gauche de la Meufe vingt-deux milles au deffous de *Blariacum* connu fous le nom de *Bleric*, qui eft à XXXI. M. P. de Nimegue; or il doit y en avoir XXII. entre Bleric, & le lieu *Cevelum*, refte IX. pour la diftance de Cevelum à Nimegue. Cela eft concluant. Cette diftance marque qu'il devoit être à peu de chofe près au même lieu où eft GENNEP, au Comté de Zutphen, à l'endroit où la Nirfe fe perd dans la Meufe.

CEVENNES. Voiez SEVENNES.

b De l'Ifle Atlas.

CEVETO[b], Torrent d'Italie en Piémont. Il a fa fource à Parolde d'où ferpentant un peu vers le Midi, puis vers l'Occident il paffe à Ceva entre la Ville & le Fort, & fe perd dans le Tanaro.

c Baudrand Ed. 1705.

CEUTA[c], Ville d'Afrique fur la côte de Barbarie, au Royaume de Fez, dans la Province de Hasbate fur la côte Meridionale & Interieure du Détroit de Gibraltar, à l'entrée de la Mer Mediterranée, au pied du Mont des Singes; mais fur une Colline bien fortifiée avec un bon Port, & un Evêché Suffragant de l'Archevêque de Lisbonne. C'eft l'endroit de l'Afrique, qui s'avance le plus vers l'Efpagne, & on ne compte que cinq lieues delà à Gibraltar. Cette Ville fut prife fur les Maures par les Portugais en 1409. du temps de D. Juan Roi de Portugal & avoit toujours été à fes fucceffeurs jufqu'en l'année 1640. que le Portugal s'étant fouftrait à la domination Efpagnole en fe choififfant un Roi, Ceuta demeura aux Efpagnols auxquels elle appartient encore. Elle leur fut fpecialement cédée par le Traité de Lisbonne en 1668. Jamais fiége ne fut comparable à celui qu'elle foutient contre les Maures depuis l'an 1697. & qui vraifemblablement durera encore long-temps. Les Romains ont eu une Ville au même endroit nommée SEPTA. Si on prononce l'*u* comme confonne & prefque comme une *f*, & que l'on dife *Cefta*, ou *Cevta*, comme bien des Peuples difent *Efchariftia*, & *aftor* pour *Euchariftia*, & *autor*, le nom moderne fera bien peu diferent de l'ancien. Auprès de cette Ville eft une Montagne, qui a fept fommets & les anciens la nommoient *les fept Freres* AD SEPTEM FRATRES.

CEYLÆ, Ville de la Paleftine. Voiez CEÏLA.

CEYLAN ou CEYLON. Voiez CEÏLAN.

CEYTAVACCA, dans l'Ifle de Ceïlan. Voiez SITTAVACCA.

CEZAR[d], (le) Riviere de l'Amerique Meridionale dans le Gouvernement de Ste Marthe dans la Terre ferme. Elle a fa fource dans la Vallée d'Upari, puis ferpentant vers le Midi elle arrofe la Bourgade de los Reyes; & arrivant aux confins de la Nouvelle Grenade où elle reçoit une autre Riviere, elle fert de bornes entre cette Province & celle de Ste Marthe; paffe au Midi de la Montagne de Ste Marthe, & fe perd dans la grande Riviere de la Madelene. On l'appelle auffi la Riviere de POMPATAS.

d De l'Ifle Atlas.

CEZE, (LA) petite Riviere de France en Languedoc. Elle a fa fource auprès de Bouquet à l'Orient Septentrional d'Alais, puis circulant vers l'Occident, vers le Nord & vers le Levant, elle recueille quelques autres Rivieres à St. Ambroife & continuant fon cours vers l'Orient, elle arrofe Bagnols & va fe perdre dans le Rhône un peu au deffus de la Tave. Cette Riviere eft *Aurifere*, c'eft-à-dire du nombre de celles qui roulent de l'or. Toute petite qu'elle eft[e], elle ne le cede, ni au Rhin, ni au Rhône fur la quantité de fes paillettes d'or. Dans plufieurs lieux de fon cours, on trouve par tout à peu près également des paillettes, communément beaucoup plus grandes que celles du Rhin & du Rhône; fouvent auffi elles payent mieux le temps de ceux qui les cherchent. Il y a des jours heureux qui leur valent plus d'une piftole; mais ils font achetez par d'autres qui ne leur produifent prefque rien. La maniere de ramaffer ces paillettes & de les feparer du fable eft la même que j'ai décrite à l'Article du Rhin la feule difference qu'il y a c'eft que les laveurs de celui de la Ceze étendent fur leurs planches de petites couvertures de peau de chevre, les autres de crin & les autres de laine. Les paillettes de cette Riviere plus groffes que celles du Rhin demandent pour être arrêtées de plus hautes & de plus fortes digues.

e Mem. de l'Acad. des Sciences ann. 1718. p. 87.

CEZIMBRA[f], Ville de Portugal dans la Province d'Eftremadure, à quatre petites lieues de Setuval, & à pareille diftance du Cap de Spichel. Il y a une bonne Foreterreffe, & un petit Port fur la côte de l'Océan à l'embouchûre de la Riviere de Zedaon.

f Baudrand & Corn. Dict.

C H.

L'ufage de notre Langue eft contraire à celui des autres en ce que les Langues derivées de la Teutonique, & quantité d'autres, prononcent ces deux lettres avec une forte afpiration; que les François ne fauroient imiter quand ils ont atteint un certain age fans l'avoir apprife. Le X. des Grecs & le CH des Latins font auffi des lettres très-afpirées; mais pour les mots François nous prononçons CH, comme les Allemands prononcent SCH, les Portugais leur X. & les Anglois SH, c'eft-à-dire comme nous faifons dans les mots *Charité*, *Cher*, *déchirer*, *Cheoir*, & *Chute*. Ainfi il n'eft pas étonnant que plufieurs noms étrangers que nous écririons par Ch. en notre Langue foient écrits par SCH. ou SH; ou par X. chez les Peuples nos voifins. Les mots qui commencent par ces lettres devroient naturellement appartenir aux lettres *Ch* dans un Diction-

tionnaire François. Cependant on est accoutumé à les voir écrits de cette autre maniere, & par deference pour l'usage je les ai laissez dans l'ordre que demandoit cette Orthographe étrangere ; excepté quelques noms de la Chine dont l'X. brouille la prononciation, & on trouvera par SCH, SH, ou X, dont la prononciation est la même que celle de notre CH.
& non pas *Xansi*, *Xanton*, *Xensi* &c. dont les Portugais ont chargé les Cartes de cet Empire : ce que nos Géographes François ont longtemps servilement copié. Mr. de l'Isle a secoué cet esclavage, & a employé l'Orthographe Françoise ; mais cela ne seroit pas permis à l'égard de l'Allemagne, de l'Angleterre, du Portugal &c. on doit suivre, ce me semble, l'Orthographe des lieux ; à moins qu'il n'en ait été décidé autrement par un usage particulier bien établi. Ainsi voiez les mots qui commencent par SCH, SH, ou X, dont la prononciation est la même que celle de notre CH.

CHAA, ancienne Ville du Peloponnese dans l'Elide, au bord de la Riviere d'Acidon, selon Strabon[a]. L'Acidon, dit-il, passe auprès du tombeau de Jardan & de Chaa Ville qui fut autrefois dans le voisinage de Leprée, à l'endroit où est à present le champ Æpasite. On dit que les Arcadiens & les Pyliens eurent guerre au sujet de cette Ville & Homere fait mention de leur dispute. Il dit[b]: lorsque les Pyliens & les Peuples d'Arcadie se faisoient une cruelle guerre sur les rives du Celadon, sous les remparts de Phée, que baigne le fleuve Jardan. Strabon citant ce passage ajoute : il y en a qui croient qu'il ne faut point lire le Celadon, ni la Ville de Phée ; mais qu'on doit lire au lieu de cette Ville Chaa, parce que ce lieu étoit plus proche que l'autre du Tombeau de Jardan & de l'Arcadie. Le fleuve nommé Jardan par Homere ne l'est que par occasion du tombeau près duquel il couloit.

[a] l.8. p. 348.
[b] Iliad. l. 7. v. 133.

CHAAGE, Abbaye de France en Brie, au fauxbourg de Meaux, au Nord de la Ville en allant vers Cregi. Le Fauxbourg prend le nom de l'Abbaye, & s'appelle le Fauxbourg de Chaage. C'est cette Abbaye que Mr. Piganiol[c] nomme NOTRE DAME DU CHANGE, dans la Ville de Meaux. Ses Memoires l'ont trompé ; elle n'est point dans la Ville & son nom est *Chaage*, & non pas du Change. Elle est de l'Ordre des Chanoines Reguliers de St. Augustin de la Congregation de Ste Genevieve & fut fondée en 1135. L'Abbé est Commendataire.

[c] Desc. de la France T. 3. p. 109.

CHAALIS[d], CHALLIS ou CHAILLY Abbaye de France dans le Valois au Diocèse de Senlis. Elle est de l'Ordre de Citeaux : le nom Latin est *Caroli Locus*. Saint Guillaume en avoit été Abbé avant que d'être Archevêque de Bourges.

[d] Baillet Topogr. des Saints p. 574.

CHAALLA, Village de l'Arabie heureuse, selon Strabon[e] qui en parle en décrivant la marche des Romains, qui conquirent cette Province.

[e] l. 16. p. 281.

CHAALONS ou CHALONS SUR MARNE, bien des gens confondent ce nom avec celui de Challon qu'ils prononcent & écrivent aussi Chalons. Cependant il y a une grande difference entre ces deux noms ; & on ne les confond que faute de faire assez d'attention à leur origine. *Chaalons* vient de *Catalauni* les deux as repondent aux deux premieres syllabes du nom Latin ; au lieu que *Challon* vient de *Cabilo* ou *Cabilonum*. Chaalons est sur la Marne & Challon est sur la Saone. Cependant la ressemblance de nom en prononçant est cause que pour éviter la confusion on a distingué ces deux Villes par les noms de leurs Rivieres, & on a dit Chaalons sur Marne & Chalons sur Saone, & cette précaution a peut-être augmenté la negligence que l'on a eue à distinguer les deux Orthographes. Mais pour nous renfermer à ce qui regarde Chaalons dont il est ici question, & sans repeter ce que nous avons observé au mot CATALAUNUM, j'ajouterai ici quelques remarques que me fournit le savant Abbé de Longuerue.

[f]Le nom de Chaalons est corrompu de l'ancien *Catalaunum*. L'Itineraire d'Antonin nomme cette Ville *Duro-Catelaunum* (l'exemplaire du Vatican porte *Durocatelaunos*, au pluriel. Ce qui marque qu'alors le nom de *Catalauni* étoit plus usité que le singulier *Catalaunum*.) Jules Cesar & Pline ne font aucune mention des Peuples *Catelauni*, & de *Durocatelaunum*. On voit dans les Tables de Ptolomée une Ville nommée *Noviomagus Vadicassium* que Mr. de Valois conjecture être la même chose que *Catelauni* & *Duro-Catelaunum*; mais, poursuit Mr. de Longuerue, ces noms n'ont aucun raport, & il est impossible de deviner ce qu'a été le *Noviomagus Vadicassium* de Ptolomée, & si cette Ville & les Vadicasses ont jamais eu quelque existence dans la Belgique. D'ailleurs Ptolomée qui demeuroit à Alexandrie en Egypte n'avoit pas une connoissance fort parfaite des Gaules si éloignées de son pays, & s'est trompé en beaucoup d'endroits ; il faut donc avouer, conclud l'Ecrivain cité, qu'il n'est fait aucune mention de Chaalons, ni des Peuples *Catalauni* avant l'Empire d'Aurelien, qui vainquit près de cette Ville Tetricus qui lui disputoit l'Empire Romain. Ammien Marcellin qui avoit été à la guerre dans les Gaules sous Julien, fait aussi mention de la Ville de Chaalons, qu'il dit appartenir à la Belgique. (Il la nomme *Catelauni* dans la seconde Belgique entre *Ambiani* & *Rhemi* tous noms pluriels[g]. Il la nomme encore *Catelaunos* au pluriel en un autre endroit[h], & ce pluriel est l'origine de l'S. finale de Chaalons, qui n'est point dans Challon derivé d'un singulier.) Cette Ville sous le Regne de Constantin après la division de la Belgique en premiere & seconde, fut attribuée à la seconde Belgique, & fut mise sous la Metropole de Rheims qu'elle reconnoît encore pour le spirituel. Chaalons n'a jamais été possedée par les Comtes de Champagne, qui s'étoient néanmoins rendus maîtres de la plus grande partie du plat pays des environs. Les Rois de France ne voulant pas que Chaalons fût soumise à aucun Bailliage de Champagne, mirent cette Ville sous le Bailliage de Vermandois. Elle a demeuré en cet état jusqu'au Regne de Louïs XIII. qui y a érigé un Bailliage Royal avec un Presidial dont la jurisdiction a été distraite du Bailliage & Presidial de Vitri. L'Evêque de Chaalons est Comte & Pair de France, & Sei-

[f] Desc. de la France 1. part p. 42.

[g] l. 15. p. 59. Edit. Lindebrog.
[h] l. 27. p. 358. ejusd. Edit.

CHA.

Seigneur de l'ancienne Cité. ^aChaalons eſt ſituée ſur la Riviere de Marne qui baigne ſes murailles d'un côté, au milieu des deux plus longues prairies, qui ſe voyent ſur cette Riviere. Il paſſe au travers de la Ville deux autres petites Rivieres ou ruiſſeaux non navigables comme l'eſt la Marne, nommées Mau & Nau, leſquelles après avoir paſſé dans la Ville en deux endroits differens portent leurs eaux dans la Marne à quelque diſtance delà. La forme de cette Ville eſt preſque ronde. Elle n'a pour toutes fortifications qu'une ſimple courtine & trois boulevards revêtus de pierre de taille attachez au corps de la place. Elle eſt partout entourée de foſſez, en aſſez bon état en quelques endroits dans leſquels entre l'eau de la Marne ſans aucune fortification. Ses remparts qui ſont aſſez larges, ſont preſque par tout plantez de grands arbres qui en rendent la promenade agréable. L'Hôtel de Ville, quoi que petit, eſt cependant d'une architecture fort bien entenduë; il fut commencé ſous le Regne de François I. & achevé ſous celui d'Henri IV. Il y a deux Hôpitaux, l'un pour les pauvres malades, & l'autre pour nourrir ceux qui ſans ce ſecours ſeroient obligez de mandier; mais ce dernier eſt aſſez mal fondé. Il ne ſubſiſte en partie que des aumônes que les habitans fourniſſent tous les ans. Cette Ville a eu des Comtes qui ont cedé leur droit aux Evêques, qui ſont Evêques & Comtes. Cette ceſſion eſt poſterieure au Regne de Loüis VII. dit le Jeune. ^bL'Egliſe Cathedrale de Chaalons dediée à St. Etienne eſt grande, claire, & bien bâtie. Elle portoit ce nom dès l'année 600. & il y a apparence que St. Elaphe XVII. Evêque de Chaalons, & St. Lumier ſon ſucceſſeur alors Diacre de St. Elaphe, donnérent tous leurs biens à cette Egliſe, qui après avoir été brûlée & rebâtie fut conſacrée à la priere de Barthelemy LIII. Evêque de Chaalons le 28. Novembre 1147. par le Pape Eugene III. accompagné de XVIII. Cardinaux, des Evêques de Chaalons, de Paris, d'Auxerre, & de Nevers, avec toute la magnificence imaginable. St. Bernard y aſſiſta auſſi & prêcha dans le *Jard.* Elle eſt ornée d'un fort beau Jubé, qui eſt l'ouvrage de Mr. Vialart Evêque de Chaalons mort en odeur de ſainteté. La flêche de l'Egliſe qui avoit été bâtie en 1520. de XLVIII. Toiſes de hauteur, & qui paſſoit pour être la plus belle de France avoit été brûlée par le feu du Ciel le 19. Janvier 1668. à ſix heures & un quart du ſoir ainſi que toute la couverture, & la voute princonſée par la chute du debris de ce clocher, ce Prelat outré de douleur de voir ſon Egliſe en ſi mauvais état; mais animé en même temps d'un zele ardent qui lui étoit ordinaire pour le bien de la Maiſon du Seigneur, il travailla efficacement à la reparer. Il trouva même aſſez de ſecours pour l'embellir, en faiſant conſtruire des Chapelles à côté & derriere le Chœur, qui y manquoient auparavant. Les Ouvriers trouvérent l'admirable moyen de ſoutenir en l'air toute la voute, qui eſt au deſſus du Sanctuaire & qui étoit auparavant portée ſur quatre gros piliers aſſez mal propres & d'une ſtructure diferente des autres; tandis qu'ils en

Tom. II.

CHA. 473

remirent quatre autres d'une architecture reguliere & proportionnée au reſte de l'Edifice. Enfin au lieu de la flêche qui n'étoit que de bois couverte de plomb; il fit faire deux clochers à jour de pierre de taille, fort élevez, de pareille ſymmetrie; & qui peuvent paſſer pour un chef-d'œuvre d'architecture & tous ces ouvrages furent achevez en l'année 1672. Le grand autel de cette Egliſe tout de marbre de differentes couleurs, l'un des plus grands & des plus beaux du Royaume avec le Thrône Epiſcopal de pareil marbre eſt un preſent du Cardinal de Noailles dans le temps qu'il étoit Evêque de Chaalons, avant que de paſſer à l'Archevêché de Paris. Le Chapitre eſt compoſé de huit Dignitez, qui ſont les quatre Archidiacres, le Doyen, le Treſorier, le Chantre, le Souchantre, de trente & un Chanoines; huit autres Chanoines demi-prebendez, deux Vicaires perpetuels; & environ ſoixante Chapelains. Tous ces Benefices ſont à la diſpoſition du Chapitre ſeul, à l'exception des quatre Archidiaconez & de la Treſorerie, qui ſont à la collation de l'Evêque. On voit ſous le derriere du grand autel une grande & magnifique châſſe d'argent faite depuis peu d'années dans laquelle ſont les os de St. Alpin VIII. Evêque de Chaalons. ^cDe cette Egliſe Cathedrale dépendent deux Collegiales dont les Canonicats ſont à la nomination, & à la preſentation du Chanoine de la Cathedrale, qui eſt à ſon tour en ſemaine pour nommer aux Benefices & à la collation du Chapitre. Ces deux Collegiales ſont dans la Ville, & n'ont aucune Dignité à leur tête. La premiere eſt l'Egliſe de la Trinité qui eſt auſſi paroiſſiale, il y a dix Chanoines, l'un deſquels eſt Curé. La ſeconde dediée à Notre Dame a onze Chanoines dont un eſt Curé. Elle eſt au milieu de la Ville; elle eſt grande & belle, & il y a pluſieurs Egliſes Cathedrales, qui n'ont pas ſa beauté. Elle eſt ornée de quatre grands clochers & d'un cinquiéme au milieu, qui eſt petit: toute cette Egliſe & ſes clochers ſont couverts de plomb. Le grand autel eſt d'argent doré. Il y a une orgue des plus belles, & des meilleures de France. Les cloches en font un carillon deteſtable, & ne ſont bonnes qu'à refondre. Ce n'étoit autrefois qu'une petite Chapelle bâtie au lieu où l'on avoit trouvé une figure de la Ste Vierge qu'on prétend avoir fait un grand nombre de miracles: ce qui avoit accredité cette Egliſe c'étoit une Relique appellée le St. Nombril; on croioit avoir une tradition certaine que c'étoit cette partie de l'Ombilic, qui ſe ſeche & tombe du nombril des enfans peu après leur naiſſance, & que c'étoit cette partie de l'Ombilic de Jeſus-Chriſt. On l'y gardoit avec beaucoup de ſoin & de devotion juſqu'à ce qu'un Mardi 19. Avril 1707. Gaſton-Jean-Baptiſte-Loüis de Noailles fit ouvrir le Reliquaire, & après avoir viſité la prétendue Relique, l'emporta pour arrêter un culte qu'il jugeoit ſans fondement.

^dIl y a à Chaalons un Seminaire dans lequel ſont inſtruits par les Peres de la Miſſion, ceux qui aſpirent aux Ordres ſacrez. Les bâtimens ſont commodes; la Bibliotheque a une vuë charmante qui s'étend fort loin dans la Campa-

pagne. Il y a auſſi un College de Jeſuites établi en 1617. dont l'Egliſe achevée en 1678. eſt grande & propre, ornée d'un Dôme, d'un beau portail & d'autels faits en partie de Marbre. Ces Peres enſeignent les Humanitez & la Philoſophie. Ce College eſt pauvre.

Il y a dans la Ville deux Abbayes d'hommes, ſavoir celle de St. Pierre & celle de Touſſaints. La premiere de l'Ordre de St. Benoît, Congregation de St. Vanne, a eu d'abord des Clercs, enſuite des Chanoines. Roger I. du nom Evêque de Chaalons, vers l'an 1020. y établit des Benedictins, on la rebâtit preſentement. L'Abbaye de Touſſaints eſt de l'Ordre des Chanoines reguliers de St. Auguſtin de la Congregation de Ste. Genevieve, elle fut fondée par l'Evêque Roger II. mort en 1062. elle étoit d'abord hors de la Ville, & fut demolie, l'an 1544. pendant les guerres entre François I. & Charles V. & rebâtie dans la Ville. Elle reçut la reforme en 1644.

Il y a outre cela quatre Couvents de Religieux mandians, ſavoir un de Dominicains, bâti dès le temps de St. Dominique, un de Cordeliers bâti dès le temps de St. François ; un d'Auguſtins, & un de Recollets établi en 1613. il y a auſſi des Maturins dans le Fauxbourg de St. Sulpice.

Les Couvents de filles ſont un Monaſtere de Benedictines dites des VINETS, parce qu'elles étoient au village de ce nom à demie lieue de la Ville avant 1621. qu'elles furent transferées dans la Ville ; un autre Monaſtere de Benedictines de l'étroite obſervance, dites de St. Joſeph, établies en 1612. un Couvent de la Congregation dite de Ste. Marie établi en 1614. c'eſt le Chef-lieu de cet Ordre des Urſulines, établies en 1660. & enfin une Maiſon de Dames regentes, qu'on appelle à preſent Nouvelles Catholiques. Hors & proche la porte de la Ville étoit l'Abbaye de St. Jean eſt l'Abbaye de St. Memie, premier Evêque de Chaalons poſſedée par des Chanoines reguliers de la Congregation de Ste. Genevieve, bâtie au lieu même où ce St. Prelat ſe retiroit avant & après la converſion des Habitans de Chaalons à la Religion Chrétienne, & où il mourut l'an de Notre Seigneur 126. Les Reliques de ce Saint y ſont conſervées avec celles de quelques autres Saints.

Il y a à Chaalons une très-belle promenade nommée LE JARD, qui eſt ſans contredit l'une des plus grandes, des mieux entendues & des plus agréables du Royaume, tant par l'avantage de ſa ſituation étant preſque partout entourée de la Riviere de Marne & de la Riviere de Nau, que par le grand nombre de ſes allées d'Ormes & de Tilleuls plantez & tirez au cordeau dans une grande prairie, qu'on appelle LE PETIT JARD où partie de ces allées forment pluſieurs quinconces ; on en ſort par un large pont pour entrer dans trois autres grandes allées à côté l'une de l'autre de plus d'un quart de lieue de long, qu'on appelle LE GRAND JARD, à côté deſquelles il y a pluſieurs jardins qui appartiennent à des particuliers. Ces allées ſont plantées d'arbres de la même eſpece que les précedentes & aboutiſſent à trois autres beaucoup plus larges qui ſont au delà d'un petit pont, qui fait la ſéparation de ces premieres allées, qui appartiennent ainſi que le petit Jard aux habitans de Chaalons. Ces trois allées plus larges conduiſent durant plus d'une demie lieue au Château de Sarry, Maiſon de Plaiſance de l'Evêque. Ces trois dernieres allées ſont l'ouvrage du Cardinal de Noailles, lors qu'il étoit Evêque de Chaalons, & ſont partie du Domaine de l'Evêché. Parmi le grand nombre d'allées, qui forment le lieu qu'on appelle le petit Jard & dès la ſortie de la grande porte à main gauche, & de la petite porte à main droite, ſur la levée des terres qui paroiſſent avoir été enlevées pour creuſer le foſſé de la Ville, il y a huit allées plantées au deſſus l'une de l'autre, formant une eſpece d'Amphithéâtre, & encore huit autres qui ſont à l'extrémité du petit Jard à main droite de la Riviere, qui ſe joignent & forment enſemble une eſpece de petit bois, qui n'eſt pas le moindre ornement de cette delicieuſe promenade.

Il y avoit dans la ſeconde Prairie de ce petit Jard une haute Chaire à prêcher conſtruite de pierres de taille, aſſez proche de l'allée du milieu : la Tradition eſt qu'elle avoit été bâtie lors que le Pape Eugene III. conſacra la Cathedrale, & qu'alors St. Bernard y avoit prêché en preſence du Souverain Pontife. Elle a ſubſiſté en ſon entier juſqu'en 1681. que Hue de Miromenil, Intendant de Champagne, la fit abbatre un jour de grand matin, avant que le Conſeil de Ville en pût être averti, & pût s'oppoſer à cette demolition. Il devroit y avoir une peine infamante, pour ceux qui ſans une neceſſité très-averée détruiſent les monumens publics.

Chaalons a des preuves très-glorieuſes de ſa fidelité envers les Rois de France. On peut en voir le détail dans le livre cité en marge[a].

L'EVECHÉ DE CHAALONS[b] eſt borné au Septentrion par l'Archevêché de Rheims ; au Midi par les Dioceſes de Troyes & de Langres ; à l'Orient par ceux de Verdun & de Toul, & à l'Occident par les Dioceſes de Troyes & de Soiſſons. Il comprend toute l'Election de Chaalons & partie de celles de Ste. Manehould, Vitry, & Joinville. Les Villes de Vitry, Ste. Manehould, Joinville, St. Dizier, Vaſſy & Vertus ſont de cet Evêché. Il y a trois cens ſoixante & ſix Paroiſſes, outre les treize de Chaalons, & quatre vingt treize annexes, partagées en neuf Doyennez ſous quatre Archidiacres. L'Evêque de Chaalons eſt ſuffragant de Rheims.

§. Quoique cet Article ſoit un peu long, je ne puis obmettre deux remarques importantes : l'une eſt ſur la Bataille donnée par Merouée contre Attila *in Campis Catalaunicis* ; Mr. Piganiol de la Force[c] en parle ainſi : Les Hiſtoriens ne conviennent pas ni du lieu, ni du temps de cette Bataille. Quelques-uns prétendent qu'elle ſe donna près d'Orleans ; d'autres près de Touloufe ; & d'autres enfin en Auvergne, auprès du Village nommé anciennement *Catalacus*. J'ignore ſurquoi ils ſe fondent pour trouver ailleurs des convenances auſſi juſtes que celles qui ſe rencontrent aux plaines de Chaalons. L'Hiſtoire dit qu'Attila s'étoit retranché &[d] on voit encore aujourd'hui en-

[a] *Baugier,* Mem. de Champagne T. 1. p. 259. & ſuiv.
[b] T. 2. p. 94.
[c] Deſcr. de la France. T. 3. p. 124.
[d] *Baugier* Mem. de Champagne T. 1. p. 264.

CHA.

entre les Villages Cuperly & la Cheppe des restes de Terrasses & d'autres travaux, auxquels il paroît par des titres, qu'on a de temps immemorial donné le nom de Camp d'Attila que ce lieu porte encore aujourd'hui.

La seconde est sur le *Commerce* de l'Election de Chaalons[a]. Celui d'avoine est assez considerable, on la transporte des Magazins de Chaalons & de Vitry à Paris. On faisoit autrefois à Chaalons un grand Commerce de Vin, mais il s'est depuis établi à Rheims & a cessé à Chaalons. On y a établi depuis quelque temps une Manufacture de Ras, Pinchinats, Espagnolettes, Capucines, & autres étoffes de Laine, dont il se fait un grand debit dans le Royaume & dehors.

a Piganiol de la Force desc. de la France. T. 3. p. 116.

CHABACA, Ville de la Cappadoce dans la Contrée ou Province nommée Sidene selon Strabon[b].

b l. 12. p. 548.

CHABALA, la même que Cabalaca.

CHABALON*, ou CHABULON, ou CHABELON, ou CHABUL. Il est parlé dans le troisiéme Livre des Rois[c], de la terre de Chabul. C'est ainsi que Hiram, Roi de Tyr, nomma les vingt Villes dont Salomon lui fit présent, en reconnoissance des services qu'il lui avoit rendus dans la construction du Temple. On dispute & sur la signification de *Chabul*, & sur la situation de ce pays. [d]Josephe dit que *Chabul* en Phénicien, signifie *ce qui ne plaît point*; d'autres qu'il signifie *une terre stérile, sablonneuse, dessechée*; & d'autres au contraire, *une terre boüeuse & humide, trop chargée d'herbes*. Les Septante: *il les appella la frontière*; comme s'ils avoient lû *Gabal*, au lieu de *Chabul*. D'autres croyent que *Chabul* en Hébreu, peut signifier *une chose de néant*, *Chabul, quasi nihil*. Quant à la situation de *Chabul*, Josephe dit que les Villes de Chabul étoient au voisinage de Tyr. D'autres[e] les placent au-delà du Jourdain, dans la Décapole. Grotius croit qu'entre les Villes de Chabul, étoient comprises celles que Pharon avoit conquises sur les Philistins, & qu'il avoit cédées à Salomon. La plûpart sont persuadez que la Ville de Chabul marquée dans Josué[f], étoit du nombre de ces Villes, & que ce fut apparemment à son occasion, que Hiram donna ce nom aux autres Villes qui lui avoient été cédées par Salomon. Or Chabul étoit apparemment la même que *Chabalon*, ou *Chabal*, que Josephe[g] place au voisinage de Ptolémaïde, au Midi de Tyr.

* D. Calmet Dict.
c c. 9. v. 13.
d Ant. l. 8. c. 2.
e Hieron. in Amos 1.
f c. 19. v. 27.
g in Vita sua.

CHABANGI[h], petite Ville de la Turquie en Asie dans la Natolie à une journée d'Isnich, & à quatre de Constantinople. Elle est bâtie sur le bord d'un Lac appellé CHABANGIGUL, & il y a deux Caravanserais. Depuis le commencement du Lac, qui a bien dix lieuës de tour, jusqu'à ce qu'on arrive à la Ville, on marche environ deux lieuës, en partie dans la Montagne, en partie sur le bord du Lac, où en quelques endroits le cheval va dans l'eau jusques au ventre. On pêche dans ce Lac quantité de gros poisson, qui se donne à bon marché. Plusieurs Empereurs ont eu dessein de conduire un Canal depuis ce Lac de Chabangigul, jusqu'au Golphe (de Nicomedie) parce qu'alors on transporteroit à Constantinople avec plus de facilité le bois à bâ-

h Tavernier Voyage de Perse. l. 1. c. 2.

Tom. II.

CHA. 475

tir que l'on tire des Montagnes qui environnent ce Lac.

CHABANGIGUL, Lac. Voyez l'Article precedent.

CHABANOIS, Bourg de France sur la Vienne dans l'Angoumois, il n'est remarquable que parce qu'il a titre de Principauté. Mr. Baudrand se trompe en deux choses. 1. En ce qu'il en fait une Ville, au lieu que c'est tout au plus un Bourg. Mrs. de Longuerue & Piganiol de la Force n'en disent rien, non plus que si c'étoit un Village. Mrs. Sanson & de l'Isle le placent dans l'Angoumois, & non pas dans la Marche. Comme l'Angoumois est partagé entre les Generalitez de la Rochelle, & de Limoges, Chabanois est de cette derniere qui comprend aussi la Marche, & c'est ce qui a égaré Mr. Baudrand.

CHABARENI, peuple voisin du Calybs. Etienne le Géographe dit sur l'autorité d'Eudoxe qu'ils mangeoient les mammelles & les enfans des femmes étrangeres dont ils avoient abusé.

CHABARZABA[i], le même que CAPHARSABA. C'est le nom du Champ où Antipatride étoit bâtie.

i Joseph. Ant. l. 16. c. 9. & l. 13. c. 23.

CHABAZENA, Siége Episcopal d'Egypte. Liberat Archidiacré de Carthage, Auteur du VI. siécle, qui a écrit une Histoire abregée[k] du Nestorianisme & de l'Eutychéisme, dit. Après que le Concile de Chalcedoine fut terminé, & que Dioscore (Patriarche déposé par le Concile) fut envoyé en exil, les Evêques & les Clercs qui étoient venus avec lui, savoir Athanase Evêque de Buzire, Nestorius Evêque de Phlagone, Auxonius Evêque de Sebenne & Macaire de Chabasene (*Chabazenensis*) s'en retournerent à Alexandrie, pour y élire un Evêque avec l'agrément de tous les Citoyens.

k Breviarium, on le trouve au 2. T. des Conciles. c. 14.

CHABBO, Ortelius dit que c'est un lieu de la Palestine & cite Josué c. 15. il ajoute que ce sont les Septante qui lisent Χαββώ, & que St. Jerôme lit Tebbon. Ortelius ne cite point le verset; mais il a eu sans doute en vue le 40. Les Septante de l'Edition d'Amsterdam 1683. portent καὶ Χαββώ, καὶ Μαχὲς, καὶ Μααχὼς, mais la Vulgate lit en ce même Verset *Chebbon, & Leheman & Cethlis*. L'Hebreu porte *Chabbon & Lachman & Chitlis*, c'étoit une des Villes de la Tribu de Judà.

CHABERAN, Ville d'Asie dans le Schirvan entre Derbent & Schamaki[m], à l'Occident de la Mer Caspienne.

m Hist. de Timur Bec l. 3. c. 61.

CHABERIS, Ville de l'Inde en deça du Gange selon Ptolomée[n]. C'étoit une Ville marchande & un Port situé à l'embouchure de la *Riviere* CHABERUS.

n l. 7. c. 1.

CHABEUIL[o], Bourg de France en Dauphiné au Valentinois à deux petites lieuës & demie de Valence, au Levant[p]. Il a titre de Principauté.

o Sanson Atlas.
p Baudrand.

CHABINUS, Montagne de l'Arabie Heureuse, sur la Mer Rouge, Diodore de Sicile[q] qui en fait mention dit qu'elle est couverte d'arbres de differente espece.

q l. 3.

CHABIONES. Voyez CHAUBI.

CHABLAIS (le) en Latin *Caballicus Ager*, Province de Savoye avec Titre de Duché.

Ooo* 2   Le

476 CHA.

^a Descr. de la France. part. 2. p. 324.

Le Chablais, dit Mr. l'Abbé de Longuerue[a], s'étend le long du rivage Meridional, du Lac de Genéve jusqu'aux confins du Vallais, qui est à l'Orient du Chablais. Tout le bas Vallais étoit aussi du Chablais jusqu'à la conquête qu'en firent les hauts Vallesans, de laquelle nous parlons ailleurs.

Les *Nantuates* occupoient une partie de ce Païs, qui a été du Royaume de Bourgogne jusqu'au dernier Roi Rodolphe III. L'Empereur Conrad le Salique voulant recompenser le Comte Humbert aux blanches mains, qui avoit tenu son parti contre Eude Comte de Troye, son Competiteur au Royaume de Bourgogne, lui donna la Vallée d'Aoste & le Chablais, dont ses Successeurs ont joüi jusqu'à ce que les hauts Vallesans, ont conquis cette partie du Chablais que l'on appelle le bas Vallais. Les Comtes de Savoye n'avoient que le Titre de *Seigneurs de Chablais*; mais depuis ils s'intitulerent *Ducs de Chablais* dans le quatorziéme siécle.

Ceux qui ont voulu que les Comtes de Savoye aient porté auparavant le titre de Duc, n'ayant apporté aucun titre authentique pour le prouver; ainsi nous n'en pouvons attribuer l'origine qu'à l'Empereur Henri $\frac{VII.}{VIII.}$ de la Maison de Luxembourg. On ne voit pas qu'il ait institué ce Duché, mais seulement qu'il reconnut le Comte Amedée le Grand, pour Duc de Chablais & de la *Val d'Aoste*, dont il lui donna l'investiture : outre cela il le créa Prince de l'Empire, comme on le voit par sa Patente Imperiale donnée à Pise l'an 1313, où il dit : *Amedeo Sabaudiæ ultra honorem, & dignitatem, & nomen Comitis, & Comitatus nomen, honorem & dignitatem, & administrationem necnon principatus privilegia plenissimè largientes.*

Depuis ce tems-là les Comtes de Savoye prirent le titre de Ducs de Chablais & de la Val d'Aoste, preferant toûjours la qualité de Comte de Savoye & de Maurienne à celle de Duc de Chablais, jusqu'à ce que l'Empereur Sigismond érigea le Comté de Savoye en Duché & en Principauté de l'Empire à perpetuité.

Les bornes du Chablais sont presentement au Nord le Lac de Geneve; à l'Orient le Vallais; au Midi le Faussigni, & à l'Occident la petite Republique de Geneve. Ce Duché qui a peu de largeur au Couchant va toujours en s'élargissant jusqu'à ses frontieres Orientales, qui sont la Riviere de Morges depuis son embouchure, jusqu'à sa source & delà une ligne tirée par les Montagnes, vers le Midi jusqu'aux glaciéres, de sorte que la Valoifine est du Chablais.

Les lieux les plus remarquables du Chablais sont le long du Lac de Geneve d'Orient en Occident.

| Hermance, | Ripaille, |
| Thonon, | Evian. |

Dans les Terres Douaine, & le Fort des Alinges.

Ses principales Rivieres sont la Morges, l'Ursine, la Drance, la Beverone, & quelques autres dont les noms sont obmis sur les Cartes.

CHA.

Il y avoit autrefois plusieurs Seigneurs, qui avoient le haut domaine dans le Chablais[b]. L'Evêque de Geneve y avoit sa part; car l'an 1313. Guillaume III. Comte de Genevois fit hommage à l'Evêque de Geneve du Marché de Thonon, & des dependances de Châtillon. Ce lieu fit depuis partie de la Baronie de Faussigni, de laquelle relevoient Hermance sur le Lac & Alinge qui sont dans le Chablais.

^b Longuerus ibid. p. 326.

CHABLASII, Χαβλασιοι, ancien Peuple de l'Arabie heureuse voisin des Nabathéens. On lit ainsi ce nom dans Denys le Periegete[c] & dans Eustathe. Priscien dans sa Periégese Latine change[d] le *B* en *V*, & nomme ce même Peuple CHAULASII; mais il y a des Exemplaires qui ont CHABLASII. C'est ainsi qu'Avienus qui a traduit en vers hexametres la Periégese de Denys[e] a rendu ce nom sans l'alterer. Dans la Periégese de Priscien de l'Edition des Juntes[f] 1519. & celle des Aldes 1518. on lit CHALBASII, par un renversement de lettres. Voyez CHAVILAH.

^c v. 956.
^d v. 886.
^e v. 1133.
^f p. 220.
^g p. 217.

CHABLI[h], Ville de France en Champagne aux frontieres de cette Province & de la Bourgogne, dans le Senonois, sur le Serain, entre Auxerre & Tonnerre[i]. Elle est fameuse à cause de ses bons vins & est connue dans l'Histoire pour avoir été le Champ de la Bataille, qui s'y donna l'an 841. entre les fils de Loüis le debonnaire Empereur & Roi de France. Quelques-uns écrivent CHABLIS; on la nomme en Latin CABLIACUM. La Bataille dont il est parlé dans cet Article est plus ordinairement appellée Bataille de Fontenay, Bourg ou plûtôt Village situé au Nord, & à une petite demie lieue commune de Champagne, ou de 25. au degré de CHABLI.

^h Baugier Mem. de Champagne T. 1. p. 362.
ⁱ De l'Isle Champagne.

CHABOLO, Village de Palestine dans le voisinage de Ptolomaïde, selon Ortelius qui cite Josephe. Voyez CHABALON.

CHABON, Ville de la Palestine dans la Tribu de Juda, selon Eusebe & St. Jérôme. C'est la même que CHABBON & CHEBBON.

CHABON KARA, Ville de Perse dans le Kerman. Voyez PASAGARDA.

CHABOR, CHABORA, Place forte de la Mesopotamie à l'embouchure d'une riviere qui porte le même nom, selon Ptolomée[k]. Simocate[l] la nomme Αβορψων Φρουριον, *Aborensium Castellum*, en retranchant l'Aspiration comme fait Strabon, ainsi qu'on verra dans l'article suivant.

^k l. 6. c. 18.
^l l. 4. c. 10.

CHABOR, CHABORAS, CHABORA, ABORAS, ABBORAS, ABURAS, ABORRAS, CHOBAR, Riviere d'Asie. Elle a sa source au Mont Masius[m] selon Ptolomée, & coulant vers le Midi Occidental, elle se joint à l'Euphrate. Cet Auteur est peut-être le seul d'entre les Géographes & Historiens Grecs qui ait conservé l'aspiration Χαβωρας; le Geographe de Nubie[n] dit cet l'Article Arabe ALCHABUR. Mais Strabon[o] retranche l'Aspiration & dit ABORRAS Αβορρας. Zosime[p] dit ABORAS Αβωρας; Jean d'Antioche surnommé Malala[q] dit ABBORAS Αββωρας, Isidore de Charax[r] dit ABURAS Αβωρας, Ammien Marcellin ABORRAS[s]. C'est enfin le même Fleuve dont parle le Prophete Ezechiel[t] qui le nomme CHOBAR; c'est un grand Fleuve; Procope

^m l. 6. c. 18.
ⁿ Sexta pars climat. IV.
^o p. 199.
^p l. 16. p. 747.
^q l. 3. c. 12. in Juliano
^r p. 17.
^s Mans. Parth. p. 4.
^t l. 23. c. 11. Ed. Vales.
^u c. 1. v. 1.

CHA. CHA.

cope le dit expressément [a] & c'est pour cela qu'Ammien Marcellin [b] dit que Julien le passa non point à gué, mais sur un pont de bateaux. Il couloit près de la Ville d'Antemusia selon Strabon [c]; à son Embouchure dans l'Euphrate étoient deux Villes qui occupoient les deux angles de cette Section ; savoir CHABORA au dessous ou vers le Midi, & *Cercusium* au dessus, vers le Nord. Le docte Bochart trouve [d] que cette Riviere prenoit sa source dans une Montagne de חבור, & le prouve par l'autorité même de Ptolomée, qui met sur les frontieres de la Medie & de l'Assyrie une *Montagne* nommée CHABORAS. L'Exemplaire Palatin porte *Choatras* que Bochart n'approuve point. Quant à la difference des noms CHABORAS & ABORAS, il fournit des exemples d'un changement pareil[*], la Chosroene, & l'Osrhoene sont un même Pays ; les Chalibes & les Alibes sont un seul & même Peuple.

§. Si j'ai dit que le *Chobar* d'Ezechiel est le même que le *Chaboras*, j'ai suivi en cela l'autorité de Mr. Baudrand & de D. Calmet ; quoi que je n'en sois pas bien pleinement persuadé. Il y a un autre sentiment qui me paroît mieux prouvé. J'ai déja averti à l'article ALCHABUR, que par les Cartes de Mr. de l'Isle cet excellent Géographe a fait connoître que CHABUR est le nom moderne du *Chaboras* ; mais il s'agit du CHOBAR d'Ezechiel. Voyez CHOBAR & ALCHABUR.

CHABRATH. Voyez KIBERATH.

CHABRIA[e], Riviere de la Turquie en Europe dans la Province d'Emboli : après avoir reçu quelques Rivieres, elle se jette dans le Golphe de Salonique, & vis-à-vis de Chitro. C'est le Chabrius de Ptolomée [f]. La Montagne où elle a la source est nommée par les anciens Bertiscus, son cours est vers le Midi, & la Ville d'Anthemus étoit sur sa rive Orientale.

CHABRIÆ CASTRA, Château ou Forteresse d'Egypte sur la route du Mont Casius à Peluse [g]. Cet endroit devoit être fort voisin de la Mer. Ainsi il n'est pas aisé de comprendre quel caprice a eu Becan [h] de dire, que c'étoit la même chose que *Batogabra*, Ville que Ptolomée place au milieu de la Judée.

CHABRIÆ PAGUS, Village d'Egypte auprès de l'Agathodemon Riviere selon Strabon cité par Ortelius. Je n'y trouve point cette circonstance : Strabon dit [i] ; en remontant le fleuve (du Nil) depuis Schedia vers Memphis, on trouve sur la droite quantité de Villages jusqu'au Lac Marcia, entre lesquels est celui qu'on apelle le Village de Chabrias. Au bord du fleuve est Hermopolis, ensuite Gynæcopolis, &c.

CHABRIUS, Riviere de Macedoine ; voyez CHABRIA qui en est le nom moderne.

CHABUATA [k], Ville de l'Arabie heureuse, selon Ptolomée.

CHABUL. Voyez CHABALON.

1. CHABUR, Riviere d'Asie. Voyez ALCHABUR.

2. CHABUR. Voyez COBAR.

CHABURA, Fontaine de la Mesopotamie. Pline [l] dit, que c'est la seule dont les eaux étoient naturellement parfumées. Cependant on peut voir Pausanias [m] & Athenée [n].

CHACAMA [o], Vallée de l'Amerique au Perou, dans la Province de Lima, elle est voisine de celle de Pascamayo ; & il y a de bons pâturages, on y cultive des Cannes de Sucre, & les autres fruits y naissent aussi en abondance.

CHACAINGA, Contrée de l'Amerique au Perou dans l'Audience de Lima, aux frontieres de celle de Quito, au Midi de la petite Ville de Jaen, qui est aux confins de l'une & de l'autre.

CHACHAPOYAS [p], ou ST. JUAN DE LA FRONTERA, petite Ville de l'Amerique au Perou dans l'Audience de Lima, assez près de la source d'une Riviere, qui coulant vers l'Orient se perd dans celle de Moyobamba.

CHACO [q], Grand Pays de l'Amerique sous le Tropique du Capricorne. La Riviere de Pilcomayo, qu'on appelle aussi RIO ARAQUAIA, la traverse avant que de se jetter dans celle de Paraguai. C'est proprement la partie Septentrionale du Paraguai entre le Perou, le Paraguai propre, le Tucuman, & la Contrée de la Plata. Mr. Baudrand [r] dit fort bien qu'il n'y a point de Colonie d'Européens ; mais seulement divers Peuples qui nous sont presque inconnus.

CHACOMAS, Ville & Royaume imaginaires sur la Riviere de Cosmin : tout cela se trouve dans la Carte de l'Inde au delà du Gange de Mrs. Sanson ; mais on n'en revoit plus rien dans les Cartes de Mr. de l'Isle, qui a travaillé sur de meilleurs Memoires.

CHADACA, Ville de l'Albanie entre l'Albanus & le Casius selon Ptolomée [s].

CHADAEI, peuple de l'Arabie heureuse dans sa partie Orientale selon Pline [t].

CHADENI, selon Ortelius CHÆDINI, ancien peuple situé dans la partie Occidentale de la Scandinavie [v]. Mais comme Ptolomée qui fournit tout ce nom & la situation de ce Peuple n'avoit qu'une connoissance très-confuse de ce Pays qu'il prenoit pour une Isle, on ne peut gueres dire à quelle Province ils répondent.

CHADER, Isle d'Asie entre le Tigre & l'Euphrate qui déja joints au dessus de l'Isle, se partagent pour ne se plus rejoindre, les anciens ont connu cette Isle sous le nom de MESSENE, Philostorge dit qu'elle étoit habitée par les Messeniens [x]. Voyez entre les Articles MESSENE celui de cette Isle. Philostorge ajoute qu'elle est environnée en partie d'eau de Mer, & en partie d'eau douce, savoir de deux grands fleuves que produit le Tigre en se partageant avant que d'entrer dans la Mer, & il ne faut pas prendre pour une exageration ce qu'il dit de la grandeur de ces deux Canaux, puisque celui du Tigre & de l'Euphrate a plus de deux fois & demie la largeur de la Seine à Paris au dessus du Mail ; quoique très profond, & une lieue en approchant de la Mer. Thevenot dans ses Relations de son Voyage [y] en parle ainsi comme témoin oculaire. Cette Isle qu'il nomme DGEZIRAKCHADER, s'étend, poursuit-il, depuis le Canal par où l'on va à Bahrem jusqu'à l'embouchure

---

[a] Bell. perf. l.1. c. 5.
[b] l. c.
[c] l. c.
[d] Channan l.1. c. 5. & Phaleg. l. 3. c. 14.
[*] Ibid. l.2. c. 18.
[e] Baudrand Ed. 1705.
[f] l. 3. c. 13.
[g] Strabo l. 16. p. 760.
[h] Voyez Ortel. Thes. au mot BAETOGABRA.
[i] l.17. p.803. Ed. Amstel. 1707.
[k] l.6. c. 7.
[l] l.31. c. 3.
[m] in Messen. circa finem.
[n] l.4. p. 284.
[o] Corn. Dict. & de Laet. Ind. Occid. l. 10. c. 19.
[p] De l'Isle Atlas.
[q] De l'Isle Atlas.
[r] Ed. 1705.
[s] l.5. c. 12.
[t] l.6. c. 28.
[v] l.2. c. 11.
[x] l.3. c. 7.
[y] Suite du Voyage du Levant l. 2. c. 9. p. 307. & c. 11.

chûre de Schat-el-Arab. Elle porte beaucoup de palmiers, néanmoins le terroir n'est bon que depuis le Canal de Bahrem, jusques visà-vis, ou un peu au dessus du Canal Haffar; car depuis là jusqu'à la Mer, la terre est sterile, peut être parce qu'étant tout à fait basse, l'eau de la Mer la couvre entierement quand la marée est haute. Cette Isle s'étend depuis Balsora jusqu'à Elcatif, le long du rivage Oriental du Golphe Persique, qui prend de cette derniere Ville le nom de Mer d'Elcatif. Mr. de l'Isle lui donne de longueur environ deux cens trente cinq milles communs d'Italie, & soixante de ces mêmes milles dans sa plus grande largeur, qui est au Midi auprès d'El-catif. Mrs. Sanson ne connoissent point cette Isle dans leurs Cartes. Le nom de *Chader*, dit Mr. Huet[a], marque sa beauté. Il le derive de חדירון *Chadiron*, qui en Arabe signifie *verdoyant*, agréable à voir.

[a] Situat. du Paradis Terrestre c. 17. art. 1.

CHADESIA. Voiez **CHADISIA**.

CHADISIA, Riviere de la Cappadoce, selon Pline[*] & Etienne le Géographe. Le premier dit qu'il y avoit une Riviere & un Bourg de même nom, *oppidum & flumen Chadisia*. Marcien d'Heraclée[b] met en cet endroit une Riviere, & un Village nommez l'un & l'autre Χαδέσιον dans le Grec, & CHADISIUM dans la Version Latine; mais en quoi il s'écarte de Pline, c'est que ce dernier met le Bourg & la Riviere entre Amisus Ville & le Lycaste Riviere. Cet ordre est renversé par Marcien qui compte depuis la Ville d'Amisus jusqu'au Lycaste vingt stades; depuis le Lycaste jusqu'au Village & à la Riviere de *Chadesion* cent cinquante stades. Cela s'accorde avec un fragment du Periple de Menippe conservé par Etienne, où l'on lit depuis le Lycaste jusqu'au Village, & à la Riviere de Chadision cent cinquante stades, & depuis Chadision jusqu'à l'Iris Riviere cent stades. Etienne de Chadisia Ville des Leucosyriens; il cite d'Hecatée le second livre des Genealogies où il est dit que Themiscyre est une campagne qui s'étend depuis Chadisia jusqu'au Thermodon. Le même Etienne à l'Article *Chalisia* Ville de la Libye dit: il y en a une autre sur le Pont-Euxin, l'une des Amazones. C'est une erreur, il veut parler de Chadisia & non pas de Chalisia, les Amazones ont été nommées Χαδίσιαι Ἀμαζόνες, à cause de la contrée de Χαδίσια où elles avoient demeuré. Le Scholiaste d'Apollonius, au lieu d'une Etymologie si naturelle de ce surnom, en est allé chercher une dans Hecatée, tirée du mot Χαδήσεται qui veut dire *Ceder*, ce qui ne convient pas.

[*] l.6.c.3.
[b] Peripl. pag. ult. Ed.Oxon.

CHADMONÆI. Voiez **CEDMONE'ENS**.

CHADRAMOTITÆ, Nation d'Asie sur le Golphe Indique, auprès du fleuve Prion selon Etienne qui cite Marcien. C'est à dire Peuple de l'Arabie heureuse sur la côte Meridionale, qui fait front à la Mer des Indes, où le fleuve Prion dont ce Peuple habitoit les bords à son embouchûre, comme Ptolomée le détermine[c]; mais il nomme ce Peuple *Cathramotita*, & le met sur cette même Riviere plus loin de la Mer. Cette difference a fait croire à Ortelius que les *Chadramotita* étoient differens des *Cathramotita*.

[c] l.6.c.7.

CHADYE[d], (LA) grande Ance de l'Isle du Cap Breton dans l'Amerique Septentrionale. Elle a environ deux lieues de profondeur. Son fonds est une grève de sable mêlée de cailloux que la Mer y a faite, & elle est bordée de rochers des deux côtez. La morue y donne beaucoup, ce qui y attire les navires, quoiqu'il s'y en perde souvent à cause du peu d'abri qu'il y a. Derriere cette ance on trouve un Etang d'eau salée. A quatre lieues de cette ance on en trouve un autre de sable propre à mettre des chaloupes à couvert. Dans cette derniere il y a une Montagne de pierre noire dont les Charpentiers se servent à marquer leurs ouvrages. Elle n'est pas des meilleures, étant un peu dure.

[d] Denis Descr. de l'Amer. Septent. T. I. c. 6.

CHÆANOITÆ, Peuple dont parle Strabon. Voiez **CHÆNIDES**.

CHAEMÆ, Peuple de la Grande Germanie, selon Ptolomée[e]. Ils étoient quelque part dans la Westphalie entre l'Ems & le Weser. Quoique Ptolomée parle des Chamaves peu de lignes après, & qu'il en fasse deux Peuples qui paroissent differens par leur situation, celle qu'il donne aux *Chama* convient aux Chamaves.

[e] l.2.c.11.

CHÆNIDES, Peuple de la Sarmatie d'Asie, selon Ptolomée[f]. Ortelius[g] conjecture que ce sont les CHÆANOITÆ Χαιανοῖται de Strabon.

[f] l.5.c.9.
[g] Thesaur.

CHÆRECLA, Ville d'Afrique dans la Cyrenaïque, selon Ptolomée[h] & Ammien Marcellin[i]. Dans l'édition de Lindebrog ce nom est écrit par un *e* simple dans la premiere syllabe: CHERECLA.

[h] l.4.c.4.
[i] l. 21. p. 251.

CHÆRETAPORUM, au genitif pluriel. C'est le nom d'un Siège Episcopal d'Asie. L'Histoire Tripartite[k] fait mention de l'Evêque de Chæretapa Ville de Phrygie. Le Concile d'Ephese determine la Phrygie Pacatienne; mais l'Orthographe de ce nom varie & on lit CERATAPORUM Κερατάπων. Je crois cette derniere Orthographe meilleure, car Hierocles dans sa Notice met dans la Phrygie Pacatienne Κερέταπα CERETAPA. Ce qui détermine en faveur de Ceretapa, ce sont des Medailles d'Antonin Pie, de Marc Aurele, de Commode, & de Severe sur lesquelles on lit ΚΕΡΕΤΑΠΕΩΝ. Le R. P. Hardouin[l], trouvant dans la Notice de Leon le Sage un Siége Episcopal nommé *Carie* dans la Phrygie Pacatienne & n'y trouvant point *Ceretapa*, croit que c'est une faute & qu'il faut lire ce dernier nom au lieu de celui de Carie. Je ne crois pas que cette correction soit légitime. Voiez CARIE IV. L'existence de cette Ville Carie est prouvée d'ailleurs; elle pouvoit être Episcopale du temps de Léon, & la Ville de *Ceretapa* pouvoit ne l'être plus.

[k] l.2.c.2.
[l] Nummi ant. illustr. & t.1 p.82.

CHÆRONEA. Voiez **CHE'RONE'E**.
CHÆROPOLIS. Voiez **CHEREUS**.
CHÆRUSII. Voiez **CHERUSCI**.

1. **CHAETÆ**, ancienne Ville de Macedoine dans la Paraxie, selon Ptolomée[m].

[m] l.3.c.13.

2. **CHAETÆ**, ancien Peuple de la Scythie au delà de l'Imaüs, selon le même[n].

[n] l.6.c.15.

CHAGETTIUS. Voiez **GARGETIAS**.

CHAGNI, petite Ville de France en Bourgogne au Challonois sur la Duesne à trois lieues de Challon, & à deux de Beaune. Il y

CHA.

y a un Prieur de l'Ordre de St. Ruff. Cette Ville est sur la route de Paris à Lyon.

CHAGRE [a], (LA) Riviere de l'Amerique au Gouvernement de Panama. Elle a sa source auprès de Chepo & serpentant vers le Nord-Ouest; elle se perd dans la Mer à l'Occident de Porto Bello; dans un petit Golphe qu'elle forme à son embouchûre, au fond duquel sur la rive Orientale de la Riviere est le FORT DE CHAGRE. Cette Riviere sert à faciliter le transport des marchandises de Panama à Portobello.

[a] De l'Isle Atlas.

CHAHAINES, Bourg de France en Anjou, au Diocèse d'Angers dans l'Election de la Flèche.

CHAI, Peuple ancien aux environs du Phase, selon Diodore de Sicile [b].

[b] l. 14.

CHAIAPA, petite Ville de la Turquie en Europe, dans la Morée au Belvedere, sur le Golphe de Cyparisso; entre le Cap de Jardan qui separe ce Golphe de celui de l'Arcadia, & l'embouchûre de la Riviere de Longarola, selon Mr. Baudrand, qui croit que c'étoit anciennement *Leprium*.

§. Cet Article merite quelques corrections. Le Golphe, nommé *Cyparissius Sinus* par les Anciens, ne se nomme point presentement Golphe de Cyparisso; mais Golphe de Zonchio. Il est plus pardonnable à Mr. Baudrand d'avoir donné une terminaison moderne à l'ancien nom qu'au P. Coronelli d'avoir mis dans la Carte du Peloponnese de Laurenberg qu'il a fourrée dans sa Géographie Insulaire (*Isolario*) que le Golphe Cyparithus des Anciens est presentement celui de l'Arcadia; ce qui est une erreur grossiere pour un Géographe Venitien. Ce Pere n'auroit pas dû ignorer que c'est le *Chelonites Sinus*, qui répond au Golphe de l'Arcadia. Mr. Baudrand avoue que le Cap Jardan sépare ces deux Golphes: or Lepræum étant bien en deçà de ce Cap, ne sauroit être dans le Golphe de Zonchio ou de Cyparisso pour parler comme Mr. Baudrand. On peut le justifier en disant qu'il a copié cette faute de la Carte de la Morée par Sanson; où on voit Chaiapa, *Lespræum* entre le Cap Jardan & une assez grande Riviere, nommée Longarola. Je crains que le nom ne soit aussi imaginaire que la Riviere même. Ce n'est tout au plus qu'un ruisseau nommé Acidon par les Anciens, sur lequel étoit CHAA dont je parle en son lieu. La Ville de *Lepræum* n'a jamais été entre ce Cap & ce ruisseau; mais beaucoup plus au Nord du Cap, & plus près de Pylos Ville où regnoit Nestor.

CHAIBAR. Voiez KHAIBAR.

CHAIBONES. Voiez CHAUBI.

CHAILLAC, Bourg de France dans le Berri, Election de Blanc.

CHAILLAND, Bourg de France dans le Maine, dans l'Election de Mayenne.

CHAILLEVILLETTE, Bourg de France dans la Saintonge, dans l'Election de Marennes.

CHAILLOT, ci-devant Village des environs de Paris, mais en dernier lieu érigé en Fauxbourg de cette Capitale par Lettres Patentes: on l'appelle aussi LE FAUXBOURG DE LA CONFERENCE. Il est situé au Couchant du Louvre & des Tuileries; sur un côteau qui a la vue sur Paris. L'Eglise des Religieuses de Ste Geneviéve est petite: celle que les Filles de Ste Marie y ont fait bâtir en 1704. est fort propre. Ces Religieuses conservent les cœurs de Henriette-Marie Reine d'Angleterre fille de Henri IV. Roi de France, & femme de l'infortuné Charles I. Roi de la Grande Bretagne; celui de Jaques II. leur fils mort en 1701. en odeur de sainteté, & celui de la Princesse Marie sa fille morte à St. Germain en Laye le 18. Avril 1712. La Reine Marie-Beatrix-Eleonor fille d'Alphonse IV. Duc de Modéne, femme de Jacques II. morte le 7. Mai 1718. est inhumée dans la même Eglise. Les Minimes ont à Chaillot un Couvent; la Reine Anne de Bretagne Epouse de Louïs XII. leur donna pour cela son Hôtel de Nigeon. Leur Eglise est assez propre. A l'entrée de ce Village du côté de la Seine, il y a une Verrerie; où l'on travaille à des ouvrages dans le goût des Cristaux. La Savonnerie est au pied de la Colline auprès du grand chemin, qui borde la Seine. Elle a été ainsi nommée à cause qu'on y faisoit autrefois du Savon. C'est à present la Manufacture Royale des ouvrages de la Couronne de la façon de Perse & du Levant. Pierre du Pont & Simon Lourdet ont été les premiers, qui ont travaillé en France à ces sortes d'ouvrages; le premier en 1604. & le second en 1626. le grand tapis de pied que l'on conserve dans le garde-meuble du Roi a été fait dans cette Maison.

CHAILLOUÉ, petit Bourg de France en Normandie au Diocèse de Seez, au Nord Oriental de la Ville de Seez.

1. CHAILLY. Voiez CHAALIS.

2. CHAILLY, grosse Paroisse de France en Bourgogne, au Diocèse d'Autun: elle a titre de Baronie.

CHAINGY, Bourg de France dans l'Orléanois, dans l'Election d'Orléans.

CHAINOUQUAS, Peuple d'Afrique dans la Caffrerie. De hautes Montagnes les separent des Coronas à l'Occident; les Terres du Roi Biri ou plutôt la Rivière de Tembe ou du Lac les bornent au Nord; ils ont d'autres Caffres à l'Orient & au Midi. Mr. de l'Isle [c] observe que cette Nation est riche en bétail.

[c] Carte du Congo & du pays des Caffres.

CHAISE, (LA) Bourg de France dans la Saintonge, au Diocèse & dans l'Election de Saintes.

CHAISE-DIEU [d], (LA) ou CHEZE-DIEU, en Latin *Casa Dei*, petite Ville de France dans la basse Auvergne au pied des Montagnes, & sur le ruisseau de la Senoire, à cinq lieues de Brioude vers le Levant. Elle doit son nom & son origine à une fameuse Abbaye, qui a pour fondateur St. Robert Auvergnat, qui s'y retira [e] avec deux Disciples. Après y avoir vêcu quelques années d'une maniere très-austere dans des hutes faites de branchages, il se vit obligé par la multitude des Disciples, qui venoient se rendre à lui d'y bâtir un Monastere regulier l'an 1050. Il en fut établi le premier Abbé par Rençon son Evêque, & par le Pape St. Leon IX. Le Pape Clement VI. avoit été Moine dans cette Abbaye, ce qui le porta à y faire bâtir une ma-

[d] Baudrand Ed. 1705.

[e] Baillet Vie des Saints au 24. Avril.

magnifique Eglise. L'Abbé & les Religieux sont Seigneurs de la Ville, & de plusieurs Paroisses aux environs. Mr. Piganiol de la Force reprend avec justice Mr. Corneille d'avoir dit dans son Dictionnaire que la Chaize-Dieu étoit une Abbaye de Filles. Les Auteurs du Dictionnaire de la France ont eu de bons Memoires sur cette Abbaye ; mais je ne sais s'ils devoient mettre la Ville, & l'Abbaye en des Diocèses diferens; savoir la Ville au Diocèse de St. Flour, & l'Abbaye en celui de Clermont. Ces Memoires nous apprennent ce qui suit.

Elle est sous l'invocation de St. Vital & de St. Agricole. St. Robert Gentilhomme d'Auvergne commença de la bâtir en 1046. Il étoit fils de Raingarde & de Geraud issu de la famille de Geraud Seigneur de l'Orléanois : il fut d'abord Chanoine & Tresorier du Chapitre de Brioude. L'an 1043. il embrassa la vie heremitique : le nombre de ses disciples s'accrut tellement qu'il lui falut penser à leur bâtir un Monastere ; son pieux dessein fut secondé par la generosité d'un grand nombre de fideles, qui lui donnerent à l'envi les uns des autres tous les secours, & tout l'argent necessaires pour en faire les frais. Lorsque le Monastere fut achevé, Rençon Evêque d'Auvergne (c'est-à-dire de Clermont) envoya Robert à la Cour de Henri I. Roi de France avec des Lettres de recommandation pour que ce Roi consentît à l'Erection de la nouvelle Eglise en Abbaye. Henri sous certaines conditions y consentit par ses Lettres Patentes données en son Palais de Vitry au mois deSeptembre de l'an 1052.

Le Pape Leon IX. approuva aussi & confirma de telle sorte ce pieux établissement qu'il y assembla jusqu'à trois cens Moines. Il n'y a point eu dans toute l'Auvergne de plus considerable ni de plus célèbre Monastere que celui-ci. D. Claude Estiennot en a composé l'Histoire en trois volumes, qui sont encore manuscrits & dans lesquels il a rassemblé toutes les Bulles des Papes & les Déclarations des Rois en faveur, & à l'occasion de cette Abbaye. L'Abbé de la Case-Dieu (c'est le même nom) avoit huit Abbez qui lui étoient soumis, & qui dans le Chapitre general étoient à sa droite ou à sa gauche, ainsi qu'il est marqué dans les Statuts de Jean Champdorat, qui en fut le xxiv. Abbé. L'Abbaye de St. Pierre de Cases (de Casis) & plusieurs Monasteres de Filles sont sujets à sa jurisdiction . . . Ses huit premiers Abbez sont comptez entre les Saints par tous les Historiens de l'Auvergne. Ceux qui se signalerent le plus après St. Robert sont entre autres St. Seguin, qui par ses bienfaits & son credit servit beaucoup à l'Ordre des Chartreux qui commença de son temps : St. Adhelelme qui étant passé en Espagne avec la Reine Constance y opera plusieurs miracles, & y établit plusieurs Monasteres dépendants de celui-ci. Pierre fils de Roger fut celui de ses Abbez, qui releva davantage la splendeur de cette Maison par son merite personnel. Après avoir été élevé au Siège de Rouen, il parvint à celui de Rome sous le nom de Clement VI. Il montra à la Chaise-Dieu une predilection sur les autres Abbayes, qu'il avoit gouvernées. Il lui fit de grands biens, & y choisit son tombeau dont on y voit encore les restes aussi bien que de celui du Cardinal son neveu. Les guerres civiles les ont détruits, ou du moins fort endommagez l'un & l'autre par les mains des Protestans. L'an 1640. le Cardinal de Richelieu en étant Abbé fit réunir cette Maison à la Congrégation de St. Maur. On compte cinquante Abbez, y compris le Cardinal de Rohan qui en jouït. On voit des noms très-illustres sur cette liste, des fils naturels des Rois de France ; on y trouve aussi les Cardinaux de Richelieu, de Mazarin, les Mancini, les la Rochefoucaut ; les d'Armagnac, &c.

CHAIWAN ou KHAYOUAN, Pays de l'Arabie heureuse : c'est, dit Abulfeda [a], un pays qui comprend plusieurs Villages, des campagnes cultivées & des eaux, avec quantité d'habitans qui sont de diverses Tribus de l'Yemen. Il est marqué dans Alazyzy que Chaiwan est frontiere du pays habité par les enfans de Shodac de la famille d'Yafar, & par les enfans de la Tribu de Tebaah. Edrisi assure qu'il y a a xvi. Parasanges de Chaiwan à Saadah. [a Desc. gener. de l'Arabie Trad. de Mr. de la Roque p. 320. Édit. d'Amst.]

1. CHALA, Port de l'Amerique dans la Mer du Sud près du Cap d'Arequipa. Le Suplement des Voyages de Woodes Rogers [b] en marque ainsi la position : du Port d'Acari à Ariquipa, il y a huit lieues Nord-Est & Sud-Ouest d'une Terre basse ; vous voiez quelques rochers pointus & noirâtres près du Cap d'Ariquipà sous lequel il y a une Baye, qui forme un bon Port qu'on appelle Chala, sous le xvi. degré de Latitude Meridionale, & qui est frequenté par des barques. [b p. 56.]

2. CHALA. Voiez CALE & CHALÉ.

CHALAAMA, les Septante rendent ainsi au second livre des Rois [c] le nom d'une Riviere de Syrie. L'Edition d'Amsterdam 1683. nomme à l'endroit cité, la Riviere Chalamac, τοῦ ποταμοῦ Χαλαμὰκ, celle de Bâle Grecque & Latine 1582. de même. Le Texte Hebreu & la Vulgate disent *le fleuve* ; mais sans le nommer, & les Commentateurs que j'ai lus conviennent que c'est l'Euphrate. Ce ne sauroit être HELAM ou CHELAM du verset qui suit celui que j'ai indiqué, car les Septante le nomment Αἰλάμ. [c c.10.v.16.]

CHALABRE [d], petite Ville de France, au Pays de Foix, au Diocèse de Mirepoix, à quatre lieues au dessus de cette Ville, sur la Riviere du Lers. [d Baudrand Ed. 1705.]

CHALAC &

CHALACH. Voiez CALE & CHALÉ.

CHALADE [e], Abbaye de France Ordre de Cîteaux, au Diocèse de Verdun, aux frontieres de la Lorraine & de la Champagne, à deux lieues de Ste Manehould du côté du Clermontois. L'Edifice de cette Abbaye fut achevé l'an 1136. sous Henri I. du nom XLIV. Evêque de Verdun. D'autres prétendent qu'elle ne fut fondée qu'en 1128. elle est de la Filiation de Trois-Fontaines. L'Evêque Albero la consacra : il y avoit alors trois cens Religieux sous l'Abbé Gonter. Quelque temps auparavant Robert & deux autres Religieux de St. Vanne de Verdun s'y étoient retirez, & y avoient bâti une petite Eglise & quelques Cabanes en façon d'hermitage ; mais peu après Ro- [e Bougier Mem. de Champagne T.2.p.183.]

CHA.

Robert ayant été choisi pour être Abbé de Beaulieu, ce lieu demeura abandonné jusqu'à ce qu'Hervé homme riche & puissant pria Gui Abbé de Trois-fontaines Ordre de Cîteaux de demander ce lieu à Valteran son Neveu à qui il appartenoit ; ce qu'ayant obtenu il quita sa femme, & un fils unique qu'il avoit & se fit mettre par un de ses valets la corde au cou comme à un voleur, & conduire en cet état jusqu'à ce Monastere dont l'Eglise étoit dediée à St. Sulpice, où il demeura le reste de ses jours. Guiedus fils de Guitterus Comte de Rethel donna à cette Abbaye le Fief d'Orbeval & ses dependances, qui étoient très-considerables : à quoi l'Abbé & les Religieux de St. Remi de Rheims à qui il avoit appartenu consentirent. Cela fut confirmé en 1135. par Geoffroi I. du nom LI. Evêque de Chaalons & depuis par Roso, à la priere de Manassez Châtelain & Gouverneur du Château de Ste Manehould, dont ce Fief relevoir.

CHALADRA, Ville & Marais de Macedoine. Lycophron en parle, mais le nom varie dans les exemplaires; quelques-uns portent CHARADRA, d'autres GALADRA ; Isace Paraphraste de ce Poëte dit que c'est CANASTRA, & Marais de Macedoine. Voyez l'Article CHALASTRA.

CHALÆON, Ville de Grece dans la Locride, chez les Ozoles. Voyez CHALEOS.

a De l'Isle Atlas.

CHALAIS[a], en Latin *Calesium*, Bourg de France dans le Perigord, à deux lieues d'Auberterre, avec un Château, & titre de Principauté, sur la Tude & la Risone déja jointes dans un même lit ; aux confins de l'Angoumois, de la Saintonge, & du Bourdelois. Mr. Baudrand se trompe en le mettant en Saintonge[b] aux confins du Perigord, il devoit dire le contraire.

b Ed. 1705.

c Ibid.

CHALAMONT[c], petite Ville de France dans la Principauté de Dombes, sur les confins, vers le Val-Romey.

CHALANÇAY, Bourg de France dans la Champagne de Langres, au Diocèse & dans l'Election de Langres.

CHALANÇON, petite Ville de France au bas Languedoc au Diocèse de Viviers.

CHALANGE, Fauxbourg de la Ville de Beaune en Bourgogne : les habitans en vertu d'un ancien privilège accordé par les Ducs de Bourgogne sont exempts de Tailles.

d D. Calmet Dict.
e Genes. c. 10. v. 10.
f c. 10. v. 9.
g c. 27. v. 23.
h Chaldai interp. l'Euseb. Hieronym. Bochart &c.
i Plin. l. 6. c. 26.
k Voyage des Indes l. 1. c. 5.

CHALANNE[d], très-ancienne Ville d'Asie dans la Campagne de Sennaar, bâtie par Nembroth[e]. C'est apparemment la même que CALNO marquée dans Isaye[f], & nommée CANNE dans Ezechiel[g]. Plusieurs Savans ont cru que c'étoit CALLINICUM ; mais d'autres[h] soutiennent que c'est plutôt CTESIPHON qui étoit capitale d'une Province nommée CALONITE[i].

CHALAOUR, Ville de l'Indoustan sur la route de Surate à Agra entre Amadabad, & Agra, à 141. cosses de la premiere & à 212. de la derniere, selon Tavernier[k]. Chalaour, dit-il, est une Ville ancienne sur une Montagne, entourée de murailles & de-difficile accès. C'étoit autrefois une forte place : il y a un étang au haut de la Montagne, & un au bas entre lequel & le pied de la Montagne

Tom. II.

CHA. 481

est le chemin pour aller à la Ville. Mr. Thevenot[l] en son Voyage des Indes met aussi sur une Montagne Chalaour Ville de l'Agra.

l c. 21. p. 117.

CHALAPETIS, selon quelques exemplaires de Ptolomée[m] & Chaltapetis, selon d'autres, contrée d'Asie dans la Susiane.

m l. 6. c. 3.

CHALARINE. Voyez l'Article suivant.

CHALARONNE[n], Riviere de France. Elle a sa source au grand Etang de Joyeu dans la terre de Montelier, coule en ligne presque circulaire, passe à Villars d. à Chatelar, g. à Châtillon, & va porter à la Saone auprès de Toissey les eaux de plusieurs Rivieres qu'elle rassemble en chemin dans la Souveraineté de Dombes où elle a son cours. Quelques-uns l'appellent CHALARINE. °Ce fut au bord de cette Riviere que Brunehaut Reine de France fit tuer Saint Didier, ou Disier Evêque de Vienne en Dauphiné, l'an 615. à l'endroit que l'on appelle encore aujourd'hui St. Didier en Dombes. Il y en a qui veulent que ce meurtre ait été commis au Village de Calvire proche de Lyon.

n Sanson Atlas.
o Corn. Dict. & Guichenon Hist. de Bresse.

CHALASTRA, ancienne Ville de Macedoine, selon Pline[p], sur le Golphe Thermeen, qui est aujourd'hui celui de Salonichi. Strabon[q] la met aussi dans la Macedoine aux environs de l'Axius qu'il dit couler entre cette Ville & Therme ; mais il la nomme CHALESTRA. Herodote[r] dit de même Chalestra Χαλέϛρη. Hecatée dans son Europe citée par Etienne le Géographe dit : dans ce Golphe est Thermé Ville des Grecs venus de Thrace, il y a aussi Chalastra Ville des Thraces. Etienne ajoute qu'il y avoit un Port de même nom que la Ville. Ce ne sauroit être LA CAVALE, car elle est bien éloignée de Salonichi & dans le Golphe de Contessa, le *Strimonicus Sinus* des anciens, au lieu que Calastra étoit au Couchant, & assez près de Thessalonique au fond d'un Golphe tout diferent, puisqu'il y en a deux autres entre deux.

p l. 4. c. 10.
q Epitom. l. 7. p. 330. Ed. Casaub. p. 106. Edit. Oxon.
r l. 7. n. 123.

CHALBII. Voyez CHALYBES.

CHALCA. Voyez TAZATA.

CHALCÆ. Voyez CHALCE 3.

CHALCÆA, Ville d'Asie dans la Carie, selon Strabon cité par Ortelius[s] ou plutôt selon Etienne le Géographe où cela se trouve effectivement. Voyez CHALCE 5.

s Thesaur.

1. CHALCE, Ville de la Libye, selon le même Etienne.

2. CHALCE, Ville de Phenicie, selon le même.

3. CHALCE, Ville du territoire de Larisse, selon le même. Theophraste l'appelle CHALCIUM ; on la nomme aussi CHALCÆ, Χάλκαι, ajoute le même Etienne.

4. CHALCE, la Notice de Hierocles met dans la x. Province, qui est l'Achaïe, Chalce Isle de l'Eubée. Voyez CHALCIS.

5. CHALCE, Isle d'Asie aux environs de celle de Rhode, selon Pline[t]. Il la nomme ailleurs CHALCIA[v], en quoi il est conforme à Scylax[x] qui met plusieurs Isles voisines de Rhode entre lesquelles il nomme CHALCIA, Χαλκεία, la premiere. Il dit qu'il y avoit une Ville de même nom, Pline dit aussi *Chalce cum Oppido*. C'est sans doute la *Chalcæa* de Strabon & d'Etienne. Voyez CHALCIA.

t l. 5. c. 31.
v l. 17.
x Peripl. p. 38. Edit. Oxon.

Ppp* CHAL-

CHA.

CHA.

CHALCEDOINE, Ville d'Asie dans la Bithynie sur le Bosphore. Pline[a] nous apprend qu'elle fut nommée anciennement Procerastis, ensuite Colpusa. J'ai dit à l'Article Cæcorum Urbs quelle occasion l'a fit appeller la Ville des aveugles. Le mauvais goût de ses fondateurs est prouvé par la necessité où l'on fut ensuite de faire deux Ports artificiels à cette Ville, au lieu que la nature y avoit pourvû elle-même dans le lieu où est maintenant Constantinople, & où ils pouvoient également s'établir. Après que Justinien l'eût reparée on la nomma la Justinienne III. Il est bon de remarquer qu'au lieu du nom *Chalcedon*, qui est le plus connu, les Medailles portent Calchedon, & que le R. P. Hardouin[b] a reformé Pline conformément à cette autorité. Seguin prétend que Strabon a écrit Chalcedon; mais il l'a avancé sans preuves, comme le remarque Cellarius[c], car les Editions d'Alde, de Xylander, l'ancienne Edition de Bâle, celle de Casaubon portent toutes Chalcedon. Il est vrai que dans celle d'Alde on trouve une seule fois Calcedon, savoir à la page 246. mais il est visible que c'est une faute d'impression; car trois ou quatre lignes après on lit Chalcedon, & Chalcedonium. Memnon cité par Photius[d] écrit Calchedon. Ce nom se trouve aussi écrit de même dans le Recueil des Canons de l'Eglise universelle publié par Justel; on lit aussi Calchedon, & Mr. Spanheim[e] dit qu'il n'est plus permis de douter que Calchedon soit la vraie Orthographe de ce nom. La Table de Peutinger porte Calcedon; mais cette faute ne decide rien & ne sait si l'omission de l'H, est à la premiere ou à la seconde syllabe. Mr. Spon[f] dit que les Turcs l'appellent Cadikioi. Mr. de Tournefort dit Cadiaci ou le *Village du Juge*, les Grecs encore Chalcedona. C'est se moquer que de dire avec Mrs. Grelot[g] & Corneille[h] qu'un certain Chalcedon pasteur fils de Saturne commença d'y bâtir quelques cabanes sur le bord d'une petite Riviere qui passe proche delà, qu'il nomma de son nom. Etienne qui employoit volontiers des Etymologies de cette espece dit plus naturellement que tous les Historiens conviennent que Chalcedoine tire son nom de Chalcis Riviere qui coule auprès. Long-temps après, poursuit le Sr. Grelot, les habitans de la Ville de Calcis dans l'Isle d'Eubée y envoyerent une Colonie & lui confirmerent son nom (j'aimerois mieux dire qu'ils donnerent le leur à cette Riviere) parce qu'il approchoit assez de celui de leur Ville. Ceux de la Ville de Megare en firent autant vers l'an du Monde 3290. Arrien l'Historien, qui étoit de Nicomedie, & leur voisin, dit que les Chalcedoniens ayant negligé pendant quelque temps le culte d'une Divinité à laquelle leurs ancêtres avoient elevé un Temple furent châtiez d'une maladie honteuse, à quoi ne trouvant point de remede, ils crurent que le plus court étoit de retrancher la partie infectée, quelque considerable qu'elle pût être pour sauver le tout. Cette Divinité en colere étoit apparemment Venus puisqu'elle avoit un fort beau Temple à Chalcedoine, & le mal qui affligeoit les Chalcedoniens est un de ceux qu'apporte cette Déesse. Au lieu de quelques

reflexions qu'ajoute le Sr. Grelot; il seroit plus vrai de dire que cette sorte de maladie vient du culte que l'on rend à cette fausse Divinité, & non pas de celui qu'on refuse de lui rendre. Ce Temple de Venus ne se voit plus à Chalcedoine, non plus que celui d'Apollon où un certain Cocconas établit un oracle pareil à ceux de Delphes & de Delos, & qui s'accredita de telle maniere qu'on venoit de fort loin le consulter.

Les Perses ayant ruiné Chalcedoine le grand Constantin entreprit de la rebâtir, & l'eût preferée à Byzance qui porte aujourd'hui son nom sans un prodige bien étonnant raporté par Cedrene. Quand on commença par ordre de cet Empereur, à rebâtir cette Ville, on vit des aigles enlever avec leurs serres les pierres entre les mains des ouvriers & les transporter à Byzance. Ce Miracle fut repeté plusieurs fois & toute la Cour en fut frappée. (Cedrene, pour le dire en passant, est un de ces Chroniqueurs credules, qui recueillent & disent tout sans choix & qui prodigues des évenemens merveilleux, en farcissent à quelque prix que ce soit leurs Histoires, qui par ce mélange du faux, & du vrai ont un certain air Romanesque, qui rebute les Lecteurs plus judicieux & moins affamez de prodiges.) Euphratas l'un des principaux Ministres de Constantin assura cet Empereur que le Seigneur vouloit qu'il fit bâtir à Byzance une Eglise en l'honneur de la Vierge. Valens irrité de ce que les Chalcedoniens tenoient pour Procope les assiégea. Ils se moquerent de lui, dit Ammien Marcellin[i], en l'appellant *Brasseur*, ou *Buveur de Biere* (*Sabaiarius*) cet Historien explique le mot *Sabaia* par une boisson faite avec du bled ou de l'orge & que boivent les pauvres gens dans l'Illyrie. Il leva le siège, cependant étant devenu enfin maître paisible de l'Empire d'Orient il fit raser les murailles de Chalcedoine, & en fit porter les materiaux à Constantinople où ils furent employez au bel aqueduc nommé l'Aqueduc Valentinien. Chalcedoine est devenue fameuse dans l'Histoire de l'Eglise par le Concile General, qui y fut tenu l'an 451. dans l'Eglise de Ste Euphemie, où les Peres condamnerent Eutyches, qui nioit qu'il avoit deux Natures en Jesus-Christ. Mr. de Tournefort[k] dit qu'il n'y a pas d'apparence que cette Eglise fût celle qui sert aujourd'hui de paroisse aux Grecs; car Evagrius[l] nous apprend qu'elle étoit dans les Fauxbourgs de cette Ville. (Evagre ne parle point de Fauxbourgs, du moins dans la Traduction Françoise de Mr. Cousin.) Et Mr. Nointel Ambassadeur de France à la Porte au raport de Mr. Spon[m], assuroit que les restes de l'Eglise de Ste Euphemie étoient à un mille du Village, & qu'il y avoit lu une inscription qui faisoit mention de ce Concile.

[n] Chalcedoine étoit bâtie sur l'Isthme d'une Presqu'Isle à chaque côté de laquelle elle avoit un Port; savoir un à l'Est du Cap de Chalcedoine où est à présent Fanari-Kiosc; c'est le Port d'Eutrope où l'Empereur Maurice, & ses enfans[o] furent mis à mort par l'ordre de Phocas, qui le dépouilla de l'Empire dans le commencement du vii. siécle. Cinq ans après l'Imperatrice Constantine veuve de Mau-

Maurice, & ses trois filles y eurent la tête tranchée. Il semble que ce Port étoit destiné pour y faire perir cette malheureuse famille. L'Empereur Justinien l'avoit fait reparer par des ouvrages dignes de sa magnificence. Après le Port d'Eutrope, poursuit Mr. de Tournefort, il faut doubler le Cap de Modabouron, lequel termine la Presqu'Isle. Je crois qu'il s'appelloit autrefois *Herea*, car Etienne de Byzance le place vis-à-vis de cette Ville, & cite des vers de Demosthéne de Bithynie, qui l'a marqué dans cet endroit. Au delà de ce Cap (c'est-à-dire au Midi) s'étend la côte de CA-LAMOTI, qui a pris son nom d'une Eglise de St. Jean Chrysostome bâtie dans un lieu marécageux & bâti de roseaux (Κάλαμος, Calamos, mot Grec qui veut dire un roseau,) c'est sur cette côte qu'étoit l'autre Port de Chalcedoine à l'échancrure de l'Isthme, qui regarde le Couchant & par conséquent la Ville de Constantinople. On y avoit pratiqué avec des depenses immenses des jettées admirables par ordre de l'Empereur Justinien, au moyen desquelles il ne pouvoit entrer qu'un vaisseau à la fois ; mais il n'en reste plus que les fondemens. Il semble, dit Mr. de Tournefort, que Chalcedoine n'a été bâtie que pour servir d'embellissement à Constantinople, car outre les murs demolis sous Valens & employez à l'Aqueduc Valentinien, Soliman II. n'a fait rétablir cet Aqueduc & bâtir la Solimanie que des ruines de Chalcedoine. Procope cité par notre illustre Voyageur nous apprend que l'usage des postes étoit déja sous Justinien. Les Empereurs, dit l'Historien Grec, avoient établi les postes sur les grands chemins, afin d'être servis plus promtement & d'être avertis à temps de tout ce qui se passoit dans l'Empire. Il n'y avoit pas moins de cinq postes par journées & quelquefois huit : on entretenoit quarante chevaux dans chaque poste, & autant de postillons & de palefreniers qu'il étoit necessaire. Justinien cassa les postes en plusieurs endroits & sur tout celles par où on alloit de Chalcedoine à DIACIBIZA, qui est l'ancienne Ville de Lybissa fameuse par le tombeau d'Annibal. Peut-être ces postes n'étoient-elles que pour le service de la Cour, & nullement à l'usage des particuliers comme celles d'apresent dont l'utilité est generale pour quiconque veut s'en servir tant pour sa personne que pour ses courriers, ou pour ses Lettres.

a l. c.
b Voyages T. 1. p. 203.
c à la Haye 1723. chez Alberts.

Chalcedoine n'est plus aujourd'hui qu'un méchant Village, selon Mr. de Tournefort[a], un grand Village, selon Wheler[b]. Mais je ne sais si c'est à lui ou à son Traducteur qu'il faut attribuer l'erreur grossiere, qui se lit dans l'Edition Françoise de ses Voyages[c] : elle (Chalcedoine) est plus ancienne que Byzance ; mais elle n'est presentement celebre que *par la memoire* du grand Concile, qui s'y assembla l'an 327. la seconde année du Regne de Constantin. Il y a bien des fautes dans ces deux dates. 1. l'année 327. il ne se tint aucun Concile, ni grand, ni petit, dont l'Histoire Ecclesiastique ait conservé le souvenir. 2. Celui de Nicée se tint l'an 325. deux ans avant cette date. 3. Le seul Concile qui se soit tenu à Chalcedoine se tint l'an 451. sur la fin de l'Em-

Tom. II.

pire de Theodose II. Constantin étoit mort l'an 337. comment a pû se tenir la seconde année de son regne, qui fut près de trente & un ans, le Concile unique de Chalcedoine, qui ne fut effectivement tenu que 114. ans après la mort de cet Empereur, & 124. après la date où le met Mr. Wheler ? Constantin regna plus de trente ans ; il mourut en 337. comment un Concile que l'on suppose tenu la seconde année de son regne a-t-il pû se tenir l'an 327. dix ans avant sa mort, il faudroit pour cela qu'il n'eût regné que douze ans. Mr. Spon compagnon de Voyage de Mr. Wheler, & dont la relation ressemble en tant de choses à celle de l'Auteur Anglois, a sagement évité ces details d'Histoire Ecclesiastique & par conséquent il n'est point tombé dans les bevûës que l'autre a rassemblées en une ligne ou deux.

Mr. Tournefort relève de son côté Strabon & Pline, qui n'ont point, dit-il, parlé exactement. La côte de Chalcedoine est fort poissonneuse, & certainement Strabon & Pline avoient été trompez par ceux qui leur avoient fait accroire que les *Pelamides* ou jeunes Tons s'en détournoient, épouvantez par des roches blanches cachées sous l'eau, lesquelles les obligeoient de gagner la côte de Byzance. Au contraire, poursuit Mr. de Tournefort, les Pelamides de Chalcedoine étoient si recherchées par les anciens que Varron, cité par Aulugelle, les mettoit parmi les morceaux les plus délicats, & l'on ne voit aujourd'hui que filets autour de cette Ville pour la pêche des jeunes Tons.

[d] Il n'y reste plus gueres d'antiquitez que quelques tombeaux, & inscriptions brisées avec un assez beau reste d'Aqueduc souterrain. Le Port n'est plus fermé de chaines, comme autrefois, pour en défendre l'entrée & bien qu'il soit ouvert à tous il n'en est pas plus frequenté pour cela.

d Grelot l. c.

Cette Ville étoit le Siége d'un Archevêque[e] qui fut pendant quelque temps le premier des Metropolitains de Bithynie. Voiez l'Article suivant.

e Baillet. Topogr. des Saints.

CHALCEDON, petite Riviere de Bithynie. Pierre Gilles la décrit ainsi[f] : la Ville de Chalcedoine étoit situé sur un Promontoire qui est en forme de Presqu'Isle, élevé vers le milieu, & s'abbaissant de trois côtez par une pente fort douce. Du quatriéme côté la hauteur est plus en penchant vers une vallée où coule le *fleuve* Chalcedon pour se rendre à la Propontide. Une partie du Promontoire fait face à l'Occident ; c'est le Bosphore qui la baigne. Une autre partie est vers le Midi & l'Orient d'hyver, & est enfermée par la Propontide. Celle qui est à l'Orient d'été est sur la vallée où coule le Chalcedon, qui n'est un ruisseau petit à la verité ; mais il resserré par des rives hautes coule dans un lit profond, & est salé l'espace de plus d'un mille, jusqu'au pont de pierre que l'on passe pour aller de Chrysopolis à Nicomedie. C'est le CHALCIS d'Etienne.

f *de Bosporo Thras.* l. 3. c. 10. p. 362.

CHALCERITIS. Voiez ARIA 4.

CHALCETORES, lieu de l'Asie Mineure, quelque part vers la Carie, selon Strabon[g].

g l. 14. p. 636.

CHAL-

CHALCETORIUM, Ville de Créte, selon Etienne le Géographe.

CHALCIA, c'est la même Isle que Chalce 5.

CHALCIDE. Voiez Chalcis.

CHALCIDENA. Voiez Chalcis 6.

1. **CHALCIDENSES**, Strabon[a] nomme ainsi un Peuple d'Asie dans l'Ionie. Voiez Chalcis 7. [a l. 14. p. 644.]

2. **CHALCIDENSES**, Peuple voisin de la Rivière du Phase, selon Diodore de Sicile[b]. Ce nom est apparemment corrompu & doit signifier les Peuples de la Colchide. [b l. 14.]

3. **CHALCIDENSES**, ancien Peuple de Thrace: la Ville de Tinda & Milcorus étoient situées dans leur pays. Thucydide[c] & Aristote[d] en font mention. Voiez Chalcis 3. [c l. 2. d l. 2.]

CHALCIDES, Peuple de Sicile selon Etienne : ils étoient peut-être aux environs du Mont Chalcidique comme le conjecture Ortelius[e]. [e Thesaur.]

CHALCIDICUS MONS, Montagne de Sicile. Polybe[f] & Etienne en font mention. C'est presentement la branche qui va depuis le Mont Sprevério jusqu'au Fare de Messine au Midi de cette Ville, où elle se termine au Cap la Scaletta. [f l. 1. c. 1.]

1. **CHALCIDIQUE**, contrée de la Macedoine, selon Ptolomée[g]. Cette Province outre les Montagnes au Sud-Est desquelles étoit située Apollonie, les deux Presqu'Isles qui sont entre les Golphes Toronaique, Singitique & Strimonique ; ou, ce qui revient au même, entre les Golphes de Salonique & de Contesse. C'est la partie du Midi Oriental de la Province d'Iamboli. Ptolomée lui donne pour Villes près de la Mer, [g l. 3. c. 13.]

Panorme,	Ville & Port,
Athosa,	Cap & Ville,
Stratonice,	
Acanthe,	
& Singus dans le Golphe qui en prenoit le nom.	

Le Mont Athos occupe une partie de la Chalcidique. Dans les terres étoit Augée. Ptolomée n'a pas fait mention d'*Apollonie*. Voiez Apollonie 16. il y avoit beaucoup plus de Villes que cela s'il est vrai ce que dit Suidas, savoir que Philippe y prit trente deux Villes.

2. **CHALCIDIQUE**, en Syrie. Voiez Chalcis 6. & 7.

1. **CHALCIS**, Ville capitale de l'Isle d'Eubée. Negrepont est le nom moderne de l'une & de l'autre. Cette Ville à cause de sa situation & de sa force est une des trois que Philippe fils de Demetrius appelloit les fers de la Grece. Les deux autres étoient Demetriade & Corinthe. Voiez Negrepont. [h Polyb. Excerpt. l. 17. c. 11.]

2. **CHALCIS**. Voiez Eubée.

3. **CHALCIS**, Ville de Macedoine dans la Chalcidique, qui en prenoit le nom. Il est étrange que Ptolomée n'en ait tenu aucun compte entre les Villes de cette Province. Elle étoit entre Olynthe, Apollonie & le Golphe Singitique. Aristote[i] dit à Chalcide Ville de Thrace auprès d'Olynthe, il y a, dit-on, une place nommée Cantharolethron un peu plus grande qu'une aire. Tous les animaux y peuvent entrer sans en ressentir aucun mal ; il n'y a que les Cancres qui, lorsqu'ils y sont entrez tournent sans en pouvoir sortir & meurent de faim. Thucydide[k] & Etienne le Géographe donnent pareillement cette Ville à la Thrace. Il ne faut point perdre de vue ce que j'ai deja dit plusieurs fois que les bornes de la Macedoine ayant souvent changé, tels Anciens lui attribuent des Villes que d'autres donnent à la Thrace si elles sont au Nord, où à la Thessalie si elles sont au Midi. Il faut bien se garder de faire des Villes diferentes. Chalcide de Thrace ou de Macedoine, ne sont que des indications diferentes de la même Ville. [i De mirabil. auscult operum T. 2. p. 883. k l. 3.]

4. **CHALCIS**, Montagne de Grèce dans l'Etolie, le long de la rive Orientale de l'Evenus ; depuis l'Embouchûre de cette Riviere jusqu'à l'extremité Septentrionale de cette Province, où cette Montagne quittant l'Evenus s'avance vers le Levant & le Nord, au travers du Pays des Agréens. Etienne trompé par Denys le Periégete[l] a cru que l'Achelous descendoit de Chalcide. Strabon[m] décrivant la côte d'Etolie, & venant de l'Acarnanie, dit : après l'Evenus est le Mont Chalcis. Je ne sais à quoi pensoit Cellarius quand il a conclu de ce passage que la Ville de Chalcis étoit sur la rive droite de l'Evenus. Car Strabon par ces paroles citées met la Montagne bien positivement au delà, c'est-à-dire sur la rive gauche de l'Evenus. Le même Strabon[n] joint la Ville de Chalcis à la Montagne de même nom, il est surprenant que Cellarius mette en le citant la Ville de Chalcis à l'Occident de l'Embouchure de l'Evenus. Elle étoit à l'Orient de ce fleuve & bien au dessus de son Embouchûre. [l v. 496. m l. 10. p. 459. n l. 10. p. 451.]

5. **CHALCIS**, Ville de Grece en Etolie dans la Montagne de même nom. Le Village de Caliccia, qui est presentement de la Carnia dans l'Albanie semble conserver quelque chose de ce nom, quoi qu'il n'en occupe pas précisement la place, & qu'il soit situé un peu plus haut que n'étoit Chalcis.

6. **CHALCIS**, surnommée auprès du Belus, *Chalcis ad Belum*, ancienne Ville de Syrie, selon Pline[o] qui dit qu'elle donnoit le nom de Chalcidene à une contrée la plus fertile de la Syrie. C'est la même que Chalcis Ville Episcopale de la premiere Syrie dans la Notice de Hierocles. Elle étoit à l'Occident de Beroée à la distance de xviii. M. P. selon Antonin. Mr. de l'Isle[p] la donne par Comagene aux frontieres de la Syrie. [o l. 5. c. 23. p Theatr. Hist. part. Orient.]

7. Le Royaume de **CHALCIS** ou **CHALCIDE**; on convient qu'il y a eu un Royaume de ce nom au pied du Liban[q] du côté de la Syrie, & que Claude successeur de Caligula son neveu l'accorda à la priére d'Agrippa à Herode frere & gendre de ce Prince. Dion[r] parle de cette donation sans pourtant nommer le Royaume. Josephe[s] dit que Scipion ayant fait trancher la tête à Alexandre fils d'Aristobule par l'ordre de Pompée, ses freres trouverent un azyle chez Ptolomée Mennée Seigneur de Chalcide, qui est située dans le Mont Liban. Les Geographes ne conviennent pas si le Royaume ou cette Principauté est la même chose que la Chalcidene dont la capitale étoit Chalcis [q Tillemont Hist. des Empereurs T. 1. p. 537. r l. 60. p. 670. s antiq. l. 14. c. 13.]

CHA.

cis près du Belus. Cellarius l'assure[a]; & pretend que cette Ville étant également voisine du Belus & du Liban a pû être distinguée indifferemment par le voisinage de l'un ou de l'autre.

Le P. Lubin dans ses notes Géographiques sur Usserius est du même sentiment, & generalement parlant les Géographes ne mettent point deux Chalcides en ces quartiers-là. Cependant la Souveraineté ou Dynastie de Chalcide de Ptolomée étoit au pied du Liban: ce Prince possedoit encore Heliopolis & les Montagnes de l'Iturée; tout cela paroît assez éloigné de Chalcide entre Beroée & Antioche. Mr. de Tillemont trouve qu'il y a toute apparence que ce sont deux Chalcides. Il ajoute[b]: le St. de la Rue les distingue en effet dans sa Carte de Syrie, & met celle du Liban assez près de Laodicée en Phenicie, & des sources de l'Oronte. D. Calmet dans sa Carte de la Terre promise les distingue aussi, car Chalcide sur le Belus est hors de la Carte, & la Principauté de Chalcide se trouve selon lui près du Fleuve Eleuthere entre le Liban & l'Antiliban, & par consequent beaucoup plus au Midi que Chalcide près du Belus.

8. CHALCIS, ou le Desert de Chalcide desert de Syrie entre la Mesopotamie, la Palestine, & la Phenicie. Il est célèbre par la demeure de plusieurs Saints solitaires entre autres de St. Malch[c], de St. Jerôme[d], & de St. Marcien[e]. Il n'y a point à douter que ce nom n'ait été donné à ce desert à cause de la Ville de Chalcis.

9. CHALCIS, Bourgade Maritime avec un Port de Mer sur la côte Meridionale d'Ionie assez près de Téos; au Nord de l'Isle de Samos. C'étoit le chef-lieu d'un Peuple nommé par Strabon *Chalcidenses*. Voiez CHALCIDENSES 1.

10. CHALCIS, Pline dit qu'il y avoit eu dans l'Arabie heureuse quelques Villes bâties & peuplées par des Grecs. Il les nomme Arethuse, Larisse, & Chalcis, & ajoute que diferentes guerres les avoient détruites.

11. CHALCIS, Ville de la Scythie, selon Etienne le Géographe.

12. CHALCIS, Ville de Corinthe, dit le même Auteur. Il n'est pas aisé de deviner ce qu'il a voulu dire par-là, s'il y avoit une Ville de ce nom dans le territoire de Corinthe, ou si les Corinthiens avoient envoyé quelque peuplade, & fondé une Ville de ce nom en quelque endroit.

13. CHALCIS, Isle de Grece sur la côte de l'Etolie & l'une des Echinades, selon Pline.

14. CHALCIS, Ville de Béotie, selon Hesyche.

15 & 16. CHALCIS, ruisseau & Village du Peloponnese aux confins de la Triphylie & de la Pisatide, près de Samicum, selon Strabon[f].

17. CHALCIS, Etienne le Géographe nomme ainsi le CHALCEDON Riviere qui coule à Chalcedoine.

18. CHALCIS. Voiez l'Article suivant.

1. CHALCITIS, en François CHALCITIDE, Isle vis-à-vis de Chalcedoine & où il y a des mines de cuivre, selon le Periple de Menippe cité par Etienne le Géographe. Pierre Gilles[g] juge que c'est le même qu'Etienne appelle DEMONESE parce que cet Auteur dit qu'elle est vis-à-vis de Chalcedoine; qu'elle a des mines d'Azur, de la Chrysocolle, de l'or très-precieux & très-fin, qui guérit les maux des yeux. Or il ne se trouve aux environs de Chalcedoine aucune Isle que Chalcitis, qui ait des mines & des metaux. Aristote dit de même: Démonese Isle des Chalcedoniens a pris son nom d'un homme appellé Demonése & a de l'Azur, de la Chrysocolle, de l'excellent or, qui est un remede pour les yeux. Pierre Gilles taxe d'erreur pour avoir placé l'Isle de Démonese dans la Propontide devant Nicomedie où il n'y en a point. Les Grecs modernes nomment cette Isle CALCIS.

2. CHALCITIS, contrée de la Mesopotamie, selon Ptolomée[h].

3. CHALCITIS, contrée de l'Inde au delà du Gange selon Ptolomée[i], qui dit qu'il y avoit beaucoup de mines de cuivre.

4. CHALCITIS, contrée d'Asie dans l'Ionie auprès d'Erythres, selon Pausanias[k].

CHALCIUM. Voiez CHALCE 3.

CALCO, petite Ville d'Amerique dans la nouvelle Espagne, à sept lieues de Mexico.

CALCODONIUS MONS, Montagne de Grece dans la Pelasgie au dessus de Pheræ, selon Apollonius[l].

CALCORYCHIÆ, c'est-à-dire *les mines de Cuivre*, lieu ainsi nommé en Afrique dans la Mauritanie Cesariense par Strabon[m] & Ptolomée[n], ce dernier ne dit pas simplement *les mines de Cuivre* comme Strabon; mais il nomme précisément les Mons Chalcorychiens; qu'il compte entre les plus fameuses Montagnes de cette Province.

CHALDÉE, (LA) contrée d'Asie, mais comme ce nom ne signifie pas un Pays de même étendue dans tous les anciens Ecrivains qui en ont parlé, il est necessaire de distinguer les Auteurs & les temps. Le nom de CHALDÉE est souvent exprimé dans l'Ecriture Sainte[o] par la TERRE DES CHALDÉENS. La Vulgate se sert du mot *Chaldée* en deux passages d'Ezechiel[p]. Moïse la nomme Terre de SENNAAR[q] ou *Sinear*, selon la ponctuation des Massorétes. Ce fut dans ces plaines que le Genre humain avant que de se separer voulut bâtir la Tour, qui donna lieu à la confusion des Langues[r], & qui fit appeller BABEL le lieu où la sagesse divine avoit si bien confondu la folie des hommes.

Le nom de Chaldéens se prend en deux manieres, comme le remarque D. Calmet[s] 1. pour les Peuples de Chaldée & les Sujets de l'Empire de Chaldée, soit qu'ils aient pris ce nom de Chased, ou Chesed fils de Nachor, frere d'Abraham[t] ou de quelque autre plus ancien. 2. pour une sorte de Philosophes ou de Devins qui s'appelloient Chaldéens, en Hebreu *Casdim*, on leur fait honneur de l'invention de l'Astronomie, & comme les choses les plus excellentes sont sujettes à degenerer par l'abus qu'en fait la corruption des hommes, la curiosité indiscrette de l'avenir donna lieu aux Chaldéens d'en abuser, & de feindre qu'ils pouvoient lire dans les Astres les destinées de ceux qui les con-

consultoient. Ciceron dit: *Chaldæi non ex artis sed ex gentis vocabulo nominati, diuturna observatione siderum, scientiam putantur effecisse ut prædici possit quid cuique eventurum & quo quisque fato natus esset.* On peut voir dans la Philosophie Orientale de Thomas Stanley, & dans la seconde partie des Oeuvres Philosophiques de Mr. le Clerc les principes de cette Nation. Chacun sait que les Chaldéens se vantoient d'avoir une suite d'observations, qui precedent de beaucoup l'époque de la création du monde telle qu'on la peut recueillir de l'Ecriture Sainte. L'inconvenient qui resulteroit de ce fait, s'il étoit une fois admis, a engagé tous les Savans de divers siécles à le traiter d'imposture. Mr. le Chevalier de Louville semble avoir trouvé le neud de cette difficulté. On peut voir son opinion au mot ECLIPTIQUE.

a D. Calmet Dict.

Quant à l'Empire des Chaldéens [a], nous en connoissons le commencement sous Nemrod; mais nous n'en voyons pas distinctement la suite. Du temps d'Abraham nous trouvons un Roi de Sennaar [b], qui étoit apparemment Roi de Chaldée. Jules Africain dit qu'Evechous régna en Chaldée 224. ans avant les Arabes, c'est-à-dire l'an du Monde 2242. du temps d'Isaac. Les Arabes conquirent l'Empire de Chaldée l'an 2466. & ils le tinrent pendant 216. ans, jusqu'en 2682. Aux Arabes succeda Belus l'Assyrien, qui regna 55. ans avant la fondation de l'Empire d'Assyrie par Ninus.

b Genese c. 14.

Les Chaldéens demeurerent sous la domination des Rois d'Assyrie jusqu'au temps de Sardanapale. L'an du Monde 3254. avant J. C. 750. Arbacès Gouverneur de Medie & Belesis Gouverneur de Babylone se revolterent contre Sardanapale, le reduisirent à s'enfermer dans Ninive & à s'y brûler. Belesis affranchit les Chaldéens de la domination des Assyriens, & fut reconnu Roi de Babylone [c]. C'est le même qui est nommé Baladan dans l'Ecriture [d] & Nabonassar dans Hipparque, dans Censorin, & dans Ptolomée. Il eut pour successeur dans le Royaume de Chaldée Berodac-Baladan, ou Merodac-Baladan dont il est parlé au IV. livre des Rois [e], & qui envoya des Ambassadeurs à Ezechias Roi de Juda.

c Voiez Diodore de Sicile l. 2. & annal. d'Usserius à l'an 3254.
d Isaï. c. 39. v. 1. & c 4. Reg. c. 20. v. 12.
e Ibid.

Il paroît que les Babyloniens retomberent bientôt sous la puissance des Assyriens, puisqu'en l'an du Monde 3378. sous le regne de Josias Roi de Juda, Nabopalassar ayant été établi Gouverneur de Babylone par Chinaladan ou Sarac Roi d'Assyrie, se souleva contre son Roi & s'étant ligué avec Cyaxares Satrape de Medie, ils assiégerent Ninive, la prirent, tuerent le Roi Chinaladan; & Cyaxares & Nabopalassar partagerent l'Empire d'Assyrie [f]. Cyaxare eut la Medie & l'Armenie & Nabopalassar eut l'Assyrie & la Chaldée.

f Usserius ex Alexandro Polyhistore ad ann. 3378.

C'est proprement sous Nabopalassar que commence la grande, la fameuse Monarchie de Chaldée, qui subsista sous les Rois Nabopalassar, Nabuchodonosor, Evilmerodach & Balthasar; jusqu'au regne de Darius le Mede auquel succeda Cyrus à Babylone.

On voit par ce qui vient d'être dit que la Chaldée, à la prendre pour l'Empire des Chaldéens, a eu diferentes bornes, qu'il y a eu un temps où elle faisoit partie de l'Assyrie, & d'autres temps où l'Assyrie n'étoit qu'une annexe de la Chaldée. Comme Babylone étoit Capitale de la Chaldée, dans l'Ecriture la CHALDÉE & la BABYLONIE sont la même chose. Avec le temps Babylone ayant été une Ville très-florissante & la Capitale d'un vaste Empire dans l'Orient; le pays où elle étoit située portant le nom de Babylonie, on s'accoutuma à ce dernier qui prevalut surtout dans les Ecrits des Grecs; & le nom des Chaldéens ne fut plus employé que pour signifier les habitans d'une contrée de la Babylonie auprès des Arabes & du Golphe Persique, & on les regarda comme des Philosophes attentifs à observer les Astres, & entre lesquels il y en avoit qui faisoient profession de predire l'avenir aux hommes en tirant leur nativité. Ces détails que fournit Strabon presqu'au commencement du XVI. livre font voir que tous les Chaldéens n'étoient pas tous infectez de l'Astrologie Judiciaire. Il ajoute même que ceux qui s'en mêloient n'étoient pas approuvez des autres. Il distingue la Chaldée de la Babylonie. Ptolomée qui a fait un Chapitre particulier de la Babylonie [g], ne considere la Chaldée que comme la partie Occidentale & Meridionale de cette Region. Pline étend la Chaldée plus à l'Orient; car il nomme [h] Lacs de la Chaldée, *Chaldaicos Lacus*, ces eaux assemblées au travers desquelles le Tigre déja grossi par l'Euphrate va se rendre au Golphe Persique. [i] Il avoit dit auparavant que ce Lac (au singulier) est formé par l'Eulée, & le Tigre auprès de Charax: Voiez IRAQUE.

g l. 5. c. 20.
h l. 6. c. 27.
i c. 23.

C'est une chose très-certaine que le grand nombre de coupures & de Canaux que l'on a faits aux environs & au dessous de Babylone, ont apporté à ce pays de si grands changemens, qu'on ne peut tirer aucun secours des Voyageurs modernes, pour connoître l'état ancien de ces Contrées, qui ont tant de fois changé de face. Et comme les Anciens ne se font pas expliquez dans leurs descriptions d'une maniere fixe & invariable, que même nous n'en avons presque point de la Babylonie, ou de la Chaldée qui aient été faites par des Auteurs, qui eussent vu & parcouru ce pays-là, il ne faut pas s'étonner s'il y a de si énormes differences entre les Cartes que d'habiles gens en ont dressées sur les idées qu'ils s'en étoient formées dans leurs lectures. Pour s'en convaincre il n'y a qu'à comparer la Carte de ce pays dressée par Mr. Huet, & attachée à son Traité de la situation du Paradis terrestre; celle de Cellarius intitulée *Mesopotamia & Babylonia* inserée dans sa Géographie ancienne; celle de D. Calmet dans son Dictionnaire de la Bible, &c. avec ces mêmes pays compris dans la partie Orientale du Théatre Historique de Mr. de l'Isle. On sera porté à croire que chacun a eu des Memoires & des Livres particuliers que les autres n'avoient point vûs.

2. CHALDÉE, Pays habité par les Chaldéens dans les Montagnes voisines de l'Armenie. A la verité je ne trouve nulle part que ces Montagnes aient porté le nom de Chaldée; mais Xenophon au III. livre de la Cyropædie [k] met les Chaldéens dans ces Montagnes.

k c. 2.

Cy-

CHA.   CHA.   487

Cyrus les y alla attaquer, les reconcilia avec le Roi d'Armenie, bâtit une forteresse à l'entrée de leurs Montagnes, & la garda pour soi-même, chaque parti ne se croiant pas en sureté, si elle étoit occupée par l'autre parti. Ces Montagnes, comme le remarque Mr. Freret dans ses Observations sur la Cyropædie inserées dans les Memoires de Litterature de l'Academie Royale des Belles Lettres [a], ces Montagnes, dis-je, sont une branche du Caucase où l'Euphrate, le Tigre, l'Araxe & le Cyrus prennent leur source. Ces Chaldéens sont differens dés CHALYBES d'Herodote, comme je le ferai voir au mot CHALYBES. Car ceux dont il parle étoient voisins de la Paphlagonie, & n'ont point été nommez Chaldéens. C'est d'un autre Peuple de même nom que Strabon a voulu parler quand il a dit [b]: ceux qui sont presentement appellez Chaldéens se nommoient anciennement les Chalybes, les Chaldéens de Xenophon n'ont rien de commun que le nom avec les vrais Chaldéens devenus Babyloniens. Xenophon dans la Cyropædie [c] dit que Cyrus ayant remarqué beaucoup de terres de l'Armenie qu'on laissoit incultes à cause des ravages qu'y faisoient les Chaldéens en sortant de leurs Montagnes, proposa qu'on les abandonneroit aux Chaldéens pour les cultiver moyennant une redevance qu'ils payeroient au Roi d'Armenie ; que les Armeniens de leur côté pourroient engraisser leurs troupeaux dans les pâturages des Chaldéens en leur faisant quelque avantage pour cela, ce qui fut accepté de part & d'autre. Il se peut faire que depuis ce temps-là les Chaldéens moins resserrez s'étendirent sur la lisiere de l'Armenie, & firent des établissemens au bord du Pont-Euxin, puisque Strabon dit positivement qu'ils possedoient la Ville de Pharnacia. Cependant Xenophon distingue les Chalybes & les Chaldéens [d]. Le reste, dit-il, étoient Nations libres Carduques, Calybes, Caldéens, Macrons, Colchiens &c. Leunclavius cité par Ortelius croit que ces Chaldéens sont presentement les Curdes, & leur Pays le Curdistan. Il se trompe, les Curdes sont les Carduques de Xenophon differens des Chaldéens. Ortelius impute à Cedrene d'avoir appellé Chaldée ou Chaldie un endroit de la Calabre ; mais Holstenius [e] dit que c'est la faute du Traducteur, & non pas de Cedrene qu'il n'a pas bien entendu [f]. Etienne le Geographe regarde la Chaldée comme une contrée de l'Armenie ; cela ne s'écarte pas beaucoup du recit de Xenophon. Constantin Porphyrogenete [g] donne à cette Chaldée Trebisonde pour Metropole.

[a] T. 6. p. 350. Ed. de la Haye 1724.
[b] l. 12. p. 549.
[c] l. c.
[d] Retraite des dix mille page derniere.
[e] annot. in Ortel. p. 48.
[f] p. 538.
[g] Ortel. Thesaur.

CHALDE'OPOLE, *Chaldæopolis* en Grec, c'est-à-dire la Ville des Chaldéens. Voiez UR.

CHALDIE. Voiez CHALDE'E 2.

CHALDON, lieu voisin de Byzance, selon Constantin Manasses cité par Ortelius.

CHALDONE, Cap de l'Arabie heureuse, assez près de l'endroit où étoit l'ancienne embouchûre de l'Euphrate, selon Pline [h]. Le R. P. Hardouin croit que c'est le Cap nommé par Edrisi [i] MASCAT-SAIF, c'est-à-dire *la descente*, vis-à-vis duquel il y a une petite Isle.

[h] l. 6. c. 28.
[i] Geogr. Nub. 6. pars clim. 2. in fine.

CHALE [k], Ville d'Assyrie bâtie par Assur [l]. Il est fait mention de Chala dans le livre des Rois [m], & on la met avec Chabor ; ce qui fait croire à D. Calmet qu'elle n'étoit pas éloignée du fleuve Chaboras. Voiez CHABOR; & CALE 6.

[k] D. Calmet Dict.
[l] Genes. c. 12. v. 12.
[m] l. 4. c. 17. v. 6.

§. CHALENDRE, Riviere de France, dit Mr. Corneille ; elle arrose la Saintonge, a sa source vers les frontieres du Poitou, & se va décharger dans la Charente après avoir passé à la Ville de Matha & à celle de Thoré : sur quoi il cite un Atlas qui est celui de Blaeu. 1. Matha, & Thoré sont deux Bourgs & non pas deux Villes. 2. Cette Riviere est sans nom dans les Cartes du Poitou de Mrs. Sanson ; mais Mr. de l'Isle la nomme l'ANTENE. 3. Elle a sa source au Pays d'Aunis, d'où serpentant vers le Midi elle rencontre la Charente au dessous de Cognac.

CHALENTON, Ville de France en Auvergne est de la même fabrique ; c'est-à-dire qu'elle n'est Ville que dans quelques Atlas faits par des étrangers sur de faux Memoires.

CHALEOS, Ville de Grece aux Pays des Locres Ozoliens dans le Golphe de Corinthe, selon Ptolomée [n]. Etienne dit CHALÆUM Ville des Locres, & Pline [o] nomme aussi le Port de CHALÆON éloigné de VII. M. P. de Delphes.

[n] l. 3. c. 15.
[o] l. 4. c. 2.

CHALESTRA. Voiez CHALASTRA.

CHALEURS. (LA BAYE DES) Voiez au mot BAYE.

1. CHALI, ancien Peuple de Germanie selon Ptolomée [p], qui les met dans la Chersonese Cimbrique sur la côte Orientale.

[p] l. 2. c. 11.

2. CHALI, Ville ancienne d'Asie dans la Phenicie. Elle étoit à la Tribu d'Aser [q].

[q] Josué c. 19. v. 25.

CHALIA, Ville de Grece dans la Béotie près d'Hyria, selon Theopompe allegué par Etienne le Géographe.

CHALIACRA, Ville de la Turquie en Europe dans la partie basse Orientale de la Bulgarie, avec un Port sur la côte de la Mer noire à XXV. M. P. de Varne vers le Septentrion. C'est l'ancienne DIONYSIOPOLIS, selon Mr. Baudrand [r].

[r] Ed. 1705.

CHALIBES. Voiez CHALDE'E 2. & CHALYBES.

CHALIGNAC, Bourg de France en Saintonge au Diocèse de Saintes.

CHALIGNI [s], Bourg de Lorraine sur la Moselle, à trois lieues au dessus de Toul, & à deux lieues de Nanci. C'est un Comté fort ancien.

[s] Baudrand Ed. 1705.

CHALILON, petite Riviere de France en Provence. Elle a sa source au lieu nommé le Val, & va se joindre à l'Argens au dessus du Pont de Courrens.

CHALINARGUES, Bourg de France en Auvergne au Diocèse de St. Flour.

CHALIS. Voiez REFUGIUM.

1. CHALISIA, Ville ancienne de la Libye, selon Etienne le Géographe. Il paroît par le passage qu'il cite d'Ephorus que c'étoit une Place Maritime.

2. CHALISIA, Ville du Pont. C'est la même que CHADISIA. Voiez cet Article.

CHALITES. Voiez SACHALITES.

CHALIVOY, Abbaye de France en Berri, Ordre de Cîteaux de la filiation de Pontigni.

tigni. Elle fut fondée en 1133. par Guifroi de Magni. Furetiere fameux par son Dictionnaire des Arts & des Sciences, & plus encore par ses demêlez avec l'Academie Françoise de laquelle il fut retranché, étoit Abbé de Chalivoy; ce qui lui valoit autour de deux mille livres de rente. Cette Abbaye est située au Village nommé Chalivoi-Milon pour le distinguer de Chalivoy les Mesles, & de Chalivoi les noix Villages voisins, qui sont aux frontieres du Bourbonnois; mais dans l'Election de St. Amand. Cette Abbaye & son Eglise furent brûlées par les Protestans l'an 1562.

CHALLÆ, c'est la même chose que CHALEOS.

CHALLON, quelques-uns écrivent CHALONS, & confondent cette Ville pour l'Orthographe avec *Chaalons*. Voiez ce mot. La vraie maniere de l'écrire est CHALLON; en Latin *Cabilo* & *Cabilonum*; Ville de France en Bourgogne au Duché de Bourgogne, sur la Saone à cinq lieues de Tournus, & à trois de Verdun dans une plaine vaste & fertile. [a] Cesar en fait mention dans ses Commentaires[b], & assure qu'elle appartenoit aux *Ædui*. Les Romains l'ont separée du Territoire de ces Peuples, de sorte qu'elle a eu son Evêque particulier apres le regne de Constantin. Sidonius Apollinaris qui vivoit sous les derniers Empereurs d'Occident, fait mention de Paul qui étoit alors Evêque de Challon. Cette Ville vint peu à peu au pouvoir des Bourguignons d'où elle passa à celui des François dans le VI. siécle. Gontran Roi de Bourgogne fils de Clotaire I. y tenoit ordinairement sa Cour. Sous les Carlovingiens la Ville de Challon, par le partage que firent les enfans de Louïs le Debonnaire, échut à Charles le Chauve; mais dans le siécle suivant un Seigneur nommé Lambert Comte de Challon se rendit absolu & proprietaire & vécut jusqu'au Regne de Hugues Capet. Il eut deux enfans, Hugues Evêque d'Auxerre & Comte de Challon, & une fille dont on ne sait pas le nom; mais seulement qu'elle eut un fils nommé Thibaud, lequel herita de l'Evêque d'Auxerre son oncle, mort vers l'an 1034. Thibaud laissa le Comté de Challon à son fils Hugues qui eut trois heritiers, Gilbert, Savary, & Géofroi de Donzy, lesquels n'étoient point freres; mais seulement parens. Ils partagerent entre eux le Comté de Challon. Géofroi de Donzy neveu de Savary avoit la moitié de ce Comté, & allant à la Terre Sainte l'an 1097. il vendit sa part à Gautier Evêque de Challon. C'est à ce titre que les successeurs de ce Comte ont joui de la moitié du Comté de Challon. Quant à l'autre moitié, elle vint dans la suite à un Seigneur nommé Guillaume qui avoit aussi le Charollois, & à qui Louïs le Jeune Roi de France fit la guerre à cause qu'il opprimoit l'Abbaye de Cluni. Guillaume s'accommoda avec Thibaud Abbé de Cluni. Il laissa pour unique heritiere sa fille Beatrix, qui épousa Alexandre fils d'Eudes III. Duc de Bourgogne. Il n'y eut de ce mariage qu'une fille nommée Mathilde, qui épousa Jean fils d'Etienne Comte d'Auffone, & Seigneur de plusieurs Terres au delà de la Saone; car il étoit Comte de Bourgogne en partie; mais l'an 1237. Jean & sa femme Mathilde cederent à Hugue III. Duc de Bourgogne le Comté de Challon, en échange de plusieurs terres situées dans le Comté de Bourgogne, lesquelles furent transportées à ce Comte Jean, qui se reserva seulement le nom de Challon. C'est de lui que sont descendus les Seigneurs, qui ont porté ce nom jusqu'à Philibert Prince d'Orange mort l'an 1531. C'est depuis l'acquisition que fit le Duc Hugues III. que le Chalonnois fut uni au Duché de Bourgogne, & il a toûjours été du ressort du Parlement de Dijon depuis l'institution de cette Cour.

Challon[c] étoit autrefois d'une fort petite étendue; mais on l'a agrandi en renfermant les Fauxbourgs de St. Jean, de Muzel & de St. André dans ses nouveaux murs. La Citadelle fut bâtie en 1563. sur une hauteur, qui étoit dans le fauxbourg de St. André: elle a cinq bastions, & en 1671. & 1672. on y ajouta quelques dehors. On n'a point touché aux fauxbourgs de Ste Marie & de St. Laurent. Ce dernier est au delà de la Riviere, & a sa communication avec la Ville par un Pont de pierre. L'Hôtel-Dieu est dans ce même Fauxbourg sur la Riviere de Saone dans une très-belle situation. Le bâtiment n'est pas fort grand; mais il est bien entendu. L'Hôpital General sous le nom de charité est établi depuis peu; on y nourrit & éleve 54. enfans. Il y a un Lieutenant General du Challonois, un Gouverneur particulier de la Ville & Citadelle de Challon.

[d] L'EVECHÉ DE CHALLON est fort ancien; puisque Donatien que l'on compte pour le premier de ses Evêques, vivoit l'an 364. Il est le troisiéme Suffragant de l'Archevêché de Lyon. L'Eglise Cathedrale de Challon fut fondée, à ce que l'on pretend, sous le nom de St. Etienne qu'elle conserva jusqu'en 525. que le Roi Childebert, passant par Challon à son retour d'Espagne déposa dans cette Eglise les Reliques de St. Vincent, comme il avoit fait à Mâcon, & dès lors l'Eglise Cathedrale de Challon quitta le nom de St. Etienne pour porter celui de St. Vincent. Au reste elle est de fondation Royale, & c'est pour cette raison que les armes du Chapitre sont un Ecu d'Azur semé de France. Le Chapitre est composé de vingt-trois Prébendes, dont sept sont Dignitez. Le revenu de ces Canonicats consiste en gros fruits, auxquels on ne peut pas avoir part, à moins que d'être Diacre & en distributions. Le Chapitre de l'Eglise Collegiale de St. George de Challon est composé d'onze Chanoines, dont l'un porte la qualité de Doyen, qui est la seule Dignité de ce Chapitre. Cette Eglise est Paroissiale, & c'est un des Chanoines, qui fait les fonctions Curiales. Il y a six Abbayes dans le Diocèse de Challon, entre autres la fameuse Abbaye de Cîteaux.

Mr. Piganiol de la Force écrit CHALON, & Mr. de Longuerue CHALLON & CHALON; mais plus communément le dernier.

CHALLONOIS, petit Pays de France au Duché de Bourgogne. Il est separé en deux par la Riviere de Saone, & est borné au Levant par la Franche-Comté, au Nord par la

a Longuerue Desc. de la France 1. part. p.286. b l. 7.

c Piganiol de la Force. T. 3. p.199.

d Ibid. p. 163.

CHA.

la Bourgogne propre ; au Couchant par l'Autunois & au Midi par le Mâconnois. Mr. Baudrand [a] obſerve que la partie qui eſt à l'Orient de la Saone s'appelle auſſi LA BRESSE CHALLONOISE, & ſouvent le RESSORT DE ST. LAURENT, & faiſoit autrefois partie de la Franche-Comté.

[a] Ed. 1705.

CHALNE. Voiez CHALANNE.

CHALO [b], Riviere d'Aſie dans le Tonquin. Elle a ſa ſource près de Laſſa ou Baratola au Royaume de Boutan dans la Tartarie ; delà coulant vers le Midi Oriental, elle entre dans la Province d'Younan, qui eſt de la Chine où elle arroſe Tali, & Kinton, elle traverſe enſuite le petit Laos, & le petit Royaume de Bao dont elle baigne la capitale. Elle entre enfin au Tonquin, paſſe à Kecho, qui en eſt la capitale & ſe perd au Golphe de Cochinchine dans l'Océan Oriental vis-à-vis, & au Nord-Eſt de l'Iſle d'Hainan.

[b] De l'Iſle Atlas.

CHALOCE [c], Abbaye de France en Anjou, Ordre de Cîteaux, à quatre lieues d'Angers vers l'Orient d'Eté [e]. Elle fut fondée [d] le 20. d'Octobre de l'an 1119. par Hamelin d'Ingrande & augmentée par Hugues de Mathefelon, Jeanne de Sablé ſa femme & Thibaud leur fils l'an 1127. Elle eſt en regle.

[c] Baudrand Ed. 1705.
[d] Piganiol de la Force, Deſc. de la France T. 6. p. 109.

CHALONITIS, contrée d'Aſie à l'Orient du Tigre. Pline [e] dit que les Parthes avoient bâti Creſiphon à trois mille pas de Seleucie dans la Chalonitide, & que de ſon temps elle étoit la capitale de leur Royaume. Polybe écrit Καλλωνίτις CALLÔNITIS ; mais la Verſion Latine de Caſaubon rend le nom, ſelon l'Orthographe de Pline [f]. Denys le Periégete met les Chalonites [g] au deſſus de Babylone d'Aſſyrie vers le Septentrion. Ce nom eſt inconnu à Ptolomée.

[e] l. 6. c. 26.
[f] l. 5. n. 54. p. 555.
[g] v. 1015.

1. CHALONNE, Bourg de France en Anjou au bord Meridional de la Loire, & à l'Occident de l'embouchûre du Layon dans cette Riviere, à quatre lieues d'Angers. Outre la quantité de vins blancs que le terroir de ce Bourg produit, & les mines de Charbon de terre du voiſinage, ce Bourg a un commerce aſſez remarquable, c'eſt celui des viperes que l'on y prend en quantité, & que l'on envoye de tous côtez pour la compoſition des remedes.

2. CHALONNE, Iſle de France en Anjou, dans la Riviere de Loire. Sa partie ſuperieure, ou Orientale commence vis-à-vis du Bourg dont elle porte le nom. Elle a environ une lieue & demie de 24. au degré en ſa longueur. Dans la partie inferieure eſt le Village de ST. HERVE'.

CHALOSSE, (LA) petite contrée de France en Gaſcogne, dans le Turſan auquel on la joint ordinairement ou comme partie ou comme annexe. Elle eſt de petite étendue ; ſa principale Ville eſt St. Sever, elle eſt du Dioceſe d'Aire, aux environs de l'Adour.

CHALTAPITIS. Voiez CHALAPITIS.

1. CHALUS, Riviere d'Aſie dans la Syrie à vingt-cinq lieues du Détroit, qui eſt entre la Syrie & la Cilicie. Xenophon [h] dit qu'elle a quelque cent pieds de large. On voyoit dans l'eau de grands poiſſons tous privez, qui étoient reſpectez par ceux du Pays comme des Dieux, auſſi bien que les colombes,

[h] Retraite des dix mille l. 1.

CHA. 489

deſorte qu'on n'en oſoit prendre. Xenophon eſt le ſeul qui nomme ainſi cette Riviere : ſur quoi Mr. de l'Iſle [i] remarque que par la route de Cyrus elle paroît être celle que l'on appelle aujourd'hui RIVIERE D'ALEP, d'autant plus que le nom d'Alep ou de CHALIB, comme les Arabes appellent cette Ville, ſemble être dérivé de celui de Chalus que Xenophon donne à cette Riviere.

[i] Voiez Hiſt. de l'Acad. Royale des Sciences à l'année 1721. p. 86. des Mem. Ed. d'Amſterdam.

2. CHALUS, en Latin Caſtra Lucii, Caſtellucius & Caſlucium, Bourg & Château de France au Limoſin. Mr. de l'Iſle écrit CHASLUS, & le met à la ſource de la Tardouere l'une des Rivieres qui vont groſſir la Charente, ſur la grande route de Limoges à Perigueux & à Bourdeaux ; & aſſez près des confins du Perigord. Cette petite Ville qui a le titre de Comté a autrefois appartenu aux Vicomtes de Limoges. Un Gentilhomme Limoſin [k] ayant trouvé dans ſa terre un treſor, qui y avoit été caché depuis pluſieurs ſiécles, le Roi [l] pretendit que ce treſor trouvé dans un pays dont il étoit Souverain devoit lui appartenir. Le Gentilhomme ne refuſoit pas de lui en livrer une partie ; mais voyant qu'il vouloit l'avoir tout entier, il implora la protection de Vidomar Vicomte de Limoges, qui lui donna un aſyle dans ſon Château de Chaluz. Richard . . . . . . marcha incontinent vers le Limoſin pour aſſiéger le Château où le Gentilhomme s'étoit refugié. En arrivant près de la place, il voulut en faire le tour pour la reconnoître : comme il en approchoit trop près un [m] Arbalétier . . . qui étoit ſur la muraille lui décocha une flêche qui lui perça l'épaule tout joignant le cou . . . . Ce Prince en mourut le 11. jour (l'an 1199.)

[k] Rapin Hiſt. d'Angleterre T. 2. p 273.
[l] Richard I. les Anglois poſſedoient alors la Guyenne dont le Limoſin étoit une dépendance.

[m] L'avarice perd tout en voulant tout gagner.

[m] La Fontaine Fables.

Henri Roi de Navarre donna Châlus à Charlotte d'Albret ſa Sœur, pour ſa part de la ſucceſſion d'Alain d'Albret, & de Françoiſe de Bretagne leur pere & mere. Elle fut mariée à Ceſar Borgia Duc de Valentinois, & leur fille Louïſe Borgia porta le Comté de Chalus à Philippe de Bourbon-Buſſet dont la poſterité en jouït encore. Cette petite Ville eſt le lieu de la naiſſance d'Emeri de Chalus Cardinal Archevêque de Ravenne & Evêque de Chartres. On tient tous les ans à Chalus le jour de St. George une foire pour les chevaux qui eſt fort renommée.

CHALUSUS, nom que les Anciens ont donné à la TRAVE Riviere d'Allemagne, qui coule à Lubec.

1. CHALYBES, Peuple d'Aſie, entre la Colchide, l'Iberie & l'Armenie. [n] Chiriſophe & Xenophon interrogerent l'hôte du premier par le moyen de leur truchement tant du pays où ils étoient que des chevaux qu'ils avoient trouvez pour ſavoir ce qu'il en faiſoit. Il repondit qu'ils étoient en Armenie, & que le pays voiſin étoit celui des Chalybes & dit même le chemin pour y aller . . . . Après avoir marché trois journées leur guide s'enfuit . . . enſuite ils marcherent ſept journées & après avoir fait trente cinq lieues vinrent à la Riviere du Phaſe, (Xenophon donne ce nom à l'Araxe comme on verra au mot PHASE,)

[n] Retraite des dix mille l. 4.

Tom. II. Qqq* qui

qui a quelques cent pieds de large d'où ils firent dix lieues en deux jours & apperçurent les Chalybes, les Taoques & les Phasiens, qui tenoient le passage des Montagnes pour les empêcher de descendre dans la plaine. Mr. de l'Isle[a] a raison de dire que le nom des *Taochi* est reconnoissable dans celui de *Taochir* Province de Géorgie. Ces *Chalybes* sont les mêmes que les CHALDÉENS de la Cyropedie. (Voiez CHALDÉE 2. & à moins que l'on ne suppose qu'après la Paix qu'ils firent avec le Roi d'Armenie ils sortirent de leurs Montagnes & s'établirent le long du Pont-Euxin, il faut dire qu'ils étoient differens des autres Chalybes que les autres Historiens mettent sur la côte Meridionale de cette Mer ; & à dire vrai il est necessaire de reconnoître au moins deux Peuples Chalybes separez l'un de l'autre. On verra même dans les Articles qui suivent que ces deux Peuples ne suffisent pas, & qu'il faut en reconnoître un troisiéme; mais avant que de venir aux autres poursuivons la description que Xenophon[b] fait de ceux-ci. . Après avoir fait trente lieues dans la Province des Taoques . . . . on marcha delà à travers le Pays des Chalybes, qui sont les plus vaillans de tous les Barbares de ces quartiers, & l'on fit en sept jours cinquante lieues. Ils étoient armez de Casques, de Greviéres, & d'un corselet de lin piqué, garni de tassetes faites de cordes toulées avec un petit coutelas à la ceinture, comme celui des Lacedemoniens, & une pique de vingt pieds de haut ferrée seulement par un bout. Quand ils avoient tué quelqu'un ils lui coupoient la tête, & en faisoient montre en chantant & dansant. Ils se tenoient enclos dans leurs Villes, & lorsque l'armée marchoit venoient fondre sur la queue. On vint delà à la Riviere d'HARPASE (elle garde encore l'ancien nom, & est nommée HARPASOU. Elle coule du Nord au Sud jusqu'à l'Aras où elle se perd. On ne peut mieux designer où étoient ces Chalybes que fait Xenophon. Ils étoient donc selon lui entre Taochir Province de Géorgie & l'Harpasou Riviere connue.) D'où l'on entra dans la Province des Scythiniens, & l'on fit vingt lieues en quatre jours . . . . Delà on fit encore vingt lieues en quatre autres jours, & l'on vint à une grande & riche Ville nommée Gymnie, où le Gouverneur . . . . promit de montrer la Mer aux soldats dans cinq jours. Il paroît que l'Harpasus terminoit les Chalybes à l'Occident ; & selon le calcul de Xenophon évalué par d'Ablancourt les Dix mille firent quarante lieues en huit jours, après quoi ils étoient encore à cinq journées de la Mer noire ; or ces cinq journées sur le pied des autres font encore vingt-cinq lieues, en tout soixante & cinq lieues depuis ces Chalybes ou Chaldéens jusqu'à la Mer noire. Je crois que cela suffit pour les distinguer de ceux qui étoient au bord de cette Mer.

§. L'exactitude exige que je fasse ici remarquer que l'Evaluation de d'Ablancourt ne vaut rien ; en ce qu'il suppose que les stades de Xenophon sont les stades communes dont trente feroient 3750. pas ; ce qu'il entend par une lieue ; mais il y en a environ la moitié à rabatre, les stades de Xenophon étant de moitié

[a] Hist. de l'Academie Royale des Sciences 1721. p. 88. des Mem.

[b] Retraite des dix mille l. c.

plus petites que les stades du temps des Romains, comme on en verra les preuves à l'article MESURES ITINERAIRES ; mais cette diminution de distance n'affoiblit point la preuve, qui distingue ces Chalybes de ceux qui étoient au Midi de la Mer noire.

2. CHALYBES, ancien Peuple de l'Asie Mineure sur le rivage Meridional du Pont-Euxin dans la partie Orientale de la Paphlagonie. Mela[c] qui finit cette Province à Armené dit : les Chalybes qui sont voisins possedent les plus fameuses Villes, savoir Amisus & Sinope. Il est certain que cette derniere étoit encore de la Paphlagonie. Ainsi les Chalybes en étoient aussi. C'est de ces Chalybes qu'il faut entendre le passage d'Herodote[d]. Avec le temps Crœsus soumit tous ceux qui sont en deçà du Fleuve Halys : car outre les Ciliciens & les Lyciens, il subjugua tous les autres, savoir les Lydiens, les Phrygiens, les Maryandins, les Chalybes, les Paphlagoniens, les Thraces, les Thynes, les Bithyniens, les Cariens, les Ioniens, les Doriens, les Eoliens, les Pamphyliens. On voit que dans cette liste des Nations vaincues Herodote ne va point jusqu'à l'Halys, & qu'après avoir nommé les Chalybes il revient sur ses pas vers l'Occident & le Midi. Crœsus ne perit même que pour avoir mal entendu le sens de l'Oracle, qui portoit que Crœsus en passant l'Halys renverseroit une grande fortune. Il s'imagina que l'Oracle parloit de celle du Roi de Perse, au lieu que c'étoit de la sienne.

[c] l. 1, c. 19.

[d] l. 1. n. 28.

Crœsus Halin penetrans magnam pervertet opum vim.

Puisque ces Chalybes n'alloient point jusqu'à l'Halys, & encore moins jusqu'au Thermodon qui est encore plus à l'Orient, il faut ou supposer une migration, ou avouer qu'ils étoient differents de ceux qui étoient maîtres de Pharnacie. Il est vrai qu'Ortelius les met des deux côtez de l'Halys ; mais il les écarte trop d'Arméné à laquelle ils touchoient presque & de Sinope, qui leur appartenoit. Ce qui le justifie non pas de les avoir mis dans les terres, car il n'est pas excusable en cela ; mais de les avoir étendus au delà du Fleuve Halys, c'est qu'Amisos ou Amisus que Mela dit avoir été une de leurs Villes étoit au delà, c'est-à-dire à l'Orient de cette Riviere, & alors il les approche fort du Thermodon, où Etienne les place comme je le dirai ci-après : mais cela est contredit par Herodote, & les Chalybes au delà de l'Halys ne sauroient être ceux que subjugua Crœsus, qui ne passa cette Riviere que dans la funeste expedition où il se perdit.

§. Etienne le Géographe dit : les CHALYBES Peuple voisin du Pont sur le Fleuve Thermodon . . . Homere les nomme Halizones après les Paphlagoniens, & ils s'appelloient anciennement Alybes. Cette maniere d'Homere de nommer ce Peuple après les Paphlagoniens, & celle d'Herodote de les nommer immediatement devant sont des preuves, qui jointes aux autres déja données marquent le voisinage de ces deux Peuples ; mais le Thermodon & ces Chalybes n'ont rien de commun, puis qu'en leur

CHA.   CHA.

leur donnant Amifos comme fait Mela , il y avoit encore l'Iris entre eux & cette Riviere. Les Tibareniens étoient à l'Orient du Thermodon; or nous voyons que les Dix mille étant partis de Trebifonde traverferent le Pays des Mofynœciens, arriverent enfuite chez les Chalybes, qui font pauvres & vivent du travail de leurs mines , obéiffant aux Mofynœciens, & étant en fort petit nombre. Delà on entra fur les terres des Tibareniens &c. il n'eft plus queftion de Chalybes, ce font même des Grecs qui font maîtres de Sinope dans la Relation de Xenophon. Il feroit inutile d'oppofer Pline ou quelque autre Géographe de même ; car le temoignage d'un homme tel que Xenophon, qui étoit lui même un des principaux Officiers de l'Armée dont il décrit la marche , eft fuperieur à des milliers de citations d'Auteurs, qui écrivent fur la foi d'autrui. Auffi Cellarius diftingue-t-il deux fortes de Chalybes fur cette côte, & je fuis perfuadé qu'il ne faut pas les confondre. Voiez l'Article qui fuit.

3. CHALYBES, ancien Peuple du Pont, entre les Mofynœciens, ou Mofyniens & les Tibareniens , felon Xenophon dont on vient de rapporter le temoignage tiré de la Retraite des dix mille [a]. Ce ne fauroit être les Chalybes d'Etienne fur le Thermodon, car l'armée venant de Trebifonde vers l'Occident traverfa le Pays des Chalybes dont il eft ici queftion & enfuite celui des Tibareniens , qui étoient entre eux & le Thermodon , où l'armée n'arriva point , ayant quité la route de terre pour prendre celle de la Mer avant que d'être à cette Riviere. Ce font encore moins les Chalybes d'Herodote , qui étoient à l'Occident du Fleuve Halys. Ce ne font pas non plus les Halyfones d'Homere , qui prenoient apparemment ce nom de l'Halys dont ils habitoient les bords. Ce ne font pas non plus les Chalybes des Montagnes voifines des Taoches, puifqu'ils étoient au moins de treize journées de marche plus à l'Orient que le Pont-Euxin au bord duquel ceux-ci doivent fe trouver. Ceux des Montagnes font dans Xenophon une Nation brave & independante, ceux du Pont-Euxin font felon le même une Nation foible & afiervie aux Mofynœciens, qui ne vit que du travail de fes mines. C'eft de ceux-ci que parle Apollonius dans fon Poéme des Argonautes ; il les met au delà c'eft-à-dire à l'Orient du Thermodon, comme ils y étoient effectivement ; il dit que les Argonautes quitant la terre des Amazones, navigerent un jour & une nuit & arriverent au Pays des Chalybes, fur quoi fon Scholiafte obferve que ce Peuple tire le fer des entrailles de la terre , le vend pour vivre & cultive une terre inégale & montagneufe. Ce font de ceux là que Pomponius Mela dit : les Tibareniens confinent avec les Chalybes [c], & font confifter le Souverain bien à rire & à fe rejouïr. Il eft remarquable qu'il nomme deux fois les Chalybes, favoir ceux à qui il donne Sinope [d], voifins de la Paphlagonie qu'il termine à Armené ; & ceux qu'il nomme après avoir parlé de l'Halys, du Thermodon, des Amazones, & qu'il dit être voifins des Tibareniens. Il eft furprenant que tous les Commentateurs que j'ai vus de Mela

Tom. II.

fans en excepter Voffius, n'aient point remarqué cette difference , & aient paffé ces Chalybes fans les honorer d'une remarque. Ces Chalybes du milieu, pour ainfi dire , font les mêmes que les Chaldéens dont parle Plutarque [e]: il nous mene, difoient les foldats de l'armée de Lucullus, dans les deferts des Tibareniens & des Chaldéens. Strabon avoit dit de même [f]: au deffus de la Ville de Trebizonde & de Pharnacie on trouve les Tibareniens & les Chaldéens.

§. Je me fuis d'autant plus étendu fur cette matiere que pas un Géographe moderne ne l'avoit encore debrouillée. Il femble que tous les Commentateurs des Auteurs Grecs & Latins ayent oublié de parler de ces Chalybes ; foit qu'ils n'ayent pas fenti la difficulté qui naît des diferences de leurs fituations , foit qu'ils ayent été bien aifes de s'épargner une difcuffion qui les eût retardez. Rien n'empeche que ces Chalybes n'ayent eu une même origine ; mais nous l'ignorons, & nous favons au contraire que c'étoient trois Nations feparées par d'autres Peuples , dont il falloit traverfer les pays , pour aller de l'une à l'autre. C'eft de ces troifiemes Chalybes ou Chaldéens que je voudrois entendre la Chaldée ou Chaldie que Conftantin Porphyrogenete décrit comme une Province de fon Empire fituée fur les côtes du Pont-Euxin aux environs de la Mer noire. Mr. de l'Ifle femble ne faire qu'une Nation de Chalybes. Cependant Xenophon en diftingue deux bien expreffement, & ne parle point des plus Occidentaux parce qu'ils n'étoient pas fur fa route. Cela eft fuffifamment prouvé ci-deffus.

4. CHALYBES , ancien Peuple d'Afique dans la Trogloditique, felon Pline [g].

5. CHALYBES , ancien Peuple d'Efpagne aux environs du fleuve *Chalybs*, felon Juftin [h] qui dit qu'il avoit du fer, ou plutôt de l'acier plus excellent que tous les autres. Voiez CHALYBS.

CHALYBON, Ville de Syrie. On croit que Ptolomée a ainfi nommé la Ville d'Alep; & qu'il a auffi nommé CHALYBONITIDE la contrée qui eft autour de cette Ville.

CHALYBONITIDE, contrée de la Syrie , felon Ptolomée. Voici les lieux qu'il y met.

Thema,	Derrima,
Acoraca ou Acoraba,	Chalybon,
& Spelunca ou Spelueca.	

& fur l'Euphrate

| Barbariffus | & | Arbis. |

CHALYBS, Riviere d'Efpagne dont les eaux avoient la reputation d'être excellentes pour donner une bonne trempe à l'Acier. Les anciens Latins n'avoient point d'autre nom que celui de cette Riviere , pour fignifier l'*Acier*. Le nom moderne eft CABE. Voiez ce mot.

1. CHAM [i], contrée Maritime d'Afie & l'une de fix Provinces du Royaume de Cochinchine. Mr. Corneille [k] dit fans citer perfonne : elle n'eft pas la plus grande ; mais elle eft

Qqq* 2

[a] l. 5.

[b] l. 2. v. 1003.

[c] l. 1. c. 19. n. 50.

[d] n. 46.

[e] Vie de Lucullus Trad. de Mr. Dacier T. 4. p. 472. Edit. d'Amfterdam. f l. 12. p. 555.

[g] l. 6. c. 29.

[h] l. 44. c. 3.

[i] Le P. Alexand. de Rhodé divers Voyages p. 72.
[k] Dict.

est fort riche & fort agréable : c'est où se fait la plus grande partie du trafic des Portugais, des Chinois, & des Japonnois, qui y viennent ordinairement apporter toutes leurs marchandises, parce que ses Ports sont commodes. La Province étant au milieu du Royaume on y debite aisément tout ce que l'on veut. Elle a plusieurs Villes, entre autres celle de Halam & de Cacham.

2. CHAM, Port de Mer de Cochinchine dans la Province de même nom, selon le P. Alexandre de Rhodes[a]. *a l.c.p.73.*

3. CHAM ou KAM[b], beau Bourg de Suisse au Canton de Zug, au bord Meridional du Lac de Zug. C'étoit autrefois une Ville qui a été long-temps possedée par divers Gentilhommes du Pays. On y professe la Religion Catholique aussi bien que dans tout le reste de ce Canton. *b Delices de la Suisse T.2.p.339.*

4. CHAM, Ville & Riviere. Voiez CHAMB.

CHAMA[c], Village ou simple Metairie (*Villa*) au pied des Alpes Pennines : il en est parlé dans la Vie de St. Meinhard. *c Ortel. Thesaur.*

CHAMAAM, de la Palestine dans le voisinage de Bethléem. Jeremie[d] en fait mention. *d c.41.v.17.*

CHAMAEGEPHYRA, Χαμαιγεϕύρα, c'est-à-dire *le Pont de Terre*, lieu particulier de l'Epire. Sozomene[e] en parle à l'occasion d'un miracle que fit Donat Evêque d'Eurée en Epire, en délivrant d'une maniere surnaturelle ce pays d'un dragon, qui y faisoit de grands ravages. *e Hist. Ecclef. l.7.c. 26.Traduct. de Mr. Cousin T.3.p. 442.*

CHAMAITA, contrée d'Asie, aux environs de la Perse proprement dite, selon Ortelius qui cite Cedrene, & le 18. livre de l'Histoire Mélée.

CHAMALIERES ou CHAMELIERES[f], en Latin *Camelaria*, Abbaye de France en Auvergne près de Clermont. Il y avoit des Religieuses & elle fut fondée par le Comte Genès sous St. Prix ; mais on l'a changée en un Chapitre de Chanoines. Elle est celebre par le Culte de Ste Thecle. *f Baillet Topogr. des Saints p. 574.*

CHAMANE, contrée d'Asie dans la Cappadoce, selon Ptolomée[g]. Les lieux qu'il y met sont *g l.5.c.6.*

Zama, Vadata,
Andraca, Sarvena,
Gadiana ou Gadasena, Odogra ou Odoga.

CHAMARIA. Voiez CHAMBERG.

CHAMAVES, (LES) en Latin CHAMAVI, ancien Peuple de la Germanie Inferieure. D'Ablancourt dit les CHAMAVIENS ; mais de même que de *Batavi* nous disons *Bataves*, l'Analogie demande que nous disions *Chamaves* de *Chamavi*. Boiocalus dans sa harangue à Avitus raportée par Tacite[h] nous apprend qu'ils habitoient anciennement le pays que possederent après eux les Tubantes & ensuite les Usipiens. On ne sait ni pourquoi ils quitterent ce Pays-là, ni où ils allerent d'abord ; mais on les trouve dans la suite unis & contigus aux Angrivariens. Ils s'écarterent du Rhin. Ptolomée[i] dit : au dessus des Bructeres les Frisons jusqu'à l'Ems, ensuite les *Chauci* surnommez Mineurs jusqu'au Weser, puis les *Chauci* surnommez Majeurs jusqu'à l'Elbe, & après avoir parlé de quelques autres Peuples il poursuit : entre les *Chauci* surnommez Mineurs & les Sueves, il y a de moindres Nations, savoir les Bructeres Majeurs sous lesquels sont les Chamaves, (on lit dans Ptolomée *Chema* ; mais il faut lire *Chamavi*,) & entre les *Chauci* Mineurs & les Sueves, sont les Angrivariens. Ptolomée parle juste, car comme l'observe le Docte Spener[k], il n'y a voit que l'Ems qui separât les Bructeres & les Chamaves ; desorte que les derniers étoient au Midi des autres ; c'est ce que Ptolomée entend par ce mot de *Sous*. Car nous dirions au contraire qu'ils étoient au dessus eu égard au cours de la Riviere. Strabon semble étendre les Chamaves presque jusqu'au bord de la Mer. Vers l'Océan, dit-il[l], sont les Sicambres & les *h Annal. l.13.c.55.* *i l.2.c.11.* *k Notit. Germ. ant. l.4.c.3.p. 263.* *l l.7.*

CHAUBES. Tous les Savans conviennent que par les Chaubes il entend parler des Chamaves & cela convient à leur position, puis qu'aussitôt après eux il nomme les Bructeres, les Cimbres, & les *Chauci*. Tacite[m] nous apprend que les Chamaves & les Angrivariens passerent à la place des Bructeres ; & il marque ailleurs[n]: les Angrivariens étoient enfermez par derriere par les Dulgibins, & par les Chasuariens ; c'est-à-dire que ces Peuples s'étoient placez au delà de l'Ems à l'endroit qu'avoient occupé les Chamaves & les Chasuariens. On voit que sous le Regne de Julien l'Apostat, auquel temps écrivoit Ammien Marcellin[o], les Chamaves étoient retournez vers le Rhin. Julien dans sa Harangue des Atheniens, Eunapius dans un fragment de son Histoire conservé dans les Extraits des Ambassades décrivent l'expedition de l'Empereur Julien contre les Chamaves qu'ils s'accordent à mettre auprès du Rhin. Ce retour des Chamaves vers le Rhin est encore confirmé par la Table de Peutinger, où ils sont placez près de ce fleuve, & par Sulpice Alexandre dans Gregoire de Tours[p]. Ils se joignirent aux Francs ; après quoi il n'est plus fait mention d'eux. Sulpice Alexandre & Eumene dans le Panegyrique de l'Empereur Constantius les comptent entre les Francs ; il y a apparence que leur Nation se fondit dans celle-là. *m German. c. 23.* *n c. 34.* *o l.17.c.8, & 9.* *p l.2.c.9.*

Ptolomée[q] avoit remarqué que les Chamaves s'étendoient jusqu'au Mont Melibocus ; c'est-à-dire jusqu'au delà du Weser où commence cette Montagne. Bertius[r] en a pris pretexte de déplacer ce Peuple, & de dire qu'il occupoit le pays qu'on appelle présentement la Misnie. Le Docteur Rudbec n'a pas plus heureusement rencontré[s]. Les visions Géographiques de ce bon homme, qui lui avoient fait transporter en Suede l'Atlantique de Platon lui ont servi à trouver les Chamaves non pas sur l'Ems ou sur le Rhin, où ils ont été effectivement ; mais au delà de l'Elbe près de l'Oder où ils ne furent jamais. *q l.2. c.11.* *r Comment. Rer. Germ. l.1.p.175.* *s Atlant.c. 24.*

Alting[t] croit que les Chamaves occupoient le rivage de l'Ems entre les Rivieres de Lede & de Hasa. Selon lui ceux qui habitent ce Canton s'appellent HUMLINGEN ou HEMLINGEN à cause des Campagnes que ces trois Rivieres couvrent quand elles viennent à se deborder. HAM-AUWEN veut dire des prairies exposées aux debordemens, & en redoublant l'as- *t Notit. Batav. & Frif. ant. p. 44.*

CHA.   CHA.   493

l'aspiration *h*, il en vient CHAM-AUVEN, qui a été vraisemblablement en usage, & dont les Romains ont formé le nom de *Chamavi*.

1. CHAMB, Ville d'Allemagne au Cercle de Baviere. Zeyler écrit simplement CHAM. Cette Ville qui est du haut Palatinat est à sept milles d'Allemagne de Ratisbonne, [a] sur la Riviere de Regen, à l'endroit où elle reçoit la Riviere de Chamb, sur la frontiere de Baviere & au Nordgow. Elle est petite; mais cependant capitale d'un Comté annexé du haut Palatinat, & qui a été à l'Electeur Palatin jusques aux guerres de Bohême qu'il fut cedé à l'Electeur de Baviere à qui il fut confirmé par le Traité de Westphalie.

[a] *Baudrand Ed. 1705.*

2. CHAMB, petite Riviere d'Allemagne en Baviere, elle se jette dans la Regen auprès de Chamb, & va se perdre dans le Danube avec elle à Ratisbonne.

CHAMBADES. Voiez TAURUS.

CHAMBE', gros Village d'Asie sur la route d'Erivan à Tauris, entre l'Aras & le Monastere St. Etienne, sur un côteau. Tavernier [b] dit que tous les habitans de ce lieu tant hommes que femmes dès l'âge de dixhuit ans entrent en une espece de folie qui n'est pas méchante. Ceux du Pays croient que c'est un châtiment du Ciel depuis que leurs ancêtres eurent persecuté dans ces Montagnes Saint Barthelemi & St. Mathieu.

[b] *Voyage de Perse.*

CHAMBERY, Ville capitale de Savoye dans le Duché de Savoye propre, dans une plaine sur les ruisseaux de Laisse & d'Albans avec un Château sur une petite hauteur, à deux lieues du Lac de Bourget en allant vers Montmelian, à cinq des frontieres de France à l'Orient, & à dixhuit de Lyon. C'est, dit Mr. de Longuerue [c], une Ville assez grande & peuplée, où est le Siége du Senat & de la Chambre des Comptes de Savoïe. L'Evêque de Grenoble en est le Prelat Diocésain, & il y a une Cour Ecclesiastique pour la Jurisdiction Episcopale contentieuse. Il y a à Chambery une Collegiale que l'on nomme la Ste Chapelle comme celle de Paris; Le Chef du Chapitre a le titre de Doïen de Savoïe. Elle a été fondée par le Duc Amedée & sa femme Yoland de France, avec de beaux Privileges, & cette fondation a été confirmée par le Pape Paul II. l'an 1467.

[c] *Desc. de la France 2. part. p. 319.*

La Ville n'est pas ancienne, & les Comtes de Savoïe ou de Maurienne n'y demeuroient pas ordinairement, quoique Humbert III. soit mort à Chambery le 4. de Mars 1188. que le Comte de Maurienne y ait fait en l'an 1199. un Traité avec l'Abbé de Saint Rambert en Bugei, & que ses successeurs y aient passé quelques autres Actes, elle n'étoit point le lieu où ils tenoient leur Cour: cette Ville même qui étoit alors peu considerable avoit ses Seigneurs particuliers appellez Vicomtes; mais le Comte Thomas acquit cette Vicomté d'un Seigneur nommé Berlion. Ce fut le même Thomas qui fit bâtir à Chambery un Château pour lui & ses successeurs, & il voulut que Chambery fût capitale de ses Etats au deçà des Monts. Le nom que l'on lui donne en Latin dans les Actes est *Camberiacum, Chambariacum* & *Chamarium*. Il y a tout auprès un lieu nommé Lemens, en Latin *Villa Le-*

mensis, qui fut donné à l'Abbaïe d'Ainai à Lyon par Rodolphe III. Roi de Bourgogne dans le commencement de l'onzième siécle du tems de Humbert aux blanches mains, car il y avoit encore une partie de ce Païs-là qui étoit du Domaine Roïal. Ce lieu *Lemincum* est marqué sur le chemin des Alpes Graïennes à Vienne dans l'Itineraire d'Antonin, & *Leminco* dans la Carte de Peutinger. La distance & la situation sont pareilles tant dans la Carte que dans l'Itineraire. La Ville de Chambery est environnée de Montagnes & n'est pas fortifiée, desorte qu'elle a toûjours été occupée par celui qui a été le plus fort en campagne.

§. On en a une description très-étendue dans le Théatre de Savoye.

CHAMBLY [d], petite Ville de France dans la Province de l'Isle de France au Vexin François, dans un Vallon à une lieue de la Riviere d'Oise, & autant de Beaumont. On l'appelle aussi quelquefois CHAMBLY LE HAUBERGER. Le nom Latin est *Camiliacum*.

[d] *Baudrand Ed. 1705.*

1. CHAMBON [e], en Latin *Bonus Campus*, Prieuré de France dans le Poitou, Ordre de St. Benoît.

[e] *Ibid.*

2. CHAMBON [f], Bourg (d'autres disent Ville) de France au petit Pays de Combrailles aux confins de la basse Auvergne, de la Marche, & du Bourbonnois, sur la Riviere de Voise qui se jette un peu au dessous dans la Tarde. Il y a dans ce lieu une Prevôté reguliere & conventuelle de l'Ordre de St. Benoît.

[f] *Ibid.*

3. CHAMBON [g], Village de France dans le Vivarais sur les limites d'Auvergne près des sources de la Riviere du Laignon, entre la Ville d'Annonay, & celle du Puy; il y a dans ce lieu une Abbaye de l'Ordre de Cîteaux.

[g] *Ibid.*

CHAMBOR, CHAMBORD, CHAMBORT, Château de France dans le Blesois, en Latin *Camborium*. Cette Maison Royale est située, non pas à deux lieues, comme dit Mr. de Longuerue, mais à quatre [h] de Blois & à l'Orient d'été de cette Ville dans un fond où coule la petite Riviere de Cosson ou Couisson, & [i] au milieu d'un parc de sept lieues de tour, fermé de murailles & rempli de bêtes fauves. Dès l'an 1190. les Comtes de Blois avoient une Maison de plaisance & de chasse à Chambor. François I. à son retour d'Espagne fit démolir ce Château pour élever celui qui y est à present. On dit qu'il y emploia dixhuit cens ouvriers pendant douze années, & les connoisseurs assurent qu'entre les bâtimens gothiques la France n'a rien de plus beau que le Château de Chambor, quoi qu'il ne soit pas encore achevé. Quatre gros pavillons forment le corps du bâtiment, qui a au milieu un escalier d'une structure singuliere. Il est fait en coquille, percé à jour & est composé de deux montées au dedans l'une de l'autre, pratiquées de telle sorte qu'un grand nombre de personnes peuvent monter & descendre en même temps sans s'entrevoir, l'un des côtez étant derobé de l'autre avec beaucoup d'art. Chaque montée a deux cens soixante & quatorze degrez, du haut desquels on voit jusqu'au bas de l'escalier par le trou du noyau. Ce Château

[h] *Baudrand, de l'Isle, Piganiol de la Force, &c.*
[i] *Piganiol de la Force, Desc. de la France T. 5. p. 217. & seq.*

Qqq* 3   teau

teau est enfermé par un large fossé, & par des murailles de pierre de taille avec quatre hautes Tours rondes. Une grande cour tourne presque tout autour de ce Royal édifice. Il paroît tout-à-fait beau à ceux qui le voient de loin, à cause de plusieurs petites tourelles, qui sont les cheminées enjolivées de plusieurs petites figures fort bien travaillées. Ce qui reste à bâtir de ce Château n'est en quelques endroits qu'à vingt pieds de terre. Il n'y a point de Village à ce Château; mais seulement cinq ou six Maisons & une Chapelle. Les Antichambres, Chambres, Salles, Garderobes, Cabinets, & Galeries sont d'une très-belle Architecture. On voit sur un carreau de vitre d'un Cabinet, qui est près de la Chapelle cette rime écrite avec un Diamant de la propre main de François I.

Souvent femme varie,
Mal habil' qui s'y fie.

Les jardins repondent au bâtiment: celui que l'on appelle *de la Reine* a cinq arpens d'étendue; & au bout vers la Forêt de Blois on trouve une allée large de six toises & longue de plus d'une demi lieue: elle a quatre rangs d'ormes plantez à six pieds l'un de l'autre & tirez à la ligne.

a Corn.Dict. CHAMBRAIS[a], Bourg de France en Normandie au Diocèse de Lisieux. Il est situé à deux ou trois lieues de Bernay & d'Orbec. Il s'y tient toutes les semaines un Marché, où l'on débite des grains & des lins, que produit son terroir. Il y a des prairies & un bois dans son voisinage.

b Baudrand Ed. 1705. CHAMBRE[b] (LA), petite Ville de Savoye au Comté de Maurienne sur la Riviere d'Arc au dessous de St. Jean de Maurienne.

CHAMBRE-FONTAINE, Abbaye de France Ordre de Premontré au Diocèse de Meaux en l'Isle de France, à trois lieues de Meaux.

CHAMELIERE. Voiez CHAMALIERE.

CHAMETLI, (les Isles de) Isles de la Mer du Sud. Elles sont, selon Dampier[c], à environ seize ou dixhuit lieues de l'Ouest du Cap Corrientes; petites, basses, pleines de bois, & environnées de rochers. Il y en a cinq qui font la figure d'une demi-lune. Elles ne sont pas à un mille de la côte, & entre elles & la Terre ferme, il y a une bonne rade à couvert de tous les vents. Les Espagnols disent qu'il y demeure des pêcheurs, qui pêchent pour les habitans de la Ville de la purification. On mouille entre ces Isles & la Terre ferme à cinq brasses d'eau sur un fond sablonneux, & l'on y trouve de l'eau & du bois.

c Voyage autour du monde T. 1. c. 9. p. 173.

§. Mr. de l'Isle ne reconnoît dans sa Carte de l'Hemisphere Septentrional que trois de ces Isles, qu'il nomme les trois Maries, vis-à-vis du Village de CHIAMETLA, qui est en Terre ferme au Midi de l'entrée de la Mer Vermeille. Mr. Corneille trouvant dans d'autres Memoires ces mêmes Isles de Chametli determinées par leur latitude, les a cru differentes, en quoi il s'est trompé.

d Piganiol de la Force, Desc r. de la France T. 5. p. 237.

CHAMLEMY[d], petite Ville de France au Nivernois sur une des sources de la Riviere de Nyevre, à huit lieues de Nevers au Nord. A BOURAS Village voisin il y a une Abbaye de l'Ordre de Citeaux.

CHAMP étenduë de terre, bornée, ou par des limites naturelles comme sont les Rivieres, les Montagnes, ou par des bornes artificielles pour le distinguer des Champs voisins. Le mot de *Champ* s'entend ordinairement des lieux situez dans des plaines; mais au pluriel il signifie seulement tout ce qui est hors de la Ville, & dans ce sens on dit une Maison des Champs, &c.

LE GRAND CHAMP[e], on connoît dans la Palestine deux grandes Vallées connues dans les Historiens, & dans les Géographes sous le nom de Grand Champ.

e D. Calmet Dict.

L'UNE qui s'étend selon le cours du Jourdain depuis Tiberiade jusqu'à Segor à la longueur d'environ douze cens stades[f], & la largeur de cent vingt-cinq.

f Joseph. antiq. l. 9. c. 11. & Paral. lib. l. a. c. 4.

L'AUTRE qui est appellé, le Champ, ou la CAMPAGNE D'ESDRELON, ou de LEGION, à cause de ces Villes qui y sont situées, ou la Vallée de Jezraël, à cause de la Ville de Jezraël. Elle s'étend de l'Orient au Couchant depuis Scythopolis assise sur le Jourdain jusqu'à Legion au pied du Carmel, à la longueur d'environ vingt-cinq lieues.

v. 17. & Jo. seph. de bello 1. 5. c. 4.

Eusebe & St. Jerôme donnent encore une plus grande étenduë au Grand Champ, qui s'étend sur le Jourdain puisqu'ils disent qu'il commence au Liban & finit au desert de Pharan. La Campagne de Jericho étoit dans le grand Champ & en faisoit partie, comme on le voit par Eusebe[g]. On appelle quelquefois ces Grands Champs AULON ou AULOS, ou ARABA, qui veut dire *plaine*.

g in voce Ελραθλ.

CHAMP D'ATTILA, Campagne de France en Champagne dans le Chaalonois. Voiez au mot CHAALONS.

CHAMP DE BATAILLE[h], Château de France en Normandie, à demi-lieuë de Neubourg, & à sept lieuës de Rouen dans le Diocèse d'Evreux. Il est magnifique & bâti à la moderne d'un dessein assez singulier. Une grande terrasse terminée par une balustrade de pierres est élevée & regne sur toute la façade de la porte d'entrée qui avance en demi-lune, & qui communique dans une grande avant-cour gazonnée par compartimens. La cour du Château est quarrée, grande & accompagnée de deux vastes corps de bâtimens fort élevez & d'une assez belle ordonnance d'Architecture terminez l'un & l'autre par deux especes de Bastions couverts & logeables qui tiennent lieu de pavillons; & sur le milieu de chaque corps de bâtiment, on a élevé un petit Dôme. Le jardin fait face à la terrasse d'entrée, & il est separé de la Cour du Château par un mur d'appui qui porte un grand treillis de fer, soutenu dans des distances égales par des piliers de pierre avec des ornemens de sculpture convenables à l'entrée d'un beau jardin. Enfin on peut dire en general que les fossez, les entrées, les façades, les cours, les jardins, & tous les accompagnemens de ce beau Château tiennent du magnifique.

h Corn. Dict. Memoires dressez sur les lieux.

1. CHAMPAGNE, quelques-uns disent LA CHAMPAGNE DE ROME, soit pour signifier

CHA.   CHA.   495

fier la CAMPANIE des Anciens, ou la CAMPAGNE DE ROME, qui n'en est qu'une partie.

2. CHAMPAGNE[a], Province de France & l'un des douze grands Gouvernemens de ce Royaume. Elle a pris son nom des vastes & fertiles Campagnes, qui en composent la partie la plus étenduë. Elle comprend partie de la Brie & du Senonois, le Rethelois, le Bassigny, le Remois, la Principauté de Sedan &c. Elle est située entre le 23. degré 30'. de longitude, & entre le 47. degré 30'. jusqu'au 50. degré 10'. de latitude. Elle est bornée au Septentrion par le Hainaut & le Luxembourg, à l'Orient par la Lorraine & la Franche-Comté, au Midi par le Duché de Bourgogne, & au Couchant par l'Isle de France & le Soissonnois. Elle a environ soixante-cinq lieuës de long par quarante-cinq lieuës, & en quelques endroits seulement sur trente de large.

On la divise en haute & basse Champagne; la haute contient les territoires de Rheims & de Chaalons; la basse contient celui de Troyes jusques vers la Riviere de Boise. La haute est beaucoup plus découverte que la basse; les Historiens l'ont nommée la Champagne de Rheims & de Chaalons & quelquefois d'Arcy Ville considerable dans ces tems-là sur la Riviere d'Aube. La Brie qui lui est jointe au Midi, & qui a appartenu presque entierement aux Comtes de Champagne, étoit autrefois toute couverte de forêts. Le climat de cette Province est temperé. Ses habitans en sont naturellement doux, civils, & laborieux; ils aiment les armes & ont de la valeur. C'est au milieu & dans le centre de cette Province que se trouvent ces vastes plaines si renommées; mais elle est bordée en plusieurs endroits par de belles forêts & des Montagnes. Elle produit presque dans toute son étenduë tout ce qui est necessaire à la vie; ses Campagnes sont arrosées d'un grand nombre de Rivieres, dont plusieurs qui sont navigables, servent pour transporter ailleurs & particulierement à Paris par la Riviere de Marne qui en est l'une des principales, une grande quantité de grains, de vins excellens, & du fer, en quoi consiste le principal commerce de la Province.

[b] La Champagne a été longtems inculte & inhabitée, ainsi que beaucoup d'autres contrées du monde; on ne sait pas même quand elle a commencé d'être cultivée, & l'on ignore quelle a été la maniere de vivre de ses habitans. Cette Province dans les premiers tems ne portoit pas le nom de Champagne. Ce nom est nouveau & le premier qui s'en est servi est le Continuateur de la Chronique du Comte Marcellin, qui a été suivi par Gregoire de Tours, par Thegan, par Aimoin, & par d'autres qui l'appellerent *la Champagne de Rheims*, & quelquefois *la Champagne de Chaalons*. La Champagne dans ce tems-là n'étoit regardée que comme un desert, & on ne voit pas qu'aucun Prince se soit avisé de se rendre maître d'une contrée qui paroissoit si peu considerable, avant Jules Cesar, qui après s'être rendu maître des Gaules, les reduisit en Provinces, qui composerent une partie de l'Empire Romain. La Champagne ne donna pas néanmoins beaucoup de relief à la gloire de ce grand homme, puisque cette Province étoit alors sans defense, sans chef, sans soldats & sans forteresse capable d'empêcher l'entrée à une armée ennemie. Cesar l'attaqua cependant dans les formes, il mit d'abord le siège devant la Ville de Langres, dans la pensée que l'avantage de sa situation lui faciliteroit la conquête de toute la Province: cette Place se rendit après quelque resistance, & elle reçut si bien le vainqueur qu'elle lui fit ériger une statuë de marbre blanc que l'on a trouvée de nos jours. La Ville de Rheims ne tarda gueres à suivre l'exemple de Langres; elle envoya à Cesar deux de ses principaux habitans, Iccie & Antobroge, pour lui demander sa protection; & elle se soumit volontairement à la puissance des Romains. Ces deux Villes contribuerent beaucoup aux conquêtes de Cesar.

[c] Le Grand Constantin estima aussi bien que Cesar le sejour de Langres; il y assembla des troupes & y fit pendant un tems sa residence ordinaire. Quelques Historiens ont pretendu que cet Empereur fut le premier, qui établit des Comtes dans la plupart des Villes & des Ducs dans celles qui étoient sur les frontieres. D'autres estiment que la Champagne dans le tems de la Republique Romaine fut gouvernée par des Proconsuls, & depuis par des Ducs ou Gouverneurs sous l'autorité des Empereurs. Quoiqu'il en soit, il est certain que la Champagne reconnoissoit l'Empire Romain, & qu'elle tenoit alors un rang considerable dans les Gaules.

Les François ayant secoué le joug des Romains, s'emparerent de la meilleure partie des Gaules; mais il est difficile d'assurer précisément quel fut le Gouvernement des Champenois. On ne laisse pas de reconnoître que les principaux Chefs d'entre ces nouveaux Conquerans, s'étant rendus maîtres de la plupart des Gouvernemens des autres Provinces des Gaules, s'emparerent de même de celui de Champagne. Mr. Cordemoy dit que Siagrius fils de Gilon, qui avoit mis sur le trône de France le Comte Giles General de l'Armée Romaine, à la place de Childeric, quatriéme Roi de France, qui fut deposé & depuis retabli, étoit maître des Villes de Troyes, de Rheims & de plusieurs autres Villes de Champagne, & portoit le titre de Roi. Clovis Fils de Childeric & premier Roi Chrétien en France, lui declara la guerre & l'an 486. lui donna bataille proche de Soissons & le defit: le Vainqueur s'empara aussitôt des Villes qui tenoient pour les Romains entre lesquelles étoient celles de Rheims, de Troyes & autres Villes de Champagne.

Les Peuples dont Clovis se rendit maître, consentirent de rester entre les mains des François à condition de n'avoir plus de Rois; mais d'avoir des Comtes ou des Ducs de leur Nation, qui releveroient des Rois de France. En ce tems-là les Ducs avoient l'administration de la Justice avec le commandement des Armées dans plusieurs Villes, & les Comtes n'avoient que l'administration de la Justice d'une Ville. Après le decès de Clovis, ses qua-

[a] Extrait des Memoires Historiques de la Province de Champagne par *Bangier* part. 1. p. 1.

[b] Ibid. p. 6.

[c] Ibid. p. 8.

quatre fils partagerent ses vastes Etats en quatre Royaumes; la Champagne fit partie du Royaume d'Austrasie qui échut à Thierry.

[a] Ibid. p. 20.

[a] En l'année 576. l'Histoire donne le titre de Duc de Champagne à un Seigneur nommé Loup, sans dire que Sigebert lui eût donné le Gouvernement, ou qu'il l'eût usurpé. Ce Duc en cette qualité, ni ses successeurs Ducs n'étoient pas des Souverains; mais des Gouverneurs seulement commandans les armées dans la Champagne, qui appartenoit au Roi d'Austrasie. Loup étoit un Seigneur fort considerable dans ce Royaume-là, où il avoit eu de grands emplois sous le feu Roi Sigebert. Il avoit été son Ministre d'Etat, General de ses armées, Gouverneur de Marseille, & de tout ce qui lui appartenoit dans la Gaule Narbonnoise. L'Histoire ne nous fournit que sept Ducs de Champagne; [b] & quelques Auteurs même pretendent que sous la seconde race des Rois de France la Champagne fut divisée en differens Comtez; qu'il y eut des Comtes de Rheims, des Comtes de Troyes, des Comtes de Chaalons, sans néanmoins que ces Dignitez fussent propres & patrimoniales, & que leurs principales fonctions étoient de rendre la Justice comme Juges deleguez. Ce qui est certain, c'est qu'on trouve peu de choses à dire de la Champagne sous le regne d'une partie des Rois de la seconde Race.

[b] Ibid. p. 42.

[c] On fixe ordinairement au commencement du Regne de Charles le Simple l'origine de tous ces petits Etats, dont la Monarchie Françoise fut insensiblement depuis composée & qu'on nomma dans la suite Fiefs mouvans de la Couronne. Les grands Officiers & les Gouverneurs des Provinces & des Villes profitant de la foiblesse de cette seconde Race se perpetuérent dans leurs Charges & dans la possession des Provinces qu'on leur avoit confiées, desorte qu'ils les rendirent hereditaires dans leurs familles. C'est ainsi que le Gouverneur de Champagne fut reconnu en qualité de Comte & Prince Souverain sous le simple hommage qu'il devoit faire à la Couronne, à peu près comme les Princes de l'Empire prêtent serment de fidelité à l'Empereur. Hugues Capet ayant été reconnu Roi de France par le moyen des principaux Seigneurs de sa Nation, fut obligé de dissimuler ces usurpations, la Couronne n'étant pas assez affermie sur sa tête, & craignant d'être renversé du Trône par les mêmes mains qui l'y avoient placé [d]. Ainsi les Comtes de Champagne devinrent Souverains & gouvernerent cette Province; & leurs Etats de Champagne & de Brie furent hereditaires en leurs personnes. Ces Princes ont été connus sous les noms de Comtes de Troyes, de Meaux, & enfin de Champagne. Ils ont été si puissans qu'ils ont soutenu des guerres contre les Empereurs, les Rois de France & de Bourgogne; & leur naissance étoit en telle consideration, que ces mêmes Princes sont souvent entrez dans leurs alliances.

[c] Ibid. p. 52.

[d] Ibid. p. 59.

Le plus ordinaire sejour des Comtes de Champagne a été la Ville de Troyes, dont ils portoient le nom avant qu'ils prissent celui de Comtes de Champagne, dont cette Ville semble avoir été la capitale. On croit communément qu'Herbert ou Hebert II. du nom Comte de Vermandois, a été aussi le premier Comte de Champagne, non seulement parce qu'il en possedoit une partie; mais encore parce qu'il a porté le titre de Comte de Troyes & de Meaux, & qu'il est qualifié tel par plusieurs Historiens; & que ce titre lui est donné par la Charte de Ledgarde fille de ce Comte dattée de la 24. année du regne de Lothaire, par laquelle cette Princesse fait don de Gisey à l'Eglise de St. Pierre en vallée de la Ville de Chartres. Thibaud septieme Comte de Champagne environ l'an 1040. prit le titre de Comte Palatin de Champagne, non qu'il fût en cette qualité vassal de l'Empereur, comme quelques-uns l'ont cru; mais parce que le Comte de Champagne fut qualifié Palatin, par la raison qu'il exerçoit la jurisdiction sur les Officiers du Palais du Roi; la qualité de Palatin étant un vieux titre que l'on donnoit en France à ceux qui avoient quelques charges en dignité au Palais des anciens Rois de France.

La Champagne fut gouvernée par ses Comtes jusqu'en l'année 1274. que Henri III. surnommé le Gros xv. Comte de Champagne & de Brie, & Roi de Navarre, n'ayant laissé qu'une fille unique heritiere, qui fut Jeanne derniere Comtesse de Champagne & de Brie. [e] Cette Princesse n'avoit que 3. ans quand son pere mourut, ce Prince l'avoit fait reconnoître de son vivant Reine de Navarre & Comtesse de Champagne & de Brie, & avoit ordonné par son Testament qu'elle fût mariée en France. Cette disposition eut son effet, car le Prince Philippe, fils de Philippe le Hardi, âgé seulement de quinze ans, épousa la Reine Jeanne de Navarre, qui n'en avoit que onze; par ce mariage ce Prince devint Roi de Navarre & Comte Palatin de Champagne & de Brie, & après la mort du Roi Philippe son Pere il succeda au Royaume de France, & réunit à cette Couronne les Comtez de Champagne & de Brie. [f] Loüis X. surnommé Hutin succeda à la Couronne de France après la mort de Philippe le Bel son pere. Il joignit à la Couronne de France celle de Navarre & les Comtez de Champagne & de Brie, qui lui appartenoient par sa mere Jeanne de Navarre. Loüis n'ayant regné qu'un an, huit mois & six jours, mourut à Vincennes le 13. de Juin 1316. Il eut de Marguerite de Bourgogne sa 1. femme une fille nommée Jeanne, & il laissa Clemence de Hongrie sa seconde femme enceinte. La Reine Clemence mit au monde un Prince, qui ne vécut que 8. jours. [g] Il y eut alors plusieurs contestations à l'occasion de la Navarre, de la Champagne, & de la Brie; mais elles furent enfin terminées le 14. de Mars 1335. par le Traité fait entre le Roi Philippe de Valois d'une part & Philippe Comte d'Evreux comme Epoux & au nom de Jeanne de France, sa femme par lequel le Roi rendit au Comte d'Evreux & à Jeanne de France son épouse le Royaume de Navarre; & ils quitterent au Roi de France tout le droit qu'ils pouvoient avoir aux Comtez de Champagne & de Brie. Enfin le Roi Jean par ses Lettres Patentes de l'an 1361. réunit de nouveau les Comtez de Champagne & de Brie à la Couronne de France sans qu'à l'avenir ils en puissent

[e] Ibid. p. 215.

[f] Ibid. p. 225.

[g] Ibid. p. 226.

fent être demembrez pour quelque raifon que ce foit.

Cette Province confiderée dans toute fon étenduë, en y comprenant la Brie, & tout ce qui compofe fon Gouvernement a été diverfement divifée par les Géographes. Quelques-uns l'ont divifée felon le cours des principales Rivieres qui l'arrofent, favoir la Meufe, la Seine, la Marne, l'Aube & l'Aine. D'autres l'ont partagée en neuf Contrées. D'autres en ont fait deux parties, la haute & la baffe Champagne : dont la haute commence à la Ville de Vitry le François, & embraffe toute la partie de cette Province qui eft du côté de l'Orient & du Nord; & la baffe tout ce qui en refte au Midi & à l'Occident. Mais quoique cette divifion ait été la plus fuivie, nous eftimons néanmoins que la divifion la plus naturelle eft de partager la Champagne en huit parties prefque égales, ainfi que l'a fait Mr. Baugier dans fes Memoires[a].

[a] 2. Partie p. 234.

La Champagne proprement dite comprend les Villes de	Troyes, Chaalons, Sainte-Manehould, Epernay, Vertus.
Le Rhemois comprend	Rheims, Rocroy, Fifmes, Château-portien.
Le Rethelois comprend	Rethel, à préfent Mazarin, Mezieres, Charleville, Donchery.
Le Perthois comprend	Vitry le François, Saint Difier.
Le Vallage comprend	Joinville, Bar fur Aube, Arcies fur Aube, Vaffy.
Le Baffigny comprend	Langres, Chaumont, Montigny le Roi, Andelot, Grand.
Le Senonois comprend	Sens, Joigny, Tonnerre, Chably.
La Brie Champenoife comprend	Meaux, Provins, Château-Thierry, Sezanne, Coulommiers, Montereau-faut-Yonne, Bray fur Seine.

Il femble qu'il n'eft pas aifé de determiner laquelle des Villes de Champagne eft la capitale. Il eft certain que Troyes fous les Comtes de Champagne y tenoit le premier rang; puifque ces Princes y faifoient leur féjour le plus ordinaire, & qu'ils y tenoient leurs grands jours avec les fept Comtes-Pairs de Champagne, pour y rendre la Juftice à leurs Sujets ; de forte que dans ce tems-là aucune autre Ville de la Province ne lui pouvoit difputer d'en être la capitale. Il eft vrai de dire que les Comtes de Champagne n'ont été que rarement poffeffeurs des Villes de Rheims & de Chaalons, & jamais en droit de Souveraineté : il eft encore certain que dans les tems qui ont precedé les Comtes de Champagne, la Ville de Rheims l'emportoit de beaucoup fur celle de Troyes, puifque dans le tems que les Gaules étoient une Province de l'Empire Romain, Rheims étoit la capitale de la Gaule Belgique. Cependant la Ville de Chaalons étant aujourd'hui le Siége de la Generalité de la Province, & prefque au centre de toute la Champagne, & la place dans laquelle eft le Magafin general des armes & des munitions de guerre, il femble que les deux villes doivent lui ceder à préfent le premier rang, & il ne faut pas s'étonner fi elle le leur a difputé aux Affemblées des Etats Generaux du Royaume.

[b] Il y a dans le Gouvernement de Champagne deux ARCHEVÊCHEZ, Reims & Sens; quatre EVECHEZ, Langres, Chaalons, Troyes & Meaux; & quelques autres Lieux qui font de l'Archevêché de Paris & des Evêchez de Soiffons, Senlis, Verdun & Toul.

[b] Ibid. T. II. p. 3.

[c] Le Gouvernement de Champagne & Brie eft l'un des douze grands Gouvernemens du Royaume. Le plus ancien Gouverneur que l'Hiftoire marque avoir été pourvû de ce Gouvernement, eft Louïs de Bourbon Comte de Vendôme & de Chartres, qui l'étoit auffi de Picardie en 1425. Le Gouverneur de Champagne & Brie a fous lui quatre Lieutenans Generaux qui ont chacun leur departement feparé, qui font :

[c] Ibid. p. 249.

Le Departement des Villes & Bailliages de Chaalons, Troyes & Langres.

Le Departement des Bailliages & Villes de Rheims, Rethel, & Fifmes.

Le Departement des Villes & Bailliages de Chaumont & de Vitry.

Le Departement de la Brie.

Ces quatre Charges font venales par la permiffion du Roi Louïs XIV. par Edit du mois de Mars 1693. Il a encore été créé dans la Province quatre Offices hereditaires de Lieutenans fubdeleguez de Mrs. les Maréchaux de France, pour connoître fous leurs ordres des differens de la Nobleffe pour le point d'honneur.

De toutes les places fortifiées qui étoient autrefois en Champagne il ne refte plus que celles de Mezieres, Rocroy & Sedan. Cependant quelques-unes ont confervé leurs Gouverneurs & leur Etat-Major, & d'autres n'ont que des Gouverneurs.

Il y avoit ci-devant dans la Province une Marechauffée Generale, & une Marechauffée Provinciale, compofée d'un nombre confiderable d'Officiers & d'Archers. Il y avoit auffi en plufieurs Villes des Officiers, & Archers de Robe courte. Tous ces Corps ont été fupprimez par Edit du mois de Mars 1720.

& d'autres Officiers & Archers de Marechaussée ont été établis pour y exercer les mêmes fonctions, suivant le reglement contenu dans la Déclaration du Roi du 28. Mars 1720.

^a Toute la Champagne est du ressort du Parlement, de la Chambre des Comptes & de la Cour des Aides de Paris, à l'exception de quelques lieux, qui sont du ressort du Parlement de Metz. Le premier Magistrat de la Province est l'Intendant, qui a droit de presider dans tous les Tribunaux où se rend la Justice. Entre autres Jurisdictions il y a un Bureau des Finances, qui fut établi à Chaalons en 1571. Il y a outre cela dans cette Province six *Bailliages* & Siéges *Presidiaux*, savoir à Troyes, Rheims, Chaalons, Langres, Chaumont, & Vitry; l'on peut y en ajouter un septiéme, qui est celui de Sedan, qui est du ressort du Parlement de Metz. On compte aussi outre ces Presidiaux dans la Generalité plusieurs Bailliages, *Prevôtez* & autres Justices qui sont du ressort de ces Presidiaux. Il y a un Grand Maître des eaux & forêts créé, par Edit de l'année 1689. des Maîtrises particulieres à Troyes, Rheims, Chaumont, Vitry, St. Disier, Vassy, Sainte Manehould, Sezanne, & Sedan. Il y a quatre *Jurisdictions Consulaires* qui sont Rheims, Troyes, Chaalons, & Langres. Et deux *Hôtels des Monnoyes*, qui sont Troyes & Rheims.

^b Quoique le terroir de la partie de cette Province où sont ses plaines soit très-sec & très-sterile, & qu'il ne produise que du seigle, de l'avoine & du bled noir appellé Sarrasin; que le principal Commerce de toute la Province ne consiste qu'en ces sortes de grains, & en quelque quantité de froment dans les meilleures contrées, que souvent ces grains demeurent sans debit ou à vil prix; & en vins qui sont à la verité très-estimez particulierement dans les Élections de Rheims & d'Epernay; mais qui se recueillent très-rarement en abondance, & sont quelquefois plus à charge que profitables aux proprietaires à cause des grandes depenses qu'il faut y faire dans les mauvaises années de même que dans les bonnes; cette Province ne laisse pas de fournir toûjours à l'Etat des sommes considerables, & elle a supporté des impositions qui l'ont renduë très-pauvre, & dont elle aura grande peine à se relever.

La GENERALITE' est composée de XII. Élections qui sont Troyes, Rheims, Chaalons, Langres, Chaumont, Rethel, Vitry, Bar sur Aube, Epernay, Sezanne, Sainte Manehould & Joinville. Les revenus du Roi consistent en ses Domaines, les Gabelles, Traites-foraines & autres Droits des cinq grosses Fermes & Aides.

Les Domaines du Roi dans la Generalité & Intendance de Champagne consistent en huit Châtellenies principales qui sont Vitry, St. Disier, Ste. Manehoud, Chaumont en Bassigny, Troyes, Eparnay, Sezanne & Moüzon, desquelles dependoient du tems des Comtes de Champagne environ douze cens terres & Seigneuries, qui doivent encore en dépendre aujourd'hui. La plupart de ces Domaines ont été alienez, & le prix des alienations a monté à la somme de 691476. livres 4. sols 1. denier; sans y comprendre les Greffes. Le total du produit & revenu de tous les Bois faisant partie du Domaine du Roi dans cette Generalité, par année commune montent à 38640. livres sur laquelle somme deduits les frais, gages, & autres charges assignées sur ces bois qui montent à 16. ou 17. mille livres, il paroît qu'il ne revient au Roi de net par chacun an du produit de ces Bois que 20. à 22. mille livres. Enfin les Droits d'Aides, Gabelles, Traites-foraines, & cinq grosses Fermes, produisoient au Roi 1123000; mais tous ces Droits sont augmentez considerablement.

Le Commerce de cette Province consiste en general en vins, & en grains de toutes sortes, toiles, étofes de laine & de fil, bestiaux, fer & bois; mais comme toutes les Elections de la Generalité & même toutes les Villes & lieux principaux ne font pas même Commerce, & que quelques-uns en font les uns plus, les autres moins; pour avoir une connoissance exacte de la force & de la nature de ce Commerce on consultera les differens Articles, qui concernent les Villes & autres lieux de Champagne.

3. CHAMPAGNE.^c (LA) petit Pays de France dans la partie Occidentale du Berri; on l'appelle assez souvent le CHAMPAGNE DE BERRI.

4. CHAMPAGNE^d, Abbaye de France dans le Maine, Ordre de Cîteaux, à huit lieues de la Ville du Mans vers le Couchant.

CHAMPAGNE-MOUTON^e, petite Ville de France en Poitou, sur la Riviere d'Argent près de sa source environ à quatorze lieues de Poitiers, vers le Midi, près de l'Angoumois.

CHAMPAGNE' DE BRIOU^f, en Latin *Campaniacum in Briossio territorio*, lieu particulier de France en Poitou au Midi de la Ville de Poitiers entre les Rivieres du Clain & de la Clouere. Il est remarquable pour avoir été la patrie de St. Junien le reclus^g.

CHAMPELLO, (Isles de) Mr. de l'Isle écrit PULO CHAMPELO, ce qui revient au même, *Pulo* ne signifie autre chose qu'une Isle. Dampier en parle ainsi dans le Supplement de son Voyage autour du monde^h: il semble qu'elles ont quelque rapport avec Champa (*Chiampa*) à cause du son de ce mot qu'on pourroit prendre pour un diminutif de Champa: cependant elles sont situées sur la côte de la Cochinchine & lui appartiennent, quoiqu'inhabitées: elles sont au nombre de 4. ou 5. éloignées de quatre ou cinq lieues du bord de la Mer.

On les appelle CHAMPELLO DE LA MAR pour les distinguer de quelques autres, qui sont plus enfoncées dans la Baye de Tonquin nommées CHAMPELLO DE TERRA: ces dernieres sont situées vers le 16. d. 45'. de latitude Septentrionale; mais celle de Champello de la Mar sont environ 13. d. 45. minutes.

CHAMPIGNI, Ville de France en Touraine, en Latin *Campiniacum*, sur la Riviere de Veude ou Vetleⁱ. Cette petite Ville qui a titre de Baronie entra dans la Maison Royale d'Ar-

CHA.   CHA.   499

d'Artois en 1360. par le mariage de Jeanne de Bauçay, Dame de Bauçay & de Champigni, avec Charles d'Artois, qui vendit Champigni à Louïs de France Duc d'Anjou. Louïs d'Anjou fils de Louïs de France la revendit à Pierre de Beauveau, dont la petite-fille nommée Isabelle, de Beauveau, la porta dans la Maison Royale de Bourbon-Vendôme par son mariage avec Jean de Bourbon Comte de Vendôme. Elle appartient au Duc d'Orléans, Mademoiselle de Montpensier l'ayant leguée en 1693. à Philippe d'Orleans frere de Louïs XIV. La Paroisse est composée d'environ cent soixante feux & de 503. habitans. Il y avoit un beau Château qui a été démoli. Il n'en est resté que la cour magnifiquement bâtie, avec la Ste. Chapelle d'une structure superbe ornée de très-belles vitres, sur lesquelles est peinte la Vie de St. Louïs. On voit dans cette Eglise quantité de Reliques, & le tombeau de Mr. de Montpensier (mort en 1608.) Tout auprès de cette Sainte Chapelle est le Couvent des Minimes à côté d'un grand parc & de l'autre côté de la Ville il y en a un de Cordelieres. Il y a aussi un petit College pour l'instruction de la jeunesse.

CHAMPLAIN. (Lac de) Voiez cet Article en son rang au mot LAC. On l'appelle aussi LAC DES IROQUOIS.

CHAMPLITE. Voiez CHANNITE.

1. CHAMP-ROND, Village de France dans le Perchegouet, au Diocèse de Chartres. Il est remarquable par une forge dont la mine & le bois se prennent dans la Forêt de Vibraye. Il est entre le Bourg de Vibraye & Montmiral.

a De l'Isle Atlas.

2. CHAMP-ROND^a, Bourg de France dans le petit Perche à la source d'une petite Riviere, qui se perd dans l'Eure près de Pontgoin. Il est sur la route de Nogent à Courville.

CHAMPSAT, Bourg de France dans le Limosin.

CHAMPSAUR, petit Pays de France avec titre de Duché, dans le Dauphiné, sur les confins du Graisivaudan près de l'Embrunois & du Gapençois. ^b Il a été possedé il y a plusieurs siécles par les Dauphins Comtes d'Albon & de Graisivaudan. Humbert dernier Dauphin de la Maison de la Tour du Pin s'intitula le premier Duc de Champsaur l'an 1336. ce qu'il fit de sa propre autorité; car on ne voit point qu'il ait obtenu de l'Empereur ce titre de Duc, ni même qu'il l'ait demandé. Dans la donation que ce Dauphin fit depuis de tous ses Etats aux Princes de France, il a marqué en particulier le Duché de Champsaur. C'est un pays plein de Montagnes dont la Ville principale est St. Bonnet. Louïs XIII. l'ayant demembré à perpetuité de son Domaine de Dauphiné le donna à François de Bonne Duc de Lesdiguieres, Connétable de France qui l'unit à son Duché.

b Longuerue desc. de la France t. part. p. 319.

1. CHANA ou CHANE^c, Riviere d'Asie, où elle se jette dans le Cyrus. Elle est navigable, dit Strabon^c.

c l. 11. p. 500.

2. CHANA. Voiez CAANA. Mr. Baudrand croit que c'est l'ancienne Coptos.

CHANAAN & CHANANE'ENS, l'Ecriture Sainte nous apprend que Cham fils de Noé, & Pere de Chanaan ayant trouvé ^dson pere endormi dans une posture indecente & n'y ayant pas remedié, comme il le devoit, Noé maudit Chanaan & dit^e: qu'il soit à l'égard de ses freres l'Esclave des Esclaves &c. L'effet^f de cette malediction de Noé parut dans l'Anathême prononcé par le Seigneur contre les Chananéens^g, & par la severité dont il ordonne à son Peuple d'user envers eux, lorsqu'il aura fait la conquête de leur pays^h. Les Chananéens furent non seulement reduits au plus dur Esclavage; mais exterminez, mis à mort ou chassez de leur pays. Chanaan eut une grande posterité, son fils aîné fut Sidonⁱ, du moins il fonda & peupla la Ville de Sidon, & fut pere des Sidoniens & des Pheniciens. Chanaan eut outre cela dix fils qui furent peres d'autant de Peuples habitans de la Palestine & d'une partie de la Syrie, savoir

d Genes. c. 9. v. 22.
e Ibid. v. 25. 26. 27.
f D. Calmet Dict.
g Deuter. c. 7. v. 2. 26. c. 13. v. 15. & c. 20. v. 17.
h Levit. c. 17. v. 25. Deut. c. 18.
i Genes. c. 10. v. 15. 19.

LES HETHE'ENS,   LES ARACE'ENS,
LES JEBUSE'ENS,   LES SINE'ENS,
LES AMORRHE'ENS,   LES ARCADIENS,
LES GERGE'SE'ENS,   LES SAMARE'ENS,
LES HEVE'ENS,   LES AMATHE'ENS.

Voiez ces Peuples à leurs Articles particuliers. On croit que Chanaan vécut & mourut dans la Palestine, qui de son nom est ordinairement appelée TERRE DE CHANAAN; & on montroit autrefois son tombeau long de vingt-cinq pieds dans une Caverne de la Montagne dite des Léopards, qui n'étoit pas loin de Jerusalem.

Les Chananéens se multiplierent extrêmement dans la Palestine leur premiere demeure. Leur principale occupation étoit le Commerce & la guerre, delà leurs grandes richesses, & leurs Colonies repandues dans presque toutes les Isles, & les Provinces Maritimes de la Mediterranée. Leurs Idolâtries & leurs abominations étoient montées à leur comble lorsque Dieu livra leur Pays aux Israëlites, qui en firent la conquête sous Josué. Comme Dieu avoit ordonné de traiter ces Peuples devouez depuis long-temps à l'Anathême dans la derniere rigueur, Josué en extermina un très-grand nombre, & obliga les autres à s'enfuir. Les uns se sauverent en Afrique, les autres en Grece. Il y en a même qui croient qu'il en vint en Allemagne, & en Esclavonie, & que d'autres se retirerent en Amerique.

Mais, poursuit D. Calmet, l'opinion qui est la mieux soutenue veut qu'ils se soient retirez en Afrique. Les Rabins assurent que les Gergeséens prirent ce parti-là; mais ils ne nous apprennent point en quel endroit de l'Afrique ils se retirerent. On peut voir à l'Article de Carthage le temoignage de Procope, & celui de St. Augustin sur ces Chananéens d'Afrique. On convient que la Langue Punique étoit presque entierement la même que la Langue Chananéenne & que l'Hebraïque.

Les Colonies de Cadmus à Thébes de Béotie; celles de Cilix son frere en Cilicie sont venues de la race de Chanaan. On croit que les Isles de Sicile, de Sardaigne, de Malthe, de Chipre, de Corfou, de Majorque & de Minorque, de Gades & d'Ebuse furent aussi peu-

Tom. II.   Rrr* 2

CHA.

peuplées par les Chananéens. Ceux qui veulent voir ce qui regarde leurs Colonies traité avec un savoir prodigieux peuvent lire le CHANAAN de Bochart, qui est la seconde partie de sa Géographie Sacrée. D. Calmet a fait aussi une Dissertation particuliere sur le pays, où les Chananéens chassez par Josué, se retirerent, & il examine les preuves de ceux qui les ont fait aller en Amerique.

CHANAD. Voiez CHONAD.

CHANCAILLO[a], Port de Mer de l'Amerique sur la Mer du Sud, au Perou, au Nord Occidental de Lima. Ce Port est sous le 12. d. 5'. de latitude Meridionale; il est peu frequenté. La Ville est à une demi lieue ou environ du Village, & l'on en peut tirer des rafraîchissemens. Il ne faut pas [b] que les vaisseaux s'approchent de la Montagne de Chancaillo parce qu'elle est fort sujette aux Calmes, & à une Mer qui roule.

1. CHANÇAI[c], Port de Mer de l'Amerique sur la Mer du Sud, au Perou, au Midi de Chancaillo; il y a de l'un à l'autre deux lieues d'une côte montagneuse. Lorsque vous êtes au largue, elle paroît noirâtre & il y a plusieurs Torrens, qui se precipitent du haut de ces Montagnes dans la Mer. Lorsque vous approchez du rivage, la Ville paroît blanche & vous voiez l'Eglise de St. François. Le Havre est fort bon contre le vent du Sud, quoique la Mer y roule. Pour y entrer, il faut ranger de près la Montagne de Chançay sous le vent de laquelle est le Havre, où l'on peut mouiller par tout dans un fond net; mais il ne faut pas trop approcher de la petite Baye que l'on voit à l'Embouchûre, parce qu'elle est pleine de petits rochers pointus. Du Port de Chançay au Farelon grande, ou au grand rocher des Pescadores il y a trois lieues.

2. CHANÇAY, Bourg de France en Touraine dans l'Election d'Amboise.

CHANCEAUX, Bourg de France en Bourgogne au Diocése d'Autun auprès de la source de la Riviere de Seine. Mr. Corneille observe qu'on y fait de la Marmelade d'Epine-Vinette, qui passe pour la meilleure qu'on fasse en France.

CHANCELADE[d], en Latin Cancellata, Abbaye de France en Perigord; elle est en regle & de l'Ordre de St. Augustin; & chef d'une Congregation de Chanoines reguliers dont la maniere de vivre ressemble assez à celle de la Congrégation de Ste. Geneviéve. Cette Abbaye doit sa fondation à quelques Ecclesiastiques, qui par un esprit de recueillement & de retraite s'établirent à une lieue de Perigueux, ou environ, dans un endroit où il y avoit une fontaine entourée de barreaux de fer, & c'est de ces barreaux (en Latin Cancelli) que l'Abbaye a pris son nom. Ces Ecclesiastiques furent d'abord sous la direction de l'Abbé de Celle-frouin; mais Guillaume d'Auberoque Evêque de Perigueux leur ayant donné des biens considerables, cet Oratoire fut érigé en Abbaye. Gerauld en fut le premier Abbé, & fit vœu de suivre la regle de St. Augustin l'an 1133. & dès lors on bâtit l'Eglise & les Lieux reguliers que l'on y voit aujourd'hui.

§. Je ne sais où les Auteurs du Dictionnai-

[a] Rogers Voyages Suplem. p. 48.
[b] Ibid. p. 47.
[c] Ibid. p. 48.
[d] Piganiol de la Force. T. 4. p. 151.

CHA.

re de la France ont trouvé que Charlemagne mort en 814. a sejourné quelque temps dans cette Abbaye, qui ne fut fondée qu'en 1133.

CHANCHA[e], Ville d'Egypte, à deux lieues du Caire à l'entrée du desert par où l'on va à celui de Sinaï. Elle est grande, & il y a de fort belles Maisons avec des Mosquées & des Colleges. Delà au Caire ce ne sont que des Palmiers, & de Chancha jusqu'au Port de Sinaï, il n'y a point d'habitation l'espace de quarante-cinq lieues. Au sortir de la Ville, on trouve deux grands chemins dont l'un mene en Arabie, & l'autre en Syrie. Les habitans sont riches parce que les Caravanes de Syrie s'y assemblent, & y achettent ce qu'il leur faut. Il n'y a aux environs que de vastes Contrées de Datiers, ni d'autre eau que celle du debordement du Nil, qui demeure dans les Citernes tant du public que des particuliers, & tous les vivres s'y menent du Caire.

§. CHANCHON, Mr. Corneille nomme ainsi après Tavernier l'Isle où mourut St. François Xavier. Voiez SANCIAN.

CHANDACE, Ville de l'Isle de Crete. Cedrene, Zonare, & Curopalate citez par Ortelius[f] en parlent comme d'une Ville très-bien fortifiée, & Metropolitaine. Je ne trouve point qu'il en soit fait mention dans les Notices.

CHANDANA, Ville de la Japygie, selon Etienne le Géographe.

CHANDANACA, Ville de Perse, selon le même.

CHANDEGRI[g], Ville de l'Inde au deçà du Gange au Royaume de Narsingue dont elle est la capitale: quelques-uns nomment BISNAGAR cette Ville & ce Royaume. Elle est grande & fort peuplée entre Paliacate, qui est à l'Orient sur la côte de Coromandel, & Mangalor, qui est au Couchant sur la côte de Malabar; mais beaucoup plus près de Paliacate que de Mangalor. Assez près & au Sud-Est de cette Ville est la source d'une Riviere, qui se jette dans le Golphe de Bengale auprès de Collepatnam, sur la côte de Coromandel. Cette Ville de Chandegri ou Bisnagar est à soixante & quinze lieues (de 25. au degré) de Pondicheri, à environ soixante & quatre de Paliacate, & à peu près vingt-cinq de la fameuse Pagode de Tripiti. Mr. Baudrand la met au pied des Montagnes; s'il entend celles de Gate, comme il y a bien de l'apparence, il se trompe, elle en est du moins à cinquante-cinq lieues plus à l'Orient. Il dit qu'elle est près des frontieres du Pays de Canare; autre erreur, puisqu'elle en est à plus de soixante & dix lieues au moins.

CHANELAUS, Isle des Pays-bas auprès de l'Escaut. Il en est parlé dans la Vie de St. Amand citée par Ortelius.

CHANGANAR[h], Royaume de la Presqu'Isle de Malabar dans les Montagnes de Gate, sur les frontieres de l'Etat du Naique de Maduré. Mr. Corneille[i] ajoute: il porte le nom de sa Ville Capitale. Ses autres lieux sont Calaré appartenante autrefois au Royaume de Charava, & Tevalecare l'un des meilleurs lieux de ces Montagnes. C'est ce que Mr. de la Croze appelle[k] CHANGANATE. Car

[e] Marmol T. 3. l. 11. c. 38. p. 294.
[f] Thesaur.
[g] Divers Memoires manuscrits.
[h] Baudrand Ed. 1705.
[i] Dict.
[k] Hist. du Christianisme des Indes l. 4. p. 307.

CHA.   CHA.   501

Car il dit que l'Eglise de Calaré fut exempte de la visite de l'Archevêque Menezes à cause d'un conflit de jurisdiction, qui étoit alors entre la Reine de Changanate & le Roi de Travancor. Il ne faut pas confondre ce Royaume de Changanar ou Changanate avec celui de CHENGANARE ; qui dans ce même temps-là étoit gouverné par un Jeune Roi, ni avec *Changanor* dont je parle dans l'Article qui suit.

CHANGANOR, Ville & Pays des Indes dans la Presqu'Isle de Malabar, au Midi des Etats du Samorin. [a] Le pays appartient à une Pagode, & les Bramines, qui la desservent, sont les Seigneurs du Lieu. Ils en nomment les Gouverneurs, & tous les Officiers Subalternes. Cette Pagode est extrêmement riche & magnifiquement bâtie. Le toit est couvert de Lames de Cuivre, & le dedans du Temple abonde en toute sortes de richesses. L'Eglise Chrétienne de Changanor est hors de la Ville. Les Chrétiens n'y peuvent faire aucune reparation sans la permission des Bramines.

[a] Ibid. p. 309.

☞ Dans les 38. Articles qui suivent, le G ne se doit point prononcer & n'est mis que pour les étrangers qui sont accoutumez à donner à l'*n* un son très-retentissant, comme nous le donnons à la derniere syllabe du mot *Dæmon*, lorsque nous le prononçons à la maniere des Grecs & des Latins. Il est dificile de leur faire connoître le son obtus que nous donnons à l'*n* dans notre Langue comme dans ce même mot *Démon* ; dans *Monsieur*, à moins qu'on ne joigne un g à l'*n*, & que l'on n'écrive *Démong*, *Mongsieur*, alors ils prononcent ces mots comme nous. Je l'ai surtout remarqué dans les Allemands, qui ne savent que leur Langue maternelle. Delà vient que dans plusieurs noms Géographiques, qui nous sont venus par le canal des étrangers beaucoup de noms ont après l'*n* la lettre g qui ne sert qu'à en émousser le son. Un François à qui cette prononciation est naturelle doit lire ces mots comme si le g n'y étoit pas, à moins qu'il n'appartienne à la syllabe suivante, comme dans les deux Articles precedens.

CHANG[b], Ville de la Chine dans la Province de Chensi. C'est la v. Ville du departement de Cungch'ang, cinquiéme Metropole de la Province.

[b] Martin Atlas Sinensis.

CHANGCE[c], Ville de la Chine dans la Province de Chansi sous la quatriéme Metropole de cette Province qui est la Ville de Lugan. Sa latitude est de 37. d. 8'.

[c] Ibid.

1. CHANGCHEU, Ville de la Chine dans la Province de Kiansi. Voiez l'Article CANTCHEOU.

2. CHANGCHEU[d], Ville de la Chine dans la Province de Kiangnan ou Nanquin, dont elle est la cinquiéme Metropole. Dans son district sont v. Villes : savoir, Changcheu, Vusie, Kiangyn, Gnihing & Cingkiang. Elle est située sur le Canal par lequel on va par bâteau de la Ville de Sucheu à la Riviere de Kiang au Midi de laquelle elle est située, assez près de son embouchûre. Près de la Ville les quais sont revêtus de pierres de taille & ornez d'arcs de triomphe, qui font un bel ornement. Elle est de 2. d. 50'. plus Orientale que Pekin, & sa latitude est de 32. d. 45'. selon les Tables de l'Atlas Chinois.

[d] Martin Atlas Sinicus p. 103.

3. CHANGCHEU, Ville de la Chine & troisiéme Metropole de la Province de Fokien, dont elle est en même temps la Ville la plus Meridionale: on prononce TCHANTCHEOU & Mr. de l'Isle écrit de même. Elle prend son nom de la Riviere *Chang*, sur laquelle elle est située, & la marée remonte jusques-là. Au Midi de la Ville où passe la Riviere est un Pont de pierre de taille, qui a trente-six arches très-hautes & très-grandes, & est si large qu'il porte des deux côtez des boutiques où se tient une foire perpetuelle de toutes les meilleures marchandises tant de la Chine que des pays étrangers. Son district comprend dix Villes, savoir

Changcheu,	Changping,
Changpu,	Pingho,
Lugnien,	Chaogan,
Nancing,	Haicing,
Changtai,	Ningyang.

Ce fut sous Tanga que cette Ville prit ce nom & reçut la qualité de Cité. La Ville est grande & fort peuplée. Les Edifices en sont fort beaux & ses habitans spirituels ; ses Marchans y sont riches & industrieux ; le Peuple d'ailleurs est malin, fourbe & adonné aux plaisirs. Vers la partie Orientale de la Ville est la Montagne nommée CIO, où est, dit-on, une pierre haute de cinq toises, épaisse de dixhuit qui s'agite d'elle-même lorsqu'il doit y avoir une tempête: encore plus près de la Ville est une autre Montagne nommée KIEULANG, remarquable par une fontaine dont les eaux ressemblent à du Crystal. Elle est d'1. d. 10'. plus Orientale que Pekin, & sa latitude est de 24. d. 42'.

CHANGCING[e], Ville de la Chine dans la Province de Xantung ou Channton, c'est la douziéme du departement de la Ville de Cinan premiere Metropole de la Province. Elle est par les 36. d. 56'. de latitude.

[e] Ibid.

CHANGCO[f], Ville de la Chine dans la Province de Honan, au departement de Caifung premiere Metropole de la Province: sa latitude est de 35. d. 19'.

[f] Ibid.

CHANGGAN[g], petite Ville de la Chine dans la Province de Peking, par les 40. d. 16'. de latitude.

[g] Ibid.

CHANGHING[h], Ville de la Chine dans la Province de Chekiang, au departement de Hucheu seconde Metropole dont elle est la seconde Ville: sa latitude est 31. d. 12'.

[h] Ibid.

1. CHANGHOA[i], Ville de la Chine, dans la Province de Chekiang & la huitiéme du departement de Hangcheu premiere Metropole ; à 30. d. 6'. de latitude.

[i] Ibid.

2. CHANGHOA[k], Ville de la Chine dans la Province de Quangtung ou Quanton, c'est la neuviéme du departement de Kiuncheu, dixiéme Metropole de la Province ; on y trouve 19. d. 21'. de latitude.

[k] Ibid.

CHANGKIEU[l], Ville de la Chine dans la Province de Channton, & la seconde du District de Cinan premiere Metropole de la Province: sa latitude est de 37. d. 10'.

[l] Ibid.

Rrr* 3   CHANG-

502 CHA.

a Ibid.

1. CHANGLO [a], Ville de la Chine dans la Province de Channton, & la septiéme du département de Cincheu quatriéme Metropole de la Province à 37. d. 3'. de latitude.

b Ibid.

2. CHANGLO [b], Ville de la Chine dans la Province de Fokien, & la quatriéme du département de Focheu premiere Metropole. La latitude y est de 25. d. 48'.

c Ibid.

3. CHANGLO [c], Ville de la Chine dans la Province de Quanton, c'est la sixiéme du département de Hoeicheu IV. Metropole de la Province; à 23. d. 33'. de latitude.

d Ibid.

CHANGLY [d], Ville de la Chine dans la Province de Peking. Elle est la quatriéme du département de Jungping Metropole de la Province, à 39. d. 38'. de latitude.

e Ibid.

CHANGMING [e], Ville de la Chine dans la Province de Suchuen ou Soutchouen; & la vingt cinquiéme du département de Chingtu premiere Metropole de la Province à 31. d. 31'. de latitude.

f Ibid.

1. CHANGNING [f], Ville de la Chine dans la Province de Soutchouen; c'est la sixiéme du département de Sioucheu quatriéme Metropole de la Province: la latitude y est de 28. d. 36'.

2. CHANGNING, Ville de la Chine dans la Province de Huquang (prononcez Houquan,) & la quatriéme du département de Hengcheu dixiéme Metropole de la Province à 27. d. 20'. de latitude.

3. CHANGNING, Ville de la Chine dans la Province de Kianfi; & l'onziéme du département de Cancheu, douziéme Metropole de la Province, à 25. d. 30'. de latitude.

4. CHANGNING, Ville de la Chine dans la Province de Quanton & la neuviéme du département de Hoeicheu à 23. d. de latitude.

CHANGPE', Montagne de la Chine. Voiez l'Article CHANGXAN I.

g Ibid.

1. CHANGPING [g], Ville de la Chine dans la Province de Peking. Elle est la troisiéme du département de Xuntien premiere Metropole de la Province à 40. d. 10'. de latitude.

2. CHANGPING, Ville de la Chine dans la Province de Fokien, & la sixiéme du département de Changcheu à 24. d. 55'. de latitude.

3. CHANGPING, Montagne de la Chine dans la Province de Channton au département de Yencheu près de la Ville de Ceu. On y voit encore quelques restes d'une Ville de même nom que la Montagne. Cette Ville fut la patrie du fameux Confucius Philosophe Chinois, qui se fit tellement estimer par ses principes de Morale que sa Nation lui rend un culte superstitieux quoi qu'il se soit écoulé quelques milliers d'années depuis sa mort. Les Contestations des Missionnaires de ces derniers temps, l'ont fait connoître à l'Europe, & on l'a caractérisé fort diversement.

h Ibid.

CHANGPU [h], Ville de la Chine, dans la Province de Fokien. Elle est la seconde du département de Changcheu, & troisiéme Metropole de la Province, & compte 24. d. 29'. de latitude.

i Ibid.

CHANGRAI [i], Ville de la Chine dans la Province de Fokien, & la cinquiéme du département de Changcheu à 24. d. 54'. de latitude.

CHA.

1. CHANGTE [k], Ville de la Chine dans la Province de Honan dont elle est la troisiéme Metropole, à trente-sept degrez de latitude. Elle est dans la partie la plus Septentrionale de la Province, & presque resserrée entre celles de Chansi & de Peking, delà vient que son district n'est pas large, c'est un pays plat presque partout, gras & fertile, les Montagnes y sont rares & petites. Près de la Ville il y en a une qui porte le nom de la pierre d'aimant que l'on y trouve. Dans ce Canton, il y a diverses sortes d'une absynthe excellente. On y trouve aussi le poisson Haiúl, c'est-à-dire *poisson enfant*, car quand il est pris il se plaint comme un enfant. Sa figure tient de celle du Crocodile, sa queue est oblongue, il a quatre pieds, & sa graisse étant une fois allumée ne sauroit être éteinte par l'eau, ni par aucun autre moyen. On y compte sept Temples; mais celui qui est au Couchant de la Ville dedié à l'Empereur Yve est le plus magnifique de tous. Il y a sept Villes dans ce département; savoir

k Ibid.

Changte,	Lin,
Tangin,	çu,
Linchang,	Vugam,
& Xe.	

2. CHANGTE [l], Ville de la Chine dans la Province de Houquan dont elle est l'onziéme Metropole, à 29. d. 38'. de latitude, à l'Occident du Lac de Tungring sur le ruisseau de Vuling, qui au dessous se perd dans le fleuve Juen, avec lequel il se jette dans le Lac. Cette Ville & presque tout ce district est entrecoupé d'eaux, où l'on va en bâteau. La contrée est petite; mais riante, fertile & abondante en biens. Elle a été le Siége d'un Roi de la famille de Taíminga dont on y voit encore le Palais, qui est superbe: son département ne renferme que quatre Villes, savoir

l Ibid.

| Changté, | Lungyang, |
| Taoyven, | Juenkiang. |

On trouve qu'elle a eu divers noms en divers temps, savoir, KIUCHUNG, VULING, HIANGYVO ILING, c'est-à-dire *la terre de justice*, VUCHEU, & enfin celui de Changté qu'elle porte. Elle a du lapis Lazuli en quantité, on y recueille aussi de la Manne. Le terroir produit des oranges d'hyver, qui meurissent quand les autres fruits manquent, & qui sont d'un excellent goût. A l'Occident de la Ville est le Mont Lo, c'est-à-dire la Montagne des Cerfs, parce qu'il y en a en abondance.

CHANGUU [m], Ville de la Chine dans la Province de Chenfi, & la trente-cinquiéme & derniere du département de Sigan premiere Metropole de cette Province à 36. d. 54'. de latitude.

m Ibid.

CHANGXA [n], Ville de la Chine dans la Province de Houquan dont elle est la huitiéme Metropole, à 28. d. 50'. de latitude, sur la rive Orientale du fleuve Siang. Ce nom lui vient

n Ibid.

CHA.

vient d'une Conſtellation à l'influence de laquelle l'Aſtrologie Chinoiſe s'eſt figurée qu'elle étoit ſoumiſe. Son territoire eſt diverſifié en Plaines & en Montagnes ; le terroir y eſt fecond , & l'air ſalubre , & on y trouve de tout en abondance, ſur tout du riz, parce que dans les ſaiſons les plus arides , elle eſt à couvert de la ſechereſſe ; ſi la pluye manque, les habitans arroſent leurs campagnes avec l'eau des Lacs, & des Rivieres qu'ils ſavent élever avec des machines dont ils ſe ſervent avec beaucoup d'induſtrie. Vers le mois de Mai, on y a d'une ſorte de poiſſon nommé *Sauel* par les Portugais , & qui eſt d'un goût exquis. On tire d'excellent vermillon des Montagnes. Cette Ville a été la reſidence d'un Roi de la famille de Taïminga , c'eſt pourquoi on y voit de tous côtez de ſuperbes édifices, qui accompagnent un Palais. Il y a auſſi des Temples aſſez magnifiques. Elle compte onze Villes dans ſon diſtrict ; ſavoir

Changxa,	Liling,
Siangt' an,	Jeyang,
Siangin,	Sianghiang,
Ninghiang,	Xeu,
Lieuyang,	Ganhoa,
& Chaling Forterefſe.	

Au Couchant de la Ville eſt le Mont JUMO ; ce nom veut dire du Talc , & en effet on en tire beaucoup ; on le calcine, on l'infuſe dans du vin , & les Chinois croient en le buvant ſe procurer une longue vie. C'eſt l'opinion de leurs Medecins. Au même côté de la Ville il y a l'YOLO grande Montagne, qui eſt jointe aux Monts de Heng.

a Ibid.   CHANGXAN [a] , Ville de la Chine dans la Province de Channton , & la quatriéme du département de Cinan premiere Metropole de cette Province, à 37. d. 8'. de latitude. La Montagne nommée CHANGPE s'étend depuis Changxan juſqu'à la Ville de Ceup'ing.

b Ibid.   CHANGXO [b] , Ville de la Chine dans la Province de Kiangnang (Kiannan ou de Nankin.) C'eſt la troiſiéme du département de Sucheu troiſiéme Metropole de cette Province. La latitude eſt de 32. d. 13'.

c Ibid.   CHANGYANG [c] , Ville de la Chine dans la Province de Houquan. C'eſt la huitiéme du département de Kingcheu , ſixiéme Metropole de cette Province. Sa latitude eſt de 31. d.

d Ibid.   CHANGYE [d] , Ville Maritime de la Chine dans la Province de Channton , & la quatriéme du departement de Laicheu , ſixiéme Metropole de la Province à 36. d. 56'. de latitude.

e Ibid.   CHANGYN [e] , petite place forte de la Chine dans la Province de Chenſi à 33. d. 44'. de latitude préciſément ſur la frontiere de la Province de Sourchouen entre les Montagnes.

f Ibid.   CHANGYUEN [f] , Ville de la Chine dans la Province de Peking , & la dixiéme du département de Taming ſeptiéme Metropole de la Province à 36. d. 6'. de latitude.

CHANKIEU , Ville de la Chine dans la Province de Chanton. Voiez CHANGKIEU.

CHANNITE [g] , quelques-uns diſent CHAMPLITE , petite Ville de France en Franche-Comté , aux frontieres de la Champagne, ſur le ruiſſeau de Salon , à quatre lieues de Gray en allant vers Langres dont elle eſt à ſix lieues. Elle eſt diviſée en deux parties ; l'une qui eſt ſur la Montagne s'appelle CHANNITE LE CHATEAU , l'autre qui eſt au pied de la Montagne s'appelle CHANNITE LA VILLE.

g Baudrand Ed. 1705.

CHANNSI , les Portugais écrivent XANSI , Province qui tient le ſecond rang entre celles de la Chine dans ſa partie Septentrionale. Elle eſt bornée au Nord par la grande muraille , au Levant par le Pekeli , & en partie par la Province de Honan , & la Riviere Jaune la borne au Midi , & la ſepare à l'Occident de la Province de Chenſi. Elle n'eſt nullement comparable au Pekeli pour ſa grandeur , pour ſa nobleſſe ni pour l'affluence de Peuple ; mais elle la ſurpaſſe en fertilité, & les anciennes Hiſtoires de la Chine aſſurent qu'elle fut la premiere contrée qu'habiterent les Chinois. Elle eſt petite en comparaiſon des autres Provinces ; mais elle eſt agréablement ſituée en bon air , ayant en divers endroits des Montagnes , qui pourtant ne ſont pas inutiles , car elles ſont ou couvertes de forêts , ou entrecoupées de plaines. Toute la Campagne y rapporte , rien n'y eſt inculte. On y a du bled & des beſtiaux en abondance il n'y croît pas beaucoup de ris à la verité ; mais cela eſt reparé par le millet que mangent les pauvres gens dans les Provinces Septentrionales , & il ne differe gueres du nôtre pour la figure & pour la couleur , excepté qu'il eſt un peu plus menu , d'un goût d'ailleurs aſſez agréable. Les habitans generalement parlant ont de la droiture , de la ſimplicité , de la politeſſe , & ſont fort obligeans. Les femmes y ont la reputation d'être belles & bienfaites. Son nom ſignifie ſa ſituation , comme qui diroit à l'Occident des Montagnes, car celles de Heng courent entre elles & le Pekeli.

Cette Province a cinq Villes du premier rang , qui ſont autant de Metropoles , qui ont d'autres Villes ſous elles. Voici leurs noms & leurs poſitions telles qu'elles ſont determinées par le P. Martini dans ſon Atlas Chinois. Les longitudes ſont par rapport à Peking capitale de tout l'Empire, le P. ſignifie à l'Occident de Peking.

Noms

CHA.

Noms	Longitude		Latitude	
I. *Ville Métropolitaine.*				
	deg.	min.	deg.	min.
Taiyven	4	35	38	33 p.
Taiyven	5	0	38	28 p.
Iuçu	4	20	38	25 p.
Taco	4	40	38	9 p.
Ki	4	39	38	23 p.
Sieukeu	5	0	38	17 p.
Cingyuen	4	56	38	6 p.
Kiaoching	5	30	38	27 p.
Venxui	5	47	38	25 p.
Xeuyang	4	20	38	39 p.
Yu	3	50	38	45 p.
Cinglo	5	45	39	0 p.
Hokio	6	10	39	26 p.
Pingting ☉	3	55	38	15 p.
Loping	3	40	38	34 p.
Che ☉	4	55	38	57 p.
Tinghang	4	36	39	0 p.
Tai ☉	4	45	39	22 p.
Utai	4	20	39	9 p.
Kiechi	4	20	39	30 p.
Cofan ☉	6	20	39	15 p.
Fan	6	5	39	6 p.
Hing	6	30	38	55 p.
Paote ☉	6	36	39	32 p.
Hiang	4	11	38	52 p.
II. *Ville.*				
Pingyang	5	58	37	19 p.
Siangling	6	7	37	12 p.
Hungtun	5	52	37	27 p.
Feuxan	5	35	37	44 p.
Chaoching	5	45	37	27 p.
Taiping	6	4	36	55 p.
Yoiang	5	30	37	35 p.
Teching	5	40	36	33 p.
Kiöao	5	45	36	53 p.
Fuenfi	6	12	37	42 p.
P'u	6	40	37	25 p.
P'u ☉	7	28	36	27 p.
Lincin	7	11	36	28 p.
Yungo	7	12	36	47 p.
Yxi	6	49	36	38 p.
Van Civen	7	0	36	28 p.
Hocin	7	25	36	50 p.
Kiai ☉	7	5	36	20 p.
Ganye	6	40	36	20 p.
Hia	6	27	36	27 p.
Venhi	6	16	36	30 p.
Pinglo	6	31	36	10 p.
Iuiching	7	11	36	4 p.
Kiang	6	10	36	35 p.
Yuenkio	5	32	36	9 p.
Ho ☉	5	50	37	40 p.
Kie ☉	7	13	37	11 p.
Hiangning	6	56	37	8 p.
Cie ☉	6	44	37	45 p.
Taning	7	22	37	25 p.
Xeloi	7	20	38	3 p.
Yungho	7	20	37	44 p.
III. *Ville.*				
Taitung	4	19	40	20 p.

CHA.

Noms	Longitude		Latitude	
Hoaigin	4	15	40	11 p.
Hoenyuen	3	50	40	0 p.
Ing ☉	4	7	40	0 p.
Xanin	4	20	39	52 p.
So ☉	5	14	39	43 p.
Maye	5	0	39	50 p.
Guei ☉	3	0	40	0 p.
Quangling	3	6	39	50 p.
Quangchang	3	30	39	57 p.
Lingkieu	3	28	39	44 p.
IV. *Ville.*				
Lugan	4	20	37	13 p.
Changçe	4	38	37	8 p.
Tunlieu	4	16	37	28 p.
Siangheng	4	29	37	20 p.
Luching	4	10	37	13 p.
Huquan	3	59	37	8 p.
Liching	3	50	37	20 p.
Pingxun	3	55	36	56 p.
V. *Ville.*				
Fuencheu	6	0	38	10 p.
Hiaoy	6	11	38	6 p.
Pingjao	5	36	38	10 p.
Kiaihieu	5	45	38	0 p.
Ninghiang	6	45	38	10 p.
Lingxe	6	30	38	20 p.
Iungning ☉	6	30	38	30 p.
Lin	6	40	38	35 p.
I. *Grande Cité.*				
Sin ☉	4	50	47	40 p.
Siniven	5	10	37	30 p.
Vuhiang	4	46	37	52 p.
II. *Grande Cité.*				
Leâo	4	0	37	56 p.
Iuxe	4	22	37	54 p.
Hoxun	3	30	38	10 p.
III. *Grande Cité.*				
Cé	4	18	36	33 p.
Caoping	4	17	36	48 p.
Iangching	4	48	36	36 p.
Linchuen	4	8	36	54 p.
Sinxui	5	14	36	56 p.
Forteresses.				
Gueiyven	5	0	40	10 p.
Ieuguei	4	53	40	25 p.
çoguci	4	35	40	22 p.
Maye	5	10	40	0 p.
Vanglin	5	25	40	28 p.
Iangho	3	52	40	33 p.
Caoxan	4	0	40	10 p.
Tienching	3	32	40	28 p.
Chinlu	3	40	40	10 p.
Cingyven	5	38	40	16 p.
Pinglu	5	50	40	15 p.
Chungtun	6	9	40	8 p.
Gentung	6	16	40	0 p.
Tungxing	6	0	39	56 p.

CHA.

Ces Villes sans compter les Forteresses sont au nombre de quatre vingt douze. Sur les Registres de la Chine cette Province est censée contenir 589959. familles, faisant 5084015. hommes. Le tribut qu'elle paye consiste en 2274022. sacs tant de bled que de millet; 50. livres de fin lin 4770. piéces d'étoffe de soyes de toutes façons; 3544850. bottes de paille ou de foin pour les Ecuries du Roi; 420000. pesant de sel, le poids est de 224. livres, sans compter les revenus des Douanes.

Cette Province a des vignes dont le raisin est assez bon, & les Chinois pourroient en faire du vin; mais ils se contentent de les faire sécher, & en envoyent dans tout le Royaume. Les PP. Jesuites en font du vin pour la celebration des Saints Mysteres, & en pourvoyent les Peres des autres Provinces; au lieu qu'autrefois il falloit en faire venir de Macao à grands frais.

Il y a dans cette Province quelque chose de merveilleux; il y a des puits qui ont du feu au lieu d'eau. On s'en sert même en guise de fourneaux pour cuire le manger; on ferme la gueule du puits de maniere qu'on laisse un trou auquel on adapte la marmite, & les habitans peuvent ainsi faire leur cuisine sans peine & avec épargne. Le P. Martini qui fournit ces détails, & même tout cet Article dit avoir ouï dire que ce feu est épais, peu luisant ou transparent, quoi qu'il ait de la chaleur, cependant il ne brûle presque point le bois qu'on y jette. On peut même le mettre dans le creux des grosses cannes, le transporter où l'on veut pour s'en servir quand on a besoin; on fait à la canne une ouverture par laquelle il en sort assez pour faire cuire les choses qui ne demandent pas un grand feu, & cela dure jusqu'à ce qu'il s'amortisse. Le P. Martini ne garantit pas le fait; mais il le tient, dit-il, d'Auteurs Chinois qu'il a rarement trouvé menteurs.

On trouve dans toute cette Province du Charbon de terre dont les habitans des parties Septentrionales de la Chine se servent à chaufer leurs chambres. Ils en tirent d'assez grosses masses; mais ils le broyent, le mouillent & le paîtrissent comme on fait à Liége & en font des masses. Les fourneaux de leurs poëles sont la plupart de briques de la figure d'un lit. Il y a beaucoup de Chrétiens; & les PP. Jesuites y ont beaucoup d'Eglises; mais il n'y en a que deux où ils aient une residence.

CHANNTON, Province Maritime de la Chine dans sa Province Septentrionale & la IV. en rang. Les Portugais écrivent XANTUNG. On pourroit l'appeller une grande Isle, car du côté du Nord, du Levant & du Midi elle est environnée par la Mer, & du côté du Couchant par des fleuves de telle sorte qu'on peut en faire le tour par eau. Elle a au Nord le Pekeli & le Golphe de ÇANG; à l'Orient elle a la Mer; le fleuve CI la coupe par le milieu, elle a au Midi la Mer & la Province de Nanking dont le Fleuve Jaune la separe. Ses autres bornes sont la Riviere de Jun dont le Canal est artificiel, & celle de Guei dont le lit est naturel. La quantité de Rivieres, de Ruisseaux & de Lacs rend cette Province très-fertile pour tous les besoins de la vie, non seulement en bled, & en riz; mais aussi en millet, en orge & autres grains, en féves, faseoles, & en toutes sortes de fruits. La seule incommodité que l'on y craint ce sont les Secheresses, & les Sauterelles. Cependant elle a tant de belles campagnes qu'en une bonne année on y fait une moisson, qui suffiroit pour nourrir dix ans les habitans, & même pour secourir leurs voisins. On y a les poules & les œufs presque pour rien. Les chapons s'y donnent presque à aussi bon prix; & ce qui ne se pratique gueres ailleurs, les plus gros, & les plus gras coutent moins que ceux qui sont encore petits. Il n'y a point d'endroit où les faisans, les perdrix, les cailles & les liévres se donnent à si bon marché, parce qu'il n'y en a point où les Chinois soient aussi grands chasseurs que ceux de cette Province. Il s'y trouve des Loups, qui font de grands dégats dans le pays. La Mer, les Rivieres & les Lacs fournissent tant de poisson que pour la valeur d'un liard on peut en avoir dix livres. Une chose assez rare ailleurs, & qui marque combien la nature a été bienfaisante envers cette Province, c'est qu'on y trouve la soye sur les arbres & dans les campagnes. Ce ne sont pas des vers tels que ceux que l'on nourrit exprès dans les Maisons, qui la donnent; mais ce sont des vers qui ressemblent assez à des chenilles. Elle n'est pas en pelotton ni en coque; mais étendue en longs filets blancs sur les buissons & les arbrisseaux; lorsque le vent vient à l'agiter on l'amasse, & on en fait des étoffes, qui n'ont pas la finesse de celles qu'on fait avec la veritable soye; mais elles sont de meilleur user.

Cette contrée produit aussi toutes sortes d'excellentes poires, des chataignes, des noix, & surtout une telle abondance de prunes que l'on fait sécher, & qu'on envoye dans les autres Provinces. Ils ont une sorte de fruit qu'ils font secher, comme nous sechons nos figues, on l'appelle Sucu; quoi qu'il s'en trouve encore ailleurs, néanmoins il n'y en a point en si grande quantité que là. On le garde toute l'année, & les Marchands en font Commerce dans toute la Chine. Ce fruit est un peu plus gros que nos pommes, rond, & rouge, les pepins sont plats, & ronds de la grandeur d'un Liard, envelopez tous dans une écorce aussi dure que s'ils étoient de bois. Ils ne sont pas au milieu du fruit; mais entre la poulpe, & la superficie, ni couchez de plat, mais placez verticalement. Le nombre n'en est pas reglé, quelquefois il y en a dix, quelquefois cinq, plus ou moins selon la grosseur du fruit. Il y en a même qui n'en ont point, toute la chair est rouge, & quand ce fruit est mûr, il s'amollit comme les cormes & est d'un goût exquis. Il s'y forme une espéce de croute séche de miel & de sucre, & on croit manger des écorces d'oranges confites. Il y en a aussi qui ont une écorce verte, qui ne s'amollissent point en meurissant; mais il faut les peler & les couper avec le Couteau, comme nous faisons nos pommes. Du reste cette espece ne differe point de l'autre, qui est rouge & vermeille. Ce fruit qui ne se trouve peut-être qu'à la Chine vient sur un arbre de mediocre grandeur, & ne demande aucun soin.

Selon les Regiſtres de la Chine cette Province contient 770555. familles ; faiſant 6759675. hommes. Ils paſſent pour les plus ſtupides de toute la Nation Chinoiſe, & il y en a peu qui parviennent au rang des Lettrez: en échange ils ſupportent patiemment le travail & le froid ; ils ſont robuſtes & hardis. On voit de petits garçons jouer tout nuds en plein hyver, & s'arroſer d'eau froide en badinant. Auſſi dit-on qu'on les lave dès qu'ils naiſſent. Ce caractere de hardieſſe & ce temperament infatigable, ſont cauſe que cette Province eſt la patrie d'un grand nombre de voleurs. Auſſi les a-t-on vû ſouvent s'attrouper, donner bien de l'embaras aux Gouverneurs, & ſe faire craindre aux Empereurs mêmes. Il y en a eu tant parmi eux qui ſe ſont rendus ſi célébres qu'on en a formé un jeu de Cartes. Car les Chinois ont cette ſorte de jeu auſſi bien que nous ; mais au lieu des Rois, des Dames, & des Valets, on a mis autant de têtes de fameux brigands avec leurs noms, afin que tout en jouant ces habitans de Channton, qui n'ont que trop de diſpoſition à les imiter, apprennent la funeſte fin de ces malheureux, & craignent de s'en attirer une pareille. Cette Province ſouffrit beaucoup vers le milieu du dernier ſiécle durant la guerre des Tartares. Comme elle embraſſa ſucceſſivement divers partis, elle fut preſque entierement ravagée par les vainqueurs, & perdit grand nombre de ſes habitans. Il y a cinq Villes Metropolitaines dont voici les noms & les poſitions, ſelon l'Atlas Chinois. L'O ſignifie plus Oriental que Pekin d'où ſe prennent les longitudes, & le P. plus Occidental que cette même Ville.

Noms	Longitude		Latitude		
I. *Ville Metropolitaine.*	deg.	min.	deg.	min.	
Cinan	0	30	37	0	o
Chankieu	0	45	37	10	o
Ceuping	0	54	36	50	o
Changxan	1	4	37	8	o
Sinching	1	16	37	10	o
Ciho	0	30	37	20	o
Citung	0	58	37	15	o
Ciyang	0	45	37	20	o
Chichuen	1	0	37	0	o
Iuching	0	10	37	19	o
Linye	0	36	37	35	o
Changcing	0	13	36	56	o
Fiching	0	12	36	46	o
Cingching	1	12	37	30	o
Ling	0	26	37	46	p.
T'aigan ☉	0	43	36	36	o
Sintai	1	15	36	19	o
Laiuú	1	2	36	35	o
Te ☉	0	34	37	42	p.
Tep'ing	0	20	37	50	o
Pingyven	0	0	37	28	
Vuting ☉	1	0	37	44	o
Yangſin	1	12	37	50	o
Haifung	1	7	37	57	o
Loling	0	46	37	50	o

Noms	Longitude		Latitude		
Xangho	0	53	37	33	o
Pin ☉	1	22	37	40	o
Licin	1	30	37	45	o
Chenhoa	1	23	37	51	o
P'uta'i	1	30	37	32	o
II. *Ville.*					
Yencheu	0	15	36	18	o
Kioheu	0	14	36	8	o
Ningyang	0	16	36	30	o
Ceu	0	13	36	0	o
T'eng	0	36	35	46	o
Ye	1	2	35	33	o
Kinhiang	0	18	35	58	p.
Yut'ai	0	0	35	50	—
Tan	0	45	35	38	p.
Chinguii	0	55	35	56	p.
çao ☉	1	34	36	2	p.
Cao	1	32	35	40	p.
Tingt'ao	1	20	35	50	p.
Cining ☉	0	0	36	5	—
Kiaciang	0	40	36	14	p.
Kiuye	0	26	36	5	p.
Kiunching	0	59	36	24	p.
Tungp'ing ☉	0	5	36	34	p.
Venxang	0	10	36	20	p.
Tungo	0	12	36	45	p.
P'ingyn	0	25	36	25	o
Iangco	0	46	36	40	p.
Xeuchang	0	34	36	40	p.
Y ☉	1	22	35	28	o
T'anching	1	35	35	14	o
Fi	1	0	35	48	o
Suxui	0	40	36	0	o
III *Ville.*					
Tungehang	0	52	37	3	p.
Tangye	1	8	37	6	p.
Pop'ing	0	16	37	5	p.
Choangp'ing	0	18	36	56	p.
Kieu	1	16	37	18	p.
Sin	1	6	36	44	p.
C'ingpr'ing	0	40	37	10	—
Keu	1	34	36	54	p.
Lincing ☉	1	52	37	26	p.
Quontao	1	33	37	10	p.
Caotang ☉	0	0	37	13	p.
Gen	0	33	37	28	p.
Hiacin	0	21	37	14	p.
Vuching	0	41	37	35	p.
Po ☉	1	24	36	28	p.
Fan	1	8	36	26	p.
Quonching	1	37	36	34	p.
Chaoching	1	26	36	44	p.
IV. *Ville.*					
Cincheu	1	30	36	36	o
Linchi	1	20	36	56	o
Pohing	1	32	37	10	o
Caoyven	1	30	37	22	o
Logan	1	43	37	14	o
Xeuquang	2	0	37	4	o
Changlo	1	44	37	3	o
Linkiu	1	43	36	47	o
Gankieu	1	48	36	23	o

Chu-

Noms	Longitude		Latitude	
Chuching	1	59	36	3	0
Mungyn	1	27	36	3	0
Kiu ☉	1	39	35	54	0
Yxui	1	40	36	14	0
Gechao	2	4	35	45	0
V. Ville.					
Tengcheu	3	26	37	20	0
Hoang	4	0	37	3	0
Foxan	4	12	36	56	0
Leuhia	4	7	36	40	0
Chaoyven	3	32	36	6	0
Laiyang	3	40	36	50	0
Ninghai ☉	4	40	37	4	0
Venteng	4	51	36	57	0
VI Ville.					
Laicheu	3	9	36	57	0
Pingtu ☉	2	58	36	26	0
Vi	2	6	36	50	0
Changye	2	30	36	56	0
Kiao ☉	2	2	35	46	0
Caomie	2	23	36	27	0
Ciéme	3	13	36	21	0
Forteresses.					
Ningc'ing	4	55	36	18	0
C'ingai	5	10	36	20	0
Chingxan	5	21	36	55	0
Gueihai	5	0	37	11	0
Sanxan	3	25	36	6	0
Kixan	4	27	37	13	0
Divenxan	5	8	35	54	0
Mauan	3	14	36	2	0
Syaoye	5	20	37	7	0
Haiçang	2	57	36	57	0
Punglai	3	50	37	10	0
Chin	4	4	37	25	0
Xechin	3	45	37	24	0
Haiuon	1	56	37	50	0
Siaoching	1	54	37	35	0

Le Tribut que paye cette Province consiste en 2812119. facs tant de bled que de riz & de millet; 549901 piéces de foye; 52449. livres de Coton; 382429. bottes de paille ou de foin pour les Ecuries du Roi, sans le produit des Douanes. Il y en a trois bureaux sur la Riviere de Jun par laquelle toutes les barques se rendent à Peking; & quoi que le droit qui se leve soit fort modique tant de gens le payent, que cela monte jusqu'à dix millions, comme le P. Martini temoigne l'avoir appris des Douaniers mêmes, pour ne rien dire de ce que ces gens-là savent s'approprier.

La Riviere de Jun contribue beaucoup aux richesses de cette Province. Son lit est un Canal artificiel par lequel on voiture toutes les marchandises de presque tout l'Empire à la Capitale. Ce Canal commence au Nord de Socien Ville située au bord du fleuve jaune; d'où les barques de quelque côté qu'elles viennent sont conduites sur le Jun. Ce Canal s'étend presque jusqu'à Cining, ensuite la Ri-

Tom. II.

viere s'avance jusqu'à la Ville de Lincing auprès de laquelle elle se perd dans le Guci. Comme en quelques endroits de ce Canal il n'y auroit point assez d'eau pour les grandes barques, il y a plus de vingt éclufes revêtues de pierre de taille & solidement bâties. On y a laissé une porte par où peuvent passer les plus grandes barques, & qui étant fermée avec de fortes planches retient les eaux; on les peut lever facilement par le moyen d'une roue pour donner passage à l'eau & aux barques, jusqu'à ce qu'elles soient à l'autre bout de l'écluse qu'elles passent de la même maniere & ainsi d'écluse en écluse. Mais avant que d'arriver à Cining, on peut faire sortir du Lac Cang autant d'eau que l'on souhaite par le moyen d'une très-grande écluse & de peur qu'il ne s'en écoule trop & qu'il ne demeure à sec, on a soin d'arrêter l'eau à propos. Car le niveau du Lac est beaucoup plus haut que le pays voisin; c'est pourquoi dans un fort petit espace il y a huit écluses, nommées *Tungpa* parce qu'elles soutiennent le poids de l'eau, qui ne cherche qu'à sortir du Lac. C'est aussi pour cela qu'afin que quand les barques font arrivées à ce Lac, elles ne soient pas obligées de le traverser, on a ménagé à côté du Lac un Canal bordé de digues de chaque côté par lequel toutes ces barques passent commodément. Le P. Martini croit que si ceux qui travaillent en Europe à la conduite des eaux, voyoient cet ouvrage, sa longueur, l'épaisseur & la hauteur des Ecluses revêtues de pierre de Tailles, ils jugeroient que l'industrie Chinoise n'est pas indigne de leur admiration, & qu'on auroit peine à trouver une Nation chez laquelle on ait exécuté de tels travaux. Le Canal de Languedoc pour la communication des deux Mers a été fait long-temps après la publication de l'Atlas Chinois, & ce prodige executé sous les auspices de Louïs le Grand met la France hors du danger de ne pas égaler la Chine à cet égard; il est vrai que la Chine conserve l'honneur de l'invention. Suivant le P. Martini, à chaque Ecluse il y a des gens entretenus par le public pour tirer les barques jusqu'à ce qu'elles aient passé.

CHANONRY[a], Ville de l'Ecosse Meridionale au Comté de Ross, sur une pointe qui resserre extrêmement le Golphe de Murray; entre Rosmar & Invernesse, qui est au Midi Occidental du Golphe. Mr. Baudrand y fait resider un Evêque de Ross, faute de se souvenir que l'Episcopat est détruit en Ecosse depuis très-long temps. [a] *Allard Atlas.*

CHANQUE[b], Isle de l'Océan Oriental sur les côtes de la Chine dans la Province de Tchekian à 29. d. 15'. de latitude. Le P. Martini écrit ce nom avec un G. CHANGQUE. [b] *Atlas Sinicus.*

CHANSI. Voiez CHANNSI.

CHANTABOUN, Ville Maritime d'Asie, sur la côte Orientale de la Baye de Casfomet, sur une Riviere appellée aussi de même que la Ville qu'elle arrose. Le nom de la Riviere & de la Ville se trouve écrit CHANTABOUN, CHANTEBON, & CHANTEBOUNNE. Le premier est employé par le P. de Fontenay que je citerai ci-après; le second par Mrs.

Mrs. de la Loubere & de l'Isle, & le troisiéme par Mr. Gervaise. Ce dernier[a] parle ainsi de la Riviere qu'il compte comme la troisiéme entre les principales du Royaume. Elle n'est pas, dit-il, si grande que la premiere, (qui passe à la capitale;) mais elle peut porter plus aisément de grands vaisseaux. Elle a son embouchûre à l'Orient du grand Golphe à huit degrez, quelques minutes de latitude Septentrionale. Quoi qu'on trouve à l'entrée un grand Banc de Vase, néanmoins on y a toûjours quatorze ou quinze pieds d'eau. Voilà pour la Riviere, voici pour la Ville. Quoique les Villes qui sont dans la partie Meridionale (du Royaume de Siam) ne soient pas tout à fait si considerables ; elles ne laissent pas pourtant d'avoir leurs beautez particulieres. Chanteboune est sans contredit la plus belle. Elle est autant bien fortifiée qu'elle le peut être pour le Pays. Châou Meüanghâng surnommé le Roi noir . . . . l'a fondé sur les bords de la Riviere à qui elle a donné son nom. Elle est frontiere de Camboye, & ne se trouve éloignée de la Mer que d'une grande journée de chemin. Le Pere de Fontenay nous donne une idée moins avantageuse de cette Ville dans une Lettre au P. Verjus inserée par le P. Tachard dans le second Voyage des PP. Jesuites[b] à Siam. Il remonta la Riviere. Elle est large, dit-il[c], & environnée d'arbres; mais elle a peu de profondeur. On voit quantité de ruisseaux qui s'y rendent du milieu des bois, & qui viennent des Montagnes voisines. La Ville est située au pied d'une de ces grandes Montagnes, qui sont une longue chaine du Septentrion au Midi, & qui separent le Royaume de Siam de celui de Camboye. Chantaboun est sur une hauteur au milieu des bois : du côté que nous y entrâmes il paroissoit enfermé d'une enceinte de vieilles planches plus propres à défendre les habitans des bêtes sauvages qu'à les assurer contre les ennemis : ayant marché plus d'un quart d'heure, & presque toûjours dans l'herbe jusqu'aux genoux nous arrivâmes enfin à la Maison du Gouverneur . . . Elle[d] étoit bâtie de simples Bambous sans aucun ornement . . . [e] la sale du Conseil consistoit dans une couverture de Roseaux, soutenue par des piliers de bois aux quatre coins & au milieu. Le plancher étoit élevé d'environ cinq pieds au dessus de la platte terre, & l'on y montoit sans autre façon par une piéce de bois toute ronde & un peu inclinée.

§. Mr. Corneille attribue au Pere Tachard lui-même ce Voyage de Chantaboun, faute d'avoir regardé à la page 150. où il auroit vû que c'est le P. de Fontenai, qui écrit ce qui lui est arrivé après son embarquement de Siam pour la Chine.

CHANTEL LE CHATEL ou CHANTEL LE CHATEAU, on dit aussi simplement CHANTELLE, petite Ville de France dans le Bourbonnois Election de Gannat sur le bord Meridional de la Riviere de Bouble, qui se jettant dans la Sioule au dessus de St. Pourçain va se perdre dans l'Allier. Elle avoit un Château qui fut rasé après que le Connétable de Bourbon eût quité la France pour se donner à Charles V. Les Ducs de Bourbon y séjour-

[a] Hist. nat. & polit. du R. de Siam part. 1. c. 2. p. 12.

[b] p. 150. Ed. Paris in 4º.
[c] p. 164.

[d] p. 169.
[e] p. 185.

noient souvent ; mais depuis ce temps-là cette Ville est fort déchue ; & elle n'a gueres que deux cens habitans.

CHANTE-MERLE[f], autrefois Abbaye de France au Diocèse de Troyes, de l'Ordre de S. Augustin. Les Religieux en ont été transferez à l'Abbaye de S. Loup de Troyes en 1690. & le Monastere supprimé. Cette Abbaye avoit été fondée par Henri I. du nom, Comte de Champagne en 1180. qui étant alors dangereusement malade, la fonda pour obtenir le pardon de ses vexations, levées de tailles, & subsides, &c. C'est ainsi que ce pieux Prince s'explique dans la Chartre de cette fondation ; il mourut peu de temps après regretté de tous ses Sujets. Pierre le venerable Abbé de Cluny parle de ce Prince avec beaucoup d'éloges.

[f] Baugier Mem. Hist. de la Champagne T. 2. p. 213.

CHANTERSIER, Bourg de France en Provence au Diocèse de Digne. Il est remarquable pour avoir été la patrie de Pierre Gassendi, qui y naquit l'an 1592. & mourut à Paris le 24. Octobre 1655. il s'attacha beaucoup à l'Astronomie sur laquelle il a donné des ouvrages très-estimez. Il renouvella pour la Philosophie le Systéme d'Epicure. La pureté de ses mœurs, & la sainteté de son état, car il étoit Prêtre, & d'une vie édifiante, lui ont une Apologie de l'Epicureïsme. On a un cours entier de sa Philosophie en François redigé par Bernier Medecin & grand Voyageur. Toutes les Œuvres de Gassendi ont été recueillies en corps d'ouvrages, elles concernent les Mathematiques & la Philosophie. On lui a aussi l'obligation d'avoir écrit les Vies de plusieurs Savans illustres tels que le fameux Peiresc, Copernic, Ticho Brahé, &c.

CHANTILLY[g], Bourg de l'Isle de France, situé sur la petite Riviere de Nonete, à une grande lieuë de Senlis, & à sept de Paris. On y voit une Maison magnifique qui appartient à M. le Duc de Bourbon Condé. Il n'y a rien qui égale la Forêt de Chantilly pour le plaisir de la chasse. Il y a un lieu nommé la Table qu'on dit être justement au milieu de cette Forêt, & dont la figure est ronde. Ce lieu-là a vingt-trois toises de diametre, & est partagé en douze routes, qui ont pour centre le point du milieu de cette Place. Elles sont toutes bordées de Charmille, & ont chacune cinq toises de large, & environ une lieuë de long. Au bout de l'une des grandes routes, on trouve une grande demi-Lune, par laquelle on entre dans une avantcour, située en l'Etang appellé l'*Etang de Sylvie*, & le grand Fort du Château, & par consequent toute entourée d'eau. On voit deux Pavillons à droite & à gauche du Pont levis. Cette demi-lune aboutit à un fer à cheval par lequel on monte en front sur une grande terrasse, au milieu de laquelle est une Statuë Equestre de bronze, du dernier Connétable de Montmorency. Cette Statuë se trouve vis-à-vis de l'entrée du grand Château. C'est un édifice fort-ancien & très-irregulier, assis sur une roche au milieu de plusieurs grosses sources, qui forment un grand fossé. Plusieurs grosses tours ne laissent pas de le rendre très-agréable à la vûë. M. le Prince a fait travailler depuis l'an 1688. à rendre le dedans de la

[g] De Visé Fêtes de Chantilli.

la cour plus regulier, & à donner une face toute nouvelle au dehors. A côté gauche du fer à cheval, eſt un grand logement détaché du Château, dont le rez de chauſſée eſt à fleur d'eau du grand foſſé. Ce ſecond Château a-voit autrefois été bâti par M. de Montmorency, & on l'appelloit la Capitainerie. M. le Prince en avoit fait accommoder le dedans un an avant qu'il mourût, & il y avoit ajoûté beaucoup de commoditez. Les ornemens du dehors ſont des pilaſtres d'ordre Corinthien. Ils compoſent la porte d'entrée de la cour & la façade du côté d'un petit parterre. Tout le retour eſt ſoûtenu d'un grand balcon, en maniere de fauſſe braye. Le logement d'en bas du petit Château eſt compoſé de deux appartemens dont la ſalle eſt commune à l'un & à l'autre. Cette ſale eſt embellie de tableaux, qui repreſentent les plus belles Maiſons des environs de Paris. Toutes les piéces des deux appartemens auxquels elle ſert, ſont ornées d'autres Tableaux, repreſentant diverſes fables de l'antiquité; enſorte qu'une des chambres fait voir l'Hiſtoire de Venus, une autre celle de Diane, une autre celle de Flore, une autre celle de Bacchus, & une autre celle de Momus. Toutes ces chambres, qui ſont percées en enfilade, regnent le long du balcon en fauſſe braye, & aboutiſſent à un grand ſalon en retour. Tout cet eſpace eſt rempli de diverſes Tables curieuſes, dont les unes ſont rares par leur travail, & les autres par leur matiere; de buſtes avec leurs gaines & leurs ſcabellons, & de meubles très-ſinguliers. De ce logement, lorſqu'on a paſſé par un veſtibule, qui eſt ouvert par deux grandes arcades du côté de la cour & du petit parterre, on monte dans l'appartement qui eſt au deſſus, & qui ſe trouve ſitué de plein pied au rez de chauſſée de la cour du grand Château, auquel il eſt joint par un pont qui traverſe le grand foſſé. Ce foſſé eſt rempli par un très-grand nombre des plus belles, & des plus groſſes carpes que l'on puiſſe voir. Cet appartement eſt compoſé d'un ſalon, d'où l'on entre dans une grande antichambre, après laquelle il y a une grande chambre, pluſieurs garderobes, & un grand cabinet, dont la vûë donne d'un côté ſur le jardin, & de l'autre ſur une grande pélouſe, dont la forêt eſt bordée. Après ce cabinet on en trouve deux autres de moindre grandeur dans le retour. L'un donne entrée dans une galerie, qui eſt percée de ſix grandes croiſées du côté de la forêt. Vis-à-vis de ces croiſées il y a de grands miroirs de glace, dont les bordures ſont d'un travail tout particulier. Ces miroirs repreſentent la grande pélouſe dont on a parlé, & une partie de la forêt. Au deſſous de ces glaces ſont des tables de differentes ſortes de marbres, des plus beaux & des plus précieux. Ces tables ſont montées ſur des pieds d'une ſculpture dorée, & il y en a de pluſieurs manieres. On voit au bout de cette galerie un Portrait de M. le Prince, fait par le vieux Juſte, du temps de la bataille de Rocroy. Ce Prince eſt en pied. Ses armes qui ſont à ſes pieds occupent une partie du chemin & du lointain. On y voit d'un côté l'ordre de cette bataille & de l'autre le combat. Ce tableau eſt dans une bordure auſſi magnifique que bien travaillée; & M. le Prince ſon fils en a fait mettre d'autres dans chaque trumeau entre les croiſées & les glaces. Chacun de ces tableaux repreſente par l'ordre des temps une campagne de feu M. le Prince, ſon pere. La principale action de la campagne ſoit ſiége ou bataille, eſt peinte en grand & occupe le milieu du tableau. Les autres actions de cette même campagne ſont peintes en petit tout à l'entour dans divers Cartouches. Ce que les jardins offrent à la vûë de ceux qui ſont dans les appartemens, eſt d'une grande beauté. En arrivant ſur la terraſſe, où eſt la figure du Connétable de Montmorency, on découvre un grand Eſcalier, au bas duquel eſt un grand rondeau, & au milieu de ce rondeau, une gerbe de pluſieurs tuyaux. Au delà du même rondeau on voit un parterre preparé en deux parties par la croiſée du grand Canal. Il y a cinq grandes piéces d'eau dans l'une & dans l'autre, & chacune de ces piéces a un gros jet d'eau. Ces deux parties ſont ſoûtenuës d'une grande allée d'ormes en terraſſe; avec des ifs & des *Picea* entre deux. Au delà du grand Canal eſt un demi-rond qui ferme la croiſée, & dont il s'éleve inſenſiblement juſques au haut de la côte une eſpece de fer à cheval, qu'on appelle le *Vertugadin*. Il eſt compoſé d'un grand glacis de gazon, d'une grande allée, fermée du côté du glacis par des pierres taillées en *pyramide ronde*; & de l'autre par des ormes, & une paliſſade entre deux. Cette allée eſt jointe par les deux bouts aux deux grandes allées qui regnent tout le long du grand Canal. Le point de vûë eſt terminé de ce côté-là par le commencement des allées du grand parterre; & de l'autre par une route particuliere au travers de la forêt, qu'on appelle la *route du Connêtable*. Elle eſt plus large que toutes les autres.

Le Château eſt à la droite; & à la gauche eſt un petit Parc, qui quoi qu'aſſez grand, ne ſauroit être nommé que petit, ſi on le compare à l'autre, qui a plus de cinq mille arpens.

Après qu'on a traverſé le petit parterre & paſſé un grand foſſé ſur un pont de bois, on trouve à la gauche un grand parterre, enfermé d'un côté du foſſé & de l'orangerie, & de l'autre d'une galerie & d'un Canal. Ce parterre eſt entouré d'orangers parfaitement beaux. On y voit cinq piéces d'eau avec leurs jets. Celle du milieu a pour pied une Hydre, dont chaque tête vomit une ſurprenante quantité d'eau. On y voit auſſi la fontaine des grenouilles. Elle eſt ſituée dans un triangle au deſſus de la terraſſe du grand foſſé du Château, entre cette terraſſe, le grand Canal du Dragon & le petit bois de Chantilly, qui eſt à côté du parterre de l'orangerie, le Dragon eſt une maniere d'animal marin, qui paroît ſortir de deſſous la terraſſe du foſſé. Il vomit l'eau de la décharge de ſon foſſé dans une coquille, d'où elle retombe en un canal, qui eſt le long d'un des côtez de la piéce où eſt la Fontaine des Grenouilles. On deſcend dans le parterre par un eſcalier de quatre ou cinq grandes marches, aux deux côtez duquel ſont des napes d'eau perpetuelles, grandes, belles & bien fournies, qui tombent dans de grands baſ-

baſſins quarrez, avec des bouillons & des bruits d'eau. Dans ce même parterre font quatre grands *Picea*, dont le moindre a plus de ſoixante pieds de haut. Du côté du Canal l'allée eſt garnie de platanes, & on y en voit un qui a plus de cent cinquante ans. Cet arbre eſt fort rare en France. Ses feuilles font à peu près comme celles de la vigne, & il ſe dépouille tous les ans de ſon écorce. De ce parterre on entre dans une Iſle par un grand portique de treillage. A côté de cette Iſle on en voit une autre plus petite. Elles font partagées par trois canaux. La grande eſt ornée de pluſieurs allées, de grandes paliſſades, de deux groſſes fontaines enfermées dans des portiques, & de pluſieurs ornemens de treillages, d'un deſſein très-beau, & d'une fort grande propreté. L'extremité de l'Iſle eſt revêtuë de pierre de taille, on y voit douze jets d'eau qui ſortent d'autant de baſſins, au deſſous deſquels eſt une caſcade de toute la largeur de la pointe de l'Iſle, & des deux canaux. On trouve dans la petite Iſle, des Allées de grands Aunes, de paliſſades, un treillage en demi rond, & une fontaine dans le milieu. Deux Dragons de bronze ſemblent ſe combattre. Il y en a un renverſé qui pouſſe un grand jet d'eau, & l'autre en dégorge en abondance ſur ce premier. Vis-à-vis de cette fontaine, & à la pointe de la même Iſle, il y a un appartement de treillage, compoſé de quatre piéces; il eſt très-bien entendu & d'un travail délicat. Ces quatre piéces ſe trouvent ſur un terrain, qui a en face la vûë du Canal, la prairie à droite, & des jardins à gauche. Le grand Parc eſt d'une beauté merveilleuſe. On y voit des côteaux, des plaines, & des bois, diſpoſez par la nature même, d'eſpace en eſpace, pour ſervir de retraite à toute ſorte de gibier, dont il eſt rempli, & pour offrir d'agréables lieux de rafraîchiſſement à ceux qui y prennent le plaiſir de la promenade. Ces bois ſont coupez par des routes differentes qui ſe croiſent. D'un côté où le terrain s'élève en côteau, on y voit comme dans une eſpece de valon, les canaux, les prairies qui les bordent, les caſcades, les petits bois dont elles ſont ornées, avec les Iſles dont on a parlé, ce qui fait une vûë toute charmante. De l'autre côté on découvre comme dans des enfoncemens, des Maiſons ruſtiques, qui paroiſſent au travers des branches, des arbres, des Villages, qu'il ſemble qu'on n'ait laiſſé là dans une maniere de lointain, que pour faire des païſages plus beaux que ceux que le pinceau peut former. On y trouve une Ménagerie, dont la principale allée donne ſur une des grandes allées, qui bordent le grand Canal, & qui d'un autre côté ſort dans les plaines du Parc. Cette Menagerie eſt très-magnifique. Outre un fort agréable appartement, dont la ſimplicité dans les meubles plaît infiniment, la diſtribution d'un fort grand nombre d'endroits propres à ſerrer tout ce qu'une Ménagerie abondante peut fournir de mets délicieux, fait un agrément qu'il eſt difficile d'exprimer. On y voit un grand Salon orné de peintures, qui repreſentent l'Hiſtoire d'Iſis; & ce Salon eſt tourné de maniere qu'il ſemble que ce ſoit plûtôt le Temple d'Iſis qu'un bâtiment ordinaire. Beaucoup de terraſſes & de jardins champêtres font l'ornement de cette Maiſon, dont une des cours eſt bordée de huit ou dix pavillons, ſeparez les uns des autres, deſtinez à loger les animaux rares que l'on fait venir des Pays Etrangers. Une autre cour a dans le milieu une fontaine toute de ſources vives, qu'on y voit ſourdre & bouillonner, parmi des rocailles qui paroiſſent naturelles. On appelle cette Fontaine la *Fontaine de Narciſſe*, à cauſe que ce Berger amoureux de lui-même y paroît au milieu, ſe regardant avec tranſport, & tendant les bras à ſa figure qu'on a le plaiſir de voir dans l'eau, tant cette eau eſt claire.

Quand on veut aller dans la partie du jardin qui eſt du côté du Village de Chantilly, on y entre par une grand' porte, qui eſt au milieu de la galerie des Cerfs. Cette galerie s'appelle ainſi, à cauſe de beaucoup de figures de Cerfs au naturel dont elle eſt ornée. Les Cerfs portent tous au cou l'écuſſon des armes de Meſſieurs de Montmorency, & des Maiſons avec leſquelles ils ont fait des alliances. La galerie eſt ouverte en arcade ſur le parterre des orangers, ayant au pied de ſon mur un petit ruiſſeau d'eau vive, qui coule ſur un beau ſable. De l'autre côté entre les figures des cerfs qui y ſont, elle eſt ornée d'une belle peinture à freſque, qui repreſente l'avanture de Pſyché. Cette peinture, quoi qu'un peu endomagée par le temps, ne laiſſe pas d'être encore d'une beauté qui doit attacher les connoiſſeurs. Cette galerie aboutit d'un côté à un grand Pavillon nommé le Pavillon des Etuves, à cauſe qu'il y en avoit autrefois. Ce Pavillon eſt compoſé de deux grands Salons, dont l'un eſt accompagné de cabinets. On trouve un billard dans le premier, & il y a des lits de repos dans l'autre. Un de ces Salons eſt ouvert par une grande porte ſur une des petites Iſles, & il n'en eſt ſeparé que par un Canal que l'on paſſe ſur un Pont. En face de cette porte dans l'Iſle, eſt un grand rond de treillage, qui forme une eſpece de Salon découvert, au milieu duquel eſt une fontaine avec un jet d'eau très-gros. Par l'autre bout cette galerie conduit à l'un des Pavillons de l'Orangerie, compoſé auſſi de deux Salons. Après que l'on a paſſé par une grande allée de *Picea*, avec des ſapins entre deux, on voit à la gauche ſur une hauteur ornée d'un bois vert, une caſcade d'une grande piéce d'eau avec trois gros jets, dix levées, & autant de baſſins à chandeliers. Il y a dans la face de la caſcade cinq grands maſques de bronze, qui vomiſſent une fort grande quantité d'eau, laquelle tombant ſur autant de coquilles à trois rangs, forme autant de napes d'eau. Au bas de la caſcade eſt un grand baſſin qui reçoit toutes ces eaux, d'où ſortent pluſieurs Lances. L'Architecture de cette caſcade eſt fort correcte, & conſiſte en pluſieurs piedeſtaux. On y monte par deux allées en rampes, qui forment des glacis de gazon fort agréables. Ces rampes ſont ſoûtenuës d'un côté par des paliſſades d'ifs, & de l'autre par des ſapins & par des voûtes d'autres arbres verts. A la droite ſont de boulingrins, avec pluſieurs fontaines, & un petit canal qui regne le long de ces boulinlingrins, lesquels se terminent de même que la grande allée à une grosse fontaine, dont le bassin est enfoncé d'environ cinq pieds. Du milieu de ce bassin s'élève sur un piedestal à consoles un autre bassin, dont il sort un jet d'eau prodigieux par sa grosseur. Il y a une allée autour du grand bassin, & une banquette d'environ deux pieds de haut au dessus de l'allée, d'où sortent vingt pieds d'eau, qui forment un berceau si juste, qu'on a le plaisir de se promener dessous sans être mouillé. Le reste est un glacis de gazon. Le bas de cette fontaine s'ouvre en tenaille, & le haut qui est opposé à la prairie, est soûlevé d'une grande demi-lune, au dessous de laquelle est un bois vert, qui se termine dans une grande allée sur la hauteur. Cette allée passe le long des Fruitiers, & mene à la Faisanderie, dans laquelle on trouve une quantité surprenante de faisans & de perdrix qu'on y éleve avec de grands soins. Elle est composée de trois jardins en terrasse, d'un corps de logis de deux Pavillons, & de quatre grands jets d'eau dans un pareil nombre de bassins ; l'un dans la cour, & les trois autres dans chacun des trois jardins. Après la Faisanderie on trouve un grand jardin en terrasse, qui finit au dessus à un grand rond, d'où descend sur le Canal une grande allée, & ce qui la traverse va passer entre la tête & le corps de la grande cascade, & se termine au Pavillon de Manse. Toute cette partie s'appelle le Bois du Lude. Il y a plus de vingt allées differentes, dont la plûpart ont des bassins & de grands jets d'eau dans le centre où ces allées se coupent. Les arbres en sont parfaitement beaux, & les palissades sont unies. Les principales de ces allées menent par divers endroits à la grande cascade ; la tête en est soûlevée de même que les côtez, par des palissades & par des Ifs, avec du gason dans les differens paliers. Cette tête est composée d'un demi octogone d'Architecture, avec des Termes, des piedestaux, des bassins, des animaux de bronze, des coquilles & des rocailles. Il y a sur trois gradins de gazon, neuf bassins qui reçoivent l'eau de neuf grands vases. Au dessous des gradins sont encore d'autres bassins les uns sur les autres. Le premier degré est une gerbe d'eau, faite avec tant d'art, qu'on n'en a point encore vû une pareille. L'eau en paroît aussi blanche que la neige, & sa tête s'écarte si agréablement, que rien ne sauroit mieux representer des épics qui se détachent d'une veritable gerbe. Dans toute la circonference des bassins, qui sont au dessous de celui-là, sont des jets d'eau, qui avec les napes qui s'échappent des mêmes bassins, & l'eau de la gerbe font un très-bel effet en tombant. Au dessus de tout le pourtour de ce demi octogone, sont des Sapins taillez bien proprement, du milieu desquels comme de la goulette qui est au dessous, sortent plusieurs lances de même ; que du fond de son grand bassin ; & comme de tous les côtez on voit des jets & des chûtes d'eau, ce contraste est fort agréable aux yeux. Il y a dans le milieu de la grande allée de la cascade, un fort beau bassin octogone, du milieu & des quatre côtez duquel sortent cinq jets d'eau. Le corps de la cascade commence au bord de cette allée. Elle est toute remplie de gradins, de napes, de bouillon d'eau & de marches sur lesquelles & des deux côtez, l'eau se brise avec un très-doux murmure. Après avoir formé une nape de plus de cinquante pieds de tour, elle se va précipiter dans un gouffre d'où elle disparoît pour rentrer par dessous terre dans le Canal qui lui est opposé. Au bas de ce gouffre sont quatre bassins & un gros jet d'eau, qui avec un glacis de gazon en tenaille, forment le pied de cette belle cascade, après lequel on trouve au bout d'une allée un grand quarré long, orné tout à l'entour de doubles palissades entre les grands arbres, au pied desquels commence un double gradin de gazon, qui se termine en glacis de tous côtez. A l'entrée est un rondeau, du milieu duquel s'élève une des plus grosses fontaines qu'on ait jamais vûës. Le reste de l'espace est occupé par un quarré plus long que large, dans le milieu duquel s'élève un rocher de même figure. Quatre grands jets d'eau en arcades partent des quatre coins, & vingt-quatre jets d'eau de deux pouces de diametre forment le pied d'un autre grand jet d'eau, qui a du moins soixante pieds de hauteur, & qui tient le milieu de cette partie. De ce côté-là on entre dans un Canal de traverse, qui porte ses eaux au Pavillon de Manse. De ce Canal on découvre toute la prairie qui va jusqu'à la chaussée de Gouvieux, ainsi que deux grandes allées en terrasse, chacune enfermée de deux grands canaux, & la même prairie coupée dans le milieu par un cinquiéme Canal. Tous ces canaux & toutes ces terrasses ont au moins onze à douze cens toises de long. On vient delà dans une écluse à trois portes. Si-tôt qu'elles sont ouvertes, on voit comme une Mer qui auroit rompu ses digues, se précipiter à grands flots, qui roulent les uns sur les autres avec un bruit effroyable ; ensorte que l'eau s'éleve à la hauteur du grand Canal pour y faire entrer les batteaux. On a parlé du Pavillon de Manse, sans marquer que les eaux d'une source admirable y sont élevées à soixante & quinze pieds de hauteur, par une machine que fait mouvoir la Riviere. Ces eaux sont portées delà dans un grand reservoir, situé entre le jardin & la forêt, & entouré d'une fort large terrasse, & de quatre grandes allées. Il y a plus de cent trente mille muids d'eau dans ce reservoir.

Quant à la grande cascade on ne peut rien s'imaginer de plus beau. C'est une abondance d'eau prodigieuse, qui tombe par divers sauts sur des gradins à demi rond dans un grand bassin quarré, quatre fois plus large que le Canal. Cette eau se brise en tombant, & forme autant de petit rochers d'eau, qui tout blanchissant d'écume, font un effet admirable. Toute cette eau sort d'un grand bassin en rond, qui reçoit toute la Riviere de Chantilly, sans qu'on s'apperçoive par où elle entre, parce que tout autour de ce bassin, il y a des allées de grands arbres à double rang, & des palissades. Ces arbres & ces palissades cachent la vûë du Canal, qui par un Aqueduc soûterrain conduit dans ce bassin les eaux de cette Riviere.

La description de la belle Maison de Chantiltilly seroit imparfaite, si on n'y joignoit celle de la MAISON DE SYLVIE. C'est une espece de petit Château qui n'est composé que d'un appartement bas de quatre piéces, percé seulement en enfilade, & aboutissant d'un côté aux allées champêtres d'un grand Bois, qui est à côté de la grande terrasse, vis-à-vis du vieux Château. On appelle aussi ce Bois le BOIS DE SYLVIE. De l'autre côté cette Maison aboutit à un demi rond, qui est dans la grande Forêt. Un petit parterre, bordé de berceaux de Chévrefreuil regne tout le long de cette Maison. On dit que ce nom de Sylvie lui a été donné par le fameux Theophile, qui étoit attaché au service de Mrs. de Montmorency, & que lorsqu'il étoit à Chantilly, il passoit une partie de son temps, à faire des vers au bord d'une fontaine, toute simple & toute naturelle pour une Maîtresse qu'il avoit appellée Sylvie. On voit encore la fontaine auprès de cette Maison, & les petites murailles d'apui qui l'environnent, & qui en servent à des bancs de marbre que l'on voit tout à l'entour, sont encore ornées d'une infinité de vers que le même Theophile y a écrits.

Le Labirinthe est au milieu d'une partie de la Forêt, que M. le Prince a fait enclore. Dans cet espace, enfermé du côté de la grande chûte, on voit un fort beau jeu de Mail, & de longue Paume. Au deçà est un grand Manége, & à côté sont les jeux de l'Arquebuse & de l'Arbaléte, avec des Portiques d'Architecture, au milieu de quelques grandes allées. Le reste de la Forêt que ces jeux ne coupent point, est rempli de grandes routes, qui prennent leur commencement dans un demi rond, qui fait comme l'avantcour du Pavillon de Sylvie. Ces routes se séparent en plusieurs autres, ce qui fait une promenade des plus agréables. Telle est la situation du Labirinthe, qui est si plein de détours, qu'il est presque impossible de ne s'y pas égarer & d'en trouver le milieu. A l'entrée sont deux figures de marbre faites à Rome. L'une represente Thesée qui entre dans le Labirinthe, & l'autre Ariane qui lui presente le fil dont il se doit servir pour assurer son retour. Une figure de Minotaure faite aussi à Rome est au milieu; & comme selon la Fable, on devoit sacrifier tous les ans à ce Monstre neuf jeunes enfans d'Athenes, on trouve en plusieurs endroits dans des enfoncemens, qui sont le long des routes du Labirinthe, des figures de jeunes personnes affligées, & épouvantées du danger où elles sont. En d'autres enfoncemens pareils sont des bancs de marbre avec des Cartouches portez sur des piedestaux. Sur chacun de ces Cartouches on lit une Enigme en vers, qui peut occuper l'esprit agréablement, tandis que l'on se repose. Outre les figures d'enfans, on en trouve beaucoup d'autres. Elles representent des Amours & des petits jeux, qui paroissent insulter à ceux qui s'égarent. Les piedestaux & les scabellons qui portent tant les enfans que les Cartouches, sont faits de differens marbres. Le milieu du Labirinthe, qu'il est extrêmement difficile de trouver, à cause de la quantité de petites routes, represente une maniere de grande sale découverte. Son plan est quarré avec un enfoncement en rond sur chaque face.

Le grand escalier de Chantilly est estimé de bon goût tant pour sa beauté que pour sa grandeur. Ce sont deux façades que les paliers & les marches séparent en deux parties égales ornées de six colomnes accouplées de deux à deux. Du côté des marches sont deux grands arcs rampans, qui dans leur enfoncement forment chacun une grotte. Ces colomnes soûtiennent une Corniche d'ordre Dorique, & dans chacune des niches il y a une figure pedestre. L'une represente Acis & Galatée. Acis est dans l'attitude d'un Amant qui joûe de la flûte en regardant sa Maîtresse. Galatée est representée d'une maniere qui fait connoître combien elle a de plaisir à entendre le son que rend la flûte d'Acis. Alphée & Arethuse sont l'autre figure. Alphée est un jeune Fleuve qui devint amoureux de cette Nymphe en la voyant se baigner dans ses eaux, & il est dans l'attitude d'un Amant passionné que l'amour oblige à la poursuivre. Arethuse paroît comme une personne épouvantée, qui ayant été surprise par le Fleuve prend ses habits & s'enfuit en demandant secours à Diane. Dans chaque grotte ornée de rocailles de joncs marins, & de roseaux est une figure qui represente un Fleuve sur un grand vase renversé. Au pied de cette figure est un Dauphin qui porte un petit enfant. Sous les pieds de ces quatre figures sortent trois napes d'eau. Ces deux vases, & ces Dauphins en versent une grande quantité, qui étant reçuë dans une auge forme autant de grandes napes, qui tombent dans de grands bassins d'où sortent trois lances d'eau, & toutes ces eaux jointes ensemble se dégorgent en cascade dans le grand fossé. Ce sont des eaux de source qui coulent naturellement sans être élevées par aucune Machine, & qui étant reçuës dans les tuyaux sont aller ces fontaines jour & nuit.

CHANTOCE', petite Ville, Château & Baronie de France en Anjou près de la Loire à main droite de cette Riviere[a], un peu au dessus d'Ingrande. Ce lieu étoit autrefois si considerable que ses anciens Seigneurs portoient le titre de Princes de Chantocé. Il fut donné en appanage à Gilles de Bretagne premier du nom, troisiéme fils de Jean V. Duc de Bretagne, & depuis à Gilles de Bretagne II. du nom fils de Jean VI. Duc de Bretagne. Il appartenoit dans ces derniers temps au Marquis d'Avaugour.

[a] *Piganiol de la Force*, T. 6. p. 134.

CHANTOCEAUX, Ville de France en Bretagne, au Diocése de Nantes, sur une Montagne auprès de la Loire, à quatre lieues au dessus de Nantes. Son nom devroit être CHATEAU-CEAUS, & plusieurs le mettent dans l'Anjou, parce qu'il est sur la frontiere. Le Château fut rasé lorsqu'il fut pris par les Barons de Bretagne, qui l'assiégerent pour delivrer leur Duc Jean VI. que la Comtèsse de Penthiévre y retenoit prisonnier. Ce lieu appartient presentement au chef de la Maison de Bourbon-Condé.

CHANTOEN ou CHANTOIN[b], autrefois *Candedin*, en Latin *Cantobena*, Abbaye de filles, puis Paroisse & enfin Couvent de Carmes près de Clermont en Auvergne.

[b] *Baillet Topogr. des Saints* p. 574.

CHAN-

CHA.

CHANTON ou **XANTUNG.** Voiez **CHANNTON.**

CHANTONICE, contrée d'Asie dans la Carmanie selon Ptolomée[a], ou plutôt selon l'ancien Interprete Latin, car le Grec porte A-CANTHONITIS, Ἀκανθωνῖτις.

CHANZIT[b], defilé près de Melitene.

1. **CHAO**[c], Ville de la Chine dans le Pekeli, & la vingt-troisième du département de Chinting quatrième Metropole de cette Province. La latitude y est de 38. d. 20′.

2. **CHAO**[d], Ville de la Chine dans la Province de Junnan, & la seconde du département de Tali seconde Metropole de la même Province. La latitude est de 25. d. 46′. Près de cette Ville est le Mont FUNGY où l'on voit une grande hauteur de terres apportées; sous laquelle sont inhumez plus de deux cents mille hommes du Roi Nanchao, lesquels dans une bataille donnée contre les Chinois furent taillez en pièces sous la conduite de Tangsie-nyu. Après cette victoire les Etats de Nanchao furent subjuguez par la famille de Hana. Ces Etats comprenoient ce qui est au Midi du Gange.

CHAOCHEU[*], Ville de la Chine, dans la Province de Quanton où elle est la cinquième Metropole par les 23. d. 30′. de latitude. Son département est la partie la plus Orientale de la Province, & est separé de celle de Fokien par une longue chaine de hautes Montagnes. L'abondance des eaux le rend très-fertile ; mais il est herissé de roches en beaucoup d'endroits. Il comprend dix Villes qui sont

Chaocheu,	Tapu,
Chaoyang,	Hoeilai,
Kieyang,	Cinghai,
Chinghiang,	Puning,
Jaoping,	Pingyven.

Le flux de la Mer remonte jusqu'au pied des murailles, & à l'Orient est un magnifique pont large de cinq toises, long de cent quatre vingt, qu'on appelle le Pont CICHUEN, sous lequel coule la Riviere de Go. Il y a dans cette Ville deux pagodes considerables. Cette Ville a eu diferens noms. Sous le Roi Cyn elle s'appelloit YGAN ; Leang la nomma INGCHEU ; sous la famille de Teang elle fut nommée CHAOYANG ; mais celle de Taminga lui rendit le nom de Chaocheu qu'elle avoit eu autrefois. A l'Orient est un Lac nommé *Tung*, à l'Occident est un autre nommé *Si*; chacun d'environ dix stades (Chinois[e].) sont diversifiez de bois, de côteaux & d'édifices, qui forment le paysage le plus délicieux qu'on puisse voir. La Riviere de Go ou Co qui coule à l'Orient sous le Pont dont il a été parlé nourrit des Crocodiles qui attaquent les hommes.

1. **CHAOCHING**[f], Ville de la Chine, & la cinquiéme du département de Pingyang, seconde Metropole de la Province de Channsi par les 37. d. 27′. de latitude.

2. **CHAOCHING**[g], Ville de la Chine, dans la Province de Channton, & la dixhuitiéme du département de Tungchang, troisiéme Metropole de la Province. Sa latitude est de 36. d. 44′.

Tom. II.

CHA. 513

CHAOGAN[h], Ville de la Chine dans la Province de Fokien, & la huitiéme du département de Changcheu, troisiéme Metropole de cette Province. La latitude est de 24 d.

CHAOHOA[i], Ville de la Chine dans la Province de Soutchouen, & la sixième du département de Paoning, seconde Metropole de cette Province, la 33. d. 10′. de latitude.

1. **CHAOKING**[k], Ville de la Chine, dans la Province de Quanton où elle est la sixiéme Metropole, à 23. d. 30′. de latitude. C'est la residence d'un Viceroi qui gouverne deux Provinces, & c'est pour ainsi dire le rendez-vous d'une infinité de gens que les affaires y attirent, ce qui fait qu'elle est grande, magnifique & ornée d'Edifices tant publics que particuliers, qui meritent d'être vûs. Elle tire aussi de grands avantages du Fleuve Ta, qui se charge de beaucoup de Rivieres dans la Province de Quansi d'où il vient ; il coule au Midi de cette Ville. Hors la Ville à l'Orient est une Tour de neuf étages l'une de celles qu'a élevées la superstition de ce Peuple, qui la regarde comme un gage du bonheur public. Il y a aussi un Temple parfaitement beau, où est la Statue d'un Gouverneur qui gouvernant le pays durant six ans, s'acquit une estime universelle. La Nation Chinoise, si louable par la reconnoissance qu'elle a pour ceux qui contribuent à son bonheur, a le malheur de tomber dans un excès très-criminel. Non contente de conserver la memoire de ce Gouverneur avec les éloges qu'il a meritez elle rend un Culte solemnel à sa Statue. Entre la Ville & ce Temple on passe un fauxbourg rempli d'arbres, & de jardins très-agréables.

On trouve dans ce Canton beaucoup de Paons tant sauvages que privez. La Riviere nourrit une sorte de poisson que les Chinois appellent *la Vache*: il sort de l'eau, se bat contre les vaches domestiques, & frape de la corne ; mais s'il demeure longtemps hors de l'eau la corne se ramollit & devient flasque, ce qui l'oblige à se rejetter dans la Riviere, où elle reprend sa premiere dureté.

Le terroir produit des bois de senteur, comme du bois d'aigle & de celui que les Portugais appellent *Pao de Rosa*, dont ils font des cassettes, des armoires, des tables, des siéges, & autres ouvrages de cette nature. Il est d'un noir rougeâtre & veiné.

Au Nord de la Ville est une Montagne nommée TING, où est, dit-on, une pierre qui a deux cens toises de haut.

2. **CHAOKING**, Forteresse de la Chine dans la Province de Soutchouen par les 29. d. 34′. de latitude.

CHAONA. Voiez CHOANA.

CHAONES, habitans de la Chaonie. Voiez CHAONIE.

1. **CHAONIE**, Ville de la Syrie dans la Comagene, selon Ptolomée[l].

2. **CHAONIE**, contrée de l'Epire. Elle étoit bornée au Nord par l'Orestide[m], & partie par les Penestes, au Midi Occidental par la Mer Mediterranée, au Midi par les Thesprotie & à l'Orient par les Atintanes. Ptolomée[n] y met

Ori-

Oricum, aujourd'hui la Valona

Les Ports de { Panorme, Onchefme, Cassiope.

& dans les Terres

Antigonie,
Phenicie,
Hecatompede,
Omphalie,
Elée.

Les hautes Montagnes nommées Monts Acroceruniens lui tenoient lieu de bornes au Nord depuis le Popylichus Riviere jusqu'aux Montagnes auprès desquelles coulent le Panyasus. Il y a encore aujourd'hui dans ce même pays un Canton nommé la CANINA, qui est l'ancien nom un peu changé, & il a à peu près les mêmes limites que la Chaonie, si ce n'est vers le Nord où il s'étend davantage.

a Dict. Mr. Corneille[a] dit que les Chaoniens ont été célèbres entre les Peuples à cause de l'Oracle de Dodone. Il devoit bien nous apprendre par quel rapport ; car s'il a cru que cet Oracle étoit dans la Chaonie il s'est trompé bien grossièrement, puisqu'il y avoit toute la Thesprotie propre entre la Chaonie & les Molosses, où étoit Dodone.

CHAONITIS, petite contrée d'Asie dans l'Assyrie ; c'est ainsi qu'on lisoit le mot dans Strabon, avant que Casaubon eût fait remarquer qu'il faut lire CHALONITIS.

b Atlas Sinicus. CHAOPING[b], Ville de la Chine, dans la Province de Quansi, & la huitième du département de P'inglo quatrième Metropole de cette Province, à 24. d. 47′. de latitude.

CHAOVANONS, (les) Peuple de l'Amerique dans la nouvelle France, selon Mr. Baudrand. Ce sont apparemment les mêmes que les Chouaeronon que les Tables Geographiques de Sanson mettent au Nord, & au Midi de la Riviere de St. Laurent dans le Canada.

c De l'Isle Atlas. CHAOURCE[c], quelques-uns écrivent CHAOURS, petite Ville de Champagne au Diocèse de Langres, dans l'Election de Bar-sur-Aube à la source de la Riviere d'Armance, entre Bar-sur-Aube & St. Florentin. A quatre lieues moins un quart de la premiere & à six lieues & demie de la seconde ; ce qui doit s'entendre des lieues de Champagne de 25. au degré.

d Atlas Sinicus. CHAOYANG[d], Ville de la Chine, dans la Province de Quanton. Elle est la seconde du département de Chaocheu cinquième Metropole de la Province à 23. d. 20′. de latitude.

e Ibid. CHAOYUEN[e], Ville de la Chine dans la Province de Channton, & la cinquième du département de Tengcheu cinquième Metropole de la Province à 36. d. 6′. de latitude.

f De l'Isle Atlas. CHAPALA[f], (le Lac de) grand Lac de l'Amerique Septentrionale dans la Nouvelle Espagne, & dans la Nouvelle Gallice aux confins de Mechoacan & de Xalisco. C'est l'égout de trois Rivieres & il se décharge par la Riviere de Sant Jago qui tombe dans la Mer du Sud, au petit Pays de Chiametlan. La contrée où il est se nomme Guadalajara d'une Ville de même nom située à dix lieues communes au Nord-Ouest de ce Lac, quoique la Ville & la contrée fassent partie de la Nouvelle Gallice.

CHAPEAU-CORNU[g], petite Ville de France dans le Dauphiné, aux frontieres du Bugei, entre les Montagnes, à deux petites lieues de Serrieres. *g Sanson Atlas.*

CHAPEAU-ROUGE[h], (LE) Forteresse de l'Amerique sur la côte Meridionale de l'Isle de Terre neuve entre la Baye des Morues, & celle des Trépassez. Il y avoit une Colonie Françoise ; mais l'Isle a été cedée aux Anglois par la Paix d'Utrecht. Les François nomment cette côte la CÔTE DU CHAPEAU-ROUGE. *h Baudrand Ed. 1705.*

CHAPELAINES[i], Château magnifique de France à présent ruiné, en Champagne entre Vitri & Sesane. Il a eu titre de Baronie, quoi qu'il n'y ait point eu d'acte d'érection. George l'Argentier natif de Troyes ayant acquis d'immenses richesses dans les fermes sous Henri IV. prit plaisir à chercher le Pays de toute la Champagne le moins fertile, le plus sec & le plus éloigné des eaux pour y construire un Château pour orner sa patrie & montrer ce que l'art peut faire independamment de la nature. Il fit faire des chemins élevez à l'imitation de ceux des Romains pour faciliter la voiture de tous les materiaux necessaires qu'il faisoit venir de loin & à grands frais, & dont il fit bâtir un magnifique Château composé de quatre grands corps de logis avec quatre gros pavillons quarrez aux quatre coins, renfermant une Cour quarrée des plus vastes ; tous les Etages de cet édifice d'une élevation extraordinaire, ne sont que ce que l'Architecture la plus recherchée peut inventer d'ornemens pour plaire aux yeux. Il fit venir des eaux dans ce lieu aride par des routes qu'il pratiqua. Il fit planter au cordeau une multitude d'arbres, pour en former des avenues à perte de vûë, & des bois entiers dont un est de sapins. Ce Château fut consumé par un coup de Tonnerre du vivant & en la presence de celui qui l'avoit fait bâtir ; d'autres prétendent que ce fut du temps de son fils le Baron de Chapelaines, qui s'étant entêté de la pierre Philosophale, dissipa à cette folie les grands biens de son pere, & après avoir vendu ses autres terres pour fournir à cette impertinente recherche mit enfin le feu par accident à ce Château. La Chapelle ne fut point consumée ; il ne resta de tout le Château que les murailles ; des restes d'escaliers de pierres de taille, & des offices sous terre qu'on a entierement détruits en 1696. on a même vendu les superbes & magnifiques tombeaux sur lesquels étoient les figures de marbre blanc de George l'Argentier & de sa femme, & l'autel de marbre de cette Chapelle qui est très-belle, & qui donne une haute idée des autres bâtimens, qui ne subsistent plus. On auroit pu reparer cet édifice au lieu de le détruire entierement, puisque ce qui avoit le plus coûté subsistoit, & auroit pu subsister encore pendant plusieurs siécles. Ce- *i Baugier Mem. Hist. de Champagne T. 2. p. 350.*

la

CHA.

Ia me rappelle cette belle Stance de Racan.

> A quoi fert d'élever les murs audacieux
> Qui de nos vanitez font voir jufques aux cieux
> Les folles entreprifes!
> Maints Châteaux accablez deffous leur propre faix,
> Enterrent avec eux les noms & les devifes
> De ceux qui les ont faits.

[a Matth. c. 4. v. 3.] Le Demon ofa propofer à JESUS-CHRIST de changer les pierres en pain. Du moins on en auroit pu nourrir les pauvres[a]; mais on voit tous les jours des gens d'affaires prendre le pain des pauvres pour le convertir en pierres.

CHAPELLE-AGNON, (la) Bourg de France en Auvergne, Diocèfe de St. Flour, Election de Clermont.

CHAPELLE D'ANGILON. Mr. Baudrand dit mal D'ANGUILLON. Voiez l'Article DANGILLON.

1. CHAPELLE BLANCHE, Bourg de France en Anjou, au Diocèfe d'Angers, Election de Saumur.

2. CHAPELLE BLANCHE, Bourg de France en Touraine, aux frontieres d'Anjou, au bord de la Loire.

[b Baudrand Ed. 1705.] CHAPELLE-GAUTIER[b], (LA) petite Ville de France au Gouvernement de l'Isle de France à quatre lieues, & à l'Orient de Melun.

[c Baugier Mem. Hift. de Champague T. 2. p. 217.] CHAPELLE AUX PLANCHES[c], (LA) Abbaye de France en Champagne au Diocèfe de Troyes, Ordre de Prémontré ; au milieu des prairies, & des bois à deux lieues de Brienne. Elle eft ainfi nommée parce que pour y arriver il faut paffer fur plufieurs petits Ponts de Planches. L'Eglife eft dediée à Nôtre Dame. Elle a été fondée vers l'an 1147. ce qui fut confirmé par une Bulle de la même année. Le plus ancien titre de cette Abbaye eft une donation, qui lui a été faite par Simon de Beaufort qui lui en fit une autre ; & la confirma les premieres par une Chartre de l'année 1152. l'Abbé a droit de porter la mitre, & les ornemens pontificaux accordé par le Pape Clement VIII.

CHAPELLE-RAINSOUIN, (LA) ou BOURG-LE-PRETRE, Bourg de France dans le Maine à la fource de la Riviere de l'Ouette, qui tombe dans la Mayenne au deffous d'Entrâmes, ce Bourg eft entre celui d'Argentré & la Ville de Ste Suzane ; à deux [d de 25. au degré.] lieues[d] & à l'Orient du premier ; à l'Occident & à deux lieues, & un quart de la feconde. Mr. de l'Ifle n'en fait qu'un Village.

CHAPELLE DE LA REINE, (LA) petite Ville de France au Gâtinois à trois lieues de Fontainebleau.

CHAPELLE ST. QUIRIN, Chapelle de France à un quart de lieue de Noyon fur le chemin de Ham. Elle eft feule & n'eft remarquable que parce que c'eft un Pelerinage.

CHAPELLE ST. REMI, Bourg de France dans le Maine, entre Bonnétable & Conerré, fur le bord d'un ruiffeau qui va fe jetter dans la Hayne.

CHAPELLE TAILLEFER, Village

CHA. 515

de France dans la Marche, Election de Gueret. Il y a un Chapitre compofé d'un Doyen & de douze Chanoines, fondé en 1300. par Roger de Beaufort Archevêque de Bourges, en exécution du Teftament du Cardinal Pierre de la Chapelle fon oncle à qui il fit élever un tombeau des plus magnifiques qu'il y ait en France.

CHAPELLE DU VILLER, (LA) Ville de France dans le Charollois, à une lieue de Ste Helene. Elle eft entourée de hautes Montagnes, de deux côteaux & de deux bois.

§. Il y a en France un grand nombre de Villages, qui portent le nom de LA CHAPELLE; mais outre que la lifte en feroit très-longue, elle feroit fort imparfaite à moins que d'avoir des Memoires fort exacts. Les Auteurs du Dictionnaire de la France en ont raffemblé beaucoup, & en ont omis un affez grand nombre.

CHAPHRATH. Voiez KIBERATH-AREZ.

CHAPITONS[e], c'eft ainfi que les habitans de l'Amerique appellent les nouveaux venus, qui arrivent d'Efpagne au Perou. [e Baudrand.]

1. CHAPPES, Bourg de France dans le Bourbonnois, Election de Montluçon à cinq lieues de Montluçon. Il y a trois foires par an.

2. CHAPPES, Seigneurie de France en Champagne avec titre de Marquifat, Diocèfe & Election de Troyes.

CHAPTANG[f], Riviere de l'Amerique Septentrionale au Mary-land dans la Prefqu'Isle, qui eft entre l'Océan & la grande Baye de Chefapéak, où elle a fon embouchûre qui eft très-large, quoi que le cours de la Riviere ne foit pas fort long. Il eft d'abord Nord & Sud, vers le 39. d. de latitude il reçoit un autre ruiffeau, puis un autre plus au Midi, & enfuite prenant fon cours vers le Couchant, elle va toûjours en s'élargiffant très-confiderablement jufqu'à la Baye. [f H. Mol. Carte du Mary-land.]

CHAPUS, (LE) Fortereffe de France dans le Brouageais, au Pays d'Aunis, à l'embouchûre de la Seudre, fur un rocher, vis-à-vis de l'Ifle d'Oléron.

CHAQUI, Ville de l'Amerique Meridionale au Perou. Mr. de l'Ifle l'appelle CHAQUISACA OU LA PLATA. Elle eft dans l'Audience de los Charcas à la fource de la Riviere de CACHIMAIO ou de LA PLATA, qui prenant enfuite les noms de Guapai, & de Madere prend fon cours vers le Nord, & va groffir la Riviere des Amazones. Cette Ville eft à l'Orient Septentrional du Potofi. [g De Laet Ind. Occid. l. 11. c. 7.] [g] L'air y eft froid; mais le territoire des environs eft rempli de pâturages, ce qui fert aux habitans à nourrir force bétail.

CHAR[h], (le) petite Riviere de France en Saintonge. Elle a fa fource à Paillé, ferpente d'abord vers l'Occident, puis vers le Midi & enfin vers l'Oueft-Nord-Oueft, & fe perd dans la Boutonne à St. Jean d'Angeli. Mr. Corneille dit qu'elle arrofe la Ville de Varaife. Il fe trompe, Varaife eft un Village tout au plus. [h De l'Ifle Atlas.]

CHARABE', Village de la Paleftine dans la haute Galilée. Jofephe en fait mention dans fa Vie.

CHA-

CHARAC. Voiez CARAS.

CHARACENE, contrée d'Asie dans la Susiane, selon Ptolomée[a]. C'étoit le territoire de la Ville de Charax. Voiez CHARAX.
[a] l. 6. c. 3.

CHARACINE, petite contrée de la Cilicie selon Ptolomée[b], qui lui donne pour Ville Flaviopolis.
[b] l. 5. c. 8.

CHARACITANI, en François CHARACITANIENS, ancien Peuple de l'Espagne Tarragonnoise. Plutarque en parle ainsi dans la Vie de Sertorius[c]: les Characitaniens sont des Peuples qui habitent au delà du Tage; ils n'ont pour leur demeure ni Villes, ni Bourgs; mais ils ont un côteau fort haut & fort grand tout rempli de Cavernes, & de creux de rochers qui sont tournez vers le Nord, où ils font leur habitation. Toute la campagne qui environne ce côteau ne produit qu'une boue d'argile, & une terre très-fine & très-menue, qui ne peut soutenir ceux qui y marchent & qui pour peu qu'on y touche, se refout en une poudre très-subtile, comme la chaux vive ou la cendre. Quand ces Barbares craignent d'être attaquez, & qu'ils ont pillé leurs voisins, ils se renferment dans ces Cavernes avec leur proye, & se tiennent-là tranquiles, comme dans un lieu inaccessible où l'on ne sauroit les forcer. Voiez l'Article CARACCA.
[c] Vie des hommes illust. Trad. de Mr. Dacier T. 5. p. 212.

CHARACMOBA } Voiez MOBUCHA-
CHARACOMA } RAX.

CHARADNÆ, ancien Peuple de la Carmanie, selon Ptolomée[d]. Quelques exemplaires portent CHARADRÆ.
[d] l. 6. c. 8.

1. CHARADRA, Ville de Grece dans la Phocide, selon Herodote[e]. Pausanias[f] nous en apprend la situation & dit qu'elle étoit à vingt stades, ou deux milles & demi de Lilée en un lieu haut & escarpé, auprès duquel coule le fleuve Charadrum, qui bientôt après se jette dans le Cephise.
[e] l. 8. n. 33.
[f] Phocic. c. 33.

2. CHARADRA, lieu de Grece dans l'Epire à peu de distance du Golphe d'Ambracie, selon Polybe[g].
[g] l. 4. c. 63.

3. CHARADRA, Ville du Peloponnése dans la Messenie. Strabon[h] la met entre les Villes fondées par Pelops.
[h] l. 8. p. 360.

CHARADRÆ. Voiez CHARADNÆ.

1. CHARADRUS, Riviere de Grece dans la Phocide. Pausanias[i] dit qu'elle couloit auprès de Charadra, un peu avant que de se mêler avec le Cephise.
[i] Phocic. c. 33.

2. CHARADRUS, Riviere du Peloponnese dans la Messenie, selon le même[k].
[k] l. 4. c. 33.

3. CHARADRUS, Riviere de l'Achaïe propre au Peloponnefe, selon le même[l]. Il dit que les bêtes qui boivent de ses eaux au printemps produisent plus de mâles que de femelles; que par cette raison les Bergers menoient ailleurs leurs troupeaux; mais que les pastres qui gardoient les bœufs & les vaches ne prenoient pas cette précaution. Les ruines de la Ville d'Argyres n'étoient pas loin de cette Riviere.
[l] l. 7. c. 22.

4. CHARADRUS, Torrent de Grece au Peloponnese dans le Pays d'Argos, sur la route d'Argos à Mantinée, selon le même[m].
[m] l. 2. c. 25.

5. CHARADRUS, place forte de Cilicie au bord de la Mer, auprès du Mont Cragus, avec une garnison, selon Strabon[n]. Holstenius[o] observe qu'elle fut ensuite une Ville Episcopale, comme il se voit au Concile de Chalcedoine. Act. 6.
[n] l. 14. p. 669.
[o] in Ortelan notationes.

CHARAGIA[p], Ville d'Asie dans le Cathay, sur la Riviere de Caramoran. Octai-Caan fils de Genghiz-Khan l'ayant assiégée s'en rendit maître après un siége de quarante jours.
[p] d'Herbelot Bibl. Orient.

CHARAN[q], la Vulgate lit HARAN; autrement CHARRÆ ou CHARRES en Mesopotamie; Ville celebre pour avoir été la premiere retraite d'Abraham après sa sortie de la Ville d'Ur[r], & pour avoir été le lieu de la mort & de la sepulture de Tharé Pere d'Abraham. C'est-là aussi que Jacob se retira auprès de Laban[s] lorsqu'il fuioit la colere de son frere Esaü. C'est le même que CARRHÆ. Voiez ce mot.
[q] D. Calmet Dict.
[r] Genes. c. 11. v. 31. 32.
[s] Genes. c. 27. v. 45. c. 28. v. 10. &c.

CHARANDÆI, ancien Peuple voisin du Pont-Euxin vers la Colchide, selon Orphée[t].
[t] v. 751. & 1045.

CHARANDRA, Golphe dans la Mer rouge. Pline dit[v] que Ptolomée Philadelphe y bâtit une Ville qu'il appella Arsinoé du nom de sa Sœur. Cette ARSINOÉ est l'XI. Ville de ce nom dans le Dictionnaire.
[v] l. 6. c. 29.

CHARANTANI. Voiez CARENTANI & CARINTHIE.

CHARANTE. (LA) Voiez CHARENTE.

CHARASTIA. Voiez CHALASTRA.

CHARAUATINIUM. Voiez TAMALME.

CHARAUNI, Peuple d'Asie dans la Scythie au delà de l'Imaus, selon Ptolomée[x]. Quelques exemplaires portent CHAURANCEI. Il leur donne pour Ville CAURANA, ce qui fait voir que la seconde maniere vaut mieux que la premiere. Ammien Marcellin[y] dit CAURIANA en parlant de la même Ville.
[x] l. 6. c. 15.
[y] l. 23. p. 276. Lindebrog.

1. CHARAX, Ville de la Chersonnese Taurique, selon Ptolomée[z]. Il en fait une Ville maritime sur la côte Meridionale. Les Editions ordinaires de Pline[a] en nomment les habitans CARASENI. Le R. P. Hardouin a très-bien retabli CHARACENI.
[z] l. 3. c. 6.
[a] l. 4. c. 12.

2. CHARAX, Port de Commerce dans l'Afrique proprement dite, selon Strabon[b]. Les Carthaginois y portoient du vin & en raportoient des marchandises que leur vendoient ceux qui les apportoient en cachette de la Cyrenaïque. Ptolomée[c] nomme ce même lieu PHARAX, le qualifie Village, Κώμη, & le met dans la grande Syrte. Castald donne pour nom moderne SIBECCA, par conjecture.
[b] l. 17. p. 836.
[c] l. 4. c. 3.

3. CHARAX, Ville d'Asie dans la Carie, selon Etienne le Géographe. Il dit que de son temps on la nommoit TRALLIS.

4. CHARAX, Ville de la petite Armenie, selon Ptolomée[d]. Elle étoit dans l'Interieur du Pays entre les Montagnes.
[d] l. 5. c. 7.

5. CHARAX, lieu de la Parthie, selon le même[e]. On ne sait si c'étoit un Bourg ou une Ville; car le titre de la liste annonce des Villes & des Bourgs.
[e] l. 6. c. 5.

6. CHARAX, lieu de Commerce en Bithynie dans le Golphe de Nicomedie, assez près de cette Ville, selon Etienne le Géographe.

7. CHA-

CHA.

7. CHARAX, lieu de la Pontique, selon le même.

8. CHARAX, Cap de l'Isle de Crete, selon Curopalate cité par Ortelius.

9. CHARAX, lieu d'Asie dans la Phrygie entre Lampis & Graosgala, selon Nicetas cité par Ortelius.

10. CHARAX, Ville d'Asie au fond du Golphe Persique selon Pline, qui en fait la description suivante. Charax, dit-il, au fond du Golphe Persique d'où commence l'Arabie heureuse (*Eudæmon*.) Il est situé sur un côteau fait de terres raportées, au confluent du Tigre qui vient de la droite & de l'Eulée, qui vient de la gauche. Sur un terrain qui a trois mille pas d'étendue. Il eut pour premier fondateur Alexandre le Grand, qui le peupla des habitans de DURINE Ville Royale qui fut alors détruite, & leur associa les invalides qu'il y laissa avec les bagages inutiles, & ordonna qu'elle s'appelleroit ALEXANDRIE. Il donna aux Macedoniens en propre un Village appellé Pella du nom de sa patrie. Ces deux Rivieres emporterent avec le temps le terrain où étoit la Ville. Antiochus cinquiéme d'entre les Rois, (qui lui succederent) la repara & lui donna son nom, (ainsi elle s'apella ANTIOCHE.) Ces fleuves l'ayant endommagée de nouveau Pasines fils de Sogdonac, Roi des Arabes voisins que Juba croit avoir été Satrape d'Antiochus, en quoi il se trompe, rétablit de nouveau la Ville, en faisant des levées, pour briser l'effort des eaux de ces fleuves, & lui donna son nom, après y avoir fait faire des travaux de trois mille pas de long, & de presque autant de large. Charax étoit d'abord à dix stades de la Mer au bord de laquelle il avoit un Port; quoi que Juba mette cinquante stades pour cette distance; mais à present (poursuit toûjours Pline) les Députez des Arabes & nos Marchands, qui y ont été, assurent que Charax est à CXX. M. P. du bord de la Mer, n'y ayant point d'endroit où les terres apportées par les fleuves ayent tant gagné de terrain. Il est surprenant que le flux & le reflux de la Mer ne les ait pas emportées. C'est de cette Ville qu'étoit Denys Auteur moderne d'une description de la situation de la terre. L'Empereur Auguste l'envoya en Orient pour y observer & preparer pour ainsi dire le chemin à son fils ainé, (par adoption) qui devoit aller en Armenie, pour faire la guerre aux Parthes & aux Arabes. Telle est l'idée que Pline nous donne des divers noms, & des diferentes situations de Charax. Cette Ville a encore produit Isidore de Charax Auteur de plusieurs ouvrages, dont malheureusement il ne nous reste que les *Mansions Parthiques*, ΣΤΑΘΜΟΙ ΠΑΡΘΟΙΚΟΙ, où il donne les distances par *Mansions* ou journées de chemin, ou par *Schoenes*, sorte de mesure que j'explique en son lieu. Le Periple de la Mer rouge par Arrien, ne décrivant que le bord de la Mer, l'Auteur n'a eu garde de parler de la Ville de Charax, qui en étoit déja si reculée du temps de Pline; mais il fait mention[a] de la contrée de Pasin κατὰ Πασίνου χώραν. Ce nom de Pasin ou Pasines a été defiguré par les Auteurs, ou par leurs Interpretes. On lit dans le Xiphilin Latin, TOPASINI; mais c'est qu'on a confon-

[a] p. 20. Ed. Oxon.

du l'Article Grec τὸ avec le nom suivant, desorte que cette premiere syllabe détachée veut dire *celui*, & les suivantes sont le nom de *Fasin*, la premiere devoit demeurer dans le Grec, & ne devoit point se trouver dans une version Latine. D'autres trompez par la prononciation de ces deux mots joints ensemble *Charax Pasini* ont cru qu'il faloit dire *Spasinus* ou *Spasines*. Hermolaus dans ses corrections sur Pline cite une Histoire des Indes dont on ne connoît point l'Auteur, où il est dit que cette Ville de Charax a été autrefois nommée DIRIDOTIS. C'est une erreur. Cette Diridotis est la Teredon de Ptolomée.

CARBANUS, Montagne d'Asie dans la Medie. On la passoit pour se rendre de Babylone à Ecbatane, au raport de Pline[b]; sur quoi le R. P. Hardouin remarque que c'est une partie du Mont Zagrus.

[b] l. 6. c. 17.

CHARBYRIS. Voiez CHARYBRIS.

CHARCAMIS, la même que CARCHEMIS. Voiez ce mot.

CHARCAN. Voiez ARCAN.

CHARCAS, (LOS) Pays de l'Amerique Meridionale au Perou, sur la Mer du Sud, dont il est la plus Meridionale des trois parties, que l'on appelle *Audiences*. Il est borné au Nord par Rio de Nombre de Dios, delà par une ligne imaginée, qui rase au Nord le Lac de Titicaca, & continuant vers le NordEst s'approche de la Riviere de Caravaya, où elle n'arrive point. Là commencent les bornes Orientales, qui enferment dans cette Audience les Montagnes des Andes traverse la Riviere des Omopalcas, ou des Curigueres déja grossie de plusieurs ruisseaux dans los Charcas où elle a sa source. Ces bornes étant parvenues aux Montagnes de Santa Cruz reprennent vers le Midi avant que d'arriver à la Riviere de Madere, & passant au dessous de Santa Cruz de la Sierra la Vieja située à la source de Rio de los Payaguas s'étend, pour faire les bornes du Midi, vers l'Occident, jusqu'à la Riviere de Picol Mayo au dessous de Paspaya, où est un ruisseau qui sert de limites entre los Charcas & le Paraguai; & depuis la source de ce ruisseau jusqu'à celle de Rio Salado, qui tombe dans la Baye Nôtre Dame dans la Mer du Sud. Le cours de cette derniere Riviere, & la Mer du Sud achevent de borner l'Audience de los Charcas.

Il faut distinguer l'Audience de los Charcas, & la Province de même nom. L'Audience qui est une espece de Parlement étend sa jurisdiction sur le Tucuman, qui est de son district, & qui par cette raison est consideré par quelques-uns comme partie du Perou, quoiqu'il n'en soit pas & qu'il en soit separé par ses bornes propres.

La Province de los Charcas a pour Villes

La Plata, Archevêché,	Porco,
Santa Cruz la Nueva,	Cachaya,
La Paz, Evêché,	Tobisa,
Tominas,	Arica,
Potosi,	Carcollo.

C'est la plus riche Province du Monde pour les MINES, qui y sont en très-grand nombre. Au Couchant des Lacs de Titicaca & de

Ttt* 3

de Paria font celles de *Xuli*, de *Condoromà*, de *Merenguelo de Pacaxes*, de *Cabeça del Negro* & de *Carancas* ; au Levant de ces mêmes Lacs font celles de *Sant Jago* & de *Titiri* ; en allant vers le Midi on trouve celles de *Turco* & de *Tomina*. Je décris en des Articles particuliers celles de LIPPES & de POTOSI. Ylo & ARICA Ports de Mer, Atacama Ville Maritime & l'Isle de Gouane font les lieux les plus remarquables de la côte. Les Rivieres des Omopalcas ou des Curigueres ; de Madere, ou de Guapay, qui tombent dans le grand fleuve des Amazones ; celles de los Payaguas, de Picolmayo, & de Léon qui se joignent à celle de Paraguay ont toutes leurs sources dans la Province de los Charcas.

a Extrait du Suplem. des Voyages de Rogers p. 58. & fuiv.

Voici le gisement de ses côtes[a]. De Xuli qui est de l'Audience de Lima à Rio Tambo (c'est Tambopalla ou Rio Nombre de Dios) il y a douze lieues Cours-Sud-Est quart au Sud, & Nord-Est quart au Nord. La côte est saine & haute partout, excepté durant l'espace d'une lieue. (C'est à cette Riviere que commence la Province dont il est question dans cet Article) d'ici à l'Isle d'Yerba Buena il y a deux lieues.

De cette Isle au Port d'Ylo il y a huit lieues. De la pointe d'Ylo à Rio de Sama il y a huit lieues Cours Nord-Ouest & Sud-Ouest, & à moitié chemin on trouve la Riviere d'Acacuna. Du Cap de Sama à celui d'Arica, il y a douze lieues Cours Nord-Ouest quart à l'Ouest, & Sud-Est quart à l'Est avec une grande Baye entre deux ; la côte est sablonneuse & basse. Du premier de ces Caps à la Riviere de Sama il y a trois lieues, & à une demi lieue au dessus de cette Riviere on trouve le Port de Guiaca dont la terre est haute.

De ce Port de Guiaca à la Riviere de Juan de Dios il y a cinq lieues, & cinq autres de-là au Cap d'Arica. La côte est basse & sablonneuse. Du Cap d'Arica au Cap Tarapaca, il y a vingt-cinq lieues, la terre est haute près du rivage ; Cours Nord quart au Nord-Est, & Sud quart au Sud-Ouest ; delà à Pisa il y a cinq lieues Cours Nord & Sud. De Pisa à Rio de Lora ou Loa, il y a douze lieues Cours Nord & Sud le long d'une côte escarpée. De cette Riviere à Atacama il y a quinze lieues ; Cours Nord-Nord-Ouest & Sud-Sud-Est le long d'une côte pierreuse, & haute où l'eau est profonde. Depuis Atacama jusqu'à la Baye de Messillones il y a cinq lieues Nord-Est & Sud-Ouest. La Baye d'Atacama court d'un Cap à l'autre Nord quart au Nord-Est, & Sud quart au Sud-Ouest, & celle de Messillones est au milieu.

De la pointe de cette derniere Baye au Cap Morreño il y a huit lieues, Cours Nord quart au Nord-Est & Sud quart au Sud-Ouest. La terre de ce Cap est haute & au Nord-Est il y a une rade près d'une petite Isle. Du Cap Morreño à celui de St. George il y a 15. lieues Cours Nord quart au Nord-Est & Sud quart au Sud-Ouest. Entre ces Caps il y a une grande Baye où le vent du Sud-Est donne à plomb. Du Cap St. George à la Baye de Notre Dame où finit cette Province il y a vingt lieues, Cours Nord-Nord-Est & Sud-Sud-Ouest. Cette Province appartient à l'Espagne de même que le reste du Perou.

CHARCEY, Village de France dans le Charollois. Mr. Corneille en fait une Ville.

CHARD[b], Bourg d'Angleterre en Sommershire, [c] sur les confins de Dorsetshire à huit milles de la côte de la Manche, au Nord & à vingt de Dorchester au Couchant d'Eté.

b Etat prés. de la Grande Bretagne T. 1. p. 104.
c Baudrand Ed. 1705.

CHARENSSAT, Bourg de France dans le Bourbonnois, Election de Gannat Diocèse de Clermont.

CHARENTE, (la) Riviere de France, en Latin *Carantonus*, *Carentonius*, & *Canentelus*. Elle a sa source à Cheronat Village du Limosin, aux confins de l'Angoumois, où elle court vers le Nord, entre dans le Poitou où elle arrose les Bourgs de Benais g. & de Sivray g. puis recourbant vers le Midi elle rentre dans l'Angoumois où elle reçoit la Perufe d, qui vient de Ruffec ; traverse Verteuil, reçoit les Rivieres du Son, & de la Tardouere, g. circule vers l'Occident, passe à Maule, où elle a un Pont, se charge de la Riviere de l'Oume, d. serpente vers le Midi forme une Isle vis-à-vis de Montignac, arrose Balsac & peu après s'être grossie de la Touve, elle coule au Nord d'Angoulême vers l'Occident, reçoit les Rivieres de Languené, & l'eau claire g. la noire d. de la Boueme d. & de quelques ruisseaux, baigne Châteauneuf d. 9. Jarnac d, & Cognac 9. elle a par tout-là des Ponts. A cette derniere Ville elle reçoit la Selloire, & plus bas l'Antene d. & enfin le Ned g. un peu avant que d'entrer dans la Saintonge, où elle est encore jointe par la Sevigne, g. mouille les murs de Saintes g. & de Taillebourg, reçoit à Cande la Boutonne d ; coule à Tonnai-Charente d. passe enfin à Rochefort, d. & à Soubise & se perd dans l'Océan vis-à-vis de l'Isle d'Oleron. Les marais qui sont au Nord de cette Riviere depuis sa jonction avec la Boutonne jusqu'à son embouchûre dans la Mer, sont cultivez par des Hollandois d'origine, qui ont saigné & font valoir ce Canton sur le modele de ce qu'on voit en Hollande. Delà est venu à ces marais le nom de la PETITE FLANDRES qu'on leur a leur donné.

1. CHARENTON, petite Ville de France dans le Bourbonnois sur la Malmandre ou Marmande près du Berri à une lieue & demie de St. Amand, & à trois de Dun le Roi au Midi avec une Abbaye de filles. Voiez CARANTOMUS qui est le nom Latin. Cette Abbaye est aussi nommée BELLEVAUX.

2. CHARENTON[d], gros Bourg de France dans l'Isle de France avec un pont de pierres sur la Riviere de Marne un peu au dessus de l'endroit où elle se rend dans la Seine, à deux petites lieues au dessus de Paris vers le Levant. Comme les P. Reformez de Paris n'avoient point d'autre Temple libre que celui-là, il étoit en quelque maniere leur Metropole, & cette Chaire étoit occupée par les plus habiles Ministres qu'ils eussent en France. [e] Le Temple avoit été élevé & construit sur les desseins de Jaques de Brosse excellent Architecte.

d Baudrand Ed. 1705.
e Piganiol de la Force Desc. de la France T. 1. p. 141.

CHA.

recte. Il fut renversé en conséquence de la revocation de l'Edit de Nantes en 1685. & en sa place on a bâti un Couvent de filles du St. Sacrement dont l'Eglise fut achevée en 1703. Les Carmes déchaussez ont aussi un Couvent aux Carrieres de Charenton; des personnes dignes de foi m'ont assuré qu'il y avoit autrefois une écho très-singulier, & que ces bons Peres plus attentifs aux besoins de leur cuisine qu'à une curiosité qui regardoit l'Histoire naturelle, ont gâté par leurs bâtimens cet Echo qui ne répete plus comme il faisoit.

CHARENTONNEAU[a], petit Château de France dans l'Isle de France, aux environs de Paris sur la Marne. Sa gallerie est estimée pour ses peintures de grisailles & sa décoration. Les ornemens feints du plafond sont du plus excellent Maître, qui ait paru en France depuis long-temps. Aux côtez d'une glace on voit la statue d'Apollon & celle de Flore. Elles sont de pierre & ont huit pieds de haut. Le reste de la galerie est feint de figures antiques de la même dimension dans des niches accompagnées de pilastres. Entre ces Statues feintes, on voit des païsages assez passables. La ferme & le colombier meritent aussi d'être remarquez.

CHARES, (genit. etis) Riviere du Peloponnese. Plutarque en parle dans la Vie d'Aratus[b], & dit: il eut recours à la force ouverte & se jetta sous l'eau avec toute son armée dans les terres d'Argos qu'il pilla & fouragea. Il eut-là un grand combat contre le Tyran près de la Riviere de Chares.

CHARIA ou AGIOS ADRIANOS, en François St. HADRIEN, Ville de la Morée dans la Sacanie entre Corinthe & Napoli de Romanie. On croit qu'elle tient la place de l'ancienne MYCENES.

CHARIATI, ancienne Ville des Carréens dans l'Arabie heureuse, selon quelques Editions de Pline[c]. Celle du R. P. Hardouin porte CARRIATA. Ptolomée[d] dit CHARIATHA.

CHARIATUM[e], Ville Episcopale d'Italie dans la Calabre. Gabriel Bari dit que l'Evêque de cette Ville assista au I. Concile Romain sous Symmaque I.

CHARIDEMI PROMONTORIUM, c'est-à-dire le *Cap de Charideme*; Cap d'Espagne dans la Mediterranée, c'est le même que CABO DE GATES. Voiez au mot CAP à l'article CAP DE GATE. [f] Le nom moderne vient de ce qu'on y trouve de l'*Agathe*, pierre précieuse que l'on y tire de la terre.

CHARIEN[g], Riviere de la Colchide. Arrien dans son Periple du Pont-Euxin la nomme CHARIEIS, Χαρίεις. Etant, dit-il[h], partis de l'Embouchûre du Phase, nous passâmes devant la Charieis Riviere navigable qui en est à xc. stades, d'où nous allames jusqu'à celle de Chobus, qui en est à une pareille distance. Ptolomée[i] dit CHARISTOS, & Strabon[k] CHARIS. Voiez CHARISTUS.

CHARIMATÆ, Peuple voisin du Pont-Euxin, selon Palæphate cité par Etienne le Géographe.

CHARINDA, Riviere de la Medie, selon Ptolomée[l].

[a] *Piganiol de la Force, Desc. de la France* T.2. p.241.

[b] *Vie des hommes illust. Trad. de Mr. Dacier* T.8.p. 303. & 304.

[c] l.6. c.28.
[d] l.6. c.7.

[e] Ortel. Thesaur.

[f] *Florian. Chron. Hisp.*

[g] *Plin.* l.6. c.4.
[h] p. 10.

[i] l.5. c.10.
[k] l.11. p. 499.

[l] l.6. c.2.

CHA. 519

CHARIOPOLIS, lieu situé vers la Thrace & la Macedoine. Cedrene & Curopalate en font mention au raport d'Ortelius qui ajoute: j'ai appris de Leunclavius qu'on l'appelle communément Cheropolis. Seroit-ce, continue-t-il, la CEDROPOLIS d'Aristote?

CHARIPHRON, Ptolomée[m] nomme ainsi une des Embouchûres du fleuve Indus, c'est la quatriéme d'Occident en Orient.

1. CHARIS. Voiez CHARIEN.

2. CHARIS, Ville d'Asie dans la Parthiéne, selon Appien[n].

CHARISIA, Ville du Peloponnese dans l'Arcadie selon Pausanias[o], qui en parle comme d'une Ville détruite dont on voyoit les ruines entre *Scia* & *Tricoloni*, à dix stades de l'un & de l'autre.

CHARISPA ou ZARISPA, selon les divers exemplaires de Ptolomée Ville de la Bactriane. Un exemplaire ajoute au Nord de l'Oxus. Cela étant, ce ne peut être la même que Zarispa que Pline dit n'être point diferente de Bactres. Voiez ZARIASPA.

CHARISTUS, Riviere de la Colchide la même que CHARIEN. Voiez ce mot. Le nom moderne est TAMASA. Mr. Corneille travestit ce nom en *Charicus*, & dit que les Latins appellent ainsi *Tamasa* Ville de la Mengrelie. Ortelius doute si ce ne seroit point le CITHARUS d'Agathias.

1. CHARITÉ[p], (LA) Ville de France dans le Nivernois aux confins du Berri sur la Loire avec un pont de pierres. [q] Elle a pris son nom des charitez qu'y faisoient les Moines de Cluny qui y ont un riche Prieuré, dont le Prieur est Seigneur temporel & spirituel de la Ville. Cette Ville, qui est située à cinq lieues au dessous de Nevers au Septentrion, & à sept de Bourges au Levant, [r] souffrit beaucoup du temps des guerres de Religion. Les Protestans s'en rendirent les maîtres & la brûlerent. [s] En passant le Pont on arrive au Fauxbourg, qui est dans une Isle.

2. CHARITÉ[t], (LA) Abbaye de France en Franchecomté, Ordre de Citeaux, Diocèse de Besançon. Elle fut fondée en 1133. par Adelaïde de Treve, de la filiation de Bellevaux.

3. CHARITÉ, (LA) Abbaye de France en Champagne, au Diocèse de Langres; on l'appelle pour la distinguer LA CHARITE' PRE'S LEZINES. C'étoit autrefois une Abbaye de Religieuses, Ordre de Citeaux, ce sont maintenant des Religieux de l'Ordre & de la reforme de Citeaux.

CHARKLIQUEU, gros Village d'Asie[v] en Turquie entre Tocat & Erzerom, à deux lieues de la premiere. Il est en un très-beau pays entre des côteaux fertiles où il croît de très-bon vin. Les Caravanes s'y arrêtent deux ou trois jours. Il n'est habité que par des Chrétiens, qui la plûpart sont Taneurs & travaillent aux beaux maroquins, qui se font à Tocat & aux environs. A deux milles de ce Village, au milieu d'une campagne on voit une grosse roche, où du côté du Levant on monte huit ou neuf degrez qui conduisent à une petite chambre, où il y a un lit, une table & une armoire, le tout taillé dans le roc. Du côté du Couchant, on monte cinq ou

[m] l. 7. c. 1.

[n] in Syriacis.

[o] l. 8. c. 35. p. 671.

[p] *Baudrand* Ed. 1705.
[q] *Piganiol de la Force,* T. 5. p. 237.

[r] *Piganiol de la Force* l. c.
[s] *Corn. Dict.*

[t] *Piganiol de la Force, Desc. de la France* T. 6. p. 385.

[v] *Tavernier Voyage de Perse* l. 1. c. 2.

six

six autres degrez, qui aboutissent à une petite galerie d'environ six pieds de long & de trois de large ; le tout encore taillé dans le Roc quoi qu'il soit d'une dureté extraordinaire. Les Chrétiens du pays assurent que cette roche a servi de retraite à St. Jean Chrysostome durant son exil, que de cette galerie il prêchoit au Peuple, & que dans sa petite chambre, il n'avoit pour matelas & pour chevet que le roc même où l'on a pratiqué la place d'un homme pour s'y reposer. Les Marchands Chrétiens faisant toûjours le plus grand corps dans les Caravanes, elles s'arrêtent comme on a dit deux ou trois jours à ce Village de Charkliqueu pour donner le temps aux Chrétiens d'aller visiter cette roche où l'Evêque du lieu suivi de quelques Prêtres chacun un cierge à la main vient dire la Messe ; mais il y a encore une autre raison, qui oblige la Caravane de faire ce petit séjour à Charkliqueu, c'est qu'il y croit d'excellent vin, & comme il coute la moitié moins qu'à Tocat, c'est-là que les Marchands Armeniens en font provision pour le Voyage.

a Baudrand Ed. 1705. CHARLEBOURG [a], Village d'Allemagne en Autriche, sur le Danube, entre Vienne & Presbourg. On le prend pour l'ancienne CHARTOBALUS, Ville de la haute Pannonie.

b Corn. Dict. Memoires dressez sur les lieux. CHARLEMESNIL [b], Bourg de France en Normandie au Pays de Caux avec titre de Marquisat. Il est situé sur la petite Riviere de Sye à deux lieues de Dieppe, & un quart de lieue au dessus de Sauqueville. On y voit un Château & une Eglise Collegiale composée de sept Chanoines, entre lesquels il y a un Tresorier, & un Chantre. Tous ces Benefices sont à la presentation de Mr. de Manneville du Til, Marquis de Charlemesnil, Gouverneur de Dieppe. Manneville le Til est un hameau avec un assez jolie Maison accompagnée d'un parc proche de Charlemesnil.

c Piganiol de la Force, Descr. de la France T.6. p.215. & suiv. 1. CHARLEMONT, Ville des Pays-bas au Comté de Namur. Cette Place [c] qui est considerable par ses fortifications, est située sur la Meuse. Elle a pris le nom qu'elle porte, de Charles-Quint son fondateur, & de sa situation sur une Montagne. Le terrein étoit autrefois du Païs de Liége ; mais l'Evêque l'accorda à l'Empereur Charles-Quint qui y bâtit un Château & une petite Ville, qu'il unit à sa Namurois l'an 1555. Elle fut cedée à la France par le Traité de Nimegue en 1678. & comme cette Place étoit fort petite & que l'on n'y pouvoit loger que deux bataillons, le Roi Loüis XIV. fit fortifier le Bourg de Givet qui étoit au pied de Charlemont, ensorte que l'on peut aujourd'hui regarder Charlemont comme composé de trois diferentes Places, qui sont *Charlemont, Givet Saint Hilaire & Givet Notre Dame.*

Charlemont est donc une petite Place située sur un rocher des plus escarpez, & des plus inaccessibles. La plûpart des fortifications sont anciennes & le Roi a fait faire les autres sous sa direction, & selon la maniere du Maréchal de Vauban. Elle a la forme d'un triangle isoscele. La Place est irreguliere, parce que l'on a été obligé de s'assujettir à la disposition du terrein, qui forme à la place des angles rentrans & saillans. L'enceinte consiste en six Bastions, dont il n'y en a que quatre qui meritent ce nom. Deux de ces Bastions sont placez sur un des côtez qui regardent la terre. Ils sont construits sur une même & grande ligne, & c'est pour cela que l'on les appelle Bastions plats. Ils sont de la façon du Chevalier de Ville ; mais bien reparez par le Maréchal de Vauban. Les deux autres Bastions qui sont les plus grands occupent les deux angles de la baze du triangle. L'extremité du triangle est terminée par un très-petit front de fortifications, composé de deux demi-Bastions des plus petits qui se puissent voir, & qui forment la pointe du triangle. Cette pointe commence à faire une pente assez douce & on y a pratiqué le long des murailles un chemin taillé dans le roc, & qui néanmoins peut servir aux Carosses & aux Chariots. Elle est coupée dans cet espace-là en deux parties separées l'une de l'autre par un fossé sec & taillé dans le roc. Il n'y a dans ces deux parties-là que quelques corps de Cazernes & Magasins.

La Ville de Charlemont est petite & d'une forme très-irreguliere. On y entre par deux portes differentes, l'une qui donne sur la campagne & l'autre qui est du côté de Givet. On y trouve une assez belle place, des ruës assez bien percées & assez jolies pour une petite Ville comme Charlemont. On n'y voit qu'une seule Eglise, qu'une seule Maison considerable, qui est celle du Gouverneur, & qu'un seul Magasin remarquable. Cette petite Place est environnée d'un petit fossé taillé dans le roc du côté de la terre, accompagné d'un chemin couvert, d'un glacis & de places d'armes disposées d'espace en espace : ce glacis est interrompu par deux ouvrages en forme de demi-lunes revêtues. Elles sont placées sur les Bastions plats & servent à les couvrir. Le grand bastion de la baze du côté de la terre, est couvert par un grand ouvrage à corne de la construction du Maréchal de Vauban. Son front est couvert par une demi-lune & d'une contregarde retranchée, qui couvre un des Bastions. Le plus grand de ses côtez est coupé par un bastion irregulier & par un autre à l'extremité, qui sert à couvrir la porte, & ce dernier bastion est couvert d'une petite contregarde : enfin ce même côté est accompagné d'un grand retranchement. Un des fronts qui le partage, est couvert d'une demi-lune revêtue & taillée dans le roc. Tous ces ouvrages sont enveloppez d'un fossé, & d'un grand retranchement en maniere de chemin couvert. L'autre bastion qui est du côté de la Meuse, est couvert d'une petite demi-lune quarrée. Elle est sur le bord de l'ancien fossé à l'angle flanqué du bastion & enfermée d'un très-large fossé qui communique dans celui de l'ouvrage à corne ; mais qui est moins profond que l'ancien fossé. Le tout est accompagné d'un chemin couvert avec ses places d'armes & d'un glacis à l'ordinaire, qui regne jusqu'au retranchement. Pour s'emparer des hauteurs qui commandent la place, ou qui en auroient au moins favorisé les approches, on a fait de grands retranchemens, qui occupent un grand espace de terrein & s'étendent jusqu'à la Rivie-

CHA.

tiere. Ces retranchemens sont formez de plusieurs bastions. Il y a une autre partie de retranchemens qui avance encore plus dans la campagne, & qui couvre une partie des premiers. Ce dernier est un ouvrage d'une forme très-irreguliere. Les deux fronts qui sont les plus proches de la Riviere, sont couverts chacun d'une demi-lune, dans un petit fossé & couverte d'une espece d'avant-fossé.

Tous ces fossez sont secs ; & la plupart taillez dans la Montagne. Dans ce grand retranchement on a construit une maniere de grand ouvrage à corne, ou retranchement qui n'a qu'un front composé de deux faces, de deux flancs & d'une Courtine ; dans laquelle il y a une porte. Ce front est enveloppé d'un fossé dans lequel est une grande demi-lune. Tous ces ouvrages servent à couvrir la porte : cette demi-lune est entourée d'un fossé, d'un chemin couvert avec ses places d'armes & traverses, & d'un grand glacis. Voiez GRIVET.

[a Etat prés. de l'Irlande p. 57.]
2. CHARLEMONT[a], Ville d'Irlande dans la Province d'Ulster au Comté d'Armagh dont elle est la principale. Il y a une bonne Forteresse & elle envoye deux Deputez au Parlement. Elle est située sur la Riviere Blackwater près des frontieres de Tyrone à quatre milles au Sud-Est de Dungannon ; & à sept milles ou environ au Nord d'Armough. Elle a titre de Vicomté.

[b Longuerue desc. de la bas France 2. part. p. 108.]
CHARLEROY[b], Ville forte des Pays-bas Autrichiens au Comté de Namur dont elle est la plus considerable Place après la Capitale. Elle fut commencée l'an 1666. par les Espagnols ; qui lui donnerent le nom de leur Roi Charles II. & ils la fonderent au lieu où il y avoit un Village nommé LE CHARNOY. Ils l'abandonnerent & la ruinerent l'an 1667. à l'approche de l'armée de Louïs le Grand, qui s'étant saisi de ce poste y fit bâtir une Forteresse flanquée de six gros bastions, & depuis on fit faire un Fort au Midi de la Sambre, qui coule près de la Ville. Louïs le Grand à qui elle avoit été cedée l'an 1668. au Traité d'Aix-la-Chapelle la rendit aux Espagnols par le Traité de Nimegue de l'an 1678. Il la reprit l'an 1693. & la rendit une seconde fois par le Traité de Ryswyck de l'an 1697. Par les Traitez d'Utrecht, de Rastadt & de Baden, elle a été comprise dans les Pays-bas cedez à l'Empereur Charles VI.

On distingue la Ville haute de la Ville basse. La haute est très-regulierement bâtie tant pour les rues que pour les Maisons en particulier, les fortifications en sont belles ; mais vastes & capables d'occuper une garnison très-nombreuse pour la defendre. La colline qui est entre la Ville haute & la basse est fort roide. J'étois à Charleroy en 1706. & j'y observai l'Eclipse solaire du 12. Mai.

[c Het Britannische Ryk in Amerika 1. deel. p. 273.]
1. CHARLES-TOWN[c], Ville de l'Amerique Angloise dans la Caroline près du Cap Fear, & au Couchant de l'embouchûre de la Riviere de Clarendon. Elle est remarquable en ce que c'est où reside le Gouverneur, où se tiennent les Assemblées & les Tribunaux & les principaux Officiers publics du pays.

[d Ibid. 2. deel. p. 72.]
2. CHARLES-TOWN[d], Ville de l'Amerique dans l'Isle des Barbades sur la côte

Tom. II.

CHA. 521

Septentrionale au fond d'une Baye. On appelle aussi OSTINES tant la Baye que la Ville. Elle est aux Anglois comme toute l'Isle ; & ils l'ont ainsi nommée à cause de leur Roi Charles II. sous lequel on a commencé à la bâtir.

CHARLEVAL[e], Bourg de France en Normandie au Vexin sur l'Andelle à cinq lieues de Rouen, à trois d'Andely, & à deux de Lions ; & à une & demie des Abbayes de Premontré de l'Isle-Dieu, & des Bernardines de Fontaine Guerard. Son Eglise est sous l'invocation de St. Denys. Ce Bourg qui n'est qu'à demi lieue de Fleury, grand passage de Rouen à Paris, est un titre de Marquisat à haute Justice. On voit au dessous du Château de Charleval une grande longueur de fondations d'un autre Château commencé par Charles IX. Roi de France, qui donnent l'idée d'un grand bâtiment. Ces fondations paroissent six pieds hors de terre. Un petit ruisseau tombe dans l'Andelle au Pont de Charleval, & un peu au dessus cette Riviere reçoit celle de Lions.

[e Corn. Dict. Memoires dressez sur les lieux.]

1. CHARLEVILLE ; Ville de France en Champagne dans le Rethelois sur la Meuse, près de Mesieres dont elle n'est separée que par un Pont, & une chaussée plantée d'arbres, qui conduisent de l'une à l'autre. Elle est à quatre lieues de Sedan[f]. Quoique cette Ville fasse effectivement partie de la Champagne elle appartenoit néanmoins au feu Duc de Mantoue, & ensuite à la Duchesse de Bourbon. Ce Duc y avoit ses Officiers, & un Conseil Souverain pour y rendre la Justice, & qui exerçoient tous les autres actes de Souveraineté. C'est en effet une Principauté Souveraine autrefois, connue sous le nom de Souveraineté d'ARCHES, qui n'étoit qu'un petit Bourg où Charles de Gonzague, Duc de Nevers & depuis de Mantoue fit construire en l'année 1606. une Ville à laquelle il donna son nom ; qui est très-belle & très-regulierement bâtie. Elle consiste en quatre rues principales, fort larges & fort longues, traversées d'un grand nombre d'autres & toutes tirées au cordeau. Les Maisons de ces quatre grandes rues, & qui y font face sont faites en forme de pavillons couverts d'Ardoises de même structure & de hauteur égale, toutes bâties de briques & les encoignures de belles pierres de taille. Toutes ces rues aboutissent à une grande place quarrée nommée la *place ducale*, qui est au milieu de la Ville, bâtie en forme de galeries & arcades tout à l'entour telles que sont celles de la Place Royale de Paris ; mais plus grandes & plus degagées. Le Palais du Prince, qui n'est que commencé & élevé seulement à la hauteur de quatre toises fait face au milieu. Il y a une très-belle fontaine au milieu de la place, toute bâtie de marbre, composée de quatre quarrez, chacun de vingt quatre pieds de face, & entre chaque quarré une ovale de dixhuit pieds, qui s'avance en dehors avec un piedestal au milieu, qui soutient une grosse boule comblée d'une fleur de lis ; qui y a été plantée long-temps après que la Ville fut bâtie ; de cette boule sortent quatre Tuyaux qui jettent continuellement de l'eau. Cette Ville avoit été fortifiée par l'ordre du Prin-

[f Baugier Mem. Hist. de Champagne T. 1. p. 322.]

Vvv

Prince de huit baſtions & de deux demi-lunes, & quoi qu'ils ſerviſſent plutôt d'ornement à la place que de veritables fortifications le Roi Loüis XIII. jugea néanmoins à propos de faire bâtir tout auprès une petite Citadelle ſur une hauteur nommée le Mont Olympe, de l'autre côté de la Riviere de Meuſe dépendante de la Prevôté de Château-Renaud qui eſt au Roi. Cette Citadelle qui fut commencée en 1637. & qui commandoit à Charleville étoit compoſée de cinq petits baſtions, & de cinq petites demi-lunes avec des foſſez autour, & ſon canon portoit juſqu'à Mezieres; de maniere que ces trois Places, Mezieres, Charleville & le Mont Olympe ſembloient n'en faire qu'une: deſorte qu'il paroiſſoit très-dificile de les attaquer toutes enſemble, à cauſe de la prodigieuſe étenduë qu'il auroit falu donner aux lignes de circonvallation, & des tours & retours que fait en cet endroit la Riviere de Meuſe. Cependant quoique Charleville fût ſous la protection du Roi, qu'il y établît un Gouverneur & l'état Major, & qu'il y eût des troupes auſſi bien qu'à Mezieres & au Mont Olympe, il ne laiſſa pas de faire démolir en 1687. les fortifications de Charleville & de Mont-Olympe, & il n'y a plus pour toutes fortifications à Charleville qu'une ſimple muraille. On voit proche du Mont Olympe les ruines d'un vieux Château qu'on croit avoir été autrefois un Temple des Payens.

a Longuerue Deſc. de la France 1. part. p. 53.

a Le Village d'Arches dont cette Ville occupe la place étoit connu dès le temps des Carlovingiens. On lit dans les Annales de St. Bertin que dès l'an 859. il y avoit-là un Palais Royal où Charles le Chauve, & ſon neveu Lothaire s'aboucherent. Cet endroit s'appelloit alors Arcæ Rhemorum. Flodoard en ſa Chronique dit que ce lieu étoit dans le Pays de Porcien, & appartenoit pour lors à l'Evêque de Tongres ou de Liége, & que l'an 933. l'Evêque Richer détruiſit au même lieu un Château que Bernard Comte de Porcien y avoit fait bâtir. Les Comtes de Rethel joüiſſoient de ce lieu en Souveraineté; comme de Château-Renaud & des autres terres voiſines, ſituées deçà & delà la Meuſe lorſque les deux Princeſſes de Cleves Henriette & Catherine partagerent les biens de leur pere. La Souveraineté de Château-Renaud appartint à la Cadette Catherine; mais l'aînée Henriette ſe réſerva la Terre d'Arches, où les Ducs de Nevers & depuis de Mantouë avoient une Cour Souveraine, ce qui a toûjours ſubſiſté juſqu'à la mort du dernier Duc de Mantouë arrivée l'an 1709. après quoi la Princeſſe Doüairiere de Condé à qui il eſt dû des ſommes conſiderables, ſur la Maiſon de Gonzagues, a fait ſaiſir cette Terre d'Arches, & s'en eſt miſe en poſſeſſion après en avoir fait hommage au Roi Loüis XIV. nonobſtant les oppoſitions du Duc de Lorraine heritier naturel du Duc de Mantouë.

2. CHARLEVILLE, ce nom François peut être commun en notre Langue aux Villes nommées Charles-Town par les Anglois, & à celles qui ſont appellées Carelstat, ou Carlostadt &c. en Suede & en Allemagne.

CHARLIEU ou Cherlieu, petite Ville[b] ou Bourg de France, ſur les frontieres de Bourgogne & de Beaujolois, en Latin Carus Locus, Carilocus ou Carolilocus. Ce lieu eſt près de la Loire, au Diocèſe de Mâcon, au deſſous & à quatre lieues de Rouane. Ratbert[c] Evêque de Valence & ſon frere Edouard fonderent l'*Abbaye* de St. Etienne de Charlieu, & employerent à cet établiſſement l'Abbé Gauſmar & ſes Religieux. Quelque temps après ce Prelat pour affermir ſon ouvrage ſe preſenta au Concile aſſemblé à Pontion, (*Concilium Pontigonenſe*) & obtint des Lettres de protection pour ce Monaſtere. Boſon Roi d'Arles que quelques-uns diſent avoir été frere de Ratbert y unit la petite Abbaye de St. Martin comme il ſe voit par les Lettres de l'an 879. Aurelien Archevêque de Lyon, Geilon Evêque de Langres, Gerauld de Mâcon, Iſac de Valence & d'autres Prelats étant aſſemblez dans l'Egliſe de St. Martial de Challon, l'an 886. accorderent un nouveau Privilege à Ingelar Abbé de Charlieu, & permirent aux Religieux de ſe choiſir des Abbez, ſelon qu'il eſt preſcrit dans la regle de St. Benoît. Charlieu a été depuis reduit en Prieuré, ſous la dépendance de Cluni. La Riviere de Fornin, ou, Fournin baigne cette Ville; mais elle n'y prend pas ſa ſource comme le diſent les Auteurs du Dictionnaire de la France, qui les nomment tantôt Fornit, & tantôt Fornin. Mrs. Baudrand & Baillet mettent Charlieu dans la Province du Beaujolois, Coulon[d] & le Dictionnaire de la France la placent dans le Charolois. A parler exactement elle n'eſt ni de l'un ni de l'autre, elle eſt du Lionnois. Papyre Maſſon[e] qui nomme Charlieu, *Caroli locus*, dit qu'il eſt du Diocèſe de Mâcon, qu'il étoit autrefois compté pour être de la Bourgogne & relevoit du Bailli de Semur, dont il recevoit les ordres, qu'enfin cette Ville fut ſous le département de Lyon.

b Baillet Topogr. des Saints.
c Hiſt. de l'Ordre de St. Benoît ſ 5. c. 36. n. 9. Voiez auſſi Samſon marth. Gall. Chriſt. T. 4. & Bainz. append. ad T. 2. Capit. n. 113. B. Concil. T. 9. p. 399.
d Riv. de France 1. part. p. 254.
e Deſc. Flum. Gall. p. 214.

CHARLIS, Abbaye de France dans l'Iſle de France au Diocèſe de Senlis à deux lieues de cette Ville. Voiez Chailli.

CHARLUS[f], Foreteresse de France en Auvergne vers les confins du Limoſin.

f Baudrand Ed. 1705.

CHARMÆI, ancien Peuple de l'Arabie heureuſe, ſelon Pline[g]. Ils faiſoient partie des Peuples nommez Minæi.

g l. 6. c. 28.

CHARMANDA, Nation d'Aſie au delà de l'Euphrate. Voiez Carmanda.

CHARMARUM Rex. Les Charmæ doivent avoir été un Peuple des Indes. Pline[h] n'en parle qu'à l'occaſion de leur Roi, qui plus pauvre que celui des Horates n'avoit que ſoixante Elephans, & peu d'autres forces à proportion.

h l. 6. c. 20.

CHARMEL, ancien lieu de la Paleſtine. Il en eſt fait mention au livre de Joſué[i].

i c. 15. v. 55.

CHARMELI. Voiez Tcharmelic.

CHARMES[k], petite Ville de Lorraine, ſur la Moſelle à trois lieues de Mirecourt au Levant, & à ſix de Nanci vers le Midi au Bailliage de Voge.

k Baudrand Ed. 1705.

CHARMES-AUX-NONAINS, (les) Abbaye de France au Diocèſe de Soiſſons & à ſix lieues, dans une campagne où elle eſt ſeu-

CHA.

feule. Ce font des Religieufes de l'Ordre de Cîteaux qui l'habitent.

a Délices de la Suiffe p. 395.

CHARMEY[a], en Allemand Galmis, Village de Suiffe au Canton de Fribourg, Bailliage de Gruyere, dans les Montagnes. Il eft fameux à caufe d'une fontaine fulphureufe que l'on y trouve. Quand on y jette un bâton, il fe couvre de fouffre & fi on l'expofe à la flamme, il prend d'abord feu & jette une odeur de foufre.

CHARMIS, petite Ville de l'Ifle de Sardaigne. Etienne le Géographe en attribue la fondation aux Carthaginois. Bochart[b] doute fi ce n'eft point CAULIARI.

b Chanaan l. 1. c. 31. p. 636.

CHARMONIA. Voiez CARMON.

CHARMOTAS, Port de Mer du Golphe Arabique[c], felon Strabon. Il a, dit cet Auteur, près de cent ftades de tour, c'eft-à-dire de XII. Milles & D. pas. Son entrée eft étroite & dangereufe pour toutes fortes de Chaloupes. Une Riviere y a fon embouchûre, au milieu eft une Ifle couverte d'arbres & propre à être cultivée. Voiez CHARMUTHA.

c l. 16. p. 777.

d Baugier Mem. Hift. de Champagne T. 2. p. 170.

CHARMOYE[d], (la) Abbaye de France en Champagne, au Diocèfe de Chaalons, eft de l'Ordre de Cîteaux. On voit par une Chartre d'Henri I. du nom Comte de Champagne, dit le liberal, de l'an 1164. qu'il a fait plufieurs dons à cette Abbaye, qui étoit pauvre; ce qui lui a fait donner le titre de fondateur. Ce Monaftere eft propre; il n'y a rien de confiderable que la reforme dans laquelle vivent l'Abbé & les Religieux. On y voit quelques tombeaux des Seigneurs de Conflans.

CHARMUTHA, *Prefqu'Ifle* du Golphe Arabique du côté de l'Arabie heureufe; elle reffemble affez au Cothon des Carthaginois. Il faut que les Copiftes ou les Interpretes de Diodore de Sicile[e], aient mis une *Prefqu'Ifle* pour une *Baye*, un *Port*; car le Cothon étoit un Port artificiel.

e l. 3.

f De l'Ifle Atlas.

CHARNE'[f], Bourg de France, dans le Maine au Diocèfe du Mans, Election de Mayenne fur un ruiffeau, qui coulant vers le Sud va fe perdre dans l'Ernée. Charné eft à une petite demi-lieue d'Ernée au Nord, & à la gauche du chemin d'Ernée à Mayenne.

CHARNIE, (la) Pays de France dans le Maine, vers Ste Sufane, entre la Riviere de Mayenne au Couchant, & celle de Sarte au Levant, & entre le Mans & Mayenne. Mais on n'en connoît pas les bornes fort au jufte, & il n'y a point de place remarquable.

g Sanfon Atlas.

CHARNIZAY[g], Bourg de France en Touraine, Election de Loches, au Nord-Eft & à deux petites lieues de Preuilli, fur les confins du Berri, fur un ruiffeau, qui fe joignant à la Claize à Abilly va fe perdre dans la Creufe. C'eft un Marquifat.

CHARNY, Comté de France en Bourgogne au Diocèfe d'Autun; il s'étend fur les Bailliages de Saulieu & d'Arnay-le-Duc.

h Pignol de la Force, Defc. de la France T. 3. p. 213. & fuiv.

CHAROLES[h], Ville de France au Duché de Bourgogne, au Charollois dont elle eft la Capitale, fur la Reconce. Elle eft pe-

CHA. 523

tite & n'a que trois cens pas de long & deux cens cinquante de large, & deux portes, celle de la Madelaine & celle de Champigni. Le Château des anciens Comtes de Charolois eft dans l'enceinte de la Ville & paroît avoir été grand, par ce qui refte. L'Eglife de St. Nizier eft Paroiffiale & Collegiale. Le Curé eft Prieur, ou premier Chanoine. L'Hôpital au bas du Château & a été fondé par les Comtes de Charolois. Il y a dans cette Ville un Bailliage Royal, une Juftice du Comté, ou Seigneuriale, & un Grenier à fel.

CHAROLOIS ou CHAROLLOIS[i], Pays de France en Bourgogne. Il a douze lieues de long, depuis la Riviere de Guife jufqu'à la Loire, & fept lieues de large, depuis la Riviere d'Aroux jufqu'aux limites du Mâconnois. Il a à prefent titre de Comté & s'appelle en Latin *Pagus Quadrigellenfis*, ou *Quadrellenfis*. [k] Il n'eft connu ni dans la premiere, ni dans la moyenne antiquité: on voit feulement qu'ayant autrefois fait partie du Briennois, il vint au pouvoir des Comtes de Challon fur Saone. Ce n'étoit alors qu'une fimple Châtellenie, que Jean Comte de Challon échangea avec Hugues IV. Duc de Bourgogne: enfuite le Duc fit hommage à Saint Louïs de la Châtellenie de Charollois qu'il donna en partage à fon fecond fils nommé Jean, lequel n'eut de fa femme Agnès de Bourbon-Dampierre qu'une fille nommée Béatrix, à qui fon ayeul le Duc Hugues confirma par fon Teftament la Seigneurie de Charollois, & elle l'apporta avec celle de Bourbon à fon mary Robert le plus jeune des fils de Saint Louïs. Jean fils de Robert eut en partage la Baronnie de Charollois. Ce Prince n'eut qu'une fille nommée Béatrix, en faveur de laquelle le Charollois fut érigé en Comté, qu'elle apporta à fon mari Jean Comte d'Armagnac dont les defcendans vendirent l'an 1390. le Comté de Charollois à Philippe le Hardi Duc de Bourgogne de la Branche de Valois. Le Duc Philippe laiffa ce Comté à fes defcendans, & Charles fon arriere-petit-fils porta du vivant de fon pere Philippe le Bon le titre de Comte de Charollois. Après la mort de Charles, Louïs XI. conquit le Duché de Bourgogne & le Comté de Charollois; mais Charles VIII. l'an 1493. fut obligé par le Traité de Senlis de rendre le Comté de Charollois à Philippe Archiduc d'Autriche, petit-fils du Duc Charles, à la charge que l'Archiduc feroit foi & hommage de ce Comté à la Couronne de France. Il y eut enfuite de grands differens entre l'Empereur Charles-Quint & François I. foit pour la proprieté, foit pour la Souveraineté du Charollois; qui fut à diverfes fois confifqué: mais ces differens furent terminez l'an 1559. par le Traité de Câteau-Cambrefis conclu entre Henri II. Roi de France & Philippe II. Roi d'Efpagne, par lequel on convint que la proprieté du Comté de Charollois demeureroit à Philippe II. & à fes fucceffeurs, pour le tenir fous la Souveraineté des Rois de France, qui mirent ce Comté fous le reffort du Parlement de Dijon.

i Ibid. p. 213.

k Longuerue Defc. de la France 1. part. p. 185.

Le Traité de Câteau-Cambrefis, pour ce qui regarde le Comté de Charollois, fut confirmé par celui de Vervins l'an 1598. & par ce-

celui des Pyrenées de l'an 1659. en exécution desquels les Rois d'Espagne ont été remis en possession du Comté de Charollois, dont ils avoient été depossedez par la guerre.

Philippe IV. Roi d'Espagne, en exécution du Traité des Pyrenées, fut réintegré dans la possession du Charollois; mais Louïs de Bourbon Prince de Condé, qui étant sorti de France, avoit long tems servi ce Monarque, qui lui devoit encore de grandes sommes, fit saisir le Comté de Charollois, & s'en fit adjuger la possession qui est demeurée à ses descendans jusqu'aujourd'hui. Le Roi d'Espagne Charles II. n'y fit pas de grandes oppositions, desorte qu'il n'en est fait aucune mention dans les Traitez de Paix d'Aix-la-Chapelle, de Nimegue & de Ryswyck.

Les principaux lieux de ce Comté sont Charolles, Paray-le-Monial, Toulon, & le Mont St. Vincent.

CHARON, Bourg Maritime de France au Pays d'Aunis, aux frontieres du Poitou à quatre lieues de la Rochelle, avec une Abbaye de l'Ordre de Citeaux fondée en 1120. sous l'invocation de Notre Dame.

☞ CHARONIA, les anciens Grecs ont ainsi nommé de certains lieux où il s'exhaloit une vapeur empestée capable de donner la mort. Strabon[a] employe ce nom plus d'une fois; & c'est ce que Ciceron appelle PLUTONIA au premier livre de la Divination.

[a] l.11. & l. 14.

CHAROST ou CHARROST, en Latin CAROPHIUM, Ville de France dans le Berri, Election d'Issoudun dont elle est à douze lieues. Elle est située sur l'Arnon à cinq lieues de Bourges. Elle est entourée de murailles, & a deux fauxbourgs: son Eglise Paroissiale dediée à St. Michel est dans un des Fauxbourgs. Charrost a été possedée par la Maison de Chabot de Mirebault, de qui une branche de la Maison de Bethune l'a acquise en 1608. Il y a un Prieuré. La Ville n'a que deux portes & deux rues, savoir la grande rue & la rue Brivaur. Elle a un Château situé au Midi de la Ville. Ses environs sont très-propres à nourrir du menu bétail, l'on y recueille d'assez bon vin du côté d'Issoudun. Il y a auprès les bois de Fond-Mureau. Elle avoit autrefois donné son nom à l'ancienne Maison, qui en jouïssoit en 1093. & qui s'est éteinte en 1370. Elle fut érigée en Duché-pairie l'an 1690. en faveur de Louïs de Bethune Comte de Charrost.

CHAROUX. Voiez CHARROUX.

CHARPETE, selon Curopalate ou CHARPOTE, selon Cedrene, Place forte de la Mesopotamie.

1. CHARROUX, Ville de France au Poitou. Voiez CARROFUM.

2. CHARROUX, petite Ville de France au Bourbonnois. Elle est presque reduite à la condition de Village. Elle a deux Paroisses ; celle de St. Jean est du Diocèse de Clermont, & celle de St. Sebastien est du Diocèse de Bourges. La Ville est sur une hauteur à demie lieue de la Riviere de Sioulle. Il y a un Monastere de Religieuses Benedictines. Les Tanneries y sont le principal Commerce.

CHARS. Voiez CARS.

CHARSIANUM CASTRUM; Cedrene & Porphyrogenete nomment ainsi une Place de Cappadoce. Curopalate fait mention des passages de *Charsianum*; selon Ortelius[b].

[b] Thesaur.

1. CHARTA, Place de la Mesopotamie. La Notice de l'Empire[c] marque que les Romains y avoient garnison.

[c] Sect. 26.

2. CHARTA[d], Ville de la Palestine dans la Tribu de Zabulon. Elle fut donnée en partage aux Levites de la famille de Merari.

[d] *Josué* c. 21. c. 34.

CHARTAIA, Ville de l'Hircanie vers l'Orient. Elle étoit grande & riche au raport de Laonic cité par Ortelius[e].

[e] Thesaur.

CHARTAN[f], Ville de la Palestine dans la Tribu de Nephtali. Elle tomba en partage aux Levites de la famille de Gerson.

[f] *Josué* c. 21. v. 32.

CHARTANI, Peuple de la Libye dans le voisinage de l'Egypte, selon Ptolomée[g].

[g] l. 4. c. 5.

CHARTRAIN, (le Pays) contrée de France comprise dans la Beausse. [h] Il a tiré son nom de la Ville de Chartres, qui a pris le sien des Peuples *Carnutes*, lesquels étoient des plus célebres entre les Celtes par leur puissance & l'étenduë de leur territoire: leur Capitale est nommée *Autricum* dans les plus anciens Auteurs, & ce nom a succedé à celui du Peuple ; ainsi la Ville de Chartres est sans doute une des plus anciennes des Gaules, comme son Eglise dediée à Notre Dame, est une des plus belles. Cette Ville ayant été des dépendances du Royaume de Neustrie, elle demeura en partage à Charles le Chauve & à ses successeurs. Mais après la prison de Charles le Simple, les Seigneurs François s'étant rendus les maîtres de la plus grande partie du Royaume de France, celles de Chartres & de Blois vinrent au pouvoir de Thibaud I. du nom, dont les successeurs furent aussi Comtes de Champagne. Ces Comtez furent separez après la mort de Thibaud IV. Son fils aîné Henri le Large fut Comte de Champagne, & laissa cette Province à ses descendans. Thibaud dit le Bon, son cadet, fut Comte de Blois & de Chartres, & tenoit ses terres en fief du Comte de Champagne, qui s'en étoit reservé le droit féodal. Le petit-fils de Thibaud qui portoit le même nom que son grand-pere, étant mort sans enfans l'an 1218. eut pour ses heritieres ses Tantes Elisabeth & Marguerite ; la premiere eut le Comté de Blois, & la seconde eut celui de Chartres. Marguerite épousa Gaultier Seigneur d'Avènes, dont la fille Marie épousa Hugues de Châtillon Comte de St. Paul. Jeanne de Châtillon Comtesse d'Alençon qui descendoit de lui, vendit le Comté de Chartres l'an 1286. à Philippe le Bel. Saint Louïs grand-pere de ce Roi avoit acquis de Thibaud IV. Comte de Champagne & de sa Sœur Alix Reine de Chipre, tout le droit direct & utile qu'ils avoient sur les Comtez de Blois & de Chartres; mais la proprieté du dernier ne fut assurée à la Couronne que par l'acquisition de Philippe le Bel, qui donna ce Comté en partage à son frere Charles Comte de Valois; mais il revint à la Couronne lorsque Philippe de Valois y fut parvenu. Chartres fut érigée en Duché par François I. l'an 1528. & donnée en enga-

[h] Longuerue Descr. de la France part. 1. p. 110.

gement par ce Roi à Renée de France fille de Louïs XII. avec plusieurs grands Domaines: elle transmit son droit à sa fille Anne d'Est qui épousa le Duc de Nemours, dont les heritiers joüirent de ce Duché jusqu'à l'an 1623. qu'il fut retiré de leurs mains par Louïs XIII. lequel donna trois ans après en appanage le même Duché à son frere Gaston, après la mort duquel le Duché de Chartres a été donné en appanage par Louïs XIV. à son frere Philippe.

Le Pays Chartrain est aussi appellé la Beausse particuliere. L'étendue en est assez resserrée & ne comprend que les Villes de Chartres, de Nogent-le-Roi, de Gallardon, de Bonneval, de Maintenon, &c.

CHARTRES, Ville de France, au Pays Chartrain dont elle est la Capitale. Elle est une des Villes qui ont quité leur ancien nom pour prendre celui du Peuple dont elles étoient le chef-lieu. On l'appelloit autrefois AUTRICUM, & le Peuple CARNUTES. Après qu'on eut dit quelque temps CIVITAS CARNUTUM, l'ignorance du moyen âge prit le genitif pluriel pour un nominatif neutre & en fit *Carnutum*, *Carnuti*, d'où est venu le nom moderne de Chartres. La même chose est arrivée aux noms *Turones* &c. Hadrien de Valois[a] croit que le nom d'*Autricum*, lui avoit été donné de la Riviere d'Eure, sur laquelle elle est située & que les Latins appellent *Autura*. [b] La Ville de Chartres est une des plus anciennes du Royaume, & si l'on en croit la tradition du pays, elle fait remonter son antiquité jusques dans des temps fort voisins du Deluge. Elle est separée en deux parties par la Riviere d'Eure. La plus grande est élevée sur une Colline, & ses ruës sont fort étroites, ce qui marque sa grande ancienneté. La Tour du Roi sert de Palais pour rendre la Justice. Les Halles sont la place la plus considerable qu'il y ait à Chartres. Cette Ville a neuf portes, dont il y en a trois de bouchées. Elles ont toutes sur le haut l'image de Notre Dame ancienne Patrone de la Ville. Si la tradition populaire étoit fondée sur quelque temoignage ancien, on pourroit dire que cette Ville étoit Chrétienne avant la naissance du Sauveur du monde puisqu'on prétend que la Cathédrale étoit autrefois un Temple des Druides dedié VIRGINI PARITURÆ, *à la Vierge qui enfantera*; mais ce sont de ces songes qu'a produits l'ignorante oisiveté du moyen âge. On ne convient pas du temps auquel l'Evêché de Chartres a commencé. [c] On tient que St. Cheron qui fut l'Apôtre de cette Ville fut martyrisé dans le Diocése par des assassins & des voleurs vers le v. siécle, c'est-à-dire vers le commencement. [d] St. Souleine fut élu Evêque de Chartres l'an 497. après la mort de Flave; mais il prit la fuite & ne revint qu'après qu'on eut fait une autre ordination. St. Aventin qui lui avoit été substitué voyant qu'on l'avoit ramené à Chartres lui ceda le Siége Episcopal comme au legitime Evêque, & fut fait Chorévêque avec pouvoir d'exercer l'Episcopat dans le Dunois. Quelques-uns veulent qu'après la mort de St. Souleine il remonta sur le Siége de Chartres. Ce n'est pas sans doute de ce St. Aventin que Mr. Piganiol de la Force[e] dit: l'Evêché de Chartres, si St. Aventin en a été le premier Evêque, comme le dit la tradition, est un des plus anciens du Royaume. Le St. Aventin substitué à St. Souleine n'a certainement point été le premier Evêque, & si c'est le même que celui de Mr. Piganiol, l'Histoire remonte plus haut que la tradition.

Cet Evêché étoit autrefois Suffragant de l'Archevêché de Sens, & l'est de celui de Paris depuis son Erection en 1622. Le Diocèse de Chartres étoit un des plus grands du Royaume avant l'Erection de l'Evêché de Blois, & renfermoit dix-sept cens Paroisses, entre lesquelles celles de la Ville de Chartres n'étoient comptées que pour une. Il est divisé en six Archidiaconez, qui font partie des Dignitez de la Cathedrale.

[f] La Cathedrale fut consumée par le feu du Ciel l'an 1020. & fut rétablie aussitôt sur les anciens fondemens en l'état qu'on la voit aujourd'hui, par les soins de Fulbert qui en étoit pour lors Evêque. D'autres disent que ce fut par Yves de Chartres, qui la fit faire de pierre, au lieu qu'elle n'étoit auparavant que de bois. Aujourd'hui son Chœur, son Eglise souterraine & ses deux clochers la rendent une des plus belles du Royaume. Au pourtour du Chœur on voit les mysteres de la Vie de JESUS-CHRIST, sculpté en pierre, que les Connoisseurs regardent comme un ouvrage parfait. [g] Le Chapitre de cette Eglise est un des plus nombreux du Royaume, & est composé de dix-sept Dignitez & de soixante-seize Chanoines. Le Doyen est élu par le Chapitre. L'Evêque confere toutes les autres Dignitez, & tous les Canonicats.

Il y a encore dans la Ville de Chartres trois autres Chapitres, de St. André, de St. Maurice, & de St. Aignan. Il y a à Chartres plusieurs Paroisses, savoir St. André, Ste Foi, St. Saturnin, St. Martin, St. Aignan & St. Michel.

Il y en a aussi une de St. Michel, & quelques autres dans les Fauxbourgs. [h] Il y a à Chartres un des IV. grands Bailliages du Gouvernement d'Orléanois avec Siége Presidial. Ce Bailli est d'épée, & sa charge perit par mort. Sa fonction est de commander le Ban & l'Arriere-ban, d'être à la tête de la Compagnie des Officiers du Siége quoi qu'il n'y ait point de voix & de joüir de toutes les autres attributions ordinaires.

[i] Le *Bailliage* de Chartres est fort étendu, car outre les quatre Mairies de la Ville, il renferme encore la Prevôté Royale de Bonneval, & plus de cent cinquante Justices Seigneuriales dont plusieurs ont titre de Châtellenies, comme Illiers, Courville, Meslay, Vert, Gallardon, Auneau, Aunay, Brival, & Nogent-le-Roi. La Châtellenie de Maintenon en fut distraite lorsque Louïs XIV. l'érigea en Marquisat en faveur de Françoise d'Aubigné. Le ressort du Bailliage de Chartres ne borne pas celui du *Presidial*, qui s'étend non seulement sur les Justices qui relevent du Bailliage; mais encore sur les Bailliages de Montagne, de Bellesme, de Brezolle, de Senonches, de Château-neuf en Timerais, de Dourdan, d'Estampes, d'Yenville, & des cinq Baronies du

[a] Notit. Gall.
[b] Piganiol de la Force, Descr. de la France T. 5. p. 200.
[c] Baillet Vie des Saints au 28. Mai.
[d] Ibid. 24. Septemb. & 4. de Fevrier.
[e] l. c. p. 164.
[f] p. 200.
[g] p. 164.
[h] p. 173.
[i] p. 174.

Perche-Gouet, qui font Alluye, Brou, Authon, Montmiral, & la Bazoche, quelque protestation que les Officiers du Bailliage d'Orléans ayent pu faire au contraire en vertu d'un ancien Arrêt, qui les leur avoit ajugez à la poursuite de Charles Duc d'Orléans Pere du Roi Loüis XII.

Le Bailliage de Chartres a sa *Coutume particuliere*, qui fut reformée en 1508. & contient seize Articles divisez sous XXIII. titres. Il y a aussi à Chartres les *Juges & Consuls* établis par édit de l'an 1563. ils sont élus par le corps des Marchands dans les temps reglez, & reçus par le Lieutenant General.

[a] Le principal *Commerce* du Pays Chartrain est celui des bleds. Il est si fertile & en produit une si grande quantité qu'il peut en fournir à plusieurs Provinces. Il y a quelques Paroisses où il y a des vignes, & le vin de St. Piat est celui qui a le plus de reputation.

Chartres a produit de très-grands hommes sans parler de ceux qui y ont été Evêques. Philippe Des Portes Poëte fameux en son temps, Abbé de Tiron ; Regnier Poëte Satirique, son neveu ; André Felibien de l'Academie Royale des Inscriptions de qui nous avons plusieurs ouvrages estimez comme Entretiens sur les Vies des Peintres &c. né en 1619. il mourut à Paris le 11. Juin 1695. Pierre Nicole Ecclesiastique très-recommandable par la pureté de ses mœurs, par son érudition, & sur tout par les écrits qu'il a publiez pour défendre la doctrine de l'Eglise ; ses Essais de Morale & autres ouvrages où l'on trouve un Christianisme fort épuré, lui ont acquis une grande reputation. Né l'an 1625. il mourut à Paris le 16. de Novembre 1695.

☞ CHARTREUSE, on appelle ainsi generalement tous les Monasteres de l'Ordre des Chartreux institué par St. Bruno.

CHARTREUSE, (la Grande) Monastere de France en Dauphiné. On la nomme ainsi par distinction parce que c'est la premiere où l'Ordre fut institué ; & qu'elle en est le chef-lieu. [b] On va de Grenoble à ce fameux Monastere par deux differens chemins ; l'un appellé le *Sapey*, & l'autre *St. Laurent du Pont*. Par le premier on passe au Sapey, on monte une Montagne sur laquelle on trouve un bois de sapins. On descend delà dans la vallée où est le Village de Chartreuse (ou plûtôt *Chatrousse*) & après l'avoir traversé, on prend à main gauche, pour se rendre à la porte du Pont par lequel on entre dans l'enclos de la Chartreuse. Ce Pont est sur une petite Riviere appellée le *Guyer-mort*, qui passe en cet endroit entre deux rochers fort près l'un de l'autre. Ce Pont est éloigné du Monastere de près d'une lieuë. On monte toûjours depuis le Pont, & en chemin on trouve la *Courrerie*, où *Dom Courrier*, c'est-à-dire le lieu où le Procureur & les Officiers, qui ont quelque rapport à lui demeurent le plus souvent. Il y a une Imprimerie & on tient aussi dans cette Maison les jeunes gens à qui on fait filer la laine dont on fait les robes des Moines ; car tout ce qui peut se fabriquer dans l'interieur de la Maison pour le necessaire, ou l'utile du Couvent, s'y travaille & cela avec un fort bel ordre & beaucoup d'économie, à laquelle preside Dom-Courrier.

Le chemin de St. Laurent du Pont a été élargi, & on l'a rendu aussi praticable qu'on a pu. On y a mis des garde-fous ; mais il ne laisse pas d'être encore plus dangereux que l'autre. Le desert de ce côté-là paroît plus afreux. Des Montagnes couvertes de bois de pins fort épais, se joignent presque l'une à l'autre, & ne laissent entre elles qu'un passage fort étroit au *Guyer-mort*, & ce torrent en passant dans tous ces defilez fait un grand bruit, qui augmente l'horreur du lieu. On y va par Vorepe & Pomiers d'où on passe dans une plaine fort unie.

Saint Laurent du Pont dont il vient d'être parlé est une terre qui appartient aux Chartreux, & qui est d'un revenu considerable par les soins qu'ils ont eu d'y pratiquer des martinets & artifices à fer. Ils y ont aussi leurs reservoirs, leurs étangs, & plusieurs autres commoditez.

Les deux portes de l'enclos sont dans des endroits serrez, & aisez à defendre : l'on se rend delà à la porte du Monastere. Il n'y a rien d'afreux que ce qui l'environne. La Maison en elle-même est belle & fort bien entenduë. Le Cloitre est fort long, mais il va en pente, & ce defaut fait qu'on ne peut pas voir d'un bout à l'autre. On entre dans les cellules dont on admire la propreté ; chacune a son jardin ; la Bibliotheque est nombreuse & bien choisie. La sale du Chapitre general est belle & ornée de peintures. Les Generaux de l'Ordre sont peints autour du plat-fonds. On passe delà dans une galerie où sont representez sur de grands tableaux les plans des Chartreuses les plus considerables de France & d'Italie. Les chambres où l'on couche les étrangers sont petites, & les lits une espece de boëte fort couverte & fort étroite. Les fabriques qui sont autour de la Maison meritent d'être vûës. On y trouve menuiserie, corderie, ou forge, les greniers, & les caves où sont les provisions. Tout cela est bien entendu & s'y trouve en abondance. L'Apoticairerie est bien fournie. On voit dans les greniers un tamis d'une invention singuliere, qui separe quatre sortes de grains en même tems.

L'*Espaciement* est l'endroit où les Religieux se promenent les jours de récréation. Ils passent la Cour, la robe troussée, le bâton à la main sans se dire un seul mot ; mais dès qu'ils sont dans l'Espaciement, ils s'embrassent, se parlent, & vont se promener dans les bois & les rochers, dont ils sont dominez de toutes parts. La Chapelle de St. Bruno est enfoncée dans le desert, & à 20. pas de cette Chapelle, il y en a une autre dediée à la Ste. Vierge. Elle est fort propre & bien entretenuë. Voiez Catorissium.

CHARTREUSE DE MONT-DIEU[c], (LA) Monastere de l'Ordre de St. Bruno, situé dans le fond des bois à trois lieuës de Sedan. Comme c'est peut-être la plus belle Maison de cette espéce qu'il y ait en Europe j'en vais donner ici la description. Elle a été premierement dotée par la Maison de Gonzague. On trouve d'abord en y entrant deux corps de

---

[a] p. 187.

[b] *Piganiol de la Force*, Descr. de la France T. 3. p. 259.

[c] *Piganiol de la Force*, Descr. de la France T. 3. p. 142.

de logis ; l'un qui sert de logement à l'Archevêque de Rheims, lorsqu'il se retire dans cette Maison ; & l'autre a été bâti depuis peu pour le Duc Mazarin & sa famille. Il y a à droite & à gauche deux pièces d'eau quarrées, revêtuës de pierre de taille, bien remplies de poissons, & sur lesquelles on voit courir quelques cignes. L'Eglise est belle ; mais elle est un peu trop étroite pour sa longueur ; & ce défaut choque les yeux. Elle est d'ailleurs fort décorée de peintures, sculptures, & d'autres ornemens. Dans la cour où est l'Eglise, & qui est la seconde de cette Maison, on remarque de beaux bâtimens bien commodes pour les Etrangers, qui y sont très-bien reçus. On entre dans le Cloître par une Arcade parfaitement bien construite. Le Cloître est un beau quarré régulier, & le plus bel ouvrage dans ce genre que l'on puisse voir. Il est coupé sur châque face par 32. Arcades d'une beauté & d'une exécution très-parfaites. Au milieu de chacune de ces quatre faces s'élève un grand portail & châque face est accompagnée de cinq cellules, ce qui fait vingt en tout. Ces cellules sont autant de petits Châteaux détachez & éloignez les uns des autres, couverts d'ardoise & bâtis à la moderne. Chacune a un grand jardin bien enjolivé. Au fond de ce Cloître est une perspective charmante, formée par des arbres extrèmement hauts, qui semblent se baisser doucement, & se renverser sur les cellules qui sont de ce côté-là pour y faire un couvert. Les cellules en sont cependant fort éloignées ; mais tout a été ménagé avec tant d'art, que ces arbres dans cette belle perspective semblent précisément être au dessus des cellules.

Il y a en France & ailleurs un grand nombre de Chartreuses dont je reserve la liste à un Suplément.]

CHARTROUSSE. Voiez CATORISSIUM.

CHARUDES. Voiez HARUDES.

CHARUS. Voiez CHARIEN & CHARISTUS.

1. CHARYBDE, Goufre de la Mer Mediterranée entre la Mer & la Sicile. Homere[a] en fait une description Poëtique qui fait frémir ; & les anciens s'accordent à depeindre Scylla & Charybde, comme deux Dangers presque inévitables. Scylla est sur la côte d'Italie, & Charybde est sur la côte de Sicile. Le péril de s'y perdre étoit si grand que l'on en a fait un Proverbe Latin dont le sens est qu'en voulant éviter Charybde on alloit échouer contre Scylla.

Incidit in Scyllam cupiens vitare Charybdim.

Le Docte Bochart[b] trouve à ces deux noms une origine Phenicienne. Il observe que מקול Scol signifie *perte, malheur où l'on perit,* & que les Hellenistes ont employé le mot Grec Σκύλος dans le même sens. Pour Charybde חור-אובדים Chor-Obdam, c'est-à-dire le trou pernicieux. Seneque[c] dit : elle engloutit les vaisseaux dans un goufre large & profond, & Saluste dans un passage conservé par Servius dit : engloutissant les debris elle les porte par des goufres inconnus l'espace de soixante milles jusqu'aux rivages de Tauromenium. Cluvier dans son livre de l'ancienne Sicile a recueilli avec bien du soin tout ce que les anciens Grecs & Latins ont dit de Scylla & de Charybde, & je renvoye à son ouvrage ceux qui ont intérêt de voir tous ces temoignages rássemblez. Ce qui est remarquable, c'est qu'étant lui même sur les lieux il y interrogea non seulement les Siciliens & les Italiens sur ce qu'il vouloit savoir de Charybde ; mais encore des gens de Mer Flamands, Anglois, & François ; qui navigent souvent dans ce Détroit. Je n'en pus rien, dit-il[d], apprendre de certain, tant la chose leur étoit inconnue. A la fin pourtant je trouvai que Charybde nommée par les gens du Pays CALOFARO & *la Rema* sous le Phare qui est au Port de Messine, n'est autre chose que la Mer agitée avec rapidité en forme de tourbillon. Il ajoute que cette action d'engloutir & de rejetter les eaux n'arrive pas trois fois par jour comme le dit Homere ; mais seulement toutes les fois que le Détroit est agité par quelque tempête, principalement durant les vents du Midi. Cette derniere circonstance est appuyée encore sur le temoignage de Silius Italicus[e], de Juvenal[f] & de Seneque[g]. Cependant le P. Kircher[h] tâche d'en donner une idée plus formidable que celle qu'en ont ordinairement les modernes. Selon lui il faut distinguer deux Etats dans lesquels ce goufre se trouve successivement ; tantôt l'eau boût comme celle d'une Chaudiere, qui seroit sur le feu, on peut alors passer sans danger. Quelquefois l'eau tournoye & c'est alors qu'il y a du peril ; & selon l'experience des marins ce tournoyement arrive lorsqu'il souffle un vent de Sud-Est (*Sirocco.*) Il raconte une Histoire qui est assez singuliere, & qu'il dit être arrivée du temps de Frederic Roi de Sicile[i]. Ce Prince étant à Messine on lui parla d'un plongeur nommé Nicolas, qui plongeoit & nageoit d'une maniere si étonnante qu'on lui avoit donné le nom de *Pescecola*, c'est-à-dire *le poisson Colus* ; le Roi le fit venir, & lui commanda de plonger dans la Charybde pour en voir la construction. Comme il hesitoit prenant pretexte des grands dangers de cette entreprise dont il connoissoit seul la difficulté, le Roi pour l'encourager davantage y fit jetter une grande coupe d'or, lui promettant qu'elle seroit pour lui s'il la rapportoit. Nicolas engagé par cette esperance se précipita dans le goufre où il demeura près de trois quarts-d'heure, le Roi & sa Cour l'attendant avec impatience. Il parut enfin sur l'eau, tenant la coupe à la main, on le mena au Palais, & on lui fit reprendre ses forces qu'il avoit épuisées. Voici la substance de son raport. Je n'aurois, dit-il, jamais entrepris la chose pour la moitié de votre Royaume, si j'en avois connu auparavant toute la difficulté. Il y a quatre choses capables d'effrayer non seulement un plongeur ; mais encore les poissons mêmes. 1. Une Riviere fort à gros bouillons du fond de la Mer, & l'homme le plus robuste peut à peine y résister, c'est ce qui m'a forcé de descendre par une autre route. 2. La quantité de roches, qui presentent leurs pointes l'une à l'autre, dessorte que je n'ai pu descendre au fond sans courir risque de m'écor-

[a] Odyss. l. 32.

[b] Chanaan l.1.c.26. p. 576.

[c] Consolat. ad Marc. c. 17.

[d] Sicil. ant. p. 69.

[e] l. 14.

[f] Sat. 5.

[g] Consol. ad Marc. c. 17.

[h] Mund. subterr.

[i] l.4.c.15. p. 97.

m'écorcher & même de perdre la vie. 3. des torrents d'eaux souterraines, qui sortent impetueusement des entrailles des rochers & dont les courants opposez font des tournoyemens si terribles que la seule vûe est capable de faire mourir un homme de frayeur. 4. des troupeaux de grands polypes attachez aux côtez des roches. J'en ai vu dont le corps est plus gros que celui d'un homme, & leurs filets avoient dix pieds de long. S'ils m'avoient saisi j'étois perdu. Les creux des rochers sont peuplez de poissons d'une grandeur monstrueuse; ce sont des especes de Chiens, qui ont trois rangs de dents. Ils sont grands comme des Dauphins & s'ils se jettoient sur un homme rien ne pourroit le garantir de la mort &c. interrogé comment il avoit trouvé la coupe, il repondit qu'elle n'étoit pas tombée perpendiculairement; mais qu'ayant été entraînée à peu près comme lui par la violence des eaux il l'avoit trouvée au creux d'un rocher, sans quoi, dit-il, si elle eût descendu jusqu'au fond il ne lui eût pas été possible de la trouver. Car outre que les courans par lesquels l'eau s'engorge & se degorge ont une force à laquelle on ne sauroit resister, la Mer est si profonde en cet endroit que le jour n'y sauroit percer & qu'on y est dans une affreuse obscurité. On lui demanda quelle est la disposition interieure du Détroit; il repondit qu'il est herissé de quantité de rochers du pied desquels le flux & le reflux des eaux, qui se croisent dans leurs cours, cause en divers temps dans la surface ces agitations si dangereuses aux vaisseaux. On lui demanda s'il vouloit y retourner pour tâcher de connoître le fond; il repondit que non; mais gagné par un sac d'or qu'on lui fit voir, & auquel on attacha une autre coupe de grand prix, & que l'on jetta dans la Charybde, il se jetta de nouveau dans le goufre d'où il ne revint plus, soit que les courans l'eussent entrainé dans le creux des roches, soit qu'il fut devoré par les poissons, qui lui avoient fait tant de frayeur. Le P. Kircher craignant que le Lecteur ne prenne ceci pour une historiete faite à plaisir dit que ce fait est écrit dans les Actes du Royaume, & qu'un Secretaire de l'Archive la lui a communiquée.

Quelque idée que les Anciens & le P. Kircher veuillent nous donner de l'extrême danger où ce goufre met les vaisseaux qui en approchent, il y a bien du rabais à faire. Jouvin de Rochefort dit dans son Voyage d'Italie avoir vu des barques s'abandonner sans aucun peril à cette eau qui tourne. Il étoit avec quelques autres Voyageurs & la curiosité les obligea de prendre une barque pour se promener dessus, après avoir été assurez par les pêcheurs qu'ils n'avoient jamais vu personne s'y perdre. Ils avancerent sur ce abîme qui aussitôt entraina la barque à laquelle il fit faire plusieurs grands tours avant qu'elle arrivât à ce milieu, qui leur parut un peu plus bas que les bords. Il ajoute qu'ils ne s'en purent retirer qu'à force de rames; mais pour cela la barque n'abîma point. Il y eut un des Matelots de leur barque qui se précipita tout nud dans cet abîme, & qui revint au dessus après y avoir plongé presque un demi quart d'heure. Il rapporta que l'on n'en peut trouver le fond & que même il avoit eu de la peine à remonter sur l'eau à cause qu'elle alloit en tournoyant, & comme en s'abîmant dans un fort grand trou. J'ai parlé à des navigateurs qui tous m'ont assuré que ce pretendu danger ne meritoit pas la moindre attention, & qu'ils l'avoient plusieurs fois passé sans presque s'en appercevoir, même dans les temps où le P. Kircher dit qu'il est le plus à craindre. Madame Dacier dit fort bien dans une de ses Remarques sur l'Odyssée d'Homere [a]: dans ces anciens temps ces écueils étoient fort dangereux à cause de la qualité des vaisseaux qu'on avoit alors; mais aujourd'hui nos vaisseaux se moquent de ces monstres, comme les Officiers de marine me l'ont assuré.

[a] l. 12. rem. 8.

§. 2. CHARYBDE, ce mot n'est pas tellement affecté au goufre dont je viens de parler qu'il ne lui soit commun avec plusieurs. L'Etymologique l'explique par tout ce qui méne dans le Chaos & à la destruction; & outre cette Charybde il en décrit une autre vers le Détroit de Gibraltar où il dit que la Mer s'engoufrant sort avec une plus grande impetuosité.

3. Strabon [b] appelle CHARYBDE un lieu de la Syrie entre Apamée & Antioche où l'Oronte se precipite, pour sortir de terre à quarante stades delà.

[b] l. 6.

4. Quelques Auteurs appellent CHARYBDE SEPTENTRIONALE le MAEL-STROOM sur la côte de Norvége. Voiez MAELSTROOM.

CHARYBRIS ou CHARBYRIS, lieu de l'Isle de Chypre où vecut St. Hilarion Anachorete, selon Caliste [c] & Sozomene [d].

[c] l. 10. c. 8.
[d] l. 6.

CHASELLES. Voiez CHAZELLES.

CHASIRA, Ville de l'Armenie Mineure, selon Ptolomée cité par Ortelius. Je trouve dans le Grec CIZARA Κιζαρα.

CHASLUIM, Nation dont il est parlé dans l'Ecriture Sainte, & qui descendoit de Chasluim un des fils de Mezraïm [e]. On est fort partagé, dit D. Calmet, sur le lieu de sa demeure & sur la Nation dont il fut le fondateur. Le Paraphraste Jonathan explique Chasluim par les Pentapolitains, ceux de la Pentapole ou Cyrenaïque; le Paraphraste Jerosolymitain l'entend de ceux de Pentaschœnos dans la basse Egypte; l'Arabe de ceux de Saïde dans la Thebaïde. Bochart & plusieurs autres après lui des Colchiens. Herodote [f] que ceux de Colchos avoient la Circoncision, comme les Egyptiens le teint basané, les cheveux noirs & crépus, le long âge même & la maniere de vivre des Peuples d'Egypte. Il assure que ce fut Sesostris Roi d'Egypte, qui laissa dans la Colchide une Colonie de ses troupes. Il avoue toutefois que les Egyptiens ne se souvenoient pas que les Colchiens fussent originaires de leur pays. Ces raisons sont plausibles, poursuit D. Calmet; mais quand on avoueroit tout ce que dit Herodote, cela ne prouveroit pas que les Colchiens fussent les mêmes que Chasluim. Quand on seroit assuré que Sesostris a laissé une Colonie d'Egyptiens à Colchos, s'ensuivroit-il qu'il y eût laissé la Nation entiere, ou la plus grande partie des Chasluim? Peut-on avancer qu'avant Sesostris la Colchide ne porta pas encore

[e] Genef. c. 10. v. 14.
[f] l. 1. c. 104.

CHA.

ce nom & qu'elle n'a commencé à le porter que depuis la venue de ces prétendus Chasluim. Moïse[a] nous dit que des Chasluim sont sortis les Philistins & les Caphtorim, & les Prophétes Jeremie[b] & Amos[c] nous apprennent que les Philistins sont sortis de Caphtor. Pour accorder donc Moïse avec ces deux Prophétes, il faut dire que les Caphtorim sont sortis immediatement des Chasluim, & que des Caphtorim sont sortis les Philistins. On a vû à l'Article Caphtor que ce nom marque l'Isle de Créte. Il faut donc dire que Chasluim envoya de la Cyrenaïque une Colonie dans l'Isle de Crete, & que delà sortirent les Philistins lesquels étoient déja dans la Palestine long-tems avant Sesostris, & sa prétendue Colonie de Colchos. Dans le Commentaire sur le Chapitre x. verset 14. de la Genese D. Calmet propose quelques autres conjectures sur le Pays des Chasluim, & dit que les anciens Chasluim pouvoient avoir leur demeure sur les côtes Occidentales de la Mer rouge vis-à-vis l'Isle Colocasite, ou Coloca. Ces differentes opinions, comme il dit, ne doivent pas surprendre. Il est permis dans des matieres aussi obscures que celle-ci, de proposer quelques conjectures. Elles donnent quelquefois ouverture à des découvertes importantes.

CHASPHON ou

CHASPHORA ou CHASBONA, Ville de la Palestine au Pays de Galaad. Elle fut prise par Judas Maccabée[d]. C'est apparemment Esebon, comme le conjecture D. Calmet.

CHASSAGNES, Abbaye de France dans la Bresse, au Diocèse de Lyon, Ordre de Cîreaux. Elle fut fondée en 1170. par Etienne Seigneur de Villars.

CHASSAGNY, Bourg de France dans le Lyonnois, Election de Lyon.

CHASSELAIS ou

CHASSELEY[e], petite Ville de France dans le Lyonnois, près du bord Occidental de la Saone, à quatre lieues au dessus de Lyon & vis-à-vis de Trevoux, qui est de l'autre côté de la Riviere.

CHASSELET, Ville des Pays-bas au bord Meridional de la Sambre qu'on y passe sur un pont, à une lieue au dessous de Charleroy en allant vers Namur, à quatre de Philippeville, vers le Septentrion, & à neuf de Bruxelles. Elle appartient à l'Evêque de Liége avec le quartier aux environs. Mr. Baudrand[f] remarque très-bien qu'elle est mal nommée CHASTELET dans plusieurs Cartes recentes. C'est dans celles de Mrs. Sanson; car dans celles de Mr. de l'Isle on lit Chasselet comme il doit y avoir.

CHASSENEUIL, Ville de France dans l'Angoumois sur le torrent de Bonnyvre près de la Rochefoucaut, & environ à sept lieues d'Angoulême à l'Orient vers les confins du Poitou. Voiez CASSINOGILUM.

CHASTEAU; l'S. ne se prononce point & plusieurs écrivent CHATEAU. Voiez CHATEAU.

CHASTILLON ⎫ ⎧ CHATILLON
CHASTRE   ⎬ Voiez ⎨ CHATRE
&c.   ⎭ ⎩ &c.

[a] Genes. c. 10. v. 14.
[b] c. 47. v. 4.
[c] c. 9. v. 7.

[d] Macc. l. 1. c. 5. v. 26. & Joseph. ant. l. 12. c. 12.

[e] Baudrand Ed. 1705.

[f] Ibid.

CHÂ. 529

CHASUARII, CHASSUARII, CHATTUARII, ancien Peuple de la Germanie. Tacite[g] met ensemble les Dulgubins & les Casuariens. Strabon[h] & Ptolomée[i] disent CATTUARII. Dans Velleius Paterculus[k] on lit ATTUARII. On connoît fort peu ce Peuple. On convient seulement qu'il faisoit partie des Chattes, dont son nom étoit formé. Il est vrai-semblable que la Riviere de CHASUA, aujourd'hui de Hase, qui tombe dans l'Embs, a tiré son nom de ce Peuple. Les Anciens en ont marqué la demeure d'une maniere trop vague pour oser, à l'exemple de Cluvier, de Mrs. d'Audifret & Spener, marquer les limites qui les enfermoient.

CHASZAVENICA, la Notice de l'Empire[l] nomme ainsi un lieu où il y avoit garnison Romaine, sous les ordres du Commandant de l'Armenie.

CHATEAU, ce mot a deux significations assez differentes l'une de l'autre: tantôt il se prend pour une forteresse capable de servir de retraite en tems de guerre, & de contenir une garnison qui puisse soutenir les attaques de l'Ennemi. Tantôt on entend par ce mot un Palais, ou du moins une Maison plus grande & plus solidement bâtie que celles dont elle est environnée, & où est la demeure ordinaire du Prince, ou du Seigneur du lieu. En ce dernier sens il n'est pas necessaire que le Château ait aucune fortification. Les Maisons Royales de France n'en ont point; encore moins celles des Gentilshommes sur tout depuis que l'abus qu'on en avoit fait dans les guerres civiles a obligé les Rois à faire raser ceux qui pouvoient servir d'asyle aux rebelles.

CHATEAU-BRIANT[m], petite Ville de France en Bretagne, avec un vieux Château aux confins de l'Anjou à dix lieues de Nantes. Voiez au mot CASTRUM l'Article Castrum Brientii.

CHATEAU-CHINON ou CHATEL-CHINON[n], en Latin Castrum Caninum, petite Ville de France dans le Nivernois, fort près de la source de l'Yonne, au Diocèse d'Autun, dans le Morvant dont elle est la capitale. Elle est située sur la pointe d'une haute Montagne, qui est entourée d'autres Montagnes couvertes de bois. Il y en a une autre qui est plus haute que la Ville, & sur le sommet de laquelle on voit encore d'anciennes masures, & des restes de bâtimens que l'on prétend être du temps de Cesar, lesquels, à ce qu'on dit, servoient de Chenil, ce qui a fait donner à cette Ville le nom de Castrum Caninum. [o]Dans le Chartulaire de l'Eglise d'Autun il y a un Acte en date de l'an 1270. par lequel Robert de Châtillon en Basois reconnoît tenir de Girard par la grace de Dieu Evêque d'Autun le Château de Glan & le Fief de Château-Chinon Castrum Glanæ & feodum Castri Canini. [p]Le Prince de Carignan & le Comte de Soissons étoient Seigneurs de cette Ville, où ils avoient un Bailli & un Procureur fiscal; [q]mais elle a été achetée en 1719. par Mr. de Mascaragni. Elle a titre de Comté & plusieurs Fiefs en relevent. Cinq Bailliages en dépendent, savoir Château-Chinon, Auroux, Lorme, Brassy, & Dun-lez-Places,

[g] German. c. 33.
[h] l. 7.
[i] l. 2. c. 11.
[k] l. 2. c. 105.

[l] Sect. 27.

[m] Baudrand Ed. 1705.

[n] Piganiol de la Force Desc. de la France T. 5. p. 240.

[o] Valef. Notit. Gall. p. 134.

[p] Piganiol de la Force l. c.

[q] Divers Memoires.

Tom. II. X x x * Le

Le Seigneur est proprietaire de deux mille huit cens arpens de bois taillis. Outre la paroisse qui est sous l'invocation de St. Romain il y a un Prieuré, qui dépend de l'Abbé de Cluni. Château-Chinon est le Siége d'une Election composée de deux Villes & de quarante Paroisses. La manufacture de Château-Chinon seroit très-considerable si la pauvreté des ouvriers n'étoit pas si grande qu'ils n'ont pas de quoi acheter des laines, ni faire degraisser leurs étofes au foulon, ce qui rend leurs draps durs & de mauvaise odeur, quoi que d'ailleurs d'une très-bonne qualité.

CHATEAU-CENSOY. Voiez Castrum Censorium.

CHATEAU-CORNET, Château situé dans la Mer au bord Oriental de l'Isle de Grenezey, qui quoique sur les côtes de France est possedée par les Anglois.

CHATEAU-DAUPHIN, Château d'Italie en Piémont au Marquisat de Saluces. Il a été possedé par la France qui l'avoit uni au Dauphiné; mais à la Paix d'Utrecht il s'est trouvé dans le partage du Duc Savoye, étant situé au delà des Alpes, qui ont été marquées pour limites entre les deux Etats.

a Piganiol de la Force, T.5.p.202.

CHATEAU-DUN [a], Ville de France dans le Blaisois, en Latin *Castellum Dunum*, *Castrum Dunense*, ou *Castrum Dunii*; elle est située sur une hauteur, au pied de laquelle passe la petite Riviere du Loir, & a pris son nom du lieu où elle est située. Nous avons déja remarqué ailleurs que *Dunum* signifie une Montagne. Quelques-uns l'ont appellée *Rupes Clara* ou *Urbs Clara*, à cause qu'on la découvre de loin. Cette Ville est ancienne. Aimoin en parle dans la Vie du Roi Sigebert, & Gregoire de Tours dans celle de Chilperic. On y remarque un Château accompagné d'une grosse tour que les gens du pays disent avoir été bâtie par Thibaud le vieux Comte de Blois, au lieu que le reste du Château a été bâti par les Comtes de Dunois, Ducs de Longueville. Il y a dans la cour de ce Château une Ste Chapelle dont le Chapitre est considerable, & dans laquelle est la sepulture des Princes de la Maison de Longueville. Les autres Eglises de Château-Dun sont la Madelaine Abbaye Royale, St. André Collegiale, St. Nicolas Hôpital, St. Pierre & St. Lubin Paroisses, & St. Roch qui n'est qu'une Chapelle.

Comme les Fauxbourgs de Château-Dun sont plus grands que la Ville, il y a quatre Eglises Paroissiales, St. Valerien, St. Aignan, St. Medard & St. Jean. Il y a aussi un Couvent de Cordeliers, un des filles de la Congrégation de Nôtre Dame & un de Récollets. On conserve dans le Trefor de St. Nicolas de l'Hôpital des titres de l'an 1108. qui prouvent qu'on battoit autrefois monnoye à Château-Dun, puisqu'il y est fait mention de *solidi Dunenses*. On voit de ces monnoyes dans les cabinets des Curieux, lesquelles ont pour legende ces deux mots *Dunis Castili*. Les habitans de Château-Dun passent pour être d'une grande vivacité, d'esprit, ce qui a donné lieu au Proverbe: *il est de Château-Dun; il entend à demi-mot*. Lambert Licors qui sous le Regne de Louïs VII. mit avec Alexandre Paris l'Histoire d'Alexandre le Grand en vers de douze à treize syllabes appellez pour cette raison *Alexandrins*, étoit de Château-Dun. Augustin Costé Poëte Latin étoit aussi de cette Ville. Il fit imprimer l'an 1634. une Description du Dunois en vers Latins, qui est également exacte & élegante. Elle est intitulée *Nympha vivaria, seu Patrie Dunensis Descriptio*. [b] Château-Dun est le Siége d'une Election qui produit du vin, du bled & des fruits. On y fait du Cidre qui est consumé dans le pays. Dans les Paroisses de Brou & d'Authon il y a une manufacture d'étamines, lesquelles se debitent à Tours, à Orleans & à Paris. Dans la Paroisse de Champrond il y a une forge de laquelle je parle ailleurs.

b Ibid. p. 186.

CHATEAU GARNIER, Bourg de France en Poitou, dans l'Election de Poitiers.

CHATEAU GONTIER [c], en Latin *Castrum Gunteri*, Ville de France en Anjou, sur la Mayenne, qui la separe du fauxbourg d'Azé. Elle prend son nom d'un certain Fermier ou Concierge de Foulque Nerra Comte d'Anjou, qui fonda ce lieu en 1037. comme Hadrien de Valois [d] le prouve par des Actes de l'Abbaye de St. Aubin d'Angers, où il est marqué que Foulque Comte d'Anjou pere de Geofroi Martel, & fils de Geofroi Grise-Gonelle fit faire une Forteresse sur la Riviere de Mayenne (*ad Meduanam Fluvium*) dans un lieu que l'on appelloit auparavant *Basilica* (Bazoche,) & qu'il lui donna le nom d'un de ses Fermiers (ou Concierges) nommé Gontier: (*firmavit Castrum super Meduanam Fluvium in curte quæ vocatur Basilice, atque ex nomine cujusdam Villici sui Castrum Guntheri appellavit.*) On voit aussi dans l'Histoire des Comtes d'Anjou [e] un Discours du Comte Foulque-Rechin dans lequel il assure que son ayeul maternel avoit fait bâtir plusieurs Forteresses en Anjou, savoir Baugé, Château-Gontier, Dureftal, & plusieurs autres. Château-Gontier est devenu une Ville assez peuplée, qui faisoit partie du Duché de Beaumont & de la Fléche, & qui a depuis été aliénée [f] à Nicolas de Bailleul Président à mortier au Parlement de Paris, en faveur de qui elle a été érigée en Marquisat. Il y a deux Baronies, sept Châtellenies, & trente-sept Paroisses qui en relevent. La Ville & le Château ont un Gouverneur particulier. Il y a trois Paroisses dans la Ville & dans le Fauxbourg, outre cela il y a une Collegiale, un Couvent de Capucins & dans le Fauxbourg d'Azé un Couvent d'Ursulines & un de Cordeliers, qui possedent aussi l'Hôpital de St. Joseph. Le commerce de cette Ville consiste en fabrique de toiles, en serges & en cires. Près de cette Ville est une fontaine minerale, qui est bonne contre la gravelle.

c Longuerue Desc. de la France 1. part. p. 102.

d Notit. Gall.

e Au Recueil de Duchêne.

f Divers Memoires.

CHATEAU-D'IF, Isle & Château de France en Provence dans la Baye de Marseille. Les Isles du Château-d'If, dit l'Auteur du Portulan de la Mediterranée [g], sont au nombre de trois, éloignées du Port de Marseille d'environ trois milles à l'Ouest-Sud-Ouest. La plus voisine de Marseille est celle du Château-d'If, qui est un gros rocher fortifié de toutes parts du temps de François I.: au milieu il y a trois grandes tours qui accompagnent un Donjon.

g p. 64.

CHA. CHA. 531

jon. Les deux autres sont les Isles de Ratonneau vers le Nord, & celle de St. Jean ou de Pomegue, qui est au Midi de celle-là. Voiez leurs Articles particuliers.

CHATEAU-LANDON, petite Ville de France au Gâtinois sur une Colline près du ruisseau de Fusin à deux lieues de Nemours, à cinq de Montargis, & à vingt de Paris. Voiez au mot Castrum l'Article Castrum Nantonis, qui en est le nom Latin.

[a Baudrand Ed. 1705.] CHATEAU-LIN[a], Bourg de France en basse Bretagne au Diocèse de Quimper, sur la Riviere d'Auson, qui se rend peu après dans la Baye de Brest, à cinq lieues de Quimper & à neuf de Brest.

[b Piganiol de la Force, Descr. de la France T. 5. p. 142.] CHATEAU DU LOIR[b], en Latin Castrum Lidi, ou Leda, ou Liderici, ou Castellum Ligeri, petite Ville de France dans le Maine aux frontieres de la Touraine, au Nord & à main droite de la Riviere du Loir, sur la hauteur du côteau, qui regne le long de cette Riviere. Cette Ville est fameuse pour avoir soutenu un siége de sept ans contre Herbert Comte du Mans surnommé Eveille-chien. On y trouve les Jurisdictions ordinaires, Siége Royal, Election, Grenier à sel, Maîtrise des eaux & Forêts & Marechaussée. Il y a deux Paroisses & on y compte trois cens soixante-six feux. C'est le lieu de la naissance de Guillaume des Roches Senéchal hereditaire d'Anjou, de Touraine, & du Maine; & de Robert le Maçon Baron de Treves en Anjou, Chancelier de France. [c Corn. Dict.] Château du Loir a aussi donné à la Republique des Lettres Nicolas Coefeteau si vanté pour la netteté de son stile, & cité pour modele dans les Remarques de Vaugelas. Né vers l'an 1574. il entra chez les Dominicains l'an 1588. Louïs XIII. le nomma successivement aux Evêchez de Lombez, de Saintes, & de Marseille; il mourut le 21. Avril 1623. son Histoire Romaine lui acquit beaucoup de reputation.

[d Divers Memoires.] CHATEAU-MEILLANT[d], en Latin Castrum Mediolanum ou Castrum Melliani; Bourg, ou Ville non murée de France en Berri, Election d'Issoudun avec un ancien Château & titre de Comté, sur le ruisseau de Sinaise à trois lieues de la Châtre, à dix d'Issoudun & à dix-sept de Bourges. Il y a une Eglise Collegiale sous l'invocation de Nôtre Dame fondée en 1571. par Jean d'Albret Comte de Dreux & de Château-Meillant. Il y a dans le Château une ancienne tour que l'on dit avoir été bâtie par Jules Cesar. Il y a par an six Foires d'un jour chacune & un Marché qui se tient tous les Vendredis.

[e Divers Memoires.] 1. CHATEAU-NEUF[e], Ville de France dans le Perche, avec un vieux Château au Pays de Timerais dont elle est la principale, d'où vient qu'on la nomme souvent Château-neuf en Timerais. Elle est aussi le chef-lieu d'un Bailliage. Ce fut Guazzon qui la fonda dans l'onziéme siécle. C'est un Gouvernement particulier, qui depend du Gouvernement Militaire de l'Isle de France. Elle est à quatre lieues de Chartres, au Couchant d'Eté, en allant vers Verneuil.

[f Divers Memoires.] 2. CHATEAU-NEUF[f], Ville de France en Angoumois sur la Charente, à quatre lieues au dessous d'Angoulême, à deux lieues

Tom. II.

de Jarnac. C'est entre Jarnac & Château-Neuf que se donna en 1569. la fameuse Bataille de Jarnac entre les Catholiques commandez par le Duc d'Anjou, & les P. Reformez qui y furent batus. Le Prince de Condé leur chef, fut pris prisonnier & assassiné par Montesquiou. Cette Bataille est aussi nommée la Journée de Bassac, à cause de Bassac Village voisin. Château-Neuf fut érigé en Comté l'an 1649. en faveur de Jean de Pradel.

3. CHATEAU-NEUF[g], Ville & Baronie de France en Anjou, sur la Sarte à quatre lieues au dessus d'Angers. Elle étoit autrefois la capitale du Comté d'Anjou Outremaine, & la residence de ses anciens Comtes, sur la fin de la seconde race des Rois de France. Le Château fut bâti en 1131. mais Philippe Auguste ayant conquis ce pays en gratifia Guillaume des Roches Senéchal dont la fille Jeanne épousa Amauri de Craon à qui elle porta cette succession. Enfin Isabeau de Craon la porta à Louis de Sully dont la fille Marie épousa Gui de la Tremouille VI. du nom. Son Erection en Baronie arriva l'an 1584. Elle est fort déchue & sa Paroisse nommée St. André n'a dans sa dépendance que cent quatre vingt six feux. [g Divers Memoires.]

4. CHATEAU-NEUF, Ville de France dans le Berry, sur le Cher, sur la frontiere du Bourbonnois, à sept lieues de Bourges, sur un côteau. [h] Elle est divisée en Ville haute & en Ville basse. Le Château est dans la haute. Cette Maison qui est celle du Seigneur est grande & belle & a été bâtie par Guillaume de l'Aubespine l'un de ses Seigneurs. La Paroisse porte le nom de St. Pierre, & est aussi Collegiale. La Ville basse est située sur le penchant de la Colline, & s'étend jusqu'à la Riviere du Cher. Cette Seigneurie est une ancienne Baronie, qui a de beaux droits, le Seigneur assied la taille avec le Roi sur tous les Bourgeois, Manants, & habitans, dont les plus riches sont tenus de payer au Seigneur la somme de cinq sols au jour & fête de St. Martin d'hyver; & les autres moins aisez qui ne pourroient commodement payer les dits cinq sols Tournois, payeront selon leurs facultez en descendant ou diminuant de ladite somme de cinq sols jusqu'à celle de douze deniers Tournois. Cette taxe & cottisation doit être faite, dit la Coutume locale du Berri[i], par quatre Preud'hommes de la dite Bourgeoisie. L'Hôtel de Ville de Bourges doit au Seigneur de Château-Neuf une redevance dont je parle à l'Article de Bourges. Cette Terre appartient à Jerôme Phelypeaux Comte de Pontchartrain. [h Piganiol de la Force, Descr. de la France T. 6. p. 36.] [i p. 164.]

5. CHATEAU-NEUF, Bourg de France dans l'Orléanois, sur la Riviere de Loire avec un beau Château bâti à la moderne, entre Sully & Jargeau, six lieues au dessus d'Orléans.

6. CHATEAU-NEUF, Bourg de France dans le Forez, Election de St. Etienne.

7. CHATEAU-NEUF, Bourg & Baronie de France dans la Bourgogne au Diocèse d'Autun, sur une Montagne au pied de laquelle est l'Hôpital de Ste Marie Madelaine.

8. CHATEAU-NEUF, gros Bourg de Fran-

Xxx* 2

France en Bretagne avec titre de Marquifat, entre St. Malo & Dol.

9. CHATEAU-NEUF, Baronie de la Ville de Tours. Elle appartient au Treforier du Chapitre de St. Martin de Tours. Il y a une Châtellenie & dix Fiefs, qui en dépendent.

10. CHATEAU-NEUF, Ville de France dans le Lyonnois, au Val Romey dont elle eft la capitale.

11. CHATEAU-NEUF AU VAL DE BARGIS, Bourg de France dans le Nivernois, au Diocèfe d'Auxerre, à quatre lieues de la Charité. Il y a une Chartreufe nommée BELARS, en Latin *Bellum Laricum* fondée par Hervé Baron de Donzy. Ce Seigneur ayant defait Pierre Comte de Nevers près de St. Laurent l'Abbaye, le força en lui donnant la Paix de lui accorder pour femme Mathilde ou Mahaut fa fille unique & fon heritiere. Le mariage fut contracté & confommé en 1198. fans difpenfe, malgré la proximité du fang. Dix ans après par un fcrupule ils demanderent difpenfe au Pape, qui la leur accorda à condition qu'ils fonderoient trois Maifons religieufes à leur choix. Celle de Belars fut la premiere. Le Chapitre General des Chartreux accepta cette fondation en 1209. il y eut Noviciat jufqu'en 1558. que la Maifon fut pillée, & la plus grande partie des Edifices incendiée par les Proteftans armez. On a depuis travaillé à réparer ce Monaftere.

a Corn. Dict. & *Doubdan* Voyage c. 49.

CHATEAU-PELERIN[a], Forterefle de la Paleftine, fituée au bord de la Mer, environ à dix milles de Cefarée. Elle a des noms differens dans les Auteurs, les uns l'appellent *Pierre Ancife*, à caufe de quantité de roches coupées & efcarpées qui y font, & comme elles rendent le chemin étroit, elle eft auffi nommée le *Détroit*. Les Arabes l'appellent *Aclyte*, les Maures *Tourtoure*, & les Chrétiens *Château-Pelerin*, à caufe qu'on l'a bâti pour la fûreté des Pelerins de Jerufalem, le paffage étant fort dangereux auparavant. Il eft fur une terraffe, qui femble environnée de la Mer, quoi qu'elle tienne par un petit Ifthme à la terre-ferme du côté de l'Orient. Elle a encore l'apparence d'un Château, grand, haut, & auffi fort qu'il s'en puiffe voir. Le bâtiment qui refte fur pied au milieu des ruines, eft un grand corps de logis prefque tout entier, conftruit par un bout en demi-lune, comme une groffe tour, avec des fenêtres hautes & étroites. A faite la voûte eft en terraffe, ceinte de lucarnes & de creneaux, le tout de belle Sculpture, ce qui fait voir que la Place n'étoit pas autrefois moins recommandable pour fa beauté que pour fa force. On y voit auffi quelques tours fort hautes, les unes entieres, & les autres demi ruinées, avec plufieurs voûtes, & des pans de murailles d'une épaiffeur prodigieufe, tout cela fabriqué de grandes pierres de taille, & en un lieu fi bas & fi uni, que la Mer y flotte dès qu'il fait le moindre vent. Le Cardinal de Vitri parlant de ce Château-Pelerin au troifiéme Livre de fon Hiftoire Orientale, dit que les Templiers y travaillant en 1217. pour relever une forte Tour qui avoit été abbatuë comme le Château, trouverent en fouillant les fondemens un trefor de quantité de pieces de vieille monnoye, & qu'ayant fouillé enfuite en un autre endroit, ils y découvrirent plufieurs fources de bonne eau, & une fi grande quantité de materiaux de vieux bâtimens renverfez, qu'ils en firent deux fortes tours quarrées, toutes de grandes pierres de taille, chaque tour ayant cent pieds de longueur, & foixante & quatorze de largeur, avec deux efcaliers pour monter fur la terraffe qui étoit fort haute; que ces deux tours étoient jointes par un gros mur de même hauteur, le tout environné de lucarnes & de creneaux propres pour fe bien défendre; qu'il y avoit une Chapelle & le Palais du Grand Maître, & plufieurs Maifons pour les particuliers, avec des puits de bonne eau. En 1291. les Chrétiens qui gardoient ce Château voyant que Prolemaïde, Tyr, Sidon, & toutes les autres Villes de la Terre-Sainte, étoient perduës, & qu'ils étoient les derniers à fe rendre aux Infidelles, quitterent la Place, & s'en retournerent en Chrétienté. Auffi-tôt les Barbares y entrant, le renverferent par terre & le laifferent en l'état où on le voit aujourd'hui.

CHATEAU-POINSAT, Bourg de France dans le Limofin, Election de Limoges.

CHATEAU-PORTIEN[b], *Caftrum Portianum*, petite Ville de France en Champagne. Elle porte titre de Principauté, & eft fituée dans une contrée du Rethelois nommée PORTIEN, fur la Riviere d'Aine, à trois lieues & au deffous de Rethel. Elle étoit autrefois du Domaine des Comtes de Champagne. La Ville eft bâtie au pied du Château qui eft fur un rocher, & elle n'en eft feparée que par la Riviere. Cette Ville n'étoit autrefois qu'une fimple Seigneurie, mouvante du Comté de Sainte Menehould. Par traité d'échange de l'an 1263. entre Thibault Roi de Navarre, Comte de Champagne, & Roul du Châtel en Portien, Roul transporta à ce Comte de Champagne tout le droit qu'il avoit à ce Château & aux environs, & le Comte s'obligea de lui affigner des revenus à Fîmes: ce qu'il exécuta l'année fuivante: Jeanne Reine de Navarre porta au Roi Philippe le Bel, fon époux, ce Château qui faifoit partie de fon Comté de Champagne. Ce Roi l'érigea en Comté en faveur de Gauthier de Châtillon, Connétable de France, auquel il le donna l'an 1303. en échange de la Terre que Gauthier avoit à Châtillon fur Marne. Le Comté de Portien eft demeuré à la Maifon de Châtillon jufqu'en l'année 1395. que Jean de Châtillon, l'un de fes fucceffeurs, le vendit à Louïs de France, Duc d'Orléans, qui le laiffa par teftament à Charles Duc d'Orléans fon fils aîné, qui ayant été pris à la bataille d'Azincourt le revendit en 1439. à Antoine de Croüy, Sieur de Renty, pour avoir de quoi payer fa rançon. Philippe de Croüy fucceda à Antoine, & mourut en 1511. Henri fon fils & fucceffeur mourut en 1514. Philippe fils de Henri mourut en 1549. Charles de Croüy Comte de Senigen, troifiéme fils de Henri, lui fucceda; il eut un fils nommé Antoine, qui époufa Catherine de Cleves,

[b] *Baugin* Memoires Hift. de la Champagne T. 1. p. 316.

fil-

CHA.   CHA.   533

fille de François de Cleves, Duc de Nevers, Le 4. Juin 1561. le Roi Charles IX. érigea Château-Portien en Principauté en faveur de ce Charles de Croüy Comte de Seniguen, & y unit plusieurs Terres. Cette Principauté passa de cette Maison à celle de Gonzague en l'année 1608. & enfin en l'année 1668. elle passa au Duc de Mazarin. Château-Portien a soûtenu quatre siéges en fort peu de tems; ayant été pris par les Espagnols en 1650. & repris en la même année par l'armée du Roi de France. Il fut pris encore une fois en l'année 1652. & repris en 1653.

a Pigniol de la Force, Descr. de la France T. 5. p. 214.

1. CHATEAU-REGNARD [a], petite Ville de France au Gâtinois sur l'Ouaine à deux ou trois lieues de Montargis. C'est un ancien Domaine de la Couronne; qui a été engagé. C'étoit autrefois une place considerable qui avoit un Château assez fort qui fut demoli en 1627. par ordre de la Cour, laquelle n'a pas laissé depuis d'y mettre un Gouverneur. La Seigneurie de cette Ville appartenoit en 1569. à l'Amiral de Coligni, après la mort duquel elle entra dans la Maison de Nassau-Orange par le mariage de Louïse de Coligni sa fille avec Maurice Prince d'Orange. Un de ses descendans la vendit du tems du Cardinal Mazarin au Sieur Amat, après la mort duquel elle a été acquise par le Sieur Daquin President au Grand Conseil. [b] On fait à Château-Regnard des Draps propres à habiller les Troupes, lesquels se debitent à Troyes. Il s'y fait aussi un commerce de grosse toile que les Marchands achettent aux environs de Montargis, de Cosne & de St. Fargeau. Autrefois les Allemands y venoient acheter des Saffrans du côté de Bois-commun; mais ce commerce est aujourd'hui fort diminué.

b p. 187.

§. Mr. Baudrand met la demolition du Château en 1618.

2. CHATEAU-REGNARD, Bourg de France en Provence dans la Viguerie de Tarascon.

e Divers Memoires.

1. CHATEAU-REGNAUD [e], (le G. ne se prononce point non plus que dans les Articles suivans.) Château, Terre & autrefois Principauté Souveraine de France en Champagne; le Château qui est sur un rocher escarpé sur la Cernay près de la Meuse, étoit autrefois une place forte; mais on en a abbatu les fortifications. Il est situé à deux lieues au dessous de Charleville aux confins du Pays de Liége & du Luxembourg. Cette Terre a fait partie du Comté de Castrices, & avoit pour lieu principal Montarmé. Louïs XIII. l'a acquise de la Princesse de Conti Douairiere en 1629. en échange de Pont sur Seine. Cette Principauté comprend vingt-sept Villages, qui n'ont point d'autre commerce que l'Ardoise.

d Divers Memoires.

2. CHATEAU-REGNAUD [d], Ville de France dans la Touraine avec titre de Marquisat, sur la Rivière de Branle dans un beau pays de chasse: on croit qu'elle s'appelloit autrefois CARAMAN ou VILLE-MORAND. Elle prit le nom de Château-Regnaud d'un Château que Géofroi de Château-Gontier, filleul de Géofroi-Martel Comte d'Anjou fit bâtir à la fin du XI. siécle, auquel il donna le nom de Regnaud qu'avoit porté son pere, & que porta son fils aîné qui náquit alors. Cette Terre passa ensuite aux Comtes de Blois desquels Louïs Duc d'Orléans l'acquit en 1391. Elle passa ensuite à la Maison de Longueville; puis à celle de Gondi, & après à celle de Rousselet en faveur de laquelle elle fut érigée en Marquisat. Il y a une Paroisse qui dépend de St. Julien de Tours, & un Couvent de Cordeliers. Il s'y tient trois Foires par an & un Marché tous les Mardis.

3. CHATEAU-RENAUD [e], Bourg de France dans l'Angoumois, aux Frontieres de Poitou sur la Charente, & à six lieues d'Angoulême vers le Nord.

e Baudrand Ed. 1705.

CHATEAU-ROUX; on devroit dire CHATEAU-RAOUL, en Latin *Castrum Radulfi*, (& non pas *Castrum Rufum*, comme le dit très-mal Mr. Baudrand) Ville de France en Berri. Elle a pris nom de son fondateur Raoul, Roux, Rouls ou Radulfe de Deols surnommé le large ou le Liberal, qui fit bâtir le Château & la Ville de Château-Roux sur la Riviere d'Indre; & mourut l'an 952. selon Mr. Piganiol de la Force [f]. Mr. l'Abbé de Longuerue [g] raconte la chose autrement. on voit, dit-il, par une ancienne Chronique de Dol ou Déols qu'Ebbon fut le premier Seigneur de Deols dans le commencement du x. siécle sous le Regne de Charles le Simple & ce fut lui, qui y fonda un Monastere de Benedictins l'an 917. Raoul ou Radulphe, qui descendoit de lui & mourut l'an 952. ayant bâti une nouvelle place qu'il appella de son nom donna Dol ou Déols aux Moines de l'Abbaye, qui y avoit été fondée & qui devint très-riche. Elle a subsisté jusqu'au temps de Louïs XIII. ce fut lors qu'Henri de Bourbon Prince de Condé étant allé à Rome l'an 1623. obtint du Pape Gregoire XV. la suppression entiere de cette Abbaye & du Monastere dont tous les biens, & tous les droits furent unis à perpetuité à la terre de Château-Roux, qui de Baronie qu'elle étoit auparavant avoit été érigée en Duché-pairie en faveur de Henri de Bourbon. Ensorte que le fameux Monastere de Déols vulgairement BOURG-DIEU a été anéanti.

f Descr. de la France T. 6. p. 47.
g Descr. de la France T. 1. part. p. 126.

Les Seigneurs de Château-Roux étoient vassaux des Ducs de Guienne & des Rois d'Angleterre, après que l'heritiere de Guienne leur eut apporté ce Duché; mais Philippe Auguste conquit cette place l'an 1188. avec Issoudun, & les réunit au Berri. Par le Traité fait avec les Anglois, Philippe devoit leur rendre Château-Roux (*cum feudo suo*) avec son fief, c'est-à-dire avec la terre nommée Deoloise, où il y avoit autrefois dix-sept cens Fiefs, & qui appartenoit à André de Chauvigni; la Paix ayant été aussitôt rompue le Roi jouït de la terre Déoloise jusqu'à son expedition d'Outremer durant laquelle pour recompenser la valeur qu'André de Chauvigni avoit fait paroître en combatant contre Saladin, Philippe après avoir pardonné à André les fautes, qui l'avoient fait tomber en sa disgrace, lui donna main levée de Château-Roux, & de toute la terre Déoloise dont il fut remis en possession; à la reserve d'Issoudun que le Roi retint, & reçut pour le reste

Xxx* 3   An-

CHA.

André de Chauvigni au nombre de ses Vassaux.

Cette Ville est située sur la Rivière d'Indre à demi quart de lieue de Déols, à sept lieues d'Issoudun, & à quinze de Bourges. On y voit plusieurs Eglises. La Collegiale est dédiée à Nôtre Dame & à St. Martin & est Paroissiale. Celle de St. Martial est succursale de celle de St. Denis bâtie hors de la Ville au lieu où l'on croit qu'étoit autrefois l'ancienne Ville de Château-Roux. Celle de St. André est paroissiale, on y remarque les tombeaux des Seigneurs de la Tour-Landri. Les Capucins ont été établis en 1630. dans le fauxbourg de la Porte aux Guesdons. Les Religieuses de la Congregation de Nôtre Dame sont aussi dans un fauxbourg. Les Cordeliers ont leur Couvent dans la rue basse sur les murs de la Ville. C'est un des plus anciens de l'Ordre. Il fut commencé l'an 1213. & achevé en 1216.: dans le Chœur de leur Eglise & dans la Chapelle de St. Claude, on voit les tombeaux des Seigneurs de Château-Roux des Maisons de Chauvigni & d'Aumont. Le Château est à l'un des bouts de la Ville sur une Colline au bas de laquelle coule la Rivière d'Indre le long d'une belle & vaste prairie. Auprès de ce Château il y en a un autre appellé le Parc, qui est très-peu de chose. Château-Roux[a] est le Siége d'une *Election* dont le terroir est le plus sterile & le plus ingrat qu'il y ait en France. Il n'y a que les environs de la Rivière d'Indre, qui produisent quelque chose, tout le reste n'est que Forêts, Etangs, & Bruieres qui ne meritent pas d'être cultivées, aussi ne paroît-il pas qu'elles l'aient jamais été : le bois se debite par le moyen des forges ; le poisson des étangs se vend en Berri & en Touraine, & les Bruyeres servent à la nourriture des bestiaux dont on fait un très-grand commerce. La Manufacture des draps, qui est dans la Ville est une des plus considerables du Royaume, & occupe plus de dix mille personnes tant dans la Ville qu'aux environs.

2. CHATEAU-ROUX. Voiez CARISTO.

CHATEAU ST. ANGE, Forteresse de Rome bâtie sur le Mole d'Hadrien. Voiez l'Article de Rome.

CHATEAU-SALINS[b], petite Ville de Lorraine ainsi nommée à cause de ses Salines; elle est à une lieue de Vic, à deux lieues de Marsal au Couchant, & à quatre de Nanci au Levant d'Eté.

CHATEAU-THIERRI, en Latin *Castrum Theodorici*[c], Ville de France en Champagne sur la Rivière de Marne, avec titre de Duché, à vingt lieues de Paris dans le Diocèse de Soissons. Sa situation est très-agréable. Son Château est assez beau, bâti sur un lieu fort élevé dont la vue est charmante. Le jardin qui est au bas de ce Château, rempli d'un grand nombre de belles allées, plantées de charmilles & autres arbres, sert de promenade aux habitans. Les fauxbourgs qui sont plus grands que la Ville sont passablement beaux. Le Duc de Mayenne s'en étant saisi pour la ligue contre le Roi Henri le Grand, les Espagnols la pillerent & la saccagerent. El-

a Ibid. p. 24.

b Baudrand Ed. 1705.

c Baugier Mem. Hist. de Champagne T. 1. p. 371.

CHA.

le se remit depuis sous l'obéissance de son legitime Souverain, qui lui accorda de beaux Privileges par ses Lettres Patentes de l'année 1581. Elle a un Siége Presidial, Prevôté, Election, Grenier à sel & autres Jurisdictions. Cette Ville n'est pas ancienne, & il n'en est fait mention que dans le x. siécle. [d]Flodoard de Rheims dans sa Chronique assure que l'an 923. Heribert Comte de Vermandois fit mettre en prison le Roi Charles le Simple dans la Forteresse de Château-Thierri, qui appartenoit à ce Comte sur la Marne. Les Comtes de Vermandois donnerent la Seigneurie utile de Château-Thierri à des Chevaliers. L'un d'eux nommé Hugues fonda l'Abbaye de St. Jean des Vignes. L'an 1076. Huon ou Odon Comte de Troyes étoit déja proprietaire de Château-Thierri, comme il se voit par une Chartre de ce Seigneur, qui donna l'Eglise de Château-Thierri avec des biens aux Religieux de Premontré transferez depuis à Val-Secret. Le Comte Huon ou Odon vendit son Comté à son neveu Thibaud Comte de Chartres & de Blois, qui jouïssoit dès l'an 1140. de Château-Thierri, qui fut réuni avec la Province de Champagne à la Couronne. [e]Charles VI. érigea Château-Thierri en Pairie en faveur de Louïs d'Orléans son frere ; mais l'an 1407. ce même Roi la réunit à la Couronne. Charles IX. l'érigea en Duché en 1566. Il a été demembré de la Couronne à perpetuité, & donné pour la recompense de Sedan au Duc de Bouillon en faveur duquel il a été érigé en Duché pairie avec Epernay.

Cette Ville est la patrie de Jean de la Fontaine. Il y nâquit l'an 1621. Il succeda dans l'Academie Françoise à Jean Baptiste Colbert Ministre & Secretaire d'Etat, & mourut le 13. Avril 1695. Il s'étoit fait un genre de Poësie dans lequel il excella. Un style naïf & original regne dans tous ses ouvrages. Le principal est ses Fables. Ses Contes meriteroient la preference pour l'art de narrer, si ce livre n'étoit pas si dangereux. Il employa les dernieres années de sa vie dans les exercices de la penitence la plus austere pour expier le tort qu'il avoit fait aux bonnes mœurs par cet ouvrage.

CHATEAU-VILLAIN[f], en Latin *Castrum Villanum*, petite Ville de France en Champagne sur la Rivière d'Aujon, à trois lieues de Clervaux. Il y a une Eglise Collegiale avec un beau Château. [g]C'étoit autrefois un Comté, qui appartenoit à des Seigneurs de même nom, l'un desquels accompagna le Roi St. Louïs au Voyage de la Terre Sainte où il perdit la vûë. Des Seigneurs de cette Maison, ce Comté est venu ensuite dans la Maison de la Baume, depuis en celle de Courtalain, delà en celle de l'Hôpital de la branche de Vitry. Les creanciers du Duc de ce nom le vendirent neuf cens mille livres au feu Comte de Morstein ci-devant Grand Thresorier de Pologne dont le fils appellé le Comte de Château-Villain, qui le posseda après la mort de son Pere, fut tué dans Namur en 1695. [h]Louïs XIV. l'érigea en Duché pairie par Lettres Patentes du mois de Mai 1703. registrées en Parlement le 29. d'Août suivant

d Longuerue Desc. de la France 1. part. p. 44.

e Piganiol de la Force, Desc. de la France T. 3. p. 151.

f Piganiol de la Force, Desc. de la France T. 3. p. 139.

g Baugier Mem. Hist. de Champagne T. 2. p. 332.

h Ibid. p. 323.

CHA.

en faveur de Louis Alexandre de Bourbon Comte de Toulouse à qui il appartient présentement.

CHATEAUX, (les) DES DARDANELLES. Voiez DARDANELLES.

CHATEAUX, (les) DE LEPANTE. Voiez LEPANTE.

CHATEL ou CHATÉ', CHASTEL ou CHASTÉ', Ville de Lorraine sur la Moselle au Pays de Vosge entre Epinay & Charmes dont elle n'est pas à deux lieues, & à trois de Mirecourt au Levant.

CHATEL-ACHER [a], en Latin *Castrum Acharii*, lieu de France en Poitou sur la Riviere de Clouetté à quatre lieues environ de Poitiers vers le Midi. Ce lieu est remarquable à cause de la retraite de St. Junien.

[a] Baillet Topogr. des Saints p. 571.

CHATEL-AILLON [b], ancienne Ville Maritime de France dans la Saintonge. Elle est située sur la côte de l'Océan vers les anciens confins de la Saintonge, à deux lieues de l'endroit où l'on a bâti la Rochelle. Cette Ville autrefois considerable étoit bâtie sur une pointe qui avançoit dans la Mer; les eaux qui battoient au pied l'ont détruite de maniere que tout le terrain qu'elle occupoit est entierement inondé. Il n'y a plus à présent qu'un petit Bourg dont la Mer emporte encore de tems en tems quelque partie. Une tradition populaire veut que cette Ville fut nommée CASTELLUM AQUILARUM, par les Romains, du tems de Jules Cesar, parce qu'ils y gardoient une grande quantité d'Aigles, & que c'est delà que vient l'origine du nom Chatel-Aillon, comme qui diroit CHATEAU D'AIGLONS. Ce que nous avons de plus certain, sont des Lettres de Philippe de l'an MCXLIX. dans lesquelles on lit ces mots, *Gaufridus Veritas Capellanus de* CASTRO ALIONE; *& Dominus Isembertus de* CASTRO ALIONE; dans les Lettres d'Ademar Evêque de Saintes de l'an MCXXCII. & dans des Actes anciens on trouve indifferemment *Castrum* ALIONIS & *Castellum* ALLIONIS ou ALLONI. Hadrien de Valois [c] qui fournit ces autoritez se trompe dans la datte, car il n'y avoit point en MCXLIX. de Roi Philippe en France. Philippe I. étoit mort en 1108. & Philippe II. ne commença à regner qu'en 1180. Quoiqu'il en soit, ce Bourg dépend à présent de l'Evêché de la Rochelle depuis que le Siége Episcopal de Maillezais y a été transferé. Il a le titre de Baronnie relevante immediatement du Roi, & un grand nombre de Châtellenies & Seigneuries voisines en sont mouvantes. Il fut donné en Appanage à l'illustre Maison de Longueville legitimée d'Orléans, qui en portoit le nom & les armes. En 1694. il retourna à la Couronne, dont il faisoit partie du Domaine, par la mort de l'Abbé de Longueville qu'on nommoit aussi l'Abbé d'Orléans le seul qui restoit de cette Maison. Mais il est enfin sorti des mains du Roi par l'échange qu'il en a faite en 1698. contre la terre de Dompierre avec Lesi Gréen de St. Marceaux de la Maison de la Rochefoucault, dont le fils le possede aujourd'hui.

[b] Memoires communiquez.

[c] Notit. Gall. p. 133.

CHATELAR [d], Château de Suisse au Canton de Berne, au Pays de Vaud à l'O-

[d] Scheuchzer Carte de la Suisse.

CHA. 535

rient Méridional de Vevay, auprès d'une petite Riviere qui se perd dans le Lac de Genéve.

CHATEL-CHALON, en Latin CASTELLUM CARNONES, petite Ville de France dans la Franche-Comté. [e] Il en est fait mention dans l'Acte de partage du Royaume de Lothaire, l'an 870. entre les deux freres Rois de France. [f] Ce lieu est sur une Montagne dans le Bailliage de Poligni aux confins du Bailliage de Montmorot. Il y a une Abbaye de Religieuses Benedictines. [g] Les postulantes sont obligées pour y être reçuës de faire des preuves exactes de leur noblesse. L'Abbaye est ancienne; mais on ne sait pas le tems de sa fondation. On voit seulement qu'en 869. Arduic, qui étoit pour lors Archevêque de Besançon, fit rendre à cette Abbaye par le credit de Lothaire Roi d'Austrasie & de Bourgogne une partie de ses biens que le Gouverneur du Pays qu'on appelle aujourd'hui le Bailli d'Aval avoit usurpée.

[e] Valef. Notit. Gall.
[f] Faillot Atlas.
[g] Piganiol de la Force, T. 6. p. 383.

CHATEL DE NEUVE, Bourg de France dans le Bourbonnois sur l'Allier, à quatre lieues de Moulins, Diocèse de Clermont.

CHATEL-GIRARD [h], Bourg de France en Bourgogne au Diocèse de Langres, à deux petites lieues de Noyers en allant vers Semur dont il est à un peu plus de trois lieues.

[h] De l'Isle Atlas.

CHATELDON, Ville de France dans le Bourbonnois, Diocèse de Clermont, à quatorze lieues de Moulins.

CHATELET [i], Bourg de France dans le Gâtinois, Election de Melun, sur la route de Melun à Montereau-faut-Yonne.

[i] De l'Isle Atlas.

CHATELET-PUI-FERRAND, Bourg de France en Berry; à quinze lieues de Bourges, & à sept d'Issoudun. Il y a un Château situé sur une petite hauteur, ses fortifications furent démolies en 1651. Ce Bourg est situé sur une petite Riviere fort poissonneuse, qui tombe dans l'Arnon.

CHATELIERS, (LES) Abbaye de France en Poitou près de la Ville de St. Maixant, à six lieues de Niort, entre Poitiers & Maillezais, près de la source du Clain. On en met ordinairement la fondation en 1162. d'autres disent qu'elle fut fondée avant l'an 1120. mais qu'elle fut aggregée l'an 1162. à l'Ordre de Cîteaux. Elle est de la filiation de Clervaux.

CHATELLENIE, on a appellé autrefois *Castellani* les soldats que des Seigneurs entretenoient pour la garde de leurs Châteaux. Ce nom a aussi été donné aux Concierges ou Gouverneurs à qui ils en confioient la garde. En Pologne la qualité de Châtelain est une haute Dignité immediatement inferieure à la qualité de Palatin; mais ailleurs, ce n'est que le Concierge d'un Château; dans quelques-unes de ces Terres Seigneuriales il y avoit un Juge, & un Tribunal pour administrer la Justice aux habitans. Ce Juge rendant la Justice dans le Château, on lui donnoit le nom de Châtelain, & celui de Châtellenie à tout le ressort de cette Justice, c'est-à-dire aux Bourgs, Paroisses, Villages & Hameaux, qui relevoient de cette Ter-

CHA.

Terre ou Seigneurie. Il y a en France des Duchez, des Presidiaux &c. qui sont divisez par Châtellenies ; mais ce mot est plus usité en Flandres où l'on voit la Châtellenie de l'Isle, celle de Cassel, celle d'Ypres &c. Le mot Flamand AMBACHT signifie la même chose. Les Wallons disent CASTELLENIE.

CHATELLERAUT[a], en Latin *Castrum Heraldi*, ou *Eraldi*, ou *Airaldi*, ou *Ariandi*, Ville de France en Poitou sur la Vienne. Elle porte le nom de son fondateur qui vivoit avant la fin de l'onziéme siécle. Cette Seigneurie de Châtelleraut qui avoit le titre de Vicomté, forme un pays distingué du Poitou, & qu'on appelle le CHATELLERAUDOIS ; ces Vicomtes se soûmirent au Roi Philippe Auguste au temps de la conquête du Poitou. La famille de ces Seigneurs finit dans le XIV. siécle, & cette Vicomté passa à la Maison d'Harcourt en Normandie, qui en joüit jusqu'au tems de Charles VII. ensuite ces Seigneurs d'Harcourt céderent ou vendirent la Vicomté de Châtelleraut à la Maison d'Anjou, & Charles Comte du Maine fils de Loüis II. Roi de Sicile fut en possession durant toute sa vie de la Vicomté de Châtelleraut qu'il laissa à son fils Charles Roi de Sicile Comte de Provence, celui-ci institua son heritier universel Loüis XI. Roi de France, qui unit à la Couronne la Vicomté de Châtelleraut par ses Lettres du mois de Decembre de l'an 1482. lesquelles portent que le Roi avoit fait examiner en son Conseil le droit du Roi Charles de Sicile sur la Vicomté de Châtelleraut, & qu'il avoit été trouvé bon : neanmoins comme ce Roi Charles avoit des neveux & des niéces de la Maison d'Armagnac, Enfans de sa Sœur Loüise d'Anjou, il y eut opposition de leur part à l'union de Châtelleraut à la Couronne, & même le Parlement de Paris leur adjugea le possessoire, sans préjudice du droit au fonds, & Charles VIII. successeur de Loüis XI. par ses Lettres de l'an 1491. en cassant l'union à la Couronne de la Vicomté de Châtelleraut faite par son pere, ceda entierement cette Vicomté à la Maison d'Armagnac. Elle vint ensuite à la Maison de Bourbon avec le Comté de la Marche, & ce fut en faveur de François de Bourbon que François I. érigea Châtelleraut en Duché Pairie par ses Lettres du 15. Fevrier l'an 1514/1515. A ce Prince François mort sans Enfans, succeda son frere Charles de Bourbon Connétable de France, dont tous les biens furent confisquez & unis à la Couronne, nonobstant les prétentions du Prince de la Roche-sur-Yon, heritier naturel du Connétable : ce Duché de Châtelleraut fut réuni à la Couronne l'an 1538. en consequence de la Transaction faite entre le Roi & ce Prince pour la succession du Connétable Charles de Bourbon : Henri III. petit-fils de François premier engagea ce Duché de Châtelleraut au Duc de Montpensier pour cinquante mille écus. Les Rois ne l'ont jamais retiré des Engagistes, & feu Mademoiselle d'Orléans heritiere de la Maison de Montpensier, ayant toûjours joüi de ce Duché, l'a laissé avec ses autres biens par Testament au Duc d'Orléans ; mais ce Prince l'a cedé à la Maison de la Trimouille pour satisfaire ceux de cette Maison, qui pretendoient à la succession de Montpensier, comme representant Charlotte Brabantine de Nassau Duchesse de la Trimouille fille de Charlotte de Bourbon Montpensier & de Guillaume de Nassau Prince d'Orange. Charlotte de Montpensier étoit fille de Loüis de Bourbon premier Duc de Montpensier, elle eut plusieurs filles du Prince d'Orange son mari, l'aînée Loüise avoit épousé l'Electeur Palatin Frederic IV. grand Pere de l'Electeur Charles Loüis, dont la fille Madame la Douairiere d'Orléans est unique heritiere. Le Prince de Tallemont, oncle du Duc de la Tremouille, joüit aujourd'hui du Domaine de Châtelleraut. Henri second l'an 1552. donna le Duché de Châtelleraut à Jaques Hamilton Comte d'Aran, pour le recompenser de ce qu'il avoit quitté à la Reine d'Ecosse, mere de Marie Stuart, la Regence du Royaume d'Ecosse. C'est de Jacques Hamilton que descendoit en ligne directe masculine Jacques Duc d'Hamilton, qui eut la tête tranchée à Londres l'an 1649. Comme il n'avoit point d'Enfans mâles, sa fille Anne fut heritiere de ses biens & de ses pretentions, qu'elle aporta à son mari Guillaume Douglas Comte de Selkirke, d'où descend le Duc d'Hamilton d'aujourd'hui. Quoiqu'on ne voye pas que cette donation d'Henri II. ait eu lieu, ni que ceux de la Maison d'Hamilton ayent joüi en aucun tems du Duché de Châtelleraut, néanmoins le Duc d'Hamilton dernier mort a soûtenu ses prétentions aux Conferences pour la Paix : deforte que par le Traité d'Utrecht conclu entre la France & la Grande Bretagne à Utrecht l'an 1713. il est porté dans un des Articles, qu'on rendra au Duc d'Hamilton bonne justice sur les prétentions qu'il a au Duché de Châtelleraut ; mais jusqu'à present l'Engagiste du Domaine n'a point été troublé dans sa possession.

[b] Cette Ville a un assez beau pont qui fait la communication de la Ville au Fauxbourg. Il y a une Senechaussée, une Election, une Marechaussée, un Corps de Ville, une Jurisdiction des eaux & forêts, une Jurisdiction Consulaire, une des traites & depôt du sel. L'Eglise de Nôtre Dame est une Collegiale. Les Cordeliers, les Minimes & les Capucins ont des Couvens dans cette Ville, & il y en a un quatriéme de Religieuses. *Le climat de l'Election de Châtelleraut est agréable & fertile, & les habitans spirituels, industrieux, & très-propres au commerce. On fait à Châtelleraut quantité de Montres, d'Horloges, de Couteaux, de Ciseaux & autres ouvrages de cette nature dont il se fait un commerce assez considerable. Les bleds & les vins qui croissent dans cette Election sont consumez dans le pays ; mais on fait quelque commerce de chanvre & de lins.

1. CHATELUS[c], Bourg de France dans la Marche, aux confins du Bourbonnois sur un ruisseau, qui tombe dans la Creuse à Frozeline.

2. CHATELUS, Paroisse de France en Bourgogne. [d] Les Comtes de Châtelus joüissent des fruits d'un Canonicat de l'Eglise Cathedrale d'Auxerre toutes les fois qu'ils assistent au service, soit en habit & surplis s'ils veu-

[a] *Longuerue Desc. de la France p. 1. p. 549.*

[b] *Piganiol de la Force, T. 4. p. 280.*

Ibid. p. 271.

[c] *De l'Isle Atlas.*

[d] *Piganiol de la Force, Desc. de la France T. 3. p. 167.*

CHA.   CHA. 537

veulent, ou fans furplus, ainfi qu'il plaît aux Seigneurs de Châtelus. Cette conceffion fut faite à Claude de Beauvoir Seigneur de Chatelus le 16. d'Août 1423. en reconnoiffance de ce qu'il avoit remis au Chapitre de St. Etienne d'Auxerre, la Ville de Crevant [a] *qu'il avoit defendue contre certains voleurs & robeurs* l'an 1423.

[a] *Hiſtoric. Burgund. Conſpectus p. 58.*

CHATIGAN, Ville d'Afie dans l'Indouftan, au Royaume de Bengale fur la rive Orientale de la bouche du Gange la plus Occidentale [b]. Cette Ville eft fort riche. Mr. Robbe dit très-bien [c] : les opinions des curieux font trop divifées pour affurer s'il y a une Ville qui porte le nom de Bengale. Les uns difent qu'oui, d'autres que non & que c'eft feulement la Province qui porte ce nom, qui l'a donné au Golphe; mais qu'en l'endroit où les Cartes placent Bengale, il y a une autre Ville qu'on nomme Chatigan. Cette derniere opinion, pourfuit-il, eft la plus certaine & ceux qui ont été aux Indes n'ont point vû de Ville de Bengale. J'ajoute que ceux qui ont parlé de Bengale, Ville, ne difent rien de Châtigan, & que ceux qui font mention de Châtigan, ne favent ce que c'eft que la Ville de Bengale. Je ne fais fur quelle autorité Ray Auteur d'un Dictionnaire Géographique en Flamand met que *Catigan* ou *Chatigan*, eft au Sud-Oueft de la Ville de Bengale.

[b] *Thevenot Voyage des Indes. c.40. p. 200.*
[c] *Methode pour apprendre la Geogr. T. 2. p. 62.*

CHATILLON, Plufieurs écrivent CHASTILLON, mais l'S ne fe prononce point. Il y a plufieurs Villes de France qui portent ce nom, & comme elles font prefque toutes fur des Rivieres on ajoute le nom de la Riviere pour les diftinguer.

1. CHATILLON SUR LOIRE, [d] Petite Ville de France en Berry, fur les confins de la Puifaye dont elle n'eft feparée que par la Riviere, à une lieue au deffus de Briare, & à quatre de Gien vers le Midi.

[d] *Baudrand Edit 1705.*

2. CHATILLON SUR LOING [e], petite Ville de France, dans le Gâtinois, en une Vallée fort agréable, à quatre lieues de Montargis. Le Château eft hors de la Ville à mi-côte. Dans la Chapelle font les tombeaux des Seigneurs de Chatillon, entre autres ceux de Gafpar de Coligni, Maréchal de France, & de Louïfe de Montmorenci fa Femme. On remarque dans la Ville l'Eglife Collegiale de S. Pierre, dont l'Archevêque de Sens confere toutes les Prebendes & tous les Benefices. Il y a auffi un Couvent de filles du St. Sacrement qui y vivent comme ailleurs d'une maniere tout-à-fait édifiante. [f] Cette Ville a long-temps appartenu aux Seigneurs de la Maifon de Coligni jufqu'à Gafpar IV. du nom qui l'ayant laiffé à Elifabeth Angelique de Montmorenci fa femme, elle la donna par fon teftament à Paul Sigifmond de Montmorenci, fon neveu, en faveur duquel Louïs XIV. l'érigea en Duché fimple l'an 1696.

[e] *Piganiol de la Force Deſc. de la France T. 5. P. 224.*
[f] *Ibid. p. 291.*

3. CHATILLON SUR MARNE [g], Ville de France en Champagne, fur une côte à trois lieues au deffous d'Epernay, à l'Occident & à fept de Rheims au Midi. Elle a eu des Seigneurs d'une des plus anciennes familles de France. C'étoit la patrie du Pape Urbain II. [h] Cette Ville de Chatillon eft une des Villes qui furent cedées au Duc de Bouillon en échange de fa Principauté de Sedan. C'étoit une très ancienne Chatelenie qui a donné le nom & l'origine à l'illuftre maifon de Châtillon. Ces Seigneurs ont joüï de Châtillon, jufqu'au temps de Philippe le-Bel qui acquit cette Terre de Gaucher de Châtillon Connétable de France. Les Seigneurs Châtelains de Châtillon étoient Vaffaux des Comtes de Champagne, qui tenoient ce fief comme Epernai de l'Eglife de Rheims.

[g] *Baudrand Ed. 1705.*
[h] *Longuerue Deſc. de la France 1. part. p. 44.*

4. CHATILLON SUR CHALARONNE [i], Ville de France dans la Breffe, dans un Vallon entre deux Collines, dont l'une eft au Nord, l'autre au Midi. Sa longueur d'Orient en Occident eft de cent quatre-vingt quatorze toifes, fa largeur de vingt, & fon circuit de fix cens cinquante. Elle a trois portes, celle de Bourg, celle de Lyon, & celle de Villars. La Riviere de Chalaronne traverfe cette petite Ville. Il n'y a qu'une feule Eglife Paroiffiale où en 1651. on établit un petit Chapitre dont le Doyen fait les fonctions de Curé. Les Capucins y ont un Couvent, comme auffi les Urfulines. Il y a un Hôtel-Dieu. Les Ecoles de la Ville font dirigées par deux Prêtres du Seminaire de St. Charles de Lyon, qui enfeignent aux enfans à lire, à écrire, la Doctrine Chrétienne & la Grammaire. Il y a dans Châtillon un Juge ordinaire, & un Juge des Appellations, un Procureur d'Office & un Greffier. Il y a auffi une Chambre pour le Sel, qui depend du Grenier à Sel de Bourg. Châtillon eft la patrie de Samuel Guichenon, Auteur célebre de l'Hiftoire de Breffe & de l'Hiftoire Genéalogique de la Maifon de Savoye.

[i] *Piganiol de la Force Deſc. de la France T. 3. p. 225.*

5. CHATILLON SUR SEINE [k], Ville de France en Bourgogne au Bailliage de la Montagne. Elle eft fituée de maniere que fes extrémitez font fort élevées & le milieu eft dans un fond, ce qui forme une efpece d'Amphitheatre : quoi qu'elle n'ait qu'une enceinte, elle eft néanmoins partagée par la Riviere de Seine, en deux efpéces de Villes, dont l'une eft appellée Chaumont & l'autre Le Bourg. Le circuit de cette Ville eft d'environ trois-mille cinq cens pas. A l'extremité du quartier de Chaumont on voit une efpéce de Maifon Seigneuriale qu'on croit avoir été bâtie par le Chancelier Rollin. De l'autre côté & à la porte font les ruines d'un ancien Château qui étoit la demeure ordinaire des premiers Ducs de Bourgogne. Il n'y a dans Châtillon qu'une feule Eglife Paroiffiale & deux Succurfales. La Paroiffiale eft dediée à St. Vorle fi connu par fes miracles & fi fameux dans l'Hiftoire du Roi Gontran. Les deux autres Eglifes font dediées à St. Jean & à St. Nicolas. Il y a dans cette Ville un Couvent de Cordeliers, un de Feuillans, un de Capucins, un de Benedictines, un d'Urfulines, & un de Carmélites. L'Hôpital de St. Germain a été fondé pour loger les pauvres paffans qui peuvent s'y repofer pendant deux jours, & celui de St. Pierre pour les pauvres. Le College eft fondé pour un Principal & pour trois Regens qui enfeignent les Humanitez. Il y a auffi Bailliage & Siége Prefidial établi en 1696, une Mairie à laquelle eft unie la Prevôté Royale, une Maî-

[k] *Piganiol de la Force Deſc. de la France T. 3. p. 201.*

Tom. II.   Yyy *   tri-

trise particulière des Eaux & Forêts, un Bailliage Ducal pour la Justice de l'Evêque de Langres, une Maréchauflée, & un Grenier à Sel. Cette Ville a un Gouverneur particulier. Elle est à seize lieues de Dijon & à treize de Langres vers l'Occident.

[a Baudrand Ed. 1705.] 6. CHATILLON SUR SAONE [a], petite Ville de Lorraine dans le Barrois aux Frontieres de la Champagne & du Comté de Bourgogne, à six lieues au deflous de la source de la Saone au Midi.

[b Ibid.] 7. CHATILLON SUR INDRE [b], Ville de France en Touraine, aux Confins du Berry, à quatre lieues au deflus de Loches, au Levant d'Hyver, & à douze lieues d'Amboise au Midi vers Argenton dont elle [c Piganiol de la Force Desc. de la France T.6. p. 90.] est à onze lieues & à huit de Valençay. [c] Elle est petite; mais agréable par sa situation. Elle est du Duché de Touraine, quoique du Diocese & de la Generalité de Bourges. Elle fut unie à la Couronne l'an 1202. de même que le reste de la Touraine. Quelques Seigneurs particuliers en ont jouï par engagement, & aujourd'hui le Sr. Amelot de Chaillou en jouît au lieu du feu Président de Barillon son beaupere. La paroisse est hors de la Ville. Il y a une petite Eglise Collegiale, un Couvent d'Auguftins & un d'Ursulines. On y tient tous les ans quatre Foires, sans y comprendre celle qui se tient à St. Theodore près de la Ville le jour de St. Vital.

[d Baudrand Edit. 1705.] 8. CHATILLON SUR LE CHER [d], Bourg de France, dans la Sologne aux Frontieres du Berry, quatre lieues au deflous de Romorentin à l'Occident & à huit de Blois vers le Midi.

[e Ibid.] 9. CHATILLON DE MICHAILLE [e], petite Ville de France dans le Bugey, au pays de Michaille vers le Rhône.

[f Baillet Topogr. des Saints. p. 576.] 10. CHATILLON DE PESCAIRE [f], Ville d'Italie en Toscane au Diocèse de Groffeto dans le territoire de Sienne. Elle est célèbre par le culte & les reliques de St. Guillaume de Maleval.

1. CHATRACHARTA, ancienne Ville d'Asie dans la Bactriane selon Ptolomée [g] qui la met auprès de l'Oxus. Ammien Marcellin [h] coupe ce nom en deux & en fait deux Villes CATHRA & CHARTE. C'est une marque que dans l'Exemplaire de Ptolomée qu'il avoit ces deux noms étoient distinguez, & ce qui lui est favorable c'est que Ptolomée lui-même dans son VIII livre [i], qui est une récapitulation & une preuve des sept autres, nomme simplement CHARTA la même Ville où il dit que le plus long jour est de 15. heures & de 20'. Il se peut bien que les Copistes ayent confondu deux Villes dans le VI. Livre où se trouve Chatracharta.

[g l.6.c.11. l.23.p.276. Edit. Lindebrog.]
[h]
[i Asia Tab. VII.]

2. CHATRACHARTA, ancienne Ville d'Asie dans l'Assyrie, selon Ptolomée [k].
[k l.6.c.11]

CHATRÆI [l], peuple d'Asie dans l'Inde en deça du Gange selon Ptolomée.
[l l.7.c.1]

CHATRAMMITÆ, selon Ptolomée [m], ou CHATRAMOTÆ, selon Uranius cité par Etienne le Géographe, ou enfin CHATRAMOTITÆ, selon Pline [n] & Strabon [o], peuple de l'Arabie Heureuse. Etienne le Géographe dit que la Chatramotite, est un pays près de la Mer Erythrée. De-
[m l.6.c.1.]
[n l.6.c.28.]
[o l.16.p.748.]

nys le Periegéte nous fait entendre [p] qu'il ne faut pas prendre ici la Mer Erythrée ou la Mer rouge en dedans le detroit, mais sur le rivage de ce que nous appellons la Mer des Indes; car il met le pays qu'il appelle CHATRAMIS vis-à-vis de la Perse.
[p v. 597.]

CHATRAPUS. Voyez ARAPUS.

CHATRE [q], (LA) quelques uns écrivent LA CHASTRE, l'S. ne se prononce point. Petite Ville de France à l'extremité du Berry sur la Riviere de l'Indre, à quinze lieues de Bourges. Il y a deux Eglises, celle de St. Germain qui est Collegiale & Paroissiale & celle des Carmes qui ont un Couvent dans cette Ville. Cette Seigneurie faisoit autrefois partie de la Principauté Déoloise & fut donnée en appanage à Ebbes fils de Raoul le Chauve Seigneur de Château-Roux. Il prit le nom de son Appanage, & on croit que de lui sont descendus les Seigneurs du nom de la Châtre, dont l'un s'étant croisé fut fait prisonnier & obligé de vendre sa Terre pour se racheter. Elle a été depuis plusieurs fois réunie au fief dominant, & pour la derniere fois en 1614. au mois de Fevrier qu'elle fut achetée de Catherine Hurault & d'Antoine d'Aumont son Mari par Henri de Bourbon II du nom Prince de Condé.
[q Piganiol de la Force Desc. de la France T.6. p. 44.]

Le Terroir de l'Election de la Châtre [r] est le plus fertile & le plus cultivé qu'il y ait dans le Berry. Son principal commerce est celui des bestiaux.
[r Ibid. p.25.]

1. CHATRES, Bourg de France dans la Province de l'Isle de France sur la Riviere d'Orge; à deux lieuës de Montlheri, au Midi, à huit de Paris, en allant vers Estampes & Orleans.

2. CHATRES-LEZ-COIGNAC, Abbaye de France en Saintonge au Diocèse de Saintes, à une lieuë de Coignac près de l'endroit où la Riviere de Nays se jette dans la Charente. Elle est de l'Ordre de St. Augustin & fut fondée vers l'an 1077. Les lieux reguliers ont été ruinez & les biens presque tous usurpez, en sorte qu'il n'y a aucun Religieux qui y reside. Il y a seulement un Abbé Titulaire qui jouït d'environ mille livres par an.

3. CHATRES, Abbaye de France en Perigord, sur une Colline auprès du Ruiffeau le Cerf qui se jette dans la Visere; à deux lieuës du Monastere de Dalon & à cinq de Perigueux. Elle étoit occupée par des Chanoines Reguliers de St. Augustin; mais il n'y en reste pas un: il y a toujours néanmoins un Abbé qui jouït d'environ mille livres.

CHATRICE [s], Abbaye de France en Champagne, de l'Ordre des Chanoines Reguliers de St. Augustin, de la Congregation de Sainte Geneviéve de Paris, est située en Argonne au milieu de quinze cens arpens de bois qui lui appartiennent. En l'année 1133. ou 1137. Albert ou Albero Evêque de Verdun ayant retiré des mains d'Ulric, frere de Gui Archidiacre de Verdun, une Terre en fief & une Isle sur la Riviere d'Aîne dans les bois d'Argonne, en fit don à Eustache pour y fonder cette Abbaïe, dont il fut le premier Ab-
[s Baugier Memoires Hist. de la Champagne T.2. p. 166.]

CHA.

Abbé. Il y mit avec lui huit Chanoines de l'Ordre de St. Augustin. Les titres de cette Abbaïe furent perdus en 1562. & 1596. pendant les guerres, lorsque tous les lieux Réguliers furent consumez par le feu. On n'en a pû rien apprendre de plus. On sait seulement que l'Eglise seule fut exempte de cet incendie. Il y a quelques tombes des Seigneurs de Dampierre & d'Elise, dont les inscriptions sont effacées. Il y a huit Religieux qui ont depuis peu fait rebâtir à neuf tous les lieux Réguliers & l'Eglise qui étoit entierement bâtie de briques.

CHATRISACHE, ou

CHATRISCHE, selon les divers exemplaires de Ptolomée [a], Ville d'Asie dans l'Arie.

[a] l. 6. c. 17.

CHATTÆ. Voyez CATTES.

CHATTAM [b]; quelques François trompez par la prononciation Angloise écrivent CHATTAIN, d'autres écrivent CHATHAM, Port d'Angleterre dans la Province de Kent, sur la Riviere de Medway, au dessous de Rochester, & tout joignant cette Ville. Il y a plusieurs Chantiers & Magazins, pour les vaisseaux pendant l'Hyver. Ce fut dans ce Port que la Flotte Hollandoise l'an 1667. brûla, coula à fond, ou emmena tous les vaisseaux Anglois qu'elle y trouva. On en peut voir plus de détails dans l'Histoire de France sous le Régne de Louis XIV [c]; Mais on y fait une faute grossiere, car on ne s'y contente pas de nommer cette Riviere la Riviere de Chattam; Mais on ajoute dans une note que c'est la Tamise qui passe à Chattam; il ne faut qu'une Carte d'Angleterre & des yeux pour se convaincre de cette erreur.

[b] Etat pres. de la G. Bret. T. 1. p. 76.

[c] T. 9. p. 482.

CHATTENIA, Contrée des Gerréens, Peuple de l'Arabie heureuse près de la Mer Erythrée selon Etienne le Geographe. Seroit-ce le Pays des *Chateni* de Pline?

CHATTUARI. Voyez CATTUARII.

CHATZAN, Ville d'Asie, dans l'Indoustan, & dans la Province de Multan [d], au pied des Montagnes au Nord & à l'Orient, desquelles coule la Riviere de Lacca avant que de se jetter dans la Riviere d'Inde. Cette Ville est à vingt-cinq lieuës ou heures de chemin de Multan. Elle est à près de quatre vingt de ces mêmes lieuës de Candahar; ainsi Mr. Baudrand qui met Chatzan à distance égale de ces deux Villes environ à quarante lieuës de figure de l'une & de l'autre, n'a pas mieux rencontré que ceux qui prétendent que c'est l'Arachosia des Anciens.

[d] De l'Isle Atlas.

1. CHAVAIGNES, Bourg de France dans le Poitou, entre Montaigu & les Essars, sur la Riviere qui arrose l'un & l'autre lieu.

2. CHAVAIGNES, Bourg de France en Anjou, au Midi de la Loire, au Levant d'Hyver & à trois quarts de lieuë [e] de Touarcé.

[e] De 24. au degré.

CHAVANETS [f], Peuples d'Afrique, qui ont toûjours été libres, & qui ont pris le parti de ceux qui les ont payez le mieux. Ce sont de très-bons Soldats; mais qui n'en sont pas originaires. Mouley-Jacob-Almansor-

[f] Corn. Dict. & Mouette Hist. du Royaume de Maroc l. 2.

Tom. II.

CHA.

Miramominin, Souverain de tous les Pays, qui sont depuis la Mecque jusques en Sudan, après avoir subjugué l'Espagne, fit passer en Afrique soixante mille captifs. Il en laissa cinquante mille à Salé pour en bâtir les murs, qu'on voit encore aujourd'hui du côté du Sud, leur promettant la liberté pour prix du travail qu'on leur faisoit entreprendre. Il envoya le reste à Maroc pour les employer à faire venir dans la ville l'eau d'une riviere qui en est éloignée de cinq lieuës, avec la même promesse de les rendre libres. Ils s'y attacherent avec tant d'ardeur, que tout se trouva achevé en peu de temps. Le Roi vouloit leur tenir parole, comme il avoit fait à ceux qui avoient construit les murs de Salé, quand les Grands de Maroc & les Prêtres de leur Loi qu'on appelle *Tables*, lui remontrerent qu'il étoit très-important de ne les point renvoyer, parce que s'ils retournoient en Espagne, ils pourroient donner connoissance de l'Afrique, & revenir dans certains temps, accompagnez d'un plus grand nombre de ceux de leur Pays pour chasser les Maures. Ils ajoûterent qu'il étoit à craindre qu'ils ne voulussent assieger Maroc, qui ne pourroit resister long-temps, si on luy ôtoit l'eau que l'on venoit d'y conduire par le moyen de ces Esclaves, & que le Roi pour ne point manquer à sa parole, pouvoit leur donner la liberté avec des terres pour les cultiver. Cet avis fut approuvé, & le Roi leur ayant déclaré son dessein, leur ordonna de députer un nombre d'entr'eux pour choisir un Pays à leur gré dans son Royaume. Les Chavanets ne pouvant faire autrement, choisirent des campagnes qui sont très-fertiles & très-agréables, & environnées de montagnes d'une hauteur presque inaccessible. Le Roi en fit retirer les Barbares qui les habitoient, & les Chavanets commencerent à s'y établir, le plus commodément qu'il leur fut possible. La plûpart d'entr'eux moururent Chrétiens, & comme ils y entrerent dans le mois nommé *Chaben* par les Maures, ceux qui se firent Renegats, & qui épouserent les filles de leurs voisins, donnerent le nom aux Chavanets d'aujourd'hui.

CHAUBI, Strabon appelle [g] ainsi un Peuple de la basse Germanie au bord de l'Océan, & dans l'ordre où il le nomme, il le place entre les Sicambres & les Bucteres qui sont les Busacteres de Ptolomée au sentiment de Casaubon qui ne veut pas que l'on change ce dernier nom en Bructeres. Et afin qu'on ne se figure pas que CHAUBI soit là pour *Chauci*, Strabon nomme dans la ligne suivante *Cauci* & *Caulci*, Peuples qui habitoient les bords de la même Mer. A bien dire on ne sait aujourd'hui ce que c'étoit que ce Peuple, & Ortelius qui conjecturé que ce pourroit être la même chose que les CHABIONS de Mammertin ne diminue rien de la dificulté, car il est également dificile de savoir où étoient ces *Chabiones*.

[g] l. 7. p. 291.

CHAUCI, ancien Peuple de la Germanie. Ce nom est diversement écrit par les Anciens, les uns l'écrivent sans aucune aspiration CAUCI; les autres mettent une aspiration, à la premiere syllabe, CHAUCI; d'autres enfin la mettent à la derniere CAUCHI [h]. Cette Nation avoit la même origine, la même bravoure, & les

[h] Alting not. Germ. Infer. in voce CAUCHI.

Yyy 2

les mêmes mœurs que les Frisons, quoique plus nombreuse qu'eux: mais elle faisoit une Cité à part, (à prendre ce mot dans le sens de toute une Nation qui a son gouvernement particulier.) Et elle vécut separée tant que les Romains eurent de l'autorité dans la basse Germanie. Mais cette Province ayant été abondonnée aux Nations d'au delà du Rhin qui venoient de s'allier sous le nom de Francs, non seulement la Nation *Chauci* ne fit plus qu'un même Peuple avec les Frisons, mais même elle en prit le nom qui s'est conservé jusqu'à ce jour sur les bords de l'Océan, quoique les guerres civiles ayent rompu l'ancienne societé & que le Pays soit divisé.

L'ancien nom n'est pas derivé comme beaucoup d'autres de la qualité du Pays, mais il semble plutôt fondé sur le genie de la Nation. Car les Allemans appellent Kautzen des hommes de la vieille roche qui ont des mœurs & une probité irreprochables, un cœur ouvert & enjoué, & qui, prompts à repousser un affront, ne se laissent pas insulter impunément. Cela est conforme au portrait qu'en fait Tacite[a]. Illustres, dit-il, entre les Germains, ils aiment mieux soutenir leur grandeur par l'equité que par la force. Sans desirs, sans ambition, tranquiles & renfermés dans leurs limites ils n'attaquent personne, ne font aucune violence ni aucun tort à qui que ce soit. Une des plus belles marques de leurs forces & de leur valeur, c'est que pour faire reconnoître leur superiorité ils n'ont pas besoin de chercher querelle à leurs voisins, mais tout pacifiques & desarmés qu'ils sont, ils ne laissent pas d'être toûjours en état de se deffendre & comme ils ne manquent ni d'hommes, ni de chevaux, ils peuvent mettre tout à coup sur pied des armées capables de repousser l'ennemi, & le repos où ils se maintiennent ne diminue rien de cette reputation. Le même Auteur leur assigne des bornes fort étenduës. Ils commencent, dit-il, depuis les Frisons, occupent une partie du Rivage de la Mer, ont derriére eux les Angrivariens, les Chamaves, les Dulgibins, les Cassuariens, & autres Nations moins connues, jusqu'à ce que leur pays touchant à celui des Cattes vient à se courber. Ils ne possedent pas seulement un terrain si vaste; ils le remplissent. Nous ne rapporterons point ici les conjectures de Cluvier sur ses limites, elles sont plus ingenieuses que solides.

[a] *German. c. 35.*

Tacite, Pline & Ptolomée conviennent que les Peuples *Chauci*, étoient distinguez en deux, sçavoir les *grands* & les *petits*. De là vient que Vellejus Paterculus[b] dit CAUCHORUM NATIONES. Pline[c] parle de même, mais les anciens ne conviennent pas du Pays qu'occupoient les grands & les petits, qui certainement étoient séparés les uns des autres par des limites qui leur étoient communes. Ptolomée dit[d]: Les Frisons s'étendent jusqu'à l'Ems, après eux sont les *Cauchi* surnommez *les petits* jusqu'au Weser; après ceux-là sont les *Cauchi* surnommez *les grands* jusqu'à l'Elbe. Il est surprenant que Cellarius ait preferé le sentiment de Ptolomée qui écrivoit en Egypte à l'autorité de Pline qui doit avoir été lui-même sur les lieux & dont par consequent le témoignage est infiniment plus considerable. Pline les range tout autrement & met *les grands Cauchi*, en

[b] *l. 2.*
[c] *l. 4. c. 14.*
[d] *l. 2. c. 11.*

premier lieu c'est-à-dire entre l'Ems & le Weser, & en dernier lieu les petits, c'est-à-dire entre le Weser & l'Elbe. Et cela s'accorde avec la situation des lieux, car le nom de Grands venoit sans doute de ce qu'étant en plus grand nombre, il leur faloit un plus grand Terrain, or le Terrain d'entre l'Ems & le Weser est de moitié plus grand que celui qui est entre le Weser & l'Elbe; cela seul suffit pour faire rejetter la place que leur assigne Ptolomée. Voici la Description que Pline fait de leur Pays; mais je remarquerai en passant que Pinet son Traducteur François est tombé dans une grossiere erreur lorsqu'il traduit *Cauchi Majores & Minores*, par les Zelandois.

„ Nous avons vû, dit Pline[e], les Nations
„ des *Cauchi*, que l'on surnomme Grands,
„ & Petits. L'Océan entrant par une large
„ ouverture se repand fort avant dans le Pays,
„ deux fois en vingt quatre heures, le cou-
„ vre & se retire de maniere que cette alter-
„ native laisse douter si ce Pays est de la Mer
„ ou de la Terre. Là le peuple vivant dans
„ une extrême pauvreté habite quelques restes
„ de terrain élevé que la Mer ne couvre
„ point; ou des hauteurs de terre raportées
„ jusqu'à une hauteur à laquelle ils savent
„ par experience que la Mer ne monte ja-
„ mais. Leurs Cabanes y sont arrangées de
„ telle sorte que quand la Marée est haute on
„ les prendroit pour des Navires en plei-
„ ne mer, & que de basse marée on
„ diroit que ce sont des vaisseaux échoués.
„ Ils pêchent le poisson que le flot a apporté
„ & qui s'en retournant avec le reflux, passe
„ auprès de leurs Chaumines. Ils ne sauroient
„ nourrir de Bestiaux ni par consequent vi-
„ vre de lait comme leurs voisins, & ils ne
„ peuvent s'adonner à la chasse n'y aiant
„ chez eux ni Arbres ni Buissons. Ils emplo-
„ ient certaines mauvaises herbes & les joncs
„ des Marais à faire des filets pour la pêche.
„ Ils amassent de la bouë avec leurs mains &
„ la font secher plus au vent qu'au Soleil &
„ brûlent de la Terre tant pour cuire leur
„ manger que pour se chaufer quand la bise
„ les transit de froid; ils n'ont d'autre boisson
„ que de l'eau de pluie qu'ils recueillent dans
„ des Citernes à l'entrée de leurs Cabanes.
„ Tout ce que les Romains gagneroient à
„ les conquerir, ce seroit un vain titre de Do-
„ mination. C'est ainsi que le fort épargne
„ des peuples en les rendant malheureux"; C'est effectivement l'état où étoit la Frise d'aujourd'hui avant qu'on eût retenu la Mer par les prodigieuses digues qu'on lui a opposées. Cette rangée d'Isles & de Sables, depuis le Texel jusqu'à l'embouchure de l'Ems sont de tristes monumens des Usurpations que la Mer a faites sur la Terre.

[e] *l. 16. c. 1.*

Drusus Germanicus[f] aiant remporté une Victoire Navale sur les Ansibariens, & subjugué les Frisons[g], fut le premier des Romains qui traversant les Marais penetra dans la Chaucide; où sa Flote courut grand risque, étant demeurée à sec par le reflux qu'il n'avoit point prevu; & il ne sortit de ce danger que par le secours de l'Infanterie Frisonne qui l'avoit suivi. Tibere qui commanda après Drusus, ou peut-être Germanicus ne laisserent pas de soumettre les deux Nations; Car on voit dans Ta-

[f] *Strab. l. 7.*
[g] *Dion. Cass.*

CHA.

a Annal.
l. 1. c. 38.

Tacite[a] que des Enseignes qui étoient en garnison chez les *Chauci*, & dont les Legions ne s'accordoient pas étant venues à se mutiner, furent remis dans le devoir par le prompt supplice de deux seditieux. ,, Ce fut, dit ,, l'Historien cité, Mennius Mestre de camp, ,, qui l'ordonna plutôt pour le bon exemple ,, que par aucun droit qu'il eût de le com- ,, mander. Ensuite le trouble s'augmentant ,, il s'ensuit; & ayant été trouvé, lorsqu'il vit ,, que sa retraite ne l'avoit pu sauver il paya ,, de hardiesse & dit que ce n'étoit pas leur ,, Commandant ; mais Germanicus & l'Em- ,, pereur Tibere lui-même que l'on outra- ,, geoit. Ayant ainsi effrayé ceux qui avoient ,, fait resistance, il se saisit d'un drapeau qu'il ,, porta vers le rivage, criant que quiconque ,, s'écarteroit de son rang seroit traité en de- ,, serteur. Ainsi il les remena dans leurs ,, quartiers tout en desordre ; & sans qu'ils ,, eussent osé rien entreprendre ". Il est du moins certain que Germanicus se servit d'eux dans son expedition contre les Cherusques[b].

b Ibid. l. 1. c. 60.

Ce furent eux qui aiderent à reconnoître Arminius, qui blessé & deguisé par le sang, qui lui couvroit le visage n'étoit presque plus reconnoissable[c].

c Ibid. l. 2. c. 17.

Ils se souleverent contre les Romains sous l'Empire de Claudius, & P. Gabinius qui les deffit en aquit le surnom de *Caucien*[d]; mais peu de tems après ils recommencerent à faire des courses dans la basse Germanie ; & Corbulon les en eût fait repentir, & les eût peut-être detruits sans l'ordre qu'envoya Claudius de n'point agir contre les Germanies, & de ramener toutes les garnisons en deça du Rhin[e]. Ils ne demeurerent pas long-temps tranquiles pour cela : sous l'Empire de Neron ils chasserent les Ansibariens leurs voisins , par la connivence d'Avitus[f]. Durant les troubles de l'Empire de Vitellius, ils se joignirent aux Bataves & aux Frisons, & autres Peuples de la Germanie sous la conduite de Civilis, & se jetterent sur l'Empire. [g] Cette guerre de Civilis étant finie, ils rentrerent en grace avec les Romains avec les autres Peuples leurs Alliez ; mais cela ne dura que jusqu'à l'Empire de M. Aurele. Ils entrerent alors à main armée dans les terres des Bataves; mais Didius Julien qui de Gouverneur qu'il étoit alors devint ensuite Empereur les arrêta[h]. Cette alternative de revolte & d'obéïssance dura vraisemblablement jusqu'à ce que se joignant partie aux Francs, partie aux Frisons , & partie aux Saxons établis dans la Westphalie, ils se fondirent dans ces Peuples, & perdirent leur nom dont il ne fut plus fait aucune mention.

d Sueton. in *Claud.* c. 24.

e Tacit. ann. l. 11. c. 18. & 20.

f Ibid. l. 13. c. 55.

g Tacit. Hist. l. 4. c. 49. & l. 5. c. 19.

h Æl. Spartian. in Did. Julian. c. 1.

i De Laud. Stilicon.

Il faut remarquer que Claudien[i] pour accommoder ce nom à ses vers l'a changé en *Chayci.*

Ut jam trans fluvium non indignante Chayco;
Pascat Belga pecus.

Ces vers font connoître que Stilicon les repoussa des bords du Rhin, où ils s'étoient avancez & procura aux Belges la liberté de faire paître leurs troupeaux au delà de ce fleuve sans crainte d'en être molestez.

k Baillet Topogr. des Saints p. 576.

CHAUCY[k], lieu de France dans le Ve-

xin, en Latin *Calciacum* & *Calcegium*. Il est sur la Riviere d'Epte, entre St. Clair & Vernon. Il est remarquable pour avoir été la patrie de St. Ansbert de Rouen ; la chose n'est pourtant pas fort certaine , & on a lieu de douter si c'est Chausti à une lieue de cette Riviere du côté de Magni près de l'Abbaye de Villarceaux, parce que ce lieu est plus près de la Seine , & que celui où est né St. Ansbert paroît avoir été sur l'Epte même entre St. Clair & Vernon ; & pourroit avoir changé de nom.

CHAUDIERE ; (Lac de la) Lac de la nouvelle France. On l'appella d'abord ainsi à cause de sa figure, qui est à peu près ronde. Il est vers le milieu de la communication du Lac Huron ou Michigané, au Lac Erié. On l'appelle presentement le Lac GANATCHIO ou de STE CLAIRE. Le nom du Lac de la Chaudiere ne se trouve plus dans les Cartes du P. Hennepin & de Mr. de l'Isle.

l Baudrand Ed. 1705.

CHAVEZ ou CHIAVEZ[l], Ville de Portugal dans la Province de Tra os montes, & au pied des Montagnes, à dix lieues de Brangance en allant vers Bragues. [m]Elle en est la principale Ville, car Brangance capitale & Miranda Evêché, qui sont de la même Province, sont des Citez. C'est le sejour ordinaire du Commandant, de l'Intendant, & du Tresorier General de la Province. [n]Elle est fermée par une double muraille à laquelle on a attaché trois bastions entiers & deux demi-bastions avec quelques Cavaliers. Il y a un Fort de quatre bastions sans le Château de la Ville : tous ces ouvrages sont revêtus & fermez d'un fossé fort profond. Cette Ville qui n'a qu'environ cinq cens habitans a une Eglise Collegiale , & un Couvent de Religieux.

m Mem. particul.

n Corn. Dict. la Neuville Hist. de Portugal.

CHAVIA & CHAVIENS. Voïez l'Article de TEMECEN.

CHAVILAH, selon l'Hebreu, HEVILATH, selon la Vulgate. Voïez HEVILATH.

1. CHAUL[o], Ville des Indes sur la côte de Malabar dans la Province de Baglana à six lieues & au Midi de Bombaïm ; au Nord & à huit lieues de Dabul. Quelques François écrivent CHAOUL. Le Port de Chaul est de difficile entrée ; mais très-sûr & à l'abri de toute sorte de gros temps. La Ville est bonne & est defendue par une forte Citadelle, qui est sur la cime d'une Montagne appellée par les Portugais *il Morro di Ciaul:* cette Ville fut prise en 1507. par les Portugais. [p]Le pays est abondant en riches marchandises que l'on y vient chercher de tous les côtez de l'Inde & de l'Orient. La principale est la soye dont Chaul fournit Goa & toute l'Inde ; elle est beaucoup plus belle que celle de la Chine. On ne fait cas à Goa que de la soye de Chaul dont on fait de très-belles étofes.

o Thevenot Voyage des Indes t. 48. p. 244.

p Pirard, Voyage 2. part c. 19. p. 165.

2. Il y a deux Villes de ce nom, savoir celle dont on vient de parler & qui est aux Portugais ; l'autre est aux naturels du pays. C'est où sont toutes ces manufactures de soye. On y fait aussi grand nombre de Coffres, de Boetes, d'Etuis, de Cabinets façon de la Chine très-riches & bien travaillez. Le Peuple y est fort adroit & fort industrieux. Du temps de Pirard il y avoit un Roi Mahometan fort puissant & Vassal du Mogol. Cette Ville de Chaul

Chaul est l'*ancienne*, celle des Portugais est la nouvelle. [a] L'ancienne est beaucoup plus grande que la nouvelle; mais elle n'est ni si regulierement bâtie, ni si bien fortifiée. Bien qu'elle soit éloignée de la Mer d'environ deux lieues elle n'en est pas moins propre au Commerce étant arrosée de deux Rivieres, qui y portent la fertilité dans les terres au même temps qu'elles servent à faire le negoce des marchandises.

[a] Carré Voyage 2. part. p. 54.

CHAULASII. Voiez CHABLASII.
CHAULOTÆI. Voiez HEVILATH.

1. CHAUM, Montagne du Peloponnese dans l'Argie, c'est où le fleuve Erasine a sa source, selon Pausanias [b].

[b] in Corinthiac.

2. CHAUM. Voiez CHAVUM.

CHAUME, (la) Abbaye de France en Bretagne dans le Duché de Rets, sur la Riviere de Tenu, au Diocèse de Nantes, au Couchant d'hyver, & à un quart de lieue de Machecou. Elle est de l'Ordre de St. Benoît & fut fondée en 1055. par Harcoid Baron de Raix, ou de Rets. Le nom Latin est *Calmaria*.

CHAUMES, en Latin *Calmæ* ou *Calami*, Bourg de France dans la Brie à neuf lieues de Paris vers le Levant d'hyver. On y venere St. Domnole du Mans. Il y a une Abbaye de l'Ordre de St. Benoît.

1. CHAUMONT [c], Ville de France en Champagne dans le Bassigni. Elle est située sur une haute Montagne, à un quart de lieuë du pied de laquelle passe la Riviere de Marne. Ce n'étoit autrefois qu'un Bourg fortifié d'un Château, qui a eu des Seigneurs particuliers, jusqu'à ce qu'aiant été uni au Comté de Champagne, ces Princes en firent une de leurs Maisons de plaisance, & ils y venoient souvent prendre le divertissement de la chasse. Le Palais où l'on rend aujourd'hui la Justice, faisoit partie de ce Château, où l'on voit encore de belles salles, dont l'une est pour les Parties qui viennent plaider, & l'autre sert à tenir les Audiences du Presidial, avec plusieurs chambres & un beau jardin ; joignant ce bâtiment est la Chapelle de ce Palais, dite la Chapelle du Roi, où l'on voit une image de la Vierge, qui est reconnuë pour miraculeuse. Il reste encore une ancienne tour quarrée , qu'on appelle HAUTE FEUILLE, bâtie de grosses pierres : elle est haute d'environ quatre vingt pieds, il y a au dessus de la tour une platteforme entourée d'une balustrade. Ce que cette tour a de plus considerable, est qu'il en releve dix-huit cens fiefs mouvans du Domaine du Roi. Cette Ville a dix Bastions de pierre de roche taillée à pointe de Diamant, avec une courtine, & un fossé assez large; mais peu profond. Les Rois Louïs XII., François I., & Henri II. ont fait fortifier Chaumont, Ville à la verité petite ; mais bien bâtie, toute de pierre de taille. Les habitans y sont honnêtes & polis ; les vivres y sont bons, en abondance, & à bon marché ; mais on n'y boit que de l'eau de citerne ; il n'y a qu'une Paroisse dediée à S. Jean-Baptiste, où il y a un College de Chanoines, en l'honneur duquel on célébroit encore de nos jours de sept en sept ans une fête solemnelle & magnifique, que l'on appelloit la *Diablerie de Chaumont*, parce que plu-

[c] *Baugier* Mem. Hist. de Champagne T. 1. p. 353.

sieurs des habitans revêtus d'habits, de la maniere qu'on peint les Diables, quelques jours avant la Fête, couroient par la campagne à trois lieuës à la ronde de la Ville, pour demander à tous ceux qu'ils rencontroient, soit gens du Païs, soit étrangers, qui venoient de toutes parts à Chaumont pour voir la fête, quelque piéce d'argent pour aider à faire les fraix, & bien que cette espece d'aumône fût au commencement volontaire, cette coûtume devint enfin une espece d'obligation de la donner bongré malgré qu'on en eût. Le jour de la fête étant arrivé, l'on représentoit sur plusieurs théatres bien ornez toutes les actions de la vie de S. Jean, & pendant que les Acteurs jouoient chacun leur personnage, tout le Clergé de la Ville en procession passoit devant tous ces théatres, & retournoit ensuite à l'Eglise où il y avoit Indulgences pléniéres. Comme cette cérémonie étoit souvent troublée par des querelles , & qu'il s'y commettoit beaucoup de désordres, les Magistrats de la Ville l'ont sagement supprimée depuis environ quarante ans. Il y a à Chaumont un fort beau College de Jesuites, dont l'Eglise qui est d'une très-belle Architecture, a été bâtie en 1630. La Dame de Haut, qui avoit un fils Jesuite, a beaucoup donné à ce College. Il y a aussi un Couvent de Carmelites, dont l'Eglise est magnifique, le platfond est orné de belles peintures, & l'Autel est tout de marbre & de Jaspe.

Chaumont n'étoit autrefois qu'une Bourgade & simple Seigneurie possedée par les Comtes de Troyes, qui en faisoient foi & hommage aux Evêques de Langres : ayant été réuni à la Couronne avec la Champagne les Rois de France y ont établi un Bailliage, qui est de fort grande étenduë.

2. CHAUMONT [d], Ville de France au Vexin François, entre Beauvais & Mante. Elle a pris son nom d'une Montagne pelée sur laquelle on bâtit une Forteresse, qui étoit un Boulevart de la France du temps que la Normandie étoit entre les mains des Anglois. Guillaume le Breton fait mention de cette Place à l'an 1188. Il y a quelques titres de cinq cens ans où elle est appellée *Calidus Mons* ; mais par ignorance. Le nom Latin est *Calvus Mons*; Chaumont n'est point une Montagne chaude ; mais une Montagne chauve. Le Domaine de Chaumont est engagé ; mais non pas aliéné , & n'est point demembré de la Couronne. [e] L'Eglise Paroissiale est dediée à St. Jean. Il y a un Couvent de Recollects & un d'Hospitalieres ; dans le voisinage est un Couvent de Religieux de la Trinité appellé CALLOY. L'Election de Chaumont est de la Generalité de Rouen ; mais les Appellations de la Maîtrise particuliere des Eaux & Forêts sont portées à la table de marbre de Paris.

[d] *Longuerue* Descr. de la France 1. part. p. 25.

[e] *Piganiol de la Force*. Descr. de la France T. 2. p. 311.

3. CHAUMONT , Ville de France en Touraine , sur une hauteur près de la Loire avec un Château que Foulques Nerra y a fait bâtir. Elle a été long-temps possedée par les Maisons d'Amboise & de Montrichard.

4. CHAUMONT, (L'ISLE DE) petite Isle de France en Touraine près de la Ville de même nom.

5. CHAU-

CHA.

5. CHAUMONT. Voiez CHATILLON-SUR-SEINE.

6. CHAUMONT [a], Ville de Savoye dans le Genevois, au Nord de Clermont, & fur la route de Clermont à Geneve, peu loin des frontieres de Breſſe. Elle eſt ſur une Montagne & eſt chef-lieu d'un des douze Mandemens, qui font la diviſion de cette Contrée.

[a] Jaillot Atlas.

CHAUNARIA EXTREMA, Promontoire de la Libye interieure, ſelon Ptolomée [b]. Quelques Exemplaires portent GANNARIA. C'eſt preſentement le CAP NON à l'Orient des Canaries dans la Terre ferme d'Afrique.

[b] l.4.c.6.

CHAUNAI [c], lieu de France en Poitou près de Sanzay, en Latin Calnucum, c'eſt le lieu de la retraite & de la mort de St. Junien. Voiez NOAILLE.

[c] Baillet Topogr. des Saints p. 376.

CHAUNES ou CHAULNES, Ville de France en Picardie, au Diocèſe de Noyon au Pays de Santerre. [d] Le Comté de Chaunes fut érigé en Duché-pairie pour Honoré d'Albert, Seigneur de Cadenet & Maréchal de France, à qui cette terre appartenoit par Charlotte d'Ailly ſa femme, par Lettres Patentes du mois de Janvier de l'an 1621. verifiées au Parlement le 9. du mois de Mars de la même année. Cette Pairie fut éteinte par la mort de Charles d'Albert Duc de Chaunes, qui en mourant fit don de cette terre à Charles Honoré d'Albert Duc de Luines, de Chevreuſe &c. mais Louïs XIV. a rétabli les titres de Duché-pairie en faveur de Louïs Auguſte d'Albert & de ſes deſcendans mâles, par Lettres Patentes du 17. d'Octobre de l'an 1710. verifiées au Parlement le 1. Decembre ſuivant.

[d] Pigariol de la Forêt Deſc. de la France T. 3. p. 44.

CHAUNI, Peuple de Grece dans la Theſprotie, ſelon Etienne le Géographe, qui cite Rianus au 4. des Theſſaliques.

CHAUNY [e], en Latin Calniacum, Ville de France en Picardie ſur l'Oiſe, aux frontieres de l'Iſle de France, à trois lieues au Levant de Noyon, & un peu moins de la Fere vers le Midi. C'eſt la patrie de l'illuſtre Mr. Vitaſſe Docteur de Sorbonne, Théologien profond, & l'un des plus grands ornemens de cette Faculté, par ſa Science & par la pureté de ſes mœurs.

[e] Baudrand Ed. 1705.

CHAVON. Voiez CHAVUM.

CHAVORNAY [f], Beau & grand Village de Suiſſe dans le Pays-bas du Bailliage d'Yverdun. Les derniers Rois de Bourgogne ont quelquefois fait leur ſejour dans ce lieu. On y voit près du grand chemin, dans une colomne de marbre blanc, une grande inſcription Romaine à l'honneur de l'Empereur Severe.

[f] Delices de la Suiſſe p. 151.

CHAURANA, Ville de la Scythie au delà de l'Imaus, ſelon Ptolomée [g].

[g] l.6.c.15.

CHAURANI. Voiez CHARAUNI.

CHAURINA, Ville d'Aſie dans l'Arie, ſelon le même [h].

[h] l.6.c.17.

1. CHAUS, Riviere de l'Aſie proprement dite, à trois journées de Tabæ Ville de Piſidie, & peu loin de la Ville d'Erizza, ſelon Tite-Live [i].

[i] l.38.c.14.

2. CHAUS, Pays d'Afrique en Barbarie au Royaume de Fez. Voici l'idée qu'en

CHA. 543

donne Dapper [k] dans ſon Afrique : Chaus a k p. 154. pour bornes à l'Orient le fleuve Zha ou Ezaha, à l'Occident le fleuve Guraigura. Sa longueur eſt d'Occident en Orient de quarante-ſix milles & ſa largeur de quarante; car elle eſt auſſi large que cette partie du Mont Atlas, qui eſt oppoſée à la Mauritanie & comprend de plus une bonne partie des plaines de l'ancienne Numidie & les Montagnes, qui confinent à l'ancienne Libye. Ses principales Villes ſont

Teurert,	Mezdaga,
Teza,	Benihulud autrefois Benta,
Hadagia,	Hamliſnam ou Ain-el-Ginum,
Garzis autrefois Galafa,	Menhdia ou Mehedia,
Dubdu,	Tezerghe,
Meza ou Teſar,	Umengiveaibe,
Sofroy,	Garciluin.

Il y a deux belles plaines dans cette Province: SABBLEMARGA, c'eſt-à-dire la campagne des vaillans a quatorze milles de long & dix de large; l'autre plaine s'appelle AZAGARI COMMAREN.

Il y a pluſieurs Villes, comme MATGARA ou MATAGARA à deux milles de TEZA, CAVATA à cinq milles de la même Ville: MEGEZE, BARONIS à trois milles de Teza : GUEBLEN ou GUIBELEYN : BENIREFFTEN : SILELGO ou CILIGO : BENI-JASGA : ASGAN : MIATBIR ou la Montagne à cent puits: BENI-MERASEN & MASETTASE. Quoique la plus grande partie de cette Province, ſoit pierreuſe, ſéche & ſterile, il y a néanmoins des quartiers fort feconds, comme le terroir de Teza qui raporte trente pour un : le Mont Margara qui eſt fort fertile, & dont l'air eſt fort ſain hyver & été: du Mont Cavata ſortent deux groſſes Rivieres, & de Silelgo & d'Aſgan pluſieurs Torrens, qui baignent le terroir de Tezerghe & de Garciluin. Autour de Garſis il y a pluſieurs jardins où croiſſent beaucoup de figues, de raiſins, & de pêches. La Ville de Dubdu a des vallées toutes plantées de vignes. Dans le quartier de Megeſe il croît beaucoup, & autour du Mont Baronis des raiſins rouges dont on fait de bon vin. Le Mont BENI-GUERTENAZ porte du lin, du Bled, des Olives, des Citrons, & des Coings. Le Mont BENI-JECHFETEN ne raporte que du panis forte de millet dont on fait du pain; mais on recueille dans les jardins qui ſont au pied de cette Montagne des raiſins, des dattes, & des pêches que les habitans partagent en quatre & les font ſécher au ſoleil pour les conſerver toute l'année ; ce qui eſt un de leurs plus grands ragouts. Le Mont Margate eſt fertile en bois, & en bêtes ſauvages, & en chevres. Il y a beaucoup de Léopards & de Singes ſur le Mont Cavata. Le Mont Ciligo porte beaucoup de pins & eſt plein de Lions, de Singes, & de Léopards. Le Mont Beni-Jaſga nourrit beaucoup de Moutons dont la laine eſt fort fine ; on en fait des étoffes auſſi fines que du Drap de ſoye, des habits de femmes, des couvertures & des Matelas.

Les

Les bois de Mezdage sont pleins de Lions; mais qui ne sont pas dangereux; car ils prennent la fuite à la vue d'un homme armé. Les plaines de Sahab-Marga nourrissent quantité de Lions, qui devorent les habitans. Les plaines d'Azagaricommaren sont couvertes de forêts. Les habitans de Benimerasen, de Mesetraze, & de Zis nourrissent quantité de chevaux, d'Anes & de Mulets, & de Brebis. Sur les Montagnes de Zis & de Garciluyn il y a un nombre prodigieux de serpens, qui sont si privez qu'ils frequentent dans les Maisons, comme les Chiens & les Chats, s'approchent de ceux qui mangent & mangent ce qu'on leur donne sans faire du mal à personne, si ce n'est qu'on leur en fasse.

Pour ce qui est de leurs mœurs, les habitans de Megese sont fort blancs, robustes, legers à la course, & habiles à gouverner un cheval: ceux de Tezerga sont laids; mais les femmes du Mont Baronis sont belles & blanches. Ceux qui demeurent sur le Mont Benijechfeten sont grossiers & brutaux, n'ont presque pas plus de connoissance que des bêtes. Ceux de Benibuhalul leur ressemblent fort; mais les Montagnards de Beni-Yasga sont fort modestes & civils & la plupart de ceux de Mazettaze & de Gueblen, & les habitans de la Ville de Teza ont de l'Education. Les habits des Montagnards de Mazettaze sont fort propres. Les femmes du Mont Baronis portent beaucoup d'ornemens d'argent: celles de Beni-Jechfeten ont des bagues & des pendans d'oreilles de fer, vont plus mal habillées que les hommes & demeurent presque toujours dans les forêts à couper du bois & à paître le bétail. Les hommes vont pieds-nuds & quand ils voyagent ils prennent des souliers de jonc: ce qui fait voir combien ils sont pauvres. Les habitans de Soffroy vont malhabillez, sont fort sales & sentent l'huile de fort loin, parce qu'ils en portent continuellement de leur pays à Fez. Les Montagnards de Zis portent une chemise de laine sur le corps, un manteau ou une robe par dessus, avec un morceau de drap autour des reins; & ne se couvrent la tête ni hyver, ni été.

CHAUSEY [a], Isle de l'Océan sur les côtes de Normandie dans la Manche près du Côtentin, à deux petites lieues de Granville au Couchant, & presque au milieu entre l'Isle de Jersey, & le Mont St. Michel. Elle est environnée de quantité de rochers, & appartenoit à l'Abbaye du Mont St. Michel avec les Isles de Jersey & de Garnesey. Mr. Baudrand dit que les Anglois s'en sont emparez depuis long-temps; en quoi il se trompe, cette Isle est demeurée à la France. [b] C'étoit autrefois la retraite de plusieurs Solitaires, qui la choisissoient pour se retirer du commerce du monde, & pour se donner entierement à la contemplation. Dans la suite il s'y établit une Abbaye dont on n'a aucuns Memoires certains; ce qu'il y a de constant, c'est qu'en l'année 1343. Philippe Roi de France donna l'Isle de Chausey aux Cordeliers pour y bâtir un Couvent. Il s'y trouva aux siécles suivans un si grand nombre de Religieux qu'on remarque dans les Registres des ordinations de l'Evêché de Coutance qu'il y

[a] Baudrand Ed. 1705.
[b] Corn. Dict. & Vandôme manusc. Geograph.

avoit à chaque ordination trois ou quatre Religieux de ce Couvent pour Sousdiacre, Diacre, ou Prêtre jusqu'à l'an 1535. Les Anglois ayant ensuite pillé deux fois l'Isle & le Couvent, enfin l'an 1543. les Religieux furent obligez de se retirer, & de venir s'établir en Terre ferme proche de Grandville. Vers le milieu du siécle dernier il y restoit encore un petit Fort dont il n'y a plus qu'une Maison & les appartemens pour servir d'Hôtellerie aux ouvriers, qui y tirent quantité de pierre grise, qu'on apporte sur la côte à Grandville & à St. Malo, & qu'on employe à bâtir. C'est aussi une retraite pour les petits bâtimens que le mauvais temps oblige de relâcher à cette Isle.

CHAUSORIUM. Voiez TAMALME.

CHAUSSE'E, substantif Feminin: ce mot se prend pour une levée de terre ou de pierre que l'on fait dans des lieux bas, humides & marécageux. Les Romains qui faisoient leurs chemins en droite ligne élevoient des Chaussées à travers les marais afin de ne se point détourner, on appelle aussi CHAUSSE'E les digues ou levées de terre que l'on fait au bord d'un Etang, ou d'une Riviere pour en soutenir l'eau, & empêcher qu'elle ne se deborde. On voit encore en France des restes de chemins Romains faits en Chaussées de Maçonnerie, ce mot semble venir de la chaux qu'on n'y épargnoit pas.

CHAUSSE'E, (LA) Ville d'Espagne. Voiez CALZADA.

CHAUSSERRE, (LA) Bourg de France en Anjou.

CHAUSSIN [c], Ville & Marquisat de France en Bourgogne; mais enclavée dans la Franche-Comté. C'est une des cinq Villes, qui dépendoient de la Vicomté d'Aussone. Il n'en reste qu'environ une centaine de Maisons depuis 1636. qu'elle fut incendiée par l'armée de Galas. Il y a plusieurs Villages qui dependent du Marquisat, & relevent du Château. Il y a un Bailliage Rural, qui a presque les mêmes Privileges que les Royaux. C'est un pays plain: du côté du Levant il y a une petite colline & un grand bois au Midi: la Riviere d'Auriane passe auprès, qui prend sa source au dessus de Poligni dans la Franche-Comté. Le Doux & la Saone n'en sont qu'à un demi quart de lieue: il y a un bac sur le Doux pour passer du côté de Dijon à Pejeux, & un autre à Pontaubert pour aller à Dole; il y a aussi quelque peu de vignes. Ce Marquisat appartient à la Maison de Condé.

[c] Dict. de la France.

CHAUTAY, Village de France dans le Berri sur l'Aubois à demie lieue de la Guierche. Il est remarquable par ses mines de fer, & par ses fourneaux & ses forges. On distingue fort à Paris le fer de Chautay.

CHAUVET ou L'ISLE CHAUVET [d], Bourgade de France en Poitou, dans les sables d'Olonne sur la frontiere de Bretagne. Il y a une Abbaye qui étoit autrefois de Benedictins, & qui est presentement possedée par des Camaldules.

[d] Faillot Atlas.

CHAUVIGNI [e], en Latin *Calviniacum*, Ville de France en Poitou sur la Vienne à quatre lieues de Poitiers, & à six de Châtelleraut.

[e] Ibid.

CHA. CHE. CHE.

CHAVON, gen. *onis*, contrée d'Asie dans la Medie, selon Etienne le Géographe, qui cite le second livre des Persiques de Ctesias; où il est dit que Semiramis s'étant mise en marche avec son armée arriva à Chavon de Medie. On appelloit Chavons les habitans de cette contrée.

CHAVUM, ancienne place forte de la Chersonnese Taurique selon Strabon [a], qui dit que c'est un des Forts que Scilurus & ses fils éleverent, & dont ils se servirent dans la guerre qu'ils soutinrent contre les Generaux de Mithridate.

[a] l. 7. p. 312.

CHAXUM. Voiez AXUM.

CHAYANTA, Bourgade de l'Amerique Meridionale au Perou dans l'Audience de los Charcas, à l'Occident du chemin de la Paz à la Plata, à distance à peu près égale de l'une & de l'autre, à l'Occident Septentrional d'Oropesa. Mr. Corneille fait une Province de ce nom de vingt lieues de longueur, sur presque autant de largeur.

[b] De l'Isle Atlas.

CHAYLAR, (le) Bourg de France dans le haut Vivarais.

CHAYON. Voiez CHAVON, qui est la même chose.

CHAZARIA [c], nom d'un lieu dont parlent Cedrena & Zonare. Constantin Manasses fait mention des Chazares (*Chazari*) dont il nomme le Prince Chagan; de même que Glicas & l'Histoire Mêlée 22. qui met ce lieu dans la Bulgarie.

[c] Ortel. Thesaur.

CHAZELLES [d], Bourg de France dans le Forez, Election de Montbrison à l'Occident Septentrional de St. Symphorien.

[d] Sanson Atlas.

CHAZENA, contrée d'Asie dans la Mesopotamie au voisinage de l'Adiabene, selon Strabon [e].

[e] l. 16. init.

CHEBAR. Voiez CHOBAR.

CHEBRECHIN, les Polonois écrivent SCZEBRECZIN, Ville de Pologne dans le Palatinat de Russie. Elle est la plus considerable des Villes, qui dépendent de Zamosch. [f] Elle est située sur une pente de colline ornée de vergers à droite & à gauche regnant en rideau au dessus d'un marais fort étendu en long & en large au milieu duquel, & au pied des murailles de la Ville passe la petite Riviere de Wieprs, qui va se jetter à travers le Palatinat de Lublin dans le Bog: les Juifs y sont fort riches, & les Juives assez jolies. Tous les vergers des environs de cette Ville sont pleins de ruches à miel dont il se fait un trafic considerable, ce Canton fournissant plus de cire qu'aucun autre de Pologne. On compte trois lieues de Tourobin à Chebrechin.

[f] Mem. de Beaujeu l. 2. c. 1.

CHECAPEQUE, Riviere de l'Amerique où elle a son embouchûre au Golphe de Mexique dans la côte Occidentale de la Baye de Campeche à sept lieues de la Riviere de Tabasco. Voiez l'Article CAMPECHE où je parle de cette Riviere.

CHECHO ou **CHECO**, c'est ainsi que nos Européens appellent dans leurs Relations la capitale du Tunquin Royaume d'Asie; si pourtant, dit le P. Mariny [g], on peut appeller Ville une quantité de Maisons ramassées & une multitude de peuple sans murailles, sans fossez, sans clôture, qui la borne & qui l'environne. Quoi qu'il en soit, poursuit ce Religieux, les Nations étrangeres l'appellent simplement *la Cour* à cause du séjour des Rois y fait ordinairement. Ceux du pays lui donnent le nom de KE' CIO', c'est-à-dire *Foire* ou *Marché*, parcé que tout ce qu'il y a de bon dans le Royaume, & tout ce qu'on y apporte de dehors arrive-là; desorte que deux fois le mois il s'y tient une Foire très-considerable, savoir une le premier jour de la Lune & l'autre le quinziéme. Ce Peuple occupe une vaste campagne très-agréable & très-fertile, & qui a plusieurs milles d'étendue arrosée par un grand fleuve, qui venant de la Chine après un grand détour facilite d'autant plus le commerce qu'il est toûjours navigable; outre cela il se divise si utilement par tout le Royaume dans des canaux menagez exprès & avec d'autres Rivieres, qui y ont communication, que l'on peut facilement transporter les marchandises, & entretenir le Commerce des Provinces étrangeres avec la Ville Royale.

[g] Relation des Royaumes de Tunquin & de Lao p. 109.

Les Européens n'auroient pas grand sujet d'en admirer les Edifices parce que les Maisons n'y sont pas autrement bâties que dans toutes les autres contrées du Royaume, & qu'il n'est gueres possible d'y en élever de plus magnifiques sans de grandes dépenses, à cause des eaux qui s'y trouvent partout à deux ou trois pieds de profondeur: desorte que pour la commodité de chaque Maison il est très-facile d'y faire un vivier, ou un petit étang sans que la santé en puisse être alterée & dont ceux du pays se servent à plusieurs usages comme à laver leurs hardes, à se tenir proprement, à arroser & à pêcher; quoi qu'il y en ait bien moins que dans les autres contrées du Royaume. Toutes les Maisons n'ont qu'un étage; mais elles sont accompagnées de certaines éminences, comme d'autant de remparts où l'on peut se rendre dans les temps des inondations pour se garantir de leur violence. Les rues n'y sont point pavées: le menu Peuple y paroit nud, & toûjours déchaussé aussi bien là que dans tout le reste du Royaume. On compte dans Ké Cio soixante & douze quartiers, qui composent cette grande Foire & dont chacun est aussi grand qu'une moyenne Ville d'Italie. Ces soixante & douze quartiers sont remplis d'Artisans & de Marchands, & pour éviter la confusion qui s'y pourroit rencontrer, & ne pas perdre de temps à chercher ce dont on a besoin, à l'entrée de chaque quartier il y a un tableau ou une enseigne, qui marque l'espece ou la qualité des Marchandises qui s'y vendent. De cette façon qui que ce soit quoi qu'étranger n'y peut être trompé que très-dificilement, tant à l'égard du prix & de la bonté des marchandises que de la qualité & quantité qu'il en desire. Le Roi de Tunquin veut absolument que toutes les Marchandises étrangeres ne puissent être debarquées qu'à Ke-Cio, & il ne permet que très-rarement que les vaisseaux de la Chine, du Japon, de Camboye, de Portugal, d'Espagne, de Hollande & autres Nations, qui font le Commerce d'Orient, abordent dans son Royaume autre part que par la Riviere de Chalo sur laquelle cette Ville est située; ni qu'ils mouillent ailleurs que dans ce Port. Le Palais où ce Monarque fait sa

Tom. II. Zzz*

sa résidence peut passer pour une ville fort belle & fort spacieuse quoi qu'il n'y ait rien d'extraordinaire pour l'architecture ni pour la structure, ni à l'égard des tapisseries & des ameublemens. Néanmoins le nombre des Soldats, qui sont en faction, les Officiers, les employez, le peuple de toutes sortes de Nation qui y sert son quartier, l'ordre, les livrées, les Jardins, les Elephans, les Chevaux, les armes, & les autres munitions de guerre qui y sont, ont assurément quelque chose de surprenant & qui surpasse tout ce qu'on en sauroit dire: & quoi que les Appartemens du Roi ne soient que de bois, on y voit des ornemens d'or & de broderie, des nattes très-fines, figurées de diverses couleurs comme autant de riches tapisseries, qui les rendent incomparables. On y voit encore sur de grandes Arcades de pierres & des Murailles d'une épaisseur extraordinaire, le Palais où demeure le *Bua*, qui est un ouvrage que l'on attribue aux anciens Chinois, lorsqu'ils commandoient dans le Pays. Ce grand circuit d'édifices où est la Cour est fondé sur une grande forêt de gros & solides Pilotis & élevé à la hauteur d'un étage seulement, où l'on se rend par un Escalier; la charpente en est plus belle & plus propre que celle des autres bâtimens du Pays. Pour y travailler, on fait venir de tous les endroits du Royaume les plus excellens Architectes & les plus habiles Maîtres, parce qu'il n'est permis qu'à ces sortes de gens de s'y occuper & d'y mettre la main, à l'exclusion de la populace & des hommes de journées qu'on n'admet jamais dans ces entreprises royales. Le Palais qui subsiste aujourd'hui est bâti sur une éminence & si les Tunquinois en vouloient bâtir quelque autre, ils choisiroient toûjours le lieu le plus avantageusement situé de ce Détroit, de telle sorte qu'il pût commander à toute la contrée & se garantir plus facilement des inondations. Les sales y sont spacieuses, les galeries couvertes & à perte de vûë avec de grandes courts, pour la commodité des Courtisans & des Officiers du Palais, au dedans duquel est l'appartement de quantité de femmes qui y sont gardées comme dans un Serrail, où chacune a sa petite Maison & son Jardin, à peu près comme sont les cellules de nos Chartreux. Il y a néanmoins quelque différence entre cette quantité de Maisons, les unes plus belles & plus commodes à proportion du merite de celles qui les occupent ou de l'estime où elles sont; mais ces Maisons sont beaucoup plus basses que le Palais du Roi. Les Eunuques ont aussi leur département dans ce circuit de même que les personnes de la Cour dont le nombre est presque infini. Celui des femmes n'est pas fixé parce que le Roi en a autant qu'il en desire, & chacune a plusieurs Demoiselles pour la servir. Cependant elles sont environ cinq ou six cens; mais celles qui excedent le nombre de cent passent pour secondes femmes. Il y en a une entre celles du premier cent qui est la première & qui est toûjours traitée comme telle quand même elle seroit sterile & que le Roi auroit eu des enfans des autres: autant qu'il y a de femmes autant il y a d'Eunuques qui veillent sur leur conduite & qui ne les perdent gueres de vûë. Aussi sont-ils fort considerez du Roi; il les honore des premieres charges du Royaume, & leur confie tous ses secrets jusques à sa propre vie. Les Pages qui y sont en grand nombre, ont un Maître qui a soin de leur éducation & qui leur montre les exercices convenables à leur condition; Et à present, graces à Dieu, aussi bien le Maître que plusieurs de ces jeunes gens ses écoliers, sont meilleurs Chrétiens que Courtisans. (Ceci doit s'entendre du temps où écrivoit le Missionaire cité, dont la Relation traduite en François parut à Paris l'an 1666. in 4.) Mais aucun d'eux, quelque jeune qu'il soit ne peut entrer dans l'appartement des Reines. Dans la même enceinte du Palais il y a une armée entiere de cinquante mille hommes qui y sont en garnison pour la garde du Roi selon le besoin qu'on en peut avoir; & on y nourrit plus de cinq cens Elephans de guerre & de parade auxquels on fait faire très-souvent l'exercice par divertissement. Outre tout cela il s'y trouve encore une infinité de gens qui sont destinez aux emplois les plus vils du Palais: sans parler de ceux qui y president & qui y commandent, & dont le nombre est beaucoup plus grand.

CHECHUAN, ou SESAVON [a], Ville & Montagne d'Afrique au Royaume de Fez, dans la Province d'Errif. La Montagne est une des plus agréables de cette Province. La petite Ville de même nom est peuplée de Marchands & d'Artisans fort à leur aise. Mais les Montagnards sont Bereberes. Cette Ville est devenue fameuse par Ali Barrax qui s'en rendit maître par sa valeur, aussi bien que des montagnes voisines & se fit appeller *Roi & Seigneur de Chechuan*, car il apportoit dans cette ville toutes ses depouilles, ayant toûjours Guerre avec les Portugais des Places Frontieres & en ayant remporté plusieurs Victoires, tant sur Terre que sur Mer en la Compagnie d'Almandari, Seigneur de Tetuan & d'autres braves chefs. Ce petit Etat lui demeura avec le nom de Roi depuis qu'Abusayd, Roi de Fez, le lui eut confirmé jusqu'à ce qu'Abdala l'ôta à ses descendans pour le donner au petit-Fils de Mumen Belelche. Ce Peuple est belliqueux, tant à pied, qu'à cheval, & se pique de bravoure. Aussi Ali Barrax l'avoit-il exempté de tout tribut. Il est en bon équipage pour le Pays & il y a autour de la Ville plusieurs fontaines dont on arrose les terres, qui rapportent quantité de Bled, d'Orge, de Chanvre & de Lin. Il y a aussi force Vergers, & de jardins d'herbes potageres, avec plusieurs troupeaux. Ils sont plus de cinq mille combatans dont il y a plusieurs Arquebusiers & Arbalêtriers & quelques Compagnies de Cavalerie, outre les trois cens Chevaux de Garnison.

CHEDABOUCTOU [b], Riviere de l'Amerique septentrionale dans l'Acadie, vis-à-vis de l'Isle du Cap Breton. Elle a son embouchure dans le fond de la Baye de Camseaux. Il s'y est fait un beau Havre par le moyen d'une digue de cailloux de six cens pas de long qui barre l'embouchure de cette riviere, à la reserve de l'entrée qui a une portée de Pistolet de large, ce qui fait par dedans une espéce de bassin. Cette digue paroît de cinq ou six pieds

[a] Marmol. l. 4. c. 80.

[b] Denis Descr. de l'Amer. septent. Tom. 1. c. 5.

piés de haute Mer, en sorte que l'entrée en est fort aisée. Un navire de cent tonneaux y peut entrer facilement & y demeurer toûjours à flot. La terre des environs y est bonne quoique les deux côtez de la riviere soient bordez de rochers.

☞ CHEF, ce mot se dit au lieu de CAP, dans la même signification, & veut dire une pointe de terre, ou de roche, qui avance dans la Mer.

[a] Baudrand CHEF DE CALAIS [a], Cap de France en Picardie, sur la côte de Calais à une lieuë de Calais à l'opposite de Douvres.

[b] Le même CHEF DE CAUX [b], Cap de France en Normandie, au Pays de Caux proche du Havre de Grace dont il est éloigné d'une demi-lieuë. On l'appelle aussi le CHEF DE SEINE, parce qu'il est à l'embouchure de cette Riviere. Les Mariniers l'appellent souvent LE FOYER DE GUERRE.

CHEF DE HAGUE, Cap de France en Basse Normandie à l'extrémité du Côtentin à trois lieuës de Cherbourg.

CHEGE, Forteresse de la Haute Hongrie au Comté de Zabolcz sur la rive Orientale de la Teysse vis-à-vis du confluent de cette Riviere avec la petite Riviere d'Egerwitz.

§ Mrs. Baudrand, Maty, & Corneille, donnent à cette Forteresse le nom de Zabolcs & en font une Ville Capitale d'un Comté de même nom. Ce n'est rien moins qu'une Ville; elle ne s'appelle point Zabolcs, & il s'en faut tout qu'elle soit la Capitale de ce Comté. Voiez ZABOLCZ.

CHEHERI. Voiez CAHERY, Abbaye de France en Champagne.

[c] Martinii Atlas Sinensis p. 109. CHEKIANG [c], (prononcez TCHEKIAN, sans faire sentir le G qui n'est que pour quelques Européans comme j'en avertis ailleurs). Contrée Maritime de la Chine & la dixieme Province en ordre de ce vaste Empire. Il n'y en a que deux auxquelles elle soit inferieure; quoi que sous la famille de Sunga, elle ait eu aussi la qualité de Royale & l'honneur d'être le sejour des Rois; mais si elle cede à deux Provinces, elle l'emporte de beaucoup sur toutes les autres, non point par son étenduë, mais par sa fertilité, par son agréable situation & par ses richesses. Elle a sous elle XI. Villes qui sont les Metropoles d'autant de petites Provinces, & qui ont sous elles soixante & trois Villes, sans parler des Bourgs, des Forteresses dont le nombre est prodigieux, & des villages qui y sont à très-peu de distance l'un de l'autre.

Cette Province est bornée au Levant par la Mer Orientale, qui est comme resserrée entre la Terre ferme & une suite d'Isles qui s'étend depuis l'Isle Formose, jusqu'au Japon & forme un Détroit; par lequel avec un bon vent on peut se rendre en un jour, ou un peu plus du Cap de Ningpo, où, ce qui est la même chose, de l'Embouchure de la Riviere de Cienton, aux Isles du Japon. Elle a au Midi la Province de Fokien; au Couchant partie celle de Kiansi, & partie celle de Kiamnan, qui la termine aussi au Nord. Elle est entrecoupée de Plaines & de Montagnes. La temperature de l'air, les sources, les fontaines, les rivieres & les Lacs qui l'arro-

sent en rendent le sejour delicieux. Tout s'y trouve en abondance & dans une grande varieté. Dans sa partie Meridionale & dans l'Occidentale elle a des Montagnes, mais toutes cultivées & très-agréables, si ce n'est en peu d'endroits herissez de roches, & de pierres, encore tire-t-on de ces Montagnes dequoi batir des Vaisseaux & des Maisons. Les bois & les forêts de Meuriers y font une chose fort commune: ces arbres servent à nourrir une si grande multitude de vers à soye, qu'on en recueille assez de soyes pour en fournir des étoffes de toutes façons non seulement à la Province, mais encore à toute la Chine, au Japon, aux Philippines, & même aux Indes & aux Nations de l'Europe. Ces étoffes qui sont de la meilleure fabrique se donnent à si bon prix, que dix habits de soye y coutent moins qu'un seul habit de Laine. Ils ne laissent pas croître leurs meuriers comme nous, ils les taillent comme nos vignes, persuadez par une longue experience que les feuilles des petits Meuriers rendent une soye beaucoup plus excellente: aussi ont-ils grand soin de distinguer le premier tissu d'avec le second. Le premier vient des feuilles tendres & délicates que produit d'abord le printemps, & dont les vers se nourrissent, l'autre est formé des feuilles dures & épaisses qu'ils broutent en été. Tant apporte de changement aux ouvrages de ces insectes la difference de leur nourriture. Au reste on se donne là à peu près les mêmes soins qu'en Europe pour élever les vers & pour en recueillir la soye, & c'est une erreur de croire ce que quelques-uns ont debité que la soye se trouvoit là sans culture & sans la moindre peine.

Les tributs que cette Province paye à l'Empereur sont immenses. Ils consistent en 2510299 sacs de riz; en 370466. livres de soye cruë; en 2574. pieces d'étoffe de soye: sans compter que tous les ans quatre barques Royales assez grandes nommées Lungychuen chargées d'étoffes travaillées avec un art singulier, brochées d'or & d'argent, parsemées de divers oiseaux en couleur naturelle, & de Dragons qui sont une marque reservée à l'Empereur, à sa famille & à ceux à qui il accorde par grace la permission de la porter: Outre cela l'Empereur tire pour tribut 8704491. bottes de foin: 444769 poids de Sel. Il y a deux douanes considerables dans la Metropole de la Province; la premiere dans la partie septentrionale de la Ville est pour les Marchandises qui se trafiquent: l'autre dans la partie Meridionale est pour le bois. Car comme les Chinois en font une grande consomtion pour leurs Maisons, les barques, les cercueils, & quantité d'ustensiles & qu'il y a des Marchands de bois très-riches, l'Empereur tire un gros revenu de cet impôt. Le Registre Public de la Chine compte dans cette Province 1242135. familles, & 4525470 hommes.

Le Peuple de cette Province est affable, honnête, de bon esprit, fort addonné à la superstition & au Culte des Idoles. Mais quand il arrive que quelqu'un embrasse la Religion Chrétienne pour laquelle il n'a gueres de repugnance, il s'y attache sincerement & la religion y a fait de grandes coñquêtes.

Tout y est arrosé de ruisseaux, de rivieres gran-

548 CHE.

grandes & petites & de Canaux auxquels l'art & la nature ont contribué. On croiroit être dans les contrées des Pays-bas où l'eau est conduite dans les terres de la même maniere, excepté que cela est encore mieux ordonné à la Chine. La plupart des lits des Rivieres qui descendent du Nord ont été tellement détournez & pratiquez pour l'usage & les besoins du peuple qu'on diroit que la nature seule s'en est mêlée, & il est difficile de s'imaginer comment les hommes ont pû en venir à bout. On voit souvent des fossez larges & profonds tirez dans un très-long espace & revêtus de chaque côté jusqu'au fond de pierres de taille quarrées; des ponts à plusieurs arches d'une hauteur très-hardie & d'une architecture très-solide; de sorte qu'on peut parcourir toute la Province à pied & en bateau quoi qu'elle soit toute entrecoupée & divisée en quantité de petites Isles. Nous reservons aux articles des subdivisions de cette Province ce qui ne lui est pas general, mais particulier au departement. Voici les noms, & les positions des Villes de cette Province telles qu'elles sont déterminées dans l'Atlas Chinois du P. Martini.

Noms	Longitude		Latitude	
I. *Ville Metropolitaine.*				
	deg.	min.	deg.	min.
Hangcheu	3	10	30	27 0
Haining	3	45	30	34 0
Fuyang	3	0	30	10 0
Iuhang	2	50	30	35 0
Lingan	2	38	30	15 0
Yucien	2	10	30	22 0
Sinching	2	42	30	2 0
Changhoa	2	0	30	6 0
II. *Ville.*				
Kiahing	4	0	31	15 0
Kiaxen	4	10	31	8 0
Haiyen	4	26	30	45 0
Pinghu	4	20	30	54 0
çungte	3	39	30	54 0
Tunghiang	3	41	31	9 0
III *Ville.*				
Hucheu	3	3	30	57 0
Chang-hing	2	45	31	12 0
Gankie ☉	2	16	31	3 0
Tecing	3	15	30	53 0
Hiaofung	1	50	30	46 0
Vukang	2	37	30	49 0
IV. *Ville.*				
Nientheu	2	24	29	33 0
Xungan	1	53	29	48 0
Tungliu	2	35	29	43 0
Suigan	1	28	29	28 0
Xeuchang	1	59	29	28 0
Fuenxui	1	17	29	56 0
V. *Ville.*				
Kinhoa	2	12	28	57 0

Noms	Longitude		Latitude	
Lanki	2	9	29	8 0
Tungyang	3	12	29	15 0
Yú	2	59	29	14 0
Iungkiang	2	39	28	45 0
Vúy	2	4	28	41 0
Pukiang	2	31	29	20 0
Tangki	2	41	29	8 0
VI *Ville.*				
Kiucheu	1	37	28	42 0
Lungyeu	1	48	28	54 0
Changxan	1	10	28	30 0
Kiangxan	1	19	28	23 0
C'aihoa	0	56	29	0 0
VII. *Ville.*				
Chucheu	3	5	28	12 0
Cingtien	3	16	27	46 0
Cinyun	3	7	28	25 0
Sungyang	2	30	28	6 0
Suichang	2	6	27	52 0
Lungciven	2	19	27	19 0
Kingyven	2	18	27	0 0
Iunho	2	30	27	40 0
Siuenping	2	41	28	25 0
Kingning	2	59	27	33 0
VIII. *Ville.*				
Xaohing	3	30	30	16 0
Siaoxan	3	16	30	13 0
Chuki	3	19	29	36 0
Iuyao	4	30	29	50 0
Xangyu	4	12	29	56 0
Xing	3	40	29	22 0
Sinchang	3	56	29	6 0
IX. *Ville.*				
Ning'po	4	46	29	40 0
çuki	4	52	29	56 0
Funghoa	3	28	29	15 0
Tinghai	5	18	30	0 0
Siangxan	6	0	29	18 0
X. *Ville.*				
Taicheu	4	25	28	38 0
Hoangnien	5	0	28	28 0
Tientai	4	7	28	55 0
Sienkiu	4	6	28	42 0
Ninghai	5	18	29	3 0
Taiping	4	30	28	28 0
XI. *Ville.*				
Vencheu	4	4	27	38 0
Xuigan	3	49	27	20 0
Locing	4	28	27	49 0
Pingyang	4	4	27	10 0
Taixun	3	1	26	59 0
Forteresses.				
Chinxan	4	49	30	53 0
Kinxan	4	38	30	25 0

Tin-

Noms	Longitude		Latitude	
Tinghai	5	38	29	56	o
Quo	6	6	29	30	o
Ninghai	5	28	29	10	o
Cioki	5	30	28	42	o
Sinho	5	29	28	30	o
Xetie	5	26	28	14	o
Puontun	5	6	28	10	o
çumuen	5	5	28	0	o
Tungchi	4	57	27	56	o
Haigan	4	40	27	45	o
Sining	4	30	27	32	o
Haifung	4	40	27	15	o
Cheuxan *Isle*	7	0	30	15	o
Changque *Isle.*	6	40	29	15	o
Nan	4	6	27	20	o
Iungmuen	4	10	26	0	o

Les O qui sont au bout de chaque ligne signifient que cette Province est toute à l'Orient de Peking, toutes les Longitudes de la Chine étant calculées dans l'Atlas Chinois par raport au Meridien de Peking.

CHEKI SERAI, Bourgade de l'Indoustan sur la route d'Agra à Dehli. Elle est remarquable à cause de la celebre Pagode de MATURAS. Voiez ce Mot.

1. CHELÆ, Κηλαὶ, Lieu sur la côte Meridionale du Pont Euxin. Arrien dans son Periple du Pont Euxin [a] compte vingt stades depuis la petite Isle d'Apollonie jusqu'à Chelæ & cent quatre vingt stades depuis Chelæ jusqu'à l'Embouchure du fleuve Sangar.

[a] p. 13. Ed. Oxon.

2. CHELÆ, Ports du Bosphore de Thrace sur la côte d'Asie, au delà du Promontoire des Esties; & où étoit le Temple de Diane Dictyne. Ce nom vient de ce qu'il y avoit des moles qui avançoient des especes de bras, comme des Serres d'écrevices. Ces Moles étoient de pierre avec des degrés pour faciliter l'abord & la decharge des vaisseaux, sans quoi la vase n'auroit pas permis d'y arriver commodément. Au lieu de Chelai, les Grecs posterieurs ont dit BATHRA, & les Latins ont dit SCALÆ. Cela est fort changé à présent. Voiez Pierre Gilles dans son Bosphore [b].

[b] l. i. c. 11.
[c] l. 14. 75. & 76.

3. CHELÆ, Silius Italicus dit :

Hic contra Libyamque situm, Cautosque furentes
Cernit devexas Lilybæum nobile Chelas.

Ortelius [d] l'entend des deux Promontoires d'Apollon & de Mercure, qui embrassoient le Golphe de Carthage comme deux tenailles d'écrevices. Cellarius [e] cherche dans le ciel le *Chela* de Silius. Lilybée, dit-il, regarde le Midi, où sont dans le signe de la Balance les pates du Scorpion; sur quoi il cite ce vers de Germanicus Cæsar

[d] Thesaur.
[e] Not. in Silium p. 465.

Insignes Cœlum perfundunt lumine Chela.

Cette explication est ingenieuse; mais c'est tout : celle d'Ortelius est plus Géographique, plus naturelle, & plus conforme non seulement à la situation de Lilybée; mais même à ce qui suit, & à ce qui precede dans le Poëte cité.

CHELANDIA, Ville dont il est parlé dans l'Histoire Mêlée aux livres xx. xxi. xxii. au raport d'Ortelius [f]. Il ajoute que Hugues de Fleury lit CHELANDRIA; & il soupçonne qu'elle doit avoir été quelque part vers le Bosphote. Il remarque en passant que le mot *Chelandia* est plus d'une fois employé dans l'Histoire Mêlée pour une sorte de Navire.

[f] Thesaur.

CHELI, Forteresse de la Chine au Midi de la Province de Junnan vers la source de la Riviere de Chuenpuen; qui se perd dans celle de Lançang; Cheli est par 22. d. 42'. de latitude [g].

[g] Atlas Sinensis.

CHELICIE [h], petit Royaume, ou Etat, en Afrique dans la basse Ethiopie. Il est voisin de ceux de *Stan* & d'*Ampaza*. Il est aussi bien que les deux autres gouverné par un Roi Mahometan & Vassal des Portugais.

[h] Dapper Afrique p. 401.

1. CHELIDONI *, Cap de l'Asie Mineure à l'entrée; & à l'Occident du Golphe de Satalie.

[*] De l'Isle Atlas.

2. CHELIDONI, CHELIDONE; ou CHELIDONIO [i], Cap de l'Isle de Chipre sur la côte Meridionale, au Midi de Baffo; à l'Occident du Port de cette Ville.

[i] Coronelli Isolar. i. part. p. 188.

CHELIDONIÆ INSULÆ, Ecueils de la Mer Mediterranée sur la côte de Lycie, selon Ptolomée [k]. Strabon [l] les met au commencement de la côte de Pamphylie. Lucien dit de même dans le Dialogue intitulé *le Navire*, que ces Isles separent la Mer de Lycie de celle de Pamphylie. Voici comme s'exprime d'Ablancourt son Traducteur : "delà ils furent portez par la tempête jusqu'aux Isles Quelidoniennes où ils faillirent le dixieme jour d'être submergez : j'ai passé par-là & je sais comme les vagues y sont enflées par les vents de Sud-Ouest : car c'est-là qu'est la separation de la Mer de Lycie & de Pamphylie où s'avance un Cap, qui n'est qu'un amas d'écueils & qui rompt les flots avec tant de violence; qu'il les eleve quelquefois aussi haut que lui : Strabon [n] dit qu'il y a trois Isles de ce nom qui sont montagneuses, presque égales en grandeur, à environ cinq stades l'une de l'autre & à six de la Terre ferme, que l'une d'entre elles a une rade assez commode pour les vaisseaux. Ces Isles & ces Ecueils sont sur la côte Meridionale de l'Asie Mineure entre l'Isle de Rhodes & le Golphe de Satalie. Il faut que la Mer y ait fait de grands changemens; car il n'y a, à proprement parler, qu'une de ces Isles qui merite ce nom; savoir l'Isle du Château-Roux. L'ance qui est au Septentrion est fort douce & le port parle Strabon : La plus Occidentale est fort petite & s'appelle l'Isle de St. George à cause d'une Chapelle, qui est dediée sous l'invocation de ce St. Vers la pointe Orientale, qui forme l'ance est une Isle encore plus petite & inhabitée nommée *Strongili*, le reste n'est qu'un assemblage d'écueils sans nom.

[k] l. 5. c. 3.
[l] l. 11. p. 520.
[m] Edit. de 1659. T. 2. p. 271.
[n] l. 14. p. 666.

CHELIDONII, ancien Peuple d'Illyrie, selon Hecatée cité par Etienne le Géographe. On lit dans ce dernier Χελιδόνιον pour Χελιδόνιοι. Ils étoient au Nord des Sefarethiens.

1. CHELIDONIUM PROMONTORIUM, Promontoire d'Asie à l'extrémité du Mont Taurus dans la Pamphylie [o]. C'est presentement CABO CAMEROSO.

[o] Plin. l. 5. c. 27.

2. CHELIDONIUM. Cedrene & Cu-

550 CHE. CHE.

a *Thesaur.* ropalate citez par Ortelius[a] appellent ainsi un Château situé sur une Colline escarpée, peu loin de *Tibium*. Ce dernier nom est celui d'une Montagne de la Phrygie.

CHELIPPUS, Montagne de l'Isle de Chio, selon Germanicus Cesar[b].

b *in Arat.*

CHELLES, Bourg de France dans l'Isle de France, avec une célèbre Abbaye, à quatre ou cinq lieues de Paris vers le Levant sur la Marne. Il y avoit autrefois une Maison Royale dont je parle au mot CALA. Pour ce qui est de l'Abbaye [c] les premiers fondemens en avoit, dit-on, été jettez par la Reine Ste Clotilde, qui y avoit au moins fait bâtir une Chapelle & peut-être quelques Cellules. Ste Bathilde continua le dessein, pour ne pas dire qu'elle le commença de nouveau. Elle le bâtit pour des Religieuses, à qui l'on fit prendre bientôt la regle de St. Benoît, ce qu'elle fit avec tant de magnificence, qu'elle en fut regardée comme la fondatrice. Elle s'y renferma elle-même, lorsqu'en 665. elle quitta la pourpre pour prendre le voile & se rendre Religieuse. Elle y mourut en 680. son corps s'y conserve avec celui de St. Genez Evêque de Lyon qui avoit été son Aumônier, & celui de Ste Bertille premiere Abbesse du lieu. Elle étoit Prieure de l'Abbaye de Jouarre au Diocèse de Meaux, lorsque l'Abbesse Ste Thelchide l'envoya avec quelques autres de ses Religieuses à la priere de Ste Bathilde pour être premiere Abbesse de Chelles vers l'an 656.

c *Baillet Topogr. des Saints.*

CHELLUS, Ville de la Palestine. Il en est fait mention au livre de Judith[d], selon le Grec dont, comme j'en ai averti, le Latin de notre Vulgate n'est pas une Traduction; mais un abregé. Aussi le nom de Chellus ne s'y trouve-t-il pas.

d c.1.v.9.

CHELM, Ville de Pologne au Palatinat de Russie, au Levant six à huit milles Géographiques de Lublin. [e] Elle est Episcopale; mais les ravages que la guerre des Moscovites & des Tartares y ont causez, ont tellement ruiné cette Ville que l'Evêque a transferé sa résidence à Kranostaw.

e *Baudrand.*

CHELMAD, selon la Vulgate[f], & les Septante de l'édition de Basle 1582. CHELMACH, selon Ortelius. CHARMAN, selon les LXX. de l'exemplaire du Vatican imprimé à Rome, & réimprimé à Amsterdam 1683. La Paraphrase Chaldéenne explique ce mot par LA MEDIE.

f *Ezechiel c. 27. v. 23.*

CHELMER[g], Riviere d'Angleterre, au Comté d'Essex, elle a sa source à Taxted d'où serpentant vers le Midi & se charge de quelques ruisseaux, passe à Dunmow, & arrive à Chelmesford, où elle reçoit une autre Riviere qui vient du Midi; delà elle se recourbe vers l'Orient Septentrional, & se mêle avec la Riviere de Blackwater auprès de Malden.

g *Allard Atlas.*

CHELMESFORD[h], Bourg d'Angleterre au Comté d'Essex sur la Riviere de Chelmer: outre qu'il y a Marché public, on y tient les Assises ordinairement.

h Etat pres. de la Grande Bretagne T. 1. p. 64.

CHELMON[i], ancienne Ville de la Palestine vis-à-vis d'Esdrelon[k], & près de laquelle une partie de l'armée d'Holopherne étoit campée avant qu'il vînt assieger Bethulie.

i *D. Calmet Dict.*
k Judith. c. 7. v. 3.

Chelmon est peut-être le même que SELMON dont il est parlé dans les Pseaumes[l] & ailleurs, ou CEDMON, ou enfin BELMON ou CYAMON, comme porte le Grec[m], ou CAMMON dont parle Eusebe, & qu'il place à sept milles de Legion tirant vers le Nord.

l Psal. 67. v. 15. & Judic. c. 9. v. 48.
m Judith. c. 7. v. 3.

CHELO[n], Forteresse de la Chine dans la Province de Junnan, au Midi de Chinyuen entre les Rivieres de Kinglai & de Xanmo; par les 24. d. 18'. de latitude.

n Atlas Sinensis.

CHELONATES. Voiez CHELONITES.

CHELONE, ce mot qui veut dire une *tortue* étoit le nom d'un Cap de l'Isle de Cos, selon Pausanias[o].

o l. 1. c. 2.

CHELONIDES, Marais de la Libye interieure, selon Ptolomée[p]. C'étoit un assez grand Lac formé par le fleuve qu'il appelle *Gir*, & qui selon lui se perd dans la terre & en sortant forme un autre fleuve. C'est apparemment le Lac de BOURNOU.

p l. 4. c. 6.

1. CHELONITES, Promontoire du Peloponnese dans l'Elide, selon Ptolomée[q]. Strabon[r] l'appelle Chelonates. C'est presentement le Cap de la Morée où est la Ville de Chiarenza, Sophien se trompe quand il l'explique par le Cap de Castel Tornese, qui est le Promontoire *Ichthys* des anciens.

q l. 3. c. 16.
r l. 8. p. 338.

2. CHELONITES SINUS, Golphe sur la côte Occidentale du Peloponnese, selon Ptolomée[s]. Il commence au Nord au Promontoire Ichthys, aujourd'hui Castel Tornese & finit à *Jardani sepulchrum*, aujourd'hui Cap *Jardan*. Le Golphe est presentement nommé GOLFO DE L'ARCADIA nom qu'il prend d'une Ville nommée l'Arcadia.

s l. 3. c. 16.

CHELONITIDES, deux petites Isles de la Mer rouge[t] à la hauteur du Port nommé Theon Soteron Θεῶν Σωτήρων Λιμήν. On les nommoit aussi CATATHRÆ.

t Ptolom. l. 4. c. 8.

1. CHELONOPHAGI, ancien Peuple de l'Arabie selon Mela[v], qui dit après avoir parlé de l'Egypte & du Mont Casius: delà jusqu'au Golphe Persique ce ne sont que deserts si ce n'est à l'endroit où demeurent les Chelonophages. Strabon[x] parle aussi de ces Chelonophages d'Arabie: ce nom veut dire *mangeurs de Tortue*. Ils se couvrent, dit-il, d'écailles de Tortues, qui sont si grandes qu'ils peuvent s'en servir en sûreté en guise de bâteau. Quelques-uns ramassent l'Algue que la Mer jette sur le rivage, ils en font de grands tas sous lesquels ils menagent des trous pour se loger. Ils jettent morts dans la Mer pour servir de nourriture aux poissons.

v l. 3. c. 8.
x l. 16. p. 773.

2. CHELONOPHAGI, Peuple d'Asie dans la Carmanie. Pline[y] dit: dans un coin de la Carmanie sont les Chelonophages, qui se couvrent de l'écaille des Tortues, & vivent de leur chair. Ptolomée les met aussi dans la Carmanie[z]. Marcien d'Heraclée de même[a].

y l. 6. c. 25.
z l. 6. c. 8.
a Peripl. p. 22. Ed. Oxon.

CHELSEY, lieu d'Angleterre au Comté de Middlesex, à un mille de Westminster sur la Tamise. Il n'est remarquable que par le fameux College, ou Hôpital pour les Soldats, bâti à l'imitation de l'Hôtel Royal des Invalides de Paris. J'en donne la description à l'Article de LONDRES.

Quelques-uns écrivent CHELSEA, qui revient à la même prononciation.

CHEL-

CHE.

CHELVA ou **Xelva**, petite Ville d'Espagne au Royaume de Valence près du Guadalaviar à sept lieues de Segorbe, & à dix lieues au dessus de Valence.

CHELYDOREA, Montagne du Peloponnese, attenant la Montagne de Cillene. Paufanias[a] dit que ce fut sur cette Montagne de Chelidorée que Mercure ayant trouvé une Tortue, en accommoda l'Ecaille pour un inftrument, de Mufique & en fit une Lyre. Delà vient que les Poëtes Latins fe fervent du mot *teftudo* une tortue, pour fignifier une Lyre. Horace dit

[b] *O Decus Phœbi, & dapibus fupremi*
Grata teftudo Jovis &c.

& ailleurs

[c] *Tuque teftudo refonare feptem*
Callida nervis

Il dit encore,

[d] *O teftudinis aureæ*
Dulcem quæ ftrepitum, Pieri, temperas.

Il dit d'Amphion,

Dictus & Amphion Thebanæ conditor arcis,
Saxa movere fono teftudinis.

Il dit enfin en parlant d'Anacreon;

Qui perfæpe cava teftudine flevit amorem.

Dans tous ces paffages la Tortue eft un inftrument de Mufique à fept Chordes, dont la figure devoit reffembler à celle du Luth, qui a affez de l'air d'une Tortue.

CHEMACH ou **Kemach**, Ville de la Natolie dans la Caramanie Meridionale dans le Gouvernement de Chypre aux confins de celui d'Alep. C'eft l'ancienne **Camachus**. Voiez ce mot.

CHEMBIS. Voiez **Chemmis**.

CHEMIA, Plutarque[e] dit que les Egyptiens dans leurs facrifices donnoient ce nom à l'EGYPTE.

CHEMILLE[f], petite Ville de France dans l'Anjou, fur la petite Riviere d'Irome, avec titre de Comté, quoi que ce foit originairement une Baronie dont le Seigneur eft Vaffal de l'Evêque d'Angers & en cette qualité il eft un de ceux, qui doivent fervice à ce Prelat le jour de fon entrée. L'ancienne Maifon de Chemillé fondit en celle de la Haye-Paffavant. Loüis de cette feconde Maifon ne laiffa qu'une fille Yolande de la Haye, qui époufa Jean d'Armagnac Duc de Nemours. Ils la vendirent enfemble à Pierre de Rohan Maréchal de Gié pour feize mille écus d'or; mais Joachim de Montefpedon Sieur de Beaupreaux ayant fait valoir le droit de retrait lignager, du chef de Renée de la Haye fa femme la plus proche parente & heritiere, la terre de Chemillé leur fut ajugée par arrêt de la Cour du 18. Mai 1501. Elle paffa enfuite dans la Maifon de Gondi & de Coffé, puis par acquets en celle de Broon, & enfin en celle

CHE. 551

de Colbert-Maulevrier. [g] Il y a une Eglife Collegiale fous l'invocation de St. Léonard. Le Chapitre eft compofé d'un Doyen, d'un Sacriftain & de huit Chanoines, qui ont chacun deux cens livres de revenu. Outre la Collegiale il y a deux Paroiffes.

1. **CHEMINON**, Village de France, en Champagne, au Diocèfe de Chaalons, Election de Vitry, entre Vitry & Bar-le-Duc fur un ruiffeau nommé la Brunelle, qui fe rend dans la Riviere de Sault. Il y a une Abbaye autrefois confiderable. Voiez l'Article fuivant.

2. **CHEMINON**[h], Abbaye de France au Diocèfe de Chaalons, de l'Ordre reformé de Cîteaux. Elle eft fituée fur une petite Riviere appellée la Brunelle, qui fe décharge dans la Riviere de Sault : Hugues Comte de Champagne eft reconnu pour fondateur de cette Abbaye. Il donna à Frere Allard le lieu où elle eft conftruite, avec trois Rivieres & de belles dépendances, à la charge d'y faire bâtir une Eglife à l'honneur de S. Nicolas, & d'y affembler des Moines pour y vivre regulierement avec lui. Il ajouta à cette donation toute la Terre de Beaumont & le Village de Cheminon. Cette donation fut confirmée par Richer ou Richard, Evêque d'Albanie, Légat du Pape en France. L'Eglife fut en effet bâtie, dediée à S. Nicolas, & les Freres mis fous la regle de S. Auguftin, fans être obligez de reconnoître aucune Jurifdiction Epifcopale, & avec permiffion abfoluë de prendre des faintes huiles de tel Evêque qu'il leur plairoit : ce qui fut ainfi accordé avec la participation & le confentement de l'Evêque de Chaalons. L'acte de cette confirmation porte que fi aucun étoit fi téméraire que d'aller contre, qu'il foit privé des facremens, même à l'extrêmité, s'il n'en a fait auparavant fatisfaction : ce fut encore confirmé par le Pape Pafcal II. en 1117. qui outre cela accorda à ces Religieux l'exemption des Dixmes. Calixte II. confirma tous ces Privileges en 1120. même la donation qu'Alix, veuve de Thibault I. du nom, Comte de Champagne, & mere du fondateur, y avoit faite avec fon agrément, & celui de Philippe Evêque de Chaalons fon fecond fils & frere du Comte Hugues. L'Abbaye de Cheminon eft paffée depuis ce tems de l'Ordre de S. Auguftin à celui de Cîteaux, en vertu de la permiffion accordée par la Bulle du Pape Innocent II. en l'année 1131. Ce qui a été confirmé par cinq autres Papes, dont le dernier fut Celeftin III. la Bulle duquel eft fignée de trois Evêques, & de dixhuit Cardinaux ; elle confirme tous les privileges accordez à cette Abbaye. Elle a perdu depuis ce tems beaucoup de fes grands biens. Ce qu'il ne feroit pas difficile de juftifier par un Manufcrit ancien, où eft écrit un refultat des Moines de ce tems-là, qui porte qu'on n'excedera plus à l'avenir le nombre de foixante Religieux & de cent quarante-fix Convers ; fi ce n'étoit que le revenu augmentât. Ce Monaftere eft beau, agréable & fort fpacieux ; l'Eglife eft fort haute & bien éclairée ; le grand Autel fort riche, dont les ornemens & vafes d'argent, quoi que fort anciens, ont encore un air de beauté. Les Religieux

a l. 8. c. 17.

b l. 1. Ode 32.

c l. 3. Ode 11.

d l. 4. Ode 3.

e in Ofiride.

f Piganiol de la Force, Defc. de la France T. 6. p. 134.

g Piganiol de la Force, Defcr. de la France Ibid. & p. 106.

h Baugier Mem. Hift. de Champagne T. 2. p. 160.

ne

ne font plus qu'au nombre de huit, qui ont fait rebâtir depuis quelque tems les lieux réguliers.

CHEMKON, Ville de Perse. Tavernier[a] au lieu d'en marquer la position par raport à la Province, & aux Villes circonvoisines la détermine par des longitudes, & des latitudes assez suspectes. Car il lui donne 63. d. 15′. de longitude, & 41. d. 15′. de latitude. Il ajoute que cette Ville a un très-beau Château de grandes Caravanseras, avec quantité de Tours d'où l'on appelle le Peuple pour venir à la Mosquée. Il est vrai qu'il dit qu'il en parle ailleurs; mais comme il ne dit ni en quel livre, ni en quel Voyage, j'ai perdu inutilement quelque temps à le chercher.

[a] l.3.c.der.

1. CHEMMIS, ancienne Ville d'Egypte dans la Thebaïde, selon Herodote[b]. Il dit qu'il y avoit un Temple dedié à Persée fils de Danaé, bâti en quarré & entouré de palmiers. Qu'il y avoit tout à l'entour une vaste enceinte où étoient deux grandes Statues de pierre; que dans cette enceinte étoit le Temple, & dans le Temple la Statue de Persée. Que les Chemmites assuroient qu'il apparoissoit souvent dans le Temple, sortant de terre avec une chaussure dont la semelle avoit une demie coudée de long; qu'après qu'il avoit ainsi aparu toute l'Egypte étoit dans l'abondance. Ils célebroient en l'honneur de Persée des Jeux à la maniere des Grecs. Herodote leur ayant demandé pourquoi Persée leur apparoissoit plutôt qu'aux autres Egyptiens, & pourquoi ils ne célebroient pas les jeux à la maniere du Pays? Ils repondoient que Persée étoit originaire de leur Ville; que Danaus & Lyncée qui étoient Chemmites avoient passé en Grece. Que Persée leur descendant partit pour l'Egypte portant la tête de la Gorgone, comme les Grecs le racontent aussi, qu'il se rendit chez ses parens, qu'ils les reconnut & qu'ayant entendu prononcer à sa mere le nom de Chemmis il vint en Egypte, & qu'ils célebrerent en l'honneur les combats Gymniques comme il le leur commanda. Les Egyptiens qui demeurent au dessus des marais, poursuit Herodote, observent ces coutumes; mais ceux qui habitent dans les marais ont les mêmes loix, & les mêmes usages que les autres Egyptiens. Ortelius[c] observe que Diodore nomme cette Ville LA VILLE DE PAN, en Grec Πανόπολις; il croit que ce même lieu est nommé mal à propos Χέμμις par Plutarque[d]. S'il est vrai que *Chemmis* & *Panopolis* soient la même Ville il s'ensuivroit que le Nôme où étoit Chemmis seroit le même que les anciens Géographes décrivent sous le nom de Nôme Panopolite, & dont je parle en son lieu.

[b] l.2.c.91.

[c] Thesaur.

[d] in Isid.

2. CHEMMIS, Isle de la basse Egypte, selon Herodote qui en parle ainsi[e]: en second lieu est l'Isle nommée Chemmis située dans un Lac vaste & profond, près du Temple qui est à Butos. Les Egyptiens disent que cette Isle est flottante. Cependant, poursuit l'Historien cité, je ne l'ai vû, ni floter, ni se mouvoir; mais j'ai été surpris d'entendre qu'une Isle flotât. (Il est certain qu'il y en a, & on en trouve diverses preuves dans ce Dictionnaire.) Dans cette Isle, continue Herodote, est un grand Temple d'Apollon, avec trois autels & quantité de palmiers que l'Isle a poussez; & beaucoup d'autres arbres, quelques-uns fruitiers, les autres steriles. Les Egyptiens donnent cette raison pourquoi cette Isle flotte. C'est, disent-ils, parce qu'autrefois lors qu'elle étoit fixe & immobile, Latone qui est à present une des huit premieres Divinitez habitoit à Butos, & ayant reçu d'Isis Apollon comme un depôt, elle le cacha dans cette Isle qui commençoit d'être flottante & le mit ainsi en sureté à l'arrivée de Typhon, qui cherchoit par tout le fils d'Osiris; car les Egyptiens disent qu'Apollon & Diane sont les Enfans de Bacchus & d'Isis, & que Latone n'en étoit que la nourrice & la depositaire &c. Cela s'accorde assez avec Hecatée cité par Etienne le Géographe, excepté qu'il écrit CHEMBIS dans sa Periegese de l'Egypte. A Butes, dit-il, auprès du Temple de Latone est une Isle appellée *Chembis* consacrée à Apollon: cette Isle est mouvante & flotte sur l'eau de côté & d'autre.

[e] l.2.c.156.

CHEMNITZ. Voiez KEMNITZ.

CHEN, Ville du Peloponnese dans la Laconie, selon Etienne le Géographe, qui ajoute qu'elle étoit la patrie de Myson, ou Muson, l'un des sept Sages de la Grece. Diogene Laerce dans la Vie de ce Philosophe dit que sa patrie n'étoit qu'un Village.

CHE'NAYE. Voiez CHESNAYE.

CHENERETH. Voiez CENERETH.

CHENEVALET[f], ruisseau de France dans le Forez; il passe auprès des forges, qui sont aux environs de St. Etienne. Il a la proprieté de nettoier & de blanchir mieux que la lessive, & que le Savon tout ce qu'on y lave.

[f] Corlon Rivier. de France part. 1.p.248.

CHENGANARE, Ville de la côte de Malabar, assez près de Changanor; il y a une Eglise Chrétienne. Il en est fait mention dans l'Histoire de la visite du Patriarche Menezès Portugais, à qui le Roi de ce pays fit une priére qui marque beaucoup de moderation, & en même temps une grande indiference sur le choix des Religions. On peut en voir le détail dans l'Histoire du Christianisme des Indes de Mr. de la Croze[g].

[g] l.4. p. 312.

CHENIUS[h], Montagne dans le voisinage du Pont-Euxin dans le Pays des Macrons; comme il paroît par le IV. livre de Diodore. Elle n'étoit pas loin de la Colchide.

[h] Ortel. Thesaur.

CHENNE, lieu de la Palestine dont il est fait mention dans la Prophetie d'Ezechiel[i]. D. Calmet croit que c'est la même chose que Chalanne[k]. Voiez CALANNA.

[i] c.27.v.23.

[k] Genef.c. 13.v.10.

CHENNIS, lieu d'Egypte dont parle Plutarque dans son Traité d'Isis, qu'il dit avoir été peuplé de Pans & de Satyres. Ortelius croit que c'est Chemmis.

CHENOBOSCIA, Ville d'Egypte, dans le Nôme Panopolite, selon Ptolomée[l]. Les Notices de l'Empire[m] mettent ce lieu dans le département de la Thebaïde, & le nomment CHENOBOSCIUM. Antonin[n] la met entre Coptos & Thomu, à XL. M. P. de la premiere & à L. M. P. de la seconde. Pour ce qui est du nom, les Editions ordinaires portent CHENOBOSCION. L'exemplaire du Vatican porte CENOBOSTO, les Editions des Juntes & des Aldes lisent aussi *Cenobosio*.

[l] l.4.c.5.

[m] Sect.20.

[n] Itiner.

CHE-

CHE.

CHENONCEAU, Château de France en Touraine sur la Riviere du Cher, à une lieue au dessus de Bleré. Il fut bâti pour la Reine Catherine de Medicis avec toute la magnificence de ce temps-là. Cette Princesse fit venir d'Italie quantité de Statues d'un grand prix, qui en faisoient un des plus grands ornemens: on y remarquoit sur tout une Statue de Scipion l'Africain laquelle étoit de Pierre de Touche.

CHEPELIO, selon Dampier[a], ou

CHEPILLO, selon le Suplement du Voiage de Woodes Rogers[b], Isle de l'Amerique dans la Mer du Sud[c] dans la Baye de Panama, à sept lieues de la Ville de ce nom & à une lieue de la Terre ferme; Elle a environ deux milles de long & presque autant de large. Elle est basse du côté du Nord & va en haussant du côté du Sud. Le terroir est jaune & d'une espece de terre glaise. Le haut est pierreux & le bas planté de toute sorte de fruits exquis. Le milieu de l'Isle est planté d'Arbres de Plantains qui ne sont pas extrémement gros, mais dont le fruit est d'un goût extraordinairement délicat. La rade est du côté du Nord & on y peut ancrer surement à demi-mille Anglois de la côte. Au Nord il y a un puits près de la Mer, auprès duquel il y avoit autrefois trois ou quatre Maisons que l'on a entierement ruinées. Cette Isle est située vis-à-vis l'embouchure de la Riviere de Chepo. L'Auteur du Suplement du Voyage de Rogers[d] compte aussi sept lieues de Panama à Chepillo & de là cinq autres lieues au Golphe de St. Michel & à Rio de Mastiles. Cette Isle selon lui peut avoir une lieue de circonference; ce qui est fort different de l'étendue que lui donne Dampier. Il ajoute: elle est basse près de l'eau, mais on y voit en dedans le Mont PACORA.

1. **CHEPO**[e], Riviere de l'Amerique où elle a son Embouchure dans la Mer du Sud, dans la Baye de Panama vis-à-vis de l'Isle Chepelio. Elle sort des Montagnes qui sont au Nord du Pays. Comme elle est enfermée du côté du Sud, elle serpente à l'Ouest autour des unes & des autres, tant qu'enfin trouvant un passage au Sud-Ouest elle fait une espece de demi cercle, s'enflant ensuite considerablement elle se jette doucement dans la Mer à sept lieues de Panama. Elle est extrémement profonde & a environ un quart de mille de large; mais l'entrée est embarassée par des sables, en sorte qu'il n'y a que les barques qui puissent y entrer. Au Midi de la Riviere ce ne sont que bois durant plusieurs lieues.

2. **CHEPO**[f], Petite Ville de l'Amerique dans l'Isthme de Panama, sur la Riviere de Chepo, sur la rive droite; elle appartient aux Espagnols comme tout le reste du Pays. Le pays circonvoisin est plat; il y a néanmoins plusieurs petites Montagnes couvertes de Bois; mais la plus grande partie du Pays n'est que Pâturages, ou Pays découvert.

CHEPSTOW[g], Ville d'Angleterre en Monmouthshire, en Latin *Strigulia*, sur la Wye, où elle a un Pont à quelque distance de son entrée dans la Saverne. Elle étoit autrefois entourée de bonnes murailles, & avoit un grand Château pour sa défense. Elle est encore aujourd'hui une des meilleures Villes de la Province.

Tom. II.

[a] Voyage autour du Monde T. 1. c. 7.
[b] P. 17.
[c] Dampier l. c.
[d] p. 17.
[e] Dampier l. c.
[f] Dampier Ibid.
[g] Etat Prés. de la G. Bret. T. 1. p. 88.

CHE. 553

§. Mr. Baudrand n'en fait qu'un Bourg.

1. **CHER** (le), en Latin *Carus*, Riviere de France, elle a sa source auprès d'Auzance en Auvergne dans l'Election d'Evaux, & après avoir serpenté au Midi & à l'Orient de cette Ville, elle prend sa source vers le Nord, passe entre Salvert g. & Château-sur-Cher d.; se grossit de quelques ruisseaux entre Evaux g. & Chambouchart, reçoit la Tarde g. en sortant d'Auvergne entre dans l'Election de Montluçon qui est du Bourbonnois, passe à Montluçon qu'elle coupe en deux parties dont la plus grande est à l'Orient; puis sortant du Bourbonnois elle s'enfle d. de la Riviere de Cosnil, qui venant de Herisson lui apporte les ruisseaux de la BANDE, de l'AUMANCE, de la CHAUNE & de TREUILLIES. Delà parcourant le Berry, les principaux lieux où elle passe sont Ainay-le-Vieux g. St. Amand, où elle s'accroit de la Marnande, à Château-neuf, St. Florent ou Fleurant, d. se charge de l'Evre à Vierzon d. & de l'Arnon g. au dessous de Mery. Elle se tourne ensuite vers le Couchant, coule à Menetou-sur-Cher, d. à Villefranche, à Chabris & à Selles g. prend la Saudre d. & le Naon, g. qui lui porte le tribut de plusieurs ruisseaux; passe à St. Aignan g. & sortant de la Sologne où elle étoit entrée à Vierzon elle entre dans l'Election d'Amboise qui est de la Touraine, coule au Midi de Montrichard & de Chenonceau, & au Nord de Bleré & de Veretz; enfin au dessous de la Ville de Tours est un Canal de communication avec la Loire. Là commence une Isle entre ces deux Rivieres laquelle est pourtant separée en trois par deux autres Canaux de communication. La premiere est l'Isle de Bretenay qui est la plus longue, celle du milieu est peu de chose; mais la troisième prend le nom du Bourg de Brehemont qui y est situé; au dessous de cette derniere le Cher & la Loire se joignent ensemble pour ne plus couler qu'en un même lit. La pointe, où leurs eaux se mêlent est nommée le BEC DE CHER. J'ai expliqué ailleurs ce que c'est que BEC. Voiez ce mot.

2. **CHER**, (le) Riviere de France. Elle a sa source dans le Barrois, passe à Douzi en France, & se jette dans la Meuse entre Mouzon & Sedan.

CHERAC, Bourg de France dans la Saintonge, Diocèse & Election de Saintes.

CHERÆUS, petite Ville de la basse Egypte sur le Nil, selon Procope[h]. Il remarque que le Nil n'alloit pas jusqu'à Alexandrie; mais qu'après avoir arrosé Cherée il tournoit à gauche, & s'éloignoit du territoire d'Alexandrie. Il ajoute: les Anciens pour n'être pas privez de la commodité de ce Fleuve ont creusé depuis Cherée jusqu'à Alexandrie un Canal où se décharge l'eau du Lac Maris. Procope se trompe, il devoit dire Mareotide. Ortelius croit que c'est la même que CHEROPOLIS d'Etienne, & que la CHERCU d'Antonin[i]. C'est en effet de la sorte qu'on lit dans l'Exemplaire du Vatican, d'autres portent CEREU, ce qui marque qu'il faut lire CHEREU. Ce lieu étoit à XXIV. milles de Hieropolis, & à XX. d'Alexandrie.

CHERAMIDI ou **CHRAMIDI**[k], petite Vil-

[h] Ædific. l. 6. c. 1.
[i] Itiner.
[k] Baudrand Ed. 1705.

Aaaa*

Ville de la Morée au Belveder, vers le Golphe de Coron, & les confins de la Zaconie entre Calamata & Zarnata.

CHERASCO, c'eſt la veritable Orthographe de ce nom ; mais en François on dit QUERASQUE. Voiez ce mot.

CHERAZOUL[a], Ville de Perſe ſur une Riviere, qui à deux journées au deſſus prend ſa ſource d'une Montagne, qui n'eſt qu'à trois lieues de la fameuſe plaine d'Arbelles. Il y a à Cherazoul un beau pont de pierre ſur cette Riviere avec dix-neuf Arcades dont le grand Cha-Abbas en fit rompre trois après qu'il eut pris Bagdat. Cette Ville de Cherazoul eſt conſtruite d'une maniere ſinguliere étant toute pratiquée dans le roc eſcarpé l'eſpace d'un quart de lieue, & on monte aux Maiſons par des eſcaliers de quinze ou vingt marches plus ou moins, ſelon l'aſſiette du Roc. Ces Maiſons n'ont pour toute porte qu'une maniere de meule de Moulin qu'on n'a qu'à rouler pour l'ouvrir le jour & la fermer la nuit ; les jambages de la Porte étant taillez en dedans pour recevoir la pierre, qui eſt alors au niveau du roc. Au deſſous des Maiſons qui ſont comme des niches dans la Montagne, on a creuſé des caves où les habitans retirent leur bêtail, ce qui fait que ce lieu-là a été une forte retraite, pour défendre la frontiere contre les courſes des Arabes, & des Bedouins de la Meſopotamie. Il y a à Cherazoul des ſources d'une eau minerale aigrette & très-purgative. Elles bouillonnent ſur le bord d'Altun-ſou Riviere, qui ſe jette dans le Tigre environ à trois journées de Bagdat.

CHERBOURG, Ville Maritime de France en Normandie dans le Côtentin. Ce n'étoit d'abord qu'un Château très-fort. Vers le XII. ſiécle on s'aviſa de le nommer *Cæſaris-Burgus.* Ce caprice a fait une impertinente tradition, qui veut qu'elle ait été bâtie par Jules Ceſar. Ceux qui la ſoutiennent ſont forcez d'avouer qu'il n'en eſt fait aucune mention dans ſes Commentaires, qu'on n'a aucune preuve qu'il ait jamais été dans cette partie des Gaules ; mais ils ſuppoſent que Sabinus un de ſes Generaux bâtit cette Ville, & lui fit porter le nom de Ceſar. Comme cela ſe dit ſans preuves, cela ne merite aucune attention. Mr. Piganiol[b] dit qu'il y a beaucoup plus d'apparence que le nom lui a été donné en l'honneur d'Auguſte : cela ſuppoſe qu'il faut neceſſairement lui trouver pour fondateur un Ceſar, ce qui n'eſt pas ; puiſque cette pretendue fondation par Ceſar n'eſt appuyée que ſur un nom que l'on ne connoiſſoit pas encore dans l'onziéme ſiécle. [c] Elle eſt nommée *Caſtellum Carusbur* dans les Lettres de Richard III. Duc de Normandie données l'an 1026. ainſi on ne connoiſſoit point encore la pretendue fondation de Ceſar. Ce n'eſt que depuis le XII. ſiécle que l'on voit le nom de *Cæſaris Burgus* employé. Orderic Vital, Robert Abbé du Mont St. Michel (ſimple, Robertus de Monte,) & quelques Rois d'Angleterre Ducs de Normandie dans leurs Chartes données en faveur de l'Abbaye des Chanoines reguliers, nommée *le Vœu,* ont employé ce nom, qui a fait oublier le veritable. [d] Cette Ville fut priſe, pillée & brûlée vers l'an 1298. ſous Philippe le Bel, qui

[a] Tavernier Voyage de Perſe l. 2. c. 5.

[b] Deſc. de la France T. 5. p. 92.

[c] Longuerue Deſc. de la France p. 1. p. 79.

[d] Vaudôme Recherches manuſcrites des antiquitez du Côtentin.

avoit envoyé une armée en Normandie pour punir la contumace d'Edouard I. Roi d'Angleterre & Duc de Normandie. Edouard III. aſſiégea en vain cette place. Froiſſard en parle ainſi : *& allerent tant qu'ils vindrent en une bonne, groſſe & très-riche Ville qui s'appelle* Cherebourg. *Si en ardirent & voberent une partie, mais dedans le Chaſtel ne purent-ils entrer ; ils le trouverent trop fort & bien garni de gens d'armes ; puis paſſerent outre.*

L'an 1334. le Roi de Navarre gendre du Roi Jean, nonobſtant le Traité fait avec lui par lequel le Côtentin lui avoit été cedé, continua ſes pratiques avec les Anglois ; & de temps en temps il faiſoit debarquer un grand nombre d'Anglois, de Gaſcons & de Navarrois, qui faiſoient des courſes par toute la Normandie, prenoient des places & faiſoient contribuer tout le pays pendant que le Roi Jean étoit priſonnier en Angleterre. Le Roi de Chypre alla inutilement trouver le Roi de Navarre à Cherbourg, pour lui faire des propoſitions d'accommodement. Il ne fut point écouté à la perſuaſion des Anglois, à qui il promit de leur donner la Place ; le Connétable ayant repris toutes celles dont ce Prince s'étoit rendu maître en la Province, voulut mettre le Siége devant Cherbourg ; mais les Anglois qui en eſperoient la poſſeſſion ſuivant la parole du Roi de Navarre y envoyerent un grand ſecours d'hommes & de munitions. Cherbourg, *dit Froiſſard, étoit pour lors un des plus forts Chaſteaux du monde & une belle entrée en Normandie.* Harleſton, d'Arondel, de Briole, & Copeland, tous braves Capitaines Anglois ſe mirent dans le Château, & les Navarrois ſe retirerent dans la Ville. Le Siége dura plus de ſix mois. La reſiſtance fut ſi vigoureuſe qu'il falut enfin lever le Siége.

Après la Bataille de Fourmigni le Comte de Richemont ayant repris ſur les ennemis toutes les Places qu'ils poſſedoient en cette Province, ils ſe retrancherent dans Cherbourg où ils avoient deux ou trois mille hommes en garniſon. Il y arriva d'Angleterre toutes ſortes de munitions pour ſe bien défendre, cependant le Connétable aſſiégea la Place, & les François qui étoient devant, dit Alain Chartier, *s'y gouvernerent honorablement & vaillamment, & y eurent beaucoup de peine & de travail, car ils y firent pluſieurs grands approchemens, & firent battre la dite Ville de canons & de bombardes, & de pluſieurs autres engins merveilleuſement & le plus ſubtilement que oncques homme vit.* Il y eut durant le Siège maintes belles armes faites devant la place à tant qu'un Anglois d'Angleterre nommé Thomas Gouël rendit la dite Ville & Chaſtel de Cherbourg dont il étoit le Capitaine de part le Roi d'Angleterre le 12. jour d'Août 1450. la plus forte place de Normandie ſans nulle excepter.

Dans les privileges accordez en 1207. par Philippe Roi de France aux Bourgeois de Rouen, il eſt porté que les Marchands de cette Ville pourront ſeuls faire le commerce d'Irlande avec defenſe aux autres habitans de Normandie de faire voile en cette Iſle-là, à la reſerve de ceux de Cherbourg, qui pourront y envoyer un vaiſſeau tous les ans. [e] On voit

[e] Piganiol de la Force, Deſc. de la France T. 5. à p. 92.

CHE. .CHE. 555

à Cherbourg le tombeau de Mauger Archevêque de Rouen, qui fut exilé à Garnesey, à cause de sa vie irreguliere. On trouve à Cherbourg, Bailliage, Amirauté, Siége des Traites, Mairie, & Bureau des cinq grosses fermes. [a] Son Port qui est petit y attire quelque Commerce. Il y entre des bâtimens de trois cens tonneaux, qui y apportent des marchandises pour le pays; on y construit & on y équippe plusieurs navires marchands, qui naviguent le long des côtes de France & d'Angleterre.

[a] p. 48.

CHERCA. Voiez KERKA.
CHERCAMP. Voiez CERCAMP.
CHERCARA. Voiez CERCARE.
CHERCU. Voiez CHERÆUS.
CHERECLA. Voiez CHAERECLA.

CHEREGUA, Mess. Baudrand, Maty, & Corneille mettent une Isle de ce nom entre les Isles des Larrons, ou Isles Mariannes. Il n'y en a pas une de ce nom, à moins qu'on ne veuille dire qu'ils ont voulu appeller ainsi l'Isle de SARIGAN. Voiez ce mot.

CHEREZ. Voiez XEREZ.

§. CHEREZOUL. Voiez CHERAZOUL. Mr. Corneille en fait un Article ridicule, & met cette Ville à cinq journées de Cherazoul, sur quoi il cite à faux Olearius.

CHEREOS, nom d'une Forteresse ou Château, selon Suidas[b], dans l'Asie Mineure vers l'Isaurie.

[b] ad vocem IKDACUS.

CHERIIAR[c], Ville de Perse dans la Province de Teren dont elle est la capitale: quelques-uns lui donnent le nom de la Province. Elle est de mediocre grandeur & n'a rien qui soit digne de remarque; mais à une lieue delà on voit les ruines d'une grande Ville par lesquelles on peut juger qu'elle avoit environ deux lieues de tour. Il y a encore quantité de tours de briques cuites au feu, & en plusieurs endroits des pans de murailles qui subsistent encore. On voit plusieurs lettres taillées dans des pierres, qui sont cimentées dans ces tours; mais ni les Turcs, ni les Persans, ni les Arabes n'y peuvent plus rien connoître. La Ville étoit bâtie autour d'une haute colline, au dessus de laquelle sont les ruines d'un Château, qui, à ce que disent ceux du pays, étoit la residence des Rois de Perse.

[c] Tavernier Voyage de Perse l. 3. c. 4.

CHERIGUANES[d], Sauvages de l'Amerique Meridionale, dans l'Audience de los Charcas, aux Montagnes de Santa Cruz de la Sierra. Ces Montagnards sont si farouches & si avides de chair humaine qu'ils n'épargnent pas même les Nations alliées. Ils ne dévorent pas seulement les corps tous cruds de leurs ennemis qu'ils prennent en guerre; mais ils mangent aussi ceux de leurs parens quand ils sont morts. Garcilasso de la Vega rapporte que l'Inca Yupanqui, avoit entrepris de subjuguer ces Barbares afin de leur faire prendre des mœurs plus douces: dans ce dessein il envoya des troupes vers les Andes près desquels ils habitoient dans des Montagnes fort rudes & destituées de toutes sortes de grains; mais la difficulté & l'âpreté des chemins lui firent abandonner l'entreprise. L'an 1572. D. Francisco de Toledo Viceroi du Perou forma le même dessein; mais il fut si malheureux dans cette expedition qu'après avoir per-

[d] Corn. Dict. De Laet Ind. Occid. l.11. c. 12.

Tom. II.

du beaucoup de ses gens qui moururent de disette & de fatigue, il eut beaucoup de peine à sauver sa vie en fuiant avec la perte de tout son équipage.

CHERINOS[e], Peuple de l'Amerique Meridionale au Perou. La contrée qu'ils habitent n'est éloignée que de sept lieues de celle de Chuquimayo. Ils sont en grand nombre, fort vaillans & demeurent le long d'une assez grande Riviere qui porte de l'or. Leur langage est different de celui des Peuples voisins, & leurs terres sont fertiles.

[e] Corn. Dict. & De Laet Ind. Occid. l. 10. c. 14.

§. Cette grande Riviere est celle de Chuquimayo.

CHERMEL, ou plutôt CHARMEL, selon la Vulgate. Ce mot est employé par le Prophete Isaïe[f] qui dit: est-ce que dans peu de temps le Liban ne sera pas changé en Charmel, & Charmel ne sera-t-il pas consideré comme une Montagne. Cette traduction qui est à la lettre, selon la Vulgate, est très-differente de quelques Versions, qui mettent le nom de *Chermel* ou *Charmel*, & lui substituent sa signification. Elles rendent ainsi ce même verset: le Liban ne sera-t-il pas dans peu changé en plaine, & la plaine en forêt. Ce sont des expressions figurées, qui ne prouvent pas fort clairement que *Chermel* soit le nom propre d'un lieu.

[f] c. 29. v. 17.

CHERMELA, les Auteurs du moyen âge nomment ainsi le Carmel; entre autres l'Auteur d'une Description de la Terre sainte publiée sous le nom d'Eugesippe Auteur de l'XI. siécle, par Allatius.

CHERMULA, lieu de la Palestine, selon les Notices de l'Empire[g]. Ce nom est sans doute pour *Chermela*, qui est le Carmel où étoit une Ville, comme je le marque en son lieu.

[g] Sect. 11.

CHERONAC, Bourg de France dans le Poitou, Election de Confolans.

CHERONE'E, en Latin CHÆRONEA, Ville de Grece dans la Béotie, aux frontieres de la Phocide, selon Etienne le Géographe. Thucydide dit[h]: Cheronée est à l'extremité de la Béotie auprès de Phanotide, sur les consins de la Phocide. Ælien dit[i]: Philippe gagna la Bataille auprès de Cheronée. Diodore décrit ce combat[k]. Ce fut au même lieu que Sylla vainquit Archelaus[l]. Cette Ville doit sa principale reputation à l'honneur qu'elle a eu de produire Plutarque Philosophe & Historien. Son ouvrage des Vies des hommes illustres est un des livres les plus precieux & des plus utiles, qui se soient conservez de tout ce que la bonne Antiquité a produit.

[h] l. 4.
[i] Var. Hist. l. 6. c. 1.
[k] l. 16. c. 87.
[l] Plutarq. in Sulla & in Lucullo.

CHEROY, Bourg de France au Gâtinois, aux confins de la Champagne, entre Aigreville & Pont-sur-Yonne.

CHERRONESI ou PIGIADA, Ville de la Morée dans la Zacanie, sur la côte du Golphe d'Engia, environ à six lieues du Golphe d'Engia, vers le Midi Oriental: quelques-uns y cherchent l'ancienne EPIDAURE fameuse par le Temple d'Esculape.

1. CHERRONESUS, Ville de Libye. On la nommoit aussi CHERRURA; si on en croit Etienne le Géographe.

2. CHERRONESUS, Promontoire d'Asie dans la Lycie, selon le même.

Aaaa* 2   3. CHER-

CHE.

3. CHERRONESUS, Ville de l'Afie Mineure auprès de Cnide felon le même, & par confequent dans la Doride.

4. CHERRONESUS, ancienne Ville d'Espagne, près de Sagonte, felon Strabon [a]. *a l.3.p.159.*

5. & 6. CHERRONESUS, Ville Maritime vers le Palus Méotide. Strabon [b] dit que c'étoit une Colonie des habitans d'Heraclée, qui étoient fur le Pont fur la côte de Bithynie. Il compte delà quatre mille quatre cens ftades du fleuve Tyras; & ajoute: dans cette Ville eft le Temple d'un certain Demon Vierge, qui donne le nom au Promontoire, qui eft devant la Ville à la diftance de cent ftades, & on l'appele *Parthenium* où eft le Temple & la Statue de ce Genie. Entre la Ville & le Promontoire, il y a trois Ports, favoir l'ancienne CHERRONESE qui eft ruinée &c. ce Demon Vierge pourroit bien être Diane; car Pomponius Mela dit qu'elle fonda cette Ville de Cherronefe [c]. *b l.7.p.308.* *c l.2.c.1. n. 20.*

7. CHERRONESUS, Port de Thrace, fur le Pont-Euxin entre Apolloniade & Thyniade, felon Arrien en fon Periple [d] du Pont-Euxin. Il compte LX. ftades d'Apollonie à Cherronefe, & delà aux murs d'Aulée, Αὐλαίου τείχος, CCL. d'où il y en a encore CXX. jufqu'à Thyniade. *d p.24. Ed. Oxon.*

8. CHERRONESUS, Ifle voifine de l'Ifle de Crete avec une Bourgade de même nom, felon Etienne le Géographe.

9. CHERRONESUS, le même Auteur dit: il y en a encore une autre près de la Ville Corronite. Ortelius [e] ne fachant où la chercher avoit foupçonné qu'il falloit lire Corinthe au lieu de Corronite; mais Berkelius doute s'il ne faut pas écrire Coronide, & renvoye au Scholiafte de Pindare 115. *e Thefaur.*

Ce nom de Cherronefe n'a été donné à ces lieux qu'à caufe de leur fituation en forme de Prefqu'Ifle: delà vient qu'Ortelius en raporte quelques-unes tirées de Plutarque & de Ptolomée que j'ai obmifes parce que ce n'étoient point des noms propres; mais des noms appellatifs; mon deffein n'étant pas de donner ici une lifte des Prefqu'Ifles; mais des Villes, Ports & autres lieux femblables, qui portoient le nom de Cherronefe comme étant leur nom propre. Cette fignification du mot a perfuadé à Ortelius que la Cherronefe d'Efpagne (n. 4.) eft prefentement PENISCOLA, parce que ce nom moderne eft effectivement une traduction du nom Grec.

CHERSENA, Paul Diacre appelle ainfi la Cherfonefe Taurique. J'ai remarqué à l'Article CERSONA que ce nom lui a été auffi donné par des Auteurs peu exacts.

CHERSER, (le) Riviere d'Afrique en Barbarie au Royaume de Fez dans la Province d'Errif. Elle a d'abord fon cours d'Orient en Occident & fe groffiffant de quelques autres ruiffeaux, elle coule vers le Nord pour fe perdre dans la Mediterranée auprès du lieu nommé Cherfera, felon la Carte du Royaume de Fez par Nicolas Sanfon, inferée dans l'Afrique de Marmol.

CHERSEUS, Riviere de la Phenicie, felon Ptolomée [f]. Il en met l'embouchûre entre Dora & Cefarée de Straton; ainfi il couloit dans la Paleftine que Ptolomée confond *f l.5.c.15.*

CHE.

avec la Phenicie. Ce ne fauroit être le torrent de CISON ou CISSON.

1. CHERSO ou CHERZO [g], Ifle de la Mer Adriatique dans le Golphe de Quarnero & fur la côte de la Croatie, joignant l'Ifle d'Ofero dont elle faifoit autrefois partie. Elle eft feparée de la Terre ferme à l'Occident par le Canal de Farifin: elle a au Nord les Ifles di Veglia & d'Arbe, à l'Orient celle di Pago, & au Midi de fa partie Orientale celle d'Oforo & quelques autres moindres. Elle eft prefque partagée en deux parties inégales par un Golphe long & étroit au fond duquel eft fituée la petite Ville de Cherfo: vers l'Orient de l'Ifle fur fa côte Meridionale eft la petite Ville d'Ofero, qui donne fon nom à l'Ifle voifine laquelle n'en eft feparée que par un Canal fort étroit. Les anciens ont connu cette Ifle de Cherfo fous le nom de CRIPSA, CREXA ou CRIXA, fon circuit eft de cent cinquante milles: l'air y eft fain. Elle eft toute en Montagnes; & d'un terrain pierreux. Elle n'a pourtant point de Montagne remarquable; elle a auffi fort couverte de bois que l'on charge pour Venife. Il n'y a ni Rivieres, ni torrents; mais bien des fontaines dont la plus fameufe eft telle de Blaife, qui a fa fource à cinq milles de la Ville. Il y a un Lac d'environ fept milles de tour, fort poiffonneux. L'Ifle abonde en bétail particulierement en bêtes à laine. Elle produit du vin & de l'huile en affez grande quantité pour en debiter ailleurs, elle a auffi du miel excellent; mais elle recueille fi peu de bled qu'il n'y en vient pas le tiers de ce dont fes habitans ont befoin. *g Coronelli Ifolar. part. 1. p. 142.*

2. CHERSO ou CHERZO [h], Ville de l'Ifle de même nom, vers le milieu de laquelle elle eft fituée. Elle eft en forme de Pentagone dans une plaine, excepté du côté du Nord qu'elle eft plus haute & defendue par une bonne muraille; mais ancienne & fans terre-plein accompagnée de quatre petits tourillons. Environ la moitié de la Ville eft baignée de la Mer d'où il fe forme un petit Port que l'on ferme tous les foirs. Elle a un peu moins d'un mille de tour, & a pour armes la figure de St. Ifidore Evêque, fon patron qui porte la Ville dans fa main. On ne fait pas le temps de fa fondation quoi qu'on la croie ancienne. L'an 1410. elle fe donna avec l'Ifle d'Ofero aux Venitiens, qui y envoyerent pour toutes les deux un noble Venitien avec le titre de Comte & de Capitaine. Sa charge dure deux ans, & il fait fa refidence dans cette Ville, où il y a à peu près 2500. ames. *h Ibid.*

3. CHERSO, petite Ifle de l'Archipel. Les habitans de cette Ifle font Grecs & payent tribut aux Venitiens & aux Turcs. Elle produit du vin, de l'huile &c. Au Sud-Ouest il y a un fort bon havre qu'on peut découvrir à la faveur d'une petite Ifle haute, qui eft à un mille & demie au Sud-quart au Sud-Ouest de fon Embouchûre. Celle-ci eft fi étroite & la Mer y eft fi haute qu'on auroit de la peine à la trouver fans cette marque. D'abord qu'on l'a devant foi il faut gouverner au Sud-Eft, tout droit dans une Crique, qui court environ un mille & demi, & en laiffer un autre à gauche, qui n'eft pas fi commode quand on voit une petite Chapelle fur un af- *i Robert Voyage du Levant p. 280.*

semblage de rochers on peut donner fonds à 10. brasses d'eau & attacher une amarre à terre. D'ailleurs le monde y est en general civil, timide & ignorant ; ils n'ont que peu de commerce avec les pirates. L'Eau douce n'y vaut rien, & on ne peut y arriver qu'avec peine.

§. L'Auteur écrivoit dans un temps que les Venitiens étant maîtres de la Morée au Levant de laquelle cette Isle est située, pouvoient mettre les Isles voisines sous contribution ; mais cela n'est plus.

CHERSONA, Ville maritime au bord du Pont-Euxin. Procope dans son Histoire des Gots dit[a] : en allant du Bosphore à Chersone, qui est aussi au bord de la Mer & sous la domination des Romains, tout l'espace qui est entre-deux est occupé par les Barbares, qui sont Huns d'origine. Auprès de Chersone il y a deux autres petites Villes, savoir Cepi & Phanaguris, anciennement soumises aux Romains, même jusqu'à notre temps ; mais les Barbares du voisinage ne sont depuis peu détruites. Depuis Chersone jusqu'à l'embouchûre du Danube la route est de dix journées.

[a] Grotii Hist. Goth. & Vandal. &c. p. 411.

☞ CHERSONESE, les Grecs disoient indiferemment CHERRONESE & CHERSONESE pour signifier une PRESQU'ISLE. Ainsi ce nom doit se trouver souvent dans les Auteurs qui ont écrit en cette Langue, & même dans les Auteurs Latins, qui ne l'ont pas toûjours traduit par le mot de PENINSULA ; mais ce mot semble avoir été consacré & être passé de la Langue Grecque pour signifier quatre Presqu'Isles privilegiées ; savoir LA CHERSONESE CIMBRIQUE, LA CHERSONESE DE THRACE, LA CHERSONESE TAURIQUE, & LA CHERSONESE D'OR. La veritable Orthographe est CHERSONESE ; cependant de bons Ecrivains ont amené l'usage d'écrire QUERSONESE en faveur de la prononciation Françoise. Voiez QUERSONESE & PRESQU'ISLE.

CHERTOBALUS, Ville de la haute Pannonie auprès du Danube, selon Ptolomée[b], qui avant que de la nommer fait mention de la XIV. Legion Germanique. Lazius juge que c'est CHARLBOURG en Autriche, & ajoute qu'il y a peu de siécles qu'elle s'appelloit CHERFULENBOURG. Le même la nomme aussi CHEROLATA. Antonin fait mention de GERULATA dans ces Cantons & y met la XIV. Legion. Voiez GERULATA.

[b] l.2.c.5.

CHERTZEY, ancienne Abbaye d'Angleterre au Comté de Surrey près de la Tamise. St. Erconwald, qui fut fait Evêque de Londres l'an 675. bâtit ce Monastere vers l'an 666. & s'y retira avec une compagnie de serviteurs de Dieu, comme on peut voir dans sa Vie[c].

[c] Baillet Vie des Saints au 30. Avril.

CHERVINSKO[d], Ville de Pologne au Duché de Masovie, sur la Wistule, à trois lieuës au dessous de Zakroczym. Elle est ornée d'un bâtiment magnifique, qui est celui d'une Abbaye de Chanoines reguliers de St. Augustin, & qui est une des plus riches & dés plus considerables de la Pologne, possedée toûjours par un des plus grands Seigneurs du Royaume, même par des fils de Roi, quoi qu'elle soit reguliere elle vaut encore quarante

[d] Beaujeu Mem. l.2.c.1. p.189.

mille livres de rente. Le Roi y nomme ; mais comme l'Abbé doit être Moine, l'Election en doit être faite aussi par les Moines de l'Abbaye en confirmation du Brevet du Roi, & très-souvent ils n'y ont aucun égard ; ce qui fait que la premiere Election est suivie d'une seconde, & même d'une troisiéme dans des intervales d'un mois de l'une à l'autre, & si la derniere n'est pas conforme à la nomination du Roi le Titulaire se pourvoit à Rome & les fruits sont en sequestre pendant la vacance, n'y ayant point en Pologne d'Oeconomat. Cette Abbaye a une image de la Vierge, qui fait une des plus grandes dévotions de la Pologne. L'habit des Moines est une soûtane blanche avec un petit surplis court & serré comme un Rochet ; mais sans manches en forme de Scapulaire, & dans le Chœur ils ont un Camail d'Evêque, noir, doublé de cramoisi.

CHERUSCI[e], en François les CHERUSQUES, ancien Peuple de la Germanie. Leur nom vient de ce qu'ils habitoient auprès de la Forêt Hercinienne, comme qui diroit Hartzers ou Hartzschen, mot que les Grecs & les Romains ne se donnant pas la peine de prononcer juste accommoderent à leur maniere par un leger changement. Ce qui fait voir qu'Æthicus qui les nomme CERISSI & les Modernes, qui ont cru qu'il les falloit appeller CHERISCI, sont tombez également dans l'erreur faute d'avoir sû l'origine de ce nom.

[e] Spener. Not. Germ. ant. l.4.c.3. § 54.

Leur plus ancienne demeure que l'on connoisse étoit entre le Weser & l'Elbe[f], desorte que la Forêt Bacenis servoit de mur entre les Cattes & eux pour les garantir des insultes & des hostilitez les uns des autres. Ainsi ils avoient au Nord les Cauchi surnommez les grands, depuis l'une de ces Rivieres jusqu'à l'autre. On ne sauroit déterminer au juste quelles sont les limites qui les separoient. On voit par les anciens Historiens, tels que[g] Cesar & Tacite, que les Cattes s'étendoient au Midi des Cherusques. Quelques Modernes ont pretendu sans fondement que le Pays des Cherusques s'étendoit jusqu'au confluent de la Saala, & mettent-là le point de division de ce Peuple d'avec les Cattes ; mais ils ne font pas reflexion qu'il faut une forêt entre deux & qu'il n'y en a point-là. Il n'y a que des intérêts modernes, qui aient pû faire naître une imagination si peu fondée : chacun sait & convient[h] que les Cherusques touchoient à l'Elbe du côté du Levant. D'un autre côté le Weser leur servoit de limites à l'Occident de maniere que ce fut pourtant avec quelques changemens : car Dion & avant lui Velleius Paterculus ont mis les bornes de cette Nation en deçà du Weser. Au lieu que les autres Auteurs ne les placent qu'au delà. Ces deux sentimens avoient partagé les Doctes ; mais un passage de Strabon concilie ces deux autoritez & marque la veritable place des Cherusques au delà du Weser. Il est vrai que le Pays des Cherusques proprement dits étoit entre le Weser & l'Elbe ; mais ils avoient des Peuples subordonnez, tels que les Dulgibins, qui étoient en deçà du Weser. Strabon[i] dit que Varus fut défait chez les Clients des Cherusques, c'est-à-dire chez des Peuples qui leur étoient soumis. Velleius

[f] Tacit. an. pal. l.2.c.9. & Cæsar Bel. Gall. l.4.c.10.

[g] ubi supra.

[h] Dion. l. 55.

[i] l.7.

Pa-

CHE.

Paterculus[a] dit : dès qu'on fut entré dans la Germanie on foumit les Caninefates, les Attuariens, (*Chafuarii*) & les Bructeres ; on reçut à compofition les Cherufques & on paffa le Wefer, qui peu après ne devint que trop célèbre par nos pertes. Dion[b] dit parlant de Drufus. Etant retourné à l'armée il paffa le Rhin fubjugua les Ufipetes, fit faire un pont fur la Lippe, fondit fur les Sicambres & par leur pays s'avança aux frontieres des Cherufques jufqu'au Wefer. Il dit[c] encore en parlant du même : étant entré dans le Pays des Cattes il s'avança jufqu'à celui des Sueves ; d'où tournant fa marche vers les campagnes des Cherufques & ayant paffé le Wefer, il alla jufqu'à l'Elbe ravageant tout ce qui étoit fur fon paffage.

Avec le temps les Cherufques cederent un plus grand efpace de terrain aux Dulgibins leurs Vaffaux ; ainfi ils fe refferrerent de ce côté-là ; mais en échange, ils s'étoient emparez des terres que les Angrivariens du temps de Germanicus poffedoient au delà du Wefer. On ne manque point de temoignages des Anciens pour prouver qu'en divers temps les Cherufques furent voifins des Angrivariens, des Anfibariens, & des Chafuariens.

C'eft ce Pays des Cherufques entre le Wefer & l'Elbe que Dion[d] appelle CHERUSCIE & CHERUSCIDE. La grande perte qu'ils firent dans une guerre contre les Cattes n'apporta point une grande diminution à leur pays ; mais elle affoiblit fort ce Peuple. Car qu'il ait été très-puiffant il n'en faut point d'autres preuves que les guerres qu'il foutint contre les Romains, & le nombre des Nations qui relevoient de lui. C'eft dans cet ordre qu'il faut rapporter ces Nations obfcures & peu connues, qui étant comprifes dans la Cherufcide, n'ont été connues des Hiftoriens que fous le nom general de Cherufques ; & dont on trouve les noms dans Ptolomée[e] & dans Strabon[f]. Après Ptolomée il n'en eft plus parlé, deforte que ces Nations fubalternes paroiffent s'être fondues en celle des Cherufques, & en avoir pris le nom. Lorfque le nom de *France* s'étendit entre le Rhin & l'Elbe, la Cherufcide fans doute devint une partie confiderable des Francs ; mais elle ne fut pas la derniere à fe détacher de leur alliance, pour fe joindre foit volontairement, foit qu'elle y fût forcée à la ligue des Saxons dont le nom commençoit à s'étendre vers l'Occident. Les Saxons dont la plus ancienne origine fe prend dans la Presqu'Ifle du Holftein & du Jutland comme je le fais voir ailleurs, fe repandirent en deçà de l'Elbe dans la Cherufcide dans les terres, & par la Chaucide le long de la Mer, & s'avançant infenfiblement vers le Rhin entrainerent quantité de Peuples qu'ils mirent dans leur parti : les Cherufques avoient déja quité l'Elbe avec eux pour s'avancer vers le Rhin du temps de Claudien qui eft dit[g] :

. . . . . Latifque paludibus exit
Cimbrus, & ingentes Albim liquere Cherufci.

Le Cimbre eft dit là pour les Saxons. Le nom de Saxe & de Saxons ne s'établit bien dans la Cherufcide qu'après le paffage des Francs dont l'alliance n'avoit pas peu fervi aux Cherufques à fe relever de leurs pertes & à recouvrer leur ancienne gloire ; mais enfin les Francs s'étant établis dans les Gaules les Cherufques demeurez au delà du Rhin, fe perdirent dans la Nation des Saxons, qui fe mêlant avec eux occuperent le Pays de la Cherufcide auffi bien que quantité d'autres ; deforte que Charlemagne dans toutes les guerres qu'il eut jufqu'à l'Elbe ne les trouva point que fous le nom general de Saxons. Ils occupoient une partie du LUNEBOURG, du BRUNSWIG, &c. fans qu'on puiffe déterminer leurs limites : ceux qui l'ont entrepris n'ont avancé que des conjectures fans preuve.

CHERVAL[h], les Anglois écrivent CHARWEL, ce qui revient au même pour la prononciation, Riviere d'Angleterre en Oxfordshire. Elle a fa fource auprès de Banbury, d'où ferpentant vers le Midi elle paffe à Oxford où elle fe perd dans l'Ifis.

CHERZ[i], les Polonois écrivent GZERSKO, Ville de Pologne dans la Mafovie fur le chemin de Varfovie à Léopol ; à cinq lieues & demie de la premiere. Elle eft ancienne & plus ancienne que Varfovie. Elle eft bâtie de brique ; mais fort détruite. Les mafures des tours & des murailles marquent fon ancienne grandeur. Elle donne cependant le titre de Caftelan de Mafovie, à celui qui en eft revêtu & c'eft en même temps un Grode, ou Bailliage confiderable appellé Grode de Mafovie.

CHESAPEACH. (Baye de) Voiez BAYE.

CHESBON. Voiez ESBUS.

CHESEL. Voiez SIHUN.

CHESELET-THABOR. Voiez CASALOTH.

CHESHIRE[k], Province Maritime d'Angleterre dans le Diocèfe de ce nom. Elle a 112. milles de tour & contient environ 72000. Arpens, & 24054. Maifons. C'eft un pays qui abonde plus en pâturage qu'en bled ; plat & uni pour la plus grande partie : fes principales Montagnes font celles qui le feparent des Provinces de Stafford & Derby. Il y a plufieurs Forêts, particulierement celles de DELAMERE & de MACCLESFIELD, & une fi grande abondance de parcs, qu'il y a peu de Gentilshommes qui n'en aïent.

On y trouve auffi des Bruyeres où les chevaux & les brebis paiffent ; & des endroits pleins d'une mouffe, qui fert à faire des tourbes.

Les principales Rivieres qui l'arrofent font la Dée au Sud-Oueft, le Weever au milieu, & le Merfey au Nord de la Province. La premiere a ceci de remarquable, qu'elle groffit peu quand il pleut beaucoup ; mais quand le vent du Sud regne, c'eft alors qu'elle s'enfle & fe deborde. Enfin, les principales denrées de cette Province font le fromage & le fel, qui font de requête par toute l'Angleterre.

Mais il ne faut pas que je paffe fous filence l'avantage qu'a cette Province d'être ce qu'on appelle un Comté Palatine ; dont les Comtes avoient autrefois un fi grand pouvoir, qu'ils vivoient plûtôt en Princes qu'en Sujets. Le premier Comte Palatin fut un neveu de Guillau-

CHE.

|aume le Conquerant; & le dernier fut Simon de Montfort, Comte de Leicester. Après sa mort au XII. siécle, cette Province fut réunie à la Couronne ; cependant la Province joüit encore de ses anciens priviléges, & l'on tient toûjours à Chester, sa Capitale, les Cours Palatines pour rendre justice aux habitans de cette Province. Ses Villes, & Bourgs où l'on tient marché, sont

CHESTER Capitale,
Nantwich,   Frodesham,
Middlewich,   Stockport,
Northwich,   Sandbich,
Macclesfield,   Altringham,
Congleton,   Malpas,
         & Knotsford.

CHESIAS, Promontoire de l'Isle de Samos, selon Callimaque.

CHESINUS, Riviere de la Sarmatie Européenne, selon Ptolomée [a]. *a l.3.c.5.*

CHESIUM, petite Ville ou Bourg d'Asie dans l'Ionie, selon Etienne le Géographe.

CHESIUS, Riviere de l'Isle de Samos, selon Pline [b]. *b l.5.c.31.*

CHESLON, Ville de la Palestine dans la Tribu de Juda; il en est fait mention au livre de Josué [c]. *c c. 15. v. 10.*

CHESNAYE, lieu planté de Chênes, ou Forêt de Chênes. Voiez au mot FORET.

CHESNE, (le) Bourg de France en Champagne dans le Rhetelois, près de la petite Riviere de Bar. Il est surnommé LE POPULEUX, qui a degeneré au surnom de POUILLEUX. Ses habitans ont le droit d'escorter la Ste Ampoule à Rheims au sacre des Rois. On y fait des Draps & autres étoffes.

CHESSEY [d], Village de France à quatre lieues de Lyon. A un quart de lieue de ce Village, il y a une mine de cuivre, & à cent pas de cette mine une voute souterraine qui a été creusée horisontalement, de plus de deux cens pieds de profondeur pour tirer des sillons de ce métail. On a trouvé dans cette voute une petite source d'eau froide & vitriolée, qui coule par plusieurs endroits & qui étant ramassée fournit un pouce d'eau. On croit & on dit dans le pays que l'eau de cette fontaine change le fer en cuivre ; mais pour peu que l'on soit Physicien, on sait la fausseté de cette apparence. Les sels vitrioliques de cette eau rongeant la superficie du fer que les propriétaires de cette fontaine mettent sur un pavé qu'ils ont fait faire exprès laissent échaper des molecules de cuivre, qui se précipitant s'attachent à la surface du fer. Quand on goute de cette eau à la fontaine elle a une impression desagréable & stiptique dans la bouche ; mais quand elle est transportée, elle n'a d'autre goût qu'une petite pointe de vin. A la fontaine elle noircit un peu la noix de Galle en couleur d'Ardoise, & nullement lorsqu'elle est transportée. A la fontaine elle rougit le tournesol ; transportée elle lui donne une legere teinture amarante. Dans l'évaporation elle fait une écume qui s'attache aux parois du vaisseau, & on voit flotter entre deux eaux un nuage blan-

d Piganiol de la Force, Desc. de la France T. 5. p. 171.

châtre de la couleur de la residence laquelle de deux livres & demie d'eau a été de vingt grains.

CHESTER [e], Ville d'Angleterre en Cheshire sur la Riviere de Dée à vingt cinq milles au dessus de son embouchûre dans la Mer d'Irlande, & à cent cinquante milles au Nord-Ouest de Londres. Il y a sur la Dée un beau pont de pierre à huit arcades, & une porte à chaque bout du pont. C'est une Ville fort peuplée, & qui fait un grand Commerce en Irlande. Elle contient jusqu'à dix Paroisses, & a deux jours de Marché par semaine. Comme c'est l'endroit où l'on s'embarque ordinairement pour passer en Irlande, cela fait qu'il y a toûjours un grand abord d'étrangers qui vont & viennent. C'est une Ville de défense fortifiée de bonnes murailles, & de tours avec un Château du côté du Midi. Henri VIII. en fit un Siége Episcopal après qu'il eut supprimé tous les Couvens : c'est un des six Evêchés qu'il érigea après cette suppression. Les autres cinq sont Oxford, Westmunster, Bristol, Glocester, & Peterborough ; mais Westmunster n'est plus Evêché. L'Eglise Cathedrale de Chester est située du côté du Nord, avec le Palais de l'Evêque, & les Maisons des Chanoines. Ce fut dans cette Ville qu'Edgar un des Rois Saxons se fit mener dans un bateau depuis l'Eglise de St. Jean jusqu'à son Palais par sept Rois Bretons & Ecossois ses Vassaux, qui ramoient pendant que lui comme Souverain se tenoit au Gouvernail. Enfin c'est dans cette Ville qu'on tient les *Cours* appellées *Palatines*.

e Etat pres. de la Grande Bretagne T. 1. p. 47.

LE COMTÉ DE CHESTER. Voiez CHESHIRE.

CHESTERFIELD [f], Ville d'Angleterre en Derbyshire dans la Vallée de Scardale. Elle a titre de Comté. *f Ibid. p. 55.*

CHESTERSHIRE. Voiez CHESHIRE.

CHETIM. Voiez CETIM.

CHETTÆA, Ville maritime de la Marmarique dans le Nôme de Libye, selon Ptolomée [g]. Ses Interpretes disent que c'est CARTO. *g l. 4. c. 4.*

CHETTÆI, ancien Peuple de la Palestine. Voiez HETHÆI.

CHEVANCY LE CHATEAU [h], en Latin *Calveniacum*, Bourg des Pays-bas au Duché de Luxembourg, sur le Chier, aux confins de la Lorraine à une lieue de Montimedi & de la Ferté. *h Baudrand Ed. 1705.*

CHEVANNE, Bourg de France en Champagne au Diocèse d'Auxerre à deux lieues de cette Ville avec un Château.

CHEVELUE, surnom d'une partie des Gaules, en Latin GALLIA COMATA. Voiez au mot GAULES.

CHEVELUS [i], (les) Peuple de l'Amerique Meridionale au Pays des Amazones. On lui a donné ce nom parce que les hommes & les femmes dont les cheveux longs jusqu'à la ceinture. Leur pays qui est au Nord du fleuve des Amazones commence à la Riviere d'Aquarico, & s'étend plus de cent quatre vingt lieues le long de ce fleuve ; il est large à proportion. Il a des Rivieres, qui roulent des paillettes d'or. Toutes ses campagnes sont fertiles, & les inondations qui y arrivent tous les ans

i Corn. Dict. Pagan Relat. Hist. de la Riviere des Amazones.

ans y forment quantité de Lacs. Cette Nation est très-belliqueuse.

CHEVERNI. Voiez CHIVERNI.

CHEVIOTA ou ZEVIOTA [a], chaine de Montagnes dans l'Isle de la grande Bretagne, où elle fait la separation des Royaumes d'Angleterre & d'Ecosse.

[a] Baudrand Ed. 1705.

CHEVRES ou CHIEVRES [b], Bourg des Pays-bas dans le Hainaut entre Ath, & St. Guillain.

[b] Ibid.

CHEVREUSE, petite Ville de France dans le Hurepois à six lieues de Paris, à deux de Versailles, sur la Riviere d'Ivette entre Palaiseau & l'Abbaye de Vaux-de-Cernai. Il y a un ancien Château sur la Montagne voisine.

CHEUXAN [c], Isle de l'Océan Oriental, sur la côte de la Chine & particulierement de la Province de Chekiang. Elle est de 7. d. plus Orientale que Pekin, & à 30. d. 15′. de latitude. Elle est grande & fort peuplée. Lu fuiant les Tartares s'y jetta avec beaucoup de monde. Quantité de Chinois s'y refugierent aussi. Cela peupla si bien cette Isle que l'on y voit soixante & douze Villes, toutes situées le long des côtes, ou dans les Bayes, où il y a une bonne rade.

[c] Atlas Sinensis.

CHEYRES [d], Village de Suisse dans le Canton de Fribourg. Ce Village avoit-ci devant son Seigneur particulier qui étoit d'Yverdun. Depuis quelques années les Fribourgeois l'ont acheté, & y ont mis un Bailliff.

[d] Delices de la Suisse p. 399.

CHEYTEPOUR, petite Ville de l'Indoustan au Royaume de Cambaye au Nord-Est, & à dix lieues communes de Patan sur la route d'Amandabad.

CHEZAL-BENOIT [e], en Latin Casale Sancti Benedicti, Abbaye de France dans le Berri, Ordre de St. Benoît, à trois lieues d'Issoudun, à huit de Bourges, sur la Riviere de l'Arnon. Frère André Religieux de l'Ordre de St. Benoît du Valombreuse, vint dans le Diocèse de Bourges, avec quelques autres Religieux l'an 1093. & se retira dans une solitude à trois lieues de la Ville d'Issoudun. Par l'entremise d'Audebert Archevêque de Bourges, ces Solitaires obtinrent du Prieur & Chanoines de St. Cire d'Issoudun la permission de faire bâtir une Eglise au lieu appelé CHEZAL-MALIN, en la paroisse de Dampierre dépendante de ce Chapitre. Tous les Seigneurs du voisinage, & surtout Godefroi Seigneur d'Issoudun contribuerent à ce nouvel établissement. Leger Archevêque de Bourges dedia leur Eglise, à la Ste Vierge & aux Apôtres St. Pierre & St. Paul, & établit Frere André premier Abbé de cette Abbaye, qui dans la suite fut appellé Chezal-Benoit. Elle devint avec le temps très-considerable & la premiere d'une Congregation, qui portoit son nom, & qui fut érigée par Bulles du Pape Leon X. du 1. Decembre 1516. Les Abbayes qui dépendent de cette Congregation sont St. Sulpice de Bourges, St. Alyre de Clermont, St. Martin de Seez, St. Vincent du Mans, qui sont toutes électives & regulieres par Lettres Patentes de l'an 1552. verifiées au Parlement le 26. Juillet. Chopin savant Jurisconsulte remarque que l'Abbaye de Ste Colombe-lez-Sens avoit été unie à la Congrega-

[e] Piganiol de la Force Desc. de la France T. 6. p. 11.

tion de Chezal-Benoît, le 15. de Mars 1581. Outre ces Abbayes d'hommes il y en a cinq de filles, qui dépendent de cette Congregation, savoir St. Laurent de Bourges, St. Pierre de Lyon, Notre Dame de Nevers, d'Yfeure à Moulins, & de Charenton en Berry. L'Abbé de Chezal-Benoît est regulier, électif & triennal. Vers l'an 1636. cette Abbaye s'unit à la Congregation de St. Maur.

CHEZAY [f], en Latin Sesciacum, ancien Monastere de France en Normandie dans le Côtentin. St. Paterne vulgairement St. Pair s'étant retiré du Poitou avec St. Scubilion s'arrêta sur la côte Occidentale de la basse Normandie dans le Diocèse de Coutances en un lieu nommé SESCIAC depuis appellé Chezay, où il travailla à convertir les habitans qui étoient idolâtres. Il s'y fit une solitude, où il mena une vie très-auftere & ayant été ordonné Prêtre par Leontien Evêque de Coutances, il se remit au ministere de la Predication dans Chezay. Il y changea le Temple en Eglise, y bâtit un Monastere qui en produisit bientôt d'autres encore dans tout le voisinage. Il fut tiré de la solitude de Chezay l'an 552. pour être fait Evêque d'Avranches; mais il mourut l'an 565. dans son Monastere de Chezay, son compagnon St. Scubilion mourut la même nuit, non à Chezay; mais dans le Monastere de Maudane à une grande lieue delà dans une petite Isle du Côtentin, que quelques-uns ont pris sans fondement pour l'Abbaye du Mont St. Michel. Le Monastere de Chezay ayant été ruiné dans la suite, il s'érigea en sa place une nouvelle Eglise de St. Pair dont on fit une Paroisse, qui a encore le titre de Doyenné de St. Pair, dans l'Evêché de Coutances.

[f] Baillet Topogr. des Saints. p. 362.

CHEZY-L'ABBAYE [g], Bourg de France en Champagne sur la Marne à deux lieues de Château-Thierri. Il y a une Abbaye fondée en 1136. pour l'Ordre de Premontré par Anselme & Guillaume de Cayeux. Elle fut donnée ensuite à l'Ordre de Cîteaux. Elle est de la filiation de l'Abbaye de Trois-fontaines.

[g] Corn. Dict.

CHIA. Voiez CHIOS.

CHIACA, lieu d'Armenie. Quelques exemplaires d'Antonin portent CIACA. Cet Auteur [h] le met entre Dascusa & Melitene à XXXII. M. P. de la premiere, & à XVIII. M. P. de la seconde. La Notice de l'Empire [i] met sous le département du Commandant de l'Armenie Chiaca Place où il y avoit garnison Romaine.

[h] Itiner.
[i] Sect. 27.

CHIAHING, Ville de la Chine dans la Province de Chekiang. Voiez KIAHING.

CHIAIS, (le) Mr. Baudrand place cette Riviere de la Natolie entre le Sarabat & le Madre près de la Ville d'Ephese du côté du Nord. Il lui donne pour noms Latins CHIUS, CHIAIUS, CAÏCUS, CAYSTRUS. Chius & Chiaius, sont des noms de sa façon dont aucun bon Auteur ne s'est jamais servi, & qui sont absolument barbares. Pour Caïcus & Cayftrus il faut être très-ignorant dans la Geographie pour ne pas savoir que ce sont les noms de deux Rivieres très-differentes l'une de l'autre, & que par consequent ils ne sauroient convenir tous deux à signifier une seule

Ri-

Riviere dont on cherche le nom Latin. Ni l'un ni l'autre ne convient à celle dont il s'agit ici. Le Sarabat paſſe à Allacher, à Magneſie & ſe perd dans le Golphe de Smyrne bien en deçà de Smyrne. Le Madre eſt le Méandre des Anciens eſt bien au delà d'Epheſe. Entre-deux au Nord d'Epheſe coule une Riviere nommée Cara-ſou, & que Mr. Baudrand dit lui-même être *Caicus* ou *Caiſtrus*. *Caicus* eſt ici de trop. La Riviere qui coule au Nord d'Epheſe eſt le Cayſtre, ce n'eſt plus une queſtion, c'eſt une choſe décidée à laquelle tous les Savans ont ſouſcrit. Le Cayſtre eſt le Caraſou; où eſt donc le CHIAIS? Mr. Baudrand au mot *Caraſou* ſemble donner ces deux noms comme ſynonymes. Cela n'eſt point néceſſaire. On nous aſſura à Epheſe, dit Mr. de Tournefort[a], que le Cayſtre recevoit une Riviere aſſez conſiderable au delà des Montagnes du Nord-Eſt. Enſuite il rapporte une Medaille de Septime Severe ſous lequel le Cayſtre eſt repréſenté ſous la forme d'un homme, comme étant un Fleuve, qui ſe décharge dans la Mer & le KENCHRIOS, qui eſt la Riviere dont il s'agit, ſous la figure d'une femme pour marquer qu'elle ſe jette dans l'autre. Il faut donc conclurre que ſi le Chiais n'eſt point une Riviere imaginée à plaiſir; c'eſt néceſſairement le *Kenchrio* des Anciens, ou qu'il n'eſt point entre le Sarabat & le Méandre.

[a] Voyage du Levant Lettre 22. p. 102.

CHIAM ou EL-CHIAM, Ville d'Egypte ſur le Nil, ſelon Dapper[b]. Elle avoit été bâtie par les Mahometans & fut habitée enſuite par des Chrétiens Jacobites; mais elle a été ſi fort détruite par les guerres qu'à peine en peut-on reconnoître les traces. Sanut ſemble croire que c'eſt la Dioſpolis de Ptolomée parce qu'elles ſont toutes deux ſous la même hauteur.

[b] Afrique p. 79.

CHIAMETLAN[c], Province maritime de l'Amerique Septentrionale ſur la Mer du Sud, au Mexique dans l'Audience de la nouvelle Gallice. Elle a au Nord le Culiacan, à l'Orient les Zacatécas, au Midi le Xaliſco, & la Mer du Sud au Couchant. Elle tire ſon nom d'une *Bourgade* nommée auſſi *Chiametlan*; mais les Eſpagnols y ont bâti la Ville de St. Sebaſtien au bord Septentrional d'une Riviere, qui baignant au Nord une liſiere de la Province lui ſert de bornes à ſon embouchûre. En ſuivant la côte vers le Midi on trouve la Riviere d'Acaponeta, & enſuite celle de S. Jago ſur laquelle eſt une Bourgade qui lui donne ce nom. Selon De Laet[d] elle a vingt lieues de longueur. Elle étoit autrefois peuplée d'habitans belliqueux, qui alloient à la guerre armez d'arcs, de flèches, de rondaches & de maſſues. Leurs femmes étoient belles, & modeſtement habillées. Les hommes avoient des caſaques avec une chauſſure de peaux de cerf. Ils adoroient les Idoles & mangeoient la chair humaine; mais les Eſpagnols, qui leur ont porté les lumieres de l'Evangile, leur ont inſpiré des mœurs plus douces. Le terroir eſt aſſez fertile & il s'y trouve pluſieurs mines d'argent, & quantité de miel & de cire. D. Franciſco de Ybarra y mena le premier l'an 1554. une Colonie d'Eſpagnols à laquelle il donna le nom de St. Sebaſtien. C'eſt la Ville dont j'ai déja parlé, delà vient que quelques-

[c] De l'Iſle Atlas.

[d] Ind. Occid. l. 6. c. 4.

Tom. II.

uns ont donné le nom d'Ybarra à cette Province.

CHIAMPA. Voiez CIAMPA.

1. CHIANA. Voiez GAURATÆ.

2. CHIANA, Riviere d'Italie que les Anciens ont connu ſous le nom de CLANIS. Elle ſe perdoit autrefois dans le Tibre; mais on fit un changement dans ſon cours comme je le raporterai ci-après. Mr. Corneille en fait un marais d'où il ſort deux Rivieres du côté du Sud, dont l'une, dit-il, eſt la Chiane qui ſe joint à la Paglia à Orvieto, l'autre prend ſon cours du côté du Nord, & va ſe jetter dans l'Arno à l'Occident d'Arezzo. Il n'eſt pas vrai que ce ſoient deux Rivieres: voici l'origine de ce diferent cours de la Chiana. Tacite[e] rapporte au premier livre de ſes Annales qu'après un débordement du Tibre, qui avoit fait du ravage dans Rome ſous Tibere, le Senat chercha les moyens de s'en garantir à l'avenir. Celui qui ſe preſentoit le plus naturellement, étoit de détourner les Rivieres & les Lacs qui tombent dans le Tibre; mais entre toutes les autres Rivieres, la plus aiſée à détourner étoit le Clanis, appellé maintenant la Chiana, car entre les Montagnes de la Toſcane, il ſe forme dans une longue plaine un grand Lac que la Chiana traverſe & où ſes eaux ſont tellement en équilibre qu'elles n'ont pas plus de pente pour couler du côté d'Orient dans le Tibre que du côté d'Occident dans l'Arne, qui paſſe à Florence; deſorte qu'elle coule de l'un & de l'autre côté. Elle contribue beaucoup aux inondations tant du Tibre que de l'Arne. On pouvoit donc en la détournant entierement dans l'Arne, ôter au Tibre une des cauſes de ſes débordemens; mais on eût ſauvé Rome aux dépends de Florence, & quoi que cette Ville ne fût alors qu'une Colonie peu conſiderable, elle fit au Senat des remontrances qui furent écoutées. Les habitans de quelques autres Villes d'Italie, menacez du même malheur, en firent auſſi, & chercherent ſi ſoigneuſement toutes les raiſons, qui pouvoient leur être favorables qu'ils repreſenterent & la diminution de la gloire du Tibre, qui auroit moins de Fleuves tributaires, & le reſpect dû aux limites établies par la nature & le renverſement de la Religion de pluſieurs Peuples, qui ne trouveroient plus dans leur pays des Fleuves à qui ils rendoient un culte. Les Romains ſe déterminerent alors à laiſſer les choſes comme elles étoient; mais depuis ils bâtirent une groſſe muraille, qui ferme d'une Montagne à l'autre la vallée où paſſe la Chiana pour ſe jetter dans le Tibre & ils laiſſerent au milieu une ouverture pour regler la quantité d'eau qu'ils pouvoient leur bien recevoir. Cette muraille ſe voit encore aujourd'hui. Les conteſtations ſur le cours de la Chiana ſe renouvellerent entre Rome, & Florence ſous le Pontificat d'Alexandre VII. le Pape & le grand Duc convinrent de nommer des Commiſſaires. Le Pape nomma le Cardinal Carpegne, qui devoit être aidé de Mr. Caſſini, qu'on a vû depuis à l'Obſervatoire de Paris Aſtronome de l'Academie Royale des Sciences, & le grand Duc nomma le Senateur Michelozzi & Mr. Viviani. Ils reglerent en 1664. & en 1665. tant ce qu'il y avoit à faire de part & d'autre

[e] Fontenelle Hiſt. du renouv. de l'Academie Royale des Sciences 1. part. p. 70.

Bbbb* que

que la maniere de l'exécuter; mais comme il arrive affez fouvent dans ce qui ne regarde que le public, on n'alla pas plus loin que le projet.

CHIANGARE, quelques Géographes nomment ainfi un Canton de la Natolie aux environs d'Angouri, & qui répond en partie à la Galatie des anciens. Mrs. Sanfon y mettent liberalement une Ville de même nom.

CHIAPA, Province de l'Amerique Septentrionale dans la nouvelle Efpagne dans l'Audience de Guatimala. Elle a au Nord la Province de Tabafco & le Pays des Itzaes; à l'Orient celle de Vera Paz; au Midi celle de Guatimala; au Sud-Oueft celle de Sonufco, & au Couchant celle de Guaxaca. Cette Province eft eftimée par les Efpagnols comme l'une des plus pauvres de l'Amerique, fi nous en croions Thomas Gage[a], parce qu'on n'y a point encore découvert de mines ni trouvé de fable d'or dans les Rivieres, & qu'il n'y a aucun Port de Mer pour le tranfport des marchandifes. Cependant, pourfuit-il, elle en furpaffe beaucoup d'autres dans la grandeur de fes Villes & de fes Bourgs . . . Par le moyen des marchandifes qui s'y trouvent, les habitans n'entretiennent pas feulement un commerce confiderable entre eux, mais auffi avec les autres Provinces; & il n'y a point de lieu en Amerique dont l'Efpagne tire tant de Cochenille qu'elle fait d'une des Provinces de Chiapa. Outre que les Bourgs qui font grands & bien peuplez augmentent confiderablement les revenus du Roi par le tribut que chacun des habitans eft obligé de payer tous les ans par tête.

[a] Relat. des Indes Occid. 2. part. c. 14. p. 151.

Ce Pays eft divifé en trois Provinces, qui font celles

DE CHIAPA, des ZELDALES, & des ZOQUES.

Nous ne traiterons ici plus particulierement que de la premiere & nous referverons les deux autres à leurs Articles particuliers.

La Province de Chiapa proprement dite eft la moins riche des trois. Elle contient la grande Ville de Chiapa des Indiens & tous les Bourgs & Villages, qui font fituez au Nord vers Maquilapa & à l'Oueft du Prieuré de Comitlan, qui a dix Bourgs, qui en dépendent, & plufieurs fermes où l'on nourrit quantité de bétail, de chevaux & de mulets. Proche de ce Prieuré de Comitlan eft la grande Vallée de Capanabaftla, où eft auffi un autre Prieuré, qui s'étend vers Soconufco. Cette Vallée eft confiderable par une grande Riviere qui fort des Montagnes de Cuchumatlanes, & qui fe va rendre à Chiapa des Indiens; & delà à Tabafco. Elle eft auffi renommée par la grande quantité de poiffon, qui fe pêche dans la Riviere, & par le grand nombre de bétail, qui s'y trouve & qui nourrit non feulement la Ville de Chiapa; mais auffi tous les lieux voifins. Quoi que la Ville de Chiapa & Comitlan foient dans un climat extrêmement froid parce qu'ils font fituez fur les Montagnes, au contraire il fait extrêmement chaud en cette Vallée, parce qu'elle eft dans un fond, & depuis le mois de Mai jufqu'à la St. Michel, il y arrive fouvent de grands orages accompagnez de tonnerres & d'éclairs; je parle ailleurs du Bourg de Capanabaftla. Celui d'IZQUINTENANGO eft encore plus grand. Il eft fitué au bout de la Vallée vers le Sud, & au pied des Montagnes de Cuchumatlanes. Le Bourg de ST. BARTHELEMI, qui eft à l'autre bout de la Vallée vers le Nord-Eft encore plus grand que ces deux-là & la Vallée peut avoir environ quarante milles[b] de longueur, [b] milles d'Angleterre. & dix ou douze de largeur. Tous les autres Bourgs font fituez vers Soconufco où la chaleur va toûjours en augmentant auffi bien que les tonnerres, & les éclairs, parce qu'ils approchent plus des côtes de la Mer du Sud.

Outre la grande quantité de bétail qui eft en cette Vallée, il s'y recueille tant de coton que c'eft la principale marchandife du pays, parce qu'il s'en fait un grand nombre de mantes dont les Indiens fe couvrent le corps & les Marchands les y viennent acheter de divers endroits, ou bien les habitans les changent pour du Cacao avec ceux de Soconufco & de Suchutepeque, deforte que par ce moyen ils font toûjours affez bien pourvûs de Chocolate. Ils ne manquent pas non plus de poiffon parce que la Riviere leur en fournit abondamment; ni de chair, la Vallée étant pleine de bétail; ni de quoi s'habiller, parce qu'ils en vendent même aux autres; ni de pain, parce que quoi qu'il n'y croiffe point de froment ils recueillent affez de mahis pour leur nourriture. [c] Enfin ils ont quantité de Gibier, de Volaille, & de Cocqs-d'Inde, de Fruits, de Miel, de Tabac, & de cannes de Sucre.

Quoi que la Riviere foit extrêmement utile à cette Vallée & contribue beaucoup à fon abondance, elle eft pourtant caufe de plufieurs defaftres qui arrivent aux habitans, dont les enfans auffi bien que les veaux & les poulains, lorfqu'ils approchent du bord de l'eau font fouvent devorez par les Crocodiles, qui font en grand nombre dans cette Riviere, & qui font d'autant plus friands de chair qu'ils en ont plufieurs fois mangé.

2. CHIAPA-EL-REAL ou LE ROYAL CHIAPA, Ville de l'Amerique Septentrionale au Mexique dans la Province de Chiapa. On la nomme ainfi pour la diftinguer d'une autre Chiapa dont je parlerai dans l'Article fuivant. [c] C'eft une des moindres Villes de l'Amerique. Car il n'y a environ que quatre cens [c] Gage Ibid. p. 156. chefs de famille Efpagnols & environ cent Maifons d'Indiens, qui font jointes à la Ville, qu'on appelle le Fauxbourg des Indiens, qui y ont une Chapelle particuliere. Dans la Ville il n'y a point d'autre Eglife Paroiffiale que l'Eglife Cathedrale, qui fert pour tous les habitans. Il y a auffi deux Couvents: l'un des Religieux de St. Dominique & un autre de St. François, & un pauvre Couvent de Religieufes, qui font affez à charge à la Ville. Le principal trafic des Marchands de cette Ville eft le Cacao; le coton qu'ils vont acheter à la campagne aux environs; les Merceries; le fucre qu'ils tirent de Chiapa des Indiens, & de quelque peu de Cochenille; mais parce que le Gouverneur tire beaucoup de profit du commerce de la Cochenille il ne leur permet pas

fa-

CHI.   CHI.   563

facilement de trafiquer de cette sorte de marchandise. Ils ont tous des boutiques dans une petite place où l'on tient le Marché, & qui est devant l'Eglise Cathedrale, où il y a des allées & des porches où les femmes des pauvres Indiens se rendent ordinairement sur les cinq heures du soir, & y apportent des drogues & des boissons qu'elles vendent à bon marché aux Crioles. Les plus riches de ces Marchands vont à Tabasco, ou bien ils y envoyent acheter des marchandises qui viennent d'Espagne, comme des vins, des toiles, des figues, des raisins, des olives, & du fer; mais ils n'osent pas risquer beaucoup en ces choses-là parce qu'il y a peu d'Espagnols dans le pays, & que la plupart se contentent d'avoir seulement ce qui leur est necessaire pour la vie: desorte que la plupart des Marchandises d'Espagne que l'on y apporte sont pour les Religieux. Il y a dans cette Ville un Gouverneur & un Evêque: la charge de Gouverneur est considerable parce que son pouvoir s'étend fort loin, & qu'il traite les Espagnols & les Indiens comme il lui plaît, & qu'il fait un très-grand Commerce de Cacao & de Cochenille. L'Evêché vaut pour le moins huit mille Ducats par an. L'Auteur cité parle avec beaucoup de mepris de la noblesse de Chiapa.

3. CHIAPA DE LOS INDIOS ou CHIAPA DES INDIENS[a], Ville de la Province de Chiapa à douze lieues de la precedente vers le Sud-Ouest. Elle est peuplée d'Indiens pour la plus grande partie, d'où lui vient son nom & c'est une des plus grandes Villes de l'Amerique: il y a pour le moins quatre mille familles. Les Rois d'Espagne lui ont donné plusieurs privileges; mais quoi qu'elle soit gouvernée par les Indiens, elle dépend neanmoins du Gouvernement de Chiapa-El-Real, & les Espagnols choisissent un Gouverneur Indien tel qu'il leur plaît avec les autres Officiers inferieurs. Ce Gouverneur peut porter l'épée & le poignard, & jouït de plusieurs autres Privileges au dessus des autres Indiens. Il n'y a aucune Ville où il se trouve tant de Gentilshommes Indiens qu'en celle-ci. Elle est située sur le bord d'une grande Riviere, sur laquelle il y a plusieurs bâteaux, où l'on a enseigné aux Indiens à faire des combats de Mer en quoi ils sont extrêmement adroits: ils ne le sont pas moins à la course des Taureaux, au jeu des cannes, à courir des chevaux, à dresser un camp, à la Musique, à la Danse & aux autres exercices du corps où ils ne cédent en rien aux Espagnols. Ils bâtissent des Villes & des Châteaux de bois qu'ils couvrent de toile peinte, & qu'ils assiégent avec des bâteaux où ils combatent les uns contre les autres avec des fusées, des lances à feu & autres sortes de feux d'artifices avec beaucoup de courage & d'adresse. Ils representent souvent des Comedies, qui sont leurs divertissemens ordinaires; mais avec tant de generosité qu'ils n'y épargnent point la depense pour regaler les Religieux & les habitans des Bourgs, qui leur sont voisins, particulierement les jours de fête & de rejouïssance publique où il s'y trouve ordinairement un grand concours de Peuple. La Ville est riche parce qu'il y

[a] Gage Ibid. c. 17. p. 172.

Tom. II.

a quantité de riches habitans, qui trafiquent à la campagne comme font les Espagnols, & qui exercent entre eux tous les métiers necessaires dans une Ville bien policée. Ils ne manquent ni de chair, ni de poisson; car la Riviere qui passe devant la Ville, & plusieurs fermes où il y a beaucoup de bétail leur en fournissent en abondance. Entre tous les Religieux, qui sont établis en cette Ville ceux de l'Ordre de St. Dominique, sont ceux qui tiennent le premier rang. Ils y ont un fort beau Couvent, &, une autre Eglise ou Chapelle qui en dépend. La chaleur est si grande en ce lieu-là que les Religieux & les Indiens sont obligez de porter ordinairement un linge autour de leur cou pour s'essuïer, ce qui fait aussi qu'ils demeurent plus long-temps à table qu'ils ne feroient, parce qu'ils ne sauroient manger un morceau sans que les goutes d'eau ne leur tombent le long du visage. Les soirées néanmoins y sont fraiches & agréables, ce qui fait aussi qu'on les employe à se divertir, & à se promener dans les allées & les jardins, qui sont sur le bord de la Riviere. La Ville & tous les Bourgs des environs ne manquent de quoi que ce soit que d'un climat plus temperé & de froment qui n'y peut fructifier; mais ceux qui ne s'en peuvent passer en font venir de Chiapa des Espagnols & des environs de Comitlan: quoique ce manque de bled n'y passe pas pour un defaut, parce qu'il y a une très-grande abondance de Mahis dont les Espagnols & les Religieux font faire du pain, dont ils mangent avec autant d'appetit que de celui de froment.

CHIASCIO[*], (LE) Riviere d'Italie dans l'Etat de l'Eglise. Elle a sa source dans l'Apennin, près d'Eugubio au Duché d'Urbin; d'où passant dans l'Ombrie & recevant quelques ruisseaux, elle passe à trois milles d'Asise, & peu après se jette dans le Tibre avec la Tinia près de Torscian à quatre milles de Perouse. Léandre dit que c'est l'*Asius* Riviere que Ptolomée[†] fait couler dans le Pays des Semnons.

[*] Baudrand Ed. 1705.
[†] l. 3. c. 1.

CHIAVARI[b], Ville d'Italie dans l'Etat de la Republique de Génes, sur la Riviere du Levant dans une plaine près de l'Embouchûre de la Riviere de Lavagna, & proche de la Mer. Elle a été autrefois presque ruinée par les Catalans. C'est le lieu de la naissance du Pape Innocent IV. elle n'est qu'à vingt-cinq milles de Génes vers le Levant, à cinq de Rapalle, & est assez peuplée quoi que petite. Ses habitans sont appellez I CHIAVARESI.

[b] Baudrand Ed. 1705.

CHIAVENNE[c], Ville de Suisse chez les Grisons, au pied des Alpes Rhetiques sur le Comté de Chiavenne. Son nom Allemand est CLEVEN, & le Latin *Clavenna*. Elle fait le premier département du Comté. C'est une ancienne & belle Ville, située sur les bords de la Riviere Maira, au pied de quelques Montagnes, & dans une campagne couverte de beaux & excellens vignobles. L'air y est doux & pur, excepté lorsqu'il y souffle un vent chaud du Sud, qui, venant de dessus le Lac de Côme, charge l'air de vapeurs humides, grossieres, & mal faisantes. Elle est bien peuplée, bien bâtie, parsemée de belles Maisons d'une architecture bien entenduë, ornée de

[c] Delices de la Suisse p. 691.

Bbbb* 2   plu-

plusieurs Eglises, d'un hôtel superbe pour le Gouverneur, & d'une belle Douane. Autrefois Chiavenne avoit de fortes murailles, qui sont en ruine depuis long-tems. On y avoit aussi une Forteresse qui fut demolie par les Grisons avec toutes les autres fortifications du Pays en l'an 1536. Dans les troubles du dernier siécle on avoit commencé à la fortifier. On y compte jusqu'à six Eglises au dedans de l'ancienne enceinte des murailles, & trois au dehors dont la principale est celle de St. Laurent. Il se fait dans cette Ville un grand commerce, & il y a toûjours un grand abord de monde. Le Gouverneur que les Grisons y envoyent porte le titre de Commissaire, & a un plein pouvoir pour les affaires civiles & criminelles. Les habitans ont le Gouvernement de leur police qui est entre les mains de quatorze personnes qu'ils choisissent tous les ans, & ordinairement par le sort. Il y a aussi des Officiers militaires, Capitaines &c. pour tout le Comté, qui ont mille hommes choisis sous leur commandement.

[a] Ibidem.

LE COMTE' DE CHIAVENNE.[a] occupe toute la partie Occidentale de la grande Vallée, qui s'étend en longueur au pied des Alpes Rhetiques. Il a la haute Ligue des Grisons au Nord & à l'Occident; & les voisins du Lac de Côme au Midi; & à l'Orient, en partie le Pays de Pregell. Ce Comté n'est pas d'une grande étenduë; il est situé entre des hautes Montagnes, & dès le voisinage de sa Capitale partagé en trois Vallées, dont l'une s'avance au Nord vers le Pays de Pregell; l'autre au Midi du côté du Lac de Côme; & la troisiéme, au dedans, s'avance vers le Mont Splugen. La Ville est comme dans le centre, & avec les jardins & vergers, qui en dépendent elle occupe tout le fonds, qui est-là entre les Montagnes. Ces Montagnes servent de celliers ou de caves aux habitans. Ils y creusent de grandes grotes où ils serrent leur vin, & y perçant un soûpirail d'un pied en quarré & de dix ou douze de profondeur, ils trouvent le moyen d'y faire entrer l'air, qui les tient fraîches durant tout l'été, de façon qu'on y boit ordinairement le vin aussi frais qu'à la glace. Sur le devant de ces grotes, ou au dessus, on bâtit de petits cabinets où l'on se rend le soir pour faire collation & goûter la fraîcheur agréable de l'air. Au dessus de la Ville on voit des rochers coupez perpendiculairement & separez les uns des autres par un espace de vingt pieds, qui peuvent en cas de besoin servir de Citadelles n'étant accessibles que par un côté, & la montée étant fort difficile. Durant les guerres de la Valteline les Grisons y avoient placé une garnison; & il y avoit jusqu'à 900. hommes sur un de ces rochers. Les grotes de Chiavenne, qui servent de Caves aux habitans du Pays, leur servent aussi de barometres; car lorsqu'il doit pleuvoir, on le remarque aux portes, aux gonds & aux serrures de ces caves, qui se couvrent d'humidité comme si elles suoient.

Le Pays de Chiavenne, ainsi que celui de la Valteline, approche beaucoup de la beauté & de la fertilité du reste de l'Italie. On y recueille de toutes sortes de grains, les arbres y portent d'excellens fruits, les vignes y produisent de très-bon vin, les Montagnes nourrissent des troupeaux domestiques, & du gibier d'un goût succulent & exquis. Le Lac enfin & la Riviere fournissent en abondance du poisson très-delicat. Il y a des endroits où l'on fait jusqu'à quatre recoltes par an. Car dans les vignes on séme du froment, du seigle & autres grains entre les seps. Après qu'on l'a moissonné l'on y séme encore du millet, ou du bled de Turquie, & après cette seconde moisson,. des raves. S'il s'y trouve des arbres fruitiers, comme cela se rencontre en plusieurs lieux, c'est comme un cinquiéme revenu. On commence à moissonner au mois de Mai dans les plaines, & l'on va de recolte en recolte en avançant de la plaine dans les Vallons, & dans les Montagnes. Une paire de Bœufs, & en plusieurs endroits, un seul bœuf avec une charruë suffit pour labourer, tant la terre est bonne & propre pour l'Agriculture. Cependant ce Pays, étant extrêmement peuplé, ne produit pas partout du grain en assez grande abondance pour nourrir ses habitans : car quoiqu'en certains quartiers ils ayent beaucoup plus de bled qu'il ne leur en faut, il y en a plusieurs autres où l'on en manque. Il est vrai que ce n'est pas la faute du terroir: c'est que les habitans s'appliquent plus à la culture des vignes qu'à celle des champs. C'est pourquoi ils tirent leur bled des pays voisins auxquels ils donnent leur vin en échange. Quand les marrons & les chataignes réussissent bien, cela diminuë considerablement la disette du grain, parce que ces sortes de fruits sont la nourriture ordinaire du Paysan. Il s'y trouve de toute sorte d'excellens fruits, particulierement des Figues, des Grenades, des Bayes de Laurier, & autres semblables. Le vin est ce qu'il y a de plus considerable, & le plus grand revenu du pays. Les seps y portent des grappes d'une grosseur prodigieuse & il s'en trouve, qui ont jusqu'à 450. & à 460. grains de raisin. Le vin en est très-exquis & fort estimé dans tout le Pays d'alentour. L'Empereur Auguste en faisoit un cas tout particulier. Ils ont entre autres un *vin* qu'ils nomment *aromatique*, qui est une liqueur extraordinaire, douce, avec un goût d'aromate & forte comme de l'eau de vie. Il y a des fonds de terre dans ce Pays, qui se vendent jusqu'à un *Philippe* par toise de six pieds, & qui cependant rapportent leur rente de 5. pour 100. ce qu'il faut attribuer en partie à la bonté du climat, & en partie à l'industrie & au travail des habitans, qui sont fort laborieux. Aussi ce Pays est tellement peuplé qu'on ne voit qu'Eglises dans les Montagnes & dans les Bois. L'on compte jusqu'à deux cens Paroisses dans la grande Vallée partagée dans les trois pays de Bormio, Chiavenne, & la Valteline. Quoique la Religion P. Reformée soit entierement bannie de ces trois Pays depuis le massacre de l'an 1620. il est permis aux P. Reformez anciens habitans, qui y ont encore du bien, d'y demeurer six semaines de suite, moyennant qu'ils l'aillent déclarer à la Magistrature. Pendant le sejour qu'ils y font ils vont faire leurs devotions dans les Eglises des Grisons, qui sont les plus proches. On peut dire que comme les habitans
de

CHI.

de ces Pays font à l'entrée de l'Italie; ils font Italiens de Religion, de mœurs & de Langue.

Barnabé Vicomte de Milan ayant été chassé par Jean Galéace, Mastin fils de Barnabé se sauva chez les Grisons & demeura quelque tems, comme en exil, auprès de Harteman Evêque de Coire, en reconnoissance de quoi l'an 1404. il fit present à l'Evêque & à l'Eglise de Coire de ces trois petits Pays: comme ils étoient entre les mains de Jean Galéace, il sembloit que c'étoit un don imaginaire. Cependant les Grisons fûrent bien faire valoir cette donation en son tems; car l'an 1512. les François s'étant emparé de ce pays-là & le Pape Jules II. leur ennemi mortel, ayant sollicité les Suisses & les Grisons à leur faire la guerre, ceux-ci chassèrent les François du Duché de Milan, & rétablirent Maximilien Sforce, fils de Ludovic, dans ce Duché & en même tems les Grisons firent la conquête de ces Pays, que le Duc leur céda solemnellement, tant pour les indemniser des frais de la guerre que pour leur marquer sa reconnoissance. Le Traité de cession fut fait en l'an 1513. L'année suivante le Roi François I. s'étant remis en possession du Duché de Milan, fit une Paix à Fribourg avec les Suisses & les Grisons, par laquelle il leur céda, pour lui & ses successeurs Ducs de Milan, toutes ses prétentions sur ces Pays.

LE LAC DE CHIAVENNE a environ deux milles de diamétre. Il est de figure ovale, & se jette par un canal peu large & peu profond dans le Lac de Côme, vis-à-vis du Fort de Fuentes. On compte deux lieuës de ce Lac à Chiavenne. On y voiture ordinairement les marchandises, qui vont à Côme ou qui en viennent; & on les dépose dans les halles de Riva di Mezuola.

CHIAURLIC. Voiez CHIOURLI.

CHICACHAS, Peuple de l'Amerique dans la Louisiane, vers les sources de la Mobile, assez près & à l'Orient du grand Fleuve de Mississipi. Cette Nation est fort nombreuse, dit le Chevalier de Tonti dans sa Relation [a], & peut mettre deux mille hommes sur pied. Ils ont tous la face plate comme une assiéte, ce qui est un trait de beauté parmi eux, c'est pour cela qu'ils prennent soin d'applatir le visage de leurs enfans avec des tablettes de bois qu'ils appliquent sur leur front, & qu'ils sanglent fortement avec des bandes. Toutes les Nations jusqu'au bord de la Mer se donnent cette figure: tout abonde chez eux, blé, fruits, raisins, olives, poules domestiques, poules d'Indes, outardes.

CHICAS [b], (LOS) Peuple de l'Amerique Meridionale au Perou dans l'Audience de los Charcas, aux Montagnes qui sont au Nord de Potosi, des deux côtez de la Riviere de Pilcomayo, avant sa jonction avec la Riviere de St. Jean. La Bourgade & les mines de Tomina sont dans leur pays. [c] Ils sont doux, honnêtes & fort bons mineurs, ce qui fait que la plus grande partie d'entre eux s'adonne au travail des mines d'argent dont il y a un grand nombre de veines dans leur Province. Il s'y trouve aussi force brebis du Perou.

CHICHESTER [d], Ville d'Angleterre

[a] Recueil de Voyages au Nord T. 5. p. 112.

[b] De l'Isle Atlas.

[c] Corn. Dict. De Laet Ind. Occid. l. 14. c. 11.

[d] Etat pres. de la G. Bret. T. 1. p. 116.

CHI. 565

dans la Province de Sussex dont elle est la capitale. Elle est située sur le Levant à cinquante milles de Londres, & étoit autrefois la Ville où tenoient leur Cour les Rois des Saxons Meridionaux. Il y a aujourd'hui cinq ou six Paroisses, quatre grandes rues & la place du Marché qui est assez belle, son plus grand ornement est la Cathedrale, qui a été brûlée deux fois & a été reparée. Les écrevices de Chichester passent pour un mets délicat.

CHICHEU [e], Ville de la Chine dans la Province de Kiangnan dont elle est la treiziéme Metropole. Elle est située sous les 31. d. 36. de latitude, sur le bord Meridional du Fleuve Kiang. Quoi qu'elle soit entourée de Montagnes & qu'elle n'ait que très-peu de plaine, elle ne laisse pas d'être riche & fournie de tout ce qui est necessaire à ses habitans, car on lui apporte abondamment par la Riviere ce qui peut lui manquer. Il y a six Villes dans ce département, savoir

Chicheu, Capitale.	Xetay,
Cingyang,	Kiente,
Tungling,	Tunglieu.

Il y a dans la Ville de Chicheu quatre Pagodes célèbres.

§. Messrs. Baudrand, Corneille &c. mettent une seconde *Chicheu* à la Chine dans la Province de Chekiang; mais cela vient de ce que le premier a eu une mauvaise Carte où ce mot étoit mis pour Chucheu; ou de quelque raison semblable. Mr. Corneille & les autres l'ont suivi sans examen. Voiez CHUCHEU.

CHICHIMEQUES, ancien Peuple de l'Amerique Septentrionale au Mexique vers le Nord au delà de Mechoacan en tirant vers la nouvelle Biscaye. Ils ont ci-devant donné bien de la peine aux Espagnols qui les ont soumis. Les établissemens qu'on a faits dans leur pays, ont aboli quantité de noms, qui ne subsistent plus que dans les Histoires des guerres, & de la conquête de la nouvelle Espagne. Ce qui étoit alors un pays sauvage est entremêlé de Villes, de Bourgs & de Villages, qui doivent la plupart leur origine aux mines, & aux travaux Metalliques, qui se font dans les Montagnes. Voici l'idée que nous donne de ce Peuple Mr. Corneille [f] d'après De Laet, [g] & Davity: sous le nom de Chichimeques sont comprises plusieurs Nations differentes en langage, en coutumes & en mœurs, savoir les PANUES, les CAPUZES, les SAMUES, les ZANCAS, les MAIOLIAS, les GUAMARES, les GUACHICHILES & autres divisez entre eux; mais fort semblables en leurs manieres rudes & barbares. On dit que ces Peuples possedoient toutes les terres que les Espagnols ont découvertes depuis les Villes de St. Philippe & de St. Michel dans le Diocése de Mechoacan en s'avançant vers l'Ouest & le Nord. Ce sont des terres de deux cens lieuës d'étendue, d'une grande fertilité, plus chaudes que froides, plus séches qu'humides & par conséquent très-saines. Les Espagnols temoignent qu'ils y ont trouvé en divers endroits des ruines & des vestiges de grandes Villes &

[e] Martini Atlas Sinensis.

[f] Dict.
[g] Ind. Occid. l. 5. c. 5.

Bbbb * 3 de

de Villages; ce qui fait connoître que ces campagnes ont été cultivées autrefois avec grand soin, & que les Edifices dont on y trouve les restes ont été bâtis par une Nation plus industrieuse & plus civilisée que les Chichiméques, qui les ont habitées ensuite. Ces Sauvages ne font pas accoutumez à demeurer sous des toits, ni à cultiver la terre à l'exception de quelques-uns. Ils font sans Religion, & sans forme de Republique, errans dans les solitudes & dans les forêts, comme des bêtes sauvages. Ils font de très-grands domages dans les Provinces de la nouvelle Espagne, qui leur sont voisines où ils gâtent la moisson & d'où ils emportent le bétail qu'ils trouvent, ensorte que les Espagnols, & leurs tributaires ont beaucoup de peine à se garantir de leurs insultes. [a] Ces Sauvages ne labourent ni ne sément & vivent seulement de la chasse, ce qui leur a fait donner le nom de Chichiméques. Les femmes mêmes y vont avec eux laissant leurs enfans attachez aux branches de ces arbres dans quelque panier de jonc. Ils vivent aussi de belettes, de taupes, de chats sauvages. Ils vont tous nuds à la reserve de quelques-uns, qui se couvrent de peaux des bêtes qu'ils ont tuées à la chasse. Ils font grands buveurs & ont des racines avec lesquelles ils font une liqueur, qui les enivre: leurs armes sont des arcs & des flêches, & ils s'assemblent par troupes pour voler. Ils se retirent aux lieux les plus rudes des Montagnes dans des Cavernes & dans des buissons.

§. Mr. Corneille en raportant si fidellement ce que ces deux Auteurs ont recueilli des plus anciennes Relations où il soit fait mention de ce Peuple, auroit dû avertir que les choses ont bien changé depuis: qu'une partie de tous ces Peuples a péri dans les guerres qu'ils ont faites aux Espagnols, que le reste vaincu & soumis vit sous leur domination, & s'est peu-à-peu accoutumé à observer les loix de l'humanité ; que la Religion Chrétienne, qui seule est permise dans les Etats de sa Majesté Catholique, leur ayant été annoncée depuis long-temps a adouci la ferocité de leurs mœurs, & les a retirez de l'Irreligion où ils étoient, & qu'enfin toute la face de ce vaste pays qu'occupoient les Chichiméques est changée entierement, desorte qu'on y chercheroit en vain ces solitudes dont parlent les anciennes Relations.

CHICKOCH, Isle de l'Empire du Japon; Mr. Reland écrit SIKOKF. L'Orthographe la plus commune est XICOCO, à la maniere des Portugais. Voiez XICOCO.

CHICUJEN, quelques Géographes, comme le Pere Martini [b] en son Atlas Chinois, mettent une Ville de ce nom à l'extrémité Occidentale de la côte Septentrionale de l'Isle du Japon qu'ils appellent Bongo. Mr. Baudrand [c] en fait un Royaume. Mr. Reland nomme l'Isle de Kioe-Sioe & ne met aucune trace dans le Canton marqué, qui selon lui est du Royaume de Fiséen, que d'autres nomment Figen.

CHICUITO. Voiez CUYO.

CHICUNGO, autre Royaume ou Principauté de la même Isle selon Mr. Baudrand [d], qui nomme cette Isle Saicock au Midi de celui de Chicuien. Il cite Cardin. Ce Royaume & sa capitale ne paroissent point sur les Cartes du P. Martini, de Mr. Reland, & des Hollandois.

CHIDNEI, Peuple aux environs du Pont-Euxin, selon Orphée dans ses Argonautes citez par Ortelius.

CHIDON. Voiez au mot AIRE, l'Article AIRE DE NACHON.

CHIDOROS. Voiez ECHEDORE.

CHIEGAN, Ville de la Chine. Voiez KIEGAN.

CHIELEFA, Ville de la Morée dans la Zacanie à un mille & demi de la Mer, ou, ce qui est la même chose, à demie lieue du Golphe de Coron. Elle est fortifiée de cinq tours. L'an 1685. les Venitiens sous la conduite du Generalissime Morosini, s'en rendirent maîtres, & les Turcs qui voulurent la reprendre, en ayant formé le siége l'année suivante furent obligez de le lever, & d'abandonner leur camp où il se trouva beaucoup de butin [e]. Les Venitiens ont perdu cette place avec toute la Morée.

CHIEMSE'E [f], Lac d'Allemagne dans la Baviere entre les Rivieres de l'Inn & de la Saltz. Il se décharge dans la Riviere de l'Inn par la Riviere d'Altz, & se remplit de Prien & d'Acha. Il y a plusieurs Isles dont les plus considerables sont HERRENWERD & FRAWENWERD. La premiere qui est la plus considerable est le Siége d'un Evêché subordonné à l'Archevêché de Saltzbourg ; mais qui n'est point compté entre les Etats de l'Empire. Cet Evêché, nommé en Latin CHYMENSIS ou CHIEMENSIS, fut fondé par Eberhard Archevêque de Saltzbourg l'an 1215. ou l'an 1218. dans l'Isle de Chiemsée, nom que l'on donne communément à la plus grande des deux dont j'ai parlé ; & Rudiger ou Roger de Radeck en fut le premier Evêque. Il y a aussi dans cette Isle un Monastere de Chanoines reguliers de St. Augustin, & ce lieu que l'on appelle *Herrenwerd* s'appelloit anciennement *in der Aw* ou *Pfaffenwerd*. Il y a aussi dans une autre Isle de ce Lac une Abbaye de filles que le dernier Duc de Baviere de la race d'Agilulf fonda. Elle fut brûlée une nuit l'an 1491. Ceux qui veulent être instruits plus amplement de ce qui regarde l'Evêché, & ces deux Monasteres peuvent consulter le II. Tome [g] de l'Histoire de la Metropole de Saltzbourg.

CHIEN, (LA RIVIERE DU) Riviere de Syrie, elle a son embouchûre dans la Mediterranée entre la Riviere d'Abraham, & la Ville de Barut ou Beroot. Le Sr. Paul Lucas avoit derangé ses Memoires lorsqu'il dit dans son Voyage de l'Asie Mineure, l'Afrique & autres lieux [h], nous fimes notre conac sur l'Abraham petite Riviere qui va à Barut: on l'appelle autrement la Riviere du Chien parce qu'autrefois il y avoit sur ses bords une colomne fort haute sur laquelle étoit un Chien de pierre de la grosseur d'un cheval dont le Peuple conte mille choses extraordinaires. Ce Chien étoit, me dit-on, fort utile à la Province, car dès que les Ennemis avoient seulement dessein d'y entrer, il en avertissoit abboyant alors continuellement. La Colonne & par

CHI.

par conſequent le Chien tomberent dans la Riviere. L'Emir Phacradin (Facardin) en fit couper la tête, & l'envoya en preſent aux Venitiens. Ainſi on n'en voit plus que le corps. Le Chien montre le ventre, où l'on voit une grande ouverture quarrée. Cela fait conjecturer qu'il étoit creux : ainſi il eſt probable que quelque Prince l'aura fait faire pour tromper ces Peuples naturellement ſuperſtitieux. Je ne doute point que la Colonne, qui a dû être extrémement groſſe pour ſoutenir un Chien ſi monſtrueux ne fût creuſe auſſi, deſorte que ſi tôt que des Eſpions apportoient quelques mauvaiſes nouvelles, le Prince pour venir plus facilement à bout de ſon Peuple faiſoit abboyer le Chien. La voix d'un homme venue du fond de la colomne paroiſſoit à une populace ignorante un oracle infaillible deſcendu des cieux ou ſorti des enfers. Mr. de l'Iſle qui dreſſa une Carte pour ce volume n'eut garde d'adopter l'erreur du Voyageur. Il diſtingua la Riviere d'Abraham de celle du Chien, & mit cette derniere non pas à Baruth où elle ne paſſe pas ; mais au Nord de Baruth entre cette Ville & la Riviere d'Abraham. Le Sr. Lucas ſe retracta dans un Voyage poſterieur [a]. On paſſe, dit-il, pendant la route ſur deux beaux ponts : l'un eſt ſur la Riviere d'Abraham, appellée autrefois le Fleuve Adonis, qui ſe jettoit dans la Mer auprès de Biblos. L'autre eſt la Riviere du Chien à cauſe de cette figure de pierre dont j'ai parlé dans mon premier Voyage, & qu'on devroit plutôt appeller la *Riviere du Loup*, puis qu'elle eſt certainement la même que le fleuve LYCUS. Car ſuivant les anciens Auteurs c'étoient les deux Rivieres qu'on rencontroit ſur le chemin de Tripoli à Berythe. Elles ſortent l'une & l'autre du Mont Liban.

[a] Voyage de Sourie & de Paleſtine l.3.p.239.

CHIEN. (LE BANC DU) Voiez au mot BANC.

CHIENCHANG, Ville de la Chine. Voiez KIENCHANG.

CHIENNING, Ville de la Chine. Voiez KIENNING.

CHIENTO [b], (LE) Riviere d'Italie dans la Marche d'Ancone. Elle a ſa ſource dans l'Apennin au deſſus de Camerino ; d'où paſſant par Tolentin, & vers Macerata, elle ſe rend enfin dans le Golphe de Veniſe près de San Lupidio, entre Recanati & Fermo. C'eſt l'UFENS des Anciens.

[b] Baudrand Ed. 1705.

CHIER [c], (LE) en Latin *Caris*, Riviere des Pays-bas au Duché de Luxembourg. Elle a ſa ſource au Barrois, d'où coulant dans la partie Meridionale du Luxembourg, elle paſſe près de Montmedi & à Yvoi, puis ſe rend dans la Meuſe, entre Muſon & Sedan.

[c] Ibid.

CHIERCHE. Voiez KERCI.

CHIERI. Voiez QUIERS.

CHIESA [d], (LA) Riviere d'Italie, en Lombardie. Elle a ſa ſource au Comté de Tirol, d'où coulant au Midi par le Lac d'Idro, elle paſſe dans le Breſſan & ſe rend dans l'Oglio, à Caneto dans le Mantouan.

[d] Ibid.

CHIETI, en Latin *Teataa*, Ville d'Italie au Royaume de Naples dans l'Abruzze Citerieure dont elle eſt la capitale & le ſejour du Preſident, ſur les confins de l'Abruzze Ulterieure, avec un Archevêché érigé par le Pape Clement VII. elle eſt ſur une Montagne près de la Riviere de Peſcara, à huit milles de la Ville de Peſcara, qui eſt à l'embouchûre de cette Riviere dans le Golphe Adriatique.

CHIFALE [e], petite Iſle de la Mer rouge près des côtes de l'Arabie Petrée, vis-à-vis de la Ville d'El-Tor. Pluſieurs la prennent pour l'Iſle que les Anciens ont nommée *Ara Minerva*, c'eſt-à-dire l'Autel de Minerve.

[e] Ibid.

CHIHIRI [f], Ville ſur la côte Meridionale de l'Arabie heureuſe, c'eſt la même que Mr. de l'Iſle nomme le PORT DE CHEER, à l'extremité Occidentale du Royaume de Fratach, & dans une autre Carte SEQUIRE au Royaume d'Hadramut. Elle eſt par les 14. degrez 50. minutes de latitude Nord, ſituée ſur un ſable aride, au bord d'une grande Baïe, où l'on ancre à une portée de petit canon de la Ville, ſur 8. braſſes, fond de bonne tenuë. Elle eſt fort grande, par la diſtance des Maiſons, éloignées les unes des autres. Elles ſont bâties d'argile, & enduites de chaux par dehors. Il y a un Château avec 4. Tours rondes, bon pour ſe garentir d'une courſe ; mais qui ne peut ſoûtenir le canon. Il y a 3. ou 4. Moſquées. C'eſt le principal Port que le Roi ait. Ce Prince tient ſa Cour, la plûpart du tems à Hadermuid, (Hadramut) Ville dans les terres, à une journée de Chihiri. Il ſe nomme Sultan Abdulla, iſſu lui & ſes Sujets des vrais Arabes. Il païe tous les ans entre les mains du Bacha Viceroi du Grand Seigneur, un tribut de 4000. réales de huit & de 20. livres de bon ambre gris. Son Peuple eſt ſincere, doux & bienfaiſant, modeſte en ſa démarche & en ſes actions, dévot dans la Religion de Mahomet. Les femmes de condition ne vont que maſquées. Elles ſont fort laſcives, & de belle taille. Les parens tiennent à honneur que les Etrangers veuillent avoir commerce avec leurs filles. Ils vont même les leur offrir pour une très-legere recompenſe, lorſqu'elles ſont encore jeunes. Il demeure dans ce Païs-là beaucoup de Banianès des Indes, & de Perſans. Il y va tous les ans des vaiſſeaux des Indes, de Perſe, d'Ethiopie, des Iſles Comores, de Madagaſcar, & de Melinde à la rade.

[f] Van den Broeck, Voyages de la Comp. des Ind. Orientales T.IV. p. 355.

CHILAO ou CHILAW [g], (le) Riviere de l'Iſle de Ceylan. Elle a ſa ſource dans le Tincourli, & après avoir ſerpenté vers l'Oueſt, puis vers le Nord-Oueſt ; elle baigne une Ville de même nom, & ſe jette dans l'Océan au Midi de l'Iſle de Calpentin. Knox dans ſa Carte de Ceylan met cette Ville beaucoup plus près de la ſource de cette Riviere.

[g] De l'Iſle Atlas.

1. CHILCA [h], Vallée de l'Amerique Meridionale au Perou à dix lieues de Lima. Les Incas y avoient anciennement un Palais, des jardins, des greniers, & un grand magaſin de vivres. Quoique cette Vallée ne ſoit arroſée d'aucune Riviere, ni d'aucun torrent, elle eſt néanmoins très-fertile en maïs, en arbres fruitiers, & en racines bonnes à manger. Cette abondance eſt cauſée par l'induſtrie & par le travail des Indiens, qui font de profondes foſſes dans leſquelles ils mettent leur mahis, & afin qu'il vienne mieux ils y mettent des têtes de ſardines au lieu de fumier : ils ont de ce poiſſon en abondance. Ils creuſent des puits

[h] Corn. Dict. De Laet Ind. Occid. l. 10. c. 14.

fort

fort profonds d'où ils tirent l'eau qu'ils boivent.

a Supp'em. aux Voyag. de Rogers p. 50.

2. CHILCA[a], Havre de la Mer du Sud au Royaume du Perou, à quarante-huit lieues de Callao; & à trois des rochers de Pochacome. La pointe de Chilca est basse, & approche un peu de la figure d'une Selle (à l'Angloise.) Le Havre de Chilca est le meilleur, qui se trouve dans la Mer du Sud, & aussi tranquile qu'un bassin; mais son embouchûre est fort étroite, & il est si petit qu'il ne sauroit contenir que sept ou huit vaisseaux. Pour y entrer il faut mouiller à l'embouchûre, & vous faire touer avec une cordelle derriere la petite Isle, & y amarer où il vous plaira. De la pointe de Chilca à Mala il y a quatre lieues.

1. CHILI, (LE) Grand Pays, & Royaume de l'Amerique Meridionale, le long de la Mer du Sud. Il est borné au Nord par Rio Salado, qui le sepáre du Perou. Les Andes le separent à l'Orient du Tucuman jusqu'à la source de la Riviere de Chili où commençant à s'élargir considerablement par une ligne imaginée qui s'avance vers le Sud-Est, il s'étend jusqu'à la Terre Magellanique, qui le termine au Sud-Est jusqu'à la Mer du Sud. Les Espagnols comprennent la Terre Magellanique sous le nom general de Chili; mais nous ne parlons ici que du Chili proprement dit.

On peut le diviser en trois parties, savoir deux à l'Occident & une à l'Orient. Des deux parties Occidentales celle qui est le plus au Nord est l'EVECHÉ DE SANT JAGO, la plus Meridionale est l'EVECHÉ D'IMPERIALE. La troisième qui est du côté du Levant porte le nom de CUYO, ou de CHICUITO, & est bornée au Couchant par les Andes.

b Fresier Voyages T. 1. p. 220.

Le nom de ce vaste pays lui vient de la petite Riviere de Chile, qui la traverse. [b]Les Espagnols ayant commencé à faire des Etablissemens à la Vallée de Quilotta, & à trouver des Indiens qui s'opposassent au cours de leurs conquêtes, cette resistance rendit célèbres cette Vallée & cette Riviere, & comme les premiers noms d'un nouveau pays sont ceux que l'on remarque le plus, celui-ci par une petite alteration a été dans la suite appliqué à tout ce grand Royaume que les Espagnols ont appellé CHILE, & les François CHILI. C'est sans doute la veritable Etymologie de ce nom que quelques Historiens font venir d'un mot Indien, selon eux qui signifie *froid*. Ce nom conviendroit fort mal à un pays aussi agréable & aussi temperé qu'est celui-là.

Le Chili fut découvert par D. Diegue d'Almagre vers l'an 1535. qui en commença la conquête; mais on n'est point encore parvenu à le soumettre aussi entierement que l'est la nouvelle Espagne. Il y reste encore des Nations Indiennes, qui depuis le milieu du dernier siécle ont fait sentir aux Espagnols combien elles étoient à craindre comme on le verra par la suite de cet Article.

c Fresier Ibid. p. 97.

[c]Entre les naturels du pays, il n'y a que ceux qui sont au service des Espagnols, qui soient veritablement Chrétiens, & encore ne le sont-ils que d'une maniere très-materielle. Les Indiens de la frontiere sur tout le long de la côte paroissent assez portez à embrasser le Christianisme s'il ne defendoit pas la polygamie & l'ivrognerie. Il y en a même qui se font baptiser; mais ils ne peuvent se faire violence sur ces deux Articles. Ils n'ont aucune Religion, n'adorent rien du tout & se moquent de tout ce qu'on peut leur dire-là dessus. (On peut voir néanmoins les Lettres Edifiantes des Missionnaires[d] où l'on assure que les PP. Jesuites font beaucoup de fruit à Nahuelhuapi par les 42. d. à 50. lieues de la Mer.) On n'a jamais trouvé dans le Chili ni Temples, ni vestiges d'Idoles, qu'ils ayent adorez comme on en voit encore aujourd'hui en plusieurs endroits du Perou, & s'il y a chez eux quelque apparence de sortilege, ce n'est autre chose que l'usage du poison dont ils se servent fort souvent. Au reste il s'en trouve qui croient une autre vie pour laquelle on met à ceux qui meurent, de quoi boire, manger & s'habiller, dans leur tombeau. Les femmes de ceux qui ne sont pas Chrétiens, demeurent pendant plusieurs jours sur le tombeau de leurs maris à leur faire la cuisine, à leur verser sur le corps de la *Chicha*, qui est leur boisson favorite, & elles leur accommodent leur bagage comme pour faire un Voyage de longue durée. Il ne faut pas croire pour cela qu'ils ayent une idée de la spiritualité, ni de l'immortalité de l'ame; ils la regardent comme quelque chose de corporel, qui doit aller au delà des Mers dans des lieux de plaisirs où ils regorgeront de viandes & de boissons; qu'ils y auront plusieurs femmes qui ne feront point d'enfans, qui seront occupées à leur faire de bonne *Chicha*, à les servir, &c. mais ils ne croient cela que très-confusément, & plusieurs le regardent comme une imagination. Quelques Espagnols se figurent que cette idée leur est venue par une corruption de la Doctrine que l'Apôtre St. Thomas avoit enseignée de l'autre côté de la Cordillere; mais ne disent point sur quel fondement ils croyent que ce Sr. Apôtre & St. Barthelemi soient venus dans cette Province & même en Amerique.

d T. 8.

Les Indiens du Chili n'ont parmi eux ni Rois, ni Souverains, qui leur prescrivent des loix. Chaque chef de famille étoit maître chez lui; mais comme ces familles ont augmenté, ces chefs sont devenus les Seigneurs de plusieurs Vassaux, qui leur obéïssent sans leur payer aucun tribut. Les Espagnols les appellent *Caciques*. Toutes leurs prerogatives consistent à commander en temps de guerre, & à rendre la justice, ils succedent à cette Dignité par droit d'ainesse, & chacun d'eux est independant de qui que ce soit & maître absolu de son Domaine. Je ne parle pas seulement de ceux qui sont braves, c'est-à-dire indomptez; mais encore de ceux qu'on appelle de reduction; car quoi que par un Traité de Paix, ils ayent reconnu Sa Majesté Catholique pour leur Roi, ils ne sont obligez de lui payer d'autre tribut qu'un secours d'hommes pour rétablir ses fortifications & se defendre contre les autres Indiens. On fait monter le nombre de ceux-ci à 1400. ou 1500. Il n'en est pas de même de ceux, qui sont subjuguez qu'on appelle YANACONAS. Ceux-là sont tributaires du Roi d'Espagne à qui ils doivent la valeur de dix piastres par an, en argent, ou en den-

denrées & font encore employez au fervice des familles Efpagnoles à qui Sa Majefté Catholique accorde ou pour récompenfe de leurs belles actions, ou bon fervice ou pour de l'argent un nombre d'Indiens, qui font obligez de fervir comme valets; mais non pas comme efclaves; car outre la nourriture, on doit leur payer trente écus par an & s'ils ne veulent pas fervir, ils en font quites en donnant dix écus à leur maître, ce qui s'appelle une Commanderie. Leur âge de fervice eft depuis 16. jufqu'à 50. ans; au deffus & au deffous ils font libres de le faire. Outre les Indiens ENCOMENDEROS les Efpagnols, du Chili feulement, en ont à leur fervice qui font Efclaves achetez des Indiens libres, qui leur vendent volontairement leurs enfans pour du vin, pour des armes, pour de la clincaillerie &c. Comme c'eft un abus toleré contre les Ordonnances du Roi, ils ne font pas efclaves comme les noirs. Ceux qui les achetent ne les peuvent revendre qu'en cachette & avec le confentement de l'Efclave, qui peut avec une Lettre d'*Amparo*, c'eft-à-dire de protection, redemander fa liberté. Pour cet effet il y a dans chaque Ville & dans l'Audience de Sant Jago, un protecteur des Indiens à qui ils ont recours. C'eft aufli par la raifon de tolerance que les enfans des Efclaves ne fuivent pas le fort du ventre, comme parlent les Jurifconfultes, lorfqu'ils font d'un Pere *Encomendero*, c'eft-à-dire valet de Commanderie, parce que ce dernier étant permis, les avantages lui doivent tomber preferablement à l'autre; le melange du fang Espagnol affranchit ceux que le Pere veut bien reconnoître, & donne aux Meftices, c'eft-à-dire aux fils d'un Blanc & d'une Indienne, le droit de porter du linge; voici l'origine de cette efpece d'Efclavage.

Les particuliers qui entreprirent la conquête du Perou, devoient par leur convention avec le Roi d'Efpagne avoir les Indiens pour Efclaves pendant toute leur vie, après laquelle ils tomberoient aux ainez des familles, ou à leurs femmes en cas qu'ils mouruffent fans enfans. Il y avoit en cela quelque apparence de juftice non feulement pour les recompenfer de leurs peines & de leur bravoure; mais encore parce qu'ils avoient entrepris & pourfuivi cette guerre à leurs propres frais. Neanmoins comme ils traitoient inhumainement leurs Efclaves, quelques gens de bien touchez de compaffion pour ces malheureux repréfenterent vivement à la Cour d'Efpagne qu'ils les maltraitoient non feulement par des impofitions exceffives; mais encore qu'il en venoient aux dernieres violences jufqu'à les tuer. On fit attention à ce defordre, & pour y remedier Charles V. envoya au Perou en 1542. Blafco Nugnez de Vela en qualité de Vice-Roi avec ordre de faire décharger les Indiens des impofitions qu'on leur mettoit & leur rendre la liberté; mais comme la principale richeffe des Colonies confifte dans le grand nombre d'Efclaves, particulierement parmi les Efpagnols qui ne travaillent pas eux-mêmes, la plupart refuferent d'obéir à des ordres, qui leur parurent trop feveres, & dont l'exécution les auroit reduits à la mendicité. Ils ne voulurent donc point reconnoître le nouveau Viceroi; ce qui caufa ces grandes guerres civiles dont on peut voir les détails dans le livre de Zarate. Enfin, pour trouver un adouciffement à l'Efclavage des Indiens, & ne pas ruïner les Efpagnols, le Roi s'empara de ceux dont les maîtres mouroient, & il les a donnez dans la fuite à fes Officiers, & à plufieurs autres, aux conditions que j'ai déja expliquées. Cette fervitude de Commanderie a été caufe des cruelles guerres que les Efpagnols ont eu avec les Indiens. Ils vouloient bien reconnoître le Roi d'Efpagne pour leur Souverain; mais comme gens de bon fens ils vouloient conferver leur liberté; ce ne fut qu'à ces conditions que fe fit la derniere Paix vers la fin du dernier fiécle. Car quoique ces Peuples nous paroiffent Sauvages ils favent très-bien s'accorder fur leurs interêts communs. Ils s'affemblent avec les plus anciens & ceux qui ont de l'experience, & s'il s'agit d'une affaire de guerre, ils choififfent fans partialité un General d'un merite & d'une valeur connue, & lui obéïffent exactement; c'eft par leur bonne conduite, & leur bravoure qu'ils ont empêché autrefois les Incas du Perou d'entrer chez eux, & qu'ils ont arrêté les conquêtes des Efpagnols qu'ils ont borné à la Riviere de Bobio, & aux Montagnes de la Cordillere.

[L'Auteur refferre extrêmement le Chili. Il eft pourtant certain que les Efpagnols poffedent bien des Villes au Midi du Bobio. Ils ont aufli des établiffemens confiderables à l'Orient de la Cordillere, comme je le remarque au mot de Cuyo.]

Les formalitez de leurs affemblées font de porter dans une belle campagne, qu'ils choififfent pour cela, beaucoup de boiffon; & quand ils ont commencé à boire, le plus ancien ou celui qui par quelque autre titre doit haranguer les autres, prend la parole pour expofer ce dont il s'agit & dit fon fentiment avec beaucoup de force; après quoi la pluralité des voix fait la déliberation; on la publie au fon du tambour, on donne trois jours pour y penfer; & fi dans ce temps on n'y trouve point d'inconvenient, on exécute infailliblement le projet, après avoir confirmé la refolution & pris des moyens pour y réuffir. Ces moyens fe réduifent à bien peu de chofe; car les Caciques ne fourniffent rien à leurs Sujets pour faire la guerre, ils ne font que les avertir, & chacun apporte avec foi un petit fac de farine d'orge ou de Maïs qu'ils détrempent avec de l'eau, & ils fe nourriffent avec cela pendant plufieurs jours. Chacun d'eux a auffi fon cheval, & fes armes toûjours prêtes, deforte qu'en un inftant ils forment une armée fans aucuns frais; & depeur d'être furpris, dans chaque *Caciquat* fur la plus haute éminence il y a toûjours une trompe faite de corne de bœuf de maniere qu'on peut l'entendre de deux lieues à la ronde; d'abord qu'il leur furvient quelque affaire, le Cacique envoye fonner cette trompe & chacun fait de quoi il s'agit pour fe rendre à fon pofte.

Leurs *armes* ordinaires font des piques & des lances qu'ils jettent avec une extrême adreffe; plufieurs ont des halebardes qu'ils ont prises des Espagnols, ils ont aussi des haches & des sabres qu'ils achettent d'eux. Ils se servent aussi ; mais plus rarement, de dards, de flêches, de massues, de frondes & de laqs de cuir, qu'ils manient si adroitement qu'ils enlacent un cheval à la course par telle partie qu'ils veulent. Ceux qui manquent de fer pour les flêches se servent d'un bois, qui étant durci au feu ne le cede gueres à l'acier. A force de faire la guerre aux Espagnols, ils ont gagné des cuirasses & toute l'armure & ceux qui n'en ont pas, s'en font de cuir cru qui resistent à l'épée, & ont cet avantage sur les autres qu'elles sont legeres, & peu embarassantes dans le combat; au reste ils n'ont point d'armes uniformes, chacun se sert à son gré de celles qu'il manie le mieux.

Leur maniere de combattre est de former des Escadrons par files de quatre vingt ou cent hommes armez les uns de piques, & les autres de flêches, entremêlez ; quand les premiers sont forcez, ils se succedent les uns aux autres si vîte qu'il ne paroît pas qu'ils ayent été rompus. Ils ont toûjours soin de s'assurer une retraite auprès des Lacs ou des Marais où ils sont plus en sûreté que dans la meilleure Forteresse. Ils marchent au combat avec beaucoup de fierté au son de leur tambour, avec des armes peintes, la tête ornée de pennaches de plumes : avant que de donner bataille le General fait ordinairement une harangue, après quoi ils frapent tous des pieds, & jettent des cris épouventables pour s'encourager au combat. Quand ils sont obligez de se fortifier, ils font des palissades, ou se retranchent seulement derriere de gros arbres ; au devant ils sont de distance en distance des puits dont ils herissent le fond de pieux plantez debout avec des épines, & les recouvrent de gazon, afin qu'on y soit trompé; malheur à ceux qui donnent dans leurs piéges, car ils les déchirent, leur arrachent le cœur qu'ils mettent en morceaux, & se jettent sur leur sang comme des bêtes feroces. Si c'est quelqu'un de consideration, ils mettent sa tête au bout d'une pique, boivent ensuite dans le crane dont ils font enfin une tasse, qu'ils gardent comme une marque de triomphe ; des os des jambes ils font des flutes pour les réjouïssances.

Les fêtes qu'ils se donnent consistent en une yvrognerie & une crapule, qui les portent aux plus horribles violences. Ils chantent, dansent, à leur maniere & boivent jour & nuit jusqu'à ce qu'ils aient épuisé l'amas de Chicha qu'ils ont apportée. C'est une boisson dont la composition fait bondir le cœur, & dont ils font pourtant leurs délices. C'est dans ce temps d'yvrognerie qu'ils exécutent des assassinats premeditez en se vengeant de leurs ennemis. Quelques-uns meurent de ces excès.

Leur nourriture ordinaire chez eux est de pommes de terre ou Topinambous, qu'ils appellent *Papas*, d'un goût assez insipide; du Maïs en épi, simplement bouilli, ou roti ; de la chair de cheval & de mulet, & presque jamais de bœuf, qui leur fait mal au ventre, à ce qu'ils disent. Ils mangent le Maïs de differentes manieres ou simplement bouilli dans de l'eau, ou roti parmi du sable dans un pot de terre, & mis ensuite en farine mêlée avec de l'eau : c'est ce qu'ils appellent *Oullpo* quand elle est potable, & *Rubull* quand ils en font une bouillie épaisse avec du piment & du sel. Pour moudre le Maïs après qu'il est roti, ils ont au lieu de moulin des pierres ovales longues d'environ deux pieds, sur lesquelles avec une autre pierre longue de huit à neuf pouces, ils l'écrasent à genoux à force de bras : c'est l'occupation ordinaire des femmes. C'est de cette farine qu'ils font provision pour aller à la guerre comme j'ai dit, & qui fait toute leur munition de bouche. Lorsqu'ils passent dans un endroit, où il y a de l'eau, ils la mêlent dans une corne appellée *Guampo* qu'ils ont toûjours pendue à l'arçon de la selle, & ils boivent & mangent ainsi sans s'arrêter. Leur boisson est la *Chicha*. Il y en a de deux sortes la plus commune est celle de Maïs qu'ils font tremper jusqu'à ce que le grain créve, comme si on vouloit en faire de la biére, ensuite ils le font bouillir, & en boivent l'eau froide. Ils en ont d'une autre sorte qui se fait d'une maniere très-dégoutante, qui a une couleur de vin de Bourgogne & un goût fort qui enyvre pour long-temps. Leur maniere de manger chez eux est de se ranger en rond ventre à terre appuiez sur les coudes, & de se faire servir par leurs femmes. Les Caciques commencent à se servir de tables, & de Bancs à l'imitation des Espagnols.

Leur *couleur* naturelle est basannée tirant à celle du cuivre rouge, en cela differente de celle des mulâtres, qui proviennent du mêlange d'un Blanc & d'une Negresse ; cette couleur est generale dans tout le Continent de l'Amerique tant Meridionale que Septentrionale : sur quoi il faut remarquer que ce n'est point un effet de la qualité de l'air qu'on y respire ; mais une affection particuliere du sang ; car les descendans des Espagnols qui s'y sont établis, & mariez avec des Européennes & conservez sans mêlange avec les Chiliennes, sont d'un blanc & d'un sang encore plus beau & plus frais que ceux d'Europe, quoi que nez dans le Chili, nourris à peu près de la même maniere, & ordinairement du lait des naturels du pays. Les Noirs qu'on y apporte de Guinée ou d'Angola y conservent aussi leur couleur naturelle de peré en fils lorsqu'ils s'en tiennent à leur espéce.

Les Indiens du Chili sont de bonne taille ; ils ont les membres gros, l'estomac & le visage larges, sans barbe, peu agréables, les cheveux gros comme du crin, & plats, en quoi ils different encore des noirs & des mulâtres. Ils les ont ordinairement noirs, & il est rare d'en trouver, qui tirent sur le blond. Les Puelches se les coupent à la longueur de l'oreille & ont les yeux extrémement petits, ce qui rend les femmes hideuses ; ils n'ont tous naturellement point ou que très-peu d'autre barbe que des moustaches qu'ils s'arrachent avec des pincettes de coquillage. Il s'en trouve parmi ceux de la plaine qui ont le teint blanc, & un peu de rouge au visage. Ceux-ci sont sortis des femmes prises dans les Villes Espagnoles que les Chiliens ont détruites, savoir Angola, Villarica, Imperial, Tucapel,

Bal-

Baldivia & Oforno, d'où ils enleverent tout, Séculieres & Religieufes, defquelles ils ont eu des enfans, qui confervent encore un peu d'inclination pour la Nation de leurs meres, d'où vient qu'ils font prefque toûjours en paix; tels font ceux du côté d'Arauco, quoique leur pays foit le théatre de la guerre que font leurs voifins. Depuis ce temps-là on n'a plus fouffert de Couvents de Religieufes hors de Sant Jago.

La maniere de s'habiller des Indiens du Chili eft fi fimple qu'à peine font-ils couverts; ils ont une Chemifette qui leur va à la ceinture, fermée de maniere qu'il n'y a que le paffage de la tête & d'un bras pour la mettre: ils l'appellent *Macun*; une culote ouverte tout le long des cuiffes, leur couvre à peine leur nudité. Par deffus tout en temps de pluye ou pour fe mettre en habit decent, ils ont une efpéce de manteau quarré long comme un tapis de table fans aucune façon, au milieu duquel eft une fente par où ils paffent la tête; fur le corps, il fait à peu près l'effet d'une Dalmatique. Ils ont ordinairement la tête & les jambes nues; mais quand la neceffité ou la bienféance les oblige de fe couvrir, ils ont un bonnet d'où pend un collet qui fe rabbat fur les épaules, & une efpece de brodequin ou de gamache de laine aux jambes, fe couvrent fort peu les pieds, à moins qu'ils ne foient parmi des pierres: alors ils fe font des fandales de couroye ou de jonc appellées *Ojota*. Les Efpagnols ont pris l'ufage du *Choni* ou *Poncho*, & des brodequins ou Polainas, pour aller à cheval, parce que le Poncho garantit de la pluye, ne fe defait point par le vent, qu'il garantit de la pluye, fert de couverture la nuit & de Tapis en campagne. Je paffe l'habillement des femmes.

Leur *logement* n'eft jamais qu'une cabane de branches d'arbres, auffi grande qu'il faut pour mettre à couvert une famille raffemblée. Comme il n'y a qu'un petit coffre & des peaux de mouton pour fe coucher, il ne leur faut pas beaucoup de place. Ils n'ont pas l'ufage des clefs pour cacher ce qui leur appartient, la fidelité chez eux eft religieufement gardée; mais chez les Efpagnols ils ne font pas fi fcrupuleux, particulierement les Puelches, qui font d'adroits voleurs. Toutes leurs Maifons font difperfées çà & là, & jamais ils ne s'approchent les uns des autres pour vivre en fociété, en quoi ils different de ceux du Perou; deforte qu'on ne voit dans tout le Chili aucune Ville, ni aucun Village des naturels du pays. Ils tiennent même fi peu à l'endroit où ils fe logent, que quand la fantaifie leur prend de changer, ils abandonnent ou tranfportent leurs Maifons ailleurs; d'où vient que l'art de leur faire la guerre, n'eft pas de les aller chercher; mais de fe planter au milieu du pays avec un petit nombre de troupes, les empécher de femer, ravager leurs campagnes & enlever leurs troupeaux. Cette maniere d'être difperfez çà & là fait paroître le pays defert; mais il eft en effet très-peuplé & les familles font très-nombreufes; comme ils ont plufieurs femmes, ils ont auffi beaucoup d'enfans; c'eft ce qui fait leur richeffe parce qu'ils les vendent, particulierement les filles qu'on a-

Tom. II.

chette pour femmes; ainfi elles font de vraies efclaves, qu'ils revendent quand ils n'en font pas contents, & qu'ils occupent aux plus rudes travaux de la campagne. Les hommes béchent feulement la terre une fois l'an pour fémer le Maïs, les Haricots, des Lentilles, & autres legumes dont ils vivent; & quand ils ont fini, ils s'affemblent avec leurs amis, boivent, s'enyvrent, & fe repofent. Les femmes enfuite fement, arrofent, & cueillent les grains. Celle qui couche avec le maître eft fa cuifiniere pour ce jour-là, elle a foin de le regaler & de feller & de brider fon cheval. Car ils font tellement accoutumez à ne point marcher, que n'euffent-ils que deux cens pas à faire, ils ne vont point à pied; auffi font-ils de très-bons hommes de cheval; on les voit monter & defcendre par des endroits fi efcarpez que nos chevaux d'Europe ne pourroient pas s'y tenir fans charge. Etant forcez dans une deroute de fuir dans les bois, ils fe mettent fous le ventre du cheval, pour n'être pas déchirez par les branches des arbres. Leur felle eft une double peau de mouton, qui leur fert de nuit à fe coucher en campagne; leurs étriers font des fabots de bois quarrez tels que les Efpagnols en ont d'argent pour la parade, qui valent jufqu'à quatre ou cinq cens écus. Il eft vrai que les chevaux leur étant venus d'Europe ils en ont imité l'équipage en faifant de bois ou de corne, ce qu'ils voyoient de fer ou d'argent. A voir la quantité prodigieufe qu'il y en a aujourd'hui dans tout ce Continent, il eft furprenant qu'en moins de deux cens ans ils ayent fi fort multiplié, que ceux qui ne font pas d'une grande beauté ne valent à la Conception que deux ou trois écus. Néanmoins, comme je l'ai déja dit, les Indiens en mangent beaucoup, & lorfqu'ils les montent ils les ménagent fi peu, qu'ils en crevent tous les jours.

Pour tenir un compte de leurs troupeaux, & conferver la mémoire de leurs affaires particulieres ils ont recours à certains nœuds de laine, qui par la varieté des couleurs & des replis leur tiennent lieu de caracteres d'écriture. La connoiffance de ces nœuds qu'ils appellent *Quipos* eft une Science, & un fecret que les peres ne revelent à leurs enfans que lorfqu'ils fe croient à la fin de leurs jours; & comme il arrive affez fouvent que faute d'efprit ils n'en comprennent pas le myftere, ces fortes de nœuds leur deviennent un fujet d'erreur, & leur font de peu d'ufage. Pour fuppléer au deffaut de l'écriture ils chargent ceux qui ont une heureufe mémoire d'apprendre l'Hiftoire du Pays, & de la reciter aux autres. C'eft ainfi qu'ils confervent le fouvenir de leurs anciennes inimitiez avec les Efpagnols. Leurs pertes ne fervent qu'à perpetuer leur haine; mais les avantages qu'ils ont remportez depuis fur ces étrangers en leur enlevant cinq Villes qu'ils avoient bâties fur leurs terres, raniment leur fierté & leur font fouhaiter une occafion de regagner fur eux un plus grand efpace de terrain. Néanmoins ils favent diffimuler, & font Commerce avec eux de bœufs, de chévres & de mulets, les reçoivent chez eux, & les regalent comme amis.

Cccc* 2   Le

Le Commerce des Espagnols chez les Puelches Nation d'Indiens indomtez, qui habitent les Montagnes de la Cordillere se fait d'une façon singuliere & surprenante. On va chez le Cacique ou Seigneur du lieu se presenter devant lui sans rien dire; lui, prenant la parole, dit au Marchand, *es-tu venu?* à quoi l'autre ayant repondu *je suis venu. Que m'apportes-tu?* reprend-il. *Je t'apporte en present du vin*, Article necessaire, *& telle chose*. A ces mots le Cacique ne manque pas de dire: *sois le bien venu*; il lui donne un logement auprès de sa Cabane où les enfans, & les femmes en lui faisant la bien venue vont chacun lui demander un present, qu'il leur faut faire quelque petit qu'il soit. En même temps le Cacique fait avertir avec une trompe ses Sujets dispersez pour leur donner avis de l'arrivée d'un Marchand avec qui ils peuvent traiter; ils viennent & voyent les marchandises, qui sont des couteaux, des haches, des peignes, des éguilles, du fil, des miroirs, des rubans &c. La meilleure de toutes seroit le vin, s'il n'étoit pas dangereux de leur fournir de quoi s'enyvrer, parce qu'alors on n'est pas en sureté parmi eux, puisqu'ils se tuent eux-mêmes. Après avoir convenu du troc, ils emportent chacun chez soi les marchandises de l'Espagnol sans rien payer, desorte qu'il a tout livré sans savoir à qui, sans voir ni connoître aucun de ses debiteurs. Enfin quand il veut se retirer, le Cacique par un autre coup de trompe donne ordre de payer: alors chacun améne fidellement le bétail qu'il doit; & parce que ce sont tous animaux sauvages, comme mules, chévres & particulierement des bœufs & des vaches, il commande un nombre d'hommes suffisans pour les amener jusques sur les frontieres des terres Espagnoles. Cette grande quantité de bœufs & de vaches, qui se consument au Chili où on en tue beaucoup tous les ans vient des plaines du Paraguai où les campagnes en sont couvertes.

Les Puelches dont on vient de parler les amenent par la Vallée de Tapatapa qu'habitent les Pehvingues Indiens indomtez, c'est le passage le plus aisé pour traverser la Cordillere parce qu'elle est divisée en deux Montagnes d'un accès bien moins difficile que les autres, qui sont presque impraticables aux mulets. Il y en a encore une autre à quatre vingt lieues de la Conception au Volcan appellé la Silla Velluda, qui jette du feu de temps en temps, & quelquefois avec tant de bruit qu'on l'entend de cette Ville: Par-là on abrége extrêmement le chemin, & l'on se rend dans six semaines à Buenos Aires.

La terre est très-fertile & si facile à labourer qu'on ne fait que la grater avec une charue faite le plus souvent d'une seule branche d'arbre crochue tirée par deux bœufs; & quoi que le grain soit à peine couvert il ne rend gueres moins du centuple. Les Espagnols du Chili ne cultivent pas les vignes avec plus de soin pour avoir de bon vin; comme ils ne savent pas vernisser les botiches, c'est-à-dire les cruches de terre dans lesquelles ils le mettent, ils sont obligez de les enduire d'un gaudron, lequel joint au goût des peaux de boucs dans lesquelles ils le transportent, lui donne un goût d'amertume comme celui de la Theriaque, & une odeur auxquels on ne s'accoutume qu'avec un peu de peine.

Les *fruits* leur viennent de même, sans qu'ils ayent l'industrie de les greffer. Les poires & les pommes viennent naturellement dans les bois, & à voir la quantité qu'il y en a, on a de la peine à comprendre comment ces arbres ont pû depuis la conquête se multiplier & se repandre en tant d'endroits, s'il est vrai qu'il n'y en eût point auparavant, comme on l'assure. On y cultive des campagnes entiéres d'une espece de fraisier diferent du nôtre par les feuilles plus arrondies, plus charnues & fort velues; ses fruits sont ordinairement gros comme une noix, & quelquefois comme un œuf de poule. Ils sont d'un rouge blanchâtre, & un peu moins délicats au goût que nos fraises de bois. Outre celles-ci il n'en manque pas dans les bois de la même espéce qu'en Europe. Au reste toutes les racines que nous avons en Europe viennent-là en abondance, & presque sans peine; il y en a même qu'on trouve dans les campagnes sans cultiver, comme les Navets, les Topinambous, de la Chicorée des deux especes. Les herbes aromatiques n'y sont pas moins communes; le petit Baume, la Melisse, la Tanesie, les Camomilles, la Mente & une espece de Pilosselle, qui a une odeur aprochante de celle de l'Absynthe y couvrent les campagnes; l'Alkekengi dont le fruit a plus d'odeur qu'en France, une espece de petit sauge, qui s'éleve en arbrisseau dont la feuille ressemble un peu au Romarin. Les roses viennent naturellement sur les collines sans avoir été plantées, & l'espéce la plus frequente qui y croît, y est ou moins épineuse qu'en France ou tout-à-fait sans épines. Je passe quantité de plantes Aromatiques, ou Medecinales, tant celles qui sont connues en Europe que celles qui sont particuliéres à ce pays, pour ne parler que d'une sorte d'arbre, qui est fort commune dans ses forêts, c'est une sorte de laurier dont l'écorce a l'odeur du Sassafras & encore plus suave, & d'une autre qui porte le nom de Canelle quoique different de celle des Indes Orientales, & qui en a la même qualité: il a la feuille comme le grand laurier, seulement un peu plus grande. Virgile semble en avoir fait la description dans ses Georgiques [a].

a l. 2. v. 131. & seq.

Ipsa ingens Arbos, faciemque simillima Lauro,
Et, si non alium late jactaret odorem,
Laurus erat: folia haud ullis labentia ventis;
Flos adprima tenax: animas & olentia Medi
Ora fovent illo & senibus medicantur anhelis.

Cet arbre est consacré chez les Indiens aux Ceremonies de la Paix. Dans celle qu'ils firent avec les Espagnols en 1643. ils tuérent plusieurs moutons, on teignit dans leur sang un rameau de Canele que le Deputé des Caciques remit entre les mains du Marquis de Baydes General des Espagnols, en signe de Paix.

Les campagnes sont peuplées d'une infinité d'oiseaux, particulierement de Pigeons ramiers, beaucoup de tourterelles, de perdrix, mais qui ne valent pas celles de France; quelques becassines, des canards de toutes sortes, dont il y en a une de ceux qu'ils appellent *Patos reales*, qui ont une crête rouge sur le bec; des courlis, des sarcelles, des *Pipelienes*, qui ressemblent en quelque chose à ces oiseaux de Mer qu'on appelle Mauves, & qui ont le bec rouge, droit, long, étroit en largeur, & plat en hauteur avec un trait de même couleur sur les yeux, & ont les pieds comme ceux de l'Autruche, ils sont d'un bon goût; les Perroquets, des *Pechiolorados*, ou gorges rouges d'un beau ramage, quelques Cignes, & des Flamands dont les Indiens estiment fort les plumes pour en orner leurs bonnets dans les fêtes, parce qu'elles sont d'un beau blanc & d'un beau rouge, couleurs qu'ils aiment fort; des criards, qui dès qu'ils voient un homme font des cris, qui font envoler les autres oiseaux, des pinguins, oiseau que je décris ailleurs. On voit au Chili des Loups marins differens de ceux du Nord : quelques-uns les appellent veaux marins; les Hollandois les nomment beaucoup mieux Chiens marins. La pêche y est abondante.

Le Chili est riche en *Mines*, & même il y a des endroits, comme en celui qu'on appelle LA ESTANCIA DEL REY, où on tire par le Lavage des Pepites ou morceaux d'or pur très-considerables : il s'en est trouvé de huit, de dix marcs de très-haut aloi. On en tiroit beaucoup autrefois à Angol, & si le pays étoit plus peuplé ou que les habitans fussent plus laborieux, on en tireroit en mille endroits où l'on est persuadé qu'il y a de bons *Lavaderos*, c'est-à-dire des terres d'où on le tire, en les lavant par le seul secours de l'eau.

Si l'on penetre jusqu'aux Montagnes de la Cordillere, il y a une infinité de mines de toutes sortes de métaux & de mineraux, entre autres dans deux Montagnes, qui ne sont qu'à douze lieues des Pampas du Paraguay, & à cent lieues de la Conception; on a découvert dans l'une des mines de cuivre si singulieres qu'on en a vû des Pepites de plus de cent quintaux. Les Indiens appellent une de ces Montagnes payen, c'est-à-dire cuivre, & D. Juan Melendez Auteur de cette découverte l'a nommée St. Joseph. Il en a tiré un morceau de quarante quintaux dont on a fait six canons de campagne de six livres de balle chacun.

On voit des pierres, partie de cuivre bien formé, partie de cuivre imparfait : dans cette même Montagne se trouve aussi le *Lapis Asuli*. L'autre Montagne voisine appellée par les Espagnols Cerro de Santa Yñes, est remarquable par la quantité d'aimant dont elle est presque entierement composée. Dans les Montagnes habitées par les Puelches, se trouvent des mines de soufre & de sel. A Talcaguana, à l'Irequin, & dans la Ville même on trouve de très-bonnes mines de Charbon de terre, sans creuser plus d'un ou deux pieds. Les habitans n'en savent pas profiter, & n'en connoissent point l'usage.

Je n'ai parlé jusqu'à present que très-peu des Espagnols établis dans le Chili, je reserve cette matiere aux Articles des Villes de ce Royaume.

Les Villes & Bourgs du Chili sont en allant du Nord au Sud

Le long de la Mer & à l'Occident des Andes.
- Copiapo,
- Guasco,
- La Serena ou Coquimbo,
- Sant Jago Capitale de tout le Chili,
- Chillan,
- La Conception ou Penco,
- Arauco,
- Angol,
- Imperial,
- Valdivia,
- Osorno,
- Carelmapo.

Dans l'Isle de Chiloe { Castro.

A l'Orient des Andes. { St. Juan de la Frontera, Mendoza.

Gisement des côtes du Chili & distances depuis les parties Septentrionales.

De la Baye de Nôtre Dame où est la separation du Perou & du Chili, à Copiapo, il y a trente lieues cours Nord quart au Nord-Est & Sud quart au Sud-Ouest, & au Port *Yrten* six. La rade est bonne dans ce Port; mais il faut mouiller à trente brasses d'eau, afin d'avoir assez de place pour mettre à la voile en cas que le vent du Nord souffle. Un monceau de sable blanc au milieu duquel il y a une tache noire est la marque du Havre de *Bette*. Ce Port est sous les 25. d. de latitude Meridionale, & l'on n'y trouve point d'eau douce. De ce Port à *Juncal* il y a six lieues. Ce Havre n'est bon que lorsque le vent de Sud-Ouest regne ; il n'y a point d'eau douce & les Montagnes voisines ne sont pas habitées. De Juncal au *Port du General*. Ce Havre est bon avec une petite Isle à son entrée ; mais on n'y trouve point d'eau douce. Du Port du General à *Copiapo*, il y a douze lieues, l'ancrage est bon tout le long de la côte où il y a des Bayes, qui sont à l'abri des vents du Sud & de quelques autres: la Montagne de Copiapo ressemble à une Isle. A la hauteur de son côté Meridional, & à une lieue ou environ du rivage il y a une petite Isle sous laquelle on peut mouiller sans aucun risque : on ne voit qu'un petit nombre d'habitans sur le Continent. De Copiapo à la *Baye de Copiapo* il y a dix lieues. Il y a bon ancrage & une aiguade dont l'eau n'est pas fort bonne. De cette Riviere qui est entre les deux Isles, il sort un Banc dangereux qui court assez loin Est & Ouest, vers la Mer. (Entre la Baye Salée & la Riviere de Guasco, il y a un Canton où l'on trouve des Turquoises.) De la Baye Salée à la *pointe de Tontoral*, qui est sous le 27. d. 30'. de latitude Meridionale, il y a quinze lieues. Au Nord de la pointe on trouve un bon ancrage. Pour arriver à l'endroit le plus sûr de la rade, qui est assez mauvais lorsque le vent du Nord souffle il faut avoir la pointe Sud-Ouest quart à l'Ouest. Il y a de l'eau douce. De Tontoral au Port de *Guasco*, qui est sous le 28. d. 45'. de latitude Meridionale il y a quinze lieues. De Guasco à *l'Isle de Tontoral* il y a douze lieues, & l'on voit une petite Isle vers le rivage : par un vent du Nord on peut faire voile de tous les endroits de la rade, qui est entre les plus grandes Isles. Quand vous avez les deux plus grandes Isles au Sud-Sud-Est, vous diriez qu'elles n'en font qu'une seule, il y a delà sept lieues à *Coquimbo*. A une lieue de la pointe de Coquimbo on trouve celle de *Herradura*, qui est un très-bon Port, sans aucun danger & le fond net. De cette même pointe de Coquimbo à la Baye de *Tongoy* où se décharge une Riviere de même nom, & qui est sous le 30. d. 30'. de latitude Meridionale il y a sept lieues cours Sud-Est. L'ancrage est bon par toute la Baye, & un fond de bonne tenue. De cette Baye à la Riviere de *Limaria* il y a quinze lieues. Cette derniere est sous le 31. d. de latitude Meridionale. De Limaria à *Chuapa* il y a dixhuit lieues : la côte est fort saine quoique haute, pleine de Montagnes couvertes de neiges, & sans aucun Havre. Entre la Riviere de Limaria & le *Port du Gouverneur*, qui en est à dixhuit lieues, est la Riviere de Longotoma. Du Port du Gouverneur à celui de la *Ligna* il y a cinq lieues Cours Sud-Est. Il y a une Riviere de même nom, & une petite Isle qui est sous le 32. d. 12'. de latitude Meridionale. Du Port de la Ligna au Port de *Papudo* il y a quatre lieues ; delà aux Bancs de Quintero, il y a cinq lieues. La plupart paroissent hors de l'eau & près de la pointe ; mais il y a un bon Canal entre eux & le Continent, où les navires ont douze brasses d'eau dans un fond net. De ces Bancs au Port de *Quintero*, qui est sous le 32. d. 45'. de latitude Meridionale, il y a deux lieues. L'eau y est bien profonde, & les vaisseaux y sont à l'abri contre les vents du Sud ; mais ceux du Nord y donnent à plomb. Du Port de Quintero à celui de *Valparaiso*, il y a cinq lieues Cours Sud-Est. Ce dernier est à trois lieues au Sud de la Riviere de Chili, qui donne son nom à tout le Royaume. De ce Port à la pointe de la Couronne (ou plutôt de *Courouama*, il y a deux lieues Cours Ouest Sud-Ouest avec un Banc dont il faut s'éloigner à quelque distance ; mais la rade est bonne près de la pointe. De cette pointe au Port de *Topocalma*, qui est à l'entrée de la Riviere qui vient de Sant Jago, & qui est sous le 34. d. de latitude Meridionale, il y a dix-huit lieues : environ à un tiers du chemin sont les Salines. De Topocalma à *Quebrada de Lora*, il y a quatorze lieues, Cours Sud-Est. La côte est basse & sablonneuse environ sept lieues de suite jusqu'à la Riviere de *Maule*. C'est cette Riviere qui fait la separation des deux Provinces Maritimes du Chili. De cette Riviere à la pointe de *Humos*, il y a dix lieues. Cette pointe est fort dangereuse à cause des Bancs, qui l'environnent. Delà à la Riviere d'*Tiata*, il y a neuf lieues ; cinq autres de cette Riviere à *Herradura*, d'où il y a deux lieues à l'Isle de *Quiriquina* qu'on appelle aussi l'Isle de la Conception, Cours Nord-Est & Sud-Ouest. Ces deux lieues forment la Baye de la Conception dont l'entrée est au Sud, & où le vent de Nord donne à plomb. A un quart de lieue est la Riviere d'*Andulica*. Entre l'Isle de Quirikina & le Port de *Talcaguana*, il n'y a qu'un Canal si étroit qu'on ne sauroit y passer que par un beau frais. A dix lieues de la pointe de ce Port est l'*Isle de Ste Marie*, à l'embouchûre de la Riviere de *Bobio*. De cette Riviere à la pointe de Sappie, il y a sept lieues le long d'une côte qui est à l'abri des vents du Sud ; mais où les vents du Nord donnent à plomb. (Ce mot de *Sappie* pourroit bien être un mal entendu de l'Auteur pour Saint Philippe écrit en abregé ; quoi qu'il en soit) de l'Isle de Ste Marie au Port de *Carnero*, il y a dix lieues Cours Sud-Est. Il y a pareille distance de ce Port à l'Isle de *Mocha* Cours Sud-Ouest. Cette Isle est à quatre lieues du Continent Est-quart au Sud-Est à l'opposite de Rio Imperial. Elle est haute & peuplée d'Indiens indomptez ; en suivant la côte vers le Midi on trouve la Riviere de Cauten qui passe à Imperial ; celle de Tolten qui a sa source auprès de la même Ville, & celle de Queule. De cette derniere à celle de Boniface il y a dix lieues ; & depuis le Cap de Boniface jusques au *Port du Coral* où les vaisseaux mouillent la terre est basse. Ce Port est dans la partie Meridionale de la Baye de Valdivia. La *pointe de la Galere* est à l'entrée Meridionale de cette Baye ; de cette pointe à *Rio Bueño*, il y a cinq lieues d'une terre haute avec une ouverture au sommet. De cette Riviere au Port de *Sant Pedro*, il y a neuf lieues ; terre haute avec une ouverture au sommet qu'on peut découvrir de Rio Bueno. Du Port Sant Pedro à la *pointe de Quedal*, il y a huit lieues ; delà à celle de *Godoy* il y en a six. La Baye de Chica s'étend depuis cette pointe jusqu'à Carelmapo, où commence l'Isle de Chiloé separée du Continent par le Détroit d'Osorno au Nord, & à l'Orient par une Mer que l'on appelle le Lac d'Ancud. Environ à l'opposite de la partie Meridionale de cette Isle est dans le Continent la Riviere de *Sinfondo* dont l'embouchûre est la borne, qui sépare le Chili d'avec la terre Magellanique. Les Espagnols semblent avoir negligé jusqu'à present ce grand Royaume ; & il meriteroit bien qu'ils y envoyassent des Colonies pour s'en assurer, & pour en tirer les avantages qu'on en tireroit s'il étoit peuplé d'Européens.

§. Je n'ai point parlé de l'Etat Ecclesiastique du Chili, parce que j'en dis assez aux Articles Sant Jago & la Conception, qui sont les Sièges des deux Evêchez, depuis que celui d'Imperial a été transferé à la Conception, pour plus de sûreté après les ravages faits par les Indiens. J'ai obmis les Isles de Fernand, qui sont sur cette côte, & me suis contenté de nommer l'Isle de Chiloé, parce que je parle des unes dans un Article particulier au mot Isles, & de la dernière au mot Chiloé.

2. CHILI [a], Riviere de l'Amerique Meridionale dans le Royaume de même nom. Elle a deux sources dans les Andes, qui après s'être

[a] De l'Isle Atlas.

s'être jointes forment une seule Rivière; mais se séparant en plusieurs branches, qui se communiquent leurs eaux par diverses coupures, elle les réunit auprès de Quillota & coulant dans un même lit, elle va se jetter dans la Mer du Sud entre le Port de Quintero & celui-de Valparaiso, les gens de Mer l'appellent aussi la Riviere d'Aroncagua, du nom d'un Bourg voisin.

3. CHILI, (LA VALLÉE DE) c'est la Vallée où coule la Riviere dont il est parlé dans l'Article precedent.

CHILIOCOMUS, Canton d'Asie dans la Medie au voisinage de la Corduene. Ammien Marcellin[a] qui en fait mention dit qu'il étoit très-fertile. Mr. Baillet[b] nomme ce même lieu CHILIOCOME, ou *Village de Chilie*. C'est, dit-il, le nom d'un célèbre Monastere fondé vers la fin du x. siècle sur les bords du Pont-Euxin, entre la Paphlagonie & la Bithynie par St. Dorothée le Jeune,[c] qui en fut Abbé. Il y établit la regle de St. Arsene, autrefois Abbé de Chrysopetre ou de la pierre d'or dans le même pays.

CHILLAN[d], Ville de l'Amerique Meridionale au Royaume de Chili, au Nord-Est de la Conception, sur la petite Riviere de Nubbe; qui se joignant à celle d'Ytata va se perdre avec elle dans la Mer du Sud. Dans la Cordillere à l'Orient de cette Ville il y a une Montagne qui jette des flammes, & que l'on appelle le VOLCAN DE CHILLAN.

CHILLON[e], Château de la Suisse, dans le Canton de Berne, sur le bord du Lac de Geneve & à demi-lieuë de Ville-neuve. Il est bâti sur des rochers, au pied de la Montagne, dans un endroit où le terrain est si fort serré, entre le Lac & la Montagne, qu'à peine reste-t-il assez de place pour pouvoir faire le tour du Château. C'est-là que demeure le Bailiff de Vévay, qui porte aussi le titre de Capitaine de Chillon. Ce Château est d'une grande étenduë, comprenant, à ce qu'on dit, sept arpens de terre. Il fut bâti l'an 1238. par Pierre de Savoye, pour servir de Forteresse & fermer le passage. Avant l'invention de l'artillerie, c'étoit une place très-forte, car il est construit d'épaisses murailles, est voûté par dessous, avec un donjon au milieu, fort exhaussé. On y voit encore un vieux moulin à bras, dont on se servoit en tems de siége. Quand les Bernois firent la guerre à Charles Emanuël Duc de Savoye l'an 1536. & qu'ils lui prirent tout le Pays de Vaud, ce Château fut la seule place, avec celui d'Yverdun, qui fit quelque résistance. Mais présentement il ne tiendroit pas long-tems selon toutes les apparences; car comme il est au pied d'une haute Montagne, il en est entierement commandé.

CHILLY, Village de France dans l'Isle de France sur le chemin d'Orléans, assez près de Lonjumeau. Il est remarquable par un beau Château qu'y fit bâtir le Maréchal d'Effiat[f]. Sa forme est quarrée & il n'a que deux Etages; la porte est ornée de deux colonnes & de deux niches dans lesquelles il y a deux statues. Quatre pavillons quarrez occupent les angles du Château, & se terminent en terrasse revêtue d'une balustrade de pierre dont les vûës s'é-

[a] l. 25.
[b] Topogr. des Saints p. 118.
[c] Voiez sa Vie au 9. de Septembre.
[d] De l'Isle Atlas.
[e] Delices de la Suisse p. 184.
[f] Piganiol de la Force, Descr. de la France T. 2. p. 253.

tendent dans la vaste plaine dont le Château est environné. Au milieu s'éleve un campanille quarré & percé de quatre côtez, qui sont ornez de pilastres & de frontons.

CHILMA &,
CHILMANENSE OPPIDUM, ancienne Ville de l'Afrique proprement dite. Ptolomée[g] place Κίλμα, Ville Mediterranée entre le Bagradas & le Triton, sous Carthage. C'est la même Ville que Pline[h] appelle CHILMA-NENSE OPPIDUM.

[g] l. 4. c. 3.
[h] l. 5. c. 4.

CHILMIRCARE, mot barbare corrompu de TCHELMINAR nom moderne du lieu où étoit l'ancienne Persepolis. Voiez PERSEPOLIS.

CHILOE, Isle de l'Amerique Meridionale dans la Mer du Sud, sur la côte du Chili. Sa partie Septentrionale est par les 41. 40'. de latitude Meridionale, & sa partie Australe par les 43. d. 42'. de latitude Sud;[i] desorte qu'elle peut avoir cinquante lieues de long & sept de large. La côte est fort orageuse surtout dans le mois de Mars auquel l'hyver y commence. Les vens du Nord y soufflent avec tant de furie qu'on ne sauroit mettre en Mer & que les vaisseaux, qui se trouvent dans le Port, y doivent rester jusqu'au retour de la belle saison. Autour de cette Isle il y en a environ quarante autres plus petites qu'on appelle les *Isles de Chiloé*, quelques-uns les nomment l'ARCHIPEL D'ANCUD.[k] Vers l'an 1712. les Indiens de Chiloé se revolterent contre les Espagnols. Ils prirent prétexte de ce que le Gouverneur Espagnol exigeoit d'eux une certaine quantité de planches d'*Alerse*, qui est le bois dont on fait commerce au Pérou & au Chili. Ils tuerent treize ou quatorze Espagnols & une femme. Ceux-ci les vangerent en tuant environ deux cens Indiens, & rétablirent par-là leur credit & leur autorité. Les Espagnols n'ont dans cette Isle que le petit Fort de CHACAO, qui n'est gueres bien pourvû de munitions de guerre. La Ville de CASTRO est comparée par les forces à celle de la Conception. Du reste, si on en excepte le vin, cette Isle produit tous les rafraîchissemens & les vivres nécessaires. On en tire même beaucoup d'ambre gris. Les Indiens des environs de Chiloé s'appellent Chonos, ils sont tout nuds quoi que dans un climat fort froid & parmi les Montagnes; ils se couvrent seulement d'une peau coupée en quarré sans aucune façon, dont ils se croisent deux coins sur l'Estomac. Des deux autres l'un leur vient sur la tête, & l'autre leur tombe en pointe sur le dos.

[i] Rogers Supplement p. 74.
[k] Frezier Voyages T. 1. p. 146.

CHILOHES, selon Dapper[l] on nomme ainsi ceux qui occupent les parties de l'Afrique que les anciens ont connuës sous les noms de Tingitane, de Numidie & de Libye.

[l] Afrique p. 21.

CHILONGO, ou CHILONGOTIAMOCANGO, ou CYLONGOTIAMOCANGO[m], Province d'Afrique dans la basse Ethiopie. Elle s'étend depuis les confins de celle de Majumba jusques sur le bord Septentrional de la Riviere de Quila, c'étoit autrefois un Royaume particulier; mais le Roi de Lovango se l'est rendu tributaire: cependant les habitans ont conservé leurs privileges; & quand leur Gouverneur est mort, ils en élisent un autre sans

[m] Dapper Afrique p. 322.

fans confulter le Prince. Mr. de l'Ifle nomme ce Pays CYLONGO, & il appelle QUILONGO une petite Ifle, qui eft fur cette côte.

CHILUN, Ortelius dit que les Septante nomment ainfi un lieu de la Paleftine que St. Jerôme nomme Olon[a]. L'Edition des Septante faite fur le manufcrit du Vatican porte CHALU Χαλού. Le Texte Hebreu porte CHOLON חלן

[a] *Jofué* c. 15. v. 51.

1. CHIMARRUS, Riviere du Pays d'Argos, entre celle d'Erafine & le Bourg Maritime de Lerne, felon Paufanias[b].

[b] l. 2. c. 36.
[c] Thefaur.

2. CHIMARRUS, Ortelius[c] met auprès de Conftantinople une petite Riviere de ce nom, & cite Pierre Gylles, fans dire en quel ouvrage.

CHIMAY, petite Ville des Pays-bas dans le Hainaut François. Quelques-uns écrivent CIMAY. Elle eft fituée fur la petite Riviere de la Blanche, à quatre lieues de Marienbourg & de Rocroy. Elle a eu anciennement fes Seigneurs particuliers, qui relevoient des Comtes de Hainaut. Elle paffa enfuite à la Maifon de Croy, & Maximilien d'Autriche Roi des Romains l'érigea en Principauté l'an 1486. en faveur de Charles de Croy. Les Efpagnols la cederent à la France en 1684.

1. CHIMERA, Ville de Sicile, que le Géographe Etienne le Géographe Χείμερα, il cite Xenophon au premier livre de l'Hiftoire Grecque; mais dans les exemplaires de cet Hiftorien on lit à l'endroit cité HIMERA. La faute d'Etienne eft d'avoir redoublé l'afpiration en ajoutant un C. à l'H.

2. CHIMERA; Montagne de Lycie[d], felon Vibius Sequefter. Solin[e] en parle ainfi: ce qu'eft le Mont Vefuve dans la Campanie, l'Etna dans la Sicile, la Chimere l'eft dans la Lycie. Cette Montagne jette de la fumée dans la nuit. C'eft d'elle qu'eft venue la Fable de ce Monftre compofé de trois formes d'animaux. [f] La Fable fuppofa qu'il avoit la tête d'un Lion, le ventre d'une Chevre, & tout le bas d'un Serpent. Ce n'eft qu'une defcription Poëtique[g], qui étant bien appreciée ne fignifie autre chofe finon que le haut de cette Montagne étoit occupée par des Lions; le milieu où étoient de bons pâturages étoit peuplé de Chevres, & le bas nourriffoit beaucoup de ferpens. Au refte Virgile[h] parle de cette qualité de Volcan qu'avoit la Chimere

[d] c. 39. Ed. Salmaf. & Plin.
[e] l. 5. c. 27.
[f] *Ovid. Metam.* l. 9.
[g] *Servius in Æneid.* l. 6. v. 288.
[h] *Æneid.* l. 6. v. 288.

Flammifque armata Chimera.

C'eft pour cette raifon que les Lyciens avoient bâti tout auprès une Ville confacrée à Vulcain nommée Hepheftiæ[i]. Pline * nous apprend plus précifément que cette Montagne étoit dans la Phafelide contrée de la Lycie.

[i] *Solin.* l. c.
* l. 2. c. 106.

3. CHIMERA[k], ancien Château fur la côte d'Epire dans les Monts Acrocerauniens, c'eft la même chofe que le CHIMERON, Χείμερον, que Paufanias[l] met dans la Thefprotide. Ce lieu eft prefentement une Ville qui garde fon ancien nom; & le donne aux Montagnes voifines, qui font les Monts Acroceraunies. Chimera eft au bord d'une petite Riviere auprès de Porto Panormo dans la Canina Province de l'Albanie.

[k] *Plin.* l. 4. c. 1.
[l] l. 8.

4. LA CHIMERA, chaine de Montagnes dans l'Albanie, où elle coupe la Canina en divers fens. Ce font les *Juga Acroceraunia* des Anciens.

CHIMERIOTS ou CHIMARIOTS[m], Peuple d'Albanie, où il habite le *Mont de la Chimera*. Ces Montagnars font rudes & Sauvages, & fi grands voleurs qu'encore qu'ils fe difent Chrétiens ils n'épargnent perfonne quand ils trouvent occafion de voler. Ils portent ordinairement des arcs avec des flèches & des frondes pour combattre de loin, & quand ils approchent de leurs ennemis, ils fe fervent de Pertuifannes & de certaines haches d'armes à deux pointes. C'eft de ces Chimeriots que font iffus les Morlaques, les Ufcokes, les Aidons & les Marteloffes; tous gens indomtez & endurcis à la peine, & d'une fi grande agilité qu'ils courent nuds pieds, comme des daims fur les Montagnes & dans les Vallées. Soliman Empereur des Turcs étant campé fur le rivage voifin l'an 1537. les Chimeriots refolurent de l'enlever la nuit fous la conduite d'un Brigand nommé Damien, qui connoiffoit tous les paffages. Ces gens amorcez par le butin qu'ils efperoient faire s'étoient promis de fe rendre maitres de la tente de Soliman; mais Damien qui s'étoit pofté fur un arbre pour reconnoître le camp fut découvert par le bruit que fit une branche, qui rompit fous lui. Les Janiffaires le faifirent auffitôt & les tourmens le forcerent de déclarer l'entreprife, après quoi il fut déchiré en pièces par ordre du Sultan, qui envoya des troupes dans les Montagnes pour exterminer cette Nation.

[m] *Corn.* Dict.

CHIMERIUM PROMONTORIUM, Strabon[n] nomme ainfi le Cap que forment les Montagnes de la Chimera.

[n] l. 7. p. 324.

CHIMERIUM ou CHIMERION, Montagne de Gréce dans la Phthiotide, felon Pline[o].

[o] l. 4. c. 8.

1. CHIMO; Village Maritime d'Egypte, felon Ptolomée[p]. Il étoit fur le rivage du Nôme Maréotique. Ses Interpretes donnent pour nom moderne CACOBERIO.

[p] l. 4. c. 5.

2. CHIMO[q], Vallée de l'Amerique Septentrionale dans le Perou au Gouvernement de Lima, à quatre lieues de celle de Chacama. Anciennement les Rois du Perou s'y plaifoient beaucoup; ce qu'on connoît par les ruines des Palais, & par les marques de leurs jardins. La Ville de Truxillo eft bâtie dans cette Vallée.

[q] *De Laet Ind. Occid.* l. 10. c. 19.

CHIMOAS ou CHIMONAS, lieu des Indes où l'on trouve la pierre *Ætites*, felon Serapion cité par Ortelius[r].

[r] Thefaur.

1. CHIN, Ville de la Chine dans la Province de Honan, c'eft la XVI. du département de Caifung premiere Metropole de cette Province. Elle eft par les 34. d. 48′. de latitude.

2. CHIN[s], le Pere Kircher dans fa Relation de la Chine (apparemment dans fon livre de *China illuftrata*) parle d'un Lac nommé Chin qu'il met dans la Province de Junnan. Il dit qu'en la même place que ce Lac occupe, il y avoit autrefois une grande Ville qui fut abîmée par un tremblement de terre: que tous fes habitans perirent excepté un enfant qu'une pièce de bois porta à bord. On voit dans

[s] *Corn.* Dict.

CHI.

ce Lac de Chin quantité d'herbes aquatiques dont le haut, qui paroît sur l'eau a la figure d'une étoile, ce qui fait que quelques-uns l'appellent la Mer étoilée.

CHINAN. Voiez CINAN.

CHINAPHAL, Riviere d'Afrique dans la Mauritanie Cesarienſe, selon Ptolomée[a]. Son nom moderne eſt CELEF; & elle prend celui d'ASAFRAN près de son embouchûre, selon Marmol[b]. Quelques exemplaires de Ptolomée portent CHINALAF.

[a] l.4.c.2.
[b] l.1.c.9.

CHINCA[c], Vallée de l'Amerique Meridionale dans le Perou, à six lieues de celle de Lunaguana. Elle est grande & agréable & si renommée par tout ce Royaume, que lorsque Pisare tâchoit d'obtenir ces Provinces du Roi d'Espagne, il demandoit que son Gouvernement eût toûjours du côté du Nord la Riviere de Tembopalla ou de Sant. Jago, & vers le Sud la Vallée de Chinca quoi qu'il ne la connût que par les choses qu'on en publioit, puisqu'il n'étoit jamais venu jusques-là. Cette Vallée surpasse en grandeur toutes celles, qui sont proche du rivage. Elle est toute couverte d'arbres, surtout de fruitiers tant domestiques qu'apportez d'Espagne & produit du froment en quantité. Les vignes que les Espagnols y ont plantées y viennent fort bien. Garcilaſſo de la Vega écrit qu'anciennement cette Vallée étoit fort peuplée; qu'elle avoit son Seigneur particulier, qui fut subjugué par l'Inca Capac Yupangui, & qu'au lieu de la divinité que reveroient ces Sauvages & qu'ils appelloient Chinca Camac, cet Inca leur avoit appris à adorer le Soleil auquel il fit bâtir dans cette Vallée un superbe Temple où il mit des Vestales, qui en prenoient soin. Le nombre de ces Sauvages est aujourd'hui fort diminué par les guerres qu'ils ont eu contre les Espagnols. On a trouvé dans cette Vallée plusieurs masures d'anciens édifices, avec force monumens où étoient des corps tous entiers, & auprès d'eux beaucoup de richesses. Il y a presentement une Bourgade d'Indiens, où l'on apporte le vif argent qu'on tire des mines de Guanca Velica, & de cette Bourgade il est porté par Mer à Arica. Le terroir est champêtre, & nourrit un grand nombre de brebis.

[c] Corn. Dict. & De Laet l.10.c.15.

CHINCHANCHI, Bourgade de l'Amerique Septentrionale dans la Province de Yucatan, au Nord-Oueſt de Merida[d].

[d] De l'Iſle Atlas.

CHINCHEU[e], Ville de la Chine dans la Province de Huquang dont elle est la seconde entre les grandes Citez, aux confins de la Province de Quanton. Elle est située entre deux Rivieres; mais plus près de Ciencieu que de l'autre. Son territoire est rempli de Montagnes qu'on ne laisse pas de cultiver; la Ville est fort peuplée & aſſez belle. Il y en a cinq dans son département, savoir

[e] Atlas Sinenſis.

Chincheu,	Hingning,
Junghing,	Queiyang,
Ychang,	Queitung.

Cette Ville est sous le 26. d. 30'. de latitude, & de 4. d. 25'. plus Occidentale que Pekin.

1. CHINCHIAN ou CHINKIANG[f], Ville de la Chine dans la Province de Junnan

[f] Ibid.

dont elle est la cinquiéme Metropole. Elle est sous le 24. d. 29'. de latitude, & de 14. d. 4'. plus Occidentale que Pekin. Elle a été fondée par la famille de Hana. Son département comprend cinq Villes, savoir

Chinkian,	Sinhing,
Kiangchuen,	Yangcung,
& Lunan.	

Son territoire n'est pas grand; mais il est fort agréable, entrecoupé de Lacs & de Rivieres: la Ville est aſſez grande & fameuse: elle a presque tout en abondance, surtout le poiſſon. Il y en a un entre autres que les Medecins regardent comme un excellent remede contre toute sorte de Galle. On y fait de très-belles tapiſſeries de soye & de coton. Au Nord de la Ville on montre encore une pierre près de laquelle on dit que le Roi Mung donnant Audience aux Ambaſſadeurs d'un autre Roi, & n'étant pas satisfait de leurs propositions, tira son épée & en frapa cette pierre d'une telle force, qu'elle y enfonça à la profondeur de trois coudées. Puis s'adreſſant aux Ambaſſadeurs d'un air menaçant: allez, leur dit-il, apprenez à votre Roi, de quelles épées je me sers.

2. CHINCHIAN ou CHINKIANG, Ville de la Chine dans la Province de Kiangnan, ou de Nanquin, dont elle est la sixiéme Metropole; sous le 32. d. 49'. & est de 2. d. 28'. plus Orientale que Pekin. C'est la même Ville que Marco Paolo Venitien appelle CINGIA: elle est au bord du Kiang, & à l'Orient du Canal artificiel qui communique à ce fleuve, de l'autre côté de ce Canal, c'est-à-dire à l'Occident elle a un Fauxbourg, qui n'est ni moins grand, ni moins peuplé que la Ville même; & auquel on paſſe sur quelques ponts de pierre. On ne sauroit dire combien il y a de vaiſſeaux dans toutes les saisons de l'année, car tout ce qui vient de la Province de Chekiang & des autres Villes Orientales, destiné pour Pekin ou pour quelque autre Ville, est obligé de s'arrêter-là pour dreſſer les mats & preparer les voiles des barques, dont on n'a pu se servir jusqu'à cet endroit à cause du grand nombre de ponts. Au lieu que de cette Ville jusqu'à Pekin il n'y a plus que des ponts levis. Le nom de Chinkian signifie la bouche de la Cour; parce que c'est delà que partent continuellement des barques; d'où l'on peut juger combien cette Ville est avantageusement située pour le Commerce. Autour de la Ville sont des collines fort agréables où l'on voit de grandes & magnifiques Pagodes. Le P. Martini dit y avoir une tour toute de fer sur une base auſſi de fer. Elle a plus ou moins trente coudées de haut & est faite en pyramide, ornée du bas en haut de diverses figures & surtout de Lauriers. Les Medecins que produit cette Ville paſſent pour les plus habiles de la Chine. Le pays d'alentour abonde en cerifiers; on n'y trouve que trois Villes, savoir

| Chinkiang, | Taniang, |
| & Kintan. | |

CHINCHILLA[a], petite Ville d'Espagne dans la nouvelle Castille, sur un rocher escarpé de tous côtez, ce qui la rend extrêmement forte, avec son Château qui est ancien tout au haut de la roche à cinq lieues de la Riviere de Xucar au Midi, en allant vers la frontiere du Royaume de Murcie.

[a] Baudrand Ed. 1705.

CHINCHINTALAS[b], Province de la Tartarie entre celles de Camul & de Suchur. Elle confine au desert du côté du Nord, & a seize journées de chemin en sa longueur. Elle a des Villes & des Châteaux en quantité. Le peuple y est partagé en trois sortes de Religions, savoir des Chrétiens Nestoriens en petit nombre, des Mahometans & des Idolâtres. Il y a dans cette Province une Montagne où l'on trouve des mines d'acier &c. on y voit aussi un mineral singulier que Marco Paolo appelle Salamandre. Voici comment il décrit l'usage que l'on en fait. Ce mineral est plein de filets, qui ressemblent à de la laine. Les ayant seché au Soleil, on les pile dans un mortier, ensuite on les lave, pour en ôter tout ce qu'il y a de terrestre. Ces filets ainsi netoiez & battus sont filez de la même maniere que la laine & les tisserans en font une étoffe, qui a l'avantage d'être incombustible. Lorsqu'on la veut nétoyer, au lieu de la laver, il n'y a qu'à la jetter dans le feu pendant une heure; on l'en retire plus blanche que la neige sans que la flamme l'ait endommagée. Ce mineral nommé Salamandre n'a rien de commun avec l'animal de ce nom qui, à ce qu'on dit, vit dans le feu, & dont l'Auteur cité dit n'avoir pû rien apprendre dans les Pays Orientaux. Il y a, dit-on, à Rome une nappe de cette Etofe, de laquelle est envelopé le suaire de J. C. Ce fut un Roi de Tartarie, qui l'envoya au Pontife Romain.

[b] Marc. Paul. l. 1. c. 47.

CHINCHON, Ville d'Espagne dans la nouvelle Castille, selon Mr. Baudrand. Mr. Maty en fait un Bourg dans la vieille Castille. Ils se trompent l'un & l'autre, le premier en ce qu'il en fait une Ville, le second en ce qu'il le met dans la vieille Castille. Cette Bourgade est entre la Taiuna & le Tage, au Midi Occidental & à quatre lieues de Mondegiar, sur la route ordinaire de Madrid à Albacete & à Alicante. Il a titre de Comté.

CHINE, (la) Grand Empire d'Asie dans la partie la plus Orientale de notre Continent, & dont le pays a été connu des anciens sous le nom de *Sinæ* & de *Seres*. [c]Les Chinois sont si anciens dans le Monde qu'il en est de leur origine comme de ces grands Fleuves dont on ne peut presque découvrir la source. Il faut pour cela remonter plus loin que nos Histoires profanes ; & le tems même qui nous est marqué par la Vulgate n'est pas trop long pour justifier leur Chronologie.

[c] Le P. le Comte Jesuite Mem. sur l'Etat present de la Chine T. 1. Lettre 5.

Il est bien vrai que l'Histoire Populaire de cette grande Monarchie, est non seulement douteuse, mais encore manifestement fausse; car elle compte plus de quarante mille ans depuis la fondation de l'Empire. Mais celle dont tous les Savans conviennent est si suivie, si bien circonstanciée, établie par une tradition si constante qu'on ne peut en douter parmi eux, sans passer pour ridicule, & comme ils s'expliquent eux-mêmes pour heretique.

Suivant cette Histoire, qu'aucun de leurs Savans ne révoque en doute, il y a beaucoup plus de 4000. ans que la Chine avoit ses Rois, qui ont continué jusqu'à present sans aucune interruption. La même famille n'a pas toûjours été sur le Trône. Il y en a eu XXII. différentes, qui ont donné CCXXXVI. Empereurs. Plusieurs Docteurs font encore remonter cette Monarchie six cens ans plus haut; mais quoique leur opinion soit très-probable, on peut cependant s'en tenir à la premiere, & c'est une chose qui fait bien voir la grandeur & la noblesse de cet Empire, puisque cinq ou six cens ans de plus ou de moins ne diminuent pas notablement son antiquité.

Certainement après tous les examens qu'on a faits de cette Chronologie, il ne nous est pas plus permis d'en douter que des Histoires le plus communément reçuës parmi nous, d'autant qu'elle n'a pû être altérée par les Etrangers; qu'elle a toûjours passé parmi les Savans du Pays pour sûre & incontestable, qu'elle est écrite sans affectation & d'un stile simple & naïf, qui porte avec soi un air de verité qui persuade; que Confucius estimé pour sa capacité, sa bonne foi, sa droiture n'en a jamais douté, & établissoit même là-dessus toute sa doctrine, cinq cens cinquante ans avant la naissance de Nôtre Seigneur; que ces livres sont très-conformes à l'Ecriture Sainte touchant l'âge des premiers hommes; car ils assurent que Fohi régna cent cinquante ans, Hoamti cent onze, Jao cent dixhuit & ainsi des autres en décroissant toûjours, selon que l'Histoire Sainte nous l'apprend ; enfin que les Eclipses observées dès ce tems-là ont dû en effet arriver, ce qu'ils ne pouvoient savoir que par l'observation, & non pas par leurs calculs, qui n'étoient pas assez exacts. Tout cela nous persuade qu'il y a peu de sûreté dans l'Histoire profane du monde, si nous pouvons raisonnablement douter de celle de la Chine.

Au reste, cet Empire eut le sort de tous les autres dont l'origine est toûjours peu considerable. Il y a de l'apparence que les enfans ou les petits-fils de Noé se repandirent dans l'Asie & percérent enfin jusques dans la partie de la Chine, qui est la plus Occidentale & qu'on nomme à présent le *Chansi* & le *Chensi*. Ils vivoient au commencement en famille & les Rois étoient des Peres à qui une longue suite d'années, beaucoup de troupeaux & les autres richesses champêtres avoient donné de l'autorité.

[d]Les Interpretes de l'Histoire de la Chine attribuent le commencement de cette grande Monarchie à Fohi, qui commença à regner 2952. ans avant JESUS-CHRIST; il réduisit en societé les hommes qui jusqu'alors avoient été vagabonds & sauvages, vivant dans ces premiers tems comme les bêtes. Xin-num leur enseigna l'Agriculture & d'autres Arts, & ils commencérent à vivre plus régulierement dans des Villages. Hoam-ti, dit l'Empereur Jaune, parce qu'il prit cette couleur qui n'appartient qu'aux Empereurs, regna 2697. avant JESUS-CHRIST. Il se servit de Tanao pour perfectionner la Periode Chinoise ou Cycle de

[d] Gemelli Careri Voyages T. 4. p. 200.

CHI.

60. ans, inventa la Musique & les instrumens de Musique, les Armes, les Filets pour la Pêche, les Chariots, les Navires & tout ce qui regarde la Forge. Il introduisit avec le secours de sa femme Louy-Sou, la maniere de nourrir les vers pour faire la soye, de la travailler & la teindre. Il établit six Calaos ou premiers Ministres du Royaume, & écrivit plusieurs livres de Medecine. Hoam-ti étant mort en 2577. Xao-Hao lui succeda, qui commença à bâtir des Villes, & à les environner de murailles. Il inventa une nouvelle Musique & introduisit l'usage de faire tirer les Chars avec des Bœufs. Xao-Hao mourut 2517. avant JESUS-CHRIST, & Chouen-Hio, neveu de Hoam-ti lui succeda, qui ordonna qu'il n'y auroit que le seul Empereur sur la terre, qui sacrifieroit solemnellement à l'Empereur du Ciel. Il fut Auteur du Calendrier, & voulut que l'on commençât l'année à la nouvelle Lune la plus proche du commencement du Printems, qui répond à la Chine au cinquiéme degré du signe d'*Aquarius*. Son neveu Tico lui succeda l'an 2457. avant JESUS-CHRIST. Il eut quatre femmes. Il établit des Maîtres pour instruire les Peuples, & inventa la Musique vocale. Après ces six Princes vinrent les deux célébres Empereurs & Legislateurs, Yo & Xoun, d'où sont émanez les Rites civils & les institutions politiques. Ils regnerent 150. ans, qui joints à 587. que les six premiers ont vécu, font en tout 737. ans. Les Familles Imperiales descendent donc de ces deux fondateurs de la Nation Chinoise, & des six Empereurs, dont on a fait mention, dans lesquelles a residé la Dignité suprême & l'administration de la Monarchie Chinoise jusques dans ces derniers tems. On en compte en tout vingt-deux; neuf grandes & treize petites, au nombre desquelles on met cette derniere des Tartares Orientaux, qui gouverne presentement l'Empire de la Chine & celui de la Tartarie. Tout ce que l'on peut voir toutes en abregé dans la Table suivante.

Table Numerique des vingt-deux Familles Imperiales, du nombre des Empereurs dans chaque Famille, & du tems que chaque Famille a regné.

Familles.	Empereurs.	Années.
I. Hia.	17.	458.
II. Xam.	28.	644.
III. Cheou.	35.	873.
IV. Chin.	3.	43.
V. Han.	27.	426.
VI. Heu-han.	2.	44.
VII. Chin.	15.	155.
VIII. Soum.	7.	59.
IX. Chi.	5.	23.
X. Leam.	4.	55.
XI. Kin.	5.	32.
XII. Souy.	3.	29.
XIII. Tam.	20.	289.
XIV. Heou-Ieam.	16.	
XV. Heou-Tam.	4.	13.
XVI. Heou-Chin.	2.	11.
XVII. Heou-Han.	2.	4.

Tom. II.

CHI.

Familles.	Empereurs.	Années.
XVIII. Heou-Cheou.	3.	9.
XIX. Soum.	18.	329.
XX. Youen.	9.	89.
XXI. Mim.	21.	276.
XXII. Chim.	2.	53.

Les trois Familles Hia, Xam & Cheou, qui ont precedé les autres, les ont surpassé en bonté & en reputation; parce que les Empereurs qui les composoient ont agi en veritables Princes par l'integrité de leur conduite, par les loix justes qu'ils ont établies, par l'affection pour leur Peuple, & surtout par leur bonne foi & leur sincerité. Elles les ont aussi surpassé en nombre d'Empereurs & d'années d'Empire. On voit donc que le nombre des Empereurs, y compris les deux fondateurs de la Nation, se réduit à 236. obmettant ceux qui ont vécu peu de tems, & que pour quelque raison l'on n'a pas mis dans la suite des Empereurs; c'est pourquoi je renvoye le Lecteur aux Chroniques de la Monarchie Chinoise, dont parle au long le P. Philippe Couplet, dans lesquelles il trouvera exactement marquez non seulement les noms des Empereurs & les années qu'ils ont regné; mais aussi ce qui s'est passé de plus remarquable sous leurs regnes. On voit aussi par cette Table que la Monarchie a duré 3920. ans dans les Familles Imperiales, selon l'opinion la plus probable des Chinois auxquels si l'on ajoûte les 737. ans qu'on écrit que les 8. premiers Princes ont vécu, cela fera 4657. & si l'on en déduit les 255. ans qu'ont gouverné les deux premiers Princes Fohi & Xin-num, parce qu'ils n'ont pas possedé la Dignité Imperiale, il restera 4402. & selon l'opinion qui en met le moins, 4053. ans que cette grande Monarchie commença dans Yao & a toûjours continué sans interruption. Il faut avouer qu'il n'y a point dans le Monde de Royaume ou d'Etat qui se puisse vanter d'une suite de Rois si ancienne, si longue & si bien continuée. Les Monarchies des Assyriens, des Perses, des Grecs & des Romains ont fini après avoir beaucoup moins duré, & celle de la Chine subsiste encore, semblable à un grand Fleuve qui ne cesse jamais de rouler ses eaux. Cette longue durée, cette ancienneté & les autres excellences de la Chine, remplissent d'orgueil les Chinois, qui regardent leur Empire comme le plus grand de tout le monde, aussi bien que tout ce qui leur appartient, en méprisant toutes les autres Nations, parce qu'ils ne les connoissent pas. Ils donnent dans leurs Cartes une forme quarrée à la Chine, la font fort grande, & placent tout autour les autres Royaumes, sans ordre & sans Methode Géographique, les faisant petits & racourcis, avec des titres ridicules & méprisantes; par exemple Sio-Gin-que, ou le Royaume habité par des Nains, Niou-gin-que, le Royaume où demeurent les femmes, Choven-gin-que, Royaume où les hommes ont un trou au ventre, celui dont les habitans ont le corps d'hommes & le visage de Chien; celui dont les habitans ont les bras si longs, qu'ils leur pendent jusques à terre, & autres titres pareils. Enfin ils appellent les Tartares, les

Dddd * 2   Ja-

Japonois, les habitans de la Corée & les Tunquinois, les quatre Nations Barbares. Ils difent qu'il y a 72. Royaumes hors de la Chine, qu'ils dépeignent tous petits, dans le milieu de la Mer, comme des coquilles de noix, & dont ils font les habitans laids & monstrueux, avec des figures si ridicules, qu'ils reffemblent plûtôt à des finges ou à des bêtes feroces, qu'à des hommes. Les Jefuites dans ces derniers tems leur ayant donné connoiffance de l'Europe, ils l'ont ajoûtée dans leurs Cartes, & l'ont mife dans la Mer, comme une petite Ifle. Ils divifent le Ciel en 28. Conftellations, & la Chine en autant de quartiers, à chacun defquels ils attribuent une Conftellation, & lui donnent le même nom fans en laiffer une feule pour les autres Royaumes. Ils donnent à leurs Provinces des Titres hauts & magnifiques, & aux Païs étrangers des noms barbares & de mépris. Ils ont une fi grande idée de leur Royaume, que quand ils fe trouvent convaincus par les Argumens des Miffionnaires, ils difent par admiration: Chumqueki-vai ! Hoan-Jeou-tao ! c'eft-à-dire : qu'eft-ce que nous voyons ? qu'eft-ce que nous entendons ? Peut-il y avoir hors de ce grand Empire quelque regle ou quelque chemin pour arriver à la veritable vertu, & y auroit-il une autre Foi ou quelque autre Loi ? Et il arrive fouvent qu'en parlant avec les PP. de la Religion Chrétienne, de Belles Lettres & de Sciences, ils leur demandent fi nous avons leurs livres ; & entendant que non, ils ajoûtent, tout furpris & fcandalifez : fi vous n'avez pas en Europe nos livres, ni notre Ecriture, comme vous le dites, quelles Lettres & quelles Sciences pouvez-vous avoir ? Cette grande Monarchie a eu differens noms, parce que chaque fois qu'il venoit une nouvelle famille fur le Trône, elle impofoit un nouveau nom. Sous la Famille precedente on l'appelloit TAIMINQUE-que, c'eft-à-dire Royaume d'une grande clarté. Les Tartares qui gouvernent aujourd'hui, l'appellent TAICHIM-que, ou Royaume de grande pureté. Mais comme il y avoit autrefois des Regnes fameux, foit par la durée ou par la vertu des Rois, foit par le nombre des gens favans, on a confervé leurs noms & l'on s'en fert aujourd'hui dans les livres, comme, par exemple, ceux de HIAQUE, XAMQUE, KEOUQUE, HANQUE, & autres par où il paroît que ces noms fignifient la Chine ; mais qu'on les a plutôt donnez pour diftinguer les Regnes des Familles Imperiales, que pour fignifier le Royaume. On l'appelle communément XAMQUE, c'eft-à-dire, Haut & Souverain Royaume, dans les Mémoires que l'on prefente au Roi & dans les livres. Les Savans dans leurs Ecrits fe fervent de CHUM-HOA, ou *fleur du miel* ; mais le nom le plus ancien & le plus commun parmi les Chinois, eft celui de CHUMQUE, ou Royaume du milieu, lui donnant ce nom & la croïance qu'ils ont que la Chine eft au milieu du Monde, ou parce que le premier Roi avoit établi fa Cour dans la Province de Honan, qui étoit alors comme le centre du Royaume, ou parce qu'ils l'eftiment plus que tous les autres, comme il paroît par le titre hyperbolique de TIEN-HIA

qu'ils lui donnent, c'eft-à-dire, le Royaume qui contient tout ce qu'il y a fous le Ciel ; ce qui fait que quand on dit *Tien-hià-taipim*, tout ce qui eft fous le Ciel eft en paix, c'eft la même chofe que fi on difoit la Chine eft en paix.

Si les Chinois ont donné des marques de mépris aux Royaumes voifins & aux Nations étrangeres, les autres les ont payé, pour ainfi dire, en même monnoye. (J'ai refuté au mot CATHAY l'erreur de ceux, qui ont cru que c'étoit un Royaume de la Grande Tartarie, au lieu que c'eft une partie de la Chine.) Les Tartares Orientaux ont auffi appellé la Chine, *Nica-corum*, ou le Royaume des Barbares, & prefentement qu'ils en font maîtres, ils l'appellent *Toulimpa-corum*, ou le Royaume du milieu. Les Chinois en faifant la figure de leur pays quarrée, prétendent qu'il eft auffi large que long ; mais felon les meilleures Relations des Européans il eft de figure ovale. Il s'étend depuis la Fortereffe de Cai-pim, dans la Province de Pekin, au quarante-uniéme dégré de latitude, jufqu'à la pointe Meridionale de l'Ifle de Hai-nan, au dix huitiéme degré, & ainfi occupe 23. degré du Nord au Sud, & fa longueur eft felon les Livres Chinois 5750. lieuës ou ftades, qui font 402 ½ lieuës d'Efpagne ou de Portugal de 17½ au degré.

575. lieuës de France, de 25. au degré.
345. lieuës d'Allemagne, de 15. au degré.
1380. milles d'Italie, de 60. au degré.
5750. lieuës ou ftades de la Chine, de 250. au degré.

Mais fi l'on veut confiderer la plus grande longueur de la Chine, il faut la prendre de fa frontiere au Nord-Eft de Xai-Yven, dans la Province de Leaotoun jufqu'à la derniere Ville de la Province de Youn-nan, appellée Chintien-Kioun-min-fou, & fa longueur fera de *

525. lieuës d'Efpagne & de Portugal.
750. lieuës de France.
450. lieuës d'Allemagne.
1800. milles d'Italie.
8400. ftades de la Chine.

On compte fa largeur depuis la pointe de Nimpo, Ville Maritime de la Province de Chekian, jufqu'à l'extrêmité de la Province de Suchuen, & cela fait 297 ¾ lieuës d'Efpagne & de Portugal.

426. lieuës de France.
225. lieuës d'Allemagne.
1020. milles d'Italie.
4080. ftades de la Chine.

Mais on trouvera une plus grande largeur en la prenant depuis Tam-Chan, la Place la plus Orientale de la Province de Leaotoun, fur les frontieres de la Corée, jufqu'à Toumtim, dans la partie Occidentale de la Province de Xenfi, & elle fera de

350. lieuës d'Efpagne ou de Portugal.
500. lieuës de France.

300. lieuës d'Allemagne.
1200. milles d'Italie.
5400. stades de la Chine.

Cet Empire est borné à l'Orient par la Mer Orientale, au Septentrion par une longue muraille qui le separe de la Tartarie, à l'Occident par de hautes Montagnes & des Deserts de sable, & au Midi par l'Océan Meridional, & les Royaumes de Tunquin, de Cochinchine, de Lao & autres. Il est divisé en quinze Provinces, qui pour leur grandeur, leurs richesses, & leur fertilité, peuvent être appellées de grands Royaumes plutôt que des Provinces, auxquelles il faut ajoûter le Léaoton, Païs qui ne cede pas à une Province. On trouve ce Païs avec six Provinces sur la Mer Orientale & sur la Mer Meridionale ; il y en a six autres, qui sont dans le milieu des terres ; & trois à l'Occident qui sont separées du reste de l'Asie par de très-hautes Montagnes. On les nomme Pekin, Nankin, que l'on appelle presentement Kiam-nan, Xansi, Xanton, Honan, Xensi, Chekian, Kiansi, Huquam, Suchuen, Fokien, Quantôn, Quansi, Yun-nan, Quei-cheou, & le Païs de Léaotoun, qui meriteroit le nom de Province. Mais les Chinois le mettent sous la Province de Xanton. Les Provinces des frontieres sont Pekin, Xansi, Xensi, Suchuen, Youn-nan & Quansi. Cluvier qui a donné dix-huit Provinces à la Chine, étoit mal informé ; car les Royaumes de Tunquin & de Cochinchine, qu'il compte comme Provinces de la Chine, n'en dépendent nullement, & s'ils y ont été soûmis pendant quelques années, il y a long-tems qu'ils ne lui obéïssent plus. (Il suffit pour le justifier qu'ils en dépendissent, selon les dernieres nouvelles qu'on en avoit en Europe dans le tems qu'il écrivoit.) Il y a encore plusieurs Isles qui dépendent de la Chine, comme la grande & petite Licon-Kieou, Tajuam, que les Portugais appellent Formosa, Hainan, Piamxan ; sur la pointe Meridionale de laquelle Macao est située, & une infinité d'autres, tant habitées, que desertes. Le Royaume de Corée n'est pas une Isle proche de la Chine, comme le dit Cluvier ; mais une grande Presqu'Isle, qui s'étend du Nord au Sud. Xam-hai n'est pas une Isle comme le Pere Martini l'a dit dans son Atlas ; mais une Citadelle si grande & si bien fortifiée par l'art & la nature, qu'elle peut le disputer aux meilleures de l'Europe. Elle est bâtie en Terre ferme proche de la Mer, entre la Province de Pekin & le Païs de Leaoton. On compte dans ce grand Empire 4402. Villes murées, qui sont divisées en deux classes, les civiles & les militaires. Dans la classe des civiles il y en a 2045. sçavoir 175. Citez du premier rang, que les Chinois appellent *Fu*, 274. du second, appellées *Chéu*, 1288. Cien, 205. Hôtels Royaux appellez Ye ; & 103. corps de Garde ou Hôtelleries Royales du second ordre, qu'on appelle Cham-Chin. On comprend dans les Villes de l'Empire celles qui sont situées dans les Provinces de Yun-nan, de Queicheu, de Quansi & de Sucheu, & qui ne payent aucun tribut ; mais obéïssent à des Princes & Seigneurs particuliers qui sont absolus. Ces Villes pour la plupart sont si bien environnées de hautes Montagnes & de rochers escarpez, qu'il semble que la nature se soit étudiée à les fortifier ; & l'on voit entre ces Montagnes des plaines & des campagnes de plusieurs journées de chemin, où l'on trouve des Villes du premier & second rang & beaucoup de Villages. Les Chinois appellent ces Seigneurs *Tousons* ou *Tousouons*, c'est-à-dire Mandarins du Païs ; parce que comme ils croyent qu'il n'y a point d'autre Empereur au monde que celui de la Chine, ils s'imaginent qu'il n'y a point d'autres Princes ou Seigneurs que ceux à qui leur Empereur en donne les titres. Les Peuples qui sont soûmis à ces Seigneurs, parlent la Langue Chinoise avec les Chinois ; mais en ont une autre qui leur est particuliere. Leurs mœurs sont peu differentes de celles des Chinois ; ils se ressemblent quant au visage & à la taille ; mais ils sont plus courageux. Les Chinois les craignent, ayant trouvé plusieurs fois une vigoureuse resistance, lors qu'ils ont voulu les attaquer, c'est pourquoi ils les laissent en repos, & se contentent d'avoir un commerce libre avec eux. Ainsi on ne doit pas être surpris, si l'on trouve ici un plus grand nombre de Villes que le Pere Martini, parce qu'on y comprend toutes celles de ces petits Seigneurs, dont les Etats sont enfermez dans l'Empire, quoi qu'ils ne reconnoissent pas l'Empereur. (D'ailleurs le Pere déclare qu'il ne parle que des Villes murées & fermées.) On y met aussi les Citez & Villes du Païs de Leaô-ton & de la Province de Yun-nan, dont les Chinois extraordinairement attachez à leurs formalitez, font des Catalogues particuliers. Les Chinois ont fait imprimer un Itineraire dans lequel on voit la route depuis Pekin jusqu'aux extremitez de l'Empire, tant par eau que par terre. Les Mandarins qui partent de la Cour, pour se rendre à leurs postes, & tous les Voyageurs s'en servent beaucoup pour sçavoir leur route, la distance des lieux, & combien de lieuës ils ont fait dans la journée. Toutes les routes Royales de l'Empire sont divisées en 1145. journées, comme on le voit par le même livre ; au bout de chaque route il y a un endroit où les Mandarins sont logez, & traitez aux depens de l'Empereur. On appelle ces 1145. places *Ye* ou *Chin*, ou joignant les deux mots, c'est-à-dire lieu de Logement & de Garde, parce qu'on attend les Mandarins avec la même vigilance que si l'on étoit en garde contre une Armée ennemie. Il y a 735. de ces places dans les Villes du premier & second rang ; dans les autres Villes, les frontieres & les Châteaux : 105. dans celles qu'on appelle Ye ; & 103. dans les endroits qu'on appelle Chin. On a bâti les unes & les autres dans les lieux où il n'y avoit point de Villes, & on peut les appeller Villes du second rang étant environnées de murailles, & chacune ayant un Mandarin qui la gouverne ; il y en a qui sont grandes & mieux peuplées que certaines Citez & Villes. Les autres au nombre de 102. quoi que sans murailles, ne laissent pas d'être grandes & bien peuplées. On fait partir un jour avant le depart du Mandarin, un courier qui porte une petite Tablette, appellée *Pai*, par les Chinois,

sur

fur laquelle font écrits le nom & la charge de l'Officier, avec fon fceau au bas. Auffi-tôt qu'on le voit, on nettoye & on prépare le Palais où il doit loger; & les aprêts que l'on fait font plus ou moins grands, felon la Dignité du Mandarin, pour les viandes, les ferviteurs, les chevaux, les chaifes à porteurs, les litiéres ou les barques, fi le chemin fe fait par eau, & enfin pour tout ce dont il peut avoir befoin. On reçoit de la même maniere à proportion, dans ces Hôtelleries, toutes fortes d'autres perfonnes, tant Chinois qu'Etrangers, à qui le Roi fait cette grace. Les Couriers du Roi prennent dans ces mêmes endroits tout ce qu'il leur faut pour faire plus de diligence; ayant foin de fraper fur un baffin de cuivre appellé *Lo*, qu'ils portent fur leurs épaules, une ftade ou deux avant que d'arriver à l'Hôtellerie; auffitôt qu'on l'entend, on lui felle au plutôt un cheval, de maniere qu'il ne tarde point du tout. L'Ordre Militaire a 629. Fortereffes du premier ordre, tant fur les frontieres pour fervir de clefs ou de défenfe à l'Empire contre les Tartares, que fur les confins des Provinces, contre les voleurs & les rebelles; les Chinois les appellent QUAN; & *Xamhai*, dont nous avons parlé eft de ce nombre. Il y en a 567. du fecond ordre, appellées GOUCI. L'endroit dont parle le P. Martini, dans fon Atlas, & qu'il appelle Tien-Chim-gouet, c'eft-à-dire la Fortereffe du Païs du Ciel, eft une de celles-là, & par elle on peut juger des Fortereffes du fecond rang. On en compte 311. du troifiéme, appellées So; 300. du quatriéme, qui ont le nom de CHIN, comme celle du cinquiéme, eft de l'ordre civil; & 150. du cinquiéme appellées PAO. Il y en a 100. du fixiéme, nommées POU. Et enfin 300. du feptiéme, à qui l'on donne le nom de CHAI. Ces dernieres font de plufieurs fortes; il y en a en pleine campagne, pour fervir de retraite aux Païfans, lorfque les Tartares ou les voleurs, ou les rebelles font des courfes, ou même quand les Armées de l'Empereur font en marche. Il y en a d'autres qui font fituées fur des Montagnes efcarpées, où l'on ne peut monter que par des marches taillées dans le roc, ou avec des échelles de corde ou de bois, que l'on ôte après que l'on eft monté, & celles-là n'ont point de murailles, parce qu'elles feroient inutiles; il y en a d'autres encore qui font fur des Montagnes, où il n'y a qu'un fimple fentier; mais qui eft fortifié d'une double ou triple muraille. On voit par-là que l'Ordre Militaire a 2537. Places, qui jointes à celles de l'ordre civil, font le nombre de 4402. Outre cela il y a en deçà & au delà de la muraille, qui divife la Chine de la Tartarie, 3000. Tours, appellées TAI; chacune defquelles a fon nom propre. Il y a toûjours une garde & des fentinelles, qui donnent l'allarme fitôt qu'elles apperçoivent l'ennemi, en faifant le fignal de jour avec un étendart, & de nuit avec un flambeau allumé; deforte que fi on les mettoit au nombre des places de l'Ordre Militaire, elles feroient un huitiéme ordre, & en tout 5357. Il y a 150. ans qu'un Mandarin du fuprême Tribunal des armes, compofa deux volumes, qu'il dedia à l'Empereur & intitula: *Kieou-pien-tououxe*;

c'eft-à-dire, Defcription pratique des neuf frontieres; voulant dire les neufs quartiers ou diftricts, en quoi il avoit divifé la grande muraille. On voit en trois Cartes tous les lieux montueux qui font inacceffibles; & dans 129. autres il fait voir qu'il faut 1327. Fortereffes, tant grandes, que petites, pour empêcher le paffage des Tartares. Si les Chinois n'avoient pas été pareffeux, poltrons, avares & fi infideles à leurs Rois, jamais les Tartares n'auroient pû paffer la muraille, ni entrer dans les Fortereffes fi bien difpofées dans les lieux neceffaires, & fi fortes par l'art & par la nature; enforte que comme on lit dans les Hiftoires anciennes, & comme il eft arrivé de notre tems, les Tartares ne font jamais entrez dans la Chine, que la trahifon des foldats ou l'avarice des Commandans ne leur ait facilité l'entreprife, recevant eux-mêmes la moitié du butin toutes les fois qu'ils ouvroient les Portes aux ennemis; & à la fin ces traîtrés ont mis le Royaume le plus riche & le plus peuplé du monde entre les mains d'un petit nombre de Sauvages & de demi Barbares. On trouve encore dans ce livre la grande quantité de foldats, qui faifoient la garde fur cette frontiere au nombre de 902054. les Troupes auxiliaires, qui fe rendoient en cet endroit, lorfque les Tartares vouloient tenter d'entrer dans le Royaume, étoient au nombre de 389167. Cavaliers qui devoient toûjours être prêts, felon le compte de l'Auteur, qui fait monter la dépenfe que devoit faire l'Empereur tous les ans pour la paye des Officiers & des foldats à la fomme de 2203400. léans, qui font d'environ cinq livres la piéce. Par ce nombre deftiné à la garde des frontieres contre les Tartares, on peut facilement juger de la quantité de ceux qui font employez fur les confins des Provinces, dans les Citez, Villes & lieux murez de l'Empire, n'y ayant point qui n'ait fa garnifon. On en compte 767970. qui en temps de Paix gardent & accompagnent de jour les Mandarins, les Ambaffadeurs & autres perfonnes logées aux dépens du Roi, & de nuit font fentinelle auprès de leurs Barques, ou de leurs Logemens, lorfqu'ils ont fait une journée de chemin, ils s'en retournent & d'autres prennent leur place. Le nombre des chevaux que l'Empereur entretient feulement pour fes Troupes dans certains poftes, monte à 564900. & les foldats auffi bien que les chevaux doivent être toûjours tout prêts; mais quand il y a guerre ou quelque revolte, les Troupes qui s'affemblent au rendez-vous, ne fe peuvent pas nombrer. Le Royaume de la Chine, felon le calcul du P. Couplet, contient 11502872. Familles ou Maifons, fans y comprendre les femmes & les enfans, les Mendians, les Mandarins employez, les Soldats, les Bacheliers, les Licentiez, les Docteurs, les Mandarins hors d'âge, toutes les perfonnes qui vivent fur les Rivieres, les Bonzes, les Eunuques & tous ceux qui font du fang Royal, parce qu'on ne compte que ceux qui cultivent la terre, ou payent des taxes à l'Empereur. Il y a dans tout l'Empire, felon le même Auteur 59788364. hommes ou mâles. Le P. Daniel Bartoli fait monter le nombre des habitans de tout l'Empire de la Chi-

CHI. CHI.

Chine, sans excepter aucun âge, sexe, ou condition, jusqu'à 300000000. d'ames; nombre trois fois plus grand que celui qu'il y a en Europe. Mais parce que ce P. donne plus au tout qu'il n'a & qu'il ôte aux parties le nombre effectif qu'elles ont, on ne peut pas compter sur ce qu'il rapporte. Gemelli Careri temoigne avoir fait ses efforts pour s'éclaircir de ce point avec les PP. de la Compagnie; mais il ne trouva personne du sentiment du P. Bartoli non plus que les Missionnaires des autres ordres, dont les uns avoient passé 20. ans, d'autres 30. dans cet Empire, qui pouvoient bien mieux le savoir que ce P. qui ne l'avoit qu'ouï dire; parce qu'ils conversent tous les jours avec les Mandarins & les Grands Seigneurs qui savent cette matiere-là à fond, comme étant obligez de compter le Peuple pour lui faire payer la taxe Imperiale. La plus grande difference que Gemelli Careri a trouvée dans toutes les informations qu'il en a euës pendant son sejour à la Chine, n'a été que de 5000000. quelques-uns lui disant que tout l'Empire contenoit 195000000.; & quelques autres qu'ils avoient trouvé dans les livres Chinois 200000000; cette difference pouvant arriver dans l'intervalle de 2. ou 3. ans. Pour rendre plus clair ce que l'on a dit, je crois qu'il ne sera pas hors de propos de mettre ici la Table, que l'on trouve dans le Pere Couplet.

	Prov.	Metr.	Cit.	Famil.	Hom.
I.	Pekin.	8.	135.	418989.	3452254.
II.	Xansi.	5.	92.	589659.	5084015.
III.	Xensi.	8.	107.	831051.	3934176.
IV.	Xanton.	6.	92.	770555.	6759688.
V.	Honan.	8.	100.	589296.	5106270.
VI.	Suchuen.	8.	124.	464129.	2204570.
VII.	Huquam.	15.	108.	531686.	4833590.
VIII.	Kiangsi.	13.	67.	1363629.	6549800.
IX.	Nankin.	14.	110.	1969816.	9967429.
X.	Chekian.	11.	63.	1242135.	4525470.
XI.	Fokien.	8.	48.	509200.	1802677.
XII.	Quanton.	10.	73.	483360.	1978022.
XIII.	Quansi.	11.	99.	186719.	1054760.
XIV.	Yunnan.	22.	84.	132958.	1433100.
XV.	Queïcheu.	8.	10.	45305.	231365.
		155.	1312.	10128487.	58917183.

[a] *Voyage du Tour du Monde Gemelli Careri T.4.p.224.* On compte dans l'Empire 3636. hommes illustres & renommez pour leur vertu, leur Science, leur courage & autres qualitez remarquables. Il y a aussi 208. tant filles que veuves, qui par leur chasteté & par des actions heroïques, ont merité un nom éternel, & sont célèbres dans les livres Chinois, comme dans les Temples par leurs Inscriptions. Il y a 185. Mausolées fameux par leur structure & leur richesse; il est défendu sous de grosses peines de faire entrer les morts dans les Villes; mais on les peut transporter d'un lieu à un autre, hors les murs. On compte 480. Temples d'Idoles, célèbres & fameux tant par leur magnificence, que par des Miracles prétendus. Il y a plus de 350000. Bonzes, qui habitent ces Temples & les autres de l'Empire. De plus on voit dans l'Empire 709. Temples que les Chinois ont bâtis en divers tems, en memoire de leurs ancêtres, & qui sont considerables pour leur Architecture & leur beauté. Les Chinois ont coûtume de donner de grandes démonstrations de tendresse pour leurs parens après leur mort; & pour cet effet ils font bâtir à grands frais de magnifiques Sales, dans lesquelles au lieu de statuës ils mettent des Inscriptions, avec les noms de leurs ancêtres. Il y a certains jours de l'année où tous ceux de la famille s'assemblent dans cette Sale, se prosternent en signe d'amour & de respect, & leur offrent des parfums, après quoi ils font un repas magnifique, y ayant plusieurs Tables richement ornées & garnies d'une quantité de viandes bien preparées & mises en bel ordre. On voit 2099. statuës antiques & fameuses, outre les peintures & les vases célèbres; 272. Bibliotheques bien ornées & abondantes en livres. On compte dans la Chine 1472. tant grands Fleuves que Fontaines célèbres par les eaux chaudes & Medecinales, & Lacs renommez par la quantité de poissons. Il y a environ 300. Montagnes très-fertiles par les sources, & fameuses, soit par les herbes, soit par les excellens mineraux qu'on y trouve, ou par leur hauteur excessive. On compte autant d'Ecoles & de bâtimens publics érigez en l'honneur de Confucius, le grand Philosophe de cet Empire, qu'il y a de Villes. Il n'est pas facile de pouvoir découvrir le nombre prodigieux des Étudiants, mais il y a plus de 900000. Bacheliers. Outre les 32. Palais qui appartiennent aux petits Rois, il y en a par tout pour les Ministres du Royaume selon leur Dignité.

[b] *Nicolas de Graaf Voy. aux Indes c.13.p.162.* Il y a dans le Royaume divers Canaux, qui ont été creusez avec peine & travail, afin que le Pays étant arrosé fût plus fertile & que les habitans pussent plus facilement envoyer & transporter leurs marchandises. Pour cet effet l'Empereur Yvo tira la Riviere de To de celle de Kiang & la conduisit par le Suchuen jusqu'à Xinson. Dans le Chekiang la plûpart des Rivieres y sont artificielles revêtuës des deux cotez & pourvuës de Ports.

On voit à Nimpo, qui est la neuvième Metropole du Chekiang, une de ces Rivieres artificielles dont les bords sont revêtus de pierres & garnis d'arbres. Il y a un Canal considerable qui a été tiré depuis la Riviere de Nanking jusqu'à la Riviere Jaune qui est au Nord, & delà jusqu'à celle de Tamputia près de la Ville de Tiencienway tout proche de Peking. Ces Rivieres sont appellées les Canaux Royaux, & sont revêtuës de pierre de chaque côté avec des chemins pavez partout & plantez d'arbres, & pourvuës d'Ecluses de pierre & de Ponts, où il est necessaire.

On dit que dans ces deux grands Canaux Royaux il y a 58. grandes Ecluses de pierre qui servent à retenir l'eau où à la laisser couler, selon qu'ils en ont plus ou moins de besoin, principalement pour les champs de ris; car si le ris a trop d'eau il pourrit, & s'il en a trop peu il séche. Ainsi par le moyen de ces Ecluses, ils font venir dans la campagne précisement autant d'eau qu'il leur en faut.

Voi-

Voici les grands Ponts de la Chine. Celui qui eſt dans le Kiangſi, & un autre auprès de la Ville de Chancheu à l'endroit où la Riviere de Kiang & celle de Kan ſe joignent. Celui-ci eſt ſur 130. bâteaux qui ſont attachez l'un à l'autre par une chaîne qu'on peut ôter pour laiſſer paſſer les bâteaux qui remontent ou qui déſcendent la Riviere. Il y a un pareil Pont dans la grande Ville de Lieucheu, il eſt ſur 35. bâteaux. On voit dans le Chekiang un Pont merveilleux dans une Vallée, entre deux Montagnes.

Dans Oxu premiere Ville Capitale de Fokien, il y a un Pont de pierre qui a 150. toiſes de long & 100. Arcades, toutes faites fort artiſtement, avec des garde-fous & des ornemens de ſculpture à la Chinoiſe.

Il y a encore dans le Fokien un Pont ſur la Riviere Loyang long de 360. toiſes & de près d'une toiſe de large, qui eſt fait auſſi avec beaucoup d'art.

Comme tout le Royaume eſt pourvû de Rivieres & de Canaux, il y avoit quantité de chemins impraticables, qui ont été élargis & rendus commodes. Dans le Fokien près de Henghoa l'une de ſes Metropoles, il y a un chemin de 4. lieuës de long & d'une toiſe de large, qui eſt entierement pavé de grandes pierres & planté d'arbres avec des repoſoirs pour les Paſſans. Près de la Ville de Hoanting entre deux Montagnes il y a une profonde Vallée, qui eſt pavée pendant l'eſpace de deux lieuës. Sur la Montagne de Mehi qui eſt generalement fort ſauvage, il y a dans une Vallée un chemin effroyablement profond qui eſt pavé. On a fait un merveilleux paſſage dans la Montagne de Cô, à travers la roche. Il y a pluſieurs Montagnes, où l'on peut monter par de larges degrez de pierre, comme par exemple celles de Fanguen & de Hinglang.

Il y a de hautes Montagnes d'une étrange figure, comme Jai, Taxe, Fang, Chanping & Fung. Les Chinois en rapportent des Fables pleines de merveilles. Quelques-unes de ces Montagnes ſont des rochers eſcarpez: les autres ſont pointuës par le haut, plates, ou rondes. Il y a au bas des Vallées affreuſes, des trous & des cavernes, où l'on peut aller fort avant & même quelquefois paſſer tout au travers. Mais de toutes ces Montagnes, il n'y en a point de ſi merveilleuſes que celles, qui ſont près de Xancheu & qu'on appelle les Montagnes *des cinq têtes du cheval*, à cauſe de leur reſſemblance avec la tête de cet animal. Celles-ci ont été merveilleuſement maçonnées de pierres avec beaucoup de peine & de travail.

Il y a quantité de Caſcades ou chutes d'eau, dont la principale & celle qui merite le plus d'attention, n'eſt pas loin de la Ville d'Hoaymingam: l'eau tombe là comme par degrez dans trois précipices, & d'un rocher fort élevé, avec un grand bruit.

Comme les Chinois ſont curieux en bâtimens, on voit dans la plupart des Villes de belles tours bâties de pierre, où ſont toutes ſortes de figures relevées en boſſe: mais il n'y a rien dans ce genre où il paroiſſe plus d'art & plus de ſomptuoſité que dans la Tour de Nanking, qui eſt octogone & toute bâtie de Porcelaine depuis le bas juſqu'au haut, ayant neuf galeries l'une ſur l'autre, toutes ornées de fenêtres, de baluſtrades, de feſtons en relief & où l'on monte par 184. degrez. Le nombre de ces Tours eſt de 1159. en y comprenant les Arcs de triomphe de pierres cizelées à travers leſquels on paſſe, & qui ont été érigez à l'honneur de quelques hommes illuſtres.

[a] Comme la Chine eſt fort étenduë, la nature des terres en eſt differente, ſelon leur ſituation particuliere, c'eſt-à-dire ſelon qu'elles s'éloignent ou qu'elles s'approchent davantage du Midi. Il y a comme partout ailleurs des Montagnes & des plaines: mais les plaines ſont ſi unies, qu'il ſemble qu'on ſe ſoit attaché depuis la fondation de l'Empire à les égaler & à en faire des jardins. Les Chinois qui rendent leurs terres ſi fertiles à force de les arroſer, n'ont point trouvé de meilleur moyen pour diſtribuer l'eau également qu'en mettant toutes les terres au niveau, ſans quoi les plus hautes demeureroient dans la ſechereſſe, tandis que les fonds ſeroient noyez. C'eſt ainſi qu'ils en uſent, même dans la culture des collines, car ils les coupent par étages & par degrez depuis le pied juſqu'au ſommet, afin que les pluyes ſe répandant également par tout, n'entraînent pas avec elles les ſemences, & les terres.

[a] *Le P. le Comte Memoires ſur l'Etat preſent de la Chine. Tom. I. Lettre 4.*

Ils ont comme forcé la nature en faiſant par artifice des plaines où elle avoit formé des Montagnes; & c'eſt une choſe bien agréable que la vûë d'une longue ſuite de collines entourées & comme couronnées de 100. terraſſes qui ſe ſurmontent les unes les autres, en ſe retreciſſant, & dont les terres ſont auſſi abondantes que les plaines les mieux cultivées. Il eſt vrai que la plupart des Montagnes de la Chine ne ſont pas pierreuſes comme les nôtres; la terre en eſt même legere, poreuſe, facile à couper; & ce qui eſt ſurprenant ſi profonde dans la plupart des Provinces, qu'on y peut creuſer trois & quatre cens pieds ſans trouver le roc. Cette profondeur ne contribuë pas peu à l'abondance, parce que les ſels qui tranſpirent continuellement renouvellent le terroir & rendent le pays toûjours fertile.

Mais les Montagnes de toutes les Provinces ne ſont pas de la même nature, ſur tout celles de Chenſi, de Honan, de Canton & de Fokien: Ces dernieres qu'on ne cultive gueres, portent des arbres de toute eſpéce, grands, droits, propres pour les édifices & ſur tout pour la conſtruction des vaiſſeaux. L'Empereur s'en ſert pour ſes bâtimens particuliers, & fait quelquefois venir de trois cens lieuës par eau & par terre des colonnes d'une prodigieuſe groſſeur qu'on employe en ſon Palais & dans les ouvrages publics. Les Marchands font auſſi grand commerce de ces arbres; après en avoir coupé toutes les branches, ils en percent les extremitez du tronc pour les attacher fortement enſemble. Etant ainſi liez 80. ou 100. enſemble, on en joint un ſi grand nombre à la queuë les uns des autres, qu'il ſe fait une eſpéce de chaîne longue d'un quart de lieuë, qu'ils traînent de Province en en Province par le moyen des canaux & des Rivieres. Sur ces arbres ainsi disposez ils pratiquent plusieurs petites Maisons assez commodes où le Marchand avec sa famille & ses matelots couchent durant tout le Voyage, qui dure quelquefois trois ou quatre mois entiers.

Il y a d'autres Montagnes qui sont encore plus utiles au public par leurs mines de fer, d'étain, de cuivre, de mercure, d'or & d'argent. Il est vrai qu'on ne creuse plus celles d'argent, soit parce qu'il y en a suffisamment dans l'Empire, soit parce qu'on ne veut pas sacrifier la vie du Peuple dans un travail si pénible. Pour ce qui est de l'or, les torrens en entraînent beaucoup dans la plaine & il y a une infinité de gens, qui n'ont d'autre métier que de le chercher. On le trouve dans la bouë & parmi le sable.

a Ibidem. p. 161.

*On voit dans ces Montagnes des grottes célèbres où les Bonzes menent une vie fort austere ; mais pour un petit nombre qui vit avec édification, il y en a une infinité d'autres, dont les vices font horreur, qui sont méprisables aux gens de qualité & que le Peuple souffre à peine par un faux zèle de Religion. Les Temples les plus fameux sont aussi bâtis dans les Montagnes. On y vient de 200. lieuës en pelerinage, & le nombre des Pelerins est quelquefois si grand, qu'ils font dans les chemins des espéces de processions. Les femmes sur tout n'y manquent pas ; & rien ne leur plaît tant que la qualité de Pelerines : car n'ayant point d'autres occasions de paroître au dehors, elles sont ravies de voir un peu le monde par dévotion. Mais comme ces Voyages n'augmentent pas toûjours leur vertu, les maris qui craignent les suites, n'aiment pas trop ces confrairies : aussi n'y voit-on presque jamais que des personnes du commun ; & les gens de qualité obligent presque toûjours leurs femmes de renfermer leur ferveur dans l'enclos de leurs Maisons.

Si après avoir vû les Montagnes de la Chine, on jette les yeux sur le plat pays ; on trouvera que les Chinois, quelque outrez qu'ils soient dans l'idée qu'ils se sont formée de leur Empire, auroient de la peine à inventer rien de plus beau que ce que la nature leur a donné. Toutes les plaines en sont cultivées, on n'y voit ni hayes, ni fossez, ni presque aucun arbre, tant ils craignent de perdre un pouce de terre. En plusieurs Provinces, elles portent deux fois l'an, & même entre les deux recoltes on y seme de petits grains & des legumes. Toutes les Provinces qui sont au Nord & à l'Occident, comme Pekin, Chansi, Chensi, Suchuen, portent du froment, de l'orge, diverses sortes de millet, du tabac, des pois noirs & jaunes, dont on se sert au lieu d'avoine, pour engraisser les chevaux. Celles du Midi, & surtout Huquam, Nankim, Chequiam, portent du ris, parce que les terres sont basses & le pays aquatique. Les laboureurs en jettent d'abord les grains sans ordre ; ensuite quand l'herbe a crû environ de deux pieds, ils l'arrachent avec la racine, ils en font des bouquets ou de petites gerbes qu'ils plantent au cordeau & en échiquier, afin que les épics appuyez les uns

sur les autres se soutiennent facilement en l'air & soient plus en état de resister à la violence des vents ; de maniere que les plaines ressemblent plutôt à de vastes jardins, qu'à une simple campagne.

La terre y porte toutes sortes de fruits, on y mange des poires, des pommes, des pêches, des abricots, des figues, des raisins & sur tout d'excellens muscats. On y voit aussi des grenades, des noix, des châtaignes, & presque tous les autres fruits de l'Europe. Leurs olives sont differentes des nôtres ; on n'en tire point d'huile, peut-être parce qu'elles ne sont pas propres à cela ; peut-être aussi parce que les Chinois ne s'en sont pas encore avisez. Generalement parlant tous les fruits, qui leur sont communs avec nous, excepté les grenades & les muscats, ne sont pas comparables aux nôtres, parce qu'ils n'ont pas l'art de les enter. Mais il y a trois sortes de Melons, tous admirables dans leur genre ; les uns sont fort petits, jaunes au dedans, & d'un goût sucré, qu'on mange avec la peau, comme nous mangeons ici les pommes ; ils ne sont gueres communs que dans le Chensi : les autres extrêmement gros & longs, dont la chair est quelquefois blanche & quelquefois rouge, quoi qu'ils soient pleins d'une eau fraîche & sucrée, jamais ils ne sont mal & on en peut manger sans crainte dans les plus grandes chaleurs ; on les nomme de melons d'eau ; il y en a dans toutes les Indes & ceux du territoire de Louveau à Siam sont d'un goût merveilleux : la troisiéme espéce est semblable à nos melons ordinaires. Outre ces fruits qui nous sont connus en Europe, on en trouve à la Chine plusieurs autres que nous n'avons pas. Le plus délicat se nomme *Letchi*, & se trouve dans la Province de Canton. Il est de la grosseur d'une noix, le noyau long & gros paroît couvert d'une chair molle pleine d'eau & très-agréable au goût. Cette chair est renfermée dans une écorce chagrinée en dehors, fort mince, & terminée en pointe comme un œuf. Quand on en mange beaucoup, on en est ordinairement incommodé, & il est si chaud qu'il fait sortir des froncles par tout le corps. Les Chinois le laissent sécher dans l'écorce même où il devient noir & ridé comme nos pruneaux. On en mange aussi toute l'année & l'on s'en sert ordinairement dans le Thé, pour lui donner un petit goût aigre, qu'on aime beaucoup mieux que la douceur du sucre. Dans la même Province & dans celle de Fokien on mange un autre petit fruit que les gens du pays appellent *Lon-yen* ; c'est-à-dire œil de Dragon. Les arbres en sont grands comme nos noyers. La figure de ce fruit est tout-à-fait ronde, l'écorce exterieure unie & grise ; mais sur la fin elle tire sur le jaune. La chair en est blanche, aigre, pleine d'eau & plus propre à amuser ceux qui n'ont point d'apetit qu'à rassasier quand on a faim ; il est extrêmement frais & ne fait point de mal. Le *Séze*, autre sorte de fruit particuliere à la Chine, croît presque dans toutes les Provinces, il y en a comme des pommes de plusieurs espéces : ceux des terres Meridionales sont d'un goût fort sucré & se fondent dans l'eau. Dans le Chansi & le Chensi, ce fruit est plus ferme,

Tom. II.

Ecee*

me, plus gros, mieux nourri, & plus aisé à conserver. La peau de ceux qui viennent au Midi est délicate, unie, transparente & d'un rouge éclatant, sur tout quand le fruit est bien mûr. Quelques-uns sont ovales comme un œuf; mais ordinairement plus gros; ils ont des pepins noirs & applatis, la chair en est glaireuse & pleine d'eau; de sorte qu'en suçant par un des bouts, on attire tout le fruit dans la bouche, & c'est ainsi qu'on les mange. Quand on les fait sécher comme nos figues, ils deviennent farineux & se couvrent peu à peu d'une croute sucrée, qui leur donne un excellent goût. Ceux du Chansi, comme j'ai dit, sont plus fermes, plus gros, & ont la chair semblable à celle de nos pommes; mais la couleur en est differente: on les cueille de bonne heure, afin de les laisser meurir sur la paille, ou bien on les met quelque tems dans l'eau chaude pour leur ôter un goût âpre & desagréable qu'ils conservent presque toûjours sur l'arbre. Au reste les Chinois ne se donnent pas beaucoup de peine pour les cultiver, parce qu'ils viennent d'eux-mêmes & que toute sorte de terre leur est bonne. Les Ananas, les Goïaves, les Cocos & quelques autres fruits que les Indes leur ont fournis sont connus par une infinité de Relations. Mais je ne puis m'empêcher de dire un mot de leurs oranges, qu'on nomme en France *oranges de la Chine*, parce que celles que l'on y vit la premiere fois en avoient été apportées. Le premier & unique oranger, duquel, à ce qu'on dit, elles sont toutes venuës, se conserve encore à Lisbonne dans la Maison du Comte de St. Laurent; & c'est aux Portugais que nous sommes redevables d'un si excellent fruit; mais ils n'en ont que d'une espéce, quoi qu'il y en ait à la Chine de plusieurs sortes. Celles qu'on estime le plus & qu'on envoye par rareté dans les Indes ne sont pas plus grosses qu'une boule de billart, la peau en est d'un jaune tirant sur le rouge, fine, unie, & extrêmement douce: cependant les grosses paroissent meilleures à quelques-uns; surtout celles de Canton. On en donne communément aux malades, avec cette précaution qu'il faut auparavant les ramollir au feu ou sous la cendre chaude; après quoi on les coupe pour les remplir de sucre, lequel s'incorporant peu à peu avec le suc en fait une eau très-douce & très-saine: il n'y a rien de meilleur pour la poitrine. [a] Les limons, les citrons & ce qu'on appelle dans les Indes, les Pampelimouses, y sont aussi très-ordinaires, & pour cela même moins estimez qu'en Europe: on cultive avec grand soin une espéce particuliere de citronniers, dont les fruits sont de la grosseur d'une noix, parfaitement ronds, verds, aigres, & excellens pour toute sorte de ragoûts: on les met souvent dans des caisses pour en faire l'ornement des cours & des sales.

Mais de tous les arbres qui croissent dans la Chine, celui qui porte le suif est le plus admirable. Il est de la hauteur de nos cerisiers, les branches en sont tortuës, les feuilles taillées en cœur, d'un rouge vif & éclatant; l'écorce unie, le tronc court, la tête arondie & chargée. Le fruit paroît renfermé dans une écorce partagée en trois portions de sphere, qui s'ouvre par le milieu quand il est mûr comme celle de la chataigne, & qui découvre trois grains blancs de la grosseur d'une petite noisette. Toutes les branches en sont couvertes & ce mélange de blanc & de rouge fait à la vûë le plus bel effet du monde; desorte que la campagne où ces arbres sont ordinairement plantez en échiquier, paroît de loin un vaste parterre, couvert de pots & de bouquets de fleurs. Ce qu'il y a d'admirable c'est que cette chair blanche qui couvre le noyau, a toutes les qualitez du suif; la couleur, l'odeur, la consistance, tout en est parfaitement semblable: aussi en fait-on des chandelles après l'avoir fondue; on y mêle seulement un peu d'huile, pour en rendre la pâte plus molle & plus douce. Si les Chinois avoient l'art de la purifier, comme nous purifions en Europe le suif, il y a apparence que leurs chandelles seroient aussi bonnes que les nôtres; mais ils n'y sont pas tant de façon. Ainsi l'odeur en est plus forte, la fumée plus épaisse & la lumiere beaucoup moins éclatante. Il est vrai que leurs méches n'y contribuent pas peu: car au lieu de coton, quoi qu'ils en ayent en abondance, ils se servent d'une petite baguette de bois sec & leger, entouré d'un filet de moëlle de jonc très-poreux & tout propre à filtrer les parties insensibles du suif, que le feu attire, & qui entretiennent la lumiere. Ce bois qu'on allume, non seulement diminuë l'éclat de la flamme; mais augmente encore la fumée & la mauvaise odeur. [b] Parmi les arbres extraordinaires de la Chine, on ne doit pas obmettre ceux qui portent le poivre, non pas un poivre semblable à celui dont nous usons en Europe & que les Indes seules fournissent; mais une autre espéce de grains qui ont à peu près les mêmes proprietez. Ils viennent dans un arbre grand comme nos noyers, de la grosseur d'un pois, de couleur grise, mêlée de quelques filets rouges: quand ils sont mûrs, ils s'ouvrent d'eux-mêmes & font paroître un petit noyau noir comme du jayet. L'odeur en est si forte qu'on ne peut sans s'incommoder notablement demeurer long-tems sur l'arbre pour les cueillir: ainsi il faut se retirer bientôt & y revenir à diverses fois. Après avoir exposé ces grains au soleil, on jette le noyau qui est d'un goût trop fort & trop âpre; mais son écorce dessechée, quoi que moins agréable, & moins piquante que notre poivre ordinaire ne laisse pas d'être d'un assez bon usage dans les ragouts.

Si ce qu'on a écrit du Pétçi étoit vrai, ce seroit une chose bien merveilleuse. C'est une espéce de Nenufar ou de Nymphée, qui croît dans l'eau, dont la racine est attachée à une substance blanche, couverte d'une peau rouge; qui se partage en plusieurs gousses; quand il est frais, le goût en est semblable à celui de la noisette. On assure qu'il a la proprieté d'amolir le cuivre dans la bouche & de le rendre, si j'ose ainsi le dire, comestible, quand on les mêle ensemble. Cela paroît d'autant plus surprenant que le suc qui en sort est doux, rafraîchissant, & n'a aucune de ces qualitez corrosives, qui sont seules capables de produire cet effet. J'ai eu, dit le Pere le Comte Jesuite, la curiosité d'en voir faire l'experience:

on

on mêla un double de la Chine de cuivre fondu, fort aigre & fort cassant, avec un morceau de cette racine ; l'un de ceux qui avoit les meilleures dents rompit le double en plusieurs morceaux ; les autres qui craignoient de s'incommoder n'en purent venir à bout. Les morceaux du double rompu étoient cependant très-durs, ce qui fit juger que le Petçi n'avoit eû d'autre effet en envelopant le cuivre, que de conserver les dents & de leur donner plus de force pour le rompre sans s'incommoder ; ce qu'un peu de cuir eût pû faire aussi bien que ce fruit : pour s'en convaincre on reïtera l'experience & on se servit de cuivre battu sur lequel ni les dents ni le Petçi ne firent aucune impression ; tant il est vrai qu'il faut écouter les choses extraordinaires plus d'une fois, avant que de les croire, si l'on ne veut pas y être trompé.

Parmi les simples que produit la Chine, on remarque la Rhubarbe, le Thé & le Gin-Seng. [a] La Rhubarbe que les Chinois nomment *Taihoang* croît dans les Provinces de Chensi & Suchuen où elle est plantée & cultivée avec beaucoup de soin ; ses feuilles sont semblables à celles du chou. Toute celle qui se voit en Europe, soit que ce soit des Mores, des Persans, ou d'autres qui l'y apportent, vient de la Chine & de la Tartarie : il n'en croît point ailleurs. Quoique l'on trouve du Thé au Japon & à Siam ; on peut dire cependant qu'il n'y a point d'endroit où il vienne mieux & en plus grande abondance qu'à la Chine, surtout dans la Province de Nanking. La feuille de Thé ou plutôt de *Tçha*, comme on l'appelle à la Chine, est devenuë si fort en usage que je me crois obligé de rapporter les principales opinions pour & contre cet usage. [b] A la Chine même où le Thé est fort estimé, on est fort partagé sur les proprietez qu'on lui attribuë. Les uns soutiennent qu'il en a d'admirables ; d'autres veulent que ce soit une imagination des Européens, qui estiment toûjours les nouveautez & qui donnent du prix à tout ce qu'ils ne connoissent pas. En cela néanmoins comme dans la plupart des choses où les hommes ne conviennent point, je crois qu'il y a un milieu à prendre. A la Chine on n'est sujet ni à la goute, ni à la pierre, ni à la sciatique ; & on s'imagine que le frequent usage du Thé preserve de tous ces maux. Les Tartares qui se nourrissent de chair cruë sont malades & souffrent des indigestions continuelles, dès qu'ils cessent d'en boire. Quand on a des vertiges ou des fumées qui chargent la tête, on se sent extrêmement soulagé dès qu'on s'accoûtume au Thé. En France il y a une infinité de gens qui s'en trouvent bien, pour la gravelle, les indigestions, les maux de têtes ; & quelques-uns pretendent avoir été gueris de la goute presque miraculeusement, tant son effet a été prompt & sensible. Tout cela prouve que le Thé n'est pas une chimere & un pur entêtement. Mais aussi quelques-uns après en avoir bû en dorment mieux, ce qui prouve qu'il n'est pas propre à abattre les fumées. Il y en a qui n'en prennent jamais après le repas sans experimenter de méchans effets ; leur digestion en est troublée, & ils sentent long-tems après

des cruditez & une repletion incommode. D'autres n'en sont soulagez ni dans la goute, ni dans la sciatique. Plusieurs disent qu'il desseche, qu'il maigrit, qu'il resserre ; & que si l'on y trouve quelques bonnes qualitez, la plupart des autres feuilles feroient à peu près le même effet. Ces experiences prouvent au moins que sa vertu n'est pas si universelle qu'on s'imagine. Ainsi je crois qu'il faut en parler modérement & pour le bien & pour le mal. Peut-être que l'eau chaude est toute seule un bon remede contre les maladies dont on attribuë la guerison au Thé. Cependant il est certain que le Thé est corrosif de sa nature, car il attendrit les viandes dures avec lesquelles on le fait bouillir, & par consequent il est propre à la digestion, c'est-à-dire à la dissolution. Cela même prouve qu'il est contraire aux obstructions ; & les liqueurs empreintes de ses particules ou de ses sels, détachent & entrainent plus facilement tout ce qui s'attache aux tuniques des vaisseaux. Cette même qualité est propre à consumer les humeurs superfluës, à donner du mouvement à celles qui croupissent & se corrompent, à évacuer les autres qui causent les douleurs de la sciatique & de la goute. Desorte que le Thé pris avec précaution est un fort bon remede, quoi qu'il ne soit pas si efficace, ni si universel que le temperament de certaines gens, la force du mal & certaines dispositions occultes n'en puissent souvent retarder l'effet, ou même en rendre la vertu inutile.

Pour s'en servir utilement il est bon de le connoître, car il en est de plus d'une sorte. Celui de la Province de Chensi est grossier, âpre & desagréable. Les Tartares en boivent : il leur faut un dissolvant plus fort qu'aux Chinois à cause de la viande cruë dont ils se nourrissent. Il est à grand marché dans le Pays & la livre n'en coûte pas 3. sols. Dans cette même Province on en trouve une espéce particuliere, plus semblable à la mousse qu'aux feuilles d'un arbre. On le garde long-tems & l'on pretend que le plus vieux est excellent dans les maladies aiguës. On en donne aussi aux malades, d'une troisiéme sorte dont les feuilles sont fort longues & fort épaisses, & il devient bon à mesure qu'il est gardé ; mais ce n'est pas le *Thé usuel.* Celui qu'on boit ordinairement à la Chine n'a point de nom particulier, parce qu'il se cueille indifferemment en divers terroirs. Il est bon, l'eau en est rougeâtre, le gout fade, & un peu amer : le Peuple s'en sert indifferemment à toutes les heures du jour, & c'est la boisson la plus commune, parce que les eaux ordinaires ne sont pas bonnes à la Chine ; & c'est pour suppléer au defaut des puits & des fontaines que la nature des terres a presque partout rendu salées, que l'on use de la feuille du Thé qui non seulement sert à purger les eaux de leur mauvaise qualité ; mais encore à les rendre salutaires & agréables. Les gens de qualité usent de deux autres especes de Thé, qui sont fort célébres à la Chine. La premiere se nomme le *Thé Soumlo* ; c'est le nom du lieu où on le cueille. Les feuilles en sont un peu longues, l'eau claire & verte quand il est frais, le goût agréable ; il sent, dit-on en France, un peu

Tom. II. Eeee* 2 la

[a] *Nic. de Graaf Voy. aux Indes c. 14. p. 178.*

[b] *Le P. le Comte Ibid. let. 8. p. 368.*

la violette ; mais cette odeur ne lui eſt point naturelle , & les Chinois diſent que le bon Thé ne doit point avoir d'odeur ; c'eſt celui qu'on preſente ordinairement dans les viſites ; mais il eſt extrêmement corroſif. On ne doit pas en prendre à jeun & à la longue on s'en trouveroit incommodé. Peut-être que le ſucre que l'on y mêle en France en corrige l'acrimonie ; mais à la Chine où on le prend pur ; un trop grand uſage de ce Thé ſeroit capable de gâter l'eſtomac. La deuxiéme eſpéce ſe nomme le *Thé voüi*. Les feuilles qui en ſont petites & noirâtres donnent à l'eau une couleur jaune. Le goût en eſt délicat & l'eſtomac le plus foible s'en accommode en tout tems. En hyver il faut en uſer modérement ; mais en été on n'en ſauroit trop boire. Il eſt ſur tout admirable dans la ſueur, après un Voyage , une courſe ou quelque autre exercice violent. On en donne auſſi aux malades & ceux qui ont quelque ſoin de leur ſanté n'en boivent point d'autre. Generalement parlant pour avoir le Thé excellent on le cueille de bonne heure, quand les feuilles en ſont encore petites, tendres & pleines de ſuc. On commence ordinairement à les ramaſſer au mois de Mars ou d'Avril, ſelon que la ſaiſon eſt plus ou moins avancée. On les expoſe enſuite à la fumée de l'eau bouillante pour les ramolir, dès qu'elles en ſont penetrées on les paſſe ſur des plaques de cuivre qu'on tient ſur le feu & qui les ſéchent peu à peu juſqu'à ce qu'elles ſe riſſolent, & qu'elles ſe roulent d'elles-mêmes de la maniere que nous les voyons. Si les Chinois étoient moins trompeurs le Thé ſeroit meilleur ; mais ordinairement ils y mêlent d'autres herbes pour groſſir le volume, & en tirer plus d'argent. Ainſi il eſt rare d'en trouver qui ſoit parfaitement pur. Il croît ordinairement dans les Vallées & au pied des Montagnes. Le meilleur vient dans les terroirs pierreux. Celui qu'on plante dans les terres legeres tient le ſecond rang. Le moindre de tous ſe trouve dans les terres jaunes ; mais en quelque endroit qu'on le cultive , il faut avoir ſoin de l'expoſer au Midi, il en a plus de force & porte trois ans après qu'il eſt ſemé. Sa racine reſſemble à celle de pêcher & ſes fleurs aux roſes blanches & ſauvages. Les arbres viennent de toute ſorte de grandeur depuis deux pieds juſqu'à cent , & on en trouve de ſi gros que deux hommes auroient de la peine à les embraſſer. Voilà ce qu'en dit l'herbier Chinois. Le Sr. Nic. de Graaf[a] en parle un peu diverſement. Il ne croît point, dit-il, dans les lieux ſauvages : ce n'eſt pas non plus un arbre , ni une herbe ; mais un Arbuſte qui ſe cultive , & qui jette pluſieurs branches, comme nos groſeliers & nos roſiers. On le plante dans la campagne ſur de petites mottes de terre , qui ſont à 3. pieds l'une de l'autre. Les feuilles viennent partout depuis le haut juſqu'en bas. Elles ſont d'un verd brun , pointuës par le bout & dentelées aux côtez , de la figure à peu près de celle du buis ; mais plus grandes. Leur figure eſt partout la même ; mais elles different en grandeur ; car à meſure qu'elles viennent plus haut, elles ſont plus petites ; tellement qu'on les diviſe en cinq ſortes. Les premieres, c'eſt-à-dire les plus baſſes , étant les plus grandes ſont comme nôtre Baume de jardin : après cela vient la ſeconde ſorte , puis la troiſiéme juſqu'à la cinquiéme , qui ſont les feuilles du ſommet de l'Arbuſte , & qui ſont auſſi les plus priſées. Il y a une grande difference de prix entre ces cinq ſortes ; car il augmente à proportion que les feuilles ſont plus hautes.

Il y a à la Chine un autre ſimple beaucoup moins commun que le Thé & pour cela même plus eſtimé ; on le nomme le *Gin-Seng* ; GIN, veut dire *homme* & SENG *plante* ou *ſimple*, comme qui diroit *ſimple humain*, ou *ſimple qui reſſemble à l'homme*. Ceux qui juſques ici ont donné une autre interpretation à ces mots ſont excuſables, parce qu'ils ne connoiſſoient pas la force des caracteres Chinois. Les Savans lui donnent dans leurs livres beaucoup d'autres noms qui marquent aſſez le cas qu'ils en font ; comme le ſimple ſpiritueux, le pur eſprit de la terre, la graiſſe de la Mer, le remede qui communique l'immortalité & pluſieurs autres de cette nature. C'eſt une racine groſſe environ comme la moitié du petit doigt & une fois plus longue. Elle ſe diviſe en deux branches, ce qui fait une figure aſſez ſemblable au corps humain avec ſes deux jambes. Sa couleur tire ſur le jaune ; & quand on l'a gardée quelque tems, elle ſe ride & ſe durcit. Les feuilles qu'elle pouſſe ſont petites & terminées en pointe , les branches en ſont noires, la fleur violette, la tige couverte de poil. On dit qu'elle n'en pouſſe qu'une, que cette tige ne produit que trois branches & que chaque branche porte les feuilles quatre à quatre ou cinq à cinq. Elle croît à l'ombre & dans un terroir humide ; mais ſi lentement qu'elle n'eſt dans ſa perfection qu'après une longue ſuite d'années. De tous les cordiaux il n'en eſt point , au ſentiment des Chinois , qui ſoit comparable au Gin-Seng. Il eſt doux & agréable , quoi qu'on y trouve un petit goût d'amertume ; mais ſes effets ſont merveilleux. Il purifie le ſang, il fortifie l'eſtomac, il donne aux pouls foibles du mouvement , il reveille la chaleur naturelle , & augmente en même tems l'humide radical &c.

[b]Il ſemble que les Chinois dès leur origine ſe ſoient ſenti quelque choſe de plus que les autres hommes ; ſemblables à ces Princes qui portent en naiſſant une fierté naturelle qui les diſtingue toûjours du Peuple. Soit que les Royaumes d'alentour fuſſent barbares , ou qu'ils leur fuſſent inferieurs en ſageſſe, ils ſe firent dès-lors une maxime d'état , de n'avoir Commerce avec les Etrangers, qu'autant qu'il ſeroit néceſſaire pour recevoir leurs hommages ; encore ne cherchoient-ils pas ces marques de Souveraineté par un eſprit d'ambition ; mais pour avoir occaſion de donner aux autres Peuples de la terre les Loix & les regles du Gouvernement parfait. Ainſi quand parmi leurs tributaires quelqu'un ſe diſpenſoit de comparoître au temps marqué , ils ne l'obligeoient point à force ouverte de ſe ſoumettre, au contraire ils lui portoient compaſſion. Qu'y perdons-nous , diſoient-ils , s'il eſt toûjours barbare ? puiſqu'il s'éloigne de la ſageſſe , il doit

[a] *Voyage aux Indes* c. 14. p. 178.

[b] *Le Pere le Comte* ibidem. Let. 5. p. 208.

doit s'en prendre à lui même, toutes les fois qu'il manquera par paſſion ou par aveuglement.

Cette ſage politique fit une ſi grande reputation aux Chinois, que dans toutes les Indes, dans la Tartarie, dans la Perſe, on les regardoit comme les Oracles du Monde; & les Japonois en avoient conçû une ſi haute idée que quand St. François Xavier leur porta la foi, (quoi qu'en ce tems-là la Chine eût beaucoup perdu de ſon ancienne probité) une des plus grandes raiſons qu'ils oppoſoient au Saint, étoit que cet Empire ſi ſage, ſi éclairé ne l'avoit pas encore embraſſée. Mais cette politique qui les porta à ſe diſtinguer des autres, ce qui peut-être étoit au commencement une maxime très-utile, degenera dans la ſuite en orgueil. Ils ſe regarderent comme un Peuple choiſi que le Ciel avoit fait naître au milieu de l'Univers pour lui donner la Loi, ſeule capable d'inſtruire, de polir, de gouverner les Nations. Ils ſe figuroient les autres hommes comme des nains & de petits monſtres, qui avoient été jettez ſur les extremitez de la terre, comme la craſſe & le rebut de la nature ; au lieu que les Chinois placez au milieu du monde, avoient ſeuls reçû de Dieu une forme raiſonnable & une veritable grandeur. Leurs Cartes anciennes, comme on a déja dit, ſont remplies de ces ſortes de figures & de pluſieurs emblêmes propres à inſpirer le mepris qu'ils faiſoient du genre humain. Mais quand ils virent les Européens inſtruits en toutes ſortes de Sciences, ils furent frappez d'étonnement. Comment ſe peut-il faire, diſoient-ils, que des gens ſi éloignez de nous ayent de l'eſprit & de la capacité? Jamais ils n'ont lû nos Livres, ils n'en connoiſſent pas même les lettres : ils n'ont point été formez par nos Loix, & cependant ils parlent, ils raiſonnent juſte comme nous. Nos ouvrages, comme ſont les étoffes, les montres, les inſtrumens de Mathematique & ſemblables curioſitez les ſurprirent encore beaucoup : car ils penſoient qu'on ne trouvoit qu'à la Chine des gens adroits & de bons ouvriers. Ils conçurent alors que nous n'étions pas ſi barbares qu'ils s'étoient imaginé; & ils dirent aſſez plaiſamment : Nous penſions que les autres Peuples fuſſent tous aveugles & que la Nature n'eût donné des yeux qu'aux Chinois : cela n'eſt pas univerſellement vrai, & ſi les Européens ne voyent pas auſſi clair que nous, ils ont du moins chacun un œil. A cet orgueil près il faut avouer que la Nation Chinoiſe a eû de grandes qualitez : beaucoup de douceur, & de politeſſe dans l'uſage du monde, du bon ſens & de l'ordre dans leurs affaires; du zele pour le bien public; des idées juſtes pour le gouvernement ; de l'eſprit, mediocre à la verité dans les Sciences ſpeculatives, mais droit & ſûr dans la Morale qu'ils ont toûjours conſervée très-conforme à la raiſon. Le Peuple étoit appliqué à l'éducation des enfans dans leurs familles, eſtimant par deſſus toutes choſes l'Agriculture, laborieux à l'excès, aimant & entendant parfaitement le Commerce. Les Juges & les Gouverneurs des Villes affectoient une gravité dans leur exterieur, une ſobrieté dans leurs tables, une moderation dans le domeſtique, & une équité dans tous les jugemens, qui leur attiroient le reſpect & l'amour des Peuples. L'Empereur même ne mettoit ſa gloire que dans le bonheur qu'il procuroit à ſes Sujets; & il ſe conſideroit moins, comme le Roi d'un grand Etat, que comme le Pere d'une nombreuſe famille. Il eſt vrai que les Guerres civiles, les Rois foibles, ou méchans, la domination étrangere ont troublé de tems en tems un ſi bel ordre. Mais ſoit que les Loix fondamentales de l'Etat fuſſent excellentes, ou que les Peuples apportaſſent en naiſſant de ſi heureuſes diſpoſitions ; il eſt certain que ces fâcheux intervales n'ont pas duré long tems. Pour peu qu'on les laiſſât à eux-mêmes, ils reprenoient leur premiere conduite; & nous voyons encore à preſent au milieu de la corruption que les troubles domeſtiques & le commerce des Tartares y ont portée, des veſtiges de cette ancienne probité.

Pour faire le portrait des mœurs & des coutumes des Chinois d'aujourd'hui, on peut dire en general qu'ils vivent à peu près comme nous vivons en Europe; l'avarice, l'ambition, l'amour du plaiſir ont beaucoup de part à tout ce qui s'y paſſe : on trompe dans le Negoce, l'injuſtice regne dans les Tribunaux, les intrigues occupent les Princes & les Courtiſans. Cependant les gens de qualité prennent tant de meſures pour cacher le vice ; & les dehors ſont ſi bien gardez, que ſi un étranger n'a ſoin de s'inſtruire à fond des choſes, il s'imagine que tout eſt parfaitement reglé. C'eſt par-là que les Chinois reſſemblent aux Européens. Voici ce qui les diſtingue : leur air, leur langage, leur naturel, leurs civilitez & leurs manieres ſont non ſeulement differentes des nôtres; mais encore de celles que nous remarquons dans toutes les autres Nations du monde.

Ils ne conviennent pas avec nous dans l'idée que nous nous formons de la veritable beauté. Ils veulent qu'un homme ſoit grand, gros & gras; qu'il ait le front large, les yeux petits & plats, le nez court, les oreilles un peu grandes, la bouche mediocre, la barbe longue & les cheveux noirs. Cette taille fine, cet air vif, cette demarche noble & aſſurée, que les François eſtiment tant, ne ſont nullement de leur goût. Un homme eſt bien fait, lorſqu'il remplit un fauteuil, & que par ſa gravité & ſon embonpoint, il fait, ſi je l'oſe dire, une groſſe & vaſte figure. Pour ce qui eſt de la couleur ils ſont naturellement auſſi blancs que nous, ſurtout du côté du Nord ; mais comme les hommes ſe menagent peu, qu'ils voyagent beaucoup, qu'ils ne portent ſur la tête qu'un petit bonnet peu propre à defendre le viſage des rayons du Soleil ; ils ſont ordinairement auſſi baſanez que les Portugais des Indes, & même le Peuple dans les Provinces de Canton & de Junnan, qui à cauſe des grandes chaleurs, travaille preſque deminud eſt d'un teint fort olivâtre.

Autant que les hommes ſe negligent ſur ce point, autant les femmes ont-elles ſoin de ſe conſerver. Si le fard n'eſt pas proprement en uſage chez elles, on dit qu'elles ſe frottent tous les matins le viſage d'une eſpéce de farine blanche plus propre à ternir le teint qu'à lui donner

ner de l'éclat. Elles ont toutes les yeux petits & le nez court ; à cela près elles ne cedent en rien aux Dames d'Europe ; mais la modestie, qui leur est naturelle, releve infiniment leur bonne grace : un petit collet de satin blanc qui tient à la veste leur serre & leur couvre entierement le col : les mains sont toûjours cachées dans de longues & larges manches : elles marchent mollement & lentement, les yeux baissez, la tête panchée; & l'on diroit à les voir que ce sont des Religieuses ou des Devotes de profession recueillies & occupées uniquement de Dieu. Ainsi la coutume a souvent plus de force pour gêner le sexe que la vertu la plus austere. Cette modestie n'empêche pas qu'elles n'ayent les entêtemens ordinaires des femmes ; plus on les resserre, moins elles aiment la solitude. Elles s'habillent magnifiquement & passent le matin plusieurs heures à se parer, dans la pensée qu'elles pourront être vûës le jour, quoique pour l'ordinaire elles ne le soient que de leurs domestiques.

a Ibidem, p. 235.

[a] Quoique les gens de qualité observent éxactement toutes les bienséances de leur état & ne paroissent jamais découverts en public, quelque grande que soit la chaleur ; néanmoins dans le particulier & parmi leurs amis, ils sont libres jusqu'à l'excès, ils quittent souvent bonnet, surtout, veste, & chemise, ne se reservant qu'un simple caleçon de tafetas blanc ou de toile transparente. Cela est d'autant plus surprenant, qu'ils condamnent les moindres nuditez dans les peintures, & qu'ils sont même scandalisez de ce que nos Graveurs representent les hommes avec les bras, les jambes & les épaules déeouvertes. Ils peuvent n'avoir pas tort d'être choquez de la licence peu Chrétienne de nos ouvriers ; mais ils sont ridicules de blâmer sur la toile & sur le papier, ce qu'ils pratiquent eux-mêmes avec tant de liberté & d'indecence en leurs propres personnes.

Pour ce qui est du Peuple, il passe en cela toutes les bornes de la modestie & de la pudeur, surtout dans les Provinces Meridionales, où les bâteliers & certaines autres gens de métier sont de la derniere impudence ; & en verité les Indiens les plus barbares, quoique le Climat les dût excuser, paroissent en cette matiere beaucoup moins barbares que les Chinois. Presque tous les ouvriers & les petits marchands vont par les ruës avec un simple caleçon, sans bonnet, sans bas & sans chemise, ce qui les rend fort basannez & souvent de couleur olivâtre. Dans les Provinces du Nord on est un peu plus reservé, & le froid malgré qu'ils en ayent, les rend modestes & retenus.

b Graaf Voyage aux Indes p. 169.

[b] Outre l'Agriculture à laquelle s'adonnent beaucoup les Chinois, ils ont le Commerce & la Navigation en grande recommandation. Ils aiment les Arts & font de fort beaux ouvrages tant en bâtimens, qu'en soye, en Laque, en Porcelaine, en or & en argent.

c Le P. le Comte Ibid. p. 237.

[c] Leur soye est sans contredit la plus belle du monde. On en fait en plusieurs Provinces ; mais la meilleure & la plus fine se trouve dans celle de Tchekiam (ou Chekiang). Tout le monde s'en mêle & le commerce en est si grand que cette seule Province en pourroit fournir à toute la Chine, & à une grande partie de l'Europe. Néanmoins les plus belles étoffes se travaillent dans la Province de Nankin où presque tous les bons ouvriers se rendent. C'est-là que l'Empereur se fournit de celles qui se consomment dans son Palais & dont il fait present aux Seigneurs de la Cour. Les soyes de Canton ne laissent pas d'être estimées, surtout parmi les Etrangers, & les étoffes de cette Province sont même d'un plus grand débit que celles de toutes les autres Provinces de la Chine.

[d] Outre la soye ordinaire & que nous connoissons en Europe, la Chine en a d'une autre sorte qu'on trouve dans la Province de Chanton. Les vers dont on la tire sont sauvages ; on les va chercher dans les bois, & je ne sache pas qu'on en nourrisse dans les Maisons. Cette soye est de couleur grise, sans aucun lustre ; de sorte que ceux qui n'y sont pas accoutumez prennent les étoffes, qui en sont faites, pour de la toile rousse ou pour du droguet des plus grossiers : cependant elles sont infiniment estimées & coutent beaucoup plus que le satin. On les nomme *Kien-Tcheou* ; elles durent très-long tems ; quoique fortes & serrées, elles ne se coupent point ; on les lave comme la toile, & les Chinois assurent que non seulement les taches ne les gâtent pas ; mais qu'elles ne prennent pas même l'huile.

d p. 240.

La laine est très-ordinaire & à fort bon marché dans toute la Chine, surtout dans les Provinces de Chensi, de Chansi, & de Sutchuen où l'on nourrit une infinité de troupeaux. Cependant les Chinois ne font point de draps. Ceux d'Europe que les Anglois leur portent sont très-estimez ; mais parce qu'ils les vendent incomparablement plus cher que les plus belles étoffes de soye on n'en achete gueres. Ainsi les Mandarins se font en hyver des robes de chambre d'une espece de bure, faute de meilleur drap. Pour les droguets, les serges, & les étamines nous n'en avons pas de meilleures que les leurs. Ce sont pour l'ordinaire les femmes des Bonzes qui y travaillent, parce que les Bonzes s'en servent eux-mêmes. Il s'en fait par tout un grand commerce.

Outre les toiles de coton, qui sont très-communes, ils usent encore en Eté de toile d'ortie pour de longues vestes ; mais celle qui est la plus estimée & qui ne se trouve nulle autre part, se nomme *Copou* ; parce qu'elle est faite d'une herbe que les gens du Pays appellent *Co*, qui se trouve dans la Province de Fokien.

[e] Il s'en faut bien que les Chinois dans leurs Maisons soient aussi magnifiques que nous. Outre que l'architecture n'en est pas si belle, ni les appartemens si bien entendus, ils ne s'étudient pas beaucoup à les orner, pour deux raison principales. La premiere, parce que tous les Palais des Mandarins appartiennent à l'Empereur ; c'est lui qui les loge & ordinairement c'est le Peuple qui les meuble. Le Peuple fait toûjours le moins de depense qu'il peut, & les Mandarins n'ont garde de se ruiner à embellir des Palais, qu'ils sont tous les jours en danger d'abandonner, parce que leurs charges ne

e Lettre v1. p. 252.

CHI.   CHI.

ne font proprement que des Commiffions qu'on leur ôte fouvent pour la moindre faute. La feconde raifon fe prend de la coutume du Pays, qui ne permet pas de recevoir les vifites dans l'interieur de la Maifon ; mais feulement à l'entrée dans un Divan qu'on a pratiqué pour les ceremonies. C'eft un falon tout ouvert, qui n'a d'autre ornement qu'un fimple ordre de colonnes de bois peint ou verni, dont on fe fert pour foutenir les poutres & la charpente, qui fouvent paroît toute nuë fous la tuile, fans qu'on fe donne la peine de la couvrir d'un lambris. Ainfi il ne faut pas s'étonner s'ils retranchent de leurs appartemens tous les ornemens fuperflus, puifque les Etrangers n'y entrent prefque jamais. Ils n'ont ni miroirs, ni tapifferies, ni chaifes garnies. Les dorures ne font point d'ufage fi ce n'eft dans quelques appartemens de l'Empereur, ou de quelques Princes du fang. De maniere que toute leur magnificence fe reduit à des cabinets, des tables, des paravans de vernis, quelques peintures, diverfes piéces de fatin blanc, fur lequel font écrites en gros caractere des fentences de morale & qu'on pend en plufieurs endroits de la chambre ; quelques vafes de Porcelaine. Cependant tout cela ne laiffe pas d'être fort propre & de plaire quand on fait en ménager les ornemens. Le vernis qui eft fi commun à la Chine, eft repandu partout ; il prend toute forte de couleurs ; on y mêle des fleurs d'or & d'argent ; on y peint des hommes, des Montagnes, des Palais, des chaffes, des oifeaux, des combats, & plufieurs figures qui relevent l'ouvrage & le rendent extrêmement agréable ; de forte qu'en cette matiere les Chinois font magnifiques à peu de frais. On s'eft trompé quand on a cru que le vernis étoit une compofition & un fecret particulier ; c'eft une gomme qui degoute d'un arbre à peu près comme la refine. Dans les tonneaux où on le tranfporte, il reffemble au goudron fondu, à cela près qu'il n'a prefque aucune odeur : quand on l'employe, il y faut mêler de l'huile pour le délayer, plus ou moins felon la qualité de l'ouvrage. Mais ceux qui fouhaitent faire quelque chofe de fini, colent fur le bois une efpece de carton compofé de papier, de filaffe, de chaux & de quelques autres matieres bien battuës dans lefquelles le vernis s'incorpore. Ils en compofent un fond parfaitement uni & folide, fur lequel s'applique le vernis peu à peu par de petites couches, qu'on laiffe fécher l'une après l'autre.

a p. 256. ª Pour ce qui eft de la Porcelaine, c'eft un meuble fi ordinaire qu'elle fait l'ornement de toutes les Maifons. Les tables, les buffets, les cabinets, les cuifines mêmes en font pleines ; car on boit & on mange dedans ; c'eft la vaiffelle commune. L'on en fait de grands pots à fleurs, & les Architectes en couvrent les toits & s'en fervent quelquefois au lieu de marbre pour en incrufter les bâtimens. Parmi celles qui font les plus eftimées on en voit de trois couleurs differentes. Les unes font jaunes ; mais quoique la terre en foit très-fine, elles paroiffent néanmoins plus groffieres que les autres, parce que cette couleur ne prend pas un fi beau poli. On en ufe dans le Palais de l'Empereur. Le jaune eft fa couleur particuliere, qu'il n'eft permis à perfonne de porter. Ainfi l'on peut dire qu'en matiere de Porcelaine, le Prince pour fon ufage eft le plus mal partagé de tous. La feconde efpéce eft de couleur grife & fouvent hachée d'une infinité de petites lignes irrégulieres, qui fe croifent, comme fi le vafe étoit tout félé ou travaillé de piéces de rapport à la Mofaïque. Il feroit difficile de tracer ces figures au pinceau, il y a plus d'apparence que quand la Porcelaine eft cuite & encore chaude, on l'expofe à un air froid, ou qu'on la trempe dans l'eau fraîche qui l'ouvre ainfi de tous côtez ; & qu'on y paffe enfuite une couche de vernis qui couvre ces inégalitez, & qui par le moyen d'un petit feu, où on la remet, la rend auffi unie & auffi polie qu'auparavant. Quoiqu'il en foit, ces fortes de vafes ont certainement une beauté particuliere, & il eft à croire que nos curieux en feroient cas. Enfin la troifiéme efpéce de Porcelaine eft blanche avec differentes figures de fleurs, d'arbres, d'oifeaux, que l'on y peint en bleu, telle que nous l'avons en Europe. C'eft la plus commune de toutes, & il n'y a perfonne qui ne s'en ferve ; mais comme en matiere de verres ou de cryftaux tous les ouvrages ne ferent pas également beaux ; auffi parmi les Porcelaines il s'en trouve de fort mediocres & qui ne valent gueres mieux que notre fayance. ᵇ C'eft une erreur de s'imaginer qu'il faille cent & deux cens ans pour preparer la matiere de la Porcelaine, & que la compofition en foit fort difficile. Si cela étoit, elle ne feroit ni fi commune, ni fi à bon marché. C'eft une terre plus dure que les terres ordinaires, ou plutôt une efpece de pierre molle & blanche, qui fe trouve dans les carrieres de cette Province. Voici la maniere dont on la prépare. Après en avoir lavé les morceaux & féparé le fable, ou la terre étrangere qui s'y peut mêler, on la broye jufqu'à ce qu'elle foit reduite en une pouffiere très-fine. Quelque fine qu'elle paroiffe on ne laiffe pas de continuer encore à la piler très-long-tems. Quoi qu'à la main on n'y fente point de différence, ils font néanmoins perfuadez qu'elle fe fubtilife en effet beaucoup plus, que les parties infenfibles font moins mêlées & que l'ouvrage en devient plus tranfparent. Ils font de cette pouffiére une pâte qu'ils braffent & qu'ils battent encore plus long-tems, afin qu'elle devienne plus douce ; & que l'eau en foit parfaitement incorporée. Quand la terre eft bien *voquée*, ils travaillent aux figures, il n'y a pas d'apparence qu'ils fe fervent de moules comme en quelques autres fortes de poterie ; mais il eft plus probable qu'ils les forment fur la rouë comme nous. Dès qu'ils font contens de leur ouvrage, ils l'expofent au Soleil le matin & le foir ; mais ils le retirent quand la chaleur eft trop forte, depeur qu'il ne fe *tourmente*. Ainfi les vafes féchent peu à peu, & on y applique la peinture à loifir, lorfqu'on juge que le fond eft propre à la recevoir ; mais parce que ni les couleurs, ni les vafes n'ont pas affez de luftre, ils font de la même matiére de la Porcelaine, une bouillie très-fine, dont ils paffent fur tout l'ouvrage diverfes couches, qui lui don-

ᵇ p. 263.

donnent un éclat & une blancheur particuliere. C'eſt ce qu'on appelle le vernis de la Porcelaine ; quelques-uns ont voulu dire qu'on y mêloit du vernis ordinaire avec une compoſition faite de blancs d'œufs & d'os de poiſſons luiſans; mais c'eſt une imagination. Après toutes ces preparations, on met les vaſes dans les fourneaux, où on allume un feu lent & uniforme, qui les cuit ſans les rompre ; & de crainte que l'air exterieur ne les endommage, on ne les en retire que long tems après, quand ils ont pris toute leur conſiſtence, & qu'ils ſe ſont refroidis à loiſir.

Si ces Peuples ſe negligent dans le domeſtique, il n'y a point qui affectent plus qu'eux de paroître magnifiques en public. Le Gouvernement qui condamne ou plutôt qui regle la depenſe en tout le reſte, non ſeulement l'approuve ; mais y contribuë encore dans ces occaſions. Quand les gens de qualité reçoivent des viſites, ou qu'ils en font; lorſqu'ils paſſent dans les ruës, ou qu'ils ſont en voyage ; mais ſurtout lorſqu'ils paroiſſent devant l'Empereur, ou qu'ils ſont leur cour aux Vicerois, c'eſt toûjours avec un train & un air de grandeur qui étonne. Les Mandarins magnifiquement vêtus ſont dans une chaiſe dorée & découverte, portez ſur les épaules par huit ou par ſeize perſonnes, accompagnez de tous les Officiers de leur Tribunal, qui les environnent avec des paraſols & d'autres marques de leur dignité. Il y en a qui les precedent marchant deux à deux & portant des chaines, des bâtons propres à punir, des tableaux de bois vernis, ſur leſquels on lit en gros caracteres d'or les titres d'honneur qui ſont attachez à leurs Charges, & un baſſin d'airain ſur lequel on frappe un certain nombre de coups, ſelon le rang qu'ils tiennent dans la Province : on crie continuellement & l'on menace pour écarter la foule. D'autres Officiers les ſuivent dans le même ordre & quelquefois quatre ou cinq Cavaliers ferment la marche. Il y a tel Mandarin qui ne paroît jamais ſans une ſuite de ſoixante ou de quatre-vingt domeſtiques. Les gens de guerre vont ordinairement à cheval & quand ils ſont d'un rang conſiderable, c'eſt toûjours à la tête de vingt-cinq ou trente Cavaliers. Les Princes du ſang ſont precedez à Pekin par quatre de leurs Officiers, & ſuivent au milieu d'un Eſcadron de leur marche ſans ordre. La magnificence des Mandarins Chinois éclate principalement dans les Voyages qu'ils font par eau. La grandeur prodigieuſe de leurs barques, qui égale celle des vaiſſeaux, la propreté, la ſculpture, les peintures, & les dorures des appartemens, le grand nombre d'Officiers & de matelots qui y ſervent, les differentes marques de leurs dignitez qui éclatent de toutes parts, leurs armes, leur pavillon, leurs banderolles, tout cela les diſtingue infiniment des Européens, qui ne ſont jamais plus negligez & plus mal en ordre que dans leurs Voyages.

ᵃ Lettre XI. p. 290.
ᵃ La ſuperbe marche de l'Empereur quand il va au Temple offrir au Ciel des ſacrifices, a quelque choſe de ſi ſingulier qu'elle merite de trouver place ici. Cette pompeuſe ceremonie commence par 24. trompettes ornées de cercles d'or, avec 24. tambours rangez en deux files : 24. hommes armez de bâtons verniſſez & dorez de 6. à 8. pieds de long les ſuivent en même ordre & ſur le même front. Enſuite marchent 100. ſoldats portant de magnifiques hallebardes armées d'un demi cercle de fer en forme de croiſſant, ſuivis de 100. maſſiers & de deux Officiers dont les piques peintes d'un vernis rouge ſont en differens endroits ornées de fleurs & de figures d'or. Après cette premiere file on porte 400. grandes lanternes parfaitement bien travaillées, 400. flambeaux d'un bois doré qui brûle comme nos torches, 200. lances chargées de gros floccons de ſoye, 24. bannieres où l'on a peint les ſignes du Zodiaque, & 56. autres qui repreſentent les Conſtellations du Ciel. On voit de plus 200. éventails dorez, avec des figures de dragons & de pluſieurs autres animaux ; 24. paraſols encore plus magnifiques & un buffet doré porté par les Officiers du Palais, dont les uſtanciles ſont d'or. Tout cela precede immediatement l'Empereur, qui paroît enſuite à cheval, ſuperbement vêtu, entouré de 10. chevaux de main de couleur blanche dont le harnois eſt couvert d'or & de pierreries, de 100. gardes de la manche & des pages du Palais. On ſoutient devant lui un paraſol qui fait ombre au Roi & au cheval ; mais qui brille de tous les ornemens qu'on a pû inventer pour l'enrichir: l'Empereur eſt ſuivi de tous les Princes du ſang, des Mandarins du premier ordre, des Vicerois, & des premiers Seigneurs de la Cour, tous en habits de ceremonie ; immediatement après, on voit 500. jeunes hommes de qualité qu'on peut appeller les Gentilshommes du Palais, accompagnez de 1000. valets de pied vêtus de ſoye incarnate, brodée de fleurs & piquée de petites étoiles d'or & d'argent. C'eſt proprement la Maiſon de l'Empereur. Ce cortege eſt encore plus extraordinaire par ce qui ſuit, que par ce qui a precedé ; car immediatement après, trente-ſix hommes portent une chaiſe decouverte qui reſſemble à un char de triomphe ; ſix-vingt porteurs en ſoutiennent une autre fermée & ſi grande qu'on la prendroit pour un appartement entier ; quatre chariots paroiſſent enſuite, dont les deux premiers ſont tirez par des Elephans & les deux autres par des chevaux ; châque chaiſe & châque chariot a une compagnie de 50. hommes pour ſa garde : les cochers en ſont richement vêtus & les Elephans auſſi bien que les chevaux ſont couverts de houſſes en broderie. Enfin cette ſuperbe marche eſt fermée par deux mille Mandarins de lettres & deux mille Officiers de guerre, tous avec des habits très-riches, marchant d'ordre & ſelon leur coutume avec une gravité qui imprime du reſpect. Il ne faut point que la Cour faſſe pour cela de depenſe extraordinaire : & dès que l'Empereur veut aller offrir un ſacrifice, on eſt toûjours prêt à l'accompagner en cet ordre.

ᵇ La Langue Chinoiſe n'a aucune analogie avec toutes celles qui ont cours dans le monde, rien de commun, ni dans le ſon des paroles, ni dans la prononciation des mots, ni dans l'arran-

ᵇ Lettre VII. p. 296.

rangement des idées. Tout est mysterieux dans cette Langue & l'on ne peut s'empêcher de s'étonner de voir qu'on en peut apprendre tous les termes en deux heures, quoiqu'il faille plusieurs années d'étude pour la parler ; qu'on peut savoir lire tous les Livres ; & les entendre parfaitement, sans y rien comprendre si un autre en fait la lecture ; qu'un Docteur pourra composer des ouvrages avec toute la politesse imaginable, & que ce même Docteur n'en sauroit pas assez pour s'expliquer dans les conversations ordinaires ; qu'un muet instruit dans les caracteres pourroit avec les doigts sans écriture, parler presque aussi vîte qu'il est necessaire pour ne pas ennuyer ses auditeurs : enfin que les mêmes mots signifient souvent des choses opposées, & que de deux personnes qui les prononceront, ce sera un compliment dans la bouche de l'un, & des injures atroces dans la bouche de l'autre. Ces paradoxes, quelque surprenans qu'ils paroissent ne laissent pas d'être très-veritables. Cette Langue ne contient que 300. mots ou environ, tous d'une syllabe, ou qu'on prononce au moins d'une maniere si serrée qu'on n'en distingue presque jamais qu'une. Ce peu de mots ne suffiroit pas pour s'expliquer avec facilité sur toutes sortes de matieres, pour fournir aux Sciences & aux Arts, pour soutenir l'éloquence dans le discours, & dans les ouvrages, ce qui est parmi les Chinois très-different ; si l'on n'avoit trouvé l'art de multiplier le sens sans multiplier les paroles. Cet art consiste particulierement dans les differens accens qu'on leur donne. Le même mot prononcé avec une inflexion de voix plus forte ou plus foible a diverses significations. Ainsi la Langue Chinoise, quand on la parle exactement, est une espéce de musique & renferme une veritable harmonie, qui en fait l'essence & le caractere particulier. Il y a cinq tons qui s'appliquent à chaque parole, selon le sens qu'on lui veut donner. Le premier est une prononciation uniforme, sans élever ou abaisser la voix, comme si l'on continuoit durant quelque tems la premiere note de nôtre musique. Le second éleve la voix notablement plus haut. Le troisiéme est très-aigu : dans le quatriéme, de ce ton aigu on descend tout d'un coup à un ton grave : dans le cinquiéme, on passe encore à une note plus profonde, si l'on peut s'exprimer de la sorte, creusant & formant une espéce de basse. On ne sauroit se faire parfaitement entendre en cette matiere que par le langage même.

L'Imprimerie qui est un Art naissant en Europe a presque de tout tems été en usage à la Chine. Elle est néanmoins un peu differente de la nôtre. Comme nous avons très-peu de lettres, & comme on peut en les assemblant, former de gros volumes, peu de caracteres nous suffisent ; parce que ceux qui ont servi aux premieres feuilles sont encore employez à toutes les autres. Le prodigieux nombre des caracteres Chinois empêche qu'on n'en use de la sorte, si ce n'est en certaines matieres limitées, qui concernent le Palais & les inscriptions où très-peu de lettres peuvent entrer : dans toutes les autres occasions ils trouvent plus de facilité à graver leurs lettres sur des planches de bois ; & la depense en est beaucoup moindre. Voici comme ils s'y prennent. Celui qui veut imprimer un Livre, le fait premierement écrire par un excellent Maître. Le Graveur en colle chaque feuille sur une table bien unie, & en suit les traits avec le burin si fidelement que les caracteres marquez ont une ressemblance parfaite avec l'original ; desorte que l'impression est bonne ou mauvaise, selon qu'on a employé un bon ou mauvais Ecrivain. Cette adresse des Graveurs est si grande, qu'on ne sauroit distinguer ce qui est imprimé d'avec ce qui est écrit à la main quand on s'est servi du même papier & de la même ancre. Il est vrai que cette maniere d'imprimer a quelque chose d'incommode en ce qu'il faut multiplier les planches autant que les feuilles ; desorte qu'une chambre mediocre ne suffira pas pour contenir toutes les petites tables, qui auront servi à l'impression d'un gros volume. Mais aussi quand la gravure est finie on n'est point obligé de tirer en même tems tous les exemplaires au hazard de n'en vendre que la moitié.

[a] Les Chinois qui sont mediocres dans les Sciences, réussissent beaucoup mieux dans les Arts, & quoi qu'ils ne les ayent pas portez à ce degré de perfection, où nous les voyons en Europe, ils savent néanmoins en cette matiere non seulement ce qui est necessaire pour l'usage ordinaire de la vie ; mais encore tout ce qui peut contribuer à la commodité, à la propreté, au commerce, & même à une magnificence bien reglée. Ils auroient été plus loin, si la forme du gouvernement qui a mis des bornes à la depense des particuliers ne les eût arrêtez. Les ouvriers sont extrêmement laborieux, & s'ils n'inventent pas aussi aisément que nous, ils conçoivent sans peine nos inventions, & ils nous imitent assez bien. On fait à present en divers endroits de l'Empire, du verre, des montres, des pistolets, des bombes & plusieurs autres ouvrages dont ils nous sont redevables ; mais ils ont de tout tems la poudre à canon, l'Imprimerie, & l'usage de la Boussole, qui sont des Arts nouveaux en Europe, & dont nous leur avons peut-être obligation.

[a] Lettre VIII. p. 383.

[b] Parmi toutes les idées du Gouvernement que l'Antiquité s'est formée, il n'en est peut-être aucune qui établisse une Monarchie plus parfaite que celle des Chinois. Les anciens Legislateurs de ce puissant Etat l'ont proposée de leur tems telle à peu près qu'elle est encore aujourd'hui. Les autres Empires, selon le sort ordinaire des choses de ce monde, ont eu, pour ainsi dire, les foiblesses de l'enfance ; ils sont nez informes & imparfaits & il leur a fallu comme aux hommes, passer par tous les degrez de l'âge avant que d'arriver à la perfection. La Chine semble avoir été beaucoup moins assujettie aux Loix communes de la Nature, & la forme de son Gouvernement n'a été gueres moins parfaite dans son origine qu'elle l'est à present depuis plus de 4000. ans qu'elle dure. Durant cette longue suite de siécles les Chinois n'ont jamais connu le nom de Republique. L'autorité sans bornes que les Loix donnent à l'Empereur, & la necessité qu'elles lui imposent en même tems de

[b] Lettre IX. p. 2.

s'en servir avec moderation, sont les deux colonnes, qui soutiennent depuis tant de tems la Monarchie Chinoise. Ainsi le premier sentiment qu'on a inspiré au Peuple, c'est un respect pour le Prince, qui va presque jusqu'à l'adoration. On le nomme le fils du Ciel & l'unique Maître du monde. Ses ordres sont reputez saints; ses paroles tiennent lieu d'Oracles: tout ce qui vient de lui est sacré. On le voit rarement; on ne lui parle qu'à genoux. Les Grands de la Cour, les Princes du sang, ses propres freres se courbent jusqu'à terre, non seulement en sa presence; mais encore devant son Trône; & il y a des jours reglez chaque semaine, ou chaque mois pour les assemblées des Seigneurs qui se rendent dans une des Cours du Palais, pour reconnoître par des adorations profondes l'autorité de ce Prince, quoi qu'il n'y soit pas en personne. Dès qu'il a été proclamé Empereur, toute l'autorité de l'Empire est réunie dans sa personne, & il devient l'arbitre Souverain de la bonne, ou de la mauvaise fortune de ses Sujets. I. Toutes les charges de l'Etat sont à sa disposition, il les donne à qui il lui plaît, & il en est d'autant plus le Maître qu'il n'en vend aucune. Le merite, c'est-à-dire la probité, la Science, une longue experience & surtout un air grave & reglé, ont seulement le droit d'exiger quelque preference, & de faire distinguer ceux qui y pretendent. II. L'Empereur peut ôter la vie aux premiers Princes du sang, & disposer à plus forte raison de tous ses autres Sujets. Les Loix l'en font tellement le Maître que ni les Viceroys ni les Parlemens, ni aucune autre Cour Souveraine n'oseroit faire exécuter un criminel dans toute l'étenduë de l'Empire sans un ordre exprès de la Cour. On instruit les procès dans les Provinces; mais la sentence en est presentée à l'Empereur, qui la confirme ou qui la casse comme il lui plaît. III. Quoique châque particulier soit maître de ses biens & paisible possesseur de ses terres, l'Empereur peut néanmoins imposer de nouveaux tributs, quand il le juge à propos, pour subvenir aux pressans besoins de l'Etat. Il n'use pourtant presque jamais de ce pouvoir, soit à cause que les tributs reglez sont suffisans, quand il ne s'agit que de soutenir une guerre étrangere; soit parce que dans les guerres civiles il seroit dangereux d'aigrir les esprits par des subsides extraordinaires. IV. Il est libre à l'Empereur de déclarer la Guerre, de conclure la Paix & de faire des Traitez aux conditions qu'il lui plaît, pourvû qu'en cela il conserve toûjours la majesté de l'Empire. V. Ce qui lui donne une autorité Souveraine; c'est le choix qu'il peut faire de son Successeur, non seulement parmi les Princes de la Maison Royale; mais encore parmi ses Sujets. Cet ancien droit a quelquefois été mis en pratique: les exemples néanmoins en sont rares, & depuis plusieurs siécles les Empereurs se sont renfermez dans leur famille; mais ils ne choisissent pas toûjours l'aîné. Il peut même, après l'avoir choisi & déclaré solemnellement son successeur, l'exclure & en prendre un autre; mais il faut de grandes raisons pour en user de la sorte & que les Cours Souveraines de Pekin y consentent en quelque maniere:

autrement il seroit universellement blâmé & il s'exposeroit même à n'être pas obéï. VI. Ce pouvoir si absolu sur tous les Etats differens ne s'arrête pas à cette vie; le Prince étend aussi ses droits sur les morts; il les abaisse & les agrandit comme les vivans pour recompenser ou pour punir leurs personnes & leurs familles. Il leur donne de nouveaux titres de Comte, de Duc, & autres semblables qu'il seroit difficile d'exprimer dans notre Langue. Il peut même les déclarer saints, ou comme ils disent les faire de purs esprits. Quelquefois il leur bâtit des Temples; & si leurs services ont été considerables, ou leurs vertus éclatantes, il oblige le Peuple à les honorer comme les autres Divinitez. Le Paganisme a depuis long-tems introduit cet abus; il est néanmoins certain que dès la fondation de l'Empire, le Roi a toûjours été regardé comme le Chef de la Religion; & il n'appartient encore qu'à lui d'offrir en public & avec ceremonie des sacrifices au Souverain Maître du Ciel. VII. Il y a un autre point qui, quoique peu important en apparence, ne laisse pas de marquer dans l'Empereur une autorité extraordinaire. C'est qu'il peut abroger les caractéres de la Langue, en créer de nouveaux, changer les noms des Provinces, des Villes, des familles; défendre l'usage de certains termes, donner cours à d'autres.

Ce pouvoir sans bornes devroit, ce semble, produire de méchans effets dans le gouvernement, & il en a produit quelquefois; car il n'y a rien en ce monde qui n'ait ses inconveniens. Cependant les Loix y ont apporté tant de remedes, & on a pris de si sages précautions, que pour peu qu'un Prince soit sensible ou à sa reputation ou à ses interêts, ou au bien public, il ne sauroit long-tems abuser de son autorité.

Du côté de sa reputation trois reflexions peuvent le porter à se conduire sans passion. I. Les anciens Legislateurs ont établi dès le commencement de la Monarchie, comme un premier principe du bon Gouvernement, que ceux qui regnent sont proprement les Peres du Peuple, & non pas des Maîtres établis sur le trône pour être servis par des Esclaves. C'est pour cela que de tout tems on appelle l'Empereur *Ta-fou*, c'est-à-dire le *Grand-Pere*, & parmi les titres d'honneur, il n'en reçoit aucun plus volontiers que celui-là. II. Il est permis à châque Mandarin d'avertir l'Empereur de ses défauts, pourvû que ce soit avec les précautions que demande le profond respect qu'on doit lui porter. Voici comme cela se pratique. Le Mandarin qui trouve quelque chose à redire à sa conduite par rapport au Gouvernement, dresse une requête dans laquelle après avoir témoigné la veneration qu'il a pour la Majesté imperiale, il prie très-humblement le Prince de faire reflexion aux anciennes coutumes, & aux exemples des saints Rois qui l'ont precedé. Ensuite il marque en quoi il paroît s'en éloigner. Cette requête se met sur une table avec plusieurs autres placets qu'on presente tous les jours, & l'Empereur est obligé de la lire. S'il ne change point de conduite, on y revient de tems en tems, selon le zele & le courage des Mandarins; car il

CHI.

il en faut avoir beaucoup pour s'exposer ainsi à son indignation. III. On compose l'Histoire de leur regne d'une maniere qui est seule capable de les moderer, s'ils aiment tant soit peu leur gloire & leur reputation. Un certain nombre de Docteurs choisis & desintereffez remarquent avec soin toutes leurs paroles & toutes leurs actions ; chacun d'eux en particulier & sans le communiquer aux autres, les écrit sur une feuille volante à mesure que les choses se passent, & les jette dans un bureau par un trou fait exprés. Le bien & le mal y sont racontez simplement. Afin que la crainte, ou l'esperance n'y ayent aucune part, ce bureau ne s'ouvre jamais ni durant la vie du Prince, ni pendant le tems que sa famille est sur le trône. Quand la Couronne passe dans une autre Maison, comme cela arrive souvent, on ramasse tous ces Memoires particuliers, & après les avoir confrontez les uns avec les autres, pour en mieux démêler la verité, on en compose l'Histoire de l'Empereur, afin qu'elle serve d'exemple à la posterité s'il a sagement gouverné, ou qu'elle soit l'objet de la censure publique s'il a manqué à son devoir.

a p. 24. ᵃVoici en general ce que les Loix ont determiné pour la forme ordinaire du Gouvernement. L'Empereur a deux Conseils Souverains ; l'un extraordinaire & composé des Princes du sang, l'autre ordinaire où entrent les Ministres d'Etat qu'on nomme COLAOS. Ce sont eux qui examinent toutes les grandes affaires, qui en font le rapport & qui reçoivent les dernieres déterminations de l'Empereur. Outre cela il y a à Pekin six Cours Souveraines dont l'autorité s'étend sur toutes les Provinces de la Chine, quoi qu'elles connoissent de differentes matieres. En voici le nom & l'emploi. Le *Lipou* a vuë sur tous les Mandarins ; il peut leur donner ou leur ôter leurs charges. Le *Houpou* leve tous les tributs & tient compte de l'emploi des finances. Le Conseil des rites doit conserver les anciennes Coutumes, il regle tout ce qui regarde la Religion, les Sciences, les Arts, les affaires étrangeres. Le *Pimpou* étend sa jurisdiction sur les troupes & sur les Officiers qui les commandent. Le *Himpou* juge souverainement des crimes. Le *Compou* ordonne des ouvrages publics & des bâtimens Royaux. Chaque Tribunal renferme plusieurs Chambres ; il y en a jusqu'à 15. en quelques-uns, dont la premiere ne consiste qu'en trois personnes, un President & deux Assesseurs, à qui toutes les affaires importantes reviennent en dernier ressort ; les autres sont subalternes, composées d'un President & de plusieurs Conseillers, tous soumis au President de la Grand'Chambre, qui a seul, quand il veut, l'autorité definitive. Mais parce qu'il est de l'interêt de l'Empereur, que des corps aussi puissans que ceux-là, ne soient pas en état d'affoiblir l'autorité Royale & de tramer quelque chose contre l'Etat ; on a voulu premierement que les matieres de leurs jugemens fussent tellement partagées, qu'ils eussent tous besoin les uns des autres. Ainsi quand il s'agit de la guerre, le nombre des troupes, la qualité des Officiers, la marche des armées sont du ressort

Tom. II.

CHI. 595

du quatriéme Tribunal ; mais l'argent pour les payer se prend à l'ordre du deuxiéme. De maniere qu'il n'y a point d'affaire de consequence dans l'Etat, qui n'ait ordinairement rapport à plusieurs & quelquefois à tous ces Mandarins ensemble. La seconde précaution qu'on a prise, c'est de nommer un Officier, qui ait l'œil à ce qui se passe en chaque Tribunal. Quoi qu'il n'en soit point du nombre, il assiste néanmoins à toutes les assemblées, & on lui en communique les actes. C'est proprement ce que nous appellons un Inspecteur. Il avertit secretement la Cour, ou même il accuse publiquement les Mandarins des fautes qu'ils commettent non seulement dans l'administration de leurs charges ; mais encore dans leur vie privée. Il examine leurs actions, leurs paroles, leurs mœurs, rien ne lui échape. Ces Officiers qu'on nomme *Colis* sont trembler jusqu'aux Princes du sang.

Pour ce qui est des Provinces, elles sont immediatement gouvernées par deux sortes de Vicerois. Les uns en gouvernent une seule. Ainsi il y a un Viceroi à Pekin, à Canton, à Nankin, ou dans une autre Ville peu éloignée de la Capitale. Mais outre cela ces mêmes Provinces obéïssent à d'autres Vicerois qu'on nomme *Tsounto*, & qui en gouvernent en même tems deux ou trois & même quelquefois jusqu'à quatre. Il n'y a gueres de Rois en Europe dont les Etats soient si étendus que ceux de ces Officiers Generaux ; mais quelque grande que paroisse leur autorité elle ne diminuë en rien celle des Vicerois particuliers, & leurs droits sont si bien reglez, qu'il n'y a jamais entre eux de conflit de jurisdiction.

Ces Vicerois ont chacun dans leur département plusieurs Tribunaux qui repondent aux Cours Souveraines de Pekin, & qui leur sont subordonnez, de maniere qu'on appelle des uns aux autres, sans compter un grand nombre de Chambres subalternes qui instruisent, ou qui finissent les affaires suivant l'ordre & les commissions qu'ils leur donnent. Les Villes particulieres qui sont de trois ordres differens, ont aussi leurs Gouverneurs, & un grand nombre de Mandarins qui rendent la Justice ; desorte néanmoins que celles du troisiéme ordre sont soumises à celles du second, & celles du second, aux Villes du premier ordre. Celles-ci obéïssent aux Officiers Generaux des Capitales selon la nature des affaires & tous les Juges de quelque qualité qu'ils soient en matiere Civile dependent du Viceroi, en qui reside l'autorité Royale. De tems en tems il assemble les principaux Mandarins de sa Province, pour apprendre les bonnes ou les mauvaises qualitez des Gouverneurs, des Lieutenans de Roi & des Officiers moins considerables : il en envoye des Memoires secrets aux Cours Souveraines de Pekin, pour en instruire l'Empereur qui les prive ensuite de leurs charges, ou qui les appelle pour se justifier. Au reste le pouvoir du Viceroi est balancé par celui des autres grands Mandarins qui l'environnent, & qui peuvent l'accuser quand ils le jugent à propos pour le bien de l'Etat. Mais ce qui l'oblige en-

Ffff* 2   co-

core plus d'être sur ses gardes ; c'est que le Peuple a droit de se plaindre de lui immediatement à l'Empereur, & d'en demander un autre quand il en est maltraitté ou oprimé. Le moindre soulevement dans la Province lui est imputé ; & s'il continuë plus de trois jours, il en repond sur sa tête. C'est sa faute, disent les Loix, si la famille, c'est-à-dire la Province dont il est le chef, n'est pas tranquille. Il doit regler la conduite des Mandarins subalternes, de crainte que le Peuple n'en souffre. Un Peuple content de ses Maîtres ne songe point à s'en defaire ; & quand le joug est doux on se fait un plaisir de le porter.

Mais parce qu'il n'est pas aisé aux Particuliers de penetrer jusqu'à la Cour & que les justes plaintes du Peuple ne se font pas toûjours entendre aux oreilles du Prince; surtout à la Chine où les Gouverneurs corrompent facilement par argent les Officiers Generaux, & ceux-ci les Cours Souveraines, l'Empereur envoye secretement des Inspecteurs deguisez, gens d'une sagesse & d'une probité reconnuë, qui courent toutes les Provinces, & qui s'informent adroitement des Paysans, du Peuple, des Marchands, de tout le monde, de quelle maniere les Mandarins se gouvernent dans l'administration de leurs charges. Quand par des instructions secrétes & sûres, ou bien par la voix publique qui n'impose presque jamais, ils ont découvert le desordre; alors ils se déclarent publiquement Envoyez de l'Empereur, ils arrêtent les Mandarins coupables & leur font eux-mêmes leur procès. Cette pratique contenoit autrefois tous les Juges dans leur devoir ; mais depuis que les Tartares se sont rendus Maîtres de la Chine ; on en use plus rarement ; parce que quelques Inspecteurs abuserent de leur Commission s'enrichissant aux depens des coupables à qui ils pardonnoient & des innocens qu'ils menaçoient injustement d'accuser.

[a] *Outre le Commerce qui se fait dans la Chine d'une Province à l'autre & dont on peut dire que ce sont autant de Royaumes qui se communiquent leurs richesses ; on a permis aux Etrangers de venir dans les Ports de l'Empire, qui depuis le commencement de la Monarchie leur avoient toûjours été fermez. Par-là les Chinois se repandent eux-mêmes dans toutes les Indes, où ils portent la soye, la Porcelaine, les drogues pour la Medecine, le sucre, les ouvrages de vernis, le vin, les poteries & cent autres curiositez du Pays. Ils vont à Batavia, à Siam, à Achim, à Malaque, & surtout au Japon & aux Manilles, dont ils ne sont éloignez que de peu de journées. Ils rapportent de l'argent de tous ces endroits, & tout celui qui vient du Mexique aux Philippines par la Mer Pacifique, se va rendre à Canton d'où il se repand dans l'Empire.

J'ai marqué à chaque Province les longitudes & latitudes des Villes de la Chine, selon l'Atlas Chinois ; voici les corrections qu'on y peut faire suivant des observations plus recentes.

Premierement pour bien entendre les positions de l'Atlas Chinois du Pere Martini, qui ne détermine les longitudes de la Chine que par rapport à Pekin ; il faut savoir que Pekin est de 114. d. 16′. plus Oriental que Paris. Or la longitude de Paris est de 22. d. 30′. minutes : donc celle de Pekin est de 136. d. 46′. Si l'on demande à present quelle est la longitude de Nankin selon le P. Martini, qui fait cette Ville d'1. degré 26. minutes plus Orientale que Pekin : ajoutez cette somme à la longitude de Pekin ; vous aurez pour la longitude demandée 138. d. 12′. si au contraire on demande quelle est selon ce même Auteur la longitude d'une Ville plus Occidentale que Pekin, comme par exemple de Chinting, la difference des Meridiens est de 2. degrez 36′. il faut alors les retrancher de la longitude de Pekin, & on aura ce que l'on cherche, savoir 133. d. 40′. pour la longitude totale de Chinting.

En second lieu pour se servir utilement de cette Table de longitudes, de latitudes & de Distances, il faut remarquer que ce signe † denote les petites Villes ; & que ces positions sont telles que les fournit le P. Noël Jesuite ; mais il s'y est glissé une erreur dans la longitude de Macao qui influë sur toutes les autres, & qu'il est aisé de corriger. Il donne à cette Ville 138. d. 30′. de longitude ce qui fait un excès de 4. d. & environ 33′. qu'il en faut retrancher. Il faut ôter le même nombre de toutes les autres, ce qui est facile quand on est averti. Les distances qu'il marque par Lis mesure Chinoise ne doit point embarasser, puis que dix de ces Lis font une lieue commune Françoise ; comme je l'explique avec plus de précision au mot MESURES Itineraires [b].

[a] Ibid. p. 74.

[b] Voiez Observat. Physiques & Math. inserées dans l'Hist. de l'Acad. Roy. des Sciences, année 1692. Ed. d'Amsterdam,

Table des Longitudes, des Latitudes, & des Distances de quelques Villes de la Chine, selon le P. Noël Jesuite.

Noms	Longitude		Latitude		Distance	Lis
	degr.	min.	degr.	min.		
Macao	138	30	22	12	0	0
Hiamxan †	138	21	22	30	par Mer	110
Canton	138	15	23	15	par la Riviere	230
Sanxüi †	137	53	23	9	par la Riviere	140
Xoakim	137	41	23	3	par la Riviere	30
Cim-yuen †	138	18	23	50	par la Riviere	220
Im-te †	138	56	24	8	par la Riviere	190
Xaocheu	139	18	24	55	par la Riviere	320
Nan-hium	139	55	25	15	par la Riviere	260
Nan-ngan	140	4	25	30	par terre	120
Nankam †	140	22	25	45	par la Riviere	200
Cancheu	140	32	25	53	par la Riviere	200
Van-ngan †	140	18	26	43	par la Riviere	250
Tai-ho †	140	24	26	59	par la Riviere	100
Kie-ngan †	140	25	27	15	par la Riviere	110
Kie-xui †	140	35	27	22	par la Riviere	50
Hiakiam †	140	37	27	37	par la Riviere	80
Sinkan †	140	48	27	46	par la Riviere	70
Linkiam	140	38	27	59	par la Riviere	90
Fum-chim †	141	5	28	5	par la Riviere	130
Nancham	141	9	28	40	par la Riviere	120
Nankam	141	11	29	23	par la Riviere	280
Hùkeu †	141	25	29	38	par la Riviere	90
Pumçe †	141	41	29	44	par la Riviere	80
Tumlieu †	142	6	30	0	par la Riviere	130
Ngankim	142	10	30	52	par la Riviere	120
Chicheu	142	36	30	44	par la Riviere	140
Tumlin	142	56	31	2	par la Riviere	120
Viüc-hu †	143	27	31	20	par la Riviere	170
Nankim	143	47	32	4	par la Riviere	180
Kiu-yum †	144	6	31	57	par terre	90
Tam-yam	144	32	31	53	par terre	100
Chamcheù	144	53	31	45	par la Riviere	90
Vusie †	145	14	31	33	par la Riviere	70
Chamxo †	145	47	31	40	par la Riviere	130
Sucheu	145	28	31	18	par la Riviere	90
Quenxan †	145	52	31	20	par la Riviere	70
Xamhay †	146	33	31	15	par la Riviere	170
Sumkiam	146	10	31	2	par la Riviere	100
Kia-xen †	145	43	30	49	par la Riviere	54
Kiahim	145	35	30	47	par la Riviere	36
Xe-muen	145	20	30	35	par la Riviere	100
Hamcheu	144	59	30	15	par la Riviere	110
Les Bourgs					de { Xamhay	160
					Nankim	180
					Tan-yan	90
de l'Isle de						
çummim †	146	21	31	52		
Chukiam	144	27	32	14		
Quacheu †	144	23	32	18	par la Riviere	10
Yamcheu	144	22	32	25	par la Riviere	40
Caoyeu †	144	24	32	42	par la Riviere	180
Poaim	144	20	33	15	par la Riviere	150
Hoai-ngan	144	18	33	32	par la Riviere	80
Hiùy †	143	41	33	0	par terre	200
Sucheu †	143	41	33	13	par la Riviere	5
Uho †	143	2	33	14	par la Riviere	180
Gimho †	144	6	33	35	de Hai-ngan	60
Toayuen †	143	48	33	40	droit chemin	60
Soçiuen †	143	32	33	53		100
Picheu †	143	16	34	7		80
Siucheu †	142	29	34	9		150

Il faut obferver que le P. Noël en voyageant par les lieux dont il donne ici la pofition s'eft fervi de l'eftime & du calcul. Voici quelques pofitions fondées uniquement fur les Obfervations aftronomiques. Il y a peu de Longitudes; mais en échange les Latitudes portent le caractere d'une grande précifion.

Noms	Longitudes			Latitudes		
	deg.	min.	fec.	deg.	min.	fec.
Macao	133	53	45	22	12	14
Hoai-ngan	139	48	0	33	34	40
Nimpo	140	28	0	29	57	45
Ifle de çummin, fon milieu	142	16	45	31	40	0
Canton				23	16	6
Xoakim				23	3	42
Xaocheu				24	54	34
Nan-hium				25	3	14
Nan-ngan				25	26	40
Cancheu				25	54	12
Nancham				28	43	6
Nankam				29	27	3
Nankim				32	7	45
Chamxo				31	43	52
Xamhay				31	16	45
Namcheu				30	19	15
Hamcheu				30	16	5
Su-heu				31	18	48
Yamcheu				32	24	53
Siucheu				34	14	30

On peut voir les pofitions de l'Atlas Chinois dans l'Article particulier de chaque Province, où je raporte ce qu'elle a & ce qu'elle produit de fingulier. Voiez les Articles SERES & SINÆ.

CHINEY. Voiez CINEY.

CHINGALAIS. Voiez CHINGULAIS.

CHINGAN [a], Ville de la Chine dans la Province de Quangfi dont elle eft la dixième Metropole. Elle eft par les 24. d. de latitude. Le nom même de Metropole ne lui convient que très-improprement puifqu'elle n'a point d'autre Ville qu'elle même dans fon territoire. Ce n'étoit autrefois qu'un Bourg; mais la famille de Tayming en fit agrandir l'enceinte, y ajouta des murs & en fit une Ville de nom & d'effet. Tout fon territoire étoit autrefois du Tunquin duquel il a été detaché. Les habitans different peu des vrais Chinois, & aiment les habits noirs. Ce Canton produit du miel & de la cire, & abonde en ce qui eft neceffaire à la vie.

CHINGTIEN [b], Ville de la Chine dont elle eft la quatorziéme Metropole. Elle eft par le 31. d. 35'. de latitude. Cette Ville eft ancienne & a plufieurs fois changé de nom felon le caprice des Souverains, qui y ont dominé. Elle a porté fucceffivement ceux d'INGCHUNG, & de JUNKE; la famille de Tayming lui a donné le nom de Chingtien qu'elle porte à prefent, & l'a élevée au rang de Ville, au lieu qu'elle n'étoit que fimple Cité auparavant. Maintenant fon territoire comprend fix Citez fous elle, favoir

[a] Atlas Sinenfis.

[b] Ibid.

Chingtien Capitale,
Kingxang,   Kingling,
Cienkiang,   Kingmuen,
Mienyang,   Tangyang.

Cette Ville eft fituée près du bord Oriental de la Riviere de Han. Elle eft environnée de Montagnes & d'eaux, qui lui font comme un rempart. Son terroir produit abondamment ce qui eft neceffaire à l'ufage de l'homme; & on y compte fix Pagodes dediées à la memoire d'autant d'hommes illuftres.

§. J'ai fait remarquer ailleurs qu'au lieu qu'en Italie & autres pays de l'Europe le nom de Cité eft plus honorable que celui de Ville, on appelle au contraire à la Chine du nom de Villes celles qui font ce que j'appelle Metropoles, c'eft-à-dire qui ont d'autres Villes dans leur département, & celles qui font fubordonnées à une de ces Villes font appellées Citez. Du moins le P. Martini en donne cette idée dans fon Atlas Chinois.

CHINGTU [c], Ville de la Chine dans la Province de Suchuen dont elle eft la premiere Metropole, ou la Capitale. Elle eft fous le 30. d. 47'. de latitude. Cette Ville n'en a point dans fon département, qui l'égale pour la beauté des Edifices, & pour l'affluence du Peuple que l'on y voit. C'eft une Ville marchande très-célèbre, qui a eu le bonheur de trouver dans la famille de Taïminga un Prince, qui n'étant inferieur à l'Empereur que par ce titre qui lui manquoit, faifoit une très-groffe figure & une depenfe vraiment Royale, & dont elle fut la refidence. Son vafte & magnifique Palais avoit de circuit quatre milles d'Italie étoit au milieu de la Ville; il y avoit quatre portes & devant celle du Midi une fort grande place ornée de plufieurs arcades de pierres, d'un ouvrage exquis. La Ville eft toute entrecoupée de canaux revêtus de pierres de taille de chaque côté, où l'on peut paffer avec des barques, & que l'on traverfe fur quantité de ponts. Il y a fept Temples confacrez à la memoire d'autant de Heros entre lefquels on trouve çançungo Roi de Cho, à qui les Chinois attribuent l'invention de travailler la foye & l'art d'élever les vers, qui la produifent. Cette Ville avant que d'être aux Chinois étoit une refidence Royale nommée CHO. La famille de Hana l'appella QUANGHAN, & en fit quelque temps le Siége de fon Empire. Les Rois de Cyn lui donnerent le nom qu'elle a aujourd'hui. Ceux de la famille de Tanga l'appellerent KIENNAN. Cette Ville eft dans une Ifle que forment plufieurs Rivieres. Le pays eft partie en plaines & partie en Montagnes; très-fertile partout & dont il n'y a pas un endroit, qui ne foit foigneufement cultivé. Les campagnes font generalement arrofées foit par des ruiffeaux qui coulent de fource, foit par des rigoles qui conduifent les eaux où l'on veut; principalement vers l'Orient où l'on traverfe une campagne délicieufe qui a trois journées de chemin, & dans toute cette étendue on paffe plus de cent ponts de pierre, chacun de plufieurs arches. Le département de cette Ville en contient trente, favoir

[c] Atlas Sinenfis.

Ching-

Chingtu, Capitale,	Kien ☉,
Xoanglieu,	Ouyang,
Venkiang,	çungking,
Sinfan,	Sincin,
Sintu,	Han ☉,
Kint'ang,	Xefang,
Ginxeu,	Miencho,
Cingping,	Teyang,
Pi,	Mien ☉,
ç'u,	Changming,
Nuikiang,	Lokiang,
Quon,	Mieu,
Peng,	Venchuen,
Cungning,	Guei ☉,
Gan,	Pao.

On voit à Chingtu un oiseau d'une surprenante beauté. On l'appelle *Tunghoafung* ; il est petit, a le bec rouge, & le plumage si agréablement varié de toutes sortes de couleurs qu'on ne peut le regarder sans admiration. On dit qu'il vient d'une fleur nommée *Tunghoa*, delà vient qu'il porte le nom de sa mere. Il ne vit qu'autant que dure la fleur. On croiroit que c'est une fleur vivante qui vole, tant il ressemble à cette fleur par sa beauté & pour la brieveté de sa durée.

CHINGYANG[a], Ville de la Chine dans la Province de Huquang dont elle est la quinziéme Metropole par les trente-trois degrez de latitude. Elle en est de même temps la plus Septentrionale, aux confins de la Province de Chensi ; d'où elle reçoit le fleuve Han qui l'arrose, & l'entoure de ses eaux. Il y a sept Villes dans son département, savoir

[a] Ibid.

Chingyang Capitale,	Xancin,
Fang,	Choki,
Choxan,	Chingsi,
& Paokang.	

Lorsque les Rois de çu la possedoient, elle avoit le nom de Siekive, à cause de l'Etaim qu'on en tiroit & qu'elle fournit encore. La famille de Hana l'appella Sie qui veut dire de l'Etaim, celle de Tanga lui donna le nom de Nanfung à cause de la fertilité de ses campagnes ; ce nom signifie *fecondité Meridionale*. Il y croît une plante, qui rampe en haut comme notre Lierre. Elle produit des fleurs jaunes & blanchâtres, l'extrêmité des branches est menue comme des fils de soye. On dit qu'une petite branche appliquée sur la peau nue procure un agréable sommeil, delà vient qu'on l'appelle *Munghoa*, c'est-à-dire la *fleur du Sommeil*. Au Nord-Est de la Ville s'éleve le Mont Tienfin dont les collines entourent une plaine de cent stades. Ce lieu est fort frequenté des Medecins, qui y vont cueillir des simples, qui se trouvent difficilement ailleurs.

CHINNA, Ville de la Dalmatie, selon Ptolomée[b]. C'est la CINNA d'Antonin.

[b] l. 2 c. 17.
[c] Atlas Sinensis.

CHINNAN[c], Ville de la Chine dans la Province de Junnan, au département de çuhiung quatriéme Metropole de cette Province, par les 24. degrez 40'. de latitude.

CHINNING[d], Ville de la Chine, & troisiéme Cité de la Province de Queicheu à 25. d. de latitude. Il y a deux Forteresses qui en relevent, sçavoir Kiangço & Xeul. Les Montagnards de cette contrée qui n'obéissent point aux Chinois, ont quantité d'or & d'argent ; mais ces richesses ne sont pas un objet qui attire de la consideration parmi eux ; on n'y passe pour riche que quand on possede beaucoup de bœufs & de vaches ; & ils ne veulent point d'autre dot. A l'Orient de la Ville est une fontaine célebre nommée Caïc, dont l'eau est très-froide quoi que la terre d'alentour soit échaufée par des feux souterrains.

[d] Ibid.

CHINON, en Latin *Cainonense Castrum*, *Chinum Castrum*, *Castrum Kinonis*, *Arces Chinonis*, *Chinonium*, *Kino*, *Chino*, tous ces noms se trouvent employez dans les Historiens de France. Plus usité est CAINO, Ville de France dans un pays fertile & agréable nommé le Vairon, qui fait partie de la Touraine. Cette place est très-ancienne & étoit déja considerable dans le v. siécle lorsque les Goths faisoient la guerre à Gilles Seigneur Romain élû Roi par les François comme on le peut voir dans Gregoire de Tours[e]. Elle est située aux confins du Poitou sur la Riviere de Vienne. Il y a quatre paroisses & quinze Couvens de Religieux ou de Religieuses. On y compte neuf cens quatre vingt sept feux, & environ cinq mille habitans. Elle est célebre dans l'Histoire parce qu'Henri II. Roi d'Angleterre y mourut l'an 1190. & plus encore par le sejour qu'y fit Charles VII. Roi de France. Ce fut-là que Jeanne d'Arc, nommée ensuite la Pucelle d'Orléans, l'alla trouver, & fut malgré son déguisement le démêler parmi ses Courtisans. La Vienne la separe de Montsoreau, & elle est à cinq lieues au Nord de Loudun. Chinon est la patrie de François Rabelais, Cordelier, puis Benedictin, ensuite Medecin de la Faculté de Montpelier, & enfin Prêtre seculier. Doué d'érudition peu commune il s'en servit d'abord pour composer des ouvrages de Medecine très-estimez ; mais le libertinage qui le dominoit lui fit prostituer ses talens par un ouvrage, qui est un mélange bizarre & scandaleux de bonnes choses où regne une satire fine & délicate des mœurs de son temps ; & d'obscenitez plates & grossieres, qui ne peuvent plaire qu'à la canaille. Il mourut à Paris en 1553. âgé de 70. ans, & fut enterré dans le cimetiére de St. Paul.

[e] De glor. confess.

CHINTING[f], Ville de la Chine dans la Province de Peking dont elle est la quatriéme Metropole à 38. d. 40'. de latitude. Elle est grande, fort peuplée & a un territoire fort étendu, où se trouvent trente-deux Villes, savoir

[f] Atlas Sinensis.

Chinting,	çaokiang,
Cingking,	Vuye,
Hoëlo,	Cyn,
Lingxeu,	Ganping,
Khoching,	Jaoyang,
Loching,	Vukiang,
Vukie,	Chao ☉,
Pingxan,	Pehiang,

Heu-

CHI.   CHI.

Heuping,	Lungping,
Ting,	Caoye,
Sinlo,	Linching,
Kioyang,	çan-Hoang,
Hintang,	Ningoin,
Ki,	Xin,
Nancung,	Hengxui,
Sinho,	Yuenxi.

Dans la division faite sous Ivo cette Ville fut sous la Province de Kicheu. La famille Cheva la nomma PINCHEU, celle d'Hana l'appella HENGXAN ; celle de Tangà lui donna le nom d'HENGCHEU. Celui qu'elle porte aujourd'hui lui a été donné par la famille de Taíminga. Ce qu'il y a de plus remarquable dans cette Ville, c'est un grand & magnifique Temple nommé LUNGHING situé à l'Orient de la Ville, & dedié aux Idoles ; derriere lequel est un grand Edifice divisé en neuf sales à cinq étages, qui ont cent trente coudées de haut. Dans l'interieur est une statue fort grande & parfaitement bien travaillée ; on l'appelle Quonin. Elle a la figure d'une fille & a plus de soixante & dix coudées de hauteur. Il y a encore d'autres Temples dediez à des Heros, un entre autres est consacré à celui duquel la famille d'Hana est descendue. Assez près de la Ville on va voir la Montagne de ÇANGNIEN dont le sommet s'eleve au dessus des nues. Il y a une fontaine minerale, qui a de grandes vertus pour le soulagement des malades. La Reine Xayanga y fit élever un superbe Monastere où vivent quantité de Bonzes. Ce fut pour conserver la memoire de ce qu'elle avoit trouvé dans cette fontaine la guerison d'une maladie inveterée.

CHINY, quelques-uns écrivent CHISNY, petite Ville des Pays-bas dans le Luxembourg sur la Riviere de Semoy entre Orval & Herbemont. Elle donne son nom à un Comté, qui est très-considerable. Voiez l'Article suivant.

a *Longuerue Desc. de la France 2. part. p. 115.*

LE COMTE' DE CHINY [a] est de grande étendue & a été demembré de l'ancien Comté d'Ardenne nommé quelquefois Duché. Chini qui en est le chef-lieu est aujourd'hui peu considerable & fut bâti sur la fin du x. siécle sous le Regne d'Othon III. un Comte nommé Othon le possedoit vers l'an 990. son heritier fut son fils Louïs qui fut tué l'an 1028. dans une guerre contre Gozelon Duc de Lorraine. Son fils Louïs II. herita de lui & fut Comte de Chiny. Ses successeurs furent puissans : ils acquirent de grandes terres & entre autres celle de Warcq sur la Meuse, qui avoit fait partie du Comté de Porcien. Les mâles de cette Maison jouïrent de pere en fils de ce Comté de Chiny jusqu'à Louïs IV. Comte de Chiny, qui n'eut qu'une fille nommée Jeanne, qui herita de ce Comté qu'elle porta à son mari Arnou Comte de Losf près de Liége l'an 1227.

Louïs Comte de Losf & de Chiny arrierepetit-fils d'Arnou mourut l'an 1336. Comme il n'avoit point d'enfans, il institua son heritier Thierri de Heinsbergue fils de sa Sœur Marie & de Godefroi de Heinsbergue, qui eut pour heritiere Marguerite sa fille qui fut Comtesse de Chiny.

Quelques-uns ont avancé que cette Marguerite étoit fille de Louïs dernier Comte de Losf : ce qui paroit absurde ; car comment auroit-il pu instituer heritiere la fille de sa Sœur au préjudice de sa propre fille. Les premiers Comtes de Chiny & ceux de Losf, qui leur avoient succedé avoient reconnu tenir leur Comté en fief des Comtes de Bar, & ceux de Bar avoient reçu le serment des habitans de Chiny, ce que le dernier Comte Louïs reconnut l'an 1204 ; Jeanne sa fille & heritiere en passa déclaration l'an 1227. & la même année Arnou Comte de Losf mari de Jeanne donna un Acte semblable : ce que la Comtesse Jeanne confirma par un Acte de l'an 1228. & le Comte Arnou par un autre de l'an 1240. Louïs fils du Comte Arnou reconnut le Droit féodal du Comte de Bar l'an 1267.

Enfin Marguerite de Losf derniere Comtesse de Chiny vendit l'an 1370. ce Comté à Wenceslas Duc de Luxembourg, frere de l'Empereur Charles IV. qui confirma cette vente. La Comtesse mourut peu après, l'an 1372. Le Duc Wenceslas mourut l'an 1383. & eut pour heritier son neveu Wenceslas Roi des Romains, qui reconnut l'an 1387. le Droit Féodal de Robert Duc de Bar, Marquis de Pont, sur le Comté de Chiny, & fit confirmer par le même Duc de Bar l'acquisition que le feu Duc de Luxembourg en avoit faite.

Depuis ce temps-là le Duché de Bar étant venu par mariage à la Maison d'Anjou, & celui de Luxembourg à la Maison de Bourgogne, ce Droit Féodal des Ducs de Bar, Marquis de Pont, sur le Comté de Chiny a été anéanti, les Ducs de Lorraine successeurs & heritiers des Maisons d'Anjou & de Bar n'ayant point jouï de ce Droit, & ayant même renoncé par la Transaction faite l'an 1602. entre Charles Duc de Lorraine & l'Archiduc Albert, avec l'Infante Isabelle-Claire-Eugenie, Princes des Pays-bas, par laquelle l'Archiduc & l'Infante renoncerent aux droits de Souveraineté & de Féodalité, qui leur appartenoient à cause du Duché de Luxembourg sur Stenay, & sur les terres communes de Marville, d'Arancey, &c. & en échange le Duc de Lorraine céda à l'Archiduc & à l'Infante le droit Féodal, qui lui appartenoit à cause du Duché de Bar, sur le Comté de Chiny.

Le Duc Charles de Lorraine retiré à Vienne, n'ayant point voulu accepter la restitution qu'on lui offroit des Duchez de Lorraine & de Bar aux conditions du Traité de Nimegue, le Duché de Bar fut réuni à la Couronne de France, & Louïs XIV. établit une Chambre à Metz pour juger des Alienations des Evêchez de Metz, Toul, & Verdun & du Duché de Bar Fief de la Couronne. Le Procureur General de cette Chambre fit assigner le possesseur du Comté de Chiny, qui étoit le Roi d'Espagne Charles II. à venir faire hommage au Roi pour ce Comté, comme Fief de Bar, & il intervint un Arrêt sur les poursuites de ce Procureur General rendu le 21. Avril 1681. par lequel à faute de faire les devoirs pour le Comté de Chiny, il seroit réuni, ce qui fut exécuté par un corps de Cavalerie & de Dragons.

Les

CHI.

Les Officiers du Roi de France s'emparerent ensuite du Marquisat d'Arlon, du Comté de la Roche en Ardenne, & de la plus grande partie du Luxembourg. La Ville capitale de la Province fut assiégée & prise l'an 1684. & la même année on fit une tréve à Ratisbonne pour vingt ans par laquelle le Roi de France demeura en possession de tout ce dont il s'étoit emparé; mais cette tréve ayant été rompue l'an 1688. la Paix de Ryswyck en 1697. a cassé tous ces arrêts de réunion, & la France a été obligée de restituer au Roi d'Espagne Luxembourg & ses Annexes, avec tout le Comté de Chiny, qui appartient aujourd'hui à la branche Allemande de la Maison d'Autriche, c'est-à-dire à l'Empereur Charles VI. le seul Prince qu'il y ait presentement de cette Maison Imperiale.

Ce Comté est de grande étendue; mais il n'y a aucune Ville que Chiny, encore est-elle si fort déchue que ce n'est plus qu'une Bourgade; Neufchâteau en Ardenne, qui est de ce Comté, est aussi fort peu de chose; mais il y a beaucoup de Villages repandus dans les forêts. La Prevôté d'ORCIMONT, qui a eu il y a quatre ou cinq cens ans ses Seigneurs particuliers est des dépendances de ce Comté.

§. Quoique Mr. de Longuerue ne mette aucune Ville dans le Comté, & qu'il refuse même ce nom à la Capitale, il ne laisse pas d'y en avoir quelques-unes; voici celles que lui donne Mr. Baudrand [a].

a Ed. 1705.

Bastogne,	Marche en Famine,
Chiny,	Neufchâtel,
Dierick,	La Roche en Ardenne,
Durbuy,	St. Weit,
Hoffalise,	Vianden;
	& Virson.

1. CHINYVEN [b], Ville de la Chine dans la Province d'Iunnan dont elle est la dixiéme Metropole, à 24. d. 37′. au milieu de cette Province, près de la source de la Riviere de Xanmo, au Midi Oriental de la Ville de Kingtung. Elle a sous elle la Forteresse de LOCO.

b Atlas Sinensis.

2. CHINYVEN, Ville de la Chine dans la Province de Queicheu dont elle est la quatriéme Metropole; sa latitude est de 27. d. 34′. Son Département contient deux Villes & quatre Forteresses. Les Villes sont

Chinyven, & Xikien.

Les Forteresses sont

Kinyung,	Inxui,
Pienkiao,	Taiping.

Elle doit sa fondation à la famille de Juen. Son territoire produit d'excellentes fleurs, fort estimées des Chinois, des grenades, des oranges, des poules sauvages, &c. Les Montagnes sont habitées par des gens simples; mais traitables quoique grossiers & rustiques. Ils n'ont point de sel, & l'on y supplée par les cendres de l'herbe nommée *Kine*.

CHIO. Voiez CHIOS pour l'ancien nom

CHI.

& SCIO pour le nom moderne de cette Isle.

CHIONITÆ, ancien Peuple d'Asie, voisin des Perses, selon Ammien Marcellin. Junius pretend qu'il faut lire CYNAMOLGI [c]. Si ce passage étoit unique dans Ammien Marcellin, un Grammairien pourroit proposer ce changement comme une conjecture; mais cet Historien parle en plusieurs endroits de ce Peuple, & le nomme constamment CHIONITÆ. Il dit en un livre [d] que le Roi des Perses se trouvant aux frontieres des Nations exterieures & ayant fait alliance avec les Chionites & les Gelons, les plus braves guerriers de tous, étoit prêt de s'en retourner dans ses Etats lorsqu'il reçut une Lettre de Sapor. Il dit ailleurs [e]: il y avoit en ce temps-là un Satrape de la Corduéne, soumis à la domination des Perses, nommé Jovinien, ami secret des Romains.... Je fus envoyé vers lui avec un Centurion homme de confiance...... Il me donna un Guide discret & qui connoissoit tous les chemins, & me fit aller sur des roches extrêmement hautes, & assez éloignées delà, d'où l'on eût pu voir à cinquante milles de distance rien ne bornant la vûë que la foiblesse des yeux. Après nous être arrêtez deux jours en cet endroit, le troisiéme venant à paroître nous vîmes tout l'Horizon couvert de troupes innombrables; le Roi (de Perse) marchant à la tête & distingué par des habits, qui jettoient un grand éclat. A sa gauche marchoit Grumbate Roi des Chionites; c'étoit un homme entre deux âges, dont la peau avoit déja des rides; mais dont l'ame ne formoit que de grands projets, & qui s'étoit rendu fameux par un grand nombre de victoires. A droite étoit le Roi des Albanois, &c. [f] Ce même Grumbate Roi des Chionites paroît encore au Siége d'Amide où il combatit avec d'autant plus d'ardeur qu'il venoit d'y perdre son fils unique dont Ammien décrit les funerailles. Ces trois passages suffisent pour faire voir qu'il ne faut rien changer au nom de ce Peuple, & en même temps servent à faire voir où il étoit. Les Gelons dont le Pays a conservé le nom & que l'on appelle le Ghilan, & l'Albanie Asiatique sont des pays dont la situation est connue. Le Satrape de la Corduéne commandoit dans la Province, où sont les Curdes, & qu'on appelle les Curdistan. Ainsi il n'est pas surprenant qu'il se soit trouvé des roches telles qu'on vit l'Historien cité entre ce pays, & celui qu'arrosent l'Araxe & le Cyrus, car l'armée des Alliez du Roi de Perse s'étoit assemblée vers ces quartiers-là; les Gelons, & les Albanois habitoient les bords de la Mer Caspienne, & les Chionites étoient leurs voisins: cela paroît assez dans les passages qu'on vient de lire.

c Animad. vers. l. 5. c. 27.
d l. 17. p. 102. Ed. Lindenbrog.
e l. 18. p. 136.
f l. 19. init.

1. CHIOS, Isle fameuse de la Mer Ægée entre les Isles de Lesbos & de Samos, sur la côte de l'Asie Mineure & de l'Ionie au Couchant de la Presqu'Isle de Clazomene. Sa longueur est du Nord au Midi, & sa plus grande largeur est dans sa partie Septentrionale; car la Meridionale finit en pointe. Cette Isle tiroit son ancien nom de la Nymphe Chio fille de l'Océan, ou à cause de la neige qui s'y trouve en abondance, & que les Grecs nom-

ment Χίων, *Chion*, ou enfin d'une Nymphe nommée *Chioné*. Ces Etymologies sont fournies par Hecatée dans un passage cité par Etienne le Géographe. La derniere & la precedente sont aussi raportées par Pline [a], qui ajoute qu'Ephorus la nomme ÆTHALIE par son ancien nom. Etienne le Géographe dit aussi : on peut user du nom d'Æthalite pour signifier un habitant de Chios ; car l'Isle de Chios s'appelloit autrefois ainsi. Elle a été aussi nommée MACRIS & PITYUSA. (Le premier de ces noms marque qu'elle est longue, & le second qu'elle est couverte de Pins.) Il est surprenant que Tite-Live se soit trompé jusqu'au point de croire qu'Æthalie, Chios & Macris étoient trois Isles differentes [b]. Pline [c] ajoute : il y a la Montagne de Pelléne , on vante le marbre de Chios ; elle a cent vingt-cinq mille pas de circuit selon le temoignage des Anciens ; Isidore y en met neuf de plus. Strabon diminue ce circuit en le reduisant à neuf cens stades, qui ne font qu'environ cent douze milles ; & appelle *Pelinée* la Montagne que Pline nomme *Pellenæum* ; il fait aussi mention des Carriéres de marbre. Cette Isle produisoit d'excellent vin. Voiez ARVISIA. Cette Isle étoit libre [d]. Voiez SCIO.

2. CHIOS, Ville de l'Isle de même nom [e], vers le milieu de la côte Orientale. Sur quoi il est bon de remarquer une bevuë d'Etienne. Il met le Mont Pellinée dans la Carie , & au pied de ce Mont une Ville nommée Chios. Il y a, dit-il, une autre Chios Ville de Carie au pied du Mont Pellinée. Denys le Periégete [f] avoit dit que Chios est au pied de la très-haute Montagne de Pellinée ; mais sans faire mention de la Carie. Saumaise [g] a raison de dire qu'Etienne rêvoit, & il devine assez mal quand cherchant l'origine de cette meprise il remarque que les Cariens avoient possedé l'Isle de Chios avant que les Ioniens, qui les en chasserent, s'en emparassent ; mais Etienne lui-même dit immediatement auparavant que l'Isle de Chios est une Isle très-fameuse des Ioniens & qu'elle a une Ville de même nom ; en quoi il parle juste : l'autre Chios de Carie est imaginaire.

3. CHIOS, Ville de Carie près de Triopion dans la Presqu'Isle, selon Etienne le Géographe.

4. CHIOS, Ville de l'Eubée, selon le même.

1. CHIOURLIC [h], Ville de la Turquie en Europe dans la Romanie. Les Turcs l'appellent ZIORLO , elle est sur une petite Riviere de même nom , à vingt mille pas de la Mer de Marmora, & sur la route de Constantinople à Andrinople. C'est le Siége d'un Evêché Grec.

§. Mr. de l'Isle la nomme CHIOURLI ou TURZUL. Cette Ville est ancienne & s'appelloit TURULLUS ou TYRALLOS.

2. CHIOURLIC, Riviere de Turquie en Romanie. Après avoir arrosé la Ville de même nom , elle reçoit une autre Riviere avec laquelle elle se va perdre dans la Mer de Marmora entre Cora, qui est à l'Orient, & Muriosion autre Bourgade, qui est à l'Occident. Les Anciens l'ont connue sous le nom de ZoROLUS ; & ont nommé Bithyas celle qui se joint à elle & dont j'ai parlé.

CHIOZZA, ou plutôt CHIOGGIA, Ville d'Italie dans l'Etat de Venise dans le Dogat avec un Evêché Suffragant du Patriarche de Venise. Elle est dans une petite Isle près des Lagunes. Elle est fort ancienne, car soit que l'on adopte ce que dit le P. Coronelli [i], savoir que selon Portius Caton elle eut pour premier fondateur un certain Clodius Compagnon d'Antenor, qui y arriva l'an du Monde 2870. soit que l'on s'en raporte à une autre opinion suivant laquelle Clodius, celui qui s'est rendu célèbre par ses inimitiez contre Ciceron, ayant été banni de Rome & se trouvant dans ces quartiers-là commença cette Ville quarante-huit ans avant l'Ere vulgaire, & lui donna son nom auquel on joignit celui d'un Canal que l'on creusa depuis Ravènne jusqu'en cet endroit ; mais, comme le dit le P. Coronelli, cette opinion n'est gueres vraisemblable. Quelle apparence qu'un Citoyen banni de Rome ait fondé une Ville dans son exil ; outre cela on sait à n'en point douter que Clodius fut tué par Milon peu après son bannissement. Comme s'il étoit absolument necessaire de lui trouver un Clodius pour fondateur, quelques-uns ont dit que l'Empereur Claudius revenant d'Angleterre fonda cette Ville , d'autres que ce fut Claudius Albinus que l'armée proclama Empereur après la mort de Pertinax. Cette derniere imagination est impertinente en ce que Claudius Albinus n'a vécu que plus d'un siécle après Pline, qui parle de cette Ville sous le nom de *fossa Claudia*. De ce nom se forma celui de CLUGIA d'où est venu celui qu'elle a maintenant. Elle commença à être connue sous celui de Clugia vers la fin du IV. siécle. Lorsque Radagaire Roi des Wandales jetta l'épouvante dans l'Italie, quantité de familles se refugierent en ce lieu. Attila ayant ravagé Padoue, vers le milieu du siécle suivant, Clugia en profita & en reçut un nouvel accroissement. Elle profita encore des habitans des environs allarmez des courses d'Odoacre & de Totila ; & de celles des Lombards en 568. & elle s'augmenta de maniere qu'il y eut deux Villes, savoir Chioggia la grande & Chioggia la petite. Elle vint ensuite au pouvoir de la Republique de Venise, qui se forma dans les Lagunes, & qui envoya long-temps pour gouverner Chioza un Tribun, dignité qui subsista jusqu'en l'année 672. qu'elle fut changée en celle de Gastaldo, qui étoit alors fort honorable. L'an 706. le grand Conseil de Venise resolut d'y envoyer un Patricien avec titre de Podesta pour presider aux Tribunaux de Justice des deux parties de la Ville tant de la grande que de la petite, quoi qu'elles eussent chacune un district separé. Cette Isle étant très-proche de la Terre ferme a été sujette à de grands ravages. Pepin Roi d'Italie l'an 809. irrité de l'échec qu'il avoit reçu dans le Canal Orfano ravagea plusieurs Villes & y mit à feu & à sang tout ce qu'il trouva, Chioza fut de ce nombre. Deux ans après la Paix étant faite les Chioggiotes retournerent dans leurs Villes qu'ils rebâtirent plus belle qu'auparavant. Elle fut encore détruite l'an 901. par les Huns. L'an 639. le Pape Jean IV. per-

CHI.

permit à l'Evêque de Padouë de transporter son Siége à Malamoque parce que les Ariens s'étoient emparez de sa Ville Episcopale ; mais l'an 1105. les malheurs de Malamoque ayant commencé par un Incendie qui la reduisit en cendres, le terrain s'abbaissant de plus en plus, & l'Isle s'enfonçant de manière que l'eau commençoit à la couvrir, l'Evêque songea à transferer son Siége à Chioza qui étoit de sa jurisdiction spirituelle : ce qu'il exécuta l'an 1110. cette residence rendit la Ville plus florissante qu'elle n'étoit. Il n'est plus question à present de la petite Chiofa. La Ville qui subsiste est en forme d'ovale d'un mille & demi ou environ de circuit, que traverse une belle rue d'un demi mille de long, & qui forme comme une place continuelle : par le milieu de cette rue passe un Canal nommé *Vena*, sur lequel il y a neuf ponts, quelques-uns de pierre, d'autres de bois, qui servent à la communication d'un côté à l'autre. La Ville est toute entourée d'eau, il y a un pont de pierre & une ancienne tour au Midi : ce Pont conduit à la petite Isle où sont les Couvents des Peres Francifcains de l'observance & celui des Capucins ; delà par un autre pont de bois, qui a cent cinquante pas de long on passe à Brondolo. A un demi-mille de l'Isle de Chioza est à l'Orient une Isle longue nommée LIDO, c'est-à-dire le *Rivage*, qui s'étend vers le Midi jusqu'assez près de la petite Isle de Brondolo. Le Nord est occupé par des salines, qui fournissent du sel à toute l'Isle. Chioza est à l'Occident & à vingt-cinq milles de Padoue & à pareille distance de Venise, qui est vers le Nord. Son Port est defendu par un Fort exagone dans lequel on a enfermé la tour nommée *Lupa* de laquelle on a ôté de sa hauteur afin qu'elle fût moins exposée aux coups de canon. Quoi qu'elle soit au milieu de la Mer il y a un puits inepuisable d'une eau douce excellente. L'Eglise Cathedrale fut brûlée l'an 1623. la nuit du 25. au 26. Decembre, outre la perte de plusieurs peintures & de Mosaïques d'un grand prix, & de quantité de choses rares dont elle étoit ornée, les habitans regreterent extrêmement les reliques des Sts. Felix & Fortunat, de Ste Cecile Vierge & Martyre & de St. Jean Baptiste qu'ils croyoient perdues, & que l'on recouvra d'une maniere miraculeuse. Cette Eglise fut rebâtie par les soins & les liberalitez de l'Evêque, & par la generosité de la Republique qui y contribua. Les autres Eglises sont celle de l'Abbaye de Ste Catherine Ordre de Cîteaux, d'ancienne fondation ; celle de St. François bâtie l'an 1325. par les Conventuels ; au même endroit où avoient été des Religieuses hors la Ville ; l'Eglise avoit été détruite par les Genois ; mais elle fut relevée l'an 1434. au même lieu. Celle de dedans la Ville fut donnée le 10. Octobre 1512. avec le Couvent à des Religieuses, qui eurent pour premiere Abbesse Sœur Scholaftique Soranza, qui fut tirée à cet effet de l'Abbaye de Ste Catherine. L'Eglise de Ste Croix est petite, mais belle ; il y a des Religieuses du Mont Cassin, leur premiere Abbesse leur fut aussi donnée de l'Abbaye de Ste Catherine. Les autres Eglises sont celle de St. Nicolas

Tom. II.

CHI. 603

avec un Couvent d'Hermites de St. Augustin ; & l'Eglise de St. Jean hors la Ville ; cette derniere est remarquable en ce qu'on la croit bâtie par St. Romuald, qui se trouvoit alors dans ce pays-là. Le Palais de l'Evêque est beau & commode, chacun des Evêques y ayant ajouté quelque ornement. Le Palais du Podesta, quoi que d'une architecture à l'antique, merite d'être vû. On l'a reparé en partie dans le gout moderne, particulierement la sale du Conseil en 1544. dans laquelle on voit aujourd'hui d'excellentes peintures.

Ceux des Bourgeois qui ne sont point employez ni dans les Offices du Gouvernement, ni dans les Tribunaux, ni dans l'Eglise, font leur principale occupation de la Marine, de la pêche, du jardinage, & tâchent de trouver dans leur travail, ce que la petitesse du terrain leur refuse. Les femmes s'occupent à faire des *Merletti*, c'est-à-dire des points de fil, qui font d'un grand débit à Venise, que leurs maris ou leurs parens y vont vendre.

CHIPICHE ; Mr. Baudrand[a] dit : Pays d'Asie & partie de la Georgie au Gurgistan, au Couchant des Tartares du Daghestan, vers les Montagnes sous la puissance d'un Prince tributaire du Roi de Perse : il a pour principale la Ville de Chipiche, selon quelques Relations. Mr. Baudrand dans son Dictionnaire Latin cite non quelques Relations en general ; mais Niger & Castald. La premiere citation est absolument fausse ; Niger, dans le Chapitre qu'il a fait exprès de l'Albanie[b] dit que ses habitans la nomment presentement ZITRACHA & GARZENA. Monsr. Baudrand eût mieux fait de citer l'édition de Ptolomée où au Chapitre de l'Albanie[c] on voit pour noms modernes de l'Albanie ZUIRIA, CHIPICHE', ZITRACHA & GARZENA. On vient de voir que les deux derniers sont pris de Niger. Ortelius marque que ZUIRIA est de Jerôme Ruscelli & d'Alphonse Adrien ; & que CHIPICHE est de Castald ; mais ce n'est pas l'ordinaire de Mr. Baudrand de citer les Auteurs dont il emprunte, il aime mieux nommer des sources qu'il n'a point consultées.

[a] *Ed. 1705.*
[b] *Comment. 3. p. 482.*
[c] *l. 5. c. 12.*

CHIPIONA. Voiez l'Article CAPIONIS TURRIS.

CHIPPENHAM[d], petite Ville ou Bourg d'Angleterre en Wiltshire sur l'Avon, elle est fameuse par un grand Marché qui s'y tient[e], & par le droit qu'elle a d'envoyer ses Députez au Parlement.

[d] *Baudrand Ed. 1705.*
[e] *Etat pres. de la Grande-Bretagne T. 1. p. 123.*

CHIPROVAS ou CHIPROA[f], Ville de Turquie dans la Bulgarie, à la source de l'Ogest, qui tombant dans la Riviere de Lom ou de Lamp va se perdre dans le Danube. Cette Ville est aux confins de la Servie vers le Nord Est, & à cinq lieues & demi communes Hongroises de la Ville de Naissa. Mr. Baudrand[g] dit que c'est presentement le sejour de l'Evêque de Sophie.

[f] *De l'Isle Atlas.*
[g] *Ed. 1705.*

CHIQUITO, Mr. Corneille dit : Province du Perou qui fait partie de celle de Collao. Il ajoute sur l'autorité de De Laet[h] : il y a plusieurs Bourgades fort peuplées & opulentes, & les Incas y avoient anciennement des Officiers, qui recevoient les droits qu'on fai-

[h] *Ind. Occid. l. 11. c. 5.*

Gggg* 2

faisoit payer à ceux qui passoient le Pont de Chaume dressé sur l'Emissaire du Lac de Titicaca. On compte trente mille Indiens dans cette Province où les Jesuites ont établi trois écoles. Il y a une *Ville* nommée CHICUITO bâtie par les Espagnols sur le rivage de ce même Lac. Elle reconnoît l'Evêque de los Charcas & un Gouverneur d'autant plus considerable, qu'il est établi par le Roi d'Espagne même. On tient que ce Gouvernement rapporte tous les ans jusqu'à quarante mille ducats. *Tinguanaco* ou *Tinhuanaco* est une Bourgade au delà de l'Emissaire du Lac, & est remarquable par les Edifices qu'on y voit, qui sont d'une incroiable grandeur. Au delà est un côteau ceint d'une forte muraille, sur lequel il y a deux statues d'hommes, taillées de pierre avec tant d'art qu'elles semblent avoir été faites par de très-habiles Statuaires. Leur grandeur est de Géant avec de longs vêtemens, & des voiles de tête entierement diferens de ceux qu'ont accoutumé de porter les habitans du Perou. Auprès de ces statues sont les vestiges d'un ancien bâtiment dont il ne reste que les murailles composées de fort grosses pierres, & plusieurs monumens d'Antiquité.

§. Mr. Corneille semble dire que le Perou fait partie de la Province de Collao, & c'est le mauvais effet d'un *qui* mal placé, faute qui ne devoit pas échaper à un Auteur de l'Academie Françoise. Cette Province est imaginaire. Il falloit dire que CHIQUITO ou CHUCUITO, comme écrit Mr. de l'Isle, est une Bourgade du Perou dans l'Audience de los Charcas, aux confins de celle de Lima non sur l'Emissaire ; mais sur le rivage du Lac de Titicaca au Sud-Ouest, & vers le milieu de sa longueur.

CHIQUITOS, Mr. Corneille sur l'autorité du même De Laet[a] met un Peuple de Sauvages de ce nom au Perou dans la Province de los Charcas, & leur donne les Cheriguanes pour voisins ; & par consequent ils étoient au Midi, & bien loin du Lac de Titicaca.

[a] l.18.c.5.

CHIRA, petite Isle de la Mer du Sud sur la côte de Costa Rica Province de la nouvelle Espagne, au Midi de la Ville de Nicoya, par le 10. degré de latitude Septentrionale.

CHIRAT, Bourg de France dans l'Angoumois, Diocèse & Election d'Angoulême.

CHIRAZ, quelques-uns comme Corneille Le Brun écrivent ZJIE-RAAS, les Anglois SHIRAS. Voiez SCHIRAS, qui est l'Orthographe la plus usitée.

CHIRIBIQUOIS[b], Peuple de l'Amerique Meridionale près de la nouvelle Andalousie que l'on appelloit autrefois la Province de Cumana, sur la côte Septentrionale au Midi de l'Isle de Cubagua. Quelques Dominicains étant entrez chez ce Peuple l'an 1518. pour travailler à sa conversion y bâtirent un Monastere, à sept lieues de l'Isle de Cubagua vers l'Occident, & l'appellerent *Santa Fe*.

[b] Corn. Dict. De Laet Ind. Occid. l.18.c.5.

CHIRIGUANES, Peuple de l'Amerique Meridionale dans le Perou, aux confins de la Province de Chaco, qui est du Paraguai. Mrs. Baudrand & Corneille le donnent au Paraguai. Mr. de l'Isle[c] le met dans le Perou, entre les Rivieres de Cachimayo ou de la Plata & celle de Pilcomayo.

[c] Atlas.

CHIRIJAR, Ville de Perse. Voiez TEREN.

CHIRIPHE, ancienne Ville d'Asie dans la Babylonie selon Ptolomée[d], qui dit qu'elle étoit près des Marais & de l'Arabie deserte.

[d] l.5.c.20

CHIRIQUE ou CHIRIQUI, Mr. Corneille dit CHIRIQUITA, Bourgade de l'Amerique dans la nouvelle Espagne, dans la Province de Veragua, aux confins de la Province de Costa Rica, sur une Riviere qui tombe dans la Mer du Sud dans le Golphe nommé par les Espagnols Golfo dolce. Mr. Corneille en parle ainsi : elle est située dans une plaine de Savanas, (Voiez l'Article SAVANE) ou d'Herbages, d'où la vûë n'est bornée que par de petits bouquets de bois fort agréables ; plusieurs petites Rivieres la coupent par plusieurs endroits, & s'écoulent ensuite dans ces Savanas pour les arroser. Cette Ville est environnée d'un grand nombre de HATTOS ou METAIRIES, & ne fait autre negoce que celui du suif & des cuirs. Son *Embarcadero* (ou Port) est dans une Riviere, qui est passablement grande où il faut monter environ une lieue pour y arriver. Les Flibustiers la ravagerent en 1688. Mr. Corneille cite Raveneau de Lussan, Voyage de la Mer du Sud 1688.

CHIRIS, ancienne Ville d'Egypte dans la Thebaïde, selon Olympiodore dans ses Extraits cité par Ortelius[e].

[e] Thesaur.

CHIRISONDA, petite Ville de la Turquie en Asie dans la Natolie sur la côte de la Mer noire, dans la Province d'Amasie. Mr. Baudrand lui donne pour noms Latins SIDA & CERASONTE ; mais *Sida* étoit une Ville de Pamphylie, & c'est de celle-là que Niger dit que le nom moderne est *Chirisonda*, & comme *Sida* ou plutôt *Side* étoit très-differente de Cerasus Ville maritime du Pont Cappadocien il s'ensuit que *Sida* & *Cerasus* ne sauroient être l'un & l'autre le nom moderne de Chirisonda. Mr. Baudrand ajoute : que ce n'est plus qu'un Village que les Turcs appellent Emid environ à cent mille pas de Trebizonde à l'Occident, ce qui ne sauroit convenir à la Ville de Sida.

CHIROBACHI. Voiez CHOEROBACCHI.

CHIRODILION. Voiez CHIROGYLIUM.

CHIROGYLIUM, Isle de la Mer Mediterranée sur la côte de la Lycie, ou pour parler comme les Anciens, Isle de la Mer Lycienne, selon Pline[f]. Le R. P. Hardouin doute s'il ne faut pas lire CHIRODILION, ce qu'il fonde sur l'autorité des manuscrits ; & alors Χειροδείλιον auroit été donné à cette Isle à cause de la timidité & de la poltronerie de ses habitans.

[f] l.5.c.31

CHIROMA, selon Mr. Corneille.

CHIRONA, selon Mr. de l'Isle, petite Isle au Midi & auprès de Raguse dans le Golphe de Venise. Les Venitiens, selon le Pere Coronelli, l'appellent l'Ecueil de St. Marc ; SCOGLIO DI SAN MARCO.

CHI.

CHIRONIA. Voiez CARYSTUS.

CHIRONIDES PETRÆ, Montagne de Grece dans la Thessalie, selon Callimaque. Voiez PELION.

CHIRONIS VILLA, lieu du Peloponnese près de la Ville de Messene, selon Polybe[a]. Elle fut détruite & saccagée par les Pirates.

[a] l. 4. c. 3.

CHIRONIUM ANTRUM, lieu dont parle Apollodore[b], cité par Ortelius[c].

[b] l. 3.
[c] Thesaur.

CHIRVAN, Province de Perse. Voiez SCHIRVAN.

CHIRVAN, HIRVAN. Voiez ERIVAN.

CHISEY, Bourg de France dans le haut Poitou sur la Boutonne, selon Mr. Baudrand[d].

[d] Ed. 1705.

CHISIME, petite Riviere de la Natolie; c'est, selon Mr. Baudrand, le nom moderne du Simoïs de la Troade. Voiez SIMOÏS.

CHISIOTOSAGI, ancien Peuple des Indes, selon Pline[e].

[e] l. 6. c. 17.

CHISOPOLI, Ville de la Turquie en Europe dans la Macedoine sur la Riviere de Stromona, selon Mr. Baudrand[f], c'est l'ancienne AMPHIPOLIS sur le Strimon. Voiez AMPHIPOLIS 1. & EMBOLI. Je trouve dans une Notice des Villes, qui ont changé de nom, qu'Amphipolis avoit pris celui de CHRYSOPOLIS, dont il semble que Chisopoli est une corruption.

[f] Ed. 1705.

1. **CHISSAMO**[g], (*Castel-*) en Latin *Cisamus*; Bourg & Château de l'Isle de Candie au territoire de la Canée & sur le *Golphe de* CHISSAMO, où il reçoit la petite Riviere de Camara sur la côte Septentrionale. Il est à quinze milles des Grabuses en allant vers la Canée dont il est à vingt-cinq milles au Couchant.

[g] Baudrand Ed. 1705.

2. **CHISSAMO**[h], (le Golphe de) Golphe de l'Isle de Candie au territoire de la Canée entre les Caps Buso & Spada, sur la côte Septentrionale de l'Isle, il s'étend dans les terres comme une anse de panier.

[h] Le même.

CHITAC, petite Riviere de France dans le Gevaudan, près de la Riviere du Tarn.

CHITAE. Voiez CHITTÆI.

CHITANAGAR[i], Pagode fameuse de l'Indoustan dans la Province de Doltabat près de la Ville d'Indour. Ce Temple est quarré oblong; il a quarante-cinq pas de longueur, vingt-huit de largeur, & trois toises de hauteur: il est bâti d'une pierre de même espece que la Thebaïque. Il y a une base haute de cinq-pieds qui regne tout autour; elle est chargée de diverses bandes & cordons; & ornée de roses & de dentelures aussi délicatement travaillées, que si elles étoient faites en Europe. Il y a une belle façade, avec son architrave, sa corniche, & son fronton: elle est ornée de colonnes & de beaux medaillons, où il y a des figures de bêtes en relief, & en quelques-uns des figures humaines. La disposition de ce Temple est comme celle d'Elora; il a sa nef, son Chœur & sa Chapelle du fond. Je n'apperçûs dans la nef & le Chœur, dit l'Auteur cité, que les quatre murailles; mais l'éclat de la pierre dont elles sont bâties,

[i] Thevenot Voyage des Indes p. 232.

CHI.

en rend l'aspect fort agréable: le plat-fond est de pareille pierre, & a en son milieu une grande rose bien taillée. Ce lieu, comme les autres Pagodes, ne reçoit le jour que par la porte: dans chaque côté de la muraille du Chœur, il y a un trou quarré large d'un pied, qui va obliquement comme une cannoniere, & au milieu de l'épaisseur une vis de fer, grosse comme la jambe & fort longue, qui entre perpendiculairement dans la muraille comme un barreau; & j'appris que ces fers devoient servir à attacher des cordes, pour soûtenir ceux qui feroient les jeûnes volontaires de sept jours ou davantage. On voit dans le milieu de la Chapelle qui est au fond, un Autel de même pierre que les murailles: il est taillé à plusieurs étages, & il est orné par tout de dentelures, de roses & autres enjolivemens d'Architecture, & en bas à chaque face il y a trois têtes d'Elephans. On avoit préparé une base de même pierre que l'Autel pour poser l'Idole de la Pagode; mais comme le bâtiment n'a point été achevé, l'Idole n'y a point été mis. Quand je fus descendu, j'apperçûs au pied de la Montagne du côté du Levant un bâtiment duquel on ne m'avoit point parlé: j'y allai seul avec mes Pions; mais je n'y trouvai qu'un Palais commencé, dont les murailles étoient de la même pierre que celles de la Pagode: chaque feuil de porte est d'une piéce qui a une toise & demie de long: tout est bâti de fort grandes pierres, & j'en mesurai une qui avoit plus de quatre toises en longueur. Il y a auprès de ce bâtiment un reservoir aussi large que la Seine à Paris; mais si long qu'en quelque lieu élevé que je montasse pour voir sa longueur, je ne la pûs découvrir. On a fait dans ce reservoir un autre petit *Tanquié* de sept à huit toises en quarré, qu'on a enfermé de murailles; & comme ces eaux font au bas du logis, on y descend par un grand escalier: & à cent cinquante pas en avant dans le grand reservoir au devant de la Maison, on a bâti un Divan ou *Quiochque* quarré, large de huit à dix toises, dont le pavé est relevé au dessus de l'eau d'environ un pied. Ce Divan est bâti & couvert de la même pierre dont est faite la Maison, il est soûtenu de seize colonnes d'une toise & demie de haut, c'est-à-dire de quatre à chaque face. Comme ma Compagnie marchoit toûjours, je n'employai qu'une demi-heure à voir ce bâtiment, qui merite bien qu'on lui donne plusieurs heures, tant pour en examiner le dessein, la qualité des pierres, leur taille, leur poli, leur grandeur, que pour considerer l'Architecture qui est d'un fort bon goût; & quoi qu'on ne puisse pas dire absolument qu'elle soit d'aucun de nos ordres, elle approche fort du Dorique. Le Temple & le Palais s'appellent Chitanagar, c'est-à-dire la *Dame Chita*, à cause que la Pagode est dediée à Chita femme du Ram: j'appris que l'un & l'autre avoient été commencez par un riche Raspoute, qui par sa mort a laissé le Temple & le logis imparfaits. Au reste j'ai remarqué tant aux anciens bâtimens des Indes, qu'aux modernes, que les Architectes font la base, le fust & le chapiteau de leurs colonnes d'une seule piéce.

CHI-

CHITE, Village de l'Isle de Chypre sur la côte Méridionale à l'Orient de Limisso. C'est un reste de l'ancienne CITIUM. Mr. de l'Isle nomme le Cap où étoit *Citium* le Cap TGITA. C'est sans doute la même chose que CHITI dont Corneille le Brun parle ainsi dans son Voyage du Levant. *Chiti*, dit Mr. Corneille après cet Auteur, lieu autrefois célèbre dans l'Isle de Chypre, parce qu'on prétend qu'il a été la première demeure de la Déesse Venus quoi que plusieurs attribuent cette gloire à Baffa anciennement Paphos, qui est dans cette même Isle. Chiti qui a eu long-temps le rang de Baronie ne consiste présentement qu'en quelques chetives masures. On y voit encore une partie d'un grand bâtiment ancien auprès duquel il y a un puits, qui est aussi fort ancien & d'une très-grande profondeur. On juge par la beauté de ce puits que le bâtiment dont il étoit une dépendance étoit quelque chose de magnifique. Tous les environs de ce lieu sont fort agréables à cause des orangers & des citronniers dont ils sont plantez; mais comme personne ne les habite, les broussailles y croissent par tout.

CHITIS. Voiez CYTIS & TOPASOS.

CHITOR, Ville d'Asie dans l'Indoustan, & dans la Province qui en prend le nom de Chitor, selon Mr. Corneille & Mr. de l'Isle. Mr. Thevenot qui la met dans la Province de Malva en parle ainsi [a] : la Ville de Chitor est très-fameuse ; mais elle est presque ruinée : elle a long-temps appartenu au Raja Ranas, qui se disoit de la race du Roi Porus. Quoique ce Raja eût un Etat considerable & fort, à cause des Montagnes dont il est presque entouré, il n'a pu éviter le malheur des autres Princes, & il est tombé comme eux en la puissance des Mogols sous le Regne d'Ecbar. Le P. Catrou dans son Histoire generale du Mogol [b] décrit ainsi cette Ville sur les Memoires du Sr. Manouchi : c'étoit plutôt une Forteresse qu'une Ville de Commerce. Elle est située sur une haute Montagne isolée de toutes parts & placée au milieu d'une vaste plaine. La cime de la Montagne où l'on a bâti la Ville est tout-à-fait platte. Elle peut bien avoir une lieue & demie de circonference & une demie lieue de largeur en certains endroits. Au pied de la Montagne le Nug, Riviere assez large, mais encore plus profonde, coule doucement ses eaux. Un ruisseau de la plus belle eau du monde prend sa source dans la Ville ; il y serpente quelque temps ; enfin après avoir formé des cascades naturelles sur la croupe de la Montagne, il va se precipiter dans la Riviere. L'enceinte de la Forteresse renferme de belles campagnes qu'on y séme de ris, & qu'on arrose des eaux du ruisseau : on y recueille assez de provisions pour y pouvoir nourrir une mediocre Garnison. Ainsi une place inabordable qui ne manque, ni de vivre, ni d'eau, passe pour imprenable aux Indes. Je passe les details curieux que l'Historien cité fournit touchant la conquête de cette place par Akebar, qui est le même que l'Ecbar de Mr. Thevenot. Il y a presentement, poursuit ce dernier, [c] peu d'habitans à Chitor; les murailles en sont à bas. Il y a quantité de beaux édifices publics dont on ne voit plus que les ruines. On y distingue pourtant encore celles de cent Temples ou Pagodes, & on y voit plusieurs statues antiques : il y a une Forteresse où l'on enferme les Seigneurs de la première qualité que l'on a fait arrêter pour quelque faute légere. Enfin les restes qui s'y voyent de plusieurs anciens édifices marquent que ç'a été autrefois une fort grande Ville : la situation en est très-agréable. Le sommet où elle est bâtie est extrêmement fertile, & il y a quatre reservoirs ou Tanquiés pour l'usage particulier des habitans.

[a] Voyage des Indes ch. 41. p. 205.

[b] p. 99. Ed. de la Haye 1708.

[c] l. c.

CHITPOUR, Ville d'Asie dans l'Indoustan dans le Royaume d'Agra ; aux confins du Royaume de Guzurate. [d] Elle est fameuse par le commerce qui s'y fait des magnifiques toiles peintes que l'on appelle *Chites*, & que quelques François nomment *Sixtes* fort mal à propos.

[d] Thevenot Voyage des Indes c. 21. p. 117.

1. **CHITRI**, Village de l'Isle de Chypre. Mr. Maty dit que l'ancien nom étoit Chytros, en quoi il se trompe. Il n'a pas fait reflexion que nos modernes prononcent CHI, certains mots étrangers dont l'Orthographe naturelle est CI. Ainsi nous écrivons CHYPRE, pour CYPRE ; CHITE ou CHITI pour CITI de CITIUM ; CHITRI pour CITRI. La Notice de Leon le Sage nomme CÝTHRI cette Vile qui étoit Episcopale. Celle de Hierocles dit de même Cythri, Κύθροι, par où il paroit plutôt que Cythri n'est pas un genitif singulier comme l'a cru Mr. Maty; mais un nominatif pluriel. Au reste ces deux Notices distinguent très-bien *Cythri de Citium*, qui étoit une autre Ville Episcopale de la même Isle. Mr. Maty ajoute que l'on trouve ce Village dans le milieu des terres vers la Ville de Famagouste.

2. **CHITRI**, autrefois Ville, maintenant Bourg de France en Bourgogne dans l'Auxerrois, à trois lieues d'Auxerre.

CHITRO[e], petite Ville ou Bourg de Macedoine dans le Comenolitari, sur le bord Occidental du Golphe de Salonique ; au Nord & assez près de l'Embouchûre de la Riviere de Platamona. C'est l'ancienne PYDNA, qui fut ensuite nommée CITRON. Voiez PYDNA.

[e] De l'Isle Carte de la Grece.

CHITTIM. Voiez CYPRUS & CETHIM.

CHITUÆ, ancien Peuple d'Afrique dans la Mauritanie Cesarienne, selon Ptolomée[f] ; ils s'étendoient jusqu'au fleuve Ampfagas.

[f] l. 4. c. 2.

CHITUS, Village de Thrace, selon Cedrene cité par Ortelius.

CHIVAS, les Piemontois disent CHIVASSO ; en Latin *Clavasium*, petite Ville d'Italie en Piemont peu loin du Pô à l'endroit où il reçoit l'Orco, à environ dix milles de Turin, dans une plaine. Elle est ceinte de murailles à l'antique avec divers ouvrages à la moderne, & d'un fossé plein d'eau. Il y a toûjours une bonne artillerie & une nombreuse garnison. L'Auteur du Théatre de Piémont[g] accuse quelques Géographes de l'avoir mise dans le Marquisat d'Yvrée, au lieu qu'elle a toûjours été dans le district de Turin. Sa situation est si importante que quiconque est le maître de Chivas, a la Clef du Pays où est Turin, du Canavez, du Verceillois, du Montferrat & de la Lombardie. Les François s'étoient rendu maîtres de Chivas, lorsque le Prin-

[g] 2 part.

CHI.

Prince Thomas de Savoye s'en empara par surprise l'an 1639. le Cardinal de la Vallette & le Duc de Longueville la reprirent la même année, & la France ne s'en dessaisit que dix ans après, c'est-à-dire l'an 1649. qu'elle la rendit au Duc de Savoye. Elle est du Diocèse d'Yvrée : outre une Eglise Collegiale il y a le Monastere de St. Marc, qui étoit autrefois de l'Ordre de Cîteaux, & qui n'est plus qu'un Prieuré reduit en commande : celui de St. Antoine aussi en commande ; & le Couvent de St. Bernardin occupé par des Freres mineurs de l'Observance. Ce dernier étoit hors des murailles de la Ville ; mais comme en temps de guerre il étoit trop exposé aux hostilitez, on le transfera dans la Ville l'an 1520.

CHIUCHEU. Voiez Kiucheu.
CHIUNCHEU. Voiez Kiuncheu.

CHIUSA, Bourg ou petite Ville de l'Etat de Venise dans le Frioul sur la Riviere de Fella à une lieue au dessous de Ponteba. L'Auteur des Memoires & Plans Géographiques en 1698. fournit à Mr. Corneille ce qui suit touchant le Fort de Chiusa. Sa situation est importante : il est sur les confins de l'Etat de Venise & de celui de Trente & barre le grand chemin, desorte qu'il faut de nécessité passer par-là, ou voler au dessus des Montagnes. Il voit toute la Riviere & peut fort facilement deffendre le passage. Cependant la construction n'est qu'un quarré simple sans aucuns flancs ni bastions, ni fossez. Il n'y a pas même le moindre dehors devant la porte, & il ne peut tirer de secours que du feu de ses courtines. Du côté qui regarde l'Etat de Trente, on voit de petites embrasures au nombre de cinq ou six pratiquées le long du roc. Elles battent tout le grand chemin qui est un peu roide & difficile ; mais comme on peut y mener le canon de deux côtez, tout cela seroit une petite deffense à cause qu'il n'y a que de simples murailles à merlets du côté de l'Etat Venitien. A cent côté cette place la Montagne fait un coude derriere lequel on peut loger du canon & de l'Infanterie à couvert, par où il seroit aisé de grimper, & de battre le Fort en cavalier & de l'emporter d'insulte.

1. CHIUSI, Ville d'Italie en Toscane dans l'Etat de Sienne sur une Montagne près des Marais de la Chiana, avec un Evêché Suffragant de l'Archevêché de Sienne sur les frontieres de l'Etat de l'Eglise & dans le Val de la Chiana ; sous la domination du Grand Duc de Toscane. Elle est fort petite & mal peuplée à cause de son mauvais air ; elle est à cinq milles de Citta della Piéve, à dix du Lac de Perouse au Couchant, à vingt de Perouse en allant vers Pientia dont elle n'est qu'à treize milles.

2. CHIUSI, Bourg d'Italie en Toscane entre les sources de l'Arno & celles du Tibre. On l'appelle Chiusi nuovo pour le distinguer de l'autre, qui est l'ancienne Clusium.

CHIUTAYE, Ville de la Turquie en Asie dans la Natolie, dans un pays auquel elle donne le nom, & qui fait partie du Pays de Germian dans la Natolie propre. Les An-

CHI. CHL. CHM. CHN. 607

ciens ont connu cette Ville sous le nom de *Cotyaum* Ville de la Grande Phrygie au deçà de la Riviere de Sangar[a]. Le Gouverneur de la Province y reside souvent comme on voit dans les Actes de plusieurs Martyrs, & elle est encore aujourd'hui une des principales de tous ces quartiers-là & le sejour du Beglierbeg. [b] Elle a été autrefois célèbre par le Martyre de St. Menne de Phrygie, qui y repandit son sang durant la persecution de Dioclerien & par le culte qu'on y a rendu depuis à sa memoire: l'Eglise en fait commemoration le 11. de Novembre.

[a] Baillet Vie des Saints 11. Novemb. & alibi.
[b] Baillet Topogr. des Saints p. 155.

CHIZALA. Voiez Chozala.
CHIZICO. Voiez Cyzique.

CHLAMIDIA, l'un des anciens noms de l'Isle de Delos, selon Pline[c].

[c] l. 4. c. 12.

CHLARHILORUM GENS ; ancien Peuple des Gaules près du Rhône, selon Festus Avienus ; ou plûtôt selon les Editions qu'a eues Ortelius ; car celle d'Oxford[d] porte

[d] Ora Marit. v. 667.

Meat amnis autem fonte per Tylangios,
Per Daliternos, per Chabilcorum sata.
Temenicum & Agrum, (Dura sat vocabula,
Auremque primam cuncta vulnerantia : &c.

Plaisante reflexion !

CHLASCUM, Ville d'Asie quelque part vers l'Armenie, selon Curopalate cité par Ortelius[e].

[e] Thesaur. Ibid.

CHLEAT. Le même Géographe[f] trouve que Cedrene nomme ainsi une Ville quelque part vers l'Armenie. Curopalate qui la nomme Chleas, fait mention ailleurs de Chliat. Ortelius doute s'ils parlent toûjours du même lieu.

[f] Ibid.

CHLIARA, Ville de l'Asie Mineure ; Nicetas & le Continuateur de Glycas racontent qu'elle fut délivrée des Turcs par Emanuel Comnene ; & Ortelius[g] conjecture qu'elle étoit vers la Mysie ou la Phrygie.

[g] Ibid.

CHLIARUS. Voiez Gange.
CHLIAT. Voiez Chleat.

CHLIDIUM, lieu dont parle Cedrene, & qui doit avoir été ou de la Bulgarie ou de la Thrace.

§. CHLORUS, ce mot se trouve en quelques anciennes Editions du livre d'Ælien des animaux[h]. Pierre Gyles & Gesner ont cru qu'il falloit lire le Pelore. Ortelius a mieux rencontré, car trouvant que Pline a copié ce passage dans son Histoire Universelle[i] il corrige Ælien par Pline selon lequel il faut lire *in Eloro Siciliæ Castello.*

[h] l. 12. c. 30.
[i] l. 32. c. 2.

CHLORUS, Riviere d'Asie dans la Cilicie, selon Pline[k].

[k] l. 5. c. 27.

CHLUMETIA, Ville de Grece, selon Laonic cité par Ortelius[l].

[l] Thesaur.

CHMIELNICK[m], petite Ville de Pologne en Podolie, dans des marais sur le Bog. Mr. de l'Isle[n] qui écrit Kmielnick la met sur la rive Meridionale du Boh, à l'extrémité Septentrionale du Palatinat de Podolie, & aux confins de celui de Braclaw.

[m] Baudrand Ed. 1705.
[n] Atlas.

CHNA, Etienne le Géographe dit : c'est ainsi que l'on appelloit autrefois la Phenicie. Saumaise ne trouvant aucun Ancien qui lui ait donné ce nom croit qu'Etienne avoit écrit : c'est ainsi que s'appelloit une Ville de Phenicie ;

608 CHN. CHO.

a Geogr. Sacr. 1. part. l. 4. c. 34.

cie ; mais le favant Bochart[a] a beaucoup mieux rencontré lorfqu'il a dit que Chna eſt un diminutif de Chanaan, & le mot Chna fe trouve dans Philon de Biblos Interprete de Sanchoniaton, dont Eufebe[b] nous a conſervé quelques fragmens.

b Præpar. l. 1.

CHNIN. Voiez KNIN.

CHNUBMIS ou CHNUMIS, ancienne Ville d'Egypte dans la Thebaïde ou pour parler comme Ptolomée[c] avec plus de precifion dans le Nôme de Thebes.

c l.4.c.5.

1. CHOA. Voiez ECUE.
2. CHOA. Voiez COA.
1. CHOANA, Ville d'Afie dans la Medie, felon Ptolomée[d]. Quelques exemplaires portent CHOAVA. C'eſt la même que Diodore de Sicile[e] appelle CHAONA.

d l.6.c.2.

e l. 2.

2. CHOANA, Ville d'Afie dans la Parthie, felon Ptolomée[f].

f l.6.c.5.

3. CHOANA, Ville d'Afie dans la Bactriane, felon le même[g].

g l.6.c.11.

CHOANI, Peuple de l'Arabie heureufe, felon Pline[h]. On lit dans les Metamorphofes d'Ovide[i]:

h l.6.c.28.
i l.5.v.162. & ſeq.

Inftabant parte ſiniſtra
Chaonius Molpeus; dextra Nabathæus E-
themon.

Quelques Commentateurs d'Ovide l'expliquent de la Chaonie contrée d'Epire ; mais comme l'ont judicieufement remarqué d'autres Critiques qui ont travaillé fur cet Auteur, pourquoi Ovide auroit-il fourré un Grec entre des Arabes dans un combat donné en Ethiopie au fujet du mariage d'Andromede. Ils ont bien vu qu'il falloit lire dans Ovide *Chaonius*, & non pas *Chaonius*. Le R. P. Hardouin eſt auſſi de ce fentiment. On objecte que les manufcrits portent tous fans variation *Chaonius*, excepté celui de Leyde où l'on lit CAHONIUS ; cette uniformité prouve tout au plus que la faute eſt ancienne, & qu'elle a été copiée par un grand nombre de gens, qui n'entendoient pas ce qu'ils écrivoient.

CHOARA, contrée d'Afie dans la Parthie. Pline[k] dit que c'en étoit le plus bel endroit. Ortelius[l] a cru que c'étoit la CHOARINE de Strabon, & la *Choroane* de Ptolomée. Le R. P. Hardouin fait voir que cela ne fe peut ; car, dit-il, la Province dont parlent ces deux Auteurs étoit toute à l'Orient de la Parthie & dans le voifinage de l'Inde; au lieu que la Choara de Pline étoit à l'Occident de la Parthie. Il y a moins d'inconvenient à dire que c'eſt la CHOROMITHRENE de Ptolomée, quoi que cet Auteur[m] la place dans la Medie. La contrée de Choara étoit effectivement aux confins de la Medie & Pline nomme deux Villes, favoir Calliope & Iffatis, bâties fur un autre rocher. Ces deux places avoient été, dit-il, deſtinées à arrêter les Medes.

k l. 6.c.15.
l Thefaur.

m l. 6. c.2.

CHOARAXES, on lit dans Strabon[n] qu'une Riviere ainfi nommée fervoit de borne entre la Colchide & l'Armenie; Cafaubon a très-bien remarqué que Χοαράξης eſt un mot corrompu de καὶ ὁ Ἀράξης, & qu'il eſt queſtion de l'Araxe en cet endroit.

n l.1.p.61.

CHOARINA, Strabon dit[o]: de tous les pays des Parthes qui font dans le voifinage de l'Inde, Choarine eſt celui qui en eſt le plus proche. Il ne faut pas le confondre avec *Choara* comme a fait Ortelius.

o l. 15. p. 725.

CHO.

CHOASPES, Riviere de l'Inde ; elle fe jette dans le Cophé, felon Strabon[p]. Mr. de l'Iſle nomme ces deux Rivieres CHOES & COPHENE dans fon Théatre Hiſtorique[q]. Ces deux Rivieres fe joignent aux confins de l'Arachofie ; & vont fe perdre dans le fleuve Indus.

p l. 15. p. 697.

q pars Orient.

CHOASPES ou CHOASPIS, Riviere d'Afie. Pline en met la fource dans la Medie & la fait tomber dans le Pafitigris[r]. Strabon dit[s]: Polyclete ajoute que le Choafpe, l'Eulée & le Tigre, (c'eſt-à-dire le Pafitigris) fe joignent dans un même Lac & que delà ils fe rendent dans la Mer. Le même Strabon en parlant de la Ville de Sufe : elle eſt fituée au milieu des Terres au delà du Choafpe auprès d'un Pont ; la Sufiane s'étend jufqu'à la Mer ; & fa côte eſt depuis les frontieres de celle de Perfe jufqu'à l'embouchûre du Tigre, environ l'eſpace de trois mille ſtades. Le Choafpe qui traverfe ce pays (la Sufiane) finit à cette côte & a fon origine chez les Uxiens. Mr. de l'Iſle[t] dit qu'on l'appelle auſſi HIDASPE.

r l. 6. c. 27.
s l. 15. p. 728.

t Theat. Hiſt. P. Orient.

CHOASTRA. Voiez LOCASTRA.

CHOATINA, Ville de la Bactriane. C'eſt la même que CHOANA 3.

CHOATRÆ, ancien Peuple de la Sarmatie vers le Tanaïs, felon Pline[v].

v l.6.c.7.

CHOATRAS, Montagne d'Afie, felon Pline[x]. Solin dit qu'elle eſt dans le Pays des Parthes[y].

x l. 5. c. 27.
y c. 38. Ed. Salmaf.

CHOBA, le livre de Judith[z] en Grec dit que les Ifraelites ayant apris la mort d'Holoferne, & voyant que les Aſſyriens s'enfuioient en defordre les pourfuivirent jufqu'à Choba, les paſſant au fil de l'épée. La Vulgate ne nomme point ce lieu & dit fimplement jufqu'à l'extrémité des frontieres. Dans le verfet precedent on lit qu'Ozias envoya à Bethomaſta, à Bebai, à Chobai, à Cholam & à toutes les extremitez de la Terre d'Ifrael pour leur porter la nouvelle de ce qui venoit d'arriver, & les avertir de tomber tous enſemble fur l'ennemi qui s'enfuioit.

z c. 15. v. 7.

CHOBAR, fleuve d'Afie dans la Chaldée auprès duquel le Prophete Ezechiel[a] fut inſpiré de l'Eſprit Saint, & eut les vifions qu'il a décrites. Quelques-uns le confondent avec le Chaboras comme je l'ai remarqué fous ce titre ; cependant malgré les grandes autoritez qui femblent mettre cette opinion hors de toute difpute ; il s'en trouve d'autres qui avec plus de fondement nous font connoître que le *Chabur* ou *Chabor*, ou Chaboras étoit different du Chobar. Le premier étoit & eſt encore une Riviere ayant fa fource propre & tombant dans l'Euphrate ; le fecond n'étoit qu'un bras detourné de l'Euphrate fans aucune fource particuliere ; mais fimplement une partie de fes eaux qui couloient dans un Canal artificiel, & s'alloient rendre dans le Tigre auprès d'Apamée. Pour bien concevoir ce que c'étoit que ce Canal du Chobar il faut joindre les paſſages fuivants. Les Anciens avoient tiré cinq Canaux, pour prévenir les inondations de

a c.1.v.3.

CHO.

de l'Euphrate & prevenir les ravages que ses debordemens faisoient aux environs de Babylone. C'est ce que marque fort exactement le Géographe de Nubie ou plutôt le Scherif-El-Edrisi [a]. Pline [b] dit : l'Euphrate se partage à LXXXIII. M. P. de Zeugma près du Village de Massice & tournant à gauche il entre dans la Mesopotamie, & passant à Seleucie il se jette dans le Tigre, qui arrose cette Ville. Ptolomée [c] dit de l'Euphrate: il se partage en plusieurs branches dont une va à Babylone & l'autre coule à Seleucie; celle du milieu est nommée le FLEUVE ROYAL Βασίλειος ποταμὸς. C'est le même que Polybe [d] nomme le CANAL ROYAL. Bochart [e] observe que les Arabes l'appellent ALMELIC, & les Chaldéens נהרמלכא NAARMALCHA. Ammien Marcellin [f] dit : on arriva à une Riviere dont le lit a été creusé de main d'homme, nommée *Naarmalcha*, qui signifie la *Riviere du Roi*. Eusebe [g] parlant sur le temoignage d'Abydene dit mal Αρμακάλη pour Νααρμάλκη. Cet Auteur parlant de Nabuchodonosor avoit dit qu'il conduisit le fleuve ARMACALE, qui est une branche de l'Euphrate. Isidore de Charax [h] nomme cette même Riviere Narmalcha. Pline enfin dit [i] : il y en a qui pretendent que l'Euphrate fut divisé par les soins, & sous la conduite de Gobar (quelques exemplaires portent Chobar) à l'endroit où nous ayons dit qu'il se separe afin que par sa rapidité il ne causât plus de dommage à la Babylonie; ils ajoutent que tous les Assyriens le nomment ARMALCHAR, ce qui signifie Fleuve Royal. On voit que la premiere syllabe a échapé à Pline, qui ajoute à la fin une r inutile. Ceux qui trouveront de la difficulté à croire que le Chobar d'Ezechiel soit le Fleuve Royal creusé sous la direction de *Gobar* ou *Chobar*, selon Pline, s'accommoderont peut-être mieux de ce que dit le Sr. Thevenot [k]. Après avoir parlé de l'Alchabur qui est le Chaboras des Anciens, il ajoute : il faut observer qu'il y a encore une autre Riviere appellée CHABUR, qui est le Chobar dont il est fait mention dans le Prophete Daniel; elle est plus petite & prend sa source au dessous de Mosul, à main gauche de ceux qui descendent le Tigre & vient à Bagdat se perdre dans le Tigre, selon que j'ai pu apprendre d'un vieillard Syrien de Mosul. Cette Riviere de Chobar a une source particuliere & est très-differente du Canal Royal, qui portoit une partie des eaux de l'Euphrate dans le lit du Tigre. Il n'est pas surprenant au reste qu'un Voyageur ait nommé le Prophéte Daniel [l], qui ne parle point du Chobar, pour Ezechiel qui en parle souvent.

Il ne faut donc pas confondre ces trois choses; le Chaboras aujourd'hui Alchabur, qui tombe dans l'Euphrate; le Chabur Riviere plus petite qui tombe dans le Tigre, & le Canal ou Fleuve Royal creusé par Chobar & nommé par les Arabes Almelic, qui signifie la même chose que Royal. S'il y avoit de bonnes preuves qu'il ait porté le nom de celui qui en avoit dirigé le travail, c'est celui qui conviendroit le mieux à ce que dit Ezechiel, qui ayant été emmené captif à Babylone y prophetisa comme le dit St. Jerôme [y].

[a] Clim. 4. p. 5. & 6.
[b] l. 5. c. 26.
[c] l. 5. c. 18.
[d] l. 5.
[e] Geog. Sac. l. 1. c. 8.
[f] l. 24.
[g] Præparat. l. 9.
[h] Mansf. Parth.
[i] l. 6. c. 26.
[k] Suite du Voyage du Levant. c. 10. p. 87.
[l] Præfat. in Ezech.

Tom. II.

CHO.

CHOBAT, ancienne Ville d'Afrique dans la Mauritanie Cesariense, selon Ptolomée [m]. C'est la même qu'Antonin appelle COBA Municipe, à XXVIII. M. P. de Muslubium & à XXXIX. d'Igilgilis. L'Anonyme de Ravenne & la Table de Peutinger en parlent aussi. Ce lieu étoit le Siége d'un Evêque; & la Notice d'Afrique [h] fait mention de Maxime Evêque de Coba *Maximus Covienfis*. Il est vrai qu'elle a mis au rang des Evêques de la Mauritanie Sitifense; mais cette division n'est point connue de Ptolomée, qui met Sitipha elle-même dans la Mauritanie Cesariense.

CHOBATA, Ville ancienne d'Asie dans l'Albanie entre l'Albanus & le Casius Rivieres [o], c'est-à-dire au Nord du Cohan.

CHOBUL, c'est la même chose que CHABUL. Voiez CHABALON.

CHOBUS, Riviere de la Colchide. Arrien dans sa Lettre à l'Empereur Hadrien contenant un Periple du Pont-Euxin [p] compte du Charies au Chobus XC. stades; delà au fleuve Singame CCX. stades tout au plus; & il en met DCXXX. du Chobus à Sebastopolis. Agathias le nomme aussi CHOBUS; & Pline [q] le nomme COBUS sans aspiration, il dit qu'ayant sa source dans le Caucase il traverse le Pays des Suanes. La Carte de la Colchide par le P. Lamberti [r] marque bien cette Riviere, & on y avertit que les habitans la nomment COPI; mais il y a une erreur considerable, c'est qu'il met le Sigamen ou Singame d'Arrien entre le Phase & le Chobus au lieu que le Cobus est selon Arrien temoin oculaire entre le Phase & le Singame. De plus il fait tomber cette derniere Riviere dans le Phase, desorte qu'elle ne va point selon ce Pere jusqu'à la Mer, or Arrien dans son Periple ne fait mention que des embouchûres des Rivieres qu'il vit en côtoiant & faisant par eau le tour de la Mer noire, selon que portoit la commission dont Hadrien l'avoit chargé. S'il entra dans quelques Rivieres il a soin d'en avertir, comme il fait en parlant du Chobus.

CHOCE } Voiez COCHE.
CHOCHE }

CHOCOLOCOCHA. Voiez CASTRO VIRREYNA.

CHOCONACA [s], petit Pays de l'Amerique dans la nouvelle Espagne dans l'Audience du Mexique. Ses habitans ont une langue particuliere fort estimée.

CHOCZIN, Ville de la Moldavie sur le Niester aux frontieres de Pologne. Elle est fameuse par deux batailles que les Polonois gagnerent sur les Turcs, l'une en 1621. l'autre en 1683.

CHODAISAR, Contrée d'Asie dans le Mawarahnahr, aux confins de Samarkand; le fauxbourg de Chodaisar est très-célèbre. C'est ce qu'en dit Abulfeda [t], ce qui semble marquer que Chodaisar est le nom d'une Contrée & d'une Ville auxquelles il est commun.

CHODDA, lieu d'Asie dans la Carmanie, selon Ptolomée [v]. Il s'en explique d'une maniere fort incertaine; car à la tête de la liste où ce nom se trouve, il dit : *Villes Mediterra-*

[m] l. 4. c. 2.
[n] n. 3.
[o] Ptolem.
[p] l. 5. c. 12.
[p] p. 10. Ed. Oxon.
[q] l. 6. c. 4.
[r] Thevenot Recueil de Voyages T. I.
[s] Baudrand Ed. 1682. & 1705.
[t] Chorasm. &c. descr. Ed. Oxon. p. 38.
[v] l. 6. c. 8.

Hhhh

ranées & Villages que l'on dit être dans la Carmanie; ainsi ce titre promettant des Villes & des Villages, Ortelius[a] ne devoit pas décider que Chodda fût une Ville; à moins qu'il n'en eût quelque autre garant que Ptolomée. Il ne cite pourtant que cet Auteur.

CHOENICIDES[b], ce mot qui signifie de petits boisseaux, est le nom que les Grecs établis à Sinope sur la Mer noire donnoient à certains creux enfoncez dans les rochers, & qui se remplissoient d'eau, lorsque la Mer étoit haute. Les Sinopiens y pêchoient en abondance le poisson qu'ils nommoient Pelamides; & qui selon Rondelet[c] sont de jeunes Thons.

1. CHOERADES, Isle de la Mer Ionienne, sur la côte d'Italie près du Promontoire Japygien, selon Thucydide[d]. Casaubon dans ses notes sur Strabon[e] croit que c'est la même chose que ce Géographe appelle les trois Promontoires des Japygiens.

2. CHOERADES, Hesyche, Favorin & autres Lexicographes nomment ainsi des Isles ou Ecueils du Pont-Euxin près de l'Hellespont. Ortelius[f] croit que ce sont les mêmes que les CYANÉES.

3. CHOERADES[g], Gerbelius dit que les Isles BALEARES sont ainsi nommées par Apollonius. Ortelius ajoute qu'elles sont appellées de même par Isace Commentateur de Lycophron.

4. CHOERADES, Dictis de Crete dans son Histoire de la guerre de Troye[h] dit: Ajax Roi des Locres ayant tâché de se sauver à la nage, & les autres ayant saisi des planches ou ce qu'ils trouvoient, pour gagner le bord de la Mer; après qu'ils furent arrivez à l'Isle d'Eubée, & qu'ils eurent abordé les écueils nommez Choerades, ils y perirent; car Nauplius sachant l'embarras où les jettoit la tempête, & voulant vanger la mort de Palamede, alluma des feux pour les attirer vers les rochers, comme si c'eût été un Port. Ces écueils voisins du Mont Capharée, delà vient que Seneque[i] le Tragique, les nomme PETRÆ CAPHARIDES Ortelius trouve que Phalaris & Dion de Pruse les nomment CAPHERIDES Καφηρίδες, & qu'ils sont nommez CAPHURIDES Καφυρίδες par Q. Calaber[k]. Il ajoute que ce fut-là qu'Ajax fit naufrage après avoir violé Cassandre. Homere[l] dans l'Odyssée appelle ces écueils Γυραίην πέτρην que Madame Dacier rend par les ROCHES GYRÉENNES; sur quoi elle fait la note suivante[m]: les roches appellées GYRÆ & Chœrades étoient près du Promontoire de l'Eubée, lieu très-dangereux; & c'est 'qui avoit fait donner à ce Promontoire le nom de Capharée, du Phenicien Capharus, qui signifie un écueil le briseur, en Latin Scopulus contritor, selon la remarque de Bochart.

5. CHOERADES, Isles ou Ecueils dans le Golphe Persique, selon Arrien dans ses indiques citées par Ortelius.

6. CHOERADES, Ville d'Asie au Pays des Mosyneciens. Scylax[n] dit qu'elle étoit habitée par des Grecs. Etienne le Géographe en parle aussi sur l'autorité d'Hecatée, qui dans son Europe la donne de même aux Mosyneciens.

7. CHOERADES, on a mis aussi des Ecueils de ce nom auprès du Détroit de Gibraltar; Ortelius observe qu'il y a encore à present des Ecueils dans le Golphe de Cadix, qui conservent cet ancien nom, mais traduit dans les Langues modernes; que les Espagnols les nomment LOS PUERCOS, & que les François disent ROCHES DE LA TRUYE, ce qui revient au même sens.

CHOERAGIA, lieu voisin de Constantinople, selon Denys de Bysance.

CHOEREAS, lieu particulier de l'Eubée, selon Herodote[o].

CHOEREATÆ, Tribu du Peloponnese dans la Sicyonie, selon le même[p].

CHOERIUS SALTUS, Bois du Peloponnese auprès de Gerenie, entre la Messenie & la Laconie, selon Pausanias.

CHOEREBACCHI[q], selon Zonare & Nicetas, & CHEROBACHI selon Curopalate, lieu de Thrace auprès du fleuve Melas.

CHOGAN, Ville de la Chine dans la Province de Xansi auprès de la Riviere de Fi, selon Mr. Baudrand[r]. Il ajoute qu'il y a un Pont tout-à-fait extraordinaire; car, dit-il, il n'y a qu'une arche qui joint deux Montagnes entre lesquelles la Riviere passe. Sa longueur est de quarante perches, & sa hauteur de cinquante. C'est pourquoi les Chinois l'appellent le Pont volant.

§. Il est surprenant que cela ait échapé au Pere Martini, qui ne parle ni de Chogan, ni de la Riviere de Fi, ni du Pont volant, du moins dans cette Province où les met Mr. Baudrand.

CHOGNITZ[s], Bourg de Dalmatie aux confins de la Bosnie à sept lieues de Salone vers l'Orient Septentrional. Voiez ÆQUUM.

CHOI, Peuple d'Asie, selon Etienne le Géographe. Ils étoient voisins des Bechires.

CHOJANDAH, Ville d'Asie dans le Mawaralnahr auprès du Sihun selon Abulfeda, qui fournit la position suivante[t]

	Longit.	Latit.
selon Alfaras	90. d. 35'.	41. d. 25'.
selon Albiruni	90. d. 0	40. d. 50'.

Il dit ailleurs[v] qu'il y a d'Alshash à Chojandah quatre journées de chemin, & sept de Samarkand à Chojanda[x]. Nassir-Eddin[y] lui donne une longitude diferente en apparence de celle d'Alfaras; mais qui est la même en effet parce que leurs premiers Meridiens different de dix degrez comme j'en avertis ailleurs; sçavoir 100. d. 35'. de longitude, & 41. d. 15'. de latitude, en quoi il differe des deux autres Géographes Arabes. Ulug-Beig[z] qui s'accorde avec Alfaras & Nassir-Eddin pour la longitude ne convient avec aucun autre pour la latitude qu'il met de 41. d. 55'.

CHOISEUIL, petite Ville de France en Champagne, Diocèse & Election de Langres, à trois lieues de Chaumont. C'étoit une ancienne Baronie, & l'ancienne Maison de Choiseuil en a pris son nom; mais ce nom a été transporté aux Châtellenies de Polisi & de Polisét, lorsqu'elles furent érigées en Duché l'an 1685. en faveur de Cesar de Choiseuil.

CHO.

a De l'Isle Carte de la Touraine.

CHOISILLE[a], (la) Riviere de France en Touraine. Elle prend sa source un peu au dessus de Noussilly qu'elle arrose, passe à Serelles & à Metray, & tombe dans la Loire au dessous de St. Cyr, & au dessus de Valiere.

1. CHOISY ou CHOISY AU BAC, Village de France en Picardie, sur la Riviere d'Aisne, à une demie lieue avant qu'elle se jette dans l'Oise. C'est le même lieu que les anciens Historiens de France nomment CAUCIACUM. Voiez cet Article.

2. CHOISY, Bourg de France dans la Brie, dans le Diocèse & l'Election de Meaux.

3. CHOISY-SUR-SEINE, Village de France près de la Seine, trois lieues au dessus de Paris. Il est remarquable à cause d'une belle Maison bâtie par Mademoiselle de Montpensier après la mort de laquelle ce Château appartint à Louïs Dauphin de France Pere de Sa Majesté Catholique, qui en fit un échange avec Madame de Louvois pour le Château de Meudon, qui étoit plus à sa bienséance. Les jardins sont d'une grande propreté & ornez de statues copiées d'après les plus belles antiques de Rome par Anguiere. Elles avoient été faites pour Mr. Fouquet Surintendant des Finances.

CHOISY DE MALESHERBES, Bourg de France dans le Gâtinois à l'Orient Septentrional, & à cinq lieues Parisiennes de Nemours. Mr. Corneille en fait une Ville, & Mr. de l'Isle écrit ce nom SOISY-MALHERBES.

CHOLARGUS, Bourg de l'Attique dans la Tribu Acamantide, selon Etienne & Suidas. Plutarque en fait aussi mention dans la Vie de Nicias.

CHOLBESINA, Ville d'Asie dans la Sogdiane, selon Ptolomée[b] qui la met près de l'Oxus & selon quelques exemplaires au bord Occidental de ce fleuve.

b l.6.c. 12.

CHOLET ou CHOLLET, Ville & Baronie de France en Anjou, près de la Riviere la Moine, à douze lieues d'Angers, au Diocèse de la Rochelle, selon Mr. Piganiol de la Force[c], au Diocèse de Poitiers, selon les Auteurs du Dictionnaire Géographique de la France, qui disent beaucoup mieux cette Ville étant située dans la contrée qu'on nomme la Marche de Poitou, & aux confins du bas Poitou; mais Mr. Piganiol de la Force & les Auteurs du Dictionnaire se trompent également sur le nom de la Riviere qu'ils disent être la Mayenne, qui coule du Nord au Sud dans le Loir avec lequel elle se perd dans la Loire, au lieu qu'il s'agit ici de la Moine déja grossie du ruisseau le Trezon, laquelle coule à Clisson où elle se joint à la Sevre Nantoise, après un cours de l'Orient à l'Occident. Mr. Corneille dit sur la Riviere de Maine, ce qui peut être une faute de ses Imprimeurs. Quoiqu'il en soit, le Château qui est beau a été bâti en 1696. par René-François de Broon. La Paroisse ne contient qu'environ quatre-vingt-dix-huit feux; mais outre cette Eglise on trouve dans cette Ville un Prieuré, un Couvent de Cordeliers & un de Cordelieres. On y tient dans l'année quelques Foires, qui sont des plus

c T. 6. p. 129.

CHO. 611

considerables de la Province par la grande quantité de toiles que l'on y debite & que l'on transporte dans le Poitou, dans le Limousin, à la Rochelle, & à Bourdeaux. On y vend aussi des Bestiaux en quantité. Cette Ville a autrefois donné le nom à une famille illustre de laquelle étoit Jean Cholet, Cardinal, Legat en France, mort le 2. d'Août de l'an 1292. c'est le fondateur du College des Cholets à Paris. Il l'érigea en 1285.

CHOLIDÆ. Voiez CHOLLIDÆ.

CHOLIMMA, Ville d'Asie dans la grande Armenie, selon Ptolomée[d].

d l.5.c.13.

1. CHOLLE, Ville d'Asie dans la Palmyrene, selon le même[e].

e l.5.c.15.

2. CHOLLE, Ville d'Afrique, selon Appien[f]; mais comme le remarque Ortelius il faut lire *Acholla*. Voiez ACHOLLA.

f in Punic.

CHOLLIDÆ, Peuple de Grece dans l'Attique, sous la Tribu Leontide. Etienne le Géographe l'écrit par deux *ll*, ou ΛΛ, & un *i* simple. Mr. Spon met au contraire le Peuple CHOLLIDÆ dans la Tribu Egeïde, & dit que ce nom se trouve aussi écrit ΧΟΛΛΕΙΔΑΙ CHOLLEIDÆ malgré la critique trop scrupuleuse de Meursius, qui n'y veut point la Diphthongue EI.

CHOLLO, Ville sur la côte de Barbarie au Royaume d'Alger[g]. De la Croix en parle ainsi : Sanut place près de Constantine la Ville de CHOLLO autrefois CULLU, & maintenant ASCOL, COL, ou COLLO : elle a été bâtie par les Romains près de la Mer Mediteranée. Elle est presentement démantelée; mais defendue par un Château bâti sur un rocher: il y a un bon havre que les Genois & les François avoient rendu célèbre par leur commerce. Voiez COLLO & CULLU.

g De la Croix Relat. du R. d'Alger T. 2. p. 114.

CHOLMADARA, Ville d'Asie dans la Syrie sur l'Euphrate, selon Ptolomée[h].

h l.5.c. 15.

CHOLMKILL, ou l'Isle de St. Colomban petite Isle d'Ecosse joignant l'Isle de Mull vers le Midi. Elle est assez peuplée avec l'ancien Château de Sodore où l'Evêque des Isles Occidentales fait sa résidence, & où l'on voit les sepultures de quarante-huit Rois d'Ecosse, de huit Rois de Dannemarck & de quatre d'Irlande; mais cette Isle est fort petite & peu remarquable d'ailleurs.

§. Cet Article qui est de Mr. Baudrand merite d'être rectifié. L'Episcopat étant aboli en Ecosse il seroit surprenant que les Westernes, ou comme il parle, les Isles Occidentales eussent encore des Evêques, cependant il s'exprime comme si elles en avoient un actuellement. Il ne seroit pas moins étrange que des Rois de Dannemarck eussent été apportez dans cette Isle par ces Rois, il a apparemment entendu les Princes Danois, qui ont regné dans la Grande Bretagne.

CHOLOBETENA, ancien nom d'une contrée d'Armenie, selon Etienne le Géographe, qui cite le sixième livre des Parthiques d'Arrien que nous n'avons plus.

CHOLOBGORA[i], Montagne de Moscovie éloignée de Novogorod. Ce nom signifie la *Montagne des Esclaves*. Voiez l'Article suivant.

i Leibnitz. Collect. Etymolog. p. 368.

CHOLOBRECA, petite Riviere de Moscovie. Elle coule au pied de la Montagne

CHO.

a Ibid.

gne de Cholobgora. Mr. Witfen [a] étant fur les lieux s'informa de la raifon & de l'origine de ce nom. Les gens du pays lui racontèrent qu'autrefois les habitans de ce lieu étoient fortis pour aller faire la guerre en des pays fort éloignez & qu'après une longue abfence les femmes ayant contracté amitié avec les efclaves de leurs maris, ceux-ci voulurent refufer l'entrée du pays à leurs maîtres lorfqu'ils retournerent ; mais que les maris vainquirent leurs efclaves fans fe fervir d'autres armes que de leurs fouets. Cette tradition confervée parmi des gens qui n'ont prefque aucune connoiffance de la Langue Grecque & de la Latine ni des Hiftoriens de l'antiquité favante eft une preuve que les environs de Novogorod ont fait partie de l'ancienne Scythie. Cet événement eft attribué aux Scythes par Juftin, & il le rapporte avec cette difference que les maîtres livrèrent bataille avec perte avant que de s'avifer du ftratagême des fouets qui leur réuffit. La tradition Ruffienne a une fimplicité plus hiftorique. Des Efclaves qui auroient déja vaincu leurs maîtres ne devoient gueres s'effrayer à la vûe du fouet.

§. Ces noms au refte font orthographiez, comme je les ai trouvez: un Seigneur Ruffien, qui me les a prononcez felon le genie de fa Langue ne fait point fentir le *c*. dans la prononciation ; mais c'eft une afpiration très-forte & purement Gutturale , qui pourroit s'exprimer par *hh*.

CHOLOBREGA, ancien nom de la Ville de COLBERG. Voiez cet Article.

CHOLOE, Ville du Pont Galatique dans la Cappadoce. Quelques exemplaires de Ptolomée [b] portent CHOLOGI.

b l.5.c.6.

CHOLOGI. Voiez l'Article precedent.
CHOLONTICHOS. Voiez CHOLUM MURUS.

CHOLUA, Χολούα; Ptolomée [c] met deux Villes de ce nom dans la grande Armenie , & leur donne des pofitions differentes ; favoir

c l.5.c.13.

Cholua 74. d. de longit. & 43. d. 10'. de latit.
Cholua 73. d. 30'. & 41. d.

CHOLUATA, Ville de la grande Armenie, felon le même [d] qui lui donne de pofition 78. d. 45'. de longitude, & 43. d. 40'. de latitude.

d Ibid.

CHOLULA, petite Ville de l'Amerique dans la nouvelle Efpagne à quatre lieues de Tlafcala, felon Mr. Baudrand [e].

e Ed. 1705.

CHOLUM MURUS, Χόλον τεῖχος, Ville ancienne de la Carie, felon Etienne le Geographe, qui cite le dixhuitieme livre de l'Hiftoire de Carie par Apollonius. Le Traducteur d'Etienne conferve le nom Grec CHOLONTICHOS.

1. CHOMA, Χῶμα, Ville ancienne d'Afie dans la Lycie , felon Ptolomée [f]. La Notice de Hierocles la met au nombre des 34. Villes Epifcopales de cette Province, auffi bien que la Notice de Léon le Sage & Eudoxe fon Evêque eft nommé au III. Concile d'Ephefe.

f l.5.c.3.

2. CHOMA, Paufanias [g] parle d'un lieu de l'Arcadie nommé Choma. Son Traducteur Latin le rend par *Agger*, qui veut dire une *chauffée*, une *levée*, une *digue*.

g l.8.c.44.

CHO.

CHOMARA, ancienne Ville d'Afie dans la Bactriane, felon Ptolomée [h].

h l.6.c.11.

CHOMARI, Peuple de la Bactriane. Chomara étoit fans doute la Ville dont ils prenoient le nom. Mela [i] fait mention de ce Peuple , en quoi Pline [k] l'a imité. Le R. P. Hardouin doute fi ce ne feroit point la Comanie dont parle Xenophon au feptiéme livre de la Retraite des dix mille.

i l.1.c.2.
k l.6.c.15.

CHOMBAIS [l], petit Pays de la Prefqu'Isle de l'Inde deçà le Gange fur la côte de Malabar avec une Ville de même nom près de Mourique entre Calicut au Midi, & Cananor au Septentrion.

l Baudrand Ed. 1681. & 1705.

CHOMBE , contrée d'Afrique dans la baffe Ethiopie [m], peu loin de la Riviere de Coanza.

m Dapper Afrique p. 361.

CHOMELLIS, Bourg de France en Auvergne dans l'Election de Brioude.

CHOMPSO, Χομψὼ, Ifle dans le Fleuve du Nil entre l'Ethiopie & l'Egypte , felon Etienne, qui cite le fecond livre d'Herodote ; mais dans l'endroit cité [n] on trouve *Tachempfo* Ταχεμψώ, & Etienne lui-même dit ailleurs : Tachempfo avec un *et* dans la feconde fyllabe, d'où Ortelius conclud que tout ce que nous avons fous le nom d'Etienne n'eft pas de lui ; mais que des Auteurs y ont fourré diverfes chofes. J'ai déja dit que le maître d'Ecole Hermolaus avoit eftropié cet Auteur, & que comme il étoit très-ignorant il avoit fait un mauvais livre d'un excellent ouvrage, en corrompant bêtement & arrangeant mal ce qu'il copioit.

n l.2. n.29.

1. CHONAD , Château de Hongrie au Comté auquel il donne le nom. Il eft fitué fur le bord Septentrional de la Riviere de Marofch , qui coulant delà vers l'Occident va fe perdre dans la Teiffe à Segedin. Ce lieu qui eft accompagné d'une petite Ville nommée en Latin *Canadium* ou *Cenadium*, & auparavant *Moriffena* ou *Maurocena* eft le Siége d'un Evêché Suffragant de Gran ou Strigonie, felon Mr. Baillet [o]. St. Gerard Venitien fut Evêque de cette Ville dans l'onziéme fiécle fous le Regne de St. Etienne. Il mourut l'an 1047.

o Topogr. des Saints p. 130.

2. CHONAD, (Comté de) contrée de la Hongrie. Il eft borné au Nord par la Riviere de Marofch, qui le fepare du Comté d'Arad excepté aux environs de Chonad, qui étant au delà & au Nord de cette Riviere y a encore un petit territoire , qui eft auffi du Comté. Le Comté de Temefwar le termine à l'Orient & au Midi, & la Teiffe le bornant au Couchant le fepare du Comté de Bodrog.

1. CHONÆ, Ville ancienne de Phrygie. Elle étoit Epifcopale & même Metropolitaine, felon la Notice de Nilus Doxapatrius, qui lui donne le LIX. rang entre les Metropoles. Elle n'a plus que le LXIV. dans la Notice d'Andronic Paleologue le vieux.

2. CHONÆ, dans la Notice des Villes Epifcopales, qui ont changé de nom, on trouve une Ville nommée CHONÆ, & que l'on appelloit auparavant COLOSSÆ. Nicetas met fur le Meandre dans l'Afie Mineure une Ville nommée *Chone* qu'il dit avoir auparavant porté le nom de *Palaffa*. Ortelius avoit jugé fort

fa-

CHO.   CHO.   613

sagement que *Palaſſæ* étoit un mot corrompu de COLOSSÆ. Voiez COLOSSÆ & l'Article qui suit.

1. CHONE [a], Ville de la Turquie en Asie dans la Natolie, & dans la Province de Germian avec un Archevêché Grec sur la Riviere de Licho, où elle se rend dans le Mindre vers les confins de la Province d'Aidinelli. Il y en a qui la nomment CONA. C'est l'ancienne COLOSSES.

2. CHONE, Χώνη, Ville d'Italie dans l'Oenotrie, selon Etienne le Géographe. C'étoit le chef-lieu d'une contrée qui portoit le même nom. Cet Auteur cite Strabon, dont il raporte ces paroles tirées, dit-il, du septiéme livre : il appella le pays *Chone*, une Ville nommée aussi Chone en avoit la superiorité & les habitans en prirent le nom de CHONES. Ce passage se trouve non pas dans le VII. mais dans le VI. livre [b]. Le voici entier : Apollodore dans son ouvrage touchant les vaiſſeaux des Grecs, après avoir parlé de Philoctéte dit que, selon quelques-uns, après qu'il fut arrivé dans le territoire des Crotoniates, il éleva la Forteresse de Krimisa, & au dessous d'elle la Ville CHONIS Χώνων πόλιν, d'où est venu le nom de *Chones* à une Nation, qui habite cette contrée. Strabon [c] raporte un peu après le sentiment d'Antiochus, qui dit qu'avec le temps le nom d'Italie, & d'Oenotrie s'étendit jusqu'à la contrée Metapontique & à la Seiritide; que ces lieux furent habitez par les Chones, Nation Oenotrienne aſſez policée, & qu'ils donnerent au Canton le nom de Chone. Il y a dans le Grec *Chonie*; mais c'est une faute des Copistes comme l'obſerve Caſaubon. Ils ont de même corrompu dans ce passage le nom de Seiritide en celui de Sirenitide.

CHONES. Voiez l'Article precedent.

CHONGIELS, Bourg de France en Artois à une lieue de Bethune. Il y a une Abbaye d'hommes de l'Ordre de St. Augustin fondée l'an 1120. Elle est du Diocèſe de St. Omer.

CHONNABARARA, ou CHONNAMAGARA, selon divers exemplaires de Ptolomée [d] : Ville de l'Inde en deçà du Gange.

CHONTALES, (LES) Peuple de l'Amerique dans la nouvelle Eſpagne dans la Province de Tabasco, entre des Montagnes & vers la source de la Riviere de Guazaqualco, suivant Jean de Torrequemada cité par Mr. Baudrand [e] ; mais la source de la Riviere de Guazcoalco est dans la Province de Guaxaca, & elle n'approche point de la Province de Tabasco, d'où au contraire son cours l'éloigne de plus en plus.

CHORA, Χώρα, nom dont les Grecs se sont servis pour designer un lieu. Ils donnoient à ce mot des étendues fort differentes ; car ils nommoient Χώρα ou Χώρος un pays, une region, une Province, une terre, un *heritage*, un *champ*. Ils avoient aussi le mot *Chorion*, Χωρίον pour signifier la même chose & l'emploioient aussi pour signifier une *Citadelle*, un *Château*, une *Forteresse* ; sans parler des autres significations de ces mots lesquelles n'ont point de raport avec la Géographie, c'est dans le sens de Chora pris pour une campagne qu'un Païsan étoit nommé dans cette Langue *Chorites* Χωρίτης.

1. CHORA, Riviere de France ; les anciens ont souvent fait mention d'une Riviere, & d'un lieu de ce nom. Hadrien de Valois est le premier [f] qui ait recherché quelle Riviere s'appelloit ainsi, & il a trouvé que CHORA est la CURE, qui a sa source dans le Nivernois auprès de Planchei, passe à Domecy sur Cure, à Cure, à Pierre-Pertus, auprès de Vezelay, à Arci, & se perd dans l'Ionne à Cravant dans l'Auxerrois. Le Moine Jonas dans la Vie de St. Colomban que Mr. de Valois avoit lue en manuſcrit fait mention de la Riviere & du Village de Cure. Le Saint homme, dit-il, étant sorti du Monastere de Luxeuil, traversa les Villes de Besançon & d'Autun & vint à Avallon ; ensuite s'avançant vers la Riviere de Chora, il arriva chez une femme de qualité fort devote, nommée Theudemunde. Le même jour ils se rendirent au Village nommé Chora d'où il prit le chemin d'Auxerre. Hugue de Poitiers au III. livre de l'Histoire du Monastere de Vezelay qu'il acheva l'an MCLXVII. sous Guillaume Abbé de Vezelay dont il étoit Secretaire dit que sous le Regne de Louïs, & de Charle le Chauve son fils le Comte Gerard, & Berthe sa femme bâtit sur son propre fonds & franc alleu un Monastere sur la Riviere Chora, & y établit une Communauté de filles consacrées à Dieu ; que ce Monastere ayant été presque détruit par les courses des Sarrazins (il devoit dire des Normands encore Payens & des Hongrois) il fut rétabli par le même Comte sur la Montagne voisine dans la Forteresse de Vezelay, & qu'au lieu de filles on y mit des Religieux dont Eudes fut premier Abbé. Dans les antiquitez des Evêques d'Auxerre publiées par le P. Labbe, il est fait mention au Pontificat de Didier, d'un Village sur la Riviere de Cure, qu'on appelloit *Campania*.

2. CHORA [g], Village de France sur la Riviere de même nom dans le Nivernois. Il est ancien, & étoit autrefois quelque chose de plus qu'un simple Village. Ammien Marcellin en parle en ces termes : *Aliis per Sidoleucum & Choram iri debere firmantibus*, c'est-à-dire les uns voulant que l'on dût aller par Saulieu & par Chora. La Notice de l'Empire [h] en fait aussi mention & aſſigne les quartiers du Prefet des Sarmates Gentils depuis Chora jusqu'à Paris. On voit dans la Chronique de Vezelay une Lettre du Pape Eugene où sont nommez R. *de Domitiaco* & *J. de Chora*, Domeci & Cure sont deux Villages voisins dans le Nivernois. Le même Pape écrivant à l'Abbé de Regnac lui parle ainsi : pour la dispute qui s'est élevée entre nos chers Fils Ponce Abbé de Vezelay & C. Abbé de Chora, nous vous en remettons à votre Discretion afin que vous écoutiez les parties & terminiez ce different. Le Monastere de Cure est très-ancien, comme on a vû ci-devant. Mr. de l'Isle nomme ce lieu CURE ou CHORE.

CHORAMNÆI ; Nation de Perse, selon Etienne le Géographe qui dit que c'étoient des Sauvages : il cite Ctesias au x. livre des Persiques où il dit qu'ils étoient si legers à la course qu'ils atteignoient & prenoient les biches en courant.

[a] Baudrand Ed. 1705.
[b] p. 254.
[c] p. 255.
[d] l. 7. c. 1.
[e] Ed. 1705.
[f] Not. Gall. p. 145.
[g] Ibid.
[h] Sect. 65.

Hhhh * 3   CHO-

CHORASMIE, ancien Pays d'Aſie. Ptolomée[a] le met dans la Sogdiane, car il nomme entre les Peuples de ce Pays-là les Choraſmiens. Cela s'accorde à ce que dit Pline[b], qui les place auſſi vers ces quartiers-là. Denys le Periégete[c] diſtingue les Choraſmiens d'avec la Sogdiane. Car après avoir parlé des Maſſagetes, il ajoute: après eux ſont les Choraſmiens, vers le Nord, & après ceux-ci eſt la Sogdiane par le milieu de laquelle coule l'Oxus. Je doute que ces Choraſmiens ſoient les mêmes que ceux d'Athenée ; mais ils ne different pas des CHORASMUSINI de Strabon[d], ni même, à ce que je crois, des CHORAMNÆI d'Etienne le Géographe. Ces Choraſmiens chaſſez de leur Patrie[e] ſe jetterent dans la Syrie où ils remporterent de grandes victoires ſur les Francs, qui y avoient établi le Royaume de Jeruſalem. Ce ſont les mêmes que Mr. l'Abbé de Vertot[f] appelle CORASMINS. C'étoient, dit-il, des Peuples ſortis recemment de la Perſe, & iſſus, à ce qu'on pretend, des anciens Parthes : du moins ils en habitoient alors le Pays appellé Yrac Agemi ou Hircanie Perſienne : d'autres les placent dans le *Couvarezm*, proche de la *Coraſane*, mais je ne fais, ajoute Mr. de Vertot, ſi ces Coraſmins n'étoient pas plutôt originaires du Royaume de *Carizme* que Ptolomée appelle Choraſmia, d'où ces barbares la plupart paſtres, & qui n'avoient guéres de demeures fixes, pouvoient être paſſez dans quelques unes des Provinces de la Perſe. Quelque haute eſtime que les ouvrages de ce ſavant Abbé m'aient fait naître pour ſa perſonne, je ne puis diſſimuler qu'il y a bien de l'inexactitude dans ce peu de mots. Outre qu'il devoit dire *Couvarezm*, ou plutôt *Khouarezm*, & *Coraſſane* ou *Khoraſſan*, il ne devoit pas diſtinguer le Pays de Couarezm, de celui de Carizme, qui ſont ſynonymes & repondent à la Choraſmie de Ptolomée, à quelque difference près dans les limites. Quant à ce qu'il dit qu'ils étoient iſſus, à ce qu'on pretend, des anciens Parthes ; cela peut être vrai, parce qu'il y avoit d'autres Choraſmiens dans la Parthie comme on verra dans les Articles ſuivans. Quant à ceux qui cauſerent tant de maux dans la Paleſtine, & qui s'étant brouillez enſemble ſe détruiſirent eux-mêmes, deſorte que tout en perit juſqu'à leur nom, cela ne doit pas s'entendre des Coraſmiens en général ; mais de ce détachement de la Nation, qui étoit ſous les ordres de Barbacan. Voiez KAOUAREZM.

§. CHORASMIE, Ville à l'Orient des Parthes, ſelon Etienne. Il cite Hecatée qui dit que les Choraſmiens habitent au Levant des Parthes; mais il cite enſuite Herodote au troiſiéme livre[g]; & le paſſage qu'il en rapporte fait voir que ce ſont les mêmes Choraſmiens dont on vient de parler & qui étoient voiſins de la Sogdiane; car on voit nommez de ſuite les Parthes, les Choraſmiens & les Sogdiens.

CHORASMIENS, Peuple d'Aſie dans la Parthie vers l'Orient, ſelon Athenée[h]. Arrien dans ſon Hiſtoire des guerres d'Alexandre[i] fait mention d'un Peuple qu'il nomme CHORASMENI Χωρασμένοι ; mais il eſt diferent de ceux-là, car il le met au voiſinage de la Colchide & des Amazones.

[a] l. 6. c. 12.
[b] l. 6. c. 16.
[c] v. 746.
[d] l. 11. p. 513.
[e] Vincent Bellov. l. 29. & 31.
[f] Hiſt. de l'Ordre de Malte T. 1. p. 476.
[g] n. 93.
[h] l. 2.
[i] l. 4. p. 172.

CHORASAN ou CHORASSANE. (LA) Voiez KHORASSAN.

CHORAZIM. Voiez COROZAIM.

CHORBATÆ. Voiez CHROBATÆ.

CHORDIRAZA, Ville de la Meſopotamie, ſelon Strabon[k]. Elle étoit aux environs de Carrhes.

CHORDULA. Voiez CORDULA.

CHOREB. Voiez HOREB.

CHORENE. Voiez CHOARA & CHOROANE.

CHORGES, Ville de France en Dauphiné. Son ancien nom eſt CATURIGÆ, & c'étoit le chef-lieu des CATURIGES. Voiez ce mot. Elle eſt dans le Gapençois, ſelon Mrs. Baudrand & Corneille; dans l'Embrunois ſelon Mr. Sanſon ; il eſt ſûr qu'elle eſt du Diocèſe d'Embrun, & non pas de celui de Gap, à deux lieues d'Embrun, au pied d'une Montagne, à la ſource d'une petite Riviere, qui tombe dans la Durance auprès de la Cougie. La Carte de Peutinger nomme CATURIGOMAGUS cette même Ville qu'il ne faut pas confondre avec *Civitas Caturigum* qui eſt Embrun. [l]L'Archevêque d'Embrun & le Comte d'Embrunois étoient Seigneurs de Chorges par indivis comme on voit par ce qui arriva entre Raimond Robaud Archevêque d'Embrun & le Dauphin Guigues frere ainé du dernier Humbert.

CHORIENIS PETRA, lieu de l'Inde au Pays des Parætaques, ſelon Arrien[m], c'étoit une Fortereſſe qui portoit le nom de ſon Seigneur appellé *Chorienes*.

CHORMA ou HORMA. Voiez HORMA.

CHOROANE, petite contrée d'Aſie dans la Parthie, ſelon Ptolomée[n]. Strabon la nomme Chorené, & Niger veut que le nom moderne ſoit BALASSAN. Voiez CHOARA.

CHORODNA, Ville de la Perſide ou de la Perſe propre, ſelon Ptolomée[o]. Quelques exemplaires portent CHORODRA.

CHOROMANDÆ, Pline[p] parle d'un Peuple de ce nom & qu'il dit être ſi ſauvage qu'il n'a pas même l'uſage de la parole; mais dans la deſcription qu'il en fait il ne dit point dans quel pays vivoit cette Nation.

CHOROMITHRENE, contrée de la Medie, ſelon Ptolomée[q].

CHOROSANE, place forte d'Aſie, ſelon Cedrene cité par Ortelius[r].

CHOROSANITÆ. Voiez MAUROPHORI.

CHORRE'ENS ou HORREENS, ancien Peuple d'Aſie dans l'Arabie. Ce furent[s] les premiers habitans du Pays de Séhir, qui fut depuis occupé par les Iduméens[t]. Ils étoient déja puiſſans du temps d'Abraham[v], & long-temps avant la naiſſance d'Eſaü. Sehir fort different d'Eſaü étoit leur Pere[x]. Les Enfans d'Eſaü conquirent le Pays de Sehir, ou ſe mélérent avec les Horréens, deſcendans de Sehir, car on ne ſait pas comment cela s'eſt fait ; mais on fait qu'ils ſont toûjours regardez comme ne faiſant qu'un même Peuple ayant leur demeure dans l'Arabie Petrée[y], & dans l'Arabie deſerte au Midi, & à l'Orient de la terre de Chanaan.

On trouve le nom de Horréens dans un ſens ap-

[k] l. 16. p. 747.
[l] Longuerue Deſc. de la France part. 1. p. 327.
[m] de Exped. Alex. l. 4. c. 21.
[n] l. 6. c. 5.
[o] l. 6. c. 4.
[p] l. 7. c. 2.
[q] l. 6. c. 2.
[r] Theſaur.
[s] D. Calmet Dict.
[t] Geneſ. c. 36. y. 20. 21.
[v] Ibid. l.
[x] Ibid. c. 24. y. 6. 26. y. 20.
[y] Deuter. c. 2. y. 1. c. 33. y. 2. Juſdic. c. 5. y. 4.

CHO.   CHO.

a c.21.9.2. appellatif au III. livre des Rois [a] où les Interpretes l'ont traduit par *Optimates*, les Grands, *Heroes*, les Heros.

CHORS, Abbaye de France en Bourgogne au Diocèse d'Autun. Ce sont des Religieux qui suivent la regle de St. Augustin.

b l.5.c.13. CHORSA, Ville de la grande Armenie, selon Ptolomée [b]. Ortelius soupçonne que c'est la Ville de CARS ; qu'il écrit CHARS ; mais il n'a pas fait reflexion que Chorsa doit avoir été sur l'Euphrate, & que la Ville de Cars n'y est point ; mais sur une Riviere qui se jette dans l'Araxe.

CHORSACI &
CHORSARI. Voiez CHORSORI.

c Thesaur. CHORSEUS, Χόρσεος, Fleuve de la Palestine, selon Ortelius [c], qui n'en dit point autre chose sinon qu'il cite Ptolomée. Ce *d l.5.c.15.* dernier [d] le fait voisin de la Ville de Dora & le nomme CHERSEUS. Il le donne non pas à la Palestine ; mais à la Phenicie. Mr. Bau-*e Ed.1682.* drand [e] dit que c'est une petite Riviere de la Palestine aux confins de la Phenicie ; qu'elle se décharge dans la Mer de Syrie entre le Mont Carmel & Ptolemaïde ; qu'elle est nommée CISSON par les Hebreux & MOCATA par les modernes, & qu'enfin Ortelius l'appelle CORSO. Mr. Baudrand devoit bien nous dire dans quel ouvrage d'Ortelius il a trouvé cela, ce n'est pas du moins dans le Tresor Géographique où il n'y a rien qui en approche. Voiez CI.

f l.9.c.24. CHORSIA ; petite Ville de Grece dans la Béotie, selon Pausanias [f]. Kuhnius lit CORSEA & dans le Grec Κορσεία ; mais Etienne le Géographe qui cite Pausanias écrit Χορσία, *Chorsia*. Suidas dit *Corsia*, Κορσιαὶ au pluriel.

g l.6.c.17. CHORSORI, Pline [g] & Solin [h] disent *h c.49. Ed. salmas.* que les Scythes donnoient anciennement ce nom aux Perses. Le R. P. Hardouin au lieu de CHORSORI rétablit sur l'autorité unanime des manuscrits CHORSARI, & Saumaise veut qu'on doive lire CHORSOCI ; mot dont le Ministre Bochart cherche l'Etymologie par une conjecture plus ingenieuse que solide. Il prétend que les Scythes n'appelloient ainsi les Perses que par un sobriquet injurieux.

i l.17. CHORTACANA, Diodore de Sicile [i] nomme ainsi la Ville d'Artacana.

CHORTASO, Χορτασώ, Ville d'Egypte, selon Etienne le Géographe. Quelques-uns, dit-il, rapportent que la Reine Cleopatre manquant de vivres pour ses troupes, les habitans de ce lieu lui en fournirent en si grande quantité que toute l'armée en eut suffisamment, & que cette circonstance fit donner ce nom à ce lieu-là. Le mot Grec Χορτάζω signifie, *nourrir, repaître, rassasier* ; mais la question est de savoir, si les Egyptiens donnoient à leurs Villes des noms tirez de la Langue Grecque.

k Thesaur. CHORUM, lieu de Thrace, selon Cedrene cité par Ortelius [k].

l l.11. p. 528. CHORZENE, Χορζηνὴ, contrée de la grande Armenie, selon Strabon [l]. Selon cet Auteur la Chorzene & la Cambisene étoient au Nord, dans les Montagnes du Caucase, fort sujettes aux neiges & appartenoient à l'Iberie & à la Colchide. Xylander doute si ce ne seroit pas la CHOTATENE de Ptolomée, &

renvoye à son Tresor ou Dictionnaire Géographique qui m'est inconnu. Ortelius qui soupçonne aussi ce nom d'être corrompu aimeroit mieux lire XERXENA.

CHORZIANI, Peuple d'Asie, selon Procope. Mr. Cousin [m] nomme pas le Peuple ; *m Persic.* mais le pays & dit : Philimuth & Verus alle-*l.2.c.24.* rent dans la Chorsianine avec les Eruliens qu'ils *art. 4.* commandoient & s'arrêterent tout proche de Martin. Procope dit quelques lignes plus haut que ce dernier Capitaine des troupes d'Orient, étoit arrivé au Fort de Citharise, à quatre journées de Theodosiopolis où Valerien étoit campé.

CHOSAIR, Ville d'Egypte sur la côte de la Mer rouge ; mais fort avant vers le Midi vers l'Abissinie. Elle a un petit Port, & est très-peu de chose à present suivant Vansleb cité par Mr. Baudrand, selon lequel c'est le nom moderne de l'ancienne Berenice. D'autres écrivent ce nom COSSIR. Voiez BERENICE 5.

CHOTA, lieu d'Assyrie. Voiez CUTHA.
CHOTÆNA &
CHOTENA. Voiez COTÆNA.

CHOUACOET, Riviere de l'Amerique Septentrionale dans la nouvelle Angleterre vers les confins de l'Arcadie, & à l'Occident Meridional de la Riviere de Quinibeki. Champlain qui s'y arrêta au commencement du siécle passé avant que les Anglois eussent des établissements solides dans ces quartiers parle ainsi de cette Riviere & de ce qu'il y remarqua. Il faut observer qu'il venoit de quiter la Riviere de Quinibeki laquelle a conservé jusqu'à present ce nom sur les Cartes. J'emploirai ses propres expressions [n] : costoiant la coste, fus-*n Champlain* mes mouiller l'Anchre derriere un petit Islet *Voyages* proche de la grande terre, où nous veismes *part. I. l. 2.* plus de quatre vingts Sauvages qui accouroient *c. 5. p. 72.* le long de la coste pour nous voir, dançans & faisans signe de resjouïssance qu'ils en avoient. Je fus visiter une Isle qui est fort belle de ce qu'elle contient, y ayant de beaux chesnes & noyers, la terre defrichée, & force vignes, qui apportent de beaux raisins en leur saison.... nous la nommasmes l'ISLE DE BACCHUS. Etans de pleine Mer nous levasmes l'anchre & entrasmes dans une petite Riviere, où nous ne peusmes pluftost d'autant que c'est un havre de barre, n'y ayant de basse Mer que demie brasse d'eau, de plaine Mer brasse & demie & du grand de l'eau deux brasses : quand on est dedans il y en a trois, quatre, cinq, & six. Comme nous eusmes mouillé l'anchre, il vint à nous quantité de Sauvages sur le bord de la Riviere, qui commencerent à dancer. Leur Capitaine qu'ils appelloient Honemechin . . . . arriva environ deux ou trois heures après avec deux canaux, puis s'en vint tournoyant tout autour de notre barque. Ces Peuples rasent le poil de dessus le crane assez haut & portent le reste fort long, qu'ils peignent & tortillent par derriere en plusieurs façons fort proprement, avec des plumes qu'ils attachent sur leur teste. Ils se peindent le visage de noir & de rouge . . . ce sont gens disposts, bien formez de leur corps. Leurs armes sont piques, massues, arcs, & flesches au bout desquelles aucuns mettent la queue d'un poisson appellé *Signoc:* d'autres y accommodent des os & d'autres en ont toutes de bois. Ils labourent & cultivent la terre . . . au lieu de charrues ils ont un inftrument de bois fort dur fait en façon d'une befche. Cette Riviere s'appelle des habitans du pays CHOUACOET.

Je fus à terre pour voir leur labourage fur le bord de la Riviere & veis leurs bleds, qui font bleds d'Inde, qu'ils font en jardinages, femans trois ou quatre grains en un lieu, apres ils affemblent tout autour avec des efcailles du dit Signoc quantité de terre, puis à trois pieds delà en fement encore autant & ainfi confecutivement. Parmi ce bled à chaque touffeau ils plantent trois ou quatre febves du Brefil qui viennent de diverfes couleurs. Eftans grandes elles s'entrelacent autour du dit bled qui leve de la hauteur de cinq à fix pieds & tiennent le champ fort net de mauvaifes herbes. Nous y veifmes force citrouilles, courges, petum, qu'ils cultivent auffi. Ils fement le bled d'Inde en May & le recueillent en Septembre . . . . J'y veis grande quantité de noix qui font petites & ont plufieurs quartiers : il n'y en avoit point encores aux arbres; mais nous en trouvafmes affez deffouz qui eftoient de l'année précédente. Il y a auffi force vignes, aux quelles y avoit de fort beau grain dont nous fifmes de tres-bon verjus ; ce que n'avions point encores veu qu'en l'Ifle de Bacchus diftante d'icelle riviere prés de deux lieues. Leur demeure arreftée, le labourage, & les beaux arbres me fit juger que l'air y eft plus temperé & meilleur . . . que les autres lieux de la cofte. Les forefts dans les terres font fort claires, mais pourtant remplies de chefnes, heftres, frefnes, & ormeaux. Dans les lieux aquatiques il y a quantité de faules. Les Sauvages fe tiennent tousjours en ce lieu & ont une grande cabanne entourée de paliffades faites d'affez gros arbres rangez les uns contre les autres, où ils fe retirent lors que leurs ennemis leur viennent faire la guerre ; & couvrent leurs cabannes d'efcorce de chefnes. Ce lieu eft fort plaifant & auffi agréable que l'on en puiffe voir : la riviere abondante en poiffon, environnée de prairies. A l'entrée il y a un Iflet capable d'y faire une bonne Fortereffe où l'on feroit en fureté.

§. Le nom de Choüacoet fe trouve bien fur la Carte dreffée par Champlain ; mais les Cartes modernes le negligent. Je ne fais fi les Anglois y ont laiffé quelques naturels du pays; mais ils ont des établiffements le long de cette côte, & comme ils ont changé prefque tous les noms que les François ou mêmes les Americains avoient donnez aux Rivieres, aux Caps, aux anfes &c. je ne puis dire comment ils appellent cette Riviere.

a Carré Voyage des Ind. Orient. p. 295-299.

CHOUG[a], Ville de Syrie près de l'Oronte que l'on y traverfe fur un Pont, qui eft le feul qu'il y ait fur cette Riviere auffi rapide que le Rhône dans un lit très-agréable, au bas des vallons qui regnent tout le long jufqu'à la fameufe Ville d'Antioche. La Ville de Choug eft fur la route d'Alep à Sayde à une journée au delà d'Edelay, elle eft fituée fur une colline & n'a rien qui merite d'être remarqué, fi ce n'eft quelques figures antiques affez mal faites & des infcriptions du temps des Chrétiens que l'on voit toûjours avec plaifir ; mais qui font plus d'impreffion dans les lieux où l'on ne s'attend pas de les trouver. Ce qu'il y a de plus remarquable au voifinage, c'eft un Caravanfera d'une beauté extraordinaire. C'eft un grand bâtiment à quatre faces égales, d'une belle architecture, avec tous les embelliffemens de l'art : au milieu de la cour qui eft pavée de grandes pierres quarrées s'éleve une haute Mofquée. Il y a fur la droite une fontaine d'eau vive qui s'écoulant par les quatre coins d'un baffin de pierre, fe diftribue autour de la Mofquée dans differents endroits. Les plates-formes font toutes couvertes de plomb, auffi bien que la Mofquée & le corps de logis des bains, éloigné d'environ vingt pas du Caravanfera. On y detourne les eaux de l'Oronte que l'on fait venir dans de grands baffins pofez fur des fourneaux qui fervent à les échaufer pour la commodité des purifications auxquelles les Turcs font obligez par leur Loi. Le grand Vifir fondateur qui a fait dans la ftructure de ce Caravanfera une depenfe infinie pour laiffer à la pofterité un nom éternel, l'a exempté de toutes fortes d'impôts, & a pretendu par fa fondation que tous les Voyageurs y foient reçus, & regalez pendant trois jours fans nulle diftinction de Religion ni de Pays, ni fans rien exiger d'eux pour toutes les chofes qu'on leur fournit : le foir fur les quatre heures qui eft le temps où l'on mange, tous les hôtes attendent chacun dans fa chambre que l'on vienne les fervir ; l'Intendant va lui-même auparavant faire le tour du logis ; & ayant pris le nombre des Etrangers, il leur fait à tous porter à manger très-proprement, & avec bien du foin. Il y a dans cette Maifon un monde de valets qui rend cela aifé ; chacun fait ce qu'il doit faire & tout le monde eft fervi plus ponctuellement que l'on ne l'eft dans les Maifons des particuliers.

b Voyage d'Alep à Jerufalem p. 6. & 7.

[b] Comme les Anglois ont une Orthographe à part, & qu'un nom qu'ils écrivent n'eft fouvent pas reconnoiffable aux autres Nations, il eft bon d'avertir que le Miniftre Maundrell appelle ce lieu SHOGGLE & il nomme *Kan,* ce que Mr. Carré nomme un *Caravanfera,* SHOGGLE. eft, dit-il, un affez grande Ville; mais fort fale, fituée fur les bords de l'Oronte. On le traverfe fur un pont bâti fur treize petites Arcades pour entrer dans la Ville. La Riviere y eft affez large & cependant fi rapide qu'elle fait tourner de grandes roues dont on fe fert pour enlever l'eau fans y ajouter aucun artifice pour en arrêter le cours. L'eau en eft très-mal faine auffi bien que le poiffon. Nous en fimes l'épreuve & tous ceux qui en mangerent le foir, fe trouverent indifpofez le lendemain. Nous y logeâmes dans un très-beau Kan, qui furpaffe de beaucoup tous les autres bâtimens de la même nature. Il fut fondé par le fecond Cuperli, qui y annexa un revenu fuffifant pour fournir à tous les Voyageurs, qui y paffent, une portion raifonnable de pain, de bouillon & de viande, qui eft toûjours prête pour ceux qui en fouhaitent comme font la plupart de ceux du pays. On a ajouté à l'Occident de ce Kan un autre Carré pour l'entretien d'un certain nombre

CHO. CHR. CHR.

bre de pauvres. C'eſt encore un don charitable du même Cuperli.

CHOUCZA. Voiez SZUCZA.

CHOUZE', Bourg de France au bord de la Loire, aux confins de l'Anjou & de la Touraine.

CHOUZY, Bourg de France dans le Bleſois Dioceſe & Election de Blois.

CHOXAN[a], Ville de la Chine dans la Province de Huquang dans le département de Chingyang xv. Metropole de cette Province. Sa latitude eſt de 31. d. 49'. & elle eſt de 7. d. 30'. plus Occidentale que Pekin. Auprès de cette Ville eſt une Riviere nommée CUN-GYANG dont l'eau enléve facilement toutes les taches des habits, & paſſe pour être excellente à aiguiſer les ferremens à cauſe d'une certaine qualité corroſive qui lui eſt propre.

[a] Martin Atlas Sinenſis.

CHOZALA, Ville de la Mauritanie Ceſarienſe, ſelon Ptolomée[b]. L'ancien Interprete Latin lit CHIZALA. Quelques exemplaires portent Choizala, Χοίζαλα.

[b] l.4.c.2.

CHRABAZA[c], Ville de l'Afrique proprement dite, ſelon le même Géographe.

[c] l.4.c.3.

CHRASMUS, Ortelius croit que ce mot employé par Nicetas eſt le nom d'une petite place, qui étoit quelque part vers la Dacie.

CHREMBS. Voiez KREMBS.

CHREMETES; Ariſtote[d] faiſant une énumeration des Rivieres, pour faire voir qu'elles ont leurs ſources dans des Montagnes, dit: de même en Afrique il y en a d'autres comme l'Ægon & le Niſes qui tombent des Montagnes d'Ethiopie, & d'autres qui ſont les plus grandes entre celles dont on parle le plus, comme le Chremetes qui ſe décharge dans la Mer exterieure (l'Océan) & le premier bras du Nil ont leur ſource dans la Montagne nommée le Mont d'Argent. Il n'eſt pas ſurprenant qu'Ariſtote ſuive l'ancienne erreur, qui mettoit la ſource du Nil aux Montagnes de la Lune, puiſque de ſavans Géographes, tels que Meſſ. Sanſon, l'ont maintenue dans leurs Cartes, par un entêtement que je ne ſaurois louer, quelque raiſon que j'aie de ne parler de leur Science qu'avec une eſtime reſpectueuſe. A preſent que l'on connoît les ſources du Nil, on fait à n'en point douter que des lieux où il ſourd, il ne ſort aucune Riviere, qui ſe rende dans l'Océan. Ainſi les ſignes que donne Ariſtote pour reconnoître le Chremetes ne conviennent à aucune Riviere du monde. Cependant à les examiner ſur le pied de l'ancienne erreur, on peut ſoupçonner qu'il a voulu parler de la Riviere de Zaire. Les Anciens, comme je l'ai fait voir ailleurs, avoient fait le tour de l'Afrique; mais ils n'avoient qu'une connoiſſance bien confuſe de toute ſa partie Meridionale qu'ils ont peuplée & entrecoupée de Rivieres, & de Montagnes conformement à leur imagination. Heſyche parle auſſi du Chremetes.

[d] Meteorologic. l. 1. c. 13.

CHREMNITZ. Voiez CREMNITZ.

CHRENDI, Peuple de l'Hircanie, ſelon Ptolomée[e]. Quelques exemplaires portent CHRINDI; mais en Latin; car pour le Grec il y a ΧΡΗΝΔΟΙ. Cela vient de ce que quelques-uns liſent l'η comme un i & d'autres comme un e ouvert.

[e] l.6.c.9.

Tom. II.

CHRE'STIENTE', (l'S ne ſe prononce point.) On appelle ainſi les Pays où la Religion Chrétienne eſt la dominante; non ſeulement ceux où regne la Religion Catholique; mais même ceux où l'on fait profeſſion du Chriſtianiſme alteré par le Schiſme ou par l'Héreſie. Voiez au mot RELIGION le détail des lieux, qui ſont occupez par des Nations Chrétiennes.

CHRETES, Lac de la Libye contenant trois Iſles, ſelon le Periple de Hannon.

CHRETINA, Χρητίνα, Ville de la Luſitanie propre, ſelon Ptolomée[f].

[f] l.2.c.5.

CHRINDI. Voiez CHRENDI.

CHRINNI MONTES. Voiez SILYS.

CHRINNISSÆ. Voiez CRINISSA.

CHRISTBOURG*, Ville de Pologne dans la Pruſſe Polonoiſe ſur une Montagne près du ruiſſeau de Sirgun & du Lac de Drauſen à quatre milles de Pologne de Marienbourg, & à quatre d'Elbing.

* Baudrand Ed. 1705.

CHRIST-CHURCH[g], c'eſt-à-dire l'Egliſe de Chriſt, Ville d'Angleterre en Hantſhire; ſur l'Avon à trois milles de la Mer & à dixhuit de Southampton. Ses Deputez ont ſéance au Parlement, & on y tient marché public.

[g] Atlas de Blaaw.

CHRISTIANA, Iſlet ou rocher de la Mediterranée vers la côte Meridionale de l'Iſle de Candie & du Territoire de Setia, au Couchant du Cap Xacro, & à cinq milles ſeulement de la côte avec trois autres rochers preſque joignans. Mr. Baudrand[h] donne pour noms Latins de ce rocher SAGUSA, DIA, LETOA. Il auroit dû nous apprendre où il avoit pris ce nom de *Saguſa*. Pour *Dia* & *Letoa*, c'étoient deux Iſles très-differentes l'une de l'autre, ſelon Ptolomée[i] qui marque ainſi leur poſition.

[h] Ed. 1705.

[i] l.3.c.17.

Letoa Inſula 54.d. 30'. long. 34.d. 10'. lat.
Dia Inſula 54.d. 30'. 35.d. 40'.

Sophien croit que *Letoa* eſt à preſent *Chriſtiana*; pour *Dia*, elle conſerve l'ancien nom, on y a ſeulement ajouté la prepoſition & l'article d'où s'eſt formé le nom de STANDIA.

CHRISTIANE, (MER) partie de la Mer du Nord, entre l'Amerique Septentrionale & les Terres Arctiques, au Couchant du Détroit de Hudſon. Elle a été appellée ainſi par les Danois, qui y ayant fait des établiſſemens ſous leur Roi Chriſtian IV. lui donnerent ſon nom. La Baye de Hudſon en fait la principale partie.

CHRISTIANIA, Ville de Norwege dans la partie Meridionale de ce Royaume au Gouvernement d'Aggerhus dont elle eſt la capitale, avec un Port de Mer, & un Evêché Lutherien Suffragant de Drontheim. On compte[k] qu'elle eſt à cinquante neuf milles de Copenhagen, à cinquante trois de Drontheim & à ſoixante & douze milles & demi de Bergen, en ſuivant le rivage ou à ſoixante & demi en allant par terre en droiture. J'ai déja remarqué à l'Article ANSLO que c'eſt la même Ville, qui ayant été brûlée par les Danois mêmes pendant la guerre, fut rebâtie après la Paix ſous le Regne de Chriſtian IV. dont elle porte le nom. Voiez ANSLO.

[k] Europæiſch Reiſen. p. 358. & ſeq.

Iiii* CHRIS-

CHRISTIANOPEL, (prononcez CHRISTIANOPLE,) Ville de Suede dans la Blekingie sur la Mer Baltique où elle a un Port[a], aux confins de la Province de Smaland. Elle est la principale de celle de Bleking, & porte le nom de Chriſtian IV. Roi de Danemarck, qui pour garantir de l'irruption des Suedois ce Pays que le Danemarc poſſedoit alors fit bâtir cette Ville. Elle eſt aſſez bien fortifiée & ſon Port eſt un des meilleurs de la côte. Elle revint à la Suede par le Traité de Roſchild l'an 1658. Chriſtianople eſt ſelon Mr. Baudrand à quatre milles Suedois de Calmar, & à trois de la côte de l'Iſle d'Oeland.

[a] d'Audifret Géographie T.1.p.312.

CHRISTIANOPOLIS, Ville du Peloponneſe dans l'Arcadie. Elle avoit même auſſi le nom d'Arcadia, ſelon la Notice de l'Etat preſent du Patriarchat de Conſtantinople. Cette Ville étoit Epiſcopale & la Notice de Léon le Sage lui donne le LXVI. rang entre les Metropoles de ce Patriarchat; mais dans celle d'Andronic Paléologue elle a le LXXXIX. Dans cette même Notice on trouve bien une autre Chriſtianopolis, XLVIII. Metropole; mais c'eſt une faute qui n'eſt que dans le Latin, car il y a dans le Grec Χριςουπολεως comme il doit y avoir; cette Ville eſt Chriſtipolis.

CHRISTIANPREIS[b], Forterreſſe du Dannemarck dans le Sleſwig, aux confins du Holſtein dans la partie Orientale du petit Golphe au fond duquel eſt la Ville de Kiell. Elle eſt poſſedée par le Roi de Dannemarck.

[b] De l'Iſle Carte du Danemarck.

CHRISTIAN-SAND[c]: place de la Norwege au Gouvernement d'Aggerhus, dans le Diſtrict d'Agdeſonde, près de l'Iſle de Fleckeren & au Port même de Fleckeren, qui eſt vis-à-vis de cette Iſle.

[c] Baudrand Ed. 1705.

1. CHRISTIANSBOURG, Place d'Allemagne dans la Weſtphalie au Comté d'Oldenbourg. Elle a été bâtie en 1681. & nommée ainſi par Chriſtian V. Roi de Dannemarck; elle eſt au lieu qu'occupoit le Village de Varel à l'embouchûre du Jade dans la Mer du Nord. Il n'y a gueres d'habitans.

2. CHRISTIANSBOURG[d], Forterreſſe d'Afrique ſur la côte d'Or, près d'Accara: il y a une Colonie Danoiſe; elle n'eſt qu'à une portée de canon du Fort de Crevecœur, qui eſt aux Hollandois. Les Négres s'en emparerent en 1693. la pillerent & gardérent quelque temps. Ils la ſurprirent à l'occaſion de la mort de quelques-uns de la Garniſon, & en demeurerent maîtres juſqu'à ce qu'il vint deux vaiſſeaux Danois ſur la côte, & alors par les preſens qu'ils firent au Roi d'Aquamboe, & ſurtout par l'interceſſion des Hollandois ils rentrerent dans leur Fort & y remirent garniſon. Il eſt à peu près quarré avec quatre bateries. Il a une très-belle apparence, & on diroit que tout le Fort n'eſt qu'une baterie; car étant plat par en haut & bâti ſur de fort belles voutes on y peut placer par tout du canon.

[d] Boſman Voyage de Guinée l. 5. p. 76. & ſuiv.

CHRISTIANSTADT[e], petite Ville de Suede dans la Blekingie entre des marais & aux frontieres de la Schoone; ſur une Riviere qui a ſon embouchûre à Ahuys; à deux milles de la Mer. Elle fut bâtie en 1600. par Chriſtian IV. Roi de Dannemarck, & fut rendue aux Suedois en 1658. par le Traité de Roſchild. Les Danois la prirent en 1676. & deux ans après elle fut repriſe par les Suedois, qui l'ont gardée juſqu'à preſent.

[e] Baudrand Ed. 1705.

CHRISTINE, Forterreſſe que les Suedois avoient bâtie dans l'Amerique Septentrionale, & à laquelle ils avoient donné le nom de leur Reine; mais ce qu'on appelloit alors la nouvelle Suede a paſſé au pouvoir des Anglois, qui changeant ce nom l'ont appellé la *nouvelle Jerſey*. Cette place eſt ſur la Riviere du Sud, ou de Delaware. L'Auteur de l'Amerique Angloiſe écrit *Chriſtiana*, & dit que les Americains[f] la nommoient ANDOSTOKA.

[f] Het Brit. Ryk in America p. 113.

CHRISTINE-HAMN, Place de la Suede dans le Wermeland, en une plaine ſur le bord Oriental du Lac de Waener, entre Carlſtad Ville & Gulſpang Riviere, qui tombe dans le même Lac. Elle a été bâtie ſous la Reine dont elle porte le nom.

1. CHRISTIPOLIS. Voiez CHRYSOPOLIS.

2. CHRISTIPOLIS, Ville Epiſcopale & la XLVIII. entre les Metropoles, ſelon la Notice d'Andronic Paleologue. Voiez CHRISTOPOLIS.

1. CHRISTO (MONTE) Iſle de la Mer de Toſcane à cinq lieues de l'Iſle d'Elbe, elle a trois lieues de circuit & s'appelloit autrefois *Iglaſa*, ſelon Mr. Baudrand.

2. CHRISTO[g], Bourgade de Grece en Morée dans la Brazzo di Maina, & la premiere qu'on rencontre en venant de Calamata au Cap de Matapan. Ce nom de Chriſto lui vient d'un crucifix miraculeux que les Grecs reverent en ce lieu-là. On croit qu'il tient la place de l'ancienne *Gerenia*.

[g] Corn. Dict. la Guilletiere Athenes anc. & nouv. l. 1.

CHRISTOLIUM, nom Latin de CRETEIL.

1. CHRISTOPOLIS ou CHRYSOPOLIS, ancienne Ville Epiſcopale d'Aſie ſous la Metropole de Boſtra, ſelon la Notice du Patriarchat d'Antioche.

2. CHRISTOPOLIS. Voiez TYANE, Ville de Cappadoce.

3. CHRISTOPOLIS. Voiez CHRYSOPOLIS.

4. CHRISTOPOLIS[h], Ville Epiſcopale d'Aſie, autrement nommée DIOSHIERON; il en eſt parlé dans les ſouſcriptions du VI. Concile.

[h] Holſten. Obſerv. in Ortel. p. 51.

5. CHRISTOPOLIS; Iſle du Lac de Côme en Italie; [1] connuë vers l'an 600. & ainſi nommée parce qu'elle étoit habitée par des Moines. Il y avoit un Monaſtere nommé le Monaſtere Romain. Holſtenius[k] conjecture que c'eſt la même que l'ISOLA COMACINA.

[1] Epiſt. ſcript. Franc. T. 1.
[k] p. 852. l. c.

CHROMII MONTES; Montagnes du Peloponneſe. C'eſt-là que l'Aſopus a ſa ſource, [l] ſelon Rotmarus ſur Apollonius.

[l] Ortel. Theſaur.

CHRONACH. Voiez CRONACH.

CHRONUS, Riviere de la Sarmatie Européenne, ſuivant Ptolomée[m]. Quelques-uns diſent que c'eſt le Pregel, d'autres[n] que c'eſt le NIEMEN, qui a ſon embouchûre dans le *Cariſche Heven* ou Golphe de Curlande entre Konigsberg & Memel.

[m] l. 3. c. 5.
[n] Cellarius Geogr. ant. l. 1. c. 6. p. 494.

CHROPSI. Voiez CYCHRI.

CHRUDIM[o], Ville du Royaume de Bohême

[o] Zyler Bohem. Topogr. p. 20.

CHR.

lréme dans le Cercle auquel elle donne le nom, & que l'on appelle en Allemand 𝕮𝖍𝖗𝖚𝖉𝖎𝖒𝖊𝖗 𝕮𝖗𝖆𝖎𝖘 ou 𝕮𝖗𝖚𝖉𝖎𝖒𝖘𝖊𝖓 𝕶𝖗𝖆𝖌 / sur la Riviere de Chrudimka. C'est une des Villes de la Reine de Bohéme. L'an 1421. le 25. Avril, elle se donna à Zischka chef des Hussites, qui y saccagea un beau Monastere dedié à la Sainte Vierge, & brûla huit Religieux dans la place publique; il emporta les ornemens & les vases de l'Eglise & du Monastere.

CHRUDIMER CRAISS, ou LE CERCLE DE CHRUDIM, Province de Bohéme aux confins de la Moravie, qui le borne partie à l'Orient & au Midi.

CHRUDIMKA [a], Riviere de Bohéme, dans le Cercle de Chrudim. Elle a sa source près de Czaslaw dans le Cercle de même nom, d'où coulant vers le Nord elle passe à Ronof, puis entrant dans le Cercle de Chrudim, elle arrose Heisters, Herzman & Chrudim. Etant sortie de ce Cercle elle se joint à la Riviere d'Orlitz avec laquelle elle se va rendre dans l'Elbe à Kralowihradez.

[a Zeyler Carte de la Bohéme.]

CHRUSI, Peuple d'Asie, traversé par le fleuve Halys selon Vibius Sequester, ou plutôt selon ses Copistes qui ont defiguré cet endroit. Ortelius dont on ne sauroit trop louer la sagacité en mille endroits des Anciens dont il a très-heureusement corrigé les anciennes éditions, a été trompé, comme bien d'autres, à ce passage. L'édition de Vibius Sequester in fol. à Pezaro chez Hierôme Soncin 1512. porte; *Halys Lydiæ Enisos transit vel Crusos.* Celle des Juntes in 8°. 1519. porte *Halys Lydiæ Chrusos transit.* On voit par là que *vel Crusos* est une espece de note ajoutée par le Copiste, qui ne savoit si le mot, qui suit celui de *Lydiæ*, devoit être lû *Enisos* ou *Crusos*. Il est aisé de voir qu'il ne faut lire ni l'un, ni l'autre; qu'il n'est point question d'un Peuple habitué sur les bords de l'Halys, & qu'enfin Vibius Sequester avoit en vûe le fameux Oracle

Crœsus Halym penetrans magnam pervertet opum vim.

Ainsi il faut lire dans Vibius Sequester *Halys Lydiæ Crœsus transiit.* Le Fleuve Halys termina la Lydie, ou plutôt l'Empire de Lydie, comme il paroît par la Lettre de Darius à Alexandre [b]: cela suffit pour l'appeller un fleuve de Lydie. Crœsus le passa trompé par le sens équivoque d'un Oracle; & trouva la perte au lieu des conquêtes dont il se flattoit. Voilà ce que Vibius Sequester à voulu dire en peu de mots *Halys Lydiæ, Crœsus transiit.*

[b *Q. Curt.* l.14.c.11.]

CHRUTUNGI, Peuple d'entre les Scythes. Voiez GRUTUNGI.

1. CHRYSA, ancienne Ville d'Asie dans l'Eolide, selon Pline [c].

[c l.5.c.30.]

2. CHRYSA, autre Ville de la même Province. Elle ne subsistoit déja plus du temps de Pline [d].

[d *Ibid.*]

3. CHRYSA, petite Isle, l'une de celles, qui sont auprès de l'Isle de Crete du côté du Peloponese, selon Pline [e].

[e l.4.c.12.]

CHRYSÆ FANUM; lieu de la Sicile dans une campagne près du chemin, qui menoit de la Ville d'Assorus à celle d'Enna [f]. Voiez CHRYSAS.

[f Cicero 4. in Verrem.]

CHR. 619

CHRYSAORIS. Voiez IDRIAS & STRATONICA.

CHRYSAORUS, Riviere de la Lydie, selon Etienne le Géographe, qui dit que la Ville de Mastaure étoit au bord de cette Riviere.

CHRYSAS; Riviere de Sicile. C'est maintenant la Riviere de Tavi, qui prend sa source à la Montagne, & près du Village de même nom. Elle serpente d'abord vers le Midi, & se tournant vers l'Orient elle se perd dans le Dittaino, au Midi d'Asaro qui est l'Assorus des Anciens. Fazel [g] la nomme ASSORO, Cluvier [h] & plusieurs autres la prennent pour le commencement du Dittaino. Ciceron [i] dit: Chrysas est un ruisseau qui coule à travers les champs des Assorins : il passe chez eux pour un Dieu, & ils l'honorent avec une extrême Religion. Son Temple est dans la campagne auprès du chemin par où l'on va d'Assorus à Enna. Il y a dedans une belle Statue de marbre, qui represente le Dieu Chrysas. Fazel en parle ainsi [k]: de ce Temple qui étoit situé au pied du Mont Assorus, il reste encore trois grandes Arcades de pierres quarrées & neuf portes, qui sont les monumens de l'antiquité. Dans la campagne on trouve assez communément des Medailles de Bronze où l'on voit sur un côté le Chrysas tout nud & de l'autre une tête d'homme avec ce mot ASSORON. Cluvier met ce Temple à la gauche de cette Riviere. Mr. de l'Isle l'en éloigne un peu.

[g *Decad.* 1. l. 10.
h *Sicil. ant:* l.2.c.7.p. 325.
i *in Verrem.* 4.c.44.
k l.c.]

1. CHRYSE, Promontoire du Pays des Seres. Ortelius trompé par de mauvais exemplaires de Pline [l] a cru que c'étoit un Golphe. Ce Promontoire est voisin de la Riviere nommée Lanos par le même Pline.

[l l.6.c.17.]

2. CHRYSE, Isle dans le voisinage & au delà du fleuve Indus, selon le même [m].

[m l.6.c.21.]

3. CHRYSE, Ville consacrée à Apollon auprès de Lemnos, selon Etienne le Géographe; sur quoi Berkelius son Interprete renvoye à Leon Allatius au livre de la patrie d'Homere p. 128.

4. CHRYSE, Ville de la Carie, selon le même.

5. CHRYSE, Promontoire de l'Isle de Lemnos près d'Ephestias, à l'opposite de l'Isle de Tenedos, selon le même.

6. CHRYSE, Ville du Pont, selon Sophocle dans sa Tragedie de Philoctete.

7. CHRYSE. Voiez THASUS.

S. Etienne parle de quelques autres lieux de même nom; mais si confusément qu'on ne peut gueres en tirer de secours pour la Géographie.

CHRYSEI, ancien Peuple des Indes. Ils habitoient les Montagnes entre l'Indus & le Jomanes.

CHRYSERA. Marcien dans son Periple nomme ainsi l'Isle de CHRYSE dans les Indes.

CHRYSIPPA, Ville d'Asie dans la Cilicie, selon Etienne le Géographe.

CHRYSITES, lieu de la Macedoine. Tite-Live en fait mention, au raport d'Ortelius [n] ou plutôt de Belon qu'il cite, & qui dit que c'est presentement SIDERO CAPSA.

[n *Thesaur.*]

CHRYSIUS [o], Riviere de la Dacie, selon Jornandes. Si nous en croyons Sambucus & Lazius citez par Ortelius les habitans du Pays

[o *Ibid.*]

Pays le nomment KEUREUZ, & les Allemands KRAISS. Il en font deux Rivieres, ou deux branches que l'on distingue par les surnoms de blanc & de noir; c'est peut-être cette derniere que Jornandes nomme AQUA NIGRA. Voiez CUSUS & GRISSIA.

CHRYSOANA, Ville de l'Inde au delà du Gange, selon Ptolomée[a]. *a l.7.c.2.*

CHRYSOCERAS. Voiez au mot CORNU BYSANTION.

CHRYSOMALLUS. Voiez IDA.

CHRYSONDION, Ville ancienne de la Macedoine dans la Darétide, selon Polybe[b]. *b l.5.c.108.*

1. CHRYSOPOLIS, Ville Episcopale d'Asie de laquelle il est plusieurs fois fait mention dans le Concile de Constantinople, qui est le cinquiéme Concile general. Ortelius[c] dit qu'on la nommoit aussi DIOSUROS, c'est-à-dire le tertre de Jupiter; c'est la même que CHRISTOPOLIS 5. que Holstenius dit avoir été nommée DIOSHIERON. *c Thesaur.*

2. CHRYSOPOLIS, Ville Episcopale dans le Département de la seconde Mauritanie, selon la Notice de Leon le Sage; il ne faut pas conclurre de là qu'elle fût en Afrique, car elle est nommée après plusieurs Villes de la Sardaigne ou des Isles adjacentes comme Caralis, Turris, Sulchi, Phausania &c. Aubert le Mire & le P. Charles de St. Paul n'en font aucune mention.

3. CHRYSOPOLIS. Voiez BESANÇON.
4. CHRYSOPOLIS. Voiez DRYENA.
5. CHRYSOPOLIS. Voiez PARME.

6. CHRYSOPOLIS, Ville d'Asie à l'opposite de Constantinople, & auprès de Chalcedoine. Pierre Gylles en parle ainsi[d]: on trouve ensuite, dit Denys de Byzance, un Port très-beau & très-bon, à cause de sa grandeur & du calme qui y regne. Au dessus de la Mer est une campagne, qui par une douce pente descend vers le rivage. On l'appelle Chrysopolis à cause, selon quelques-uns, que les Perses y étant-maîtres & assembloient des monceaux d'or, des tributs levez sur les Villes; mais plusieurs disent que ce nom lui vient de Chryses fils d'Agamemnon & de Chryseïs; que ce jeune Prince fuiant la cruauté d'Ægiste & de Clytemnestre & voulant se refugier en Tauride auprès d'Iphigenie sa Sœur, qui y étoit Prêtresse de Diane tomba malade à Chrysopolis, y mourut, & y eut sa sepulture; de sorte qu'on donna son nom à cette Ville. On pourroit aussi l'appeller ainsi, c'est-à-dire la Ville d'Or, à cause de la bonté de son Port selon l'usage des Anciens, qui comparent à l'or tout ce qu'il y a d'excellent. Chrysopolis étoit le lieu de Commerce des Chalcedoniens. C'est-là que Xenophon[e] dit que les Grecs, qui avoient servi sous Cyrus, s'arrêterent sept jours pour vendre ce qu'ils avoient pris. Le même Historien dit dans son Histoire de la Grece que les Chefs des Atheniens ayant pris la route de Chrysopolis de Chalcedoine, l'entourerent de murailles & en firent une place où ils assembloient l'argent provenant des Dîmes, qu'ils y établirent un impôt du dixiéme sur les vaisseaux, qui venoient du Pont-Euxin, & qu'ils y laisserent une flote de trente voiles sous deux Commandans, pour la sureté du Port. Il paroît qu'elle fut ensuite démantelée puisque *d De Bosporo Thrac.l.3. c.9.p.340.* *e l.6.in fine.*

Strabon ne la traite que de Village. De même à present ce n'est plus une Ville; mais un Village dont les Maisons sont écartées l'une de l'autre, ce qui fait qu'il a environ deux mille pas de circuit. C'est presentement le Village de Scutari; nom qui peut lui être venu de *Scutarii*, il y en avoit de plusieurs sortes dans les armées Romaines comme on peut voir dans la Notice de l'Empire aux Sections cottées en marge[f]. Ainsi on a pu dire *Scutarii* pour *Scutariorum statio* afin d'abreger. Le Port étoit autrefois beaucoup plus grand qu'il n'est presént, une partie en a été remplie, lorsque la Ville de Chalcedoine fut détruite, une autre partie, pour empêcher les barbares de s'en servir, & Pierre Gylles dit que de son temps même la fille de Sultan Soliman en fit combler une partie pour servir d'emplacement à une Mosquée & à un Hôpital qu'elle faisoit bâtir, où tous les toits sont de plomb & les Edifices ornez de colomnes de marbre, de portiques, de grandes cours & de fontaines. Voiez SCUTARI. *f 4.5.21. 22.39.&c.*

7. CHRYSOPOLIS ou CHRISTOPOLIS, Ville Episcopale du Patriarchat d'Antioche, sous Bostra Metropole. De ces deux noms le premier est dans le Texte de la Notice de ce Patriarchat, & le second est en marge. La Notice de l'Abbé Milon met de même dans ce qu'il appelle la grande Arabie, sous la Metropole Bostra, ou Busseleth une Ville nommée CHRISOPOLIS.

8. CHRYSOPOLIS, la même que la Ville d'Amphipolis. Une Notice des Villes qui ont changé de nom porte *Amphipolis, nunc Chrysopolis*.

§. Il faut remarquer que la ressemblance des deux noms, CHRYSOPOLIS & CHRISTOPOLIS, est cause que dans des temps d'ignorance des Copistes ont pris souvent l'un pour l'autre.

1. CHRYSORHOAS ou CHRYSORRHOAS, Riviere de Syrie. Ptolomée[g] dit qu'elle coule auprès de Damas, & ses Interpretes pretendent que son nom moderne est ADEGELO. Ortelius[h] dit que c'est Belon qui le nomme ainsi. Le même Belon dit[i] que le Chrysorrhoas est partagé en tant de rameaux que chaque Maison, & chaque Jardin de la Ville, ont une fontaine qui en est derivée. Strabon dit[k]: quant aux Rivieres le Chrysorrhoas qui prend sa source près de la Ville & du territoire de Damas se consume presque tout entier en ruisseaux; car il avoit des lieux en quantité & fort profonds. Pline[l] parlant de la Decapole dit: la plupart y mettent Damas que le fleuve Chrysorrhoas rend fertile par les arrosemens auxquels il est employé. D'un autre côté Etienne le Géographe nomme Bardine, Βαρδίνη, une Riviere de Damas, & on croit que c'est la même que le Farsar de St. Jérôme. Voiez FARFAR. Mr. de la Roque Auteur savant & exact parle ainsi dans son Voyage de Syrie & du Mont Liban[m]; après avoir nommé les principales Rivieres, qui ayant leur source dans le Liban & dans l'Antiliban se déchargent dans la Mer de Syrie depuis Seleucie jusqu'à Tyr, il vient ensuite à deux autres, qui viennent originairement des mêmes Montagnes; mais dont le cours & le terme sont tous differens de celui des autres Rivieres dont il a parlé. Il *g l.5.c.15. h Thesaur. i Observat. l.2.c.91. k l.6.p.755. l l.5.c.18. m T.1.p. 299. Edit. Paris 1722. p.241. Ed. de Holl. 1723.*

pour-

poursuit ainsi : le premier de ces Fleuves est le CHRYSORHOAS des Anciens, aujourd'hui BARADI, qui sort de l'Antiliban du territoire de Damas. Il remarque dans une note que le Baradi, selon la prononciation & la racine Arabe *Barada*, signifie *frigidum*, froid ; ou plûtôt *friguit* ; il a été froid : à quoi j'ajoute que ce nom *Baradi* ressemble beaucoup à celui de Bardine que fournit Etienne. Ce Fleuve, continue Mr. de la Roque, n'est pas plûtôt entré dans la plaine qu'il se divise en trois branches, dont la principale, après avoir traversé ce qui s'appelle le Champ de Damas, se va rendre dans la Ville, où elle est encore divisée en plusieurs Canaux, qui fournissent abondamment des eaux à toutes les Maisons publiques & particulieres ; & à tous les jardins, qui sont dans l'enceinte de cette grande Ville. Cette division a fait croire à quelques Voyageurs que sept Rivieres, dont ils nomment la plus considerable BANIAS, passent à Damas ; mais ce ne sont proprement que les eaux d'une même Riviere, partagée en plusieurs canaux pour les commoditez de la Ville. Il est vrai qu'on trouve sur la route de Seyde à Damas une petite Riviere nommée BANIAS, dans les Montagnes de l'Antiliban laquelle mêle ses eaux avec celles du Baradi : c'est apparemment ce qui a donné lieu d'appeller encore Banias un des Canaux du même Fleuve ; Canal qu'on fait passer dans le Cloître d'une des principales Mosquées, parce que c'est-là qu'on charge sur des chameaux toute l'eau necessaire à la Caravane, qui part tous les ans de Damas pour le Voyage de la Mecque.

Les deux autres Rivieres qui naissent du Baradi entourent à droite, & à gauche toute cette delicieuse campagne où sont les vergers & les jardins de Damas ; & elles entrent dans ces jardins, dont elles sont l'ornement, la fraîcheur continuelle & la fertilité, par un nombre infini de Ruisseaux, de Canaux & de Fontaines, qui jaillissent jusques dans les Maisons dont cet agréable territoire est rempli. Il ne faut pas s'étonner si les Anciens ont donné au Fleuve dont nous parlons le nom de Chrysorrhoas, pour signifier la beauté, l'abondance & pour ainsi dire la fécondité de ses eaux ; & si les Orientaux enchantez par les delices de la campagne de Damas, ornée & arrosée de la maniere que nous venons de dire, en ont fait un des quatre plus beaux lieux de toute l'Asie, & qui sont vantez comme autant de Paradis terrestres dans l'Orient . . . Les eaux divisées du Baradi, tant dans la Ville que dans la Campagne de Damas, se réunissent enfin presque toutes dans un même lit ; & après avoir coulé environ pendant deux journées au Sud de cette Ville, elles forment un grand Lac au delà duquel il n'y a plus aucun courant d'eau. Toute la terre aux environs est marécageuse, en sorte que le Fleuve s'y perd absolument, & n'arrive point jusques à la Mer, contre la conjecture du P. Maimbourg dans l'Histoire des Croisades ; opinion qu'il est presque impossible de concilier avec le cours du Fleuve, la disposition du Pays, la distance & la situation de la Mer de Phenicie. (Cela marque aussi l'erreur de Cellarius, qui mettant la source du Chrysorhoas assez près & à l'Orient Meridional de Damas lui prête un assez long cours vers le Nord Occidental jusqu'aux environs d'Aphaca, où se cachant dans des marais il en ressort pour former la Riviere, qui tombe dans la Mer dans le Golphe de Tripoli. Il est vrai que cette faute n'est que dans la Carte, & que dans le texte même de son ouvrage il se contente de rapporter les passages de Pline & de Strabon que j'ai citez ci-dessus avec celui d'Etienne dans lequel le nom de Bardine paroît suspect, ce qu'il ne devroit pas être, puisqu'il est si conforme au nom moderne comme je l'ai déja remarqué. Ce Fleuve est encore très-mal representé dans la Carte de la Terre Sainte par le Pere Bonfrerius ; mais il l'est très-bien dans la Carte du même Pays, selon D. Calmet.) La source du Chrysorhoas ou du Baradi, *Chrysorrhoæ fontes*, pour user des termes de Philippe de la Rue est assez mal placée dans l'*Assyria vetus divisa in Syriam &c*. de ce Géographe, d'ailleurs habile & des plus exacts sur la Syrie en general ; car il met cette source au Midi de la Ville de Damas & c'est presque tout le contraire ; puis qu'une bonne partie de son cours est dirigée, & qu'il se perd enfin de ce même côté du Midi . . . . . .
[a] Il est parlé dans le v. Chapitre du iv. livre des Rois des Rivieres de Damas sous les noms d'Abana, & de Pharphar, ce qui ne peut s'entendre que des deux principales branches du Fleuve nommé par les Grecs Chrysorrhoas ; lequel a encore changé de nom sous les Arabes qui l'ont appellé Baradi ; ainsi ceux qui ont pris le Pharphar de l'Ecriture pour l'Oronte se sont doublement trompez ; l'Auteur de la Syrie Sacrée se trompe aussi, en disant que la Riviere, qui passe dans la Ville de Damas est navigable.

[a] Ibid. p. 304.

2. CHRYSORHOAS ou CHRYSORRHOAS, ancien nom du PACTOLE. Voiez ce mot.

3. CHRYSORHOAS ou CHRYSORRHOAS. Voiez LYCORMAS.

4. CHRYSORHOAS ou CHRYSORRHOAS, Riviere de Bithynie. Voiez GENDOS.

5. CHRYSORHOAS ou CHRYSORRHOAS, Riviere de la Colchide, selon Pline[b].

[b] l. 6. c. 4.

§. Ce nom qui signifie que la Riviere à laquelle on le donne, a des paillettes d'or que ses eaux entrainent des Montagnes où elles passent, & qui s'arrêtent ordinairement dans le sable, où les pauvres vont l'amasser. Telles sont l'Arriége, le Rhin, le Tage & quantité d'autres Rivieres.

CHRYSUM, Χρυσοῦν, Ptolomée nomme ainsi une des bouches du Fleuve Indus. C'est la troisiéme des sept, en commençant par celle d'Occident.

1. CHRYSUS ; Riviere de l'Asie Mineure, vers Laodicée selon Ortelius, qui cite l'ouvrage où Metaphraste traite des Miracles de St. Michel Archange.

2. CHRYSUS, Riviere d'Espagne dans la Betique, selon Avienus[c].

[c] Ora Marit. v. 417; & seq.

Igitur columna, ut dixeram Libystidis
Europa in agro adversa surgit altera
Hic Chrysus amnis intrat altum gurgitem.

Iiii* 3   CHTO-

CHTONIA. Voiez CRETE.

CHUANAVIA[a], Montagne de l'Amerique Meridionale, au Chili à l'Orient Meridional de la Ville d'Oforno. C'eſt un Volcan, c'eſt-à-dire une Montagne qui vomit des flammes. C'eſt ſans doute la même que Mr. de l'Iſle appelle VOLCAN D'OSORNO.

[a] Baudrand Ed. 1705.

CHUB[b], ce nom ſe trouve dans Ezechiel[c]. Il marque apparemment les CUBIENS placez par Ptolomée dans la Maréotide. Chub ne ſe voit dans aucun autre endroit de l'Ecriture.

[b] D. Calmet Dict.
[c] c. 30. ÿ. 5. d l. 4. c. 5.

CHUBDA[e], Ville d'Aſie à peu de milles de Taugaſt, & ces deux Villes étoient quelque part vers le Turkeſtan. Les habitans de Chubda pretendoient que leur Ville avoit été bâtie par Alexandre le Grand.

[e] Calliſt. l. 18. c. 30.

CHUCHE[f], Iſle de la Mer du Sud & la derniere des Iſles de la Baye de Panama. Elle eſt petite, baſſe, ronde, pleine de bois, deferte & à quatre lieues de Pacheque du côté du Sud-Oueſt. Dans le Supplement au Voyage de Rogers[g] on en parle ainſi: De l'Iſle de Pacheira à celle de Chuche il y a quatre lieues Nord-Nord-Oueſt, & Sud-Sud-Eſt; elle court Nord-Nord-Oueſt & Sud-Sud-Eſt avec Taboga; Nord avec Panama dont elle eſt à quinze lieues de diſtance; Nord-Eſt & Sud-Oueſt avec Otoque.

[f] Dampier Voyage autour du monde T. 1. c. 8. p. 226.
[g] p. 18.

CHUCHEU[h], Ville de la Chine dans la Province de Chekiang dont elle eſt la VII. Metropole. Elle eſt de 3. d. 5'. plus Orientale que Peking, à 28. d. 12'. de latitude. Son territoire eſt entouré de Montagnes fort grandes entre leſquelles il y a quantité de vallées fertiles en ris, & la difficulté de les porter de cette Province en d'autres fait qu'ils y demeurent, & qu'ils y font à grand marché. La Ville même de Chucheu eſt aſſez peuplée & ſituée ſur le bord de la Riviere TUNG, qui eſt navigable delà juſques là la Mer. Les bois & les anciennes forêts de pins qui couvrent des lieux eſcarpez, ſont remarquables, les Chinois en prennent des Maiſons & des navires. On dit que dans les environs de Sunghiang, c'eſt-à-dire la terre des Pins, qui eſt dans le Diſtrict de Chucheu il ſe trouve des pins d'une groſſeur ſi énorme que quatre vingts hommes ne ſuffiſent pas pour les embraſſer, & qu'il y en a qui dans le creux de leur tronc peuvent contenir trente ſix hommes. Il y a dans le département de Chucheu dix Villes, ſavoir

[h] Martini Atlas Sinenſis.

Chucheu,	Lungeiven,
Cingtien,	Kingyven,
Cinyún,	Junho,
Sungyang,	Sivenping,
Suichang,	Kingning.

On fait dans cette Ville de la vaiſſelle d'une terre jaune, moins fine que celle dont ſe fait la Porcelaine, elle ſert aux uſages du petit Peuple. Il y a trois Temples d'Idoles plus remarquables que les autres. La famille de Tanga la nomma HOCHEU, & celle de Taïminga lui donna le nom qu'elle porte encore aujourd'hui.

§. Mr. de l'Iſle écrit le nom de cette Ville TCHOUTCHEOU, comme il doit être prononcé, ſelon la maniere de lire des François.

CHUCHUMATAN[i], Montagne de l'Amerique dans la nouvelle Eſpagne, près de Guatimala. C'eſt la même choſe que les Montagnes nommées CUCHUMATLANES par Gage[k], & où eſt le Bourg de CUCHUMATLAN dont je parle en ſon lieu.

[i] Baudrand Ed. 1705.
[k] Voyages 2. part. c. 20. p. 208. & ſuiv.

CHUCKABUL ou **CHUCQUEBUL**, grande Ville Indienne en Amerique dans l'Iſthme de la Province de Jucatan. Elle étoit auprès de l'embouchûre de la Riviere de Summaſenta, à ſept ou huit lieues dans le Païs. Cette Ville fut priſe une fois par les Boucaniers, au raport deſquels il y avoit 2000. familles d'Indiens, deux ou trois Egliſes & autant de Religieux Eſpagnols, ſans qu'il y eût d'autres blancs. Dampier[l] que je ſuis ici fait entendre que c'eſt une Ville détruite.

[l] Suplement T. 3. p. 79.

CHUCUITO. Voiez CUYO.

CHUDUCA, Χουδούκα, Ville ancienne d'Aſie dans la Babylonie, ſelon Ptolomée[m].

[m] l. 5. c. 20.

CHUIGOTES, Sauvages de l'Amerique dans la Terre ferme, & dans la Province de Venezuela. Monſr. Corneille dit d'après De Laet[n] qu'il cite qu'ils habitent dans les Montagnes, qui ſont à quelques lieues du Port de Maracapana. Que quoi qu'ils parlent tous une même Langue ils ne ſont pas bien d'accord enſemble.

[n] Ind. Occid. l. 18. c. 14.

CHULLABI; Ortelius[o] trouve dans St. Auguſtin, ſans dire en quel livre, une Ville de ce nom, dans l'Afrique proprement dite.

[o] Theſaur.

CHULLI. Voiez CULLU.

CHULULA[p], Ville de l'Amerique Septentrionale dans la nouvelle Eſpagne, près du Lac de Mexico. Elle a été autrefois fort grande, & preſque égale à la Metropolitaine même. C'étoit la principale Seigneurie de tout ce païs, après la Republique de Tlaſcala & un lieu où avoit été érigé le plus ancien Temple de la ſuperſtition Payenne des Peuples qui l'habitoient. Cette Ville bâtie dans une plaine contenoit près de vingt mille Maiſons, outre un nombre preſque infini d'autres éparſes de tous côtez dans les Villages voiſins. Il y avoit une ſi grande quantité de Temples avec leurs clochers qu'on y en comptoit, dit-on, autant qu'il y a de jours en l'année. Deſorte que ſi l'on s'en rapporte aux Relations, on y a immolé chaque année ſur les autels ſix mille enfans de l'un & de l'autre ſexe. Le Peuple éliſoit un Gouverneur qui avec ſix des principaux & les Prêtres avoit ſoin de tout ce qui étoit neceſſaire pendant la paix & la guerre, tant dans la Ville que dehors; mais il étoit defendu de rien entreprendre ſans en avoir conſulté religieuſement les Idoles, delà vient que dans toute cette Province la Ville de Chulula étoit appellée le Domicile de tous les Dieux. Les naturels habitans hommes & femmes étoient fort bien faits, de mœurs honnêtes, & comme il s'y rencontroit differentes marchandiſes qu'ils avoient l'induſtrie de bien mettre en œuvre, il y venoit un grand nombre de Marchands. Le commun Peuple étoit vétu d'une eſpece de toile tirée des fibres & des filamens des feuilles de Henequen. Les plus riches portoient des robes de toile de coton qu'ils parſemoient de peaux de lapin ou de plumes de diverſes ſortes.

[p] Corn. Dict. De Laet Ind. Occid. l. 5. c. 7.

Le

CHU.

Le terroir est fort abondant en Cochenille. Les fruits de la terre y viennent en quantité, & on y trouve de bons pâturages pour le bétail.

a Voyage autour du monde T. 6. p. 233.

Cette Ville n'est plus telle & elle ne diffère point du Village que Gemelli Careri[a] nomme CHIOLULA à une lieue de la Ville de Mexico. Il dit qu'elle ressemble à une forêt parce que toutes les Maisons sont environnées de jardins. Il ajoute : le Gouvernement est lucratif à cause de la quantité de riches Marchands qui y font leur séjour : il y a dans le milieu une ancienne pyramide de terre, au haut de laquelle on voit aujourd'hui un hermitage.

b Corn. Dict.

1. CHULUTECA[b], petite Province ou Contrée de l'Amerique, dans la nouvelle Espagne ; à l'extrémité Orientale de l'Audience de Guatimala aux confins de celle de Nicaragua. C'est proprement le pays aux environs de Xerez. Voiez l'Article suivant.

c Ibid.

2. CHULUTECA[c], Bourgade de l'Amerique dans la Contrée de même nom. Ce sont les Americains qui appellent ainsi ce lieu ; mais les Espagnols nomment XERES cette Bourgade. Elle est située en un terroir fertile, & qui abonde en Coton, en Maïs & en autres fruits.

§. Il y a dans la Contrée de Chuluteca un torrent que l'on peut regarder comme une merveille de la nature ; il coule jusqu'à Midi & après Midi il n'a plus d'eau. C'est peut-être la même petite Riviere dont Mr. de l'Isle met la source auprès de Xerès ou Chuluteca & l'embouchûre dans la Mer du Sud, au Golphe de Fonseca, où dit Mapalo.

CHUMANA. Voiez PHUMANA !

d De l'Isle Carte du Perou.

CHUMBIBILCAS[d], Peuple de l'Amerique Meridionale au Perou dans l'Audience de Lima des deux côtez & peu loin de la source de la Riviere d'Abançai, qui se joignant avec beaucoup d'autres forme celle de Moyobamba, qui se perd dans celle des Amazones.

e D. Calmet Dict.
f 1 Paralip. c. 18, v. 8.

CHUN ou CUN, Ville de Syrie[e]; dont David fit la conquête[f]. D. Calmet croit que c'est la Ville de CUNNA marquée dans l'Itineraire d'Antonin, nommée peut-être Ganna dans Ptolomée. Voiez CUNNA & GANNA.

g De l'Isle Carte du Perou.

CHUNCHOS[g], Peuple de l'Amerique Meridionale au voisinage du Perou à l'Orient des Andes ; entre les Rivieres d'Amarumay & de Catua encore voisines de leurs sources.

CHUNCHU, Riviere de l'Amerique, c'est la même que l'on appelle aussi AMARUMAYE.

h Atlas Sinensis.

CHUNGKING[h], Ville de la Chine dans la Province de Sukuen ; dont elle est la cinquième Metropole. Elle est de 10. d. 23'. plus Occidentale que Pekin sous le 30. d. 23'. de latitude. S'il y a à l'extrémité de l'Asie quelque Ville, qui ressemble pour la beauté à celles de l'Europe, ce ne peut être que celle-ci. Elle est située sur une Montagne sur le penchant de laquelle s'élevent insensiblement des Edifices en amphithéatre ; les uns au dessus des autres ; formant la plus belle vûë du monde qui frape & surprend agréablement ; surtout ceux qui montent ou descendent la Riviere dans des barques très-propres & très-commodes. Ce nom de Chungking signifie double joye parce que sa beauté, & son agrément soulagent en quelque maniere les Voyageurs lassez des travaux & des perils que l'on essuye en passant les écluses, dont on est delivré en cet endroit. Ajoutez à cela qu'elle est avantageusement située pour le Commerce qui la rend célèbre ; car elle est au confluent de deux grandes Rivieres le Pa & le Kiang. Entre ses plus beaux Edifices il y a six Temples de fausses Divinitez ; on y fait des paniers de cannes de diverses couleurs. Entre les fruits que l'on recueille dans son département il y a le *Lichia*, lequel est si exquis & si recherché que dès qu'il y en a de mûr, des Courriers partent aussitôt pour le porter à la Cour. On y pêche d'excellent poisson en abondance, & principalement des tortues. Son territoire qui est fort étendu consiste partie en plaines, & partie en Montagnes & en Collines. L'air y est salubre & temperé. Le département dont elle est la Metropole comprend xx. Villes, savoir

Chungking,	Ho ☉,
Kiangcin,	Tungleang,
Changxeu,	Tingyven,
Taço,	Piexan,
Jungchuen,	Chung ☉,
Jankiu,	Fungtu,
Jungchang,	Tienkiang,
Kikiang,	Feu ☉,
Nanchuen,	Vulung,
Kiukiang,	Pengxui.

CHUNI. Voiez les Articles HUNS, & UNNI.

i De l'Isle Carte du Perou.

1. CHUPACHOS[i], (LOS) Peuple de l'Amerique Meridionale au Perou. Ils sont bornez au Nord par les Montagnes qui les separent des Viticos ; à l'Orient par la Riviere de Moyobamba ; ils s'étendent au Nord au Midi de la Riviere qui porte leur nom, & ils ont les Andes à l'Occident.

k Ibid.

2. CHUPACHOS[k], (RIO DE LOS) Riviere de l'Amerique Meridionale au Perou. Elle a sa source dans les Andes de l'Audience de Lima vers le 10. d. 30'. de latitude Sud, & traversant le Pays du Peuple dont elle porte le nom, après un cours d'Occident en Orient, elle va grossir la Riviere de Moyobamba.

l Ed. 1705.

CHUPULETI, petite Ville d'Asie dans la Géorgie, selon Maggio cité par Mr. Baudrand[l].

m Corn. Dict. De Laet l. 11. c. 5.

CHUQUIABO[m], contrée de l'Amerique Meridionale au Perou dans l'Audience de Lima ; aux environs de Nuestra Signora de la Paz. Elle occupe une moyenne Vallée entre de fort hautes Montagnes, & que l'on estime surtout pour les fontaines & pour l'abondance du bois. Il y a quelques campagnes où les habitans sément du Maïs, & où se trouvent plusieurs arbres fruitiers ; les autres vivres leur viennent des Vallées chaudes & des Provinces voisines. Herrera croit qu'elle a pris son nom des mines d'or qui s'y trouvent ; parce que *Chuquiabo* en la Langue des Sauvages veut dire *heritage* d'or. Garcilasso veut qu'il signifie *principale Lune*. L'air y est fort froid, & la ter-

terre y est assez seche. Il y pleut ordinairement depuis Decembre jusqu'en Mars, & depuis Avril jusqu'en Août il y fait si froid qu'il y gele quelquefois. Les arbres y bourgeonnent en Septembre, en Octobre & en Novembre & pendant ces trois mois, les jours sont fort serains & l'air est très-temperé.

De l'Isle Carte du Perou.
CHUQUIMAYO[a], Riviere de l'Amerique Meridionale au Perou dans l'Audience de Quito. Elle a sa source auprès de Jaen & serpentant delà vers l'Occident, elle traverse d'abord un pays de même nom, elle coule en diverses Vallées, se charge de la Riviere de CUXIBABA dont elle porte les eaux dans la Mer du Sud, au Port de Payta qui est à son embouchûre, au Midi de laquelle est immediatement S. Miguel de Collan.

b Corn. Dict. De Laet Ind. Occid. l. 11. c. 2.
CHUQUINGA[b], lieu de l'Amerique Meridionale au Perou dans l'Audience de Lima près de l'Abançay. La nature l'a rendu très-fort. Il est éloigné de quatre lieues des mines de Guallaripa, & l'on n'y sauroit aller que par un chemin si étroit que deux hommes n'y peuvent marcher de front. Ce chemin dure trois lieues & il est fermé d'un côté par de fort hautes Montagnes, & de l'autre par la Riviere d'Abançay, les rivages de cette Riviere sont fort droits, & on peut les nommer des precipices.

CHUR. Voiez COIRE.

e Baudrand Ed. 1705.
CHURCO[c], petite Ville d'Asie en Turquie dans la Natolie, sur la côte de Caramanie avec un Port, & un ancien Château environ à quarante six milles de l'Isle de Cypre. Voiez CORYCUS.

d l. 4. c. 6.
CHURITÆ, Peuple ancien de la Libye Interieure, selon Ptolomée[d].

e Delices de la Suisse T. 3. p. 646.
CHURWALDEN, Vallée de Suisse, en Latin VALLIS CORVANTIANA. Elle est dans la Communauté d'Alvenew, ou de Belfort, au dessus de Coire d'où elle prend son nom, qui signifie Vallée de Coire. [e]Elle comprend les Villages de Parpan ou Partipan, Malin, Schiers situé dans une Montagne près du Pays de Schanfick & le cloître, qui étoit ci-devant une Abbaye de l'Ordre de Premontré fondée l'an 1167. Entre Malin & Coire, on trouve près de PLESSUR une fontaine d'eau minerale, qui est agréable à boire & bonne pour divers maux particulierement pour les goîtres.

Genes. c. 10. ⅴ. 8.
f Dict.
CHUS, nom commun à divers pays & qui vient de Chus premier fils de Cham & Pere de Nemrod[*]. Nous ne connoissons dans l'Ecriture, dit D. Calmet[f], que seul homme du nom de Chus; mais on trouve plusieurs pays qui portent ce nom, soit que le même homme ait demeuré en plus d'un endroit, soit qu'il y ait eu quelque autre Chus, qui ne nous est pas connu.

g D. Calmet Ibid.
I. [g]La Vulgate, les Septante & autres Interpretes tant anciens que modernes traduisent ordinairement Chus par l'ETHIOPIE; mais il y a plusieurs passages, où certainement cette traduction ne peut avoir lieu; il faut donc examiner en particulier les diverses acceptions du nom de Chus.

h Ibid.
i Genes. c. 31. ⅴ. 13.
II. CHUS[h] marque le Pays qui étoit arrosé par l'Araxe. [i]Ceux qui ont traduit en cette occasion Chus par l'Ethiopie, ont donné lieu à l'opinion insoutenable qui a entendu le Gehon du Nil. Le Nil est trop éloigné de l'Euphrate & du Tigre, pour qu'on puisse dire qu'il sortoit comme eux du Paradis terrestre. Nous croions donc, poursuit D. Calmet, que Chus sur le Géhon n'est autre chose que l'ancien Pays des Scythes sur l'Araxe. Herodote[k] dit que la premiere demeure de ces Peuples fut sur l'Araxe, & qu'ils passerent ce fleuve étant chassez par les Massagetes & se retirerent dans le Pays des Cimmeriens. Justin[l] met l'Araxe & le Phasis comme limites des Scythes du côté du Midi. Diodore de Sicile[m] dit que les Scythes qui sont voisins de l'Inde, habiterent d'abord sur l'Araxe & que les Saces & les Massagetes, sont diverses branches des Scythes. Le nom de CUTHÆI & de CUTHA d'où l'on a fait SCYTHÆ ou SCUTHÆ est le même que CHUS. Les Chaldéens mettent ordinaire le Tau ת où les Hebreux emploient le Schin ש; ils disent CHUT au lieu de CHUS[n]. Les CHUTEENS qui vinrent habiter le Pays de Samarie étoient originaires du Pays des Medes sur la Mer Caspienne. Ils étoient donc du Pays de Chus dont nous parlons. On trouve aux environs de ce Pays des vestiges sensibles du nom de Chus. Les QUITIENS, les CETHEENS ou COETÆ, les CYTHEENS, les Villes de COTATIS, CETEMANE, CYTHANUM, CYTA, CYTAÏA, CETHIÆUM, & CETHENA.

k l. 1. c. 201. & l. 4. c. 11.
l l. 1. & 2.
m l. 11.
n Chusch, כוש Chut כות ou כותא Chuta d'où l'on a fait Scytha.

o Antiq. l. 1. c. 7.
p Quæst. Hebr. in Genesim.
q c. 13. ⅴ. 23.
III. CHUS. Josephe[o] dit que les Ethiopiens s'appellent eux-mêmes du nom de Chus, & que toute l'Asie les nomme de même. St. Jerôme[p] dit aussi que les Hebreux donnent aux Ethiopiens le nom de Chus, & les Septante ne les nomment pas autrement. Jeremie[q] dit que comme un CUSEEN (ou Ethiopien) ne peut changer la couleur de sa peau ainsi les Juifs ne peuvent changer de conduite. Dans Ezechiel[r] le Seigneur menace de reduire l'Egypte en solitude depuis Migdol jusqu'à Siéne & jusqu'aux confins de Chus, ou de l'Ethiopie. Et dans Isaïe[s] il dit qu'il rappellera son Peuple qui est dispersé dans l'Assyrie, dans l'Egypte, dans Pathurés & dans le Pays de Chus. Tous ces caracteres conviennent à l'Ethiopie proprement dite, qui est au Midi de l'Egypte.

r c. 29. ⅴ. 10.
s c. 11. ⅴ. 11.

t Phaleg. l. 4. c. 2.
IV. CHUS. Mr. Bochart[t] a fort bien montré qu'il y avoit une terre de Chus dans l'Arabie Petrée, frontiere d'Egypte; que ce pays s'étendoit principalement sur le bord Oriental de la Mer rouge; & au fond, à la pointe de cette Mer, tirant vers l'Egypte & la Palestine. Voici les preuves de ce sentiment. Sephora femme de Moïse laquelle étoit de Madian est nommée Chusite par Moïse lui-même[v]. Or Madian habitoit sur la Mer rouge, à l'Orient de cette Mer, dans l'Arabie, du consentement de Josephe, de Ptolomée, & de St. Jerôme. Chus étoit donc dans le même Pays. Habacuc met le Pays de Chus ou Chusan comme synonyme à celui de Madian: j'ai vu, dit-il, les tentes de Chusan mal-assurées: j'ai vû les pavillons de Madian ébranlez; (la Vulgate lit les tentes d'Ethiopie.) Job[x] parle du Topase de Chus, or le Topase ne se trouvoit que dans une Isle[y] de la Mer rouge voisine du pays dont nous parlons. Isaïe[z] & Sophonie nous décrivent l'Egypte comme située

v Numer. c. 11. ⅴ. 1.

x c. 18. ⅴ. 19.
y Plin. l. 37. c. 8.
Strab. l. 16.
z c. 18. ⅴ. 1.
c. 3. ⅴ. 10.

CHU.

tuée au delà des fleuves de Chus. Ce qu'on ne peut pas entendre des fleuves d'Ethiopie. Le Roi Tharaca [a] qui vint attaquer Sennacherib, & Zara [b] qui vint une autre fois faire irruption dans le Pays de Juda étoient Rois de Chus du Pays dont nous venons de parler, frontiere d'Egypte & de Palestine, comme le montrent toutes les circonstances de l'Histoire. Ainsi, conclut D. Calmet de qui cet Article est emprunté jusqu'à présent, voilà trois Pays de Chus bien marquez dans l'Ecriture, tous confondus par les Interpretes sous le nom general d'Ethiopie.

Après avoir entendu les sentimens de ce savant homme il est juste d'entendre ceux de Mr. Huet dont le Système est très-different, & qu'il appuie sur des raisons qui ne sont pas moins plausibles.

Je trouve [c], dit ce docte Evêque, trois Provinces de ce nom, l'ETHIOPIE, l'ARABIE & la SUSIANE. Ces deux premieres ont partagé le nom de CHUS, qui est un mot general, qui comprend les Pays, qui sont des deux côtez du Golphe Arabique qu'on appelle ordinairement la Mer rouge. Mr. Bochart en son Phaleg [d] a prétendu que l'Ethiopie n'est nommée Chus en aucun lieu de l'Ecriture; mais je crois avoir prouvé incontestablement le contraire dans mes observations sur Origène. Cette Region de Chus ou d'Ethiopie étoit donc partagée en deux lisieres; le long des deux côtez du Golphe Arabique, & même au delà de son embouchûre, nommée aujourd'hui Bab-el-mandel: la lisiere Orientale qui faisoit une partie de la grande Peninsule de l'Arabie; l'Occidentale qui entre ce Golphe & le Nil. Homere [e], Herodote [f] & quelques autres, ont partagé de cette sorte les Ethiopiens habitans de cette contrée & voisins d'Ethiopie, & voisins d'Egypte en Orientaux & Occidentaux. Et Eustathius nous apprend que les anciens ont ainsi entendu les paroles d'Homere. Delà vient que les Homerites, Peuples de l'Arabie, situez sur la côte Meridionale sont appellez Ethiopiens par le Géographe (Etienne) Stephanus. Et Holstenius, tout habile qu'il étoit faute d'avoir sû cela, s'est mépris bien grossierement en changeant les paroles de Stephanus & mettant Ἀράβων, au lieu d'Αἰθιόπων, selon la louable coutume des Critiques, d'alterer dans les ouvrages des anciens tout ce qu'ils n'entendent pas. La partie de la Province de Chus, qui est du côté de l'Arabie ne s'éloignoit pas beaucoup du Golphe & de la Mer, qui est au delà de l'Embouchûre du Golphe & étoit veritablement une lisiere, & se seroit temerairement qu'on voudroit l'étendre jusqu'au côté Oriental de l'Arabie, & à l'embouchûre Occidentale de l'Euphrate pour donner quelque couleur à l'opinion, qui prend cette embouchûre pour le Gehon. On n'a jamais étendu jusques-là les bornes de la Chus Arabique, & c'est une preuve décisive contre cette opinion qu'on a euë du Gehon; comme au contraire si je prouve que la Susiane a porté ce nom, & le porte encore aujourd'hui, ce sera une preuve invincible que le Gehon est l'embouchûre Orientale de l'Euphrate.

Toutes les Relations des Voyageurs nous apprennent que la SUSIANE s'appelle aujourd'hui CHUZESTAN, nom composé de celui de Chus & de la terminaison Persique. Benjamin Navarrois dit que la grande Province d'Elam dont Suse est la Capitale, & que le Tigre arrose, s'appelle ainsi. Cette Province d'Elam est l'Elymaïde, qui s'étend jusques sur la côte du Golphe Persique à l'Orient de l'embouchûre de l'Euphrate. Le Géographe de Nubie & d'autres Arabes l'appellent CHURESTAN; mais la faute est venue apparemment des copistes, qui n'ont pas distingué la lettre r. & la lettre κ. des Arabes, qui ne different que d'un point: les habitans du Pays l'appellent même simplement Chus si nous en croyons Marius Niger [g]. Cette même Region s'appelle Chuta dans le livre des Rois [h] selon la diversité des Dialectes, & c'est delà en partie que Salmanasar transporta une Colonie, qui alla occuper la place des habitans de Samarie & des Dix Tribus, qu'il avoit fait passer ailleurs. Cette nouvelle peuplade connue dans la suite sous le nom de Samaritains, retint aussi le nom de son origine, & fut appellée les CHUTÉENS. Scaliger avec tout son grand savoir s'est bien lourdement trompé quand il a dit [i] que les Samaritains ont été nommez Cuthéens d'une Ville de la Colchide nommée CYTÆA, où Salmanasar transporta les Dix Tribus. Les Samaritains furent nommez Cuthéens de la Province de Cutha, d'où ils venoient, & les Dix Tribus ne furent point transportées dans la Colchide, mais dans l'Assyrie; & quand elles auroient été transportées dans la Colchide, il est ridicule de penser que les Samaritains auroient pris leur dénomination d'une Ville d'où ils ne vinrent point, & où ils ne demeurerent point; mais seulement parce que les Dix Tribus dont ils prirent la place y demeurerent. Je ne sais pas, (c'est toûjours Mr. Huet qui parle) où Josephe [k] a trouvé ce fleuve CUTHUS qu'il dit être l'origine du nom CUTHA, qui a été donné à cette Province de Perse. Le mot Cutha ou Cuth s'est formé de celui de Chus dont les Chaldéens changent souvent la derniere lettre en τ, ou th, en lui donnant un son plus dur & moins sifflant, comme Dion [l] l'a remarqué. Ainsi ils ont dit Thor pour Sor, Atyrie pour Assyrie. Il ne faut pas croire cependant ce que quelques-uns ont pensé que le nom de la Ville de Suse, qui étoit la Capitale de ce pays, vienne de Chus. Elle a tiré son nom des Lys, que son terroir porte en abondance. & le Lys s'appelle שׁוּשַׁן Susan, en Langue Hebraïque. Les Grecs n'ont pas ignoré cette origine & plusieurs d'entre eux l'ont marquée. Cette Ville s'appelle aujourd'hui SCHOUSTER.

On trouve encore beaucoup d'autres traces du mot de Chus dans la Susiane. On y trouve les COSSÉENS, voisins des Uxiens, selon la position de Pline [m], de Ptolomée [n] & d'Arrien [o]. Schickard s'est abusé quand il a crû que ces Cosséens avoient donné le nom à la Province de Chuzestan. Le nom de Chuzestan & celui de Cosséens viennent d'une même source, à savoir de Chus, & non pas l'un de l'autre: le nom de la KISSIE & des KISSIENS en vient aussi; c'étoit une petite Province de la Susiane, qui a donné son nom à tous les Su-

Sufiens. Le Poëte Eschyle parle auffi d'une Ville de ce nom située dans le même Pays, & ce qui eft remarquable il la diftingue par fon antiquité. Il appelle auffi Kiffienne la mere de Memnon, c'est-à-dire l'aurore. Voiez SUSE.

CHUSÆ. Voiez PHILACÆ & SCUSSA.
CHUSÆI. Voiez CHUS.
CHUSAMBARUS. Voiez ZUCHABARUS.

CHUSARIS, Χούσαρις, Riviere de la Libye Interieure, felon Ptolomée [a]. *a l.4.c.6.*

CHUSI ; le Texte Grec du livre de Judith [b] parlant d'Ecrebel dit qu'il eft près de Chufi laquelle eft fur le Torrent de Mochmur. Le Texte Latin beaucoup moins ample que le Grec ne parle d'aucun de ces lieux, qui étoient dans la Paleftine aux environs de Bethulie. *b c.7.8.12.*

CHUSIS & CHESAS [c], Siége Epifcopal d'Afrique. Il en eft fait mention au Concile de Carthage tenu fous St. Cyprien. Voiez CHUZIS. *c Ortel. Thefaur.*

CHUSISTAN [d], KHOURISTAN & KHOUZISTAN. La première Orthographe eft la plus ordinaire ; comme l'*u* fe doit prononcer *ou*, quelques-uns écrivent la première fyllabe par cette Diphthongue en faveur des François: pour ce qui eft de KHOURISTAN ou KHOURESTAN, c'eft une faute des Copiftes Perfans; dans cette Langue le *Re* & le *Ze* ne different que par un point que l'on met au deffus du *Ze*, & que *Re* n'a pas. Les Copiftes l'oublient aifément. ☞ Cette Province eft la même que le Pays de Chus dans l'Affyrie, & conferve fon ancien nom avec une terminaifon Perfanne qui fignifie Pays de, &c. de même que l'Indouftan, le Turqueftan &c. fignifient le Pays de l'Inde, le Pays des Turcs &c. de même le Chuziftan, ou Chuzeftan fignifie le Pays de Chus: Il a une affez grande étendue entre le Fars, qui eft la Perfide ou Perfe propre & le Pays de Baffora. Il a du côté du Couchant les plaines de Vaffeth, qui eft une Ville de l'Iraque Arabique ; au Midi tout le Pays qui s'étend depuis Abadan Ville fituée à l'embouchûre du Tigre dans le Golphe Perfique jufqu'à Daourat ; à l'Orient le Fars ; & au Nord l'Irac Perfique & le Gebal, c'eft-à-dire le Pays des Montagnes où la Ville d'Ispahan eft fituée. Cette Province eft toute en plaines fans aucune Montagne. Elle étoit autrefois beaucoup plus grande qu'elle n'eft à prefent. La Province de Lor, qu'il ne faut pas confondre avec celle de Lar. Le Pays de Lor s'eft trouvé avec le temps peuplé de Curdes, & annexé au Curdiftan. Le Pays d'Ahuas fait partie du Chufiftan. Voiez AHUAS. Selon Naffir-Eddin [e] & Ulug-beig [f] les Villes du Chureftan, car c'eft ainfi qu'ils écrivent, font *d d'Herbelot Bibl.Orient.* *e Ed.Oxon. p.101. f Ibid. p. 133.*

	Long.	Lat.
Jundaifabur	84. d. 5′.	31 d. 55′.
Toftar	84. 30.	31. 30.
Afcar Macrum	84. 30.	31. 15.
Ahuaz	85. 0.	31. 0.
Ramahormoz	85. 45.	31. 0.

On voit bien qu'ils n'ont pas nommé toutes les Villes de ce Pays puifqu'ils en ômettent même la Capitale, qui eft SOUSTER ou SCHOUSCHTER, ou TOUSCHTER la Ville de Sufe des anciens, comme le Pays même eft la Sufiane des Hiftoriens Grecs & des Latins. Voiez SUSIANE & CHUS.

CHUSSA. Voiez SCUSSA.
CHUTHA. Voiez l'Article CHUS.
CHUTE'ENS [g], Peuples de delà l'Euphrate. Salmanafar les tranfporta dans la Samarie, en la place des Ifraëlites, qui y demeuroient auparavant. D. Calmet croit qu'ils étoient venus du Pays de Chus ou de Chuta, fur l'Araxe, & que leur premiere demeure étoit dans les Villes des Médes fubjuguées par Salmanafar, & par les Rois d'Affyrie fes predeceffeurs [h] ; & que l'on tranfporta les Ifraëlites aux mêmes lieux d'où étoient fortis les Chutéens. L'Ecriture remarque que les Chutéens étant arrivez dans ce nouveau pays, continuerent à y adorer les Dieux qu'ils adoroient au delà de l'Euphrate. Le Seigneur irrité par leurs crimes, envoya contre eux des Lions, qui les tuoient [i]. On en porta la nouvelle à Affaradon Roi d'Affyrie, qui avoit fuccedé à Sennacherib, & on lui dit que les Chutéens qui avoient été envoyez à Samarie, ne fachant pas la maniere dont le Dieu de ce Païs vouloit être adoré, ce Dieu avoit envoyé contre eux des Lions qui les dévoroient. Alors Affaradon envoya un des Prêtres du Dieu d'Ifraël, afin qu'il leur enfeignât le culte du Seigneur. Ce Prêtre étant arrivé dans le Païs, fixa fa demeure à Béthel & commença à inftruire les Chutéens dans la Religion des Hebreux. Mais ces Peuples crûrent pouvoir allier leur ancienne fuperftition avec le culte du vrai Dieu. Ils fe forgerent chacun des Divinitez, qu'ils placerent dans les Villes où ils demeuroient. *g D.Calmet Dict. h 4. Reg. XVII. 17.24. compare à 4. XVIII. 34. & XVII. 6. & XVIII. 11. & XIX. 12. 16. i 4Reg. XVII.25.*

Ces Peuples adoroient donc tout enfemble le Seigneur & les faux Dieux, & ils choififoient les derniers du Peuple, pour les établir Prêtres fur les hauts lieux. Ils demeurerent dans cet ufage pendant affez long-tems. Mais enfuite ils abandonnérent le Culte des Idoles, & s'attachérent uniquement à l'obfervance de la Loi de Moïfe, comme l'obfervent encore aujourd'hui les Samaritains, defcendus des Chutéens. Lorfque les Juifs furent de retour de la captivité, les Samaritains leur députerent quelques-uns d'entr'eux, pour les prier de trouver bon qu'ils travaillaffent au bâtiment du Temple [k], difant que depuis le regne d'Affaradon, ils avoient toûjours adoré le Seigneur. Mais Zorobabel, Jofué fils de Jofédech, & les Anciens du Peuple leur répondirent, qu'ils ne pouvoient leur accorder ce qu'ils demandoient ; le Roi de Perfe n'ayant permis qu'aux feuls Juifs de conftruire un Temple au Seigneur. Il paroit par-là que jufqu'alors les Chutéens n'avoient point de Temple commun dans leur Païs ; mais que dans chaque Ville ils adoroient Dieu, & peut-être les Idoles, dans les lieux confacrez, ou fur les hauteurs des anciens Ifraëlites. En effet Jofephe [l] nous apprend que ce ne fut que fous Alexandre le Grand qu'ils obtinrent de pouvoir bâtir un Temple commun fur le Mont Garizim. Voiez l'Article *Chus* où eft détruite l'opinion, qui veut que les Chutéens vinffent de l'Araxe. Ils venoient de l'Affyrie, & plus précifément du Pays *k Efdr.l.4. 5.1. & 2.* *l Antiq. l. 11. c. 8.*

CHU. CHY.

Pays nommé autrefois la Susiane, & à present le Chusistan.

CHUZIBA LAURA, Ortelius écrit CHUZICA; espece d'Hermitage dont parle Evagre dans son Histoire Ecclesiastique[a] à l'occasion du Saint homme Jean Eleve de Zozimas. Il s'étoit, dit l'Historien, adonné aux exercices de la Vie Solitaire dans une Cellule de Cuzibe, assise dans une Vallée qui est proche du chemin par où l'on va de Jerusalem à Jericho du côté du Septentrion.

[a] l. 4. c. 7. p. 158. de la Traduct. de Mr. Cousin.

CHUZIS, Ville de l'Afrique propre entre les deux Syrtes, selon Ptolomée[b]. C'est sans doute la même que Chusis.

[b] l. 4. c. 3.

CHYDA, Sophien attribue à Ptolomée[c] d'avoir mis une Ville de ce nom dans la Lycie; mais dans l'Auteur cité on lit Λυδίας ΛΥΔÆ.

[c] l. 5. c. 3.

CHYDAS, Riviere de Sicile, selon Ptolomée[d], qui seul nous en a conservé ce nom. Fazel[e] dit que c'est le ROSMARINO & il a raison. Le sentiment de Cluvier[f] qui veut que ce soit le Furiano, n'est pas soutenable; car le Chidas selon cet ancien doit être entre *Calacta* & *Alontium*; cette derniere qui est presentement san Marco est au Nord-Est du lieu où étoit Calacta & le Furiano est bien au Midi de l'une & de l'autre, comme l'on peut voir par la comparaison des Cartes de l'ancienne Sicile & de la nouvelle par Mr. de l'Isle. Ortelius s'éloigne encore plus de la verité quand il pense que les CHIDAS est le même que le CHRYSAS.

[d] l. 3. c. 3.
[e] Decad. 1. l. 9. c. 4.
[f] Sicil. ant. l. 2. c. 4. p. 294.

CHYLEMATH, Riviere de la Mauritanie Cesariense, selon Ptolomée[g]. Marmol[h] croit que c'est la Riviere de MINA. Voiez MINA.

[g] l. 4. c. 2.
[h] T. 1. l. 1. c. 9. p. 21.

CHYPRE. Voiez CYPRE.

CHYRETIÆ, Ville de Macedoine dans l'Estiotide, selon Ptolomée[i]. Ses Interpretes donnent pour nom moderne MOLCOLURI.

[i] l. 3. c. 13.

CHYTON, contrée de l'Epire, selon Etienne le Géographe qui cite Ephorus. Voiez CHYTRIUM.

CHYTOPHORIA. Voiez PARTHENIE.

CHYTOS, Port de Cyzique, selon le Scholiaste d'Apollonius[k].

[k] Ortel. Thesaur.

1. CHYTRI, Ville de l'Isle de Cypre. Pline & Etienne le Géographe disent CHYTRI & Χύτροι au pluriel. Elle étoit Episcopale & la Notice de Léon le Sage met aussi entre les Siéges de cette Isle CYTHRI en renvoyant l'aspiration de la premiere syllabe à la seconde. La Notice de Hierocles met de même Κύθροι. Ptolomée nomme cette même Ville Chytros Χύτρος au singulier.

2. CHYTRI, Lac de la Béotie dans le Canton de Pelecanie entre les fleuves le Cephise & le Melas. Théophraste dit que l'on y trouvoit les meilleurs roseaux[l].

[l] l. 4. c. 12.
[m] Ortel. Thesaur.

CHYTRINUM[m], lieu appartenant aux habitans de l'Isle de Cos. Antigonus dans son livre des choses merveilleuses dit qu'il y avoit une eau qui rendoit une exhalaison veniméuse. Aristote[n] en parle aussi. Voiez CHYTRIUM.

[n] Politic. 5.

CHYTRIUM, lieu d'Asie dans l'Ionie, où étoit anciennement située la Ville de Clazomenos[o]. Aristote en fait mention au v. livre des Politiques. Ortelius croit avec bien

[o] Strab. l. 14. p. 645.

CHY. CHZ. CIA. 627

du fondement que c'est le Chytrinum d'Antigonus.

CHYTROPOLIA[p], lieu voisin du Bourg de Telephe, où l'on ne travaille qu'à faire des Marmites (*Ollas*) pour les vendre. C'est ce que dit Agathias[q]; de là vient que les Latins l'appelloient OLLARIA. Ortelius juge qu'elle étoit dans la grande Armenie vers le Phase.

[p] Ortel. Thesaur.
[q] l. 2.

CHYTROPOLIS, petite contrée de la Thrace, selon Etienne le Géographe.

CHYTROS. Voiez CHYTRI.

CHZEPREG ou **SCHAPRING**[r], petite Ville de la basse Hongrie sur la Riviere de Stob, dans le Comté de Sopron, entre Sopron & Javarin.

[r] Baudrand Ed. 1705.

C. I.

1. CIA, Isle de la Mer Ægée auprès de l'Isle de Créte, selon quelques exemplaires de Pline; mais il faut lire DIA. Voiez DIA 2.

2. CIA. Voiez COOS.

CIABRUS, CIAMBUS ou CIAMBRUS, selon les divers exemplaires de Ptolomée[s], Riviere de la Dacie. Ses Interpretes disent que c'est presentement le MORAWE; mais cela ne sauroit être, s'il est vrai, comme ils pretendent, que c'est le CEBRUS d'Antonin.

[s] l. 3. c. 8.

CIACIS, Ville de la petite Armenic dans la Melitene près de l'Euphrate, selon Ptolomée[t].

[t] l. 5. c. 7.

CIAENA, Ville d'Asie dans la Galatie, selon le même[v], en Grec Κίαινα. Quelques exemplaires la nomment CINNA.

[v] l. 5. c. 4.

CIAGESI ou **CIAGISI**, Κιαγέσιοι, ancien Peuple de la Dacie, selon le même[x]. Ils en occupoient une des parties les plus Meridionales. Lazius croit que la Forteresse de CIOZA en a pris son nom.

[x] l. 3. c. 8.

CIAIS[y], petite Ville de Mingrelie près de la Mer noire, & de la Riviere de Cianus.

[y] Baudrand Ed. 1705.

1. CIALIS[z], Ville de la Tartarie indépendante dans le Royaume de Cialis, sur la grande route de Samarcand à la Chine; auprès d'une des sources de la Riviere de Kenker. On l'appelle aussi LE GRAND YULDUZ de même que le Canton où elle est située est nommé Yulduz.

[z] De l'Isle Carte de la Tartarie.

2. CIALIS[a], Royaume de la Tartarie indépendante. Il a au Nord le Royaume d'Eluth; au Levant le Chamo ou les grands deserts sablonneux; au Midi le grand Tibet; au Couchant le Turkestan dont il est separé par une partie de cette longue chaine de Montagnes que les anciens nommoient Imaus. Nous ne connoissons que deux Rivieres dans ce Royaume. La premiere est l'ANCORA, qui ayant sa source au Royaume d'Eluth arrose une lisiere de celui de Cialis, & va se perdre dans les sables du Chamo. L'autre a son cours tout entier dans le Cialis où elle naît & se perd. C'est la Riviere de KENKER. Ce Royaume est traversé par deux routes, qui se separent à Alchach & qui conduisant également de cette Ville à la Chine se réunissent auprès de Chatcheou Forteresse située au Royaume de Tangut à l'une des extrémitez de la grande muraille de la Chine. Toutes ces deux routes traversent également le Royaume de Cialis d'Oc-

[a] Ibid.

Tom. II.   Kkkk* 2   ci-

cident en Orient. Sur la route la plus Meridionale on trouve à gauche les Catian, Peuples qui vivent sous des tentes. La Ville de BE-HI d., le Village d'ELCOUSAÏB d. & MACAM EL BAB d. Ville. Sur la route Septentrionale on trouve de même UGAN Village; CONCHE ou CUCIA, le grand YULDUZ ou Cialis Capitale, PUCIAN, le TARKAN ou TURFAN, ARAMUTH ou CARACOJA, & CAMUL, qui est la derniere Ville après laquelle on traverse le Chamo. Au Nord Oriental de CONCHE est BILGOTOU, & tout au Nord du Royaume près des frontieres de celui d'Eluth est une autre Ville nommée KITCHIK YULDUZ ou le PETIT YULDUZ pour le distinguer de la Capitale, qui porte le même nom. Voiez l'Article CAMUL.

CIAMBRUS &
CIAMBUS. Voiez CIABRUS.

CIAMPA, petit Royaume d'Asie, au Continent & au bord de la Mer Orientale, qui le borne au Levant & au Midi. Il a le desert de Cochinchine au Nord, & le Royaume de Camboge au Couchant. Nous n'avons de ce Royaume aucune idée distincte; & n'en connoissons, ni les Villes, ni les Rivieres, ni les Montagnes. Il a son Roi particulier, qui dans le temps de la fameuse Ambassade de Siam où étoit l'Abbé de Choisi, étoit tributaire du Roi de la Cochinchine. Voici ce qu'il en dit dans son agréable Journal[a]: le Roi de Chiampa lui paye deux Eléphans, cent Bufles, cent Bœufs, cinq-cents piéces de toiles & tout le bois de Calamba & d'aigle, avec toute l'ébene & l'yvoire qu'on trouve dans son Pays. Le Roi de Cochinchine a rétabli celui-ci dans tous ses droits & même lui a donné le pouvoir de faire mourir les Cochinchinois, qui commettront quelque crime dans son Etat. Cela peut avoir changé depuis. Nous n'avons point de nouvelle Relation de Voyageurs, qui nous instruise de détails de ce Royaume nous ne savons pas même le nom de la Capitale.

[a] p. 359. Ed. in 4. Paris 1687.

CIAMPELLO. Voiez CHAMPELLO.

CIANA, nom d'un Torrent, qui tombe dans le Rhin auprès de Mayence, selon l'Abbé Trithéme dans son livre de l'origine des François.

CIANDU, Ville de la Tartarie au Nord & à trois journées de la Ville des Cianganiens: ce fut le grand Cham Cublai qui la fit bâtir, & qui y fit construire un grand & beau Palais de marbre orné d'or, selon Marco Paolo le Venitien[b]. Auprès de ce Palais est un parc entouré de murailles, & qui a xv. milles de circuit. Dans ce parc sont des fontaines, des ruisseaux, des prairies, differentes sortes de bêtes comme Cerfs, Daims, Chevreuils, Faucons, qui servent ou à la nouriture du Prince, & qui sont là comme en reserve pour qu'on les trouve quand il vient sejourner en cette Ville. Il y vient souvent à cheval pour chasser, il méne avec lui un léopard aprivoisé qu'il lâche sur les Cerfs & sur les Daims. Au milieu de ce bois est une Maison fort jolie, bâtie de roseaux, ornée dehors & dedans de dorures & de peintures. Cette Maison que la pluie ne peut penetrer a cela de commode qu'on la peut monter & démonter aisément comme une tente; car lorsqu'elle est dressée elle est affermie par environ deux cens cordons de soye, & les roseaux dont elle est faite ont chacun quinze pas de longueur & trois palmes de largeur. C'est de quoi sont faites les colomnes, les planchers, la charpente & même les tuiles; car des Roseaux sont coupez à la longueur des nœuds & en fendant ces bouts par la moitié il s'en fait une espece de tuile creuse, qui étant mise sur le toit garantit de pluie la Maison. Le Grand Cham y vient passer trois mois de l'année, savoir les mois de Juin, de Juillet, & d'Août, parce que l'air y est fort temperé, & qu'on n'y sent point les grandes chaleurs. C'est durant ce temps-là que la Maison dont on vient de parler est debout; le reste de l'année on la tient roulée & defaite.

[b] l. 1. c. 65.

CIANGLI, Ville d'Asie au Cathai à cinq journées de la Ville de Canglu, selon Marco Paolo le Venitien[c]. Il dit qu'elle est arrosée d'une grande Riviere, qui est très-commode à cause des barques chargées de marchandises, qui y vont & viennent, car c'est, ajoute-t-il, une Ville de grand Commerce.

[c] l. 2. c. 50.

CIANGLO[d], Ville de la Chine dans la Province de Fokien, au département de la Ville de Jenping cinquième Metropole de cette Province. Elle est environnée presque de tous côtez par la Montagne de Fung; & comme elle est sur la Riviere de Si, qui se joint à la Riviere, qui passe à Focheu se pourroit bien être la CIANGLI de Marco Paolo.

[d] Atlas Sinensis.

CIANI, Peuple d'Asie dans la Mysie; Tite-Live[e] nomme ainsi les habitans de Cium Ville de cette Province.

[e] l. 32 & 33.

CIANICA, Ville de la petite Armenie dans la contrée de Melitene, selon Ptolomée[f].

[f] l. 5. c. 7.

CIANIGANIORUM CIVITAS ou la Ville des Cianiganiens[g], Ville de la Tartarie dans la Province de Teuduch à trois journées de chemin de la Ville de Sindacui. Il y a un grand Palais où loge le grand Cham quand il vient en cette Ville, & il y vient assez souvent parce qu'auprès de cette Ville sont des Lagunes où l'on trouve des oiseaux de differentes especes, comme des grues, des faisans, des perdrix & autres oiseaux. Les grues sont de cinq sortes; quelques-unes ont les ailes noires comme des corbeaux; d'autres sont blanches & noires, aiant les plumes ornées d'yeux de couleur d'or, comme sont les queues des paons. Il y en a qui ne different point des nôtres. Il y en a qui sont petites; mais dont les plumes sont longues, d'une grande beauté, & mêlées de rouge & de noir. Il y en a enfin de grises qui ont les yeux rouges & noirs; celles de cette espece sont fort grandes. Près de cette Ville il y a une Vallée où sont quantité de Cabanes dans lesquelles on nourrit un grand nombre de perdrix, pour le service du Prince.

[g] Marc.Paol. l. 1. c. 64.

1. CIANIS, Riviere nommée dans le Lexique de Phavorin. Ortelius[h] croit qu'elle couloit aux environs de la Ville de Cium.

[h] Thesaur.

2. CIANIS, Riviere de la Géorgie dans la Mingrélie. Elle se rend dans la Mer noire, selon le P. Archange Lamberti; ou plutôt selon Mr. Baudrand qui le cite, car voici ce que

CIA. CIB.   CIB.

que dit ce Pere : pour la Riviere de Cobo, ceux du Pays l'appellent aujourd'hui Ciani Skari : elle est appellée dans les Cartes Cianeus nommé ainsi d'une Nation qui en habite les rives, & qui vient souvent trafiquer en Mingrelie.

CIANOS ; c'est ainsi qu'on lit dans Pomponius Mela, dans les anciennes Editions des Juntes[a], des Aldes[b], & d'Olivarius, comme si c'étoit le nom d'une des Isles de l'Archipel. Vossius[c] pretend qu'il faut lire Cia, Icos desorte que selon lui, c'est le nom de deux Isles ; mais dans Pline[d] au lieu de Cianos ou de Cia, Icos on lisoit anciennement Cyrnus. Les Copistes ont pu facilement se tromper en prenant ces deux lettres a, r, l'une pour l'autre. Le R. P. Hardouin[e] voudroit que l'on lût dans Pline Cythnos.

[a] p. 27.
[b] p. 28.
[c] in Mel. p. 211.
[d] l. 4. c. 12.
[e] Emend. 69. in l. 4.

CIARTIAM, Province de la Tartarie. Marco Paolo[f] dit qu'il y a des Villes & quantité de Châteaux ; qu'elle est sous la domination du grand Cham, & que sa Capitale s'appelle aussi Ciartiam. On y trouve dans les Rivieres des pierres précieuses comme Jaspe, & Calcedoine que les Marchands portent au Cathai. La Province de Ciartiam est sablonneuse ayant beaucoup d'eaux ameres, qui en rendent le terroir sterile. Lorsque quelque armée étrangere vient à passer parlà, les habitans prennent leurs femmes, leurs enfans, leurs bestiaux & leurs meubles, & passent dans un pays voisin où il y ait du pâturage & de bonne eau, & ils y demeurent jusqu'à ce que l'armée ait quité le Pays. Il seroit d'autant plus difficile de les poursuivre que le vent qui balaye le sable éface les traces de leur passage, desorte qu'on ne peut voir où ils sont allez ; mais si c'est une armée des Tartares à qui ils sont sujets, qui doit passer, ils ne s'enfuient point & se contentent de mettre leurs troupeaux en sureté ; car les Tartares ne payent rien des vivres qu'on leur fournit. Lorsque l'on quite cette Province, on est obligé de traverser durant cinq jours des sables, où l'on ne trouve presque point d'eau qui ne soit amere, avant que d'arriver à la Ville de Lop. Cette Ville & cette Province de Ciartiam est de l'ancien Turquestan ; ou, pour parler comme l'Auteur cité, de la grande Turquie.

[f] l. 1. c. 43.

CIARUS[g], Phavorin nomme cette Ville dans son Lexique ; mais sans dire en quel pays elle est.

[g] Ortel. Thesaur.

CIASA, Κίασα ; quelques exemplaires portent Κάιασα Cæasa, Ville d'Asie dans la Babylonie, selon Ptolomée[h].

[h] l. 5. c. 20.

CIBALES, en Latin Cibalis, Ville de la basse Pannonie, selon Ptolomée[i]. Europe[k], Ammien Marcellin[l] & Paul Diacre[m] la nomment Cibalæ. Lazius croit que c'est presentement Palma, Mr. Baillet[n] dit que c'est maintenant Bereczlo. Il dit beaucoup mieux quelques lignes après qu'on ne sait où elle étoit : on sait en general qu'elle étoit entre la Save & la Drave, & qu'elle étoit l'une des plus considerables de la Province. Elle étoit Episcopale & St. Eusebe son Evêque souffrit le Martyre le 27. Avril dans les persécutions du III. siécle ; mais on ignore si ce fut sous Dece ou sous Valerien. St. Pollion ou Pullion Lecteur de l'Eglise de la même Ville souffrit le 27. Avril de l'an 304. sous Dioclétien. La Ville de Cibales donna la naissance à l'Empereur Valentinien I. mais dans la suite elle a été tellement ruinée que l'on cherche encore aujourd'hui la place où elle étoit. On peut voir dans Zozime les détails de la victoire que l'Armée de Constantin remporta sur celle de Licinius en 314. auprès de Cibales.

[i] l. 2. c. 16.
[k] l. 10. c. 4.
[l] l. 30. p. 457. Edit. Lindebrog.
[m] De Gest. Langob.
[n] Topogr. des Saints p. 130.

CIBAO[o], Province de l'Isle de St. Domingue en Amerique. C'étoit la plus puissante de toutes les Provinces Mediterranées de cette Isle avant que les Espagnols en fussent les maîtres. Elle étoit fort riche en mines d'or. Il y a force rochers & Montagnes remplies de plusieurs sortes d'arbres & particulierement de hauts sapins. Elle est arrosée de quantité de torrens & de ruisseaux, & l'air y est fort bon & fort sain.

[o] Corn. Dict. De Laet Ind. Occid. l. 1. c. 5.

CIBARCI, Peuple d'Espagne. Ils étoient du département de Lugos, Conventus Lucensis, selon Pline[p].

[p] l. 4. c. 20.

CIBARITIS, Κιβαρῖτις ou Κυβαρῆτις, Cybaretis ; contrée d'Asie près du Méandre. Au lieu de cette double maniere de lire ce nom qu'Ortelius dit se trouver dans les divers exemplaires de Strabon, j'en trouve une troisiéme qui est Cibyratis, & c'est la meilleure. On lit ainsi dans l'Edition de Casaubon[q], & alors il est clair que ce nom vient de Cibyra. Voiez ce mot. On trouve dans Constantin Porphyrogenete Cibarræotis Κιβαῤῥαίωτις, qui est la même chose.

[q] l. 13. p. 629.

CIBARRÆOTIS. Voiez l'Article precedent.

CIBDELI, nom d'un lieu dont parle Vitruve[r], & qui n'étoit pas loin de Troezene. Presque tous les habitans de ce lieu avoient les pieds gâtez, ce qu'il regarde comme un effet de la mauvaise eau qu'ils buvoient. Pline parle aussi de ce mal aux pieds, & dit que les habitans de Troezene y étoient sujets ; mais sans parler de Cibdeli.

[r] l. 8. c. 3.

CIBELE. Voiez Mercuriale.

CIBELIANA ou Cibaliana, Ville d'Afrique. Il en est fait mention dans les Ouvrages de St. Augustin & de St. Cyprien, & dans le Concile de Carthage où assista Donat Evêque de Cibaliana. On trouve dans la Conference de Carthage Cresconius Evêque de cette Ville. Mr. Dupin[s] dans ses notes sur ce dernier Ouvrage ajoute : on ne sait de quelle Province étoit ce Siege. C'est peut-être le même que Seberiana dans la Byzacene dont il est parlé dans la Notice. Au Concile de Carthage, poursuit-il, tenu sous Boniface se trouva Constantius Episcopus Ecclesiæ Cerbalitanæ. Seroit-ce toûjours un même Siege ?

[s] p. 286. not. 422.

CIBENNIA JUGA[t] ; Adon nomme ainsi cette partie des Alpes que nous appellons le Mont Cenis.

[t] Ortel. Thesaur.

CIBERIS[v], Ville de la Chersonnese de Thrace. Elle étoit en ruine, lorsque Justinien la rebâtit entierement. Il la peupla de nouveaux habitans, y construisit des bains, des hôpitaux & d'autres Edifices, qui font la beauté des Villes.

[v] Procop. Ædific. l. 4. c. 10.

CIBILITANI, Peuple d'Espagne dans la Lusitanie, selon Pline[x]. Il ne faut pas les confondre avec les Civilitani.

[x] l. 4. c. 22.

Kkkk* 3   CI-

CIB.

CIBINA. Voiez CIMBINA.

CIBINIUM[a], Ville de la Dacie au milieu des Terres. C'est la même que les Allemands nomment à présent Hermanstabt. Les Hongrois l'appellent SEBEN.

[a] *Ortel. Thesaur.*

CIBIORETENSIS CLASSIS[b], Ortelius croit que c'est un lieu de l'Isle de Cypre, & cite l'Histoire Mêlée l. 22.

[b] *Ibid.*

CIBOLA[c], Province de l'Amerique Septentrionale au nouveau Mexique. Elle est[d] au 35. d. de latitude par le 266. de longitude à l'Occident des Montagnes où sont les sources de la Riviere del Norte, qui tombe dans le Golphe du Mexique : selon la Relation de Francisco Vasques de Cornado, qui entreprit d'y aller l'an 1540, sous les ordres d'Antonio de Mendoza Vicero de la nouvelle Espagne. Il y a dans cette Province sept Bourgades assez peuplées dont les Maisons sont fort belles & élevées de trois & de quatre étages, divisées en plusieurs sales & chambres avec des Caves contre la rigueur de l'hyver. Ces sept Bourgades éloignées de quatre lieues au plus les unes des autres composent ensemble le Royaume de Cibola. Il y en a une qui contient cinq cens Maisons, & deux qui en ont environ deux cens. Les quatre autres sont plus petites. Les habitans sont d'une juste stature assez ingenieux pour des Sauvages ; cependant il ne paroît pas qu'ils aient eu assez de genie pour bâtir de tels édifices. Ils vont presque nuds avec des manteaux bigarez & peints, & portent leur chevelure à la façon de ceux du Mexique. Quand les Espagnols se rendirent maîtres de la principale de ces Bourgades, ils n'y trouverent ni enfans, ni femmes, ni même aucuns vieillards à l'exception de quelques-uns qu'on avoit laissez pour gouverner les autres. La terre est plate & presque égale en ces regions, quoi qu'il y ait en certains endroits quelques Montagnes fort droites. Elle ne peut porter le coton à cause de la vehemence du froid. Il n'y a aucuns arbres fruitiers, & les forêts y sont rares. On en trouve pourtant une à quatre lieues de la Bourgade appellée de Cedres, qui fournit suffisamment du bois à brûler. Les pâturages n'en font pas fort éloignez. La constitution de l'air n'y est pas fort differente de celle du Mexique. Le chaud y est quelquefois très-grand & quelquefois il y pleut. Les neiges y sont fort hautes l'hyver, & on y endure une très-rude gelée ; ce que la vûe & la structure des Maisons prouvent ainsi que les peaux & les autres preservatifs que les habitans employent pour se garantir du froid. Le mahis y abonde, & ils s'en servent au lieu de bled. Ils ont aussi des pois fort petits & blancs & de fort bon sel qu'ils amassent au bord d'un Lac. Ces Peuples n'ont nulle connoissance de la Mer du Nord, ni de celle de l'Ouest, & sont éloignez de l'une & de l'autre de plus de cent cinquante lieues. Il se trouve chez eux des ours, des tigres, des lions, des chevres sauvages, des sangliers, de très-grands Cerfs, & de certaines brebis aussi hautes qu'un cheval, qui ont les cornes fort grandes & la queue courte.

[c] *Corn. Dict. De Laet l. 1 d. Occid. l. 6. c. 16.*
[d] *De l'Isle Atlas.*

1. CIBOTUS, lieu d'Egypte auprès d'Alexandrie; c'étoit un Port creusé par art & ce que nous appellerions présentement un BASSIN[e].

[e] *Strab. l. 17. p. 795.*

CIB.

2. CIBOTUS. Voiez APAMÉE 3.

CIBROS. Voiez CYPRE.

CIBUNDOI[f], Province de l'Amerique Meridionale dans la nouvelle Grenade. Elle est assez étendue ; mais peu fertile : le Village de Pastoco n'en est pas loin.

[f] *Corn. Dict. & De Laet Ind. Occid. l. 9. c. 16.*

1. CIBYRA, Ville de l'Asie Mineure dans la Phrygie, selon Ptolomée[g], qui écrit ce mot Cibyrrha Κιβυρρα. Pline[h] donne bien positivement la Ville de *Cibyra* à la Phrygie, & la fait le chef-lieu d'un Canton nommé la CIBYRATIQUE. Strabon[i] la nomme Cibyra la grande.

[g] *l. 5. c. 2.*
[h] *l. 5. c. 29.*
[i] *l. 13. p. 630.*

2. CIBYRA, Ville de Cilicie, selon Pline[k]. Le R. P. Hardouin cite Ptolomée au livre 5. chap. 8. qui est de la Cilicie comme si cette Cibyra s'y trouvoit nommée ; mais je ne trouve rien de pareil dans l'Edition de 1618. dont se Pere se sert.

[k] *l. 5. c. 27.*

§. Les Notices Ecclesiastiques nomment une Ville de Cibyra, qui étoit Episcopale. La Notice de Leon le Sage & celle de Hierocles la mettent dans la Carie ; & dans le premier Concile de Constantinople on trouve entre les Peres, qui souscrivirent *Leontius Cibyrensis Episcopus ex Caria*. Le R. P. Hardouin[l] pretend que c'est la même Cibyra que celle de Phrygie, & s'appuie sur ce que Strabon[m] met cette derniere entre les Villes d'un droit en quelque sorte douteux, c'est-à-dire que l'on ne savoit pas au juste sous quelle Province les ranger ; sous la Lycie, ou la Phrygie, ou la Carie.

[l] *in Plin. l. 5. c. 29. not.*
[m] *l. 13. p. 631.*

3. Mais la même Notice de Léon le Sage après avoir mis une Ville Episcopale nommée Cibyra dans la Carie ; en met encore une autre dans la Pisidie. Elle doit avoir été differente des autres dont nous avons parlé.

CIBYRATÆ, Peuple d'Asie. Strabon dit[n] qu'ils passoient pour être les descendans des Lydiens, qui avoient occupé la Caballide : ensuite ils transporterent leur Ville, qui étoit voisine de la Pisidie, & la bâtirent dans un lieu fort commode, qui avoit cent stades de circuit. Cette Ville s'accrut & devint florissante à cause de la bonté de ses Loix, & la douceur du Gouvernement. Ses Villages s'étendirent depuis la Pisidie & la Miliade qui est auprès, jusqu'à la Lycie & au Continent, qui est vis-à-vis l'Isle de Rhode. Trois Villes voisines se joignirent à elle, savoir Bubons, Balbures, & Oenander ; & cette union fit que l'on nomma Tetrapole le Pays où étoient ces quatre Villes. Chacune avoit une voix dans les deliberations ; mais Cibyra en avoit deux, elle pouvoit mettre sur pied trente mille hommes d'Infanterie, & deux mille de Cavalerie. Le Pays de ce Peuple nommé la Cibyratique étoit compté pour l'un des plus grands Gouvernemens d'Asie quoi que Balbures & Bubons en eussent été détachées dans la suite, & annexées à la Lycie. Les Cibyrates usoient de quatre sortes de Langues, savoir de celle de la Pisidie, de celle des Solymes, de la Grecque, & de la Lydienne, de laquelle il ne restoit pas la moindre trace dans la Lydie même. La Ville de Cibyra avoit cela de particulier que l'on y travailloit facilement le fer au tour.

[n] *l. 13. p. 631.*

CIBYRATICA, contrée & l'un des plus grands

CIB. CIC.

grands Gouvernemens d'Asie. Il avoit pour Capitale la Ville de Cibyra de Phrygie, selon Pline[a].

[a] l. 5. c. 29.

CICABO[b], Riviere d'Asie dans la Géorgie. Elle se joint au Ciani Skari avec lequel elle se perd dans la Mer noire.

[b] Le P. Arch. Lamberti Carte & Relat. de la Mingrelie.

CICÆ, Pline[c] appelle ainsi les ISLES DE BAYONNE sur la côte Occidentale d'Espagne, dans l'Océan. D'autres les ont nommées DEORUM INSULÆ. Voiez DEORUM INSULÆ.

[c] l. 4. c. 20.

CICCOLA, petite Riviere de Dalmatie près de Dernis & de Clissa, selon Mr. Baudrand[d].

[d] Ed. 1705.

CICERIGO ou CECERIGO, noms corrompus. Voiez CERIGOTO.

CICERONIS AQUÆ. Voiez au mot BAGNI l'Article BAGNI DI CICERONE.

CICERONIS CASTRA, on lit dans Jules Cesar[e] qu'Ambiorix enflé du succès qu'il avoit eu dans une action excita divers Peuples du Pays-bas à la revolte & leur persuada qu'il seroit aisé de surprendre & de passer au fil de l'Epée une Legion, qui étoit alors en quartier d'hyver sous les ordres de Ciceron. En effet ces Peuples s'ébranlerent, investirent Ciceron, & l'assiégeant dans toutes les formes, l'auroient forcé dans ses retranchemens, si Cesar n'étoit pas venu le dégager. Ce lieu n'étoit rien moins qu'une Ville. C'étoit un camp fortifié dans lequel les soldats étoient baraquez. Il étoit retranché comme l'étoient les camps où les armées faisoient un long sejour, (*Stativa*) ou dans lesquels ils revenoient après la campagne passer l'hyver, plusieurs années de suite (*Hiberna*.) De ces sortes de camps il s'est formé des Bourgs, & des Villes avec le temps. On a cherché quel nom porte à present le camp qu'occupoit Ciceron lorsque les Alliez vinrent l'y assiéger. On dit que c'est WELTSICK[f] Village de Flandres, à environ trois milles de Gand, & où l'on trouve dans la terre plusieurs restes de l'antiquité. C'est la pensée de Becan cité par Ortelius. C'est aussi celle de Hubert de Liége, qui comme il l'avoue, ne sait pas le nom de ce Village; mais il ajoute qu'il n'est qu'à un mille Germanique d'Oudenarde, & que l'on y trouve tous les jours une infinité de Medailles Romaines, & de statues des Dieux. Voiez BELGIS.

[e] Comment. de Bell. Gall. l. 5. c. 38.

[f] Ortel. Thesaur.

§. Le Ciceron dont il est parlé dans cet Article n'est pas l'Orateur Romain; mais son frere Quintus.

CICERONIS FONTES. Voiez BAGNI.

CICERONIS VILLA, Maison de Campagne de Ciceron au bord du Lac d'Averne; c'est où il composa ses Questions Academiques. Voiez BAGNI.

CICHALIX, nom d'une Montagne d'Asie quelque part vers la Bithynie. Il en est parlé, dit Ortelius, dans la Vie de St. Joannice écrite par Siméon Metaphraste.

CICHLES, Port de Thrace. C'étoit celui de la Ville de Terone, selon Suidas.

CICHYRUS, Ville de l'Epire dans la Thesprotie sur le Golphe nommé Γλυκὺς λιμών, en Latin *Dulcis portus*. Strabon[g] dit qu'elle avoit été anciennement appelléc EPHYRA.

[g] l. 7. p. 324. & l. 8. p. 338.

CICIANTHI, Peuple de la Scythie A-

CIC. 631

siatique, selon Pline[h] dans les anciennes Editions; celle du Reverend Pere Hardouin porte CISSIANTHI.

[h] l. 6. c. 13.

CICILIANA; c'est la même chose que CECILIO VICUS. Voiez CECILIONI.

CICIMENI, ancien Peuple Sarmate, de ceux qui habitoient aux bords du Tanaïs, selon Pline[i].

[i] l. 6. c. 7.

CICINES, Peuple de l'Attique dans la Tribu Acamantide, selon Hesyche; selon lui il y en avoit encore un autre de même nom dans la même Tribu. Il est fait mention dans les Nuées d'Aristophane[k] du Bourg de CICYNE:

[k] Act. 1. Scen. 2.

CENAGORAS.
Qui est ce qui heurte là bas?
STREPSIADE.
Strepsiade fils de Phidon du Bourg de Cicyne.

Dans la même Scéne Cenagoras dit à Strepsiade, voilà tout le territoire de l'Attique. L'autre qui est un Paysan grossier que ses idées ramenent toûjours au lieu d'où il est lui demande: *en quel endroit sont les Cicyniens mes compatriotes?*

CICLUT[l], Forteresse de Dalmatie dans une Isle formée par le Narenta devant la Ville de Narenta. Elle protege un Bourg de trois cens Maisons. Elle fut prise sur les Turcs par les Venitiens le 20. Juin 1694. En descendant cinq milles par terre, ou neuf milles par eau on trouve la petite Isle de Norin.

[l] Coronelli. Isolar. part. 1.

CICO, Montagne de Portugal. Mr. Maugin[m] dans sa description du Royaume de Portugal dit: la Montagne d'Algarve connuë dans l'antiquité sous le nom de Cico, separe le Royaume du même nom de celui de Portugal dont il fait une Province. Elle commence à Castro-Marin, & finit à Algezur. Voiez MONCICO.

[m] p. 16.

1. CICONES, Peuple d'Asie, entre les Attaciens & l'Inde, selon Pline[n].

[n] l. 6. c. 17.

2. CICONES, Peuple de Thrace. Pline parlant de la Ville d'Ænos dit que l'on y avoit le tombeau de Polydore, & que le pays voisin avoit été autrefois habité par les Cicones. Voiez CICONUM MONS.

CICONIUM PROMONTORIUM, Cap du Bosphore du côté de l'Asie. Denys de Byzance dans son Traité du Bosphore de Thrace dont nous n'avons plus que des fragmens dans la Collection d'Oxfort[o], encore n'en avons-nous qu'en Latin, le Grec étant vraisemblablement perdu; cet Auteur, dis-je, parle ainsi de ce CAP: près du Promontoire Lycadien est le Nausimachien lieu illustre par un combat naval, (c'est ce que veut dire son nom) ensuite est le Cap Ciconien ainsi nommé à cause de la mechanceté de ses habitans. Car ayant été ruinez par une violente sedition, ils furent chassez de cet endroit. Pierre Gilles[p] après avoir vû dans des Scholies très-anciennes écrites sur ce Denys de Byzance que le Bosphore est le plus étroit entre l'Anaple & le Promontoire Ciconium; il en conclut que ce Promontoire doit être un lieu voisin de Néocastro; lieu nommé par les pêcheurs CORMION. Il ajoute que ce nom selon eux vient d'un

[o] T. 3. p. 21.

[p] De Bosporo l. 3. c. 8. p. 334.

d'un arbre; mais ils se trompent puisqu'il n'y en a là aucun de cette espece. Ils ne savent point que ce nom est corrompu de *Ciconium*.

a l. 2. c. 103. CICONUM FLUMEN, Pline[a] nomme ainsi une Riviere, qui avoit la proprieté d'incruster de pierre le bois que l'on y tenoit quelque temps. Ovide avoit déja dit[b]:

b Metam. l. 15. v. 210.

Flumen habent Cicones quod potum saxea reddit
Viscera: quod tactis inducit marmora rebus.

c l. 3. c. 20. Seneque dans ses Questions naturelles[c] cite ces deux vers d'Ovide, & les allegue comme une preuve du choix que l'on doit faire des eaux que l'on boit; mais le bon Ovide n'étoit pas grand Physicien, & Seneque qui avoit plus cultivé la Morale des Stoïciens que la Science des choses naturelles, étoit dans la même erreur que les autres Philosophes de l'antiquité. En voyant les incrustations pierreuses que certaines eaux produisoient avec le temps autour du bois, & des autres matieres qu'on y tenoit plongées, ils ont crû que ces eaux devoient produire le même effet sur les entrailles & les visceres du corps humain; cependant l'experience détruit ce préjugé. Voïez l'Article ARCUEIL; où l'on avertit que des eaux qui produisent ces incrustations ne laissent pas de dissoudre la pierre, qui se forme dans le corps humain; tant il est vrai que ces pierres sont d'une nature très-différente. Cette Riviere des Cicones coule dans le Pays de ceux de Thrace. Voïez l'Article suivant.

d 3. Eleg. 12. v. 25. CICONUM MONS: Properce[d] parlant des travaux d'Ulysse dit:

Castra decem annorum, & Ciconum Mons,
Ismara, Calpe,

e l. 9. in init. On voit bien qu'il avoit en vue ce que dit Ulysse dans l'Odyssée[e]: je n'eus pas plutôt mis à la voile avec toute ma flotte que je fus batu d'un vent orageux, qui me poussa sur les côtes des Ciconiens vis-à-vis de la Ville d'Ismare. Là je fis une descente; je battis les Ciconiens, je saccageai leur Ville & j'emmenai un grand butin. Nous partageâmes notre proye avec le plus d'égalité qu'il fut possible & je pressois mes compagnons de se rembarquer sans perdre temps; mais les insensez refuserent de me croire & s'amuserent à faire bonne chere sur le rivage, le vin ne fut pas épargné; ils égorgerent quantité de moutons & de bœufs. Cependant les Ciconiens appellerent à leur secours d'autres Ciconiens leurs voisins qui habitoient dans les terres, & qui étoient en plus grand nombre & plus aguerris qu'eux, mieux disciplinez, & mieux dressez à bien combatre à pied & à cheval. Ils vinrent le lendemain à la pointe du jour avec des troupes aussi nombreuses que les feuilles & les fleurs du printemps. . . . . . . Les Ciconiens nous attaquerent devant nos vaisseaux à grands coups d'épées & de piques, le combat fut long & opiniâtre &c. Cette Ville nommée *Ismara* fait connoître que la *Montagne des Ciconiens* n'étoit autre que le Mont ISMARUS; & en ce cas le

Fleuve des Ciconiens doit être le LISSUS. Voïez ISMARA, ISMARUS & LISSUS.

CICSITANUS. Voïez CISSITANUS.
CICULES. Voïez SICULES.
CICYNES. Voïez CICINES.

CICYNETHUS, Isle de l'Archipel, sur la côte de Macedoine dans le Golphe Pelasgique, ou selon Mela[f] & Pline[g] dans le Golphe Pegaséen. Scylax dit de même dans son Periple: dans le Golphe Pagasetique est l'Isle de Cicynethus Κικυνηθὸς avec une Ville. Sophien croit que cette Isle est presentement appellée PONTICO.

f l. 2. c. 7.
g l. 4. c. 12.

CIDÆNIS. Voïez ELÆA 1.
CIDALIS, Isle dont Phavorin fait mention dans son Lexique.

CIDAMBARAM, Ville des Indes au Royaume de Gingi, sur la côte de Coromandel. Davity[h] en parle comme de la Metropole de toute la superstition Payenne de ce Pays-là. Mr. de l'Isle écrit CHILANBARAN & la met près de la Mer, & des confins du Royaume de Tajaour, du moins je crois que c'est la même. Le nom de Chidambaran, selon Davity veut dire BAGUE D'OR, & a pour origine une fable ridicule que racontent les Payens, & que l'on peut lire dans cet Auteur.

h Asie p. 663.

CIDAMUSII. Voïez COEDAMUSII.

CIDAYE[i], Ville de l'Isle de Java. C'est la Residence du Roi de Surubaya. Elle est fortifiée d'une bonne muraille bien flanquée; mais son Port n'est pas fort sûr, à cause qu'on n'y est point à couvert des vents de Mer.

i Corn. Dict. Mandeslo Voyages l. 2.

On ne voit rien de pareil sur la grande Carte de Java par Mr. Reland, quoique Sourouhaja y soit bien marqué.

CIDES, Κίδης, Ville de l'Etolie, selon Dicéarque[k].

k De Statu Græc. v. 60.

CIECA, Bourgade d'Espagne au Royaume de Murcie, au Nord de la Segura. Mr. Corneille en fait une Ville, & même une assez bonne Ville.

CIECHANOW[l], petite Ville de Pologne au Duché & Palatinat de Mazovie au Nord, & à dix lieues Polonoises de Varsovie.

l De l'Isle Atlas.

CIEME, Ville de la Chine dans la Province de Channton ou Xantung, au département de Laicheu sixiéme Metropole de cette Province sous le 36. d. 22'. de latitude & 3. d. 13'. plus à l'Orient que le Meridien de Peking. Mr. Corneille dit qu'elle est au bord de la Mer qui en lave les murailles; cela ne s'accorde en aucune façon avec l'Atlas Chinois, qui l'en éloigne de plus de cinq grands milles d'Allemagne de quinze au degré. Il n'y a d'ailleurs ni Riviere, ni ruisseau par où la Mer y puisse remonter.

CIERIUM. Voïez ARNA 2.
CIEROS. Voïez CIOS.
CIEUTAT. Voïez CIOTAT.

CIEUX, Bourg de France dans le Limosin au Diocèse & dans l'Election de Limoges.

CIFUENTES, Village d'Espagne dans la nouvelle Castille aux confins de la Castille Vieille, à la source de la Riviere de Tajuna, & au Midi Oriental de Siguença. Mr. Corneille dit après Davity que c'est une Ville.

CIG. CIL.

CIGISA; lieu d'Afrique sur la route d'Hippone à Carthage à XVIII. M. P. de cette derniere, selon Antonin[a].

CIGUATEO, Isle de l'Amerique Septentrionale dans la Mer du Nord & l'une des Isles Lucayes, ou de Bahama qui sont aux Anglois. Elle est presque toute en longueur, & est coupée dans sa partie Meridionale par le 25. d. de latitude Septentrionale. On l'appelle aussi ALEBLASTERS, selon Mr. de l'Isle[b] qui écrit CIGATEO sans *n*. Elle a au Nord Occidental l'Isle de Lucayoneque, au Midi Oriental celle de Guana-hani, & à l'Occident celle de la Providence ou d'Abacoa. Sa côte Orientale est toute bordée de roches. Mr. Baudrand lui donne 25. lieues de tour. Elle en a 30. de longueur[c], selon Mr. de l'Isle.

CIGURRI, ancien Peuple d'Espagne dans l'Asturie, dans l'assemblée des Montagnes qu'il Tribunal d'Astorga[d]. Le R. P. Hardouin assure que les manuscrits portent tous ce nom, ainsi Pintien avoit très-heureusement deviné. Ce Pere ajoute qu'il faut peut-être EGURRI comme on lit dans Ptolomée.

CILA. Voiez CEILA.

CILBANUM, lieu de l'Asie Mineure près du Caïstre selon Eustathe, dans son commentaire[e] sur Denys le Periegéte. Pline[f] met la source du Caïstre dans des Montagnes qu'il appelle CILBIANA JUGA; le même Auteur nomme CILBIANI le Peuple, qui habitoit aux environs de ces Montagnes & le distingue en bas & en haut; (*Cilbiani inferiores & superiores.*) Il parle encore ailleurs de CILBIANI AGRI; mais Ortelius y met une petite Ville (*Oppidum*) Strabon[g] dit : la campagne du Caïstre qui est au milieu entre les lieux Mediterranées & le Mont Tmolus, est limitrophe à la campagne Cilbienne[h] qui est grande, commode pour les habitations & d'un terroir fertile. Cette derniere campagne touche à l'Orient celle du Caïstre.

CILBIANI &
CILBIANUS AGER } Voiez l'Article precedent.

CILBICENI, ancien Peuple d'Espagne dans la Betique au bord de la Mer, selon Festus Avienus qui dit[i]

Pars porro Eoa continet Tartessios
Et Cilbicenos.

Ils étoient donc voisins de la Ville de Tartessus. Il dit ailleurs[k]

Maritima vero Cilbiceni possident.

Ce qui acheve de determiner leur position, c'est qu'ils tiroient sans doute leur nom de la Riviere CILBUS dont ils habitoient les bords. Or le même Poëte aiant parlé de la Montagne des Tartessiens, qui étoit couverte de bois ajoute que le rivage, qui étoit de sable alloit en baissant par une pente fort douce jusqu'à une élevation consacrée à Venus, & que les Rivieres Bisilus & Cilbus portoient leurs eaux vers ces sables[l].

Tom. II.

CIL.

Monte ab illo quem tibi
Horrere silvis dixeram, in Veneris jugum
Littus recline & molle arenarum jacet
In quas Bisilus atque Cilbus flumina
Urguent fluentum.

CILBUS. Voiez l'Article precedent.

CILENDROS, ancienne Ville Episcopale d'Asie dans l'Isaurie, sous la Metropole de Seleucie, selon la Notice de Leon le Sage.

CILENI, ancien Peuple de l'Espagne Tarragonnoise, selon Pline[m]. Ptolomée les appelle CILINI, & leur donne pour Ville ὕδατα θερμὰ *Vdata therma*, c'est-à-dire *les eaux chaudes*; la même est nommée par Antonin[n] AQUÆ CELINÆ. Voiez au mot AQUÆ l'Article 6. qui est AQUÆ CALIDÆ CILINORUM. Le premier Concile de Tolede[o] fait mention de ce lieu comme d'un lieu municipal. Le R. P. Hardouin croit que les *Celeni* occupoient le Pays, qui est entre la Riviere de Tamara & Rio Loris, qui coule à Pontevedre. Ainsi ce ne sauroit être Orense que l'AQUÆ CALIDÆ CILINORUM de Ptolomée.

CILIANA, pour CÆCILIANA CASTRA. Voiez CÆCILIA CASTRA.

CILIBIENSIS ou **ELIBIENSIS**, ancienne Ville Episcopale d'Afrique dans la Province Proconsulaire. On trouve Tertulle un Evêque nommé dans la Conference de Carthage[p]. Dans la Lettre des Evêques de cette Province au Concile de Latran tenu sous le Pape Martin entre les souscriptions on voit celle de Jean Evêque *Elibiensis*; & dans le Concile de Carthage tenu l'an 525. sous Boniface Restitute Evêque *Plebis Cilibiensis* est un des Peres qui y souscrivirent.

1. **CILICIE**, Pays de l'Asie Mineure sur sa côte Meridionale. Elle étoit bornée au Nord-Ouest par une longue chaine du Mont Taurus, qui la separoit de l'Isaurie & de la Lycaonie; elle avoit au Nord la seconde Cappadoce, & la seconde Armenie; à l'Orient la Comagene; au Midi la Syrie & la Mer Mediterannée, & au Couchant la Pamphylie. Excepté du côté de ce dernier pays elle étoit enfermée de tous côtez par les Monts Taurus & Amanus & par la Mer. Comme partie de la Cilicie, savoir l'Orientale, est un pays plat & uni, & l'autre toute herissée de Montagnes, entre lesquelles on trouve rarement quelque plaine, on divisoit cette Province en CHAMPÊTRE, & MONTAGNEUSE; je commencerai par la derniere qui étoit à l'Occident de l'autre.

LA **CILICIE MONTAGNEUSE** étoit surnommée par les Grecs Τραχεῖα, TRACHÆA & par les Latins ASPERA, épithetes, qui veulent dire *raboteuse*, *inégale*, ce qui convient à un pays de Montagnes. Les Grecs mêmes formerent un substantif de Τραχεῖα, qui n'étant qu'un adjectif supposoit toûjours le mot de Cilicie exprimé ou sous-entendu; & en firent un nom du pays. [q] Ils l'appellerent donc Τραχειῶτις TRACHEOTIS, & les habitans Τραχειῶται TRACHEOTÆ. Cette partie de la Cilicie, étoit entre la Pamphylie & la Cilicie Champêtre. Les Anciens ne conviennent pas de l'endroit où elle commençoit au Couchant.

Pli-

[a] l. 5. c. 27. Pline [a] dit que l'ancienne borne étoit le fleuve Melas. Strabon le donne à la Pamphylie, & met le commencement de la Cilicie à la Forteresse de Coracesium. Ptolomée [b] compte de même cette place comme la premiere qu'on trouvoit en entrant de la Pamphylie dans la Cilicie. Pomponius Mela [c] veut qu'Anemurium soit la borne entre ces deux pays. *Et quod Ciliciam a Pamphylia distinguit Anemurium.* Ils ne s'accordent pas davantage sur le lieu où elle finit à l'Orient. Strabon [d] l'étend jusqu'à Soli. Ptolomée [e] la borne au Promontoire Zephyrium, & commence la Cilicie propre à Corycus. Mela, Pline, & Scylax ne distinguent point les deux Cilicies, & n'en font qu'une entre la Pamphylie jusqu'à la Syrie tout de suite. Ptolomée au contraire suit la distinction ordinaire en Montagneuse & en Champêtre; mais il partage encore la premiere en SELENTIDE & CETIDE.

[b] l. 5. c. 5.
[c] l. 1. c. 13. n. 39.
[d] l. c.
[e] l. 5. c. 8.

Il met dans la SELENTIDE.

	Longit.		Latit.		
Jotape	64 d.	0'	36 d.	45'	
Selinus	64	20	36	45	au bord
Antioche sur					de la
le Cragus	64	40	36	50	Mer.
Nephelis	64	50	36	36	
Clystrus ou					
Cajstrus	64	45	37	20	
Domitiopolis	65	26	37	6	dans les
Philadelphie	66	0	37	26	terres.
Seleucie	66	10	36	56	
Diocesarée	66	10	37	10	

Il met dans la CETIDE.

Anemurium	65	10'	36	50	
L'Embouchure du fleuve Arimagdus	65	20	36	45	
Arsinoé	65	30	36	50	
Celenderis	65	45	36	50	au bord
Aphrodisias	66	0	36	50	de la
Sarpedon Promont.	66	10	36	45	Mer.
L'Embouchure du Calycadnus	66	20	36	50	
Zephyrium Promont.	66	20	36	20	
Olbasa	64	30	37	30	dans les terres.

LA CILICIE CHAMPÊTRE ou LA CILICIE PROPRE est appellée ἡ Πεδιὰς par Strabon, & ἡ Ἰδίας par Ptolomée, ce qui signifie Champêtre ou propre. Le mot Champêtre ne doit se prendre ici que dans le sens d'un pays de plaines & de Campagnes. Elle a à l'Occident la Cilicie Montagneuse, à l'Orient la Comagene, & au Midi la Mer & la Syrie. J'ai déja observé que les Anciens ne s'accordent pas sur les bornes, qui la distinguent de l'autre Cilicie. Ptolomée la commence à Corycus; Strabon à Soli qui fut ensuite nommée Pompeiopolis. Ses bornes du côté de la Syrie embarassent moins. C'étoit le Mont Amanus. Voiez ce mot.

Ptolomée donne à la CILICIE PROPRE

	Longit.		Latit.		
Corycus	66 d.	30'	36 d.	50'	
Sebaste	66	45	36	45	
L'Embouchure du Lamus	67	0	36	45	
Pompeiopolis ou Soloé	67	15	36	40	
L'Embouchure du Cydnus	67	45	36	40	au bord
Ses sources	66	0	38	30	de la Mer.
L'Embouchure du Sarus ou Sinarus	68	0	36	30	
L'Embouchure du Pyrame	68	15	36	30	
Ses sources	68	30	38	0	
Mallus	68	39	36	30	
Serrepolis	68	45	36	30	
Æga	69	0	36	30	
Issus	69	20	36	26	
Tarse	67	40	36	50	
Adana	68	15	36	45	
Cesarée près d'Anazarbe	68	30	37	0	
Mopsueste	68	50	36	45	dans les
Castabala	69	0	37	0	terres.
Nicopolis	69	30	37	15	
Epiphanie	69	30	36	40	
Le passage du Mont Amanus	69	30	36	20	

Ptolomée donne encore des noms particuliers à quelques Cantons particuliers de la Cilicie. Ils étoient la plupart au Nord le long du Mont Taurus. Tels étoient:

La DALASIDE qui avoit pour Ville *Necica.*
La CARACINE dont la Ville étoit *Flaviopolis.*
La LAMOTIDE, qui tiroit son nom de *Lamus*, Ville bâtie sur une Riviere nommée aussi *Lamus.*
La LACANITIDE: sa Ville étoit *Irenopolis.*
La BRIELICIE avoit pour Ville *Augusta.*

Dans la suite on divisa autrement la CILICIE, savoir en PREMIERE &, en SECONDE. La premiere étoit gouvernée par un homme Consulaire, & la seconde par un President.

La PREMIERE CILICIE avoit huit Siéges Episcopaux, selon les Notices de Léon le Sage & de Hierocles. Les voici

Tarse Metropole;
Pompeiopolis, c'est le *Soli* de Strabon;
Sebaste;
Corycus,
Adana,
Agusta, selon Hierocles, *Augustopolis* selon Leon;
Malchus, selon Hierocles, *Maluis* selon Leon;
Zephyrium.

Les

CIL. CIL. 635

Les mêmes Notices donnent à la SECONDE CILICIE neuf Villes Episcopales, qui sont

Anazarbe, Metropole
Mopsueste,
Ægees,
Epiphanie,
Alexandrie,
Rosus ou *Rossus*,
Irenopolis,
Flavia ou *Flavias*,
Castabala.

Celle de Leon y met de plus *Cabissus*.

Du temps que ces Notices furent dressées l'Isaurie s'étoit fort accrue aux depends de la Cilicie. Car les Villes de *Seleucie*, *Celenderis*, *Anemurium*, *Lamus*, Antioche, Sebaste, Selinus, Jotape, Diocesarée, Olbe ou Olbia, & autres qui étoient de la Cilicie, selon Ptolomée, sont données à l'Isaurie dans ces Notices.

Les Ciliciens avoient inventé une sorte d'étoffe, faite de poil de chevre, dont on faisoit des habits pour les matelots & les soldats[a]; comme elle étoit grossiere & d'une couleur sombre & noire, les Hebreux s'en servoient dans le Deuil & dans la disgrace. De là vient le nom de *Cilice*. Les Septante & l'Hebreu appellent ces habits sacs, soit, comme dit D. Calmet[b], à cause que ces étofes servoient à faire des sacs, ou parce que ces Cilices étoient serrez & étroits comme un sac. St. Jerôme rend ce mot par *Cilicia*. St. Jean dans son Apocalypse[c] fait voir que ces sacs ou cilices étoient noirs; lorsqu'il dit que le Soleil devint noir comme un sac de Cilicie : *sol factus est niger tanquam saccus Cilicinus*. Il est dit dans l'Écriture[d] que Jacob se revêtit d'un Cilice lorsqu'on lui eut dit que son fils Joseph étoit mort. Respha[e] Concubine de Saül se coucha sur un Cilice en gardant ses fils que les Gabaonites avoient mis en croix. Achab se revêtit d'un Cilice, ayant ouï les menaces que le Prophete Elie lui faisoit de la part du Seigneur. [f] Le même Prince portoit un Cilice sur sa chair pendant que les Syriens assiégeoient Samarie, & ayant appris qu'une femme avoit mangé son propre enfant il déchira ses habits Royaux, & tout le Peuple vit le Cilice qu'il portoit sur sa chair. Ces Cilices étoient differents de ceux que la ferveur de la penitence a fait inventer depuis, & qui sont tout-à-fait de crin. Les anciens Moines alloient assez souvent vêtus de Cilices; mais de ces Cilices antiques, c'est-à-dire d'habits grossiers, rudes, & d'une couleur obscure tel que peut être le froc des Capucins. Saint Paulin[g] en parlant de St. Martin dit:

Quin & contexto setis coopertus amictu
Exesa assiduo compunxit acumine membra.

Cela ressemble plus au Cilice moderne qu'à l'antique. Aristote[h] observe que dans la Cilicie on tondoit les chevres comme l'on tond ailleurs les Brebis.

La Cilicie est presentement fondue dans la CARAMANIE dont elle n'est qu'une partie.

J'ai parlé des PORTES ou PYLES DE CILICIE dans l'Article AMANUS. Voiez ce mot.

2. CILICIE, Pays & Province de la Cappadoce. Ptolomée la qualifie *Prefecture* ou Gouvernement militaire, Στρατηγία. Il y met

	Longit.	Latit.
Mustilia	66 d. 15'	40 d. 20'
Sina	66 30	40 6
Campæ	66 15	39 45
Mazaca ou *Cesarée*	66 30	39 30
Cosistra ou *Cysistra*	67 0	39 20
Sebagena ou *Ebagena*	67 10	40 15
Archama ou *Archalla*	67 30	40 0
Soroba ou *Sobara*	67 10	39 40

3. CILICIE. Voiez CILICIENS 2.
4. LA CILICIE LIBRE. Voiez ELEUTHERA CILICIA.

1. CILICIENS, habitans de la Cilicie.
2. CILICIENS, ancien Peuple de l'Asie Mineure au fond du Golphe d'Adramytte. Leur pays que l'on nommoit CILICIE étoit divisé en deux parties. La plus Septentrionale étoit surnommée THEBAICA ou la CILICIE THEBAIQUE à cause de la Ville de Thebes, qui en étoit le chef-lieu. La partie la plus Meridionale prenoit le surnom de LYRNESSIA ; à cause de la Ville de Lyrnessus, qui en étoit la Capitale. Pline[i] donne à ces Ciliciens le surnom de MANDACADENI, & les met au nombre des Peuples, qui alloient vendre leurs denrées à Adramytte. Le R. P. Hardouin croit que c'étoit une Colonie des Ciliciens. Strabon[k] raporte un sentiment tout opposé, & dit que selon quelques-uns les Ciliciens chassez de Troye s'étoient emparez sur les Syriens du Pays nommé ensuite la Cilicie. Cependant ce qui a été remarqué ci-dessus de l'ancienneté des Etofes nommées Cilices s'accorde mieux avec le sentiment du R. P. Hardouin qu'avec celui que Strabon rapporte. Strabon appelle ces Ciliciens[l] du surnom de Troiens pour les distinguer des autres, & fait mention de Thebe & de Lyrnesse qui étoient leurs Villes ; [m] il leur donne pour voisins les Pelasges d'Asie.

CILICIUM MARE, les Anciens appelloient ainsi la partie de la Mer Mediterranée, qui s'étend le long des côtes de la Cilicie.

1. CILICIUS AULON, ce nom selon Pline[n] se donnoit à la même Mer. Nous l'appellons presentement MER DE CARAMANIE ; mais le nom moderne signifie une étendue beaucoup plus grande.

2. CILICIUS AULON, Ville des Moabites. Josephe[o] la compte entre celles dont les Juifs s'étoient rendu maîtres.

CILICUM INSULA ou l'ISLE DES CILICIENS; Isle du Pont-Euxin, selon Arrien[p]. Elle étoit du Pont Polemoniaque ; à xv. stades du Promontoire Jasonien.

CILILGO ou SILEGO[q], Montagne d'Afrique au Royaume de Fez, dans la Province de Cuzt. Elle est haute & froide, & si sterile, que l'on n'y recueille aucune sorte de grain. Il y a des bois d'arbres épineux, qui sont fort gros & fort hauts. Les habitans sont Bereberes Sinhagiens, qui n'ont pour tout bien que des brebis & des chévres. Aussi ne

LIII* 2 de-

demeurent-ils point dans des Maisons ; mais dans des hutes de roseaux couvertes de branchages. Ils changent de quartier de temps en temps pour trouver de l'herbe, & l'hyver ils se retirent dans les plaines quand les Arabes vont dans les Deserts, à cause qu'il y fait plus chaud pour leurs chameaux. Ils sont tributaires du Roi de Fez. Ce sont gens simples, qui souffrent patiemment les impôts. Cette Montagne est pleine de lions, de singes & de sangliers, & l'on y trouve de grandes fontaines, qui donnent l'origine à quelques Rivieres. L'eau de l'une de ces fontaines passe si rapidement entre ces rochers, qu'on lui a vû rouler dès sa source une pierre de cent livres, qu'elle entrainoit comme elle auroit fait une chose très-legere. C'est de celle-là que prend sa source le Fleuve Cebu, le plus grand de toute la Mauritanie.

CILIMBENSII, Peuple ancien de l'Isle de Corse, selon Ptolomée. Ils étoient sur la côte Orientale vers le Nord.

CILINI. Voiez CILENI.

CILISASUM, Ortelius dit : Ville de Syrie entre Cyrrhe & Edesse, selon Simler, qui s'appuie sur la manuscrit de l'Itineraire d'Antonin. La route où ce nom se rencontre se voit bien dans l'Antonin d'Alde, & dans celui de Florence chez les Juntes ; mais sans aucun chifre qui marque les distances. On lit dans ces deux Editions CILIZASI ; les lieux suivans sont *Veurnia*, *Gigando*, comme si c'étoient trois lieux diferens au lieu qu'il faut lire avec Zurita *Ciliza*, *sive Arma gigantum*. Ceux qui sont accoutumez à examiner comment se font faites les bevues des Copistes conviendront de la justesse de la correction. Au reste les distances de cette route sont marquées dans l'Edition de Zurita & *Ciliza* étoit à XII. M. P. de Cyrrhe.

CILIUM, Ville de l'Afrique propre. Antonin[a] la met sur la route de Thevefte à *Tusdrum* ; entre Meneggere & Sufertula, à xxv. M. P. de la premiere & autant de la seconde. Cette Ville étoit Episcopale, & je crois que c'est d'elle qu'il faut entendre ce qu'on lit dans la Notice, *Fortunatius Cilitanus* ; ce même nom est avec deux *l*. dans la Conference de Carthage[b], & Tertiole Evêque de Cilium y est nommé *Tertiolus Episcopus plebis Cillitanæ.* Ortelius qui a cru que *Cillitanus* vient de *Cullu* se trompe. La preuve de son erreur est que dans la Notice d'Afrique ; on lit *Concordius Cululitanus & Fortunatianus Cilitanus*, c'étoient deux Siéges diferens occupez par deux Evêques contemporains.

CILIZA. Voiez CILISASUM.

1. CILLA, Ville de l'Afrique propre, selon Appien[c]. St. Cyprien dans le Concile de Carthage fait mention d'un Evêque de ce lieu *a Cillanis*.

2. CILLA, Ville d'Asie dans l'Eolie, selon Herodote[d].

§. CILLA, Ville d'Asie dans la Troade, selon Pline cité par Ortelius ; mais cet Ancien[e] ne la donne pas à la Troade ; il la met dans l'Æolide ou Mysie, ainsi c'est la même sans doute que celle d'Herodote. Strabon[f] décrivant la Troade met dans l'Adramyttene CILLA lieu voisin, dit-il, de Thebe, (c'est la

[a] Itiner.

[b] p. 266. Ed. Dupin.

[c] in Punic.

[d] l. 1. n. 149.

[e] l. 5. c. 30.

[f] l. 13. p. 612.

Thebe de Cilicie.) Il ajoute que dans ce lieu de Cilla étoit le Temple d'*Apollon Cilléen*, que tout auprès couloit le Fleuve *Cilléen* (*Cilleus Fluvius*) qui a sa source au Mont Ida ; il ajoute : ces lieux sont près de l'Antandrie ; il y a aussi dans l'Isle de Lesbos CILLEON qui tire son nom de Cilla ; & entre Gargare & Antandre est une Montagne nommée CILLÆUM : Daës Colonien dit que le Temple d'Apollon Cilléen fut premierement bâti à Colone par des Grecs venus d'Eolie. Cette même Ville, si nous en croions Hesyche, étoit nommée aussi CALLIOS, CYLEAS & CYLYPERA.

CILLABA, Ville d'Afrique, selon Pline[g]. Elle étoit vers les deserts au dessus de la petite Syrte. Ortelius[h] croit que cette Ville est la même que *Plebs* CILIBIENSIS. Voiez ce mot.

[g] l. 5. c. 5.

[h] Thesaur.

CILLÆ, Ville de Thrace sur la route de Rome à Constantinople, entre *Philippopolis* & *Opizum*. L'édition d'Antonin chez les Aldes, & celle des Juntes portent CILLIS à l'ablatif pluriel ; l'exemplaire du Vatican de même. L'Edition de Bertius & celle de Zurita portent CELLAS à l'accusatif pluriel, desorte que selon ces deux éditeurs CILLÆ n'est pas le nom de ce lieu ; mais CELLÆ. Il étoit au reste à xxx. M. P. de Philippopolis, & à xx. M. P. d'Opizum.

CILLEON,
CILLEUM,
CILLEUS. Voiez CILLA 2. au Paragraphe §.

1. CILLEY ou plutôt CILLY, les Allemands l'écrivent de même Cilly, en Latin *Gilleiensis Comitatus* ; contrée d'Allemagne aux frontieres de la Croatie avec titre de Comté. Wagenseil[i] le donne à la Carniole. Mr. Hubner[k] le met dans la Marche de Styrie Steyermark, & je crois qu'il a raison. Ce Comté qui appartient presentement à la Maison d'Autriche a la basse Styrie au Nord ; l'Esclavonie au Levant ; partie de la Croatie & la Windisch-Marck au Midi ; & enfin la haute Carniole & la basse Carinthie au Couchant. Il est entrecoupé de Montagnes & de Rivieres dont la principale est la Saan, & quoiqu'assez peuplé il n'y a presentement que la seule Ville de Cilley, qui en est la capitale. Les autres lieux ne sont que des Villages. Il a eu ses Comtes particuliers comme je le dirai dans l'Article suivant.

[i] Synops.

[k] Geograph. p. 331. Geograph. p. 397. Ed. 1715.

2. CILLEY ou CILLY, Ville d'Allemagne dans le Comté de même nom, en Latin *Cilia*, *Zelia*, *Celia*, *Celia* & *Celeia* ; tous ces noms se trouvent employez par les Auteurs, qui ont écrit en cette Langue. Cette Ville est ancienne & fameuse ; & porte le titre de Principauté du Pays de Styrie. Il y a un Château élevé qu'on appelle Ober Cilly ; il y a aussi dans la Ville un autre Château, où resident un Burgrave & un Bailli ; & aussi un Vicomte qui reçoit les droits des lieux qui en dependent, comme les Seigneuries de Konigsberg, Rohitsch, & autres. Cette Ville est située sur la Riviere de Saina ou de Saan ; on y parle les deux Langues ; mais dans le pays on ne parle que l'Esclavon. Les habitans de la campagne sont pour la plupart originaires des Wendes ou Wandales, de la Carinthie, & de l'Esclavonie.

[l] Zeyler Styria Topogr. p. 66.

nie. Il y a plus d'une opinion sur leur entrée en ce Pays ; quelques-uns veulent qu'ils y aient été attirez par Diethen Duc de Baviere pour les opposer aux Romains, & c'est le sentiment d'Aventin ; d'autres disent qu'ils s'y établirent d'eux-mêmes & s'étendirent jusqu'en Italie. On croit que vers ce temps-là Cilly étoit une ancienne place des Romains ; mais qu'ayant été ruinée elle demeura ensevelie sous ses masures jusqu'à ce que le Roi Louïs le Vieux, & Duc de Baviere, fils de l'Empereur Louïs le Sage la donna à Hezillon Duc de Moravie, qui la fit rebâtir. Aventin parle de cette Donation. On y montre çà & là des antiquitez Romaines ; on y a souvent deterré d'anciennes Monnoyes, & trouvé des corps d'une grandeur surprenante. On peut juger que la Ville de Cilly a été autrefois fort considérable par les belles piéces de marbre qu'on y voit surtout au lieu nommé JUNGBRUNNEN où étoit autrefois une sale ; y en ayant des morceaux qu'aucun chariot de bois ne pourroit porter. St. Maximilien qui a été Evêque de Lorch ou d'Enss, dans la haute Autriche, étoit né à Cilly.

De cette Ville dépend un pays assez étendu qui va jusqu'à Pettau ou Pettawerbrug, & même un peu au-dessous ; & s'avance jusqu'à Trojaneberg. Elle a eu aussi quelques enclaves dans l'Esclavonie comme Werasin, Copreinitz, & autres Places qui lui appartenoient ci-devant. Ce Comté avoit des Seigneurs particuliers de la famille de Saaneck de laquelle étoit Léopold Baron de Saaneck dont le fils Frederic fut fait premier Comte de Cilly l'an 1339. par l'Empereur Louïs IV. du consentement du Duc d'Autriche. L'Empereur Sigismond éleva le Comte Frederic & Ulrich de Cilly Pere & Fils à la Dignité de Princes de Styrie ; mais sans prendre le consentement de la Maison d'Autriche. Delà vint que Frederic Archiduc d'Autriche devenu ensuite Empereur, fit la guerre aux Comtes de Cilly, ce qui causa de grandes pertes à la Styrie & à la Carinthie. Le dernier de ces Comtes étoit Ulric. *a* On dit de lui qu'en faisant son entrée dans Vienne il avoit plus de mille Gentilshommes à sa suite. *b* Ce Prince dont l'Histoire a assez parlé fut enfin massacré l'an 1456. par Ladislas fils de Jean Hunniade. Il y eut de grands demêlez entre sa veuve soutenue par Jean Wittowitz Bohemien, qui avoit commandé les troupes sous Ulric & par les Etats du Pays ; & le Comte de Gortz qui prétendoit à ce Comté ; mais Frederic IV. les mit d'accord en se l'appropriant, desorte qu'il vint par-là à la Maison d'Autriche, qui en jouït encore à present. La Ville & le Comté de Cilly ont seuls leurs privileges & le droit de premiere instance de laquelle on appelle premierement au Bailli de Cilly, & ensuite à la Regence de Gratz.

Il y a quelques Cloîtres dans la Ville, & dans celui des Freres Mineurs sont les tombeaux des Comtes de Cilly. Les Turcs vinrent jusqu'à cette Ville en 1492. mais George d'Herberstein les en chassa.

§. Zeyler de qui est presque tout cet Article cité pour ses garands *Aventin. in Annal. Boior. Wolff. Lazins l. 6. Migrat. Gentium.*

a Wagenfeil l. c.
b Zeyler l. c.

Item in Comment. de Rep. Rom. fol. 97. 161. 164. 169. 170. seq. 193. 324. 373. 482. 584. 617. seq. 622. seq. 628. 991. & 994. seqq. *Hieron. Megiserum* dans sa Chronique de Carinthie, *passim. & Itinerar. Germaniæ part.* 1. fol. 330. seq.

Cette Ville est encore une de celles dont la diversité d'Orthographe a égaré Mr. Corneille. Il donne CILLEY pour une Ville d'Allemagne Capitale du Comté de ce nom en Latin *Cillium*. Elle est, dit-il, arrosée de la Riviere de Saan dont la Vallée de Saantal a tiré son nom. Il copie ensuite Mr. d'Audifret ; & immediatement après cet Article il en fait une nouvelle Ville ; CILLI, dit-il, Ville d'Allemagne dans la Styrie. Elle est située sur la Saana & fort ancienne &c. il tire ce second Article de la Cosmographie de Munster.

CILLITANUS. Voiez CILIUM.

CILLUTA, Isle de la Mer des Indes. Voiez PSILTUCIS.

CILMA, ancienne Ville d'Afrique, selon Ptolomée[c]. Elle étoit dans les terres à l'Orient du Bagradas, au Sud-Ouest de Gephes.

c l. 4. c. 3.

CILMANA. Voiez CILNIANA.

CILMISSUS. Voiez ZILMISSUS.

CILNIANÆ, lieu d'Espagne dans la Bétique sur la route de Malaga à Gades, selon Antonin[d]. L'exemplaire du Vatican & les Editions les plus correctes portent *Cilniana* ; mais les manuscrits varient. Quelques-uns portent CILMANA, d'autres CILUANA & d'autres SILVIACA. Ce lieu doit être à XLV. M. P. de Malaga en allant vers le détroit.

d Itiner.

CILURNUM, ancienne Ville de l'Isle de la grande Bretagne, selon la Notice de l'Empire[e]. Camden l'explique tantôt par COLLERTON, & tantôt par COLLERFORD, selon la remarque d'Ortelius[g]. Mr. Baudrand qui cite aussi Camden, dit que c'est WALWICK place du Northumberland près du mur de Severe, ou du moins que c'est SCILICESTER, Village situé sur ce même rempart à douze milles de Niew Castle. Ils ont raison tous les deux. Cambden dit que la Tyne coupe ce mur ou rempart au dessous de Collerford où l'on voit les ruines d'une grande place nommée Walwick ; il juge que si ce n'est pas l'ancien *Cilurnum* des Notices il doit être au moins à Scilicester qui est sur le rempart ; où est une Eglise dediée sous l'invocation de St. Oswaldes. St. Oswald & Walwick sont bien marquées sur l'Atlas de Blaeu[h], la premiere dans le rempart & à l'Orient de la Tyne, la seconde en dehors à l'Occident de cette Riviere. Collerford nommé par Camden n'y paroit point ; mais on y voit Cholerton à l'Orient Septentrional de Walwick, & à fort peu de distance.

e Sect. 63.
f Britann.
g Thesaur.
h Carte du Northumberlaud.

CIMAEON, Montagne de l'Asie Mineure vers la Troade, selon Ptolomée[i]. Ce doit être du moins en partie la chaine de Montagnes, qui separoit la Troade d'avec les Leleges.

i l. 5. c. 2.

CIMARA, Ville de l'Inde au delà du Gange, selon le même[k].

k l. 7. c. 2.

CIMARUS. Voiez CYAMON.

CIMBALONGUM, Κιμβαλόγγον, lieu dont parlent Curopalate & Cedrene, & qu'Ortelius croit devoir être entre la Thrace & la Bulgarie.

CIM-

CIMBARIONIS OPPIDUM, Ortelius ayant trouvé, dans le livre qu'Aurelius Victor a composé de l'origine du Peuple Romain, ce nom comme si c'étoit celui d'une Ville de la Campanie près du Lac d'Averne, le croit corrompu & juge qu'il faut lire CIMMERIUM. Voiez ce mot.

CIMBEBAS [a], (LES) Peuple d'Afrique dans sa partie Méridionale, & sur la côte Occidentale de la Caffrerie. On appelle leur Pays le Royaume de MATAMAN. Voiez ce mot.

[a] Baudrand Ed. 1705.

CIMBES, Κίμβης, nom d'une Riviere dont Phavorin [b] ne nous apprend rien que le nom.

[b] Lexic.

CIMBINA, Ville de la Medie, selon Ptolomée [c]. Quelques exemplaires portent CIGBINA.

[c] l. 6. c. 2.

CIMBIS, lieu maritime d'Espagne dans le voisinage de Gades, selon Tite-Live [d]. Juste Lipse par une demangeaison de corriger, vouloit qu'on lût dans cet Auteur Ambros au lieu de Cimbim.

[d] l. 28. c. 37.

CIMBRA, lieu du Trentin, selon Paul Diacre [e].

[e] Hist. Longobard. l. 8. c. 15.

CIMBRES, ancien Peuple le plus Septentrional de toute l'Allemagne. Leur nom selon Plutarque [f] signifie VOLEURS, & Pompeius Festus dit que les voleurs étoient appellez Cimbres dans la Langue des Gaulois. *Cimbri Gallica lingua latrones dicuntur.* Quelques Allemands revoltez par une interprétation si injurieuse, se sont déchainez contre Plutarque & Festus. Mr. Spener [g] croit que c'est sans raison, car, dit-il, nous disons *Kampffen* pour faire la guerre & nous appellons *Kampffer*, un homme de cœur, un vaillant guerrier. Le mot de *Latro* qui dans la Langue Latine signifie un *larron*, un *voleur*, avoit anciennement une signification bien differente. Il signifioit un soldat, & plus particulierement un garde du corps. Plaute [h] dit *Latrones* pour dire des soldats & *latrocinari* pour dire faire la guerre, ou servir à la guerre. Les Romains ayant anciennement appris le nom de Cimbres signifioit des guerriers l'expliquerent en Latin par *Latrones*, qui avoit alors un sens favorable. Les ravages que ce Peuple causa dans la suite fit qu'on continua d'expliquer leur nom par le même mot Latin ; mais qui se prenoit alors en mauvaise part. Les Grecs ont souvent confondu les noms de Cimbres & de Cimmeriens, à cause de l'affinité de ces mêmes noms. Strabon [i] le dit en employant les termes de Posidonius. Et Etienne le Géographe [k] dit Κίμβροι, οὕς τινές φασι Κιμμερίους. Les Cimbres que quelques-uns appellent Cimmeriens.

[f] in Mario.

[g] Notit. Germ. ant. l. 5. c. 1. T. 2. p. 2. & seq.

[h] Mil. Glor. & Trinum.

[i] l. 7.

[k] in voce Ἄβροι.

Les Cimbres sont le Peuple le plus ancien que l'on sache, qui ait habité la Presqu'Isle où sont le Holstein, le Sleswig & le Jutland; c'est d'eux que cette Presqu'Isle avoit pris le nom de Chersonnese Cimbrique. Elle étoit autrefois bien plus grande qu'elle n'est, comme il paroit par le grand nombre d'hommes de guerre qu'elle fournissoit, & par un grand nombre d'Isles qui en sont aujourd'hui détachées, & qui faisoient sans doute partie du Continent. Il est même très-vraisemblable que les Cimbres, qui firent du temps de la Republique Romaine une sortie ne quiterent pas leur pays de gayeté de cœur ; mais qu'ils y furent forcez par une inondation, qui les mit trop à l'étroit en couvrant une partie de leur pays. Strabon [l] raporte ce sentiment. Il est vrai qu'il tâche de le refuter, & c'est en quoi il n'est pas louable. Nous avons des experiences modernes du terrain que la Mer a gagné sur cette Presqu'Isle. Florus [m] confirme aussi ces inondations qui forcerent les Cimbres, les Teutons, & les Tigurins à fuir des extrémitez de la Germanie, & à chercher de nouvelles demeures par tout le monde. *Parce,* dit-il, *que l'Océan avoit inondé leurs terres.* Strabon a encore été seduit par de faux Memoires lorsqu'il a mis la Chersonnese Cimbrique à la gauche de l'Elbe entre cette Riviere & le Rhin avec les Sugambres (*Sicambres.*)

[l] l. 7.

[m] l. 3. c. 3.

Il n'avoit point encore vû apparemment le raport que l'on fit à Auguste après que sa flotte eut rangé les côtes de la Mer du Nord. Pline [n] dit : l'Océan Septentrional a été en partie parcouru sous les auspices d'Auguste, sa flote ayant fait voile jusqu'au Promontoire des Cimbres. Il explique ailleurs ce qu'il entend par ce Promontoire des Cimbres. Ce Promontoire, dit-il [o], s'avançant dans la Mer assez loin forme une Presqu'Isle que l'on appelle CARTRIS. Tous les Géographes modernes conviennent que c'est le Cap de Skagen, & à prendre depuis ce Cap jusqu'à Alborg il y aura une Presqu'Isle où se trouvera le Pays de Wensussel, & c'est peut-être cette Presqu'Isle & non pas toute la Chersonnese Cimbrique que Pline appelle CARTRIS. Cependant il y a une difficulté c'est que la flotte d'Auguste n'alla que jusques à l'embouchûre de l'Elbe [p], Elle ne s'avança point jusqu'au Nord de la Chersonnese. Comment cela étant peut-on dire que le Promontoire des Cimbres jusqu'où elle alla est le Cap de Skager ? il faut le chercher bien plus près de l'Elbe. Ce Cap en est trop éloigné. Ptolomée est le plus ancien Géographe, qui ait parlé de la Chersonnese Cimbrique en détail. Je rapporterai ce qu'il en dit ; mais au lieu de m'arrêter aux longitudes & latitudes qu'il donne lesquelles n'ont rien d'exact parce qu'il a été trompé par des relations fautives, j'y joindrai l'explication qu'en donne Cluvier. Ptolomée fait le tour de la Chersonnese & divise ce circuit d'Espace en Espace, & c'est ce qu'il appelle étendué Ἔκκλ.

[n] l. 2. c. 67.

[o] l. 4. c. 13.

[p] Velleius l. 2. c. 106.

L'Etendue après l'Elbe est dans la contrée d'Eyderstede jusqu'au Village Wester Heuer.

L'Etendue qui suit est jusqu'au Cap nommé communément Bouwensberg.

L'Etendue suivante est la plus Septentrionale de ce côté-là, & c'est presentement le Cap Hanwith, & sa partie la plus Orientale est la même que le Promontoire des Cimbres dont Pline fait mention, & que l'on appelle presentement Skage.

L'Etendue qui suit après celle-ci est la Presqu'Isle où est maintenant Grimstede.

L'Etendue qui suit immediatement est vis-à-vis de l'Isle d'Alsen, & on y voit le Village de Nubel.

En se tournant vers l'Orient, à l'endroit par où la Presqu'Isle tient au Continent est la Wagrie contrée du Holstein, vis-à-vis de l'Isle de Femeren ; ensuite on trouve le fleuve Cha-

CIM.

Chalufus, aujourd'hui la Trave qui coule à Lubec.

L'expedition des Cimbres contre les Romains ne fut pas leur premiere sortie de leur Pays. Les Grecs étoient perfuadez que les Cimmeriens d'auprès le Palus Méotide, qui ont été connus à Homere étoient une Colonie des Cimbres. Strabon le dit [a] & dans le VII. livre il dit que les Cimbres étoient des voleurs & des vagabonds, qui par la force de leurs armes arriverent aux Palus Méotides, qu'ils donnerent le nom de Cimmerien à ce Bofphore, comme fi on difoit Cimbrien ou Cimbrique; car, dit-il, les Grecs donnent aux Cimbres le nom de Cimmeriens. Dans l'XI. livre il dit que dès le temps d'Homere le Bofphore Cimmerien avoit déja ce nom, & que dès lors la puiffance des Cimmeriens étoit déja très-grande. Plutarque dit encore plus pofitivement qu'ils n'étoient qu'un petit détachement des Cimbres Septentrionaux. Voici fes paroles; après avoir raporté quelques fentimens, il ajoute [b] : d'autres prétendent que ces Nations étoient une partie des Cimmeriens connus des anciens Grecs, & que cette petite partie ayant pris la fuite, ou ayant été chaffée par les Scythes après quelque fédition, elle paffa les Palus Méotides en Afie fous la conduite d'un chef appellé Lygdamis; mais les autres qui étoient la plus grand nombre & qui il y avoit de plus belliqueux, habitoient à l'extrémité de la terre près de l'Ocean Septentrional, dans un Pays toûjours couvert d'épaiffes tenebres, & fi rempli de bois, que le Soleil ne le pénetre jamais de fes rayons, à caufe de la hauteur & de l'épaiffeur de ces forêts, qui font d'ailleurs fi vaftes & fi profondes, qu'elles s'étendent jufqu'à la Forêt Hercinienne. Ils étoient fous cette partie du ciel où l'élevation du Pole eft fi haute à caufe de la déclinaifon des Cercles Paralleles qu'elle fait prefque le point vertical de ces Peuples, & que les nuits égales aux jours partagent le temps en deux parties égales: & c'eft, pourfuit toûjours Plutarque, ce qui a donné à Homere l'idée de la Fable de fes Enfers qu'il place dans le Pays des Cimmeriens. Voilà donc d'où partirent ces barbares pour venir en Italie. D'abord ils furent appellez *Cimmeriens*, & enfin *Cimbres* fans que leurs mœurs euffent aucune part à cette appellation.

Il y a peu d'exactitude dans ces dernieres paroles de Plutarque, car en premier lieu tout le Pays des Cimbres s'étendant à peine jufqu'à 57. d. 35'. de latitude, il eft bien éloigné d'avoir l'élevation du Pole, ou le Pole même pour point vertical. Cette égalité des jours & des nuits eft une Chimere, & dans ce Pays-là comme dans tout le refte de l'Europe elle ne fe voit qu'au temps des Equinoxes. En fecond lieu Homere [c] n'a jamais fongé à mettre fes enfers dans la Cherfonnefe Cimbrique; ni même chez les Cimmeriens Scythiques; mais bien en Italie dans la Campanie, près du Lac d'Averne, de Bayes & de Cumes. Voiezen les preuves aux Articles CIMMERII 3. & CIMMERIUM 2. Les tenebres Cimmeriennes qui ne conviennent qu'à ce dernier lieu, ont été tranfportées dans la Scythie & dans la Cimbrique; & ont donné lieu au Profeffeur Rud-

[a] l. 1. & l. 7.

[b] Traduct. de Mr. Dacier T. 4. p. 109.

[c] Odyff. l. 11.

CIM. 639

beck Suedois de tranfporter les Cimmeriens de l'antiquité au fond de la Scandinavie, ou ce qui eft la même chofe, chez les Lapons. Car le bonhomme avoit la foibleffe de vouloir attirer de gré ou de force dans fa patrie, tout ce qu'il lifoit de fingulier. La Suede étoit pour lui une efpéce de Gibeciere dans laquelle il fourroit bien ou mal, tout ce qu'il pouvoit recueillir dans les écrits des Anciens. C'eft ce qui a jetté un ridicule inefaçable fur fon livre *Atlantica* rempli d'ailleurs d'une érudition peu commune. Mais revenons à Plutarque; il fe trompe encore quand il croit que le Peuple dont il s'agit fut d'abord appellé *Cimmeriens*, & enfuite *Cimbres*. Il devoit dire tout le contraire. Leur vrai nom étoit LES CIMBRES, & ce ne fut que par la negligence des Grecs que ce mot fe trouva confondu avec celui de Cimmeriens Peuple très-different, quand même il feroit certain qu'ils venoient l'un de l'autre. Les *François* & les *Allemands* font des noms de Peuples très-differens, quoi qu'ils foient voifins & que les Francs foient venus d'au delà le Rhin, c'eft-à-dire d'Allemagne.

Quoi que l'expedition des Cimbres contre les Romains ne foit pas leur premiere fortie, & que Plutarque dife qu'ils avoient déja longtemps couru l'Europe; c'eft pourtant la premiere dont nous fachions les détails. Quintilien [d] dit en parlant d'eux : cette Nation qui avoit déja parcouru la plus grande partie de la terre, & qui s'étoit renduë formidable par fes victoires fut arrêtée par la valeur de Marius. Les Hiftoriens Romains ont peut-être exageré la deroute de ce Peuple. Sa defaite ne fut pas fi totale qu'il n'en échapât un corps affez confiderable, finon pour tenter de nouveau fortune contre fes vainqueurs, du moins pour faire une retraite. Les debris de cette armée pafferent par les Gaules, où apparemment quelques-uns s'arrêterent. Jule Cefar dit dans fes Commentaires [e] que les Aduatiques étoient fils des Cimbres & des Teutons. On trouvoit fur le Rhin des HARUDES [f], & ce nom eft le même que les CHARUDES Peuple que Pline met dans la Cherfonnefe Cimbrique; & ainfi de quelques autres Peuples qui fatiguez des mauvais fuccès d'une longue & pénible expedition & n'ayant rien laiffé dans leur patrie qui les y attirât, s'arrêterent aux lieux où ils trouvoient occafion de s'établir. Les autres regagnerent le pays comme ils purent. Leur pays étoit raifonnablement peuplé, & ils faifoient une Nation qui n'étoit pas à méprifer, [g] lors qu'après avoir harcelé les Romains ils envoyerent à Augufte des Deputez pour lui demander l'oubli du paffé, une meilleure intelligence à l'avenir, & pour lui prefenter comme un gage de la Paix une Chaudiere qu'ils regardoient comme un vafe très-facré. Tacite [h] ayant parlé des Cherufques & de Fofes, (voiez les Articles CHERUSQUES & FOSI) ajoute : les Cimbres occupent ce même Golphe de la Germanie & font les plus proches de l'Océan; cette Nation n'eft pas fort étenduë à prefent; mais fa gloire eft grande, & les traces de fon ancienne reputation fe repandent fort loin, fur l'un & l'autre rivage, on voit des camps & des efpaces dont le circuit fait encore juger des forces & de la puiffance de ce Peuple, &

[d] Declamat. 3.

[e] Bell. Gall. l. 2. c. 29.

[f] Ibid. l. 1. c. 31. 37. & 51.

[g] Strab l. 7. p. 293.

[h] German. c. 37.

jus-

justifie ce que l'on raconte d'une si grande sortie. Cluvier cherche ces camps dans les Gaules, en quoi il est suivi par d'Ablancourt, qui les place sur le Rhin. Althamer, Kirchmayer, &c. l'entendent de quelque grand ouvrage que les Cimbres avoient fait dans leur pays même. Il y a eu par exemple entre le Golphe de Slye, & la Riviere de Treie une digue dont il reste encore des vestiges, & Pontanus qui a écrit l'Histoire de Danemarck croit que Tacite pensoit à cet ouvrage. Il est vrai que le nom que porte cet ouvrage *Das Danen Werck*, c'est-à-dire l'ouvrage des Danois, & le temoignage des Annales, qui en mettent la construction au Siécle de Charlemagne ne s'accordent pas avec cette antiquité; mais on élude cette objection en disant que cet ouvrage ne fut pas alors bâti; mais reparé. Avec le temps les Cimbres s'appliquerent à la marine & à la piraterie, & comme les Saxons s'y étoient rendus fort célébres ils se joignirent à eux; & leur nom se perdit insensiblement, desorte qu'ils furent confondus sous le nom de Saxons. On les appelloit encore Cimbres du temps d'Honorius. Claudien dit [a]

[a] De Bello Getico.

Hac & Teutonico quondam patefacta furori
Colla Catenati vidit squallentia Cimbri.

Il appelle Cimbrique la Mer où le Rhin a ses Embouchûres.

Te Cimbrica Tethys
Divisum bifido consumit, Rhene, meatu.

Le nom de Cimbres s'étant peu à peu éteint, ils eurent celui de VITES ou de JUTES. Ces Jutes étoient une des trois Nations, qui envahirent l'Isle de la Grande Bretagne; savoir les Saxons qui étoient en deçà de l'Elbe; les Angles & les Jutes qui étoient des Peuples de la Presqu'Isle, toutes Nations maritimes. On trouve même au Pays de Galles & de Cornouailles des traces du nom de Cimbres dans celui de *Cumrai*; & peut-être que le nom de la Province de Cumberland n'a pas une autre origine.

Il seroit difficile de dire d'où vient ce nom de *Vites* ou *Jutes*, à moins qu'on ne veuille dire que les Goths ou Gutes ayent passé dans cette Presqu'Isle, & y ayent porté ce nom. Les François & autres Peuples les connurent sous le nom de NORMANDS, & c'est sous ce nom qu'ils firent en France ces affreux ravages que l'Histoire ne rapporte qu'avec horreur; & qu'ils acquirent la *Neustrie*, qui fut appellée à cause d'eux la NORMANDIE. On les appella aussi NORDALBINGI parce qu'ils habitoient au Nord de l'Elbe. Ce dernier nom fait voir que la Presqu'Isle doit se terminer par une ligne tirée depuis l'Elbe jusqu'à la Trave, & enfermer le Holstein. Le nom de Jutes, à le prendre dans l'étendue du Jutland d'aujourd'hui, est plus resserré; & est borné au Midi par le cours de l'Eyder, & depuis la source de cette Riviere par une courte ligne qui joint le Golphe de Kiell. Desorte que tout le Holstein en est retranché. Au reste le nom de Jutes est le dernier nom qu'ait eu cette Nation, dont le Pays s'appelle presentement

le Jutland. Il est divisé en Nord-Jutland ou Jutland propre, & Sud-Jutland qu'on appelle ordinairement le Sleswig. Voiez JUTLAND.

CIMBRIANÆ, lieu sur la route de Sirmium à Carnuntum entre Tricciana & Crispiana à xxv. M. P. de l'une & de l'autre, selon Antonin [b]. La Notice de l'Empire [c] le met sous le département de la seconde Moesie. *Milites Cimbriani*; *Cimbrianis*. Lazius croit que c'est presentement BRINHIDA.

[b] Itiner.
[c] Sect. 39.

CIMBRICA CHERSONNESUS. Voiez l'Article CIMBRES.

CIMBRICUM MARE, quelques Auteurs Latins appellent ainsi la Mer d'Allemagne.

CIMBRORUM PROMONTORIUM. Voiez l'Article CIMBRES.

CIMELLA, Ville de la Gaule. Usuard & l'Auteur de la Vie de St. Pons martyr en font mention. [d] Cette Ville nommée aussi CIMELE & CEMENELIUM, étoit des limites des Gaules & de la Ligurie, dans les Alpes Maritimes. Elle a été long-temps le Siége d'un Evêque, & ses restes, qui s'appellent encore CIMIEZ, sont sur une Montagne près de Nice. St. Pons [e] y fut martyrisé vers l'an 258. du temps de l'Empereur Valerien & fut le patron de la Ville. Après la ruine de Cimele, ou Cemele saccagée par les Lombards & les Saxons au VI. ou VII. siécle le corps de St. Pons fut transporté à Nice.

[d] Baillet Topogr. des Saints p. 113. & 577.
[e] Sa vie au 14. Mai.

CIMELOS, Isle de l'Archipel, selon Antonin dans son Itineraire Maritime. Il faut lire CIMOLUS.

CIMENICE, contrée de la Gaule Narbonnoise, selon Festus Avienus [f].

[f] Ora Marit. v. 517.

At Cimenice Regio descendit procul
Salso ab fluento, fusa multo Cespite,
Et aprica Sylvis. Nominis porro auctor est
Mons dorsa Celsus: cujus imos aggeres
Stringit fluento Rhodanus, atque scrupeam
Molem imminentis interverat æquore.

Il ne nomme point la Montagne dont le Pays portoit le nom, & qui devoit être au bord du Rhône; ainsi la conjecture d'Ortelius n'est pas juste. Il demande si ce Pays ne seroit pas aux environs du Mont Cemenus; mais ce Mont d'où le Var prend sa source ne convient point à ces vers.

CIMETRA, Ville d'Italie au Pays des Samnites, selon Tite-Live [g]. Fabius la prit l'an de Rome 455.

[g] l. 10. c. 15.

CIMIEZ. Voiez CIMELLA.

CIMINIA. Ammien Marcellin [h] nomme ainsi une contrée d'Italie où il dit qu'une Ville (*Succiniense Oppidum*) fut engloutie par un tremblement de terre. Voiez SUCCINIENSE. Voiez aussi CIMINIUS MONS.

[h] l. 17. p. 107. Ed. Lindebrog.

CIMINIUS LACUS, Lac d'Italie dans l'Etrurie aujourd'hui dans le Patrimoine de St. Pierre, c'est presentement LAGO DI VICO dans le petit Etat de Ronciglione au Nord-Ouest de la Ville dont cet Etat tire son nom d'où vient que quelques-uns l'ont appelé LAGO DI RONCIGLIONE.

CIMINIUS MONS, Montagne d'Italie dans l'Etrurie au Nord, & au Nord-Est du Lac de même nom. Tite-Live dit [i]: dès le point

[i] l. 9. c. 36.

point du jour il étoit déja maître du Mont Ciminius. Cette Montagne étoit couverte d'un épaisse forêt. *Sylva erat Ciminia magis tum invia atque horrenda, quam nuper fuere Germanici saltus*, dit le même Auteur. Virgile parle du Lac, de la Forêt, & de la Montagne en un seul vers:

Et Cimini cum monte lacum lucosque Capenos.

Luci Capeni ne sont ici autre chose que l'extrémité Orientale de cette Forêt où étoit Capena. Un chemin qui traversoit la Montagne & la Forêt dans leur partie Occidentale, & qui passoit à l'Orient du Lac étoit nommé CIMINIA VIA, c'est apparemment tout ce Canton que Marcellin appelle CIMINIA partie de l'Italie & peut-être que le *Succiniense Oppidum*, qui fut absorbé par un tremblement de terre, occupoit la place du Lac, qui se forma dans le creux que ce terrain laissa en s'affaissant. On a quantité d'exemples d'événemens pareils.

CIMMERIÆ PALUDES. Voiez PALUS.

1. CIMMERII. Voiez CIMBRES.

2. CIMMERII, ancien Peuple aux environs des Palus Méotides & du Bosphore Cimmerien, qui portoit leur nom. Ils étoient de la Sarmatie Asiatique, & avoient une Ville nommée CIMMERIUM [b]. Le R. P. Hardouin croit que c'est déjà où s'étoient venus les Cimbres que vainquit Marius. Le contraire est plus vraisemblable. Les Anciens s'étoient fait une fausse idée de ce Pays-là comme s'il étoit plongé dans les plus épaisses tenebres. Strabon se sert même de l'idée que l'on avoit de ces tenebres pour faire voir le grand sens d'Homere; qui a mis ses enfers près des Cimmeriens. Homere sachant, dit Strabon [e], que les Cimmeriens d'auprès le Bosphore habitoient des lieux situez vers le Nord & le Couchant, il les a mis auprès de l'Enfer, quoi qu'il a peut-être suivi en cela le langage que les Ioniens avoient coutume de tenir de ce Peuple; car dès le temps d'Homere, ou même un peu auparavant les Cimmeriens avoient fait des courses jusques dans l'Ionie [d] & dans l'Eolide. Cependant comme j'en ai déja averti il n'est point question des Cimmeriens du Bosphore dans le livre de l'Odyssée [e] où Homere parle des Enfers. Ulysse part de chez la Nymphe Circé, c'est-à-dire de *Circei*, & après avoir rasé la côte d'Italie durant un jour il arrive le soir chez les Cimmeriens, ce qui ne convient qu'aux Cimmeriens de la Campanie dont nous allons parler dans l'Article suivant.

3. CIMMERII; ancien Peuple d'Italie; dans la Campanie, au voisinage de Bayes. Strabon [f] dit en citant Ephorus qu'ils habitoient dans des souterrains qu'ils appelloient ARGILES, & qu'ils passoient les uns chez les autres par des Cavernes, & menoient par le même chemin leurs hôtes vers un Oracle qu'ils avoient dans un lieu fort profond; qu'ils gagnoient leur vie à creuser les mines; qu'ils recevoient de l'argent de ceux qui venoient consulter l'Oracle.... qu'ensuite ils furent détruits par un Roi parce que la prediction de l'Oracle ne s'étoit pas accordée avec l'évenement, & que l'Oracle fut transporté ailleurs. Strabon traite cela de fables inventées par ceux qui avoient vécu avant lui. Voiez CIMMERIUM 2.

4. CIMMERII; ancien Peuple d'Asie vers la Georgie & la Mer Caspienne [g]. Ils s'y établirent lorsqu'ils furent chassez d'auprès les Palus Méotides par les Scythes [h]. Ortelius raporte à ces Cimmeriens ce que Haython dit [i] en qualité de temoin oculaire de l'épaisse obscurité, qui couvre perpetuellement la plaine de Hamsen en Georgie (ou Hausen;) mais comme cet Armenien en attribue l'origine à un miracle que Dieu fit en faveur de quelques Chrétiens persécutez, & que la Fable des Tenebres Cimmeriennes est de beaucoup plus ancienne que le Christianisme, on peut renvoyer à cet Auteur même ceux qui en veulent savoir le détail.

5. CIMMERII, Herodote [k] parlant des Cimmeriens chassez par les Scythes dit qu'il est certain que les Cimmeriens fuiant les Scythes passerent en Asie, & qu'ils bâtirent la Chersonnese où est à present Sinope Ville Grecque.

§. L'opinion des TENEBRES CIMMERIENNES étoit si bien établie qu'on les a pour ainsi dire promenées dans tous les lieux dont le nom avoit quelque ressemblance avec celui de CIMMERII. Bochart [l] dérive ce nom de la racine כמר *Camar* ou *Cimmer*, qui veut dire devenir noir, *nigrescere*; d'où se forme במדיר *Cimrir* la noirceur des Tenebres, ou l'obscurité la plus sombre. Ce mot est emploié dans le livre de Job [m] lorsque ce saint homme à la vue des maux dont il est accablé maudit le jour de sa naissance. Au lieu de ces paroles que l'on lit dans la Vulgate: *occupet eum Caligo, involvatur amaritudine*; qu'une noire obscurité l'environne & qu'il soit plongé dans l'amertume; on lit dans l'Hebreu: *terreant eum* כמדירי יום *atrores Diei*. Que les noirceurs du jour l'épouvantent, c'est-à-dire les Tenebres les plus épaisses. Ciceron [n] ne sait à quoi attribuer cette obscurité qui regne chez les Cimmeriens; si c'est quelque Dieu, ou la Nature, ou la situation du lieu qu'ils habitent qui les prive des regards du Soleil. On épargneroit bien des recherches inutiles si avant que de chercher pourquoi & comment une chose est, on commençoit par s'assurer si elle est effectivement. Un Pays inaccessible à la lumiére étoit merveilleusement propre à y placer le Palais du Sommeil. Aussi Ovide [o] n'y a-t-il pas manqué.

Est prope Cimmerios longo spelunca recessu,
Mons Cavus, ignavi domus & penetralia Somni.

Qua nunquam radiis Oriens, mediusve, cadensve,
Phoebus adire potest. Nebula caligine mixtæ
Exhalantur humo, dubiæque crepuscula lucis.

Il songeoit sans doute aux Cimmeriens dont parle Homere, je veux dire à ceux de la Campanie.

CIMMERIS. Voiez ANTANDROS 2.

1. CIM-

CIM.

1. **CIMMERIUM**, Ville d'Asie sur le Bosphore Cimmerien à l'entrée, selon Pomponius Mela[a]; au fond de l'entrée selon Pline[b], qui dit qu'on la nommoit anciennement CERBERION. Elle étoit à l'entrée du Bosphore à l'égard de ceux qui passoient des Palus Méotides dans le Pont-Euxin. Elle étoit au fond à l'égard de ceux qui faisoient une route contraire ; à l'Orient du Bosphore.

2. **CIMMERIUM**, Ville de la Campanie. Pline dit : le Lucrin & l'Averne auprès duquel étoit autrefois la Ville de CIMMERIUM. Cette Ville paroit à Cellarius[c] aussi fabuleuse que le Peuple CIMMERII de ce Pays-là, malgré le témoignage de Pline, & il croit que tous ceux qui ont parlé de ce prétendu Peuple & de cette prétendue Ville , ne l'ont fait que sur l'autorité d'Homere[d] qui dit

Ἔνθάδε Κιμμερίων ἀνδρῶν δῆμός τε πόλις τε
Ἠέρι καὶ νεφέλῃ κεκαλυμμένοι, &c.

Cette Ville des Cimmeriens d'Homere a donné lieu au passage de Pline, & si de toute nécessité il lui falloit trouver une place, elle ne pourroit côtoyer mieux que dans la Vallée décrite par Festus au mot *Cimmerii*. On appelle, dit-il, Cimmeriens ceux qui habitent des terres où il fait un froid extrême , telles qu'ont été celles qui sont entre Bayes & Cumes, dans cette contrée où est une Vallée entourée d'une assez haute Montagne. Le Soleil n'y donne ni matin ni soir.

3. **CIMMERIUM**. Ptolomée[e] met une Ville de ce nom dans la Chersonnese Taurique vers le milieu des terres. C'est-à-dire qu'elle est differente de celle qui étoit sur le bord , & à l'Orient du Bosphore de laquelle il ne fait aucune mention; peut-être aussi est-ce la même Ville déplacée par cet Auteur.

CIMMERIUM PROMONTORIUM, le Promontoire Cimmerien , Cap d'Asie sur la côte Meridionale des Palus Méotides, entre la Ville d'Apature & l'embouchûre du Vardan, selon Ptolomée[f].

CIMMERIUS BOSPHORUS. Voiez BOSPHORE.

CIMMERIUS MONS, Montagne de la Chersonnese Taurique, selon Strabon[g].

CIMOLIA, lieu du Peloponnese. Il est remarquable par la Victoire que les Atheniens y remporterent contre ceux de Megare[h].

1. **CIMOLIS** ou **CIMOLUS**. Voiez ARGENTIERE I.

2. **CIMOLIS**. Voiez CINOLIS.

CIMON, Montagne de l'Asie Mineure près d'Ephese[i]. Elle est remarquable à cause d'une grotte dans laquelle étoient renfermez les corps des sept dormans, qui furent découverts du temps de l'Empereur Theodose le Jeune. Voiez leur Histoire dans les Vies des Saints de Baillet[k].

CIMPA, petite Ville d'Asie au Royaume du Tonquin à l'Orient de Ketoy , & d'une grande Riviere appellée la RIVIERE DE CIMPA, selon la Carte de Daniel Tavernier, frere du fameux Voyageur & grand Voyageur lui-même.

CIMPSUS, Κίμψος, Village d'Asie dans la Lydie, selon Isace sur Lycophron.

CIN.

CINA ou **CYNA**, Ville de la Palestine dans la Tribu de Juda[l].

CINÆDOCOLPITÆ, ancien Peuple de l'Arabie heureuse, selon Ptolomée[m]. Capitale de leur Pays étoit selon cet Auteur ZAARAM ou ZABRAM. Ils avoient encore une autre Ville nommée Thebes. Le Géographe cité leur donne aussi deux Villages, sa-voir COPAR & ARGA. Leur Pays étoit arrosé par une Riviere qu'il nomme Baetius, & qui tombe dans la Mer rouge, au bord de laquelle tous les lieux que l'on vient de nommer étoient situez. Ortelius en fait une Montagne.

CINÆDOPOLIS, Isle d'Asie, en Doride dans le Golphe Ceramique , à quelque distance du Continent. Pline[n] nous apprend l'origine de son nom qui signifie la Ville des effeminez ; Alexandre , dit-il , y laissa ceux qui s'étoient deshonorez par cet execrable crime.

CINÆI. Voiez CINE'ENS.

CINÆTIUM, Montagne du Peloponnese vers l'Isle de Cythere, selon Denys d'Halicarnasse[o]. De Cythere, dit-il, les Troyens côtoyerent le Peloponnese. Dans cette traversée ils perdirent Cinethe, l'un des compagnons d'Enée , & ils l'enterrérent sur une Montagne voisine qui porte son nom.

CINALOA, Province de l'Amerique Septentrionale au Mexique sur la côte Orientale de la Mer de Californie. Elle est bornée au Couchant par cette Mer ; au Nord par la Province de Sonora, à l'Orient par la nouvelle Biscaye , & au Midi par la Province de Culiacan. [p]Elle fut premierement découverte par Nuño de Gusman, qui étant parti de Culvacan avec son armée l'an 1552. après avoir fait environ cinquante lieues arriva à la Riviere de Petatlan. Il y trouva fort peu d'habitans : les femmes y étoient nues à l'exception de ce que la pudeur oblige de cacher. Les hommes s'enveloppoient de peaux de cerf cousues ensemble & rejettées sous le bras. Ils étoient de belle taille , de couleur brune & adoroient le Soleil ; mais sans lui sacrifier. Ces Peuples étoient anthropophages & commençoient leurs combats avec des fléches : quand ils en manquoient ils se servoient de leurs massues faites d'un dur bois de gayac en forme d'épées. Gusman & ses gens s'étant avancez vingt lieues, trouverent la Riviere de Tamochala & après avoir marché encore trente lieues, ils entrerent dans la Province de Cinaloa, où ils virent plus de vingt-cinq Bourgades fort peuplées. Les pluyes qui furent continuelles les ayant contraints de s'y arrêter quarante-deux jours , ils y furent nourris de venaison & d'oiseaux par les Sauvages, qui s'étant ennuyez d'avoir de semblables hôtes s'enfuirent dans les Montagnes & dans les Forêts voisines. Les Espagnols ayant traversé la Riviere marcherent trente lieues vers le Sud par des terres desertes & fort séches à cause qu'elles sont plates , & exposées à toute l'ardeur du Soleil. Comme ils n'y trouvoient ni fontaines , ni ruisseaux, ils étoient contraints d'étancher leur soif de l'eau de pluye , qui étoit en certaines fosses. Ils passerent sur des radeaux une autre Riviere moins fournie d'habitans que Cinaloa,

&

CIN. CIN. 643

& ayant pris des guides & marché sept jours par des lieux inhabitez, ils arriverent enfin à la Province d'Yaquimi sans avoir eu d'autre soulagement contre la soif dans ces lieux deserts qu'une certaine liqueur, qui sortoit des troncs de certains chardons qu'ils coupoient. Au delà de cette Riviere ils trouverent une Bourgade abandonnée de ses habitans & un chemin, qui menoit en bas : ils le suivirent & rencontrerent là un fort grand nombre de Sauvages armez qu'ils mirent en fuite après un leger combat. Il y a le long des bords de cette Riviere plusieurs Bourgades dont les habitans sont forts, & de mêmes mœurs que ceux de Cinaloa. Au dessus du rivage s'étendent de hautes Montagnes, qui s'avancent en ce lieu quelques milles dans la Mer en forme de Cap. Entre ce Cap & la pointe de la Province de Xalisco la côte de la Mer se courbe en coude l'espace de deux cens lieues. Les Espagnols manquant de vivres par tout, & voyant que ces Montagnes les empêchoient de passer outre, & que même la côte de la Mer étoit couverte de bocages fort épais prirent le parti de retourner vers la Province de Culvacan.

Les Sauvages qui habitent entre les Rivieres de Petatlan & d'Yaquimi sont presque tous d'une même sorte. Ils ont peu de fruits, nulles patates, ou autres racines semblables ; mais seulement une sorte de melons, de Mays, des feves de Turquie, & une espece de grain menu dont ils font leur pain. Ils s'exercent au travail & à la chasse, & sont fort vaillans, ne poussant aucuns cris dans leurs combats comme les autres Sauvages. Quelques-unes de leurs femmes se font des marques au visage avec un fer chaud & les hommes s'y font des incisions. La terre en cette contrée est plate & séche pour la plus grande partie. Les Rivieres y abondent en poisson, & les Montagnes y sont à trente quatre lieues de la Mer. On voit des bœufs, des vaches, & de grands cerfs le long des bords de la Riviere d'Yaquimi. Les Espagnols ayant mené une Colonie & bâtirent la Ville de St. Juan de Cinaloa ; & ils eurent de la peine à la conserver, quoique vers l'an 1554. Francisco de Ybarra y eût conduit de nouveaux habitans, & envoyé beaucoup de provisions de la Province de Culvacan.

Voici ce que le P. Martin Perez Jesuite dit de ce Pays. La Province de Cinaloa est à trois cens lieues de la Ville de Mexico vers le Nord. Les hautes & rudes Montagnes appellées TEPECSUAN la couvrent du côté droit ; à gauche elle est lavée du Golphe de Californie. La Province de ce nom & celle de Cibola la bornent vers l'Ouest, & le nouveau Mexique vers le Nord. Elle est traversée de Rivieres sur les bords desquelles demeurent par Bourgades les naturels du Pays à cause de la commodité de la pêche. L'air y est clair & fort sain, la terre grasse & fertile rapportant des fruits de toute espece. Il y a grande abondance de Mays, des feves de Turquie & autres legumes ; beaucoup de coton dont les hommes & les femmes se vêtent presque à la façon des Mexicains. Les hommes nouent leurs cheveux qu'ils se plaisent à nourrir ainsi que les femmes. Ils ont eu beaucoup de peine à se soumettre aux Espagnols qu'ils surpas-

sent de beaucoup en grandeur de corps : ils sont robustes & aiment la guerre. Ils se servent de flêches empoisonnées & ont des massuës & des boucliers de bois rouge.

CINAMBRI, ancien Peuple d'Illyrie, selon Appien.

CINAN [a], Ville de la Chine dans la Province de Channton ou Xantung dont elle est la premiere Metropole. Elle est de 30′. plus Orientale que Pekin, & sa latitude est de 37. degrez. Cette Ville & son territoire fut annexé par l'Empereur Yvo à la Province de Chincheu. Dès l'antiquité la plus reculée elle porta le nom du fleuve Ci ; & elle étoit la residence des Rois de Cy, après l'extinction desquels la famille de Hana lui donna le nom de Cinan qu'elle porte. Parce qu'elle est effectivement au Midi du fleuve Ci, & c'est ce que signifie le nom de Cinan. La famille de Tanga lui changea ce nom & la nomma LINCHI ; mais celle de Taiminga lui rendit celui de Cinan. Elle est grande, bien peuplée, & remarquable par la grandeur & la magnificence des édifices publics. Sa situation est dans un fond marécageux, elle a un Lac, qui est partie au dedans partie au dehors de la Ville, desorte qu'on peut y aller en bâteau, de maniere néanmoins qu'on peut aussi y aller partout à pied à cause de quantité de ponts entre lesquels on remarque celui de Pehoa, qui a plusieurs arches & qui joint l'Isle de même nom dans le Lac de Taiming. Il y a encore un autre Pont nommé *Fuyung* sur le même Lac, il est de pierres de taille & ne cede gueres au precedent. Un Roi de la famille de Taiminga resida dans cette Ville ; mais cette famille étant éteinte par les Tartares, il n'y est resté que le Palais & les vergers. Il y a plusieurs Temples consacrez aux Idoles & à la memoire des hommes illustres ; mais le plus remarquable de tous est celui de *Tungo* bâti par Hoangti dans lequel on écrit que soixante & douze Rois Pacifiques, ont vécu s'adonnant aux exercices de la Religion ; aussi est-il orné d'édifices superbes. Les Bonzes y ont de grands revenus. On voit sur les Montagnes des tombeaux des Rois & des Grands. Les RR. PP. Jesuites y ont une Eglise & deux Peres, qui la desservent. Cette contrée ne cede pas une des Provinces Septentrionales ; les grains y viennent en abondance, il y croît quantité de froment & de millet, & les bestiaux n'y manquent pas. Cette Ville en a trente dans son territoire, savoir

[a] Atlas Sinensis.

Cinan,	Taigan, ☉
Changkieu,	Sintai,
Ceup'ing,	Laiüü,
Chagxan,	Te, ☉
Sinching,	Tep'ing,
Ciho,	Pingyven,
Citung,	Vuting,
Ciyang,	Yangsin,
Chichuen,	Haisung,
Juching,	Loling,
Linye,	Xangho,
Changc'ing,	Pin,
Fiching,	Licin,
Cingching,	Chenhoa,
Ling,	P'ut'ai.

CIN.

a l. 2. ad finem.

CINARUS, Isle dont parle Athenée[a]. Plutarque dans son Traité de l'exil dit qu'elle est sterile, & que son terroir est peu favorable aux plantes. Pline la nomme CINARA. Elle étoit voisine de l'Isle de Leros.

b Sanson Atlas.

CINCA[b], (la) Riviere d'Espagne. Elle a plusieurs sources aux Pyrenées sur les frontieres de France. La principale est auprès de Biessa. Ces sources se joignent à Ainsa & au dessus. A Castro elle reçoit la Riviere d'Essera, passe à Balbastro, à Monçon, à Alcolea, reçoit l'Alcandare au dessus de Fraga, & se perd dans la Segre à Mequinenza. Tout son cours est dans l'Aragon.

CINCARITANUS, CINCARITENSIS, ou peut-être CIRCINITANUS; la Conference de Carthage[c] nomme *Campanus Episcopus Cincaritanus*; on y trouve aussi *Restitutus Episcopus plebis Cincaritensis*; Mr. Dupin[d] soupçonne que c'est le même Siége que celui dont l'Evêque est nommé dans la Notice d'Afrique *Athenius Circinitanus* dans la Bizacene, & ce nom se designe que l'Isle de Cerciné dont je parle en son lieu. Dans la Lettre des Evêques de la Province Proconsulaire, qui fut lue au Concile de Latran il est fait mention de la Ville de *Cicitita* que le P. Noris ne croit pas differente de Cineárita.

c c. 188.
d c. 133.

CINCENSES, ancien Peuple de l'Espagne Tarragonnoise, selon Pline[e]. Le R. P. Hardouin doute s'il ne faudroit pas lire CINNENSES de la Ville de Cinna *Kìwa*, que Ptolomée donne à la Jaccetanie[f].

e l. 3. c. 3.
f l. 2. c. 6.

1. **CINCHEU.** Voiez CINGCHEU.

2. **CINCHEU**[g], Ville de la Chine dans la Province de Quangsi dont elle est la sixiéme Metropole. Elle est de 8. d. plus Occidentale que Pekin par les 33. d. 55'. de latitude. Le territoire de cette Ville étoit autrefois de la Seigneurie de Pegao. Sous la famille de Cin elle étoit du département de Queiling; Leango nomma cette Ville QUEIPING; Suyú l'appella JUNGPING, & la famille de Tanga la nomma d'abord CINKIANG & ensuite CINCHEU, nom qui lui est resté. Elle est au confluent de deux grands fleuves, savoir le Ta & le Folo ou Lieu. Son territoire est assez agréable. On y voit un Temple magnifique dedié aux Heros. Il y a quatre Villes dans ce département, savoir

g Atlas Sinensis.

Cincheu,	Quei,
Pingnan,	Vucing.

Ce territoire produit une excellente Canelle, qui ne differe de celle de Ceïlan qu'en ce qu'elle a plus d'odeur, & est d'un goût plus fort sur la langue. Il y croît aussi l'arbre de fer dont le bois est plus dur que notre buis. On y voit un animal peu different de la vache; mais dont les cornes sont plus blanches que l'yvoire. Il aime extrèmement le sel; c'est pourquoi les chasseurs lui en presentent des sacs tout pleins, & il se jette dessus & se laisse lier plutôt que de cesser de les lécher, ainsi on le prend, & on le tue. On y tire une sorte de terre jaune, qui est un excellent antidote contre toute sorte de poisons. Les habitans font avec l'herbe *Tu* des étoses plus belles & plus cheres que celles de soye. Au Midi de la Vil-

CIN.

le est le Mont PEXE, & au Nord est le Mont LANGXE, qui est très-grand & très-haut & qui a des forêts & des plaines, qui le rendent fort agréable. Sur la premiere de ces deux Montagnes il y a un sommet appellé Tocieú, qui s'éleve au dessus des nues.

CINCHROPSOSES, Peuple de Thrace. Antigonus[h] dit qu'il y avoit chez eux une fontaine si venimeuse que l'on mouroit aussi-tôt que l'on en avoit gouté. Voiez CYCHRI.

h in Mirab.

CINDIA, Ville de l'Inde en deçà du Gange, selon Ptolomée[i].

i l. 7. c. 2.

CINDRA. Voiez GONDRA.

CINDRAMORUM, Ville Episcopale d'Asie dans la Carie, selon la Notice de Léon le Sage.

CINDRE, Bourg de France dans le Bourbonnois, à six lieues de Moulins, & à quatre de l'Allier.

CINEENS[k], ancien Peuple qui avoit sa demeure au Couchant de la Mer morte, & qui s'étendoit assez avant dans l'Arabie Petrée, puisque Jetro Beaupere de Moïse & Prêtre de Madian, étoit Cinéen[l], & que du temps de Saül les Cinéens étoient mêlez parmi les Amalecites. [m]Quoique les Cinéens fussent du nombre des Peuples dont le Seigneur avoit promis les terres aux descendans d'Abraham toutefois en consideration de Jetro, Beaupere de Moïse on conserva dans leur pays tous ceux qui se soumirent aux Hebreux. Les autres se retirerent apparemment parmi les Iduméens & les Amalecites. Les terres des Cinéens se trouverent dans le partage de Juda. Balaam étant appellé par Balac Roi de Moab, pour devouer & pour maudire les Israëlites, lors-qu'il fut sur une Montagne d'où il pouvoit voir le camp d'Israël & le Pays de CIN, il dit ces paroles s'adressant aux Cinéens: *votre demeure est forte d'assiete; mais quand vous auriez établi votre demeure dans le roc & que vous seriez le plus vaillant de la race de Cin, combien de temps pourriez-vous subsister? car Assur vous prendra.* La demeure des Cinéens étoit dans des Montagnes, & des rochers presque inaccessibles. Le nom de CIN marque un *nid*, un *trou*, une *Caverne*, & *Cinnim* se pourroit traduire en Grec par Troglodytes. Les Cinéens furent vaincus & menez en captivité par Nabuchodonosor[n]. Il n'est plus fait aucune mention des Cinéens depuis Saül; mais ils subsisterent confondus avec les Iduméens, & les autres Arabes de l'Arabie Petrée.

k D. Calmet Dict.
l Judic. c. 1. ↓. 16. & Paral. l. 2. c. 2. ↓. 55.
m Reg. l. 1. c. 15. ↓. 16.
n Joseph. ant. l. 10. c. 2.

CINEY, ou selon quelques-uns CHINEY, Ville des Pays-bas, dans les Etats de l'Evêque de Liége, au Midi Oriental & à quatre lieues de Namur, & à l'Orient Septentrional, & à trois lieues de Dinant.

CINGA, Riviere d'Espagne. Cesar dit: le camp étant entre deux Rivieres la Segre (*Sicorim*) & la Cinga, l'espace de trente milles, on ne pouvoit passer ni l'une ni l'autre, ainsi tous étoient resserrez dans ce détroit[o]. Lucain dit:

o Bell. civil. l. 1. c. 48.

Camposque coercet
Cinga rupax.

C'est la CINCA. Voiez ce mot.

CIN-

CIN.

CINGALOF, (LE ROYAUME DE) quelques-uns appellent ainsi le Royaume de Candy dans l'Isle de Ceïlan. Voiez CANDY.

a Atlas Sinensis.

CINGCHEU ou CINCHEU*, Ville de la Chine dans la Province de Channton ou Xantung, dont elle est la quatriéme Metropole. Elle est d'1. d. 30'. plus Orientale que Pekin, & à 36. d. 36'. de latitude. L'Empereur Yvo donna la jurisdiction, & le territoire de cette Ville à la Province de même nom. Elle a appartenu aux Rois de Ci. La famille de Hana la nomma PEHAY; celle de Sunga l'appella CHINHAY; & celle de Taiminga lui donna le nom qu'elle porte à present. Elle ne manque point de Montagnes. La Mer & les Rivieres lui fournissent tout en abondance. Il y a peu de lieux mieux pourvûs de tout ce qui est necessaire à la vie, & où tout soit à meilleur marché. Le poisson y est en abondance, & il y en a un nommé *Segrin* dont la peau est d'un grand trafic. La noblesse de cette Ville se prouve de ce qu'elle a eu un Roi de la famille de Taiminga. Son département en comprend quatorze, savoir

Cingcheu,	Linkiu,
Linchi,	Gankiu,
Pohing,	Chuching,
Caoyven,	Mungin,
Logan,	Kiu, ☉
Xeuquang,	Yxúi,
Changlo,	Gechao.

Dans ce Pays-là ils tirent de l'Estomac de la vâche une pierre qu'ils appellent *Nieuhoang*, c'est-à-dire du jaune de vâche, parce que cette pierre est presque toûjours jaune. Il y en a de diferentes grandeurs, quelques-unes sont comme un œuf d'Oye. Elle n'est pas si solide ni par consequent si pesante que celle de Bezoard : cependant les Médecins Chinois la lui preferent : on la prendroit pour une craye tendre ; mais jaune & seche. On pretend qu'elle est d'une qualité trés-froide & trés-propre contre les Catharres. On dit que reduite en poudre & jettée dans de l'eau bouillante, elle en arrête d'abord le mouvement & que si vous en mettez un peu sur l'eau froide elle fait une exhalaison & traversant l'eau se precipite à l'instant. L'Auteur de l'Atlas Chinois croit que c'est la pierre que Bellon appelle pierre de fiel, & dont il parle au troisiéme livre chap. 36. où il traite des Bouchers de Turquie : il ajoute qu'elle est nommée *Haracxi* par les Arabes.

CINGILIA. Voiez CUTINA.

CINGLAIS ou SINGLOIS, Canton de France en Normandie, entre Falaise & la Riviere d'Orne. On en a fait le titre d'un des dix sept Doyennez ruraux du Diocèse de Bayeux, qui comprend plus de quarante paroisses.

CINGNARS, Bourg de France dans la Touraine Election de Tours.

a Baudrand Ed. 1705.

CINGOLI[a], Ville d'Italie dans l'Etat de l'Eglise, & dans la Marche d'Ancone sur le Musone à neuf milles de Jesi & de San Severino, & à douze d'Osimo. C'est le Cingulum des Anciens.

CINGULANI, habitans de CINGULUM.

CIN. 645

CINGULARIUM URBS, Ville d'Asie. Le Continuateur de Glycas & Nicetas en parlent. Ortelius croit qu'elle étoit de la grande Phrygie. Il y a dans le Grec Γιγγλάριον.

CINGULUM, ancienne Ville d'Italie, dans le *Picenum*. Jule Cesar dit[b] : il vint à Cesar des deputez de Cingulum petite Ville. que Labienus avoit bâtie à ses depens. Ciceron dit[c] nous sommes maîtres de Cingulum, dites-vous, & nous avons perdu Ancone. Pline[d] en nomme les habitans CINGULANI, & Frontin fait mention de *Cingulanus ager*. Silius Italicus dit[e] :

b Bell. civil. l. 1. c. 19.
c ad Attic. l. 7. Epist. 11.
d l. 3. c. 5.
e l. 10. v. 34.

Celsis Labienum Cingula saxa
Miserunt muris.

C'est aujourd'hui CINGOLI ou CINGOLO.

CINGULUM MUNDI. Voiez CAMBENI-POYAS.

CINIASTENE, c'est ainsi que Casaubon veut qu'on lise au lieu de CINISTHENA, que portent les exemplaires de Strabon[f]. Contrée de la Paphlagonie.

f Ibid.

CINIATA[g], Forteresse dans la contrée de Ciniastena dans la Paphlagonie.

g Strabo l. 12. p 562.

CINING[h], Ville de la Chine dans la Province de Channton ou Xanton, au département de Yencheu seconde Metropole de cette Province. Elle est sous le même Meridien que Peking, par les 36. d. 5'. de latitude. Quoi qu'elle ne soit que la quatorziéme Ville de vingt sept que ce département comprend ; elle meriteroit le premier rang. Car elle est plus grande, plus peuplée, plus marchande que la Capitale. Elle est située au milieu du Canal de *Jun*, & est par consequent au passage de toutes les barques sur lesquelles elle leve un droit, & il s'y fait un grand Commerce.

h Atlas Sinensis.

CINITHII, Peuple d'Afrique dont parle Corneille Tacite[i] qui dit que ce n'étoit pas une Nation à mépriser. Ortelius[k] dit qu'il faut lire CINYPHII, & derive ce nom de Cinyphe fleuve d'Afrique dont ils habitoient les bords.

i Annal. l. 2.
k Thesaur.

CINIUM, Ville de la grande Baleare, selon Pline[l], c'est-à-dire de l'Isle de Maïorque. C'étoit une Ville Latine ; ou, ce qui est la même chose, ses habitans jouïssoient des mêmes droits que ceux du *Latium*.

l l. 3. c. 5.

1. **CINNA**, Ville d'Italie. Diodore de Sicile[m] dit que les Romains la prirent sur les Samnites.

m l. 19.

2. **CINNA**, lieu de Dalmatie ; Antonin[n] Itiner. le met sur la route de Salone à Durazzo, entre Birziminium & Scodra à XVIII. M. P. de la premiere, & à XII. M. P. de la seconde.

n Itiner.

3. **CINNA**, Ville de l'Espagne Tarragonoise dans la Jaccetanie, selon Ptolomée[o].

o l. 2. c. 6.

4. **CINNA**, Ville d'Asie dans la Perside ou Perse propre, selon le même[p].

p l. 6. c. 4.

5. **CINNA**, Ville d'Asie dans la Galatie. Elle étoit Episcopale sous la Metropole d'Ancyre, selon la Notice de Hierocles. Elle est presentement ruinée. Voiez CINNORUM CIVITAS.

CINNABA. Voiez CENNABA.

CINNAMOMIFERA REGIO; c'est-à-dire le Pays qui porte la Canelle ; contrée de

Mmmm* 3

de l'Ethiopie sous l'Egypte, selon Ptolomée[a] & Strabon[b]. Ce dernier[c] trouve admirable que Sesostris Roi d'Egypte ait pu pénetrer jusques-là. Il met le parallele de ce Pays pour le commencement de la Zone torride[d].

1. CINNIANA, ancienne Ville d'Espagne vers les Pyrenées; sur la route de Narbonne à Barcelone[e]; à xv. M. P. de *Juncaria*, qui est aujourd'hui le Village de *Jonquiere*, & à xiv. M. P. d'*Aquæ Voconiæ*, qui est *Caldes de Malavella*. La Table de Peutinger qui nomme ce lieu CEMMANA le met à xii. M. P. de Juncaria, & à pareille distance de Gironne. [f] Cette Ville ne subsiste plus; mais un ruisseau qui l'arrosoit en conserve le nom & est appellé CIGNIANA.

2. CINNIANA, Ville d'Espagne dans la Lusitanie, selon Valere Maxime qui rapporte que D. Brutus l'ayant voulu rançonner les habitans lui repondirent que leurs ancêtres leur avoient laissé du fer pour deffendre leur Ville; mais qu'ils ne leur avoient point laissé d'or pour rachetter leur liberté. Quelques exemplaires de cet Auteur nomment cette Ville CINNINIA, & c'est ainsi qu'on lit dans l'Edition de Thysius. D'autres comme l'Edition de Venise ont CIRANIA, d'autres enfin CIGINNIA. Manuel Barbosa Jurisconsulte Portugais écrivit à Ortelius que ce lieu presentement inhabité s'appelle presentement SITANIA, & qu'il est entre Brague & Guimaranes à six mille pas de l'une & de l'autre. Une preuve que CINNINIA est la vraye maniere de lire ce nom, c'est que ses habitans sont nommez CINNINENSES par Pline[g].

CINNING[h], Ville de la Chine dans la Province de Junnan, au département de Junnan premiere Metropole de cette Province. Ce nom est écrit par un y à la premiere syllabe dans l'Atlas Chinois. Elle est de 14. d. 12'. plus Occidentale que Pekin par les 24. d. 52'. de latitude. Auprès de cette Ville est le Mont KINNA, qui a de riches mines d'or.

CINNINIA & CINNINENSES } Voiez l'Article CINNIANA 2.

CINNORUM CIVITAS, Ville Episcopale de la premiere Galatie, il en est parlé dans le vi. Concile de Constantinople. Euphraise Evêque de Cinna dans la premiere Galatie est nommé dans la Lettre des Evêques à l'Empereur Leon, sous qui ce Concile fut tenu, Ce Siége est le même que CINNA 5.

CINNYPHUS. Voiez CINYPHUS.

CINOLIS, Ville d'Asie dans la Galatie. Strabon l'appelle CIMOLIS; mais Pomponius Mela[k] & Arrien la nomment CINOLIS; ce dernier[l] dit que c'étoit une Ville marchande & maritime où les vaisseaux étoient commodément une partie de l'année. Il compte d'Eginete à Cinolis soixante stades & delà à Stephane autre Port cent & quatre vingt stades. Marcien d'Heraclée dans son Periple[m] ne fait de Cinolis qu'un Village; mais il y met une Riviere & un Port. Strabon & Pomponius Mela parlent d'un lieu nommé ANTICINOLIS parce qu'il étoit à l'opposite. Marcien en fait aussi un Village, & le met à soixante stades de Cinolis. Il place l'un & l'autre dans la Paphlagonie, aussi bien que Scylax de Caryande[n], qui dit que Cinolis étoit une Ville Grecque.

CINORIA. Voiez CIRONIA.

CINQ-EGLISES. Voiez au mot EGLISE l'Article CINQ-EGLISES.

CISTERNÆ, lieu de l'Afrique propre, selon Ptolomée[o]. D'autres exemplaires portent CISTERNÆ. Ses Interpretes disent que c'est presentement GAR.

CINTA. Voiez QUINTA.

CINTEGABELLE, Ville de France dans le haut Languedoc, sur l'Arriege au Diocèse de Mirepoix entre Toulouse & Pamiers.

CINTIEN, Ville de la Chine dans la Province de Iunnan; c'est la cinquiéme des Villes militaires de cette Province. Elle est de 13. d. 52'. plus Occidentale que Peking, par les 26. d. 4'. de latitude. Cette Ville a des campagnes grasses & fertiles cultivées par des laboureurs très-laborieux, qui sont en grand nombre. Il y a aussi beaucoup de bergers & de troupeaux. Il y a assez de Villages dans son district, quoi qu'il n'y ait point de Ville. La Ville est tout auprès de la Province de Queicheu. Elle étoit autrefois du Royaume de Tien. Le Mont JUECU est au Nord-Est de la Ville & occupe cinquante stades de terrain. Au Couchant est le Mont INTO où l'air est si temperé que les habitans ne connoissent point les maladies causées par le vent ou par le froid. C'est en été un charmant sejour, où l'on est garanti des ardeurs de la Canicule. CHE' grand Lac qu'on appelle aussi la Mer de CINGXUI est aussi au Couchant de la Ville entre les Montagnes; c'est où se rendent tous les ruisseaux, qui en tombent.

CINTRA[p], Bourg de Portugal dans l'Estramadure à l'embouchûre du Tage dans l'Océan à sept lieues au dessous de Lisbonne avec un ancien Château, où nacquit en 1430. Alphonse V. Roi de Portugal, qui y mourut aussi en 1481. Alphonse VI. Roi de Portugal y mourut aussi le 12. Septembre 1683.

CINYPHUS, selon Strabon[q] & Ptolomée[r].

1. CINYPS, selon Herodote[s] & Pline[t], Riviere de l'Afrique Tripolitaine. Herodote[v] dit qu'elle a sa source dans une Colline appellée le Mont des Graces, qu'elle traverse le Pays d'une Nation appellée Macæ, & se jette dans la Mer. Strabon[x] dit qu'il y avoit un mur bâti par les Carthaginois, & un pont à la faveur duquel on passoit quelques mauvais fonds qui avançoient dans le Pays. Cette Riviere qui est fort petite par raport à l'étendue de son cours est presentement nommée MAGRO.

2. CINYPS, contrée de l'Afrique Tripolitaine, entre le Mont des Graces & la Mer, des deux côtez de la Riviere de Cynips. C'est presentement le Pays de l'Etat de Tripoli entre le Mont Garian & la Mer Mediterranée. Herodote[y] & Pline[z] font mention de ce Pays de Cinyps. Le dernier dit, *Cinyps fluvius ac regio*, & l'Historien Grec en parle comme du plus beau pays de toute l'Afrique.

§. CI-

§. CINYPS ; Virgile ayant dit dans ses Géorgiques [a],

a l. 3. v. 316. & seq.

Nec minus interea barbas, incanaque menta
Cinyphii tondent hirci, setasque comantes
Usum in castrorum & miseris velamina nautis.

Le Grammairien Probus en a pris pretexte de mettre en Afrique au Pays des Garamantes une Ville, & un fleuve de même nom, savoir Cinyps. Servius avoit beaucoup mieux dit CINYPHII HIRCI] *Libyes à fluvio Cinyphe*, c'est-à-dire *les Boucs Cinyphiens, ou de Libye à cause du fleuve Cinyps.* Tous les bons Commentateurs de Virgile ne cherchent point d'autre origine à ce nom *Cinyphii* que le nom même du fleuve aux bords duquel on nourrissoit des chevres. Rien n'empêche qu'on ne l'entende du Pays de même nom, & cela convient mieux qu'à cette pretendue Ville dont Probus est vraisemblablement le fondateur. Le P. Catrou dans sa Traduction de Virgile change le vers & au lieu de

Cinyphii tondent hirci, setasque comantes,

Il veut qu'on lise

Cyniphiis tondent hircis, setasque comantes.

Je ne dis rien du changement du genitif *Cinyphii hirci* en un datif pluriel *Cinyphiis hircis*. Il peut être arrivé que la lettre *S*. de *Setas* ayant fait ommettre à quelque copiste celle du mot *Hircis*, des Grammairiens trouvant *Hirci* aient retranché aussi l'*S*. de *Cinyphii* ; mais pour le changement d'Orthographe, je suis surpris que ce Pere l'ait hazardé. Quand tous les manuscrits, & toutes les Editions de Virgile auroient *Cyniphii* ou *Cyniphiis* ; ce seroit toûjours une faute qu'il faudroit corriger, sur l'autorité de tous les Historiens & de tous les Géographes, qui ont eu occasion de parler du *Cinyps*, n'y en ayant pas un ni Grec, ni Latin, qui n'ait écrit la premiere syllabe de ce nom par un *i* simple.

A l'égard de l'usage des étofes que l'on faisoit de ces poils de chévres & de boucs ; voiez lès remarques qui sont à la fin de l'Article CILICIE.

CINYRIA, ancienne Ville de l'Isle de Cypre. Pline [b] en parle comme d'une Ville, qui ne subsistoit déja plus de son temps. Le R. P. Hardouin dit qu'elle avoit reçu ce nom du Roi Cinyras & cite Nonnus au XIII. livre de ses Dionysiaques : ce n'est pas, dit-il, la Κερύνεια de Scylax, ni la Κερωνία de Ptolomée comme l'a cru Mr. Spanheim.

b l. 5. c. 31.

CINYRUS, Montagne d'Italie dans le *Picenum*, nous dirions presentement dans la Marche d'Ancone. Vibius Sequester le seul qui l'ait nommée se contente de dire en quelle Province, sans rien determiner de plus précis.

CIOKING [c], Ville de la Chine & la troisiéme entre les Villes militaires de la Province de Junnan. Elle est de 16. d. 40'. plus Occidentale que Pekin, par les 26. d. 28'. de latitude. Sous la famille de Hana le Canton où est cette Ville étoit du Royaume de Jung-

c Atlas Sinensis.

chang. Ceux de la famille de Tanga l'appellerent CIOCHEU, ceux de la famille de Juenas lui donnerent le nom de CIOKING qu'elle porte. Son territoire ne comprend que trois Villes, savoir

Cioking, Kienchuen, & Xun.

Il est tout entouré de Rivieres & de Montagnes. Ses habitans sont robustes & courageux & ne portent pas un éventail à la Chinoise ; mais ils vont armez avec l'arc & la flêche. Le Pays produit le Musc & des noix de Pin ; on y fait de très-belles tapisseries. Au Midi de la Ville de Cioping est la haute Montagne de Fuchang. Au Couchant est le Lac de Kien d'où sort la Riviere de Putoa.

1. CION ou CIAON [d], Ville Capitale du Royaume de même nom dans l'Isle de Celebes au fond d'un grand Golphe, environ à cinquante lieues de la Ville de Macaçar.

d Baudrand.

2. CION ou CIAON [e], (LE ROYAUME DE) Pays d'Asie aux Indes Orientales dans l'Isle de Celebes, dans la grande Mer des Indes avec une Ville de même nom.

e Le même.

CIOS, Riviere & Ville d'Asie en Bithynie. Pline dit [f] que c'avoit été une Ville de Commerce pour la Phrygie qui en étoit voisine, que les Milesiens l'avoient bâtie, quoique dans le lieu nommé Ascanie de Phrygie. Elle étoit dans un petit Golphe, selon Pomponius Mela [g]. Elle est nommée Κίος *Cius* par Strabon, Denys, Apollonius, & Eustathe. Le R. P. Hardouin a vû chez le Chevalier Fountaine Anglois une Medaille de l'Empereur Severe sur laquelle on lit ΑΤ. ΚΑΙC. CΕΟΘΗΡΟC ΠΕ. *Imp. Cæsar Severus Pertinax.*) (. CΕΤΗΡΟΤ. ΒΑCΙΛΕΤΟΝΤΟC Ο ΚΟCΜΟC ΕΤ ΤΤΧΕΙ Η ΑΦΑΡΙΟΤ ΚΙΑΝΟΙC ; voici l'explication qu'en donne le R. P. Hardouin Σευήρου Βασιλεύοντος ὁ κόσμος εὐτυχεῖ, ἡ Ἀσκανία Φρυγίας ἄρουρα γόνιμος ὑπάρχει Κιανοῖς. *Severo imperante felix est orbis. Ascania Phrygia tellus fœcunda Cianis est.* C'est-à-dire : sous l'Empire de Severe le monde est heureux : l'Ascanie de Phrygie, Pays fertile, est aux Cianiens. Casaubon remarque que cette même Ville est toûjours nommée Cieros par Memnon. Les habitans du Pays la nomment presentement CHORASIA, & les Turcs CHERIS : son nom vient de l'abondance des Cerises.

f l. 5. c. 32.

g l. 1. c. 19.

CIOTAT, (LA) Ville Maritime de France en Provence à l'Orient de Marseille dans la Viguerie d'Aix. Mr. Baudrand [h] croit que c'est la *Taurentium* des anciens. Mr. de Longuerue ne la croit pas si ancienne à beaucoup près. Elle est, dit-il [i], peuplée & marchande ; mais moderne ; car dans le commencement du treiziéme siécle, on ne la connoissoit point encore ; mais seulement le Village voisin nommé Ceireste, en Latin *Cisarista* corrompu de *Citharista*. Il y a près de la Ciotat un Couvent de Servites dans l'enclos duquel se trouve une fontaine, dont l'eau hausse & baisse, comme le flux & le reflux de la Mer. La Ciotat est fameuse par ses bons vins muscats.

h Ed. 1705.

i Desc. de la France 1. part. p. 351.

CIPIPA, Ville d'Afrique, selon Ptolomée [k]. Mercator croit que c'est la Cigisa d'Antonin.

k l. 4. c. ?.

CIP-

CIPPURIAS, Ville d'Asie dans la Mengrelie au Nord de la Riviere d'Engur, qui est l'Astelfus des Anciens, selon la Carte de ce Pays dressée par le P. Archange Lamberti, & inserée au I. Tome des Voyages recueillis par Thevenot.

CIRAMEA, lieu maritime de l'Isle de Cypre comme on lit dans l'Histoire Mêlée [a]. Ortelius soupçonne que c'est peut-être CERAUNIA qu'il faut lire. Voiez CYRENE [b].

[a] l. 22.
[b] Atlas.

CIRANGAPATNAM. Mr. de l'Isle [b] écrit CHIRANGAPATNAM, grande Ville des Indes dans la Presqu'Isle d'en deçà le Gange, à l'Orient des Montagnes de Gate dans la partie Septentrionale du Royaume de Maissour, sur la rive Orientale de la Riviere de Coloran; & sur la route de Mangalor à Bisnagar.

CIRAT, Riviere d'Afrique au Royaume de Tremecen. [c] Elle prend son nom des campagnes qu'elle arrose & se forme de deux Rivieres nommées HUET ZIZ, & HUET HABRA, dont l'une sort de la Montagne de Beni Arax près de la Ville de Mohascar, & l'autre du grand Atlas. Et elles se joignent dans une plaine où les Arabes lui donnent le nom de Chumorra; mais plus bas, ils l'appellent Cirat, à cause de la plaine où errent plusieurs Arabes fort puissans. Elle passe à quatre lieues d'Agobel.

[c] Marmol l. 5. c. 16. p. 359.

CIRCA. Voiez CIRCENSIS.

CIRCÆI CAMPI. Voiez CIRCÆUS.

1. CIRCÆUM, selon Strabon [d] & Ptolomée [e]. CIRCEII, selon Pomponius Mela [f] & Pline [g]. Il y avoit un Promontoire & une Ville, qui tiroient leur nom de Circé fille du Soleil qu'une tradition fabuleuse pretendoit avoir vécu en cet endroit. Le Promontoire est presentement appellé MONTE CIRCELLO dans la Campagne de Rome. A l'égard de la Ville, voiez CIRCEII.

[d] l. 5. p. 231.
[e] l. 3. c. 1.
[f] l. 2. c. 4. n. 70.
[g] l. 3. c. 5.

2. CIRCÆUM. Le R. P. Hardouin trouvant dans les anciennes Editions de Pline *Tyritacen*, & dans les manuscrits *Tyndaridaceum* a rétabli au lieu de ces mots *Tyndarida*, CIRCÆUM; si cette correction est aussi juste que plausible CIRCÆUM avoit été une Ville de la Colchide auprès du Phase, & elle ne subsistoit déja plus du temps de Pline [h].

[h] l. 6. c. 4.

CIRCÆUS CAMPUS, Campagne de la Colchide auprès du Phase, selon Denys le Periegete [i], Valerius Flaccus [k], & Apollonius [l] dans son Poéme des Argonautes. Le nom de cette campagne autorise la correction du passage de Pline.

[i] Periegef. v. 692.
[k] l. 5.
[l] l. 3.

CIRCASSIE, Pays d'Asie entre le cours du Don & du Wolga qui le bornent au Nord-Ouest, & au Nord-Est la Mer Caspienne le borne au Levant. Il a au Midi le Daghestan, le Royaume de Caret, la Mengrelie & la Mer noire; & il s'étend jusqu'aux Palus Méotides. Voici l'idée qu'en donne Chardin dans son Voyage de Paris à Ispahan [m]. Du Canal du Palus Méotide, en Mengrelie, il y a six cents milles de côtes. Ce sont toutes Montagnes, belles, couvertes de bois, habitées par les Circassiens. Les Turcs appellent ces Peuples CHERKE's ou KERKE's, les Anciens les nommoient communément Zagéens, & aussi habitans des Montagnes; ce qui revient à la dénomination de PENG-DAGUI que quelques Géographes Orientaux donnent à ce Peuple; c'est-à-dire les cinq Montagnes, le nombre certain mis pour l'incertain. Pomponius Mela les nomme Sargaciens. Ils ne sont ni sujets, ni tributaires de la Porte. Leur climat est assez mauvais, froid & humide. Il ne croit point de froment chez eux: on n'y recueille rien de rare; c'est pour cela que les Turcs laissent ces grands Pays aux gens qui y naissent, ne valant pas la peine d'être conquis ni possedez. Les vaisseaux de Constantinople & de Caffa, qui vont en Mengrelie jettent l'ancre en passant en plusieurs lieux de ces côtes. Ils demeurent un jour ou deux en chacun & pendant ce temps on voit le rivage bordé de ces barbares demi-nuds & avides, qui y fondent à troupes de leurs Montagnes avec un air de brigands: on negocie avec eux les armes à la main. Quand quelques-uns d'eux veulent venir au vaisseau, on leur donne des ôtages, & ils en donnent de même, lorsque quelques gens du vaisseau veulent aller à terre, ce qui arrive rarement parce qu'ils sont de très-mauvaise foi. Ils donnent trois hommes en ôtage pour un. Leur pays est encore plus miserable que la Mengrelie. On prend d'eux en échange des marchandises qu'on leur porte, des personnes de tout âge & de tout sexe, du miel, de la cire, du cuir, des peaux de *Chacal*; c'est un animal semblable à un Renard, mais beaucoup plus grand, du *Zerdava*, peau qui ressemble à la martre, & d'autres animaux qui sont dans les Montagnes de Circassie. L'échange se fait en cette forte: la barque du vaisseau va tout proche du rivage; ceux qui sont dedans sont bien armez; ils ne laissent approcher de l'endroit, où la barque est abordée, qu'un nombre de Cherkes semblable à leur; s'ils en voyent venir un plus grand nombre, ils se retirent au large. Lorsqu'ils se sont abouchez de près ils se montrent les denrées qu'ils ont à échanger, ils conviennent de l'échange & le font. Cependant il faut être bien sur ses gardes, car ces Cherkes sont l'infidelité & la perfidie même. Il leur est impossible de voir l'occasion de faire un larcin sans en profiter.

[m] T. 1. p. 118.

[n] Ces Peuples sont tout-à-fait sauvages. Ils ont été autrefois Chrétiens, à présent ils n'ont aucune Religion, non pas même la naturelle. Ils ont seulement quelques usages superstitieux, qui semblent venir des Chrétiens & des Mahometans leurs voisins. Ils habitent en des cabanes de bois, & vont presque nuds. Chaque homme est ennemi juré de ceux d'alentour. Les habitans se prennent esclaves, & se vendent les uns aux autres aux Turcs & aux Tartares. Les femmes labourent la terre. Les Cherkes & leurs voisins vivent d'une pâte faite d'un grain fort menu semblable au mil. Ceux qui ont trafiqué le long de ces côtes, racontent mille manieres barbares de ces Peuples. Il n'y a pas toutefois beaucoup de sureté à croire tous les raports qu'on fait d'eux, & du dedans de leur Pays; car personne n'y va & tout ce qu'on en sait est par le canal des Esclaves qu'on en emmene, qui sont des sauvages dont tout ce qu'on peut apprendre est fort incertain.

[n] Ibid.

CIR.

Ce que Chardin dit doit principalement s'entendre des Circassiens, qui sont le long de la Mer noire. Olearius qui en 1638. traversa la Circassie dans sa partie Orientale du côté de la Mer Caspienne en parle ainsi [a]. Il n'y a point d'Historien ancien ou moderne que je sache qui en parle. Scaliger en fait mention en ses [b] Exercitations contre Cardan ; mais en fort peu de mots, & les nomme que *Strabon ZIGI*, les logeant au delà du Caucase sur le Pont-Euxin & vers les Palus Méotides ; sur les frontieres de l'Asie & de l'Europe ; au lieu que ceux que nous avons vus sont Scythes ou Sarmates Caspiens, & occupent une partie de l'ancienne Albanie ; qui a pour frontieres du côté du Levant & du Ponant la Mer Caspienne & le Mont Caucase, & vers le Midi & le Nord la Riviere de Bustro, & les effroyables landes de Tartarie & d'Astracan.

[a] l. 6. T. 2. p. 65.
[b] Exerc. 33. 167. & 303. Sect. 3.

Leur Ville Capitale est Terki ; mais depuis que le Czar de Moscovie a étendu ses conquêtes jusques-là, il a mis garnison en toutes les Villes, & ne laisse aux Tartares Circasses pour leur demeure que les Bourgs & les Vilages ; quoique sous le gouvernement des Seigneurs du Pays, qui sont tous sujets du Czar & obligez de lui prêter serment de fidelité. La Justice qui est administrée par ceux de leur Nation se rend au nom du Czar & en la presence du Waivode particulierement pour les affaires d'importance. Leurs Maisons sont fort chetives, la plûpart faites de terre & de branchages & au dedans enduites d'argile. Les hommes sont la plûpart fort robustes, d'un teint jaunâtre ; mais ils n'ont pas le visage si large que les Tartares de Nagaia. Ils ont les cheveux noirs & longs, sinon qu'ils se font raser le milieu de la tête depuis le front jusqu'au cou de la largeur d'un pouce, laissant seulement au sommet un toupet tressé qui leur bat sur le col. Scaliger dit que les Circasses sont les plus perfides & les plus barbares de tous les hommes ; mais c'est ce qui se pourroit dire avec plus de raison de ceux du Daghestan, car les Circasses sont un peu moins barbares & plus accommodans ; & il y a grande apparence que c'est depuis qu'ils vivent sous la Domination Russienne, & qu'ils ont la conversation avec les Chrétiens qu'ils se défont peu à peu de leur Barbarie.

Ils ont le *Langage* commun avec tous les autres Tartares, & outre cela ils parlent presque tous le Russien. Les hommes sont habillez comme les autres Tartares, sinon que leurs bonnets sont un peu larges, & presque semblables à ceux de nos Prêtres. (C'est-à-dire des Prêtres Lutheriens dont le bonnet ressemble au mortier de nos Presidens de France.) Ils ont le manteau de feutre, ou de peaux de mouton attaché avec une éguillette, ou avec un cordon : mais il ne joint point, desorte que ne pouvant couvrir qu'une partie du corps ; ils le tournent toujours selon le vent & la pluye. Leurs femmes sont fort faites, & ont le visage beau, le teint blanc & uni & les joues fort bien colorées. Leurs cheveux qui sont noirs leur pendent en deux tresses des deux côtez du visage qu'elles ont toûjours découvert. Elles ont sur la tête un couvrechef noir, couvert d'une toile de coton fort fine

Tom. II.

CIR. 649

ou de quelque autre toile ouvrée, qu'elles nouent sous le menton. Les veuves ont derriere la tête une vessie de bœuf enflée couverte de toile de coton, d'un crêpe, ou de quelque autre étoffe de plusieurs couleurs ; desorte qu'à les voir de loin il semble qu'elles aient deux têtes. Les femmes n'ont l'été qu'une simple chemise, rouge, verte, jaune, ou bleue, & fendue par devant jusqu'au ventre desorte qu'on leur voit le sein, l'estomac & même le nombril. Elles sont familieres & de bonne humeur, il y en a qui invitent les étrangers à entrer dans leurs Maisons & l'on nous dit même, (c'est toûjours Olearius qui parle) que lorsque le mari voit entrer quelqu'un qui demande à parler à sa femme, il sort afin de n'être point incommode. Cette conduite si contraire à la modestie les feroit soupçonner d'une grande facilité à tomber dans l'adultere, c'est pourtant ce qui n'est pas, & les étrangers y sont trompez. Un Officier s'étant laissé attirer dans une de ces Maisons trouva tant de complaisance dans la femme qu'il crut avoir Ville gagnée ; mais elle lui dit que cela ne se faisoit point parmi eux, que la confiance que leurs maris avoient en leur pudicité meritoit bien qu'elles la reconnussent d'une fidelité à toute épreuve, & que quand même les maris seroient capables de conniver à leur faute, le reste du Peuple ne leur pardonneroit pas une infidelité de cette nature. Elles ne font point de dificulté de souffrir toute le reste & s'en font payer, prenant & demandant des presens & même sous pretexte de visiter les habits partout elles portent quelquefois la main dans la poche, & en tirent tout ce qu'elles peuvent attraper. (Ainsi l'avidité d'avoir quelque butin a plus de part que l'incontinence, à l'adresse qu'elles ont d'attirer les étrangers, & aux menues faveurs qu'elles leur accordent.)

Quoiqu'il soit permis aux hommes d'épouser plusieurs femmes, la plupart néanmoins se contentent d'une seule. Quand un homme meurt sans enfans son frere est obligé d'épouser sa veuve pour lui susciter lignée.

Leur Religion est presque toute Payenne, car quoi qu'ils se fassent circoncire ils n'ont ni Bible, ni Alcoran, ni Prêtres, ni Eglise. Ils sont eux-mêmes les Sacrificateurs & ils font eux-mêmes les sacrifices ; particulierement le jour de St. Elie.

Quand un homme de qualité meurt, les parens & les amis s'assemblent à la campagne, hommes & femmes, pour sacrifier un bouc : & pour savoir s'il est propre au sacrifice, ils en coupent la nature qu'ils jettent contre la muraille ; si elle n'y tient pas, ils sont obligez d'en tuer un autre. Si elle y tient, on acheve les Ceremonies, en l'écorchant & en étendant la peau au bout d'une longue perche, devant laquelle ils font leur sacrifice & font bouillir & rôtir la chair qu'ils mangent après. Le festin étant achevé, les hommes se levent & vont faire leur adoration à la peau, & après les prieres les femmes se retirent. Les hommes demeurent & s'enyvrent de leur *Bragga* & d'eau de vie, si bestialement que rarement ils se séparent sans se battre. Cette peau demeure sur la perche jusqu'à ce que la mort d'une autre personne de qualité y en fasse mettre une au-

Nnnn* tre

tre en la place. Ils enterrent leurs morts fort honorablement, ornent leurs sepulchres de piliers, & font bâtir des Maisons entiéres exprès sur ceux des personnes de qualité. Pour temoigner le deuil, ils se déchirent le front, les bras & l'estomac, à coups d'ongles, & d'une façon fort barbare ensorte que l'on en voit découler le sang en grande abondance. Leur deuil continue jusqu'à ce que les playes soient fermées, & s'ils veulent qu'il dure plus long-temps ils les rouvrent souvent de la même façon.

a De l'Isle Atlas.

[a] Au Nord du Caucase assez avant dans les terres est la Ville de CABARTEI Capitale d'un Canton nommé la CABARDINIE. Ce Canton est au Midi de la partie Orientale de la Circassie.

CIRCEII, Ville des Volsques en Italie près du Promontoire Circeien; c'est-à-dire au pied du Mont Circello. Pline dit qu'elle étoit autrefois entourée de la Mer & entierement isolée; surquoi il cite l'autorité d'Homere [b]. Le Reverend Pere Hardouin accuse Pline de n'avoir pas bien entendu le Poëte Grec & prête ce dernier une allegorie assez ingenieuse. L'Isle de Circé, dit-il, c'est la terre entourée par tout de l'Océan & Homere l'appelle ailleurs Αἰαία [c], c'est la même qu'il appelle encore Φυσίζωος αἶα [d], parce qu'elle produit tout ce qui est necessaire à la nourriture des hommes. Homere donne à Circé un frere nommé Ǽéte Αὐήτην; c'est-à-dire *terrestre*. Il feint qu'ils avoient l'un & l'autre le Soleil pour pere, & pour mere la Nymphe Persa fille de l'Océan. Ce frere de Circé ou de la Terre est la vigueur de la terre, causée par le Soleil & nourrie par les eaux de l'Océan. C'est ainsi que les Mythologistes s'exercent à trouver un sens physique ou moral dans les fictions d'Homere, quoique vraisemblablement il n'y ait jamais entendu tant de finesse. Theophraste qui selon le temoignage de Pline [e] est le premier étranger qui ait écrit avec soin touchant les Romains, parle de cette Isle dans le livre [f] qu'il a écrit sous Nicodore Magistrat des Atheniens, c'est-à-dire l'an de Rome 440. & dit que l'Isle de Circeii avoit LXXX. stades, c'est-à-dire dix mille pas de grandeur. Pline conclut delà que tout ce qu'il y a de terre autour de cette Ville & de cette Isle, outre les dix mille pas de circuit dont on vient de parler, est un accroissement qui a été ajouté à l'Italie. Sur les ruines de cette Ville est presentement un Village nommé SANTA FELICITA. Ortelius a été trompé quand il a cru que c'étoit presentement CIVITA VECCHIA, qui en est à environ soixante & dix milles.

b Odyss. κ´. v. 194.
c v. 135. & λ´. v. 70.
d λ´. v. 300.

e Ibid.
f Hist. Plant. l. 5. c. 9.

g Baudrand Ed. 1705.

CIRCELLO [g], (MONTE) Cap d'Italie dans la Campagne de Rome. C'est une fort haute Montagne, qui paroît une Isle étant environnée de la Mer de Toscane vers le Midi, & des Palus Pontines au Nord.

CIRCENSIS. Dans la Conference de Carthage [h] on trouve Fortunat Evêque de Constantine (*Ecclesiæ Constantiniensis.*) C'est le même Siége d'Afrique dans la Numidie, qui est nommé CIRCENSIS ou CIRTENSIS, selon les divers exemplaires de la Notice d'Afrique. La Ville de *Cirta* si fameuse dans les Ecrits des Anciens a donné lieu au nom de *Cirtensis*. Elle est nommée dans l'Itineraire d'Antonin, selon l'exemplaire du Vatican, CIRCA *Colonia*, & c'est delà qu'est venu le nom de *Circensis*. Elle prit le nom de CONSTANTINE à cause de Constantin le Grand, & c'est le nom qu'elle porte encore à present. Voiez CIRTA & CONSTANTINE.

h c. 138. p. 274. Ed. Dupiniana.

CIRCESIUM, Κιρκήσιον; Eutrope l'appelle CIRCESSUM, ce qui est une faute des Copistes, car Pæanius son Traducteur Grec dit fort bien Κιρκήσιον, avec un ν de trop à la verité. Eutrope [i] parlant de la mort de l'Empereur Gordien, dit: le soldat lui érigea un monument à vingt milles de Circessum, qui est une Forteresse appartenante encore aux Romains, au pied de laquelle passe l'Euphrate. La Notice de l'Empire [k] met Circesium dans le département de l'Osrhroëne. Capitolin [l] appelle cette Forteresse CIRCEIUM CASTRUM, & dit qu'elle étoit aux frontieres de Perse. Il pretend que c'est-là que fut élevé le monument dont même il raporte l'inscription. Ammien Marcellin [m] l'appelle CERCUSIUM, & dit que c'est une place forte, très-sure, & bien bâtie dont l'Abora & l'Euphrate entourent les murs & en font une espece d'Isle. Il ajoute: l'Empereur Dioclétien la trouvant petite & trop exposée l'environna de murs & de hautes tours, cela est conforme à ce que dit Procope [n]. CIRCESION, Forteresse dans la Mesopotamie, à l'endroit où le Fleuve Morras se décharge dans l'Euphrate. Ce Fort relevoit des Romains & avoit été construit par l'Empereur Diocletien. Mais Justinien voyant qu'il avoit été tellement ruiné par l'injure du tems qu'il étoit abandonné, le rebâtit, & en fit une Ville fort grande & fort considerable. On ne l'avoit pas enclos tout à fait de murailles au tems de Diocletien; mais seulement jusques sur le bord de l'Euphrate, où l'on avoit élevé deux tours aux deux côtez; dans la créance que ce Fleuve le defendroit assez de ce côté-là. L'Euphrate ayant miné par la suite du tems le pied de la Tour, qui étoit du côté du Midi de telle sorte qu'elle sembloit prête à tomber à moins qu'on ne la reparât promptement, Justinien à qui Dieu avoit reservé la gloire d'être le restaurateur de toutes les parties de l'Empire, soutint la Tour & continua la muraille le long de l'Euphrate. Il en éleva une autre en dehors à l'endroit où les deux Fleuves se rencontrent & il rendit la place imprenable. De plus il y laissa une forte Garnison sous un vaillant Commandant. Il repara encore le bain public qui ne pouvoit plus servir, & il l'embellit de plusieurs ornemens. Le cours de la Riviere ayant affoibli par la suite des années l'édifice, qui avoit été bâti au dessus des fourneaux, Justinien le fit reparer de telle sorte, que l'eau ne lui put plus endommager, & il conserva de la sorte le divertissement du bain à la garnison.

i Breviar. l. 9. c. 2.
k Sect. 25.
l Hist. August. p. 333. Edit. Rob. Steph. 1544. in 8.
m l. 23. p. 262. Ed. Lindebrog.
n Ædific. l. 2. c. 6.

CIRCESTER. Voiez CIRENCESTER.

CIRCIDIUS, Riviere de l'Isle de Corse, selon Ptolomée [o]. Elle a son Embouchûre dans la partie Occidentale de cette Isle. Leandre & les Interpretes de Ptolomée disent que c'est presentement le PIANELLO.

o l. 3. c. 2.

CIRCITANUS, ou plutôt Circinitanus, dénomination d'un Siége Episcopal d'Afrique; le même, à ce que l'on croit, que Cincaritanus & Cincaritensis. Voiez cet Article. Ce Siége étoit de la Byzacene.

CIRCIUS. Voiez Taurus.

☞ **CIRCIUS VENTUS.** Les Anciens nommoient ainsi un vent fort & impetueux que Favorin[a] dit avoir pris son nom de ce qu'il souffle en tourbillon, Aulugelle qui le dit ajoute qu'il fait de grands ravages dans la Gaule. Seneque[b] dit que quoi qu'il renversât les Maisons les Gaulois ne laissoient pas de lui rendre graces de ce qu'il apportoit à leur pays la salubrité en purifiant l'air, & qu'Auguste sejournant dans les Gaules fit vœu de lui ériger un Temple qu'il fit bâtir en effet. Pline dit[c]: dans la Province de Narbonne le plus remarquable de tous les vens, c'est le Circius. Aussi violent qu'aucun autre, il roule en droite ligne le long de la côte de Gêne jusqu'à Ostie. Il est non seulement inconnu aux autres pays; mais même il n'arrive pas jusqu'à Vienne Ville de la même Province, une Montagne mediocrement haute l'abbat, & l'arrête avant qu'il vienne jusques-là. Le R. Pere Hardouin dit que les François l'appellent Nort-Ouest-Nort, il se trompe 1. en ce qu'il n'y a aucun Rumb de vent parmi les trente-deux de la Boussole, qui s'appelle ainsi. 2. en ce qu'il répond exactement à aucun de ces trente-deux Rumbs; mais celui dont il approche le plus est, selon le P. Briet, le Nord-Ouest quart a l'Ouest.

[a] apud Aul. Gell. l. 2. c. 2.
[b] Natur. Quæst. l. 5. c. 17.
[c] l. 2. c. 47.

CIRENE. Voiez Cyrene.

CIRENCESTER[d], Ville d'Angleterre en Glocestershire. Elle est située sur le Churn à douze milles au Sud-Est de Glocester. Du temps des Romains elle s'appelloit *Corinium* ou *Durocornovium*, & étoit d'importance; mais elle est bien déchue, ayant été fort maltraitée par les Saxons & par les Danois. Mr. Gibson dans la Table où il explique les noms Géographiques employez dans la Chronique Saxone qu'il a fait imprimer remarque que cette Ville y est nommée Cirrenceastre, Cirecestere ou Circestre. Il ajoute: selon Camden les Bretons disent Caer Cori & Caer Ceri, d'où il paroit qu'est venu le nom Saxon; mais Somner aime mieux le dériver de *Cirran* mot Saxon qui veut dire *tourner*; parce qu'en cet endroit les chemins Consulaires des Romains se croisoient. Mr. Gibson nomme cette même Ville Ciceter. Mr. Gale dans son Commentaire sur la partie d'Antonin, qui concerne la grande Bretagne ne lit pas[e] dans cet Itineraire *Duro Cornovio*, mais *Duro Corinio*, & remarque que c'est *Corinium Dobunorum* de l'Anonyme de Ravenne. Il écrit le nom moderne *Cirencester*, & dit que l'un & l'autre nom vient de la Riviere de *Chyrn*; ce qui est plus vraisemblable.

[d] Etat prés. de la Grande Bretagne T. 1. p. 66.
[e] p. 129.

CIRENZA, Ville du Royaume de Naples dans la Basilicate dont elle est la Capitale, sur la Riviere de Brandano au pied de l'Apennin. Elle est le Siége d'un Archevêque. Quelques-uns la nomment Acerenza, c'est la même qu'Acherontia.

CIREZ. Mr. de l'Isle[f] nomme *Indiens Cirez*, une Nation de l'Amerique Meridionale au Paraguay, dans l'Urvais, à l'Orient de la Riviere d'Urvais, & au Couchant de la Riviere d'Igai encore voisine de sa source.

[f] Carte du Paraguay &c.

CIRIADA, lieu Municipal, ou Bourg de l'Attique dans la Tribu Hippothoontide, selon Etienne le Géographe & Hesyche.

CIRIGI, Riviere de l'Amerique Meridionale au Bresil, & dans la Capitainie de Cirijí à laquelle elle donne le nom que l'on a corrompu en celui de Seregippe, comme le remarque Gaspar Barlay cité par Mr. Baudrand[g]. Voiez Seregippe.

[g] Ed. 1705.

CIRIS[h], Riviere des Brutiens, selon Lycophron. On lit aussi *Coeris Κοιρις*. C'est une Riviere de Calabre nommée presentement Caldano, comme dit Gabriel Barri.

[h] Ortel. Thesaur.

CIRNA, Montagne de l'Afrique propre, selon Ptolomée[i].

[i] l. 4. c. 3.

CIRNUS. Voiez Cyrnus.

CIRO, ou Lo Ziro, en Latin Cirum, petit Bourg d'Italie, au Royaume de Naples dans la Calabre Citerieure, près du Cap d'Alice, à neuf milles d'Umbriatico. C'étoit autrefois une Ville Episcopale. Voiez Crimisa.

1. **CIRPHIS**, Ville de Grece dans la Phocide, selon Strabon[k]. Elle étoit dans les terres auprès du Mont Parnasse.

[k] l. 9. p. 416.

2. **CIRPHIS**, Montagne de Grece dans la Phocide, tout auprès du Parnasse, selon le Scholiaste de Pindare. Strabon[l] dit devant la Ville (de Delphes) est au Midi le Mont Cirphis. Il est escarpé & il y a entre deux un bois qu'arrose le Fleuve Plistus, & non pas *plusieurs Fleuves*, comme portent les anciennes éditions Latines.

[l] Ibid. p. 418.

CIRPI, lieu qu'Antonin met entre *Ulcisia Castra & ad Herculem Castra*, à XII. M. P. de l'un & de l'autre. Il ne lui donne que le nom de Mansion, ou gîte. La Notice de l'Empire[m] met sous le département de la Valerie Ripense les Cavaliers Dalmates en quartiers d'hyver à *Cirpum, Equites Dalmatæ Cirpi*. Il falloit que ce fût alors quelque chose de plus qu'une simple Auberge. Voiez Carpi 2.

[m] Sect. 57.

CIRRA ou Cirrha, Ville ancienne de Grece dans la Phocide; c'étoit le Port de Mer des habitans de Delphes[n]. Elle étoit dans une campagne qui en prenoit le nom de Cirrhæi Campi. Eschine dans sa Harangue contre Ctesiphon fait mention d'un Peuple nommé Cirrhæi. Mr. Toureil[o] expliquant dans une remarque ces paroles de la même Harangue, *il est une plaine qu'on appelle Cirrhée &c.* dit: elle empruntoit son nom de Cirrhe Ville de la Phocide située au pied du Mont Parnasse; en quoi il se trompe, car cette Ville ne pouvoit être au pied du Mont Parnasse & être en même temps un Port de Mer, comme elle étoit selon le temoignage des Anciens. Il explique les Cirrhéens par les habitans de cette Ville. Pausanias nous apprend qu'elle s'appelloit anciennement Crissa, & c'est sous ce nom qu'elle est marquée dans la Carte de l'ancienne Grece par Mr. de l'Isle. On croit que le nom moderne est Asprópiti.

[n] Pausan. l. 10. c. p. 309. Strab. l. 9. p. 418.
[o] Oeuvres de Toureil T. 4. p. 358.

CIRRHADIA, contrée de l'Inde au delà du Gange[p], où croissoit le meilleur parfum de cette espece que les Anciens nommoient *Malabathrum* ou *Malobathrum*; ce lieu n'étoit pas le

[p] Ptolom. l. 7. c. 2.

le seul qui en produisît. Horace[a] lui donne l'Epithete de Syrien, parce que les Romains le tiroient de Syrie. Mr. Dacier expliquant ce vers *Malobathro Syrio capillos*; dit : c'est la feuille d'une bette , qui croissoit aux Indes dans le Pays de Malabar , vis-à-vis des Isles Maldives. Delà on l'apportoit en Syrie, où les Marchands Romains l'achetoient (peut-être aussi le tiroient-ils de la Cirrhadie , ou qu'on en apportoit delà dans les Ports de la côte de Malabar) cette feuille n'est pas si odorante que les Anciens en dussent faire tant de cas; mais, comme Mr. le Fevre (l'homme du monde, qui aimoit le plus les parfums, comme nous l'apprenons dans sa Vie) l'a fort bien remarqué , ils la preparoient avec beaucoup d'Aromates, qui rendoient cette essence admirable.

CIRRHÆATUM ou CIRRHAJATON, Bourg d'Italie dans le Pays des Arpinates. C'est où Plutarque dit que Caius Marius passa ses premieres années ; & où il mena une vie très-grossiere , si on la compare à la vie douce & polie des Villes ; mais temperante , sage , & très-semblable à celle des anciens Romains. Mr. Dacier[b] dans une remarque croit que ce nom peut bien être corrompu & qu'il faut lire CERNETUM, comme Xylander l'a corrigé sur ce passage de Pline[c] , où en décrivant la premiere region de l'Italie : il parle de *Cernetum*, & ajoute *Cernetani qui Mariani cognominantur*, c'est-à-dire les habitans de Cernetum à qui on a donné le surnom de *Mariani*. Il y a, poursuit Mr. Dacier, de l'apparence qu'on les nommoit ainsi pour faire entendre qu'ils étoient compatriotes de Marius. C'est une chose étonnante qu'on ne sache plus certainement dans quel lieu précisément étoit né un homme comme Marius , qui a tant fait parler de lui dans le plus grand théatre du monde.

§. L'Edition du R. P. Hardouin ne connoît point de Ville nommée *Cernetum*, ni de Peuple nommé *Cernetani*: ainsi on n'y admet point la correction de Xylander. Au lieu de CERNETANI on lit CEREATINI.

CIRRHÆI CAMPI. Voiez CIRRA.
CIRRO. Voiez CYRRA.
CIRRODES. Voiez CYRRHADÆ.
CIRTA , Ville d'Afrique dans la Numidie , la Ville Capitale des Etats de Masinisse, & dans laquelle il faisoit sa residence. Elle étoit la Metropole de toute la Numidie à peu de distance du fleuve Ampsagas. Strabon dit[d]: Cirta située dans l'interieur du Pays, residence de Masinisse & de ses successeurs, pourvuë de toutes choses , sur tout par Micipsa , qui y mena une peuplade de Grecs. Pline dit[e]: les Villes Cultu, Russicade, & à XLVIII. M. P. de celle-ci dans les terres la Colonie de Cirta surnommée des Sittiens. *Colonia Cirta, Sittianorum cognomine*. Pomponius Mela[f] nous marque aussi le même surnom, les plus grandes Villes qu'elle ait (la Numidie) sont Cirta, loin de la Mer , à present la Colonie des Sittiens autrefois la residence des Rois , & très-riche lorsqu'elle appartenoit à Syphax &c. ce surnom lui venoit d'une Colonie que l'on y mena & qui étoit composée de gens, qui avoient servi sous les ordres de P. Sittius lesquels on appella à cause de leur General *Sittiani*. Dion Cassius parle de lui[g] ; ce Sittius ayant été chassé, ou ce qui revient au même, s'enfuiant de Rome, rassembla un bon nombre d'exilez & en fit un corps qu'il grossit & avec lequel il fut d'un grand secours à Jules Cesar dans la guerre d'Afrique sans quoi il n'auroit pu vaincre. Cesar pour l'en recompenser lui donna la meilleure partie du Pays de Manassé, qui avoit été ami de Juba comme Appien le raconte plus amplement[h]. Syphax y tint sa cour[i] ; mais ce ne fut qu'après l'expulsion de Masinisse. La Colonie des Sittiens y fut menée sous les auspices de Jules Cesar; c'est pourquoi elle fut aussi nommée *Julia*. Ptolomée[k] dit *Cirta Julia*. Il est souvent parlé de cette Ville dans la guerre de Jugurtha écrite par Salluste. Surtout au Chapitre 21. où il est dit que l'Armée , qui s'arrêta auprès de Cirta n'étoit pas campée fort loin de la Mer: ce qui explique ces mots de Pomponius Mela *loin de la Mer* , qui ne signifient autre chose sinon qu'elle n'étoit pas immediatement au rivage. Elle est nommée CIRCA COLONIA dans l'Itineraire d'Antonin, d'où vient le titre de *Circensis Episcopus*, qui se trouve dans la Notice Episcopale d'Afrique , & au lieu duquel d'autres exemplaires ont CIRTENSIS. Elle étoit donc le Siége d'un Evêché, & Petilien Donatiste contre lequel St. Augustin a écrit un livre occupoit cet Evêché. Aurelius Victor nous apprend qu'elle fut ensuite nommée Constantine, parce qu'étant assiegée par Alexandre & ayant été fort endommagée Constantin la rétablit & l'embellit : tant il est vrai, ajoute cet Historien, que rien n'est ni plus cheri , ni plus excellent que ceux qui chassent les tyrans , & ce qui acheve de leur gagner les cœurs , c'est quand ils se gouvernent eux-mêmes selon les regles de la moderation & de la temperance.

Ptolomée nomme le Canton où étoit Cirta *Cirtesiorum regio* , c'est-à-dire, le Pays des Cirtesiens ; mais il le détache de la Numidie & le traite separément, il y met

Cirta Julia,	*Lares*,
Miræum,	*Ætare*,
Vaga,	*Azama*.

Tous lieux dans les terres, & à quelque distance de la Mer. Le R. P. Hardouin dit que le nom moderne est CACUNTINA. Les Interpretes de Ptolomée disent que les Arabes appellent le Pays *Cucuntina*; les Européens conservent le nom de CONSTANTINE. Voiez ce mot. Fazel s'est trompé bien lourdement lorsqu'il a assuré que Cirta étoit la Ville d'Alger où Charles V. fit naufrage dans le Port l'an 1537.

CIRTISA. Voiez CERTISSA.

☞ CISALPIN adjectif dont les Romains se servoient pour marquer un Peuple , un Pays , étoient en deçà des Alpes à leur égard; ainsi ils disoient la GAULE CISALPINE pour distinguer de ce que les Gaulois possedoient en Italie d'avec la Gaule proprement dite , qui étoit au delà des Alpes par raport à eux.

CISAMUS, Ville de l'Isle de Crete dans sa partie Septentrionale, selon Ptolomée[l]. El-

CIS.

le a conservé l'ancien nom avec un peu de changement, selon les Interpretes de ce Géographe qui l'appellent CHISAMOPOLI. Pline[a] l'appelle CISAMUM, & Strabon[b] dit que c'étoit le Port de la Ville d'Apteree. Elle étoit Episcopale, & Hierocles la met comme telle dans sa Notice. Le R. P. Hardouin dit qu'elle s'appelle presentement CHISAMO.

[a] l.4.c.12.
[b] l.10.p.479.

CISERUSSA ou CISSERUSSA, Isle de la Mer Ægée auprès de Gnide, selon Pline[c]. Elle tiroit son nom des grandes pierres de ponce que l'on y trouvoit.

[c] l.5.c.31.

CISI. Voiez CISSE.

CISII. Voiez SUSA.

CISIMBRENSIS[d], Ambroise Moralès trouvant ce nom dans une ancienne inscription croit que le lieu CISIMBRUM est le même que l'EPISIBRIUM de Pline, qui étoit en Espagne dans la Betique. Pour confirmer cette correction, il allegue l'autorité de deux manuscrits de Pline dans l'un desquels au lieu d'Episibrium on lit Cisimbrum, & dans l'autre Cisimbrium. Le R. P. Hardouin a trouvé dans deux autres manuscrits du même Auteur Cisimbrum & non pas Episibrium, quatre manuscrits suffisoient pour autoriser la correction ; mais l'inscription qui est de la premiere main leve tous les doutes. Le temoignage immuable des pierres est infiniment plus sûr que les livres, qui à force de passer par les mains des Copistes portent long-temps des marques de l'ignorance des uns, & de la negligence des autres.

[d] Ortel. Thesaur.

CISIPADES, Peuple ancien de l'Afrique, dans la grande Syrte, selon Pline. Ils en occupoient la côte Occidentale.

CISIQUE. Voiez CYZIQUE.

CISMAR, petite Ville d'Allemagne dans la basse Saxe au Duché de Holstein dans la Wagrie, à peu de distance de la Mer Baltique, au Nord de Travemunde. Elle est le chef-lieu d'une Seigneurie de même nom.

1. CISMONE[e], Riviere d'Italie dans le Feltrin. Elle a deux sources, l'une qui vient du Trentin & l'autre qui vient du Feltrin ; mais sur la frontiere & qui passe à Castro Primiero. Elles se joignent au dessous & après avoir coulé vers le Midi Oriental, la Cismone serpente vers le Levant, puis reprenant son cours vers le Midi entre les Montagnes, elle reçoit le SCHIZZON, & se tournant ensuite vers l'Occident Meridional, elle va se perdre dans la Brenta auprès de CISMONE.

[e] Magin Carte du Feltrino.

2. CISMONE[f], Ville d'Italie dans le Feltrin au confluent de la Riviere de Cismone & de la Brenta.

[f] Ibid.

§. Le nom de la Riviere & de la Ville est écrit CISINO par Léandre[g]. Il ne donne à la Ville que la qualité de Bourg.

[g] Descritt. di tutta l'Italia p.80.

CISOMAGUS[h] ; lieu de France en Touraine sur le Cher. Il est remarquable en ce qu'il fut converti à la foi de JESUS-CHRIST par St. Martin qui en abatit le Temple, & y bâtit une Eglise comme nous l'apprenons de Gregoire de Tours dans la Vie de ce St. qu'il a écrite. Ce lieu s'appelle presentement CHISSEAU.

[h] Baillet Topogr. des Saints.

CISON, CISSON ou KISSON[i], Torrent de la Palestine. Il a sa source dans la Vallée de Jezraël, & coule le long de cette Vallée, au Midi du Mont Tabor, & va se dégorger dans le Port de Ptolemaïde, dans la Mediterranée. Le P. Nau[k] dit en parlant des Montagnes à une lieue desquelles passe ce torrent autant qu'il put juger à la vuë qu'il est là sec la plupart de l'année, & qu'il n'a de l'eau en tout temps que depuis Endor dont il est proche jusqu'à la Mer de Galilée, où il se décharge du côté d'Orient. Il ajoute : il en a aussi toûjours, à ce qu'on m'a dit, vers le Mont Carmel le long duquel il coule & va s'emboucher dans la Mer Mediterranée à l'Occident.

[i] D. Calmet Dict.
[k] Voyage de la Terre Sainte l.5. c.16.p.630.

CISONIUM[l], en François CISOIN, CISSOIN ou CHISSOING, Bourg des Pays-bas, dans la Flandre Wallone à quatre lieues de Tournay, à trois de Lille & à une & demie d'Orchies, c'est une des IV. anciennes BEERIES ou Baronies de Flandre. Il y a une Abbaye de Chanoines Reguliers. [m] Le Comte Evrard y bâtit vers l'an 849. une Abbaye où il eut le credit de faire venir de Rome quinze ou seize ans après le corps du Pape St. Calliste. Il fit dedier l'Eglise sous son nom qu'elle porte encore aujourd'hui. L'Abbaye & le corps de St. Calliste furent soumis à l'Eglise de Rheims par Rodolphe fils d'Evrard aussi Seigneur de la terre & Abbé du Monastere, ce qui donna occasion de transporter dans la suite le corps du Saint à Rheims.

[l] Dict. Géogr. des Pays-bas.
[m] Baillet Topogr. des Saints.

CISORI, Peuple ancien de l'Ethiopie, selon Dalion Auteur cité par Pline[n] ; mais cette Ethiopie étoit très-peu connue des Anciens, qui n'en ont presque debité que des fables. Les Cisores n'avoient d'eau que celle de la pluye. La même reflexion porte sur l'Article qui suit.

[n] l.6.c.30.

CISPRII, autre Peuple de l'Ethiopie, selon Pline[o].

[o] Ibid.

CISPIUS MONS, Montagne de la Ville de Rome, selon Festus[p] qui en fait une. des six Collines, qui formoient le Mont Esquilin. Varron[q] semble distinguer le Cispius de l'Esquilin. Le Mont Cispius, dit-il, a sept sommets, auprès du Temple de Junon Lucine, c'est où demeure l'Officier à la garde duquel ce Temple est confié (*Ædituumus*).

[p] p.79. Ed. ad usum Dauphini Amstel. 1700.
[q] l.4.

1. CISSA, Isle du Golphe Adriatique auprès de l'Istrie, selon Pline[r]. Ortelius[s] doute si le nom moderne n'est pas HUMAGO, ou plutôt UMAGO. Il est fait mention de cette Cissa dans la Notice de l'Empire[t].

[r] l.3.c.26.
[s] Thesaur.
[t] Sect.42.

2. CISSA ou CISSA, ou plutôt CRESSA, Ville de la Chersonese de Thrace sur la Riviere d'Ægos. Elle ne subsistoit déja plus du temps de Pline[v].

[v] l.4.c.11.

3. CISSA, Riviere d'Asie dans le Pont Cappadocien, selon Ptolomée[x]. Elle donnoit le nom à un Peuple nommé les Cissiens, on croit que c'est la QUISA.

[x] l.5.c.6.

4. CISSA, Fontaine de Grece dans le Péloponnese auprès de Mantinée, selon Pausanias[y].

[y] l.8.c.12.

CISSADA. Voiez l'Article GENTIADA.

CISSAERO, Montagne de la Palestine. Mr. Cousin dit CISSERON dans la Traduction de Procope[z], qui en parle au sujet d'un puits que Justinien fit faire au Monastere de St. Serge, qui étoit sur cette Montagne.

[z] l.5.c.9.

CIS.

CISSÆ, Ville de la Mauritanie Cesarienſe, ſelon Ptolomée[a]. Antonin la nomme Cisi dans ſon Itineraire, & lui donne le titre de Municipe à XII. M. de *Ruſucurrum*. On trouve dans la Notice d'Afrique Reparat Evêque de ce lieu *Reparatus Ciſſitanus*. Il eſt auſſi fait mention de ce Siége dans la Conference de Carthage. Caſtald veut que le nom moderne ſoit Cerceli.

[a] l. 4. c. 2.

CISSENE[b], Montagne de Thrace, ſelon Suidas. Heſyche nomme Cissine une Ville de Thrace.

[b] Ortel. Theſaur.

CISSEUS[c], Riviere dont parle Apollodore l. 3.

[c] Ibid.

CISSI. Voiez Cissii.

CISSIA[d], contrée d'Aſie dans la Medie à une bonne journée de chemin de Babylone, ſelon Philoſtrate. Ce ſont les Cisſéens de Diodore de Sicile & des autres Hiſtoriens. Voiez Chus.

[d] *In vita Apollonii*.

CISSII ou **Cissi**, Peuple du Pont Cappadocien. Ils habitoient aux environs de la Riviere de Ciſſa dont ils prenoient leur nom. Voiez Cissa 3.

CISSII MONTES, Montagnes de la Sarmatie en Aſie, ſelon Pline[e] qui y met la ſource du fleuve Imitye.

[e] l. 6. c. 7.

CISSINE. Voiez l'Article Cissene.

CISSINUS, Ville d'Aſie dans la Perſe. Eſchyle en fait mention, & Ortelius dit: elle étoit, ſi je ne me trompe, dans le Païs nommé Ciſſia.

CISSOESSA. Voiez Cissusa.

CISSOIN. Voiez Cisonium.

CISSUS, Montagne de Macedoine, ſelon Lycophron. Iſace Tzetzes dit qu'elle fut enſuite ſurnommée Ænus parce qu'Enée s'y arrêta quelque temps après la priſe de Troye. Ortelius[f] croit qu'il ſe trompe en cela comme en bien d'autres choſes. L'Abregé de Strabon porte dans le ſeptiéme livre vers la fin, qui manque dans le livre même de ce Géographe qu'Æne'e & Cissus étoient deux Villes differentes. On y ajoute: on croiroit qu'Amphidamas étoit de cette Ciſſus; car Homere dit qu'il avoit été élevé par ſon ayeul qui étoit Ciſſéen, dans la Thrace qui eſt preſentement nommée la Macedoine. Heſyche met une Montagne de ce nom en Macedoine, & une Ville de même nom auſſi dans la Thrace; & Léunclavius dit que c'eſt preſentement Cis. Ortelius croit que la Montagne & la Ville étoient auprès de Theſſalonique vers la Mer.

[f] Theſaur.

CISSUSA, fontaine de Grece dans la Béotie entre la Ville de Thebes & celle d'Haliarte, ſelon Plutarque dans la Vie de Lyſandre. A l'occaſion de ce nom Mr. Dacier[g] fait cette note: je ne ſais ſi on trouve ailleurs quelque mention d'une fontaine aux environs d'Haliarte, qui ait eu le nom de Ciſſuſa. Je n'en connois point; mais Pauſanias parle de la fontaine Tilphusa qu'il place à cinquante ſtades, c'eſt-à-dire à ſix mille deux cents cinquante pas de la Ville. C'eſt, pourſuit le même Critique, la même fontaine que Strabon appelle Tilphosa ſous le Mont de Tilphoſion au voiſinage d'Haliarte, & je ne doute pas qu'il ne faille corriger le paſſage de Plutarque par celui de Pauſanias, & par celui de

[g] Vie des hommes Illuſt. T. 4. p. 275.

Strabon. Plutarque ajoute: les fables diſent que les nourrices de Bacchus laverent ce Dieu dans cette fontaine dès que ſa mére en fut delivrée, & la preuve qu'elles en donnent c'eſt que ſes eaux ſont d'une belle couleur de vin très-claires & très-bonnes à boire.

1. **CISTEAUX**, (l'S ne ſe prononce point) quelques-uns écrivent Citeaux; en Latin Cistercium, ou plutôt Cistertium. [h] Les Eſpagnols diſent Cistel, & cette Abbaye eſt nommée dans quelques Auteurs Cistellense Monasterium. En effet *Ciſteaux* ſemble plutôt venir de Cistella que de *Ciſtertium*. Quoi qu'il en ſoit Ciſteaux eſt une Abbaye de France au Duché de Bourgogne dans le territoire de Dijon, ſelon Mrs. Baudrand[i] & Baillet[k], dans le Beaunois, ſelon l'Abbé de Longueruë[l], à cinq lieuës de Dijon, entre des Marais, au Midi en allant vers Challon, & autant de Beaune en allant vers St. Jean de Laune. Cette Abbaye eſt chef-lieu d'un Ordre très-célébre & très-étendu. Quoi que ſituée dans le Dijonnois, elle eſt du Dioceſe de Challon ſur Saone. [m] St. Robert rebuté de l'indocilité de ſes Religieux de Moleſme les quitta pour ſe retirer dans le deſert de Vinay, Il fut ſuivi d'Alberic, d'Etienne & de deux autres de ſes diſciples. L'Evêque de Langres leur Dioceſain ſollicité par ceux de Moleſme, leur ordonna de retourner ſous peine d'excommunication; c'eſt ce qui les porta à ſortir au plutôt du Dioceſe de Langres. Robert precedé de ſes quatre compagnons ſe retira dans la Forêt de Ciſteaux au Dioceſe de Challon ſur Saone, & y fut ſuivi de vingt autres de ſes Religieux. Il y établit ſa nouvelle Communauté dont il fut le premier Abbé en 1098. étant retourné au bout d'un an dans ſon Abbaye de Moleſme par une diſpenſe du Legat du Pape, il eut pour ſucceſſeur le Bienheureux Alberic, qui fut fait Abbé de Ciſteaux en ſa place dès l'an 1099. ce ſecond Abbé occupa cette dignité dix ans. St. Etienne Harding troiſiéme Abbé lui ſucceda, & eſt regardé comme le fondateur de cette nouvelle Congregation avec St. Robert de Moleſme & le B. Alberic, car ce fut lui qui fut le veritable Legiſlateur de l'Ordre, & qui en fit les principaux reglemens. Il en revit les Conſtitutions & ſes fit approuver au Pape Calliſte II. qui confirma auſſi l'Ordre de Ciſteaux par une Bulle de l'an 1119. [n] Cet Ordre s'accrut en ſort peu de temps ſous Etienne, & ſous Etienne le nombre des Moines s'augmenta ſi fort qu'Etienne en envoya une partie l'an 1112. à la Ferte'-sur-Grosne en Challonnois, où fut fondée la premiere fille de Ciſteaux. L'année ſuivante 1113. le nombre des Moines de Ciſteaux s'accrut encore davantage lorſque l'Abbé Etienne donna l'habit à St. Bernard, & à trente de ſes compagnons, deſorte que l'an 1114. l'Abbé Etienne fonda en Auxerrois le Monaſtere de St. Edmond ou St. Edme de Pontigni, qui fut la ſeconde fille. L'an 1115. St. Bernard fonda le Monaſtere de Clairvaux, qui fut la troiſiéme fille; & la même année Guillencus Evêque de Langres fonda le Monaſtere de Morimont en Baſſigni, qui eſt la quatriéme fille de Ciſteaux. Ces quatre Abbez qu'on appelle les Peres, ou les Primats

[h] Baillet Topogr. des Saints p. 577.

[i] Ed. 1705.

[k] Ibid.

[l] Deſc. de la France 1. part. p. 284.

[m] Baillet Topogr. des Saints p. 131.

[n] Longueruë l. c.

CIS. CIT.   CIT.

mats de l'Ordre, ont de grands privileges, & peuvent paſſer eux-mêmes pour des Generaux d'Ordre à cauſe de l'autorité, qu'ils ont ſur les Monaſteres de Ciſteaux, qui ſont de leur filiation. Avant St. Etienne Ciſteaux étoit à proprement parler de l'Ordre de St. Benoît; mais les nouvelles Conſtitutions en firent un Ordre à part, qui s'eſt enſuite diviſé en pluſieurs Congregations, par les diverſes reformes auxquelles a donné lieu le relâchement, qui s'y eſt introduit avec le temps. Auſſi Deſpréaux a-t-il établi à Ciſteaux le ſejour de la Molleſſe dans ſon admirable Poéme du Lutrin.

2. CISTEAUX[a], Ville de France en Bourgogne auprès de l'Abbaye de même nom. La terre où le Monaſtere fût bâti appartenoit à Renard Vicomte de Beaune, Eude I. Duc de Bourgogne la donna à ces Religieux. La ſituation de Ciſteaux étoit triſte & dans un pays, qui étoit alors inculte & marécageux. C'eſt même cette ſituation qui engagea les Moines à le choiſir; mais avec le temps la grandeur & l'opulence de l'Abbaye ayant attiré auprès d'elle pluſieurs habitans, il s'y eſt formé une Ville, & le Pays qui étoit autrefois deſert, eſt aujourd'hui bien peuplé & bien cultivé. J'ai été ſurpris de ne rien trouver touchant l'Abbaye, & la Ville de Ciſteaux dans le livre de Mr. Pigàniol de la Forcé.

a Longuerue l. c.

CISTENA. Voiez CISTHENE.

CISTERNA, Bourg d'Italie dans l'Etat de l'Egliſe. [b] Il eſt dans la campagne de Rome à cinq lieues de Paleſtrine du côté du Midi. On voit auprès de Ciſterna les ruines de la Ville appellée autrefois TRES TABERNÆ juſqu'où les fidelles de Rome allerent autrefois au devant de St. Paul l'an 61.

b Baudrand Ed. 1705.

CISTERCIUM. Voiez CISTEAUX.

CISTERON. Voiez SISTERON.

1. CISTHENE, Ville d'Aſie dans la Myſie au Golphe d'Adramytte, ſelon Pline[c]. Strabon[d] qui la met hors du Golphe & du Promontoire Pyrrha en parle comme d'une Ville abandonnée quoi qu'il y eût un Port. Pline en parle comme d'une Ville abſolument détruite. Pomponius Mela qui vivoit entre ces deux Géographes la nomme[e] même, qui étoit, dit-il, parſemé de pluſieurs petites Villes dont la plus conſiderable, ſelon lui étoit Ciſthene.

c l. 5. c. 30.
d l. 13. p. 606.
e l. 1. c. 18. n. 16.

2. CISTHENE, petite Iſle avec une Ville de même nom ſur la côte de la Lycie, ſelon Strabon[f]. Iſocrate en fait auſſi mention.

f l. 14. p. 666.

3. CISTHENE, Montagne de Thrace, ſelon Phavorin[g].

g Lexic.

CISTOBOCI, ancien Peuple de la Dacie, ſelon Ptolomée[h].

h l. 3. c. 8.

CITADELLA[i], petite Ville de l'Iſle de Minorque dont elle eſt la principale, ſur ſa côte Occidentale, qui regarde l'Iſle de Majorque. Elle eſt aſſez forte avec un petit Port. Voiez JAMNA.

i Baudrand Ed. 1705.

☞ CITADELLE, Foreteſſe que l'on bâtit, ou pour la deffenſe d'une Ville contre l'Ennemi, ou même pour contenir les Citoyens dans le reſpect, & empêcher qu'ils ne ſe mutinent contre le Souverain. C'eſt pour cela qu'on a ſoin en choiſiſſant le terrain d'en trouver un qui commande la Ville. Quelquefois les Citadelles ſont jointes au corps de la Ville ayant une même enceinte, quoi qu'elles en ſoient toûjours ſeparées par divers ouvrages auſſi menagez que ceux du dehors, parce que la garniſon s'y retire lorſqu'elle ne peut plus défendre la Ville, & elle y tient ſouvent encore long-temps après que l'Ennemi eſt maître du corps de la place. Quelquefois les Citadelles ſont ſur une hauteur. Cela dépend du terrain où la Ville eſt ſituée. Nous avons pris ce mot des Italiens dans la Langue deſquels il ſignifie une *petite Ville*, ſelon ſon Etymologie.

CITÆ, anciens Peuples, qui étoient venus trafiquer à Troye, ſelon Dictys de Crete[k]. Ortelius croit que ce ſont les CLITÆ dont parle Tacite, qui dit dans un endroit de ſes Annales[l] qu'ils étoient de la Cilicie, & dans un autre qu'ils étoient de la Cappadoce[m]. Ceux qui auront lû les Articles de Cilicie jugeront qu'ils peuvent avoir été Ciliciens & Cappadociens tout enſemble.

k l. 2.
l l. 12.
m l. 6.

CITAMUM, Ville de la grande Armenie, ſelon Ptolomée[n]. Elle étoit vers l'Euphrate.

n l. 5. c. 13.

CITARINI. on lit ce nom comme celui d'un Peuple de Sicile dans la III. Verrine de Ciceron[o]. Il faut lire CETARINI. C'étoient les habitans de CETARIA. Voiez ce mot.

o c. 43.

CITARISTA. Voiez CITHARISTES.

CITARIUS, Montagne de la Macedoine, ſelon Ptolomée[p]. Strabon[q] la nomme TITARUS; & dit qu'elle touche par une de ſes extremitez au Mont Olympe. Sophien dit que le nom moderne eſt XEROLIBADO.

p l. 3. c. 13.
q l. 9. p. 441.

CITA-VECCHIA. Voiez CITTA VECCHIA.

CITÉ ce mot que nous avons formé du Latin *Civitas* n'a pas les mêmes ſignifications en François que dans les Auteurs de la belle Latinité. En recompenſe il en a d'autres qui meritent d'être remarquées.

CITÉ ſe prend ſimplement pour Ville, même au figuré; mais ſurtout dans le ſtyle Oratoire & dans la Poeſie. On dit; *la Cité Celeſte. Nous n'avons point de Cité permanente dans ce monde, une grande Cité, une Cité nombreuſe.* Jeruſalem eſt appellée la Sainte Cité.

CITÉ, ſe prend dans les grandes Villes anciennes, pour la partie plus ancienne de la Ville, une Ville s'eſt peuplée, il s'eſt formé des fauxbourgs tout à l'entour. Le nombre des habitans s'étant fort multiplié, ces fauxbourgs ſe ſont trouvez environnez d'une enceinte hors de laquelle il s'eſt bâti de nouveaux fauxbourgs; inſenſiblement on a laiſſé tomber comme inutiles les murs, qui ſeparoient ces premiers fauxbourgs d'avec la Ville; en ce cas on appelle CITÉ l'ancienne Ville, & l'augmentation qu'elle a reçue autour d'elle prend la qualité de Ville, & comme dans les Villes anciennes l'Egliſe primitive ou la premiere bâtie eſt dans le plus ancien quartier, dans quelques-unes le lieu où eſt cette Egliſe eſt la Cité.

CITÉ n'eſt quelquefois qu'un titre d'honneur, qui dit plus que le mot de Ville, quoi qu'il y ait bien des Citez en ce ſens-là, qui ne valent pas de bonnes Villes. L'uſage eſt en Italie que toutes les Villes, qui ont un Evê-

Evêque ont titre de Cité. Si elles ne l'ont pas avant l'Erection du Siége, on le leur donne pour pouvoir devenir Episcopale.

CITE' en parlant de la Chine dit au contraire quelque chose de moins que le mot de Ville. Les Villes sont les places les plus considerables, & les Citez ne sont nommées qu'après elles dans les listes, qui contiennent les détails de chaque Province, comme on le peut voir dans l'Atlas Chinois, qui fait partie de celui de Blaeu.

CITHAERON, Montagne de la Béotie auprès de Thebes. Strabon* dit : du côté du Couchant le Mont Cithæron s'abbaisse peu à peu avec un detour au dessus de la Mer de Crissa. Il commence aux Montagnes de l'Attique, & du territoire de Megare auxquelles il est contigu ; delà s'étendant de côté & d'autre par les campagnes il vient finir à Thebes. Il étoit consacré aux Muses, selon Pline†, & Pomponius Mela dit qu'il étoit fameux par les fables, & par les écrits des Poëtes. En effet ils y ont mis la Fable d'Acteon‡ ; les Orgies de Bacchus* ; Amphion élevant les murs de Thebes au son de sa Lyre† le Sphynx d'Oedipe &c. Plutarque le Géographe dans son Traité des Fleuves & des Montagnes ‡ observe que le Cithæron étoit auparavant nommé Asterius, & raporte à son ordinaire des origines fabuleuses de ces noms.

* l. 9.

† l. 4. c. 7.

‡ Senec. Phoeniss. sub. init.
* Virgil. Æneid. l. 4. v. 301.
† Propert. l. 3. Eleg. 2.
‡ p. 3. Ed. Oxon.

CITHARISA. Voiez MARTYROPOLIS.
CITHARISTA &
CITHARISTES, Promontoire & Port de la Gaule Narbonnoise, selon Pline* & Ptolomée. Le premier nommé le Port CITHARISTA, & c'est presentement le Port St. George, ou le Port de Toulon, selon le R. P. Hardouin ; Pline nomme ZAO le Promontoire. Ptolomée[b] le nomme CITHARISTES, & c'est aujourd'hui le Cap SISIAT ou CERCHIECH, selon le même Pere.

a l. 3. c. 4.

b l. 2. c. 6.

CITHARIZUM, Forteresse à quatre journées de chemin de Theodosiopolis, selon Procope[c]. Il dit dans son livre des Edifices de Justinien[d] : il fit bâtir un Fort imprenable sur une hauteur de la Ville de Citharizum, qui est une Ville de l'Astianéne (dans l'Armenie.) Il y fit conduire de l'eau & toutes sortes de provisions ... & établit par ce moyen le repos de l'Armenie.

c De Bell. Persic. l. 2. c. 24.
d l. 2. c. 3.

CITHEBANITÆ, Voiez BITHIBANITÆ.
CITHENI JUGA ; Montagnes d'Asie dans la partie auprès de la délicieuse contrée de Choara, selon Pline[e].

e l. 6. c. 15.

CITHIRA [f], autrefois Ville célèbre & Episcopale de l'Isle de Cypre. Ce n'est plus qu'un Village sur la côte Septentrionale de l'Isle.

f Baudrand Ed. 1705.

CITHRUM, Ville de la Thessalie, selon Théophraste cité par Ortelius[g], qui ajoute que c'est peut-être la même que Citron dont il est parlé dans l'Epitome de Strabon ; il ajoute que selon Leunclavius cette Ville s'appelle presentement ZOTRIVAR.

g Thesaur.

CITHYNIS. Voiez CLAUDIOPOLIS.
CITIAEI. Ciceron[h] nomme ainsi des gens venus de Phenicie, & qui étoient Cliens de Caton. Ortelius doute s'ils étoient de CITIUM dans l'Isle de Cypre, ou si ce n'étoit pas plutôt des CHUTE'ENS.

h De finibus bon. & mal. l. 4. c. 20.

CITIBÆNA[i], lieu de l'Arabie heureuse où Théophraste dit que croissent l'encens, la Casse, la Myrrhe & la Canelle.

i Ortel. Thesaur.

CITIDIS. Voiez CETIDIS.
CITITEB ou CITHIBEB ; petite Ville d'Afrique dans la Province de Tedla au Royaume de Maroc. Elle est à trois lieuës de Fistelle, & on tient qu'elle a été bâtie par ceux du Pays de la Tribu de Muçamoda. Cette Ville qui est située sur le faîte d'une Montagne, est peuplée de gens doux & riches, qui ont de grandes campagnes fertiles en bled, & des Montagnes commodes pour les troupeaux. Leur plus grand trafic est de laines fines, dont ils font de belles Casaques & des tapis. Comme ils sont vaillans & courageux, ils se défendirent vigoureusement contre le Roi de Fez, sans vouloir imiter les autres qui se rendirent d'abord, & ils lui firent courre risque de se perdre par la bravoure d'un de leurs habitans, appellé Mahamet Fistela, qui defendoit le Pays avec deux mille chevaux. Le Roi voyant qu'il n'en pouvoit venir à bout par la force, employa pour l'empoisonner un Medecin Juif, qui étoit dans la Ville, après quoi elle se rendit & demeura dans l'obéïssance du Roi de Fez, jusqu'en 1526. que Mahamed, Scherif de Maroc, défit l'armée de ce Prince dans la bataille qu'il lui donna près de la Riviere de Derne, ce qui obligea cette Ville de se rendre aux victorieux, ainsi que toutes les autres de la Province.

1. CITIUM, Ville de la Macedoine, selon Tite-Live[k]. L'Ecriture Sainte[l] appelle Persée Roi des Citéens ou Cethéens, c'est-à-dire de Macedoine. Le P. Lubin dans ses Tables Géographiques dressées pour l'intelligence des Vies des hommes illustres de Plutarque dit que cette CITIUM étoit une Colonie venue de l'autre *Citium* dont parle l'Article suivant.

k l. 42. c. 51.
l Maccab. l. 1. c. 8. v. 5.

2. CITIUM, Ville de l'Isle de Cypre, selon Pline[m], dans sa partie Meridionale, selon Ptolomée[n]. Elle étoit le Siége d'un Evêque comme on le voit dans les Notices de Léon le Sage & d'Hierocles. Ce lieu s'appelle presentement CHITI, selon le R. P. Hardouin & donne son nom au Promontoire voisin, qui est nommé à cause de cela CAPO DE CHITI. Plutarque dit[o] : la plupart des Historiens écrivent que Cimon mourut de maladie au Siége de Citium Ville de Cypre. Zenon qui y étoit né en avoit le surnom de Κιτιεὺς. Le R. P. Hardouin censure Cujas[p] d'avoir pensé autrement.

m l. 5. c. 31.
n l. 5. c. 14.

o Vie des Hommes Illustres T. 4. p. 435.
p Observ. l. 3. c. 38.

CITIUS, Montagne de Gréce, selon Tite-Live[q]. Ortelius croit qu'elle étoit quelque part vers l'Etolie.

q l. 43.

CITRACHAN ou CITRAHAN[r] ; c'est ASTRACAN que le Sieur Ricaut appelle Citrahan, à l'imitation de Paul Jove, qui l'appelle Citra-cham, dans son livre de l'Ambassade de Moscovie. Mr. Bespier a remarqué plusieurs fois que le Sieur Ricaut met partout [b] où il faut un *ch* ; il dit donc ici Citra-han, pour Citra-chan. Olearius dit de cette Ville, qui donne le nom à toute une Province : l'on tient qu'un Roi Tartare, nommé Astra-chan l'a bâtie, & qu'il lui a donné son nom. Pietro della Valle, Tom. 2. page 229. dit que les Perses l'appellent AGITARCAN, & que ses

r Bespier Rem. sur Ricaut T. 1. p. 95.

CIT.   CIT. CIU.   657

veritables habitans l'appellent Astarchan. Mr. Bespier croit que le veritable nom de cette Ville est Sitra-chan ou Sitara-chan, du mot Persan *Sitarah*, qui signifie *étoile* & de *Chan*, qui signifie *Seigneur*, *Prince*, *Gouverneur*, *Roi*. Le nom du Prince qui l'a bâtie étoit *Sitarah-chan*, ou le Prince Etoile, ou si l'on aime mieux le Prince de l'étoile. Et comme *Sitarah* approche fort du mot Astre, qui signifie la même chose, on l'a appellé Astre-chan, pour *Sitarah-chan*, comme qui diroit l'Astre-chan. Au reste comme Astrachan est au delà du Wolga, le Sieur Bespier croit qu'elle doit être mise entre les Villes de l'Asie, quoi qu'une partie de la Province dont elle est la capitale s'étende jusqu'au Tanaïs, ou au Don, comme on l'appelle aujourd'hui, & puisse être mise entre les terres de l'Europe. Il dit avoir remarqué en passant une faute, qui se trouve dans l'Edition Françoise d'Olearius, page 315. du Voyage de Perse, & qui est sans doute de l'Imprimeur. Il dit qu'après plusieurs observations très-exactes, il a trouvé l'elevation du Pole d'Astra-chan de 26. degrez 22. minutes; mettez 46. au lieu de 26. sa remarque est juste.

[a *Baudrand Ed. 1705.*] **CITRARO**[a], (le) petite Ville d'Italie au Royaume de Naples dans la Calabre Citerieure, sur une Montagne près de la Riviere de Sasso, & près de la côte de la Mer de Toscane, à dix milles de Paule au Septentrion & autant de St. Marc vers l'Occident. Voiez Lampretia.

☞ **CITTA**; nom Italien qui signifie une Cité.

[b *Ibid.*] **CITTA DI CASTELLO**[b], Ville d'Italie dans l'Ombrie, sur les frontieres de l'Etat du Grand Duc de Toscane & du Duché d'Urbin avec un Evêché, qui ne releve que du St. Siége & un territoire assez étendu qu'on appelle Il Contado di Citta di Castello; elle est sur le Tibre, appartient au Pape & est assez forte & peuplée, à dix milles du Bourg du St. Sepulchre au Midi, & à dix-huit d'Arezzo au Levant vers Cagli. Voiez Tifernum & Tiberinum.

CITTA DI FRIULI. Voiez Cividal di Friuli.

[c *Ibid.*] 1. **CITTA NUOVA**[c], petite Ville d'Italie en Istrie dans l'Etat de la Republique de Venise près de l'Embouchûre de la Riviere de Quieto, avec un Evêché Suffragant du Patriarche d'Aquilée. Elle est très-peu habitée à cause de son mauvais air, & n'y est qu'à huit milles de Parenzo au Septentrion en allant vers Trieste. Voiez Æmonia 2.

[d *Ibid.*] 2. **CITTA NUOVA**[d], petite Ville d'Italie dans la Marche d'Ancone entre Lorette & Fermo.

[e *Ibid.*] **CITTA DELLA PIEVE**[e], Ville d'Italie dans l'Etat de l'Eglise en Ombrie au territoire de Perouse, vers le Lac de ce nom aux confins des Etats du Grand Duc, avec un Evêché érigé l'an 1601. On l'appelle aussi quelquefois Civita della Pieve. Voiez cet Article.

[f *Ibid.*] **CITTA DEL SOLE**[f], petite Ville d'Italie, en l'Etat du Grand Duc de Toscane & dans la Romagne Florentine, aux confins de l'Etat de l'Eglise, sur le Torrent de Fagno-

Tom. II.

ne, au pied de l'Apennin; à quatre milles de Forli, à huit de Bertinoro & à seize de Ravenne. Elle fut bâtie en 1565. par Cosme de Medicis I. du nom. Elle est assez forte par sa situation.

CITTACA, Village dont parle Theodoret dans la Vie de Ste Zebine. Il en nomme encore un autre qui étoit voisin, savoir Niara. Ortelius[g] croit qu'ils étoient en Syrie.   [g *Thesaur.*]

CITTADELLA[h], petite Ville d'Italie dans l'Etat de Venise, dans le Padouan près de la Brente entre Vicence & Trevigni.   [h *Baudrand Ed. 1705.*]

CITTIUM. Voiez Citium.

CITTUS, Montagne au dessus de la Macedoine, selon Xenophon[i]. Ortelius doute si ce ne seroit point le Citius de Tite-Live.   [i *De venat.*]

CITUORUM INSULA. Lazius a cru trouver dans Ptolomée une Isle du Danube nommée ainsi & qu'il prétend être appellée presentement Cituatu par les Hongrois & Schüt par les Allemans.

CIVALIS. Voiez Cibalis.

CIVARO, entre les Lettres de Ciceron[k], il y en a une que lui écrit Plancus, & qui est datée de *Civaron* aux confins des Allobroges. Quelques-uns croient que c'est presentement Chamberi.   [k *ad famil. l. 10. Epist. 23.*]

CIUDAD mot Espagnol, qui repond à notre mot Ville.

CIUDAD DE IGLESIAS. Voiez Iglesias.

CIUDAD DE LAS PALMAS, Ville de l'Isle de Canarie dont elle est la Capitale, dans l'Océan Atlantique, avec un Evêché Suffragant de l'Archevêque de Seville depuis l'an 1485. Elle est assez peuplée & a un bon Port & une Forteresse. Elle est la Capitale non seulement de l'Isle de Canarie; mais aussi de toutes celles qui sont comprises sous ce nom. Elles appartiennent à la Couronne d'Espagne.

CIUDAD DEL PUERTO. Voiez Puerto.

CIUDAD DE LOS REYES, Ville de l'Amerique[l] dans la Terre ferme & dans la Province de Ste Marthe, assez près de la source de la Riviere de Cesar Pompatao, au bout Meridional de la Vallée d'Upari; à trente lieues de la Ville de Ste Marthe. [m] Le terroir de cette Ville ainsi que de la Region voisine n'est pas exposé à de grandes chaleurs parce que pendant l'Eté, qui commence au mois de Decembre, les vents d'Orient y soufflent & moderent l'ardeur du Soleil. Il y pleut beaucoup l'hyver à cause de la proximité des Montagnes qui sont toûjours froides, ce qui cause beaucoup de fluxions & de fiévres. Ces Montagnes divisent toute la contrée du Nord au Sud, d'où plusieurs torrents & Rivieres se precipitent de tous côtez. Le terroir n'est pas seulement abondant en pâturages; mais il est aussi fertile en fruits. Les Sauvages qui l'habitent sont cruels, guerriers & fort vicieux. Les Espagnols étant en trop petit nombre dans la Ville ne peuvent les forcer à souffrir patiemment la domination. Il y a quantité d'arbres tant sauvages que fruitiers, des Platanes, des *Guayavas*; mais beaucoup plus de *Xaguas*,   [l *De l'Isle Atlas.*]   [m *Corn. Dict. De Laet Ind. Occid. l. 8. c. 20.*]

Oooo*   dont

dont les fruits ressemblent à des féves. Dans la gousse de ces fruits il y en a un autre caché de forme ronde, & d'un goût pareil à celui des raisins de passes. On en garde les cosses jusqu'à ce qu'elles se féchent, on les pile ensuite & de la farine on en fait un pain assez nourrissant. Il y a aussi des fruits d'Espagne & du coton dont les Sauvages se font des habits. Quand ils ont été mordus de quelque serpent, & qu'ils l'attrapent ils en mangent la tête & la queue crues, comme un très-sûr antidote ; sinon ils mangent de la racine de Scorzonnere crue & en mettent des feuilles sur la playe. Les Bourgeois de cette Ville s'occupent à nourrir des vaches & des chevaux, qui sont assez bons.

a Corn. Dict. De Laet Ind. Occid. l. 13. c. 10.

CIUDAD DEL REY FELIPPE [a], Ville bâtie autrefois par les Espagnols en l'Amerique Meridionale dans la Terre Magellanique. Magellan Gentilhomme Portugais ayant découvert en 1520. le Détroit qui porte son nom, le Roi Philippe II. fut porté par Pedro Sarmiento à faire fortifier les passages les moins larges de ce Détroit, & à les assurer par des Colonies, afin que les autres Nations ne s'en pussent servir pour passer dans la Mer du Sud (on ignoroit alors qu'il y a un passage beaucoup meilleur, en pleine Mer par le Midi de la Terre du feu que l'on croioit bien plus grande qu'elle n'est en effet.) Le projet fut exécuté vers l'an 1585. & Sarmiento ayant mis à terre les Colonies composées de quatre cens hommes & de trente femmes avec des provisions pour huit mois, commença près de l'entrée du Détroit une Ville qu'il appella NOMBRE DE JESUS; & où il laissa cent cinquante habitans. Delà étant allé par terre vers les passages où le Détroit se resserre, il y bâtit une autre Ville sous le nom de CIUDAD DEL REY FELIPPE, auprès d'une rade assez assurée. Il avoit dessein d'y joindre un Château & d'y placer du canon qu'il avoit amené; mais l'approche de l'hyver l'ayant empêché d'achever son entreprise, il s'en alla vers sa premiere Ville, où il demeura quelques jours à l'ancre. Les Cables s'étant rompus il se rendit à Pernambuc & il y reçut quelque secours ; mais enfin voulant retourner au Détroit, il tomba entre les mains des Anglois, qui l'emmenerent prisonnier. Les habitans qu'il avoit laissez dans l'une & dans l'autre Ville, n'étant pas secourus à temps perirent la plupart de faim & Thomas Candish Anglois, qui passa en 1587. à Ciudad del Rey Felippe la trouvant abandonnée lui changea par derision ce nom en celui de PORT FAMINE qu'elle a sur quelques Cartes.

b Baudrand rectifié.

1. CIUDAD REAL [b], Ville d'Espagne dans la nouvelle Castille & dans la Manche dont elle est la Capitale, au camp de Calatrava. On la nommoit autrefois POZUELO. L'enceinte en est assez grande & elle étoit même fort peuplée ; mais elle est bien déchue, & tout ce qui lui reste de considerable, c'est qu'il n'y a point de lieu où les peaux pour les gands soient mieux apprêtées. Elle est à une lieue de la Guadiana, à trois de Calatrava & à trente de Madrid.

2. CIUDAD REAL, Ville que les Espagnols ont bâtie dans l'Amerique Meridionale au Paraguai, au confluent de la Riviere d'Itatu & de celle de Parana, d'où vient, dit Mr. Baudrand, qu'on l'appelloit aussi PARANA, on la nommoit aussi GUAIRA nom que porte la contrée où elle est. De Laet [c] dit que ce sont les Sauvages, qui lui ont donné ce nom de Guaira, & que les Espagnols la nomment ONTIVEROS. Je crois qu'il se trompe; & que ce dernier nom est celui dont se sont servis les Americains. Elle est, dit-il, dans un terroir abondant en tout ce qui est necessaire à la vie de l'homme ; mais l'air n'y est pas fort sain & la demeure en est incommode à cause des Sauvages voisins, qui sont d'un naturel cruel & inquiet. Assez proche delà la Riviere de Parana se precipite avec un grand bruit d'une cataracte haute de plus de deux cents coudées, & cette chute cause de si grands tournoyemens d'eau entre les rochers & les lieux étroits où elle passe qu'elle repousse fort loin les chaloupes & les canots desorte qu'on ne la traverse point sans un extrême danger.

c Ind. Occid. l. 14. c. 17.

§. Mr. Baudrand dit qu'elle a été détruite par les naturels du Pays & cite Antoine Ruiz ; il faut que Mr. de l'Isle ait ignoré cette circonstance ou qu'on l'ait rebâtie ensuite, car il la met comme existante dans sa Carte du Paraguai, en 1703. c'est-à-dire plusieurs années après la mort de Mr. Baudrand.

CIUDAD RODRIGO, Ville d'Espagne au Royaume de Léon sur la Riviere d'Aguada avec un Evêché Suffragant de l'Archevêché de Compostelle ; à quatre lieues des frontieres de Portugal, dans une campagne fertile qui rapporte en abondance toutes sortes de denrées. Ferdinand II. la fit bâtir au commencement du XIII. siécle pour en faire un rempart contre les Portugais. C'est un des trois rendez-vous generaux où les Espagnols assemblent leurs troupes quand ils ont la guerre contre le Portugal. Mr. l'Abbé de Vayrac [d] croit qu'elle est precisément l'endroit où étoit autrefois MIROBRIGA ; mais cet Auteur s'accorde-t-il bien avec lui-même lorsqu'après avoir fait Ferdinand II. fondateur de Ciudad Rodrigo, il dit [e] qu'il reprit cette Ville sur les Mores en 1160? comment l'accorder avec la Chronologie, s'il est vrai que le Prince nommé Ferdinand II. y fonda un Evêché, sur quoi l'Evêque de Salamanque forma des oppositions, pretendant qu'on lui faisoit injustice en démembrant son Diocèse. L'affaire ayant été portée devant le Pape Celestin III. ce Souverain Pontife commit pour examiner ce differend Pierre Archevêque de St. Jacques qui après une mûre deliberation decida en faveur de l'Erection de l'Evêché de Ciudad Rodrigo, & regla les limites des deux Diocèses. Le Chapitre est composé de sept Dignitaires, qui sont le Doyen, l'Archidiacre de Ciudad Rodrigo, le Chantre, le Tresorier, l'Archidiacre de Camuces, celui de Sabugal & l'Ecolâtre ; de vingt Chanoines, de trois Prebendiers, de quatre Semi-prebendiers, d'un Maître de Chapelle & de vingt-quatre Chapelains. Le Diocèse s'étend sur soixante & trois paroisses, & l'Evêque jouït de dix milles ducats de revenu.

d Etat de l'Espagne l. 1. p. 293.

e T. 2. l. 4. p. 363.

CIUDAD DE LA TRINITAD. Voiez BUENOS AYRES.

CIV.   CIV.

a Baudrand rectifié.

CIVEDA ou CIVITA[a], petite Ville d'Italie dans les Etats de la Republique de Venise, au Breſſan, ſur l'Oglio, à dix lieues de Breſſe du côté du Nord.

b Atlas Sinenſis.

CIVENCHEU[b], Ville de la Chine dans la Province de Fokien dont elle eſt la ſeconde Metropole. Elle eſt de 2. d. 9′. plus Orientale que Peking par les 25. d. de latitude. Elle eſt grande, fort marchande & par conſequent fort riche. Ses Edifices publics, ſes Temples & ſes rues qui ſont parfaitement belles, font qu'elle occupe un grand terrain. Toutes ſes places ſont pavées de briques enfermées entre deux rangées de pierre de taille. Les Maiſons y ſont auſſi magnifiques qu'en aucune autre Ville, & pour ne point parler des Arcs de triomphes, & autres Edifices il y a un Pagode ou Temple d'Idoles nommé Caiyven, qui eſt d'une beauté admirable. Il eſt accompagné de deux tours à ſept étages chacune dont la hauteur eſt au moins de cent vingt-ſix toiſes de haut, car d'un étage à l'autre on compte vingt & une toiſe ; les ſaillies de chaque étage débordent de maniere qu'on peut faire le tour par dehors fort aiſément. Tout cela eſt de pierre de taille & de marbre. Dans les tours à chaque étage il y a une ſtatue de marbre ou de bronze qui repreſente l'Idole Fé, & ces Statues ſont ſi bien faites que les Chinois ne croient pas que ce ſoit l'ouvrage d'un homme. Ils s'imaginent qu'elles ont été ſculptées ou fondues par des êtres qu'ils appellent *Xinſien* auxquels ils attribuent l'immortalité.

La Ville eſt auprès de la Mer dans une eſpéce de Golphe par où les plus grands vaiſſeaux y arivent ; car elle eſt dans une Langue de terre entourée d'eau ſi ce n'eſt au Nord & au Sud-Eſt. Au delà de l'eau ſont de petites Villes ou Bourgs bien peuplez & d'un grand Commerce ſurtout vers le Nord-Oueſt, où eſt le lieu nommé LOYANG ; que l'on peut comparer aux grandes Villes, & où commence un Pont, qui n'a peut-être pas ſon égal en toute la terre. Le Pont de Loyang au Nord-Oueſt de la Ville eſt ſur la Riviere de Loyang. On l'appelle le Pont de VANGAN ; il fut conſtruit par les ſoins d'un Gouverneur nommé Caijang. Sa longueur eſt de plus de trois cents ſoixante toiſes, & ſa largeur d'une toiſe & demie. Avant qu'il fût bâti les vaiſſeaux pouvoient paſſer ; mais tous les ans la force de la marée en faiſoit perir beaucoup avec tout l'équipage. Je paſſe les circonſtances fabuleuſes que les Chinois racontent touchant la maniere dont on en jetta les fondemens. Pour venir à la deſcription l'Auteur de l'Atlas Chinois dit qu'il l'a vû deux fois & toûjours avec étonnement. Il eſt tout d'une pierre de taille noirâtre, ſans une ſeule Arcade ; mais ſur des piliers de groſſes pierres au nombre de plus de trois cents & tous taillez en forme d'un gros vaiſſeau, & qui ſe terminent en un angle aigu pour être moins en priſe aux efforts de la marée. Ces piliers de l'un à l'autre ſont ſurmontez par cinq pierres égales placées en travers dont chacune a de longueur vingt-deux pas communs d'un homme qui marche poſément. Ces poutres de pierre pour parler ainſi ſont au nombre de plus de quatorze cents. Ce

Tom. II.

qui étonne n'eſt pas tant qu'on ait pu les arranger ; mais de ce qu'on les a trouvées & taillées ſi ſemblables l'une à l'autre. De chaque côté du Pont il y a en forme de parapet des figures de Lions & autres ornemens. Ce n'eſt encore-là que la partie du Pont, qui eſt entre le Bourg de Logan & le Château qui eſt bâti ſur le Pont ; car quand on l'a paſſée on en trouve encore une autre tout-à-fait ſemblable à celle-là, & qui ne lui cede en rien. Pour concevoir comment on a pu ſuffire à une ſi grande depenſe, il faut ſavoir qu'à la Chine en fait d'Edifices publics la plupart des ouvriers ne reçoivent rien, & ceux qui ſont payez, ont ſi peu, que le ſalaire d'un ouvrier d'Europe ſuffiroit à dix Chinois. Il part de cette Ville & des autres, qui en dependent beaucoup de vaiſſeaux qui vont trafiquer ; & c'eſt ce qui perſuade que ce pourroit bien être la Ville que Marco Paolo le Venitien appelle ZARTE qu'il dit être à cinq jours de chemin de Focheu qu'il nomme Fuguî ; & c'eſt la juſte diſtance qu'il y a entre ces deux Villes. Il eſt vrai que Zarte n'eſt pas un nom Chinois ; mais il ſe peut que ce ſoit un mot par lequel les Tartares, ou les étrangers deſignoient un Port célèbre. Cette Ville en compte ſept dans ſon territoire, ſavoir

Civencheu,	Tchoa,
Nangan,	Ganki,
Hoeigan,	Tunygan,
& Jungchung.	

Civencheu appartenoit autrefois aux Seigneurs de Min. Leang la nomma NANGAN, Suiu l'appella VENLING, Sunga la fit nommer PINGHAI, la famille de Tanga lui a donné le nom qu'elle porte à preſent. Outre les Villes nommées ci-deſſus elle a encore ſous elle CANHAI place forte & marchande. Au Midi de Civencheu eſt le Mont PAOCAI au ſommet duquel eſt une tour à neuf étages, qui ſert de Phare aux vaiſſeaux & de connoiſſance pour aborder ſurement.

CIVIDAL D'AUSTRIA, là même que CIVIDAL DI FRIULI.

CIVIDAL DE BELLUNO. Voiez BELLUNO.

CIVIDAL DI FRIULI ; en Latin FORUM JULII[c], petite Ville d'Italie au Frioul dans l'Etat de la Republique de Veniſe, ſur la Riviere du Natiſone. On l'a nommée auſſi Cividal d'Auſtria. Elle eſt de peu de conſequence, au pied des Alpes à ſept milles d'Udine du côté de Goritz dont elle eſt à cinq milles. Ses habitans nommez autrefois *Forojulienſes* s'appellent à preſent I CIVIDALESI. Le Natiſone la ſepare en deux parties, qui ſe communiquent par un beau Pont de pierre. Elle a été la Capitale du Duché établi par les Lombards dans la Province de Frioul. Elle n'eſt pas fort peuplée à preſent ; mais il y a beaucoup de nobleſſe & un grand nombre d'Egliſes & de Palais. A St. Jean paroiſſe il y a deux tableaux de Paul Veroneſe, l'un de Nôtre-Dame & l'autre de St. Roch. On voit dans le plafond St. Jean, & les quatre Docteurs, du Palme, qui a fait auſſi un tableau de Nôtre-Seigneur apparoiſſant à la Magdelaine

c Baudrand Ed. 1705.

d Corn. Dict.

ſous

sous la forme d'un jardinier. Ce tableau est dans l'Eglise du Monastere qu'on appelle Majeur ; Monastere de Religieuses de St. Benoît fondé du temps de Didier Roi des Lombards. L'Abbesse porte la crosse & l'anneau, & a jurisdiction sur quelques Villages. On voit dans cette Ville des restes d'antiquité, & plusieurs inscriptions Romaines. Les Patriarches d'Aquilée y établirent leur residence depuis le VIII. siécle jusqu'au XIII. Ce fut le Patriarche Caliste qui en chassa l'Evêque ou plutôt, qui annexa cette Ville à son Diocèse. Le Chapitre est composé de quarante Chanoines & de plusieurs autres Ecclesiastiques, & ils conferent le même nombre de Benefices-Cures dans la Ville & dans les Villages d'alentour dont quelques-uns sont hors de l'Etat de la Republique où ce Chapitre exerce une jurisdiction spirituelle et presque Episcopale. Il y en a même six dont il est Seigneur temporel. Le jour des Rois le Diacre paroît à la grande Messe revêtu de la Dalmatique, l'épée à la main & le casque en tête pour marque de la Jurisdiction spirituelle & temporelle du Chapitre. Cette Ville est la Patrie de Paul Diacre d'Aquilée que je cite souvent sous le nom de Paul Diacre, Auteur d'une Histoire des Lombards, & de quelques autres ouvrages.

CIVITA. Voiez CIVEDA.

CIVITA BORELLA, ou BURELLA. Voiez BURELLA.

CIVITA DI CASCIA [a], petite Ville d'Italie, dans l'Etat de l'Eglise, en Ombrie, à deux milles de Cascia dont elle est differente & éloignée d'environ deux milles à l'Orient Meridional ; & à près de cinq milles de Norcia en allant vers les Lacs de Rieti & de Catalice ; & à environ cinq milles & demi des frontieres de l'Abruzze. Voiez CURSULA.

[a] Magin. Ital.

CIVITA CASTELLANA [b], Ville d'Italie dans l'Etat de l'Eglise dans la Sabine sur une Montagne près du Tibre sur la Riviere de Triglia entre Gallese & Nepi, elle a eu un Evêché qui ne relevoit que du St. Siége, & qui est presentement uni avec celui d'Orta, selon Mr. Baudrand [c]. Voiez FALERE & FESCENNIA.

[b] Ibid.
[c] Ed. 1705.

CIVITA DI CHIETI. Voiez CHIETI.

CIVITA DUCALE [d], Ville d'Italie au Royaume de Naples, dans l'Abruzze Ulterieure, sur une Montagne qui fait partie de l'Appennin près du Velino qui coule delà à Rieti, d'où cette Ville est à l'Orient, & à sept milles & demi. [e] Elle a un Evêché Suffragant de Chieti ; mais exempt de sa jurisdiction, selon Mr. Baudrand, qui en fait la Capitale de la Province. On ne voit aucune marque ni de Capitale, ni de Siége Episcopal dans la Carte de l'Abruzze de Magin. Le P. Briet [f] dit qu'elle s'appelle aussi CIVITA DI CALI ; & peut-être que Ducale n'est qu'une corruption de di Cali.

[d] Magin. Ital.
[e] Baudrand.
[f] Parallel. 2. part. l. 6. c. 7. n. 7. p. 259.

CIVITA LAVINIA, petite Ville de l'Etat de l'Eglise dans la Campagne de Rome à quatre milles de Velletri, & à cinq milles & demi d'Ardée. Voiez LAVINIA.

CIVITA NUOVA [g], petite Ville d'Italie dans la Marche d'Ancone sur une Montagne, à un bon mille du Golphe Adriatique entre le Torrent d'Asino & le Chiento ; sur la route de Lorette à Fermo, à sept milles de la premiere, & à neuf de la seconde. Elle a au Levant Meridional une autre place, qui est Maritime & qu'on appelle PORTO DI CITTA NUEVA. Elle a, dit Mr. Baudrand, titre de Duché que porte la Maison de Cesarini.

[g] Magin. Ital.

CIVITA DI PENNA [h], Ville d'Italie au Royaume de Naples dans l'Abruzze Ulterieure auprès de la Riviere de Salino, au Midi Occidental & à huit milles & demi d'Atri. Mr. Baudrand dit [i] qu'elle a un Evêché Suffragant de l'Archevêché de Chieti ; mais exempt de sa jurisdiction & uni à l'Evêché d'Atri. Sur les Cartes de Magin on voit au contraire la double croix (‡), qui est la marque d'un Archevêché sur les Villes d'Atri & de Civita di Penna, au lieu que Civita di Chieti n'y a que la croix simple (†) qui est la marque d'un Evêché. Le P. Briet [k] qualifie Civita di Penna, Ville très-noble & très-ancienne ; mais qui perd de jour en jour quelque chose de son éclat.

[h] Magin. Ital.
[i] Ed. 1705.
[k] Parallel. 2. part. l. 6. c. 7. n. 7. p. 259.

CIVITA DELLA PIEVE [l], Ville d'Italie dans l'Etat de l'Eglise dans le Perugin, à l'Orient de l'endroit où la Tresa se joint à la Chiana, à deux milles du Siennois & à près de huit milles du Lac de Perouse ; Mr. Baudrand [m] y met un Evêché, qui ne releve que du St. Siége. Elle est entre des Montagnes.

[l] Magin. Ital.
[m] Ed. 1705.

CIVITA-REALE [n], petite Ville d'Italie au Royaume de Naples dans l'Abruzze Ulterieure, dans l'Apennin, au pied d'une Montagne, près de laquelle sont les sources du Velino & du Tronto ; aux confins du Duché de Spolete.

[n] Magin. Ibid.

CIVITA DI SANT-ANGELO [o], Ville d'Italie au Royaume de Naples dans l'Abruzze Ulterieure, entre les embouchûres du Salino & de la Piomba, & à trois milles de Porto di Salino & de la Mer Adriatique. Elle est sur une Montagne.

[o] Ibid.

1. CIVITA VECCHIA [p], Ville Maritime d'Italie dans l'Etat de l'Eglise & dans la Province du Patrimoine, avec un bon Port & un arsenal où sont d'ordinaire les Galeres du Pape. Elle a été fortifiée regulierement par le Pape Urbain VIII. A même un bon Château ancien qui est isolé dans la Mer ; mais elle est mal peuplée à cause de son mauvais air. Elle est sur la côte de la Mediterranée à quarante milles de Rome, à six & à l'Occident de Ste Marinelle ; & à neuf & au Midi de Cornetto. L'an 1696. le Pape Innocent XII. étant allé en cette Ville où il demeura trois jours, la declara un Port Franc & lui donna de grands privileges pour y attirer un grand Commerce. Elle a été connue des Anciens sous le nom de CENTUM CELLÆ.

[p] Baudrand Ed. 1705.

2. CIVITA VECCHIA [q], Ville de l'Isle de Malthe. Les habitans naturels qui par le voisinage d'Afrique employoient la Langue Arabesque la nommerent MEDINE, c'est-à-dire la Ville. Mr. de Vertot dans son Histoire de l'Ordre de Malthe [q] dit dans le raport que firent les Chevaliers deputez pour visiter l'Isle avant que l'Ordre en prît possession : que la Capitale de l'Isle appellée la CITÉ NOTABLE étoit située au milieu de cette Isle, sur une Colline & de difficile accès par des rochers dont

[q] T. 5. l. 9. p. 451.

dont la plaine étoit remplie, que cette place n'avoit que de simples murailles, sans autres fortifications que quelques tours élevées sur les portes de la Ville. Elle est appellée par Ptolomée Melita du nom commun à toute l'Isle. On prétend[a] que cette Capitale n'avoit pas treize cents pas de circuit. C'étoit la résidence ordinaire de l'Evêque. Les Chevaliers la fortifierent ensuite, puisqu'elle soutint depuis un Siége, lorsque les Turcs tournerent toutes leurs forces contre cette Isle d'où la valeur des Chevaliers eut le bonheur de les chasser.

[a] Ibid. p. 524.

CIVITAS. Nous n'avons point de mot propre en nôtre Langue pour exprimer celui-ci dans le sens que les anciens Auteurs lui donnent; car il ne se prend pas, comme on l'a fait au déclin de l'Empire Romain, pour une Ville; mais tout ensemble pour l'étenduë ou Juridiction, Etat ou Diocèse entier d'un Peuple & pour le Peuple même, ou même la plûpart du temps pour un corps formé de plusieurs Peuples confederez.

[b]Que CIVITAS soit autre chose que *Urbs* & *Oppidum*, Villes, c'est ce que Cesar[c] montre distinctement lorsqu'il dit; *Cæsar ad Oppidum Avaricum, quod erat maximum, munitissimumque in finibus Biturigum, atque agri fertilissimâ regione, profectus est; quod eo Oppido recepto, Civitatem Biturigum se in potestatem redacturum confidebat*, c'est-à-dire, Cesar prit son chemin vers Bourges, qui étoit la plus grande & la plus forte Ville & dans le quartier le plus fertile de tout le Berry; parce qu'en la prenant, il esperoit de reduire en son pouvoir toute la *Cité des Peuples Biturigés*, c'est-à-dire toute l'étenduë du Berry. Et un peu plus bas il ajoute: *Deliberatur de Avarico in communi consilio, incendi placeret, an defendi: Procumbunt Gallis omnibus, ad pedes, Biturigés; ne pulcherrimam propè totius Galliæ Urbem, quæ & præsidio, & ornamento sit Civitati, suis manibus incendere cogerentur*. On propose en plein conseil, s'il falloit brûler Bourges, ou la deffendre: ceux du Pays se jetterent aux pieds de tous les Gaulois & les suppliérent qu'ils ne fussent pas contraints de brûler de leurs mains la plus belle Ville de toute la Gaule, & qui étoit la forteresse & l'ornement de son Etat. L'on voit clairement dans ces paroles que CIVITAS est autant differente d'*Oppidum* & d'*Urbs*, qu'un tout differe de sa partie; & l'on peut remarquer par les suivantes que l'étenduë du Pays comprise sous ce nom CIVITAS contenoit souvent plusieurs Villes puisque le même Auteur dit ensuite *uno die amplius xx. Urbes Biturigum* (où il pouvoit mettre *in Civitate Biturigum*) *incenduntur*.

[b] Voiez Sanson dans ses remarques sur la Carte de l'ancienne Gaule.
[c] De Bell. Gall. l. 7.

Comme l'on a pris CIVITAS pour un Peuple, CIVITATES a été pris pour plusieurs. Ce qui se trouve encore nettement dans Cesar au livre ci-dessus cité lorsqu'il fait le denombrement general des gens de guerre que chaque CIVITAS devoit fournir contre Cesar: *Universis Civitatibus quæ Oceanum attingunt... quo in numero sunt Curiosolites, Rhedones, Ambibarii, Cadetes, Osismii, Lemovices, Unelli, sena (millia)* c'est-à-dire: A toutes les Citez qui sont sur l'Océan, & qui s'appellent Armoriques, ou Maritimes, entre lesquelles sont celles des Curiosolites, des Rhedons, des Ambibariens &c. il fut commandé de fournir six mille hommes chacune. Or il est clair que *Curiosolites, Rhedones* &c. sont autant de Citez ou autant de Peuples.

Pline[d] se sert encore du mot de CIVITAS au même sens que Cesar, en ces termes: *Turgri Civitas Galliæ fontem habet insignem ferruginei saporis*, où il entend par cette fontaine les Eaux de Spâ, qui sont dans le territoire, ou plûtôt dans le Diocèse & non dans la Ville de Tongres. De même encore ailleurs[e] aussi clairement: *Oppidum Civitatis Vediantiorum Cemelion*. Cemelion Ville de la CIVITAS des Vediantiens & dans le Chapitre IV. du même livre *Vocontorium Civitatis fœderata duo capita Vasio & Lucus Augusti*. Vaison & Luc sont les deux principales places de la *Civitas* ou de l'Etat des Vocontiens.

[d] l. 31. c. 2.
[e] l. 3. c. 5.

La difference qui est entre *Civitas* & *Urbs* & *Oppidum* étant connuë, il est bon de voir en quoi ce même mot *Civitas* differe de *Pagus*. Ces CIVITATES ou Peuples de la Gaule étoient selon Tacite[f] au nombre de LXIV. Ptolomée n'en met à la verité que LX. savoir XVII. en Aquitaine XXIV. dans la Lionnoise & XIX. dans la Belgique; mais y en ayant réellement XXIII. dans la Belgique au lieu de XIX. il est facile par là d'accorder ces deux Auteurs. Ces LXIV. Peuples ou CIVITATES étoient divisez chacun *in plures Pagos*, en plusieurs Cantons. Cesar[g] dit *Civitas Helvetia in quatuor Pagos divisa est*. Les Helvetiens ou l'Etat des Helvetiens est divisé en quatre Cantons. On en peut conclure que les autres CIVITATES des Gaules étoient aussi divisées chacune en differens Cantons, les unes en ayant plus, les autres moins & ces Cantons étoient quelquefois si grands & si puissans que souvent ils ont été censez pour Peuples; comme il se voit en *Tigurinus Pagus* que Cesar appelle dans la suite *Tigurini*, comme un Peuple entier de ce nom. Et c'est delà sans doute que Plutarque dans la Vie de Cesar dit qu'il avoit dompté dans les Gaules trois cens Nations. Delà que Josephe[h] dit que la Gaule étoit peuplée de trois cens quinze Nations. Ce nombre de Nations n'étant que les *Pagi* ou Pays des LXIV. *Civitates*. Voiez au mot PAGUS.

[f] Annal. l. 3.
[g] l. 2.
[h] De Bell. Jud. l. 1. c. 28.

On pourroit pour une plus grande clarté appeller *Pagi* de petits Peuples & les *Civitates* de grands Peuples; mais une chose à laquelle il faut prendre garde, c'est que les mots de *Civitas* & *Pagus*, sont quelquefois donnez si confusément par d'anciens Auteurs, & surtout par Pline que le plus souvent on ne peut y discerner les uns d'avec les autres; si ce n'est en les conferant avec d'autres Auteurs, principalement avec Ptolomée, qui ne donne que les grands Peuples ou CIVITATES.

CIVITAS NIGRA, quelques-uns ont donné ce nom à la Ville d'AGDE.

CIVITAS NOVA, Ville de Scythie, selon Agathias cité par Ortelius.

CIVITARE, Bourg d'Italie au Royaume de Naples dans la Capitanate,[i] sur le Fortore à cinq lieuës de son embouchûre, & à trois ou quatre de Tragonara. C'étoit une Ville Episcopale dont l'Evêché a été transferé à

[i] Corn. Dict.

CIV. CIU. CIZ. CKR.

à St. Sever. Magin[a] ne la met pas sur le Fortore ; mais près de la source du Candelaro, & à l'Orient d'une grande Riviere qu'il ne nomme pas ; mais que d'autres Géographes nomment le Tripale. Voiez TEANUM APPULUM.

[a] Ital.

CIVITELLA, Forteresse du Royaume de Naples dans l'Abruzze Ulterieure aux frontieres de la Marche d'Ancone, sur une Montagne assez près & au Midi du Salinello ; & à six milles d'Ascoli. Voiez BELEGRA.

CIUM &
1. CIUS, Riviere de la basse Moesie. Elle a sa source aux Montagnes de Thrace, & tombe dans le Danube. Denys le Periegéte dit que ce fut auprès de ce fleuve qu'Hylas Garçon d'Hercule[b] fut enlevé par une Nymphe, c'est-à-dire plus simplement qu'il s'y noya. Eustathe dans son Commentaire sur Denys dit qu'il y avoit auprès de ce fleuve une Ville de même nom ; cela se voit aussi dans la Notice de l'Empire[c] où l'on lit *Cuncus equitum Stablesianorum Cii*. L'Itineraire d'Antonin met CION, qui est le même lieu entre Carson & Biroë à x. M. P. de la premiere, & à xviii. M. P. de la seconde.

[b] v. 805.
[c] Sect. 28.

§. CION est selon Suidas une des Cyclades au voisinage de l'Attique. Il ajoute que Lysias l'appelle POLIN, c'est-à-dire Ville & que les Orateurs ont souvent appellé Ville les Isles. Voiez CIOS.

2. CIUS, Ville d'Asie en Bithynie auprès de la Mer, & à peu de distance de la Ville de Nicée. Dion[d] en parle & dit que ce fut entre ces deux Villes que se donna le combat entre les armées de Niger & de Severe, qui se disputoient l'Empire après la mort de Pertinax. Elle étoit Episcopale & la Notice de Hierocles lui donne le septiéme rang entre les Villes de cette Province.

[d] l. 74. p. 842.

CIZA, lieu d'Afrique dont St. Augustin fait mention[e].

[e] Epist. 240.

CIZARA, Château d'Asie dans l'Armenie. Strabon[f] parlant du Lac Stiphane dit : tous les lieux d'alentour sont des pâturages de tout genre. Au dessus de ce Lac est une Forteresse élevée, mais abandonnée, nommée Cizara, & derriere il y a un Palais Royal qu'on y a bâti. Ptolomée[g] met une CIZARA dans la petite Armenie auprès de l'Euphrate dans la Prefecture Lavianinesine.

[f] l. 12. p. 560.
[g] l. 5. c. 7.

CIZI[h], (le Pays de) petit Pays de France dans la basse Navarre aux frontieres de la haute près des Pyrénées. La place la plus considerable qu'il y ait, c'est St. Jean pied de Port.

[h] Baudrand Ed. 1705.

CIZEMBRA, Ville ou Village de Portugal sur la côte de l'Estramadure près du Cap d'Espichel. Mrs. Sanson écrivent CEZIMBRA. On prend ce lieu pour la Cepiana des Anciens.

CIZYA, Ville de Thrace, selon l'Histoire Tripartite[i]. Ce fut-là qu'Eustathe fut envoyé en exil.

[i] l. 6. c. 13.

C K.

CKREICH[k], Riviere d'Allemagne. Elle a sa source dans la Suabe auprès de Kernbach ; d'où serpentant à travers le Ckreichgow qui en prend son nom, & avoir couru à l'Occident, & se separe en deux branches dont l'une va tomber dans le Rhin au dessus de Spire, l'autre passe au Fort de Kisloch, & va se perdre dans le Rhin au dessous de Spire.

[k] De l'Isle Cours du Rhin.

CKREICHGOW, Pays d'Allemagne & l'une des cinq parties du Palatinat du Rhin ou bas Palatinat entre le Rhin & le Necker, le long de la Riviere de Ckreich dont il porte le nom. Bruchsall, Heydelsheim, Bretten, Kisloch, Rottenbourg, Eppingen & Sintzen en sont les lieux les plus remarquables.

C L.

CLACKMANNAN[l], Château de l'Ecosse dans sa partie Meridionale, dans la Province de Sterling sur le Golphe de Firth, & donne son nom au Pays voisin.

[l] Baudrand & Corneille.

CLADAUS ou
CLADEUS, Riviere du Peloponnese dans l'Elide[m]. Elle tombe dans l'Alphée. Xenophon[n] qui écrit ce nom CLADAUS dit qu'elle a son embouchûre près d'ALTE. Pausanias[o] dit que les habitans de l'Elide rendoient un culte Religieux à ce Fleuve, & qu'il en recevoit les plus grands honneurs après l'Alphée.

[m] Pausan. l. 5. c. 7.
[n] Hist. Græc. l. 7.
[o] l. 5. c. 10.

CLAGENFURT[p], autrefois *Claudia*, à present la principale Ville de la Carinthie ; elle est bâtie en quarré, & est entourée d'une très-bonne muraille ; le rempart en est assez fort, & il y a un bastion à chaque coin, & un au milieu de chaque courtine. Les rues en sont étroites ; mais par tout égales & regulieres aussi bien que les Maisons. Il y a aussi une très-belle place publique tout au milieu de la Ville ; les Lutheriens l'ont embellie de cette manière, pendant qu'ils étoient les maîtres de tout ce Païs. Il y a dans la place publique une fort belle colomne de marbre, & la statuë d'une fille dessus, aussi bien que celle de l'Empereur ; mais il y a au dessus de tout cela une très-belle Fontaine au milieu, sur laquelle on voit un Dragon de pierre d'une grandeur prodigieuse, & Hercule avec sa massue. Le Peuple croit que cette figure d'Hercule est celle d'un païsan qui tua le Dragon, qui étoit dans ces quartiers. On a aussi apporté cela de la campagne de Saal. Il y a encore trois belles Fontaines à remarquer dans ce Païs, les deux premieres sont celles de Saint Weit & de Clagenfurt, & la derniere est celle de marbre blanc, qui est à Saltzbourg.

[p] Edouard Brown Voyages p. 176.

CLAGNI, Château de France. [q]Le Château de Clagny est peut-être la Maison la plus regulierement belle qu'il y ait en Europe. Il est tout près de Versailles, & presque dans une position pareille à celle de cette Maison Royale. Le Roi le fit bâtir pour Madame de Montespan, & c'est le premier ouvrage que Jules Hardouin Mansard ait fait pour le Roi. Il fut achevé en 1678. on peut dire que cet Architecte s'est surpassé dans le dessein & la construction de cet édifice, qui appartient aujourd'hui à S. A. S. Monseigneur le Duc du Maine. En face d'une cour de trente toises de large sur trente-deux de profondeur, on voit un corps de bâtiment au milieu duquel est un beau & grand pavillon qui se termine en Imperiale. Ce bâtiment a deux ailes doubles, en

[q] Piganiol de la Force Desc. de la France T. 2. p. 261.

retour au bas desquelles sont encore en retour & sur la face de devant deux autres aîles. La cour est fermée par une grille de fer parfaitement bien travaillée, qui se courbe en demi-lune, & au milieu est la porte. On monte à l'étage du rez de chaussée par cinq perrons quarrez qui élevent cet étage de quatre à cinq pieds. Celui qui est à l'extrêmité de l'aîle qui est à droite en entrant, conduit dans la Chapelle dont le plan est rond & de trente pieds de diametre. Celui par lequel on monte au vestibule où l'on trouve le grand escalier vient ensuite, & au milieu de la façade est celui qui donne entrée au salon du grand pavillon. Ce perron est plus grand que les autres & l'on entre dans le salon par trois grandes arcades égales. La voute de ce salon est plus élevée que les autres, & est portée par quatre trompes où sont huit grands esclaves. Les perrons qui sont à l'aîle qui est à main gauche en entrant conduisent à une grande gallerie de trente-cinq toises de long sur vingt cinq pieds de large, qui est composée de trois salons un peu plus larges que les intervales qui les joignent. A la reserve du grand pavillon qui est couvert d'un dôme, les combles du reste du bâtiment sont brisez, ou à la mansarde. Dans une de deux aîles qui sont sur la face du devant, est une galerie pavée de marbre, longue de vingt-quatre toises, & large de vingt-cinq pieds. Elle avoit été d'abord destinée à servir d'orangerie. Dans l'autre aîle sont l'Apoticairerie, & l'Infirmerie. Ces deux dernieres aîles n'ont point d'étages & sont seulement à la hauteur du rez de chaussée. Elles ont chacune sept arcades à plein cintre, & sont terminées à chaque extrêmité par un avant-corps dans chacun desquels est une porte. Ces Arcades sont autant de fenêtres ou croisées terminées par un arc surbaissé. Les pieds droits qui sont entre chacune de ces Arcades sont decorez d'une table saillante d'environ un pouce. Au milieu de chacun des impostes est un buste soutenu par une console.

Les jardins sont du dessein de le Nautre & tirent leur plus grande beauté de plusieurs parterres en broderie; & de boulingrin de diverses figures; comme aussi des pallissades des bosquets de charmille, & des cabinets de treillage ornez d'architecture. L'étang qui sert d'abreuvoir à Versailles sert aussi de Canal aux jardins de Clagny, & contribué à la beauté de la vuë du Château, pour lequel il semble avoir été fait exprès.

[a] *Sanson Carte du Poitou.* CLAIN [a], (le) Riviere de France dans le Poitou: elle a deux sources à la Yesse & à Pleuville, de là serpentant vers le Nord Occidental, elle passe à Anche & y reçoit la Boulaye & la Dive ; puis à Vivonne où elle reçoit la Vonne, & plus bas la Miosson. Elle est jointe par une autre Riviere à Poitiers qu'elle arrose & par quelques autres au dessous & elle se perd enfin dans la Vienne au dessous de Senon, & au dessus de Châtelleraud.

[b] *Corn. Dict. Memoires dressez sur les lieux en 1706.* CLAIRE-FONTAINE [b], Bourg de France au Diocèse de Chartres; à huit lieues de la Ville de ce nom ; à dix de Paris ; à cinq de Montfort l'Amauri ; à quatre d'Epernon, à trois de Chevreuse ; à deux de l'Abbaye de Vaux de Cernay, de Bonelle, de Bullion, & de Rochefort ; à une de St. Arnoul & à demie-lieue de l'Abbaye des Benedictines de St. Remi des Landes. Ce lieu est remarquable à cause d'une Abbaye de ce nom ainsi appellée à cause d'une belle Fontaine, qui est près des murailles de son enceinte. Cette Abbaye est desservie par les Augustins déchaussez, qui y desservent aussi la Cure de la paroisse du titre de St. Nicolas renfermée dans la nef de l'Eglise Abbatiale, qui est sous l'invocation de la Vierge. Le territoire de Claire-Fontaine est sablonneux & produit des grains & des bois; on y voit aussi quelques Etangs.

CLAIRVAUX. Voiez CLERVAUX.

CLAISE [c], (la) Riviere de France. Quelques-uns écrivent LA CLAIZE. Elle a sa source dans le Berry auprès de Luant. Elle est bientôt après grossie par d'autres ruisseaux. Elle passe à Meziere, g. à Martizay, d. à Preuilli, d. entre dans la Touraine, où continuant de serpenter au Nord-Ouest, elle se perd dans la Creuse un peu au dessus de la Haye. [c] *Sanson Atlas.*

CLAIN-REICH, Pays de France en Alsace aux environs de Haguenau. Il y a une Forêt qui est du Domaine Royal, & qui s'étend jusqu'au Rhin, & le feu Roi Louis XIV. a fait bâtir dans une Isle de ce Fleuve une bonne Forteresse, qui est soutenue par une autre dans la Terre ferme de la basse Alsace; elles sont jointes par un Pont. C'est cette Place que l'on nomme le Fort Louis.

CLAMECI [d], petite Ville de France dans le Nivernois au confluent de la Riviere d'Yonne & de celle de Beuvron. L'Yonne y commence à porter batteau en certaines saisons de l'année: cette Ville quoique de la dépendance de Nevers est du Diocèse d'Auxerre. Il y a une Collegiale & une Election. Le nom Latin est *Clamiciacum*, *Clemiciacum* ou *Clamiciacum*. [e] Elle étoit déja connue dès l'onziéme siécle, comme on le voit par des Lettres de Philippe I. données l'an 1078. c'est auprès de cette Ville qu'est l'Evêché de Berthléem. [d] *Piganiol de la Force, Desc. de la France T. 5. p. 138.* [e] *Longuerue Desc. de la France part. 1. p. 121.*

CLAMOVENTA. Voiez GLANOVENTA.

CLAMPETIA, autrefois Ville d'Italie chez les Brutiens au Pays de la grande Grece. Pline [f] ne la nomme que lieu simplement, parce que de son temps elle étoit détruite. Tite-Live [g] l'appelle DAMPETIA, dans les nouvelles Editions on a rétabli *Clampetia*. Cette Ville a été retablie, & c'est presentement l'Amantea sur la côte de la Calabre Citerieure. [f] *l. 3. c. 5.* [g] *l. 30. c. 19.*

CLANCHINOLTEPEC [h], Ville de l'Amerique Septentrionale au Mexique dans la Province de Panuco. Les Religieux de l'Ordre de St. Augustin y ont un petit Couvent. [h] *Corn. Dict. De Laet Ind. Occid. l. 5. c. 14.*

CLANEUS, Ville d'Asie dans la Galatie Salutaire. Elle étoit Episcopale, comme il paroît par la Notice de Hierocles, qui lui donne le sixiéme rang entre les Villes de cette Province. Elle a le IV. dans la Notice de Léon le Sage, qui la nomme CLANGIS.

CLANES, Torrent des Montagnes d'au dessus de la Vindelicie. Il se jette dans le Danube, selon Strabon [i]. Lazius croit que c'est le Glan, qui arrose la Baviere. [i] *l. 4. p. 205.*

CLANIO. Voiez GLANIS 2.

1. CLA-

1. CLANIS, fleuve d'Etrurie, c'est aujourd'hui la CHIANA. Voiez ce mot.

2. CLANIS, Etienne le Géographe écrit Γλάνις GLANIS, Riviere d'Italie dans la Campanie auprès de Cumes. Lycophron en parle dans ce vers

Γλάνις τὲ ῥείθροις δέξεται τέγγων χθόνα.

Par où il paroît que les Grecs disoient *Glanis* pour *Clanis*. Cette Riviere est la même que le LITERNUS dont le nom moderne est le CLANIO, d'autres l'appellent PATRIA. Il a sa source dans la Principauté Ulterieure & tournoyant dans la Terre de Labour vers l'Occident, puis vers le Septentrion, il passe auprès d'Acerra, & enfin il se jette dans un étang qui s'étend du Nord au Sud, & delà il se perd dans la Mer de Toscane au Nord de Patria, lieu qui tient la place de l'ancienne *Liternum*.

3. CLANIS, Riviere d'Espagne, selon Etienne le Géographe & le Scholiaste de Lycophron.

1. CLANIUS, Riviere d'Italie dans la Campanie. On l'appella ensuite Liris, selon Strabon[a] & Pline[b]. On lit dans ce dernier *Colonia Minturna, Liri amne divisa, Glani appellato*.

[a] l. 5. p. 233.
[b] l. 3. c. 5.

2. CLANIUS, Riviere d'Italie. Virgile dit[c]:

[c] Georg. l. 2. v. 225.

Vacuis Clanius non aquus Acerris.

Le P. Catrou dit, en expliquant ce passage: le fleuve qui s'appelloit autrefois *Clanius* porte aujourd'hui le nom de l'Agno: il arrose le Pays de la Campanie, & passe par la Ville de Nole. Cela n'est pas exact. Il faloit dire qu'il porte aujourd'hui le nom de CLANIO; qu'il arrose la Terre de Labour, autrefois la Campanie: pour ce qui est de Nole il n'y passe en aucune maniere; mais il passe à un mille au Nord de cette Ville. C'est le même que CLANIS 2.

1. CLANUM, Ville de la Gaule, selon Antonin, sur la route de Milan à Arles, entre Cabellio & Ernaginum, c'est-à-dire entre Cavaillon & Eragnac, à XVI. M. P. de la premiere, & à XII. M. P. de la seconde, selon l'exemplaire du Vatican.

2. CLANUM, autre Ville de la Gaule sur la route de *Caracotinum* à *Augustobona*, selon Antonin; entre *Agredinum* & *Augustobona* à XVII. M. P. de la premiere, & à XVI. M. Pas de la seconde. C'est ainsi qu'on lit dans l'exemplaire du Vatican & dans les Editions de Florence & de Vénise, & dans celle de Zurita. Celle de Bertius obmet cette Ville.

CLANWILLIAM[d], contrée d'Irlande dans la Province de Munster au Comté de Limerick. C'est la sixième Baronie des neuf dont ce Comté est composé.

[d] Etat de l'Irlande p. 52.

CLARA. Voiez CYLLENE.

CLARASCUM. Voiez QUIERASQUE.

CLARAVALLIS, nom Latin de l'Abbaye de Clervaux.

1. CLARE[e], Ville d'Irlande dans la partie la plus Septentrionale du Golphe de Shennon entre Kilsenneragh & Limerick; dans le Comté de Clare auquel elle donne son nom; selon l'Etat d'Irlande, c'est une des dix sept Baronies dont est composé le Comté de Gallway dans la Province de Connaught. Mr. Baudrand[f] la met dans la Province de Mounster où elle n'est pas.

[e] Allard Atlas.
[f] Ed. 1705.

2. LE COMTÉ DE CLARE[g], contrée d'Irlande sur sa côte Occidentale. Elle est bornée au Nord par le Comté de Gallwai, & par la Baye de même nom à l'Orient & au Midi par le Shennon; au Couchant par la Mer. Kilaloë, Kilsenneragh, & Clare en sont les lieux les plus remarquables; si nous en croions Mr. Baudrand[h] les Irlandois l'appellent Cunntae an Chlair. On l'appelle autrement, dit-il, le Comté de Tovomond, qui signifie la Mommonie ou Mounster Occidentale. Il ajoute: il avoit toûjours fait partie de la Province de Connaught jusques vers l'an 1610. qu'il fut uni à celle de Mounster: il est divisé en neuf Baronies qui sont *Burins, Corcomroe, Ibrickam, Inchiquin, Islands, Clanderlagh, Moyfertagh, Bunrati & Tullogh*. Voiez THOMOND, qui est la même chose que ce Comté, où tout ceci est mis plus exactement.

[g] Allard Atlas.
[h] Ed. 1705.

3. CLARE, Bourg d'Angleterre, dans la Province de Suffolc aux confins du Comté d'Essex. Il est accompagné d'un vieux Château, qui a donné le nom aux anciens Ducs de Clarence.

CLARENCE, Ville de Grece dans la Morée, sur la côte Occidentale, [i] à trente milles de Zante, à six milles de Castel Tornese & à quinze de Gastouni. Elle est sur les ruines de l'ancienne Cyllene Patrie de Mercure. [k] Elle a été la Capitale d'un Duché nommé le Duché de Clarence & sous le Gouvernement de ses Princes elle étoit aussi illustre que son nom le marquoit. Les Venitiens l'ont possedée avec le reste de la Morée; mais elle est tombée comme tout le Pays sous la domination des Turcs. [l] Elle est à present ruinée & il n'y reste que le tour des fossez, & quelques pans de murailles parmi les champs. Il y en a de fort épais sur le lieu le plus éminent qui regarde la Mer, & l'on ne sauroit dire si c'est un tremblement de terre ou de la poudre à canon, qui a fait sauter des murailles si massives. A un mille delà il y a un Couvent de Caloyers. Il y avoit autrefois à Clarence un petit Port ou arsenal de Galeres, qui est presentement comblé. Le reste n'est que plage qui a bon fonds; mais qui est mal assurée contre la Tramontane & le vent Grec ou Nord-Est qu'on appelle Boreas en ces quartiers-là. Les Venitiens & quelques autres Nations la nomment CHIARENZA.

[i] Spon Voyage de Grece p. 3. T. 2.
[k] Coronelli Morée p. 47.
[l] Spon Ibid.

CLARENDON, Riviere de l'Amerique Septentrionale dans la Caroline. Elle a deux sources ou deux branches dont chacune meriteroit un nom particulier, & on peut dire que ces deux Rivieres differentes, qui s'unissent dans une embouchûre assez large qui leur est commune, à l'Orient de Charles Towne & au Couchant du Cap Fear. La branche Orientale qui est nommée Clarendon n'a gueres que cinquante milles de cours, en n'ayant point d'égard aux petits détours qu'elle fait en serpentant. L'autre branche qu'on appelle *de West*

[H. Mol Carte de la Caroline.]

CLA.

West Branch, c'est-à-dire la branche Occidentale parcourt bien plus de terrain, elle a ses sources dans des forêts voisines des Montagnes des Apalaches. Le Pays qui est à l'Est & au Nord-Est de ces Rivieres s'appelle CLARENDON COUNTY; & prend son nom d'Edouard Comte de Clarendon, l'un des Seigneurs proprietaires de ce Pays, qui en furent investis par Charles II. dont les Lettres sont du 24. Mars 1663. comme je l'ai dit dans l'Article de la Caroline où je parle de cette Riviere & de cette contrée de Clarendon.

CLARE'OTIS, nom d'une Tribu des Tegeates au Peloponnese, selon Pausanias[a].
[a] l. 8. c. 53.

CLAREUSA. Voiez PISISTRATI.

CLARIACUM, Village de France à trois milles d'Orléans. Il en est fait mention dans la Vie de Saint Liphard. Le nom François est CLERI.

CLARIÆ, Peuple de Thrace vers le Danube, selon Pline[b].
[b] l. 4. c. 11.

CLARINEA. Voiez GORDUNI.

CLARITAS JULIA, ancienne Ville d'Espagne dans la Betique. On la nommoit aussi ATTUBI, selon Pline[c]. Dans le Tresor de Goltzius[d] il y a une Medaille de Neron avec ces mots COL. CLARITAS. JULIA. Mariana dans son Histoire d'Espagne[e] croit que c'est Olivera, près d'Estepona.
[c] l. 3. c. 1.
[d] p. 238.
[e] l. 3. c. 21.

CLARIUM, Forteresse du Peloponnese, au milieu du territoire de Megalopolis, selon Polybe[f].
[f] l. 4. c. 6. & l. 4. c. 15.

CLAROANGUS, lieu de la Gaule, Surius en fait mention dans la Vie de St. Preject Evêque de Clermont en Auvergne, & nomme le Canton où ce lieu étoit MORANG, *in Morango*.

CLARA VALLIS, nom Latin de CLERVAUX.

CLAROMONTIUM. Voiez CLERMONT.

1. CLAROS, Bois & Temple d'Asie dans l'Ionie consacrez à Apollon, qui y avoit anciennement un Oracle au Pays des Colophoniens. Strabon[g] dit: Colophon Ville d'Ionie; devant la Ville est le bois d'Apollon Clarien dans lequel il y avoit autrefois un ancien Oracle. Pline ne parle que du Temple d'Apollon Clarien; mais il ne fait aucune mention du bois sacré, ni de l'ancien Oracle.
[g] l. 14.

2. CLAROS, le Scholiaste d'Apollonius[h] dit qu'il y avoit une Ville de ce nom auprès de Colophon, qu'elle étoit consacrée à Apollon, qui y avoit un Oracle. Servius expliquant un vers de Virgile[i] dit Claros (*Clarium Oppidum*) est une Ville aux confins des Colophoniens, où Apollon est adoré, & d'où il est appelé *Apollon Clarien*.
[h] ad lib. 1. vers 308.
[i] Æneid. l. 3. v. 360.

3. CLAROS, Montagne au même endroit. Isace Tzetzes sur Lycophron[k] dit: Claros Montagne & Ville d'Asie auprès de Colophon, d'où Apollon est surnommé Clarien.
[k] in vers. 1464.

§. Cellarius[l] n'est pas trop persuadé de l'existence de la Ville & de la Montagne. Il ne trouve que le Bois & le Temple, qui soient fondez sur des autoritez suffisantes. Cependant Vibius Sequester met dans son Catalogue des Montagnes Clarius de la Colophonie, duquel Apollon est surnommé Clarien. Ælien parle de Claros Ville des Colophoniens[m]. Or.
[l] Geogr. ant. l. 3. c. 3. T. 2. p. 78.
[m] Hist. Anim. l. 10.

Tom. II.

CLA.

telius dit que Pausanias en parle aussi; mais cet Auteur nomme simplement Claros sans dire qu'il y eût une Ville.

4. CLAROS, Isle de la Mer Ægée, c'est la même que CALYMNE. Voiez cet Article & CALAMO 2.

CLARUS-MONS. Voiez CLERMONT.
CLARUS FONS. Voiez SHERBORN.
CLARUS FONS. Voiez CLAIRE FONTAINE.

CLASSE[n], Bourg d'Italie à cinq quarts de lieue de Ravenne avec un Monastere dedié sous le nom de St. Apollinaire; c'étoit le Port de la Ville de Ravenne: il passoit aussi pour un de ses fauxbourgs. St. Romuald se retira d'abord dans ce Monastere. Il en sortit pour aller passer plusieurs années dans un desert des Pyrenées. Il y revint ensuite & demeura non dans le Monastere; mais en un lieu proche appellé PONT DE PIERRE; delà il passa à St. Martin au bois où il bâtit des Cellules; mais ses propres disciples l'en ayant chassé il se retira à Comacchio, puis à Catria sur l'Apennin. Il revint ensuite à Classe vingt-deux ans après la premiere retraite qu'il y avoit faite au tems de sa Conversion. Il se retira depuis dans la petite Isle de Perée à quatre lieues de Ravenne pour empêcher qu'on ne le fît Abbé. L'Empereur Othon III. l'y alla visiter & l'en ramena. Il le fit choisir malgré lui pour Abbé de Classe par les Prelats, qui se trouvoient à Ravenne. La Ville est ancienne selon Agathias[o] & Spartien[p]; mais elle est presentement détruite, & le Biondo[q] dit que le lieu où elle étoit s'appelle presentement CARDIANO. Magin[r] met néanmoins CLASSE comme un Bourg réellement existant au bord Septentrional de *Fossato grande*.
[n] Baillet Topogr. des Saints p. 133.
[o] l. 1.
[p] In Did. Juliano.
[q] Roma Restaurata. l. 3.
[r] Ital. Carte de la Romagne.

CLASSICA COLONIA, l'un des anciens noms de la Ville de FREJUS.

CLASSIS. Voiez CLASSE.

CLASSITÆ, Peuple d'Assyrie près du fleuve Lycus, selon Pline[s]. C'est proprement un surnom distinctif, car Pline les appelle *Silici Classitæ*, & le R. P. Hardouin observe que ce surnom de *Classitæ* les distinguoit des Peuples *Silici*, qui habitoient dans les Montagnes.
[s] l. 6. c. 16.

CLASSIUS, Riviere de la Gaule Narbonnoise, selon Festus Avienus. Comme il y a immediatement avant ce vers une lacune, on ne peut gueres dire que par conjecture quelle Riviere c'est presentement. Elle n'étoit separée du Rhône que par la contrée nommée *Cimenice*.

Ejusque in æquor Classius amnis influit.

Le nom même m'est suspect, car la nature du vers Iambique demande un nom de deux syllabes dont la premiere soit longue, & l'autre douteuse, afin de devenir breve devant *amnis*. *Classius* étant un dactyle ne convient pas; ce qui me fait croire que ce mot a été corrompu par les Copistes.

CLASTIDIUM, ancienne Ville d'Italie dans la Ligurie, selon Tite-Live[t]. Il le met aussi dans la Gaule, c'est-à-dire dans la Gaule Cisalpine[v]. Polybe en fait aussi une Ville[x]. Plutarque n'en fait qu'un Village[y], & Tite-Live
[t] l. 32. c. 29.
[v] l. 29. c. 11.
[x] l. 1. c. 34. & l. 3. c. 69.
[y] in Marcello.

Pppp

666 **CLA.**

a l.21.c.48. Live lui même le qualifie Village *a*. On croit que c'est presentement CHIASTEZZO ou CHIASTEGGIO, Village du Milanez au territoire de Pavie.

CLASTON, ce mot se trouve dans Strabon, comme si c'étoit le nom d'une Ville de la Betique. Clusius a cru que ce pouvoit être *Andujar*. Casaubon meilleur Critique a vû que c'étoit une faute & qu'il faloit lire CASTULO. Voiez ce mot.

CLATERNA, ancienne Ville d'Italie dans la Gaule Cisalpine. L'Itineraire d'Antonin la met à dix milles de Bologne, & celui de Bourdeaux à Jerusalem de même. L'un & l'autre Itineraire compte de Claterna à *Forum Cornelii* (c'est-à-dire Imola) XIII. M. P. Ciceron parle de cette Ville en plusieurs endroits *b*. Pline en fait aussi mention *c* & la met au nombre des Colonies. Ptolomée dit aussi que c'étoit une des Villes de la Gaule surnommée *Togata*; ce nom se trouve écrit CLITERNA dans Strabon *d*; c'est une faute des Copistes. Cluvier lit dans Tite-Live *e* *Ab altero Pratore Sempronio Tuditano Oppidum Cliternum expugnatum*; & veut qu'on lise *Claternum* au neutre; mais les Editions posterieures, telles que celles de Gronovius & de Mr. le Clerc, portent *Aternum*. Claterna étoit déja bien dechue du temps de St. Ambroise, comme il paroît par une de ses Lettres *f*. Il n'en reste plus gueres de chose & ce reste s'appelle QUADERNA aussi bien que le ruisseau qui coule auprès.

b Philipp. 8. c. 2. & Famil. l. 12. Epist. 5.
c l. 3. c. 5.
d l. 5. p. 217.
e l. 24. c. 47.

f l. 2. Epist. 8.

CLATOS, Ville Mediterranée de l'Isle de Créte, selon quelques Exemplaires de Pline *g*. Le R. P. Hardouin lit ELATOS.

g l. 4. c. 12.

CLAVARUM. Voiez CHIAVARI.

CLAVASIUM. Voiez CHIVAS.

CLAUDI, lieu d'Afrique, selon l'Itineraire d'Antonin, qui le met sur la route de Theveste à Sitifi entre Mascula & Tamugadi à XXII. M. P. de l'une & de l'autre. Quelques exemplaires portent GLAUDI.

CLAUDI CAUPONÆ. Voiez CAUDI CAUPONÆ.

CLAUDIA, Ville de la Norique, selon Pline *h*. Ptolomée la nomme Κλαυδιoίον CLAUDIVIUM; Cluvier croit que c'est CLAUSEN Village de Baviere auprès de Marquarstein & du Chiemfée. Lazius suivi par Ortelius & par le R. P. Hardouin dit que c'est Clagenfurt Ville de Carinthie.

h l. 3. c. 24.
i l. 2. c. 14.

CLAUDIA. Voiez GLOCESTER.

CLAUDIÆ AQUÆ; Suetone dans la Vie de l'Empereur Claudius fait mention de deux fontaines de ce nom au voisinage de Rome. Elles avoient outre cela chacune un nom particulier. L'une s'appelloit *Cæruleus*, c'est-à-dire la fontaine bleue; l'autre CURTIUS & ALBUDINUS.

CLAUDIA FOSSA. Voiez FOSSA & CHIOZA.

CLAUDIA REGIO, contrée d'Asie, selon Diodore de Sicile *k*. Elle étoit du côté de Miler.

k l. 13. sub fin.

CLAUDIA VIA, selon Ovide, grand chemin Romain qui commençoit au Pont Milvius, & alloit joindre la voye Flaminienne. Ovide dit *l*:

l Ex Ponto l. 1. Eleg 8. v. 43 & 44.

CLA.

Nec quos piniferis positos in collibus hortos
Spectat Flaminiæ Clodia juncta viæ.

Capitolinus dans la Vie de l'Empereur Verus écrit aussi *Clodia Via*; d'autres lisent dans Ovide CLAUDIA ou même CLUDIA. Cette route passoit par les Villes de Luques, Pistoye, Florence &c. Voiez Bergier des chemins Romains *m*.

m l. 3. c. 22.

CLAUDIANA, Ville de Syrie, ou de l'Euphratense, selon la Notice de l'Empire *n*.

n Sect. 24.

CLAUDIAS, Ville de la petite Armenie dans la Prefecture Lavinianesine, selon Ptolomée *o*.

o l. 5. c. 7.

CLAUDII FORUM. Voiez au mot FORUM les 3. Articles FORUM CLAUDII.

CLAUDIOMAGUS, Village de France aux confins du Berri, dit Sulpice Severe dans son Dialogue des vertus de St. Martin: quelques exemplaires portent CLAUDIOMACHUS; d'autres GAUDIOMACUS. Il faut lire *Claudiomagus*, Fortunat écrit ainsi ce nom.

CLAUDIOMERIUM, ancienne Ville d'Espagne au Pays des Artabres, selon Ptolomée *p*. Mr. Baudrand *q* qui lui attribue de l'avoir mise au Pays des *Callaici Lucenses* n'a pas consulté cet Auteur. Cependant il avoit devant les yeux Ortelius qui a cité juste.

p l. 2. c. 6.
q Ed. 1681.

1. CLAUDIOPOLIS, Ville de Bithynie, selon Ptolomée *r*, qui dit qu'on la nommoit aussi BITHYNIUM. Pausanias *s* qui parle aussi de cette Ville à l'occasion d'Antinous favori de l'Empereur Hadrien, la nomme Bithynia sur le fleuve Sangar. Dion Cassius *t* dit de même: Antinous étoit né à Bithynium Ville de Bithynie que l'on appelle aussi Claudiopolis.

r l. 5. c. 1.
s l. 8. c. 9.
t l. 69. p. 792.

2. CLAUDIOPOLIS, Ville de l'Isaurie. L'Empereur Claudius y envoya une Colonie, à ce que nous apprend Ammien Marcellin *v*. La Notice de Hierocles la met entre les Villes Episcopales. C'étoit la patrie de St. Taraque Martyr. Ortelius faute d'un peu d'attention fait cette Ville double, c'est-à-dire qu'il met une Claudiopolis dans la Cilicie & cite Ammien Marcellin, qui ne parle que de celle de l'Isaurie.

v l. 14. p. 21. Ed. Lindebrog.

3. CLAUDIOPOLIS, Ville de la petite Armenie dans la Cataonie, selon Ptolomée *x*. Ortelius croit que c'est la même que celle de l'Isaurie, ce que je crois assez vraisemblable. Pline donne celle-ci à la Cappadoce *y*.

x l. 5. c. 7.
y l. 5. c. 14.

4. CLAUDIOPOLIS, Ville d'Asie dans l'Honoriade. Elle étoit Episcopale; & il en est fait mention dans les Authentiques. Ortelius croit que cette Ville est la même que celle d'Isaurie; en quoi il se trompe: la Notice de Hierocles les distingue comme deux Sièges très-diferents. Celle-ci tient le premier rang entre les six Villes de l'Honoriade & l'autre n'a que le troisiéme rang entre les Villes de l'Isaurie.

CLAUDIVIUM, Ville de la Norique. Voiez CLAUDIA.

CLAUDIUS MONS, Montagne de la Pannonie, selon Pline *z*. Elle servoit de bornes entre les Taurisques & les Scordisques. Le R. P. Hardouin croit que ce sont les Montagnes, qui separent la Hongrie & l'Esclavonie de la Croatie. Lazius dit que la partie Occiden-

z l. 3. c. 25.

CLA.

dentale est nommée par ceux du Cilly Vogel/ Rochitzberg Zagor / & la partie Orientale par les Hongrois Wlotay, Monoszle, Risbarnoz, & Merenetze.

CLAUDUS, Isle de la Mer de Créte, [a l.3.c.17. b c.27.v.16.] selon Ptolomée[a]. Cette même Isle est nommée dans les Actes des Apôtres[b] Κλαύδη ou Καύδη, CLAUDE ou CAUDE, car, comme le remarque Courcelles dans ses variantes, les exemplaires ne s'accordent pas, & ce dernier est plus conforme à la Vulgate qui porte CAUDA. Mr. Simon dans ses Remarques observe que le Syriaque appuye la leçon de la Vulgate. On croit que c'est presentement l'Isle de Gozzo, qui dépend de celle de Malthe. Il faut avouer que si la position que Ptolomée donne à son Isle de Claudius est veritable, ce ne sauroit être ni la *Cauda* des Actes, ni encore moins l'Isle de GOZZO.

CLAVENA, ancienne Ville des Helvetiens. Antonin la met à dix mille pas du Lac de Come. Voiez CHIAVENNE.

CLAVIJO, Village d'Espagne dans la Vieille Castille & au Pays de la Rioja, à deux lieues de Logroño. Ce lieu est remarquable à cause de la grande victoire que le Roi Ramire y remporta sur les Mores.

CLAUSALA, Riviere de l'Illyrie. Tite-Live[c] dit qu'elle arrosoit la Ville de Scodra à l'Orient. C'est presentement la Boyana qui coulant au Levant de Scutari tombe dans le Golphe du Drin; où elle porte aussi les eaux du Lac Zenta, qui est le *Labeatis Palus* des Anciens. [c l. 44.]

CLAUSEN[d], petite Ville d'Allemagne dans le Tirol entre Brixen & Bolzen près de la Riviere d'Eisoko. [d Baudrand Ed. 1705.]

CLAUSENBOURG; quelques François écrivent mal CLAUSEMBOURG, Ville de Transsilvanie. Voiez COLOSWAR, qui est aussi un de ses noms.

CLAUSENTUM, ancienne Ville de la Grande Bretagne sur la route de *Regnum* à Londres, entre cette premiere Ville & celle de *Venta Belgarum*, qui est Winchester, à vingt milles de la premiere & à dix de la seconde. Mr. Gale[e] dit que c'est SOUTHAMPTON. Il observe qu'elle a pris ce nom de l'Empereur Claudius sous la conduite, ou du moins sous les auspices de qui l'Isle de Wight & les Provinces voisines furent subjuguées par les Romains. Il y a de nos Historiens, continuet-il, qui assurent que les Bretons bâtirent une Ville en l'honneur de Claudius; mais tous ne conviennent pas quelle est cette Ville. Quelques-uns disent que c'est *Camalodunum*; d'autres que c'est Glocester. Il est vrai que Camalodunum eut un Temple consacré à Claudius; mais cette Ville étoit deja célèbre avant l'Empire de ce Prince, puisque selon le témoignage de Dion c'étoit la residence de Cunobelin. Il y a d'autres preuves que cette Ville ne sauroit être Glocester. Mr. Gale donne ensuite une Etymologie de Clausentum tirée de la Langue Bretonne, savoir de CLAUDS, qui veut dire *fossé*, & de EN, qui veut dire la *tête* ou le *bout* de quelque chose. Il observe que *Pen* entrant dans la composition d'autres mots se change souvent en *En*, soit que le *p* initial soit converti en *h*, comme le veut Camden, soit [e in Anton. p. 104.]

CLA. 667

qu'il soit changé en *f*, comme le veut le savant Edouard Lhuyd dans son Archéologie Britannique. Ainsi *Clausentum* viendra de *Clawd-fen*, qui signifie la *tête du fossé*.

CLAUTHMON[f], terme Grec qui signifie *les pleurs*, & qui répond à l'Hebreu בכים Bochim, en Grec Κλαυθμῶν, & en Latin *Locus flentium*. On lit au livre des Juges[g]: l'Ange du Seigneur vint de Galgal au lieu des pleurs, *ad locum flentium*. Il est parlé du même endroit au second livre des Rois[h]: lorsque vous entendrez du bruit du haut de Bochim, vous donnerez le combat. Il semble que le Psalmiste[i] veut parler du même lieu lorsqu'il dit: il a disposé sa marche dans la Vallée de Larmes. D'autres traduisent l'Hebreu *Bochim*, par des poiriers ou des meuriers, & au lieu de *la Vallée*, ou *du lieu des larmes*, ils lisent: *la Vallée ou le lieu des meuriers*. La difficulté à present consiste à fixer le lieu de Bochim, soit qu'il signifie des meuriers ou les pleurans. Les uns le mettent à Silo parce que le Peuple étoit assemblé au lieu où l'Ange les vint trouver & qu'il sacrifieroient au même endroit; or il étoit defendu de sacrifier ailleurs qu'au tabernacle. Il est donc tres-probable que *Clauthmon* & *Bochim* soient le même que *Silo*; où étoit alors le tabernacle de l'Alliance. D'autres placent *Bochim* près de Jerusalem. Il est certain que la bataille que David livra aux Philistins dans la Vallée de Bochim fut donnée près de Jerusalem, ainsi à moins de distinguer deux lieux nommez Bochim il faut reconnoître que ce lieu étoit près de Jerusalem. [f D. Calmet Dict. g c.2.v.5. h c.5.v.24. i Psalm. 83. v.7.]

CLAUTINATII, Peuple de la Vindelicie, selon Strabon[k], qui les compte avec quelques autres pour les Nations les plus inquiétes de cette contrée. Ortelius & le R. P. Hardouin conjecturent que ce pourroient bien être les mêmes que les CATENATES que Pline[l] met pour un des quatre Peuples de la Vindelicie; mais le R. P. Hardouin lit dans Strabon CLATENATES, qui n'y est pas, au lieu de Κλαυτινάτιοι *Clautinatii*, qui y est en effet à la page que cite ce Pere. Il a voulu apparemment rapprocher ce mot de celui de Pline. Simler croit que ce sont ceux qui habitent l'Inn des deux côtez au dessus de son embouchûre dans le Danube. [k l.4. p.206. l l.3.c.20.]

CLAXELUS[m], Montagne de la Ligurie. Il en est fait mention dans une ancienne inscription sur cuivre conservée à Genes. [m Ortel. Thesaur.]

CLAY, Bourg d'Angleterre en Norfolkshire près de la Mer. Il n'a rien de remarquable si ce n'est qu'on y tient marché.

1. CLAZOMENE, Ville d'Asie dans l'Ionie & l'une des douze anciennes Villes de cette Province[n]. Herodote la donne à la Lydie[o], puis à l'Ionie[p]. Strabon dit d'abord[q]: on pretend qu'autrefois Pharos d'Egypte étoit environnée de la Mer, & c'est à present une Presqu'Isle. Il en est de même de Tyr & de Clazomene. Il dit ensuite pour en marquer la situation: les Clazomeniens ont occupé la partie Septentrionale de l'Isthme. Il entend parler de l'Isthme, qui joint la Presqu'Isle voisine de l'Isle de Chios au Continent; & cette Presqu'Isle portoit le nom d'Isle ou Presqu'Isle de Clazomene. C'est par raport à ces [n Ælian. var. Hist. l. 8. c. 5. o l.1.c.142. p l.2.c.178. q l.1.p.58.]

Tom. II. Pppp* 2

anciens temps que Velleius Paterculus[a] dit: *super angustias hinc Teas* (au Midi de l'Isthme) *illinc Clazomenæ*. Clazomene fut changée de place. Strabon[b] dit: on appelle Chytrium l'endroit où étoit auparavant Clazomene; de la maniere que la nouvelle Ville de ce nom est située, il y a vis-à-vis huit petites Isles qui sont cultivées. Il paroît par le passage de Strabon allegué en premier lieu que la Presqu'Isle étoit anciennement une Isle. Cela paroît encore mieux par ce que dit Pausanias[c] des Clazomeniens que la peur qu'ils avoient des Perses les porta à se refugier dans l'Isle; mais Alexandre fils de Philippe en fit faire une Peninsule en conduisant une digue depuis la Terre ferme jusqu'à l'Isle. Delà vient que tous les Historiens & Géographes, qui ont écrit après son regne la joignent au Continent. Quoi que je rapporte ceci je ne laisse pas de le regarder comme une Fable; & je ne crois pas que l'Isthme ait jamais pû être autrement qu'il n'est. Car le Mont Coricus, qui commence à la pointe du Sud-Ouest de la Presqu'Isle, au Promontoire Coryceon, forme une chaîne qui la traverse & s'avance dans l'Ionie & même dans la Méonie. D'ailleurs il y a contradiction dans le recit des Auteurs, l'ancienne Clazomene étoit précisément au détroit de l'Isthme. Ce mot suppose une Presqu'Isle qu'il joint à la Terre ferme. Les habitans effrayez par les Perses passerent, dit-on, dans l'Isle, où ils bâtirent une nouvelle Ville. Alexandre vainqueur des Perses joignit cette Isle au Continent; sc'est-à-dire qu'il n'y eut un Isthme & une Presqu'Isle qu'assez long-temps après que l'on eut abandonné l'ancienne Ville & bâti la nouvelle. Cela ne s'accorde pas bien ensemble. Voici quelque chose de plus certain. [d]Les Romains accorderent aux Clazomeniens la franchise & leur firent present de l'Isle de Drymusa. Clazomene a été une Ville célèbre, comme il se voit par les Medailles sur lesquelles on lit ΚΛΑΖΟΜΕΝΙΩΝ. Il y en a une singuliere dans le cabinet du Roi de France; on y voit la tête d'Auguste avec ces lettres ΘΕΑ ΛΙΒΙΑ *Dea Livia* ΚΛΑΖΟΜ. & sur le revers ΘΕΑ ΛΙΒΙΑ *Dea Livia*, LA DE'ESSE LIVIE femme d'Auguste.

2. CLAZOMENE. Voiez ABDERE.

CLAZOMENIORUM SPECULÆ. Strabon[e] met un lieu ainsi nommé vers le Pont-Euxin & le Palus Méotide. Il fait connoître parlà que les Clazomeniens ayant eu des Etablissemens en ces quartiers, ce lieu étoit comme un corps de garde avancé, & qu'ils y entretenoient des sentinelles pour leur sureté. Tout ceci reçoit un nouveau jour d'un passage de Pline, qui parlant de la côte du Palus Méotide dit[f]. Le voisinage fut occupé premierement par les Cariens; ensuite par les Clazomeniens & les Méoniens, & après eux par les Penticapéens.

CLEANDRIA, lieu d'Asie dans la Troade. Strabon[g] y met la source du Rhodius.

CLEARTUS, Marais ou étang de la Marmarique, selon Ptolomée[h].

CLECKGOW. (LE) Voiez HEGOW.

§. CLEEF, Mr. Corneille trouvant ce nom ainsi écrit en fait une Ville à demie-lieue de Cranenbourg, & à pareille distance de Griethuysen. Cette parité de distance n'est pas vraie; mais Mr. Corneille devoit bien reconnoître la Ville de CLE'VES, qui est si fameuse & dont le nom étoit malheureusement écrit *Cleef* dans la Carte de l'Atlas de Blaeu.

§. Cet Atlas pour le dire en passant est l'Ecueil de Mr. Corneille & tous les Articles qu'il en tire sont presque autant de bevuës qu'il faut compter pour moins que rien dans son livre, comme s'ils n'y étoient pas.

CLEMBERTUM. Voiez CLIMBERRUM.

CLEMENTI, (les) Peuple de la haute Albanie[i] aux confins de la Servie entre les Rivieres de Zern, & de Lesterichia, à l'Orient de leur jonction.

CLEMOUZI ou CLEMOUSSI, Ville de la Morée dans le Belveder, à trois lieues & au Sud-Est de la Forteresse de Castel Tornese, selon Wheler[k]. Spon* dit au contraire que Castel-Tornese est nommé CLAMOUTZI par les Turcs. On peut les concilier en disant que Clamouzi est une Ville dont Castel Tornese est la Forteresse quoi qu'assez éloignée.

1. CLENUS ou CLANUS, nom Latin du CLAIN, Riviere de France.

2. CLENUS. Voiez CLITIS.

1. CLEONE, Ville Maritime de Macedoine, dans la Presqu'Isle du Mont Athos, entre Acro-Athos & Thystus. Thucydide[l] & Pline[m], en font mention & Heraclide[n] dit que c'étoit une Colonie de Chalcidiens. Le nom Latin est *Cleona* au pluriel.

2. CLEONE, Ville du Peloponnese dans l'Achaye. Elle étoit très-ancienne, Homere en fait mention[o]. Eustathe remarque qu'elle étoit à LXXX. stades de Corinthe. Ptolomée ne l'oublie pas[p] & Strabon[q] nous en apprend la situation. Cette Ville est, dit-il, située sur le chemin d'Argos à Corinthe sur une hauteur, couverte de Maisons de tous côtez & bien entourée de murailles. Pline[r] en parle aussi.

3. CLEONE, Plutarque[s] en met une dans la Phocide auprès d'Hyampolis.

4. CLEONE, Ville Mediterranée du Peloponnese dans l'Arcadie, selon Pline[t], qui la distingue de la Cléone d'Achaye: ainsi je suis surpris que le R. P. Hardouin ait cité un même endroit de Strabon pour toutes les deux Villes.

CLEOPATRIDE, Ville sur un Canal qui communiquoit entre le Nil & le fond de la Mer rouge. Voiez ARSINOE XI.

CLEPIDAVA, Ville de la Sarmatie en Europe, selon Ptolomée[v].

CLEPSYDRA, fontaine du Peloponnese dans la Messenie & dans la Montagne d'Ithome, selon Pausanias[x]. Appien en fait aussi mention[y].

CLER ou CLAIRE[z], Bourg de France au pays de Caux en Normandie, situé dans un vallon au pied d'un Bois, à une lieuë de Fontainebourg & du Boslehard, à quatre de Roüen, & à huit de Dieppe, avec un Château & titre de Comté. Il est à la source d'un ruisseau, qui après avoir arrosé le pied du Château, coule par le Tot, & se joint à la Riviere de Cailly à Montville. L'Eglise Paroissiale de Clai-

CLE.

Claire porte le titre de Saint Vast, & il y a trois Chapelles fondées sur son Territoire; celle de Saint Maur; celle de Saint George; & celle de Saint Silvestre. Cette derniere est au delà du ruisseau qui passe au travers du Bourg, où il y a une basse Justice, gouvernée par un Sénéchal. Son territoire produit du bled, des fruits, du chanvre & du bois, tant à bâtir qu'à brûler. Le Comté de Claire est composé de dix Paroisses en Seigneurie & Patronage, savoir Claire, Cordelville, le Bocasse, le Val-Martin, les Autels sur Claire, Frichemenil, Grugny, Ormenil, la Houssaye Berenger & le Tot.

[a] *Divers Memoires.*

CLERAC ou **CLAIRAC**[a], Ville de France en Agenois sur le Lot. Mr. de Longuerue qui la met sur la Garonne s'est trompé. Elle est à trois lieues d'Agen, cette Ville étant possedée par les Religionnaires de France fut forcée de se soumettre à l'autorité Royale l'an 1622. Elle fut demantelée comme les autres Villes, qui ayant soutenu le même parti eurent le même sort. Clerac doit son origine à une Abbaye, qui a été de l'Ordre de St. Benoît, & la plus considerable du Diocése d'Agen. Elle fut fondée par les anciens Princes de Gascogne. Elle fut secularisée sous le Pontificat de Clement VIII. & sous le Regne de Henri IV. qui en fit unir la Manse Abbatiale au Chapitre de St. Jean de Latran à Rome. Ce Chapitre y entretient quelques Prêtres pour y faire le service. Clerac est peuplée de riches Marchands, qui y font un Commerce considerable de Tabac, de vin & d'eau de vie. On avoit interdit la culture du tabac pendant quelque temps à la sollicitation de ces gens avides, qui par une funeste entreprise abusent de leur credit & des sommes qu'ils avancent au Souverain pour s'arroger un privilege exclusif de faire seuls tout le Commerce d'un Royaume, au préjudice & à la ruine des Marchands particuliers; mais les habitans de Clerac & des environs ayant été rendus parlà incapables de payer au Roi ce qu'ils avoient coutume, on a été forcé d'avoir égard à leurs besoins, & on y a recommencé à cultiver le tabac.

[b] *Corn. Dict.*

CLERE[b], petite Riviere de France en Normandie. Elle passe à Malonoy qui n'est qu'à deux lieues de Rouen, & va tomber dans la Seine.

[c] *l. 13.*

1. **CLERI**, ancien Peuple dont parle Diodore de Sicile[c]. Ortelius trouve dans Polyen qu'ils étoient dans le Pays de Cyzique.

2. **CLERI**, petite Ville ou Bourg de France dans l'Orléanois, Election de Beaugenci, sur le ruisseau de Doure, & sur la route d'Orléans à Chambort. Elle est remarquable par les Pelerinages de Loüis XI. qui y voulut être enterré. [d] Il y a une Collegiale dont le Chapitre est composé d'un Doyen & de dix Chanoines. Le Doyen est nommé par l'Evêque d'Orléans; quant aux Chanoines, le Duc d'Orléans qui est aux droits du Roi en nomme cinq. Le Duc de St. Aignan comme Seigneur de la Sale lez Clery en nomme quatre, & le dixiéme qui est aussi Curé de St. André, à quelque distance de Clery, est nommé par l'Abbé de St. Memin, comme Collateur de la dite Cure.

[d] *Piganiol de la Force, Desc. de la France T. 5. p. 161.*

CLE. 669

CLERMARAIS ou **CLERMARETZ**, Abbaye de Flandre aux confins de l'Artois, & au voisinage & dans le Diocése de St. Omer. Elle est de l'Ordre de Cisteaux; & a une Communauté assez nombreuse.

1. **CLERMONT**[e], en Argonne contrée de France. Le Comté de Clermont est tout au deçà de la Meuse, & a pris son nom de cette principale Place, qui est située sur une Montagne. L'Argonne, où est Clermont, a été une fort grande Forêt, qui s'étendoit depuis le Pertois, où est l'Abbaïe de Monstier en Argonne, jusqu'à la Meuse près de Mouson. Le Comté de Verdun aïant été donné à Haimon Evêque de Verdun l'an 1000. il alla à Rome, où il obtint de l'Empereur Othon III. l'investiture des biens de son Eglise, où étoit déja compris Clermont, comme le temoigne l'Empereur Frederic Barberousse dans sa Patente confirmative de celle d'Othon, & donnée l'an 1156. Les Evêques donnerent la garde de cette Place à des Châtelains, qui la fortifierent, & s'y rendirent absolus, puisqu'ils pillerent une partie du Verdunois, au lieu de défendre l'Evêque leur Seigneur: ce qui fâcha si fort les Chanoines, qu'ils arrêterent & prirent dans Verdun, Dudon Seigneur ou Châtelain de Clermont. Cette violence faite par des Ecclesiastiques, scandalisa si fort tout le monde en ce Païs-là, que ces Clercs ou Chanoines, furent contraints de faire satisfaction à Dudon: ce qui arriva (comme on le voit dans la Chronique de Laurent de Liége) l'année où Richer fut fait Evêque de Verdun, & où fut tenu le Concile de Clermont, c'est-à-dire l'an 1095. Dudon étant delivré, & retourné chez lui, continua ses pilleries comme auparavant; desorte qu'après la mort de Richer, Richard de Grandpré lui aïant succedé à l'Evêché de Verdun l'an 1108. il fit venir à Verdun l'Empereur Henri $\frac{IV}{VI}$ (comme nous l'apprenons de Laurent de Liége) & on lui fit de si grandes plaintes de Dudon, que cet Empereur assiegea & prit Clermont. Neanmoins les Seigneurs Châtelains n'en furent pas depossedez, car ils joüirent de Clermont jusqu'au commencement du siécle suivant: ce fut alors que Thibaut Comte de Bar s'empara du Château de Clermont, dont il demeura possesseur l'an 1204. en gagnant les heritiers des Seigneurs Châtelains par force ou par presens, comme dit Alberic dans sa Chronique. Les Comtes & les Ducs de Bar firent toûjours hommage de ces Seigneuries l'an 1399. à Thibaud de Cusance, Evêque de Verdun, & ses successeurs ne reserent point de s'acquitter de ce devoir, mêmes les Ducs de Lorraine. Il y avoit plusieurs Fiefs de ce Comté de Clermont dans la Province de Champagne, & dans le Bailliage de Vitri, pour lesquels les Seigneurs de Clermont avoient relevé des Rois de France, & auparavant des Comtes de Champagne. Les Officiers Roïaux aïant à cause de cela inquieté Antoine Duc de Lorraine & de Bar, le tout fut appaisé par le Traité de Romissi de l'an 1539. dans lequel le Roi dit: qu'à l'égard de la Ville & Seigneurie de Clermont en Argonne, le Duc lui avoit remontré qu'elle n'étoit pas tenuë du Roi de France, ni assise en son ressort en Souveraineté; mais que c'étoit un Fief

[e] *Longuerue Desc. de la France part. 2. p. 191.*

Pppp* 3

Fief tenu par le Duc & ses Prédecesseurs, & repris des Evêques & Comtes de Verdun ; & que les habitans de la Seigneurie de Clermont n'avoient jamais reconnu les Juges Royaux, ni en premiere instance, ni par appel ; mais que de tout tems ils avoient relevé leurs appellations aux Grands jours de S. Mihel en dernier ressort. Le Roi declara, que sans préjudice de ses Droits, il entendoit que le Duc jouït de Clermont de la même maniere que ses Prédecesseurs avoient fait. Les Officiers du Parlement de Paris renouvellerent leurs pursuites après la mort de François premier, & l'Evêque de Verdun en rendant hommage à l'Empereur l'an 1548. y comprit Clermont en Argonne. L'année suivante le Duc de Lorraine somma l'Evêque comme son Seigneur de Fief, de le garentir de la poursuite que l'on faisoit contre lui au Parlement de Paris, & cette poursuite ne produisit rien. Enfin Charles II. Duc de Lorraine, traita avec Nicolas Pseaulme Evêque de Verdun, qui moïennant une petite recompense, ceda au Duc de Lorraine & de Bar l'an 1564. tous les droits de Fief, & les devoirs où étoient tenus les Ducs de Bar envers ce Prelat & son Eglise, pour Clermont, Vietne, Varenne, & d'autres lieux. Après cela ces terres ne furent plus des arriere-fiefs ; mais des Fiefs de l'Empire ; ensorte que le Comté de Clermont en Argonne, a été compris dans les investitures Imperiales données par les Empereurs Ferdinand I. Rodolphe II. & Ferdinand II. aux Ducs Charles II. Henri & Charles III. C'est celui-ci qui ceda en pleine propriété à Louïs XIII. & à la Couronne de France, le Comté de Clermont par les Traitez de Liverdun de l'an 1632. & de Paris de l'an 1641. confirmez pour ce qui regarde Clermont par ceux des Pirenées & de Vincennes. Le Roi Louïs XIV. donna en pleine propriété, avec Stenai, le Comté de Clermont à Louïs de Bourbon, Prince de Condé, qui aïant pris les armes, & s'étant joint aux ennemis de l'Etat, fut privé de ce Comté l'an 1654. après que Clermont, Place bien fortifiée, & de difficile accès, eut été prise par l'armée Roïale, elle a été ensuite demantelée comme inutile : ce Comté donné au Prince de Condé, & à ses heritiers successeurs, & aïant causé, en pleine propriété, lui a été restitué & assuré par le Traité des Pirenées, ratifié par le Duc de Lorraine l'an 1661. au Traité de Vincennes.

a Piganiol de la Force, Desc. de la France T. 2. p. 290.

2. CLERMONT[a], Ville de France dans le Beauvoisis, sur une Montagne près de la Riviere de Bréche à cinq lieues de Beauvais, & à même distance de Senlis. La Dévotion à St. Jengon Patron des bons maris attire à Clermont un grand concours de Peuple pendant l'octave de la fête de ce St. que l'Eglise célebre le 11. du mois de Mai. C'est la capitale du Comté dont je parle dans l'Article suivant.

b Longuerue Desc. de la France part. 1. p. 23.

3. CLERMONT[b], (LE COMTE' DE) Canton de France dans le Beauvoisis dont il fait une partie considerable. Il a eu ses Comtes il y a environ sept cents ans, dont l'heritiere épousa Louïs Comte de Blois & de Chartres, qui laissa ce Comté à son fils Thibaud dont il jouïssoit encore en 1218. mais Philippe Auguste l'acquit peu après & le Roi Louïs VIII. son fils le donna en partage à son frere Philippe Comte de Boulogne, qui ne laissa qu'une fille nommée Jeanne. St. Louïs s'étant fait ajuger ce Comté le donna à son fils Cadet Robert, tige de la Maison de Bourbon laquelle a possedé ce Comté jusqu'au temps du Connétable de Bourbon, dont les biens furent confisquez & réunis à la Couronne. [c]Ce fut alors que le Comté de Clermont fut incorporé au Domaine, car la cession que Louïs I. Duc de Bourbon en avoit faite au Roi Charles le Bel ne tint pas, parce que Philippe de Valois son successeur rendit liberalement ce Comté au Duc & à la Maison de Bourbon.

c Ibid. p.

4. CLERMONT[d], Ville de France dans la basse Auvergne, dont elle est la Capitale & même de toute la Province. Elle est située à une lieuë ou environ d'une Montagne nommée GERGOIE, que Scaliger, Savaron & Adrien de Valois soutiennent être l'ancienne Gergovie, célebrée par Cesar dans ses Commentaires, comme étant alors la principale place des Auvergnats, & située sur une haute Montagne, *posita in altissimo monte, aditus omnes difficiles habebat :* ce qui ne peut convenir avec Clermont, qui n'est pas sur une haute Montagne, par où on refute invinciblement le Géographe Sanson, qui en voulant s'éloigner du sentiment des Savans, qui l'avoient precedé a osé soutenir que Clermont étoit la même Ville que Gergovie. Mais comme il est certain, & que Sanson en convient, qu'*Augustonemetum* est la Ville depuis appellée Clermont, & que cette Ville *Augustonemetum* ou *Augustonemosum*, Capitale des Auvergnats du temps d'Auguste, est distinguée par Strabon de Gergovie, qu'il dit être située sur une haute Montagne ; il est indubitable que les conjectures de Sanson sont mal fondées, & par consequent il faut dire qu'*Augustonemetum* n'est point une ancienne Ville des Gaulois, comme Gergovie ; mais qu'elle doit son origine à l'Empereur Auguste, qui lui donna son nom, qu'elle quitta depuis pour prendre celui du Peuple ; ainsi on l'appella *Urbs Arvernorum* ou *Arverna* ; elle n'avoit pas encore quitté ce nom du tems du Roi Pepin, lorsque dans la dixiéme année de son Regne (ainsi que l'assure le Continuateur de Fredegaire, Ecrivain contemporain) ce Roi, qui faisoit la guerre à Gaïfre Duc d'Aquitaine, occupa avec son Armée la Ville d'Auvergne, *Urbem Arvernam* & ensuite il attaqua & prit le Château de Clermont, *Claremontem Castrum :* cet Auteur & les Anciens Annalistes appellent toûjours en ces tems-là Clermont, *Castrum*, Château ; ce qui montre que ce n'étoit pas une Ville ; mais une Forteresse qui commandoit à la Ville d'Auvergne, laquelle étoit alors ruinée ou en très mauvais état, & que les habitans abandonnerent pour s'établir à Clermont, qui subsistoit seul après l'an 1000.

d Longueruë Desc. de la France part. 1. p. 133.

La Ville de Clermont étant la Capitale du Comté d'Auvergne, les Comtes prenoient souvent le nom de cette Ville, & s'appelloient Comtes de Clermont, à l'imitation des autres grands Princes de France, qui étoient appellez du nom de leur Capitale ; ainsi on trouve en plusieurs monumens de l'Antiquité les Ducs de Nor-

CLE.   CLE.   671

Normandie nommez Comtes de Roüen ; & ceux d'Aquitaine Comtes de Poitiers.

Philippe Auguste ayant confisqué l'Auvergne fur le Comte Guy, & Clermont ayant été réuni à la Couronne, les Evêques en furent Seigneurs; ces Prelats ont produit un titre, par lequel il paroît que l'an 1202. le Comte Guy mit cette Ville entre les mains de l'Evêque, de crainte qu'elle ne lui fût ôtée par le Roi ; & comme il paroissoit que cette cession n'étoit qu'un dépôt, la Reine Catherine de Medicis, Comtesse d'Auvergne, intenta procès au Parlement de Paris pour la Seigneurie de cette Ville, qui lui fut adjugée, quoique les Evêques en eussent joüi paisiblement plus de trois cents ans ; & le motif de cet Arrêt étoit, qu'un dépositaire ne pouvoit jamais prescrire. Néanmoins ce titre paroît faux & supposé ; car l'an 1202. le Comte Guy n'apprehendoit pas le Roi Philippe, avec lequel il étoit fort bien alors ; & il est sûr qu'il joüit encore paisiblement de la Seigneurie de Clermont pendant dix ans, & qu'il ne perdit cette Ville que l'an 1212. Ce fut donc après cela que les Rois successeurs de Philippe Auguste laisserent aux Evêques la Seigneurie de leur Ville Episcopale, sans qu'ils en fussent les maîtres absolus ; car les habitans avoient de grands Privileges, & des libertez qu'ils maintinrent contre leurs Evêques, dont le pouvoir en cette Ville-là étoit très-mediocre.

[a] Piganiol de la Force, Desc. de la France T. 5. p. 341.

[a] La Ville de Clermont est riche & très-peuplée ; mais les ruës y sont fort étroites & les Maisons fort sombres. La ruë des Gras est la plus belle & la plus marchande de la Ville. L'Eglise Cathedrale est grande & ressembleroit à celle de Notre-Dame de Paris, si les deux Tours qui sont au Frontispice de celle de Paris, n'étoient à une des portes laterales de celle de Clermont. Autour du Chœur sont des figures, qui representent l'Ancien & le Nouveau Testament. Il y a à Clermont quatre Chapitres, & un grand nombre de Couvens. Le College des Jesuites est une Maison neuve & magnifique. Le Palais ou l'on rend la Justice est une Maison reparée en partie ; la sale de la Cour des Aides est assez belle. Il y a jusqu'à 13. differentes portes pour entrer en cette Ville. Ce que l'on appelle la Place est un cours nouvellement planté, qui formera un jour une des belles Promenades qu'on puisse voir. Le point de vuë en est beau ; il s'étend sur les côteaux & les marais de Montferrand.

La place de Jaude est aussi une belle promenade au milieu de laquelle est une belle fontaine. Dans le fauxbourg de St. Alyre est l'Abbaye de son nom. L'Eglise paroît plutôt une Citadelle qu'un Temple du Seigneur : c'est une fort grosse masse de pierre & les dedans sont fort sombres. A l'entrée du Couvent on voit une porte de fer, des meurtrieres, machicoulis, & autres choses de cette nature. On trouve dans le Cloître quantité de petites colomnes de marbre de differentes couleurs. On remarque dans une Chapelle, qui est à côté de la porte de ce Cloître un mausolée assez beau : c'est le tombeau d'Etienne Aldebrand Archevêque de Toulouse & Camerier du Pape Clement VI. il mourut le 15. de Mars 1360.

[b] La Cour des Aides de Clermont a été établie par Henri II. au mois d'Août 1557. à la requisition des Sujets taillables de la Province d'Auvergne, qui depuis la suppression de la Cour des Aides de Perigueux étoient extrèmement incommodez, d'aller plaider à celle de Paris. Cette Cour des Aides ne fut d'abord composée que d'un President, de 8. Conseillers, d'un Avocat, & d'un Procureur-General ; mais depuis on a augmenté le nombre des Officiers jusqu'à 4. Presidens, 22. Conseillers, un Procureur-General & deux Avocats Generaux. Le ressort de cette Cour des Aides s'étend non seulement sur les sept Elections d'Auvergne, & les quatre-vingt Paroisses, qui furent demembrées pour l'Election de Gannat ; mais encore sur les Elections de Limoges, de Tulle, de Brive en Limousin, & sur celle de Gueret dans la Marche. Elle fut d'abord établie à Mont-ferrand ; mais Louïs XIII. par son Edit du mois d'Avril de l'an 1633. unit *Clermont* & *Montferrand* pour ne composer qu'une seule Ville sous le nom de CLERMONT-FERRAND, & voulut que la Cour des Aides fût transferée dans la partie appellée Clermont. Outre la Cour des Aides il y a dans cette Ville une Sénéchaussée, & un Siége Presidial créé en 1582. & cela à la sollicitation de Catherine de Medicis Comtesse de Clermont en Auvergne. Le Sénéchal est d'épée. Ses gages sont de 300. livres.

[b] Ibidem. p. 333.

[c] L'Evêché de Clermont est un des plus anciens des Gaules. Saint Austremoine en a été le premier Evêque. Ce Saint fut envoyé à Clermont par le Pape Fabien en 253. & par des guerisons miraculeuses il convertit à la foi tous les lieux des environs. L'Evêque de Clermont tient le premier rang parmi les Suffragans de l'Archevêque de Bourges. On compte 92. Evêques depuis St. Austremoine jusqu'à M. Massillon aujourd'hui Evêque de Clermont. Entre ces Evêques il y en a vingt-six, qui sont reconnus pour Saints & plusieurs qui ont été distinguez par leur naissance, ou par leurs grands talens, ou par les dignitez dont ils ont été revêtus. Etienne Aubert ou Alberti, né dans un Village appellé *le Mont*, près de Pompadour en Limousin, d'Avocat à Limoges fut fait Evêque de Noyon, puis de Clermont en 1341. ensuite Cardinal, Evêque d'Ostie & enfin Pape sous le nom d'Innocent VI. l'an 1352. il mourut à Avignon le 12. de Septembre de l'an 1362. Le soixante-dix septième Evêque de Clermont étoit de l'auguste Maison de Bourbon. Il se nommoit Charles de Bourbon depuis Cardinal & Archevêque de Lion. Les Cardinaux du Prat, & de la Rochefoucaut ont aussi fait honneur au Siége Episcopal de Clermont.

[c] Ibidem. p. 320.

Cet Evêché est composé d'environ 800. Paroisses, dont une partie est de la Generalité de Moulins & l'autre de celle de Riom. Quoique l'Evêque soit Seigneur de BILLON & de CROUPIERE, qui sont deux petites Villes, & de plus de dixhuit paroisses, il n'a cependant gueres que quinze mille livres de revenu.

Le Chapitre de la Cathedrale de Clermont est composé de quatre Dignitez & de trente Canonicats. Ces Prebendes ne rapportent année commune qu'environ 500. livres. Il y en a une appellée la Théologale qui est affectée à un Docteur en Théologie, & qui a été remplie sur la fin du XIII. siécle par un Docteur fameux nommé Pierre du Croc connu sous le nom de Pierre l'Auvergnat. Il étoit Théologal de cette Eglise lorsqu'il en fut élu Evêque le 3. de Fevrier 1302. & mourut le 25. Septembre 1307.

Outre le Chapitre de la Cathedrale il y en a trois autres dans la Ville de Clermont. St. Pierre est la plus ancienne Eglise de la Ville ayant été bâtie par St. Austremoine premier Evêque de Clermont, & c'est en même temps la plus pauvre Collegiale du Royaume. C'est un Membre de la Cathedrale dont les Chanoines n'étoient autrefois que des habituez ou des Choristes. Les Chanoines n'ont pas chacun dix écus de gros, & le casuel n'est presque rien. Ce Chapitre a deux Dignitez, le Doyen & le Chantre.

L'Eglise Collegiale de Nôtre Dame du Port fut fondée sur la fin du XVI. siécle & a servi de Cathedrale jusqu'en l'an 976. qu'elle fut ruinée par les Normans. Son Chapitre n'a que deux Dignitez, le Doyen & le Chantre. Les Prebendes valent environ 300. livres de revenu.

L'Eglise Collegiale de St. Genest fut bâtie & fondée par ce Saint Evêque de Clermont vers le milieu du VII. siécle. Son Chapitre a deux Dignitez & les Canonicats valent presque autant que ceux de la Cathedrale. Ces trois Eglises sont aussi Paroissiales & sont les seules de la Ville.

[a] Ibid. p. 342.

[a] Savaron, Audigier, Blaise Pascal & Domat étoient de Clermont & ont fait honneur à cette Ville par leur savoir & leur esprit. Pascal étoit né à Clermont ; mais sa famille étoit originaire de Cournon.

[b] Divers Memoires.

5. CLERMONT [b], Ville de France dans le bas Languedoc au Diocèse de Lodeve entre cette Ville & Pezenas sur un côteau auprès duquel coule la Riviere de Lergue. Elle est petite, & a un Château avec titre de Comté. Le ruisseau Ydromiel, qui coule au pied du côteau où elle est bâtie, sert à laver les laines, les draps, & les chapeaux. Il y a près de cette Ville une belle Manufacture de Draps établie en 1678. Elle députe aux Etats de Languedoc en qualité de Baronie. On la nomme souvent CLERMONT DE LODEVE.

6. CLERMONT, Bourg de France en Dauphiné au Diocèse de Vienne. Ce lieu a donné le nom à une famille dont le chef prend la qualité de premier Baron, Connétable & Grand-Maître du Dauphiné.

7. CLERMONT, Bourg de France en Anjou Diocèse d'Angers, Election de la Fléche. Il donne le nom à une Maison distinguée dans la Province.

8. CLERMONT, Abbaye de France dans le Maine au Diocèse du Mans, à trois lieuës de Laval. Elle est de l'Ordre de Cîteaux, & fut fondée en 1230. par Edmé d'Anjou, veuve de Gui, VII. Comte de Laval. La Reine Berengere étant veuve fit du bien à cette Abbaye, où il n'y a que neuf Religieux.

9. CLERMONT, Ville de France dans l'Agenois, sur une hauteur, à une lieuë du Port Ste Marie.

10. CLERMONT [c], Bourg des Etats du Duc de Savoye, dans le Genevois à l'Orient, & à une heure & demie de chemin de Seissel, qui est sur le Rhône & dans la Bresse.

[c] Sanson Atlas.

CLERVAL, petite Ville de France, dans la Franche Comté, sur le Doux. La Maison de Wurtenberg, qui possede le Comté de Montbeliard, jouït en cette qualité de Clerval, & de quelques autres places de la Franche-Comté que l'on appelle les Fiefs de Bourgogne, & pour lesquelles le Duc de Wurtenberg releve de la Couronne de France. Il y a un vieux Château.

CLERVAUX [d], Abbaye de France & l'une des plus célébres, en Latin *Clara Vallis*. L'Abbaïe de Clervaux, chef-d'ordre, qui est de la filiation de Cisteaux, à deux lieuës de la Ville de Bar sur Aube, & à onze lieuës de Langres, est dans un vallon entouré de bois & de Montagnes, appellé *Clairval* ou *Clerval*, que Hugues Comte de Troyes, donna à S. Bernard, l'an 1115. avec toutes ses dépendances, qui consistent en terres, prez, bois, vignes & Rivieres. Cette premiere fondation fut augmentée par Thibault le Grand, Comte de Champagne, qui donna entre autres choses les trois grands celliers & la grange de Thiroble. Mais ses revenus s'accrurent considérablement par les bienfaits des Comtes de Flandres, & particulierement par ceux de Philippe Comte de Flandres & Mathilde son Epouse, qui sont enterrez dans une petite Eglise couverte de plomb qui est dans cette Abbaïe, appellée la Chapelle des Comtes de Flandres, elle est proche le cimetiere des Abbez, sous l'Autel de laquelle est un petit caveau, où sont les ossemens des Religieux auxquels S. Bernard donna l'habit, & qu'on prétend avoir eû révelation qu'ils seroient tous sauvez. Marguerite Reine de Navarre, Comtesse de Champagne, dont on voit le tombeau proche le grand Autel, y fit aussi de grands biens, ainsi qu'Elisabeth fille de S. Louis, Reine de Navarre & Comtesse de Flandres; & plusieurs Cardinaux, Archevêques & Evêques, & des Seigneurs du Païs, entre lesquels on compte Geoffroi de Joinville, Regnard de Grancé, Guillaume de Châtelet Grand Bailli de Champagne, qui ont tous fait des Dons considerables à cette Abbaïe, dont il est difficile de savoir au juste le revenu ; parce que selon l'usage établi par S. Bernard, les Abbez ne confioient l'économat de ces biens qu'à des freres Lays ; ce que l'Abbé d'aujourd'hui a trouvé à propos de changer. Les murs de l'enclos de cette Abbaye ont près de mille toises de tour. L'Eglise est grande & belle ; mais sans beaucoup d'ornemens; la nef destinée pour les Freres convers est suivie du Chœur des infirmes, celui-ci du Chœur des Religieux, qui n'a rien que de simple ; mais cette simplicité a un air de grandeur. Les tombeaux de S. Bernard, de S. Malachie & de quatre Martyrs inhumez à Clervaux sont derriere le Grand Autel, sur lesquels on a mis des Autels pour dire la Messe. On voit dans la Sacrifistie les Calices de S. Bernard & de S. Malachie, tous les deux fort petits. On voit assez près du tombeau de Marguerite Reine de Navarre, celui de Jean Blanchemain, Archevêque de Lyon,

[d] Baugier Memoires Hist. de la Champagne T. 1. p. 73.

Lyon, qui quita son Archevêché pour se retirer à Clervaux. Le cœur d'Isabelle de France, fille de S. Louïs, est dans le Chœur: & dans la croisée du Septentrion sont les tombeaux de cinq Evêques illustres en sainteté. Le dortoir, le refectoire, la Bibliotheque & les autres bâtimens claustraux, qui sont tous couverts de plomb, sont beaux & grands, & d'une si vaste étenduë, qu'il est difficile d'en trouver de pareils en d'autres Abbaïes. Les appartemens destinez pour servir d'infirmerie, construits depuis peu d'années, sont plus beaux que les autres bâtimens ; ils ont une vûë tout-à-fait agréable. Plusieurs autres petits bâtimens sont répandus dans divers endroits de cet enclos : mais surtout les appartemens qui servent de demeure à l'Abbé, & ceux qui sont destinez pour recevoir les hôtes, sont grands & magnifiques. On voit aussi dans ce lieu, l'ancien Monastere de Clervaux, où S. Bernard établit d'abord sa demeure avec ses Religieux ; le refectoire où mangea le Pape Eugene III. & une partie des lits dans une salle ou dortoir au dessus du refectoire, où couchoient ces Religieux ; l'Eglise & les autres lieux reguliers tels qu'ils étoient alors ; mais tout ce qui compose cet ancien Monastere, que l'on a conservé en consideration de son fondateur, est pétit & ressent fort la pauvreté religieuse de ce temps-là. Cette Abbaïe a été la pepiniere de plusieurs grands hommes, & elle a donné à l'Eglise un Pape, qui fut Eugene III. quinze Cardinaux, & une infinité d'Archevêques & Evêques. On voit dans sa Bibliotheque de très-beaux & rares manuscrits. La grande Eglise de Clervaux fut dediée selon quelques-uns, ou commencée à bâtir par Galter, Evêque de Langres, l'an 1174. on y voit encore des restes des Siéges de menuiserie des deux côtez du bas de la nef, qui étoient pendant le service remplis par trois cens freres convers. On voit dans la salle des morts une grande pierre creuse, dans laquelle S. Bernard fut lavé après sa mort ; quelques-uns prétendent appercevoir l'ombre de ce Saint, qui est restée au fond de cette pierre. Le magnifique refectoire de ce lieu est presque aussi vaste que la grande salle du Palais à Paris. Le Chapitre y est aussi beau que spacieux, entouré de statuës de pierre de grands & saints personnages, qui y étoient Religieux pendant la vie de S. Bernard. Derriere le rond-point de l'Eglise est le cimetiere des Abbez étrangers qui sont morts à Clervaux, dans lequel on voit proche l'Eglise les tombeaux des freres de S. Bernard, & sa petite chambre sans cheminée, que Guillaume de Champeaux, quarante-huitiéme Evêque de Chaalons, fit bâtir à S. Bernard pour le soulager dans ses infirmitez. Il y a une grande pierre percée en plusieurs endroits, au dessus de laquelle étoit son lit, & sous cette pierre on allumoit un brazier pour échauffer sa chambre, sans qu'il s'en apperçût ; on y conserve encore son lit. Cette chambre en laquelle ce Saint est mort, tient à une petite Chapelle où on lui disoit la Messe. On entre du cimetiere des Abbez dans celui des Nobles, qui est couvert ; dans le cimetiere des Religieux qui suit celui des Nobles, il y a toûjours une fosse commencée & une à moitié faite. Les Abbez sont tous enterrez de suite dans le Cloître du côté du Chapitre, & n'ont que des tombes assez simples. Ce Cloître est voûté & vitré: on y garde un silence perpetuel. On entre de ce Cloître dans le Refectoire qui est voûté, il y a deux rangs de piliers & quatre rangs de tables. Le chauffoir suit le Refectoire. On passe du grand Cloître dans le Cloître dit du colloque, parce qu'il est permis d'y parler. On y voit environ douze petites cellules de suite, dans lesquelles les premiers Religieux écrivoient autrefois des livres ; & on les appelloit pour cette raison les *Ecritoires*, nom qui leur reste encore aujourd'hui. La Bibliotheque est au dessus, elle est grande, bien percée & bien voûtée, dans laquelle il y a peu de livres imprimez ; mais il y a un grand nombre de manuscrits qui sont attachez sur des pulpitres avec des chaînes. Le Dortoir est fort grand, élevé & bien voûté ; mais les Chambres sont si petites, qu'il n'y a précisément de place que pour le lit, la table & le siége du Religieux. Le Trésor de ce Monastere est conservé au bout de ce Dortoir ; il est riche & rempli d'un grand nombre de Reliques. On y remarque un Calice assez petit, qui a quatre clochettes d'argent attachées à sa coupe. On prétend que S. Malachie s'en est servi. Les Manufactures des Freres convers étoient autrefois considerables: on voit dans la Tannerie des auges d'une seule pierre, qui ont quinze pieds de longueur, cinq pieds de largeur, & autant de profondeur : mais ces Manufactures sont à present inhabitées & tombent en ruine, parce que depuis trente ans on a refusé de recevoir des Freres pour y travailler. C'est une pratique inviolable à Clervaux, que pas un Religieux ne sort du Monastere pendant tout le Carême, l'octave de Pâques, celle de la Pentecôte, ni lorsqu'un Religieux a reçu ses derniers Sacremens, jusqu'à ce qu'il soit enterré ou hors de danger. On voit un peu au dessus de l'enclos du Monastere, une Chapelle qui est à l'endroit même où S. Bernard écrivit à son neveu Robert, son Religieux, cette éloquente Lettre tant admirée, pendant une grande pluye & à découvert, sans que le papier en fût mouillé. Ce cher neveu avoit quitté Clervaux & s'étoit retiré à Clugny. Lorsqu'un Abbé de Clervaux vient à mourir, l'Office divin cesse dans l'Eglise, & on fait venir des Religieux de Cisteaux pour le faire jusqu'à l'élection du futur Abbé. Tous les Religieux Prêtres ont leurs Autels assignez pour y dire la Messe, & aucun ne la célebre sur l'Autel de l'autre. On prétend que c'est un reste de l'ancienne discipline de l'Eglise, qui ne permettoit pas de dire en un même jour deux Messes sur un même Autel. On ne doit pas ici manquer de faire une petite description de ce fameux vaisseau à serrer le vin, nommé la Cuve ou Tonne de Clervaux. On lui a donné la forme des tonneaux ordinaires ; il est composé de grosses pieces de bois parfaitement liées ensemble, pour tenir le vin sans qu'il puisse couler. On a pratiqué une porte pour entrer dedans quand on veut : cette cuve est portée sur deux grosses poutres qui lui servent comme de chantiers; elle est percée par le haut pour

pour y recevoir les vins de quatre grands pressoirs, qui sont dans les granges voisines, bâties sur des penchans de Montagnes, où l'on voit encore d'autres cuves, qui contiennent depuis cent jusqu'à quatre cens tonneaux de vin qu'on y conserve quelquefois pendant dix ans. La grande tient huit cens tonneaux. Si celui de Diogéne eût ressemblé à cette cuve, ce Philosophe auroit pû s'y faire un petit appartement complet. On a uni à l'Abbaïe de Clervaux, deux autres Abbaïes de Religieux du même Ordre, appellées MOZEIN & le VAL DES VIGNES, dont les Eglises & les lieux reguliers avoient été ruinez & abandonnez pendant les guerres. L'Abbé de Clervaux a une belle Maison de plaisance à une demie lieuë de son Monastere, située dans un agréable vallon. Il y a dans cette Maison une galerie remplie de belles peintures, & une Chapelle dorée à cul de lampe. S. Bernard a fondé pendant sa vie cent soixante Monasteres, dont le plus considerable est celui de Clervaux; au sujet duquel on a fait cette Epigramme à la louange de ce Saint.

Sunt Claræ valles, sed clarus vallibus Abbas
Clarior his, clarum nomen in orbe dedit.
Clarus avis, clarus meritis, & clarus honore,
Claruit eloquio, religione magis.
Claraque mors, clarusque cinis, clarumque
sepulchrum;
Clarior exultat spiritus ante Deum.

St. Bernard laissa en mourant sept cents Religieux dans cette Abbaye. L'Abbé est Regulier. Il y a à present dans cette Abbaye quarante Religieux de Chœur & vingt Freres convers, outre un grand nombre de Domestiques: son revenu est de plus de soixante six mille livres en argent, sept à huit cens septiers de bled & sept à huit cens muids de vin. Ce revenu en bled & en vin augmente quelquefois de la moitié, cette augmentation monte par année commune à plus de vingt mille livres. L'Abbé jouït pour ses menus plaisirs, non compris sa table & ses voyages des revenus des forges & bois, des pensions des novices, du revenant bon, & excedant des grains & vins que l'on peut vendre au delà de ce qui est necessaire pour la provision de la Maison; ce qui peut monter par an à plus de vingt-cinq mille livres.

2. CLERVAUX, Bourg ou petite Ville de France en Champagne auprès de l'Abbaye de même nom, sur la Riviere de l'Aube entre Langres & Troyes. Ce lieu s'est peuplé à la faveur de l'Abbaye.

3. CLERVAUX[a], Bourg de France dans la Franche-Comté, sur la Riviere de l'Ain, à sept lieues de Salins vers le Midi, & à quatre de St. Claude.

[a] Baudrand Ed. 1705.

CLERY. Voiez CLERI.

CLES, Mrs. Scheuchzer & de l'Isle, & l'Auteur des Delices de la Suisse écrivent LES CLE'ES; Bourg de Suisse au Canton de Berne[b], au Bailliage d'Yverdun. [b]C'étoit autrefois une Ville forte avec un bon Château sur un rocher; mais comme ce Château étoit une retraite de voleurs il fut ruiné dans le XII. siécle, & depuis ce tems-là il n'a jamais été re-

[b] Delices de la Suisse T. 2. p. 251.

bâti, parce que la grande route de Bourgogne passant par là il importoit au public que les chemins fussent surs. Maintenant ce n'est qu'un méchant petit Bourg, qui depend de la paroisse de Lignerolle. Le Clées ou Clés est à l'Orient de la Riviere, qui coule à Orbe avant que de se perdre dans le Lac de Neufchâtel près d'Yverdun.

CLETA[c], ancien lieu d'Italie dans la Chionie, ainsi nommé d'une Reine appellée de même, selon le Poëte Lycophron, qui l'appelle aussi la terre de l'Amazone. Gabriel Barri pretend que c'est aujourd'hui le Bourg de PETRAMALA.

[c] Ortel. Thesaur.

CLETABENI, ancien Peuple de l'Arabie heureuse, selon Denys le Periegete[d], Quelques-uns veulent qu'on lise CATABENI. J'en ignore la raison; car le Grec porte bien expressément Κλιταβηνοί. Ils étoient près la Mer rouge, & voisins des Sabéens & des Minnéens. Rufus Festus Avienus dit[e] dans sa description de la Terre,

[d] v. 959.
[e] v. 1135.

Rutili contermina Ponti
Minnæi, Sabathæque tenent, super impiger
ampla
Æquore desulcat glebæ ditis Cletabenus.

Ce qu'il ajoute de la fertilité de leur pays n'est point dans Denys le Periegete, qui dit simplement qu'à côté de la Mer rouge habitent les Minnéens, les Sabéens & les Cletabeniens leurs voisins.

CLETHARRO, Κληθαρρω, Ville d'Asie dans l'Arabie Petrée, selon Ptolomée[f].

[f] 5. c. 17.

1. CLETOR. Voiez CLITOR.

2. CLETOR, Mr. Corneille trouve une Ville de ce nom en Angleterre dans le Comté de Cornouailles, en une plaine, entre deux Rivieres à six milles de Camelford. Ce n'est pas même un Bourg.

CLEVES, en Latin *Clivia*, les Allemands disent CLEEF. Elle tire son nom des côteaux, en Latin *Clivi*. Bertius[g] lui donne 27. d. 30'. de longitude, & 51. d. 49'. de latitude. Elle est située sur un ruisseau, qui va tomber dans le Rhin. Cette Ville qui est en Allemagne, au Cercle de Westphalie, dans un Duché auquel elle donne son nom, & dont elle est la Capitale, a été le sujet de plusieurs disputes entre les Savans. Cluvier[h] blâme Rhenanus & Pighius d'avoir donné cette Ville comme ancienne; & d'avoir dit que les habitans étoient appellez AUGUSTOCLIVIENSES. Il la nomme CLIVIUM, & soutient qu'elle a été élevée des ruines de la Colonie *Ulpia Trajana*, qui étoit au même lieu où est presentement le Village de *Kellen*. La statue du Rheteur Eumenius placée sur une des portes a donné lieu à quelques-uns de croire qu'il avoit enseigné dans ces quartiers & même à Cleves. Rhenanus publia quelques harangues & panegyriques d'Eumenius; il y en a une entre autres où il paroît que Constance lui avoit fait present d'un lieu pour y établir une Ecole. Rhenanus insinua dans la Preface que cette Ecole étoit dans la Belgique. Sigonius[i] l'a cru de même, soit qu'il ait pris cette opinion de Rhenanus, soit qu'elle lui soit venue d'ailleurs. Pighius[k] qui décrit la statue d'Eumenius soutient la même

[g] Comment. Rer. German. l. 3. p. 499.
[h] German. ant. l. 2. c. 18. p. 94.
[i] De Imp. Occid. l. 1.
[k] in Hercul. prodit.

these

CLE.

a in Tacit.
l. 3. p. 71.

these & pretend que son Ecole étoit à Cleves; mais Juste Lipse^a pretend qu'elle étoit à Autun. Quelques-uns pretendent que le Château de Cleves a été commencé sous Jule Cesar; mais ils le disent sans preuve, & pour la statue d'Eumenius rien n'empêche qu'on ne l'ait apportée d'ailleurs & placée en cet endroit comme une antiquité curieuse. Monconis^b

b Voyages T. 2. p. 364.

decrit ainsi cette Ville où il passa au mois de Septembre 1663. La Ville est située sur le penchant d'une Colline, & va jusqu'à la plaine. Elle n'a aucune fortification ni Maison remarquable que le Château, qui est une assez grande quantité de bâtimens blanchis par dehors sans regularité, & deux vieux donjons quarrez. Sur la porte qui est la plus proche du Château, il y a cette inscription en lettres d'or.

TEMPORIB. C. JUL. CÆS. DICT. ARCIS CLIVENSIS FUNDATORIS. OCTAV. AUGUST. SUCCESS. QUI PRÆSIDIO MUNIVIT. ULP. TRAJANI QUI IN COLON. REDEGIT. ÆL. ADRIANI QUI IN FORMAM URBIS AMPLIAVIT ; HIC EUMENIUS RHÉTOR, QUI IN HOC AUGUST. CLIVIENSIUM OPPIDO, AD PRÆSIDEM GALLIARUM, POST EORUM IN BATAVIAM INGRESSUM ORATIONE PANEGYRICA HABITA SCHOLIS PRÆFECTUS ANNUO SEXCENT. SEST. STIPENDIO, GALLICAM IUVENTUTEM INSTITUIT, HÆC ICONICA TRIPEDANEA, ID EST VESTITU SUI TEMPORIS TUNICA TALARI COMA DECURT. VITTA CONSTRICT. BALTEO BULLATO, CALCEIS FENEST. MASSA AUREA AD LIBERALIT. ET FERULA MAGISTERII INSIGNEM PRÆSENTAT, AD ANTIQUIT. MONUMENT. URBIS ET HUJUS PATRIÆ RENOVATION. POSTERIT. POSUIT.

Cette inscription barbare n'est d'aucune autorité. Elle nous apprend seulement que quelques-uns se sont imaginez que Jule Cesar étoit le Fondateur d'un lieu, qui a été ensuite nommé la Colonie de Trajan. Or cette Colonie n'étoit point à Cleves ; comme Cluvier le prouve fort bien. On y dit sans fondement que la jeunesse Gauloise y étoit instruite ; au lieu que l'Ecole d'Eumenius étoit à Autun. On ne peut rien imaginer de plus ridicule que cette inscription, où l'on dit que du temps de Jule Cesar qui fonda le Château, d'Auguste son successeur qui y mit garnison, de Trajan qui y établit une Colonie, & d'Adrien qui en forma une Ville, le Rheteur Eumenius instruisoit la jeunesse. Elle ne merite aucune attention. Reprenons la description de Monconis.

Au dehors de la porte qui sort en haut dans la campagne à une portée de mousquet est un très-beau tilleul à huit faces. Quoi que le Château soit degarni on ne laisse pas d'y remarquer la majesté de la Maison, à une grande sale au fond de laquelle est élevée une estrade où l'on monte par une vintaine de degrez de toute la largeur de la sale, de laquelle on découvre une campagne à perte de vûë remplie d'une infinité de Villes, Villages & d'un grand cours du Rhin & de la Riviere de HEL, qui

Tom. II.

passe au bas du pied du Château où l'on remarque à quatre ou cinq pieds hors de terre l'antiquité de l'Edifice, fait de gros quartiers de pierre noire, entremêlez d'une couche de grosses briques alternativement. ^cIl y a au Château une Tour qu'on appelle la Tour du Cigne Schwanenburg, parce qu'il y a un cigne pour Girouette. Elle est fort haute, & c'est de cette tour qu'en 1397. Marguerite de Cleves vit le combat de ses fils Adolphe & Theodoric contre leur oncle Guillaume Duc de Berg, qui leur refusoit la rente annuelle d'une Douane. Le Duc Guillaume fut pris avec cinq de ses principaux Officiers, on voit encore les drapeaux suspendus.

c Bertius l. c.

^dCleves est la Capitale d'un DUCHÉ, qui s'étend depuis celui de Berg jusqu'au Fort de Schenck. Il est borné par la Gueldre Hollandoise au Septentrion; par l'Evêché de Munster, le Pays de Recklinchusen & le Comté de la Marck à l'Orient; du Duché de Berg & de l'Archevêché de Cologne au Midi ; & de la Gueldre Espagnole à l'Occident : il étoit partagé anciennement en plusieurs Seigneuries, dont la plus considerable étoit celle de TESTERBANT que le Roi Pepin donna à Ælius Gracilis, pour maintenir par le credit de ce Seigneur sous son obéïssance cette partie de la Gaule Belgique qu'on nommoit auparavant *la Batavie* ; Thierri VIII. acquit la Ville de Wesel, & Jean étant mort sans enfans, Adolphe II. Comte de la Marck, qui avoit épousé Marie fille de Thierry frere puîné de Jean, herita du Comté de Cleves, & en obtint l'investiture de l'Empereur Charles IV. Adolphe IV. son petit-fils fut créé Duc de Cleves au Concile de Constance l'an 1417. par l'Empereur Sigismond. Jean I. son fils lui succeda, il fut pere de Jean II. qui vendit aux Comtes de Nassau les droits qu'il avoit sur le Comté de Catzenellebogen, il laissa de Matilde fille de Henri Landgrave de Hesse Jean III. dit le Pacifique, qui acquit les Duchez de Juliers & de Berg par son mariage avec Marie fille unique de Guillaume VI. Duc de Juliers & de Berg. Je laisse aux Jurisconsultes à decider si les droits de cette Princesse étoient meilleurs que ceux de l'Electeur de Saxe, qui demandoit cette grande succession en vertu des expectatives que les Empereurs Frederic III. & Maximilien I. avoient accordées à Ernest III. Electeur & à son frere Albert le courageux Marquis de Misnie. Cette querelle fit naître de grandes contestations entre ces Princes, & pour les terminer à l'amiable, Sibylle fille aînée de Jean le Pacifique épousa Jean Frederic Electeur de Saxe, & il fut stipulé dans le contrat de mariage, que si Guillaume frere de Sibylle mouroit sans enfans mâles, ou que sa posterité masculine vînt à manquer, toute la succession des Duchez de Cleves & de Juliers appartiendroit audit Electeur & à Sibylle ou à leurs descendans legitimes. Cette convention n'empêcha pas que Guillaume n'obtînt de l'Empereur Charlequint l'an 1546. un privilege par lequel ses filles étoient habilitées à lui succeder, premierement l'aînée & ensuite les cadettes, & qu'en cas qu'elles fussent mortes, ce seroit leurs enfans mâles par droit de representation. Cette grace fut un coup de Politique

d d'Audifret Geogr. T. 3. p. 249.

Qqqq * 2
de

de cet Empereur, car comme l'Allemagne étoit alors déchirée par des guerres civiles, il crut devoir engager fortement ce Prince dans ses interêts pour fermer à ses ennemis le paſſage du bas Rhin. Guillaume mourut l'an 1592. & laiſſa de Marie fille de l'Empereur Ferdinand I. Charles Frederic, qui mourut à Rome l'an 1575. âgé de vingt ans, Jean Guillaume qui fut son ſucceſſeur, Marie Eléonor qui épouſa Albert Frederic de Brandebourg Duc de Pruſſe l'an 1572. Anne qui fut mariée l'an 1574. avec Philippe Louïs Duc de Neubourg; Magdelene avec Jean Duc de Deux-ponts l'an 1579. Sibylle qui épouſa en premieres nôces Philippe Marquis de Bade, & en ſecondes Charles d'Autriche Marquis de Burgau & Eliſabeth qui ne ſe maria point. Jean Guillaume mourut le 25. Mai 1609. ſans avoir eu des enfans de Marie Salomé fille de Philibert Marquis de Badé ſa premiere femme, ni d'Antoinette de Lorraine; pluſieurs Princes prétendirent à ſa ſucceſſion, les Ducs de Saxe renouvellerent leurs droits, & Jean Sigismond Electeur de Brandebourg, qui avoit épouſé Anne fille aînée de Marie Eleonor & d'Albert de Brandebourg ſe fondoit ſur le droit de repreſentation; Wolfgang Guillaume Duc de Neubourg ſoûtenoit que ſa mere étant l'aînée des Sœurs qui avoient ſurvêcu à leur frere, devoit en être l'heritiere à l'excluſion des autres, en execution du privilege accordé par Charlequint; outre qu'étant plus proche d'un degré que l'Electeur de Brandebourg, qui n'étoit iſſu que de la fille de la ſœur aînée, cette ſucceſſion lui appartenoit legitimement; le Duc de Deux-ponts, & le Marquis de Burgau demandoient qu'elle fût partagée également entre les quatre ſœurs, & outre ces Princes le Duc de Nevers & Henri de la Mark Comte de Maulevrier ſe preſentoient auſſi ſur les rangs, comme ſucceſſeurs preſomptifs, le premier de la branche des Ducs de Cleves, & l'autre de la Maiſon de la Mark. Toute l'Europe avoit pris parti dans cette querelle, l'Empereur qui ſe croyoit le Juge de cette affaire, voulut mettre les Etats en ſequeſtre entre les mains de l'Archiduc Léopold juſqu'à un jugement definitif; le Roi Henri IV. s'étoit declaré pour le Duc de Neubourg, & les Provinces-Unies pour l'Electeur de Brandebourg; on avoit levé des troupes de toutes parts, & on étoit ſur le point d'en venir à une rupture, quand Maurice Landgrave de Heſſe ayant propoſé un accommodement, on s'aſſembla à Dortmund dans le Comté de la Marck l'an 1609. Le Duc de Neubourg y vint en perſonne & l'Electeur de Brandebourg y envoya ſon frere avec un plein-pouvoir de conſentir à tout ce que le Landgrave feroit; on demeura d'accord que les differens ſeroient terminez par des Arbitres qu'on nommeroit de part & d'autre, qu'en attendant la deciſion, l'Electeur de Brandebourg & le Duc de Neubourg joindroient leurs troupes, & iroient inceſſamment à Duſſeldorp pour prendre le gouvernement des Etats, ſauf les droits des autres pretendans; & cette Tranſaction fut confirmée par les Etats des Païs aſſemblez à Duſſeldorp. Depuis ce tems-là ces deux Princes firent un Traité Proviſionel à Santen l'an 1614. en attendant que l'affaire fût vuidée au principal, ſuivant le Teſtament du Duc Guillaume; l'Electeur de Brandebourg eut en partage le Duché de Cleves & le Comté de la Marck, & le Duc de Neubourg eut les Duchez de Juliers & de Berg, & la Seigneurie de Ravenſtein. L'Electeur de Brandebourg aſſura d'avoir exécuté le Traité & le Duc de Neubourg ſe plaignit qu'avant qu'on l'eût ſigné, on s'étoit emparé du Comté de Ravenſperg; il y eut enſuite pluſieurs Traitez entr'eux, enfin il fut arrêté par ceux de Weſtphalie que les differens pour la ſucceſſion de Juliers ſeroient terminez ſans delai après la paix faite, ſoit par une procedure ordinaire devant l'Empereur, ſoit par un accommodement à l'amiable. Ce fut en exécution de ces Traitez que l'Electeur de Brandebourg, & le Duc de Neubourg envoyerent des Deputez à Eſſen l'an 1651. qui par une Tranſaction du 11. Octobre convertirent le Traité Proviſionel en un partage effectif, ce qu'ils confirmerent par un nouveau Traité du 9. Septembre 1666. Cette affaire fut renouvellée à l'aſſemblée de Nimegue, enfin l'Empereur confirma la derniere Tranſaction par un Decret du 16. Novembre 1678. par lequel il maintint le Duc de Neubourg en poſſeſſion des Etats, qui lui étoient tombez en partage ſans préjudice des droits de l'Empire & des pretentions des autres Princes.

Le Duché de Cleves eſt un des plus beaux & des meilleurs Païs d'Allemagne, le Rhin le coupe en deux parties, celle qui eſt en deçà de ce Fleuve, renferme les Villes de Cleves, de Calcar, de Santen, de Gennep, de Burick & d'Orſoy. La partie qui eſt au delà, c'eſt-à-dire à la droite du Rhin comprend les Villes de Weſel, de Duisbourg, de Rées & d'Emmeric.

CLEVUM, ancienne Ville de la Grande Bretagne. Antonin la met ſur la route d'Iſca à Calleva, c'eſt-à-dire de Carleon à Henly. Quelques exemplaires ont GLEVO au lieu de Clevo. Antonin la met à xv. M. P. d'*Ariconium*, qui eſt Kencheſter, & à xiv. M. P. de *Durocornovium* qui eſt Cirenceſter; & on croit que *Clevum* ou *Glevum* eſt Gloceſter. L'Anonyme de Ravenne l'appelle GLEBON *Colonia*. Les Bretons l'ont appellée CAER GLOUI; d'où les Saxons ont fait GLEAUCESTER, & quelques-uns derivent ce mot de l'Empereur Claudius, & ont nommé cette Ville CLAUDIOCESTRIA. Mr. Gale pretend que Conſtantin partagea l'Angleterre en quatre, qu'il y en eut une partie nommée *Flavia Ceſarienſis* ſur la Riviere de Saverne; que le mot *Flavius* eſt prononcé dans la Langue Bretonne comme GLOUI; que delà cette Ville fut nommée Glouiceſter, & qu'elle étoit autrefois comme à preſent la Capitale de la Province. Il ajoute que l'on compte preſentement trente milles Anglois d'Ariconium à Glevum.

1. CLIBANUS, Ville de l'Aſie mineure, dans l'Iſaurie dans les terres, ſelon Pline[a]. *a* l. 5. c. 27.

2. CLIBANUS, Montagne dans cette partie de l'Italie que l'on appelloit la grande Grece. Elle eſt voiſine du Promontoire Lacinien, ſelon Pline[b]; ou, ce qui eſt la *b* l. 3. c. 10. mê-

CLI.   CLI. 677

même chose, du Cap des Colonnes au Royaume de Naples.

CLIBERRE. Voiez ELIBERIS 1.

CLICHY, en Latin *Clipiacum*, Village de France dans l'Isle de France, au bord de la Seine à une lieue au dessous de Paris. Voiez CLIPIACUM.

CLIDES, ce mot veut dire *Clefs*, Κλεῖδες, petites Isles de la Mer Mediterranée auprès de l'Isle de Cypre, selon Pline[a] & Ptolomée[b]. Le premier en compte quatre & les met près du Promontoire opposé à la Syrie, c'est-à-dire près du Promontoire Dinarete. Strabon[c] n'y en met que deux. Herodote[d] en fait aussi mention. Ce sont plutôt des roches, & des écueils que des Isles. Il y en a quatre. Elles sont près du Cap de St. André.

[a] l.5.c.31.
[b] l.5.c.14.
[c] l.14.p.682.
[d] l.5.p.330.

CLIDIUM. Voiez CHLIDIUM.

CLIENSIS, c'est ainsi qu'on lit dans quelques anciennes Editions de la Conference de Carthage, & Ortelius a lu de même; d'autres portent ELIENSIS, & c'est comme il faut lire effectivement. C'étoit un Siége Episcopal de la Byzacene, & la Notice de cette Province nomme Donatien Evêque de ce lieu *Donatianus Eliensis*. L'Anonyme de Ravenne connoît le lieu d'ELIE. Il est nommé ELICES dans l'Itineraire d'Antonin parmi les Peres du Concile de Latran tenu sous le Pape Martin, qui souscrivirent à la Lettre à l'Empereur Constantin, on trouve entre les Evêques de la Byzacene *Constantinus Episcopus sanctæ Ecclesiæ Heliensis*. Voiez ELIENSIS.

CLIGNON, ruisseau de France. Il tombe dans l'Ourc avec lequel il se va perdre dans la Marne.

CLIMA ANATOLICUM, *sive* Orientale, Siége Episcopal d'Asie dans la Phenicie du Mont Liban. Il avoit Edesse pour Metropole, selon la Notice de Leon le Sage.

CLIMA ANATOLIS, autre Siége Episcopal d'Asie dans l'Arabie, selon la Notice du Patriarchat de Jerusalem dans laquelle on lit *Clima Anatolis* QUIVISINON. Il faut partager ce dernier mot ainsi : *Qui* VISINON, c'est-à-dire que ce lieu s'appelloit aussi *Visinon*.

CLIMA ANZITINES, lieu d'Asie dans la quatriéme Armenie, selon la Notice de Léon le Sage.

CLIMA ASTIANICÆ, lieu de la même Province, selon la même Notice.

CLIMA BILABITENES, lieu de la même Province, selon la même Notice.

CLIMA DIGESENES, lieu de la même Province, selon la même Notice.

CLIMA GABLANIM, lieu du Patriarchat de Jerusalem, sous la Metropole de Scythopolis, selon une ancienne Notice. C'étoit un Siége Episcopal nommé CLIMA GALANIS dans celle de Léon le Sage, & CLIMA GALLANIS dans celle de l'Abbé Milon.

CLIMA GARENES, lieu Episcopal d'Asie dans la IV. Armenie, selon la Notice de Léon le Sage.

CLIMA IMBRUDORUM, lieu Episcopal d'Asie dans la Phenicie du Liban, sous Edesse Metropole, selon la même Notice.

CLIMA MAGLUDORUM, lieu Episcopal de la même Province, selon la même Notice.

CLIMA MAMUZURARUM, Siége Episcopal de la IV. Armenie, selon la Notice de Léon le Sage.

CLIMA MESTICON, l'une des cinq Villes de la Prefecture de Thrace, selon Constantin Porphyrogenete[e].

[e] De Themat.l.2. Themat. 1.

CLIMA ORIENTALIUM ET OCCIDENTALIUM, lieu d'Arabie. Il en est fait mention dans la Notice de Léon le Sage, comme d'un Siége Episcopal.

CLIMA ORZIANICES, lieu Episcopal de la IV. Armenie, selon la même Notice.

CLIMA SOPHENES, lieu Episcopal de la même Province, selon la même Notice.

Le mot Κλίμα quoi que propre à chacun de ces endroits veut dire en general *Contrée*, *Canton*, *Païs*.

CLIMACÆ, lieu de l'Eubée, selon Hesyche.

CLIMAT, espace de terre compris entre deux Cercles paralleles à l'Equateur ; de maniere que d'un de ces Cercles à l'autre il y ait une difference d'une demie heure ou d'un mois dans les plus longs jours de l'année.

Les anciens Géographes voyant que la division de la Terre en cinq Zones n'étoit pas suffisante pour faire connoître exactement tous les accidens, qui arrivent aux differens Païs de la Terre, ils ont consideré la longueur du plus grand jour d'Eté, & selon cette vûë ils ont multiplié les cinq Zones, en les divisant en *Climats*, qui sont de petites Zones terminées par deux Paralleles tellement éloignez entr'eux, en commençant depuis l'Equateur, que de l'un à l'autre il y a variation d'une demi-heure au plus long jour d'Eté.

Outre les deux Paralleles qui bornent chaque Climat, on en imagine un autre environ par le milieu de ce Climat, où le jour du Solstice varie d'un quart d'heure. J'ai dit environ, parce que bien que ces Paralleles, qu'on appelle *Paralleles de Climats*, procedent de quart-d'heure en quart-d'heure, ils sont neanmoins inégalement éloignez entre eux, leurs largeurs se diminuant à mesure qu'ils s'éloignent de l'Equateur en s'approchant de l'un ou de l'autre Pole.

Ainsi un Climat comprend trois Paralleles, savoir les deux qui le bornent, & un troisiéme qui le divise en Demi-Climats, qui, comme nous avons dit, ne sont pas d'une largeur égale dans le même Hemisphere à l'égard de l'Equateur, cette largeur étant plus grande proche de l'Equateur, & très-petite proche du Cercle Polaire, où les Climats finissent, selon les Anciens, comme l'on peut voir par la Table des Climats, que nous donnerons après avoir dit que puisque les Climats depuis l'Equateur vers l'un & l'autre Pole procedent de demi-heure en demi-heure, & que sous l'Equateur les jours artificiels sont perpetuellement de 12. heures, & que sous les Cercles Polaires le plus grand jour d'Eté est de 24. heures, il y aura 24. Climats entre l'Equateur & chaque Cercle Polaire, parce qu'il y a 24. demie-heures d'augmentation, desorte que le premier Climat sera celui où le plus grand jour d'Eté est de 12. heures & demie, & le second celui où le plus grand jour d'Eté est de 13. heures, le troisiéme celui où le plus grand jour d'Eté

Qqqq * 3   est

est de 13. heures & demie, & ainsi ensuite, comme on voit dans la Table suivante, qui montre la largeur des Climats, & la longueur du plus grand jour d'Eté, avec la latitude pour le commencement, le milieu, & la fin de chaque Climat.

Table des Climats.

Climat.	Plus grand jour.		Elevation du Pole.		Largeur des Climats.	
	H.	M.	D.	M.	D.	M.
1	12	0	0	0	8	34
	12	15	4	18		
	12	30	8	34		
2	12	45	12	43	7	50
	13	0	16	43		
	13	15	20	33		
3	13	15	20	33	7	3
	13	30	23	11		
	13	45	27	36		
4	13	45	27	36	6	9
	14	0	30	47		
	14	15	33	45		
5	14	15	33	45	5	17
	14	30	36	30		
	14	45	39	2		
6	14	45	39	2	4	30
	15	0	41	22		
	15	15	43	32		
7	15	15	43	32	3	48
	15	30	44	29		
	15	45	47	20		
8	15	45	47	20	3	13
	16	0	49	1		
	16	15	50	33		
9	16	15	50	33	2	44
	16	30	51	58		
	16	45	53	17		
10	16	45	53	17	2	17
	17	0	54	29		
	17	15	55	34		
11	17	15	55	34	2	0
	17	30	56	37		
	17	45	57	34		
12	17	45	57	34	1	40
	18	0	58	26		
	18	15	59	14		
13	18	15	59	14	1	26
	18	30	59	59		
	18	45	60	40		
14	18	45	60	40	1	13
	19	0	61	18		
	19	15	61	53		
15	19	15	61	53	1	1
	19	30	62	25		
	19	45	62	54		
16	19	45	62	54	0	52
	20	0	63	22		
	20	15	63	46		
17	20	15	63	46	0	44
	20	30	64	6		
	20	45	64	30		
18	20	45	64	30	0	36
	21	0	64	46		
	21	15	65	6		
19	21	15	65	6	0	29
	21	30	65	21		
	21	45	65	35		
20	21	45	65	35	0	22
	22	0	65	47		
	22	15	65	57		
21	22	15	65	57	0	17
	22	30	66	6		
	22	45	66	14		
22	22	45	66	14	0	11
	23	0	66	20		
	23	15	66	25		
23	23	15	66	25	0	4
	23	30	66	28		
	23	45	66	29		
24	23	45	66	29	0	1
	24	0	66	30		
	24	0	66	30		

Les Anciens Géographes n'ont pas mis le premier Climat là où le plus grand jour d'Eté étoit de 12. heures & demie, croyant que ce lieu-là étoit inhabité, mais là où le jour du Solstice d'Eté étoit de 13. heures : & ils n'ont compté au commencement que sept Climats vers le Septentrion, auxquels ils ont donné les noms des lieux les plus fameux, par où passoit le Parallele du milieu, parce qu'ils ne connoissoient pas les parties de la Terre au delà du septième Climat, qui est proprement le huitième, dans lequel est Paris, parce qu'ils omettoient le premier, c'est-à-dire le lieu par où devoit passer le premier. Voici les Noms de ces sept Climats,

I. Dia Meroës, par Meroé,
II. Dia Syenes, par Siene,
III. Dia Alexandrias, par Alexandrie,
IV. Dia Rhodou, par Rhodes,
V. Dia Romes, par Rome,
VI. Dia Pontou, par le Pont-Euxin,
VII. Dia Borystenous, par le Fleuve Borystenes.

CLI.   CLI.   679

Les Climats Meridionaux ne portoient le Nom d'aucune Ville, parce que l'Hemisphere Auftral à l'égard de l'Equateur étoit entierement inconnu aux Anciens, & l'on fe contentoit de leur donner le même nom qu'aux Climats Septentrionaux, en ajoutant cette Prépofition *Anti*, qui en Grec fignifie contre, ou oppofition, comme *Antidiameroës*, c'eft-à-dire oppofé à celui de Meroé, *Antidiafyenes*, ou oppofé à celui de Siene. Ainfi des autres.

Les Géographes modernes ont ajouté aux 24. Climats qui commencent depuis l'Equateur, & finiffent au Cercle Polaire qui eft en la latitude de 66. degrez & demi, fix autres Climats dans la Zone froide jufqu'au Pole dans une autre fignification, parce que dans chacun le plus grand jour d'Eté y croît d'un mois entier. Car il ne peut plus croître d'une demie-heure au delà du Cercle Polaire, ou du 66. Parallele, parce que le Soleil y demeure quelques jours fans fe coucher.

Les Climats fervent pour faire connoître que ceux qui font fituez dans un tel Climat, ont le plus grand jour d'Eté d'une certaine grandeur, étant plus grand que de 12. heures d'autant de demie-heures que le nombre du Climat comprend d'unitez. Ainfi en difant que Paris eft dans le huitiéme Climat, qui donne huit demie-heures ou quatre heures, cela fait connoître que le plus grand jour à Paris furpaffe douze heures de quatre heures, & que par confequent il eft de feize heures.

Tout au contraire quand on connoît le plus grand jour d'Eté dans un Païs, on peut dire dans quel Climat ce Païs eft fitué, favoir en ôtant 12. du nombre des heures de ce plus grand jour, & en prenant le double du refte. Comme fi l'on dit qu'à Paris le jour du Solftice d'Eté eft de 16. heures, en ôtant 12. de 16. il refte 4. dont le double 8. fait connoître, que Paris eft dans le huitieme Climat.

1. CLIMAX, Κλίμαξ, Montagne d'Afie, dans la Pifidie près de la Ville de Selga. On lit dans Plutarque[a] qu'Alexandre paffa à pied le pas de la Montagne Climax, étant parti de la Ville de Phafelis. Strabon[b] dit de même, auprès de Phafelis il y a au bord de la Mer un defilé par lequel Alexandre mena fon armée. Car en cet endroit le Mont Climax s'avançant vers la Mer de Pamphylie ne laiffe fur le rivage qu'un paffage fort étroit, qui lorfque la Mer eft calme eft à fec, deforte que les Voyageurs y peuvent paffer; mais lorfque la marée eft haute elle le couvre. Polybe en parle auffi[c].

2. CLIMAX, Montagne d'Afie dans la Phenicie entre le Fleuve Adonis & la Ville de Biblos, felon Strabon[d]. Jofephe[e] qui l'appelle *Climax des Tyriens* dit qu'elle eft à cent ftades de Tyr vers le Septentrion.

3. CLIMAX, Montagne de l'Arabie heureufe, felon Ptolomée[f].

4. CLIMAX, Château maritime d'Afie dans la Galatie, felon le même[g].

5. CLIMAX, lieu du Peloponnefe dans l'Arcadie, felon Paufanias[h]. Il étoit près de Mantinée.

§. Le mot CLIMAX veut dire une échelle.

CLIMBEBAS ou CLIMBEBE, Royaume d'Afrique, felon le Sieur de la Croix, qui en donne une defcription ; mais par malheur, il y mêle les Montagnes de la Lune & la Riviere de Bagamadri, qui ne fe trouvent que dans les Relations vifionnaires de gens, qui voyageoient en idée. Ce Royaume étant de même fabrique je ne barbouillerai point de papier pour en donner une defcription imaginaire.

1. CLIMBERRUM ou CLEMBERRUM,

2. CLIMBERRUM, ancien nom de la Ville d'Auch, felon quelques Savans. Voiez l'Article BERSINUM.

CLIMBERTUM, ou même felon d'autres exemplaires CLINIBERRUM, ancien lieu de la Gaule fur la route d'Agen à Lion, felon l'Itineraire d'Antonin entre *Lactura*, qui eft Lectoure & *Belfino*.

CLIMICIACUM[i], nom Latin de CLAMECI, Ville de France au Nivernois. On trouve également ce nom & celui de CLEMICIACUM employez dans l'Hiftoire de Vezelay. Godefroi Moine de Clervaux, Difciple & Secretaire de St. Bernard dit, dans la Vie de ce Saint[k] CASTRUM CLAMICEIUM; & fait connoître qu'il étoit du Diocèfe d'Auxerre, à l'extremité des anciennes limites des Senonois. Des Lettres de Philippe Roi de France datées de l'an 1078. nomment Gautier de Clamecy, *Gauterus de* CLAMICIACO. On lit auffi *Clamiciacum* dans les Geftes des Evêques d'Auxerre publiez par le P. Labbe. Voiez CLAMECY.

CLIN-DESSUS, petite Ville de France dans le Berri près d'Agurande, felon Mr. Corneille qu'ont fuivi les Auteurs du Dictionnaire Géographique de la France. Ce lieu eft nommé CLUYS dans les Cartes de Sanfon, & comme il y a deux Cluys voifins l'un de l'autre, le plus Meridional eft nommé Cluys-deffus, & l'autre, qui eft au Nord Oriental de ce premier s'appelle Cluys-deffous. Ce dernier eft fur la Riviere de Bouzaine, & l'autre eft fur un ruiffeau qui la groffit. L'un & l'autre font à l'extremité Meridionale de l'Election d'Iffoudun; mais ce ne font pas des Villes.

CLINA, Κλείνη, Fontaine de Cyzique, felon Ortelius[l] qui cite Orphée. Il ajoute qu'elle tire fon origine des pleurs que repandit la femme de Cyzique lorfqu'elle en apprit la mort. Elle eft nommée Κλείτη par Apollonius[m], & par Valerius Flaccus[n] dans leurs Poëmes des Argonautiques.

CLINE, Ville de la Grece felon Ortelius, qui a cru en voir la preuve dans le XXVI. livre de Tite-Live.

CLINGENAW, l'Auteur des Delices de la Suiffe écrit KLINGNAU ; jolie Ville de Suiffe au Canton de Bade, fur la rive droite de l'Aar, à une lieue de Waldshut l'une des IV. Villes foreftieres. On y voit deux Eglifes, l'une Collegiale & l'autre Paroiffiale. Il y avoit anciennement un Couvent ou Maifon des Chevaliers de l'Ordre de St. Jean de Jerufalem ; mais cette Commanderie a été transferée au delà de la Riviere à Luggeren ou Lutkeren. Dans le fauxbourg il y a un Couvent de Wilhelmites nommé SION. La Ville appartenoit autrefois à des Barons de Klingen. L'an 1260. Eberhard Evêque de Conftance l'acheta, & depuis cette acquifition les Evêques de cette Ville l'ont toûjours poffedé ;
mais

---

a Vie des hommes illuftres T. 6. p. 36. Trad. de Mr. *Dacier*.
b l. 14. p. 666.

c l. 5. c. 72.

d l. 16. p. 755.
e Beil. Jud. l. 2. c. 9.

f l. 6. c. 7.

g l. 5. c. 4.

h l. 8. c. 6.

i Had. Valef. Notit. Galliar. p. 147.

k l. 4. c. 4.

l Thefaur.

m l. 1.
n l. 1.

mais seulement en fief & jurisdiction, car la Souveraineté est aux Cantons Seigneurs du Comté de Bade.

CLINTIDIONES. Voiez GLINDITIONES.

CLION, Bourg de France dans le Berri, Diocèse de Bourges, Election de Châteauroux, entre la Riviere d'Indre & le ruisseau d'Ozanne à une lieue de Châtillon. Il y a deux Prieurez dans cette Paroisse ; celui de Ste Colombe & celui de Ste Catherine de la Chaise. Ce dernier est vraisemblablement de fondation Royale: il releve du Roi à cause de la grosse tour de Châtillon sur l'Indre: il a haute, moyenne, & basse justice, moulin banal sur la Riviere d'Indre & seul droit de pêche dans cette Riviere, & dans celle de Laurence autant qu'en emporte l'étendue de son fief & justice. Il a encore diverses jouïssances. La demeure du Prieur est un Château situé sur une hauteur au bas de laquelle passe la Riviere d'Indre. Les fêtes de ce Bourg sont celle de Ste Colombe, qui n'attire point d'étrangers parce qu'on la célèbre le dernier jour de l'an, celle de Ste Théodore Vierge & Martyre le 28. Avril. Elle donne lieu à une assemblée qui dure depuis le 25. Avril jusqu'au 2. de Mai, & qui est moins un pelerinage qu'une partie de plaisir.

Tout ce qu'il y a de plus curieux à Clion, c'est le Château de l'Isle SAVARY, à un demi quart de lieue du Bourg. Le corps de cette Maison est au milieu de quatre grandes Tours en triangle. Il est environné de fossez au dessus desquels il y a deux ponts levis, l'un du côté du Midi, l'autre du côté du Couchant ; l'entrée qui est du côté du Midi n'est pas agréable ; mais l'autre façade regarde le Bourg du FRANGE environné de côteaux plantez de vignes & la Ville de Châtillon: les appartemens du Château sont bien meublez, principalement la Chapelle. Entre les deux ponts levis du Château il y a un Fort élevé. Les remises, les écuries, les jardins, & le parterre sont bien entretenus. Il y a près de ce Château un bois de futaye au milieu duquel est une étoile à laquelle aboutissent plusieurs belles allées dont les promenades sont agréables.

CLIPEORUM MONS, c'est ainsi que quelques-uns ont traduit en Latin SCHILTBERG ; nom d'une Montagne de la basse Hongrie.

CLIPIACUM ou CLIPPIACUM, aujourd'hui *Clichy*. "C'est le nom d'une ancienne Maison Royale où plusieurs Rois de France ont fait leur demeure. Il seroit difficile de dire quand elle a commencé, puis qu'on n'en trouve aucune mention des Auteurs avant le Regne de Clotaire II. Sa situation est plus certaine. Elle étoit dans le territoire de la Ville de Paris sur le bord de la Seine ; entre la Ville de St. Denis & le Bois de Boulogne. On la nomme communément CLICHI LA GARENNE, pour la distinguer d'une autre CLICHI, appellée dans les Gestes du Roi Dagobert *Clippiacum superius*, & par d'autres *Clippiacum in Alneto*. Ce dernier Clippiacum est aujourd'hui Clichy dans la Forêt de Livry, entre Lagny & St. Denis, presque à égale

[a] De Re Diplomat. l. 4. p. 273.

distance de l'un & de l'autre. On trouve encore un autre CLICHY aux frontieres de l'Evêché de Chartres tout auprès de St. Germain en Laye dans la forêt de ce nom.

Ce fut à Clichy la Garenne[b] que Clothaire fit épouser à son fils Dagobert Roi d'Austrasie, Gomatrude Sœur de la Reine Sichilde; & ce même Dagobert se plût si fort dans cette Maison qu'il paroît dans la suite y avoir souvent fait sa demeure. Nous avons de lui un grand nombre d'Ordonnances données à Clichy. Ce fut aussi à Clichy, selon l'Auteur de la Vie de Saint Ouën, que ce St. Prelat termina sa vie au retour de son Ambassade d'Austrasie. Ses reliques furent transportées trois ans après par Ansbert son successeur dans l'Eglise du Palais de Clichy, qui fut depuis nommée la Chapelle de St. Ouën lieu qui est devenu un Village, qui se trouve tant soit peu éloigné de Clichy lequel a aussi pris le nom de St. Ouën, & se voit encore sur l'un des bords de la Seine entre St. Denis & Clichy. Quelques Auteurs ont voulu que ce lieu fût lui-même originairement une Maison Royale, qui avoit son Palais distingué de celui de *Clipiacum* ; mais il y a plus d'apparence qu'il ne faisoit qu'une partie du Palais & qu'il en étoit dépendant ; effectivement ce Palais étoit d'une grande étendue. Ainsi la distance qui se trouve aujourd'hui entre St. Ouën & Clichy n'est pas une raison à opposer, d'autant qu'il s'est pû faire que *Clippiacum* cessant d'être Maison Royale par la donation que Charles Martel en fit à l'Abbaye de St. Denis, l'enceinte qui originairement étoit extrêmement grande, a pû tellement être diminuée que ce qui ne composoit qu'un seul lieu en a paru être deux dans la suite. C'est ce qui est arrivé à presque toutes les anciennes Maisons Royales. Lorsque les Rois s'y plaisoient & avoient soin de les entretenir, il se trouvoit quelquefois plusieurs Villages renfermés dans leur enceinte ; mais quand ils les ont negligées on a vû ces Villages, qui ne formoient qu'une seule maison devenir des lieux tout-à-fait separez.

[b] Fredegar. c. 53.

CLISOBORA, ancienne Ville des Indes selon Arrien[c], qui la met entre les grandes Villes des Surafeniens. Pline[d] dit que l'Yomanes Riviere tombe dans le Gange entre les Villes de Methora & de Clisobora. C'est ainsi qu'il faut lire ce mot, selon le R. P. Hardouin, & non pas CYRISOBORCA comme a lû Ortelius.

[c] in Indicis.
[d] l. 6. c. 19.

CLISSA, Forteresse de Dalmatie. Mr. Spon[e] croit que c'est le lieu que Ptolomée appelle *Andecrium* & Strabon *Andetrinum* ; mais, ajoute-t-il, une inscription le nomme ANDETRIUM, & ces monumens sont plus certains que les Livres, qui ont pu être alterez par les Copistes. C'est, poursuit-il, une Citadelle de grande importance, qui fut prise sur les Turcs par les Venitiens sous le commandement de Fosculo Providéteur de Dalmatie. La cause de la prise fut, outre les vives attaques qu'on lui avoit données, une bombe qui tomba dans la Mosquée pendant que les Turcs étoient à la priere, & le découragement que leur causa la defaite d'un secours qu'ils attendoient. Ils se rendirent vies & bagues sauves ; mais les Morlaques leurs ennemis irréconciliables

[e] Voyage T. 1. p. 64.

CLI.   CLI.   681

bles les attendirent à un passage & les taillèrent tous en pièces de leur propre mouvement. Clissa fut, dit-on, bâtie par une Reine & avoit été autrefois à l'Empereur d'Allemagne. Depuis que la Republique de Venise la tient, elle en a fait sauter une partie au devant pour la rendre plus forte & plus aisée à garder. Elle est sur une crête de Colline entre deux hautes Montagnes sur le chemin de Turquie en Dalmatie. La sentinelle voit tous ceux qui passent & les oblige à parler. Il n'y a pourtant ni bastions, ni ouvrages de dehors ; mais seulement quelques terrasses & le roc sert de murailles. L'eau y manque & le froid y est terrible. Il y a deux Compagnies d'Infanterie & la moitié d'une de Cavalerie.

CLISSON, petite Ville de France en Bretagne au Pays Nantois. Les anciens Actes l'appellent CLICCHIO. Hadrien de Valois[a] dit avoir vû des Lettres données l'an MCV. en presence de Gaudin *de Clicchione* ; d'autres Lettres portent *Clichio*. Il y en a de plus recentes tirées de l'Archive de Fontevraut par lesquelles Gautier *de Clichone*, & Serra sa femme offrent leur fille Roberge à Dieu & à Robert d'Arbrisselles. Clisson est sur la Seure Riviere qui se jette dans la Loire. Ce lieu donne le nom à un petit Canton appellé le CLISSONOIS. Il a eu autrefois pour Seigneur Olivier de Clisson Connétable sous le Roi Charles VI. [b] Il y a un petit Château sur un rocher joignant, & la Ville est à cinq lieues de Nantes. Ce Connétable y fonda l'an 1407. une Collegiale dont les Canonicats sont à la nomination du Baron de Clisson.

CLISURÆ. Voiez PHISON.

1. CLITÆ, Κλειται, Ville d'Asie dans la Bithynie, éloignée de la Mer, selon Ptolomée[c], qui la met au Midi Oriental d'Amastris.

2. CLITÆ, ancienne Nation d'Asie dans cette partie de l'Asie, qui fut soumise à Archelaüs Roi de Cappadoce. Ils étoient près du Mont Taurus, & peu éloignez de la Mer. Tacite[d] dit : vers ce temps-là la Nation des Clites sujette d'Archelaüs Roi de Cappadoce, voyant qu'on vouloit la forcer à declarer ses biens à notre maniere, & à payer le tribut, se retira dans le Mont Taurus, & à la faveur du terrain, elle se maintint contre les troupes peu aguerries de ce Roi. Il dit ailleurs[e] : peu après les Nations des Ciliciens champêtres surnommées les Clites , qui s'étoient déja plusieurs fois soulevées, se mirent à camper dans des Montagnes impraticables, sous la conduite de Trofobor, & delà faisant des courses vers le rivage, ou vers les Villes, elles osoient attaquer les Laboureurs, les Bourgeois, & souvent même les Marchands & les Bateliers. On voit bien qu'il s'agit des mêmes Clites dans ces deux passages.

3. CLITÆ, lieu de la Grece dans la Macedoine assez près du Mont Athos, selon Tite-Live[f].

CLITE. Voiez CLINA.

CLITERIUM, Phavorin nomme ainsi une Ville de l'Arcadie. Voiez CLITORIUM.

CLITERNIA LARINATUM, ancienne Ville d'Italie dans la Pouille, selon Pline[g]. *Tom. II.*

On lui donna ce nom à cause qu'elle étoit voisine de *Larinum*.

CLITERNINI, habitans d'une Ville d'Italie au Pays des Æquiculans, selon Pline[h]. Leur Ville est nommée CLITERNUM Κλείτερνον par Ptolomée[i]. Mela que cite le R. P. Hardouin n'en parle point ; mais bien de *Cliternia* voisine de *Larinum*.

CLITERNUM, on lit ainsi ce nom dans Ptolomée[k], comme étant celui d'une Ville d'Italie chez les Æquicules. Voiez CLITERNINI.

CLITIS. Sidonius dans l'énumeration des Rivieres de France dit :

Clitis, Elaver, Atax, Vacalis, &c.

Papire Masson croit que *Clitis* n'est autre que le *Clain* en Latin *Clenus*; mais Hadrien de Valois[l] desaprouve cette conjecture, sans pourtant nous dire ce que c'est que le Clitis de Sidonius.

CLITON, Riviere de Grece au Peloponese dans l'Arcadie, selon Hesyche & Stace. Ce dernier dit :

Et rapidus Cliton, & qui tibi Phithia Ladon Pene socer.

Voiez ci-après CLITORIUS AMNIS.

CLITOR, selon Pausanias[m] & Ptolomée[n] Κλείτωρ ou

CLITORIA, selon Etienne le Géographe Κλιτορία. Xenophon[o] écrit Cletor par un η; ou enfin

CLITORIUM, selon Pline[p], Ville de Grece au Peloponese dans l'Arcadie. Pausanias[q] dit que Clitor fils d'Azanès étoit un très-puissant Roi, qui bâtit une Ville à laquelle il donna son nom. Le même Auteur[r] nomme cette Ville CLITORIUM, & dit qu'elle étoit à environ LX. stades des sources du Ladon. Il ajoute que le chemin qui mene de ces sources à cette Ville est un sentier étroit le long de la Riviere d'Aroanius, & qu'auprès de Clitorion on traverse la Riviere du CLITOR. C'est apparemment la même que le Cliton d'Hesyche & de Stace. A IV. stades de la Ville, poursuit Pausanias, est le Temple de Castor & de Pollux dont les statues sont de Bronze. Cette Riviere de Clitor est nommée par Ovide CLITORIUS FONS. Il lui attribue la vertu de rendre le vin desagréable à ceux qui ont bu de ses eaux, soit, dit-il, par une proprieté naturelle, soit parce que selon la tradition du Pays le fils d'Amithaon (Melampe) ayant à force d'herbes & de charmes delivré les filles de Prœtus qui étoient tourmentées par les Furies, jetta dans ces eaux ce qui avoit servi à les purifier, & que delà il est resté à ces eaux une antipathie pour le vin[s].

Clitorio quicumque sitim de fonte levarit,
Vina fugit, gaudetque meris abstemius undis.
Seu vis est in aqua calido contraria vino:
Sive quod indigenæ memorant, Amithaone natus
Proetidas attonitas postquam per carmen & herbas
Eripuit furiis; purgamina mentis in illas
Misit aquas; odiumque meri permansit in undis.

Rrrr*   Ni-

a Notit. Gall. p. 147.
b Baudrand Ed. 1705.
c l. 5. c. 1.
d Annal. l. 6. c. 41.
e Ibid. l. 12. c. 55.
f l. 44. c. 11.
g l. 3. c. 11. & Mela l. 2. c. 4. n. 39.
h l. 3. c. 12.
i l. 3. c. 1.
k l. 3. c. 1.
l Notit. Gall. p. 147.
m l. 8. c. 4.
n l. 3. c. 16.
o Hist. Græc. l. 5.
p l. 4. c. 6.
q l. 8. c. 4.
r Ibid. c. 21.
s Metam. l. 15. Fab. 21. v. 322. & seq.

682 CLI. CLO.

Niger croit que c'est le GARDICHI.

CLITUMNO, (LE) petite Riviere d'Italie dans l'Etat de l'Eglise & en Ombrie. Elle a sa source dans le lieu nommé VENE, dans le territoire de Spolete; d'où passant à l'Occident, elle se joint à la Maroggia déja grossie par la Tatarena, puis recevant le Rucciano, elles vont ensemble mêler leurs eaux avec celles du Topino. Cette Riviere a conservé son ancien nom CLITUMNUS. Virgile dit[a]:

a Georg. l. 2. v. 140.

Hinc albi, Clitumne, greges & maxima taurus Victima.

Servius expliquant ce vers de Virgile dit que ses eaux avoient cette vertu que les animaux, qui en buvoient mettoient bas des petits de couleur blanche.

CLIVIA & CLIVUS, noms Latins de la Ville de CLEVES dans les Historiens des derniers siécles, car comme je l'ai marqué au mot CLEVES, la Ville elle-même n'est pas ancienne. Dans un Acte de l'an MCXXXVIII. il est parlé de *Arnoldus Comes de Clivo*; dans un autre de l'an MCXLV. on trouve *N. Comes de Clivo*; dans des Lettres de MCLVII. il est fait mention de *Henricus Comes de Cleva*, & dans d'autres de l'an MCLXXXI. de *Theodoricus Comes de Cleve*; d'autres ont dit CLIVA, & les modernes ont preféré CLIVIA. Voiez l'Article CLEVES.

Valef. Notit. Galliar.

CLOACINÆ. Voiez NOVIS.

CLOCENTO, Bourg du Royaume de Naples dans la Calabre Citerieure, entre Cozenza & Nicastro, à trois lieues de la Mer de Toscane. Il n'est remarquable que parce qu'on y cherche l'ancienne NUMISTRO. Voiez ce mot.

CLOCOTONITZA. Voiez PANNONIE.

CLODIA FOSSA. Voiez cet Article au mot FOSSA, & l'Article CHIOZA, qui est le nom moderne.

CLODIANA, Ville de Macedoine auprès de Duraz entre Apollonie & Scampis, à XIII. M. P. de la premiere, & à XX. de la seconde, selon Antonin[c].

c Itiner.

CLODIANUS, Riviere de l'Espagne Tarragonnoise, selon Mela[d] & Ptolomée[e]. Ce dernier est en l'Embouchûre au Pays des Hercaons. Varrerius & Florien croyent que c'est le FLUVIAN, & ce sentiment est adopté par les Interpretes de Ptolomée.

d l. 2. c. 6.
e l. 2. c. 6. n. 23.

CLOGHER[f], Ville d'Irlande dans la Province d'Ulster au Comté de Tyrone, presqu'à trois milles au Sud d'Agher. C'est un Siége Episcopal quoi que la Ville soit fort pauvre.

f Etat pres. de l'Irlande p. 69.

CLOIS, Ville de France dans la Beauce Diocése de Blois Election de Château-dun.

CLOISTRE, (l'S ne se prononce point, de là vient qu'on écrit souvent Cloître) ce mot signifie en general une grande enceinte de bâtimens où demeurent des Religieux ou des Religieuses qui y vivent renfermez, pour vacquer avec moins de distraction aux exercices de leur état, & dans ce sens le mot Cloître signifie la même chose que *Couvent* & *Monastere*.

On appelle plus particulierement LE CLOITRE un jardin entouré d'une galerie couverte, & il y a des Ordres où le Cloître sert de Cimetiere aux Religieux, & aux bienfacteurs de la Maison.

CLO.

De ce mot Cloître pris dans le sens general, plusieurs noms Géographiques ont tiré leur origine; par exemple.

[g]LE CLOITRE Communauté de Suisse dans le Pays des Grisons, l'une des trois du Pays de Prettigæw. Elle tire son nom d'un Couvent de l'Ordre de Prémontré, nommé St. Jaques, qui fut aboli l'an 1526. Elle comprend plusieurs Villages & Hameaux dont les principaux sont *Ganda, Grub* ou *la Fosse Sernens* où il y a des bains d'eaux minerales, *Saas, Conters, Kublis*, &c. & une partie du Val St. Antoine, qui est sur la rive gauche de la Riviere de DALVACCIA.

g Delices de la Suisse p. 639.

CLOMANNORUM CIVITAS, Ville d'Asie vers la Babylonie, selon Ortelius qui en allegue pour preuve l'Histoire Mêlée 17.

CLOMERES, nom corrompu de celui de CLAIRMARAIS.

CLONCHY, Baronie d'Irlande & l'une des sept, qui composent le Comté de Cavan[h].

h Etat pres. d'Irlande p. 59.

CLONEY, Bourg d'Irlande dans la Province de Munster au Comté de Corck. L'Auteur de l'Etat d'Irlande[i] écrit CLOYNE, & en fait une Ville quoique petite. Elle est, dit-il, à huit milles presque à l'Ouest de Youghill, elle envoye deux Deputez au Parlement & a eu un Evêché, qui est uni à celui de Corck.

i p. 49.

CLONFERT ou CLONEFART, Ville d'Irlande[k] dans la Province de Connaught au Comté de Gallway, à vingt-cinq milles à l'Est d'Athenrée, & à deux milles du Shannon. Elle tombe en décadence quoi qu'elle conserve toûjours le titre de Siége Episcopal.

k p. 29.

CLONIA, Marais de la Libye interieure selon Ptolomée[l], qui dit que le Stachir Fleuve qui coule du Mont Risadius forme auprès ce Marais de Clonia. Quelques Interpretes de ce Géographe croient que le Stachir est le Fleuve de Senega, qui forme effectivement de grands Lacs & des Marais.

l l. 4. c. 6.

CLONMELL[m], Ville d'Irlande dans la Province de Munster au Comté de Tipperary à vingt-six milles à l'Est d'Emly. Elle est riche & bien fortifiée sur la Riviere de Shure près des Frontieres d'Waterford. Quoique Tipperary donne son nom au Comté, Clonmell en est la Capitale. Elle a droit de tenir un Marché public, & d'envoyer deux Deputez au Parlement. Elle est à 82. milles ou environ au Sud-Ouest de Dublin, & à dix milles à l'Ouest de Carick.

m Etat pres. d'Irlande p. 54.

CLONOMOGHAN[n], Baronie d'Irlande & l'une des VII. qui composent le Comté de Cavan.

n p. 59.

CLOPPENBOURG. Voiez KLOPPENBOURG.

CLOSTERRATH[o], Abbaye d'Allemagne au Cercle de Westphalie, à deux heures de chemin d'Aix la Chapelle près de la petite Ville de HERTOGEN RAID ou ROLDUC; il y a un Prelat & quelques Chanoines.

o Zeyler Westph. Topogr. p. 9.

CLOSTRA, lieu Maritime d'Italie dans le *Latium* entre *Antium*, & le Promontoire de Circe, selon Ptolomée[p]. Pline[q] l'appelle CLOSTRA ROMANA, & la nomme après le Fleuve Nymphée. Le R. P. Hardouin ajoute que c'étoit la borne du *Latium* de ce côté-là, & ce qui fermoit l'ancien Empire du côté des Vols-

p l. 3. c. 1.
q l. 3. c. 5.

CLO. CLU.   CLU.

Volsques, ou peut-être, poursuit-il, étoit-ce une barriere que l'on avoit faite à l'embouchûre du Nymphée, pour s'opposer aux efforts de la Mer, & pour empêcher qu'elle ne la remplît de sables, ce qui est pourtant arrivé avec le temps. Ce dernier sentiment est celui de Holstenius[a] dans ses remarques sur l'ancienne Italie de Cluvier. Quelques exemplaires de Pline portent AUSTRA, qui est une faute des Copistes.

[a] p. 206.

CLOTA. Voiez GLOTA.

CLOTTE, (LA) Bourg de France dans la Saintonge, Diocèse & Election de Saintes.

CLOUERE, (LA) Bourg de France dans le Poitou, Diocèse & Election de Poitiers.

CLUACA, Ville d'Asie dans la Medie, selon Ptolomée[b].

[b] l. 6. c. 2.

CLUANA, Ville Maritime d'Italie dans le Picenum, selon Pline[c]. Elle étoit à l'embouchûre du Chiento, au lieu où est presentement PIANO DI S. GIACOMO.

[c] l. 3. c. 13.

CLUDESDALE. Voiez CLUYDESDALE.

CLUDRUS, Riviere d'Asie dans la Carie. La Ville d'Eumenie étoit bâtie sur ses bords, selon Pline[d].

[d] l. 5. c. 29.

CLUGNI, ou

CLUNI, Ville de France en Bourgogne dans le Mâconnois; à quatre lieues de Mâcon, à treize d'Autun & à quinze de Lyon, selon Mr. Baudrand[e]. Elle est sur la petite Riviere de Grosne[f] dans un vallon entre deux Montagnes. L'enceinte de cette Ville est plus grande que celle de Mâcon, quoi qu'elle ne soit pas à beaucoup près si peuplée. Clugni doit sa naissance & sa reputation à son Abbaye. Ce n'étoit qu'un Village[g] lorsque Guillaume & sa femme Ingelberge y bâtirent un Monastere comme il paroît par les Lettres de ce Fondateur. Le Pape Benoît dans une Lettre adressée aux Evêques de Bourgogne, d'Aquitaine & de Provence, dit que le Monastere de Clugni fut autrefois bâti par Guillaume très-noble Prince (Duc) d'Aquitaine, & Rodulfe Glaber assure qu'il fut bâti par Bernon Abbé de Baume par le commandement de Guillaume le Pieux Duc d'Aquitaine sur la petite Riviere de Grosne. On trouve dans l'Itineraire d'Antonin *Lunna* ou *Ludna* que Simler entraîné par une legere convenance de nom croit être *Clugni*; mais il se trompe & Lunna ou Ludna est Belleville dans le Beaujolois, comme il paroît par les distances. Un Moine dont on ne sait pas le nom, mais qui est ancien, dit dans la Vie de St. Odillon Abbé de Clugni que ce Saint éleva à Clugni un Cloître dont les Colonnes étoient d'un marbre qu'on avoit fait venir de Provence par la Durance & le Rhône avec d'extrèmes travaux. Il est certain qu'il y a encore en Provence des Carrieres de marbre quoi qu'elles soient negligées. Guillaume donna l'Abbaye de Clugni aux Apôtres St. Pierre & St. Paul, & au Souverain Pontife. & à ses Successeurs, ce qui fait qu'elle n'est d'aucun Diocèse, & que l'Archidiacre de l'Abbaye fait dans la Ville de Clugni & ses dépendances toutes les fonctions Episcopales à l'ordination près. Aussi[h] ne connoît-elle point d'autre Evêque que le Pape sous qui elle jouït des privileges d'une jurisdiction absolue tant dedans que dehors la Ville, en une certaine distance de ter-

[e] Ed. 1705.
[f] Piganiol de la Force, Desc. de la France T. 3. p. 217.
[g] Valef. Notit. Gall. p. 147.
[h] Corn. Dict.

ritoire qu'on nomme les sacrez Bancs. Urbain II. après le Concile de Clermont étant venu à Clugni établit & fixa ses limites, & elles ont été depuis confirmées par plusieurs Papes. Dans les matieres contentieuses l'appel des Sentences de l'Archidiacre de l'Abbaye est porté immediatement à Rome.

(Ce qui suit a été tiré par D. Ildefonse Sarrazin de la Bibliotheque de Clugni composée par D. Martin Mariet Religieux de St. Martin des Champs à Paris.) Outre les Souverains Pontifes Urbain II. Gregoire VII. & Pascal II., auxquels on peut ajouter Urbain V. que cette Abbaye a donnez à l'Eglise, il en est sorti quantité de Cardinaux, d'Archevêques, & d'Evêques, & elle a élevé & comme nourri dans son sein une infinité de personnes illustres par leur naissance, célèbres par leur savoir & recommandables par leur sainteté. Tels ont été la plupart de ses Abbez, sur tout les premiers, Bernon, Odon, Aimar, Mayeul, Odilon, Hugues I, Hugues II, Pierre le Venerable &c. Depuis près de deux siécles elle a toûjours été possedée par des Princes même du sang, par des Cardinaux, des Ministres d'Etat, & autres qui ont commencé par Jean de Lorraine en 1528. L'an 1119. le Pape Gelase II. fuiant la persecution de l'Empereur Henri IV. se refugia dans l'Abbaye de Clugni; fatigué du Voyage & accablé de Maladie il y mourut & fut enterré dans l'Eglise. On y voit encore son tombeau, & le reste de l'appartement où il logea, qui a retenu le nom de Palais du Pape Gelase. Après sa mort les Cardinaux qui l'avoient accompagné en assez grand nombre, élurent dans l'Abbaye même Gui Archevêque de Vienne, qui fut son successeur sous le nom de Calixte II. En 1245. le Pape Innocent IV. après la célebration du I. Concile General de Lyon alla à Clugni accompagné des Patriarches d'Antioche & de Constantinople, de douze Cardinaux, de trois Archevêques, de quinze Evêques & de plusieurs Abbez. Le Roi St. Loüis, la Reine sa mere, son frere, le Duc d'Artois, & sa Sœur, l'Empereur de Constantinople, les fils des Rois d'Arragon & de Castille, le Duc de Bourgogne, six Comtes, & quantité d'autres Seigneurs s'y trouverent dans le même temps & tous avec une suite fort nombreuse, sans que les Religieux quittassent aucun des lieux reguliers.

L'Eglise est sans contredit une des plus grandes du Royaume. Elle a près de six cens pieds de long, & est bâtie en forme de Croix Archiepiscopale ayant deux Croisées. La premiere qui a deux cens pieds est chargée d'une grosse tour au milieu, dans laquelle il reste huit cloches, de dixhuit qu'elle enfermoit autrefois; & aux deux bouts elle a deux clochers dans chacun desquels sont quatre grosses cloches. L'autre croisée a six vingts pieds & un clocher au milieu en forme de Dôme. On voit ensuite la voute du Presbytere qui est pavé à la Mosaïque, celle du Sanctuaire qui couvre le grand autel dont la pierre est un très-beau jaspe, celle du tour des Chapelles, & les voutes des mêmes Chapelles, qui sont cinq voutes consecutives soutenues de neuf piliers de marbre, qui ne sont pas fort gros pour un si pesant far-

fardeau. L'Eglise large de six vingts pieds est divisée en une nef, & en quatre collateraux sans Chapelles. Le Chœur étoit autrefois d'une plus grande étendue qu'il n'est aujourd'hui. On ne laisse pas d'y voir encore deux cents formes. Il est fermé par de très-beaux grillages que le Cardinal de Bouillon a fait faire aux deux côtez du Presbytere, & à l'entrée dans le temps qu'il étoit Abbé de Clugni.

Cette Eglise fut bâtie par St. Hugues, & consacrée quelque temps après par le Pape Innocent II. Elle est d'une structure Gothique & située presque au bas d'une grande Montagne sur le penchant de laquelle la Ville & l'Abbaye ont été construites; ce qui fait qu'on y descend par quarante-deux degrez. Cependant en quelque temps que ce soit il n'y paroît point d'humidité à cause de quantité de Canaux souterrains, qui se déchargent dans un jardin fort beau & fort grand.

A l'entrée de la même Eglise il y a deux grosses Tours quarrées dont l'une sert d'Auditoire pour y rendre la Justice. C'est une espece de Pairie. L'appel des Sentences du Juge que l'on nomme *le Juge mage*, ressortit immédiatement au Parlement de Paris. Dans l'autre Tour sont les Archives de l'Abbaye que l'on y conserve en un très-bel ordre. On y tient aussi en dépôt des *Vidimus* des Donations faites à l'Eglise Romaine. Ils y furent mis comme en sûreté, après le grand Concile de Lyon tenu sous le Pape Innocent IV. avec le Certificat du Pape & de tous les Prelats, qui assisterent à ce Concile & dont on voit encore les Sceaux qu'ils y firent apposer. Cette Eglise étoit autrefois en possession d'un des plus beaux & des plus riches Tresors de France.

Ce Tresor fut pillé jusqu'à trois fois du temps des guerres de Religion. Les P. Reformez brûlerent quantité de reliques, & emporterent plusieurs grandes chasses de vermeil, avec un nombre considerable de Calices, & autres vaisseaux d'or & d'argent, & une infinité d'ornemens en broderie, ensorte que l'inventaire dressé du dernier pillage qu'ils firent au Château de Hourdon où l'on avoit porté ce qu'il y avoit de plus précieux dans l'Abbaye monte du moins à deux millions.

La Bibliotheque étoit aussi fort curieuse en manuscrits. On a conservé un catalogue ancien, où leur nombre va jusqu'à dixhuit cens volumes, presque tous du travail des Religieux, qui s'occupoient à copier les ouvrages des Peres & autres. Le Refectoire est fort grand, il y a six rangs de tables en trois collateraux; il n'en faloit pas moins pour le grand nombre de Religieux, qui passoit celui de quatre cens soixante du temps de Pierre le Venerable. On juge encore de la grandeur de cette Abbaye par les anciens Monumens, qui restent, comme les sales des infirmeries, des hôtelleries avec leurs appartemens, les greniers & autres lieux qui sont d'une excessive longueur. La reputation de cette Abbaye étoit si grande & l'opinion de la sainteté des Religieux si bien établie avant les revolutions, qui y sont arrivées, que beaucoup de personnes illustres y choisissoient leur demeure & leur sepulture; ce qui paroît par quantité de tombeaux d'Archevêques, d'Evêques, & de grands Seigneurs, qui tenoient à gloire d'y être enterrez. On trouve même hors de l'Eglise un grand nombre de tombeaux de ces sortes de personnes. Enfin dans ces derniers temps la Maison de Bouillon ayant choisi cette Eglise pour le lieu de sa sepulture, le Cardinal de Bouillon Doyen du Sacré College & Abbé de l'Abbaye & de tout l'Ordre de Clugni, y avoit fait élever un des plus superbes & plus magnifiques Mausolées qui fût en France; mais après la disgrace de ce Cardinal la Cour l'a fait détruire. L'Abbaye de Clugni premier chef d'Ordre de la regle de St. Benoît a porté si loin son nom, & sa splendeur qu'il n'y a presque aucune partie du Monde Chrétien, où elle n'ait eu des Monasteres de sa dépendance jusqu'au nombre de deux mille.

[a] On compte dans la Ville trois Eglises Paroissiales, savoir celle de Nôtre-Dame, celle de St. Marcel, & celle de St. Mayeul. Les Curez qui les desservent n'ont que leur portion congrue. Le Couvent des Recollets est peu considerable. L'Hôpital est composé de deux sales de douze lits chacune, & a environ trois mille livres de revenu. Le Grenier à sel n'est composé que d'un Receveur & d'un Controlleur. Il y avoit autrefois à Clugni des tanneries qui réussissoient, & qui avoient enrichi plusieurs particuliers de cette Ville; mais presentement elles sont ruinées.

[a] Piganiol de la Force, l. c.

CLUID. Voiez CLUYD.

CLUNDERT, petite Ville des Pays-bas, proche de Willemstadt, à quatre lieues de Breda. On la nommoit autrefois NIEUWERVAERT. Elle est de la Hollande Meridionale aux frontieres du Brabant. Elle étoit du Domaine de Guillaume III. Roi d'Angleterre.

CLUNIA, ancienne Ville de l'Espagne Tarragonnoise au Pays des Arevaques, & aux confins de la Celtiberie, selon Pline[b]. C'étoit une Colonie Romaine, comme on le prouve par les Medailles sur lesquelles on lit COL. CLUNIA. Elle est qualifiée Municipe MUN. CLUN. *Municipium Cluniense* sur d'autres. Dion Cassius en fait mention[c]. Ptolomée[d] la nomme aussi Colonie. Plutarque change le nom de *Clunia* en celui de COLONIA[e]. Suetone[f] l'appelle *Clunia*. Elle étoit le Siége d'une Assemblée generale de laquelle relevoient quantité de Peuples. Ambroise Moralès croit que le nom moderne de Clunia est *Cividal de Castro*, & dans un autre endroit il dit que c'est Calahorra. Clusius & Vasæus dont le sentiment est plus suivi disent que c'est le Village CRUNA où CORUNA DEL CONDE, ce qui s'accorde avec l'Itineraire d'Antonin, qui met Clunia presqu'à moitié chemin entre Rauda, qui est Aranda de Duero, & Uxama qui est Osma, à xxvi. M. P. de la premiere, & à xxiv. M. P. de la seconde. On croit avoir trouvé l'ancien Sceau dont se scelloit les Decrets & les Actes de l'Assemblée generale dont j'ai parlé, & qu'il est gardé par le Seigneur de Coruña del Conde.

[b] l. 3. c. 3.
[c] l. 39. p. 115.
[d] l. 2. c. 6.
[e] Hommes illust. Trad. de Mr. Dacier T. 8. p. 364.
[f] Galba c. 9.

CLUNIACUM. Voiez CLUGNI.

CLUNIUM, Ville ancienne de l'Isle de Corse dans sa partie Orientale, selon Ptolomée[g].

CLUPEA ou CLYPEA, Ville de l'Afrique propre sur la Mer Mediterranée. Solin[h] dit

[g] l. 3. c. 2.
[h] c. 27. Ed. Salmas.

CLU. CLU. CLY. 685

dit que les Siciliens la bâtirent & la nommerent Aspis, ce qui s'accorde avec ce vers de Silius Italicus[a].

In Clypei speciem curvatis turribus Aspis.

Strabon[b] dit de même que Clupea & Afpis étoient une seule & même Ville. Ptolomée[c] distingue *Aspis* de *Clupea*, & met le Cap de Mercure entre deux. Clupée est la premiere des Villes d'Afrique que les Romains prirent durant la premiere guerre Punique[d]. Marmol croit que c'est presentement ZAFARAN.

CLUSE[e], (LA) petite Ville de Savoye dans le Fauffigni, sur la Riviere d'Arve. Elle est toute entourée de Montagnes fort rudes, & est à sept lieues d'Annecy.

CLUSEAU ou le TROU DE CLUSEAU, grande Caverne de France au Perigord, dans la terre de Miremont. Les gens du Pays lui donnent huit lieues de profondeur au moins.

CLUSENTINUS. Voiez PASSUMENA.

CLUSINI FONTES, Fontaines proche de la Ville de CLUSIUM. Voiez ce mot. On les nomme aujourd'hui BAGNI DE S. CASSIANO. Ils sont dans la Tofcane.

CLUSINI NOVI, Pline[f] met en Italie, dans l'Etrurie deux Peuples nommez *Clusini*, & les distingue par les surnoms de nouveaux & d'anciens. Les nouveaux étoient vers les sources du Tibre, & CHIUSI y conferve encore leur nom; sur un ruisseau qui tombe dans l'Arno. Voiez CHIUSI 2.

CLUSINI VETERES, étoient sur la rive Occidentale de la Chiana, dans la Toscane, aux frontieres du Perugin, où est CHIUSI. Voiez CHIUSI 1. Les Villes au reste qu'habitoient ces Peuples *Clusini* étoient nommées également CLUSIUM l'une & l'autre, & on les distinguoit auffi par les Epithétes de *Clusium novum* & de *Clusium vetus*; comme on le peut voir dans les fragmens de Caton.

CLUSIOLUM, Bourg d'Italie auprès d'I..... Ce Bourg étoit desert & abandonné du temps de Pline[g].

CLUSIUS, Riviere de la Gaule Cisalpine. On la nommoit auffi CLESIUS. Polybe dit[h]: après avoir passé le fleuve Clusius, ils arriverent dans le Canton des Cenomans. La Riviere de CHIESE est le nom moderne de cette Riviere.

1. CLUSON, petite Ville d'Italie dans l'Etat de Venise dans le Bergamasque à trois lieues du Lac d'Iseo vers l'Occident. Il y a aux environs de cette Ville quinze paflages des Alpes pour entrer au Pays des Grisons.

2. CLUSON, (LE) Riviere de France en Dauphiné. Elle prend sa source dans les Alpes, traverse la Vallée de Clufon ou de Pragelas, & celle de la Peroufe; & après avoir paffé auprès de Pignerol, elle se décharge dans le Pô.

CLUVIA, lieu d'Italie au Pays des Samnites. Il y avoit garnifon, à ce que nous apprend Tite-Live[i].

CLUYD, (LA) quelques-uns écrivent le CLUID, d'autres la CLYD, grande Riviere de l'Ecoffe Meridionale. Les Anciens l'ont connue sous le nom de GLOTA ou GLOTA. Voiez GLOTA 1. [k]Elle a sa source aux confins de Nythesdale, d'Anandale & de Cluydesdale; mais dans cette troifiéme Vallée, à laquelle elle donne son nom, & où elle coule en serpentant vers le Nord. Elle paffe à Glasco, à Dunbriton reçoit les eaux de plufieurs grands Lacs, & s'élargiffant beaucoup à son Embouchûre, elle se perd dans la Mer par plufieurs Détroits dont le plus confiderable est entre l'Isle d'Arran, & la Province de Cunigham en Terre ferme.

On appelle CLUYDESDALE la Province ou Vallée qu'elle arrose & THE FIRTH OF CLUYD, le Golphe qu'elle forme à son embouchûre.

CLUYS DESSUS. Voiez CLIN-DESSUS.

CLYD. Voiez CLUYD.

CLYLIPENUS SINUS. Pline nomme ainfi le même Golphe que Ptolomée nomme *Sinus Venedicus*. Marius cité par Ortelius dit que les Allemands l'appellent *Mare recens*. C'eft, comme le remarque très-bien Ortelius, une imitation du mot Frifch-Haff; mais comme le mot Frifch fignifie également froid & nouveau, on auroit également pû dire la Mer froide. Ortelius croit que le nom moderne du Golphe *Clylipenus* eft PAUTZKERWICK.

CLYPEA. Voiez CLUPEA.

CLYPIACUM. Voiez CLIPIACUM.

CLYSMA, ancienne Ville & Forterefle d'Egypte, fur la Mer rouge, au fond du Golphe où étoit fituée Hieropolis. Ptolomée[l] l'appelle Clyfma & la qualifie Φρούριον Fortereffe. Hierocles[m] la qualifie Κάστρον. Philostorge[m] dit: la Mer rouge qui eft fort étendue en longueur fe partage en deux Golphes dont l'un s'avance vers l'Egypte, & prend le nom de Clyfma d'une Ville près de laquelle il finit. Selon cet Auteur le Golphe d'Heroopolis étoit nommé Golphe de Clifma. Bochart croit que c'eft la même Ville qu'Arfinoé qui a été auffi nommée Cleopatride, & en cela il s'appuie fur l'autorité du Géographe de Nubie, qui met auprès de Clyfma le Canal tiré depuis le Nil, & les bains d'eau chaude que d'autres placent à Arfinoé. On pourroit confirmer fon fentiment par le témoignage d'Antonin s'il étoit vrai qu'il y eût, comme le pretendent les Interpretes de Ptolomée, *Cleopatrida poft dicta Lifmo*; mais cela n'eft ni dans l'édition des Juntes, ni dans celle d'Alde, ni dans celle de Simler, qui toutes auffi bien que l'Exemplaire du Vatican portent fimplement LYSMO à cinquante mille pas de Serapis. Zurita obferve que quelques Manufcrits ont LISMO, & rétablit fagement CLYSMON; ou fi l'on veut à l'Ablatif CLYSMO. De plus Ptolomée diftingue Arfinoé de Clifma & leur donne une latitude differente, quoique la longitude foit la même. La Table de Peutinger les diftingue auffi. Lucien[o] marque que Clyfma étoit une Ville Maritime & dit: il navigea en Egypte ayant conduit fon vaiffeau jufqu'à Clifma. Mr. d'Ablancourt[p] avec fon infidelité ordinaire dit qu'il navigea fur le Nil, & ajoute dans une note au bas, jufqu'à Clyfma ou Arfinoé, où il y a un Canal qui va dans la Mer rouge. Lucien ne dit point que cette navigation fe fit fur le Nil. Le Traducteur confond mal à propos Clyfma avec Arfinoé; le Canal qui communiquoit du Nil dans la Mer rouge étoit à Arfinoé

CLY. CNA.

a D. Calmet finoé & non pas à Clyfma. *a* C'eſt à Clyſma
Dict. que les Iſraëlites paſſerent la Mer rouge com-
b in locis me le marquent expreſſément Euſebe *b*, Phi-
in voce loſtorge *c*, le Moine Coſmas l'Egyptien *d*, &
BE'ELSE- Gregoire de Tours *e*. Clyſma étoit, ſelon St.
PHON. Epiphane *f* un des trois ports qui ſe trouvoient
c Hiſt. Ec- ſur la Mer rouge. Le premier eſt Ailat, le
cleſ. l. 3. c. 6. ſecond Berenice & le troiſiéme eſt au Château
d l. 5. p. 194. de Clyſma. Quelques-uns *g* le mettent à l'O-
e Hiſt. l. 1. rient, & d'autres *h* à l'Occident de la Mer
c. 10. rouge. D. Calmet eſt perſuadé qu'il le faut
f contra Ha- mettre à l'Orient, & que Clyſma eſt le mê-
reſ. l. 2. me que COLSUMA d'aujourd'hui, & com-
g Athanaſ. me Clyſma donnoit ſon nom à tout le bord
Hiſt. Arian. Occidental de cette Mer, de même encore au-
ad Monach. jourd'hui on appelle *Mer de Colfuma* ou BA-
T. 1. p. 385. HAR-EL-COLSUM le bras de cette Mer, qui
& Tab. s'étend vers l'Egypte & qui eſt oppoſé au
Peuting. Golphe d'Elat ou Ailath. Gregoire de Tours,
h Ptolom. Paul Oroſe & quelques autres aſſurent qu'en-
Antonin core de leur temps à l'endroit où les Hebreux
Itin. & avoient paſſé la Mer rouge, on voyoit les veſ-
tiges des roues & les debris des chariots de
Pharaon. Voiez COLZUM.

CLYSTRUS, ancienne Ville d'Aſie dans
i l. 5. c. 8. la Cilicie Montagneuſe, ſelon Ptolomée *i* dont
k Noviema- les Interpretes à la reſerve d'un ſeul *k* liſent
gus. CAYSTRUS au lieu de ce mot, par une faute
qui leur eſt commune. L'Edition de Bertius
porte *Chyſtrus*, & ajoute que le Manuſcrit de
la Bibliotheque Palatine a Cayſtrus. Cette
Ville étoit dans la Selentide, & à quelque diſtance de la Mer.

CLYTÆ, Peuple ancien de la Macedoine
chez qui ſe trouvoit d'excellent nitre, ſelon
l l. 31. c. 10. Pline *l*; mais au lieu de IN CLYTIS, qui ſe
trouve dans toutes les Editions, le R. P. Hardouin lit dans la ſienne IN LITIS. Voiez
LITÆ.

CLYZOMENÆ, ancienne Ville Epiſco-
pale d'Aſie de laquelle il eſt parlé au III. Concile d'Epheſe, où l'on trouve Euſebe Evêque
m Theſaur. de Clyzomenes. Ortelius *m* avoit cru avec
Sylburge que ce mot devoit être changé en
n Onomaſt. Clazomenes; mais Leunclavius *n* prétend qu'il
y avoit un lieu veritablement nommé Clyzo-
menes dans la Bithynie, vers Nicomedie &
Nycée, & qu'on l'appelle preſentement TE-
GIUR ZAIR.

C N.

CNACADION, Montagne du Pelopon-
neſe dans la Laconie, & l'une des trois Montagnes entre leſquelles étoit bâtie la Ville de
o l. 3. c. 24. Las, ſelon Pauſanias *o*.

CNACALON ou CNACALUS, Monta-
gne du Peloponeſe auprès du Bourg de Ca-
p l. 8. c. 23. phies dans l'Arcadie. Pauſanias *p* dit que Diane avoit un Temple où elle étoit adorée ſous le
nom de *Diane Cnacaleſie.*

§. Ortelius a cru que ces deux noms ſignifioient une même Montagne, & que la difference vient de la faute des Copiſtes, qui ont
pu facilement changer un Δ en Λ; mais les circonſtances que Pauſanias attache à l'une ne conviennent point à l'autre; de plus il les donne à
deux Provinces differentes.

CNACION. Voiez BABYCE.

CNAUSON, ancienne Ville du Pelopon-

CNE. CNI. CNO. CO. COA.

neſe dans l'Arcadie. C'étoit, ſelon Pauſanias *q*, *q l. 8. c. 27.*
une des Colonies qui furent fondées, ſous les
auſpices d'Epaminondas.

CNECEUS, Riviere du Peloponneſe dans
la Laconie, ſelon Lycophron dont le Commentateur Iſace dit qu'il fut enſuite appellé
SINOS Σινοῦς. Ortelius ſoupçonne que ce
peut être le même que le Cnacion de Plutarque.

CNEMA. Voiez CREMNI.

CNEMIS, Montagne de Grece dans la
Béotie. C'eſt delà qu'une partie des Locres
prenoit le ſurnom d'EPICNEMIDIENS, parce
qu'ils habitoient au pied du Mont Cnemis; ce
que ſignifie ce ſurnom ſelon Euſtathe qui ci-
te Strabon *r*; mais Strabon *r* dit que c'eſt une *r l. 9. p. 416.*
place fortifiée; & l'appelle CNEMIDES; à l'op-
poſite du Promontoire Cenée qui eſt de l'Eu-
bée. Pline *s* la nomme CNEMIS Ville; Pom- *s l. 4. c. 7.*
ponius Mela *t* dit auſſi CNEMIDES au pluriel *t l. 2. c. 3.*
comme Strabon & Ptolomée *v*. Ce dernier la *n. 63.*
donne aux Opuntiens. *v l. 3. c. 15.*

CNIDIA. Voiez DOTIUM.

CNIDINIUM, place forte auprès d'E-
pheſe dans l'Aſie Mineure. Diodore de Sicile
en fait mention *x*. *x l. 14.*

CNIDUS. Voiez GNIDE.

CNIZOMENES, Peuple ancien d'Aſie,
voiſin du Golphe d'Arabie, ſelon Diodore de
Sicile *y*. Ortelius *z* cite un exemplaire à la mar- *y l. 3.*
ge duquel il y avoit Βριζομενεῖς. L'Interprete *z Theſaur.*
Latin a lu dans le ſien *Banizomena*.

CNOPIA. Voiez NOPIA.

CNOPUS. Voiez ISMENUS.

CNOSIUS, Campagne d'Italie quelque
part aux environs de Capoue à ce que juge Ortelius. Dion Caſſius dit qu'Auguſte la donna aux ſoldats pour recompenſe.

CNOSSUS. Voiez GNOSSUS.

C O.

1. CO, Κῶ, ancienne Ville d'Egypte, ſelon Ptolomée, qui ajoute que vis-à-vis il y
avoit dans une Iſle la Ville de CUNON POLIS
Κυνῶν πόλις, la Ville des Chiens qui donnoit
le nom au Nôme Cynopolite duquel étoit la
Ville de Co. Voiez COA 1.

2. CO. Voiez Cos.

1. COA, lieu dont il eſt parlé dans l'E-
criture aux livres des Rois *a* & des Paralipome- *a l. 3. c. 10.*
nes *b*, & il y eſt dit que l'on amenoit à Salo- *v. 28.*
mon des *chevaux de Coa* pour un certain prix. *b l. 2. c. 1.*
Les Interpretes ne s'accordent point ſur l'in- *v. 16.*
telligence de ce nom. Il y en a, dit D. Calmet *c*, qui prennent Coa pour l'Iſle de Cô cé- *c Dict.*
lèbre par les ouvrages de ſoye & de laine qu'on
y faiſoit; mais cela ne prouve pas qu'il y ait
eu des chevaux, ni qu'on en ait amené à Sa-
lomon de cet endroit-là. D'autres *d* croyent *d Malvenda.*
que ces chevaux venoient de la Ville de Coa
de l'Arabie heureuſe. D'autres les amenent
de Co Ville d'Egypte & Capitale du Canton
Cynopolitain.

On pourroit traduire l'Hebreu par: *on faiſoit venir des chevaux à Salomon de l'Egypte &
de Michoë*, יקח מקוה במחיר. Pline *e* aſſure *e l. 6. c. 29.*
qu'anciennement la Troglodyte voiſine de l'E- *f Montanus,*
gypte s'appelloit Michoë. D'autres *f* traduiſent: *Junius, Lu-*
on amenoit à Salomon des chevaux de l'Egypte, *dov. de Dieu,*
Brentius.

& *les Marchands du Roi achetoient du sel à prix d'argent*. Ils pretendent que l'Hebreu *Michoa* signifie du fil. Jarchi l'entend d'une file de chevaux attachez l'un à l'autre queue à queue, ce qui est suivi de plusieurs nouveaux Interpretes [a]. Bochart [b] entend par *Michoa*, un tribut. Il traduit : *on tiroit des chevaux de l'Egypte, & quant aux tributs les fermiers de ce Prince les recevoient suivant un certain prix*. La difficulté consiste en ce que dans le mot מקוה le מ peut être préposition, & alors ce mot signifiera *de Coa*, il peut[-]être aussi une lettre essentielle & inseparable du mot, & alors le mot est susceptible des divers sens que l'on vient de lire.

[a] Pagnin. Vatabl. Castalio.
[b] *de animal. sacr. part. 1. l. 2. c. 9.*

Pour nous borner à ce qui est de la Géographie, il faut conclure qu'il y avoit dans l'Arabie heureuse une Ville nommée COA Kῶα, selon Ptolomée [c], assez près de la Mer, & presque vis-à-vis de l'Isle de Dioscoride.

[c] l. 6. c. 7.

2. COA. Voiez COS.

3. COA. Voiez CEOS.

4. COA, Riviere d'Asie. Ptolomée [d] dit qu'elle a sa source au Mont Imaus; qu'elle se mêle avec le fleuve Suaste & se perd dans l'Indus. Voiez COPHES.

[d] l. 7. c. 1.

5. COA [e], Riviere de Portugal dans la Province de Tra-os-montes. Elle a ses sources auprès des Villages d'Alfaytes & de Sabugal dont le dernier est de la Province de Beyra & coulant vers le Nord d'un cours presque parallele aux limites des Royaumes de Léon & de Portugal, elle sert pendant un assez long espace de bornes entre la Province de Beyra & celle de Tra-os-montes, & va se perdre dans le Duero entre Almendra & Villa nova de Poscoa. La lisiere qu'elle enferme entre elle & le Royaume de Leon est nommée RIBA DE COA. Un peu au dessous de sa source & d'Alfaytes est un Village nommé aussi COA. On la nomme en Latin CUDA.

[e] Jaillot & De l'Isle Atlas.

COAMANI, ancien Peuple d'Asie. Voiez COMANI.

COANCA, Ville de l'Inde en deçà du Gange, selon Ptolomée [f].

[f] l. 6. c. 1.

COANGO [g], Riviere d'Afrique dans sa partie Meridionale. Elle a sa source aux frontieres du Mono-emugi ; traverse les terres du Jaga Casangi, & celles du Royaume de Matamba, puis se tournant vers le Nord-Ouest, elle sépare les terres du Dembo Amulaça, d'avec le Royaume de Fungeno, puis entre au Royaume de Congo, entre Camga & Cundi, deux Marquisats Portugais entre lesquels elle forme une Isle, se charge ensuite de quelques Rivieres, qui viennent l'une de Pango & qui est la Barbela, l'autre du Royaume de Macoco, qu'elle sepáre quelque temps du Congo les Rivieres d'Aquelonde, de Quincon, & quelques autres & porte le nom de ZAÏRE en s'approchant de la Mer. Elle a une cataracte près de Sundi Capitale d'un Royaume qu'elle arrose. Un peu au dessus de cette cataracte elle commence à serpenter vers le Sud-Ouest, & passant entre ce Duché & le Comté de Sogno, qui demeurent au Midi & à sa gauche, & les Royaumes de Loango, de Cacongo & d'Angoy, qui sont à sa droite, elle se perd dans un Golphe qu'elle forme à son Embouchûre, & où sont plu-

[g] De l'Isle Carte du Congo.

sieurs Isles entre autres celle de Pinda. Voiez ZAÏRE.

COANZA. Voiez QUANZA [h], Riviere d'Afrique dans sa partie Meridionale. Sa source n'est gueres connue parce qu'elle est vers le Nord des Montagnes de Lupata qu'on appelle *l'Epine du monde* ; dans des terres courues par les Zimbas que l'on dit être la même Nation, qui passe ailleurs sous le nom de Galles. Elle traverse d'Orient en Occident les terres du Jaga Casangi ; & le Royaume de Matamba, d'où elle passe en celui de Dongo, à l'entrée duquel elle forme plusieurs Isles. Elle se courbe ensuite vers le Sud-Ouest, & arrose la Ville de Cabasa. g. passe au pied de la Montagne où est bâtie Mapungo, d. entre au Royaume d'Angola où elle reçoit la Riviere de Cubegi, g. passe au pied d'une Montagne où est la Capitainerie de Cambambo, d. se grossit de la petite Riviere de Moços & de celle de Lucale, entre les embouchûres desquelles est Massingano. Elle reprend sa route vers l'Occident Septentrional & forme une Isle, vis-à-vis de laquelle au Midi Occidental est la Capitainerie de Muchima, g. arrose Colombo, d. & reçoit enfin les eaux de la Riviere de Calucala avant que de se perdre dans l'Océan Ethiopien entre la pointe de Palmerino & le Cap Ledo.

[h] De l'Isle Carte du Congo.

COARA. Voiez OCCORA.

COATAISIS. Voiez COTAISIS.

COATAN [i], Montagne de l'Amerique au Mexique dans la Guatimala, & au Pays des Uzalcos. Elle est remarquable parce qu'elle jette souvent des flames, d'où vient qu'on la nomme le *Volcan de Coatan.*

[i] Baudrand Ed. 1705.

COATRÆ. Voiez CHOATRÆ.

1. COBA. Voiez CHOBAT.

2. COBA [k], Bourgade de l'Arabie heureuse dans les Etats du Scherif de la Meque, à l'Orient un peu Septentrional de la Mecque & dans les Montagnes.

[k] De l'Isle Carte de la Turquie.

COBANDI, Peuple de la Germanie, selon Ptolomée [l] dans la Chersonnése Cimbrique, sur la côte Orientale ; ils étoient quelque part dans le Sleswig.

[l] l. 2. c. 11.

COBE, ancienne Ville marchande d'Ethiopie dans le Golphe Avalite, selon Ptolomée [m].

[m] l. 4. c. 7.

COBIALUS, selon Strabon [n] : quelques-uns ont cru qu'Homere nommoit ainsi la Ville d'ÆGIALUS auprès de Cromna; parce qu'au lieu de Κρώμνάν τ' Αἰγίαλοντε, &c. qu'on lit [o] presentement dans l'Iliade, ils lisoient Κρώμναν Κωβίαλοντε.

[n] l. 12. p. 544.
[o] B. v. 855.

COBII, lieu d'Egypte dans la Mareotide, selon Ptolomée [p]. On ne sait si c'étoit une Ville ou un Village, car cet Auteur ne qualifie point les lieux nommez dans la liste où ce nom se trouve.

[p] l. 4. c. 5.

COBIJA, Port & Village de l'Amerique, sur la côte du Perou, à la hauteur de 22. degrez 25′. de latitude. La plupart des Voyageurs prennent ce Port pour celui de la Ville d'Atacama qu'ils placent sur la côte ; mais comme le Sr. Frezier [q] a avancé que la Ville d'Atacama est 40. lieues dans les terres & que *Cobija* en étoit le Port ; je vais rapporter ce que ce Voyageur en dit. On trouvera au mot ATACAMA quels Auteurs sont du sentiment con-

[q] Voyage de la Mer du Sud T. I. p. 248.

contraire. Le Port de Cobija est reconnoissable, dit le Sr. Frezier, parce que depuis *Morro Moreno*, qui est dix lieuës au vent, la Montagne vient en montant jusques directement au dessus de l'Anse où il est & delà elle commence un peu à baisser ; desorte que cet endroit est le plus haut de la côte, quoique de peu. Cette reconnoissance est plus sûre que celle des taches blanches qu'on y voit, parce qu'il y en a quantité dans toute cette côte. Quoique nous n'y ayons pas été, ajoute-t-il, je ne laisserai pas d'inserer ici ce que j'en ai appris des Voyageurs François qui y ont mouillé ; ils disent que ce n'est qu'une petite anse d'un tiers de lieuë d'enfoncement, où l'on se met à 18. ou 15. brasses d'eau fond de sable ; on y est peu à couvert des vents de Sud & de Sud-Ouest, qui sont les plus ordinaires à la côte. Pour mettre pied à terre il faut debarquer entre des pierres, qui forment un petit Canal vers le Sud, qui est le seul où les chaloupes puissent aborder sans risque.

Le Village de Cobija est composé d'une cinquantaine de Maisons d'Indiens, faites de peaux de Loups marins. Comme le terroir est sterile, ils ne vivent ordinairement que de poissons, de quelque peu de Mays & de Topinambours ou Papas qu'on leur apporte d'Atacama en échange du poisson qu'ils lui fournissent. Il n'y a dans le Village qu'un petit filet d'eau un peu salée & pour tout arbre on y voit quatre palmiers & deux figuiers qui peuvent servir de marque pour le mouillage : il n'y a du tout point d'herbes pour les bestiaux, on est obligé d'envoyer les moutons dans une coulée vers le haut de la Montagne où ils en trouvent quelque peu pour subsister.

Comme ce Port est denué de tout il n'a jamais été frequenté que par les François, qui pour s'attirer les Marchands, ont cherché les endroits les plus proches des minieres, & les plus écartez des Officiers Royaux afin de faciliter le commerce & le transport de l'argent & des marchandises. Celui-ci est le plus près de *Lipes* & de *Potosi*, qui en est néanmoins éloigné de plus de cent lieuës, de Pays desert, dont voici la route. Depuis Cobija, il faut faire la premiere journée 22. lieuës de Pays sans eau & sans bois, pour arriver à la petite Riviere de CHACANZA, dont l'eau est même fort salée.

Delà il faut faire sept lieuës pour en trouver de même qualité, effectivement c'est la même Riviere sous differens noms.

Ensuite neuf lieuës pour venir à CALAMA Village de 10. ou 12. Indiens ; deux lieuës avant que d'y arriver, on passe dans un bois d'*Algarrovos*, espéce de tamaris.

De Calama à Chiouchiou ou *Atacama la basse* six lieuës ; c'est un Village de 10. ou 12. Indiens, éloigné d'Atacama la haute de 17. lieuës vers le Sud ; dans celle-ci demeure le Corregidor de Cobija.

De Chiouchiou à Lipes il y a environ 70. lieuës, que l'on fait en 7. ou 8. journées, sans trouver aucune habitation, & l'on passe une Montagne de 12. lieuës, sans eau & sans bois.

De Lipes à Potosi, il y a environ 70. lieuës que l'on fait en 6. ou 8. jours, sans rencontrer dans tout ce chemin plus de deux ou trois cabanes d'Indiens.

COBILANA, Ville de Portugal dans la Province de Beyra. On la nomme aussi CO-VILHANA ; à six lieuës de Guarda, avec une Forteresse ; il y a treize Paroisses quoi que l'on n'y compte que douze cens habitans. Jaillot dans sa grande Carte n'en fait qu'une Bourgade sur la Riviere de Zezare.

COBILUS, Riviere d'Asie dans la Bithynie au jugement d'Ortelius, qui cite Valerius Flaccus. Hermolaus croit que cette même Riviere est nommée Crobialus Κρωβίαλος par Apollonius. Ortelius doute si cette Riviere est differente du COBULATUS de Tite-Live. Voiez ce mot.

COBIOMACHUS, ancien Village des Gaules entre Thoulouse & Narbonne, selon que nous l'apprend Ciceron[a]. Ortelius aimeroit mieux lire COBIOMAGUS, qui est une terminaison plus Gauloise, car, comme il le remarque très-bien, l'antiquité fournit autour de trente noms ainsi terminez. [b] On croit que c'est presentement Cabaignac.

[a] *pro Fonteio c. 5.*
[b] *Baudrand Ed. 1682.*

COBLENS, ancienne Ville d'Allemagne dans l'Electorat de Treves. Les Latins l'ont connue sous le nom d'*Ad Confluentes*, qui marque sa situation à la jonction de deux Rivieres, qui sont le Rhin & la Moselle. Elle est belle, bien bâtie, & assez peuplée ; dans une situation agréable & dans un terroir fertile, avec des Montagnes & des Collines chargées de vignobles aux environs. Elle est à treize milles au dessous de Treves, & à distance égale entre Mayence & Cologne. Antonin la met à IX. mille pas d'*Antunnacum*, & à XXVI. de *Vincum* ou *Bingium*. Suetone nomme ce lieu *Confluentes*[c]. Ammien Marcellin[d] en fait une petite Ville *Oppidum*. La Notice de l'Empire[e] y met pour garnison *Milites defensores*. [f] Ce n'étoit qu'un Village ouvert de tous côtez lorsque l'Archevêque de Tréves Arnold, qui mourut l'an 1260. le fit entourer d'un rempart de terre, d'une haye vive, & en partie d'un mur. Henri son successeur en fit ceindre la plus grande partie d'une forte muraille ; mais deux ans après les Bourgeois s'étant revoltez il prit la Ville par force, en chassa le parti contraire & commença d'élever une Forteresse. L'Archevêque Thierri de Nassow, qui mourut l'an 1307. reduisit les rebelles de Coblentz au parti de l'obéïssance. Baudouin de Luxembourg son successeur fonda à Coblentz l'Eglise de St. Beat où il mit douze Chanoines, & ensuite il bâtit une Chartreuse & fit faire un Pont sur la Moselle. Ensuite l'Archevêque Otton éleva tout près du Pont un Château, qui a été negligé avec le temps. L'Archevêque Jacques de Sirck reforma le Cloître des Freres mineurs, & comme la cour de Coblentz près de l'Eglise de St. Florin tomboit en ruine l'Archevêque Jean, qui mourut l'an 1503. la repara, aussi bien que le Château. Il fit de plus creuser dans le roc à Ehrenbrettstein un puits de quarante aunes de profondeur, & fournit ainsi d'eau le Château qui en manquoit. Jean de la Pierre v. Archevêque de ce nom, qui mourut l'an 1567. mit à la raison les habitans de Coblentz l'an 1561.

[c] *in Caligul. c. 8.*
[d] *l. 16, c. 3.*
[e] *Sect. 64.*
[f] *Zeyler Trev. Archiep. Topogr. p. 31.*

En-

COB.   COB.   689

a d'Audifret Geog.T.3. p.232.
ᵃEnfin l'Electeur & Archevêque Gaspar de Leyen a mis la Ville en l'état où elle est. Ses fortifications consistent en dix bastions revêtus avec des ravelins, au milieu des courtines & un fossé fort large & fort profond. Cela doit s'entendre excepté les deux côtez de l'angle que forme la rencontre du Rhin & de la Moselle, qui sont bordez de Quais, & auxquels ces deux Rivieres servent de fortification.

b Zeyler l.c.
ᵇAssez près de Coblentz il y a des eaux minerales dans le territoire de Treves. Coblents est la residence ordinaire des Electeurs de Treves.

c De l'Isle Carte du Congo & du Pays des Cafres.
COBONASᶜ, (LES) Peuple d'Afrique dans la Cafrerie sous le Tropique du Capricorne, entre les Montagnes, à l'Orient de celles de St. Thomas. Ils sont Anthropophages ou mangeurs d'hommes. J'ai remarqué ailleurs que ce mot ne se doit pas toûjours prendre à la lettre, & qu'il ne signifie autre chose sinon des Peuples, qui ne sont gueres connus.

COBORIS, Isle de la côte de l'Arabie heureuse dans la Mer des Indes, selon Pline ᵈ.
d l.6.c.28.

COBOURG. Voiez COBURG.

COBRYS, Κώβρυς, Ville de Thrace, selon Etienne le Géographe. Scylaxᵉ dit dans son Periple que c'étoit la Ville marchande des Cardiens.
e p.27.Ed. Oxon.

COBUELA, lieu d'Afrique dans la Mauritanie Tingitane. Antoninᶠ la met entre *Tænia longa* & *Parietina* à XXIV. M. P. de l'une & de l'autre.
f Itiner.

COBULATUS, Riviere d'Asie dans la Bithynie, selon Tite-Liveᵍ. Ortelius trouve *Colobatos* Κολόβατος dans les fragmens de Polybe, & doute si ces deux noms ne signifient pas une même Riviere que le COBILUS de Valerius Flaccus, & le Κρωβίυλος d'Apollonius.
g l.38.c.15.

COBUM, Riviere de la Colchide. Elle a sa source dans le Caucase & coule chez le Peuple *Suani*, selon Plineʰ. Arrien en fait aussi mention dans son Periple du Pont-Euxin & l'appelle Χῶβος ποταμός. Voiez CHOBUS.
h l.6.c.4.

COBURG, Ville d'Allemagne, du Cercle de la haute Saxe; mais enclavée dans la Franconie de laquelle elle faisoit anciennement partie lorsqu'elle appartenoit à la Maison des Comtes de Henneberg. Et encore actuellement les habitans se disent de Franconie. Ainsi elle est de la Franconie par rapport au terrain qu'elle occupe, quoi qu'elle soit du territoire de la Maison de Saxe. Le siècle passé il en parut une Description Historique écrite en Allemand. N'ayant pas ce livre je me servirai de Zeyler, qui inséra la substance dans une de ses Topographiesⁱ. Cette Ville est ancienne & on prétend que c'est elle que Ptolomée appelle *Melocavum* ou *Melocabus* à laquelle il donne 30. d. 31'. de longitude, ou selon d'autres exemplaires 31. d. 30'. & 50. d. 20'. de latitude; qui est, dit-on, la position que l'on donne communément à Coburg; mais cette position n'est pas juste, car la longitude est selon Mʳ de l'Isle de 28. d. & environ 31'. quoique Mr. Sanson le mette à près de 23. d. pour la latitude. Mr. de l'Isle compte 50. degrez, & un peu moins de 20'. en quoi il s'accorde
i Francon. Topogr. p. 19.

assez avec Ptolomée; desorte que malgré l'autorité de l'Auteur copié par Zeyler, on ne peut juger que par une conjecture très-incertaine de l'antiquité de Cobourg. L'an 1348. selon d'autres 1345. ou 47. selon d'autres, la Ville de Cobourg appartenoit encore au Comté de Henneberg, & une branche de cette Maison en prenoit le nom; la même année elle en sortit par le mariage de Catherine fille d'Henri Comte de Henneberg avec Frederic le Mordu Landgrave de Thuringe, Margrave de Misnie & d'Osterland, & passa ainsi à la Maison de Saxe à laquelle elle est demeurée jusqu'à present. Elle eut sa part des troubles que causa la guerre des Hussites. Les Lutheriens regardent comme un des avantages de la Ville de Cobourg le sejour qu'y fit Luther principalement durant la Diete d'Augsbourg l'an 1530. afin d'être plus près de donner ses Conseils à ses Sectateurs. Ils observent qu'il composa au Château de Cobourg son Cantique;

Ein veste Burg ist unser GOtt, &c.

Mais ce qui est à remarquer pour la Géographie, c'est que des Lettres qu'il écrivoit de Coburg, quelques-unes sont datées de GRUBOC, qui est le nom de Coburg renversé & dont les lettres doivent être lues à rebours, la plupart ont pour le lieu de la date *Ex Eremo*, c'est-à-dire *du desert*. Il faut distinguer à Coburg la Forteresse & la Cour. La Forteresse est sur une Montagne au dessus de la Ville; la Cour ou le Château dans lequel étoit la residence du Duc de Saxe-Coburg est dans la Ville même; assez près de la grande Eglise, qui étoit autrefois sous l'invocation de St. Maurice; mais ce qu'il y a de plus remarquable, c'est que Jean Casimir Duc de Saxe, qui fit bâtir l'an 1597. le lieu où est la Chancellerie de Justice fonda dans sa Ville de Coburg un College qui a eu de la reputation; il en mit lui-même la premiere pierre au printemps de 1602. & on le nomma à cause de lui le College de Casimir, *Gymnasium Casimirianum*. Outre les basses classes on y enseigne la Rhetorique, la Philosophie, l'Histoire, la Theologie, le Droit, & la Medecine; les Langues Grecques & Hebraïques &c. Pour être une Université il ne lui manque que le droit de conferer les degrez aux Etudians.

LA PRINCIPAUTÉ DE COBURG est assez près de la Riviere de Saale, entre les territoires de Bareuth, de Thuringe, de Henneberg, & de Bamberg. Étant à la Maison de Saxe par un mariage comme il a été dit ci-dessus, elle échut dans un partage à la branche d'Altembourg, & après l'extinction de cette branche l'an 1672. elle fut devolue à Ernest de Saxe-Gotha. Albert Duc de Saxe-Gotha, qui avoit sa residence à Coburg étant mort l'an 1699. sans laisser de posterité, sa succession causa entre les pretendans de la dispute, qui dure encore à moins qu'elle ne soit terminée depuis peu d'années; ils convinrent de gouverner Coburg sans partage jusqu'à une entiere décision de leurs droits. Les lieux de cette Principauté sont

Tom. II.   Ssss *   Co-

Coburg   Hilpershaufen ou Hildburghaufen
Eisfeld   Heldburg
         & Römhild.

On profeſſe dans la Principauté de Coburg la Confeſſion d'Augsbourg.

COCA, petite Ville d'Espagne dans la Vieille Caſtille avec un ancien château au pied des montagnes ſur la Riviere d'Ereſma à ſix lieues du Duero, à douze de Valladolid, & à ſix de Segovie. Voyez CAUCA.

Ortel. Theſ. COCABA, Κοκάβα ou Κοκάβη, lieu d'Aſie dans la Baſanitide auprès de la Paleſtine, ſelon St. Epiphane. C'eſt là que l'Heretique Ebion Chef des Ebionites habita d'abord.

1. COCALA, Lieu maritime d'Aſie ſur la mer rouge, au pays du peuple *Oritæ*, ſelon Arrien.[a]

a in Indic.

2. COCALA, Ville d'Aſie, dans l'Inde au delà du Gange, ſelon Ptolomée[b].

b l. 7. c. 2.

COCALIA Ville mediterranée d'Aſie dans le Pont Cappadocien ſelon le même.[c]

c l. 5. c. 6.

COCANICUS LACUS, Lac de Sicile dans ſa côte meridionale. Pline[d] dit que c'eſt un Lac qui produit du ſel. Fazel[*] dit que ce Lac Cocanicus ne doit pas être éloigné de la Riviere de Dirillo. Il y a effectivement deux Lacs de chaque côté de cette riviere.

d l. 11. c. 7.
* Decad. 1. l. 5. c. 2.

COCCIUM, Quelques exemplaires portent GOCCIO à l'Ablatif. Lieu de la Grande Bretagne ſelon l'Itineraire d'Antonin ſur la route de *Glanoventa* à *Mediolanum* entre *Bremetonacis* & *Mancunium* à XX. M. P. de la premiere & à XVII. de la ſeconde. Mr. Gale[e] croit que c'eſt RIBLECHESTER qui eſt à XXII. milles de Brementonaci ſelon lui. Il ajoute: COCH & GOCH en Breton ſignifie *rouge*, & on trouve des traces de ce mot *Ruber* dans le nom de la riviere *Ribble* qui a donné à ce petit village le nom qu'il porte aujourd'hui; mais j'ignore d'où ce nom eſt venu à la riviere; à moins qu'on ne le veuille deriver du ſable qui eſt dans ſon lit, ſuppoſé qu'il ſoit de cette couleur, ou des ſaumons, *Rubelliones*, qu'elle nourrit en abondance; de là vient peut-être le nom de Samesbury village ſitué ſur les bords de cette même riviere. On a deterré à Riblecheſter d'anciens monumens qui font preſque tous mention de l'Aîle des Sarmates *Ala Sarmatum*, & qui montrent qu'elle a autrefois occupé ce lieu, quoi que les Hiſtoriens n'en diſent rien.

e in Anton. p. 119.

COCCONAGÆ, Ancien Peuple de l'Inde en deça du Gange, ſelon Ptolomée.[f]

f l. 7. c. 1.

COCCONAGARA ou COCCORANAGARA, ſelon les divers exemplaires de Ptolomée; ancienne Ville des Sines ſelon cet Auteur[g], Mercator ſoupçonne que c'eſt preſentement *Cianganor*; mais il n'y ſongeoit pas apparemment, car *Cianganor* ou *Changanor* étant de la Presqu'Iſle de Malabar, ou pour parler comme les anciens, dans l'Inde en deça du Gange, ne ſauroit avoir été au pays des Sines qui étant ſituez au delà du Gange occupoient la partie meridionale de la Chine.

g l. 7. c. 3.

COCCONAGI. Ptolomée[h] appelle ainſi trois Iſles (d'autres exemplaires diſent ſept.) Elles étoient de l'Arabie au midi, dans la mer rouge, non pas dans le Golphe que nous appellons ainſi, mais à l'entrée vers l'Iſle de Zocotora.

h l. 6. c. 7.

COCCORANAGARA Voyez COCCONAGARA.

COCCUSA. Voiez CUCUSSUS.

COCCYGIUS Montagne du Peloponneſe auprès du fleuve Inachus, on la nommoit auparavant DICEJUS, ſelon Plutarque le Geographe,[i] qui dit que le nom de Coccygius lui fut donné parce que Jupiter étant devenu amoureux de ſa ſœur Junon, en obtint les faveurs, & en eut un fils. Cela s'accorde avec Pauſanias[k] qui nomme cette montagne COCCYX & fait mention de *Jupiter Coccygien*. Voyez au mot TORNAX.

i De fluv. p. 37.
k l. 2.

COCCYNUM PROMONTORIUM. Appien au V. livre des Guerres Civiles fait connoître que ce Cap étoit quelque part vers la Sicile. Ortelius ſoupçonne que ce nom eſt pour *Cocintum*. Voyez ce mot.

COCELICE Bourg d'Italie entre Padoue & Ferrare.[l] Il y a un Palais où logea Henri III. Roi de France & de Pologne, lorſqu'il paſſa en ce pays-là.

l Corn. Dict.

COCHABA Voyez COCABA.

COCHABAMBA[m] Vallée du Perou, dans l'Audience de Los Charcas. Elle eſt arroſée par une riviere qui tombe dans celle de Cachimago ou de la Plata.[n] C'eſt dans cette vallée que le Viceroi Franciſco de Toledo fit bâtir le Ville d'Oropeſa.

m De l'Iſle Carte du Perou.
n Corn. Dict.

COCHARUS nom latin d'une Riviere d'Allemagne nommée LE COCHER. Voyez ce mot.

1. COCHE, ou CHOCE, ſelon les differens exemplaires de Ptolomée, ancienne Ville de l'Arabie deſerte.[o]

o l. 5. c. 19.

2. COCHE Fortereſſe tellement jointe à celle de Cteſiphonte qu'elles ſembloient ne faire enſemble qu'une Ville, de maniere pourtant qu'elles étoient ſeparées par le Tigre. C'eſt ce que dit St. Gregoire de Nazianze dans ſa ſeconde Harangue contre Julien l'Apoſtat. Rufus en fait une Ville de la Perſe propre. Voyez SELEUCIE.

3. COCHE[p] Petite Iſle de l'Amerique. (au Nord de la Terre ferme), à quatre lieues de l'Iſle de Cubagua, vers l'Eſt & le Continent. Elle a un peu moins de trois lieues de tour. Son terroir eſt bas & preſque égal à la mer. La pêche des perles a été très-bonne pluſieurs années autour de cette Iſle qui fut découverte vers l'an 1529. Quelques-uns écrivent que cette pêche fut d'abord ſi abondante qu'elle rapporta en un mois cinq cens marcs de perles de pluſieurs groſſeurs, & de differentes formes: il ne s'y en trouve plus aujourd'hui non plus qu'autour de Cubagua & de la Marguerite. Ce n'étoit pas là ſeulement qu'elles ſe pêchoient; on en trouvoit auſſi tout le long de cette côte depuis le Détroit de Paria juſqu'au Cap de Los Veles, & au delà; ce qui avoit porté les Espagnols à l'appeller *Coſta de las perlas.*

p Corn. Dict. De Laet Ind. Occid. l. 18. c. 2.

COCHEIM[q] (prononcez à peu près *Cokheim*) petite Ville d'Allemagne, au Cercle du bas Rhin, dans l'Electorat de Treves ſur la Moſelle. C'étoit autrefois une Ville libre & Imperiale; mais elle fut engagée en 1240. par l'Empereur Adolfe de Naſſaw à l'Electeur de Tréves à qui elle appartient encore à preſent. Elle eſt à quatre Milles d'Allemagne de St. Goar, & autant au deſſus de Coblentz en allant vers Tréves.

q Baudrand Edit. 1705.

COCHER,

COCHER, (prononcez à peu près CO-KER.) Riviere d'Allemagne dans la Suabe. Elle a deux sources dans le Comté d'Oeting. La plus Septêntrionale est appellée *Blaw Cocher*, ou, comme écrit Mr. de l'Isle, BLAW KOCHEN. La plus Meridionale qui sort des montagnes de Schoneberg est nommée SCHWARTS KOCHER, ou selon Mr. de l'Isle Schwartz Kochen. Ces deux sources n'ont déja qu'un même lit auprès d'Awlen ; cette riviere serpentant ensuite tantôt vers le Nord-Est, tantôt vers le Nord arrose les Villes de Geilendorf, & de Geislingen & les Bourgs d'Ingelfing & de Sindering, après quoi se tournant vers l'Occident elle passe au Nord de Neustadt & se perd dans le Necker auprès de Wimpfen.

COCHILE (Le) Riviere d'Italie au Royaume de Naples dans la Calabre Citerieure. Elle a sa Source dans l'Apennin vers Mouran & se rend dans le Golfe de Tarente, près de Grati entre Cassano & Rossano.

COCHIN, Ville capitale d'un Royaume de même nom dans la Presqu'isle des Indes en deçà du Gange sur la côte de Malabar. Les Portugais en avoient fait la conquête, mais cette Ville est presentement sous une autre Domination. Mr. Thevenot[a] en parle ainsi : Le Roi de Cochin fut très-fidelle ami aux Portugais : il fut privé de son Royaume par le Roi de Calecut pour l'amour d'eux ; mais ils le rétablirent, & ils sûrent si bien le gagner, qu'il leur donna permission de faire bâtir une Forteresse en la partie de la Ville qu'on appelle COCHIN LA BASSE, qui est sur le bord de la mer, pour la distinguer de COCHIN LA HAUTE où le Roi réside ; & d'où elle est éloignée d'un quart de lieuë. Les Portugais ont tenu long-tems cette Forteresse, mais elle leur a été enlevée par les Hollandois.

Le Port de Cochin est fort bon ; il y a six brasses d'eau tout proche de terre, & on y descend aisément des vaisseaux avec une planche. La Ville de Cochin est éloignée environ de trente-six lieuës de Calecut : Elle est arrosée d'une riviere, & il y a abondance de poivre dans son territoire, qui n'est pas fertile en autres choses. Il y a en ce païs des gens qui ont les jambes, comme celles de l'Elephant. Le fils n'y hérite point de son pere, à cause que la coûtume permet à une femme d'habiter avec plusieurs hommes ; ainsi on ne peut savoir de quel pere est l'enfant qu'elle met au monde, & on est obligé pour les Successions de s'en tenir à l'enfant de la sœur, parce qu'on ne peut douter qu'il ne soit de la lignée. Ces sœurs & même celles des Rois, ont la liberté de choisir tels Nairos ou Gentilshommes qu'elles veulent pour coucher avec elles ; & quand un Naïro est dans la Chambre d'une Dame, il laisse son bâton ou son Epée à la porte, afin de faire connoître aux autres qui voudroient venir que la place est occupée. Alors personne n'y entre, & la même coûtume est établie par tout le Malabar. On couronnoit cidevant le Roi de Cochin à la Côte, quoi-qu'elle fût occupée par les Portugais ; mais celui qui doit être Roi n'a point voulu s'y faire couronner, parce qu'elle est en la puissance des Hollandois : & il leur a répondu lorsqu'ils l'ont

[a] Voyage des Indes T. II. p. 257.

invité à suivre la coûtume, qu'il ne vouloit point avoir affaire à eux, & que quand les Portugais seroient remis en possession de cette côte, ils s'y feroient couronner. Cependant les Hollandois ont couronné un autre Prince qui est parent du Roi, & ils lui ont donné la qualité de Samorin ou Empereur, que le Roi de Calecut prétend.

Le veritable Roi de Cochin s'est retiré à Tanor, qui est la premiere Principauté de sa Maison, chez le Prince de Tanor son oncle, à huit lieuës de Cochin. On navige de l'une à l'autre Ville dans de petites barques sur un Fleuve qui est assez divertissant.

Ces Naïros ou Gentilshommes dont nous venons de parler, ont une grande opinion de leur Noblesse, parce qu'ils se croient descendus du Soleil : Ils ne cedent le pas à personne qu'aux Portugais, & il a fallu répandre du sang pour obtenir cette préfeance. Le General des Portugais pour appaiser les debats qui arrivoient souvent entre eux, convint avec le Roi de Cochin qu'on y régleroit un combat d'homme à homme pour cela, & que si le Naïro demeuroit vainqueur, les Portugais cederoient le pas aux Naïros ; ou si le contraire arrivoit, les Naïros souffriroient que les Portugais eussent l'avantage, pour lequel ils combattoient ; & comme le Naïro fut vaincu, les Portugais précederent les Nairos. Ils vont tout nuds de la ceinture en haut, & n'ont autre vêtement de la ceinture aux genoux qu'une toile. Leur Tête est couverte d'un Turban, & ils portent toûjours leur épée nuë, & la rondache. Les femmes Naires sont vêtuës comme les hommes, & la Reine même n'a point d'autre habillement. Les Naires ont entre eux plusieurs degrez de Noblesse, & les moins nobles ne font aucune difficulté de ceder le pas à ceux qui le sont plus qu'eux. Ils ont une grande aversion pour une Caste de Gentils qu'on appelle *Poleas*. Si un Naïro avoit approché d'un Poleas d'aussi près qu'il pût sentir son haleine, il se croiroit souillé, & il seroit obligé de le tuer ; parce que s'il ne le tuoit pas, & que le Roi le sût, il feroit mourir le Naïro ; ou s'il lui faisoit grace de la vie il le feroit vendre comme Esclave : Mais outre cela, il faudroit qu'il fît des ablutions en public, avec de grandes ceremonies. Pour éviter le malheur qui en pourroit arriver, les Poleas crient incessamment dans la Campagne *Popo*, pour avertir les Naïres qui y pourroient être de ne pas approcher. Si un Naïro entend prononcer ce *Popo*, il répond en criant *Cou Couya*, & alors le Poleas connoissant qu'il y a un Naïro peu éloigné de lui, il se détourne du Chemin de peur de le rencontrer. Comme ces Poleas ne peuvent entrer dans les Villes, si quelqu'un d'entre eux a besoin de quelque chose, il est obligé à le demander hors la Ville, en criant à pleine tête, & à mettre de l'argent pour le payer au lieu qui est destiné pour ce commerce. Quand il l'a mis & qu'il s'est fait entendre, il doit s'en éloigner, & un Marchand ne manque point d'apporter ce qu'il demande : il prend au juste ce qui lui est dû pour sa Marchandise, & aussitôt qu'il s'est retiré le Poleas la vient prendre & s'en va.

On ne se sert point à Cochin non plus que
Ssss* 2   dans

dans le reste du Malabar, de Cavalerie pour la guerre : Ceux qui doivent combattre autrement qu'à pied, sont montez sur des Elephans, dont il y a quantité dans les montagnes, & ces Elephans de montagne sont les plus grands des Indes. Les Idolâtres font un conte à Cochin, dont ils voudroient bien qu'on ne doutât point à cause du respect extraordinaire qu'ils ont pour un certain reservoir qui est au milieu d'une de leurs Pagodes. Cette Pagode qui est grande est au bord d'une riviere appellée par les Portugais *Rio largo*, qui va de Cochin à Cranganor : Elle porte le nom de Pagode de jurement ; & ils disent que ce reservoir ou Tanquié qui est dans ce Temple, a communication par dessous terre avec la riviere, & que quand il étoit question de faire ferment en justice pour quelque affaire importante, celui qui devoit jurer étoit amené au Tanquié, où l'on appelloit un Crocodile qui s'y retiroit ordinairement : que l'homme se mettoit sur le dos de l'animal pour jurer ; s'il disoit la verité, que le Crocodile le portoit d'un bout à l'autre du reservoir, & le rapportoit sain & sauf où il l'avoit pris ; & que s'il faisoit un mensonge, l'animal après l'avoir porté à un côté du Tanquié, le rapportoit au milieu, où il se plongeoit avec l'homme ; Et quoiqu'il n'y ait presentement aucun Crocodile dans ce Reservoir, ils ne laissent pas d'affirmer que la chose est véritable.

Il y a presentement aux Indes un Evêque de Cochin. [a] Les Hollandois ont ruiné une partie de la Ville telle que les Portugais l'ont possedée, & [b] ont fortifié avec de bons bastions ce qu'ils en ont conservé. Cette forteresse est defendue d'un côté par la mer, & de l'autre par une grande riviere. Les maisons y sont belles & les rues plus larges que dans les autres Villes de la Côte. Le P. Noël Jesuite a trouvé que la hauteur du Pole à Cochin est de 9. d. 58'. On compte plus de cent lieues de Cochin à Goa.

COCHINCHINE Royaume Maritime d'Asie. Il a à l'Orient la Mer, au Septentrion le Tonquin, à l'Occident les Barbares Kemoï & au Midi le Royaume de Chiampa. La Cochinchine faisoit autrefois partie du Tonquin, duquel elle se détacha comme il s'étoit lui-même détaché de l'Empire de la Chine & ce fut vers le commencement du Siécle passé qu'elle s'érigea en Royaume particulier. [c] Elle avoit dependu du Tonquin durant plus de six Siécles. Celui qui secoua le joug le premier étoit un Gouverneur envoyé par le Roi de Tonquin dont il étoit beaufrere. Après qu'il y eut demeuré quelque temps, il trouva que le nom de Roi étoit plus beau que celui de Gouverneur, & que la qualité de Souverain valoit mieux que celle de Vassal : il se revolta contre son Prince, & se rendit maître dans ce Royaume où depuis il se maintint par la force des Armes ; Il laissa à ses enfans une Couronne Hereditaire qui leur a été plusieurs fois & toûjours inutilement disputée. Les Tonquinois n'ont eu aucun avantage sur eux & rebutez par les mauvais succès ils ont pris le parti d'y renoncer. La Cochinchine est dans la Zone Torride entre le 12. & le 18. degré. [d] Il y a de grandes montagnes vers le Septentrion, où après avoir marché cinq jours, on trouve le Royaume de Thiem, qui a un Roi particulier de Laos : c'est là que se retirent les Cochinchinois fugitifs.

La Cochinchine a cent dix lieuës de long du Septentrion au midi, & dix, vingt, ou vingt-cinq de large. Il y a dix ou douze lieuës de barbares Ké-moï qui payent tribut au Roi de Cochinchine. Ces Ké-moï n'ont ni Roi, ni Religion. Ils n'ont point d'idoles, & adorent le Soleil. Ils sont presque tous Sorciers, ou tâchent de l'être pour empêcher les Eléphans & les Tigres de les dévorer. Ils sément du ris qui est très-bon, & mangent le gibier qu'ils tuent avec leurs fléches. Toutes les eaux de leur païs font mourir les étrangers qui en boivent ; ce qui empêche les Missionnaires d'y aller.

Il y a plusieurs Rois tributaires de Cochinchine. Le Roi de Chiampa lui paye deux Eléphans, cent bufles, cent bœufs, cinq cens piéces de toile, & tout le bois de Calamba, & d'Aigle, avec toute l'ébène & l'ivoire qu'on trouve dans son païs. Le Roi de Cochinchine a rétabli celui-ci dans tous ses droits, & même lui a donné le pouvoir de faire mourir les Cochinchinois qui commettront quelque crime dans son Etat.

Le Roi de Thiem lui paye des Eléphans, du Calamba, de la cire, de l'ivoire, &c.

Les Barbares Ké-moï lui payent de la Cire, de l'Arèque & du bétel ; & depuis quelques années l'un des deux Rois de Camboge s'est déclaré son tributaire pour avoir sa protection. Les rivières de Cochinchine sont si courtes, & en si grand nombre qu'on ne leur a point donné de nom.

Le Roi de Cochinchine a beaucoup de bois odoriférans, & de l'Or en sable que l'on trouve dans un fleuve de la Province de Fuyen : il a la troisiéme partie de tous les Ris ; & les Gouverneurs en ont de neuf parts une. Chaque homme depuis l'âge de dix-huit ans jusqu'à soixante paye cinq ou six écus, & outre cela travaille pendant toute l'année pour le Roi, hors pendant les quatre mois que durent les moissons. L'achat des Offices qui va très-haut, & les presens que tous les Mandarins sont obligez de lui faire à certains jours de l'année, lui sont encore un grand revenu. Il tire aussi beaucoup des Chinois habituez dans ses terres, qui font le commerce de la Chine & du Japon.

Comme le Royaume de Cochinchine s'est établi & se maintient par la Guerre, la discipline militaire y est fort bien observée. Il n'y a point de vaisseaux, il n'y a que des Galéres : il y en avoit trente & une en l'année 1679. C'est toûjours le premier Prince présomptif Héritier de la Couronne qui les commande. Chaque Galére a trente rames de chaque côté : il n'y a qu'un homme à chaque rame, la poupe & la proüe sont libres, & c'est le poste des Officiers. Il n'y a rien de si propre. Le dehors de la Galere est d'un vernis noir, & le dedans d'un vernis rouge, où l'on se mire. Toutes les rames sont dorées. Les rameurs, qui sont aussi soldats, ont à leurs piés un mousquet & un poignard, un arc & un Carquois. Il leur est défendu sur peine de la vie de dire une parole. Ils doivent toûjours regarder

[a] Lettres Edifiantes T. 3. p. 199.
[b] Ibid. T. 15. p. 47.

[c] Le P. Alex. de Rhodes Voyages p. 60.

[d] Choisi Journal du Voyage de Siam p. 359 Ed. de Paris in 4.

regarder leur Capitaine, qui, par le maniment de sa baguette, leur fait exécuter tous ses ordres. Tous les Rameurs rament debout, la face tournée vers la prouë où est le Capitaine. Tout y est tellement d'accord, qu'un maître de Musique ne se fait pas mieux entendre à tous ses Musiciens en battant la mesure, qu'un Capitaine de Galére de Cochinchine se fait faire obéir au mouvement de sa baguette ; car sans ouvrir la bouche, il fait avancer, reculer, tourner, tirer de telles armes qu'il lui plaît, tout l'exercice étant réglé suivant les mesures de sa baguette. Bien qu'on ne fasse l'exercice des Galéres que trois ou quatre fois l'année, chaque Capitaine a toujours devant sa porte un bâtiment semblable à la Galére, sur lequel il exerce tous les jours ses Soldats ; parce que s'il arrive dans la revuë générale qu'il fasse la moindre faute, ou dans le commandement, ou dans l'exécution, il est cassé, & mis au nombre des Soldats, & le plus habile prend sa place.

Les Matelots n'ont ordinairement qu'un Caleçon de soie blanche, & un bonnet de Crin : mais quand ils se préparent au Combat, ils mettent sur leur tête un petit pot doré, & prennent un beau justaucorps. Tous ceux d'une Galére sont de même couleur. Ils ont le bras, l'épaule, & le côté droit tout nud.

Les Galéres ont chacune trois Officiers, six Canoniers, deux Timoniers, soixante Soldats ou Rameurs, & deux Tambours. Il y a un Coursier à l'avant, & deux petites piéces des deux côtés. Elles ont toutes une maison particuliére sur le bord de la Riviére ; & l'on a grand soin de les tenir en bon état. Outre les Galéres du Roi, les Gouverneurs des trois principales Provinces du Royaume où il y a de bons ports, en ont aussi. Celui de la Province de Dinheat, qui est frontiere de Tonquin, en a trente ; Celui de la Province de Cham en a dix-sept ; & celui de la Province de Niavoux en a quinze.

L'armée de terre est composée de trente mille hommes. La Maison du Roi est de neuf mille hommes ; celle du premier Prince est de cinq-mille hommes ; le second en a trois mille, & le troisiéme deux-mille. Le reste des troupes est sur la frontiére où le Général fait toujours sa résidence. Comme l'armée de mer est commandée par le premier Prince, le second Prince est toujours Généralissime de l'armée de terre : mais ils demeurent presque toujours auprès du Roi, & laissent tout faire à leurs Lieutenans, qui sont nommez Généraux.

Après le Général suivent les *Tlammes-toues*, qui sont les Maréchaux de Cochinchine : il n'y en a presentement que trois. On leur donne toujours les principaux Gouvernemens du Royaume, où ils portent le nom de Viceroi : mais quand ils sont à l'armée, ils obéïssent au Général.

Après les *Tlammes-toues* sont les *Cayvates*, ou Brigadiers, qui commandent plusieurs Régimens.

Suivent les *Caydoi*, qui sont comme les Majors ; & enfin les *Caydinnes*, qui sont les Capitaines des Compagnies. Ceux-ci n'abandonnent jamais leurs Soldats de vuë, sont toujours logés à la tête de la Compagnie, & lui font faire l'exercice deux fois par jour.

Le Roi de Cochinchine donne tous les jours deux audiences ; le matin à six heures, & le soir à cinq. Tous les Officiers de guerre & de justice sont obligez de s'y trouver. De sorte que dès le grand matin le soldat se trouve à la porte de son Capitaine pour le voir sortir : le Capitaine va voir le Caydoi, qui va aussi faire sa cour au Cayvate ; & celui-ci à son Prince, qui est obligé aussi-bien que les autres à se trouver à l'audience du Roi. Après l'audience le Capitaine fait marcher ses Soldats au travail ou à l'exercice. Jamais ils ne sont à rien faire, & souvent travaillent aux reparations publiques.

Les armes ordinaires du Soldat sont le mousquet & le sabre. Ils tirent souvent au blanc ; & les plus adroits ont une plus haute paye, & sont mis dans les Gardes du Roi ou faits Officiers.

Chaque famille du Royaume est obligée de fournir un Soldat au Roi à son choix. Il n'en choisit que de bien faits, qui sont engagez depuis dix-huit ans jusqu'à soixante. Ils passent les trois premiéres années à s'exercer ou pour la mer, ou pour la terre ; & pendant ce tems-là ne sont point châtiez de leurs fautes. Après cela on les incorpore dans une compagnie. Ils sont logez, habillez, & armez aux dépens du Roi, & reçoivent la paye ordinaire tous les premiers jours du mois. Elle consiste en cinq livres d'argent, un boisseau de ris, & une certaine sorte de poisson dont ils ne sauroient se passer. Ils sont presque tous mariez, & ne pourroient pas subsister sans leurs femmes. Ils sont obligez de fournir toute la poudre qu'ils usent dans leurs exercices ; & quand ils sont en Corps d'armée le Roi leur fournit tout. Il est bon de remarquer qu'on ne leur fournit que le Salpêtre, Soufre, Charbon, plomb en masse, & des outils pour travailler eux-mêmes leur poudre & leurs balles ; ce qui les rend plus habiles que tous les autres Peuples de l'Asie à rafiner la poudre.

Les habits des Soldats le jour d'une revuë ou d'un combat sont magnifiques ; Chaque Compagnie est de même parure, ou satin rouge, ou vert ou jaune. Les Gardes du Roi & des Princes ont des habits de velours avec des armes d'or ou d'argent. Pour les Officiers, ils sont plus ou moins magnifiques selon leur dignité.

Il n'y a jamais eû de Cavalerie en Cochinchine : mais depuis quelques années ce Roi-ci en veut avoir, & a déja deux Compagnies de cinquante hommes chacune. Il fait chercher des Chevaux par tout, & les fait dresser.

Quand un Soldat a merité la mort pour crime de Leze-majesté, on ne lui coupe pas la tête comme aux autres Cochinchinois : Chaque Soldat de sa Compagnie est obligé de lui couper un morceau de chair, & de la manger ; & comme cela fait horreur, ils cachent un petit morceau de pourceau qu'ils mangent, après avoir mis en piéces leur camarade.

Le Roi, & tous les grands Officiers ont soin de faire bien élever les enfans des Soldats. Ils ont des maîtres qui leur donnent de tems en tems des robes, ou de soie s'ils ont bien appris, ou de toile s'ils sont paresseux ; &

quand

quand les peres & les meres voient revenir chez eux leurs enfans avec des robes de toile, ils les batent, & les obligent à aller demander l'aumône pendant quelque tems, afin que la honte les fasse mieux étudier à l'avenir.

Les Cochinchinois n'aiment pas les diamans: ils estiment assez les perles, mais il est défendu d'en vendre. Ils font grand cas du Corail & de l'ambre : le Roi a beaucoup d'or, d'argent, & de Caches ; & dans toutes les Provinces il a de grands greniers où l'on garde du ris de trente ans & plus. Les Cochinchinois ne respirent que la guerre & ont peu de Religion. Ils ont pourtant des Temples & des Idoles comme à la Chine : mais ils ont fort peu de Talapoins; & fort ignorans ; & ils ne font des sacrifices que pour boire & manger. Dans chaque maison il y a un petit Autel suspendu proche du toit, qu'ils appellent le *Tlan*, qu'ils croient être le siége de l'Esprit qui les conserve. Chaque village a aussi une petite Cabane, qu'ils appellent *Micu*, qui est le siége de l'Esprit Tutelaire du village. Le Roi & toute la Cour ne font tous ces actes extérieurs de Religion que par grimace. Ils observent trois cérémonies dans leurs mariages. La premiere est le *Hoi*, qui sont les fiançailles. Le pere & la mére du garçon vont porter un présent aux parens de la fille : s'ils l'acceptent, le mariage est arrêté. La seconde est le *Cuoi*, tous les parens de part & d'autre s'assemblent chez la fille, qui leur donne à dîner ; & tous les assistans font chacun un présent au fiancé. La troisiéme Cérémonie est le *Cheo*, qui se fait en assemblant les Principaux du village de la fille pour leur dire, *soyez témoins que je prens une telle pour ma femme*. Après le *Cheo* le mari peut encore renvoyer la femme, mais la femme ne peut quitter son mari ; ordinairement si l'accordé a cinq cens écus de biens, l'accordée en a cent.

Leurs Cérémonies pour les morts sont semblables à celles des Chinois. Ils lavent le Corps, l'habillent avec les marques de sa dignité, puis le mettent dans une biere de bois vernis qu'ils couvrent d'un brocard de la Chine, & l'exposent dans une salle bien parée. A la tête de la biere ils dressent un Autel, sur lequel ils mettent une planche où est écrit le panégyrique du défunt qu'ils appellent souvent *Saint*. Les Chinois mettent de plus une Statuë ou Idole au-dessus de la planche. Des deux côtez de la planche sont quatre Cierges de Cire allumez, & au-dessus un habit de papier de couleur rouge ou jaune, au-devant de la planche il y a cinq ou six petits plats pleins de bétel, d'aréque, de figues, &c. avec les deux petits bâtons pour manger, & quelques parfums. Ils dressent en même tems une grande table couverte de viande pour les assistans : mais ils ne mangent qu'après que le plus proche parent en robe blanche, les cheveux épars, a marmoté quelques paroles, & a fait au corps trois révérences jusqu'à terre ; ce que fait aussi toute la compagnie. Ensuite on porte le Corps sur un brancard jusqu'au tombeau, où après avoir brûlé l'habit de papier, & des monoies de papier doré, qu'ils croyent qui se changeront en or en en l'autre monde, ils enterrent la biere couverte de brocard, & élévent un mausolée qu'ils font reparer tous les ans. Les mêmes Cérémonies s'observent le jour de l'anniversaire, où tous les parens & amis assistent, & portent des présens. L'anniversaire vaut au Roi tous les ans plus de cent mille écus, & aux Princes & grands Seigneurs à proportion.

Les Missionaires ont défendu aux Cochinchinois Chrétiens l'autel, l'habit, & les monoies de papier, les viandes qu'on présente à l'ame du défunt ; & permettent le reste comme Cérémonies purement civiles.

Quand quelque Prince, ou grand Seigneur meurt, ses terres reviennent au Roi, & ses enfans n'héritent que de son argent, & de ses meubles : le Cadet en a ordinairement plus que les aînez à qui les péres donnent leur part en les mariant.

Le Royaume de la Cochinchine [a] est divisé en six Provinces dont chacune a son Gouverneur & un ressort de Justice particulier. Voici leurs noms que j'ai recueillis de divers endroits des Voyages du P. Alexandre de Rhodes qui y a vécu long-tems.

[a] Le P. Alex. de Rhodes l. c.

| Au Nord | Quambin |
| le long de la Côte | Thoanoa
Cham
Quanglia
Quinhin
Ranran. |

L'Auteur cité ne determine la situation que de la premiere. Mr. de l'Isle m'a fixé pour celle des quatre suivantes. J'ignore où il faut-placer la sixiéme.

La Ville où le Roi fait son séjour s'apelle Kehue : sa Cour y est fort belle & le nombre des Seigneurs fort grand [b] : Ils sont superbes en habits, mais leurs bâtimens ne sont pas magnifiques ; parce qu'ils ne bâtissent que de bois : ils sont pourtant fort commodes & assez beaux à cause des Colonnes fort bien travaillées qui les soutiennent.

[b] Ibid.

DESERT DE LA COCHINCHINE (le) on appelle ainsi un Pays qui comprend partie du Royaume de ce nom & partie du Royaume de Camboge ; au Midi des Ké-moi Sauvages dont on a parlé ; & au Nord du Royaume de Ciampa.

GOLPHE de la Cochinchine, partie de l'Océan oriental. Il a le Tonquin & la Cochinchine à l'Occident ; le Tonquin au Nord, & la Chine & l'Isle d'Hainan à l'Orient. Son entrée est au Midi de cette Isle entre elle & un long banc de sable mêlé de roches & appellé le Pracel.

COCHLEARIA, lieu de l'Isle de Sardaigne [c]. Simler lit *Codearia*, mot forgé par les Copistes qui ont trouvé écrit *Coclearia* comme on lit dans l'exemplaire du Vatican. Ce lieu au reste étoit entre *Ulbia* & *Portus Lugudonis*, à XV. mille pas de la premiere & à XII. de la seconde.

[c] Anton. Itin.

COCHLIUSA, Isle de la Mer mediterranée sur la Côte de la Lycie selon Alexandre dans son second livre des Lyciaques allegué par Etienne le Géographe.

COCHOQUAS, Peuple d'Afrique dans la Cafrerie. Mr. de l'Isle les met aux environs

rons du Cap de Bonne Espérance; mais presque tout le pays qu'il leur assigne est possedé par la Compagnie des Indes Orientales, qui a envoyé ses Colonies beaucoup plus au Nord, jusqu'à la Riviere des Elephans, & à la Riviere large & même au delà. Ce Peuple au reste doit être le même que les Hottentots, quoique le nom de Cochoquas ne se trouve point dans la description de cette pointe de l'Afrique inferée dans le Voyage du P. Tachard.

COCHRYNNA, Riviere de Thrace auprès de la Chalcidique. Antigonus dans son Livre des choses merveilleuses cité par Ortelius[a] dit que les brebis, qui buvoient de son eau portoient des agneaux à laine noire. Voiez PSYCHRUS.

[a] Thesaur.

COCILLUM, Ville de la Mysie Asiatique. Voiez COCYLIUM.

COCINO, Montagne & Village de Gréce. La Montagne est nommée PTOOS par les Anciens & étoit de la Béotie. Il y a tout auprès quelques Eglises ruinées avec deux ou trois Villages dans le même état. On voit encore quelques morceaux d'Antiquitez parmi ces ruines. Entre ces debris & Cocino dans la Montagne est une source, qui fournit d'eau tout le Village, qui est habité par des Albanois. Wheler[b] qui fournit ce détail ajoute: pour ce qui est de l'ancien nom de cette place je n'en ai pu rien trouver dans les anciens Auteurs.

[b] Voyages T. 2. p. 300.

COCINTHUM ou COCINTUM. Voiez CÆCINUM.

COCLA, Ville de Grece, près du Mont Cytheron, selon Wheler[c].

[c] Voyage T. 2. p. 311.

COCLEARIA. Voiez COCHLEARIA.

COCO, Cap le plus Occidental de la Sicile. C'est le *Lilybæum Promontorium* des Anciens, selon Mr. Baudrand. Voiez LILYBÆUM.

COCONUCOS[d], Peuple de l'Amerique Meridionale dans le Popayan, aux Andes où ils habitent des Vallées fort spacieuses. La Riviere de la Magdelaine a sa source vers ces lieux-là. On voit aussi quelques Gueules de Volcans au sommet de ces Montagnes, & des eaux bouillantes & salées dont on amasse du sel. Mr. de l'Isle ne connoît point ce Peuple.

[d] Corn. Dict.

COCOSSII, Peuple de la Mauritanie Tingitane, selon Ptolomée[e]. Quelques exemplaires portent SUCCOSII.

[e] l. 4. c. 1.

COCULIN[f], Bourg des Indes dans l'Isle de Salcette. Comme les Missionnaires, qui y apportoient la lumiere de l'Evangile y avoient été massacrez, on y bâtit l'an 1590. une Eglise nommée Nôtre-Dame des Martyrs. On y baptisa cent Néophytes à la dedicace, & peu à peu les autres habitans embrasserent la Foi Chrétienne. On y établit deux PP. Jesuites pour entretenir cette Chrétienté: cet établissement ne subsiste plus. Coculin avec toute l'Isle appartient aux Anglois, comme nous le remarquons ailleurs.

[f] Daviy Asie p. 811.

COCUNDÆ ou COCONDÆ, ancien Peuple des Indes, selon Pline[g].

[g] l. 6. c. 20.

COCUSUM. Voiez CUCUSSUS.

COCYLIUM, ancienne Ville d'Asie dans la Mysie. Elle ne subsistoit déja plus du tems de Pline[h]. On lisoit autrefois dans cet Au-

[h] l. 5. c. 30.

teur *Cocillum*. Le R. P. Hardouin a rétabli le vrai mot sur l'autorité de Xenophon[i] qui en nomme les habitans *Cocylitæ*, Κοκυλίται.

[i] Hist. Græc. l. 3.

1. COCYTE, (le) Riviere de l'Epire près de la Ville de Cichyre, selon Pausanias[k]. Il ajoute que l'eau en est très-desagréable, & il croit qu'Homere ayant vû ce Pays-là en employa les idées dans son Poéme en parlant des Enfers. Il y avoit dans ces mêmes quartiers une Riviere nommée l'Acheron & le Marais Acherusia.

[k] l. 1. c. 17.

2. COCYTE, (le) Riviere d'Italie dans la Campanie près du Lac Lucrin. Silius Italicus dit[l]:

[l] l. 12. v. 116.

*Ast hic Lucrino mansisse vocabula quondam
Cocyti memorat.*

Petrone dans son Poéme de la guerre civile dit:

*Est locus exciso penitus demissus hiatu,
Parthenopen inter magnaque Dicarchidos arva
Cocytia perfusus aqua.* &c.

Cette Riviere n'est plus telle que les Anciens l'ont vûë; & son cours a été changé par la chûte d'une Montagne[m] causée par un tremblement de terre l'an 1538.

[m] Corn. Dict.

3. COCYTE, Fleuve imaginaire que les Poëtes font couler dans les Enfers, Virgile dit[n]:

[n] Æneid. l. 6. v. 132.

Cocytusque sinu labens circumvenit atro.

Ce nom a paru d'autant plus propre à un lieu si funeste qu'il vient du mot Grec Κωκύειν, qui signifie gemir.

CODA DI VOLPE, c'est-à-dire *Queuë de Renard*, Cap du Royaume de Naples dans la Calabre Citerieure. Il s'avance dans le Fare de Messine, vis-à-vis de la Ville de ce nom proche du Bourg de Catona. Voiez POSIDONIUM PROMONTORIUM.

CODANA. Voiez COLANA.

CODANE, Isle d'Asie sur la côte de la Gedrosie, selon Ptolomée[o].

[o] l. 6. c. 21.

CODANONIA, Pomponius Mela[p] parle tout de suite de quelques Isles Septentrionales, de la maniere dont il en parle fait voir qu'il n'en avoit qu'une idée très-confuse; mais ce seroit encore pis si on lisoit ce passage comme le veut Vossius, qui impute à Mela d'avoir mis l'Isle de Wight, vis-à-vis de l'Allemagne dans la Mer Baltique. Ce Critique n'étoit jamais embarassé. Les Manuscrits vrais ou faux étoient toûjours alleguez en faveur des changemens dont son caprice s'avisoit; on lit dans l'Edition des Aldes. *Septem Hemodes contra Germaniam vectæ in illo sinu quem Codanum diximus, ex iis Codanonia quam adhuc Teutoni tenent.* On a ensuite ponctué autrement: *septem Æmodæ. Contra Germaniam vectæ, in illo sinu quem Codanum diximus, sex. Ex iis Codanonia quam adhuc Teutoni tenent.* Il est aisé de croire que le mot *sex* a pû être oublié par les copistes à cause que la premiere lettre est la même que la derniere du mot precedent, & les deux autres sont repetées dans le mot qui suit; desorte que Mela diroit: il y a sept Æmodes. On trouve six autres Isles dans le Golphe

[p] l. 3. c. 6.

phe *Codanus*, vis-à-vis de la Germanie. De ce nombre est la Codanonie que les Teutons occupent encore. Le mot *Vecta* a assez de raport à celui de *Ducta*, qui est raporté aux Orcades dans la ligne precedente ; mais Vossius renverse toutes ces idées ; selon lui il faut changer le *Vecta* de Mela en l'Isle de Wight, & la Codanonie en Scandinavie. Il pretend qu'il faut lire *septem Æmodæ. contra Germaniam Vecta, in illo sinu quem Codanum diximus. Ex iis Scandinavia, quam adhuc Teutoni tenent.* Quel Galimatias! *ex iis* à quoi se rapporte-t-il ? Je ne sais s'il est bien permis de corriger sans autorité les Anciens pour les rectifier ; mais je ne sais comment qualifier un Critique qui falsifie les Anciens pour leur faire dire des extravagances. Car enfin c'en est une à un Géographe de mettre l'Isle de Wight dans la Mer Baltique. D'ailleurs pourquoi changer *Codanonia*, qui vient si naturellement du nom *Codanus*, qui est celui du Golphe où elle est située. Pomponius Mela ajoute qu'elle surpasse les autres en grandeur & en fertilité. Les habiles Géographes à la tête desquels je mets Cluvier jugent que c'est l'Isle de Seelande, la plus grande du Danemarck.

CODANUS SINUS, Pomponius Mela fait de ce Golphe une description de laquelle on peut conclure que les Anciens appelloient *Codanus Sinus* l'entrée de la Mer Baltique, ou la partie de cette Mer, qui coule entre les Isles du Danemarc. [a] « Au delà de l'Elbe, dit-il, est le Golphe Codanus qui est grand, & rempli de grandes Isles & de petites. La Mer enfermée entre les rivages n'a nulle part une étendue considerable, & ne ressemble gueres à une Mer ; mais ses eaux coulant entre les Isles, paroissent comme autant de Rivieres.... C'est-là qu'habitent les Cimbres & les Teutons. *Sinus Codanus* est donc la Mer de Danemarc, & comprend les Détroits du Sond & du Belt.

[a] l.3.c.3.

CODDURA, Ville de l'Inde en deçà du Gange, selon Ptolomée [b].

[b] l.7.c.1.

CODE, ou CAP CODE, Cap de l'Amerique Septentrionale dans la Nouvelle Angleterre. [c] « Il s'avance beaucoup dans la Mer du Nord, en forme d'une longue pointe vers la Baye de Barnstable, à environ quarante milles de Boston. On l'appelle aussi le CAP-BLANC.

[c] Corn. Dict.

CODETA, Festus dit : on appelle ainsi un champ au delà du Tibre parce qu'il y croît des arbrisseaux, qui ressemblent à une queue de cheval. P. Victor le nomme *Codetanus campus*, & le met dans la XIV. Region au delà du Tibre.

CODICIACUM ou COCIACUM [d], Château de France dans le Diocèse de Laon, le nom moderne est COUCY. On trouve dans le Testament de St. Remi que ce Château a été originairement une Maison Royale ; & ce fut Clovis, qui la donna à l'Eglise de Rheims. Il paroit qu'elle en jouissoit encore en 920. puisque Frodoard [e] rapporte que Herivens Evêque de Rheims le fit fortifier ; mais selon le même Auteur, Herbert Comte de Vermandois disposa de ce Château au nom de son fils Hugues âgé seulement de cinq ans qu'il avoit fait nommer Evêque, en faveur d'un certain Ansel Rodolfi Vassal de Boson frere du Roi Raoul. Dans la suite l'Evêque Odolric par une excommunication qu'il lança sur un Seigneur nommé Thibaud qui étoit en possession de ce Château, trouva le moyen de le réunir à l'Eglise de Rheims, n'ayant point voulu absoudre ce Thibaut que la restitution n'en eût été faite. Il paroît par les Lettres de Barthelemi Evêque de Laon que depuis ce Château fut possedé par differens Seigneurs, qui avoient obligé les Evêques de Rheims de le leur ceder moyennant une redevance annuelle de soixante sols, ce qui dura jusqu'à Ingelram, qui vivoit en l'année 1118. Mais son fils Thomas de Marle en fut depossedé par le Roi Louïs VI. qui y l'assiegea, & le prit par force. Les descendans de Thomas à qui il fut rendu ne laisserent pas d'en jouïr jusqu'à l'an 1400. que Marie fille d'Ingelram VII. le vendit au Prince Louïs frere du Roi Charles VI. Ainsi *Coucy* fut réuni au Domaine des Rois de France dont il avoit été distrait environ l'espace de 1000. ans. Il faut prendre garde de ne pas confondre ce *Codiciacum* avec *Cauciacum*, autre Maison Royale, sur la Riviere d'Aisne que l'on trouve avoir aussi quelquefois été nommée *Codiciacum*.

[d] De Re Diplomat. Lib. IV. p. 274.

[e] Hist. Rhem. Lib. IV. cap. 13.

CODOGERO [f], Bourgade d'Italie dans le Ferrarois, sur le Pô de Volana, neuf lieues au dessous de Ferrare. Il n'est remarquable qu'en ce que quelques-uns y cherchent l'ancien lieu nommé CAPUT PADI.

[f] Corn. Dict.

CODOGNO [g], gros Bourg ou petite Ville d'Italie, au Milanez, dans le Lodesan, sur les confins du Duché de Plaisance, presque au milieu entre Plaisance & Lodi, tout joignant les confins de l'Etat de Parme.

[g] Baudrand Ed. 1705.

CODONE, Isle de la Propontide. Il en est fait mention dans les Constitutions de l'Empereur Emanuel Comnéne.

CODORO, Montagne d'Italie, dans la côte de Génes. Elle fait partie de l'Apennin, & la Riviere de Verra y prend sa source.

CODOS DE LADOCO. Voiez LADICUS MONS.

CODOZALABA. Voiez GODOZALABA.

CODRANA, Ville de l'Inde en deçà du Gange, selon Ptolomée [h].

[h] l.7.c.1.

CODRI, nom d'un ancien Peuple. Voiez l'Article qui suit.

CODRIAS [i], ancienne Ville Episcopale dont étoit Evêque Senecion. Le Pays s'appelloit *Codrina*, & le Peuple *Codri*, comme le remarque Sylburge sur le Concile d'Ephese. Ortelius doute si c'est la même que CODRIO.

[i] Ortel. Thesaur.

CODRINA. Voiez l'Article precedent.

CODRIO, Ville forte de la Macedoine, selon Tite-Live [k].

[k] l.31.c.27.

CODROIPO [l], Bourg de l'Etat de Venise dans le Frioul, sur la Riviere de Stella à six lieues de Palma-Nuova.

[l] Baudrand Ed. 1705.

CODROPOLIS, Ville d'Illyrie au fond de la Mer Adriatique, selon Appien [m]. C'étoit la borne de l'Empire partagé entre Auguste & Marc Antoine.

[m] Bell. Civil. l. 5.

CODUTÆ ou CUDUTÆ, Peuple de l'Inde au delà du Gange, selon Ptolomée [n]. Voiez CUDUS.

[n] l.7.c.2.

CODUZABALA, lieu de la petite Arme-

COD. COE.

a Itiner.

menie. Antonin[a] le met sur la route de Sebastie à Cocuson ; entre Ariathia & Comana à xx. M. P. de l'une, & à xxiv. M. P. de l'autre.

COEALÆ. Voiez CORALETÆ.
COEANUM. Voiez SORUBA.

b l.2.c.4.

COECILA, ancienne Ville d'Espagne dans la Betique, au Pays des Turdules, selon Ptolomée[b], en Grec Κοίκιλα.

c l.2.c.4.

COECINUM, ancienne Ville d'Italie au Pays des Locres, selon Pomponius Mela[c], ou plutôt, selon quelques exemplaires de cet Auteur ; d'autres portent ce nom écrit autrement. Voiez CÆCINUM.

d l.4.c.2.

COEDAMUSII, ancien Peuple de la Mauritanie Cesariense, selon Ptolomée[d], qui le place dans le voisinage de l'Ampsagas.

COEENSIS *Episcopus*. Le Pape Leon I. qualifie ainsi l'Evêque Julien dans des Lettres qu'il lui écrit. Voiez COENSIS.

e Corn. Dict.

COEFFI[e], Bourg de France, en Champagne dans le Bassigni, aux frontieres de la Lorraine, avec un Château fortifié, où l'on entretient garnison.

f l.3.c.15.
g l.1.c.8. n. 10.
h l. 10. p. 447.
i l.31.c.47.

COELA EUBŒÆ, Κοῖλα Εὐβοίας, lieu de Grece dans l'Eubée, selon Ptolomée[f]. Valere Maxime[g] nomme aussi ce lieu ; aussi bien que Strabon[h]. Tite-Live[i] nomme Coela le Golphe d'Eubée. Strabon dit qu'on appelle *Coela Eubœa* Κοῖλα τῆς Εὐβοίας, l'espace, qui est entre Aulide & Gereste. Car, poursuit-il, la côte se courbe en forme de Golphe & en approchant de Chalcide elle se courbe encore vers la Terre ferme. Dion de Pruse en fait une Description[k].

k Orat. 7.

l l. 5. c. 31.

COELÆ, petite Isle, l'une de celles qui sont auprès de Smyrne, selon Pline[l].

m Annal. l.3.c.38.
n l.4.c. 11.
o l.38.c.40.
p l. 54. p. 545.

COELALETÆ, ancien Peuple de Thrace, selon Tacite[m]. Pline[n] les nomme COELETÆ, & les distingue en grands & petits. Les grands habitoient, selon lui, au pied du Mont Hæmus, & les petits au pied du Mont Rhodope. Tite-Live[o] les nomme aussi *Coeletæ*. Dion Cassius[p] les nomme Σιαλέται STALETÆ par corruption, comme le remarque très-bien Juste Lipse sur Tacite. On trouve

q l. 3. c. 11.

dans Ptolomée[q] *Coeletica Præfectura*, Κοιλητικὴ ; ce qui montre que *Coeleta* étoit le vrai nom de ce Peuple.

1. COELE, ces deux syllabes sont les mêmes que l'Adjectif Feminin Κοίλη, qui signifie *Creuse* ou *Courbe*, & sert d'Epithete distinctive à certains Pays comme la Syrie dont une partie a été nommée CELESYRIE. Voiez ce mot.

2. COELE. Voiez COELA.

r l. 5. c. 16.
s l.8. p. 366.

3. COELE, Pausanias[r] & Strabon[s] appellent ainsi une partie de l'Elide.

t l.32.c.4.

4. COELE, ou au pluriel COELA, defilé de Grece, auprès de la Ville de Thaumaci, selon Tite-Live[t]. Ce lieu étoit dans la Thessalie, & Ortelius soupçonne qu'il étoit entre le Mont Oeta & le Pinde.

v l.2.c.6.
x l.3.c. 3.

COELERINI, ancien Peuple de l'Espagne Tarragonoise, selon Ptolomée[v]. Pline[x] les met sous la Jurisdiction de Brague. Et une ancienne Inscription dans le Recueil de Gruter p. 245. les nomme COELERNI.

COELESYRIA. Voiez CELESYRIE.
COELETÆ. Voiez COELALETÆ.

Tom. II.

COE. 697

COELETICA. Voiez COELALETÆ.
COELIA. Voiez COELOS.

y l. 2. c. 6.

COELIOBRIGA, ancienne Ville de l'Espagne Tarragonoise dans la contrée du Peuple *Coelerini*, selon Ptolomée[y]. Coquus croit que c'est presentement BERGANÇA.

z p. 350.

COELIS, Κοιλίς, Peuple de l'Attique, selon Hesyche. Mr. Spon dans sa liste de l'Attique[z] met Κοίλη, COILE' qui étoit proche d'Athénes. Il ajoute : Meursius n'a point su sa Tribu ; notre marbre des treize Tribus nous apprend qu'elle étoit de l'Hippothoontide dans cette Ligne ΔΙΟΝΥΣΙΟΣ ΔΙΟΝΥΣΙΟΥ ΕΚ ΚΟΙ, qui est rangée sous cette Tribu. Car ces deux mots ΕΚ ΚΟΙ sont l'Abregé d'ΕΚ ΚΟΙΛΗΣ, comme dans Æschines *in Ctesiphont*. Il s'y lit entier . . . Ἀρχῖνος ὁ ἐκ Κοίλης.

a Sueton. in Tib.

COELIUS MONS, l'une des sept Montagnes de la Ville de Rome. [a] L'Empereur Tibere ordonna qu'il seroit nommé le Mont Auguste. Il porte presentement le nom de la Basilique de St. Jean de Latran, & on l'appelle IL MONTE DI S. GIOVANNI LATERANO.

b l. 6. n. 26.

COELOESI, Κοίλοισι, on nommoit ainsi un terrain bas & enfoncé, qui étoit dans l'Isle de Chio, & dont parle Herodote[b]. Il faut remarquer que ce mot est au datif pluriel, & que cet Historien a dit ᾿Εν Κοίλοισι.

c l. 4. c. 11.
d l. 3. c. 2.

1. COELOS, Ville ancienne & Port de Mer de la Chersonnée de Thrace entre Elée & Cardie, selon Pline[c]. Elle est nommée COELA dans Ammien Marcellin & dans les Actes du Concile d'Ephese. Pomponius Mela[d] dit : il y a aussi le Port de Coelos, fameux par la bataille navale entre les flotes des Atheniens & des Lacedemoniens, & par la defaite de ces derniers. Elle étoit Episcopale & est nommée COELIA par Constantin Porphyrogenete[e], & dans la Notice de Hierocles.

e De Tho mat. l. 2. Them. 1.

2. COELOS, Ortelius trouve qu'Ælien & Athenée ont nommé ainsi une Riviere voisine de l'Egypte.

f l. 8. p. 382.
g Hist. Græc.l.4.

COELOSSA ou CELUSA, Montagne du Peloponnese dans le Pays d'Argos, selon Strabon[f]. Xenophon[g] la nomme *Celusa*. Le Mont Carneate où l'Asopus avoit sa source en faisoit partie.

COENENUM, ancienne Ville de la Germanie dans sa partie Septentrionale, selon Ptolomée.

COENSIS CIVITAS, ce lieu est nommé dans le Concile de Chalcedoine ; mais on ne sait où il étoit. Peut-être est-ce le même que Cocensis, qui n'est pas plus connu.

h Itiner.

COEQUOSA, ancienne Ville de la Gaule Aquitanique, selon Antonin[h], qui la met sur la route d'*Aqua Tarbellicæ* à Bourdeaux à xvi. M. P. de la premiere.

i Oeuv. mêlées Edit. fol. 1614. p. 529. fol. verf.

COERANIUM, Caverne de l'Isle de Zante. Plutarque en fait mention[i] à la fin de son Traité *quels animaux sont les plus avisez;* & donne l'origine de ce nom. Il pretend qu'il vient d'un certain Coeranus que des Dauphins sauverent par reconnoissance durant un naufrage, & qu'ils porterent à terre devant cette Caverne.

k in voce ADANA.

COERANUS, Κοίρανος, nom d'une Riviere, selon Etienne le Géographe[k]. Voiez SARUS.

COERUS. Voiez CIRIS.

Tttt*

COES-

COESFELD, Ville d'Allemagne en Westphalie dans les Etats de l'Evêque de Munster, un peu au deſſous de l'endroit où ſe réuniſſent, les diverſes ſources de la Riviere de Berkel, dans le petit Canton de Horſtmar. Zeyler[a] la nomme Coesfeld ou Roesfeld, en Latin *Coſfeldia*. C'étoit, dit-il, une Ville Anſéatique. Elle eſt à ſix milles de Munſter. L'an 1633. le Landgrave Guillaume de Heſſe la prit par accord. Le Duc George de Lunebourg la prit enſuite. Elle revint enſuite à ſes maîtres les Evêques de Munſter. [b] Elle eſt forte & l'Evêque de Munſter y demeure ſouvent. Elle eſt preſque à pareille diſtance de Munſter, & du Duché de Gueldres.

[a] *Weſtphal. Topogr. p. 16.*

[b] *Baudrand Ed. 1705.*

COESNETTE. Voiez l'Article qui ſuit.

COESNON[c], (le) Riviere de France en Normandie. Elle prend ſa ſource, à l'entrée du Diocèſe du Mans ; & en circulant elle traverſe tout le Diocèſe de Dol en Bretagne, où elle arroſe Fougeres & enſuite Pontorſon, qui eſt une Ville de Normandie. Dans les trois dernieres lieues de ſon cours, elle ſepare le Diocèſe de Dol de celui d'Avranches, & chargée des eaux de pluſieurs ruiſſeaux & de la petite Riviere de Coesnette, elle ſe rend dans la Mer entre Pontorſon & le Mont St. Michel, où quand le flux eſt retiré elle coule dans les ſablons l'eſpace de pluſieurs lieues avant que d'entrer dans l'Océan.

[c] *Corn. Dict. Mem. dreſſez pour les lieux.*

COESQUEN. Voiez Coetquen.

COETI, Peuple de l'Aſie ſur le Pont-Euxin, au voiſinage des Tibareniens, ſelon Xenophon dans la rétraite des Dix Mille[d].

[d] *l. 7. ſur la fin.*

COETQUEN[e], Bourg de France en Bretagne, près de la Ville de Dinant avec un Château. C'eſt de ce Bourg que la Maiſon de Coetquen, ſortie de celle d'Avaugour, l'une des plus conſidérables de cette Province, a tiré ſon nom.

[e] *Corn. Dict.*

COEVORDEN[f], Ville des Pays-bas dans la Province d'Overiſſel, au Pays de Drente. Elle eſt entourée d'un grand Marais, ſur les confins du Pays de Benthem, & comme c'eſt la clef des Provinces de Groningue & de Friſe, on en a fait une des plus fortes places des Provinces Unies. Les Etats des Provinces Unies s'en rendirent maîtres l'an 1579. & la firent fortifier. Les Eſpagnols l'ayant repriſe le Prince Maurice s'en reſaiſit pour les Etats l'an 1592. L'Evêque de Munſter la prit le 10. Juillet 1672. La République la reprit le 23. Décembre de la même année. Dans ces derniers temps le fameux Coehorn, le plus Grand Ingenieur qu'ayent eu les Provinces Unies l'a fortifiée à ſa maniere, & en a fait un chef-d'œuvre de ſon art. Prononcez Couvorde.

[f] *Divers Memoires.*

COEUS, Riviere du Péloponneſe dans la Meſſenie. Elle arroſoit la Ville d'Electre, ſelon Pauſanias[g].

[g] *l. 4. c. 33.*

COGÆONUM, Riviere & Montagne du Pays des Gétes. C'étoit le lieu, où le Philoſophe Zamolxis avoit coûtume d'habiter. Strabon[h] dit que les Gétes l'ayant érigé en Dieu, donnerent à cette Montagne le nom de Sacre'e.

[h] *l. 7. p. 298.*

COGAMUS, Riviere de l'Aſie Mineure au pied du Mont Tmolus, ſelon Pline[i].

[i] *l. 5. c. 29.*

COGE, petite place de Danemarck dans l'Iſle de Selande, ſur la côte Orientale avec un Port, qui donne le nom à la Manche de Coge. Mr. de l'Iſle écrit Koge.

COGEDO. Voiez l'Article ſuivant.

COGEDUS, Riviere d'Eſpagne. D'autres liſent Congedus dans le vers de Martial où il en eſt parlé. C'eſt dans une Epigramme adreſſée à Licianus[k],

[k] *l. 1. Epig. 50.*

Tepidum natabis lene Congedi vadum.

Cette Riviere étoit dans la Celtiberie, & peu loin de Bilbilis. Varrerius croit que le nom moderne eſt Congedo, en quoi il eſt ſuivi par le Commentateur *ad uſum Delphini* ; Arias Montanus dit que c'eſt Rio de Codes. Il tombe dans le Xalon.

COGENDE[l], Ville d'Aſie dans la Tartarie au Pays de ce nom, qui fait partie du Fergan, ou du moins qui en eſt limitrophe. Elle eſt ſituée ſur le fleuve Jaxartes, vers le 41. degré de latitude & à 91. degrez de longitude ; à ſept journées de Samarcande & dans une belle & fertile campagne, qui en rendoit les environs très-agréables. Outre l'avantage du commerce du muſc & d'autres marchandiſes odoriferantes la beauté des jardins, la bonté des fruits & particulierement la valeur de ſes habitans la rendoient recommandable en 1219. Elle avoit pour Souverain le Prince Timur Melic. C'étoit un Can qui payoit tribut au Sultan de Carizme avec lequel il vivoit en bonne intelligence. Les Mogols cette même année l'aſſiégerent ; la Ville de Cogende. Il y donna des preuves d'une prudence & d'un courage extraordinaires ; mais ſe voyant hors d'état de ſe défendre, il penſa à ſe ſauver à la faveur d'une ſortie qu'il fit faire, en quoi il réuſſit. Les Auteurs Orientaux ne ſe ſont point étendus ſur ce qui ſe paſſa dans Cogende après la rétraite de ce Heros, ils ne diſent point non plus quel fut le ſort des habitans du Pays de Cogende, tout ce qu'on en apprend, c'eſt que la Ville ſe rendit dès le lendemain du depart de Timur. Cependant les Hiſtoriens nous diſent que Timur voyant l'autorité des Mogols affermie dans la Perſe, ſe fit connoître au Prince regnant, auquel il prêta le ferment de fidelité & obtint la permiſſion de ſe retirer dans ſon Pays de Cogende.

[l] *Petis de la Croix Hiſt. du Grand Genghizcan. liv. II. c. 10.*

COGIENSES, Peuple d'Italie ; il étoit compté entre les Carni. On croit que leur Ville étoit la même que Conegiano dans l'Etat des Venitiens. L'Edition de Pline[m] par le R. P. Hardouin porte Togienses. L'Ordre Alphabetique eſt pour cette derniere Orthographe.

[m] *l. 3. c. 19.*

COGNABANDA ; Ville de l'Inde en deçà du Gange, ſelon Ptolomée[n].

[n] *l. 7. c. 1.*

COGNABARA[o], autre Ville du même Pays, ſelon le même : quelques exemplaires portent Cognandava.

[o] *Ibid.*

COGNAC ou **COIGNAC**[p], Ville de France & la ſeconde Ville de l'Angoumois dont elle ne faiſoit pas autrefois partie ; mais de la Saintonge. Elle avoit ſes Seigneurs particuliers, qui non ſeulement étoient indépendans des Comtes d'Angoulême ; mais qui leur faiſoient la guerre. Nous voyons qu'avant l'an 1100. Baudouin Seigneur de Coignac ayant dans

[p] *Longuerue Deſc. de la France part. 1. p. 166.*

COG.   COG. COH.   699

dans son parti les Seigneurs d'Archiac & de Barbesieux faisoit la guerre au Comte d'Angoulême ; ce que nous apprend l'Auteur de l'Histoire des Evêques & des Comtes d'Angoulême, qui vivoit dans l'XI. siécle. Cette Ville avec ses dépendances, a toûjours été du Diocèse de Saintes. Les Comtes d'Angoulême l'acquirent dans le XII. siécle. Néanmoins Isabelle Comtesse d'Angoulême possedoit Cognac comme une Seigneurie particuliere distincte, lorsqu'elle épousa le Comte de la Marche. Cette Seigneurie a été plusieurs fois donnée en partage à des Cadets de ces Comtes. Il n'est resté aucune posterité masculine des uns ni des autres ; & à l'égard de la Seigneurie de Cognac, on ne voit point qu'elle ait été unie veritablement à l'Angoumois que depuis que ce Païs a fait partie du Domaine des Rois de France. Cognac étoit estimée une place importante dans les guerres civiles. Loüis de Bourbon Prince de Condé l'assiégea en vain l'an 1651. lorsqu'il eut pris ouvertement les armes contre le feu Roi Loüis XIV. Le nom de cette Ville se trouve écrit *Campiniacum* ou *Camponiacum*, *Conniacum*, & en François *Cōh-*
a Piganiol de la Force, Desc. de la France T. 4. p. 241.
gnac, *Coignac* & *Cognac*. [a] Gerard Archevêque de Bourges y celebra un Concile l'an 1238. Sa situation est charmante, & rien n'est plus riant que le paysage dont elle est environnée. Elle a un Château où naquit François I. il est accompagné d'un grand parc, & d'un étang d'une longueur extraordinaire. Les Cordeliers & les Recollets ont des Couvents à Cognac, & les Benedictins y ont un beau Monastere. Ils y joüissent d'un Prieuré, qui leur donne le droit de nommer à la Cure.
b Longuerue l. c.
[b] Le territoire des environs porte en abondance du vin dont on fait d'excellente eau de vie.
c Baudrand Ed. 1705.
[c] Cognac est sur la Charente à quatre lieuës au dessus de Saintes, à sept d'Angoulême & à deux de Jarnac. Il y a à Cognac un Siége Royal, & une Election, & un Gouverneur particulier.

1. COGNI, ancien Peuple de la Germanie, selon Ptolomée[d].
d l. 2. c. 11.

2. COGNI, en Latin *Iconium* ; Ville de la Turquie en Asie, avec un Archevêché Grec. Elle est encore fort grande & peuplée & capitale de toute la Caramanie dont le Beglierbeg y fait sa residence ordinaire. Elle a été autrefois la résidence d'un Sultan avant les grands progrès des Turcs. Le Sangiac de Cogni a sous lui 18. Ziamets & 512. Timars, selon Mr. Ricaut[e]. Jouvin de Rochefort dans son Voyage de Turquie nomme cette Ville Cognia, & en fait cette Description[f]. Elle est située dans une belle campagne très-fertile en bleds, en arbres fruitiers, & en toutes sortes de legumes. Il n'y a aucunes Rivieres; mais seulement plusieurs sources dont on fait venir les eaux par des Canaux souterrains dans toute la campagne & dans les jardins, qui occupent une partie de la Ville. L'étenduë en est fort grande, & on n'en sauroit faire le tour en moins d'une heure. Ses murailles sont soutenuës de cent huit Tours quarrées éloignées l'une de l'autre de quarante pas avec de petits fossez. On y compte cinq portes, à chacune desquelles on voit des Lions en relief sur la pierre & des Anges, qui soutiennent un Soleil. Au des-
e Etat de l'Emp. Ottoman. f Corn. Dict.

sous il y a des inscriptions en Langue Turquesque & en Langue Arabesque ; ce qui donne lieu de croire que les Chrétiens ont été autrefois maîtres de Cognia (qui en doute? Voiez ICONIUM.) Cette Ville a deux grands Fauxbourgs, en l'un desquels se retirent les Caravanes, qui y passent & les Marchands étrangers. Tous les habitans sont Turcs. Les Armeniens, les Juifs & autres, qui y viennent trafiquer, se retirent dans les Kans, où l'on trouve toutes les choses que des Voyageurs peuvent souhaiter, sur tout des moutons dont la chair est très-delicate. Leur queuë pese jusqu'à trente livres, & n'est que de la graisse dont on fait du suif. L'un de ces Fauxbourgs a deux Mosquées bâties de grosses pierres où s'éleve un Dôme fort haut environné de plusieurs autres plus petits & couverts de plomb. Le portail qui est soutenu de grosses colomnes fait face à une grande cour bordée de logemens à la maniere d'un Cloître. Ce sont de petites chambres couvertes d'un Dôme où les Turcs après qu'ils se sont lavez à la fontaine se retirent pour y faire quelques autres Ceremonies avant que d'entrer dans la Mosquée. La grande est proche des murailles à l'Orient, & est remarquable pour sa grandeur, son Dôme & ses Minarets. Les Maisons de la Ville sont presque toutes de briques d'une terre mal-cuite ; à l'Occident dans la Ville on voit l'ancien Palais fermé de doubles murailles sur une Montagne qui l'occupe. Le petit Château qui tient aux murailles du côté du Midi est flanqué de plusieurs Tours & défendu de fossez à fond de Cuve.

COGOLLA[g], (la) petite Riviere d'Espagne dans la Castille, au Pays de Rioja ; elle se jette dans le Najarille.
g Baudrand Ed. 1705.

COGOLLUDO[h], Bourg & Château d'Espagne dans la Castille-neuve, & au Pays d'Algarria, sur une côte près de la Riviere de Henarez, à deux lieuës de Hita, en allant vers Siguença. Il a titre de Marquisat dans la Maison de Medina Celi.
h Ibid.

COGORETO ou COGUREO[i], Village d'Italie dans l'Etat de Génes avec un petit Port, sur la Riviere du Ponant, à dix milles de Savone en allant vers Génes. Il n'est considerable que pour avoir été la Patrie de Christophle Colomb, ou Colon qui le premier découvrit l'Amerique en 1492. Mr. Baudrand dit qu'il y a encore des parens de son même nom dans ce lieu, ainsi qu'il vit en y passant l'an 1691.
i Ibid.

COHAN[k], contrée d'Asie dans la grande Tartarie vers l'Océan Oriental, entre l'Embouchûre de la Riviere d'Amur & celle de Quentung.
k Ibid.

COHIBUS, Riviere d'Asie vers le Pont-Euxin, selon Tacite[l], c'est le Chobus d'Arrien.
l Hist. l. 3.

COHORS, le long séjour que quelques Cohortes Romaines ont fait en certains lieux, est cause que quelques-uns de ces lieux ont été appellez du nom de ces Cohortes. On sait par le temoignage d'une ancienne Inscription raportée par Goltzius qu'il y est fait mention de *Cohors III. Albiniana*; on lit dans une autre Inscription *Col. Aransio secundanorum Coh. XXXIII. volunt*, & quantité d'autres lieux, où les anciens monumens nous apprennent quelle Cohorte y séjournoit. COHORS GALLICA est le nom que donne Antonin à un ancien lieu d'Espagne dans la Galice, selon Ortelius.

COIAMBA ou BOEAMBA. Voiez ce dernier mot.

COIMBRE, Ville de Portugal, dans la Province de Beira, sur une Montagne sur les bords de la Riviere de Mondego, qui la sépare en deux. Elle est belle & grande, avec un Evêché Suffragant de l'Archevêque de Bragues, & une fameuse Université fondée par le Roi Dom Denys[a], qui la remplit des plus savans hommes du temps, & qu'il fit venir à grands frais des Pays les plus éloignez. [b] On remarque que Coïmbre est la Patrie de sept Rois de Portugal, savoir Sanche I. Alphonse II. Sanche II. Alphonse III. Alphonse IV. Pierre & Ferdinand. Ce fut aussi à Coïmbre que moururent les Rois Alphonse, Henri I. Sanche I. & Alphonse II.[c] les fils de quelques Rois l'ont eue pour leur appanage, & ont porté le titre de Ducs de Coïmbre ; comme Pierre troisiéme fils de Jean I. qui fut Regent du Royaume. Elle est située dans un lieu fort agréable, ombragée de tous côtez de bois d'Oliviers. Ses rues & ses places sont accompagnées de fontaines dont la plus considerable est celle que le Roi Sebastien fit conduire dans la place des Ecoliers derriere le Palais Royal au haut de la Ville d'où elle communique ses eaux comme un torrent à tous les autres endroits pour la commodité de ses habitans. La Cathedrale est magnifique. Les Montagnes voisines sont chargées d'oliviers, de vignes, & de toutes sortes d'arbres fruitiers.

A huit lieues de Coimbre est une fontaine prodigieuse que l'on dit qui attire & engloutit tout ce qui touche son eau, ce qu'on a souvent éprouvé sur des branches & sur des troncs d'arbres.

COIRE[d], Ville de Suisse dans la Communauté de Coire, qui est la premiere de la Ligue de la Caddée, ou Maison de Dieu. On la nomme en Latin *Curia Rhætorum*, & en Allemand Chur. Coire est une grande & belle Ville située dans une plaine fertile entre des Montagnes, sur le côté gauche du Rhin, & à un bon quart de lieue de ce fleuve. Elle est arrosée par une petite Riviere nommée PLESSUR, qui sert à faire tourner ses moulins, & à nettoyer ses rues, & qui au sortir delà va se jetter dans le Rhin. Cette Ville est partagée en deux portions inégales dont l'une, qui est un peu élevée, s'appelle *Hoff*, c'est-à-dire la *Cour*, & renferme le Palais de l'Evêque, la Cathedrale, le Cloître & les Maisons où demeure le Doyen de la Cathedrale avec six Chanoines, & quelques autres petites habitations. L'autre partie est tout le reste de la Ville. Les habitans du quartier de la Cour sont tous Catholiques, & la Ville suit la Religion P. Reformée. Nonobstant cette difference de Religion les habitans vivent ensemble en bonne intelligence. On prétend que Coire doit son origine à trois Forteresses, qui se trouvoient là autrefois SPINOILA, MARSOILA & YMBOURG, qui étoient la résidence, ou des Seigneurs du Pays, ou des Prefets Romains. La Forteresse de Spinoila (en Latin *Spina in oculis*) a été rasée il y a long-temps : on a fait une vigne du terrain qu'elle occupoit. Celle de Marsoilà (en Latin *Mars in oculis*) a été détruite en partie ; il n'en reste plus qu'une vieille tour massive, à demi-rompue, qui fait partie du Château ou Palais de l'Evêque. Celle d'Ymbourg a été aussi demolie. L'hôtel de Ville & la Douane sont dans la place qu'elle occupoit.

L'Evêché de Coire est fort ancien. Il étoit autrefois bien plus puissant qu'il n'est aujourd'hui. L'Evêque possede de belles terres & des fiefs non seulement dans le Pays des Grisons ; mais aussi dans quelques Pays étrangers comme le Tirol & l'Alsace. Il a douze à treize mille livres de rente, chaque Chanoine jouït de 2400. à 2500. livres de revenu. L'Evêque a le titre de Prince de l'Empire, & le droit de batre monnoye.

Sur une éminence, qui est au dessus du quartier de la Cour on voit une Chapelle de St. Lucius qu'on prétend avoir été l'Apôtre des Grisons. On y monte par un precipice, & on y dit la Messe aux grandes fêtes. Au dessus est une grote creusée dans le roc, qui semble avoir été faite pour loger un Hermite. Il y avoit autrefois à Coire deux Couvents, l'un de Dominicains & l'autre de l'Ordre de Premontré ; mais ils ont été abolis : on a fait du premier un Collége où l'on enseigne le Latin, le Grec, & la Logique aux enfans qu'on y envoye des trois Ligues. Les rentes de l'autre ont été employées en partie à l'entretien de ce College & de celui de l'Evêque, & en partie pour un Hôpital. L'Eglise de ce dernier laquelle subsiste encore porte le nom de St. Lucius.

La Ville fait un corps à part, qui a son Gouvernement & ses Loix. Elle a aussi deux belles Eglises où s'assemblent les P. Reformez. Cette Ville est fort peuplée, & c'est le grand abord des Grisons. Les Diétes des III. Ligues s'y tiennent tour à tour avec Ilantz & Davos ; & celles de la Ligue de la Caddée s'y assemblent ordinairement. Le Bourgmestre de la Ville est le President de cette Ligue, & son Secretaire est aussi Chancelier de la Ligue, & les Chartes de la Ligue se gardent aussi dans les Archives de la Ville. Au reste elle est située dans un endroit assez fertile, & a d'un côté un vignoble, qui produit de bon vin rouge & du blanc. On y a toûjours de quoi faire bonne chere par l'abondance du Gibier. Coire a reçû de grands privileges de divers Empereurs, qui l'ont renduë Ville libre Imperiale, & independante de l'Evêque, & lui ont donné le droit de batre monnoye. Elle est partagée en cinq Tribus ou Compagnies de metiers, dont chacune a deux Chefs ou Maîtres & deux Sous-maîtres. On prend d'entre les premiers deux Grands Maîtres de toutes les Tribus ensemble, qui gouvernent tour-à-tour durant un an. Chaque Tribu fournit quatorze personnes de son Corps, y compris ses propres chefs ou maîtres, pour faire le grand Conseil qui est de LXX. Personnes. De ce Conseil on tire les personnes d'office & particulierement le *Conseil étroit* ou le Senat, qui est composé de xv. personnes, dont il y en a trois de chaque Tribu. Ces Conseils ont deux Bourgmestres à leur

---

[a] *Maugin Abregé de l'Hist. de Portugal.* p. 104.
[b] *Baudrand Ed.* 1705.
[c] *Corn. Dict.*
[d] *Delices de la Suisse T.* 3 p. 607. & suiv.

COI. COK. COL.

leur tête, qui president tour-à-tour durant une année. Quand il s'agit d'affaires criminelles, on donne aux Sénateurs pour ajoints, quinze autres personnes, trois de chaque Tribu; & le President de cette Assemblée est l'un des deux Baillifs de la Ville qui president aussi tour à tour durant une année.

La Jurisdiction de Coire comprend deux autres petits lieux, MASANS & LURLIBAD.

1. COKER. Voiez COCHER.

2. COKER [a], Riviere d'Angleterre dans le Cumberland; a son embouchure où est le Bourg de Cokermouth, qui en tire son nom. Elle se perd dans la Riviére de Darwen.

COKERMOUTH [b], Bourg ou petite Ville d'Angleterre dans la Province de Cumberland au confluent des Riviéres de Coker & de Darwen [c]. On y tient marché public & elle envoye ses Députez au Parlement.

1. COL, on appelle ainsi certains passages, par où l'on passe d'un pays à l'autre entre de hautes montagnes telles que sont les Alpes, les Pyrénées, &c.

COL d'Arez passage des Pyrénées. On le passe en allant de Prats de Molo qui est du Roussillon, à Campredon qui est de la Catalogne.

COL D'ARGENTIERE, passage de France en Italie, entre le Marquisat de Saluces & le Comté de Nice, aux Frontieres du Dauphiné, il tire son nom de la montagne, que l'on passe par un Chemin long & étroit, dans les Alpes, près d'un village aussi nommé L'ARGENTIERE, & du Château-Dauphin.

COL DE LIMON, passage des Alpes pour aller de Sospelle à Coni en Piémont. Il tire son nom d'une montagne du Comté de Nice.

COL DE PARACOLS, passage de France en Espagne dans les Pyrénées, en allant de Ceret qui est dans le Roussillon, à Massanet qui est de l'Ampurdan.

COL DE PERTUS, passage de France en Espagne dans les Pyrénées. Il conduit du Roussillon dans la Catalogne, & on le trouve joignant la forêt de Bellegrade entre le Volo, & Junquiere à cinq lieues de Perpignan.

COL DE TENDE, passage des Alpes entre le Piémont & le Comté de Nice. Il tire son nom des montagnes de Tende.

2. COL [d], Isle de l'Océan. Quelques uns écrivent COLL. Elle est au Couchant de l'Ecosse, & l'une des Westernes. Elle est située au Nord-Ouest de l'Isle de Mull, & a huit ou dix milles de long. Elle est très-fertile en bled & en paturages. Ses Rivieres abondent en Saumon & il y a un Lac qui fournit une grande quantité de Truites & d'Anguilles. On pêche sur ses Côtes de plus grosse morue qu'autour des autres Isles ou du Continent. Le propriétaire de cette Isle est de la famille de Macklean.

3. COL, (LE) KOL [e], OU LE GRAND KOL, Cap de Suede dans la Province de Schône où il s'avance vers le Nord-Ouest, au Nord de l'Isle de Seelande, & presente sa pointe aux vaisseaux qui veulent entrer dans le Sund pour aller à Helsingborg. Il forme un Golphe dont le côté opposé est terminé par un autre Cap nommé le PETIT COL OU KOL.

COL.

4. COL, Riviere d'Angleterre. Voiez COLNE.

5. COL [f], Ville ancienne d'Afrique au Royaume de Tunis. Elle est au pied d'une montagne qui s'étend sur la Côte de la mer dans le Golfe de Numidie, & on tient que les Romains l'ont bâtie. Ptolomée la nomme la Grande Colosse, & lui donne vint-sept degrez de Longitude, & trente un de latitude, avec quarante-cinq minutes. Cette Ville étoit autrefois fort peuplée, & avoit de hautes murailles que les Goths raserent, lorsqu'ils la conquirent sur les Romains. Elles n'ont point été rétablies depuis, quoiqu'il y ait grand Commerce & force Marchands & Artisans dans la Ville, les Européens y vont acheter de la Cire, des Cuirs & d'autres marchandises, & ce trafic a rendu le Peuple civil & honnête. La Contrée du côté de la montagne abonde en bled, en troupeaux, & en toute sorte de fruits. Les habitans se maintenoient autrefois en Liberté & étoient assez puissans pour se défendre contre les Rois de Tunis & les Seigneurs de Constantine, dont ils sont séparez par de hautes montagnes qui s'étendent l'espace de plus de quarante lieuës, outre que la plus grande partie du Païs est montagneuse & peuplée de Bereberes & d'Azuagues fort vaillans, de sorte qu'il n'y avoit point de Ville plus riche ni plus assûrée que celle ci, qui faisoit dix mille hommes de Combat. Elle s'est depuis donnée aux Turcs qui y tiennent garnison. Celui qui commande dans Alger y envoye un Gouverneur, & ce Gouverneur dépend de celui de Constantine. Il reçoit le revenu de toute la Province & a soin que les habitans ne soient point foulez.

§ Depuis le temps de Marmol cette Ville est fort déchue & ce n'est plus qu'un Village. Mr. Laugier de Tassy en donne cette idée [g]. Près de Constantine & dans son ressort, sur la côte de la Mediterranée, sont les debris de la Ville du COLLO bâtie par les Romains & détruite par les guerres qui se sont succedées. Il reste encore un Château bâti sur un rocher, où il y a garnison & un Aga qui commande. Il y a dans le Village un Commis de la Compagnie du Bastion de France qui y a une maison ou Comptoir, & qui est fort protegé par le Gouvernement d'Alger suivant les Traitez. Il achete des Maures peu à peu des Cuirs de bœuf, de la Cire, & de la Laine & lorsqu'il y en a une quantité suffisante pour les charger, il en informe le Directeur de la Calle qui envoye des bâtimens à la rade pour y charger ces Marchandises. Sur les montagnes de Collo, il y a une grande quantité de Singes très-feroces & très-difficiles à apprivoiser. Les Maures ont le secret d'en prendre autant qu'ils en veulent, mais ils ne le font que lorsqu'ils ont occasion d'en vendre. Il y en a qui sont de hauteur d'homme lorsqu'ils sont debout.

COL DES MUDECHARES [h]. Ville d'Afrique, qu'Hascen Bacha, lorsqu'il étoit Gouverneur d'Alger, fit bâtir à cinq lieuës de cette Ville du côté de l'Occident, sur le bord de la Riviere d'Açafran ou Guinalaf, environ deux lieuës au dedans du Païs. Tout le fleuve est bordé en cet endroit de grands bois

---

[a] Allard Atlas.
[b] ibid.
[c] Etat pres. de la G. Bret. tagne. T. 1. p. 51.
[d] Etat pres. de la G. Bret. T. 2. p. 287.
[e] De l'Isle Atlas.
[f] Marmol. T. 2. l. 6. c. 3.
[g] Hist. du Royaume d'Alger p. 129.
[h] Marmol. T. 2. l. 5. c. 40.

COL.

bois d'arbres fruitiers & de muriers. Il y a dans cette Ville plus de trois cens habitans des Mudechares, de Castille, & d'Andalousie, & des Tagartins du Royaume de Valence. Cette petite Colonie s'est fort augmentée à cause de la bonté du Pays & de sa fertilité en bleds & en troupeaux. Il produit des fruits de toutes sortes, des Oranges & des Citrons, outre cela les habitans s'enrichissent à nourrir des vers à soye. Entre cette Ville & celle d'Alger, le long de la côte, il y a un Port que l'on nomme Port des Cassines, où plusieurs vaisseaux abordent quand la rade n'est pas sûre. Ce fut là que se retira Bernard Mendoce avec les Galeres d'Espagne, lorsque l'armée de Charles-quint se perdit sur les côtes d'Alger. Il y avoit autrefois dans ce Port une Ville appellée Yhor, dont on voit encore les ruines en quelques endroits.

COLACEA, Ville dont parle Athenée [a] qui dit qu'elle avoit été bâtie par les Meliens & détruite par les Thessaliens.

[a] l. 6.

COLÆUM. Lieu du Peloponnese près de Megapolis. Polybe [b] en fait mention.

[b] l. 2.

COLALA ou COLATA, selon les divers exemplaires de Ptolomée [c], Ville de l'Inde en deçà du Gange.

[c] l. 7. c. 1.

COLALTO [d], Bourg d'Italie de la Marche Trevisane, avec un Château & Titre de Comté. C'est de ce Bourg que les Comtes de Colalto ont pris leur nom.

[d] Corn. Dict.

COLAN ou COLLAN, ou SANT MIGUEL DE COLLAN; il faut distinguer ici une Riviere nommée Colan, & une habitation d'Indiens près de l'embouchure de cette Riviere. L'une & l'autre est dans l'Amerique Meridionale sur la côte du Perou.

La RIVIERE DE COLAN, est la même que celle de CHUQUIMAIO, jointe à celle de Catamajo. Voici les connoissances que les Navigateurs nous donnent de la Baye qui est à son Embouchure [e] : De la pointe de Parina au havre de Payta il y a dix lieues cours Nord-Ouest & Sud-est ; c'est une grande baye où la terre est basse, avec quelques petites Collines blanches qui s'étendent jusqu'à la Riviere Colana. Vous ne devez entrer dans cette Baye qu'avec précaution parce qu'elle est fort sujette aux calmes & qu'à la hauteur de la Riviere de Colana il y a plusieurs bancs. De cette Riviere à Payta il y a trois lieues. La terre est blanche entremêlée de petites Collines, & double en quelques endroits.

[e] Rogers Suplement. p. 34.

L'habitation ou Sant Miguel de Colan, est au Nord-Nord-est, à deux lieues ou environ de Payta. Il y a là, dit Dampier [f], une petite Riviere d'eau douce qui se jette dans la Mer & où les vaisseaux qui touchent à Payta & les habitans mêmes de Payta se fournissent d'eau & d'autres rafraichissemens, comme de Volaille, de Cochons, de Plantains, de Yames, & de Mahis. Il n'y a rien de tout cela à Payta, & c'est Colan qui le lui fournit. Les Indiens de Colan font tous pêcheurs : ils vont pêcher en mer avec des barques de troncs d'Arbres. Ces barques sont faites de plusieurs troncs d'Arbres en maniere de radeau & fort differentes selon l'usage auquel elles sont destinées, ou suivant l'inclination de ceux qui les font, ou la matiére dont elles sont faites. L'Au-

[f] Voyage T. 1. c. 6. p. 152.

teur cité en donne diverses descriptions que l'on peut voir dans son Livre.

COLANA, ancienne Ville de la Grande Armenie vers l'Euphrate selon Ptolomée [g]. Quelques exemplaires portent CODANA.

[g] l. 5. c. 13.

COLANCORUM, Ville de la Germanie, selon le même Géographe [h]. Κολύγκορον. Ses Interprétes l'expliquent par FRIDWALT.

[h] l. 2. c. 11.

COLANIA, Ville des *Damniens* [i], dans l'Isle d'Albion, c'est-à-dire, de la Grande Bretagne. Quelques-uns [k] comme Camden croient que c'est COLDINGHAM, & la même place que Bede appelle COLUDI ; & enfin la même que COLDANA.

[i] Ptolom. l. 2. c. 3.
[k] Ortel. Thes.

COLÆPIANI, Peuple ancien de la Pannonie sur la Save [l]. Ortelius croit avec fondement qu'il tiroit son nom de la Riviere COLAPIS.

[l] Plin. 3. c. 25.

COLAPIS, ancien nom d'une Riviere de la Pannonie. Pline [m] la decrit ainsi : entre les Riviéres le Colapis merite de n'être pas oublié : il entre dans la Save auprès de Siscia, & se partageant en deux bras forme une Isle qui est appellée SEGESTIQUE. Dion Cassius appelle [n] cette même Riviere Colops, Κόλοψ, dit que d'abord elle passoit auprès de la Ville & que Tibere ayant fait creuser des fossez lui fit faire le tour de la Ville en forme d'Isle ; après quoi ses eaux rentrent dans leur premier lit. Strabon qui parle aussi de cette Riviere appelle l'Isle Σηγετική, mais Dion disoit Σεγετική sans σ. Lazius dit que les Esclavons l'appellent CULPA.

[m] ibid.
[n] l. 49. p. 414.

COLARINA. Voiez COLORINA.

COLARNI, & COLARNUM, Peuple & Ville de la Lusitanie. Pline [o] parle du Peuple, & Ptolomée [p] nomme la Ville.

[o] l. 4. c. 22.
[p] l. 2. c. 5.

COLATIA. Voiez COLLATIA.

COLAURE, petite Ville d'Asie au Royaume du Tonquin, vers le milieu de l'Isle de Tulatan à quinze ou seize lieues de l'Isle d'Haiso ; selon Tavernier [q].

[q] Desc. du Tonquin.

COLAUS. Voiez COSILAUS.

COLBERG, Ville d'Allemagne dans la Pomeranie ulterieure & dans la Cassubie à l'embouchure de la Riviere de Persante dans la Mer Baltique. Elle appartenoit aux Evêques de Camin & s'appelloit anciennement COLOBREGA, CHOLOBREGA ; & en Allemand Ghollenberg, c'étoit la plus considerable qu'eut l'Evêque, à qui elle étoit venue par échange pour Stargard outre une somme de 3500 marcs. Les Géographes du Pays lui donnent 53 d. 55'. de latitude. Son port est assez bon, mais étroit. Les sources d'eaux salées qui sont aux environs sont très-utiles & le seroient bien davantage si le bois fournissoit assez pour la cuisson du Sel. Tout cela est assez bien specifié dans les vers de Seccervitius raportez par Zeyler [r].

[r] Pomer. Topogr. p. 40.

*Stant sacratis inclita tectis
Mœnia Colberga, fluvio Persantidos undâ
Et portu ditata maris, qui plurima civi
Commoda, qui plenas ratibus vehit undique
merces,
Hic & fontis opes, Sale qui fluit uber & igni
Duratum humorem vicinas mittit in oras.
Sic decus & parvam sors æquior extulit urbem,
Et*

*Et florere domos, Cives & fecit honestos
Divitiis, animi virtute, & Legibus aequis.*

Le Laboureur dans sa Relation du Voyage de la Reine de Pologne, parle ainsi de cette Ville. COLBERCK, Ville Hanseatique, la plus forte de la basse Pomeranie, située sur le bord de la Mer Baltique fortifiée très-regulierement par les Suedois de trois grands fossez terrassez avec de fort bons Bastions & demi-lunes, qui rendent son enceinte fort grande; quoi qu'elle ne soit gueres peuplée & presque à demi-ruinée du feu qui a detruit plusieurs maisons, & de la guerre. Si bien qu'elle n'est remplie que des Soldats de la Garnison qui y est très-forte parce qu'elle est de consequence. Le Duc Barnime I. la donna en proprieté à l'Evêque de Camin qui en est à quatre lieues en tirant du Septentrion à l'Occident, c'est pourquoi elle a toujours appartenu à ses successeurs Evêques. . . . . . la demeure en est agreable parce qu'elle est bien située dans un fort bon Pays & que les rues & les maisons qui restent, sont belles. Une fontaine qui est proche de la Mer, est entourée de la Riviere de Persante & sur le bord de son embouchure; toutefois sa source est plus salée que la Mer même & l'on puise de l'eau dans son bassin qui est de vingt pieds en quarré, pour faire du sel dans les fourneaux qui sont tout près; le revenu de cette fontaine suffit à l'entretien de la Garnison.

COLBI, Κόλβοι, Peuple de l'Ethiopie sous l'Egypte selon Ptolomée [a]. Quelques exemplaires portent COLOBI, ce qui s'accorde mieux avec Strabon [b], qui donne aux Creophages le surnom de Κολοβοὶ, c'est-à-dire mutilez.

[a] l. 4. c. 8.
[b] l. 16. p. 773.

COLBIACUM. Voiez TOLBIACUM.

COLBROKE, ou COLEBROOCK. Petite Ville d'Angleterre au Comté de Buckingham & aux confins de celui de Midlesex. [c] Elle prend son nom de la Riviere de COL, ou COLNE.

[c] Atlas de Blaew.

COLCHATARII, Peuple d'Asie. Justin [d] le nomme à l'occasion d'Artaban qui lui fit la guerre. Les Editions modernes comme celle de Gronovius adoptent la Correction de Bongars qui lit THOGARII au lieu de ce nom. Cependant Ortelius croit ce Peuple different des COCHARII de Ptolomée ou de Denys le Periégete; & des COCHARI d'Avienus qui étoient, dit-il, trop éloignez.

[d] l. 42. c. 2.

COLCHI, Κόλχοι. Ville Marchande des Caréens, dans l'Inde en deça du Gange selon Ptolomée [e]. Arrien en fait aussi mention, & dit dans son Periple [f] de la Mer Erythrée qu'on y pêchoit des perles & que l'on employoit à cela des Criminels qui avoient merité la mort.

[e] l. 7. c. 1.
[f] p. 33. Ed. Oxon.

COLCHI. Peuple de la Colchide.

COLCHIDE, contrée d'Asie à l'Orient du Pont Euxin. Elle n'a pas eu toujours le même nom, ni les mêmes bornes. Strabon [g] la fait commencer auprès de Trebisonde. Ptolomée au contraire avance la Province du Pont jusqu'au Phase. Ils s'accordent mieux sur les limites du Nord. Ptolomée [h] ayant entendu le fleuve Corax ajoute qu'il borne la Colchide de ce côté-là. Et Strabon [i] dit que la côte du Pont Euxin finit à Pityus & à Dioscuriade qui joignent la côte de la Colchide. Il est vrai que d'autres Géographes étendent la Colchide plus loin. [k] Les Historiens Grecs comme Procope, Agathias, Gregoras, & quelques Auteurs de la même Nation, comme Suidas & Tzetzes, apellent LAZIQUE la Colchide, & ses habitans LAZIENS. Lycophron la nomme *Ligystique*, ou *Ligustique*, & Etienne lit dans ce même Auteur ce nom par un B. LIBYSTINE, & appelle *Libystiniens* des Peuples dont le Pays touchoit à la Colchide. Herodote met en ce canton-là une Nation nommée les *Lygiens* & Etienne place chez eux une Ville nommée *Lygistique*. Le IV. Concile de Constantinople fait voir que la Colchide s'appelloit *Lazige* dans le temps qu'il fut tenu; car on y lit: *Theodorus Episcopus Phasidis in Lazigi*. La Colchide des Anciens est aujourd'hui appellée la MENGRELIE. Voyez ce mot & l'Article de la LAZIQUE.

[g] l. 12.
[h] l. 5. c. 9.
[i] l. 11.
[k] Ortel. Thes.

COLCHICUS SINUS, Golphe de l'Inde en deça du Gange selon Ptolomée [l]. Il tiroit son nom de la Ville de COLCHI.

[l] l. 7. c. 1.

1. COLCHIS, nom Latin de la COLCHIDE.

2. COLCHIS, Ville de la Grande Armenie selon Ptolomée [m].

[m] l. 5. c. 13.

Ptolomée la borne au Nord par la Sarmatie, & à l'Occident par le Pont Euxin depuis le fleuve Corax jusqu'au fond du Golphe auprès du Phase; il met sur la côte

Dioscurias ou Sebastopole,	Tiganée,
l'Embouchure de l'Hippos,	Æapolis,
Neapolis,	l'Embouchure du Chariste,
l'Embouchure du Cyanée,	l'Embouchure du Phase,
	& Phaside Ville.

Il la borne au midi par le Golphe de Cappadoce & par la Grande Armenie, l'Orient par une ligne tirée dans le mont Caase. Il appelle LAZÆ, les Peuples qui habitent le long de la Mer & *Manrali* (d'où est peut-être venu le nom de *Mengrelie*) ceux qui habitent plus haut. Il met dans les terres les Villes & Bourgs de

Mechlessus,	Sarace,
Madia,	Surium,
	& Zadris.

On croit que ce Pays reçut la foi & les lumieres de l'Evangile à peu près dans le même temps que l'Iberie Province voisine en fut éclairée. Cependant on ne trouve point qu'il soit fait aucune mention de ses Evêques avant Theodore dont il est parlé ci-dessus & qui est nommé au VI. Concile General. Il y est fait aussi mention de Jean Evêque de *Petra* dans la Province des Laziens.

[n] Carol. à S. Paulo Geogr. Sacr. p. 253.

COLDING, Ville de Danemarck dans le Nord Jutland, aux confins du Sleswig au fond d'un Petit Golphe étroit qui est au bord du Middelfart. Les Géographes du Pays [o] lui donnent de latitude 55. d. & 29′. Hermanides [p] dit qu'elle est très-célebre & que ses murs sont baignez au Midi par la Riviere COLDINGER AA, c'est-à-dire *Aa de Colding*, qui

[o] Hermanides Dan. Norweg. desc. p. 116.
[p] p. 286.

qui sepáre le Jutland septentrional d'avec le Jutland meridional, ou Duché de Sleswig, & qui près delà tombant par une seule embouchure dans la Mer Baltique se mêle aux eaux du Middelfarth Sund. Le pont de Colding qui est sur cette Riviere donne le nom à tout le Canton circonvoisin nommé à cause de lui BROHERRIT. Cé pont est d'un revenu considerable au Roi de Danemarck à cause de la Douane des bœufs & des chevaux qui passent necessairement par là pour être menez dans le Holstein & delà dans les autres Pays [a]. La Ville est petite mais ancienne; l'an 1247. elle fut brûlée durant des guerres civiles. Le Roi Eric VI. la racheta l'an 1268. des mains d'Eric, Duc de Sleswig & fils du Roi Abel. Il y fit élever une Citadelle qui fut comme le boulevart du Danemarck, fortifia la Ville sur tout vers le midi. Christian III. qui aimoit cette Ville à cause de sa situation agréable & de la salubrité de son air y fit bâtir le château d'ARNSBURG, (c'est-à-dire, le château de l'aigle) au dessus de la Ville, dans lequel il mourut le 1. Janvier 1559. L'Hopital de la Ville fut bâti par Friderìc II. dont le fils y attacha de bons revenus. L'an 1644. au mois de Mai les Danois remporterent auprès de Colding une Victoire sur les Suedois. Un Voyageur plus recent dit [b] : nous partîmes le même jour à deux heures après midi (de Fridericia) pour suivre le Roi à Colding. Le chemin est de 3. Miles de Danemarck : le Pays est beau comme tous les bords du Jutland : mais on dit que le cœur du Pays est très-desert & aride. On a des bois à droite & à gauche, le Pays est fort haut & bas, & sur la gauche on voit pendant une partie du chemin le Golphe de Colding lequel est disposé autrement que dans la carte de Jutland par de Witt qui l'arrondit trop à l'extrémité. Le Château est à une hauteur au bout du Golphe, & au pied du Château d'un seul côté est la Ville qui n'est pas grand' chose, c'est tout au plus un petit Bourg. Le château est un gros bâtiment composé de quatre corps de Logis de brique couverts de plâtre qui forment une cour qui n'est pas bien quarrée. Il y a à l'un des coins une tour assez élevée d'où la vûë est charmante parce qu'on enfile le Golphe qui est bordé de colines couvertes de bocages très-agréables & à côté est un Clocher en pointe au dessus de la Chapelle. Les appartemens du château sont assez beaux, mais il n'y a point de Jardin qu'une petite piéce de terre en triangle, au Sud, laquelle a la forme d'une demie lune ou d'un ravelin, bordé d'une haye vive & de quelques arbres. Il y a un parterre de buis dont le milieu est tracé en écusson, avec trois lions pour les armes de Danemarck. En sortant du château on est tout surpris de la belle vûë qui se presente de dessus le pont d'où l'on decouvre tout le Golphe. On a bâti au delà deux ailes où sont les écuries. Cela est fermé à l'est par le manége qui est couvert d'Ardoises comme les écuries, mais le milieu est percé d'une grande porte ouverte afin que la vûe ne soit pas bouchée. Ces écuries & ce manege forment les trois côtez d'une belle cour quarrée; mais il n'y a rien de bâti du côté du Château. Le tout est commandé au Nord-est par des montagnes très-hautes qui servent d'abri en Hyver. Colding est un Bourg d'environ 100. ou 120. maisons; & ce qui le rend plus siderable c'est son pont dont on vient de parler. On trouve dans cet endroit toutes sortes de provisions; le Pays étant assez abondant, le bras de mer y pourroit faire apporter ce que le Pays ne fournit pas, mais excepté le commerce du Bétail, le reste y est fort petit. Haterslebe est à quatre milles de Colding & on y arrive en quatre heures.

[a] *Gaspar Ens in Delic. Apodemicis* p.234.

[b] Relat. en forme de Journal d'un Voyage fait en Danemarck. Roterd. chez Abr. Acher 1706. p.862.

COLDITZ, ou CHOLDITZ. Ville d'Allemagne dans la Haute Saxe, en Misnie sur la Mulde entre les Villes de Grim & de Rochlitz. Dresserus cité par Zeyler [c] veut que son nom signifie FINSTERWALD, c'est-à-dire, *Vallée obscure*. Il y a une Seigneurie attachée qui a eu ses Seigneurs particuliers, & elle vint l'an 1397. à Guillaume Margrave de Misnie. Le beau château qu'on y voit fut bâti l'an 1486, & ayant été brûlé le Duc Ernest de Saxe le repara. Cette Ville a eu sa part des malheurs causez par les longues guerres civiles d'Allemagne du siécle passé. Elle fut pillée à diverses fois par les Suedois & par les Hussites. Mr. Baudrand [d] dit qu'elle est dans le territoire de Leipzig à sept lieues de Misne (il falloit dire de Meissen) vers le Couchant.

[c] Saxon. Sup. Topogr. p.35.

[d] Edit. 1705.

COLDULI, ancien Peuple de la Germanie selon Strabon [e]. Quelques exemplaires portent Κολδουοι, Coldui & non pas Κολδουλοι, comme le remarque Casaubon. Ils faisoient partie de la nombreuse Nation des Sueves, & habitoient dans la forêt Hercinienne.

[e] l. 7. p. 290.

COLENDA, Ville d'Espagne. Titus Didius la prit après un siége de sept mois, au raport d'Appien [f].

[f] in Iberisis.

COLENTINI. Voiez COLLENTUM.

COLENTIANI, Peuple de la Haute Pannonie selon Ptolomée [g]. Pierre Rantzanus, cité par [h] Ortelius, croit que le Siége Archiépiscopal de Colocza en prend le nom de COLOCIA, en Latin.

[g] l. 2. c. 15.

[h] Thesaur.

COLFORD [i], petite Ville ou Bourg d'Angleterre en Glocestershire à trois lieues de Monmouth vers l'Orient. [k] Il y a marché public.

[i] Baudrand Ed. 1705.

[k] Etat pres. de la G. Bret. T. I.

1. COLI, Peuple d'Asie près du Caucase, chez les Coraxes. Le Pays nommé COLICA étoit dans ce même endroit. Etienne le Géographe ajoute que la partie inferieure du Caucase portoit le nom de COLICIRNONTES.

p. 65.

2. COLI, Ville d'Asie dans la Chersonese d'Or, selon Ptolomée [l], c'est-à-dire, de la Presqu'isle d'au delà le Gange.

[l] l. 7. c. 2.

COLIACUM PROMONTORIUM, ou

COLIAS, en François COLIADE [m], promontoire de Grece dans l'Attique auprès de Phalere; dans le Golphe Saronique à l'Orient d'Athenes. Plutarque en parle dans la Vie de Solon. Et Pausanias [n] dit qu'il étoit à vingt stades de cette Ville. Il y avoit en ce lieu un Temple de *Venus Coliade*. La tempête porta jusques-là les debris de la Flote de Xerxes, après sa défaite. Suidas dit que l'on y faisoit des vases teints en vermillon.

[m] Le P. Lub. bin Tabl. Geogr.

[n] In Atticis.

COLIBERE, c'est ainsi qu'il faudroit écrire

COL.   COL. 705

écrire ce nom; mais les Espagnols écrivant souvent l'V pour le B, quelques François ont cru faussement que cet V qui est consonne étoit voyelle, & devoit être prononcé comme un *ou*. De là est venue l'impertinente prononciation qui a pourtant pris le dessus en dépit de la raison, de sorte qu'au lieu de *Colibre*, ou *Colivre*, on s'est accoutumé de dire COLIOURE. Voiez ce mot.

COLICA REGIO. Voiez COLI. Pline dit de plus [a]. Le Pays surnommé *Colica* contrée du Pont dans laquelle les hauteurs du mont Caucase se courbent vers les monts Riphées. . . . . . le reste du Rivage est habité par des Nations feroces, savoir les *Melanchlani*, les *Coraxes* &c.

[a] l. 6. c. 7.

COLICARIA, lieu d'Italie. Antonin [b] le met sur la route de Verone à Bologne, à xxv. milles d'Hostilia qui étoit à xxx. M. P. de Verone, & de Colicaria il compte xxv. autres M. P. jusques à Modene. Ortelius doute si le nom moderne n'est pas Calacari, il ajoute que les distances s'y accordent.

[b] Itiner.

1. COLIGNI, terre avec titre de Comté en Franche Comté. Ses Seigneurs étoient autrefois Seigneurs de Revermont. Elle est au Diocèse de Besançon.

2. COLIGNI, Prieuré de France en Franche Comté au Diocèse de Lyon. Il est de nomination Royale.

3. COLIGNI, Bourg de France dans la partie Septentrionale de la Bresse, aux confins de la Franche Comté, à quatre lieues de Bourg & à six de Mâcon. C'est de ce lieu que prenoit le nom de Coligni l'ancienne maison de Coligni-Châtillon dont il y a eu des Grands-Amiraux & des Maréchaux. On pretend qu'ils ont autrefois possedé en Souveraineté LE COLIGNI, contrée où est situé ce Bourg qui lui donne son nom. Quelques-uns écrivent COLLIGNI.

1. COLIMA, haute montagne de l'Amerique Septentrionale dans la nouvelle Espagne, Dampier [c] dit que cette montagne est fort haute. Il lui donne 18. d. 36'. de Latitude Nord. Elle est, poursuit-il, à cinq ou six lieues de la mer & au milieu d'une agreable vallée. On y voit deux petites pointes de chacune desquelles il sort toujours des flames ou de la fumée. La Vallée où est ce Volcan se nomme la VALLÉE DE COLIMA.

[c] Voyages T. 1. p. 268.

2. COLIMA, Ville de l'Amerique Septentrionale dans une Vallée & assez près d'un Volcan qui portent son nom. Cette place est grande & riche & la Capitale des Pays circonvoisins. La Vallée de Colima où elle est située, est, à ce que disent les Espagnols, la plus agréable & la plus fertile qu'il y ait dans le Royaume de Mexique. Ce Vallon a environ dix lieues de large près de la mer, où il fait une petite baye, mais Dampier ne nous apprend point quelle étendue elle a dans le Pays. Il ajoute [d]: on dit qu'elle est pleine de Jardins à Cacao, de Campagnes qui portent du segle, du froment, & des plantains. La côte de la mer voisine est sablonneuse, mais les vagues y sont si violentes qu'il n'y a pas moyen d'aller à terre. Le Pays est bas tout le long & plein de bois du côté de l'Est pendant environ deux lieues. Au bout des bois il y a une Riviere

[d] Ibid.

Tom. II.

enfoncée qui se jette dans la mer, mais il y a une barre, ou bas fond sablonneux fait de maniere qu'il empêche les Barques & les Canots d'y entrer. A l'Ouest de cette Riviere commencent les pâcages qui s'étendent jusqu'à l'autre côté de cette Vallée.

COLIN, petite Riviere de France dans le Berri. Elle passe par les Ais-Dam-Gillon, & se perd dans l'Avrete près de Bourges: sa source est dans les montagnes d'Auvergne.

COLINGÆ. Voiez CALINGÆ.

COLINIA. Voiez CYPRE.

COLIOURE, Ville d'Espagne autrefois, & presentement de France au Roussillon au pied des Pyrenées avec un port & un vieux Château sur la côte du Golphe de Lyon. Plusieurs [e] l'ont confondue avec ILLIBERIS, fort mal à propos. Car l'ancienne Illiberis étoit sur la Riviere du Tec, & sur le grand Chemin qui va de Gironne par les Pyrenées à Narbonne au lieu que Colioure, bien loin d'être située sur ce chemin, en est détournée, & est en un lieu de difficile accès environné de Rochers; ce qui en fait une très-forte place, l'art y ayant perfectionné la nature. Mais son port est peu de chose. L'ancien nom de Colioure est *Caucoliberis* qui étoit déjà connu sur la fin du VII. siécle sous Wamba Roi des Wisigoths [f]. Elle est à quatre lieues de Perpignan & à deux d'Elne. Elle est bâtie à demi-côte & est si petite qu'elle n'a qu'une rue un peu grande & trois ou quatre fort étroites. L'Eglise paroissiale est sous l'invocation de Notre Dame. Le Château est sur une roche escarpée & ses murs sont battus d'un côté par la mer. Par la porte du Secours on descend sur un grand glacis qui conduit à un Fauxbourg, où il y a un Couvent de Jacobins & quelques maisons de pêcheurs. A main gauche en entrant par terre dans cette Ville, il y a un autre Château appellé le MIRADOU où sont les Casernes pour la Garnison. Le Gouverneur demeure dans le premier de ces Châteaux. Colioure a un petit port qui n'est bon que pour des Barques & des Tartanes.

[e] Longuerue desc. de la France part. 1. p. 223.

[f] Piganiol de la Force Desc. de la France. T. 6. p. 443.

COLIPPO, ancienne Ville d'Espagne dans la Lusitanie. Elle ne subsiste plus, comme le remarque le R. P. Hardouin [g], mais la Ville de Leiria dans l'Estremadure Portugaise s'est formée de ses ruines entre Lisbonne & Conimbre. Entre les Inscriptions recueillies par Gruter, il y en a deux qui font mention de cette Ville. La premiere [h] nomme les habitans COLLIPPONENSIUM, l'autre porte [i] EX LUSITANIA MUNICIPI COLLIPPONENSI; ce qui prouve que le vrai nom doit être écrit par deux L. COLLIPPO.

[g] In Plin. l. 4. c. 21.

[h] p. 323.

[i] p. 1155.

COLIS, génitif *Colidis*. Denys le Periégete [k] parlant de l'Hypanis & du Megarses Rivieres des Indes, ajoute: Ils ont leur source dans le mont Emode & coulent vers le Pays auquel le Gange donne son nom, étant entrainez vers le Midi aux Confins de la Contrée de Colis. Elle s'avance dans la mer, & est fort elevée, & les Oiseaux y peuvent à peine voler, c'est pourquoi on lui donne le surnom d'AORNIS, c'est-à-dire, *Sans Oiseaux*. Voici comment Priscien [l] a rendu cet endroit de Denys.

[k] Vers 1145. & seq.

[l] Vers 1051.

Vvvv*   *Auri*

Auri qua pondus honestum
Devolvens Hypanisque vehit, rapidusque
Magarsus:
Quos capit Emodo missos Gangetica monte
Tellus, porrigitur qua ad terræ Colidis Austros
Oceani tangens Pelagus sub collibus altis,
Quos volucres metuunt celeri contingere penna,
Unde locis Graji posuerunt nomen Aornim.

Mais comme ces deux Rivieres se perdent dans l'Indus bien loin de son embouchure, dans la mer dont pourtant la contrée de Colis devoit être très-voisine, on ne peut en deviner la situation aux indices que la Periégese Grecque & la Latine nous en fournissent.

COLL[a], ou COL, Isle, l'une des Westernes au Couchant de l'Ecosse, au Nord-Ouest de l'Isle de Mull. Elle a environ 8. ou 10. milles de longueur, & est très-fertile. Elle a des Rivieres qui abondent en Saumon & un Lac qui fournit une grande quantité de Truites & d'Anguilles. On pêche sur les côtes de plus grosse Morue qu'autour des autres Isles ou du Continent.

[a] Etat prés. de la G. Bret. T. 2. p. 287.

COLLAO[b], Contrée de l'Amerique Meridionale au Perou dans l'Audience de los Charcas. Elle est plate, entrecoupée de plusieurs Rivieres, & riche sur tout en pâturages, ce qui est cause qu'il y a plus de brebis qu'ailleurs. L'Hiver y dure depuis Octobre, jusqu'en Avril, ce qui empêche que la terre ne soit fertile en Mays & en autres grains. Les Espagnols y font un grand gain par le trafic des racines qu'on appelle *Papas*, qu'ils gardent dans leurs greniers après les avoir séchées au Soleil & dont on envoye une grande quantité aux mines du Potosi. On trouve dans cette contrée certains animaux qu'ils appellent BISCACHOS, dont la chair ressemble à celle de nos lapins. Ils ont la queue aussi longue que les Ecureuils. On y trouve aussi plusieurs Oiseaux de la grosseur d'un Etourneau qui ont les plumes vertes sous le ventre & celles du dos & des Ailes semblables aux plumes des Allouetes. On les appelle PITO. Cet Oiseau qui a le bec long ainsi que la queue cave ordinairement les rochers pour y nicher. Quelques uns disent que la nature lui a apris à se servir pour cela d'une herbe à laquelle ils attribuent de merveilleuses vertus pour percer le fer & les choses les plus dures. C'est pour cela que les Espagnols la nomment *Yerva del Pito*. Monard raporte que dans la Province de Collao il y a un lieu entierement nud, où il ne croît ni herbe ni plante parce que la terre est bitumineuse : que les Indiens coupent cette terre par gazons qu'ils exposent au Soleil sur des perches, ou de grosses Cannes, avec des Vaisseaux au dessous pour recevoir une liqueur qui en sort & qui n'est autre qu'un bitume ou suc enfermé dans cette terre & que le Soleil fond par l'ardeur de ses rayons. Ce bitume est propre à guerir differentes maladies. Les gazons qui demeurent sans aucune humeur servent à faire du feu par la rareté du bois; mais l'épaisse & noire fumée que rendent ces sortes de mottes jointe à la puanteur qui s'en exhale en rend l'usage incommode. Les Collao Peuple Americain, habitans de cette Province sont d'un naturel assez prompt mais nez avec peu d'adresse. Ils ont pour Limites vers le Levant les spacieuses montagnes des Andes & vers le Couchant les monts de Neiges. Ces deux suites de montagnes se separent l'une de l'autre vers la Ville de Cusco & laissent entre deux une large plaine qu'on nomme vulgairement EL COLLAO. Le Lac de Titicaca est au milieu de cette Province.

[b] Corn. Dict. De Laet, Ind. Occid. l. 2. c. 3 & 4.

1. COLLATIA, ancienne Ville d'Italie. Elle étoit d'abord aux Sabins. Tite Live[c] dit : Collatia & tout ce qui étoit à l'entour fut enlevé aux Sabins : ils en étoient donc les maitres quoi que ce lieu fût aux Confins du *Latium*. Il dit encore[d] : Tous partent au grand galop pour se rendre à Rome où étant arrivez à l'entrée de la nuit, ils vont de là à Collatia & y trouvent Lucrece qui travailloit à de la laine quoiqu'il fût deja tard. Denys d'Halicarnasse écrit Κολατία, par une L. simple COLATIA, & Festus écrit ce même nom CONLATIA & le derive de ce qu'on y apporta les richesses des autres Villes; il ajoute que delà étoit venu le nom de *Conlatina* à une des portes de Rome. Il met *Conlatia* auprès de Rome. *Conlatia oppidum fuit prope Romam, eo quod ibi opes aliarum Civitatum fuerint conlata, a qua porta Roma Conlatina dicta est*. D'autres donnent cette Ville au Latium[e]. Strabon[f] dit qu'après avoir été une petite Ville elle étoit fort dechue & il la nomme avec quelques autres, savoir *Antemnæ, Fidenæ, Lavinium*, &c. qui de Villes qu'elles avoient été, n'étoient plus que de simples Villages ou même des Maisons de Particuliers. Holstenius dans ses Observations sur l'Italie de Cluvier[g], croit que Collatia étoit près du Confluent de l'Osa & du Teverone. Cette distance ne s'accommode point avec la course rapportée par Tite Live, comme le remarque Cellarius[h]. Il ne reste aucun ancien vestige de ce lieu qui puisse déterminer où il étoit.

[c] l. 1. c. 37.
[d] c. 57.
[e] Ortel. Thes.
[f] l. 5. p. 230.
[g] p. 103.
[h] Geogr. Ant. l. 2. c. 9.

2. COLLATIA, ancienne Ville d'Italie dans la Pouille vers le Mont Gargan. Pline[i] en nomme les habitans COLLATINI & Frontin dans son Livre des Colonies fait mention de son territoire qu'il nomme *Ager Collatinus* & il le joint au Mont Gargan. C'est tout ce que l'on en sait.

[i] l. 3. c. 11.

1. COLLE, Voiez COL, Ville d'Afrique.

2. COLLE (LA) Riviere de France[k] dans la Champagne. Elle a sa source assez près de Vitri, & va se décharger dans la Marne à un quart de lieue de Chalons.

[k] Corn. Dict.

3. COLLE[l], Ville d'Italie en Toscane dans l'Etat de Florence & sur les Confins du Sienois, avec un Evêché Suffragant de l'Archevêché de Florence. Elle est fort petite & située sur une Colline près de la Riviere d'Elsa, d'où lui vient peut-être son nom. On la trouve presque au milieu entre Siene & Volterre, à quatre milles de Pongibone & à 25. de Florence au Midi. Les habitans sont appellez COLLEGIANI.

[l] Baudrand Ed. 1705.

COLLE-SALVIETI[m], Bourg d'Italie en Toscane dans le Pisan, à quatre lieues de Pise & à pareille distance de Livourne.

[m] Ibid.

COLLENTUM, Ville de l'Illyrie dans l'Isle de Scardone, selon Ptolomée[n]. Pline[o] en nomme

[n] l. 2. c. 17.
[o] l. 3. c. 22.

COL. COL. 707

nomme les habitans COLENTINI, par une seule *l*. Mais il ne dit pas qu'ils fussent dans l'Isle de Scardone. Dans le Chapitre precedent il nomme l'Isle elle-même *Colentum* & la place à xxx. M. de Pola.

COLLIGAT, Ville de l'Ethiopie sous l'Egypte, au bord du Nil, selon Pline [a]. [a] l.6.c.30.

☞ COLLINE, hauteur qui n'est pas assez élevée pour meriter le nom de *Montagne*, & qui l'est trop pour être appellée *Tertre*, ou *Eminence*.

COLLIOURE, Voiez COLIOURE.

COLLIQUEN [b], Vallée de l'Amerique meridiónale au Perou dans le Gouvernement de Lima. Elle est large, pleine de bois & coupée d'une Riviere qu'on ne peut passer à gué si ce n'est lorsque l'Eté est dans les Montagnes & l'Hiver dans la plaine. Cette Vallée étoit autrefois fort peuplée, mais les guerres civiles des Espagnols en ont fort éclairci les habitans. Augustin de Zarate dit qu'elle est à quarante lieues de St. Miguel. [b] Corn. Dict. de Laet Ind. Occid. l. 10. c. 19.

COLLOBRIERE [c]. Petite Ville de France dans la Provence, au Diocèse de Toulon, à trois ou quatre lieues de la côte de la Mer à l'Orient Septentrional de Toulon. [d] Il est fait mention de ce lieu dans une Bulle de Gregoire VII. sous le nom de St. Pons de Collobriere. [c] Baudrand Edit. 1705. [d] Dict. de la France.

COLLOBRIOU [e], petite Ville de France en Provence, sur les Confins du Dauphiné, dans une Vallée entre les Montagnes des Alpes, à six ou sept lieues d'Embrun au Midi. [e] Baudrand Ibid.

COLLODES, Pline [f] dit que quelquesuns mettoient près de la Sardaigne une Isle de ce nom, mais la maniere dont il s'exprime fait connoître qu'il n'étoit pas fort persuadé de leur autorité ni de son existence. [f] L. 3. c. 7.

COLLONSA, petite Isle d'entre les Westernes, au Couchant de l'Ecosse: dans l'Etat present de la Grande Bretagne, elle est nommée COLONSAY [g]. Cette Isle & celle d'Oronsay sont très-petites, & au Couchant de Jura. Elles ne sont separées que par un petit Détroit, ont à peu près la même étendue, savoir cinq à six milles de circonference. Le Duc d'Argyle est Seigneur de Colonsay; cette Isle n'est pas si fertile que l'autre. Les habitans ont une tradition selon laquelle elle a été autrefois habitée par des Pygmées. [g] T. 2. p. 289.

COLLOPS. Voiez CULLU.

COLLUCIA, Marais d'Italie au Royaume de Naples dans la Terre de Labour, entre Bayes & l'Embouchure du Vulturne. Mr. Baudrand croit que c'est le Marais nommé par les Anciens PALUS ACHERUSIA.

COLLUCONES. Voiez CALUCONES.

COLMAR. Ville de France dans la haute Alsace dont elle est la Capitale. Son nom Latin est COLUMBARIA. Mr. de Valois conjecture qu'en retranchant l'*u* & le *b* de ce mot on a fait *Colmaria*. Mr. Piganiol de la Force en parle ainsi par raport à son ancienneté: Cette Ville [h] qui est située près de la Riviere d'Ill, est la Capitale de la haute Alsace, & la seconde de la Province. On prétend qu'elle a été bâtie des ruines de l'ancienne *Argentovaria*, où l'Empereur Gratien defit les Allemands qui s'étoient emparez de l'Alsace & de la plus grande partie de la Suisse. Elle a été plusieurs fois [h] Desc. de la France T. 6. p. 324.

détruite & rebâtie. Rhenan a pretendu qu'elle n'avoit été entourée de murailles que sous Frideric II. & que ce n'étoit auparavant qu'un Bourg mediocre; mais en cela il se trompe, car Colmar étoit une Ville avant Frideric II. & cet Empereur ne fit autre chose que l'agrandir. Mr. Piganiol n'apporte point de preuves de cette prétendue erreur de Rhenan. Cependant le Moine Richer qui vivoit du temps de Frideric II. dit [i] que Wolfelin Prefect d'Alsace pour cet Empereur fit bâtir *Colmar* dans le Diocêse de Bâle. *Columbariam in Episcopatu Basiliensi construxit.* Quoi que [k] cette Ville ait beaucoup souffert de ses Voisins durant les guerres Civiles du Pays, sur tout du temps des Empereurs Rodolphe de Hapsbourg & Adolphe de Nassau, elle a toujours conservé la liberté & son état immediat sous les Empereurs de la Maison d'Autriche jusqu'à l'an 1680. qu'elle fut réunie au corps de la Province d'Alsace & à la Couronne de France; car après la paix de Westphalie la garnison Françoise sortit de la Ville de Colmar qui fut reconnue pour un Etat libre & immediat, desorte qu'elle fut taxée par les Etats de l'Empire pour sa quote part de la somme accordée pour la satisfaction de la Milice à 22428. florins. Les autres neuf Villes furent aussi taxées à proportion. Colmar après Haguenau étoit estimée la plus puissante. Elle avoit de bonnes & fortes murailles que le feu Roi Louïs XIV. fit démolir l'an 1673. Il la fit entourer d'une enceinte toute nouvelle après la Paix de Ryswyk & il y établit la residence du Conseil Royal d'Alsace, sorti de Brisac, qu'on avoit cedé à l'Empereur par le Traité. Du reste les habitans jouïssent de tous leurs privileges sous la domination de France & ont la liberté de Conscience. La plûpart sont Lutheriens; la Confession d'Augsbourg y ayant été reçue l'an 1632. quoi que l'Empereur Ferdinand eût obligé ceux de Colmar à embrasser la Religion Catholique, & à quiter la Secte des Sacramentaires ou Zuingliens qu'ils avoient embrassée cent ans auparavant. Colmar est à present par ces nouveaux avantages la premiere Ville d'Alsace après Strasbourg. Elle est située sur la Riviere de Lauch qui s'étant jointe à celle de Thur se jette dans l'Ill à demie lieue dessous. [l] On y compte environ huit cens maisons, mille soixante & dix-huit familles & sept mille cent quarante deux habitans, dont il y a moitié Catholiques &, moitié de Protestans selon Mr. Piganiol de la Force. Mr. Baudrand dit que la situation de cette Ville est dans une fort belle plaine, à deux lieues de Brisac & du Rhin vers le Couchant, & un peu plus de Schlestadt en allant vers Muhlhausen. [i] Chron. l. 4. c. 6. [k] Longuerue. Desc. de la France 2. part. p. 239. [l] Piganiol de la Force l.c.

COLMARS, en Latin *Collis Martis*, ou la *Colline de Mars*. Petite Ville de France en Provence au Diocèse de Senez. C'est le Chef lieu d'une Viguerie, & le Siége d'un des quatorze Bailliages de la Provence. [m] Le BAILLIAGE DE COLMARS est au Nord de celui de Guillaume; il est de petite étendue, & pour le Spirituel il reconnoît l'Evêque de Senez. La Ville ne se trouve point dans les anciens monumens. Elle est considerable entre les Villes des Montagnes & elle a droit de députer aux Etats & aux Assemblées du Pays. [n] Il y a un Mem. [m] Longuerue desc. de la France 1 part. p. 369. [n] Divers Mem.

Tom. II. Vvvv* 2

un Gouverneur foumis au Gouvernement Militaire de la Provence. Les Montagnes voifines fourniffent toutes les efpeces de Simples qui fe trouvent dans les Alpes. On voit près de cette Ville une fontaine qui a, dit-on, flux & reflux en differens efpaces de temps; quelquefois quatre fois dans l'efpace d'un quart d'heure. Honoré Bouche [a] en attribue la caufe aux differens degrez des vents fouterrains: Le même Auteur croit que c'eft où il faut placer le Peuple GALLICÆ dont il eft fait mention dans l'Infcription du Trophée des Alpes.

[a] Hift. de Provence.

COLMASUS, Lieu d'Allemagne où Trithéme cité par Ortelius [b] dit que fe donna une bataille entre les Goths & les Saxons.

[b] Thefaur.

COLME, [c] (LA) on appelle ainfi un grand Canal qui fort de la Riviere d'Aa, à demie lieue de l'Abbaye de Watte en Artois, & qui paffe au Fort de Lincke en Flandre, [d] une partie va à Bourbourg & on la nomme WEST-COLME, c'eft-à-dire, la Colme Occidentale, & tombe dans l'Aa au deffus de Gravelines, l'autre partie paffe à Bergue St. Vinox & va fe perdre dans la Mer à Dunkerque.

[c] Dict. Geogr. des Pays-bas.

COLMENAR [d], Bourg d'Efpagne dans la vieille Caftille, fur les Confins de la nouvelle, & de l'Eftremadure d'Efpagne entre Avila & Placentia.

[d] Baudrand Edit. 1705.

COLMENSE'E; c'eft ainfi que Mr. Baudrand après Meff. Sanfon écrit ce nom. Le premier dit: Ville de Pologne dans la Pruffe Royale au quartier de Colmerlandt: On l'appelle auffi CULMENSE'E; & c'eft où l'on a transféré le Siege de Culme dont elle eft à douze mille pas au Levant d'hyver, & à neuf milles de Thorn au Nord en allant vers Graudens.

Mr. de l'Ifle nomme ce lieu CHELMNZA & le met au Nord Oriental & à quatre lieues communes de Pologne de Thorn, & environ à pareille diftance & au Sud-eft de Culm. André Cellarius different de Cellarius (Chriftophe) que je cite fouvent, dit dans fa Defcription de la Pologne imprimée à Amfterdam 1659.
[e] CULMENSE'E, Colmenfée, Bourg à un mille de Culm, c'eft là qu'eft le Siége & la refidence de l'Evêque de Culm que l'on dit auffi de Lobaw, parce qu'il a la jurifdiction fpirituelle de l'une & de l'autre & que même il refide quelquefois à Lobaw.

[e] p. 5, 3.

COLM-KILL, petite Ifle entre les moins remarquables des Wefternes. L'Etat prefent de la Grande Bretagne n'en fait aucune mention, mais Mr. d'Audifret obferve qu'il y a à la Ville de Sodore refidence ordinaire des Evêques des Wefternes, & la celebre Abbaye de St. Colomb, qui étoit autrefois deftinée pour la fepulture des Rois d'Ecoffe. En ce cas c'eft la même Ifle que celle de JONA. Voiez ce mot.

COLMOGOROD; Ville de l'Empire Ruffien dans une Ifle que forme la Dwine, à la diftance d'un peu plus de cinquante Werftes au deffus d'Archangel, au Couchant de l'embouchure de la Rivière de Pinega dans la Dwine. Le Sr. le Brun [f] la nomme KOLMOGORA & dit qu'elle eft affez grande, & fituée au Sud-Oueft de la Dwina. Il y met le Siége d'un Archevêque du Rite Grec.

[f] Voyages c. 4. p. 19.

1. COLN. Voiez COLOGNE.

2. COLN, j'ai obfervé dans l'article de BERLIN qu'une des parties dont cette Ville eft formée s'appelle ainfi.

3. COLN, (LA) Riviere d'Angleterre au Comté d'Effex, où elle a fa fource d'où coulant vers le Sud-eft elle arrofe Colchefter à laquelle elle donne fon nom, & quelques lieues au deffous elle fe perd dans la Mer.

COLO, en Latin COLUM, petite Ville de Pologne au Palatinat de Kalifch. Ce fut là que le Roi de Suede fit paffer la Riviere de Warthe à fon Armée l'an 1655. Piacefki fait auffi mention de ce lieu [g].

[g] Adann.

COLOBΩN MONS, c'eft-à-dire, le 1590. Mont des Eftropiez; Strabon & Ptolomée nomment ainfi un Promontoire de l'Ethiopie fous l'Egypte, fur le Golphe Arabique. Le premier de ces Géographes [h] nomme feulement le Peuple Κολοβοί. Mais Ptolomée [i] qualifie un lieu qui eft Montagne & Promontoire.

[h] l. 16. p. 773.
[i] l. 4. c. 7.

COLOBONA, ancienne Ville en Efpagne dans la Betique au Departement de Seville, felon Pline [k]. C'eft aujourd'hui TRIBUXENA entre Lebrixa & fan Lucar de Barrameda. Quelques Critiques au lieu de Colobona ont tâché de lire comme fi Pline eût écrit Col. Onoba, mais comme le R. P. Hardouin le remarque, il n'y a pas un manufcrit qui favorife cette leçon.

[k] l. 3. c. 1.
[l] Roder. Ca-rius Antiq.
Lufitan. l. 3. c. 22.

COLOBRASSUS, ou COLOBRASUS, Ville d'Afie dans la Pamphylie, & dans les terres de la Cilicie montagneufe, felon Ptolomée [m]. Ce nom eft écrit Colobraffus dans les Actes du Concile de Chalcedoine.

[m] L. 5. c. 5.

COLOCA, Voiez COLACA.

COLOCASITIS. Ifle de la Mer Azanienne [n], c'eft-à-dire, de cette partie de la Mer Rouge que l'on appelloit ainfi à caufe de l'Azanie contrée de l'Ethiopie & qui s'étendoit depuis Ptolemaïde jufques aux côtes de la Trogliditide.

[n] Plin. l. 6. c. 29.

COLOCHINE. Ville de la Morée dans la Zaconie fur un Golphe auquel elle donne fon nom, felon Mr. Baudrand. Le Golphe de Colochine eft le même que le Golphe de Lacedemone, & la Zaconie n'approche point de ce Golphe qui eft dans la Province nommée Brazzo di Maina. Ainfi Colochine ne peut être de la Zaconie, comme le dit Mr. Baudrand qui s'eft trompé. [o] Les Turcs l'appellent aujourd'hui KOUTQUINA par corruption. Elle eft fituée à l'endroit de la côte de Matapan où elle fe courbe le plus dans les terres près de l'Embouchure du fameux fleuve Eurotas. Les Anciens lui donnoient le nom de GYTHEON. C'étoit l'Arfenal de Mer des Lacedemoniens. Les Habitans ne vouloient point rapporter leur Origine à aucun Peuple de la terre, & fe vantoient d'être une Colonie du Ciel. Apollon & Hercule qui avoient eu une groffe querelle dans ce territoire, s'y étant enfin reconciliez y bâtirent enfemble Gytheon, & le peuplerent. Le Pays eft inégal, plein de Collines & de fondrieres & il s'y trouve des fources d'eau vive qui font admirables. De Colochina jufqu'au Cap de Sant Angelo la côte court Eft-Sud-Eft; & dans cette courfe on voit fur le bord de la Mer Tfili, à l'endroit où étoit Trinafus & enfuite Sapico bâti fur les ruines

[o] La Guilletiere La-cedemone anc. & nouv. l. 1.

ruines d'*Acria*; après Sapico, on rencontre *Porto Rapani*.

COLOCZA, Ville de la Haute Hongrie sur le Danube, au Comté de Bath, au deſſous de l'Iſle de Ste. Marguerite. Elle étoit autrefois conſidérable; mais elle eſt ruinée depuis trois ſiécles. C'eſt néanmoins le Siége d'un Archevêché, auquel eſt joint l'Evêché de Bath depuis long-temps. Elle eſt à huit milles d'Allemagne de Zigeth au Levant en allant vers Zolnock, & un peu plus au deſſous de Bude. Elle a été quelque temps au pouvoir des Turcs, mais les Imperiaux l'ont reconquiſe depuis. [a *Baudrand Ed. 1705.*]

COLODI [b], gros Bourg d'Italie, dans l'Etat de Luques, aux Confins du Florentin, à trois lieues de Luques. Il eſt fortifié. [b *Ibid.*]

1. COLOE', Marais d'Ethiopie d'où ſort la Riviere d'Aſtapus, ſelon Ptolomée [c]. [c *l. 4. c. 8.*]

2. COLOE'. Ville d'Ethiopie dans les Terres, ſelon le même [d]. Arrien fait mention de cette Ville de Coloé dans ſon Periple de la Mer Erythrée [e] & parlant du Village d'Adule, il ajoute: delà juſqu'à Coloé Ville maritime où ſe fait le plus grand Commerce de l'yvoire il y a trois journées de chemin. [d *Ibid.*] [e *Edit. Oxon. p. 3.*]

3. COLOE'. Voiez GYGÆUS & GYGÆUM.

COLOEPHRYGES, ancien Peuple de la Beotie. Etienne le Géographe dit qu'on les nommoit auſſi ANTICONDYLES. Heſyche fait mention de COLOEPHRYX montagne de la Beotie. Κολοίφρυξ, Ταναγραῖος ἀλεκτρυών, καὶ ὄρος Βοιωτίας.

COLOGENBAR, Ville d'Aſie près de l'Euphrate, aſſez près d'Edeſſe, ſelon Guillaume de Tyr cité par Ortelius [f]. [f *Theſaur.*]

COLOGNA [g], Ville d'Italie dans la Lombardie, au Padouan, dans l'Etat de la Republique de Veniſe, à 15. milles de Vicenze en allant vers l'Adige. [g *Baudrand Edit. 1705.*]

COLOGNE, en Latin COLONIA AGRIPPINA & COLONIA UBIORUM, Ville d'Allemagne ſur la rive gauche du Rhin, dans l'Electorat, auquel elle donne ſon nom & dont elle eſt la Capitale. On peut voir à l'article COLONIA AGRIPPINA UBIORUM, ce qui regarde ſon état ſous les Romains. Pour ce qui eſt de ſon état moderne voici ce qu'il y a preſentement à remarquer. Il faut diſtinguer deux choſes que nous traiterons ſeparement; ſavoir la Ville & l'Electorat de Cologne qui eſt un des plus conſiderables Etats de l'Empire d'Allemagne.

La Ville eſt ſituée dans un Pays plat, mais qui va un peu en panchant vers la Riviere. Selon les Obſervations les plus exactes elle eſt de 4. d. 45'. plus Orientale que l'Obſervatoire de Paris. Sa latitude eſt de 50. d. 50'. les Allemands la nomment COLN; mais par un ô adouci, c'eſt-à-dire, qui vaut notre *oeu*, deſorte qu'ils prononcent comme s'il y avoit *Coeuln*. Elle eſt très-belle, très-grande, & très-peuplée, en forme d'arc ou de croiſſant par le dedans, le Rhin ſe courbant en cet endroit, ce qu'il fait pourtant par la precaution que l'on a eue de lui donner ce cours, car ſans certaines digues qu'on a ſoin d'entretenir au deſſus de la Ville du côté du Fauxbourg qui eſt ſur la droite du Fleuve il paſſeroit tout droit & iroit derriere ce Fauxbourg. La partie concave du Croiſſant que forme la Ville eſt le long du Port & du Rhin, & la convexe eſt à l'Occident du côté des terres. Les deux cornes du Croiſſant ſont deſertes ou peu garnies de maiſons; le reſte eſt fort ſerré & les maiſons en ſont fort hautes, toutes generalement couvertes d'ardoiſe qu'on ne voit point du bas de la rue, parce que les murs des maiſons rebordent & montent plus haut que les toits des maiſons: ainſi toute l'eau ſe réunit à l'entour & tombe en bas par de longues goutieres qui s'avancent preſque juſqu'au milieu de la rue. On tient que cette forme de Croiſſant ou d'arc lui a été donnée par Philippe de Heinsberg Archevêque de la Ville qui l'augmenta beaucoup vers l'an 1180. Il y a entre deux foſſez tout autour de la Ville des Promenades plantées d'arbres des deux côtez. Les Egliſes ſont à Cologne en ſi grand nombre qu'elles ſont preſque l'une ſur l'autre. On en compte juſqu'à deux cens ſoixante, ſans y comprendre pluſieurs petites Chapelles. La plûpart ſont très-riches en reliques, ce qui a fait donner le ſurnom de *Sainte* à Cologne. La grande Egliſe que l'on appelle le *Dôme* dediée ſous l'invocation de St. Pierre, eſt imparfaite. Il n'y a que le Chœur qui ſoit achevé. On en trouve les arcsboutans admirables. Derriere ce Chœur eſt une petite Chapelle où il y a un tombeau fort élevé dans lequel eſt enfermée une chaſſe enrichie par devant de pierres precieuſes, de perles, & de rubis. On montre la chaſſe des trois Mages qui eſt enfermée dans un treillis de fer doré; quoique l'on aſſure qu'ils ſont entiers on n'en fait voir que les têtes. On lit en Latin dans un tableau qu'Helene mere de Conſtantin le Grand ayant fait porter ces corps à Conſtantinople Euſtorge Evêque de Milan les fit porter enſuite à Milan & qu'enfin ils furent tranſportez à Cologne en 1164. par les ſoins de Renold qui en étoit Archevêque. C'eſt une de ces traditions nationales très-peu fondées, mais dont les Villes ſont d'autant plus jalouſes qu'elles ont été accreditées par la credulité de pluſieurs ſiécles. Celle-ci en lui ſuppoſant plus de vraiſemblance qu'elle n'en a n'eſt ſuſceptible d'aucune preuve qui puiſſe ſatisfaire un homme un peu difficile à contenter. Quel étoit preciſément le Pays des Mages? Ils venoient de l'Orient. Ils s'en retournerent en leur Pays. Où moururent-ils? où fut leur tombeau? étoient-ils enſemble? En ſuppoſant que c'étoient des Rois ils étoient dans des Royaumes differens. Quelle étoit la Ville de chacun? Qui les tira du tombeau, ou plûtot de leurs tombeaux? Où Helene les trouva-t-elle? Qui les avoit raſſemblez? voila bien des queſtions ſur leſquelles l'Ecriture, ni l'ancienne Hiſtoire de l'Egliſe ne nous apprennent rien. L'Egliſe où ils ſont eſt obſcure & ſans beauté. Entre ce tombeau & l'autel d'une Chapelle qui en eſt proche ſont les entrailles de la Reine Marie de Medicis qui mourut à Cologne; ce qui a donné lieu à cette remarque que la mere de trois Rois étoit morte en la Ville de trois Rois. Ce mot n'eſt pas exact; car elle n'étoit mere que d'un ſeul Roi qui étoit Louis XIII. Roi de France, mais ſes deux filles avoient épouſé les Rois d'Eſpagne & d'Angleterre. Les curieux vont

Vvvv* 3

vont voir la maison où elle demeura près d'un an & demi. Elle est assez laide, située dans la Rue de l'Etoile. L'Eglise de St. Gercon Martyr est une Collegiale assez grande & bien bâtie dont la Nef est presque ronde & le Chœur fort élevé au dessus d'une Eglise souterraine. Les Eglises de St. Severin troisième Evêque de Cologne sur la fin du IV. siécle & de St. Cunibert qui en fut Evêque depuis l'an 623. jusqu'en l'année 663. sont aux deux extremitez de la Ville. Celle de Ste. Ursule Collegiale de Chanoines & de Chanoinesses n'est pas grande ; mais elle est fort remarquable à cause d'une tradition nationale ; on voit dans la nef plusieurs tombeaux & autour du Chœur une grande quantité d'ossemens arrangez en de hautes Armoires. On prétend que ce sont les reliques de Ste. Ursule & des onze mille Vierges ses Compagnes. La fable de leur Martyre a paru si peu soutenable aux Savans que pour en trouver le premier fondement ils ont eu recours à des divinations presque aussi déraisonnables que le Roman. Plusieurs croyent que cette tradition est venue de la mauvaise explication donnée à quelques lettres mal expliquées. Les uns croyent qu'ayant trouvé dans d'anciens monumens SS. URSULÆ & UNDECIMILLÆ V. V. M. M. on en a fait SS. URSULÆ & UNDECIM MILL. V. V. M. M. D'autres supposent que ce n'est qu'une corruption des noms mal écrits & confondus de deux Saintes, savoir S. MARTHA & S. SAULA V. V. M. M. Quoi qu'il en soit, il y a au bas de la nef un petit tombeau élevé de terre de deux ou trois pieds que l'on dit être d'un enfant qui ayant été mis dans la terre plusieurs fois s'en trouva toujours dehors. Au bas de l'Eglise est une Chapelle à côté ; on l'appelle la chambre dorée. On voit sur l'autel quantité de têtes d'argent dans lesquelles on dit que sont enfermées les têtes de Ste. Ursule & des principales Vierges qui l'accompagnoient. De tous côtez dans cette Chapelle le haut des murs haut & bas il y a une infinité de têtes même d'enfant dans des boëtes rondes coupées par la moitié, couvertes de Velours ou d'autres étoffes brodées d'or, d'argent & de soye. Il y a aussi une Eglise Collegiale de Chanoines appellée des Machabées. On y montre les corps des sept freres & de leur Mere, sur le grand autel, & au bas de la nef on remarque un puits, où l'on dit que fut jetté tout ce qu'on put ramasser du sang des compagnes de Ste. Ursule après leur Martyre. Aux Dominicains est une assez belle & grande Eglise dediée sous le nom de Ste. Croix. On y voit le tombeau d'Albert le Grand mort en 1280. ; auprès du dortoir est la Chambre de St. Thomas d'Aquin dont on a fait une Chapelle. L'Eglise des Cordeliers est encore plus belle ; dans le Chœur où les Religieux font l'office, derriere le grand Autel est le tombeau de Jean Duns Ecossois, connu sous le nom de Jean Scot, avec cette Epitaphe :: *Scotia me genuit*, *Anglia me suscepit*; *Gallia me docuit*, *Colonia me tenet*. Dans la même Eglise on voit aussi le tombeau de George Cassander Flamand, célèbre Theologien, avec un fort grand éloge, & dans une des Chapelles on montre le corps entier d'un des Innocens tuez par ordre d'Herode.

Dans l'Eglise appellée des douze Apôtres on voit au Vestibule la tombe d'une femme qui étant enterrée avec une bague de prix, & deux hommes qui en vouloient profiter l'ayant deterrée, elle revint de la lethargie qu'on avoit pris pour la mort, & s'aidant de la lanterne qu'ils avoient abandonnée de frayeur, retourna chez elle où elle eut encore plusieurs enfans. Les circonstances de cette Histoire arrivée, dit-on, l'an 1357. sont depeintes sur le mur voisin de la tombe. La maison où cette femme demeuroit s'appelle le *Papegai*, ou le Perroquet. Elle est dans une grande place plantée d'Ormes qui est proche de cette Eglise : c'est une des Promenades de la Ville. Cette Eglise est petite & d'une mechante Architecture. L'Eglise de Ste. Marie du Capitole où l'on monte par des degrez est fort ancienne. Elle a deux nefs, dans l'une desquelles les Chanoines font l'office ; & l'autre est à l'usage des Chanoinesses. Ces Chanoinesses en certains jours de l'année vont au Chœur des Chanoines, où étant d'un côté & les autres de l'autre ils psalmodient ensemble. L'Eglise des Jesuites est la plus belle de toutes : leur maison est bien bâtie ; mais leur College est dehors, & petit. Il y a dans la Ville d'autres Colléges possedez par des seculiers & même une Ecole de Droit ; Cologne a une fameuse Université où l'on enseigne la Théologie, le Droit Civil & Canon, la Philosophie & la Medecine : Elle fut fondée par le Senat l'an 1388. [a] Ce Senat par lequel la Ville étoit gouvernée fut changé en 1513. [b] après une sedition du Peuple qui fit mourir les Bourgmestres & le Tresorier qui furent décapitez & l'on pendit 1315. six autres personnes de la Magistrature que l'on accusoit de s'être aproprié les deniers publics. Le Pape Urbain VI. donna à cette Université les Privileges pareils à ceux de l'Université de Paris. L'an 1389. Gerard Calcariensis ouvrit les Leçons de Théologie dans la maison du Chapitre de l'Eglise Metropolitaine en presence du Clergé & du Senat : Il expliqua ces paroles du Chapitre 60. d'Isaye *surge & illuminare Jerusalem*. Le Prevôt de Cologne fut le premier Chancelier de cette Université, & Hertlin de la Marck en fut le premier Recteur. Quelques-uns disent qu'il y avoit du temps des Romains une espece d'Academie à Cologne & ils y placent la fameuse Ecole que d'autres mettent à Cléves. L'Hotel de Ville est assez beau, la plate forme qui est devant & à laquelle aboutit l'escalier a six inscriptions, la I. en mémoire de ce que Jules-Cesar reçut les Ubiens au nombre des Alliez du Peuple Romain & fit deux ponts de bois sur le Rhin ; la II. à cause qu'Auguste fit une peuplade en ce lieu : la III. à cause qu'Agrippa bâtit la Ville : la IV. parce que Constantin y fit un pont de pierres dont il n'y a plus aucun vestige : la V. à cause que Justinien donna à la Ville quelques droits : & la VI. à l'honneur de Maximilien Empereur. Au bout de la grande sale sont en bois contre le Mur les portraits des anciens Ducs de la Ville, avant que la Religion Chrétienne y eût été établie. Il n'y a qu'une chambre à chaque étage, & bâtiment est dans une seule tour, assez ouvragée,

[a] Mr. Corneille dit mal, 1588.
[b] Il dit encore mal, 1315.

vragée, en clocher par dehors. Au deſſus de cette ſale eſt la chambre du Conſeil où s'aſſemblent les Magiſtrats, & au deſſus il y a un Magazin de Fleches & d'Arcs dont on aſſure que les habitans ſe ſervirent quand ils allérent faire lever le ſiége que Charles dernier Duc de Bourgogne avoit mis devant la Ville de Nuis. L'Hôtel de Ville repond par derriere à une grande place auprès de laquelle il y en a encore une autre : l'une s'appelle le vieux Marché & l'autre le Marché au foin. Ce quartier eſt vers le Rhin & le plus habité de la Ville à l'un des bouts de laquelle ſont les Chartreux. St. Bruno Fondateur de leur Ordre dans le XI. ſiécle étoit de Cologne. On voit encore la maiſon où il demeuroit. Les bâtimens y ſont antiques & il y a un grand Jardin. Le Saint eſt repréſenté en bois ſur la porte de cette maiſon.

Le port de Cologne eſt aſſez beau. Il eſt à l'Orient de la Ville qu'il ſepare d'une autre petite Ville nommée DUITZ. Nous avons déja dit que Conſtantin avoit fait bâtir un pont de pierres en cet endroit ; à la tête de ce pont étoit un Fort nommé *Divitenſe Munimentum*; la Notice de l'Empire fait mention de *Milites Divitenſes*, mais l'un & l'autre fut détruit par l'Evêque Bruno qui en employa les Pierres à bâtir une Abbaye où étoit Abbé en 1124. Rupert Auteur connu par les Livres qu'il a écrits. Les Juifs avoient autrefois leur Synagogue à Cologne vis-à-vis de la Maiſon de Ville dans le lieu où eſt une Chapelle. Mais il ne leur eſt plus permis de demeurer dans la Ville même, ils ont leurs quartiers marquez à Duitz & ne peuvent venir en Ville qu'en payant un tribut à chaque fois. Au lieu de l'ancien pont on a un pont volant qui paſſe les paſſagers & les voitures toutes chargées à l'autre bord du Rhin.

On compte à Cologne 34. portes, grand nombre de Baſiliques, 9. Paroiſſes, dix Collegiales, 15. Monaſteres d'hommes, 22. de Filles ; 30. Chapelles, 59. Communautez de femmes, 2. Hopitaux pour les pauvres ; 2. pour les malades; 8. pour les vieilles gens. Les Proteſtans ne ſont point ſoufferts à Cologne & n'y ont aucun exercice public, mais on leur permet de faire leurs Aſſemblées religieuſes à *Mulheim* qui eſt au delà du Rhin à une demie lieue au deſſous de Cologne. Le Palais Electoral eſt peu de choſe, auſſi l'Electeur n'y reſide-t-il point. Il n'a pas même la liberté de ſejourner à Cologne plus de trois jours de ſuite ſans la permiſſion du Magiſtrat qui prétend que la Ville eſt Libre & Imperiale. L'Empereur Othon I. l'avoit ſoumiſe à ſes Archevéques l'an 963, mais Othon III. la declara libre & Imperiale aux Etats de Worms l'an 993. & lui donna de beaux Privileges que l'Empereur Frederic I. confirma. Les Archevêques prétendirent que l'Empereur n'avoit pu donner la liberté à une Ville ſoumiſe à ſes Prelats; & tâcherent de reprendre leur autorité ſur les Bourgeois. Il ſe donna pour cette querelle un ſanglant combat à Woringen l'an 1297. les Magiſtrats pour animer les habitans à combatre pour la liberté mirent les Clefs de la Ville ſur le champ de Bataille & remporterent la Victoire. Depuis ce temps-là ils en ont jouï

aſſez tranquilement & lors que les Electeurs ont cru trouver le moment favorable pour les reduire, les habitans ont toujours trouvé quelque appui qui les a maintenus dans cet état d'independance. Les VI. Bourgmeſtres gouvernent la Ville, deux ſont regens comme étoient les Conſuls à Rome. Après eux il y a une ſorte de Magiſtrats que l'on nomme les Cenſeurs, en Allemand 𝕾𝖙𝖎𝖒𝖒𝖊𝖎𝖘𝖙𝖊𝖗, dont le devoir eſt de veiller à la conſervation, au ſalut & aux intereſts de la Ville. Il y a 22. Corps de métiers qui choiſiſſent entre eux tous les ans la plupart des Membres du Conſeil qui eſt compoſé de 49. perſonnes en tout. Il y a auſſi les 𝔚𝔢𝔦𝔫𝔪𝔢𝔦𝔰𝔱𝔢𝔯 & autres & les 𝔗𝔥𝔲𝔯𝔫𝔥𝔢𝔯𝔯𝔢𝔫, ou Seigneurs de la Tour. Leur Charge conſiſte à interroger les priſonniers, à en raporter les reponſes au Conſeil, & lors que le priſonnier eſt jugé digne de châtiment ils le font prendre du conſentement du Conſeil par le *Maître des Violences*, qui le remet avec certaines ceremonies au Comte ou au Vicomte. C'eſt un Officier de l'Electeur établi dans la Ville pour juger au nom du Souverain. Il eſt à la tête d'un Tribunal ſeculier & a ſes propres Echevins. Le Maître des Violences eſt une eſpece de Lieutenant de Police qui a ſes Sergeans dont il ſe ſert pour arrêter les malfaiteurs, & pour infliger des peines aux fautes legeres, mais ceux qui met en priſon ſont examinez par les Seigneurs de la Tour. A l'égard des Etudians on ſe contente de faire un procès verbal du mal qu'ils ont fait & on l'envoye avec eux au Recteur de l'Univerſité s'il les reclame. Pour ce qui eſt des Criminels qui meritent un ſevere châtiment, on les livre à l'Officier de l'Electeur. Il y a encore quatre Magiſtrats 𝕶𝖑𝖆𝖌-𝖍𝖊𝖗𝖗𝖊𝖓 occupez à terminer les diſputes & les querelles qui ſurviennent entre les Bourgeois; au reſte leur autorité eſt conſiderable. Le Conſeil a auſſi trois Syndics. *

L'ELECTORAT DE COLOGNE [a] eſt borné des Duchez de Cleves & de Gueldres au Septentrion ; de celui de Berg à l'Orient dont le Rhin le ſepare, de l'Archevêché de Treves au Midi & du Duché de Juliers à l'Occident. St. Materne Diſciple de Jeſus Chriſt convertit les Ubiens à la foi ſous l'Empire de Domitien & fut le premier Evêque de Cologne. Les Ariens s'emparerent de cette Egliſe ſous Conſtantius vers l'an 350, mais St. Severin les en chaſſa l'an 398. Le nombre des Chrétiens s'y étant extrémement multiplié dans le VI. & le VII. ſiécles le Pape Etienne III. érigea l'Egliſe de Cologne en Metropole l'an 743. & y nomma pour Archevêque Agilolphe Compagnon du Legat Winfride Boniface. Hildegard qui lui ſucceda fut tué au Château de Viberg l'an 753. comme il ſuivoit Pepin à la guerre contre les Saxons. L'Empereur Othon I. fit donation l'an 953. du Duché de Lorraine à ſon frere Brunon qui étoit Archevêque de Cologne & qui joignit le premier l'épée avec le bâton Paſtoral. L'Empereur Frideric Barberouſſe étant aux Etats de Gelnhauſen environ l'an 1180. à Philippe de Heinsberg le Duché de Weſtphalie; Conrad Comte de Hochſted incorpora au Domaine de ſon Egliſe le Comté de Hochſted l'an 1260. avec les Châteaux de Waldenborch & de Weide.

[a] D'Audifret Geogr. T. 3. p. 235.

Henri

Henri II. Comté de Wirnenbourg qui vivoit au commencement du XIV. siécle, acquit de Thierri Lowon issu de la Maison de Cléves le Comté de Heylicrod qui s'étendoit fort avant dans la basse Lorraine : Cunon de Falckenstein remit ceux d'Andernach dans leur devoir & acheta le Comté d'Arnsperg de Godefroi dernier Comte de ce nom, avec la dignité d'*Antibellateur* entre le Rhin & le Weser dont les fonctions consistoient au Droit de conduite dans les Pays situez entre ces deux fleuves & d'empêcher qu'on n'y construisît aucune fortification sans son consentement, & Maximilien Henri de Baviere recouvra la Ville de Rhinberg l'an 1672.

L'Archevêché de Cologne a une étendue assez grande : Le Pays en est bon & fort peuplé. On y recueille quantité de grains & de vin, & comme il est situé le long du Rhin les habitans en tirent de grands avantages pour le debit de leurs denrées.

L'Electorat consiste au DIOCESE & au DOMAINE SEPARE'.

Le DIOCESE est divisé en HAUT & en BAS.

Le HAUT DIOCESE comprend VIII. *Bailliages* dont les quatre principaux sont

Andernach,   Kerpen,
Zülich,   & Lecknick.

Ses Villes les plus remarquables sont

Bonn, Residence de   Bruel,
  l'Electeur,
Andernach,   Lecknick,
Lintz,   & Kerpen.

Dans le BAS DIOCESE il y a

Nuys,   Ordingen,
Keyserswerth,   & Rhinberg.
Woringen,

Quoique le Comté de Meurs soit enclavé dans le bas Diocèse, il n'appartient point à l'Electorat, mais aux heritiers de la Maison d'Orange.

Le DOMAINE SEPARE' comprend { Le DUCHÉ DE WESTPHALIE, Le COMTÉ DE RECKLINCHUSEN.

A l'égard de ces deux Souverainetez, voiez leurs Articles particuliers.

L'Archevêché de Cologne n'étoit d'abord qu'un Evêché dependant de la Metropole de la premiere Belgique & ensuite de celle de la haute Germanie pendant que le Siége Metropolitain étoit à Worms. Il devint ensuite Metropolitain lui-même. Quelques uns ne conviennent pas de son ancienneté, & reculent St. Materne son premier Evêque jusqu'au IV. siécle.

L'Archevêque de Cologne a pour Suffragans les Evêques d'Osnabrug, de Munster & de Liége. En qualité d'Electeur il est Archichancelier de l'Empire pour l'Italie, mais il ne fait aucune fonction de cette Dignité parce que bien que l'Empereur soit très-puissant en Italie, il n'en est pas de même de l'Empire; car l'Empereur possede les Royaumes de Naples & de Sicile non à titre d'Empereur, mais en qualité de Roi de ces deux Pays; dont les Couronnes n'ont point de raport avec la Dignité Imperiale. Outre cela les Princes & Pays qui y relevent de l'Empire, en sont eux-mêmes les Vicaires, ou s'addressent directement à la Cour Imperiale pour les affaires qui doivent être expediées dans la Chancellerie. Cette Charge étoit autrefois très-considerable; l'Empereur Othon I. l'institua l'an 964. & sous ses Successeurs, elle fut presque toujours exercée par des Evêques Italiens, jusqu'à ce que le Royaume d'Italie s'étant separé de celui de Germanie, l'Archevêque de Cologne, comme un des plus puissans Prelats du Clergé d'Allemagne se l'appropria. Elle lui fut confirmée par la Bulle d'Or, mais de tous les Droits qui y étoient attachez il ne conserve que la préseance sur l'Archevêque de Mayence dans l'étendue de la Chancellerie d'Italie. Le Pape Léon IX. conferera à l'Archevêque de Cologne les Dignitez de Cardinal perpetuel de la Sainte Eglise sous le titre de St. Jean devant la porte Latine & de Chancelier de l'Eglise Romaine ; mais quoi qu'elles fussent confirmées, par les Successeurs de Léon, elles ne sont plus en usage, soit par la negligence des Archevêques de Cologne, soit par la revocation des Papes. La Bulle d'Or donne aussi à cet Electeur le droit de sacrer l'Empereur en qualité de Metropolitain d'Aix la Chapelle où elle a fixé la ceremonie. Il en pretendoit joüir par tout ailleurs, & a eu sur ce sujet de grandes contestations avec l'Electeur de Mayence qui ne vouloit lui ceder que dans son Diocèse ; mais le different fut reglé l'an 1657. & ils convinrent par une Transaction qu'ils en joüiroient chacun dans leur Province, & que quand le sacre se feroit ailleurs, ce seroit alternativement, cependant celui de Cologne sacra l'Empereur à Francfort l'an 1658 ; mais ce fut du consentement de l'Electeur de Mayence & sans conséquence pour l'avenir.

COLOMBARA DE TREPANI [a], en Latin *Columbaria*, petite Isle de la Mer mediterranée sur la côte Occidentale de la Sicile près de la Ville de Trepani.

[a] Baudrand Edit. 1705.

1. COLOMBE, (LA) Village de France près d'Orléans. C'est où le Roi Chlodomir fils du Grand Clovis fit mourir St. Sigismond Roi de Bourgogne son prisonnier, sa femme & ses enfans & jetter leurs corps dans un puits. On les en retira depuis pour les transporter à l'Abbaye de St. Maurice en Walais. Mais le lieu de la Colombe ne laissa pas d'être consacré en l'honneur de St. Sigismond, & l'on y vit depuis un Prieuré de Religieux dependant de l'Abbaye de Mici, ou de St. Mesmin.

§ C'est Mr. Baillet [b] qui appelle ainsi ce lieu ; mais le P. Daniel dans sa belle Histoire de France dit beaucoup mieux après avoir raporté les details & les motifs de cette barbare vengeance : [c] « Le lieu où cette exécution se fit est appellé par le Moine Aimoin du nom de CALOMNIA, & l'on pretend avec beaucoup de vraisemblance que c'est un village près d'Orleans nommé aujourd'hui COULMIERS où il y a une Eglise dediée sous le nom de S. Sismond ou Sigismond qui est un Prieuré dependant de l'Ab-

[b] Topog. des Saints. p. 140.

[c] Hist. de France. T.1. p. 60.

COL.   COL.   713

l'Abbaye de Mici appellée maintenant St. Mef- | St. Jean où est encore un pont levis. Depuis
[a] Topog. mln. Le même Mr. Baillet dit [a] : COLUM- | cette porte jusqu'à la mer, on a planté un rang
des Saints NA, la Colombe que quelques-uns nomment | de Palissades près de l'Abbaye & vis-à-vis le
p. 579. COLOUMELLE, Village près d'Orléans où fut | College des Jesuites est une belle Esplanade, &
tué St. Sigismond Roi de Bourgogne. On | entre celle de Ste. Croix & le Bastion de la
voit bien que tous ces noms ne designent qu'un | Douane est une très bonne muraille & cet en-
même lieu. | droit n'est pas moins fort de la partie meri-
[b] Baudrand 2. COLOMBE [b]. (LA) Village de France | dionale de la Ville. Les Augustins avoient de
Ed. 1705. dans la Marche avec une Abbaye de l'Ordre de | ce côté-là une grande Maison où pendant le
Cisteaux, au Diocèse de Limoges, sur la petite | siége les Portugais avoient mis leurs poudres;
Riviere de Chanderet, à trois lieues de le | sous de bonnes voutes. Ils en avoient aussi
Blanc vers le midi. | dans l'enclos des Cordeliers & dans celui des
[c] Allart 3. COLOMBE [c], (LA) Riviere d'An- | Capucins. Il y avoit dans cette Ville plus de
Atlas. gleterre en Devonshire. Elle tombe dans la | neuf cens familles nobles & plus de quinze
Riviere d'Ex au Nord d'Exchester. Et don- | cens familles de gens de Justice, de Marchands
ne le nom au Village de COLOMBETOWN près | & de bons Bourgeois, avec deux Paroisses,
duquel elle passe. | l'une de Notre Dame, l'autre de St. Laurent;
COLOMBIERE, en Latin Columbaria, | cinq Maisons Religieuses; savoir de Cordeliers,
Abbaye de France en Berry sur les Limites du | de Dominicains, d'Augustins, de Capucins,
Bourbonnois. Elle fut fondée par St. Patro- | & le College des Jesuites où ils enseignoient les
cle qui mourut à deux lieues de là dans son | Humanitez & la Philosophie. Outre cela il y
hermitage, mais qui fut ensuite porté à Co- | avoit encore la maison de la Misericorde &
lombiere où fut établi son Culte. | l'Hôtel-Dieu; on comptoit sept Paroisses hors
1. COLOMBO. Ville de l'Inde dans l'Isle | des murs. Tous les habitans étoient enrolez
de Ceïlan, sur la côte Occidentale. Elle est | par compagnies : les Portugais dans les unes &
devenue fameuse par les Portugais qui l'ont | ceux du Pays dans les autres. Tous étoient
possédée long-temps & sur qui les Hollandois | bien armez & fort adroits à se servir de leurs
[d] Ribeiro l'ont conquise. [d] Ce n'étoit d'abord qu'une | armes. Lorsqu'une compagnie de Portugais,
Hist. de l'Isle loge que l'on avoit palissadée. Peu après on | qui n'étoit que de quatre vingt ou quatre vingt-
de Ceilan s'étendit, on bâtit un petit Fort & dans la | dix hommes, montoit la garde, elle paroissoit
c. 12. p. 86. suite les Portugais en firent une Ville très-jolie | être de plus de deux cens hommes, parce qu'il
& suiv. & très agréable, avec douze Bastions & une | n'y avoit point de Portugais qui ne fût suivi
place d'armes, d'où l'on peut se rendre en un | d'un valet au moins.
instant partout où il est necessaire. Les mu- | Tel étoit l'état de la Ville de Colombo lors-
railles n'ont été long-temps que de Taipa Sin- | que les Portugais la perdirent. Ils la possederent
gella avec un fossé qui se terminoit à un Lac | depuis son premier établissement qu'ils firent en
& ce Lac fermoit du côté de terre un tiers de | 1517. par le Comptoir qui devint ensuite une
la Ville. Il y avoit toujours 237. piéces de | Forteresse; jusqu'au 10. Mai 1656. qu'ils en
Canon montées qui portoient depuis 10. jus- | furent chassez par les Hollandois après un siége
qu'à 36. livres de bale. Elle étoit pour une | très-opiniâtre qui duroit depuis le mois d'Oc-
Baye capable de contenir un grand nombre de | tobre de l'année d'auparavant. Les Hollandois
petits vaisseaux, mais ils y sont toujours expo- | en ont fait une place reguliere. Ils ont abbatu
sez au vent du Nord. Elle avoit treize cens | les anciennes fortifications, & en ont élevé de
pas de circuit. A la pointe du Recif étoit | nouvelles qui enferment moins de terrain. Il y
une espece d'Eperon avec une grosse piéce | a presentement une Citadelle à l'endroit où étoit
d'Artillerie qui batoit & deffendoit toute la | le Couvent des Augustins, & on voit trois
Baye. La partie meridionale de la Ville étoit | Forts sur autant d'éminences qui commandent
toute ouverte, parce que le Recif la deffendoit | la Ville. On a creusé autour des nouvelles
assez bien de ce côté-là. Sur le bord de la mer | murailles un large & profond fossé qui se rem-
est un bastion, où commence un fossé avec | plit du Lac voisin, & ce fossé va jusqu'à la
une muraille à la moderne qui a été prolongée | mer, & Colombo est devenu par ces travaux
jusqu'au bastion de Mapane, où est une porte | une des plus fortes Places qui soient dans les
avec un pont levis, & ce même fossé & cette | Indes.
même muraille continuent jusqu'au Lac où est | 2. COLOMBO, Petite Ville d'Afrique
le Bastion de St. Gregoire. On peut dire que | en Ethiopie au Congo. Mr. Baudrand [e] dit [e] Ed. 1705.
toute cette partie-là est la mieux fortifiée de | que les Portugais en sont les maîtres, & qu'el-
toute la Ville. Le Lac qui a bien deux lieues | le est environ à deux journées de Loanda St.
de tour la ferme aussi par l'espace de quatre cens | Paul du côté du midi assez près de la Riviere
pas, & environ à deux cens pas du Bastion de | de Coanza. Mr. de l'Isle met Colombo Bour-
St. Grégoire il y en a un autre tout proche la | gade au Royaume d'Angola sur la Rive Sep-
maison & le Moulin à poudre que fait aller | tentrionale de la Coanza.
un petit ruisseau qui sort du Lac & traverse la | COLOMBS [f], ou COULOMBS, en Latin
Ville par le milieu. De l'autre côté du Lac | Columba. Bourg de France dans la Beausse avec [f] Ibid.
recommence une muraille basse qui continue | une Abbaye de l'Ordre de St. Benoît, sur la
jusqu'au bastion de St. Jérôme, mais avant que | Riviere d'Eure, auprès de Nogent le Roi vers
d'arriver à ce Bastion, on trouve celui de la | l'Orient.
Mere de Dieu, la porte de la Reine & le | COLOMEY [g], Petite Ville de Pologne [g] Ibid.
Bastion de St. Sebastien où l'on a creusé un | dans la Russie rouge sur la Riviere de Pruth
fossé qu'on a continué le long du Bastion de | près des Montagnes & des Confins de la Wa-
St. Etienne & de la porte & du Bastion de | lachie; Elle est connue par ses Salines & est à
Tom. II.   Xxxx*   neuf

neuf milles Polonois de Halicz au Midi. Elle a été si maltraitée par les Turcs & par les Cosaques durant les guerres, qu'elle ne vaut gueres mieux qu'un Village. Elle est sur la Riviere de Pruth selon Mr. de l'Isle.

• COLOMIERS, ou
COLOMMIERS, Ville de France dans la Brie dont elle est une des plus considerables. Elle est située sur la Riviere de Morin à treize lieues de Paris & à cinq de Meaux, dans un terroir gras & fertile. [a] Elle a été de l'ancien Domaine du Comté de Champagne dont elle n'a été separée entierement que quand Charles VI. l'an 1404. donna cette Ville avec plusieurs autres à Charles III. Roi de Navarre en pleine propriété, pour la recompense de plusieurs droits qu'il avoit sur plusieurs Provinces du Royaume. Ce Roi Charles III. n'eut que des filles; l'une nommée Béatrix porta cette Ville & plusieurs autres, à Jacques de Bourbon Comte de la Marche dont la fille unique Eléonor de Bourbon épousa Bernard Comte d'Armagnac dont les terres furent confisquées pour felonie; mais après de grands procès Colommiers fut ajugé à Henriette de Cleves Duchesse de Nevers & Comtesse de Rethel qui épousa Louïs de Gonzague de la Maison des Ducs de Mantoue. Ce fut cette Duchesse qui fit bâtir le beau Palais de Colommiers qu'elle donna en mariage à sa fille Catherine de Gonzague qui épousa Henri d'Orléans Duc de Longueville dont elle eût un fils unique heritier, Henri. Les deux fils de ce dernier Jean-Louïs-Charles, & Charles-Paris, & leur sœur Marie Duchesse de Nemours sont morts sans posterité. Cette Duchesse a fait une donation entre vifs de Colommiers & d'autres biens à Henri-Louïs de Soissons fils naturel de Louis de Bourbon Comte de Soissons. La Duchesse de Nemours nomma Prince de Neuf-Châtel ce fils naturel à cause de la donation qu'elle lui avoit faite de ses biens. Il a laissé une fille qui a épousé le Duc de Luines.

[a] Longuerue desc. de la France part. 1. p. 36.

1. COLONÆ, Ville d'Asie dans la Troade selon Scylax de Caryande [b]. Æmilius Probus, ou plutôt Cornelius Nepos dans la Vie de Pausanias fait mention de Colonæ qu'il appelle simplement un lieu & non pas une Ville: *Colonas, qui locus in agro Troade est, se contulerat: ibi Consilia cum Patria, tum sibi inimica capiebat.* Strabon [c] parle aussi de cette Ville de COLONÆ. Elle étoit, dit-il, au bord de l'Hellespont à CXL. stades d'Ilium. C'est de-là, poursuit-il, qu'étoit Cygnus à ce qu'on assure.

[b] Peripl. p. 36. Edit. Oxon.
[c] l. 3. p. 589.

2. COLONÆ. Le même Strabon [d] trouve une autre Ville de ce nom au dessus de Lampsaque plus avant dans le Pays, & dans le territoire de cette Ville. C'étoit une Colonie des Milesiens.

[d] Ibid.

3. COLONÆ, ancienne Ville dans l'Erythrée selon Anaximene qui au raport de Strabon [e] en trouvoit encore deux autres; savoir

[e] Ibid.

4. COLONÆ, ancienne Ville de Grece dans la Phocide; &

5. COLONÆ, ancienne Ville de Grece dans la Thessalie.

6. §. Il y avoit dans la Pariane une Ville nommée Colone & surnommée la blanche.

7. Outre [f] cela le Poëte Apollonius fait mention d'un écueil de même nom sur le Rivage du Bosphore de Thrace, vis-à-vis des Cyanées. Pierre Gilles dit qu'on l'appelle presentement CROMNION par corruption.

[f] Ortel. Thesaur.

8. Il y avoit aussi un écueil de même nom dans la Riviere de Rheba en Bithynie.

9. Et enfin un Promontoire près du Fleuve Lycus, selon le Scholiaste d'Apollonius.

COLONENSES. Voiez THEODORIAS.

COLONIA, nous expliquons ce mot à l'Article COLONIE; mais il y a eu plusieurs Villes dont il est devenu le nom propre soit sans addition, soit comme les premieres dont nous allons parler, soit avec un surnom pour les distinguer des autres Colonies voisines.

1. COLONIA. Voiez COLOGNA.

2. COLONIA, ancienne Ville d'Asie. Mr. Baillet en parle ainsi: COLONIE & NICOPOLI en [g] Armenie, appellée encore Taxate, Ville Episcopale de la Metropole de Sebaste. St. Jean le Silenciaire né à Nicopoli en Armenie l'an 454. bâtit en ce lieu à l'âge de 18. ans une Eglise en l'honneur de la Sainte Vierge & un Monastere où il se renferma avec dix autres personnes. Dix ans après il en fut tiré par l'Evêque de Sebaste Metropolitain de la Province qui l'ordonna malgré lui Evêque de Colonie. Ayant gouverné ce Diocèse pendant près de dix ans il en fit sa demission & se retira en Palestine où il passa le reste de sa vie dans la solitude. Mr. Baillet ajoute: plusieurs l'ont comprise parmi les Villes de la Cappadoce, mais toujours suffragante de la Metropole de Sebaste; & l'on croit qu'elle étoit differente d'une autre Nicopolis aussi Episcopale sous la même Province.

[g] Topogr. des Saints p. 140.

Il y a plus d'une reflexion à faire sur cet Article de Mr. Baillet. *Nicopolis* & *Colonia* sont marquées comme deux Villes Episcopales differentes & toutes deux sous la Metropole de Sebaste; dans la Notice de Leon le Sage, aussi bien que dans celle de Hieroclès; & selon ces deux Notices elles étoient dans la premiere Armenie. C'est le Concile de Nicée qui attribue *Colonia* à la Cappadoce; mais le Concile d'Ephese met aussi dans la Cappadoce une seconde Colonia. C'est Nicetas qui dit qu'elle s'appelloit de son temps TAXARA. Porphyrogenete met vers l'Armenie mineure une Colonie dont il dit que le Pays circonvoisin avoit pris le nom.

3. COLONIA, Ville d'Italie dans l'Etrurie, selon Frontin [h].

[h] l. 1. c. 2.

4. COLONIA, ancienne Ville d'Angleterre. Antonin qui en fait mention la met sur la route de Londres à Carleil, *a Londinio Lugwallium ad Vallum* entre *Cæsaromagus* & *Villa Faustini*, à XXIV. M. Pas de la premiere & à XXXV. M. P. de la seconde. Mr. Gale dans son Commentaire sur Antonin veut que ce soit la même que *Camulodunum*. J'avoue, dit-il, qu'il y avoit sur la Colne une forteresse des Romains, cependant je ne crois point qu'on y ait mené cette Colonie, parce que *Camulodunum* n'étoit pas en cet endroit. C'est ne rien prouver, n'en deplaise à ce savant homme. Que la distance de XXIV. M. P. convienne également à *Colonia* & à *Camulodunum*, à la bonne heure, mais cela ne dit pas que ce soit le

le même lieu. J'aime mieux dire avec Camden que cette *Colonia* est aujourd'hui COLCHESTER.

COLONIA AGRIPPINA UBIORUM, ou COLONIA AGRIPPINIENSIS [a]; c'est le nom Latin qui a été donné à la Ville que les Ubiens bâtirent sur le bord du Rhin après avoir laissé la Germanie pour venir s'établir dans la Gaule. On sait que les Ubiens eurent leur premiere habitation au delà du Rhin, mais comme ils demeurerent fermes dans l'amitié & dans l'alliance du Peuple Romain les Germains leurs voisins les inquieterent de façon, qu'ils furent contraints de venir s'établir en deçà du Rhin. On a douté s'ils y étoient venus d'eux-mêmes, ou si les Romains les avoient transferez. Strabon semble decider la question lorsqu'il dit [b] que *les Ubiens habitoient au delà du Fleuve, mais qu'Agrippa les emmena de leur consentement* [non invitos] *au deçà du Rhin*. [c] Après avoir passé le Rhin, ils se bâtirent une Ville dont je ne crois pas que l'on puisse trouver un autre nom que celui de *Oppidum Ubiorum* que lui donne Tacite [d]. C'est dans cette même Ville que le même Historien [e] dit qu'*Agrippine* femme de Claudius, fille de Germanicus, & mere de Neron pour honorer le lieu de sa naissance *fit établir une Colonie de Veterans qui fut appellée de son nom.* [f] Et c'est delà que cette Ville des Ubiens est appellée dans une Medaille de l'Empereur Claudius, COLONIA AGRIPPINA UBIORUM; dans une Medaille de Neron, *Colonia Agrippina*, & dans une de Vitellius COLONIA AGRIPPINA UBIORUM LEGIONIS XIX. dans l'Itineraire d'Antonin & dans Fortunat [g] elle est nommée *Colonia Agrippina*, & enfin une ancienne Inscription que l'on voit à Benevent porte *Colonia Claudia Augusta Agrippinensium*.

La difficulté de concilier le passage des Annales de Tacite [h] ci dessus cité, avec cet endroit du même Auteur, où il est dit [i] *que les Ubiens ne laissoient pas de rougir de leur condition quoiqu'ils fussent parvenus à l'honneur d'être Colonie Romaine & qu'ils parussent preferer à tout autre le nom de leur fondateur* [Conditoris sui], cette difficulté, dis-je, a été cause que quelques [k] Modernes ont douté si l'on devoit reconnoître Agrippine pour la Fondatrice de cette Colonie, ou si on devoit l'attribuer à son Ayeul Agrippa. Juste Lipse pour accorder ces deux passages a crû qu'au lieu de *Conditoris sui* il falloit *Conditoris suæ*, comme Virgile dit : *Auctor ego Juno* : & Ovide *Sponsor Dea*. Mais sans être obligé de faire une pareille violence aux paroles de Tacite, il semble qu'il est plus naturel de dire que Tacite en cet endroit parle en general; il ne veut pas plus exclure du titre de fondateur Claudius qui avoit accordé la Colonie qu'Agrippine qui l'avoit demandée. En un mot si l'on devoit regarder Agrippa comme le Fondateur de cette Colonie, elle eût été appellée *Agrippensis* & non *Agrippinensis*. Le R. P. Hardouin forme ici un nouveau Systême; il commence par declarer fausse l'Inscription , *Colonia Claudia Augusta Agrippinensium*, & pretend ensuite qu'il y a plus d'apparence que c'est à Agrippine femme de Germanicus appellée autrement la mere des Armées que l'on doit rapporter la

Tom. II.

[a] Cellarius Geogr. Ant. L.II. c.3.

[b] Lib. IV. p. 148.

[c] Cellarius Ibidem.

[d] Annal. l. 1. c. 36.

[e] Ibid. L. XII. c. 27.

[f] Hadr. Valesii not. Gall. p. 148.

[g] Lib. III. Carmine 19.

[h] Lib. XII. c. 27
[i] De Morib. Germ. c. 28.

[k] Cellarius Ibidem p. 209.

Fondation de cette Colonie. Mais quand même sur l'autorité de ce Pere on passeroit le faux contre l'Inscription en question, la difficulté ne seroit pas moindre, car le passage des Annales de Tacite au Liv. XII. c. 27. seroit toûjours contre lui.

Cette Ville se trouve quelquefois nommée simplement *Colonia* & quelquefois *Agrippinia*, elle a conservé son nom jusqu'à ce jour dans celui de COLN ou KÖLN que les Allemans lui donnent, & dans celui de *Cologne* dont les François le nomment. Voiez au mot COLOGNE. On doit conclure qu'il y avoit anciennement un Capitole à Cologne puisqu'il est dit que Plectrude femme de Pepin Chef des François fonda au Capitole de Cologne un célèbre Monastere de Religieuses & qu'elle y fut enterrée dans l'Eglise de Ste. Marie. Les Ecrivains Allemans nomment ce lieu, *le Monastere de Ste. Marie. au Capitole* ou l'*Eglise de Ste. Marie du Capitole.*

COLONIA ALLOBROGUM. Voiez GENEVE.

COLONIA AUGUSTA, Voiez NISMES.

COLONIA AUGUSTA RHÆTORUM, c'est la même qu'AUGUSTA VINDELICORUM, c'est-à-dire, Augsbourg.

COLONIA DECUMANORUM. Voyez NARBONNE.

COLONIA EQUESTRIS. Pline [l] place cette Ville dans la Belgique & semble la donner aux Helvetiens lorsque faisant l'énumeration des Villes de la Belgique il dit *Sequani, Rauraci, Helvetii, Colonia Equestris & Rauraica*. Ptolomée la met aussi dans la Belgique, mais il en fait une Ville des Sequaniens. Si cependant les Helvetiens sont separez des Sequaniens par le Mont Jura & de la Province Romaine ou Gaule Narbonnoise par le Lac de Geneve & le Rhône , & s'il est vrai, comme Cesar le dit positivement [m], que Geneve soit la derniere Ville des Allobroges du côté des Helvetiens à qui même le pont de la Ville appartient. [n] On ne pourra s'empêcher de donner cette Ville *Colonia Equestris* aux Helvetiens, car elle se trouve située entre le Mont Jura & le Lac de Geneve sur le bord duquel elle est située & à six milles du Pont dont il a été parlé. Dans le fond il n'est pas surprenant que Ptolomée mette chez les Sequaniens une Ville des Helvetiens puisqu'il a bien attribué aux mêmes Sequaniens *Aventicum* la Ville Capitale des Helvetiens, nommée à cause de cela *Aventicum Helvetiorum.*

La Table de Peutinger fait mention de *Colonia Equestris* & la marque entre Geneve & le Lac, c'est-à-dire, entre le Pont de Geneve & la Ville de Lausanne qui est sur le bord du Lac. L'Itineraire d'Antonin écrit *Equestres* au nombre pluriel en decrivant le Chemin de Milan à Strasbourg par les Alpes Graïennes de cette sorte :

Darantasia	M. P. XVIII.
Casuaria	M. P. XXIV.
Bautas	M. P. XVII.
Equestribus	M. P. XVI.
Lacu Lausonio	M. P. XX

[l] Lib. IV. c. 17.

[m] Lib. 1.

[n] Hadr. Valesii notit. Gall. p. 149.

Xxxx* 2   On

COL.

On voit bien que l'Etablissement de cette Colonie a été fait avant le tems de Pline puisque cet Historien en fait mention, mais il seroit difficile d'en fixer l'époque aussi bien que de dire par qui elle a été fondée, puisque les Anciens n'en disent pas le moindre mot. Avant l'Etablissement de la Colonie elle s'appelloit *Noiodunus* ou *Nividunum*, nom qu'elle conserva après même que les Romains lui eurent donné celui de *Colonia Equestris*; car on la trouve appellée de l'un & de l'autre de ces noms dans les Notices des Gaules. Dans la plus ancienne des Notices des Provinces & des Villes des Gaules on voit *Civitas Equestrium Noviodunus*, elle y tient le second rang parmi les Villes de la Province *Maxima Sequanorum*. Dans les autres Notices on lit tantôt *Civitas Equestrium Noviodunum*, tantôt *Civitas Equestrium Nividunus* ou *Nivedunus* & même *Novidunus*. Quelquefois on trouve aussi *Civitas Equestrium Novionus*. Les Allemans la nomment aujourd'hui NEVIS & les François NION.

Le Mire & Chifflet veulent que cette Ville ait été Episcopale & que l'Evêché en ait été transferé dans la Ville de Belay. Si cette Translation est veritable il faut qu'elle soit bien ancienne puisque l'on trouve que Vincent Evêque de Belay souscrivit au second Concile de Lyon l'an 567. Le silence de l'Histoire Ecclesiastique & des premiers Conciles des Gaules m'empêche de croire facilement cette Translation & d'accorder qu'il y ait jamais eû un Evêché à *Colonia Equestris*, car on ne trouvera pas que dans ces Conciles aucun Evêque ait souscrit *Episcopus Ecclesiæ Coloniæ Equestris*, ni *Episcopus Ecclesiæ Noiodunensis* ou *Nividunensis*.

COLONIA FLAVIA. C'est la même que Césarée de Palestine.

COLONIA JULIA. Voiez BONN Ville d'Allemagne.

COLONIA JULIA CELSA, c'est présentement le Village de XELSA en Espagne.

COLONIA JULIA HISPELLA. Voyez SPELLO en Ombrie.

COLONIA JULIA SUTRINA. Voyez SUTRI.

COLONIA MARCIA. Voiez MARCHENE Ville d'Espagne dans l'Andalousie.

COLONIA SATURNIANA. Voiez SATURNIA.

COLONIA SENENSIS, Voiez SIENNE en Italie.

COLONIA SEPTIMANORUM JUNIORUM. Voiez BEZIERS.

COLONIA TRAJANA : On lit sur une Medaille de l'Empereur Trajan Fondateur de cette Colonie, COLONIA ULPIA TRAJANA. Mais presque tous les Auteurs s'accordent à la nommer simplement COLONIA TRAJANA, ou COLONIA TRAJANI & quelquefois même CASTRA ULPIA. Onufrius Panvinus la nomme après Ptolomée & Antonin COLONIA AUGUSTA ULPIA TRAJANA; mais il se trompe du moins par rapport à Antonin, car cet Auteur ne dit ni *Augusta* ni *Ulpia*. [a] *Colonia Trajana* devoit être à l'extremité du Pays des Peuples *Gugerni* auprès de l'endroit où se fait la separation du Rhin. Cet-

[a] Cellarius Geogr. An. Lib. II. c. 3.

COL.

te position est conforme à l'Itineraire & à la Table de Peutinger qui placent cette Colonie Trajane de façon qu'elle se trouve au même lieu où l'on voit aujourd'hui le Village de KELLEN; ce qui a donné lieu de penser que le mot *Kellen* pourroit bien avoir été formé de *Colonia Trajana*, de la même maniere que celui de *Koln* ou *Coln* a été fait de *Colonia Agrippina*.

Cette Colonie a encore été appellée *Tricesima* & *obtricesima* [pour *ad Legionem Tricesimam*] parceque la xxx. Legion y avoit eu son quartier d'hyver. Ammien Marcellin [b] la nomme de la sorte & dit qu'il y eut sept. Villes dans lesquelles furent distribuées les troupes; savoir

[b] Lib. XVIII.

Castra Herculis,	*Novesium,*
Quadriburgum,	*Bonna,*
Tricesima,	*Antunnacum,*
	Bingio.

Or il n'est pas difficile de prouver par l'Itineraire d'Antonin que *Tricesima Oppidum* soit la même chose que *Colonia Trajana*. Cet Auteur donne deux routes differentes de ce Païs, l'une qui commence à *Taurunum Pannonia* Belgrade. La seconde à *Lugdunum caput Germaniæ*, Leyde.

Première Route.	*Novesium,*	
	Geldubam,	LEG. IX. ALA.
	Calonem,	LEG. IX. ALA.
	Vetera Castra,	
	Leg. xxx. Ulpia,	
	Burginacium,	LEG. VI. ALA.
	Harenacium.	LEG. X. ALA.

Seconde Route.	*Harenacium,*	
	Burginacium,	M. P. VI.
	Coloniam Trajanam,	M. P. V.
	Vetera,	M. P. [XV.]
	Calonem,	M. P. XVIII.
	Novesium,	M. P. XVIII.

Ainsi l'on voit que le lieu qui est appellé dans la premiere route *Legio xxx. Ulpia* est le même que *Colonia Trajana* de la seconde. Alting n'avoit pas apparemment fait attention à ces deux Routes d'Antonin lorsqu'il a dit [c] qu'il falloit regarder *Colonia Trajana* comme un lieu different de *Castra Ulpia Leg. xxx.* parceque nous n'avions pas le moindre temoignage qui prouvât qu'il y eût jamais eû dans cet endroit ni Aile, ni Cohorte, ni Legion pour y hyverner.

[c] Notit. Bataviæ & Frisiæ Ant. p. 45.

Les mots *tricensima* & *obtricensima* dont Ammien Marcellin [d] appelle *Colonia Trajana* sont les mêmes que *tricesima* & *obtricesima*, car les Anciens écrivoient souvent *Tricensimus* & *Trigensimus*, pour *Tricesimus* & *Trigesimus* [e]. Mais l'*Obtricense Mosæ Oppidum* du même Auteur est une erreur; car quel est l'Ancien qui ait jamais parlé d'une Ville de la Meuse ? Et qui est-ce qui a jamais appellé *la Ville de la Meuse* une Ville bâtie sur cette Riviere.

[d] Lib. XX. c. 25.

[e] Valesii not. Gall. p. 150.

COLONIE, ce mot que nous avons pris des Latins vient de *colere* cultiver, labourer, faire valoir un Champ ; *Colonus* en cette Langue veut dire un Laboureur dans sa premiere Origine. Les premiers Romains n'ayant qu'un petit

petit terrain s'y trouverent fort à l'étroit: à mesure qu'ils s'agrandirent par leurs conquêtes on dechargea la Ville & les environs de Rome d'une multitude d'habitans qui étoit à charge, on leur distribua des terres pour les cultiver & en même temps pour peupler les pays conquis de Romains qui tinssent les anciens habitans dans la fidélité & l'obéïssance qu'on en exigeoit; souvent aussi les Champs des Vaincus étoient partagez entre les Soldats qui avoient long-temps servi l'Etat. Dans la suite il arriva que des Villes dont les Romains s'étoient rendus maîtres n'avoient pas un nombre d'habitans suffisant, & alors les Romains y en mettoient en y envoyant les Soldats de l'une ou de l'autre Legion. C'est ce que l'on appelloit des Colonies, & delà vient qu'à ce nom de Colonie on voit souvent joint le nom de la Legion de laquelle les Colons avoient été pris. Ces Romains ne s'établissant dans un Pays étranger que pour être plus en état de servir la patrie il n'auroit pas été juste qu'ils eussent été privez dans ces Colonies des Franchises dont ils jouïssoient effectivement dans le *Latium*; en leur faveur, on accorda divers Privileges aux Colonies Romaines, c'est pourquoi le titre de Colonie est remarquable lors qu'en fait d'Histoire & de Géographie il est joint à un nom de Ville. Mr. Baudrand a dressé une liste des Colonies Romaines. Nous la joindrons ici à cause de son utilité. La † est une marque que les Villes dont elle accompagne le nom ne subsistent plus.

COLONIES ROMAINES EN ITALIE.

ABELLA *in Campania*.
ABELLINUM *in Hirpinis*.
ACERRÆ *in Campania*.
ÆSERNIA *in Samnio*.
ÆSIS *in Piceno*.
† ÆSULUM *in Latio*.
ALATRIUM *in Latio*.
ALBA *in Latio*.
ALBA *Marsorum*.
ALBA POMPEIA *in Liguria*.
ALBINGAUNUM *Liguriæ*.
ALSIUM *in Etruria*.
ANAGNIA *in Latio*.
ANCONA *in Piceno*.
† ANTENNÆ *in Sabinis*.
ANTIUM *in Latio*.
ANXUR, *quæ & * TERRACINA *in Latio*.
† AQUAVIVA *in Samnio*.
AQUILEIA *in Carnis*.
AQUINUM *in Latio*.
ARDEA *in Latio*.
ARETIUM *in Etruria*.
ARICIA *in Latio*.
ARIMINUM *in Æmilia*.
ASCULUM *in Piceno*.
ASTA *in Liguria*.
† ATELLA *in Campania*.
ATESTE *in Venetia*.
ATINA *in Latio*.
AUFIDENA *in Samnio*.
AUGUSTA PRÆTORIA *in Gallia Subalpina*.
AUGUSTA TAURINORUM *in Gallia Subalpina*.
AUXIMUM *in Piceno*.

BENEVENTUM *in Samnio*.
BONONIA *in Æmilia*.
BOVIANUM *in Samnio*.
BOVILLÆ *in Latio*.
BRIXELLUM *in Gallia Togata*.
BRIXIA *in Cenomanis*.
BRUNDUSIUM *in Salentinis*.
† BUXENTUM *in Lucania*.
† CÆNINA *in Latio*.
CALATIA *in Campania*.
CALES *in Campania*.
† CAMERIUM *in Latio*.
† CAPITULUM *in Latio*.
CAPUA *in Campania*.
† CARSEOLI *in Latio*.
CASILINUM *in Campania*.
CASINUM *in Samnio*.
CASSENTINUM *in Hetruria*.
CASTRUM NOVUM *in Hetruria*.
CIRCÆI *in Latio*.
COMPSA *in Lucania*.
COMUM *in Insubria*.
CONCORDIA *in Carnis*.
CORTONA *in Hetruria*.
COSA *in Lucania*.
COSSA *in Hetruria*.
CREMONA *in Cenomanis*.
CROTON *in magna Græcia*.
† CRUSTUMERIUM *in Sabinis*.
† CUMÆ *in Campania*.
DERTONA *in Liguria*.
† ECETRA *in Latio*.
EPOREDIA *in Gallia Subalpina*.
† FABRATERIA *in Latio*.
FALISCA *in Hetruria*.
FANUM FORTUNÆ *in Umbria, quæ & * COLONIA FANESTRIS.
FERENTINUM *in Latio*.
FERENTINUM *in Hetruria*.
† FESULÆ *in Hetruria*.
† FIDENÆ *in Latio*.
FIDENTIA *in Æmilia*.
FIRMUM *in Piceno*.
FLORENTIA *in Hetruria*.
† FORMIÆ *in Latio*.
FORUM JULIUM *in Carnis*.
FREGELLÆ *in Latio*.
† FREGENÆ *in Hetruria*.
† GABII *in Latio*.
† GRAVISCÆ *in Hetruria*.
HADRIA *in Piceno*.
† HELVIA RICINA *in Piceno*.
HISPELLA *in Umbria*.
† HISTONIUM *in Frentanis*.
INTERAMNA *in Latio*.
† LANUVIUM *in Latio*.
LAVICUM *vel* LABICI *in Latio*.
LAVINIUM *in Latio*.
LAUS POMPEIA *in Insubria*.
LINTERNUM *in Campania*.
LUCA *in Hetruria*.
LUCERIA *in Apulia*.
† LUCUS FERONIÆ *in Hetruria*.
† LUPIA *in Salentinis*.
† MEDULLIA *in Latio*.
MINERVIUM *in magna Græcia*.
† MINTURNÆ *in Latio novo*.
MUTINA *in Gallia Togata*.
NARNIA *in Umbria*.
NEAPOLIS *in Campania*.

NEPETA *in Hetruria.*
† NEPTUNIA *in Magna Græcia.*
NOLA *in Campania.*
† NORBA *in Latio.*
NUCERIA *Picentinorum.*
OSTIA *in Latio.*
† PÆSTUM *seu* POSIDONIA *in Latio.*
PARMA *in Æmilia.*
PISÆ *in Hetruria.*
PISAURUM *in Umbria.*
PLACENTIA *in Gallia Togata.*
POLA *in Istria.*
† POMPEII *in Campania.*
PONTIA *in Latio.*
† POTENTIA *in Piceno.*
PRÆNESTE *in Latio.*
PRIVERNUM *in Latio.*
PUTEOLI *in Campania.*
PYRGI *in Hetruria.*
RAVENNA *in Æmilia.*
REGIUM LEPIDI *in Æmilia.*
RHEGIUM JULIUM *in Brutiis.*
† RUSELLANA *in Tuscia.*
SÆPINUM *in Samnio.*
SALERNUM *in Picentibus.*
† SALPIS *in Hetruria.*
† SATICULA *in Samnio.*
SATRICUM *in Latio.*
† SATURNIA *in Hetruria.*
SCYLLACIUM *in Magna Græcia.*
SENA *in Hetruria.*
SENA *in Umbria apud Senones.*
SETIA *in Latio.*
SIGNIA *in Latio.*
† SINUESSA *in Campania.*
† SIPONTUM *in Apulia.*
SORA *in Latio.*
SPOLETIUM *in Umbria.*
SUESSA *in Campania.*
† SUESSULA *in Campania.*
SUTRIUM *in Hetruria.*
TARENTUM *in Magna Græcia.*
† TARQUINII *in Tuscia.*
TEANUM SIDICINUM *in Campania.*
† TELESIA *in Samnio.*
† TEMESA *in Brutiis.*
TERGESTE *in Carnis.*
THURII *in Magna Græcia.*
TUDER *in Umbria.*
† VEII *in Tuscia.*
VELITRÆ *in Latio.*
VENAFRUM *in Samnio.*
VENUSIA *in Apulia.*
VERONA *in Cenomanis.*
VERULÆ *in Latio.*
† VIBO VALENTIA *in Brutiis.*
† VITELLIA *in Æquis Latii.*
† ULUBRÆ *in Latio.*
VOLATERRÆ *in Tuscia.*
VULTURNUM *in Campania.*

Colonies Romaines hors de l'Italie.

ABYLE *postea* SEPTA *Mauritaniæ Tingitanæ.*
ACCI *Hispaniæ Beticæ.*
ACUSIO *Galliæ Narbonensis.*
ADMEDERA *&* AMMÆDERA *Africæ.*
ADRAMYTTIUM *Phrygiæ.*
ÆLIA CAPITOLINA *quæ &* HIEROSOLYMA, *Palæstinæ.*

ÆMONIA *Japodum.*
ÆQUUM *Dalmatiæ.*
AGRIPPINA *Ubiorum Germaniæ Inferioris.*
ALA FLAVIANA *Pannoniæ.*
† ALERIA *Corsicæ.*
† ALEXANDRIA *quæ &* TROAS *Phrygiæ.*
ANCYRA *Galatiæ.*
ANTIOCHIA *Pisidiæ.*
ANTIOCHIA *Syriæ.*
ANTIPOLIS *Galliæ Narbonensis.*
APAMEA *Bithyniæ.*
APHRODISIUM *Africæ.*
APOLLONIA *Macedoniæ.*
APROS *Thraciæ.*
APULUM *Daciæ.*
† AQUAVIVA *in Pannonia.*
† AQUÆ REGIÆ *Africæ.*
AQUÆ SEXTIÆ *in Gallia Narbonensi.*
ARAUSIO *Galliæ Narbonensis.*
ARCHELAÏS *Cappadociæ.*
ARELATE *Galliæ Narbonensis.*
ARSENARIA *Mauritaniæ Cæsariensis.*
† ASTA REGIA *Hispaniæ Bæticæ.*
ASTIGI *&* ASTIGIS *Hispaniæ Bæticæ.*
ASTURICA *Hispaniæ Tarraconensis.*
† ATUBI *Hispaniæ Bæticæ.*
AVENIO *Galliæ Narbonensis.*
AVENTICUM *Galliæ Celticæ.*
AUGUSTA EMERITA *Hispaniæ Lusitanicæ.*
† AUGUSTA QUINTANORUM *Vindeliciæ.*
† AUGUSTA RAURACORUM *Germaniæ Superioris.*
AUGUSTA TIBERII *Vindeliciæ.*
AUGUSTA TREVIRORUM *Galliæ Belgicæ.*
AUGUSTA VINDELICORUM *Vindeliciæ.*
AURELIANUM *Norici.*
BABBA *Mauritaniæ Cæsariensis.*
BANASA *Mauritaniæ Tingitanæ.*
BARCINO *Hispaniæ Tarraconensis.*
BERYTUS *Phœniciæ.*
BITERÆ *Galliæ Narbonensis.*
BOSTRA *Arabiæ Petrææ.*
BRACARA *Hispaniæ Lusitanicæ.*
† BULLIS *Macedoniæ.*
BUTHROTUM *Epiri.*
CABELLIO *Galliæ Narbonensis.*
COBILONUM *Galliæ Celticæ.*
CÆSAR AUGUSTA *Hispaniæ Tarraconensis.*
† CÆSAREA, *quæ &* TURRIS STRATONIS, *Palæstinæ.*
CÆSAREA PHILIPPI, *Palæstinæ.*
CAMALODUNUM *Britanniæ.*
† CAPITULUM *in Syria.*
† CARNUNTUM *Pannoniæ Superioris.*
CARTENÆ *Mauritaniæ Cæsariensis.*
† CARTHAGO MAGNA *Africæ.*
CARTHAGO NOVA *Hispaniæ Tarraconensis.*
CASSANDREA *Macedoniæ.*
CATANA *Siciliæ.*
CELEIA *Norici.*
CELSA *Hispaniæ Tarraconensis.*
CIRTHA *Africæ.*
† CLUNIA *Hispaniæ Tarraconensis.*
CONSTANTIA *Rhætiæ.*
CORDUBA *Hispaniæ Bæticæ.*
CORINTHUS *Peloponnesi.*
CULCUA *Africæ.*
CULLU *Africæ.*
CURIA *Rhætiæ.*
CYRENE *Cyrenaicæ.*

DAMA-

COL.

DAMASCUS *Cœlesyriæ.*
DEVANA *Britanniæ.*
DEVLLTUS *Thraciæ.*
† DYMA *vel* DYME *Achaiæ in Peloponneso.*
DYRRACHIUM *Macedoniæ.*
EBORACUM *Britanniæ.*
EMESA *&* EMISA *Syriæ.*
EMPORIÆ *Hispaniæ Tarraconensis.*
EPIDAURUS *Dalmatiæ.*
EQUESTRIS, *Galliæ Celticæ.*
FLAVIOPOLIS *Thraciæ.*
FORUM JULII *Galliæ Narbonensis.*
GERMA *Galatiæ.*
† GERMANICIA *Syriæ.*
GRACCHURIS *Hispaniæ Tarraconensis.*
GUNUGI *Mauritaniæ Cæsariensis.*
HELIOPOLIS *Ægypti.*
HELIOPOLIS ALTERA, *Syriæ.*
HIPPON REGIUS *Africæ.*
HISPALIS *Hispaniæ Bæticæ.*
JADERA *Liburniæ.*
ICOSIUM *Mauritaniæ Cæsariensis.*
IGILGILI *Mauritaniæ Cæsariensis.*
ILLICI *Hispaniæ Tarraconensis.*
JOL, *quæ &* JULIA CÆSAREA *Mauritaniæ Cæsariensis.*
† ITALICA *Hispaniæ Bæticæ.*
† ITUCI *Hispaniæ Bæticæ.*
JUHONUM *Galliæ Belgicæ.*
† JULIOBRICA FLAVIA *Hispaniæ Tarraconensis.*
JULIUM PRÆSIDIUM *Hispaniæ Lusitaniæ.*
LAODICEA *Syriæ.*
† LARES *Africæ.*
† LAURIACUM *in Norico.*
† LEPTIS MAGNA *Africæ.*
LIXOS *Mauritaniæ Tingitanæ.*
LONDINIUM *Britaniæ.*
LUGDUNUM *Aquitaniæ.*
† LUGDUNUM *Galliæ Celticæ.*
LUGDUNUM *Galliæ Belgicæ.*
MARCIA *Hispaniæ Bæticæ.*
† MARIANA *Corsicæ.*
MARITIMA *Galliæ Narbonensis.*
MAXULA *Africæ.*
MEGARA *Atticæ.*
MELITENE *Armeniæ Minoris.*
METALLINENSIS *Hispaniæ Lusitaniæ.*
† MISENUM *in Syria.*
MURSIA *Pannoniæ.*
NARBO MARTIUS *Galliæ Narbonensis.*
NARONA *Illyrici.*
NEMAUSUS *Galliæ Narbonensis.*
NEAPOLIS *in Africa.*
NICOPOLIS *Epiri.*
NISIBIS *Mesopotamiæ.*
NORBA *Cæsarea Hispaniæ Lusitaniæ.*
OEA *Africæ.*
OLYSIPPO *Hispaniæ Lusitaniæ.*
OPPIDUM NOVUM *Mauritaniæ Cæsariensis.*
OVILABIS *Norici.*
PACENSIS, *seu* PAX AUGUSTA *Hispaniæ Lusitaniæ.*
PALMYRA *Syriæ.*
PARIUM *Hellesponti.*
PATRÆ *Achaiæ Peloponnes.*
PELLA *Macedoniæ.*
PETOVIO, *seu* POETOVIO, *Pannoniæ.*
† PHAROS *Ægypti.*
† PHILIPPI *Macedoniæ.*
PTOLEMAÏS *Phœniciæ.*

COL. 719

QUIZA *Mauritaniæ Cæsariensis.*
RUSARDIR *&* RYSSADIRUM *Mauritaniæ Tingitanæ.*
RUSAZUS *Mauritaniæ Cæsariensis.*
† RUSCINO *Galliæ Narbonensis.*
RUSCONIA *Mauritaniæ Cæsariensis.*
RUSICADA *Africæ.*
RUSUCCORE *Mauritaniæ Cæsariensis.*
SABARIA *Pannoniæ.*
SABRATA *Africæ.*
SALARIA *Hispaniæ Tarraconensis.*
SALDÆ *Mauritaniæ Cæsariensis.*
† SALONA *Illyrici.*
SCALABIS *Hispaniæ Lusitaniæ.*
† SEBASTE *quæ & Samaria Palestina.*
† SELINUS *Ciliciæ.*
† SICCA *in Numidia.*
SIDON *Phœniciæ.*
SIGA *Mauritaniæ Cæsariensis.*
† SILDA *Mauritaniæ Cæsariensis.*
† SIMITTU *Mauritaniæ Cæsariensis.*
SINOPE *Paphlagoniæ.*
† SINIS *Armeniæ Minoris.*
† SIRMIUM *Pannoniæ.*
† SISCIA *Pannoniæ.*
SITIFI *Mauritaniæ Cæsariensis.*
SITTICI *Mauritaniæ Cæsariensis.*
SOLVA *&* SOLVENSIS COLONIA *Norici.*
SUCCUBAR *Mauritaniæ Cæsariensis.*
SYRACUSÆ *Siciliæ.*
TABRACA *Africæ.*
TACAPE *Africæ.*
TARRACO *Hispaniæ Tarraconensis.*
TAUROMENIUM *Siciliæ.*
TEBESTA *Africæ.*
† THÆNÆ *Africæ.*
† THERMÆ *Siciliæ.*
† THYSDRUS *Africæ.*
TINGI *Mauritaniæ Tingitanæ.*
TIPASA *Mauritaniæ Cæsariensis.*
TOLETUM *Hispaniæ Tarraconensis.*
TOLOSA *Galliæ Narbonensis.*
† TRAJANA COLONIA *Germaniæ inferioris.*
† TUBURBIS *Africæ.*
† TUBURNICA *Africæ.*
TUCCI *Hispaniæ Bæticæ.*
† TURRIS LIBYSSONIS *Sardiniæ.*
TYNDARIS *Siciliæ.*
† TYRUS *Phœniciæ.*
VALENTIA *Galliæ Narbonensis.*
VALENTIA *Hispaniæ Tarraconensis.*
VIENNA *Galliæ Narbonensis.*
ULPIA TRAJANA *in Dacia.*
VOLUBILIS *Mauritaniæ Tingitanæ.*
URSO *Hispaniæ Bæticæ.*
USELLIS *Sardiniæ.*
† UTHINA *Africæ.*
UTICA *Africæ.*
ZAMA *Africæ.*
† ZARMISEGETHUSA *Daciæ.*
ZILIS *Mauritaniæ Tingitanæ.*

Nous ne donnons cette liste que de la même maniere que nous donnons les autres, sans y rien changer & en même temps sans la garantir. Il eût été assez inutile d'y joindre les noms modernes puisque ces mêmes noms se trouvent expliquez en leur lieu.

COLONIDES, Bourg de Grece au Peloponnese & dans la Messenie au voisinage de Co-

COL.

COL.

Coronée selon Pausanias [a]. Il étoit sur un lieu élevé & peu éloigné de la mer & du Golphe de Messene. Plutarque en fait mention dans la Vie de Philopoemen, & n'en fait qu'un Village.

COLONIS, Isle de Grece dans le Golphe Argolique, selon Pline [b], le seul Auteur qui en ait parlé.

COLONNA [c], Château d'Italie dans l'Etat de l'Eglise, sur une hauteur dans la Campagne de Rome : il a donné le nom à la Maison de Colonne. Il est éloigné de seize milles de Rome.

COLONOSSIS, lieu d'Asie dans la Lycaonie. Metaphraste en fait mention dans la Vie de St. Theodore Abbé [d].

COLONUM, Lieu de Grece dans l'Attique duquel parle Apollodore [e]. Il y avoit un Bois consacré aux Eumenides. Sophocle y étoit né, selon Suidas.

COLOPENA REGIO, Contrée d'Asie dans la Cappadoce. Il y avoit les Villes de Sebaste & de Sebastopole selon Pline [f].

1 COLOPHON, Κολοφών, ancienne Ville de l'Asie mineure dans l'Ionie. Elle étoit au bord de la mer comme il paroit par ce passage de Tacite [g]. En parlant de Germanicus il dit : Il aborda à Colophon pour consulter l'Oracle d'Apollon Clarien. Là ce n'est point une femme comme à Delphes, mais un Prêtre choisi en de certaines familles & que presque toujours on fait venir de Milet, qui écoute le nombre & les noms de ceux qui viennent consulter, ensuite il se retire dans la caverne, & buvant de l'eau d'une Fontaine cachée quoiqu'il ne sache ni les Belles Lettres ni la Poesie, il ne laisse pas de répondre &c. Pline [h] parle aussi de cette Eau de la Caverne d'Apollon Clarien. Il ajoute que ceux qui en boivent rendent les Oracles, mais qu'elle abrege leurs jours. Colophon étoit une des Villes qui disputoient entre elles la gloire d'avoir été la Patrie d'Homere. Il dit ailleurs qu'elle étoit arrosée par le Fleuve Halesus. Le R. P. Hardouin dit qu'elle est présentement ruinée. Pline [i] observe d'eux une coutume singuliere qui est aussi rapportée par Solin [k]. C'est qu'à la guerre ils avoient des Escadrons de Chiens qui commençoient le Combat, qui ne refusoient jamais de se battre & auxquels il ne falloit point payer de montre. Il croissoit chez eux une resine assez jaune, mais qui étant broyée étoit blanche & d'une odeur forte, ainsi les Parfumeurs ne s'en servoient pas, comme Pline [l] le remarque. Les Joueurs d'instrumens à cordes comme le Violon, la Basse &c. nomment COLOPHONE la sorte de resine dont ils se servent pour froter leur Archet. Pomponius Mela [m] nous apprend l'origine de cette Ville. Mopsus, dit-il, fils de Manto qui étoit fille de Tiresie la fonda au Promontoire qui sépare le Golphe & qui de l'autre côté en forme un autre qui est celui de Smyrne. Il distingue le Temple d'Apollon Clarien comme étant à quelque distance de la Ville & en tirant vers Lebedos. C'est aussi ce qu'on peut conclure de la maniere dont en parle Pline.

2. COLOPHON. Ville de l'Epire selon Dicaarque [n]. Il est vrai qu'on lit dans cet Auteur πόλις τε Κολοφών, mais Palmerius & Holstenius pretendent qu'il faut lire TOLOPHON, Τολοφών.

COLOPS le même que Colapis.

§. COLORAN, Ville de la Presqu'Isle deçà le Gange sur la côte de Coromandel à l'embouchure du Velar au Levant de Gingi, selon Mr. Baudrand. Voyez l'Article suivant.

COLORAN, Riviere de la Presqu'Isle de çà le Gange, dans sa partie meridionale. Elle a sa source dans les Montagnes de Gate au Royaume de Visapour, entre dans celui de Maissour, passe à Chirangapatnam, au dessous de laquelle elle reçoit un ruisseau qui vient aussi des Montagnes, puis deux autres, l'un au dessus de Cacaveri & l'autre au dessous. Jusques là elle serpente vers le Sud-Est, mais dès qu'elle est entrée dans le Royaume de Maduré elle se tourne davantage vers l'Orient, & près de Culmani elle se partage en plusieurs branches dont la plus Septentrionale qui conserve le nom de Coloran separe le Royaume de Gingi d'avec celui de Tanjaour, & va se perdre dans le Golphe de Bengale auprès de Chilanbaran. De cette même branche au dessous de Corali il s'en detache une autre qui est nommée la Riviere de Triminivar. La seconde Branche porte le nom de Caveri & va se perdre dans la mer entre Caveri Patan où les François ont une Loge, & Tranquebar où les Danois sont établis. Un peu au dessous de Trichirapali qu'elle arrose part une autre Branche la plus Meridionale de toutes, qui se divise aussi en deux à l'Orient Meridional de Tanjaour Capitale où elle arrose. La plus Septentrionale de ces deux dernieres Branches s'appelle Riviere de Caréal, la plus Meridionale de toutes tombe dans la mer à Negapatan Ville des Hollandois, auprès de laquelle est le Cap & la Pagode de Cagliamera. Le Pere Martin Jesuite dans sa Lettre au Pere Villette dit en parlant du Coloran [o] qu'il a traversé ; c'est en certains temps de l'année un des plus gros fleuves & des plus rapides que l'on voye, mais en d'autres à peine merite-t-il le nom de ruisseau. Ni lui ni Mr. de l'Isle qui a très-bien marqué le cours de ce fleuve n'en parlent ni du *fleuve Velar*, ni de la *Ville de Coloran*, & d'ailleurs cette Ville ne peut être à l'Orient du Royaume de Gingi. Il n'y a que la mer.

COLORINA, ou CALARINA, selon les divers exemplaires de Ptolomée [p], ancienne Ville d'Arabie deserte.

COLORNO, en Latin *Colurnium*, petite Ville d'Italie dans le Parmesan [q], près de la Rive du Pô à dix milles de Parme. Les Ducs de Parme y ont une maison de plaisance accompagnée de Jardins que le feu Duc François Farnese a fort embellis. Ils y vont passer les grandes chaleurs. Pour aller à Colorno on passe par l'Abbaye de St. Martin de l'Ordre de Cisteaux où il y a une belle Eglise & de beaux Jardins avec des appartemens à double Cloître. L'intérieur pour les Religieux & pour ceux de la maison, & l'autre pour les étrangers & pour les passans. On l'appelle Foresterie. Les Chartreux qui sont à un mille hors de la Ville sur le Chemin de Modéne, ont aussi un grand enclos, de fort beaux Jardins & une belle Foresterie. [r] Lorsque l'Empe-

a In Messeniac.
b l. 4. c. 12.
c Baudrand Ed. 1705.
d Ortel. Thes.
e l. 3.
f l. 6. c. 3.
g Ann. 2.
h l. 2. c. 103.
i l. 8. c. 11.
k c. 15.
l l. 14. c. 10.
m l. 1. c. 17. n. 17.
n Stat. Graec. V. 66. Edit. Oxon.
o Lettres Edifiantes. Recueil 9. p. 140.
p l. 5. c. 19.
q De Seine Nouveau Voyage d'Italie.
r Differt. sur les Duchez de Parme & de Plaisance Part. 1. p. 70.

COL.

pereur Frederic s'avisa d'assiéger la Ville de Parme. Il disposa son camp en forme d'une Ville à laquelle sa vanité donna le nom de VICTOIRE, comme il méprisoit les assiégez, il passoit le temps à Colorno, à la chasse du Faucon qu'il avoit remise en usage & qui n'y étoit plus depuis 700. ans. Cependant les Parmesans firent une sortie & joignant leurs forces avec celles des habitans de Colorno qui étoit alors une Forteresse assez considerable & qui est devenue depuis par la beauté de ses Jardins un sejour des plus delicieux de l'Italie, ils attaquerent si vivement Frederic le 12. de Fevrier 1218. qu'ils desirent son armée, prirent & brûlerent son Camp, & emporterent pour dépouilles, son Sceptre, sa Couronne, ses Sceaux, ses papiers, & tous ses Equipages.

COLOSSES, Ville d'Asie dans la grande Phrygie; dans laquelle elle tenoit un rang considerable selon Pline[a]. Strabon[b] la nomme Κολοσσαί. Herodote & Xenophon en parlent aussi en diverses occasions. Eusebe dans sa Chronique dit qu'elle fut renversée sous l'Empire de Neron par un tremblement de terre. Elle fut une des premières Villes qui embrasserent le Christianisme & nous avons une des Epîtres de St. Paul addressée à ses habitans. Les Colossiens avoient eu le malheur que de faux Apôtres étoient venus chez eux & y avoient prêché la necessité de la Circoncision & des observances Legales & le Culte superstitieux des Anges, & autres Doctrines étrangeres. St. Paul refute les faux Apôtres & donne aux Colossiens un excellent preservatif contre les dogmes dont on avoit voulu corrompre leur foi. Quelques Manuscrits Grecs lisent COLASSES au lieu de *Colosses*; c'est une faute d'Orthographe suffisamment refutée par l'uniformité des exemplaires Latins qui tous portent *Colosses* sans variation. Suidas, Zonare, Glycas, Eustathe, Calepin, Munster & quelques autres par un rafinement ridicule ont pretendu que le nom de Colossiens ne signifioit pas les habitans de la Ville de Colosses, mais les Rhodiens que St. Paul avoit designez par une allusion au Colosse de Rhodes; un peu de Géographie leur eût dissipé cette illusion, car St. Paul[e], parlant d'Epaphras qui étoit avec lui prisonnier à Rome & qui étoit de la Ville de Colosses[d] dit[e] je puis bien lui rendre ce temoignage qu'il a un grand zele pour vous & pour ceux de Laodicée & d'Hierapolis. . . . [f] Saluez de ma part nos freres de Laodicée . . . . & lors que cette Lettre aura été lue parmi vous, ayez soin qu'elle soit lue aussi dans l'Eglise de Laodicée. Cela fait voir clairement que les Colossiens à qui St. Paul écrit étoient voisins de Laodicée & d'Hierapolis, en effet Colosses étoit entre ces deux Villes à environ xx. M. P. de l'une & de l'autre; au lieu que les Rhodiens en étoient à près de CC. M. P. Dans la Notice des Villes dont le nom a été changé on lit COLOSSÆ, *nunc* CHONÆ, ainsi *Chonæ* est le nom que cette Ville porta ensuite.

COLOSWAR, en Latin *Claudiopolis*, Ville de Transsilvanie. Les Allemands l'appellent CLAUSENBOURG, elle est sur le petit Samos, Riviere, à l'Orient & à treize lieues communes de Hongrie du Grand Waradin, & à six & demie de Huniad. C'est où s'assemblent

Tom. II.

[a] l.5.c.32.
[b] l.12.p. 576.

[c] Ad Coloss. c.4.
[d] v. 12.
[e] v. 13.

[f] v. 15. & v. 16.

COL. 721

d'ordinaire les Etats de la Province, & où se tient le Senat. Elle est grande & célèbre.

COLOURI, petite Isle de Grece dans le Golphe d'Engia sur la côte de l'Attique. C'est la même Isle que les Anciens ont connue sous le nom de Salamine. [g] Wheler en parle ainsi: Notre Consul croit qu'elle a environ vingt-cinq lieues de tour. Du Cap AMPHIALIA qui est environ à trois lieues d'Athenes il n'y a qu'une demie lieue de trajet jusqu'à cette Isle. Le port qui est à l'Occident a trois ou quatre lieues d'enfoncement & environ une lieue & demie de large. C'est une Ovale qui a au fond de sa baye un Village qui s'appelle aussi COLOURI. Ce Village peut contenir environ cent cinquante Maisons, & peut-être quatre cens personnes. Il y a deux autres Villages dans l'Isle dont l'un est situé sur une Montagne au Midi du port deux ou trois lieues au delà à la vuë de Colouri. On l'appelle METROPIS. L'autre appellé AMBELACHI est situé proche du détroit vers Athenes. Ils sont composez d'environ trente Maisons chacun. L'ancienne Ville de Salamine étoit proche du dernier, un peu plus sur la côte. Il y avoit un petit port où l'on voit aujourd'hui sous l'eau divers anciens fondemens de pierre de taille & selon l'apparence de toutes les ruines d'alentour la Ville devoit avoir eu plus de deux lieues de tour. Voiez SALAMINE.

COLPE, nom d'une Ville de l'Asie mineure que l'on avoit bâtie à la place d'Archæopolis, elle étoit elle-même detruite, aussi bien que Lebade qu'on lui substitua, lors que Pline qui nous en a conservé le nom, écrivoit son Livre[h].

COLPEDI, peuple de Thrace. On les appella ensuite COLPIDICI, & le Pays qu'ils habitoient fut nommé *Colpidica regio*. Etienne le Géographe fait mention de ce Peuple. Ortelius croit qu'ils habitoient aux environs d'Ænos.

COLPITE. Voiez l'Article PHOENICIE.

COLPUSA, l'un des anciens noms qu'a eus la Ville de Chalcedoine au raport de Pline[i].

COLRAINE, ou COLFRAIN, Ville d'Irlande dans la Province d'Ulster au Comté de Londonderry, [k] sur la Riviere de Banne près des Frontieres d'Antrim à quatre milles de la Mer & à six au sud du Château de Dunlace. C'est une Ville considerable qui donne le nom au Comté quoi qu'il porte plus souvent celui de Londonderry. Elle envoye deux Deputez au Parlement. C'est aussi la premiere des cinq Baronies qui sont dans le Comté de Londonderry.

COLSA, ancienne Ville de la Grande Armenie selon Ptolomée[l].

COLTA, Lieu de la Carmanie sur les bords de la Mer Erythrée, selon Arrien[m].

COLTHENA, Ville ancienne d'Asie dans la Grande Armenie, selon Ptolomée[n].

COLUBÆ, Peuple des Indes au delà, mais au voisinage du Gange, selon Pline[o].

COLUBARE, Isle de la Turquie au Royaume de Servie entre les deux bras de la Riviere de Save sur les Frontieres de la Bosnie. Elle s'étend en long l'espace de trente six mille pas entre Belgrade au Levant & la

[g] Voyage d'Athenes l.3.T.2. p.213.

[h] l.5.c.19.

[i] l.5.c.32.

[k] Etat present de l'Irlande p. 64.

[l] l.5.c.13.
[m] In Indic.
[n] l.5.c.13.
[o] l.6.c.19.

Yyyy*   jonc-

jonction du Drin à la Save au Couchant ayant le lieu de Saba pour la principale place, selon Antoine Verance Sibenzan cité par Mr. Baudrand [a]. Selon les meilleures Cartes que nous ayons de la Hongrie cette Isle est imaginaire.

[a] Ed. 1705.

COLUBRARIA, Isle de la Mer mediterranée auprès des Isles Baleares. Pline dit que la terre d'Iviça chassoit les serpens & que celle de Colubraria les engendroit. Clusius croit que c'est celle de DRAGONERA. Florien & Morales croient que c'est Mont-Colobre, Mont-Colibre. Voyez ce Mot. Paul Jove assure que c'est FRUMENTERA. Il est certain que l'Isle de FORMENTERE est l'OPHIUSE des Grecs; & ce nom est le même que *Colubraria*, ou du moins il veut dire la même chose.

COLUBRIA : c'est ainsi que la Ville de Conimbre est nommée dans les Decretales du Pape Gregoire comme le remarque Ortelius.

COLUGA, Ville de l'Empire Russien sur la Rive Occidentale de l'Occa un peu au dessous de son confluent avec l'Ugra, aux confins du Duché de Rezan.

COLUMBA, ancien nom de l'Isle de Majorque.

1. COLUMBARIA, nom Latin de Colmar.

2. COLUMBARIA, Isle de la Mer de Toscane. Elle prenoit son nom des Pigeons dont il y avoit sans doute quantité. Pline [b] la nomme immediatement après celle de *Manaria*, aujourd'hui *Meloria* qui est devant Livourne.

[b] l.3.c.6.

COLUMBINO. Voyez PILA TERRÆ.

COLUMELLA. Voyez COLUMNA REGIA.

COLUMEN. Tite-Live dit que c'étoit le nom d'un certain lieu d'Italie. Ortelius croit qu'il étoit dans le *Latium* vers le Mont Algide, & qu'on l'appelle presentement COLONIA.

COLUMNA, Gregoire de Tours [c] appelle ainsi un Village près d'Orléans. Aimoin le nomme CALUMNIA. C'est le même où St. Sigismond & sa famille furent massacrez. Voyez l'article COLOMBE. (LA)

[c] l.3.

COLUMNÆ. Pline parlant de l'Isle CERNE que nous croyons être l'Isle de Madagascar dit : Ephorus soutient qu'en faisant voile de la Mer rouge, on ne peut y arriver à cause des grandes chaleurs au delà des Colomnes. C'est ainsi qu'on apelle de petites Isles. Le R. P. Hardouin croit que ces petites Isles sont celles de MASCARENHAS, qui sont au Nord de Madagascar, au nombre de six ou sept presque sous la ligne.

COLUMNÆ HERCULIS. Les anciens appelloient ainsi les Montagnes qui bordent de part & d'autre le détroit de Gibraltar.

COLUMNÆ ALBÆ. Voyez LEUCÆ STYLÆ.

COLUMNA CÆLI, quelques uns ont donné ce nom au Mont ATLAS.

COLUMNA REGIA, Lieu d'Italie, vis-à-vis de la Sicile au bord du detroit auprès de *Rhegium Julium*. Les Grecs l'appelloient STYLIDE d'un mot qui veut dire Colomne. Les Latins COLUMNA & COLUMELLA. Comme c'étoit l'endroit du plus court trajet pour passer en Sicile les grandes routes Romaines y aboutissoient. De là vient qu'il y en a tant dans Antonin dont le terme est *ad Columnam*. Voyez au mot AD l'Article AD COLUMNAM.

COLUMNA SOLIS. Voyez cet Article au mot SOLIS.

COLUMNA ou COLOMNA, Ville de l'Empire Russien, au Duché de Moscow & aux Confins du Duché de Rezan, sur le bord Occidental de l'Occa qui y reçoit les eaux de la Moskaw. Cette derniere Riviere separe Columna d'un Fauxbourg nommé COLUTWINA SLOBODA [d]. Il y a deux portes, l'une nommée *Pjaetnietske*, c'est-à-dire, du Vendredi ou du cinquième jour de la semaine & celle de *Cossi*. Cette Ville est ceinte d'une bonne muraille de pierre qui a environ six brasses de haut & deux d'épaisseur, flanquée de plusieurs tours dont les unes sont rondes & les autres quarrées à 200. pas de distance les unes des autres sans qu'on y puisse planter du Canon. Elle a une demie lieue de tour & la petite Riviere de Kolommenske dont elle porte le nom passe à côté (l'Auteur se trompe, c'est la Riviere qui porte le nom de la Ville, qui devroit être *Colomma*, & non pas *Colomna* ou *Columna*, comme l'écrivent les Voyageurs & après eux les Géographes, & *Kolommenske* est un adjectif qui signifie *de Colomma*, en supleant le nom de Ruisseau ou de Riviere.) La muraille est presque toute ruinée d'un côté & il faut passer par dessus une Montagne assez élevée pour approcher de la porte de derriere, où le terrain est bas au delà de la Riviere. Il y a un Fauxbourg à l'autre porte où se vendent les marchandises. La situation en est presque ronde & il y a un fossé sec du côté le plus élevé où la muraille est fort haute. Son plus beau bâtiment est l'Eglise d'*Uspenja* ou de la separation de la Mere de Dieu. Elle est bâtie de pierre & assez grande, on y peut joindre le Palais Archiepiscopal. Le reste est peu de chose.

[d] Le Brun Voyage en Moscovie, T.1.p.60.

COLURA, Ville dont parle Etienne le Géographe. Ortelius la croit dans l'Iberie.

COLURÆA PETRA. Voyez THESEI.

COLURES (les) on appelle ainsi dans la Sphere deux grands Cercles Mobiles qui passant par les quatre points Cardinaux de l'Ecliptique se coupent à angles droits & en deux également aux deux Poles du Monde. L'un de ces Cercles s'appelle COLURE DES EQUINOXES, parce qu'il passe par les points Equinoxiaux du Belier & de la Balance. L'autre se nomme Colure des Solstices, parce qu'il passe par les points Solsticiaux de l'Ecrevisse & du Capricorne.

Chacun de ces deux Cercles est perpendiculaire à l'Equateur puisqu'il passe par ses deux Poles. Et le Colure des Solstices est de plus perpendiculaire à l'Ecliptique parce qu'il passe aussi par ses deux Poles. Il divise l'Ecliptique en quatre parties égales qu'on appelle QUARTS DE L'ECLIPTIQUE qui repondent aux quatre saisons de l'année. Celui des quatre quarts qui est vers l'Orient, lors que les deux points Equinoxiaux sont à l'Horison, (auquel cas l'Ecliptique est perpendiculaire au Meridien, parce qu'elle passe par ses Poles qui sont l'Orient & l'Occident Equinoxial,) est appellé QUART ORIENTAL DE L'ECLIPTIQUE, & l'autre l'autre qui est vers l'Occident, se nomme QUART OCCIDENTAL DE L'ECLIPTIQUE.

Il est évident que lorsque l'Ecliptique est perpendiculaire au Meridien le Colure des Solstices est dans le plan du Meridien & qu'ainsi l'un des deux points Solstitiaux *culminé*, lequel à cause de cela est appellé *Nonantiéme degré de l'Ecliptique*, parce qu'il est éloigné de nonante degrez de l'Horizon. L'Equateur a aussi son *Nonantiéme degré* parce qu'il a toûjours un point qui culmine, c'est-à-dire, qui repond au Meridien, auquel il est toûjours perpendiculaire, & aussi son quart Oriental & son quart Occidental qui sont terminez par l'Horizon & par le Meridien.

Ces deux Cercles sont appellez COLURES du mot Grec *Colouros* qui signifie tronqué; parce qu'ils ne paroissent jamais entierement ni uniformement sur notre Horizon, oblique. Il est évident que ces deux Cercles sont perpendiculaires à l'Horizon de la Sphere Parallele; & que dans la Sphere droite leurs moitiez paroissent toûjours sur l'Horizon.

COLUSITANUS, Vincent Evêque en Afrique est designé ainsi dans la Conference de Carthage. D'autres exemplaires portent CULUSITANUS, & Mr. Dupin croit avec bien de la vraisemblance que c'est le même Siege que CULCITANENSIS qui étoit de la Province proconsulaire.

COLYCANTII, Peuple de l'Asie proprement dite. Il ne subsistoit déja plus du temps de Pline [a].

[a] l. 5. c. 30.

COLYMBARIUM, Promontoire de l'Isle de Sardaigne selon Ptolomée [b]. Il doit être sur la côte Orientale.

[b] l. 3. c. 3.

COLYPES, Bourg de l'Attique dans la Tribu Egeïde selon Suidas.

COLYPS, Abregé de COLAPIS.

COLYTTUS ou plûtôt COLLYTUS, quartier de la Ville d'Athenes, de la Tribu Egeide. On disoit que les Enfans y commençoient à parler un mois plûtôt que dans le reste de la Ville. C'est là qu'étoient nez le Philosophe Platon [c] & le fameux Misanthrope Timon. Ce quartier & celui de Melitos étoient voisins l'un de l'autre. Meursius critique le Poëte Alciphron & Diogene Laërce de ce qu'ils écrivent ce mot avec deux L. ou Λ. & non pas avec un seul Λ, comme Hesychius, Æschines, & Strabon. Mais tous les Marbres s'accordent avec cette maniere d'écrire avec deux L. & un T.

[c] Spon. Liste de l'Attique.

COLZIM [d], Montagne d'Egypte dans le Desert, à une journée de la Mer rouge. Elle est renommée par un Couvent de St. Antoine où quantité de Religieux vivent dans une grande austerité. Il est environé de hautes murailles de briques, sans aucune porte. On y monte par une machine qu'on éleve par une Poulie. Son terrain est d'environ deux mille arpens, qui rapporte des fruits & des herbages en abondance. Il y a aussi deux petites vignes qui produisent du vin blanc dont les Religieux se servent à dire la Messe & à regaler les étrangers. Ils ont trois Eglises, la premiere de St. Antoine qui est fort antique; l'autre est sous le nom de St. Pierre & St. Paul, avec un Clocher & une cloche; la seule qui soit en Egypte; la troisiéme est dediée à un St. Marc qui étoit de leur Ordre & Frere Lay de leur Couvent.

[d] Corn. Dict. Vansleb. re- lat. d'Egypte p. 300. & seq.

COLZUM. Voiez KOLSUM.

1. COM. Voiez KOM, Ville de Perse dans l'Iraque.

2. COM, Ville de l'Asie mineure près de la source du Xante [e]. En Latin COMANA.

[e] Baudrand Edit. 1705.

3. COM, Ville de la Natolie sur le Casalmac [f], au dessus de Tocar.

[f] Ibid.

COMACENUS LACUS. Voiez LARIUS.

COMACHIO [g], Ville d'Italie dans l'Etat de l'Eglise au Duché de Ferrare avec un Evêché Suffragant de l'Archevêché de Ravenne entre des Marais que l'on nomme les Vallées de Comachio; elle est très-peu habitée à cause du mauvais air qui y regne & il n'y a gueres que des pêcheurs. Elle est à trois Milles de la côte du Golphe de Venise, & à vingt de Ravenne.

[g] Baudrand Edit. 1705.

LES VALLE'ES DE COMACHIO; on appelle ainsi un étang d'Italie [h] dans l'Etat de l'Eglise au Ferrarois, près de la Ville de Comachio. Il s'étend entre les bras du Pô de Volana & du Pô de Primaro vers le Polesin de St. George & est divisé en plusieurs parties qu'ils appellent Vallées par quelques petites Isles. Il peut avoir près de cinquante milles pas de circuit. Il est important à cause de ses Salines & se rend dans le Golphe de Venise au port de Magnavacca.

[h] Ibid.

§. Dans une mesintelligence survenue entre l'Empereur Joseph [i] & le Pape Clement XI, les Imperiaux se jetterent sur le Ferrarois & se saisirent de Comachio & des Salines, & comme les Souverains ne manquent gueres de gens qui leur cherchent dans l'Histoire des pretextes specieux pour retenir un bien envahi, des Jurisconsultes pretendirent que Comachio étoit un Fief de l'Empire. Ils s'appuierent sur une donation de Lothaire & de Loüis Empereurs en faveur d'Otton d'Est; & sur les Investitures subsequentes de Charles IV. de Sigismond & de Frideric III. Le St. Siége eut aussi ses Avocats; & le procès eût duré longtemps si Charles VI. n'eût pas trouvé bon de faire droit au St. Siége sur les instances de Benoît XIII. qui a rejoint à l'Etat de l'Eglise la Ville & les Vallées de Comachio.

[i] Memoires du temps.

COMACULA INSULA, nom Latin de Comachio.

COMAE, Pays de l'Inde d'où l'on apporte l'Aloés [k].

[k] Ortel. Thes.

COMAGENE, contrée de Syrie, auprès de l'Euphrate, ce qui lui fit donner le nom d'EUPHRATENSE, que lui donne Ammien Marcellin. *Comagena quæ nunc Euphratensis*, dit cet Auteur [l]. *Euphratensis antehac Comagena*, dit-il ailleurs [m]. Cellarius la borne d'un côté par le Mont Amman, de l'autre par l'Euphrate, & par derriere elle est resserrée par le Mont Taurus. Par devant ses bornes vers la Seleucide & la Cyrrhestique ne sont pas bien certaines. Strabon [n] l'appelle un petit Pays: il la fait pourtant plus grande que Ptolomée puisqu'il y met *Zeugma* que Ptolomée lui ôte pour le donner à la Cyrrhestique. Pline [o] l'allonge encore davantage, *Cingilla*, dit-il, est la fin de la Comagene & *Imme* en est le commencement. Voiez EUPHRATENSE.

[l] l. 14. p. 22. Edit Lindeb.

[m] l. 23. p. 270.

[n] l. 16.

[o] l. 5. c. 24.

TENSE. Ce fut un Royaume particulier.

§. COMAGENE. Isidore de Seville appelle Comagène la Metropole de la Province ou du Royaume de ce nom.

COMAGENES, ancien lieu de la Pannonie entre Vienne & le Mont Cetius selon l'Itineraire d'Antonin, à XXIV. M. P. de l'une & de l'autre. La Notice de l'Empire [a] en fait mention comme d'un lieu où il y avoit Garnison & dit *Equites Promoti Comagenes*. Lazius [b] dit que c'est HOLNBOURG ou HOMBOURG Ville d'Autriche. Dans sa Carte de l'Autriche il met une Montagne qu'il appelle *Comagenus mons* & dont il dit que le nom vulgaire est KAUNBERG, qu'on écrit aussi CHAUMBERG, & il croit que cette Montagne est la même que le Mont Cetius de Ptolomée.

[a] Sect. 58.
[b] Ortel. Thes.

COMAGRE. [c] (Isles de) Isles de l'Amerique dans la Mer du Nord. Elles sont voisines de celles qu'on appelle Captivos & dépendent du Gouvernement de Panama. Ces Isles sont étendues au devant de la terre ferme & dangereuses pour les mariniers qui les évitent à cause qu'elles sont extrêmement basses. L'Isle de PINOS en est séparée par un petit espace vers le Sud-est.

[c] De Laet. Ind. Occid. l. 8. c. 11.

1. COMANA, (Genitif *orum*) surnommée *Pontica* par Ptolomée, étoit selon cet Auteur une Ville de Capadoce sur l'Iris. Hirtius [d], Appien [e] & Procope en font mention. Il y avoit un fameux Temple de Bellone. Hirtius parlant de Cesar qui venoit de Cilicie pour faire la guerre à Pharnace : apres avoir traversé la Cappadoce à grandes journées & sejourné deux jours à Mazaca il vint à Comane où est un Temple très-ancien & très-respectable consacré à Bellone dans la Cappadoce. Elle y est honorée avec tant de veneration que son Prêtre en consideration de la Déesse est regardé du consentement de la Nation comme la premiere personne après le Roi pour l'autorité & le pouvoir. Pline [f] en parle comme d'une Ville qui ne subsistoit plus, aussi bien que les Villes de Themiscyre, Sotira, & Amasie, il ajoute après le mot Comana ; *nunc Manteium*. Ortelius & quelques autres ont cru que par ces deux derniers mots Pline avoit voulu dire que Comana avoit été appellée de son temps *Manteium*. Ce n'est point cela, il dit au contraire qu'elle ne subsistoit déja plus ; *fuit*. S'il ajoute *nunc Manteium*, c'est pour faire entendre que de toutes les Villes qu'il vient de nommer & qui étoient détruites il ne restoit plus que l'Oracle. Du reste Pline s'est trompé à l'égard d'Amasie qui subsista long-temps encore après lui.

[d] De Bel'o Alexand. c. 34 & 35.
[e] De Bel o Mithrid. p. 379.

[f] l. 6. c. 3.

2. COMANA, Ville d'Asie, dans la grande Cappadoce. Elle étoit située sur le Sarus & subsistoit du temps de Pline, à la difference de la Pontique qui n'existoit plus. Celle dont il s'agit portoit le surnom de Capadocienne. Procope cité par Ortelius [g] la met dans la petite Armenie sur le Sarus Fleuve de Cilicie. On l'appelloit autrement CHRYSE χρυσῆ. Dion Cassius ajoute que ces deux Villes Comana se vantoient d'avoir chez elles l'épée d'Oreste leur Fondateur.

[g] Thesaur.

3. COMANA, Ville de l'Isle Taprobane selon Ptolomée [h]. Quelques exemplaires portent BOCANA.

[h] l. 7. c. 4.

4. COMANA, ou COMMACUS ancienne Ville de Pisidie selon Ptolomée [i].

[i] l. 5. c. 5.

5. COMANA, ou CONANÆ, ancienne Ville de Phrygie, selon le même. Quoiqu'il les mette toutes les deux dans la Pamphylie de son temps, il leur assigne des Longitudes & des Latitudes differentes. La premiere étoit selon lui à 62. d. 50'. de Longitude & à 30. d. 40'. de Latitude ; la seconde à 61. d. 50'. & à 38. d. 6'. de Latitude.

§. L'une de ces deux dernieres Villes étoit Episcopale & St. Zotique [k] Martyr sous Marc Aurele en étoit Evêque. Mr. Baudrand & quelques autres croient que la *Comana* du Pont (1.) est la même que la Ville de KOM qui subsiste aujourd'hui en Perse. Selon lui *Comana* Ville de la petite Armenie (2.) est presentement TABACHASA.

[k] Baillet Vie des Saints 21. Juillet.

6. COMANA, Ville de l'Amerique Meridionale, dans la Terre ferme & dans la Nouvelle Andalousie vers la côte de la Mer du Nord. C'est la même que CUMANA. Voiez ce mot.

COMANIA, contrée d'Asie, selon Xenophon [l]. Pline [m] fait mention d'un Peuple nommé COMANI qui doit être celui de cette contrée. C'est aussi vraisemblablement le Peuple nommé Κωμοὶ, *Comi* par Ptolomée [n]. Pomponius Mela [o] distingue dans ces Cantons les Peuples COMARI, & COAMANI, voisins des Paropanisiens.

[l] Expedit. Cyri. l. 7. p. 426.
[m] l. 6. c. 16.
[n] l. 6. c. 11.
[o] l. 1. c. 2. n. 33.

COMANIE, Pays d'Asie entre la Mer Caspienne au Levant & les Montagnes, qui le separent de la Circassie au Couchant, la Moscovie au Nord, & la Géorgie au Midi, selon Tavernier qui met la Riviere de Terki pour borne entre la Moscovie & la Comanie. Depuis les Montagnes qui la bornent à l'Occident d'Hyver jusqu'à Terki, ce n'est qu'un plat Pays très-excellent pour le Labourage & qui ne manque pas de belles Prairies. Il n'est pourtant pas beaucoup peuplé & c'est pour cette raison qu'on ne seme jamais deux années de suite en un même lieu. C'est à peu près le même Climat qu'entre Lion & Paris. Il y pleut de temps en temps, mais cela n'empêche pas que les paysans ne coupent des Rivieres pour conduire de l'eau par des Canaux afin d'arroser les terres qu'ils ont ensemencées, ce qu'ils ont appris des Persans. Ces Rivieres tombent des Montagnes du midi & elles ne sont point marquées dans les Cartes. Il y en a une entre autres qui est fort grande & qu'en quelque temps que ce soit on ne peut passer à gué. On l'appelle COYASOU, c'est-à-dire, eau épaisse, parce qu'elle est toujours trouble & son cours est si lent que l'œil peut à peine juger de quel côté elle coule. Elle va ainsi se rendre doucement dans la Mer Caspienne au Midi des embouchures du Wolga.

Les Peuples de la Comanie appellez COMOUCKS habitent la plupart au pied des Montagnes à cause des belles sources qui en sortent en si grande quantité qu'il y a des Villages qui en ont pour leur part jusques à trente ou quarante. Ils assemblent trois ou quatre de ces sources & en font un Canal pour faire moudre leurs Moulins. Ce n'est pas seulement pour la commodité de ces eaux qu'ils vont habiter au pied des Montagnes, car il ne leur en manque

COM.

que pas dans la plaine. Mais comme ils ne vivent la plupart que du butin qu'ils font sur leurs ennemis & entre eux-mêmes, dans la crainte perpetuelle qui est attachée à cette sorte de vie, dès qu'ils ont le moindre soupçon qu'on voudroit courir sur eux ils s'enfuient dans les Montagnes avec leur bétail. Car tous ceux qui entourent leur Pays, savoir les Georgiens, les Mengreliens, les Cherques, les Tartares, & les Moscovites [a] vivent comme eux de larcins & courent incessamment sur les terres les uns des autres.

[a] Feu Pierre I. a policé ses Sujets de ce côté-là.

Les Comoucks sont Mahometans & très-superstitieux. Ils vivent sous la protection du Roi de Perse qui en fait grand cas, & qui les aime parce qu'ils gardent les passages de ce côté-là contre les Calmoucs & autres ennemis des Persans. Ils sont habillez tant hommes que femmes comme les petits Tartares. Et ils tirent de la Perse les Toiles & les Soyes qui leur sont necessaires ; car pour ce qui est du Drap ils se passent de celui qui se fait dans leur Pays & qui est fort grossier.

COMANO, petite Ville d'Asie dans la Natolie, sur la côte de la Mer Noire un peu à l'Orient de la Ville de Samastro.

COMARIA. Promontoire & Ville de l'Inde[b] en deçà du Gange, selon Ptolomée.

[b] l. 7. c. 1.

COMARO, ancienne Ville de Thessalie[c]. Ce n'est plus maintenant qu'un Village avec un fort Château élevé sur une Colline, près du Golphe de Zeiton, au pied de la Montagne de Mizzovo à l'endroit où se trouve le fameux passage des Thermopyles.

[c] Baudrand Edit. 1705.

COMARUM, port dans le Golphe d'Ambracie ; Dion[d] & Strabon[e] en ont parlé. Ce dernier en fait un petit Golphe particulier de l'Epire, & l'appelle *Comarus Sinus*.

[d] l. 50.
[e] l. 7. p. 325.

COMASQUE (le) en Latin *Comensis ager*; petit Pays d'Italie, au Duché de Milan près de la Ville de Come dont il tire son nom & du *Lac de Come*, entre le Bergamasque, les Grisons & la Valteline, & les quatre Bailliages d'Italie qui sont aux Suisses. Il est divisé en deux parties qui sont le Comté de Come au Septentrion & le territoire de Come au Midi ; selon Jacques Cantelli, cité par Mr. Baudrand[f].

[f] Edit. 1705.

COMASTUS, Village de la Perse propre, selon Polyenus[g].

[g] l. 7.

COMATA GALLIA, voiez GALLIA.

COMATI. Voiez LIGURIE.

COMBA, ancienne Ville d'Asie dans la Lycie selon Ptolomée[h]. Elle étoit dans les terres au voisinage du Mont Cragus.

[h] l. 5. c. 3.

COMBANA, ou selon d'autres exemplaires de Ptolomée[i] NOMMANA, Ville ancienne d'Asie dans la Carmanie près de la Mer.

[i] l. 6. c. 8.

COMBE, étang de Grece dans la Macedoine au Voisinage du Mont Athos.[k] Athénée en parle.

[k] l. 8. c. 8.

COMBE LONGUE. Abbaye d'hommes, en France, Ordre de Premontré & fille de la Case-Dieu, à trois petites lieues de Castelnau au Diocèse de Conserans. On croit qu'elle fut fondée l'an 1131. par Arnaud d'Autriche-Palias, Seigneur autrefois de soixante differens Châteaux. Cette Abbaye fut d'abord assez célèbre ; mais elle a été si maltraitée par les Protestans qu'à peine suffit-elle à present pour deux ou trois Religieux. On y connoissoit jusqu'en 1708. trente-deux Abbez. Le revenu de l'Abbé est d'environ quinze cens Livres.

COMBERANE ; ancien nom d'un Ruisseau de la Ligurie aux environs de Génes, selon Ortelius[l] qui s'appuie sur une Inscription gravée en cuivre & qui se trouve dans ce Pays-là.

[l] Thesaur.

COMBMARTIN, Bourg d'Angleterre en Devonshire[m], au bord de la Mer, à l'embouchure du Golphe de la Saverne. Ce nom est écrit COMBEMERTEN par Allard & COMBMERTON par Mr. Corneille.

[m] Etat present de la G. Bret. T. 1. p. 56.

COMBO[n], Petite Province d'Afrique dans la Nigritie sur la côte de l'Océan, près du Cap de Ste. Marie.

[n] Baudrand Edit. 1705.

COMBOS, ce nom avoit été introduit comme celui d'une Ville dans ce vers de la 15. Satire de Juvenal *Ardet adhuc Ombos & Tentyra*, par des Copistes ignorans qui doublant le C du mot *adhuc* l'avoient repété au commencement du mot suivant. Ortelius a ôté cette ordure & retabli le vrai nom qui est Ombos en depit des Manuscrits & de tous les imprimez qu'il y avoit de son temps.

COMBOURG[o], gros Bourg de France en Bretagne avec titre de Comté, dans l'Evéché de St. Malo, entre Dol & Rennes.

[o] Baudrand Ed. 1705.

COMBRAILLE, Pays de France faisant partie du Gouvernement Militaire de la Province d'Auvergne, mais situé dans le Diocèse de Limoges. La Ville principale étoit autrefois MONTAGU, c'est à present EVAON qu'on prononce EVAU ou EVAUX, où est le Siége d'une Election de la Generalité de Moulins. Ce Pays portoit autrefois le titre de Baronie. Elle appartenoit aux Comtes d'Auvergne : Elle fut vendue l'an 1360. par Jean II. du nom Comte de Boulogne & d'Auvergne, à Pierre de Giac sur lequel elle fut revendiquée en 1440. & acquise par Louis II. Duc de Bourbon pere de Jean qui épousa Marie de Berri, lequel la donna en partage avec le Comté de Montpensier à Louïs son troisiéme fils ayeul du Connétable Charles de Bourbon. Elle tomba dans le partage des Comtes, depuis Ducs de Montpensier, d'où par Madlle de Montpensier elle est échue à la Maison d'Orléans. L'on n'y recueille que du seigle ; mais on y nourrit quantité de Bestiaux.

COMBRAILLES, petite Paroisse de France, Chef lieu d'une Election qui est de la Generalité de Moulins, au Diocèse de Limoges aux Confins de l'Auvergne.

COMBREA, Κόμβρεια, Ville de Grece dans la Macedoine, auprès de Pallene. Selon Herodote[p], qui appelle Crossée le Pays où elle étoit.

[p] l. 7. n. 123.

COMBRET, Ville de France dans le Rouërgue au Diocèse de Vabres sur l'Alrance entre Belmont & St. Sernin. Elle est de la Generalité de Montpelier.

COMBRETONIUM, ancien lieu d'Angleterre, Antonin[q] la met sur la route de *Venta Icenorum*, à Londres, entre *Sitomagus*, & *ad Ansam*, à XXII. M. P. de la premiere & à xv. M. pas de la seconde. Mr. Gale[r] pretend que c'est *Brettenham* vallée près de la Riviere de Bretton. *Cwra*, poursuit-il, signifie vallée en langue Bretonne, & la Riviere de

[q] Itiner.
[r] In Anton. p. 110.

BRET-

BRETTON passe à BRETTENHAM. Le nom y repond assez, mais le nombre des distances n'y conviennent pas si bien, car il n'y a que cinq mille pas. Il est vraisemblable que les Romains aient fait passer par là le chemin de *Venta Icenorum*, c'est-à-dire, de Caster à Londres & on y trouve parci-par-là de leurs monnoyes dans des lieux d'ailleurs peu remarquables.

COMBULTERIA [a], ancienne Ville de la Campanie. Elle abandonna le parti des Romains & se donna à Annibal ; Fabius la prit l'épée à la main.

[a] Tit. Liv. l. 23. c. 38.

COMBUSTA, Ville de la Gaule Narbonnoise vers les Pyrénées selon l'Itineraire d'Antonin. Il la met à xxxiv. M. P. de Narbonne, en allant vers l'Espagne.

COMCHE [b], Grande Ville de Perse, sur la route d'Ispahan à Ormus. Il y a plusieurs Caravanserais qui pour n'être que de terre sont assez beaux. Cette Ville n'est composée que d'une suite de Villages qui tiennent près d'une demie lieue de long. A trois quarts de lieue ou environ au deçà de cette Ville il y a une jolie Mosquée. Comme il y a de l'ombrage en été en ce lieu-là les voyageurs aiment mieux camper près de l'Etang qui accompagne cette Mosquée que de s'aller renfermer dans la Ville.

[b] Tavernier Voyages de Perse l. 5. c. 10.

COME [c], Ville d'Italie, au Duché de Milan, sur un Lac qui porte aussi le nom de Come avec un Evêché Suffragant du Patriarche d'Aquilée. Elle donne le nom de Comasque au Pays qui est aux Environs, & est assez forte & peuplée. Elle est située à la pointe Meridionale du Lac à six milles seulement de l'Etat des Suisses & des Bailliages au Levant, en allant vers Bergame, dont elle est à vingt-cinq milles ; & vers Bresse dont elle est à cinquante-deux milles, & à vingt-cinq de Milan. Elle est remarquable pour avoir été la patrie du Pape Innocent XI. Odescalchi, du Poëte Cecilius, de Pline le jeune & de Paul Jove. On la nomme aussi *Novo Como*, mais il faut distinguer l'ancienne Ville de Come & la Nouvelle car il y a une demie lieue de l'une à l'autre. C'est de la Nouvelle qu'étoit Paul Jove, c'est pourquoi il ne se disoit pas simplement *Comensis* ; mais *Novo-Comensis*.

[c] Baudrand rectifié.

LE LAC DE COME [d], Lac d'Italie en Lombardie dans la partie Septentrionale du Milanez. Ceux du Pays le nomment *Lago di Como*, les Latins l'ont connu sous le nom de *Larius Lacus*. Depuis la Ville de Come dont il prend son nom & qui est à son extremité Meridionale, il s'étend vers le Nord l'espace de trente Milles jusqu'à *sommo Lago*. Mais d'Occident en Orient il n'a pas plus de quatre à cinq milles de large, à cause des Montagnes qui le resserrent. Il reçoit les Frontieres de l'Adda sur les Frontieres de la Valteline & la quite près de Lecco. Souvent le Lac de Chiavenne dans les Grisons est censé faire partie du Lac de Come, au regard duquel on l'appelle le petit Lac. Les lieux les plus remarquables qui sont sur ses bords sont Come, Lecco, Gravedona & Fuentes.

[d] Baudrand.

COMEA. Voiez *Comeensis*.

COMEDÆ, Κόμηδαι, ancien Peuple de la Scythie d'entre ceux qui étoient compris sous le nom de SACÆ selon Ptolomée [e].

[e] l. 6. c. 13.

COMEDIÆ. Pline le Jeune qui étoit de Come, comme on vient de le remarquer, avoit deux maisons de Campagne auprès du Lac; l'une s'appelloit la *Comedie* & l'autre la *Tragedie*. Il en parle lui-même dans une de ses Lettres [f].

[f] Ad Roman. l. 9.

COMEENSIS [g]. Le Concile de Nicée qualifie ainsi un Evêque dont le Siege étoit dans la Mysie d'Europe. Ce Siege étoit à Comea lieu dont il est fait mention dans l'Histoire Mélée [h].

[g] Ortel. Thes.
[h] l. 17.

COMENII, ancien Peuple de l'Illyrie selon Ptolomée. Ils étoient voisins des Daursiens & des Vardéens.

COMENIZZE, Port de Mer & Bourgade de l'Albanie dans le Detroit à l'Orient de l'Isle de Corfou, dans la Province de Larta, à l'embouchure de la Riviere que les Anciens appelloient *Thiamis*.

COMENOLITARI (le) contrée de la Grece Moderne, la même que les Anciens ont connue sous le nom de Macedoine. Mr. Baudrand ne donne ce nom qu'à un Canton dans la partie Occidentale de la Macedoine ; mais Mr. de l'Isle est de notre sentiment. Selon lui la *Thessalie* est aujourd'hui la JANNA. L'Æmathie & les autres Provinces qui étoient au cœur de la Macedoine portent presentement le nom de la VERIA & la partie qui en est au Nord Oriental où étoient l'Amphaxitide, la Paraxie, la Chalcitique, la Mygdonie & la Bisaltie, est nommée IAMBOLI. Ces trois parties, savoir le IAMBOLI, la VERIA & la Janna font le *Comenolitari*, c'est-à-dire, la Macedoine, y comprise la Thessalie.

COMENSES, ancien Peuple d'Asie, vers la Galatie selon Pline [i]. Le R. P. Hardouin croit qu'il faut plutôt lire CHOMENSES & que ce nom est pris de CHOMA Ville située dans la Lycie, assez avant dans les terres.

[i] l. 5. c. 32.

COMERA. Voiez THUSCIA.

COMETAU, COMETHAU, COMMOTHAU, COMUTHAU [k], Ville de Bohéme aux confins de la Misnie & du Voigtland dans le Cercle de Satz, sur un ruisseau, dans une plaine & dans un terrain très-fertile. Il y a une Paroisse, un College de Jesuites & une belle Maison de Ville. L'an 1421. Zisca y mit le siege, & les femmes défendirent courageusement la Ville contre lui. Il en fut si irrité que lorsqu'il l'eut prise d'assaut le 16. Mars il n'épargna ni femme, ni filles, ni enfans & fit tout tailler en pièces. Il reserva soixante & dix de ces femmes auxquelles il fit brûler le sein si cruellement qu'on les reduisit en cendres. Martin Boregk dans sa Chronique de Bohéme [l] dit que les Thaborites prirent la Ville de CHOMUTOW, dans laquelle les Misniens avoient une forte garnison, & que s'en étant rendus maitres ils firent main basse sur les Bourgeois, sur les Etrangers, les Prêtres & les Juifs & qu'ils en massacrerent trois mille ; qu'ils chasserent les femmes & les filles hors de la Ville, les pillerent & les enfermerent dans des huttes où ils mirent le feu sans épargner les femmes enceintes. L'an 1648. les Suédois prirent cette Ville à discretion.

[k] Zeyler Boh. Topogr. 21.
[l] Fol. 431.

COMFLOENTA, ancienne Ville de l'Espagne Tarragonoise, au Pays des Arevaques selon Ptolomée [m].

[m] l. 2. c. 6.

COM.

COMI, Κῶμοι, Peuple d'Asie, dans la Bactriane, dans le voisinage du Peuple CHO-MARI selon Ptolomée [a].

[a] l. 6. c. 11.

COMIDAVA, ancienne Ville de la Dacie, selon le même. Lazius croit que c'est presentement DEES.

COMIDIA. Les Turcs appellent ainsi le peu qui reste de l'ancienne Ville de *Nicomedie*, où l'Empereur Constantin mourut en 337. Voiez NICOMEDIE.

COMINE [b], petite Isle de la Mer de Sicile entre celles de Malthe & du Goze dans le passage qu'on appelle le FRIOUL avec un petit Château fortifié.

[b] Baudrand Ed. 1705.

§. Mr. de l'Isle la nomme l'Isle de Cumino.

COMINES [c], Château de France dans la Flandre Gallicane, sur la Riviere de Lis, dans la Province de Lille entre Armentieres & Menin & presque à mi-chemin de Lille à Ipres & un peu au dessous de Warneton. Il étoit autrefois assez bien fortifié; mais on en a rasé les fortifications. Le Château est donc ruiné, mais il reste un beau Village dont Mr. Corneille fait une Ville. Une partie du Village est située dans la Châtellenie de Lille & l'autre est dans celle d'Ipres. Il y a une Eglise Collegiale sous le titre de St. Pierre & le Chapitre envoye son Député aux Etats de la Province. Ce Château est devenu fameux par Philippe de Comines qui en étoit Seigneur & qui ayant passé du service des Ducs de Bourgogne à celui de Louïs XI. a laissé des Memoires qui font une partie très-essentielle de l'Histoire de France. Cet Ouvrage a été si generalement estimé sur tout par les étrangers, que cet Auteur a souvent été appellé le Tacite des François.

[c] Divers Memoires.

COMINI, ancien Peuple d'Italie. Il faisoit partie des Æquicules selon Pline [d] qui en parle comme ne subsistant déjà plus. Voiez l'Article qui suit.

[d] l. 3. c. 12.

COMINIUM, ancienne Ville des Samnites en Italie de laquelle parle Tite-Live. [e] Pline [f] en nomme les habitans COMINI & le R. P. Hardouin trouve qu'il seroit mieux de lire COMINII. Pline les met au nombre des Villes qui ne subsistoient plus de son temps. Cependant Scipion Mazella cité par Ortelius [g] pretend qu'on l'appelle presentement COMINO.

[e] l. 10.
[f] l. 3. c. 12.
[g] Thesaur.

COMINGE. Voiez COMINGES.

COMINSENE, Contrée d'Asie dans la Parthide selon Ptolomée [h]. Quelques exemplaires lisent COMISENA, qui vaut mieux. Strabon [i] met dans l'Armenie cette Province qu'il nomme COMISENA.

[h] l. 6. c. 5.
[i] l. 2. p. 528.

COMITATUS. L'Auteur du Livre *expositio totius mundi* que l'on croit avoir été écrit sous l'Empire de Constance divise l'Empire Romain en deux departemens qu'il appelle COMITATUS. *In utrumque Comitatum Orientis & Occidentis intuere.* Il ne faut pas le prendre dans le sens de *Comté* comme nous l'entendons aujourd'hui, mais simplement pour des Conseils dont les Conseillers avoient nom *Comites*; & c'est peut-être l'origine de la Dignité des Comtes, car dans la suite les Souverains des grandes Monarchies ayant attaché à des contrées particulieres des Comtes particuliers, il est arrivé que ces Comtes qui n'étoient d'a-

COM. 727

bord qu'amovibles au premier ordre du Souverain qui les plaçoit, soit par leurs intrigues, soit par leur bonne conduite ont possedé ces charges à vie, ont aquis les plus belles terres de leurs contrées & s'y sont affermis par une possession hereditaire, & se sont mêmes enfin rendus Souverains independans de leurs maîtres à qui ils ont à peine conservé une ombre d'autorité en s'avouant leurs feudataires. Voiez COMTE'.

COMITIANÆ, ancien lieu de la Sicile, selon Antonin [k]. Quelques exemplaires écrivent *Comicianæ*; il étoit sur la route d'Agrigente au promontoire de Lilybée entre PICINIANÆ & PETRINÆ à XXIV. M. P. de la premiere & à IV. de la seconde, selon l'exemplaire du Vatican.

[k] Itiner.

COMIUM, Cedrene & Curopalate nomment ainsi une place forte qu'Ortelius croit être dans l'Iberie.

COMMACUS. Voiez COMANA 4.

COMMAGENA. Voiez COMAGENE.

1. COMMANI. Voiez COMANIA.

2. COMMANY [l], petit Royaume d'Afrique dans la Guinée sur la côte d'Or; sa longueur qui se prend le long de cette côte est d'environ cinq lieues, & il est à peu près également large à compter sa longueur depuis la Riviere de CHAMA jusqu'au Village de Mina. Les Hollandois ont à moitié chemin de ces deux endroits un Fort, raisonnablement grand sur le bord de la Mer, auprès du Village nommé le *petit Commany*, par les Hollandois KLEIN-COMMANY, & par les Negres EKKE TEKKI. Ce Fort s'appelle *Vredenbourg*, c'est-à-dire, le château de la Paix; & fut bâti en 1688. par Mr. Sweerts. A deux portées de mousquet delà les Anglois ont un Fort passablement grand; où ils se sont très-bien affermis. Le Pays tout petit qu'il est a son Roi particulier qui demeure au Grand Commany; il est separé du Royaume de Fetu par une petite Riviere qui coule au Fort de St. George d'Elmina.

[l] Bosman Voyage de Guinée Lett. 3.

3. COMMANI (le Grand) Village d'Afrique en Guinée dans le Royaume auquel il donne son nom, & dont le Roi fait sa residence dans ce Village.

4. COMMANI (le petit) Village maritime du même Royaume. Voiez COMMANI 2.

COMMARODES, Lieu voisin de Constantinople, selon Denys de Byzance & Pierre Gilles dans leurs Descriptions du Bosphore.

COMMENASE, Fleuve d'Asie. Il tombe dans l'Indus selon Arrien [m].

[m] In Indicis.

COMMENDO [n], Petite Ville d'Afrique en Guinée sur la côte d'Or, entre St. George de la Mine au Levant & le Cap des trois pointes au Couchant. Le Royaume s'étend assez dans les terres & est assez considerable pour ce Pays-là. Il y a près de la Ville un petit Fort aux Hollandois & une habitation aux Anglois.

[n] Baudrand Ed. 1705.

§. Comme cette situation à l'Occident d'Elmina & ces deux Etablissemens conviennent à COMMANY dont parle Bosman qui ne dit rien de COMMENDO, je suis persuadé que ces deux noms signifient le même Pays dont le gouvernement, les bornes & le nom ont été chan-

changez depuis le temps où les Memoires suivis par Mr. Baudrand, ont été écrits, jusqu'à celui de Bosman.

[a] *Longuerue desc. de la France 2. part. p. 198.*

COMMERCI, Ville de France au Duché de Bar sur la Meuse à trois lieues au dessus de St. Mihel au Midi & à cinq de Toul vers le Couchant. Il appartenoit en propre à Thierri Duc de Lorraine, fils de Gerard d'Alsace, & il la donna à l'Evêque & à l'Eglise de Metz, en échange de celle de Boussonville dans la Lorraine Allemande.

Les Evêques la donnerent en Fief à des Seigneurs que l'on appelloit Damoiseaux, en Latin *Domicelli*. Sous l'Episcopat de Jean d'Apremont, mort l'an 1238, George étoit Seigneur de Commerci, & après sa mort ses enfans nommez Gautier & Henri, demanderent à l'Evêque qu'il lui plût de les recevoir à lui faire foi & hommage, & de les investir & mettre en possession de cette Seigneurie.

Après celà Commerci étant tombé en quenouille, vint à la Maison des Comtes de Sarbruc. Les Cadets de cette Maison en ont été Seigneurs du moins en partie. Jean de Sarbruc reconnut l'an 1377, que le Château & Forteresse de Commerci relevoit des Evêques de Metz.

Jean de Sarbruc, qui demeuroit à Commerci, étant poursuivi par les gens du Roi, qui s'efforçoient de mettre la Ville de Commerci sous l'obéïssance de la France, il écrivit à l'Evêque de Metz, afin de l'obliger à prendre sa défense, & montra que Commerci étoit des Fiefs de l'Evêque de Metz.

Le même Jean de Sarbruc avoua que la Comtesse de Sarbruc avoit part à la Seigneurie de Commerci : cette Comtesse étoit Jeanne fille & heritière de Jean, Comte de Sarbruc; laquelle avoit épousé Jean Comte de Nassau Weilbourg, dont le fils Philippe fut Comte de Sarbruc, & tige de la branche de Nassau Sarbruc.

Le même Philippe de Nassau, Seigneur de Commerci, & Comte de Sarbruc, rendit ses devoirs de Vassal, l'an 1383, à Theodoric de Boppart Evêque de Metz, pour le Comté de Sarbruc, & la Seigneurie de Commerci comme ses Ancêtres avoient fait.

Après cela, Anne de Sarbruc, qui étoit Seigneur ou co-Seigneur de Commerci, fit hommage de Commerci à Raoul de Coussi Evêque de Metz, l'an 1400 ; ce qu'il fit, quoique l'Evêque Raoul eût engagé son Droit Féodal sur les terres de Commerci & d'Apremont à Henri, fils aîné de Bar, l'an 1395, pour 1800. Francs de bon Or : ce qui montre que cet engagement n'avoit pas eu lieu ; aussi les successeurs d'Anne de Sarbruc & du Comte de Nassau, n'ont point reconnu d'autres Seigneurs Suzerains de Commerci, que les Evêques de Metz.

Robert de Sarbruc fut Seigneur de Commerci, & se distingua dans la guerre qu'il fit contre les Barrois & les Verdunois l'an 1437.

Philippe Comte de Nassau, Seigneur en partie de Commerci, eut deux fils : Jean, qui fut Comte de Sarbruc, & Philippe, qui fut Seigneur de Weilbourg en Weteravie.

Jean Comte de Nassau Sarbruc, vendit l'an 1443. à Louïs Marquis de Pont, fils du Roi René d'Anjou, le Château de Commerci, avec la moitié de la Ville & de son territoire; & comme Louïs ne vouloit pas relever des Evêques de Metz, le Comte s'obligea de dedommager l'Evêque, ensorte que le Marquis de Pont ne fut pas Vassal de l'Evêque : ce Prelat, qui étoit alors Conrad Baïer, ne voulut pas y consentir, & les choses demeurerent au même état qu'elles étoient auparavant pour la mouvance de Commerci.

Aussi comme l'an 1540. les Officiers du Roi eurent renouvellé leurs poursuites contre Antoine Duc de Lorraine, & les Seigneurs de Commerci, le Duc fit lever dans la Chancelerie de Vic tous les Actes qui demontroient que Commerci relevoit de l'Evêché de Metz, & non pas du Roi.

Les Comtes de Nassau-Sarbruc avoient toûjours le château & l'avantbourg de Commerci, dont Philippe Comte de Nassau-Sarbruc, tant pour lui, que pour ses deux freres Adolphe & Jean, rendit ses devoirs de Vassal à Robert de Lenoncourt, Cardinal Evêque de Metz, l'an 1551 : ces trois freres moururent sans posterité, & eurent pour Heritier Albert Comte de Nassau-Weilbourg qui descendoit du Comte Philippe, frere de Jean Comte de Nassau-Sarbruc.

La Seigneurie de Commerci étoit devenuë une espece de Souveraineté, y aïant une Cour Souveraine nommée les Grands jours, où l'on jugeoit les procès en dernier ressort : elle vint par acquisition dans la Maison de Gondi; Jean François-Paul de Gondi, Cardinal de Retz, en étoit proprietaire ; & étant après son retour d'Italie revenu demeurer à Commerci, il en vendit la propriété au Duc Charles de Lorraine, qui l'acquit pour son fils naturel le Prince de Vaudemont, & le Duc Charles laissa au Cardinal l'usufruit de Commerci. Le Duc Léopold, aujourd'hui regnant, a acquis Commerci, dont il laisse jouïr le Prince de Vaudemont sa vie durant.

Nous avons déjà remarqué que les Rois de France, & que leurs Officiers du Bailliage de Vitri, avoient plusieurs fois fait des entreprises sur la Seigneurie directe de la Ville & Château de Commerci, parce qu'il y avoit des Villages & des Paroisses à la campagne auprès de Commerci, qui relevoient de Vitri ; mais la Chambre Roïale de Metz reconnut l'an 1680, que le Droit feodal & direct appartenoit legitimement sur Commerci, à l'Evêque de Metz, à qui il fut adjugé.

Le Duc Léopold aïant été rétabli dans ses Etats en execution de la Paix de Riswic, le feu Roi Louïs XIV. fit un Traité avec lui l'an 1707, par lequel il lui céda la Souveraineté de Commerci, & des Villages qui en dépendent; & depuis ce tems-là sous le Regne de Louïs XV. certains Villages de cette Seigneurie, qui étoient soumis à la Justice du Bailliage de Vitri, & en cas d'appel au Parlement de Paris, ont été dechargez de ce Ressort, & cedez avec l'Abbaïe de Rieval en toute Souveraineté au Duc de Lorraine.

COMMERCIUM BURGUM, Forteresse dans la Pannonie, selon Lazius, [b] qui s'appuye sur d'anciennes Inscriptions trouvées à LABATHLAN en Hongrie. Il croit que

[b] *De R.P. R. fol. 277.*

COM.

que c'est le nom moderne de ce lieu qui doit avoir été voisin de GRAN.

COMMI, lieu de Syrie entre Cressus & Mares selon Guillaume de Tyr [a]. [a] l. 18. c. 28.

COMMINGES, Province de France ; avec titre de Comté & de Senechauffée. [b] Elle a la Gascogne Toulousaine au Septentrion, le Conserans à l'Orient, la Catalogne au Midi & le Comté de Bigorre à l'Occident. Son étendue est de dix-huit lieues de long sur six de large. On y remarque les Villes ou Bourgs de [b] Piganiol, descr. de la France Tom. IV. p. 215.

St. Bertrand,	Montregeau,
Lombez,	St. Beat,
Muret,	St. Gaudens, &c.

[c] Pour bornes plus precises du côté du Midi on peut lui donner la Vallée d'Aran, où la Garonne prend sa source : cette Vallée qui a été détachée de l'ancien Pays de Comminges & qui reconnoît encore son Evêque pour le Spirituel appartient depuis plusieurs siécles à la Couronne d'Aragon. Le nom de Comminges vient du Latin *Convena* dont la racine est *Convenire*, parceque ces Peuples tiroient leur origine de plusieurs Brigands Espagnols qui s'étoient refugiez dans les Pyrenées. Voiez au mot CONVENÆ. [d] Cependant une Notice des Villes de France qui a été trouvée dans la Bibliothéque de feu M. de Thou & donnée au Public par du Chesne, semble donner à ce mot une Origine un peu differente ; car on y lit CIVITAS CONVENARUM, *id est* COMMUNITA. Ainsi si on s'en rapporte à cette Notice, le mot *Convena* viendra de *Communica* ou plutôt de *Communita* qui signifie la réunion de plusieurs lieux en un seul corps ou Commune. [c] Longuerue descr. de la France. Part. I. p. 198. [d] Hadr. Valesii Notit. Gall. p. 158.

Les Gascons [e] sur le declin de la Race des Merovingiens, s'emparerent du Pays de Comminges : les Carlovingiens les subjuguerent, mais dans le commencement du x. siécle ils secouërent le joug, & on voit qu'alors les Ducs de Gascogne dominoient dans tous ces Pays-là. Ensuite les Comtes de Comminges ne voulurent plus reconnoître les Ducs d'Aquitaine, qui étoient devenus Ducs de Gascogne ; & ces mêmes Comtes pretendirent tenir leurs Terres non en fief, mais en francalcu ; ils se soutenoient dans leurs pretentions par le grand éloignement de leur Pays & par sa situation ; ce ne fut que l'an 1244. que Bernard IV. reconnut tenir en fief son Comté, non du Duc de Guienne, mais de Raymond dernier Comte de Toulouse ; ce que les Predecesseurs de ce Comte de Comminges n'avoient point fait depuis que ces Comtes avoient été connus. [e] Longuerue Ibidem 199.

Le premier que l'on trouve est Bernard, qui vivoit du tems de Louïs le Gros l'an 1130. & dont la Race Masculine finit en la personne de Pierre Raymond Comte de Comminges, qui mourut l'an 1375. ne laissant qu'une fille nommée Marguerite ; qui ayant été mise en prison par son Mari Jean Comte de Foix, & ensuite remise en liberté par l'autorité de Charles VII. lui fit don de son Comté de Comminges. Louïs XI. donna le Comté de Comminges l'an 1478. à Odet d'Aydie Seigneur

COM. 729

de Lescun, pour lui & ses enfans mâles seulement, à la charge de reversion à la Couronne, en cas que la posterité masculine vînt à manquer ; ce qui arriva l'an 1548. Henri d'Aydie Comte de Comminges étant mort sans enfans, le Comté fut réuni au Domaine dont il n'est point sorti jusqu'à present. La Capitale du Pays de Comminges s'appelle aujourd'hui ST. BERTRAND : Voicz ce mot.

L'ancienne Ville de Comminges dont le vrai nom étoit *Lugdunum* a été autrefois très-grande & une des plus considerables de la Novempopulanie. Elle fut brûlée par l'Armée du Roi Gontrand, pour avoir servi de retraite à un certain Gondebaud, qui pretendoit à la Couronne comme fils de Clothaire.

L'Evêché de Comminges [f] est fort ancien, puisqu'un de ses Evêques appellé Presidius assista au second Concile d'Orleans, assemblé par ordre de Childebert fils de Clovis. L'Evêque de Comminges entre aux Etats de Languedoc, parceque Valentine & dix autres Paroisses de son Diocèse sont de la Province & du Gouvernement de Languedoc. Cet Evêché est Suffragant d'Ausch & renferme environ 200. Paroisses & trois Abbayes. Son revenu est de vingt-deux mille Livres. Le Chapitre de la Cathedrale consiste en quatre Dignités & en douze Canonicats. [f] Piganiol Ibidem pag. 35.

Le principal commerce de l'Election [g] de Comminges consiste en bestiaux & mulets qui se vendent aux foires de St. Girons & de St. Beat. Le haut Comminges joüit du privilege des *Lies & Passeries*, qui a été accordé à tous les Pays qui sont sur la même ligne, limitrophes d'Espagne. Par ce privilege il est permis aux deux Nations de commercer entre elles de toutes sortes de marchandises, soit en tems de paix ou tems de guerre, à l'exception des marchandises de contrebande. Le bas Comminges est fertile en bleds & autres grains qu'on fait descendre à Toulouse par la Garonne. [g] Ibidem p. 183.

COMMODA. Voiez COMETAW.

COMMONE. Isle de la mediterranée sur la côte de l'Ionie selon Pline [h]. [h] l. 5. c. 31.

COMMONI, ancien Peuple de la Gaule Narbonoise selon Ptolomée [i]. Il met dans leur Pays Marseille, *Tauroentium*, que quelques-uns expliquent par Toulon, le Promontoire appellé *Citharistes*, la Ville d'*Olbia*, l'embouchure de l'Argents & Frejus. [i] l. 2. c. 10.

COMMORIS, Place d'Asie sur le Mont Aman. Nous ne saurions point qu'elle ait existé si Ciceron qui commanda dans ces quartiers-là ne l'avoit nommée entre les postes dont il se rendit maître. C'est dans une de ses Lettres à M. Caton [k]. [k] Famil. l. 15. Ep. 4.

COMMOTA. Voiez COMETAW.

COMMOTAY, Ville de l'Inde au delà du Gange. Mr. Baudrand la met sur la Riviere de Caorsi, dans un Royaume de Commotay, autrefois tributaire du Roi de Pegu. Mrs. Sanson nomment Comotai sur la Riviere de Caorsi & n'en font qu'une Bourgade. Mais la Riviere, le Royaume, la Ville & la Bourgade ne paroissent plus sur les Cartes que Mr. de l'Isle nous a données de ces Pays là sur d'excellentes Relations. Les extravagances de Vincent le Blanc & autres menteurs de profession

Tom. II. Zzzz* ont

ont barbouillé les Cartes d'Asie d'une si vilaine maniere qu'il a falu recommencer, & n'y mettre que ce que l'on apprenoit de nouveau par le canal des Voyageurs habiles & sinceres. J'ai déjà averti que generalement toutes les Cartes de l'Asie, de l'Afrique & de l'Amerique de Mrs. Sanson ne sont bonnes qu'à raccommoder des chassis & à autres usages pareils où il n'est point question de Géographie. Cela vient de ce qu'à force de vouloir enrichir & charger leurs Cartes, ils ont indistinctement emprunté de Voyageurs romanesques des chimeres qu'on ne voit qu'à regret dans les Ouvrages de ces Messieurs qui d'ailleurs étoient de très-habiles Géographes.

COMYAGUA, Ville de l'Amerique dans la nouvelle Espagne au Pays de Honduras dont elle est la Capitale. Les Espagnols la nomment Valladolid.

COMO. Voiez COME.

COMOARENUS, dans le Concile de Chalcedoine on trouve un Evêque ainsi qualifié & dont le Siége doit avoir été dans la Phénicie du Liban [a].

[a] Ortel. Thef.
[b] De l'Isle Atlas.

COMONAVA [b], Ville de Grece dans la Macedoine, dans les montagnes, aux confins de la Bulgarie à la source de la Riviere de Psinia qui tombe dans le Vardar.

1. COMOPOLIS, Ville d'Assyrie selon Ptolomée.

§. Ortelius ajoute au moins trois autres Villes de ce nom qui étoient toutes les trois dans l'Asie mineure au raport de Porphyrogenete. Savoir

2. COMOPOLIS, surnommée MODRENA. La Notice de Leon le Sage met entre les Villes Episcopales de Bithynie MODRINA ou MELINENSIUM.

3. COMOPOLIS, surnommée DOMATERI. Je n'en trouve aucune trace ailleurs.

4. COMOPOLIS, surnommée MEROS. C'est la même que MYRE dans la Phrygie salutaire.

[c] Corn. rectifie.

1. COMORE [c], Ville forte de Hongrie, où elle est la capitale d'un Comté au confluent du Waag & de quelques autres Rivieres qui y tombent dans le Danube, à la pointe inferieure de l'Isle nommée le Grand Schitt, à quatre lieues de Javarin, de Nieuhausel & de Gran. La forme de ses Fortifications est triangulaire & un roc la défend d'un côté, & les deux bras du Danube de l'autre. Mathias Corvin fut le premier qui fit travailler à ses Fortifications l'an 1472. C'étoit peu de chose auparavant; on l'a si bien munie dans la suite que jamais les Turcs n'ont pu s'en rendre Maîtres. Edouard Brown dit [d]: KOMORA, GOMORA, Crumenum ou Comaronium est une Ville fort grande & fort belle située au bout de l'Isle de Schut du côté de l'Orient. Elle regarde sur le Danube & le Waag, & est très-bien fortifiée & très-bien peuplée. On a ensuite bien mieux fortifié Comore qu'elle n'étoit, & on a enfermé un bien plus grand espace de terrain, par le moyen d'une ligne qu'on a tirée depuis le Waag jusqu'au Danube & enfin on y a fait quatre nouveaux bastions.

[d] Voyages p. 40.

2. COMORE. (Isles de) Mr. de l'Isle écrit par deux R. COMORRE. Isles de la Mer des Indes dans le Canal de Mozambique entre le Zanguebar & la partie Septentrionale de l'Isle de Madagascar. Il y en a quatre principales dont on sait les noms. La premiere & la principale de toutes qu'on apelle quelquefois la GRANDE COMORRE, est nommée NANGASIA. Elle ressemble un peu à une langue de feu dont la pointe decline vers le Nord-est. Il y a plusieurs Rois. A l'Orient de celle-là est MOELIE. Au Midi de cette seconde est la MAYOTE, au Levant de laquelle est l'Isle d'ANJOUAN. Elles sont entre le 60. & 63. d. de Longitude; & autour du 12. d. de Latitude Meridionale. Au Midi occidental de ces IV. Isles il y en a deux autres accompagnées de deux Islots; mais dont nous ignorons les vrais noms. A l'égard des quatre premieres, voyez leurs Articles particuliers.

COMORIN, Cap d'Asie dans la Presqu'Isle en deçà le Gange dont il fait l'extrémité Meridionale & le terme où aboutit la longue chaine des Montagnes de Gate, dans l'Etat de Travancor. On trouve d'Orient en Occident Periapatan devant lequel il y a un écueil, Toppo, & Couvalam: ces trois Bourgades sont de suite; & ont la Mer au Midi. Les Anciens ont connu ce Cap sous le nom de COMMARIA EXTREMA.

COMPAGNIE. Depuis que l'on a trouvé de nouvelles routes sur Mer pour aller directement aux Indes il s'est formé des Compagnies de Marchands qui ont fait de grandes entreprises pour envoyer de nombreuses Flotes tant dans les Indes que dans le nouveau Monde. Deux raisons nous portent à parler ici de ces Compagnies. 1. La Géographie leur est redevable de beaucoup de connoissances dont ils l'ont enrichie; 2. Elles ont acquis elles-mêmes une Souveraineté, composée de quantité de Provinces & de Villes qu'elles ont conquises ou bâties de nouveau & qu'elles possedent en propre. C'est ce qui nous engage à parler de ces Compagnies, & de leurs conquêtes ou acquisitions.

I. 1.

COMPAGNIE HOLLANDOISE DES INDES ORIENTALES.

Au milieu d'une sanglante guerre que les sept Provinces Unies avoient à soutenir contre les Couronnes d'Aragon, de Castille, & de Portugal réunies sous un même Souverain, duquel elles s'efforçoient de secouer le joug qui leur sembloit trop pesant par la dureté des Gouverneurs; il se forma entre quelques Marchands un projet qui a eu des suites plus avantageuses pour la Republique qu'elle n'eût alors osé l'esperer. Les Espagnols fermerent leurs Ports à ces nouveaux Republicains, & crurent par cette interruption de leur Commerce les mettre plutôt dans la necessité de rentrer dans les termes de l'obeïssance. Ils leur interdirent toute sorte de Commerce dans l'Orient & dans l'Occident quoi qu'ils en fussent alors en quelque façon les Maîtres. Quelques particuliers de Zelande sans se decourager de cette deffense essayerent si par le Nord-est on ne ne pourroit pas trouver une nouvelle route aux Indes Orientales en côtoyant la Norwege, la Laponie, la Moscovie & la Tartarie. Trois armemens differents tenterent cette entreprise en 1594. 1595 & 1596. Les glaces du Weigats deconcerterent les mariniers & on se rebuta de ce dessein auquel on avoit échoué trois fois.

Cependant il se formoit à Amsterdam une nouvelle Compagnie sous le nom de Compagnie des Pays lointains, qui sous la conduite de Corneille Houteman fit partir quatre Vaisseaux en 1595, par la route ordinaire que tenoient les Portugais ; avec ordre de conclurre des Traitez avec les Indiens mêmes pour les Epiceries & autres Marchandises : avec ordre d'en faire particulierement dans les lieux où les Portugais n'étoient point encore établis. Cette petite Flotte eut un succès plus heureux que celles qui avoient fait voile vers le Nord. Son Voyage qui fut de deux ans & quatre mois fut avantageux aux interessez moins par le gain qui fut peu de chose pour cette fois-là que par les Instructions & les esperances que ces vaisseaux rapporterent à leur retour. Ce succès donna occasion à une autre Compagnie qui se forma encore à Amsterdam, toutes deux s'unirent & envoyerent huit Vaisseaux commandez par Jacques van Eck qui partit du Texel en 1598. & trois autres qui partirent le 4. Mai de l'année suivante.

Ces exemples influerent tellement qu'on ne vit bientôt plus que nouvelles Compagnies qui se formoient à Amsterdam, en Zelande, à Roterdam, à Delft, à Horn, à Enckhuyse &c. & leur grand nombre leur auroit fait tort mutuellement sans le remede qu'on y apporta.

Les Etats Generaux voyant qu'effectivement elles se nuisoient l'une à l'autre firent assembler les Directeurs de toutes ces diverses Compagnies qui tous consentirent à l'Union dont le Traité fut confirmé par les Etats Generaux le 20. Mai 1602. & L. H. P. accorderent à cette Compagnie réünie un Octroi pour 21. ans à commencer du jour de la date que l'on vient de marquer. Il fut renouvelé le 22. Decembre 1622, aussi pour 21. ans comme le premier ; en 1647. pour 25. ans commencez du 1. Janvier de la même année : Le 7. Fevrier 1665. pour finir au 31. Decembre 1700. & enfin la Compagnie sans attendre l'expiration en obtint un nouveau pour finir en 1740. inclusivement.

On voit par ces Octrois que la Compagnie n'a pas la Souveraineté absolue sur les Pays qu'elle possede comme quelques uns se l'imaginent ; quoi qu'elle en ait presque tous les attributs parce que l'éloignement ne permettroit pas de consulter les Etats Generaux sur la plupart des reglemens qu'il lui convient de faire pour sa conservation & pour l'avancement de ses progrès.

Ainsi elle a droit de contracter des Alliances avec les Princes dont les Etats sont à l'Est du Cap de bonne Esperance & dans le Détroit de Magellan, le long du Detroit & au delà ; d'y bâtir des Forteresses ; d'y mettre des Gouverneurs & des Garnisons, & d'y établir des Officiers de Justice & de Police. Mais les Traitez se font au nom des Etats Generaux, & c'est aussi au même nom que se prêtent les sermens des Officiers, tant de Guerre que de Justice.

Le dernier Octroi dont nous venons de parler a été encore confirmé sur la fin de 1717. par un Placart des Etats Generaux, par lequel il est defendu à tous leurs Sujets d'envoyer leurs vaisseaux, ni de naviger, dans toute l'étendue de la concession de la Compagnie, ni d'y faire Commerce directement ou indirectement, aussi bien que de s'associer avec les Etrangers pour ce Negoce, ou de servir sur leurs Vaisseaux. Ce Placart est relatif à l'établissement d'une nouvelle Compagnie qui se formoit à Ostende & dont nous parlerons en son lieu. On ôtoit parlà à cette jeune rivale les secours qu'elle esperoit de tirer des Matelots Hollandois qu'elle attiroit à son service, & les sommes que lui auroient fourni des Negocians établis dans les Provinces Unies, lesquels ne pouvant entrer dans la Compagnie Nationale, auroient placé leurs fonds dans celle d'Ostende. Revenons à la Compagnie Hollandoise. Rien n'est plus sagement reglé que les mesures qu'on a prises pour son gouvernement, qui d'un fonds très-mediocre qui n'étoit d'abord que de six millions six cens mille Florins a fait un capital immense sur tout si l'on joint les dépenses infinies qu'ont dû lui coûter les Colonies, les Forteresses, les Bâtimens publics, qu'elle a établis dans les lieux de sa Concession, l'entretien des nombreuses Garnisons, la quantité de Vaisseaux qui vont & retournent tous les ans, sans parler de ceux qu'elle entretient aux Indes ; & malgré tout cela elle ne laisse pas de partager aux interessez de riches gains qui proviennent de son Commerce. Soixante Directeurs divisez en six Chambres furent établis pour la regie ; vingt dans celle d'Amsterdam qui seule participoit aux fonds pour la moitié ; douze dans celle de Zelande qui y étoit pour un quart ; Quatorze dans celles de Delft & de Rotterdam qui fournissoient ensemble un huitiéme, & Quatorze pour celles de Horn & d'Enckhuyse qui faisoient ensemble aussi un Huitiéme.

De ces soixante Directeurs on en tira dix-sept pour les affaires communes des quatre Chambres & cela dans la même proportion ; savoir huit de la Chambre d'Amsterdam, quatre de celle de Zelande, deux de celles de Delft & de Roterdam ; & deux de celles de Horn & d'Enckhuyse ; pour le dix septiéme il se prend alternativement de Zelande, de la Meuse, ou de Nord-Hollande. C'est à cette seconde direction que se regle le nombre, l'Equipement & le départ des Vaisseaux.

A l'égard des possessions de la Compagnie il faut distinguer les places où elle a une domination absolue, & celles où elle a simplement des Loges, des Comptoirs, & des Magazins. Entre ces dernieres il faut encore distinguer celles où elle seule fait le Commerce, sans avoir la proprieté des Places, & celles où d'autres Nations ont leurs Facteurs & leurs Magazins aussi bien qu'elle. Il faut faire la même distinction à l'égard des autres Compagnies dont nous parlerons ci-après.

Pour ce qui est des Places où elle a des Loges

ges & des Facteurs, mais où elle ne negocie pas seule, elles sont en très-grand nombre. L'énumeration en seroit trop longue; voici seulement les principales.

a Nous marquons en lettres Capitales les lieux où est le principal commerce.

Pour l'Arabie [a] MOCCA, Zebit, Mascate, & Balsora.

Pour la Perse BANDER ABASSI, Ispahan, &c.

Pour l'Indoustan SURATE, Agra, Delli, &c. Masulipatan au Royaume de Golconde, les Villes situées à l'embouchure du Gange, &c.

Pour le Royaume de Siam, Ligor, SIAM, Tenasserim &c.

Pour la Chine TAIOUAM.

Pour le Japon NANGASAKI.

Pour les lieux où elle est seule sur la côte de Malabar, elle a au Royaume de Visapour Valdepatan & Vingrela.

Au Royaume de Canara, Padam, Moresfort près de Barcelor, un autre Fort au Nord de Mangalor; Cananor.

Dans les Etats du Samorin Tenecdohor près de Cranganor, Cochin qui est à elle, Porca, & une Loge près de Calicoulan.

Dans l'Etat de Travancor, le Fort de Coilan & Tangapatan.

Sur la côte de Coromandel au Royaume de Maduré Manapar, Tristendorey, Pumicael, Negapatan, Porto Novo, Trevenepatan, Paliacate, Bimilipatan &c.

Outre cela elle possede en propre toutes les côtes de l'Isle de Ceïlan où elle a de très-fortes Places. L'interieur du Pays est au Roi de Candi Uda qui se maintient libre.

Quoi qu'elle ne possede presque rien dans l'Isle de Sumatra, on peut dire qu'elle en est seule la Maîtresse pour le Commerce à cause de la forte place de Malaca qui n'en étant separée que par un petit Detroit tient tous les environs dans le respect. Elle a pourtant dans cette Isle quelques Forts & quelques Comptoirs, de sorte que les petits Rois qui y regnent n'osent vendre qu'à elle seule leur poivre & leur poudre d'Or.

L'Isle de Java est partagée entre plusieurs Souverains, mais la Compagnie ayant élevé Batavia où est le centre de sa domination & d'autres Forteresses dans cette Isle, en est devenue la principale Souveraine & le Roi de Bantam dépend d'elle. Le Mataren est moins dépendant.

L'Isle de Borneo envoye à Batavia ses Diamans, son Camphre & son Or. La Compagnie aime mieux y attendre & recevoir ces marchandises que de tenter une conquête qui couteroit beaucoup de frais & de sang. Comme ces Insulaires sont les plus perfides des Indiens & qu'ils ont plus d'une fois pillé les Magazins & massacré les Commis que la Compagnie y avoit placez, elle trouve mieux son compte à negliger un établissement qui après tout ne produiroit gueres plus que le Commerce qu'elle fait avec cette Isle sans aucun risque.

L'Isle de Macassar & les Isles Celebes sont possedées par plusieurs Rois, mais la Forteresse de Macassar que possede la Compagnie les tient en bride.

Elle possede en propre les Isles d'Amboine, de Banda, des Moluques, où elle a de fortes places, & s'il y a quelques Rois, ils n'ont qu'une ombre de Souveraineté.

Elle fait seule le Commerce du Japon, où elle envoye tous les ans. Nous en parlons à l'Article de NANGASAKI.

Elle possede à la pointe Meridionale de l'Afrique au Cap de Bonne Esperance un Port accompagné d'un Bourg & d'une Forteresse. Ce Port sert d'entrepôt aux Vaisseaux qui vont aux Indes & qui en reviennent; on y prend des rafraichissemens; on y laisse les malades qui après leur retablissement poursuivent leur route & prennent la place des autres Malades que l'on debarque. Outre cela cette Colonie s'est avancée dans les terres vers le Nord plus de cinquante lieues.

§. II.

COMPAGNIE FRANÇOISE DES INDES ORIENTALES.

Les François s'attacherent d'abord principalement aux Voyages de l'Amerique pour lesquels il se forma des Compagnies qui n'eurent que cet objet en vûe. Ce n'est pas que des vaisseaux de cette Nation, n'aient tenté le Voyage des Indes Orientales de très-bonne heure. On voit dès le temps de François I. des Edits de ce Monarque & particulierement des années 1537. & 1543. pour y encourager ses Sujets. Cependant on ne voit rien de bien considerable avant l'armement du Capitaine le Lievre de Honfleur en 1616. & celui du Capitaine Beaulieu en 1619, qui y conduisirent chacun une Escadre de trois gros vaisseaux dont une partie revint en France très-richement chargée.

La premiere Compagnie qu'on ait faite en France pour les Indes Orientales eut pour auteur le Capitaine Ricaut en 1642. Vingt quatre particuliers Négocians & autres s'étant unis pour le Commerce d'Orient, Ricaut obtint pour dix ans une Concession exclusive de le faire seul avec ses associez & au mois de Septembre de l'année suivante il la fit confirmer par Lettres patentes de Louis XIV. qui venoit de succeder à son pere.

Quoi qu'il parût que cette Compagnie n'eût en vûe que le Commerce des côtes Occidentales de l'Afrique & particulierement l'établissement d'une Colonie à Madagascar (peut-être pour ne pas donner de jalousie aux Hollandois dont la France avoit alors besoin) elle poussa néanmoins sa Navigation & son Negoce jusqu'à Surate & aux autres Ports des côtes de cette partie des Indes.

La Compagnie de Ricaut affoiblie par les troubles de la minorité de Louis XIV. obtint pourtant une nouvelle Concession à l'expiration de la premiere; mais le Maréchal de la Meilleraye avoit pris goût pour la Colonie de Madagascar sur les raports favorables que lui en fit Pronis premier Gouverneur de l'Isle de Madagascar & infidele serviteur de ses premiers maîtres; ce Marechal s'en étant emparé par une espece de surprise malgré les droits & les pretentions de cette premiere Compagnie, en demeura en possession jusqu'à sa mort, & après lui

lui le Duc de Mazarin son fils qui enfin aussi bien que ses associez ceda ses pretentions & ses droits à la Compagnie des Indes qui s'établit en 1664. le 26. Mai. Elle composa dans ses premieres assemblées quarante Statuts que le Roi confirma par Lettres patentes en forme d'Edit expediées à Vincennes & verifiées en Parlement au mois de Septembre. S. M. accordoit à cette Compagnie de pouvoir seule entre ses Sujets naviger dans toutes les Mers des Indes d'Orient & du Sud durant trente ans.

Les fonds qui furent établis dont le Roi avança la plus grande partie, & qui ne montoient pas à moins qu'à sept ou huit millions; mais qui devoient aller jusqu'à quinze; le depart de plusieurs Flotes soit pour l'Etablissement projeté à Madagascar, qui devoit être l'entrepôt principal de la Compagnie; soit pour l'Etablissement des Comptoirs, qu'elle vouloit avoir dans les Indes; Enfin l'Union & l'assiduité avec laquelle les Directeurs de France travailloient à soutenir cette entreprise firent d'abord concevoir une grande idée de cette Compagnie & on en esperoit un bon succès.

Mais une infinité de choses en retarderent les progrès. L'entrepôt avoit été mal choisi dans une Isle mal-saine habitée par des peuples cruels & indomptables, moins riche & moins abondante qu'on ne l'avoit cru sur des relations exagérées. Les plus habiles Directeurs qu'on avoit envoyez aux Indes y moururent, la division se mit parmi les autres. Un Hollandois nommé Caron qui avoit quité le service de sa patrie pour celui de la Compagnie Françoise fut mis indiscretement à la tête des affaires dans ces Pays éloignez & il s'y comporta avec une infidelité qui lui étoit naturelle. Il survint des guerres contre l'Espagne pour les droits de la Reine en 1667. & contre les Provinces Unies en 1672. Le Roi avoit envoyé aux Indes une escadre commandée par le Sr. des Hayes, & Caron l'ayant mal à propos engagée à Trinquemale l'an 1672, il y en perit une partie; l'autre n'eut gueres un meilleur sort à la prise, à la deffense & à la reddition de St. Thomé en 1673. en 1674. Tous ces contre temps reduisirent la Compagnie à une si grande foiblesse, qu'elle fut hors d'état de se soutenir. En vain la Cour fit divers arrangemens en divers temps pour la relever.

Voyant que ses forces ne suffisoient pas seules, elle obtint la permission de faire part de son privilege à des particuliers, dans la vûë que les profits qu'elle en tireroit lui aideroient à entretenir son Commerce aux Indes, ou du moins de quoi payer en France une partie des intérêts dont elle étoit chargée & ainsi rendre le credit à ses billets. Le premier de ces Traitez est du 4. Janvier 1698. fait avec le Sr. Jourdain & ses associez pour envoyer à la Chine. Cela forma une nouvelle Compagnie qui eût une concession particuliere pour la Chine, le Tonquin, la Cochinchine & Isles adjacentes. La guerre de la succession d'Espagne & la remarque que l'on fit que les étofes dont cette Compagnie fournissoit la France ruinoient les Manufactures firent avorter ce projet.

En 1686. la Compagnie des Indes renonça à la propriété de l'Isle de Madagascar & par arrêt du 4. Janvier de la même année, cette Isle fut réünie à la Couronne. Voiez MADAGASCAR.

Les Negocians de St. Malo ont soutenu les debris de cette Compagnie des Indes jusqu'en l'année 1719, qu'elle a été unie avec la Compagnie des Indes Occidentales sous le nom de Compagnie des Indes.

Les diverses branches de son Commerce dans le Royaume sont des choses étrangeres à la Geographie, mais cette Science doit marquer ses établissemens dans l'Orient.

La Compagnie Françoise des Indes Orientales envoye à Moka & en d'autres ports d'Arabie, en Perse & au Mogol où elle a ses Loges & ses Comptoirs. Je ne crois point qu'elle en ait presentement sur la côte de Malabar; mais bien sur celle de Coromandel. Outre Ponticheri Ville qu'elle possede en propre, qu'elle a peuplée & fortifiée de maniere qu'elle est à couvert d'insulte, elle a au Midi de cette Place, une Loge à Caveripatan à l'embouchure de la Riviere de Caveri l'une des Branches du Coloran; au Nord un Comptoir à Masulipatan, où les Anglois & les Hollandois commercent aussi.

I. III.

COMPAGNIE ANGLOISE DES INDES ORIENTALES.

Cette Compagnie prit naissance sous le Regne d'Elizabeth qui en fit expedier la Charte l'an 1599. La premiere Flote Angloise fut de quatre vaisseaux & partit en 1600. le succès fut tel qu'en peu d'années on compta jusqu'à vingt Flotes envoyées pour le compte de cette Compagnie. Jaques I. en augmenta les privileges & envoya en Orient diverses Ambassades en sa faveur en 1608 & en 1615.

Les Portugais maîtres de l'Isle d'Ormus avoient pour ainsi dire enfermé la Perse du côté de la Mer & s'approprioient le Commerce de tout le Golphe Persique. Les Anglois aiderent au Sophi de Perse à se delivrer de ces voisins trop imperieux & acquirent par ce service de très-grandes preferences & des avantages très-réels pour le Negoce de Perse.

Charles II. porta cette Compagnie à un plus haut degré de puissance & lui accorda jusqu'à quatre Chartes. La premiere en éclaircissement & confirmation des anciens Privileges y en ajoute de nouveaux, elle est du 3. Avril 1662. La seconde du 27. Mars 1668. cede à la Compagnie le Port & l'Isle de Bombaïm avec tous les droits regaliens, revenus, rentes, châteaux, bâtimens &c. telle que ce Monarque avoit reçu cette Isle de la Couronne de Portugal; Charles II. ne s'en reserva que la Souveraineté & l'hommage, comme relevant à l'avenir du Château Royal de Greenwich au Comté de Kent. &c. Par la troisieme du 16. Decembre 1674. le même Roi ceda à la Compagnie l'Isle de Ste. Helene conquise sur les Hollandois. Et enfin la quatrieme ordonnoit l'Erection d'une Cour de Judicature composée d'un Legiste, & de deux Marchands; dans toutes les Places, Comptoirs & autres lieux de sa Concession, pour juger tous les cas de saisies & contestations au sujet des Vaisseaux ou Marchandises
allant

allant aux Indes contre le privilege exclusif accordé par les patentes de 1662. &c. Ces Chartes furent confirmées par Jacques II. qui même fit un très-grand bien à la Compagnie en défendant sous des peines très severes les courses des Interlopes que Charles II. son frere avoit tolerées; & qui même leur accordoit très-facilement des permissions particulieres. Outre les pertes que la Compagnie en recevoit, elle en avoit souffert d'autres qui la mirent à deux doits de sa ruine. Elle se mêla des troubles arrivez dans la Cour du Roi de Bantam & prit le parti du pete contre le fils que les Hollandois protegeoient : ceux-ci ayant eu l'avantage chasserent les Anglois de cette Ville & de tout le Royaume. La Compagnie Angloise fit un nouvel établissement à Priaman dans l'Isle de Sumatra; mais c'est peu de chose en comparaison de celui qu'elle venoit de perdre à Bantam. En 1685. elle eut le malheur de se brouiller avec le Mogol, & fut obligée de se retirer de Surate à Bombaïm. Après la revolution de 1688. & la guerre qui la suivit, les Armateurs François lui enleverent plusieurs de ses Flottes, & elle tomba dans un état si dangereux que les Anglois perdoient presque l'esperance de la pouvoir soutenir. Ils en établirent une nouvelle, à laquelle néanmoins l'ancienne fut peu après réunie.

Cette nouvelle Compagnie se forma aussi-tôt après la Paix de Ryswyk, & la Charte en est de 1698. Les Articles & les Concessions sont à peu près les mêmes que dans la grande Charte que Charles II. avoit accordée à l'ancienne Compagnie. Elle peut faire la guerre aux Rois & Princes Indiens qui ne sont point alliez du Roi sans en attendre les ordres de la Cour de Londres. Lorsque les bâtimens qu'elle a fretez partent en flote elle nomme un Amiral, un Vice-Amiral & autres Officiers generaux suivant le nombre des bâtimens. Aucuns des Vaisseaux qu'elle envoye aux Indes ne sont armez en guerre, & il n'en va point de tels sous sa Commission; mais lors qu'ils y sont arrivez, si elle en a besoin on les fait armer & celui qui commande sur les lieux leur donne une Commission scellée du Sceau de la Compagnie, qui est autorisée par des Lettres patentes du Roi.

La Compagnie Angloise des Indes Orientales a pour entrepôts l'Isle de Ste. Helene qui lui a été cedée par le Roi. Elle possede en propre le Port & l'Isle de Bombaïm. Elle a un Comptoir à Calicut; à Goudelour au Royaume de Gingi, à Madras, qu'elle appelle le Fort St. George, au Royaume de Carnate à Masulipatan, où les François & les Anglois ont aussi des Loges; à Visigapatan, à Ganjam, & aux Places qui sont aux bouches du Gange.

I. IV.

COMPAGNIE DANOISE DES INDES ORIENTALES.

Les Danois se sont avisez assez tard d'envoyer de leurs Vaisseaux en Orient & leur pavillon ne s'étoit guéres montré sur ces Mers avant le milieu de XVII. siécle qu'ils se firent voir sur les côtes du Pegu & dans le Golphe de Bengale. Ils ont fait enfin un assez bon établissement à Tranquebar, où ils envoient tous les ans deux ou trois Vaisseaux qui y font un Commerce assez avantageux pour cette Nation.

§. La Cour de Danemarck a songé à établir dans sa petite Ville d'Altena près de Hambourg, sur la rive gauche de l'Elbe cette Compagnie qui jusqu'à present est à Coppenhague; & on a cru que le but étoit de la fortifier des debris de celle d'Ostende dont nous parlerons ci-après. Mais les obstacles que les Puissances maritimes opposent à ce projet le feront évanouïr. On ne conteste point au Roi de Danemarc qu'il ait le droit d'envoyer aux Indes Orientales, mais on restraint ce droit à l'ancien Systême. Il n'en est pas de même de la Compagnie d'Ostende.

I. V.

LA COMPAGNIE AUTRICHIENNE DES INDES ORIENTALES.

Lors que les Provinces des Pays bas, & le Royaume de Portugal obeïssoient aux Rois de Castille, ils se servirent quelque temps des Navigateurs de Zelande & de Hollande pour les Voyages de long-cours. Ces peuples nez & élevez au milieu des eaux sont Matelots dès le berceau, & les Rois de Castille n'avoient point de meilleurs Sujets pour les courses dans les Pays éloignez. Cependant la politique fit qu'on leur prefera les Espagnols mêmes, desormais qu'on les soumit à venir chercher en Espagne ce qu'ils étoient plus propres que personne à aller chercher aux extrémitez de l'Univers. J'ai dit qu'on les priva même de la liberté d'aller prendre ces Marchandises en Espagne dont on leur ferma tous les Ports, sous pretexte qu'ils combatoient pour leur liberté contre les Officiers du Roi qui les traitoient tyranniquement : Les sept Provinces Unies s'étant formées en Republique acquirent par elles par l'heureux succès de leur bravoure le droit de negocier aux Indes Orientales; & il s'y forma la Compagnie dont nous avons parlé, la plus puissante & la plus florissante de toutes. Les Provinces qui resterent attachées à la Monarchie Castillane demeurerent dans la privation des Indes, dont le Commerce leur fut même interdit par des Traitez publics entre les principaux Souverains de l'Europe, du consentement des Rois d'Espagne, qui s'en tinrent à cette privation; mais après la longue & sanglante guerre arrivée pour la succession de Charles II. les alliez ayant fait donner à l'Empereur Charles VI. les Pays bas Espagnols que l'on a depuis appellez les Pays bas Autrichiens; ce Monarque prêta l'oreille aux Conseils qu'on lui donna d'ériger une Compagnie des Indes Orientales à Ostende. Cette Compagnie aidée par les finances indirectes des Particuliers de quelques Nations voisines prit en peu de temps un tel accroissement que les Puissances qui jusques là n'avoient opposé que des remontrances solides & fondées sur la bonne foi des Traitez, crurent devoir prendre des mesures plus efficaces pour arrêter des progrès prejudiciables aux Compa-

gnies

gnies legitimes. On étoit à la veille d'une guerre pour ce sujet, lors que l'Empereur Charles VI. qui croioit son honneur engagé à ne pas revoquer un privilége qu'on avoit néanmoins surpris à son équité consentit à en suspendre la jouïssance pour un certain nombre d'années. L'inaction de cette Compagnie durant un si long terme est proprement une suppression sous d'autres noms.

Cette Compagnie avoit son principal établissement à Sandras-patan aux Frontieres des Royaumes de Gingi & de Carnate sur la Cote de Coromandel.

Venons maintenant aux Compagnies des Indes Occidentales.

II. I.

COMPAGNIE HOLLANDOISE DES INDES OCCIDENTALES.

Cette Compagnie eut ses Lettres d'Octroi du 10. Juin 1621; avec Privilege exclusif de faire seule pendant vingt-quatre ans tout le Commerce des côtes d'Afrique depuis le Tropique du Cancer jusqu'au Cap de bonne Esperance; & pour l'Amerique depuis la pointe Meridionale de l'Isle de Terre Neuve par le Detroit de Magellan, celui du Maire, ou autres jusqu'à celui d'Anian tant dans la Merdu Nord que dans la Mer du Sud. Je n'entrerai point dans les détails de sa direction; je me borne à son Histoire en peu de mots. Le 4. Juin 1647. elle renouvela son Octroi pour vingt-cinq années; mais elle n'en recueillit pas tout le fruit que les commencemens sembloient promettre. Des pertes immenses, d'affreuses depenses lui causerent un derangement sans remede. Elle s'empara de la Baye de Tous les Saints, de Pernambouc & de la meilleure partie du Bresil sur les Portugais. Cette conquête si glorieuse & si avantageuse pour elle, si elle eût pû s'y maintenir, l'engagea à faire des efforts qui l'épuiserent. La Flote d'Argent que l'Amiral Pierre Hain enleva en 1629. aux Espagnols, ne la dédommagea point des avances exorbitantes qu'elle avoit faites. Elle ne put se relever & fut dissoute à l'expiration de son Octroi. Le 20. Septembre 1674. il se forma une nouvelle Compagnie composée des anciens participans & de leurs créanciers; Elle obtint des Lettres patentes des Etats Generaux & entra dans les mêmes droits & les mêmes établissemens que la premiere. Elle subsiste encore & se soutient avec honneur.

Quoi que cette Compagnie n'ait pas à beaucoup près les richesses & la puissance de la Compagnie Orientale, elle ne laisse pas d'avoir de bons établissemens en Afrique, au Cap Verd & en Guinée où elle possede plusieurs Forteresses importantes, comme St. George de la Mine que les Hollandois appellent *El Mina*; &c. Elle avoit l'Isle de Tabago que le Comte d'Estrées lui prit le 12. Decembre 1677. & qui fut cedée à la France par le Traité de Nimegue. Elle est presentement abandonnée. Elle avoit aussi les nouveaux Pays bas dans le Continent de l'Amerique Septentrionale, ce sont presentement les Anglois qui possedent ce Pays dont ils ont banni jusqu'aux noms des Nations qui les occupoient avant eux. Cette Compagnie possede encore l'Isle de Curaçao; & a une portion importante dans la Societé de Surinam dont nous allons parler.

II. II.

SOCIETÉ HOLLANDOISE DE SURINAM.

Les Zelandois s'étant emparez de la Colonie de Surinam sur les Anglois durant les guerres du XVII. siécle entre l'Angleterre & la Hollande; les Etats de Zelande cederent en 1682. ce qui leur appartenoit de cette conquête à la Compagnie des Indes Occidentales qui obtint des Lettres patentes des Etats pour cette acquisition en date du 23. Decembre de la même année.

La Societé consiste en trois parts dont il y en a une à la Ville d'Amsterdam, une autre à la Compagnie des Indes Occidentales, & la troisiéme à l'Illustre famille de Somelsdyck. Voiez SURINAM.

II. III.

COMPAGNIE FRANÇOISE DES INDES OCCIDENTALES.

Les François navigerent de bonne heure dans les Mers de l'Amerique, & y firent divers établissemens que les longues Guerres civiles ne permirent pas de soutenir. Le Cardinal de Richelieu étant au Siege de la Rochelle autorisa une Compagnie pour la Nouvelle France. L'Edit en fut donné au Camp devant cette Ville au mois de Mai 1628. Cette Compagnie réüssit d'abord assez bien, mais comme dans la suite elle négligea d'y envoyer les secours necessaires, les étrangers & sur tout les Hollandois en firent bientôt tout le Negoce.

Dès l'année 1626. une autre Compagnie s'étoit formée pour les Antilles; elle fut confirmée en 1642. C'est elle qui a formé les Colonies Françoises établies à la Guadaloupe, à la Martinique & dans les autres Antilles. Elle ne subsista gueres au delà de l'an 1651. Cette année elle vendit à l'Ordre de Malthe les Isles de St. Christophle, de St. Barthelemi, de St. Martin & de Ste. Croix; vente que S. M. très-Chrétienne confirma. Elle vendit aussi au Sieur Parquet la Martinique, la Grenade, & Ste. Alousie; & au Sieur d'Houel la Guadaloupe, la Marie Galande, la Desirade & les Saintes.

Pendant que cette Compagnie se défaisoit ainsi de ses Pays il s'en forma une à Paris pour la Caïenne sous le nom de France Equinoxiale. Elle fut autorisée par Lettres patentes vers la fin de 1651. Cette entreprise fut traversée par tant de malheurs que les interessez & la Colonie perirent malheureusement en moins de deux ans. Louis XIV. voyant le mauvais succès de toutes ces Compagnies en fit une des Indes Occidentales en 1664. Cette nouvelle Compagnie racheta les Isles vendues à l'Ordre de Malte & aux autres Particuliers qu'elle remboursa. On traita avec ce qui restoit d'associez de la Compagnie de la Nouvelle France de 1628. toutes les Concessions furent revoquées

quées & des Lettres patentes expediées le 11. Juillet 1664. Par ces Lettres le Roi accorda à cette nouvelle Compagnie en toute propriété, Juſtice & Seigneurie, le Canada, les Iſles Antilles, l'Acadie, les Iſles de Terre Neuve, l'Iſle de Cayenne & les Pays de terre ferme de l'Amerique, depuis la Riviere des Amazones juſqu'à celle de l'Orenoque &c. avec faculté d'y faire ſeule le Commerce pendant quarante ans auſſi bien qu'au Senegal, côtes de Guinée & autres lieux d'Afrique.

Cette Compagnie ne ſubſiſta que juſqu'à l'année 1674. Le Roi acquit pour lui-même & réünit à ſon Domaine toutes les Terres, Iſles & poſſeſſions qu'il lui avoit cedées & remboursa les actions des particuliers.

Il s'eſt formé enſuite des Compagnies Françoiſes pour l'Occident ; mais ce n'étoient que des Sociétez pour le Commerce, le Roi ſe reſervant la Souveraineté immédiate des lieux & des Colonies. Ces Societez ſont unies depuis 1719. avec la Compagnie des Indes Orientales.

Il faut auſſi remarquer que les Pays cedez ci-deſſus à la Compagnie ne ſont pas tous à la France depuis la Paix d'Utrecht. L'Acadie, les Iſles de Terre Neuve, de St. Chriſtophle &c. ſont à la Couronne Britannique.

Voyez au mot MISSISSIPI ce qui regarde la Compagnie de la Louiſiane.

II. IV.

COMPAGNIE ANGLOISE DES INDES OCCIDENTALES.

La Couronne Britannique poſſede une partie conſiderable de l'Amerique, mais elle n'a point comme les autres Nations dont nous venons de parler une Compagnie Generale. Il y a preſque autant de Compagnies particulieres qu'il y a de Cantons & de Provinces. L'énumeration en ſeroit trop longue. C'eſt pourquoi nous renvoyons le Lecteur aux Articles particuliers de ces Iſles & Contrées.

Je paſſe ſous ſilence un grand nombre d'autres Compagnies qui ſont établies en Angleterre, pour le Levant, pour le Nord, pour Hambourg, pour la Moſcovie, parce qu'elles ne regardent que le Commerce & qu'elles y ont leurs Facteurs, & leurs Comptoirs, mais elles n'y poſſedent aucun terrain en Souveraineté.

Par la même raiſon je ne parle point non plus de la Compagnie Françoiſe de la Chine où elle ne poſſede rien ; mon but a été uniquement de parler des principales. Ceux qui voudront de plus grands détails pour toutes ces Compagnies de Commerce peuvent avoir recours au Dictionnaire de Mr. Savari.

COMPAGNIE-LAND, ou *Terre de la Compagnie*, Pays d'Aſie au Nord du Japon & près de l'Iſle des Etats. Voiez TERRE DE LA COMPAGNIE.

COMPASUM. Lieu d'Egypte ſelon Antonin [a]. Il étoit ſur la route de Coptos à Berenice à XXII. M. P. d'Aphrodite.

[a] *Itiner.*

COMPEYRE, petite Ville de France dans le Rouergue [b], ſur le Tarn deux lieues au deſſus de Milhaud.

[b] *Baudrand Ed. 1705.*

COMPIANO, Bourg d'Italie dans l'Etat du Duc de Parme ſur la Rive Septentrionale du Tarro. Il eſt mal nommé dans quelques Cartes Modernes Campiano, comme le remarque Mr. Baudrand. Ce Bourg eſt dans la Principauté de Landi ſelon Magin, à XII. Milles de Pontremoli & à ſix du Bourg de Val di Tarro. Le Duc de Parme l'achetta en 1682.

COMPIEGNE [c] ; en Latin *Carlopolis* & *Compendium*, Ville de France dans la Province de l'Iſle de France au Comté de Senlis, ſur l'Oiſe, aſſez près du lieu où cette Riviere reçoit l'Aiſne. Son ancien nom de *Compendium*, dont le François eſt formé, lui a été donné par les Romains, quoiqu'il n'en ſoit fait aucune mention dans l'antiquité ni dans aucun monument plus ancien que la mort du Grand Clovis. [d] Cette Ville eſt à ſept lieues de Senlis, à dix-ſept de Paris, à cinq de Noyon, à huit de Soiſſons & à douze de Beauvais. Le Château de cette Ville eſt peut-être la plus ancienne Maiſon Royale qui ſoit en France. Pluſieurs Rois y ont fait leur ſejour. Charles le Chauve fit rebâtir ce Château l'an 876. au dehors de la Ville, auquel il donna pour territoire tout ce qui s'étend depuis la porte de Pierrefond juſqu'à une borne qu'on voit encore près du confluent de l'Oiſe & de l'Aiſne. Il fit enſuite bâtir un autre château ſur le bord de l'Oiſe près du Fauxbourg de St. Germain dont les Jardins étoient dans une petite Iſle. Ce dernier château a ſubſiſté juſqu'au Regne de St. Loüis qui fonda dans cette Iſle l'Hôtel-Dieu qu'on y voit encore. Ce même Roi donna l'ancien Château aux Religieux de St. Dominique & leur en fit bâtir un grand Monaſtere & une belle Egliſe. Il reſte encore quelques veſtiges de ce Château, aux Murailles de leur Cloître. St. Loüis fit bâtir enſuite un nouveau Château dont il ne reſte que la Chapelle & la Grande Sale. Loüis XI. l'augmenta de l'appartement qui joint à la garde-Sale des Suiſſes. François I. fit faire la principale porte avec les tourelles qui ſont aux côtez. Le Connétable de Montmorenci fit bâtir l'appartement qui joint la porte qu'on nomme la Connétable, & les armes de ſa Maiſon ſont en relief ſur la Muraille. Loüis le Grand a fait rétablir toute la façade des bâtimens qui regnent le long de la Terraſſe, & a fait mettre les Jardins dans l'état où ils ſont preſentement : ce Prince a fait auſſi conſtruire le Grand Eſcalier, le jeu de Paume & a fait enfin décorer cette Maiſon de tous les ornemens qu'on y voit.

Charles le Chauve fit auſſi rebâtir la Ville & voulut qu'elle portât ſon nom *Carlopolis*. [e] Il y fit bâtir un grand Monaſtere, où l'on dit qu'il fit venir les Reliques de St. Cyprien de Carthage qu'on avoit apportées d'Afrique en France ſous l'Empire de Charlemagne. On ajoute que peu de temps après on y transfera auſſi celles de St. Corneille qui avoient été apportées de Rome à l'Abbaye d'Inde près d'Aix la Chapelle du temps de Loüis le Debonnaire & de là à Rhonay, ou Ronſe en Flandres. C'eſt de St. Corneille que cette Abbaye porte aujourd'hui le nom. Elle eſt de l'Ordre de St. Benoît [f] & la Manſe Abbatiale en a été unie au Val de Grace de Paris l'An

[c] *Longuerue deſc. de la France part. 1. p. 18.*

[d] *Piganiol de la Force deſc. de la France T. 2. p. 302.*

[e] *Baillet Topogr. des Saints. p. 143.*

[f] *Piganiol de la Force, l.c.*

l'An 1656. La Communauté est ordinairement de quinze Religieux. Les Rois Louïs II. & Louïs V. ont leur sepulture en cette Abbaye.

Il n'y a que deux Paroisses dans Compiégne, savoir St. Jaques & St. Antoine. St. Clement est un Chapitre composé d'un Doyen & de six Chanoines. Les Canonicats valent deux cens livres de revenu. Les PP. Jesuites s'établirent à Compiégne l'an 1653. Ils y ont un College & une pension du Roi de trois mille livres à prendre sur les ventes ordinaires de la forêt; & une Chapelle appellée Notre Dame de bonnes Nouvelles, qui est sur la porte de Pierre-fonds, & qui vaut encore dix-huit cens livres de rente. Il s'est tenu dans cette Ville plusieurs Conciles & Assemblées Ecclesiastiques aux années 757. 833. 1185. 1201. 1277. & 1329. Jeanne d'Arc plus connue sous le nom de Pucelle d'Orleans y fut faite prisonniere par les Anglois en 1430. & le fameux Cardinal de Richelieu y conclut un Traité d'Alliance avec les Etats Generaux des Provinces Unies l'an 1624.

La FORET DE COMPIEGNE est très-belle & très-propre pour la Chasse. Elle contient environ vingt-neuf mille arpens. On l'appelloit autrefois la Forêt de CUISE, en Latin *Silva Cotia* ou *Cosia*, & ce nom se trouve souvent dans les Annales & dans les Actes de l'ancienne Histoire de France. Elle portoit encore le nom de Forêt de Cuise du temps de Philippe Auguste, comme on le peut voir dans la Philippide de Guillaume le Breton. Mais aujourd'hui ce nom n'est plus en usage quoique le *Village de* CUISE subsiste toûjours entre Compiégne & Soissons sans avoir changé de nom. Cette Forêt est au Roi aussi bien que la Ville qui est d'autant plus remarquable qu'on ne voit point qu'elle soit jamais sortie du Domaine Royal depuis Clovis jusqu'à present.

La Justice de Compiégne est partagée entre le Roi & l'Abbé de St. Corneille, dont nous avons dit que la Manse Abbatiale a été unie au Val de Grace de Paris; ainsi la Jurisdiction est exercée pour le Roi par le Bailli de Senlis qui a un Lieutenant particulier à Compiégne qui juge les differents conformément à la Coûtume de Senlis; & pour les Religieuses du Val de Grace par un Prevôt qui tient son Siége dans un quartier de la Ville qui dépend de leur Justice.

Compiégne est le Siége d'une Election sous la Generalité de Paris. On y fait un grand Commerce de bois, on le voiture à Paris sur la Riviere d'Oise. On fait aussi dans Compiégne & aux environs quantité de bonnets & de bas de Laine qui se debitent en France.

COMPLEGA, c'est la même Ville que CENTOBRICA. Voiez ce mot.

COMPLUDO. Voiez l'Article suivant.

COMPLUTICA, ancienne Ville de l'Espagne Tarragonnoise au Pays des Callaiques selon Ptolomée [a]. Moralès dit que ce lieu conserve encore son ancien nom en celui de COMPLUDO. C'est un Village de la Gallice.

COMPLUTUM, Ville de l'Espagne Tarragonnoise au Pays des Carpetains, selon

[a] l. 2. c. 6.

Ptolomée [b]. Pline en nomme les habitans *Complutenses.* Prudence [c] dit:

Sanguinem Justi, cui Pastor hæret
Ferculum duplex, geminumque donum
Ferre Complutum gremio juvabit
Membra duorum.

[b] l. 2. c. 6.
[c] Peristephanon Hymn. IV. Passio 18. Martyr. v. 41. & seq.

Il parle de St. Just & de St. Pasteur freres qui étoient nez & souffrirent le Martyre à Complute l'an 304. âgez l'un de 12. à 13. ans, l'autre de 7. à 8. leurs corps y furent enterrez. Complute étoit le Siége d'un Evêque Suffragant de Tolede. Elle fut ruinée par les guerres des Sarazins. Ses ruines donnerent ensuite la Naissance à la Ville d'Alcala de Henares. Au commencement du XVI. siécle le Cardinal de Ximenès y établit une Université & y fit imprimer la Bible Polyglotte qui porte encore l'ancien nom de cette Ville, Bible de Complute. Les Reliques de St. Just & de St. Pasteur avoient été autrefois portées à Narbonne, & rapportées ensuite en partie à Huesca en Aragon. On les transfera à la fin à Alcala l'an 1567; mais l'Eglise de Narbonne avoit retenu le Corps de St. Just presque entier.

COMPOSTELLE. Ville d'Espagne dans la Galice dont elle est la Capitale. [d] Elle est située au milieu de la Presqu'Isle que forment les Rivieres de Tambra & d'Ulla dans une agréable plaine, environnée de Côteaux d'une mediocre hauteur qui la garantissent des vents terribles qui viennent des Montagnes. Elle est arrosée par un grand nombre de ruisseaux, ornée de belles places publiques, un grand nombre de Maisons religieuses de l'un & de l'autre Sexe. Mais ce qui la rend plus recommandable, c'est la devotion qui y méne de tous les lieux de la Chrétienté des Pelerins qui y viennent venerer les Reliques de l'Apôtre St. Jacques qui y reposent depuis plus de neuf siécles dans l'Eglise Metropolitaine de cette Ville. On peut voir dans l'Histoire du P. Mariana & ailleurs la maniere miraculeuse dont on dit que St. Corps fut trouvé vers l'an 800. [e] On y transporta d'abord le Siége Episcopal d'une Ville voisine & plus ancienne, nommée *Iria Flavia*; ce fut l'an 816. par l'autorité du Pape Leon III. pour augmenter la dignité de cette Ville. Nous verrons ensuite l'Histoire de cet Evêché.

[d] Vayrac Etat pres. de l'Espagne T. 1. p. 278.
[e] Baillet Topogr. des Saints p. 144.

Almanzor, Prince Arabe qui regnoit à Seville, étant entré dans la Gallice la ravagea par le fer & par le feu & s'étant avancé jusqu'à Compostelle, il la prit & la brûla, mais il épargna l'Eglise de St. Jacques, ayant, dit-on, été effrayé par la foudre. Le Siége Episcopal est plus ancien que la Ville. [f] Il fut d'abord établi dans *Iria Flavia*; d'où on le transfera en un lieu du Royaume de Galice qu'on nomme *El Padron* & sous le Regne d'Alphonse III. on le transfera l'an 900. à Compostelle. Cette Chronologie de Mr. l'Abbé de Vayrac ne s'accorde pas bien avec celle de Mr. Baillet. Nous n'entreprendrons point de les accorder. Cette discussion seroit étrangere à cet Article. Ce fut, poursuit Mr. de Vayrac, par un Decret d'un Concile qui fut tenu à Clermont en Auvergne que cette translation se fit. Dix-sept

[f] Etat pres. de l'Espagne T. 2. p. 353.

Tom. II. Aaaaa* Pré-

Prelats & un grand nombre de Seigneurs assisterent à sa consécration. Dalmace en fut le premier Evêque. Urbain II. par une Bulle datée du 5. Decembre de l'année 1095. la tira de la jurisdiction de l'Archevêque de Brague & déclara qu'à l'avenir elle releveroit immediatement du St. Siége. Pascal II. qui succeda à Urbain II. confirma la Bulle de son Predecesseur & accorda aux Evêques de St. Jacques de Compostelle la permission de porter le *Pallium* les jours des fêtes solemnelles, comme il paroît par sa Bulle du 30. de Novembre de l'année 1108. Par une autre du 30. Octobre 1114. il permit qu'il y eût dans le Chapitre de cette Cathedrale sept Cardinaux Prêtres à l'imitation de ceux de l'Eglise de Rome qui seuls ont droit de célébrer la Messe à l'Autel de l'Apôtre St. Jacques. Il leur permit aussi de même qu'à tous les autres Dignitaires de cette Eglise, de porter par provision le Pluvial & la Mitre les jours des grandes fêtes. Ce même Pape transfera à l'Evêque de St. Jacques le titre & la Jurisdiction de Metropolitain dont l'Evêque de Merida étoit en possession. Enfin sur les instances d'Alphonse VIII. Calixte II. l'érigea en Archevêché en 1120.

Le Chapitre est composé de treize Dignitaires, outre les sept Cardinaux dont il a été parlé; de trente-quatre Chanoines, de vingt Prebendiers & de plusieurs autres Beneficiers. Le Diocese s'étend sur 1803. Paroisses; sur quatre Eglises Collegiales qui sont celles d'Iria, de Muros, de la Corogne & de Congas; sur cinq Archiprêtrez & sur une Vicairie. Ses Suffragans sont Astorga, Avila, Salamanque, Coria, Placentia, Badajoz, Thuy, Mondoñedo, Orense, Ciudad-Rodrigo, Lugo, & Zamora.

[a] *Vayrac T. 1. p. 278.* [a] L'Eglise où l'on conserve le corps de St. Jacques est un Edifice somptueux. L'Entrée est un beau portail où l'on monte par un double Perron orné d'une balustrade de Piliers de Pierre de taille; la figure du St. Apôtre est sur le grand Autel. C'est un petit buste de bois, toujours éclairé de quarante ou cinquante Cierges blancs. Des Pelerins y vont de toutes parts pour honorer ce grand Saint. On voit dans l'Eglise une trentaine de Lampes d'argent suspendues & toûjours allumées & six grands Chandeliers aussi d'argent de cinq pieds de haut donnez par Philippe III. Tout autour de l'Eglise on voit de belles plateformes de grandes pierres de taille où l'on se promene, & au dessus on en voit une autre de même, où les Pelerins montent. Les Pelerins François ont dans cette Eglise une Chapelle entretenue des revenus que les Rois de France ont fondez. Au dessous de cette Eglise, on en voit une autre qui est souterraine, & plus belle que celle d'enhaut. Elle est remplie de superbes tombeaux & d'inscriptions assez anciennes.

Outre l'Eglise Metropolitaine on voit plusieurs autres Eglises à Compostelle, de beaux Couvens & une Université. C'est dans cette Ville que l'Ordre Militaire de St. Jacques a pris son origine d'où il s'est repandu dans toute l'Espagne.

[b] *Baudrand Ed. 1705.* COMPOSTELLE LA NEUVE [b], Ville de l'Amerique Septentrionale dans la Nouvelle Espagne & dans la Province de Xalisco vers la Mer pacifique environ à trente-trois lieues de la Ville de Guadalaxara à l'Occident. [c] Elle est située à la hauteur de 21. d. Nuño de Gusman la fit bâtir l'an 1531. dans une plaine sur le bord d'une Riviere & il n'y a aux environs aucun pâturage pour les bêtes; l'Herbe y manque aussi pour les chevaux & le terroir n'y est pas fertile. Comme cette Ville est fort proche de la Mer, l'air qui y est extrémement chaud y engendre plusieurs insectes & de petits animaux très-dommageables. Cette Ville a porté aussi le nom de VILLA DE SPIRITU SANTO, & a eu un Evêché qui a été transporté à Guadalaxara. [c] *Corn. Dict. & Laet Ind. Occid. l. 6. c. 4.*

COMPREIGNAC, Bourg de France dans le Rouergue sur le Tarn à trois lieues au dessous de Milhaud.

COMPS, Petite Ville de France en Provence au Diocèse de Frejus dans la Viguerie de Draguignan sur la Riviere de Nartabre.

COMPSA, Ville d'Italie dans le territoire des Hirpins, assez près des sources de l'Offante. Velleius Paterculus dit [d], Milon attaquant Compsa chez les Hirpins reçut un coup de pierre, qui vangea Clodius & sa patrie contre laquelle il avoit pris les armes. Tite Live [e] dit aussi: Annibal après la Bataille de Cannes . . . étant appellé au Pays des Hirpins par Statius qui promettoit de lui livrer la Ville de Compsa. Pline [f] en nomme les habitans COMPSANI. Ptolomée [g] donne Compsa Κόμψα à la Lucanie. Elle en étoit aux Frontieres. Glandorp trouvant dans Jules Cesar [h] qui parle de la mort de ce même Milon, qu'il reçut ce coup de pierre en assiégeant *Cosam in agro Turino*, avoit très-bien corrigé *Compsam in agro Hirpino* & c'est comme il faut lire dans cet Auteur. Car le nom de cette Ville est *Compsa* & non pas *Cosa*. Son nom moderne est CONZA. Voiez ce mot. [d] *l. 2. c. 68.* [e] *l. 23. init.* [f] *l. 3. c. 11.* [g] *l. 3. c. 1.* [h] *Civil. l. 3. c. 22.*

COMPSATUS, Riviere de Thrace, selon Herodote [i]. Parlant de Bistonide Ville contigue à celle de *Dicaea* il dit qu'il y entroit deux Rivieres, savoir le Trave & le Compsatus. [i] *l. 7. n. 109.*

COMPULTERIA, la même que COMBULTERIA.

COMPUSA. C'est selon Pline un des anciens noms que porta la Ville de Chalcedoine. Voiez ce mot.

COMSINUS AGER. Il en est parlé dans le Livre des Limites. C'étoit aparemment le territoire de la Ville de COMPSA.

COMTE', Terre dont le Seigneur porte la qualité de Comte. Il faut bien distinguer les Pays où ce titre est en usage; car dans quelques uns il porte avec lui la Souveraineté du lieu & en d'autres ce n'est qu'un nom honorable qui ne donne qu'une distinction entre la Noblesse.

Autrefois en France la plupart des Provinces étoient possedées par des Comtes qui jouïssoient de la Souveraineté & ne dépendoient gueres des Rois que comme Vassaux. Tels ont été les Comtes de Provence, de Toulouse, de Champagne, d'Artois, &c. à present ces Comtez sont réunies à la Couronne. L'Angleterre est divisée en SHIRES & ce mot veut dire *Comté*; mais elles n'ont point d'autre Souverain

verain que le Roi. Dans ce Royaume la qualité de Comte n'est pas attachée à une terre, mais à la personne que le Roi en veut gratifier & à ses descendans d'aîné en aîné. Le Roi même en faisant Comte un de ses Sujets lui donnera le titre de Comte de N. sans se soucier si le lieu dont il le fait Comte est une Comté, une Baronie &c. & la postérité de ce Comte venant à s'éteindre le titre meurt avec lui.

Le Duc de Savoye possede plusieurs Comtez Souveraines, comme le Comté de Genevois, le Comté de Nice, le Comté de Salusses; &c.

Le Pape possede le Comté d'Avignon à titre de Souveraineté, mais comme Fief relevant du Comté de Provence qui est aux Rois de France.

On voit dans l'Histoire des Pays bas que la qualité de Comtes de Flandres, des Comtes de Hollande, &c. donnoit à ces petits Souverains un pouvoir qui les mettoit en état de balancer les destinées des plus grands Monarques aux guerres de qui ils s'interessoient.

En Allemagne il y a un grand nombre de Comtez dont quelques-uns sont des Souverainetez, d'autres jouïssent de la plupart des droits de la Souveraineté. En voici une liste, où nous marquerons dans quel lieu de l'Allemagne ils se trouvent.

LISTE DES COMTEZ EN ALLEMAGNE.

Le Comté de
- Barbi, en haute Saxe.
- Benthim, en Westphalie.
- Blanckenbourg, au Duché de Brunswig.
- Bregentz, dans la Suabe Austrichienne.
- Buldingen, dans la Weteravie.
- Castel, dans la Franconie.
- Catzenelnbogen, dans la Hesse.
- Chamb, aux confins de la Baviere.
- Cilley, dependant de la Stirie.
- Danneberg, dans la Basse Saxe.
- Delmenhorst, dans la Westphalie.
- Diepholt, dans la Westphalie.
- Dietz, dans la Weteravie.
- Eberstein, dans la Suabe.
- Feldkirch, dans la Suabe Austrichienne.
- Friedberg, au Comté de Waldbourg.
- Fugger, dans la Suabe.
- Furstenberg, dans la Suabe.
- Gleichen, dans la Turinge.
- Goritz, Province d'Allemagne.
- Graveneck, dans la Suabe.
- Gutzkow, dans la Pomeranie citerieure.
- Haag, dans la Basse Baviere.
- Hallerminde, dans la Princ. de Calenberg.
- Hals, dans le Landgraviat de Leuchtenberg.
- Hanau, dans la Weteravie.
- Hazfeld, aux confins du D. de Westphalie.
- Henneberg, aux confins de la Hesse & de la Turinge.
- Heiligenberg, dans la P. de Furstenberg.
- Hirsperg, dans l'Evêché d'Aichstet.
- Hohenberg, dans la Suabe Austrichienne.
- Hohen-Ems, dans la Suabe.
- Hohen Loe', dans la Franconie.
- Hohen-Rechberg, dans la Suabe.
- Hohen-Stein, dans la P. de Halberstadt.
- Hombourg, dans la P. de Calenberg.
- Horn, contrée de l'Evêché de Liége.
- Hoye, dans la Westphalie.
- Isenbourg, dans la Weteravie.
- Konigs-eck, dans la Suabe.
- Konigstein, dans l'Arch. de Mayence.
- La Marck, dans la Westphalie.
- Lingen, dans la Westphalie.
- Lippe, dans la Westphalie.
- Loewenstein, dans la Franconie.
- Looz, contrée de l'Evêché de Liége.
- Lutterberg, ou Lauterbourg, dans la P. de Grubenhagen.
- Mansfeld, dans la Turinge.
- Moeurs, au bas Diocése de Cologne.

Le Comté de
- Montaigu, au Duché de Luxenbourg.
- Montfort, dans la Suabe.
- Neufchatel, au Duché de Luxenbourg.
- Nidde, dans la Hesse.
- Oetingen, dans la Suabe.
- Oldenbourg, dans la Westphalie.
- Pinneberg, dans le Holstein.
- Pirmont, dans la Westphalie.
- Ravensberg, dans la Westphalie.
- Rechlinghusen, dans la Westphalie.
- Reineck, dans la Franconie.
- Reinstein, dans la P. de Halberstadt.
- Rietberg, dans la Westphalie.
- Rochefort, dans le Duché de Luxenbourg.
- Runckel, près de l'Arch. de Tréves.
- Ruppin, dans la Moyenne Marche de Brandebourg.
- Sayn, dans l'Electorat de Treves.
- Schaumbourg, entre le Brunswig & la P. de Minden.
- Schwartzbourg, dans la Turinge.
- Solms, dans la Weteravie.
- Sonneberg, dans la Suabe Austrichienne.
- Spanheim, dans le bas Palatinat,
- Steinfurt, dans la Westphalie.

Ster-

LE COMTÉ DE
{
STERNEBERG, dependance de la Carinthie.
STOLBERG, dans la Turinge.
SULTZ, dans la Suabe.
SWERIN, dans le Meckelbourg.
TECKLENBOURG, dans la Westphalie.
TIROL, Province d'Allemagne.
TRAUCHBOURG, au Comté de Waldbourg.
VELDENS, au bas Palatinat.
VERNIGERODE, dans la Turinge.
WALDBOURG, dans la Suabe.
WALDECK, dans la Westphalie.
WEILBOURG, dans la Weteravie.
WERTHEIM, dans la Franconie.
WESTERBOURG, dans la Weteravie.
WIED, près des Comtez d'Isenbourg & de Sayn.
WIESENSTEIG, dans la Suabe.
WIRNENBOURG, dependance du Comté de Chiny.
WITGENSTEIN, dans la Westphalie.
WOHNSDORFF, dans la P. de Calenberg.
WOLPE, dans la Principauté de Calenberg.
ZEIL, dans la Suabe.
ZIEGENHEIM, dans la Hesse.
}

COMTÉ. (LA) Voiez FRANCHE COMTÉ.

COMTÉ DU ROI (LE) petit Pays d'Irlande. Voiez KING'S COUNTY.

COMTÉ DE LA REINE. Voyez QUEENES COUNTY.

COMUM. Voiez COME.

CONADA, nom Latin de COSNE. Voyez ce mot.

CONADIPSAS, Ville ancienne de la Scythie en deçà de l'Imaus selon Ptolomée [a]; quelques exemplaires portent CANODIPSAS par un renversement de lettres.

a l. 6. c. 14.

CONAFADOS, ancienne Ville Episcopale d'Arabie sous la Metropole de Bostra, selon une ancienne Notice.

CONANA, Ville de la Pamphylie, selon le Concile VI. de Constantinople. Ce mot est apparemment pour COMANA.

CONAPSENI, Peuple de la Sarmatie Asiatique selon Ptolomée [b]. Ils étoient au delà des monts Coraxiens.

b l. 5. c. 9.

CONARGOS. Zacharias Lilius dans sa Géographie intitulée *Orbis Breviarium*, qui est une espece de petit Dictionnaire Géographique, dit au mot *Thessalia*, que ce Pays fut nommé *Pelasgis & Conargos & Hellas*. La faute vient, comme Ortelius le remarque, de ce que Strabon & Solin asserent qu'elle est nommée par Homere PELASGICON ARGOS. Ces deux mots étant mal divisez il en resulte celui de *Conargos* qui ne signifie rien.

CONBARISTUM, ancien lieu des Gaules dans l'Aquitaine; il est marqué dans la Table de Peutinger [c] à XVI. M. P. de Juliomagus.

c Segm. 1.

CONCA [d], Riviere d'Italie dans l'Etat de l'Eglise. Elle prend sa source au Duché d'Urbin, & va se décharger dans le Golphe de Venise à l'Orient de Rimini.

d Baudrand Ed. 1705.

CONCANA, ancienne Ville d'Espagne dans l'Asturie, selon Ptolomée [e]. On croit que c'est presentement SANTILLANE, nom qui signifie *Sainte Julienne*. Les habitans avoient nom CONCANI. Horace dit [f]

e l. 2. c. 6.

f l. 3. Od. 4.

Lætum equino sanguine Concanum.

Acron, Lambin & autres savans Commentateurs l'entendent d'un Peuple Espagnol. Torrentius blâme Lambin d'avoir eu le même sentiment. Et comme il avoit lu que les anciens Scythes & les Tartares d'aujourd'hui se faisoient un regale de boire du sang de cheval, il a pretendu que le Concanus d'Horace étoit un peuple de Scythie. Mr. Dacier appuye le sentiment de Torrentius, comme s'il ne pouvoit pas y avoir eu en Espagne, dont la plûpart des peuples étoient encore Barbares du temps d'Horace, des gens qui auroient eu pour le sang de cheval le même goût que les Scythes. Mais plusieurs choses determinent à chercher en Espagne le Concanus d'Horace, c'est que l'on sait qu'il y avoit une Ville nommée Concana & on ne le sait pas de la Scythie. De plus Silius Italicus parle certainement d'un Peuple Espagnol dans ces vers [g]:

g l. 3. v. 360 & 361.

Nec, qui Massagetten monstrans feritate parentem,
Cornipedis fusa satiaris, Concane, vena.

Ortelius qui se trompe rarement dans le choix des opinions croit qu'il ne faut point chercher le *Concanus* d'Horace, ni celui de Silius ailleurs qu'en Espagne dans la Ville de *Concana* nommée par Ptolomée.

CONCANI. Voyez l'Article precedent.

CONCARNEAU [h]. Ville de France en basse Bretagne au Pays de Cornouaille entre Blavet & Pemmarck dans une Baye où la Mer dont elle est toute environnée fait son port par un petit retranchement de cette Baye, qui n'a qu'une petite entrée par où passent les Vaisseaux. Ils y sont fort à l'abri de la tempête à cause des Montagnes qui bordent ce retranchement. Cette Ville qui n'est qu'à quatre lieues de Quimper est defendue par un bon château.

[h] *Corn. Dict. Jouvin de Rochefort Voyage de France.*

1. CONCEPTION. [i] (LA) Ville de l'Amerique Meridionale au Royaume de Chili; on la nomme aussi PENCO, du nom du lieu en Indien. Dans la Langue de ces peuples *Pen* signifie *je trouve*, & *co* signifie *de l'eau*. Elle est située sur le bord de la Mer, au fond d'une rade du même nom, du côté de l'Est par 36. d. 42'. 53". de Latitude Australe, & environ par 75. d. 32'. 30". de Longitude Occidentale; ou, ce qui est la même chose, elle est de 75. d. 32'. 30". plus Occidentale que l'Observatoire de Paris, suivant l'observation du P. Feuillée.

[i] *Presser on voyages T. 1. p. 89.*

Elle fut fondée en 1550. par Pierre Baldivia conquerant du Chili après avoir subjugué les Indiens des environs. Il y fit une Forteresse pour s'assurer une retraite contre eux; mais ce General ayant été tué, Lautaro Chef des Indiens se rendit maître de cette Place, & ensuite Caupolican la detruisit entierement. Un secours venu

CON.   CON.   741

venu de Sant Jago y rétablit les Espagnols, mais Lautaro les en chassa une seconde fois. Enfin le Viceroi du Perou ayant nommé son fils Hurtado de Mendoça pour Gouverneur du Chili à la place de Baldivia, l'envoya par Mer, avec un secours de monde. Celui-ci sous pretexte de venir faire la Paix, s'empara sans peine de l'Isle de la Quiriquined où il envoya du monde pour bâtir une Forteresse sur le haut des Montagnes de la Conception où il mit huit piéces de Canon.

Aujourd'hui il n'y a plus de vestiges d'aucun Fort. La Ville est ouverte de tous côtez & commandée par cinq hauteurs dont celle de l'Hermitage s'avance presqu'au milieu & la decouvre entiérement; on n'y voit pour toute defense qu'une baterie à Barbette sur le bord de la Mer qui ne flanque que le mouillage de devant la Ville qui est à un bon quart de lieue au Nord Ouest; mais outre qu'elle n'est pas grande n'ayant que trente-cinq toises de long & sept de large, elle est fort negligée, la moitié sans plate-forme & peu solidement bâtie de moilon. Les Canons n'y sont pas en meilleur état, on y en voit neuf de fonte de Calibres bâtards de 23. à 17. livres de balle, c'est-à-dire, de 24. à 18. d'Espagne, dont il y en a quatre de montez sur de mauvais affûts. A l'entrée de la cour du Palais ou Maison de l'Oïdor qui tient ordinairement la place de Gouverneur, il y a deux piéces de Canon montées auprès du Corps de Garde qui fait l'aile gauche de cette cour. Le Maese del Campo est un Officier General pour tout ce qui est de la guerre hors de la Ville. C'est ordinairement un Bourgeois que le President du Chili nomme pour trois ans. Après lui est un Lieutenant General du President, un Sergeant Major, & des Capitaines. Les troupes qu'ils commandent ne sont pas nombreuses; à ne compter que les Blancs, elles ne peuvent faire qu'un corps de deux mille hommes mal-armez tant de la Ville que des environs, dont il y a deux Compagnies d'Infanterie, le reste est tout de Cavalerie; les uns & les autres étoient à la solde du Roi qui envoyoit un *Situado* pour entretenir 3500. hommes tant pour la défense de la Ville que des postes avancez ou Garnisons qu'ils appellent *Presidios*; mais cette paye ayant manqué beaucoup d'années de suite, tout y étoit en desordre lorsque le Sr. Fresier y fut, parce que les Soldats avoient été obligez de se disperser çà & là pour chercher à vivre; desorte, disoit-il, que si les Indiens vouloient se revolter ils trouveroient les Espagnols sans défense & endormis sur ce qu'ils ont la paix avec eux. Ils ont neanmoins plusieurs petits Forts ou retranchemens de terre où ils ont quelques piéces de Canon, & quelques Milices & Indiens amis qui font la garde quand on veut.

Le plus avancé de tous ces postes est celui de PUREN qui est 15. lieues au delà de la Riviere de Biobio. Un peu plus en dedans est celui de NASCIMIENTO, & vers la côte ARAUCO dont les murailles sont presque toutes abbatues; ensuite le long de la Riviere sont ceux de SAN PEDRO qui est au deçà du Biobio à trois lieues de la Conception, plus haut est TALQUEMAHUIDA, SAN CHRISTOVAL, STA JUANA, & YUMBEL: ceux de *Boroa*, *Co-*

loe, *Repocura*, la *Ymperial* & *Tucapel*, sont détruits & abandonnez, & ne subsistent plus que dans nos Cartes depuis près de cent ans. Les Espagnols négligent un peu trop, selon l'Auteur cité, les défenses qu'ils pourroient avoir contre les soulévemens des Indiens dont ils ont souvent éprouvé les forces & qui ne cherchent que l'occasion de les détruire, quelque apparence de Paix qu'il y ait entre eux. Ce sont les incursions de ces Peuples qui ont fait transporter à St. Jago la Chancellerie Royale qui avoit été établie à la Conception en 1567. Depuis le commencement de ce Regne on n'y tient plus qu'un Oïdor, c'est-à-dire, un des Chefs de l'Audience, qui fait la fonction de Gouverneur ou Corregidor, & de Chef de la Justice dont le corps s'appelle Cavildo. Il est composé de six Regidors, deux Alcades, qui sont comme les Chefs de Police, un Enseigne, ou Alferes Royal, un Sergent ou Alguazil Major, & un Dépositaire general. Toutes ces charges sont électives & ne durent qu'un an. Leur habit décent est en noir avec la Golille, le manteau & l'épée à la mode d'Espagne.

Les mêmes incursions des Indiens qui ont fait ôter de la Conception le Tribunal de la Chancelerie Royale, y ont fait transporter le Siege Episcopal qui y est aujourd'hui: depuis qu'ils se sont rendus maîtres de la Ville de la Ymperial où il avoit été établi, l'Evêque s'est retiré à la Conception. Son Diocèse s'étend depuis la Riviere de Maule, qui sert de bornes à celui de Sant Jago jusqu'au Chiloé. Il est Suffragant de l'Archevêque de Lima. Son Chapitre n'est composé que de deux Chanoines & de quelques Prêtres.

Voici comment le P. Feuillée [a] decrit cette Ville, où il a fait un sejour assez long. La Ville de la Conception est située sur le bord de la mer dans une petite Vallée, appellée Pinco; elle a des montagnes à l'Orient, d'où descendent deux petites Rivieres qui traversent la Ville; au Nord elle a l'entrée de la Baye; à l'Ouest la Baye; & au Sud le fleuve Biobio.

[a] Journal des Observations p. 546.

Les rues semblables à toutes celles des autres Villes du nouveau Monde sont tirées au cordeau, les maisons sont presque toutes bâties en quarrez longs de terre, appellez *Tapias* par les gens du Pays. Elles n'ont qu'un seul étage, sont couvertes de tuiles à la maniere des maisons de Provence, & sont vastes; mais la plûpart mal meublées, ces Peuples se ressentent encore des mauvais traitemens qu'ils ont reçûs des Indiens, ennemis mortels des Espagnols, & qui ont pillé & brûlé trois ou quatre fois cette Ville.

Chaque maison a un Jardin, dans lequel on voit toutes sortes d'arbres fruitiers, chargez toutes les années d'une si grande quantité de fruits, que si on n'avoit pas le soin d'en retrancher une partie dans leur naissance, leur pesanteur casseroit les branches, & de plus ils ne pourroient pas tous mûrir. Les fruits qu'on a dans tout le Royaume de Chily, sont de même espece que ceux qui nous avons en Europe, il n'y a que des Chataignes que je n'ai point vûës; il y a aussi plusieurs sortes de fruits que nous ne connoissons point dans nos Climats.

Aaaaa* 3   II

Il y a dans la Ville six Monasteres fort celebres, celui de S. François, celui de Saint Dominique, ceux de la Mercy, des Augustins, des Jesuites; ceux-ci ont soin comme dans toutes les autres Villes des Indes, d'élever la jeunesse à la connoissance du Seigneur; & il sort toutes les années de cette Maison un bon nombre de Religieux, qui vont chez les Indiens leur porter l'Evangile, quoi qu'ils soient dans tout ce Royaume les plus cruels & les plus grands ennemis des Espagnols; il y a aussi des Religieux de Saint Jean de Dieu, dont l'Ordre est fort étendu dans ce nouveau Monde.

Vers le milieu de la Ville il y a une grande place quarrée, qui a la Paroisse du côté du Sud, qui est une Eglise vaste, mais fort pauvre; du côté de l'Est étoit la maison de l'Evêque, & des deux autres côtez sont des boutiques de Marchands, où les femmes vont la nuit acheter les choses necessaires dans leur famille, étant contre les coûtumes ordinaires de ces Pays, que les femmes tant soit peu regulieres, sortent de leurs maisons pendant le jour; abus assez considerable.

Il y a sur le bord de la Mer un Cavalier bâti de pierre, élevé sur le terrain environ de deux toises & demie, lequel fait face à la Baye, & qui est garni de bons Canons de fonte. On voit encore une Eglise toute jolie, bâtie sur une Colline à l'extremité de la Ville du côté de l'Est. Ce petit Temple est dedié à la Sainte Vierge.

Les habitans de la Ville de la Conception sont naturellement bons; leur plus grand plaisir est d'exercer l'Hospitalité; chaque maison est une Auberge; les Etrangers y sont toûjours les mieux reçus, dussent-ils rester toute leur vie avec eux; & lors qu'ils en sortent, ceux-là les chargent de presens.

Les *Conceptionistes* sont robustes, bien faits, aiment beaucoup notre Nation; ils ne sont pas riches, quoi qu'ils ayent dans leurs Montagnes quantité de mines d'or; mais ils se contentent de vivre au jour le jour. J'estime cependant que la cause principale pourquoi ils n'amassent pas de richesses, est, qu'ils se voyent à tout moment exposez non seulement à perdre leurs biens, mais encore leurs propres vies, ayant pour voisins de puissans ennemis, toûjours prêts à leur declarer la guerre.

Les Campagnes sont remplies de Montagnes, au haut desquelles on voit de belles vignes qui donnent quantité de raisins, dont on fait d'excellent vin. La vendange se fait ordinairement dans ce Pays-là au mois d'Avril, qui repond à notre mois d'Octobre; on voit par-là que cette partie du Monde est entierement opposée à la nôtre, puisque nôtre Printemps est leur Automne, & que notre Hyver est leur Eté. Les saisons y sont assez bien reglées, l'Hyver est la plus incommode de toutes; car outre que les pluyes sont alors continuelles, les vents du Nord qui les amenent, sont si violens dans ces climats, qu'il semble qu'ils vont enlever les maisons.

L'Isle de la Quiriquina, qui est à l'entrée de la Baye, forme deux passages; celui qui est du côté du Sud est rempli de brisans, qui ne laissent entre eux que le passage d'un seul Navire; cependant personne jusques ici n'a encore osé entreprendre d'y passer. Il n'y a eu qu'un seul Vaisseau, qui s'étant trouvé dans un temps brumeux devant l'entrée, croyant être bien éloigné des terres, comme il étoit chargé, d'un grand vent du Nord qui le menaçoit d'un naufrage évident, donna dedans, prenant cette fausse entrée pour la bonne, heureusement la Providence le conduisit vers l'endroit où est le passage qui lui étoit entierement inconnu, & se trouva ainsi dans le port. L'autre passage qui est au Nord de celui-ci, est fort grand; je trouvai sa largeur par le Calcul des triangles, en levant le plan de la Baye, de 3255. toises. Son traversier est le vent du Nord, & elle est à couvert de tous les autres. L'air de la Conception est merveilleux.

[a] La Conception est située dans un Pays où tout abonde non seulement pour les besoins de la vie, mais encore qui renferme des richesses infinies : dans tous les environs de la Ville il se trouve de l'Or, particulierement vers l'Est à un endroit nommé LA ESTANCIA DEL REY où l'on tire par le lavage, de ces morceaux d'Or pur, qu'on appelle en Langage du Pays *Pepitas*; il s'en est trouvé de huit & dix Marcs & de très-haut aloi. On en tiroit autrefois beaucoup vers ANGOL qui en est à vingt-quatre lieues, & si le Pays étoit habité par des gens laborieux, on en tireroit en mille endroits où l'on est persuadé qu'il y a de bons *Lavaderos*, c'est-à-dire, des terres d'où l'on tire en le faisant seulement passer dans l'eau.

2. CONCEPTION [b] (LA) Ville de l'Amerique Meridionale dans la Province du Paragui, sur la rive Meridionale de *Rio Vermejo*, qui tombe ensuite dans la grande Riviere de la Plata. Elle étoit aux Espagnols qui l'ont abandonnée, desorte qu'elle est détruite.

3. CONCEPTION [c], (LA) Ville de l'Amerique Septentrionale dans la nouvelle Espagne, dans l'Audience de Guatimala, au Nord de la Province de Veragua, sur une petite Riviere qui tombe dans la Mer du Nord, au Couchant de Porto Belo.

4. CONCEPTION, (LA) Bourgade de l'Amerique Septentrionale au nouveau Mexique au Midi du Pays des Apaches & sur la rive Septentrionale de la Riviere du Nord.

5. CONCEPTION. (BAYE DE LA) Voyez BAYE.

6. CONCEPTION [d] (LA) de SALAVA, Bourg de l'Amerique Septentrionale au Mexique dans la Province de Mechoacan.

7. CONCEPTION (LA) DE LA VEGA [e], Petite Ville de l'Amerique dans l'Isle de St. Domingue & au Septentrion de la Ville de ce nom.

1. CONCHA, nom Latin de CUENÇA, Ville d'Espagne. Voyez cet article.

2. CONCHA [f], Ville d'Italie dans la Romandiole au bord de la Mer Adriatique, du côté de Rimini; il y a déja quelques siécles qu'elle a été submergée & si bien détruite qu'il n'en reste plus aucune trace.

CONCHAS, (El Rio de las) Riviere de l'Amerique au Mexique dans la nouvelle Biscaye. Je crois que Mr. Baudrand a voulu dire de *los Conchos*. C'est un Peuple situé au Nord de

[a] *Frésier Voyage T. 1. p. 144.*

[b] *De l'Isle Atlas.*

[c] *Ibid.*

[d] *Baudrand Edit. 1705.*

[e] *Ibid.*

[f] *Baudrand Edit. 1682.*

de la nouvelle Biscaye & d'une Riviere qui coulant le long des limites de cette Province tombe dans la Riviere du Nord avec laquelle elle va se perdre dans la Mer du Nord.

CONCHATE. Village d'Asie, quelque part vers la Galatie, selon l'Auteur de la Vie de St. Theodore Abbé.

CONCHE. Voyez Zenobie.

CONCHES, [a] Petite Ville de Normandie dans le Pays d'Ouche, sur la croupe d'une Montagne, à trois lieuës de Lyre, à quatre d'Evreux & de Beaumont-le-Roger, à sept de Laigle, & à treize de Roüen. Elle a deux portes, deux Fauxbourgs, trois Paroisses & un Hôpital, mais dans son enceinte elle n'a qu'une Eglise sous le titre de Sainte Foi. Cette Eglise dont les vîtres sont bien peintes est fort proprement bâtie, & la pyramide de son clocher est un ouvrage percé à jour & entierement revêtu de plomb. Dans le Fauxbourg de Saint Etienne il y a une Paroisse de ce nom, avec deux grandes ruës habitées par quantité de Cloutiers & de faiseurs d'alênes. La Paroisse de Nôtre Dame du Val est dans le Fauxbourg dit de Châtillon. L'on y voit aussi une Abbaye de Benedictins de la Congregation de Saint Maur, dont les Religieux sont Curez primitifs des trois Paroisses de Conches. Leur Eglise solidement bâtie en Croix, est dediée à Saint Pierre & à Saint Paul. C'est une assez grande Fabrique avec un Corridor fort bien voûté, & des Chapelles tout autour du Chœur. On conserve dans le Trésor de la Sacristie de cette Eglise beaucoup de Reliques précieuses qui attirent la veneration des fideles. Le Château de Conches tombe en ruine aussi bien que les murailles de la Ville, qui a titre de Comté, un vallon arrosé d'un ruisseau la sépare de la Forêt. Elle a un Bailliage & une Vicomté qui ressortissent au Présidial d'Evreux, mais son Election qui comprend cent soixante & deux Paroisses releve de la Generalité d'Alençon : il y a aussi un Grenier à Sel, une Maîtrise des Eaux & Forêts, un Maire, deux Echevins & un Lieutenant de Police. Le Commerce de Conches où l'on tient Marché tous les Jeudis, & une Foire le jour de la Fête de Saint Pierre, consiste en grains, en barres de fer, en cloux, en alênes, en marmites, en pots & autres ouvrages de fer, dont il y a de très-bonnes mines dans son Territoire, avec un moulin à forge que la petite Riviere de Conches fait aller ainsi que plusieurs autres moulins à bled, à tan, à huile & à papier jusqu'à Evreux où elle entre dans l'Iton.

Cette Ville, qui est à present membre du Comté d'Evreux, étoit autrefois une Seigneurie particuliere qui appartenoit aux Seigneurs de Troësny, qui étoient Grands Enseignes de Normandie. Sous Guillaume le conquerant, Roger de Troësny qui avoit vécu sous le Pere & sous l'Ayeul du Conquerant fonda dans sa Ville de Conches un célèbre Monastere de Benedictins dedié à St. Pierre. Cette terre de Conches fut confisquée par le Roi Philippe Auguste, lorsqu'il conquit la Normandie sur les Anglois & il la donna à Robert de Courtenay Bouteiller de France son Cousin qui la laissa à son fils Pierre qui n'eut qu'une fille nommée Amicie qui épousa Robert second

[a] Corn. Dict. Memoires dressez sur les lieux en 1702.

Comte d'Artois. Leur fils Philippe d'Artois fut Seigneur de Conches ; il épousa Blanche de Bretagne dont il eut Robert Seigneur de Conches & Comte de Beaumont-le-Roger dont les terres furent confisquées à cause qu'il avoit pris le parti des Anglois. Ensuite Conches fut réünie au Domaine, jusqu'à ce qu'elle fut donnée par le Roi Jean au Roi de Navarre qui l'annexa au Comté de Beaumont-le-Roger, & la ceda à son frere le Prince Loüis, après la mort duquel le tout fut réüni au Domaine de Navarre, d'où il a passé à la Maison de la Tour, comme annexe d'Evreux & de Beaumont-le-Roger.

CONCHOS [b] (les) Peuple de l'Amérique Septentrionale aux Frontieres du Vieux Mexique & du nouveau, au Nord de la Nouvelle Biscaye. Ils habitent par Villages dans des cases basses, & se nourrissent ordinairement de ce qu'ils tuent à la chasse. Il y a dans ce Pays abondance de Lapins, de Liévres, de Cerfs, de Maïs, de Melons, & de Citrouilles. Les Rivieres sont fort poissonneuses. Les habitans vont presque tout nuds & ont pour armes des arcs & des fleches. Ils obéïssent à des Rois qu'ils nomment Caciques. Ils n'adorent aucunes Idoles & sont sans Religion.

[b] Corn. Dict. de Laet. Ind. Occid. l. 6. c. 21.

CONCHUCOS [c]. Peuple de l'Amérique Meridionale au Perou, dans l'Audience de Lima, entre les Montagnes des Andes, à l'Orient de l'Isle & du Port de Santa. Ces hommes qui sont encore sauvages, sont d'une moyenne taille. Ils étoient anciennement en grand nombre, mais les guerres qu'ils ont eues avec les Espagnols les ont fort éclaircis. Il y a, dit-on, beaucoup de mines d'Or & d'Argent dans leur Pays. Les Incas y ont eu des hôtelleries proche du Chemin Royal avec un Palais au milieu de la Province, mais tous ces bâtimens ont été détruits par la suite des années.

[c] Del'Isle Atlas.

CONCHYLIUM. Voiez PALIURUS.

CONCIONATUM. Voiez CONTIONATUM.

CONCORDE, contrée des terres Australes dans la nouvelle Hollande un peu au milieu du Tropique du Capricorne. Les Hollandois qui l'ont découverte l'ont nommée *Eendrachts Land* ; c'est-à-dire, TERRE DE LA CONCORDE, on n'en connoit qu'un petit bout de côte que la Mer baigne du côté de l'Occident entre le 122. & 125. d. de latitude australe.

1. CONCORDIA, ancienne Ville d'Italie, c'étoit une Colonie au Pays des Carnes selon Ptolomée [d]. Pline [e] la met entre la Livenza & le Tayamento. Il la met dans le Pays des Venetes. Eutrope [f] dit en parlant de Lucius Verus, il mourut dans la Venetie en allant de Concordia à Altin : & Zosime parlant d'Alaric qui vouloit aller à Rome dit : il passa Aquilée & les Villes situées tout de suite au delà du Pô, savoir Concordia & Altin. Antonin dans son Itineraire met de même Concordia entre Aquilée & Altin à trente & un M. P. de l'une & de l'autre.

[d] l. 3. c. 1.
[e] l. 3. c. 18.
[f] l. 8. c. 5.

2. CONCORDIA JULIA. Voiez NERTOBRICA.

3. CONCORDIA, ancienne Ville d'Espagne dans la Lusitanie selon Ptolomée [g]. Pline en nomme les habitans CONCORDIENSES. On dit que c'est presentement TEMAR.

[g] l. 2. c. 5.
[h] l. 4. c. 22.

4. CON-

4. CONCORDIA, ancienne Ville de la Germanie. Antonin la met sur la route de Strasbourg à Spire.

Argentomagum	— —
Brocomagum	M. P. xx.
Concordiam	M. P. xviii.
Noviomagum	M. P. xx.

Car il est ici question de *Noviomagum Nemetum* qui est Spire; & l'Itineraire suit le cours du Rhin. Les *Triboci* & les *Nemetes* étoient limitrophes. Concordia étoit aux Confins des uns & des autres. Cluvier la donne à ceux-ci & Henri de Valois dans ses notes sur Ammien Marcellin l'attribue aux premiers. Cette Ville étoit une Place Romaine fortifiée. Cet Historien lui-même dit [a] : Le Roi Chnodomarius ayant trouvé l'occasion de s'échaper, s'écoulant sur des tas de morts avec peu de gardes, tâchoit de gagner au plutôt son Camp qu'il alla mettre hardiment auprès de *Tribunci* & de Concordia, Forteresses Romaines, afin que s'embarquant sur les bâteaux qu'il tenoit prêts pour s'en servir à tout évenement, il pût se sauver dans des retraites inconnues à ses ennemis. Le cómbat s'étoit donné à Strasbourg, cela fait voir la situation de Concordia, mais l'Itineraire d'Antonin cité ci-dessus la determine encore mieux. Simler & Rhenanus croyent que c'est ROCHERSBERG.

[a] l. 16. c. 33.

5. CONCORDIA, voiez ADRUMETTE.
6. CONCORDIA, voiez BENEVENT.
7. CONCORDIA, voiez ORDIA.
8. CONCORDIA, voiez TURRIS CONCORDIÆ, au mot TURRIS.
9. CONCORDIA [b], Ville d'Italie dans l'Etat du Duc de la Mirande, avec titre de Comté sur la Riviere de la Sechia, aux Frontieres du Modenois & à six milles de la Mirande au Couchant, en allant vers Guastalla suivant Jacques Cantelli.

[b] Baudrand Ed. 1705.

§. CONCORDIA [c], Ville ruinée du Frioul dans l'Etat de la République de Venise sur la petite Riviere de Lemene. Elle avoit un Evêque Suffragant du Patriarche d'Aquilée; mais il reside depuis long-temps à Porto-Gruaro, quoi qu'il y porte toujours le titre d'Evêque de Concordia. C'est la même que CONCORDIA I.

[c] Ibid.

CONCRESSAUT [d]. On ecrivoit autrefois CONCOURCEAUT, en Latin CONCURCALLUM & CONCORCALLUM, petite Ville de France en Berri, sur la Riviere de Saudre, à quatre lieues de la Loire au Couchant, & à cinq de Gien au Midi en allant vers Bourges dont elle est à dix lieues, & à deux d'Aubigni en allant vers Sancerre dont elle est à cinq lieues. [e] C'étoit déja une Seigneurie considerable sur la fin de xi. siécle & sous le regne de Philippe I. Cette Seigneurie étant venue à Gilles de Sulli, il l'échangea avec Philippe Auguste l'an 1187. mais cette acquisition fut revoquée & Concressaut retourna à ses Seigneurs qui prenoient le nom de cette Ville & qui la possedoient du temps de St. Louïs. Comme on le voit par un titre daté de l'an 1239. & rapporté par Choppin au I. Livré du Domaine. Ce fut le Roi Jean qui acquit l'an 1351. la Châtellenie de Concressaut d'un Gentilhomme nommé Paénel, & depuis ce temps-là cette Ville fut unie au Domaine. Le Roi Charles VII. vendit & engagea Concressaut l'an 1421. à Beraud Stuard, Capitaine de la Garde Ecossoise duquel les droits ont passé successivement à plusieurs personnes qui ont soutenu de grands procès au Parlement de Paris contre les Procureurs Generaux qui n'ont pu empêcher que Concressaut ne soit sorti des mains du Roi, soit à titre d'alienation, soit d'engagement. Mr. Corneille rend ce nom par CONCORDIÆ SALTUS.

[d] Ibid.

[e] Longuerue desc. de la France part. 1. p. 127.

CONCUBIENSES; surnom d'un ancien Peuple d'Italie dans l'Ombrie. Le vrai nom de ce Peuple étoit *Forojulienses*, & *Concubienses* n'en étoit que le surnom, selon Pline [f].

[f] l. 3. c. 14.

CONDABORA, ancienne Ville d'Espagne dans la Celtiberie, selon Ptolomée [g].

[g] l. 2. c. 6.

CONDALI; le même que CANDALI.
CONDAPOLI [h], Ville de la Presqu'Isle de l'Inde en deça du Gange, au Royaume de Golconde; sur le haut d'une Montagne à vingt lieues de la Ville de Golconde à l'Orient en allant vers le Golphe de Bengale. Mr. de l'Isle la neglige dans sa Carte de cette Presqu'Isle.

[h] Baudrand Edit. 1705.

CONDASBE. Voiez MEROS.

1. CONDATE, ancien lieu d'Angleterre. l'Itineraire d'Antonin le met entre *Manucium* Manchester & *Deva Leg. xx. Vict.* Chester, à xviii. M. P. de l'une & à xx. M. P. de la seconde. C'est presentement CONGLETON.

2. CONDATE RHEDONUM. Voiez Rennes, Ville de France en Bretagne.

3. CONDATE. Voiez Condé.

4. CONDATE, &
CONDATISCO. Voiez St. Claude Ville de Franche Comté.

CONDAVERA. Ville de la Presqu'Isle de l'Inde en deça du Gange sur la côte de Malabar, au Royaume de Carnate vers son extremité Septentrionale, à la source d'une petite Riviere qui tombe dans le Golphe de Montepoli, selon Mr. De l'Isle. Tavernier [i]. la nomme CONDEVIR & dit : c'est une grande Ville avec un double fossé & des de cuve tout revêtu de Pierre de Taille, on s'y rend par un chemin qui est fermé des deux côtez de fortes murailles, où d'espace en espace, on voit quelques tours rondes qui sont de peu de deffense. Cette Ville touche au Levant une Montagne qui a environ une lieue de tour & qui est entourée par le haut de fortes murailles. De 150. en 150. pas ou environ il y a comme une demi-lune, & dans l'enclos des murailles trois Forteresses qu'on néglige d'entretenir.

[i] Voyage des Indes l. 1. c. 18.

1. CONDÉ, en Latin *Condate* & *Condatum*, petite Ville de France au Pays Bas dans le Hainaut. A une lieue au dessous de Valenciennes vers le Nord en allant vers Tournay dont elle est à quatre lieues, & à quatre de Maubeuge. Elle a pris ce nom de sa situation au confluent de l'Escaut, & de la Riviere de Haisne, cette Ville est l'une des plus petites de la Province, & n'est considerable que par ses fortifications. Elle ne renferme qu'environ trois cens maisons, & il n'y a pas plus de trois mille habitans. Elle entra dans la Maison de Bourbon par le Mariage de François de Bourbon Comte de Vendome avec Marie de Luxembourg fille aînée & heritiere de Pierre de Luxem-

[k] Piganiol de la Force Desc. de la France T. 6. p. 212.

CON.

Luxembourg Comte de Saint Paul & de Soissons, Vicomte de Meaux, Seigneur de Condé & d'Enguien. Elle appartient aujourd'hui au Comte de Solre, de la Maison de Croy. Elle fut prise en 1676. & a été cedée à la France par le Traité de Nimegue en 1678. Le Seigneur possede les trois quarts des Bois qui en dependent, & l'autre quart est au Roi. La nomination du Magistrat appartient au Seigneur du lieu, mais depuis la cession de cette Place, le Roi a jugé à propos de le faire établir en son nom. Cette Place est fort irreguliere, & est une des plus fortes du Royaume, elle est composée de huit Bastions de la construction du Chevalier de Ville. Cinq de ces Bastions du côté de la hauteur, sont surmontez d'autant de cavaliers. Quatre grandes demi-lunes couvrent les fronts de la Place du côté de la hauteur. Celles du milieu sont retranchées par une autre petite demi-lune. Le fossé des ouvrages de ce côté-là est sec & accompagné d'un chemin couvert revêtu. On remarque au milieu du fossé une petite cunette ou ruisseau qui sert de communication au canal du Jart à l'Escaud. Le fossé qui entoure le reste de la Place, est formé en partie par l'Escaud, & en partie par la Haisne. Depuis la hauteur jusqu'à la Riviere de Haisne, le fossé est couvert d'une grosse digue ou élevation de terre. On entre dans Condé par trois portes. Les ruës sont fort irregulieres, & on y trouve deux ou trois petites Places mal construites. La principale Eglise est bien bâtie. Le Château est au confluent des deux Rivieres. Il est fort irregulier, & est composé de dix tours rondes à l'antique. Ce Château est couvert de l'autre côté de l'Escaud par une partie de l'enceinte de la Ville en forme d'Ouvrage à Corne; dont le front est couvert d'une double demi-lune, & chacune de ces extremitez est encore une demi-lune. Tous ces ouvrages sont entourez d'un bon fossé & d'un chemin couvert. Presque toute la Ville est defenduë d'ailleurs par de grandes inondations qu'on peut faire quand on veut, ce qui fait que l'on n'entre dans Condé que par des chaussées fort hautes. Il y a encore plusieurs redoutes autour de Condé, entre autres celle de Thivesselle qui est sur la Haine dans une inondation. C'est un quarré long entouré d'un petit fossé. Elle est revêtue de Massonnerie, & au dedans sont deux corps de Cazernes, & quelques corps de garde.

[a] Ibid. p. 160.

Il y a à Condé une Collegiale [a] dont le Chapitre est composé de 26. Prebendes; mais il n'y en a que 22. de remplies: le Roi nomme à douze & le Seigneur aux dix autres.

[b] p. 194.

Condé [b] a un Gouverneur, un Lieutenant de Roi, un Major, un Aide-Major, & un Capitaine des Portes.

[c] Corn. Dict. Mem. dressez sur les lieux en 1702.

2. CONDÉ [c], Ville de France en Normandie dans le Bessin, appellée en Latin *Condeum ad Norallum*, à cause de sa situation sur le Nereau ou Noireau, en une petite Vallée qu'arrose cette Riviere qui mêle ses eaux à celles de l'Orne. Cette Ville est à cinq lieuës de Falaise & de Vire, & à quatre de Tinchebray & de Thury-Harcour. Saint Martin en est la Paroisse primitive, & Saint Sauveur la Paroisse succursale. Il y a un Hôpital & une Haute Justice, & un Maire de Ville. On y tient un gros Marché tous les Jeudis, & six Foires pendant l'année. La premiere, à la mi-Carême, la seconde le Jeudi Saint, la troisiéme à l'Ascension, la quatriéme à la Pentecôte, la cinquiéme au Saint Sacrement, & la sixiéme le premier jour de Septembre Fête de Saint Leu, Saint Gilles. Son commerce consiste principalement en Draperies, Tanneries, & Coutelleries. Davity dit que les Processions de ce lieu ont coûtume de porter une épée nuë pour Banniere dans les Fêtes Solemnelles. Le Territoire produit force grains. Condé, dont le Comte de Matignon est Seigneur & Châtelain, comprend dix-sept Paroisses dans sa Châtelenie, huit entierement, & neuf en partie.

[d] Longuerue desc. de la France part. 2. p. 187.

3. CONDÉ [d], Chatellenie de Lorraine sur la Moselle. Elle est située à l'Orient de cette Riviere, & est un Domaine aliené à l'Evêché de Metz. Condé qui a été autrefois un des plus beaux Châteaux de Lorraine, fut bâti par l'Evêque Philippe de Florence vers l'an 1264. Cette Place ne demeura pas longtems entre les mains des Evêques de Metz; car l'Evêque Adhemar de Monteil l'engagea à Edouard Comte de Bar l'an 1328. avec Conflans en Jernisi. Les Ducs de Bar donnerent aux Evêques plusieurs reconnoissances de cet engagement & la faculté du rachat qu'avoient les Evêques; cependant ils unirent la Châtellenie de Condé au Bailliage de S. Mihel, & il en faisoit partie lorsque le Cardinal Louïs Duc de Bar, donna son Duché à René d'Anjou.

L'an 1473. George de Bade, Evêque de Metz, vendit aux Ducs de Bourgogne la faculté de rachat reservée aux Evêques sur la Châtellenie de Condé, & cette vente fut faite moïennant vingt mille Florins de Rhin, l'Evêque s'étant reservé le quart du revenu de la Châtellenie. Après la mort du Duc de Bourgogne, il y eut de grands differens entre les Ducs de Lorraine, & les Evêques de Metz, pour plusieurs Seigneuries, & entr'autres pour Condé sur la Moselle, qui finirent enfin, parce que François de Beauquaire ceda par contract l'an 1561. au Duc entr'autres choses la Châtellenie de Condé, déchargée de tous droits de rachat, & d'autres que les Evêques de Metz y vouloient prétendre; à quoi le Cardinal de Lorraine, Administrateur du Temporel de l'Evêché, donna son consentement.

Depuis ce tems-là les Ducs de Lorraine ont joüi paisiblement de cette Châtelenie, & quand ils ont été rétablis dans leurs Etats, ils ont repris possession de Condé sans difficulté, en exécution des Traitez des Pyrenées, de Vincennes & de Ryswyk.

4. CONDÉ (LE CAP DE) Voïez au mot CAP.

[e] Corn. Dict.

5. CONDÉ SUR ITON [e], Bourg de France en Normandie avec titre de Baronie & une maison de plaisance de l'Evêque d'Evreux. Il est situé six lieuës au dessus d'Evreux, entre Conches, Verneuil, Tilliers, & Nonancourt dans le voisinage de Breteuil & de Damville.

6. CONDÉ SUR VIRE. Bourg de France en Normandie, au Diocése de Coutances.

ces. Il est considerable & a environ 1485. habitans.

CONDECEDO. (LE CAP DE) Voiez au mot CAP.

CONDELVAI, Ville & Forteresse des Indes dans l'Indoustan au Royaume de Decan sur la route de Surate à Golconde au bord de la Riviere de Mangera qui se joint bien loin delà au fleuve Ganga. Cette Ville est peu éloignée des Frontieres du Royaume de Golconde [a].

[a] De l'Isle Atlas.

CONDERCUM, ancien lieu de la Grande de Bretagne [b]. Il en est fait mention dans la Notice de l'Empire. Il devoit être près de l'ancien fossé & Cambden croit que c'est CHESTER de ce Canton-là.

[b] sect. 63.

CONDEVIR. Voiez CONDAVERA.

CONDIGRAMMA, Petite Ville d'Asie en deça de l'Embouchure de l'Indus dans la Mer; c'est-à-dire, sur la côte de la Gedrosie, selon Pline [c].

[c] l.6. c. 23.

CONDIVICNUM, ancienne Ville de la Gaule Lyonnoise au Pays de Nantes, selon Ptolomée. Il appelle le Peuple *Namnetes* & la Ville *Condivicnum*, Κονδιουικνον, je ne sais quelle repugnance trouvoit Ortelius à dire que cette Ville est aujourd'hui NANTES.

CONDOCHATES, Κονδοχάτες, Riviere de l'Inde où elle se decharge dans le Gange, selon Arrien [d].

[d] Peripl.

CONDOJANI [e], Bourg d'Italie au Royaume de Naples, entre la Calabre Ulterieure à l'embouchure de la Riviere de Chamuti, dans le Golphe de Girace.

[e] Baudrand Ed. 1705.

CONDOM, Ville de France dans la Guienne, & dans un Canton particulier auquel elle donne le nom de *Condomois*; en Latin *Condomus*, ou *Condomus Vasconum*; Elle est située sur la Gelise qui n'est point navigable. [f] Elle doit son origine à un ancien Monastere dont la fondation est fort obscure. Car on raconte à ce sujet des Histoires fabuleuses. Ce qu'on sait, c'est que les Normands qui ravagerent l'Aquitaine durant près de deux siécles detruisirent plusieurs fois ce Monastere qui fut rétabli l'an 1011. par Hugues Prince Gascon & Evêque d'Agen, qui en créa premier Abbé un nommé Pierre dont les Successeurs ont été fort puissans & fort riches. Ce fut l'opulence de ce Monastere qui engagea Jean XXII. à ériger l'an 1317. un Evêché dont il créa premier Evêque le dernier Abbé qui étoit Raymond Goulard. Les Moines demeurerent toujours dans la même Eglise, leur Monastere tenant lieu de Chapitre jusqu'à l'an 1549. que le Pape les secularisa à la priere de Henri II. & de Charles de Pisseleu, Evêque de Condom. [g] L'Evêque est en partie Seigneur de la Ville. Il y a peu de commerce, aussi les habitans ne sont-ils pas riches. Lorsque Condom fut pris en 1569. par Gabriel de Montgommeri Chef des Protestans, non seulement ils pillerent la Cathedrale & tous les lieux Saints, mais encore ils brûlerent six Eglises paroissiales & cinq Monasteres. [h] L'érection de l'Evêché de Condom se fit le 13. d'Août 1317. & son Diocèse fut formé de la partie de celui d'Agen qui est au delà de la Garonne. Ce Diocèse n'a que cent-quarante Paroisses & quatre-vingts annexes. Le Chapitre de la Cathedrale est composé d'un Prevôt, d'un Archidiacre & de douze Chanoines. * Scipion Dupleix Historiographe de France mort en 1661. agé de 98. ans étoit de Condom. [i] Le Senechal de Condomois est d'Epée, & sa charge perit par mort. C'est en son nom qu'on rend la Justice, il est à la tête de la Noblesse lorsqu'elle est convoquée: il y a huit Justices Royales dans l'étendue de cette Senechaussée.

[f] Longuerue desc. de la France. part. 1. p. 183.

[g] Piganiol de la Force desc. de la France T.4. p. 209.

[h] p. 150.

[*] p. 209.

[i] p. 167.

CONDOMOIS [k]. (LE) Petit Pays de France dans la Guienne. Il a le Bazadois au Septentrion, l'Armagnac au Midi; l'Agenois, & le Querci au Levant; & les Landes au Couchant. Condom en est la Capitale. Gavaret & le mont de Marsan sont les autres Villes les plus remarquables. [l] Le Condomois, quoique situé au delà de la Garonne dans l'ancienne Aquitaine, faisoit partie du territoire des Nitiobriges qui ont été du nombre des Celtes. Ce Pays de Condomois n'a jamais été separé de l'Agenois, soit au Temporel, soit au Spirituel, que depuis le commencement du XIV. siécle, lorsque l'Evêché de Condom fut érigé. Henri II. dans le XVI. siécle crea un Siége Presidial à Condom, desorte qu'il ne dépendit plus d'Agen pour la Justice.

[k] Ibid. p. 209.

[l] Longuerue p. 183.

CONDORA, Province de la Grande Russie. D'anciennes Cartes mettent ce Pays entre la Mer Blanche & la Siberie, c'est le vrai Pays des Samoyedes que ces Cartes resserrent vers l'Oby. Voiez SAMOYEDES.

CONDORE. (Isles de) Isles de la Mer des Indes au Midi du Royaume de Camboge. PULO CONDOR, ou CONDORE, comme écrit Dampier, en est la principale & la seule qui soit habitée [m]. Elles sont selon lui à 8. d. 40'. de latitude Septentrionale & à environ 20. lieues Sud quart d'Est de l'Embouchure de la Riviere de Camboge. Elles sont si proches les unes des autres qu'elles ne paroissent de loin qu'une seule Isle. Deux de ces Isles sont d'une raisonnable largeur & de bonne hauteur. On peut les voir de 14. ou 15. lieues en Mer; mais les autres ne sont que de petites butes de terre. La plus grande des deux qui est habitée a environ quatre à cinq lieues de long, située à l'Est & à l'Ouest. L'endroit le plus large n'a pas plus de trois milles & la plupart des endroits n'ont pas un mille de largeur. L'autre grande Isle a environ trois milles de long & demi-mille de large; elle s'étend au Nord & au Sud. Elle est située si avantageusement à l'Occident de la plus grande Isle qu'il se forme entre les deux un Havre très-commode. On entre dans ce havre du côté du Nord; où il y a près d'un mille d'une Isle à l'autre. Au Midi du Havre les deux Isles se serrent ensorte qu'il ne reste qu'un petit passage pour les Barques & pour les Canots. Il n'y a pas d'autres Isles du côté du Septentrion, mais du côté du Midi il y en a cinq ou six à côté de la grande Isle.

[m] Voyages T. 2. c. 14, p. 66.

Le Terroir de ces Isles est pour la plupart noirâtre & assez profond. Les Montagnes seulement y sont pierreuses. La partie Orientale de la plus grande des Isles est sablonneuse & à néanmoins diverses sortes d'Arbres. Ils sont en general larges, hauts & bons à tous usages. Il y a dans cette Isle un Arbre assez singulier. Le tronc a environ trois ou quatre pieds

pieds de Diametre; on en tire un certain suc dont on compose de bon goudron en le faisant un peu bouillir; & si on le laisse bouillir beaucoup il devient dur comme de la poix. Les animaux de ces Isles sont des Cochons, des Lezards & des Guanos &c. il y a de plusieurs sortes d'Oiseaux comme Perroquets, Perruches, Ramiers, & Pigeons. Il y a aussi une espece de coqs & de poules sauvages, mais ils ne sont pas plus gros qu'une Corneille : les coqs chantent comme les nôtres, mais leur chant est beaucoup plus petit & plus aigre. Leur chair est blanche & delicate. Il y a quantité de Coquillages & de Tortues vertes. Ces Isles sont assez bien arrosées par de petits ruisseaux d'eau douce qui coulent abondamment jusqu'à la Mer durant dix-mois de l'année. Ils commencent à tarir vers la fin de Mars & au mois d'Avril, il n'y a de l'eau que dans les fosses profondes; mais il y a des lieux où l'on peut creuser des puits. Au mois de Mai que la pluie vient, la terre est encore pleine d'eau & les ruisseaux reprennent leur cours vers la Mer. Ces Isles très-commodément situées pour aller & venir sur la route du Japon, de la Chine, de Manille, du Tonquin, de la Cochinchine & en general de tous les lieux de la côte la plus Orientale du Continent, soit qu'on passe par le détroit de Malaca, soit qu'on prenne celui de la Sonde entre Sumatra & Java.

Les habitans de cette Isle sont Cochinchinois d'origine. Ils sont petits, assez bien formez dans leur petite Taille. Ils ont le visage long, les cheveux noirs & lisses, les yeux petits & noirs, le nez d'une grosseur mediocre assez élevé, les levres minces, les dents blanches & la bouche petite. Ils sont fort polis & très-pauvres. Leur principal emploi c'est de tirer le jus des Arbres dont on fait le Goudron. Ils le gardent dans des baquets de bois, & quand ils en ont leur charge ils le portent à la Cochinchine leur ancienne patrie, d'autres s'occupent à prendre les tortues.

Ces Insulaires ne sont rien moins que jaloux de leurs femmes, ils les menent aux étrangers jusque dans les Vaisseaux & leur en offrent l'usage. Ils sont Idolatres, & ont quelques petits Temples.

CONDOTA. Voiez FONDACA.

CONDOURSE [a], petite Ville de France dans le Dauphiné, aux Baronies, dans deux Montagnes à deux ou trois lieues de la Ville de Nions, vers le Nord.

CONDOZ [b], Ville d'Asie dans le Tocarestan près de Kulm. On lui donne 101. d. 30'. de longitude & 37. d. de latitude.

CONDREN, en Latin CONTRAGINUM. Village de France, en Picardie, au Diocèse de Noyon, sur l'Oise, à une lieue de Chauni, & à deux de la Fere. Il y avoit autrefois un Couvent de Religieux de Ste. Croix qui a été transferé à Chauni par Marie de Cleves, mere de Louïs XII. On tient que ce lieu étoit considerable du temps des Romains. La Notice de l'Empire porte : *Præfectus Latorum Batavorum Contraginensium Noviomago Belgica Secunda.* Mais je doute que ce passage ait aucun raport avec ce lieu-là. Quoi qu'il en soit, on y trouve quelquefois d'anciennes Medailles. On y voit la continuation de la chaussée appellée Brunehaud. St. Momble (*Monbolus*) Abbé, puis Solitaire, s'y est retiré & y est mort. C'est le Patron de Chauni. On croit que cette Ville a été formée des debris de Condren. On y voit les vestiges d'un Pont qu'on y avoit fait sur l'Oise pour la communication de la chaussée de Brunehaud qui alloit de Soissons en Flandres.

CONDRIEU [c], petite Ville de France au Lyonnois, au pied d'une Colline, & proche du Rhône qui la separe du Dauphiné, avec un ancien Château demi-ruiné sur le haut de sa Colline. Elle est connue pour ses bons vins. Elle n'est qu'à deux lieues au dessous de Vienne au Midi, & à sept lieues au dessous de Lyon, en allant vers Valence dont elle est à dix lieues.

CONDROS. [d] (LE) Petit Pays d'Allemagne au Cercle de Westphalie, au Pays de Liége. Il s'étend à l'Orient de la Meuse depuis Liége jusqu'à Dinant. On ne doute pas que ce ne soit le Pays des anciens Condrusiens; & qu'il n'ait conservé son nom jusqu'à present. Cesar dans ses Commentaires dit que les Condrusiens étoient Germains d'origine & qu'ils étoient alors dans la dépendance de ceux de Treves, *in Clientela Trevirorum*; mais un peu après on les joignit aux Tongriens, & ils furent attribuez à la Basse Germanie. L'Acte du partage du Royaume de Lothaire, l'Annaliste de St. Bertin & d'autres Actes du IX. siecle appellent le Condros *Pagum de Condrusto*, & *Comitatum Condrust*; & aujourd'hui il y a un des Archidiaconnez de Liége qui porte le nom de Condros. Ce Pays a été de plus grande étendue, une partie en ayant été jointe au Comté de Namur & l'autre à celui de la Roche qui est de la Province de Luxembourg. Huy en est la Capitale; la Bourgade de Cinay, & Rochefort sont aussi du Condros. Voiez l'Article qui suit.

CONDRUSI; Jule-Cesar dit : [e] *Condrusos, Eburones, Cæræsos, Pamanos qui uno nomine Germani appellantur &c.* Il dit ailleurs [f] *Segni, Condrusique ex gente & numero Germanorum qui sunt inter Eburones, Trevirosque, &c.* Il dit enfin : *qua spe adducti Germani latius jam vagabantur & in fines Eburonum & Condrusorum qui sunt Trevirorum clientes pervenerant.* On voit par la comparaison de ces trois passages que les Condrusiens sont mis au nombre des Germains; à cause de leur origine & qu'ils en sont distinguez parce qu'ils étoient dans la dependance de Treves qui étoit non de la Germanie, mais de la Belgique. Il est étonnant que Mr. Sanson trouvant le Pays de Condros si convenable pour le nom & la situation à celui des Condrusiens, ait dit dans ses remarques sur la Carte de l'Ancienne Gaule, je les explique pour le Domaine de l'Archevêché de Cologne.

CONDYBA, voiez CANDYBA.

CONDYLEA. Village du Peloponnese dans l'Arcadie à un Stade de la Ville de Caphyes, selon Pausanias [g]. Ortelius [h] en fait une Ville, en quoi il se trompe. Pausanias ne dit que χωρίον. Ce dernier ajoute qu'il y avoit un Bois & un Temple de Diane surnommée Condyléatide. Ce surnom fut changé à cau-

[a] Baudrand Ed. 1705.
[b] Timurbec. l. 1. c. 1. p. 19.
[c] and Eu. 1705.
[d] Longuerue desc. de la France part. 2. p. 129.
[e] De Bel'o Gall. l. 2. c,
[f] 4. l. 6. c. 32.
[g] l. 8. c. 23.
[h] Thes.

748 CON.

se d'un jeu d'enfans qui eut d'étranges suites qu'il raconte.

CONDYLON, Forteresse de Grece quelque part en Thessalie, entre Gonnus & Tempe. Tite Live [a] en parle comme d'une Place imprenable.

[a] l. 44.

CONE. Voiez CONOPON.

CONEGLIAN [b], Bourgade d'Italie dans l'Etat de la Republique de Venise & dans la Marche Trevisane, dans un Territoire fort agréable près du torrent de Mottegan au Midi de Ceneda.

[b] Sanson Atlas.

CONER, selon Mr. Baudrand. Voiez CONNOR qui est le vrai nom.

CONFINES [c], Ville de l'Amerique Meridionale au Chili. D. Villaqua Gouverneur du Pays après Valdivia appella cette Ville DE LOS CONFINES quand il la bâtit & Garcie de Mendoza la nomma ensuite VILLA NOVA DE LOS INFANTES. Elle est à dix-huit lieues de la Mer du Sud & à vingt de la Ville de la Conception, au Midi Oriental, dans une plaine que les Sauvages appellent ANGOL; ce qui fait que les Historiens Espagnols lui donnent souvent ce nom (Mr. de l'Isle ne l'appelle pas autrement.) Il y a deux Couvens, l'un de Dominicains & l'autre de Cordeliers, & une Garnison le plus souvent de deux cens Soldats pour tenir dans le respect les Sauvages voisins. La Ville est sur une Riviere qui descend de la Montagne des Andes & un torrent qui coule dans la plaine du côté du Nord & qui fait tourner quelques Moulins pour les habitans. Son territoire est riche en pâturages & fertile en grains & en toutes sortes de fruits, qui y meurissent en fort peu de temps. Il a dix-huit lieues de long du Nord au Sud & dix de large de l'Est à l'Ouest. Il est enfermé de hautes Montagnes de chaque côté, & de forte que la Ville de Los Confines est à huit lieues des Montagnes appellées *Sierras Nevadas*, & a deux ou trois des autres Montagnes plus voisines de la Mer du Sud & que l'on nomme la *Serrania*. Il y a dans ce lieu des mines d'Or & quantité de Cyprès.

[c] Corn. Dict. de Laet Ind. Occid. l. 12. c. 12.

☞ CONFINS, Ligne où finit un Pays & où un autre commence. Cette ligne est quelquefois naturelle, comme une Riviere, ou le sommet d'une chaine de Montagnes. Quelquefois aussi elle est imaginée, comme quand deux Princes conviennent que leurs Etats seront separez par une ligne que l'on suppose tirée d'un objet comme d'une Montagne, de la source, ou du detour d'une Riviere à une autre.

CONFLANDEY, Village de France en Franche Comté. Il est situé sur une Colline, où l'on croit qu'il y a eu autrefois une Forteresse considerable, au pied de laquelle l'Amance & la Lanterne unissent leurs eaux. Il y a encore un petit château de défense. Ce lieu est à deux lieues de la Lorraine & à trois de la Ville de Jussei, de Chemilli & d'Amance.

1. CONFLANS [d], maison de Campagne dans l'Isle de France entre Paris & Charenton. C'est une des belles maisons qu'il y ait, elle a pris son nom de sa situation au confluent de la Seine & de la Marne qui se joignent un peu au dessus, & doit ses beautez à la nature & au gout excellent de François de Harlay Archevêque de Paris. Elle appartient à l'Archevêché & est la Maison de plaisance des Archevêques de cette Capitale du Royaume. Son assiéte est sur la pente d'un côteau qui donne une vuë toute charmante sur la Riviere & sur une vaste plaine.

[d] Piganiol de la Force desc. de la France T. 2. p. 241.

Le Château consiste seulement en un grand Corps de Logis, & une aile en retour. Les dedans sont magnifiques, sur tout la Galerie où l'on voit des peintures des plus excellens Peintres.

Le Jardin est composé de trois terrasses l'une sur l'autre. On y descend par plusieurs rampes d'escalier qui sont d'une grande commodité. Celle du haut est ornée d'une grande Balluftrade dont les focles qui sont d'espace en espace pour en retenir les travées, portent des Vases de fayence ou de bronze, dans lesquels sont des Arbustes. Ce Jardin est d'une forme très-irreguliere, mais le Nautre a sû habilement corriger les defauts du terrein. On remarque entre autres choses un Amphithéatre orné d'un grand Periftyle de treillage composé de six grandes Colonnes doriques avec leur entablement & surmonté de beaux Vases. Derriere ce Periftyle est un berceau aussi de treillage en forme de Niche decoré du même ordre. De chaque côté sont deux Arcs de treillage sous lesquels sont deux grands Piedestaux qui portent chacun un Vase de fayence.

Le Jardin consiste en deux grands parterres à l'Angloise entre lesquels est une grande allée couverte d'environ cinquante toises de long qui conduit à une belle & magnifique grotte. C'est un petit pavillon quarré à environ quatre toises à chaque face, & donne sur la Riviere. Les peintures en sont de le Sueur, c'est-à-dire, des Chefs-d'œuvre. Le platfond represente Junon, & la frise est ornée de Tritons, & de Dauphins faits de Coquilles blanches avec beaucoup de gout. De là sortent quantité de Jets d'eau qui mouillent, quand on veut, ceux qui sont dans la grotte. Il en sort même du Pavé une espece prodigieuse qui étant entre le joint des Cailloux qui forment le Pavé, ne paroissent point. Les trumeaux entre les angles & les ouvertures sont ornez, savoir, ceux qui sont du côté de la Riviere chacun d'une grande glace de huit à neuf pieds de haut sur six pieds de large, & les six autres chacun d'une Niche de laquelle sort une grande Coquille de marbre de laquelle s'eleve un jet d'eau. Au milieu de cette grotte est un bassin rond de marbre blanc, élevé d'environ deux pieds & demi sur un pied de même marbre. Le Mail a cent trente toises de long, les Bois, les bosquets, & les autres agrémens de cette Maison en font un sejour delicieux. On remarque encore un grand Boulingrin qui est presque quarré & entouré d'une Charmille. Il est fermé par plusieurs allées & compartimens de Gazon.

On remarque encore une pompe qui est à côté de la Riviere, pour donner de l'eau à cette maison. Elle est bâtie sur trois Palées de pieux dont deux soutiennent toutes ces machines, & l'autre soutient un petit corps de Logis dans lequel sont enfermez les corps des pompes aspirantes & foulantes. Cette machine

CON. CON. 749

ne est jointe à la terre par un pont de Bois de six arches.

2. CONFLANS. (LE) Mr. Baudrand [a *Longuerue a* *desc. de la France Part. 1. p. 224.*] écrit *le Conflent*, en Latin *Confluentes*. Ce Pays, qui est aujourd'hui une annexe du Roussillon, est une Vallée entourée des Pyrénées, & traversée par la Riviere de Tet, la même qui passe à Perpignan. Le Comté de Conflans appartenoit anciennement aux Comtes de Cerdagne, quoi que pour le Spirituel ce Pays ait toujours reconnu l'Evêque d'Elne; ce qu'on voit par une Charte de Guifred Comte de Cerdagne donnée en faveur du Monastere de Canigou l'an 1020. Il y est dit que ce Monastere est *in valle Confluente, in Comitatu videlicet Cerdaniensi, in Episcopatu Elnensi*. Les Successeurs de ce Comte de Cerdagne ont toujours joüi de ce Pays jusqu'à Bernard Guillaume qui donna tous ses Etats à Raimond Beranger Comte de Barcelone; le Conflans ne fut réüni au Roussillon que lorsque l'un & l'autre Pays furent donnez à Nuño Sanche. Le Conflans est la partie Occidentale du Roussillon qui est divisé en deux Vigueries, celle de Perpignan & celle de Conflent. Car c'est ainsi que Mr. Piganiol écrit ce mot de même que Mr. Baudrand.

La principale Ville est Ville-Franche. Les autres lieux sont Prades, Pui-Valador ou Valadier, Aulette &c.

3. CONFLANS EN JARNISI, petite Ville de Lorraine aux Confins de la Franche-Comté, dans le Barrois, dans la Prevôté de Conflans, au Confluent des Rivieres de l'Iron & de l'Orne. Conflans [b *Longuerue desc. de la France part. 2. p. 186.*] a été un ancien Domaine de l'Evêché de Mets, acheté par l'Evêque Theodore de Bar pour son Eglise. Ce Prelat mourut l'an 1171. mais Renaud de Bar qui tenoit le Siége de Mets au commencement du XIV. siécle ayant été vaincu en Bataille par Thibaud Duc de Lorraine fut contraint de payer les frais de la guerre où son neveu le Comte de Bar avoit été pris prisonnier, & n'ayant pas assez d'argent il engagea à son neveu la Seigneurie de Conflans & le Château de Condé sur la Moselle, se reservant à lui & à ses Successeurs le droit de pouvoir rachetter ces terres en payant 77000. Livres tournois ce qu'ils n'ont jamais fait : desorte que le Cardinal de Bar comprit Conflans & Condé dans la donation qu'il fit à René d'Anjou. Enfin par une Transaction passée l'an 1561. François de Beauquaire Evêque de Mets, du consentement du Cardinal de Lorraine Administrateur de l'Evêché, ceda à Charles Duc de Lorraine le droit de pouvoir dégager ces Seigneuries, ou Châtellenies, & le Duc en est devenu proprietaire.

4. CONFLANS STE HONORINE, Bourg de France au dessous de Paris, dans l'Isle de France, sur le bord Septentrional de la Seine, à l'Orient du lieu où elle reçoit les eaux de la Riviere de l'Oise. Il est à six lieues de Paris & à environ une lieue & demie de Pontoise & de Poissi. [c *Baillet Topogr. des Saints p. 144.*] On y apporta de Honfleur ou Graville le Corps de Ste Honorine Vierge & Martyre dont on n'a point de connoissance, sur la fin du IX. siécle ou au commencement du X. & on le mit dans l'Eglise de Notre Dame. Cette Eglise accrue par les devotions des Peuples envers Ste. Honorine fut soumise à l'Abbaye du Bec l'an 1082. par le Comte de Beaumont Seigneur de Conflans. C'est encore aujourd'hui un Prieuré qui en depend.

5. CONFLANS, ou CONFLENT, Ville du Duché de Savoye au Confluent de la Riviere d'Arly & de l'Isere.

Ce nom ne veut dire autre chose que *Confluent* & signifie la Jonction d'une Riviere avec une autre. Les noms CONDÉ, & CONDATE ont la même signification, & ces noms marquent toujours necessairement que le lieu qui est ainsi appellé, est situé près de l'Embouchure d'une Riviere dans une autre.

CONFOULENS, petite Ville de France, quelques-uns la mettent dans la Marche & d'autres dans le Poitou. Elle est sur la Riviere de Vienne qui reçoit tout auprès une petite Riviere. Elle est le Chef-lieu d'une Election qui fait la neuvième de la Generalité de Poitiers où il n'y en avoit que huit. Celle-ci a été établie par Edit du mois de Juillet 1714. & est composée de 70. Paroisses qui ont été distraites partie de l'Election de Poitiers & partie de celle de Niort. Avant cette Erection la Ville de Confoulens étoit de l'Election d'Angoulême.

CONFLUENTES, ce nom est commun à plusieurs lieux qui étoient à la rencontre de deux Rivieres. Ainsi on trouve dans les anciens Auteurs,

CONFLUENTES, aujourd'hui COBLENTZ en Allemagne.

CONFLUENTES, dans la Rhetie aujourd'hui COBLENTZ à la jonction de l'Aar & du Rhin.

Ce nom convient en Latin aux lieux dont le nom est CONFLANS ou CONFLENT.

CONGA, ou CONTA, selon les divers exemplaires de Ptolomée [d *l. 7. c. 1.*], ancienne Ville de l'Inde en deçà du Gange.

CONGAVATA, ancien lieu de l'Isle Britannique, selon le Livre des Notices. Camden croit que c'est presentement ROSE CASTLE, Village.

CONGEDUS. Voiez COGEDUS.

CONGLETON, petite Ville ou Bourg, d'Angleterre en Cheshire, sur la petite Riviere de Dane. Il y a une Manufacture pour les Gands.

CONGO. Pays d'Afrique dans la partie Occidentale de l'Ethiopie; aux Confins de la Guinée ce qui fait qu'on l'appelle la Basse Guinée. On n'entend pas toujours par ce nom une même quantité de Pays. Quelquefois on comprend sous le nom de Congo une partie considerable de l'Ethiopie entre la Guinée proprement dite & l'Embouchure de la Riviere de Coanza & alors le Congo renferme trois Royaumes, savoir

Le Royaume de { LOANGO,
                CONGO, propre.
                ANGOLA.

Et c'est une distinction qu'il faut faire necessairement pour éviter la confusion.

Il y a des Géographes qui donnent au Congo une étendue encore plus grande, selon Mr. Robbe [e *Methode les T. 2. p. 218.*]. Il est borné au Septentrion par les Royaumes de Gabon & du Macoco, qui est le nom que quelques-uns donnent au Prince ou au Roi des Anzicains : à l'Orient par le Royaume de Damut & le Lac Zaïre ; au Midi par les Royaumes de, Malemba & de Mataman, & à l'Occident par l'Océan qu'on nomme Mer de Congo. Dans cette determination les bornes Septentrionales sont celles du Royaume de Loango en partie. Celles de l'Orient ne conviennent point aux Cartes Modernes qui rejettent le Lac de Zaïre. Et celles du Midi comprennent outre le Royaume d'Angola le vaste Royaume de Benguela & autres Etats encore plus Meridionaux, comme la Province d'Ohila qui est le Domaine du Jaga Cafangi. Mais rien n'est plus monstrueux [a] que les bornes qu'on lui donne dans la Methode imprimée en dernier lieu sous le nom de l'Abbé Lenglet du Fresnoi. Il y est étendu depuis le 15. d. de Latitude Meridionale jusqu'au 14. d. de Latitude Septentrionale. Selon ce Système les bornes sont au Septentrion la Nigritie, à l'Orient l'Ethiopie ; au Midi la Caffrerie ; au Couchant l'Océan Ethiopien, la Mer & le Pays de Guinée. Ainsi il divise le Congo en Septentrional & en Meridional. Le Septentrional contient les Royaumes de *Medra*, de *Biafare*, des *Capons*, de *Catombo* ou *Cafombo*, & de *Gabon*.

Cette étendue est excessive & on peut hardiment retrancher du Congo tout ce que cet Auteur nomme le Congo Septentrional. Le Congo même dans le sens le plus étendu, c'est-à-dire, en y comprenant le Royaume de Loango, ne vient point au deça de la ligne & même pour ce qui est des côtes de la Mer il ne convient qu'au 2.me d. de Latitude Sud. D'ailleurs que veut-on dire par l'Ethiopie qui le borne au Levant ? Ce mot d'Ethiopie est un nom commun & vague qui se dit de quantité de Peuples ou voisins ou très-éloignez les uns des autres ; & le Congo lui-même pris dans sa signification la plus étendue est partie de l'Ethiopie. Ce seroit mal s'expliquer que de dire que la Saintonge est bornée à l'Orient par la France, car elle est elle-même Province de France, il faut nommer quelle partie de la France la borne à l'Orient.

Je parle suffisamment des Royaumes de LOANGO & d'ANGOLA dans leurs Articles particuliers, il me reste à traiter ici du Royaume de CONGO proprement dit.

LE ROYAUME DE CONGO, est borné au Nord par la Riviere de Zaïre depuis son Embouchure jusqu'auprès de l'Embouchure d'une Riviere qui vient de Bokkemeale qui continue de le borner pendant quelque temps ; ensuite par une ligne imaginée d'Occident en Orient depuis cette Riviere jusqu'à celle de Zaïre, puis cette derniere, dont le cours est presque circulaire ; il est terminé à l'Orient par le Royaume de Macoco ou d'Anzico, par les Monsoles ou Meticas, par les Jagas, par le Royaume de Matamba, & enfin au Midi par la Riviere de Dande jusqu'à sa source & par une Ligne qui va d'Occident en Orient joindre les Frontieres du Levant, un peu au Nord de la Coanza. Il a la Mer au Couchant.

Ce Royaume est arrosé d'un grand nombre de Rivieres, les principales sont la *Berbela*, l'*Aquelonde* qui vient du Lac de même nom, celle de *Combansou*, le *Quincon*, & le *Boquian*. Celles-là tombent dans le fleuve Zaïre. On y trouve du Nord au Sud en suivant la côte la *Lelunda* qui vient de la Capitale, *Rio Dolce* ruisseau, l'*Ambriss*, l'*Encoquematari*, la *Loze*, & l'*Onzo*.

Le Congo propre a six principales Provinces auxquelles les Europeens ajoutent des qualifications pareilles à celles de l'Europe, savoir

Le long de la Mer { Le Comté de SOGNO.
{ Le Grand Duché de BAMBA.

Au Nord { Le Duché de SUNDI.
{ Le Marquisat de PANGO.

Au Couchant { Le Duché de BATA.

Dans le milieu { Le Marquisat de PEMBA.

Il faut y ajouter les terres du DEMBO AMULAÇA, celles du DEMBO AMBUILA, celles du DEMBO QUINGENGA, & DAMBI ANGONGA. Le petit Duché D'OVANDO & le Canton de SOVA CAVANGA. Mais ces terres sont peu connues par les Relations qui sont parvenues en Europe & nous ne savons pas qu'il y ait aucune Ville ni aucun Bourg.

Mr. De l'Isle y met outre cela les Marquisats de CAMGA & de CUNDI, aux deux côtez de la Riviere de Coango & le Marquisat D'ENSELO, entre le Grand Duché de Bamba & le Duché d'Ovando.

Ce Royaume tire son nom de sa Capitale aussi nommée CONGO ; mais depuis que le Christianisme a été embrassé en partie par les naturels du Pays, les Portugais ont changé ce nom en celui de *San Salvador* ; desorte que le nom de Congo est resté à une petite Ville qui est entre la Capitale & celle de Bata, d'où vient qu'on l'appelle CONGO DE BATA pour la distinguer de la vraie Congo qui est dans le Comté de Sogno.

[b] La Religion des habitans étoit une Idolatrie très-grossiére, lors que D. Jean II. Roi de Portugal faisoit travailler à la decouverte des côtes de l'Afrique & chercher une nouvelle route aux Indes Orientales. L'an 1484. Diego Cam étant arrivé avec une flote à l'Embouchure du Fleuve Zaïre, aprit de quelques Negres par signes qu'il y avoit un puissant Roi près de la côte. Il lui envoya aussi-tôt quelques-uns de ses gens que l'on garda à la Cour du Roi de Congo, de son côté il prit sur son vaisseau quelques naturels du Pays & fit entendre qu'il les rameneroit dans le cours de quinze lunes. Ces Africains furent très-bien reçus du Roi de Portugal qui outre tous les bons traitemens possibles les fit instruire dans la Langue Portugaise & dans les principes de la Religion Chrétienne. Il les renvoya chargez de presens sous la conduite de celui qui les avoit emmenez. D'un autre côté les Portugais qui étoient restez au Congo s'étoient insinuez dans l'esprit du Comte de Sogno, & par son moyen avoient gagné les bonnes graces du Roi son Neveu. L'Oncle persuadé par leur moyen & de l'impuissance des Idoles qu'il adoroit avec tout le reste de la Nation, & de la Sainteté de

la

CON. CON. 751

la Religion Chrétienne, travailla fortement à la converſion du Roi & du Royaume. Diegue fut chargé de remener en Portugal un des Congois qu'il en avoit ramenez & qui y avoient apris la Langue. Cacuta partit en qualité d'Ambaſſadeur pour aller demander au Roi de Portugal des Prêtres & des ouvriers Evangeliques. Il revint après s'être acquité de ſa Commiſſion & avoir abjuré l'Idolatrie lui & toute ſa ſuite à Lisbonne avant ſon depart. Le Comte de Sogno & ſon fils reçurent le Baptême le jour de Noël l'an 1491. Le Pere fut nommé Emanuel & le fils Antoine. Le Roi, la Reine & le plus jeune de leurs Enfans imiterent cet exemple. Le Roi fut appellé Jean, la Reine Eléonor & leur fils Alphonſe leur converſion eut d'heureuſes ſuites pour celle de leurs Sujets, une foule de Néophytes ouvrit les yeux aux rayons de la foi, & abjura les Idoles. Les Portugais de qui Dieu s'étoit ſervi pour annoncer l'Evangile à ce peuple continuerent d'en être les Apôtres. Ils lui procurerent des Prêtres, établirent des maîtres d'école pour enſeigner à lire, à écrire, & le Catechiſme. L'an 1644. le Pape Urbain VIII. qui mourut la même année & l'an 1647. Innocent X. qui lui ſucceda firent partir des Capucins pour la Miſſion du Congo; dont le Roi les lui avoit demandez. Comme ils aborderent dans la Province de Sogno, la Cour en retint quelques-uns, & les autres ſe diſtribuerent dans le Royaume; & on aſſure que les Ethiopiens de la Province d'Ovando ſe ſont diſtinguez par le zele qu'ils ont témoigné pour la foi; cette Province & celle de Sogno, où eſt la Capitale ont des Egliſes où l'on célébre publiquement les Sts Myſteres, où la Cour, les Gouverneurs & les principaux Officiers de la Couronne aſſiſtent ſolemnellement. [a] Il y a néanmoins des Auteurs qui ont voulu rendre très-équivoque l'attachement que ces Negres témoignent pour le Chriſtianiſme. Ils ſont, diſent ces Ecrivains, Chretiens à l'exterieur, & en preſence des Européens, mais ils ont ſi peu renoncé à leur ancien Paganiſme qu'ils ſont Idolâtres dans le cœur, adorent ſecrettement leurs faux Dieux, & rendent un culte ſuperſtitieux aux Lions, aux Tigres & aux Léopards, dont ils craignent d'être devorez s'ils manquoient à ces pratiques. N'entre-t-il point de l'animoſité contre les Miſſionnaires dans un jugement de cette nature? Et lors qu'un Peuple pratique exterieurement les devoirs de cette Religion, eſt-on en droit de l'accuſer d'être Payen dans l'interieur? On objecte que quoi qu'ils faſſent benir leur mariage par les Prêtres de l'Egliſe, ils ne laiſſent pas d'entretenir des Concubines. Mais dans les Pays mêmes qui ont reçu la foi depuis pluſieurs ſiecles & où l'on ſe pique du Chriſtianiſme le plus épuré y a-t-il beaucoup de Villes exemptes de cette prevarication? Peut-on pour cela ſoupçonner toutes les Villes où l'on voit de tels ſcandales de n'avoir rien de Chrétien que l'exterieur? L'ancienne famille des Rois de Congo qui avoit embraſſé le Chriſtianiſme s'éteignit dans la perſonne de D. Diégue. D. Alvarès ſon gendre lui ſucceda & eut le malheur de voir ſon Pays deſolé par les Jagas du Royaume d'Anzico & par ceux qui ſont à l'Orient du Congo. Ce ſont des Barbares, ſans Loix, ſans Police, & nourris dans le Brigandage. Ils tomberent d'abord ſur la Province de Bâta qu'ils prirent au depourvû & où ils mirent tout à feu & à ſang, avancerent juſqu'à la Capitale, defirent le Roi en Bataille rangée, & le forcerent à ſe refugier dans une Iſle avec ceux de ſes Sujets qui purent échaper à leur fureur. Ce Prince infortuné eut recours au Roi Sebaſtien qui regnoit alors en Portugal. Ce Monarque lui fit paſſer un Regiment de ſix cens hommes; pluſieurs Gentils-hommes & Volontaires prirent parti pour cette expedition & François de Govéa qui devoit la commander paſſa en Afrique, ſon Artillerie efraya les Barbares, & en un an & demi on les obligea de ſe retirer dans les deſerts d'où ils étoient ſortis. D. Alvarès retabli ſur ſon trône offrit de ſe rendre Vaſſal [b] du Roi qui l'avoit ſi efficacement ſecouru. Le Roi de Portugal n'accepta point cette ſoumiſſion & content de l'exhorter à perſeverer lui & ſon Peuple dans la profeſſion de la Religion Chrétienne acheva de gagner par ce refus genereux la confiance d'une Nation qu'un ſervice ſi important lui avoit déja acquiſe. Voila par quelle voye les Portugais ſont devenus ſi puiſſans dans le Congo; & comment ils ont rendu ce Royaume Chrétien, non en detruiſant les naturels mais en les protégeant comme des Freres.

Ce n'eſt pas que toute la Nation ſoit generalement Chrétienne, il s'y trouve encore des Idolâtres que l'exemple de leurs Compatriotes n'a pû toucher, ou plutôt ſur qui l'Eſprit qui ſoufle où il lui plaît n'a point encore daigné verſer ſes lumieres. Ceux là continuent d'exercer leurs ſuperſtitions juſqu'à ce que les temps de la Miſericorde de Dieu ſoient venus pour eux.

L'Année des Ethiopiens du Congo commence avec l'Hyver environ le 15. de Mai. Ils ſe ſervent de Mois Lunaires. Ils n'avoient point autrefois de noms particuliers pour les Officiers de diſtinction, ſi ce n'eſt le mot *Mani* qui étoit commun à tous & qui ſignifie *Seigneur*. Ils le joignoient au nom de la Province ou de la Ville où ils commandoient. Ainſi on diſoit *Mani-Sogno*, *Mani-Batta*, c'eſt-à-dire, le Seigneur de Sogno, le Seigneur de Batta; mais depuis qu'ils ſont Chrétiens ils ont des noms de Baptême auxquels ils joignent le Don; à l'imitation de la Nobleſſe Portugaiſe qu'ils ont pris pour leur modéle.

Leur Equipage Militaire avoit autrefois quelque choſe de ſingulier. Les Capitaines portent des Bonnets ornez de Plumes de Paon, d'Autruche, de Coq &c. dit une ancienne Relation. Ils ont le haut du Corps nud, ſi ce n'eſt qu'ils portent ſur les épaules & au deſſus des aiſſelles des Chaines de fer paſſées en ſautoir de la même maniere que les Brouetiers portent leurs Bretelles; & dont les anneaux ſont de la groſſeur du petit doit. Leurs armes ſont de grandes haches larges, des Poignards qui ont un manche comme nos couteaux, des Arcs de ſix paumes de long, des Fléches avec un Fer à crochet & des plumes pour les rendre plus legeres, des Mouſquets, des Fuſils, des Boucliers d'écorce d'Arbre garnis d'une peau de bufle. Ils ſont tous Fantaſſins, ſans aucune Cavalerie. La marche ſe fait

[a] De la Croix, Dapper &c.

[b] Pigafet l. 2. c. 5. & 6.

au son du Tambour & du Cornet, au commandement du General; mais avec peu d'ordre, car ils s'écartent trop les uns des autres en escarmouchant & ne serrent point assez leurs rangs. Ils sont assez adroits à se tourner de côté & d'autre, à changer de poste & à parer les coups. Quelques jeunes gens commencent l'attaque portant de petites Cloches pendues à la ceinture pour s'animer par ce bruit. Au signal du Commandant ce premier Bataillon après avoir combatu quelque temps se retire & un autre lui succede. Le General se tient au milieu de l'armée; s'il est tué toutes ses troupes prennent la fuite sans que l'autorité des Officiers du second rang soit capable de les retenir. La confiance qu'ils ont en allant en campagne fait qu'ils ne prennent point assez de munitions de bouche; & ne songent point à pourvoir d'avance aux besoins de l'armée par des Magazins & des Convois. Mais comme il y a déjà long-temps que ces remarques ont été faites il est à croire que les leçons des Portugais les auront corrigez de ces deffauts.

Il y a un Juge Royal pour les Causes Civiles dans chaque Province, il peut mettre en prison, ou en liberté & condamner à une amende, mais on peut appeller au Roi. C'est le Roi qui decide souverainement & qui connoit des affaires criminelles. Ses Conseillers sont dix ou douze Gentils-hommes ses favoris qu'il consulte dans toutes les occasions importantes & sur leurs avis il dresse les arrêts, conclud la paix & la guerre, & il leur confie l'exécution de ses desseins. La Magie & l'Idolatrie sont severement punies, on brûle les Sorciers & on fait mourir les Homicides. La confiscation de tous les biens est au profit du Roi, & on n'a égard ni à la femme ni aux enfans du Criminel.

Les habitans du Congo sont presque tous d'un beau noir, on en voit peu de bazanez & de bruns; ils n'ont ni les grosses lippes, ni le nez écrasé des Négres de la Guinée. Autant qu'ils sont fiers & arrogans à l'égard des autres Ethiopiens, autant sont-ils affables & liberaux envers les Européens, dont ils aiment beaucoup le Vin & l'eau de Vie. Ils ont l'esprit vif, & donnent en leur langue un tour agréable à leurs pensées. Les Rivieres du Pays sont fort poissonneuses: le Fleuve Zaïre nourrit beaucoup de Crocodiles, d'Hippopotames ou chevaux Marins, & une espece de Cochons aquatiques qu'on nomme AMBIZIANGULO.

a Outre les Chevres & les autres animaux que nous avons en Europe il y a au Congo des Elephans que les habitans ne savent point appriviser pour s'en servir comme on fait aux Indes: des Buffles qui ont la peau rouge & les Cornes noires & dont la chasse est dangereuse: La Zebre espece de mulet Sauvage dont la peau est très-belle & qui est très-leger à la course: l'*Empalaga* sorte d'Elan, il y en a de Bruns, de Blancs & de Rouges: l'*Envoery* espece de Cerf: le *Macoco* qui est de la grandeur du Cheval dont la fiente aproche de la figure de celle des Brebis, & a une odeur qui ressemble à celle du Musc; mais elle est moins forte: l'*Engri* sorte de Tigre qui mange les Negres & épargne les Européens; les Poils de sa Moustache sont un Poison très-subtil: des Léopards, des Lions, des Bievres: l'*Empalo* sorte de Sanglier terrible; la limure de ses dents prise avec du bouillon est un excellent antidote; & ces mêmes dents reduites en poudre dont on prend une dose avec un peu d'eau sont un Febrifuge certain: le *Golungo* espece de Daim dont la chair passe pour sacrée, selon une ancienne opinion superstitieuse de cette Nation. Je passe les Ecureuils, les Chats Sauvages & autres animaux qui à peu de difference près sont les mêmes qu'en Europe. Mais l'*Entiengie* a quelque chose de singulier. Elle ne met jamais le pied à terre & meurt dès que cela lui arrive, aussi se tient-elle toujours sur les Arbres. Elle a toujours autour d'elle certains petits animaux noirs nommez Embis qui sont comme ses Satellites; dix vont devant & dix se tiennent derriere; lorsque l'avant-garde a donné dans les filets du Chasseur, l'arriere-garde prend la fuite & la petite *Entiengie* abandonnée par sa garde demeure en proye au chasseur. Sa peau est si rare & si recherchée qu'il n'y a que le Roi de Congo qui en porte & quelques Princes ou Grands Seigneurs à qui il accorde ce privilege. Cette peau est mouchetée de diverses couleurs.

Comme les Rivieres du Congo se debordent pendant les saisons pluvieuses & inondent les Campagnes qu'elles traversent, elles les rendent très-fertiles. La Province de Batta, celle de Pembo & les Contrées voisines rapportent si abondamment de plusieurs sortes de grains & de provisions qu'elles en fournissent les Pays qui en manquent. De plus les terres de Pembo sont pleines de Prez, de Vergers & d'Arbres Fruitiers; & produisent une espece de Grain nommé *Luco*, qui n'est pas plus gros qu'un Grain de Moutarde, on le reduit en farine & on le paîtrit. Il y croît aussi du millet qu'on nomme *Mazza* & du blé de Turquie qu'ils appellent *Mazza Manputo*, c'est-à-dire, Bled de Portugal: ils en engraissent les pourceaux. Le ris y est à grand marché; les Limons, les Oranges, les Citrons, les Bannanes, les Dates, les Noix de Coco, les Citrouilles, les Melons, les Concombres & viennent fort bien & sont fort gros. Les Palmiers rendent beaucoup de Vin. L'Arbre de Cola porte des fruits odoriferans de bon goût, c'est pourquoi les Ethiopiens en ont presque toujours à la bouche & ils le mâchent comme les Indiens font le Betel. Les Arbres *Ozegues* sont des Especes de Prunier, dont le fruit qui est jaune a un goût & une odeur très-agréable. On fait de ses branches des hayes, des pallissades & des berceaux où l'on se met à couvert des rayons du Soleil par l'épaisseur de leurs feuilles. Les bords de la Riviere de Lelonde jusqu'à St. Salvador sont garnis de Cedres & fournissent aux habitans du bois à brûler & à faire des Canots. La plupart de la Casse & des Tamarins qui se consume en Hollande, vient de là. Autour des Villages Maritimes du Duché de Bamba, près de la Riviere d'Onze, on recueille quantité de Feves, de Mil, & on nourrit beaucoup de Poulets; les Marchands étrangers qui veulent acheter de ces provisions donnent en échange des *Panos Simbos*, coquillage qui

a Pigafet l. 1. c. 10.

qui tient lieu de monnoye, de petits Miroirs, & des verres. On y trouve aussi des Cannes de Sucre & du Mandioque.

On a pretendu qu'il y avoit des MINES d'*Or* autour de Banza, mais s'il y en avoit les Portugais n'auroient pas manqué de les découvrir & d'y faire travailler. Pour le *Cuivre* il y en a des mines dans la Province de Pembo & même autour de San Salvador & ce Cuivre est fort jaune, c'est peut-être ce qui a donné lieu de dire qu'il y avoit des Mines d'Or. Mais ce cuivre n'est pas si bon que celui d'Angola & celui que l'on tire des lieux reculez de cette Province ne vaut pas la peine & le port qu'il coute. Le cuivre de Sogno est meilleur que celui de Pembo. On trouve dans ce Royaume de belles Pierres à bâtir, des roches toutes de marbre, des Pierres precieuses comme des Jaspes, du Porphyre, de l'Hyacinte. Le Fer des Mines de Sundo sert à faire des couteaux, des épées, des haches & autres instrumens necessaires dans le Pays.

L'Air est très-chaud & insupportable aux Européens sur tout quand l'air est serain. Mais il est souvent temperé par les vents du Nord-Ouest & par les grosses pluyes qui tombent ordinairement après Midi pendant les Mois d'Avril, Mai, Juin, Juillet & Août, qui sont l'Hiver de ce Pays-là quoi qu'avant Midi il y fasse aussi chaud qu'en France en Eté.

Les personnes de distinction portent des Manteaux de drap, ou de Serge fort grands & fort larges, une Chemise blanche sur le corps, & une maniere de Juppe de Satin ou de Damas qu'ils attachent à la ceinture & qui est bordée par le bas. Ils se servent aussi d'étoffes du Pays faites d'écorce de Matombe, ou de feuilles de Palmier & teintes en rouge, ou en noir. Ils ont des Botes aux jambes, des Bonnets de Coton blanc à la tête, des Ceintures d'Or, ou d'Argent, & des Colliers de Coral. Ceux de Sogno portent des Robes fort larges depuis la Ceinture jusqu'aux pieds. Les femmes se couvrent le sein contre la coutume de celles de Gay & des autres Peuples qui demeurent au Nord de la Riviere de Zaïre. Les habitans des Villes s'adonnent au trafic, les paysans à l'agriculture. Ceux qui habitent les bords du Zaïre, vivent de la pêche, du vin de Palme qu'ils vendent & des étofes qu'ils fabriquent.

La maladie la plus frequente au Congo est la fiévre sur tout en Hyver, parce que la pluye rend l'air chaud, humide, & mal sain. Le remede qu'on y applique est le Bois de Sandal rouge ou gris, réduit en poudre & mêlé avec de l'huile de Palme; il s'ensuit un onguent dont on frote le malade par tout le corps deux ou trois fois & cette seule friction lui rend d'ordinaire la Santé. Pour guerir le mal de tête ils saignent à la temple : après avoir un peu écorché la peau ils y mettent une certaine espece de coquille, puis suçant la playe avec la bouche pour attirer le sang, ils en laissent couler autant qu'ils jugent à propos. Ils en usent de même dans tous les maux, & saignent immediatement la partie malade pour la soulager.

§. Cet Article pour la Géographie est conforme à la Carte du Congo par Mr. de l'Isle, & quant aux Mémoires j'ai suivi Pigafet & Dapper rectifiez sur les avis que m'a donnez un Gentil-homme Portugais qui a fait quelque sejour au Congo.

CONGUSTUS, ancienne Ville d'Asie dans la Galatie, selon Ptolomée [a]. *a* l. 5. c. 4.

CONI [b]. Ville d'Italie en Piemont, sur la Sture au pied des Montagnes & sur une Colline avec un assez bon Château. Elle est petite; mais forte, à onze milles de Fossano & de Saluces. Elle fut prise en 1641. par les François qui la rendirent au Duc de Savoye à qui elle appartient. *b* Baudrand Ed. 1705.

1. CONIACI, ancien Peuple de l'Espagne dans le voisinage des Cantabres, selon Strabon [c]. Ils n'étoient pas loin des sources de l'Ebre. *c* l. 3. p. 156.

2. CONIACI [d], quelques exemplaires du même Géographe mettent à l'extremité des Indes un peuple ainsi nommé. Mais Saumaise a remarqué qu'il faut lire COLIACI, en cet endroit. *d* l. 15. p. 689.

CONICA. Ville d'Asie dans la Paphlagonie, selon Ptolomée.

CONIENSIS, Siége Episcopal d'Afrique dans la Mauritanie Sitifense, selon [e] Ortelius. Il faut lire *Covienfis* selon la Notice d'Afrique. Le nom de la Ville Episcopale est COBA; & se trouve dans l'Itineraire d'Antonin, dans la Table de Peutinger & dans l'Anonyme de Ravenne. *e* Thesaur.

CONIGLIERE, ou CONEJERA, Petite Isle d'Espagne dans la Mer de Majorque près de la côte Septentrionale de l'Isle d'Iviça, selon Mr. Baudrand [f]. Le Portulan de la Mediterranée n'en fait aucune mention. *f* Ed. 1705.

CONIGLIERI. Petites Isles d'Afrique sur la côte de Tunis, à l'Occident de l'Isle de Malthe, mais fort près du Continent entre Monaster & la Ville d'Africa qui est ruinée. Mr. de l'Isle les marque bien sans les nommer; & Bertelot dans sa Carte de la Mer Mediterranée les met au Midi du Cap Bon & les nomme CONILIERES.

CONIL [g], Bourg & Château d'Espagne dans l'Andalousie sur la côte du Golphe de Cadix & à deux lieues de cette Isle au Midi. *g* Baudrand Ed. 1705.

CONILIERES; voiez CONIGLIERI.

CONIMBRICA, ancienne Ville d'Espagne dans la Lusitanie, selon Pline [h]. Cette Ville n'étoit pas precisement la même, ni au même lieu que Coimbre qui a pris son nom & qui s'est accrue de ses ruines. Elle étoit à l'endroit où est presentement CONDEJA LA VEJA qui est à deux ou trois lieues de Coïmbre d'aujourd'hui. *h* l. 4. c. 11.

CONINGSMACHEREN [i], Petite Ville des Pays Bas dans le Duché de Luxembourg à deux petites lieues de Thionville & autant de Sirck en Lorraine. *i* Dict. Géogr. des Pays-Bas.

CONISCI, ancien Peuple d'Espagne dans la Cantabrie. Strabon dit [k]: auprès des Celtiberiens du côté du Nord sont les Verons voisins des Cantabres Conisques; qui s'habillent comme les Gaulois. On doute s'ils sont differens des CONIACI dont parle le même Auteur. *k* l. 3. p. 162.

CONISTORSIS, ancienne Ville d'Espagne dans la Celriberie. Strabon [l] en parle comme d'une Ville très-fameuse. Voiez CUNEI. *l* l. 3. p. 142.

CONISIUM. Ville d'Asie dans la Mysie, selon Pline [a]. Elle étoit Episcopale comme il paroît par la Notice de Hierocles; où elle est nommée *Coniosine*, Κονιοσίνη & rangée sous la Province de l'Hellespont.

[a] l.5.c.3.

CONIUM, ancienne Ville d'Asie dans la Phrygie ajoutée à la Troade; selon Pline [b]. On lisoit autrefois dans cet Auteur *Iconium* que des Copistes avoient mis parce que ce mot leur étoit connu & que *Conium* étoit nouveau pour eux. Mais *Iconium* n'a jamais été une Ville de la Phrygie, au lieu que les Notices Ecclesiastiques font mention de Conium & principalement de celle de Hierocles où elle est nommée Κονιούπολις, le Latin porte *Coniopolis*, on auroit pu dire également *Urbs Conium*.

[b] l.5.c.32.

CONLATIA, la même que COLLATIA.

CONNA, Ville de Pamphylie. Il en est parlé dans le sixième Concile tenu à Constantinople. Ptolomée la nomme aussi CONNA; mais il la met entre les Villes de la Grande Phrygie.

CONNAUGHT, CONNAUGH, quelquefois CONNAH; en Latin CONACIA & CONACHTIA, d'où vient que quelques uns traduisant ce mot en François la nomment *Conacie*, l'une des grandes parties de l'Irlande. Elle est bornée au Levant par la Province de Linster, dont le Shannon la separe; au Couchant par la grande Mer Occidentale; au Nord & au Nord-Est par l'Océan & par la Province d'Ulster. Enfin au Sud & à l'Est par la Province de Munster, dont le Shannon la separe encore. Elle est plus longue que large & se retrecit vers le Nord & le Sud. Elle a cent trente milles de long depuis les parties Septentrionales de Letrim jusqu'au Cap Leane, qui est la pointe la plus Meridionale qu'il y ait dans Thomond; environ quatre-vingt quatre-milles de large à compter depuis les pointes Orientales de Letrim jusqu'au *Blak Harbour*, c'est-à-dire, le Havre Noir, dans les parties Occidentales de Mayo; & à peu près cinq cens milles de circuit. Outre la grande Riviere du Shannon, les principales sont celles de MAY, dans le Comté de Mayo, qui la sepáre, durant quelque distance, de Slégo, & qui tombe dans l'Océan près de Mayo & Killala; celle de SUCK; celle de DROSOS dans le Comté de Thomond qui tombe aussi dans le Shannon un peu à l'Est de Clare; & celle de GYLL, dans le Comté de Gallway qui se décharge dans la Baye de Gallway.

[c] Etat pres. de l'Irlande. p.17.

Il y a dans cette Province quantité de Bayes & de Criques commodes pour la Navigation. Elle est fertile, verdoyante en quelques endroits; marécageuse & couverte de forêts en d'autres. L'air y est souvent obscurci par des brouillards. On y voit quantité de gros bétail, de Daims, de Faucons & de Miel; mais les habitans y sont fort paresseux. C'est la moindre des quatre Provinces generales de l'Irlande, quoi qu'elle renferme un Archevêché qui est celui de Tuam, cinq Evêchez, sept Villes, où il y a des Marchez publics, huit autres de Commerce, douze Villes ou Bourgs qui ont droit d'envoyer des Députez au Parlement, vingt-quatre vieux Châteaux; divers Forts qu'on y a élevez dans les derniers troubles & trois cens soixante six Paroisses. La principale de toutes ses Villes est Gallwai.

Avant que cette Province fût soumise aux Anglois, elle formoit un Royaume à part qui fut d'abord conquis par divers Avanturiers Anglois sous le Regne de Henri II. mais peu de temps après on négligea tellement cette conquête que les Irlandois & les Anglois Irlandisez s'en rendirent de nouveau les Maîtres & s'y cantonnérent jusqu'à ce que Tir-Oën se souleva & qu'il la remit sous le gouvernement Anglois, qui n'en étoit jamais venu à bout que dans la derniere guerre. Elle est d'ailleurs gouvernée par un Commissaire en Chef qui releve du Vice-Roi.

Du temps de Ptolomée, elle étoit partagée entre les GANGANI qui demeuroient autour des Comtez de Thomond & de Gallwai; les ANTERI qui habitoient dans le Comté de Mayo & aux environs, & les NAGNATI qui occupoient Roscommon & les quartiers qui sont au Nord-Est. Ensuite elle devint une seule Province. D'ailleurs il faut remarquer ici que Thomond fit long-temps une partie de Munster; Elle se divise aujourd'hui en six Comtez qui sont

LETRIM,	ROSCOMMON,
SLEGO,	GALLWAY,
MAYO,	& THOMOND.

Quatre de ces Comtez, savoir *Slégo*, *Mayo*, *Gallway*, & *Thomond*, sont maritimes. *Roscommon* est enclavé dans les Terres, aussi bien que *Letrim* qui confine en partie à la Mer; & ces Comtez se subdivisent en cinquante & une Baronies. Voyez leurs Articles particuliers.

CONNERAY [d], Petite Ville de France dans le Maine, sur la Riviere de Huisne, à cinq lieues du Mans vers la Ferté Bernard.

[d] Baudrand Ed. 1705.

CONNIE, ou CONIE. Riviere de France dans la Beauce. Elle a plusieurs sources, savoir la plus Septentrionale au Midi de Viabon [e], l'autre plus Orientale à l'Occident Meridional de Janville, elles se reunissent un peu au dessous de Fontenai sur Connie. La source la plus Meridionale est au Couchant de Patay, arrose le Château de Bel-air, a un pont à Varise & se joint à Notonville avec les eaux des deux autres sources. Ensuite elle coule dans un même lit vers l'Occident jusqu'auprès de St. Mamert où elle se perd dans le Loir au dessus de Châteaudun. Davity [f] parlant de cette même Riviere n'en marque pas le cours fort exactement. Il dit qu'elle a sa source dans la forêt d'Orleans près d'Artenay. Il ajoute qu'elle ne se deborde jamais ni ne se trouble par les pluyes. Elle croît, poursuit-il, au plus fort de l'Eté, & si elle s'enfle plus qu'à l'ordinaire les habitans en tirent une consequence qu'il y aura la peste l'automne suivante & que l'année d'après il y aura famine.

[e] De l'Isle Atlas.

[f] France p. 214.

CONNOR [g], Ville d'Irlande dans la Province d'Ulster au Comté d'Antrim à vingt-huit milles au Sud-Est de Dunlace, & à cinq milles au Nord d'Antrim. Elle n'a rien de remarquable sinon qu'elle a été le Siége d'un Evêché qui est uni à celui de Down.

[g] Etat pres. de l'Irlande. p. 58.

CONOCHIA, ou CONNOCHIA. Voiez POSILIPO.

CONONIS ARÆ, c'est-à-dire, les AUTELS DE CONON, lieu de l'Ethiopie sur le Golphe

CON.

[a] l.16.p. 771. phe Arabique, selon Strabon [a]. Il étoit dans le voisinage du Port Melin.

1. CONOPA, Lac de l'Etolie. On l'appella ensuite CYGNÆA. Voyez ce mot.

2. CONOPA, Ville de Grece dans l'Acarnanie selon Etienne le Géographe. Polybe en fait mention en plus d'un endroit [b]. Strabon qui met une Ville nommée Arsinoé dans l'Etolie dit qu'on l'appelloit auparavant CONOPA. Voiez ARSINOÉ I. c'est la même.

[b] l.4.n.64. l.5.n.7. & 13.

1. CONOPEIUM, Marais d'Asie vers l'Embouchure du Fleuve Halys, selon Arrien [c].

[c] Peripl. Pont. Eux.

2. CONOPEIUM, lieu particulier du Palus Méotide. Les Anciens en disent une circonstance qui a bien l'air de fable [d], savoir que les loups de Riviere reçoivent des pêcheurs de quoi se nourrir & que tant qu'on le leur fournit, ils ne touchent point à leur poisson, mais que si on y manque ils ravagent les poissons & les filets.

[d] Stephanus.

CONOPON DIABASIS, Isle à celle des bouches du Danube que les anciens appelloient Pseudostomum, selon Pline [e]. Ce nom signifie le passage des moucherons, en Latin Culicum Transitus, car le nom employé par Pline en Grec Κωνώπων διάβασις. Lucain parle aussi de cet endroit mais par une licence Poétique il en estropie le nom [f].

[e] l.4.c.12.

[f] l.3.v.200.

Et barbara Cone
Sarmaticas ubi perdit aquas sparsamque profundo
Multifidi Peucen unum caput allnit Istri.

Il faut remarquer que Pline ne dit pas précisément que ce fût le nom d'une Isle, mais le nom d'un lieu d'une Isle. *Et in insula Conopon Diabasis.* Stuckius croit que cet endroit étoit dans l'Isle de PEUCE.

CONOSUS, ç'a été un des noms du fleuve STRYMON. Voiez ce mot.

CONOTHATON, Siége Episcopal d'Asie sous la Metropole de Bostra, selon les Notices Ecclesiastiques.

CONOVIUM, Antonin entre les routes Britanniques met sur la route de Segontium à Deva, c'est-à-dire, de Caernarvon à Chester une Ville nommée *Conovium* à XXIV. M. P. de la premiere & à XIX. M. P. de Vari. Sur quoi Mr. Gale [g] observe que la Riviere que l'on appelle le *Conwey* arrose à trois milles de son Embouchure des masures que l'on appelle CAER RHYN pour CAER HYN, c'est-à-dire, *l'ancienne Ville*, nom qui a été donné par raport à la Ville d'ABERCONWAY qu'Edouard premier bâtit dans les ruines de l'ancienne Ville. L'Anonyme de Ravenne fournit CANUBIUM au lieu de CONOVIUM.

[g] In Anton. p.222.

CONOUPELI [h], Cap de la Côte Occidentale de la Morée, au Nord de Cotichi, en allant vers Patras ; on y voit encore une tour quarrée & des ruines de maisons qui étoient habitées du temps des Venitiens. Au pied du Rocher qui forme ce Cap il y a une source d'eau chaude, soufrée & salée qui coule dans la Mer ; & de dessus ce Roc on découvre une belle plaine couverte de Pins.

[h] Spon Voyages T.2.p.3.

CONQUEST, ou CONQUET (LE) [i] Petite Ville de France en basse Bretagne au Pays

[i] Tassin, côtes de France.15.

Tom. II.

CON.   755

de Cornouailles avec un bon Port & une bonne Rade au Nord du Cap de St. Mahé, à cinq lieues de Brest, au Couchant Meridional. Le Cap le plus proche du Conquest s'appelle Pointe du Conquest.

CONS, voiez CONTZ.
CONSA, Voiez COSSA.
CONSABRUM. Voiez CONSARBURENSES.
CONSARBRICK. Voiez CONTZERBRUCK.

CONSARBURENSES, ancien Peuple d'Espagne, selon Pline [k]. Antonin dans son Itineraire met une Ville nommée CONSABRUM à XLIV. M. P. de Tolede. On croit que cette Ville est presentement CONSUEGRE petite Ville de la nouvelle Castille entre le Tage & la Guadiana.

[k] l.3.c.3.

CONSEDIE, lieu de la Gaule selon Antonin [l]. Ortelius qui le croioit de la Gaule Belgique l'avoit pris d'abord pour BOUILLON dans le Pays de Luxembourg. Mais Velser ayant dit sur l'autorité de la Table de Peutinger que ce lieu étoit de la Lyonnoise, Ortelius trouva qu'il avoit quelque raison ; à moins, dit-il, que ce ne soient deux lieux differens de même nom. Simler trouve dans son exemplaire COSEDIA & croit que c'est *Cussiacum* ou Coussi. L'Exemplaire du Vatican porte COSEDIE à XX. mille pas de *Condate* & à XXII. de *Fanum Martis.*

[l] Itiner.

CONSENTIA, ancienne Ville d'Italie dans la Grande Grece au Pays des Brutiens. Ptolomée, Strabon, Pline, Tite Live, Antonin &c. en ont parlé. C'est presentement la Ville de COSENZA. Voiez ce mot.

CONSERANS, (LE) ou COUSERANS, petit Pays de France, dans la Gascogne. Il est borné à l'Orient par le Comté de Foix, au septentrion & à l'Occident par le Comté de Comminges & au Midi par la Catalogne. Son nom lui vient des anciens CONSORANI Peuple d'Aquitaine.

Le Pays & Vicomté de Couserans est annexé depuis long-tems à la Sénéchaussée de Comminges : dès le tems des Empereurs Romains, les *Consorani* avoient déja été separez des *Convene* ; mais les anciens Comtes de Comminges prétendirent une superiorité sur ce Pays ; & on voit que Bernard Comte de Comminges fit la guerre à ceux de Couserans, & à leur Evêque Pierre & qu'il prit & saccagea la Ville de Conserans, qui fut alors ruinée, desorte que ce n'est plus à present qu'une Bourgade située sur une hauteur. L'Evêque se transporta dans la vallée à un lieu nommé *Austria*, où est l'Eglise dediée à Saint Lizier Evêque de Couserans, qui vivoit au commencement du VII. siécle, & par là ce Saint est devenu le Patron de l'Eglise Cathedrale de Conserans.

[m] Longuerue desc. de la France part. I.p.201.

Ce Pays est dans les Pyrenées & rempli de Montagnes de difficile accès, qui le separent du Pays de Paillarez en Catalogne. Il est certain que Couserans ou Conserans, dans le dixiéme siécle, a été un Comté distingué de celui de Comminges ; & quoiqu'on ne sache point qui ont été les premiers qui se sont rendus maîtres absolus de ce Pays de Couserans, il est prouvé par le Testament de Roger Comte

Ccccc* 2

te de Carcaſſone qu'il étoit en poſſeſſion avant l'an 1000. du Pays de Couſerans, lequel portoit alors le titre de Comté, que le Comte Roger donna par Teſtament à ſon ſecond fils Bernard, qui fut Comte de Couſerans & Seigneur de Foix. On voit auſſi par le même Teſtament, que le Comte Roger poſſedoit une partie du Pays de Comminges & de la Terre de Volveſtre. Il y a apparence que ce Comté de Couſerans fut ôté par le Comte de Carcaſſone à Bernard, qui ne porta dans la ſuite plus que le titre de Comté de Foix, qui étoit inconnu auparavant : ce qui eſt ſûr, eſt que le Comté de Couſerans ayant (après Bernard) été tenu par Raymond Comte de Carcaſſone, fut donné à ſa Fille Ermengarde, & qu'elle le ceda à Raymond Berenger, Comte de Barcelone. Le titre de Comté fut tranſporté à la Seigneurie de Foix, & Couſerans n'a plus eu que celui de Vicomté.

Des Rois d'Arragon Comtes de Barcelone, le Pays de Couſerans paſſa ſous la domination d'autres Seigneurs qui avoient le titre de Vicomtes, & deſcendoient de Roger Comte de Paillarez en Catalogne : ils tiroient leur origine des Comtes de Comminges. Nous avons dit que ces Comtes avoient prétendu être Seigneurs Suzerains du Pays de Couſerans, & que ce Pays de Comminges & de Couſerans n'avoient jamais reconnu en rien la ſuperiorité des Ducs d'Aquitaine ou de Guyenne : ce qui eſt ſi vrai, qu'encore que par le Traité de Bretigny le Roi Jean ait cédé la Souveraineté & l'hommage de tous les Comtez, Vicomtez & Seigneuries de Gaſcogne, le Comté de Comminges & le Vicomté de Couſerans n'ont point été compris dans cette ceſſion, & on ne voit pas que les Anglois ayent eu aucune pretention ſur ce Pays-là.

[a] Piganiol, deſcr. de la France T. IV. p. 155.

Quelques-uns croient que l'Evêché de Couſerans eſt du premier ſiécle de l'Egliſe; mais il eſt facile de détruire cette pretention. Gregoire de Tours parle de Theodore qui étoit Evêque de Couſerans l'an 549. & qui découvrit le Corps de St. Valier. Glicerius avoit été le predeceſſeur de Théodore & avoit aſſiſté au Concile d'Agde en 506. & voilà le plus ancien Evêque de Couſerans que nous connoiſſons. St. Lizier fut élu Evêque de Couſerans vers l'an 698. & mourut en 742. Cet Evêché vaut dix-huit mille Livres de revenu & ne comprend que quatre-vingt deux Paroiſſes.

CONSEYVAN. Mr. Baudrand met une Ville de ce nom dans l'Inde delà le Gange au Royaume de Siam, dans la Province de ce nom dont elle eſt la principale, ſur la côte de la Mer des Indes. Il ſe trompe pour le nom & pour la poſition de cette Ville. Les bonnes Cartes du Royaume de Siam n'ont rien de pareil. Mais on y voit dans le haut Siam au bord du Menam, bien loin au deſſus de la Capitale & par conſéquent bien loin de la Mer des Indes une Bourgade nommée LACONSEVAN ou LACONCEVAN. C'eſt apparemment ce que Mr. Baudrand a voulu dire.

CONSILINUM, Ville ancienne d'Italie, ſelon Pline & Mela. Le dernier nomme de ſuite [b] *Conſilinum*, *Caulonia* & *Locri* & les met dans un Golphe entre les Promontoires Zephy-

[b] l. 3. c. 4.

rium & *Brutium*. Pline [c] met de ſuite les ruines de la Ville de *Caulon Myſtia*, la Forterèſſe de *Conſilinum* & Cocintos. Barri croit que c'eſt preſentement STYLO. Frontin [d] dit que c'étoit une Colonie Romaine & la met lon. dans la Lucanie : on peut voir ce qu'en dit Caſſiodore [e]. Cluvier [f] croit que c'eſt ARVICITO dans la Calabre Ulterieure, ou du moins le Village la MOTTA qui en eſt voiſin. Lucas Holſtenius [g] aime mieux dire que c'eſt CASSANO Ville Epiſcopale de la Calabre citerieure.

[c] l. 3. c. 10.
[d] Lib. Coque met lon.
[e] Variar. l. 8. c. 33.
[f] Ital. Ant.
[g] in Ortelium p. 57.

CONSORANNI, ancien Peuple de la Gaule dans l'Aquitaine ſelon Pline [h]. Le Pays qu'il occupoit garde encore ſon nom & s'appelle CONSERANS ; mais ſa Ville eſt détruite & n'eſt plus qu'une Bourgade comme on a vû dans l'Article de CONSERANS.

[h] l. 4. c. 19.

CONSTANCE, les Allemands diſent Coſtantz & Coſtnitz, en Latin *Constantia*, Ville d'Allemagne au Cercle de Suabe ſur le Lac auquel elle donne ſon nom & qui ſépare la Suabe d'avec la Suiſſe. Quelques-uns croyent que c'eſt la VITODURUM des anciens, d'autres la GAUNODURUM & Mr. Baillet [i] eſt de cette opinion. D'autres comme Zeyler [k] veulent qu'elle ne ſoit ni l'une ni l'autre de ces deux Villes, mais qu'elle doit ſon origine à Conſtantius pere de l'Empereur Conſtantin le Grand qui la fonda pour avoir dans cet endroit une Place forte qui mît la Frontiere en ſureté & tînt les Allemands dans le reſpect. Dans la Chapelle de St. Blaiſe qui eſt dans l'Egliſe Cathedrale on voit encore une ancienne inſcription en marbre du temps des Romains, mais caſſée. Dans la ſuite les Allemands & enſuite Attila ſaccagerent cette Ville, & elle fut long-temps reduite à n'être plus qu'un Village ſous les Rois de France de la premiere Race. Dagobert y avoit une maiſon de Campagne & elle eſt nommée dans d'anciens Actes *Villa regia Dagoberti regis*, mais lorſque ce Roi y eut transferé le Siége Epiſcopal qui étoit à Windiſch, elle reprit la qualité de Ville; elle étoit néanmoins encore fort peu de choſe l'an 854. On l'augmenta à diverſes repriſes, on la fortifia de ſorte qu'elle fut en état l'an 938. de ſoutenir les aſſauts que lui donnerent les Hongrois; & la même année il s'y fit un tournois auquel ſe trouva toute la Nobleſſe voiſine du Rhin. L'an 980. l'Abbaye des Benedictins nommée Petershauſen fut fondée au delà du Pont du Rhin. On tint dans cette Ville les Diétes de l'Empire des Années 1043. 1142. 1153. 1183. & 1507. L'Ordre de St. Dominique fut admis à Conſtance l'an 1235. Les Peres de l'Obſervance déchauſſez y furent reçus l'an 1250. & l'an 1276. l'Egliſe de St. Jean dans la baſſe Ville fut érigée en Collegiale & en Prevôté. On commença de bâtir l'Egliſe de St. Laurent l'an 1293, & l'an 1314. la Ville fut en danger de perir par un Incendie ; le feu avoit commencé chez un Juif qui parce qu'il étoit jour de Sabath eut la ſuperſtition de voir brûler ſa maiſon plutôt que de travailler à l'éteindre. En 1414. on y tint le fameux Concile qui fit brûler Jean Hus & qui par cette ſeverité alluma la funeſte guerre qui deſola long-temps la Boheme & pluſieurs Provinces d'Allemagne. Ce fut durant ce Concile que l'Empereur Sigismond

[i] Topogr. des Saints p. 144.
[k] Sueviæ Topogr. p. 23.

CON.   CON.

mond accorda à cette Ville le droit de fceller en cire rouge & fit quelque changement dans fes armes. L'an 1443. l'Empereur Frederic IV. lui donna le privilege d'avoir fon propre Bailli devant qui feroient portez les procès qui auparavant étoient jugez par le Bailli de l'Evêque. En 1511. il y eut une fedition dans la Ville, à l'occafion de deux partis qui s'y étoient formez, l'un vouloit acceder à la Ligue du Corps Helvetique & l'autre pretendoit demeurer uni au Corps Germanique & à l'Empire. L'Empereur Maximilien arriva affez à temps pour decider la queftion. Il fit mourir ou exiler les plus mutins & écarta ceux qui auroient pu ranimer cette revolte qu'il étoufa dès fa naiffance. L'an 1526. le Chapitre de Conftance fe retira à Uberlingen. L'année fuivante les Chanoines & les Prêtres de St. Etienne, de St. Paul & de St. Jean fe refugièrent à Rattolfszell. L'an 1528. la Meffe fut entierement abolie dans la Ville. La Ville avoit joui des Franchifes attachées aux Villes Imperiales; mais l'an 1548. l'Empereur Charles V. s'étant ingeré mal-à-propos de pourvoir aux troubles caufez pour caufe de Religion, en formant un reglement qui fut nommé l'*Interim*, & qui mécontenta également les Catholiques & les Proteftans, la Ville de Conftance refufa de s'y conformer & fa refiftance fut caufe qu'elle fut affiégée, prife, & reduite à la condition de Ville fujette de la Maifon d'Autriche. L'an 1604. les Jefuites y établirent leur College; les Capucins y avoient déjà leur Couvent.

[a] *Jouvin de Rochefort Voyages.*

[a] Le Rhin fepare la Ville du Fauxbourg de Petershaufen. On y paffe fur un pont où il y a quelques Moulins que les eaux du Rhin font tourner. Ce Fauxbourg eft fortifié de foffez à fond de Cuve, de deux grands baftions, de hauts remparts, de quelques tenailles & d'ouvrages à corne jettez affez avant pour en empêcher toute approche. On y fit ces travaux lorfque les Suedois vinrent affieger la Ville l'an 1633. fous la conduite du General Horn. Ce Fauxbourg regarde principalement la Suabe; & eft au Nord de la Ville.

La Ville peut être confiderée comme trois Places contigues l'une à l'autre dans une même enceinte, mais feparées l'une de l'autre par des murailles & un foffé. La partie Occidentale n'a que très-peu de maifons; celle qui eft entre celle-là & le Lac eft proprement la Ville, au Midi de laquelle il y a une petite enceinte qui fait auffi partie de la Ville à laquelle elle communique par deux portes. La Ville ne depend plus de fon Evêque. J'ai déjà remarqué que l'EVECHÉ DE CONSTANCE étoit auparavant à Windifch dans l'Argow, la tranflation s'en fit à Conftance fous l'Evêque Maximin. Ce Diocèfe a produit de Grands hommes [b]. St. Omer Evêque de Terouenne, St. Bertin Abbé de Sithiu, Ville qui a pris depuis le nom de St. Omer, St. Mommolein Evêque de Noyon & St. Ebertran Abbé de St. Quentin étoient nez dans le territoire de Conftance au VII. fiécle. Cet Evêché eft fort grand & renferme 350. Couvens 1760. Paroiffes & 17000. Prêtres. Queique la Reformation l'ait diminué c'eft encore un des plus grands Diocèfes qu'il y ait. Il eft divifé en

[b] *Baillet Topogr. des Saints.*

66. Doyennez. L'Evêque a fes Officiers Hereditaires, favoir le Baron de Sirgenftein pour Marêchal; le Baron Zweyer d'Erebach pour Maître d'Hôtel; un Gentil-homme de la Maifon de Razenried pour Chambellan. L'Evêque eft Chancelier né de l'Univerfité de Fribourg dans le Brisgow; qui fut transferée en 1677. à Conftance.

L'Evêque de Conftance a la qualité de Prince de l'Empire; fes Terres font la plupart dans le Turgow en deçà & au delà du Lac, comme Morsburg qui appartenoit autrefois au Comte de Rohrdorff; Marchdorff, Bifchoffszell, Arbon, Keyfersftuhl, Frifchbach, Immerftadt, Haguenau, Romihorn, Munfterlingen, Ermantingen, & Steckbarg. L'Abbaye de Reichenaw, la Prevôté d'Oeningen & le Monaftere de Waldfaffen font unis à cet Evêché. Morsburg eft la refidence ordinaire de l'Evêque.

LE LAC DE CONSTANCE, a été connu des Auteurs qui ont écrit en Latin fous le nom d'*Acronius*. On l'a auffi nommé en cette langue LACUS POTAMICUS qui me paroît une traduction du nom Allemand Der Bodenſee; & BRIGANTINUS LACUS du nom de *Bregentz* Ville fituée fur ce même Lac. [c] Il occupe une partie du côté Oriental de la Suiffe qu'il fepare de la Suabe & court du Sud-Eft, au Nord-Oueft. Sa longueur eft de fept milles d'Allemagne & fa plus grande largeur de trois. Ses eaux font belles & claires. Il eft formé par le Rhin qui y entre à Bregentz & qui l'ayant traverfé dans toute fa longueur en fort auprès de la Ville de Stein. Ce Lac fe partage en deux bras vis-à-vis de la Ville de Conftance dont celui qui eft à l'Orient s'appelle le Lac de BODMER ou d'UBERLINGEN, en Latin *Acronius Lacus*; & celui qui eft à l'Occident s'appelle Lac de ZELL, en Latin *Venetus Lacus*. Dans le premier on voit une Ifle nommée MEINAW & dans l'autre une Ifle appellée REICHENAW. On remarque à cette occafion qu'il n'y a que trois Lacs en Suiffe où l'on voye quelque Ifle. Celui de Conftance, celui de Zurich & celui de Bienne. On a dit que le Lac de Conftance ne gele jamais; mais cela n'eft pas vrai, car felon le raport de Wagner il fut gelé l'an 1572. & l'an 1596. & cette derniere fois entre autres il y eut deux Bourgeois de Conftance qui marchant fur la glace mefurerent la longueur du Lac & trouverent 7275. toifes depuis Romishorn jufqu'à Buchorn.

[c] *Delices de la Suiffe T. I. p. 51.*

CONSTANCES, c'eft ainfi que dans quelques vieux Hiftoriens le nom de COUTANCES fe trouve écrit.

1. CONSTANTIA, Ville de la Valerie dans le voifinage du Danube, felon le Livre des Notices de l'Empire [d].

[d] *Sect. 57.*

2. CONSTANTIA, Ville de Thrace dans le territoire du mont Rhodope, felon Nicetas cité par Ortelius.

3. CONSTANTIA, la même que la Ville d'AMIDE, Ammien Marcellin dit qu'elle fut augmentée par l'Empereur Conftantin & qu'elle en prit le nom de *Conftantia*. Il ne faut pas la confondre avec *Conftantine* qui étoit auffi dans la Mefopotamie.

4. CONSTANTIA, la même qu'AN-

TARADE. Cedrene dit qu'elle porta le nom de Conftantia à caufe de Conftantin fon Bienfacteur.

5. CONSTANTIA. Le même Empereur donna auffi ce nom à la Ville d'ARLES à ce que dit Scaliger fur Aufone.

6. CONSTANTIA. Voiez GAZÆORUM PORTUS.

7. CONSTANTIA. Etienne dit que la Ville de SALAMINE fut ainfi nommée.

8. CONSTANTIA RHÆTICA, ou CONSTANTIA AD RHENUM, Voyez CONSTANCE.

9. CONSTANTIA CASTRA, Ville des Gaules dans la feconde Lyonnoife felon la Notice de l'Empire [a]. C'eft aujourd'hui COUTANCES en Normandie.

[a] Sect. 61. & 65.

1. CONSTANTINE, ancienne Ville d'Afrique dans la Numidie dont elle a été la Capitale. C'eft la même Ville que CIRTA qui quitta ce nom pour prendre celui de Conftantin qu'elle porte encore à prefent. Elle eft nommée CONSTANTINE par St. Auguftin & dans les Canons du Concile de Carthage & dans les Actes de la Conference tenue à Carthage. L'Empereur Juftinien y fit de grandes reparations. Procope [b] les décrit ainfi : La muraille de cette Ville étoit autrefois fi baffe qu'elle étoit aifée à efcalader, & fi foible qu'il fembloit que ceux qui l'avoient bâtie n'avoient pas eû deffein de la mettre en état d'être defenduë. Les Tours étoient fi éloignées les unes des autres que ceux qui attaquoient le milieu de la courtine étoient hors de la portée du trait. Enfin le tems l'avoit entierement ruinée. Il fembloit auffi que la muraille de dehors n'avoit été faite que pour fervir aux affiegeans. Elle n'avoit que trois pieds de large & n'étoit liée qu'avec de la boue. Le bas étoit de pierres dures, mais le haut n'étoit que de pierres tendres. Juftinien en fit reparer toutes les ruines du côté du Septentrion, & du côté de l'Occident, & fit accroître du double le nombre des Tours. De plus il fit rehauffer les Tours, & les murailles. Il fit faire un degré dérobé à châque Tour, & les divifa en trois étages. Outre cela la Ville manquoit autrefois d'eau. Il y avoit à un mille des fontaines qui arrofoient un Bois, & qui en faifoient croître les arbres à une hauteur extraordinaire, mais il n'y en avoit point dans la Ville qui étoit fur une éminence, & les habitans étoient preffés par la foif. Juftinien y fit faire un grand Aqueduc & y diftribua de l'eau. Tous ces Ouvrages lui acquirent, avec juftice, le titre de fondateur de cette Ville.

[b] Ædific. l. 2. c. 5.

C'eft prefentement une Ville du Royaume d'Alger, au gouvernement du Levant, & la feule qui refte de la Province qui porte fon nom. Elle a été long-temps le Siège des Princes Arabes qui en étoient Souverains. Les Maures la nomment CUSSUNTINA. Elle eft bien fortifiée & dans une fituation avantageufe à trente lieues Françoifes du rivage de la Mer. On connoît quelle a été fa fplendeur & fa magnificence par de très-beaux monumens des Ouvrages des Romains.

La Province de Conftantine eft Frontiere du Royaume de Tunis & eft renfermée entre le Mont Atlas, la Mer Mediterranée & la Province de Gigeri.

Le Bei du Levant y fait fa refidence. Il a une Garde de 300. Spahis ou Cavaliers Turcs & de 1500. Maures entretenus à fes depens, ces troupes ne faifant point partie de la Milice entretenuë par l'Etat.

2. CONSTANTINE, ancienne Ville de la Phœnicie, felon Eufebe & Callifte [c].

[c] l. 8. c. 33.

3. CONSTANTINE, Ville de Mefopotamie. Il en eft fait mention dans la Notice de l'Empire [d].

[d] Sect. 26.

4. CONSTANTINE, petite Ville d'Efpagne dans l'Andaloufie, dans la Montagne Noire, avec un Château fur une Montagne à douze lieues de Seville, vers Calatrava & autant de Cordoue.

LA SIERRA ou la MONTAGNE DE CONSTANTINE. Petit Pays d'Efpagne & l'une des quatre parties du Territoire de Seville dans l'Andaloufie, vers le Territoire de Cordoue. Il prend fon nom de Conftantine petite Ville qui y eft fituée. Outre cela on y trouve Alanis, El Pedrofo, Cazalla, & autres moindres lieux.

CONSTANTINOPLE, Ville de Thrace, à l'extremité de la Romanie, vis-à-vis de la Natolie dont elle n'eft feparée que par le detroit. Elle a été long-temps le Siège de l'Empire Romain, enfuite de l'Empire d'Orient & enfin de l'Empire des Turcs qui la poffedent à prefent, comme nous dirons ci-après.

[e] Cette Ville en y comprenant fes Fauxbourgs eft fans contredit la plus grande Ville de l'Europe; & fa fituation, au confentement de tous les Voyageurs & même des anciens Hiftoriens [f] eft la plus agreable & la plus avantageufe de l'Univers. Il femble que le Canal des Dardanelles & celui de la Mer-Noire, ayent été faits pour lui amener les richeffes des quatre parties du Monde : celles du Mogol, des Indes, du Nord le plus reculé, de la Chine & du Japon y viennent par la Mer-Noire : on y fait paffer par le Canal de la Mer-Blanche, les marchandifes de l'Arabie, de l'Egypte, de l'Ethiopie, de la Côte d'Afrique, des Indes Occidentales, & tout ce que l'Europe fournit de meilleur. Ces deux Canaux font comme les Portes de Conftantinople : les vents du Nord & du Sud qui y regnent ordinairement en font comme les battans : quand le vent du Nord fouffle, la porte du Midi eft fermée, c'eft-à-dire, que rien ne peut entrer du côté du Midi : [g] elle s'ouvre lorfque le vent du Sud prend le deffus, ainfi fi l'on ne veut pas appeller ces vents les battans des Portes, il faut au moins convenir qu'ils en font les Clefs.

[e] Tournefort. Voy. du Levant Tom. I. p. 179.

[f] Polyb. Hift. L. IV, Tacite Annal. L. XII.

[g] Polyb. Hift. L. IV.

M. Thevenot veut que Conftantinople foit plus petit que Paris, & qu'il n'ait que 10. ou 12. Milles de tour ; M. Spon lui donne 15. Milles ; & M. de Tournefort [h] ne fait point de difficulté de lui en donner 23. Milles ; & fi on en ajoute, dit-il, encore 12. pour les Fauxbourgs de Galata, Caffun-Pacha, Pera, Topana, Fundukli, il fe trouvera que la circonference de cette fuperbe Ville fera de 34. ou 35. Milles. Quoiqu'il femble qu'il ne convienne pas de donner dans le fentiment de ceux qui comptent Scutari au nombre des Fauxbourgs de Conftantinople, parce qu'il n'en eft

[h] Ibidem p. 179.

est séparé que par la largeur du Canal ; aussi ne faut-il pas adopter la pensée de ceux qui retranchent de Constantinople tous les Fauxbourgs au delà du Port ; puisque même sous les premiers Empereurs Chrétiens, Galata faisoit la treizième Region de la Ville : le quartier des Figuiers qui est le même que Galata fait partie de la Ville selon l'Empereur Anastase [a] ; & Justinien [b] l'a placé dans la nouvelle enceinte. Peu à peu l'on a joint à Galata les Villages voisins, comme on a joint à Paris le Fauxbourg Saint-Germain, le Fauxbourg-Saint-Antoine, &c.

[a] Novell. LIX.
[b] in Lib. XVIII.Cod. de Sacr. Eccles.

Il faut donc distinguer deux parties dans Constantinople ; celle qui est en deçà du Port, & celle qui est de l'autre côté. La partie qui est en deçà du Port est l'ancienne Byfance : & Constantinople dont la figure ressemble assez à la figure d'un triangle : deux de ses côtez sont battus de la Mer, savoir celui du Port qui est le plus courbe de tous, & celui qui va de la pointe du Serrail aux Sept Tours ; le troisième est plus long que les autres, & se trouve sur la terre ferme. On donne d'ordinaire près de 7. milles à chacun des deux premiers & 9. milles à celui-ci : le premier angle de cette Ville est aux 7. Tours, le second à la porte du Serrail & le troisième à la Mosquée d'Ejoub vers les eaux douces.

Les murailles de Constantinople sont assez bonnes, celles du côté de terre sont une double enceinte d'environ 20. pieds de distance l'une de l'autre, & sont munies d'un fossé à fond de cuve d'environ 25. pieds de large : la muraille extérieure haute d'environ deux toises est défenduë par 250. Tours assez basses ; la muraille interieure a plus de 20. pieds de hauteur, & ses Tours qui repondent à celles de l'exterieure, sont d'une assez belle proportion ; les crenaux, les courtines & les embrasures sont bien entenduës : on y a employé presque par tout de la Pierre de Taille : en certains endroits ce n'est que de la maçonnerie entremêlée de briques. On remarque cinq portes de ce côté-là ; on pourroit se fortifier aisément, car le terrain loin de dominer la Ville y est en talus.

Les murailles depuis les Sept Tours jusqu'au Serrail, & celles qui sont le long du Port paroissent plus négligées, & l'on n'en sauroit faire le tour à cause que quelques-unes avancent jusque sur l'eau : il n'y a point de quai ; on y voit même des maisons adossées aux murs de la Ville sur tout du côté du Port ; les Tours de ces deux côtés sont espacées assez également ; mais elles ont été souvent maltraitées par les tempêtes & relevées en différens temps par les Empereurs Grecs Theophile, Michel, Basile, Constantin Porphyrogenete, Manuel Comnene, Jean Paleologue : comme on en peut juger par les inscriptions qui sont sur les Sept Tours & sur quelques morceaux des murailles.

Il y a sept portes depuis la pointe du Serrail jusqu'aux sept Tours, cinq du côté de terre & onze sur le Port, mais par quelque porte que l'on entre il faut presque toujours monter ; & Constantin qui avoit dessein de rendre Constantinople semblable à Rome, ne pouvoit pas trouver de terrain plus élevé en Collines :

cette Ville est bien fatigante pour les gens de pied ; & les personnes de distinction n'y peuvent aller qu'à cheval. Avant que de parler du dedans de la Ville, je remarquerai que c'est la chose du monde la plus agréable à voir, que de decouvrir d'un coup d'œil toutes les Maisons de la plus grande Ville de l'Europe, dont les couverts, les Terrasses, les Balcons & les Jardins forment plusieurs Amphithéatres relevés par des Bezesteins, des Caravan-Seraï, des Serrails, & sur tout par des Mosquées ou Eglises pour m'expliquer en François, auxquelles nous n'avons rien en France que l'on puisse comparer. Ces Mosquées qui sont des Bâtimens effroyables par leurs masses, ne laissent rien voir que de beau ; car on ne peut pas decouvrir de si loin les défauts & la bizarrerie de l'Architecture des Turcs : au contraire leurs principaux Dômes, qui sont accompagnés d'autres petits Dômes, les uns & les autres couverts de plomb ou dorés ; leurs Clochers, s'il est permis d'user de ce terme, pour exprimer des Tours menuës mais très-élevées, où le Croissant est arboré : tout cela forme un spectacle qui enchante ceux qui se trouvent à l'entrée du Canal de la Mer-Noire. Ce Canal même frappe avec admiration, car Fanarikiose, Chalcedoine, Scutari & les Campagnes qui font aux environs amusent agréablement la vuë qu'on detourne sur la droite quand on ne peut plus soutenir l'éclat de Constantinople. Il est vrai que les objets ne sont plus les mêmes quand ils sont vûs de près, car pour commencer par le Fauxbourg de Galata ; les maisons y sont basses, bâties la plûpart de bois & de bouë, ainsi il n'est pas surprenant d'apprendre que le feu en consume des milliers dans un jour. Les Soldats dans le dessein de piller, ou les Turcs en fumant dans leurs lits y mettent quelquefois le feu. On se consoleroit si on n'y perdoit que la maison, car on y bâtit à fort bon marché & les Côtes de la Mer-Noire sont capables de fournir du bois pour rebâtir tous les ans Constantinople s'il étoit nécessaire : mais la plupart des familles sont entierement ruinées dans ces incendies par la perte de leurs marchandises. C'est peu de chose quand on ne parle que de deux ou trois mille maisons brûlées : on a souvent le chagrin de voir abattre & piller la sienne quoique le feu n'en soit qu'à 200. pas, sur tout quand le Nord-Est que les Turcs appellent le vent Noir est en furie, on n'a pas trouvé d'autre remede pour l'empêcher de devorer toute la Ville que de faire de grands abbatis, autrement l'incendie deviendroit general. Les Marchands Etrangers se sont avisés fort sagement depuis quelques années de bâtir à Galata des Magasins très-solides de Pierre de Taille, isolés & qui ne reçoivent le jour que par des fenêtres absolument nécessaires, dont les volets aussi bien que les portes sont garnis de Tole.

La Peste & les *Leventis* sont après le feu les deux fleaux de Constantinople. Il est vrai que les Turcs sont indignes de vivre, ils voyent mourir tranquillement jusqu'à cinq ou six cens personnes par jour de cette cruelle maladie, sans prendre aucunes mesures pour l'éviter ou la combattre, & ne commencent leurs processions que lorsque le mal en emporte douze cens

cens par jour, les hardes des peſtiferés ſe vendent avec autant de facilité que celles des perſonnes mortes de vieilleſſe, ou de mort violente.

Pour les *Leventis* qui ſont des Soldats de galeres, qui courent ſur les gens le coutelas à la main en faiſant des grimaces horribles qui épouvantent ceux qui ne les connoiſſent pas: il y a quelques années que le Caïmacan ou Gouverneur de la Ville, à la ſollicitation des Ambaſſadeurs, a permis aux Etrangers de ſe défendre contre eux, & l'on a mis ces Canailles à la raiſon à coups d'épées & de piſtolets. Quoique les plus braves Muſulmans nous traitent de mal-adroits, qui ne ſavons pas manier les armes noblement ni de bonne grace, ils ne laiſſent pas de fuir devant la pointe de nos épées. *Ces chiens de Chrétiens, diſent-ils, percent le ventre tout bruſquement ſans donner le tems de ſe défendre.* Dès que l'on apperçoit dans les ruës de Conſtantinople des gens qui viennent à vous, en camiſole & en caleçon, les jambes nuës, l'eſcarpin aux pieds & le poignard à la main, il faut tirer ſon épée du fourreau; quelques-uns ont même la precaution de la porter nuë ſous le Juſte-au-corps; ſi l'on eſt en veſte il ne faut pas marcher ſans piſtolets de poche bien chargés & bien amorcés. Pour éviter leurs inſultes on peut auſſi ſe faire eſcorter par des Janiſſaires.

Les ruës de Conſtantinople ſont très-mal-pavées, quelques-unes même ne le ſont point du tout, la ſeule ruë qui va du Serrail à la porte d'Andrinople eſt praticable, les autres ſont ſerrées, obſcures, profondes & reſſemblent à des coupe-gorges. On ne laiſſe pas d'y trouver de tems en tems de bons Edifices, des Bains, des Bazars & quelques maiſons de Grands Seigneurs, bâties à chaux & à ſable avec des encoignures de Pierre de Taille, & dont les appartemens ont des enfilades aſſez bien entenduës.

La Ville eſt mieux peuplée que ne le diſent la plûpart des Voyageurs; & quoique les maiſons n'ayent que deux étages elles ſont toutes occupées & bien remplies & l'on peut aſſurer qu'il y a autant de monde à Conſtantinople qu'à Paris; on voit peu de Turques dans les ruës, elles ſe tiennent dans leurs appartemens, ſans ſe trop embarraſſer de ce qui ſe paſſe dans le reſte du monde, excepté certaines femmes de Pachas abſens qui ne haïſſent pas les Etrangers; mais leurs intrigues ne ſont pas ſans danger, & la cruauté ſuccede quelquefois à la tendreſſe. Les maris pour leur ôter tout pretexte de ſortir leur ont perſuadé qu'il n'y avoit point de Paradis pour les femmes, ou du moins que pour y aller, ſuppoſé qu'il y en eût un, il n'étoit pas neceſſaire de prier hors de chez ſoi. Pour les retenir agréablement dans leurs maiſons ils y font bâtir des bains & les amuſent avec du Caffé; mais cette precaution eſt ſouvent inutile. Les Juives ne manquent pas d'adreſſe pour favoriſer les belles paſſions, neanmoins les intrigues y ſont plus rares que parmi nous, & la plûpart des Dames Turques ſont obligées de reſter chez elles & de s'y occuper à broder faute de pouvoir mieux faire. Les Grecques, les Juives, les Armeniennes ont plus de liberté, mais elles ne ſortent pas auſſi ſouvent que nos femmes, parceque les Eſclaves font toutes les affaires du dehors comme d'aller au marché & en commiſſion. Paris paroîtroit beaucoup moins peuplé, ſi l'on ne rencontroit pas dans les ruës des femmes de toute ſorte d'âge & de condition.

Pluſieurs choſes ont contribué à mieux peupler Conſtantinople que les autres Villes de Turquie; le Negoce & les profits qu'il eſt aiſé d'y faire; l'eſperance de s'avancer dans une Cour, où il n'y a point de gens de qualité, & où par conſequent il eſt aſſez naturel de ſe flatter qu'on s'y élevera par ſon merite & par ſon argent; la miſere que l'on ſouffre dans les Provinces, où les Bachas ont toûjours exercé de grandes cruautés; enfin ce prodigieux trafic d'Eſclaves qui s'y fait inceſſamment, ces derniers s'y multiplient par le mariage & fourniſſent un grand nombre d'habitans à la Ville. Il ſemble qu'on ait affecté d'amener de tout tems à Conſtantinople de puiſſantes Colonies, je ne parle pas des familles Romaines que Conſtantin engagea de s'y établir; Glycas aſſure que cet Empereur ayant donné aux Senateurs qui l'avoient ſuivi le commandement de ſes Armées de Perſe, il retint leurs anneaux qu'il envoya à leurs femmes pour les obliger de quitter Rome, & de venir joindre leurs maris. Mahomet II. ayant pris Amaſtris appartenant aux Genois ſur les Côtes de la Mer-Noire, en fit paſſer preſque tous les habitans à Conſtantinople l'an 1460. En 1514. Selim s'étant rendu le Maître de Tauris en Perſe en amena tous les Ouvriers: Barberouſſe y faiſoit ſouvent conduire les Peuples de l'Archipel dont il avoit ſoumis les Iſles, en 1537. il y fit paſſer 16000. priſonniers de Corfou: dans les dernieres guerres de Hongrie, combien n'y a-t-on pas amené de gens de tout Sexe.

Les premieres promenades que les Etrangers font à Conſtantinople, ſont ordinairement deſtinées à la viſite des Moſquées Royales. Il y en a ſept qui portent ce nom. Ces bâtimens très-beaux dans leur genre ſont tout-à-fait finis & parfaitement bien entretenus, au lieu qu'en France nous n'avons preſque point d'Egliſes achevées; ſi la Nef eſt eſtimée par ſa grandeur & par la beauté de ſon ceintre, le Chœur eſt imparfait; ſi ces deux parties ſont finies le frontiſpice n'eſt pas commencé, la plûpart de nos Egliſes ſur tout dans Paris, ſont entourées de Bâtimens profanes, on loge des familles entieres entre les Arcs-boutans, on profite du moindre auvent pour y dreſſer des boutiques; ces Egliſes n'ont ſouvent ni places ni avenuë. Les Moſquées de Conſtantinople au contraire ſont iſolées & renfermées dans des cours ſpacieuſes, plantées de beaux arbres, ornées de belles Fontaines: on ne ſouffre point de chiens dans les Moſquées, perſonne n'y cauſe & n'y commet d'irreverence, elles ſont bien rentées & beaucoup plus riches que nos Egliſes: quoique l'Architecture n'en ſoit pas comparable à la nôtre, elle ne laiſſe pas de frapper par leur grandeur & par leur ſolidité. On exécute bien les Domes dans tout le Levant, ceux des Moſquées ſont d'une juſte proportion & accompagnez d'autres petits Dômes qui les font paroître bien nourris & point du tout élancés; il n'en eſt pas de même de leurs minarets, qui ſont des aiguil-

aiguilles auſſi hautes que nos clochers & auſſi menuës pour ainſi dire que des quilles; ces minarets ſervent d'un grand ornement aux Moſquées & aux Villes: cependant quoique nous n'ayons pas d'ouvrages ſi hardis parmi nous, nos yeux ſont faits à nos Clochers & nos oreilles au ſon de nos Cloches qui ſont plus harmonieuſes que les chanſons des *Mueſins*, c'eſt ainſi qu'on appelle ceux qui annoncent en chantant du haut des minarets les heures des Prieres.

Sainte Sophie eſt la plus parfaite de ces Moſquées, ſa ſituation eſt avantageuſe, car elle ſe trouve dans un des plus beaux endroits de Conſtantinople ſur le haut de l'ancienne Ville de Byzance & de la Colline qui vient fondre dans la Mer par la pointe du Serrail: cette Egliſe qui eſt ſans doute le plus bel édifice du monde, après St. Pierre de Rome, paroit furieuſement lourde en dehors, & ne montre rien de fort magnifique, le plan en eſt preſque quarré, & le Dome qui eſt la ſeule piece de remarque, s'appuye en dehors ſur quatre Arcs-Boutans qui ſont effroyables par leur maſſe: ce ſont des eſpéces de Tours très-maſſives, qu'on a été obligé de faire après coup pour ſoutenir ce grand corps de bâtiment & le rendre inebranlable, dans un Pays où les tremblemens de terre renverſent ſouvent des Villes entieres.

Le frontiſpice n'a rien de ſuperbe ni qui reponde à l'idée qu'on a de Sainte Sophie; on entre d'abord dans un Portique d'environ ſix toiſes de large, qui a ſervi de veſtibule dans le tems des Empereurs Grecs: ce Portique communique à l'Egliſe par neuf portes de marbre, dont les batans de bronze relevés de Bas-reliefs, ſont d'une grande magnificence: on voit encore ſur celle du milieu quelques figures à la Moſaïque, & même quelques peintures; le veſtibule eſt joint à un autre qui lui eſt parallele, mais qui n'a que cinq portes de bronze ſans Bas-reliefs; les batans étoient ſeulement chargez de croix, dont les Turcs n'ont laiſſé que les poteaux: on n'entre pas de front dans ces deux veſtibules, mais ſeulement par des portes ouvertes ſur les côtés, & ſuivant les regles de l'Egliſe Grecque, ils étoient neceſſaires pour faire placer ceux que l'on diſtinguoit, ou par les Sacremens qu'ils devoient recevoir, ou par des penitences publiques qu'ils devoient ſubir. Les Turcs ont bâti un grand cloître parallele à ces veſtibules, pour loger les Officiers de la Moſquée.

Un dôme d'une ſtructure admirable tient lieu de Nef; au pied de ce Dôme regne une Colonnade qui porte une Galerie de cinq toiſes de largeur dont la voute eſt très-belle. Dans l'eſpace qui eſt entre les Colonnes, le parapet eſt orné de croix en Bas-reliefs, que les Turcs ont fort maltraitées, quelques uns l'appellent la Galerie de Conſtantin; elle étoit deſtinée autrefois pour les femmes. A la naiſſance & ſur la Corniche du Dôme regne une autre petite Galerie, ou plutôt une baluſtrade qui n'a de largeur qu'autant qu'il en faut pour laiſſer paſſer une perſonne, & l'on en a pratiqué une autre par deſſus celle-ci: ces baluſtrades font un effet merveilleux dans le tems du Ramezan, car elles ſont toutes garnies de Lampes. A peine les Colonnes de ce Dôme ont-elles du renflement & leurs chapiteaux ſont d'un ordre ſingulier, moins beau cependant que ceux que l'on obſerve pour les nôtres. Le Dôme a 18. toiſes dans œuvre, & s'appuye ſur quatre gros piliers d'environ huit toiſes d'épaiſſeur, la voute paroit une demi-Sphere parfaite éclairée de 24. fenêtres diſpoſées dans la circonférence.

De la partie Orientale de ce Dôme on paſſe tout de plein-pied dans le demi-Dôme qui termine l'Edifice. Ce Dôme ou coquille étoit le Sanctuaire des Chrétiens, & le Maître-Autel y étoit placé. Mahomet II. s'étant rendu le Maître de la Ville, s'y aſſit les pieds croiſés à la maniere des Turcs, il y fit ſa priere, le fit raſer, & fit attacher à un des piliers où étoit le Trône du Patriarche, une belle piéce d'étoffe relevée en broderie de chiffres & de Caracteres Arabes, qui avoit ſervi de portiere à la Moſquée de la Méque. Voilà quelle fut la dedicace de Sainte Sophie. On ne trouve à preſent dans ce Sanctuaire que la Niche où l'on met l'Alcoran: elle regarde la Méque, & les Muſulmans ſe tournent toujours de ce côté-là quand ils font leurs prieres; la Chaiſe du Moufti n'eſt pas loin delà, elle eſt élevée de pluſieurs marches, & à côté il y a une eſpéce de tribune, où ſe mettent les Officiers deſtinés pour reciter certaines prieres.

Cette Moſquée bâtie en croix Grecque, c'eſt-à-dire, racourcie & preſque quarrée, a dans œuvre 42. toiſes de long, ſur 38. de large. On pretend qu'on y compte juſqu'à 107. Colonnes de differens marbres, de Porphyre ou de granit d'Egypte. Tout le Dôme eſt revêtu ou pavé de pluſieurs ſortes de marbres: les incruſtations de la Galerie des Moſaïques faites la plupart avec des dez de verre qui ſe detachent tous les jours de leur ciment, mais leur couleur eſt inalterable: ces dez de verre ſont de veritables doublets [a], car la feuille colorée de differente maniere eſt couverte d'une piece de verre fort mince collée par deſſus, il n'y a que l'eau bouillante qui la puiſſe detacher: c'eſt un ſecret connu & que l'on pourroit mettre en pratique ſi les Moſaïques revenoient à la mode parmi nous. Quoique l'application de ces deux pieces de verre qui renferment la lame colorée ſoit vetilleuſe, elle prouve que l'invention des doublets n'eſt pas nouvelle. Les Turcs ont détruit le nez & les yeux des figures que l'on y avoit repreſentées, auſſi bien que le viſage des quatre Cherubins placés aux angles du Dôme.

[a] Anonym deſcript. Conſtant.

Sainte Sophie n'eſt pas la premiere Egliſe qu'on ait bâti ſous ce nom à Conſtantinople; [b] le Grand Conſtantin fut le premier qui y conſacra une Chapelle *à la Sageſſe du Verbe incréé*: mais ſoit que ce bâtiment fût trop petit, ou qu'il eût été renverſé quelque tems après par un tremblement de terre, [c] Conſtantius ſon fils fit bâtir une plus grande Egliſe à la place de la premiere: le Sanctuaire & la plus grande partie de cette Egliſe furent détruits ſous l'Empire d'Arcadius [d] dans la ſedition excitée contre Saint Jean Chryſoſtome Patriarche de Conſtantinople; l'on aſſure même que ce furent ceux de ſon parti qui y mirent le feu: elle fut encore brulée ſous Honorius & retablie par le

[b] Theophan. Cedren. Glycas. Paul. Diac. L. II.
[c] Nicephor. Calliſt. Lib. VII. cap. 49.
[d] Socrat. L. II. c. 16. Philoſtorg. L. III. c. 3. Nicephor. Calliſt. L. IX. c. 9.
[e] Socrat. L. VI. c. 16.

le jeune Theodose; mais la cinquième année de l'Empire de Justinien, l'incendie qui désola une grande partie de la Ville, n'épargna pas Sainte Sophie dans cette sedition où Hypatius fut fait Empereur malgré lui. Justinien ayant appaisé la sedition & puni les coupables, [a] fit la même année construire le superbe édifice qui subsiste encore à present. M. du Cange [b] prouve qu'il fut fini en 5. ans, & non pas en 17. comme quelques Auteurs Grecs l'ont écrit: l'Empereur en fut si satisfait qu'il ne put pas s'empêcher de crier [c]: *je t'ai surpassé Salomon.* Cependant la 32. année du regne de Justinien, un tremblement de terre renversa le demi-Dôme, dont la chute écrasa l'Autel; il fut relevé & l'Eglise consacrée de nouveau. Zonare remarque que Justinien fit grand tort aux Belles Lettres, pour trouver des fonds pour ce bâtiment, car il y employa les appointemens que l'on donnoit aux Professeurs de toutes les Villes de l'Empire. Pour satisfaire sa passion de bâtir, il n'épargna pas même la statuë d'argent de Theodose qu'Arcadius avoit fait dresser, & qui pesoit 7400. livres. Pour couvrir le Dôme Justinien employa les canaux de plomb qui servoient à conduire la plupart des eaux de la Ville. Les principaux Architectes qui travaillerent à cette célèbre Eglise furent, [d] Anthemius de Tralles, & Isidore de Milet. Le premier passoit pour le plus grand Mechanicien de son tems, peut-être avoit-il le secret de la poudre à Canon, car Agathias [e] assure qu'il imitoit parfaitement bien le tonnerre, la foudre & les tremblemens de terre. L'Empereur Basile le Macedonien fit assurer le demi-Dôme Occidental qui s'étoit entr'ouvert en plusieurs endroits; enfin un autre tremblement de terre endommagea tellement cette Eglise sous l'Imperatrice Anne & Jean Paleologue son fils qu'elle ne pût être retablie qu'avec beaucoup de tems & de depense: c'est pour cela [f] que le mariage de l'Empereur & d'Helene fille de Cantacuzene fut célébré dans l'Eglise des Blaquernes dediée à la Sainte Vierge. Mahomet II. trouva Sainte Sophie si belle, qu'il la fit reparer, & depuis ce tems-là les Turcs la conservent avec beaucoup de soin.

[a] Manuel Chrysol. de Ædif. elegant.
[b] in Notis in Bondelm.
[c] Codin de Orig. Constant.
[d] Procop. de Ædif. Just. Lib. II. c 3.
[e] L. V.
[f] Cantacuz. L. IV. c. 5. Leuncl. Hist. Musulm. 581.

En sortant de Sainte Sophie, à 30. ou 40. pas de l'Eglise on voit les Mausolées de quelques Princes Ottomans: ce sont quatre petits bâtimens assez bas, terminés en Dômes couverts de plomb, soutenus par des Colonnes posées sur un plan exagone: les balustrades sont de bois, & les cercueils sont couverts de drap sans broderie, les Empereurs ne sont distingués de leurs femmes que par leur Turban qui est sur un pilier à la tête du cercueil, & ce cercueil est un peu plus gros, de même que les flambeaux qui brûlent à chaque bout. Il n'y a point de flambeaux au cercueil du frere de Sultan Mourat, quoiqu'il y en ait à ceux de toutes les femmes du Grand Seigneur; & l'on remarque des mouchoirs en maniere de cravate autour du col des representations de 120. enfans de cet Empereur qui furent tous étranglés en un jour par l'ordre de son successeur. Le marbre n'a pas été épargné dans ces Mausolées qui sont éclairés nuit & jour, non seulement par les Flambeaux des cercueils, mais encore par plusieurs Lampes; on a pris soin aussi d'y attacher avec des chaines plusieurs Alcorans pour en faciliter la lecture à ceux qui viennent faire leurs prieres. Outre les personnes qui prient par devotion, il y a comme dans les autres Mausolées, des pauvres de fondation entretenus dans un Hôpital qui est tout auprès; ces pauvres ont des chapelets de bois, dont les grains sont gros comme des balles de Mousquet.

" A quelques pas de là se voit une vieille Tour que l'on pretend avoir servi d'Eglise aux Chrétiens; on y nourrit plusieurs Bêtes, & c'est comme une petite ménagerie du Grand Seigneur où l'on enferme des Lions, des Leopards, des Tigres, des Loups-Cerviers, des Chacals: ces derniers participent du Renard & du Loup, & crient la nuit comme des enfans tourmentés de tranchées. On conserve dans ce lieu la peau d'une Gerafe, qui se promenoit dans les ruës de Constantinople en quêtant avec sa tête aux fenêtres des Maisons où il y avoit du monde qui l'appelloit : on dit que cette peau est blanche, grisâtre en quelques endroits, avec de grosses tâches fauves; on dit aussi que cet animal est de la taille d'un cheval, mais qu'il a la croupe basse & comme avalée.

On doit regarder les autres Mosquées Royales de Constantinople, comme des copies de Sainte Sophie, & qui approchent plus ou moins de cet Original : ce sont des Dômes d'une fort belle apparence, accompagnés de plusieurs autres Dômes plus petits : le bâtiment est toujours isolé & enfermé dans une grande cour plantée, dans laquelle se trouvent des Fontaines, des Cabinets & toutes les commodités necessaires pour l'exercice de la Religion Mahometane. Quant aux Minarets, c'est-à-dire, ces éguilles menuës où un Chantre monte pour annoncer la priere; il n'est point de Mosquée Royale, qui n'en ait au moins deux, quelques-unes en ont quatre & même jusqu'à six. On en voit autant à la Mosquée neuve, bâtie par Sultan Achmet : à l'Atmeidan ou *place aux Chevaux*, qui est l'ancien hippodrôme, chacun des minarets de cette Mosquée a trois Galeries de pierre travaillées à jour dans le goût du Pays : la cour en est fort belle, c'est un quarré long embelli de quelques arbres : avant que d'entrer dans la Mosquée, on passe par un Peristyle, qui est une espéce de cloître avec plusieurs Arcades couvertes de leurs petits Dômes revêtus de plomb, & soutenus par des Colonnes : le pavé est d'un fort beau marbre, & de même qu'une Fontaine exagone qui en occupe le milieu, & qui est couverte d'un Dôme formé par des grilles de fer doré : Le grand Dôme qui fait la principale partie de la Mosquée est entouré de quatre petits Dômes en cul de four, & soutenu de quatre piliers de marbre blanc de dix toises de circonference, sur onze ou douze de hauteur, avec des canelures en demi-bosses au lieu d'être creuses. En dehors cet Edifice est supporté par quatre Tours solides, qui tiennent lieu d'arcs-boutans. Cette Mosquée & les autres Mosquées Royales que les Musulmans ont fait bâtir, sont éclairées par beaucoup plus de Lampes que Sainte Sophie, & l'on a placé parmi mi les Lampes de la Mosquée neuve, des boules de crystal, des lustres, des œufs d'Autruche & quelques autres piéces pour égayer la vuë. On y remarque deux Globes de verre, dans l'un desquels on a construit une Galere, en conduisant avec des pincettes les pieces necessaires & les appliquant les unes contre les autres : dans l'autre Globe on a représenté en Bas-relief avec une patience admirable le plan de la Mosquée. Le Turbé ou le Mausolée de Sultan Achmet, est sur le derriere de la Mosquée du côté du Nord.

De toutes les Mosquées de Constantinople, il n'y en a aucune qui approche plus de Sainte Sophie par la beauté de son Dôme, que la Solymanie fondée par Solyman II. le plus magnifique de tous les Sultans : on peut dire même qu'elle surpasse Ste. Sophie par les dehors, car ses Arcs-boutans lui servent d'ornement; ses fenêtres sont plus grandes & mieux disposées ; les Galeries qui regnent d'un Arc-boutant à l'autre, plus regulieres & plus superbes : tout l'édifice est bâti des plus belles pierres que l'on ait trouvées dans les ruines de Chalcedoine. L'indispensable necessité où sont les Musulmans de faire leurs ablutions, les oblige à construire de grands Cloîtres auprès des Mosquées Royales : la Fontaine est toujours placée au milieu, & les endroits pour se laver sont aux environs : celle qui est dans le Cloître de la Solymanie fournit d'autres petites Fontaines. La cour qui la renferme est très-belle & plantée d'arbres ; le principal Dôme est un peu moindre que celui de Sainte Sophie, mais il est dans les mêmes proportions, aussi bien que les douze petits Dômes qui sont autour. A l'égard des minarets, il y en a quatre : les deux qui sont à l'entrée du Peristyle sont plus petits que les autres, & n'ont que deux Galeries ; ceux qui sont attachés à la Mosquée en ont trois & sont plus élevés.

Le Mausolée du Sultan Fondateur & celui de la Sultane son Epouse sont derriere la Mosquée sous des Dômes fort propres & fort riches ; le cercueil de Solyman est couvert d'une belle portiere en broderie, representant la Ville de la Meque d'où elle a été apportée. On a mis à la tête du cercueil le Turban de ce Prince avec deux aigrettes garnies de pierreries ; plusieurs gros cierges & quantité de lampes brûlent dans ce lieu, on y voit des Alcorans attachés avec des chaines & des personnes gagées pour les lire : les Turcs croyent que les prieres soulagent les morts, quoiqu'ils n'en fassent pas un article de foi. Cette Mosquée est sur une Colline dans le quartier du vieux Serrail bâti par Mahomet II.

La Validée qui porte le nom de la Validé sa Fondatrice femme d'Ibrahim & mere de Mahomet IV. est encore un bel édifice placé sur le port auprès du Serrail. Cette Mosquée est enfermée par les murs de la Ville au Septentrion & au Couchant ; au Midi par le Mausolée & par le Bazar de la même Sultane. Elle est composée d'un grand Dôme & de quatre demi-Dômes disposés en croix sur les côtés & les intervalles des demi-Dômes sont remplis par quatre autres Dômes plus petits : en dedans elle est revêtuë de belle fayence, mais sa Colonnade est de marbre avec des Chapiteaux à la Turque ; la plupart des Colonnes ont été apportées des ruines de Troye : les lampes, les lustres, les boules d'yvoire, les Globes de Crystal sont d'un grand ornement dans le tems des Illuminations qui s'y font pendant la priere : le Peristyle qui est sur le devant de la Mosquée, est couvert de ses Dômes, embelli de Colonnes de marbre blanc, entremêlées de quelques-unes de marbre gris. Tout l'Ouvrage paroît plus délié que celui des autres Mosquées, & n'a rien de Gothique quoiqu'il soit beaucoup dans le goût Turc ; les ceintres des portes & des fenêtres sont d'une assez bonne Architecture ; ses deux minarets ont chacun trois Galeries bien ouvragées : il est même surprenant que les Turcs qui sont si rarement des ces sortes d'Edifices, ayent des Architectes assez habiles pour les executer.

La situation de cette Mosquée qui est tout à fait sur la vuë du Serrail & dans l'endroit de la Ville le plus frequenté, fait qu'on la prefere aux autres les jours de rejouïssances publiques. On ne se contente pas de couvrir de Lampes les Galeries de ses minarets, on tend à diverses hauteurs plusieurs cordes d'une de ces aiguilles à l'autre ; non seulement ces cordes soutiennent le nom & le chiffre du Grand Seigneur, representez en feu par de petites Lampes, mais on y voit aussi la representation des Villes & des principales Victoires qui donnent lieu à la fête.

Parmi les Sultanes qui ont manié les affaires de la Porte, la Validé fondatrice de la Mosquée qui vient d'être décrite, étoit d'une habileté extraordinaire, & s'étoit fait un credit incroyable : elle choisit l'endroit de Constantinople le plus avantageux pour y faire éclater sa magnificence ; mais avant elle on n'a point d'exemple dans l'Empire qu'aucune Sultane ait eû le privilége de faire élever une Mosquée Royale ; car pour celle de St. François, outre qu'elle n'est pas Royale, la mere du Sultan Achmet III. n'a fait que convertir en Mosquée ordinaire, l'Eglise des Religieux Italiens de l'Ordre de St. François du Fauxbourg de Galata.

Peu de chose suffit pour l'entretien d'une Mosquée ordinaire ; mais pour les Mosquées Royales les Sultans mêmes suivant leur Loi ne sauroient en faire bâtir une qu'après de grandes Conquêtes sur les Ennemis de l'Empire, & il faut que ces conquêtes soient capables de fournir aux frais excessifs de la construction de ces bâtimens & de leur dotation : c'est pour cette raison que Sultan Achmet ayant fait bâtir la Mosquée neuve contre le sentiment des Docteurs de la Loi, qui lui avoient representé que n'ayant pris ni Villes ni Châteaux il ne devoit pas entreprendre un bâtiment de telle depense ; ces Docteurs nommerent la Mosquée le Temple de l'Incredule.

Il faut pour l'entretien de ces Mosquées des sommes si considerables qu'elles consument le tiers de ce que raportent les terres de l'Empire. Le Kiflar Aga, ou Chef des Eunuques Noirs, en a la Surintendance ; c'est lui qui dispose de toutes les Charges Ecclesiastiques des Mosquées Royales : les principales sont à Constantinople, à Andrinople, à Prusa. On assure que le revenu de Ste. Sophie est de 800. mille

mille livres. Le Grand Seigneur paye pour le fond sur lequel le Serrail est bâti mille &, un Aspres par jour. Ces revenus sont destinés pour l'entretien des bâtimens, pour les gages des Officiers de la Mosquée, pour la nourriture des pauvres qui se presentent à la porte à certaines heures du jour, pour les Hopitaux des environs, pour les Ecoliers que l'on éleve & que l'on instruit dans la Loi de Mahomet, pour soulager les Artisans qui sont en necessité & pour les besoins des pauvres honteux : le reste est mis dans le Trésor de la Mosquée, pour subvenir aux accidens imprévus, tels que sont la chûte des bâtimens, & le dommage des incendies. Ce tresor de même que celui des autres Mosquées est conservé dans le Château des Sept-tours, & le Grand-Seigneur n'y peut toucher en conscience, que dans des occasions pressantes pour la conservation de la Religion. Les Villages dont les revenus appartiennent aux Mosquées Royales, ont de grandes Franchises, les habitans sont exempts de gens de guerre, & à couvert des oppressions des Pachas, qui dans les routes s'en detournent ordinairement.

Dans les autres Villes de l'Empire, toutes les maisons payent un cens annuel que doit la place de chaque Maison pour l'entretien des Mosquées. Sainte Sophie tire le cens ou vacouf de Smyrne, la Validé celui de Rodosto, Sultan Bajazet celui d'Andrinople, les Mosquées d'Andrinople joüissent du cens de Galata. Lorsque les Grecs, les Juifs & les Armeniens meurent sans enfans males, la Mosquée acquiert la maison, outre le cens qu'elle en retiroit auparavant ; mais parmi les Turcs les freres & les parens heritent de la Maison & ne payent que le cens à la Mosquée. Pour amortir ce cens il est permis d'achetter au profit de la Mosquée des boutiques ou d'autres effets qui rendent l'équivalent du vacouf.

Les autres Mosquées Royales ne sont pas si considerables que celles dont on vient de parler : elles portent le nom de leurs Fondateurs, *Sultan Bajazet*, *Sultan Selim*, *Sultan Mahomet*. La Mosquée d'Ejoup n'est pas regardée comme un bâtiment Royal quoiqu'elle ait été bâtie par Mahomet II. qui fit reparer toute la Ville & fonda plusieurs Colleges. Cette Mosquée consiste en un seul Dôme qui n'est célèbre que par la ceremonie qu'on y fait du couronnement du nouveau Sultan : la ceremonie n'est pas longue, il ne s'agit ni de couronnes ni d'autres ornemens Royaux, l'Empereur monte dans une Tribune de marbre, où le Mousti lui met le Sabre au côté, car on pretend que ce Sabre le rend Maître de la Terre & que les autres Rois sont au dessous de lui dès le moment qu'il le tient à son côté : en effet à la Cour du Grand Seigneur tous les autres Rois sont appellés Sultanons, excepté le Roi de France à qui ils donnent le nom de *Padischa* qui signifie Empereur. La Mosquée d'Ejoup est à l'embouchure des eaux douces, & les Turcs considerent Ejoup comme un grand Prophéte, & un grand Capitaine. Ils conviennent pourtant qu'il échoüa devant Constantinople, & qu'il y fut tué à la tête d'une Armée de Sarrasins qu'il commandoit. Son sepulchre n'est pas moins frequenté que ceux des Sultans : on y prie continuellement, & ces sortes de prieres font vivre bien des gens en Turquie.

De la Mosquée d'Ejoup en avançant du côté de terre vers les murailles de la Ville, on rencontre un vieux Edifice ruiné qu'on appelle le Palais de Constantin ; mais il n'a rien de considerable : c'est une masure éloignée des murailles d'environ 400. pas ; il y reste deux Colonnes qui soutenoient un balcon au dessus de la porte qui conduisoit d'une cour au corps du Palais ; cet Edifice a plutôt l'apparence de quelque Tribunal où l'on montoit par un escalier de marbre dont on voit encore quelques marches, & c'est peut-être le reste de quelque Maison que Constantin Porphyrogenete avoit fait bâtir ; car le Palais du Grand Constantin étoit dans la premiere region de la Ville, où est à present le Serrail. Zozime [a] assure qu'il n'y en avoit pas de plus beau dans Rome. Codin l'appelle le Palais de l'Hippodrome.

[a] Hist. Lib. II.

Dans le quartier de Balat où les Empereurs Grecs se divertissoient autrefois à chasser, ce qui fait qu'on l'appelle encore en Grec vulgaire *le Parc* ou *le Chasseur*, il n'y a que l'Eglise Patriarchale qui puisse y arrêter les Etrangers, par son nom plutôt que par sa beauté ; elle n'est distante que de 200. pas du port. Les Grecs n'oseroient faire aucune depense à cette Eglise quand même ils seroient assez riches, car les Turcs ne manqueroient pas de s'approprier l'argent que l'on destineroit pour un pareil Ouvrage.

[b] On ne sauroit trop admirer le Port de Constantinople ; & les Anciens n'ont jamais mieux fait parler l'Oracle d'Apollon, que lorsqu'ils lui firent repondre à ceux qui le consultoient pour bâtir une Ville dans ce quartier : Arrêtez-vous, dit la Pythonisse, vis-à-vis le Pays des Aveugles. En effet le port de Calcedoine qui se trouve sur la Côte opposée, est si peu de chose que ceux qui le choisirent les premiers meritent bien d'être traités d'aveugles. Celui de Constantinople est un bassin de sept ou huit milles de circuit du côté de la Ville, & il en a bien autant du côté des Fauxbourgs; son entrée large d'environ 600. pas, commence du Serrail, ou Cap de Saint Dimitre situé au Midi ; c'est [c] le Cap du Bosphore où étoit l'ancienne Ville de Bysance : delà en tirant au Couchant, le Port s'étend en maniere d'une corne courbée, que l'on peut comparer avec plus de raison à celle d'un Bœuf qu'à celle d'un Cerf, comme a fait Strabon [d], car la côte n'a pas des recoins qui en puissent representer les divisions ; il est vrai que M. Gilles remarque qu'il s'y est fait bien des changemens qui en ont détruit le contour. L'Ouverture de ce Port est au Levant & regarde Scutari ; Galata, & Cassum-Pacha sont au Septentrion : enfin ce Port se termine au Nord-Nord-Ouest par le cul-de-sac des eaux douces où se jette la Riviere *Lycus*, composée de deux ruisseaux, dont le plus grand, sur lequel est la Papeterie, vient de Belgrade, & l'autre coule du Nord-Ouest. Cette Riviere après la jonction des ruisseaux n'a qu'environ 50. pas de large, plus ou moins en certains endroits : elle n'est pas navigable par tout, c'est pour cela qu'il

[b] Tournefort, Voy. du Levant, Tom. II. p. 1.

[c] Plin. Hist. nar. Lib. IV. Cap. 11. Solin. ç. 16.

[d] Rer. Geogr. L. VII. de Bosph. Thrac. L. I. c. 5.

qu'il y a des pieux qui marquent les endroits les plus sûrs. Le ruisseau qui vient du Nord-Ouest n'est praticable aux bateaux que jusqu'au Village d'Hali-beicui. L'autre qui vient de Belgrade, l'est jusqu'au delà de quatre Milles : on passe ces deux ruisseaux sur des Ponts pour aller de Pera à Andrinople. [a] Apollonius de Tyane fit bien des cérémonies magiques sur ces eaux : elles sont d'un usage merveilleux pour netoyer le Port, car descendant du Nord-Ouest, elles lavent toute la côte de Cassun-Bacha & de Galata, tandis qu'une partie des eaux du Canal de la Mer-Noire, qui descend du Nord comme un Torrent, selon la remarque de Dion Cassius[b], heurtent avec impetuosité contre le Cap du Bosphore & se reflechissent à droite vers le Couchant : par ce mouvement elles entraînent la vase qui pourroit s'amasser sur la Côte de Constantinople, & par une Mechanique naturelle, la poussent peu à peu jusques aux eaux douces : elles en suivent le courant qui est sensible non seulement sur les côtes de Cassun-Bacha & de Topana ; mais assez avant dans le Canal de la Mer Noire, à Topana Fondukli, & Ortacui. La raison en est évidente, puisque l'autre courant qui entre par la pointe du Serrail, les repousse & les oblige de remonter. Ces eaux douces conservent aussi les bâtimens de Mer : on a connu par experience que les Vaisseaux sont moins sujets à être vermoulus dans les Ports où il y a de l'eau douce que dans ceux où il n'y a que de l'eau salée ; les poissons s'y plaisent davantage & y sont d'un meilleur goût. [c] On s'est recrié de tout tems sur la bonté des jeunes Thons que l'on appelle *Pélamides*, lesquels paissent pour ainsi dire par troupeaux dans le Port de Constantinople : on les voit représentés sur beaucoup de medailles à la legende des Byzantins, & aux têtes des Empereurs Caligula, Claude, Caracalla, Geta, Gordien Pie, Gallien & des Imperatrices Sabine, Lucille, Crispine, Julia Mœsa & Julia Mamæa. Pline a remarqué que sous l'eau, du côté de Calcedoine il y avoit des rochers blancs qui effrayoient les Thons & les obligeoient de passer dans le Port de Bysance ; les Dauphins s'y jettent aussi quelquefois en si grande quantité, qu'il en est tout couvert & on y pêche souvent ce poisson dont la défense est faite en maniere de scie, mais Pline a été trompé par ceux qui l'avoient assuré que ces rochers blancs détournoient les *Pélamides* d'aller jusqu'à Calcedoine ; on y en pêche d'admirables & en quantité.

Procope[d] pour marquer la bonté du Port de Constantinople dit qu'il est *Port par tout* : c'est-à-dire, qu'on y mouille par tout : & c'est avec raison que cet Auteur remarque que les Vaisseaux viennent mettre leur proue à terre, tandis que la poupe est dans l'eau ; comme si ces deux élemens se piquoient de rendre à l'envi leurs services à la Ville. Dans les endroits où il y a un peu moins d'eau, on passe sur une planche pour porter dans les plus gros bâtimens, ainsi l'on n'a pas besoin de Chaloupe pour les charger, ou les décharger.

Si les Turcs s'attachoient à la Navigation, ils pourroient s'y rendre formidables : car ils ont les plus beaux Ports de la Mediterranée ; ils seroient les Maîtres de tout le Commerce d'Orient à la faveur des Ports de la Mer Rouge qui leur ouvriroient la porte des Indes Orientales, de la Chine & du Japon, où les Vaisseaux des Chrétiens ne sauroient atteindre qu'après avoir passé & repassé le Cap de Bonne-Esperance ; mais les Turcs se croient trop heureux de rester chez eux & d'y voir venir toutes les Nations du monde pour faire commerce.

Il n'y a que le vent d'Est qui soit capable de troubler le Port de Constantinople, son ouverture étant tout-à-fait exposée au Levant : ce vent en agite quelquefois les eaux & les repousse avec violence vers le Couchant : on l'apprehende fort pendant la nuit, parcequ'il faut ranger les bâtimens à la côte de Galata, & de Cassun-Bacha. Les Matelots dans ce tems-là ne cessent de crier suivant leur coûtume ; car ils ne sauroient faire aucune manœuvre sans bruit, & leurs cris joints aux aboyemens des chiens dont les ruës sont pleines, font un tintamare si épouvantable qu'on croiroit la Ville prête à s'abîmer, si l'on n'étoit prevenu de ce qui le cause.

[e] On n'est pas même exempt de cette allarme dans le Serrail : car ce Palais est à gauche tout à l'entrée du Port, & occupe la place de l'ancienne Ville de Bysance, sur la pointe de la Presqu'Isle de Thrace où est precisément le Bosphore. Le Serrail qui est l'Ouvrage de Mahomet II. a près de 3. milles de circuit : c'est une espece de triangle, dont le côté tenant à la Ville est le plus grand ; celui qui est mouillé par les eaux du Bosphore est à l'Est & l'autre qui forme l'entrée du Port est au Nord. Les appartemens sont sur la hauteur de la Colline & les Jardins sur le bas, jusqu'à la Mer : les murailles de la Ville flanquées de leurs Tours, se joignant à la pointe de Saint Dimitre font l'enceinte de ce Palais du côté de la Mer. Quelque grande que soit cette enceinte, les dehors du Palais n'ont rien de rare & s'il faut juger de la beauté des Jardins par les Cyprès qu'on y découvre on conviendra qu'ils ne sont pas mieux entendus que ceux des particuliers. On affecte de planter dans le Serrail des arbres toujours verds pour derober aux habitans de Galata & des autres lieux voisins la vûë des Sultanes qui s'y promenent.

Quoique l'on ne puisse pas voir l'interieur de ce Palais, néanmoins on peut juger qu'il n'a rien de ce que nous appellons superbe & magnifique ; parce que les Turcs ne savent gueres ce que c'est que magnificence en bâtimens & ne suivent aucune regle de bonne Architecture : s'ils ont fait de belles Mosquées, c'est qu'ils avoient un beau modéle devant les yeux, qui étoit l'Eglise de Sainte Sophie : encore ne faudroit-il pas suivre un pareil modéle pour bâtir des Palais suivant les regles de la bonne Architecture. On s'apperçoit aisément en voyant les grands combles des Kiosc ou Pavillons des Turcs que l'on commence à s'éloigner d'Italie & à s'approcher de la Perse & même de la Chine.

Les appartemens du Serrail ont été faits en differens tems, & suivant le caprice des Princes & des Sultanes : ainsi ce fameux Palais est un assemblage de plusieurs corps de Logis en-

a Scriptor post Theophan.

b Apud Xiphil.

c Plin. Hist. nat. l. IX. c. 15.

d de Ædif. Just. L. 1. c. 5.

e Leuncl. Hist. Musulm. pag. 591.

taffez fouvent les uns fur les autres & feparés en quelques endroits. On ne doute pas que les appartemens ne foient fpacieux, commodes, richement meublés. Leurs plus beaux ornemens ne confiftent ni en Tableaux ni en Statues; ce font des peintures à la Turque parquetées d'Or & d'Azur, entremêlées de Fleurs, de Païfages, de Culs de Lampes & de Cartouches chargés de Sentences Arabes comme dans les maifons des particuliers de Conftantinople : les baffins de marbre, les bains, les fontaines jailliffantes font les delices des Orientaux, qui les placent aux premiers étages fans craindre de trop charger leurs planchers.

S'il y a quelques beaux morceaux dans le Serrail, ce font des piéces que les Ambaffadeurs des Princes y ont fait apporter, comme des glaces de France & de Venife, des tapis de Perfe, des vafes d'Orient. On dit que la plupart des Pavillons y font foutenus par des arcades, au deffous defquelles font des Logemens pour les Officiers qui fervent les Sultanes. Ces Dames occupent les deffus qui font ordinairement terminez en Dômes couverts de plomb ; ou en pointes chargées de croiffants dorés : les Balcons, les Galeries, les Cabinets, les Belveders font les endroits les plus agreables de ces appartemens : enfin à tout prendre, de la maniere qu'on depeint ce Palais, il ne laiffe pas de repondre à la grandeur de fon Maître ; mais pour en faire un bel Edifice il faudroit le mettre bas, & fe fervir des materiaux pour en bâtir un autre fur un nouveau modéle.

L'entrée principale du Serrail eft un gros pavillon à huit croifées ouvertes au deffus de la porte, une grande qui eft fur la porte même, quatre plus petites à gauche fur la même ligne & autant de même grandeur à droite. Cette Porte, dont l'Empire Othoman a pris le nom eft fort haute, fimple, cintrée en demi-cercle, avec une infcription Arabe fous le cintre & deux niches, une de châque côté, creufées dans l'épaiffeur du mur. Elle reffemble plutôt à un corps de garde , qu'à l'entrée du Palais d'un des plus grands Princes du Monde : c'eft pourtant Mahomet II. qui l'a fait bâtir ; & pour marquer que c'eft une Maifon Royale, le comble du pavillon eft relevé de deux tourillons : 50. Capigis ou portiers font commandés pour la garde de cette porte ; mais ils n'ont ordinairement pour armes qu'une baguette à la main. On entre d'abord dans une grande cour beaucoup plus longue que large ; à droite font les Infirmeries, à gauche les Logemens des Azancoglans, c'eft-à-dire, des perfonnes deftinées aux charges les plus viles du Serrail ; la cour des Azancoglans renferme des chantiers pour le bois qui fe brûle dans le Palais ; on y en met tous les ans 40. mille voyes, & châque voye eft une Charretée que deux buffles ont peine à tirer.

Tout le monde peut entrer dans la premiere cour du Serrail, les domeftiques & les efclaves des Bachas & des Agas qui ont affaire à la Cour y reftent pour attendre leurs Maîtres, & prennent foin de leurs chevaux; mais on y entendroit pour ainfi dire voler une mouche ; & fi quelqu'un y rompoit le filence par un ton de voix un peu trop élevé ; ou qu'il parût manquer de refpect pour la maifon du Prince, il feroit bâtonné fur le champ par les Officiers qui font la ronde.

Les Infirmeries font deftinées pour les malades de la maifon ; on les y conduit dans de petits Chariots fermés & tirés par deux hommes. Quand la Cour eft à Conftantinople, le premier Medecin & le premier Chirurgien y font leurs vifites tous les jours, & l'on affure que l'on y prend grand foin des malades : on dit même qu'il y en a plufieurs qui ne font pas trop incommodés & qui n'y vont que pour s'y repofer & pour y boire du vin; l'ufage de cette liqueur defenduë feverement par tout ailleurs eft toléré dans les Infirmeries, pourvû que l'Eunuque qui eft à la porte ne furprenne pas ceux qui le portent : car en ce cas le vin eft repandu par terre, & les porteurs font condamnés à deux ou trois cens coups de bâton.

De la premiere cour on paffe à la feconde ; fon entrée eft auffi gardée par 50. Capigis. Cette cour eft quarrée d'environ 300. pas de diametre, mais plus belle & plus agreable que la premiere ; les Chemins en font pavés & les allées bien entretenuës : tout le refte eft un gazon fort propre dont la verdure n'eft interrompuë que par des Fontaines qui en entretiennent la fraicheur. Le tréfor du Grand Seigneur & la petite Ecurie font à gauche, & l'on y montre une Fontaine où l'on faifoit autrefois couper la tête aux Bachas condamnés à mort : les offices & les cuifines font à droite embellies de leurs Dômes , mais fans cheminées : on y allume le feu dans le milieu & la fumée paffe par des trous percés dans les Dômes : la premiere de ces cuifines eft deftinée pour le Grand-Seigneur ; la feconde pour la premiere Sultane; la troifiême pour les autres Sultanes ; la quatriême pour le Capi-Aga ou Commandant des portes : dans la cinquiême on prepare à manger pour les Miniftres qui fe trouvent au Divan ; la fixiême eft pour les Pages du Grand-Seigneur, que l'on appelle les Ichoglans; la feptiême eft pour les Officiers du Serrail ; la huitiême pour les femmes & les filles qui fervent dans ce Palais ; la neuviême pour tous ceux qui font obligés de fe trouver dans la cour du Divan les jours de Juftice. On n'y apprête gueres de gibier, mais outre les 40. mille bœufs que l'on y confomme tous les ans, frais ou falés , les pourvoyeurs doivent fournir tous les jours 200. moutons , 100. agneaux ou chevreaux,fuivant les faifons, 10. veaux, 200. poules, 200. paires de poulets, 100. paires de pigeons, 50. oifons. Voila pour nourrir bien du monde.

Tout à l'entour de la cour regne une Galerie affez baffe, couverte de plomb & foutenuë par des Colonnes de marbre : il n'y a que le Grand-Seigneur qui entre à cheval dans cette cour, c'eft pour cela que la petite Ecurie s'y trouve ; mais il n'y a de place que pour environ 30. chevaux ; on ferre les harnois dans des Sales qui font au deffus & ce font les plus riches harnois du monde par la broderie & les pierres precieufes dont ils font relevés. La grande Ecurie dans laquelle on entretient environ mille chevaux, pour les Officiers du Grand-Seigneur eft du côté de la Mer fur le Bof-

CON. CON. 767

Bosphore. Les jours que les Ambassadeurs sont reçus à l'audience, les Janissaires proprement vêtus se rangent à droite sous la Galerie. La Sale où se tient le Divan, c'est-à-dire, où l'on rend la Justice, est à gauche tout au fond de cette Cour : à droite est une porte par où l'on entre dans l'interieur du Serrail; le passage n'en est permis qu'aux personnes mandées: pour la Sale du Conseil ou Divan, elle est grande, mais basse, couverte de plomb, lambrissée & dorée assez simplement à la Moresque. On n'y voit qu'un grand tapis étendu sur l'estrade où se mettent les Officiers qui composent le Conseil; c'est là que le Grand-Visir assisté de ses Conseillers, juge sans appel toutes les causes civiles & criminelles : Le Caimacan tient sa place en son absence & l'on y donne à manger aux Ambassadeurs le jour de leur audience. Voilà tout ce qu'il est libre aux Etrangers de voir dans le Serrail : pour penetrer plus avant la curiosité couteroit trop cher.

Les dehors du côté du Port, n'ont rien de remarquable que le Kiosc ou Pavillon qui est vis-à-vis de Galata : ce Pavillon est soutenu par douze Colonnes de marbre, il est lambrissé, peint à la Persienne & richement meublé. Le Grand-Seigneur y vient quelquefois pour avoir le plaisir de remarquer ce qui se passe dans le Port, ou pour s'embarquer lors qu'il veut se promener sur le Canal. Le Pavillon qui est du côté du Bosphore est plus élevé que celui du Port & il est bâti sur trois Arcades qui soutiennent trois Salons terminés par des Dômes dorés. Le Prince s'y vient divertir avec ses femmes & ses muets; tous ces quais sont couverts d'Artillerie, mais sans affuts : la plupart des Canons sont braqués à Fleur d'eau ; le plus gros qui est celui qui obligea, dit-on, Babylone à se rendre à Sultan Mourat est par distinction dans une Loge particuliere. Cette Artillerie fait grand plaisir aux Mahometans, car on la tire pour avertir que le Carême est fini, & qu'il ne faut plus jeûner; on la décharge aussi les jours de rejouïssances & pour les Conquêtes des Sultans ou pour celles de leurs Generaux.

Quand le Grand-Seigneur est à Constantinople il s'amuse quelquefois à observer de ce Kiosc les Cérémonies ridicules que font les Grecs le jour de la Transfiguration, à une Fontaine qui est auprès. Non seulement ils croyent que cette eau guerit la fievre, mais encore les maladies les plus facheuses tant presentes que futures. C'est pour cela qu'ils ne se contentent pas d'y amener les malades pour les faire boire, ils les enterrent dans le sable jusqu'au col & les deterrent un moment après : ceux qui se portent bien s'y lavent & boivent jusqu'à ce qu'ils rendent l'eau toute claire par le fondement. Toute la Grece est remplie de pareilles Fontaines; mais ces sortes de sources ne sont pas minerales, elles doivent leur reputation à la credulité des Peuples. Il y a une grande fenêtre proche de cette source, par où l'on fait passer, la nuit, ceux que l'on a étranglés dans le Serrail & l'on tire autant de coups de Canon que l'on jette de personnes dans l'eau. Les remises des Caïques des Chaloupes & des petites Galeres destinées pour les promenades du Grand-Seigneur sont proche ces Kiosc, & sont commises aux soins du Bostangi-Bachi ; on s'en sert pour aller se promener au Serrail de Scutari ou à Fanari-Kiosc; ces Bâtimens dont le Bostangi-Bachi tient le timon, quand le Grand-Seigneur les monte, sont très-legers & très-propres ; il n'y a pas jusqu'aux rames qui ne soient peintes & dorées. Fanari Kiosc est un Pavillon que Solyman II. fit bâtir au pied du Fanal qui est sur le Cap de Calcedoine; on dit que ce Pavillon est tout à fait charmant, & que ses Jardins sont plus beaux & mieux entendus que ceux du Serrail.

Quand on est dans le Port on voit Ayva-Seraï, qui signifie *le Serrail des miroirs* : son enceinte n'est pas grande, & la place où les Turcs s'exercent à tirer de l'arc se trouve derriere ses murailles. Il y a près de là une espéce de Tribune où les Turcs viennent comme en procession la veille des grandes batailles prier pour le Salut de l'armée. On y vient aussi quelquefois pour supplier le Seigneur de faire cesser la peste, mais c'est lorsqu'elle fait des ravages extraordinaires : c'est-à-dire, lorsqu'il meurt dans la Ville mille ou douze cens personnes par jour.

En faisant le tour du Cul-de Sac des eaux douces, à la vuë de Validé Seraï, & ensuite rangeant la côte de Cassun-Bacha on trouve d'abord Ayna Seraï ou *le Serrail des Coignassiers*, qui est tout auprès de l'Arsenal de la Marine appellé Ters-hana, des mots Persiens *Ters* Vaisseau & *Hana* lieu de Fabrique. Mahomet II. fit creuser le Port dans cet endroit-là, & y bâtit l'Arsenal & les remises des Galeres : on y construit aujourd'hui les Bâtimens du Grand-Seigneur. Il y a 120. remises voutées où les bâtimens sont à couvert ; les Magasins & les atteliers du Grand Seigneur sont bien fournis & bien entretenus : tout est soumis au Capitan Bacha dans ce quartier-là. Les principaux Officiers de Marine y logent, & l'on y voit peu de Chrétiens si ce n'est les Forçats & les Esclaves qui sont dans le *Bagno*; c'est-à-dire, dans une des plus affreuses prisons située entre Ayna-Seraï & l'Arsenal. Il y a trois Chapelles dans cette prison, une pour les Chrétiens du rite Grec & deux pour ceux du rite Latin ; l'une de celles-ci appartient au Roi de France, l'autre est à l'usage des Venitiens, des Italiens, des Allemans & des Polonois : les Missionnaires y confessent, disent la Messe, administrent les Sacremens, font les exhortations avec pleine liberté; en donnant quelque petite gratification au Commandant du Bagno. C'est le Capitan-Bacha qui le nomme, car il est comme Souverain dans son departement & ne rend compte de sa conduite qu'au Grand Seigneur, ce qui rend sa charge une des plus belles de l'Empire.

Du Fauxbourg appellé Cassun-Bacha on passe au travers de quelques Cimetiéres pour venir à Galata, qui est le plus beau Fauxbourg de la Ville, dont il faisoit autrefois la treizieme Region. [a] Ce Fauxbourg est bâti au delà du Port vis-à-vis le Serrail dans un quartier qui portoit le nom *des figuiers*, que l'on y cultivoit en abondance. [b] Justinien repara ce Fauxbourg & lui donna le nom de Justiniane :

[a] Socrat. L. II. c. 30.
[b] Procop. L. I. de Ædif. on Justin.

CON.

on ne sait pas d'où lui vient le nom de Galata, qu'il prit quelque tems après la mort de cet Empereur, si ce n'est qu'on le fasse deriver avec Tzetzès des Galates ou Gaulois qui traverserent le Port vers ce lieu-là ; mais ce passage est beaucoup plus ancien que le nom de Galata, & la pensée de Codin est plus vraisemblable. Il tire ce nom d'un Gaulois ou Galate comme parlent les Grecs qui s'établit dans ce Fauxbourg que les Grecs appellerent Galatou & ensuite Galata. Les Grecs de Constantinople croyent par une espece de tradition que Galata vient de *Gala*, qui dans leur Langue signifie *du Lait* ; ainsi cet endroit de la Ville fut nommé *le Fauxbourg du Lait*, parceque les Laitieres qui l'apportoient à Constantinople y logeoient ; de même que selon quelques-uns la pointe du Serrail fut appellée Bosphore à cause du marché aux bœufs.

Galata forme l'entrée du port du côté du Nord & c'est là que l'on tendoit la chaine qui le fermoit : cette chaine prenoit de la pointe du Serrail au Château de Galata, qui sans doute étoit bâti sur le Cap opposé. Xiphilin n'a pas oublié cette chaine dans la description qu'il a donnée après Dion Cassius du siege de Byzance fait par l'Empereur Severe. Leon l'Isaurien, à ce que dit Theophane, fit detendre cette chaine lorsque les Sarrazins se presenterent pour assiéger Constantinople, & c'est ce qui les obligea d'abandonner leur dessein ; car ils apprehenderent qu'on ne la tendît après qu'ils seroient entrés dans le Port & qu'on ne les y enfermât. [a] Michel le Begue au contraire s'en servit pour empêcher Thomas d'y passer. [b] Constantin Paleologue le dernier des Empereurs Grecs, opposa cette chaine à la Flotte de Mahomet II. & ce grand Conquerant tout fier qu'il étoit n'osa entreprendre de la faire couper ou de la forcer [c] : il fit executer quelque chose de plus extraordinaire, car on traîna par ses ordres à force de bras 70. Vaisseaux & quelques Galeres sur la Colline du côté de Pera, dont un corps d'armée occupoit les hauteurs. On équipa tous ces bâtimens & on les lança dans le Port tous chargés d'Artillerie.

Galata est defendu par des murailles assez bonnes flanquées de vieilles Tours : mais ces murailles ont été abattuës & rétablies en differens tems. Michel Paleologue s'étant rendu Maître de Constantinople par la valeur du Strategopule, ou petit General qui obligea Baudouin II. le dernier Empereur François de se retirer, donna cette Place aux Genois avec lesquels il avoit fait alliance : ce fut après en avoir rasé les murailles, comme le rapportent Pachymere [d] & Gregoras [e]. L'Empereur aima mieux se debarrasser de gens aussi habiles que les Genois, & les rencoigner dans ce quartier que de les laisser dans Constantinople, d'où ils l'auroient peut-être chassé lui-même. [f] La donation se fit aux conditions suivantes : 1. Que lorsque leur Podestat y arriveroit, il viendroit par hommage flechir le genou devant l'Empereur à l'entrée & au milieu de la Sale d'audience avant que de lui baiser les pieds & les mains. 2. Que les Seigneurs Genois lui rendroient les mêmes devoirs lorsqu'ils viendroient le saluer. 3. Que les Vaisseaux Genois en arrivant dans

[a] Zonar.
[b] Chalcond. l. 8.
[c] Leuncl. Hist. Musul. p. 574. & 576.
[d] L. XI. c. 35.
[e] L. IV.
[f] Pachym. L. V. c. 3. Cantacuz. L. I. c. 12. Codin.

CON.

le Port de Constantinople seroient les mêmes acclamations à l'Empereur que les Grecs avoient coutume de faire. [g] Les Genois malgré ces conditions avantageuses ne furent pas long tems à se brouiller avec le nouvel Empereur ; [h] Les Venitiens mêmes les attaquerent vivement sous Andronic le Vieux, qui fut le successeur de Michel : tout cela les obligea de se fortifier par de bons fossez & de bâtir des maisons de Campagne où ils pussent se defendre contre leurs Ennemis, comme dans autant de petits Forts ; ils eurent le chagrin de se voir abbattre [i] par l'ordre du jeune Andronic à qui ils avoient enlevé l'Isle de Meteline, ce qui leur fit prendre le parti de se mettre en état de faire tête aux Empereurs. En effet pendant les troubles de l'Empire, ils fortifierent si bien Galata [k] par de nouvelles Murailles, & par une garnison nombreuse sous Jean Paleologue & Cantacuzene, qu'on regardoit cette Place comme une Citadelle qui menaçoit Constantinople, & même Chalcondyle [l] avance que les Genois oserent bien l'assieger. Les Turcs ayant attaqué Galata, obligerent les Grecs & même les Tartares à se retirer ; mais enfin les Genois [m] cederent à la force, & leur Podestat remit les Clefs de la Place à Mahomet II. le même jour de la prise de Constantinople.

Il reste encore sur la Tour de Galata quelques Armes & quelques inscriptions des Seigneurs de cette Nation : les Turcs laissent perir ces sortes de Monumens, mais ils ne les abbattent pas, à moins qu'ils n'ayent besoin de materiaux pour bâtir des Mosquées, des Bazars, ou des bains, car alors ils n'épargnent rien. Galata est partagé en trois quartiers depuis Cassun-Bacha jusques à Topana : les murailles & les Tours qui separent ces quartiers subsistent encore, mais comme l'on a bâti des maisons contre la muraille qui descend depuis la Tour de Galata à la marine jusqu'à la Doüane, où il y a une Tour ronde ; & que d'ailleurs les Portes de Galata sont toujours ouvertes, l'on y passe sans remarquer la difference des quartiers. Le quartier de Hasap-Capi commence du côté de Cassun-Bacha, & finit à la Mosquée des Arabes, où se termine la muraille de separation qui tire de la Tour de Galata vers le Sud-Ouest, de là jusqu'à la Doüane c'est le quartier qu'on appelle Galata de la Doüane, & la muraille de separation monte vers la Grande Tour de Galata du Midi tirant au Nord. Cara-cui est le troisiéme quartier qui aboutit à Topana.

La Mosquée des Arabes étoit une Eglise de Dominicains, bâtie du tems & par les soins de St. Hyacinthe, qui avoit aussi contribué à l'établissement d'une Eglise de son Ordre à Constantinople : mais on n'y voit plus que deux Colonnes de marbre, d'environ 15. pieds de haut, qui forment la porte de la Maison d'un Turc : la Mosquée des Arabes fut confisquée sur les Dominicains il y a plus de 100. ans pour servir aux Mahometans Grenadins : on n'y a fait aucun changement ; les vitres & les Inscriptions Gothiques sont encore sur les portes ; le Clocher qui est une tour quarrée leur sert de Minaret. Les Dominicains ont encore une

[g] Gregor. L. V.
[h] Idem Lib. VI. & XI. Pachym. L. IX. c. 5.
[i] Gregor. L. XI.
[k] Cantacuz. L. IV. c. 11.
[l] Lib. VI. & Lib. I. Froissard. 3. Vo. c. 11.
[m] 1453. 28 Juin Chalcond. L. VIII. Ducas. c. 30. 42. Phranz. L. III. c. 18.

CON. CON. 769

une Eglise à Galata dediée à St. Pierre, ils en sont en possession depuis plus de 300. ans. Les Capucins François y ont depuis environ 100. ans une Eglise sous le titre de St. George, elle appartient aux Genois. Les Grecs ont trois Eglises dans le quartier de Caracui & les Armeniens y en ont une qui s'appelle Saint Gregoire. Les Latins y possedent celle de St. Benoît qui étoit aux Benedictins du tems des Genois; mais elle fut donnée aux Jesuites par la Communauté de Pera. Les Recolets ou *Zocolanti* avoient depuis plus de 200. ans une Eglise dediée à Ste. Marie, avec droit de Paroisse, ils se tiennent à present à Pera tout contre l'Hospice des Peres de la Terre-Sainte ceux-ci ne reçoivent personne dans leur Chapelle, n'étant à Constantinople que pour les affaires des SS. Lieux. Les Cordeliers étoient Curés à Galata depuis 400. ans, mais leur Eglise depuis que le feu l'a prise a été convertie en Mosquée, que les Francs appellent la Mosquée de Saint François, & les Turcs la Mosquée de la Validé. Cette Eglise n'a été perduë que par la faute des Religieux Italiens, dont la vie n'étoit pas reguliere, on vendoit chez eux du vin & de l'eau de vie : c'est le négoce que les Turcs abhorrent le plus. Ils ont affecté de mettre dans les Lettres patentes de fondation, *qu'ils avoient converti un lieu de scandale & d'abomination en une Maison du Seigneur*. Les Cordeliers se sont retirés à Pera dans une maison voisine du Palais de France, ils n'ont encore pû obtenir aucune place en compensation de celle qu'ils ont perduë à Galata, & en attendant comme ils n'ont pas perdu le titre de Curés, ils reçoivent leurs Paroissiens dans une chambre de leur maison, dont ils ont fait une Chapelle : leur Superieur est Vicaire du Patriarche de Constantinople, qui est ordinairement un Cardinal. L'Archevêque de Spiga Cordelier faisant fonction de Vicaire Patriarchal, mourut à Pera dans le mois d'Août 1705.

On goûte dans Galata une espece de liberté, qui ne se trouve gueres ailleurs dans l'Empire Othoman. Galata est comme une Ville Chrétienne au milieu de la Turquie, où les Cabarets sont permis, & où les Turcs mêmes viennent boire du vin : il y a des Auberges à Galata pour les Francs, on y fait bonne chére. La Halle aux poissons merite d'être vuë; c'est une longue ruë où l'on étale de châque côté les plus beaux & les meilleurs poissons du monde.

On monte de Galata à Pera, qui en est comme le Fauxbourg, & que l'on a confondu autrefois sous le même nom. Pera est un mot Grec qui signifie *au delà*; & les Grecs de Constantinople qui veulent passer au delà du Port, se servent encore de ce mot, que les Etrangers ont pris pour tout le quartier. Ce quartier comprenant Galata & Pera, a été nommé Perée par Nicetas, par Gregoras, par Pachymere, & simplement Pera par les autres Auteurs; mais on distingue aujourd'hui Pera de Galata, & Pera n'est précisément que le Fauxbourg situé au delà de la Porte de cette Ville. Les Grecs appellent aussi les bateaux de trajet, *Peramidia*, & par corruption les Francs les nomment *Permes*. La situation de Pera est toutà-fait charmante, on decouvre delà toute la Côte d'Asie & le Serrail du Grand Seigneur. Les Ambassadeurs de France, d'Angleterre, de Venise & de Hollande ont leurs Palais dans Pera : celui du Roi de Hongrie, car l'Empereur ne l'envoye proprement que sous ce titre, ceux de Pologne & de Raguze logent dans Constantinople.

[a] Le Palais de France est la Maison de Constantinople la plus logeable & la mieux entenduë pour des personnes élevées en Europe : il fut bâti par ordre de Henri IV. dans le tems que M. de Breves étoit Ambassadeur, mais on y a fait de beaux appartemens sous M. de Nointel. [b] La Chapelle de ce Palais est desservie par les Capucins François qui sont les Curés de la Nation : ils sont aussi les maitres des enfans de la Langue : c'est ainsi qu'on appelle quelques jeunes gens que le Roi fait élever à Constantinople, afin que dans la suite ils puissent servir d'Interpretes aux Consuls François dans les Echelles du Levant. Les Marchands Etrangers ont leurs maisons & leurs Magazins dans Pera aussi bien que dans Galata, pêle-mêle avec les Juifs, les Grecs, les Armeniens, & les Turcs. Il y a un Serrail au haut de Pera, à la vuë du Palais de France; ce Serrail est un grand corps de Logis quarré & bien bâti, où l'on élevoit les enfans de tribut; c'est-à-dire, ceux que les Officiers du Grand Seigneur choisissoient dans les familles des Grecs qui sont en Europe, pour servir auprès de sa Hautesse après les avoir faits Musulmans, & qu'ils étoient instruits aux exercices convenables. Comme on ne leve plus cette espéce de tribut, ce Serrail n'est pas habité; on y met seulement quelques gardes, mais on le laisse deperir.

[a] Tournefort. Voy. du Levant Tom. 1. p. 181.

[b] Idem Tom. II. p. 8.

On descend de Pera à Top-hana ou Topana, qui est encore un autre Fauxbourg sur le bord de la Mer, au dessus de Pera & de Galata, tout à l'entrée du Canal de la Mer-Noire, où la plupart des gens se rendent pour s'embarquer, quand ils veulent aller se promener sur l'eau. On l'appelle *Topana*, comme qui diroit *Arcenal*, ou maison du Canon : car *Top*, en Turc signifie *Canon*, & *Hana* signifie *Maison*, ou lieu de Fabrique. Rien n'est si agréable que l'Amphitheâtre que forment les maisons de Galata, de Pera & de Topana. Il s'étend du haut des Collines jusqu'à la Mer. Topana est un peu plus élevé que les autres; mais il est plus petit. Mezomorto qui étoit Capitan-Bacha en 1701. y avoit fait bâtir un beau Serrail. On voit à 100. pas de la Mer l'Arsenal où l'on fond l'Artillerie ; c'est une maison couverte de deux Dômes, & qui a donné le nom à tout le quartier : les Turcs fondent de fort bons canons, ils employent de bonne matiere, & gardent d'assez justes proportions, mais leur Artillerie est toute simple & sans ornemens.

Les Turcs n'ont pas de goût pour le dessein, & n'en auront jamais parce que suivant leur Religion il leur est defendu de dessiner des figures : c'est cependant sur les figures que l'on se forme le goût, soit pour la Sculpture, soit pour la Peinture; ainsi les Turcs ne profitent

tent pas des morceaux d'antiques qui restent chez eux. Ceux de Constantinople se reduisent à deux Obelisques & à quelques Colonnes ; il y a aussi quelques bas-reliefs aux 7. Tours. Les Obelisques sont dans la place de l'Atmeidan, qu'on appelloit l'Hippodrome sous les Empereurs Grecs : c'étoit un Cirque que l'Empereur Severe commença, & qui ne fut achevé que par Constantin : il servoit pour les courses de chevaux, & pour les principaux Spectacles ; & les Turcs n'ont presque fait que traduire le nom de cette Place en leur Langue, car *at*, chez eux, signifie un cheval, & *meidan* une *place*, comme qui diroit la place aux chevaux : elle a plus de 400. pas de longueur sur 100. pas de largeur.

Ordinairement le Vendredi au sortir de la Mosquée, les jeunes Turcs qui se piquent d'adresse s'assemblent à l'Atmeidan, bien propres & bien montés, & se partagent en deux bandes qui occupent chacune un des bouts de la place. A châque signal qui se fait, il part un Cavalier de châque côté qui court à toute bride un bâton à la main en forme de Zagaye : l'habileté consiste à lancer ce bâton & à fraper son adversaire, ou à éviter le coup : ces Cavaliers courent si vîte qu'on a de la peine à les suivre des yeux. Il y en a d'autres qui dans ces courses précipitées passent par dessous le ventre de leurs chevaux & se remettent sur la selle ; quelques-uns descendent & remontent après avoir amassé ce qu'ils ont laissé tomber à dessein, tandis que leurs chevaux ne cessent point de courir ; mais ce qu'il y a de plus surprenant c'est d'en voir qui renversés sur la croupe de leurs chevaux, courans tant que le cheval peut aller, tirent une fléche, & donnent dans l'un des fers de derriere de leur même cheval ; il faut avouer aussi qu'il n'y a pas de chevaux plus vîtes & qui partent mieux de la main, mais ils n'ont pas de bouche naturellement, ou peut-être est-ce faute de bons mors, qu'il leur faut un grand terrain pour tourner.

L'Obelisque de Granit ou Pierre Thebaïque, est encore élevé dans l'Atmeidan : c'est une Pyramide à 4. coins d'une seule piece, haute d'environ 50. pieds, terminée en pointe, chargée de ces Caracteres & figures que l'on appelle Hieroglyphes, & que l'on ne connoit plus ; on juge bien par là qu'elle est fort ancienne & qu'elle a été travaillée en Egypte. Les Inscriptions Grecque & Latine qui sont à sa base, marquent que l'Empereur Theodose la fit relever après qu'elle eut resté long tems à terre ; les machines mêmes que l'on y employa pour la mettre sur pied sont représentées dans un bas-relief & l'on voit dans une autre la place de l'Hippodrome telle qu'elle étoit, lorsqu'on y faisoit les courses chez les Anciens. Nicetas[a] dans la Vie de St. Ignace Patriarche de Constantinople, remarque que cet Obelisque étoit surmonté par une pomme de Pin de bronze qui fut abattuë par un tremblement de terre.

A quelques pas de là se voyent les restes d'un autre Obelisque à 4. faces bâti de differentes pieces de marbre ; la pointe en est tombée & le reste menace ruine : cet Obelisque étoit couvert de plaques de bronze comme il paroit par les trous faits pour recevoir les pointes qui les attachoient au marbre. Sans doute que ces plaques étoient relevées de bas-reliefs & d'autres ornemens : car l'Inscription qui se lit dans la base en parle comme d'un ouvrage tout-à-fait merveilleux. Bondelmont dans sa description de Constantinople, donne 24. coudées de haut à l'Obelisque de Granit, & 58. coudées à celui-ci : peut-être même qu'il soutenoit la Colonne de bronze aux 3. Serpens. Voici la Traduction de l'Inscription qui fait mention de cet admirable Obelisque. *L'Empereur Constantin, à present regnant, pere de Romanus la gloire de l'Empire, a rendu bien plus merveilleuse qu'elle n'étoit cette admirable Pyramide quarrée, que le tems avoit détruite, & qui est chargée de choses sublimes, car l'incomparable Colosse étoit à Rhodes & ce bronze surprenant se trouve ici.* On ne sait ce que c'étoient que ces choses sublimes, ni quel raport avoit cet ouvrage avec le Colosse de Rhodes, si ce n'est peut-être que c'étoient deux merveilles, chacune dans leur genre. Voilà une grande Enigme.

La Colonne aux trois serpens n'est gueres mieux connuë : elle est d'environ 15. pieds de haut, formée par trois serpens tournés en spirale comme un rouleau de tabac ; leurs contours diminuent insensiblement depuis la base jusque vers les cols des serpens ; & leurs têtes écartées sur les côtés en maniere de trepié, composoient une espéce de chapiteau. On dit que Sultan Mourat avoit cassé la tête à un de ces Serpens : la Colonne fut renversée & les têtes des deux autres furent cassées en 1700. après la Paix de Carlowits. On ne sait ce qu'elles sont devenuës, mais le reste a été relevé, & se trouve entre les Obelisques, à pareille distance de l'un & de l'autre : cette Colonne de bronze est une piéce des plus anciennes, supposé qu'elle ait été apportée de Delphes, où elle servoit à soutenir ce fameux trepié d'or que les Grecs après la bataille de Platée, firent faire partie des tresors qu'ils trouverent dans le Camp de Mardonius à qui Xerxès en s'enfuyant de Grece avoit laissé des richesses immenses. Ce trepié d'or, dit Herodote[b], étoit porté sur un serpent de bronze à 3. têtes : il fut consacré à Apollon & placé auprès de l'Autel dans son Temple de Delphes. Pausanias General des Lacedemoniens à la bataille de Platée, fut d'avis qu'on donnât cette marque de reconnoissance au Dieu des Oracles. [c] Pausanias le Grammairien qui étoit de Cesarée en Cappadoce, & qui dans le second siecle nous a donné une belle description de la Grece, fait mention de ce même trepié : après la bataille de Platée, dit-il, les Grecs firent present à Apollon d'un trepié d'or soutenu par un Serpent de bronze. Il ne seroit pas surprenant que la Colonne de Bronze dont nous parlons fût ce Serpent ; car outre Zozime & Sozomene qui assurent que l'Empereur Constantin fit transporter dans l'Hippodrome les trepiés du Temple de Delphes, Eusebe rapporte que ce trepié transporté par l'ordre de l'Empereur, étoit soutenu par un Serpent roulé en spire.

Ceux qui pretendent que les Serpens de Bronze de l'Hippodrome ont servi de Talisman,

[a] Nicetas Paphlag.

[b] Lib. IX.

[c] Pausan. Phocaic.

man, pourroient appuyer leur pensée sur la priere que les habitans de Byfance firent à Apollonius de Tyane d'en chaffer les Serpens & les Scorpions, comme Glycas l'a écrit. C'étoit assez la pratique d'Apollonius de faire representer en Bronze les figures des animaux qu'il pretendoit chasser, car Glycas [a] assure qu'il fit élever un Scorpion d'Airain dans Antioche, pour la delivrer des Scorpions.

[a] Annal. Glyc. part. III.

Avant que de fortir de l'Hippodrome on doit jetter un coup d'œil sur la Mosquée Neuve qui est à gauche & sur le Serrail d'Ibrahim Bacha qui est sur la droite, & qui dans son tems a été un des plus beaux bâtimens de Constantinople.

Dans la rue d'Andrinople & dans le quartier de la Solymanie, on peut voir la Colonne brûlée : on a raison de lui donner ce nom, car elle est devenuë si noire & si enfumée par les incendies qu'on a de la peine à distinguer de quelle matiere elle est. Cependant à l'examiner de près, on s'apperçoit que les pierres qui la composent, font de Porphyre & que les jointures en sont cachées par des cercles de cuivre. On croit qu'elle soutenoit la figure de Constantin, & l'inscription qui est au haut, marque que [b] *cet ouvrage admirable fut restauré par le très-pieux Empereur Manuel Comnene.* Glycas rapporte que sur la fin de l'Empire de Nicephore Botoniate qui fut rasé & mis dans un Cloitre, le tonnerre abattit la Colonne de Constantin qui soutenoit la figure d'Apollon à laquelle on avoit donné le nom de cet Empereur.

[b] Annal. part. IV.

La Colonne, qu'on appelle *Historique*, n'est pas d'une matiere si precieuse, puisqu'elle n'est que du marbre blanc ; mais elle est estimable par sa hauteur qui est de 147. pieds & par ses bas-reliefs qui sont d'un assez bon goût pour ce tems-là : c'est dommage que le feu les ait maltraités : ils representent les Victoires de l'Empereur Arcadius : les Villes conquises y paroissent sous la forme de femmes dont les têtes sont couronnées de Tours : les chevaux en sont assez beaux & ne font pas tort à la main du Sculpteur ; mais l'Empereur est dans une espece de fauteuil avec une robe & une fourrure qui approchent fort de celles d'un Professeur en Droit. Le *Labarum* est au dessus de sa tête soutenu par deux Anges avec la devise des Empereurs Chrétiens. *J. Christ est Vainqueur.* I. X. NIKA. Pour la Colonne de Marcian quoiqu'elle soit de granit, ce n'est pas un ouvrage fort recherché ; elle a fait plus d'honneur à Mrs. Spon & Wheler qui l'ont découverte les premiers, qu'à Tatianus qui l'avoit dressée pour soutenir la statuë & peut-être l'Urne où il avoit mis le cœur de l'Empereur Marcian. Il est surprenant que cette Colonne ait échapé à la curiosité de M. Gilles dans son exacte description de Constantinople : cette Colonne est dans la Cour d'un particulier, proche la ruë d'Andrinople, auprès des bains d'Ibrahim Bacha.

Le Vieux & le Nouveau Bazar ne sont pas éloignés l'un de l'autre. Ce sont de grands bâtimens quarrés couverts de Dômes revêtus de plomb, soutenus par des Arcades & des Pilastres. Il y a peu de marchandises fines dans le vieux Bazar bâti par ordre de Mahomet II. en 1461. mais on y vend des armes & sur tout des Sabres & des Harnois de chevaux : On y en trouve d'enrichis d'or, d'argent & de pierreries. Le Bazar neuf est destiné pour toutes sortes de marchandises ; quoiqu'il n'y ait que des boutiques d'Orfevres, on y vend aussi des fourrures, des vestes, des tapis, des étofes d'or, d'argent, de soye, de poil de chevre : les pierres precieuses & la porcelaine n'y manquent pas. Les marchandises sont en grande sureté dans ces lieux : les portes en sont fermées de bonne heure, & l'on y fait la garde & la ronde jour & nuit. Les Turcs vont coucher chez eux dans la Ville ; mais les Marchans Chrétiens & les Juifs se retirent au delà de l'eau, & reviennent le lendemain au matin.

Le marché aux Esclaves de l'un & de l'autre sexe n'est pas loin delà : ces malheureux y sont assis dans une posture assez triste ; avant que de les marchander on les considere de tous côtés, on les examine, on leur fait faire l'exercice de tout ce qu'ils ont appris ; & bien souvent tout cela se fait plusieurs fois dans la journée sans qu'on conclue le marché. Les hommes & les femmes auxquelles la nature a refusé des charmes sont destinées pour les services les plus vils ; mais les filles qui ont de la beauté & de la jeunesse ne sont malheureuses qu'en ce qu'on les oblige ordinairement à suivre la Religion du Pays. On va les choisir chez leurs Maîtres, & ces Maîtres qui sont des Juifs prennent grand soin de leur éducation afin de les mieux vendre : car il est du marché aux Esclaves comme du marché aux chevaux où l'on n'amene pas souvent les plus beaux : il faut aller chez les Juifs pour voir de belles personnes, ils leur font apprendre à danser, à chanter, à jouer des instrumens & ne leur laissent rien negliger de ce qui peut inspirer de la tendresse. On y voit des filles fort aimables qui se marient avantageusement & qui ne se ressentent plus de l'Esclavage ; elles ont la même liberté dans leurs maisons que les Turques de naissance.

Rien n'est si plaisant que de voir venir incessamment de Hongrie, de Grèce, de Candie, de Russie, de Mingrelie & de Georgie une prodigieuse quantité de filles destinées pour le service des Turcs. Les Sultans, les Bachas, & les plus grands Seigneurs choisissent souvent leurs épouses parmi elles.

Les filles que leur sort conduit dans le Serrail ne sont pas les mieux partagées ; il est vrai que celle d'un berger peut devenir Sultane ; mais combien y en a-t-il de negligées par le Sultan. Après la mort du Sultan on les enferme pour le reste de leurs jours dans le vieux Serrail où elles sechent de langueur supposé qu'elles ne soient pas recherchées par quelque Bacha. Ce vieux Serrail qui est proche de la Mosquée de Sultan Bajazet fut bâti par Mahomet II. On y confine ces pauvres femmes ou filles pour y pleurer tout à loisir la mort du Prince, ou celle de leurs enfans que le Nouveau Sultan fait quelquefois étrangler ; ce seroit un crime de pleurer dans le Serrail où loge l'Empereur : au contraire chacun s'empresse d'y temoigner de la joye pour son avenement à l'Empire.

Le Château des sept tours situé au bout de la

la Ville du côté de la Terre ferme & de la Mer de Marmara, a pris son nom de pareil nombre de tours que l'on y voit couvertes de plomb : c'est une espece de Bastille, où l'on met en prison les personnes de distinction ; mais on en refuse l'entrée aux Etrangers depuis que le Chevalier de Beaujeu qui y étoit prisonnier trouva le secret d'en sortir. Il avoit fait des prises si considerables sur les Turcs, que le Grand Seigneur pour se vanger de son évasion fit couper la tête au Gouverneur du Château. La porte dorée qui étoit la plus considerable sous les Empereurs de Constantinople se trouve dans l'enceinte de cette prison. Procope assure que Justinien en fit paver le chemin pour le passage des Armées. Du tems des Empereurs Grecs il y avoit à cette porte une espéce de Château qu'on appelloit le *Château rond.* Cantacuzene [a] qui fut Empereur pendant quelque tems, nous apprend qu'il le rendit comme imprenable par les fortifications qu'il y fit faire ; elles furent démolies par son gendre Jean Paleologue qui l'obligea de se retirer dans un monastere ; cependant comme Bajazet menaçoit d'assiéger la Ville, Paleologue fortifia par de nouveaux ouvrages la porte dorée ; à peine furent-ils achevés que Bajazet par les menaces le contraignit de les faire abbattre. Sans la guerre que ce Sultan eut à soutenir contre Tamerlan, il auroit sans doute assiégé & pris Constantinople : car Paleologue étoit trop foible pour l'en empêcher. La Conquête de cette Ville étoit reservée à Mahomet II. : c'est lui qui fit mettre le Château dans l'état qu'il est aujourd'hui. Pour y garder les tresors on y fit ajouter 3. tours à celles qui étoient à la porte dorée & la fit murer : ces trois tours sont dans l'enceinte de la Ville, car le côté de la porte dorée regarde la campagne : la place est pentagone, mais petite & sans fossé du côté de Constantinople. Voiez BYZANCE.

[a] Lib. IV. c. 40 & 41.

Selon les Observations du P. Feuillée, Constantinople est de 26. d. 33′. plus Oriental que l'Observatoire de Paris. Sa latitude est de 41. d. 4′.

Comme Constantinople a été la Capitale d'un vaste Empire il est bon de donner une idée de cet Empire. Constantin le Grand se voyant maître absolu de l'Empire après la mort de Diocletien, de Maximien, de Galerius, de Maxence, de Maximin, & de Licinius, fut touché de la situation de la Ville qui jusquelà avoit porté le nom de Byzance ; il la rebâtit, la fortifia, & l'embellit de toutes les depouilles de l'Asie, de l'Europe & de l'Afrique ; & pour comble de faveur la choisit pour en faire le siége de son Empire. Cette Ville par reconnoissance prit le nom de son Nouveau Fondateur & s'appella Constantinople. Et comme elle devenoit la capitale de l'Empire Romain, on l'appella aussi la NOUVELLE ROME. Constantin partagea son Empire en deux departemens savoir l'ORIENT & l'OCCIDENT.

L'ORIENT comprenoit la Hongrie, la Transsilvanie, la Walachie, la Moldavie, la Thrace, la Macedoine, la Grece, le Pont, l'Asie, & l'Egypte.

L'OCCIDENT contenoit l'Allemagne, une partie de la Dalmatie, & de l'Esclavonie, l'Italie, les Gaules, l'Angleterre, l'Espagne & l'Afrique.

Les trois fils de Constantin partagerent entre eux l'Empire qu'avoit eu leur Pere ; mais cette division ne dura pas, & Julien recueillit toutes les parties de l'Empire & fut le dernier de cette famille qui finit par un Apostat. L'un & l'autre Empire étoit encore entre les mains de Theodose le Grand qui les partagea entre ses deux fils Arcadius & Honorius. Le premier eut l'Empire d'Orient dont le Siége étoit à Constantinople, & le second fut Empereur d'Occident, & eut sa residence à Rome. Nous parlerons de l'Empire d'Occident à l'article de Rome.

L'EMPIRE D'ORIENT commença donc sous Arcadius qui regna après Theodose le Grand, son Pere, mort l'an 395. Il a duré 1058. ans sous LXXVI. Empereurs, & finit l'an 1453. avec le Regne de Constantin Paleologue qui perit dans la prise de Constantinople par Mahomet II. & depuis cette Epoque cette Ville en cessant d'être la Capitale de l'ancien Empire Grec, est devenue la Capitale du Nouvel Empire des Turcs.

La division de l'Empire fut la cause de sa ruine. Les Goths, les Vandales & autres Nations venues du Nord inonderent l'Empire d'Occident, où elles établirent diverses Monarchies & entamerent l'Empire d'Orient. Dès le regne d'Arcadius les Goths aidez par Rufin son premier Ministre s'avancerent jusques dans le Peloponnese ; & l'Afrique fut envahie par divers Tyrans. Sous Theodose II. son fils les Vandales prirent Carthage & commencerent un nouveau Royaume dans l'Afrique qu'ils desolerent & où ils porterent l'Arianisme dont ils étoient infectez. Belisaire General de Justinien détruisit ce Royaume, lui conquit la Sicile, assiégea & prit Naples, se rendit maître de Rome & défit près de Ravenne Witigès Roi des Goths qu'il fit prisonnier & mena à Constantinople. L'Italie qui avoit autrefois été le principal Pays de l'Empire d'Occident devint alors une Province de l'Empire d'Orient ; mais les Empereurs n'en joüirent pas fort paisiblement, à peine purent-ils conserver quelque tems l'Exarchat de Ravenne dont je parle en son lieu. Sous Heraclius les Sarasins s'emparerent de la Terre Sainte qu'ils ravagerent. Ces barbares prirent de telles forces que sous Constantin Pogonate ils se trouverent en état d'attaquer la Sicile & même d'aller mettre le siége devant Constantinople. Sous Philippique Bardanès ils conquirent sur cet Empereur les plus belles Villes de la Cilicie, tandis que les Bulgares mécontens pilloient la Thrace, & faisoient des prisonniers jusques aux portes de Constantinople. Pendant long-temps il n'y eut pour Empereurs d'Orient que des Scelerats qui se supplantoient les uns les autres, & qui n'ayant ni probité, ni religion, ni aucune sorte de merite donneroient lieu par leur propre exemple aux revoltes qui les renversoient du Throne. Des gens qui avoient tout à craindre de ceux mêmes qui les environnoient n'étoient gueres en état de conserver les Frontieres de leur Empire contre les ennemis du dehors. Sous Alexis Comnene les Turcs prirent les Isles de Chio, de Lesbos, de Rhode & de Samos. Ce fut

CON.

fut vers ce temps-là que les François commencerent les fameufes Croifades contre les Turcs & les Sarrafins. L'an 1204. Alexis Mirtylle ayant été dechiré par le Peuple après un regne de deux mois & demi Baudouin Comte de Flandres l'un des Seigneurs de l'armée Françoife fe rendit maître de Conftantinople & de l'Empire qui paffa aux François qui le poffederent jufqu'à l'an 1260. Lorfque Baudouin faifoit cette conquête Alexis Comnene tenoit la Colchide ou la Province de Trebifonde à titre de Principauté fous les Empereurs de Conftantinople; voyant Conftantinople entre les mains des François, il fe fit Souverain fans néanmoins prendre le titre d'Empereur, ce fut Jean Comnene qui prit le premier cette qualité d'Empereur de Trebifonde. Voyez ce mot. Dans le même temps un troifiéme Empire fe formoit dans la Thrace, Théodore Lafcaris pretendoit avoir un double droit à l'Empire il avoit époufé Anne Comnene fille d'Alexis Comnéne Empereur & Veuve d'Ifac Comnéne qui en renonçant à l'Empire s'étoit contenté du titre de *Sebaſtocrator* qu'il avoit inventé. Il prit donc le Titre d'Empereur & refida à Andrinople tandis que les Empereurs François avoient leur fiége à Conftantinople. Mais Jean & Theodore fes arriere-petits-fils ayant fuccedé en bas âge eurent pour tuteur Michel Paléologue qui chaffa Baudouin de Conftantinople l'an 1259, & fe defit l'an fuivant de fes deux pupiles & fe faifant lui-même Empereur réünit l'Empire qu'ils avoient poffedé à Andrinople à celui de Conftantinople dont il s'étoit déjà rendu maitre. L'an 1362. Amurat I. Empereur des Turcs prit Andrinople qui devint la Capitale des Ottomans, déjà maitres de l'Afie mineure & fur tout de la Bithynie. Il ne reftoit plus à l'Empire d'Orient que quelques Provinces delabrées. L'an 1340. les Paléologues furent renverfez du Thrône par Jean Cantacufene qui fut detroné à fon tour par Jean Paléologue. Ce fut fous l'Empire de ce dernier que les Turcs prirent Andrinople. Pour achever la deftruction de ce malheureux Etat Emanuel Paléologue après un regne de trente & un ans laiffa fept fils, favoir Jean qui lui fucceda & regna 27. ans; Andronic qui fut Prince de Theffalonique: il la vendit aux Venitiens & mourut de la Lepre; Theodore qui alla chez un Oncle qu'il avoit & qui étoit Defpote de la Morée; Demetrius qui regna à Sparte; Thomas qui eut Corinthe; Manuel qui fe retira auprès de Mahomet II. qui le retint toujours prifonnier. Et enfin Conftantin qui fucceda à Jean fon frere. Ce fut fous ce Conftantin que la mefure des crimes de ces Empereurs étant comblée Dieu livra leur Capitale & ce qui reftoit des debris d'un vafte Empire à une Nation barbare qui y établit un Culte impie. Conftantinople fut prife d'affaut le 28. Mai 1453. & devint la Capitale de l'Empire Turc comme elle l'eft encore à prefent.

• CONSTANTINORUM CIVITAS. Le V. Concile de Conftantinople nomme ainfi une Ville qui étoit de l'Ofrhoene. Ortelius[a] doute fi ce ne feroit pas la même que Conftantine de la même Province, mais dans la Mefopotamie.

[a] Thefaur.

CON. 773

CONSTANTINOW[b], Petite Ville de Pologne dans la Volhinie vers la Podolie, fur la Riviere de Slucza, à trois milles Polonois de Zaflau. Elle a été fort endommagée par les Cofaques.

[b] Baudrand Edit. 1705.

CONSTANTIOLA. Lieu particulier aux environs du bas Danube, felon l'Hiftoire Mêlée[c].

[c] l. 17.

CONSTITUTA, Lieu particulier de la Paleftine. Il y avoit Garnifon Romaine au raport de la Notice de l'Empire[d].

[d] Sect. 21.

CONSUANETES, ancien Peuple de la Vindelicie, felon Pline[e]. Ptolomée[f] qui l'y met auffi, le nomme CONSUANTÆ. On n'a que de foibles conjectures fur le Pays qu'il occupoit. Simler attiré par une reffemblance de nom croit que c'eft le petit Pays de SCHUINDAW fur la Riviere de l'Ifer, ce qui ne s'éloigne pas beaucoup de ceux qui le mettent autour de Landshur.

[e] l. 3. c. 10.
[f] l. 2. c. 13.

CONSUARANI, Peuple de la Gaule Narbonnoife, felon Pline[g] qui dit qu'ils étoient plus éloignez de la Mer que les Sardons. C'eft aujourd'hui le Pays de COUSERANS ou CONSERANS: voiez ce mot. Comme ce Peuple fe trouve nommé dans les Notices *Conforani*, on doute fi ce ne feroit pas le même que les SORANNI de Gregoire de Tours.

[g] l. 3. c. 4.

CONSUEGRE[h], Ville d'Efpagne dans la Caftille Neuve au pied d'une Côte avec un ancien Château, où eft la refidence du Grand Prieur de Caftille, au Pays de la Manche vers les fources de la Guadiana, à dix lieues de Toléde.

[h] Baudrand Ed. 1705.

1. CONTA. Voiez CONGA.

2. CONTA, Riviere d'Italie dans l'Etat de Génes en Italie. Elle a fa fource dans le Piémont fur les Confins du Marquifat de Final & après avoir reçu l'Arofcia elle fe perd dans la Mer à Albengue. On la nomme auffi METRA & NERA, c'eft la *Merula* des Anciens, au raport de Mr. Baudrand. Ce nom eft écrit CENTA fur les Cartes de Magin.

CONTA AGINNUM, quelques exemplaires de l'Itineraire d'Antonin nomment ainfi un lieu fur la route de Terouane à Rheims entre *Augufta Veromandicorum* & *Augufta Sueffonum* que nous expliquons ailleurs. Ortelius en fait une Ville ou un Bourg, *Oppidum*. Antonin ne dit pas que ce fût même un Village; il dit feulement le nom fans qualifier cet endroit. En recompenfe Ortelius foupçonne qu'il faut lire *Contra Aginnum*; c'eft affez la maniere d'Antonin d'employer la prepofition *contra* pour dire à l'opofite, ou vis-à-vis des Villes par où la grande Route ne paffoit pas directement. On trouve dans l'Itineraire *Contra Pfelos*, *Contra Thalmas*, *Contra Tafis* & quantité d'autres. Mais je ne fais à quoi penfoit Surita quand adoptant la correction d'Ortelius il explique ce nom d'*Aginnum* par *Agen* qui étoit dans la Gaule Aquitanique. Il raporte ces vers d'Aufone à Paulin.

Santonus ut fibi Burdigalam mox jungit Aginnum
Illa fibi & Populos Aquitanica jura colentes.

Il ajoute qu'on l'a appellée enfuite *Agennum*, & que cette Eglife (*Agennenfis Ecclefia*) eft

Eeeee* 3 fousoumise à l'Archevêché de Bourdeaux. Zurita se seroit épargné cette ridicule remarque s'il eût fait reflexion qu'il n'est point question d'une Ville de l'Aquitaine, mais bien d'un lieu de la Belgique à XIII. milles de Soissons en allant vers Cambray ; & à XXXI. Milles de cette dernière Ville. Simler a plus heureusement rencontré quand il a lû *Contraginnum*, sur la foi des Notices de l'Empire qui nomment un Peuple *Contraginenses* [a]. *Præfectus Lætorum Batavorum Contraginensium Noviomago Belgicæ Secundæ.*

[a] Sect. 65.

CONTADESDUS. Riviere de Thrace. Elle se dégorge dans l'Agriane, selon Herodote [b].

[b] in Melpomene.

CONTARINI, ancienne Ville de l'Isle de Candie. Ce n'est plus qu'un Bourg à demi ruiné sur la Côte Occidentale de l'Isle.

CONTE [c], Place d'Afrique au Royaume de Maroc dans la Province de Duquela. Les Historiens disent qu'elle a été bâtie par les Goths, lors qu'ils étoient Maîtres de la Côte de la Mauritanie Tingitane. Elle est sur le bord de la Mer à sept lieues de Safie du côté de l'Orient, & étoit autrefois fort peuplée, car il y faisoit un grand trafic ; mais les Arabes la ruinérent sous le Gouvernement de Taric qui passa à la Conquête de l'Espagne & les Portugais acheverent depuis de la demolir. On voit encore quelque reste de ces vieux murs & les Arabes de Jarbie qui errent par la Province de Duquela sont Seigneurs de cette Contrée. La terre fait près de là une pointe que Ptolomée apelle le Cap de Conté (Marmol ou d'Ablancourt son Traducteur se trompe, ce Cap dans Ptolomée est nommé Κόττης Ἄκρον, c'est-à-dire, le Cap de Cottès, c'est presentement le Cap d'ESPARTEL.) Marmol ajoute : Quelques-uns mettent cette Ville entre celles que Hannon fit bâtir par ordre du Senat de Carthage. Ammien Marcellin fait mention de *Contensis Civitas* dans la Mauritanie, si nous en croyons Ortelius qui ne dit point dans quel Livre.

[c] Marmol. T. 1. l. 3. p. 94.

CONTESSA, petite Ville de Turquie en Europe dans la Macedoine, sur la Côte de l'Archipel à l'Embouchure du Strymon, près des ruines de l'Ancienne Amphipolis. Elle donne le nom de GOLPHE DE CONTESSA à celui qui du temps des Romains prenoit son nom de la Riviere, & étoit apellé STRYMONICUS *Sinus*.

CONTESTANI, ancien Peuple de l'Espagne Tarragonnoise, selon Ptolomée [d]. Pline [e] parlant du Pays de ce Peuple dit qu'il s'appelloit MAVITANIA, puis DEITANIA & ensuite CONTESTANIA. Il y met Carthagene, le fleuve *Tader*, aujourd'hui la Segura, *Illici*, Colonie, aujourd'hui Elche, qui donnoit le nom à tout le Golphe ; *Lucentum*, aujourd'hui Alicante, dont le Golphe prend le nom ; *Dianium*, aujourd'hui Denia, le Fleuve *Sucro*, aujourd'hui le Xucar, & une petite Ville qui faisoit alors la borne de la Contestanie, & qu'on appelle presentement Alzira. Il ne suit ici que la Côte. Ptolomée distingue à son ordinaire les lieux maritimes des Villes mediterranées. Il met sur le rivage de la Mer

[d] l. 2. c. 6.
[e] l. 3. c. 3.

Lucentum,	Alonæ,
Carthago Nova,	Setabis Fluvii Ostia,
Scombraria, Promontorium,	Illicitanus Portus,
Terebis, Flum. Ostia,	Sucronis Fluv. Ostia.

Il met plus avant dans les terres :

Menlaria	Millarez,	Sætabicula,
Valencia	Valence,	Ilicias, Elche
Sætabis	Xativa,	Jaspis.

Ainsi on voit que la Contestanie des Anciens comprenoit une bonne partie du Royaume de Valence.

CONTHYLE [e], Bourg de Grece dans l'Attique. Il étoit de la Tribu Ptolemaïde ou selon d'autres de la Pandionide.

[e] Spon liste de l'Attique.

CONTI [f], Bourg de France en Picardie, dans l'Amiennois, sur la Riviere de la Selle environ à cinq lieues d'Amiens. On y tient marché un jour de chaque Semaine & une Foire châque année. Il a titre de Principauté que porte une branche de la Maison Royale de Bourbon.

[f] Mem.

CONTIGLIANO [g], Bourg d'Italie dans l'Etat de l'Eglise, au Duché de Spolete, à trois lieues de Riéti vers le Couchant sur le bord du Lac de CONTIGLIANO que les Anciens appelloient CUTILIANÆ AQUÆ, & où ils trouvoient une Isle flotante chargée d'Arbres.

[g] Baudrand Ed. 1705.

CONTINENT, on appelle ainsi la plus grande partie de la terre qui peut être parcourue sans traverser la Mer, quoi qu'en prenant quelquefois de grands détours, pour éviter les Mers interieures. Ce nom signifie une quantité considerable de la superficie de la Terre dont toutes les parties se tiennent : Ce mot que l'on exprime aussi par ceux de TERRE FERME est donné par opposition aux Isles qui sont detachées du Continent & où l'on ne peut aller qu'en passant quelque bras de Mer plus ou moins grand à proportion de la distance où elles sont par raport au Continent. L'Afrique est partie de notre Continent parce qu'elle y est jointe par l'Isthme de Suez ; de même la Morée en est aussi, car elle y est attachée par l'Isthme de Corinthe ; mais si ces deux Isthmes étoient coupez, l'Afrique & la Morée seroient des Isles. Nous distinguons en Géographie l'ANCIEN CONTINENT & LE NOUVEAU. L'ancien est le même que nous habitons & qui comprend l'Europe, l'Asie, & l'Afrique. Le Nouveau est l'Amerique qui n'est decouverte aux Européens que depuis peu de siécles. Mais comme les extremitez au Nord-Est de l'Asie & celles qui sont au Nord de l'Amerique ne sont pas encore connues, on ne peut bien decider si l'ancien Continent & le nouveau sont veritablement separez, ou si ce n'en est qu'un. Comme les Terres Arctiques & les Terres Australes ne sont pas encore découvertes, si ce n'est en quelques parties, sans que l'on sache la liaison & l'étenduë qu'elles peuvent avoir ; il n'est pas encore temps d'y mettre des Continens. En se hâtant trop, on est sujet à reformer ses idées anticipées. On a crû long-temps qu'au Midi du Détroit de Ma-

Magellan il y avoit un autre grand Continent qui commençoit & il ne s'y est trouvé qu'un amas d'Isles assez petites.

CONTIUM. Lieu de la Gaule Narbonnoise, selon quelques Exemplaires de Strabon, mais on lit COTTIUM en d'autres.

CONTOSOLIA, ancien lieu d'Espagne sur la route de Merida à Sarragoce, à XII. M. P. de la premiere, selon Antonin [a].

a Itiner.

☞ CONTRA. Nous avons déja remarqué que c'est la coutume d'Antonin d'employer ce mot avec le nom d'un lieu & d'une Ville pour marquer les distances, lors que la route qu'il trace ne passe pas directement par ce lieu ou par cette Ville, mais tout auprès & vis-à-vis. Delà vient que l'on trouve dans cet Auteur & dans les Notices de l'Empire *Contra Apollonos*, *Contra Talmas*, *Contra Lato*, *Contra Ombos*, *Contra Pselos*, *Contra Siene*, *Contra Tapis* ou *Contra Tafis*, *Contra Thumuis* &c.

CONTRAGINENSES. Voiez CONTA AGINNUM.

CONTRAGENSES, & CONTRAGI, ancien Peuple d'entre les Bulgares. Il en est parlé dans l'Histoire Mêlée [b].

b l. 19.

CONTRALEUCENSES, le Concile d'Eliberis fait mention d'un Siége Episcopal de ce nom. Ortelius soupçonne que ce pourroit être la CATRA LEUCOS de Ptolomée.

CONTREBIA, Ville ancienne d'Espagne. Tite-Live [c], Velleius Paterculus [d], Valere Maxime [e] & Florus [f] en font mention. Tite-Live fait connoître qu'elle étoit aux Frontieres de la Celtiberie. Il paroît que dans un passage de Valere Maxime [g] il faut lire *Contrebia* & non pas *Centobrica*, parce que Velleius & Florus qui racontent la même Histoire dont il y est question nomment la Ville CONTREBIA. Voiez CENTOBRICA.

c l. 4. c. 33.
d l. 2. c. 5.
e l. 2. c. 7. Exempl. 10.
f l. 2. c. 17.
g l. 5. c. 5. Exempl. 5.

☞ CONTRE'E, Petit Pays qui fait partie d'un plus grand Pays, & qui a ses bornes & ses limites. Ainsi le Pays de Caux, le Vexin, le Roumois &c. sont des Contrées de la Normandie.

CONTRIBUTA JULIA; voyez JULIA.

CONTRUBII, ancien Peuple de la Gaule, dit Ortelius qui cite les Triomphes Romains de Verrius Flaccus.

CONTURIA. Voiez THRICALIX.

CONTZ, ou CUNTZ, Lieu du Pays de Treves presque au Confluent de la Sar & de la Moselle. Quoique ce ne soit qu'un Village, il ne laisse pas d'être fameux à cause de son ancien pont sur la Sar, & de la pêche abondante qu'on y fait, quelques-uns mêlant le nom du Village, de la Riviere & du Pont en ont fait le nom de CONSARBRUCK.

CONVAGATA, Place de l'Isle de la Grande Bretagne. Il y avoit garnison Romaine, selon les Notices de l'Empire [h]. D'autres Exemplaires portent CONGAVATA ou CONCAVATA.

b Sect. 63.

CONVALLIA, nom Latin de COMBRAILLES.

CONVENÆ, ou LUGDUNUM CONVENARUM [i]; c'est le nom Latin que les Romains donnerent à la Ville de Comminges. St. Jerome a fait mention de cette Ville en parlant de Vigilance qui en étoit originaire; *un homme*, dit-il, *sorti de ces gens ramassez, & de ces Brigans que Pompée après la conquête de l'Espagne fit descendre des Pyrenées & obligea de demeurer ensemble & de former une Ville qui à cause de cela fut nommée* CONVENÆ, *ne dement point son Origine quand il desole l'Eglise de Dieu & il convient au descendant des* Vettons, *des* Arebaces *& des* Celtiberiens *de ravager les Eglises des Gaules.* On auroit de la peine à accorder ici St. Jerôme avec lui-même. Car si ces Brigans & ces gens ramassez furent tirez des Pyrenées pour en former la Ville *Convena*: comment peuvent-ils être dits descendre des *Vettons*, des *Arebaces* & des *Celtiberiens*: car les *Celtiberiens* & les *Arebaces* ou *Arevaces* étoient des Peuples de l'Espagne Tarraconnoise qui habitoient le long du Duero, éloignez par consequent des Pyrenées ainsi que les Vettons, qui demeuroient dans la Lusitanie. Il faut donc s'en tenir à dire que ces Peuples ramassez dont parle St. Jerôme étoient des habitans de la forêt des Pyrenées qui separe l'Espagne de l'Aquitaine, gens accoutumés à detrousser les passans & tels que furent dans la suite les bandouliers; que leur nombre avoit été accru de plusieurs Esclaves fugitifs & autres scelerats & que tous ces gens réunis ensemble descendoient de tems en tems des Montagnes & infestoient les campagnes par leurs incursions & leurs brigandages. En effet les Histoires nous apprennent que ils ne manquoient jamais d'attaquer l'arriere-garde des Armées Romaines qui passoient en Espagne, & qu'il étoit comme impossible de les detruire tant à cause de la vitesse avec laquelle ils se sauvoient, que parcequ'ils avoient des retraites dans les Montagnes qu'eux seuls connoissoient. Pompée les attaqua cependant si vivement à son retour d'Espagne qu'ils demanderent quartier; mais Pompée ne le leur accorda qu'à condition qu'ils laisseroient les Montagnes & s'établiroient dans la Campagne voisine. Ils y formerent donc la Ville qui fut nommée *Convenæ*, du ramas de ces differens habitans. Ainsi de Brigands, ils devinrent des citoyens reglés par des Loix; d'Esclaves ils devinrent Maîtres; d'habitans des Montagnes ils devinrent habitans de la Campagne & d'Espagnols ils devinrent Aquitains.

i Hadr. Valesii. Notit. Gall. p. 157.

[k] On pourroit former une difficulté & demander comment il se peut faire que Pompée *le Grand* ait fondé cette Ville dans l'Aquitaine & y ait pû donner à ces nouveaux habitans des terres à cultiver, puisque dans ce tems-là l'Aquitaine n'avoit pas encore subi le joug des Romains. Mais la difficulté cesse, lorsque l'on fait attention que Pompée avoit alors les armes à la main & de plus revenoit triomphant de l'Espagne qu'il avoit soumise: ainsi les Villes d'Aquitaine souffrirent en cette occasion ce qu'elles n'étoient pas en état d'empêcher.

k Ibidem.

[l] La situation de cette Ville engagea les Gaulois à la nommer *Lugdunum*, mot qui en Gaulois signifie *Montagne*. Cette Ville effectivement étoit située sur une haute Montagne autour de laquelle regnoit une Vallée fort profonde. Du pied de cette Montagne sortoit une Fontaine très-abondante dont la source avoit été renfermée dans une tour très-forte qu'on

l Ibidem p. 158.

qu'on y avoit élevée, & les habitans y descendoient par des souterrains pour y prendre leur provision d'eau. Strabon & Ptolomée appellent cette Ville *Convenarum Urbs Lugdunum* & la mettent au pied des Pyrennées. L'Itineraire d'Antonin, dans la description de la route d'Agen à la Ville *Lugdunum*, en passant par Leitoure, marque la distance de LXIV. Milles, & decrivant la route d'Acqs à Toulouse, il met *Lugdunum* entre *Aques* & *Seiches* ainsi qu'il suit,

Beneharnum,	M. P.	XIX.
Oppido Novo,		XVIII.
Aquis Convenarum,		VIII.
Lugdunum,		XVI.
Calagorgis,		XXVI.
Aquis Siccis,		XVI.
Vernosole,		XII.
Tolosa,		XV.

ainsi *Lugdunum Convenarum* étoit à LXI. Milles d'Acqs, à XLII. de Lescar, & à LXIX. de Toulouse. Onufre Panvinius au lieu de *Lugdunum* écrit *Ludunium* & lui donne le titre de Colonie; en quoi il pretend s'appuyer sur le temoignage de Ptolomée, mais il y a erreur; car ce dernier s'est contenté de dire *Lugdunum Convenarum* & de lui donner le nom de Ville, mais jamais celui de Colonie.

A la fin cette Ville a eu le sort de la plûpart de celles des Gaules; elle a perdu son nom propre & a pris celui du Pays dont elle étoit la Capitale. Sidonius [a] la nomme simplement *Convena*; Gregoire de Tours écrit tantôt *Convena* & tantôt *urbs Convenica*.

[a] Lib. VII, Epist. 6.

Les anciennes Notices des Villes & Provinces des Gaules lui donnent ordinairement le quatrième rang parmi les douze Villes de la Novempopulanie: quelques-unes néanmoins ne lui donnent que le cinquième, & Robert lui donne le troisième. Mais les Notices Modernes & *Gervasius Tilleberiensis*, à l'exemple des Anciens la mettent au quatrième rang. On voit parmi les Signatures du Concile d'Agde tenu l'an 506. un *Suavis Episcopus de Convenis*: parmi celles du second Concile d'Orléans, un *Prasidius Episcopus Convenarum*; & parmi les Souscriptions du cinquième Synode d'Orléans, un *Amelius Episcopus Ecclesiæ Convenica*. Son nom François est COMMINGES: Voyez ce mot.

CONVERSANO [b], Ville d'Italie au Royaume de Naples dans la Province de Bari entre des Montagnes avec un Evêché Suffragant de l'Archevêché de Bari & un Comté de la Maison d'Aquaviva, à cinq milles de la côte du Golphe Adriatique & à quatorze de Bari. Elle est petite.

[b] Baudrand Ed. 1705.

CONWEY [c], Riviere d'Angleterre dans la Principauté de Galles. Elle coule dans le Comté de Caernarvan, le long des Confins du Comté de Denbigh & se jette dans la Mer d'Irlande à Aberconwey.

[c] Le même.

CONZA [d], petite Ville d'Italie au Royaume de Naples, en Italie, dans la Principauté Ulterieure au pied du Mont Apennin & proche de la source de l'Ofante. Elle a un Archevêque, mais il demeure ordinairement au Château de St. Menna; à cause que la Ville de CONZA est fort déchue ayant à peine LXX. Maisons. Elle est à dix-huit milles au Couchant de Melfi & à vingt-cinq milles de Benevent au Levant d'Hyver. Ce reste de Ville a été entierement ruiné par un tremblement de terre le 8. Septembre 1694. ensorte qu'on ne peut pas même reconnoître le lieu où étoit l'Eglise Cathedrale. Ce même tremblement a presque ruiné les Villes, Bourgs & Villages du Diocèse de CONZA.

[d] Le même.

CONZIEU; Bourg ou petite Ville de France dans le Bugey, sur un ruisseau qui se perd dans le Rhône deux lieues au dessous. Elle est à deux lieues de la Ville de Bellay.

CONZUQUE. Province avec titre de Royaume au Japon dans l'Isle ou Presqu'Isle de Niphon. Mr. Baudrand [e] dit qu'il est au Pays de Quanto entre le Royaume de Nivata au Septentrion & le Royaume d'Yedo au Midi avec une petite Ville de même nom assez avant dans les terres, & cette Chardin. La Carte Japonnoise publiée par Mr. Reland la met dans cette Province dans la partie Orientale de Niphon. Le nom est écrit COOTSKE. Il est borné au Nord par les Provinces de Jetsigo & d'Osioe. Cette derniere & celle de Simoots le terminent à l'Orient, il a au Midi celle de Moesafz où est la Ville d'Iedo, la Province de Sinano à l'Occident.

[e] Edit. 1705.

COOPER. (LE) Riviere de l'Amerique Septentrionale dans la Caroline. Elle se joint à celle d'Ashley un peu au dessus de son Embouchure dans la Mer du Nord.

COOS. Ville, voyez CALYDNA I.

COPA, Riviere de la Tartarie dans la Circassie. Elle se rend dans la Mer de Zabache auprès de la Ville de Copa. C'est sans doute la même Riviere que Mr. de l'Isle & les autres Géographes Modernes ont appellée KUBAN.

COPÆ, Ville de la Béocie, selon Ptolomée, Strabon, Dicearque & Pline. Ptolomée [f] la met entre les Villes mediterranées de cette Province. Dicæarque dit [g]

[f] l. 3. c. 15.
[g] Stat. Græc. v. 96.

Κῶπαι δὲ πόλις κ'Ορχομενος.

Pline [h] dit en parlant de ceux qui ont inventé des sortes de Navires ou de Barques ou même des instrumens pour la Navigation, que la Ville de COPÆ avoit inventé l'usage des rames. Il fait aussi mention de cette Ville dans son lieu [i]. Quant à cette invention des rames, cela n'est pas incroyable parce que cette Ville étoit au bord du Lac qui en prenoit le nom de COPAÏS, mais il faut l'entendre d'une sorte de Rame, car les rames en general étoient vraisemblablement trouvées avant la fondation de cette Ville. Peut-être aussi que la signification de son nom Κῶπαι, qui veut dire les rames, de Κώπη une rame, a naturellement amené cette opinion. On croit qu'elle étoit au lieu où est presentement TOPOGLIA; & ce qu'il y a de remarquable, c'est que le même Lac qui de *Copæ* prenoit le nom de *Copaïs* porte presentement celui de LAGO DI TOPOGLIA.

[h] l. 7. c. 56.
[i] l. 4. c. 7.

COPAIS, Lac de Grece dans la Béotie. Strabon [k] dit qu'il n'avoit point de nom par-ti-

[k] l. 9. p. 411.

COP.   COP.   777

ticulier, ou plutôt qu'il en avoit autant qu'il y avoit de Villes voisines. Par exemple on l'appelloit COPAIS de la Ville COPA qui étoit vers le Nord. On l'appelloit HALIARTIOS, Ἀλιάρτιος de la Ville d'Haliarte qui étoit sur le Rivage Occidental. Etienne le Géographe lui donne le nom de LEUCONIS, Λευκωνίς. Ælien [a] l'appelle le Marais d'Onchestos, à cause d'une Ville de ce nom au Midi de ce Lac. Et Pausanias [b] le nomme CEPHISSIS, parce que le Fleuve Cephisse le traverse. Castald s'est figuré que c'est le Lac nommé *Lago Stivo*. Il se trompe, son nom moderne est selon le Grec d'aujourd'hui *Limni tis Livadias*, Λίμνη τῆς Λιβαδίας, le Marais de Livadie, & plus particulièrement LAGO DI TOPOGLIA.

2. COPAIS. Suidas nomme ainsi la même Ville que les autres Auteurs appellent COPÆ.

1. COPAR, Village de l'Arabie heureuse selon Ptolomée.

2. COPAR, Lieu de la Palestine aux environs de Césarée de Philippe, selon Guillaume de Tyr cité par Ortelius.

COPARIA [c], Fauxbourg de Constantinople. Il en est parlé dans les Authentiques.

COPAS, Riviere d'Asie dans la Carie. Il en est parlé dans la Vie de St. Théodore Abbé [d].

COPENHAGUE; Voiez COPPENHAGUE.

COPHANTA & COPHANTI. Voiez COPHRANTA.

COPHAR, Village près d'Eleutheropolis dans la Palestine. Sozomene dit que le Prophete Zacharie en étoit originaire & nomme ce lieu CHAPHAR, au raport d'Ortelius.

COPHE, ou COPHES, (genitif *Cophetis*) Κώφης, Riviere de l'Inde, selon Strabon [e], Pline [f]. Ce dernier dit que d'Alexandrie [g] bâtie au pied du Caucase il y avoit deux cents-vingt sept mille pas jusqu'au fleuve Cophes & à la Ville Indienne Peucolaïtis, & delà au Fleuve Indus & à la Ville Taxila soixante autres mille pas. Il ajoute que quelques-uns ne bornoient pas l'Inde par le Fleuve Indus à l'Occident, mais par le Cophes. Le Reverend Pere Hardouin croit que c'est le Suastus de Ptolomée. Il se decharge dans l'Indus. Il distingue aussi deux Rivieres nommées Cophes; l'une qui donnoit le nom à un Pays appellé COPHENE & qui étoit dans le Pays de l'Inde, l'autre nommé aussi COPHES qui couloit dans l'Arrie. En ce cas le doute d'Ortelius est levé. Il demande si le premier Cophes dont nous avons parlé & qui se perd dans l'Indus n'est pas le même que CHOE', Χόη, d'Arrien [h]. Ce qui l'empêche de decider c'est qu'outre le Choe Arrien nommé aussi le Cophes. Mais s'il y en avoit deux, la difficulté de l'objection se resoud.

COPHOS, Lieu de Grece dans l'Attique près du Pirée [i].

COPHRANTA, Ville de la Carmanie selon Ptolomée. Quelques exemplaires lisent sans r COPHANTA. Pline nomme COPHANTUS une Montagne de la Bactriane.

COPHTES, on appelle ainsi les familles anciennes qui professent en Egypte le Christianisme. Ce mot vient de COPTOS ancienne Ville, de laquelle même s'est formé le nom de l'Egypte. Ainsi Cophte veut dire un Egyptien Chrétien. Mais comme ils ont non seulement des usages, mais même des Dogmes particuliers, & qu'ils obéissent à un Patriarche, le nom de Cophte est moins un nom national qu'un nom de Secte.

COPIA [k], Province de l'Amerique Meridionale au Popayan, entre les Provinces de Cartama & de Pozzo. Elle a un grand commerce avec les habitans de cette derniere.

COPIÆ [l], ancienne Ville d'Italie dans le Golphe de Tarente. Ligorius dit que c'est presentement Cupo. Voiez THURIUM.

COPIAPO, Riviere de l'Amerique Meridionale au Chili. Elle a sa source dans les Montagnes des Andes au pied d'un Volcan qui est nommé le VOLCAN DE COPIAPO, & coulant vers l'Occident, elle se jette dans la Mer du Sud un peu au Nord d'une Ville maritime nommée aussi COPIAPO. La Vallée [m] où coule cette Riviere & qu'on appelle LA VALLE'E DE COPIAPO est si fertile qu'un grain y en produit d'ordinaire trois cens. On donne 26. d. de latitude australe à la source de cette Riviere, son cours est environ de vingt lieues de l'Est à l'Ouest. Elle forme une baye & un havre à son entrée dans la Mer. Quant au gisement de cette côte le voici : [n] de la baye de Notre Dame au Cap de Copiapo, il y a trente lieues, cours Nord-quart au Nord-est, & Sud-quart-au-Sud-Ouest & au Port Inten 6. du port du General à celui de Copiapo il y a douze lieues. L'Anchrage est bon tout le long de la côte, où il y a des bayes qui sont à l'abri des vents du Sud & de quelques autres. La Montagne de Copiapo ressemble à une Isle & à la pointe de Ste. Helene, à la hauteur de son côté Meridional, & à une lieue ou environ du rivage il y a une petite Isle sous laquelle on peut mouiller sans aucun risque, on ne voit qu'un petit nombre d'habitans sur le Continent. De Copiapo à l'Isle Salée il y a dix lieues. La Ville de Copiapo est de l'Evêché de Sant Jago.

COPLANIUM, ancien lieu d'Espagne. Il en est fait mention par Appien [o].

1. COPORIE, Ville de l'Empire Russien dans l'Ingrie à l'Embouchure d'une petite Riviere qui porte le même nom. Elle est par les 47. d. 25'. de Longitude & par les 59. d. 36'. de Latitude. Par le Traité de 1617. entre Michel Federowitz Czaar de Moscovie & Gustave Adolphe Roi de Suede cette Ville fut cedée aux Suedois [p]. Cette Ville avoit été comptée auparavant pour une des Clefs de la Russie ; & comme telle on n'avoit pas manqué de la fortifier. La Suede l'a gardée avec l'Ingrie jusqu'au commencement de ce siécle que Pierre le Grand lui enleva cette Province. On l'apelle aussi CAPURIE.

2. COPORIE [q], petite Riviere d'Ingrie. Elle coule quelque temps vers l'Occident; ensuite elle serpente vers le Nord-Ouest & se jette dans la Mer au Nord de la Ville de même nom.

COPPENHAGUE. Ce nom s'écrit de bien des manieres. Les Danois disent KIOBENHAVEN, les Flamands KOPENHAVEN, les Allemands KOPPENHAGEN & les François COPPENHAGUE ou COPENHAGUE, Ville du Da-

[a] Var. Hist.
[b] l. 9. c. 24.

[c] Ortel. Thes.

[d] Metaphraste.

[e] l. 15. p. 697.
[f] l. 6. c. 21.
[g] l. 6. c. 17.

[h] Alex. l. 4.

[i] Xenoph. Hist. Græc. l. 2.

[k] De Laet Ind. Occid. l. 9. c. 11.

[l] Ortel. Thes.

[m] Woodes Rogers Voyage T. 2. p. 49. & 58.

[n] Ibid. Suplement p. 63. & 64.

[o] In Ibericis.

[p] Zeyler Sueciæ desc.

[q] De l'Isle Atlas.

Tom. II.   Fffff*

COP.

a Hermanid. Dau. desc. p. 589. & seq.

Danemarck sur la côte Orientale de l'Isle de Zeland dont elle est la Capitale & la Residence des Rois de Danemarck. *a* Elle tire son nom de son port qui est très-commode & très-sûr à cause de l'abri que lui donne l'Isle d'Amack. Le nom signifie *port des Marchands*. Ce n'étoit d'abord qu'un Village nommé STEGELBURG où il n'y avoit que de pauvres Cabanes de Pêcheurs. Un Evêque de Roschild nommé Axel-Gui surnommé Snare, & qui fut ensuite Evêque de Lunden dans la Schone voyant que les Pirates y venoient quelquefois faire des ravages y fit faire une maison fortifiée que l'on appella AXEL-HUL, ou AXEL-HUYS, c'est-à-dire, la *Maison d'Axel*. Elle fut bâtie vers l'an 1167. ou 1168. Cet Axel est nommé Absalon par Saxon le Grammairien; & il appelle la Ville de Coppenhague URBS ABSOLONICA. La bonté du port & la protection du nouveau Château y attirerent des Marchands. Les Cabanes des Pêcheurs firent place à des maisons mieux construites, & les Evêques de Roschild n'oublioient rien pour favoriser les accroissemens d'une Ville naissante en un terrain qui leur appartenoit. Jaques Erland Evêque de Roschild fut le premier qui lui donna la qualité de Ville & lui accorda divers Privileges au mois de Mars 1254. & les Rois de Danemarck voyant qu'elle devenoit importante par leur Commerce y firent reconnoître leur Souveraineté & leurs Loix en 1284. Eric VII. l'an 1318. y établit un Officier pour y recevoir les droits de la Couronne & y exercer la Jurisdiction Royale sur le pied qu'elle étoit alors. L'an 1443. Christophle de Baviere s'en accommoda avec l'Evêque de Roschild de maniere qu'elle devint du Domaine de la Couronne au lieu qu'elle appartenoit auparavant aux Evêques. Il lui accorda les mêmes droits & prerogatives dont jouïssoient les autres Villes du Roi. Les Rois de la famille des Comtes d'Oldenbourg ont pris plaisir à l'aggrandir & à l'orner; desorte qu'elle est devenue une des plus importantes Villes du Septentrion. Le 1. Juin 1479. Christian I. y établit une Université. Il est vrai qu'avant lui Eric de Pomeranie avoit eu le même dessein; mais les guerres dont son regne fut agité l'occuperent tant, qu'il fut obligé d'en laisser l'execution à ses Successeurs. Jean fils de Christian I. ayant terminé la guerre avec les Villes Anseatiques, avec la Ville de Lubec & les Suedois, employa le loisir de la Paix à amplifier cette Université, & y fonda des Professeurs. Christian III. en augmenta le nombre & les appointemens & fonda l'an 1539. vingt pensions pour autant d'Etudians; & l'an 1569. Frideric II. y en ajouta quatre-vingts autres, & augmenta les pensions des Professeurs. Je renvoye à Pontanus ceux qui veulent de plus grands détails sur cette Université. Cette Ville a eu de terribles pertes de temps en temps. L'an 1242. les Lubecois la ravagerent & en emporterent un riche butin & six ans après ils la reduisirent en cendres. L'an 1260. Parimar Prince de l'Isle de Rugen s'en empara & démolit le Château. L'an 1361. les Suedois liguez avec les Villes Hanseatiques s'emparerent de la Ville & de la Citadelle qu'ils saccagerent & pillerent. Ces Villes y revinrent encore & y commirent les mêmes ravages l'an 1369. mais elles l'assiegerent en vain l'an 1427. L'an 1647. il y eut un incendie qui consuma l'Arsenal. Dieu permit néanmoins que le feu n'alla point jusqu'aux Voutes où étoient les poudres. L'Isle d'Amack, ou Amagre est proprement ce qui fait toute la sureté du port, car elle brise les vagues & les coups de mer. Elle est separée de l'Isle de Zeland par un Canal; mais elle y est rejointe par des ponts qui établissent une Communication facile sans pourtant empêcher le passage des vaisseaux qui entrent ou qui sortent. C'est dans cette Isle que sont l'Arsenal, la Monnoye, la Bourse, & le Château avec de larges fossez à fond de cuve. Cette partie de la Ville est pourtant la plus petite. La plus grande est dans l'Isle de Zeland, & étoit magnifique tant par ses Eglises & autres Edifices publics que par un grand nombre d'Hôtels & de maisons de riches Negocians; mais le 20. Octobre de cette année (1728.) le feu y prit malheureusement & la Ville presque entiere n'est plus qu'un monceau de Cendres & de Pierres. Je ne m'amuserai point à décrire cette Ville infortunée, le tableau que j'en ferois ne lui ressembleroit plus lorsqu'elle sera rebâtie. Je reserve donc à ceux qui travailleront après moi une description que je ne dois pas anticiper. Les Astronomes les plus exacts trouvent que cette Ville est de 10. d. 25′. plus Orientale que l'observatoire de Paris, & que sa latitude est de 55. d. 41′.

COPRANITZ. La même que CAPRONEZA. Voyez ce mot.

COPRATAS, Riviere d'Asie dans la Perse. Strabon *b* la nomme avec le Pasitigris. Et Diodore de Sicile dit qu'elle tombe dans le Tigre *c*.

b l. 15. p. 729.
c l. 19.

COPRIA. Strabon *d* appelle ainsi le Rivage de Sicile auprès de *Tauromenium*, parceque les debris des Vaisseaux qui se perdoient dans le goufre de Charybde se rassembloient en cet endroit.

d l. 6.

COPRINIACUM, lieu de la Gaule où s'est tenu un Concile l'an 1255. sous Alexandre IV. & un autre l'an 1260. sous le même Pape. Le Pere Labbe *e* juge que c'est quelque endroit du Diocèse de Bourdeaux, ou de quelqu'un de ses Suffragans qui lui est inconnu, si ce n'est, ajoute-t-il, qu'on le prenne pour CAMPINACUM & l'un & l'autre pour *Cognac*.

e Omn. Conc. Synopsi. p. 341.

COPRITHIS, Ville d'Egypte. Il en est fait mention dans le III. Concile tenu à Ephese.

COPSITANIUM *f*, ou Capsitaïnum, *f* nom Latin d'une Maison Royale des Rois de France dont la situation long-temps inconnue a donné beaucoup d'exercice aux Savans pour la découvrir. Il est fait mention de cette Maison Royale dans les Lettres patentes de Charlemagne raportées au Traité de la Diplomatique, *g* & l'on conjecture que ce lieu devoit être dans l'ancien Duché d'Allemagne, ou aux environs du Rhin, parce que ces Lettres étoient données à l'occasion de quelques Domaines situez en ces quartiers-là; mais il étoit difficile de designer la position precise de ce lieu. On semble aujourd'hui être convenu que ce doit être CUFSTEIN, Fauxbourg de Mayence, parce

f De re Di- plomat. L. 4. p. 276.
g Ibid. p. 502.

parce qu'il est dit dans les exemplaires Manuscrits des Annales de Saxe à l'année 795. que le Roi Charlemagne vint à Mayence, qu'il a il tint une Assemblée generale *in Villa quæ dicitur* CUFSTEIN, *in Suburbio ejusdem Civitatis*. Les Annales de Loiseau rapportées par du Chesne[a] l'appellent CUFFINSTANG.

[a] T. 1. p. 39.

COPTOS, ancienne Ville d'Egypte, dans le Nome ou Province qui en prenoit le nom de COPTITES NOMOS & dont elle étoit la Capitale. C'étoit une Ville marchande peuplée d'Egyptiens & d'Arabes, comme cette Ville étoit près du Nil, c'étoit là que se faisoit le grand Commerce des Marchandises d'Arabie[b]. Plutarque dans son Traité d'Isis & d'Osiris dit que ce nom Copto signifie en Langue Egyptienne *Privation*, parce qu'Isis ayant apris la mort d'Osiris coupa une boucle de ses cheveux en signe de deuil. C'est delà, dit-il, que le nom est venu à cette Ville. Pline dit[c]: il y a deux-mille pas d'Alexandrie à Juliopolis, & delà on remonte le Nil l'espace de trois cens-trois mille pas jusqu'à Coptos & lors qu'on a le vent favorable on fait cette course en douze jours. De Coptos on va sur des chameaux & les traites sont reglées à proportion des commoditez, qu'on a de trouver de l'eau pour abreuver les bêtes de charge. Ainsi ce que les Romains appelloient *mansions* étoit appellé en Grec à l'égard de ce Pays-là *Hydræa* & *Hydreumata*, lieux où l'on a de l'eau. Tout ce voyage de Coptos à Berenice étoit de douze jours parce qu'on ne marchoit que la nuit. Strabon n'est pas fort net sur le raport qu'il met entre Coptos & Berenice qu'il place mal, comme le remarque Cellarius[d]. Il decrit assez bien à la verité le Commerce qui se faisoit à Coptos, mais ce qu'il ajoute ne convient pas. Après la Description de cette Ville il poursuit ainsi: de là il y a un Isthme qui s'avance dans la Mer Rouge auprès de la Ville de Berenice; mais il se trompe apparemment & prend pour Berenice le Port blanc qui au rapport de Ptolomée étoit Parallele à Coptos; car Strabon dit peu après: la petite Ville de *Myos Hormus*, (c'est-à-dire, le Port de la Souris) n'est pas loin de Berenice: or ce port en étoit trés-éloigné, puis qu'Arrien dans un de ses Periples en met la distance de dix-huit cens stades. On a une Medaille de Trajan avec l'empreinte d'Osiris, avec ce mot ΚΟΠΤΗΤ. c'est-à-dire, Κοπτητῶν, des habitans de Coptos. Stace dans sa Thebaïde dit[e]

[b] Pline. l. 5. c. 9.

[c] l. 6. c. 23.

[d] Geogr. Ant. l. 4. c. 1. p. 81.

[e] l. 1. v. 264.

Melius votis Mareotica fumat
Coptos, & arisoni lugentia flumina Nili.

Il ne faut pas expliquer ce mot *Mareotica* comme si Coptos eût été voisine du Palus Mareotide. Cette Epithete ne signifie qu'Egyptienne en general.

§ COPTOS, donnoit son nom à la Province nommée NOME COPTITE. Outre la Capitale Ptolomée[f] y met pour toute Ville la petite Ville d'Apollon.

[f] l. 4. c. 5.

COQUET, ou COCKET, petite Isle de la côte d'Angleterre, dans la Province de Northumberland, auprès de l'Isle de Farn. On en tire du Charbon de terre.

COQUIBOCOA, Cap de l'Amerique, dans la Terre ferme, dans la Province de Venezuela au Couchant de l'Entrée du Golphe où est Macaraïbo. [g] Ce Cap est fort bas & avance dans la Mer un banc.

[g] De l'Isle Atlas.

1. COQUIMBO. Rivière de l'Amerique Meridionale au Chili. Elle a sa source dans les Montagnes des Andes, & coulant vers le Couchant elle se perd dans la Mer du Sud assez près de la petite Isle de Paxaros. Wodes Rogers dit[h] qu'elle prend son origine sous le 30. d. de Latitude Sud, que ses bords sont ornez de myrthes & de beaux arbres qui font un objet très-agréable à la vue & qu'elle forme une baye & un port magnifique. Sa Vallée est très-fertile. Voyez l'Article suivant.

[h] Voyages T. 1. p. 58.

2. COQUIMBO, Ville de l'Amerique Meridionale au Chili[i]. On la nomme aussi la SERENA. Coquimbo ou la Serena fut bâtie par Petro de Valdivia en 1544. après que Gasca, President, qui se trouvoit dans la Vallée d'Apurimac, l'eut créé Gouverneur du Royaume de Chily dont il étoit auparavant Capitaine General. Il donna à cette Nouvelle Ville le nom de Serena, nom de sa propre patrie; mais elle fut depuis appellée Coquimbo, nom de la Vallée dans laquelle cette Ville est située. Elle est vaste, mais peu peuplée; ses ruës sont larges, longues, & toutes tirées au Cordeau; les maisons sont basses, étroites, & mal meublées, & la plupart ne sont couvertes que de feuilles de Palmiers, à la maniere des maisons de Negres des Isles de l'Amerique. On voit dans Coquimbo des ruës longues de plus d'un quart de lieuë, dans lesquelles on trouve à peine six maisons; elle ont toutes un grand Jardin clos de murailles, dans lequel on cueille dans leur saison des poires, des pommes, des prunes, de belles cerises, des noix, des amandes, des olives, des citrons, des oranges, des grenades, des figues, des raisins, & plusieurs autres fruits que ces Pays produisent, & lesquels sont inconnus en Europe. Tous ces fruits ont un goût merveilleux. Comme nous étions dans cette Ville en Automne, nous en jugeâmes par nôtre propre experience. Etant entré par curiosité dans ces Jardins, convié par ceux à qui ils appartenoient, j'y vis des arbres si chargez de fruits, que leurs branches plioient sous leur poids; & les habitans m'avouèrent fort ingenûment, que s'ils n'avoient pas soin toutes les années, au commencement de l'été que les fruits commencent à paroître, d'en abattre plus de la moitié, pour laisser meurir le reste, les arbres se briseroient, tous étant incapables de soûtenir & de supporter un fardeau si pesant.

[i] Le P. Feuillée, Journal des Observ. P. 572.

Il passe au Nord de la Ville une belle Riviere, qui prend sa source dans les hautes Montagnes des Andes; elle coule ensuite dans une agréable Vallée, toujours verte, & vient se jetter dans la Mer tout près de la Ville. Les habitans conduisent dans leurs Jardins par des Canaux une partie de cette Riviere, lesquels leur servent à arroser leurs Jardins & à les rendre fertiles. Sans eux ils seroient d'une grande sterilité, puis qu'à peine pleut-il dans ces Climats quatre ou cinq fois dans une année, & cela en Hyver. Je trouvai sur les bords de cette Riviere quantité de nouvelles plantes que

que je n'avois pas encore vuës, & plusieurs oiseaux assez singuliers. On voit dans Coquimbo très-peu d'Indiens, quoique la Vallée en fût peuplée d'une multitude infinie avant l'arrivée des Espagnols; ces premiers se retirerent dans les terres plus reculées, pour éviter la Domination de ceux-ci.

Il y a dans la Ville, outre la paroisse qui est assez belle, des Couvens de Cordeliers, de Dominicains, de Peres de la Merci, & de Jesuites.

Les habitans de Coquimbo sont naturellement bons, civils & honnêtes. Au milieu de tant de richesses ils paroissent assez pauvres; cependant ils vivent si contens dans leur pauvreté & dans leurs petites maisons, qu'ils ne les changeroient pas contre les plus beaux Palais de l'Europe. Au reste il ne faut pas s'étonner de cette grande indiference, ces peuples ayant mille autres agremens. C'est ainsi qu'Ulysse, le plus sage de tous les Grecs, preféra autrefois Ithaque à l'immortalité : [a] *Tanta vis Patriæ est, ut Ithacam illam in asperrimis saxulis tanquam nidulum affixam sapientissimus vir immortalitati anteponeret.*

a Cicero l. 1. de Oratore.

Toute la Vallée de Coquimbo est remplie de bestiaux qui y paissent, sans qu'on en prenne aucun soin; cependant leur mélange n'a jamais causé aucun differend parmi les maîtres de ces troupeaux; ce qui est une marque évidente de l'union & de la bonne intelligence qui regnent parmi ces peuples.

Les mines d'Or & d'Argent & de plusieurs autres métaux, sont assez communes dans les Montagnes voisines de la Serena. A quatre lieuës de la Ville on avoit découvert une mine de cuivre, à laquelle on travailloit alors; elle fournit d'Ustensiles de ce métal tout le Royaume du Perou & celui du Chily. Le travail cependant va fort lentement, à cause du peu de gens qu'on trouve pour les employer dans ces mines.

En 1579. le fameux François Drak, dans son Voyage du tour du monde, après être sorti du Détroit de Magellan, alla mouiller dans la Baye de Coquimbo, dessein d'y faire aiguade. D'abord qu'il eut mouillé, il fit descendre une partie de ses Equipages. Les habitans allarmez, croyant qu'il alloit piller leur Ville, sortirent au nombre de trois cens Cavaliers & deux cens Fantassins, & les chargerent si vigoureusement lui & les siens, qu'ils les obligerent à se rembarquer au plus vite, & d'aller chercher ailleurs quelque Port plus favorable. Cette Ville fut depuis pillée deux fois par les Anglois, qui par un excès de barbarie, la reduisirent ensuite en cendres.

Le Port de Coquimbo est sous le 30. d. de Latitude Meridionale; mais le savant Pere Feuillée trouve plus précisement la Latitude de Coquimbo de 29. d. 54'. 10''. Elle est de 73. d. 35'. 45''. plus Occidentale que l'Observatoire de Paris. Il y a une pointe & la terre [b] n'est pas fort haute. A l'entrée on voit deux petits rochers au dessus de l'eau qu'il faut laisser à droite & courir vers la pointe, parce qu'il n'y a pas de fond ailleurs & que le courant ou les bouffées qui viennent de terre vous mettroient à la derive. Quand vous avez gagné le port, il faut mouiller près de la terre la plus

b Supplem. aux Voyages de Woodes Rogers p. 65.

haute vis-à-vis d'un petit rocher qu'on nommé la Tortue. De la rade à la Ville de Coquimbo il y a deux lieuës. Une lieue au dessus du vent de la pointe de Coquimbo on trouve celle de Herradura, qui est un très-bon port sans aucun danger, le fond net. De la pointe de Coquimbo à la Baye de Tongoi, il y a sept lieuës cours Sud-est.

1. CORA, Colonie Latine au Pays des Volsques. Virgile dit [c]

c Æneid l.6, v.775.

Pometios, Castrumque Inui, Bolamque, Coramque.

& Silius Italicus [d]

d l.8. v. 379.

Quos Cora, quos spumans inimico Signia musto.

Tite-Live [e] en parle aussi, deux Colonies Latines, dit-il, savoir Pometia & Cora, passerent dans le parti des Aurunces. Les Habitans s'appelloient CORANI & rapportoient leur Origine à Dardanus le Troïen; à ce que Pline [f] nous apprend. Le territoire de cette Ville est nommé *Coranus Ager* par Tite-Live [g]. Cette Ville s'appelle encore aujourd'hui CORE.

e l. 2. c. 16.
f l. 3. c. 5.
g l.8. c. 19.

§ 2. CORA. Il y avoit une autre Ville de Cora sur un promontoire de Toscane, selon quelques exemplaires de Tacite [h]. Mais Juste Lipse a très-bien vû qu'il falloit lire COSA.

h Annal. l. 2.

CORACA, Ville de l'Arabie Petrée, selon Ptolomée [i].

i l. 5. c. 17.

CORACE [k], (LE) Riviere d'Italie, au Royaume de Naples. Elle a sa source dans l'Apennin aux confins de la Calabre Citerieure & de l'Ulterieure; traverse l'Ulterieure, & se jette dans le Golphe de Squillace près de la Ville de Cantazaro.

k Baudrand Ed. 1705.

CORACESIUM, Place forte d'Asie dans la Cilicie selon Pline [l]. Strabon la qualifie Forteresse Φρούριον, & la met à l'extremité du Pays. Il dit qu'elle est située sur une roche escarpée. Les autres comme Pline &c. en font une Ville. Tite-Live [m] en fait mention. Ptolomée [n] dit *Coracensium*, & la met la premiere de la Cilicie Montagneuse en venant de la Pamphylie. Une Notice de Léon le sage met CORACISSIUM qui est la même Ville, entre les Episcopales de la Pamphylie. Comme elle étoit aux Confins des Provinces la Lycie, la Pamphylie & la Cilicie, elle a pû être diversement attribuée à l'une ou à l'autre. Niger dit que c'est SCANDELORO.

l l. 5. c. 27.
m l. 33. c. 20.
n l. 5. c. 5.

CORACESIUS. Voiez TAURUS.

CORACII, Contrée de l'Ethiopie sous l'Egypte. C'est où se trouvoit la plus grande quantité de Cannes des Indes, selon Strabon [o].

o l. 16 p. 771.

CORACINSII, ancien Peuple de l'Isle de Sardaigne, selon Ptolomée. Ils étoient vers le Nord de l'Isle.

CORACIS PETRA [p], Lieu particulier de l'Isle d'Itaque, selon Etienne le Géographe & Hesyche. Nicandre dit qu'on y trouve la vipere; mais au lieu de *Petra* il dit Πάγον. Homere [q] met tout auprès la Fontaine d'Arethuse à Samos à côté de *Coracis Petra*.

p Ortel. Thes.
q Odyss.

CORACIUS MONS, Montagne d'Asie dans l'Ionie près de Colophone, selon Strabon [r].

r l. 14. p.

CO-643.

COR.

CORACODES, ancien Port de l'Isle de Sardaigne selon Ptolomée [a]. Il étoit sur la côte Occidentale. Ortelius dit de l'Isle de Corse & cite cet Auteur; en quoi il se trompe.

1. CORACONESUS. C'est-à-dire, l'Isle des Corbeaux, Isle quelque part vers la Libye, selon Etienne le Géographe.

2. CORACONESUS [b], Lieu particulier du Peloponnese dans l'Arcadie à l'endroit où le Ladon se jette dans l'Alphée.

CORADA, Ville de la Phenicie du Liban selon les Actes du Concile de Chalcedoine.

CORALIS, nom d'un Marais de la Lycaonie aux environs de la Galatie, selon Strabon [c].

CORALIUS, Riviere de Grece dans la Béotie selon Alcée cité par Ortelius. Ce nom est écrit en Grec Κοράλιος; mais Callimaque l'écrit ainsi Κοραλιος, Strabon [d] l'appelle Κουάριοι Cuarium & raporte les vers d'Alcée dont j'ai parlé ci-dessus.

CORALLA, Lieu d'Asie dans la Cappadoce sur le Pont Euxin, selon Arrien dans son Periple.

CORALLI, Peuple barbare au bord du Pont Euxin vers le Danube, dans la Sarmatie Européenne. Ovide dit

[e] *Hic mea cui recitem, nisi flavis scripta Corallis,*
Quasque alias gentes barbarus Ister habet?

Il dit encore

[f] *Littora Pellitis nimium subjecta Corallis*
Ut tandem sævos effugiamque Getas?

Strabon [g] en parle comme d'un peuple très-enclin au brigandage.

CORAMBIS, ancienne Ville de l'Ethiopie sous l'Egypte. Il y avoit tout auprès une source de Bitume selon Pline [h].

CORANCALI, Ville de l'Inde au deçà du Gange selon Ptolomée [i].

CORANI, habitans de CORA, Ville d'Italie.

CORANITÆ, Peuple de l'Arabie heureuse, selon Pline [k].

CORANTO. Ville de Grece dans la Morée. Voyez CORINTHE.

1. CORAS, Ville de Cappadoce, selon Porphyrogenete, cité par Ortelius.

2. CORAS, Montagne d'Italie auprès de Tibur, selon Vibius Sequester.

CORASAN. Voyez KHORASSAN.

CORASENI TERRA. Serapion nomme ainsi un Pays de l'Orient d'où il dit que l'on apportoit du sel Armoniac, du Bezoar, &c. C'est le même que le Khorassan. Voyez ce mot.

CORASIÆ, Isles de la Mer Ægée, selon Pline [l]. Strabon [m] les nomme Κορασίαι; ce ne sont à proprement parler que des écueils que l'on appelle presentement DRAGONISI, à l'Orient de l'Isle de Nicaria.

CORASIBIS. Voyez MEROS.

CORASIUS MONS. Montagne d'Asie dans la Syrie près d'Antioche, selon Xiphilin [n].

COR. 781

CORASMIE. Voyez CHORASMIE.

CORASPHI, ou CORAXI, selon les divers exemplaires de Ptolomée [o], ancien Peuple de la Scythie en deça de l'Imaus.

1. CORAX, Montagne de Grece dans l'Ætolie [p] entre Naupacte & Callipolis. Ptolomée * le nomme Κόραξας & Κόραξ, selon les divers exemplaires. Quelques-uns disent qu'il garde encore son nom de CORAXAS. C'est la Montagne d'auprès de Lepante dans la Livadie.

2. CORAX, lieu de la Béotie, selon Suidas.

3. CORAX, Riviere d'Asie dans la Sarmatie, selon Ptolomée [q].

4. CORAX [r], Montagne entre la Sarmatie Asiatique, & la Colchide. C'étoit sur ces Montagnes que l'on prenoit les bornes de ces Pays.

5. CORAX, promontoire de la Chersonese Taurique, selon Ptolomée [s]. Je ne sais pourquoi Ortelius en fait une Ville. Le Grec porte Κόραξ Ἄκρον.

CORAXAS. Voyez CORAX 1.

CORAXI, ancien Peuple de la Colchide, selon Pomponius Mela [t], Pline [v] & Etienne le Géographe. Chez eux étoit la Ville de Dioscurias selon Pline [w]. Strabon parle de la laine des Coraxes avec éloge.

CORAXICI MONTES, ce sont les mêmes que l'on a aussi appellez HENIOCHII. Voyez ce mot.

CORAZI. Tzetzès [x] nomme ainsi un Peuple qui faisoit de très-excellentes étoffes de laine. La ressemblance de ce nom & l'éloge que Strabon fait de la laine des Coraxi mène naturellement à croire que c'étoit le même Peuple.

CORBACH [y], petite Ville d'Allemagne dans la Hesse, & dans la Principauté de Waldeck dont elle est la Capitale. C'étoit autrefois une Ville libre; mais elle fut prise en 1365. par Walrade Comte de Waldeck, & fut ensuite tirée de la matricule de l'Empire en 1396. elle est entre Marpurg & Paderborn, à trois Milles d'Allemagne de Waldeck & à six de Cassel au Couchant.

CORBARIA VALLIS [z], Vallée voisine des Pyrenées. Divers Actes font mention de Corbaria ancienne Maison royale dans le territoire de Narbonne. Il y a déjà long-temps qu'elle est détruite & il n'en reste même aucune trace. Elle étoit située dans la Vallée de Corbiere qui en a conservé le nom. Cette Vallée est celle où Charles Martel remporta une fameuse Victoire sur les Sarrazins. Elle est arrosée par la Riviere de Birra & presque entierement environnée de Montagnes.

CORBASA, Ville d'Asie dans la Pamphylie, selon Ptolomée [a]. C'étoit une des Villes de la Carbalie.

CORBAVIE, Petit Pays de Hongrie dans la partie Meridionale de la Croatie vers la Dalmatie. Le Turc le possede presque entier.

CORBEIL, Ville de France dans la Province de l'Isle de France; en Latin *Corbolium* & *Josedum*. Elle est située [b] sur la Riviere de Seine qui y reçoit la Juine. Cette Ville qui est à sept lieues de Paris & à trois de Melun, a pris son nom, à ce qu'on prétend, de

Fffff* 3   Cor-

Corbulon Gouverneur des Gaules, & a eu ses Comtes ou Seigneurs particuliers. Alix de Corbeil fille de Bouchard II. porta ce Comté à Hugues du Puiset qui fut obligé de le ceder à Loüis le Gros à qui il avoit osé faire la guerre, & dès lors il fut uni à la Couronne. Le Domaine de Corbeil a depuis été engagé plusieurs fois. Il le fut en 1552. en faveur de Guy l'Arbaleste, Vicomte de Melun, President de la Chambre des Comptes de Paris, dont la veuve & les heritiers l'engagerent en 1581. à Nicolas de Neuville, Marquis de Villeroi, Secretaire d'Etat, dont les descendans en joüissent à present.

La Ville de Corbeil à deux ponts de Pierre, l'un sur la Juine qui n'a que deux arches; l'autre, qui en a neuf, est sur la Seine & separe la Ville en deux parties. Celle qui est du côté de Gâtinois est la plus grande, & celle qui est du côté de la Brie est appellée le VIEUX CORBEIL. On compte huit cens feux dans cette Ville; trois portes qui sont celles de St. Nicolas, de Saint Jacques & de Paris; quatre Paroisses, Notre Dame est la principale, St. Jacques, St. Leonard, & St. Martin. Cette derniere est dans l'Eglise de St. Spire qui est Collegiale, & n'est que pour ceux du Cloître & de quelques maisons voisines. C'est Haimon ou Aimon Comte de Corbeil qui s'étant emparé du Château du Comte de Palaiseau vers l'an 912. emporta à Corbeil les reliques de St. Exupere & de St. Loup, Evéques de Bayeux, fit bâtir une Eglise en leur honneur & y fonda un Chapitre. Le Tombeau de ce Comte est encore à main gauche du Maître-Autel de cette Eglise qu'on appelle par corruption Saint Spire. Le Prieuré de Saint Guenaud est près de la porte de Paris, & est desservi par un Chanoine regulier de St. Victor. Les Recolets ont un Couvent dans cette Ville, de même que les Ursulines. L'Hotel-Dieu pour les pauvres malades est desservi par quatre Sœurs qui portent l'habit noir & le voile blanc. La Reine Ingeburge femme de Roi Philippe Auguste fut enterrée l'an 1236. dans le Prieuré de Saint Jean qui appartient à l'Ordre de Malte, & l'on voit encore son Epitaphe. Les Manufactures de tan & de peau fournissent au principal commerce qui se fait à Corbeil.

L'an 1418. le Duc de Bourgogne assiegea Corbeil, mais le Roi Charles VI. y ayant envoyé du secours, il lui fit abandonner cette entreprise. Les Calvinistes l'assiégerent en 1562. & cette Ville fut vaillamment defendue par les Catholiques.

CORBENI,

CORBENACUM. Voyez CORBINIACUM 2.

CORBEUNTOS, Ville d'Asie chez les Tectosages peuple de la Galatie selon Ptolomée [a]. Simler croit que ce mot est le même que Gorbeus que l'on lit dans Antonin sur la route d'Ancyre à Cesarée. L'Exemplaire du Vatican porte GROIBEUS qui est encore plus corrompu. Zurita rétablit dans l'Itineraire GORBEUM. Le changement de C. en G. étoit facile, & peut-être que l'on a dit Corbeus Genitif Corbei, ou Corbeuntis, également. Mais le Corbeuntos de Ptolomée est au nominatif.

a l. 5. c. 4.

CORBIANA. Province des Elyméens, selon Strabon [b].

b l. 16. p.745.

CORBIE, Ville de France en Picardie dans le Santerre sur la Riviere de Somme à quatre lieues d'Amiens. Elle étoit déja connue sous le nom de *Corbeia* dès le VII. siécle. Elle est fameuse par son Abbaye qui est l'ouvrage de la piété de Sainte Bathilde Reine de France [c]. Elle la fit bâtir vers l'an 657. qu'elle gouvernoit l'Etat pendant la minorité de son fils Clothaire III. Elle donna la conduite de cette nouvelle Communauté à St. Theodefroi Religieux de Luxeuil. Parmi les Conciles de France il se trouve deux Chartes qui regardent la fondation de ce Monastere; l'une est du Roi Clothaire III. qui marque en termes generaux que l'on y devoit garder une regle sainte; l'autre est un Privilege de Berthefroid Evéque d'Amiens dont la date répond à l'an 662. qui porte en un endroit que les Religieux de Corbie y devoient demeurer paisiblement sous la regle des Saints Peres, & en un autre qu'ils devoient vivre sous la regle de St. Benoît ou de St. Colomban. Theodefroi fut tiré du Cloître pour gouverner un Diocèse, ce qui a donné lieu de croire qu'il avoit été Evéque d'Amiens. [d] La Reine Bathilde & son fils Clotaire donnerent depuis à ce Monastere & lui accorderent de grands Privileges qui furent confirmez par des Bulles des Papes Benoît III. & Nicolas I. dans le IX. siécle. Alors ce Monastere de Corbie ne cedoit à aucun autre en France & les Moines qui étoient celebres par leur savoir & par leur sainteté envoyerent une Colonie qu'on leur demanda dans le Pays qu'on appelloit alors la Saxe & qui est aujourd'hui la Westphalie. On l'appella la NOUVELLE CORBIE. L'Abbé de l'ancienne Corbie est Seigneur Temporel & Spirituel de cette Ville que les Rois de France avoient fait fortifier à cause de l'importance de sa situation, lors que les Rois d'Espagne possedoient l'Artois. Les Espagnols s'étant emparez de Corbie l'an 1636. ravagerent toute la Picardie & repandirent la terreur jusques dans Paris; mais Loüis XIII. ayant assiégé cette Ville la reprit la même année au mois de Novembre. Loüis XIV. l'ayant jugée inutile depuis que les Frontieres ont été reculées la fit démanteler l'an 1673.

c Abregé de l'Hist. de l'Ordre de St. Benoît T. 1. l. 3. c. 16. art. 5.

d Longuerue desc. de la France part. 1. p. 55.

CORBIERE, (la Vallée de) Vallée de France dans le Languedoc, vers les Pyrénées; sur les Consins des Diocèses de Narbonne & d'Aleth. Elle est celèbre par la Victoire que Charles Martel y remporta sur les Sarrazins, & par une Maison Royale qui est detruite. Voyez CORBARIA.

1. CORBIGNI, en Latin CORBINIACUM [e], Ville de France au Nivernois, près de la Riviere d'Ionne, à douze lieues de Nevers au Levant d'Eté, vers Avalon dont elle est à sept lieues. A cent pas de cette Ville est l'Abbaye de St. Léonard Ordre de St. Benoît. C'est pour cela que pour ne pas confondre le nom Latin *Corbiniacum* que porte cette Ville, avec *Corbiniacum* qui est aussi CORBENI, on dit *Corbiniacum Sancti Leonardi*.

e Baudrand Ed. 1705.

2. CORBIGNI, ou plutôt CORBENI. Voyez CORBINIACUM 2.

CORBILUM; Strabon [f] nomme ainsi une Ville marchande de la Gaule sur la Loire.

f l. 4. p. 190.

Il cite Polybe & raporte un petit conte de la façon de Pytheas, dont il se moque à son ordinaire. Il paroît que cette Ville n'étoit déja plus du temps de Strabon. Ainsi pourquoi conjecturer que c'est aujourd'hui la Ville de Nantes? ne pouvoit-elle point être ailleurs sur la Loire?

1. CORBIO, ancienne Ville d'Espagne chez le peuple *Suessitani* selon Tite-Live.[a] Or ce peuple étoit ou le même que les *Cosetani*, ou du moins une portion de ces derniers, comme le remarque très-bien Mr. de Marca.[b] Tite-Live[c] dit en parlant des *Suessitani* qu'ils avoient une Forteresse nommée *Vergium*. Il dit aussi qu'ils avoient une Ville[d] beaucoup plus longue que large & il ne la nomme point; ce qui donne lieu à quelques-uns de demander si ce ne seroit point la même que Corbio qu'il nomme ailleurs & dont il dit[e], Aulus Terentius prit après un siége en forme *Corbion* Ville du Pays des Suessitains, & vendit les habitans pour être esclaves. D'autres pretendent que cette longue Ville est Solsone. Morales veut que ce soit aujourd'hui Vique.

[a] l. 39. c. 42.
[b] *Marca Hispan.* l. 2. c. 9.
[c] l. 34. c. 21.
[d] lb. c. 20.
[e] l. 39. c. 42.

2. CORBIO, ancienne Ville d'Italie au Pays des Æques. Elle étoit Voisine de Vitellia. Tite-Live parlant de Coriolan qui étoit exilé dit, *Corbionem, Vitelliam, Trebiam, Labicos, Pedum cepit*. Il dit encore: on apprit que la garnison qui étoit à Corbion avoit été enlevée dans une ataque que les Æques avoient donnée durant la nuit.[f] Denys d'Halicarnasse raconte la destinée de cette Ville. Les Æques, dit-il, ayant été defaits par L. Quintius Cincinnatus, que l'on avoit tiré de la charue pour le faire Dictateur, furent obligez d'abandonner aux Romains leur Ville de Corbion. L'année suivante, ils la reprirent ayant surpris la garnison, mais la même année le Consul Horatius Pulvillus ayant de nouveau défait les Æques détruisit cette Ville de fond en comble.

[f] fl. 10. pag. 651. & seq.

1. CORBINIACUM. Voyez CORBIGNI.

2. CORBINIACUM, ou CORBANACUM, ou selon d'autres CORBENACUM, aujourd'hui CORBENI, Bourg de France en Champagne. Il y avoit autrefois une Maison Royale dans le Laonois à une lieue du Port de l'Aisne; & presentement il y a un Prieuré dependant de l'Abbaye de St. Remi de Rheims. Ce fut dans cette Maison Royale que Charlemagne l'an 776. après la mort de son frere Carloman fut reconnu Roi par les Francs d'Austrasie. C'étoit aussi dans cette maison que Charles le chauve se trouvoit vers la fin de 868. ou au commencement de l'année suivante lors qu'Hincmar Evêque de Rheims reçut des Lettres que lui envoyoit le Pape Nicolas sur la separation des Grecs d'avec l'Eglise Latine. Ce même Pape dans une Lettre qu'il écrivoit à Louïs fils de Charles fait mention de *Corbennacum*. Charles le simple donna cette maison de Corbeni à sa femme Frederune pour sa dot. On en a encore le Diplome dans les Melanges du P. Labbe & dans le second Tome des Capitulaires recueillis par Mr. Baluse. Cette Reine porta ensuite le Roi son mari à en faire une donation aux Moines de St. Remi de Rheims en memoire de ce qu'elle avoit été couronnée dans l'Eglise de cette Abbaye. Frodoard dit que Louïs d'outremer reprit par les armes aux Sujets d'Heribert *Corbanacum Castrum* que son Pere avoit donné à St. Remi & que les Moines de ce Monastere lui avoient confié. Mais Louïs étant au lit de la mort en presence de Hincmar Abbé de St. Remi, en presence de la Reine Gerberge & de plusieurs Grands du Royaume rendit Corbeni, comme on voit par un Diplome du Roi Lothaire daté du 1. Janvier la premiere année de son regne. Lors que les Normans ravagerent le Monastere de Nantes[g] le Corps de St. Marcou Abbé fut sauvé & porté à Corbeni, où il est encore honoré. (De là vient que le Bourg est aussi appellé St. MARCOU du nom de ce Saint. Cette Translation se fit vers la fin du IX. siécle ou au commencement du X. comme il paroît par les Lettres de Charles le simple dont la date repond à l'année 905. depuis ce temps-là ces reliques ont été l'objet de la veneration des fidelles, sur tout de ceux qui sont affligez des écroüelles. De là vient que les Rois de France après leur sacre y vont en Pelerinage.

[g] Mr. Baillet dit que ce fut de NANTEÜIL Monastere que ce St. avoit bâti au Diocese de Coutances en basse Normandie.

§ Quelques-uns ont déplacé ce Palais de *Corbiniacum* pour le mettre à CHERBONNE, Village peu connu à l'extrémité du Diocése de Rheims, & qui n'est pas sur l'Aisne comme ils pretendent, mais à demie-lieuë d'Attigni vers le Nord, & sur un ruisseau qui se perd dans l'Aisne. Mais ils ont été trompez par une legere ressemblance du son, les Originaux des Actes des Rois que l'on a encore en assez bonne quantité conviennent tous du nom, qui est *Corbiniacum Palatium*.

CORBINO, Bourgade de l'Albanie, près de la Riviere de Hismo qui coule à Croja. C'est la residence de l'Evêque de Durazzo qui n'est plus elle-même qu'un chetif Village.

CORBITZ. Selon Mr. Baudrand c'est un Village d'Allemagne dans la haute Saxe en Misnie auprès de Dresde; il ajoute que c'est là que le Prince Christian fils ainé de Christian IV. Roi de Danemarck mourut le 12. Juin 1647. agé de 45. ans.

§ Je ne trouve aucune trace de ce Village aux environs de Dresde dans les Cartes de Zeyler, mais on y voit CARBITZ, Bourgade qui n'est point dans la Misnie, & qui est au Couchant d'Hyver d'Autrich autre Bourgade où passe l'Elbe à deux milles & demi au dessous du Confluent de cette Riviere & de celle de l'Egre.

CORBRENÆ, ancien peuple d'Asie dans la Medie selon Polybe.[h] Il les met dans des Vallées avec les Cosséens & les Carches & autres Nations barbares.

[h] l. 3. p. 542.

CORBULÆ CAMPUS. Procope nomme ainsi une plaine d'Afrique à quatre journées de chemin de Carthage, peu loin de la Numidie.

CORBULONIS FOSSA. Voyez FOSSA.

CORBULONIS MUNIMENTUM, ou la Forteresse de Corbulon. Tacite dit[i] la Nation des Frisons qui depuis la rebellion commencée par la defaite de L. Apronius étoit ennemie ou mal-intentionnée, donna des Otages & s'établit dans les terres que Corbulon lui avoit marquées. Il lui donna un Senat, des Magistrats, & des Loix, & depeur qu'elle ne

[i] il. 11. c. 19.

ne se portât à la desobeissance il y mit une garnison qui s'y fortifia &c. Ce passage & ce qui suit ou precede marque qu'il faut chercher cette place où Corbulon établit une Garnison, un Senat, des Magistrats & des Loix, dans la partie de la Frise voisine de l'Ems & du Peuple nommé *Cauchi*. Alting [a] est persuadé qu'on ne sauroit trouver aucun lieu qui lui convienne mieux que Groningue Ville qui conserve encore dans ses Loix & dans sa Magistrature beaucoup de traces de celles des anciens Romains. Sur ce qu'on pourroit objecter que l'on n'y trouve presque point d'autres monumens des Romains, on peut repondre que Tacite même en a marqué la raison; c'est que Claudius deffendit tellement que l'on attaquât de nouveau les Germanies qu'il ordonna que les Garnisons repasseroient en deçà du Rhin. Le même Alting fait voir que parmi les Loix que l'on suit à Groningue il y en a plusieurs traduites presque de mot à mot des Loix des douze Tables.

[a] Notit. Batav. & Frisiæ Ant. p. 48.

CORCANG'. Ville d'Asie dans le Pays de la Chorasmie ou Khouaresme dont elle est la Capitale sur la rive Meridionale du Gihun. Elle est appellée ALJORJANIYAH par les Arabes, à ce que nous apprend Abulfeda [b]. Il distingue deux Villes de Corcang' dans ses Tables l'une selon le Calcul d'Alfaras & d'Albiruni est la grande située à 84. d. 1'. de Longitude & à 42. d. 17'. de Latitude. L'autre surnommée Jorjaniyah est la petite Corcang' & selon Alfaraz sa Longitude est de 84. d. 5'. & sa Latitude de 42. d. 45'. Il dit ensuite dans sa description generale: Corcang est le nom de deux Villes du Chowaresme, l'une qui est la grande est une Ville Marchande sur le bord du Gihun. L'autre qui est la petite en est à la distance de dix milles. Les noms de CORCANG' ou D'ABJORJANIYAH sont communs à l'une & à l'autre. Nassir Eddin [c] dit: Corgang' residence du Roi de Chowarezm est à 94. d. 30'. de Longitude & à 42. 17. on voit bien qu'il entend parler de la grande. J'explique ailleurs pourquoi il compte 94. au lieu de 84. C'est que son premier Meridien est de dix degrez plus Occidental que celui d'Albiruni & d'Alfaraz; ainsi la difference n'est que de 29. minutes, & la Latitude est precisement la même qui est marquée ci-dessus. Ulug Beig [d] s'accorde entierement avec Nassir Eddin. Mr. Baudrand la met à vingt lieues de la Mer Caspienne & cite Golle, c'est-à-dire, Golius.

[b] Chorasm. descript. Edit. Oxon. p. 23.

[c] Edit. Oxon. p. 111.

[d] p. 141.

CORCE, ou CORNE, Ville de la petite Armenie selon Ptolomée [e]. L'Edition de Bertius prefere CORNE. Elle étoit près de l'Euphrate.

[e] l. 5. c. 7.

CORCELLE, Riviere de France dans la Bourgogne. Mr. Corneille dit sur la foi d'un Atlas qu'elle vient d'un bois proche du Village d'Anoux (Anots) & va se décharger dans l'Arrou un peu au dessous d'Autun après avoir reçu une autre Riviere. Monsieur de l'Isle la marque très-bien, mais sans la nommer.

1. CORCK [f], Ville d'Irlande dans la Province de Munster au Comté de Corck dont elle est la Capitale, à treize-milles à l'Ouest de Ballicora, & à cent-vingt quatre-milles au Sud-Ouest de Dublin. Elle a elle-même titre de Comté dont jouit Richard Boyle Comte de Burlington en Angleterre. Elle a un Siége Episcopal & jouit du droit de tenir un Marché public & d'envoyer deux Deputez au Parlement. Il y a quantité d'Anglois & comme c'est un port de mer, elle est propre, forte & bien peuplée. La Riviere Leo qui coule autour de ses murailles la traverse par le milieu & y forme un bon port. Il y a aussi un nombre de familles de François refugiez qui s'y sont établis y étant attirez par le Commerce. On la nomme aussi CORBACH, mais en François on dit toujours *Corck*. Sa figure ressemble à celle d'un œuf.

[f] Etat pres. de l'Irlande p. 48.

2. CORCK [g] (LE COMTÉ DE) Contrée d'Irlande dans la Province de Munster. Il a le Comté de Waterford à l'Est, avec une petite partie du Comté de Tipperari; le Comté de Kerri à l'Ouest, avec un petit espace de la Mer; le Comté de Limerick au Nord, & l'Océan au Sud & au Sud-est. C'est le plus grand Comté qu'il y ait en Irlande puisqu'il a 86. milles de long & 50. de large, en y renfermant celui de Desmond qui a 30. Milles de long & 8. de large. Il y a quantité de forêts & plusieurs bonnes Villes. On le divise en quinze Baronies qui sont celles de *Dunballo*, *d'Orrery* & *Kilmore*, *d'Armory* ou *Earmoi*, de *Condon* ou *Clongibbod*, de *Kilnatallon*, *d'Imokilly*, de *Barrimore*, de *Barrets*, de *Corkelib*, de *Kinalea*, de *Kineatmeaki*, de *Muskery* & de *Carburi*. Les deux autres, savoir *Bantri* & *Bear*, sont dans le Comté de Desmond.

[g] Ibid.

Il y a deux Villes qui ont droit de tenir marché, savoir,

Corck & Kingsale.

Il y en a dix qui envoyent leurs Deputez au Parlement, savoir,

Charleville,	Corck,
Mallo,	Kingsale,
Youghill,	Bandonbridg,
Cloyne,	Rosse,
Ballicora,	& Baltimore.

CORCOBA, Ville de l'Isle de Taprobane selon Ptolomée [h]. Elle étoit sur la côte Meridionale de l'Isle. Quelques exemplaires allongent ce nom & portent CORCOBARA.

[h] l. 7. c. 4.

CORCONIANA MANSIO, lieu de Sicile sur la route de Catane à Agrigente selon l'Itineraire d'Antonin. Mais les exemplaires varient. Quelques-uns portent *Sosconianas*, d'autres *Gorconianis*, d'autres *Corconianis*, d'autres enfin *Gorcoviansis*, mais tous s'accordent à mettre XII. M. P. de là à Agrigente. Simler juge que c'est la *Cotyrga* de Ptolomée. Mais Antonin dit expressément que ces gîtes avoient été nouvellement établis de son temps. *Mansionibus nunc institutis*.

CORCONTI, ancien Peuple de la Germanie selon Ptolomée [i].

[i] l. 2. c. 11.

1. CORCORA, Davity met une Ville de ce nom dans l'Abissinie au Royaume de Tigré. Il y a, dit-il, une Eglise assez belle, & au Levant de la Ville est le grand & riche Monastere de Nazareth. Mr. de l'Isle met une espece de Village nommé *Gorborea* au Midi

COR.   COR.   785

Midi de *Dobarua* Résidence du Barnagaſſ. Seroit-ce le même lieu?

2. CORÇORA, Ville d'Ethiopie au Royaume de Dancali. On la nomme, ſelon Davity, CORCORA D'ANGOTE pour la diſtinguer de l'autre.

CORCORAS, Riviere qui, au raport de Strabon, ſe perd dans la Save, & paſſoit auprès de Naupontus, que l'on prend aujourd'hui pour Laubach. Ce ſeroit donc la Riviere qui arroſe cette Ville & qui ſe forme des Ruiſſeaux le Laubach, l'Igg & de quelques autres. Cependant on ſemble être convenu que c'eſt la Riviere de GURCK.

CORCURA, Ville d'Aſie dans l'Aſſyrie ſelon Ptolomée [a]. C'eſt la même que CORCYRA MELÆNA.

[a] l.6.c.1.

CORCUTULANI. Denys d'Halicarnaſſe [b] appelle ainſi un Peuple d'Italie, Κορκουτουλάνοι; l'Interprête Latin Gelenius & le Pere le Jay dans ſa Traduction Françoiſe de cet Hiſtorien [c], rendent ce mot par QUERQUETULANI, les QUERQUETULANS.

[b] l. 5.
[c] T.1.p.416.

1. CORCYRA, ancien nom d'une Iſle de la Mer Ionienne. On la nomme aujourd'hui CORFOU. Pline la décrit ainſi [d]. Cette Iſle eſt vis-à-vis de la Theſprotie, à XII. M. P. de Buthrot ... avec une Ville auſſi nommée Corcyra, Ville libre, & un Bourg nommé Caſſiope & un Temple de Jupiter Caſſien. Elle a XCVII. M. P. de longueur. Homere [e] l'a appellée SCHERIA & PHÆACIE, Callimaque la nomme DREPANE. Le Scholiaſte d'Homere dit de même que Pline : Scheria eſt appellée l'Iſle des Phæaciens, on l'a nommée enſuite Corcyre. Son plus ancien nom a été Drepané. Après avoir appartenu long-temps aux Phæaciens elle reçut une Colonie de Corinthiens : de là vient que Thucydide [f] dit : les Corcyréens ſont indubitablement Corinthiens. Voyez CORFOU.

[d] l.4.c.12.
[e] Odyſſ.E. v.34.
[f] l.7.p.526.

2. CORCYRA, Ville de l'Iſle de même nom. Elle a été autrefois fort importante & a ſeule fait la guerre contre de puiſſantes Republiques. Homere ne la déſigne dans ſon Odyſſée que par la Ville des Phæaciens. Voyez CORFOU.

CORCYRA MELÆNA, c'eſt-à-dire, *Corcyre la Noire*, Iſle de la Mer Adriatique ſelon Pline [g]. Elle étoit ſur la côte d'Illyrie & avoit une Ville bâtie par les Gnidiens. C'eſt preſentement CURZOLA. Voyez ce mot.

[g] l.3.in fine.

CORCYRIS, Ville d'Egypte, ſelon Etienne le Géographe.

CORCYROPOLIS, la même que CORCYRA 2.

CORDA, ancienne Ville d'Albion, c'eſt-à-dire, de la grande Bretagne, chez les Selgoves ſelon Ptolomée [h]. Le P. Brier [i] croit que c'eſt preſentement CUNNOTH. Voyez SELGOVÆ.

[h] l.2.c.3.
[i] Parall.2. part.l.2. p.184.
[k] Ædific. l.2.

1. CORDES, Riviere d'Aſie. Procope [k] dit qu'elle baignoit Dara Ville des Perſes. Le Comte Marcellin nomme CORDISSUS une Riviere qui tiroit ce nom d'une terre qu'elle arroſoit : & Ortelius croit que c'eſt la même Riviere.

1. CORDES [l], Petite Ville de France dans l'Albigeois ſur la petite Riviere de l'Aurou, qui ſe rend à une demie-lieue de là dans le Cerou. Elle eſt à trois ou quatre-lieues de la Ville d'Albi vers le Nord.

[l] Baudrand Ed.1705.

CORDES TOULOUSAINES, petite Ville de France dans l'Armagnac, près de la Garonne, neuf lieues au deſſus de Touloufe & quatre lieues au deſſus de Verdun. Cette Ville eſt environ à deux lieues de Mas-Garnier.

CORDILLERA DE LOS ANDES : Longue chaîne de Montagnes dans l'Amerique Meridionale où elle traverſe le Perou, le Chili & la Terre Magellanique. Comme je n'ai pu avoir la relation originale du P. Alonzo d'Ouaglie imprimée à Rome, je me ſervirai de l'extrait qu'en a fait Wodes Rogers [m] par raport à ces Montagnes. Il appelle ce Pere Ovalle & c'eſt toujours lui qu'il cite ſous ce nom. Ovalle, dit ce Navigateur, décrit la Chaine des Montagnes qu'on nomme Cordillera, ſur ce qu'il en avoit obſervé lui-même ou lu dans les Auteurs. Il poſe donc qu'elles courent du Nord au Sud depuis la Province de Quito juſqu'au Détroit de Magellan, c'eſt-à-dire, plus de mille lieues; qu'il n'y en a pas de ſi hautes au Monde; qu'elles ont en général 40. lieues de large; que l'entre-deux eſt garni d'une infinité de Vallées habitables ; & qu'elles forment deux Chaînes, dont la plus baſſe eſt couverte de Forêts & de Bocages ; mais la plus haute eſt ſterile, à cauſe de la Neige qu'il y a toûjours. Les Animaux les plus remarquables, qu'on y trouve, ſont 1. cette eſpèce de Cochons, appellez *Pecarys*, qui ont le nombril ſur le dos, & qui vont par groſſes troupes, avec un Cerf à la tête : il eſt même dangereux de les attaquer pendant que celui-ci eſt en vie ; mais d'abord qu'on l'a mis à bas, les autres ſe diſperſent : 2. Les Chevres ſauvages, dont le Poil, qui eſt auſſi doux que de la ſoye, ſert beaucoup pour les Chapeaux fins : 3. Les Brebis nommées *Guanaoos*, qui ont la figure des Chameaux, quoi qu'elles n'approchent pas de leur taille, & dont la laine eſt ſi fine qu'on la préfere à la ſoie pour la moleſſe & la couleur. Les anciens Yncas avoient taillé deux grands Chemins à travers ces Montagnes, dont l'un, ſi nous en croyons Herrera, étoit large de 25. pieds, & pavé l'eſpace de 900. lieues depuis Cuſco juſques au Chili : On y voyoit d'ailleurs de magnifiques Bâtimens de quatre en quatre lieues, & il y avoit des Couriers à chaque demi-lieue, qui ſe relevoient les uns les autres, & qui ſervoient à porter les ordres de la Cour. Il y a même aujourd'hui des Hôteleries, où les Voïageurs trouvent tout ce qui leur eſt néceſſaire ; mais les ſentiers, qui conduiſent dans les Montagnes, ſont ſi étroits, qu'une Mule n'y paſſe qu'avec peine. La montée commence dès le rivage de la Mer; mais ce qu'on appelle proprement les Montagnes demande trois ou quatre journées de Chemin pour arriver au ſommet, où l'air eſt ſi froid & ſi perçant, que mon Auteur & ſes Compagnons de Voïage, qui les traverſoient, furent obligez de reſpirer plus vite & plus fort qu'à l'ordinaire, & d'appliquer leurs Mouchoirs à la bouche, pour rompre la froideur exceſſive de l'air. Herrera dit que ceux qui les paſſent en venant du Perou, s'y trouvent expoſez à de cruels vomiſſemens. Ovalle ajoute

[m] Voyages T.2.p.53.

Tom. II.   Ggggg*

ajoute qu'il y a quelquefois des Météores si élevez au dessus de ces Montagnes, qu'on les prendroit pour des Etoiles, & d'autres fois si bas, qu'ils éfraïent les Mules, & voltigent autour de leurs oreilles & de leurs piez. Il remarque de plus que du sommet, quoi que le Soleil y brille avec éclat, & que l'air y soit fort serain, on ne voit pas le Païs qui est au dessous, à cause des nuages qui le couvrent. Lors qu'il passa l'endroit le plus élevé de celle qui se nomme proprement la Cordillera, il n'y trouva point de Neige, quoi que ce fût à l'entrée de l'Hyver; au lieu que, dans les parties les plus basses, elle étoit si profonde, que les Mules avoient de la peine à s'en tirer. Il croit d'ailleurs qu'il n'y avoit point de Neige à la cime, parce qu'elle est au dessus de la moyenne region de l'air. Il y a seize Volcans sur cette Chaine de Montagnes, qui éclatent quelquefois d'une terrible maniere, fendent les Rochers, & poussent une grande quantité de feu, avec un bruit qui approche de celui du Tonnerre. Je m'en rapporte à mon Auteur pour les noms particuliers de ces Volcans & les endroits où ils se trouvent. Il ne doute pas qu'il n'y ait bien de riches Mines entre ces Montagnes, quoi que les Naturels du Pays les cachent à dessein, & qu'il y aille de la vie pour ceux qui viendroient à les découvrir. En effet, ils n'en ont pas besoin eux-mêmes, parce qu'ils ont quantité de vivres, & qu'ils ne demandent point autre chose pour leur subsistance; mais ils craignent que la découverte de ces Mines n'engageât les Espagnols à les en déposséder, ou à les y faire travailler comme des Esclaves; & c'est ce qui a ruïné diverses tentatives que les derniers ont faites à cet égard. Malgré tout cela, on a decouvert de très-riches Mines au pié de ces Montagnes du côté de Cuio.

On ne peut traverser la Cordillera qu'en Eté, ou au commencement de l'Hiver. Il y a des precipices afreux & de profondes Rivieres à côté de ces passages, qui sont si étroits, qu'ils causent la perte de bien de Mules & de Voiageurs. Le cours de ces Rivieres est même si rapide, & la distance du haut en bas est si grande, qu'on ne peut les regarder, sans que la tête tourne. Les montées & les descentes sont si rudes, qu'il est difficile d'y passer à pié; mais on est soulagé de cette fatigue par la beauté des Cascades naturelles que l'eau forme en divers endroits: il y a même quelques Vallées où l'on voit des jets d'eau qui s'élevent à une hauteur considerable, & qu'on diroit être artificiels; Cela joint à la beauté des Fleurs, & des Plantes aromatiques, qui paroissent de tous côtez ne peut que rendre cette vûë fort agréable. D'ailleurs l'eau de toutes ces Fontaines est si froide, qu'on ne sauroit en boire plus de deux ou trois gorgées à la fois, ni même y tenir la main plus d'une Minute. On y trouve aussi en quelques endroits des eaux chaudes, qui sont bonnes pour diverses Maladies, & qui laissent une teinture verte dans les Canaux où elles coulent. Sur une de ces Rivieres, qui s'appelle MENDOÇA, il y a un Pont naturel, & l'on voit pendre à sa voute plusieurs morceaux de rocher, de differentes couleurs & figures, qui ressemblent à du Sel congelé, ou à ces Glaçons qui pendent aux Goutieres. Il est si large, que trois ou quatre Chariots y peuvent passer de front. Il y en a un autre tout auprès, qu'on nomme les Yncas, & qui est artificiel, à ce que disent quelques-uns; mais mon Auteur veut que ce soit un Ouvrage de la Nature: il est si exhaussé, que du haut de ce pont, Ovalle n'entendoit point le bruit de la Riviere qui coule au dessous avec beaucoup de rapidité, & qui ne lui paroissoit que comme un petit ruisseau, quoi qu'elle soit fort grande; ce qu'il ne pouvoit regarder sans être frapé d'horreur. Il vient ensuite à la description des Rivieres qui sortent de ces Montagnes; mais je ne m'arrêterai qu'aux principales; & quoi que la plûpart ne courent guéres plus de 30. lieues il y en a quelques-unes qui, vers leurs Embouchures, peuvent porter les plus gros vaisseaux Marchands.

La premiere, qui prend sa source aux Confins du Perou, environ le 25. deg. de Latit. Meridionale, se nomme la Riviere SALÉE, parce que son eau, qui petrifie tout ce que l'on y jette, est d'une Salure à ne pouvoir pas être bûe.

La seconde, qui a son origine sous le 26. deg. de Latitude, & s'appelle COPIAPO, court vingt-lieues de l'Est à l'Ouest, & forme une Baye & un Havre, à son entrée dans la Mer.

La troisieme qui prend son Origine sous le 28. deg. de Latitude, est celle de GUASCO, qui forme aussi une Baye & un Havre.

La quatriéme qui prend son origine sous le 30. deg. de Latitude, est celle de COQUIMBO, dont les bords sont ornez de Myrtes & de beaux Arbres, qui font un objet très-agréable à la vûë; elle forme aussi une Baye & un Port magnifique.

La cinquieme qui prend son Origine sous le 33. deg. de Latitude ou environ, est celle d'ACONCAGUA, qui est grande & profonde, & court au travers de plusieurs Vallées fertiles.

La sixiéme, qui porte le nom de MAYPO, a son origine à peu près sous le 33. deg. & demi de Latitude: elle est si rapide, que rien n'y sauroit tenir qu'un Pont fait de cables; elle entre dans la Mer avec tant de violence, que ses eaux forment un Cercle & se distinguent un long espace de chemin. Quoi que l'eau en soit un peu salée, on y pêche d'excellentes Truites, & la Chair des Moutons, qui paissent sur ses bords, est d'un goût très-délicat. Il y a plusieurs Rivieres qui aident à la grossir, comme celle de S. Jago, ou de MAPOCHO, qui se partage en diverses branches, & arrose tout le Quartier de S. Jago, qu'elle inonde quelquefois: elle s'engouffre dans la terre près de cette Ville, & n'en ressort dans un Bôcage qu'à deux ou trois-lieues de distance. La Riviere Poangue se joint aussi à celle de Maypo; l'eau en est très-bonne, claire, & sert beaucoup à la digestion, parce qu'elle passe à travers les veines de quelque Métal: elle court plusieurs lieues sous terre & rend la Vallée, qui est au dessus, si fertile, qu'elle produit quantité de bon Grain, & d'excellens mélons: D'ailleurs ses bords sont ornez de beaux & grands Arbres. Les Rivieres

res de COLLINA & LANPA tombent aussi dans celle de Maypo. Elles se joignent ensemble à 10. ou 12. lieues de leur source & forment le Lac de CUDAGUES qui peut avoir deux lieues de longueur , qui est assez profond pour admettre de gros Vaisseaux & dont les bords sont couverts d'Arbres toujours verdoyans.

La septieme Riviere considerable qu'on nomme RAPOL n'est point du tout inferieure à celle de Maypo, se dégorge dans la Mer sous le 34. d. 30'. de Latitude ou environ & reçoit en chemin plusieurs ruisseaux rapides. La Campagne voisine a d'excellens pâturages pour engraisser le bétail.

La huitiéme se nomme de LORA qui ressemble à tous égards à la precedente. La neuvieme est une grande Riviere appellée MAULE, qui a sa source sous le 35. d. de Latitude & borne la Jurisdiction de S. Jago. Tout le Pays qui est entre ces deux Rivieres s'appelle PROMOCAES en langage du Chili, c'est-à-dire, quartier delicieux où l'on danse. Près de l'Embouchure de cette Riviere il y a un chantier où l'on construit des Vaisseaux & il y a aussi un bac qui appartient au Roi & où passent les Voyageurs.

La dixiéme qui est appellée YTATA est trois fois plus grande & plus profonde que celle de Maule & se degorge dans la Mer sous le 36. d. de Latitude ou environ. On y peut aller presque par tout en radeau & la passer même à gué en quelques endroits.

L'onziéme est l'ANDALIEN qui coule doucement & tombe dans la Baye de la Conception sous le 36. d. 45'. de Latitude. Il y a une autre petite Riviere qui tombe un peu au delà de cette Ville d'un Rocher fort haut, la traverse par le milieu & fournit l'occasion aux habitans d'en former toutes sortes de Cascades & de jets d'eau entre d'agréables bosquets de Myrtes, de Lauriers, & d'autres Plantes Aromatiques.

La douzieme qui s'appelle BOBIO est la plus grande de toutes les Rivieres du Chili, se dégorge dans la Mer sous le 37. d. de Latitude & peut avoir deux, ou trois milles de large à son Embouchure. Ovalle dit qu'elle passe à travers des veines d'or & des Campagnes remplies de Salsapareille, ce qui rend ses eaux fort salutaires & bonnes pour diverses sortes de malades. Cette Riviere separe les Indiens amis des Espagnols, d'autres Indiens qui sont leurs Ennemis mortels & qui les attaquent souvent. Il n'y a pas moyen de la passer en Hyver, tant ses eaux sont enflées & alors ils en viennent de l'un & de l'autre côté à une cessation d'armes. Ce peuple a donné plus d'exercice aux Espagnols que tous les autres de l'Amerique : aussi ont-ils été obligez, pour les tenir en crainte d'y élever douze Forts & de les bien munir d'hommes & d'Artillerie outre la Ville de la Conception & Chillan qui en est au Nord-Est.

La treizieme est l'IMPERIALE qui se jette dans la Mer sous le 39. d. de Latitude ou environ, après avoir reçu plusieurs autres Rivieres, dont il y en a deux qui tombent dans le fameux Lac de Buren où les Indiens ont une Forteresse imprenable.

Tom. II.

La quatorziéme qui s'appelle TOLTEN est à trente Milles ou environ de l'Imperiale & assez profonde à son Embouchure pour recevoir de gros Vaisseaux.

La quinziéme nommée QUENALE (selon notre Auteur, QUEULE selon Mr. de l'Isle,) se decharge dans la Mer environ huit lieues plus au Midi & peut admettre de petites barques.

La seiziéme porte le surnom de Pedro de Valdivia un des Conquerans & des Gouverneurs du Chili qui fit bâtir un Port & une Ville à son Embouchure. Mr. de l'Isle met Valdivia entre les Embouchures de deux Rivieres au fond d'une Baye. L'une de ces deux Rivieres vient d'un Lac au Nord-est de *Villa Ricca*, & s'appelle RIO DEL POTRERE. L'autre qui tombe aussi dans la même Baye, mais au Midi de Valdivia s'appelle CALLACALLA.

La dix-septiéme est RIO BUENO, qui coule à Osorno.

La dix-huitiéme est la Riviere de CHICO & vient d'un Lac qui est au pied de la Cordillera.

Les Rivieres de LA BALENA, de LOS CORONADOS, & de BUENA ESPERANÇA sont encore du Chili. En continuant vers le Midi on trouve les Rivieres de SINFONDO, de S. DOMINGO, de GALLEGO, de S. STEVEN, de LOS MARTYRES, de LOS APOSTOLOS, de S. GUILLEN, la RIVIERE DES GEANS; & les deux Rivieres nommées l'une & l'autre Rio de la Campana.

Voila les principales Rivieres qui ont leurs sources dans la Cordillere & qui ont leur cours vers l'Occident. Ceux qui compareront cet Article avec l'Auteur cité verront bien le besoin que j'ai eu de supléer depuis la seiziéme. Il ne dit rien des Rivieres qui coulent vers l'Orient de ces Montagnes. Cependant il y en a un très-grand nombre. C'est delà que vient la fameuse Riviere des Amazones, & cette prodigieuse multitude de Ruisseaux qui en se rencontrant forment les grandes Rivieres dont ce fleuve se grossit. C'est aussi de ces Montagnes que sortent les fleuves que celui de la Plata reçoit du côté de l'Occident comme RIO PICOLMAYO, RIO VERMEJO, RIO SALADO, RIO DOLCE, o de S. JAGO.

[a] Il y a plusieurs Fontaines remarquables, les unes chaudes, les autres froides, qui servent à guerir diverses maladies ; on en peut voir de plus grands détails dans le Livre du P. Ouaglie. Il ajoute qu'il y a quantité de Lacs Salez qui sont d'un très-bon revenu pour les proprietaires, parce que la pêche y est plus certaine qu'en Mer, & qu'ils fournissent de quoi nourrir les habitans en Carême, outre le Sel qu'on en recueille durant les grandes chaleurs. [a] I.c.

CORDILUSUM. Ortelius, trouvant ce [b] Thesaur. nom dans les Actes du Concile de Chalcedoine, croit que c'étoit une Ville quelque part vers la Grece.

CORDISSUS. Voiez CORDES.

CORDISTÆ, pour SCORDISCI.

CORDOUAN [c]. (LA TOUR DE) Tour de France dans la Guienne, à l'Embouchure [c] *Piganiol de la Force Desc. de la France.* T. *de* 4. *p.* 190.

de la Gironde fur un rocher qui est le reste d'une Isle que la Mer a abîmée. C'est proprement un Phare. Louis de Foix célèbre Architecte la commença par ordre de Henri II. & elle ne fut achevée que sous Henri IV. Elle a depuis ses fondemens jusqu'à l'obelisque cent cinquante pieds de haut & est divisée par étages, Tribunes & Coridors. Tout ce bâtiment est d'une Architecture admirable & d'une très-belle pierre. Louis le Grand y fit faire de très-grandes reparations en 1665. On allume des feux pendant la nuit dans le fanal de cette Tour pour empêcher les Vaisseaux de se perdre sur les bancs qui sont à l'entrée de cette Riviere. Il y a dans cette Tour un Gouverneur dont les appointemens se prennent sur un certain droit qu'on leve à Blaye sur tous les Vaisseaux qui entrent dans cette Riviere.

1. CORDOUE, en Latin CORDUBA. Les Arabes l'appellent CORTHOBAH, Ville d'Espagne dans l'Andalousie, sur le Guadalquivir. Elle est ancienne. Strabon [a] lui donne Marcellus pour fondateur. Mais lequel, car il y a eu plusieurs hommes Illustres de ce nom parmi les Romains. Vaseus croit que c'est ce Marcellus qui fut engagé dans les Guerres Civiles de Cesar & de Pompée. Sa remarque est d'autant plus vraisemblable qu'il n'y a point de plus ancienne mention de cette Ville. Nonnius veut qu'elle soit beaucoup plus ancienne & se fonde sur ce que Strabon [b] la qualifie de premiere Colonie que les Romains ayent envoyée en ces quartiers-là. Si nous en croyons Silius Italicus [c] elle subsistoit déja du temps de la seconde Guerre Punique.

a L.3.p.141.

b Ibid.

c L.3.v. 401.

Non decus aurifera cessavit Corduba terra.

Strabon [d] dit aussi qu'elle fut premierement habitée par des familles choisies entre les Romains & les habitans Naturels. C'est ce que Pline * dit quand il nous apprend qu'elle étoit surnommée *Colonia Patricia*, COLONIE PATRICIENNE. Cela est conforme aux Inscriptions. Gruter [e] en raporte une dans laquelle on lit

d Ibid.

* L.3.c.2.

e p.323. n. 12.

VALERIÆ C. F. ATINÆ
TUCCITANÆ SACERDOTI,
COLONIÆ PATRICIÆ,
CORDUBENSIS.

Ortelius dit avoir vû une Medaille frapée du temps d'Auguste, avec ces mots COLONIA PATRICIA. Ses habitans ont été simplement appellez Patriciens. On lit au Recueil de Gruter [f] : PYRAMUS IIVIR PATRICIENSIS. Elle commençoit déja du temps de Ciceron à produire des gens de Lettres; quoi que Ciceron [g] trouve quelque chose d'étranger dans les vers des Poétes de Cordoue. Les deux Seneques & Lucain étoient de Cordoue, comme Martial nous l'assure dans ces deux vers,

f p.460. n. 10.

g Pro Archia Poeta. c. 10.

Duosque Senecas, unicumque Lucanum,
Facunda loquitur Corduba.

Strabon [h] en parle comme d'une Ville très-Marchande. Ptolomée [i] nomme Turdules le Peuple chez qui elle étoit. Je ne sais à quoi

h L.3.p.163.
i L.2.c.4.

pensoit l'Abbé de Vayrac quand il a dit que quelquefois on appelloit Cordoue *Patricia* simplement, ce n'est pas ce que je lui voudrois contester, mais la preuve qu'il en apporte: comme on le peut voir, dit-il, dans l'Inscription suivante qu'on lit sur un marbre antique dont on a fait un benitier dans l'Eglise de Ste Marine. Or voici l'Inscription telle qu'il la rapporte

D. M. S.
M. LUCRETIUS VERNA.
ANN. LUC.
PIUS IN SUOS.
H. E. S. SIT T. T. LEVIS.

Le mot de *Patricia* n'est point dans cette Inscription, comment prouve-t-elle que Cordoue étoit appellée *Patricia* ?

Huic dicam mihi si dixerit ille prior.

Lors que les Maures par la perfidie du Comte Julien se furent jettez sur l'Espagne, ils s'emparerent de Cordoue dont les principaux habitans s'étoient refugiez à Toléde. Un Berger montra aux assiégeans un endroit par où ils se coulerent dans la Ville qu'ils surprirent la nuit. Le Commandant ne laissa pas de se retirer dans l'Eglise de St. George avec ce qu'il put rassembler de sa Garnison. Il y soutint un nouveau siége durant trois mois, après quoi il fut forcé & taillé en piéces avec tous ses Soldats. Abderame General des Maures par la valeur & la conduite de qui s'étoit fait cette conquête se forma en Espagne une Monarchie independante des Califes d'Asie & des Gouverneurs de l'Afrique & en établit le Siége à Cordoue qui devint ainsi la Capitale du Pays. Ben Schunah Auteur Arabe [l] dit à l'année de l'Hegire 170. qui est la premiere du Regne de Haron Raschid V. Kalife de la Maison des Abbassides, que cette année-là Abderrahman l'Ommiade (c'est l'Abderame qu'on vient de nommer) bâtit à Cordoue dans la haute Andalousie la grande Mosquée au lieu même où étoit l'Eglise Cathedrale des Chrétiens. Cette Ville avoit été Episcopale de bonne heure & son Evêque Osius assista au premier Concile de Nicée en qualité de Legat du St. Siége. Mais si Cordoue avoit donné des Martyrs illustres à l'Eglise durant la persécution de Dioclétien, elle en eut encore un grand nombre vers le milieu du IX. siécle. On trouve dans les Martyrologes, St. Parfait Prêtre martyrisé l'an 850. Ste. Walabonze la même année; sa sœur Ste. Marie Religieuse de Cuteclar, Ste. Flore Vierge, St. Isaac, St. Sance, St. Pierre, St. Walabonze, St. Wistremont, St. Habence, St. Sabinien, St. Jeremie, St. Sisenand Diacre &c. en 851. Ste. Ste. Colombe & Ste. Pompeuse, St. Anastase & Felix, Ste. Digne, Ste. Benilde, &c. en 853. St. Argimir en 856. St. Euloge Prêtre l'Historien & l'Apologiste des autres Martyrs, associé lui-même à leur Couronne en 859.

Les Generaux Maures qui n'avoient pas été fort fidelles à leurs Souverains porterent à leur tour la peine du mauvais exemple qu'ils avoient eux-mêmes donné. Cette puissance formidable

k Mariana l.6.c.24.

l d'Herbelot, Biblioth. Orientale.

se

se partagea & la seule Andalousie se vit divisée en trois Royaumes, savoir JAEN, CORDOUE & SEVILLE. Les deux derniers furent reconquis sur ces Infidelles par le Roi Ferdinand III. qui mourut l'an 1252. après un regne de 26. ans plus remarquable encore par la sainteté de ce Monarque que par ses conquêtes. Son premier soin fut de purger Cordoue de l'impiété Mahometane. La belle Mosquée dont j'ai parlé fut consacrée par Raimond Archevêque de Tolede & c'est aujourd'hui la Cathedrale de laquelle je parlerai ci-après.

Aujourd'hui Cordoue est dans une situation fort agréable au bord Septentrional du Guadalquivir qui y coule sous un pont magnifique. Elle a au Nord de hautes montagnes qui sont une branche de la Sierra Morena, ou de la Montagne Noire, & qui vont atteindre jusqu'à ses Fauxbourgs, & au Midi du Guadalquivir une vaste plaine qui s'étend extrémement loin. Sa figure fait un quarré le long du Guadalquivir plus long que large, desorte que la longueur est du Levant au Couchant. Son enceinte est fort étendue, mais elle n'est pas peuplée à proportion. Les Vergers & les Jardins occupent une bonne partie de l'espace renfermé dans son enceinte: ses Fauxbourgs sont très-beaux, & si grands qu'on pourroit les prendre pour des Villes, particulierement celui qui est à l'Orient. Elle est embellie d'un grand nombre de magnifiques bâtimens, d'Eglises & de Maisons Religieuses. La Cathedrale est ce qu'il y a de plus beau à voir. On la nomme encore *Mesquita*, parce qu'elle a été long temps une Mosquée comme nous l'avons remarqué ci-dessus; elle est vaste, longue de 600. pieds & large de 250. tellement disposée qu'on compte 29. Nefs dans sa longueur & 19. dans sa largeur. On y entre par 24. portes, toutes ornées de Sculpture & de divers Ouvrages d'acier. La voute est soutenue par 365. Colonnes d'Albâtre, de Jaspe, & de Marbre Noir d'un pied & demi de Diametre. On voit à l'une de ces Colonnes un Crucifix enfermé dans un treillis. On dit qu'il fut fait par un Chrétien prisonnier chez les Mores & qui n'avoit, à ce qu'on prétend, d'autre instrument que ses Ongles. La Chapelle neuve est toute revêtue de marbre, embellie d'une dorure très-riche & si grande qu'elle pourroit passer pour une Eglise. Près de celle-là on en voit une autre petite dorée de même où est la figure de St. Louïs Roi de France à cheval, avec quantité d'Epitaphes gravées à côté. La voute de l'Eglise est dorée, & cette prodigieuse quantité de Colonnes qui partagent un grand nombre de Chapelles qu'on y a fondées font un effet surprenant quand on y entre. Il y a un endroit où l'on voit cinq portiques qui conduisent à un Jardin d'environ trois arpens de terre planté d'Orangers d'une grandeur & d'une hauteur extraordinaire qui forment de belles allées. A l'endroit où est cette Eglise on croit qu'il y a eu anciennement un Temple de Janus & cette opinion se confirme par plusieurs Inscriptions, gravées sur des Morceaux de Colonnes qui sont auprès de l'Eglise du côté du cloître. Ces Colonnes ou Piliers sont des restes de Miliaires; c'est-à-dire, de pierres que les Romains mettoient sur les grands Chemins pour marquer les routes & les distances. Il y a apparence que ce Temple avoit été converti en la premiere Cathedrale qu'Abderame detruisit pour en faire sa Mosquée qui subsiste. Ce furent les pierres de ce Temple & les Miliaires qui fournirent aux Mores une partie des materiaux & sur tout les Colonnes de cette Eglise. Elles sont d'un marbre & d'un jaspe fort poli avec des bases & des chapiteaux fort delicatement travaillez. Par ce qui reste des Inscriptions de ces miliaires il paroît que de ce Temple de Janus sur le Bætis, c'est-à-dire, de la Ville même de Cordoue sur le Guadalquivir il y avoit un Chemin qui alloit jusqu'à la Mer. Et comme ces miliaires nomment Auguste, Mariana [a] croit que ce fut sous le VIII. Consulat de cet Empereur que ce Chemin fut fait: d'autres croyent que c'étoit le grand Chemin d'Hercule qu'il avoit fait reparer & où peut-être il n'y avoit des miliaires que depuis le Temple de Janus jusqu'à la Mer. En effet le nombre de cent-vingt Milles, qui est sur un autre miliaire au Couvent des Cordeliers, au raport de Mariana, se raporte au nombre des lieues qu'il y a depuis Cordoue jusques à la Mer; & trente lieues que l'on y compte communément font cent-vingt Milles. Revenons aux Colonnes de la Cathedrale. Un Voyageur dit en avoir compté quarante-six rangs dans la largeur de cette Eglise & vingt-deux rangs dans la longueur, de façon que cela seroit environ mille Colonnes. Et certainement c'est, dit-il, la plus belle chose du monde à voir: car en entrant on voit des allées de tous côtez à la maniere des allées d'un parc où les arbres sont plantez à droite ligne.

[a] l. 3. c. 24.

Elles ne sont pas à la verité si hautes que les Piliers de nos Eglises, car il n'est pas possible de trouver de si grandes pierres toutes d'une piece; mais elles ont toujours plus de six aunes de haut. Le même Voyageur dit avoir mesuré la grandeur de cette Eglise & avoir trouvé qu'elle avoit environ cent-quatre-vingt pas de long & un peu plus de cent trente pas de large. Cette Mosquée étoit en grande veneration du temps des Mores, à ce que dit Garibay, & depuis même qu'elle fut reprise par les Chrétiens, ils furent fort long temps sans y repasseroient passer la Mer pour la venir encore visiter. Ceux qui étoient encore en divers lieux de l'Espagne s'y rendoient encore par devotion. Ce même Voyageur parle ainsi de la grande Chapelle dont nous avons déjà fait mention. Il y a un grand Cloître à la façon des nôtres qui a été aussi bâti par les Mores, mais il y a une grande porte à un des Coins où il y a beaucoup de lettres Gothiques mêlées avec des Arabiques. Les Chrétiens ont voulu faire une Chapelle au milieu de cette Mosquée qu'ils ont élevée fort haut & enrichie de fort belles Sculptures, mais malgré tout cela & la beauté de l'entablement de l'autel qui est le plus beau du monde je trouvai que c'étoit grand dommage d'avoir abbatu un si grand nombre de Colomnes de marbre qu'il en a falu ôter pour bâtir cette Chapelle. On dit que Charles V. trouva qu'on l'avoit gâtée,

Ggggg* 3 &

& il temoigna qu'il n'auroit jamais souffert qu'on eût détruit une si belle antiquité. Ce qui marque la grandeur de cette Mosquée, c'est que cette Chapelle, quoi que grande & composée d'une nef & d'un chœur, ne se voit point au travers des Colomnes dont le grand nombre empêche la vue de la discerner.

L'Alcaçar ou Palais des Rois Maures étoit fort vilain, au moins ce qui en reste en donne une fort petite idée, il donne sur le Guadalquivir & c'est où est presentement *la casa* de l'Inquisition. Mr. de Vayrac en parle diferemment. L'Inquisition, dit-il, a un très-beau Palais sur le bord du fleuve. Le Palais Episcopal est un grand bâtiment accompagné d'un Jardin spacieux avec un petit bois d'Orangers. Mais ce qu'il y a de plus superbe selon cet Abbé, c'est le Palais Royal, il est situé à l'une des extrémitez de la Ville, au Couchant, d'une vaste étendue, fermé de murailles qui regnant tout à l'entour, en sont comme une Citadelle separée de la Ville. Il y a de très-belles écuries, où l'on entretient d'ordinaire beaucoup de chevaux pour le Roi & un très-beau manege pour les exercer. C'est du territoire de Cordoue que viennent les meilleurs chevaux d'Espagne.

La grande place est bordée de belles maisons avec des portiques, qui outre le bel effet qu'ils font à la vue, sont très-commodes pour s'y promener quand il fait mauvais temps. Le District de Cordoue renferme une autre Ville appellée Lucena avec 150. Bourgs, Villages, ou Hameaux. Cordoue souffrit beaucoup par un tremblement de terre en 1589. qui y renversa quantité de beaux Edifices. La beauté de ses maisons & la bonté de son air font que quantité de gens de qualité y choisissent leur demeure. La situation n'en sauroit être plus belle, car outre les avantages que lui procure le Guadalquivir & son commerce qu'il rend florissant, elle a des Montagnes du côté du Nord & une vaste plaine au Midi. Tous ses environs sont fort agréables & son terroir extremement fertile. Les Montagnes au pied desquelles elle est bâtie, quoique fort escarpées ne laissent pas d'être remplies de Jardins agréables & fertiles, de Vignes, & de Forêts de divers arbres fruitiers, comme Orangers, Citronniers, Figuiers & sur tout d'Oliviers : delà vient qu'anciennement Cordoue faisoit elle seule plus d'huile que tout le reste de l'Andalousie. Ces Montagnes sont entrecoupées par plusieurs Vallées charmantes arrosées d'un très-grand nombre de belles fontaines qui jettent en abondance une eau fort pure & fort bonne & portent la fertilité dans tous les endroits par où elles coulent. Il y croît entre autres arbres quantité de Carouges qui portent des fruits d'un goût merveilleux, sans qu'il en coute aucun soin pour les cultiver. Les Citrons sont si communs à Cordoue que les étrangers en voyent avec surprise non seulement de grands tas exposez en vente à vil prix dans les marchez ; mais encore une quantité prodigieuse repandue par les Chemins lors que l'arriere-saison est venue & qui servent de fumier pour engraisser la terre. Lors que ces Forêts d'Orangers, de Citronniers, & de tant d'arbres sont en fleur, ils parfument l'air des odeurs les plus exquises & c'est un des divertissemens de Cordoue, de se promener dans la Campagne pendant les nuits delicieuses de l'Eté, pour y aller respirer cet air embaumé. Les vignes y produisent d'excellent Vin & les terres y sont d'un si grand raport qu'on peut appeler cette contrée, le Grenier de l'Espagne.

Le Royaume de Cordoue comprend les Villes suivantes.

Cordoue,	Alcala-Real,
Porçuna,	Archidona,
Alcaudete,	Andujar.

2. CORDOUE, ou la NOUVELLE CORDOUE, Ville de l'Amerique Meridionale dans le Tucuman, à soixante & dix-lieues de St. Jago de l'Estero du côté du Midi & à cent soixante de Buenos-Ayres vers le Couchant Septentrional. Elle est nommée CORDUBA par le P. Florentin de Bourges Capucin Missionnaire [a]. Corduba, dit-il, est une Ville assez considerable & plus grande que Buenos Ayres : Elle est situëe dans un terroir marécageux, mais néanmoins assez beau & assez fertile. Il y a un Siége Episcopal & un Chapitre, plusieurs Maisons religieuses & un College de Jesuites.

[a] *Lettres Edifiantes,* T.13.p.270.

3. CORDOUE, Ville de l'Amerique Septentrionale dans la Nouvelle Espagne, sur la route de la Veracruz à la Puebla de los Angeles, à vingt-sept lieues de la premiere. Le P. Taillandier en parle ainsi [b] : Nous nous arrêtâmes à la Ville de CORDUA où il y a plusieurs familles Espagnoles. Les maisons y sont bâties à l'Européane & on pourroit la comparer à un de nos plus gros Bourgs de France.

[b] *Ibid.* T. 11.p.112.

CORDUBA, nom Latin de Cordoue. Voyez les trois Articles precedents.

CORDUENI, Peuple ancien de l'Asie dans l'Armenie. Les Anciens nomment une Montagne GORDIÆUS MONS & Cellarius ne doute point que cette Montagne, au voisinage de laquelle Pline met la source du Tigre, n'ait donné lieu d'appeler les environs du nom de GORDIENE, CORDUENE ou de quelque autre nom semblable. Je remarque ailleurs (à l'article GORDIÆUS) que plusieurs Auteurs appellent l'Ararat MONS CORDUENORUM, la Montagne des Cordueniens. Mais ce peuple n'est pas toujours demeuré aux environs de l'Ararat. J'ai averti ailleurs que ce sont les mêmes que les CARDUCHI qui sont les Cardes d'à présent, voyez CARDUCHI & CURDES.

CORDULA, Port de la Cappadoce selon Arrien [c] dans son periple du Pont Euxin, Ptolomée [d] écrit part un χ. CHORDULE, Χορδύλη, sur quoi le R. P. Hardouin a changé le CORDULÆ de Pline [e] en CHORDULE. Ce changement n'étoit nullement necessaire, puis qu'Arrien écrit Cordyla par un simple K. Il compte du Mont sacré à Cordula Port de mer XL. stades, & de Cordula à Hermonasse XLV. autres stades. Laonic cité par Ortelius [f] parle de l'Eglise de St. Phocas appellée Cordyla.

[c] *Peripl.* p.17. Edit. Oxon.
[d] l. 5. c. 6.
[e] l. 6. c. 4.
[f] *Thesaur.*

CORDURUS. Sigebert de Gemblours dans son Livre des Ecrivains Ecclesiastiques donne de ce mot imaginaire une Etymologie qui ne l'est pas moins. Cordurus, dit cet Au-

COR. COR. 791

Auteur, est une Ville de la Gaule dont les habitans avoient le cœur endurci à la guerre, *duri cordis*. Ensuite, ce sont ses paroles, les Soldats de Remus fuyant devant Romulus appellerent cette Ville *Remus*. Ortelius a raison de dire : pauvretez ! pure sotie ! Il faut écrire *Durocorturum*, & n'avoir point recours à des fables.

CORDUS, ancien Peuple de la Gaule Tarraconnoise, sur la côte de la Mer Mediterrannée auprès des Pyrenées. Quelques Editions d'Avienus portent *Sordus*. On lit dans celle d'Oxfort [a].

[a] Ora Maritima. v. 552.

Sordus inde denique
Populus agebat inter avios Locos
Ac pertinentes usque ad interius mare,
Qua piniferæ stant Pyrenæ vertices
Inter Ferarum lustra decubantium.

Voyez SORDUS.
CORDIÆUS. Voyez GORDYÆUS.
CORDYLA. Voyez CORDULA.
CORDYLUS, Ville d'Asie dans la Pamphylie, selon Etienne le Géographe.
CORDYLUSA, Isle de la Mer Mediterranée aux environs de Rhode selon Pline [b].

[b] l. 5. c. 31.

COREA, &
COREAE, lieu de la Palestine dans les terres. C'étoit là que commençoit la Judée au Septentrion, selon Josephe [c] qui dit que Pompée ayant passé Pella & Scythopolis arriva à Corées. Il est fait mention de COREA au singulier par le même Auteur [d] & il paroît que c'étoit le même lieu. Il dit que Vespasien parti de Jamnia traversa la Samarie, passa par Nablouse & Corée & vint le lendemain à Hiericho. Près de Corée étoit une Forteresse nommée ALEXANDRIUM située au sommet d'une Montagne [e], sur la route de Corée à Jericho [f]. Elle avoit été fortifiée par Alexandre fils d'Aristobule [g], détruite par Gabinius, relevée par les ordres d'Herode [h]; & ce fut là qu'Alexandre & Aristobule furent inhumez après avoir été étranglez à Sebaste [i].

[c] Antiq. l. 14. c. 6.
[d] de Bell. l. 5. c. 4.
[e] Antiq. l. 13. c. 14. l. 16. c. 6. & 10.
[f] Antiq. l. 14. c. 6.
[g] Antiq. l. 14. c. 10.
[h] Antiq. l. 14. c. 17.
[i] Antiq. l. 16. c. ult.
[k] in Indicis.

COREATIS, lieu de l'Inde, aux environs des Embouchures de l'Indus, selon Arrien [k].

COREBA. Voiez COREVA.
CORE'E. (LA) Mr. Baudrand dit LE COREY; Grand Royaume d'Asie dans sa partie la plus Orientale. Les habitans du Pays le nomment TIOCENCOUK & quelquefois Caosi. Il s'étend depuis le 34. d. de Latitude jusqu'au 44. d. si bien qu'il a près de cent cinquante lieues de longueur du Midi au Septentrion, & environ soixante & quinze de large de l'Orient en Occident. Les naturels du Pays le representent sous la figure d'un quarré long comme une Carte à jouer. Cela n'empêche pas qu'il n'ait quantité de pointes de terre qui avancent extrémement en Mer.

Il est divisé en huit Provinces qui, dit-on, renferment 360. Villes, sans compter les Châteaux & les Forteresses qui sont toutes sur les Montagnes.

L'abord de ce Royaume est très-difficile par Mer, & fort dangereux pour ceux qui ne connoissent pas ses côtes, à cause qu'elles sont bordées d'écueils & de bancs en divers endroits. Du côté du Sud-Est, il est fort voisin du Japon; n'y ayant entre la Ville de Pousan qui est de la Corée & celle d'Osaco qui est du Japon que vingt-cinq à vingt-six lieues. Entre-deux est l'Isle de Suissima, que ceux de Corée appellent *Taymutto*. Elle leur appartenoit autrefois, mais ils la cederent par un Traité de Paix fait avec le Japon, ils l'échangerent contre celle de Quelpaerts.

Du côté du Couchant ce Royaume est separé de la Chine par le Golphe de Nanquin; mais il y touche du côté du Nord par le moyen d'une longue & haute Montagne qui empêche que la Corée ne soit une Isle.

Mr. de l'Isle borne ainsi le Royaume de Corée. Il lui donne la Tartarie Orientale au Nord; la Mer & les Isles du Japon au Levant; la Mer au Midi, le Golphe de Cange & le Royaume de Leaoton au Couchant. La Riviere d'Yalo sert de borne entre la Corée & le Leaoton.

Il a au Nord-Est une vaste Mer où l'on trouve tous les ans une grande quantité de Baleines dont plusieurs portent encore les crocs & les harpons des François & des Hollandois à qui elles ont échapé aux extremitez Septentrionales de l'Europe; ce qui fait voir qu'il y a dans ces Mers un passage entre la Corée & le Japon, qui repond au Detroit de Weigats.

Ceux qui vont de la Corée à la Chine s'embarquent au plus étroit du Golphe car le Chemin par terre est trop incommode à cause de la difficulté qu'il y a de traverser la Montagne & sur tout en hyver, parce qu'il y fait fort froid, & qu'en Eté on y rencontre quantité de bêtes feroces. Le grand froid est cause que ceux qui habitent la côte vers le Nord ne vivent que d'orge & encore assez mauvais; le ris & le coton n'y peuvent croitre; les plus accommodez de cette Province-là font venir leur farine du côté du Midi, & achettent les Etofes qu'on leur porte, mais le simple peuple n'est vétu que de grosse toile de chanvre & de méchantes peaux. En recompense, le Ginseng y croît en abondance. Ils le donnent en payement à l'Empereur Chinois dont ils sont tributaires & en font aussi un grand commerce à la Chine & au Japon. Le reste du Pays est fertile & produit toutes les choses necessaires à la vie; & sur tout du Ris & d'autres grains. Ils ont du Coton, du Chanvre & même des vers à soye; mais ils ne savent pas preparer la soye pour en faire des Etofes. Ils ont chez eux de l'argent, du plomb, des peaux de Tigres, de la racine de Ginseng, sans parler du Bétail, de la Volaille, & de beaucoup d'autres choses. Ils ont quantité de Chevaux & de Vaches, ils se servent de Bœufs pour labourer & de Chevaux pour les Voyages & pour le transport des Marchandises. Il y a des Ours, des Cerfs, des Sangliers, des Pourceaux, des Chiens, des Chats & divers autres animaux. Les Hollandois qui fournissent cette description disent : nous n'y avons point vû d'Elephans, mais on y voit des Crocodiles de différentes grandeurs qui se tiennent dans les Rivieres. Leur dos est à l'épreuve du mousquet, mais ils ont la peau fort tendre sous le ventre. Il s'en trouve qui ont dix-huit à vingt aunes de Hollande de long. Ils ont outre cela beaucoup de serpens & d'autres animaux

maux venimeux. Pour les Oiseaux ils ont des Cignes, des Oyes, des Canards, des Herons, des Cigognes, des Aigles, des Faucons, des Milans, des Pigeons, des Becasses, des Pies, des Corneilles, des Alouetes, des Pinsons, des Grives, des Vaneaux, des Faisans, des Poules, & de tout en quantité aussi bien que d'autres Oiseaux inconnus en Europe.

La Corée est gouvernée par un Roi dont l'autorité est absolue quoi qu'il reconnoisse l'Empereur de la Chine dont il est tributaire; (la Relation dit le Tartare, mais elle est écrite avant la revolution qui a mis les Tartares sur le trône de la Chine.) du reste il ordonne de tout comme il lui plaît sans prendre le conseil de personne. Il n'y a point de Seigneurs de places ni qui ayent des Villes, des Isles ou Villages en propre & tout le revenu des Grands consiste en certains biens dont ils n'ont que la jouissance & en un grand nombre d'esclaves. Ainsi les terres & les charges dont le Roi gratifie les particuliers lui reviennent après leur mort.

Pour ce qui regarde la guerre, le Roi entretient beaucoup de Soldats dans sa Capitale, qui ne sont occupez qu'à faire la garde autour de sa personne & à le suivre quand il va dehors. Toutes les Provinces sont obligées une fois en sept ans d'envoyer tous les hommes libres en garde chez le Roi pendant deux mois; si bien que durant toute cette année-là la Corée est sous les armes pour envoyer tout le monde à la Cour les uns après les autres. Chaque Province a son General qui a sous lui quatre ou cinq Colonels, lesquels ont chacun autant de Capitaines, qui dépendent d'eux & qui ont tous le commandement de quelque Ville ou de quelque Forteresse; jusques-là qu'il n'y a point de Village où il n'y ait du moins un Caporal qui commande & qui a des dixeniers au dessous de lui. Ces Caporaux sont obligez de donner tous les ans à leurs Capitaines, un rolle des gens qui sont dans leur dependance, & par ce moyen le Roi sait sur combien de monde il peut compter en cas de besoin.

Comme la Corée est bordée de la Mer en beaucoup d'endroits, il faut que chaque Ville entretienne un Vaisseau équipé & pourvû de tout. Leurs Navires ont ordinairement deux mâts & sont à trente ou trente-deux rames qui ont chacune cinq ou six rameurs; desorte que sur ces sortes de Galeres il y a tant en Rameurs qu'en Soldats près de trois cens hommes. Ces Vaisseaux ont quelques petites piéces de Canon & quantité de feux d'artifices: chaque Province à cause de cela a son Amiral qui fait la revûë des Vaisseaux tous les ans, & en rend compte au grand Amiral qui assiste aussi quelquefois à ces revûës.

Les principaux Officiers de terre & de mer qui composent le Conseil du Roi s'assemblent tous les jours chez lui & le servent en toutes les affaires qui se presentent sans le pouvoir obliger à rien. Il faut qu'ils attendent qu'on leur demande leur avis pour le donner & qu'ils soient nommez pour une affaire avant qu'ils s'en mêlent. Ils tiennent les premiers rangs auprès du Roi, vivent & meurent dans ces emplois, ou jusqu'à quatre-vingts ans, à moins qu'ils ne s'en rendent indignes. Il en est de même des autres charges inferieures à la Cour, qu'on ne quitte que pour monter à de plus hautes. Les Gouverneurs des Places, & les Officiers Subalternes changent tous les trois ans: il y en a même peu qui servent ce temps entier, parcequ'ils sont presque toujours accusez de malversations pendant qu'ils sont dans l'exercice de leur emploi. Le Roi a partout des Espions pour être informé de la conduite de chacun, c'est ce qui est cause qu'on en punit souvent de mort ou de bannissement perpetuel.

Le Revenu du Roi consiste en une dixme qui se leve sur tout ce que produit la terre ou la mer; & le Peuple ne connoît ni les Gabelles, ni les impôts.

La Justice des Coresiens est fort severe sur tout à l'égard des Criminels. Quand le Roi a prononcé un Arrêt, oser y trouver à redire, c'est s'exposer à un suplice dont rien ne peut garantir. Le meurtre & le larcin y ont des suplices particuliers, cependant les Coresiens ont toujours un furieux penchant pour le vol. L'Adultere y est severement puni. Tous ces suplices sont décrits dans la Relation que j'abrege ici.

Les Coresiens n'ont presque point de Religion. Le menu Peuple fait bien quelques grimaces devant les Idoles, mais il ne les revere gueres: les Grands les honorent encore moins, parcequ'ils se croient quelque chose de plus qu'une Idole. Les jours de fête le peuple se range dans une espece de Temple. Ils allument tous chacun un morceau de bois de senteur. Après l'avoir mis dans un Vase, ils vont l'offrir à l'Idole & le mettant devant elle ils font une profonde reverence & se retirent. Voilà leur culte. Pour leur créance, ils sont persuadez que celui qui fait bien en sera recompensé & que qui fait mal en sera puni. Ils ne disputent point de Religion entre-eux. Ils ont la même croyance & les mêmes pratiques dans tout le Royaume.

Il y a parmi eux une espece de Moines dont l'emploi est d'offrir deux fois le jour des Parfums devant une Idole, & les jours de fête. Les Cloîtres, ou Monasteres & les Temples dont le Pays est presque rempli sont la plupart sur des Montagnes, chacun sous la Jurisdiction d'une Ville. Il y a tel Monastere où l'on voit jusqu'à cinq ou six cens Moines, & telle Ville qui en compte dans son ressort jusqu'à quatre mille. Comme il est permis à chacun de se faire Moine, tout le Pays de la Corée en est rempli, sur tout à cause qu'ils peuvent quiter cette profession quand il leur plaît.

Comme le reste de la Relation ne concerne que les mœurs de la Nation; je me contente d'y renvoyer les lecteurs; d'autant plus qu'elle n'est pas rare. Outre l'Edition de 1670. elle a été inserée toute entiere dans le IV. Volume des Voyages au Nord chez J. Fred. Bernard à Amsterdam, 1718.

J'ajouterai ici quelque chose de plus Géographique que je trouve dans les Lettres Edifiantes [a]: La Capitale de la Corée s'apelle CHAU-SIEN. Elle est à cent dix-lieues du Fleuve Yalo qui separe la Tartarie de la Corée. De ce Fleuve jusqu'à la Ville de Chin-Yan Capitale de la Province de Leaoton on compte

[a] T. 7. p. 147.

COR. COR.

compte soixante lieues : de Chin Yan à Chinhaï qui est l'entrée de la Chine du côté du Leaoton quatre-vingt & depuis Chanhaï jusqu'à Pekin soixante & sept. Le Royaume de Corée est fort peuplé : les hommes y sont sinceres & courageux. D'Orient en Occident il a cent quarante lieues (ceci est très-diferent des soixante quinze de la Relation precedente.) & enfin on n'y peut aller de la Chine sans une permission expresse de l'Empereur.

CORELA, Ville de l'Empire Russien dans la Province de la Dwina, sur la Riviere de Dwina, à environ trente milles d'Alemagne au dessus d'Archangel, selon Mr. Baudrand. Les Nouvelles Cartes ne la marquent point.

CORESIN. Voiez KORSIN.

1. CORESSUS, ancienne Ville de l'Isle de CEOS. Voiez CEOS.

2. CORESSUS, ou

CORESUS [a], haute Montagne d'Asie à quarante Stades d'Ephese. Diodore de Sicile [b], Xenophon & quantité d'autres en font mention. Leunclavius l'appelle CORIDERES.

CORETUM, Golphe du Palus Méotide. Il n'étoit separé que par une Montagne de roche du Lac Buges où se perdoit le Fleuve Hypanis au raport de Pline [c].

CORETUS. Voiez CORITUS.

COREVA & COREBA, ancien lieu de l'Afrique propre. Antonin [d] la met sur la route de Tuburbe à Tacape entre Valli & Musti, à xx. M. P. de la premiere & à xxvi. M. P. de la seconde.

COREUR, Ville ancienne de l'Inde en deça du Gange, selon Ptolomée [e]. C'est la même que CERCURA.

CORFINIUM, ancienne Ville d'Italie. Pline [f] en nomme les habitans CORFINIENSES *Pelignorum*. Cela est expliqué par Ptolomée [g] qui dit que Corsinium étoit la plus grande des Villes qu'avoit le Peuple Peligni. Frontin [h] dit *Corfiniensis Ager*. Ce Territoire est presentement nommé *Campi di S. Pelino*. Pour la Ville de *Corsinium*, elle & son nom ont peri. C'est maintenant le Village de PENTINA dans l'Abbruzze citerieure.

§ CORFINTISCA [i]. Ce n'est pas pour marquer la situation de *Corfintisca* que je donne ici cet Article, c'est pour garentir de l'erreur ceux qui liront les Annales Ecclesiastiques de France où l'on en a fait faussement une Maison Royale. Voici ce qui a occasionné la méprise. Doublet dans son Histoire de St. Denys [k] avoit inseré un Diplôme du Roi Childebert III. qui contient une donation faite à l'Abbaye. Aubert le Mire l'avoit donné de nouveau au Public [l], le P. Labbe [m] l'avoit cité, & par tout on lisoit à la fin de cette Patente : *Signum Childeberti Regis, Cancellarius Bralamo jubente Domino Rege subscripsit. Datum Corfintisce, Martii die 12. anno vero 12. Regni nostri. Mamarltas in Dei nomine recognovit feliciter. Amen.* Le savant le Cointe ayant vû cette Patente ne s'est pas contenté de la donner au public dans ses Annales, l'ayant trouvée propre pour louer la liberalité & la vie active de Childebert, il l'a encore inferée dans son Epitre dedicatoire au Roi. Mais il s'est trouvé que Doublet, qui ne savoit pas bien lire les anciennes Ecritures s'est trompé en cette occasion & qu'il a entraîné dans l'erreur tous ceux qui l'ont suivi de bonne foi. En effet Doublet ayant vû l'Original de la Patente de Childebert écrit en caracteres bizarrement liez & entrelacez les uns dans les autres & très-difficiles à déchifrer avoit eu recours à une copie très defectueuse mais plus facile à lire. La preuve de cette erreur resulte des termes de l'original de cette Patente que voici tels que les a transcrits le Pere Mabillon : *Datum quod fecit mensis Martius dies* XII. *annum* XII. *Regni nostri. Mamaccas in Dei nomine feliciter.* Ainsi c'est *Mamaccas* qui est le nom de la Maison Royale où les Lettres ont été données, & non *Corfintisce* qui est un nom imaginaire.

CORFF [n], petite Ville & Maison Royale en Angleterre en Dorsetshire; c'est là que le St. Roi Edouard fut tué.

1. CORFOU, Isle de la Mer Ionienne sur la côte de la basse Albanie. Les Anciens l'ont connue sous le nom de PHÆACIE, & de CORCYRE; Mr. de La Foret Bourgon [o] dit qu'elle étoit anciennement appellée CORENIS; je doure que ce nom se trouve dans aucun ancien Auteur. Mr. Spon [p] dit qu'elle fut nommée Corcyre du nom d'une Nymphe qui y bâtit une Ville. Les Grecs d'aprésent l'appellent CORFI ou CORFOUS, & on apelle ses habitans CORFIOTS. Elle s'étend le long de la côte de la Chimera du Nord-Ouest au Sud-Est, desorte que sa pointe Septentrionale s'élargissant considerablement jusque vis-à-vis du Golphe de Butrinto, elle va presque toujours en diminuant jusqu'à son extremité Meridionale qui est arondie. On lui donne environ cent vingt milles de circuit, & on y compte environ soixante mille ames. Il n'y a que deux Villes, savoir Cassopo, qui est la Cassiope des Anciens, Corfou qui est la Capitale, & diferente de l'ancienne Corcyre que l'on appelle presentement *Palæopoli*. Outre cela il y a près de cent Villages. [q] Cassopo, Corfou & Palæopoli sont sur la côte Orientale de l'Isle & dans le Detroit qui separe l'Isle de la Terre ferme. L'Isle est divisée en quatre departemens, savoir du Nord au Sud OROS, AGIRA, MEZZO, ALEFCHIMO.

Elle étoit autrefois sous la puissance des Rois de Naples [r], mais les habitans se donnérent à la Republique de Venise le 8. de Juin 1386. & Ladislas Roi de Naples lui en ceda tout son droit en 1401. pour la somme de trente mille Ducats. Mr. Amelot de la Houssaye met en 1382. la possession de Corfou par les Venitiens [s]. Comme c'est la Clef du Golphe de Venise, les Turcs ont souvent fait tous leurs efforts pour s'en emparer, mais toujours inutilement: Cette Isle fournit deux cens mille minots de Sel par an aux Venitiens. Elle est gardée par le Fort St. Ange que l'on estime imprenable. En 1571. les Turcs firent ce qu'ils purent pour la prendre, mais ils n'en purent venir à bout que du Fauxbourg de la Ville qui fut vigoureusement defendu par le Provediteur Louis Giorgi.

Il y a toujours à Corfou un Provediteur & deux Conseillers. [t] L'Isle est très-fertile en Vignes, en Oliviers, en Cedres & en Limons.

2. COR-

2. CORFOU, Ville Capitale de l'Isle de même nom vers le milieu de sa côte Orientale. C'est la plus importante place qu'ait la Republique de Venise pour tenir en bride toute la Mer Adriatique. C'est pourquoi on y tient toujours une armée de quinze ou seize Galeres, quelques Vaisseaux & quelques Galéasses. Il y a deux Forteresses dont la vieille est sur deux pointes de rochers escarpez tout à l'entour avec de bons bastions au bas. La nouvelle de l'autre côté de la Ville n'est pas de cette force, quoi qu'on n'y ait rien épargné ; car elle est commandée par une Colline voisine appellée le *Mont Abraham*. Un Proveditur voyant ce defaut vouloit enfermer ce Tertre dans l'enclos des murailles.

Il n'y a pas un siécle, dit Mr. Spon [a], que la Ville de Corfou n'étoit autre chose que la vieille Forteresse & le Fauxbourg de *Castrati* qui est assez grand & où l'on voit quelques Inscriptions Antiques.

[a] Voyag. T.1.p.75.

Corfou est le Siége d'un Archevêque Latin qui est toujours un Noble Venitien. L'Eglise Metropolitaine des Grecs est assez belle & ornée de riches Lampes d'argent & d'une d'or, pour laquelle un Gentil-homme de Corfou nommé Nicolas Politi ordonna par son Testament cinq mille Sequins de Venise. On y conserve le corps de St. Spiridion Evêque de Corfou à qui l'Eglise est dediée. Les Grecs n'ont point là d'Evêque, mais seulement un Protopapa ou premier Prêtre.

Au bout du Fauxbourg de Castrati est l'Eglise de *Pantagioi*, c'est-à-dire, de tous les Saints ; elle est bâtie en croix Grecque avec un petit Dome au milieu, & au dessus de la porte est une Inscription du VI. ou du VII. siécle. A l'endroit où étoit l'ancienne Ville de Corcyre il y a une Eglise nommée *Panagia de Palæopoli* qui est très-ancienne & l'Inscription Grecque que Mr. Spon y lut sur le grand Portail, apprend que c'est l'Empereur Jovien qui la fit bâtir ; car il faisoit profession de la Religion Chrétienne. Ce nom de Palæopoli qui est resté à ce quartier-là ne signifie autre chose que la Ville ancienne & en effet c'est là qu'elle fut anciennement bâtie (au Midi de la nouvelle.) La grande quantité de marbres qui s'en tire fait voir que c'étoit une Ville grande & magnifique. Elle étoit dans une Presqu'Isle qui lui faisoit aussi donner le nom de CHERSOPOLI & elle avoit un très-beau port où l'on voit encore l'endroit de la Chaine qui le fermoit ; mais il n'y a plus de fond que pour les petites barques. Il y avoit un Aqueduc qui passoit de la Ville au Port pour fournir les Galeres d'eau, & on en voit quelques restes.

De l'autre côté de Palæopoli s'étend une petite Plaine fertile arrosée de plusieurs ruisseaux que l'on juge avoir été l'endroit des Jardins d'Alcinoüs si renommez dans Homere. Les Savans appellent maintenant ce lieu CHRYSIDA & le Peuple PEZA⬛⬛ à cause de quelques Moulins qui y font⬛⬛ La Ville de Corfou renferme plus de vingt mille ames.

CORGATHA. Voiez CORTHATA.

1. CORI [b], petite Ville d'Italie dans la Campagne de Rome, au pied d'une côte avec un Château. En Latin *Coria*. Elle est de la Seigneurie du Peuple Romain à six milles de Velytri, en allant vers Anagnie dont elle est à six milles, c'est une ancienne Ville fondée par les Troyens avant la fondation de Rome.

[b] Baudrand Ed.1705.

2. CORI [c], petite Ville de Dalmatie, sur une Montagne, sous la domination des Turcs. Les Esclavons la nomment KARIN. Elle n'est qu'à quatre milles de Novigrad à l'Orient, à vingt de Zara, & à six de Nadin vers Oabroazze.

[c] Ibid.

3. CORI ou KORI [d], Ville d'Asie dans la Georgie, au Royaume de Carduel, au Nord de Teflis vers les Montagnes du Caucase.

[d] Ibid.

1. CORIA. Voiez CORI 1.

2. CORIA, ancien lieu de l'Isle d'Albion chez le Peuple *Damnii*, selon Ptolomée [e].

[e] l.2.c.3.

3. CORIA. Lieu du Peloponese auprès d'Helice, selon Ælien [f].

[f] Anim.l. 11.c.19.

4. CORIA, Ville d'Espagne au Royaume de Leon & dans la Province de l'Estramadure. Elle est petite, mal peuplée vers les Montagnes, avec un Evêché suffragant de l'Archevêché de Compostelle, dans une Plaine sur la Riviere d'Alagon qui se jette dans le Tage (& non pas dans l'Ebre comme on le fait dire à Mr. Baudrand [g].) Elle est presque au milieu entre Ciudad Rodrigo au Septentrion & Alcantara au Midi ; à cinq lieues des Frontieres de Portugal au Levant & à seize de Guardia vers Plaisance. [h] Son Eglise Cathedrale est belle & merite d'être vûe. On voit assez proche de cette Ville une Riviere sans pont & un pont sans Riviere. Ce Paradoxe provient d'un tremblement de terre qui ayant fait changer le lit à la Riviere par ses rudes secousses, laissa le pont à sec. La Ville de Coria est honorée du titre de Marquisat, & appartient aux Ducs d'Albe de la Maison de Tolede.

[g] Ed.1705.
[h] Vayrac Etat pret. de l'Espagne T.1.p.267.

On voit dans la partie Septentrionale du voisinage de Coria une Fontaine qui guerit diverses maladies en bûvant de son eau ; une autre qui produit le même effet en s'y baignant, & un Lac qui fournit d'excellent poisson, qui a de plus la propriété d'annoncer le mauvais temps & la pluye par un brouïssement extraordinaire qui se fait ouïr dans l'air avec un tel fracas que le bruit s'en repand à cinq lieues à la ronde.

[i] On ne sait en quel temps l'Eglise de Coria fut fondée, & le premier Evêque que l'on en connoisse, c'est Jacinthe qui assista au III. Concile de Tolede tenu l'an 447. sous le Pontificat de Leon I. Anciennement le Chapitre étoit de Chanoines reguliers de St. Augustin. Il est composé de huit Dignitaires, de neuf Chanoines, de six Prebendiers & de sept demi Prebendiers. Les Dignitaires sont un Doyen, cinq Archidiacres, un Tresorier, & son Chantre. Tous les Archidiacres jouïssent en commun de la dixme du Revenu de l'Evêque, & le Tresorier des premices de la Ville de Coria & de ses Fauxbourgs. Les Evêques donnerent anciennement pour l'augmentation du Culte divin la dixieme partie des Dixmes de Coria, de Caceres & de Galisteo, afin que ce revenu fût emploié à faire le revenu des Archidiacres de ces trois Villes. Mais dans la suite

[i] Ibid. Tom 2.p.358.

COR.   COR.   795

suite l'Eglise obtint permission d'incorporer le revenu de celui de Coria à la Manse Capitulaire laquelle se distribue en sept portions pour l'entretien de sept Curez qu'on appelle *Compañeros*, ou Associez au Chapitre.

Le Diocèse de Coria s'étend sur sept Archiprêtrez, sur trois cens dix-sept Paroisses & sur dix-sept Couvens.

5. CORIA [a], Bourgade d'Espagne dans l'Andalousie sur la rive Occidentale du Guadalquivir, à trois lieues communes de Seville.

a Jaillot Atlas.

CORIALLUM, lieu maritime de la Gaule à vingt neuf milles de Cosedia, selon la Table de Peutinger [b].

b Segm. 1.

CORIBRASSUS. Ortelius trouve dans le Concile d'Ephese qu'il est fait mention de Nesius Evêque de Coribrassus en Pamphilie. Ce Siége ne se trouve point nommé dans la Notice de Hierocles, mais celle de Leon fournit pour derniere Ville de la seconde Pamphilie Ὀλύβαρσος ou Ὀλύβασσος, HOLYBARSUS, ou HOLYBRASUS qui doit avoir été le même Siége. Cette Ville quoi qu'Episcopale est peu connue d'ailleurs.

CORICÆ. Pline nomme ainsi deux petites Isles entre l'Isle de Crete & le Peloponnese; mais beaucoup plus près du Peloponnese. Ce sont plutôt des écueils que des Isles.

CORICONDAME. Voiez COROCONDAMA.

CORIDALIS [c], Montagne de Grece dans l'Attique à trois lieues d'Athenes. Sa pointe Occidentale qui s'avance un peu dans la Mer forme le Cap Amphialia, environ à trois lieues d'Athenes. De ce Cap il n'y a qu'un trajet de demie lieue pour aller à l'Isle de Salamine.

c Wheler Voyages T. 2. p. 213.

CORIDAN, Lac de Sicile dans la Vallée de Noto sur les Confins de la Vallée de Mazare au Midi de la Ville de Castro Giovanne. Il est rond & a au Nord-Ouest une Abbaye de l'Ordre de St. Benoît, appellée FUNDIRO. Mr. de l'Isle ne donne point d'autre nom moderne à ce Lac & le nom de Coridan est fourni par Mr. Baudrand. Les Anciens l'appelloient PERGUSA.

CORIDERES, Bourg & Montagne d'Asie dans la Natolie, à deux lieues & à l'Orient d'Ephese. On la prend pour l'ancienne CORESSUS.

CORIGLIONE, selon Mr. Baudrand, CONIGLIONE selon Mr. de l'Isle, Ville de Sicile dans la Vallée de Mazare sur une Montagne entre les sources de Sanctayhano & du Fratino, Riviere & Torrent qui joignant ensemble leurs eaux vont tomber dans le Belice. Il y a tout auprès une Chapelle dediée à la Sainte Vierge. Cette Ville a été connue des Anciens sous le nom de SCHÆRA. Voiez ce mot.

CORILLA. Voiez CÓRIOLLA.

CORINÆUM, Promontoire du Mont Mimas en Ionie, selon Pline [d]. Le R. P. Hardouin écrit CORYNÆUM par un Y, & fait entendre que comme Pline nomme immediatement après la Ville de Clazomenes, de même Pomponius Mela reconnoît CORYNE Ville dans une Presqu'Isle auprès de Clazomenes. Ainsi ce Promontoire prenoit le nom de cette Ville.

d l. 5. c. 29.

Tom. II.

CORINDIUR, Ville ancienne de l'Inde en deça du Gange, selon Ptolomée [e].

e l. 7. c. 1.

CORINEA, contrée d'Asie dans l'Armenie Majeure, selon le même. Il nous apprend qu'entre les sources de l'Euphrate & du Tigre on trouvoit ces trois contrées de suite en allant vers le Midi, savoir l'AZETENE, la THOSPITIDE, & la CORINEE.

CORINENSES, ancien Peuple d'Italie dans la seconde Region; on ne peut faire aucun fond pour leur voisinage sur les Peuples que Pline [f] nomme devant ou après, car dans cette occasion il suit l'ordre Alphabetique qui lui est familier; ainsi on ne sait pas trop quelle étoit leur Ville.

f l. 3. c. 1.

CORINEUM, ancienne Ville de l'Isle de Cypre, selon Pline [g]. Il la met entre Citium & Salamis. Elle étoit Episcopale & est nommée COREN, Κόρην, dans la Notice de Hierocles. Elle étoit sur la côte Meridionale, ainsi il ne faut pas la confondre avec Cyrenia qui étoit sur la côte Septentrionale.

g l. 5. c. 31.

1. CORINIUM, ancienne Ville de l'Isle d'Albion, selon Ptolomée [h] au Pays du Peuple *Dobuni*. L'Anonyme de Ravenne la nomme CORINIUM DOBUNORUM, ce qu'il a emprunté de Ptolomée. On ne doute point presentement que ce ne soit la DUROCORNOVIUM de l'Itineraire d'Antonin, au lieu de quoi Mr. Gale veut qu'on lise DUROCORINIUM. C'est presentement CIRENCESTER. Voiez ce mot.

h l. 2. c. 3.

2. CORINIUM, ancienne Ville de l'Illyrie sur la côte de la Mer Adriatique, selon Pline [i] & Ptolomée [k].

i l. 3. c. 21.
k l. 2. c. 17.

CORINTHE, ancienne Ville de la Grece à l'entrée du Peloponnese sur l'Isthme qui joint cette Presqu'Isle au Continent de la Grece. Son ancien nom étoit Ephyra. Pline [l] dit, au milieu de cet espace que nous appellons Isthme est sur une Colline Corinthe Colonie appellée auparavant Ephyra, à soixante Stades de l'un & de l'autre rivage. Du haut de sa Citadelle nommée ACROCORINTHE, où est la Fontaine de Pirene elle voit deux mers. Apollodore dit de même [m] : Sisyphe fils d'Eole bâtit Ephyre que l'on appelle presentement Corinthe. De là vient que Virgile [n] apelle EPHYREÏA ÆRA l'airain de Corinthe. Et Silius Italicus [o] parlant de Syracuse Colonie des Corinthiens dit

l l. 4. c. 4.
m l. 1. c. 9. Sect. 3.
n Georg. l. 2. v. 264.
o l. 14. v. 51.

Sed decus Ætneis haud ullum pulchrius oris
Quam quæ Sisyphio fundavit nomen ab Isthmo,
Et multum ante alias Ephyræis fulget alumnis.

Il est même arrivé que les Poëtes ont employé le nom d'Ephyra preferablement à celui de Corinthe. Ovide [p] dit

p Metam. l. 2. v. 239.

Queritur Bœotia Dircen
Argos Amymonen, Ephyre Pirenidas undas.

Corinthe devint fameuse par beaucoup de raisons. Sa situation lui facilitoit le Commerce maritime par les ports qu'elle avoit sur les deux Golphes entre lesquels elle étoit placée. Horace [q] y faisoit allusion quand il a dit

q Od. 7. l. 1.

Bimarisve Corinthi.

Hhhhh* 2   Ovi-

Ovide [a] lui a donné la même Epithete. Strabon [b] en fait un bel éloge. Corinthe a, dit-il, toujours été une grande & riche Ville, & elle a produit un grand nombre d'habiles gens tant pour la Politique que pour les Arts. C'est particulierement à Corinthe & à Sicyone qu'on a porté à un très haut degré la Peinture & les autres Arts auxquels l'imagination sert beaucoup.

Au dessus de la Ville, sur une Montagne haute & escarpée nommée Acrocorinthe, étoit un Temple de Venus; & un peu plus bas que le sommet est la Fontaine de Pirene. La Ville étoit bien fortifiée du temps de Strabon; & on avoit enfermé l'Acrocorinthe dans ses Murs. Mais les Fortifications de Corinthe n'étoient pas alors les anciennes Fortifications. La Ville avoit été detruite par les Romains durant la guerre d'Achaïe. Ce fut Jules Cesar qui la releva de ses ruines, lui rendit son premier éclat, & y envoya une Colonie. On voit une medaille des Corinthiens avec ces mots LAUS. JULI. CORINT. Mr. Vaillant ne dit point que cette Medaille fasse mention du titre de Colonie. Mais Mr. Spanheim [c] dit : on voit assez souvent sur les Medailles des Corinthiens Pegase ou seul ou avec Bellerophon combatant tantôt un Lion tantôt la Chimere, avec ces mots COL. L. JULIA COR. C'est ce qui autorise les Savans qui voyent quantité de Medailles frapées sous les Antonins Marcus & Lucius avec ces Lettres C. L. I. COR. de les expliquer ainsi *Colonia Laus Julia Corinthus.*

A l'égard de la destruction de Corinthe Dion Cassius en attribue le retablissement à Jules Cesar [d]. Il ajoute : Carthage & Corinthe qui avoient peri en même temps, commencerent en même temps à revivre. Pausanias [e] parle conformément : on pretend, dit-il, que Corinthe fut rétabli par le même Cesar qui a formé le Gouvernement Romain tel qu'il est à present. Lors qu'il décrit [f] le Temple d'Octavie il dit qu'elle étoit sœur d'Auguste qui regna après Cesar Fondateur de la Corinthe qui subsiste à present.

Auprès de Corinthe étoit un bois de Cyprès nommé Cranée. C'est là que Diogène jouïssoit d'un loisir Philosophique, lors qu'il prit envie à Alexandre de l'y aller voir.

L'Epithéte de *Bimaris* pourroit faire croire que Corinthe étoit au bord de deux mers. Cependant nous venons de voir dans Pline qu'elle ne touchoit ni l'une ni l'autre Mer & qu'elle étoit à soixante Stades de toutes les deux, mais elle avoit au fond de chaque Golphe un Port, savoir le Port de Lechées dans le Golphe de Corinthe qui est aujourd'hui le Golphe de Lepante & Cenchrées dans le Golphe Saronique qui est presentement le Golphe d'Engin. Je parle de ces deux Ports dans leurs Articles particuliers. Je remarquerai seulement ici que ces Ports étoient en même temps des Bourgs separez de Corinthe, & que Cenchrées qui étoit du côté de l'Asie avoit une Eglise à part dès le temps de St. Paul & que Phebé dont il parle dans ses Epîtres en étoit Diaconisse.

[g] Sous les Empereurs Romains Corinthe étoit la Metropole de l'Achaïe qui comprenoit alors une très-grande partie de la Grece. Cela étoit déja lorsque St. Paul y alla prêcher l'Evangile. St. Eraste le Tresorier, St. Crispe, St. Caïus étoient de cette Ville, de même que Sosthene, Phebé & tant d'autres Saints & Saintes du temps de cet Apôtre.

St. Paul y vint prêcher l'an 52. de J. C. Il logea chez un Juif nommé Aquila dont la femme s'appelloit Priscille, & qui travailloient comme lui à faire des tentes, gagnant ainsi sa vie pour n'être à charge à personne. Il prêchoit tous les Samedis dans la Synagogue & y fit quelques Conversions. C'est de Corinthe qu'il écrivit ses deux Epîtres aux Thessaloniciens. Quelque temps après voyant que les Juifs de Corinthe s'opposoient à lui avec des paroles de blasphême, il secoua contre eux ses vêtemens & leur dit [h] : que votre sang retombe sur votre tête; pour moi j'en suis innocent, & je m'en vais desormais chez les Gentils. Il alla donc se loger chez Juste surnommé Tite, qui étoit Gentil, mais craignant Dieu; & alors plusieurs Gentils embrasserent la foi. St. Paul eut beaucoup à souffrir à Corinthe : mais Jesus-Christ lui apparut une nuit & lui dit : ne craignez point parce que j'ai un grand peuple dans cette Ville. Encouragé par ces paroles il demeura dix-huit mois à Corinthe ou aux environs. Il en partit la 54. année de J. C. pour aller à Jerusalem & environ deux ans après, c'est-à-dire, l'an 56. il écrivit aux Corinthiens sa premiere Epître de la Ville d'Ephese où il étoit alors; ensuite ayant apris les bons effets que sa premiere Lettre avoit produits parmi les Corinthiens il leur en écrivit une seconde l'année suivante. Il étoit pour lors en Macedoine & peut-être à Philippes. Il y a assez d'apparence, dit D. Calmet [i], que S. Paul vint lui-même à Corinthe sur la fin de cette année 57.

Corinthe fut donc une Ville Episcopale de bonne heure. Prime y étoit Evêque sous l'Empire d'Adrien, & St. Denys sous Marc Aurele. Elle fut ensuite une Metropole Ecclesiastique sous les Empereurs de Constantinople & sous les Venitiens. Roger Roi de Naples s'empara de Corinthe sous l'Empire d'Emanuel [k]; mais avant qu'il eût le temps d'y établir sa domination il vit que les Venitiens accourant au secours des Grecs vaincus fondirent sur lui & après l'avoir défait le forcerent d'interrompre ses Conquêtes. Corinthe fut ensuite le partage d'un Souverain qui prenoit le titre de *Despote*, mot Grec qui signifie *Maître*. Mais lors que ces Despotes ne purent plus la garder pour eux, ils la cederent aux Venitiens. Mahomet second la surprit & l'annexa à l'Empire Ottoman. Les Turcs qui la possedent presentement la nomment GERAMÉ. Les Grecs l'appellent CORANTO.

Ce n'est plus presentement qu'une espece de Village entouré de divers hameaux qui tous ensemble avec des Jardins & des terres labourées remplissent le terrain de cette fameuse Ville. Les maisons, dit Mr. Spon [l], sont accompagnées de Jardins de Citroniers & d'Orangers & sont par groupes de dix ou douze en un endroit, d'une vingtaine en l'autre, & de la terre labourée entre deux, le plus gros de la Ville où il y a plus de bâtimens joints ensemble est le Bazar qui n'est pas fort beau.

Ainsi,

[a] Metam. l. 5. v 407.
[b] l. 8.

[c] p. 236.

[d] L. 43. p. 238.

[e] Corinth. c. 1.

[f] c. 3.

[g] Baillet Topogr. des Saints p. 153.

[h] Act. c. 18. v. 6. 7. 8.

[i] Dict.

[k] Coronelli desc. de la Morée p. 41.

[l] Voyages T. 2. p. 173.

Ainsi, poursuit-il, je serois bien en peine de vous dire ce que c'est que Corinthe, étant un peu trop grand, & ayant des habitans trop riches pour ne lui donner que le nom de Village. La Ville est au Nord & au Nord-Est de la Montagne Acrocorinthe. Il n'y a que deux Mosquées & une Eglise de Grecs appellée Panagia, où demeure le Metropolitain de Corinthe. Sous les murs du Château du côté de Ville, il y a une petite Eglise pratiquée dans le Roc & dediée à St. Paul. Les Chrétiens de Corinthe sont fort ignorans, & leurs Papas mêmes se font Mahométans pour de legers chagrins; & la moitié de la Ville est Mahommetane. Il n'y a gueres que quinze cens ames à Corinthe; mais la campagne est pleine de Villages, & de Zeugaris ou Métairies. Il y a peu d'antiquitez remarquables à Corinthe, toutes les Inscriptions qu'y trouva l'Auteur cité sont Latines.

De la Ville il n'y a gueres moins d'une heure de chemin jusqu'à ce qu'on soit à la porte de l'*Acrocorinthe*. C'est l'ancien nom de la Citadelle comme je l'ai déja dit. Les avenues en sont fort escarpées & le chemin fort étroit. Il n'y a qu'une seule entrée, mais il faut passer deux portes avant que d'être tout-à-fait dedans. Elle contient trois Mosquées avec leurs Minarets & cinq ou six petites Eglises des Grecs. St. Nicolas en est la Metropolitaine. Quand on est tout au dessus, on a une des plus belles vûës du monde. On voit de là les deux Golphes, d'Egina & de Lepante, l'Helicon, le Parnasse, la Campagne de Sycione, les Isles de Colouri & d'Egina, Athenes, le Cap Colonne & l'Isle de St. George, le Port de Cenchrée & le Port de Lechæum. Ce château étoit apparemment bien peuplé & comme une petite Ville du temps qu'il étoit possedé par les Venitiens; car il y reste grande quantité de Maisons, quoi qu'une partie tombe en ruine. C'est le refuge des Turcs contre les descentes des Corsaires. Ses murailles suivent les Contours du circuit. Il y a vers le plus haut de l'éminence une belle source d'eau qui en fournit beaucoup. C'est la Fontaine Pirene, où le cheval Pegasé fut pris par Bellerophon qui s'en saisit pendant qu'il y buvoit. Il y en a encore une autre moindre & plus de deux cens puits ou cîternes. Au Levant & au Nord du rocher il y a deux petits Châteaux attachez au grand qui ont chacun leurs Agas particuliers qui les commandent, mais il ne s'y tient personne. Le premier qui n'étoit que comme un bastion resista long-temps après la prise de la principale Forteresse. L'autre est appellé Hebreo-Castro parce que c'étoit le quartier des Juifs, qui sont maintenant chassez de Corinthe. Les murailles sont bien entretenuës, les Fabriques qui y sont n'ont rien de remarquable pour l'Antiquité; tout est du temps des Chrétiens. Il y a au dehors une éminence au Sud-Ouest un peu moins haute par où Mahomet II. ne laissa pas de battre le Château qui se défendit quatorze mois contre ce redoutable Conquerant & ceda enfin à sa bonne fortune.

L'Isthme de CORINTHE, est une langue de terre qui joint la Morée avec la Grece, sans quoi ce seroit une Isle. Voici ce qu'en dit Mr. Spon [a]. L'Isthme de Corinthe n'a dans le lieu où il est le plus étroit que quatre ou cinq milles; mais (en avançant vers la Morée) plus proche de Corinthe, il en a six; à cause dequoi on l'appelle Examiglia, de même qu'un mechant Village d'Albanois qui est là posté presque dans une égale distance des deux Golphes.

[a] Voyages T. 2. p. 171.

On voit encore au plus étroit quelques restes d'une muraille qui traversoit d'une Mer à l'autre & que les Peloponnesiens avoient autrefois fait faire pour tenir ce passage plus aisément. Les Venitiens l'ont renouvellée lorsqu'ils possedoient la Morée. On y voit les beaux restes d'un Theatre de pierre blanche & de plusieurs Temples. Pausanias fait mention de quelques-uns, mais il y en avoit davantage, comme on l'apprend d'une Inscription où il est parlé de quantité de Temples qu'un certain Publius Licinius Priscus Juventianus y avoit rebâtis. Le principal étoit dedié à Palæmon, ou Portumnus, comme les Latins l'appelloient, à l'honneur de qui se faisoient les Jeux Isthmiques, où toute la Grece se rendoit. Les autres étoient dediez à Neptune, au Soleil, à Cerès, à Proserpine, à Bacchus, à Diane, à Pluton, à l'Abondance, & à la Nymphe Napé.

On remarque encore l'endroit où l'on avoit commencé à creuser l'Isthme pour faire une Isle de la Morée. Pausanias dit que ceux qui avoient entrepris cet ouvrage en furent détournez par l'Oracle & moururent avant qu'il fût avancé. Les Grecs Modernes qui ne sont pas fort savans dans l'Histoire disent que ceux qui voulurent y travailler, virent sortir du sang de la terre qu'ils remuoient, ce qui les obligea de se desister de leur entreprise. Il paroit qu'il y a encore eu là un Village il n'y a pas long-temps. Ceux de Corinthe y envoyent toujours quelques sentinelles d'Albanois pour les avertir lors qu'il arrive quelque bâtiment Corsaire dans le Golphe d'Engia afin de se tenir sur leurs gardes.

CORINTHIACUS SINUS, nom Latin du Golphe de Lepante.

CORIOLLA, selon Etienne le Geographe; CORIOLA, selon Denys d'Halicarnasse [b]; CORIOLI, selon Tite-Live [c], Eutrope [d], & Florus; CORIOLÆ, selon l'Auteur du Livre des Hommes Illustres [e]; Ancienne Ville d'Italie dans le Pays des Volsques dont elle étoit la Metropole, & la meilleure Ville. On sait peu d'elle étoit autrefois, & Pline en parle comme d'une Ville déja detruite de son temps & de laquelle il ne restoit plus aucun vestige.

[b] l. 6. p. 412.
[c] l. 2. c. 33.
[d] l. 1. c. 13.
[e] Aurel. Victor. de Vir. Illust. c. 19.

CORIOS, Riviere d'Asie quelque part vers la Carmanie selon Pomponius Mela [f]. Elle étoit nommée Corios, Coros, ou Cyrus. Vossius dit que c'est le Brandemir. Il veut dire Bendemir.

[f] l. 3. c. 8.

CORIOSOPITUM, ancienne Ville Episcopale de la Gaule dans la troisième Lyonnoise, quelques exemplaires portent Corisoporum, d'autres Corisopontensis. C'est la même chose que Curiosolites. Voiez ce mot.

CORIOVALLUM; Antonin met ce lieu qui étoit de la Belgique dans une route de Co-
Ionia

Ionia Trajana à Cologne entre *Teudurum* & *Juliacum* à VII. M. P. de la premiere & à XII. de la seconde. Dans une autre route on retrouve Coriovallum entre *Advaga* ou *Aduaca Tungrorum* & *Juliacum* à XI. M. P. de la premiere & à XVIII. M. P. de la seconde. Cette difference de XII. M. P. & XVIII. M. P. marquées entre deux Villes dont la distance est unique & doit être constamment la même fait voir qu'il y a de l'erreur dans l'un ou dans l'autre de ces deux chifres & peut-être dans tous les deux. D'autres Exemplaires d'Antonin, par exemple l'édition de Bertius met entre *Adnaca Tungrorum* & *Coriovallum* XVI. M. P. ce qui est conforme à la Table de Peutinger qui met XVI. milles entre *Atuaca* & *Coriovallio*. Il a été aisé au copiste de changer un I en T. Elle met XII. M. P. entre *Cortovallio* & *Juliaco*. Comment accorder cela avec ce que dit Alting [a] que du consentement unanime d'Antonin & de la Table de Peutinger, Coriovallum est mise à moitié chemin entre *Atuaca Tungrorum*, & *Juliacum Ubiorum* ? ni l'un ni l'autre de ces deux Itineraires ne dit rien de pareil. Il tâche sur cette supposition d'en reformer les Chifres & trouve enfin à force de conjecturer que c'est presentement *Reyer* Village dans une Vallée à IV. M. P. de Mastricht. Simler avoit conjecturé que c'est FALKENBOURG ; & Cluvier avoit tâché d'en donner une étymologie specieuse dont Alting se moque.

[a] Notit. Batav. p. 51.

CORISCO, petite Isle d'Afrique, dans le Golphe de Guinée, sur la côte du Royaume de Benin à l'Embouchure de la Riviere d'Angre. Il y a deux Rivieres de ce nom ; savoir l'Isle de Corisco qui est au Midi du Cap St. Jean & la petite Corisco qui est plus avant dans la Riviere. Elles appartiennent l'une & l'autre au Roi de Benin.

CORISOPORUM, Voiez CORIOSOPITUM.

CORISSIA. Voiez CARESSUS.

CORISSUS, ou CORESSUS. Voyez CORIDERES.

CORITANI, ou CORITAVI, ancien Peuple de l'Isle d'Albion, selon Ptolomée [b]. Mr. d'Audifret [c] croit qu'ils occupoient les Comtez de Northampton, de Leycester, de Rutland, de Lincoln, de Nottingham & de Darby. C'est aussi le sentiment du P. Briet dans ses Paralleles.

[b] l. 2. c. 3.
[c] Géogr. Hist. T. 1. p. 56.

CORITIUM, Ville dans le voisinage de l'Euphrate, quelque part vers la Syrie, selon Guillaume de Tyr cité par Ortelius.

1. CORITUS, nom que les Anciens ont donné à une Montagne d'Italie en Ombrie [d] & que les Modernes appellent presentement MONTE CORVO.

[d] Denys d'Halicarnasse.

2. CORITUS. Ville & Montagne d'Italie dans la Toscane, selon Servius sur ce vers de Virgile [e],

[e] Æneid. l. 8. v. 209.

Hinc illum Coriti Tyrrhena ab sede profectum &c.

On croit probablement que c'est aujourd'hui CORTONE.

CORIUM, Lieu de l'Isle de Créte. Il y avoit au même endroit un Lac ou Etang nommé CORESIUM, selon Etienne le Géographe.

CORIUNDI [f], ancien Peuple de l'Hibernie, selon Ptolomée. C'est selon le P. Briet une partie du Pays de CATERLOG.

[f] l. 2. c. 3.

CORIZENSIS, Siege Archiepiscopal d'Asie au Patriarchat d'Antioche, selon la Notice de l'Abbé Milon. Je soupçonne que c'étoit la même Ville que CORYCUS. Voiez ce mot.

CORLA, mot usité dans l'Isle de Ceylan & qui repond à peu près à notre mot de Bailliage. Plusieurs de ces *Corla* ou COURLI au pluriel font une Province. Il y a même des Provinces de cette Isle auxquelles nous ne donnons point d'autre nom que celui que nous leur faisons du nombre de leurs Bailliages : par exemple les *quatre Corlas*, les *sept Corlas* ; pour d'autres Contrées on joint le mot *Corla* au nom distinctif ; par exemple, *Salpiti Corla*, *Reigan Corla*, *Pasdum Corla*, *Corna Corla*, *Atagan Corla*. Tout le Royaume de *Dina-Vacca* est nommé dans les Ecrits des Portugais de *Duas Corlas*.

CORLAY [g], Bourg de France en basse Bretagne dans l'Evêché de Cornouailles.

[g] Baudrand Ed 1705.

CORLIN [h], Ville d'Allemagne dans la Pomeranie Ulterieure, sur une petite Riviere qui s'y forme de l'union de trois ruisseaux, & qui ensemble font aussi gros que la Saal. On la passe sur un pont de bois avant que d'entrer dans la Ville. Corlin est une Ville qui appartient à l'Evêché de Cammin & les gens du Pays lui donnent 53. d. 50'. de Latitude, & 40. d. 15'. de Longitude. Dès l'an 1240. elle appartenoit aux Evêques de Cammin. Martin Carith Evêque à la place d'une petite Chapelle qui y étoit, y bâtit l'an 1510. une belle Eglise, & lui soumit quatre Villages pour le Spirituel & dont il fit une seule Paroisse. On voit dans le Chœur de cette Eglise le Tombeau de Martin Weiher Evêque avec sa statue ; & un portrait en peinture de Martin Carith Evêque Fondateur de cette Eglise. Il y a à Corlin deux foires annuelles ; l'une le Samedi devant le Dimanche des Rameaux, & l'autre à l'Ascension. Corlin est assez près de Belgard & à trois milles de Coszlin. C'est le Chef-lieu d'un Bailliage & a tout joignant la Ville un assez beau Château qui appartient à l'Electeur. Il soutint un siége des Imperiaux l'an 1643.

[h] Zeyler Pomeran. Topogr. p. 41.

CORMA, Riviere d'Asie. Tacite en fait mention dans ses Annales [i]. Ortelius juge qu'elle étoit quelque part vers l'Assyrie ou l'Armenie. C'est vraisemblablement une des Rivieres qui tombent dans l'Euphrate. Et Tacite en parle à l'occasion de Gotarzes Roi des Parthes qui mit cette Riviere entre lui & ses Ennemis au nombre desquels étoient Esate Roi d'Adiabene & Acbare Roi des Arabes.

[i] l. 12.

CORMALOS, Riviere d'Asie dans la Troade, où elle a sa source au mont Ida, selon Ortelius [k] qui cite Pline. Mais cet ancien Géographe ne le dit que du Fleuve Hieros. *Flumina : Astron, Cormalos, Eryanos, Alabastros, Hieros ex Ida*. Si tous ces Fleuves avoient eu leur source dans le Mont Ida, Pline eût placé ces mots autrement & eût dit *Flumina ex Ida*.

[k] l. 5. c. 30.

CORMASA, Ville d'Asie dans la Pamphi-

COR.

COR. 799

philie; c'étoit une des Villes ajoutées à la Phrygie selon Ptolomée [a]. D'autres exemplaires portent à la Pisidie. Tite-Live en fait aussi mention [b]. On la trouve nommée *Curmasa*, Κύρματα, dans Polybe [c].

[a] l. 5. c. 5.
[b] l. 38. c. 15.
[c] Legat. l. 32.

CORMEILLES [d], Bourg de France dans la haute Normandie avec titre de Baronie & une Abbaye de même nom. Il est situé sur la Riviere de Calone, à trois lieues de Lisieux, à quatre de Pontcaudemer, & à trois de l'Abbaye de Préaux. St. Pierre de Cormeilles est la Paroisse de l'Abbaye des Grands Benedictins & Ste. Cecile de Cormeilles est celle du Bourg. Son commerce consiste en bleds, en toiles, & en tanneries. Il y a des Moulins à Bled & quelques autres à papier. On y tient un gros Marché tous les Vendredis, & deux Foires dans l'année; l'une à la St. Mathieu & l'autre à la St. Michel. La premiere dure deux jours. La Baronie composée de quatre Paroisses en Seigneurie & Patronage appartient à l'Abbaye qui a haute Justice.

[d] Corn. Dict. Mem. dressez sur les lieux.

CORMENTIN, ou CORMANTIN [e], Village & Forteresse d'Afrique en Guinée sur la Côte d'or au Pays de Fantin. Il y a deux Villages de ce nom; le petit Cormentin est celui où est la Forteresse qui porte le nom d'Amsterdam. Elle a été ci-devant la Capitale des Anglois, mais l'Amiral Ruiter les en chassa en 1665. Ce Fort est raisonnablement grand, ayant trois petites bateries & une grande sur lesquelles il y a en tout vingt piéces de Canon. Les Hollandois à qui il appartient y ont pour Commandant en Chef un Marchand avec une Garnison assez forte. On pourroit rendre ce Fort considerable avec peu de dépense, mais il vaut mieux le laisser comme il est, le negoce n'étant pas assez grand pour compenser les frais. Le Village est si petit & si pauvre qu'il ne merite pas que l'on en fasse mention. Le grand Cormentin est un Village à une portée de Canon du Fort & bâti sur une haute Montagne. Il est fort grand & fort peuplé. Les habitans sont tous des pécheurs, excepté les Marchands: on y en voit quelquefois sept ou huit cens & même jusques à mille.

[e] Bosman Voyage de Guinée l. 4. p. 65.

CORMERY, Petite Ville de France en Touraine, sur l'Indre à trois ou quatre lieues de Tours [f] dans une situation fort agréable. En Latin *Cormaricum*. Il y a une Abbaye Ordre de St. Benoît de la Congrégation de St. Maur [g], fondée l'an 780. par Ithier Abbé de St. Martin, du consentement de Charlemagne qui en donna ses Lettres de confirmation l'an 791. [h] Depuis ce temps-là les Abbez de Cormeri ont toujours été Seigneurs de cette Ville. Il n'y a qu'une Paroisse composée de cent trente feux & de six cens habitans tant dans la Ville qu'à la Campagne. Il y a Marché tous les Jeudis & trois Foires par an. Cormeri est connu dans la Republique des Lettres pour avoir été le lieu de la Naissance de Joachim Perion, qui a traduit les Oeuvres d'Aristote & celles de St. Denys. Il a composé outre cela la Vie de Jesus-Christ, celle de St. Jean Baptiste &c. & un Traité de la meilleure maniere de traduire les Ouvrages des anciens Auteurs. On s'est plaint qu'il n'avoit pas toujours suivi dans ses Traductions les regles qu'il donne dans ce Traité.

[f] Piganiol de la Force descr. de la France T. 6. p. 92.
[g] p. 66.
[h] p. 92.

CORMICI [i], petite Ville de France en Champagne dans le Rémois, aux Frontieres de Picardie. Elle est de la Seigneurie de l'Archevêché de Reims; à trois lieues de la Riviere d'Aisne, & à quatre de Reims en allant vers Laon.

[i] Baudrand Ed. 1705.

CORMICHA, Ville de Perse sur la route de Benarou à Bagdat. Cette Ville, dit Mr. Carré [k], est assez considerable, & elle a quelque chose de particulier, c'est une fête que l'on y celebre tous les ans, le 10. de la Lune de Mai, & que l'on appelle le *Nouroux*. La Ceremonie en est tragique & finit ordinairement par le sang & même par la mort de plusieurs fanatiques des plus attachez à leur Loi. A cela près, cette Ceremonie est assez semblable à celle que l'on celebroit autrefois à Athénes en l'honneur d'Adonis. On en peut voir les détails dans l'Auteur cité.

[k] Voy. des Indes Orientales p. 193.

CORMORA [l], Ville de Hongrie sur le Danube dans une Isle. Cette Ville fut brûlée par ses propres habitans dans le temps que les Turcs assiégeoient Vienne. La fureur de la rebellion s'étoit si fort emparée d'eux que pour pouvoir attaquer avec plus de facilité la Garnison de la Citadelle ils se determinérent à mettre le feu à leur propre Ville & à la reduire en cendres. Il ne reste plus neanmoins presentement gueres de vestiges de cet incendie, car si elle étoit autrefois une Ville magnifique & grande, son ancienne étenduë a été conservée, & les maisons que l'on a relevées ne le cedent pas en beauté aux anciennes.

[l] Tollii. Epist. Itinerariæ.

Il y a dans cette Ville quatre Eglises accompagnées chacune d'une belle tour, principalement celle de l'Eglise des Hongrois, qui a été autrefois un Temple des Lutheriens, dont on admire la structure. La seconde Eglise est celle des Allemands, la troisiéme celle des Franciscains & la quatriéme celle des Rasciens, dans laquelle on conserve un ancien Manuscrit de l'Ecriture Sainte tout couvert d'or & de pierreries; on le dit si ancien que l'on pretend qu'il est du tems des Apôtres, ce dont peu d'étrangers conviennent. Les Jesuites y ont aussi une residence. La plus grande partie des habitans sont Hongrois, ou Rasciens & suivent les Ceremonies, & le rite des Grecs, & ceux-ci sont fort riches, le reste des habitans sont Allemands.

On vit generalement dans cette Ville d'une maniere toute enjouée, & gaillarde. Tous les jours y sont jours de fête, & toute l'année n'est qu'un renouvellement de Jeux. Ce qui est causé par le grand nombre des Officiers & des Soldats, par la fertilité du Pays, & par l'abondance où l'on se trouve de toutes les choses necessaires à la vie. La place publique & les ruës sont remplies de toutes sortes de denrées que vendent des femmes du menu peuple habillées toutes de robes blanches. Les femmes mariées ont la tête couverte d'un voile; les filles l'ont decouverte, & sont même sans coëffure; elles n'ont qu'une espéce de cercle large de deux doits, garni de Corail, ou de perles, sur lequel elles attachent leurs cheveux. Mais c'est une des Villes où l'on voit le moins de filles, car c'est une chose rare d'en trouver au dessus de l'âge de treize ou quatorze ans qui ne soient pas mariées. Il faut que cette espece de de fruit soit plus précoce dans ce Pays-là que dans les nôtres, car on y regarde une fille de dix-huit ans comme surannée, & qui ne peut plus se marier. D'ailleurs les Hongrois sont si curieux d'epouser une pucelle, que pour avoir quelque certitude de virginité, à peine peuvent-ils attendre que les filles ayent atteint l'age de douze ou treize ans pour les épouser. Pour les veuves leur condition est très-malheureuse, car en perdant leurs maris elles perdent l'esperance d'un second mariage : quelque belles & jeunes qu'elles puissent être, elles ne peuvent plus esperer de s'allier avec des personnes de leur Nation ; elles n'ont que l'alliance des Allemands pour toute ressource; & on en voit très-souvent qui sorties d'une famille illustre, & après avoir été mariées en premier lieu avec des personnes de condition, deviennent enfin le partage de quelque mari de la plus basse naissance.

Cette Ville a une Citadelle qui donne sur le Danube, dans laquelle on ne tient que six cens hommes de Garnison en tems de paix. Cette Place est entourée d'une double enceinte très-bien entendue, ce qui la rend très-forte & l'a fait regarder jusques ici comme une Forteresse imprenable.

§ Cette Ville est la même que COMORE.

CORNA, ancienne Ville de Cappadoce dans la Lycaonie, selon Ptolomée [a]. [a l.5.c.6.]

CORNABUI, Κορναβιοι, ou KORNAVII, Κορναυιοι, ancien peuple de l'Isle d'Albion, selon Ptolomée [b]. Le P. Briet dans ses Paralleles [c] explique les Cornaviens par les habitans de Warvick, Worcester, Stafford, Shropp, & Chester. Mais il met les CORNABII en Ecosse & croit que c'est la partie Orientale de la Province de NAVERN. [b l.2.c.3. c 2 part. l.2. p.128.]

CORNACUM, ancienne Ville de la basse Pannonie selon Ptolomée [d]. Il en est fait aussi mention dans l'Itineraire. Simler croit que c'est presentement ZATA & Lazius veut que ce soit KAROSKA. Voiez CORNEATES. [d l.2.c.16.]

CORNAVII, ancien peuple de l'Isle d'Albion. Voiez CORNABUI.

CORNEATES, ancien peuple de la Pannonie, selon Pline [e], ou plutôt selon ses anciens Editeurs. Le R. P. Hardouin a remis Cornacates qui est conforme aux Manuscrits & à l'Analogie, ce peuple n'étant que les habitans de Cornacum, dont parle Ptolomée. [e l.3.c.25.]

CORNEILLAN [f], petite Ville de France dans l'Armagnac sur l'Adour, à deux ou trois lieues au dessus de la Ville d'Aire. [f Baudrand Ed. 1705.]

1. CORNELIA. Munster & Bruschius disent que l'on a ainsi appellé WIMPFEN Ville d'Allemagne; mais ils ne nomment point les anciens qui l'ont ainsi appellée. On trouve bien, dit Ortelius [g], quelques Livres où il est fait mention de Cornelia, mais en Italie. Peut-être ont-ils voulu parler de Forum Cornelii. [g Thesaur.]

2. CORNELIA. Voiez CORNELIE.

CORNELIANA CASTRA. Voyez CASTRA.

CORNELIA VIA. Voiez VIA.

CORNELIANI. Voiez LIGURES.

CORNELIE [h], Isle d'Afrique près du Cap de bonne Esperance à cinq lieues au Sud de l'Isle Elisabeth & à une lieue de la Baye de la Table. Elle est presque tout comme [h Voyage de G. Spilberg, au Recueil des Voyages de la Comp. Holl. T.2. p.377.] l'Isle Elisabeth tant à l'égard des animaux que de beaucoup d'autres choses hormis qu'elle est un peu plus grande, plus haute & moins couverte d'herbages & qu'on n'y trouve ni Lapins ni Daims.

CORNELII, Lieu d'Italie dans la voye Flaminienne, à XXVI. M. P. d'Arenium, selon l'Itineraire d'Antonin.

CORNELII FORUM. Voiez FORUM.

CORNENSII, ancien peuple de l'Isle de Sardaigne, selon Ptolomée [i], qui dit qu'on les nommoit aussi ÆCHILENSII. Ils étoient vers le milieu de l'Isle. [i l.3.c.3.]

CORNET [k], LE CHATEAU CORNET, Château de l'Isle de Gernesay qui est aux Anglois quoi que sur la côte de France. Il est sur une pointe de l'Isle du côté de la France. [k Baudrand Ed. 1705.]

CORNETANI, ancien Peuple d'Italie, selon Denys d'Halicarnasse si l'on s'en raporte à la Traduction Latine de Gelenius, car il y a dans le Grec [l] Κορνέντανοι, Æmilius Portus aime mieux lire CERNETANI. [l l.5.]

CORNETO [m], Ville d'Italie dans l'Etat de l'Eglise & dans la Province du Patrimoine aux Confins du Duché de Castro, sur une Colline près de la Riviere de Marta, à quelques Milles de la côte de la Mer de Toscane avec un Evêché qui ne releve que du St. Siège, & qui est uni à perpetuité avec celui de Monte Fiascone. Elle est fort petite & à demi deserte à cause de son mauvais air. Elle est à quarante-six milles de Rome, à vingt milles de Monte Fiascone & à vingt-deux milles de Viterbe. [m Baudrand Ed. 1705.]

CORNETUS CAMPUS, Campagne d'Italie dans le Territoire Falisque, selon Vitruve [n]. [n l.8.c.3.]

CORNEVILLE [o], Abbaye de France en Normandie, dans le Roumois entre Pontaudemer & Montfort. Elle est de Chanoines Reguliers de l'Ordre de St. Augustin de la Congregation de Ste. Geneviéve. L'Abbé nomme aux Cures Regulieres des Paroisses de Corneville, Calletot, Valtot, Perville & Villequiers. [o Corn. Dict. Mémoires Manuscrits.]

CORNI, ancien Peuple d'Italie dans le Latium, selon Denys d'Halicarnasse [p]. Gelenius son Traducteur le nomme CORANI. [p l.5.]

CORNIASPA, Lieu d'Asie dans la Galatie. Antonin [q] le met sur la route de Tavia à Sebaste, à XXI. M. P. de la premiere & à XXV. de Pardosena. [q Itiner.]

CORNICLI, Montagne d'Italie près de Tivoli, selon Denys d'Halicarnasse [r]. Ortelius croit qu'il faut lire CORNICULI & doute si ce ne sont pas les CRANITES de Zonare. [r l.1.]

CORNICLO, Ville d'Afrique. Voyez CORNICULANENSIS.

CORNICLUS. Voiez CORNICULUM.

CORNICULANENSIS, Siege Episcopal d'Afrique dans la Mauritanie Cesariense. La Notice d'Afrique nomme Syrus Corniculanensis. L'Anonyme de Ravenne & la Table de Peutinger font mention de CORNICLO qui est le même lieu.

CORNICULUM, ancienne Ville d'Italie dans le Latium. Elle ne subsistoit déja plus du temps de Pline [s]. Denys d'Halicarnasse & Tite-Live [t] en font aussi mention. C'est la même qu'Etienne appelle CORNICLUS. [s l.3.c.5. t l.1.]

COR-

COR.

CORNISCARUM DIVARUM LOCUS; lieu d'Italie au voisinage de Rome au delà du Tibre. Il étoit consacré aux Corneilles, & on croioit qu'il étoit sous la protection de Junon, à ce que dit Festus.

CORNON, petite Ville de France en Auvergne dans la Limagne, sur l'Allier, trois lieues au dessous d'Issoire & environ autant de Clermont vers le Couchant.

1. **CORNOUAILLE**[a], Province maritime, dans le Diocèse d'Exeter, & la plus Orientale de toute l'Angleterre. Comme elle est environnée de la Mer, du côté du Nord, du Sud & de l'Ouest, & séparée de Devonshire du côté de l'Est par le Tamer, hormis un petit espace de Terre, c'est une vraie Peninsule. Elle a 150. Milles de Tour, & contient environ 960000. Arpens, & 25375. Maisons : mais elle n'est pas une des plus fertiles Provinces d'Angleterre. Il est vrai que ses vallées abondent en blé, & en pâturage, & que ses Montagnes sont fameuses par les mines d'étain & de cuivre, qu'elle abonde aussi en gibier, & sur tout en becasses, & ses Mers en poissons. C'est là que se fait la pêche des Sardines, entre Juillet & Novembre, dont il se fait un grand debit en France, en Espagne, & en Italie. Elle produit aussi quantité de Fenouil Marin, de Chardon à cent têtes, de très-belle ardoise, & du marbre. Ses Habitans sont des plus robustes qu'il y ait en Angleterre, fort experts à la lutte, & adonnez à cet exercice. Enfin cette Province est pleine de merveilles. C'est là qu'est le fameux Port de Falmouth, la Pointe du Lezard, & ce qu'on appelle en Anglois *The Lands End*, c'est-à-dire, le bout de l'Angleterre. La Pointe du Lezard est ce que les Anciens appelloient *Ocrinum* (ou *Dammonium*) *Promontorium*, & le Lands End s'appelloit *Bolerium Promontorium*. Entre l'un & l'autre on trouve le Mont S. Michel, qui est fort haut, & qui communique son nom à la Baye voisine, que l'on appelle *Mounts-Bay*. Une plaine sablonneuse le sépare du Continent, laquelle on passe à pié, quand la marée est basse; il y a au sommet de ce Mont, un vieux Fort.

Cette Province a été long temps gouvernée par ses propres Princes, sous le titre de Comtes, jusqu'à ce que Egbert, premier Monarque d'Angleterre, la conquit en 809. Elle a été réannéxée à la Couronne, sous le Regne d'Edouard III., ce Prince fit son fils aîné Edouard, surnommé le Prince Noir, Duc de Cornouaille. Et depuis ce temps-là le premier fils d'Angleterre a toûjours porté ce titre, sans création. Ses Villes & Bourgs où l'on tient Marché sont

LAUNCESTON la Capitale.

Leskard,
Lestwithiel,
Truro,
Bodmin,
Helston,
Saltash,
Camelford,
Westlow, ou Port-Pigham,
Granpound,

Tom. II.

[a] État présent de la Grande Bretagne T. 1. p. 49.

COR.

East Low,
Pemryn,
Tregony,
St. Ives,
Fouay,
Kellingston,
Bossiney,
St. Germains,
St. Michel,
Newport,
St. Mains,
St. Austel,
Boscastle,
St. Colomb,
Falmouth,
Market-Jew,
Padstow,
Penzance,
Redruth,
Warbridge,
Stratton.

2. **CORNOUAILLES**, en Latin *Cornu Gallia*, Canton de France dans la Province de Bretagne. Ce nom qui signifie pointe de France lui a été donné parce que s'avançant en forme de Presqu'Isle dans l'Océan, il fait comme une *Corne à la Gaule* pour me servir de l'expression de Mr. l'Abbé de Longuerue. Il ajoute que la Cornouaille comprenoit non seulement le Diocèse des Curiosolites, mais encore celui des Osismiens, quoi qu'aujourd'hui on ne donne ce nom de Cornouailles qu'au seul Diocèse de Kimper-Corentin.

Ce Diocèse nommé dans le Livre des Provinces CORISOPITUM & CORIOSOPITUM, étoit appellé le *Diocèse de Cornouailles*; il a pris ensuite le nom de *Diocèse de Quimper-Corentin*, Ville qui en est le siege. Voiez ce mot.

Le nom de *Cornu Gallia* ne convient proprement qu'à Cornouailles en France, ainsi il y a lieu de croire qu'il tire son origine de là & qu'il n'a été donné à la Province d'Angleterre qu'à cause qu'elle a une pointe assez semblable qui s'avance aussi dans la Mer. Cependant Mr. Piganiol de la Force parlant de Quimper dit qu'elle étoit la Capitale d'un Comté auquel les Bretons lorsqu'ils passèrent de la Grande Bretagne dans l'Armorique donnerent le nom de Cornouaille qui étoit celui de la partie de cette Isle qui est le plus à l'Ouest. Je crois tout le contraire, savoir que les Bretons trouvant ce nom déja établi en France le donnerent ensuite à la Province de leur Isle qui ressembloit à ce Comté de Cornouailles. Voiez CURIOSOLITES.

CORNU, ce mot qui dans son sens propre & naturel signifie une CORNE, veut dire en Géographie une *pointe*, ou *terre qui s'avance dans la Mer*. Philostrate dans un Livre de la Vie des Sophistes[b], appelle ainsi un lieu de l'Isle de Lemnos. C'étoit un port qui avoit la figure approchante de celle d'une Corne. Les Grecs ont nommé Κέρας τῶν Βυζαντίων, & les Latins *Cornu Byzantiorum*, un des Fauxbourgs de Constantinople qui est presentement Pera. Pomponius Mela[c] & Pline[d] nomment deux *Cornes* de l'Italie les deux Promontoires, l'un au Pays des Brutiens, l'autre au Pays des Salentins. De même

[b] in Scopeliano.
[c] l. 2. c. 4.
[d] l. 3. c. 5.

Iiiii*

on a trouvé des Cornes à l'Asie, à l'Egypte.

CORNUI, Riviere de la Natolie dans la Caramanie Orientale, où elle arrose la Ville d'Adena & se rend un peu plus bas dans la Mer de Cypre, dans le Golphe de Layasso à Malmistra. Mr. Baudrand croit que c'est le PYRAMUS des Anciens, voïez ce mot. Mais nous avons déjà observé à l'Article d'*Adana* que la Riviere qui arrose cette Ville s'appelle le CHOQUEN.

CORNUS, Ville ancienne de l'Isle de Sardaigne dans les terres, selon Ptolomée [a]. Antonin dit CORNOS à l'accusatif Pluriel ; & met ce lieu sur la route de Tibuli à Sulci, entre *Bosa* & *Tharri* à XVIII. M. P. de l'une & de l'autre. Pinet croit que c'est GALEA ; Ortelius [b] que c'est CORNETO, ce nom se trouve aussi preferé par les Interpretes de Ptolomée. Mr. Baudrand [c] cite François de Vic selon lequel cette Ville est absolument détruite & ses ruines sont entre Seligues & Montesero.

[a] l. 3. c. 3.
[b] Thesaur.
[c] Ed. 1682.

CORNUTENSIS SCUTARIA. Les Romains avoient dans l'Empire divers Arsenaux où étoient des Fabriques pour les armes & munitions de guerre. On appelloit *Scutaria* les lieux où se faisoient les boucliers. Il y avoit plusieurs Fabriques de cette espece dans l'Illyrie, & la Notice de l'Empire [d] nomme entre autres *Cornutensis Scutaria*. Elle étoit à *Cornuntum* Ville dont je parle en son lieu & il faut lire dans la Notice *Carnuntensis*.

[d] Sect. 41.

CORNUTIUS, Village de Gaule, selon Gregoire de Tours cité par Ortelius.

CORO, Ville de l'Amerique Meridionale dans la Province de Venezuela dont elle est la Capitale, près de la côte de la Mer du Nord. On l'appelle aussi VENEZUELA. Voïez ce mot.

COROCONDAMA, ancienne Ville à l'entrée du Bosphore Cimmerien dans le Pont Euxin selon Ptolomée [e]. Strabon [f] n'en fait qu'un Village, & dit que c'est le terme du Bosphore. Il met auprès un Lac assez grand qui se degorge à dix stades delà dans le Pont Euxin. Ce Lac reçoit une partie de l'Anticétas Riviere qui est la même que l'Hypanis qui a deux Embouchures, l'une dans les Palus Méotides, & l'autre par ce Lac dans le Pont Euxin. Etienne dit la même chose & l'emprunte d'Alexandre surnommé le Polyhistor. Il s'ensuit delà que l'Anticetas, ou ce qui est la même chose, en se partageant pour tomber dans deux Isles differentes formoit une Isle entre ces deux mers & ses deux branches. Pline [g] l'appelle une Presqu'Isle après Mela [h]. Ils eussent mieux fait l'un & l'autre de l'appeller une Isle comme a fait Denys [i] le Periégete.

[e] l. 5. c. 9.
[f] l. 11.
[g] l. 6. c. 6.
[h] l. 1. c. 19.
[i] v. 550.

Mela place dans cette Presqu'Isle quatre Villes ; sçavoir : *Hermonasse*, *Cepi*, *Phanagoriæ* & tout à l'entrée du Bosphore *Cimmerium*, dont il prenoit le nom de Cimmerien. Il ne fait point mention du Village qui donnoit le nom à la Presqu'Isle, ou plutôt à l'Isle de Corocondama. Peut-être étoit-ce peu de chose de son temps, & que ce lieu ne devint considerable que dans la suite, car nous avons vu que Strabon n'en fait qu'un Village, & que Ptolomée qui vivoit bien long-temps après Mela & Strabon en fait une Ville. Etienne s'est trompé lourdement lorsqu'il met Corocondama auprès de Sinope. Il y avoit toute la Mer Noire entre deux.

CORODAMUM [k], Promontoire de l'Arabie heureuse sur la côte la plus Orientale, au Midi de l'entrée du Golphe Persique. C'est le même que nous appellons presentement le Cap de Rasalgate près duquel est la Ville de Taur.

[k] Ptolom. l. 6. c. 7.

COROGNE. (LA) Les Espagnols disent CORUÑA Ville maritime d'Espagne en Galice avec un bon port qui est très-vaste, sur la côte du Nord-Ouest de cette Province entre le Cap d'Ortegal & celui de Finisterre ; au fond d'un Golphe terminé au Nord par le Cap de Prior & à l'Occident par l'Isle de Sisarga. A six lieues de l'Isle de Sisarga s'éleve la Ville de la Corogne dans une Presqu'Isle & à l'entrée d'une petite Baye large d'une lieue que forme l'Océan en s'avançant dans les terres. Elle est partagée en haute & en basse Ville. La haute est sur le penchant d'une Montagne & ceinte de Murailles avec un Château. La basse que les habitans appellent PEXARIA est au pied de la Montagne sur une petite langue de terre que la Mer embrasse de trois côtez, ce qui fait qu'elle n'a de Murailles qu'autant qu'il en faut pour la joindre avec la Ville haute.

La Baye qui l'environne y forme un bon Port, & si spacieux qu'une Flote y peut être fort au large quelque grande qu'elle soit : il est fait en Croissant & aux deux bouts il est défendu par deux Châteaux dont l'un porte le nom de Saint Martin, & l'autre de Sainte Claire. Mr. Baudrand donne d'autres noms à ces Châteaux & nomme l'un de St. Antoine & l'autre de Ste Croix. Outre cela il y a une petite Isle qui est tout proche vers une pointe de terre ; elle couvre le Port & le met à l'abri du vent du Septentrion.

La Ville est bâtie en rond & ses Fortifications sont toutes à l'antique, à la reserve de quelques-unes qui furent bâties au commencement de ce siécle. On y voit une vieille Tour fort haute qui a été construite par les Romains pour découvrir les Vaisseaux qui rasoient cette côte : l'Ouvrage est si solide & la structure si hardie qu'elle excite l'admiration de tous ceux qui la voyent. Quelques-uns des bonnes gens du Pays en attribuent la fondation à Hercule & debitent des fables à ce sujet ; d'autres pretendent que cette Tour a donné le nom à la Ville parce, disent-ils, que les habitans au lieu de l'appeller une Tour la nommoient *una Columna*, d'où par corruption se forma le nom de Coruña.

On convient que cette Ville est ancienne & du temps des Romains, mais on ne s'accorde pas sur le nom qu'elle portoit. Les uns pretendent que c'est la CARONIUM de Ptolomée ; d'autres le FLAVIUM BRIGANTIUM, que d'autres cherchent à *Betanços*, ou même à *Compostelle*. Dans le voisinage de la Coruña on voit une Carriere de Jaspe.

COROLIA, Ville de l'Arabie heureuse sur le bord de la Mer rouge, selon Pline [l].

[l] l. 6. c. 28.

COROMANDEL. (la côte de) Pays de l'Inde en deça du Gange. On appelle ainsi la côte Occidentale du Golphe de Bengale depuis la Riviere de Narsepill, qui borne le Royaume de Golconde au Nord-Ouest jusqu'au pont d'Adam où commence la côte de la pêcherie. Le long de cette côte en allant
du

COR.

du Nord au Sud-Ouest & au Midi on trouve de suite les Royaumes de Golconde, de Carnate, de Gingi, de Tanjaour, & le Marava. Les principaux Ports de la côte de Coromandel sont en suivant le même ordre Masulipatan où trafiquent les François, les Anglois & les Hollandois; Madras ou le Fort St. George, aux Anglois; St. Thomé ou Meliapour, Sandraftpatan à l'Empereur; Pondicheri aux François; Tranquebar aux Danois; & Negapatan aux Hollandois. Toute cette côte est entre les 96. d. 50'. & 100. d. 40'. de Longitude & entre les 9. d. 35'. & 17. d. 20'. de Latitude Septentrionale.

COROMANE, Ville située sur le Golphe Persique, selon Etienne le Géographe. Voiez l'Article suivant.

COROMANIS, Κορομανὶς, Ville maritime de l'Arabie heureuse sur la côte Orientale dans le Golphe Persique. C'est sans doute la même que la Coromane d'Etienne.

CORON, en Latin CORONE, Ville de Grece dans la Morée sur le Golphe de même nom, dans la partie Meridionale de cette Presqu'Isle. Cette Ville, nommée Κορώνη par les Grecs, étoit de la Messenie & Pausanias [a] nous apprend que son ancien nom étoit ÆPEIA, Αἴπεια, & qu'elle est ainsi appellée par Homere. Strabon [b] aime mieux croire que l'Æpeia d'Homere est la Ville de *Thuria*. Pline dit que le Golphe où elle est située étoit nommé à cause d'elle CORONÆUS SINUS; ce même Golphe étoit nommé MESSENIACUS SINUS à cause de Messene Capitale du Pays; ASINÆUS SINUS, & THURIATES SINUS du nom d'ASINE & de THURIA Ports de Mer qui étoient situez sur ses bords. Toutes ces Villes excepté CARON sont détruites, & le Golphe est presentement nommé Golphe de Caron. Voici ce que Pausanias nous apprend des Antiquitez de cette Ville: [c] cette Ville s'appelloit anciennement *Æpea*, mais après que les Messeniens se furent rétablis sous la conduite des Thebains on dit qu'Epimelide Chef d'une Colonie que l'on y menoit la nomma Coronée du nom d'une Ville de Béotie dont il étoit. Les Messeniens qui ne prononcérent pas bien d'abord ce nom l'accourcirent & cette corruption fut ensuite autorisée par l'usage. On dit aussi par une espece de tradition que lors que l'on creusoit pour en bâtir les fondemens, on trouva une Corneille d'Airain. (Or une Corneille est nommée par les Grecs Κορώνη. Entre ses Temples il y en a un consacré à Diane surnommée la nourrice; un à Bacchus; un autre à Esculape; leurs Statues y sont de Marbre. Celle de Jupiter Sauveur qui est dans la place est de bronze. Il y en a aussi une de bronze sous la Citadelle, en plein air, c'est une Minerve de bronze tenant une Corneille en sa main. J'y ai vu aussi le tombeau d'Epimelide. Je n'ai pu savoir pourquoi on l'appelle le PORT DES ACHÉENS.

CORONE. a été le Siége d'un Evêque Suffragant de l'Archevêché de Patras. Elle a eu long-temps la même destinée que l'Empire Grec à qui elle appartenoit, mais dans la decadence de cet Empire elle fut aux Despotes Seigneurs particuliers de la Morée. Mr. Baudrand croit qu'ils la cedérent en 1204. aux Venitiens

Tom. II.

[a] Messeniac. c. 34.

[b] l. 8.

[c] l. 4. c. 34.

COR. 803

qui la garderent jusqu'en 1498. qu'elle fut prise par Bajazeth II. [d] Verdizzoti se persuade qu'au temps de la division de l'Empire Grec & lors que les Venitiens alliez avec d'autres Puissances songeoient à acquerir le Royaume de la Morée Coron leur fut assignée pour leur portion.

[d] Coronelli desc. de la Morée.

Elle fut surprise l'an 1264. par Leon Veteran Corsaire Genois, qui fut fait peu de temps après prisonnier dans l'Hellespont & transporté à Corfou. Ses Camarades effrayez de son supplice abandonnerent la Ville qui se donna aux Venitiens. L'an 1498. Bajazeth II. s'étant rendu maitre de Modon alla assiéger Coron & la prit. L'an 1533. Doria qui commandoit l'armée d'Espagne composée de 35. gros navires & de 48. Galeres debarqua des troupes pour faire le siége de Coron, les Espagnols s'en rendirent maîtres mais ils ne la garderent pas long-temps & elle retourna sous la Domination des Turcs. L'an 1685. le Procurateur Francisco Morosini l'assiegea de nouveau & après un siége de 49. jours y entra victorieux. Les Venitiens ont enfin perdu Coron avec tout le reste de la Morée.

Coron a son assiete forte & avantageuse dans la Province de Belvedere la plus fertile & la plus riche de toute la Morée. Elle est à la distance de dix milles par terre & d'environ vingt milles par Mer de Modon, au côté gauche du Cap Gallo. Elle forme dans sa figure celle d'un Triangle Scalene & d'un de ses Angles elle regarde une grosse Tour bâtie sur un Roc, laquelle les Venitiens firent élever en 1463. pour servir de Magazin. Les deux autres côtez qui ne sont point mouillez du Golphe laissent un assez grand espace pour faire commodément le tour de la Forteresse qui est ceinte d'une vieille muraille d'inégale épaisseur, flanquée de grosses tours & à quelques pas loin du côté du Nord il y a un Fauxbourg de 500. maisons.

LE GOLPHE DE CORON. Golphe de la Mer Mediterranée sur la côte Meridionale de la Morée, entre l'Isle de Sapience & le Cap Gallo à l'Occident, & le Cap Matapan à l'Orient. On l'appelle aussi quelquefois Golphe de Calamata, du nom d'une Ville qui y est située. C'est ainsi que les Anciens l'ont diversement nommé *Messeniacus, Asinæus, Coronæus, & Thuriates Sinus*, des Villes, *Messene, Asine, Coron & Thuria*; qui y étoient autant de Ports.

1. CORONÆA, ancienne Ville de Grece dans la Béotie. On a vû dans l'Article precedent qu'Epimelide originaire de cette Ville mena une Colonie à Coron à laquelle il donna le nom de sa patrie. Coronée de Béotie étoit située sur une hauteur près de l'Helicon, selon Strabon. Sur quoi Cellarius [e] remarque que s'il est vrai qu'elle soit à l'embouchure du Cephisse où elle garde son nom, il faut de deux choses l'une, ou qu'elle ait été éloignée de l'Helicon ou que cette Montagne ait eu plus d'étendue alors qu'on ne lui en donne à present. Pline [f] & Ptolomée [g] font mention de cette Ville. La Notice de Hierocles la met entre les Villes Episcopales & la nomme Κορωνία Βοιωτίας. Ce n'est plus qu'un Village.

[e] Geogr. Antiq. l. 2. p. 1141.
[f] l. 4. c. 7.
[g] l. 3. c. 15.

Iiiii* 2

2. CORO-

2. CORONÆA, ancienne Ville de Grece en Thessalie dans la Phtiotide, selon Strabon [a] & Ptolomée [b].

[a] l. 9.
[b] l. 3. c. 13.

3. CORONÆA, Lieu du Peloponnese entre Sicyone & Corinthe, selon Etienne le Geographe.

4. CORONÆA, Ville de l'Isle de Cypre, selon le même. C'est celle que Ptolomée [c] appelle Κορωνία, qui étoit au Nord de l'Isle. Elle étoit Episcopale & est nommée Cyrenia dans la Notice Ecclesiastique. Scylax [d] la nomme CERUNIA, Κερύνεια.

[c] l. 5. c. 14.
[d] Peripl.

5. CORONÆA, Presqu'Isle de la Grece près de l'Attique, selon Etienne le Geographe.

§ Le même Auteur en met encore une autre avec un Port nommé Corone, sans dire où elle étoit.

CORONE. Voiez CORON.
CORONEA. Voiez CORONÆA.
CORONIA. Voiez SALAMIS.

CORONOS, Montagne d'Asie selon Ptolomée [e]. C'est une partie du Mont Taurus. Sa partie Occidentale étoit dans la Medie. Les Interpretes de Ptolomée lui donnent pour nom moderne BASARAFI.

[e] l. 6. c. 2.

CORONTA, Ville de l'Acarnanie, selon Etienne le Géographe qui cite le second Livre de Thucydide.

COROPA, Grand Pays de l'Amerique Meridionale dans la Guiane, près de la Riviere de Coropatuba & vers celle des Amazones, mais fort avant dans les terres. [f] Le nom de Coropatuba est formé du mot *Tuba* qui signifie *Riviere* & de Coropa nom d'un Village situé sur son Embouchure dans la Riviere des Amazones. Les Portugais du Bresil sont maîtres de ce Village. On remarque dans cette contrée quatre Montagnes savoir celle d'YAGUARE qui a des mines d'or; celle de PICORE qui a des mines d'argent ; la troisiéme a des mines de souffre ; celle de Paragache reluit au Soleil & au clair de la Lune, comme un émail de diverses pierreries. Ces Montagnes sont sous l'Equateur & à cent lieues seulement de Cayenne.

[f] Pagan Relat. Géogr. de la R. des Amazones.

COROPASSUS, Village de l'Asie mineure, dans la Lycaonie, selon Strabon [g]. Il étoit aux Confins de la Cappadoce.

[g] l. 12. p. 568. & l. 14. p. 663.

COROPE, Ville de la Thessalie, selon Etienne le Geographe. Voiez OROPUS.

COROZAIM, ou CHORASIN [h], Ville de la Palestine dans la Galilée, sur le bord Occidental de la Mer de Tiberiade, assez près de Betzaïde. St. Jerôme la met à deux Milles de Capharnaum. Eusebe dit douze mille pas, mais c'est une faute. JESUS-CHRIST fit grand nombre de Miracles dans cette Ville & y prêcha souvent, mais elle ne se convertit pas & profita mal de tant de graces. C'est pourquoi il lui reprocha son ingratitude & son endurcissement & lui dit que [i] s'il avoit fait dans Tyr & dans Sydon les merveilles qu'il avoit faites dans elle, il y auroit long-temps que ces Villes payennes auroient fait penitence. Cette Ville ne subsiste plus, & est entierement ruinée.

[h] D. Calmet Dict.
[i] Matth. c. 11. v. 21. Luc. c. 10. v. 13.

CORPH. Voyez CORFF.
CORPHINIUM. Voyez CORFINIUM.

CORPIALICA, Gouvernement particulier & contrée de Thrace selon Ptolomée [k]. Elle étoit du côté de la Macedoine & de l'Archipel.

[k] l. 3. c. 11.

CORPICENSII, ancien Peuple de l'Isle de Sardaigne, selon Ptolomée [l].

[l] l. 3. c. 3.

CORPILLI, ancien Peuple de Thrace, selon Pline [m]. Ce nom est corrompu par Appien qui écrit Τούπιλοι au lieu de Κόρπιλλοι, Etienne ne l'écrit pas mieux Κόρπηλοι. Ils possedoient la Ville de Perinthe, Ganos & Sapros selon le R. P. Hardouin. Ortelius soupçonne qu'ils étoient dans la contrée de CORPIALICA nommée par Ptolomée.

[m] l. 4. c. 11.

CORREGIO [n], les François disent CORREGE, petite Ville d'Italie dans l'Etat du Duc de Modene ; dans une Principauté dont elle est la capitale & qui porte le même nom. Elle est enclavée dans le Duché de Regio, & avoit autrefois ses Princes particuliers qui residoient dans le château, & possedoient un petit Territoire aux environs. Ils en furent privez en 1634. par l'Empereur qui confera la Ville & la Principauté de Corregio, au Duc de Modene qui en est resté en possession depuis ce temps-là. Elle est à treize milles de Modéne au Couchant & à dix de Regio vers Carpi. Le Château en est assez fort. Cette Ville tire aussi beaucoup de gloire d'avoir produit le fameux Peintre qui s'est fait connoître sous le nom de sa patrie. [o] Antoine Correge naquit vers l'an 1477. & mourut l'an 1513. Son pinceau est admirable surtout pour les enfans & pour les objets qui demandent du gracieux.

[n] Baudrand Ed. 1705.
[o] Corn. Dict.

CORRESE [p], (LA) Riviere d'Italie dans l'Etat de l'Eglise, & dans la Sabine. Elle arose le CHATEAU de Correse près de Farfa, & se jette dans le Tibre à douze milles au dessus de Rome.

[p] Baudrand Ed. 1705.

1. CORRHA, Ville de la Grande Armenie, selon Ptolomée [q].

[q] l. 5. c. 13.

2. CORRHA, Lieu d'Asie dans la Perse propre, selon le même [r]. Comme il la nomme dans une liste confuse de Villes & de Villages, on ne sait si elle étoit Village ou Ville.

[r] l. 6. c. 14.

CORRHAGUM, il en est parlé dans la Harangue d'Eschine contre Ctesiphon : Les Lacedemoniens avoient défait les troupes περὶ Κόρραγον στρατιώτας. Ce qu'il y a de plaisant, c'est que les Savans se sont divisez en deux opinions differentes qui semblent faire douter si ce Corrhage étoit un homme ou une Ville. Aretin traduit *Pugnantes adversus Corragum* ; Melanchthon, *prælio facto cum Corrago*. Wolfius *Militibus ad Corragum cæsis* ; Lambin *Corrhagique imperatoris Milites conciderant* ; Perionius, *Deleverunt milites qui Corragum obsederant* ; Meletus, *Exercitum qui fuit circa Corragum deleverant*. Voila donc de grands noms en faveur de l'un & de l'autre sentiment. Aretin, Melanchthon, & Lambin croient qu'il s'agit d'un homme. Ils ont pu être trompez parce que Tite-Live parle de deux Corrages, l'un Macedonien [s], l'autre Capitaine du Roi Eumenes [t]. Selon eux il faut traduire ainsi ce passage d'Eschine. *Les Lacedemoniens avoient dissipé les troupes commandées par Corrage.* D'un autre côté on voit Wolfius, Perionius, & Meletus qui sans contredit étoient de très-savans hommes prendre Corrage pour un nom de Ville. Suivant leur sentiment on doit traduire : *Les Lacedemoniens avoient dissipé les troupes campées*

[s] l. 38. c. 13.
[t] l. 42. c. 57.

COR.

pées autour de Corrhage. Ortelius groſſit encore ce dernier parti & met Corrhage au nombre des Villes ou des Fortereſſes de la Macedoine & cite même le paſſage d'Eſchine. Ortelius a raiſon. Tite-Live qu'il cite dit clairement que Corrhage étoit une Ville forte. Voici le paſſage deciſif [a]. *Apuſtius extrema Macedonia populatus, Corrhago & Gherruſio, & Orgeſſo, Caſtellis primo impetu captis ad Antipatriam in Faucibus anguſtis ſitam urbem venit.* Mr. Toureil qui m'a fourni la ſubſtance de cet Article traduit comme ſi Corrhage étoit une Ville & avoue que malgré l'incertitude entre la Ville & l'homme le πρὸς l'a determiné pour la Ville.

[a] l. 31.

CORRHEI, Κοῤῥεὶ, Lieu de la Syrie où Samuel plaça la pierre du ſecours. Voyez au mot PIERRE l'Article PIERRE DU SECOURS.

CORSE, (l'Iſle de) Iſle d'Italie dans la Mer Mediterranée. En Italien & en Latin CORSICA, les Anciens l'ont connue ſous le nom de CYRNUS. [b] Elle s'étend en longitude le 41. d. & le 43. de Latitude. Sa Latitude eſt depuis le 26. d. 10'. juſqu'au 27. d. 15'. Sa plus grande longueur depuis le Cap Corſe qui eſt ſa pointe Septentrionale juſqu'à Boniface qui eſt ſon extremité la plus Meridionale eſt de cent dix milles communs d'Italie. Elle a la Ville, l'Etat, & le Golphe de Genes au Nord, la Mer de Toſcane, le Siénois & le Patrimoine de St. Pierre au Levant; & l'Iſle de Sardaigne au Midi, elle n'en eſt ſeparée que par le Détroit de Boniface qui a environ huit milles communs d'Italie dans ſa largeur. On la diviſe en quatre parties. Celle qui eſt au Nord s'appelle deçà les monts; celle qui eſt au Midi eſt nommée delà les monts. La côte Orientale eſt appellée la côte de dedans, & l'Occidentale la côte de dehors. Chacune de ces parties eſt diviſée en Cantons qu'on apelle PIEVES. Elle n'eſt pas à plus de ſoixante milles de Piombino & à 40. de l'Iſle d'Elve.

[b] De l'Iſle Atlas.

[e] L'Air y eſt mauvais & mal-ſain, le terroir pierreux, plein de forêts, & peu propre à être cultivé, tellement que rien n'y vient qu'à force de ſoins. Il y croît du froment dans les vallées, des vins aſſez delicats & des fruits comme figues, amandes, & chataignes. On en tire du Fer & de l'Huile pour l'Italie. On y trouve des Faiſans, des Cerfs & des Muſles comme en Sardaigne & de toutes ſortes de beſtiaux. Les chevaux y ſont fort fougueux. Le poiſſon qu'on pêche vers les côtes eſt fort bon. On y trouve du Corail proche le Cap Bonifacio. Cependant à cauſe de ſon mauvais air, elle eſt fort peu habitée. Le ſiécle paſſé on y reçut 600. Maniotes pour augmenter le nombre de ſes habitans. Ce ſont des Peuples Chrétiens qui s'étoient conſervez dans la partie Meridionale de la Morée & qui habitoient les côtes du Golphe de Coron depuis le Cap de Matapan juſqu'à la Riviere de Calamata leſquels étant mal traitez par les Turcs qui ſont maîtres de cette Preſqu'Iſle cherchoient une habitation où ils puſſent vivre en liberté de conſcience & en repos. Les Genois les reçurent dans leur Iſle & ils s'y ſont établis.

[e] Robbo Géographie T. 1. p. 506.

Les Corſes ſont plus vindicatifs que les au-

COR. 805

tres Italiens [d], d'où vient le proverbe que quand on a une fois offenſé un Corſe, il ne faut ſe fier à lui ni durant ni après ſa vie, car ſes enfans & ſes petits-fils en tireront la vengeance tôt ou tard, ils ſont bons Soldats, & c'eſt pour cette raiſon qu'il y en a entre les Gardes du Pape.

[d] Briet. Parall. part. 2. l. 6. p. 1013.

Les premiers maitres de l'Iſle de Corſe furent les Tyrrheniens comme nous l'apprenons de Diodore de Sicile [e], enſuite elle fut ſoumiſe aux Carthaginois, les Romains la conquirent enſuite. Il y a lieu de croire qu'ils la poſſederent juſqu'à la decadence de leur Empire [f]. Alors les Saraſins la ſaccagerent & ſe la ſoumirent juſqu'à ce qu'Adimur Amiral des Genois ayant ruiné celle des Saraſins, prit l'Iſle & la ſoumit à la Republique de Génes. Le P. Briet dit que les Saraſins en furent chaſſez par Pepin Roi de France & qu'enſuite elle paſſa au pouvoir des Genois. Mais comme les Piſans y pretendoient cela cauſa entre eux & les Genois de longues & fâcheuſes guerres. Mais enfin les Piſans ayant été defaits dans une bataille furent contraints de ceder l'Iſle entiere aux Genois qui l'ont toujours poſſedée depuis.

[e] l. 11.
[f] *Leand. Corſica* Iſola p. 17. l. c.

On y envoye de Genes un Gouverneur, avec un Vice-Gouverneur, un Chancelier, un Secretaire &c. Le Gouverneur a douze Conſeillers qui ſont natifs de l'Iſle & avec qui il regle ce qui regarde la Police. Quand il a fini ſon temps on examine ſa conduite pour voir s'il s'eſt bien ou mal conduit dans ſon emploi. Les Inſulaires envoyent à Génes tous les ans deux Députez, l'un de la Baſtie & l'autre d'Adiazzo, pour y veiller aux interêts du Pays. On y ajoute ſix Syndics d'en deçà les monts & douze d'au delà. Il y a en beaucoup d'endroits des tours élevées pour être averti de l'arrivée des vaiſſeaux Corſaires de Barbarie qui viennent ſouvent pour faire des deſcentes. Tout l'argent qui ſe leve dans l'Iſle eſt employé à la garder, mais les ſommes n'en ſont pas réglées, car ſi le beſoin les augmente quelquefois, ſouvent auſſi on les diminue ſur les plaintes que font les Inſulaires qui ſont trop chargez.

On voit vers le milieu de l'Iſle le Mont Gradaccio, ſur lequel on trouve Las Lacs de Crena & d'Ino aſſez proche l'un de l'autre. Du premier on voit ſortir les Rivieres de LIAMOM & de TAVIGNANO dont l'une coule vers l'Occident & l'autre vers l'Orient. Du Lac d'Ino ſort celle de GoLO qui arroſe le Comté & le Terroir de Mariana. Ces trois Rivieres ſont les ſeules conſiderables dans cette Iſle.

On compte dans toute l'Iſle cinq Evêchez, ſavoir *Sagona*, *Aleria*, & *Adiazzo*, Suffragants de l'Archevêque de Piſe: *Mariana* & *Nebbio* Suffragants de Genes. La Religion Catholique eſt la ſeule que l'on y permette.

Iiiii* 3   TA-

TABLE GEOGRAPHIQUE DE L'ISLE DE CORSE.

EN DEÇA LES MONTS, ou LA PARTIE SEPTENTRIONALE DE L'ISLE.
- * La Baftie Capitale & refidence du Gouverneur,
- * San-Fiorenzo,
- * Nebbio Rouinata,
- Centuri,
- Herba Longa,
- * Mariana Rouinata,
- Minerbio,
- Pino,
- Ponte d'Arco,
- * Canari,
- San Pietro ou Poggio di cafta,
- * Oftricone.

COTE DU DEDANS, ou PARTIE ORIENTALE DE L'ISLE.
- * Aleria Rouinata,
- Ampugnana,
- Cortes,
- Accia Rouinata,
- Venaco,
- Alefano,
- Pietra Pola,
- Covafino,
- Regno,
- Curfa.

DELA' LES MONTS, ou PARTIE MERIDIONALE DE L'ISLE.
- * San Bonifacio,
- Porto Vecchio,
- Sant-Amança,
- * Cafa Barbarica,
- Sarteno,
- Veggiano,
- Olnieto.

COTE DU DEHORS, ou PARTIE OCCIDENTALE DE L'ISLE.
- * Adiazzo,
- * Calvi,
- Santa Maria di Calvi,
- * Sagona,
- * Balagna,
- Touani,
- Aregni,
- Niolo ou Nolo,
- * Girolato,
- Mezzana,
- Ornano,
- Sarlo,
- Vico.

ETANGS.
- Stagno di Diana,
- Stagno di Vibino,
- Stagno di Couafino,
- Stagno di Creno,

RIVIE'RES de l'Ifle.
- San Fiorenzo,
- Fiuminale d'Ornano,
- Capitello,
- Ficario,
- Golo,
- Tavignano.

ISLES ADJACENTES.
- Giraglia, } au Nord.
- Caprea, } du côté de la Tofcane.
- Gargano, } au Couchant.
- Spano,
- Ifola delli Corfi, } à l'Orient.

§ Cette Table eft tirée des Paralleles du P. Briet. Les lieux marquez d'un afterifque font les plus remarquables de l'Ifle.

Floravantius dans le petit Livre où il traite de l'Ifle de Corfe dit que dans tout le Territoire de St. Boniface il ne fauroit croître de Cerifiers & qu'ils n'y portent jamais de fruit. Auprès de Nolo, fi nous en croyons Magin, il y a des vallées toujours pleines de neiges & où les habitans difent qu'il y a des cryftaux d'une parfaite beauté.

A l'égard de l'ancien Etat de cette Ifle, voiez CYRNUS.

CORSEA. Voiez CORSIA.

CORSEÆ, Ifles d'Ionie auprès de Samos, selon Etienne le Géographe. Pline[a] les nomme de même & les met auffi fur la côte d'Ionie. Strabon en fait auffi mention[b]. Ortelius a cru que ce n'étoit qu'une Ifle nommée Corfeas par Pline; en quoi il fe trompe. — *a l.5. c. 31.* *b l. 14. p. 636.*

CORSENA, Contrée d'Afie vers la Syrie. Ce Pays eft de la façon de quelques Copiftes ignorans qui l'avoient fourré dans le Code[c] au lieu d'Ofrhœna qu'on y a remis avec raifon. — *c C. 12. Tit. 58. de Cohortalibus § quicumque per Ofrhoenam.*

CORSEUR. Voiez KORSÖE'.

1. CORSI, habitans de l'Ifle de Corfe.
2. CORSI, Peuple de l'Ifle de Sardaigne. C'étoit une Colonie venue de l'Ifle de Corfe. Paufanias[d] & Ptolomée en font mention. Ce dernier les met vers la partie Septentrionale de l'Ifle. — *d in Phocicis.*

CORSIA, ou CORSEA, Bourg de Grece dans la Béotie[e], affez près de Cirtones. Il y avoit une Montagne entre deux, à ce qu'on apprend de Paufanias.[f] Au bas de Corfia étoit un bois, à un demi-Stade de diftance, & lors que l'on étoit defcendu dans la plaine on trouvoit le Ruiffeau Platanius qui fe jettoit là dans la Mer. — *e l. 3. c. 3.* *f l. 9. c. 24.*

CORSICA. Voiez CORSE & CYRNUS.

CORSII, les mêmes que CORSI dans l'Ifle de Sardaigne.

CORSINIANUM[g], Bourg d'Italie en Tofcane, dans le Siénois. C'eft prefentement PIENSA. — *g Ortel. Thef.*

CORSIO. Voiez GORSIO.

CORSIS. Voiez CYRNUS.

CORSOTÆ, Grande Ville d'Afie; Xenophon[h] dit: l'armée marcha cinq jours à travers les deferts de l'Arabie ayant l'Euphrate à main droite & fit trente-cinq lieues. C'étoit une rafe Campagne .... après avoir traverfé ces lieux on arriva à une grande Ville deferte nommée Corfote ceinte de la Riviere de Mafca, qui a quelques cent pieds de large, l'armée y fejourna trois jours & après s'être pourvue de vivres repaffa un autre grand defert de quatre vingts dix lieues en l'efpace de treize jours, ayant toujours l'Euphrate à fa droite, & arriva à Pyles. Ce lieu étoit dans la partie Meridionale de la Mefopotamie, ou ce qui eft la même chofe, dans la partie de l'Arabie deferte qui étoit au delà de l'Euphrate. — *h Retraite des dix mille l. 1.*

CORSTOPITUM[i], ancien lieu de la Grande Bretagne. Antonin en fait mention: quelques exemplaires portent CORISOPITO, d'autres CORIOSOPITO. Il étoit à xx. M. P. du foffé, fur la route de *Pratorium* qui eft *Patrington.* Ptolomée nomme ce même lieu CURIA, — *i Itiner.*

CURIA, Κουρία, ou Κορία. On croit assez communement que c'est CORBRIDGE. Mr. GALE [a] croit que le peuple des Gaules nommez *Corsopitenses*, ou *Coriopitenses*, c'est-à-dire, les habitans du petit Pays de Cornouailles, apporterent avec eux ce nom qu'ils donnerent à ce lieu où ils s'établirent. Il croit que le nom moderne est RUTCHESTER.

[a] In Itiner. P. 9.

CORSULA. Voiez CURSULA.

CORSURA, Isle d'Afrique, au milieu du Golphe de Carthage selon Strabon [b].

[b] l. 7.

CORTACHA, ou CORGATHA, Ville de l'Inde au delà du Gange selon Ptolomée [c].

[c] l. 7. c. 2.

CORTACA. Voiez COTÆA.

1. CORTE. Voiez CORTIA.

2. CORTE [d], Ville d'Italie dans l'Isle de Corse sur une Montagne au milieu de l'Isle avec un fort Château sur un rocher près de la Riviere de Golo. C'est où demeure ordinairement l'Evêque d'Aleria qui est à dix-huit milles au Levant. La Ville est assez peuplée pour le Pays, Elle est à vingt-cinq milles de Calvi.

[d] Baudrand Ed. 1705.

CORTENE [e], fameux Château de Georgie, sur une Montagne escarpée haute de cent cinquante coudées, & située entre deux Detroits profonds comme des abymes. Elle a au pied un rocher qui la surpasse en hauteur sur lequel on monte avec des échelles & des cordes. Il n'y a qu'un chemin étroit & tortueux qui conduit à cette Montagne, & les precipices qui l'environnent ne permettent pas qu'une armée y puisse camper pour l'assieger. Les Georgiens avoient fortifié cette Montagne de tous côtés: Ils y avoient bâti des maisons & pratiqué une porte tout au bout de la Montagne. Il y avoit aussi des citernes pour conserver l'eau de pluye. Ce château étoit commandé par un Prince Georgien nommé Tral, qui avoit à sa suite trente grands Aznaours, & une forte garnison. Ils se sioient sur la quantité de leurs munitions, & ils étoient hors de crainte d'en manquer jamais, les citernes étoient pleines, les places remplies de cochons & de moutons & les caves fournies de vins delicieux. Toutes ces choses sembloient rendre cette place imprenable. Cependant l'Empereur Timur-Bec ne laissa pas d'en vouloir tenter la conquête. Il y fut en personne. Les habitans l'envoyerent aussitot saluer, lui offrir des presens & l'assurer de leurs soumissions: mais tout cela ne fut pas capable de l'empêcher d'attaquer la place. Il commença par faire construire auprès trois petits Forts afin que si le siége duroit long tems il pût mettre garnison dans ces Forts & continuer d'incommoder la place. Pour lui il passa derriere la place & campa dans un lieu propre à faire agir les beliers & les machines à pierres. Il fit construire outre cela entre son Camp & la place une plate-forme de pierres & de bois si haute qu'elle commandoit le Château. Pendant ce temps-là un Mecrite habile à marcher dans les Montagnes trouva moyen de monter en cachette pendant la nuit sur un rocher au Midi du château: le lendemain il conta son aventure à l'Empereur qui ordonna de faire des cordes fortes avec de la soye cruë & du fil & d'en construire des échelles qui furent attachées au haut du Rocher par des Mecrites. Des Soldats monterent par ces Echelles & surprirent les Georgiens endormis. Cette conquête coûta fort peu à l'Empereur & cependant ce fut la plus difficile de toutes celles qu'il entreprit.

[e] Petits de la Croix Hist. de Timur-bec L. VI. c. 5.

CORTERATE, ancien lieu de la Gaule dans l'Aquitaine, suivant la Table de Peutinger. C'est peut-être le seul monument où il en soit fait mention, encore n'est-ce que dans un fragment [f].

[f] Schedæ Poster.

CORTEREAL. (LE PAYS DE) C'est le même que la Terre de LABRADOR. Voyez LABRADOR.

CORTERIACENSES, ancien Peuple de la Belgique, il en est fait mention dans les Notices [g] de l'Empire. Leur Ville conserve encore son nom. C'est COURTRAY. Voiez ce mot. Quelques exemplaires portent CORTORIACENSES.

[g] Sect. 38. & 40.

CORTHATA. Voyez CORGATHA.

CORTIA, Κορτία, lieu d'Afrique, à l'entrée de l'Ethiopie en venant d'Elephantine, selon Agatharchide [h]. Ortelius croit que c'est la Corte qu'Antonin met entre *Pselcis* & *Hyerascaminon*, à IV. M. P. de l'une & de l'autre.

[h] p. 22. Edit. Oxon.

1. CORTICATA, Isle de l'Océan sur la côte d'Espagne, selon Pline. Le R. P. Hardouin croit que c'est presentement l'Isle de SALICORA à l'Embouchure de Rio ROXO au Royaume de Galice.

2. CORTICATA, ancienne Ville d'Espagne dans la Betique au Pays des Turdetains, selon Ptolomée [i].

[i] l. 2. c. 4.

CORTINA. Voyez CARTENNÆ.

1. CORTONE, ancienne Ville d'Espagne. Pline [k] en met les habitans *Cortonenses* au nombre des CLII. Peuples qui dependoient de la Jurisdiction de Sarragoce. Tous les Manuscrits, au raport du R. P. Hardouin, portent COTONENSES.

[k] l. 3. c. 3.

2. CORTONE, ancienne Ville d'Italie dans l'Etrurie. Elle subsistoit déjà du temps de Pline [l] qui en nomme les habitans CORTONENSES, elle conserve encore son nom [m]. Cortone est en Toscane dans l'Etat de Florence sur les Frontieres de l'Ombrie, avec un Evêché qui ne releve que du St. Siége. Elle est petite, sur une haute Montagne près des Confins de l'Etat de l'Eglise à quatre milles du Lac de Perouse au Septentrion vers Arezzo, & à huit des Marais de la Chiana, au Levant vers Perouse.

[l] l. 3. c. 5.
[m] Baudrand.

CORTORIACENSES. Voyez CORTERIACENSES.

CORTUOSA, Ville d'Italie dans l'Etrurie, selon Tite-Live [n]. Il n'en dit point assez pour en determiner la situation; non plus que celle de CONTENEBRA qu'il nomme, comme étant l'une & l'autre dans le Territoire des Tarquins.

[n] l. 6. c. 4.

CORTYNA, voyez GORTYNA.

CORTYTA, Contrée du Peloponnèse dans la Laconie, selon Etienne le Géographe qui cite Thucydide. Mais il y a deux choses à remarquer, l'une que son ancien Interprête Latin a cru mal à propos que cette Place étoit *Corcyra*, l'autre que l'ordre Alphabetique suivi par Etienne demande que ce nom soit écrit sans R COTYTA, car il se trouve entre *Cotylæum* & *Cotyora*. En ce cas, comme le remarque très-bien Berkelius, il faudroit corriger le le même mot dans Thucydide [a] où il se trouve aussi Κότυτα.

CORUDA, Lieu au delà des Montagnes des Indes, où il se trouve des animaux qui ressemblent aux Satyres, si nous en croyons Ælien [b].

CORULA, Ville de l'Inde en deçà du Gange, selon Ptolomée [c]. Quelques exemplaires portent CURULA, Κόρουλα & Κούρουλα. Ortelius doute si ce n'est pas la même Ville qui est nommée ailleurs CURURA, Κούρουρα, par le même Auteur [d].

CORUNA DEL CONDE. Voyez CRUNNA DEL CONDE.

CORUNCALA, Autre Ville de l'Inde en deçà du Gange Κορούνκαλα.

CORVO, ou MONTE-CORVO, Montagne d'Italie au Duché de Spolete vers les Confins de l'Abbruzze près du Bourg de Cassia.

CORVORUM ANTRUM, c'est-à-dire L'ANTRE DES CORBEAUX. Montagne d'Asie dans la Cilicie, selon Nicetas cité par Ortelius [e].

CORVORUM DUORUM LACUS; c'est-à-dire, LE LAC DES DEUX CORBEAUX. Lac de la Gaule sur la côte de l'Océan, selon Artemidore qui fait un petit conte à ce sujet. C'est Strabon qui le rapporte. Il y a, dit-il, un certain Lac sur la côte de l'Océan, on l'appelle le Lac des deux Corbeaux, on y voit deux Corbeaux qui ont l'aile droite blanchâtre. Ceux qui ont du démêlé entre-eux vont là & mettent sur un lieu élevé une Table avec des gâteaux chacun de leur côté. Les Corbeaux viennent tout en volant, mangent les gâteaux de l'un, & dispersent ceux de l'autre. Celui dont les gâteaux ont été mangez, gagne sa cause. Strabon a raison de traiter de fable cette niaiserie.

CORURA. Voyez CORULA.

1. CORUS, Sorte de vent qui soufloit du côté du Couchant d'Eté. Comme les Anciens ne distinguoient pas les vents avec autant de precision que les Modernes, ils ne sont pas bien d'accord sur ce qu'ils appelloient ainsi. Selon la division des vents en douze, le *Corus* repond à peu près au Nord-Ouest quart à l'Ouest; selon la division des vents en vingt-quatre il repond au Nord-Ouest quart au Nord. On peut voir la Table combinée des vents, selon les Anciens dressée par le Pere Briet: nous l'avons mise à l'Article VENT.

2. CORUS, ou CORYS, Grande Riviere d'Arabie, d'où elle coule dans la Mer rouge, selon Herodote [f].

CORUSIA, Ville de la Sarmatie en Asie auprès du Fleuve Vardan, selon Ptolomée [g].

CORWEY, ou la NOUVELLE CORBIE, ou la CORBIE DE SAXE, Abbaye & petite Ville d'Allemagne en Westphalie, sur la Riviere du Weser, vers les Confins du Diocèse de Paderborn. [h] De tous les Peuples que Charlemagne soumit il n'y en eut point qui lui firent plus de peine que les Saxons qui habitoient alors la Westphalie. Il vint à bout de leur conversion plus dificile encore que la conquête de leur Pays. Non content d'y avoir fondé des Evêchés il voulut aussi y établir des Monasteres; & dans ce dessein il dispersa quantité de Saxons dans diverses Abbayes de France avec ordre de les instruire dans la vie Monastique. Il en mit principalement à Corbie Abbaye alors célèbre dans la Picardie & que gouvernoit l'Abbé Adalard originaire de Saxe du côté de sa Mere. Ce Saint homme qui savoit l'intention du Roi, pour en avancer l'exécution, demanda à un de ces Religieux Saxons si l'on ne pourroit pas fonder un petit Monastere en Saxe. L'un d'entre eux nommé Theodrat repondit que sa famille possedoit une terre où il y avoit une place fort commode pour mettre une Communauté de Solitaires, & qu'autant qu'il pouvoit juger de la disposition de ses parens ils ne resisteroient pas à cet établissement. L'Abbé Adalard envoya ce jeune Religieux en Saxe pour essayer si cet établissement étoit possible. Ses parens y consentirent; mais les traverses arrivées à l'Abbé Adalard faillirent à renverser ce projet. Son Successeur de même nom que lui, continua sur le même plan & profitant du voyage que l'Empereur Louis le debonnaire fit en Saxe, il alla trouver à Paderborn où ce Prince tenoit une Assemblée Generale, lui demanda la permission de bâtir un Monastere à HETHIS en Saxe, pour l'avancement de la Religion Chrétienne & il l'obtint du consentement de Hadumar premier Evêque de Paderborn dans le Diocèse duquel Hethis étoit situé. Il établit donc un Monastere à Hethis. Plusieurs Saxons d'entre la Noblesse s'y vinrent consacrer à Dieu & on y mit aussi des enfans pour être elevez dans la pieté. Le lieu étoit desert & sterile, & les Religieux n'y subsistoient que de ce que leur fournissoit l'ancienne Corbie de France. Aussi six ou sept ans après ce premier établissement le nombre des Religieux s'augmentant chaque jour, ils reconnurent qu'ils ne pouvoient plus y subsister & Adalbert leur Prieur resolut de se transporter ailleurs avec sa Communauté. L'ancien Abbé Adalard après quelque temps d'exil avoit été rappellé à la Cour. Ayant appris la pauvreté & l'extrême besoin de la Nouvelle Corbie à Hethis, il y envoya de l'Argent & obtint de Louis le debonnaire la permission d'établir cette Colonie en un lieu plus commode. Il voulut voir lui-même le lieu & choisit Hoxter près du Weser, où il y avoit un lieu très-propre pour ce nouvel établissement. La Colonie s'y transporta donc & ce lieu fut appellé CORBIE, comme l'Abbaye dont on avoit tiré les Moines qui l'habiterent. L'établissement se fit à deux reprises, savoir quelques-uns au mois d'Août & le reste au mois de Septembre de l'an 822. Leur Eglise fut dediée sous le titre de St. Etienne & eut encore pour Patron St. Gui Martyr après qu'elle eut été enrichie du depôt de ses Reliques. St. Adalard qui étoit retourné en France pour se trouver à l'Abbaye d'Attigni revint encore en Saxe, visita le nouveau Monastere, en regla la Discipline & l'observance & ceda à la nouvelle Corbie la propriété des terres que l'ancienne Corbie possedoit dans la Saxe. Il envoya à la Cour son frere qui y obtint pour cette Abbaye la Protection Imperiale & les mêmes Privileges dont jouissoient les autres Eglises de France; comme l'on peut voir par les Lettres de ce Prince qui sont de l'an 823. Louis le debonnaire

[a] l. 4.
[b] *Animal.* l. 16. c. 21.
[c] l. 7. c. 1.
[d] l. 1. c. 13.
[e] Ibid. l. 7. c. 1.
[f] l. 3. n. 9.
[g] l. 5. c. 9.
[h] Abregé de l'Hist. de l'Ordre de St. Benoît. T. 2. l. 5. c. 48.

haire donna à ce nouveau Monastere la terre de Hoxter, où l'on a depuis bâti une Ville, l'Eglise d'Eresbourg fondée par Charlemagne, & le petit Monastere avec les Dîmes & les Possessions qui en dependoient; & ces donations furent suivies de plusieurs autres faites par des Princes ou d'autres personnes à qui leur pieté inspira de contribuer à l'entretien de ceux qui y servoient Dieu.

[a] Cette Abbaye a fourni à l'Eglise un grand nombre de Prélats illustres par leur Sainteté, entre autres Saint Anschaire l'Apôtre du Nord premier Archevêque de Hambourg, & St. Rembert son Compagnon dans ses travaux Apostoliques & son Successeur à l'Archevêché.

a Vita Anfch. a Lambecio edita.

Avec le temps cette Abbaye est devenue très-considerable & son Abbé est Prince de l'Empire, avec tous les droits attachez à la Souveraineté, il joüit de douze mille écus de revenu.

Son petit Etat consiste en un Territoire très-peu étendu dans lequel est le Bourg de Corwey, c'est aussi le nom Allemand de l'Abbaye, & la Ville de Hoxter. Voyez ce mot.

1. CORY, Isle de la Mer Orientale, selon Ptolomée [b]. Il lui assigne sa place dans le Golphe Argarique; mais la disposition qu'il donne à ce Golphe qui devroit être dans la côte de Coromandel ne s'accorde point avec la réalité. Il la met outre cela au Nord de l'Isle de Taprobane, mais nous n'en sommes pas plus avancez. Il n'y a point d'Isle au Nord de Ceylan dans la position où devroit être la *Cory* de Ptolomée. Il vaut mieux avouer que si elle a existé on ne sait ce que c'est presentement.

b l.7. c.1.

2. CORY, Promontoire de la Presqu'Isle en deçà du Gange, selon Ptolomée. Il dit qu'elle est à l'opposite de la pointe Septentrionale de l'Isle de Taprobane. Il semble que ce soit le Cap de Cagliamara auprès de Negapatan.

CORYBANTES. La Ville de Samos dans l'Isle de Samothrace est nommée par Denys le Periégete [c] *Oppidum Corybantium*, Κορυβάντιων ἄςυ, la Ville des Corybantes. Ces Corybantes n'étoient pas un peuple particulier, mais une sorte de Prêtres qui y celebroient certains Mysteres du Paganisme; & les Mysteres de ce lieu étoient en grande veneration du temps des Payens. Voyez SAMOTHRACE.

c v.524.

CORYBISSA, Lieu d'Asie dans la Sepsie, contrée de la petite Mysie, sur la Riviere d'Euryeis, selon Strabon [d].

d l.10. p. 473.

CORYCÆA, Voyez CORYCUS.
CORYCÆUM, Voyez CORYCUS.
CORYCÆUS, Voyez CORYCUS.

1.2.3. CORYCUS. Promontoire de la Cilicie, selon Strabon [e]. Il ajoute qu'à vingt Stades au dessus il y a l'antre Corycien où il vient d'excellent Safran. Cette Caverne est grande & ronde, entourée de pierres; quand on y descend on trouve le Sol inégal & pierreux, plein d'arbrisseaux toujours verds, & tout auprès il y a des endroits semez de Safran. Il y a aussi une autre Caverne qui a une grande source d'où sort une Riviere d'une eau pure & claire qui se perd dans la terre presqu'aussi-tôt, & va se rendre dans la Mer par des conduits souterrains. On l'appelle l'eau amere.

e l.14. p. 670.

Ptolomée [f] place *Corycus* dans la Cilicie proprement dite, mais il n'en fait pas un promontoire, il semble plutôt qu'il en fait une Ville. Il y avoit effectivement l'un & l'autre. Pline [g] dit: *Juxta Mare Corycos, eodem nomine Oppidum, & Portus & Specus.* Voici donc une Ville, un Port & un Antre. Etienne le Géographe nomme Corycos Ville de Cilicie. Pomponius Mela [h] dit: la Ville de Corycos est entourée de son port & de la Mer, il ne reste derriére elle qu'une pointe de Terre qui la joint au Continent. A l'égard de la Caverne *Corycium antrum* dont j'ai déja parlé, plusieurs Auteurs ont pris plaisir à la décrire; outre Strabon, on a Quinte Curse [i] & Solin [k], mais la plus belle description est celle de Mela au chapitre cité. Elle est beaucoup plus étendue que celle de Strabon.

f l.5.c.8.
g l.5.c.27.
h l.1.c.13.
i l.3.c.4.
k c.38.

4. CORYCUS, Montagne d'Asie dans l'Ionie. Elle est très-haute, dit Strabon, & il y a au dessous le Port de Casystes & un autre nommé Erythræ; & ensuite plusieurs autres. Il y en a qui disent que tout le rivage du Corycus étoit infesté de Pyrates qui avoient trouvé un nouveau moyen de faire leurs coups à jeu sûr. C'étoit d'espionner separément les Vaisseaux Marchands qui y mouilloient, de savoir quelle étoit leur charge & où ils alloient, ensuite ils se joignoient ensemble & alloient les voler sur leur route. Delà est venu, dit Strabon, que l'on a donné le nom de Coryciens à ceux qui épient la conduite & les paroles des autres pour en profiter. Il n'en faudroit pas demander à un Etymologiste de profession pour deriver delà le mot *Curieux*. Ces Messieurs ont souvent raproché des mots plus éloignez.

Mr. de l'Isle étend le Mont Corycus depuis le Mont Mimas au Midi de Clazomenes & le fait courir vers le Couchant le long de la côte Meridionale de cette Presqu'Isle jusqu'au Promontoire CORYCEON qui en est la pointe de l'Occident Meridional. Les ports de Casyste & d'Erythræ sont au Nord de ce Cap sur la côte Occidentale de la Presqu'Isle.

5. Tite-Live [l] met un port au pied du Mont *Corycus*, & le nomme CORYCUS PORTUS, Cellarius [m] croit que c'est le même que celui de CASYSTE dont parle Strabon.

l l.36.c.44.
m Geogr. Ant.l.3.c.

6. CORYCUS, ancienne Ville d'Asie dans la Lycie entre Olympe & Phaselis. Strabon [n] n'y met un rivage qu'il nomme *Corycum Littus* & parlant de Zenicetas grand Corsaire, il dit [o]: Il possedoit aussi Corycos, & Phaselis & divers lieux de la Pamphylie. Mais il reconnoit [p] une petite Ville nommée Corycum, Κόρυκον πολίχνιον, & dit qu'Attale Philadelphe y mena une Colonie. Eutrope parlant de Servilius dit [q]: il prit les plus importantes Villes de la Lycie, savoir Phaselide, Olympe, Corycos. Il est vrai que dans quelques imprimez on lit *Corycum Ciliciæ*, mais ce mot *Ciliciæ* a été mis en marge par quelque ignorant qui ne connoissoit point d'autre *Corycus* que celle de Cilicie; & à la marge il a passé dans le texte. Une preuve que c'est une faute, c'est que Servilius ne subjugua point la Cilicie proprement distincte de l'Isaurie, encore moins la Corycus de Cilicie. Une preuve que cette faute

n l.14.p. 666.
o Ibid.p. 671.
p Ibid.p. 667.
q l.5.c.3.

faute n'est point d'Eutrope, c'est que cette impertinente addition du mot *Cilicia* ne se trouve point dans la Traduction Greque que *Pæanius* a faite du Livre d'Eutrope, on y lit simplement Φωτήλιδα γὰρ καὶ Ὀλύμπον καὶ Κώρυκον προτένειμε Ῥωμαίοις. Denys le Periegete [a] compte aussi Corycus entre les Villes de la Lycie.

7. CORYCUS, Montagne de l'Isle de Crete, selon Pline [b].

8. CORYCUS, Port de l'Ethiopie, selon Etienne le Géographe.

CORYDALLA, ancienne Ville de la Lycie, selon Pline [c]. Ptolomée [d] la nomme CORIDALLUS, & la met assez avant dans les terres. Elle a été Episcopale, & les Notices designent pour Evêque par ces mots ὁ Κορυδάλλων, & ὁ Κορεδάλλων, desorte que Corydalla est un nominatif pluriel.

1. CORYDALLUS. Voyez l'Article precedent.

2. CORYDALLUS, Bourg de l'Attique dans la Tribu Hippothoontide près d'Athenes.

CORYDALUS, Montagne de l'Attique, selon Strabon [e].

CORYDELA, Favorin cité par Etienne le Géographe dit que les Isles *Chelidoniæ* étoient au nombre de deux, que l'une s'appelloit Κορύδιλα, *Corydela* & l'autre Μελανίπηα, *Melanipeæ*.

CORYGAZA. Voyez SORYGAZA.

CORYLENUS. Voyez COTTON.

CORYLEUM, grand Village d'Asie dans la Paphlagonie [f], selon Etienne le Géographe. Xenophon nomme le même lieu CORYLA. Ptolomée a CORULLA, Κορύλλα, dans la Paphlagonie si on s'en rapporte à Ortelius.

CORYMBIA. Voyez RHODE.

CORYNA, Ville d'Ionie dans la Presqu'Isle, selon Pomponius Mela [g]. Elle étoit au bord de la Mer au Midi de Clazomenes & du Mont Corycus. Il y avoit un Promontoire nommé CORYNEUM [h] qui étoit une avance du Mont Mimas qui s'étendoit jusques-là.

CORYNÆUM PROMONTORIUM. Voyez l'Article precedent.

CORYNE, Ville du Peloponnese dans l'Elide, selon Ptolomée [i]. Elle étoit dans les terres, assez loin de la Mer.

CORYNETES, Κορυνήτης, Lieu de la Grèce dans l'Attique près d'Athenes. Plutarque en fait mention [k].

CORYPE. Voyez OROPUS.

CORYPHÆUM, Montagne voisine d'Epidaure. Diane y avoit un culte particulier sous le titre de *Corypheæ*, comme le raporte Etienne le Géographe sur la garantie de Pausanias. Voyez CORYPHE 1.

CORYPHANTIS, Κορυφαντίς, Village d'Asie sur le Rivage du Golphe d'Adramitte, selon Strabon [l]. Pline [m] en fait une Ville qu'il nomme CORYPHAS.

CORYPHANTA, ancienne Ville d'Asie en Bithynie, selon Pline [n]. Il en parle comme d'une Ville déjà detruite.

1. CORYPHASIUM, Promontoire du Peloponnese dans la Messenie, selon Ptolomée [o]. C'est presentement le CAP JARDAN.

2. CORYPHASIUM, Ville du Pays d'Argos, selon Pline [p]. Le R. P. Hardouin remarque que c'est le nom d'un Promontoire que Pausanias met en ces quartiers-là. Le R. P. Hardouin se trompe. Pausanias [q] parle du Promontoire de la Messenie. Or il étoit sur la côte Occidentale du Peloponnese près de l'Isle Proté; Pausanias parle même immediatement après de Pylos Ville de la Messenie, & au contraire, le lieu dont parle Pline doit se trouver entre le Promontoire Scyllæum & l'Isthme de Corinthe le long de la côte du Golphe Saronique. Ainsi il y avoit tout le Peloponnese entre le *Coryphasium* de Pausanias & le *Coryphasium* de Pline. Le R. P. Hardouin n'est pas le seul que ce passage de Pline a trompé. Le voici entier. *A Scyllæo ad Isthmum* CLXXVII. *M. Pass. Oppida: Hermione, Troezen, Coryphasium, appellatumque alias Inachium, alias Dipsi Argos.* Ortelius ayant quelque mauvais exemplaire où il y avoit *Coryphasium appellatum alias Inachium alias Dipsium Argos*, semble avoir cru que les noms d'*Inachia* & de *Dipsium Argos* appartenoient à *Coryphasium* dont ils n'étoient que des synonymes. Le sens de Pline est : depuis le Promontoire Sylléen jusqu'à l'Isthme il y a cent soixante & dix sept mille pas. Les Villes sont Hermione, Troezene, Coryphasium & Argos à laquelle on donne quelquefois le surnom d'*Inachium* & quelquefois celui de *Dipsium*.

CORYPHE, ce nom Grec signifie une Cime, un sommet; & est commun à plusieurs Montagnes.

1. CORYPHE, Montagne de l'Inde près du Gange, selon Plutarque le Géographe [r] qui dit qu'il y avoit un Temple de Diane surnommée Orthia. Il y a lieu de soupçonner que c'est cette Montagne dont parloit Etienne le Géographe qui l'appelle *Coryphæum*, Κορυφαῖον, & observe qu'on y adoroit Diane. Ceci a tout l'air d'avoir été corrompu dans Etienne & l'impertinent Hermolaus a barbouillé tout à son ordinaire, en premier lieu il dit que c'étoit une Montagne dans le Territoire d'Epidaure ; ce qui n'est pas vrai. Il cite Pausanias qui ne dit rien de pareil. Pausanias [s] parle seulement de deux Montagnes dont l'une s'appelloit *Tithium*, & l'autre *Cynortium*, situées dans le Territoire Hyrnethien ; il dit qu'au sommet de cette derniere il y avoit un Temple consacré à Diane surnommée *Coryphæa*. Peut-être Etienne parloit-il de *Coryphe* Montagne de l'Inde où étoit le Temple de Diane & qu'à l'occasion de ce Temple il faisoit mention de Diane surnommée *Coryphea* adorée sur le sommet du Mont *Cynortium*. Il n'a pas été difficile à un Abreviateur sans jugement de brouiller tout cela & de n'en faire qu'un Galimathias inutile.

2. CORYPHE, Montagne de Syrie entre Antioche & Berrhoée, selon Theodoret [t]. Ortelius dit que c'est le CORYPHÆUS de Polybe.

3. CORYPHE, Montagne d'Asie dans le voisinage de Smyrne, selon Pausanias [v].

4. CORYPHE. Etienne le Géographe dit que c'est un des anciens noms de la Libye.

CORYTHENSES, Tribu particuliere d'en-

COR. COS.   COS.   811

a l.8. c.45. d'entre les Tegeates peuple de l'Arcadie, selon Paufanias *a*.

CORYTUS. Voiez CORITUS.

1. COS, grande Ifle de la Mer Ægée fur la côte de la Doride dans l'Afie mineure à l'entrée du Golphe Ceramique, la principale des Ifles nommées Calydnes par les Anciens. Son nom eft écrit, bien diferemment par les divers Auteurs Grecs qui en ont parlé, outre qu'elle *b* l.5. c.31. en a eu plufieurs. Pline *b* dit : la plupart croyent qu'elle a été nommée MEROPE, CEA, MERAPIS & enfuite NYMPHÆA. Etienne le Géographe y ajoute les noms de CARIS, Καρὶς, COOS, Κώως, Κόως, Κόος & Κεῶος. Delà *c* l.8. vient que Thucydide *c* joint les deux noms COS-MEROPIS. Ἐς Κῶν τὴν Μεροπίδα, furquoi le Scholiafte ajoute qu'il étoit inutile d'ajouter le nom de Meropis, puis qu'étant la feule qui s'apelle Cos il n'étoit point queftion de la diftinguer d'une autre de même nom.

Pline lui donne cent mille pas de tour. Elle a eu l'honneur d'être la patrie d'Hippocrate & d'Apelle les deux plus grands hommes que la Grece ait produits pour la Medecine & la Peinture.

Les Romains faifoient beaucoup de cas des Etoffes de cette Ifle tant à caufe de leur finef*d* l.4.Ode 13. fe que de la teinture. Horace dit à Lyce *d*.

Nec Coa referunt jam tibi Purpuræ
Nec clari lapides tempora.

e l.1.Eleg.2. Properce *e* dit :

Et tenues Coa vefte movere finus.

f l.4.Eleg.2. Il dit ailleurs *f* :

Indue me Cois.

g l.2.Eleg. 4. Et Tibulle *g* :

Coa Puellis
Veftis.

h Eleg. 6. Et dans le même Livre *h* :

Illa gerat veftes tenues, quas femina Coa
Texuit, auratas difpofuitque vias.

L'Ifle au raport de Strabon étoit generalement fertile, mais elle abondoit furtout en excellent vin. Elle garde fon ancien nom avec la prepofition *Stan* que nous avons déja expliquée ailleurs. On l'appelle STANCO, voyez ce mot.

2. COS, Ville Capitale de l'Ifle de même nom, au fond d'un Golphe, dans fa partie Septentrionale. On l'appelloit anciennement ASTYPALÆA, nom qu'elle quitta pour prendre celui de l'Ifle. Elle étoit d'abord auprès de la *i* l.14.p. 657. Mer, dit Strabon *i*, mais une fedition fut caufe qu'on l'abandonna pour s'approcher de Scandaria promontoire au Nord-Oueft de l'Ifle. Ce fut alors qu'elle prit le nom de l'Ifle. *k* Ibid. Elle n'eft pas grande, dit le Géographe cité *k*, mais elle eft bien bâtie, & a un afpect riant quand on y arrive. Elle étoit d'abord fans murailles & ce fut Alcibiade qui l'en ceignit, *l* l.c. comme le raconte Thucydide *l*. D'ailleurs elle

Tom. II.

étoit fort ancienne & Homere la nomme la Ville d'Eurypyle *m*.   *m* Iliad.l.2. v.677.

Καὶ Κῶν Εὐρυπύλοιο πόλιν.

Il en parle comme d'une Ville bien peuplée *n*.   *n* Iliad. 2 vers 255. Scylax *o* dit : Cos, Ifle, Ville, & Port de   & O vers bon abri κλειςὴς.   28.
    o Peripl.

3. COS, ancienne Ville d'Egypte, felon Etienne le Géographe ; fur quoi Berkelius obferve que cette Ville ne s'appelloit pas Cos mais Cros (non Κῶς, fed Κρῶς,) nom que fournit Etienne lui-même, qui l'a tiré de la Periegefe d'Afie par Hecatée. Ptolomée reconnoît en Egypte une Ifle nommée Cos ou Coa, vis-à-vis de laquelle étoit Cynopolis Metropole du Nôme Cynopolite. Il femble que les Septante ont appellé ce lieu CUE, κουὲ. Voyez l'Article COA *p*. Je remarquerai feu-   *p* 3 Reg.c. lement ici que Bochart dit que KUTZ, eft   10.v.28. une Ville & une Ifle d'Egypte dans le Nil près de Cynopolis.

4. COS, nom d'un foffé de Corinthe, felon Paufanias cité par Ortelius *q*.   *q* Thefaur.

1. COSA, ancien lieu de la Gaule dans l'Aquitaine, felon la Table de Peutinger *r*, fur   *r* Segment. la route de Touloufe à Bibona ; on ne fait   1. prefentement ce que c'étoit.

2. COSA. Voyez COSSA & NESSUS.

3. COSA, petite Riviere d'Italie dans l'Etat de l'Eglife où elle arrofe la Campagne de Rome. Elle paffe à Froifinone & fe perd dans le Gariglan. Mr. Baudrand *s* dit que   *s* Ed. 1705. c'eft le COSAS des Anciens. Voyez ce mot.

COSAMBA, Ville de l'Inde en deça du Gange, felon Ptolomée *t*. Quelques-uns   *t* l.7.c.1. croient que c'eft SATIGAN. Mais outre qu'il faut écrire CHATIGAN, ce ne fauroit être cette Ville, puifque Chatigan eft au delà des Embouchures du Gange & que Cofamba étoit en deça.

COSACQUES *v*. (LES) Peuple fitué aux   *v* Hift. des Confins de la Pologne de la Ruffie, de la Tar-   TATARS. p. tarie & de la Turquie. La Nation que nous   436. connoiffons maintenant fous le nom de COSAQUES, tire fon nom du Païs qu'elle habite, qui eft celui de KIPSAK, CAPSAK, ou CAPCHAK. Cette Nation eft à prefent partagée en trois Branches ; dont la Iᵉ. eft celle des KOSAKKI-SA-POROVI ; la II. de celle des KOSAKKI-DONSKI ; & la IIIᵐᵉ. celle des KOSAKKI JAÏKZI.

I.

Les KOSAKKI-SA-PAROVI tiennent le premier rang entre ces trois Branches, & habitent aux environs de la Riviere de Boryfthene, depuis le 48. d. jufqu'au 51. d. 30'. de Latitude. Cette Riviere eft traverfée du côté de celle de Samar, qui vient de l'Eft s'y jetter, par une chaîne de rochers qui la coupent depuis un bord jufqu'à l'autre, à travers defquels la Riviere fe précipite pendant plus d'un bon quart de lieuë, avec tant d'impétuofité, que le moindre bâtiment n'y fauroit paffer à moins d'un extrême danger ; & comme les Ruffes appellent ces fortes de Cataractes POROVI, ils ont donné aux Cofaques qui habitent de ce côté-là le nom de SA POROVI : ce qui veut

Kkkkk * 2   dire,

dire, COSACQUES AU-DELA' DES CATARACTES, pour les diftinguer des deux autres Branches de cette Nation.

Ces gens étoient répandus au commencement du XVI. fiécle, dans les vaftes campagnes des environs du Boryfthene, où ils s'étoient enfin raffemblez, après avoir eu pendant 2. ou 3. fiécles infiniment à fouffrir des Tartares, qui étoient venus inonder tout leur Païs vers le milieu du XIII. fiécle : & comme environ le même temps la puiffance demefurée des Tartares commença à décheoir peu-à-peu par leurs divifions domeftiques, & que les Ruffes & les Polonois étoient fouvent aux prifes avec eux ; dans des conjonctures fi favorables, les Cofacques ne manquérent pas de profiter de ces occafions pour fe vanger des maux infinis que les Tartares leur avoient fait fouffrir par le paffé, quoiqu'ils fuffent en quelque maniere d'un même fang qu'eux : le defir de fe vanger les ayant rendu extrêmement hardis & entreprenants, ils battoient les Tartares en toutes rencontres, & faifoient enfin merveilles contre eux ; & cela fans y être engagez par aucun devoir envers la Ruffie ou la Pologne, puifqu'ils vivoient fans aucun aveu ou protection des Puiffances voifines, comme gens d'une Nation libre, qui n'agiffoient contre leurs ennemis, que par un mouvement de vengeance.

Les Polonois voyant que les Cofacques pouroient leur être d'une grande utilité contre les Tartares & même contre la Ruffie, qui commença pour lors à fe rendre redoutable fous le Czar Iwan Wafilowitz, leur offrirent leur alliance ; & les prirent folemnellement en leur protection par une Diète tenuë l'an 1562. : ils s'engagérent même à leur payer un fubfide annuel pour tenir toûjours un bon Corps d'Armée prêt à la defenfe de la Pologne, & leur affignérent toute cette étenduë de Païs qui fe trouve renfermé entre le Boryfthene & le Niefter, vers les Frontieres des Tartares, pour s'y établir, avec la Ville de TRETHIMIROFF, fituée fur la rive droite du Boryfthene, à 10. ou 12. lieuës au-deffous de Kiow, pour place d'armes. Comme cette Province, quoi que toute deferte alors à caufe des frequentes incurfions des Tartares, ne laiffoit pas d'être extrêmement fertile, les Cofacques s'appliquerent fi bien à faire valoir la bonté du terroir qu'on leur avoit cédé, qu'en moins de rien tout ce Païs fe trouva couvert de plufieurs grandes Villes, & de quantité de beaux Villages, & qu'en un mot la Province d'Ukraine commença dès lors à être regardée comme la plus belle partie de la Pologne.

Les Cofacques furent confidérez en cette maniere, pendant près d'un fiécle, comme le plus ferme appui du Royaume de Pologne, puifque ni les Ruffes, ni les Tartares ne pouvoient fe remuer, qu'ils ne trouvaffent les Cofacques en leur chemin : ils alloient même jufqu'aux portes de Conftantinople piller, & ravager les côtes des Turcs, aux moindres fujets de plainte qu'ils pouvoient avoir donné à la Pologne. Ils fe fervoient fort utilement en cette occafion de ce nombre infini de petites Ifles que le Boryfthene fait au deffous des Cataractes, entre lefquelles il s'en trouve quelques unes vers le milieu, qui font tellement cachées parmi ce grand nombre d'autres petites Ifles qui les environnent de tous côtez, qu'il eft abfolument impoffible d'y pouvoir aborder à moins que d'avoir une connoiffance toute particuliere des routes qu'il faut tenir pour cet effet : c'eft dans les plus reculées de ces Ifles que les Cofacques avoient établi leurs Chantiers & Magazins ; & là ils équipoient de temps en temps de petites Flottes d'une forte de demi-Galeres, avec lefquelles ils couroient toute la Mer Noire, faccageant & brûlant toutes les Villes & Bourgades des Turcs & des Tartares, où ils pouvoient aborder. Ils avoient un Général, auquel ils donnoient le nom de HETMAN, qui commandoit en Chef dans la Province & à l'Armée : il n'étoit en aucune maniere fubordonné au Grand-Général de Pologne, & agiffoit toûjours feparément avec fes Cofacques, felon les mefures qu'on pouvoit avoir prifes pour cet effet de concert avec lui : enfin il n'étoit confidéré que comme Allié & Confédéré, & point du tout comme fujet de la République de Pologne. Ce Général étoit toûjours élu d'entre les premiers Officiers du Corps des Cofacques, & ne pouvoit être que de leur Nation.

Une union fi utile tant à la Pologne qu'aux Cofacques ne pût fubfifter toujours. Les Grands Seigneurs Polonois avoient acquis peuà-peu des Terres confidérables dans l'Ukraine; & comme ces Terres étoient infiniment meilleures que celles qu'ils pouvoient poffeder ailleurs, ils n'oublioient rien pour les faire valoir toûjours plus haut, & pour cet effet ils prétendoient obliger les Païfans Cofacques du refort de ces Terres à des Corvées & autres femblables fervices, qu'ils étoient accoutumez de tirer de leurs Sujets de la Pologne, qui font efclaves de leurs Seigneurs. Des prétentions fi injuftes, pouffées avec beaucoup de hauteur, mirent les Cofacques en furie ; ils prirent les armes contre la Pologne qui les vouloit accabler, & fe jettérent entre les bras de la Ruffie & de la Porte : ce qui alluma une cruelle guerre entre les Puiffances intéreffées, & elle continua pendant près de 20. ans, & manqua plus d'une fois d'être fatale à toute la Pologne. La fin de tout cela fut, que les Cofacques reftérent à la Ruffie : & comme le Païs qu'ils occupoient auparavant, avoit été entièrement ruiné & faccagé pendant le cours de cette guerre, ils allérent s'établir dans l'Ukraine de Ruffie, fous la promeffe folemnelle qu'on leur fit de la part de la Cour Czarienne, qu'on ne changeroit rien dans la Conftitution de leur Gouvernement, & qu'on les laifferoit vivre à leur maniere, fans les charger d'aucuns Impôts ou contributions, fous quelque nom ou prétexte que ce put être ; moyennant quoi ils s'obligeoient de leur côté de tenir toûjours fur pied un bon Corps d'Infanterie pour le fervice de la Ruffie. Cependant ce Peuple trop remuant & trop jaloux de fa liberté ne fe pouvant accoûtumer à la domination de la Ruffie, non plus qu'au joug de la Pologne, donna tant de mécontentement en diverfes occafions à fes Nouveaux Protecteurs, fur-tout lorfque le fameux Mazeppa, leur Hetman, quitta l'an 1708. le parti de la Ruffie, pour fe ranger du côté de Charles XII. Roi de Suede, que

Pierre

Pierre le Grand Empereur de Ruſſie voyant enfin qu'il avoit affaire à des gens ſur la fidélité deſquels ou ne pourroit jamais ſe repoſer, réſolut de les mettre ſi bas, qu'ils ne pourroient plus remuer ſi aiſément à l'avenir; & pour cet effet, quelque temps après la Bataille de Pultawa, il envoya un Corps de Troupes dans les Iſles du Boryſthene, où les Coſacques qui avoient ſuivi le parti de Mazeppa, s'étoient retirez avec leurs femmes & leurs enfans après la malheureuſe iſſuë de cette Bataille; & ces Troupes paſſerent au fil de l'épée tout ce qu'elles y trouvèrent, ſans aucune diſtinction ni d'âge, ni de ſexe: les biens de ceux qui avoient été engagez dans le complot de Mazeppa furent tous donnez à des Ruſſes: on chargea le Païs d'un grand nombre de Troupes qui y vécurent à diſcrétion; on en tira pluſieurs milliers d'hommes pour les employer aux travaux que le Czar faiſoit faire en pluſieurs endroits de ſes Etats vers la Mer Baltique, qui y crevèrent preſque tous: & après la mort de leur dernier Hetman, qui arriva l'an 1722., au retour d'un voyage qu'il avoit fait à la Cour de Ruſſie, on ſupprima entièrement cette Charge, parcequ'on trouva que le pouvoir qui y étoit attaché, étoit trop étendu, & par conſéquent incompatible avec les maximes d'un Gouvernement Deſpotique: en un mot, la Cour de Ruſſie paroiſſoit réſoluë de mettre les Coſacques tout-à-fait ſur le pié de ſes autres Sujets, lorſque la mort de Pierre I. fit ſuſpendre pour quelque temps l'exécution de ce deſſein. Il eſt vrai que le Gouvernement préſent les a fait aſſurer depuis, qu'on leur conſerveroit exactement tous leurs priviléges: mais comme la Ville de BATURIN, qui eſt maintenant la Capitale d'Ukraine, & autrefois la réſidence des Hetmans, a été nouvellement donnée en préſent au Prince Menzicoff, il n'y a pas apparence qu'on ait envie de leur donner un Hetman.

Le Païs que les Coſacques occupent, eſt appellé UKRAÏNA par les Ruſſes: ce qui veut dire, SITUÉ SUR LES FRONTIÉRES; parcequ'il fait effectivement la Frontière de ce côté entre la Ruſſie, la Pologne, la petite Tartarie & la Turquie. Par les dernières conventions entre la Ruſſie & la Pologne, cette dernière Couronne eſt demeurée en poſſeſſion de toute cette partie de l'Ukraine qui eſt à l'Oueſt du Boryſthene; mais elle eſt à préſent dans un état bien-triſte en comparaiſon de ce qu'elle étoit au temps que les Coſacques en étoient les Maîtres: enſorte qu'on ne peut compter à préſent pour le véritable Païs des Coſacques, que cette partie de l'Ukraine qui eſt à l'Eſt de la Rivière du Boryſthene, & qui s'étend d'un côté depuis la Rivière de Dezna, qui ſe jette à-peu-près vis-à-vis de Kiow dans le Boryſthene, juſqu'à la Rivière de Samar, qui ſépare maintenant les Terres des Tartares de Crimée, & de l'autre côté depuis le Boryſthene, juſqu'à la Ville de Bielgorod & les Montagnes qui ſe trouvent vers les ſources de la Rivière de Donetz-Sevierſky: ce qui peut faire une étenduë d'environ 60. lieues d'Allemagne en longueur & autant à-peu-près en largeur. Comme tout ce Païs n'eſt qu'une Plaine entrecoupée de quantité de belles Rivières & de Forêts agréables, on peut aiſément comprendre qu'il doit être extrêmement fertile & abondant en tout ce qui eſt néceſſaire à la vie: auſſi toutes ſortes de grains & de légumes, le Tabac, la cire & le miel y viennent en ſi grande abondance, qu'il en pourvoit une grande partie de la Ruſſie; & d'autant que les pâturages de l'Ukraine ſont excellens, le bétail y ſurpaſſe en grandeur celui de tout le reſte de l'Europe, car pour pouvoir mettre la main ſur le milieu du dos d'un bœuf de ce Païs, il faut être d'une taille au-deſſus de la médiocre. Les Rivières y fourmillent de toutes ſortes de poiſſons excellens; le gibier s'y trouve pareillement en abondance: de ſorte qu'il ne manque à l'Ukraine que d'avoir la communication de la Mer, pour être un des plus riches Païs de l'Europe. On y trouve peu de Bâtimens de briques: toutes les maiſons des Villes & des Bourgades y ſont conſtruites de bois, à la manière ordinaire des Ruſſes.

Les Coſacques ſont grands & bien faits: ils ont la plûpart le nez aquilin, les yeux bleus, les cheveux bruns, & un air fort dégagé. Ils ſont robuſtes, adroits, infatigables, hardis, braves & généreux: ils ſacrifient tout à leur liberté, dont ils ſont jaloux au-delà de tout ce qu'on peut imaginer; mais ils ſont inconſtans, doubles, perfides & grands yvrognes. Leurs femmes ſont belles, bien faites & complaiſantes envers les Etrangers. Ils s'habillent, hommes & femmes, à la Polonoiſe, au bonnet près, qui eſt un peu différent. Leurs armes ſont le Sabre & le Mouſquet, & leurs Troupes ne conſiſtent qu'en Infanterie. Leur langue eſt un compoſé de la Polonoiſe, & de la Ruſſienne; elle approche néanmoins beaucoup plus de la Polonoiſe que de la Ruſſienne: on prétend que les expreſſions en ſont fort délicates & careſſantes.

Les Coſacques ſont profeſſion de la Religion Grecque, telle qu'elle eſt reçuë en Ruſſie: cependant il ſe trouve encore parmi eux quantité de Catholiques-Romains & de Luthériens. On ne peut rien dire à préſent de précis ſur leurs forces, vû que depuis la Bataille de Pultawa l'état de leurs affaires a ſouffert d'étranges révolutions: néanmoins, ſi l'on n'eſt trompé, ils ſont encore pour faire 12. Régimens Nationaux de 3000. hommes chacun, ſous autant de Colonels de leur Nation.

II.

ᵃ Les COSAKKI-DONSKI habitent ſur les bords de la Rivière du Don, depuis la rive Méridionale de la Rivière de Guiloï-Donetz, qui vient de l'Oueſt ſe jetter dans le Don vis-à-vis de la Ville de GUILOCHA juſqu'à l'embouchûre de cette grande Rivière dans le Palus Méotide. Ils ont à-peu-près la même taille & le même extérieur que les Coſacques d'Ukraine, avec les mêmes inclinations & les mêmes défauts. Ils ſont habillez, hommes & femmes, à la manière des gens du commun de la Ruſſie, quoiqu'ils ne ſoient pas tout-à-fait ſi mal-propres: ils ſont déterminez Pirates, & très-habiles Partiſans.

Du temps que les Tartares s'étoient empa-

ᵃ Ibid. p. 442.

rez

rez de tout le Kipzak, une partie des habitans de ce Païs, dont les Kosakki-Donski d'aujourd'hui descendent, s'étoit retirée sur le rivage du Palus Méotide & dans les Isles situées vers l'Embouchure de la Riviere du Don, où les Tartares, qui ne sont rien moins que Mariniers, n'avoient garde de les suivre, & d'où ils ne laissoient pas de les incommoder beaucoup par les partis qu'ils envoyoient de temps en temps vers les habitations des Tartares: mais lorsque la puissance des Tartares commença à décheoir, les Cosacques voyant que les Russes commençoient à s'oposer vertement aux Tartares, ne manquérent pas de leur côté de leur tomber sur les bras avec toutes leurs forces, & en cette occasion ils vinrent occuper les bords de la Riviere de Don, où ils sont encore presentement établis. Depuis ce temps-là le Czar Iwan Wasilowitz ayant commencé de se signaler, les Cosacques du Don se mirent l'an 1549. volontairement sous la protection de la Russie, aux mêmes conditions à-peu-près que les Cosacques de l'Ukraine acceptérent dans la suite la protection de la Pologne: mais comme ils sont du moins aussi remuants que ces derniers, on a été obligé de leur rogner peu-à-peu les ailes, & cela de si près, qu'ils sont presentement sur un pié peu différent du reste des Sujets de la Russie. Ils avoient autrefois leur Hetman, de même que les Cosacques de l'Ukraine: mais depuis l'avenement de Pierre I. à la Couronne de Russie, cette Charge a été supprimée.

Les Turcs étant rentrez en possession de la Ville d'Azoff par la Paix du Prutt concluë l'an 1711. entre la Russie & la Porte, ils ont recommencé à relever la tête, desorte qu'on a été plus d'une fois obligé de faire marcher de ce côté-là de bons Corps d'Armées pour les retenir dans le devoir, quoi qu'on n'ose pas les pousser aussi loin qu'on le pourroit, de peur qu'ils ne se jettent tout-à-fait entre les bras des Turcs: ce qui rendroit le recouvrement de la Ville d'Azoff extrêmement difficile à la Russie.

Les Cosacques du Don professent la Religion Grecque telle qu'elle est reçuë dans la Russie; mais ils sont fort ignorans dans leur Religion. Ils occupent quantité de Villes & de Villages le long du Don, dont les bords sont extrêmement fertiles: ils s'étendent peu dans l'intérieur du Païs, parcequ'il manque de bonne eau en plusieurs endroits, & qu'il ne porte aucun bois. Ils vivent de leur bétail & de l'agriculture, sans néanmoins oublier de vivre aux dépens d'autrui, lorsque les occasions s'en presentent. Leurs armes sont les mêmes que celles des Cosacques de l'Ukraine: leurs Troupes ne consistent pareillement qu'en Infanterie; il est même très-rare de voir dans quelque Action de guerre un Cosacque à cheval. Toutes leurs Villes & Bourgades situées sur la rive gauche du Don, au Sud du Retranchement qui commence auprès de Zaritza sur le Wolga, pour aboutir au Don vis-à-vis de la Ville de Twia, sont retranchées & palissadées contre les incursions des Tartares CUBANS, avec lesquels ils sont incessamment aux prises. Les Forces des Cosacques du Don peuvent monter à present à 40000. hommes tout au plus.

III.

*Les COSAKKI-JAÏKZI sont descendus de *Ibid. cette partie des anciens habitans du Pays de p.690. Kipzack ou Kapsak, qui allérent gagner le Rivage de la Mer Caspienne lors que leur patrie fut envahie par les Tartares. Là dispersez le long de la côte, entre la Riviere du Jaïk & le Wolga, ils se nourrissoient de la pêche & des brigandages, jusqu'à ce que s'étant rassemblez peu à peu ils vinrent enfin occuper la rive Meridionale du Jaïk, lorsque la puissance des Tartares commença à decliner dans ces quartiers-là; après que les Russiens se furent emparez du Royaume d'Astracan, ils se soumirent volontairement à leur domination.

Les Cosaques du Jaïk sont à peu près faits comme les autres Cosaques; mais comme leur vie est plus rustique & qu'ils mêlent assez souvent leur sang avec celui des Tartares qui les environnent de tous côtez ils n'ont pas tout-à-fait si bonne mine que les autres Cosaques leurs Compatriotes; mais au fond leur exterieur aussi bien que leurs inclinations & leurs coutumes ne laissent pas d'être absolument les mêmes. Ils s'habillent communément de robbes d'un gros drap blanc à manches étroites qui leur viennent jusqu'au gras de la jambe; sur ces robes ils mettent en Hyver de longues pellisses de peaux de brebis; leurs botes sont faites de cuir de Russie, mais elles sont à peu près façonnées comme les Botines des Persans; leurs bonnets sont tous ronds avec un large bord de fourure. Les habits des femmes de cette branche de Cosaques ne différent gueres de ceux des hommes, excepté que leurs robbes sont plus longues & plus étroites & qu'en Eté elles vont toutes la tête nue.

Les Cosaques du Jaïck, sont répandus dans de grands Villages le long de la Rive droite de la Riviere de ce nom, depuis les 50. degrez de Latitude jusques à son embouchure dans la Mer Caspienne; ils se nourrissent de l'agriculture, de la pêche & de leur bétail; mais lorsque l'occasion se presente de faire quelque butin sur les côtes voisines, ils ne la negligent point.

Leur Langue est un mélange de la Langue Tartare avec celle des Calmoucs & l'ancien langage de leur Pays, ce qui forme un Jargon particulier qui ne laisse pas néanmoins de leur servir pour se faire entendre à tous les differens Tartares de leur voisinage. Comme les Cosaques du Jaïk sont incessamment aux prises avec les Cara-Kalpakks, & les Tartares de la Casatschia Orda, ils ont soin de fortifier tous leurs Villages de bons fossez palissadez, pour être en état de se pouvoir defendre contre eux dans l'Hiver lors que la Riviere est glacée; & pendant toute cette saison ils se tiennent clos & couverts chez eux tandis que les Tartares rodent de tous côtez autour de leurs habitations pour en attraper quelques-uns. Mais au retour de la belle saison ils vont à leur tour chercher les Tartares avec leurs barques & pour lors ils courent toute la côte Orientale de la Mer Caspienne & pillent fort souvent les amis aussi bien que les Ennemis; pour cet effet ils tiennent toûjours prêtes un grand nombre de bar-

barques qui peuvent tenir trente ou quarante hommes avec lesquelles ils courent pendant tout l'Eté sur la Mer Caspienne & vers l'Hyver ils les tirent sur la terre & les mettent à couvert dans leurs Villages pour empêcher les Tartares de les venir brûler. Leurs armes ordinaires sont l'Arc & la fleche avec le sabre & ce n'est que depuis le Regne de Pierre I. Empereur de Russie qu'ils ont l'usage des armes à feu. Mais on ne les leur laisse point durant l'Eté parce qu'ils en abuseroient dans leurs courses sur la Mer Caspienne. On les leur distribue vers le commencement de l'Hyver, afin de les mettre en état de se défendre contre les Tartares, & lorsque la Riviere commence à se degeler ils sont obligez de les reporter à JAÏKSKOI Ville située sur la Rive droite du Jaïk à 40. Werstes de son Embouchure dans la Mer Caspienne & la seule qu'il y ait le long de cette Riviere. Voiez JAÏKSKOI.

Les Cosaques du Jaïk professent à present pour la plus grande partie la Religion Grecque telle qu'elle est reçue en Russie. Ils conservent encore beaucoup du Mahometisme & même du Paganisme, ils sont braves & très-bons fantassins comme le reste de la Nation, mais ils ne sont pas si remuans que les autres Cosaques leurs compatriotes. Ils vivent en bonne harmonie avec les Calmoucks sujets du Contaïsch qui viennent en été en grand nombre sur les bords Orientaux du Jaïk pour negocier avec eux.

Les Cosaques du Jaïk peuvent faire environ trente mille combatans. Voyez l'Article JAÏK.

COSAS, nom Latin d'une Riviere d'Italie qui coule à Frosinone. Leandre dit que le nom moderne est la PISSIA. Mr. Baudrand croit qu'on la nomme à present la COSA.

COSCINIA, Village d'Asie au delà du Méandre, selon Strabon [a]. Pline le nomme COSCINUS & le met dans la Carie [b].

[a] l. 14. p. 650.
[b] l. 5. c. 29.
[c] Strab. l. 14. p. 587.

COSCINIUM, Κοσκίνιον [c], c'est le genitif pluriel de COSCINIA dont Strabon parle dans l'endroit cité. Je n'en ferois pas un nouvel article, si Ortelius qui écrit Κοσκίνιον, comme si c'étoit un nominatif, ne l'avoit cru different de Coscinia. Il fait une Ville de Coscinium & un Village de Coscinia. C'est le même lieu.

COSCYNTHUS, Κοσκύνθος. Lycophron appelle ainsi une Riviere d'Italie. Canterus [d] observe qu'on la nommoit aussi Euripus.

[d] Ortel. Thes.

COSEDIA. Voyez CONSEDIE.

COSENUM, Riviere d'Afrique dans la Getulie, selon Pline [e]. Le R. P. Hardouin dit que tous les Manuscrits portent VOSENOS & que c'est le CHUSARIOS de Ptolomée [f] près du Pomontoire Jannaria [f].

[e] l. 5. c. 1.
[f] l. 5. c. 1.
[f] l. 4. c. 6.

COSENZA [g], en Latin Consentia, Ville du Royaume de Naples Capitale de la Calabre dans la Calabre Citerieure. C'est une des principales Villes de tout le Royaume, & le Siége d'un Archevêque. Elle est située sur la Riviere de Grati à l'endroit où elle reçoit le Vasento, au pied d'une Montagne & à l'entrée d'une fort belle plaine, avec un bon Château sur une Colline. Isabelle d'Arragon Reine de France femme de Philippe le Hardi y mourut en 1270. Ce fut aussi là que mourut Alaric Roi des Wisi-

[g] Baudrand Ed. 1705.

gots. Cette Ville est à douze milles de la côte de la Mer de Toscane vers le Levant. & à trente milles de Rossano vers le Midi au pied du Mont Apennin. Elle a été plusieurs fois fort mal traitée par des tremblemens de terre, surtout en 1638. Elle a dans son territoire cent Paroisses, ou Bourgs divisez en XXII. Districts ou Chatellenies.

COSETANI. Voyez COSSETANIA.

COSIANA, Château ou Forteresse de la Palestine au bord de la Mer, selon Etienne le Géographe.

COSILAUS, Κοσίλαος, Village d'Asie peu loin de Chalcedoine, selon Cedrene & Nicephore Caliste [h]; Sozomene le nomme COLAUS [i]; c'est peut-être le même lieu que COLAI d'où Prosper d'Aquitaine dit que l'on apporta le chef de St. Jean Baptiste à Constantinople.

[h] l. 12. c. 49.
[i] Ortel. Thes.

COSILINUM. Voyez CONSILINUM.

COSINTUM, ancien lieu de Thrace, Antonin en fait mention & le met entre Topiris & Pyrsoalis nommée ensuite Maximianopolis à XIII. M. P. de la premiere & à XXIII. de la seconde.

COSITANI; voyez COSSETANIA.

COSLA; voyez GLENI.

COSLAUS, le même que COSILAUS.

COSLIN, (prononcez Cousslin en deux Syllabes) les Allemands écrivent Cöszin, on écrivoit anciennement Cussalin, CUSSALIN; Ville d'Allemagne dans la Pomeranie Ulterieure. Elle appartenoit aux Evêques de Camin qui y avoient leur residence. Elle est à une lieue de la Mer Baltique, ce qui donne à ses habitans la facilité de transporter leurs grains sur des vaisseaux, dans d'autres Pays & d'en tirer les denrées qui leur manquent. Ils tirent un grand profit du Frischen Sée qui a un bon mille d'étendue, & souvent il est arrivé en Hyver que l'on en tiroit jusqu'à cent tonneaux de poisson d'un seul coup de filet. La Ville selon les Géographes du Pays est à 40. d. 45'. de Longitude & à 53. d. 54'. de Latitude, dans un fond peu loin de Chollenberge, à un mille de Zanau & à trois milles de Corlin. Cette Ville est entourée de mares d'eau & il y a un ruisseau nommé NESENBACH qui fait tourner des Moulins à divers usages. La campagne en est fertile & il y a des hauteurs ou petites Montagnes autour de la Ville. Du temps que la Religion Catholique étoit la dominante en Pomeranie il y avoit trois Chapelles de la Ste. Vierge fameuses par les pelerinages que l'on y faisoit, savoir Polnow, Revekohl, & le Chollenberg auprès de Coslin. Ces Chapelles étoient sur autant de Montagnes dont elles portoient les noms. La derniere étoit la plus frequentée. L'an 1480. la Ville de Coslin fut rudement châtiée pour que la populace s'y étoit soulevée contre Bogislas X. Duc de Pomeranie. L'Eglise auprès du château étoit un Monastere de Religieuses dedié à la Sainte Vierge. Il y a outre cela l'Eglise paroissiale & l'Eglise du St. Esprit. Il y a aussi un College d'où il est sorti des hommes celebres dans la Republique des Lettres au raport de Micrelius dans son Histoire de Pomeranie. L'an 1504. le jour de St. Simon St. Jude 28. Octobre, la Ville & la maison de Ville furent reduïduites en cendres ; mais on les retablit bien vite, les maisons furent rebâties en meilleur ordre & plus belles qu'elles n'avoient été. En 1535. la peste y fit de grands ravages. On tient deux Foires anciennes tous les ans à Coslin, sçavoir le Samedi d'après le Dimanche *Esto mihi* & après la Nativité de la Vierge. Il y en a deux autres qui sont nouvelles, sçavoir, le Jeudi d'après le Dimanche *Latare* [a], & à la Toussaint. En 1530. & 1532. le Lutheranisme fut introduit à Coslin & à Colberg. Et c'est ce que Zeyler [b] apelle la predication de l'Evangile.

[a] C'est le IV. Dimanche de Carême.
[b] *Pomer. Topogr.* p. 41. & 42.

COSLOU, ou COSELOU, Ville de la petite Tartarie dans la Crimée. La Carte de Moscovie par Isaac Massa en fait un Village à l'extremité Occidentale de la Presqu'Isle de la Crimée & à l'entrée du Golphe de Nigropoli. Mrs. Sanson qui disposent cette côte tout autrement l'avancent plus loin dans ce Golphe, mais pourtant toujours sur la côte Occidentale, vers le milieu. Mr. de l'Isle neglige ce lieu.

COSMEDIUM LITTUS, Κοσμήδιον, Rivage quelque part dans la Thrace près de Constantinople. Zonare & Nicetas en font mention. Ce lieu est aussi nommé dans les Reponses des Patriarches d'Orient.

☞ COSMOGRAPHIE, Science qui consiste à connoître les diverses parties qui composent ensemble le Monde & l'Univers, avec le raport qu'elles ont entre elles. Comme l'étude de la Sphere doit necessairement preceder celle de la Géographie, les Géographes ont cru qu'il étoit necessaire avant toutes choses de faire connoître les vastes corps dont le Globe terrestre est environné. Ils ont donc traité du Ciel qui envelope la Terre de tous côtez & comme les objets les plus remarquables qui s'y presentent à nos yeux sont les Astres dont les Cieux sont parsemez, & les Planetes dont le cours periodique est devenu d'un grand usage dans la Géographie, on s'est avisé de donner aux Traitez de Géographie le nom de Cosmographie, & nous voyons que plusieurs Savans ont pris la qualité de Cosmographes sous la protection des Princes qui les excitoient par leurs bienfaits à cultiver la Géographie. Mais on a senti dans la suite que ce nom de Cosmographie embrassoit plusieurs Sciences qu'il étoit bon de diviser. On a donc laissé à l'Astronomie le soin d'observer le Ciel, & on a reduit la Géographie à ses justes bornes prescrites par son nom; qui ne veut dire que description de la Terre, au lieu que la Cosmographie est la Description de l'Univers. Un homme qui voudroit meriter la qualité de Cosmographe devroit joindre une extrême habileté dans l'Astronomie, à une connoissance très-étendue de la Géographie ancienne & Moderne, & même de l'Hydrographie qui s'applique à connoitre l'étendue & la profondeur des Mers, des Fleuves, des Lacs, &c. Et où trouver un Savant qui possede toutes ces Sciences en un certain degré de perfection? Chacune demanderoit toute la vie de quiconque aspireroit à y être très-savant; outre qu'elles demandent chacune dans ceux qui s'y attachent des genres de vie très-différens. Les erreurs grossieres qu'on a aperçues & corrigées depuis un siécle font voir combien ceux qui prenoient la qualité de Cosmographes dans le xv. & le xvi. siécles étoient éloignez de meriter ce nom pris à la rigueur de sa signification. Ce nom dans quantité de Livres ne signifie que Géographie & c'est ce dont la plupart des jeunes gens ont besoin d'être avertis. Cependant la Cosmographie & la Géographie different l'une de l'autre comme le tout differe de sa partie.

COSMOS, ancienne Ville de la Judée à l'Orient du Jourdain, selon Ptolomée [c].

[c] l. 5. c. 16.

COSNE, petite Ville de France, dans le Bourbonnois. Mr. Piganiol de la Force [d] lui donne pour noms Latins *Cona*, *Conada Vicus*, *Conada Castellum* & *Condida*, il dit qu'elle doit son nom à sa situation au Confluent de la Riviere de Loire & de celle de Noaïm; car, ajoute-t-il, c'est de Condé ou Condat qu'on a formé le nom de Cosne. On trouve dans cette petite Ville une Eglise Collegiale dont les Prébendes sont à la collation de l'Evêque d'Auxerre, un Couvent d'Augustins, & un de Benedictins. La Coutellerie de Cosne est fort estimée & un des principaux Commerces que l'on fasse dans cette Ville.

[d] Desc. de la France T. 5. p. 243.

COSOAGUS, Riviere de l'Inde & l'une des xix. Rivieres qui se jettent dans le Gange, selon Pline [e]. Arrien la nomme COSSOANUS.

[e] l. 6. c. 18.

COSSA, ancienne Ville & Colonie Romaine en Toscane dans un petit Golphe où se perd la Riviere d'Albegna. Ce nom est diversement écrit par les anciens. Strabon dit [f] Κόσσα, COSSÆ au pluriel, est une Ville un peu au dessus de la Mer sur une haute Colline qui est dans le Golphe. Au dessous de la Ville est le Port d'Hercule, & tout auprès un Lac Marin; & proche le promontoire qui est au dessus du Golphe il y a un lieu preparé pour la pêche du Thon, car le Thon n'est pas seulement friand de gland, il aime encore le poisson nommé pourpre qui est près de la Terre. Depuis la Mer exterieure jusqu'à la Sicile quand on fait voile de Cossa pour Ostie on trouve en chemin les Villes de *Graviscæ*, de *Pyrgi*, d'*Alsium* & de *Fregenes*. *Graviscæ* est à ccc. stades de Cossa. Quoique Strabon dise communément Κόσσα, au commencement de ce passage, Strabon avertit que tous les Manuscrits portent Κόσσαι, COSSA. Ptolomée dit COSSÆ, au pluriel Κόσσαι. Pomponius Mela [g] & Pline [h] disent COSSA, au singulier. Virgile dit COSÆ au pluriel avec une seule S.

[f] l. 5. p. 225.
[g] l. 2. c. 4.
[h] l. 3. a. 5.

Qui mœnia Clusi
Quique urbem liquere Cosas.

[*] Æneid. l. 10. v. 167.

Tacite, la Table de Peutinger, disent COSA. Il y faut ajouter Rutilius qui dit dans son Itineraire

Et desolata mœnia fœda Cosa.

Ciceron [i] & Tite-Live [k] en nomment le port & le Territoire *Cosanus* par une seule S. Il faut joindre à ces Auteurs Velleius Paterculus qui dit *Cosam* & *Pastum abhinc annos fermè* ccc. *Fabio Dorsone & Claudio Canina Coss. Coloni missi*. Ce fait arriva neuf ans avant la premiere guerre Punique. A la Requête des habi-

[i] ad Attic. l. 1. Ep. 6.
[k] Ubi Infra.
[l] l. 1. c. 14.

COS. COS. 817

habitans de Cosa, on y envoya dans la suite mille nouveaux Colons, dit Tite-Live [a]. Il y a bien de l'apparence qu'elle fut reparée par Auguste & qu'elle prit le surnom de JULIA comme la plupart des Villes de l'Etrurie, cela se voit dans une Medaille de Nerva sur laquelle on lit COL. JUL. COSSA. Elle avoit un beau port dont parle Tite-Live [b], c'est le même qui est nommé le port d'Hercule, *Herculis Portus*, dans l'Itineraire maritime & dans Strabon [c].

Cette Colonie dont nous avons parlé étoit tirée de la Ville de *Volci* dont le peuple étoit nommé *Volcientes*, à ce que Pline [d] nous apprend. Cette Ville de Cossa étoit sur la voye Aurelienne *qui suivoit la côte de la Mer; entre *Forum Aurelii* & le *Lac Aprilis*, à xxv. Milles de l'un & à xxii. Milles de l'autre. Mais entre *forum Aurelii* & Cossa il y avoit encore deux Stations ou Mansions, savoir *ad Novas*, & *sub Cosa*. La Table de Peutinger nomme ce dernier lieu *Sucosa*. Cette côte a bien changé depuis Strabon; ce qu'il appelle un Lac Marin & qui étoit enfermé entre deux langues de terre qui joignoient le Mont Argentaro au Continent s'est ouvert un chemin vers la Mer dans la langue Septentrionale & il s'en est formé un Golphe. Une espece de Presqu'Isle qui s'avançoit vers le milieu du Lac de l'Orient vers l'Occident est presentement fort diminuée & c'est la place où est Orbitelle. Il n'y a plus rien au lieu où étoit l'ancienne COSA, mais plus à l'Orient il s'est formé une nouvelle Ville des ruines de cette Ville & on la nomme ANSEDONIA: le Port d'Hercule conserve son ancien nom & est nommé PORTO HERCOLE. Voyez cet Article au mot PORTO.

2. COSSA, ou COSA, ancienne Ville d'Italie. Voyez COMPSA.

§ COSSA, Ville d'Italie au Pays de l'Oenotrie, selon Etienne le Géographe. Berkelius applique mal à propos à cette Ville ce que Strabon dit de *Cossa* en Etrurie. C'est la même que COMPSA, aujourd'hui CONZA. Voyez ces deux Articles. Ortelius dit sur la foi de Gabriel Barri que c'est presentement *Cosano* dans la Calabre Citerieure & il rapporte d'elle l'Inscription de la Medaille déjà raportée, COL. JUL. COSSA; mais on sait que Cossa étoit Colonie Romaine, & on ne le sait pas de Cossa de l'Oenotrie.

1. COSSÆ. Voyez COSSA 1.
2. COSSÆ. Voyez COSSEA.
COSSÆI. Voyez l'Article suivant.

COSSEA, Contrée d'Asie dans la Perse propre dont elle faisoit partie, selon Etienne le Géographe. Polybe [f] appelle COSSÆI un peuple qui habitoit dans les Montagnes de la Medie, renfermées par le Mont Zagrus. Arrien [g] met les Cosséens contigus à la Medie, de maniere pourtant qu'ils touchoient d'un côté au Pays des Elyméens. Quinte-Curse [h] dit aussi que leur Pays étoit de Montagnes. Plutarque [i] les nomme Cusséens. Diodore de Sicile [k] dit d'Alexandre, il mena un Camp volant contre les Cosséens qui refusoient de se soumettre. Cette Nation qui est très-brave, habitoit les Montagnes de la Medie & se fioit sur la difficulté des passages. Il dit aussi: il ravagea la plus grande partie de la Cosséé. Pline [l] met les Cosséens immediatement au Levant de la Susiane. Selon Ptolomée [m] ils étoient dans la Susiane vers l'Assyrie. Il faut conclure delà que la Perside où les met Etienne le Géographe doit être prise dans un sens plus étendu. Voiez CHUS 4.

COSSENTIA, la même que COSENTIA & COSENZA.

COSSETANIA, ancienne Contrée d'Espagne dont les habitans sont nommez COSETANI, COSITANI & COSSETANI; Pline dit [n]: la Cossetanie Contrée. Il y met le Subi Riviere qui passe à Tarragone, il y met aussi cette Ville; ce qui s'accorde avec Ptolomée [o], & avec une Inscription rapportée par Gruter [p], où il est dit TARRAC. URBS COSITANOR. Ptolomée écrit Κοσητανοί.

COSSI. Voyez CISSI.
COSSINI. Voyez OSTIONES.
COSSINITES, &

COSSINITUS, Riviere de Thrace qui couloit dans le Territoire d'Abdere, & se jettoit dans le Lac Bistonique. Mr. de l'Isle croit que c'est la même que le COMPSATUS. Ælien [q] qui fournit le nom de Cossinite dit que les Chevaux qui buvoient de son eau devenoient fougueux & comme enragez.

COSSIR. C'est la même Ville que CHOSAIR & BERENICE 5. Voyez ces deux Articles.

COSSIUM, ou COSSIO, ancienne Ville de la Gaule au Pays des Vasates dont elle étoit la Capitale. Ptolomée [r] nomme le peuple VASARII & la Ville COSSIO, Κόσσιον. Ausone dit [s]:

Nam Genitori
Cossio Vasatum, municipale genus.

Dans la suite cette Ville comme beaucoup d'autres quita son nom pour prendre celui du peuple. C'est aujourd'hui BAZAZ. Voyez ce mot. Voyez aussi VASATA nom qu'elle a long-temps porté.

COSSOANUS. Riviere de l'Inde où elle se perd dans le Gange, selon Arrien [t]. C'est le *Cosoagus* de Pline.

COSSURA. Voyez COSSYRA.

COSSUS, Montagne d'Asie dans la Bithynie, selon Etienne le Géographe.

COSSYRA, Isle de la Mer Mediterranée entre l'Afrique & la Sicile, & l'une des Isles nommées Pelagies, selon Ptolomée [v] qui la donne à l'Afrique. Pomponius Mela [w] la nomme COSURA; Etienne le Géographe de même Κόσυρα, Pline rend *u* par un *y* COSYRA. Strabon dit Κόσυρα & Κόσσυρα; il la met à moitié chemin entre le Cap Lilybée en Sicile & la côte d'Afrique [x]. Gerard Mercator, Fazel, le R. P. Hardouin &c. conviennent que c'est presentement l'Isle de PANTALAREE. Il ne faut pas la confondre avec CORSURA, Isle dans le Golphe de Carthage.

COSTA, mot dont se servent quelques peuples de nos voisins, pour signifier un Pays situé au bord de la Mer. Nous disons en François CÔTE, que quelques uns écrivent encore avec une S. COSTE, mais cette lettre ne se prononce point dans le nom François.

COSTA RICCA, c'est-à-dire, LA CÔTE RICHE.

RICHE. Les Espagnols ont ainsi nommé une Province de l'Amerique dans la Nouvelle Espagne dans l'Audience de Guatimala. Elle est bornée au Nord par la Province de Nicaragua, & par la Mer du Nord ; à l'Orient par la Province de Veragua, & au Sud-Ouest par la Mer Pacifique. *Rio de Vasques*, *Rio de los Anzuelos* & *Rio de Suere* y ont leurs sources fort loin l'une de l'autre ; mais leurs Embouchures sont voisines. CARTHAGO en est la Capitale, au Midi Occidental de laquelle est ARANJUEZ. Le Port de Nicoya, l'Isle de Chira, le Port à l'Anglois & l'Isle de Caino sont sur la Mer du Sud. Wafer [a] dit que le nom de Costa ricca sembleroit donner une grande idée de la Province qui porte ce nom: mais, ajoute-t-il, la verité est qu'il lui a été donné par ironie parce que c'est un Terroir pauvre & peu fertile quoi qu'abondant en gros & menu bétail. Elle est du Diocèse de Nicaragua. Elle a sur la Mer du Sud le Port de la Caldera & elle en a d'autres sur celle du Nord. C'est un Gouvernement & une Capitainerie generale à cause que par sa situation elle est exposée aux insultes des Flibustiers des Isles.

[a] *Wafer Voyage p. 217.*

COSTA BALÆNÆ, ancien lieu d'Italie sur la côte de Genes. Antonin met ainsi les distances.

Albingaunum,		Albengue
Lucus Bormanni,	XV. M. P.	
Costa Balanæ,	XVI. M. P.	
Albintimilium,	XVI. M. P.	

☞ COSTE (LA) (l's ne se prononce point). On apelle de ce nom les Rivages de la Mer que l'on distingue par le nom des Provinces situées le long de ce Rivage ; ainsi on dit, les Costes de France, & on y distingue la Coste de Normandie, la Coste de Bretagne, la Coste de Saintonge &c.

Il y a aussi des Provinces que l'on appelle la Coste avec des noms distinctifs pour ne les pas confondre ; nous marquerons ici les principales.

COSTE (LA) D'ABEX. Voiez ABEX.
COSTE D'AYAN. Voiez AYAN.
COSTE DES CAFFRES, Partie Meridionale de la Cafrerie.
COSTE DU CHAPEAU ROUGE, Partie de la Coste Meridionale de l'Isle de Terre Neuve, près de l'Anse du Chapeau rouge, au Couchant de la Baye des Trepassez. Elle prend son nom d'un Château nommé le Chapeau rouge.
COSTE DE CORTEREAL. Voyez LABRADOR.
COSTE DE CUAMA, Pays de l'Afrique, au Zanguebar, aux environs de l'Embouchure de la CUAMA.
COSTE DES DENTS, Pays d'Afrique dans la Guinée entre la côte de Maleguete à l'Occident & la côte d'Or & les Quaqua à l'Orient. Les habitans sont nommez MALEGENS. FAMBA dans les terres, *Groua*, *Tabou*, *Tao*, *Berbi*, le grand *Drouin*, *Botrou* & *Coutron* sur le rivage de la Mer sont les principaux lieux de cette Coste. Elle se termine au Cap des Palmes. Famba est la seule Ville, les autres lieux sont seulement des Villages. Quelques-uns y comprennent le Pays des Adous ou Quaqua & l'étendent jusqu'à la Riviere d'Assiné. Son nom de *Coste des Dents*, lui vient de ce que les dents d'Elephans en font le principal commerce.

1. COSTE DESERTE, Pays d'Afrique. Elle s'étend depuis le Royaume de Magadoxo jusqu'au Cap de Gardafu. Elle n'est presque habitée que par des troupeaux ; on y remarque en venant du Nord-Est au Sud-Ouest, le Cap de Gardafu, l'ance d'Alban, ou d'Allabana, le Cap de Fu, le Cap des Bedouins, la Baye des Negres, le Cap des Basses, & un ance nommée Bandelvelho.

2. COSTE DESERTE, Pays de l'Amerique Meridionale sur sa côte Orientale vers le Midi, entre l'Embouchure de la Riviere de la Plata & le Port desiré.

COSTE DE DROCEA, ou de DROCA. Voyez DROCA.
COSTE DE GENES. Voiez GENES.
COSTE DE MALEGUETE, ou MALAGUETE. Voyez MALEGUETTE.
COSTE D'OR, (LA) Contrée d'Afrique entre la côte des Dents à l'Occident & le Royaume de Juda ; duquel la Riviere de Volte la sépare. Il y a un bon nombre de petits Royaumes dont le Territoire n'est gueres plus grand que celui d'une paroisse de France. Un ou deux Villages qui ont un Chef, voila de quoi faire un Roi, une Cour dans les Relations. Delà vient cette foule de fausses idées que l'on conçoit de cette Coste que nous connoissons très-mal, en gros. Ce qui acheve d'embrouiller le tout, c'est que les anciennes Relations la depeignent dans un état que les guerres & le temps ont absolument changé. Les noms écrits differemment par les diverses Nations d'Europe qui y ont des Forts ont augmenté le desordre. Ce n'est pas que nous n'ayons d'assez bons détails des Châteaux que les Anglois & les Hollandois y possedent. Mais il manque encore jusqu'à present une bonne Carte de la Coste d'Or. Les Mémoires que l'on trouve dans les Lettres de Bosman sont en une trop grande confusion, pour qu'on puisse sur leurs Indices debrouiller tout ce Cahos de Royaumes. La Coste d'Or est bornée au Couchant par la Riviere Suero de Costa, & au Levant par la Volte. Son nom vient non pas de ses Mines, mais de la poudre d'or que les peuples d'auprès la Mer tirent de ceux qui habitent plus avant dans l'interieur de l'Afrique & qu'ils vendent aux Européens. Je parle plus au long de cette Coste dans l'Article de *Guinée*.

COSTE DE LA PESCHERIE. Voiez PESCHERIE.
COSTE SAUVAGE, Pays de l'Amerique Meridionale & partie de la Guiane sur la Coste de la Mer du Nord : Mr. Baudrand dit qu'il y a quelques Colonies de François & de Hollandois.

COSTE, ce mot se prend pour la pente d'une Montagne. Ainsi on dit, une maison bâtie au haut de la Coste, nous arrivames à mi-Coste au bord d'un Ruisseau. Dans ce sens le mot de *Coste* repond au mot *Clivus* des Latins.

COS.

COSTE-ROTIE, Colline de France fameuse par les bons vins qu'elle produit. Le surnom de rôtie vient de ce que le Soleil semble la brûler de ses rayons & y meurit le raison d'une maniere particuliere.

COSTE DE ST. ANDRE', ou simplement LA COSTE, Petite Ville de France en Dauphiné dans le Viennois [a], au bas d'une petite Coste. Elle est à cinq lieues de Vienne au Levant en allant à Grenoble dont elle est éloignée de sept lieues.

[a] Baudrand Ed. 1705.

COSTEGNAZ, Montagne entre la Macedoine & la Thrace, ou plutôt chaine de Montagnes qui courant du Nord-Ouest au Sud-Est, separe la Province de Jamboli de la Romanie. Elle a une direction presque parallele au cours de la Riviere de Carasou ou Maestro, qui est le Mestus ou Nestus des anciens. Mr. Baudrand la prend dans une étendue beaucoup plus grande & l'étend d'Occident en Orient jusques vers la Mer Noire; il pretend qu'elle divise la Romanie de la Bulgarie. Il ajoute que les Turcs la nomment BALKAN & les Esclavons CUMONIZA; Mr. de l'Isle au contraire donne le nom de *Balkan* à la Chaîne de Montagnes qui est à l'Orient de l'ancienne Sardique & qui est l'*Hæmus* des Anciens, au lieu que le Costegnaz est tout au Midi des Ruines de cette Ville de Sardique. Il met outre cela les Ruines d'un mur très-long dans la partie Meridionale du Costegnaz, & qui a été autrefois bâti pour fermer la Romanie à l'Occident.

COSTILE, Isle de l'Archipel, près de Stanco, c'est la même que celle de SYME ou SIMIE. Voyez SIME.

COSTOBOCI, ancien peuple de la Sarmatie en Europe, selon Capitolin [b]. Ammien Marcellin [c] les nomme COSTOBOCÆ [d]. Ptolomée les appelle COESTOBOCI, Κοιςόβωκοι.

[b] in Marc. Aurel.
[c] l. 22. c. 8.
[d] l. 3. c. 5.

COSTOUGES [e]. Village de France dans le Roussillon à la droite de Prats de Mouliou, entre cette Ville & celle d'Arles, à trois quarts de lieue de St. Laurent de Cerda, & à onze ou douze de Perpignan. Ce lieu étoit autrefois considerable & même la principale paroisse de St. Laurent de Cerda, au lieu qu'à présent ce n'en est que l'Eglise Succursale desservie par un simple Vicaire. Cependant cette Eglise est remarquable. La tradition du Pays veut que le Pape St. Damase l'ait fait bâtir parce que ce lieu étoit la patrie de sa Mere; cela sent bien la Fable ; ce qu'il y a de certain c'est que cette petite Eglise est très-ancienne, puisqu'elle a un beau porche qui servoit autrefois aux Catéchumenes. Elle est voutée de grosses pierres de taille, fort épaisses, en anse de panier. On y remarque une très-haute grille de fer qui ferme le Sanctuaire & qui est d'un très-beau travail. Quelques-uns écrivent COSTOUJAS.

[e] Piganiol de la Force Desc. de la France. T. 6. p. 446.

COSYRA. Voyez COSSYRA.

COSYRI, ancien peuple des Indes, selon Pline [f] ; il étoit vers les Monts Emodes.

[f] l. 6. c. 17.

COSYRUS, Isle voisine de Selinus Ville de Sicile, selon Etienne le Géographe qui trouve encore une Ville & une Riviere de même nom. Sur quoi Ortelius observe qu'il y a presentement au même endroit trois Isles nommées TRE FONTANE.

Tom. II.

COS. COT. 819

COSYTÆ, Ville d'Ombrie, selon le même Etienne qui cite la Periegese de Ctesias.

COTA, Bourgade des Indes dans le Malabar au Nord-Est de la Ville de Cananor. Elle a eu autrefois son Roi particulier, & c'étoit un de ces Roitelets que Pyrard [g] dit dans son Voyage qu'il ne sauroit compter. Mrs. Sanson & Baudrand en parlent après Davity. Mr. de l'Isle n'en dit rien.

[g] p. 263.

COTACE, Ville d'Asie dans l'Arie, selon Ptolomée [h], Κοτάκη.

[h] l. 6. c. 17.

COTACENE. Quelques exemplaires de Ptolomée portent ce nom au lieu de CATARZENA. Voyez cet Article.

COTÆA, Κοταία, Ville de la petite Armenie, selon Ptolomée [i]. Quelques exemplaires portent CORTÆA.

[i] l. 5. c. 7.

COTÆNA, Ville de la petite Armenie dans la Prefecture nommée Muriana [k], selon le même Géographe.

[k] Ibid.

COTAISIS, ou COATAISIS, Ville des Perses, en Iberie près du Phase, selon Agathias [l].

[l] l. 2. & 4.

COTAM. Voyez COTTAN.

COTAMBA, ancienne Ville de la Perside, selon Ptolomée [m].

[m] l. 6. c. 4.

COTANA, ancienne Ville Episcopale d'Asie dans la seconde Pamphylie, selon la Notice de Hierocles. Ortelius observe que dans le Concile d'Ephese il est fait mention d'Acace Evêque *Cotannorum* (il faut lire *Cotanorum*) dans la Pamphylie. Ainsi Cotana est un nom pluriel.

COTANTIN, ou COUTANTIN, Province particuliere de France dans la basse Normandie: une partie forme une Presqu'Isle qui s'avance dans l'Océan. Le Cotantin est borné au Septentrion & à l'Occident par la Mer Britannique, à l'Orient par le Bessin & au Midi par l'Avranchin. Il a été connu des anciens sous le nom de *Castra Constantia*, dit Mr. Piganiol de la Force & a pris celui qu'il porte aujourd'hui de la Ville de Coutances qui en est la Capitale. Le Climat est assez tempéré, mais cependant froid & humide. Le Pays est rude ayant des côteaux frequens & des vallées. Il est aussi très-couvert, à l'exception des paroisses du bord de la Mer, où le vent & la Saline rongent les Arbres. Les eaux y sont par tout commodes & en abondance, chaque maison ayant presque toujours sa Fontaine, ce qui forme quantité de Ruisseaux qui se déchargent dans cinq Rivieres principales, la SIENNE, l'AIRON, la SOULE, le TAR & le DAY. Elles sont toutes poissonneuses, & font moudre quantité de Moulins.

On trouve aux environs de Carentan de grandes Prairies, Herbages, & Pâturages, où l'on nourrit une grande quantité de bœufs & de vaches du lait desquelles on fait d'excellent beurre. On éleve encore dans ce Pays des chevaux qui sont estimez pour leur legereté & pour leur bonté.

La Forêt de GARCY est l'unique de ces Cantons & à très-peu de bêtes fauves. Les garennes de Mont Martin, de Créence, & de quelques autres paroisses maritimes, ont une grande quantité de Lapins dont l'on transporte à Rouën & même jusqu'à Paris, aussi bien que les Poulardes & Chapons gras. Le Naturel

LIIII* 2

turel des habitans est vif, subtil, prudent, & laborieux. Les principales Villes du Cotentin sont

Coutances Capitale,	Valogne,
Saint Sauveur,	Carentan,
Cherbourg,	Ville-Dieu,
Barfleur,	Granville.
	&c.

COTATI, ou COTATTE, ou COTATE, Ville de l'Inde dans la Presqu'Isle en deçà du Gange au petit Royaume de Travancor [a], dans les terres à quatre lieues du Cap de Comorin, au pied des Montagnes qui rendent le Cap fameux pour les Merveilles qu'on en raconte. Car plusieurs assurent que dans cette Langue de terre qui n'a pas plus de trois lieues d'étendue, on trouve en même temps les deux Saisons de l'année les plus opposées, l'Hyver & l'Eté, & que quelquefois dans un même Jardin de cinq cens pas en quarré on peut avoir le plaisir de voir ces deux saisons réunies, les Arbres étant chargez de Fleurs & de fruits d'un côté, pendant que de l'autre ils sont dépouillez de toutes leurs feuilles. [b] Cette Ville est devenue fameuse en Europe & dans toutes les Indes par les miracles qu'y a operé & qu'y opere encore tous les jours St. François Xavier. Comme elle termine le Royaume de Travancor au Sud, elle n'est pas plus à couvert que le reste du Pays des Courses des BADAGES qui viennent presque tous les ans du Royaume de Madure faire le dégât dans les terres du Roi de Travancor. [c] Quoiqu'elle soit une des principales de ce petit Etat, elle est partagée entre les Ministres du Royaume qui en ont usurpé toute l'autorité. L'Eglise des P. P. Jesuites se trouve située dans le quartier du principal de ces Ministres. On a été plus de douze ans à la bâtir, quoi qu'elle eut pû l'être dans six mois, parce que les Officiers qui n'ont d'autre Dieu que leur interêt faisoient à tous momens suspendre l'Ouvrage pour tirer de l'argent. Cet édifice n'est considerable que par le lieu où on l'a élevé, le Sanctuaire & l'autel étant placez à l'endroit même qu'occupoit la Cabane où St. François Xavier se retiroit le soir après avoir prêché le jour à ces peuples. C'est à cette Cabane que les Gentils mirent le feu une nuit pensant le faire perir dans les flammes. La Cabane fut, dit-on, reduite en cendres sans que le Saint qui y resta toujours en prieres reçût la moindre atteinte du feu. Les Chrétiens pour honorer ce lieu y planterent d'abord une grande Croix; & ensuite on y a bâti l'Eglise dont nous venons de parler.

[a] Lettres édifiantes T.3.i.p.9.
[b] Ibid. T.5. p.38.
[c] p.45.

COTATIS, petite Ville d'Asie en Georgie & capitale du Pays d'Imerette sur le Phase, avec un bon château sur un rocher au pied des Montagnes [d]. C'étoit autrefois la résidence ordinaire des Rois de Géorgie. Chardin dit [e]: Cotatis est un Bourg bâti au bas d'une Colline sur le bord du fleuve du Phase. Les Historiens Grecs du vi. siécle le nomment COTESE & en font une Place d'importance. Il n'y a presentement que deux cens maisons. Celles des Grands & le Palais du Roi sont autour à quelque distance. Ce Bourg n'a ni Fortifications, ni murailles; il est partout ouvert, hormis aux endroits où le fleuve & la Montagne l'enferment. De l'autre côté du fleuve vis-à-vis du Bourg & sur une Colline plus haute que celle au bas de laquelle il est situé est la Forteresse de Cotatis. Elle a des tours, un Donjon & un double Mur qui paroit haut & fort.

[d] Archang. Lamberti. au Recueil de Thevenot.
[e] Voyage T.2.p.108.

COTBUS, Ville d'Allemagne dans la basse Lusace dont quelques-uns veulent qu'elle soit la capitale. C'est une des trois Villes qu'y possede l'Electeur de Brandebourg. Les deux autres sont Peitze & Sommerfeld [f]. Cotbus est sur la Sprée. Elle est importante & forte, ce fut Frideric Electeur de Brandebourg [g] qui l'an 1455. obligea pour la premiere fois la Bourgeoisie à lui prêter le serment de fidelité. L'an 1631. Cotbus fut prise & pillée par les Imperiaux.

[f] Zeyler Super.Saxon.Topogr.p. 15 & 16.
[g] Idem. Brandenburg.Topogr. p.42.

COTENOPOLIS [h], Ville d'Egypte, il en est parlé dans la Lettre des Evêques d'Egypte à l'Empereur Léon inserée dans le Recueil des Conciles.

[h] Ortel. Thes.

COTENSII, ancien peuple de la Dacie, selon Ptolomée [i].

[i] l.3.c.8.

COTES. Voyez COTTES.
COTESE. Voyez COTATIS.
COTHBEDDIN-COGIA [k], Village de l'Indoustan à deux lieues de Delli en allant à Agra. Il n'est remarquable que par un Temple d'Idole que les Indiens appellent DEURA; on y voit des Caracteres fort anciens dont on a perdu la connoissance.

[k] d'Herbelot. Biblioth. Orient.

COTHOCIDÆ. Hesyche nomme ce lieu sans en rien dire de plus. Mais Ortelius [l] trouve dans Plutarque & dans Ælien que l'Orateur Eschine en étoit originaire.

[l] Thesaur.

1. COTHON. Port & Isle à Carthage, voyez l'Article de Carthage.

2. COTHON, Isle de Grece au Midi du Péloponnese dans le Golphe de Lacedemone. Il la nomme aussi Teganusa & Cythere qui sont aujourd'hui l'Isola di Cervi, & Cerigo. Mais on ne sait pas quel nom porte aujourd'hui Cothon, & peut-être n'en a-t-elle point. Etienne le Géographe met aussi Cothon auprès de Cithere.

COTHORNIA, voyez CROTON.
COTHROBAH, Isle de l'Océan Ethiopique [m]. Elle est située au Midi d'une autre nommée par les Arabes Gesirah al Coraud; c'est-à-dire, de l'Isle des singes. Tous ses habitans sont Chrétiens. Son éloignement des côtes d'Ethiopie est à peu près de soixante milles.

[m] d'Herbelot Biblioth. Orientale.

COTHUS. Voyez COTUS.
COTIA, ou CAUSIA, & par corruption CUISIA, vulgairement Cuisse [n]. C'est le nom d'une ancienne Maison Royale & d'une Forêt de Picardie dans laquelle cette Maison étoit située. Il est souvent parlé de cette Forêt dans les anciens titres, mais beaucoup plus rarement de la Maison Royale. Il faut prendre garde de ne pas la confondre avec une autre Maison Royale où il est dit dans les Annales de St. Bertin, qu'il y eut une Assemblée des Grands du Royaume l'an 877. car cette Assemblée ne se tint pas dans le Palais Cotia, mais ad Casnum in Cotia, vulgairement Casne ou Chesne-Herbelot qui se trouve au dehors de la Forêt, & qui

[n] De re Diplomat. Lib. IV.p.278.

qui est celle que Philippe Auguste appelloit *sa maison de Pierre Fontaine* (*apud Petræ fontem*) Cotia se trouve designé dans des Patentes de Charles le chauve de l'an 877. où sont specifiées les terres dont il permettoit la jouïssance à son fils Louïs, mais on ne peut pas dire si sous ce mot *Cotia* le Roi Charles entendoit parler de la Forêt, ou de la Maison, ou s'il entendoit toutes les deux. Il se trouve des Auteurs qui placent la Maison dans un lieu qu'ils trouvent du même nom *Cuise*, hors de la Forêt *Cotia*, aujourd'hui de *Cuisse*, sur la rive gauche de l'Aisne, vis-à-vis d'Attichy, mais c'est une erreur, car elle doit être placée au milieu même de la Forêt environ à deux lieuës de Compiègne, lieu où demeura la Reine Adelaide après que Louïs VI. l'eut abandonnée, & dont elle fit un Monastere de filles de l'Ordre de St. Benoît. Car quoique ce lieu se trouve quelquefois nommé le vieux Palais d'Adelaïde, il ne s'ensuit pas que ce soit cette Princesse qui l'ait fait bâtir, ce nom lui a seulement été donné à cause du long sejour qu'y avoit fait cette Princesse à qui il avoit été donné pour reprise de sa dot. Depuis ce temps-là ces Religieuses ont changé de demeure avec les Chanoines Reguliers du Val des Ecoliers auprès de Compiegne, parce qu'elles se trouvoient trop exposées dans la Forêt, sur tout pendant les guerres.

COTIÆ ALPES. Voiez ALPES.

COTIERI. Voiez SCYTHES.

COTICHI [a], lieu de la Morée sur la côte; il y a un Lac que les habitans nomment *Pescaria*, où l'on pêche quantité de Mulets au Mois de Juillet pour faire du Poisson salé & de la Boutargue.

[a] Wheler Voyages T. 1. l. 1.

COTIGNAC, petite Ville de France en Provence, sur la Riviere d'Argent, à trois lieues de Brignoles, entre Draguignan & St. Maximin, & presque à distance égale de l'une & de l'autre.

COTIGNOLA [b], Ville d'Italie dans le Ferrarois. Elle est petite, mais forte, étant ceinte d'épaisses murailles & d'un bon fossé. Ceux de Forli & de Faenza la bâtirent l'an 1276. sur la rive droite du Senio dans le temps qu'ils assiégeoient Bagna-Cavallo. On voit dans l'Eglise principale de cette Ville, un tableau de Ste. Claire, de Sainte Catherine & quelques autres peints par le Guerchin. Sforza Attendolo Chef des familles Sforza fameuses à Milan & à Rome, étoit de Cotignola. De paysan qu'il étoit s'étant fait soldat il passa par tous les emplois Militaires, jusqu'à devenir General de l'Armée de la Reine Jeanne de Naples. Il fut ensuite Gonsalonier de l'Eglise & Comte de Cotignola.

[b] Corn. Dict. Davity & de Seine Nouveau Voyage d'Italie.

COTILIA, Isle dans un Lac de même nom. Voiez CATILIA.

COTINUSA. Voiez GADES.

COTISCOLIAS. Voiez CUTILIÆ.

COTOMANA. Ville d'Asie dans la Grande Armenie, selon Ptolomée [c].

[c] l. 5. c. 13.

COTONIS INSULA, Isle de la Mer Mediterranée devant l'Etolie & l'une des Echinades, selon Pline [d].

[d] l. 4. c. 12.

COTRADES, Κοτράδης, Ville d'Isaurie, selon Etienne le Géographe, qui cite le 1. Livre de l'Histoire d'Isaurie de Capiton.

COTRIGURI, Nation d'entre les Huns, selon Agathias, cité par Ortelius [e].

[e] Thesaur.

1. COTTA. Voiez GOTTA.

2. COTTA [f], Royaume de l'Isle de Ceylan. Il a eu ses Rois particuliers. Ce Royaume s'étendoit le long de la Mer depuis Chilaon jusqu'aux Grevayas l'espace de cinquante deux-lieues, & contenoit les meilleures Provinces de l'Isle, savoir les IV. Corlas, les VII. Corlas, Sulpiti-Corla, Reigan-Corla, Pasum-Corla, Corla de Galle, Belingam, Corna-Corla, Atagau-Corla, Maluré, As Grevayas, tout le Royaume de Dina-Vacca appellé de Duas-Corlas; jusqu'au Pic d'Adam & aux Frontieres de Candi & d'Uwa. C'est particulierement dans le Royaume de Cotta que croît la Canelle. Il y en a une Forêt de douze lieues entre Chilaon & la Pagode de Tenavare.

[f] Ribeiro Relat. de Ceylan l. 1. c. 2. & 3.

3. COTTA [g], Ville de l'Isle de Ceylan, au Royaume de Cotta & la Residence de ses Rois. Elle étoit au milieu d'un Lac, & on n'y arrivoit que par une chaussée assez longue & étroite. Elle fut ruinée dans le XVI. siécle & c'est de ses ruines que l'on a bâti la Ville de Colombo.

[g] Ibid.

COTTABENI. Voyez CATTABANIA.

COTTÆ. Voyez l'Article SARMATIE.

COTTÆOBRIGA, Ville ancienne d'Espagne dans la Lusitanie au Pays des Vettons, selon Ptolomée [h]. Le P. Briet [i] la prend pour CIUDAD RODRIGO.

[h] l. 2. c. 5. [i] Parall. 2.

COTTAN, Royaume d'Asie dans la Tartarie. C'est ainsi que quelques Auteurs écrivent ce nom. Marco Paolo le Venitien [k] dit: *Cotam* Province qui suit celle de Carcha au Nord-Est. Elle est gouvernée par un Neveu du grand Cham. Elle a huit journées de chemin dans sa longueur, ne manque de rien de ce qui est necessaire à la vie. Elle a une grande abondance de soye & beaucoup d'excellentes vignes. Les hommes n'ont point de disposition pour la guerre, mais en recompense ce sont de bons Artisans & de bons Marchands. Ils suivent le Mahometisme. Ce Pays a beaucoup de Villes & de Bourgs & sa Capitale est COTAM.

[k] l. 1. c. 41. p. 72. fol. recto.

COTTATH, c'est le même lieu que CATHET.

COTTES, Κόττης, selon Ptolomée [l], Promontoire d'Afrique près du Détroit: ce même Promontoire est nommé AMPELUSIA par Pomponius Mela [m] comme je le remarque en son lieu. Pline [n] parlant du Promontoire dit qu'il a été nommé Ampelusia par les Grecs & qu'il y avoit autrefois une Ville nommée Cotta au delà du Détroit. Il dit ailleurs [o]: un lieu de la Mauritanie nommé Cotta assez près du fleuve Lixus. La Ville de Cotta ne subsistoit déjà plus de son temps, & le Promontoire est le même que le CAP SPARTEL OU D'ESPARTEL, sur la côte d'Afrique sur l'Océan.

[l] l. 4. c. 1.
[m] l. 1. c. 5.
[n] l. 5. c. 1.
[o] l. 32. Sect. 6.

COTTIÆ, Lieu de la Gaule Cisalpine sur la route de Milan à Arles entre *Laumelium* & *Carbantia*, ou *Carcantia* à XXIII. M. P. de la premiere & à XII. M. P. de la seconde. *Laumellum* est *Lumello*, Village du Milanez & *Carbantia* est *la Grangia*, Village du Montferrat & COTTIÆ est un Village du Milanez qui garde son an-

822 COT. COT. COV.

a Baudrand Edit. 1682. ancien nom en partie, on le nomme Cozzo [a].

COTTIÆ ALPES. Voyez l'Article ALPES.

COTTIARA, Ville de l'Inde en deçà du Gange, selon Ptolomée [b]. *b l.7.c.1.*

COTTIARIS, Riviere du Pays des Sines, selon Ptolomée [c]. On fait presentement à n'en point douter que ce Pays est le même que la partie Meridionale de la Chine; ainsi cette Riviere est la même que la grande Riviere de KIAN. Quelques exemplaires portent CUTIARIS. *c l.7.c.3.*

COTTIS, Ville de l'Inde en deçà du Gange, selon Ptolomée [d]. *d l.7.c.1.*

COTTIUM, Lieu de la Gaule Narbonoise, selon Strabon [e]. Casaubon avertit qu'il faut lire COTTII TERRA en sous-entendant ce dernier mot. Strabon lui-même parle ailleurs de la Terre de Cottius, & Casaubon observe que *Cottius* devoit être un Souverain dont le petit Etat se trouvant resserré dans un coin des Alpes, portoit le nom de son Prince. Strabon n'est pas le seul qui ait parlé de ce Cottius & de son Pays. Pline, Marcellin & autres en font aussi mention. Il étoit quelque part dans le Piémont. *e l.4.p.179.*

1. COTTOBARA, Ville de la Gedrosie, selon Ptolomée [f]. *f l.6.c.2.*

2. COTTOBARA, Ville de l'Inde en deçà du Gange, selon le même [g]. *g l.7.c.1.*

COTTON, Ville ancienne de l'Asie mineure. Tite-Live en fait mention [h]. *h l.37.c.21.*

COTTONA. Delrio substitue ce mot mal à propos dans Solin au lieu de COTTONARA qui est le veritable nom.

COTTONARA, Contrée particuliere de l'Inde d'en deçà le Gange, & selon toute apparence la même que la Cottiara de Ptolomée. Pline [i] dit qu'on en apportoit le poivre dans des Canots d'une seule piéce, à Barace, port de Mer situé à l'Embouchure du fleuve Baris, comme le fait voir Saumaise [k]. Le R. P. Hardouin veut que Cottonara soit presentement Cochin sur la côte de Malabar: cela ne se peut. Cottonara étoit un Pays dans les terres, & on en apportoit le poivre sur des Canots en descendant la Riviere jusqu'au port où de plus grands Vaisseaux l'alloient chercher. Cochin est lui-même un port de Mer. *i l.7.c.23.* *k in Solin. p.1187.*

COTTUTA, Contrée que Casaubon croit imaginaire. Il est persuadé qu'au lieu de τῆς Κοττούτης il faut lire dans Strabon [l], τῇ Κόττου γῆς; il pretend que Pavie en étoit la borne à une extremité vers l'Italie, & Ocelum à l'autre vers les Alpes. *l l.5.p.217.*

COTUANTII, ancien peuple de la Rhetie, selon Strabon [m]. *m l.4.p.206.*

COTUY, Ville de l'Amerique Septentrionale dans l'Isle de St. Domingue à environ soixante lieues de la Capitale vers le Nord-Est. Elle est au bord d'une petite Riviere dont elle a reçu le nom. Cette Ville étoit autrefois fort renommée pour les mines d'Or, dont les ouvriers demeuroient dans Cotuy. Ces mines fournissoient beaucoup, mais on les a épuisées & la Ville qu'elles avoient formée a été négligée avec elles. *De Laet Ind. Occid. l.1.c.7.*

COTYÆUM, Ville de l'Asie mineure, selon Pline [n] qui la donne à la Phrygie ajoutée à la Troade. Strabon [o] dit de même Κοτυάειον *n l.5.c.32.* *o l.12.p.576.*

Ville de Phrygie. Ptolomée [p] la met de même dans la grande Phrygie: ainsi Ortelius s'est trompé quand il a dit que c'étoit une Ville de Galatie. Il semble même en faire deux Villes, l'une en Galatie, selon Ptolomée & Pline, & l'autre dans la Phrygie surnommée Epictete pour laquelle il cite Strabon & Ptolomée. Il se trompe encore, Ptolomée ne parle que d'une *Cotyæum* de Phrygie, la même que Strabon & Pline y mettent, aussi ni Pline ni lui ne connoissent aucune Ville de ce nom dans la Galatie. La Notice d'Andronic Palæologue la compte entre les Villes Episcopales. Voiez l'Article CHIUTAYE. *p l.5.c.2.*

COTYALIUM, ancienne Ville d'Asie vers la Pamphylie, selon Nicetas cité par Ortelius [q]. *q Thesaur.*

COTYLÆUM, Montagne de l'Euboée, selon Etienne le Géographe.

COTYLE. Voyez CUTILIUM.

COTYLIA. Voyez CUTILIUS.

COTYLIUM, ou COTILIUM, Place forte de Phrygie, selon Polyænus [r]. Sozoméne & Caliste la nomment *Cotylium*. *r l.6.*

COTYLIUS, Montagne du Peloponnese dans l'Arcadie. La Ville de Phigalie étoit située à XL. Stades de cette Montagne, selon Pausanias [s]. *s l.8.c.41.*

COTYLUS, Colline de Phrygie. Elle fait partie du Mont Ida, selon Strabon [t]. C'est delà, dit-il, que tirent leur source le Scamandre, le Granique & l'Æsepus. *t l.13.p.602.*

COTYNES, Ville d'Italie dans le Territoire Réatin, comme parle le P. le Jay dans sa Traduction de Denys d'Halicarnasse [v]. Delà les Sabins, dit-il, se répandirent dans le Réatin possedé par les Aborigenes sur lesquels ils prirent Cotynes la principale Ville du Pays. *v Antiq. Romaines. l.1.c.49. p.145.*

COTYORA, ancienne Ville Greque dans l'Asie mineure au Pays des Tybareniens. C'étoit une Colonie fondée par les habitans de Synope, selon Xenophon dans la Retraite des dix mille; & Suidas. Le premier dit que c'étoit un port de Mer [w] où les Grecs s'embarquerent ; & [x] après avoir navigé un jour & une nuit par un bon vent on arriva à Synope. Etienne le Géographe, Hesyche, & Ptolomée [y] la nomment CYTORUM, Κυτώρον; les Interpretes de ce dernier disent que le nom moderne est COMANA, en quoi je crois qu'ils se trompent. Pline [z] l'appelle COTYORUM, & Strabon [a] COTYOROS, Κοτύορος. *w l.5.c.5.* *x l.6.c.2.* *y l.5.c.1.* *z l.6.c.4.* *a l.12.p.548.*

COTYRGA, Ville de la Sicile dans l'interieur du Pays, selon Ptolomée, Simler croit que c'est la *Corconianum* d'Antonin.

COTZIANUM, ancienne Ville de la Phrygie, selon Jornandes [b]. *b De regnor. Success.*

COVADINA, Ville d'Italie dans l'Etat de Venise, sur le bord de la Livenza, c'est une place très-agreable & bien bâtie. On l'appelle le Jardin de la Republique. Il y avoit autrefois un Evêque qui dépendoit du Patriarche d'Aquilée. *p.135.*

§ C'est en substance ce que l'on peut conclurre d'un Article plus long de Mr. Corneille, qui cite Edouard Brown qui pourtant ne dit rien de tout cela. Voici les propres termes de ce Voyageur tels que Mr. Corneille les a pu consulter, savoir dans la Traduction Françoise des Voyages de Brown [c] ; après avoir parlé *c p.197.*

parlé de Trevise il poursuit ainsi : Je fus de là à *Covadina* & passai la Riviere de Piave qu'on appelle autrement Plavis ou Ænassus. Elle tire sa source des Montagnes & passe par les Villes de Belluna & Feltre & ensuite par Concian & Conigliano & coule enfin proche de Sacile. Il y avoit autrefois dans cette Ville un Evêque qui dependoit du Patriarche d'Aquilée. C'est une place très agréable &c. L'erreur de Mr. Corneille est de n'avoir pas sû que la description que Brown fait ici se rapporte à *Sacile* sur la Livenza ; & non pas à *Covadina* dont il n'est plus ici question puisqu'elle est entre Trevise & la Piave ; & par consequent ne sauroit être sur la Livenza. Covadina n'est point qualifiée Ville par le Voyageur cité, c'est tout au plus un Village, & Magin n'en fait aucune mention dans ses Cartes, où se trouve néanmoins un grand détail des moindres lieux.

COUAMA. Voiez CUAMA.
COUANON. Voiez COUESNON 1.
COUANTON. Voiez QUANTON.

COVARRUVIAS , Village d'Espagne dans la Vieille Castille vers les Montagnes de Cogollos , & la Riviere d'Arlanza , à six d'Aranda de Douro , du côté du Nord. quelques Géographes disent que c'est un reste de l'ancienne AUGUSTA NOVA. Voiez cet Article au mot AUGUSTA.

COUBELS , Fort des Indes dans l'Isle d'Amboine. C'est le même qui est nommé CHATEAU VICTORIA dans l'Article d'Amboine. Il est aux Hollandois comme tout le reste de l'Isle.

[a Tavernier Voyages T. 1. L. 1. c. 7.]

COUCHAHAR , petite Ville d'Asie [a] sur la route de Smyrne à Tocat à deux lieues du DOUSBAG, Lac d'où l'on tire beaucoup de sel, ce qu'exprime son nom qui veut dire place de Sel.

[b Laugier de Tassy Hist. du Royaume d'Alger p. 146.]

COUCO [b], Pays d'Afrique dans la Barbarie au Royaume d'Alger. Ce Pays qu'on appelle communément la Montagne de Couco étoit autrefois un Royaume qui a donné des Princes d'une grande reputation qui aiderent à conquerir l'Espagne. Mais à présent les Arabes Bereberes & Azagues qui habitent cette Montagne, quoi que fiers de leur origine & aimant l'independance , sont dans la bassesse & dans la misere. Ils n'ont point de commerce avec leurs voisins, de peur d'être reduits par les Algeriens dans l'esclavage où sont la plupart des autres Arabes & Maures de la Barbarie. Quoi que le Dey d'Alger fasse tout son possible pour en retirer les tributs, garames ou tailles qu'il exige des autres, il ne peut en venir à bout à cause de la difficulté de la Montagne où les troupes ne peuvent aller sans s'exposer à tomber dans des embuscades. On ne peut y parvenir que d'un côté avec beaucoup de peine ; & les Arabes qui l'habitent peuvent facilement en faisant rouler des rochers seulement, abîmer une grande armée.

Ce Pays est situé entre Alger & Bugie. Il tire son nom d'une ancienne Ville à présent detruite. Elle étoit le sejour des Rois qui y avoient fait construire un superbe Palais. Cette Ville étoit entourée de rochers au pied de la Montagne qui étoit couverte de Villages & de Hameaux fort peuplez. Elle avoit un port appellé Tamagus , où elle faisoit le commerce du Miel, de la Cire, & des Cuirs avec les Marseillois.

Les habitans de cette Montagne, qui est leur unique retraite, sont ennemis irréconciliables des Turcs depuis le commencement du XVI. siécle que Selim Eutemi Prince Arabe , Chef de la Nation qui habitoit le Pays de Mutijar ou Motigie ayant été appellé pour gouverner les Algeriens fut tué par Aruch Barberousse. Seremeth-ben-El-Cadi pour lors Roi de Couco, parent du Prince, craignant que l'usurpateur ne s'emparât aussi de son Royaume, fit alliance avec l'Espagne & promit d'aider aux Espagnols à faire des conquêtes dans le Royaume d'Alger, & il les favorisa de tout son pouvoir.

En 1541. lorsque Charles V. fut arrivé devant Alger avec une puissante armée, le Roi de Couco lui envoya des provisions & 3000. Arabes armez pour lui faciliter les chemins & servir de guides à ses troupes; mais dès que le secours fut parti, le Roi ayant apris le mauvais succès de l'Empereur les rappella incessamment. Les Algeriens voulurent se vanger de cette action, Assan-Bacha envoya une armée de trois mille Turcs pour assiéger le Roi de Couco dans sa Ville, qui ne se sentant pas assez fort demanda la Paix. Elle lui fut accordée moyennant une somme considerable; & en attendant cette satisfaction, afin d'obliger les troupes d'Alger à se retirer, il leur remit en ôtage Hamet ben-el-Cadi son fils. Peu de temps après les deux Nations se reconciliérent & s'alliérent par le mariage d'Assan avec la fille du Roi qui fut conduite à Alger. Cette Alliance attira beaucoup d'habitans de Couco dans la Ville d'Alger, pour lesquels le Bacha avoit beaucoup de complaisance ; & leur ayant même permis d'acheter des armes dans la Ville, ils venoient en foule pour s'en munir. Les Soldats Turcs jaloux de ces voisins qui pouvoient dans l'occasion se servir de ces armes contre eux, se mutinerent là-dessus , & n'ayant pu obtenir du Bacha que cette permission fût revoquée, ils se revolterent contre lui, s'en saisirent & l'envoyerent lié à Constantinople, où ils firent représenter à Soliman II. que ce Bacha vouloit se faire Roi d'Alger, par le secours des habitans du Couco. Ces deux Etats se firent souvent la guerre ; mais elle fut toujours terminée à l'avantage des Algeriens.

Au commencement du XVII. siécle le Roi de Couco livra aux Espagnols son port de Tamagus dont les Algeriens se saisirent bientôt après. Dans la suite voyant que les Arabes voisins avoient toujours quelque intelligence avec l'Espagne , ils s'emparerent de la Ville du Couco , & du plat Pays & obligerent le Roi de se retirer dans la Montagne avec tous ses Sujets. Les Montagnes du Couco sont abondantes en grains , en fruits , & en bestiaux. Il y a de belles vallées, de charmants côteaux , d'agréables prairies & d'abondantes sources de très bonne eau. C'est où se refugient ordinairement avec leur argent les Deys d'Alger, lorsqu'ils craignent la mort, ou qu'ils veulent abandonner le pesant fardeau du Gouvernement. Mais quelquefois ils ne sont pas les maîtres de prendre ce parti & on les previent lorsque leur dessein est penetré. Ils y passent

tran-

tranquilement le reste de leurs jours dans la tranquilité & dans l'abondance, ou bien ils ne s'y arrêtent qu'en attendant l'occasion de passer au Royaume de Tunis, ou en Levant.

COUCY [a], Ville de France en Picardie entre Laon & la Riviere d'Oyse. Il est divisé en haute & basse Ville, l'une appellée Coucy le Chatel, l'autre Coucy la Ville : son ancien nom Latin est *Codiciacum*. Elle appartenoit à l'Archevêque de Reims du tems des Carlovingiens : mais sur la fin du x. siécle les Archevêques la laisserent aux Moines de Saint Remy, qui la donnérent en fief à plusieurs Chevaliers. Anguerand de Bove fut Seigneur de Coucy sous le regne de Philippe premier ; & les descendans de ce Seigneur jouïrent de mâle en mâle de cette Seigneurie jusqu'au Regne de Philippe le Bel. Alors Anguerand IV. étant mort sans Enfans, il eut pour heritier son neveu Anguerand de Guines, qui étoit fils d'Alix de Coucy & d'Arnoul Comte de Guines, & de cet Anguerand V. descendoit Marie de Coucy, qui vendit cette Terre à Louïs fils de France, Duc d'Orléans, dont le petit-fils Louïs fut Roi de France, & sa fille Claude épousa François I. par où cette Terre a été réunie à la Couronne.

Le feu Roi Louïs XIV. a donné en appanage à son frere Philippe Duc d'Orleans le Domaine de Coucy.

C'est dans le Territoire de Coucy qu'est située la celebre Abbaye de Premontré Chef de tout l'Ordre qui en porte le nom, fondée du temps de Barthelemy Evêque de Laon, qui marqua ce lieu alors desert à Saint Norbert Allemand, pour s'y retirer avec ses Compagnons l'an 1119.

COUDROT, ou Caudrot, petite Ville de France en Gascogne sur la Garonne, entre la Reole & Saint Macaire [b].

COUDURES [c], Bourg de France, en Gascogne, dans le Theursan, à la jonction des Rivieres le Bas & le Gabas.

COUENQUE. Voyez Cuença.

COVENTRY, Ville d'Angleterre au Comté de Warwik, sur le Sherburn à 74. milles de Londres. Elle a pris ce nom d'un Couvent qui y fut fondé par Canut un des Rois Danois d'Angleterre. C'est une Ville fort ancienne située au penchant d'une Colline, ayant deux paroisses & les rues fort larges. Quoiqu'il n'y ait que deux Paroisses, il y a pourtant trois Eglises & quatre clochers. Un de ces clochers appartenoit au Couvent dont on vient de parler. Le plus grand ornement de Coventry est la belle croix qui est au centre de la Ville. Ses murailles furent abbatues, après le retablissement de Charles II. & ses dehors ont cela de singulier que les chemins sont bien pavez & entretenus l'espace d'un mille hors de la Ville. Il y a une école publique pour l'éducation de la jeunesse avec une bonne Bibliothéque & un Hôpital pour l'entretien des pauvres. Cette Ville & Lichfield en Staffordshire font un Evêché. A deux milles de Coventry il y a deux sources, l'une d'eau douce & l'autre d'eau salée à moins de quatre pieds l'une de l'autre.

1. COUESNON [d], (le) Riviere de France en Anjou. Elle a sa source dans la Paroisse de Lassé au Nord de la Forêt de Chandelay, d'où serpentant vers l'Occident, elle passe au pied de Pontigné, va au Sud-Ouest baigner les murs de la Ville de Baugé, passe à Fontaine Guerin & ensuite près du Village de Gée, où elle se separe en deux Branches, la plus Orientale va au Midi, separe Beaufort en Vallée, de Beaufort en Franchise, & tombe dans l'Authion : la plus Occidentale coule au Sud-Ouest, passe à Mazé & se perd dans la même Riviere de l'Authion.

2. COUESNON, (le) petite Riviere de France en Bretagne, où elle a sa source, & qu'elle separe de la Normandie. Elle arrose Feugeres, Antraim, & Pont-Orson, puis elle se jette dans la Manche près du Mont St. Michel.

COUGIUM, ancienne Ville de l'Espagne Tarragonnoise, au Pays des Vaccéens, selon Ptolomée [e]. Ses Interprétes disent que c'est presentement Cabeçon.

COUGNON [f], en Latin *Casa Congidunus*, & *Casa Congedunum* ; Monastere bâti au vii. siécle par St. Sigebert Roi d'Austrasie sur la Riviere de Semoi, où l'on mit pour Abbé vers l'an 645. St. Remacle qui fut depuis Evêque de Mastricht. C'est encore aujourd'hui un Prieuré situé entre Chini & Bouillon & annexé par le Roi d'Espagne au College des Jesuites de Luxembourg. Le voisinage de quelques personnes puissantes rendit bientôt la demeure de ce Monastere incommode aux Religieux. St. Remacle en parla au Roi & lui proposa de choisir quelque solitude plus écartée dans le fond des Ardennes. Ce qui donna lieu à St. Sigebert de bâtir Stavelo & Malmedy.

COVINUM, en François Couvin, Bourg du Pays de Liége entre la Sambre & la Meuse aux Confins du Hainaut, dont il faisoit partie autrefois, selon Duchesne cité par Mr. Baudrand ; mais le Comte Baudouin le vendit l'an 1090. à l'Evêque de Liége. Il est à trois lieues de Chimai, vers l'Orient, en allant du côté de la Meuse.

1. COULAN [g], Ville de la Presqu'Isle d'en deçà le Gange sur la côte de Malabar, & dans un petit Royaume dont elle est la Capitale, à vingt-quatre lieues de Cochin vers le Midi ; mais le Roi n'y tient pas ordinairement sa Cour. Avant que Calicut fût en reputation tout le Trafic de ce Pays-là se faisoit à Coulan ; & alors cette Ville étoit florissante, mais elle a fort diminué d'habitans & de richesses. Le Havre en est sûr & la Marée entre fort avant dans la Riviere. Il y a à Coulan de même que dans le Pays voisin quantité de Chrétiens que l'on apelle de St. Thomas. Je parle ailleurs de cette Secte, au mot Religion.

2. COULAN, ou Coulang, (le Royaume de) Royaume des Indes sur la côte de Malabar. Schouten [h] en parle ainsi. Le Royaume de Coulan commence au Nord de Calicoulan & s'étend au Sud jusqu'au Cap de Comorin. (Ainsi il y joint le Royaume de Travancor.) Cet Etat n'a que 15. lieues de longueur, sa Ville maritime que les Hollandois ont prise pour la seconde fois n'est pas loin de Calicoulan, & est située sur une pointe qui court

court bien avant en Mer. Son côté Occidental est garni de rochers qui lui servent de hautes murailles. Depuis que les Hollandois l'ont prise, ils l'ont fortifiée, & l'ont entourée de remparts & de fossez à eau. Les ruines qu'on y voit & les anciens bâtimens qui y subsistent encore marquent que c'étoit une belle Ville. Plus avant dans le Pays est une autre Ville de Coulan possedée par les Malabares, où est le Palais du Roi & la principale Pagode. L'animosité des habitans contre les Hollandois a obligé ceux-ci à les abbaisser & à les reduire en un état où ils sont moins à craindre. Il y a dans ce petit Royaume plusieurs petites Villes non murées, beaucoup de Villages tous bien peuplez & c'est par là que cet Etat merite quelque consideration. Les Nairos y savent manier le mousquet & le Canon. Ils sont fermes dans le Combat & ne lâchent le pied que quand ils sont tout à fait accablez. Les Campagnes y sont agréables comme dans tous les autres Pays de cette côte; les eaux, le poisson, les arbres, n'y manquent pas. Presque tout le terrain est bas & uni, n'y ayant point de Collines, ou n'y en ayant que peu.

§ Il faut donc distinguer ici 1. La Forteresse & le Port de Coulan qui est à la Compagnie Hollandoise des Indes Orientales; 2. La Ville de Coulan plus avant dans les Terres & habitée par les Malabares; & 3. Le Royaume de Coulan, dont le Roi & la plupart des Sujets sont Idolatres, mêlez de Chrétiens de St. Thomas.

1. COULANGE LA VINEUSE [a], Bourg de France, en Bourgogne, dans l'Auxerrois, près de la Riviere d'Yonne, à trois lieues d'Auxerre au Midi.

[a] Baudrand Ed. 1705.

2. COULANGE SUR YONNE [b], Autre Bourg de France en Bourgogne sur la Riviere d'Yonne, cinq lieues au dessous du precedent.

[b] Ibid.

COULMENI, selon le P. Pierre Martin Jesuite, CULMANI, selon Mr. de l'Isle: grosse Bourgade des Indes dans la partie Septentrionale au Royaume de Maduré, au Nord-Ouest de Tricherapali; & environ à quatre lieues de Chirangan Isle que forme le Fleuve Caveri, dont l'Embouchure est sur la côte de Coromandel.

[c] Lettres Edifiantes T. 6. p. 183.

COULOGNE [*], petite Ville de France dans la Gascogne Toulousaine, au Pays de Verdun, sur les Confins de l'Armagnac à sept lieues de Toulouse au Couchant, en allant vers Leytoure.

[*] Baudrand Ed. 1705.

COULONGES TOUARCOISES [d], Bourg de France dans le haut Poitou, au voisinage d'Anjou; à quatre lieues de Touars, entre le Couchant & le Midi.

[d] Ibid.

COULOUR, Riviere des Indes dans la Presqu'Isle en deçà du Gange. Elle a sa source au Royaume de Visapour, ou plutôt elle s'y forme de plusieurs ruisseaux, entre lesquels sont l'AGERI & le CUGNI; & serpentant vers le Pays de Concan à l'Ouest, elle se recourbe vers le Nord-Est, & vers l'Est, passe à Janabad, coule entre les Pays de Balagate & le Visapour, dont elle coupe une pointe pour lui servir encore de bornes du côté du Royaume de Golconde qu'elle separe aussi du Royaume de Carnate; après quoi elle se perd par plusieurs Embouchures auprès de Bezoar dans le Golphe de Bengale. Elle porte aussi le nom de Korstena, sur tout vers ses sources.

LES MINES DE COULOUR, ou de GANI, sont dans une Montagne située au Nord de cette Riviere & on en tire des Diamans. Voiez GANI.

COUMADENI [e], ancien peuple de Corse vers le Midi de l'Isle, selon Ptolomée. Les Exemplaires varient, quelques-uns portent comme lit Ortelius Κουμαδηνοι, d'autres Κουμαανοι.

[e] l. 3. c. 2.

COUNAMPATY, Peuplade des Indes dans la Presqu'Isle en deçà le Gange dans le Royaume de Maduré, aux Confins de celui de Tanjaour [f]. Elle est environnée d'un bois très-épais, & il n'y a qu'une avenue étroite, fermée par quatre ou cinq portes en forme de clayes qu'il seroit difficile de forcer si elles étoient defendues par des Soldats. Il y a une Eglise Chrétienne gouvernée par les P. P. Jesuites.

[f] Lettres édifiantes T. 9. p. 148.

COUNOS. Voiez TOLIAPIS.

COVOLA [g], Château d'Italie, en l'Etat de Venise, dans la Marche Trevisane, aux Confins du Vicentin & du Trentin, près de la Brenta, à une lieue du Bourg de Cismonte; sur la pointe d'un rocher escarpé de tous côtez, ensorte qu'on ne peut y monter, ni en descendre que par une Poulie.

[g] Baudrand Ed. 1705.

1. COUPER [h], petite Ville de l'Ecosse Meridionale, dans la Province de Fife sur la Riviere d'Eden, à trois lieues de la Ville de St. André & à l'Occident Meridional de cette Ville.

[h] Baudrand Ed. 1705.

2. COUPER [i]. Mr. Baudrand en met encore une autre à six lieues de la premiere du côté du Nord. Allard ne la connoît pas.

[i] Ibid.

COUPINS, Isle de l'Océan, l'une des Orcades. Dans l'Etat présent de la Grande Bretagne [k] elle est nommée COPINSKA à l'Est de Main-Land. C'est une petite Isle, fertile en bled, en paturage, en bétail & en gibier. La pêche y est fort bonne, cette Isle se voit de fort loin par ceux qui sont en Mer. Au Nord-Est il y a un rocher qu'on appelle THE HORSE OF COPINSKA, c'est-à-dire, le Cheval de Copinska.

[k] T. 2. p. 303.

COURANT; on appelle ainsi le cours des eaux de la Mer, mais sur tout certains lieux de l'Océan, où la Mer a un cours plus ou moins rapide, au lieu qu'à côté & à quelque distance elle semble n'en point avoir ou même en avoir un qui est opposé. Quelquefois le mot de Courant signifie la même chose que la Marée; mais il y a des Mers, où, comme on vient de le dire, l'eau court vers un des points de la Boussole, ce qui ne s'éprouve point avant que l'on soit arrivé à ces endroits-là & on ne l'éprouve plus dès qu'on les a passez. Les courans sont une grande ressource pour les Pilotes peu exacts dans leur Calcul; ils ne manquent gueres de rejetter sur les Courants une faute qui ne vient que de leur manque d'habileté & de l'imperfection de l'Estime.

COUR-DIEU. (LA) Abbaye de France Ordre de Cisteaux, à trois lieues d'Orléans du côté du Levant.

COURESE [l], (LA) en Latin *Curretia*, Ri-

[l] Baudrand Ed. 1705.

Riviere de France dans le Limosin. Elle a sa source à dix-mille pas au dessus de Tulle qu'elle arrose. Delà elle passe à Brive & se rend dans la Vesere.

COURLANDE, voiez CURLANDE.

COURMABAT [a], Ville d'Asie dans le Laurestan dont elle est la Capitale, qui est l'ancien Royaume des Elamites où regnoit Codorlahomor du temps d'Abraham. Ce Royaume confine à la Seigneurie de Gouspakan à l'Orient, à la Susiane au Midi, au Fleuve du Tigre à l'Occident, & à la Medie inferieure au Septentrion. Courmabat est au 33. d. de Latitude, & plutôt une Forteresse qu'une Ville. Tout ce qu'elle a de considerable, c'est le Palais du Gouverneur, avec des boutiques magnifiques que le dernier *Vali* y a fait bâtir. On appelle *Valis* les descendans des Princes dont le Roi a subjugué les Etats, & auxquels il en laisse le gouvernement.

[a] *Corn.Dict.*

COURON [b], Bourg d'Asie dans la Perse dans le voisinage de Cachan avec un Terroir environné de hautes Montagnes & planté de quantité de Noyers; il est fort peuplé & n'a qu'une rue longue de près d'une demie-lieue, & fort mauvaise en Hyver à cause d'un gros ruisseau qui y passe & des gros Cailloux dont il est plein. Ses maisons n'ont qu'un étage fort bas & ne sont bâties que de Cailloux. On y trouve un Caravanserai fort commode. Autour de ce Bourg ainsi qu'en d'autres lieux de la Perse, il y a un grand nombre de Chacales. C'est une espece de renard qui fait la nuit un bruit incommode, parce que quand il y en a un qui crie tous les autres lui répondent.

[b] *Tavernier Voyage de Perse l. 1. c. 6.*

COURPALAIS [c], Bourg ou gros Village de France dans la Brie, à une lieue de la petite Ville de Rosay. Il est considerable à cause d'une Collegiale du Titre de Sainte Magdelaine. Cette Eglise est desservie par douze Chanoines & par quatre Chapelains. Le Doyen en est le Chef.

[c] *Corn.Dict. Mem. Manuscrits.*

COURSORE, ou COURT-SOLRE [d], Terre en Hainaut; elle appartenoit au Bienheureux Gualbert & à la Bienheureuse Bertilde, Pere & Mere de Ste. Vaudra de Mons & de Ste. Aldegonde de Maubeuge. Aldegonde changea le Château en un Couvent de filles pour servir Dieu sur leur tombeau. Elle y mourut elle-même & fut enterrée auprès de ses parens. Mais six ans après son Corps fut transporté à Maubeuge. Coursore n'est plus rien aujourd'hui.

[d] *Baillet Topogr. des Saints p. 156.*

COURTELIN [e], Ville de France dans la Beauce, au Dunois, sur l'Yerre, à trois lieues de Château-Dun au Couchant.

[e] *Baudrand. Ed. 1705.*

COURTENAI, en Latin *Curtiniacum*, petite Ville de France dans le Gouvernement de l'Isle de France & au Gâtinois sur le ruisseau de Clairy, avec un ancien Château sur une Colline entre Sens & Montargis. Courtenai [f] est une Seigneurie fort ancienne, qui avoit ses Seigneurs particuliers dès l'année 1000, & qui portoient le nom de Courtenai dès l'onzième siécle. Un de ces Seigneurs de Courtenai accompagna Guillaume à la Conquête de l'Angleterre l'an 1066. & ceux de cette Race s'établirent en Angleterre, où ils ont long-tems tenu un rang illustre. Les aînez demeurerent en France, où ils étoient Seigneurs de Courtenai, & de Château-Renard, & ils se signalerent aux premiéres guerres de la Terre Sainte. Le dernier nommé Renaud n'eut qu'une fille nommée Elizabeth qui épousa le plus jeune des fils de Louis le Gros, il eut trois fils qui laisserent posterité, l'aîné nommé Pierre épousa Agnès qui lui apporta les Comtez de Nevers, d'Auxerre & de Tonnerre: par sa seconde femme Yoland de Flandre, il fut Comte de Namur: il fut aussi élu Empereur de Constantinople après la mort d'Henri son oncle, & le Pape Honorius III. donna à ce Prince, Pierre de Courtenai, la Couronne Imperiale l'an 1217. mais avant que d'avoir pris possession de l'Empire il fut tué en Grece l'an 1220. par Theodore Lascaris qui l'avoit tenu deux ans prisonnier. Cependant on élut Empereur à Constantinople l'an 1218. Robert fils de Pierre, Robert mourut en Grece, & eut pour Successeur son fils Baudouin qui fut chassé de Constantinople l'an 1259. par Michel Paléologue, & contraint de s'en aller en Italie, d'où il passa en France: & ayant demandé inutilement aux Princes Latins du secours pour se rétablir sur le Trône Imperial, il mourut l'an 1280. laissant un fils nommé Philippe qui n'eut qu'une fille nommée Catherine qui épousa Charles Comte de Valois, frere de Philippe le Bel. Il y eut de ce mariage une fille nommé Catherine, qui épousa le Prince de Tarente, de la Maison d'Anjou.

[f] *Longuerue desc. de la France part. 1. p. 116.*

La seconde Branche de Courtenai eut pour tige Robert II. fils de Pierre fils de France. Ce Robert fut Seigneur de Conches & de Château-Renard, & Grand Bouteiller de France. Il eut une longue posterité qui forma deux Branches; celle des Seigneurs de Conches, & celle des Seigneurs de Champignelles. La Branche des Seigneurs de Conches finit en la personne de Pierre de Courtenai dont la fille unique Amicie épousa Robert II. Comte d'Artois. Guillaume de Courtenai fils de Robert Seigneur de Conches, fut Seigneur de Champignelles & pere de Robert Archevêque de Reims, & de Jean de Champignelles, qui épousa Jeanne de Sancerre issue des Comtes de Champagne. Du Tillet dans ses Memoires raporte la posterité & la descente masculine de Jean de Courtenai Seigneur de Champignelles, jusqu'à la fin du sixiéme siécle. Du Bouchet a traité de cette Genéalogie dans un ouvrage particulier. Mais les freres jumeaux de Sainte Marthe dans l'Histoire Genéalogique de la Maison de France, n'ont fait aucune mention de cette posterité depuis Robert & Jean de Courtenai.

Quant à la Terre de Courtenai, comme elle apartenoit en propre à Catherine Imperatrice Titulaire de Constantinople, elle devoit venir à sa fille Jeanne de Valois: mais par une Transaction passée entre Jeanne & son Mari Robert d'Artois, d'une part, & Charles Comte de Valois, d'autre part, la Terre de Courtenai demeura en propre au Comte Charles & à son fils Philippe de Valois qui fut depuis Roi de France, & qui réunit la Seigneurie de Courtenai à son domaine; mais Charles VI. l'en demembra, l'ayant donné en pleine pro-

COU. COU. 829

propriété au Roi de Navarre de la Maison d'E-
vreux, qui céda cette Terre au Duc de Bretagne, & le Duc la donna à son frere Richard
Comte d'Estampes : elle revint au Duc de Bretagne, & après elle passa à Jean de Châlon
Prince d'Orange, qui étoit fils de Catherine
de Bretagne. Les biens de ce Prince furent
confisquez à cause de sa Rebellion contre
Louis XI. Il y eut ensuite de grands procès
entre le Procureur General & ceux qui avoient
succedé aux droits de ce Prince. Le Duc de
Guise Henri acquit des Seigneurs de Boulain-
villiers & de Rambures les droits qu'ils
avoient sur Courtenai, & cette Terre après avoir
passé par plusieurs mains, appartient actuellement au Marquis de Fontenilles.

Le troisiéme fils de Pierre de France Seigneur de Courtenai s'appelloit Guillaume, &
fut Seigneur de Tanlay près de Tonnerre,
dont le petit-fils Etienne ne laissa qu'une fille
nommée Jeanne de Tanlay qui épousa successivement les Seigneurs de Blesy & de Chalus.

COURTEZON [a], petite Ville de France
dans la Principauté d'Orange, en Provence, environ à deux lieues d'Orange & autant du
Rhône.

[a] *Baudrand Ed. 1705.*

COURTRAI, Ville des Pays-Bas dans
la Flandre Autrichienne, au quartier de Gand,
dont la Chatellenie de Courtrai fait partie. Les
Allemands l'appellent Cortrycke. Son nom Latin est CORTURIACUM. Cette Ville est fort
ancienne ; mais plus recente que ne le pretend
Grammaye [b]. Cet Ecrivain qui ne prenoit la
plume que pour se rendre agréable aux Villes
dont il retraçoit les Origines, n'a pas manqué
de placer dans les Courtraisis les Centrons clients
des Nerviens, comme dit Cesar. Il refute ceux
qui les placent ailleurs, dérive leur nom de ces
deux mots *Ron* ou *Ront*, c'est-à-dire, *un Cercle*, & *Ken*, ou *Kern* qui signifie le *Noyau* &
figurement le milieu, & soutient qu'ils étoient
au milieu de l'Etat des Nerviens. Il ajoute
une preuve qu'il croit sans replique. C'est un
Diplôme de l'Empereur Otton l'an 944. dans
lequel on lit entre autres choses, qu'on assigne aux Freres de la Congregation en l'honneur de la Sainte Vierge, auprès de Cambrai,
la Montagne nommée CEUTERON dans le
Cortraisis avec toutes les Dîmes &c. Or,
dit-il, ce Mont *Centeron* est presentement
MOSCRON avec une ancienne Seigneurie & un
Château démoli. Il a été aisé, poursuit-il, de
prendre une *n* pour un *u* & *Centeron* pour *Centeron*. Il observe que la coutume des Gaulois
étoit en distribuant les Provinces en Cantons,
de donner à ces Cantons des noms pris de ceux
des peuples, ou des noms des Villes Capitales.
D'où il conclut que le nom de *Courtraisis* ne
fut pas pris des Centrons peuple accablé par
plusieurs defaites, mais de *Curtriacum* qui étoit
leur principale Ville. Ce qui gâte un peu ce
raisonnement, c'est que le nom de *Curtriacum* est inconnu aux Anciens. Ce qu'il ajoute
est plus vraisemblable, savoir que la puissance
Romaine étant sur son déclin dans la Belgique, tout le Pays d'autour la Riviere de Lis,
fut soumis à Tournai Ville des Nerviens, &
delà se forma le Tournesis qui s'étendoit jusqu'à Gand. Delà vient aussi que Blandain

[b] *Corturiac. p. 57.*

qui est du Tournaisis est mis tantôt au Tournaisis, tantôt au Courtraisis en divers Diplô-
mes. Il est certain que le nom de CORTO-
RIACUM est ancien. [c] Il est fait mention des
Soldats ou Cavaliers nommez *Cortoriacenses,*
dans la Notice de l'Empire écrite il y a environ treize cents ans. St. Ouen dans la Vie de
St. Eloy fait mention des Peuples *Corturiacen-
ses* dont St. Eloy étoit Pasteur, aussi bien que
des Flamands & des Gantois. Il est fait mention plusieurs fois dans les Capitulaires du Pays
de Courtray *Pagus Curtricisus*. Enfin on voit
par des Lettres de Lothaire Roi de France,
données l'an 967. en faveur du Monastere de
Gand, qui est celui de St. Bavon qu'alors le
Pays de Courtray étoit encore distingué de
celui de Flandres quoi qu'il fût assujetti au
Comte. Courtrai a long-temps ses Châtelains Hereditaires qui étoient de la Maison de
Nevel ; & leur race ayant été éteinte, la fonction des Châtelains a été administrée par un
Magistrat qu'on appelle *Hooft Pointler*.

[c] *Longueru, desc. de la France 2 part. p. 60.*

Cette place ayant été plusieurs fois prise &
reprise fut démantelée par les François l'an
1683. Elle est à quatre lieues de Lille, à cinq
de Tournay & d'Ipres. [e] Outre l'Eglise Collegiale il y a un College de Jesuites. Les Capucins, les Recollets, les Dominicains, y ont
leurs Couvens. Il y a aussi des Religieuses
de St. François, & plusieurs Hopitaux, entre autres ceux de St. Nicolas & de St. François. La Citadelle étoit d'une assiete très-forte à cause des Eaux qui en défendoient les
Boulevards.

[d] Cette Ville est située sur la Riviere de
Lis, & non pas sur l'Escaut comme le dit Ortelius. Elle est aujourd'hui toute ouverte &
sujette à la Maison d'Autriche à qui elle fut
cedée par le Traité de Nimégue par Louis le
Grand qui l'avoit prise l'an 1667. & qui renonça au droit que lui avoit acquis sur cette
Ville & sur sa Châtelenie par le Traité d'Aix-
la-Chapelle.

[d] *Dict. Géogr. des Pays-Bas.* [e] *Divers Memoires.*

LA CHATELLENIE DE COURTRAY,
est dans le quartier de Gand & s'étend le long
de la Lis. Son Territoire est très-fertile. On
la divise en cinq Quartiers qu'on nomme VER-
GES, savoir

LA VERGE { de Menin,
de Harlebec,
de Deinse,
de Thielt,
des treize Paroisses.

COURVILLE [f], petite Ville de France
dans le Perche, sur la Riviere d'Eure, cinq
lieues au dessus de Chartres au Couchant.

[f] *Baudrand Ed. 1705.*

COURZOLA, voiez CURZOLA.

COURZOLAIRES, voiez CURZOLAI-
RES.

COUSERANS. Voiez CONSERANS.

COUSSE, Riviere de France dans l'Auvergne : elle a sa source dans les Montagnes &
son cours vers l'Occident. Elle passe à Issoire, dont elle remplit les fossez & se perd
dans l'Allier.

COUSSON (LE) ou COSSON [g] ; petite
Riviere de France dans le Blesois. Elle passe
à Chamb r & se jette dans la Loire un peu

[g] *Baudrand Ed. 1705.*

au deſſous de Blois. Son nom Latin eſt *Cuſ-ſanius*.

a Corn.Dict. Mem. dreſ-ſez ſur les lieux.

COUTANCES[a], Ville de France dans la Baſſe Normandie, Capitale du Cotantin, qui en a tiré ſon nom. Elle eſt ſituée dans un Pays élevé ſur une Montagne qui s'applanit doucement, & qui eſt comme environnée de prairies & de ruiſſeaux, à une lieuë ou deux de la Mer, à ſix de Saint Lo, & à neuf d'Avranches. Cette Ville eſt fort ancienne, & le Siége d'un Evêché ſous la Metropole de Roüen, avec titre de Comté, Préſidial, Bailliage, Vicomté, Amirauté & Maîtriſe des Eaux & Forêts. Il y a auſſi un Maire, trois Echevins & une Maiſon de Ville. La Cathedrale, qui porte le titre de Nôtre Dame, eſt une grande Egliſe magnifique & bâtie en croix, avec un Corridor & une Galerie qui regne tout autour du Chœur & de la Nef. Il y a quinze piliers de chaque côté dans ſa longueur. Le grand Portail, endommagé par les injures du temps, eſt accompagné de deux groſſes Tours, qui portent deux hautes pyramides de pierre, & la groſſe Tour qui eſt élevée ſur le milieu de la croiſée, eſt un ouvrage admirable, de figure octogone, ouverte en dedans en forme de Lanterne, & aſſez bien éclairée. Le Clergé de cette Egliſe eſt compoſé de trente-trois Chanoines, en y comprenant le Chantre, quatre Archidiacres, un Treſorier, un Penitencier & un Scholaſtique. Il y a encore ſix Vicaires du Chœur, quarante-deux Chapelains, quatorze Chantres habituez, ſix Enfans de Chœur, & une Muſique entretenuë. L'Egliſe Paroiſſiale de Saint Pierre en a auſſi une magnifique, & deux belles Tours, l'une ſur ſon grand Portail, & l'autre ſur le milieu de la croiſée. Cette Egliſe eſt de figure octogone, ornée en dedans de trente-deux Colomnes, & c'eſt un riche morceau d'Architecture, éclairée par ſeize grandes croiſées de vitres. L'Egliſe de Saint Nicolas, deſſervie par un Clergé nombreux, eſt grande, bien bâtie, avec un corridor, & elle a treize piliers de châque côté dans ſa longueur, & une groſſe Lanterne ſur le milieu de la croiſée. On n'a pas épargné l'or à ſon grand Autel. L'Egliſe du Seminaire Epiſcopal eſt très-propre, & ſon grand Autel fort beau. Ce Seminaire eſt gouverné par les Peres de la Miſſion, & le bâtiment où ils ſont logez, eſt grand, ſolide & en bel air. Le Refectoire, les Salles de Conference, & les autres appartemens ſont ornez de belle menuiſerie, & la propreté y regne par tout. On trouve quatre Monaſteres dans Coutances, ſavoir des Capucins, des Dominicains, d'Auguſtins, & d'Auguſtines.

Le maître Autel des Dominicains eſt un grand ouvrage de menuiſerie. La Tour de l'Egliſe des Auguſtins eſt aſſez bien travaillée. Les Religieux ſont Clercs Hoſpitaliers de Saint Auguſtin, & portent ſur la ſoûtane Noire une Croix de Lorraine faite avec un petit Galon blanc. Les Auguſtins forment une Communauté nombreuſe, & ſervent l'Hôpital, dont on achêve un aſſez grand bâtiment ſur le penchant de la côte. Leur Egliſe eſt petite. Huit Pilaſtres portent un Dôme peu élevé, mais embelli de peintures. Il y a auſſi dans Coutances un College où l'on enſeigne les Humanitez & la Philoſophie; il a été fondé par Jean Michel, Docteur en Theologie, & Chanoine de cette Ville, dans le voiſinage de laquelle eſt un Prieuré de Benedictines. Le Fauxbourg eſt grand, & rempli de toutes ſortes d'ouvriers, principalement de Tanneurs & de Teinturiers, à cauſe de la commodité d'une petite Riviere qui ſe diviſe en deux branches. La Maiſon de plaiſance de l'Evêque n'eſt ſéparée de la Ville que par un Vallon. Cette Maiſon eſt accompagnée d'un grand Parc de haute futaye, & fermé de murailles. Le Dioceſe eſt d'environ vint-quatre lieues de longueur, ſur huit à douze de largeur. La Mer en environne plus des deux tiers. La Riviere de Vire le ſépare de celui de Bayeux, à l'exception de Saint Lo & de Pont Farcy, qui ſont du Dioceſe de Coutances, & celui d'Avranches le borne au delà de Grand-Ville, de Villedieu & de Saint Sever. Outre les Villes de Saint Lo & de Pont Farcy, il comprend celles de Cherbourg, de Valogne, de Barfleur, de Beaumont, de Granville, de Carantan, le Port de la Hogue, un grand nombre de gros Bourgs; & à peu près cinq cens cinquante Paroiſſes, diviſées en quatre Archidiaconez. Il comprend auſſi les Abbayes de Saint Sever, de Leſſay, de Saint Sauveur le Vicomte, de Montebourg, de Hambie, de Saint Lo, & du vœu de Cherbourg. Les cinq premieres ſont de l'Ordre de Saint Benoît, & les deux autres de celui de Saint Auguſtin.

COUTANTIN. Voiez CÔTANTIN.

COUTHA[b], ancien lieu & peut-être Village des Indes, ſelon Ælien qui dit qu'on y donnoit aux chevres des Poiſſons ſecs à manger dans leurs étables.

b Animal: l. 16.

COUTRAS[c], petite Ville de France en Guienne dans le Perigord, à l'endroit où la Drôme & l'Iſle joignent leurs eaux, à quatre lieues de Libourne & à neuf de Bourdeaux. Il n'eſt remarquable que par la Victoire qu'Henri IV. alors Roi de Navarre y gagna en 1587. durant les Guerres civiles.

c Baudrand Ed. 1705.

COWALE, petite Ville de la grande Pologne, dans le Palatinat de Breſte, ſur la Wiſtule vis-à-vis de la Ville de Ploſcko.

§ Mr. de l'Iſle ne la connoît point, & ne fait aucune mention du Palatinat de Breſte, qui eſt, je crois, une faute au lieu du Palatinat, de Brzetcie qui eſt voiſin. Une autre faute c'eſt que Ploſckow & l'autre côté de la Wiſtule ne ſont point de ce Palatinat mais de celui de Ploſckow. Mais Mr. Baudrand a ſuivi Mrs. Sanſon qui brouillent ces Palatinats enſemble & mettent effectivement *Couale* au Palatinat de Breſt.

COWBRIDGE[d], Ville d'Angleterre dans le Comté de Glamorgan. C'eſt l'ancienne *Bovium*, ou *Bonium* des Ordovices.

d Corn. Dict.

COUVE (LA) Voiez CUBA.

COWEL (LE), on prononce Cowel, mais on écrit *Cowal*, contrée d'Ecoſſe & l'une des trois parties dont la Province d'Argyle eſt compoſée. Elle eſt entre le Loch-ſyn au Couchant & elle a à l'Orient le Lac Lomund qui eſt de la Province de Lenox. Mr. Baudrand dit que c'eſt une Preſqu'Iſle jointe au Comté d'Argyle du côté du Nord baignée au Sud par la Mer d'Irlande

COW. COX. COY. COZ. COZ. CRA.

lande & au Levant par le Golphe de Loung.

COWEY, ou COWIN. Voiez *Covinum*.

COWIE [a], Ville maritime d'Ecosse sur la Mer du Nord, dans la Province de Mernis, au Midi Occidental d'Aberdeen & au Nord Oriental de Bervic, & dans un petit Golphe où tombent deux Rivieres, qui lui forment un assez bon port.

[a] *Allard Atlas.*

COWORDE, ou COVORDEN, Forteresse des Provinces Unies au Pays de Drente & l'une des plus fortes des Pays-Bas & la Clef des Provinces de Groningue & de Frise. Elle est située dans les Marais, sur les Confins du Comté de Benthem: l'Evêque de Munster la prit le 10. Juillet 1672. & les Etats la reprirent avec une valeur extraordinaire le 23. de la même année. Comme c'est une des plus importantes Places de la Republique de ce côté-là, le fameux Coehorn, Ingenieur, le Vauban des Hollandois, l'a fait fortifier à sa maniere & en a fait un des Chefs-d'œuvres de son Art. Quoique je l'aye vue en 1710. je n'ose risquer ici une description de ses ouvrages.

COUZIN. (LE) Mr. de l'Isle écrit COUSIN [b], Riviere de France dans la Bourgogne. Elle a sa source dans l'Etang de Champeaux au Bailliage de Saulieu dans le Morvant; & après avoir coulé vers le Nord jusqu'auprès de Rouvray, elle coule vers le Nord-Est dans le Bailliage d'Avalon, arrose la Ville de même nom, passe sous le Pont Aubert & se jette dans la Cure à Blannay, Village du Nivernois.

[b] *De l'Isle Atlas.*

COXIE [c], Fort des Provinces Unies dans la Flandre Hollandoise, entre l'Ecluse & Oostburg.

[c] *Dict. Géogr. des Pays-Bas.*

COYACO [d], Lieu d'Espagne au Diocèse d'Oviedo. Il n'est remarquable que par le Concile qu'on y assembla l'an 1050. *Concilium Coyacense* sous Léon IX.

[d] *Labbe Concil. & Synod. Geogr. Tab.*

COYMASENI. Voiez COUMASENI.

COYO, Ville du Japon, près de Smongi; c'est la Sepulture ordinaire des Rois de Bungo, au raport de Mr. Corneille [e].

[e] *Dict.*

COZALA, Ville de la Grande Armenie, selon Ptolomée [f].

[f] *l. 5. c. 13.*

COZERIMI. Voiez MESUGA.

COZISTRA, Ville de Cappadoce dans la Prefecture ou Gouvernement de Cilicie, selon Ptolomée [g]. Quelques exemplaires lisent CYZISTRA.

[g] *l. 5. c. 6.*

COZUMEL, Isle de l'Amerique sur la côte Orientale de Yucatan, au Nord de l'entrée du Golphe de Honduras. Sa pointe Septentrionale atteint presque le 20. d. de Latitude Nord. Sa longueur est du Sud-Ouest au Nord-est, de Laet en parle ainsi. Le nom de Cozumel qu'elle porte vient de l'Idole renommée des Sauvages à laquelle les habitans de Yucatan accouroient autrefois de toutes les Provinces voisines. Ceux de l'Isle se servoient du même langage & avoient les mêmes mœurs que ceux de Yucatan, qui disent avoir appris de leurs predecesseurs que leur Province avoit été cultivée premierement par un peuple qui y étoit venu des contrées de l'Orient, après avoir été long-temps vagabond; que ce peuple avoit été conservé contre les attraques des autres Nations par la Divinité qu'il servoit & que les flots de la Mer s'étant separez de côté & d'autre, ils avoient suivi le chemin qui s'étoit fait au travers. Francesco Hernandes fut le premier qui aborda dans l'Isle de Cozumel, & après lui Jean de Grialva y étant venu en 1518. lui donna le nom de STE CROIX qui semble avoir été aboli depuis. Elle n'est qu'à quatre lieues du Continent; elle en a cinq de largeur & quinze de longueur.

C R.

CRABASIA, Ville d'Iberie, selon Etienne le Géographe. Par Iberie il faut entendre l'Espagne. Avienus met dans l'Espagne Tarragonnoise une Montagne de CRABASIA, comme lit Ortelius, mais l'Edition d'Oxford porte

[h] *Ora Marit. v. 489.*

Post Craprasiae Jugum
Procedit alte.

CRABRA AQUA, eau dont parle Frontin [i]. Ciceron [k] en fait aussi mention. C'est un ruisseau du Territoire de Rome. On le nomme presentement LA MARRANNA. Ortelius écrit la MURANA.

[i] *De Aquaeduct.*
[k] *Leg. Agr. 17.*

CRACKOW, petite Ville d'Allemagne dans la basse Saxe, au Duché de Meckelbourg, dans la Principauté de Vandalie, à deux bons milles de Schwerin. Elle n'est remarquable que par une maison de plaisance des Ducs de Meckelbourg: l'Architecture en est singuliere.

CRACKOW, ou CRAKAU. Voiez CRACOVIE.

CRACOVIE, Ville Capitale de Pologne sur la Vistule. Les Allemands la nomment Krakau. C'est une Ville fort grande & bien peuplée, ou plutôt, comme dit Mr. le Laboureur [l], ce sont quatre Villes ensemble; car l'ancienne Cracovie bâtie par Craco Prince des Polonois a été accrue de trois autres parties dont chacune conserve la qualité de Ville sous un nom particulier & a ses Officiers à part: l'une est au Midi derriere le Château & s'appelle CAZIMIRIE & contient une petite portion que l'on appelloit autrefois le Bourg des Juifs; mais ils s'y sont si bien multipliez, qu'ils l'occupent presque toute entiere, & sont au nombre de plus de vingt mille. La seconde nommée STRADOM est la partie Orientale. Ce que l'on peut appeller proprement CRACOVIE est l'Occidentale avec la Montagne où est le château. CLEPARIA qui est la troisiéme Ville n'est autre chose que le Fauxbourg Septentrional qui est fort long & fort large. C'est la Wistule qui a fait par son cours le partage de ces Villes qui n'ont point de murailles; & dont la force consiste principalement en la multitude & en la bravoure de ses habitans; il n'y a aucune Fortification considerable non plus qu'au château, quoi que le Roi Jean Sobieski l'ait fait revêtir au pied, de quelques Bastions & d'une enceinte de Gazon assez bien fraisée du côté de la Ville qu'il découvre entierement à cause de sa situation. Mais cette espece de Fortification pour reguliere qu'elle soit est pourtant plus pour l'ostentation que pour le besoin parce qu'elle est trop pressée faute de terrain.

[l] *Voyage de Pologne 2 Part. p. 30. & suiv.*

Mmmmm * 3 L

Le Bâtiment du Château est une piéce d'Architecture aussi accomplie que l'on puisse voir. Il est assez semblable pour le dessein au Château St. Ange de Rome & semble même plus égayé; mais il a moins d'étendue. C'est un grand Corps de Logis de pierre de Taille avec deux ailes, autour d'une Cour quarrée, decoré de trois Galeries où se dégagent tous les appartemens, la premiere est de plein pié dans la cour, la seconde est au prémier étage, la troisiéme au second, où finit le grand escalier qui est de pierre dure. Ces galeries sont, comme les Chambres, parquetées de careaux de marbre blanc & noir de raport. Elles sont décorées de peintures & des bustes des Cesars. Rien ne se peut égaler à la beauté des lambris des Chambres du second étage qui est le Logement des Rois & des Reines. C'est veritablement la plus belle chose que l'on puisse voir pour la delicatesse de la Sculpture & pour les ornemens d'or moulu & de couleurs très-fines. Dans la Chambre principale sont les trophées du Roi Sigismond avec mille Parergues & mille enjolivemens au Ciseau; d'où pendent en l'air plusieurs Aigles d'Argent qui sont les armes de Pologne, la moindre haleine de vent les fait voltiger doucement, leur donnant une espece de vie & de mouvement si naturel que l'imagination en est aussi-tôt persuadée que les yeux. Les Chambres sont grandes, & en plus grand nombre que ne semble le prometre le volume du bâtiment, qui d'ailleurs est un peu contraint par la Montagne. Mais cet espace est si bien ménagé qu'il y a des appartemens de reste, le Roi, la Reine, les Princes du sang, & les personnes necessaires auprès d'éux bien logées. Il y a des Chapelles pour dire la Messe devant leurs Majeftez.

L'Eglise Cathedrale de Cracovie est fort belle; mais un peu étroite pour sa longueur. Le Chœur est bien décoré, & la Nef est enrichie de plusieurs beaux tombeaux des Rois & de grands personnages. La Chapelle de St. Stanislas est à main droite, contre la clôture du Chœur. Sa Statue est d'argent massif, avec celle du mort qui ressuscite à ses pieds pour convaincre la Calomnie du mechant Roi Boleslas. Il fut inhumé dans cette Eglise en une Chapelle proche de celle-ci où se voit son ancien Sepulchre qui est de pierre. Dieu ayant temoigné sa Sainteté par plusieurs miracles, il fut levé de terre, canonizé & ses os honorez d'une chasse pour cette Chapelle, où Sobieski lui a fait faire une autre chasse d'argent massif, & les deux Statues aussi d'argent. Toute l'Eglise est entourée de Chapelles en plusieurs desquelles il y a des tombeaux de Rois, tous de Marbre de Bude en Hongrie dont la couleur bronzée fait douter à l'œil si c'est pierre ou metal. Ce ne sont point des Mausolées si materiels que ceux de France, mais l'art & la qualité suppléent à la quantité & on peut dire qu'il y en a peu de plus beaux. Ils servent tous à la decoration de l'Eglise & ne l'embarassent nullement, parce qu'ils sont rangez & dressez en bel ordre contre les murailles. Le Chapitre de cette Eglise est de Chanoines pris des plus nobles familles du Royaume. C'est un Seminaire d'Evêques & de Prelats à qui ces Canonicats servent de degré pour monter aux plus éminentes Dignitez du Clergé. Ceux de St. Stanislas doivent faire preuve de huit quartiers de Noblesse. Il n'y a que six Dignitez qui en sont exceptées en faveur des Nobles de science & de vertu pourvû qu'ils aient merité le degré de Docteur en l'Université. Le Tresor de la Cathédrale est remarquable par la rareté des Reliques & par la richesse de toutes sortes d'Ornemens qui sont d'un prix inestimable. Entre autres il y a une croix d'Or de quatre pieds de haut avec un morceau de la vraye croix de pareille hauteur. Il y a quantité de Calices d'Or enrichis de belles Pierreries; sept ou huit mitres, avec celle de St. Stanislas & son *Pallium*, qui sont si chargées de Diamants, de gros Rubis, de larges Turquoises, de grosses Hyacinthes, & d'autres pierres precieuses, qu'à peine les peut-on lever. Il y a grand nombre de chappes & de chasubles de la même broderie. Enfin la richesse de ce Tresor semble surpasser celle même des Rois desquels la pieté & leurs liberalitez sont encore à admirer dans les autres Tresors des Eglises de cette même Ville qui sont aussi pleins de Reliques, de Chasses, & d'Ornemens très-precieux. Au sortir de ce Tresor on montre un Crucifix de bois de hauteur naturelle enfermé sur l'autel d'une Chapelle. On en dit des merveilles peu croyables, savoir que les cheveux lui croissent tous les ans le Vendredi Saint; & qu'il a autrefois parlé à la bienheureuse Reine Hedwige femme du Grand Jagellon.

Les Eglises de Cracovie sont au nombre de plus de cinquante. Elles sont toutes très-magnifiquement bâties de larges pierres. Entre autres celle de Ste. Marie *in Circulo* qui est dans la place; le vaisseau est grand & bien décoré, particulierement le Chœur: au bout de la nef est une Chapelle de Notre Dame de Lorette toute remplie de Tableaux d'argent qui representent l'Histoire de ses Miracles. L'Eglise des Dominicains est aussi fort somptueuse. Les Polonois & un grand nombre d'Etrangers, la visitent à cause du Bienheureux Hyacinte d'Odrowatz qui y repose dans une grande châsse d'argent. Il y a peu de ces Eglises qui ne soient magnifiques & toutes n'ont pas seulement des Reliques en quantité, mais des Corps Saints tous entiers. Les P.P. de St. François ont celui de St. Simon Lipniki Religieux de leur Ordre, mort dans leur maison & à qui on attribue de grands Miracles. Les Carmelites gardent precieusement les Corps de deux Religieuses: l'une fut envoyée de Bruxelles lieu de sa naissance, pour établir une Communauté de sa regle à Cracovie, & avoit pour frere le Docte Puttanus Professeur de Louvain; l'autre est la sœur Myskowski d'une très-Illustre Maison de Pologne, qui vivoit de son temps & fut compagne de sa béatitude, aussi bien que de sa sainte vie. Dans l'Eglise de Ste. Anne on garde comme un corps Saint celui du Docteur Jean Cantius mort le 24. Decembre 1472.

Le Roi Ladislas Jagellon cherchant les moyens de conserver dans la Pologne & dans toutes ses Provinces la Foi Chrétienne qu'il avoit embrassée y fonda l'Université qui y fleurit aujourd'hui. Il envoya demander des Docteurs aux Universitez de Paris & de Prague, leur

CRA.   CRA.

leur bâtit l'an 1400. une maison à Cracovie. Cette Université a été dans la suite si frequentée des Ecoliers de diverses Nations que la Ville a quelquefois couru risque d'être pillée par les troubles qu'ils y ont excitez. L'Université de Cracovie se dit fille de l'Université de Paris & en fait gloire. CRACOVIE n'est gueres plus grande qu'Orléans, mais elle est bien plus peuplée parce qu'elle est fort marchande. La plupart des habitans sont étrangers, les Artisans étant presque tous Allemands, & plusieurs des Principaux de la Ville étant Italiens de naissance ou d'Origine. Le Roi leur donne des Lettres de Bourgeoisie par le moyen desquelles on peut parvenir aux Charges de la Ville & delà à l'*Indigenat* ou naturalité & même au degré de Noblesse. Il s'y rencontre quantité d'honnêtes gens qui rendent son habitation agréable. Les maisons y sont de pierres & assez bien bâties; il y a aussi de beaux Palais & la Campagne est pleine de maisons de grands Seigneurs assez magnifiques. Toutefois il y a une incommodité sans remede; ce sont les boues qui y sont en telle quantité, à cause que la Ville est dans un fond & au pied des Montagnes, qu'on leur abandonne tout le milieu des rues où l'on a mis d'espace en espace quelques hautes pierres pour passer d'un côté à l'autre. Il y a à Cracovie une Imprimerie qui a quelque reputation, ce qui est assez rare dans ce Royaume qui va chercher ses Livres aussi bien que le reste de ses autres necessitez dans les Pays étrangers.

Selon les observations des Astronomes les plus exactes Cracovie est de 18. d, plus Orientale que l'Observatoire de Paris. Sa Latitude est de 50. d. 8'. depuis le Voyage de Mr. le Laboureur dont j'ai pris la description qu'on vient de lire, [a] il est arrivé de grands changemens à cette Ville. Elle s'est ressentie horriblement des Guerres Civiles de la Pologne, & du séjour que les Suedois y ont fait au commencement de ce siécle. Le beau Château dont on vient de parler fut consumé par les flammes, & les aigles d'argent disparurent. Au dessous du Château est une Caverne où l'on dit qu'avoit son repaire un Dragon qui faisoit de grands dégats dans le voisinage, on pretend qu'un Cordonnier le fit crever par un appas composé de poix & de resine.

LE PALATINAT DE CRACOVIE, est borné au Nord par celui de Siradie & au Nordest par celui de Sendomir; il a au Midi la Hongrie & à l'Occident la Silesie. Il n'a point de Ville remarquable que la Capitale. On y trouve aussi Landscron qui est une des plus fortes places du Royaume. Une des choses les plus singulieres, ce sont les mines de Sel de Velika à deux lieues de Cracovie. Voiez VELIKA. Il y a aussi des mines d'Argent près du Village d'Ilkusch.

CRACCURIS, ancien lieu d'Espagne. Voiez GRACCURIS.

CRACINA, Isle de la Gaule au Poitou, selon Gregoire de Tours [b].

CRADE, Ville d'Asie dans la Carie, selon Etienne le Géographe qui cite Hécatée.

CRADEMNA. C'étoit selon Suidas un des noms d'Amphipolis Ville de Macedoine sur le Strymon.

[a] Divers Memoires.

[b] l. 5.

CRAGAUSA. Voiez RARASSA.

CRAGNO. (LE) Mr. Baudrand [c] dit que les Italiens nomment ainsi la CARNIOLE. Voyez ce mot.

1. CRAGUS, Montagne d'Asie dans la Lycie, elle est grande & les Anciens la depeignent comme couverte de Forêts; elle avoit huit sommets & une Ville de même nom comme Strabon [d] nous l'apprend. Bochart [e] observe que ce mot CRAC signifie chez les Orientaux une Pierre (*Petram*) & que כרכ, *Crac*, chez les Syriens ne signifie pas tant une roche qu'une Citadelle, ou Forteresse. A l'égard des huit sommets Eustathe n'est pas bien d'accord sur leur nombre, car expliquant un vers d'Homere [f] il n'en met que deux, mais dans sa Paraphrase sur Denys le Periegete il en met huit comme Strabon. Strabon poursuit : c'est à cette Montagne que l'on place la fable de Chimere, & assez près delà est une certaine vallée nommée Chimæra qui s'eleve depuis le rivage vers le haut. Au dessous du Mont Cragus est Pinares une des plus grandes Villes de la Lycie, ensuite le Xanthe Riviére que l'on appelloit autrefois Sirbes. &c. Ceci sert à mieux faire entendre ces vers d'Ovide. Il parle de Bellerophon [g].

Caras, & armiferos Lelegas, Lyciamque
pererrat.
Jam Cragon & Limyren Xanthique reliquerat undas,
Quoque Chimæra jugo mediis in partibus
ignem,
Pectus & Ora leæ, Caudam serpentis habebat.

Voilà la Chimere placée dans la Lycie assez près du Mont Cragus, mais Ovide ne dit pas comme Strabon que la fable de la Chimere fut attribuée à ce Mont Cragus. Il les distingue au contraire. Comme cette Montagne s'avance dans la Mer Pline [h] ne lui donne que le nom de Promontoire. Scylax de même [i]. Ce Promontoire est presentement CAPO SERDENI 37. ou SETTE CAPI. Ce nom de *Sept têtes* ne convient pas mal aux huit sommets dont parle Strabon.

Il sort de cette Montagne une branche qui s'étend vers l'Occident & que les Anciens appelloient ANTICRAGUS, de même qu'ils appelloient *Antiliban* & *Antitaurus* une branche du Liban en Syrie & une branche du Taurus dans la Cappadoce.

2. CRAGUS, Ville de la Lycie sur le Mont Cragus. C'est Strabon [k] qui nous en donne la seule connoissance qui en reste.

3. CRAGUS, Montagne ou Roche escarpée au bord de la Mer en Cilicie. C'est de cette Roche que Ptolomée vouloit parler lors qu'il en a fait le surnom d'une Ville qu'il nomme Antioche sur le Cragus.

§ CRAGUS, Promontoire de la Carie, selon Scylax [l], mais comme il le met à l'extremité de la Carie vers la Lycie & que dans cette derniere Province il ne fait point mention d'une Montagne ou d'un Promontoire que l'on nommât ainsi, il y a apparence que c'est la même qu'il donne à la Carie quoi que les autres le mettent dans la Lycie où il étoit effectivement. Je m'étonne que Cel-

[c] Ed. 1705.

[d] l. 14. p. 665.

[e] Canaan p. 679.

[f] l. 179.

[g] Metamor. IX. v. 644.

[h] l. 5. c. 27.

[i] Perip. p.

[k] l. 14. p. 665.

[l] Perip. p. 38. Ed. Oxon.

larius n'ait pas averti que c'étoit la même chose.

CRAIN, c'est ainsi que les Allemands appellent la Carniole.

Baudrand Ed. 1705. CRAINBOURG, ou KRAINBURG *a*. Ville d'Allemagne dans la Carniole sur la Save, à huit lieues de la Ville de Laubach au Couchant. Elle est fortifiée & a donné son nom aux Marquis de Crainbourg qui ont possedé la Carniole.

CRALA. Voiez MORABUS.

b Ortel. Thes. CRAMBE *b*, nom d'une ancienne Ville d'Asie. Suidas semble la placer vers la Lydie; elle étoit voisine d'un Marais.

1. CRAMBUSA, Isle de la côte de Cilicie *c* auprès du fleuve *Calycadnus*, & du Promontoire *Corycum*, selon Strabon *d*. Pline *e* écrit ce nom CRAMBUSSA. Etienne dit Crambusa comme Strabon, mais il la met auprès de Seleucie d'Isaurie. Ptolomée *f* la donne à la Pamphylie. Pline *g* la donne à la côte de la Lycie & la met vis-à-vis de la Chimere.

c Ortel. Thes. d l.14.p. 670. e l.5.c.31. f l.5.c.5. g l.c.

2. CRAMBUSA, ancienne Ville d'Asie dans la Lycie. Cette Ville & celle d'Olympe étoient entre le Promontoire sacré & Olbia, selon Strabon *h*.

h l.14.p. 666.

CRAMBUTIS, Ville d'Egypte, selon Etienne le Géographe.

CRANAE, Isle du Peloponnese, vis-à-vis de Gythæum, selon Pausanias *i*. Cette Isle est nommée par Homere qui dit qu'Helene y accorda les premières faveurs à Paris qui l'enlevoit. Strabon *k* observe qu'elle porta ensuite le nom d'Helene à cause de cette avanture. Voyez HELENE. Mr. Beger Antiquaire de Berlin a composé un Traité intitulé *Crane Insula Laconica eadem & Helena dicta & Minyarum Posteris habitata ex numismatibus Goltzianis, contra communem opinionem quæ ad Helenam Atticæ respexit. Colon. Brand.* C'est-à-dire, Berlin 1696. in 4. Il fait voir que cette Isle de Cranaé n'est point l'Isle d'Helene dans l'Attique, mais celle de la Laconie; & combat l'erreur qui avoit établi le contraire.

i l.3.c.21.

k Iliad.γ. v.444.

l Ortel. Thes. CRANAI *l*, ancien nom des habitans d'Athenes.

CRANAOS, Ville d'Asie dans la Carie, selon Pline *m*. Elle ne subsistoit déja plus de son temps.

m l.5.c.29.

CRANDA, Ville de l'Ethiopie sous l'Egypte, selon le même *n*.

n l 6.c.29.

CRANE, Ville du Peloponese dans l'Arcadie. Il y croissoit quantité de Sapins. Nous apprenons cette circonstance de Théophraste *o*.

o Hist. Plant.l.4. c.1.

CRANENBOURG *p*, Bourg d'Allemagne en Westphalie au Duché de Cleves, au Couchant de cette Ville, aux Frontières du Betuve, sur le Wetering, Ruisseau qui tombe dans le Wahal à Nimegue. Quelques-uns croyent que c'est l'ancien BURGINATIUM. Voiez ce mot.

p Jaillot Atlas.

CRANGANOR, Ville de la Presqu'Isle de l'Inde en deçà du Gange sur la côte de Malabar, au Royaume de Crangánor dont elle est la Capitale; & dans les Etats du Samorin *q*. Il faut distinguer quatre choses, sçavoir la Riviere de Cranganor, la Forteresse de ce nom, la Ville de Cranganor possedée par les Malabares, le Royaume de ce nom.

q Memoires communiquez.

LA RIVIERE DE CRANGANOR, Riviere des Indes au Royaume dont elle porte le nom & qu'elle sepáre du Royaume de Cochin. Elle a sa source aux Montagnes de Gate & après avoir coulé vers l'Occident elle se perd dans la Mer vis-à-vis de l'Isle de Vaïpin.

LA FORTERESSE DE CRANGANOR, est situé au Nord & à cinq milles de Cochin au Midi & à vingt milles de Calecut; sur une hauteur de sable, au bord d'une Riviere & à la distance d'un quart de lieue de son Embouchure. Cette Riviere est grosse & l'arrose d'un côté; de l'autre il y a d'agréables Campagnes, des étangs & des bois. Les Portugais sont les premiers peuples de l'Europe qui l'ayent possedée. Ils se contenterent d'abord d'y élever une tour, ensuite ils l'environnerent d'une muraille de pierre & y ajouterent avec le temps un boulevard à l'épreuve du Canon. Cependant l'an 1661. les Hollandois s'étant rendus maîtres de Coulan entreprirent à la fin de Novembre le siége de Cranganor qu'ils prirent d'assaut le 15. Janvier 1662. Ils se contenterent de la Forteresse & rendirent le plat Pays au Roi de Cananor; mais comme ils n'étoient pas fort, bien alors avec le Samorin ils ne négligerent rien pour se mettre à couvert de toute surprise.

Du temps des Portugais il y avoit à Cranganor entre autres Eglises celle des Peres de St. Paul. C'est ainsi qu'on appelle aux Indes les PP. Jesuites. Ils y avoient un beau College & une nombreuse Bibliothéque. Les Religieux de St. François y avoient aussi un Couvent. Outre cela il y avoit une belle Eglise Cathedrale. Comme il s'y trouve un grand nombre de Chrétiens de St. Thomas, elle étoit le Siége d'un Archevêque.

Depuis que les Hollandois en sont les maîtres ils ont creusé un bon fossé rempli d'eau autour des murailles, & s'en sont assuré la possession en la fortifiant.

Du côté du Midi il y a un petit Fort nommé PALIPORT pour arrêter les courses de l'ennemi.

LA VILLE DE CRANGANOR MALABARE, ou ROYALE est peu distante du Fort; c'est-là qu'est la Residence du Roi, son Palais est une assez chetive maison de materiaux très-communs; il est tout environné d'Arbres. La Ville n'a point de murailles, & est passablement grande. Les Maisons en sont toutes isolées, & même assez distantes l'une de l'autre.

LE ROYAUME DE CRANGANOR, petite contrée de l'Inde en deçà le Gange, sur la côte de Malabar dans l'Etat du Samorin de qui elle releve. Ce Royaume est d'une très-petite étendue. Il a son propre Roi qui tient sa Cour dans la Cranganor Malabare comme on vient de dire; mais ce Roi reconnoît le Samorin; & n'est gueres qu'un Gouverneur hereditaire.

CRANIA, Montagne de Grece dans l'Ætolie, aux environs d'Ambracia, selon Pline *r*. Etienne le Géographe nous fait entendre que cette Montagne donnoit son nom à une contrée & il dit sur l'autorité de Théopompe que Cranie étoit une contrée des Ambraciotes.

r l.4.c.2.

CRANIDES. Voiez CRENIDES.

CRA.

CRANII. Voiez NESIOTÆ.

CRANITÆ, Montagnes d'Italie au Pays des Samnites [a]. On les nommoit ainsi à cause de la multitude de Corbeaux qu'on y voyoit.

[a] Zonar.l.2.

CRANIUM, ou CRANEUM, en François le Cranée, bois de Cyprès proche de la Ville de Corinthe. Voiez CORINTHE.

CRANNE [b], Bourg de France en Picardie à quatre lieues de Laon au Levant d'Hyver. Il y a un vignoble assez considérable aux environs.

[b] Baudrand Ed. 1705.

CRANNON, ou

1. CRANON, ancienne Ville de Grece dans la Thessalie aux champs de Pharsale, à ce que croit Ortelius trompé par la mauvaise ponctuation d'un passage de Pline [c]. Cet Ancien dit *Pharsalici Campi cum Civitate libera*, *Cranon, Iletia*. Ortelius a cru que Cranon étoit le nom de cette Ville, au lieu que Pline les distingue ; cette Ville étoit Pharsale qui donnoit son nom à la plaine. Pour revenir à Cranon, Etienne la met dans la Pelasgiotide, dans le lieu nommé Tempé, & cite Hécatée. Il ajoute qu'elle étoit à cent Stades de Gyrtone. Tite-Live [d] fait aussi mention de cette Ville, & écrit CRANNON par deux *n*. Demosthene [e] fait aussi mention de la bataille de Cranon.

[c] l.4.c.8.

[d] l.36.c.10. & l.42.c.64. & c.65.
[e] p.859.

2. CRANON, Ville de Grece dans l'Athamanie, selon Etienne le Géographe.

CRANOSTAW [f], petite Ville de la Pologne dans la Russie Rouge sur la Riviere de Wiepertz qui y forme un étang par la rencontre de plusieurs Ruisseaux. C'est dans ce lieu qu'on a transferé la residence de l'Evêque de Chelm qui en est au Nord Oriental.

[f] Baudrand rectifié.

CRANSAC [g], Lieu de France en Guyenne dans l'Election de Ville Franche. Il n'est fameux que par ses eaux Minerales qui attirent un grand concours de monde aux Mois de Mai & de Septembre. On puise ses eaux à deux Fontaines qui ne sont qu'à six pieds l'une de l'autre & qui sortent d'une Montagne de laquelle on voit s'exhaler continuellement de la fumée, & quelquefois des flammes. Les eaux Minerales de Cransac sont sulphurées & sont excellentes pour les Maladies causées par des obstructions, pour les foiblesses d'estomac, les vomissemens, les Coliques nephretiques, les maux de reins, &c. On trouve au dessus de ces Fontaines des grottes qui sont des étuves très-salutaires pour les Maladies qui proviennent d'humeurs froides, pour les Paralysies, les membres tremblans & refroidis, la goute & la Sciatique.

[g] Piganiol de la Force desc. de la France T. 4. p. 136.

CRANTIA. Dion Cassius [h] nomme ainsi une Ville maritime d'Espagne où Varus fut batu avec sa Flote par Didius. Ambroise Moralès croit que c'est une faute & qu'il faut lire CARTEIA.

[h] l.43.

CRAON, l'*o* ne se prononce point non plus que dans le nom de Laon : en Latin *Credo*, *Credonium* & même *Cronium*, petite Ville de France en Anjou vers les Limites de la Bretagne & du Maine, sur la petite Riviere de l'Oudon. Elle est remarquable par une bataille qui s'y donna du tems des guerres avec les Anglois ; & par un Prieuré Conventuel de l'Ordre de St. Benoît. Elle est à dix lieues d'Angers. Son Territoire qui s'étend entre la Riviere de Maine au Levant & les Frontieres de Bretagne au Couchant, est appellé le CRAONNOIS.

CRA. 833

CRAPAX, longue Chaine de Montagnes, entre la Pologne, la Hongrie & la Transilvanie. Elle prend differens noms, selon les divers voisins qu'elle a. Les Allemands la nomment WEISSENBERG, c'est-à-dire, *Montagne Blanche*. Ils l'appellent aussi SCHNEEBERG, c'est-à-dire, *Montagne couverte de Neiges*, & c'est le nom qu'elle a entre la Moravie & la Hongrie [i]. Les Esclavons la nomment TATARI, & du côté de la Russie & de la Transilvanie, on la nomme CREMPACH & SCEPESI & plus au Levant les Russiens l'appellent BIAS SCIADI, & entre la Pologne & la Hongrie TARCHAL en Hongrois & DER MUNCH en Allemand. Elles sont assez rudes en quelques endroits. Voiez CARPATHES.

[i] Baudrand Ed. 1705.

CRAPONE [k], (LE CANAL DE) Canal de France en Provence. Il porte le nom d'un Gentilhomme de Salon qui en donna le dessein, & qui le fit exécuter. Il est tiré de la Durance à six ou sept lieues de son Embouchure dans le Rhone, entre les Bourgs de Malemort & de la Roque. Il passe à Aiguiére & à une lieue de ce Bourg il se joint à un petit Bras de la Durance qui vient du côté d'Arles & enfin il se rend dans la Mer de Martigues, à une demie lieue d'Istres. Ce Canal ne sert pas pour la Navigation, mais pour faire tourner quelques Moulins & pour arroser & fertiliser le Terroir d'Arles, de Salon, & de plusieurs Bourgs & Villages par où il passe.

[k] Baudrand Ed. 1705.

CRASERIUM, Contrée de la Sicile, selon Etienne le Géographe.

CRASOS. Voiez CRASSOPOLIS.

CRASPEDITES SINUS, Golphe d'Asie dans la Bithynie, selon Pline [l]. C'est le même que Pomponius Mela appelle Golphe d'Olbia. Voiez ce mot.

[l] l.5. in fine.

CRASSOPOLIS. Gallien [m] met cette Ville entre celles dont le Territoire produit de l'Epeautre. Ortelius soupçonne que ce pourroit bien être la même que CRASO Ville de Phrygie dont il est parlé dans [n] l'Histoire Mêlée.

[m] De Aliment. Facult. l. 1.
[n] l.24.

CRASTIS, Riviere d'Italie dans la grande Grece assez près de Sybaris & de Crotone. Herodote [o] la surnomme *Seché*, peut-être que les eaux ayant pris un autre cours, le lit étant demeuré à sec conservoit toûjours le nom de la Riviere. Quoi qu'il en soit, il y avoit un Temple en l'honneur de Minerve surnommée CRASTIA. Ortelius a cru que c'étoit une Ville la même que CRASTUS.

[o] l.5. c.45.

CRASTUS, ancienne Ville de Sicile, selon Etienne le Géographe. Suidas dit que c'étoit la Patrie d'Epicharme.

CRATE [p], (LE) Riviere d'Italie au Roÿaume de Naples dans la Calabre Citérieure. Elle sort du Mont Apennin, passe à Cosenza, à Besignano, à San-Marco, & se jette dans le Golphe de Tarente à trois lieues de Rossano.

[p] Baudrand Ed. 1705.

CRATERAS, Maison de Campagne en Asie dans la Syrie, à vingt-quatre mille pas d'Antioche. Ammien Marcellin [q] dit qu'Apollinaire qui gouvernoit la Mesopotamie y fut tué.

[q] l.14.p.25. Edit. Lindebrog.

Tom. II. Nnnnn* CRA-

CRATERES. Voiez Palici.

CRATERII PORTUS, Port de l'Asie mineure dans l'Æolide, dans le Territoire de Phocée. Thucydide en fait mention [a].

[a] l.8. ad fin.

CRATERUS, Forteresse qui faisoit partie de la Ville de Troezene dans le Peloponnese, selon Frontin [b].

[b] Stratag. l.3.c.6.
[c] l.3.c.5.

1. CRATHIS, Riviere d'Italie au Pays des Brutiens, selon Théocrite. Pline [c] dit: Crataïs Riviere que le R. P. Hardouin croit être Fiumara di mare, mais ce n'est point la Riviere dont il s'agit. Il la nomme plus loin & dit: le Bourg nommé *Thurii* entre deux Rivieres, Crathis & Sybaris, où étoit autrefois une Ville de même nom; c'est-à-dire, appellée Sybaris. Cette Riviere est presentement le Crate & ne differe point du Crastis d'Herodote.

2. CRATHIS, Riviere de Sicile, selon Eustathe dans sa Paraphrase sur la Periégese de Denys.

3. CRATHIS, Riviere de Grece au Peloponnese dans l'Achaïe auprès d'*Ægæ*, selon Strabon [d].

[d] l.8.p.286.

4. CRATHIS, Montagne du Peloponnese dans l'Arcadie. C'est où étoit la source d'une Riviere de même nom, selon Pausanias [e].

[e] l.7.c.25.

CRATIA, Ville ancienne d'Asie dans l'Honoriade. La Notice de Hierocles la met au nombre des Villes Episcopales. C'est la même que Cratea nommée dans la Notice de Léon.

CRATINOPOLIS, ancienne Ville Episcopale d'Afrique dans la Mauritanie Cesariense, selon Victor d'Utique cité par Ortelius.

CRAU. (la) Petit Pays de France en Provence entre l'Embouchure du Rhône & l'Etang de Martegue. Sa Ville principale est Salon; il s'étend l'espace de huit lieues & est assez fertile quoique couvert d'une infinité de pierres. C'est la même chose que le Campi Lapidei des Anciens. Voiez cet Article.

CRAVALIDÆ, ou Craugalidæ, petite contrée de la Phocide auprès de Cirrha, selon Suidas.

§ CRAVATES, mot que l'ignorance a introduit en parlant d'un peuple & des chevaux qui viennent delà. Voiez Croates & Croatie.

CRAUGIÆ, petites Isles sur la côte du Peloponnese près du Cap Spirée, selon Pline [*] le seul Auteur qui en ait parlé. Ce sont deux Ecueils du Golphe d'Engia, à l'Orient de l'Isle de Salamine.

[*] l.4.c.12.

1. CRECIACUM, ou Crecium, ancien nom de Creci *sur Serre* en France au Territoire de Laon & à dix lieues de Noyon [f]. Quelques-uns se sont figuré que c'étoit une Maison Royale & cela n'a d'autre fondement que ce qu'on lit dans l'Histoire que Thierri s'y arrêta au raport de quelques-uns lors qu'Ebroïn fondant tout à coup sur lui avec l'armée d'Austrasie le mit en deroute, desorte qu'il s'enfuit delà vers Amiens. Quelques-uns ont confondu mal à propos ce lieu avec *Carisiacum* dont il est très-différent, aussi bien que de *Crisiacum in Pontivo* dont nous parlons dans l'Article 3. qui suit.

[f] De re Diplomat. l.4. p.279.

2. Il y a un autre Creciacum, Creci *en Brie*, au Diocèse de Meaux avec une Forêt de même nom près du grand Morin (*ad Mucram*

[g] Ibid.

Majorem) & avec un Prieuré de filles de l'Ordre de St. Benoît.

3. CRECIACUM in Pontivo [h], ou Crisciacum, ancienne Maison Royale de France en Picardie dans le Ponthieu. On l'appelle Creci *en Ponthieu*. Il y avoit une Forêt de même nom dans laquelle Mauronius Gentilhomme qui avoit l'intendance des Forêts du Roi Dagobert I., permit à St. Riquier de demeurer, lui-même il quita le monde & embrassa l'état Monastique en ce même lieu. Ce lieu de Creci est remarquable par la bataille qu'y perdit en 1346. Philippe de Valois contre le Roi d'Angleterre.

[h] Ibid.

CRECY. Voiez Creciacum.
CREDELIUM, voiez Creil.
CREDILIUM, voiez Creil.
CREDULIUM, voiez Creil.

1. CREDO [i], (le Mont) Montagne de France, dans le Bugei. C'est une partie du Mont Jura, qui est aussi nommé le Grand Credo; & qui s'étend entre les Frontieres de la Franche Comté & le Rhône.

[i] Baudrand Ed. 1705.

2. CREDO, &

CREDONIUM. Voiez Craon.

CREFENNÆ. Jornandes nomme ainsi un ancien Peuple du Nord. Ce sont les Scritifinni de Procope. Voiez ce mot.

CREICHGOW. Voiez Kreichgow.

CREIL, petite Ville de l'Isle de France sur la Riviere de l'Oise où elle a un pont, au Comté de Senlis & aux Confins du Beauvoisis, à deux lieues de Senlis & à trois de Clermont. Elle est du Diocèse de Beauvais & on y honore la Mémoire de St. Evremond.

CREIUS MONS, Montagne du Peloponnese dans l'Argie.

CREMASQUE [k]. (le) petit Pays d'Italie en Lombardie dans l'Etat de Venise aux environs de la Ville de Creme sa Capitale qui lui donne le nom. Il est enclavé dans le Milanez, dont il faisoit ci-devant partie, étant entouré des Territoires de Milan, de Cremone & de Lodi. Il n'est joint à l'Etat des Venitiens que par un grand Chemin de quelques milles. Il est fort fertile quoique petit. Le Serio & la Communa l'arrosent du Nord au Sud, & semblent s'approcher l'une de l'autre pour baigner les murs de la Capitale, après quoi elles se separent pour tomber dans le Pô qui coule au Midi de cette contrée.

[k] Baudrand Ed. 1705.

CREMASTE, Lieu d'Asie auprès d'Antandre, selon Xenophon [l].

CREMAE, Ville d'Asie dans le Pont, selon Etienne le Géographe.

[l] Græcor.

CREME [m], Ville d'Italie en Lombardie, dans l'Etat de Venise, & dans le Cremasque dont elle est la Capitale, sur le Serio, & à l'Orient de la Communa qui passe auprès de cette Ville. C'est le Siége d'un Evêché qui n'est pas fort ancien puisqu'il ne fut établi que l'an 1579. Il est Suffragant de l'Archevêché de Bologne. Cette Ville est très-forte & bien munie à cause du danger de sa situation. Les Venitiens la possedent depuis l'an 1428. Elle est à neuf milles de Lodi, à trente de Bresse & à vingt de Plaisance.

[m] Baudrand Ed. 1705.

CREMERA, ancien nom d'une Riviere d'Italie dans l'Etrurie; [n] Tite-Live & Ovide en font mention. Les Fabius étant arrivez

[n] l.2.c.49.

au-

auprès de la Riviere de Cremera, dit l'Historien, ce lieu leur parut propre à y bâtir un Fort. Florus [a] dit qu'ils furent tuez au nombre de trois cens auprès de Cremera. Et Ovide [b] dit:

[a] l. 1. c. 12.
[b] Fast. l. 2. v. 205.

Ut celeri passu Cremeram cepere rapacem.

On ne sait pas trop quel nom porte presentement cette Riviere. Elle doit être du côté des Veiens & à moins de six mille pas de l'ancienne Rome.

CREMINIECK. Voiez KREMINIECK.

CREMIEU, petite Ville ou Bourg de France en Dauphiné, dans le Viennois, à une lieue du Rhône & de la Bresse, & à cinq lieues de Lyon au Levant.

CREMISSUS. Voiez CRIMISSUS.

CREMMYON. Voiez CROMMYON.

CREMNA, Ville d'Asie dans la Pisidie, selon Strabon [c] qui cite Artemidore. Ptolomée [d] la donne aussi à la Pisidie.

[c] l. 12. p. 570.
[d] l. 5. c. 5.

CREMNI, Ville Marchande du Palus Méotide près du Tanaïs, selon Hérodote. Ptolomée [e] place aussi dans la Sarmatie en Europe la Ville de CREMNI. Quelques exemplaires vicieux portent CNEME.

[e] l. 4. c. 20.

CREMNIAS. Voiez GORTYNA.

CREMNISCOS, Ville de la Sarmatie en Europe au bord de l'Ister, selon Pline [f]. L'Auteur du Periple du Pont Euxin en fait aussi mention [g]. Le R. P. Hardouin semble insinuer que c'étoit la même Ville que CREMNI de Ptolomée. Il est du moins certain que si elles étoient differentes, l'une des deux donnoit le nom de MACROCREMNII à de hautes Montagnes qui sont dans le voisinage.

[f] l. c. 12.
[g] p. 9.

CREMNITZ, ou KREMNITZ, petite Ville de la Haute Hongrie au Comté de Zoll, au Nord de Schemnitz. [h] Cette Ville est une des plus petites que l'on puisse voir, car elle contient à peine trente-deux maisons. Par la maniere dont elles sont situées elles forment un Cercle autour d'une assez grande place au milieu de laquelle se tient le Marché. Cette Ville est sur le penchant d'un côteau où se trouve l'Eglise située de maniere qu'elle est en perspective de toutes les maisons. Sur le haut de la Colline est la Citadelle dont les Fortifications ne sont pas des plus fortes. Si la Ville est petite, les Fauxbourgs en recompense sont d'une grande étendue & forment une agréable coup d'œil par leur situation sur divers côteaux des environs. Celui du Midi est le plus beau de tous & le mieux cultivé.

[h] Tollii Epist. Itin. 5. p. 171.

[i] Cremnitz a des mines qui ne sont pas riches & la Chambre de Cremnitz compte tous les ans huit mille Florins d'Allemagne de depenses au delà du produit de ces mines; mais comme cette même Chambre a la Fabrique de la Monnoye & qu'elle gagne une demie once sur chàque Marc, cela s'employe à l'entretien des Officiers & des ouvriers de cette Chambre.

[i] p. 212.

1. CREMONE, Ville d'Italie au Duché de Milan dans la contrée qui en prend le nom de Cremonois, sur le Pô. Cette Ville est très-ancienne & étoit du Peuple *Cenomani*, peuple Gaulois d'origine & qui s'étoit venu établir dans la Gaule Cisalpine. C'étoit une Colonie Romaine, qui y fut conduite dans le même temps & sous les mêmes auspices que celle de Plaisance. Ce fut vers le temps de l'arrivée d'Annibal en Italie, comme on peut le prouver par le témoignage de Polybe [k] & de Velleius Paterculus [l]. Elle étoit au même endroit où elle est encore au dessous du Confluent du Pô & de l'Adda. Elle étoit riche & marchande; Tacite [m] le dit expressément. Cependant elle avoit extrêmement souffert du temps des Guerres civiles d'Auguste & Virgile [32] dit [*]:

[k] l. 3. c. 40.
[l] l. 1. c. 14.
[m] Hist. l. 3. c. 19. & c.
[*] Eclog. 9. v. 28.

Mantua væ miseræ nimium vicina Cremonæ.

Durant les guerres civiles de Vitellius elle fut sacagée par les Flaviens [n], mais Vespasien appliqua tous ses soins à la rétablir. C'est le Siége d'un Evêché Suffragant de Milan. Mr. Baudrand dit : on croit que Cremone a été fondée par les Gaulois Senonois l'an de Rome 445. Elle fut ruinée par les Sclavons & les Lombards l'an 630. L'Empereur Frederic Barberousse la fit rebâtir l'an 1184. & y fit construire la Tour dont nous parlerons ci-après. Le Prince Eugene de Savoye General des troupes Imperiales s'en saisit par surprise la nuit du 2. Fevrier 1703. mais il ne put s'y maintenir, & perdit beaucoup de monde. Mr. Misson [o] dit que cette Ville est assez grande, mais qu'elle est pauvre & deserte. Il ajoute : Il n'y a rien à voir à Cremone; cependant deux choses y sont fort exaltées la Tour & le Château. *Una torre stimata la piu alta che si veda e per cio numerata tra i miracoli d'Europa,* c'est-à-dire, une tour qui passe pour la plus haute qui se voye & à cause de cela comptée entre les merveilles du monde. C'est une exageration très-forte. Mr. Misson ne la trouve ni belle ni haute. Elle fut bâtie comme on vient de dire par Frederic Barberousse en 1187. on dit que le Pape Jean XXIII. & l'Empereur Sigismond se trouverent un jour ensemble au haut de cette Tour avec Gabrino Fondulio Tyran de Cremone, grand scelerat qui se repentit ensuite de ne les avoir pas precipitez l'un & l'autre du haut de cette Tour pour la rareté du fait. On passe le Pô à Cremone sur un bac, cette Riviere n'ayant point de pont au dessous de Turin.

[n] Tacit. ibid. c. 33. & 34.
[o] Voyage d'Italie T. 3. p. 8.

2. CREMONE, Lieu de la Dalmatie près de Salone, selon Procope [p].

[p] Goth. l. 1.

CREMONIS JUGUM, Montagne dans les Alpes. Comme une espece de Tradition pretendoit qu'Annibal avoit passé par là, elle a été aussi nommée Δίοδος Ἀννίβου, c'est-à-dire, le passage d'Annibal [q].

[q] Appian. Iber.

CREMONOIS. (LE) Pays d'Italie en Lombardie au Duché de Milan, aux environs de Cremone sa Capitale, le long du Pô qui le separe au Midi du Parmesan. Il est borné à l'Orient par le Duché de Mantoue, au Septentrion par le Bressan & à l'Occident par le Lodesan & le Cremasque. Il a été long-temps comme tout le reste du Milanez sous la Domination de l'Espagne, mais depuis la fameuse guerre pour la Succession de Charles II., il a été cedé à la Maison d'Autriche qui le possede, ou plutôt à l'Empire dont il est un Fief, & qui en laisse la Souveraineté à l'Empereur. Le Cremonois est fertile en vins & en fruits.

CRE.

CREMPEN, ou KREMPE; petite Ville d'Allemagne au Cercle de basse Saxe, dans le Duché de Holstein, dans le Stormar, sur un Ruisseau qui tombe dans la Riviere de Stoer; elle est dans la Préfecture de Steinbourg qui appartient au Roi de Danemarc, au Midi d'Itzehoë & au Nord-est de Gluchstadt fort près de l'une & de l'autre. Cette Ville est presque quarrée, & prend le nom du Ruisseau de CREMPE qui la traverse & en remplit les fossez [a]. Ce Ruisseau est aussi nommé KREMPAU, KRUMBAW, ou KROMBECK. Les Géographes Septentrionaux lui donnent 42. d. 49'. de Latitude. Elle est à un fort petit mille de Gluchstadt, à un bon mille d'Itzehoé & de Wilster, à sept de Hambourg. Elle est dans une plaine où la commodité des prairies est cause que ses habitans trafiquent en bestiaux.

[a] Hermanid. Dan. defc. p. 1149.

☞ CRENÆ, ce mot est Grec & signifie des *Sources*, des *Fontaines*. Ainsi les lieux qui sont nommez ainsi en cette Langue le sont sûrement à cause de quelque Fontaine.

CRENI, ancien nom d'un lieu d'Asie dans la Phrygie ; ce fut où les Fables feignent que Marsyas fut vaincu par Apollon. Silius Italicus dit [b] :

[b] l. 8. v. 504.

Quum fugeret Phrygios trans æquora Marsya Crenos.

CRENIDES, Lieu d'Asie dans la Bithynie au bord du Pont Euxin, selon le Periple d'Arrien [c] qui le met entre le Port de Sandaraca & la Ville de Psylla à soixante Stades du premier & à trente de la seconde. Marcien d'Heraclée dans son Periple [d] ne met que vingt Stades de Crenides à chacune de ces deux Villes Sandaraca & Psylla, & observe de plus qu'il y a un Port capable de contenir des vaisseaux d'une mediocre grandeur.

[c] p. 14. Edit. Oxon.
[d] p. 70. Edit. Oxon.

CRENTIUS. Voiez GRENTIUS.

CRENUM, Ortelius [e] trouvant ce nom dans le Continuateur de Glycas soupçonne que c'est le nom d'un lieu particulier de la Thrace. Il ajoute que Niceras semble le mettre auprès de la Berrhoé de Macedoine ; mais il doute si ce n'est pas un nouveau nom, ou plutôt un synonyme de la Ville de Philippes.

[e] Thesaur.

CREON, Montagne de l'Isle de Lesbos, selon Pline [f]. Aristophane [g] en fait aussi mention.

[f] l. 5. c. 31.
[g] in Ranis.

CREONES [h], ancien Peuple de l'Ecosse Septentrionale ; ils étoient voisins des Cerons avec qui quelques Exemplaires de Ptolomée les confondent ; mais d'autres les separent.

[h] l. 2. c. 3.

CREONIUM, ancienne Ville de Macedoine dans la Dassaretide, selon Polybe [i], près du Lac Lychnide.

[i] l. 5.

CREOPHAGI, ancien Peuple de l'Ethiopie sous l'Egypte. Ce nom ne signifie que mangeurs de viande. Strabon [k] observe qu'ils avoient tant hommes que femmes une espece de Circoncision. Ils étoient au dessus du port d'Antiphile.

[k] l. 16. p. 771.

CREOPOLUS, Montagne du Peloponnese, selon Strabon. Henri Etienne croit que c'est la même que le CREIUS MONS dans l'Argie nommé par Callimaque.

CREPEDULENSIS, ou **CREPERULENSIS**, Siége Episcopal d'Afrique. La Conference de Carthage nomme Barbarien Evêque *Plebis Creperulensis* [l]. Et l'Dia. p. la Notice Episcopale d'Afrique met entre les Evêques de la Bizacene *Felix Crepedulensis*. Il y a aussi une Epitre Synodique des Evêques de cette même Province où il est parlé de ce même Evêché. Il est vrai qu'on y lit *Secrepedulensis*, mais c'est une faute de quelque ignorant qui ayant trouvé *SECrepedulensis* a cru que ce n'étoit qu'un seul mot, au lieu que les deux premieres lettres sont initiales & signifient *Sancta Ecclesia*. Ainsi voilà deux autoritez pour *Crepedulensis*, contre une pour *Creperulensis*.

[l] Dia. p. 270. Edit. Dupin.

CREPSA, Ville de l'Isle d'Apsare, selon Ptolomée [m]. Ortelius dit que c'est presentement CHERZO; & peut-être la même que la CREXA de Pline [n]. Le doute est inutile.

[m] l. 2. in fine.
[n] l. 3. c. 22.

CREPSTINI; ce nom se trouve comme étant celui d'un Peuple vers les Embouchures du Rhin, dans un Fragment de la Table de Peutinger. On ne sait ce que c'est.

CRESA, Ville de l'Asie mineure dans la Doride, selon Ptolomée [o]. Quelques Exemplaires portent CRESSA qui vaut beaucoup mieux. Voiez ce mot.

[o] l. 5. c. 2.

CRESCENTINO, ou CRESCENTIN [p], petite Ville d'Italie, au Piémont, dans le Verceillois sur le Pô, aux Frontieres du Montferrat, vis-à-vis de Verrue à vingt milles au dessous de Turin au Levant en allant vers Casal.

[p] Baudrand Ed. 1705.

CRESIUM, Ville ancienne de l'Isle de Cypre, selon Théopompe cité par Etienne le Géographe.

CRESMIENSIS, ancien Siége Episcopal d'Afrique dont il est parlé dans la Conference de Carthage. L'Edition de Mr. Dupin [q] porte CRESIMENSIS. On ne sait de quelle Province il étoit.

[q] p. 280.

CRESIUS, Colline du Peloponnese dans l'Arcadie, selon Pausanias [r].

[r] l. 8. c. 44.

1. **CRESPI** [s] (l's ne se prononce point), Ville de France dans l'Isle de France où elle est la Capitale du Valois à sept lieues de Meaux, cinq de Compiégne & à treize de Paris. Cette Ville a été autrefois plus grande qu'elle n'est aujourd'hui. Elle est située dans une Presqu'Isle entre deux ruisseaux dont celui qu'on appelle la Fontaine de Ste. Agathe est fort renommé à cause des bonnes & singulieres qualitez de ses eaux. La Ville est marchande & la place que l'on appelle la *Couture* est le Marché aux chevaux. Il est spacieux & contient deux ou trois arpens de terre. La grande rue est belle & large & à côté on voit l'enceinte de la Cité au delà de laquelle est le Château. C'est un vieux bâtiment ruiné, construit à l'antique, dont la Tour est fort grosse & fort élevée. Le Palais où l'on rend la Justice est un bâtiment ancien assez simple. St. Albin est une Eglise Collegiale de fondation Royale, la châsse de ce Saint y attire un grand concours. On a recours à son intercession pour la peste & pour les Maladies contagieuses. On remarque dans l'Eglise de St. Denys un des plus beaux Chœurs qu'il y ait en France il est de figure quarrée. Les voutes sont d'un trait hardi & deux Colomnes de deux pieds de diamètre & fort hautes soutiennent tout cet édifice. Les Capucins y ont un assez beau Couvent, leur Clos est

[s] Piganiol de la Force defc. de la France T. 2. p. 294.

CRE. CRE. 837

est bien entretenu & sert d'agréable promenade à toute la Ville.

2. CRESPI (l's ne se prononce point), *a Baudrand.* ^a Bourgade de France en Picardie dans le Laonnois, d'où vient qu'on l'appelle *Crespi en Laonois,* pour la distinguer de l'autre de ce nom. Elle est à deux lieues de Laon en allant vers la Fere.

1. CRESSA, Port de Mer de l'Asie mineure dans la Doride, selon Ptolomée ^b & *b l. 5. c. 2.* Pline ^c qui le met à onze mille pas de l'Isle de *c l. 5. c. 28.* Rhode.

2. CRESSA, Ville de l'Asie mineure dans la Paphlagonie, selon Etienne le Géographe.

CRESSOPOLIS. Voiez CRETOPOLIS.

CRESSUM, Place forte d'Asie vers la Mesopotamie, selon Guillaume de Tyr, cité par Ortelius.

CRESSY. Voiez CRECIACUM.

1. CREST, (LE) Ville de France au bas Dauphiné, en Latin CRISTA; cette Ville qui *d Longuerue* est sur la Dromme ^d est depuis long-temps la *desc. de la* principale place du Duché (autrefois Comté de *France part.* Valentinois) & le Siége de la Senéchaussée du *1. p. 332.* Pays. Elle a un Château qui a été la Residence des Comtes, desorte qu'Aimar, qui tenoit le parti du Comte de Toulouse dans la guerre des Albigeois, munit cette Place qui étoit la plus importante de son Etat, comme dit l'Historien Pierre de Vaux de Cernay, qui l'appelle *Castrum nobilissimum, fortissimum, Militibus, & Servientibus bene munitum*: & cet Historien nous apprend que cette même Place soutint un grand siége contre le Comte de Montfort General des Croisez. L'Evêque de Die étoit néanmoins Seigneur de Crest par indivis avec le Comte de Valentinois; mais Louïs de Poitiers, Evêque de Valence & de Die, ceda sa part au Comte de Valentinois l'an 1382. en échange de quelques Terres qui furent unies à la Mense Episcopale, après quoi le Seigneur fit battre monnoye à Crest, ce qu'il n'avoit osé faire auparavant.

Aimar Comte de Valentinois, qui pretendoit ne relever d'aucune puissance, avoit volontairement fait hommage au Pape de ses Comtez & de ses autres Seigneuries, à la reserve de ce qui relevoit du Dauphin: mais après que les Papes eurent quité Avignon & qu'ils eurent rétabli leur Residence à Rome, ils perdirent ce qu'ils avoient acquis au deçà des Monts, excepté Avignon & le Comtat Venaissin. Pour revenir à Crest cette Ville appartient aujourd'hui au Prince de Monaco, comme Duc de Valentinois & il a fait mettre ses armes sur la porte du Château.

2. CREST. (LE) Bourg de France en Auvergne près de l'Allier & de St. Amand.

CRESTE. (LA) Village de France en Champagne, dans le Bassigni, sur la Riviere de Rognon, à deux lieues de Chaumont. Il n'est remarquable que par une Abbaye de l'Ordre de Cisteaux.

CRESTON, Ville de Thrace, selon E- *e l. 1. c. 57.* tienne le Géographe. Herodote ^e parle d'une Ville nommée CRESTON & dit qu'elle étoit habitée par les Pelasges; mais ce qu'il ajoute qu'elle étoit au dessus des Tyrrhéniens n'est pas fort intelligible. Les Critiques ont essayé d'expliquer cet endroit d'Herodote, mais à force de le changer ils ne l'ont pas rendu plus clair.

CRESTONIA. Voiez GRESTONIA.

CRETE, (LA) ancien nom de l'Isle que nous connoissons aujourd'hui sous le nom de Candie. Elle est entre deux mers que les Anciens nommoient la Mer Ægée & la Mer de Libye. La Latitude de sa côte Meridionale est par les 35. d. Et sa côte Orientale est par les 45. d. de Longitude, selon les observations Modernes. Elle a tout l'Archipel au Nord, dont une partie prenoit d'elle le nom de *Mare Creticum* & une autre partie plus à l'Orient s'appelloit *Carpathium* & *Rhodiense Pelagus*, à cause des Isles de Scarpanto & de Rhode qui semblent la joindre à l'Asie mineure. Entre le Peloponnese & sa pointe du Nord-Ouest appellée par les Anciens le Cap Simarus sont les Isles d'Ægilie aujourd'hui la Cerigote, & celle de Cythere, aujourd'hui l'Isle de Cerigo qui font une partie d'espece de liaison de l'Isle de Crète avec le Peloponnese. Pline ^f nous ap- *f l. 4. c. 12.* prend divers noms qu'elle a eus, savoir ÆRIA, ensuite CURETIS; il ajoute qu'avec le temps quelques-uns l'ont nommée *Macaron*, c'est-à-dire, l'Isle des bien-heureux à cause de l'air temperé que l'on y respire. Solin & Marcien d'Heracleé lui donnent le même nom qu'ils écrivent en Grec Μακάρων νῆσον.

Cette Isle fut anciennement fort peuplée & on lui attribue d'avoir eu jusqu'à cent Villes, peut-être aussi n'étoit-ce que pour faire un nombre rond. Scylax n'ose l'assurer: elle a, dit-on, cent Villes; ce mot, *dit-on*, marque qu'il ne le croyoit pas trop lui-même. Les Poëtes n'ont pas été si timides. Virgile dit ^g: *g Æneid.* *l. 3. v. 104.*

Creta Jovis magni medio jacet insula ponto
Mons Idaus ubi & gentis cunabula nostræ:
Centum urbes habitant magnas, uberrima
regna.

Horace dit ^h: *h l. 3. Od. 27.*

Qua simul centum tetigit potentem
Oppidis Creten.

Mais il faut remarquer que ces deux Poëtes parlent d'évenemens arrivez à peu près au temps du siége de Troye. Homere lui-même qui dans le second Livre de l'Iliade ⁱ apelle *i v. 156.* Crete *Hecatompolis*, nom qui ne veut dire que ses cent Villes, n'y en met dans l'Odyssée que quatre-vingts-dix ^k. Les Scholiastes supposent *k T. 174.* qu'entre le temps du siége de Troye & des courses d'Ulysse, Idomenée ou Leucus avoient detruit dix de ces Villes. Mais sans nous arrêter aux Poëtes, Pomponius Mela le Pere des Géographes Latins dit ^l: l'Isle de Crete *l l. 2. c. 7.* est grande & avoit autrefois cent Villes. Pline après avoir nommé une vingtaine des principales Villes de l'Isle sur les côtes, & à-peu-près autant dans l'interieur du Pays, ajoute: la Memoire d'environ soixante autres Villes subsiste encore. Meursius ^m temoigne en avoir *m De Creta* compté environ six-vingts dans les Monumens *c. 5.* anciens. Ainsi il est assez vraisemblable que le nombre de cent n'a jamais été fort juste. Il s'en faut bien que les Villes trouvées par Meursius ayent été contemporaines. Une Ville peri, il s'en forme une nouvelle & à cet égard il en a été de la Crète comme des autres Pays.

Nnnnn* 3 L'Isle

CRE.

L'Isle de Créte étoit anciennement partagée en Montagnes couvertes de Forêts & où les Cyprès croissoient d'eux-mêmes, & en vallées très-fertiles. On n'y voyoit aucun Hibou ni autre Animal nuisible excepté le Phalangium sorte d'araignée. On vantoit le courage de ses chiens. On parle mal des Cretois sur la pureté des mœurs. Ils se livroient à des amours execrables. On les accusoit d'être yvrognes, fourbes, menteurs, sans foi & grands brigands. Malgré cela ils passoient pour être bienfaisans envers les Etrangers. Les habitans de Cydonia avoient la reputation d'être bons archers.

Elle eut des Rois de bonne heure, on met de ce nombre Asterius qui épousa Europe enlevée par Jupiter, & de laquelle naquirent Minos, Rhadamante & Sarpedon. Elle eut aussi entre ses Rois un autre Minos qui se rendit maître de la Mer & fut le mari de Pasiphaë & le pere d'Androgée & d'Ariadne. Du temps de la guerre de Troye la Crète avoit plus d'un Royaume. Idomenée & Merion qui y assisterent étoient Rois de Crète. Les Romains ayant étendu leurs conquêtes jusqu'à l'Isle de Créte, Quintus Metellus l'attaqua, la soumit malgré sa resistance & en fit une Province Romaine.

Elle a eu XI. Villes Episcopales. Savoir

Gortina,
Gnosus,
Hierapetra,
Lappa,
Subrita,
Eleuthera,
Cherronesus,
Cydonia,
Cysamus,
Siteum,
& Cantanum.

Je joindrai ici la Table Géographique de l'Ancienne Crete dressée par le Pére Briet.

Villes dans l'interieur de l'Isle.
- Gnossus, aujourd'hui Ginosa,
- Gortyna,
- Littus ou Litus aujourd'hui Paléocastro.

Le fameux Labyrinthe fait par Dedale, où le Minotaure étoit enfermé.

Villes Maritimes de l'Isle.
- Cydonia, aujourd'hui la Canée,
- Rhitymna, aujourd'hui Retimo,
- Lissus ou Lessus, aujourd'hui Phionissa,
- Cyteum ou Siteum, aujourd'hui Sitia,
- Minoa Portus; Altemura ou Paleocastro diferent de l'autre.
- Matium, selon quelques-uns aujourd'hui Candie.
- Camara nommée aussi Lato, aujourd'hui Camera.

Promontoires.
- Ciamum ou Cimarum, aujourd'hui Cabo Spada,
- Arietis Frons ou Criu-Metopon,
- Samonium ou Salmone.

Montagnes.
- Ida, aujourd'hui Psiloriti,
- Dictæus, aujourd'hui Sethia & Lasthi,
- Leuci, aujourd'hui Madara.

Rivieres.
- Picnus, aujourd'hui Cladilio,
- Lethæus ou Lethes, aujourd'hui Naporal,
- Helectras, aujourd'hui Lineo.

Petites Isles auprès de la Grande.
- Claudos, aujourd'hui Gozo,
- Dia, aujourd'hui Standia,
- Letoa, aujourd'hui Christiano,
- Leucæ & Budoræ, aujourd'hui Isles de Turlurn.

Cette Liste n'est pas complette; par exemple le P. Briet oublie les deux Isles Coryca près du Promontoire Cimare, les trois Musagores voisines de Criu-Metopon, les Isles de Chrysa, Rhamnus, Ophiusa, Buta, Phoca, Platia, Onisa, les deux Isles Budoræ, &c. celle qu'il nomme Claudos est plus generalement nommée Gaudos. Voiez CANDIE.

CRETEA [a], contrée du Peloponnese dans l'Arcadie, où l'on dit que Jupiter fut élevé & non pas dans l'Isle de Crete. [a Pausan. l.c.]

CRETENIA, Lieu de l'Isle de Rhode, selon Apollodore [b] & Etienne le Géographe: ce dernier ajoute que les Monts Atabyriens sont au dessus de la Cretenie. [b l. 3.]

CRETHOTE, Ville de la Chersonnese de Thrace sur l'Hellespont. Voiez CRITHOTA.

CRETOPOLIS, Ville de la Pamphylie, selon Diodore de Sicile [c] & Polybe [d]. Quelques Exemplaires de Ptolomée nomment aussi Cretopolis, Κρητόπολις, mais les autres portent CRESSOPOLIS. Elle étoit dans la Carbalie. [c l. 18. d l. 5.]

CREVACORE [e], Bourg d'Italie, dans la Principauté de Masserano, entre l'Etat de Milan & celui de Savoye, sur la Riviere de Cessera, à sept lieues de Bielle vers le Levant. Il est fortifié & deffendu par un bon Château, & a titre de Marquisat. [e Baudrand Ed. 1705.]

CREVANT [f], Ville de France en Bourgogne dans l'Auxerrois, à quatre lieues d'Auxerre sur la Riviere d'Yonne. L'Eglise de St. Pierre est paroissiale & assez bien bâtie. Le Couvent des Ursulines n'a rien de remarquable. Cette petite Ville a un grenier à Sel & est renommée par le combat qui s'y donna en 1423. entre les François & les Anglois. [f Piganiol de la Force desc. de la France T. 3. p. 207.]

1. CREVECOEUR [g], Forteresse des Pays-Bas en Hollande sur la rive gauche de la Meuse à l'Embouchure de la Dieze, à une lieue & demie de Bois-le-Duc. [h] Elle fut prise l'an 1672. par les François qui la démolirent ensuite. [g Dict. Géogr. des Pays-Bas. h Baudrand Ed. 1705.]

2. CREVECOEUR [i], petite Ville des Pays-Bas dans le Cambresis sur l'Escaut au dessus de Cambrai. C'est là que Charles Martel gagna une grande bataille l'an 717. On l'appelloit alors VINCHY, en Latin Vinchiacum, & son pont sur l'Escaut Pons Julius: ce n'est plus qu'un Bourg. [i Dict. Géogr. des Pays-Bas.]

3. CREVECOEUR [k], Bourg de France dans le Beauvaisis à quatre lieues de Beauvais, à pareille distance du Bourg de Conti, & à trois de Granvilliers dans une Campagne fertile en grains. On y tient marché tous les Mardis & une Foire tous les ans. Les Serges que l'on y fait sont fort recherchées. [k Corn. Dict. Mem. dressez pour les nieux.]

4. CREVECOEUR [l], Forteresse de l'A- [l De l'Isle Carte du Canada.]

l'Amérique Septentrionale dans la Nouvelle France fur la Riviere & au Pays des Ilinois. On l'apelle preſentement le Fort St. Louïs.

5. CREVECOEUR [a], Fort des Hollandois en Afrique, dans la Guinée, près d'Aera, ſur la côte d'Or; entre le Fort des Anglois qui n'en eſt qu'à une portée de Fauconneau, & le Fort des Danois nommé Chriſtiaansbourg qui en eſt à une portée de Canon.

[a] Boſman Voyage de Guinée.lett. 5.p.76.

CREUS. Voiez CREIUS.

CREUSA, ou CREUSIS, Ville de Grèce dans la Béotie. Strabon [b] l'appelle Κρέουσα, c'étoit le Port de Mer de la Ville de Theſpies, & ſa ſituation étoit au fond du Golphe de Corinthe au raport de Tite-Live [c]. Etienne le Géographe & Pauſanias l'appellent CREUSIS.

[b] l.9.

[c] l.36.c.23.

CREUSE [d]. (LA) Riviere de France. Elle a ſa ſource dans la haute Marche, à cinq lieues au deſſus de Feltin qu'elle baigne, ainſi qu'Aubuſſon, Ahun & Celle-Dunaiſe. Puis ayant reçu la petite Creuſe, elle paſſe en Berry & y arroſe Argenton & le Blanc; delà ſéparant la Touraine du Poitou & étant accrue de la Gartempe, elle arroſe la Haye en Touraine & ſe mêle dans la Vienne un peu plus bas, au deſſous du Port de Piles, en un endroit nommé le Bec des eaux à vingt lieues au deſſous d'Argenton.

[d] Baudrand Ed.1705.

CREUSEN [e], Château d'Allemagne dans le Cercle de Franconie, dans le Margraviat de Cullembach, au Midi de Barreuth.

[e] DeWitt Atlas.

CREUTZ, ou STE. CROIX [f], Foreterreſſe de Hongrie dans l'Eſclavonie, ſur une petite Riviere qui va au Midi tomber dans la Save au deſſous de Siſſex. Elle eſt au Midi Oriental de Varasdin.

[f] DeL'Iſle Atlas.

CREUTZBERG [g], Bourg de Sileſie dans la Principauté de Brieg, ſur la Riviere de Brinnitz en tirant vers les Confins de la Pologne.

[g] Jaillot Atlas.

CREUTZNACH, ou CREUTZENACH, (en Latin *Crucinacium*) Ville d'Allemagne, au Palatinat du Rhin ſur la Nave qui la partage en deux parties, avec un Château ſur une hauteur [h]. L'Abbé Trithème dans ſa Chronique de Sponheim dit que l'ancien nom étoit *Stauroneſium*; mais il eſt bien aiſé de voir que ce nom n'eſt qu'une traduction en Grec du nom moderne & veut dire *l'Iſle de la Croix*. Nous expliquerons enſuite l'origine de ce nom. Selon le même Abbé ce n'étoit qu'un Village en 1181. un incendie le conſuma preſque entièrement en 1183. On pretend qu'il a anciennement appartenu aux Ducs de Franconie qui en firent un don à l'Evêché de Spire. Un Evêque de Spire le vendit l'an 1241. au Comte de Seyna pour 1100. Marcs d'Argent content. Ce lieu avoit titre de Ville en 1399., lorſque le feu en ruina la moitié. Des Comtes de Seyn, cette Ville paſſa aux Comtes de Sponheim, & c'eſt par eux qu'elle eſt venue à la Maiſon Electorale Palatine. Frederic Comte Palatin du Rhin & Comte de Sponheim y fonda l'an 1480. un Couvent des Religieux de St. François. Il y avoit ſur le Marché un Couvent de Carmelites que l'on appelloit le *Cloître Noir* à cauſe de la couleur de leur habit. On en a fait enſuite une Ecole publique. La paroiſſe eſt dans une Iſle qu'environne la Nave, il y eut aſſez long-temps un grand Crucifix qui a fait donner le nom à l'Egliſe & à la Ville. Creutzenach eſt préſentement le Chef-lieu d'un Bailliage de même nom, où ſe trouve auſſi le Château d'EBERNBURG qui eſt demoli, & que l'on a rendu aux Barons de Sickingen.

[h] Zeyler Palat. Infer. Topogr. p.15.

CREXA, Iſle de la Mer Adriatique ſur la côte de l'Illyrie. Pline la nomme [i] CREXA Ptolomée dit CREPSA. C'eſt aujourd'hui l'Iſle de CHERSO.

[i] l.3.c.21

CRI, Κρῖ, nom de lieu dont parle Homere; mais, comme Strabon [k] le remarque, il n'eſt pas entier. Au reſte c'eſt Ortelius [l] qui dit que c'eſt un nom de lieu, Strabon ne le dit pas.

[k] L.8.p.364.

[l] Theſaur.

CRIALON, Ville d'Egypte. Le R. P. Hardouin doute [m] ſi ce mot n'eſt pas pour *Crocodilon*, la Ville des Crocodiles.

[m] l.5.c.10.

CRIENTO, nom d'une Riviere. Il en eſt parlé dans la Vie de St. Waaſt & elle doit être une de celles qui coulent dans l'Artois.

CRIM, ou CRIMENDA [n], Ville de la petite Tartarie. Elle eſt ſituée dans la Crimée, dans une belle & fertile Plaine, à 46. degrez de Latitude. Cette Ville a été autrefois la Capitale de ce Païs, & c'eſt d'elle qu'il a tiré ſon nom. Mais depuis que les Tartares ſont en poſſeſſion de cette Preſqu'Iſle, la Ville de Crim eſt entièrement dépérie; enſorte qu'elle peut avoir préſentement tout-au-plus 600. maiſons, ou pour mieux dire, chaumières: elle eſt habitée par des Tartares & par quelques Juifs, & eſt ſous la domination du Chan de la Crimée.

[n] Hiſt. des TATARS. II. p.454.

CRIME'E, Contrée de la Tartarie. Les Anciens l'ont connue ſous le nom de Cherſonneſe Scythique, ou Taurique, ou Cimmerienne. Ils l'ont auſſi appellée Pontique parce qu'elle avance dans le Pont-Euxin; ou la Mer Noire qui la borne au Couchant, au Midi & partie à l'Orient. Elle a à l'Orient le détroit de Caffa qui la ſépare de la Circaſſie. Elle a au Nord les Palus Méotides, & au Nord-Oueſt la Tartarie Precopite à laquelle elle eſt liée par un Iſthme aſſez étroit.

Les Chans des Tartares de la Crimée prétendent être iſſus de Mengly-Garay-Chan, fils de Hadſi-Garay-Chan. Ce ſont ces Tartares dont on a eu juſqu'ici le plus de connoiſſance en Europe, à cauſe de leurs frequentes invaſions dans la Pologne, la Hongrie, & la Ruſſie. Ils ſont préſentement partagez en trois Branches: la 1ᵉ. eſt celle des Tartares de Crimée: la 2ᵉ. celle des Tartares de Budziack: la 3ᵉ. celle des Tartares Kubans. Les Tartares de Crimée ſont les plus puiſſants de ces trois Branches: on les appelle auſſi, Tartares de Perekop, de la Ville de ce nom; ou Tartares Saporovi, à cauſe que par raport aux Polonois, qui leur donnent ce nom, ils habitent au delà des Cataractes du Boryſthene. Ces Tartares occupent à préſent la Preſqu'Iſle de la Crimée, avec la partie de la Terre ferme au Nord de cette Preſqu'Iſle qui eſt ſéparée de l'Ukraine par la Rivière de Samar, & du reſte de la Ruſſie par la Rivière de Mius.

[o] Hiſt.des TATARS. II. p.469.

Les Tartares de la Crimée ſont ceux de tous les Tartares Mahométans qui reſſemblent le plus aux *Calmoucks*, ſans être à beaucoup près si laids, car ils sont petits & fort carrez, ont le teint brûlé, des yeux de porc peu ouverts, mais fort brillants, le tour du visage carré & plat, la bouche assez petite & les dents blanches comme l'yvoire, des cheveux noirs & rudes comme le crin, & fort peu de barbe. Ils portent des chemises fort courtes de toile, de coton, & des caleçons de la même toile : leurs culottes sont fort larges & faites de quelque gros drap ou peau de brebis; leurs vestes sont faites de toile & piquées de coton, à la maniére des Caftans des Turcs, & au dessus de ces vestes ils mettent un manteau de feutre, ou de peau de brebis : les mieux mis d'entr'eux portent une robe de drap fourrée de quelque belle pelleterie, au lieu de ce manteau : leurs bonnets sont en quelque manière façonnez à la Polonoise & bordez de peau de mouton, ou de quelque pelleterie plus précieuse, selon la qualité de la personne; ils portent avec cela des bottines de maroquin rouge. Leurs armes sont, le sabre, l'Arc & la fleche, dont ils savent se servir avec une adresse merveilleuse. Leurs chevaux ont fort mauvaise mine; mais ils sont bons, & ont la qualité de pouvoir faire, en cas de besoin, 20. à 30. lieues sans débrider : leurs selles sont faites de bois, & ils racourcissent si fort les courroyes de leurs étriers, que lorsqu'ils sont à cheval, ils sont obligez de s'y tenir les genouils tout-à-fait pliez. Leurs femmes ne sont pas des plus belles, tenant beaucoup des traits de leurs maris; cependant elles sont assez blanches, & portent de longues chemises de toile de coton, avec une robbe étroite de drap de couleur, ou de peau de mouton, & des bottines de maroquin jaune ou rouge. Comme ces Tartares vont continuellement brigander de part & d'autre, ils choisissent ordinairement celles d'entre leurs Esclaves, qui leur plaisent le plus, pour en faire leurs concubines, & méprisent les femmes de leur Nation. Ils élevent leurs enfans avec beaucoup de rigueur, & les exercent dès l'âge de six ans à tirer de l'Arc. Ils font profession du Culte Mahométan & sont assez attachez à leur Religion. Ils obéissent à un Chan, qui est Allié de la Porte; & son Païs est sous la protection des Turcs, qui traitent les Chans de la Crimée à-peu-près comme leurs Grands-Vizirs : car aux moindres raisons que la Porte Ottomane croit avoir d'être mécontente de la conduite du Chan, il est déposé sans autre formalité & confiné en quelque prison, si même ne lui arrive pis; néanmoins on observe toûjours que le Chan, qu'on élit en sa place, soit de la Famille des Chans de la Crimée. Le Successeur présomptif du Chan est toûjours appellé Sultan-Galga; & les autres Princes de sa Famille portent simplement le nom de Sultan.

La Presqu'Isle de la Crimée est très-abondante en tout ce qui est nécessaire à la vie; toutes sortes de fruits & de légumes y réussissent à merveille : cependant les Tartares la cultivent à leur ordinaire, c'est-à-dire, le moins qu'ils peuvent; leur nourriture est à peu près la même que celle de tout le reste de la Nation, car la chair de cheval & le lait de cavalle sont leurs plus grandes délices à table. Ces Tartares habitent dans des Villes & Villages : mais leurs maisons sont communément de misérables chaumiéres. C'est dans la Ville de Bascia-Saray, située vers le milieu de cette Presqu'Isle, que le Chan fait ordinairement sa résidence. Cette Ville peut avoir environ 3000. Feux, & n'est habitée que par des Tartares & quelques Juifs. Voiez PEREKOP, CAFFA, BALUCLAWA, & KIRCK.

Les Tartares de ce Païs sont les plus aguerris de tous les Tartares, quoique les Callmoucks soient infiniment plus braves qu'eux. Lorsqu'il s'agit de faire quelque course dans les Etats voisins, chaque Tartare, qui prétend être du parti, se pourvoit de deux chevaux de main qui sont dressez à le suivre par tout, sans qu'il ait besoin de les mener à la main ; sur ces chevaux il charge un sac avec de la farine d'orge, un peu de biscuit, & du sel pour toute sa provision. Dans la marche il n'y a que les plus considérables parmi eux qui ayent une petite tente pour s'y mettre à couvert pendant la nuit, avec un matelas pour se coucher; car les autres Tartares se font des tentes de leurs manteaux en les étendant sur quelques piquets, dont ils sont toûjours pourvûs pour cet effet : la selle leur sert de chevet, & une espece de couverte d'une grosse étoffe de laine, qu'ils mettent ordinairement sous la Selle, afin qu'elle ne blesse point le cheval, est leur couverture. Chacun attache ses chevaux avec une assez longue corde à des piquets auprès de l'endroit où il se couche ; là ils paissent l'herbe qu'ils trouvent sous la neige, après l'avoir habilement écartée avec les pieds, & lorsqu'ils ont soif ils mangent de la neige pour se désaltérer. Si un de leurs chevaux devient las, ils le tuent sur le champ & le partagent entre leurs amis, qui en font autant lorsque la même chose leur arrive : en ces occasions ils coupent la meilleure chair de dessus les os en plusieurs tranches de l'épaisseur d'un bon pouce, & les rangent fort également sur le dos de leur cheval sous la Selle; après quoi ils le sellent à l'ordinaire, en observant de serrer la sangle le plus qu'ils peuvent, & vont ainsi faire leur chemin : ayant fait 3. à 4. lieues, ils ôtent la Selle, tournent les tranches de leur viande, & prennent bien soin d'y remettre avec le doigt l'écume que la sueur du cheval a fait venir à l'entour de la viande; après quoi ils y remettent la Selle comme auparavant, & font le reste de la traite qu'ils ont à faire; à la couchée ce ragoût se trouve tout prêt, & passe même parmi eux pour un mets délicieux : le reste de la chair qui est autour des os, est cuit avec un peu de sel, ou faute de marmite, rôti à quelque bâton & consumé sur le champ. De cette maniére ils font fort bien des courses de 2. à 300. lieues sans faire de feu pendant la nuit, pour n'être pas découverts par là, quoiqu'ordinairement ils ne fassent leurs courses que dans le cœur de l'Hyver, lorsque tous les marais & Rivieres voisines sont gelées, pour ne rien trouver en leur chemin qui les puisse arrêter. A leur retour, le Chan prend la dixme de tout le butin, qui consiste communément en Esclaves : le Mursa de chaque Horde en prend autant que la part qui peut revenir à ceux qui sont sous son commandement; le reste est partagé entre

CRI.

tre tous ceux qui ont été de la course. Les Tartares de la Crimée peuvent mettre jusqu'à 80000. hommes en campagne.

CRIMENDA. Voiez CRIM.

CRIMESUS. Voiez CRIMISUS.

CRIMISA, ou CRIMISSA, Promontoire d'Italie au Pays des Brutiens [a]; Etienne y met une Ville de même nom, auprès de Crotone & de Thurium. Lycophron [b] fait auſſi mention de ce Promontoire à l'occaſion de Philoctete qui étant revenu du ſiége de Troye fut reçu dans le Pays de Crimiſa dont il paſſe pour avoir été le fondateur auſſi bien que de Macalla. Apollodore cité par Strabon [c] apelle CHONE la Ville ſituée ſur le Promontoire Crimiſa, & dit que delà les habitans de cette contrée furent nommez *Chones*. Le Pays eſt nommé *Chonie* par Lycophron [d].

a Strab. l. 6.
b v. 911.
c l. 6.
d v. 983.

1. CRIMISUS, ou CRIMISSUS, Riviere d'Italie au Pays des Salentins. Etienne le Géographe en fait mention. Elle a ſon Embouchure dans le Golphe de Crotone.

2. CRIMISUS, ou CRIMISSUS, ou CRINISUS, Riviere de Sicile, elle ſe jette dans la Riviere d'Hypſa, ſi nous en croyons Cellarius [e]. Mr. de l'Iſle lui donne au contraire une Embouchure dans la Mer, & c'eſt preſentement, ſelon lui, le Billigero. Cette Riviere au reſte eſt remarquable par la victoire que Timoleon y remporta ſur les Carthaginois. Virgile [f] le nomme CRINISUS.

e Geogr. Ant.
f Æneid. l. 5. v. 38.

Troia Criniſo conceptum flumine mater
Quem genuit.

CRINISSA; Germanicus dans ce qu'il a fait ſur Aratus appelle ainſi une Iſle dans laquelle il rapporte qu'Aries fils de Neptune fut changé en Belier. Ortelius ſoupçonne qu'il faudroit lire *Criuneſus*, c'eſt-à-dire, l'Iſle du Belier. Cette Iſle eſt auſſi fabuleuſe que le fait même.

CRIOA, Bourg de l'Attique dans la Tribu Antiocheïde, ſelon Etienne le Géographe & Suidas.

CRIONERO [g], Riviere d'Aſie dans la Natolie. Elle a ſa ſource dans le Mont Taurus; traverſe la petite Caramanie où elle paſſe à Candelor, & ſe jette dans la Mer Mediterrannée à Side.

g Baudrand Edit. 1682.

CRIQUE, petit Port ou Havre formé par la nature & où des Barques & autres petits Bâtimens ſe peuvent retirer.

CRIQUETOT l'ENNEVAL, Bourg de France en Normandie au Pays de Caux; entre Goderville & Gonneville à deux lieues de St. Join & de la Mer, au milieu d'une belle Campagne qui produit des grains & des Lins. Il y a haute Juſtice, on y tient marché tous les Lundis, & deux Foires tous les ans.

CRISE. Voiez CHRYSA.

CRISEORUM OPPIDUM; Frontin [h] parle de cette Ville & dit qu'elle fut priſe par ſtratagême par Cliſthéne. Ortelius juge qu'il faut lire CYRRÆORUM ſur l'autorité de Polyænus [i].

h l. 3. c. 7.
i l. 6.

CRISPÆ. Voiez au mot AD l'Article AD CRISPAS.

CRISPIANA, lieu de la Pannonie; Antonin le met ſur la route de Sirmium à Carnuntum entre Ulmi & Murſa; à XXVI. M. P. de la premiere & à XXIV. de la ſeconde.

CRI. CRO. 841

CRISPITIA, Ville de la Dacie Ripenſe, c'eſt-à-dire, au bord du Danube: il en eſt fait mention dans la Notice [k] de l'Empire.

k Sect. 31.

CRISSA, ancienne Ville de Grece dans la Pholide. Quelques-uns l'ont confondue avec Cirrha; mais Ptolomée, Pline & Strabon les diſtinguent. Cette Ville donnoit le nom de CRISSÆUS SINUS [l] au Golphe qui en étoit voiſin & qui fait partie du Golphe de Corinthe. Elle ne ſubſiſtoit déjà plus du temps de Strabon, il paroît pourtant qu'on l'avoit relevée avant Pline [m] qui en fait mention. Le R. P. Hardouin dit que c'eſt preſentement SALONA; & que le Golphe eſt GOLFO DI SALONA. Il a raiſon pour le nom du Golphe. Mais Salone eſt trop loin de la Mer ſur une Riviere; au lieu que CRISSA conſerve encore ſon nom au bord de la Mer au fond du Golphe. Ce n'eſt plus qu'un pauvre village.

l Strab. l. 6. p. 259.
m l. 4. c. 3.

CRISTONÆI. Stobée nomme ainſi un peuple voiſin des Scythes & dit que les femmes s'y brûloient avec les corps de leurs Maris. Cette coutume eſt encore en uſage dans les Indes.

CRISTOLIUM. Voiez CHRISTOLIUM.

CRISTOPOLIS. Voiez CHRISTOPOLIS.

CRITALA, ancienne Ville d'Aſie dans la Cappadoce, ſelon Herodote [n].

n l. 7. c. 26.

CRITENSI, ancien peuple de l'Ethiopie ſous l'Egypte, ſelon Pline [o].

CRITHOTE [p]; Scymnus de Chio [q] la nomme Κριθωτὴ, & Scylax [r] Κρηθωτή, Ville ancienne de la Cherſonnéſe de Thrace, ſur la Propontide.

o l. 6. c. 30.
p Plin. l. 4. c. 11.
q p. 29.
r Perip. p. 27.

CRIUMETOPON, c'eſt-à-dire, le front du Belier; Promontoire de l'Iſle de Crete. C'eſt aujourd'hui le Cap St. Jean de l'Iſle de Candie.

CRIUNESUS. Voiez CRINISSA.

1. CRIUS, Bourg Municipal de l'Attique, ſelon Suidas.

2. CRIUS, Riviere du Peloponneſe dans l'Achaïe: elle a ſa ſource aux Montagnes qui ſont au deſſus de Pallene & ſe perd dans la Mer auprès d'Egyres, au raport de Pauſanias [s].

s l. 7. c. ulti.

3. CRIUS. Voiez CREIUS.

CRIXIA, Ville d'Italie dans la Ligurie. Antonin en fait mention, & la met entre *Aqua* & *Canalicum*. Simler dit que le nom moderne eſt CROSERA Village du Montferrat. Cluvier aime mieux que ce ſoit IL CAIRO qui en eſt à deux milles.

CROATES. (les) On appelle ainſi les habitans de la Croatie.

CROATIE. (la) Pays de Hongrie. Il eſt borné au Nord-Oueſt par la Carniole, au Nord-eſt par la Save qui la ſepare de l'Eſclavonie; plus bas elle a la Boſnie à l'Orient; la Dalmatie au Midi & le Golphe de Veniſe au Midi Occidental. On y comprend la Morlaquie. Les habitans ſont nommez par les Allemands 𝕮𝖗𝖔𝖆𝖙𝖊𝖓 ou 𝕮𝖗𝖆𝖇𝖆𝖙𝖊𝖓/ & le Gouverneur eſt qualifié en Latin *Bannus Croatia*.

Les Places de la Croatie ſont

Carlſtadt capitale, Caſthanowitz,

Tom. II. Ooooo* Pe-

842 CRO. CRO.

Petrina, Chraſtowitz,
Segna, Siſſeck.

Le Port de Fiume devient important par les plans qui ont été dreſſez pour y établir un grand Commerce. Le Turc a autrefois poſſedé la plus grande partie de la Croatie & même les Chrétiens aſſiégerent inutilement en 1697. Wihicz place importante ſur l'Unna. A la Paix de Carlowitz la Porte conſerva de la Croatie tout ce qui par rapport à elle eſt au deçà de l'Unna.

CROBIALUS, petite Ville d'Aſie près du Pont Euxin, quelque part vers la Paphlagonie. Ptolomée & Arrien qui ont décrit exactement cette côte n'en parlent point & il n'en eſt fait mention que dans les Poëtes qui ont decrit le Voyage des Argonautes. Apollonius en parle. [a] Valerius Flaccus dit [b] :

[a] Argon.l.2. v.944.
[b] l.5.v.102.

Altius in ventos recipit ratis, ac fugit omne Crobiali latus & fatis tibi, Tiphy negatum Parthenium.

CROBYSI, Peuple ſitué au delà du Fleuve Axiace, ſelon Pline [c]. Etienne le met ſur l'Iſter. Athenée [d] le donne à la Thrace. Ptolomée [e] le nomme entre les peuples de la Baſſe Myſie.

[c] l.4.c.12.
[d] l.12.c.17.
[e] l.3.c.10.

CROCALA, Iſle ſablonneuſe près de l'Embouchure de l'Indus, ſelon Pline [f] & Arrien [g].

[f] l.6.c.21.
[g] in Indicis.

CROCIATONON, ancienne Ville de la Gaule Lyonnoiſe au Pays des Veneles [h]. Quelques-uns croient que c'eſt la même choſe que Constantina Castra dont parle Ammien Marcellin.

[h] Ptolom. l.2.c.8.

CROCIUS, Campagne de la Theſſalie. Elle eſt traverſée par le Fleuve Ambryſſus, ſelon Strabon [i].

[i] l.9.p.433.

CROCOLANA, ancienne Ville d'Angleterre. Antonin la met ſur la route de Londres à *Lindum*, qui eſt Lincoln, entre le lieu *ad Pontem & Lincoln*, à ſept milles de ce pont & à XII. de Lincoln. Les Savans d'Angleterre ne conviennent pas du lieu. Ceux qui expliquent *ad Pontem* par Paunton veulent que Crocolana ſoit Ancaster ; mais Mr. Gale ſoutient qu'*ad Pontem* eſt preſentement East-Bridgefort & qu'il faut chercher *Crocolana* à Collingham en Lincolnſhire.

1. CROCODILORUM Civitas, ou la Ville des Crocodiles, ancienne Ville d'Egypte, dans la Thebaïde, ſelon Ptolomée [k], qui la met dans le Nôme Aphroditopolite.

[k] l.4 c.5.

2. CROCODILORUM Civitas, autre Ville d'Egypte. C'eſt la même qu'Arſinoé. Voiez Arsinoe 12.

3. CROCODILORUM Civitas, ancienne Ville d'Aſie dans la Phénicie. Elle étoit voiſine de Dora, mais au Midi de cette Ville & ne ſubſiſtoit déjà plus du temps de Pline [l]. Strabon [m] la nomme de même avec quelques autres dont il ne reſtoit plus que le nom. Pline écrit *Crocodilon*, qui eſt le nom Grec.

[l] l.5.c.19.
[m] l.16.p.758.

CROCODILUS, Montagne d'Aſie dans la Cilicie. Pline la met auprès du paſſage du Mont Aman.

CROCOTUS Campus, Campagne de Grece dans la Theſſalie, ſelon Etienne le Géographe.

CROCYLEA [n], (*orum*) Iſle ; Homere parle d'Ithaque & de Crocylée, & Pline [o] en a conclu que l'une & l'autre étoit une Iſle. Etienne le Géographe a eu le même ſentiment & prend pour garant Thucydide qui paroît n'avoir gueres bien entendu, au jugement du R. P. Hardouin ; car Crocylion de Thucydide eſt une Ville de l'Etolie & non pas une Iſle. D'un autre côté Strabon [p] croit que la Crocylion d'Homere eſt une Ville d'Acarnanie en terre ferme. Mais Heracleon fils de Glaucus cité par Etienne, dit que l'Iſle d'Ithaque étoit partagée en quatre quartiers ; que le premier étoit au Midi & vers la Mer & s'apelloit . . . le ſecond *Neium*, le troiſiéme Crocylée & le quatriéme Ægyrée. Il ne dit point le nom du premier ; mais on pourroit peut-être le retrouver dans les deux vers de l'Iliade dont on a parlé ci-deſſus.

[n] Iliad.B. v.632.
[o] l.4.c.12.
[p] l.8.p.376.

Οἳ ῥ᾽ Ἰθάκην εἶχον καὶ Νήριτον εἰνοσίφυλλον,
Καὶ Κροκύλει ἐνέμοντο, καὶ Αἰγιλίπα τρηχεῖαν.

C'eſt-à-dire : Ceux d'Ithaque & de la Forêt de Nerite ; ceux de Crocylée & de l'eſcarpée Ægilipe. Pluſieurs Savans ont cru que Nerite étoit le nom du premier Canton & qu'Homere avoit ſupprimé le ſecond.

1. CROCYLIUM, dans l'Acarnanie, voyez l'Article precedent.

2. CROCYLIUM, dans l'Ætolie, voyez l'Article Crocylea.

CRODAMNUM, Lieu où naquit Ste. Antonine Martyre, ſelon Metaphraſte qui ne dit point en quel Pays.

CRODUNUM, ancien lieu des Gaules près de Touloufe. Ciceron [q] en fait mention.

[q] Pro M. Fonteio.

CROIA, Ville de l'Albanie, ſur la Riviere de Hiſmo. Cette Ville étoit la Capitale du Pays & la reſidence des Rois d'Albanie. Le fameux Scanderbeg avec qui cette Couronne a peri ſe ſervoit de cette place comme d'une Fortereſſe d'où il harcela les Turcs juſqu'à ſa mort ; mais enfin les Turcs qui ſe ſont rendus maîtres de l'Albanie, ont ruiné cette Place, depeur que ſi elle retomboit entre les mains des Chrétiens, elle ne leur coûtât de nouveaux ruiſſeaux de ſang comme autrefois. Elle avoit un très-fort Château ſur une Roche. Cette Ville eſt le Siége d'un Evêque Suffragant de l'Archevêque de Duras.

CROINOS [r], Lieu de l'Aſie mineure. Conſtantin Porphyrogenete en fait mention.

[r] Ortel. Theſ.

CROIS, Κρωῒς, Ville des Arabes, ſelon Etienne le Géographe qui cite Hécatée.

CROISIL, (le) petite Ville de France en Bretagne au Pays Nantois. Quelques-uns écrivent le Croisic. C'eſt un des Ports de la Loire.

CROISSET [s], (le) Village & Paroiſſe de France en Normandie au bord de la Seine, à une petite lieue de Rouen. Elle eſt fort peuplée & reconnoît Saint Martin pour ſon Patron. Le hameau de Diepdale en dépend. Il eſt ſur le bord de la même Riviere, avec un Couvent de Penitens dits de Sainte Barbe, des Caves qui ſervent de très-grands Magaſins à Sel,

[s] Memoires dreſſez ſur les lieux en 1703.

CRO.   CRO.

Sel, & des carrieres de pierres à chaux. Les cidres de Diepdale sont délicieux & fort recherchez.

CROITES. Voiez CROS.

CROIX [a]. (LA) Bourg de France en Normandie, avec titre de Baronnie, & une Abbaye très-considerable de l'Ordre de Saint Benoît ; le Bourg est dans une Vallée, entre la Boullaye & Hendreville, à trois ou quatre lieues d'Evreux, & à pareille distance de Louviers, de Gaillon, & de Vernon. L'Eglise de l'Abbaye solidement bâtie en Croix, a dix piliers de chaque côté dans sa longueur, & la Maison Abbatiale est grande, belle & accompagnée d'un Parc, de Jardins & d'avenuës d'arbres. La Paroisse porte le titre de Sainte-Croix-Saint-Leufroy. Le Territoire de cette Paroisse est partagé en vignobles, en prairies & en terres de Labour.

[b] Cette Abbaye fut appellée auparavant LA CROIX DE ST. OUEN ; & fut fondée vers l'an 690. par St. Leuffroy dans le Pays de Madrie près de la Riviere d'Eure, au Diocèse d'Evreux en un lieu où St. Ouen Evêque de Rouen, predecesseur de St. Ansbert qui gouvernoit alors cette Eglise, avoit planté une Croix enrichie de Reliques & où les peuples depuis ce temps se rendoient par devotion de divers endroits de la contrée. Le Monastere que St. Leuffroy y fit bâtir fut appellé pour ce sujet la Croix St. Ouen, mais l'éclat des Miracles de St. Leuffroy fit quiter le nom de St. Ouen pour prendre le sien : son Corps y demeura jusqu'à ce que sur la fin du IX. siécle il fut transporté à Paris & déposé à St. Germain des Prez.

CROMARTY [c], petite Ville de l'Ecosse Septentrionale dans la Province de Ross, avec un assez bon Port dans une Baye qui en prend le nom de Baye de CROMARTY. Cette Ville donne aussi son nom à toute la Presqu'Isle qui finit par le Cap de Terbat dans le Golphe de Murray. Elle est à six milles de Chanry, & à huit de Dornock.

CROMAU [d], Ville du Royaume de Bohéme. On écrit aussi CRUMAU, en Latin Cromena. Cette Ville qui est jolie & passablement grande est entre Budweis & Rosenberg, vis-à-vis de la haute Autriche sur un ruisseau. Il y a un College de Jesuites & un assez beau château où les Seigneurs de Rosenberg ont fait autrefois leur Résidence. Le dernier de cette Maison qui étoit de la Communion de Geneve ceda de son vivant à l'Empereur Rudolphe II. la Ville & son Territoire. Après sa mort cette Ville vint à la Maison d'Autriche, & l'Empereur Ferdinand II. la confera avec le titre de Duc à Jean Ulric d'Eggenberg ; mais elle revint à la Maison d'Autriche, & les Princes d'Eggenberg n'en conserverent que le titre. Cette Ville a quelque antiquité & il en est fait mention dans les guerres de l'Empereur Othon II. contre la Bohême. Il y a des mines d'Argent aux environs de Cromau.

CROMITIS, Contrée du Peloponnese sur l'Alphée, selon Pausanias [e].

1. CROMMYON, Promontoire de l'Isle de Cypre dans sa partie Septentrionale. Ce mot veut dire le *Cap des Oignons*. On l'appelle *Crommyu acris*, dans une Lettre de Cassius à Ciceron [f]. Strabon [g] le nomme de même Κρομμύου ἄκρα au singulier, mais Ptolomée dit Κρομμύων Ἄκρα. C'est la pointe la plus Septentrionale de Cypre.

2. CROMMYON [h], Village de Grece ; il avoit été de la Megaride, mais ensuite on l'annexa au Territoire de Corinthe. La Fable a dit qu'une truye de ce lieu-là fut la Mere du Sanglier Calydonien dont la defaite est comptée entre les XII. travaux d'Hercule.

CROMMYONNESUS, petite Isle d'Asie dans le voisinage de Smyrne, selon Pline [i]. Ce mot veut dire l'Isle aux Oignons.

CROMNA, Ville d'Asie dans la Paphlagonie. Etienne le Géographe croit que ce n'est que l'ancien nom d'Amastris ; mais il se trompe. Ptolomée [k] les distingue, & Arrien [l] dont l'autorité est d'autant plus grande qu'il decrit dans son Periple un Chemin qu'il a fait lui-même met à CXX. Stades de distance, & place entre deux la Ville d'Erithies. Valerius Flaccus en fait mention [m].

Mox etiam Cromnam atque jugo pallente Cytoron.

CROMNUM, Ville du Peloponnese près de Megalopolis, selon Athenée [n] & Xenophon [o].

CROMONUM, Forteresse d'Italie dans le Frioul. Sigonius en fait mention [p].

CROMUM, Bourg du Peloponnese dans l'Arcadie, selon Pausanias [q]. On n'en voyoit déjà plus de son temps que les Ruines. Il nomme le Territoire CROMITIS.

CRONACH [r], Ville d'Allemagne au Cercle de Franconie, dans l'Evêché de Bamberg, au Confluent des Rivieres de Radach, de Hassach & de Cronach. Cette Place est fortifiée & defendue par une bonne Citadelle sur une petite Montagne qui domine la Ville. Elle est à neuf lieues de Bamberg.

1. CRONENBOURG [s], Forteresse du Dannemarck dans l'Isle de Seeland, en un lieu, où étoit autrefois une Forteresse nommée DEREKRAAGE ; elle est une des clefs du Royaume parce qu'elle commande le Détroit, étant auprès de Helsingor, & vis-à-vis de Helsingborg qui est de la Suede à l'autre côté du Détroit. Elle est bâtie sur des Pilotis de chêne affermis par des Pierres de Taille, & sa construction est si solide qu'elle soutient tous les efforts de la Marée qui la bat quelquefois avec furie, sans en être endommagée. Quoi que l'Architecture en soit massive & très-solide on y a ménagé des appartemens d'une extrême beauté. Le plus grand est orné de Tapisseries où sont representez les Rois de Dannemarck. Les toits sont de cuivre & les murs qui sont de pierres apportées de l'Isle Gotland ont des Canons de diverses sortes de Calibre pour arrêter en cas de besoin le passage des vaisseaux. Au pied de la Forteresse du côté de l'Isle d'Hene est une grande pierre avec une Inscription qui marque que l'an 1580. Frederic II. Roi de Danemarck fit ôter cette pierre du lieu où elle étoit pour la mettre ici. La Chapelle est ornée de figures de marbre. Au milieu de la Cour est une belle Fontaine accompagnée de Statues qui representent en metal les

---

[a] Memoires dressez sur les lieux en 1702.
[b] Baillet Topogr. des Saints p. 159.
[c] Etat pres. de l'Ecosse p. 278. Allard Atlas.
[d] Zeyler Bohem. Topogr.
[e] l. 8.
[f] l. 12. ep. 13.
[g] l. 14. p. 669.
[h] Strab. l. 8. p. 380.
[i] l. 5. c. 31.
[k] l. 5. c. 1.
[l] Peripl. Pont. Eux.
[m] l. 2. v. 105.
[n] l. 10.
[o] Hist. Græc. l. 7.
[p] De Regno Ital. l. 2.
[q] l. 8. c. 34.
[r] Baudrand Ed. 1705.
[s] Hermani des Dan. desc. p. 83.

les Soldats de diverses Nations avec leurs armes ; entre la Fontaine & ces Soldats il y a divers animaux de même representez en grandeur naturelle. Tous jettent de l'eau ; & font un assez bel effet. Le Fort est environné d'une Esplanade, & les bastions ont des bateries de soixante & dix grosses piéces d'Artillerie, pointées vers l'endroit où les vaisseaux doivent s'arrêter pour payer les droits. Outre cela, il y a toujours des vaisseaux de guerre à l'ancre pour empêcher qu'il ne passe rien sans payer. Ce fut Frederic II. Roi de Danemarck qui commença l'an 1577. cette Forteresse & l'acheva l'an 1585. il en vint à bout sans y employer que son propre argent & on pretend qu'il dit que s'il y sçavoit une pierre qui eût couté quelque chose à son Peuple il ne l'y laisseroit pas. L'an 1658. vers la mi-Août Charle-Gustave Roi de Suede assiégea Cronenbourg & la prit vers la mi-Septembre par composition ; mais elle fut renduë au Danemarc par la Paix de 1660.

2. CRONENBOURG. Voiez THAVASTHUS Ville de Finlande.

CRONIA, l'un des anciens noms de la Bithynie.

CRONII TUMULUS, ou le tertre de Saturne ; hauteur près du Port de Carthagéne, selon Polybe [a]. *a* l. 10.

CRONIUM, Montagne du Peloponnese, selon Ptolomée [b] cité par Ortelius ; mais l'édition de Bertius nomme cette Montagne CORNIOS, Κόρνιος. Elle est dans le Territoire de Corinthe. On l'appelloit auparavant CTUROS, Κτοῦρος, si nous en croyons Plutarque [c] en son Traité des Riviéres & des Montagnes, selon la remarque d'Ortelius ; mais il se trompe & le *Cronius Mons* dont parle Plutarque n'est point celui de Ptolomée ; car il en parle à l'occasion de l'Alphée. C'est celui dont Denys d'Halicarnasse fait mention, & qu'il met dans le Territoire de Pise auprès de l'Alphée. *b* l. 3. c. 16. *c* p. Edit. Oxon.

CRONIUM MARE. Pline [d] nomme ainsi la Mer qui est à une journée de Navigation au delà de Thulé. C'est ce que Tacite [e] appelle *Mare Pigrum*. Nous l'appellons presentement LA MER GLACIALE. *d* l. 4. c. 16. *e* Agric. c. 10.

CRONIUS MONS. Voiez l'Article CRONIUM.

CRONSLOT, ou CHRONSCHLOT, ou CRONSCHLOSS, Forteresse de l'Empire Russien au fond du Golphe de Finlande, à l'Embouchure de la Neva, à six milles au dessous de Petersbourg dont elle fait la sureté. Elle fut bâtie l'an 1704. par Pierre le Grand.

CRONSTAT ; les Allemands nomment ainsi une Ville de Transilvanie que les Hongrois appellent BRASSOW, sur la Frontiere de Walaquie, au pied des Montagnes, sur la petite Riviere de Burcz qui va grossir la Riviere d'Alaut encore voisine de sa source, dans le petit Canton de Burczland. Elle est assez forte & a trois Fauxbourgs dont l'un est habité par les Bulgares, le second par les Hongrois, & le troisiéme par les Saxons.

CROPIA, Village de l'Attique dans la Tribu Léontide, selon Suidas.

CROPIERE [f], en Latin CURTIPETRA, petite Ville de France dans la basse Auvergne, *f* Baudrand Ed. 1705.

sur la Riviere de Dore à deux lieuës de Thiers & à six de Clermont vers Lyon.

CROROLANA. Voiez CROCOLANA.

CROS, Ville d'Egypte, Κρῶς, selon Etienne le Géographe. Son Territoire étoit nommé *Croïtes Nomos*.

CROSNE [g], petite Ville de Pologne dans le Palatinat de Russie, sur la petite Riviere de Wislak, au pied du Mont Crapack & aux Frontieres de la Hongrie, assez près & au dessus de Romanow. *g De l'Isle Atlas.*

CROSSA, Ville sur le Pont Euxin, selon Etienne le Géographe.

CROSSÆA, Contrée de la Grece. Herodote y met les Villes suivantes.

Lipaxus,   Gigonum,
Combrea,   Camptsa,
Lisas,   Smila.

Ces Villes étoient aux confins de la Thrace & de la Macedoine.

CROSSEN [h], Ville de Silesie, au Confluent du Bober & de l'Oder, dans la Principauté de Crossen dont elle est la Capitale, ou pour mieux dire la seule Ville remarquable. Elle est assez ancienne, & une partie en a été bâtie du temps de Henri le Barbu Duc de Silesie. Du côté de Freystat elle est dans une plaine, mais du côté de Francfort sur l'Oder il y a tout joignant le Fauxbourg la Riviere de l'Oder & au delà une Montagne. L'air y est bon, la Montagne a des Vignobles & des Arbres Fruitiers, la Ville est jolie, & la plûpart des maisons y sont de briques. Il y a un Château où étoit la Residence des Princes. Cette Ville a été deux fois entierement reduite en cendres ; la premiere l'an 1481. & l'Histoire remarque qu'il n'en resta pas une seule maison ; la seconde fois l'an 1631. Elle eut aussi beaucoup à souffrir durant les Guerres civiles d'Allemagne, ayant été prise & reprise plusieurs années de suite par les deux partis. *h Zeyler Sil. Top. pag. p. 137.*

LA PRINCIPAUTÉ DE CROSSEN. Contrée de la Silesie aux Confins de la Marche de Brandebourg. Elle a eu autrefois pour maîtres les Ducs de Glogau ; le Duc de Glogau Henri XI. qui mourut l'an 1476. sans enfans donna Crossen à sa jeune Epouse Barbe fille d'Albert Electeur de Brandebourg ; Jean Duc de Sagan en prit occasion de faire la guerre à l'Electeur & incendia vers l'an 1477. le Fauxbourg de Crossen & le pont & ravagea le vignoble. L'affaire se termina & l'Electeur obtint que sur les pretentions de sa fille il auroit à titre d'engagement Zollich, Crossen & Bobersperg. L'an 1538. l'Empereur Ferdinand I. donna à la Maison de Brandebourg la possession hereditaire de Crossen, sur quoi cette Maison prit l'Aigle & le titre de Silesie ; cependant elle détacha cette Principauté de la Silesie & l'annexa à la regence de Custrin dans la Nouvelle Marche. A la Diéte de Ratisbonne de l'an 1640. l'Electeur de Brandebourg eut un Ministre particulier pour la Principauté de Crossen. Cependant on ne laisse pas de compter toujours Crossen entre les XVI. Principautez de Silesie. Les principaux lieux de cette Principauté sont

CRO.

Croſſen, Capitale. Bobersperg,
Zollich ou Zulichau, Sommersfeld.

La plupart des habitans ſont Lutheriens, mêlez de quelques Reformez. Cette Principauté eſt bornée au Nord par la Marche de Brandebourg, à l'Orient par la Principauté de Glogow, au Midi par celle de Sagan, & au Couchant par la baſſe Luſace.

CROTALUS, Riviere d'Italie au Pays des Locres, ſelon Pline. On la nomme preſentement LE CORACE.

1. CROTON, Ville d'Italie dans la Tirrhenie, ſelon Etienne le Géographe. Ptolomée[a] la nomme *Cortona* dans la Toſcane dans l'Interieur du Pays, & ſes Interpretes diſent qu'elle garde encore ſon nom.

[a] l. 3. c. 1.

2. CROTON, Ville d'Italie dans l'Ombrie, ſelon Denys d'Halicarnaſſe. Elle fut enſuite nommée *Cortonia*, comme le traduit Gelenius dans ſa verſion Latine; mais le Grec tel que le fournit Robert Etienne porte Κοτώνια. On la nomme auſſi Cortône.

3. CROTON, ou CROTONE, Ville de la grande Grece en Italie dans le Golphe de Tarente. Tite-Live[b] dit: Crotone avoit une muraille de douze mille pas de circuit avant l'arrivée de Pyrrhus en Italie; mais après les ravages cauſez par cette guerre à peine y en eut-il la moitié qui fût habitée..... La Citadelle de Crotone regarde la Mer d'un côté & de l'autre la Campagne. Elle n'étoit d'abord fortifiée que par la nature & par l'avantage de ſa ſituation, mais on l'environna enſuite d'une muraille. Denys Tyran de Sicile profitant des Roches voiſines s'en rendit maître par ſurpriſe. Les Crotoniates étoient forts & robuſtes, & tout le monde ſait l'Hiſtoire de Milon Crotoniate qui perit par l'abus qu'il fit de l'extrême force dont il étoit doué. Elle conſerve encore ſon nom.

[b] l. 34. c. 3.

CROTOY[c]. (le) Bourg & Forterſſe de France, en Picardie dans le Ponthieu à l'Embouchure de la Somme, vis-à-vis de St. Valeri, à quatre lieues au deſſous d'Abbeville entre Rue & St. Valeri. On a démoli la Forterſſe.

[c] Baudrand Ed. 1705.

CROU, (le) Ruiſſeau de l'Iſle de France: il a ſa ſource à Louviers en Pariſis, paſſe à Goneſſe, & dans l'Abbaye de St. Denys; & peu après ſe rend dans la Seine. C'eſt un Abbé de St. Denys qui a fait ramaſſer les eaux de pluſieurs Fontaines, & conſtruire le Canal pour la commodité de ſon Monaſtere & de la Ville de St. Denys.

[d] Ibid.

CROVIACUM, ou CROICIACUM,[e] ancienne Seigneurie Royale, à l'Orient de la Ville de Soiſſons. Fortunat[f] dit que Chlothaire le Grand donna une partie de cette Seigneurie, au Monaſtére qu'il commença à bâtir dans ce lieu, & ajoute même que dans la ſuite il la lui donna toute entiere. Ceux qui ont cru que *Croviacum* (CROUY) fut le ſeul Palais des Rois de France à Soiſſons ſe ſont figuré qu'après cette Donation Chlothaire ni ſes Succeſſeurs n'en ont plus eu en cette Ville. Mais la Ville de Soiſſons avoit auſſi ſon Palais Royal au dedans des Murs, & *Croviacum* (CROUY) n'étoit qu'au dehors.

[e] De Re Diplomat. l. 4. p. 20.
[f] De Vita S. Medardi Noviom. Epiſc.

CRO. CRU. 845

CROWLAND[g], petite Ville d'Angleterre en Lincolnshire, aux Confins de Northampton, entre des Marais, à deux lieues de Peterboroug. On y tient Marché public.

[g] Blaeu Atlas.

1. CROUI. Voiez CROVIACUM.

2. CROUY[h]. Bourg de France dans la Brie, à quatre lieues de Meaux, près de la Ferté-Milon.

[h] Baudrand Ed. 1705.

3. CROUY, ou
CROY[i], Seigneurie de France en Picardie, à trois lieues d'Amiens; cette Terre d'où les Seigneurs de Croy tirent leur nom fut érigée en Duché en faveur de Charles de Croy Duc d'Arſchot par Henri IV. Roi de France en 1598. Ce Duché eſt éteint & la Seigneurie appartient aux Heritiers de Charles de Croy.

[i] Dict. Géogr. des Pays-Bas.

CROYDON[k], Ville d'Angleterre dans la Province de Surrey, à neuf milles de Londres, ſur la Wandle. Elle ſe diſtingue par le Clocher de ſon Egliſe, par le Palais de l'Archevêque de Cantorbery, par ſon Ecole publique & par ſon Hopital fondé par l'Archevêque Wit-gifft. Près de cette Ville ſont les Dunes qu'on appelle BANSTEADS DOWNS, qui ſont fort fréquentées par les chaſſeurs & fameuſes par les courſes de chevaux qui s'y font tous les ans la ſemaine de la Pentecôte.

[k] Etat preſ. de la G. Bret T. 1. p. 115.

CROZET, ou CROIZET[l], Bourg de France dans le Forez près du Bourbonnois.

[l] Baudrand Ed. 1705.

CRUAS[m], Bourg de France dans le Vivarais, ſur le Rhône, à trois lieues au deſſus de Viviers. Il y a une Abbaye de l'Ordre de St. Benoît.

[m] Ibid.

CRUCINIACUM, nom Latin de CREUTZENACH.

CRUMLAW, CRUMAU, ou KRUMLOW[n], Ville de Moravie, ſur un Ruiſſeau près de Kaunitz, à trois milles de Znoïm. Elle eſt petite & aſſez mal bâtie, & il s'y trouve quelques Juifs; mais elle a un beau & magnifique Château, avec de très-beaux appartemens, belles écuries, beaux jardins, & autres accompagnemens. Elle a appartenu à Bertold de Lippe ou de Leippe Maréchal hereditaire du Royaume de Bohême qui y tenoit ſa Cour. Mais comme il s'engagea dans l'affaire de l'Electeur Palatin, il fut privé de ſes biens; deſorte que celui-ci paſſa à la Maiſon de Lichtenſtein.

[n] Zeyler Boh. Topogr. p. 94.

CRUñA DEL CONDE[o], Village d'Eſpagne dans la vieille Caſtille avec un Château à demi-ruiné, ſur le Duero près d'Aranda de Duero. Quelques-uns y cherchent l'ancienne CLUNIA, que d'autres mettent à CASTRO Village de la même contrée.

[o] Baudrand Ed. 1705.

CRUNI, Ville & Riviere du Peloponneſe entre Pyle & Chalcis; ſelon Strabon[p].

[p] l. 8. p. 351.

CRUNOS PORTUS. Voiez DIONYSIOPOLIS 3.

CRUPTORICIS VILLA, ancien lieu de la Friſe, ſelon Tacite. Ortelius dit que c'eſt preſentement CRUPSWOLDE, à une lieue de Groningue.

CRUSA, Iſle de la Natolie, dans la Doride, dans le Golphe Ceramique, ſelon Pline[q].

[q] l. 5. c. 31.

CRUSÆI. Voiez CRUSIS.

CRUSCEVAZ[r], Lieu de la Turquie en Aſie dans la Servie, ſur la Riviere de Morava; on le nomme auſſi JALLICHHISSAR. Il eſt au Confluent des Rivieres de Morava, de Ser-

[r] De l'Iſle Atlas.

Ooooo 3 vie

vie & Morava de Bulgarie. Mr. Baudrand *a* en fait une Ville assez grande & frequentée.

CRUSIÆ *b*, petites Isles desertes de l'Archipel sur la côte de la Natolie ; entre les Isles de Samo & de Mandria.

CRUSIS, Contrée de la Macedoine, dans la Mygdonie dont elle faisoit partie, selon Etienne le Géographe. Thucydide *c* en fait aussi mention, & Denys d'Halicarnasse parle des Crusæens, Κρουσαίοι, qui en étoient les habitans. Ortelius dit qu'elle étoit aux environs de la Pallene de Thrace.

CRUSOCCO, (Capo) ou le CAP DE ST. EPIPHANE, on appelle ainsi le Cap le plus Occidental de l'Isle de Cypre. Les Anciens l'ont connu sous le nom d'ACAMAS & il prenoit ce nom d'ACAMANTE. Voiez ce mot.

CRUSTUMERIUM, CRUSTOMERIUM, CRUSTOMERIA & CRUSTUMINUM, ancienne Ville d'Italie un peu au dessus de Fidenes sur le Tibre. Denys d'Halicarnasse *d* dit qu'elle étoit peu loin de Rome. Pline *e* & Tite-Live *f* la nomment *Crustumerium*, mais ce dernier la nomme *g* aussi ailleurs *Crustumeria*. Virgile *h* la nomme au pluriel *Crustumeri* pour *Crustumerii*.

Ardea Crustumerique.

Silius Italicus *i* abrége ce nom & dit *Crustumium* ce qui est plus conforme au nom *Crustumini* qui en est dérivé. Tite-Live nomme le peuple *Crustumini* & les monts voisins de cette Ville, *Crustumini Montes*.

CRUSTUMINA, & CRUSTUMINUS AGER ; Pline *k* fait mention de *Crustuminus Ager* qu'il met dans la Toscane, & Festus parle d'une Tribu *Crustumina* qu'il dit avoir pris ce nom d'une Ville de Toscane. Cependant Cellarius dit *l* : on ne sait où étoit cette Ville ; pour la Tribu, c'est une chose douteuse, si ce n'est pas une fausseté. Car dans Tite-Live *m* Sp. Ligustinus de la Tribu Crustumine se dit originaire des Sabins. Peut-être, dit Cellarius *n*, le Peuple *Crustumini* possedoient-ils quelques terres de l'autre côté du Tibre. Ils étoient du moins Sabins puisqu'ils eurent part à l'injure faite par les Romains dans l'enlevement des Sabines, comme le dit Tite-Live *o*.

CRUSTUMIUM, Riviere d'Italie ; Pline *p* en met l'Embouchure entre Pesaro & Rimini. Lucain dit :

Veloxque Metaurus,
Crustumiumque rapax & juncto Sapis Isauro.

C'est aujourd'hui la CONCA.

CRUYNINGEN *q*, Village & Seigneurie des Pays-Bas, en Zeelande dans l'Isle de Zuid-Bevelant.

CRUYS-SCHANS *r*; Fort des Pays-Bas, près de l'Escaut, dans les Marais, à deux lieues d'Anvers.

1. CRYA FUGITIVORUM, ancienne Ville de la Carie *s* ; Etienne le Géographe la met dans la Lycie dont elle étoit voisine. Ptolomée *t* la donne aussi à la Lycie & la nomme CARYA, Καρύα, c'est une faute. Crya est le nom d'un Promontoire, selon Pomponius Mela *v*, Plutarque *w* fait mention de CRYASSA dans la Carie. Voiez CRYASSUS.

2. CRYA, Fontaine d'Asie dans la Cappadoce près de Cesarée, selon Curopalate cité par Ortelius.

CRYASSUS *x*, Ville de la Carie, selon Polyenos & Etienne; la même sans doute que la Cryassa de Plutarque qui dit que cette Ville étant detruite on en rebâtit une autre de même nom.

CRYEON, Isles voisines de la Carie, elles appartenoient aux Cryéens & c'est ce que leur nom signifie. Etienne le Géographe nous apprend le nom de deux de ces Isles, savoir CARYSIS & ALINA ; elles étoient vis-à-vis de Crya.

CRYMNA, Ville de Lycie, selon Zosime *y*. C'est la CREMNA de Strabon.

CRYNIS, Riviere d'Asie dans la Bithynie, selon Pline.*z* le seul Auteur qui en ait fait mention.

CRYON, Isle de l'Asie mineure, où elle tombe dans l'Hermus ; selon Pline *a* son nom signifie que son eau étoit très-froide.

CRYPTA, mot qui veut dire une GROTTE, un SOUTERRAIN. Voiez GROTTE.

CRYPTUS, Port de l'Arabie heureuse, selon Ptolomée *b*. Il étoit dans le Detroit du Golphe Persique.

CRYSAS. Voiez CHRYSAS.

CRYSSA. Ville d'Asie dans la Troade. Voiez CHRYSA.

C T.

CTEMENÆ, Ville de Grèce en Macedoine, dans l'Æstiotide, selon Ptolomée Κτιμένας, il écrit la premiere syllabe par un ι, mais Apollonius l'écrit par un η, ce qui revient au même son suivant la prononciation de quelques-uns. Sophien dit que c'est presentement GRISANO, mais c'est une conjecture sans fondement.

CTENES, Port de la Chersonese Taurique, après l'Isthme auprès du fleuve Carcinite, selon Ptolomée *d*.

CTESIPHON, Κτησιφῶν, Ville d'Assyrie, selon Ptolomée *e* dont les Interprètes l'expliquent de la Ville de Bagdat, elle étoit à trois milles de Babylone, selon Martien. Pline la met à trois milles de Seleucie & dit: les Parthes à l'envi voulant épuiser cette Ville (de Seleucie) bâtirent à trois milles delà dans la Chalonitide la Ville de Ctesiphon qui est à présent la Capitale de ces Royaumes. Ammien Marcellin nous en marque plus positivement l'origine *f* : Ctesiphon, dit-il, que Vardanes fonda anciennement & qu'ensuite le Roi Pacore fortifia en augmentant le nombre de ses habitans & l'agrandissant & environnant de murailles & lui donna un nom Grec & en fit une des plus belles Villes de la Perse propre, du temps d'Antiochus le Grand au raport de Polybe *g*. Strabon *h* parlant de Seleucie dit : assez près est un village très-grand nommé Ctesiphon dans lequel les Rois des Parthes alloient passer l'Hyver. ..... 'Mais par sa grandeur & sa force c'étoit plutôt une Ville des Parthes qu'un Village. Tacite *i* en fait mention comme de la capitale de cet Empire & sous

CTI. CTU. CTY. CUA.

sous l'Empereur Severe le Roi Artaban y resoit au raport d'Herodien ^a. Cette Ville étoit au bord du Tigre au deſſous de Seleucie.

a l.3.c 9.

CTIMENÆ, la même que CTEMENÆ.

CTISTÆ. Strabon donne ce nom aux Abiens. Voiez ce mot.

CTUROS. Voiez CRONIUM.

CTYLINDRINE, Lieu de l'Inde, en deçà du Gange, ſelon Ptolomée ^b.

b l.7.c.1.

CTYPANSA, Ville du Peloponneſe dans la Triphylie, ſelon Strabon ^c, mais Caſaubon trouvant ce nom écrit Τυπανέα dans Etienne le Géographe croit qu'il faut lire ainſi TYPANEA & non pas Κτύπανσα qu'il juge être corrompu. En effet elle eſt nommée TYMPANÆA par Polybe & TYMPANEIA par Ptolomée.

c l.8.p.344.

C U.

CUA. Voiez COA.

CUACERNI. Voiez QUACERNI.

CUA-CIUA, Port d'Aſie dans le Tonquin. Le P. Alexandre de Rhodes en parle dans ſes divers Voyages ^d. Je ne ſais ſi c'eſt le même port que Daniel Tavernier appelle CUASAY. Voiez ce mot.

d Part. 2. pag. 104.

CUADAC, Ville & Port d'Aſie dans le Tonquin ſur la rive Septentrionale de la Riviere de même nom un peu au deſſus de ſon Embouchure ; où eſt un Port où demeurent tous les grands vaiſſeaux qui ne peuvent entrer dans la grande Riviere de Checo depuis que ſon entrée eſt remplie de ſable. Plus haut eſt le Lac de Cuadag auſſi dans le Tonquin, ſelon Daniel Tavernier ^e dont la Relation eſt jointe aux Voyages de Jean Baptiſte, ſon frere.

e 3. Vol.

CUAMA (prononcez COUAMA ^f,) Grande Riviere de l'Afrique Meridionale. On la nomme auſſi ZAMBEZE, & EMPONDO : on ne ſait où eſt ſa ſource, mais elle ſert en quelque maniere de ceinture aux Etats du Monomotapa qu'elle ſepare à l'Occident du Royaume d'ABUTUA, au Nord elle le ſepare des Royaumes de Chicova, de Sacombe, & des Muſimbas ; & au Nord-eſt elle le diſtingue du Royaume de Mauruca. Elle ſe jette dans la Mer par deux branches qui ſe diviſent en quatre Embouchures dont voici les noms du Nord-eſt au Sud-Oueſt, ſavoir la Riviere de Kilimane, celle de Linde, celle du vieux Cuama, & celle de Luabo. Les Rivieres de Mangania, de Mazeno, & de Suabo ſont les trois principales qui la groſſiſſent. La ſeconde coule du Midi vers le Nord, les deux autres ont un cours tout oppoſé. Entre les deux branches eſt l'Iſle de Chingonia ; au Midi de laquelle eſt celle de Luabo. J'ignore le nom de celle qui eſt plus au Nord Oriental. Les Villes de Chicova, de Teté ou de Sant Jago, & de Sena ſont ſituées ſur ſa rive droite & Meridionale. On y trouve auſſi un peu au deſſus de la derniere le Mont Fura où ſont des Mines d'Or. Elle traverſe d'Occident en Orient la longue chaine des Montagnes de Lupata nommée par les Cafres l'Epine du Monde.

f De l'Iſle Atlas.

CUARIUS. Strabon ^g nomme ainſi une Riviere de Béotie. Il paroît qu'il y en avoit

g l.9.p 411.

CUA. CUB. 847

une de même nom dans la Theſſalie. Voiez CORALIUS.

CUASAY, Port de Mer d'Aſie dans le Tonquin ſur la Rive Septentrionale d'une Riviere. C'eſt au Midi de cette Ville que ſont les Limites qui ſéparent le Tonquin de la Cochinchine, au raport de Daniel Tavernier.

1. CUBA, Ville de l'Inde en deçà du Gange, ſelon Ptolomée ^h.

h l.7. c.1.

2. CUBA. (L'ISLE DE) Iſle de l'Amerique Septentrionale dans la Mer du Nord. Elle eſt ſituée à l'entrée du Golphe du Mexique ; & peut avoir deux cens cinquante lieues de longueur. Elle eſt ſeparée de la pointe de Yucatan par un Detroit de 35. lieues ; des Iſles Lucayes ou de Bahama par le vieux Detroit de Bahama ; de l'Iſle de St. Domingue par un Detroit de dix à douze lieues de trajet. Sa largeur n'eſt pas égale ; en quelques endroits elle eſt de trente-cinq lieues, & en d'autres de quinze. Chriſtophle Colomb la decouvrit le 27. Octobre 1494. & la nomma FERNANDINE du nom du Roi d'Eſpagne Ferdinand V. Mari d'Iſabelle de Caſtille dont il avoit ſa commiſſion. Mais ce nom a été rejetté par l'uſage qui a conſervé à cette Iſle celui de CUBA que les naturels lui avoient donné. Quelques François qui ont eu la demangeaiſon de franciſer & de traveſtir les noms propres étrangers l'ont appellée LA COUVE, mais il n'y a point eu de bon Ecrivain qui ait oſé s'en ſervir nonobſtant l'approbation de Mr. Baudrand. Les Eſpagnols ne la ſoumirent entierement qu'en 1510. Mais ils en ſont preſentement les maîtres ſans melange des naturels du Pays dont il ne reſte plus dans cette Iſle.

On y trouve beaucoup de Perroquets, de Perdrix, de Tourterelles, quelques mines d'Or, & une de Cuivre ; & c'eſt dans cette Iſle que croît l'excellent tabac en poudre connu en Europe ſous le nom de Havana.

Ses Caps principaux ſont

Le Cap St. Antoine à l'extremité Occidentale.

Le Cap Coriente au Levant de ce premier ſur la côte Meridionale.

Le Cap de Cruz au Nord de la partie Occidentale de la Jamaïque.

Le Cap. St. Nicolas à l'extremité la plus Orientale.

Le Cap Maizi à l'Occident Septentrional de ce dernier, au Nord de Barracoa.

Il y a une Montagne d'où il ſort du Bitume.

Les Eſpagnols diviſent l'Iſle en ſept Provinces ou Contrées qui ſont

Bayamo,	Macamun,
Camagueya,	Mayzi,
Cueyba,	Uhima,
& Xagua.	

Les principaux lieux ſont

Havana Port & Capitale de toute l'Iſle.

St.

848 CUB. CUC.   CUC. CUD. CUE.

St. Jaques dans la partie la plus Meridionale, ce n'eſt qu'un Bourg.
Bayamo ou San Salvador,
Baracoa Ville,
Le Port du Prince avec une Bourgade,
Le Port de Hicacos,
Le Port de Xagua,
La Trinité Ville & Port,
Le St. Eſprit Ville & Port,

Il y a trois grandes Bayes, ſavoir

Celle de Matanças,
Celle de la Havana,
& celle de Honda.

Cette Iſle pour le Gouvernement civil dépend de l'Audience de St. Domingue; & pour le Spirituel, elle a un Evêque qui fait ſa Reſidence ordinaire à la Havana; il eſt Suffragant de l'Archevêque de St. Domingue.

CUBAGUA, petite Iſle de l'Amerique Meridionale entre la Marguerite & la Terre ferme. Elle eſt aux Eſpagnols.

CUBALLUM, Place forte d'Aſie dans la Galatie. Tite-Live [a] en fait mention. On en ignore la ſituation. *a* l.38.c.18.

CUBENA, ancienne Ville d'Aſie dans l'Armenie, ſelon Ptolomée [b]. Elle eſt d'ailleurs peu connue. *b* l.5.c.13.

CUBI. Voiez au mot BITURIGES.

CUBULTERINI, ancien Peuple d'Italie, ſelon Pline [c]. Ils étoient quelque part vers la Campanie. *c* l.3.c.5.

CUBUS CANOPI, Lieu delicieux aux Fauxbourgs de Conſtantinople. Pierre Gilles [d] dit qu'on l'appelle preſentement AGIA PARASCEVE, & il croit que du temps de Juſtinien on appelloit le même lieu ST. LAURENT. *d* Boſpor.

CUCADMA, ſelon quelques exemplaires de Ptolomée [e]; CUCUNDA, ſelon d'autres; Ville de la Sarmatie en Aſie, auprès de la Riviere de Burc. *e* l.5.c.9.

CUCASBIRI, Forterſſe de Thrace, ſelon Procope [f]: c'eſt une des Places que Juſtinien fit conſtruire dans la Province de Rhodope. *f* De Ædific. l.4.c.11.

CUCHTER. Voiez TOSTAR.

CUCCI, ſelon le Livre des Notices [g], ancien lieu de la Pannonie près de la Save. Antonin [h] la met entre Bononia & Corniacum à ſeize milles pas de l'une & de l'autre & la nomme auſſi CUCCI. Simler croit le nom moderne eſt CEROSICKA ou CURUSCA. *g* Sect.56. *h* Itiner.

CUCIOS, Fontaine d'Ethiopie près de la Mer Rouge ſur un Promontoire, aſſez près du Port d'Iſis, ſelon Pline [i]. Le R. P. Hardouin doute s'il ne faudroit pas lire *Coracios*, parce, dit-il, que Strabon met en ce lieu-là une contrée de ce nom. *i* l.6.c.29.

CUCK. Voiez CUYCK.

CUCO. Voiez COUCO.

CUCULLÆ, ou CUCULLI, la Table de Peutinger porte CUCULLE Forterſſe de la Norique. Eugippe [k] dit dans la Vie de St. Severin : le St. Homme étoit arrivé à une Forterſſe nommée Cucullès. *In Caſtellum cui erat Cucullis vocabulum.* *k* c.11.

CUCULUM, Κούκουλον, ancien lieu d'Italie aux confins des Marſes & des Pelignes, aſſez près d'Albe de la voye Valerienne, ſelon Strabon [l]. *l* l.5.p.238.

CUCUENI. Voiez CUQUENI.

CUCUNDA. Voiez CUCADMA.

CUCURULU [m], Fleuve de l'Amerique Meridionale au Perou ; il eſt grand & ſi fonneux, au Pays des Caniſiens ; c'eſt tout ce que nous en apprennent les Miſſionnaires qui viennent de faire un établiſſement ſur ſes bords. *m* Lettres edifiantes T.2.p.183.

CUCUSSUS [n], Ville de la ſeconde Armenie, c'eſt la même que *Cocuſum* de l'Itineraire d'Antonin, & COCUSSA de Socrate ſurnommé le Scholaſtique. Theodoret dit qu'elle avoit été ſous les Cappadoces qu'enſuite on l'avoit annexée à la petite Armenie. Calliſte dit qu'elle étoit ſituée ſur les confins de l'Empire Romain. Le Comte Marcellin la nomme CUSUM par corruption & dit que l'Evêque Jean (St. Chryſoſtome) & quelques autres y furent envoyez en exil. Mr. Baillet [o] parle ainſi de cette Ville : CUCUSE ou COCUSE, petite Ville d'Armenie au pied du Mont Taurus ſur les Confins de la Cappadoce dans un Climat fort rude & dans une contrée deſerte, où St. Paul Evêque de Conſtantinople fut relegué, puis étranglé par les Ariens l'an 351. *n* Ortel. Theſ. *o* Topogr. des Saints. p.160.

CUDRÆ, Κούδραι, Siege Archiepiſcopal de l'Orient. Voiez CYDRA.

CUDUTÆ. Voiez CODUTÆ.

1. CUENÇA. Ville d'Eſpagne dans la Caſtille Neuve, & dans le Pays de la Sierra dont elle eſt la Capitale, avec un Evêché Suffragant de l'Archevêché de Tolede. Elle eſt ſur une Colline entre de hautes Montagnes & entre deux petites Rivieres qui forment le Xucar. Elle s'appelloit anciennement Conca. Quelques Auteurs pretendent qu'elle étoit la Capitale des anciens *Concani*. Voiez ce mot. Son Evêché fut anciennement établi à Valoria. [p] Le plus ancien Evêque que l'on en connoiſſe eſt Euſebe qui aſſiſta au iv. Concile de Tolede tenu en 634. Alfonſe ix. ayant repris cette Ville ſur les Mores y transfera l'Evêché de Valoria l'an 1221. & Jean Yanez en fut fait premier Evêque. Le Chapitre eſt compoſé de treize Dignitaires, de vingt-ſix Chanoines, de dix Prebendiers, de douze Semi-Prebendiers, de vingt-quatre Chapelains, de douze Enfans de Chœur, de quatre Pſalmiſtes, & de deux Sous-Chantres; ſans compter pluſieurs autres Chantres & Muſiciens pour la Muſique inſtrumentale. L'Evêché s'étend ſur 384. Paroiſſes, parmi leſquelles il y a deux Citez qui ſont Cuença & Huete, ſur quatorze Villes, ſur huit Archiprêtrez, ſur vingt Vicairies, ſur cent trente Benefices ſimples, ſur ſept cens deux Chapellenies, ſur une Egliſe Collegiale qui eſt Belmonte, ſur ſoixante & un Couvents, ſur neuf cens Hermitages, ſur deux mille huit cens Prêtres & ſur trois cens cinquante quatre Paroiſſes. L'Evêque jouït de cinquante mille Ducats de Revenu, & a pour le gouvernement de ſon Dioceſe un Proviſeur & quatre Notaires. *p* Vayrac Etat preſ. de l'Eſpagne T.2.p.338.

2. CUENÇA [q], Ville de l'Amerique Meridionale au Perou, dans l'Audience de Quito, à la ſource de la Riviere de Curaray qui ſerpentant d'Occident en Orient va tomber dans la *q* Del'Iſle Atlas.

CUE. CUF. CUG. CUH. CUJ.   CUI. CUL.

la Riviere des Amazones. On la nomme aussi BAMBA. Elle est au pied de la Cordillere des Andes. [a] Elle est peuplée d'Espagnols gouvernez par un Corregidor, & a deux Couvens, l'un des Dominicains & l'autre de Cordeliers.

[a] *Corn. Dict.*

CUERS, Bourg de France en Provence à quatre lieues de Soliers. L'air y est si doux & si temperé que l'on voit dans les Jardins & même en plein champ des Grenadiers, des Citronniers & des Orangers : un même Arbre de ces derniers porte en même temps des fleurs, des fruits verds & d'autres déjà mûrs.

CUEXCO [b], contrée du Mexique dans l'Audience de Mexico, aux environs d'Acapulco.

[b] *De Laet Ind. Occid. l.5.c.5.*

CUFA [c], Ville d'Asie dans les Etats du Turc, sur l'Euphrate, dans l'Iraque, aux Confins de l'Arabie deserte, à soixante mille pas de Bagdat. Elle a été autrefois fort considerable, & même c'étoit la residence de quelques Califes.

[c] *Baudrand Ed. 1705.*

CUFRUTENSIS, ancienne Ville Episcopale d'Afrique. La Notice Ecclesiastique de ce Pays nous apprend que ce Siége étoit dans la Byzacene & nomme son Evêque *Heliodorus Cufrutensis* & on trouve dans la Conference de Carthage [d] *Felicianus Episcopus Plebis Cufrutensis*. Ce Felicien assista au Concile tenu à Carthage l'an 403. & y est aussi qualifié *Cufrutensis Episcopus*.

[d] *Edit. Dupin. p. 267.*

CUGERNI. Voiez GUGERNI.

ÇUHIUNG [e], Ville de la Chine dans la Province de Sunnan dont elle est la quatriéme Metropole. Elle est située au centre de cette Province & son territoire est environné de tous côtez de belles Montagnes, & entrecoupé de Rivieres qui en font la sureté contre les courses des Ennemis. Le grain y vient en abondance ; on n'y manque point de pâturages excellens ; l'air y est salubre & temperé ; & on y trouve le *Lapis Lazuli* & le plus beau verd que l'on puisse voir. Elle étoit autrefois du Royaume de Cu, ensuite sous la famille de Hana, elle fut du Royaume d'Yecheû. Le Roi Cyn la nomma GANCHEU, la famille de Tanga l'appella GUEIÇU. C'est la famille de Taiminga qui lui a donné le nom qu'elle porte presentement. Il y a sept Villes dans son Departement, savoir

[e] *Atlas Sinens.*

çuhiung,	Tingpien,
Quangtung,	Okia,
Tingyven,	Nangan ⊙,
	& Chinnan.

Elle est de 15. d. 24′. plus Occidentale que Pekin & sa Latitude est de 24. d. 56′.

CUJAVIE [f], Province de Pologne sur la Wistule aux confins de la Prusse. Elle comprend deux Palatinats, savoir d'Inowladislaw & de Brzescie. Le premier n'a rien de remarquable que sa Capitale de même nom sur la Wistule. Le second a trois lieux remarquables, savoir Brzescie Place forte entre des Montagnes, Wladislaw & Kruswig. Cette Province donne le titre à un Evêque que l'on appelle l'Evêque de Cujavie & dont la Residence est à Wladislaw.

[f] *De l'Isle Atlas. Hubner Géogr. p. 715.*

CUICULUM, ancienne Ville d'Afrique. Tom. II.

Antonin la met à xxv. M. P. de Sitifi. La Notice Episcopale d'Afrique met entre les Evêques de la Numidie *Victor Cuiçulitanus*. On trouve au Concile de Carthage tenu sous St. Cyprien *Pudentianus a Cuiculi*, & Cresconius Evêque de Cuiculum, *Ecclesiæ Cuiculitanæ*; assista à la Conference de Carthage [g].

[g] *p. 261. Edit. Dupin.*

CUINA. Voiez QUINA.

CUINDA, ou CYINDA, ancien nom d'Anazarbe, selon Suidas.

CUINDI. Voiez QUINDI.

CUISSY [h], Abbaye de France de l'Ordre de Prémontré, à trois lieues de Laon. Elle fut fondée par Barthelemi Evêque de Laon, en 1117. Elle passe pour la seconde Abbaye de l'Ordre.

[h] *Baudrand Ed. 1705.*

CULANT [i], Petite Ville de France en Berry, aux Confins du Bourbonnois.

[i] *Ibid.*

CULARO, ancien nom de la Ville de GRENOBLE.

CULCUA, Colonie d'Afrique dans la Nouvelle Numidie, selon Ptolomée [k]. Quelques-uns comme Marmol croyent que c'est presentement CONSTANTINE.

[k] *l. 4. c. 3.*

CULEMBACH, ou CULMBACH [l], petite Ville d'Allemagne au Cercle de Franconie, sur le Meyn, assez près de la source d'une des Rivieres qui le forment & que l'on appelle le Meyn rouge. Elle est aussi peu éloignée du Fichtelberg. Quelques-uns croient que la hauteur des environs de Culmbach est le milieu & le centre de l'Allemagne. Jean & Albert Burgraves de Nuremberg acheterent l'an 1336. la Ville de Culmbach, la Seigneurie de Blassenbourg & le Cloître de Himmelseton, du Comte Otton d'Orlamund, pour la somme de sept mille Livres de Hellers petite monnoye, ce qui évalué à la monnoye presente d'Allemagne revient à 28000. florins. C'est ainsi qu'elle passa dans cette Maison la même qui possede aujourd'hui l'Electorat de Brandebourg & le Royaume de Prusse. Elle fut saccagée l'an 1430. par les Hussites qui mirent tout à feu & à sang, brûlerent, ou noyerent les Prêtres, les Moines & les Religieuses. Lorsque les habitans de Nurenberg avec les Princes leurs Alliez eurent pris Lichtenfels en 1553., ils allerent delà à Culmbach ; les habitans de cette derniere Ville voyant que leur Ville ne pouvoit pas soutenir un long siége, ils se retirérent au Château de Blassenbourg qui en est tout proche & mirent eux-mêmes le feu à leur Ville après en avoir emporté ce qu'ils y avoient de plus precieux. Mais les Ennemis étant arrivez travaillerent à éteindre le feu & firent un assez grand butin, le Château de Blassenbourg fut aussi assiegé & après une longue resistance il fut pris l'an 1554. par les Alliez qui le raserent, mais on l'a rebâti depuis & c'est là que l'on garde [m] l'ancienne Archive de la Maison de Brandebourg, les titres, les Diplomes Imperiaux, les Actes & autres Piéces importantes & fondamentales. Cette Ville donne le nom à un Etat qu'on appelle le Margraviat de Culmbach ou de Bareuth, parce que le Margrave reside à la verité à Bareuth, mais la Residence étoit autrefois à Culmbach. [n] Le Château de Blassenbourg qui en est tout proche est assez bien fortifié.

[l] *Zeyler Francon. Topogr. p. 23.*

[m] *Limneus de Jure Publ. l. 5. c. 7.*

[n] *Hubner Geogr. p. 480.*

Les principaux lieux de ce Margraviat sont

Ppppp* Ba-

Bareuth, Wonsidel,
Culmbach, Neustadt,
Hof, Erlangen.

Près de Cronach on decouvrit une mine d'Or l'an 1695.

CULEMBOURG, petite Ville des Pays-Bas, avec titre de Comté, au Duché de Gueldre, aux confins de cette Province & de celle d'Utrecht, sur la rive gauche du Leck, à une [a] lieue de Buren. [a] Ce lieu étoit autrefois une terre libre & independante des Seigneurs voisins jusqu'à l'an 1281. Ce fut alors que Hubert de Bosincken transporta son Château de Culembourg & ses dépendances, à Renaud Comte de Gueldres sans se reserver rien que le revenu, ou la Seigneurie utile, cedant au Comte le haut domaine & la Seigneurie directe. Ce droit ayant passé des Ducs de Gueldre aux Princes d'Autriche, les Seigneurs de Culembourg qui étoient de la Maison de Pallant furent faits Comtes; mais Florent de Pallant s'étant fait Chef des Calvinistes sous le Regne de Philippe II. le Duc d'Albe Gouverneur des Pays-Bas, confisqua tous les biens de ce Seigneur, qu'il réunit au Duché de Gueldre & fit raser jusqu'aux fondemens le Château de Culembourg. Les Etats Generaux s'étant rendus maîtres du Pays & du Betuvé retablirent le Seigneur de Pallant en possession de ce Comté. Le dernier mâle a été Florent II. Comte de Culembourg qui mourant sans enfans mâles institua heritier son petit-neveu Philippe Theodoric Comte de Waldeck qui étoit fils d'Anne de Bade, fille d'Elizabeth de Culembourg sœur de Florent. Elle épousa en secondes noces Charles Comte de Hohen-Zollern & en troisiémes Jean Louïs Comte de Hohen-Saxen, & ayant eu des enfans de tous ses maris, elle voulut desheriter sa fille Anne & le Comte de Waldeck son petit-fils nommé Wolrath, ce qui a excité de grands procès entre ceux de ces differentes Maisons. Ceux de Waldeck obtinrent en 1678. un Arrêt en leur faveur au Parlement de Malines. Tous ces biens étoient alors revenus à George Frederic de Waldeck oncle de Henri-Wolrath & fils de Philippe-Theodoric Comte de Waldeck. George-Frederic qui étoit Maréchal General des Armées des Etats Generaux & Gouverneur de Maestricht fut fait Prince de l'Empire par l'Empereur Léopold & étant mort sans enfans, il laissa ses filles Heritieres, dont l'ainée est Louïse Amelie veuve du Comte d'Erpach. Ces derniers Comtes de Culembourg depuis les troubles des Pays-Bas, avoient fait revivre les pretentions de leurs predecesseurs pour l'indépendance de la Terre de Culembourg, ce qui n'a point été encore décidé. Le même Prince de Waldeck a laissé encore deux filles qui sont Sophie-Henriette femme d'Ernest Duc de Saxe-Gotha, & Albertine.

CULEYAT ELMUHAYDIN[b], Ville d'Afrique au Royaume de Maroc, dans la Province de Hea. Elle est située entre des écueils & de grands Arbres à six lieues d'Eidevet. Ces mots *Culeyat Elmuhaydin*, veulent dire la *Forteresse* ou la *roche des Disciples*.

[a] Longuerue desc. de la France 2 part. p. 42.

[b] Marmol. T.2.l.3. c.13.

Cette Ville est sur une haute Montagne qui en a plusieurs autres aux environs. On y monte par un Chemin étroit & fort roide qui va en tournant, & il n'y a point d'autre abord du côté du Septentrion, mais vers le Midi on y entre par la Montagne de Tesegdelt qui vient jusqu'à demi-lieuë. Elle fut bâtie l'an 1520. par un Maure de Tesegdelt, appellé Omar Seyef, qui s'acquit une si grande reputation de Sainteté, qu'à l'aide de ses Sectateurs il se rendit presque maître de la Province, & bâtit cette Ville pour leur servir de retraite, & aller prêcher de là leur Nouvelle Doctrine, mais sa femme le tua la douziéme année, l'ayant surpris dans quelques caresses avec une fille qu'elle avoit eu d'un premier Mari. Le peuple indigné prit les armes sur cette Nouvelle, & regardant tous ses Disciples comme autant d'imposteurs qui le trompoient, il ne fit grace qu'à un de ses petits-fils, qui s'étant fortifié dans cette Place la défendit contre tous les habitans de la Province qui l'y tinrent assiégé pendant un an. Il en demeura le maître, & un de ses fils après lui, jusqu'à ce que les Scherifs s'étant emparez de cette Province, il s'accommoda avec eux, & son petit-fils leur en fit hommage. Comme la Ville est très-forte, & que les rochers d'à l'entour sont escarpez, il étoit impossible de le forcer. Les habitans sont des Bereberes du Pays qui ont quantité de troupeaux de Chévres, mais fort peu d'autres. Ainsi leur principal exercice est de voler les passans. C'est ce qui obligeoit le Seigneur du lieu à entretenir quelques Arquebusiers & quelques gens de Cheval. Cela les rendoit si odieux aux autres Africains & aux Arabes, qu'ils les tuoient & brûloient par tout où ils pouvoient les surprendre. Le dégât qu'ils venoient faire aux environs de la Place, les tenoit fort resserrez, ensorte qu'ils n'osoient semer ni mener paître leurs troupeaux dans la Campagne. Le Sepulcre de l'Imposteur Omar est dans la Ville où son petit-fils a établi un pelerinage qui dure encore. Rien ne prouve mieux combien est grand l'aveuglement de ces Peuples, d'aller visiter le Tombeau d'un homme tué pour ses vices, & de faire honneur à ses Reliques.

1. **CULIACAN**[c], Province de l'Amerique Septentrionale, sur le bord Oriental de la Mer Vermeille. Elle est bornée au Nord par la Province de Cinaloa; à l'Orient par la Nouvelle Biscaye & par les Zacatécas; au Midi par le Chiametlan; & au Couchant par le Golphe de Californie. Il est traversé par trois Rivieres. La plus Septentrionale a sa source dans les Montagnes auprès de Topia & passe à Culiacan Chef-lieu de cette Province; la plus Meridionale vient de la Nouvelle Galice, passe à St. Ignacio & à Pisstla. Celle qui coule entre ces deux n'a point d'habitation qui soit connue.

2. **CULIACAN**, Ville de l'Amerique Septentrionale au Pays de même nom dans le Mexique.

§ Mr. Corneille écrit [d] **CULVACAN** & dit après de Laet [e] que ce fut Nuño de Gusman qui decouvrit ce Pays le premier & le soumit l'an 1531. son terroir est, dit-il, fertile & riche en mines d'Argent. Nuño de Gusman

[c] De l'Isle Atlas.
[d] Dict.
[e] Ind. Occid. l.6. c.5.

CUL.   CUL. CUM.   851

y bâtit une Ville qui fut nommée St. Miguel sur la Riviere de *Las Mugeres* ainsi appellée à cause de la quantité de femmes qu'il y vit ; mais quelque temps après les habitans furent transportez dans une autre Ville de même nom bâtie dans la Vallée de Horaba à deux lieues de la Mer à cause de la commodité des champs & des pâturages. Cette derniere est aussi nommée Culiacan.

CULICI, ancien peuple qui faisoit partie des Flamoniens. Ceux-ci, au raport de Pline [a], étoient partagez en *Flamonienses Vanienses* & *Flamonienses Culici*. Voïez Flamonienses.

[a] l. 3. c. 19.

1. CULLEN, Ville d'Irlande. Voïez Callen 2.

2. CULLEN [b], Bourg d'Ecosse, dans la Vicomté de Banfe, sur la côte entre les Embouchures des Rivieres le Spey & la Doverne on dit que c'étoit autrefois une Ville considerable. Il a conservé séance & voix au Parlement d'Ecosse jusqu'à l'union des deux Couronnes sous un même Parlement.

[b] Baudrand rectifié.

CULLERA [c], Bourg d'Espagne au Royaume de Valence, à l'Embouchure du Xucar, sur un Cap nommé aussi Cullera.

[c] Baudrand Ed. 1705.

CULLU, Ville d'Afrique dans la Numidie. Pline [d] nomme de suite *Cullu* & *Rusicade*. Ptolomée [e] la nomme *Collops Magnus*, pour le distinguer de *Collops Parvus* qui étoit plus à l'Orient. La Table de Peutinger la nomme Chullu & la met à L. M. P. de Ruficade. L'Itineraire d'Antonin la nomme Chulli Municipium. Il est surprenant que la Notice Episcopale d'Afrique n'en fasse aucune mention, car c'étoit le Siége d'un Evêché, comme il paroît par la Conference de Carthage [f], à laquelle assista Victor *Cullitanus* Evêque de Cullu. Son nom est peu changé & on le nomme presentement Col. Voïez ce mot.

[d] l. 5. c. 3.
[e] l. 4. c. 3.
[f] c. 126.

CULM [g], Ville de Pologne dans la Prusse Polonoise, sur une Montagne près de la Wistule. Elle est la Capitale d'un Palatinat auquel elle donne le nom. C'est aussi le Siége d'un Evêque Suffragant de Gnesne. Elle a beaucoup souffert dans les dernieres guerres & son Evêque a choisi sa Résidence à Culmsée qui est à trois milles Germaniques. [h] Les Chevaliers de l'Ordre Teutonique en jetterent les fondemens en 1223. & la firent fortifier contre les irruptions des Prussiens, & autres Peuples Idolâtres qu'ils n'avoient encore pu subjuguer.

[g] Baudrand Ed. 1705.
[h] d'Audifret Geogr. Hist.

Le Palatinat de Culm, Province de la Prusse Polonoise, entre la Wistule, la Grande Pologne & le Royaume de Prusse. On y comprend d'ordinaire le petit Pays de Michaloff. Les principaux lieux sont

Culm;	Strasburg ou Brodnitz,
Thorn,	Graudentz.

CULMSÉE, Culmenser, ou Colmenser [i], petite Ville de Pologne dans la Prusse Royale au Palatinat de Culm, à trois milles d'Allemagne de Culm, & à deux petits milles de Thorn. C'est là qu'est la Residence de l'Evêque de Culm.

[i] Baudrand Ed. 1705.

CULSITANUS, ou Culusitanus, ou Culcitanus, Siége Episcopal d'Afrique dans la Byzacéne. Marcien Evêque de ce lieu, *Plebis Culusitana*, assista au Concile de Carthage tenu sous Boniface l'an 525. Pierre Evêque *Ecclesia Culcitanensis* de la Province Proconsulaire assista au Concile de Latran tenu sous Martin ; & dans la Conference de Carthage on trouve Vincent Evêque *Ecclesia Culusitana*. La Notice Episcopale d'Afrique nomme *Æmilianus Culsitanus*.

CULUCONES. Voïez Calucones.

CUMACATUM. Voïez Metacum.

CUMANA, (la) Pays de l'Amerique Meridionale. On écrit aussi Comanæ & cette derniere Orthographe est preferée par Mr. de L'Isle. Ce nom a été commun à une Ville & au Pays qui l'environne, mais le Pays est plus ordinairement nommé la Nouvelle Andalousie. Voïez cet Article au mot Andalousie. Quant à la Ville, les Espagnols la bâtirent en 1520. elle a un bon Château & est à trois lieues de la Mer du Nord, au Midi de l'Isle de la Marguerite.

CUMANAGOTO, Bourg de l'Amerique Meridionale dans la Nouvelle Andalousie à deux lieues de Cumana, selon Mr. Baudrand [k].

[k] Ed. 1705.

CUMANO [l], Cap de Dalmatie dans l'Etat de Raguse. On croit que c'est *Onæum Promontorium* des Anciens. Il est à quatre lieues de l'Isle de Curzola. C'est la pointe la plus Occidentale de la Presqu'Isle de Sabioncelo.

[l] Ed. 1705. Maty & Corn. Dict. t Band.

CUMASTRA [m], Bourg de la Morée dans le Belveder, sur l'Aris, à deux ou trois lieues de Calamata. Il n'est remarquable que parce qu'on le prend pour l'ancienne Curia.

[m] Baudrand Ed. 1682.

CUMBAVA [n], Isle d'Asie dans la Mer des Indes, au Levant de l'Isle de Java.

[n] Baudrand Ed. 1705.

1. CUMBERLAND [o], Province Maritime d'Angleterre, du côté du Nord, dans le Diocèse de Chester & Carlisle. Elle est bornée par l'Ecosse au Nord, par la Mer d'Irlande à l'Ouest, par les Provinces de Northumberland, de Durham, & de Westmorland à l'Est, & par celles de Westmorland & de Lancastre, au Sud. Elle a 168. Milles de tour, & contient environ 1040000. Arpens & 14825. Maisons. Quoique cette Province soit fort avancée au Nord, elle ne laisse pas d'être assez fertile ; ses Montagnes fournissent de bons pâturages, & ses vallées abondent en bled. Il y a aussi grande quantité de Volaille, de gibier & de poisson. Pour le chauffage, la terre produit du Charbon ; il y a de grandes mines de cuivre & de plomb. Entre ses plus hautes Montagnes, celle qu'on appelle Wry-Nose, ou nez de travers, est remarquable par trois bornes de pierre, à un pié l'une de l'autre, qui sont l'une dans Cumberland, l'autre dans Westmorland, & la troisiéme en Lancashire. Outre ses Rivieres dont l'Eden est la principale, il y a plusieurs petits Lacs, particulierement, celui qu'on appelle *Ulles Water*, sur les confins de Westmorland, qui nourrit un poisson de la derniere delicatesse, & qui s'appelle *Charr*. Au reste cette Province fut occupée par les Bretons jusqu'au Regne d'Edmond Roi d'Angleterre, & fils d'Ethelstan, qui en fit la conquête en 946. ses Villes & Bourgs où l'on tient marché sont

[o] Etat prétendu de la Grande Bretagne T. 1. p. 51.

Tom. II.

Ppppp* 2   Car-

Carlisle la Capitale.

Cockermouth,	Alston-Moor,
Whitehaven,	Ireby,
Keswick,	Kirk-Oswald,
Penrith,	Longtown,
Brampton,	Ravenglass,
Holm,	Wigton.
Egermont,	

2. CUMBERLAND, Golphe de la Terre Arctique proche du Détroit de Davis. Il s'étend du Nord au Sud l'espace de cent cinquante mille pas. Et il a au fond de petites Isles que les Anglois appellent Isles de Cumberland. Il n'y a que cette Nation qui le nomme ainsi, & Mr. de l'Isle n'en marque rien.

CUMERUM, Promontoire d'Italie, selon Pline *, qui dit qu'Ancone y étoit située. Quelques Modernes appellent par cette raison ce Cap, MONTE D'ANCONA, d'autres MONTE SANTO à cause du grand nombre d'Hermitages dont il est peuplé; mais le R. P. Hardouin le nomme plus précisément il MONTE GUASCO.

* l. 3. c. 14.

1. CUMES, ancienne Ville d'Italie dans la Campanie. Ce nom est employé au pluriel par les Grecs & par les Latins, Κοῦμαι, CUMÆ, cependant Strabon & Etienne le Géographe disent Κύμη au Singulier. Silius Italicus a dit de même,

a l. 8. v. 532.

Quondam fatorum conscia Cume.

Et Stace dit b :

b l. 4. Silv. 3. v. 65.

Miratur sonitum quieta Cyme.

Cette Ville étoit très ancienne: Strabon en attribue l'origine aux Cuméens ou Cyméens Peuple de l'Eolie, il joint à ces Fondateurs les Chalcidiens. La plupart des Poétes ne lui donnent point d'autres Fondateurs que les habitans de Chalcide dans l'Eubée. Virgile dit c :

c l. 6. initio.

Et tandem Euboicis Cumarum adlabitur oris.

Stace d donne la qualité d'Eubéene à la Sibylle de Cume.

d l. 4. Silv. 3. v. 24.

Euboica domum Sibyllæ.

Et Ovide e dit dans le même sens,

e Fast. l. 4. v. 257.

Carminis Euboici fatalia verba.

Les Eaux de Cumes ont été vantées par les Anciens à cause de leur salubrité. Il y a déjà long-temps que cette Ville est détruite, il n'en reste plus que les ruines au Royaume de Naples, sur la côte du Golphe de Gaëte à une lieue de la Ville de Pouzzol. Auprès des Ruines de cette Ville est une grotte où l'on pretend que la Sibylle de Cumes habitoit. Voyez au mot GROTTE.

2. CUMES, ancienne Ville d'Asie dans l'Eolie dont elle étoit la plus grande & la plus belle Ville, selon Strabon f. Le même Auteur dit qu'on taxoit ses habitans de bêtise, & en raporte plusieurs raisons. L'une qu'il y avoit trois cens ans que la Ville étoit bâtie lorsqu'ils s'aviserent de faire payer pour la premiere fois les droits d'entrée & de sortie, de maniere que ce peuple n'avoit point encore joui de cette sorte de revenu, ce qui fit dire qu'il ne s'étoit point aperçu jusques là que la Ville fût au bord de la Mer. L'autre raison que Strabon raporte est que les Cuméens emprunterent une somme au nom de la Communauté & engagerent leurs portiques, & comme ils ne la rembourserent point au temps prescrit, il leur fut défendu de se promener sous ces portiques; les pluyes étant survenues & les créanciers ayant honte que ces pauvres gens se mouillassent faute de s'oser mettre à couvert, firent publier par un Crieur public qu'ils pouvoient s'y mettre. Et comme ce Crieur disoit à haute voix, mettez vous sous les Portiques, on l'expliqua comme si les Cuméens voyant qu'il pleuvoit n'eussent pas eu l'esprit de s'y retirer à moins qu'un Officier public les en fit souvenir. Il y a de même en France des Villes comme ARBOIS, BEAUNE &c. sur lesquelles on debite des contes qui ne donnent pas une grande idée de la sagesse de leurs habitans. Cependant cette Ville de Cumes a produit de grands hommes. Tel étoit Ephorus Disciple d'Isocrate. Hesiode dit que son pere ayant quité Cumes d'Æolie vint s'établir dans la Béotie. On doute si Homere n'en étoit pas aussi natif. Cette Ville est presentement, à ce que l'on croit, FOCHIA NOVA. Voiez cet Article. Voiez LARISSA I.

f l. 13. p. 622.

CUMI, Ville de l'Ethiopie, sous l'Egypte, au bord du Nil, selon Pline g.

g l. 6. c. 30.

CUMILLUM MAGNUM, ancien lieu d'Italie, selon Antonin, sur la route de Rimini à Dertona. L'Edition de Zurita porte COMILLOMAGUM, ce qui s'accorde avec l'opinion de Sigonius qui veut qu'on lise CAMILLOMAGUM en un seul mot. L'exemplaire du Vatican porte CUNULLO MAGO. Celle des Juntes a simplement CUMILLO. Cette diversité empêche qu'on ne sache au vrai le veritable nom de ce lieu dont les autres Monumens de l'antiquité ne font aucune mention. Simler croit que c'est presentement CIGOMOL.

CUNAIGEL GERBEN, ou CONDIGET HERBEN h, Montagne d'Afrique au Royaume de Fez dans la Province de Cuzt. Le nom de cette Montagne signifie de passage des Corbeaux à cause de la multitude qu'il y en a, aussi bien que de Geais. Elle est une des dependances du Mont Atlas, près de celle de Miatbir. Elle est fort haute & couverte de grandes Forêts remplies de Lions. Le froid la rend inhabitable, particulierement l'Hyver; soit qu'elle soit sur le grand Chemin de Fez en Numidie, & la bize y souffle quelquefois avec tant de violence, qu'elle couvre de neige les passans; mais les Bergers y menent en été leurs troupeaux en quelques endroits & particulierement les Arabes de Benihasten à cause de la fraîcheur des eaux & des Bocages, quoiqu'il faille y être toujours en garde à cause des Lions & se retirer avant le Mois de Septembre de peur des Neiges. Il y a une Fon-

h Marmol. l. 4. c. 122. p. 308.

CUN.   CUN.   853

Fontaine, d'où fort une petite Riviere qui se va rendre dans celle de Cebu & qui a sur ses bords la Ville de Tigaza. Il y en a encore une autre nommée Tezergil, sur une petite Riviere qui passe au pied de cette Montagne.

CUNAMES, Peuple de l'Amerique Septentrionale au Nouveau Mexique, les Espagnols raportent qu'ils y trouverent cinq Bourgades dont la plus grande s'appelloit CIA. Il y avoit huit Marchez publics dans cette Bourgade qui étoit si spacieuse qu'elle contenoit plus de vingt mille personnes à ce que l'on pouvoit conjecturer. Les maisons étoient enduites de chaux & peintes de diferentes couleurs. Ils paroissoient riches en metaux & montroient aux Europeans les Montagnes où l'on pouvoit les trouver. Comme les Relations dont de Laet [a] a tiré ces particularitez sont anciennes, ces noms ont disparu sur les Cartes Modernes, & sur tout celles de Mr. de l'Isle.

[a] Ind. Occid. l. 6. c. 23.

CUNAXA, Lieu d'Assyrie à cinq Stades de Babylone. C'est où se donna le combat entre Cyrus & Artaxerxe, selon Plutarque [b].

[b] in Artaxerxe.

CUNCAN, Pays de la Presqu'Isle de l'Inde en deça du Gange; Mr. de l'Isle [c] écrit CONCAN & en fait la partie Septentrionale du Royaume de Visapour.

[c] Côtes de Malabar & de Coromandel.

CUNEI, Peuple ancien de l'Espagne, chez qui il y avoit une grande Ville nommée CUNISTORGIS [d]. Ce Peuple & cette Ville devoient être dans la Lusitanie où se trouvoit le Promontoire CUNEUS, selon Pline [e], aujourd'hui CABO DI SANTA MARIA & un Canton nommé CUNEUS AGER dont parle Pomponius Mela [f]; à l'égard de CUNISTORGIS, on ne doute point que ce ne soit la CONISTORSIS que Strabon met dans la Celtique, & qu'il dit avoir été une fameuse Ville.

[d] Appian. Iber. p. 484.
[e] l. 4. c. 22.
[f] l. 3. c. 1.

CUNETIO, ancienne Ville de la Grande Bretagne entre *Verlucio* qui est *Westbury*, & *Spina* qui est *Spene*, à xx. M. P. de la premiere & à xv. de la seconde, selon l'Itineraire d'Antonin. Mr. Gale observe [g] qu'à la source du Kennet il y a un Bourg de même nom. Les environs sont remplis de ruines & de monumens anciens, sans parler d'Aubury & de Silbury dont on ignore les commencemens. Mais auprès de la Colline nommée MARTINSALL HILL, il y a un ancien Boulevard quarré, ce qui joint à une Medaille de Constantin qu'on y a trouvée il n'y a pas fort longtemps, fait voir que c'est un Ouvrage des Romains. Dans la Campagne voisine se trouvent trois pierres Pyramidales que le Peuple appelle les Palets du Diable.

[g] in Anton. p. 134.

CUNEUS. Voiez CUNEI.

CUNGCHANG [h], Ville de la Chine dans la Province de Chensi ou Kensi, dont elle est la cinquième Metropole. Elle est située sur la rive Meridionale du Fleuve Guei. Elle est fort Marchande, très-peuplée & assez facile à defendre à cause de son assiéte, de façon qu'elle est un des Boulevars de l'Empire Chinois de ce côté-là, parce que la difficulté des Chemins & la roideur des Montagnes la mettent à couvert des surprises de l'Ennemi. Delà vient que les Empereurs Chinois en ont toujours fait beaucoup de cas. Mais ce qui la rend plus celèbre, c'est qu'elle est le lieu de la Sepulture de Fohi le premier Empereur Chinois. Il étoit

[h] Atlas Sinensis.

né à Cin l'une des Villes qui en dependent. Les Villes de ce Territoire sont au nombre de dix-sept, savoir

Cungchang,	Ching,
Ganting,	Cin, ☉.
Hoeining,	Cingan,
Tungguei,	Cingxui,
Chang,	Li,
Ningyven,	Kiai, ☉.
Fokiang,	Ven,
Siho,	Hoey, ☉
	& Leangtang.

On y trouve communément un mineral nommé *Hiungboang*, auquel on attribue de grandes vertus contre toutes sortes de poisons, les Fiévres Malignes, les dangereuses chaleurs des jours Caniculaires, on le prend detrempé dans du Vin. Il est rougeâtre tirant sur le jaune avec de petites marques noires; il ressemble pour la consistence à de la craye & pour la couleur il approche un peu du Vermillon excepté qu'il est plus jaunâtre. On s'en peut servir pour la peinture. On trouve aussi dans le même Canton de petites pierres d'un bleu foncé, veiné de blanc: les Grands les recherchent beaucoup, parce qu'étant calcinées & prises en poudre très-fine elles prolongent la vie à ce que l'on croit. Il y a trois Temples dont le plus beau est dedié à la Mere de Fohi. Cette Ville a eu successivement les noms de THIENXUI, GUEI CHEU, CUNGCHEU & enfin celui de CUNGCHANG qui lui est demeuré. Elle est de 11. d. 34'. plus Occidentale que Pekin sous le 36. d. 51'. de Latitude.

CUNI, ancien lieu d'Asie dans la Gedrosie, selon Ptolomée [i]. Ortelius dit que c'étoit des Villes, mais ce nom se trouve dans une Liste où l'Auteur cité promet des Villes & des Villages sans distinction.

[i] l. 6. c. 21

CUNICI, Ville de la Grande Isle des Baléares; c'est-à-dire, de l'Isle de Majorque; selon Pline [k]. C'étoit une de celles qui jouïssoient des mêmes droits que les habitans du Latium.

[k] l. 3. c. 5.

CUNICULARIÆ, Isles de la Mer Mediterranée entre la Sardaigne & la Corse [l]. Ce sont aujourd'hui des écueils dont on ignore les noms & qui ne meritent pas d'être appellés Isles, ils sont dans le Canal qui sépare l'Isle de Corse de la Sardaigne.

[l] Ibid. l. 3. c. 6.

CUNINGHAM, Province de l'Ecosse Meridionale. Quelques-uns [m] écrivent CUNNINGHAM. Elle est au Couchant de celle de Clydesdale. Elle a pour sa Capitale IRWIN, à l'Embouchure de la Riviere de même nom; vers la source de cette Riviere on trouve *Kilmarnock* qui donne le titre de Comte au Chef de la famille des Boyds. A quelque distance d'Irwin est le Château d'*Eglington* qui a donné autrefois le surnom à une famille. Dans la Baye de Clyde on trouve le Bourg de *Largis* fameux par la défaite des Norwegiens par Alexandre III. Roi d'Ecosse. Kilmaer dans la même Province est la terre de la famille de Cuningham qui porte le nom de la Province. On raporte à cette Province la Baronie de *Renfrew* qui est située au Nord-est, ainsi nommée de sa Capitale sur la Clyde. *Pasley*,

[m] Etat pres. de la G. Bretagne T. 2. p. 259.

PPPPP* 3   autre

854 CUN. CUP. CUQ. CUR.

autre Ville, eft arrofée par le Cart & étoit autrefois fameufe par la belle Abbaye de l'Ordre de Clugni.

CUNION CHARION, Κούνιον Χάριον, c'eft-à-dire, *le Port Joyeux*, Cap de l'Ifle de Sardaigne, à l'Orient de fa partie Meridionale, felon Ptolomée [a]. [a] l.3.c.3.

CUNISTORGIS. Voiez CUNEI.

CUNUSITANI, ancien peuple de l'Ifle de Sardaigne fur la côte Orientale, felon Ptolomée [b]. [b] l.3.c.3.

CUPERIUM, ancien lieu de Thrace, felon Nicetas cité par Ortelius [c]. Leunclavius dit qu'on le nomme prefentement CUPRI ou TZUPRI. [c] Thefaur.

1. CUPHE, Κούφη [d]. Il femble que Cedréne appelle ainfi une Riviere de la Sarmatie en Europe; Paul Diacre dit EUPHRA, comme le remarque Xylander. [d] Ortel. Thef.

2. CUPHE, ancienne Ville de la Libye interieure, felon Ptolomée [e] qui la met auprès du Niger. Ortelius fe trompe à ce fujet, en citant Pline qui n'en parle pas, au lieu qu'il devoit citer Ptolomée. [e] l.4.c.6.

CUPHUS. Voiez LYCOCAPER.

CUPIDINIS FONS, ou la *Fontaine d'Amour*; Fontaine d'Afie à Cyzique, felon Pline.

CUPPÆ, ancien nom d'un lieu de la Moefie fur la route de *Viminiacum* à Nicomedie, à XXIV. M. P. de la premiere & à pareille diftance de *Novæ*, felon l'Itineraire d'Antonin.

CUPRÆ, ou CYPRÆ. Ptolomée fournit deux Villes de ce nom en Italie, toutes deux dans le *Picenum* & les diftingue par des furnoms Latins qu'il écrit en Grec fans les traduire; l'une Μαριτίμα, Maritime, l'autre Μοντάνα fur la Montagne. Leandre croit que la *Cupræ* Maritime étoit au lieu où eft prefentement le Bourg de GROTTE, ou GRITTO, & que celle de la Montagne a fait place à l'Eglife de la Ste. Vierge appellée LORETO. C'eft peut-être la CUPRÆ ou le Temple de Junon dont Strabon parle [f]. Ligorius croit que la Cupræ de la Montagne eft prefentement LARIPA. Pintianus au contraire croit que *Cupra*, & *Maritima*, qu'il divife, font les noms de deux Villes differentes. Mais une Infcription nous apprend dans le Trefor de Goltzius qu'il ne faut point les feparer. Ortelius ajoute fur des Memoires qu'il avoit reçus d'un Savant [g] d'Italie: fi la defcription de Ptolomée eft fidelle je croirois que la Cupra maritime étoit au lieu où eft prefentement le lieu nommé S. BENEDETTO, & non pas celui qu'on appelle *Grotte*. Car Ptolomée la met entre le Tronto & le *Matrinum* qui eft la Piomba; & Grotte eft entre le port de Fermo & le Tronto. Pour la Cupra des Montagnes, ce ne peut être Lorette, car Ptolomée la met un peu au delà du Tronto, dans les terres, à l'endroit où eft LA COLONELLA; mais Strabon, Mela & Pline femblent les placer entre le Port de Fermo & le Tronto; peut-être étoit-elle à l'endroit qu'occupe Montalte Siége Epifcopal érigé par Sixte V. [f] l.6. [g] Celfus Citadinus Angelerius.

CUPRESSETUM, Lieu d'Affyrie auprès du fleuve Caper, felon Strabon [h]. [h] l.16.

CUQUENI, ou CUCUENI, Peuple ancien de la Gaule Aquitanique, felon Ptolomée [i]. [i] l.2.c.7.

Xylander croit que c'eft le même peuple que CONVENÆ; & il n'eft pas le feul Savant de cette opinion.

CURA, Montagne de Thrace, felon Curopalate cité par Ortelius [k]. [k] Thefaur.

CURAÇÃO [l], prononcez CURASSAO, petite Ifle de l'Amerique dans la Mer du Nord, au Septentrion de la Terre ferme & de la Province de Venezuela, dont elle n'eft qu'à fept ou huit lieues. C'eft la feule Ifle de confequence que les Hollandois ayent dans les Indes Occidentales. Elle a environ cinq lieues de large & environ neuf ou dix de long. La pointe la plus Septentrionale eft à 12. d. 40'. de Latitude. Au Sud de la partie Orientale de cette Ifle il y a un bon Havre nommé *Santa Barbara*; mais le principal eft à environ trois lieues, au Sud-eft de l'Ifle, du côté de la partie Meridionale, où il y a une très-bonne Ville & une forte Citadelle. Les vaiffeaux qui y entrent chargez, doivent aller au plus près de l'entrée du Havre & avoir un cable prêt à jetter vers le Fort; car on ne peut point ancrer à l'entrée du Havre & les courans emportent toujours du côté de l'Oueft. Mais quand on eft une fois entré, il n'eft rien de plus fûr que ce Port, ni rien de plus commode pour carener les vaiffeaux. A l'Orient il y a deux Montagnes, dont l'une eft beaucoup plus haute que l'autre & plus efcarpée du côté du Nord; le refte de l'Ifle eft affez uni. De riches Marchands y ont bâti des Sucreries dans ces lieux qui étoient autrefois des Pacages pour le bétail. Il y a auffi des Plantations de Patates & de Yames. On y voit quantité de Beftiaux. Cependant l'Ifle eft moins precieufe à caufe de ce qu'elle produit, que parce qu'elle eft avantageufement fituée pour faire le commerce avec les Efpagnols. On y envoye de Hollande tous les ans de gros vaiffeaux chargez des Marchandifes d'Europe & qui font des retours fort avantageux. Les Ifles d'Aruba & de Bonaire qui font voifines appartiennent auffi aux Hollandois. [l] Memoires.

CURALIUS. Voiez CORALIUS.

CURAPORINA, Ville de l'Inde en deçà du Gange, felon Ptolomée [m]. [m] l.7.c.1.

CURBEUNCA, c'eft la même que CORBEUNTUS.

CURCUM, Ville de la Liburnie dans les terres, felon Ptolomée [n]. [n] l.2.c.17.

CURCUDALOPADUSA, on trouve cet étrangé mot dans quelques exemplaires des Oeuvres de St. Epiphane. Ortelius a raifon de dire qu'il eft corrompu. Il croit qu'il faut lire Lopadufa feparement & que le refte du mot eft pour CERCINNA.

CURDES, peuple d'Afie, partie dans la Turquie Afiatique & partie dans la Perfe, au delà du Tigre. La Ville de Betlis en eft la capitale. Mr. de Tournefort dit [o]: Les Curdes ou peuples du Curdiftan qui defcendent, à ce qu'on prétend, des anciens Chaldéens, tiennent la campagne autour d'Erzeron, jufqu'à ce que les grandes neiges les obligent à fe retirer & font à l'affût pour piller les Caravanes. Ce font de ces *Jafides* errans qui n'ont point de Religion, mais qui par tradition croyent en Jafid ou Jefus & ils craignent fi fort le Diable, qu'ils le refpectent depeur qu'il ne leur faffe [o] Voyage du Levant Lettre 18. T.2. p.114.

CUR.

fasse du mal. Ces malheureux s'étendent tous les ans depuis Mousoul, ou la Nouvelle Ninive jusques aux sources de l'Euphrate. Ils ne reconnoissent aucun maitre, & les Turcs ne les punissent pas lorsqu'ils sont arrêtez pour meurtre ou pour vol. Ils se contentent de leur faire racheter leur vie pour de l'argent & tout s'accommode aux depens de ceux qui ont été volez [a]. Quand ils ont consommé les Pâturages d'un quartier, ils vont camper dans un autre. Au lieu de s'appliquer à la Science des Astres, comme les Chaldéens de qui on les fait descendre ils ne cherchent qu'à piller, & suivent les Caravanes à la piste, pendant que leurs femmes s'occupent à faire du Beurre, du Fromage, à élever leurs enfans & à prendre soin de leurs troupeaux. * Leurs Pavillons sont de grandes tentes d'une espece de Drap brun foncé, fort épais & fort grossier qui sert de couvert à ces fortes de maisons portatives, dont l'enceinte, qui fait le corps du Logis, est un quarré long fermé par des treillis de cannes de la hauteur d'un homme, tapissez en dedans de bonnes Nates. Lorsqu'il faut demenager, ils plient leur maison comme un paravent & la chargent avec leurs ustencilles & leurs enfans sur des bœufs & sur des vaches. Ces enfans sont presque nuds dans le froid; ils ne boivent que de l'eau de glace ou du lait bouilli à la fumée des bouzes de Vache que l'on amasse avec beaucoup de soin, car autrement leur cuisine seroit très-froide. Voilà comment les Curdes vivent en chassant leurs troupeaux de Montagne en Montagne; ils s'arrètent aux bons pâturages, mais il faut en décamper au commencement d'Octobre & passer dans le Curdistan ou dans la Mesopotamie. Les hommes sont bien montez, & prennent grand soin de leurs chevaux. Ils n'ont que des Lances pour armes. Les femmes vont partie sur les chevaux, partie sur des bœufs; elles paroissent fortes & vigoureuses, mais elles sont laides & ont dans la physionomie un certain air de férocité. Elles ont les yeux peu ouverts, la bouche extrêmement fendue, les cheveux noirs comme jay, & le teint farineux & couperosé.

[a] p.115.

* p.116.

CURDISTAN, on apelle ainsi le Pays des Curdes, en Asie, dans la Turquie en Asie & dans la Perse, au Nord Oriental du Diarbeck & de l'Iraque.

CURDO [b], nom Moderne de la Montagne que les Anciens ont apellée NIPHATE. C'est une chaine de Montagnes qui fait partie du Mont Taurus, depuis l'Euphrate jusqu'aux Montagnes de Tchildir qui sont les Monts Caspiens des Anciens. Ces Montagnes separoient la grande Armenie de la Mesopotamie & de l'Assyrie des Anciens. Aujourd'hui elles séparent la Turcomanie du Diarbeck entre l'Euphrate & le Tigre, puis elles traversent le Pays des Curdes d'où elles tirent leur nom.

[b] Baudrand Ed. 1705.

CURE. Voiez CUZINÆ.

CURE [c], (LA) Riviere de France au Duché de Bourgogne. Elle passe par une partie du Nivernois & dans le Morvant vers Vezelay, & enfin se rend dans la Riviere d'Yonne un peu au dessus de Crevant, dans l'Auxerrois, c'est le village de Cure, à deux lieues au dessus de Vezelay, qui donne le nom à cette Riviere.

[c] Baudrand Ed. 1705.

CURELLUR. Voiez SCURELLUR.

CUR.

CUREN, ou CUROW [d], Village du Duché de Courlande, à l'Embouchure de la Riviere de Massa, dans le Golphe de Riga à huit lieues au dessus de Mitau. C'étoit autrefois une Ville Episcopale Suffragante de Riga.

[d] Baudrand Ed. 1705.

CURENA, Ville de la Medie, selon Ptolomée [e]. Quelques Exemplaires portent CURENA.

[e] l.6.c.2.

CURENSE, ou CORENSE LITTUS, Lieu de la côte d'Espagne, avec un Golphe vis-à-vis de Gades, qui est Gibraltar. Le R. P. Hardouin explique ce rivage dont parle Pline [f] par cette partie de la côte qui est depuis la Riviere de Guadalquivir jusqu'à celle de Guadaleto, & où est St. Lucar de Barameda.

[f] l.3.c.1.

CURENSES. Voiez l'Article qui suit.

CURES, ancienne Ville d'Italie: elle avoit été fameuse, dit Strabon [g], quoi que ce ne fût plus qu'un Village de son temps. Denys d'Halicarnasse en fait la capitale des Sabins. Strabon [h] dit que c'étoit delà que venoient T. Tatius & Numa Pompilius qui regnerent à Rome, & que c'étoit aussi là l'origine du mot de QUIRITES employé par ceux qui parloient au Peuple Romain. Pour Denys d'Halicarnasse il raporte plusieurs opinions sur l'origine de cette Ville qui devoit être fort ancienne. On peut les voir dans l'Histoire même [i]. Pline la designe par le nom de ses habitans qu'il appelle CURENSES [k]. C'est presentement le Bourg de CORESE sur une Riviere qui venant de la Sabine tombe dans le Tibre. Cluvier est d'un autre sentiment, mais celui de Holstenius appuyé par le R. P. Hardouin merite d'être preferé.

[g] l.5.p.228.

[h] l.c.

[i] Antiq. Rom.l.2. pag. 112. 113. Edit. Lipf.fol. 1691.

[k] l.3. c.12.

CURESE [l], (LA) Petite Riviere d'Italie dans la Sabine. On la nomme aussi le CORESE: c'est la même qui passe au Bourg de Corese dont il est parlé dans l'Article precedent.

[l] Baudrand Ed. 1705.

CURETES, (les) Strabon dit [m] que les CURETES, les CABYRES, les TELCHINES, les CORYBANTES & les DACTYLES étoient estimez les mêmes par quelques-uns. Il ajoute que quelques-uns habitoient au delà de l'Achelous & furent apellez ACARNANIENS. Denys d'Halicarnasse dit: Les Curetes & les Leleges que l'on appelle presentement Locres & Ætoliens.

[m] l.10.p. 4651

CURETICA. Voiez BRIVAS & PLEURONIA.

CURGIA. Voiez UCULTINIACUM.

CURGONII, ancien Peuple de l'Espagne, selon Florus [n].

[n] l.4.c. ult.

1. CURIA, nom Latin de COIRE. Voyez ce mot.

2. CURIA. Voiez CORIA.

3. CURIA, nom Latin de la COURLANDE.

4. CURIA, nom Latin de CORTE, Ville d'Italie dans l'Isle de Corse.

5. CURIA, Ville Episcopale dans la Nouvelle Epire, selon Mr. Baudrand [o].

[o] Ed. 1682.

6. CURIA DEI, nom Latin de la Cour-Dieu, Abbaye de France, voiez COURDIEU.

7. CURIA MURIA, Isle de l'Océan sur la côte de l'Arabie heureuse, vis-à-vis de l'Embouchure de la Riviere de Prim au Midi du Cap de Viré. Entre elle & l'Embouchure de cette Riviere est un assez grand nombre d'écueils

d'écueils, mais il y en a encore davantage du côté du large, c'est-à-dire, à l'Orient Meridional de cette Isle. Elle est vers le 71. d. de Longitude & par les 17. d. de Latitude Nord. Si la Riviere nommée Prim par Mr. de l'Isle [a] de la même que le Prion de Ptolomée il s'ensuivra que cette Isle est la Dioscoride de cet Auteur. Cependant en comparant ses diverses Cartes il en resulte qu'il prend [b] la Dioscoride des Anciens pour la Zocotora des Modernes, & quoiqu'il marque en son lieu l'Isle dont il est ici question, il ne marque point quel nom il croit que les Anciens lui ont donné.

[a] Carte de l'Egypte, de la Nubie & de l'Abissinie.
[b] Orbis Veter. Not. Tabula.

CURIANUM, Promontoire de la Gaule dans l'Aquitaine, selon Ptolomée. Chaque Savant l'a expliqué à sa maniere. Gerard Mercator le prend pour SOLLAC; mais Sollac ou Soulac est dans la pointe qui resserre au Midi l'Embouchure de la Garonne dont le Promontoire *Curianum* n'étoit pas voisin, selon Ptolomée. Scaliger dans ses Remarques sur Ausone dit que c'est la TETE DE BUSCH. Vinet dit que le nom moderne est GORDAN, & Belleforest que c'est aujourd'hui le CAP STE. MARIE. La verité du fait est qu'il n'y a point au Midi de la Garonne jusqu'à Bayonne de Cap aussi avancé que le devroit être celui de Ptolomée si la position qu'il lui donne par raport à l'Embouchure de la Garonne étoit fort juste. Quelques-uns ont cru que c'est la POINTE D'ARCASSON, comme le remarque Mr. Baudrand [c].

[c] Edit 1682.
[d] l. 5. c. 14.
[e] l. 5. c. 31.

CURIAS [d], Promontoire de l'Isle de Cypre, dans sa partie Meridionale. Pline [e] y met une Ville apellée de même. Etienne le Geographe nomme la Ville CURIUM & garde le nom de CURIAS pour le Canton où elle est. Ce Cap s'apelle presentement CAPO DELLE GATTE, & la Ville qui s'apelle AUDIMO, est située tout auprès.

CURJAT [f], petite Ville de l'Yemen dans l'Arabie heureuse, sur la côte, vis-à-vis de l'Isle de Mazira, environ à cinquante-cinq lieues du Cap de Raz-al-Gate. Mr. de l'Isle la neglige. Mr. Baudrand dit que quelques-uns conjecturent que c'est le lieu nommé par Ptolomée DIANÆ ORACULUM, c'est-à-dire, l'Oracle de Diane.

[f] Baudrand Ed. 1705.

CURIATES, ancien peuple d'Italie, vers l'Ombrie; il n'en étoit déjà plus question du temps de Pline [g] qui en parle comme d'une Nation detruite.

[g] l. 3. c. 14.

CURICTA, Isle du Golphe Adriatique sur la côte de l'Illyrie, selon Pline [h] & Ptolomée [i]. Strabon l'appelle CURACTICE, Κυρακτική. C'est presentement l'Isle de VEGIA.

[h] l. 3. c. 21.
[i] l. 2. c. 17.

1. CURICUM, Ville de l'Isle CURICTA, selon Ptolomée [k].

2. CURICUM, Campagne dans le Pays des Ammonites, selon Josephe [l].

3. CURICUM. Il semble que Procope [m] ait ainsi nommé une Ville de l'Isaurie.

[k] l. 2. c. ult.
[l] Antiq. l. 7.
[m] Ædific. l. 5.

CURIDIUM, Ælien nomme de la forte [n] un lieu, où il y avoit quantité de Cerfs. Assez près de là étoit un grand bois consacré à Apollon. Mais il ne dit point en quel Pays étoit ce lieu. Ortelius de qui est cet Article doute si ce ne seroit pas *Curium* dans l'Isle de Cypre.

[n] Ortel. Thes.

1. CURIGA. Voiez UCULTINIACUM.

2. CURIGA, (LE) petit Pays de la Presqu'Isle de l'Inde en deça du Gange sur la côte de Malabar. Davity [o] dit après Osorio [p]. Le Royaume de Curiga prend le nom de sa Ville Capitale assise entre Panane & Cranganor. Son Roi nommé Currivacail mena au Samorin duquel il étoit tributaire un secours de trois mille hommes l'an 1504. Ce Royaume qui devoit être de fort petite étendue est fondu dans celui du Samorin; & il n'en est plus fait mention dans les Relations Modernes. Mr. Baudrand [q] dit qu'on l'appelle aussi quelquefois CIRIGAT.

[o] Asie p. 507.
[p] l. 5.
[q] Ed. 1705.

CURIGLIANO, ou CORIGLIANO, en Latin *Coriolanum* [r], Ville d'Italie au Royaume de Naples, dans la haute Calabre citerieure, près du Ruisseau de même nom, environ à cinq milles de la côte du Golphe de Tarente & à six de Rossano, au Couchant.

[r] Ibid.

CURIGUACURU [s], Riviere de l'Amerique Meridionale. Elle a sa source dans les Montagnes de la Guiane, & après un long cours vers le Midi, elle se décharge dans la Riviere des Amazones par une bouche large de plus de deux lieues. Les Topinambous l'appellent URUNA; c'est-à-dire, *Eau Noire*. Les Portugais la nomment RIO NEGRO par la même raison.

[s] Corn. Dict.

CURIONES, ancien peuple de la Germanie, selon Ptolomée.

CURIOROWICZA, ou CZARNANIVERTI; c'est, selon Mr. Baudrand, le nom moderne de la Montagne de Thrace que les Anciens ont connue sous le nom de Rhodope.

CURIOSOLITES [t], ancien Peuple de la Gaule dans l'Armorique. La Ville de même nom est aujourd'hui une Ville presque inconnue, car ce n'est que par pure conjecture & en se copiant aveuglément les uns les autres que les Commentateurs de Cesar ont dit que c'étoit *Cornouailles*, ou *Quimper*. Le peu de conformité de ces noms avec celui de Curiosolites, dont l'un ou l'autre doit vraisemblablement avoir été formé, & le peu de vestiges qui restent dans ces Villes de la magnificence, ou de l'Antiquité qui doit les avoir distinguées, sont des objections auxquelles il semble très-difficile de répondre. Quelques Academiciens de l'Academie Royale des Belles Lettres à Paris, connoissant le Pays, & s'étant persuadez que l'ancienne Ville des Curiosolites pourroit bien être le Village de CORSEULT à deux lieues de Dinant vers l'Ouest, Mr. le Pelletier de Souzi chargea en 1709. un Ingenieur de St. Malo se transporter sur les lieux, d'y examiner les ruines indiquées & d'en faire le raport le plus circonstancié qu'il seroit possible. Voici quel fut le fruit de cette Recherche & le raport de l'Ingenieur.

[t] Hist. de l'Acad. Royale des Inscr. T. 1. p. 401. & seq.

Le Village de CORSEULT, est certainement bâti sur les ruines d'une Ville considerable comme il paroît par la grande quantité de restes de murailles que l'on trouve dans les Jardins & dans les champs à quatre ou cinq pieds de profondeur dans la terre. Son Eglise a sans doute été bâtie du debris de quelque grand Edifice; car on voit en differents endroits des Tambours de Colonnes de même grosseur que ceux des Piliers qui forment les ailes du Chœur.

Tels

Tels sont ceux que l'on voit à trois cens pas de l'Eglise au milieu du grand Chemin de Dinant, auprès desquels est une base de profil Atticurge de trois pieds six pouces de Diametre avec environ un pied de fust canelé en Spirale. Mais ce qui est de plus remarquable est une grande Pierre de cinq pieds de long, large, & épaisse de trois que l'on a tirée d'un tombeau pour en faire un Pilier octogone, auquel on a laissé une face plus large que celles qui lui repondent pour conserver une Inscription Latine telle qu'elle est figurée dans la Copie suivante

D * M * S.

SILICIA. NA
MGIDDE-DO
MO. AFFRIKA
EXIMIA PIETATE
FILIUM SECUTA
HIC. SITA. EST.
VIXIT. AN. LXV.
CN. IANVARI
VS. FIL·POSUIT.

Au bas du Clocher de la même Eglise dans un trou de seize pouces en quarré, on voit une inscription Gothique, mais très-difficile à déchifrer.

Il paroît en quelques endroits à fleur de terre un petit mur de deux pieds quatre pouces continué en droite ligne du Sud de l'Eglise vers le Nord sur la longueur d'environ deux cens toises. Il traverse le Cimetiere par devant la grande porte, passe entre deux maisons & se caché dans un champ, où on ne l'a pas fait chercher, étant trop mince pour un mur de Ville. Les Paysans disent qu'il est coupé perpendiculairement par un autre mur épais de sept à huit pieds. Ils le reconnoissent par le bled qui est toujours plus court au dessus de ce mur qu'aux autres endroits. Il est assez difficile de deviner ce que c'étoit, vû la quantité d'autres restes de Murs que l'on rencontre en fouillant dans ce champ. A l'Est de ce mur est un puits, creusé dans le Roc, couvert d'une pierre de sept pieds de diametre & percée au milieu d'un trou rond de dix-huit pouces.

Le grand Chemin de Dinant au sortir du Village, est traversé par des restes de petits Murs de deux à quatre pieds, éloignez les uns des autres de deux & de cinq toises. Sur ce Chemin, à quelques deux cens pas de l'Eglise, on a fouillé & l'on fouille encore dans une piéce de terre inculte pour chercher & ramasser du Tuileau à faire du Ciment pour les Fortifications de St. Malo & l'on y a trouvé plusieurs vestiges d'anciens bâtimens. Le premier qui fut découvert est une espece de petite Citerne de six pieds en quarré, qui avoit du côté de l'Est une rigole, & une autre au Sud de huit pouces en quarré. Le pavé en est couvert d'une chape de Ciment de quatre pouces d'épais, au dessus est une voute pleine de terre. A deux toises plus haut vers le Nord, sous une pierre brute de trois pieds, il y a une pierre de taille de cinq pieds six pouces sur quatre & demi de large & de seize pouces d'épais. On a fait fouiller à côté pour savoir ce qu'il y avoit dessous. On l'a trouvée enchassée dans une maçonnerie faite d'une façon singuliere. Ce sont de petites pierres & des morceaux de tuile plate jettez sur un enduit de Ciment bien uni, & recouvert d'un autre enduit de Ciment applani de même par dessus. Il y en a plusieurs lits les uns sur les autres. Après avoir démoli tout à l'entour, on n'a trouvé que d'autres pierres de taille plus petites, & au dessous de la Maçonnerie à chaux & à sable. A' deux toises plus haut on a trouvé dans une espece de chambre de douze pieds en quarré, enduite de Ciment, une Cheminée de cinq pieds de large, qui exhaloit la fumée par deux Canaux de tuile d'une piéce, cimentez aux deux coins. Ces Canaux sont de dix-huit pouces de haut & de six en quarré. Aux deux côtez opposez ils sont percez de trous quarrez, longs de cinq pouces sur un & demi de large. A' cinq toises de cet endroit étoit un petit Coridor de quatre pieds de large, pavé de pierres quarrées de quatorze pouces dont le grain est plus fin & la couleur plus verdâtre que celles du Pays, avec un enduit de Ciment par les côtez. A' l'Ouest de la même chambre étoit une espece de Canal voûté, de deux pieds de large & de deux pieds & demi de haut, avec de petits Piliers de brique de neuf pouces en quarré: dans le milieu un peu au dessous est, une grande pierre de taille de cinq pieds & demi en quarré, épaisse de vingt pouces. A côté est un mur en demi-Cercle qui va joindre la Pierre dont on a parlé & un autre mur de sept pieds d'épais le traverse à deux toises par derrière.

Un autre qui est Nord & Sud semble venir le joindre & celui-ci est coupé d'une ouverture qu'on croit avoir été une porte dont le seuil est une pierre de cinq pieds sur quatre de large, encastrée par un bout sous un parement de grandes briques; l'autre paroit l'avoir été aussi. Ayant fait fouiller au dessous jusqu'à dix pieds de profondeur, on a trouvé une Arcade de briques bouchée d'un côté de pierres de taille & un autre mur en retour formant un Angle fort obtus.

Environ à huit cens toises de l'Eglise au Sud-Est sur une hauteur, on voit la moitié d'un Temple octogone qui subsiste encore hors de terre de trente & un pieds de haut, revêtu par dedans & par dehors de petites pierres de quatre pouces en quarré taillées proprement & posées par assises reglées. Les Angles, le bas & le haut, à quatre pieds près du sommet, sont écorchez comme s'il y avoit eu une base, une Corniche & quelque incrustation. Entre les Pans de l'Octogone, on remarque aussi quantité de trous. Aux côtez de ce Temple on découvre quelques vestiges d'une levée couverte d'un enduit de Ciment appliqué sur des pierres à sec.

Il paroît d'autres restes de Chemins en forme de levées qui pourroient bien être l'Ouvrage des Romains depuis Corseult jusqu'à deux lieues loin auprès de Beaubois, & depuis ce Temple jusques à pareille distance du côté de Quever. Ce Chemin est en plusieurs endroits dans son entier, quoi que le plus souvent couvert de terre.

La conformité du nom & ces debris d'Edifices & de Chemins portent à croire que le Village de Corſeult occupe le même lieu où étoit la Ville des Curioſolites. Elle étoit le Siége d'un Evêché & le nom en a été diverſement defiguré dans les Notices Eccleſiaſtiques & autres Monumens du moyen âge. On l'y trouve écrit CURIOSULITUM, CORIOSOPITUM, CORIOSOPITUM, *Civitas*. Il faut donc diſtinguer la Ville & le Siége Epiſcopal. La Ville n'eſt plus que le Village de Corſeult; l'Evêché a été enſuite appellé l'Evêché de Cornouaille du nom du Canton. On l'appelle preſentement QUIMPER, ou KEMPER & on y joint le nom de Corentin qui eſt celui de ſon premier Evêque. Cette Ville au reſte a été inconnue à tous les Géographes Grecs.

CURISCH NARUNG, pointe de Terre du Royaume de Pruſſe, où elle s'étend entre la Mer Baltique & le Golphe de Curlande, qu'elle en ſepare du côté du Couchant, à la reſerve d'une ouverture qu'elle laiſſe pour y entrer auprès de Memel. C'eſt une Langue de terre fort longue & fort étroite où il n'y a aucun lieu remarquable. Quoiqu'on écrive *Narung* prononcez NERUNG. Mr. de l'Iſle écrit conformément à la Prononciation.

CURISCHE-HAFF, Lac ou plutôt Golphe dans le Royaume de Pruſſe le long de la Mer Baltique de laquelle il eſt ſeparé par le Curiſch-Narung dont on vient de parler. Sa longueur depuis Memel juſqu'à Labiaw eſt d'environ ſeize milles communs d'Allemagne. Sa largeur eſt très-inegale, aſſez grande au Midi & fort étroite vers le Nord. Entre les Rivieres qu'il reçoit la Ruſſe eſt la plus conſiderable. Au reſte quoi que ſon nom ſignifie Golphe de Curlande il n'eſt pourtant pas dans la Curlande proprement dite & il y a toute la Samogitie entre deux.

1. CURIUM. Voiez CURIAS.

2. CURIUM AGER, Ortelius croit qu'il y avoit chez les Sabins un lieu nommé *Curium*; du moins il s'en explique ſi brievement qu'il en donne lieu de le croire. Il cite en preuve le Livre des Colonies. On trouve en effet dans Frontin CURIUM *Sabinorum Ager*; mais *Curium* eſt le genitif de CURES. Voiez ce mot.

3. CURIUM, Ortelius trouve une Ville de ce nom en Ætolie & cite le VII. Livre d'Herodote. Voiez l'Article qui ſuit.

4. CURIUM, le même Géographe met ſur l'autorité d'Euſtathe[a] une Montagne de ce nom dans le même Pays. Strabon la nomme CURIUS, ſelon lui. Mais je ne trouve dans Strabon[a] que CURIUM qui étoit ſans doute une Ville, aſſez près de Pleuron.

[a] l. 10. p. 451.

CURLANDE, (LA) prononcez *Courlande*. Petit Pays avec titre de Duché dans la Livonie dont il faiſoit autrefois partie & dont il eſt detaché, ſous la protection de Pologne. Il eſt borné au Nord par le Golphe de Riga & par la Duine qui le ſepare de la Livonie; il confine par ſon extremité Orientale au Duché de Lithuanie, il eſt borné au Midi par la Samogitie, & au Couchant par la Mer Baltique. Mittau en eſt la Capitale & la Reſidence des Ducs. Ce Duché étoit autrefois une partie de la Livonie & appartenoit aux Chevaliers de l'Ordre Militaire des Croiſez; mais dans le XVI. ſiécle, Gothard Ketler Grand Maître de cet Ordre profitant des brouilleries qu'excitoient les diſputes de Religion ſongea à s'approprier cet Etat & ſe mettant ſous la protection du Roi de Pologne, lui en fit hommage à condition qu'il le poſſederoit à titre d'Heredité comme un Duché Heréditaire, ce qui lui fut accordé. Tout le Duché embraſſa le Lutheraniſme avec le temps. Le Duché de Curlande comprend la CURLANDE *proprement dite* & le Pays de SEMGALLIEN comme le nomment les Allemands, voiez SEMGALLE. Tout ce Pays fut pluſieurs fois pris & repris par les Suedois & les Ruſſiens durant les dernieres guerres du Nord; & les uns & les autres y firent tour à tour de grands ravages. En 1710. le Duc legitime en fut mis en poſſeſſion & épouſa une des Niéces de Pierre le Grand; mais il mourut peu après & laiſſa une jeune veuve qui protegée par ſon oncle eſt demeurée en poſſeſſion du Duché. Le Duc Ferdinand oncle du dernier Duc fait bien ſes efforts pour y regagner l'autorité, mais il n'a encore pu arriver à une poſſeſſion paiſible, & comme il n'eſt point marié, ſa mort pourroit bien apporter de grands changemens dans le Gouvernement de cet Etat. D'un côté les Polonois voudroient en pareille occaſion réunir ce Duché à leur Republique ſans en conferer la Souveraineté à une nouvelle famille. D'un autre côté, la Nobleſſe & le Peuple de Courlande qui ne craignent rien tant que cette Union, tâchent de ſe faire un Duc qui en épouſant la Ducheſſe Douairiere puiſſe avec le ſecours de l'Empire Ruſſien conſerver au Pays l'eſpece d'indépendance dont il jouït.

Mr. Baudrand nomme la Curlande en Latin *Curlandia*; mais Hartknock & autres Savans l'appellent CURONIA; & ſes habitans CURONI, ou CURONES. Il y en a qui croient trouver dans les CARYONES ancien Peuple d'entre les Venedes, que Ptolomée place vers ces quartiers-là. On peut voir ce qu'en dit Mathieu Strykowski[b]; il eſt inutile d'entaſſer ici les faits chimeriques imaginez par des Ecrivains qui voudroient à quelque prix que ce fût remonter juſqu'à la premiere origine de ce peuple & en faire une Hiſtoire ſuivie. Un des plus anciens Ecrivains qui ait nommé la Curlande, c'eſt St. Rembert dans la Vie de St. Anſchaire premier Apôtre du Nord. Il dit[c] qu'une Nation éloignée, nommée CHORI, étoit autrefois ſujette à la Domination des Suedois. Le ſavant Lambecius l'explique de la Curlande. Adam de Brême dans ſon Hiſtoire Eccleſiaſtique l'entend auſſi du même Pays. [d] Ce dernier Auteur dit dans un Traité ſur la ſituation du Danemarck & autres Pays Septentrionaux: ces quinze Iſles regardent le Royaume de Danemarck & ont toutes reçu le Chriſtianiſme, mais plus avant il y en a d'autres qui ſont ſoumiſes aux Suedois, la plus grande eſt celle qu'on appelle CURLAND & a dix journées de chemin. C'eſt une Nation très-cruelle; & tous la fuient à cauſe de ſon Idolatrie. L'Or y abonde, les chevaux y ſont excellens; tout y eſt plein de Devins, de Sorciers, de Magiciens. Ils ſont habillez comme des Moines. On vient de toutes parts d'Eſpagne

[b] l. 2. Hiſt. Lithuan. c. 6.

[c] Vita S. Anſchar. c. 27.

[d] Edit. p. 56. c. 223.

CUR.　　　　　　　　CUR. 859

gne & de Grece pour les consulter. Nous croyons que cette Isle est la même, que CHORI nommée dans la Vie de St. Anschaire & tributaire des Suedois. On y a érigé une Eglise par les soins d'un certain Negociant que le Roi de Danemarck avoit gagné à force de presens. On voit par ce long passage combien la Curlande étoit encore inconnue au XI. siécle sur la fin duquel vivoit l'Auteur cité, puisqu'il la prend pour une Isle. On voit aussi que la Curlande étoit autrefois plus grande qu'elle n'est aujourd'hui. Il semble que l'Eglise dont il marque la fondation se soit conservée jusqu'à Waldemar II. Roi de Danemarck qui y établit un Evêque. Vers l'an 1180. un St. Evêque nommé Meinhard porta le Christianisme en Livonie, la Curlande demeura pour la plus grande partie dans les tenebres du Paganisme. Les Suedois qui se l'étoient rendue tributaire au IX. siécle, la garderent assez long-temps. On ne voit point qu'ils y envoyassent des Gouverneurs. Ils se contentoient sans doute d'en tirer un tribut annuel: peut-être qu'avec le temps l'éloignement & la difficulté de l'exiger, ou quelque autre raison équivalente porta les Suedois à negliger ce Pays; peut-être aussi les habitans secouerent-ils un joug dont ils ne tiroient aucun avantage. Lorsque l'Ordre Teutonique les subjugua il ne paroit point qu'ils eussent des Magistrats, chacun étoit son juge à soi-même. Quand un homme avoit été tué, ses parens sans autre forme de procès tâchoient de tuer son assassin [a]. Waldemar II. Roi de Danemarck dont on vient de parler possèda les côtes de la Livonie & de la Curlande. Il fonda dans l'Estonie les Villes de Reval, Nerva & Wittenburg & dans la Curlande la Ville de Pilten où il voulut que fût le Siége d'un Evêque. Ce fut Dideric de Gröningen troisiéme Grand Maître de l'Ordre de Livonie qui fit bâtir Goldingen Curland, ou Curen & Ambote, dans la Curlande vers l'an 1248. Mais les Courlandois ne voulant point être forcez à devenir Chrétiens se donnerent à Mendoge Duc de Lithuanie [b]; mais ce Duc ayant lui-même abjuré l'Idolatrie ceda la Curlande à l'Ordre Teutonique qui pourtant ne la possèda point pour cela plus paisiblement; car on voit que les Grands Maîtres ont toujours été en guerre contre ce peuple. Nous avons déjà dit que le Grand Maître Gotthard Ketler s'empara de cet Etat en se soumettant à la Pologne, pour éviter de tomber sous la Domination des Moscovites qui le menaçoient.

[a] Russow. Chronic. Livon. part. 2. p. 43.

[b] Ibid. p. 18.

CURMILIACA. Voiez CARMILIACA.
CURMITANA. Voiez CURRITANA.
CURNONIUM, ancienne Ville de l'Espagne Tarragonnoise au Pays des Vascons, selon Ptolomée [c] dont les Interprètes disent que c'est presentement CARNOBIO dans la Navarre aux Confins de l'Arragon. D'autres veulent que ce soit ESTELLA petite Ville de la Navarre à cinq lieues de l'Ebre & des Frontieres de Castille. On peut voir à l'Article CARNUNTUM 2. l'erreur de quelques Savans au sujet de cette Ville.

[c] l. 2. c. 6.

CUROBIS, Ville de l'Afrique propre, selon Ptolomée [d]. C'est la même que CURUBIS. Voiez ce mot.

[d] l. 4. c. 3.

CUROPOLIS, Ville d'Asie dans la Carie, selon Etienne le Géographe. Ortelius [e] croit que c'est la CAROPOLIS du même Auteur.

[e] Thesaur.

CURRITANA, ou CURMITANA & CELSINA. Cassiodóre nomme ainsi deux Isles dont il ne marque point la situation. Ortelius soupçonne que c'est la même que CURICTA aujourd'hui VEGIA.

CURSAZURA, ou selon d'autres exemplaires de Procope [f], CURTUXURA, c'est ainsi que cet Historien nomme l'un des Forts que Justinien fit bâtir en Thrace dans la Province de Rhodope.

[f] Ædifi. l. 4.

CURSELLUM, Ville d'Italie chez les Peligenes, selon Caton cité par Ortelius.

CURSIANUM, Forteresse d'Asie dans la Paphlagonie, selon l'Histoire Mêlée citée par le même.

CURSOL, ou CRUSSÓL, Bourg de France, au Vivarais sur le Rhone, une lieue au dessous de Valence. Il a titre de Comté avec un vieux château ruiné.

CURSOLAIRES, (LES) petites Isles de la Grece dans le Golphe de Patras; elles ont été connues des anciens sous le nom d'ECHINADES. Voiez ce mot [g]. Elles sont au nombre de cinq vers la bouche du Golphe de Lepante, entre l'Isle de Val di Compare & Cephalonie. Ce ne sont presque que des Ecueils avec fort peu d'habitans; mais elles sont très-remarquables par la fameuse bataille que les Chrétiens y gagnerent le 7. Octobre 1571. du temps du Pape Pie V. contre les Turcs. Cette bataille est la même que celle de Lepante [h]. L'Année precedente les Turcs déjà maîtres de l'Isle de Cypre, firent quelque séjour dans cette rade & voulurent attaquer la principale de ces Isles. Antoine Balbo qui en étoit Gouverneur prit la fuite la nuit sur le bruit de leur approche & fut suivi des principaux habitans. Les femmes animées par le conseil d'un Prêtre nommé Antoine Rosoneo qui avoit tâché inutilement de retenir ceux qui avoient fui, prirent les habits & les armes de leurs Maris, & se montrerent sur les murailles. Une d'entre elles voyant les Galeres ennemies approcher des murs, mit le feu à un Canon qui se trouva par hazard pointé vers la Flote, & rompit le mât d'une Galere. Les Turcs se figurerent que la Garnison étoit nombreuse & resolue de faire une vigoureuse resistance, desorte qu'ils se retirerent sans descendre à terre. Quelque temps après les Insulaires manquant de bled envoyerent à Venise pour en demander, on le refusa à leur lâcheté, mais on l'accorda à la bravoure de leurs femmes.

[g] Baudrand Ed. 1705.
[h] Corn. Dict. & Graziani Hist. de Cypre.

CURSU, Ville ancienne de l'Espagne dans la Bætique au Pays des Turdetains, selon Ptolomée [i].

[i] l. 2. c. 4.

CURSULA, Ville d'Italie, dans le Latium, à LXXX. stades de Rieti, auprès du Mont Coreto, selon Denys d'Halicarnasse [k]. C'est la même que Tacite [l] appelle CORSULÆ. Leandre croit que c'est presentement CASSIA dans l'Ombrie.

[k] l. 1.
[l] Hist. l. 3.

CURTA, Ville de la basse Pannonie, selon Ptolomée [m] qui la met sur le Danube. L'Itineraire d'Antonia place Curta entre Arrabona & Alicanum à moitié-chemin. Les Modernes semblent convenir que c'est presentement la

[m] l. 2. c. 16.

la Ville de Bude; Lazius doute fi ce ne feroit pas plutot le Monaftere qu'il nomme *Belufium*, ou *Vifhegrad*, au raport d'Ortelius [a]. Voiez GUSTIANA.

[a] Thefaur.

CURTHA. Voiez CUTHA.

CURTI [b], Peuple d'Afie dont parle Cedrene. Curopalate le met au nombre des Sarazins.

[b] Ibid.

CURVA CÆSENA. Voiez CÆSENA.

CURUBIS, ancienne Ville de l'Afrique propre entre Clypée & Neapolis, fur la Mer, au Cap de Mercure, vis-à-vis de la Sicile, Ptolomée [c] la nomme CUROBIS, Κούροβις, & dans les Actes de St. Cyprien elle eft appellée *Civitas Curubitana*. Ce Saint y fut relegué par le Proconful Paterne le 13. Septembre de l'an 257. un an avant fa Mort. Ce lieu étoit un peu defert, mais agréable & en bon air. On en fit depuis une Ville Epifcopale. La Notice d'Afrique met dans la Province Proconfulaire *Felix Curbitanus*. Au Concile de Carthage tenu fous Boniface l'an 525. affifta *Peregrinus* Evêque *Curbitana Ecclefia*. Mr. Baillet [d] croit qu'elle fut appellée dans la fuite CALIBIA.

[c] l.4.c.3.

[d] Topogr. des Saints.

CURULA, ou CURULLA. Voiez CORULA.

CURZOLA [e], Ifle du Golphe de Venife, fur la côte de la Dalmatie. Sa longueur eft de vingt-cinq mille pas proche de la pointe ou Prefqu'Ifle du Cap de Sabioncello dont elle n'eft feparée que par le petit Canal appellé Golphe de Ste. Croix qui n'a que cinq milles de large en cet endroit. L'Ifle a une petite Ville de même nom fur fa côte Orientale & un Evêché Suffragant de l'Archevêque de Ragufe avec cinq Villages. Elle eft à douze Milles de l'Ifle de Leffina, & à trois de celle de Meleda. La Republique de Ragufe l'a cedée aux Venitiens à qui elle appartient.

[e] Baudrand Ed. 1705.

CUS [f], Riviere d'Afrique au Royaume de Fez, dans la Province de Habat, où elle a fa fource dans le Mont Atlas. Elle paffe devant la Ville de Tetuan, & va fe rendre dans l'Océan à fept lieues de Ceuta vers l'Orient à l'endroit que l'on nomme l'Embouchure de Tetuan.

[f] Marmol. l.4.c.56.

1. CUSA, Riviere de la Mauritanie Tingitane, felon Ptolomée [g]. On croit que c'eft l'Ommirabi, qui fepare les Royaumes de Fez & de Maroc.

[g] l.4.c.1.

2. § CUSA, Mr. Corneille [h] dit: Ville du Royaume de Nubie en Afrique, fous la ligne, à fix journées de Nuabca & fort près du Nil; mais cela ne peut être, car la Nubie eft bien en deça de la ligne équinoxiale & entierement au delà de celle du Tropique.

[h] Dict.

3. § CUSA. Mr. Baudrand [i] appelle ainfi en Latin la Ville de Kus en Egypte qu'il dit être capitale du Saïd ou de la Thebaïde, fur la rive Orientale du Nil à cinq Journées de Chemin de Siéne. Il ajoute qu'on y voit beaucoup d'antiquitez, qu'il y a un Château & un Port fur la Mer Rouge nommé CoSEIR; où l'on arrive après quatre jours de marche en traverfant le defert. Il conjecture que c'étoit peut-être la Diofpolis des Anciens.

[i] Ed. 1682.

CUSCO, Ville de l'Amerique Meridionale au Perou. Elle en étoit autrefois la Capitale & le Siége des Incas [k]. Elle fut bâtie par Mango Capac Premier Prince de leur famille, en un terrain inegal & fermé de Montagnes de tous côtez près de la Riviere d'Yuçay & de l'Apurina. On voit au Nord fur une Colline les reftes d'une Fortereffe, jadis fameufe par fes Trefors. Cufco a au Nord & à l'Eft les Andefuios & les Omafuios, au Sud les Callogas, & les Condefuyos.

[k] Correal Voyages T. 2. p. 69. & feq.

La Ville de Cufco eft divifée en deux parties, dont l'une s'appelle HAVAN-CUSCO, & l'autre ORAN-CUSCO. On voyoit au temps des Incas fur le Mont CAREMGA, qui eft auprès de Cufco, de certaines tours où ces Princes faifoient marquer le cours du Soleil. Au milieu de la Ville ces mêmes Incas avoient pratiqué une belle & grande place, d'où fortoient, pour ainfi dire, quatre Rues magnifiques qui reprefentoient les quatre parties de la Monarchie du Perou, & cela fubfifte encore ainfi aujourd'hui. On peut dire que de toutes les Villes de ce grand Etat celle-ci étoit la plus fuperbe, la mieux bâtie, la plus ornée de beaux bâtimens, la plus riche & la plus puiffante. Il n'étoit pas permis d'en tranfporter les Richeffes fans la permiffion du Souverain & il y alloit de la vie à s'y hazarder. Le plus riche & le plus fameux Temple du Soleil étoit à Cufco, on le nommoit CURIACANCHE. Le Grand Prêtre du Soleil s'appelloit *Villaouna*. Ce Temple fuperbe renfermoit des richeffes prodigieufes. On y voyoit comme des Trophées, ou des Captifs dûs au Soleil toutes les Idoles des Peuples que les Incas avoient fubjuguez. Un quartier de la Ville étoit habité par des Etrangers nommez MITIMACS qui s'étoient foumis aux Incas, & qui obfervoient une Police fort rigide, conformément à leurs ufages & Ceremonies, quoique devenus Sujets des Incas. Les Incas avoient leur Palais dans la Fortereffe de CHACHSA-HUAMA, qui étoit en quelque façon compofée de trois Fortereffes difpofées en triangle. Celle du milieu faifoit le domicile des Incas. Les murailles y étoient incruftées d'Or & d'Argent & ornées de toutes fortes de figures. On ne pouvoit aller à cette fameufe Citadelle que par des fouterrains difficiles dont les Chemins embaraffez & tortueux formoient un Labyrinthe d'où l'on avoit peine à fortir. Toute la Citadelle pouvoit être regardée comme imprenable, étant bâtie de quartiers de pierres quarrées, d'une grandeur fi extraordinaire qu'à peine plufieurs bœufs pouvoient tirer une de ces lourdes maffés : deforte qu'on pouvoit regarder ce bâtiment comme un Chef-d'œuvre de l'induftrie humaine. Les Efpagnols ont détruit cet édifice fuperbe; mais n'ayant pu remuer ces pierres énormes, ils ont été obligez de laiffer fubfifter la plus grande partie des murailles. Ce qu'ils en ont pris a fervi à bâtir plufieurs belles maifons de la Ville.

Du temps des Incas il n'étoit point permis aux habitans de Cufco de s'aller établir ailleurs. Il y avoit autrefois en cette Ville un grand concours des Sujets de ces Princes, ce qui n'eft pas étonnant, puifque la forme du gouvernement obligeoit tout le monde à venir rendre fes hommages au Monarque. Les principaux du Pays étoient obligez de lui remettre leurs enfans comme des Otages; fous prétexte de leur faire

faire apprendre la Langue de Cufco, & les autres particuliers y venoient pour travailler aux bâtimens de la Ville, pour netoyer & entretenir les rues & les chemins; pour faire toutes fortes d'ouvrages à l'ufage de la Cour & y exercer les Arts & les Metiers fous les yeux du Prince: cette forte de gouvernement entretenoit en même temps la fidelité & l'émulation des Perouans.

L'Or & l'Argent du Perou venoient aborder à Cufco. Il y avoit autrefois aux environs & il y a encore aujourd'hui des mines fort riches; mais on les a un peu negligées, à caufe de celles du Potofi qui depuis long-temps fournissent beaucoup de richeffes avec moins de danger que celles des environs de Cufco. Celles de Lampa & celles de la Cordillera de Cufco font confiderables, quoiqu'il y en ait d'infiniment plus riches vers les Moxos où l'on trouve des Indiens fort riches en Or, mais d'un naturel fauvage & farouche. Les Efpagnols ont quelque peu de Commerce avec les Peuples qui font au delà des Montagnes de Cufco.

Il y avoit à Cufco du temps des Incas des quartiers affignez pour chaque Province du Perou. Les COLLAGUAS, les CAGUARES, ceux de PASTOS, de QUITO &c. demeuroient tous en des quartiers differents & s'y gouvernoient fuivant leurs propres coutumes & Ceremonies; mais les uns & les autres étoient obligez d'adorer le Soleil Pere des Incas. Il y avoit en differents endroits de la Ville des Edifices fouterrains, où fe tenoient les Devins & les Enchanteurs; & c'eft en ces fouterrains que les Efpagnols deterrent de temps en temps quantité d'Or & d'Argent.

Les Vallées qui font autour de Cufco abondent en grains & en fruits. Celle d'Yuçay renferme des Jardins & des maifons de Campagne où les Efpagnols n'ont rien épargné de ce qui peut occuper agréablement les paffions. On y voit auffi de beaux reftes de la magnificence des Incas. L'air y eft fi pur que les gens indifpofez & malades s'y font mener pour reprendre leurs forces & recouvrer la fanté. Les autres Vallées font auffi fort agréables. Enfin rien ne manque à Cufco & c'eft un agréable fejour pour le plaifir & pour la fanté, quoique l'air y foit un peu froid à caufe du voifinage des Andes.

On compte dans Cufco quinze à feize mille Efpagnols, Créoles & Indiens fans parler des étrangers qui s'y rendent pour le trafic. Les Eglifes y font très-riches, de même que les Maifons Religieufes, entre lefquelles brille fur tout celle des P. P. Jefuites.

CUSCULIS, Ville de Thrace, felon Ortelius; il cite Procope qui ne dit pas que ce fut une Ville, mais un fimple Fort [a] élevé par les ordres de Juftinien dans la Province de Rhodope.

[a] Ædific. l.4.c.11.

CUSEAU [b], Petite Ville de France dans la Breffe aux Confins de la Franche Comté près de St. Amour.

[b] Baudrand Ed. 1705.

1. CUSI, Ville de la baffe Pannonie. Antonin en fait mention dans fon Itineraire & la met à XVI. M. P. de *Bononia*. Simler croit que c'eft prefentement CUDELAF.

2. CUSI, Lieu d'Egypte. Ortelius trouve qu'il en eft parlé dans le II. Tome des Oeuvres de St. Athanafe, & foupçonne que c'eft la CHUSÆ d'Antonin.

CUSIBI. Voiez NOBILIA.

CUSSA. Voiez PHYLACÆ.

CUSSAY, Bourg de France dans la Touraine au Diocéfe de Tours.

CUSSE', Marquifat de France en Bretagne près de Rennes au Diocéfe de Rennes.

1. CUSSET, Ville de France dans le Bourbonnois, au Diocèfe de Clermont. Elle a pris fon origine de l'Abbaye dont nous parlons dans l'Article qui fuit. Cette Ville eft entourée de bonnes murailles, fans le voifinage des Montagnes. C'eft le Siége d'un Bailliage Royal reffortiffant à celui de St. Pierre le Mouftier. Hugues Evêque de Clermont y érigea en 1236. une Eglife Collegiale fous le Titre de Notre Dame, qui eft fujette à l'Abbeffe. Elle a auffi la nomination du Chantre & de douze Chanoines dont ce Chapitre eft compofé. Il y a auffi au dehors un Couvent de Capucins. Cette Ville eft fituée à une demie lieue de l'Allier. Ce font des terres à Froment, à Orge, à Seigle, & Avoine; quantité de vignes & de beaux chanvres. Il y a deux Marchez par femaine qui valent de petites foires. Le Roi & l'Abbeffe en font Seigneurs.

2. CUSSET, Abbaye de filles, Ordre de St. Benoît près de la Ville de même nom. Elle eft très-ancienne & étoit autrefois fous le Vocable de St. Sauveur & encore plus ordinairement appellée Notre Dame, à caufe de fa proximité d'une Eglife de Chanoines prefque contigue & dans le Chœur de laquelle l'Abbeffe de Cuffet tenoit la premiere place, avant qu'on y établît la Clôture Reguliere qui n'y eft que depuis quelques années. Elle eft fituée près d'une Chapelle qui eft fous le Vocable de St. Pourçain & proche de Vichi Ville célébre pour fes eaux Minerales. Voici ce que le R. P. Mabillon [c] dit de fon origine: auprès de Nevers, dit-il, l'Abbaye Suburbicaire de St. Martin qui eft depuis peu de Chanoines Reguliers, poffedoit la Metairie de Cuffet dans le Comté d'Auvergne. Emmene Evêque de Nevers prit le deffein d'y établir une Maifon de Religieufes, & l'ayant fait obtint de l'Empereur Charles que jamais aucun Evêque de Nevers n'y pourroit changer l'Ordre Monaftique & qu'on n'y établiroit jamais d'autre Ordre Religieux: enfin que l'Evêque ne pourroit en aucune maniere leur donner d'Abbeffe tirée d'une autre Maifon à moins qu'elles n'y confentiffent. Il fut auffi arrêté que ces Religieufes pour marque & reconnoiffance de leur fubordination & foumiffion à l'Evêque, lui payeroient chaque année le jour de St. Martin qui arrive le 11. de Novembre une Livre d'Argent, moyennant laquelle on ne pourroit exiger d'elles aucune Cenfive, ni aucunes decimes. Donné le 17. d'Août de l'an de l'Incarnation 886. Indiction IV., l'an du regne de Charles très-pieux Empereur Augufte V. en Italie IV. en France, II. dans la Gaule, Fait au Palais d'Attigni. *Data* XVI. *Cal. Septemb. Anno Incarn. Domini 886. Indict. IV. Anno autem Regni Domini Caroli Piiffimi Imperat. Aug. in Italia V. in Francia IV. in Gallia II. actum Attiniaco Palatio.* A la prière de la Superieure de cette Maifon,

[c] Annal. T.3.p.257. n.7.

CUS. CUT.   CUT. CUY.

Hugues Evêque de Clermont en Auvergne érigea en 1236. cette Maison en Abbaye.

CUSTENSIS. Ortelius dit sur la garantie de Victor d'Utique qu'il y avoit en Afrique un Siège Episcopal de ce nom. Seroit-ce pour CUBDENSIS. Il y avoit un Evêché ainsi nommé & on en trouve les preuves dans la Conference de Carthage [a] à laquelle assista *Thomas Episcopus Cubdensis Plebis*, & dans une Lettre Synodale des Evêques de la Province Proconsulaire.

[a] c. 133.

CUSTODIA. Voiez PHYLACÆ.

CUSTRIN [b], Ville d'Allemagne au Cercle de la haute Saxe dans la Nouvelle Marche de Brandebourg sur l'Oder, au Confluent de la Warte, dans des Marais, au Nord Oriental & à environ trois milles au dessous de Francfort sur l'Oder. Cette Ville est bien fortifiée, & d'un accès dificile à cause des eaux qui en environnent les ouvrages. Elle est bâtie sur des Pilotis, & les Murs qui sont de briques sont voutez avec des embrasures & des meurtrieres. Le Palais du Prince est beau sur tout depuis les nouveaux appartemens que l'on y fit faire vers le milieu du siécle passé. Il y avoit environ deux cens ans qu'elle étoit Ville quoique petite lorsque Jean Margrave de Brandebourg s'avisa d'en faire une Place forte l'an 1537. La premiere fortification ne fut que de terre; mais comme les frequens debordemens gâtoient tous les ans ce travail, il le fit revêtir de pierre. Le Château est un édifice quarré, au milieu duquel est une Cour, & il est entouré d'un fossé à fond de cuve & plein d'eau. La moitié de ce Château qui est d'un ouvrage plus ancien est celui du Margrave Jean, l'autre moitié a été bâti par l'Electeur Joachim Frideric. Il y a deux Eglises, l'une assez belle au Château, est le lieu de la Sepulture des Princes. L'autre est petite. Les maisons de la Ville ne sont pas laides, la place publique est belle, grande, & il y en a peu de pareilles dans l'Electorat de Brandebourg. Outre le Corps de Ville, il y a à Custrin un Conseil de Regence pour la Nouvelle Marche & une Chambre du Bailliage de ce même Canton.

[b] Zeyler Brandenb. Topogr. p. 44.

CUSUETANI, ancien peuple d'Italie, dans le Latium, selon Pline [c].

[c] l. 3. c. 5.

CUSUM [d], Ville de la Pannonie sur la Save. Il en est fait mention dans les Notices de l'Empire.

[d] Sect. 56.

CUSUS [e], Riviere dont parle Tacite au second Livre de ses Annales. Lazius l'explique du KHERES, il le nomme RHERES en un autre endroit, apparemment par une faute d'impression. Rhenanus dit que c'est presentement une Riviere de Transsilvanie & doute s'il ne vaudroit pas mieux écrire CRUSUS dans Tacite. Lazius croit que le *Cusus* de Tacite est le même que le *Chrysius* de Jornandes. Il dit ailleurs que c'est la même Riviere que l'*Auran* d'Herodote & le *Rhabo* de Ptolomée.

[e] Ortel. Thes.

CUTACIUM [f], Ville de l'Armenie de laquelle parlent Cedréne & Curopalate. C'est presentement CUTAYE, ou CHIUTAYE.

[f] Ibid.

CUTAHIGE, c'est ainsi que Mr. Corneille écrit le nom de la Ville de CUTAYE.

CUTAYE, nom moderne de la Ville de COTYÆUM. Voiez ce mot.

[g] Baillet Topogr. des Saints p. 583.

CUTECLAR [g], Abbaye de Filles en Espagne, au Diocèse de Cordoue. Il a produit des Martyrs durant la persécution des Sarazins.

CUTELETOS, Isle sur la côte d'Afrique, auprès de la grande Syrte, selon quelques Exemplaires de Pomponius Mela [h]. L'Edition de Vossius écrit EUTELETOS.

[h] l. 2. c. 7.

CUTH [i], Village de France dans le Vermandois; il n'est remarquable que pour avoir été la patrie du fameux Ramus.

[i] Corn. Dict.

CUTH,
CUTHA,

CUTÆI, Pays & Peuple d'Assyrie. Le Peuple fut transporté dans la Samarie par Salmanazar [k]. D. Calmet [l] croit que CUTHA est le même que SCYTHA & que les Cuthéens qui furent amenez dans la Samarie venoient du Pays de CHUS ou CHUTH marqué dans la Genese [m]. Voiez CHUS.

[k] Reg. l. 4. c. 17. v. 24.
[l] Dict. de la Bible.
[m] c. 2. v. 13.

CUTHNA. Voiez KUTTENBERG.
CUTHI. Voiez ZUTHI.

CUTIÆ, Lieu d'Italie entre Verceil & Lomellum, selon la Table de Peutinger.

CUTICIATENSE PRÆDIUM, ou CUTICIATUM, ferme ou maison de Campagne dont parle Sidonius dans une Lettre à Avitus. Elle devoit être tout auprès de la Ville de Clermont en Auvergne, nommée alors *Arverna*.

CUTILIA, ancienne Ville d'Italie à soixante & dix Stades de Rieti, au pied d'une Montagne & au bord d'un Lac, selon Denys d'Halicarnasse [n]. Ce Lac est appellé CUTILIENSIS LACUS par Varron [o] qui y met les Nymphes nommées COMMOTIÆ, parcequ'il y avoit dans ce Lac des Isles flottantes. Pline [p] dit: qu'il y avoit sur ce Lac une Forêt qui n'étoit jamais au même endroit. Il dit encore [q] qu'il y avoit une Isle Flotante sur ce Lac & qu'il étoit le Centre de l'Italie au sentiment de Varron. Les eaux de ce Lac étoient Medicinales [r] & il dit qu'elles étoient très-froides, & qu'elles fortifioient l'estomac, les nerfs & tout le corps. Nous aprenons de Suetone que Vespasien en usoit tous les Etez. Il y mourut même, comme le dit Xiphilin [s] Abreviateur de Dion Cassius. Seneque [t] dit avoir vû l'Isle Flotante. Cette Ville est presentement le Bourg de CONTIGLIANO au Duché de Spolete.

[n] l. 1.
[o] De L. L. l. 4. c. 10.
[p] l. 2. c. 95.
[q] l. 3. c. 12.
[r] l. 31. c. 2.
[s] In Vespas. c. 24.
[t] l. 3. Quæst. Nat. c. 25.

CUTILIUM, ancienne Ville d'Italie dans l'Ombrie, selon Tite-Live [v]. C'est la même que CUTILIA.

[v] l. 26.

CUTILLA [w], Lieu de la Palestine aux environs du Lac Asphaltide, selon Simeon Metaphraste dans la Vie de Theodose.

[w] Ortel. Thes.

CUTINA & CINGILIA, Tite-Live [x] nomme ainsi deux Villes d'Italie au Pays des Vestins & dit qu'elles furent prises par le Consul Brutus.

[x] l. 8. c. 29.

CUTRACUM, nom Latin de COUTRAS.

CUTRIGURI, Peuple qui faisoit partie des Huns, au raport de Procope & d'Agathias citez par Ortelius [y]. Ils habitoient auprès du Palus Méotide.

[y] Thes.

CUTTENBERG, petite Ville de Boheme. Voiez KUTTENBERG.

CUYO [z], Contrée de l'Amerique Meridionale au Chili, dont il fait la partie Orientale

[z] De l'Isle Atlas.

tale & la plus grande; mais la moins peuplée, celle qui est maritime ayant paru la plus avantageuse & la plus commode pour les établissemens. On la nomme aussi Chicuito. Elle est bornée à l'Occident par une ligne tirée sur les sommets des Andes, au Nord par le Tucuman; à l'Orient & au Midi par la Terre Magellanique. St. Jean de la Frontera & Mendoza en sont les deux principaux lieux au Nord. La Punta & St. Louis sont deux Bourgades à l'Orient; Uto & Diamante sont vers le milieu, tout ce qui est au Midi est inculte & n'est habité que par les naturels du Pays.

CUZENA, ou
CUZINA, Montagne dans le Territoire de Thrace, où étoit une source d'eau très-claire, & auprès de laquelle du temps de l'Empereur Romain Argyropyle on entendit une voix lamentable pareille aux gémissemens d'une femme, & elle repetoit souvent ce mot VÆ, c'est-à-dire, *Hélas*. C'est Glycas qui raporte ce fait. Glycas parle aussi d'un Monastere de même nom.

CUZISTAN. Voiez KHUSISTAN.

CUZT, Contrée d'Afrique, l'une des Provinces du Royaume de Fez & la plus Orientale. Sa longueur est de quatre-vingt lieues depuis la Riviere de Gurey-Gure jusqu'à celle d'Esaha. Elle comprend toutes les Montagnes qui sont entre ces deux Rivieres, avec une grande partie des plaines de Numidie, & des Montagnes qui bordent la Libye interieure, desorte qu'elle contient plus de Pays que deux autres des plus grandes. C'est de là peut-être qu'elle a pris son nom, puisque CUZT en langue Africaine, signifie *beaucoup*. Quelques-uns l'appellent CHAUS. Les Historiens d'Afrique rapportent qu'Abahulac, premier Prince de la lignée des Benimerinis, partagea les Provinces du Royaume de Fez en dix parties, comme avoit fait avant lui Idres, premier Roi de Fez, & qu'en ayant fait trois de cette seule Province, il les donna à trois branches des Benimerinis qui lui étoient alliées, lesquelles bâtirent ensuite la Ville de Dubudu, ennoblirent Tezar, & se maintinrent contre les Turcs, & contre la puissance des Cherifs. Elles se sont depuis alliées ou plutôt renduës vassales du Roi de Fez, qui en fait beaucoup d'état, à cause que c'est une brave & vigoureuse Noblesse, qui a défendu toûjours la Province contre les Seigneurs de Tremecen. Tout ce quartier est situé entre des Montagnes, dont les principales sont, Zis, Marizan, Mezetalça, Miatbir, Cinagel-Gerben, Cilulgo, Benijechfeten, & Giubeleyen, & ne s'étend point jusqu'à la mer, quoiqu'il ait été dit par quelques-uns que l'Océan couvroit autrefois toute la Province d'Asgar, & que les vaisseaux abordoient jusqu'à la Ville de Tezar. Teurert, Garcis, Dubudu, Sofroy, Mezdaga, Benibuhalul, Ainelgiun, Mehedie, Umegiunaybe & Garciluin sont les autres Villes de la Province de Cuzt, dont toutes les Montagnes sont peuplées de Zenetes qui ont toûjours guerre avec les Turcs de Tremecen. Il y a plusieurs Villes & Bourgades, savoir

Teurert,	Beni Buhalul,
Hadagie,	Ain-el-gium,
Garcis ou Galafa,	Mehedie,
Dubudu,	Umegiunaybe,
Tezar,	Garciluin.
Sofroy,	
Mezdaga,	

Les principales Montagnes qui font des branches ou des parties du Mont Atlas, sont

Ziz,	Azgan,
Marizan,	Beniyazga,
Mezetalça,	Cililgo,
Cunagel-Gerben,	Beniyefeten,
Miathir,	Giubeleyn,

Plaines entre les Montagnes. { Hamaran & Asgar, Sahab Marga,

Beniguertenax,
Baraniz,
Mencheça,
Beni-Gebara,
& Matagara.

C Y.

CYALOS, ancienne Ville d'Asie dans la Lydie, selon Etienne le Géographe.

CYAMITIS, Lieu de Grece dans l'Attique: Plutarque en fait mention dans la Vie d'Isocrate le Rheteur.

CYAMON, Promontoire de l'Isle de Créte, selon Ptolomée [a]. Ses Interpretes disent que c'est presentement Capo Spada. *a* l. 4. *in fine.*

CYAMOSORUS, Riviere de Sicile aux environs de la Ville de Centuripe, selon Polybe [b]. *b* l. 1.

1. CYANE', Fontaine de Sicile dans le Territoire de Syracuse, selon Pline [c]. Ovide & Silius Italicus en parlent aussi. Le premier dit [d]: *c* l. 3. c. 8.

d Pont. l. 2. Ep. 10. v. 26.

Quaque suis Cyanen miscet Anapus aquis.

Claudien [e] la nomme comme une des Nymphes de la suite de Proserpine qui furent changées en Fontaines. Vibius Sequester la met au nombre des Lacs & dit que l'Anape Riviere passe au travers. *e* De raptu Pros. l. 3. v. 245.

2. CYANE', ou CYANEÆ, ancienne Ville de la Lycie, selon Pline [f]. Les anciennes Notices Ecclesiastiques la mettent au nombre des Villes Episcopales. Celle de Hierocles la nomme Κυάνεαι, CYANEÆ. On lit dans Ptolomée CYDNA, Κύανα, au lieu de CYANA, Κύανα. Faute que le R. P. Hardouin a très-bien remarquée. *f* l. 5. c. 27.

CYANE'ES, (les Isles) Les Anciens ont ainsi nommé deux petites Isles ou écueils de Thrace auprès du Bosphore, dont l'une est du côté de l'Europe & l'autre du côté de l'Asie. Strabon [g] met un passage de vingt Stades de large entre elles. Pomponius Mela [h] dit simplement que c'étoit deux petites Isles contre le Bosphore de Thrace peu distantes l'une de l'autre, qu'on avoit autrefois cru & dit qu'elles s'aprochoient, & qu'on les appelloit CYANE'ES, ou SYMPLEGADES. Pline [i] qui le copie ajoute l'origine & la cause de cette opinion; savoir qu'après les avoir vûes separées par une petite distance, elles paroissent

g l. 7.
h l. 2. c. 7.

i l. 4. c. 13.

se

se rejoindre, quand en avançant le point de vue vient à changer. Ovide avoit égard à cette erreur lorsqu'il a dit [a].

a Trist. l. 1.
Eleg. 9.

Transeat instabiles strenua Cyaneas.

[b] *l. 22. c. 13.* Ammien Marcellin [b] se contente de les appeller deux Ecueils. Ce sont presentement LES PAVONARES. Quelques-uns ont cru qu'Euripide les nomme PHINEÏDES dans son Iphigenie en Tauride. Theocrite dans une de ses Idiles les apelle SYNDROMADES. Mr. de Tournefort [c] distingue les Cyanées d'Asie & celles d'Europe. Voici ce qu'il en dit:

c Voyage du Levant Lettre 15.

Les Isles CYANE'ES D'EUROPE de même que celles d'Asie ne sont proprement qu'une Isle herissée, dont les pointes paroissent autant de petits écueils separez lorsque la Mer est fort agitée. Strabon a remarqué que vers l'Embouchure du Pont-Euxin, il y avoit une petite Isle de châque côté, au lieu que les anciens Géographes s'étoient imaginez qu'il y avoit plusieurs écueils tant du côté d'Europe que du côté d'Asie, lesquels non seulement flottoient sur l'eau, mais se promenoient le long des côtes & se heurtoient les uns contre les autres, tout cela étoit fondé sur ce qu'on voyoit paroître ou disparoître leurs pointes suivant que la Mer les couvroit dans la tempête ou les laissoit voir dans le calme. On ne publia qu'ils s'étoient fixez qu'après le voyage de Jason parce qu'aparemment on les reconnut de si près qu'on avoua qu'ils n'étoient pas mobiles. Néanmoins comme la plupart des gens sont plus agréablement frapez par des Fables que par la verité on eut de la peine à revenir de ce prejugé. On découvre entièrement l'écueil qui est du côté d'Europe, lorsque la Mer est retirée. Il est relevé de cinq pointes, lesquelles paroissent autant de Rochers separez pendant l'agitation de la Mer. Cet écueil n'est separé du Cap du Fanal d'Europe que par un petit bras de Mer qui reste à sec dans le beau temps; & c'est sur la plus haute de ces pointes qu'on voit une Colonne à qui on a donné sans raison le nom de Colonne de Pompée. Il ne paroît dans aucun endroit de l'Histoire que Pompée après la défaite de Mithridate, ait fait dresser des Monumens sur ces lieux; d'ailleurs l'Inscription qui se lit sur la base de cette Colonne fait mention d'Auguste. Quand on examine avec soin cette base & le fust, on convient que ces deux pièces n'ont jamais été faites l'une pour l'autre. Il semble plutôt que l'on ait mis la Colonne sur la base pour servir de guide aux bâtimens qui passent sur ces côtes. La Colonne qui est d'environ douze pieds est ornée d'un chapiteau Corinthien; mais elle est dans un lieu si escarpé, qu'on n'y sauroit monter sans s'appuyant sur les mains, & la plupart du temps la base est couverte de l'eau de la Mer. Denys de Byzance assure que les Romains avoient dressé un autel à Apollon sur cet écueil; & cette base en est peut-être un reste, car les Festons sont à feuilles de Laurier qui étoit un Arbre consacré à cette Divinité. Il se peut faire que dans la suite on y a mis par flaterie une Inscription à la louange d'Auguste. Je ne sais, poursuit l'Auteur cité, si la Colonne est de Marbre ou de Pierre du Pays;

la Mer ne nous permit pas de l'aller examiner d'assez près, la Pierre du Pays a dans sa couleur grisâtre quelque chose qui tire sur le bleu plus ou moins foncé; & c'est ce qui avoit fait donner le nom d'Isles ou de Pierres Cyanées aux Ecueils dont on vient de parler.

A l'égard des CYANE'ES D'ASIE voici ce que le même Voyageur nous en apprend. Le Fanal d'Asie est sur le Cap Coraca, c'est-à-dire, le Cap des Corbeaux, auprès duquel se voyent les Cyanées d'Asie, ces Rochers si dangereux chez les Anciens que Phinée exhorta Jason de n'y passer que par un beau temps, *autrement*, dit-il, *votre Argos se brisera*, fût-il de fer. Ces Rochers ne sont que les pointes d'une Isle, ou d'un écueil separé de la terre ferme par un petit Detroit, lequel reste à sec quand la Mer est calme, & se remplit d'eau à la moindre bourasque, alors on ne voit que la pointe la plus élevée de l'écueil, les autres étant cachées sous l'eau; c'est ce qui rend ce lieu si dangereux, sur tout à celui qui veut s'obstiner à passer par le Détroit comme il semble que Phinée le conseilloit aux Argonautes. On n'osoit aller que terre à terre dans ces premiers temps où la Navigation étoit à peine en son enfance.

CYANEUS, selon Ptolomée [d] & Pline [e], Riviere dans la Colchide. Il conserve encore son nom & on l'apelle CIANIS.

[d] *l. 5. c. 10.*
[e] *l. 6. c. 14.*

CYANTES. Voiez VENETI.

CYARDA, ancienne Ville d'Asie dans la Carie, selon Etienne le Géographe.

CYARIS. Voiez QUARIS.

CYAROS. Voiez GYAROS.

CYATHUS, Riviere d'Ætolie auprès de la Ville d'Arsinoé, selon Athenée cité par Ortelius.

CYATIS, Citadelle de l'Isle de Cephalonie, selon Tite-Live [f].

[f] *l. 38.*

CYBALA. Voiez CYBELLIA.

CYBARA. Voiez CIBYRA.

CYBARITIS. Voiez CIBARITIS.

CYBASSUS, Ville de la Carie, selon Etienne le Géographe c'est la même que CABASSUS.

CYBELIA, &

CYBELLIA, Isle d'Asie sur la côte d'Ionie auprès de Chio, selon Strabon; ou plutôt, selon Ortelius, qui le cite, car Strabon [g] ne dit point que ce fût une Isle, mais un Village voisin du Mont Mimas. Cela s'accorde avec Etienne le Géographe qui nomme *Cybeleia* une Ville de l'Ionie.

[g] *l. 14. p. 645.*

CYBELLA, Montagne d'Asie dans la Phrygie, selon le même Etienne. Strabon [h] en parle aussi; mais il la nomme CYBELA au pluriel. Il y avoit aussi une Ville de même nom, selon le même Etienne.

[h] *l. 10.*

CYBIRA, &

CYBIRATÆ. Voiez CIBYRA.

CYBISTRA, Ville d'Asie dans la petite Armenie, selon Ptolomée. Ses Interprètes disent que le nom moderne est ARMINACHA. La Notice de Hierocles la met dans la seconde de Cappadoce, entre les Villes Episcopales.

CYBISTUM, Siége Episcopal sous le Patriarchat de Constantinople. L'exposition d'Andronic Paléologue où sont reglez les rangs des Metropoles de ce Patriarchat marque que la la Metropole de Cybiftum, *Cybifti Metropolis*, avoit paffé du XCIII. rang au CX.

CYBOTUS, Montagne très-haute. Pline[a] dit qu'elle fut engloutie avec la Ville Curis par un tremblement de Terre. Il ne dit pas où elle étoit.

[a] l. 2. c. 91.

CYBRASA, Ville d'Afie dans la Carie, felon Etienne le Géographe.

CYBUS, Ville des Ioniens dans la Libye Phénicienne, felon le même.

CYCALA, ancien peuple de Grece dans l'Attique, de la Tribu Æantide, felon Hefyche.

CYCESIUM, Ville du Peloponnefe proche d'une Fontaine nommée BISA, felon Strabon[b]. C'étoit la plus grande des huit Villes de ce Canton. Voiez PISE.

[b] l. 8. p. 356.

CYCHRI, Peuple de Thrace. Vitruve[c] dit qu'il y avoit chez eux une Fontaine dont les eaux étoient fi mauvaifes qu'on mouroit dès qu'on en avoit bû, ou même quand on s'y baignoit. Pline[d] dit à peu près la même chofe.

[c] l. 8. c. 3.
[d] l. 31. c. 2.

CYCHRIA RUPES, Κυχρίας πετζις, Roche de Grece près de l'Ifle de Salamine. Strabon & Etienne en font mention.

CYCINES. Voiez CICINES.

1. CYCLA. Voiez CYCLOBIUM.
2. CYCLA. Voiez CYCLENSIS.

CYCLADES, Ifles de la Mer Ægée, ainfi nommées à caufe de la figure circulaire qu'elles forment par leur fituation, du mot Κύκλος qui veut dire un *Cercle*. Elles font arrangées en rond autour de l'Ifle de Delos d'où leur vient leur nom, felon Pline[e]; Strabon dit aufli[f] que Delos étoit au centre de ce Cercle. On ne convient pas du nombre de ces Ifles. Le même Strabon dit qu'on n'en comptoit d'abord que douze; mais qu'on y en joignit encore plufieurs autres. Il compte enfuite celles qu'Artemidore a nommées, favoir

[e] l. 4. c. 12.
[f] l. 10.

Helene,	Syphnos,
Ceon,	Cimolos,
Cythnos,	Prepefinthus,
Seriphe,	& Olearos.
Melos,	

Enfuite

Naxos,	Micone,
Paros,	Tenos,
Syros,	Andros,
	& Gyare.

Apollonius les appelle MINOÏDES. Suidas les nomme SPORADES, mais improprement, car les Sporades font d'autres Ifles de la même Mer.

CYCLAMINUS SINUS, Golphe d'Afie dans le Bofphore de Thrace. C'eft prefentement LE GOLPHE DE SULTANIE.

CYCLENSIS, Siége Epifcopal de Thrace dans la Contrée appellée Europe: il en eft fait mention dans la Lettre des Evêques de ce Canton à l'Empereur Léon. Elle eft inferée au Recueil des Conciles. La Notice de Léon le fage nomme cette Ville CYLÆ & celle de Hierocles COELIA, Κοιλία. Il femble même *Tom. II.*

que cette derniere Orthographe foit la bonne, car Conftantin Porphyrogenete[g] la nomme de même. Voiez CYLLA.

[g] De Themat. l. 2.

CYCLOBIUM. Cedrene appelle ainfi un des Fauxbourgs de Conftantinople. L'Hiftoire Mêlée[h] femble marquer que c'en étoit la Citadelle du côté de l'Orient. Gille croit que Denys de Byzance l'appelle CYCLA. Ce pourroit bien-être la même Ville peu diftante de Conftantinople dont il eft parlé dans l'Article precedent; & qui étoit un Siége Epifcopal; en ce cas le n'étoit ni un Fauxbourg ni une Citadelle, mais une place affez voifine quoique détachée.

[h] l. 19.

CYCLOBORUS, Torrent de Grece dans l'Attique, felon Suidas & Hefyche.

1. CYCLOPES, anciens habitans de l'Ifle de Sicile. Les Poétes fe font égayez à nous en faire des Portraits bizarres que l'on peut voir dans leurs Ouvrages.

2. CYCLOPES, peuple des Indes, felon Ifidore cité par Ortelius[i].

[i] Thefaur.

3. CYCLOPES, peuple de Thrace, felon Ariftote[k].

[k] De Mirabil.

CYCLOPIA, Cavernes de Grece au Peloponnefe dans l'Argie près de Nauplie, felon Strabon[l], qui dit qu'il y avoit des Labyrinthes dans ces Cavernes, & c'eft proprement à ces Labyrinthes qu'il donne le nom de Κυκλώπεια. Cafaubon obferve à ce fujet qu'au raport d'Apollodore les Cyclopes avoient autrefois habité dans l'Argie, & que Paufanias fait mention de plufieurs travaux exécutez de leur façon. Il paroît, pourfuit-il, que ce nom de *Cyclopeia*, ou *Cyclopia* ne fignifie que grand; car, comme dit l'ancien Interprête[m] de Stace, tout ce qui eft remarquable par fa grandeur paffe pour avoir été fait par les mains des Cyclopes. C'eft ainfi qu'en quantité de lieux on attribue au Demon quantité d'Ouvrages dont on fuppofe fauffement que l'induftrie humaine n'étoit point capable.

[l] l. 8. p. 369.
[m] Ad Thebaid. l. 1. v. 251.

CYCLOPIS INSULA. (L'ISLE DU CYCLOPE) Ifle d'Afie voifine de l'Ifle de Rhode, felon Pline[n].

[n] l. 5. c. 31.

CYCLOPUM SCOPULI, c'eft-à-dire: les *Ecueils des Cyclopes*. Pline[o] en compte trois fur la côte de Sicile. On les nomme prefentement LI FARIGLIONI. Ortelius croit qu'Apollonius les nomme PLANCTÆ.

[o] l. 3. c. 8.

CYCNITIS, Pays où regna Cycnus, felon Etienne le Géographe; mais, comme dit très-bien Ortelius, de quel Cycnus parle-t-il, car il y en a eu plufieurs, qui ont vécu en des lieux très-differens.

CYCONÆ, Peuple d'Afie dans l'Inde, vers le Nord. Voiez CICONES.

CYDAMUM, Ville de l'Afrique propre, vis-à-vis de Sabrata, felon Pline[p]. L'Edition du R. P. Hardouin a ce nom par un *i* fimple CIDAMUM.

[p] l. 5. c. 5.

CYDANTIDÆ[q], Bourg de Grece dans l'Attique, dans la Tribu Egeïde, felon Harpocration & Etienne, & de la Ptolemaïde, felon Hefyche & Phrynicus.

[q] Spon. Lifte de l'Attique.

CYDARA, Riviere de l'Ifle de Taprobane vers le Nord de l'Ifle, felon Pline[r].

[r] l. 6. c. 22.

CYDARUS, Ruiffeau de Thrace aux environs de Conftantinople: fon nom moderne eft MACLEVA au fentiment de Pierre Gilles.

Rrrrr*

CYDATHENÆUM, Bourg de Grece dans l'Attique, dans la Tribu Pandionide [a]. C'est de l'Attique, la patrie de l'Orateur Andocides dont Plutarque a écrit la Vie. Platon [b] dit qu'Aristodeme en étoit auſſi. Demosthene parle de cet endroit en plus d'un lieu.

a Spon Liste
de l'Attique.
b De Amore.

CYDDESES, ancien peuple d'Aſie aux Confins de Bithynie, ſelon Ptolomée [c].

c l.5.c.2.

CYDIDA, ancien lieu de la Paleſtine [d]. Joſephe en fait mention; mais Rufin dans ſa Traduction Latine le nomme Tarſan. Voiez CEDES.

*d Antiq.*l.9.

CYDISES, Κυδίσες, Montagne d'Aſie quelque part vers l'Armenie, ſelon Strabon. Voiez SCOEDISA.

CYDNA. Voiez CYANE Ville de Lycie.

1. CYDNUS, Riviere de Cilicie, fameuſe par le peril que courut Alexandre pour s'être baigné dans ſes eaux qui ſont très-froides. Elle arroſoit la Ville de Tharſe. Quinte Curſe, Plutarque & les autres Ecrivains qui ont traité de la Vie d'Alexandre, ont eu ſoin de parler de cette Riviere. Si nous en croyons le Sr. Paul Lucas cette Riviere s'appelle preſentement MERIBAFA ou SINDUOS. Du moins il nomme ainſi une Riviere au bord Occidental de laquelle il met les ruines de la Ville de Tharſe.

2. CYDNUS, Riviere d'Aſie dans la Bithynie, ſelon Etienne le Géographe.

CYDOESSA, Village des Tyriens dans la Phénicie. Il étoit un peu éloigné de la Mer & fortifié, à ce que dit Joſephe [e].

e Bell. Jud.
l.4.c.4.
f l.8.p.351.

1. CYDON, Riviere du Peloponneſe, ſelon Strabon [f]; mais Palmerius s'étonne que ni Xylandre ſon Traducteur, ni Caſaubon ſon Commentateur ne ſe ſoient point aperçus qu'il faut lire ACIDON & non pas *Cydon.*

2. CYDON. Voiez CYDONIA.

CYDONEA, Iſle de la Mer Mediterranée & l'une des cinq que les Anciens comprenoient ſous le nom de *Leucæ*, c'eſt-à-dire, blanches, vis-à-vis de Lesbos. Selon Pline [g] qui dit ailleurs [h] qu'il y avoit dans cette Iſle de Cydonea une ſource d'eaux chaudes, qui ne couloit qu'au printemps.

g l.5.c.31.
h l.2.c.103.

1. CYDONIE, ſelon Strabon [i], CYDON, ſelon Pline [k], CYDONEA ſelon Florus [l]. Strabon dit qu'entre les Villes de l'Iſle de Crete il y en avoit trois plus grandes & plus fameuſes que les autres, ſavoir Cnoſſe, Gortyne, & Cydonie. Florus en fait une Metropole. Scylax dans ſon Periple n'a eu garde d'oublier ſon port ſur la côte Septentrionale de l'Iſle. Diodore de Sicile [m] dit que l'on trouvoit Cydonie dans la partie qui eſt vers l'Occident. C'eſt-à-dire, que cette Ville étoit ſituée dans la partie Occidentale de la côte du Nord. On convient que c'eſt preſentement la Canée. Cette Ville étoit Epiſcopale. On trouve dans Ptolomée CYDONEIS, Κυδώνεις, qui eſt une faute pour CYDONEA, Κυδώνεια. Etienne le Géographe dit qu'on la nommoit auparavant Apollonie.

i l.10 p.479.
k l.4. c.12.
l l.3.c.7.

m l.5.c.79.

2. CYDONIE, Ville ancienne de la Sicile, ſelon Etienne le Géographe.

3. CYDONIE, Ville de la Libye, ſelon le même. Ortelius a de la diſpoſition à croire qu'Etienne a voulu dire que ces deux Villes étoient la même qui étoit dans la Sicile, en un Canton qui appartenoit aux Carthaginois.

CYDRARA, Ville d'Aſie aux Confins de la Phrygie & de la Lydie, ſelon Herodote [n].

n l.7.c.30.

CYDRIÆ, Ville aux Frontieres de l'Epire & de la Macedoine. Elle appartenoit à un peuple nommé Byrſi, ſelon Strabon [o].

o l.7.p.327.

CYDROPIA, Contrée ſous la Ligne équinoctiale. Il en eſt parlé dans un Fragment attribué à Cenſorin.

CYDRUS. Voiez l'Article ſuivant.

CYDRYNA, Ville de l'Armenie, ſelon Etienne le Géographe qui dit qu'on la nommoit auſſi *Cydrus.*

CYENIUM [p], Lieu de l'Ethiopie, entre le Nil & la Ville d'Adule. Arrien en fait mention.

p Peripl. Mar. Erythr.

1. CYGNEA, nom Latin de SCHWAN.
2. CYGNEA, nom Latin de ZUICKAW.

CYGNEA SPECULA, c'eſt ainſi qu'on lit dans quelques éditions de Catulle au lieu de CHINEA SPECULA que l'on a rétabli. Ce Poète deſigne par cette Metaphore une Montagne au pied de laquelle la Ville de Breſſe Capitale du Breſſan étoit ſituée.

Brixia Chineæ ſuppoſita Speculæ.

1. CYGNUS, Ville que les Grecs avoient, dit-on, bâtie au fond de la Mer Noire & comme ils ne ſavoient en quel Pays ils étoient, la voix d'un Cygne leur donna occaſion de donner le nom de cet Oiſeau à la Ville qu'ils bâtiſſoient. Pomponius Mela [q] raporte cette circonſtance. Pline [*] en fait mention, & dit qu'elle avoit été ſur le bord du Phaſe. Mais elle ne ſubſiſtoit déjà plus.

q .1.c.19.
r l.72.
l.6.c.4.

2. CYGNUS, Pline [r] fait mention d'une autre Ville de même nom & du même Pays ſituée à quelques cent mille pas de ce fleuve; & par conſequent differente de l'autre Cygnus dont on vient de parler.

r Ibid.

CYINDA. Voiez CUINDA.

CYIZA. Voiez QUIZA.

CYLANDUS, Ville d'Aſie dans la Carie, ſelon Etienne le Géographe.

CYLARABIS, Lieu particulier du Peloponneſe dans la Laconie, à trois cens pas de la Ville de Lacedemone. Il étoit deſtiné aux exercices de la jeuneſſe. Tite-Live [s], Pauſanias [t] & Plutarque en font mention [v].

s l.34.
t Corinth.
v In Pyrrho.

CYLBIANUS. Voiez CILBIANUS.

CYLENE. Voiez STYMPHALUS.

CYLIUS. Voiez CILLA.

CYLICES. Athénée appelle ainſi un Peuple de l'Illyrie, chez lequel on voyoit un monument de Cadmus & d'Hermione. C'eſt la même Nation que Pline & Etienne appellent ENCHELEÆ & c'eſt ſous ce même nom qu'Apollonius [w] dit que ſe voyoit le monument d'Harmonie (c'eſt la même qu'Hermione) & la tour de Cadmus.

w Argonaut. l.4.

CYLICRANI, peuple voiſin d'Heraclée Ville bâtie par Hercule. On peut voir l'origine de ce nom dans Macrobe [x]; il la fonde ſur une fable qui ſe trouve expliquée par Athénée [y]. Muſonius dit [z] que ces Cylicranes demeuroient au pied du Mont Oeta & ajoute que ce nom ne ſignifioit point d'autre Peuple que les Habitans d'Heraclée eux-mêmes. Cette Heraclée dont il eſt ici queſtion eſt la même que celle de la Phtioride entre

x Saturnal. l.5.c.10.
y l.11.c.6.
z Theſſ.

le

le Sperchius & l'Asopus peu loin du fond du Golphe Maliaque dans la Thessalie.

CYLIPENUS. Voiez CLYLIPENUS.

CYLISTANOS, Ville d'Italie nommée auparavant PARTHAX, Παρθὰξ, c'est là qu'Hercule tua un Dragon énorme, si nous en croyons l'Etymologique. Ortelius [a] doute si ce ne seroit point une erreur & si l'Auteur n'a pas voulu dire CYLISTARNUS.

[a Thesaur.]

CYLISTARNUS, Riviere d'Italie. Lycophron en fait mention au raport d'Ortelius [b]. Barri croit que c'est le Razanello, Riviere d'Italie au territoire de Cosa.

[b Ibid.]

1. CYLLA, Ville de la Chersonnese de Thrace sur l'Hellespont, selon Ptolomée; Pomponius la nomme COELOS. C'est la même Ville que CYCLA, CYLÆ, & COELIA, voiez CYCLENSIS. Elle étoit Episcopale.

2. CYLLA, Ville d'Asie dans la Troade, voiez CILLA 2. & le Paragraphe.

CYLLANTICUS TRACTUS, Contrée particuliere d'Asie dans la Pisidie: quelques Manuscrits de Pline [c] portent CYLLANICUS TRACTUS.

[c l.5. c. 32.]

1. CYLLENE, Ville du Peloponnése, au Rivage Occidental, & assez près de la Ville d'Elée dont elle étoit le Port de Mer. Strabon [d] & Ptolomée [e] en font une Ville Maritime aussi bien que Thucydide [f] & Tite-Live [g]. On convient assez que c'est presentement CHIARENZA Ville de la Morée.

[d l.8.]
[e l.3. c. 16.]
[f l. 1.]
[g l. 27. c. 32.]

2. CYLLENE, Montagne du Peloponnese dans l'Arcadie; c'étoit la plus haute Montagne de ce Pays-là, au jugement de Strabon [h] & de Pausanias [i]. Ce dernier dit qu'au sommet étoit un Temple consacré à Mercure que les Fables feignoient y être né. Virgile [k] dit conformément à ce Systême.

[h l. 8.]
[i Arcad. c. 16.]
[k Æneid. l. 8. v. 138.]

Vobis Mercurius Pater est , quem candida Maia,
Cyllenæ gelido conceptum vertice fudit.

On peut voir la remarque de Servius sur ce passage. Le nom de cette Montagne se trouve dans une foule d'Auteurs. Pomponius Mela [l] la nomme CYLLENIUS, & sous-entend le mot MONS.

[l l. 2. c. 3. n. 51.]

3. CYLLENE, Ville de l'Asie mineure dans l'Æolide. Xenophon [m] dit qu'elle étoit surnommée Egyptienne.

[m Cyropæd. l. 7.]

CYLLOPERA; Lieu de l'Attique [n] près du Mont Hymette. Venus y avoit un Temple.

[n Suidas.]

CYLONII. Voiez CYCLONII.

CYMA, quelques-uns ont ainsi appellé la Ville de Cume.

CYMANDER. Voiez MEGARSUS.

CYMBA. Voiez PLAGAREUM.

1. CYME, Isle de la Mediterranée auprès de la Sicile, selon Etienne le Géographe, & près d'Italie, selon Lycophron cité par Ortelius [o].

[o Ortel. Thes.]

2. CYME, Lieu du Peloponnese dans l'Achaïe, selon Eustathe [p].

[p Ibid.]

3. CYME. Le Commentateur de Lycophron dit que c'est une très-haute Montagne d'Italie & s'appuie sur l'autorité de Metrodore.

4. CYME. Quelques-uns ont ainsi nommé la Ville de CUME.

Tom. II.

CYMINE, Place de la Gréce dans la Thessalie. Tite-Live [q] en parle & dit que les Ætoliens la prirent.

[q l. 32. c. 13.]

CYMINUS, voiez CIMINUS.

CYMOTHOE, Fontaine du Peloponnese dans l'Arcadie, selon Pline [r]. Il la met près de la Montagne de SCIOESSA.

[r l. 4. c. 5.]

CYNADRA, Fontaine du Peloponnese dans l'Argie. On en faisoit boire à ceux à qui on donnoit la liberté.

CYNEGYRIS, Lucien [s] semble mettre un lieu de ce nom dans l'Attique.

[s De Rhetor. Præcept.]

1. CYNAETHA, ancienne Ville du Peloponnese dans l'Arcadie. Ortelius l'écrit par un *e* simple, mais c'est une faute d'impression,on lit dans Strabon [t], Κύναιθα, & dans Pausanias de même. Pline [w] écrit aussi CYNÆTHA. Athenée dit qu'elle étoit en un lieu très-raboteux.

[t l.8. p.388.]
[v l.8.]
[w Edit. Hard. l. 4. c 6.]

2. CYNAETHA, Ville de Thrace au pied du Mont Nerise, selon Etienne le Géographe.

CYNAETHOS INSULA; c'est un des noms que portoit la Ville de Delos.

CYNAMOLGI, ancien peuple d'Ethiopie, ainsi nommé par les Grecs qui les connoissoient peu, & qui croioient que ce peuple se nourrissoit de lait de Chienne [x]. J'ai déja remarqué ailleurs que les Anciens, lorsqu'ils ignoroient les noms veritables des Peuples qu'ils connoissoient mal, leur imposoient un nom pris de leur nourriture, de leurs vêtemens, ou même de quelque coutume singuliere. Au defaut de tout cela le nom d'Anthropophages étoit leur ressource; & on les appelloit mangeurs d'hommes, comme si on eût voulu justifier par cette denomination l'ignorance où l'on étoit à leur égard.

[x Agatharch. de Rubro Mari c. 27.]

CYNAPES, quelques Editions d'Ovide [y] lisent ainsi au lieu de Niphates.

[y De Ponto. l. 4. Eleg, 10.]

CYNARA, Isle de la Mer Egée, selon Pline [z].

[z Ortel. Thes.]

1. CYNDON, Riviere de l'Hellespont, selon Hesyche [a].

[a Ibid.]

2. CYNDON, autre de la Grece au Peloponnese, selon le même.

CYNE [b], Ville de la Lydie, selon Etienne & Lycophron.

[b Ibid.]

CYNEGETICA [c]. Les Grecs donnoient ce nom à la Montagne d'Afrique oposée à celle qui est située en Europe de l'autre côté du Détroit de Gibraltar, lesquelles étoient appellées les Colonnes d'Hercule.

[c Ortel. Thes.]

CYNEGICA REGIO, Contrée de Syrie près d'Antioche. Evagre & Calliste en font mention au raport d'Ortelius [d].

[d Thesaur.]

CYNEGIUM, Lieu particulier de l'Italie suivant Cédrene qui dit qu'Absimare & Leonce, envoyez par l'Empereur Justinien y furent décapitez. Ortelius juge que c'étoit une place publique de la Ville de Constantinople.

CYNESII, ou

CYNETÆ, ce sont au sentiment d'Herodote les peuples les plus Occidentaux de l'Europe, ce qui doit s'entendre le long des côtes de la Mediterranée & de l'Espagne. Il les nomme CYNETÆ [e], & CYNESII [f]. Festus Avienus [g] dit que ce Peuple vivoit aux bords de l'Ana, aujourd'hui Guadiana. Il le nomme LYNETES.

[e l. 4. c. 49]
[f l. 2. c. 33.]
[g Ora Maris v. 200. & seq.]

Rrrrr* 2 *Inde*

CYN.

Inde Cempsis adjacent,
Populi Cynetum prope Cyneticum jugum.
Quà sideralis Lucis inclinatio est,
Altè tumescens ditis Europa extimum
In bellnosi vergit Oceani Salum.
Ana amnis illic per Cynetas effluit,
Sulcatque glebam.

On voit par ce passage que cette Montagne prenoit du Peuple *Cynetes* le nom de *Cyneticum jugum.*

CYNETHUS, nom de l'Isle de Delos.

CYNETIA, Κυνέτια, Ville de Grece au Peloponnese, dans l'Argie, selon Etienne le Géographe.

CYNETICON, Lieu de l'Iberie, selon le même, c'est-à-dire, en Espagne. C'est sans doute le Mont appellé ci-dessus par Avienus *Cyneticum jugum.* Voiez CYNETÆ.

CYNETICUM. Voiez l'Article precedent.

CYNEY. Voiez CINEY.

CYNIA, Lac d'Epire dans l'Acarnanie, selon Strabon [a]. *a* l. 10. p. 459.

CYNIPS. Voiez CINYPS.

CYNNA, Ville voisine d'Heraclée, selon Etienne le Géographe; il est fait mention d'un Evêque de cette Ville au Concile de Nicée & elle devoit être en Galatie, selon Ortelius c'est la même que CINNA 5.

CYNO [b], Lieu d'Egypte dans le Delta entre *Tmuis* & *Tava*, à xxv. M. P. de la premiere & à xxx. M. P. de la seconde. Ortelius ne veut pas qu'on le confonde avec CYNOPOLIS Capitale du nôme Cynopolite, comme en effet Pline les distingue. *b* Anton. Itin.

1. CYNOCEPHALÆ, nom de quelques Montagnes de Grece dans la Thessalie auprès de Scotussa. Strabon [c] écrit que les Romains commandez par T. Quintus Flaminius y remporterent une Victoire. Plutarque le dit aussi dans la Vie de Flaminius. Tite-Live [d] ne dit pas que ce fussent des Montagnes, mais des hauteurs, des tertres. Plutarque parlant de la même bataille dans la Vie de Paul-Emile dit qu'elle se livra auprès de Scotusa. On appelloit ainsi ce lieu à cause de quelque ressemblance que ces Montagnes avoient avec des *têtes de Chiens* & c'est ce que leur nom signifie. *c* l. 9. sub fin. *d* l. 33. c. 7.

2. CYNOCEPHALÆ, Procope appelle ainsi par la même raison le Cap Occidental de l'Isle de Corfou.

CYNOCEPHALI, Peuple des Indes, selon Aulugelle qui cite Pline [e]. Ctesias dit que les Indiens les nommoient CALYSTRII. Philostrate & Agatarchide mettent aussi en Ethiopie des hommes à tête de Chien. Ces Cynocephales étoient souvent des troupeaux de singes qui ne sont point rares en ce Pays-là. *e* Ortel. Thes.

CYNONNESOS, Isle dependante de la Libye, selon Etienne le Géographe qui n'en dit point assez pour faire juger où elle étoit.

CYNON-POLIS. Voiez CYNOPOLIS & CYNOSPOLIS.

CYNOPOLIS, Ville d'Asie dans l'Isaurie [f]. Il en est fait mention au V. Concile tenu à Constantinople. *f* Ortel. Thes.

CYNOPROSOPI, Peuple d'Afrique. Ælien [g] le depeint comme n'ayant pas l'usage *g* Animal. l. 10.
de la parole, & le place au delà d'Oasis d'Egypte, à dix journées de chemin en tirant vers l'Ethiopie. Ce nom signifie visage de Chien.

CYNORTHION, Montagne du Peloponnese, selon Pausanias [h], il dit qu'il y avoit un Temple d'Apollon Maleate qui étoit la seule Antiquité de ce lieu qui subsistât. *h* l. 2. c. 17.

CYNOSARGES, Lieu de Grece dans l'Attique près d'Athenes. C'étoit là qu'étoit le Gymnase ou lieu d'exercices consacré à Hercule. Herodote, Tite-Live, Plutarque, & Solon & quantité d'autres Auteurs en ont parlé.

CYNOSPOLIS, ou CYNOPOLIS, Ville d'Egypte, dans le nôme Cynopolite dont elle étoit la Capitale. Strabon [i] & Ptolomée [k] font mention de ce nôme. Elle étoit dans une petite Isle du Nil & le nôme s'étendoit aux deux côtez de ce fleuve, selon Ptolomée. Cet Auteur ne dit pas qu'elle en fût la Metropole ou la Capitale; au contraire il lui en donne une autre au bord du Nil nommée Cô. Il y ajoute deux autres Villes, savoir *Acoris* au rivage Oriental du fleuve & Alabastra dans les terres. Le R. P. Hardouin quoique bien averti par Ortelius n'a pas laissé de se tromper & de confondre Cynopolis du nôme Cynopolite avec *Cinon*, *Cino*, ou *Cynon-Polis* du Delta. *i* l. 17. *k* l. 4. c. 5.

1. CYNOSSEMA [l], c'est-à-dire, le Sepulchre d'Hecube que les Poëtes feignent avoir été metamorphosée en Chienne. C'étoit un Promontoire de la Chersonnese de Thrace. *l* Melal. 2. c. 2. Plin. l. 4. c. 11.

2. CYNOSSEMA, Lieu particulier de l'Isle de Salamine, où mourut & fut enterré le Chien de Xantippe, selon Plutarque [m]. *m* Themist. & Cat. Maj.

3. CYNOSSEMA, Promontoire de la Doride entre les Villes de Lorime & de Cnide, selon Strabon [n]. *n* l. 14. p. 656.

4. CYNOSSEMA [o], Lieu Maritime d'Egypte peu loin de Taposiris, selon le même. *o* l. 17. p. 799.

5. CYNOSSEMA, Lieu de la Libye, selon Etienne le Géographe.

6. CYNOSSEMA, Lieu de la Calydonie, selon Pollux.

7. CYNOSSEMA, Lieu de Thrace aux environs de Maronée, si nous en croyons Suidas.

§ Ce nom veut dire proprement le *Monument du Chien.*

1. CYNOSURA, Promontoire de l'Attique, selon Ptolomée. Villeneuve croit que c'est le *Dorisicum* de Pline.

2. CYNOSURA, Ville d'Arcadie, Lactance [p] ne dit pas que ce lieu fût dans l'Arcadie, comme la citation d'Ortelius peut le faire croire, il dit seulement que selon Ciceron Esculape fut enterré à Cynosures. Et comme il y avoit divers lieux de ce nom il n'explique point particulierement duquel il veut parler. C'est Etienne le Géographe qui nous apprend qu'il y avoit un Promontoire de ce nom dans l'Arcadie. *p* De falsâ Relig. l. 1. c. 10.

3. CYNOSURA, Lieu de la Laconie, selon le Scholiaste de Callimaque. Hesyche en fait une Tribu de ce Pays-là.

4. § CYNOSURA, Promontoire de Marathon vers l'Eubo´e, selon Hesyche. C'est le même que celui de Ptolomée dans l'Attique.

CYN-

CYN. CYO. CYP. CYP. 869

CYNTHOS, Montagne de l'Isle de Delos; il étoit consacré à Apollon aussi bien que toute l'Isle entiere ; & il en prend dans les Poëtes le surnom de *Cynthius*. Voiez l'Article DELOS.

CYNTINIUM. Voiez CYTINIUM.

CYNURA, Ville du Peloponnese dans l'Argie, selon Etienne le Géographe ; ou plutôt dans un Territoire qui fut toujours un sujet de discorde entre les Rois d'Argos & ceux de Lacedemone. De là vient le bon mot de Lucien [a] qui s'étonne que tant de braves gens des deux partis se fussent fait tuer pour un Pays qui n'étoit gueres plus grand qu'une lentille d'Egypte. Herodote [b] parlant des Cynuriens dit qu'eux & les Arcadiens étoient les seuls d'entre les sept peuples qui habitoient alors le Peloponnese qui fussent Originaires du lieu & qui eussent toujours occupé le même Pays qu'ils occupoient.

[a] Icaromen.
[b] l. 8. c. 73.

CYNUS, Ville Marchande & Maritime de Grece dans la Locride. C'étoit le Port de Mer des Opuntiens. Homere [c], Tite-Live [d], Pline [e] &c. en font mention.

[c] Catal. 38.
[d] l. 28.
[e] l. 4. c. 7.

CYON, Ville de la Carie, selon Etienne le Géographe.

CYPAERA, Ville de la Thessalie, selon Ptolomée [f], Κύπαιρα. Tite-Live en parle aussi au sujet d'Antiochus [g] qui la prit.

[f] l. 3. c. 13.
[g] l. 36. c. 10.

CYPÆTÆ, Ville de la Libye, selon Etienne le Géographe.

CYPARISSÆA, Ville du Peloponnese dans la Tryphilie ; la même qu'ERANNA ; & que celle qui suit.

CYPARISSÆ, Ville Maritime du Peloponnese dans la Messenie [h], Strabon [i] la nomme CYPARISSIA, & Etienne CYPARISSE'ES. Strabon met au même endroit une Riviere nommée aussi CYPARISSEIS. Cette Ville que les Modernes croient être presentement L'ARCADIA, donnoit le nom de CYPARISSIUS SINUS au Golphe & de CYPARISSIUM PROMONTORIUM à un Cap voisin.

[h] Ptolom. l. 3. c. 16.
[i] l. 8. p. 348.

CYPARISSUS, Etienne & Eustathe nomment ainsi une Ville de Grece au Mont Parnasse auprès de Delphes. On l'appelloit aussi *Eranum*, & quelques-uns la nommoient *Apolloniade*. Voiez les Articles de ces deux noms.

CYPARODES, Lieu voisin de Constantinople, selon Pierre Gilles dans sa description du Bosphore.

CYPASIS, Ville quelque part près de l'Hellespont, selon Etienne le Géographe qui cite Hécatée.

CYPE, Place forte de Sicile, selon le même Etienne Κύπη.

1. **CYPHANTA**, Ville du Peloponnese dans la Laconie, selon Ptolomée [k]. Elle étoit dans les Terres & differente de celle qui suit.

[k] l. 3. c. 16.

2. **CYPHANTA**, autre Ville, mais Maritime du Peloponnese dans le Golphe Argolique, selon le même [l]. Pline [m] en fait aussi mention. Ces deux Géographes les distinguent en ce qu'ils ne donnent à la derniere que le nom de Port & à l'autre le titre de Ville. Pausanias [n] met la premiere à dix Stades de la Mer.

[l] Ibid.
[m] l. 4. c. 5.
[n] l. 3 p. 209.

CYPHARA, Place forte de Grece dans la Thessalie, où elle commandoit la Dolopie. Tite-Live en fait mention [o].

[o] l. 32.

CYPHUS, Montagne de Grece dans la Perrhebie, selon Etienne & Strabon [p] qui dit qu'il y avoit un Village de même nom [q].

[p] l. 8. p. 441.
[q] p. 442.

CYPRA. Voiez CUPRÆ.

1. **CYPRE**. Isle de la Mer Mediterranée sur la côte d'Asie entre la Cilicie au Nord & la Syrie à l'Orient. Cette Isle qui est très-célèbre dans l'Antiquité renfermoit autrefois neuf Royaumes ; Mela [r] qui le dit ajoute: Elle a encore quelques Villes dont les plus célèbres sont Salamine, Paphos, & Palæpaphos où l'on tient que Venus aborda en sortant de la Mer. Pline [s] nous apprend ses anciens noms, savoir ACAMANTIDE, CERASTIS, ASPELIE, AMATHUSIE, MACARIE, CRYPTOS & COLINIA. On voit aisément que le nom d'Acamantide lui venoit d'un Promontoire nommé Acamas ; celui d'Amathuse venoit d'une Ville que nous appellons en François Amathonte, & celui de Macarie venoit de sa fertilité. Tzetzès nous apprend autrement quelques-uns de ces noms, savoir SPHECE'E, au lieu dequoi le nom d'Aspélie pourroit bien s'être glissé dans Pline & CERASTIE ; non à cause que ses habitans portoient des Cornes, mais à cause de ses pointes de terres qui avancent dans la Mer en forme de Cornes. Lycophron semble dire qu'on la nommoit aussi SATRACHUS ; mais Tzetzès pretend que ce n'étoit pas l'Isle même qui portoit ce nom, mais bien une Riviere & une Ville que nous ne connoissons point à présent. Strabon dit que son circuit, ayant égard aux hachures des côtes, est de 3420. Stades ; & que sa longueur depuis Clides jusqu'à Acamas est de 1400. Stades. Cela ne s'accorde pas mal avec le sentiment de Timosthene raporté par Pline, savoir que Cypre a 428. Mille cinq cens pas de tour, & Isidore qui compte pour rien les sinuositez des Golphes lui donne 375. M. P. voici l'Histoire abregée des divers Souverains à qui cette Isle a été soumise.

[r] l. 2. c. 7.
[s] l. 5. c. 31.
[t] Cellar. Geog. Ant. T. 2.

[v] Des Tyrans particuliers s'en firent les premiers Souverains. Les Rois d'Egypte y établirent leur Domination ; ils en furent depossedez par les Romains. Les Grecs succederent aux Romains, l'Isle de Cypre faisoit partie de l'Empire de Constantinople. Les Arabes Mahometans sous le Regne du Calife Otman & l'Empire d'Heraclius s'en rendirent les maîtres. Les Grecs y retablirent depuis leur autorité. Un Prince de la Maison des Comnenes que l'Empereur Emanuel en avoit fait Gouverneur se revolta, usurpa l'Autorité Souveraine & sous le foible regne d'Isaac l'Ange il demeura maitre absolu de cette Isle. C'étoit alors le temps des Croisades. Richard I. Roi d'Angleterre allant au Levant avec sa flote, dont une escadre où étoient quelques Princesses aborda en Cypre durant une furieuse tempête & fut insultée & pillée par le Prince Grec. Richard à qui on en refusa la satisfaction, la prit par les armes, defit le Prince de Cypre, le fit prisonnier avec sa fille unique & se rendit maitre de toute l'Isle. Comme elle étoit trop éloignée de l'Angleterre il la vendit aux Templiers qu'elle accommodoit pour trois cens mille Livres.

[v] Vertot. Hist. de Malthe.

Cet Ordre en prit possession & pour y assurer sa Domination il y mit un corps considerable

Rrrr* 3

rable de ses troupes, mais la dureté du gouvernement de ces Chevaliers & leurs manieres hautaines aliénerent les esprits de leurs nouveaux Sujets: d'ailleurs les Cypriots qui suivoient le Rit Grec ne purent se resoudre d'obéïr à des Religieux Latins; ce fut la source d'une guerre presque continuelle entre les Grands de cet Etat & les Templiers qui furent obligez à la fin d'abandonner l'Isle & de la remettre au Roi d'Angleterre. Les droits en furent cedez à Gui de Lusignan. On pretend que Richard avant que de partir de la Palestine lui fit épouser la Princesse de Cypre & lui céda la Souveraineté de cette Isle que les Templiers lui avoient remise & que les Princes de la Maison de Lusignan ont possedée depuis pendant près de trois cens ans. Henri II. l'un de ses Successeurs y reçut les Hospitaliers & les Templiers que les Infidelles venoient de chasser de la Palestine & de la Syrie. Les Hospitaliers fortifierent même Limisso, mais ensuite ils tenterent de rentrer dans la Terre Sainte & après quelques efforts inutiles ils s'emparerent de l'Isle de Rhode d'où ils protegerent les Chrétiens du Levant & sur tout les Rois de Cypre. Les Venitiens se rendirent maîtres de Cypre l'an 1480. & la perdirent l'an 1570. que les Turcs s'en emparerent.

Voici la distribution de cette Isle comme elle étoit peuplée & habitée du temps de Ptolomée [a].

a l.5.c.14.

2. CYPRE est, dit-il, environnée de tous côtez par la Mer; au Couchant par celle de Pamphylie de cette maniére;

Acamas Promontoire,
La Nouvelle Paphos,
Zephyrium Promontoire,
L'Ancienne Paphos,
Drepanum Promontoire.

Au Midi par la Mer d'Egypte & de Syrie de cette maniere; après le Promontoire Drepanum,

Phrurium Promontoire,
Curium, Ville,
l'Embouchure du Lycus,
Curias, Cap,
Amathonte,
l'Embouchure du Tetius,
Citium, Ville,
Dades, Cap,
Throni, Ville & Cap.

A l'Orient par la Mer de Syrie de cette maniere. Après le Cap Throni;

Ammochostum Promontoire,
l'Embouchure du Pedée,
Salamis,
Elée Cap,
Uraboss, c'est-à-dire, Queue de bœuf.

Au Nord par le petit détroit de Cilicie de cette maniere;

Carpasie,
Le Rivage des Achéens,
Aphrodisium,
Macarie,
Ceronie,
l'Embouchure du Lapithe,
Lapithos, Ville.
Le Cap de Crommies,
Soli,
Callinuse,
Arsinoé.

Le Territoire de Salamis occupe la partie la plus Orientale de l'Isle; celui de Paphos la plus Occidentale; entre l'un & l'autre sont le quartier d'Amathonte & le Mont Olympe au Midi, & le Territoire de Lapithos au Nord.

Les Villes dans l'Interieur de l'Isle sont,

Chytrus,
Trimethus,
Tamassus.

Les Isles qui en dependent sont les Cleides & les Carpases.

Ammien Marcellin [b] parle ainsi de l'Isle de Cypre: entre les Villes & Bourgs qui y sont en grand nombre deux Villes la rendent illustre, savoir Salamis & Paphos fameuses l'une par un Temple consacré à Jupiter & l'autre par un Temple dedié à Venus. Elle est fertile en toutes sortes de productions & les Cypriots peuvent se passer du secours des étrangers. Ils peuvent bâtir un vaisseau depuis la quille jusqu'à son entiere perfection, l'équiper de voiles, de Cordages, d'Agrets, de Munitions de bouche, & le charger de Marchandises sans rien employer que du crû de l'Isle. [c] Leur Christianisme seroit fort ancien s'il étoit vrai, ce qu'ils pretendent, que l'Apôtre St. Barnabé a prêché & est mort chez eux. Ils se sont servis de cette raison pour dire que leur Eglise est independante & la soustraire à la Jurisdiction du Patriarche d'Antioche. D'un autre côté on pretend qu'au commencement ils lui étoient soumis de même que toutes les autres Eglises de l'Orient; mais qu'à cause des mauvais temps qui rendent la Navigation difficile & dangereuse pendant l'Hyver, ils prirent ce pretexte pour negliger d'envoyer à Antioche en diverses occasions & se passerent d'une approbation qu'il eût été difficile vû la saison d'aller chercher en terre ferme. Trois Evêques de Constance Metropole de Cypre furent consacrez seulement par leurs Suffragans sans l'intervention du Patriarche qui seul s'attribuoit le droit de cette Consecration. A ce fait qui fut tiré à consequence les Cypriots pretendirent n'avoir pas reçu l'Evangile par le Ministere de St. Pierre; mais de St. Barnabé l'Apôtre dont le Corps avoit été trouvé dans leur Isle, ayant sur sa poitrine l'Evangile de St. Mathieu écrit de la propre main de St. Barnabé. Les Peres du Concile d'Ephése se prêterent à l'obstination avec laquelle les Cypriots soutenoient leur exemption contre les droits du Patriarche d'Antioche & les maintinrent pour un temps dans l'usage qui s'en étoit établi. A ce Decret on en oppose un autre assez different porté par le Concile de Nicée, par lequel il est visible que les Ordinations des Evêques de Cypre appartiennent au Patriarche. En vertu de ce

b l.14.
c Carol.a S. Paulo Geog. Sacr. p.282.

ce dernier Decret Pierre Foulon Patriarche voulut revendiquer ces Ordinations, mais l'affaire ayant été portée au Tribunal de l'Empereur Zenon Pierre perdit sa cause. Cedrene observe que ce ne fut pas tant parce que l'Eglise de Cypre avoit reçu cet honneur des Apôtres que parce que le Patriarche étoit fauteur de l'Heresie d'Eutychès, & on se servit du pretexte pris de ce que les Reliques de St. Barnabé trouvées en Cypre prouvoient qu'il en avoit été l'Apôtre.

Les Evêchés de l'Isle de Cypre connus dans l'Histoire Ecclesiastique sont,

Constantina, ou *Constantia* nommée *Salamis* par les Géographes Latins & Grecs, à present *Constanza*,
Citium, aujourd'hui *Chite*,
Amathus, aujourd'hui *Limisso*,
Curium, ou *Episcopia*, selon Etienne. Niger la nomme *Carmia*,
Paphos, aujourd'hui *Baffe*,
Arsinoé,
Lapithus, à present *Lapathios*,
Thamassus, presentement *Borgo di Tamasso*,
Chytrus, aujourd'hui *Chitri*,
Tremithus,
Soli, aujourd'hui *Solea*,
Ledra, presentement *Nicosie*,
Tiberiopolis,
Carteriopolis,
Carpasia.

§ Quoique nous ayons déjà raporté un assez grand nombre d'anciens noms de cette Isle, on peut bien y ajouter encore ceux-ci. Festus Pompeius dit que les Anciens l'avoient nommée ÆROSA, c'est-à-dire, *d'Airain*, parce qu'elle avoit de ce metal en abondance. Il auroit pû ajouter que son nom Grec dont *Ærosa* semble une Traduction, Κύπρος, signifie *le Cuivre*. Hermolaus cite Cyrille & dit sur cette autorité qu'elle a été appellée CITIEA, sans doute à cause de la Ville de *Citium*. Quelques-uns ont cru qu'Ovide* l'avoit designée par *Ophiusia Arva* dans ces vers.

* Metam.
l.10.v.229.

Ipsa suas urbes Ophiusiaque Arva parabat
Deserere alma Venus.

a De Official. Constantinop.

Curopalate [a] nous apprend qu'elle a été aussi appellée JUSTINIANA SECUNDA. Hesyche designe les Cypriots par le nom de Μίονες, MIONES.

CYPRIÆ INSULÆ, Isles voisines de l'Isle de Cypre. Elles étoient, selon Pline, au nombre de trois & steriles.

CYPRUS, Forteresse de la Palestine près de Hiericho, selon Josephe [b].

b Antiq. l.16.&Bell. Jud.l.1. c.16.
e l.4.c.11.
d l.3.c.11.
e l.5.
f Mithrid.
g l.31.
h l.2.c.2.

1. CYPSELA, Ville de Thrace, selon Pline [c], qui aussi bien que Ptolomée [d] l'écrit par une double ll. Thucydide [e], Etienne le Géographe, Appien [f], Tite-Live [g] & Mela [h] disent *Cypsela*. Etienne dit qu'elle étoit près de l'Hebre ; & Antonin met dans son Itineraire CYPSALA, ou selon d'autres Exemplaires *Cypsela*, entre *Trajanopolis* & *Syracella* à XXIX. M. P. de la premiere & à XXX. M. P. de la seconde. Leunclavius croit que ce lieu s'appelle à present IPSALA, Sophien dit CHYPSALA

& Belon CHAPSILAR. Il paroit nommé JUSTINIANA NOVA dans le V. Concile tenu à Constantinople.

2. CYPSELA, Place forte du Peloponnese dans l'Arcadie, selon Thucydide [i] & i l.5. Etienne le Géographe.

3. CYPSELA, Festus Avienus dans sa description des côtes de la Mer après avoir parlé de Barcelone, & ensuite d'une Montagne qu'il nomme *Celebanticum jugum*, il ajoute qu'autrefois il y avoit en cet endroit une Ville nommée Cypsela, mais qu'il n'en restoit plus aucuns vestiges.

Hic adstitisse Civitatem Cypselam
Jam fama tantum est. Nulla jam vestigia,
Prioris urbis asperum servat Solum.

CYPTASIA, ancienne Ville d'Asie dans la Galatie [k]. Quelques-uns croient que c'est k Ptolom. presentement CAROSA, que d'autres cherchent l.5.c.4. à CARIXA.

1. CYRA, Κύρη, Isle du Golphe Persique, selon Etienne le Géographe qui cite Hécatée.

2. CYRA, Montagne de la Cyrenaïque en Afrique. Justin [l] en parle comme d'un lieu l l.13.c.7. agréable & arrosé par une source abondante, ce qui joint à un pretendu miracle qu'il rapporte, engagea les Grecs à y bâtir la Ville de Cyrene.

CYRACTICA. Voiez CURICTA.
CYRÆUS. Voiez CIRRHA.

CYRASSENSIS, Siége Episcopal d'Asie dans la Lydie. Il en est fait souvent mention au Concile de Chalcedoine. Ce doit pourtant être le même Siége que CERASEORUM de la Notice de Leon & CERASE de la Notice de Hierocles.

CYRBA, Ville d'Asie dans la Pamphylie, selon Etienne le Géographe. Ortelius remarque qu'il est fait mention d'un Evêque de Cyrba au Concile de Nicée. La Notice Episcopale de Léon le sage met entre les Siéges de cette Province LYRBES, qui est apparemment le même lieu ; il a été facile à des Copistes de prendre une L. pour un C.

CYRENAIQUE, Contrée d'Afrique. Les Auteurs ne s'accordent pas tous sur l'étendue qu'ils donnent à la Cyrenaïque. Quelques-uns y comprennent la Marmarique & l'étendent jusqu'à l'Egypte ; d'autres que nous suivons ici détachent la Marmarique de la Cyrenaïque proprement dite que l'on nomme autrement la Pentapole. C'est sur ce pied-là que nous en allons parler. Elle occupe tout l'espace qui est depuis la grande Presqu'Isle, c'est-à-dire, depuis le Cap nommé par les Anciens *Chersonnesus Magna*, jusqu'au Golphe de la grande Syrte. C'est ainsi que Ptolomée la borne ; mais Pline [m] l'amplifie extrémement, m l.5.c.5. car il lui donne pour Limites à l'Orient le Mont Catabathmos, & à l'Occident la petite Syrte ; il ajoute qu'elle a 1060. M. P. de longueur & huit cens mille de largeur connue. Il n'est pas seul qui lui donne ces bornes à l'Orient & Strabon est de même avis. Mais il est seul qui la lui donne à l'Occident, & on ne peut pas dire qu'au lieu de *Minorem* il faudroit lire, *Majorem*, car ce raprochement d'une d'une Syrte à l'autre s'accorderoit mal avec les Chifres de la longueur.

La Cyrenaïque a auſſi été nommée PENTAPOLE à cauſe de cinq Villes plus remarquées que les autres par les Grecs. Cependant la Pentapole n'étoit qu'un Canton particulier de la Cyrenaïque, à parler avec plus de preciſion. Voiez PENTAPOLE.

La CYRENAÏQUE a été auſſi entendue dans un ſens bien plus limité & on l'a pris ſimplement pour le Territoire particulier de la Ville de Cyrene.

Les principales Villes de la Cyrenaïque qui formoient la Pentapole, étoient

Cyrene,	Arſinoë,
Apollonie,	&
Ptolemaïde,	Berenice,

Cela a donné occaſion dans le moyen âge d'en appeller les habitans QUINQUE GENTIANI Africæ, comme ſi on eût voulu dire *ceux des cinq Nations en Afrique*.

a Matth. c. 27. v. 32. Luc c. 23. v. 26. C'eſt de ce Pays-là qu'étoit Simon le Cyrenéen [a] Pere d'Alexandre & de Ruſe que les Soldats Romains chargerent de la Croix de Jeſus-Chriſt. Il y avoit beaucoup de Juifs dans la Cyrenaïque & pluſieurs embraſſerent la Religion Chrétienne [b]. Mais d'autres s'y oppoſerent avec beaucoup d'opiniâtreté [c]. St. Luc nomme entre les plus grands ennemis de notre Religion ceux de cette Province qui avoient une Synagogue à Jeruſalem & qui s'éleverent contre St. Etienne. Les Juifs de la Cyrenaïque après la ruine de Jeruſalem par Titus ſe crurent un parti aſſez nombreux pour ſe revolter contre les Romains qui les prévinrent & detruiſirent cette Cabale.

b Act. Apoſt. c. 10. v. 20.
c c. 13. v. 1.
e Ibid. c. 6. v. 9.

d D. Calmet Dict. de la Bible.

1. CYRENE [d]. Quelques-uns diſent la Province de Cyrène, pour dire la Cyrenaïque.

2. CYRENE, Contrée dont il eſt fait mention dans l'ancien Teſtament & qui doit avoir été très-differente de la Cyrenaïque d'Afrique. Teglaphalaſſar transporta les habitans de Damas à Cyrène [e], ainſi que le Prophéte Amos [f] l'avoit predit environ vingt cinq ans auparavant, *transferetur Populus Syriæ Cyrenem*. Ce n'eſt pas ſans doute dans la Cyrenaïque voiſine de l'Egypte où Teglaphalaſſar n'avoit rien, mais dans l'Iberie ou l'Albanie, où ſe décharge le fleuve Kur ou le Cyrus qui ſe décharge dans la Mer Caſpienne. Joſephe dit qu'ils furent transportez dans la Medie ſuperieure, ce qui revient au même ſentiment car la Medie avoit anciennement beaucoup d'étendue.

e Reg. l. 4. c. 16. v. 9.
f Amos c. 1. v. 5.

* c. 9. v. 7. Amos [*] dit que les Araméens étoient originaires de Kir : *numquid non adſcendere feci Syros* (Hebr. *Aram*) *de Cyrene*. Le Prophéte a voulu apparemment, dit D. Calmet, comprendre ſous le nom de Cyr ou Kir les peuples de delà l'Euphrate & de la Meſopotamie d'où les Araméens étoient vraiment ſortis par Aram fils de Sem. Car, pourſuit l'Auteur cité, nous n'avons aucune connoiſſance qu'ils ſoient ſortis en particulier de ce Pays où coule le fleuve Cyrus.

3. CYRENE, Ville d'Afrique dans la Cyrenaïque dont elle étoit la Capitale. Elle étoit à onze mille pas de la Mer au calcul de Pline [g], & Strabon compte de cette Ville à Apollonie qui lui ſervoit de port quatre-vingt Stades ; il dit que c'étoit une grande Ville ſituée en une plaine & qui avoit la figure d'une Table. Pluſieurs Hiſtoriens en ont raconté l'origine. Elle eſt bien chargée de fables dans le recit d'Herodote [h]. Juſtin [i] la raporte d'une maniere plus courte & plus nette. Strabon [k] dit qu'elle fut fondée par des Grecs venus de Thera Iſle de la Laconie. Battus étoit un de ces Theréens, & Herodote en dit beaucoup de choſes. C'eſt de ce Battus que les Cyrenéens furent nommez BATTIADÆ. Silius Italicus dit [l]:

g l. 5. c. 5.
h l. 4. c. 145.
i l. 13. c. 7.
k l. 17.

Iniquo Sole calentes,
Battiadas late imperio, ſceptriſque regebat.

l l. 2. v. 60

Comme Thera étoit une Iſle des Lacedemoniens les Cyrenéens ont paſſé pour une Colonie venue de Sparte. Joſephe [m] dit dans ce ſens-là : les Cyrenéens ſont Lacedemoniens d'origine, mais ils differoient de ce peuple par leurs inclinations, car ils s'appliquerent beaucoup à l'étude de la Philoſophie, ce qui donna lieu à une Secte particuliere de Philoſophe, dont Ariſtippe étoit le Chef & qu'on appella Cyrenaïque. Ciceron en parle ſouvent dans ſes Ouvrages Philoſophiques. Voici ce que le S. Paul Lucas nous apprend de l'état preſent de cette Ville dans un de ſes Voyages. Il remarque que les Arabes la nomment aujourd'hui GRENNE ; d'autres diſent KAIROAN. Voiez ce mot.

m De Bello l. 2. c. 28.

[n] La Ville de Cyrène a été une très-grande & ſuperbe Ville à en juger par les Edifices dont les débris paroiſſent être quelque choſe de grand. J'ai vû dix ſtatues d'un très-bon goût, toutes drapées à la maniere des Arabes d'aujourd'hui, de la hauteur de cinq pieds & demi, mais toutes mutilées & ſans tête. Il y a une très-belle Fontaine, qui ſort d'un rocher, & qui fait un gros murmure : La ſource vient de fort loin, au dire des Arabes, & a été trouvée à force de travailler dans la roche. Cette ſource eſt groſſe & coule avec impetuoſité : l'eau eſt fraiche & admirable : elle coule ſans ceſſe, & n'augmente ni ne diminuë, quelque grande que ſoit la ſecherêſſe. Les plus belles maiſons étoient ſuivant toute apparence autour de la Fontaine. Il y a au deſſus une muraille d'une épaiſſeur extraordinaire qui a environ cent toiſes : elle eſt très-bien bâtie : il y a quelques Colomnes de marbre de ſeize pieds, dont quelques-unes ſont de Granite; j'eſtime que la Ville avoit quatre lieues de tour : il ne paroît point d'enceinte de murailles : elle eſt bâtie ſur une haute Montagne [o] à deux lieues de la Mer. Son port étoit Souſſe que nos Geographes nomment *Morce Souche*, il en eſt à deux petites lieuës. Ce port étoit bon autrefois ; il y avoit une vûe aſſez grande : il y peut mouiller à preſent deux ou trois petites barques dans la belle ſaiſon.

n Voyage dans l'Aſie mineure, l'Afrique, & autres lieux. T. 1. p. 89.

o Voyez la remarque qui ſuit cet Article.

Il y a dans un grand Vallon quantité de maiſons taillées dans le rocher où il y a des boutiques & des chambres avec un ordre d'Architecture & de grandes fenêtres : c'étoit ſuivant toute apparence, où les Marchands Cy-

Cyréniens avoient leurs habitations. Il y a un ruisseau qui passoit au milieu. Ce Vallon est compris dans la Ville de Cyrene, & dans le Vallon de la Fontaine dudit lieu.

Sur le revers de la Montagne du côté de l'Est, il y a un nombre infini de tombeaux, taillez dans la roche avec une propreté singuliere : il y a des chambres séparées, dans une desquelles j'ai trouvé un Tombeau de marbre Grec très-bien travaillé : il a huit pieds de long sur quatre de large : il y a deux griffons très-bien faits & bien conservez qui tiennent une espece de flambeau : il n'y a point d'Inscription. J'ai vû sur un pied-d'estal de marbre renversé sans dessus dessous, une Inscription en Caracteres Latins, dont je n'ai pû rien tirer, étant fort effacée. J'ai vû un bas-relief de six pieds de long sur quatre de large, où il y a un Char de Triomphe tiré par quatre chevaux très-bien faits : il y a trois hommes sur le Char habillez à la maniere d'Alexandre, ils sont presque effacez. On y voit aussi huit femmes qui tiennent chacune une petite fille par la main ; elles sont très-bien faites & toutes habillées d'une draperie fort plissée : ces femmes regardent le Char de Triomphe. Il paroit aux environs de la Ville une infinité de tombeaux situez de differentes manieres. J'ai remarqué que les peuples de ce tems-là avoient une grande veneration pour les Morts.

Il y a un Champ de Mars qui s'appelle aujourd'hui *Mena Gaden*, qui signifie le lieu du sang : les Arabes le nomment Soffaf qui signifie en Arabe *Saule*, ils le nomment ainsi à cause qu'il y a trois differents reservoirs taillez dans le roc, dans l'un desquels il y a sept Saules d'une beauté & d'une grandeur extraordinaire ; ceux qui sont dans les autres ne sont pas si beaux. Ces reservoirs sont remplis d'eau actuellement. Il y a un autre reservoir d'eau taillé dans le roc : il a cent vingt pieds de long sur vingt-deux de large, & est couvert d'une seule voute, & est rempli d'eau très-bonne & très-fraiche. Les pierres de cette voute qui est presque entiere, ont trois pieds de long sur un pied de large ; & sont toutes numerotées par Lettres Alphabetiques de Caractere Latin.

Il y a plus de vingt autres reservoirs d'eau : les uns sont remplis d'eau, & les autres de terre. Ce qui me fait decider que c'étoit un Champ de Mars, c'est un nombre infini de tombeaux élevez de differentes manieres, & rangez en bataille comme une armée. On distingue les Tombeaux des Officiers Generaux des Subalternes ; & ceux des Soldats sont de pierres de cinq à six pieds de haut plantez sur deux lignes droites : ceux des bas Officiers sont élevez le double de ceux des Soldats. Le Corps de bataille étoit toute la force de l'armée ; l'aile droite & l'aile gauche étoient très-foibles, en comparaison du Corps de bataille ; & le poste avancé en est à une portée de canon. Autant que j'en puis juger, il y peut avoir vingt-cinq mille Tombeaux dans ce Champ de Mars. On remarque distinctement où le fort du combat s'est donné en differens endroits. Les hommes de ce tems-là n'étoient pas plus grands que ceux d'aujourd'hui ; les Tombeaux n'ont que huit pieds ; j'en ai

vû un seul qui en a vingt de long sur cinq de large. Il n'y a aucune Inscription. On pourroit trouver quelque belle statuë, si on vouloit faire travailler dans les ruines des grandes bâtisses. J'ai vû plusieurs chapiteaux de l'ordre Corinthien & Ionique, mutilez par le temps ; & suivant toute apparence il n'y avoit pas de grandes magnificences en marbre. Les Historiens disent que Cyrene avoit quarante milles de tour ; ce que je crois compris les Tombeaux taillez dans le roc : ils sont très-grands & étoient destinez pour les familles de consideration.

Cette Ville avoit à dix lieuës à ses environs plus de cent Villes ou Villages très-beaux ; & à trois lieuës on trouve un grand bois, où il y a plus de cent mille Oliviers sauvages. Les Montagnes & les anciens monumens sont presque inhabitez. Il y a quelques Arabes qui sont campez dans les ruines de Cyrene, & qui vivent pendant six mois de l'année du laitage de leurs bestiaux, avec un peu de farine d'orge : cela les maintient en santé, & les fait vivre long-temps. Il y a des peuples dans le bois, qui vivent comme des bêtes : ils n'ont aucune Religion : les enfans jouïssent de leurs meres ; le Pere de ses filles ; & les freres & les sœurs les uns des autres : il n'y a pas d'autre mariage entre eux. Ils ne païent rien à personne ; font des vêtemens de peaux de chevre. Suivant toute apparence ce Païs-là étoit fort peuplé. Les Arabes qui sont campez dans les ruines de Cyrene ont des manieres plus civiles & plus affables. Les femmes y sont gracieuses & moins farouches : Elles ont les plus belles dents du monde, & les mieux rangées : elles sont fort brunes ; & font tout le travail, les hommes étant très-paresseux. S'ils vouloient cultiver les terres, ils amasseroient des Tresors ; mais ils ne sement que ce qu'ils peuvent manger chaque année.

4. CYRENE, Ville de l'Isle de Cypre, selon Metaphraste dans la Vie de St. Spiridion. Constantin Porphyrogenete y met une Ville nommée Cyrene'e qui est apparemment la même.

CYRES. Voiez CURES.

CYRESTENSIS SOLITUDO, desert où Theodoret [a] dit que Ste. Acepsime vécut. C'étoit un lieu de la Cyrrhestique contrée de Syrie. [a l.4.c.26.]

CYRETIÆ, Ville de la Macedoine dans la Perrhæbie, selon Tite-Live [b]. Ptolomée la nomme CHYRETIÆ. [b l.31.36. &42.]

CYRI CAMPUS, Campagne d'Asie dans la Lydie, selon Strabon.

CYRI CASTRA. Voiez CASTRA CYRI.

CYRIA, Ville Episcopale de Syrie, selon Gennade qui en parle au sujet de Theodoret qui en étoit Evêque. Voiez CYRUS.

CYRIACA REGIO. Voiez MELISSA.

CYRILLI, Κυρίλλου Ἄγιον, Château des Scythes en Europe auprès duquel étoit la Ville d'Ibeda, selon Procope [e]. [e Ædific.]

CYRINI CASTRA, Lieu de la Cappadoce, selon Strabon [d]. [d l. 12. p. 539.]

CYRIUS, Ville de la Macedoine dans l'Emathie, selon Ptolomée [e]. [e l.3. c. 13.]

CYRMIANÆ, Κυρμιάναι, Peuple de Thra-

Thrace, Herodote [a] en fait mention.

a l.4.c.93.

CYRNABA, Golphe d'Asie dans la Serique, selon Pline. Une mauvaise ponctuation a fait croire à Ortelius que c'étoit une Riviere.

b l.7.c.2.

CYRNI, Peuple des Indes. Pline [b] raporte le sentiment d'Isigone, selon lequel ce Peuple vivoit cent quarante ans.

§ On ne peut pas sur ce fait, ni sur quantité d'autres de cette nature accuser Pline de mensonge ; car outre qu'il ne fait que recueillir des exemples écrits par ceux qui l'ont precedé, il ne manque point de les citer, & d'éviter la garantie par une Formule douteuse telle que ces mots, ON DIT, *un tel rapporte* &c. De plus il ne faut pas prendre en general de tout un Peuple ce que l'on dit ainsi. Cela ne veut dire autre chose sinon qu'il y a dans ce Peuple des Vieillards qui arrivent jusqu'à cet âge qui n'est pas sans exemple en Europe, quoi que la sobrieté necessaire à ceux qui veulent vivre long-temps y soit plus rare qu'en Asie.

1. CYRNOS, ou CYRNUS, Isle de Grece dans le voisinage de l'Etolie, selon Pline [c].

c l.4.c.12.

2. CYRNOS, ou CYRNUS, Κύρνος, nom Grec de l'Isle de Corse. Voiez ce mot. Elle a eu encore bien d'autres noms chez les Anciens. Etienne le Géographe fournit ceux de CYRNOS & de CORSIS. Lycophron la nomme CERNEATIS, Κερνεᾶτις. Le Scholiaste de Callimaque l'appelle Τύρος, TYROS. Villeneuve dit qu'Ovide l'a nommée THERAPNE. Mais tous ces noms, excepté celui de Cyrnos pour les Grecs & de Corsica pour les Latins, ont été peu usitez par les Auteurs.

1. CYROPOLIS, Ville des Cadusiens dans la Medie, selon Ptolomée [d]. Thevet croit que c'est presentement Schammacki.

d l.6.c.2.

2. CYROPOLIS, Contrée Maritime de la Medie, selon Pline cité par Ortelius [e].

e Thesaur.

3. CYROPOLIS, Ville de la Sogdiane sur le Jaxarte ; Elle fut bâtie par Cyrus & prise par Alexandre. Arrien [f] dit qu'elle étoit fort grande, que ses murailles étoient fort hautes, que les Macedoniens n'auroient pris cette Place que très-difficilement si Alexandre n'eût usé de stratagême pour y entrer par surprise à la faveur d'un Canal de la Riviere qui la traversoit comme un Torrent, & dont le lit se trouvant alors à sec lui servit à se glisser dans la Ville avec quelques Soldats d'élite, pendant qu'on faisoit les attaques d'un autre côté. Quinte Curse [g] observe aussi qu'il avoit d'abord eu dessein d'épargner la Ville & les habitans en faveur de Cyrus qui en avoit été le Fondateur, mais qu'il la saccagea & la détruisit lorsqu'il l'eût prise d'assaut. Il la rasa jusqu'aux fondemens. C'est celle que Ptolomée [h] appelle CYRESCHATA, mot composé qui veut dire la *derniere de Cyrus*, Strabon l'appellé [*] Cyra & ajoute ἔσχατον ὃν Κύρου κτίσμα, le dernier établissement de Cyrus.

f De Exped. Alex. l.4. c.3.

g l.7.c.6.

h l.6.c.12.

[*] l.11. p. 517.

4. CYROPOLIS, Ville de l'Inde bâtie par Alexandre [i].

i Ælian. Hist. Animal. l.16.

CYRRÆUS, Peuple de l'Ethiopie sur le Nil. Claudien [k] parlant de ce Peuple dit :

k De Nilo.

Domitorque ferarum,
Cyrræus qui vasta colit sub rupibus antra.

CYRRHA. Voiez CIRRA.

CYRRHADÆ, Peuple de la Sogdiane, selon Ptolomée [l]. Quelques Exemplaires portent Cyrrodées, ils les met au bord de l'Oxus.

l l.6.c.12.

1. CYRRHESTÆ, Peuple de Grece dans la Macedoine, selon Pline [m]. Il ne differe point des habitans de la Ville de CYRIUS dans l'Emathie, selon Ptolomée. Le R. P. Hardouin veut qu'au lieu de Κύρνος, on lise Κύρρος dans cet Auteur, & l'Orthographe de Pline semble le demander.

m l.4.c.10.

2. CYRRHESTÆ. Voiez l'Article qui suit.

CYRRHESTICA, petite Contrée d'Asie dans la Syrie, selon Ptolomée. Les habitans sont nommez Cyrrhestæ par Polybe [n]. Elle prenoit son nom de la Ville de Cyrrhus. Voici celles que Ptolomée y place,

n l.5.

Ariseria,	Hierapolis,
Regias,	Cyrrhus,
Ruba,	Beroée,
Heraclée,	Thaena,
Niara,	Paphara.

Et le long de l'Euphrate,

Urema,	Cecilia,
Arudis,	Bethammaria,
Zeugma,	Gerrhe,
Europus,	Arimara,
	& Eragisa.

1. CYRRHUS, Riviere d'Albanie en Asie, selon Ptolomée ; ou plutôt, selon Ortelius, car Ptolomée ne dit point que cette Riviere coulât en Albanie ; mais que l'Albanie étoit arrosée d'une Riviere qui tombe dans le Cyrus & qui les separoit de l'Armenie. Ainsi le Cyrus n'est autre que le fleuve KUR ; & ne differe point du Cyrus qui a une Embouchure commune avec l'Araxe. Voiez KUR.

2. CYRRHUS. Voiez CYRUS, Riviere de la Medie.

3. CYRRHUS, Ville d'Asie en Syrie, Capitale de la Cyrrhestique laquelle en prenoit ce nom. C'étoit une Ville considerable & Antonin trace une route depuis cette Ville jusqu'à Emese, mais les Chiffres qui marquent la distance de Cyrrhus à Minniza varient, car dans une route il met xx. M. P. & dans une autre xxiv. M. P. Etienne le Géographe y joint une Citadelle nommée SINDAROS. C'est la Ville CYRUS dont parle Procope. Voyez CYRUS 4.

4. CYRRHUS, Ville de Grece dans la Macedoine, aux environs de Pella. Thucydide en fait mention [o]. Ce doit être la Capitale de la Cyrrhestique de Macedoine, nommée CYRIUS par Ptolomée. Voiez l'Article CYRRHESTÆ 1.

o l.2. ad finem.

CYRTA, Riviere de la Gaule au Territoire des Massiliens, auprès d'Agde [p], selon Vibius Sequester.

p De Flum.

CYRTÆ. Voiez CYRTII & CIRTÆA.

CYRTÆA [q]. Etienne le Géographe nomme ainsi une Ville située sur la Mer Rouge où il dit qu'Artaxerxe relegua Megabaze, & cite Ctesias ; mais dans cet Auteur

q Ortel. Thes.

teur ce nom est écrit simplement Κύρται, CYRTÆ.

CYRTESII, Peuple de l'Afrique propre, selon Ptolomée [a]. Ce sont apparemment les habitans de la Ville de CIRTA.

a l.4.c.3.

CYRTIADE, Nation de la Tribu Acamantide, selon Hésyche.

CYRTII [b], selon Strabon & Tite-Live; CYRTÆ, selon Ctesias, Nation Persane. Tite-Live nomme encore les Cyrtéens qu'il joint aux Eliméens. On sait en gros que ce Peuple étoit de la Medie; Strabon [c] en parle comme de gens venus d'ailleurs & qui étoient grands larrons.

b Ortel. Thes.

c l.11.p. 523.& l.15. p.727.

CYRTONES, Κύρτωνες, Ville de la Béotie, selon Pausanias [d] & Etienne le Géographe.

d l.9.

CYRTONIUS, Ville d'Italie, selon Etienne qui cite le troisiéme Livre de Polybe. Ortelius [e] avoit très-bien conjecturé que c'est la même Ville que Crotone, & [f] Cluvier [f] l'a amplement démontré.

e Thesaur.
f Ital. Ant. l.2.

CYRTUS, Ville d'Egypte dans les terres. C'étoit la Patrie d'un Medecin célèbre nommé Denys, selon Etienne le Géographe.

CYRUBS, Riviere d'Arabie, dans laquelle on trouve diverses sortes de perles que l'on porte sur des chameaux à la Ville de Tybreste, selon Vibius Sequester. Quelques Exemplaires portent CINIBS, au lieu de Cyrubs.

1. CYRUS [g], Grande Riviere d'Asie où elle coule entre l'Armenie, l'Iberie, & l'Albanie. C'est une des plus grandes de tout ce Pays-là. Plutarque l'appelle CYRNUS; & Ptolomée CYRRHUS. Strabon dit : au milieu (c'est-à-dire, entre les Montagnes, est une plaine arrosée de divers fleuves dont le plus grand est le Cyrus. Il en met la source en Armenie & ajoute que recueillant l'Arragon qui descend du Mont Caucase, il coule dans un lit étroit & entre dans l'Albanie. Plutarque le fait venir des Montagnes d'Iberie; mais il est aisé d'accorder ces deux Ecrivains en disant qu'il descend des Montagnes qui séparent l'Armenie d'avec l'Iberie. Pline [h] le nomme aussi Cyrus de même que Strabon & lui ajoute une autre Riviere qu'il nomme Ibere. Cette Riviere reçoit l'Araxe qu'elle porte dans la Mer Caspienne. Les Anciens qui manquoient de Memoires, bien certains sur ce Pays-là ne s'accordent gueres sur l'Embouchure commune de ces deux fleuves. Ptolomée leur en donne à chacun une assez distante de l'autre. Pline au contraire fait tomber l'Araxe dans le Cyrus. Plutarque dans la Vie de Pompée dit du Cyrus : il a sa source dans les Montagnes d'Iberie, & grossi par l'Araxe qui vient d'Armenie, il entre dans la Mer Caspienne par XII. Embouchures : d'autres, ajoute-t-il, nient que l'Araxe coule avec lui, ils veulent seulement qu'il coule assez près & qu'il se jette dans la même Mer. Appien dans son Histoire de la guerre de Mithridate dit du Cyrus : plusieurs Rivieres se joignent à lui & l'Araxe en est la plus grande. J'ai déja dit que Plutarque le nomme CYRNUS, Κύρνος, & Appien le nomme CYRTUS, Κύρτος; c'est une faute dans l'un & dans l'autre. Ptolomée concilie les deux sentimens sur l'Embouchure commune ou distincte de l'Araxe & du Cyrus.

g Cellar. Géogr. Ant. l.3.c.10.

h l.6.c.10.

L'Araxe, dit-il, coulant vers l'Orient depuis ses sources jusqu'au Mont Caspius, se tourne delà vers le Nord & forme deux branches dont une se perd dans le Cyrus & l'autre dans la Mer d'Hircanie. Je traite plus amplement cette question au mot ARAXE. Il se peut faire qu'une de ces branches se soit trouvée interrompue parce que son lit s'est comblé avec le temps & qu'il ne lui est plus démeuré que celle qui aboutit au Cyrus.

A l'égard des douze Embouchures du Cyrus, Strabon, Plutarque & Appien conviennent de ce nombre. Strabon n'affirme pas, il se contente d'un, *on dit*. Appien semble dire qu'elles sont toutes navigables, ce qu'il n'est pas aisé de croire, & Strabon dit au contraire que quelques-unes sont ce qu'il appelle *aveugles*; c'est-à-dire, impraticables. Pour Herodote qui en compte quarante, on peut dire que c'est une erreur de calcul. Voiez KUR qui est le nom moderne de cette Riviere.

2. CYRUS, Riviere d'Asie dans la Medie. Ammien Marcellin [i] dit que comme ce Fleuve est grand & beau, Cyrus lui ôta l'ancien nom pour lui donner le sien, lorsqu'il se preparoit à une invasion dans le Pays des Scythes. Parceque ce fleuve est fort & impetueux, comme il l'étoit lui-même, & que se faisant à soi-même une route qu'il fait s'ouvrir il tombe dans la Mer Caspienne. Les autres Rivieres que cet Historien nomme au même endroit sont l'Amardus, le Charinda & le Cambyses. Ptolomée [k] place l'Embouchure du Cyrus de la Medie entre celle du Cambyses & celle de l'Amardus, dans la Medie. Ce Fleuve Cyrus n'a pas été à beaucoup près aussi connu que le precedent.

i l.23.c.23.

k l.6.c.2.

3. CYRUS, Riviere de la Perse propre. Strabon [l] parlant des Rivieres de ce Pays dit : il y a aussi le Cyrus qui coule par les vallées de la Perside, auprès des Pasagardes, & auquel le Roi donna le nom de Cyrus au lieu de celui d'Agradate qu'il portoit auparavant. Denys le Periégete [m] l'appelle COROS & dit : d'un côté de la Perside coule le Coros & de l'autre le Choaspe. Ses deux Traducteurs Latins ont rendu dans leurs vers ce nom differemment. Priscien rend par *Coros* & Avienus par *Cyrus*. Au reste ce nom d'Agradate conservé par Strabon donne lieu aux Savans de soupçonner Ptolomée ou du moins quelqu'un de ses Copistes d'avoir corrompu ce nom; il met effectivement entre la Persi de & la Carmanie une Riviere nommée *Bagradas*, nom que Cellarius croit qu'il a été prendre en Afrique au lieu du Cyrus nommé auparavant *Agradate*. La Critique paroît assez bien fondée. Cette derniere tombe dans le Golphe Persique.

l l.15.

m v.1073.

4. CYRUS, Ville d'Asie dans la Syrie bâtie par les Juifs en mémoire de Cyrus qui les avoit tirez de captivité. Procope [n] parle ainsi de cette Ville. Il y avoit, dit-il, en Syrie une Ville nommée Cyrus qui avoit autrefois été bâtie par les Juifs que les Medes avoient emmenez prisonniers en Assyrie & que Cyrus avoit depuis renvoyez en leur Pays. Ce fut en reconnoissance de la grace de leur liberté qu'ils donnerent à leur Ville le nom de leur liberateur. Cette Ville ayant été tellement ne-

n Ædific. l.2. in fine.

Tom. II. Sssss* 2

négligée dans la suite du temps que les murailles en étoient tombées, Justinien animé par le zele dont il brûloit pour le bien de l'Etat & embrasé par la devotion qu'il avoit à St. Come & à St. Damien dont les Corps reposent fort proche de là encore aujourd'hui, la rendit une des plus celebres & des plus heureuses Villes du Monde, tant par la solidité des murailles que par le nombre de sa garnison, par la beauté de ses bâtimens & par tout ce qui pouvoit en quelque sorte contribuer à sa gloire. La Ville avoit toujours été incommodée par la disette d'eau. Il y avoit une source dans le voisinage; mais on ne pouvoit en approcher sans fatigue, ni sans danger, on ne pouvoit y aller sans faire plusieurs détours très-incommodes pour éviter les piéges que les ennemis tendoient dans les precipices. Justinien y fit creuser un Canal qui étoit couvert depuis la source jusqu'à la Ville & y fit conduire par ce moyen de l'eau en grande abondance. Cette Ville est la Cyrrhus de Ptolomée Capitale de la Cyrrhestique. Theodoret dit quelque part qu'elle étoit à deux journées de chemin d'Antioche.

5. CYRUS, Ville de l'Euboée dans le Département des Chalcidiens, selon Polyen [a].

[a] l. 3.

CYSA, Village d'Asie dans la Carmanie, sur le Rivage nommé Carbis, selon Arrien [b].

[b] Indic.

CYSON. Voiez CISON & CHERSEUS.

CYSSEUM, Lieu de l'Asie mineure. Il en est parlé dans l'Histoire Mêlée [c].

[c] l. 22.

1. CYTA, & CYTHÆA, Ville de la Colchide, selon Etienne le Géographe.

2. CYTA, Ville de la Scythie, selon le même.

1. CYTÆUM, Ville de l'Isle de Créte, selon Ptolomée [d], qui la met sur la côte Septentrionale. C'est presentement SITIA. C'étoit un Siége Episcopal.

[d] l. 4. c. 17.

2. CYTÆUM, Ville de la Chersonese Taurique, selon le même [e]. C'est la même Ville que CYTA d'Etienne & ΚΥΤΆ de Pline [f]. Scylax la nomme CYDÆA, Κύδαια pour Κυταία, l'Auteur du Periple du Pont Euxin dit CYTÆ.

[e] l. 3. c. 6.

[f] l. 4. c. 12.

CYTAIS. Arrien [g] semble nommer ainsi une contrée de la Carmanie.

[g] in Indicis.

CYTEORUM, Ville du Pont Polemoniaque, selon Ptolomée. C'est la même que COTYORUM de Pline & COTYORA de Xenophon.

CYTERIUM, Ville d'Italie dans l'Oenotrie dans les terres, selon Etienne. Barri croit que c'est presentement CYTISAÑO.

1. CYTHERE, Isle consacrée à Venus par l'Antiquité Payenne, & que nous connoissons presentement sous le nom de Cerigo.

2. CYTHERE, Ville de l'Isle de même nom dont il est parlé dans l'Article precedent.

3. CYTHERE, Ville de l'Isle de Cypre. On croit que c'est presentement le Village de CONUCHA.

4. CYTHERE, Ville de Thessalie, selon Hesyche.

5. CYTHERE, Isle de Grece dans le Golphe de Laconie.

§ Voiez CRANÆ & HELENA.

CYTHERON, Riviere que quelques-uns mettent dans l'Hellespont & d'autres dans le Peloponnese au raport d'Hesyche.

CYTHERUS, Riviere du Peloponnese dans l'Elide, elle arrosoit la Ville d'Heraclée. Strabon [h] l'appelle CYTHERIUS. Pausanias [i] met à sa source un Temple consacré aux Nymphes, nommées Ionides dont il donne les noms particuliers.

[h] l. 8. p. 356.

[i] l. 6. c. 22.

CYTHEUM. Voiez GYTHIUM.

§ CYTHISA, Virgile dit dans ses Bucoliques [k]:

[k] Ecloga 1. v. 79.

Capella
Florentem Cythisum & Salices carpetis amaras.

Il est étonnant que des Grammairiens aient pris cette plante pour une Ville, ou pour une Isle, comme le leur reproche Ortelius qui la met plaisamment dans l'Utopie.

CYTHIUM, Ville où Cornelius Nepos dit que Cymon mourut, Plutarque dans la Vie de ce grand homme dit beaucoup mieux que c'étoit à CITIUM Ville de Cypre.

CYTHNUS, Isle de Grece près de l'Attique, selon Ptolomée [l]. Pline en fait aussi mention. Etienne dit qu'on la nommoit aussi OPHIUSA & DRYOPIS. Les Interpretes de Ptolomée disent que c'est CYTHNO ou CAURO.

[l] l. 3. c. 15.

CYTINA, Ville de Grece dans la Thessalie, selon Etienne le Géographe.

CYTINIUM, Ville de Grece dans la Doride. C'étoit, selon Strabon [m], une des trois Villes qui firent nommer Tetrapole le Pays où elle étoit. Pline [n] écrit CITYNUM.

[m] l. 9.

[n] l. 4. c. 7.

CYTIS, Isle à l'entrée de la Mer rouge, selon Pline [o].

[o] l. 6. c. 28.

CYTNI, Nation entre les habitans de la Pannonie, selon Ptolomée. Ils étoient dans la partie Orientale de la haute Pannonie.

CYTONIUM, Ville d'Asie aux confins de la Lydie & de la Mysie, selon Etienne le Géographe qui cite Theopompe.

CYTORA. Voiez COTYORA.

CYTORUS, Montagne d'Asie dans la Galatie. Catulle [p] lui donne l'épithéte de *Buxifer*. Servius sur Virgile [q] la met mal à propos dans la Macedoine. C'est en expliquant ce vers:

[p] Carm. 4. v. 16.

[q] Georg. l. 2. v. 437.

Et juvat undantem buxo spectare Cytorum.

Cette Montagne étoit voisine de la Ville d'Amastris.

CYTRIA, Lieu de l'Isle de Cypre à cinq milles de Salamine, selon Metaphraste dans la Vie de St. Epiphane.

CYTTIUM, Ville de Cypre; selon Suidas c'est la même que CITIUM.

CYZIQUE, Isle & Ville de la Mysie, selon Ptolomée. Elle étoit au pied du Mont DINDYME où étoit un Temple bâti par les Argonautes & consacré à Cybele surnommée Dindymene. Les Latins l'ont également appellée *Cyzicus* & *Cyzicum*. La Ville étoit située dans une Isle de même nom, mais qui étoit jointe au Continent par deux ponts, comme Strabon [r] le rapporte. Pline [s] dit la chose encore plus nettement: au delà, dit-il, est une Isle qu'Alexandre joignit à la terre ferme, & dans laquelle il y a une Ville nommée Cyzique,

[r] l. 12. circ. finem.

[s] l. 5. c. 32.

CYT. CZA. CZE.　　　CZE.

que, Colonie Milesienne, appellée auparavant ARCTONESOS & DOLIONIS & DINDYMIS, au haut de laquelle est le Mont Dindyme. Ce nom de *Dolionis* sert à expliquer ce que dit Strabon que les Dolions habitent aux environs de Cyzique; & que le petit Pays auprès de la Riviere d'Asepus & de la Ville de Cyzique est appellé Dolionide. Cette Ville aquit de la celebrité par le siége qu'elle soutint contre Mithridate & que Lucullus [a] fit lever. Florus en fait un bel éloge en peu de mots : Cyzique, dit-il, Ville noble par sa Citadelle, ses murailles, son port, & ses tours de marbre, fait honneur à la Côte d'Asie. Cette Ville est entierement ruinée. 'Gerlach cité par Ortelius dit que les Grecs l'appellent la *petite Troye*; peut-être à cause de ce qu'elle est entierement detruite.

[a] Appien. Mithrid.

CYZISTRA, la même que COZISTRA.

C Z.

CZACKENTHURN [b], Ville d'Allemagne dans la haute Stirie sur la Drave. Comme elle est à l'extremité du Pays vers la Hongrie elle a été fortifiée. Elle n'est pas loin de Rackelsburg.

[b] Sanson Atlas.

CZARITZIN [c], Ville de l'Empire Russien, au Royaume d'Astracan sur le Wolga, auprès d'une Riviere nommée de même CZARITZIN.

[c] De l'Isle Atlas.

CZARNEGRODKA [d], petite Ville de Pologne au Palatinat de Kiovie, au Nord de Chwastow.

[d] De l'Isle Atlas.

CZARNOGOR [e], (le vieux) Bourgade de l'Empire Russien au Royaume d'Astracan sur le Wolga au Pays de Stupin, au confluent de la Riviere de Candach & du Wolga. Le Nouveau Czarnogor est un peu plus au Septentrion sur le même fleuve.

[e] Ibid.

CZARNOVA, petite Ville de Pologne au Palatinat de Sendomir, dans la petite Pologne. Mr. de l'Isle écrit ZARNAW.

CZASLAU, Ville de Bohême dans le Cercle qui en prend le nom de CZASLAUER KREISE. Elle est petite & n'est remarquable que parce que Jean Zisca [f] fameux chef des Hussites y est enterré.

[f] Hubner Géogr. p. 606.

Ce Cercle outre cette Ville en a encore deux autres, savoir

Kuttenberg, & Deutsch-Brod.

CZEHRIN [g], petite Ville de Pologne au Palatinat de Kiovie à l'Orient du Borysthéne sur le torrent de Tasmin qui s'y separe en deux branches pour former une Isle entre elles & le Borysthéne. De l'autre côté du fleuve au dessus de l'Isle est CZEHRIN DOBROWA Ville differente de celle ci.

[g] Ibid.

CZENSTOCHOW, Mr. de l'Isle écrit CZESTOCHOW, petite Ville ou Bourg de Pologne au Palatinat [h] de Cracovie sur la Warte aux confins de la Silesie, presque au milieu entre Siradie & Cracovie. Elle soutint un siége contre les Suedois en 1657., & a un Couvent, fameux par la devotion qui y attire beaucoup de monde.

[h] Ibid. & Baudrand Ed. 1705.

CZEPUSZ. Voiez SCEPUS.

CZEREMISSES, Peuple de l'Empire Russien au Nord du Wolga, où ils habitent des plaines, ce qui leur a fait donner le surnom de LUGOVAIA, c'est-à-dire, habitans des plaines. Ils sont à l'Occident du Royaume de Cazan. Ils s'étendent aussi au Midi du fleuve, où ils peuplent de grandes Forêts. Ceux d'en deça du Wolga sont nommez Czeremisses NAGORNOI pour les distinguer de ceux des plaines. Ce peuple est Tartare, & voici ce qu'en dit Olearius [i]. Ils n'ont point de maisons, mais seulement quelques méchantes petites hutes & ils ne vivent que de miel & du gibier qu'ils trouvent dans le bois & du lait que leur paturage leur fournit. C'est une Nation vraiment barbare & infidele & cruelle fort adonnée au sortilege & au vol. On appelle ceux qui demeurent du côté droit du Wolga *Nagorni* ou Montagnards, du mot *na* qui signifie en langue Moscovite *sur*, & *gor* qui veut dire Montagne; & ceux du côté gauche *Lugowi* ou *Lugowisenne*, c'est-à-dire, prairies ou prez à foin à cause du foin que ce Pays-là produit & en si grande quantité que les Nagorni mêmes en nourrissent leur bétail. Guagnin dit qu'ils sont en partie Mahometans, en partie Payens; mais auprès de Cazan ils sont tous Payens qui ne savent ce que c'est ni de Batême ni de Circoncision. Toutes les Ceremonies qu'ils font pour donner le nom à un enfant consistent à nommer un certain jour au bout des six mois auquel ils lui donnent le nom de celui qu'ils rencontrent le premier en leur chemin.

[i] Voyage de Moscovie l. 4. p. 282.

Ils croyent la plupart qu'il y a un Dieu qui est immortel, qui est auteur de tout ce qui arrive de bien aux hommes qui veut & doit être adoré, mais c'est là tout ce qu'ils en savent. Car ils ne croient point l'immortalité de l'Ame, ni par consequent la resurrection des Morts; mais que les hommes & les bêtes ont un même principe & une même fin de vie. Ils ne croient point qu'il y a un Enfer, mais ils ne laissent point de croire qu'il y a des Diables & de mauvais Esprits qui affligent & tourmentent les hommes en cette Vie, & c'est pourquoi ils tâchent de les appaiser & de se les rendre favorables par leurs Sacrifices. Il y a entre autres un certain endroit à quarante lieues de Cazan qu'ils nomment NEMDA dans un lieu marécageux où ces Tartares font leurs Pelerinages & leurs Devotions & ils croyent que ceux qui y vont les mains vuides & qui ne portent point d'offrande au Diable tombent en langueur & perissent d'un mal lent & incurable. Ils croient particulierement que le Diable a sa principale demeure sur le torrent de SCHOCKSCHEM à dix Werstes de Nemda; & d'autant que cette petite Riviere qui n'a pas plus de quatre pieds d'eau ne gele jamais parce que ses eaux sont trop vives & parce que son cours est trop violent entre deux Montagnes, ils croient que cela ne se fait point sans mystere, & ils ont une si grande veneration pour elle qu'ils sont persuadez qu'ils n'en pouroient pas approcher sans s'exposer à un peril évident de la mort, quoique les Moscovites la passent tous les jours sans danger.

Aux Sacrifices qu'ils font à Dieu ils tuent un cheval, un bœuf, ou un mouton, dont ils font rôtir la chair & en prennent une tranche dans une écuelle & tenant dans l'autre main une autre écuelle pleine d'Hydromel, ou de quelque autre liqueur; ils versent l'un & l'autre dans un feu qu'ils font devant la peau de l'Animal qui sert de victime. Ils étendent cette peau sur une perche couchée de travers entre deux arbres. Ils prient cette peau de presenter leurs priéres à Dieu, ou bien ils s'adressent à Dieu directement & le prient d'augmenter le nombre de leur bétail & les autres commoditez de la vie qui sont le seul objet de leurs vœux & de toutes leurs devotions. Ils adorent aussi le Soleil & la Lune, comme auteurs de toutes les belles productions de la Terre, & leur superstition va même jusqu'à avoir de la veneration pour tout ce qui se présente à eux la nuit en revant, qu'ils adorent le lendemain, comme un cheval, une vache, le feu, & l'eau, &c. Ils disent qu'il vaut bien mieux adorer les choses animées que les Dieux de bois & de couleurs que les Moscovites ont à leurs murailles. Ils n'ont ni Eglises, ni Prêtres, ni Livres, & leur langage leur est tout particulier; n'ayant presque rien de commun avec celui des autres Tartares, ni avec le Turc, quoi que ceux qui sont sujets du Czaar & qui sont obligez de converser avec les Moscovites se servent aussi de leur Langue. Ils font toutes les ceremonies religieuses & leurs Sacrifices auprès de quelque torrent où ils s'assemblent; particulierement quand après la mort de quelqu'un de leurs amis qui a laissé du bien, ils font bonne chere du meilleur de ses chevaux qu'ils font mourir avec lui.

La Polygamie est si commune parmi eux, qu'il n'y en a presque point qui n'ait quatre ou cinq femmes, dont ils prennent bien souvent deux ou trois sœurs en même temps. Leurs femmes & leurs filles sont toutes habillées d'une grosse toile blanche dont elles sont tellement enveloppées qu'elles n'ont rien de découvert que le visage. Les fiancées ont leur Coiffure particuliere & pointue comme une Corne qui semble sortir de la tête de la longueur d'une demi-aune. Au bout de cette Corne tient une houpe de soye de diverses couleurs à laquelle pend une petite Clochette. Les hommes sont vétus d'une longue robe ou veste de toile sous laquelle ils portent des chausses. Ils se font tous raser la tête; mais les hommes qui ne sont point encore mariez, laissent croitre sur la tête une longue tresse de cheveux que les uns serrent dans un noeud contre la tête & les autres la laissent trainer sur le dos.

CZERNIKOW, Ville de Pologne dans la Lithuanie, selon Mr. Baudrand, ou plutôt de la Russie Moscovite, sur la Riviere de Deszna. C'est la Capitale d'un Canton qui a titre de Duché & de Palatinat, & qui est borné par le Duché & Palatinat de Smolenskow au Nord, par le Duché de Severie, au Midi par le Palatinat de Kiovie, & au Couchant par la Russie Polonoise. La Riviere de Deszna le traverse d'Orient en Occident & y fait un detour circulaire vers le Septentrion. Borma en est la seule place considerable après Czernikow.

CZERNOBEL [a], Ville de Pologne au Palatinat de Kiovie, sur la petite Riviere d'Ussza qui tombe dans le Borysthene. Elle est presentement de l'Empire Russien.   [a] *De l'Isle Atlas.*

CZERPACOF [b], Riviere de l'Empire Russien, au Duché de Rezan dans sa partie Occidentale sur la Rive Occidentale de l'Occa, au Confluent d'une petite Riviere qui s'y rend en cet endroit, à huit milles au dessus de Cochira qui est de l'autre côté de l'Occa.   [b] *Ibid.*

CZERSKO, Ville de Pologne [c] dans la Mazovie sur la rive gauche de la Wistule à dix milles Polonois au dessus de Warsovie. Quelques-uns disent le Palatinat de Czersko, pour dire le Palatinat de Mazovie.   [c] *Ibid.*

CZIICK [d], petite Ville de Hongrie en Transsilvanie au quartier des Zeekel ou Siculés dont elle est un des Sièges, sur l'Alaut, encore voisin de la source.   [d] *Ibid.*

CZIRCKNICK. Voyez ZIRNICK.

CZIRCHO, ou TZERKA [e], Riviere de l'Empire Russien dans la Jugorie. Elle a sa source dans un Lac voisin de Plevonicka, d'où serpentant d'Occident en Orient elle reçoit la Norbiga, ou Rubicon, qui vient d'un autre Lac & ensuite la Szilma dans laquelle elle se perd pour aller ensemble grossir la Petzora.   [e] *Ibid.*

CZONGRAD, Ville de la Haute Hongrie au Confluent de la Theisse & du Keres, avec titre de Comté.

Le Comté de Czongrad s'étend des deux côtez de la Theisse & comprend, selon Mr. de l'Isle [f], les Villes de Czongrad & de Segedin. Cette derniere en est à proprement parler la seule Ville importante. Celle qui lui donne le nom merite à peine le nom de Bourg; & n'a que cet avantage. Plus bas de l'autre côté de la Theisse est ALT CZONGRAD ou le *Vieux Czongrad*.   [f] *Carte part. de la Hongrie en 1707.*

CZYRCASSI [g], petite Ville de Pologne dans l'Ukraine au Palatinat de Kiovie sur la Rive droite du Borysthene.   [g] *De l'Isle Atlas.*

FIN DE LA LETTRE C.

www.ingramcontent.com/pod-product-compliance
Lightning Source LLC
Chambersburg PA
CBHW070854300426
44113CB00008B/830